嘉道年间山东省州县财政文献汇钞

第二册

常旭 点注

国家古籍整理出版专项经费资助项目

南方传媒 广东人民出版社 岭南古籍出版社
·广州·

第二册目录

第六本

第八本

第九本

第十本

第六本

道光十一年至十三年钱粮完欠确数[①]

东省止济宁、德州、阳谷三处有马税。

各官罚俸归各本员自行完解。

缺旷衔住俸及缺停廉等银可以着赔。

粮道衙门杂款亦不能着赔。

正款不能着赔。

前任欠解杂捐各款，经后任垫解，以后任欠款划追前任。如垫解系前任杂款，后任捐杂，均可划追；如垫系前任捐款，必须以后任捐款划追，不得以后任杂款预补。[②]

道光十一年分额征地丁正银四万八百二十两七分四厘，内：

一、应分解粮道正银一千一百四十三两七钱七分九厘。前款已完解过漕项轻赍银一百五十两八钱七厘、漕项席草银廿九两六钱一分三厘、行粮折色银七百三十八两五钱一分九厘、仓项席草银一十两六钱四分、仓项脚价银一百四十七两、仓项盘费银六十七两二钱。

一、应坐支运漕脚价盘费银六百两二钱六分二厘。前款已完支用讫。

一、应支兑东平、德正两帮润耗银一百八十八两六钱六分。前款已完交帮讫。

---

① 底本原有“欠确账十一至十三”标题字样，因纸张缺损，文字有缺失，现据目录卷拟此标题。

② 以上文字或为残篇，现据所在底本的位置排于此。

一、应支兑东平、德正两帮席片银三两二钱七厘。前款已完交帮讫。

一、应支给青州营德米改折正银一千一百三十两七钱九分。前款已完支领讫。

一、应坐支官俸役食银一千三百二十三两四钱五分。前款已完支领讫。

一、应坐支杂支银二百三十八两四钱七分四厘。前款已完支领讫。

一、应坐支里甲夫马工料银八百八十两七分五厘。前款已完支用讫。

一、应分解学院学租银五两七钱八分。前款已完批解讫。

一、应分解司库举人车价银四两二钱三分三厘。前款已完批解讫。

一、应分解司库折色脚价银一百五十两九钱一分四厘。前款未完。

一、应解起运司库地丁正银三万五千一百五十两四钱五分。前款已完支过文、武庙祭品银五十两，添办阔布例价银一百五十两，额办阔布例价银九十三两五钱五分二厘；已完解过司库正银三万三千八百九十七两八钱一分一厘；未完司库正银九百五十九两八分七厘。

道光十一年分额征耗羡并养廉银五千七百一十四两一厘，内：

一、应分解粮道耗银二百六十五两五钱三分八厘。前款已完解过漕项耗羡银二百三十五两一钱三分九厘、仓项耗羡银三十两三钱九分九厘。

一、应坐支漕仓脚费银五两四钱九分。前款已完支过漕项五毫脚费银二两二钱五厘，解过漕项五毫脚费银二两二钱六厘，支过仓项五毫脚费银五钱三分九厘，解过仓项五毫脚费银五钱四分。

一、应支给青州营德米改折耗羡银一百五十八两三钱一分。前款已完支领讫。

一、应支给佐杂养廉银一百六十两。前款已完支领讫。

一、应支知县公费银一百六十两。前款已完支领讫。

一、应支地丁脚费银七十两六钱一分一厘。前款已完支过地丁脚费银六十七两七钱九分六厘，未完未支地丁脚费银二两八钱一分五厘。

一、应解起运司库耗羡养廉银四千八百九十四两五分二厘。前款已完解过知县养廉银一千二百两，解过司库耗羡〈银〉三千五百四十两八钱七分三厘；未完司库耗银一百五十三两一钱七分九厘。

道光十二年分额征地丁正银四万八百四十五两四钱七分九厘，内：

一、应分解粮道正银一千一百六十九两一钱八分四厘。前款已完解过漕项轻赍银一百五十两八钱七厘、漕项席草银廿九两六钱一分三厘、行粮折色银七百卅八两五钱一分九厘、闰月正银廿五两四钱五厘、仓项席草银一十两六钱四分、仓项脚价银一百四十七两、仓项盘费银六十七两二钱。

一、应坐支运漕脚价盘费银六百两二钱六分二厘。前款已完支用讫。

一、应支兑东平、德正两帮润耗银一百八十八两六钱六分。前款已完交帮讫。

一、应支兑东平、德正两帮席片银三两二钱七厘。前款已完交帮讫。

一、应支给青州营德米改折正银一千一百三十两七钱九分。前款已完支领讫。

一、应坐支官俸役食银一千三百廿三两四钱五分。前款已完支领讫。

一、应坐支杂支银二百三十八两四钱七分四厘。前款已完支领讫。

一、应坐支里甲夫马工料银八百八十两七分五厘。前款已完支用讫。

一、应分解学院学租正银五两七钱八分。前款已完批解讫。

一、应分解司库举人车价银四两二钱三分三厘。前款已完批解讫。

一、应分解司库花红公宴银六两三钱四分八厘。前款已完批解讫。

一、应分解司库折色脚价银一百五十两九钱一分四厘。前款已完解过银一十二两三钱，未完银一百卅八两六钱一分四厘。

一、应解起运司库地丁正银三万五千一百四十四两一钱二厘。前款已完支过文、武庙祭品银五十两，额办阔布例价银九十三两五钱五分二厘；已完解过正银三万五千两五钱五分。

计已全完。

道光十二年分额征耗羡并养廉银五千七百一十七两五钱五分八厘，内：

一、应分解粮道耗银二百六十八两九钱七分三厘。前款已完解过漕项耗羡银二百三十五两一钱三分九厘、仓项耗羡银三十两三钱九分九厘、闰月耗羡银三两四钱三分五厘。

一、应坐支漕仓脚费银五两六钱一分二厘。前款已完支过漕项五毫脚费银二两二钱五厘，解过漕项五毫脚费银二两二钱六厘，支过仓项五毫脚费银五钱三分九厘，解过仓项五毫脚费银五钱四分，支过闰月脚费银一钱二分二厘。

一、应支给青州营德米改折耗羡银一百五十八两三钱一分。前款已完支领讫。

一、应支佐杂养廉银一百六十两。前款已完支领讫。

一、应支知县公费银一百六十两。前款已完支领讫。

一、应支地丁脚费银七十两六钱一分一厘。前款已完支过地丁脚费银七十两一厘，未完未支地丁脚费银六钱一分。

一、应解起运司库耗羡养廉银四千八百九十四两五分二厘。前款已完解过知县养廉银一千二百两，解过司库耗羡银三千六百七十五两二钱三分一厘；未完司库耗羡银一十八两八钱二分一厘。

道光十三年分额征地丁正银四万八百二十两七分四厘，内：

一、应分解粮道正银一千一百四十三两七钱七分九厘。前款已完解过漕项轻赍银一百五十两八钱七厘、漕项席草银二十九两六钱一分三厘、行粮折色银七百卅八两五钱一分九厘、仓项席草银一十两六钱四分、仓项脚价银一百四十七两、仓项盘费银六十七两二钱。

一、应坐支运漕脚价盘费银六百两二钱六分二厘。前款已完支用讫。

一、应支兑东平、德正两帮润耗银一百八十八两六钱六分。前款已完交帮讫。

一、应支兑东平、德正两帮席片银三两二钱七厘。前款已完交帮讫。

一、应支给青州营德米改折正银一千一百三十两七钱九分。

前款已完支领讫。

一、应坐支官俸役食银一千三百二十三两四钱五分。前款已完支领讫。

一、应坐支杂支银二百三十八两四钱七分四厘。前款已完支领讫。

一、应坐支里甲夫马工料银八百八十两七分五厘。前款已完支用讫。

一、应分解学院学租正银五两七钱八分。前款已完批解讫。

一、应分解司库举人车价银四两二钱三分三厘。前款已完批解讫。

一、应分解司库折色脚价银一百五十两九钱一分四厘。前款未完。

一、应解起运司库地丁正银三万五千一百五十两四钱五分。前款已完支过文、武庙祭品银五十两，额办阔布例价银九十三两五钱五分二厘；已完解过司库正银三万四千九百一十二两一钱七分七厘；未完司库正银九十四两七钱二分一厘。

道光十三年分额征耗羡并养廉银五千七百一十四两一厘，内：

一、应分解粮道耗银二百六十五两五钱三分八厘。前款已完解过漕项耗羡银二百三十五两一钱三分九厘、仓项耗羡银三十两三钱九分九厘。

一、应坐支漕仓脚费银五两四钱九分。前款已完支过漕项五毫脚费银二两二钱五厘，解过漕项五毫脚费银二两二钱六厘，支过仓项五毫脚费银五钱三分九厘，解过仓项五毫脚费银五钱四分。

一、应支给青州营德米改折耗羡银一百五十八两三钱一分。

前款已完支领讫。

一、应支佐杂养廉银一百六十两。前款已完支领讫。

一、应支知县公费银一百六十两。前款已完支领讫。

一、应支地丁脚费银七十两六钱一分一厘。前款已完支过地丁脚费银六十九两八钱二分四厘，未完未支地丁脚费银七钱八分七厘。

一、应解起运司库耗羡养廉银四千八百九十四两五分二厘。前款已完解过知县养廉银一千二百两，解过司库耗羡银三千六百六十两四钱四分九厘；未完司库耗羡银三十三两六钱三厘。

道光十一年钱粮完欠动支款目数：

一、已完解支过正银三万九千七百一十两七分三厘。前款内系动支征完五路及内字号大粮正银三万九千六百一十八两五钱一分九厘，征完荒田马场正银六十两三钱七分九厘，征完学租正银五两七钱八分，官捐钱粮正银二十五两三钱九分五厘。

一、未完正银一千一百一十两一厘。前款内系已入交未解大粮正银一十二两一钱九分八厘，已入交未解荒田马场正银四两一分，应官捐未完正银六两三钱九分八厘，实在民欠未完正银一千八十七两三钱九分五厘。

以上未完正银一千一百一十两一厘，内：一、应解司库折色脚价银一百五十两九钱一分四厘。一、应解司库地丁正银九百五十九两八分七厘。①

一、已完解支过耗廉银五千五百五十八两七厘。前款内系动支征完五路及内字号大粮耗银五千五百四十五两九钱九分九厘，征完荒田马场耗银八两四钱五分三厘，官捐耗银三两五钱

---

① 此段位置系根据上下文意调整，且对底本格式略微改动，“内”之后的条目不再分段排列，避免与上下文混同。后文同此。

五分五厘。

一、未完耗银一百五十五两九钱九分四厘。前款内系已入交未解大粮耗银二两三钱二厘，已入交未解荒田马场耗银五钱六分一厘，应官捐未完耗银八钱九分六厘，实在未完民欠耗银一百五十二两二钱三分五厘。

以上未完耗银一百五十五两九钱九分四厘，内：一、应支地丁脚费银二两八钱一分五厘。一、应解司库耗银一百五十三两一钱七分九厘。

道光十二年钱粮完欠动支款目数：

一、已完解支过正银四万七百六两八钱六分五厘。前款内系动支征完五路及内字号大粮正银四万五百六十五两四钱六分一厘，征完荒田马场正银七十两二钱八分四厘，征完学租正银五两七钱八分，官捐钱粮正银三十一两八钱二分三厘，官垫民欠正银三十三两五钱一分七厘。

一、未完正银一百卅八两六钱一分四厘。前款内系实在未完民欠司库折色脚价银一百卅八两六钱一分四厘。又实在未完民欠正银卅三两五钱一分七厘。前款内系实在民欠，应归补官垫正银三十三两五钱一分七厘。

一、已完解支过耗羡银五千六百九十八两一钱二分七厘。前款内系动支征完五路及内字号大粮耗银五千六百七十九两一钱六分五厘，征完荒田马场耗银九两八钱四分，官捐钱粮耗银四两四钱五分五厘，官垫民欠耗银四两六钱六分七厘。

一、未完耗银一十九两四钱三分一厘。前款内系实在民欠未完未支起运地丁脚费银六钱一分，实在民欠未完司库耗羡银一十八两八钱二分一厘。又实在未完民欠耗银四两六钱六分七厘。前款内系实在民欠，应归补官垫耗银四两六钱六分七厘。

道光十三年钱粮完欠动支款目数：

一、已完解支过正银四万五百七十四两四钱三分九厘。前款内系动支征完五路及内字号大粮正银四万四百九十九两一钱六分，征完荒田马场正银六十七两三钱六分六厘，征完学租正银五两七钱八分，官捐钱粮正银二两一钱三分三厘。

一、未完正银二百四十五两六钱三分五厘。前款内系已入交未解荒田马场正银一钱三分九厘，应官捐未完正银二十九两六钱六分，实在民欠未完正银二百一十五两八钱三分六厘。

以上未完正银二百四十五两六钱三分五厘，内：一、应解司库折色脚价银一百五十两九钱一分四厘。一、应解司库地丁正银九十四两七钱二分一厘。

一、已完解支过耗银五千六百七十九两六钱一分一厘。前款内系动支征完五路及内字号大粮耗银五千六百六十九两八钱八分二厘，征完荒田马场耗银九两四钱三分，官捐钱粮耗银二钱九分九厘。

一、未完耗银三十四两三钱九分。前款内系已入交未解荒田马场耗银二分一厘，应官捐未完耗银四两一钱五分二厘，实在民欠未完耗银三十两二钱一分七厘。

以上未完耗银三十四两三钱九分，内：一、应支地丁脚费银七钱八分七厘。一、应解司库耗银三十三两六钱三厘。

相斧有柄，君子握之；他人有心，予忖度之。

并非造伪。①

（另清一本速送。初八日。）

---

① 底本一页纸上仅此两段，或为抄录者一时兴怀所录。

道光十四年钱粮完欠确数

道光十四年分额征地丁正银四万八百二十两七分四厘，内：

一、应分解粮道正银一千一百四十三两七钱七分九厘。前款已完解过漕项轻赍银一百五十两八钱七厘、漕项席草银二十九两六钱一分三厘、行粮折色银七百三十八两五钱一分九厘、仓项席草银一十两六钱四分、仓项脚价银一百四十七两、仓项盘费银六十七两二钱。

一、应坐支运漕脚价盘费银六百两二钱六分二厘。前款已完支用讫。

一、应支兑东平、德正两帮润耗银一百八十八两六钱六分。前款已完交帮讫。

一、应支兑东平、德正两帮席片银三两二钱七厘。前款已完交帮讫。

一、应支给青州营德米改折正银一千一百三十两七钱九分。前款已完支领讫。

一、应坐支官俸役食银一千三百二十三两四钱五分。前款已完支领讫。

一、应坐支杂支银二百三十八两四钱七分四厘。前款已完支领讫。

一、应坐支里甲夫马工料银八百八十两七分五厘。前款已完支领讫。

一、应分解学院学租银五两七钱八分。前款已完批解讫。

一、应分解司库举人车价银四两二钱三分三厘。前款已完批解讫。

一、应分解司库花红公宴银六两三钱四分八厘。前款已完批解讫。

一、应分解司库折色脚价银一百五十两九钱一分四厘。前款未完。

一、应解起运司库地丁正银三万五千一百四十四两一钱二厘。前款已完支过文、武庙祭品银五十两，额办阔布例价银九十三两五钱五分二厘；已完解过司库正银三万四千三百二十五两二钱一分二厘；未完司库正银六百七十五两三钱三分八厘。

道光十四年分额征耗羡并养廉银五千七百一十四两一厘，内：

一、应分解粮道耗银二百六十五两五钱三分八厘。前款已完解过漕项耗羡银二百三十五两一钱三分九厘、仓项耗羡银三十两三钱九分九厘。

一、应坐支漕仓脚费银五两四钱九分。前款已完支过漕项五毫脚费银二两二钱五厘，解过漕项五毫脚费银二两二钱六厘，支过仓项五毫脚费银五钱三分九厘，解过仓项五毫脚费银五钱四分。

一、应支给青州营德米改折耗羡银一百五十八两三钱一分。前款已完支领讫。

一、应支佐杂养廉银一百六十两。前款已完支领讫。

一、应支知县公费银一百六十两。前款已完支领讫。

一、应支地丁脚费银七十两六钱一分一厘。前款已完支过地丁脚费银六十八两六钱五分，未完未支地丁脚费一两九钱六分一厘。

一、应解起运司库耗羡养廉银四千八百九十四两五钱二厘。

前款已完解过知县养廉银一千二百两，解过司库耗羡银三千五百八十两三钱三分七厘；未完司库耗银一百一十三两七钱一分五厘。

道光十四年钱粮完欠动支款目数：

一、已完解支过正银三万九千九百九十三两八钱二分二厘。前款内系动支五路及内字号大粮〈正银〉三万九千九百八十八两四分二厘，征完学租正银五两七钱八分。

一、未完正银八百二十六两二钱五分二厘。前款内系已入交未解大粮正银二十六两九钱一厘，已入交未解荒田马场正银六十五两三钱六分五厘，应官捐未完正银三十一两七钱九分三厘，实在民欠未完正银七百〇二两一钱九分三厘。

以上未完正银八百二十六两二钱五分二厘，内：一、应解司库折色脚价银一百五十两九钱一分四厘。一、应解司库地丁正银六百七十五两三钱三分八厘。

一、已完解支过耗银五千五百九十八两三钱二分五厘。前款内系动支征完五路及内字号大粮耗银五千五百九十八两三钱二分五厘。

一、未完耗银一百一十五两六钱七分六厘。前款内系已入交未完大粮耗银三两七钱六分七厘，已入交未完荒田马场耗银九两一钱五分一厘，应官捐未完耗银四两四钱五分一厘。实在民欠未完耗银九十八两三钱〇七厘。

以上未完耗银一百一十五两六钱七分六厘，内：一、应支地丁脚费银一两九钱六分一厘。一、应解司库耗银一百一十三两七钱一分五厘。①

---

① 此段位置系根据上下文意调整。

为详请动项修理先农坛并呈请报销册结由

为详请动项修理坛宇以重祀典事。

除将更造请修先农坛工程报销册结缘由备载书册外，拟合摘叙简详，呈请宪台核转详咨，实为公便。为此备由具申，伏乞照详施行。

计详送书册一本、报销册结各七本、签册一本。

一详本府。

为详请动项修理坛宇以重祀典事。

案蒙宪台札开，本年八月二十七日蒙布政司札开，查接管卷内，据该府云云，另造妥协册结送府，以凭结转。毋迟。速速。此札。计发册结十一本、签册一本。仍缴等因到县。蒙此，遵查前送销册，总撒不符，系清书缮册时将撒书缮写错误所致，现已查明更正。并遵签示，将与例浮多各款逐一删减，共需用工料银四百九十一两七钱四分零五毫，内除柴薪变价银二两一钱一分四厘抵用外，实用过工料银四百八十九两六钱二分六厘五毫，较原估银数，计删减银三两四钱九分九厘九毫。拟合另造报销册结各七本，同奉发签册一本，一并具文详送宪台核转详咨，实为公便。为此备由具申，伏乞照详施行。

（工房另清签稿并送。速速。十月十一日。）

道光十五年钱粮完欠确数

道光十五年分额征地丁正银四万八百四十五两四钱七分九厘，内：

一、应分解粮道正银一千一百六十九两一钱八分四厘。前款已完解过轻赍银一百五十两八钱七厘、漕项席草银二十九两六钱一分三厘、行粮折色银七百三十八两五钱一分九厘、闰月正银二十五两四钱五厘、仓项席草银一十两六钱四分、仓项脚价银一百四十七两、仓项盘费银六十七两二钱。

一、应坐支运漕脚价盘费银六百两二钱六分二厘。前款已完支用讫。

一、应支兑东平、德正两帮润耗银一百八十八两六钱六分。前款已完交帮讫。

一、应支兑东平、德正两帮席片银三两二钱七厘。前款已完交帮讫。

一、应支给青州营德米改折正银一千一百三十两七钱九分。前款已完支领讫。

一、应坐支官俸役食银一千三百二十三两四钱五分。前款已完支领讫。

一、应坐支杂支银二百三十八两四钱七分四厘。前款已完支领讫。

一、应坐支里甲夫马工料银八百八十两七分五厘。前款已完支领讫。

一、应分解学院学租正银五两七钱八分。前款已完批解讫。

一、应分解司库举人车价银四两二钱三分三厘。前款已完批解讫。

一、应分解司库折色脚价银一百五十两九钱一分四厘。前款未完。

一、应解起运司库地丁正银三万五千一百五十两四钱五分。前款已完支解文、武庙祭品银五十两，额办阔布例价银九十三两五钱五分二厘；已完解过〈司库〉正银三万二千八百五十三两五钱七分五厘；未完司库正银二千一百五十三两三钱二分三厘。

道光十五年分额征耗羡并养廉银五千七百一十七两五钱五分八厘，内：

一、应分解粮道耗银二百六十八两九钱七分三厘。前款已完解过漕项耗羡二百三十五两一钱三分九厘、仓项耗银三十两三钱九分九厘、闰月耗银三两四钱三分五厘。

一、应坐支漕仓脚费银五两六钱一分二厘。前款已完支过漕项五毫脚费银二两二钱五厘，解过漕项五毫脚费银二两二钱六厘，支过仓项五毫脚费银五钱三分九厘，解过仓项五毫脚费银五钱四分，支过闰月脚费银一钱二分二厘。

一、应支给青州营德米改折耗银一百五十八两三钱一分。前款已完支领讫。

一、应支佐杂养廉银一百六十两。前款已完支领讫。

一、应支知县公费银一百六十两。前款已完支领讫。

一、应支地丁脚费银七十两六钱一分一厘。前款已完支过地丁脚费银六十五两七钱七厘，未完未支银四两九钱四厘。

一、应解起运司库耗廉银四千八百九十四两五分二厘。前款已完解过知县养廉银一千二百两，解过司库耗银三千三百七十六两三钱六分二厘；未完解司耗银三百一十七两六钱九分。

道光十五年钱粮完欠动支款目数：

一、已完解支过正银三万八千五百四十一两二钱四分二厘。前款内系动支征完五路及内字号大粮正银三万八千五百三十五两四钱六分二厘，征完学租正银五两七钱八分。

一、未完正银二千三百四两二钱三分七厘。前款内系已入交未解大粮〈正〉银七十四两九钱六厘，已入交未解荒田马场银五十九两五分，应官捐未完正银三十一两八钱二分三厘，实在民欠未完正银二千一百三十八两四钱五分八厘。

以上未完正银二千三百四两二钱三分七厘，内：一、应解司库折色脚价银一百五十两九钱一分四厘。一、应解司库地丁正银二千一百五十三两三钱二分三厘。

一、已完解支过耗银五千三百九十四两九钱六分四厘。前款内系动支五路及内字号大粮〈耗〉银五千三百九十四两九钱六分四厘。

一、未完耗银三百二十二两五钱九分四厘。前款内系已入交未解大粮耗银一十两四钱八分八厘，已入交未解荒田马场耗银八两二钱六分七厘，应官捐未完耗银四两四钱五分五厘，实在民欠未完耗银二百九十九两三钱八分四厘。

以上未完耗银三百二十二两五钱九分四厘，内：一、应支地丁脚费银四两九钱四厘。一、应解司库耗银三百一十七两六钱九分。

（收科刻印另清册一本送阅。速速。八月十三日。）

道光十六年钱粮完欠确数十七、十八两年附①

道光十六年分额征地丁正银四万八百二十两七分四厘，〈内〉：

一、应分解粮道正银一千一百四十三两七钱七分九厘。前款已完解过漕项轻赍银一百五十两八钱七厘、漕项席草银二十九两六钱一分三厘、行粮折色银七百三十八两五钱一分九厘、仓项席草银一十两六钱四分、仓项脚价银一百四十七两、仓项盘费银六十七两二钱。

一、应坐支运漕脚价盘费银六百两二钱六分二厘。前款已完支用讫。

一、应支兑东平、德正两帮润耗银一百八十八两六钱六分。前款已完交帮讫。

一、应支兑东平、德正两帮席片银三两二钱七厘。前款已完交帮讫。

一、应支给青州营德米改折正银一千一百三十两七钱九分。前款已完支领讫。

一、应坐支官俸役食银一千三百二十三两四钱五分。前款已完支领讫。

一、应坐支杂支银二百三十八两四钱七分四厘。前款已完支领讫。

一、应坐支里甲夫马工料银八百八十两七分五厘。前款已

---

① 底本原有“十六年分十七、十八两年附”标题字样，现据目录卷及该字样拟此标题。

完支用讫。

一、应分解学院学租银五两七钱八分。前款已完批解讫。

一、应分解司库举人车价银四两二钱三分三厘。前款已完批解讫。

一、应分解司库折色脚价银一百五十两九钱一分四厘。前款未完。

一、应解起运司库地丁正银三万五千一百五十两四钱五分。前款已完支过文、武庙祭品银五十两，额办阔布例价银九十三两五钱五分二厘；已完解过司库正银三万二千五十三两；未完司库正银二千九百五十三两八钱九分八厘。

道光十六年分额征耗羡并养廉银五千七百一十四两一厘，内：

一、应分解粮道耗银二百六十五两五钱三分八厘。前款已完解过漕项耗羡银二百三十五两一钱三分九厘、仓项耗羡银三十两三钱九分九厘。

一、应坐支漕仓脚费银五两四钱九分。前款已完支过漕项五毫脚费银二两二钱五厘，解过漕项五毫脚费银二两二钱六厘，支过仓项五毫脚费银五钱三分九厘，解过仓项五毫脚费银五钱四分。

一、应支给青州营德米改折耗羡银一百五十八两三钱一分。前款已完支领讫。

一、应支佐杂养廉银一百六十两。前款已完支领讫。

一、应支知县公费银一百六十两。前款已完支领讫。

一、应支地丁脚费银七十两六钱一分一厘。前款已完支过地丁脚费银六十四两一钱六厘，未完未支地丁脚费银六两五钱五厘。

一、应解起运司库耗廉银四千八百九十四两五分二厘。前款已完解过知县养廉银一千二百两，解过司库耗羡银三千二百六十五两八钱八分三厘；未完司库耗银四百二十八两一钱六分九厘。

道光十六年钱粮完欠动支款目数：

一、已完解支过正银三万七千七百一十五两二钱六分二厘。前款内系动支征完五路及内字号大粮正银三万七千七百九两四钱八分二厘，征完学租正银五两七钱八分。

一、未完正银三千一百〇四两八钱一分二厘。前款内系已入交未解大粮正银一千六百一十一两六钱六分二厘，已入交未解荒田马场正银六十二两八分，应官捐未完正银三十一两七钱九分三厘，实在民欠未完正银乙［一］千三百九十九两二钱七分七厘。

以上未完正银三千一百〇四两八钱一分二厘，内：一、应解司库折色脚价银一百五十两九钱一分四厘。一、应解司库地丁正银二千九百五十三两八钱九分八厘。

一、已完解支过耗廉银五千二百七十九两三钱二分七厘。前款内系动支征完五路及内字号大粮耗银五千二百七十九两三钱二分七厘。

一、未完耗银四百三十四两六钱七分四厘。前款内系已入交未解大粮耗银二百二十五两六钱三分三厘，已入交未解荒田马场耗银八两六钱九分一厘，应官捐未完耗银四两四钱五分一厘，实在民欠未完耗银一百九十五两八钱九分九厘。

以上未完耗银四百三十四两六钱七分四厘，内：一、应〔应〕支地丁脚费银六两五钱五厘。一、应解司库耗银四百二十八两一钱六分九厘。

十七年分

道光十七年分额征地丁正银四万八百二十两七分四厘，内：

一、应分解粮道正银一千一百四十三两七钱七分九厘。前款已完解过漕项轻赍银一百五十两八钱七厘、漕项席草银二十九两六钱一分三厘、行粮折色银七百三十八两五钱一分九厘、仓项席草银一十两六钱四分、仓项脚价银一百四十七两、仓项盘费银六十七两二钱。

一、应坐支运漕脚价盘费银六百两二钱六分二厘。前款已完支用讫。

一、应支兑东平、德正两帮润耗银一百八十八两六钱六分。前款已完交帮讫。

一、应支兑东平、德正两帮席片银三两二钱七厘。前款已完交帮讫。

一、应支给青州营德米改折正银一千一百三十两七钱九分。前款已完支领讫。

一、应坐支官俸役食银一千三百二十三两四钱五分。前款已完支领讫。

一、应坐支杂支银二百三十八两四钱七分四厘。前款已完支领讫。

一、应坐支里甲夫马工料银八百八十两七分五厘。前款已完支用讫。

一、应分解学院学租银五两七钱八分。前款已完批解讫。

一、应分〔分〕解司库举人车价银四两二钱三分三厘。前款已完批解讫。

一、应分解司库花红公宴银六两三钱四分八厘。前款已完批解讫。

一、应分解折色脚价银一百五十两九钱一分四厘。前款未完。

一、应解起运司库地丁正银三万五千一百四十四两一钱二厘。前款已完支过文、武庙祭品银五十两，额办阔布例价银九十三两五钱五分二厘，节妇杜刘氏、孙李氏建坊银六十两；已完解过司库正银二万七千四百五十三两五钱一分七厘；未完司库正银七千四百八十七两三分三厘。

临仓项下：正银，解过临仓米折等项正银六百五十五两九钱一分四厘；耗银，解过临仓米折等项耗银八十八两五钱四分八厘。共正耗七百四十四两四钱六分二厘。

德仓项下：正银，解过德仓米折等项正银二十六两九钱七分八厘；耗银，解过德仓米折等项耗银三两六钱四分二厘。截廿四年四月止解过。①

道光十七年分额征耗羡并养廉银五千七百一十四两一厘，内：

一、应分解粮道耗银二百六十五两五钱三分八厘。前款已完解过漕项耗羡银二百三十五两一钱三分九厘、仓项耗羡银三十两三钱九分九厘。

一、应坐支漕仓脚费银五两四钱九分。前款已完支过漕项五毫脚费银二两二钱五厘，解过漕项五毫脚费银二两二钱六厘，支过仓项五毫脚费银五钱三分九厘，解过仓项五毫脚费银五钱四分。

一、应支给青州营德米改折耗银一百五十八两三钱一分。前款已完支领讫。

---

① 以上两段文字或为残篇，现据所在底本的位置排于此。

一、应支佐杂养廉银一百六十两。前款已完支领讫。

一、应支知县公费银一百六十两。前款已完支领讫。

一、应支地丁脚费银七十两六钱一分一厘。前款已完支过地丁脚费银五十四两九钱七厘，未完未支地丁脚费银十五两七钱四厘。

一、应解起运司库耗廉银四千八百九十四两五分二厘。前款已完解过知县养廉银六百两，解过司库耗羡银三千一百七十一两四钱九分二厘；未完知县养廉银六百两、司库耗银五百二十二两五钱六分。

道光十七年钱粮完欠动支款目数：

一、已完解支过正银三万三千一百八十二两一钱二分七厘。前款内系动支征完五路及内字号大粮正银三万三千一百七十六两三钱四分七厘，征完学租正银五两七钱八分。

一、未完正银七千六百三十七两九钱四分七厘。前款内系已入交未解大粮正银六千六百四十二两二钱四分五厘，已入交未解荒田马场正银六十一两三钱五分四厘，应官捐未完正银三十一两七钱九分三厘，实在民欠未完正银九百二两五钱五分五厘。

以上未完正银七千六百三十七两九钱四分七厘，内：一、应解司库折色脚价银一百五十两九钱一分四厘。一、应解司库地丁正银七千四百八十七两三分三厘。

一、已完解支过耗廉银四千五百七十五两七钱三分七厘。前款内系动支征完五路及内字号大粮耗银四千五百七十五两七钱三分七厘。

一、未完耗银一千一百三十八两二钱六分四厘。前款内系已入交未解大粮耗银三百九十八两八钱六分六厘，已入交未解荒田马场耗银八两五钱九分，应官捐未完耗银四两四钱五分一厘，佟任已支未解未抵、应由后任代解代领知县养廉银六百两，实在民欠未完耗银一百二十六两三钱五分七厘。

以上未完耗银一千一百三十八两二钱六分四厘，内：一、应支地丁脚费银十五两七钱四厘。一、应解知县养廉银六百两。一、应解司库耗羡银五百二十二两五钱六分。①

漕粮项下：轻赍银六十四两六钱二分八厘、席草银八两五钱三厘、脚价银一百一十七两四钱八分、盘费银五十三两七钱五厘、润耗银四十六两一钱六分二厘、闰月银一钱四分、行粮折色银二两九钱一厘、行粮脚价银一分二厘，共银二百九十三两五钱三分一厘。该耗银四十一两九分四厘，内除支过五毫脚费银一钱八分八厘，解过五毫脚费银一钱八分八厘，下余耗银四十两七钱一分八厘。

漕粮正银：解过轻赍银六十四两六钱二分八厘、席草银七两七钱一分八厘、行粮折色银二两九钱一厘、行粮脚价银一分三厘、闰月正银一钱四分。漕项耗银：解过漕项耗银四十两三钱、行粮折色脚价耗银三钱九分三厘、闰月耗银一分九厘。以上共解过正耗银一百一十六两一钱一分二厘。

临仓项下：临仓米折正银一千二百六十两二钱五分六厘、席草银一十三两四钱六分六厘、脚价银二百四十八两六分五厘、盘费银八十五两五分一厘、临清常盈仓粟米折色银五百六十六两七钱四分一厘、脚价银一十一两三钱三分四厘，共银二千一百八十四两九钱一分四②厘。该一四耗银三百五两八钱八分八厘，内除支过五毫脚费银五两四钱六分二厘，解过五毫脚费银

---

① 此段位置系根据上下文意调整。

② 疑数字计算有误，似应改“四”为“三”。

五两四钱六分三厘，下余耗银二百九十四两九钱六分三厘。

德仓项下：席草银四两二钱八厘、脚价银五十八两一钱四分四厘、盘费银二十六两五钱八分、拨收高苑德米折色银七钱四分五厘、拨收高苑脚价银一厘，共银八十九两六钱七分八厘。该耗银一十二两五钱五分五厘，内除支过五毫脚费银二钱二分四厘，解过五毫脚费银二钱二分四厘，下余耗银一十二两一钱七厘。

敬启者。敝县庄户王友堂、袁名下有宰村地亩未完钱粮，其地业已卖出，亟应讯明买主，饬合过拨，屡经差传该庄管王元恺去后。无如宰村系新长交界之处，王元恺辄放避匿贵境，抗不到案。现备会票移送尊处，务祈二兄年大人，即赐添派承管新长交界地方之粮差，协同敝县去役，将王元恺传案押解过县，以凭讯拨粮银。是所拜祷。①

十八年分

道光十八年分额征地丁正银四万八百四十五两四钱七分九厘，内：

一、应分解粮道正银一千一百六十九两一钱八分四厘。前款已完解过漕项轻赍银一百四十八两九钱七分九厘，缓征未完银一两八钱二分八厘；漕项席草银二十九两二钱五分四厘，缓征未完银三钱五分九厘；行粮折色银七百二十九两五钱六分七厘，缓征未完银八两九钱五分二厘；闰月正银二十五两九分七厘，缓征未完银三钱八厘；仓项席草银一十两六钱四分；仓项脚价银一百四十七两；仓项盘费银六十七两二钱。

---

① 以上五段文字为底本夹页，现据文意调整位置排于此。

一、应坐支运漕脚价盘费银六百两二钱六分二厘。前款已完支用银五百九十二两九钱八分六厘，缓征未完银七两二钱七分六厘。

一、应支兑东平、德正两帮润耗银一百八十八两六钱六分。前款已完交帮银一百八十六两三钱七分三厘，缓征未完银二两二钱八分七厘。

一、应支兑东平、德正两帮席片银三两二钱七厘。前款已完交帮银三两一钱六分八厘，缓征未完银三分九厘。

一、应支给青州营德米改折正银一千一百三十两七钱九分。前款已完支领讫。

一、应坐支官俸役食银一千三百二十三两四钱五分。前款已完支领讫。

一、应坐支杂支银二百三十八两四钱七分四厘。前款已完支领讫。

一、应坐支里甲夫马工料银八百八十两七分五厘。前款已完支用讫。

一、应分解学院学租银五两七钱八分。前款已完批解讫。

一、应分解司库举人车价银四两二钱三分三厘。前款已完批解讫。

一、应分解司库折色脚价银一百五十两九钱一分四厘。前款未完。

一、应解起运司库地丁正银三万五千一百五十两四钱五分。前款已完支过文、武庙祭品银五十两，额办阔布例价银九十三两五钱五分二厘，寇罗氏一产三男米布银五两，旌表幼尼绪望建坊银十五两；已完解过司库正银三万二千三百两；未完司库正银二千六百八十六两八钱九分八厘。

道光十八年分额征耗羡并养廉银五千七百一十七两五钱五分八厘，内：

一、应分解粮道耗银二百六十八两九钱七分三厘。前款已完解过漕项耗羡银二百三十二两二钱八分八厘短一厘，缓征未完银二两八钱五分；仓项耗银三十两三钱九分九厘；闰月耗羡银三两三钱九分四厘，缓征未完银四分一厘。

一、应坐支漕仓脚费银五两六钱一分二厘。前款已完支过漕项五毫脚费银二两一钱七分八厘，缓征未完银二分七厘；解过漕项五毫脚费银二两一钱七分九厘，缓征未完银二分七厘；支过仓项五毫脚费银五钱三分九厘；解过仓项五毫脚费银五钱四分；支过闰月脚费银一钱二分，缓征未完银二厘。轻赍、席草、行粮折色等项脚费共四两三钱五分七厘，内除解过五毫脚费二两一钱七分九厘，下余即是支过五毫脚费之数。额解脚费之中，除去现解之数，即是缓征之数，应支亦如是。

一、应支给青州营德米改折耗银一百五十八两三钱一分。前款已完支领讫。

一、应支佐杂养廉银一百六十两。前款已完支领讫。

一、应支知县公费银一百六十两。前款已完支领讫。

一、应支地丁脚费银七十两六钱一分一厘。前款已完支过地丁脚费银六十四两六钱，未完未支地丁脚费银六两一分一厘。

一、应解起运司库耗廉银四千八百九十四两五分二厘。前款已完解过知县养廉银九百两，解过司库耗羡银三千三百二十二两；未完知县养廉银三百两、司库耗银三百七十二两五分二厘。

道光十八年钱粮完欠动支款目数：

一、已完解支过正银三万七千九百八十六两六钱一分八厘。

前款内系动支征完五路及内字号〈大粮〉正银三万七千六百一十二两八钱八分九厘，征完学租正银五两七钱八分，征完荒田马场正银六十二两八分，官捐钱粮正银三十一两八钱二分三厘，官垫民欠正银二百七十四两四分六厘。

一、未完正银二千八百五十八两八钱六分一厘。前款内系实在民欠未完司库正银二千六百八十六两八钱九分八厘，实在民欠未完司库折色脚价银一百五十两九钱一分四厘，实在民欠未完漕项正银二十一两四分九厘。又实在民欠正银二百七十四两〇四分六厘。前款实系民欠，应归补官垫正银二百七十四两〇四分六厘。

一、已完解支过耗廉银五千三十六两五钱四分七厘。前款内系动支〈征完〉五路及内字号大粮耗银五千三十六两五钱四分七厘。

一、未完耗银六百八十一两〇一分一厘。前款内系已入交未完大粮耗银二厘，已入交未解荒田马场耗银八两六钱九分一厘，邓任已支未解未抵、应由后任代解代领知县养廉银二百二十九两二钱五分五厘，应官捐未完耗银四两四钱五分五厘，实在民欠未完养廉银七十两七钱四分五厘、耗银三百六十七两八钱六分三厘。

以上未完耗银六百八十一两〇一分一厘，内：一、应支地丁脚费银六两一分一厘。一、应解短解漕项耗银一厘。一、应解漕项缓征未完耗银二两九钱四分七厘。一、应解知县养廉银三百两。一、应解司库耗银三百七十二两五分二厘。

（收科刻印照抄一本送阅。速速。八月十九日。）

道光十九年钱粮完欠确数二十年附

道光十九年分额征地丁正银四万八百二十两七分四厘，内：

一、应分解粮道正银一千一百四十三两七钱七分九厘。前款已完解过漕项轻赍银一百四十七两八分一厘，缓征未完银三两七钱二分六厘；漕项席草银二十八两八钱八分一厘，缓征未完银七钱三分二厘；行粮折色银七百二十两二钱七分二厘，缓征未完银一十八两二钱四分七厘；仓项席草银一十两六钱四分；仓项脚价银一百四十七两；仓项盘费银六十七两二钱。

一、应坐支运漕脚价盘费银六百两二钱六分二厘。前款已完支用银五百八十五两四钱三分，缓征未完银一十四两八钱三分二厘。

一、应支兑东平、德正两帮润耗银一百八十八两六钱六分。前款已完交帮银一百八十三两九钱九分九厘，缓征未完银四两六钱六分一厘。

一、应支兑东平、德正两帮席片银三两二钱七厘。前款已完交帮银三两一钱二分八厘，缓征未完银七分九厘。

一、应支给青州营德米改折正银一千一百三十两七钱九分。前款已完支领讫。

一、应坐支官俸役食银一千三百二十三两四钱五分。前款已完支领讫。

一、应坐支杂支银二百三十八两四钱七分四厘。前款已完支领讫。

一、应坐支里甲夫马工料银八百八十两七分五厘。前款已完支用讫。

一、应分解学院学租银五两七钱八分。前款已完批解讫。

一、应分解司库举人车价银四两二钱三分三厘。前款已完批解讫。

一、应分解司库花红公宴银六两三钱四分八厘。前款已完批解讫。

一、应分解司库折色脚价银一百五十两九钱一分四厘。前款未完。

一、应解起运司库地丁正银三万五千一百四十四两一钱二厘。前款已完支过文、武庙祭品银五十两，额办阔布例价银九十三两五钱五分二厘，节妇吕李氏、李贾氏建坊银六十两，寿民张盖臣建坊银三十两；已完解过司库正银三万四百九十九两三钱一分六厘；未完司库正银四千四百一十一两二钱三分四厘。

道光十九年分额征耗羡并养廉银五千七百一十四两一厘，内：

一、应分解粮道耗银二百六十五两五钱三分八厘。前款已完解过漕项耗银二百二十九两三钱二分九厘，缓征未完银五两八钱一分；仓项耗羡银三十两三钱九分九厘。

一、应坐支漕仓脚费银五两四钱九分。前款已完支过漕项五毫脚费银二两一钱五分一厘，缓征未完银五分四厘；解过漕项五毫脚费银二两一钱五分一厘，缓征未完银五分五厘；支过仓项五毫脚费银五钱三分九厘；解过仓项五毫脚费银五钱四分。

一、应支给青州营德米改折耗银一百五十八两三钱一分。前款已完支领讫。

一、应支佐杂养廉银一百六十两。前款已完支领讫。

一、应支知县公费银一百六十两。前款已完支领讫。

一、应支地丁脚费银七十两六钱一分一厘。前款已完支过脚费银六十两九钱九分九厘，未完未支脚费银九两六钱一分二厘。

一、应解起运司库耗廉银四千八百九十四两五分二厘。前款已完解过知县养廉银九百两，解过司库耗羡银三千六十四两九钱四分三厘；未完知县养廉银三百两、司库耗羡银六百二十九两一钱〇九厘。

道光十九年钱粮完欠动支款目数：

一、已完解支过正银三万六千二百一十五两六钱四分九厘。前款内系动支征完五路及内字号大粮正银三万六千二百九两八钱六分九厘，征完学租正银五两七钱八分。

一、未完正银四千六百〇四两四钱二分五厘。前款内系已入交未解大粮正银三钱三分六厘，已入交未解荒田马场正银六十两一钱三分七厘，应官捐未完正银三十一两七钱九分三厘，实在民欠未完正银四千五百一十二两一钱五分九厘。

以上未完正银四千六百〇四两四钱二分五厘，内：一、应解司库折色脚价银一百五十两九钱一分四厘。一、应解司库地丁正银四千四百一十一两二钱三分四厘。一、应解兑漕项正银四十二两二钱七分七厘。

一、已完解支过耗廉银四千七百六十九两三钱六分一厘。前款内系动支征完五路及内字号大粮耗银四千七百六十九两三钱六分一厘。

一、未完耗银九百四十四两六钱四分。前款内系已入交未解大粮耗银四分七厘，已入交未解荒田马场耗〈银〉八两四钱一分九厘，长支地丁脚费银二分一厘，封任已支未解未抵、应由后任代解代领知县养廉银三百两，应官捐未完耗银四两四钱五分一厘，实在民欠未完耗银六百三十一两七钱二厘。

以上未完耗银九百四十四两六钱四分，内：一、应支地丁脚费银九两六钱一分二厘。一、应解支漕项耗银五两九钱一分九厘。一、应解知县养廉银三百两。一、应解司库耗银六百二十九两一钱〇九厘。

道光二十年分额征地丁正银四万八百二十两七分四厘，内：

一、应分解粮道正银一千一百四十三两七钱七分九厘。前款已完解过漕项轻赍银一百四十六两五钱七分二厘，缓征未完银四两二钱三分五厘；漕项席草银二十八两七钱八分一厘，缓征未完银八钱三分二厘；行粮折色银七百一十七两七钱八分二厘，缓征未完银二十两七钱三分七厘；仓项席草银一十两六钱四分；仓项脚价银一百四十七两；仓项盘费银六十七两二钱。

一、应坐支运漕脚价盘费银六百两二钱六分二厘。前款已完支用银五百八十三两四钱七厘，缓征未完银一十五两八钱五分五厘。

一、应支兑东平、德正两帮润耗银一百八十八两六钱六分。前款已完交帮银一百四十四两四钱八分二厘，解过粮道银三十八两八钱八分短一厘，缓征未完银五两二钱九分七厘。

一、应支兑东平、德正两帮席片银三两二钱七厘。前款已完交帮银二两四钱五分五厘，解过粮道银六钱六分一厘短一厘，缓征未完银九分。

一、应支给青州营德米改折正银一千一百三十两七钱九分。前款已完支领讫。

一、应坐支官俸役食银一千三百二十三两四钱五分。前款已完支领讫。

一、应坐支杂支银二百三十八两四钱七分四厘。前款已完支领讫。

一、应坐支里甲夫马工料银八百八十两七分五厘。前款已完支用讫。

一、应分解学院学租银五两七钱八分。前款已完批解讫。

一、应分解司库举人车价银四两二钱三分三厘。前款已完批解讫。

一、应分解司库折色脚价银一百五十两九钱一分四厘。前款未完。

一、应解起运司库地丁正银三万五千一百五十两四钱五分。前款已完支过文、武庙祭品银五十两，额办阔布例价银九十三两五钱五分二厘；已完解过司库正银三万一千九十二两五钱七分六厘；未完司库正银三千九百一十四两三钱二分二厘。

道光二十年分额征耗羡并养廉银五千七百一十四两一厘，内：

一、应分解粮道耗银二百六十五两五钱三分八厘。前款已完解过漕项耗银二百二十八两五钱三分六厘，缓征未完耗银六两六钱三厘；仓项耗银三十两三钱九分九厘。

一、应坐支漕仓脚费银五两四钱九分。前款已完支过漕项五毫脚费银二两一钱四分三厘，缓征未完银六分二厘；解过漕项五毫脚费银二两一钱四分四厘，缓征未完银六分二厘；支过仓项五毫脚费银五钱三分九厘；解过仓项五毫脚费银五钱四分。

一、应支给青州营德米改折耗银一百五十八两三钱一分。前款已完支领讫。

一、应支佐杂养廉银一百六十两。前款已完支领讫。

一、应支知县公费银一百六十两。前款已完支领讫。

一、应支地丁脚费银七十两六钱一分一厘。前款已完支过地丁脚费银六十二两一钱八分五厘，未完未支脚费银八两四钱二分六厘。

一、应解起运司库耗廉银四千八百九十四两五分二厘。前款已完解过知县养廉银一千二百两，解过司库耗羡银三千一百三十三两四钱五分；未完司库耗羡银五百六十两六钱二厘。

道光二十年钱粮完欠动支款目数：

一、已完解支过正银三万六千七百六两七钱九分。前款内系动支征完五路〈及〉内字号〈大粮〉正银三万六千七百一两一分，征完学租正银五两七钱八分。

一、未完正银四千一百一十三两二钱八分四厘。前款内系已入交未解大粮正银二百四十九两六钱二分四厘，已入交未解荒田马场正银六十六两三钱七分八厘，应官捐未完正银三十一两七钱九分三厘，短交两帮润耗席片等项银二厘，实在民欠未完正银三千七百六十五两四钱八分七厘。

以上未完正银四千一百一十三两二钱八分四厘，内：一、应解司库折色脚价银一百五十两九钱一分四厘。一、应解司库地丁正银三千九百一十四两三钱二分二厘。一、应解兑漕项正银四十八两〇四分六厘。一、应交短交两帮润耗席片等银二厘。

一、已完解支过耗廉银五千一百三十八两二钱四分六厘。前款内系动支征完五路及内字号大粮耗银五千一百三十八两二钱四分六厘。

一、未完耗银五百七十五两七钱五分五厘。前款内系已入交未解大粮耗银三十四两八钱三分五厘，已入交未解荒田马场耗银九两二钱九分三厘，长支脚费银八厘，应官捐未完耗银四两四钱五分一厘，实在民欠未完耗银五百二十七两一钱六分八厘。

以上未完耗银五百七十五两七钱五分五厘，内：一、应支地丁脚费银八两四钱二分六厘。一、应解支漕项耗银六两七钱二分七厘。一、应解司库耗银五百六十两六钱二厘。

（发收科刻即清送。速速。八月廿二日。）

道光二十一年钱粮完欠确数二十二年附

道光二十一年分额征地丁正银四万八百四十五两四钱七分九厘，内：

一、应分解粮道正银一千一百六十九两一钱八分四厘。前款已完解过漕项轻赍银一百五十两八钱七厘、漕项席草银二十九两六钱一分三厘、行粮折色银七百三十八两五钱一分九厘、闰月正银二十五两四钱五厘、仓项席草银一十两六钱四分、仓项脚价银一百四十七两、仓项盘费银六十七两二钱。

一、应坐支运漕脚价盘费银六百两二钱六分二厘。前款已完支用讫。

一、应支兑东平、德正两帮润耗银一百八十八两六钱六分。前款已完交帮讫。

一、应支兑东平、德正两帮席片银三两二钱七厘。前款已完交帮讫。

一、应支给青州营德米改折正银一千一百三十两七钱九分。前款已完支领讫。

一、应坐支官俸役食银一千三百二十三两四钱五分。前款已完支领讫。

一、应坐支杂支银二百三十八两四钱七分四厘。前款已完支领讫。

一、应坐支里甲夫马工料银八百八十两七分五厘。前款已完支用讫。

一、应分解学院学租正银五两七钱八分。前款已完批解讫。

一、应分解司库举人车价银四两二钱三分三厘。前款已完批解讫。

一、应分解司库折色脚价银一百五十两九钱一分四厘。前款未完。

一、应解起运司库地丁正银三万五千一百五十两四钱五分。前款已完支过文、武庙祭品银五十两，额办阔布例价银九十三两五钱五分二厘，节妇高王氏建坊银三十两；已完解过司库正银二万八千五百八两七钱一分；未完司库正银六千四百六十八两一钱八分八厘。

道光二十一年分额征耗廉银五千七百一十七两五钱五分八厘，内：

一、应分解粮道耗银二百六十八两九钱七分三厘。前款已完解过漕项耗羡银二百三十五两一钱三分九厘、仓项耗银三十两三钱九分九厘、闰月耗银三两四钱三分五厘。

一、应坐支漕仓脚费银五两六钱一分二厘。前款已完支过漕项五毫脚费银二两二钱五厘，解过漕项五毫脚费银二两二钱六厘，支过仓项五毫脚费银五钱三分九厘，解过仓项五毫脚费银五钱四分，支过闰月脚费银一钱二分二厘。

一、应支给青州营德米改折耗银一百五十八两三钱一分。前款已完支领讫。

一、应支佐杂养廉银一百六十两。前款已完支领讫。

一、应支知县公费银一百六十两。前款已完支领讫。

一、应支地丁脚费银七十两六钱一分一厘。前款已完支脚费银五十七两一分七厘，未完未支银一十三两五钱九分四厘。

一、应解起运司库耗廉银四千八百九十四两五分二厘。前款已完解过知县养廉银一千二百两，解过司库耗银二千七百八十两九钱六分四厘；未完解司库耗银九百一十三两八分八厘。

道光二十一年钱粮完欠动支款目数：

一、已完解支过正银三万四千二百二十六两三钱七分七厘。前款内系动支〈征完〉五路及内字号大粮正银三万四千二百二十两五钱九分七厘，征完学租正银五两七钱八分。

一、未完正银六千六百一十九两一钱二厘。前款内已入交未解大粮正银三千七百五十五两四钱二分，已入交未解荒田马场正银六十四两四钱六分二厘，应官捐未完正银三十一两八钱二分三厘，实在民欠未完正银二千七百六十七两三钱九分七厘。

以上未完正银六千六百一十九两一钱二厘，内：一、应解司库折色脚价银一百五十两九钱一分四厘。一、应解司库正银六千四百六十八两一钱八分八厘。

一、已完解支过耗银四千七百九十两八钱七分六厘。前款内系动支〈征完〉五路及内字号〈大粮〉耗银四千七百九十两八钱七分六厘。

一、未完耗银九百二十六两六钱八分二厘。前款内系已入交未解大粮耗银五百二十五两七钱六分六厘，已入交未解荒田马场耗银九两二分五厘，应官捐未完耗银四两四钱五分五厘，实在民欠未完耗银三百八十七两四钱三分六厘。

以上未完耗银九百二十六两六钱八分二厘，内：一、应支地丁脚费银一十三两五钱九分四厘。一、应解司库耗银九百一十三两八分八厘。

道光二十二年分额征地丁正银四万八百二十两七分四厘，内：

一、应分解粮道正银一千一百四十三两七钱七分九厘。前款已完解过漕项轻赍银一百五十两八钱七厘、漕项席草银二十九两六钱一分三厘、行粮折色银七百三十八两五钱一分九厘、仓项席草银一十两六钱四分、仓项脚价银一百四十七两、仓项盘费银六十七两二钱。

一、应坐支运漕脚价盘费银六百两二钱六分二厘。前款已完支用讫。

一、应支兑东平、德正两帮润耗银一百八十八两六钱六分。前款已完交帮讫。

一、应支兑东平、德正两帮席片银三两二钱七厘。前款已完交帮讫。

一、应支给青州营德米改折正银一千一百三十两七钱九分。前款已完支领讫。

一、应坐支官俸役食银一千三百二十三两四钱五分。前款已完支领讫。

一、应坐支杂支银二百三十八两四钱七分四厘。前款已完支领讫。

一、应坐支里甲夫马工料银八百八十两七分五厘。前款已完支用讫。

一、应分解学院学租正银五两七钱八分。前款已完批解讫。

一、应分解司库举人车价银四两二钱三分三厘。前款已完批解讫。

一、应分解司库折色脚价银一百五十两九钱一分四厘。前款未完。

一、应解起运司库地丁正银三万五千一百五十两四钱五分。前款已完支过文、武庙祭品银五十两，节妇徐马氏建坊银三十两；已完解过司库地丁正银一万九千一百七两七钱八分九厘；未完司库正银一万五千九百六十二两六钱六分一厘。

道光二十二年分额征耗廉银五千七百一十四两一厘，内：

一、应分解粮道耗银二百六十五两五钱三分八厘。前款已完解过漕项耗羡银二百三十五两一钱三分九厘、仓项耗银三十两三钱九分九厘。

一、应坐支漕仓脚费银五两四钱九分。前款已完支过漕项五毫脚费银二两二钱五厘，解过漕项五毫脚费银二两二钱六厘，支过仓项五毫脚费银五钱三分九厘，解过仓项五毫脚费银五钱四分。

一、应支给青州营德米改折耗银一百五十八两三钱一分。前款已完支领讫。

一、应支佐杂养廉银一百六十两。前款已完支领讫。

一、应支知县公费银一百六十两。前款已完支领讫。

一、应支地丁脚费银七十两六钱一分一厘。前款已完支过脚费银三十八两二钱一分六厘，未完未支脚费银三十二两三钱九分五厘。

一、应解起运司库耗廉银四千八百九十四两五分二厘。前款已完解过知县养廉银一千二百两，解过司库耗羡银一千七百两一钱一分三厘；未完司库耗银一千九百九十三两九钱三分九厘。

道光二十二年钱粮完欠动支款目数：

一、已完解支过正银二万四千七百六两四钱九分九厘。前款内系动支〈征完〉五路及内字号大粮正银二万四千六百九十二两八钱七分七厘，征完荒田正银六钱五厘，征完学租正银五两七钱八分，祝任垫支德米改折正银七两二钱三分七厘。

一、未完正银一万六千一百一十三两五钱七分五厘。前款内系章任已入交未解大粮正银一万四千八百九十四两九钱一分九厘，内应拨还祝任垫支德米改折正银七两二钱三分七厘外，实该接收候解正银一万四千八百八十七两六钱八分二厘；章任已入交未解荒田马场正银六十五两二钱五分一厘；应官捐未完正银三十一两七钱九分三厘；实在民欠未完正银一千一百二十八两八钱四分九厘。

以上未完正银一万六千一百一十三两五钱七分五厘，内：一、应解司库折色银脚价银一百五十两九钱一分四厘。一、应解司库地丁正银一万五千九百六十二两六钱六分一厘。

一、已完解支过耗银三千六百八十七两六钱六分七厘。前款内系动支征完五路及内字号大粮耗银三千六百八十六两五钱六分九厘，征完荒田耗银八分五厘，祝任垫支德米改折耗银一两一分三厘。

一、未完耗银二千二十六两三钱三分四厘。前款内系章任已入交未解大粮耗银二千一百五十五两七钱一分四厘，内除由章任领款项下拨解养廉银三百两，下剩实应交银一千八百五十五两七钱一分四厘，内应拨还祝任垫支德米改折耗银一两一分三厘，实该接收候解银一千八百五十四两七钱一厘；章任已入交未解荒田马场耗银九两一钱三分五厘；章任长支脚费银八厘；应官捐未完耗银四两四钱五分一厘；实在民欠未完耗银一百五十八两三分九厘。

以上未完耗银二千二十六两三钱三分四厘，内：一、应支地丁脚费银三十二两三钱九分五厘。一、应解司库地丁耗银一千九百九十三两九钱三分九厘。

道光二十二年章任经征钱粮解支完欠数，额征地丁正银四万八百二十两七分四厘，内：

一、应分解粮道正银一千一百四十三两七钱七分九厘。前款已完解过漕项轻赍银一百五十两八钱七厘、漕项席草银二十九两六钱一分三厘、行粮折色银七百三十八两五钱一分九厘、仓项席草银一十两六钱四分、仓项脚价银一百四十七两、仓项盘费银六十七两二钱。

一、应坐支运漕脚价盘费银六百两二钱六分二厘。前款已完支用讫。

一、应支兑东平、德正两帮润耗银一百八十八两六钱六分。前款已完交帮讫。

一、应支兑东平、德正两帮席片银三两二钱七厘。前款已完交帮讫。

一、应支给青州营德米改折正银一千一百三十两七钱九分。前款已完支过银一千八十八两三钱八分六厘，未完未支银四十二两四钱四厘。

一、应坐支官俸役食银一千三百二十三两四钱五分。前款已完支领讫。

一、应坐支杂支银二百三十八两四钱七分四厘。前款已完支领讫。

一、应坐支里甲夫马工料银八百八十两七分五厘。前款已完支领讫。

一、应分解学院学租银五两七钱八分。前款已完批解讫。

一、应分解司库举人车价〈银〉四两二钱三分三厘。前款已完批解讫。

一、应分解司库折色脚价银一百五十两九钱一分四厘。前款未完。

一、应解起运司库地丁正银三万五千一百五十两四钱五分。前款已完支过文、武庙祭品银五十两，已完解过司库地丁正银一万九千一十五两二分八厘，未完司库正银一万六千八十五两四钱二分二厘。

道光二十二年分额征耗廉银五千七百一十四两一厘，内：

一、应分解粮道耗银二百六十五两五钱三分八厘。前款已完解过漕项耗银二百三十五两一钱三分九厘、仓项耗银三十两三钱九分九厘。

一、应坐支漕仓脚费银五两四钱九分。前款已完支过漕项五毫脚费银二两二钱五厘，解过漕项五毫脚费银二两二钱六厘，支过仓项五毫脚费银五钱三分九厘，解过仓项五毫脚费银五钱四分。

一、应支给青州营德米改折耗银一百五十八两三钱一分。前款已完支过银一百五十二两三钱七分四厘，未完未支银五两九钱三分六厘。

一、应支佐杂养廉银一百六十两。前款已完支领讫。

一、应支知县公费银一百六十两。前款已完支领讫。

一、应支地丁脚费银七十两六钱一分一厘。前款已完支过地丁脚费银三十八两三分，未完未支脚费银三十二两五钱八分一厘。

一、应解起运司库耗廉银四千八百九十四两五分二厘。前款已完解过知县养廉银一千二百两内三百两系由章任领款项下拨解，解过司库耗银一千六百八十三两一钱一分二厘；未完司库耗银二千一十两九钱四分。

道光二十二年章任征完钱粮动支款目数：

一、已完解支过正银二万四千五百四十一两三钱三分四厘。前款内系动支〈征完〉五路及内字号大粮正银二万四千五百三十五两五钱五分四厘，征完学租正银五两七钱八分。

一、未完正银一万六千二百七十八两七钱四分。前款内系章任已入交未解大粮正银一万四千八百九十四两九钱一分九厘，已入交未解荒田马场正银六十五两二钱五分一厘，应官捐未完正银三十一两七钱九分三厘，实在民欠未完正银一千二百八十六两七钱七分七厘。

以上未完正银一万六千二百七十八两七钱四分，内：一、应解司库折色脚价银一百五十两九钱一分四厘。一、应支德米改折正银四十二两四钱四厘。一、应〈解〉司库地丁正银一万六千八十五两四钱二分二厘。

一、已完解支过耗廉银三千六百六十四两五钱四分四厘。前款内系动支五路及内字号大粮耗银三千六百六十四两五钱四分四厘。

一、未完耗银二千四十九两四钱五分七厘。前款内系章任入交未解大粮耗银二千一百五十五两七钱一分四厘，内除由章任领款项下拨解养廉银三百两，下剩实应交银一千八百五十五两七钱一分四厘；章任已入交未解荒田马场耗银九两一钱三分五厘；章任长支脚费银八厘；应官捐未完耗银四两四钱五分一厘；实在民欠未完耗银一百八十两一钱四分九厘。

以上未完耗银二千四十九两四钱五分七厘，内：一、应支地丁脚费银三十二两五钱八分一厘。一、应支德米改折耗银五两九钱三分六厘。一、应解司库地丁耗银二千一十两九钱四分。

道光二十二年分祝任接征未完正银一千三百一十八两五钱七分：

一、自二十三年开征起至年底止，征完大粮正银一百五十七两三钱二分三厘、荒田正银六钱五厘，二共征完正银一百五十七两九钱二分八厘；解过司库地丁正银九十二两七钱六分一厘，支过德米改折正银三十五两一钱六分七厘，支过徐马氏建坊银三十两。

一、未完正银一千一百六十两六钱四分二厘。前款内系官捐未完银三十一两七钱九分三厘，实在民欠银一千一百廿八两八钱四分九厘。

又，祝任垫支德米改折正银七两二钱三分七厘，应于章任交出二十二年地丁银内扣还归款。

道光二十二年分祝任接征未完耗银一百八十四两六钱：

一、自二十三年开征起至年底止，征完大粮耗银二十二两二分五厘、荒田耗银八分五厘，二共征完正银二十二两一钱一分；解过司库地丁耗银一十七两一厘，支过德米改折耗银四两九钱二分三厘，支过地丁脚费银一钱八分六厘。

一、未完耗银一百六十二两四钱九分。前款内系官捐未完耗银四两四钱五分一厘，实在民欠耗银一百五十八两三分九厘。

又，祝任垫支德米改折耗银一两一分三厘，应于章任交出二十二年地丁耗银内扣还归款。

（收科刻即清送。速速。八月廿四日。）

道光二十三年钱粮完欠确数

道光二十三年分额征地丁正银四万八百四十五两四钱七分九厘，内：

一、应分解粮道正银一千一百六十九两一钱八分四厘。前款已完解过漕项轻赍银一百五十两八钱七厘、漕项席草银二十九两六钱一分三厘、行粮折色银七百三十八两五钱一分九厘、闰月正银二十五两四钱五厘、仓项席草银一十两六钱四分、仓项脚价银一百四十七两、仓项盘费银六十七两二钱。

一、应坐支运漕脚价盘费银六百两二钱六分二厘。前款已完支用讫。

一、应支兑东平、德正两帮润耗银一百八十八两六钱六分。前款已完交帮讫。

一、应支兑东平、德正两帮席片银三两二钱七厘。前款已完交帮讫。

一、应支给青州营德米改折正银一千一百三十两七钱九分。前款已完支领讫。

一、应坐支官俸役食银一千三百二十三两四钱五分。前款已完支领讫。

一、应坐支杂支银二百三十八两四钱七分四厘。前款已完支领讫。

一、应坐支里甲夫马工料银八百八十两七分五厘。前款已完支用讫。

一、应分解学院学租银五两七钱八分。前款已完批解讫。

一、应分解司库举人车价银四两二钱三分三厘。前款未完。

一、应分解司库花红公宴银六两三钱四分八厘。前款已完批解讫。

一、应分解司库折色脚价银一百五十两九钱一分四厘。前款未完。

一、应解起运司库地丁正银三万五千一百四十四两一钱二厘。前款已完支过文、武庙祭品银五十两，已完解过司库正银三万二千一百八十七两一钱四分二厘，未完司库正银二千九百六两九钱六分。

道光二十三年分额征耗廉银五千七百一十七两五钱五分八厘，内：

一、应分解粮道耗银二百六十八两九钱七分三厘。前款已完解过漕项耗银二百三十五两一钱三分九厘、仓项耗银三十两三钱九分九厘、闰月耗银三两四钱三分五厘。

一、应坐支漕仓脚费银五两六钱一分二厘。前款已完支过漕项五毫脚费银二两二钱五厘，解过漕项五毫脚费银二两二钱六厘，支过仓项五毫脚费银五钱三分九厘，解过仓项五毫脚费银五钱四分，支过闰月脚费银一钱二分二厘。

一、应支给青州营德米改折耗银一百五十八两三钱一分。前款已完支领讫。

一、应支佐杂养廉银一百六十两。前款已完支领讫。

一、应支知县公费银一百六十两。前款已完支领讫。

一、应支地丁脚费银七十两六钱一分一厘。前款已完支过地丁脚费银六十四两三钱七分四厘，未完未支地丁脚费银六两二钱三分七厘。

一、应解起运司库耗廉银四千八百九十四两五分二厘。前款已完解过知县养廉银一千二百两，解过司库耗银三千二百一十两七分八厘；未完司库耗银四百八十三两九钱七分四厘。

道光二十三年钱粮完欠动支款目数：

一、已完解支过正银三万七千七百八十三两三钱七分二厘。前款内系动支征完五路及内字号〈大粮正银〉三万七千七百七十七两五钱九分二厘，征完学租正银五两七钱八分。

一、未完正银三千六十二两一钱七厘。前款内系已征未解大粮正银二千六百三十六两八分一厘，已征未解荒田马场正银六十四两四钱一分九厘，应官捐未完正银三十一两八钱二分三厘，实在民欠未完正银三百二十九两七钱八分四厘。

以上未完正银三千六十二两一钱七厘，内：一、应解司库举人车价银四两二钱三分三厘。一、应解司库折色脚价银一百五十两九钱一分四厘。一、应解司库地丁正银二千九百六两九钱六分。

一、已完解支过耗银五千二百二十七两三钱四分七厘。前款内系动支征完五路及内字号大粮耗银五千二百二十七两三钱四分七厘。

一、未完耗银四百九十两二钱一分一厘。前款内系已征未解大粮耗银四百三十两五钱六分七厘，已征未解荒田马场耗银九两一分九厘，应官捐未完耗银四两四钱五分五厘，实在民欠未完耗银四十六两一钱七分。

以上未完耗银四百九十两二钱一分一厘，内：一、应支地丁脚费银六两二钱三分七厘。一、应解司库地丁耗银四百八十三两九钱七分四厘。

解折色脚价、举人车价、花红公宴均应支一厘脚费，此本内系作不支扣算。

文、武庙祭品，添办、额办阔布，以及建坊、黄蜡牛筋，并一切应由起运司库项下动支者，地丁全完之年均应支出一厘脚费，另作杂款批解即节省脚费；非全完之年，即应按已完解之数核支祭品等项，脚费不能支出，另作杂款批解。盖脚费额数，系以额解司库正银及举人车价、折色脚价等项正银计算之项。倘遇地丁全完之年，额解司库银内阔布等项应行登除，司库正银既不足额，脚费即有余剩。此项余费既不能并入额解耗羡银内，又不能另作正款批解，是以作为杂款。若非全完之年，祭品等项脚费即不能支出另纳。是以奏销案内，脚费一项先照额支之数于应支项下声除，其造报支用数目则按已解之数核算，倘有多支，即与已征未解耗羡无异。

第八本

交代章程

为设法清理未结交代、查办已参未参亏案，筹议章程，以杜弊延而归简易，详请核示事。

切查例载，州县交代定限两个月出结申府。若仓谷二万五千石以上者准展限十五日，五万石以上者准展限一个月；钱粮五万两以上者准展限十五日，十万两以上者准展限一个月，十五万两以上者展限四十五日。或一人而两任交代者许展限一个月，如有迟延，该管上司将何任迟延查明开参。

又，州县盘查交代，正限内不能完结，照例查参议处。其二参限期仍照初参之例，扣限两个月。旧任官造册限二十日，新任官查核转造限四十日，总以两个月完结，不得以新旧两任辗转驳查为词莫免二参处分。如逾限不结，该管上司将何任迟延查明揭报，该督抚即行题参查。系旧任官于二参分限二十日之外移交，以致新任之员不能依限出结，将旧任官革职、新任官免议；如旧任系二参分限二十日之内造册移交，新任官迟至分限四十日之外始行出结，将新任官革职、旧任官免议；又司道府州县官交代附前官亏缺，接任官不行揭报接受交代，该管督抚题参将旧任官革职治罪、新任官革职，欠项照例赔补各等语。

定例何等森严，岂容任意〈迟〉延。无如东省交代积习相沿，牢不可破，有官经屡更交代、延不清算者，核计未结交代共有二百三余案。陈陈相因，伊于胡底？以致亏欠之员乘机寄顿，迨经参办查抄，家资全无，帑归悬宕；无亏人员，因未算明结报，羁留东省，徒受拖累。推原其故，总因该管府州瞻徇情面，希图弥缝，并不认真督饬确算，遂致巧诈劣员，百弊丛生。旧任则以无着滥款混行开抵掩饰亏，新任则以应抵领项有意驳减图便宜，监交之员不肯持正定议，该管府州不为秉公决断。互相纠缠，总无结期。升调补缺者不待交代出结即行赴任，候补试用人员不俟交案算清照常轮委，置例限于不问，谁复知所忌惮。若不严定章程，立限查办，何以挽回积习、清厘交案？

本署司悉心筹应，请将未结交代各案，自奉批之日起，总限两个月，责成该管府州概行提府，督饬监交委员会同前后任秉公确算，如有亏挪，据实揭报。倘系旧任混行狡赖，新任有意措勒，亦即分别详揭请参，逾限不结，一并提省核办。总俟澈底算明，有亏揭参，无亏结报，方准回任。其升调补缺及试用候补人员交代算清，方准赴任轮委；如不清结，即行扣留。如一县交代官有数任算清人员，若令等候齐全，未免向隅，应令算清一任即出一任单结，由府州备文，道司核办。系升调补缺候补试用人员，即准赴任轮委；丁忧、告病、改教、终养人员，即准请咨回籍。如有虚出通关情弊，照例严参惩办。倘该管府州明知属员亏挪，以及前官狡赖、后任措勒，徇情不揭，并将该管府州照徇庇例，详参示惩。新案交代仍照例限核办，逾限不结亦即提省，照此办理。至已、未参办亏空各案延搁日久尚未定案，以致亏项延宕不完，仓库无从归补，亦须设法办结，以免弊延。

本署司悉心查核，司中档案系属年款，州县交代系按交卸，即如征收项下，固有尽征尽解、据实申报者，亦有征多报少者；仓谷项下出借征还、买补平粜、捐谷归仓，固有核实申报者，亦不免稍有虚捏者；支款项下固有按额全支者，亦有急于解司、未经坐支者；抵款项下有应领尚未请领者，亦有由司扣收本员解项者，并有前任领款扣收、后任欠项者，更有后任领款扣收、前任积欠者，且有辗转抵交者。清查盘查案内，固有和盘托出者，亦难保无不实不尽者。司中勾稽全凭报案，已难尽悉，州县底里一经驳查，往返行文动需时日。检查旧案，有一驳再驳以及驳之不已、经年屡月竟无了期者，有屡驳屡复、纷纷请示致无头绪者，甚至有由司议增议删、州县无可遵具禀剖辩者，并有由司误拨，款目纠缠〈者〉，纷纷更正。殊不知州县办理交代，揭报亏空系凭旧任卸事时案卷。征收银两，按照征册总簿核算，丝毫不能掩饰；接收仓谷，逐廒盘量，升合不容朦混。解款则凭批回，支项则凭文领，领款作抵须有卷宗，辗转流抵须有文案，应摊款项按日计算。迨经算账有监交，设有漏款，责无旁贷，算明揭参，何肯容隐？

今各案亏空，不凭会算之册，仅论存司之案，往返驳查，徒滋案牍，案归悬宕，难免不滋流弊。况款项不凭会核，事终未归核实。亏数议增既不足服参员之心，欠数议少亦难杜后任之口，且挪移人员如果银数无多，审明定案，限内完缴，既有开复之例，又有减等之条。若不定案，亏挪银数转可借词延欠，何以重帑项而实仓储？至于嘉庆二十四年，前宪将垫解民欠银十一万一千余两划抵征存未解作为赔项一案，专有所指，奉谕旨："立限三年，其垫兑漕米，原奉谕旨饬归交代案内着赔，并未准其划抵，且年钦奉谕旨垫完民欠名目永远革除。"钦此。钦遵在案。此时亏案尚有希图划抵作赔者，断难照办，若不详明立案，既不足杜员观望之心，亦难以结拖延之案。本署司反覆思维，与其徒为驳查，事归悬宕，莫若法归简便，易于速结。应请将未结亏案内揭亏之员、监盘委员，该管府州即行调省，责成承审委员会同该管府州督饬前后任及监交澈底清算。本员已故，会同家属账经面算，事无反复，即令开列交抵款册。正款抵正，杂款抵杂，捐款抵捐，分别划清，下剩亏欠正、杂、捐款分晰胪列，务一目了然，究明是侵是挪，照例议拟详审，仍责成揭亏之员出具，如有漏款，愿甘认赔，印结随折呈送。

如此酌定章程，不致驳查稽延。庶参一案，即结一案。所有先行由司查核款册议增议删徒滋纠缠延案之处，应行停止。是否有当，理合详请宪台鉴核批示，以便通饬遵照。道光四年十月二十五日爵抚部院琦①批如详，仰即通饬遵照办理，其垫兑漕米一节并即查明，另行详奏。毋迟。缴。

垫兑漕米划抵作赔名目永远禁止并三成二成于办理亏缺时列入捐款项下饬追通行

布政司札开。道光四年十一月初二日蒙爵抚部院琦②札开，照得本爵部院于道光四年十月二十八日附片具奏，州县交代〈案〉内垫兑漕米划抵作赔名目永远禁止，并各州县欠解三成、二成养廉银两于办理亏空时列入捐款项下饬追，毋庸作为杂款计罪一〈件〉。除俟奉到朱批，另行恭录饬知外，合先抄片札知。札到，该司即便查照。毋违等因。同日又蒙爵抚部院琦批，本司详垫兑漕米不准交代案内划赔缘由。蒙批，已据详具奏矣。仰俟奉到朱批，另檄饬遵。缴各等因。蒙此，合行转饬各属，凡有交代亏缺各案，即行遵照办理。毋违。

计粘抄详片奏一纸。

---

① 即琦善。

② 即琦善。

再，东省未结交代及参办亏缺各案，屡经督同藩司严催各府县委员赶紧核算审办。兹据署司讷①，以嘉庆二十四年查办各属垫解民欠银两，曾经前抚臣奏明，于已征未解银内划抵作为赔款，以致各州县交代案内垫兑漕米亦思援照。划赔一经照准，则赔项例不计罪，徒事饬追，有名无实，与仓库殊有关系，必须永远禁止。又，各州县养廉银内摊扣曹工三成、军需二成，遇有交代，或列入杂款，或列入捐款，向办本来划一，现在审办亏空各案，若不分别核计，则侵挪之现银与欠解之扣款漫无区别，既不足以服参员之心，亦殊失衡情定谳之道。该司议以参办亏空各案，正杂钱粮、仓谷究明是侵是挪，按数并计科罪，其摊扣养廉及零星摊项统作捐款饬追，毋庸列入杂款计罪。详请具奏前来。

查嘉庆二十四年钦奉谕旨："各州县历年垫解民欠银十一万一千余两，准其于已征未解数内暂行划抵作为赔项，于原垫各员名下勒限三年追赔完款，其各属垫解米石查明归于交代案内着赔。"等因。钦此。是划抵作赔，原指垫解银十一万一千余两而言，其虽有垫解民欠而并非奏明十一万一千余两之内，即不在划抵作赔之例。况垫解米石原奉谕旨饬令于交代案内着赔，并未与垫解民欠一律准其划抵，自未便将垫兑无着漕米率行援照办理，致兹牵混。应如该司所议，请旨将各州县垫兑漕米划抵作赔名目永远禁止，以杜观望。

至嘉庆二年堵筑漕泛漫工帑价，奏明于府州县养廉内每年提扣三成归款。又十八年军需例外支用各款银两，奏明于通省道府州县养廉内每年提扣二成归款。虽奏明通省摊廉之项与外省寻常捐款有间，第养廉究系州县应领，未经扣解，咎止迟延，

---

① 即讷尔经额。

与侵挪仓库钱粮者迥不相同，一经列入杂款，即须计数定罪。如州县挪库项一万八九千两，罪止拟军；若加以欠三成、二成养廉一二千两，即数逾二万两以上，罪干斩候。以州县应领未捐之项而治以侵挪仓库之罪，于情法未得其平。应如该司所议，请旨将各州县欠解三成、二成养廉银两于办理亏空时列入捐款项下饬追，毋庸作为杂款计罪，以昭公允。其前任摊扣养廉移交后任亏缺，即与亏缺库项无异，仍应归入杂款计罪，以杜朦混。合并陈明，理合附片具奏，伏候训示。谨奏。

前案府札

本府札开。道光四年十一月二十二日蒙布政司札开，道光四年十一月十三日蒙爵抚部院琦①札开，照得本爵部院于道光四年十月二十八日附片具奏，州县交代案内垫兑漕米划抵作赔名目永远禁止，并各州县欠解三成、二成养廉银两于办理亏空时列入捐款项下饬追，毋庸作为杂款计罪一件。业已抄片行知在案。

兹于十一月初十日奉到朱批："另有旨。"钦此。同日随折奉上谕一道。道光四年十一月初五日内阁奉上谕："琦奏各州县垫兑漕米划抵作赔名目请永远禁止等语。山东省嘉庆二十四年查办各属垫解民欠银两在已征未解银内划抵作赔，以致各州县案内将垫兑无着漕米率行援照划赔，易滋牵混。着照所请，将各州县垫兑漕米划抵作赔名目永远禁止，以杜观望。至嘉庆二年堵筑漕泛漫工帑价，在府州县养廉内每年提扣三成归款；又，十八年办理军需例外支用各款银两，在通省道府州县养廉

① 即琦善。

内每年提扣二成归款。惟是养廉究系州县应领，未经扣解，咎止迟延，与侵挪库项者不同，一经列入杂款计数定罪，于情法未得其平。嗣后将各州县欠解三成、二成养廉银两于办理亏空时列入捐款项下饬追，毋庸作为杂款计罪。其前任摊扣养廉移交后任亏缺，即与亏缺库项无异，着仍归杂款计罪，以杜朦混。该部知道。”钦此。合行恭录札知。札到，该司即便钦遵查照。毋违等因到司。蒙此，合行马递五百里转饬云云。

江西彭泽县周岩挪移库银原奏道光六年三月钞报

江西抚韩[①]谨奏，为遵旨审拟具奏，仰祈圣鉴事。

窃照前任彭泽县甄别降补知县周岩短交库项霉变仓谷，经前抚臣成格参奏，奉旨：“这所参短交库项霉变仓谷之前任江西彭泽县降补知县周岩，着革职拿问，交该抚提同丁胥人等严审确情，按律办理。该革员任所资财及原籍家产，一并查封备抵。”钦此。钦遵即饬提人证来省，委员审办。旋据南昌府知府周继炘讯，拟由藩、臬两司审解。前护抚臣嵩溥因正值卸事，移交前来。

臣亲提研讯，缘周岩籍隶江苏，由江西鄱阳县县丞升授彭泽县，嘉庆二十三年二月到任。道光三年六七月间，邻境德化县因江水泛涨，田亩被殃，致成偏灾。经前抚臣程含章奏请发银赈济，各灾民不待银到散给，纷纷出境赴彭泽县求乞。其时，湖北黄梅等县亦被水成灾，流民入境者尤多。周岩因饥民在境，

① 即韩文绮。

恐滋事端，当按男妇、大小、丁口散给口粮，拨役过船资送回籍待赈。后日遂接踵而至，给发口粮银两为数甚巨，周岩一时无措，将征存道光二年余租银一千九百三十九两一钱九分二厘、嘉庆二十五年缓征余租银七百六十九两四钱九分三厘，共银二千七百八两六分五厘挪移散给。

又，道光三年四月二十五日，周岩将征存道光元年余租银三千四百二十六两七分四厘、三年地丁正银四千二百两备具文批，派令家丁孙祥、差役陈应管解，前赴藩、粮二库投兑，经由陆路前进。是日巳刻，至县属金刚料地方，渡船至江心，陡遇暴风大雨将船打翻，银、批全被沉溺。丁役及船户汪幅等落水，漂淌下游，经渔船捞救上岸，赶回报知。周岩前看明，雇人打捞。因大江水深溜急，打捞无获。周任因沉失银总须赔补，未经禀报，随挪移续征道光三年地丁正银一千七百一十两四钱四分四厘、三年税契银九百五十两四分九厘、三年漕运正银一千一百四十二两六分九厘，凑成四千二百两补解藩库；又挪移续征三年余租银三千三百七十二两八分四厘，自另添补银五十三两九钱九分，凑成三千四百二十六两七分四厘补解粮库。

又，彭泽县仓廒七十三间原系坚固。道光三年四月初五日，暴风大雨将秋字四廒瓦片吹落，一时抢护不及，仓贮谷石即被淋湿。经仓书王幅瑞报知，周岩往验，设法遮盖。时值连日阴雨，不能晒晾，以致霉变谷四千一百三十四石四斗五升，赶紧变粜，每石仅值二钱二分五厘，共变银九百三十两零三钱五分。按照市价先买补七百石上仓，尚缺谷三千四百三十四石五斗。周岩原想在任陆续赔补，前经前抚臣程含章以周岩才不明敏、办事粗疏奏奉谕旨，以府经县丞降补卸事，未及措补。经署县史念址查出前项亏缺银两、霉变仓谷，移交俞县陈征茂会同监盘算明，由府、道详揭参奏，奉旨革审，据供前情不讳。

臣以该参员周岩所供散给饥民口粮何竟至二千七百余两之多，又沉失银两及霉变仓谷均未详报，焉知非侵亏入己捏词卸罪。严加究诘，矢口不移。现署彭泽县张复申送散给饥民口粮人等，各供讯均与周岩所供吻合，案无遁饰。查例载，挪移库银五千两以上者，拟实犯，杖一百、流三千里，限一年全完，免罪开复。见《挪移出纳》。又，例载，仓谷及积贮财物，主守之人安置不如法、晒晾不以时，致有损坏者，计所损坏之价坐赃论罪，止杖一百、徒三年，着落均赔还官等语。见《损坏仓库财物》。此案前任彭泽县甄别降补知县周岩，先则挪移库银散给饥民口粮，嗣因批解粮库遭风沉失，复挪移库项补解。其霉变仓谷照例扣算，计价在五百两以上，罪止满徒，自应从重，照挪移库项本例问拟。查挪移库银共九千九百九十八两零余，查封寓所衣物共估变银一十两三钱三分五厘备抵外，实未完银九千九百八十七两零。周岩除霉变仓谷罪止满徒、轻罪不议外，合依挪移库银五千两以上者，拟实犯，杖一百、流三千里，例应杖一百、流三千里，勒限一年监追，霉变仓谷亦勒限一年赔完。户书陆英兵于本官挪移库项不行禀阻，仓书王幅瑞于仓贮谷石并不预为防范，应各照不应重律杖八十，折责革役，无干省释。除供招咨部外，理合恭折具奏，伏乞圣鉴。谨奏。

奉朱批："刑部议奏。"钦此。

详请交代展限

为详请交代展限事。

本年二月十四日蒙宪台牌开云云等因到县。蒙此，查例载，州县交代限两个月结报；又，钱粮在五万两以上者，准展限半月各等语。今△△自二十五年正月十三日到任起，应扣至三月十三日正限已满。查△县额征地丁银六万五千九百余两，例应展限半个月，统计正展应限至三月二十八日为满。除移催前任叶令将经手正杂钱粮、仓谷及应入交代等项按款移交，△△赶紧盘查，依限结报外，所有交代应行展限缘由，拟合具文详请宪台核转，请加转，实为德便云云。

府批，查该县交代扣至三月二十八日正展限满，仰即赶紧盘清，造册结报。如果限内不能结报，将何任迟延详请开参，毋庸专案详请展限，以归简易。缴。

关催交代

为申报到任日期事。

案蒙本府牌开，据云云等因到县。蒙此，拟合备文关取。为此合关贵县，请烦查照宪檄事理，希将贵前任叶任内经手一切正杂钱粮、仓谷及应入交代等项逐一查明，核算清楚，造具清册、仓收各六本，关送过县，以凭加结转申。幸毋迟滞云云。

交代迟延初参县详

为申报到任日期事。

本年二月十四日蒙宪台牌开云云等因到县。蒙此，查例载，州县交代限两个月出结申送，钱粮在五万两以上准展，展十五日，如有迟延，将何任迟延查参。△△嘉庆二十五年正月十三日到任起，至三月十三日两个月限满，因钱粮在五万两以上，照例展限半月，统限扣至三月二十八日正展限满。查前署县叶①任内应交正杂、仓谷各款迟至例限将届，始准造册移交，细加查核，非款项不符，即数舛错。屡次移查，尚未准更正移交，以致无凭稽核，未能依限结报。今正展限满，例应开参。除移催叶令将任内一切正杂钱粮、仓谷及应入交代等项赶紧移交接收清楚，另文结报外，所有交代初参迟延职名系前署寿光县知县叶相应开报，拟合详请宪台查核，转参云云。

本府批，已据详转参矣。仰即作速会同交收清楚，造册结报，毋再迟延。缴。司详饬知。

交代初参司详

查得前任寿光县知县叶芝承任内交代一案，应以嘉庆二十五年正月十三日宋铭到任之日起扣至三月十三日两月限满。又，该县钱粮在五万两以上展限半个月，统计三月二十八日正展限满。兹准登莱道咨，据青州府查明，前任寿光县知县叶②任内经手一切正杂钱粮、仓谷等项并不按限交清，以致现任知县宋△不能依限造册结报。所有交代初参迟延职名，系前任知县叶△△督催不力，职名系青州府知府汪③，登莱道杨本昌、嵩英，相应开报。再，护道杨本昌于二十五年二月二十四日卸事，嵩

① 即叶芝承。

② 即叶芝承。

③ 即汪彦博。

英即于是日到任督催，均未限满，合并声明。

详送交代册结

为札谕事。

案蒙云云。卑县前任陶令等任内交代册结，并造迟延职名开送详咨等因到县。蒙饬，赶造册结各五本，申送本府核转外，所有△县前任知县李△接收陶△任内交代一案，应以嘉庆二十二年十二月十六日李令初参限满之日起，接扣至二十三年二月十六日二参限满。李令随于二月十五日造具册结送府，系在限内。当因册造不符，于二月二十五日奉驳更换，于二十七日奉文到县。李令并未更造，旋于二十三年四月二十五日卸事，计迟延两个月零十日。除初次驳换往返程途二日、上司查核十日，实计迟延一个月二十八日。代理知县宋△四月二十五日到任，并未更造，二十七日卸事。接任知县杨△即于二十七日到任，未及更造，旋于八月十七日卸事，计代造迟延三个月二十日。接任△△二十三年八月十七日到任，亦未更造，旋于二十三年十二月二十九日卸事，计代造迟延四个月十二日。接任知县叶△△即于二十三年十二月二十九日到任，于二十四年五月初十日将册籍遵驳更正，送府核转，计代造迟五个月十一日。嗣因造册迟延，历任职名随文开送，未协，复奉饬查，未及开送，随于二十五年正月十三日卸事，计开揭迟延八个月零三日。△△于二十五年正月十三日到任，随查案关，查于二十五年十月十一日声叙妥协，送府核转，计开揭迟延八个月二十八日。

又，△△接收叶令任内交代一案，应以嘉庆二十五年三月二十八日初参限满之日起，接扣至五月二十八日二参限满。△△于五月二十七日造具册结送府，系在限内。因册造不符，于六月初八日奉驳更换，于初十日奉文到县。△△随于十月十一日将册籍更正，送府核转，计造迟延四个月四日。拟合逐一分晰声叙。

再，一切迟延处分，钦奉恩旨宽免。△县历任交代迟延可否准其宽免之处，并祈宪台于文内声叙，实为公便。除将交代册结由府结转外，合先造具交代册结各一本、委结各一本，具文申送宪台鉴核。为此云云。

一申布政司。

交代禀札

飞启者。贵任前在敝任内欠交正杂各款，除陆续移交外，尚欠银若干两。屡催屡称措交，乃迟之，于今催亦不交，竟无贵期。公项关系，岂能延挨了事？而使△受各宪追呼，左支右绌，昕夕靡暇，未识吾兄安乎否耶！弟初不作已甚之举，固属咎由自取，而阁下竟欲卸肩于△，似非寅好忠厚待人之道。除备公牍外，用特专差驰布走领。伏祈△兄大人推己及人，速即将短交银两如数措备，添差移交，以便代收报解清款。若复仍置高搁，归款无期，△亦不难通禀卸责。勿为已甚，是所至祷。此请升安，伫听德音，复冀鉴照。

飞启者。顷蒙府宪转蒙藩宪严催△县交案立等禀复，并询尊处短交正杂各款若干，据实开报等因。△查贵任欠交敝邑正银△两、杂款银△两、摊款银△两、年例捐款银△两，内除抵款银△两，净应交正、杂、摊、捐共银△两。时承移交银△两除外，摊捐不计，实应交正杂两款银△两。均关库项，三年不清，现须结报△处，此累缺既无力担承，又何敢虚出通关？事非切要，不敢冒渎。当此紧急难缓之际，故特专差驰布，务祈△兄大人俯念考成至重，速将正杂各款如数措备，佥差协同去役，于月内解交△处报解，以便禀覆结报。万勿迟误，是所切祷。此请升安，伫候德音。

飞启者。尊处短交敝邑交代案内正杂各款银两，屡次布恳掷发归款，延推至今，总未清楚。△既受迟延处分，难任虚出通关，是以婉禀本府，委烦雷八兄守催，似属冒昧，然鄙意满望速清要款，并无损人利己之心。嗣雷八兄传命，许俟腊初扫数移交，鼎言敢不再遵，故本府前未敢再致一词。窃为此次不致再行爽约，奈何直待至今，杳无音信，言犹在耳，岂妄却耶？△于交案，慎之又慎，所以不肯孟浪从事者，正为关切阁下耳。奈何一任宕使△左右为难，岂高明另有卓见耶？抑欲终归悬宕了局耶？△实不解。现查迟延已在一年以上，尊处交款一日不清，则△多受一日处分。日月易逝，处分綦严。阁下不为△计，△亦难甘受处分。事已急迫，岁将云暮，过此以往，势难再耐用。再专差琐恳△兄大人俯察衷情，将短交正杂两项银两，务于初十日扫数移解敝邑归款。此中叨惠，实无既极。至于杂项抵正，△难破格遵教，幸乞原鉴。倘复先期一禀再禀，宪意难测，不可不虑。惟祈裁酌，速赐德音，勿迟为祷。顺请升安，诸荃照不一。

敬启者。敝邑民佃、盐课等项及当税、牙税、牛驴、课程各项银两，历系房征房解。不知始自何年，凡遇交卸不入交代，致启蠹曹侵蚀之弊。△接收贵任交代，查出工书△、杂科△及库吏有前项报明存库候解及已征作欠，自十三年起积欠至二千余两之多，屡经代为比追，延挨及今，完缴寥寥。现虽勒具限状，以开印为期，严谕全完，但该书等家产甚薄，不足变抵公项，且内有病故无可着追者。△于未经结报之先，查出通禀详办，并无窒碍，然为阁下计，按例处分綦严，又于赔补大有关系。△既追穷比之法，又乏善处之方，忝叨寅好，敢不请教于高明，务祈将如何办理为善之处详细示悉。△忙无成竹，能于公私无妨，无不惟命是遵。若竟成△弟一人，实属力难肩任。除致杜二兄外，用特专丁驰布。伏望△兄大人酌定，指我迷途，俾有遵循，期无歧误，足纫舟谊无既。所有短交银两，并希即速掷下济急。勿迟为幸。此请升安不一。

禀催前任赶紧定期会算交代由

窃查△县杜任及署县何、宋两任，各有应交正、杂、摊、捐各款。前因各任均未移交清楚，以致碍难结报。当经卑职开具初参职名，详送转参；一面叠次备文催交，并关订日期，会核在案。查令虽在昌邑，向何令已在省垣，宋令现任寿光，均频催罔应，不特不将正杂各款先行移交批解，亦未订期会同核算。查交代定限为期甚迫，例议綦严，现又奉各宪札檄频催，时当功令森严之际，乃各任屡关不应，至卑职解款短绌，未能结报，实难再为因循。理合仰求宪恩，俯赐分檄饬调何、宋、杜三任迅速订期至郡，并近饬委△△县监交三面会同核算，移交清楚，以便将正杂各款批解；一面造册结报，不干严议，实为德便。

敬禀者。窃查△前县△△任交代，前因均未逐一移交清款，以致碍难结报，经△△禀请宪台分檄饬调在案。乃为时已久，各前任频催罔应，不特不将正杂各款先行交清，而竟杳无音信，会算无期。现当功令森严之际，何敢稍事因循？理合渎禀宪台俯赐，再调△△任迅即定期至郡，并请就近饬委△△县监交三面会同核算，移交清楚，便以［以便］将各款批解，造册结报，不致干议，实为德便。

敬禀者。△月△日接奉宪台札饬，以卑县交代久逾例限，立即遵照，迅即将各任会同监交赶紧核算，移交清楚，照例造具册结、仓收，由府核明结转，先行禀报查考等因。遵查卑县交代，前任杜令告病之后，何令代理，宋令接署，各有应交正、杂、捐、摊以及应抵各款。〔虽〕何任虽系代理，例不交代，但经征钱粮亦有交抵之项，均须会同核算。△△于七月十九日禀明宪鉴，并请檄调在案。蒙批，已据禀札调△、△二令前赴会算矣。△△遵照守候，△、△二令到日赴郡会算，并节次定期移催。迄今日久，各任频催罔应。查杜令与△△虽系实缺之员，应统接三任，而△、△二任均有交抵之款，若非三面核算，不无彼此推诿。自应挨次交清结报，方免轇轕。现在例限久逾，均干严议。伏乞恩施格外，再行檄调△、△二任速即前赴莱郡，三面会同监交核算清楚。俾得赶紧挨次结报，庶例限不致久稽，实为德便。

禀△△前在昌邑任内交代恳请札调△令赴郡△△即赶紧启程前往会算由[1]

布政司通饬交代不准禀请调省会算，由府督饬核算由

武定府札商河县知悉。本年四月十九日蒙布政司札开，照得州县交代，前官卸事之后原应将经手正、杂、仓、捐各款开册移交，后官按款查核，接收结报。其中交抵款项或间有纠缠未清，彼此争执不下，又有监交为之公断，该管府州与所属州县耳目较近，查察易周。州县交代无非仓库钱粮巨细，悉能真知灼见，督同清厘，尤甚明切。凡关交涉款项，可以一言为定，本无因其狡赖，惟查近年交代虽立限勒催，而按期完结者百无一二，竟有任性拖宕，逾限未结。前任一经卸事，非进省即他往，其仓库之应交与否全不顾及；而接任之员以为前任未交不关己身之事，迨至逾限未结，上司频催，但以前任未到，或算而未结、前任他往，再请饬催禀详搪塞，意谓卸责地步。该管府州又复随同附和，不担责任，所以有禀请调省核算者，又有算而复翻必须赴省再算者，及至调省之后又以案卷未齐、仓谷未盘，仍须回县、回州再算者，纷纷议论，案无结期，实属不

---

① 底本只有标题，无内容，现保留标题。

成政体。

查州县交〈代〉，本系该管府州专责，若府州能留心督算，无难速结。即如现任曹州府王府，于所属朝城交代相隔数任，一经本司剀切札谕该府督理，不过旬余，已据算有端倪，不过仅隔一任未结，可见能事者易于了事也！今拟将各属交代，无论新陈，凡有未结之案，俱责成该管府州就近督同前后任及监交委员赶紧结算。如前任有亏，即将所亏年分款项开具清单详揭，以便转请奏参，革审监追；如无亏缺，即取具后任接收无亏印结禀送，一面造具册结呈送详咨。不得率行请示及混请作赔，亦不准辄请调省。如前官在省未算，亦即禀请押令赴县会算。若再有借此宕延者，即将前后任暨监交委员一并参革。逾限者，勒限十五日内即行算结禀报；未逾限者，依限勒令完结。前官如系上司饬令赴调任者，即令一面赴任，一留属交代，不准托故带往。其余长解各员卸事之后即扣留在，或令即在任所开册，送交后任查核会算，务令依限算结交清，由后任具结禀送该府州核转禀报，方准前任回省。其有前后任擅行禀请调省者，本司务必驳饬该管府州自行核算。此次议定事后，如再不遵、玩违擅离者，该管府州即行详揭，定即详请参革。该府州责有攸归，慎勿轻视。合行马递饬知等因到府。蒙此，合行转饬。札到，该县即便遵照。毋违。

查诸城县周任交代案

又，查前任诸城县知县周壬福任内交代一案，应以道光二十四年十月二十七日现任知县章文津到任之日起，扣至道光二十四年十二月二十七日两个月正限届满。又，章令由齐东调任诸城县，系一官而有两任交代，例得展限一个月。又，该县钱粮在五万两以上，例准展限十五日，统应扣至道光二十五年二月十二日正限、展限俱满。

兹准登莱道咨，据青州府查明，周令在任经手各款造送交代册内多有遗漏，往返驳查有需时日，以致现任知县章文津不能依限结报。所有此案交代初参迟延职名，系前任诸城县知县周壬福督催不力。职名系青州府李廷扬、登莱青道王，相应开报咨参，听候部议。

交代册稿

某任应交各款总数，计开：

一、应交正款银若干，内除暂应抵正款银△两外，实应交正款银△两。内有暂抵作赔银△两，应由某任详请宪示核定。

一、应交杂款银△两，内除暂抵杂款银△两外，实应交杂款银△两。

一、应交仓款银△两，内除暂应抵银△两外，实应交仓款银△两、谷若干俟盘量再算。

一、应交摊捐并年例捐款银△两，内除应抵捐款银△两，实应交捐款银△两。

以上共应交正、杂、仓、捐银△两，仓谷若干。

又，应交库吏亏缺某任任内赃罚追项银△两，交代册费银一百二十两。

某任正项钱粮，计开：

一、应交已征未解△年正银若干，内历前任已征未解银若干、贵任已征未解银若干。查前项正款清查案内报亏银若干，民欠册内又报银若干。敝县确查历前任仅亏〈银〉若干，其因何与民欠清查各册不符？询据该管经书禀称，清查案内实在亏缺银若干内，应除贵任已征未解银若干、清查多报银若干，嗣造民欠曾更正，因各宪必须与清查相符，以致将错就错。再，尾数讹银七厘，系彼时额征数目未准，合并声明。耗银若干两，内历任已征未解银若干、贵任已征未解银若干。查前项耗羡银两，历任应交耗银若干，贵任应交耗银若干。清查案内总共仅报亏缺银若干、短报银若干，未悉系因何舛错。敝任虽查无从知悉，理合登明。曹工银若干，内历前任已征未解银若干、贵任已征未解银若干。查前项曹工〈银〉与清查民欠各案不符，理合登明。

一、应交已征未解△年正银若干，内历前任已征未解银若干、贵任已征未解银若干。查前项正款银历任实在亏缺，前数清查案内漏报银若干，以致民欠册内亦未更正，理合登明。耗银若干，内历前任已征未解银若干、贵任已征未解银若干。曹工银若干，内历前任已征未解银若干、贵任已征未解银若干。查前项曹工银〈与〉清查民欠均不相符，理合登明。

一、应交已征未解△年正银若干，内历前任已征未解银若干、贵任已征未解银若干。耗银若干，内某任已征未解银若干、贵任已征未解银若干。查前项并以后正耗各款与清查民欠均不相符，因清查漏报，理合登明。

一、应交已征未解△年正银若干，内历前任已征未解银若干、贵任已征未解银若干。耗银若干，内历前任已征未解银若干、贵任已征未解银若干。曹工银若干，内历前任已征未解银若干、贵任已征未解银若干。查某年正项清查内案［案内］报亏银若干，内报前△任亏缺银若干，系△年正款。但△任△年月日卸事，尚有应扣坐支银两，贵任前报清查未经扣除，△任照账核算，多出银若干。今交代归贵任核算，△任已照账满除满算扣除矣。诚恐查对时与各案不对，记此以备查核，理合登明。

一、应交△年已征未解正银若干监交批：内应扣除△任垫解银若干，如果作为赔款，奉到宪示即于应交款数内删除、耗银若干监交批：同前。

一、应交△年正银若干。查前项银两，系前任某在于是年正项内扣支阵亡泰安营外委△△恤赏银若干两，嗣奉驳准银若干两，其余银两应行交出。再，此项△任移交在案，理合登明。

以上共应交正、耗、曹工银若干两。

应交杂款项下，计开：

一、应交△年典史空旷银若干、县丞缺廉银若干、典史缺廉银若干、县丞空旷银若干、半扣三成银若干、知县缺廉银若干。

一、应交△年三成银若干，内除奉文在于批解△年耗羡银内扣收银若干外，实应交银若干两。

一、应交已扣△季县丞养廉银△△两。查是年县丞养廉，系△月日支给领字，内无图书，理合登明。

一、应交公费银若干两。是年起，奉扣银若干两。

一、应交欠解△△丙子科经费银若干两。查△△科原续摊经费银△△两，自二十一年正月初一日起，至二十二年十二月底止，分作两年摊，每日该银若干。贵任自△年正月初一日起至△年月日卸事止，应摊银若干，内除解过若干；又，在应领△年△款银内扣收银若干外，实应交前数。应交欠解某年节省脚费银△△两。

一、应交欠解△年脚费银△△两。查脚费一项，例系批解地丁时扣出之款。前任△将所解节省银两详请拨补各年亏缺钱粮，解稿内已将此项扣出，存解登明。

一、应交△年存剩未放籽种银△△两。

一、应交△年平粜谷价盈余银△△两。

一、应交△年动用△年平粜原价采买应扣市平银△△两。

一、应交△任自△年月日到任起至△年月日止编俸银若干有详案可凭、△任罚俸〈银〉若干两有详案可凭、各官罚俸银若干两有贵任接收△任交代可据、贵任历年罚俸银若干两照罚俸奏销数。查以上俸银均有案据可凭，是以开列登明。

一、应交△年知县俸银若干两。监交批：自行批解。

一、应交扣支未发典史俸银△两。

一、应交△年典史并马夫空缺银若干两。

一、应交△年教谕并斋夫空缺银若干两，△年扣存未发官台场大使俸银△△两，△年各役孤贫小建银△△两、夫马闰建银△△两。

一、应交丁丑科会试举人车价银△△两。查前项会试举人赴司领款，因奉文扣收△书院饭食银△△两、△年粮价饭食银△△两，捐款内业已扣出，是〔是〕以仍交给举人具领。

一、应交△年学租银△两、廪膳空缺银△两、藉谷变价银〈△两〉。

一、应交盐当规礼银若干。

一、应交库吏亏缺△任内△△呈缴银若干。

以上共应交杂款银若干。

仓款项下，计开：

一、应交常平仓额谷若干。

一、应交△年月日起至△年月日止捐积谷若干石。

一、应交△年清查案内报明历前任亏缺谷若干石，每石价银七钱，合银若干。

一、应交△年清查案内报明上次漏报续亏缺谷若干，每石一两，合银若干。查前项清查案内原报价银七钱，嗣奉藩宪行知，每石加银三钱。其银增△任亏缺，理合登明。

一、应交未买△年平粜谷若干石，每石一两一钱五分，合银若干两。

一、应交银若干两，清查案内报明系前任△亏缺未买，豁免△年民欠谷若干石。

以上共亏缺若干。

常、社二仓总共应交银若干、谷若干。查前项亏缺谷石，有每石一两者，有每石七钱者。将来买补，倘价值不敷，请监交议明，仍归原交之员补交，不与敝任相干，理合登明。

捐款项下：

一、应交△年一成银若干，内除在于应领△年夫马闰月扣收银若干，又除在应领△年囚粮扣收银若干，又除在△年奉文应领△年浮额孤贫银扣解银若干外，实应交银若干。

一、应交奉摊△年△县△△部借养廉银若干。

一、应交欠解△年司书饭食银若干。查每年应捐银若干，内除解过若干，又除在于△年△款内扣收银若干，欠解前数。

一、应交欠解△年续摊饭食银若干、耗羡饭食银若干。

一、应交欠解△年额解院本书饭食银若干，内除于△项△款扣收银若干，实应交银若干。应交欠解△年院书饭食银、京塘公费银、司书饭食银，△年续摊饭食银、拨册饭食银、耗羡饭食银，△年廉费饭食银、清厘仓库饭食银。

一、应交欠解奉部饬取自△年起至△年止册籍饭食银若干。

一、应交欠解本道粮房饭食银△两，又△年起至△年止穷员路费银若干，又△年津贴委解陕甘协饷盘费银若干。①

一、应交欠解△年德、常二仓添平银若干。又，应交欠解△年临仓添平银若干。又，应交欠解△年漕仓书吏饭食银若干。② 查以上三项，业经署任△垫解讫，贵任应交出移还，理合登明。

一、应交欠解布政司△年条例工料银、户部则例书价银、△年提塘报资银。

一、应交欠解本道船政册费银若干。监交批：自行清理。

一、应交△年吏北科饭食银、△年摊捐琉球国难夷口粮银若干、△年禁止流民出口告示工料银若干、△年摊捐豫东例告示工料银若干、△年新学政全书工料银若干。查前项已在△年△款扣收银若干，是年领款不与贵任相干，应交还后任，理合登明。

一、应交欠解△年科场条例工料银若干。

一、应交欠解△年云门书院银若干。

一、应交欠解△年义学经费银若干。③

一、应交欠解济南府△年饬摊△△等刑书饭食银若干。监交批：自行清理。

---

① 底本“一应交欠解本道粮房……陕甘协饷盘费银若干”上方有“监交批自行清理”字样。

② 底本“一应交欠解△年德常二仓……漕仓书吏饭食银若干”上方有“监交议入议单”字样。

③ 底本“一应交欠解△年云门书院……义学经费银若干”下方有“监交批自行清理”字样。

一、应交欠解济南府△年饬摊委员押解盗犯△△等赴安徽盘费银若干。

一、应交欠解△人△案册费银若干。监交批：自行清理。

一、应交欠解△年臬宪禁卒工食银若干。

一、应交欠解奉司饬捐历城县施舍棺木银若干。

一、应交欠解府宪饬捐招书纸笔饭食银若干。①

一、应交△年官为经理盐务请领额票二千张，应解公费银若干、解过银若干。查前项△任移交，有运宪催文可凭。

一、应交欠解△县△年禁卒工食银若干、△年津贴囚粮银若干、△年司府县三监刑具银若干、△年秋审经费银若干、△年帑贴司府两狱银若干、△年司刑所秋审茶水银若干②、△年院书秋审局费银若干、△年秋审册费银若干。

一、应交欠解△年修理堤工不敷银若干、历城县△年摊捐修理监狱银若干、△年修理接官亭银若干、△年修理司监银若干、△年修理藩属银若干、△年修理圣庙银若干、△年修理泰山庙工银若干、△年摊捐临砖柴价银若干、△年摊捐伴送玻璃匠赴京盘查费银若干、△年摊捐修理臬宪刑北招房银若干、△年摊捐修理虞帝庙银若干、△年奉摊弓式碑堂银若干。查前项已在于应领丁丑科会试举人公宴银内扣收，现在举人△△等请领，应移会饬领，理合登明。

一、应交△年岁考经费银若干。查前项奉捐若干，应自二十二年七月△△日起分年半摊，贵任应摊前数登明。

一、应交欠解△年宪书工料银若干、△年柬房饭食银若干、

---

① 底本“一应交欠解奉司饬捐历城县……纸笔饭食银若干”下方有“监交批自行清理”字样。

② 底本“一应交欠解△县△年禁卒工……秋审茶水银若干”下方有“监交批自行清理”字样。

△年藩宪值堂房积案饭食银若干、△年誊黄工料银若干。以上△项银两有△年月日催文可凭。

一、应交欠解△年司书饭食银若干、△年汇报饭食银若干，交代册费银一百二十两。监交议入议单。

一、应交盘仓铺垫斗级饭食银三十两。监交删除。

以上共应交捐款银若干。

年例捐款

藩宪衙门：一、应交欠解二十二年院书饭食银、院本书饭食银、京塘公费银、司书饭食银、清厘仓库饭食银、续添饭食银、拨册饭食银、耗羡饭食银、廉费奏销饭食、盘查饭食内除在于△款银内扣收若干、粮价饭食银、提塘报资、罚俸纸张饭食银、兵北科饭食、吏攒造报饭食银、汇报饭食、吏北科饭食银、藉田饭食、刑书册费、帮贴药饵银、保甲册费、宪书工料银、柬房饭食、承发房饭食银、承发房封筒银解过若干、积案饭食银、誊黄工料银在于应领二十一年囚粮银△△。

臬宪衙门：一、应交二十二年驿站册费银解过二十二年银若干、囚粮册费银解过二十二年银若干、津贴司府县三监囚粮银、书吏饭食、秋审局费银、监狱更夫饭食银、帑贴司府两狱银、三监禁卒工食银内除于△项扣收银若干、津贴司府县三监刑具银、承发房饭食银解过银若干。

本道衙门：一、应交二十二年本道粮房饭食银、船政房饭食银、驿站房册费银①、修理战船银监交批：此款应交。

粮道衙门：一、应交二十二年临仓添平银、德常二仓添平银、漕仓书吏饭食银。

---

① 底本“一应交二十二年本道粮房……驿站房册费银”下方有“监交批自行清理”字样。

本府衙门监交批：自行清理，蓝毡夹板一款应交。

驿站饭食银。

以上共应捐银若干，每日应摊△△。某任自△年△月△日起至△年△月△日止，共应交银若干，内除解过银若干外，实应交银若干。此系除前应交款目之数。

抵款项下，计开：

一、应抵消清查案内原报前任知县△△亏缺银若干，内正项钱粮若干、仓谷银若干。正、仓①贵任二十二年完解清查案内银四百两，又续抵军需银若干。查贵任△年清查一案内原报亏缺银七千二百十七两五钱六分六厘。今敝任将二十二年十月初一日以前应交正、杂、仓、捐各款均归贵任一任核算，所有报明历任亏缺均作贵任抵款。贵任解过清查案内银四百两及奉准续抵军需银三千五百两，亦作抵款，庶免纠缠。至贵任清查案内尚亏银三千三百一十七两五钱六分六厘，俟交代算明共亏银若干，再行分别扣除报明清查之项，理合登明。再，查应抵前项银两已详请藩宪批示，数目无讹，合并声明。

垫支垫解抵款：

一、应抵已支未扣△年冬季知县养廉银△△两；已解未扣△年民佃灶地正银△△两、耗银△△两；已支未扣△年△季俸工银△△两，里甲夫马银△△两，祭祀文庙银、杂支银△△两，△年黄丹银△△两。

一、应抵垫解△年正银若干，内有后任△任征过银若干、耗银若干。监交批：以上△款垫解垫支暂行抵，另作赔款。②

一、应抵解过二十年节省银一千四百两。查以上△款，共

---

① 此处应为“正项钱粮、仓谷银”之省略写法。

② 以上两段款目底本天头有“正”字样。

银△△，内后任△△任征过银若干，已列入各任应交正款归还贵任外，实垫支垫解并解过节省银九千八百。△△应否准其作抵欠解正款另作赔款之处，现已请示，俟藩宪批示到日再之定，理合登明。

一、应抵△年自△月△日起至△年△月△日止应支半廉银若干。除应扣五成银外，实应抵银若干。

一、应抵△任征收自△年△月日起至△年月日止民欠曹工正耗银若干。查前项△任征收正耗银，已于△年垫解项下列抵登明。

一、应抵解过曹州煮赈银若干。查前项初次捐银若干，贵任会同益都等县禀明本府，自是年春季起分作八年摊捐，每日应摊银△△，贵任自△年月日〈起〉至△年月日止应捐银若干；二次捐银若干，贵任已会禀本府，分作八年摊捐，每日应摊银若干，应△年月日起至△年月日卸事止应捐银若干；三次奉藩宪行知捐银若干，以△年月日奉文起分作五年摊，每日应摊银若干，至△年月日卸事止应摊银若干。三共银若干。查贵任解过银若干，除摊应抵前数。

一、应抵借支典史修署未扣银△△。查△任暨贵任先后借给银若干，除扣过外，应抵前数另有细账。

一、应抵清查原报垫支△年浮额孤贫银、先农坛祭品银、收养军流口粮、加增闰月正额孤贫。应抵清查原报垫支△年平粜谷设厂运脚银。查前项银两应否作抵，现在请示，俟藩宪批示到日再定。应抵清查原报垫支△年岁贡袍帽未领银若干。查前项原开未领银若干，内△年月日奉文扣收△款银若干外，尚有未领前数。

一、应领△年会试公宴银若干、△年文庙不敷银若干。查前项未领清查以前、以后△款银两，现已请示数目是否相符，俟奉藩宪批示到日再定，今暂作抵以免遗留。再，前项银两均系扣抵捐款，是以敝任均未折扣，如果数目与司案相符，留抵捐款。

一、应抵河南秸料银若干。查前项摊△△，禀明本府，自△年春季起分作△年摊捐。除贵任暨△任认摊银若干，又除欠解银若干外，应抵银前数。再，前任△解过此银，并无批回，理合登明。

一、应抵移交制钱二千四百千作银二千两，解过帑贴博兴藕粉费银△两自二十二年冬底起至二十三年年底止，除摊应抵△年津贴黄丹价值银。以上暂抵银△△因有抵款请示尚未奉批，是以用“暂抵”字样。

议单稿

立议单。

△△、△△今议得△△兄接收△△兄前在寿光任内交代一案，在于总局三面会算。△△兄本任及接收各前任共应交正款银若干、杂款银若干、仓款银若干、捐款银若干，共应交正、杂、仓、捐各款银若干，谷若干石。除暂抵正款银若干，议暂抵作赔银若干，尚欠正款银若干。又，除抵杂款银△△、仓款银若干、捐款银若干外，欠交杂款银若干、捐款银若干、仓款银若干、谷若干石。又，此外应交库吏亏缺赃罚银△△、交代册费银一百二十两。以上各款，除正杂钱粮△△兄自行径解藩库外，其仓款并捐摊等款，陶二兄赶紧措交，宋三兄分别归款代解。再，陶二兄前项拟赔作抵△△应否暂抵作赔，由宋三兄详明藩宪批示遵办，其交代册内删除应议各款开列于后。欲后

有凭，立此为据。

应议各款：

一、陶二兄应交正款银△△两系年限内已征未解之款，其余银两系清查后未报之项，合并登明。再，陶任欠解银两，据陶二兄面称，尚有修理仓署等项工程，禀府有案，及摊捐赔垫、因公挪用各款银两可以暂抵作赔等语。查前项工程等款，虽系禀府有案、实用有据，究未详司，难以暂抵作赔，应行删除。

一、陶二兄如有漏交、漏抵各款，宋三兄查出后仍应补交、补抵。

一、交代册内删除各款，如各宪必须提解，仍归陶二兄补交。

一、寿光库存历年赃罚并追缴各项银两，库吏均已亏缺，库簿无存。此时宋任照现查之账，陶任应〈交〉库存赃罚银若干。如将来再有查出之款，各按在任年分月日，各归各任移会补交，不与宋任相干。

一、删除应交△款俸银，共△△两。

一、删除应交自△年起至△年止存留一半盐当规银△△两。

一、删除应交△年平粜谷价盈余银△△两。如藩宪札提，仍应陶二兄补交。

一、删除应〈交〉臬宪、本道、本府，济南府历城县、益都县各捐款银若干两。

以上各款，如奉札提移催，仍应陶二兄补交，不与宋三兄相干。

一、陶二兄移交仓谷，有每石一两者，有每石七钱者，将来买补，如价值不敷，仍应陶任补交，不与宋任相干。

一、陶二兄应交仓谷△△，俟宋三兄回署，禀请委员眼同陶二兄亲属盘收。如有霉烂短少，应陶任补交，不与宋任相干。

一、陶二兄暂抵正项已支未扣△年△季知县养廉银若干，已解未扣民佃灶地正银△△两、耗银△△两、黄丹银△△两、俸工银△△两、里甲夫马银△△两、杂支银△△两、祭祀文庙武庙银△△两。

以上△△均系陶二兄已支未扣之款，现在暂行作抵。俟宋三兄详明藩宪批示后，或准抵、或作赔、或作亏，仍应陶二兄解缴，不与宋三兄相干。

△年月日监交△△、△△押。允议押。

议单稿

立议单。

监交△△、△△今议得宋又斋三兄接收叶秋水四兄前署寿光县任内〈交代〉，在于总局三面会算。叶四兄除抵款外实应交正款银△△〈两〉、杂款银△△两、仓款银△△两、捐款银△△两。年例捐款，除正杂钱粮叶四兄自行径解藩宪外，其余仓项、捐摊各款，叶四兄赶紧移交，宋三兄分别归款代解。此外，尚有应议各款开列于后。欲后有凭，立此为据。

应议各款：

一、叶四兄如有漏交、漏抵各款，将来宋三兄查出，移会叶四兄补交、补抵。

一、交代册内删除各款，如各宪必须提解，叶四兄仍应补交。

一、叶四兄应交△年县丞、典史缺廉银两，宋任系照各任到任日期核算。如奉司驳尚有短交银两，仍应叶任补交。

一、盐当规礼银两，如奉行提，仍应叶任补交。

一、叶四兄欠解院考经费银两，据叶任云，已全数解交益都。如未移交，仍应叶任补交。

一、叶四兄垫解二十二年学租银△△，此时暂行作抵。如作赔项，仍归叶任补交。

一、叶四兄借给县丞修署银二百两，俟宋任扣过△△，再行移交叶任。

一、寿光库存历年赃罚并追缴各项银物，库吏均已亏缺，库簿无存。俟宋任查明后，如有具领应解之款，各按在任月日，各归各任移会补交。

一、库存未变陶任抄产衣物等项，久应详明藩宪变价，历任迄今均未办理。现在宋任详办各衣物，如有霉变及变价不敷，应照例分赔，不与宋任相干。

交代册稿

△县为交代事。

今将贵任应交、应抵各款核明开册，会核施行。

计开

正款项下：

一、应交△年正银△△两、耗银△△两，代征△县寄庄正银△△两、耗银△△两。

杂款项下：

一、应交△年知府罚俸除△任亏缺外交银若干两、△年海防同知罚俸银除△任亏缺外交银△△两、知县罚俸银△△两、典史罚俸银△△两、各官缺廉银△△、理事分府△京俸银△△两。

一、应交县丞△军需案内借支银△△两。

一、应交△年各役孤贫小建银△△两。是年奏销四季应扣小建银△△两，内△任亏银△△两。查前款，△前任亏缺银△△两、应交银△△两。

一、应交△年各役孤贫小建银△△两，除扣拨外交银△△两。

一、应交△年夫马工料银△△两。是年奏销共银△△两，内△任亏缺银△△两。

一、应交△年藉谷△△两［石］，每石照一两七钱五分，合银△△两。

一、应交动用常平仓谷△△石，每石七钱，合银△△两监交核一两。查贵任动用仓谷系△△石，现在急须买补，应照二月分时价每石一两四钱八分核算，共银△△两。

一、应交△年溢额谷△△两［石］，每石七钱，合银△△两。查溢额谷一项应照时价采买，止应交银例价实有不敷，请津贴三钱，每石一两，△年应交银△△两。

捐款项下：

一、应交△年二百一天抚塘报资银△△两，黄丹津贴银二百一天摊银△△两。

一、应交查抄朱沅入官地亩△年夏租大钱△△，合银△△两。监交删除。

一、应交△任长解△年九十天各捐银△△。

抵款项下：

一、应抵垫支△年春夏二季俸工驿站夫马、驿食杂支等项银△△两。

一、应抵垫支△年△季二十一天快役工食银△△、皂役工食银、门子工食银、轿夫工食〈银〉、斗级工食银、仵作工食银、铺司工食银、健步工食银、民壮工食银、库子工食银、禁卒工食银。

一、应抵△年△季分县丞门子、马夫工食银，皂役工食银；捕厅门子、马夫工食银，皂役工食银；经厅门子、马夫工食银，皂役工食银；司狱皂隶工食银。

禀藩府禀垫修常平及水次仓廒银两分别流摊由

敬禀者。窃卑职素敦①在高唐州任内，有修理常平仓雨、顺两廒，于本年二月二十五日开工，三月二十九日完工，垫用工料银九百九十九两二钱六厘；又，上年开漕之际，垫修水次仓廒工料银七百九十五两七钱一分二厘，均具详东昌府东昌府宪。请将常平仓一款，自本年四月初一日起，分八年流摊；水次仓廒一款，除自认捐尾零外，以七百两自本年正月初一日起，十年流摊。奉批，聊城县核议有案，卑职廷煌②到任查勘，委系工坚料实，于后任办公有裨。惟仅行详府未便据抵，卑职发越③等公同筹议，既实用有据，且详报有案。卑职素敦到任仅半载有余，旋即闻讣，若以未及详司遽予删除，未免因公赔累，似欠平允。不得不仰祈俯念常平为储备重地，水次乃收兑要区，请照详府原案分别入于交代，无论正署计日摊起还款，将来后任断

① 即谈素敦。

② 即龚廷煌。

③ 即王发越。

不致有摊诿。伏乞批示立案祇遵，实为公便。肃此云云。

禀本府禀缉获刘二安子犒赏银两请作三年流摊由

敬禀者。案蒙札开，长清县民金塘京控案内巨盗刘二安仔一犯，经滕县捕役王文魁等追捕至浙江钱塘县地方拿获解东。所有悬赏银三千两，先于藩库借款赏发，在长清、章丘、齐河、历城、济阳、临邑、禹城、商河、益都等县分摊归款，卑县摊银二百两等因。伏查刘二安子为积年巨匪，扰害闾阎，且尚有刘四安子、周七十子等穿梭往来，同恶相济，被害至九县之多。一旦获就刑诛，而羽翼亦俱歼灭，地方借以安堵，实为痛快人心。其缉捕犒赏不特分所当然，自靡不乐捐输。惟各县年例捐款繁多，是以每遇非所常有之项，分年流摊，以昭公允而示体恤。今前项捐廉事非常有，卑职愚昧之见，可否请自奉文之日起，无论正署按在任月日分作三年流摊。此为除莠安良之要款，现任者既免竭蹶，后任亦断不致有所借口。倘蒙恩允，即祈分别饬知长清等八县一律遵照。除卑县银两即行解候汇齐转解还款外，是否有当，理合禀乞批示祇遵。肃此云云。

禀藩府禀林参令平原县任内垫修仓廒马号等银请作十五年流摊由

敬禀者。窃前署平原县林士骏任内，有垫修仓廒及马号房屋、马神庙等处工料银四千二百两。卑职珧[1]到任时查看，委系工坚料实。林令告以原拟认捐若干，将下余详请流摊，缘未及具详卸事，嘱于会算交代之际与监交公议。卑职珧当以仓口驿站皆关紧要，既已修整结实，后任大资裨益，自未便一人独认，允以届时熟筹办理，迨核算交案。林参令在潍县猝遇逆犯马刚滋事以后业已被参，经韩升令移交到卑职发越[2]等，公同议得林参令因小丑跳梁，奋不顾身，立擒巨魁，为国忘家，致子媳奴仆被逆匪猖狂遭伤受戕，惨目伤心，莫此为甚。若将垫项全删计以亏缺，固所不忍，即照该参令急公本怀，自认若干，责成赔缴。现有饔飧不继之势，不特扪心不安，且于公项无益。再四思维，不得不仰求宪台逾格矜全，准其如数在于本缺照通省摊派潍县滋事经费之例，分作十五年，无论正署，自奉批之日起，按任按日摊起还款。庶众擎易举，项归有着。其人其事实与寻常不同，莫不怜悯，将来后任断不致有借口。卑职等意见相同，是否有当，还祈批示立案祗遵。肃此云云。

禀藩府禀夏津县章令划赔垫修监狱仓廒银两由

敬禀者。窃查夏津县章道宣交代案，内有垫修监狱工料银八百九十六两、仓廒银七百九十三两一钱一分一厘，二共银一千六百八十九两一钱一分一厘。前因详请分年流摊，奉宪批饬自行择要粘补，是以现任文令不肯认摊，而章令垫修在先，旋即撤任，不克捐廉弥补。现当交代之际，正杂各款尚须竭棉，

---

① 即欧阳珧。

② 即王发越。

实属无力捐办。卑职等再四熟筹，究系监狱、仓廒重地工程，详司有案，非仅禀府者比，可应请于交案划为赔款，庶免章令因公受累。倘蒙允准，文令另行查造款册呈送。理合具禀，批示遵行。肃此云云。

禀藩府禀垫兑漕米划抵赔款由

敬禀者。窃查闸内漕粮，必须于小雪节候以前兑竣出闸，其时民欠尚未征完，不能不先行买兑。蒙前护抚院宪贺[①]奏明有案。卑职素敦[②]上年在高唐州任内办理漕务，因系闸内，为时紧迫，不得不遵照奏案买兑，以期帮船迅速开行，而免迟滞。原冀征起民欠归款，缘民间完纳向系疲玩，虽设法赶催，转瞬封篆，今春开印后，接征无几。旋于二月二十五日闻讣丁忧，以致尚有蒂欠银五千两于交代内列抵。卑职廷煌[③]查得此项民欠虽属实情，前代理张令任内正值二麦缺雨，民情拮据，未克代征。现已新漕将启，此项旧欠催比为难，断难接收。卑职发越[④]等公同酌议，此系照章垫用有据，若遽予删除反成亏缺，未免向隅。竟尔作抵，新漕尚须买兑，何能带征？且有逃亡走失之户，后任必致受累。惟有仰恳俯念急公，恩施逾格，将前项垫兑漕米准于交代案内划抵，作为赔款，提出另追。卑职素敦自行完解，俾限期稍宽，措办较易，款仍有着而交代得以速

---

① 即贺长龄。

② 即谈素敦。

③ 即龚廷煌。

④ 即王发越。

结，免致迟延，实为公便。肃此云云。

禀府禀前任齐河县许令应还汪故令咨追捐款，请以许令垫修河道银两划抵着赔由

敬禀者。窃卑职等具禀，请将前齐河令许朝保应还前任汪桂林捐款银七百六十两九厘作为补抵县案抵款，提出另追一案。蒙宪台转禀藩宪批，汪桂林垫解钱粮，后任既有征起之项，即应随时解司候拨汪令捐款，乃竟挪修书院，已属非是，所请作为补抵县案抵款，事近捏饰，未便照准等因。卑职等遵查原案，诚如宪谕，未便再渎。惟许令自被议后，筹缴正、杂、仓款已属筋疲力尽，然应缴前款亦未便久悬。卑职等复查得该令前在齐河任内，因访知北乡历年受涝之由，每由王洪地方自南至北有刘震故河一道，绵亘九里有余，每年淤塞，以致水势不能下归徒骇大河，遂成泛滥，最为民间田庐之害。随［虽］经通报劝民挑挖，无如人心不齐，费用不足，该令先垫借京钱二千串，以期事在必为。因历年歉收，民间并未缴还。彼时银价，京钱二千串合得银七百三十一两一钱五分四厘。虽系地方应办公事，未预为交代立案，第系实用有据之款，合无仰恳宪台俯赐转禀，将该令垫修河道银两划抵应交，征完汪桂林垫解钱粮仍行着赔，提出另追，俾该令得以从容完缴，而交案亦可早清矣。是否有当云云。

禀府禀前任齐河县许令欠解征完汪故令垫解钱粮，请转禀以修理刘震故河银两划赔着追由

敬禀者。窃卑职朝保①前在齐河县任内，于道光十五年因境内刘震故河棉［绵］亘九里有余，多年未挑，淤塞日甚，以致水势不能下归徒骇，遂成泛滥，田庐被冲，为害匪轻。虽经通报劝民挑挖，无如人心不齐，费用不足，难望蒇事。身任民社者未便漠视，即经多方设措，不得不将库存征完前任汪令②垫解钱粮暂行凑用。事竣核计，共需银一千三百十一两五钱二分，当经禀明，原冀在任陆续弥补。嗣因案被议离任，除自捐办外，所有前项征完汪故令垫解钱粮核系嘉庆二十四年银一百四十八两三钱五分七厘，道光二年银三百四十四两七分五厘、八年银二百二十三两五钱七分七厘，共银七百十六两九厘，未及筹还。在汪令交代虽未列抵，而后任业经征完，不便干没。第先凑支工用有据，并无假捏，惟因格于成例难以请项。款究为公，卑职等会议之下，可否仰恳宪台转禀藩宪，俯念地方河务紧要，报挑有案，既未能动帑，所欠征完前任汪令垫解钱粮即请照数划抵，仍令赔缴，以期有着。如蒙允准，应将汪令所欠齐河任内捐款扣除前数，划追许令赔解。是否有当，理合云云。

---

① 即许朝保。

② 即汪桂林。

禀藩宪会禀十五年不准开销马价仍请照例着赔咨追由

敬禀者。窃卑职朝保①具禀，在齐河县任内，十五年买马奉文不准开销马价，恳准划作赔款另追，不入交代缘由。蒙宪台批，查此项不准开销马价银二百六两三钱，系奉兵部指明该县并未差役赴部请票、驳令照数着追之项。该令自应赶紧解司，以凭兑收报部拨用，何得延宕干咎！缴等因。卑职等前于春间蒙宪台委，监算齐河县许令交代，当已将正、杂、仓、捐及应抵领垫各款算明清结外，尚有前项银两。虽奉兵部不准开销，而朝保实在因十五年秋间原役领臬司护批赴部换票后，患病未能出口。经兵部将原领本省臬司护票换回部票行文到东，俟明岁春融，再行赴部换票买补。其时实以事关驿递紧要，随又派役到口买齐马匹赶回。禀蒙臬宪批府，委员查验印烙取结，加结详报，并将差役不知赴部请票定例情由即于详内声请，核咨有案。嗣蒙抚部院准兵部咨，抄单内开，据该抚声称，该县另派差役出口采买。查该县差役并未赴部请票，其所称买回马二十一匹，显系捏饰。所有请销马价二百六两三钱不准开销等因。

卑职等伏查此项马价银两既经部中议驳，自应刻日照数完解，岂容宕延？但下情实系如此，并非捏饰，且朝保当降调离任之后，一时摒挡孔艰。不得不再吁恳宪恩曲赐成全，照例着赔，亦仍当赶紧措缴，断不敢稍存悬宕，自干咎戾。拟合会禀云云。

---

① 即许朝保。

禀藩府禀另追张令赔捐三成廉银由

敬禀者。窃卑职发越[1]等会核卑职澧[2]接收前任张书麟交案内，查有张令漏接曹令十五年三成银三百五十八两六钱一分六厘。当日既漏，未查明接收，又未详追本员完解，疏忽之咎实所难辞，自应出结之张令照例着赔。又，张令欠解本任三成十六年银二百八两、十七年银三百二十三两，共银五百三十一两，系属捐款。因正杂交项甚多，卸事后一时无力并交，应请提出交案另追，以期迅速完竣而免迟延。以上共赔捐三成银八百八十九两六钱一分六厘，理合禀乞饬追张令赶紧完缴，实属公便云云。

禀藩府禀请另追秦令欠解三成银两由

敬禀者。窃卑职等会核齐河县张令[3]应接秦令[4]交代，内有欠解十七年三成银八百六两三钱三分五厘、十八年三成银三十六两一钱六分七厘，二共银一百二十二两五钱。议明提出交案，自行完解。理合禀乞檄饬秦令，赶紧措缴△库兑收，实为公便云云。

---

① 即王发越。

② 即李澧。

③ 即张同声。

④ 即秦和雍。

禀藩府禀邵参令①欠解沂水县任内捐款提出另追由

敬禀者。窃卑职等复算沂水县柴令②接收邵令一案交代，内有捐款银一百七十二两一钱六分九厘，系在原参总数之内，第非正杂可比，例不科罪。卑职等公同酌议，应请提出交案，另追完缴。惟查有后任代解之项，应以后任三成银两划还。倘尚有奉扣之款，饬知现任再行查款顶补。理合开具清折，禀乞批示祗遵云云。

计禀呈清折一扣。

禀藩府禀张令③认赔盘折谷石由

敬禀者。窃卑职等会核卑职澧④接收前任交代案，内有盘折气头廒底常平谷二百四十二石六斗一升三合七抄。应请提出交案，照例每石银七钱，合银一百六十九两八钱三分，着落张令名下认赔，以归核实。理合具禀，檄饬张令赶紧解缴○库兑收，实为公便云云。

---

① 即邵习之。

② 即柴文江。

③ 即张书麟。

④ 即李澧。

禀藩府禀追齐河县许令①赔项由

敬禀者。卑职等会核齐河县秦令②接收许令交代案内，查有许令漏接前任嘉庆二十二年、二十五年，道光六年、七年二成银一百五十五两二钱一分九厘；又，道光十一年、十二年师生空缺银八十两四钱九分七厘；又，道光九年、十年、十三年缉捕生息银一千三两六钱六厘；又，道光九年牛驴课程银七十五两三钱；又，道光十年并十一年知县缺俸银三十六两二钱三分九厘，十二年、十三年知县罚俸银三十七两五钱四分九厘。以上共银一千三百八十八两四钱一分，许令系最后出结之员，应行着赔。

又，查许令本任内有齐曾入官地租实系多年砂砾荒田，无人耕种，均系官为捐赔，现应赔银五十六两二钱二分二厘。又，户书张连玉侵收十六年牙杂税银七十五两三钱，已因查拿逃跑，无可着追，亦应许令认赔，以归有着。以上连前共银一千五百十九两九钱三分二厘，均系赔项，与亏有间。

许令被议之员，若核入交代案内，一时无力清交，反致后任不能结报，不特交代迟延，即许令亦未免向隅。卑职等秉公酌议，于交案提出另追，以昭平允。理合开具清折，禀乞俯赐饬追许令另行赶紧完缴，实为公便。

计禀呈清折一扣。

---

① 即许朝保。

② 即秦和雍。

禀藩府禀续查齐河县许令①漏接各款并请着赔由

敬禀者。窃卑职等会核齐河县许令交代内有漏接前任款项，已禀请追赔在案。兹又续查出漏接各项银三百六十两七钱六厘，实系许令当日接收交代时勾稽不慎，漏未查明。疏忽之咎，实所难辞，不得不开折据实陈明，仰乞归入前案，一并饬追许令赶紧赔缴，实为公便云云。

计禀呈清折一扣。

禀藩府禀追许令②赔项由

敬禀者。窃奉批，以齐河县许令追赔一案，饬将折内已有领抵各款分别删除，另造年款详追等因。遵将嘉庆二十三年，道光六、七等年二成银，以及道光九、十三年知县缺俸等款，并十二年师生空缺银二两九钱八分九厘删除。又，将十二年师生空缺内浮开银一两一钱二分更正外，实应追赔银一千三百二十四两三钱六分五厘。理合另开清折呈送，俯照饬追许令赶紧完缴，以清交案。肃此，恭请云云。

计禀呈清折一扣。

---

① 即许朝保。

② 即许朝保。

禀藩府禀更正齐河县许令①应追十一、十二年师生空缺由

敬禀者。窃蒙批，追赔齐河县许令十一年师生空缺银，应除行宫役食列抵银二两九钱八分九厘外，下欠是否实系许令漏接。又，十二年师生空缺多开银一两一钱二分，饬令更正等因。遵查十六②年师生空缺银四十六两九钱九分二厘，除抵二两九钱八分九厘外，下欠银四十四两三厘，实系许令漏接之项；十二年师生空缺多开银一两一钱二分已遵照更正外，实欠银三十二两三钱八分五厘。同前项相符各款，共应追银一千三百二十七两三钱五分四厘。理合另开清折，呈送察核，饬追许令完缴，实为公便云云。

计呈清折一扣。

禀藩府禀更正齐河县许令③赔款由

敬禀者。窃蒙批，饬将齐河县许令十六年乡饮等款逐一更正禀复等因。遵查十六年乡饮一款系属误列，应行删除。其借廉修署一项，实系县丞所借，交代册内错缮，典史应请更正。又，县丞借领行装银三十两系嘉庆二十三年之项，秦谦年款册

① 即许朝保。

② 此处“六”疑为书吏笔误，据文意当作“一”。

③ 即许朝保。

内既该县漏未叙及，应请宪台饬知现任查明秦谦参案补抵，实为公便云云。

禀藩宪禀前任夏津县程志坚误接宋懋祁垫修万家楼工程银两恳请照数着赔追缴由

敬禀者。窃卑职等奉委监算夏津县交代，遵即会同核算。查前署任宋懋祁任内，有列抵垫修万家楼廒抢险，并添筑草埧等项工程，共银一千八百三十二两。宋牧在任曾经详请分作六年流摊，迨宋牧交卸，即将此项列入交代，内除摊作抵银一千五百八十八两五钱八分二厘。各后任均经查无案据，概未认摊，旋陈［程］参令接收交代，未经细查，误将前项照抵，实属疏忽。现在覆算，自应于滥接之程参令名下追出批解，庶几款项有着。惟是程令自被参查封之后寒苦万分，不特措交无由，即日给亦无所出。卑职等目击情形，殊深惨恻，因思前项银两虽系程参令滥接，究与正杂钱粮有间。愚昧之见，可否仰祈恩施格外，俯允将前项银两照数列抵，于交代案内准在陈［程］参令名下作为赔款追缴，俾得从容措办，则感沐高厚鸿慈实无涯涘矣！肃此云云。

禀藩府禀秦令①误接沈令指抵咨追捐款着落认赔由

敬禀者。窃照前署齐河县秦令具禀，接收前任沈其云列交

① 即秦和雍。

咨追捐款银九百二十二两一钱二分，以流摊筹垫捕蝗经费一款指抵应摊起归补缘由。奉批，蝻孽萌生历由现任之员设局收买雇夫扑捕，并无流摊之案。该令前署齐河接收沈其云交代，不查旧章，被其欺朦，误准抵摊，咎无可辞。所有沈令原抵未完捐款银两，今禀请俟摊起归补，断难率准。仰即照数完缴司库兑收，以凭详咨等因。

伏查卑职等监算通省交代，款目浩繁，于前后任自相核准者毋庸追议外，其有意见两歧之款，始行会同筹酌。如秦令所禀接收沈令捕蝗经费指抵咨追捐款，即系秦令自行准抵，今会核张令①应接秦令交代，仍作流摊抵款，张令不肯接收允为至当。卑职等未便增删偏断，第删去一抵即增添一亏，虽系咎由自误，未免情涉向隅。再四思维，惟有仰恳俯念秦令究被欺朦所致，非虚出通关可比。请将沈令指抵咨追捐款银九百二十二两一钱二分提出交案，着落认赔，以为误接者戒，则秦令猛省受患之非，感沐矜全之德，自必益加奋勉，赶紧措缴宪库兑收。庶交代速结，欠款亦归有着矣。是否有当，伏乞批示祗遵云云。

禀藩府禀夏津县章令②垫解钱粮、垫兑漕米交案内责令认赔由

敬禀者。窃卑职等会核夏津县文令③应接章令交代一案内，抵款项银有章令垫解十五年地丁银五百三十五两一钱五厘、耗银九十四两六钱五分，因该年钱粮分数不是禀捐顶带，势不能

---

① 即张同声。

② 即章道宣。

③ 即文英。

不黾勉从公；又，垫支十四年脚费耗银三两五分九厘，十二年耗银二两五钱八分九厘，共银六百三十五两四钱三厘。卑职等伙查垫解垫支，久干例禁，该令系因自顾考成起见，年分又在缓征期内，断难作抵。惟遽予删除，即成亏缺，未免情有向隅。又，十六年垫兑未完民欠漕米银一千八百两，因十七年八月间催趱重运经理未善撤任，不及征完，移交署任亦未代为征起，与垫解钱粮事同一律。卑职等公同筹议，既不准其列抵，惟有将前二项于交案内照章划令认赔，俾得从容措缴。庶公项仍归有着，而交代亦得速结矣。是否有当，理合仰乞批示祇遵。肃此云云。

禀藩府禀请胶州应领例雇船价拨收菏泽县捐款由

敬禀者。窃卑职等奉委会核各州县交代，凡有欠交款项均系随时查催。兹查得卑职亚熊①前在菏泽县任内，尚有未解捐款项下嘉庆十八年煮赈不敷银△△两，道光七年三成银△△两、十六年三成银△△两、十五年三成银△△两，虽系捐摊皆应行批解之项，未便久延。应请在胶州例雇船价项下，请领嘉庆二十三年银三百四十五两九钱五分二厘、二十四年银△△两、二十五年银△△两，道光元年银二百三十九两八钱七分六厘，共银△△两，照数拨扣清楚。饬令现任菏泽县龚令②补批，由卑职亚熊补领，以清交案。倘宪库尚无存款可支，即请俯准批示定案，以免欠款虚悬，实为恩公两便。肃此云云。

---

① 即韩亚熊。

② 即龚经远。

禀藩府禀欠解菏泽县①任内捐款，请在胶州应领十七年船价及十六、七年养廉银内扣拨由

敬禀者。窃卑职等会禀△△前在菏泽任内欠解捐款，请在胶州应领例雇船价银内扣拨缘由。蒙批，查胶州应领嘉庆二十二年起至道光十六年止例雇船价银两应动巡船生息，因商欠停缓无款动支，前于查办借垫案内原抵欠解嘉庆二十三年知州缺廉等款批候汇办在案。何得隐前详请支拨韩牧菏泽任内摊捐各款？殊属朦混。且查韩牧菏泽任内交代久已结报清楚，现禀各款从前亦无报追案据，今忽禀请以胶州领款扣拨，是何意见？殊不可解。仰即转饬遵照明白，另行禀报等因。

遵即会查得卑职亚熊菏泽任内交代，于算明后所有正、杂、仓、捐等款均已移交清楚。惟捐款项下剩有嘉庆十八年煮赈不敷银一千三百九两五钱九分九厘，道光七年二成银一百二十一两一钱三分八厘、十五年三成银三百八十一两二钱三分一厘、十六年三成银二十四两五钱，共银一千五百六十六两四钱六分八厘，尚未移交。因系捐款无关造册，经龚令②先行结报在案。△△原拟赶紧措缴，是以未经具禀，现因升任胶州，即禀请在于胶州应领二十三、四、五及道光元年例雇船价银内扣拨。

兹奉批饬前因，△△等复加确查，前项船价银两实已核抵嘉庆十八年知州缺廉等款项下，今又请拨菏泽任内捐款系属错误，自应另查领款请拨。今查有胶州应领道光十七年例雇船价

① 底本此处原无“县”字，现据目录卷补。

② 即龚经远。

银四百九十五两三钱六分、添雇船价银八百十九两二钱，十六年除扣下存养廉银一百八两一钱八分九厘，十七年养廉银一百二十三两七钱一分九厘，共银一千九百六十六两四钱六分八厘。俯赐拨收欠解菏泽县任内嘉庆十八年煮赈不敷，及道光七年二成并十五、六年三成等银项下，俾免领解之烦，感戴鸿慈无既。倘船价银两尚无存款，即请批示，以便另造年款清册，详报存案，俟本款有可动支，再行核拨，实为恩公两便。肃此云云。

禀藩府禀菏泽捐款请以胶州各年添雇船价银两拨抵由

敬禀者。窃卑职等会禀，卑职亚熊①欠解菏泽县任内捐款，请在胶州应领十七年船价及十六、七年养廉内拨扣缘由。蒙批，查该州应领十七年例雇船价现未报部核销，其十七等年养廉尚不敷扣拨三成银两，所有禀请拨抵之处均难准行。仰将菏泽县任内欠解嘉庆十八年煮赈不敷及道光七年二成并十五、六等年三成等银赶紧措解。毋违等因。遵即会查得△△菏泽任内交代正、杂、仓、捐等项均已结报清楚，只剩此捐款未交。内十五、六年三成银系△△本任应捐之款。至十八年煮赈不敷银一千三百十九两五分九厘，内卑职本任摊银四百九十两七钱八分七厘，下余前任摊捐银△△两同道光七年二成银△△两，虽系前任摊捐之项，并无现银移交，仍以流摊款抵兑。应由△△摊起批解，实与△△本任摊捐无异。当菏泽交卸之后情形拮据，一时未能措解，及抵历城任内又因赔累孔多，不惶弥补，已将备细情形

---

① 即韩亚熊。

禀陈钧鉴在案。△△升任胶州，积逋已重，办公尚形竭蹶，筹解更非容易。是以△△等秉公商酌，请以胶州领款拨抵，于交代既归有着，于欠款亦免虚悬。今奉批驳前因，△△等复加确核，十七年例添二雇船价既未报部核销，十七等年养廉又应留扣三成等项自难核拨。

兹复查胶州有应领道光十年添雇船价银△△两，十一年银△△两，十四年原报银△、续报银△，共银△△。应请拨扣菏泽县欠解嘉庆十八年煮赈不敷银△△两，道光七年二成银△△两、十年三成银△△两、十六年三成银△△两，共银△△两。至胶州领款，本未便请拨菏泽欠款。查曲阜王令有详请以曲阜应领平粜谷价及十七年养廉拨抵寿张交案欠款，已蒙批准，暂存附贮项下；又，前署菏泽侯令①有着赔菏泽豁免案内道光五年漕项银两，蒙在卑职历城应领十六年养廉内扣拨，历有成案可循。惟添雇船价银两，非同曲阜、菏泽之谷价、养廉等项有款可交。第查胶州例雇船价亦尚无款可支，业已核抵嘉庆十八年知县缺廉等杂款项下，系属暂行列抵。今捐款更非杂款可比，亦请暂行列抵，一俟本款有可动支，再行核拨。伏乞俯赐援案批准，实为公便云云。

禀本府禀齐河县许令应还汪令补抵县案抵款由

敬禀者。窃卑职等具禀齐河县许朝保应还汪故令银两一案。奉批，汪桂林任内垫解钱粮既经征起即应批解，此系正款，何得以愿于汪令未完咨追捐款内划出另追代缴？照此详咨，必干

① 即侯绍堂。

部诰。又，是否仅征此数、究系何年之项，饬令切实禀覆；一面核入交代，移催许令赶紧交解等因。

遵即会同许令复查，仅征起汪故令垫解嘉庆二十四年正耗银一百四十八两三钱五分七厘，道光二年正耗银三百四十四两七分五厘、八年县并卫正银二百二十三两五钱七分七厘，共银七百一十六两九厘，并无以多报少。汪故令从前未将垫解列抵，且不欠正杂，是以后任所征虽系正项，即使当时批解，亦只应拨收所欠捐款。许令将两次垫办创建书院，离任后未及归补，此卑职等议于汪令咨追捐款内划出交代之原委也。

兹蒙批饬前因，核入交代，本应遵照，第许令历年在任因公赔累已属匪轻。现在措缴正、杂、仓款紧要之际，若将此项捐款同时并交，实系力有未逮，及致悬案莫结。卑职等再四筹维，垫解名目久干例禁，诚如宪谕恐干部诘。可否恩施逾格，作为许令交代案内核出应还汪牧补抵县案抵款，同历次另禀已奉批准作赔银一千四百九十六两三钱四分七厘、本任欠解捐赔银一千九百一十三两三钱五厘，饬令现任齐河县分别一律造具年款，详请咨部着追，俾交代早清，欠款亦归有着。是否有当云云。

禀藩府禀划追汪故令①捐款由

敬禀者。窃卑职等会核齐河县秦令②接收卑职朝保③交案内，查有卑职朝保应还前任汪令未入交代作抵垫解钱粮银△△，

① 即汪桂林。

② 即秦和雍。

③ 即许朝保。

因创建书院垫项已多，别无可筹，暂行挪用。原拟在任弥补，是以垫修书院一款有禀明自认银一千二百两在案。嗣陆续捐补银△△两，未几将△△两补足即被议离任。现在交代紧急，一切正杂要自当竭力措交，断不敢稍有亏缺外，此项实难一时设措。查汪故令尚有咨追捐款银两，应请提出交案，情愿于汪故令捐款内划出完缴。卑职等复查汪故令垫解银两当日既未列抵，后任征起民欠归还系属闲款项下。△△因遇修理书院暂挪未及补苴卸事，既一时难以设措，若不提出另追，反致交案纠缠，不能速结。今愿在汪故令咨追捐款内划出代缴，既不致干没，且于汪故令欠款有着，实属于公有裨。理合禀请俯准不入交案，容即赶紧代缴汪故令捐款，以昭核实。肃此云云。

禀藩府禀恩县十七年垫雇民剥等四款银划出着赔并另缴三成廉银由

敬禀者。窃卑职△△前署恩县任内，十七年因重运经临，卫河浅涩异常，垫项雇备民剥捞浅添纤、修筑草坝等用银二千四百两。曾经禀请分年流摊，未准。兹卑职△△接收交代，经卑职等核此项系实用有据，非同捏饰。若竟予删除，未免向隅。且卑职△△现已抱疾乞退，实属力难归垫。公同再三筹议，既不准其流摊，亦未便再渎。可否于交代案内划出着赔，庶可竭力措交，款归有着，而交代得以速结。除卑职△△回署后另造款册外，伏乞批示祗遵。再，十七年三成银九十五两八分三厘、十八年三成银六十九两四钱六分二厘，议明不入交代，由卑职△△自行赶缴△库，断不敢稍有迟延，自干咎戾，合并陈明。肃此云云。

禀藩府禀邵参令①交案内历年牙欠杂税无着提出另追由

敬禀者。窃卑职等复核卑职文江②接收邵参令交代案内，查有未完牙杂，自十一年起至十六年止，共银三千一百九十三两三钱九分二厘。因系实欠在牙，原监交公议后任代为比追，如征不足数仍详追经征之员赔解。经卑职文江禀，蒙批，既系无着牙欠，自应一面详请摊赔，一面再向原欠牙行比追，亦未便置之度外。仰即查明，分年分款开造清册，议详追赔，毋再悬宕，致干着赔。又，经原监交兰山县知县赵云鹏、沂州府经历殳庆源会禀，蒙批，查杂税银两系按日计货抽收之项，即或间有拖欠，何致六年之久尚未完银三千余两？难无亏挪情弊。仰即赶紧核入交案接收，催令柴令及早完解来司，以清款项，毋稍迟延干咎各等因。

兹卑职等会同复查前项银两，实系无着牙欠，并非亏挪，且非邵参令一任之事，牙行大半逃亡，此时亦无可比追。若竟作亏入交，未免向隅。第经征之员任其拖欠，以致日久无着，不能辞咎。应请提出交案，分别各员在任月日，照章按数分赔。俟卑职文江回署造册，议详追缴，尚有十七年春夏二季银三百四十四两三钱五分六厘年分较近，议明卑职文江代为比追。如征不足数，仍归邵参令赔解，以示区别而昭平允。此外，欠解西王庄茧税十三年银四两四分四厘四毛、十四年银十一两二钱、十五年银十一两二钱、十七年银五两六钱，共银四十三两二钱

① 即邵习之。

② 即柴文江。

四分四厘四毛。查此项茧税并无经纪，道光十一年县民宋太京折案内奉准，由县垫赔足额有案，应一并提出追赔，请免入交。理合具禀，俯准批示祇遵云云。

禀藩府禀滥接铺垫酌议摊赔由

敬禀者。窃照铺垫列抵本干例禁，兹卑职发越[1]等会核卑职应接福令交代案，内有福令原接前县陶令铺垫一项。查得福令先本不肯接收，嗣监交公议，以地处冲要为伺候差务所必需，就此成物既免自行置备之烦，亦属因地制宜起见，并非故违成例。乃陶令所抵皆按新置价值，福令一时失于检点，未将虫伤鼠咬旧不堪应用剔除，统行收存，此滥接之原委也。卑职△△谨遵功令，断难陈陈相因，自应着落出结之福令认赔。但福令被议罢官，旋即丁忧，官况萧然，应交杂款尚须竭力。此时若令全数作赔，未免更有不递，卑职等秉公筹议福令认赔银一千两。卑职△△目睹福令因人受累，既有鉴前车，不敢再蹈滥接之愆，而义切同袍，亦未便固执己见，漠不相关。合无仰恳宪台优容已往，逾格恩施，准以奉批之日起情愿县案流摊银一千两，无论正署，分作十年摊还归款，每年所摊不逾百金。卑职△△已逐渐补苴于前，将来后任亦断不致有借口。庶福令案可速结，免致独被其累，皆出自大德之栽培。是否有当，容查款另造清折外，理合会衔禀请批示祇遵云云。

---

① 即王发越。

禀藩府禀会同算明程志坚夏津任内交代由

敬禀者。窃卑职等奉委监算夏津县交代，遵即会同△△将前任程志坚本任并原接宋懋祁任内经管正、杂、仓、捐等款逐一查明。除宋令均已交清外，计程参令应交正款银一万二千六百二十一两六钱三分八厘、杂款银三千二百七十二两一钱五厘、仓款银九百三十四两五钱九分五厘、捐款银六千二十五两四钱一分七厘，统共应交正、杂、仓、捐银二万二千九百五十四两七钱五分五厘。除抵各款银一万八千六百一十一两三钱一分九厘外，实欠银四千三百四十三两四钱三分六厘。又，照例应赔每石二钱谷价银三百七十三两八钱三分八厘，除△△赶造年款细册详请核办，并由卑县历城先行按任代造交代册结申送外，合将会同算明缘由据实禀报鉴核。再，查宋懋祁、程志坚应交各本任三成养廉银两，因前经详明奉准追缴在案，现在并未入交，应请查案另行详追完解，合并声明。肃此云云。

禀藩府禀复算邵参令①交代由

敬禀者。窃卑职等复核得卑职文江②接收邵参令一案交代，应交正款银一千九百二十八两六钱六分八厘、杂款银七千六百三十九两四钱八分四厘、捐款银三百八十二两八钱七分二厘，

① 即邵习之。

② 即柴文江。

计共应交正、杂、捐款银九千九百五十一两二分四厘。除应抵各款银五千六百四十两四钱三分二厘，实亏银四千三百一十两五钱九分二厘。虽交抵款目稍有增删，而亏数与原参并无出入。再除被参后移交银三千一百九十两五分六厘，又另禀提出捐款银一百七十二两一钱六分九厘，实尚亏银△△。已催令该参员赶紧设措完缴，理合将会同复算缘由具禀查核云云。

禀藩府禀沂水县邵令亏项缴清请提禁开复由

敬禀者。窃卑职等前次具禀复算卑职文江①接收前任沂水县邵习之交案，共应交正、杂、捐银九千九百五十一两二分四厘。除应抵各款银△△两，实亏银△△两。虽交抵款目稍有增删，而亏数与原参并无出入。再除被参后移交银△△两，又另禀提出捐款银一百七十二两一钱六分九厘，实尚亏银△△两。兹准邵参令如数措交历城县库，总计该令先后缴银四千一百三十八两四钱二分三厘。卑职文江收到银△△两，除已代解过粮道衙门银两，下余即行查款批解。其缴存卑职发越②县库银△△，现在倾镕赶解△库兑收，仍由卑职文江分别补批。是亏项业已全清，并无丝毫短少，理合禀乞俯赐先行提转，详抚宪照例奏请开复，俾邵令迅沐鸿仁，实为恩公两便。再，该令原籍查抄什物并未核抵，应请咨明浙江给还家属领回，合并声明。除卑职文江造送达部册结外，肃此云云。

---

① 即柴文江。

② 即王发越。

禀本府禀呈前任沂水县邵参令①无亏单结由

敬禀者。窃卑职△△等会核沂水县柴令②接收邵令交代，所有正、杂、仓、捐均经柴令接收清楚。理合将出具单结禀送，呈藩宪查核。肃此云云。

禀藩府禀蒲台县旧欠盐规请现任分年代催不入交代由

敬禀者。窃卑职等禀追蒲台县商欠盐规缘由，奉批云云等因。当即移会前任蒲台县张令③去后。兹准该令移复内称，该县积欠盐规，曾奉前藩宪札饬分年带完在案。敝县于十六年六月到任，十七年十一月即因盐案卸事，在任仅止年半，势难一律并催。现在盐店旧商已革，正值新商接充。该革商所有窝铺、店房、船只、车骡等项俱应变价扣抵，实系有着之款，似应由现任着追。希即再禀将积欠盐规三百十二两仍拟提出交案，责成现任分年带催，实为公便等情。又，据张令具禀奉批，该县欠解盐规银两，既奉批示应归交案接收，自应照数入交。惟此项银两本系商人应解之项，该商何民鉴虽因案参革，自有窝抵及铺存盐斤什物抵交新商，不由现任代为饬追，致该令赔补不

① 即邵习之。

② 即柴文江。

③ 即张书麟。

足，以昭平允。仰监交历城县会现署蒲台县李令①催追归款，毋任抗延，并移张令知照。缴等因。除分移外，卑职等复查张令在任仅止年半，势难将欠项一律并催，亦属实情。该革商既有窝抵等项、盐斤什物抵交新商，所欠盐规自是有着，若遽责张令赔缴，未免向隅。应请仍提出交案，由现任代为催追。理合具禀，俯准批示，俾交案速结，实为公便。肃此云云。

禀藩府禀盐规追商完缴由

敬禀者。窃卑职等会核卑职澧②接收前任张令③一案交代，内有每年盐规银△△两，自嘉庆十九年至二十四年六载共欠解银△△两，道光元、二、三年，十五、十六、十七等年七载共欠解银△△两。以上统共银△△两，均系实欠在商。因历年商力疲乏，致有拖欠，并非征存挪移，亦非无商可追。此时作张令亏缺入交，不特张令力有未逮，且该商及得置身事外，则以后更可有心抗欠，实于公事大有窒碍。卑职等公同酌议，提出交案，责成现任按年严追商人完缴随解，庶地方官不致为伊等受累，而欠项仍归有着。是否有当，理合开具清折，禀乞批示祇遵。肃此云云。

计呈清折一扣。

---

① 即李澧。

② 即李澧。

③ 即张书麟。

禀本府禀核算交代仓谷仍照八钱作交由

敬禀者。窃卑职接收卑职△△暨△、△三任交代，调晋省局核算，遵即会同监交，卑职△、△三面会核。除将正、杂、摊、捐各款核明，另行禀报外，查仓谷一项，菏泽向系每石八钱作交，有历前任交代细册可查，今兹进省，未便遽改，照省局章程按每石一两核算。置曹州原算旧案于不问，以致原接与现交不符，不足以昭平允。再，查菏泽发集买谷向发例价七钱，即照八钱作交已有盈余，不致赔累。是以卑职等秉公酌议，仍照曹州原办章程核明定案。因与省局稍有未符，不得不禀明批示立案，以免卑职△△再遇交代，后任有所争执，实为公便。肃此云云。

禀本府禀卑职前在菏泽任内缉捕经费银两于认捐巡役工食之外请免再认三成由

敬禀者。案奉宪台转禀卑职前在菏泽任内缉捕经费银两，请仍照原禀批示一案，未奉藩宪批准。伏查卑职前在菏泽任内缉捕事宜，盖造窝铺九十一座，连梆锣、旗械等件及巡役工食灯油等项，共用银三千九百两。原议此数内自行认捐银三成，因与巡役工食灯油一项数目相符，即指定此款认捐，并非两事。是年禀办流摊者不仅菏泽一县，各属均无于三成之外再行认捐巡船［役］工食之事，独卑职于既认巡役工食之外又认三成，多一层捐认即多一番赔累。卑职办理此项缉捕事宜，均系筹款垫用，仰蒙藩宪逾格恩施，准作三年流摊，俾得稍轻肩任。卑职摊过两年有余，计已摊十分之七，余剩摊及后任者不过十分之三，如将应摊数内再去三成，即与卑职独捐何异。惟卑职前禀内只称认捐巡役工食灯油，并未声明三成，字样系属错误。理合禀恳转禀藩宪俯赐查案更正，俾交代得昭画一云云。

禀藩府禀菏泽县巡检周瑞籍借养廉仍照旧案在于各州县分摊完解由

敬禀者。案查菏泽县巡检周瑞未完籍借养廉银三十两，周瑞业已病故，家属无力完缴。卑职△△前在菏泽任内，详请在于各州县按缺分摊。奉批，查巡检周瑞籍借养廉银两，例应于到任后由该员应支养廉内分为四季坐扣解司。兹查周瑞于道光四年到任，迄今十余年之久未经扣解，迨至病故，复行详请，殊属非是。本应即在该县应领廉银内查扣，姑宽严饬，仰仍在于该故员家属名下照数追缴解司。如该家属实在无力完缴，是该县应扣未扣，以致借项无着，应即照数着赔以凭报拨等因。

遵查该巡检周瑞系道光四年到任，历前任即未将此项银两在于应支养廉内扣收。卑职△△于道光十年到任后查明，即欲坐扣，该巡检以应食养廉实在历前任均系照数支发，今忽坐扣，实在不敷办公，情愿另行筹缴完解。卑职曾屡次严札催提，未及完解即行病故。该家属非但无力呈缴，且扶柩回籍，尚系卑职详蒙给发路费银两始行归里，现在已属无可再追。如将历任未扣之项独令一人赔解，亦未免事涉向隅。卑职△△现当接收交代之际，此项未便虚悬。合无仰恳仍照旧案，在于各州县分摊完解，俾免独赔，实为恩公两便云云。

禀藩府禀夏津县民欠养廉列抵缺廉三成由

敬禀者。窃前任夏津县章道宣交代内有未支十一、十二两年民欠养廉银六百两。兹卑职等查得养廉系应食之项，既实有民欠可征，未便删除。议以十年知县缺廉银若干、十一年知县缺廉银若干、十三年三成银若干作抵，俟征完指款起解，如遇豁免仍归原抵之员赔缴。理合禀请批示立案云云。

前令欠解地丁正耗案府禀[1]

敬禀者。窃卑府所属之府州县吴令各接前署县张令一案交代，前因张令已征存道光二十四、五、六等年地丁正耗银两未据解清者，前抚宪奏明勒追，曾经△△札调各任来郓饬委监交阳信县多令会同核算在案。兹据三面会同核算，查明张令已征未解道光二十四、五、六等地丁正耗共银△△两，张令卸事后因催提紧急，曾由移支吴令代解过宪廉二十六年地丁正银一千两、粮道仓项正耗银八百□□两；又由张令自行批解过二十〇

① 此段文字系底本夹页，字迹潦草。目录卷无对应标题，现据内容拟此标题。

年地丁正银三千两，下余银。又，张令存司领款支案有抵后任叶任摊起共银△△两，张令实应交银二千五百两等情具禀到府，△△覆查无异。除饬张令赶紧措交归张令列抵存司领款，详请拨正，并饬现任吴令将摊起银两如数措解并将摊起银两一俟解措清款，再由吴令出具无亏单结章送外，所有此交代核算清楚缘由，合先驰禀大人查考。肃此。

禀△△禀宁阳县孙参令①交代案内欠解省城义仓谷价银两请照案免解由

敬禀者。窃省城义仓谷价一项前奉札饬，嗣后凡有病故并参革人员，所欠谷价一律免解，并十七年暂行停捐等因。△△等现在随同△△、△△分府公核宁阳县汪令②接收孙令交代。查孙令已奉部参降调，其交代案内前项谷价除十七年不计外，尚有欠解十四、五、六等年银若干，孙令以业经被参，毋庸入交。△△等伏查章程，内并无议及降调，且有事故交卸有官可补仍应作杂入交等语。第思降调之员有无原官可补者未能预必，若照所降之级补用仅系微末，与革职者同一力有未逮。细绎宪文，虽未明言已包参字之内，似应一律免解以示体恤。惟△△等未敢擅便，理合禀请大老爷、大人转禀藩宪，迅赐批示祇遵，以便速为核结。肃此，具禀，恭请云云。

---

① 即孙鹏翥。

② 即汪绍曾。

禀△△禀送抄存黄县李肇敏寓所衣物件数清册并缴余剩封条由

敬禀者。本月十九日两奉宪台转奉臬宪会札饬发封条十张，令即亲诣前任黄县李肇敏寓所，将一切资财什物严密查封，开册呈送，并将该员看守，毋稍疏虞等因。蒙此，遵即躬亲密赴李肇敏寓所细查，并无存贮资财，其所有一切什物当即严行查抄，封贮县库。除逐一估计，另文造册详报，并将该员小心看守、出具收管外，合将抄存李肇敏省寓衣物件数，开册禀呈查核转禀。再，奉发封条除用△张外，下剩△张，合并缴销。肃此，具禀云云。

禀△△禀高苑县吴故令①交代案内垫发贫民口粮银两请在本缺分年流摊由

敬禀者。窃△△应接前县吴故令交代一案，现在会同△、△等三面核算，不日即可结报。惟查吴故令抵款项下列有道光十六年正月分收养贫民垫用口粮银九百五十五两一款，因十五年登、莱、青三府属秋收歉薄，奉文截留饥民，不准出境。吴故令遵札收养贫民，日给口粮，俾免流离失所，嗣奉文发给口

① 即吴漳瀛。

粮查办，抚恤始行停止。所有该令垫用过口粮银两，并未于抚恤案内报销，均系自行挪款垫用。原冀事后捐廉陆续弥补，讵在任未及一年即行病故，现将前款开入交册列抵。△△等伏查捐廉抚绥贫民，原系地方官应办之事，若准其列抵则款属虚悬，若竟予删除又系实用有据之项；且吴故令业已身故，因此参追，亦未免向隅。再四思维，应请将吴故令垫用前项银两，自十八年正月初一日为始，在于高苑县分十年流摊归款，在后任所摊无几，而垫款可期有着。是否有当，理合禀请大人批示祗遵，藩宪示遵。肃此云云。

禀△△禀吴故令交代案内欠交摊捐各款并霉变谷价银两请提出交案在于该家属名下追缴由

敬禀者。窃△△奉委监算△△接收前故令吴章瀛①任内交代，遵即会同吴故令之子吴锦全三面核算。查得仓谷项下盘量折耗霉变谷三百五十石，自应按照例价着赔；又，应交捐摊各款银三百四十八两五厘，亦应分别完解。惟查所欠均系赔捐款，迥与亏缺正杂不同。议请将前二项银五百九十三两五厘于交案划除，由现任开造年款，在于该家属名下追缴，庶款归有着，而交案亦可速结。所有酌议缘由，理合禀请大人批示祗遵。肃此云云。

① 《山东通志》作“吴漳瀛”。

禀△△[1]

敬禀者。案蒙批饬将齐河县许令[2]十六年乡饮等款逐一更正禀复等因。遵查十六年乡饮一款，系属误列，应行删除。其借廉修署一项，实系交代册内错缮，典史云云。

禀△△禀查出佟故令[3]未完部借养廉银二百两并未入交，可否照例在于通省摊捐归补

敬禀者。窃查出佟故令有未完部借养廉二百两，并未入交。△△等会议得佟令到任未久，旋即病故，官囊萧然，情堪悯恻。现在实难完缴，而借项未便无着，且交案紧急，更不便因此宕延，可否照例通省摊捐归款，抑在该故员家属名下着追。伏乞大老爷转禀藩宪大人批示祗遵。肃此云云。

---

① 底本此段文字上方有“重出见前”字样。

② 即许朝保。

③ 即佟绰图。

禀△△禀吴令①欠解缉捕经费等款业已更正造具清册请饬吴令完缴由

敬禀者。案蒙宪札，转蒙藩宪、宪台批，博兴县吴令欠解缉捕经费缘由，以十四年三成已全数扣清，并守备部借养廉一款短少一厘，亦遵照更正。此外并无欠交银两，理合开具清折，禀请大老爷转禀藩宪大人饬追吴令完缴，实为公便。肃此云云。

禀△△禀钟令欠解十六年三成银二百四十一两、十四年奉摊学院箭亭银十五两八钱二分五厘实未入交仍请照案咨追钟令完缴由

敬禀者。窃△△等会核△△接收佟故令②交代一案，有钟令欠解十六年三成银二百四十一两、十四年奉摊学院箭亭银十五两八钱二分五厘，曾经佟故令于上年禀追钟令完解。蒙藩宪、宪台批，查前任长山县钟秉曾交代，已据佟令接收清楚，出具单结。今又称有欠交捐款，是否事后翻更，令济南府宪台衙门督饬遵照查复，其奉摊箭亭银两是否实欠等因。今△△等核前二款实系钟令欠解，前经韩升令议明不入交案另追，是以佟故令具禀并非翻更。兹佟令已故，从前既未接收，且禀追在案，未便赔交。理合仍照原案，禀请大老爷转禀藩宪大人饬追钟令

① 即吴埙。

② 即佟绰图。

迅速完缴，以清交案，实为公便。肃此云云。

禀△△禀佟故令①漏接前任杂捐银两并盘折霉变谷价同十七年知县三成等款不入交案另行追赔由

敬禀者。窃△△应接前县佟令交代一案，△△等因佟令已故，并无家属在东，尤当一秉至公，以期上不有辜宪委，下不愧对故员。随在公所悉心会核，得佟故令有漏接前任杂捐各款银六百两，业已出结在先，既未便以佟令身故推诿无着，亦未便竟以亏计，致身后向隅。应请照例着赔，以昭平允。又，盘折霉变谷二千石，按照例价每石七钱，应赔银△△两。该故员官况萧然，一时无力买补还仓，同十七年知县三成银△△两，惟有不入交代另行咨追，以示体恤而期速结交案。以上通共追赔银△△两。是否有当，理合开折，禀乞大老爷转禀藩宪大人批示祗遵。肃此云云。

禀△△菏泽任内事　已录②

敬禀者。窃△△奉委会核各州县交代云云。

---

① 即佟绰图。

② 底本此段文字上方有“重出”字样。

禀△△禀武城县龚参令①垫修民埝银两分别流摊着赔由

敬禀者。案蒙宪札，转蒙藩宪批，本府转宪批，据禀龚参令将原垫银九千两勒限五年赔缴，仍令即日先缴一年银一千八百△两，由府转解司库兑收等情。查龚令亏缺参后作赔，即确核有据，声叙亦觉为难，况为数过多，分限较远，院宪岂能遽以入告；且先缴一年银两自应径解司库，何必由府转解，致多一番周折。仰即督同历城县及委员等将龚参令交代原案逐一复算明确，是否本应全数作赔、有无不实不尽之处，遵照批饬情节秉公核议，另禀察夺。毋违。此缴等因。遵即齐集公所，将龚参令原算交册复加确查，垫修民埝一款，实系实用有据。若竟计亏科罪，殊属向隅；若竟全摊流抵，未免过巨。是以韩升令等请照临清州增牧半摊半赔成案办理，嗣奉宪饬，恐致后任借口更议全赔，虽分所当然，诚如批示参后作赔，院宪岂能遽以入告。

今△△等查得龚参令于十三年正月以险工紧要详请借项兴修，奉前藩宪批令择要捐资赶办有案，与捏饰者不同。维时该参员自不能不将要工挪款垫办，以冀在任捐廉，旋因丁忧卸事，未及补苴，本非亏缺可比。乃在本州核算交代时未将此款议及作何归补，竟以亏论；且有不应交之款在内，致以二万三千余两被参。迨调省复算，韩升令等核算前情删交增抵，并提出摊捐款银五百八十二两一钱五分九厘，划赔仓谷每石二钱、银七

① 即龚璁。

百四十四两七钱四分六厘。实应交正、杂、仓、捐银一万七千五百八十一两一钱七分，内如奉准前项摊赔银九千一百二十两二钱抵除外，尚下短银八千四百六十两九钱七分，经韩升令会同前丁忧武城县知县刘元标禀明在案。

△△秉公查核，似此实用有据、保卫运道民生之要务，后任亦阴受其益，以之流摊，断不致有所借口，并仍着落该员分赔，亦与捐资之义相符。惟韩升令等原议摊多赔少尚觉畸轻畸重，悉心酌议，以四千五百六十两一钱于以次奉批之日为始，无论正署分作十年流摊，庶增删相抵，以昭平允。则下短之八千四百有余两，该员果能如数完缴，不特帑项全归有着，且龚令得以成全，实出自鸿仁之所赐矣！缘奉委复核，是否有当，理合具禀大老爷，转禀藩宪大人批饬祗遵。肃此云云。

禀△△禀王令交案内盘折谷价银两提出追赔由

敬禀者。案蒙本府转蒙宪台转蒙藩宪批〔宪批〕，查常平仓谷例应实贮实交，即便偶有盘折，亦不过数石之间，尚得谓之鼠耗虫伤气廒底折耗之故。王大淮在任未及一年，何致竟有盘折谷九百余石之多，显系饰词假借，所请着赔又无现银解司，碍难率准等因。△△等会核时亦曾以折耗过多询之大淮秉文，因原贮谷石本欠饱绽，且年分久远，历来皆系抽盘，并未倒廒过解。其中鼠耗虫伤非止一朝一夕，此次澈底盘量验看谷色不纯，眼同仓书斗纪当面风飏，不堪存贮者拣选净尽，以致折耗太多，并无饰词假借。此皆△△从前率致议令着赔，咎无可辞。兹奉驳饬，△△等复查折谷数目系属实在情形，应请大老爷转禀藩宪大人俯准仍照原议，提出交案，另行追赔。△△当即赶紧解缴，断不敢稍有迟延，自干谴责。肃此云云。

禀△△禀昌乐县刘令垫用马刚经费银两请归青州府属分摊并本缺流摊及该令名下划赔由

敬禀者。窃△△等会核△△接收前县△△一案交代，内有列抵垫用潍县逆匪马刚滋事银四千五百两一款。查昌乐县距潍仅五十里，为毗连切近之最要，自闻警以至蒇事，不敢稍事懈忽，一切经费断不能不筹款垫办，本系实在情形。因格于成例不准报销，而交案内竟予删除，即成亏缺。揆情度理，未免偏枯。第为数甚巨，责成一人独赔，则力有未逮；若全数流摊，则缺形清苦，亦所不支。△△等悉心秉公酌议，惟有摊、赔均匀办理，以示区别。请于刘令名下划赔银二千两、昌乐县流摊银一千两，下余一千五百两仿照潍县通省摊捐章程，减改青州府通属捐摊，则众擎易举，而刘令不致因公罹咎，后任亦无所借口。如蒙恩允，其府属与昌乐本缺均以奉文之日为始，无论正署，分作十五年流摊，以免竭蹶。刘令赔项于交代案内划出另追，赶紧完缴，以期有着。是否有当，理合禀请大人批示祗遵。肃此云云。

禀△△禀叶令转接各前任垫兑漕米无着银两请划为叶令赔款另行完缴由

敬禀者。窃卑职△接收前任叶令交代一案，△△等查抵款内有叶令转接游升令原接边令垫办道光五年漕项银六百两。今该年漕粮业已豁免，无可归款，自应着落最后出结之叶令赔。又，叶令本任垫解道光十一年正银七百五十一两、耗银一百五两，委系实欠在民。叶令因十四年钱粮不足分数摘顶勒催，是以将旧欠随同垫解全完开复，本应于十六年秋后启征。彼时叶令卸篆，李署令以既经奏销报完，即带征十二年旧欠，致成悬宕。此时断难违例列抵，惟系急公之项，非亏缺可比，应请照数划赔，以免向隅。又，叶令垫修监狱银三百两、衙署银九百两二款，已详明本府分年流摊。奉批删减时，叶令已调章丘，后任未为详覆，亦未移会。△△、△△到任后勘验情形，虽系实垫实修，究无司案，且未奉府复准，难以照摊。△△等秉公酌议，若遽行删除，以垫项而转成亏缺，未免情涉偏枯。惟有将原垫各项划为叶令赔款，另行完缴，庶可以昭平允，而垫款仍归有着，交案亦可速结。以上共应追银二千六百五十两，如蒙俯准，由△△造具年款外，理合禀乞大老爷转禀藩宪大人批示祇遵。肃此云云。

禀△△禀蒙阴县胡令漏接道光十一年知县缺廉银两前禀漏未叙入现已更正请并入前折饬追胡令完缴由

敬禀者。窃卑职等前经查出前任蒙阴县胡炳漏接蔡故令①欠项，及地方官应行捐赔之款，禀请赔缴在案。兹查交册内尚有漏接道光十一年知县缺廉银一百五十两，会核时同前追银四百二十两一并提出不入交案。前禀漏未叙入，亟应更正以免舛错。理合禀乞大老爷转禀藩宪大人俯赐并入前折，饬追胡令赶紧完缴，实为公便。肃此云云。

禀△△禀追昌乐县李令欠解捐款银两由

敬禀者。窃卑职俊升②接收前任李著一案交代，李令任内欠解摊捐款银三百五十五两七钱五分。现经卑职等会同议明，于交案内提出另追。其有前任列抵欠款者，由卑职俊升造送年款外，理合开折，禀请大老爷转禀藩宪大人檄饬李令赶紧完缴，实为公便。肃此云云。

计呈清折一扣。

---

① 即蔡璋。

② 即谢俊升。

禀△△禀送昌乐县刘令[1]无亏单结由

敬禀者。窃准昌乐县谢令[2]送到前任刘交代案内无亏单结一纸，理合转呈大老爷转申藩宪查核，实为公便。肃此云云。

计呈印结一纸。

禀△△禀复造金福炽欠款由

敬禀者。窃卑职等禀追金令欠款缘由，蒙宪台批，以部借养廉未便划追，金令年款册内并无录案册费，何得顶补。饬再会查，另造清册等因。遵即会同查明将部借养廉一款另行划款顶补。至录案册费系折内错缮，亦已更正。理合另开清折，禀呈大人俯照饬追金令完缴，实为公便。肃此云云。

计清折一扣。

---

① 即刘荣燮。

② 即谢俊升。

禀△△禀宁阳县孙令①欠解各年三成银两于交代案内提出另追由

敬禀者。窃卑职绍曾②应接前任孙令一案交代内，查有孙令欠解十四年三成养廉银三百六十两、十五年银△△两、十六年银△△两，共银△△两。现经卑职发越③等议明，于交代案内提出另追。理合禀请大老爷转禀藩宪大人查核，檄饬孙令赶紧完缴，实为公便。肃此云云。

禀△△禀追博兴县吴令④欠解三成银两由

敬禀者。窃卑职等会核博兴县刘令⑤接收前任吴令交代案内，有十六年三成银△△两、十七年三成银△△两，共银△△两，不入交案自行完解。理合禀乞大老爷转禀藩宪大人饬追吴令赶紧完缴，实为公便。肃此云云。

---

① 即孙鹏翥。
② 即汪绍曾。
③ 即王发越。
④ 即吴埙。
⑤ 即刘坊。

禀△△禀叶令范县任内漏接前任误报扣存未经准豁之道光五年留支漕项银两请划作叶令赔款自行完缴由

敬禀者。窃卑职△△蒙藩宪札委，监算现任范县陈△△[1]应接前任叶柟龄一案交代，现今会同三面核算。除已核定交抵各款外，尚有应交蠲免案内未奉准豁道光五年留支、席片、润耗、脚价、盘费等银△△两。查此款本系随漕由州县留支之项，因是年漕粮未届启征即奉豁免，是以未经扣支。又，查该县原造蠲免册内前款委系实欠在民，曾经详晰登注，由府详请豁免。嗣奉前宪驳饬，以此项银历据该县册报征存，嗣带征漕粮年分随漕动支，奏销案内亦作全完造报，可见项已征存；且漕项向系正耗同扣，该县应解是年漕项耗银当年十一月间即已完解，正银果系民欠，则耗银尽可随同欠解，因何垫完？况前任已报征完有案，该县接收交代之时即应查明接清再为出结，如系错报，征存亦应即时禀办，何以至今始行具详？照此请咨必干部诘，批府饬县妥为筹补解兑，叶令系最后出结之员，责无旁贷等因，并蒙札催提解在案。叶令以项本民欠，系前任错报未肯入交。

△△复核该县蠲免原册，委系实欠在民，该前县造报扣存及批解耗银均属错误。推其解耗未扣正银之由，因十五年办理蠲免一案系责成本管府州设局行提征册，是年漕粮带征年分尚早，项可无须即支。该县将征完正银先尽司库批解，是以未经

① 即陈学清。

扣存。项既未奉准豁，仍须提解报拨，诚如前宪批示，叶令系最后接收之员，当时既漏未查明禀办，即不得置身事外，惟前项系属误报，与实在征完扣存者殊有区别。卑县历算通省交代，凡有漏接前任之款，均经禀奉藩宪批准，循名责实，着落漏接之员赔缴，于交案内提出另追。前款事同一律，未便两歧办理。应请将叶令范县任内漏接前任误报扣存未经准豁之道光五年留支漕项银三百十两划作叶令赔款，檄饬该令自行完缴，俾交案得以速结，而款项仍归有着。是否有当，理合据实禀明大人察核批示祗遵。肃此云云。

蠲剩钱粮分年带征，谓如张家庄等十村庄额征地丁银一千两，被灾七分应蠲正赋十分之二，计蠲银二百两，其余八百两即系蠲剩之数，应分年带征。溢完蠲额流抵次年新赋，谓如张家庄等十村庄额征地丁银一千两，被灾七分应蠲银二百两；未奉蠲免之先已完银九百两，除八百两系分年带征之项应作已完缓征名目造报外，计溢完蠲额银一百两，即以一百两抵次年转赋。如完银在八百两以下，只算已完缓征，不得谓之监完蠲额。①

福山县被水成灾全案禀详奏稿

禀福山县被水贫民请照例开仓散赈一月口粮由

敬禀者。七月廿八日接，据福山县史令禀称，卑县居民被

① 此段文字或为残篇，现据所在底本的位置排于此。

水一案前将大概情形通禀，各悉在案。查被难民人困顿已极，虽经卑职捐资散给麦饭，未能遍及，自应照例开仓止赈一个月。查卑县常社仓谷实存一千数百石，受难穷民现虽逐查户口，尚无确数，约计实不过数千，足敷一月口粮。惟案关开仓止赈，卑职未敢擅便，理合禀恳核示遵办，并转请宪台核题等情到府。卑府查该居民猝被水患，储蓄荡然、嗷嗷待哺之情实有不堪设想者。现在该县核计仓谷约算灾区可供贫一月之粮，自应照例即予开仓赈济。拟合据情驰禀大人察核示遵，一面恭疏题报。卑府拟俟该县查确户口即行亲往抽查督办，冀无浮滥；并顺道履勘灾地受伤轻重，是否仍须展赈之处，另行分晰禀报，合并声明。

前案府禀院批

该县被水灾民应否开仓赈济，其该县常社仓谷现在实存若干、是否足敷动用，仰布政司迅速确核要议，详请奏办；一面飞饬该府督同印委各员确查户口，分别轻重，开具清折，星驰飞禀查核。事关民瘼，毋任迟延遗滥。切切。此缴。禀抄发。

前案司详

为详覆事。

道光廿三年闰七月初四日据署登州府张輶禀，据福山县知县史〇〇禀称云云等情，止在详办间，旋于闰七月初五日蒙宪台批，据署登州府知府张〇〇禀同前由，奉批云云等因到司。蒙此，查此案。先据该府，以该县禀报七月十五日通宵大雨，风雷交作，直至十六日未刻方止。不料山水陡发，临河低洼处所田禾皆被淹没，民房亦均倒塌，业经该府饬委宁海州博牧会同堪办等情。当即由司札委候补县丞曹邦桢前赴该县查勘，并批令该府督办暨报明宪鉴在案。

惟该县被灾贫民据称困顿已极，自应赶紧抚恤，俾免流离。至户口固一时稽查难期确切，第共被水若干村庄田禾是否皆被浸坏、有无可收之处，伤害民人前禀无多，究有若干口数，该令既经查勘，乃两次均未分晰禀陈，似此灾务重案，岂容颟顸，自应委员帮同查办。现已由司酌委候补知县张昌驰往该县，会同史令亲诣查勘被水村庄共计若干、何重何轻、伤害民人若干口数、倒塌房屋若干、积水现在曾否涸复。刻日先行开折，星驰具禀，其被难无业贫民亦即确查户口。该县现存常平仓粮一千八百余石，即一面开仓照例赈济，一面分别极贫、次贫，大口若干、小口若干。除抚恤一月口粮外尚应如何调剂，作速妥议禀办；并令该府即日亲诣该县，督同印委各员据实查勘议禀，或归各属秋灾汇办，或专折奏恳，俟到日再行酌核具详。缘奉批饬，拟合详覆宪台鉴核，为此备由具申云云。

前案院批司详

查州县地方遇有水旱灾伤，亟应赶紧勘明，切实驰禀，由司速议详奏。例有定限，不容隐匿迟延。本部院昨因风闻福山县淹毙民人多名，该县禀内并未据实具禀；栖霞县亦有被水，四村庄淹毙人口数百名，觅获尸身二百余具，匿不禀报。当经本部院饬委武定府同知陈丞驰赴该二县查明，并札饬该司飞驰印委各员确查各在案。仰即查明前札情节，飞催该二县及先后各委员分赴被水各处刻期勘明；并饬府督同印委各员赶紧查明冲塌房间、淹毙人口各若干，应赈户口若干，应作何抚恤，分别轻重，据实由六百里驰禀，由司核议，详请核奏。民瘼攸关，毋得遗滥迟延。并令将被水灾民妥为安抚，毋致失所。是为至要。切切。此缴。

前案院札

札布政司。本年闰七月十七日据署登州府张禀称，窃照福山县被水一案，先据史令禀报，当经卑府驰委宁海州博牧会同史令确切勘报，一面将被灾最重之区、极贫之户照例开仓赈济一月口粮，均经驰禀宪鉴。昨据委员博牧会同史令将勘过大概情形禀报到府，并折开浸倒草房八千二百四十间，伤毙男妇二十一名口。卑府因核村庄名目互异，又未将成灾分数确切指陈，兼恐伤毙人口不止此数，当经驳饬，确核另禀。

兹卑府于闰七月初八日行抵县境，率同史令连日赴北乡受水最重之浦湾村、舒家村，东乡最重之　　村，南乡最重之　　等村，并沿途经过村庄逐一履勘。缘该县境北、东、南三乡地处洼下，逼近里外夹河，里夹河名西洋河，外夹河名大沽河。夏秋之间雨水本多，七月十五、十六两日大雨如注，山水陡发，是日又值海水大潮，河路不能宣泄，以致水势泛滥汪洋。俯蓄统计受水最重、次重成灾之区将及百庄，现在最低处所尚有积水数寸不等。沿河两岸本系种植菜蔬腴地，现有水冲沙压、参差不齐之处，其各乡涸出地亩所种谷豆皆已淤死，高粱间有存者而根已受伤，津脉不能上注，所收亦属无多。阅之实为心恻，已面谕史令确核成灾分数，分别妥议详办。此卑府亲诣履勘之实在情形也！至淹毙人口一节当向史令面询，据云当日水至在未申之间易于趋避，据地保及该亲属禀报，查获尸身实止二十一具。卑府查阅各村房屋皆系被水浸酥，自行倾塌，并非当时冲没，目击败堵水迹俨然，且访之舆论，均无异词。此外纵难保其必无遗漏，谅亦无多。散赈一事本应查确户口，造册详送委员监放，惟念饥民生死吃紧正在此数十日内，该县距省较远，卑府仰体大人痌瘝在抱、膏泽速逮之至意，前已札饬史令一面造册结报，一面循例分派同城教佐各员运赴各乡适中之地验明散给。

兹查开赈以来，并无刁生劣监把持喧闹及在官人等捏名冒领情事，闾阎甚为安贴。除饬史令将勘明成灾分数应否加赈蠲缓及倒塌房屋应如何给予抚恤，妥议章程，由卑府覆核禀办外，所有督勘大概情形，理合肃禀查核。正在缮禀间接奉宪台札饬，以该县被水淹毙多命，因何前禀并不据实禀报，卑府现复遵札，严饬确查，容俟覆到，另行禀办等情到本部院。

据此，查所禀勘明该县被水之区将及百庄，浸倒草房八千二百四十间，伤毙男妇二十一名口，是被灾情形甚重，现虽开仓赈济一月口粮，恐尚难免失所。除饬该府督饬印委各员赶紧核实散放，一面查明成灾分数，应否加赈蠲缓，淹毙人口、冲塌房间是否实止此数，应如何给予埋葬、修费；并查明应赈户口若干，分别轻重、极次，妥议章程，星驰飞禀外，合亟札饬。札到，该司立即飞饬该府并印委各员将应给口粮赶紧核实散放，务使无滥无遗，俾灾黎均得早沾实惠。一面勘明成灾分数，应否加赈蠲缓，并查淹毙人口、冲塌房间是否实止此数，有无遗漏，应如何给予埋葬、修费；速查应赈户口若干，分别轻重、极次，妥议章程，星驰飞禀，由司核议详办。毋违。飞速火速。此札。

前案府禀[1]

敬禀者。窃照福山县被水一案，先据委员宁海州博牧会同该县史令将被水各村庄分别极重、次重，声请蠲缓钱粮。经卑府覆核禀报宪鉴，声明散赈谷数及领赈户口，由史令造册申送，核办在案。

兹据史令禀称，查常社各仓实贮谷共有一千八百八十一石，并据告病回籍之前任河南安阳县知县　　捐谷三百石，统共实有谷二千一百八十一石。卑职连日会同教佐各员细心确查户口，择其受水较重之四十九村庄中查得极贫之户男妇大口共有五千二百九十七名口，小口共有二千四百八十八名口；又于次重之四十二村庄中查有男妇大口共六百八十六名口，小口共有四百四十九名口。核计谷数匀为三十日，按放较重者，大口每一名一月给谷三斗，每小口一名一月给谷一斗五升，共应给谷一千九百六十二石三斗；又次重者每大口一名一月给谷二斗，每小口一名一月给谷一斗，共应给谷一百八十二石一斗，通共应给谷二千一百四十四石四斗，足敷穷黎一月口粮。卑职查明后即造户口清册，按户给散印票，填明人口、谷数，注明领谷日期，即于本月初六日起，循例分派同城教佐各官将谷石运至被水各乡适中之地，验票散给，一面将领过各村庄出示晓谕。

兹查开赈以来，并无刁生劣监把持喧闹，亦无捏名冒领情事。现于十一日散竣，尚余谷三十六石六斗，实贮在仓。察看闾阎甚为安贴，合将散谷确数及蠲缓钱粮数目分造各册，禀请核转等情到府。

---

① 底本此处原有“及司批”三字，现据下文及目录卷删。

据此，除被水各村民倒塌房屋应如何给予抚恤之处另行据禀转请核示外，所有送到散谷确数及蠲缓钱粮数目各册，理合禀请大人核转。肃此云云。

前案司批

查户部定例，水旱成案，乏食贫民不论成灾分数均先行正赈一个月，仍于四十五日限内按查明成灾分数，分晰极贫、次贫，具题加赈。被灾十分者，极贫加赈四个月，次贫加赈三个月，蠲正赋十分之七；被灾九分者，极贫加赈三个月，次贫加赈两个月，蠲正赋十分之六；被灾八分、七分者，极贫加赈两个月，次贫加赈一个月，八分蠲正赋十分之四，七分蠲正赋十分之二；被灾六分者，极贫加赈一个月，被灾五分者准酌给来春口粮，六分、五分均蠲正赋十分之一。应赈每口米数：大口日给米五合，小口二合五勺，按日合月，小建扣除银米，兼给散一个月。

今该县史令按较、次重分别赈抚，较重者每大口月给谷三斗、每小口月给谷一斗五升，次重者每大口月给谷二斗、每小口月给谷一斗，与例不符。该令究系凭何分别较重、次重，又未声明，藐视灾务，不合已极。除较重赈谷数目相符外，次重少赈谷数应否补给，至除正赈一个月应否再予加赈，未据禀及。而成灾分数另禀倒房修费案内，仅据声明重系七分以上，次系六分以上，现禀并未计议，遽将本年民欠钱粮造册，禀请蠲缓。似此不明例案，鲁莽从事，甚属非是。该府并不详加确核，即行转禀，亦属不合，本应一并撤参，姑宽由排单马递六百里飞饬。仰即严督印委各员遵照批示确切查明，细核例案，分晰妥议，开具被水村庄以及户口清折，由马递六百里星驰具禀，以凭核办。仍督饬将被水灾民加意抚恤，弗致流离失所，是为至要。倘再仍前颟顸灾赈要案，不能宽贷，本司惟有据实详参，毋谓言之不预也。

又，该县常、社二仓应存谷石查核司案奏销，计应存常平仓谷一千八百零八石八斗五升五合八勺，社仓谷六百四十三石二升九合，二共谷二千四百五十一石八斗八升四合八勺。禀叙谷数亦不相符，究系如何歧错，并令专案查禀。此缴。各册并发。

前案府禀

敬禀者。窃照福山县被水一案，先经该县史令查明，淹毙男妇二十一名口，倒塌草房八千二百四十间，禀由卑府核明，转禀宪鉴在案。兹复据史令确切查明，淹毙男妇实止二十一名口，内男大口六名、小口三名，女大口八口、小口四口，各村倒塌房屋实止八千二百四十间。此外，别无淹毙人口及另有倒塌房屋情事。惟此项倒塌房屋应否照例抚恤，未敢擅便等情到府。据此，除淹毙人口业由史令捐棺殓埋毋庸议外，卑府查东省赈恤坍房，向系极贫每户赈银一两五钱，次贫每户赈银一两，再次贫每户赈银五钱，灾重之区草房每间给银三钱。灾重论间、灾轻论户，此系向来办理成案。卑府伏思，分别极贫、次贫、再次贫，列为三等，原所以示限制，惟此中界限颇难区别，诚恐胥役得以高下其手，转滋弊端。再，该县被水极重之区业已成灾七分以上，其次亦在六分以上，情形不为不重，且七分以上各村庄倒塌房屋统计已居十之八九，出入实属无多。可否按间赈银三钱，俾得赶紧补葺，以资栖止之处，理合禀请大人核示遵办。恭请云云。

前禀司批

查户部定例，东省倒房修费，极贫每户给银一两五钱，次贫每户给银一两，又次贫每户给银五钱，历经办理在案，并无定有灾重之区草房每间给银三钱之条。该府禀叙灾重论间、灾轻论户给银之处，与例不符。据称此系向办成案，检查司中并未办有此等之案，究系何年、何州县成案，未据切实声明，实属朦混。既例有专条，自应遵办。第该县被水各村庄倒塌房屋禀内，仅有间数并无户数，亦未分别极贫、次贫、又次贫，殊难核办。似此灾赈要务，该府竟不确查例案，颟顸具禀，殊属非是。现在立等详奏，合亟由排单马递六百里飞查，仰即严督印委各员遵照批示确切查明，分别极贫、次贫、又次贫各若干户，造具清册，另行妥议，仍由马递六百里据实禀候，详请奏办。倘再不知轻重，玩忽颟顸，定行严参不贷。慎之。切切。此缴。各册并发。

前案奏稿

奏为查明福山县秋禾被水成灾，吁恳天恩分别赈恤、蠲缓，以安灾黎而纾民力，恭折具奏，仰祈圣鉴事。

窃照登州府属之福山县因七月中旬大雨如注、山水陡发，低洼田禾俱被淹没，并有冲倒房屋、伤毙人口之事。经臣饬委武定府同知陈光绪驰往会同府县确切查勘，妥为安抚，曾于恭报七月分各属雨水情形折内奏，蒙圣鉴在案，旋据该府等具禀被水灾民情形困顿，望赈孔殷。臣即批司转饬查明存仓谷石，赶紧核实散放一月口粮，俾免流离失所；一面饬催勘明成灾分数，应否加赈、蠲缓，并确查应赈户口若干，分别极贫、次贫，及淹毙人口、冲倒房间数目，迅速妥议禀办去后。兹据署登州府知府张輶、会督委员武定府同知陈光绪、试用知县张昌、宁海州知州博文并该福山县知县史麟书逐一勘明，禀由藩司王笃核议，详请具奏前来。

臣查福山县地居滨海，逼近里外夹河。本年自交夏令雨水本多，迨至七月中旬又复连宵达旦大雨如注，山水陡发，以致田禾淹浸、伤毙人口、倒塌房屋，情形实堪悯恻。既据该府并印委各员查勘明确，自应照例赈恤、蠲缓，以济民艰。除淹毙大小男妇二十一名口业由该县当时捐给殓埋之费毋庸议外，相应奏恳皇上天恩，将福山县成灾七分之四乡北关厢等四十九村庄、成灾六分之栖里村等四十二村庄，无论极贫、次贫，先行赏给抚恤一月本色口粮，在于该县存仓谷内动碾，即照初次具奏，闰七月分大建按照户口散放。仍照例，成灾七分者，极贫加赈两个月，次贫加赈一个月；成灾六分者，极贫加赈一个月。查定例，灾民加赈银米兼给该县仓贮谷石，除放一个月抚恤本色口粮外，余剩无多。若于他属动拨碾运，恐需时日，应请将加赈口粮概放折色，俾灾民速沾实惠。至应征本年钱粮并恳照例，成灾七分者蠲免正赋十分之二，成灾六分者蠲免正赋十分之一，蠲剩钱粮照例分年带征。如有未奉蠲免之先溢完蠲额银两，查明流抵次年新赋。其余成熟村庄当县境被灾之后，闾阎未免拮据，请将应征钱粮照例一体缓至道光二十四年秋后征收，以纾民力。至倒塌房屋，亦请照例分别极贫、次贫、又次贫，按户给予修费。如此赈恤、蠲缓，该灾民等糊口有资，栖身得所，感戴皇仁，实无既极所有。

查开户口以及散放口粮修费等事，均照例饬委正佐教职等官分地确查，亲身办理，不准吏胥人等经手，以杜遗滥串冒等弊。除饬将应赈户口并抚恤加赈本色、折色口粮，倒房修费及蠲缓钱粮各数目逐细查明，分晰造具册结，由司覆核，照例分别详办外，合将查明福山县秋禾被水成灾，吁恳分别赈恤、蠲缓缘由，恭折具奏。伏乞皇上圣鉴。谨奏。

前案上谕、朱批

札布政司。照得本部院于道光二十三年八月二十五日具奏，查明福山县秋禾被水成灾，恳请分别赈恤、蠲缓，以安灾黎而纾民力一折，业已抄奏饬知在案。兹于九月初八日奉到朱批："另有旨。"钦此。又于"饬委正佐教职等官分地确查"句旁奉朱批："难得是一实字，勉之。"钦此。同日随折奉上谕一道，道光二十三年九月初一日内阁奉上谕："梁①奏查明福山县秋禾被水成灾恳恩分别赈恤蠲缓一折。本年山东登州府属福山县因七月间山水陡发、田禾被淹，并有冲倒房屋、伤毙人口之事，情形殊堪悯恻，自应亟行蠲赈以资接济。着照所请，所有成灾七分之四乡北关厢等四十九村庄、成灾六分之栖里等四十二村庄，无论极贫、次贫，先行赏给抚恤一月本色口粮，在于该县存仓谷内动碾，即照闰七月分大建按照户口散放。仍照例，成灾七分者，极贫加赈两个月，次贫加赈一个月；成灾六分者，极贫加赈一个月。该县存谷无多，所有加赈口粮准其概放折色。其应征本年钱粮，着照例，成灾七分者蠲免正赋十分之二，成灾六分者蠲免正赋十分之一，蠲剩钱粮照例分年带征。如有未奉蠲免之先滥完蠲额银两，查明流抵次年新赋。其余成熟村庄当县境被灾之后，闾阎未免拮据，所有应征钱粮着一体缓至道

① 即梁宝常。

光二十四年秋后征收，以纾民力。至倒塌房屋，亦着分别极贫、次贫、又次贫，按户给予修费，俾灾黎不致失所。该抚务当督饬印委各员实心办理，并着刊刻誊黄，遍行晓谕，务使实惠均沾，毋任胥吏舞弊，用副朕轸念灾区至意，该部知道。”钦此。合行恭录札知。札到，该司即便钦遵查照，迅速督饬印委各员分别确查，实心办理；一面由司刊刻誊黄，分别呈送颁发，遍贴晓谕，务使实惠均沾。仍将应赈户口并抚恤加赈本色、折色口粮，倒房修费及蠲缓钱粮各数目逐细查明，分晰造具册结，由司覆核，照例分别详办。毋迟。

前案赈恤修费详

为详请核咨事。

道光二十三年八月二十八日奉宪台札开全云各等因到司。奉此，遵即钦遵移行该管道府督饬妥办，并由司敬谨刊刷誊黄，颁发晓谕在案。伏查福山县今岁七月间因山水陡发，田禾被淹并浸倒房屋。钦奉恩旨：“无论极贫、次贫，先行赏给抚恤一月本色口粮，在于该县存仓谷内动碾，即照闰七月分大建按照户口散放。仍照例，成灾七分者，极贫加赈两个月，次贫加赈一个月；成灾六分者，极贫加赈一个月。该县存谷无多，所有加赈口粮准其概放折色。至倒塌房屋，亦着分别极贫、次贫、又次贫，按户给予修费，俾灾黎不致失所等因。”钦此。除抚恤一月本色口粮，遵奉谕旨，按照闰七月分大建在该县存仓谷内动碾，循例按大口月给谷三斗、小口减半分别散放外，所有加赈折色口粮，其两月者即以抚恤之次月，八月分小建、九月分大建，一月者以八月分小建遵例，每大口月折给银一钱五分，每小口月折给银七分五厘。小建扣出在于司库各属征解道光二十三年地丁银内动支，委员解交会同印佐教职等官确查户口，核实散给。至倒房修费定例，山东省按户散交，极贫每户给银一两五钱，次贫每户给银一两，又次贫每户给银五钱，亦请遵例逐户确查，动支司库道光二十三年地丁银两，委员一并解交，如数散给。其查赈委员盘费、书役、饭食、纸张等项，循例准其一体支销，在于司库存公耗羡银内动给。统俟事竣取造切实册结，由司汇案分册报销。所有分别动项遵办缘由，拟合详请宪台鉴核，咨明户部查照。

再，应赈折色户口并倒房修费，现据该县查明约数禀报，亟应委解银两前往散放。业经由司在于道光二十三年地丁银内先行酌给银四千两，详议章程，饬委候补知县等领赴该县，会同印佐教职等官分地复查，亲身散放，不准吏胥经手。如领项不敷，再行禀请找领，并令该府亲诣督办，期无遗滥。合并声明。为此云云。

前案赈恤章程司详

为详明事。

照得福山县因本年七月间山水陡发，田禾被淹并冲塌房屋，业经本司详奉宪台奏恳圣恩，分别赈恤、蠲缓，奉旨允准行知，钦遵查照办理在案。所有应赈各户口，除抚恤一月本色口粮业已散放外，其应需加赈折色口粮暨倒房修费，现已另详委员解交银两驰往会同该县史令及教佐等官核实散放，并饬登州府诸守亲临督办。惟恐印委各员意见不齐，查办未能画一，往返请示，转致灾黎不能早沾实惠，相应酌议章程，饬知遵办，以期妥速。谨拟数条开列于左：

一、该县秋禾被水成灾，业经由司分别轻重、极次，详奉宪台奏明先行抚恤一月本色口粮，以闰七月分大建，查明户口在于存仓谷内动碾散放。仍照例，成灾七分者，极贫加赈两个月，次贫加赈一个月；成灾六分者，极贫加赈一个月。所有加赈口粮概放折色，俾穷黎早沾实惠，奉旨允准在案。除抚恤本色口粮已据该县禀报散放完竣外，其加赈折色口粮，现在由司遴委干员领解银两，前往该县会同印佐教职等官，即照正赈之次月，成灾七分〈极贫〉各户口予以八月分小建、九月分大建两月口粮，成灾七分次贫并成灾六分极贫各户口均予八月分小建一月口粮，查明户口，分别散放，以资接济。

一、赈恤口粮原为被灾仓猝无以糊口，而设现在被水各村庄应行加赈折色口粮，应令印委教佐各员即将解去银两，按照该县市价易钱，分别极次并男妇大小若干口数，查造清册，钤盖印信，照例按口折钱散给；一面开具村庄户口清册，注明极次、姓名，暨男大口若干、男小口若干、女大口若干、女小口若干，送司查核，以备稽考。

一、定例，折色口粮每大口月给银一钱五分，每小口月给银七分五厘，小建扣除。查该县现在月报银价，每银一两换制钱一千四百文。此次被灾贫民加赈口粮系奉奏准概放折色，应照例，每大口月给银一钱五分，按该县银价计算应折制钱二百十文，小建扣除计给银一钱四分五厘，折制钱二百三文；每小口月给银七分五厘，应折制钱一百五文，小建扣除计给银七分二厘五毫，折制钱一百二文，按数散给，以资糊口。

一、应赈户口须查明年岁以分大小口，如年在十六岁以上为大口，十六岁以下为小口，尚在襁褓食乳者不计。并按口给予骑印赈票，前半截给灾户，后半截存查。该地方官预刊印就，每本百页编写号数，将查定户口于票内填明极次、户名、男妇大小几口及应赈月数。一票截而为二，预交委员照册按户散给，毋任冒领。

一、散给赈委员溯查成案，准带书办一名、跟役二名，此次应循照办理。该县被水成灾各村庄虽已据查明给予抚恤一月本色口粮，但现在奉旨加赈，应择其极贫、次贫，按口授食，与抚恤无论极次者不同。而闻赈归来例准一体入册散给，自应责令委员会同印佐教职等官分地据实复查，期无遗滥。其如何稽查，应饬先向印官移取印册，携带粉笔、灰桶挨庄逐户确查。如查完一户，即于册内注明某人名下应赈男妇大小口几口，亲填入册，以便届期查照散放，并于赈户门墙上用灰大书“极贫”“次贫”字样。至查完一村，即将户口结总移知印官，一面将该村应赈者某某户男妇大小几口大书用印告示，裱糊张挂村口，俾咸使周知，以杜弊滥。

一、散赈日期须先出示晓谕。某村灾民于某日赴某处领某月口粮，届期印委教佐各员须按册挨次验票，务令男女异处，先女后男、先老后少，毋使混杂拥挤。如有老弱疾病不能亲身赴领者，许亲族邻佑持票代领，即于册内注明某人代领，并先于查造户口册内将老疾字样注明，以便临时稽核。应赈一月者，赈毕即将赈票收回戳销；应赈两月者，即于票内戳盖“首月放完”字样，至次月赈毕再行将票收回戳销，以免重复影射。

一、被灾穷黎亟宜接济，须拟定起止月日并程途远近，分别散给。该县被水村庄远近不一，现在已届冬令，风雪靡常，若令老幼妇女远道赴领，未免益加苦累，自应酌于适中之处分设厂座，将易换钱文分运赴厂，责令印委教佐各员分地妥为散给。无论程途远近，应放一月者统以十月初十日起勒限五日放竣；两月者限十日放竣，不得稍有迟延，致干严参。

一、已经入册之户给散在迩，糊口有资，应出示晓谕，毋许携带老幼妇女外出别境滋扰，并于给领后加意稽查，不得轻去其乡，以便明春耕作。

一、查定例，灾户内有贡监生员赤贫应赈者，责令该学教官册报入赈。今该县被水成灾各村庄，如有贡监生员赤贫应赈者，即遵例责令该教官据实查报，由委员会同按数散给，以免遗滥。

一、定例，倒房修费，东省按户散给，极贫每户给银一两五钱，次贫每户给银一两，又次贫每户给银五钱。查该县月报，银价每银一两换制钱一千四百文。此次被灾贫民应给倒房修费照散给折色加赈口粮一律办理，极贫每户给银一两五钱，应折制钱二千一百文；次贫每户给银一两，应折制钱一千四百文；又次贫每户给银五钱，应折制钱七百文。分别极次，按照加赈口粮章程一体由委员等分地复查给票，随赈按户散给，以资修葺。

一、散放口粮并倒房修费，均应由印委教佐各员分地亲身验给，不得假手书役，以免克扣短少。如希图安逸致有弊混，一经查出定行从严参办。仍俟散竣，由印官造册报销，出具切实无捏印结。查放委员出具押结，送由府道核明结转；一面径行送司核办，不得稽延，致误造报。

一、散赈委员东省向例，现任正印及丞卒以上不给盘费；佐杂教职并试用人员自监赈之日起至赈毕之日止，每日酌给盘费银一钱；又每员书办一名、跟役二名，每名每日酌给饭食银五分；州县造册书吏二名，自承造之日起至造完之日止，每名每日酌给饭银六分。至册籍、纸张、笔墨各费，令州县先行垫用，事竣分册核实报销，统于司库存公耗羡银内请还款以资办公。

以上各条系参核定例暨历办章程斟酌核议，俾该府县及教佐委员等得以照办，免致参差。仍须随时随地察看情形，酌量妥办，不得拘泥，总期实惠贫黎为要。除札饬遵办外，拟合详明宪台鉴核。为此云云。

二十四年秋禾被灾原奏

奏为查明临清等州县卫秋禾被水、被雹、被雾、被虫轻重情形，仰恳天恩，分别缓征、递缓以纾民力事。

窃照济南、武定、兖州、曹州、东昌、青州、莱州、临清、济宁等府州所属各州县卫，本年夏秋之间，或因雨水较多，或因湖河涨漫，低洼地亩一时宣泄不及，以致田禾间被淹浸，并有雨中带雹、被雾生虫之处。据各该州县卫先后禀报，臣均饬令藩司委员勘议，业于恭报六月分雨水及秋禾约收分数各折内奏闻在案。旋据该管道府直隶州督同印委各员陆续查勘明确，禀请缓征。经臣行司汇议，兹据藩司王①查核议详请奏前来。

臣查本年秋禾被水、被雹、被雾、被虫之临清等州县卫虽均不及一隅中之一隅，系属勘不成灾。惟收成究属歉薄，且此内多有积歉之区，若将新旧钱漕责令照常输纳，民力实有未逮，自应各按地方实在轻重情〈形〉分别缓征、递缓，以恤穷黎。相应奏恳天恩，俯准将被较重之临清州柴庄等十九村庄、济宁州黑土店等十九村庄、章丘县清三里南茅庄等并清二里前刘官庄等九村庄、邹平县伏十一等里李家庄等七村庄、济阳县官庄药王等五村庄、禹城县一都一等里董家辛等六十四村庄、临邑县冯家井等五村庄、阳信县孝二等图张善庄等四十七村庄、范县龙北等里胡家洼等七十三村庄、朝城县仁一等里付余集等六十一村庄、丘县段寨等一十村庄、夏津县半壁店等十三村庄、

① 即王笃。

鱼台县葛家桥等七十二村庄，被水又兼被虫之茌平县车里长屯、牛家庄等二十七村庄，所有应征本年钱粮、漕米及漕项河银，临、德等仓，民佃、盐课，摊征堤工、埝工、河工、地租等项，及临清、济宁、邹平、济阳、临邑、朝城、茌平、丘县、鱼台等州县内有青黄不接，二麦被风、被淹、被旱原缓上忙新赋，同二十三年民欠及因灾原缓，均请缓至道光二十五年秋后启征。

又，被水较重之临清州朱家庄等二百一十三村庄、济宁州高家庄等十六村庄、历城县司家庄双庙庄姚家庄等三村庄、章丘县清三里李家庄等并清二里段家桥等四村庄、邹平县长六等里波踏店等五十八村庄、长山县韩家套等四十一村庄、新城县姚郭庄等二十八村庄、齐河县宋家店等六十四村庄、济阳县〔谨的〕王家栏等四十一村庄、禹城县一考一等里三里杨家庄等四十四村庄、临邑县承祥庄等六村庄、阳信县孝二等图偶李庄等一百七十一村庄、海丰县柏杨等十五堆一百一村庄、滨州赵庄等八十六村庄、沾化县城地等里三里庄等六十二村庄、阳谷县西刘等五十五村庄、寿张县胡家庄等十五村庄、蒲州朱家桥等九村庄、范县龙地等里闫家庄等六十七村庄、聊城县十里铺等六十六村庄、博平县崇文等乡玉皇庙等二十村庄、茌平县车里长七王官屯等五十六村庄、清平县萧庄等二十村庄、莘县刚一等里盛家庄等七十一村庄、冠县大李村等四十一村庄、馆陶县草厂地方富家头等二十二村庄、乐安县桑科等三十七村庄、寿光县李家营等一百四十村庄、安丘县刁兰庄小陈家庄等二村庄、平度州白埠社林家屯等一百四十四村庄、昌邑县西南北等乡侯章庄等并东南乡泊东等三社高家庄等一百六十七村庄、潍县北乡南台底等社南花园等一百五十八村庄、高密县车辋等乡辛庄等一百一十九村庄、丘县聂楼等二十三村庄、夏津县茌庄等三十八村庄、武城县小商庄等二十村庄、鱼台县沙河街等三十八村庄，被水又兼被虫之商河县史家庄等二十八村庄、恩县报效屯等闫家庄等十七村庄，被水又兼被雾之利津县东官等一百三十五村庄，又被虫较轻之单县苏家楼等九十七村庄，又被雹较轻之曹县大黄集等十三村庄，除本年漕米照常征收外，所有本年钱粮，漕项河银，临、德等仓，民佃、盐课，摊征堤工、埝工、河工、地租等项，及被水较轻之齐河县并卫张保屯等五十二村庄、济阳县并卫太屯等七屯庄、平度州并卫吴赵屯等十三村庄并章丘县并卫屯庄本年钱粮，及临清、济宁、邹平、济阳、单县、曹县、聊城、茌平、馆陶、丘县、武城、鱼台等州县内有青黄不接，二麦被风、被淹、被旱原缓上忙新赋，同二十三年民欠及因灾原缓一并缓〈至〉道光二十五年秋后启征。

又，被水最轻之临清州林家园等五十三村庄、邹平县伏一等里东范家庄等七十九村庄、新城县马头庄等八村庄、海丰县丁家等四堆二十一村庄、滨州李国吴庄等六十三村庄、沾化县城南等里何家庄等七十二村庄、清平县戴家湾等二十四村庄、冠县沙家庄等二百九十二村庄、乐安县韩家等一百五村庄、安丘县高戈庄等四十二村庄、平度州白埠社卢家屯等五十八村庄、昌邑县东西南北各乡赵家等五十八村庄、潍县东北乡邢家庄等五村庄、高密县泽壮等乡王家寺等一百五村庄，又被雾之利津县小街等二百二十九村庄，同被虫最轻之平原、被水又兼被虫之惠民、被水又兼被雾之蒲台等县阖境村庄，及临清、济宁、济阳、阳信、阳谷、寿张、范县、聊城、博平、莘县、馆陶、恩县、寿光、丘县、夏津、武城、鱼台，被水又兼被虫之禹城、商河、茌平，被雹最轻之曹县，被虫最轻之单县等州县，除请缓村庄外，其余各庄并平度州并卫曹、存城等西村庄，本年钱粮、漕米照常征收，内临清林家园等五十三村庄，同聊城、茌平、冠县、馆陶、丘县等处，应征青黄不接，二麦被旱、被风案内原缓上忙新赋，同二十三年民欠及因灾原缓，均请缓至道光廿五年秋后启征。

以上被水、被雹、被雾、被虫较重、较轻、最轻各州县村庄，凡有二十二年未完及因灾原缓与应带征历年旧欠并原缓、递缓钱粮、漕米，漕项河银，临、德等仓，民佃、盐课，摊征堤工、河工、埝工、地租，出借仓谷籽种、口粮等项并为一案，均缓至道光廿五年秋后，各按最先年分递年依次带征一年，仍照案先尽各该年及廿三年钱粮全清，再行议带漕米。其德州、东昌、临清三卫屯庄并官台场灶地，随同坐落州县一律办理。必坐落州县并无请缓村庄，应归该卫自行核办，以昭核实。至例不缺额之蓟粮兵米及请缓钱粮，仍征漕米之州县不敷漕项，均照例于成熟村庄应征银米内照数划解，统于大漕地丁内核缓。其应征抵额耗豆并请随正缓征，仍将摊缓耗豆价脚银两扣存司库，俟带征年分支给应用。

如此分别调剂，民力俱获宽裕，感颂皇仁，实无既极。除饬取缓征册结照例咨部外，拟合恭折具奏，伏乞皇上圣鉴。再，朝城县除已请缓钱漕之付余集等六十一庄外，尚有被水各庄，因现议与原报情形稍有参差，已饬委员再加确勘，容俟覆到，另行核实办理，合并陈明。谨奏。

济南府札行二十三年二麦被水一案府禀司批抄禀附

济南府札长山县知悉。本年四月十九日蒙布政司批，本府转禀该县等二麦被淹村庄议请分别缓征新旧钱漕缘由。蒙批，据禀邹平、长山等县麦田被淹，分别轻重议请缓征新旧钱粮，自系各按地方情形核实办理。惟司中向办二麦被灾，除青黄不接请缓村庄外，其余各庄未完上忙新赋均缓至本年秋后启征。其上年民欠及因灾原缓与应带征历年旧欠原缓、递缓钱漕等项，一并缓至本年秋后，各按最先年分递年依次带征一年，历有成案可循。今邹平县以本年青黄不接原缓上忙新赋，请同历年旧欠钱漕等项并为一案，展缓至二十三年秋后依次带征，是最先年分转而为最后年分，殊与成案不符；且邹平原报八十二村庄，今禀内系八十一村庄，亦属两歧。仰即遵照批饬，刻速妥议禀覆，并转饬查明被水各庄因何前后不符，一并声覆核办。事关民瘼，毋稍饰延干咎。切切。缴等因批府。蒙此，合行抄禀转饬。札到，该县即便遵照。毋违。此札。

计粘抄府禀一纸。

敬禀者。窃照前据邹平、长山二县以小清河上游积水下注、麦田被淹等情，禀蒙布政司、宪台、藩宪并由府先后委员会勘去后。兹据印委各员勘明情形轻重，议请缓征前来。卑府覆查该县等境内被水村庄，虽俱勘不成灾，麦收究属歉薄。若将新旧钱粮照常征收，民力未免拮据，自应分别量予调剂，以示体恤。合无仰恳大人俯赐转奏，请将被水较轻之邹平县长四等里文东等三十五村庄、长山县李家套等三十八村庄，本年上忙未完新赋及漕仓等银一并缓至道光二十三年秋后启征；被水最轻之邹平县伏十里等张家套等四十六村庄，除本年上〈忙〉钱粮照常征收外，所有各该庄同该县，并长山县被水较轻村庄历年未完旧欠，原缓、递缓钱、漕、仓项等银，与邹平县被水庄内本年青黄不接原缓上忙新赋并为一案，一体展缓至道光二十三年秋后，各按最先年分递年依次带征一年，以纾民力。除饬将积水赶紧设法疏消，并查造缓征顷亩册结申送外，所有卑府覆核缘由理合云云。

二十四年新定带征章程

济南府祝①札长山县知悉。本年九月二十九日蒙布政司札开，照得秋禾被灾缓征一案，历系将上年钱粮与历年旧欠并为一案，缓至来年秋后按最先年分递年依次带征，是以最近年分归入最后。东省灾伤无岁不有，陈陈相因，岂有启征之期？现在经费异常短绌，饷需屡奉指拨，自应通盘筹画，以裕帑项。兹由司议，将二十三年钱粮随同二十四年缓至二十五年秋后启征，其二十二年以前民欠与原缓、递缓钱粮仍缓至二十五年秋后，按最先年分依次带征一年。俾最近年分不至转为最后，于催纳较易为力，且多带一年，即多济一年之饷需，如果认真督催，自不虞库藏短绌。除汇案详请抚宪具奏，俟奉到原奏另檄饬知外，合行札饬。札到，该府查照改议事理，转饬遵照。毋违。此札等因到府。蒙此，合行转饬。札到，该县立即遵照办理。毋违。此札。道光二十四年十月初九日。（十一日奉到）

---

① 即祝庆谷。

禀抚、藩、本道、粮道、府禀△境二麦被旱拟请将本年上忙及二十一年钱粮缓至秋后启征由

敬禀者。窃查△县境内交春以来雨泽稀少，土脉渐形干燥，麦苗当此久旱未能长发，虽经△△设坛斋宿，日率僚属祈祷，无如甘霖未沛。兹据各乡呈报被旱前来，△△随亲诣各乡逐加履勘，委因雨泽愆期、风沙时作，除附近城郭庄村各处皆有井水灌溉，麦苗尚属青葱，黍稷亦有萌芽，其△县南乡一带皆依山，土脉干燥，麦苗日渐枯萎，西北等村为小清各河下游，多系低洼斥卤之乡，久经日晒，碱花堆积，间有颗粒，亦皆瘪①瘦，民情颇形拮据。虽均勘不成灾，收成究属歉薄。△△悉心酌议，拟请将应征本年上忙钱粮、漕项、仓项及带征二十一年旧欠钱粮一并缓至本年秋后启征，庶民力得以宽纾，感戴深恩，实无极矣！△△愚昧之见，是否有当，理合将勘拟缘由禀请大人、大老爷鉴核，俯赐委员覆勘，实〈为〉公便。肃此云云。

禀抚、藩、本道、粮道、府禀会勘长山县境内二麦被旱拟请将应征本年上忙并二十一年钱粮缓至秋后启征由

敬禀者。窃卑职△蒙宪台并蒙本府、藩宪札委，赴长山县

① 底本该字所在行上方有“别字上声，颗粒不充满也”小字，似为该字注释。

会勘二麦被旱情形，是否不致成灾、应否量予调剂，妥议禀缓核办等因。遵即束装驰抵该县，会同卑职△亲赴各乡周历履勘，查得长山县境内上年得有雨雪，二麦已一律布种。惟自春徂夏连日晴霁，间得微雨，不成分寸，麦苗未能借资长发；兼且日晒风飏，以致土脉更形干燥，麦禾俱渐枯萎。即附近城郭村庄有井水灌溉各处，颗粒亦未能饱绽，其南乡依山一带及西北等村低洼斥卤之乡，尽皆瘪瘦。虽均勘不成灾，收成究属歉薄，课赋如照常征收，民力实有未逮。△△等悉心筹议，拟请将应征本年上忙新赋、漕项、仓项及带征二十一年钱粮，一并缓至本年秋后启征，俾民力得以宽纾，感颂鸿慈，实无既极矣！是否有当，理合转覆勘缘由，禀陈云云。

禀抚、藩、本道、粮道、本府禀卑县本年秋禾被水村庄来春青黄不接之时应征上忙新赋恳请缓至秋后启征由

敬禀者。窃蒙本府/宪台转奉藩司/宪台/藩宪以蒙宪台/抚宪札饬，卑县本年秋禾被水村庄，来春青黄不接之时，应征上忙新赋，小民能否照常输将、应否调剂妥议禀办等因。遵查卑县本年秋禾被水较重杨家庄等十九村庄及被水较轻刘家套等十六庄，共三十五庄统计秋收五分有余。嗣因雪雨应时，二麦陆续布种。现在粮价平减，民情甚属安贴。惟查各该庄多系积年被灾缓征之区，本年秋禾又复被水，麦苗虽已播种，究因连年歉收，户鲜盖藏。来春青黄不接之时，应征上忙新赋若令照常完纳，民力实有未逮，自应无分轻重一律调剂。应请将杨家庄等十九庄及刘家套等十六庄，应征二十一年上忙钱粮缓至秋后

启征以〈示〉体恤。是否有当，理合禀请大人、大老爷查核示遵，实为公便。肃此云云。

禀抚、藩、粮道、本道、本府禀卑县本年秋禾被水各庄来春青黄不接议请缓征上忙钱粮调剂由

敬禀者。窃奉本府/宪台转奉藩司/宪台/藩宪，奉宪台/抚宪札饬，以本年被灾各属来春青黄不接之时，应征上忙钱粮小民能否完纳、是否应需接济，令即妥议禀办等因。遵查卑县境内韩家套等四十一村庄本年秋禾被水，业将新旧钱粮分别缓征、递缓在案。惟各该庄均属洼地，被水之后涸复较晚，二麦虽经赶播，但天气渐寒，未能一律种齐。来春青黄不接之时，闾阎户鲜盖藏，若将上忙钱粮照常征收，民力实有未逮。卑职体察情形，应请将韩家套等四十一村庄应征道光二十五年上忙新赋缓至二十五年秋后启征。其因灾原缓与应带征历年旧欠原缓、递缓钱漕暨漕仓等项银两，均仍照二十四年秋灾案内年限办理，无庸再请递缓。如此量予调剂，民力益觉纾宽，国课仍归慎重。所有核议缘由，理合禀请大人、大老爷查核汇办云云。

商河县道光十四年秋禾被旱禀稿十四件、呈批五件

禀院司、道、府禀△县得雨三寸并现在秋禾情形由

敬禀者。窃照卑县境内，自夏以来雨泽愆期，地亩颇形干燥。虽于六月间得雨数次，均未沾足，且有不匀之处。其得雨较大及地势低洼之区，现在早谷、高粱俱已渐次秀穗，晚谷、豆禾亦已播种出土；其得雨较小及地势高阜处所，早谷甚形干旱，未能及时长发，晚田间段播种亦未能畅发茂盛，转瞬立秋，望泽殊殷。前蒙宪台、抚宪札饬赴泰山请水，当敬嘱令教谕陈△△敬谨前往，洁诚虔求。△△于回署后，复率同僚佐斋戒设坛，朝夕步祷，仰借宪德感荷神庥。兹于七月初一日卯时得雨起，至申时止入土三寸，早晚田禾获此灌溉，已秀穗者可以结实，已出土者可以畅茂，即先经被旱之早晚田禾亦可翻犁播种荞麦。除俟续得甘霖并随时察看情形，究竟阖境收成若何及早禾受旱较重、晚禾耩种较迟之处能否有收、应否查办调剂再行禀报，并将现在得雨分寸、时刻另文折报外，所有刻下秋禾情形，理合驰禀云云。

禀本府禀夏间缺雨秋禾被旱请委员会勘核办由

敬禀者。窃卑县境内本年夏间雨泽稀少，且有不匀之处，高阜地亩颇形干旱，早晚田禾未能一律畅发，及时布种。迨至

七月初一日得沾普雨，早稼借资苏发畅茂，晚田得以补种齐全。当经卑职将雨后田禾情形通禀宪鉴，并声明再行随时察看秋成应否查办调剂，另行禀办在案。兹蒙批饬，再加确勘阖境秋禾究若何，统计收成实有若干，受旱较重之区是否歉薄、应否量予调剂，迅即禀请核办等因。遵即亲诣四乡逐一履勘，早谷、高粱于月朔得雨后俱已畅发秀实，现在渐次收割，晚谷、豆禾普种出土。嗣复于初四等日连得澍雨，颇称畅茂，即先经被旱较重之区，早晚田禾频沾膏泽灌溉，亦俱长发茂盛，吐穗扬花。统计阖境早晚秋禾收成约在六分有余，可称中稔，于秋成大局尚无妨碍。惟地有肥瘠不同，种有迟早不等，夏雨既未调匀，禾稼不无受伤，较不丰年收成究属稍歉，察看闾阎情形不免拮据，必须量加调剂，以示体恤而舒民力。理合禀请大老爷查核，俯赐委员确勘，妥议禀办，实为公便云云。

附禀本府夹单

再禀者。卑县秋禾缺雨，惟顺、安二约被旱较重未得普雨之先，曾据杨庄铺等十余庄递呈报灾，卑职因为时尚早当未收其呈词。嗣于七月初一等日连得澍雨，既沾且沃，该处之早禾俱已苏发，晚田亦皆补种，察看情形均可有收，现在未据该民人等续呈请勘。第该二约地本瘠薄，土性板硬，夏间既经受旱，早谷、高粱于苏发后结穗未能丰满，晚谷、豆禾补种亦较他处稍迟，约收不无歉薄。其余各庄亦间有似此处所，均须量为调剂，以示体恤，免致该民等有所借口。卑职愚昧之见，拟请仿照十二年办法，将应行带征之五年钱粮并十一年原缓钱粮一并全行展缓，俾民力稍纾，而本年钱漕亦可易于催征，似于国课、民生两有裨益。除循例禀请委勘外，应否如此办理，合肃附禀请示以便遵照。

再，委员勘灾事涉招摇，必须彼此同心，便宜从事，方可办理裕如。现在邻封各州县俱系初来代理之员，从未共事，诚恐意见不同，诸多掣肘，反致乡民观望，妄生希冀。查现署府经陈汝中人甚明白，办事安详，合无仰恳大老爷即委该员来县，俾得商同勘办，实为公便。肃此云云。

禀本府禀△县秋禾被旱一案请迅赐批示委勘核办由

敬禀者。窃照△县境内本年夏间缺雨，田禾微被旱伤，收成稍歉，查看情形，民力不无拮据。当经△△禀明宪鉴，并请委员会勘查办在案，迄今未奉批示。伏查现在节交秋分，正秋禾登场之时，亟宜乘此，旱在地尚未全数收割，确勘情形，酌量办理，似未便再事稽延，有误奏限。理合禀祈大老爷迅赐批示委员勘办，实为公便云云。

禀藩宪禀△县安顺等约秋禾被旱请委员会勘核办由

敬禀者。窃照卑县境内本年夏间雨泽稀少，且有不匀之处，旱晚田云云。当经禀府委勘，已蒙饬委滨州会勘，并令径禀宪台委员覆勘等因。理合禀请大人查核，俯赐委员下县，以便会同府委确勘禀办，实为公便云云。

禀本府滨州会禀　禀会同查勘商河县朱家等村庄被旱情形酌议调剂由

敬禀者。窃蒙宪台札开，以据商河县具禀境内夏雨未能调匀，秋禾间受旱伤，并据县属常庄等庄民人杨化邦等呈报田禾被旱，饬委卑职△△前往确勘，究竟何乡得雨先优，何乡、何庄得雨较迟，收成歉薄，统计秋收实有几分，是否不致成灾、应否量予调剂，妥议禀办等因。遵即驰抵商河，会同卑职△△查得境内先因夏间雨泽稀少，田禾稍形干旱，嗣于七月初一等日连得普雨，早禾均已苏发秀实，晚田亦皆补种齐全。察看情形均属有收，统计阖境收成实有七分，可称中稔。惟地有肥瘠，种有迟早，夏雨既未调匀，秋成不能一律。

兹蒙札饬前因，遵复会同亲诣四乡，逐一履勘，东、西、北三乡并南乡附城各村庄，夏雨优足，早谷、高粱结穗照常丰满，业已渐次收割登场，晚谷、豆禾现在青葱畅茂，扬花秀实，均可稔收。惟安、顺约朱家庄等三村庄夏雨未经沾足，早谷、高粱结穗较小，颗粒未能饱绽，晚谷、豆禾补种较迟，长发未能过旺，亦复瘪小。以各该庄而论，约收尚在六分及六分有余，实属勘不成灾，第究因先受旱伤，收成不无稍歉，较之他乡一律稔收者有间。△△等体察舆情，若将应征新旧钱漕同时责令并纳，民力未免拮据，自应量予调剂，悉心筹议。应请将被旱之朱家庄等三十九村庄应完本年云云，庶于国赋、民生两有裨益。缘奉委勘，所有会勘明确、酌议调剂缘由是否有当，理合开具村庄清折，绘具图说，禀请大老爷查核示遵。再，卑职△并未带印来县，是以未经会印，合并声明。肃此云云。

禀本府

敬禀者。窃蒙宪台札开，以据商河县常庄等庄民人杨化邦等赴府呈报田禾被旱、被虫一案，饬委卑职△会同确勘该庄田禾是否先经被旱、今复生虫，实在情形若何，是否歉收，应否调剂，妥议禀办等因。遵即驰抵商河县会同卑职△亲诣呈报各庄，逐一履勘。该等庄田禾先因夏雨未足，稍形干旱，迨至七月朔连得澍雨，早禾俱各苏发秀实，晚田当即补种出土。惟雨后连阴数日，豆田间有生虫，微伤禾叶，嗣天霁日暖，旋即殄灭。察看情形尚无妨碍，第究因先经受旱，补种较迟，早晚田禾长发未能过旺，结实未能丰满，较之他乡收成不无稍歉，已于另禀议请调剂在案。所有该民人呈报被虫之处，应请无庸置议。缘奉委勘，理合禀复大老爷查核批销。肃此云云。

续报灾呈批八月十八日递，二十一日批驳

查尔等各庄，夏雨虽属稍歉，嗣经甘霖迭沛，早禾苏发秀实，均属有收，晚禾出土青葱，亦复畅茂，即豆地间有生虫，不过聊损禾叶，尚无大碍。虽未能如丰稔之区，然较安四等约尚属为优，何得混称禾皆枯槁，难望收成？捏词妄报，显因邻近各庄报灾，故妄生希冀，随同附和。殊属非是，不准并饬。

其二

查安一地方夏雨先优，早禾结穗饱满，晚禾亦皆茂盛，即豆田间有虫生，不过微损禾叶，并无大碍，可称稔收之区。安二情形虽未能如安一丰稔，然早晚田禾均亦有收，较之安四为优。今早禾将次收竣，乃捏称苗皆枯槁，籽粒不纳，故意张大其词，影射妄报，实属有心冒混，大属不合。揆核情词，显有不安本分之徒出头耸恿，纠邀捏报，以便从中渔利。尔等受其愚弄，初非本心情愿也。殊不知阖邑情形，本县先经查察明晰，岂借端掩饰所能幸邀诓准？在民瘼固所应恤，而奸民以熟报荒，亦在法所必惩。尔等其各知省，毋再受人之愚，自干咎戾。慎之。

其三

查尔等各庄虽夏间雨泽稍缺，嗣经连得甘霖，早禾苏发秀实，晚田亦复茂盛，即豆地间有虫生，不过微损禾叶，并无大碍，均属有收。虽未能如丰稔之区，然较之安四等为优，何得混称秸颗不归，捏词妄报？实属有心诈冒，显系受人愚弄，以致妄生希冀。所呈不合，姑驳不准，毋再听人教唆，自干咎戾也。

其四

查尔等各庄近在城边，该处情形本县深悉。夏间先经得雨，继复沃沾膏泽，早谷云云。今早禾收割将竣，乃捏称苗半枯槁，并以豆禾均被损坏张大其词，影射妄报，实属有心冒混，妄生希冀，至于来年之麦云云。揆核情词，显有不安本分之徒从中渔利，尔等听其耸恿，因而呈报，势所必然。殊不知民瘼固为例所应恤，而奸民以熟报荒，影射诡避，亦在法所必惩。姑不深究，驳饬不准，尔等毋再受人愚弄，自干咎戾也。慎之。

其五

查聚乡各庄地本有膏沃，夏间又先粘澍雨，继复连得甘霖，早谷、高粱结穗饱满，棉花、杂粮长发茂盛，为阖境收成最优之区，即田间有生虫，不过微损禾叶，未曾大碍。今早禾收割将竣，乃捏称半多枯槁，并以豆禾皆被虫伤，一无所望，故意张大其词，影射妄报，纷纷请勘，实属有心冒混，妄生希冀。至于来岁之麦，现在节气尚早，随后布种并不为迟，更不能以刻下未种即借称灾。揆核情词，殊多矫强，恐非尔等乡民情愿，实有不安本分之徒出头愚怂，从中涣利。殊不知阖邑情形，本县先经查察明晰，岂借端掩饰所能幸邀讵准？所呈大属不合。在民瘼固所应恤，而奸民以熟报荒，影射诡避，亦在法所必惩。尔等毋再受人愚弄，自干咎戾。△△呈，并发。

禀抚、藩、粮道、本府藩委青城仓奉禀会同查勘商河县朱家等庄秋禾被旱情形酌议调剂由

敬禀者。窃蒙宪台、藩宪札开，以据商河县具禀境内朱家等村庄田禾被旱，饬委△△会同确勘秋禾受伤轻重，是否不致成灾、应如何调剂之处，迅速开折妥议禀办等因。遵即驰抵商河县查此案，先经△△禀，蒙宪台、本府札委滨州王牧，会勘得境内夏间雨泽稀少，田禾稍形干旱。嗣于七月初一等日连得普雨，早禾均各苏发秀实，业经渐次收割登场。晚田亦已种齐，现俱青葱畅茂，吐秀扬花。统计阖境收成确有七分，可称中稔，惟南乡安、顺约朱家庄等三十九村庄微受旱伤，收成稍歉，当经酌议调剂，禀请核转在案。

兹蒙札委前因，遵复会同亲诣被旱各村庄周履确勘。该处夏未经沾足，早谷、高粱结穗较小，颗粒未能一律饱绽；晚谷、豆禾补种稍迟，长发未能过旺，豆粒亦复瘪小。以各该庄而论，情形均属相等，约收尚在六分及六分有余，实属勘不成灾。第因先受旱伤，收成究属歉薄，较之稔收各乡有间。△△等体察舆情，若将应征新旧钱粮同时责令并完，民力不无拮据，自应量予调剂，悉心筹议。应请即照王牧等所议，将被旱之朱家庄等三十九村庄应完本年钱粮暨历年旧欠钱漕，临、德等仓银两，一并缓至来年秋后分年带征，以示体恤而舒民力。其应完本年漕米，并其余成熟村庄应征本年钱漕暨旧欠钱粮，仍照常征收，庶于国赋、民生两有禅益。缘奉委勘，所有勘明嗣议缘由是否有当，理合开具村庄清折，绘具图说，通禀大人、大老爷察核示遵。再，△△△并未带印来县，是以未经会印，合并声明。肃此云云。

禀本府夹单　顺一民人赴府续报被灾后禀　八月二十二日

敬禀者。本月二十二日蒙宪台批发，卑县顺一约民人王谆祥等赴府续报秋禾被灾呈词一纸，饬令亲诣查勘禀办等因。伏查卑县境内夏雨未能调匀，阖县地亩得雨有先后不同，播种有迟早不等，早秋收成已不能如往年一律，又因雨后连阴，豆禾生虫，不无稍受损伤，尚不致有大碍。而生虫地亩，四乡皆有，不独一村一庄为然，是以得能全收之区不过十中之二三，其余皆属减色。若以薄收而望体恤，势难一一调剂，故前蒙委勘，只摘情形较重者酌办，三十九庄其收成稍优处所，概不查办。原以国家经费有常，不可稍事滥缓也。无如愚民无知，妄生希冀，以为彼庄既可报灾，伊等近在庄邻，亦可同沾恩惠。因而一二奸民出头恿耸，辗转纠邀，以致事前并未具呈，各庄纷纷请勘，甚至稔收处所亦皆影射捏报，以希幸邀讵准，稍不遂意，率行越折。迨经奉批复勘，即可有所借口，应完钱漕任意抗欠，有力之户亦复观望，挨延催征甚为费力，完者殊属寥寥，于国赋大有关碍。除现奉批勘各村庄另行禀办外，合并仰恳大老爷俯赐查核。如有奸民赴府混报灾伤，尚祈严加批饬，俾令知儆畏，不敢再事混渎，觊觎观望，而△△催征庶可免掣肘之虞矣！实为公便。肃此云云。

禀本府禀△县顺聚等约民人王淳祥等呈报田禾被灾各庄复勘明确俱属中稔毋庸调剂由

敬禀者。本年八月二十三等日蒙宪台批，据△县顺一约民人王淳祥、聚三约民人林方、聚十四约民人刘顺等各以田禾被旱、被虫等情赴府续报呈三纸，令即亲诣确勘所呈是否属实，据实禀办等因。伏查卑县境内前因夏雨未能调匀，四乡间受旱伤。当经禀蒙宪台札委滨州王牧周历履勘，惟安四、顺十约朱家庄等三十九村庄先被旱伤，收成稍歉，议请调剂；其余各庄均属中稔，并未成灾，毋须查办。并蒙藩宪委员复勘无异，开折具禀在案。

兹蒙前因，遵即亲诣呈报各庄，逐加复勘。该处早谷、高粱结穗照常丰满，业已全数收割，晚田亦属畅茂，均已秀实。惟豆禾间有虫生，微损禾叶，察看情形并无妨碍。以早晚秋禾并计，收成俱属中稔，应请毋庸查办调剂，其应征新旧钱漕仍责令照常完纳。该民人王淳祥等以稔收之区捏报灾伤，妄生希冀，本属不合，姑念乡愚无知，应请免其置议。缘奉批饬，所有复勘明确、毋庸调剂缘由，理合禀复大老爷查核批销。肃此云云。

禀藩府禀△县民人吕永乐等呈报被旱各庄内有业经禀办

敬禀者。本年九月二十九日蒙本府/宪台转蒙宪台/藩宪批，据△县顺四等约民人吕永乐等呈报田禾被旱等情一案。蒙批，查据粘单所开，顺四约内杨五庄等三庄、安四约内朱家洼十庄、顺九傅字约内乔家等六庄、让字约内高家等二庄未据该县禀报，其余各庄均经该县议请调剂在案。惟庄名间有与该县禀报两歧，似因字有同音以致该代书缮写舛错，又安四约内寄庄户是否即系济户？总之各庄秋禾如果一律歉收，印委各员岂有不同为勘办？难保非该民人等预为抗欠钱粮地步借词捏报。姑仰武定府立饬商河县明白出示晓谕，一面再行确查，据实禀复察夺等因。遵查△县境内本年夏间雨泽不甚调匀，田禾间被灾伤，当经

△△禀，蒙本府/宪台〈转蒙〉宪台/藩宪札委，滨州王牧暨代理青城县管令先后会同逐一履勘，各乡收成均属中稔，并未被灾。惟顺、安约朱家庄等三十九村庄雨泽未经沾足，收成稍歉，议请调剂通禀核办，一面出示晓谕在案。

兹蒙前因，伏查该民人单开之顺十制字约长庄等六庄，安四约史家等五庄，朱家洼即朱家庄、寄庄户即济阳户等二庄，顺九傅字约刘家庄等五庄，让字约西赵、东赵等二庄，俱在前次禀办折开三十九庄之内，业经议请调剂，毋庸再议。其单开顺四约杨五屯、吕家庄、路家庄，顺九傅字约乔家庄、张家庄、崔家庄、于家庄、蒋家屯、毛王店，让字约高庄、李五庄等十一村庄，先经△△会同滨州王牧等履勘明确，该庄等夏间先沾沃泽，早晚秋禾照常结实，收成俱在中稔，并无被旱受伤。现在田禾均已收割完竣，始以被旱成灾等词捏报，实属冒混，妄生希冀。惟该民人等皆属乡间愚氓，无所知识，应请毋庸置议，其应完新旧钱漕仍令照常完纳。除再明白剀切出示晓谕，令各知所遵照外，缘奉批饬，所有查明缘由，理合禀请大人、大老爷查核示遵。肃此云云。

禀藩府禀△县民人王体训等呈报被旱各庄田禾先经勘明收成俱属中稔毋庸查办由　十月初一日

敬禀者。本年九月二十七日蒙宪台/本府转蒙藩宪/宪台批，据△县顺一约民人王体训、王纯祥等呈报田禾被旱、被虫等情一案。蒙批，查该县现将朱家庄等三十九村庄会同委员勘明议请调剂在案。该民人等村庄田禾如果被旱歉收，该县岂有不同为查办？仰武定府立饬商河县再行确查，据实禀覆察夺等因。遵查卑县境内夏间雨泽不甚调匀，田禾间被旱伤，当经△△禀，蒙委员滨州王牧、代理青城县管令先后会同逐一履勘，各乡秋禾均属有收，惟顺、安约朱家等三十九庄雨泽未经沾足，收成稍歉，议请调剂通禀核办。嗣据该民人王淳祥即王纯祥等以田禾被旱复被虫伤未予一并查办等情赴府呈报，奉批复勘。遵复亲诣各该庄确加履勘，该庄等夏雨先沃，早禾照常结穗，晚禾均已秀实。惟豆田间有虫生，微伤禾叶，并无妨碍。以早晚秋禾并计收成，俱属中稔，毋庸查办调剂，禀蒙批销各在案。

兹蒙前因，伏查该民人单开老高庄等二十八村庄，屡经△△会同委员先后履勘明确，该庄等田禾并无被旱、被虫受伤成灾。现在田禾俱已收割完竣，复以被灾歉收捏词上报，实属借端冒混，妄生希冀，殊有不合。惟究属乡愚无所知识，应请毋庸置议。除传谕该民人等将应完新旧钱漕照常完纳外，缘奉批饬，所有查明缘由，理合禀复大人、大老爷查核。肃此云云。

禀道府禀△县民人刘舜、林芳等呈报被旱各庄先经勘明并无灾伤毋庸查办由　十月初一日

敬禀者。本年九月二十九日蒙宪台/本府转蒙本道宪/宪台批，据△县聚顺约民人刘顺、林芳等呈报田禾被旱、被虫等情一案。蒙批，该约是否被旱、被虫，仰武定府即饬现在印委各员确即勘明禀报。如系虚捏，立即照例究妄，毋任延宕等因。遵查△县境内夏间雨泽不甚调匀，秋禾间受旱伤，当经△△禀，蒙藩宪、宪台、本府札委滨州王牧、代理青城县管令会同逐一履勘，各乡秋禾均属有收，惟顺、安约朱家庄等三十九村庄雨泽未经沾足，收成稍形歉薄，议请调剂，通禀各宪核办在案。嗣据该民人刘顺等续以田禾被旱、复被虫伤等情，由县赴府呈报，奉批复勘。经△△亲诣各该庄确加履勘，该庄等夏雨先优，

早禾照常结穗，晚禾均已秀实，惟豆田间有生虫，微伤禾叶。察看情形并无妨碍，统计收成俱在中稔，毋庸查办调剂，禀蒙批销各在案。

兹蒙前因，伏查该民人等呈报，聚乡白翟等六约屡经△△会同委员先后履勘明确，田禾均属稔收，并无被旱、被虫伤损。乃刘顺等复捏词上折，实属借端冒混。现在田禾俱已收割完结，无可再勘。惟该民人等屡以虚词妄报，诚如宪谕，不可不照例究治，以示惩儆。除饬差逐一传案究明，另行详办外，所有查明呈报各庄并无灾伤缘由，合先禀复大人、大老爷查核云云。

禀本府禀△县本年被旱各庄来春青黄不接酌议缓征新赋由

敬禀者。本年十月初十日蒙宪台转蒙抚宪、藩宪钦奉谕旨，以东省本年被旱、被水各州县属村庄来春青黄不接之时应否接济之处，饬令查明据实具覆等因。钦遵转行到县。遵查△县本年被旱之朱家庄等三十九村庄，前荷宪台转请奏奉恩旨，展缓新旧钱粮及陈欠漕米，凡属蔀屋茅檐，莫不同深感戴△△体察情形。小民本可不致失所，惟该庄等本年秋收既属歉薄，来春青黄不接之时不免拮据，若令将上忙新赋仍照常输纳，民力殊觉未逮。应请将△县本年被旱之朱家庄等三十九村庄来年上忙钱粮缓至来年秋后启征，以舒民力而广皇恩。缘奉饬查，所有察议缘由，理合禀复大老爷查核汇转。肃此云云。

右商河县道光十四年秋禾被旱全案禀稿附呈批。

商河县道光十五年二麦被旱禀稿十件

禀院司、府禀二麦情形并现在祈祷雨泽由

九月二十日

敬禀者。窃蒙宪台/本府札开，蒙藩宪/宪台转蒙宪台/抚宪札开，以东省自交八月以来晴霁日久，秋稼时已刈获登场，而时过秋分，正须耩麦，不粘雨润，难以翻犁。来岁麦收所系，必须早为体察。饬即查明△县境内如有待雨播种之处，即行设坛祈祷，仍将现在情形及遵办缘由通禀查考等因。仰见大人念切民依，无微不至，△△捧诵之下不胜钦佩。伏查△县境内自八月初间得雨以后未获续沛甘霖，其地势低、土脉滋润之区，二麦先经布种，现在出土青葱；至高阜处所稍形干燥，未能翻犁，亟须雨润，望泽孔殷。前经△△虔诚步祷，于九月十七日得雨寸余，未能沾足。兹蒙前因，遵复斋戒设坛，率属步祷。一俟续获甘霖迅即飞驰禀报外，所有现在情形遵办祈祷缘由，理合通禀云云。

禀本府禀二麦已未布种分数并现在祈祷雨泽由

敬禀者。本年九月二十九日蒙宪台札开，以蒙抚宪札，查各属二麦曾否种齐，饬将△县境内麦禾现在已种十分之若干、如旬日之内得雨是否尚可播种，查明禀复核转等因。伏查△县地方自八月初间得雨以后未获续沛甘霖，其地势洼下、土脉滋

润之区，二麦先经布种，出土青葱；至高阜处所颇形干燥，必须雨润方能翻犁耩种。屡经祈祷，虽于九月十七日得雨寸余，未能沾足，仍属无济。前蒙各宪饬查，当经据实通禀，一面斋戒设坛，率属祈祷，今已旬日仍未得有雨泽。

兹奉前因，遵即亲诣四乡逐一确查，以阖境而论，现在已种二麦之地约在十分之二三。其未经布种处所，询之老农，据称只须天气和暖、于立冬前后得雨，尚可补种，再迟即恐无及。除再赶紧设坛处、诚步祷，以期甘膏速沛，及时赶种，一俟得有澍雨另行飞驰禀报外，所有现在二麦情形，理合禀复云云。

禀本府夹单

敬禀者。本月初十日接奉钧函，以△县具禀县境秋收减色，麦未种齐，来春民力拮据，拟将上忙新赋拟缓，固属妥善。惟奉查青黄不接案内系专指本年被旱村庄而言，其余成熟之区未便并案议缓；且秋雨稀少，麦未种齐，济、武各属大略相同，未便因△县一处独行举办。饬候奉有宪檄行查，或商之各县一同禀办，方可具奏等因。仰见大老爷训示周详，曷胜钦佩。

伏查历城等县本年被灾案内，系分别轻重缓征新赋及阖境旧欠钱漕，△县只摘缓被灾村庄，其余阖境仍照常征收。其办法本不相同，现在青黄不接案内议缓亦难一律，诚如宪断，不容将先称稔收各庄并案请缓，致干驳诘。查其余被灾未经统缓，阖境旧欠各县及武属本年并未办灾处所收成均在六分有余，秋收俱属减色，二麦又未种齐。情形既大略相等，来岁春征同属费力，似可通融禀办，酌议调剂。△△现已札致各县酌议举行，第由△县函商仍恐各存疑虑，意见不合，且往返需时，有费周章，反致被其贻误。可否仰恳宪台札饬武属各州县，各按地方情形，应否议缓春征之处，令即据实密禀；并祈函商首郡面请宪示饬知照办，俾彼此一律，免致两歧。倘蒙如所请汇详具奏，不特民力可舒，闾阎借以安堵，不致穷迫滋事，即各牧令亦得免催科之累，实于官民均有裨益。是否可行，伏乞示遵。肃此云云。

禀本府禀二麦已种分数现在民情尚属安恬并遵照妥协催征钱漕由　十一月二十二日

敬禀者。本月十九日蒙宪台转蒙抚宪札开，以本年被旱歉收各属今又缺雨，二麦未能全种，现在民情是否安谧、完纳钱漕是否踊跃、其二麦实已播种十分之几，饬即各就地方情形查明，据实具禀以凭汇复，仍将应征钱漕妥协收征解运等因。伏查△县境内秋间缺雨，二麦未能普种。前蒙各宪饬查，当经据实通禀，复将二麦已种之处略约分数禀明宪鉴在案。

兹蒙前因，遵复亲诣四乡确加查勘，统计阖境已种麦禾实只十分之二，未种处所实有十分之八。刻下节过立冬，天气日寒，即使再获雨泽，亦难补种，幸秋收不甚歉薄，民情尚属安谧。至于应征钱漕，成熟村庄完纳尚称踊跃，其被灾各庄及毗连灾区处所，小民不无观望延挨，然设法劝谕催征尚可完纳，不致有误解运。除仍赶紧妥协征收、依限解运并再留心察看闾阎情形随时禀报外，所有查明二麦已种分数、境内民情，并遵照妥协催征钱漕缘由，理合据实禀复大老爷查核汇禀。肃此云云。

禀本府禀二麦被旱请委员会勘酌议调剂由

三月二十七日

敬禀者。窃照△县境内上年秋间缺雨，阖邑所种所〈有〉二麦仅止十分之二三。原冀春雨沾濡，俾可续种大麦，讵自冬入春以来，雨雪又未优沾，大田颇形干燥。屡经△△设坛祈祷，未获甘霖渥沛，俱经随时禀明宪鉴在案。现在节交谷雨，而所种麦苗于出土后长发二三寸不等，未能畅茂。察看情形，即使此后雨旸应时，麦收亦难免歉薄。闾阎气象不无拮据，应征新旧钱粮民力艰于完纳，似须量予调剂以示体恤。事关民瘼，不敢壅于上闻，理合据实禀请大老爷查核，俯赐委员下县会勘核办，实为德便。肃此云云。

禀藩宪禀境内缺雨二麦被旱应须酌量调剂由

四月初一日

现在△△亲赴四乡逐一查勘，所种麦苗出土长发不过二三寸不等，未能畅茂。瞬届立夏，为时已迟，即使此后雨旸时若，麦收亦难免歉薄。闾阎情形不无拮据，应征新旧钱粮民力艰于完纳，似须量予调剂以示体恤。事关民瘼，未敢稍事玩视，已据实禀请本府委员会勘，酌议缓征，汇转核办。所有△境二麦被旱应须调剂缘由，理合禀请云云。

禀本府禀会勘商河县境内缺雨二麦被旱议请调剂由

四月初一日

敬禀者。窃蒙宪台札开，以据商河县具禀境内缺雨，二麦被旱，饬委卑职△会同确勘，将来麦收是否难免歉薄、民力是否拮据、应否酌量调剂，妥议禀办等因。遵即束装驰抵商河县，会同卑职△亲诣各乡确勘，阖境地亩委因上年缺雨，秋间二麦播种较少，自冬入春雨雪又未优沾，大田颇形干燥，麦苗于出土后长发只在二三寸之间，未能畅茂。刻下立夏将届，为时已迟，详加察看，即使此后雨旸时若，麦收亦难免歉薄。闾阎情形不无拮据，应征新旧钱粮小民艰于完纳，自应量予调剂。△△等悉心筹议，除上年秋禾被旱之朱家庄等三十九村庄应征本年上忙新赋，已于青黄不接案内奏缓，毋庸再议外，应请将其余阖境村庄应征本年上忙钱粮及临、德等仓并历年旧欠钱粮等银，除灾前已完，其余下欠银两均缓至本年秋后启〈征〉历年旧欠应缓至本年秋后递年带征，此系错议，以舒〈民〉力而示体恤。缘奉委勘，所有会勘酌议缘由是否有当，理合禀请大老爷查核汇办。再，钱粮既经议缓，应否即行出示停征，并祈迅赐批示以便遵照，实为德便。肃此云云。

禀藩宪禀委勘商河县二麦被旱情形　四月廿四日

敬禀者。窃蒙宪札，以据武定府禀报二麦被旱之商河等县议缓新旧钱漕不同，并有声请毋庸调剂之处。各县所报情形是否确实，饬委卑职△确切查勘，并将已报缓征之处先已征存银两若干，查实禀覆等因。遵即束装就道，当将查过惠民情形禀明钧鉴。兹于本月十四日驰抵商河，会同卑职△查得县境自入春缺雨，二麦已被旱伤，民力颇形拮据。业经卑职△将应征新旧钱粮一并议缓，当即撤柜停征在案。嗣于本月初十日得有微雨，东乡沙河地方间有得雨较优、布种秋禾之处，其余各乡秋田尚在待泽，刻下仍未渥沾澍雨，未能翻犁播种。复加确查闾阎情形，自钱粮停征之后，气象已觉稍舒，现在民情尚属安帖。又，查本年上忙钱粮灾前已完之项，除报明解支外，下存正耗养廉等银二千三百二十七两二钱三分八厘；并征存十四年正耗银二百二十四两九钱五分五厘，已于本月二十日扫数解赴宪库交兑，并无已征未解银两。缘奉委查，理合禀复大人查核。再，卑职△发禀后，即赴乐陵县查勘情形，合并声明。肃此云云。

禀本府禀△县二麦被旱先已委勘议缓停征，灾前征完银两已扫数报解由　四月二十六日

敬禀者。四月二十五日蒙宪台札开，蒙藩宪转蒙抚宪札开，以商河等处二麦受旱，现已奏明暂行停征，饬再确勘情形议禀。仍将已完在官之尽数报解，并先查明禀复等因。遵查△县二麦被旱情形，业经会同宪委惠民县王令确切勘明，议禀汇转，并将应征未完新陈钱粮撤柜停征。所有灾前征完之项，除报解支各款外，下存本年正耗养廉等银△△两；又征存十四年正耗银△△两，已于本月二十日扫数报解司库交兑，此外并无征存未解之项。昨奉藩宪饬委，即用县张令来县确查，当经禀明在案。兹奉前因，理合禀复云云。

禀本府会禀商河应征新旧钱粮灾前已完未完银数由

四月二十九日

敬禀者。窃卑职△蒙宪台札委，赴商河等处查催本年经征新旧钱粮未完、已征各数目，并将征存银两先行报解等因。遵即驰抵商河，会同卑职△吊齐征册流串，查得△县本年额征地丁正银△△两、耗银△△两，内除青黄不接案内上年被旱之朱家等庄应缓征正银△△两、耗银△△两，实应征正银△△两、耗银△△两。灾前征完正银△△两、耗银△△两，未完民欠正银△△两、耗银△△两。又，应征十四年正银△△两先于灾前全数征完，所有征完新旧银两俱已分款尽数解支，并无丝毫存留，未完实系民欠，委无以完作欠、朦混亏挪等弊。缘奉饬查，除由△△△造具细数清册另文申送外，合先将已征未完各银数禀请大老爷查核。肃此云云。

右十五年商河县二麦被旱阖境缓征上忙全案禀稿。

禀抚、藩、本道、粮道、本府

禀卑县西北东北两乡秋禾被水请赐委员勘办由

敬禀者。窃照卑县境内本年雨泽频沾，秋禾极称芃茂，讵于夏秋之交得雨过勤，山水陡发，兼以邹平县境之小清河、白云湖水势甚大，漫溢横流，以致卑县东北、西北两乡低洼地亩宣泄不及，田禾被淹。卑职正在查勘，适据乡民王汝桂等先后呈报前来。连日亲诣勘验，查得各该乡韩家套等共计四十一村庄地势低洼，形如釜底，或因湖河水溢，或因山水冲灌，停积淹浸一时难消。地内谷豆多有浸倒，未能结实，惟高粱禾本较高，尚无伤损。各庄大略相同，核其情形均属较轻，但收成歉薄，闾阎未免拮据，自应量予调剂以恤民艰。除将积水设法赶紧疏消外，理合禀请大人、大老爷鉴核，俯委员下县覆勘，妥议核办。除禀各宪外，肃此云云。

禀抚、藩、本道、粮道、本府委员会禀　会禀勘明长山县秋禾被水各庄议请缓征调剂由

敬禀者。窃卑职△△奉藩司、宪台、藩宪委勘长山县秋禾被水各庄是否不致成灾、应否量予调剂，刻速妥议禀办等因。卑职△△亦奉本府宪台札同前由，遵即订期驰抵该县，会同卑职△△亲诣被水各处周履确勘。查得东北、西北两乡韩家套等四十一村庄地势低洼，因夏秋得雨较勤，山水陡发，兼以邹平湖河水溢，下注冲灌，一时宣泄不及，田禾受淹。地内谷豆多有浸倒，未能结实，惟高粱禾本较高，尚无伤损。各该庄大略相同，核其情形均属较轻。伏查各该庄禾稼被水虽系勘不成灾，收成究属歉薄，若将新旧钱漕照常一律征收，民力实有未逮。

卑职等详加体察，悉心筹议，被水较轻之韩家套等四十一村庄，除本年漕米照常征收外，应请将未完本年钱粮及漕仓等项银两缓至道光二十五年秋后启征。其未完道光二十三年民欠及因灾原缓与应带征历年旧欠原缓、递缓钱漕暨漕仓等项，一

并缓至道光二十五年秋后，按最先年分递年依次带征一年。仍照案先尽是年钱粮，全完再行议带漕米。至议缓各庄，本年漕项银两系应随漕支解之项，请于成熟村庄地丁银内划解，统归司库地丁项下核缓。如此酌予调剂，庶闾阎稍臻宽裕，输将不致竭蹶。缘奉委勘，所有核议缘由，理合开具村庄清折，绘图贴说，会禀大人、大老爷鉴核办理，实为公便。再，各该庄并无未完民佃盐课，无凭议缓，合并声明。除禀各宪外，肃此云云。卑职△△、△△、△△谨禀。

计禀呈清折一扣、图说一张。七月十五日。

禀抚、藩、本道、粮道、本府

禀卑县西北东北两乡秋禾被水请赐委员勘办由

敬禀者。窃照卑县境内本年雨泽频沾，秋禾极称芃茂，讵于夏秋之交得雨较勤，山水陡发，兼以邹平县境之小清河由白云湖水势过大，漫溢横流，以致卑县东北、西北两乡低洼地亩宣泄不及，田禾受淹。卑职正在查勘，适据乡民韩严若等先后呈报前来。连日亲诣各乡，勘得西北乡之△△等△十△村庄地本低洼，形如釜底，猝被上游邹平湖河水〈下〉注，停积淹浸，高粱、谷豆多有浸倒，不能结实，情形较重；又，西北、东北两乡△△△等△十△村庄地亩稍低，或因湖河水溢，或因山水冲灌，一时被淹，豆禾虽已无收，而高粱谷禾略受浸损，尚可间段收获，情形较轻。查各该庄田禾被水，收成歉薄，民力未免拮据，自应分别轻重，量予调剂以恤民艰。除将积水赶紧设法疏消外，理合禀请大人、大老爷鉴核，俯赐委员下县覆勘，妥议核办，实为公便。除禀各宪外，肃此，恭请福安，伏乞垂鉴。卑职△△谨禀。七月十五日。

禀抚、藩、本道、粮道、本府

委员会禀　会禀勘明长山县秋禾被水各村庄分别轻重议请调剂由

敬禀者。窃卑职△△奉藩司、宪台、藩宪札委会勘长山县秋禾被水各村庄是否不致成灾、应否量予调剂，刻速妥议禀办等因。卑职△亦奉本府、宪台札同前由，遵即订期驰抵该县，会同卑职△△亲诣被水各处周履确勘，查得西北乡△△△等△十△村庄地势低洼，形如釜底，居邹平小清〈河〉、白云湖之下游。本年夏秋湖河水大，漫溢横流，以致洼地宣泄不及，停积淹浸，高粱谷豆多有浸倒，不能结实，情形较重；又，西北、东北两乡△△△等△十△村庄地亩稍洼，因山水猝灌、湖河水溢，一时被淹，豆禾虽已无收，而高粱、谷禾不过略受侵损，尚可间段收获，情形较轻。伏查各该庄田禾被水均属勘不成灾，但收成歉薄，闾阎究形拮据，若将新旧钱漕照常催输，民力实有未逮。自应分别轻重，量予调剂以恤民艰。

卑职等体察情形，悉心筹议，应请将被水较重之△△△等△十△村庄未完本年钱粮、漕米及漕仓等项缓至道光二十五年秋后启征；被水较轻之△△△等△十△村庄，除本年漕米照常征收外，请将未完本年钱粮及漕仓等项缓至道光二十五年秋后启征。以上较重、较轻各村庄，凡有未完二十三年钱粮及因灾原缓与应带征历年旧欠原缓、递缓钱粮、漕米、漕仓等项，一并缓至道光二十五年秋后，按最先年分递年依次带征一年。仍照案先尽是年钱粮，全清再行议带漕米。其本年请缓钱粮仍征漕米之漕项银两，应于成熟村庄地丁银内划解，缓归司库地丁项下核缓。至卑县漕粮，向系全拨青州满营兵米，系属例不缺额之项。本年被水较重各庄缓征不敷运兑米石，应请照案借动益都县仓谷碾放。又，各该庄并无未完民佃盐课，无凭核缓。缘奉委勘，所有核议缘由，理合开具村庄清折，绘图贴说，会禀大人、大老爷鉴核办理。再，各乡积水节经设法疏消，现在渐次涸复，合并声明。除禀各宪外，肃此云云。卑职△△、△△、△△谨禀。

计禀呈清折一扣、图说一张。

禀藩府禀覆△县本年被水朱家庄等三十八村庄来春青黄不接酌议调剂由

敬禀者。本年十月二十八日蒙宪台、藩宪札开，转蒙抚宪钦奉谕旨，以东省本年秋禾被水各州县属村庄来春青黄不接之时应否接济，饬令查明，据实具覆等因。钦遵转行到县。遵查△县本年秋禾被水之朱家等庄三十八村庄，前蒙宪台转请奏奉恩谕，展应征本年钱漕，凡属蔀屋茅檐莫不同深感戴。△△体察情形，小民本可不致失所，惟该庄等本年秋收既属歉薄，来春青黄不接之际不免拮据，若令将上忙新赋仍照常输纳，民力殊有未逮。应请将△县本年被水之朱家庄等三十八村庄应征来年上〈忙〉钱粮缓至来年秋后启征，以纾民力而广皇恩。缘奉饬查，所有察议缘由是否有当，理合禀请大人、大老爷查核汇办，实为公便。除具禀本府核转、径禀藩宪查核外，肃此云云。

禀本府夹单

敬禀者。窃奉宪札，饬发道光二十三年俸杂奏销、民壮、工食、技艺等项册结，令即更造等因。所有应改各款，现已遵照更正。惟查俸杂奏销册内向因款目纷繁，仅止声明除扣小建支发，并不列出某款应扣小建若干。若分条列叙小建银数，则零星琐屑，丝毫忽微，按撒合总即难与司案相符。是以历年皆于印结内总扣小建造报藩司详咨，亦止送结，并不用册。伏思奏销例有定限，卑县册式遵行已久，均蒙存转。此次更造之件，除另文申送外，理合禀祈大老爷鉴核，俯准照申，实为恩公两便。肃此云云。

秋禾被水议请缓征钱粮禀道光二十年禹城县案

敬禀者。窃卑职△蒙宪台委赴禹城县会勘秋禾被水各村庄，是否不致成灾、应如何调剂，速议禀办等因。并奉本府委同前因，遵即驰抵禹城县，会同卑职廷樟①先查得卑县本年四乡秋禾先后呈报被水共计一都一等里吴东安等六百六村庄，随会往履勘，委因夏雨过多致有积水，现俱消涸，其极洼处所尚存二三寸不等。所有各地内高粱早谷全经刈获，颗粒尚多饱绽，惟晚谷豆禾洼处大半黄萎，虽未成灾，收成究薄。其间轻重不一，

① 即李廷樟。

并有微觉受伤情形最轻，因系积歉之区，恐新旧粮赋并纳力有未逮，是以呈报。查县属历年以来或系全境、或系偏隅，原属无岁不有灾歉，民力未免拮据，自应分别量予调剂，以示体恤而归核实。

卑职等悉心筹议，应请将被水较重之吴东安等二百四十庄未完本年钱粮、漕米，并青黄不接案内原缓上忙新赋及漕仓银两，均缓至来年秋后启征；其较轻之李多古庄等二百零三庄，除本年漕米照常征收外，应请将未完本年钱粮并青黄不接案内原缓上忙新赋及漕仓银两，亦均缓至来年秋后启征；又，最轻①之史家营等二百一十七庄，除本年钱粮漕米均照常征收外，应与以上轻重各庄并阖境应征未完十九年及历年旧欠，暨因灾原缓、递缓钱粮、漕米、仓项、漕项、出借仓谷等项并为一案，概请缓至二十一年秋后，按最先年分依次带征一年。如有钱漕均有仍照旧案，先尽钱粮带征清款，次及漕米。

又，德州卫禀蒙饬勘坐落县境之辛庄十羊屯、二屯庄应随同民地，将新旧钱粮等项一律缓征，移会照办。至县境成熟村庄，本年钱漕仍行分别征收。除由卑职廷樟将灾区积水赶紧疏消，无误种麦，并造具缓征册结申送外，所有勘议缘由是否有当，拟合开折绘图，禀呈大人查核示遵，实为公便。再，各乡土屋间有被雨淋塌，料物俱存，现已各自修盖，应毋庸议，合并声明。肃此，具禀，恭请福安，伏乞钧鉴。除禀抚宪外，卑职△△、△△谨禀。

计禀呈图、折各一件。

---

① “最轻”二字右侧有圆圈标识。此外，底本此页上有以“最轻”开头的一段文字，曰：“最轻村庄应核入阖境，不必另列一等。盖阖境已经议请缓，旧与调剂最无异故也。若阖境并未议缓，其最轻者仍应另列一等。”

秋禾被水议禀道光二十年齐河县案

敬禀者。窃卑职△△接奉宪台饬委会勘齐河县秋禾被水村庄，是否不致成灾、应否量予调剂，行令会同勘明，刻即妥议禀办等因。又奉本府札饬前因，遵即束装驰抵齐河，会同卑职△△亲诣各该处周履确勘。查得燕家寨等二十六村庄地内并无积水，早晚秋禾均无妨碍，应归成熟村庄办理外，其黄家铺、葛家庄等三百五十七村庄及并卫张保屯等一百一十五屯庄地内俱有积水，早谷高粱均已刈获，并无损伤，惟晚谷豆禾多被淹浸，收成难免歉薄，以上各村庄情形较重；又，魏家庄等二百一十一村庄地内微有积水，早谷高粱亦未损伤，惟豆禾收成不无稍减，以上各庄情形较轻。

卑职等详加体察，悉心核议，该民卫被水村庄均勘不成灾，收成究属歉薄，若将新旧钱粮照常征收，深恐民力未逮，自应分别轻重，量予调剂。至阖境成熟村庄，虽未被水，第各该处今春二麦被旱，收成仅止五分，此时纵或有秋，该民人元气未复，亦应稍示体恤。应请将被水较重之黄家铺等三百五十七村庄应征本年新赋、漕粮暨漕仓等项银两，均请缓至道光二十一年秋后启征。又，被水较轻之魏家庄等二百一十一村庄，本年漕米照常征收外，应同例不征漕之并卫张保屯等一百一十五屯庄应完本年钱粮及漕项，临、德等仓银两，缓至道光二十一年秋后启征。至成熟村庄应完本年下忙新赋，及上忙二麦被旱案内缓至本年秋后启征银两，同本年新漕，均仍照常启征，毋庸议缓。

以上阖境村庄无论民卫，不分灾熟，所有历年旧欠及原缓、递缓钱漕暨漕项，临、德等仓银两，应请并为一案，缓至道光二十一年秋后，按最先年分按年依次带征一年，以恤民艰。其例不缺额之蓟粮兵米及请缓钱粮，仍征漕米各村庄不敷漕项，应于成熟村庄征完银米内照数划解，统于大漕地丁项下核缓。除将积水由卑职△△督率民夫赶紧设法疏消，以期无误种麦，并开具清折呈送外，缘奉饬委，合将勘议缘由据实禀覆云云。

禀藩府禀麦收缺雨请将上忙民欠缓至秋后启征由

敬禀者。窃蒙本府/宪台转蒙宪台/藩宪札，查现在未得透雨，不但麦收减色，即秋禾亦难资长发，应否调剂，务令妥议禀办等因。遵查卑县境内虽春雨频沾，因正当成实之际，未能透获甘霖，收成不无歉薄，而已种秋禾日形干燥，亦难资长。察看闾阎情形难免拮据，以致输将不前，正拟禀办调剂间奉到前因。仰见宪台体恤民隐之至意，卑职悉心筹议，应请将青黄不接案内麦后启征钱粮同上忙未完民欠均缓至本年秋后启征，以纾民力。事关民瘼，不敢稍行讳饰。是否允协，理合禀请大人、大老爷查核汇办。肃此云云。

禀藩府李培荃会禀　禀委查全境缺雨情形请将钱粮缓至秋后启征由

敬禀者。案蒙本府/宪台转蒙宪台/藩宪饬委，卑职△△会同卑职△△确切查明是否全境被旱，分别新陈民欠，即日据实禀复等因。卑职△△遵即赴县会查得本年入夏以来未能透获甘霖，以致麦歉薄，秋禾干燥，全境情形一律相同，民力不无拮据。卑职△△前奉宪台、藩宪饬查，是以议将青黄不接案内麦后启征钱粮，同上忙新赋未完民欠缓至本年秋后启征，以示体恤。

兹卑职△△等复查，全境内迄今未得透雨，闾阎望泽孔殷。卑职△△连日随侍宪驾暨各宪虔诚步祷，只须甘霖大沛，早晚秋禾可以转歉为丰。而二麦收成已定，小民难免竭蹶，若照常征收，诚恐力有未逮。应请仍照原议，将上忙新赋完未足数之民欠同麦后启征钱粮一并缓至秋后启征。民瘼攸关，不敢稍存讳饰。至陈欠钱粮，因十七年秋禾被旱案内递缓至十八年秋后，按最先年分递年依次带征一年，现在并无应征旧欠，合并声明。除开具村庄清折外，缘奉委查，理合具禀大人、大老爷汇核详办。肃此云云。

计呈村庄清折一二扣。

禀藩府徐芳会禀 禀覆委查二麦被旱缓征折报外并无续有征存钱粮由

敬禀者。窃卑职△蒙本府转蒙宪台、转蒙藩宪札开，以各属二麦被旱缓征饬委查明除折报外有无续完银两催解等因。遵赴历城县署会查得境内二麦被旱，△△于闰四月十七日奉札饬查，报明缓征当经撤柜，所有征存未解之项共计正银五千两、耗银一千三十三两五钱六分四厘，先于是月十三日全数折报在案。因民力拮据，输将不前，是以并无续有征存银两。△△复又会吊征册流水，逐一核对，均属相符。其存柜银两△△，已批解正银五千两、耗银七百两，下余耗银三百三十三两五钱六分四厘，仍当赶紧倾解，不敢丝毫存留。缘奉委查，理合会禀大人、大老爷查考销差。肃此云云。

禀藩宪禀毋庸出借仓谷由

敬禀者。窃蒙宪札，以二麦收获稍歉，无力小民应否出借仓谷以资口食，该县现存仓谷若干、能否出借，饬即悉心确访禀复等因。遵查△县本年二麦微缺雨泽，虽收成稍薄，幸近日连获甘霖，早秋借滋长发，晚秋亦得乘时播种。民情尚属安恬，其无力小民既有农工，不致失业，毋庸借谷接济。至常仓谷石，除报入参案及历年报拨外，所存本属无多，应支兵谷之需，合并声明。缘奉札饬，理合禀复大人查考。肃此云云。

查本年秋禾未经被成熟，各庄所有因二麦被旱缓征上忙新赋，应俟秋后九月五日启征。其下忙一半新赋，既无秋灾，应照常于八月开征催纳。着即遵照。毋违。①

禀藩宪会禀查明历城县本年二麦被旱民力尚不拮据毋须出借仓谷由

敬禀者。窃卑职△蒙宪台札开，以本年二麦被旱，饬委前往历城等州县会查已缓新旧钱应否另行查办禀复等因。遵即驰赴历城县署，会同卑职△查得本年二麦微缺雨泽，虽收成稍薄，幸连获甘霖，早秋借资长发，晚秋均已乘时播种。民情洵属安恬，其无力小民既有农工，不致失业。△△前奉札查应否出借仓谷，当经禀明毋庸接济在案。兹卑职△会同复查无异，缘奉委查，所有毋须接济另行查办缘由，理合会禀大人查考。肃此云云。

以上禀五件均系十八年历城办。

① 此段文字或为残篇，现据所在底本的位置排于此。

禀本府夹单

敬禀者。七月二十五日接奉钧函，以现据滨州等处禀报水虫灾伤，卑县有无被灾村庄等因。遵查卑县夏秋之间雨水较多，卑洼地亩不无积水，兼之雨后连阴，湿热薰蒸，高地亦间有棉虫生发。先经遣人查看被水村庄有限，生虫处所较多，然皆食蚀禾叶，并无伤及穗粒。当因为时尚早，且未据乡民呈报，或不致碍收成，故未据禀。昨复细访察，被淹田禾多形黄萎，秋收不免歉薄。生虫之区情形轻重不一，其有吐秀较晚、生虫较重者，汁浆不能上攻，结实难以饱绽，收成亦不免稍减。并据顺安等乡民人以水虫兼被陆续来县呈报，现在卑职连日赴乡查勘，尚未周历各庄，容俟逐一勘明大概情形，即当通禀办理。兹奉前因，合先禀覆大老爷查核。

再，卑县乡间所种田禾、谷豆十居七八，高粱、黍稷不过十分之二。黍稷一种先已收割，高粱、豆子均可有收，惟有谷禾被虫食蚀，统计收成尚称中稔。四乡情形大率相等，不甚悬殊，势难概予查办。△△愚昧之见，拟就乡民呈报各村庄择其受伤稍重者，酌量禀办调剂，其余未经呈报者一概不予查办。是否有当，合肃附禀，伏候宪示遵行。再，△县历年陈粮业经全数展缓，将来禀办调剂，惟有酌缓新赋，合并声明。肃此云云。七月二十六日。

禀抚、藩、府禀△县安顺等乡朱家等庄田禾被水被虫请委员会勘核办由

敬禀者。窃照卑县境内自仲夏屡沾澍雨，大田多普种禾稼，极形畅茂，讵于夏秋以后雨泽较多，卑洼地亩不无积水，兼之雨后连阴，湿热薰蒸，田禾间有棉虫生发。当经卑职督饬地系乡民赶紧分别疏消捉捕。兹据顺安等乡朱家等庄民人以田禾受伤呈报前来，△△随即亲诣逐一履勘。查得各该庄积水渐次消涸，虫孽业已净尽，所种黍稷、高粱多已成熟，收割并无妨碍。惟低洼之处谷豆先经被水浸淹，多有黄萎，高阜处所谷间被棉虫食伤，察看情形，将来收成均不免于歉薄。所有卑县田禾被水、被虫并现查勘缘由，理合通禀大人、大老爷查核，俯赐委员下县，会同确加复勘，酌议禀办，实为德便。肃此云云。

禀抚、藩、粮道、本道、本府禀△县被水被虫之朱家等村庄议请调剂由

敬禀者。窃△△接奉宪台、藩宪札委，会勘商河县禀报被水、被虫各村庄田禾曾否受伤、是否不致成灾、应如何分别调剂，开折绘图，据实妥议，通禀核办等因。并蒙宪台、本府札开前由，饬委会勘。遵即束装驰抵商河县，会同△△查得县境本年自仲夏渥沾澍雨，大田普种极称畅茂。自交秋以后雨泽较

多，卑洼之区不无积水，兼之雨后连阴，湿热薰蒸，田禾间有棉虫生发。先经卑职△督率乡民分别设法疏消捉捕，现在积水渐次消涸，虫孽亦已净尽。兹复确加履勘，原报被水、被虫共五十六村庄内长庄等十八村庄地势高阜，并无伤及穗粒，尚无妨碍。核与未经呈报各乡村庄情形相等，统计积成尚在中稔，俱可毋庸查办调剂；应征本年钱漕力可完纳，仍应照常征收。又，勘得朱家庄等三十八村庄地势卑洼，曾经积水，所种高粱、黍稷先已收割，尚无妨碍，惟谷禾、豆子半多被水浸淹，皆形黄萎；稍高处所谷禾又被虫蚀，间有食伤穗粒。水虫兼被，受伤较重，虽系勘不成灾，收成究属歉薄。且查各该庄素称瘠土，户多贫乏，上年秋禾被旱，今春二麦失收，本属积歉之区，兹又重复被灾，小民殊形拮据。△△等细加体察，若将本年应征钱漕仍令照常完纳，民力实有未逮，自应量加调剂。悉心筹议，应请将朱家庄等三十八村庄应征本年钱粮、漕米及临、德等仓漕项银两，概行缓至来年秋后启征。其各该庄内有本年青黄不接案内原缓本年上忙钱粮，应一并随同展缓，以舒民力而示体恤。缘奉委勘，所有会勘酌议缘由是否有当，理合开具清折，绘图贴说，通禀大人、大老爷查核示遵汇转。再，卑县历年陈欠钱漕已于本年二麦被旱案内全行展缓，合并声明。

计禀呈清折一五扣，图说一五本。

禀本府夹单

再禀者。本月初九日复蒙钧札，以据商河县大领等庄民人卢邦治等呈报秋禾被灾各庄是否即在该县前禀数内，饬即一并查明会勘等因。遵查该民人所报大领等十五村庄，即在前禀数内，已开入清折，于正禀议请调剂。合肃附禀，并祈垂鉴。△△谨禀。八月十三日。

更造二十三年秋禾被雹案内递缓漕项银米册稿县申清册附

济南府长山县为驳饬事。

案蒙宪台牌开，据该县申送本年递缓历年漕粮银米数目册到辕。据此，查该县本年应递缓各年漕粮银米各数无论已未复行被灾，均应按年分晰造报，于册内注明因何递缓、应递缓至何年秋后带征字样，以便查核详咨。今册内止将本年秋灾案内递缓各数开造，其余未经被灾应行递缓之项未据一并列入，殊属遗漏，合亟驳饬等因到县。蒙此，遵即饬承查照指驳之处，更造妥协清册，拟合具文申送宪台核转。再，查二十三年秋禾被雹案内各村庄并无未完十八年银米，无凭递缓，又二十三年二麦被水各村庄系仅缓征新赋，并无展缓旧欠银米，今秋禾被雹各庄系缓旧欠，是以无凭递缓，合并声明。为此备由具申，伏乞照验施行。

计申送清册二本。

一申粮道。

济南府长山县为札谕事。

今将卑县道光二十三年秋禾被雹案内递缓十八、十九、二十等年原缓漕项银米细数，造具清册呈送，查核施行。

计开

长山县

道光十八年分：原缓正改兑正耗米五十五石三斗三升九合、润耗米二石二斗八升六合八勺，应缓漕项轻赍银一两八钱二分八厘、席草银三钱五分九厘、行粮折色银八两九钱五分二厘、席片银三分九厘、闰月银三钱八厘、脚价银四两七钱六分三厘、盘费银二两五钱一分三厘、润耗银二两二钱八分七厘。以上各款因二十二年二麦被旱案内请递缓，至三十年秋后带征。再，查二十三年秋禾被雹案内各村庄并无未完十八年银米，无凭递缓，理合登明。

道光十九年分：原缓正改兑正耗米一百一十二石八斗四合、润耗米四石六斗六升一合四勺，应缓漕项轻赍银三两七钱二分六厘、席草银七钱三分二厘、行粮折色银一十八两二钱四分七厘、席片银七分九厘、脚价银九两七钱一分、盘费银五两一钱二分二厘、润耗银四两六钱六分一厘。以上各款因二十二年二麦被旱案内递缓，至三十年秋后带征。内有正改兑正耗米二十二石四斗九升四合一勺、润耗米九斗二升九合五勺，应缓随漕轻赍银七钱四分三厘、席草银一钱四分六厘、行粮折色银三两六钱三分九厘、席片银一分六厘、脚价银一两九钱三分六厘、盘费银一两二分一厘、润耗银九钱二分九厘。以上各款复因二十三年秋禾被雹案内应请递缓，至三十二年秋后带征，理合登明。

道光二十年分：原缓正改兑正耗米一百二十八石一斗九升五合八勺、润耗米五石二斗九升七合五勺，应缓漕项轻赍银四两二钱三分五厘、席草银八钱三分二厘、行粮折色银二十两七钱三分七厘、席片银九分、脚价银一十一两三分五厘、盘费银五两八钱二分、润耗银五两二钱九分七厘。以上各款因二十二年二麦被旱案内递缓，至三十二年秋后带征。内有正改兑正耗米四十一石七斗二升八合二勺、润耗米一石七斗二升四合。应缓漕项轻赍银一两三钱七分八厘、席草银二钱七分一厘、行粮折色银六两七钱四分九厘、席片银二分九厘、脚价银三两五钱九分一厘、盘费银一两八钱八分五厘、润耗银一两七钱二分四厘。以上各款复因二十三年秋禾被雹案内应请递缓，至三十三年秋后带征，理合登明。

二十三年秋禾被雹奉文递缓钱粮册结县申册结附

济南府长山县为札谕事。

案蒙宪台转蒙各宪饬取秋禾被雹缓征册结，详送咨部等因到县。蒙此，遵将卑县本年秋禾被雹案内应递缓历年钱粮造具册结各五本，拟合具文申送宪台核转。为此备由具申，伏乞照验施行。

计申送册结各五本。

一申本府。

济南府长山县今于与印结为札谕事。

依奉结得，卑县道光二十三年分秋禾被雹案内递缓道光十一年司库正银四十两五钱五分七厘、耗银五两六钱七分八厘，道光十四年司库正银三两九钱四分五厘、耗银五钱五分二厘，道光十五年司库正银二百七两九钱八分六厘、耗银二十九两一钱一分八厘，道光十六年司库正银八十八两九分一厘、耗银一十二两三钱三分三厘，道光十七年司库正银一百一两一钱二分、耗银一十四两一钱五分七厘，道光十八年司库正银一百八十五两八钱二分三厘、耗银二十六两一分五厘，道光十九年司库正银三百九十一两八钱五分三厘、耗银五十四两八钱五分九厘，道光二十年司库正银三百七十七两五钱九分一厘、耗银五十二两八钱六分三厘，道光二十一年司库正银一百三两七钱八分九厘、耗银十四两五钱三分，道光二十二年司库正银三十两六钱九分二厘、耗银四两二钱九分七厘。以上递缓旧欠钱粮均系实缓民欠，并无摘征冒缓情弊，日后查出情愿甘罪。印结是实。道光二十三年十一月十八日。

济南府长山县为札谕事。

今将卑县道光二十三年秋禾被雹五十一村庄递缓历年钱粮数目造具清册呈送，查核施行。

计开

长山县

原额大粮一例地六千二百四十八顷十七亩五分八毛四丝三忽，额征地丁正银四万八百四十五两四钱七分九厘内有学租银五两七钱八分，例不征耗、耗银五千七百一十七两五钱五分八厘。

道光二十三年分：秋禾被雹西神坛庄、向家庄、小辛庄、明礼庄、大辛庄、三里庄、药礼庄、孟家庄、茶棚庄、西布庄、陈河涯庄、崔毛驼庄、王毛驼庄、梁毛驼庄、山王埠、崔家庄、廉家庄、吕家庄、西吕庄、房家桥、郭家庄、伏上村、司家庄、牛王庄、东伏村、义合庄、鹿果园庄、小刘家庄、大刘家庄、周家庄、五里堠庄、雍齿庄、甘牛埠、太和庄、杨家庄、甘家庄、朱家套、旧口庄、苏家庄、刘家套、李家套、河南庄、朱家庄、中沟头、吕家沟头、王家沟头、云南庄、石门庄、大房庄、南神坛庄、蒋家庄。

道光十一年分：二十二年二麦被旱案内神坛庄等五十一村庄原缓司库正银四十两五钱五分七厘、耗银五两六钱七分八厘，复因二十三年秋禾被雹案内请递缓，至二十四年秋后带征，理合登明。

道光十四年分：二十二年二麦被旱案内神坛庄等五十一村庄原缓司库正银三两九钱五分五厘、耗银五钱五分二厘，复因二十三年秋禾被雹案内请递缓，至二十七年秋后带征，理合登明。

道光十五年分：二十二年二麦被旱案内神坛庄等五十一村庄原缓司库正银二百七两九钱八分六厘、耗银二十九两一钱一分八厘，复因二十三年秋禾被雹案内请递缓，至二十八年秋后带征，理合登明。

道光十六年分：二十二年二麦被旱案内神坛庄等五十一村庄原缓司库正银八十八两九分一厘、耗银一十二两三钱三分三厘，复因二十三年秋禾被雹案内请递缓，至二十九年秋后带征，理合登明。

道光十七年分：二十二年二麦被旱案内神坛庄等五十一村庄原缓司库正银一百一两一钱二分、耗银一十四两一钱五分七厘，复因二十三年秋禾被雹案内请递缓，至三十年秋后带征，理合登明。

道光十八年分：二十二年二麦被旱案内神坛庄等五十一村庄原缓司库正银一百八十五两八钱二分三厘、耗银二十六两一分五厘，复因二十三年秋禾被雹案内请递缓，至三十一年秋后带征，理合登明。

道光十九年分：二十二年二麦被旱案内神坛庄等五十一村庄原缓司库正银三百九十一两八钱五分三厘、耗银五十四两八钱五分九厘，复因二十三年秋禾被雹案内请递缓，至三十二年秋后带征，理合登明。

道光二十年分：二十二年二麦被旱案内神坛庄等五十一村庄原缓司库正银三百七十七两五钱九分一厘、耗银五十二两八钱六分三厘，复因二十三年秋禾被雹案内请递缓，至三十三年秋后带征，理合登明。

道光二十一年分：二十二年二麦被旱案内神坛庄等五十一村庄原缓司库正银一百三两七钱八分九厘、耗银一十四两五钱三分，复因二十三年秋禾被雹案内请递缓，至三十四年秋后带征，理合登明。

道光二十二年分：二十二年二麦被旱案内神坛庄等五十一村庄原缓司库正银三十两六钱九分二厘、耗银四两二钱九分七厘，复因二十三年秋禾被雹案内请递缓，至三十五年秋后带征，理合登明。

以上五十一村庄历年钱粮请缓之外别无未完民欠，亦无灾前征完银两，合并声明。

详覆道光十八年原缓漕粮漕项复因二十二年二麦被旱案内递缓，现在未届启征年分已造递缓清册申送在案详

济南府长山县为札谕事。

案蒙宪台札开，照得该县递缓历年漕粮银米，应遵原奉谕旨，各按最先年分依次带征一年等因。查该县递缓道光十八年漕米银两即系最先年分，本年秋后应否照案带征，抑或俱在本年秋禾被水村庄之内不及议带，前经饬查在案，迄今未据详报，殊属迟延。合再札催。札到，立即遵照确切查明，刻速通详核办，毋得歧误，致干参咎。速速等因到县。蒙此，遵查卑县道光十八年未完漕粮、漕项、银米均系十八年秋禾被水案内原缓之项，复因二十二年二麦被旱案内递缓，应轮至道光三十年秋后带征，已于本年六月二十三日造具递缓清册申送在案。缘奉饬催，拟合具文详请宪台云云。

前案粮道批

查该县原缓十八年漕粮、漕项、银米，既在递缓项下，尚未届带征限期，自应仍同本年秋灾案内应行递缓之项，一并另行造册，呈送核办。仰即将递缓十八年并十九、二十等年漕粮、漕项、银米各数按年分晰核明，造具递缓册结，并注明于何事案内因何递缓、应递缓至何年秋后带征，具文飞速送辕，以凭查核汇转。毋迟。此缴。

查明二十三年漕项银两原额新增各款分晰更正及二十四年办理减平请示一案县详

为遵札详覆并请批示核办事。

除将查明二十三年漕项银两原额新增各款分晰更正，及二十四年办理减平请示缘由备载书册外，拟合摘叙简详，具文呈请宪台鉴核饬承，分别批示饬遵，实为公便。为此云云。

计详送书册一本。

一详督粮道。

为遵札详覆并请批示核办事。

案蒙宪台札饬，除将应行交帮各款项下应扣减平银两已由道在于各该帮应领钱粮内照数核扣外，查东平帮运弁系署事人员，止应支给随帮一厘养廉，其运弁五厘养廉银两应照数扣解，已据该县于上年十二月间解到兑收在案。今文内仍并同一厘养廉以解帮开报，殊属错误，所有新增漕粮项下交帮之津贴、席片、养廉各银数又漏未叙入，均碍核办。合再札饬。札到，该县立即遵照查明，分别删添更正，另行具文报辕核办；并将坐支脚费项下扣出减平银两赶紧解辕兑收，以凭汇解部库交纳，均毋迟延，致干未便。速速等因到县。

蒙此，查卑县前次申覆各款，均就交解总数开列，未经分出新增之项。兹奉前因，遵复逐一确核，查得道光二十三年分卑县额征德正帮漕粮项下原额润耗银九十四两二钱一分九厘、新增润耗银三分五厘，原额席片银一两六钱一厘、新增席片银一厘；东平帮漕粮项下原额润耗银九十四两三钱七分、新增润耗银三分五厘，原额席片银一两六钱四厘、新增席片银一厘。以上均系随同地丁征完、分款解帮之项。

又，德正帮原额津贴三分、席片银七十两六钱六分五厘，新增津贴三分、席片银二分六厘；原额六厘、养廉银一十四两一钱三分三厘，新增六厘、养廉银五厘；原额二升食米折价银四十七两一钱一分，新增二升食米折价银一分七厘；原额三升五合折色银四十五两五钱三分五厘，新增三升五合折色银一分七厘。东平帮原额津贴三分、席片银六十六两二钱四分八厘，新增津贴三分、席片银二分五厘；解帮原额一厘、养廉银二两二钱八厘，解帮新增一厘、养廉银一厘；解道署弁原额五厘、养廉银一十一两四分一厘，新增五厘、养廉银四厘；解帮原额二升食米折价银四十四两一钱六分五厘，新增二升食米折价银一分六厘；原额三升五合折色银四十二两七钱二分，新增三升五合折色银一分六厘。以上除新增各款由新增漕粮一五耗米项下就款分别支解外，其余原额银两俱系由县垫支、应赴司库请领归款之项，所有应扣减平银两已蒙宪台核扣在案。除将坐支脚价盘费项下减平银两现在另文批解外，拟合遵札分晰开报。至道光二十四年漕粮开征在即，所有应行解帮及应批解宪库各款，其减平银两是否应由卑县扣除分款支解，抑或仍照上年全数支解后再由宪辕核扣办理，并请批示下县，以便遵办。又，上年各项银内何款应扣减平若干，亦祈饬承开单饬知，俾得存案，实为公便。为此云云。

前案粮道批

查解道各款均应照旧全数批解，毋庸由县扣平。惟由县坐支并交帮各款均应扣平，每两扣银六分，将扣出平银解道，转解部库交纳。上年该县应行交帮银两，因据申报于未奉文之前已照旧全数交帮，是以将交帮之润耗斜席三分、席片五厘、一厘养廉等银项下应扣之项，由道在于各该帮应领钱粮内补扣在案。本年自应将前项减平，由县扣出批解，以省案牍。至二升食米、三升五合米石虽系以银折交，而造报仍属米款，应照旧全数交帮，毋庸扣平。仰即遵照批示办理，并将本年原额及新增交帮润耗斜席三分、席片五厘、一厘养廉等银均一律扣平，再行交帮。所扣平银，即同坐支脚费项下应扣银两一并批解，来辕兑收，毋稍违延。再，查该县详内声叙应交东平帮原额润耗及原额斜席银两均少一厘，并即查明更正。毋迟。此缴。

禀抚、藩、本道、粮道、本府

禀卑县四乡二麦被旱请赐委员会勘由

敬禀者。窃照卑县境内上年二麦普种，春初雨水调匀，收成本属可望，讵自交夏以来未得时沛甘霖，卑县地土碱沙，不耐久旱，麦禾正当吐穗之际，土脉过于浮干。本月十四日虽沾微雨，而麦禾受旱在先，难于滋润培养。现据各乡地方呈报被旱前来，卑职连日亲诣四乡周履查勘，地内麦禾叶多黄萎，禾本枯弱，颗粒不能饱绽。四乡大略相同，虽均勘不成灾，收成究形歉薄，自应量予调剂，以恤民艰。理合禀请大人、大老爷鉴核，俯赐委员下县覆勘，会议禀办，洵为公便。肃此云云。四月二十五日。

禀抚、藩、本道、粮道、本府惠民县知县余△、阳信县知县多△①、候补未入流丁△会衔　禀覆会勘惠民县四乡二麦被旱议请缓征新旧钱粮由

敬禀者。窃卑职淇奉藩司、宪台、藩宪委勘惠民县二麦被

---

① 即余棨、多瑞。

旱情形，是否不致成灾、应否量予调剂，刻速妥议禀办等因。卑职瑞亦奉本府宪台札同前由，遵即订期驰抵惠民县，会同卑职△亲诣四乡周履确勘，查得各该乡麦禾因交夏后缺雨培养，迨至吐秀扬花之际，土脉过于浮干，以致禾本枯弱，结穗短小，现在将次刈获登场，颗粒不能饱绽。四乡被旱相同，虽均勘不成灾，收成究形歉薄，若将新旧钱粮照常征收，民力实有未逮。卑职等悉心体察，确核筹议，应请将阖境未完本年上忙新赋同二十四年民欠钱粮，均缓至本年秋后启征；其道光二十三年以前民欠及因灾原缓，与应带征历年旧欠原缓、递缓钱漕暨漕仓等项银两，一并缓至本年秋后，按最先年分递年依次带征一年，以纾民力。所有查明酌议缘由，理合会禀大人、大老爷鉴核办理，实为公便。再，查历年民佃盐课业已全完，并无应缓之项，合并声明。肃此云云。五月初九日。

禀藩宪禀卑县二麦被旱一案业已会勘议禀由

敬禀者。本月十七日历城县专马递到宪札，饬将二麦被旱一案赶紧勘议禀办等因。查此案前蒙委员到县，业经会同勘明情形，议请将本年上忙未完新赋同二十四年未完钱粮，均缓至本年秋后启征；其二十三年以前民欠云云递年依次带征一年。会衔具禀，由卑县专差马夫于本月十六日起程，飞驰赍赴宪辕投递在案。缘奉札催，理合禀覆大人查考。肃此云云。

禀藩府禀卑县上年秋禾被水各庄现在毋庸出借仓谷由

敬禀者。窃奉本府/宪台转奉藩宪/宪台奉抚宪札开，以附片具奏平度、高密、乐安等州县酌议出借常平仓谷一案，饬令各属查明上年秋禾被水之区本年应否出借仓谷，妥议禀办等因。遵查卑县上年秋禾被水各庄情形系属最轻，业已请缓旧欠钱漕，迨后二麦均经一律普种，惟本年交夏以来雨泽愆期，麦收歉薄。现复禀蒙委员会同勘议，请将未完新旧钱粮缓至本年秋后分别启征、带征，具禀宪鉴在案。如此量予调剂，民力已觉展纾，无须出借仓谷。缘奉饬查，理合禀覆大人、大老爷查考。肃此云云。

禀抚、藩、道、府禀报起解本年上忙三批钱粮及筹解杨令交案正耗银数日期由

敬禀者。窃照卑县本年额征钱粮，除坐支分解外，实应解司库、宪库、藩库地丁正银四万六千三百三两一钱三分七厘、耗银四千一百七十两九钱八分二厘、知县养廉银一千四百两。前已先后两批共解过正银二万两、耗银一千六百两、知县养廉银七百两在案。兹截至二麦被旱停征之日止，又征存本年正银一千三百六十八两二钱、耗银二百三十一两八钱。又，卑职现代前县杨令筹解交代案内道光二十四年正银一千八百五十二两

七钱二分六厘、耗银一百四十七两二钱七分四厘，一并饬匠倾镕，定于本月二十二日批差解赴司库、宪库、藩库兑收。除将未完民欠俟届秋后启征之期，即当竭力比追、源源报解外，所有起解灾前已完新赋及筹解杨令交案正耗银数日期缘由，理合具禀大人、大老爷查考。肃此云云。

信稿十件

覆蒲台县王[1]

顷奉手书敬聆一切。查敝境麦禾情形与贵治大略相同，但现在经费短绌，拨饷频仍，上忙新赋必须解至五分以上，方免追呼，是新赋已无可缓矣。其二十四年钱粮，除前任欠交外，实在民欠尚有数竿，即使请缓亦在初参限外。奏销案内不能扣除缓征分数，于处分毫无出入，且一经议请调剂，即不能照常催输奏销在迩。倘奉扣拨，则又近于垫解。弟熟筹再四，乡民既未具呈，似可毋庸置议也，不知高明以为然否。但境处不同，或别有卓见，仍祈示遵为望，泐此云云。

致蒲台县王

敬启者。昨承询及缓征一事，当将敝处情形详细布陈，谅邀青照。兹蒙府宪面谕，以麦禾受旱已深，收成歉薄，亟须议

① 即王沛霖。

请调剂，缓赋之说，意在必行。现在各乡虽未呈报，但宪谕谆切，事关大局，弟亦不便胶柱鼓瑟，独弹别调。现已禀请委勘，用特抄稿呈览，将来议覆禀内拟请将上忙未完银两及二十四年钱粮缓至本年秋后启征，其历岁积欠缓至秋后递年依次带征。东省麦禾歉向系新旧并缓，近年亦有止缓旧欠之处，均可酌照办理。尊处如何筹办，想吾兄大人高明卓见，必能因地制宜。如已议有成章，仍望示悉为祷，专此云云。

附呈禀稿一纸。

致青城等八州县

敬启者。顷奉府宪面谕，以现在二麦缺雨，收成歉薄，令即查明民力是否拮据、应否议请调剂等因。除将敝境麦禾受旱缘由禀请委勘核办外，用特抄稿呈览，即祈△兄大人查照。如须一律办理，务望各就地方情形筹议禀报，并希先行示知，以备宪询。是所拜祷，专此云云。

附呈禀稿一纸。

致阳信县多[①]

敬启者。敝县禀报二麦被旱一案，奉府宪饬委吾兄大人会勘，并蒙藩宪札委候补未入流丁大兄会同勘议。刻下尚未到县，但闻尊处定于十一日县试，一经开考，即不能申报公出。兹特会列台衔，拟就禀稿专差呈览，即祈查照会印存留一分、备案共余一分。仍望掷交去差带来，以便俟丁大兄到日由弟处就近缮发，

---

① 即多瑞。

并希酌定公出、公旋日期先行申报。是所拜祷，泐此云云。

附呈禀稿二纸。

覆海丰县李[①]

差至，接展手书，承询二麦被旱应缓钱粮如何拟办等因。查东省麦禾歉收系属常有之事，有将未完上忙新赋缓至本年秋后启征，历年旧欠缓至本年秋后按最先年分递年依次带征一年者，亦有不缓新赋，仅将历年旧欠缓至本年秋后按最先年分递年依次带征一年者。虽非明定章程，而十余载以来均不外乎此二等办法。惟自上年秋灾案内奉藩宪，以二十三年钱粮若照向办成案与历年旧欠一并缓至二十五年秋后按最先年分递年依次带征，是最近年分归入最后，恐无启征之期。随将二十三年民欠改同二十四年未完银两一并缓至二十五年秋后启征，其二十二年以前民欠缓至二十五年秋后按最先年分递年依次带征一年，通饬遵照在案。以此类推，今岁二麦被旱新旧并缓之处，本年秋后应征一新两旧。新者即本年钱粮，两旧之中亦系最近之二十四年民欠，一系最先之十一年民欠也。又，查麦旱请缓新赋必加“上忙”二字，系专指上忙应征一半钱粮未完之项而言。如上忙征完已足五分，则新赋本无可缓，仅缓旧欠亦与成案相符。第贵县本年曾被海潮，阖境村庄既多毗连逼，麦禾又复受旱，谅与寻常歉收不同，或能确叙情形，将新旧一并缓至来年秋后亦未可定。弟处已议请新旧并缓，本年秋后应征一新两旧，兹特抄录禀稿，借差呈览，即祈大兄大人裁酌办理，是幸，泐此云云。

---

① 即李澄。

附抄禀稿一纸。

覆滨州王[1]

差至，接展手书，聆悉一是。查本年二麦被旱一案，敝县业经会同委员议请将未完本年上忙新赋同二十四年未完民欠云云，递年依次带征一年具禀在案。蒲台仅缓旧欠向来亦有此等办法，想因上忙钱粮已解至五分以上，新赋无可议缓故耳。兹将弟处禀稿遵嘱抄录一番，借差呈览，即祈五兄大人裁酌办理，是幸，泐此云云。

附抄禀稿一纸。

致同属七县除滨州、蒲台

敬启者。案查东省应征漕麦，各州县如因二麦被旱收成歉薄，麦收分数报明五分，余者可将漕麦详请改征粟米，交帮时一切费用节省较多，历经办有成案。本年△境麦禾受旱业已议缓新旧钱粮，而麦收分数又经报明五分，余正与改征粟米之案相符。今滨州、蒲台两处亦拟将麦改米，函致会禀等因。用特专函驰布，即祈△兄大人查照，如须一律办理，务望将尊处本年二麦被旱作何议缓钱粮及麦禾确收报明几分有余，并额征漕麦若干石详细开单示知，以便由弟处会列台衔，及早禀办。幸弗稍迟，致稽通案，是所拜祷，泐此云云。

---

① 即王宠三。

覆滨州、蒲台[①]

顷奉手书，以本年二麦被旱，拟将漕麦改征粟米，嘱即会禀办理等因。查△境麦禾受旱，收成歉薄，业已议缓新旧钱粮，二麦确收分数亦经报明五分有余。原为漕麦请改粟米而设，尊处既拟改征，尽可会衔具禀。惟贵州、贵县二麦确收报明几分余，弟处无从知悉。倘系报明六七分，则请改粟米必干驳诘，务祈五、三兄大人查照，将本年二麦报明确收分数及额征漕麦若干石详细示知，以便汇办。再，同府各属，弟现已专函布询，如有愿办核与旧禀相符无碍之处，一俟覆到，即当会衔具禀并以奉闻。渺此云云。

致沾化黎[②]

顷奉还云，聆悉一是。尊处既无应征漕粮，所有漕麦改米之说应毋庸议，承示麦禾受旱缓征钱粮缘由，自系长才卓见，因地制宜。兹将禀稿奉缴，俟委员到日，仍望阁下径行缮发可也。出借仓谷一事，△处一未举行，昨经议覆已奉批示，用特抄稿录批一并呈览，即祈查照酌办。是幸，渺此云云。

附缴贵县缓征原稿一纸，并呈敝县禀覆出借仓谷稿批一纸。

---

① 底本此页天头有小字，曰："漕麦改征粟米，无论曾否被灾。但二麦确收系报明五分，余者即可援办。若六分以上即与成例不符，麦虽被灾亦难准行，然亦不可报五分以下，缘不及五分即成灾也。"

② 即黎树三。

覆沾化黎

日昨承示缓征禀稿，当经沥函布覆，谅邀青照。兹于初七日差至，载奉手书，备聆一是。此案既奉本府催办紧急，尊处现已发禀，自必筹酌尽善。将来奉到批示，即知各宪如何议转也。遵嘱沥覆，顺请云云。六月初七日。

第九本

临清关短收税课酌议稽查赔补章程院札

巡抚部院琦①札临关委员知悉。照得本爵部院于道光四年二月二十一日具奏，临清关短收税课，酌议稽查赔补章程一折。除俟奉到朱批，另行恭录饬知外，合先抄奏札知。札到，该委官即便遵照。毋违。特札。（道光四年二月二十九〈日〉到）

计粘抄原奏一纸。

奏为遵旨查明临清关短收税课，酌议稽查赔补章程，恭折覆奏，仰祈圣鉴事。

窃前准部咨，钦奉谕旨："近闻各关奸丁蠹吏勒征卖放及以正作罚、上下分肥，加之奸商偷漏，绕越粮船，包揽夹带，百弊丛生，亏短日甚。着各省督抚将各关因何亏短及商货如何流通查明，妥议章程具奏。至各关分赔章程，应否照旧匀摊，或遵新例各按各任赔补，一并妥议具奏。"等因。钦此。

查山东临清州地方设有户、工两关，户关抽收货税，工关纳征船料，向系巡抚委员经管，按年核实奏报。近年以来不惟该关税无盈余，即正额亦致亏短，虽将管关委员屡次参办，而税课仍不足额。盖丁役之卖放偷漏易防，而粮船之包揽夹带难制。缘临清关居汶、卫两河之中，全赖江广纸张、茶叶、磁器，江浙绸缎等货贩运北上，或直隶、山东杂豆赴南售卖，商船流通，始克征税敷额。无如每年十月漕艘过竣，即需煞坝挑河，

① 即琦善。

并无船只可通，迨次年二月开闸以后，先尽粮船行走，凡南来货物多系粮船夹带，税银鲜有抽收，即或有商船往来，一遇汶源微弱，既有封雇官剥之苦，又有过闸守候之累，故粮船之夹带日多，客商之货船愈少，此关税短绌之实在原委也。今欲求裕课之方，必先计通商之策，谨筹议章程，敬为我皇上陈之。

一、重运漕船到东，应于东昌府一带派委大员勾水，以杜私带货物也。查重运粮船北上，例许携带土宜，原所以示矜恤。乃不肖丁舵水手人等串同奸商，于例准土宜之外，沿途任意揽装货物，希图漏税，相沿成习，年甚一年。不特各关税课因此短绌，且重运出闸入卫，正在四、五等月卫源微弱之时，货物既多，吃水必重，往返盘剥与漕运亦有干碍。若俟挽运抵关之后逐船查验放行，窃恐旷日延时，千艘停待，转非利运速漕之道。伏思粮船例带土宜本有定数，吃水深浅亦有定制，若果吃水逾制，则私带货物显然。东昌府距临清关相近，向系济东道专驻守催。应请敕下漕运督臣，于帮船过淮时，一面查明各帮吃水尺寸，一面即造册先期咨会，衙门即派委济东道前赴东昌一带，驻扎河干，照册勾水。如粮船吃水较来册逾制，即照例惩办，仍将实带货物随地掀卸，责令本商赔罚自运，如本商不在帮船，即责令该管船丁罚赔另载。庶帮丁人等知过淮之后尚有查验之处，不敢任意揽载；商贩亦必自行贩运，不敢再犯例禁。而帮船轻便遄行，亦不致再有稽延，于漕运关榷均有裨益。

一、帮船随带小船应行查禁，以免弊混也。查粮船尾随小艇为水手人等渡河挽纤之用，原属例所不禁，且小艇向无篷舱，一经装载米粮货物，即难掩人耳目。今各帮粮船每船竟随小船一二只不等，俱有篷舱，名为带剥，一经查问，动辄以装载正漕土宜为词，恃重抵制，其实勾通商贩，影射包揽，势所不免。伏查粮船行抵古浅新淤之处，应用剥船皆系沿途州县预备，本无需各帮随带，若因水手挽纤，既不住人载货，更不需乎篷舱，即正漕土宜亦止应装载正船之内，不必随带剥船。倘因搭运米石过多，必须雇船带剥，则过淮查验时船只已有定数。应请敕下漕运督臣，于过淮盘验后，将某帮、某丁随带剥船若干、装米若干，先期咨会，以便东省委员查察。如未经咨会，或查出逾额多带，及并无搭运米石仍用有篷舱船只冀图影射者，无论有无货物，即由派出勾水道员将小船扣留究办，仍将运弁严参，以示惩儆。

一、应用剥船应责令临清州自行封雇，以通商贩也。查闸外临清、夏津、武城、恩县、德州五州县，每年于重运未到之先应预雇民剥三百只，闸内州县每年又有协济剥船，视卫水之大小以定用船之多寡。向来封雇民剥，只封空船，不掀重载，迨后因重运需剥紧急，闸内闸外州县无论空重大小，纷纷封雇，以致重运经临之时，商贩闻风畏惧，裹足不前。若不设法调剂，商贾难以流通。现据管关委员临清州知州冯春晖议请，于每年开河起南粮未抵临清以前，责成临清州先期将例雇民剥三百只预为雇足，分别派拨存留。其协济民剥，于奏定数目之后，亦责令该州一手雇觅分派，统归临清州一处报销。查闸内闸外州县有雇剥、催运之责，惟知剥船雇足、粮艘遄行即为尽职，于税课之盈绌在所不计。历年以来，虽屡经出示查禁，毋许封贴商船，而差役人等虑恐缺船误漕，仍不免有封贴之弊。今若责成临清州一手雇备，该州兼司关务必能厘剔弊端；且相距本省之济宁、豫省之楚旺均不甚远，分投雇觅，克期可到，拨发外县亦可顺流而下，不致稍有阻滞，似属较为便捷。惟事属创始，应请自本年为始，即责令临清州试办一年，如果行之有效，此后即行循照办理。其例雇与额设添雇剥船工食银两，由司先期筹款发给八成，事竣核实报销。仍通饬沿河各州县严谕差埠人等，此后无论空重船只，毋许借剥船名目私自擅封，如差役人等阳奉阴违，仍行封贴，许船户商民赴地官禀究。仍查照乾隆五十五年前抚臣长①发给重载免其封贴掀卸印照成案，由临清关刊刷印照，于商船纳税后按船填发，南至尖庄、北至德州税口缴销，庶漕运、关务两无妨碍。

一、东省各帮带征漕粮、蓟粮雇船兑运，应令帮丁自行雇备，毋许卫所及州县代为封贴，以免滋扰行旅也。查各帮军船例有定额，即各属尽系丰收，亦足敷用，惟带征漕粮、蓟粮往往有军船不敷装载，雇船兑运等。约计每帮所雇不过一二只至七八只不等，向由该帮丁照例自行雇备，并不官为封贴，乃闸内各帮丁并不自为雇觅，辄由卫所出票封贴，以致差埠人等借端需索商船，为害行旅，于关税亦有窒碍。现已饬令粮道严行禁革，嗣后遇有各帮应雇船只，即令自行公平雇备，不得官为封雇，俾商贩源源到关，免滋扰累。

一、闸内往来商船应随漕搭放，以便商旅也。查济宁一带赴北船只，经由闸座已多阻隔，及至重运盛行，适遇汶源微弱，各闸必俟重运抵闸方能启板，一经放竣又须下板擎蓄，商贩不得及时贸易，殊形壅滞。应移咨河臣于每帮启放后，将商船随漕搭放，如有闸夫讹索，即时究办，庶商旅流通，关税可期充裕。

一、卫河上游之窦公河商船往来，应严禁地棍拦阻，以利商民也。查卫河上游豫省内黄县地方有窦公河一道，为豫省赴北商船必由之路，因每年淤阻，必须随时挑浚，惟此河历系豫省盐商兴挑，该处地棍遇有商民船只，每有借词需索，始克放行，殊为商民之害。已移咨河南抚臣出示严禁，俾商贾遄行无

---

① 即长麟。

阻，实于榷税有裨。

一、短收税课应照旧均匀摊赔，以昭公允也。查各关月分固有衰旺不同，而核计临关每月抽收之数，相去不甚悬殊，向系扣至一年期满。遇有亏短，统按一年，短绌每日应赔若干，各照在任月日按日均匀摊赔。在前任业已卸事，既不敢以多报少，致令后任揭参；而后任例应分赔，亦不敢将多收之数私行隐匿，自干吏议。旧章尚属妥协，应请循旧办理，以昭公允。

以上七条与临清关委员、临清直隶州知州冯春晖就现在情形悉心筹议，果能商贩流通，税课自有起色，仍随时密为访察，如委员经理不善或书役舞弊横征，亦即严参重惩，不敢稍涉徇纵。所有遵旨查明临清关短收税课酌议稽查赔补章程，理合恭折覆奏。伏祈皇上圣鉴，谨奏。

示禁行贩勾串将货物粮食搭附载漕船由

为晓谕事。

道光十八年十月十四日蒙署布政司李①札付，道光十八年九月二十九日准河东总河部堂栗②咨，据运河道详覆筹议节水济运一案粘单，内开：

一、奸商行贩每多勾串，将客货包揽搭附漕船，冀免报关，且图节省水脚，必应严切禁止以速船行。查江南之窑湾、皂河，山东之台庄、郗山、夏镇及南阳、济城等处皆系马头，地面商民聚集，杂粮、杂货、豆饼等物不一而足。商行勾串，每将各

① 即李宗传。

② 即栗毓美。

货搭附漕船，较之自雇民船所省实多，且可偷漏关税。在河流充裕之年，于船行迟速固无妨碍，然闸河一经水小则船身加重，挽运维艰。应由地方官实力确查，如有行贩人等包揽客货、私上漕船者，即将该行封闭，所获客货入官充公，庶商贩奸行，胥知警畏等因。蒙此，除俟来岁南粮漕船挽入东境，再请通饬查禁外，查江南之窑湾、皂河，山东之台庄、郗山、夏镇及南阳、济城等处皆系出载马头，今经奉文不准私上漕船，则来年重运北上丁船人等断不敢于违禁包揽。而各该处聚集粮食杂货出载既少，其价必平，凡尔商贾人等亟应秉时贩运，以资营趁，合行出示晓谕。

为此示仰商民人等知悉。尔等向系贩运营生者，即便携带赀本，速赴窑湾一带籴买杂粮，自雇船只装运，来年开河铺水之际，即可随水北来，一抵州境，照例赴关报税，上裕国课，下济民需。毋得图省水脚，擅将粮货附载漕船，致取咎戾。倘敢故违，一经查出，定将粮货掀卸入官，并治以漏税之罪，决不少贷。至本地行户人等，亦着一体凛遵，毋许勾串丁船包揽上载，致干查封，自贻后悔。各宜遵照。毋违。特示。

山东巡抚为督饬漕运严禁各帮丁舵人等任意揽载客货札

巡抚部院经①札临清州知悉。照得东省运道袤长，水无来源，重运入境，全赖湖潴宣济，催攒之艰倍于他省。即在湖河

① 即经额布。

水足之时，犹不容丁舵人等任意揽载客货，致稽漕行，何况上年微湖收水短缺，本年重运抵境，尤须撙节灌济，不任涓滴虚消。本部院访闻峄县之台庄，滕县之郗山、夏镇，鱼台县之南阳，济宁县之城南及草桥一带粮行最多，当重运经临之时，每有不法奸商希图到关匿税，往往勾串旗丁，沿途揽载上船。粮船多一分之载，运河即耗一分之水，历年漕艘经临，动辄浅滞，未始不由于此。

查例载，重运粮船旗丁、头舵、水手，共准带土宜一百五十名，例不报税，如有违例多带及沿途揽载者，货物入官，丁商从重治罪，定例何等森严。当思军船系为通漕而设，该旗丁、舵水人等借此糊口养家，获利已多，况重运北上丁舵水手既准携带土宜，是朝廷之矜恤旗丁、舵水，业已无微不至，该旗丁、舵水尤当激发天良，安分守法，若复串同奸商揽载私货，致误重运，则为天理所不容，岂能幸逃法网。至于商贩携本经营，计权子母，抵关输税所纳无多，何得混图偷漏，以粮艘为遁藏之地？在无知商贩重机罔利，若匿不报税，即可多获余利。殊不知一经破获，则货物入官，身罹重罪，是求利适以速害，弄巧反致成拙。较之照例报税，公然贸易，既不担惊受怕，又可将本课利者相去，奚啻天壤。

本部院为漕运计，此等奸商固当大加惩创，即各商贩自为身家计，亦不值靳惜无多之课税，而甘蹈异常之危险。兹届春融冰泮，转瞬粮艘抵境，恐劣丁奸商不知悛改，仍蹈前辙。本部院不忍不教而诛，除饬催漕地方文武员弁，并札委桃源同知贵△、候补同知严密查拿，一面出示严禁，及行司道并咨会漕、河部堂，兖、曹镇一体饬禁外，合行札饬。札到，该州立即会同营汛，严令各帮丁舵水手及沿途商贩人等，嗣后务各恪遵功令，毋蹈故辙，倘敢仍前串载上船，立即拿获，将货物照例入

官，丁商从重治罪，毋稍宽纵。切切。特札。（道光十九年正月二十七日到临）

前札差票

为遵札差役查拿究办事。

案蒙巡抚部院提督军门兼理盐政经札开，照得东省运道袤长，水无来源，重运入境，全赖湖潴宣济，催攒之艰倍于他省。即在湖河水足之时，犹不容丁舵人等任意揽载客货，致稽漕行，何况上年微湖收水短绌，本年重运抵境，尤须撙节灌济，不任涓滴虚消。本部院访闻峄县之台庄，滕县之郗山、夏镇，鱼台之南阳镇，济宁县之城南及草桥一带粮行最多，当重运经临之时，每有不法奸商希图到关匿税，往往勾串旗丁，沿途揽载上船。粮船多一分之载，运河即耗一分之水，历年漕艘经临，动辄浅滞，未必不由于此。除专派文武干员严密查拿，一面出示严禁，及行司道并咨会漕、河部堂，兖、曹各镇一体饬禁外，合行札饬。札到，该州立即会同营讯，严令各帮丁舵水手及沿途商贩人等，嗣后务各恪遵功令，毋蹈故辙，倘敢仍前串载，立即拿获，将货物照例入官，丁商从重治罪，毋稍宽纵。切切。特札等因。

奉此，合行差查。为此仰役即持示牌，驰往峄县之台庄，滕县之郗山、夏镇，鱼台县之南阳镇，济宁县之城南及草桥一带粮行最多之处，随同抚部院委员往来梭织，严密查拿。如有前项奸商、丁舵串载上船者，立即据实奏明所在地方衙门，照例详办；一面禀报本州查考该役，毋得滋扰徇隐。倘敢得贿徇纵，将来一经查有夹带，除将货物入官、丁商从重治罪外，定将该役一并究治不贷。须票。（道光十九年四月初七日发）

济东道为所属熟田尚有未完即按限催征，不准混入次年缓征数内，满限不完照例开报二参札

济东道花[①]为传付事。

本年九月二十四日准布政司咨，咸丰二年九月初一日奉巡抚部院兼理盐政李[②]案验，咸丰二年八月二十六日准户部咨，山东司案呈，咸丰二年八月初六日准江南司付称，本部奏江南省地丁钱粮灾熟牵混，亟应剔除锢弊一折。咸丰二年八月初三日具奏，本日奉旨："依议。"钦此。相应传付贵州等十三司赴司抄录行文等因前来。相应抄录原奏，恭录谕旨，行文山东巡抚遵照办理。

再，查山东省地丁等项钱粮，每年额征银三百四十三万余千两，凡熟田之应征与灾田之缓征，仅于本年奏销案内叙明各数，及至节年随本奏销案内并未将灾缓钱粮画清界限，查明已届限若干，未届限若干，分别开造。递年牵混，实为该省锢习重弊，若不早为整顿，则趋避愈巧，短绌愈多。应令该抚自本年奏销为始，如熟田尚有未完，即按限催征，不准混入次年缓征数内，满限不完，照例开报二参。其灾缓银两亦各归各案，核计年限查明完欠分数，照例造具缓征年限册揭，专案报参，不得借口因灾递年展缓。如各上司因循回护，任听牵混，不即

---

① 即花咏春。

② 即李僡。

详细开造、按限报参者，本部定即据实参奏，毋得视为具文可也等因到本部院。准此，合就檄行。为此仰司官吏即便遵照，核实办理。毋违等因咨院行司。奉此，拟合移咨等因。准此，合行札饬。为此仰州官吏文到立即转饬所属，并该州遵照办理。毋违。须至札付者。

计粘单一纸。

户部谨奏，为江南省地丁钱粮灾熟牵混，亟应剔除锢弊以卫正供，仰祈圣鉴事。

窃惟江南财赋甲于他省，所有地丁等项钱粮全在认真稽检，凡熟田之应征与灾田之缓征，必将界限尽清，方不至侵欺滋弊。乃该省锢习，每将灾熟钱粮递年牵混，为属员巧避处分，致正供日形短绌。查江宁、苏州、安徽地丁屯折等项，年额征银五百二十九万余两。道光十六年查豁十年以前民欠银五百六十三万余两，约计十年租赋，蠲免一年；至道光二十六年查豁二十年以前民欠银一千一十万九千余两，约计十年租赋，已蠲两年；及本年查豁该省道光三十年以前灾缓，及未完银一千三百八十六万四千余两，是十年租赋，几至蠲免三年矣。虽水旱偏灾原难豫定，而约举十年比较，今昔至不悬殊，何以蠲缓之数年多一年，无怪度支之困日甚一日也。

臣等伏查各州县卫熟田未完，本按应征分数开参，及至限满则有二参，及带征灾缓钱粮完欠分数处分亦核严明。无如该省历年报灾，遂将上年熟田未完钱粮混入次年缓征之内，有初参而无二参，经征之员无所顾虑，以致岁岁报欠，年年递缓，一遇覃恩全数蠲免，名为财赋重地，实则趋避愈巧，短绌愈多。况熟田钱粮在民，断无不完之理，即缓征偶有蒂欠，何至一遇豁免，动即数百巨万之多，其中挪掩侵蚀情弊显然。相应请旨，饬下两江总督，江苏、安徽各巡抚，自本年奏销为始，如熟田尚有未完，即按限催征，不准混入次年缓征数内，限满不完照例开报二参。至地方偶有偏灾，遴委贤员查勘，毋许捏报，其缓征钱粮按照灾分年限分别完欠查参，不得借口因灾递年展缓。如各上司任听牵混，即由臣部据实参奏。此外各省有情弊相同者，均照此办理，务绝牵混之端，以塞规避之路。庶正供无缺，而锢习可除。谨将江安［南］省江、安、苏三藩司道光三十年以前民灾缓牵混各案缮具清单，恭呈御览，伏乞皇上训示遵行。谨奏。请旨。

济东道为运河道禀请闸河空重并行，并浙帮分别守冻无碍冬挑缘由札

济东道花①札临清州知悉。本年九月二十六日准运河道咨开，窃照本年重运浙江各帮前奉漕宪行知，仍行北上，本署道即虑节候过晚，若不急为变通，势必冻阻闸河，有碍挑工，贻误新运。当经严饬各厅仿照道光五年重空并行成案议覆去后，现据具禀前来。除据情并预筹浙江帮船分别守冻无碍冬挑处所各缘由具禀河、抚二宪外，除俟奉到批示舟行移知咨外，所有禀稿合先咨会等因。准此，合行札饬。札到，该州即便转饬所属查照。毋违。此札。

计粘抄禀稿一纸。

---

① 即花咏春。

敬禀者。窃查东省运道绵长，闸河水势随时消长。每当伏汛水多，南风竞而重船北上，迨至秋深水弱，北风盛而空运南回，一失其时，动形窒碍。其尤关系运河全局者，既当宣蓄湖潴，尤在深挑淤工，诚以闸河承受泉源挟沙下注，冬挑不豫，浅滞难行。本年南则漫水未消，北则卫河盛涨，两路顶托，淤积尤多，必须趁冬令水小之时煞坝，开工不能稍缓时日，一或迟误即碍来年全运，此又不可不通盘筹画，预为顾虑者也。本年重运入东，三湾八闸，涉历湖坡，行走艰滞，所赖时多南风，汶源正旺，各闸均系通漕，尚能以速补迟，江安、江广各帮漕赈均无贻误。至浙江各帮先议另行筹办，大局原无妨碍，嗣奉漕宪行知杭嘉各帮仍行北上，署道即虑及为时过晚，贻误空运冬挑。当检查道光五年成案，饬令各厅筹议空重并行，至令将沿河单闸、斗门、桥坝、涵洞全行堵闭，济北各闸加下严板以资擎蓄。现据各厅复称，从前成案在七月间来源尚旺，且系以空剥重，吃水不深。今则水势渐消，浙帮均系重载，前后时候不一，船只情形不同，其间如上河砖板闸为出入口门，外此如聊城汛及运河汶巨汛，河面不宽，泇河之彭口、十字河岸高河窄，三湾八闸，溜急水深，均须停空让重，不能分岸并行。况风色既有不齐，河身更多湾曲，水手素称强悍，隔省易启纷争，能否妥顺遄行，实属一无把握。惟该厅等职司河务，自当实力奉行，然须请派漕务明干委员兼有武营兵弁会同料理，庶几呼应较灵。

署道查系实在情形，所议尚为周密。嗣经济东道将空重一切情形禀奉宪台明晰批示，自当遵照，严饬尽力赶催。署道查原奉部议，本令浙江各帮随地守冻，特东省济城迤北闸河必须煞坝，冬挑断不便在闸内守冻。倘能空重并行，将重运各帮全出临闸，不致有误冬挑，而空运南行，能早日尽出东境，即属两全之策。

然署道窃有过虑者。现据泇河一拨委员禀称，浙江首帮杭严三帮船只甫于九月初八日行入东境黄林庄以后，各帮行走散漫，相隔一二十里不等。刻下已过霜降，三湾八闸，韩庄湖口均系溜深水急，绞挽极难，每日得遇顺风仅可过船二十余只，浙帮船身虽视江广较轻，而水手行船不如江广出力，迨入郗山坡湖，由彭口、十字河、夏镇入独山湖，间有纤挽之路，大半水势汪洋，非遇南风莫渡，约计抵济之日已及月余。遇此则闸河有拔，均须按会启闭，不无停待，加以水势日弱，风色不常，虽有司漕员弁上紧严催，但恐浙帮水手素称抗玩，未必肯昼夜遄行，若一交大雪节候，日短天寒，闸河水浅冰凝，进退维谷，纵竭打凌之力，实无解冻之方，即能将前帮赶出临清，恐在后者未能全数出闸，彼时留阻闸内，势必贻误冬挑，不得不未雨绸缪，先示限制。

查向年闸内小米军船于大雪节前赶出临闸守冻，似应查照办理，拟请预为咨明。浙江在后各帮抵济，如已迫大雪节前，约计不能全出临闸者，即令在济城闸外停泊守冻，俟挑工完竣铺水后，再令北行。然此系一时权宜，尚须多方弹压，并令各帮分段停泊，以防恃重妄为。此亦因杭嘉各帮业已渡黄入东，万一不能全出临闸，不得已而曲为计也。至现在漕宪行知提催湖属各帮自浙启行，约计甫离水次，入东节候已届寒冬，断不能赶出临闸守冻。在江南天气较和，原不难催入东境，然自黄林庄以北即属灾区，且在漫水之中风波难测，既虑勾结滋事，更恐漂失伤船，十字河口门积淤尚须煞坝挑挖，三湾八闸水溜兼碍各帮回空，均未便有重船阻滞。似宜先为咨明，于黄林庄迤南河面宽阔处所分帮停泊守冻，俟来岁春融北上，彼时三湾八闸既可从容绞挽，入湖以后更可相风而行，似亦较为稳妥。

再，铜铅船只本系插档行走，其能否赶出临闸及择地守冻之处，亦视到济时候，均照漕船办理。至去年回空，首帮系八月初三日入东，闰八月初八日进闸。本年虽帮数较少，然时过霜降，多日尚无入东之仰，将来进闸后遇河窄处必须停空让重，亦恐行走迟滞，未能于大雪前全数过济，有碍冬挑，亦宜咨明并饬漕委上紧严催。

以上各情署道管见所及，是否有当，伏乞大人裁酌施行。并求咨明漕宪添派明干漕弁，会同地方文武员弁分段催攒，俾重空各帮均得赶出闸外，不致有碍冬挑，实为公便。专此肃具禀，恭请钧安，伏维垂鉴。除禀宪外，署道谨禀。

济东道为前案河督批文缘由咨会

济东道花①为咨会事。

本年九年三十日准运河道咨开，照得本署道禀请闸河空重并行，并浙帮分别守冻，无碍冬挑缘由。于咸丰二年九月二十三日蒙总河部堂慧②批，据禀并另单均悉，所议各条尚为周密。本年南粮入东较晚，涉历湖坡，行走耽迟，回空帮船断不可拘泥向章办理，以致一误再误，并须预筹无碍冬挑工程，俾利来年重运。仰即遵照前批，督饬厅州先将小米各帮赶催进闸，迅速归次受兑新漕，照例于大雪前攒入卫河守冻；一面飞提南粮回空，船只跟接进闸，分岸并行，如遇河身较窄之处停空，让重之过仍即赶攒，庶几可免冻阻之虞。刻期南下，其宿州二帮

---

① 即花咏春。

② 即慧成。

并代押头帮既不在守冻之内，节候过迟，似难抵通后再行回空，应于临清用船剥运前进，以便就近南回至浙江。在前十三帮据报已接续入东，该道必须严督南路司漕员弁尽力赶催，设法攒挽。能全数催出临闸固妙，万一天寒冰冻，舟不能行，自应于不估冬挑处所分段停泊，俟来春挑工完竣铺水后再行北上。又，湖属各帮自浙起行，甫离水次更难催出临清，东境闸内运河不但北路未能停船，有碍冬挑，即南路湖坡一经丰工堵合，须赶估修复运道，挑筑并举，亦难停泊，必得于江境黄林庄迤南河身宽阔之处守冻，铜铅船只随漕办理。以上各情节候飞咨漕部堂、抚部院通饬各粮道及各帮弁暨地方文武各员一体遵办，将空重漕船竭力催攒，务期无误挑工，并将来重运停泊守冻，如何派委漕标地方明干员弁稽查弹压，俾免滋事，水手日需饭食如何筹给，一并核议章程饬遵可也，仍候抚部院批示。缴等因。

蒙此，查此案禀稿，前经抄粘咨会在案。兹奉前因，拟合录批移咨，为此合咨贵道，请烦查照，希即移行所属营委州县一体遵奉宪批情节，分别筹催，相机办理，务使重运全出闸河，回空扫数出东，幸弗稍任耽迟，致碍冬挑有误，新运望速施行等因。准此，合行转饬。为此仰州官吏即便转行，一体遵照，分别筹催，相机妥办。毋违。须至札付者。

济东道为奉旨将临清户工两关咸丰元年尚短收额内额外盈余银两着落经征委员陈宽赔缴，并请交部照例议处札

济东道花①为遵旨事。

咸丰二年九月初五日准布政使咨，咸丰二年八月二十六日奉巡抚部院兼理盐政监督临清抄关李②案验，咸丰二年八月二十日准户部咨，贵州司案呈，本部议覆山东巡抚李奏，临清户、工两关咸丰元年分短收正额已据全数完缴，尚短收额内、额外盈余银两着落经征委员陈宽赔缴，并请交部照例议处一折。咸丰二年八月初三日具奏，本日奉旨："依议。"钦此。相应抄录原奏，移咨山东巡抚遵照可也等因咨院行司。奉此，拟合移咨等因。准此，合行转饬。为此仰关官吏即便钦遵查照单开，迅将应赔未完少收各该年盈余银两依限完缴报解。毋迟。须至札付者。

计粘单一纸。

户部谨奏为遵旨议奏事。

内阁抄出，山东巡抚李奏临清户、工两关咸丰元年分短收正额已据全数完缴，尚短收额内、额外盈余银两着落经征委员陈宽赔缴，并请交部照例议处一折。咸丰二年七月十四日奉朱批："该部议奏。"钦此。钦遵于本月十七日抄出到部。据原奏

---

① 即花咏春。

② 即李僡。

内称，临清直隶州知州陈宽详，户关每年应征正额银三万七千三百七十六两三钱一分三厘、盈余银一万一千两。自道光三十年十一月初四日起，连闰扣至咸丰元年十一月初三日止，一年期满仅收税银三万七千二百五十六两四钱八分，尚短收铜斤水脚银一百十九两八钱三分三厘、额内盈余银六千六百两、额外盈余银四千四百两。又，工关应征正额银四千五百七十二两七钱四分、盈余银三千八百两。自咸丰元年正月十四日开河起，至十二月三十日止，仅收银三千一百十一两八钱，尚短收正额银一千四百六十两九钱四分、额内盈余银二千二百八十两、额外盈余银一千五百二十两。令将户关短收铜斤水脚银一百一十九两八钱三分三厘、工关短收正额银一千四百六十两九钱四分如数赔缴，并将户关短收额内盈余银先赔缴四千七百五十两，工关短收额内盈余银先赔缴一千六百五十两。惟户关额内盈余尚未完银一千八百五十两，工关额内盈余尚未完银六百三十两，核计均在二分以上，应请照例议处，并将未完额内、额外盈余银两按限赔缴等语。

臣等伏查临清户关原定正额银三万七千三百七十六两三钱一分三厘，盈余银一万一千两；工关原定正额银四千五百七十二两七钱四分，盈余银三千八百两。前于道光十年四月臣部会同内务府奏各关短收税银分别功过赏罚章程折内声明，历年缺额及间有缺额各关请各按应征盈余银数，以六成作为额内盈余，遇有短少着落赔缴，仍按额内盈余短收分数照例议处；以四成作为额外盈余，遇有短少着落赔缴，免其处分。并声明短收额内盈余处分，欠二分以上者罚俸二年。又，于道光十一年八月臣部议奏各关赔缴限期章程一折，奉上谕："各关赔缴短征关税银两，其银数自二万两以上至五万两者予限六年，至一人而两任、三任各有亏缺，如准其接续完缴，限期未免过宽。着统计前后所亏银数之多寡，均照此次所定限期办理。”等因。钦此。均经臣部通行各关遵照在案。

兹查临清户关额定盈余银一万一千两，应以六千六百两作为额内盈余，以四千四百两作为额外盈余；工关额定盈余银三千八百两，应以二千二百八十两作为额内盈余，以一千五百二十两作为额外盈余。今临清户关自道光三十年十一月初四日起连闰至咸丰元年十月初三日止，一年共收税银三万七千二百五十六两四钱八分，尚短收正额银一百十九两八钱三分三厘、额内盈余银六千六百两。已据该员陈宽将短收正额全数完缴，又完缴额内盈余银四千七百五十两，尚未完额内盈余银一千八百五十两，核计短收额内盈余系在二分以上，例应罚俸二年。又，工关自咸丰元年正月十四日开河起至十二月三十日止，共收银三千一百一十一两八钱，尚短收正额银一千四百六十两九钱四分、额内盈余银二千二百八十两。已据该员陈宽将短收正额全数完缴，又完缴额内盈余银一千六百五十两，尚未完额内盈余银六百三十两，核计该员短收额内盈余系在二分以上，亦应罚俸二年。该员陈宽短收户、工两关银数各应罚俸二年，恭候命下，臣部遵即行知吏部，将该员陈宽照例议处。

至临清户、工两关一年期满，共短收正额及额内、额外盈余银一万六千三百八十两七钱七分三厘，尚未完银八千四百两，应遵照定例，着落该员陈宽照数赔缴。查该员尚有应赔该关道光二十三、二十四、二十五、二十六、二十七、二十八、二十九、三〈十〉年等年分少收盈余银二万九千八百三十四两六钱四分九厘，前后共应赔银三万八千二百三十四两六钱四分九厘。应遵照二万两以上至五万两予限六年完缴，应令于奉旨之日起按限照数完缴，以符定例。所有臣等核议缘由，理合恭折具奏，伏乞皇上训示。谨奏。

济东道为奉旨将重运渡黄北上请饬漕运总督迅速催攒以专责成札

济东道花[①]札临清州知悉。咸丰二年七月二十二日蒙巡抚部院李[②]案验，咸丰二年七月十九日准兵部火票递到，户部咨，云南司案呈，本部具奏重运渡黄北上请饬漕运总督迅速催攒以专责成一折。于咸丰二年七月十七日具奏，奉旨："依议。"钦此。相应恭录谕旨，抄录原奏，由五百里飞咨山东巡抚遵照可也等因咨院行道。蒙此，合行札饬。札到，该州即便钦遵飞饬沿河司漕印委文武员弁将抵境帮船加紧飞催，设法纤挽，星速北上，毋任片刻停延，致干参处；并将入境铜铅各船一并饬令插档行走，飞挽前进。切切。此札。

计粘单一纸。

户部谨奏，为重运渡黄北上，请旨饬下漕运总督迅速催攒以专责成，仰祈圣鉴事。

窃照本月初七日两江总督陆[③]奏截留漕米备赈并催攒帮船北上附片一件。奉上谕："本年湖南省起运漕米尚未行抵江宁着即截留，作为江南赈需，其不敷之数着于江西尾帮内截留，山东赈米着于江西最后各帮内照数截留。现在江西省帮船已经渡黄者六百九十九只，其在前各帮并着严催，跟接首进之江安、

---

① 即花咏春。

② 即李僡。

③ 即陆建瀛。

湖北各帮连樯北上，毋得借口截留米石及运道艰滞，任意耽延，致干重咎。至已经渡黄之铜铅船只，亦即催令插档随漕北上，以免起卸之烦。余着照所议办理。”钦此。当经臣部恭录谕旨，飞咨各该督抚等钦遵办理在案。

臣等伏查催攒重运系漕运总督专责，于过淮盘验后，自当速催转运，无误京仓支放。前因丰工未堵，运道多淤，节经臣部饬催重运漕船抵通，行令该督等迅即妥筹办理。嗣据漕河诸臣陆续覆奏，于运道能否挽行、南粮能否北来，一切情形全无把握。臣部恐仓庾支放短绌，虽经设法变通搭放折色，亦不过一时权宜，实非出于得已。

旋据两江总督奏称，大河前帮已于六月十六日催过三湾八闸，直抵韩庄，除在后湖南、江西漕船截留赈米外，其江西在前各帮催令跟接首进之江安、湖北各帮循序而行等语。是重运可以抵通，全在实力实心设法催挽，如果连樯北上直达通仓，虽已迟缓于前，尚可补苴于后。漕运总督职司转运，责有专归，自宜加紧饬催，以速运务，相应请旨饬下漕臣杨①于重运盘验后迅即亲催北上，不准片刻稽迟。倘有催攒不力之员，早为严参，无令贻误漕行。

始行其奏，照此时之畏难观望者，不过为兖、徐一带湖河一片，重船难以攒行耳，殊不思去秋漕船南归经过该处，即在丰工漫口以后，其汪洋一片情形，早为回空船只所已经。是去岁之去路，即今岁之来路，去岁既可南行，今岁岂何难北上？又，况安徽及江广等船或由鄱阳湖经过，或由楚皖等省长行数千里之大江，该船冲风破浪皆所习惯，岂有一遇微山、南阳等湖之坡水，转致畏阻不前？天庾正供，关系重大，多有一船之

① 即杨殿邦。

到京，即多得一船之实米。各省大吏自当审虑熟筹，同心共济，不得任听将弁、河厅之借词搪塞，遽议截卸，致令存放既乏处所，搭运又多窒碍。万一丰工未经合龙，则此项米石既不能办海运，又不能办折色，河干存而无用，京仓待而无米，一举两失，咎将谁执耶？应请旨并饬东河河臣及山东巡抚于粮艘经过处所一体严催，毋任停滞。至已经渡黄之铜铅各船，应一并责成该漕督饬令插挡行走，与粮船一齐抵京，如误京局鼓铸要需，臣部即行奏参，并将各运员一并指名参处。

再，查现在节交秋令，瞬息霜降，届期丰北大工堵筑事宜，尤须责成两江督臣及南河督臣认真赶办，不得借口于催运在途，转置大工于不问，以致再有迟误。臣等为催攒重运起见，谨缮折具奏，是否有当，伏乞皇上训示遵行。谨奏。

夏津县武生张德龙以粮书浮收等词京控王振清等案缘由司札

布政使刘①札临清州知悉。咸丰二年七月十五日奉巡抚部院李②案验，咸丰二年七月初七日准刑部咨，山东司案呈所有前事等因，相应抄单行文该抚查照可也等因到本院。准此，合就檄行。为此仰司官吏即便转饬遵照。毋违等因到司。奉此，合行札饬。札到，该州即便转饬遵照，仍移会济南府知照。毋违。此札。

计粘单一纸。

---

① 即刘源灏。

② 即李僡。

据署理山东巡抚刘咨称，夏津县武生张德龙以粮书浮收等词京控王振清等一案，缘武生张德龙籍隶夏津县，与该县粮书王振清素识无嫌。该县征收漕米，民间有完本色者，亦有距城较远运米不便，照市价合钱完纳，由县买米运兑者，向听民便。道光三十年间该县开廒征收漕米，张德龙有应完漕米三斗六升二合五勺，当时因贸易外出未完，至咸丰元年正月间张德龙回归，因运米进城路远不便，措得京钱五千交粮书王振清、张贵核算米价完纳。王振清等查张德龙应完漕米三斗六升二合五勺，按照市价每斗京钱一千六百八十文核算，连补短底钱文共该京钱六千三百三十文，下短京钱一千三百三十文。张德龙因无钱，应许改日送还走散。讵张德龙未经查明米价较往年昂贵，因合计所完漕米较往年多用数十文，并因王振清等扣算补底钱文，并疑王振清等捲尾浮收，控县。饬役邵遇春传齐原被集案，质讯明确，系张德龙怀疑具控，王振清等并无捲尾浮收情弊事。经张德龙下短钱文交王振清等收讫，取结完案，而张德龙怀疑王释，即以粮书舞弊、私捲尾数等词，由临清州迭次控。

蒙抚部院批，县勒传未齐，未经集讯，张德龙并未回县，即查照历控情词并图准添砌王振清串嘱邵遇春锁押凌辱，及邵遇春系革役复充，张桐曾令人改结各情节，赴京控。蒙都察院咨解回东，委员审解供悉前情，此案张德龙托素识之粮书王振清、张贵代纳应完漕米，未经查明时值米价昂贵，因核计较往年多用数十文，及王振清等扣伊短底钱文，疑王振清等捲尾浮收，辄砌词赴京具控，虽讯非有心诬告，究属越诉。张德龙应照律拟笞五十，系武生照律纳赎，王振清、张贵虽无捲尾浮收、串嘱邵遇春锁押凌辱等情事，应与讯无令人改换原结之张桐均无庸议。除咨都察院外，拟合咨呈等因前来。据此，张德龙京控一案，均应如该署抚所咨办理。张德龙事犯到官在咸丰二年四月初三日恩诏以前，所得笞罪应予援免可也。

盐运使札文两件

盐运使司徒①札临清州知悉。本年七月二十七日据历城县张令禀称，案蒙宪台批，据丘县屠令具禀前署任刘令积剩盐包请饬核议缘由。奉批，令秉公妥议等因。卑职遵查新定章程，距场遥远之处，每包作银二两四钱，抵交课价等项俱在外。前次监算郓城交代时，仇令以并非本年之引争执。经卑职酌议课价等一切在内，每包作抵银二两六钱，似无偏枯。今丘县屠令亦以并非本年新引为词，惟查该县列数较郓城县既少，运费等项亦可稍省。悉心酌核，应再减去银二钱，准其每包作抵银二两四钱，所有课价等费一切在内，似前任运盐者不致赔累后任，接销者亦不致争执。再盐包以三百二十斤为则，自应遵照宪批办理，如有短少应令照数折除，以昭平允。所该议缘由，理合禀请察核饬遵等情到司。

据此，查丘县屠令应接前任盐务交代，前奉抚宪檄行到司，当经分别咨道并札饬该州委员监算在案。现值清厘交代之际，亟应赶紧核明接收结报。据禀前情，合行札饬。札到，该州立即确核历城县所禀情节是否允协，由该州秉公核定，督同监交委员暨该县前后各任照章算明。饬令迅速接收结报，毋任争执耽延，致干参咎。切速。特札。

---

① 即司徒照。

盐运使司徒札临清州知悉。本年八月初一日据前署丘县刘令禀称窃卑职前署丘县任内盐务交代一案，现经本州督同监交并现任屠令三面核算。除应交应抵各款俱已核明外，惟查盐包一项，道光二十九年新定章程引地州县每盐一包作银二两四钱，列入交案抵交，其引课及加价银两仍俱在外，归销盐之员完纳。卑职于道光三十年原接前任李金声交代时，曾经禀蒙宪台批，临清州议明，札饬遵照新章，每包以二两四钱抵交，盐课加价等银仍准前任列抵，并禀明宪鉴在案。

统计卑职接收李令盐包六百余包，每包合银三两四钱八分。兹现任丘县屠令接收卑职盐务交代，遽置前案于不问，每包连盐课加价只准以二两五钱抵交，并以系上年滞销之引非本年季内之盐，不在接收交代之列。现经屠令禀请札饬，历城核议，卑职伏思原办盐务，即使自该年春季为始，一年之内所销盐包亦断不能适符岁运额销之引，其中存剩盐斤或多或少，实属事所常有，况此次之盐务改归官办，系于道光二十九年夏季始行办理，亦须于次年夏季方足一年之限。若云自夏季起截至年底止，即应将额引全数运销完竣，是三季之中须销一年之引，不但时势有所不能，且卑职接收前任李令盐包六百余包，以三两四钱八分计，竟合银二千余两之多；而卑职移交屠令之盐仅有四百余包，尚不及一季之数，两相比较，孰得孰失显而易见，毋庸卑职之禀渎者也。若屠令再以四百余包之盐并不遵照定章，仅按二两五钱接收，是调任之李令图占便宜于前，而补斯缺之屠令又希冀便宜于后，而令卑职一署事者赔累不下千金，揆之情理，未免过于向隅。而卑职又系候补，窃员更属难以赔垫。再四思维，惟有沥陈下情，仰恳再行据情檄饬历城县另行妥议，俾卑职不致有赔累之虞，而交代亦可速结等情到司。

据此，查此案前于本年七月二十七日据历城县张令议禀到司，当因丘县屠令应结前任盐务交代系饬该州委员监算，随经札饬该州秉公核定在案。兹据刘令具禀前情，合行札饬。札到，该州立即确查章程及该县刘令原接李令盐包价值案，据督同监交委员秉公核定，催令赶紧接收结报，毋任争执耽延，并干参咎。切速。此札。

清查年款册式

计开

某州、县、卫所

道光二十九年清查案内报明，自嘉庆十九年盘查以后起，至道光二十七年十二月二十六日止，共欠正款银若干、杂款银若干、仓款银若干。

以上各照司中抄发总单款目胪列。

共欠银若干，内：

专参案内某员亏缺银若干，已造年款奉有部覆登明。

专参案内某员亏缺银若干，未造年款另册分晰开报登明。

以上专参案内亏缺，如已造送年款，奉有部覆，只有于册首开列某员亏缺总数，并声注已造年款奉有部覆字样，毋庸另行造册。如尚未造送年款，应查照参案年款式样另册开造，仍于册首开列某员亏缺总数，并声注另册分晰开报字样。若参案不止一起，即分别已、未造送年款，照前格式挨次开列。如该州县虽已造送而司中尚未核定行知者，亦应照此次式样另造。毋违。

咨追案内某员应赔某项银若干，已造年款奉有部覆登明。

咨追案内某员应赔某项银若干，未造年款另册分晰开报登明。

以上咨追银两如已造送年款，奉有部覆，只须于册首列明某员追赔总数，并声注已造年款奉有部覆字样。如未造送年款，应查照追赔年款式样另册开造，仍于册首开列某员追〈赔〉总数，并声注另册分晰开报字样。若追赔不止一起，即分别已、未造送年款，照前格式挨次开列。如该州县虽已造送，而司中尚未核定行知者，亦应照此次式样另造。毋违。

咨追某员流摊着赔银若干，原抵欠款另册分晰开报登明。

以上应追流摊，以司中抄发总单内各员流摊之数为准，不得擅自增添。若应追流摊不止一任，即照前格式挨次开列。

应追案内书亏银若干，另册分晰开报〈登〉明。

以上查照册式另册开造，仍于清查册首开列书亏总数，并声注另册分晰开报字样。再，此系指有书亏处所而言，如无即不必开列。

应领某年某项银若干，应领某年某项银若干。

以上系指清查领款而言，若系专参案内抵亏之项，即应剔归参案年款开报，不得混入清查年款之内，以昭清晰，仍将剔归参案若干列明备查。

共银若干，内：

应抵除某年欠款若干，某年欠款若干。

以上共抵除银若干。

应领某年某项银若干，某年某项银若干，共银若干，内：

奉文拨过某年欠款若干，某年欠款若干。

以上共拨过银若干。如无领款拨收之项，即毋庸开列。

应抵某年某项抵款银若干，应抵某年某项抵款银若干。

以上系指清查抵款而言，若系专参案内抵亏之项，即应剔归参案年款开报，不得混入清查年款之内，以昭清晰，仍将剔归参案若干列明备查。

共银若干，内：

应抵除某年欠款若干，某年欠款若干。

以上共抵除银若干。

应抵某员垫办某项接扣二成弥补银若干，某员垫办二十七年添雇壮勇工食接扣养廉归补银若干，共银若干，内：

应抵除某年欠款若干，某年欠款若干。

以上共抵除银若干。

应抵某员应支某年养廉银若干，某年养廉银若干，共银若干，内：

应抵除未解某年养廉银若干，某年养廉银若干。

以上共抵除银若干。再此系指本员应食养廉抵本员已征未征未解养廉而言，如无即毋庸开列。

应抵某项某年垫办兵差银若干，某年垫办兵差银若干，共银若干，内：

应抵除某年欠款若干，某年欠款若干。

以上共抵除银若干。

应除某员续完银若干，内：

系某年某项银若干，某年某项银若干。

以上共续完银若干。如无续完之项即毋庸开列。统共专参咨追应追并领垫抵款、抵除及续完银若干。

实在亏缺银若干，内：

某员亏缺银若干内，某年欠款若干，某年欠款若干。

以上共实亏银若干。如亏员不止一人，照前格式挨次开列，统计一册之数，仍须与司中核发总单相符，不得任意错乱。再平原、东平、青城、峄县、寿张、菏泽、单县、郓城、范县、朝城、益都、临淄、平度、嘉祥等十四州县，奏明截归交代提解银五万六千七百五十四两三钱五分八厘，不在清查亏缺之内，应于实亏之后另列。

某员接收交代未解银若干，内：

系某年欠款若干，某年欠款若干。

以上共银若干。

参案年款册式

计开

某州、县、卫所

某员参亏正、杂、仓三项共银若干，内：

某年某项领款若干，某年某项领款若干。

共银若干，内：

奉文拨过某年欠款若干，某年欠款若干。

以上共拨过银若干。

某年某项领款若干，某年某项领款若干。

共银若干，内：

应抵除某年欠款若干，某年欠款若干。

以上共抵除银若干。

某年某项抵款若干，某年某项抵款若干。

共银若干，内：

应抵除某年欠款若干，某年欠款若干。

以上共抵除银若干。

统共领抵各款抵除银若干。

实在亏缺银若干，内：

某年欠款若干，某年欠款若干。

以上共银若干。

追赔年款册式

计开

某州、县、卫所

某员某项着赔银若干，内：

系某年欠款若干，某年欠款若干。

以上共银若干。着赔之项如误接、误扣、滥接浮抵，并工程核减之数类。

某员垫办某项画赔银若干，内：

某年欠款若干，某年欠款若干。

以上共银若干。画赔之项如垫办工程垫兑垫解之类。

流摊着赔年款册式

计开

某州、县、卫所

某员流摊着赔银若干，内：

抵除某年欠款若干，某年欠款若干。

以上共银若干。如流摊欠款不止一员，即照式挨次开列。再，追赔流摊应以司中抄发总单之数为准，不得擅自增添。

书亏年款册式

计开

某州、县、卫所

某年某人等亏缺银若干，内：

某年欠款若干，某年欠款若干。

以上共银若干。如有追存之项即速批解，并于册内添列续完名目，如须分赔即照列开造分赔，员名银数归本案另办。

临清州各款奏销册结

临清州

共亏正款银六万二百四十八两四钱三分六厘；杂款银五万三千三百三十五两五钱三分三厘；三、二成杂款银一千七百七十九两三钱五分八厘；不入奏销杂款银三万二千二百一十一两九分三厘内，有前任知州杨嗣增、汪汝潮、丁荣表、侯燮堂等应赔各案，核减长领司库银一万九千五百九两四钱四分六厘；仓款银三万一百一十七两二分六厘；粮道杂款银一千三百八十九两四钱四分三厘，仓款银四百六十一两二钱七厘。

七共银十七万九千五百四十二两九分六厘，内除领款银三万三百八十四两四钱五分八厘，粮道领款三百九十九两一钱四分九厘，抵款银九百七十四两九钱九分一厘，应支养廉就款开除银一千九十八两三钱八分四厘，上届盘查案内上司分赔银八百三十七两一钱四分八厘，上届盘查案内接扣二成归补正款银四千七百三十九两六钱四分一厘、杂款银一千四百三十二两六钱六分四厘二共银六千一百七十二两三钱五厘，实亏银一十三万九千六百七十五两六钱六分一厘。

属库垫款案内报部额追正款银五千八百九十三两七钱八分二厘。

增龄垫修卫河民埝，划赔杂款银七千九百九十八两六钱八厘，应赔盘折谷价银六百六十八两五钱，流摊着赔银八千六百五十六两九钱四分五厘。三共银一万七千三百二十四两五分三厘。

汪汝弼错报征完应赔银四千二十一两三钱二分三厘。

汪汝潮修筑铁窗户革工核减银一千七百三十三两九钱一分九厘，修筑马家村核减银八百七十二两七钱二厘，堵筑杨峦漫工核减银一千六百二十七两六钱三厘。三共银四千二百三十四两二钱二分。

丁荣表奉部核减剥船工食银三千四百二十两四钱六分。

杨嗣增应赔堵筑漫工核减银八千五百九十四两九钱四分六厘，直隶清河县应还代办秸料银九百两。

侯燮堂垫修宝塔寺堤工划赔银三千九百三十三两七钱九分二厘，垫修临关衙署划赔银三千七百九十八两二钱五分，应赔误接前任冯、黎二牧列抵垫兑缓漕银一千六百五十一两二钱五分，应赔漏豁缓征孤贫米、借动谷价银一百一十九两九钱七厘，应赔接收前任浮抵代办清河秸料价银三百五十两，应赔误作征完裁减水夫银二千二百四十五两，误接前任垫解钱粮应赔银三千六百四十四两四钱七厘，应赔新河漫工核减银一百六两九钱二分，应赔奉部核减承办剥船工食银三千一百五十二两八钱八分，应赔误接着赔三成杂款银二百一十四两六钱六分七厘，流摊着赔银一万一千四百五十五两九分二厘。十一共银三万八百七十二两一钱六分五厘。

徐宗干应赔奉部核删剥船工食银五百十五两二钱八分二厘，流摊着赔银三千二百二十二两六钱九分二厘。二共银三千七百三十七两九钱五分四厘。

李天锡应赔奉部核删剥船工食银二千九百二两三钱一分八厘，应赔捐修官剥核减银四千八百五十五两九钱，应赔漏接前任杂款银四千二百四十一两七钱八分二厘，流摊着赔银一万三千五百二十二两八钱七分八厘。四共银二万五千五百六十二两八钱七分八厘。

史翰流摊着赔银五千四百六十八两七钱四分三厘。

刘庆凯流摊着赔银四千二百二十七两七钱八分三厘。

陈宽挪亏银四千三百九十五两四钱四厘，流摊着赔银二万一千二十一两九钱一分内，除垫办募壮勇工食接扣养廉归补银四百两五钱，实流摊着赔银二万六百二十一两四钱一分。

临清州

欠款项下：

道光三年知州缺廉除完欠银二百三十八两二钱一分四厘，前款查司案该银四百三十六两四钱六分五厘，该州册造银数不符，已照案更正，仰即知照。

道光二十一年夫马小建银八十四两二钱二分一厘，前款查司案该银八十四两一钱七分三厘，该州册造银数不符，已照案更正，仰即知照。

道光二十四年岁贡减平银四钱八分四厘，前款该州原造册内漏未开列，已照司案添入，仰即知照。

道光二十五年各案减平除扣下欠银一两三钱一分八厘，前款查司案该银一两七钱二厘，该州册造银数不符，已照案更正，仰即知照。

道光二十六年节妇郭王氏等三名总坊减平银一两八钱，前款查该州原造册内漏未开列，已照司案添入，仰即知照。

道光二十七年各案减平银一百九十八两三钱四分七厘，前款查司案该银二百一两八钱五厘，该州册造银数不符，已照案更正，仰即知照。巡检缺廉银四十七两五钱五分五厘，前款查司案该银四十七两五钱五分六厘，该州册造银数不符，已照案更正，仰即知照。

欠解司库二、三成银两项下：

道光十一年盘查二成银二百十四两六钱六分七厘；十三年盘查二成银三十二两六钱六分七厘；十四年盘查二成银五十七两一钱六分七厘；十五年盘查二成银八两九钱七分四厘；十六年盘查二成银八两五钱五分六厘；十七年盘查二成银一百八两五钱；十八年盘查二成银十两七钱六分九厘，又曹工三成银四百二十两；十九年盘查二成银二百八十两；二十年盘查二成银二百三两；二十一年盘查二成银八十七两五钱九分，又曹工三成银五十五两四钱四分二厘；二十二年盘查二成银一百三十三两；二十三年盘查二成银一百五十九两二分六厘。

以上三、二成银一千七百七十九两三钱五分八厘，作杂计亏，余归捐款另办，仰即知照。

欠解司库不入奏销各款项下：

嘉庆二十四年修筑铁窗户核减咨追未解银一千七百八十四两五钱四分六厘。前款查司案该银一千七百三十三两九钱一分五厘，该州册造银数不符，已照案更正，仰即知照。

道光二十六年应赔多支节妇郭王氏等建坊银六十两。前款查该州原造册内漏未开列，已照司案添入，仰即知照。

仓款项下：

额贮仓谷一十四万八千石，司案因公动缺谷十万七百五石四斗五升五合，未买未还各年动支谷三千三百十八石八斗六升四合二勺。未还嘉庆二十一年支给孤贫兵米借动谷一百六十八石一斗二升四合六勺，每石七钱，合银一百一十七两七钱一分五厘。未还嘉庆二十一年支给余剩孤贫口粮米借动谷三石一斗三升六勺，每石七钱，合银二两一钱九分二厘。前二款系前任知州侯夑堂漏豁应赔之款，应俟追起饬州买补。

又，嘉庆二十五年领价未买谷一千石，价银七百两，应作实亏数目计算。未买咨追案内前任知州增龄盘折谷九百五十五石，每石七钱，合银六百六十八两五钱。实在存仓谷四万一千八百四十九石三斗八升五合二勺，内除册报旧存仓谷九百五十一石三斗五升八合七勺，实亏仓谷四万零八百九十八石二升六合九勺，每石七钱，合银二万八千六百二十八两六钱一分九厘。

以上各款均系查照司案核定，仰即知照。

领款项下：

道光二十六年例添二雇剥船工食银二百九十八两九分六厘，二十七年协济剥船工食银三千一百二十八两六钱六分四厘，十八年天津县欠解代烧压折临砖柴价银十六两九钱七分四厘。前三款清查未经核抵应删，仰即知照。

嘉庆十九年岁贡不敷银十一两四分五厘。前款查该州原造册内漏未开列，已照司案添入，仰即知照。

道光二十四年甲辰科公宴银八两六钱八分。前款查司案该银八两一钱六分二厘，该州册造银数不符，已照案更正，仰即知照。

道光二十五年乙巳科公宴银八两六钱八分。前款查司案该银八两一钱六分，该州册造银数不符，已照案更正，仰即知照。

道光二十二年文庙不敷银八两四钱六分，二十三年文庙不敷银八两四钱六分。前二款查无未领之项，业经删除，仰即知照。

道光二十四年文庙不敷银八两四钱六分。前款〈查〉司案该银二两六钱四分一厘，该州册造银数不符，已照案更正，仰即知照。

嘉庆十九年文庙不敷银三两七钱七分七厘；道光二十三年养廉除扣尚存银一分二厘，二十四年养廉除扣尚存银二十四两三钱五分六厘，二十五年养廉除扣尚存银一百五十七两九钱七分二厘，二十六年养廉除扣尚存银七十八两六钱二分。前五款查该州原造册内漏未开列，已照司案添入，仰即知照。

道光二十七年养廉除扣尚剩银一百七十二两三钱三分。前款业已扣清、已删除，仰即知照。

道光十八年外雇民支除扣尚剩银一两二钱三分二厘。前款查司案该银一两二钱二分，该州册造银数不符，已照案更正，仰即知照。

道光十五年乙未科武举王廷璋会试车价银二两、丙申科武举徐廷先会试车价银二两，二十一年应付兵差除扣尚剩银五十九两四钱四厘。前三款业已扣清照案删除，仰即知照。

道光二十五年至二十六年截日世袭恩骑尉方兆熊全俸除扣减平实垫发银四十七两二钱三分五厘。前款查司案该银四十八两一钱七分五厘，该州册造银数不符，已照案更正，仰即知照。

道光二十三年浮额孤贫银十二两六钱二分四厘。前款查司案该银六两七钱二分一厘，该州册造银数不符，已照案更正，仰即知照。

道光二十三年买谷津贴银二百两；二十四年买谷津贴银二百六十两，此款该银一百九十五两；二十五年买谷津贴银三百两，查该州清查亏缺谷石，按每石七钱，计亏不应再给津贴，已删，仰即知照。

道光二十六年节妇于钱氏等三名建置总坊银三十两，二十七年囚粮银十三两六钱四分三厘。前二款查司案并无应领之项，业经册［删］除，仰即知照。

嘉庆二十一年囚衣银三钱五分，二十二年囚衣银八钱，二十四年囚衣银一钱七分五厘，二十五年囚衣银八钱；道光元年囚衣银八钱，二年囚衣银八钱，三年囚衣银八钱，四年囚衣银八钱，五年囚衣银八钱。前九款该州原造册内漏未开列，以照案添入，仰即知照。

道光二十二年囚衣银八钱。前款已支清，照案删除，仰即知照。

道光二十三年囚衣银八钱，二十四囚衣银八钱，二十五年囚衣银八钱，二十六年囚衣银八钱，二十七年囚衣银八钱。前五款查司案，每款实应领银七钱五分二厘，已照案更正，仰即知照。

抵款项下：

应抵奉摊省会城垣除摊应抵银一百七十五两六分三厘。前款照司案核算应抵银一百七十四两九钱九分一厘，该州册开计多抵银七分二厘，已由司更正，仰即知照。

再，各官借廉借俸修署，同咨追徐宗干剥船工食一款，已分别作抵登亏，余俱未抵，一并知照。

济东道奉旨转饬所属为预筹经费详筹妥议札

济东道花①为钦奉事。

咸丰二年四月二十二日奉署抚院刘②案验，咸丰二年四月十二日准户部咨，云南等司案呈，本部具奏预筹经费以济要需一折。相应抄录原奏，恭录谕旨，咨行山东巡抚钦遵查办，并转饬查照办理可也等因到本署院。准此，合就檄行。为此行道，该吏即便钦遵查照，转饬所属各就地方情形，查有可兴之利、可汰之款，及有可补经费者，即斟酌详筹妥议，由司覆核详办。毋违等因。蒙此，合行转饬。为此仰州官吏文到立即钦遵查照，转饬所属各就地方情形，查有可兴之利、可汰之款，及有可补经费者，即斟酌详筹妥议，详道以便移司覆核详办。毋违。须至札付者。

计粘单一纸。

户部谨奏，为预筹经费请旨饬令各省督抚盐政体察情形，详筹妥议以济要需，仰祈圣鉴事。

窃近年以来粤西不靖，加以丰北大工度支孔繁，以致经费不足。前经臣部于上年十月间奏请各省绅民出资助饷，仰蒙俞允，行知山西、陕西、河南、四川等省遵照办理；复于本年三月十四日奉上谕："现在广西军务未能克期竣事，筹解军需仍

---

① 即花咏春。

② 即刘源灏。

当宽为储备，着户部体察情形，分别筹议。”等因。钦此。

当经臣部奏请，议将捐资助饷原案行令各省，一体遵照，并颁给现行筹饷事例，一律收捐。奏奉谕旨，准行各在案。惟捐资助饷及分收新例捐款尚无成数可稽，纵使踊跃输将，仍恐难敷周转。臣部为钱粮总汇，理宜酌盈济虚以资挹注，除有册档可稽、数目可查，如各直省地丁耗羡、盐课、关税、杂税等项业经随时指拨外，将筹一因地制宜、随时变通之策，借以稍事补苴。而各省情形不一，或不可行之于彼省而可行于此省，或不可行之于久远而尚可暂行于一时者，又非臣部所能忆度。各省督抚大吏目击时艰，谅必不分畛域，极力图维，部臣筹画于内，疆吏亦应筹画于外，相应请旨，饬下各省督抚盐政等各就本省地方情形，查有可兴之利、可汰之款，斟酌奏明办理。凡有可补经费者，不论款项多寡，不拘时日迟速，详筹妥议，据实奏闻，总期有裨国用，无害民生。慎勿科派抑勒，致滋扰累，以仰慰我皇上宵旰焦劳、恫瘝在抱之至意。所有臣等酌议缘由，理合恭折具奏，伏乞圣鉴训示遵行。谨奏。

咸丰二年四月初四日具奏，本日奉旨：“依议。”钦此。

济东道为将各属应解夫马建余闰月银两数目饬承按款开具清册移司汇案核办移咨附户部奏筹议节用各款折并上谕

济东道花[1]为移咨查造事。

① 即花咏春。

案准按察使咨，案准布政司咨开，案照各直省编征驿站银两向由州县留支，有余则解司报拨。惟此项额编本宽，是以留支多而实销少，每因提解不力，渐至报拨少而亏挪多。业经户部筹议节用各款案内议请，除实销外，将余剩银两尽数提解司库，以备封储；并声明倘藩司催提不力，仍听存留属库，无论有无亏短，即由督抚据实严参，以昭核实。汇案奏奉上谕，驿站余银，准其提存司库，以备封储等因行司，钦遵备录原文，移行转饬遵照在案。

查东省驿站余剩银两，即系驿站奏销案内实在项下应行解司之项，每年存剩银自四千一百至四千五六百两不等。又无闰之年额解夫马闰月银四千四百三十七两五分八厘，系为各州县有闰之年不敷夫马工料之用，均同夫马建余等银一并解司。近年以来，节次严催，各州县置若罔闻，总不批解。今既蒙大部奏奉谕旨，提解司库以备封储，自应款归实在，不准丝毫拖欠。诚恐各州县视为无关紧要，钱粮仍不完解或解不足数，必须严定章程，俾各牧令知所警惕，自顾考成，以期完解踊跃。

除同贵司议请，严饬各州县将前项余剩银两自咸丰二年为始随同司库地丁分批首先解兑，如有未完即照正项钱粮按作分数开参，统于次年驿站奏销后，将全完数目造册报部查核，并详请抚宪立案外，合将此案户部所议原奏并钦奉上谕恭录成册移咨。为此合咨贵司烦为查照，希将各属应解二年分夫马建余闰月银两数目饬承按款开具清册，于四月内移司，以便催解而免耽延。统俟驿站奏销后，再行核明确数，有无长解短欠，由司分别汇案核办，并嗣后递年照办。仍请移咨三巡道，转饬遵照施行等因到司。准此，拟合抄册移送等因。准此，合行转饬。为此仰州官吏文到立即查照抄册，转饬所属，并该州遵照。自咸丰二年为始，造具驿站余剩银两细册六本送道，以凭察核，

移司造转。毋违。速速。（咸丰二年五月十四日到）

计粘抄册一纸。

为传付事。

咸丰二年二月初九日奉前抚部院陈①案验，咸丰二年正月二十五日准户部咨，山东司案呈，准福建司传付内称，本部具奏筹议节流各款一折。咸丰元年十二月二十日具奏，本日奉上谕："户部奏筹议节用各款一折。理财之道不外开源、节流二端，而节财之流尤为济时要务，如能实力经理，必可行之无弊。该部将现在应节各条分晰具奏，朕详加披阅，如严核上下两忙、分别藩司功过以专责成。各省存剩款项按年抵拨以免牵混，驿站余银提存司库以备封储，严查交代以杜新亏等语，皆系就国家自有之财为核实经久之计，着即照所议办理。该部即令吏部将上下两忙全完、未完省分，各藩司应如何分别议处、议叙之处妥议章程，通行遵照。至八旗甲米仍复旧章，全放本色，〈即〉缎匹库应存物料分别应抵应停，自系酌剂盈虚之道，该部仍随时察看，妥筹办理。其酌减营马一条所陈积弊，亦系实在情形，除该部所议京营及北五省驻防毋庸裁减外，其余各省有该将军、督抚、副都统、提镇查照，部议裁改分数，妥议具奏。旧［由］兵部会同户部覆核奏请施行，总期帑项不致虚縻，撙节均归实用，以慎出纳而裕度支。余依议。"钦此。相应传付江南等司赴司抄录原奏，自行行文各该处一体遵照等因前来。相应抄录原奏，恭录上谕，行文山东巡抚遵照可也等因到本部院。准此，合就檄行。为此仰司官吏即便钦遵，实力办理，一面移行，一体遵照。至东省绿营马匹应如何裁改之处，

---

① 即陈庆偕。

并即各会各镇、营迅速妥议章程，由司汇核，详请具奏。毋违。

计粘单一纸。

内开：

户部谨奏为筹议节流各款恭折奏祈圣鉴事。

窃惟自古理财之道不外开源、节流二端。开源之道，必须有利无弊或弊少利多者方可举行。臣等旦夕思维，未有良法可裨经费，惟节流之道，臣等随时讲求，有以节制为节者，出纳必求其实在也，有以节省为节者，度支必成其虚糜也，是皆取国家所自有之财而理之，果能实力奉行，积久自收成效。谨将臣等筹议各条缮呈御览。

一、外省留支驿站款内余剩银两，宜提存司库必补封储也。各省封储银两，原以备缓急不时之需，不客擅动。迩年以来，因拨款不敷，不得已而动及封储，以致现在殊多缺额。臣等思京师与外省犹手足与腹心，每遇部库筹支，未尝不兼顾封储，时深焦灼，急应筹补，以期有备无患。查各直省编征驿站银两向由州县留支，有余则解司报拨。惟此项额编本宽，是以留支多而实销少，每因提解不力，渐至报拨少而亏挪多。经臣等督饬司员核计，此项余存每岁约有四十五万两，惟甘肃省扣储司库随入拨册，湖南、湖北两省造入该年民赋奏销，云南省实用实销并无余剩，其余各省多数万两，少亦数千两，虽叠次催令报拨，而每以提解未齐，借词延宕。臣等公同商酌，此项本系国家正赋，即使散在州县，丝毫无亏，不如提解司库，缓急有备。现拟由臣部行令各督抚，转饬该藩司饬令各州县，于留支银两除实销若干外，将余剩银两尽数提解司库，以补封储。如地方紧要公事需动封储银两，仍按旧例奏明办理，不得擅行动用。倘该藩催提不力，仍听存留属库，无论有无亏短，即由该督抚据实严参，以昭核实而重帑项。

饬将各廒赶修完竣并将铺垫等项置备齐全道札附十二年淮扬截卸旧章

济东泰武临道安①札临清州知悉。本年八月十六日蒙宫保尚书暂署巡抚部院章②批，本道具禀临仓定限完工日期缘由。蒙批，查临清州应卸米石业经漕院核定，将湖南头二三帮共装米一十万八千六百二石八斗五升八合八勺，又在于给丁耗米内拨出贴耗米二千一百七十二石五升七合，一并在该州仓廒囤贮，业经行知在案。仰即督饬该州将未修各廒上紧赶修完竣，并将铺垫、口袋等项置备齐全，一俟各该帮到时赶紧起卸，妥为存贮；并饬令小心看管，严行稽查，以免偷窃等弊，勿任贻误。至十二年准［淮］扬截卸旧章，昨亦准漕院咨送，令一并照抄，饬发遵办。此缴。折存等因。蒙此，合行札饬。札到，该州立即遵照宪批办理。毋违。此札。

计抄发十二年淮扬截卸旧章一纸。（嘉庆十九年八月　日，十七日行，十八日行到。）

计开

前督漕部堂萨③奏准截留筹议情形内：

一、截卸淮扬等属漕粮应量为贴给耗米，责成就近卫备率同原运千总经理兑收，以杜争执也。查丁弁与州县一经涉手，即不免有挑拣需索之事，难期妥协。此时应截漕粮，除平粜酌

① 即安柱。

② 即章煦。

③ 即萨彬图。

借外尚有三十二万余石之多，地方州县雇备民房及粘补苫盖、铺垫，并派拨兵役巡查防护工食等事，办理已经不易。若来年搭运各帮再令旗丁、州县涉手兑收，必启需索争执之弊，未免更添赔累，易致借口。臣等公同筹议，淮扬、镇江等属本有卫守备驻扎，应即责令各该备会同原委总运丞倅督率原运千总专管截卸米数。明春各帮搭运时，即令一手兑交，以免推诿。但漕粮一出一入，总不免亏耗，应令旗丁每百石贴出米二石交给该卫备，并总运厅员及原运千总一并兑收，来年搭运时准其开销。此数如再有亏耗，应令该管备弁总运分别赔出示儆。倘有偷窃等事致有短少，惟防范之地方文武是问。如此分别责成，是可免推诿而杜争竞等因。此次总运厅员业经奏明，令其押空回次，既不看守，来年搭运如有短少，毋庸再令总运厅分赔。

淮安府条议截卸事宜内：

一、截卸存贮搭运米数较多，为日较久，推［堆］贮之处必须房屋高燥宽大，墙垣坚固，铺垫厚实，庶不至受潮蒸交［变］。常仓空廒原有地板，只需席片铺垫，每间安用通气，四五间足资久贮。其租赁民间空房，原有地板者少，若一律铺钉需板过多，猝难如数购办，且需费亦复不少。卑府再三筹思，凡租赁民房及空间庙宇向有地板者，未必能如常仓之高厚，概用席片铺垫，席底酌用芦柴一层以隔潮气，更为稳妥；其原无地板者租用杉木，每空五六尺安设一根，下用短木垫高，每间需用杉木十余根，可以均匀排满，上铺芦柴厚四五寸，再铺席竹片，四围墙壁亦用席片厚贴。量房间之大小，定贮米之多少。将来搭运后，杉木系租用给还原户，购买者交价还款，席片、芦柴均可拆估交抵经费，不至虚糜等情。查此次系囤贮官仓，非民房可比，应有铺垫板木。山东粮道应即速饬德、临二州查办，铺垫高平，如无地板，向来收贮米谷如何铺垫，速即照办，总期粮米不致潮湿蒸变，一面议覆察夺。

一、租赁民房、庙宇，距运河远近不一，应以船就房，相距稍近之处停泊，便于起卸，并省挑脚。应饬行该卫备运弁督丁随地办理等情。山东粮道应即转饬该二州自行查酌办理。

一、起卸米石自于船头铺席过斛，挑运上岸，过斛计筹概用灰印，以免舛错。应由该运备运弁经理，其由船上岸，河水稍浅，粮船不能紧贴堆岸停泊，需用宽长跳板，以便挑夫行走，庶不致蹉跌，抛损米石。各粮船均有携带板片木料，应令该船旗丁选用本船自带料板置备跳板，应用其挑入廒房。堆米稍高，亦需跳板行走，亦由旗丁备用，事竣收回等情。此次除军船需用跳板，自应旗丁照例备用。至仓廒非民房可比，应设有跳板。山东粮道应即速行德、临二州备用，如无跳板应如何办理，或仍令帮中备办，来年搭运，事竣收回。查办之处速即具覆，听凭饬遵。

一、由船挑运至堆贮房间，道里远近不一，脚夫计担计里得受挑费。脚夫应由地方官雇拨交船，挑费应由旗丁给发。旗丁人地生疏，脚夫难保无苛索累丁情弊。应饬山、清两县，将某处房间离运河若干里、每米一石应给挑夫脚费钱几文，先期出示明白晓谕，由旗丁制用小竹筹，写明某船，编明号数，随时按石给挑夫收执。每次挑毕，挑夫各将小筹交船取钱，以免争竞勒索等情。查十二年案内米石由船运至住房，系准里酌价按石给发，每石有五文、六文、七文、八文及十数文不等，并有扒夫、斛手人等饭食钱文。惟东省廒座相离河干若干里，无凭查核，且江省搬运系箩担，东省搬运悉用车辆、口袋。山东粮道应即行令地方官勘定道里远近，酌定价值，先行出示晓谕。一面将车辆、口袋早饬雇觅，如须驴骡配搭驮运，亦即速备，勿致临时掣肘。至需用扒夫、斛手及抗员等人，既系官仓例有此项人役，今应即用该仓扒夫、斛手，来年搭运一手交兑，不得更易。如不敷用，应同抗员人役随时添雇，毋任坐误。

一、奉派存米为数较多，交兑悉由卫备运弁经管，责有专司，卫备运弁自不敢不认真交兑。卑府县亦应倍加慎重，仰请饬行粮道添委，妥协卫备运弁，一在粮船眼同发米，一赴堆米处所眼同按筹收贮，处处互相稽查，每日将交存米数开折呈报，庶昭慎重而杜短交、串混情弊等情。此次照旧遵行。

一、由船挑米至堆贮处所，沿途必需严密巡查，以防偷窃折耗。查米箩概用字号灰印，原以杜挑夫偷米之弊，第挑夫善良者少，挑米道里稍远或街巷曲折之处，乘机于印灰之旁窃取合勺，积少成多，大有折耗，甚或串通收米厮役人等整担窃藏他所裱分，均须严办。现蒙札调淮北监掣同知李如桐、署扬州江防同知冯馨、署江宁南捕通判田治、候补同知吴耆德前来，随同帮办截卸事宜，应请即以四员分段稽查弹压。所有清江一带分委署江防冯令，山、清交界以下至翁公书院分委吴丞，翁公书院以下至淮城分委南捕田倅，淮城下至平桥一带分委监掣李丞，各就地段多带干役往来梭织，巡查弹压。并恳札饬营汛遴派弁兵协同巡查弹压，卑府仍不时亲往稽查。并饬山、清两县多拨干役、委员带同分段稽查弹压，以期迅速办竣，不致稍滋弊端等情。惟东省搬运悉用车辆、口袋，非江省概系米箩能用灰印者可比，其车辆、口袋及廒座相距河干若干里，亦当委员梭织巡查，并营员弹压。山东粮道应即照案酌核，移委办理，仍将派委何员姓名及如何稽查之处议覆察夺。

又，淮安府据山、清二县禀，奉饬以江西、湖南各帮漕船不能北上，在淮扬二属各州县截卸，来年搭运赴通，速即筹备仓廒房屋及铺垫等件，一俟船到即行卸贮等因。计淮属山、清两县截贮漕米十三万石，借丁米三万石，共米十六万石，每县各贮米八万石。伏查卑山邑仓廒无多，难以存贮米石，前已具禀卑清邑有空廒四十七间，约贮米九千余石，惟有各就县境查明临河较近之现空宽大坚固高燥房屋，无论庙宇、民房，多为封赁。一俟封就另行具禀外，惟是淮郡地土潮湿，房屋又无地板，堆贮前项漕米须铺垫高厚，以免霉变。若铺钉地板，不特板片一时难购，抑且费用浩繁。卑职等再三会议，惟有安设楞木、厚垫芦柴、铺以双席，庶费用可以节省，而米石亦不致受潮。第所赁之屋墙垣尽属坚固，一经贮米恐有臌裂之患，必须加以贴墙护木，方保无虞。且住房与仓廒不同，多系三面墙垣、正面安设窗格者，并有连窗格亦未安设者，亦有两山系墙前后悉属窗格者，此时赁贮米石须用木架一座，加以芦笆、芦席以代墙壁。以上所需各项料物必须按照市价分头赶紧购备，庶漕船到时即可起卸，免致迟误。卑职等逐项公同接计，需费甚巨，现在县库实无可挪之款，理合开具清折，联衔禀呈，仰恳电鉴转禀各宪，每县先发银六七千两以资赶购，不敷之银随时找领，俾要公不致贻误。其木植一项，于事竣之后仍可减成变价还款。至此项米石，系卫帮经收经兑，所有登记收数加用灰印，以及斛手人等应听卫帮自行经理。所有挑夫由县雇觅，其脚价按照道里远近，饬帮核给。卑职等一面严行出示晓谕，毋许多索，并饬差严查窃取、抛撒，如有违犯，立予枷示。其贮米房屋虽经卫帮派丁看收，惟房屋散处，必须多处派役巡查，雇夫支更，以昭慎重。所需饭食应请饬卫按日发给，容俟查定房屋，酌定泊船起卸处所开折另禀外，合先禀明等情到府。

据此，卑府伏查该县等所禀需用销垫各项料物，必须按照市价分头购备，庶漕船到次即可起卸，不致迟误，但需费甚巨，现在县禀实无可挪之款。卑府库内亦无闲款可动，可否俯如该县等所禀情形，仰恳宪恩，每处酌发银六千两以资赶购，俾免贻误。其木植一项，于事竣之后仍可减成变价还款。至经收经兑系由卫帮登记收数灰印，斛手人等亦应卫帮自行经理。所有脚夫，卑府前已议定条款，按照道里远近定价出示，归于帮丁经发，已经饬县遵照。理合将山、清二邑会禀情形据实转禀。伏祈批示祗遵。

前案漕督批

部堂萨批，据禀，饬县封贮房屋设法铺垫等款，应听督部堂、抚部院批示，其登记收数加用灰印，以及斛手人等卫帮自行经理，挑夫由县雇觅代定，脚价等项均应查照转饬卫帮遵办。惟贮米房屋派役巡查所需饭食，饬卫日给饭食一节，查原奏内声明，就近卫帮并总押厅员及原运千总专管截卸，明年搭运一手兑交。如有亏耗应令分赔，倘有偷窃等事，惟防范之地方文武是问等因。是派役巡查专为防范而设，其所需饭食是否应卫备发给，不致推诿，仰江西粮道会同湖南、江安粮道，将淮安府禀报各款逐一查明筹议，分别转饬遵办，一面禀报查核。缴。

嗣据江西粮道详覆截卸漕粮差役工食，应令州县备给一案，部堂萨批，候据详檄行江安粮道，淮扬、安庆等府，并总运厅转饬遵办。缴。

前案漕督牌

为饬行遵照事。

据江西粮道详称，奉宪台批，淮安府禀，贮米房屋派役巡查所需饭食，饬卫日给饭食一节。查原奏内声明就近卫备，并总押厅员即原运千总专管截卸，明年搭运一手兑交。如有亏耗应令分赔，倘有偷窃等事，惟防范之地方文武是问等因。是派役巡查专为防范而设，是所需饭食是否应卫备发给，不致推诿，仰江西粮道会同湖南、江安粮道，将淮安府禀报各款逐一查明筹议，分别转饬遵办，一面禀报查核等因。

奉此，查本年黄河口浅阻，截卸漕粮原奉奏明囤贮处所如有偷窃等事，惟防范之地方官文武是问。是地方官员应有防范之职，自须每处拨役巡查，以保无虞。若所需饭食仍属派累帮丁，不为与原奏不符，且本年黄河口守浅日久，各丁已形竭蹶，此项资贵实属无力措办，即帮卫各员弁亦无款可以筹支。况各县差役均系在官之人，本有应领工食，又奉本官定派以应责令各该本官妥为筹备，以免推诿。除移会江安粮道，并行湖南、江西二总运遵照外，相应具文详请俯赐饬遵等情到本部堂。据此，合亟饬行。为此牌仰该府、道、厅即便转饬贮米地方州县一体遵办，毋任推诿。切切。

行江安粮道、淮安府、扬州府、安庆府、江广总运厅、江苏司道酌议条款内：

一、解收米数应照江省铁斛也，漕斛原系通行一定，而县帮各顾利便，易于计较多寡。查上届嘉庆十年截留川米，将镇江府铁斛较付，计川米一石较少一升二合，当经咨明川省，概照江省铁斛量收在案。今届截留湖广等帮米石，自应循照，概按江省铁斛较准之，漕斛公平量收，庶县、帮两不相亏，不致争执短折等语。此次应需斛只，现已另檄行令江西、湖南二道，移取山东粮道所存部领铁斛，较准应用，并行东道遵办。

江西、湖南粮道议详条款内：

一、各帮应挑留旗丁数余名，以资熟练也。查此次漕粮内有存贮一项，来春由三进帮船搭运责成。本地卫备于重漕络绎之时各有应办之事，其势断难兼顾。而厅弁人役较少，恐有顾此失彼之虞；且于交兑事宜亦未能请习，倘因搭运不得熟手，致使重船耽迟，所关匪细。应请每帮酌派老练旗丁数余名协同厅弁办理，庶可收笃［驾］轻就熟之效。其余正副各丁，皆饬令归次，赶紧接办新漕，以免贻误等语。此项囤贮并无报厅员在彼看守，必得每帮多派谙练丁伍随同照料，明年经理搭运方能妥协。应将每帮酌留若干人、是何丁名开明具覆。

一、毛竹、松板应俟下年带解也。漕粮起运赴通，每船应交大毛竹一支、中毛竹三支，又通帮应交松板五百六片三分八厘五毛。今次漕粮截留系分存贮、平粜、借丁三项，所有应交毛竹、松板似未便随米截卸，以致纷歧。应责令下年新运各丁自行带解，赴通交纳等情。此次应照旧办理。

江西粮道筹议条款由［内］：

一、截贮漕米尚未交通，领运千总即系经手未完事件。如遇升迁事故，应请暂留截贮之地，照料明春兑交事务，以免推诿也。查本年截卸各帮内，有赣州卫千总朱廷兰，已推升浙江台州卫守备，奉文俟交粮完竣后给咨赴部引见；又袁州卫领运千总刘福海系属标员，今该二帮俱在淮扬一带截卸。所有赣州州卫千总朱廷兰应否俟明春经理交兑事竣，再行给咨赴部引见，仍请先行咨会大部知照。袁州卫千总刘福海亦请暂留经理交兑事务，完竣再行赴标。其余别帮原运千总，如遇有升迁事故，俱请照办，不许擅离，以专责成等情。此次应遵旧案办理，一解通给发回空舵水身工银两，应请照旧散给也。查江西回空身工银两，原在旗丁应领行月银内扣存解给，如遇黄河以南截卸，亦应归并行月数内追回四分之一核计。江省除蒲料之船在此变卖，无船回次，不扣舵水自［身］工外，其余回空各船每船扣留银一十八两，交随帮带通，于回空时散给头舵、水手、身工之用。今船粮虽在淮扬截卸，而阻浅为日已久，计算距往年抵通交卸之期不远，各头舵、水手应照料漕船回空，应仍令各随帮照旧散给，以示体恤。其应追回四分之一，请俟给新运钱粮日照例办理等情。除来年应给搭运经费已檄行江西、湖南二道查议，另檄核办外，所有头舵、水手银两，江西、湖南四帮半空运旗丁应即照旧办理，毋得短少。

禀抚、藩、本道、粮道、本府禀皋县被水韩家套等四十一村庄议请缓征来年上忙新赋由

敬禀者。窃蒙本府、宪台转奉藩司、宪台、藩宪，以奉宪台、抚宪札饬。卑县本年秋禾被水，各村庄明春青黄不接之时，应征上忙钱粮小民能否完纳、是否应需接济，迅速体察情形，妥议禀办等因。遵查卑县本年被水之韩家套等四十一村庄，均经卑职禀蒙宪台、抚宪，奏奉谕旨："缓征新旧钱粮，凡属蔀屋茅檐，莫不同深感戴。小民本可不致失所，惟是被水各村庄今秋二麦播种较迟，且多积歉之区，明春青黄不接之时，闾阎难免拮据。若将上忙应征钱粮责令照常完纳，实属力有未逮，自应量加调剂，以示体恤。"卑职体察情形，应请将被水之韩家套等四十一村庄应征二十五年上忙钱粮及漕仓等项缓至二十五年秋后启征，其应带征旧欠钱漕仍令照常完纳，俾闾阎更臻宽裕，输将不致竭蹶既极。所有查明酌议调剂缘由，理合具禀大人、大老爷查核办理，实为公便。肃此，恭请云云。

将截漕脚费查照漕院议定章程支销并将截卸漕粮赶紧起卸司札

札临清州知悉。案蒙钦差宫保尚书暂署巡抚部堂章[①]札开，嘉庆十九年九月初二日据督粮道福奏具禀，该道现在督同德州将截卸漕粮赶紧运完，妥为存贮，再赴临清州查点卸贮漕米。又据另单禀称正在具禀，按据临清州杨牧、该卫陈守备并委员石倅符备等会禀，声称该州卸米一十一万余石，船只分在闸内闸外两处停泊。卷查乾隆五十年临仓截卸南粮案内，闸内将军庙东饮马口起卸，每石脚费大钱一十九文，闸外现报司庙起卸，道路稍远，每石脚费大钱二十二文。卑职等公同核议，此次应遵照旧章发给，方能踊跃迅速，当经出示晓谕，一面知会各运弁谕知各帮丁遵办在案。旋奉饬发章程册开，本年临清卸米每石脚费大钱十六文，上车抗夫大钱二文，入仓抗夫大钱二文，与旧规之数不符。若照此给发该车夫等，每日所得脚费不敷日用，裹足不前，而转增抗夫之费，实于口事有碍。今各帮丁亦情愿照五十年定章分别发给，现在于本月二十三日开免，即照数给予脚费，甚为妥速等情。据此，查此次临、德二处起卸南粮，一切章程均蒙漕宪查照十二年淮扬旧案饬遵办理，并经职道续议数条，一面具详，一面饬发，该州先行查照，俟奉到批示，另檄饬遵。

嗣蒙漕宪批饬，脚价一层应再核减，职道随即遵照议请临、

① 即章煦。

德二州各减大钱一文，亦经分别抄案饬遵在案。原与五十年截卸之案不同，该州卫自应恪遵妥办，以昭画一，未便稍有参差。乃杨牧等不俟奉到章程，遽行查照五十年之案定给脚价，率行出示晓谕，实属冒昧。且临清闸外水次，离仓虽属较远，然与德州仓廒至水次路程亦不甚悬殊，今脚费每石比德州加大钱二文，已属较优，何以德州运米车夫均属相安踊跃，而临清独恐，裹足不前？若竟准行，不但湖南帮丁倍受赔累，倘德州车户闻风效尤，又将如何办理？此事断难核准。今该牧等既已通禀，仰乞俯赐察夺，严行驳饬所有现在已添给过脚费钱文，即罚令率行定议之该州牧，及符、陈二卫备赔出给还，以为不候行知冒昧出示者诫，是否有当等情。据此，查本年湖南三帮漕米在临清州截卸，一切章程均系漕院查照嘉庆十二年淮扬旧案核定抄发饬办，其脚价一项亦系漕院核定饬遵，该州等自应遵照给发，即或内有应行准酌之处，亦当具禀请示，何得率逞臆见，妄事更张！且并不禀知，先行出示晓谕，该州等实属冒昧。

据禀前情，除札临清州等遵照外，合行札饬。札到，立即飞饬临清州及委员、卫备等，将截漕脚费一项查照漕院议定章程支销，其多给车户钱文亦未便追缴，即令该州及卫备赔出归还，并饬将截卸漕粮赶紧起卸，刻日完竣。星驰具禀，以凭具奏。毋迟。速速等因行司。蒙此，合行马递五百里转饬。札到，该州立将截漕脚费一项查照漕院议定章程支销，其多给车户钱文亦未便追缴，即行照数赔出归还，并将截卸漕粮赶紧起卸，刻日完竣。星驰禀报来司，以凭查核详奏。毋迟。速速。此札。（嘉庆十九年九月十七日到）

各属捐修工程务期实捐实用章程

札临清州知悉。咸丰二年二月初六日准布政司咨，咸丰二年正月二十日奉巡抚部院陈批，本司详覆嗣后各属捐修工程务期实捐实用缘由。蒙批，查现奉吏部奏定章程，嗣后寻常捐输除捐银两外，其捐钱一项，概以制钱二千文作银一两，核与司详以制钱一千五百文作银一两之数不符。仰即查照部文，移行一体遵照，余俱如详办理。此缴。原签存等因行司。奉此，查吏部奏定寻常捐输章程，业经由司备文移行遵照在案。奉批前因，拟合抄详移咨。为此合咨贵道，请烦查照，希即转饬所属一体遵照，办理施行等因。准此，查该州官绅士民捐修文庙等工详请奏奖一案，前蒙抚宪签驳行司移咨到道，当经转饬该州并委员前往，会同覆查捐修前项工程，实捐实销银数据实禀覆，并饬另造妥协册结，详送核办在案。兹经前因，除行各府一体遵照外，合亟抄粘札饬。札到，该县立即遵照，先令檄饬会同确查前项工程，究系实捐银数若干、实用若干，据实禀覆。一面遵照部文，分别造具切实工料银两细数册结，取具委结同官绅士民履历清册甘结，一并详送来道，以凭核明，结移详办。毋得仍前径行送司，致与向办不符。切切。此札。

计粘单一纸。

内开：

为详覆事。

咸丰元年十二月初五日奉宪台签开，案据该司呈详，临清州官绅士民捐修文庙等工，栖霞县官绅士民捐修护城堤等工，请各予奏奖两案到院。据此，查官绅士民于地方公事急公好义，量力捐资，自应酌予奖励，以昭激劝，然必实捐实销，庶足以杜冒滥之弊。近日各属办理此等工程，层欠迭出，用项既无庸报销捐项，遂任意冒开，大率捐一冒十，毫无限制。临清州一案捐项据称六万余两，绅士中有一人而捐银三四千两者；栖霞县一案据称捐项二万余两，该县素称瘠累之区，前任知县方传植一人而捐银至五千二百余两之多，其为任意冒开，不辨自明。所请虽系虚衔，究属名器攸关，冒滥之端一开，人人皆存幸得之心。设遇地方紧要公事，非虚资所能朦混者，遂致倡捐无人响应，即各现办灾赈重务多方劝捐，官吏士民闻风慕义者甚属寥寥，何得于此等工程争先乐输，不惜重资？岂非工程可以冒开，灾赈必须实捐趋避？显然此二案应确查捐数，另行核实办理。合行签饬。签到，该司立即移行该管道府，委员确查该州县官绅士民实在捐资若干、用项若干，据实开报，由司确核，另行据实详办。各该委员等仍前扶同欺饰，即予立案不行。此后各属办理此等工程应如何严定限制，以杜冒滥之处，并即由司妥议详覆饬遵。毋违等因到司。

奉此，除将临清、栖霞两处工程分别移行委员确查，另行详办外，本司遵查定例，官绅士民人等有乐善好施、急公报效，捐修各项工程，实于地方有益者，准按捐数之多寡，分别奖励，以昭激劝。然必须实捐实用，方于公事有裨，而名器亦无冒滥。若听其任意浮开，诚如宪谕，人人皆存幸得之心，弊窦滋多，殊属不成事体，亟应明定章程，以示限制。查向来各属捐修工程，因所捐银两毋庸报销，且捐数多寡，尚难预定，是以初议修葺之时，并不禀请委员勘估，迨至工竣，始请委员验收。其中究竟应修工程若干、需用工料若干、捐起银两若干、实在用过若干，均属无从稽核。应请嗣后各属如有捐修各项工程，即仿照报销之案，于禀议捐修之时，由司先行委员履勘其应修工程，或系全行倾圮应行大加修整，或系稍有坍塌止须略事粘补。即由委员逐一勘明，将所需工料银数切实估计，详细绘图开折，禀司核准批示，再行劝捐。该承办官将绅董人等姓名并所捐银两陆续据实禀报，如系捐制钱者，即照道光二十四年户部奏定章程，以制钱一千五百文作银一两。俟禀报完工即由司委验，仍饬委员将所修工程逐一详细开折，与验收印结一并禀送，以凭与前勘禀折核对。一面饬令承办官，将官绅士民人等姓名、三代履历、捐输银数与用过工料，并请奖员名分别造具切实册结，由该管道府核明加结送司查核。若捐输姓名、银数、工程料物均与前禀吻合，并无舛错浮冒，其所请奖励亦与定例相符，即由司详请奏奖；如有以少报多、任意浮开情事，即予立案不行，庶查核有责而冒滥可杜。所有遵批核议缘由是否有当，拟合详请宪台鉴核，批示饬遵。为此备由呈请，照详施行。

奉旨将在东各员应完银两迅即照章勒限严追赶紧完缴司札附户部议奏

布政司刘①札临清州知悉。咸丰元年闰八月二十八日奉巡抚部院兼理盐政陈②案验，咸丰元年闰八月十七日准户部咨，山东司案呈，本部议覆山东巡抚陈奏参清查案内误接交代之现在山东省及续经摊各员应追赔款先请议处一折。于咸丰元年闰

---

① 即刘源灏。

② 即陈庆偕。

八月初八日具奏，本日奉旨：“依议。”钦此。相应抄录原奏清单，除咨吏部分别议处外，行文山东巡抚查照可也等因到本部院。准此，合就檄行。为此仰司官吏即便钦遵，转行查照，并将在东各员应完银两迅即照章勒限严追，赶紧完缴，若逾限不完，即由司详请从重参办。一面将离东各员应追银两数目及应行降级留任之处分晰造具细册，扣明应追期限，详请分咨饬追。毋迟。速速等因到司。奉此，合行札饬。札到，该州即便遵照，并转饬此属及各本员查照。毋违。（咸丰元年九月十三日到）

计粘单一纸。

户部谨奏为遵旨议奏事。

山东巡抚陈奏参清查案内误接交代之现在东省及续经离东各员应追赔款先请议处一折。咸丰元年七月十二日奉朱批：“该部议奏，单并发。”钦此。钦遵于十六日由内阁抄出到部。

据原奏内称，东省清查案内原定章程，现任各州县如有误接前任滥抵及接收前任亏累各款，照本员因公自行挪亏追交之限酌展一半，其降留、革留等项处分均照挪亏章程核议。前将通案应追前项赔款查明事故，离东及服官外省各员造册咨部勒追，经户部据咨改奏，将应行照章议处之前任济宁州知州、现任福建台湾道徐宗干等一百七员缮具清单，奏请议处。奏［奉］旨：“依议。”并于清单内奉朱批：“银数较少者免其先行议处。”钦此。咨行到东，并饬将现在山东实任候补人员一并造报等因，当经行司，查取职名详参在后。兹据藩司刘查明，续经离东者七员，共应追银一万四千六百五十六两二钱七分九厘；在东五十四员，共应追银二十八万六百六十一两五分六厘。除饬司并分咨离东各员旗籍，按照章程勒限严追，逾限不完即行从重参办，并将先经病故十员扣除外，谨将应参之现任济阳县知县杨汝绶等五十一员缮具清单，恭呈御览，应请敕部分别议处，以示惩儆。此内有先因挪亏经部议处应否免其再议，并应追银两银数较少应否免议各员，均于单内分晰声明，听候部议等语。

臣等伏查道光三十年六月山东巡抚陈查出清查案内误接交代亏累银两，除在东各员及故员家属在东者由东着追外，所有事故离东并服官外省，本人已故应在家属名下着追者计一百三十三员，共赔款银十五万七千四十八两零，造具员名、银数清册咨报到部。经臣部按册开单，据咨改奏，请将此案各员查照清查章程，分别银数，先行议处。惟此内兼有挪亏之员，业已先予处分，毋庸再议，并将应追银数仅止数两、数十两各员另于清单内声明，奉朱批："银数较少者免其先行议处。"钦此。当即行文该抚遵照，并饬将在东实任候补人员赶紧造册送部等因在案。

兹据该抚奏称，查明在东应追各员内有续经离东〈者〉七员，共应追银一万四千六百五十六两零；在东五十四员，共应追银二十八万六百六十一两零。除饬司并分咨离东各员旗籍，按照章程勒限严追，并将先经病故十员扣除外，谨将应参之现任济阳县知县杨汝绶等五十一员缮具清单，恭呈御览。此内有先因挪亏经部议处应否免其再议，应追银数较少应否免议各员，另于单内分晰声明，听候部议等语。嗣于八月初一日咨送应追员名银数清册到部，并声明此案清查原报共银四十六万七千一百九十五两零，有经覆刻增删以及另案奏请专参核追之款，实共应追银四十四万二千五十两零，咨请更正。

臣等督饬司员检查各案，核对相符，应另行文咨覆。复查该抚奏参现在东省及续经离东之五十一员，内除先行因挪亏业经议处之济阳县知县杨汝绶等三十三员，并前次离东人员内已请议处之前任汶上县知县顾光照一员增入赔款，仍如原参，数在三千两以上，毋庸再议。又，不及百两之现任济宁州知州叶圭书等七员，暨为父代赔之候补盐大使殷敦一员应免议处外，谨将本案应议之现任济南府知府李天锡等九员缮具清单，恭呈御览，仍候命下移咨吏部分别议处。所有应追银数，在东各员行令该抚，自接奉部文之日起，依限催追；离东各员行令原旗籍、任所，以接到东省咨追之日起，按限勒追完缴报拨，一面咨覆东省作正开销。至银数不及百两，各员应即追完清款，毋庸立限。如各员内兼有挪亏、流摊两项者，应照现定清查章程，俟挪亏追完后即行接追此案赔款，再接追流摊银两。倘逾限不完或完不足数，立即照章惩办，以儆玩延而昭核实。理合将臣等议覆缘由恭折具奏，伏乞云云。

谨将该抚奏参山东省查出现在东省及续经离东误接交代着赔银款应行议处各员，除挪亏案内业经议处三十三员，并前次离东人员内已请议处一员毋庸再议，又不及百两七员，暨为父代赔一员应免议处外，其余应议之现任济南府知府李天锡等九员缮具清单，恭呈御览。

计开：

二万两以上一员。现任济南府知府李天锡，以上一员应请革职留任。

三千两以上三员。现任历城县知县张积功、现任博平县知县胡学醇、现任德平县知县张梦祺，以上三员应请降三级留任。

三千两以下五员。现任长山县知县曾叙符、现任湖北汉阳府知府董振铎、前任临淄县知县李炳、前任滋阳县知县柴文富、前任夏津县知县林士骏，以上五员应请降二级留任。

济东道为山东巡抚奏部拨赈项司库无可支放俯准先就正款借动以济急需事由札

济东道花[1]札临清州知悉。咸丰元年十二月三十日准布政司咨，咸丰元年十二月二十五日奉巡抚部院陈[2]札开，照得本部院于咸丰元年十二月二十一日具奏，部拨赈项司库无可支放，吁恳天恩，俯准先就正款借动以济急需一折。除俟奉到朱批，另行恭录饬知外，合先抄奏札知等因行司移道。准此，合行札饬。札到，该州即便转饬查照云云。

计粘抄原奏一纸。（二年正月廿四日到）

奏为部拨赈项司库无可支放，吁恳天恩俯准先就正款借动以济急需，恭折奏祈圣鉴事。

窃臣前因济宁等州县黄水漫淹成灾，办理赈务用项较巨，奏请变通捐赈，议叙成例以资挹注。钦奉朱批："户部速议具奏。"钦此。旋准户部议奏，以臣前请银十五万两为数无多，与其劝捐周章，何如筹款放指，拨东省司库借垫案内，原报笼统借支项下已还银十二万两，积存减平银三万两，俾赈务作正开销等因。奉旨："依议。"钦此。当经钦遵行司在后。兹据藩司刘源灏查明，减平银两实存在库，即可如数动支，惟归还笼统借支一款，已就本款支销，无可拨用。胪陈切实原委，详请核奏前来。

---

① 即花咏春。

② 即陈庆偕。

臣复督同该司详加确查，东省藩库笼统借支始于道光四年。历任藩司每遇急需，暂借存库银两支放，其原借之时既不指明何款出借报部立案，故历年拨册奏销及司库实存各案亦不将借数开除，仍作本款实存造报。嗣于道光二十七年钦差查库案内，清厘司库借垫报明陆续拨还银十八万八千七百余两，均归各本款支销。因原借之款既未报部开除，则归还之款亦不能别作新收造报，且其中尚有捐摊外销之款毋庸报部归补者，部臣遂以无案可稽一再驳诘，并饬将前项归还银造册报部，听候拨用。上年十二月间曾经该藩司查造支销细款清册登覆，复奉部驳，未及覆奏。其实既为借款，即有本款待归，本款支销确有案即可知借款实已归还，亦可知归还之款仅敷本款之用，并非司库悬存银十八万八千余两可备随时动拨，只缘从前历任藩司相沿办理，有司案而无部案，致使归还支用之账误为实存在库之款。

驳查登覆辗转需时，现拨赈项为饥民嗷嗷待哺之资，若待此款覆奏日，部臣核明再请补拨银两，实属缓不济急。惟有据实直陈，吁恳天恩俯念灾黎待赈迫切，准于司库正项内先行动支银十二万两，俾将及时散放。其前项归还之款，容臣督同藩司于通案驳查各款，另行逐细登覆，听候部议。为此恭折具奏，伏乞云云。

东昌府为遵宪札委员赴馆陶监兑缘由致丘县移会

东昌府王①为移会事。

---

① 即王观澄。

本年正月二十四日奉布政司札开，咸丰二年正月二十三日奉巡抚部院陈①批，据丘县禀旗丁勒折宕延不兑恳请委员赴水次查核押兑缘由。奉批，查各属交兑漕粮，业经前升院奏明章程，将折帮代买及各项琐屑杂费尽行禁革，其给帮公费，如每石止于一、二、三钱者仍循其旧，如每石在四钱以上者，即以四钱为限，倘遇减运，即按实兑粮数分别核给，通饬遵在案。今据禀，济后、济右等帮意图需索，不遵定章，勒折刁难，如果实情，实属目无法纪。仰布政司会同督粮道迅速遴委干员前往，会同该州及馆陶县秉公监兑。倘该帮弁丁抗违不遵，仍前需索，立即撤任押解来省，听候审办；如实系米色不纯，不堪受兑，亦即将该县据实详参，均毋姑容。切切。此缴。禀单抄发等因批司。

奉此，除移咨督粮道查照外，合亟札委。札到，该县守立即遵照，前往馆陶县督同陈令，并会同临清州秉公监兑。倘该帮弁丁抗违不遵，仍前需索，立即撤任押解来省，听候审办；如实系米色不纯，亦即将该县据实详请参办，毋稍姑容。切。速速。此札等因。蒙此，查丘县兑漕水次系在馆陶，而宪札亦系委赴馆陶监兑，是否即往馆陶会议，抑应同赴贵县查办，拟合备文移会。为此合移贵州，请烦查照宪札事理，克日札调济后、济右两帮运弁，带同各旗丁齐集，即日订期过府，以便前往督同馆陶县陈令会议禀办。兑限久逾，幸勿稍迟，致有贻误云云。

计粘抄禀单一纸。（二年新正二十九日到）

敬禀者。窃照△县元年漕粮，除因灾缓征米麦豆二千六百余石，实应征兑济后、济右两帮大漕米麦豆三千八十二石四合

---

① 即陈庆偕。

二勺，青州耗豆四百十六石三升三合五勺，久经△△照数征完，存廒候兑，即见石兑费亦已照章如数措齐。经派兑之济后帮运弁金国太饬丁李吟萧等赴廒验明米色一律纯洁，乃兑限已逾，该帮一味延宕。虽经△△屡次禀蒙粮道饬催，无如该丁疲玩性成，不但仍前抗延，抑且任意揑禀，忽称△县漕粮尚未征足，忽称米豆中样不符，逞其故智，意图需索。今正兑济后帮必欲折价，即找兑之济石［右］帮亦欲照折，其应兑麦石更有贴费、加费等项名目，为数甚巨。查道光二十六年各属裁减帮费，二十九年复蒙奏定章程，将不经名一概裁革。今帮丁仍不照章核裁，惟卑县漕粮此次灾缓太多，若仍照全漕，如欲相偿，实在力难赔垫。查△县漕务水次与冠县同在馆陶县境内，而费用轻重悬殊，未免向隅。奈该丁置定章于不问，惟图勒折以赶帮误，帮为挟制，并先揑预估地步。况该丁于初次验明米豆样时，如果有不干洁者，又何肯不即时呈样具禀？似此勒折宕延，设有误兑，咎将谁归？除禀明粮道委员押兑外，理合据实禀呈大人察核，俯赐札饬委员会同本州一面查核，一面督同该帮弁丁，速将卑县应兑漕粮克日兑完，以免延误云云。

再禀者。窃卑县兑漕旧章按照四分之一折帮代买，历届如此，今卑县因灾缓征，应按照四分折一章程，计应折帮六百五十石零。乃帮丁不论灾缓，仍欲按照全漕折帮一千一百余石。再折帮之价向按是年米价计算，今济后帮需银二两二钱，再加兑费，是折帮一石须银二两五钱六分，以现在米价计之，浮索竟至加赔有余。至济右帮找兑，亦当依照四分折一之章，今该帮需索二两一钱五分，浮索亦将加赔。卑县漕本细微，更有灾缓，非不欲遂帮丁所愿早了公事，无如入不敷出，力难赔垫，然亦不敢借灾任意图减。查△县水次与冠县水次同在馆陶，该二县漕粮业经议定，所有冠县折帮，按照市价馆陶县则定一两四钱，△△即不能与冠县强相比附。拟一切援照馆陶定章而行，似非臆断。现届春融，兑限已迫，合无仰恳俯赐委员，会同本县及同水次之馆陶县查核，严饬济后、济右两帮运弁押丁来次，援照妥办以杜争竞，而免贻误。卑职为速了公事起见，是否有当，用敢不揣，冒昧缕续禀呈，伏乞垂鉴。

举人吴台章因患痰迷诬告胞兄吴台朗强奸其妻案按律定拟刑部奏

刑部谨奏，为审明举人因患痰迷病症诬告胞兄，按律定拟具奏，仰祈圣鉴事。

据步军统领衙门奏举人吴台章喊告胞兄吴台朗强奸伊妻一案，咸丰元年十二月初七日奉旨："举人吴台章着交刑部审讯，礼部候补事主［主事］、军机章京吴台朗着解任，一并交刑部审讯，抱告家人郑升着听候传质。"钦此。当经各衙门将吴台章、吴台朗押解送部，臣等遴派司员审讯。旋据吴台章之母吴邹氏又赴步军统领衙门呈诉，经该衙门将诉呈咨送刑部，吴邹氏供带同吴台章之妻吴王氏赴部报审。臣等查阅吴邹氏呈内，历叙吴台章痰迷病症情形，并诉呈吴台朗实无奸污弟妻情事。连日提讯吴台章，语言有时明晰，有时糊涂，饬医验明，委系痰迷病痰［症］。取结存卷，随督饬司员详加研鞫。

缘吴台章籍隶宛平县，中式道光己酉科举人，与胞兄礼部候补主事、军机章京吴台朗同居素睦。吴台章娶妻王氏，生有二女，随伊母吴邹氏在西院居住，吴台朗居住东院。吴台章早年得有怔忡病症，后因自行开方服药，渐成痰迷，时发时愈，病发时恐有人置毒饭中将其谋害，遇有男女接谈，即疑有奸私情事，向人告述。上年十月间，伊父吴启将其关锁书房，吴启出京，伊母吴邹氏见吴台章数月安静，将其放出。本年六月间，吴台朗之妻吴曹氏患病，接伊族嫂吴李氏来家做伴，吴台章之妻吴王氏亦常往看视。十一月间吴台章痰迷病发，在家滋闹，并称各处有官人将伊追赶，时常带刀防护，吴台朗欲复行关锁，吴邹氏称俟伊父回家再作计议。十二月初三日夜，吴邹氏睡卧，吴台章进伊房内，痰病陡发，将吴王氏怀抱幼女夺过，摔在地上，吴王氏欲向伊姑喊诉，吴台章将房门关锁，拔刀吓禁，不准声张，取有纸笔，逼令吴王氏供说曾被吴台朗强奸，系族嫂吴李氏仆妇田氏为之牵合，吴台朗曾给过两重金钱四百个埋在房内等情，当即书写呈状，拉住吴王氏之手涂抹墨迹用成手印，并吓称如敢泄漏即行杀害。又声称伊自行占课，自知金钱所埋，用刀在地刨挖无获，逼令吴王氏将金钱交出，吴王氏情急声喊，经吴邹氏听闻，将门推开，吴王氏哭诉前情。吴台章旋即睡歇，于天明时乘间携带供状跑至步军统领衙门喊控，吴邹氏随后闻信，写就诉呈，遣家人郑升报递奏送。

刑部审悉前情，臣等督饬司员连日提集人证，再三研诘，吴台朗、吴邹氏、吴王氏、吴李氏等无不极口呼冤。复派承审司员前往吴台朗家详细查看，吴台章住居地上实有刨挖砖块情形，其所住书房内均加封锁，并用麻绳各栓系。查自六壬课本及医书药饵等件起出吴台章平日书写字纸，其中语句多系恐人谋害之事。当传伊家人仆妇等逐加讯问，佥称吴台章实系素有痰迷病症，时发时愈，不敢混供各等语。臣等以案关风化，不厌详求，复亲提全案人证细加研鞫。据吴邹氏供称，伊子吴台章自染痰疾以来，种种疑忌均出人意表，长子吴台朗读书安分，向不妄为，且台朗、台章均系伊所亲生，如果台朗行乱伦之事，必不可有所偏护，使台章负屈莫伸，反罹重罪等语，质之吴李氏众供佥同。复提吴台章详加查验，虽无疯癫情形，而言语拗执，精神恍惚，实系因疑生幻，以幻为真，其为素有痰迷病症确凿可信，应即拟结。

查律载，弟妻奸者，各决绞，强者，奸夫决斩，又告期亲尊长，如诬告加所诬罪三等。往云设止依凡人论诬告，罪加三等，便不先于轻矣；又云加重不入于绞；又诬告人死罪未决杖一百，流三千里，加徒役三年各等语。此案举人吴台章因痰迷病发，呈告胞兄吴台朗强奸伊妻等语，如果属实，吴台朗罪应立斩。今审讯实无其事，自应按律反坐吴台章，应革去举人，除诬告吴李氏等各轻罪不议外，合依告期亲尊长，若诬告加所诬罪三等，依凡人诬告人死罪未决，杖一百，流三千里，加徒役三年，律拟杖一百，流三千里，加徒役三年。惟该犯因痰迷病发，与实在有心诬告者不同，应将该犯酌减为杖一百，总徒四年，札交顺天府定地充徒，到配后仍交地方官严加管束，勿令滋事。礼部候补主事、军机章京吴台朗讯无强奸情事，应毋庸议，无干省释。所有臣等审明定拟缘由，理合恭折具奏。奉旨已录。（咸丰二年正月邸抄）

吏部奏议寻常捐输钱米核算银数章程通行东省一体遵照

济东道花[①]札临清州知悉。咸丰二年正月三十日准布政司

---

① 即花咏春。

咨，咸丰二年正月二十二日奉巡抚部院兼理盐政陈①案验，咸丰二年正月初六日准吏部咨，文选司案呈本部具奏前事一案，相应粘单知照可也等因咨院行司移道。准此，合行札饬。札到，该州立即钦遵，通行所属并该州查照。毋违。（咸丰二年二月初十到）

计粘单一纸。

吏部谨奏，为酌议寻常捐输钱米核算银数章程，仰祈圣鉴事。

窃查定例，各省绅士商民捐输谷石以备公用，每石作银一两计算，至每米一石作银若干，例无明文。其捐输钱文者，历届成案，每制钱一千文俱作银一两办理在案。惟近来各省捐谷之外，复有捐输米石，按照该省时价合银题请议叙。查臣部前办捐谷石各案，无论所报时价多少，均照定例，每谷一石作银一两，核其捐数给予应得议叙，以免参差。伏思米谷事同一律，谷石合银既有定制，米价自亦应酌中定议。查户部道光三十年正月议覆山东省豫筹京仓，该省绅士商民捐输，照例以二谷一米折价奏准在案。臣等酌议，即援照二谷一米之数，每米一石比较捐谷合银之数加倍计算，作银二两，庶与定制相符，而办理亦无歧异。又捐输银两人员，当俱按其实捐银数照例给予议叙，惟捐输钱文者概以制钱一千作银一两，尚不足以昭核实。

查户部二十九年十月奏定章程，各省捐钱助赈，按现在市价折中，定以制钱二千文作银一两。今寻常捐输虽与各省特开捐输者不同，而同案请叙之员多有银钱两项并捐，若捐钱一千文即作银一两，与实捐银两者毫无区别，自应核实办理，以昭

① 即陈庆偕。

平允。应请嗣后寻常捐输，除实捐银两外，其捐钱一项即照户部奏定章程，概以制钱二千文作银一两，庶捐钱捐银两项奖叙均得其中。如蒙俞允，臣部即通行各直省，俟接到部文后一体遵照办理。至寻常议叙，向无捐输米石之案，所有现在到部之捐米各案，俟命下之日，臣部即照此次章程核办等因具奏。于咸丰元年十二月二十五日奉旨："依议。"钦此。

济东道为济南府守李天锡应食养廉全数坐扣以抵关税赔款等事移咨

济东道花①为移咨事。

咸丰二年二月十二日准布政司咨，咸丰二年二月初八日奉巡抚部院陈②案验，咸丰二年二月初三日准户部咨，贵州司案呈，咸丰二年正月初九日据山东巡抚陈咨称，据布政使刘③详称，案准部咨，查山东曹州府知府李天锡前在临清州任内，应赔临清关道光十六、七、八并二十一，二十二、三、四等年分少收户工盈余银二万六千一百十九两八钱三分零。今据该员节次完缴银一万八千三百十九两八钱三分零，已于限内缴至七成以上，其未完之二成有零银七千八百两，应照例予限五年完缴，并将该员应食俸廉全数坐扣，解部交纳等因到司，当经转饬去后。兹据济南府知府李天锡详称，未完二成有零银应在卑府应领咸丰元年曹州济南府任内俸廉内扣收。伏查应领养廉内有应

① 即花咏春。

② 即陈庆偕。

③ 即刘源灏。

扣军需三成，系归补司库借款，盘查二成系归补州县无着亏缺。此二项系按年捐廉应扣之款，与应赔少收盈余解部者不同，应否遵照户部奏案，将卑府养廉先尽临清关少收盈余全数扣清解部后，再扣军需三成、盘查二成等情。本司查该府应领本年养廉内有应扣军需三成、盘查二成，均系归补之项，应否将该府养廉先尽临清关少收盈余全数扣清解部后，再行补扣军需三成、盘查二成，或遵照予限五年半扣关税，半扣三、二成之处，据情咨部核示等情到本部院。据此，拟合请部示覆饬遵等因前来。

查本部会议工科给事中张修育奏筹裕库折内奏请，嗣后赔缴关税，各员于限内交至七成以上者，届限免其革职，监追其未交之二成有零，另作分数予限完清，有官者并即全扣俸廉等因在案。查山东济南府知府李天锡应赔临清关少收盈余未完二成有零银七千八百两，前经本部奏明，于咸丰元年正月起予限五年完缴，并将该员应食廉俸全数扣抵赔款解部亦在案。今据该抚咨称，该府李天锡应领养廉内有应扣军需三成、盘查二成，均系归补之款，应否将该府养廉先尽临清关少收盈余全数扣清解部后，再补扣三、二成之处，或照予限五年，半扣关税，半扣三、二成，咨部示覆等语。查该员李天锡未完临清关赔款银七千八百两，系经本部奏明，将该员应食廉俸全数坐扣以抵赔款，所有该员应领养廉银两自应先尽临清关赔项坐扣，以符奏案。应咨山东巡抚即将该府李天锡应食养廉全数坐扣，以抵关税赔款。其咸丰元年分扣收曹州、济南二府养廉若干两，并现在扣收养廉银数迅即查明报部，并将扣存银两委员解部查收，毋稍迟延可也等因到本部院。准此，合就檄行。为此仰司官吏立即查照部咨事理，将该府李守应食养廉全数坐扣以抵关税赔款，其咸丰元年分扣收曹州、济南二府养廉及现在扣收廉银各数目，迅即查明分晰，详咨委员解部，仍行济南府遵照。毋违等因到司。奉此，除转饬该李守遵照外，拟合抄详移咨等因。准此，合行札饬。为此仰关官吏文到即便查照。毋违。（二年二月廿四到）

计粘抄详一纸。

查州县以上各官应支编俸，前经本司详奉批准，全行提解司库以备抵扣罚俸银两，俟奏销后查有扣剩银两，饬令赴司支领在案。所有该府应支本年俸银内应扣抵罚俸银两若干，现在尚难预定，应请俟下年奏销后，如有扣剩银两再为扣拨。至该府应领本年养廉内有应扣军需三成、盘查二成，均系有关归补之项，应否将该府应食养廉先尽应赔临清关少收户工盈余全数扣清解部后，再补扣军需三成、盘查二成，抑或遵照予限五年定例，半扣关税，半扣三、二成之处，拟合据情详请宪台鉴核，移咨户部核示遵办。

奉上谕："户部奏筹议节用各款一折。理财之道不外开源、节流二端，而节财之流尤为济时要务，如能实力经理，必可行之无弊。该部将现在应节各条分晰具奏，朕详加披阅，如严核上下两忙、分别藩司功过以专责成。各省存剩款项按年底［抵］拨以免牵混，驿站余剩银两提存司库以备封储，严查交代以杜新亏等语，皆系就国家自有之财为覆定［核实］经久之计，着即照拟办理。该部即会同吏部将上下忙全完、未完省分，各藩司应如何分别议叙之处妥议章程，通行遵照。至八旗甲米仍复旧章，全放本色，即缎匹库现在物料分别应抵应停，自系酌剂盈虚之道，该部仍随时查看，妥筹办理。亦［其］酌减营浮一条所陈积弊，亦系实在情形，除该部所议京营及北五省驻防毋庸裁减外，其余各省着该将军、督抚、副都统、提镇查照部议，裁改分数妥议具奏。由兵部会同户部覆核奏请施行，总

期帑项不致虚靡，撙节均归实用，以慎出纳而裕度支。余依议。”钦此。（咸丰二年邸抄）

济东道为吏部咨各省补缺限期章程通行东省一体查照缘由札

济东道花①札临清州知悉。咸丰元年十二月三十日准布政司咨开，咸丰元年十二月初十日奉巡抚部院陈②案验，咸丰元年十一月二十七日准吏部咨各省补缺限期章程缘由到本部院。准此，合就檄行。为此仰司官吏即便移行遵照，并刊入例册呈送。毋违。计粘单一纸等因到司。奉此，除刊入例册另移通颁外，拟合移咨等因。准此，合行札饬。札到，该州立即钦遵，转行所属一体查照。毋违。

计粘单一纸。（咸丰二年正月十八日到）

吏部为通行事。

文选司案〈呈〉，内阁抄出云桂总督吴③等奏称，窃查前准吏部奏定，各省正印、佐杂各项缺出，无论何项开缺，俱以每月三十截缺之日起，按照例限于一月内拣选升调题补，不得无故迟延，如有迟延即照例议处等因。臣等查补缺既不准以接到部文之日起扣，而滇省距京万里，跋涉维艰，难保不无稽延。自接准奏定章程后，所有吏部来文，核其行文坐日，均不能按

① 即花咏春。

② 即陈庆偕。

③ 即吴文镕。

照减半五十五日之限到滇；又丁忧病故各缺以本日作为开缺，归本月底截缺，此一定不易之则，而司院详题补统限一个月，是次月底例限已满。查滇省跬步皆山，幅员辽阔，各属距省十七八站及二三十站者，其间由县申府、申道又各有数站、数十站不等，其辗转办文知会亦各有数耽延，其补缺日期如照现在通行核办，有截缺在上月，而接到部文及各属申报已至次月之下旬，并有至又次月之中下旬者。若一概以截缺之日起扣，觉过于紧迫，势难赶赴限期。相应详晰声明，据实奏恳圣恩俯赐〔俯赐〕，滇南距京穹远，除按行文坐日计扣及各本日截缺外，应请将补缺限期滇省以接准部咨之日起，司限二十日具详，督抚限十日分别题奏出咨；其丁忧事故报满各缺，亦请以该州县申报到司之日起依限详办。庶截缺章程及补缺限期两无窒碍，办理不致掣肘，可无迟延之咎等因。咸丰元年十一月初三日奉朱批："吏部妥议具奏。"钦此。钦遵抄出到部。

查定例，各省正印、佐杂官员由在外拣选各缺，如系丁忧病故之缺，即以开缺之日起限一月题咨调补；其缘事议降、议革及升任、调任、终养、告休之缺，以接到部文后，统限一月内令该省照例拣员升调，如有违限分别议处；至应归部选之缺留于该省补用者，或应题补或应题署，均不得过一月之限等语。又臣部奏定章程，嗣后遇有正印、佐杂各项缺出，无论何项开缺，以每月三十日截缺之日起限，照例限一月内拣选升调题补，不得无故迟延；并将藩司详请日期于题奏咨文内声叙，以凭查核如实。因内先行咨部存案，统不得过三月之限，遴员未定，不能依限题咨调补者，于例限外酌量加展两个月，仍令于一月限内先行咨部存案，统不得过三月之限，如有迟延，到部时即将该督抚照例分别议处等因。于道光三十年八月十三日具奏，奉旨："依议。"钦此。钦遵通行知照在案。

兹据云桂总督吴等奏称，补缺日期如照现在通行核办，有截缺在上月而接到部文及各属申报已至次月之下旬，并有至又次月之中下旬者，若一概以截缺之日起扣，实觉过于紧迫，势难赶赴限期。应请将补缺限期滇省以接准部咨之日起，司限二十日具详，督抚限十日分别题奏出咨；其丁忧事故报满各缺，亦请以该州县等申报到司之日起依限详办。庶截缺章程及办缺限期两无窒碍，办理不致掣肘，可无迟延之咎等语。钦奉朱批，交臣部妥议具奏。臣等查各项缺出，丁忧病故俸满，有本日可计者以本月为开缺日期，其余按照部中行文坐日以该省照限减半计算，作为开缺日期，归于每月底截缺。至补缺限期，定例本只一月，从前各省均未按限详办，是以臣部于上年声明定例、奏定例、奏定章程，免致员缺久悬，以杜更署之弊。今该督抚以部文坐日均不能按照减半五十五日之限到滇，若以截缺之日起扣，实觉紧迫，势难赶赴，请以接准部〈文〉及申报到司之日起依限详办。查滇省程途穹远，部文沿途耽搁，势所不免，即本省应开各缺辗转申详。该省幅员辽阔，动辄经时，今该督抚所奏自系实在情形。惟查历来部文俱系按照照限减半计算，又非仅止开缺一项，碍难更改，然非宽以限期，又恐办理掣肘。

臣等悉心酌议，各省程途虽远近不一，而题缺定限则同，其不能依限具题迟延干议者，又不独滇省为然，自应一律酌量加展，以昭平允。应请嗣后各省遇有缺，以每月截缺之日起，远省限九十日，次远省限七十日，近省限五十日，按照定限拣选升调题补。如有实因拣员未定，不能依限题咨调补者，仍令于定限内先行咨部存案加展两个月，统不得过正展限期之外。如此量为宽展，虽有接准部咨并申报到司在次月、又次月者，为期既宽，自可按报详办，不致再有迟延之咎矣。俟命下之日，臣部即遵新旧办理，并行文各直省一体照办等因。咸丰元年十一月十九日奉旨："依议。"钦此。

兵备道为转行工部等部咨覆山东省道光二十九年河工钱粮考成岁内通完各官均照例准其记录一次各缘由札

兵备道方札临清州知悉。为题报等事。

咸丰元年十二月十二日蒙总河部堂颜①札行，咸丰元年十二月初三日准工部等部咨覆，山东省道光二十九年分河工钱粮考成岁内通完各官均照例准其记录一次各缘由到本部堂。准此，合就抄咨转行。为此札道官吏查照准咨事理，即便遵照。毋违。计粘抄原咨一纸等因。蒙此，合亟抄粘转行。札到，该州即便钦遵，转饬所属遵照，并令嗣后务须年清年款，免于议处。毋违。此札。

计粘单一纸。（咸丰二年正月初三日到）

工部等部为题报山东省道光二十九年分河工钱粮考成，并岁内通完岁外完解，各职名分别核议，以示劝惩事。

都水司案呈，工科抄出河道总督颜题山东省道光二十九年分河银考成一案。道光三十年八月初六日题，十月十五日奉旨："该部察核具奏。"钦此。钦遵随经臣部移查户部，将山东省各州县该年民地钱粮曾否缓征查覆核办去后。

① 即颜以燠。

今于道光三十年十二月初一日准户部查明咨覆到部。臣等会查得河东河道总督颜疏称，道光二十九年分山东省河银考成完欠数目，据署理山东运河道方①详称，道光二十九年分山东省济南等五府，济宁、临清二直隶州，所属州县卫应征河库河银并夫食正银六万二千七十八两八钱四分六厘，应征一四耗银八千二十两一钱五分二厘，共应解道库正耗共银七万九十八两九钱九分八厘。除道光二十九年青黄不接缓征，业已启征正耗银两归入应征银内开造。又，因各州县被旱、被水、被雹、被虫，于道光二十九年九月三十日奉旨分别缓征，行据聊城、堂邑、博平、单县、范县、济宁、金乡、鱼台等州县册报缓征正银三千一百一十三两九钱七分一厘、耗银四百三十五两九钱五分七厘，止应征并缓征、启征正银五万八千九百六十四两八钱七分五厘、耗银七千五百八十四两一钱九分五厘内，于岁内岁外完解正银五万二千九百八十四两七钱四分一厘、耗银六千九百一十七两七钱五分，尚有堂邑、菏泽、单县、定陶、东阿、东平、济宁、鱼〈台〉等州县欠解应征及缓征、启征正银五千九百八十两一钱三分四厘、耗银六百六十六两四钱四分五厘。除聊城等州县缓征银两，俟启征完解另行详报外，拟合将各州县卫所经征接征各职名已完欠解及缓征各数目分晰造册，详送核题。

又，据山东兖沂曹济道夏廷桢详称，道光二十九年分兖、沂等三府、济宁直隶州所属各州县卫应征河库河银并夫食正银二万八千二百十八两六钱七分四厘，随征一四耗银三千九百十四两五钱六分八厘，共额解道库正耗银三万二千一百三十三两二钱四分二厘内，因道光二十九年春间青黄不接，缓征上忙正

---

① 即方墉。

银一千二百三十二两七分，耗羡银一百七十二两四钱九分一毛，缓至道光二十九年麦后及秋后启征。其缓征银两甫经启征，复因道光二十九年秋禾被水，缓征正银一千三百九十九两一钱五分六厘，耗羡银一百九十五两八钱八分二厘，缓至三十年秋后启征。除缓征止应征启正银二万六千八百十九两五钱一分八厘，耗羡银三千七百十八两六钱八分六厘内，于岁内岁外征完解道正银二万一千二百四十两零五钱九分一厘，耗羡银二千九百五十八两六钱三分九厘，尚有菏泽、曹县、单县、巨野、定陶等五县欠解正银五千五百七十八两九钱二分七厘，耗羡银七百六十两四分七厘，系应征之项，屡经提催尚未完解。除于考成册内据实声造外，合将各州县经征接征职名及完解数目分晰开造细数清册，详送核题各等情。臣复核无异，除将原册送部查核，并额银不及三百两以及参革、病故之员不应叙录者不开外，合将岁内通完岁外完解，并未据全完各官职名分晰开列具题，并据河东总河咨报，运河道属堂邑县知县屠道彰完解下欠正银一千二百二十六两九钱一分、耗银一百六十七两五钱四分，全数解交道库各等因前来。

查山东省河道夫食正银向系解河库经收，由该衙门核明完欠造报考成奏销。至应征耗羡起解藩库支放，由藩司核明造报奏销。嗣据山东巡抚咨报，正耗分解责成未有专属，请照仓项正耗统解粮道之例，河道夫食项下应解耗羡随同正银一并解交河库查收。除解交河库正银，所交解费即于各衙门支领，其耗羡仍由河库移解藩库支给各官养廉及一切经费之用，其应叙应处职名随同正银造报，以专责成等因，经户部行臣部查照在案。嗣据〔据〕该河督咨称，河工钱粮一项原有考成之条，夫食不在考成之内，请嗣后各州县应解河库钱粮、夫食正耗银两俱令于年内全完，照依地丁之例，即于次年四月内造报考成。如年内全完候部议叙，如迟至年外完解者，无论银数多寡，即于考成册内声明照例议处亦在案。

今道光二十九年分应征河库钱粮并夫食银两，据该河督题报额征银十万二千二百三十二两二钱四分内，应征正银九万二百九十七两五钱二分，除运河道属该年被灾之聊城、堂邑、博平、单县、范县、济宁、金乡、鱼台等州县缓征正银三千一百十三两九钱七分一厘，黄河道属缓征正银一千三百九十九两一钱五分六厘，应令该河督将缓征银两即行催征完解，止应征并缓征、启征正银八万五千七百八十四两三钱九分三厘内，于岁内岁外完解正银七万四千二百二十五两三钱三分二厘。又，据河东河道总督咨报，堂邑知县屠道彰完解下欠正银一千二百二十六两九钱一分，应令该河督一并造入岁报库存册内报部查核，其下欠正银一万三百三十六两一钱五分一厘，应令该河督转饬各该州县速即完解道库，报部查核，毋任延缓。至应征一四耗银一万一千九百三十四两七钱二分内，于岁内岁外完解银九千八百七十六两三钱八分九厘。又，据河东总河咨报，堂邑续完银一百六十七两五钱四分，共完解银一万零四十三两九钱二分九厘，应令该督即饬解交司库报部查核，并令山东巡抚一俟解到，将此款银两入何年耗羡册报之处，亦即专案咨部以凭稽核。其余因灾缓征以及民欠未完银一千八百九十两七钱九分一厘，严饬按限分别催征完报，毋任迟延。

又，岁内通完岁外完解及未据完解各职名，吏部查定例，河银三百两以上一年内通完者记录一次等语。应将经征道光二十九年分运河道属河银三百两以上一年内通完之德州知州汪封渭、前任汶上县今调历城县知县张张［积］功、署寿张县事试用知县王庚、滕县知县黄良楷、峄县知县朱彦华、署莘县事肥城县知县梁康辰、冠县知县李咸中、前任恩县今升河南陕州知州邱文藻、巨野县知县侯家璋、濮州知州周承业、署郓城县事试用知县赵东曙、署郓城县事夏津县知县汤秉成①、署泰安县事汶上县知县张文林、署新泰县事试用知县李琛、嘉祥县知县蔡德沛、临清州知州陈宽、署夏津县事试用知县杨泽闿，兖沂曹济道署河银三百两以上一年内通完之署滋阳县事候补知县柴文富、杨茂豫，邹县知县吴奏言，均照例准其记录一次。王庚、汤秉成、周承业又经征兖沂曹济道属河银三百两以上一年内通完，应照例各再准其记录一次。

又，定例，河道钱粮经征督催各员照徐、淮、临、德等仓钱粮未完例议处。又，定例，徐、淮、临、德等仓钱粮经征州县官初参欠一分者罚俸六个月，欠二分者罚俸一年，欠三分者降俸一级，俱戴罪征收；知府、道员欠一分者罚俸三个月，戴罪督催。又，定例，官员任内有承督未完事件于限内离任者，以罚俸一年全完。又，定例，特旨升调官员原任内有未完事件，如限满应罚俸三个月者，照原处分议结等语。除续报全完各员准其扣除免议，并前任东昌府知府朱锦琮欠一分以上，例止罚俸已经体致，应免其查议。代理曹州府事莱州府同知张攀桂署印欠不及一分，例无处分。前任运河道清已经病故，均毋庸议。至经征欠二分以上之前任济宁直隶州知州、今升甘肃巩秦阶道黄作霖，欠三分以上之前任菏泽县、今调泰安县知县张延龄，欠四分以上之曹县知县姚景崇、巨野县知县侯家璋、定陶县知县萨克持，督催欠一分以上之泰安府知府法丰阿、欠二分以上之兖沂曹济道夏廷桢署印、欠一分以上之代理定陶县事试用知县已经告病叶维枢、欠五分之署巨野县事试用知县陈应元，督催欠三分以上之代理曹州府事莱州府同知张攀桂、欠四分以上

① 《山东通志》作“冯秉成。

之署兖沂曹济道事登莱青道英桂，均例止罚俸降职。张延龄又兖沂曹济道属河银欠三分以上，叶维枢又代理定陶县任内兖沂曹济道属河银欠一分以上，黄作霖又督催欠一分以上，李天锡又兖沂曹济道属河银欠一分以上，亦例止罚俸。事在道光三十年正月二十六日钦奉恩诏以前，应行宽免。外，至另案革职并三品以上人员，不在恩诏宽免之列，仍应照例议处。应将经征道光二十九年分运河道属河银初参欠一分以上之前任单县知县徐镂照例罚俸六个月，欠二分以上之前任鱼台县知县许锽照例罚俸一年，欠三分以上之前任东阿县知县汪南金照例降俸一级，督催欠一分以上之前任兖沂曹济道王懿德照例罚俸三个月。徐镂、许锽、汪南金均已另案革职，于限内卸事，应照离任官例各罚俸一年注册。王懿德已升陕西布政使，于限内卸事，应照特旨升调官例于现任内罚俸三个月。徐镂又兖沂济道属河银欠一分以上，应照例再罚俸六个月注册。至菏泽县知县童正诗、署单县事试用知县赵东曙、定陶县知县萨克持、署东阿县事安丘县知县已经丁忧张梦祺、前任东平县知县董铎、济宁州知州叶圭书、署鱼台县事试用知县陈应元、运河道方、东昌府知府王观澄、曹州府知府李天锡，经征督催运河道属河银均未满限，童正诗、赵〈东〉曙又经征兖沂曹济道属河银亦未满限，应令该河督查明此项河银，如不在恩诏豁免之列，即以道光三十年正月二十六日恭奉恩诏之日起另行扣限，或离任无完核计分数，咨部核议。兵部查东昌卫守备荣金华、济宁卫守备路玺、东平守御所千总李纬遴经征道光二十九年分河工夫食银两全完，不及三百两例无议叙，全完三百两以上之德州卫守备周永备业经病故，均毋庸议。咸丰元年九月二十一日题，本月二十三日奉旨：“依议。”钦此。为此合咨前在，钦遵施行。（咸丰二年正月初三日到）

乌什办事大臣麟魁奏陈各省征解钱粮数目年终报部明示赏罚一折户部奉旨议奏

户部谨奏为遵旨议奏事。

内阁抄出乌什办事大臣麟魁奏陈各省征解钱粮数目年终报部明示赏罚一折。咸丰元年闰八月十三日奉上谕："麟魁奏请将各省征解钱粮数目归于年终开单报部，并明示赏罚核实举动一折。着该部议奏。"钦此。钦遵抄出到部。据原奏内称，筹画经费一节，现闻粤西又开捐输事例，此诚朝廷万不得已之举，因思外省办理清查已屡次矣，近年何省钱粮征解如额、何省仍多积欠、年终报部各省为盈为绌，自有稽核比较，请饬部臣按时详查。如某省较前征解有增无亏，核其为数多寡，分晰开单，将督抚布政司优加赏赉，道府州县立予升擢；如某省征解仍多积欠，亦即据实请将督抚布政司严加处分，道府州县立予降革追交。如此明示赏罚，则贤员皆知奋勉，而不肖者亦必愧惧等语。

臣等查各省征收钱粮，催征之贵全在藩司奏销案内原有考成，臣部恐欠数最多之省无由示惩，曾于道光二年议请于奏销外复加稽核。行令各省，一律以奏销截数，丰年以额征之数为准，蠲缓之年以应征之数为准，各按十分计算，计完几分计欠几分，比之上三年应征新赋能十分全完者，请将该省藩司咨送吏部议叙。欠数在一分以上者，请将藩司职名咨送吏部议处。臣部每届年终汇奏一次，历经遵办在案。兹据该大臣拟请各省征解钱粮于年终报部稽核比较，应请饬下各督抚、府尹严饬所属认真催征核实报部，照例分别劝惩，毋任延玩。

又，据奏称，外省地方官钱粮处分停升例有明文，三年举行卓异，即以各员任内征解成数是否足额，于出具考语时注明之处。吏部查定例，道府以下州县以上各官核计本省历俸已满三年，任内并无项正［正项］钱粮未完，其平日循声政绩，该上司实系灼见真知，准其列入荐举。俟到京引见吏部，将奉旨准其卓异者即以加一级注册，令回原任候升。又，荐举卓异人员任内如有正项钱粮未完，果系居官清廉能干，或现莅兼三兼四烦缺，在本省历俸已满三年，或并非兼三兼四烦缺，在本省历俸已满五年，均准该督抚一体保荐，吏部具题时将可否准其送部引见之处声明请旨；如并非兼三兼四烦缺及历俸未满五年，任内又有钱粮未完处分者即行议驳。又，荐举卓异人员本任内正项钱粮，该督抚给咨引见之时务令交代清楚，于咨部文内声明并无钱粮未完；倘升调离任后查出本任内仍有钱粮亏缺，该督抚上司能查出补参者免议，别经发觉，将原保之督抚降三级调用，申详之司道府州县降二级调用等语。是保荐卓异，每届举荐大计之年，各该督抚等将平日循声政绩素著者列入荐举，出具考语，开列事实具题。经臣部等衙门查明该员等俸次曾否届满，以及任内有无正项钱粮未完，或准、或驳、或声明请旨，例文已极详备，无可另议。

今该大臣奏请三年举行卓异，即以各员任内征解钱粮成数是否足额，于出考时注明之处核与卓异官，由该督抚给咨引见时务令交代清楚，于咨文内声明并无钱粮未完之例相符。应请饬下各督抚等核实遵办，以重考察而拔真才，于整饬吏治之道不无裨益。谨将遵旨核议缘由理合恭折具奏。再，此折系户部主稿，合并声明。伏乞皇上圣鉴，训示遵行。谨奏。

山东督粮道为据江南督咨将筹议饬禁缘由具报查核饬遵案

粮道景①为据咨饬遵事。

本年十月二十八日蒙总漕部堂杨②札开，准江南督部堂咨开，窃照字之为功，与人言不可得而尽，就至浅至近，妇稚皆知者言之，由科由甲而取青紫，为师为吏而谋衣食；与夫音信之往还、日用之记载、产业之凭据、商贾之账目，无不仰借乎字，乌可不致不借［惜］哉？前据宜兴等县通详，该县之陶器、江西之磁器，每多镌写诗句古文，并详述种种秽亵情形，业经本部堂通饬所属，严申禁令，劝谕收焚。数月以来，不独未见各属将如何办理章程详细禀覆，且有懵然不知，仍用还魂纸书写公牍者。前人有云，非督抚严禁无效。今之守令惟以征收钱漕较量羡余为事，而于无利可图之事，虽奉上司通饬，全不关心。首先干犯禁令，又安望愚民之舍利而遵行耶？殊不知谕禁惜字，虽似无利而利实百倍。盖人心不古，由于官民争利，迩年以来水旱不齐，盗贼频闻，抗粮拒捕之案层见迭出，无非因争利而肆无忌惮，遂致天变应于上也。若就惜字以感发其敬心，由敬生畏，推而至于日用行常，无刻不以敬畏为念，则风气自返淳朴。天理即是人心，感召祥和，年谷顺成可操券而得。民力既裕，地方自臻安谧，输将惟恐或后，何必以利为利？但愿贤守令于征收钱漕之暇，稍分丝毫心力于此等处着力，即是

① 即景霖。

② 即杨殿邦。

教民入手处。今再应约，举应禁各条开列于后，勿以为迂腐而置之高搁也。

计开：

一、宜兴之陶器，应责成宜兴、荆溪三［两］县，景德镇同知及该管知县勒碑永禁，不许镌写诗句古文及年号、名姓，如敢故违，即将渥坯碓毁、窑户责处。

一、还魂纸白色者，作为各衙门缮写文案、坊肆刷印小说之用；其次则包裹银两、银货物、裱糊、邮封等项；再其次竟作为出恭纸。秽亵若此，安得不严行申禁？其销路，则以漕船携带为大宗。现在大部所发捐输执照及各部邮封俱系还魂纸，是其明证造作之处。虽未逐一访实，而江宁则在城北一带，苏州则在北寺前、虎丘、后山等处，已的确无疑。应责成地方官查明造作之户，毁其池窖，押令改业，以清其源；并责成各粮道府县严禁装运买用，以截其流，倘敢假手书差需索陋规，以有为无，竟借此为由扰及造纸之家，即行严拿究办。

一、每年八、九月间纸坊贩客先发本银，密勾各地乡贩及拾子、僧人昂价收取字纸，设浅［栈］于隐微处所，将成本旧书及账簿藏匿漕船附搭北上，其零碎者翻作还魂纸。应责成各粮道地方官申明禁令，嗣后重运漕船过淮时由本部堂派员搜查，一经查出，不论何省之船，定将运弁、旗丁一并责革，还魂字纸当场焚化。

一、各衙门书办如有将废卷出卖者，应责成该管官严行责革。

一、不法棍徒摊卖淫词小说，并在于厕房屋角粘贴固精种子、专治难产、包摇大会等项，诱淫透赌之方，责成地保禀官拿办。

一、各衙门告示须贴于木板、芦席之上，不准粘贴墙壁。

一、典当无不将旧账簿包裹当货，银号、钱店无不将旧账簿包裹银两，用之不尽者即为学徒出息，论斤发卖。该典铺俱系有力之家，何必计及锱铢？若为积少可以成多，何不于银货上酌加丝毛，而效目不识丁之愚民所为？应责成地方官会同教官督饬绅士妥为劝谕，不准差扰。

一、大小铺户包藏货物之纸，无不刷印字号招牌并有告白，以杜假冒。此等纸匣不为妇女裁缝剪碎飘扬，即为孩幼随手遗弃，甚有乡愚将有字之包烟纸作为出恭纸者。其咎虽在作践之人，刷印者亦不能为无过。应责成地方官会同教官督饬绅士妥为劝谕，令其各改为花样以作记认，不准差扰。

一、将字纸衬靴帮、铺靴底、裱魄礌、糊蚕筐及妇女蒙童种种作践之处难以枚举。应责成地方官会同教官督饬绅士妥为劝谕，俾各知敬惜。

一、字纸之禁既严，则向之特［持］以谋生者口食无资，必将流而为匪。应责成地方官会同教佐督饬绅士于城乡市镇广为劝捐，多设惜字会加价收买，按期焚化。核计所需并不为多，此邦人多向善，必能争先恐后也。

以上各条系就本部堂见闻所及，约略言之，其应如何因地制宜、酌量办理，全在各守令实心实力而行之，不能详告也。除札三省藩臬司、粮道、河库道、淮运司及江宁、苏州、常州、饶州各府遵照办理，咨请查照，希即转饬各粮道，一体遵照等因到本部堂。准此，合亟转行。为此札仰该道官吏即便移行遵照办理，仍将筹议饬禁缘由具报，查核转札等因到道。蒙此，合亟案行。为此案仰该州官吏查照来文事理，即便转饬遵照办理，仍先将筹议饬禁缘由具文报辕，以凭查核转报。毋违。（咸丰元年十一月廿九日到）

济东道为荆州驻防骁骑校三音阿夜出无踪审明查议奏稿查照施行事由札

济〈东〉道花[1]札临清州知悉。咸丰元年十五日准兼署按察司咨开，咸丰元年十月初三日准奉前抚部院陈[2]案验，咸丰元年九月二十五日湖广总督部堂程、湖北抚院龚[3]咨，窃照本部堂、本部院于咸丰元年九月初一日会奏，荆州驻防骁骑校三音阿因拟陪防御引见落后在船夜出无踪，审明查议一折。除俟奉到朱批恭录另咨外，所有奏稿相应咨送查照施行。再，本部堂现在南省未及会印，合并咨明等因咨院行司。奉此，拟合移咨等因。准此，合行札饬。札到，该州立即转饬所属一体查照。毋违。此札。（十月初二日到州）

计粘发折稿一本。

奏为荆州驻防骁骑校三音阿因拟陪防御引见落后在船夜出无踪，审明查议，恭折具奏，仰祈圣鉴事。

窃臣程于本年五月内准刑部咨荆州将军台[4]等具奏，拟陪防御骁骑校三音阿引见，旋荆船至湖北钟祥县石碑地方，三音阿不知去向。其胞兄多隆阿等以访问情形与同船之文举人春福所供不符，衣服等项失落甚多，恐有情弊，奏明咨送湖广督臣

---

① 即花咏春。

② 即陈庆偕。

③ 即程矞采、龚裕。

④ 即台湧。

提讯等因。于咸丰元年三月二十六日奉朱批："认真究办，俟查有何情弊再行具奏，春福尤应严讯。"钦此。并准荆州将军台等抄供，将人证咨解到省，当经行司饬委武昌府知府明善行提船户人等集质审办去后。

兹据该府讯明录供拟议，由藩司梁星源、臬司瑞元覆审详解。臣程因在湖南办理防堵粤匪等事，未及提讯，咨臣龚审明会办，随提人证，逐一研讯。缘三音阿系荆州驻防，蒙古骁骑校春福系驻防满洲文举人，会试未中，在京考充宝录馆腾［誊］录。道光三十年十月内荆州右翼蒙古出有防御三缺，经荆州将军台、左右翼副都统官贵会合拣选，将骁骑校布占拟正，三音阿拟陪，为头对；斐龄阿拟正，余庆拟陪，为二对；文顺拟正，全海拟陪，为三对，俱于十一月初四日给咨赴部旗带领引见。文顺、全海即日起程，布占、三音阿因无脚驴，与斐龄阿、余庆于初六日一同起程。三音阿带有盘缠、银两、被囊、包袱并五钱重小金镯一对，临行时曾在家云，文顺、全海先走，倘伊引见落后，誓不归家。嗣文顺、全海于十二月初四日到京，十二日引见；斐龄阿、余庆、布占、三音阿于十二月初八日到京，十四日引见。三音阿未补防御，当行先行出京，经布占等劝留。十六日，荆州甲兵文祥赍折到京，三音阿即约文祥同回，文祥与布占等各向揽阻，三音阿以伊头对翻成三对，不能与布占等同行，坚执不听，留给布占盘费银十两，自即不俟部旗文批，于二十二日同文祥雇车起程，说定到湖北襄阳县樊城卸车。咸丰元年正月初六日行抵樊城，文祥寓歇魁茂店，三音阿另住公盛店。维时春福先因资斧不继，在享告假回旗设措，路过樊城染病，落寓太兴店医治，甫就痊愈。三音阿闻知，期同春福结伴水路旋荆，初七日随邀文祥同至春福寓所相商，春福允俟调理数日同行，文祥不能耽迟，当于初八日由陆路回营，销差于初七日。在樊城永兴正记布店看定布十一匹、洋绒一匹，讲明价钱，该店开给号码单携回。三音阿嫌贵未买，另同春福于初十日至春福素识之周太兴布店买布八匹，价钱七千五百四十文，三音阿并因银钱用完，向周太兴借钱五千文，二共钱十二千五百四十文，将五钱重小金镯一只给周太兴质押，系春福耽保，回荆寄钱赎取，春福与三音阿各回各寓。十二日，三音阿往向春福云称，伊未领咨文私自出京，听闻沿途州县差人捉拿，心甚慌惧。春福知无其事，见其精神恍惚，似患痰迷，用言慰解。十四日，随与三音阿同雇船户刘广发船只，说搭坐至荆门州洋沙地方交卸登岸，每人船价钱一千文。十七日，三音阿与春福先后上船，各将船钱交与刘广发收受。其时三音阿所借周太兴钱五千文，除在囊使用、开给船价外，尚剩钱三百余文，存于小褡连内随身应用，所有衣物、被囊等件共包裹二个，安放前舱住宿。春福住在二舱，另有搭船之文魁、魏姓等七人分住三舱、四舱，刘广发同子刘明顺、刘明导及家眷住在后舱，是日开行。十八日，三音阿因未带衣箱，其五钱重小金镯一只恐有失误，交给春福代为收存箱内。三音阿在船，茶饭无心，常称引见落后，无颜归家，又云襄阳县有差追拿，躁急垂泪，经春福与文国魁等劝解。十九日，春福因三音阿时向絮烦，小生憎嫌，答以我比你更烦，三音阿使气将手内烟管摔在船板，春福回称不应出这样子，伊看三音阿未与争角。二十日晚，船至钟祥县石碑地方泊岸，三音阿声言明日分别，今往后舱看究，即出前舱，从顶棚上走过后舱，与魏姓等闲谈，语言颠倒，仍从棚上转回，系刘明导等照应，将其扶下回进前舱。时已二更，三音阿复向春福言有差人促［捉］拿，春福劝其安寝，三音阿头戴毡帽，身穿棉袍等衣，腰缠搭系，挂装钱小褡连，当即和衣耽［躺］卧，春福等亦各睡歇。五更时春福睡醒，望见前舱月光，疑被窃贼上船，当唤醒文国魁，喊知刘明导起视，前舱门已开，三音阿不在船内，呼唤不应。须臾天明，即各上岸找寻无踪。

春福与刘明导等清点三音阿衣物，开写清单，春福代作禀稿，令船户刘广发出名禀县。刘广发年逾七旬，恐受羁累，令其子刘明导顶名同春福进城，是日赴钟祥县具禀，并缴衣物。值该县马晋图赴堤督修公出，经典史诸铭代收呈禀，刘明导在城守候，马晋图旋署讯供，将衣物贮库，分别差关查访打捞。其文国魁等七人不能久待，先于二十二日各自换船而散。春福候至二十三日期回荆州查称三音阿踪迹，即令刘广发开行，二十四日抵沙洋，二十五日登陆路。刘广发合水手张千跟随春福赴荆探听，二十六日抵荆州满城。春福询知三音阿未归，当遣张千向刘广发回信，正期赴旗禀报，适布占亦于是日回荆，路过春福家询问春福，告知三音阿在石碑不知去向。布占即赴本旗协领具禀，并至三音阿家通知。其兄多隆阿、萨里杭阿急向春福询问，春福述知各情，将三音阿给伊收存小金镯交还，未将在船时憎嫌三音阿絮烦及三音阿使气情形向多隆等说知。春福亦即赴旗具禀，由各该协领呈，径［经］荆州将军台、左右翼副都统官贵转饬协领恩夔等协领讯供，并檄行钟祥县查讯访缉；一面派令多隆阿、萨里杭阿、春福同往钟祥县访采抽丢影响。该县马晋图将三音阿衣物点衣，多隆阿、萨里杭阿收领，讯取船户口供通详，由荆州将军台等委理同知德克精额会同协领恩夔等提讯多隆阿、萨里杭阿。因访问船户刘广发述知三音阿在船絮烦，曾被春福憎嫌，言语与春福所供不符；并清点三音阿带京盘查银两无存，原带衣帽靴袜失落十四件，及永兴正记布店未买布绒之号码单有单无货；又因船户报县禀单系春福代作，疑有商同捏报情弊，心不甘服。经该将军等奏明，咨送湖广督臣提讯，钦奉朱批，认真究办，春福尤应严讯等因。兹据委员武昌府知府明善查讯，并行襄阳县传讯布店周太兴及永兴正记，各供相符，由藩臬两司覆解。臣程吝龚亲提严讯，供悉前情。

臣等查此案，荆州驻防出有防御三缺，拣员拟补三音阿系第一缺，拟陪于给咨赴京时，即称倘伊引见落后，誓不归家；随因未补防御，不愿与补授之布占等同行，未领部旗文批，自与折差文祥先期出京；行至湖北樊城，复约文举人春福结伴坐船行走，一路精神恍惚，茶饭无心，妄称头对翻为三对，无颜归家，并云沿途州县差人捉拿，躁急垂泪。种种情形已据在案人等各供吻合，是其心存躁进、失志痰迷确凿如绘。现讯伊兄多隆阿、萨里杭阿，亦无异词。其于泊船石碑地方深夜和衣躺卧，忽然出舱无踪，是否上岸他往，抑系溺水身死，虽查访打捞尚未有着，实与春福及船户人等毫无情弊，应仍分别咨行各省及本省地方官一体查缉，并再饬沿河州县认真打捞，俟查获日另行办理。至春福因嫌三音阿时向絮烦，答以我比你更烦，三音阿使气将烟袋摔在船板，春福回称不应出这样，伊看仅系暂时未能相悦，尚非春福理曲。质之多隆阿等供与所访相符，但春福前于将军等委员查讯未即详晰供明，殊有不合。文举人春〈福〉应照不应轻律笞四十，照例纳赎。三音阿在樊城时以小金镯质钱应用，迨至上船仅存三百余文，其带京盘银两本无存留，惟多隆阿清点原带衣帽靴袜短少十四件，约计值银数两。查三音阿赴京往返五千余里，为时七十余日，是否在何处失落，研讯现在人等均不知悉，无凭追查。三音阿质在周太兴之小金镯原系春福耽保，仍饬春福经手赎还，无干省释。是否允协，所有审明查议缘由，理合恭〈折〉具奏，伏乞云云。

济东道为遵上谕申禁河工官员挪动公费以为过往官员人等应酬之费陋习札

济东道花[1]札临清州知悉。咸丰元年十月十九日奉署理巡抚部院兼理盐政刘[2]案验，咸丰元年十月初十日准河东总河部堂颜[3]咨，咸丰元年九月三十日准工部咨，都水司案呈，内阁抄出。九月初九日奉上谕："向来东南两河工次，每有过往官员及举贡、生监、幕友人等往求资助，河工各员或碍于情面，或恐其挟制，往往挪动公项以为应酬之费，积习相沿，久滋流弊。道光二十四年曾奉上谕严行禁止，近闻此风虽较前稍息，而游客之请求、河员之滥费仍不能免。试思河工银两，国帑攸关，多一分应酬即减一分工料，势必侵吞剥削，贻误要需，于河务大有关系，必当严行申禁，以挽颓风。嗣后官员士子等各宜自爱，不准前赴河工借词要求帮助，河工官员果能廉明自持，又何难概行拒绝？倘有无赖之徒敢于挟制，或投递堂函，公行请托，经该河督查出，即将其人扣留，揭名严参延究。如河员克减工程，滥施邀誉，一并从严参办，以除陋习而慎河防。将此通谕知之。"钦此。钦遵抄出到部。应行河东河道总督，钦遵查照可也等因到本部堂。准此，除行司道转饬钦遵严禁外，相应移咨，钦遵查照等因到本署院。准此，合就檄行等因。奉

① 即花咏春。
② 即刘源灏。
③ 即颜以燠。

此，合行札饬。札到，立即钦遵转饬所属一体严禁。毋违。此札。（十月廿六日到）

湖广总督程矞采为遵旨确查湖南前任抚臣及各员任内声明覆奏

湖广总督臣程矞采跪，奏为遵旨确查湖南前任抚臣及各员任内声明，恭折覆奏，仰祈圣鉴事。

窃臣准军机大臣字寄，咸丰元年闰八月十五奉上谕："有人奏前任湖南巡抚陆费瑔在任时贪赃卖缺，以巡捕蔡鼎新、王逢吉腹心，致佐杂人员争先进贿，知县张宗世、俞舜钦、俞昌会皆有贿赃情事等语。湖南吏治废弛，总由大吏表率无方。前因陈［程］矞采奏参前任藩司万贡珍、道员吕恩湛，已照部议革职，并谕该督查办。若各所奏万贡珍等未能整顿，未必非陆费瑔为之厉阶。着程矞采照折内所称逐款访查，如有前项劣迹，据实具奏，毋稍徇隐。原折着抄给阅看，将此谕令知之。"钦此。仰见我皇上澄叙官方、肃清吏治之至意，曷胜钦服！

臣遵查前任湖南抚臣陆费瑔于道光二十三年闰七月到任，至二十九年闰八月丁忧卸事，如折内所称，任内贪赃买缺，以巡捕蔡鼎新、王逢吉为腹心，说事过钱，蔡鼎新次子捐纳县丞，又被王逢吉挟制委署县缺一层节。前抚臣陆费瑔在任六年，系蔡鼎新、白自澄二员充当巡捕，迨白自澄委署湘阴县县丞出省，改派湘泽县县丞唐逢辰接充，王逢吉并未充过陆费瑔。巡捕蔡鼎新系道光十六年前抚臣裕泰任内派充，至今十有余年，人极醇谨朴诚，不与人交接往来，现尚试用未入流。计到省二十余载亦未补缺，其素无奔竞，可知平日俭约自持，以多年之所积，为出嗣之次子福田于道光二十二年遵例报捐县丞，分发江西候补，是其捐官在陆费瑔未经到任之前，自非陆费瑔与之捐纳。至王逢吉系前抚臣讷尔经额内派充巡捕，惟时系武冈县石门巡检，先于道光十六年经讷尔经额以武冈县蓝正桥滋事案内军功保奏，以应升之缺尽先升用；又于二十二年湖北崇阳县钟人杰滋事案内防堵出力，经前抚臣吴其濬保奏，以府经县丞用；二十三年复经吴其濬升补浏阳县县丞委署湘泽县知县，又因捐米案内保奏，以应升之缺升用，计充巡捕七年，皆非陆费瑔任内。该员于二十四年七月代理邵阳县事，九月署理安仁县事；二十五年正月代理湘乡县事，五月委署江华县事；二十九年四月署理巴陵县事，皆陆费瑔任内所委。因该员性情浮躁，不予题升，王逢吉颇有怨言。如果陆费瑔受其挟制，何能以迭经保奏之员故为抑置？王逢吉前因欠解钱粮并禀讦署藩司春熙考劾不公及被控门丁侵赈各案参革。臣到长沙接奉廷寄，遵旨查讯该门丁借赈诈赃属实，亲提王逢吉质审，无可置词，即当并案治以应得之罪。

又，折内所称张宗世、蒋成列入甄别单内，张宗世以贿得免，蒋成之母持刀入署滋闹，该抚遣令巡捕劝回，立将蒋成涂去一节。查平江县知县张宗世捕务废弛，听断迟延，臣于途次即接有控词数纸，至长沙省又奉旨饬查该员贪酷，虽无实据，而其居心不协，舆情声名实属平常。业经臣奏参革职，尚有被控之案数起，已饬令臬司严行审办。是该革员于道光二十七年拟归大计之说未必无因，惟骫法营私究属暧昧不明之事，难保非意外讹言。至城步县知县蒋成如果亦归甄别，其母持刀入抚署，殊骇听闻，断难掩人耳目。臣密告抚臣骆秉章摘传把门及看堂各役详加讯问，均云并无其事；质之巡捕及年久诚实可靠官员，俱称蒋成需次省垣时，伊等与其母均曾相见，明白晓事，言论亦婉而多风，讵至行同无赖？如有巡捕劝回之事，何必代为隐瞒？所言俱尚可信，臣亦随时访问，异口同声，似无讳饰。查蒋成循分供职，实亦非陆费瑔曲意姑容也。

又，所称湘潭县知县俞昌会，因该抚索银不遂致被撤任，及进贿后又复保升知县一节。查道光二十三年五月俞昌会由湘潭县知县升补桂阳直隶州知州，彼时系吴其濬保题，并非在陆费瑔任内。是年八月间，陆费瑔委解东河饷银，该员始卸湘潭县事，亦非被撤。俞昌会由佐杂出身，办事向多取巧，交代好占便宜，曾以军功保举知府衔。上年因新宁逆匪滋事案内革职，复经裕泰奏请，给还顶戴送部引见，仍以措设资斧为词迁延日久，其实在省垣置办业产，坐拥厚资。应请旨革去知府衔，勒令休致，谨饬令请咨回籍，毋任在省逗遛，以警官邪而息物议。

又，现任乾州直隶厅同知俞舜钦于卸署湘潭县事，百姓以木桶装载粪土摆列送行一节。道光二十八年四月，该员在湘潭任内与绅士时有抵牾。该县刁生劣监本多把持公事，该县拒绝甚严，于卸事时有典史查拿赌博之案送县究办，绅士来署说情，该员遂将绅士管押，因而舆情不洽，致有书院罢考之谣，亦无以粪土送行之事。惟前署湘潭任内于蠹书、郭玉琛等多索兹户票钱，并垫完钱粮加息取偿，未能查出究办，均有应得之处分，业经会折奏参，应毋庸再行置议。

至陆费瑔任内佐杂委署县缺及保升知县者不可胜计一节。臣查陆费瑔在任六年之久，佐杂、佐贰委署县缺及保升知县者共计有十七员，亦多著有军功劳绩，惟该员等或不知检束，或专事钻营。巡抚系关防衙门，若能严密稽查，自足以杜招摇之弊。陆费瑔身为疆吏，具有天良，何敢贿赂公行徇私包庇？闻家属人多不谨，该抚亦未时加整顿，并致物议沸腾。其办理会议，匪徒不肯从严，案犯稍形宽纵，兼之司道办公颟顸，相率因循，亦不免失于查察。已革藩司万贡珍素有名士风流之目，于吏治不甚讲求；已革辰沅道吕恩湛挥霍性成，不改富豪习气，臣已饬将交代项下一切屯粮年款如数速行结报，以免再事严参。现在暗访明查该革员等，尚无别项劣迹，臣仰蒙圣谕，断不敢稍存徇隐，自取愆尤。所有逐款遵查复奏缘由恭折具奏，奉旨已录。

济南府为核议各属交代案内应摊科场经费如遇恩科量为变通一案缘由移会

济南府恩①为移会事。

本年二月初六日蒙藩宪批，敝府禀覆核议各属交代案内应摊科场经费，如遇恩科请量为变通一案缘由。蒙批，据禀已悉，仰即移行遵照。缴等因批府。奉此，除饬敝属遵照外，合移贵州请烦查照，并转饬所属遵照新定章程办理施行。须至移者。

计粘抄府禀一纸。(咸丰元年二月廿一日到)

敬禀者。案奉宪台批，据历城县张令②会同委员童令禀交代案内应摊科场经费如遇恩科请量为变通一案缘由。奉批，查科场为抡材大典，所有应用经费向系详明，在于现任之员领款内全数扣拨给发，以济急需，至各州县分作九年摊派，司中向不与闻。今该令等禀请酌旧章分年摊完，固属应时制宜起见，

---

① 即恩锡。

② 即张积功。

但据禀通行，则科场之年所派经费，各州县必借口各管各任，不惟扣解为难，且恐互相退［推］诿，转多纠缠，于公事不无掣肘。其应如何变通以昭公允之处，仰济南府妥议禀覆，以凭核夺。毋违。此缴。禀抄发等因。

奉此，遵查科场经费攸关考试大典，非别项摊捐可比，向在各州县现任之员领款内扣拨。道光八年详明交代案内，正科之年自正月初一日起分三年摊，如遇恩科即与下次正科经费合而为一，并作四年摊捐。今岁辛亥恭遇恩科，照章应与咸丰二年壬子正科并计摊算，而上届道光二十九年己酉正科经费，若仍作三年捐，则一年摊及三科经费，事涉重复，各属合算交代难免争端。该令等参酌卑前府核议交代旧章，量为变通，请将各州县交代摊捐科场经费恭遇恩科，将三科经费分作六年摊算，所议固属因地制宜，为速结交代起见。但此项经费各属分作几年摊算，宪台衙门向不与闻，若据禀通行，恐各管各任互相推诿，纷纷禀详，多一纠缠，经费转滋悬宕，亦不可不防其渐。

卑府一再思维，悉心筹议，应请如该令等所禀。嗣后各州县交代，除寻常正科经费仍自正月初一日起分作三年摊捐外，如遇恩科，则上届子年正科经费，分作两年摊；寅年恩科经费，再与卯年正科并计，分四年摊；如恩科在丑年，照旧与子年正科并计，分四年摊，其下届卯年正科经费亦转至辰、巳，作两年分摊以昭公允，仍循旧章详明。由宪台在各属现任之员领款内扣拨，统归交代核算，不准借词推诿，俾免虚悬。缘奉饬议是否有当，理合禀请大人察核批示，以便分别移行遵照。

将咸丰元年管河各官任卸日期、如何支食俸银迅速查明禀报司札

布政司刘[①]札临清州知悉。案查河工人员遇有升迁调署支领编俸银两，前因各该员并不将如何任卸日期随时详报，以致奏销案内诸多歧异。经前司议定章程，详奉院宪移咨河宪，将因何交卸随时咨行，并抄详札知该州转饬所属。嗣后凡遇升迁调署，河工各员牒报到任，即由该州县将应如何支食俸银查例禀司请示，奉批后方准分别支扣。倘日后再有错误，则惟着落滥支之员赔补。所有咸丰元年各属河工人员辗转、委署、任卸日期，迄今未据各州县禀报，殊属迟延，合亟马递札催。札到，该州即便遵照，转饬所属将咸丰元年管河各官任卸日期、如何支食俸银迅速查明禀报，以凭查核造报，毋任迟延干咎。速速。此札。（咸丰元年十二月初七日到）

济南府为将道光三十年添办阔布津贴照依额办，阔布例价不敷银两交代案内分作三年摊算缘由移会

济南府为移会事。

---

① 即刘源灏。

本年八月初五日蒙布政司批，敝府详请示遵道光三十年添办阔布津贴银两交代案内请分三年摊算缘由。蒙批，据详请将道光三十年添办阔布津贴照依额办，阔布例价不敷银两交代案内分作三年摊算，尚属允协。仰即如详饬知所属，并移行各府州转饬，一体遵照办理。毋违。此缴等因到府。蒙此，拟合抄详移会。为此合移贵州，请烦查照，希即转饬所属应摊此项津贴各州县一体遵照办理。

计粘抄全详一纸。

为详请示遵事。

本年七月初九日据淄川县详称，本年六月廿四日蒙本府札饬，应解阔布津贴银两一款开列，卑县应续摊银九十三两等因到县。蒙此，亟应遵照批解。惟查此案于道光三十年蒙前府恩守①转蒙各宪札饬卑县摊银六十两，嗣因解布委员禀称津贴不敷筹议，加增于每匹原定摊解津贴等项银三钱三分外，再行加添银七分。又，奉前府恩行知卑县续摊银三十三两等因遵照在案。现奉饬摊银九十三两，是否于原续摊银九十三两之外，再行加倍摊银九十三两，理合详请查核示遵。再，此项津贴银两，统计原续摊及二次续摊共银一百八十六两，银数比上届加增，是否作为三十年分捐款尽数于该年摊完，抑应分年摊扣之处，并请明示，俾有遵循，实为公便等情到府。

据此，卑府覆查道光三十年添办阔布津贴银两，先因解布委员熙倅不敷公用具禀，宪台批，经由府议请，援照额办阔布津贴，于每匹三钱三分之外，再行加增银七分。禀蒙宪台札饬，在于办布州县之同属不办布州县，照依新定缺分等次先后饬摊

① 即恩锡。

在案。惟此项津贴银两，如淄川县原续奉摊银一百八十六两，较之上届银数加增，若作为三十年分捐款尽数于该年摊完，未免吃重。卑府秉公核议，应请照办布州县例价不敷银两归入交代，自奉文之日起，无论正署分三年摊，仍由现任垫解归入交代核算，以昭公允而免争执。据详前情，拟合具文详请宪台察核批示，以便分别移行摊解添办阔布津贴各处遵照，实为公便。（咸丰元年八月十三日到）

济东道为内务府并八旗登覆各案以及各省咨报并在部呈请豁免各员赔罚款项事由移咨

济东道花①为移咨事。

本年七月十八日准布政司咨，咸丰元年七月初十日奉巡抚部院兼理盐政陈②案验，咸丰元年七月初一日准户部咨，山东司案呈，咸丰元年六月初三日准查核豁免处付称，本部具奏，查免内务府并八旗登覆各案，以及各省咨报并在部呈请豁免各员赔罚款项一折。于咸丰元年五月二十八日具奏，本日奉旨："依议。"钦此。相应传付江南等司处即赴本处抄录原奏免单，查明原案，自行行文各该员原籍、寄籍，传所各衙门一体遵照销案等因前来。相应抄录原奏清单，行文山东巡抚遵照销案可也等因〈到〉本部院。准此，合就檄行。为此仰司官吏即便钦

① 即花咏春。

② 即陈庆偕。

遵，分别移行查照销案。毋违等因到司。奉此，拟合移咨等因。准此，合行转饬。为此仰州官吏即便钦遵，分别转行查照销案。毋违。须至札付者。（咸丰元年八月初十日到）

计粘单一纸。

奏为请旨豁免款项事。

道光三十年正月二十六日恭逢恩诏，查免内外大小官员一切赔罚银两。经臣部核明八旗并在部具呈各省咨报请免赔项，以及内务府咨报短收关税盈余并欠交各项银两各员，并据工部将因公核减工程赔项各员名银数造册请豁。经臣等按照奏定条款悉心酌核，缮具清单，并声明各该旗省尚有未经册报并现经行查未覆各员，仍由臣部咨催，赶紧造报，俟陆续咨报到部，再行分起核办。于上年十一月二十二日先后具奏，均奉旨："依议。"钦此。钦遵在案。

兹据内务府并各旗登覆各案，以及各省咨称并在部呈请豁免各员赔罚款项，皆按奏定条款悉心酌核。有案关侵贪挪移并关差各员业经取具家产全无印结，以及短征、缺销，分赔、代赔、因公罚赔并在于子孙名下代赔之项，核与条款相符者及清查案内追赔银两本员病故者，恩诏以前查明子孙并无官职、取具并无家产印结送部者，谨开具员名清单，先行请旨豁免，以广皇仁。恭候命下，臣部行文内务府并各旗都统暨各省督抚一体遵照销案。至各直省应免追赔银两，尚有未经册报由臣部咨催造送请豁，其已到省分现在按款核办，俟核明后再行分起具奏请豁。为此恭折具奏，伏祈皇上圣鉴。谨奏请旨。

计开：

原任山东临清州知州觉罗增龄未完垫修卫河民埝划赔银七千九百九十八两六钱八厘，又应赔常平仓谷价银六百六十八两五钱，又欠捐款银三千二百二十两九分六厘，又历城、兰山等县任内应完库吏亏缺估变什物不敷等银一千二百五十二两三钱一分八厘。四款共银一万三千一百三十九两五钱二分二厘，内除欠解蓝山县任内认交缓征垫支廉俸着赔银四百十一两三钱三分九厘，实未完银一万二千七百二十八两一钱八分三厘。

济东道为俟滇员赵崑领运前项铜船到境赍执印结饬令各属查照勘合事由札

济东道花[①]为通行事。

本年七月二十三日准布政司咨，咸丰元年七月十二日奉巡抚部院陈[②]案验，咸丰元年七月初三日准江苏抚院杨[③]咨，据署江苏按察司岳兴阿详称，案奉行准部咨外省填给勘牌等项，令填给衙门具文报明〔报明〕等因，久经遵奉在案。兹准江巡道咨，据云南委员元谋县知县赵崑领解己酉年加运二起京铜到境，除拨应号船过载移咨填发勘合等因，并据该委员请领勘合前来。查前奉部颁，庚子勘合业已填用无存，除循例详明填给本署司衙门邮字五号印照一张，照例填明以代勘合移送应用外，详候咨部查考，并请咨明山东抚院、直隶督院查照。一俟滇员赵崑领运前项铜船到境，赍执印结，饬令各属查照勘合，照例妥为应付前进，仍循例填送印花详咨，以重邮政，实为公便等情到本部院。据此，除分咨外，相应咨明查照转饬等因到本院。准

① 即花咏春。

② 即陈庆偕。

③ 即杨文定。

此，合就檄行等因行司移道。准此，合行札饬。为此仰州官吏即便转饬沿河各州，并该州一体查照。毋违。（八月初十日到）

济东道为重运漕船扫数渡黄完竣转饬沿河各县将抵境帮船无分昼夜加紧提催札

济东道花①札临清州知悉。本年七月二十七日蒙巡抚部院陈②案验，咸丰元年七月十一日准南河督部堂杨③咨，窃照重运漕船扫数渡黄完竣一折。经本部堂会同两江总督部堂陆、漕运总督部堂杨④，于咸丰元年七月初三日恭折由驿具奏。除俟奉到朱批，另行咨会外，相应抄粘咨会查照等因咨院行道。蒙此，合行札饬。札到，该州即便转饬沿河各县，会同营司漕文武员弁，将抵境帮船无分昼夜加紧提催，实力弹压，务令安静遄行，飞挽北上，勿任片刻停延脱空。切切。此札。（咸丰元年八月初四日到）

计粘单一纸。

奏为重运漕船扫数渡黄完竣，恭折循例由驿驰报，仰祈圣鉴事。

窃臣等前将五月初八日止重运渡黄船数驰奏后，当即催提后船，本期全用清水送渡。奈浙江在后帮船因丹徒运河岸土坍

---

① 即花咏春。

② 即陈庆偕。

③ 即杨以增。

④ 即陆建瀛、杨殿邦。

卸、河道壅塞，经该府县两次设法疏通，甫于六月初九日全行渡江，截至六月十五日扫数过淮。惟先于十二日黄水陡长，已形内灌，不能不将新草坝堵闭，计自五月二十九日至六月十二日，续又清水渡黄船三百五十余只；一面飞催在后各帮过闸进塘，并以云南各铜船鼓铸攸关，必须随塘灌放，而头二三闸水势悬殊，该运船极薄钉稀，难于送挽卸铜，过闸诸多耽延。臣陆于六月十七日折回扬州查验江防各工。臣等于六月二十八日会驻河口，仍用灌塘旧法，督堵临清埝。因塘河清水较高，恐启埝不能跌透，随启涵洞宣放落低，仍将涵洞堵讫，立启临黄埝，将塘内所存之湖南、浙江等帮计船二百四十五只，并云南委员吴鸿昌、彭克偁、郑训逵、赵崑正运、加运各铜船共四起，均挨次陆续放出渡黄，进中北上。

统计本年重运，除在黄河以北兑运三帮外，实渡黄船三千一百八十九只，计九十五帮扫数全完。比较道光二十八年六月初二日重运尾帮渡黄合迟二十六日，比二十九年七月十三日、三十年七月二十一日合计早十五日至二十三日。惟此运河于六月初三、四日，因东省大雨，山泉涨发，河水陡长八九尺，即经运河厅营赶启冬闸引渠，并启宿汛。旧河尾展宽至四十余丈，水甫消动乃旋又加长，来源极旺，赶紧添启刘老涧滚坝并启骆马湖尾闾各坝暨王家沟，以资分减。该境及中河厅两岸堤埽异常吃重，均饬分投防护，将旧埽分别补加堤身被刷之处，酌厢防风，务使保守缠堤一律稳固，俾年船攒行无滞。并预发料物存于旧河尾等处，一俟畅消即行察看堵闭，总期济运固堤，两顾无误，上舒宸廑。除饬徐州、淮海二道督率印委文武严行催攒外，所有重运扫数渡黄完竣日期，谨会同两江督臣陆恭折由驿具奏，伏祈皇上圣鉴。再，臣杨即督押尾帮年船北上，合并声明。谨奏。

济东道为借给云南京铜委员赵崑、郑训逵运费银两片稿查照事由札

济东道花①札临清州知悉。本年五月十二日准布政司咨，咸丰元年五月初四日奉巡抚部院兼理盐政陈②案验，咸丰元年四月初六日附奏，借给云南京铜委员赵崑、郑训逵运费银两一片。除俟奉到朱批，另行恭录咨明外，所有片稿相应咨送，转饬查照等因到本部院。准此，合就檄行。为此仰司官吏即便移行查照。毋违等因咨院行司移道。准此，合行札饬。札到，该州即便转饬查照。毋违。此札。（咸丰元年五月二十八日到）

计粘单一纸。

奏再道光十五年准户部咨，滇省京铜委员在途运费不敷，准借养廉银八百两，上游省分止酌借银二三百两，仍奏明知照下游省分查核等因。兹据署湖北藩司椿③遵详称，据云南领运己酉年京铜加运二起委员、元谋县知县赵崑及庚戌年京铜正运一起委员、石屏州知州郑训逵具禀，因在途次风水阻滞盘摊拨等事运费不敷，各请借银三百两，由司查明给领，具详请奏前来。臣核与章程相符，应如所详动支司库耗羡，各借给银三百两以资接剂。现值京局需铜借铸催逼，刻日前进。除咨云南省核扣报销，暨咨户、工部并下游各省外，理合附片具奏。

---

① 即花咏春。

② 即陈庆偕。

③ 即椿寿。

庙讳应避

福临幅𥳑，玄烨元爗，胤禛胤祯，弘曆宏歴，颙琰颙玧，旻寧旻寍

御名应避

奕詝奕訢

睿亲王端恩，成亲王永瑆，礼亲王麟趾，肃亲王永锡，豫亲王裕兴，庆郡王永璘，荣亲王绵亿，克勤郡王尚祐，仪亲王永璇，庄亲王绵琛，顺承郡王伦柱，贝勒永球、永琦、永鋆、绵誉、奕绍、奕绘、奕绮，贝子奕绪、载锡、祥瑞，镇国公绵龄、奕颢，辅国公禄义，定亲王绵恩。

以上均须避。

避讳定式

璜、璇、琏、瑆、璋、玑、瑾、珑、琪、璐、琰、琮、璘、瑢、瑊、璟等字，不论本内首从及死者之名，俱除王旁。又如本内遇名叫湧兴改淇典，庚辰改唐辰，国改帼，福改幅，寿改受，祖改组，天改添，珍改畛，龙改陇，永改泳，恺改凯，昭改照，孝改效，

景改澋，泰改太，裕改遇，翼改亦，纯改淳，显，章，清青，朝潮，成世，宏利，宏烈，肇祖，兴祖，景祖，显祖，隆改瀧，元沅，廷庭，圣柽，仁人，子仔。

以上俱音同字异者代之。

禄碌，林改淋，喜改僖，世士，文改汶，武，仙，神凤，荒字亦应避，臣莣，尽数全数，岁终岁底。

以上未注明者随时酌改可也。①

济东道为奉旨查照山东丘县典史齐宝臣准其初次六年俸满保荐注册入于卓异班内札

济东道花②札临清州知悉。咸丰元年七月初九日准布政司咨开，咸丰元年六月二十九日奉巡抚部院兼理盐政陈③案验，咸丰元年六月十七日准吏部咨文，送司案呈，吏科抄出山东巡抚陈题前事等因。咸丰元年三月十六日奉旨："该部议奏。"钦此。议得山东巡抚陈疏称，丘县典史齐宝臣于道光二十四年八月初七日到任之日起，连闰扣至三十年七月初七日，初次六年俸满，验得该员年力强健，缉捕认真，堪以保荐等因前来。查齐宝臣直隶供事，因捐纳未入流分发云南，亲老告近改掣山东，因捐修城工出力奏准分缺，间用咨署丘县典史。道光二十四年八月初七日到任，三十年十一月二十日实授历

① 以上三篇为夹页内容。

② 即花咏春。

③ 即陈庆偕。

俸已满六年，与保奏之例相符。该抚院称该员年力强健，缉捕认真，堪以保荐等语。应如该抚所请，山东丘县典史齐宝臣准其初次六年俸满保荐，注册入于卓异班内，在外准以本省应升之缺题升，在内准以近省之缺通较日期先后升用，勿庸送部引见等因。咸丰元年六月初六日奉旨："依议。"钦此等因到本院。准此，合就檄行。为此仰司官吏即便钦遵转行查照。毋违等因到司。奉此，除注册外，拟合移咨等因。准此，合行札饬。札到，该州立即钦遵转饬查照。毋违。此札。（咸丰元年七月二十日到）

济东道为奉旨将各衙门除紧要工程仍随时兴修外其余一切工程均着暂停札

为传付事。

本年七月初七日蒙巡抚部院陈①案验，咸丰元年六月二十二日准户部咨，山东司案呈，本部奏请暂停工程附片一件。咸丰元年五月二十四日奉上谕："户部奏请暂停工程等语，道光二十年曾奉谕旨'一切工程暂行停止'，十余年来，中外臣工自当钦遵办理，第恐阅时既久，工作渐增，又滋浮滥之弊。着仍钦遵圣训，凡京外各衙门除坛、庙紧要工程仍随时兴修外，其余一切工程均着暂行停止以示限制。"钦此。相应恭录上谕，抄录附片，行文山东巡抚遵照可也等因咨院行道。蒙此，合行

① 即陈庆偕。

札饬。为此仰州官吏即便转饬所属，并该州一体钦遵。毋违。

计粘单一纸。

户部片奏。

再，查八旗兵饷以及各项工程搭放钱成，均经臣部随时酌量情形奏明办理。本年三月通盘核算，自四月起至九月底止，除八旗兵饷仍以二成制钱搭放外，约计存钱尚多，拟请将各项工程，除盛京、东陵、西陵工程向不搭放钱文，其余各工程仍以三成搭放，奏蒙俞允，遵行在案。兹据部库查明，三月间工部支领修理八旗营房工料钱一万六千四百余串，系动用库存之项，现在库内实存钱四千余串，倘以后再有工程不敷搭放，自宜早为筹及。臣等伏思工程用项，少搭一成钱文，即需多给一成银两，现当库藏支绌之时，宜从权节省，以制度用。恭查道光二十年十二月奉宣宗成皇帝特旨："嗣后京外各衙门除坛、庙紧要工程随时兴修外，其余一切工程均着暂行停止。"钦此。十余年来，中外臣工自必钦遵办理，第恐阅时既久，造作渐增，无论累万盈千需费孔巨，即或数百金、千余金之工程，积少成多，亦宜稍从樽节，应请旨饬下京外各衙门钦遵。前奉谕旨，除坛、庙紧要工程随时兴修外，其余一切工程暂行停止，殊于节省经费不无小补，臣部搭放制钱亦得借资周转。所有臣等议请暂停工程缘由，理合附片具奏云云。（咸丰元年七月三十日济东道行）

部库吏役勒索解费折经管理户部三库事务衙门片奏，山东署院为奉旨凡遇解部银两并即饬知管解之员一体遵照札

署山东巡抚陈、刘①为通行事。

咸丰元年二月十三日准户部咨，捐纳房案呈，准湖广司付称，准管理户部三库事务衙门咨称，户部会同本衙门议覆御史何冠英奏部库吏役勒索解费请实力查禁一折，本衙门附片奏请删除规费归公一折、清单一件。于道光三十年十二月二十七日奉旨："依议。"钦此。除咨行户部查照转行等因付知前来。除抄录原案清单行文，相应知照山东巡抚，一体遵照办理可也等因到本署院。准此，合就檄行。为此，札仰该委官即便钦遵查照，嗣后凡遇解部银两并即饬知管解之员一体遵照。毋违。

计粘单一纸。（咸丰元年二月十九日到）

户部等衙门谨奏，为遵旨会议，奏祈圣鉴事。

道光三十年十一月二十八日内阁奉上谕："何冠英奏部库吏役勒索解费，请饬实力查禁等语。着户部管理三库大臣查议具奏。"钦此。于十二月初二日抄出到部。据该御史原奏内称，各称各省解部银两向由该省兑足库平、粘贴印花，断无短少之理，乃部库吏役朋比为奸，每遇解官投文后即勒索解费，名为补平银，每百两或十两八两不等。倘所欲不遂，即多方刁难，

① 即陈庆偕、刘源灏。

并于弹兑时高下其手，捏报短绌。解官即期据理揭告，而一交刑部传质，则需时既久，使费更多，本省督抚复责以办理不善之咎，是以任听簸弄，莫敢理论。即以每百八两计之，正项十万已需解费八千两。该省既无闲款可筹，该委员等亦何能措资赔垫？若遇升官引见之员，令其稍为搭解，略受赔累，尚可勉强从事；若专派解官，则人人视为畏途，每托词规避，辗转需时。近年各省应解之款观望迟疑故作延宕者实由于此，于库储大有关碍。应请明降谕旨，严饬该管官实力查禁，于交库令该解官站立乎前，近看弹兑，并令将曾否被索解费之处当面具结，画押存案。倘该吏役等意为轻重，准该解官当面禀究管大臣立时剖断，一面令该解官领批回省，一面将该犯等奏交刑部，加等治罪。庶报解者无所顾虑，自可源源而来等语。

臣部伏查各直省委员解饷到京所赍文批，定例应赴三库大使厅报递付送，臣部承发科呈到堂签到，转发各司出具印付移付银库，均以三日为限，如有压搁迟逾，自不难按期查核。迨银库收银完竣钤印付回各司，该司亦即具稿呈堂，将收银日期、数目行知各该省互相稽考。其解官回省销差向有三库堂印批回，由档房移付各司，转传解员赴库给领，再赴科道衙门查验，加印给发，并由该司给付司印实收。立法已属周详，防弊亦臻严密。臣部仍恐各司书吏与该解员等因有交手事件，或启延压需索弊端，复经查明，司印实收系为解官回省持此销差起见，既有三库堂印批回，又有部复印文交收，已可据以销差。因于道光二十五年奏明将司印实收裁撤，俾部书无从借手纂入，则例永远遵行，并经奏明管解员役投文领批，均事隶三库档房，毋庸由各该司转传赴库检查。臣部现办章程，各该解员与各司书吏绝无应行交手事件。兹据该御史奏称部库吏役朋比为奸，至多方刁难等语。

臣等查臣部稽核各司办理解饷及物料等项事宜，均饬各司按照例定限期办理，并令各司各立一簿，凡有解款，均将何日文到、何日付库、何日付回、何日行文逐一注明，呈堂阅画，如有迟滞，不难一目了然。是投文后之逐层防范，实已无可再密。惟查大使厅付承发科，承发科付各司，各司付银库，均以三日为限，尚觉稍迟，拟请嗣后均以二日为限。至各省饷鞘到京进城，入店、出店日期向有解员结报，该营转禀步军统领衙门稽查，拟请嗣后步军统领衙门于该营禀报饷鞘进城，即日咨行臣部查核该解官赴大使厅随鞘投文，不准前后参差。如鞘已进署，延不投文，由臣部咨行管理三库衙门严切根究。倘查有部书留难需索情弊，即令该解员指名禀报，送交刑部治罪。若解员匿不禀报，甘心滥与，别经发觉，将该解员、部书等与受同科一并送交刑部治〈罪〉。至银库兑收各省饷鞘时，本系令该解员站立乎前，眼同弹兑，道光二十五年因库设天平不甚灵便，弹兑时必须用锤敲击，恐敲有轻重，易滋流弊。经前任管库大臣奏明，改用比子兑收，现在所用比子灵动自如，轻重立辨，既不用锤敲击，即无从高下其手，捏报短绌。

自道光二十三年清查库案以后，臣等均系轮流赴库，每遇兑收银两，督饬司员眼同该解员三面弹兑，恪遵定例，不容丝毫短少，亦不准额外增添；并行文各省，于委员起解之先概行晓谕，到京时如承办吏役借端勒索，立即禀明究办，倘甘心滥与别经发觉，一律惩处，俾知与受同科；并于收银时询明该解员银库吏役实无勒索解费等情，方令出具甘结，当面画押，粘连批后钤印，赍回原省备查，其批文均由管库大臣于收银之日面给该解员，并不假官吏之手。是银库现办章程，较该御史所请情形已属周密，臣等惟有督饬库官约束库兵吏役随时严密访查，如有前项情弊，立即从严参办。所有臣等遵旨会同查议缘由是否有当，伏乞云云。

再，臣等查银库验收各省交银两向有一定章程，自道光十三年弥补库亏案内，经前任管大臣奏明，仿照雍正年间成案，除直隶旗租及各省地丁银两外，其余各项每千两拟收规费归公银，以二十五两为率略加增减，酌定数目缮单奏准通行，并声明俟库藏充裕再行奏明办理在案。是此项规费归公银两本属一时权宜之计，并非经久之法，是以雍正年间偶一试行，乾隆三年遂奉旨停解。此次仿照办理，每年部库所收规费银不过十余万两，而外省纷纷借口，或以为赔垫无款，转致挪移；或以为名目多歧，易开需索。即如该御史所奏，吏役朋比为奸，各省补平每百两或十两八两不等，未必不因此传闻异辞，即吏役亦未必不借此名目撞骗，是弥补所得有限，而影射之弊无穷。查各省批文内，此项规费有声明解交者，有解交并未声明者，有批执内注明行文该省补交者，亦有迭经咨催延不解交且无款可筹请免补解者，总因例外加增，未能遵行画一。又，查粤海、江海二关解部税银，及湖南、湖北漕项应交规费一款。粤海、江海二关由正额内开销，湖南、湖北由耗羡项下开支。是将例定正耗银两归作规费归公，名实两乖，尤非正体。查库亏银九百余万两，业于廿九年二月间奏明弥补完竣，虽库藏尚未充裕，而弥补亦不借此一端。现当清查积弊之时，各直省、藩属等库一切收支均行核实，其滥支、滥借、挪垫、亏欠等款分别究追。若仍留此规费名目，仍恐官吏人等因缘滋弊，各省正项挪垫成亏，于库储大有妨碍。至常捐一项，每百两旧例加平四两，自廿三年以来又加弥补库亏银六两，又加平余银二两，捐生探访不确，适启银号包揽之弊。

臣等伏思为政之道，科条简易则人易通晓，弊无由出。拟请嗣后收兑仍循旧例，关税、盐课则每两加库平一分五厘，漕项则每两加库平五厘，捐款则每两加库平四分，所有二十三年以后规费加平各款名目一概删除。庶外省不能借口启挪移之渐，部库亦不能借端开需索之门，似于国体、库储两有裨益。如蒙俞允，即由户部通行各直省钦遵办理。除各省未经奉旨以前，该解员业已领银在途仍照旧章验收，并前欠解规费注批咨追各款仍令如数补解外，其奉旨以后批解各款，该省即于批文内声明奉到谕旨日期，该解吏到库即照现议章程办理，并由管库大臣张贴告示，俾人人知悉，不致再滋款议。经此次奉明删除之后，倘有官役人等假称规费包揽勒索，该解官、捐生即行扭禀呈明管库大臣严参究办。谨将删除规费款目另附清单，恭呈御览。俟命下之日，一并由户部粘单行文各省查照遵行。臣等为慎重库款、杜绝弊源起见，是否有当，伏乞云云。（咸丰元年二月十九日到）

计开：

山东省临、德二仓银每千两拟二十一两，临清关税银每千两拟二十五两，盐课银每千两拟二十五两，各省监饷银每千两拟三两，各处零交杂项银每千两拟二十一两。

前案道札

济东道花①为传付事。咸丰元年七月初五日蒙巡抚部院兼理盐政陈②案验，咸丰元年六月二十二日准户部咨，贵州司案呈，咸丰元年六月初四日准云南司传付内称，本部会同三库大臣议奏部库收银删除规费案内，将应删款目开单进呈，奏请删除，并声明除各省未经奉旨以前，该解员业已领银在途仍照旧

① 即花咏春。

② 即陈庆偕。

章验收，并前欠解规费注批咨催各款仍令如数补解外，其奉旨以后批解各款，各该省即于批文内声明奉到谕旨日期，该解员到部即照现议章程办理等因。于道光三十年十二月廿七日奉谕旨："依议。"钦此。钦遵通行各直省遵照在案。

兹查山东省解库米麦改折等银，投库批文并未声明奉到删除前项银两部文日期，经本部于咨文内查明，该省已于咸丰元年二月十九日奉谕旨删除，仅止批文内漏未填注。所有应交二分规费归公银两毋庸再行补解，当经移付银库查明办理。惟查各该省既经接奉奏准删除部文，自应遵照奏案办理，应再通行各直省所有批解各项银两即行查明。前次咨行奏案清单，除于咨部文内声明外，仍于投库批文内切实声明删除规费归公日期缘由，以免往返行查，致滋延误。相应行文各督抚查照，并传付贵州等司自行行文等因前来。相应行文山东巡抚可也等因咨院行道。蒙此，合行札知。为此云云。（咸丰元年七月廿二日到）

前案道札

为传付事。

本年七月初一日蒙巡抚部院陈[①]案验，咸丰元年六月二十八日准兵部火票递到户部咨，贵州司案呈，咸丰元年[②]十九日准福建司传内称，准管理户部三部衙门将各直省解部银两，前经会议删除现［规］费归公一折。于解银批文内声明年、月、日期，奉到谕旨删除，俟到部时仍由各司处于交银付内声明，以凭办理等因。相应粘连原文，传付贵州等司处自行抄录办理

① 即陈庆偕。

② 底本此处疑缺"六月"二字。

等因前来。相应抄录三库衙门原文，飞咨山东巡抚查照办理可也等因到本部院。准此，除将火票饬发臬司造报外，合就檄行等因。蒙此，合行札饬。为此仰关官吏即便遵照。毋违。

计粘单一纸。

管理户部三库事务衙门为咨行事。

所有户部会同本衙门议复御史何冠英奏部库吏役勒索解费请饬实力查禁一折，本衙门附片奏请删除规费归公一折，清单一件，于道光三十年十二月二十七日具奏。本日奉旨："依议。"钦此。钦遵并附片内声明，即由户部通行各直省钦遵办理。除各省未经奉旨以前，该员业已领银在途仍照旧章验收，并前欠解规费注批咨催各款仍令如数补解外，其奉旨以后批解各款，各该省即于批文内声明奉到谕旨日期，该解员到部即照现议章程办理等因在案。

查现据贵州等司付知芜湖、九江、山海等关并山东临、德二仓，以及两淮应交规费归公一折，已于文内注明银库即照文兑收，其直隶、山东、山西、河南、安徽、江苏、江西、浙江、福建、湖南、湖北、广东、广西、陕西、云南、贵州等省以及各关至今半年之久，文内均未声明，银库无从稽核。相应咨行贵部，希即查明各该省并各关内有未据声明者，希即飞咨于解银批文内声明某年、月、日奉到谕旨删除。俟到部时，仍由各承办司处于交银付内声明，以凭办理可也。（咸丰元年八月初二日到）

布政司为已故知县戈其逊前在平阴、嘉祥等县任内亏短银两归于通省各官摊廉弥补缘由札

布政司刘①札临清州知悉。咸丰元年六月初五日奉巡抚部院兼理盐政陈②批，本司呈详，已故知县戈其逊前在平阴、嘉祥等县任内亏短银两，归于通省各官摊廉弥补缘由。奉批，已据详咨明户、刑二部查照矣。仰即如详通饬遵照捐解。毋违。此缴。册存等因到司。奉此，合行马递三百里札饬。札到，该州立即遵照，并饬所属查照单开银数，迅速摊解司库兑收，以凭核办详咨，毋稍任延。切切。此札。(咸丰元年六月十二日到)

计粘抄详一纸，并银数清单一纸。

覆加查核。内除已免摊应行核删捐款银七十二两五钱五分二厘，计实亏正款银一千一百九十六两八钱二分九厘、杂款银六百一十两二钱九分八厘、仓款银三两三钱二分七厘、二钱数价作赔一两三钱三分一厘、捐款银六百九十五两八分八厘，共计实亏正、杂、仓、捐、赔款银二千五百六两八钱七分四厘。又，该故员嘉祥县任内已征未解道光二十六年课程银五十三两九钱三分一厘，误入恒山名下着追，实系该县原报错误。已于清查初限届满案内，声请汇入该故员平阴任内亏挪银两摊廉归

① 即刘源灏。

② 即陈庆偕。

补，造册详奉咨部在案。所有戈故令平阴、嘉祥等县任内共银二千五百六十两八钱五厘，拟请仿照嘉祥宫汝云亏缺摊廉归补之案，除苦缺及改归下下缺之新泰等二十四州县不计外，其余八十三州县按缺分等第均匀摊派。所摊银两均以奉文之日起，无论正署分作一年摊廉。归款是否有当，拟合造具各州县应摊银数清册，详请宪台鉴核批示，以便遵饬遵照捐解，并请咨明户、刑二部查照。

计开：

临清州应摊银三十九两九分五厘。

丘县应摊银二十七两九分五厘。

武城县应摊银三十九两九分五厘。

礼部为福建巡抚徐继畲等奏请宋臣李纲从祀文庙一折奉旨议奏

礼部谨奏为遵旨议奏事。

内阁抄出福建巡抚徐继畲等奏请宋臣李纲从祀文庙一折。奉朱批："礼部议奏。"钦此。查原奏内称，宋丞相李纲谥忠定，籍隶邵武县。政和二年登进士，历官至观文殿大学士。公忠亮节冠于同朝，谠论忠言形诸奏牍。当南渡之时，立朝守正，风节凛然。捍大难于仓猝之间，定危疑于顷刻之际。晚年究心经学，著《易传内外篇》《论语详说》等书，皆足以翼圣经，昌明正学。迹其生平，鞠躬尽瘁似诸葛亮，忠谠至计似陆贽，先忧后乐似范仲淹，明体达用似王守仁，洵为千古之真儒，非止一朝之名相。应请崇祀两庑以彰国家表树风声之意等语。

臣等查历代从祀诸儒，皆以德行纯懿、有功经学者为要。至我朝康熙年间以宋臣范仲淹从祀，殆于道德学问之外，兼取经济非常之才，盖圣门政事之科，原与德行、文学并重。厥后雍正年间以汉臣诸葛亮从祀，道光年间以唐臣陆贽、宋臣文天祥从祀。此四人者，皆经纶弥天壤，忠义贯日月，于从祀巨典，诚圣朝教忠之至意也。

兹查李纲仕宋，历官观文殿大学士，忠言谠论，定倾扶危，仓猝而守围城，刺血以草奏疏，力排和议，躬佐中兴。《宋史》称其负天下之望，以一身之用，舍为社稷生民安危。朱子称其知有君父而不知有身，知天下之安危而不知身之祸难，屡濒九死，而爱君忧国之志终有不可夺者，可谓一世之伟人。史笔昭垂，洵为千古定论。至其生平著述为该抚原奏所称者，有《易传内外篇》《论语详说》二种；原奏所未称者，有《中正至言》《建炎类编》及《乘闲志》《预备志》各种，今皆不传，仅存其序于集中；其为文渊阁所著录者，惟《梁溪集》八十卷及《建炎时政记》二种而已。臣等细观其文集，奏议于政治得失言之深切著明，纯忠亮节，皎然不磨；核其品学经济，实与诸葛亮、陆贽、范仲淹、文天祥相等，自当一体崇祀，以奖忠义。应如该抚所请，准其从祀文庙西庑，在先儒胡安国之次。所有臣等核议缘由是否有当，伏乞皇上圣鉴训示。谨奏。

济东道为奉谕旨札

济东道花[①]札临清州知悉。咸丰元年六月十二日准布政司

① 即花咏春。

咨开，咸丰元年五月二十九日奉巡抚部院陈①案验，咸丰元年五月十八日准吏部咨，考功司案呈，内阁抄出，咸丰元年三月廿五日奉上谕："前据御史王之斌奏参陕西白水县知县徐良槐、候补知县江开各款，当交琦善详查具奏。其徐良槐刑押诈赃一案，先据张祥河奏参革职，嗣据王懿德审结，已交刑部议奏矣。候补知县江开在抚署阅看课卷、校对本章，虽无与该抚饮酒之事，惟于己酉科派充同考官，将别房荐而未中之卷代呈主司求中，实属故违功令。临潼县知县钟锡瑞将主司未中之卷，用蓝笔加以密圈密点，亦属不合。江开、钟锡瑞均着交部分别议处。至御史张廷瑞前参该抚张祥河诗酒风流、不理公事一节，亦经琦善查明张祥河供京职时诗酒在所，时有现任陕抚，于一切公事并无延误，张祥河着毋庸置议。惟封疆大吏身膺简俾，自宜整躬率属，本不得有所偏好，致属员得以揣摩逢迎。即文墨唱和积习未除，亦恐有误公事，清谈废务，浮文妨要，古所戒也。各省大吏其各励精图治，专意从公，无负朕谆谆训诫至意。"钦此。钦遵到部。相应恭录谕旨知照可也等因到本部院。准此，合就檄行。为此仰司官吏即便钦遵移行知照。毋违等因到司。奉此，拟合移咨等因。准此，合行札饬。札到，该州立即钦遵，转饬所属一体查照。毋违。此札。（六月十四〈日〉到）

奉朱笔罪穆彰阿、耆英谕

任贤去邪，惟人君之首务，去邪不断，则任贤不专。方今

---

① 即陈庆偕。

天下，因循废堕可谓极矣。吏治日坏，人心日浇，是朕之过；然献替可否，匡朕不逮，则二三大臣之职也。穆彰阿身任大学士，受累朝知遇之恩，不思其难其慎、同心同德，乃保位贪荣，妒贤病国，不忠不信，阴柔以售其奸伪，揣摩以逢迎上意。从前夷务之兴，穆彰阿倾排异己，深堪痛愤！如达洪阿、姚莹之尽忠尽力，有碍于己，必欲陷之；耆英之无耻丧良，同恶相济，尽力全之。似此之因宠窃权者，不可枚举。

我皇考至公至正，惟以诚心待人，穆彰阿得以肆行无忌。若使圣明早烛其奸，则必立置重典，断不姑容。穆彰阿恃恩益纵，始终不悛。自本年正月朕亲政之初，遇事模棱，缄口不言；迨数月后，则渐施其伎俩。如英夷渐至天津，伊犹欲耆英为腹心以遂其谋，欲使天下群黎复遭荼毒。其心阴险，实不可问！潘世恩等保林则徐，则伊屡言林则徐柔弱病躯，不堪录用；朕派林则徐驰往粤西剿办土匪，穆彰阿又屡言林则徐未知能去否。伪言荧惑，使朕不知外事，其罪实在于此。至若耆英之自外生成、畏葸无能，殊堪诧异！伊前在广东时，惟抑民以奉夷，罔顾国家，如进城之说，非明验乎？上乖天道，下逆人情，几至变生不测。赖我皇考烛悉其伪，速令来京，然不即予罢斥，亦必有待也。今年耆英于召对时，数言及英夷如何可畏、如何必应事周旋，欺朕不知其奸，欲常保禄位。是其丧尽天良，愈辨愈彰，直同狂吠，尤不足惜。

穆彰阿暗而难知，耆英显而易著，然贻害国家，厥罪维均。若不立申国法，何以肃纪纲而正人心？又何以使朕不负皇考托付之重欤？第念穆彰阿系三朝旧臣，若一旦置之重法，朕心实有不忍。着从宽革职，永不叙用。耆英虽无能已极，究属迫于势，亦着从宽，降为五品顶戴，以六部员外郎候补。至伊二人行私罔上，乃天下所共见者，朕不为已甚，姑不深问。办理此事，朕熟思审处，计之久矣，实不得已之苦衷，尔诸臣其共谅之。嗣后京外大小文武各官，务当激发天良，公忠体国。平素因循取巧之积习一旦悚然改悔，毋畏难，毋苟安，凡有益于国计民生诸大端者直陈勿隐，勿得自顾师生之谊、援引之恩。守正不阿，靖恭尔位，朕实有厚望焉。布告中外，咸使知朕意。道光三十年十月二十八日特谕。

东省运河船行水势情形并时届入伏应即赴豫查工防汛奏

奏为东省运河船行水势情形，并时届入伏，臣应即赴豫查工防汛，恭折具陈，仰祈圣鉴事。

窃照南粮重运二进首帮出闸，三进首帮入东过济各日期，臣于六月初二日奏报在案。查重运漕船自第六十三帮于五月十九日入东后，兼旬以来在后帮船并未跟接。先经饬令道所差弁驰赴江境探视，据禀因第四塘漕船渡黄，适值水长溜大，未免冒险严〔严〕催，兼之口门淤垫分两次放渡，是以耽迟。现在东省闸河水势充盈，臣已严饬司漕文武员弁，一俟三进在后各帮挽入东境，即加紧催攒，务使跟接前进，以速补迟。其先已入境之六十二帮，于六月初二日全数挽过济城天井闸北上，截至初九日止，出临清闸者共五十帮。惟卫河前次长水见消后出闸北上，仍须捞剥兼施方能前进。叠经批饬道厅营委员弁及沿河各州县设法攒挽，实力抢捞，并多备剥船轮转，不任稍有迟延。兹卫水于初六、初七日两日报长二尺，船行益臻顺速。

至黄河来源，本年长水较勤，复据陕州驰报万锦滩于初二、初七、初九等日三次长水九尺三寸，黄沁厅呈报武陟沁河于初二、初七等日两次长水三尺五寸，计八日之内来源共长一丈二尺八寸，下注猛骤。各厅临黄埽段据报间有厢修，时届入伏，正黄河长水厢工之后。臣应即赴豫周历督防，将所厢工段核实查验，以杜虚糜，并严札黄河各道遇有险工，务宜处以镇定，不得少事铺张，致令工员借资浮费。其另案土工早经具报全完，尤须挨厅逐段验收。所有运河催漕收水事宜，专交运河道清平督厅妥慎经理。臣于拜折后即料理起程，容俟赴豫再将查勘黄河两岸河势工程情形次第奏报。为此恭折具陈，伏乞皇上圣鉴。谨奏。（道光二十三年七月初三日到）

本年卫河水长、临清扪口及馆陶县孟家摆渡口民埝漫溢饬办缘由片奏

再，本年卫河自交夏至以后水势增长，臣节饬该管各官加意巡防，乃阴雨连旬，河水迭见增长。兹据济东道祝庆谷禀报，七月初七日卫水高于汶水二寸，闸口扪阻。又，据临清州李天锡禀报，连日卫水有长无消，截至十一日止，卫高于汶六寸，卫水挟沙下注，簖口埧口门业已停积淤沙。而该州连界之馆陶县所管孟家摆渡口西岸民埝于初七日寅刻漫溢过水，计宽五十余丈，计［该］州所管之尖塚等村庄地处下游，正当其冲，致被淹浸。现经该州会同馆陶县四路购料，赶紧堵办各等情前来。

臣查湖北头帮军船于六月二十二日挽入东境，七月初五日过济，日内当可抵临，惟临口扪阻，帮船到彼灌放不易。臣业已先后批饬该署道会同运河、督粮二道，督率该管各州县速为

设法挑挖，务使一律深通，俾军艘抵临得以及时灌放，一面严饬馆陶县分投购〈料〉集夫，将漫溢民埝刻期堵筑完固。其满溢处所被水村庄若干、有无倒塌庐舍、秋禾是否不致成灾，亦即饬司委员查勘明确，另行核办。日来天气晴霁，如卫水不再增长，则粮船可无阻滞；倘水势未即消退，运务关重，河臣远在豫省，未能兼顾。臣当奏明，一面亲赴该处相机督办，以免延误。所有卫河水长、临清扪口及馆陶县孟家摆渡口民埝漫溢现在饬办缘由，理合附片具奏，伏乞圣鉴。谨奏。（二十三年七月廿二日到）

南昌后等三帮漕船出闸日期并现在水势情形州禀及抚宪批

敬禀者。窃卑职昨将湖北帮船催出临境日期具禀宪鉴在案。嗣仍加紧催攒，并提在后帮船灌塘放渡前，已将南昌后帮漕船五十三只于七月二十九戌时催出临闸，又袁州帮漕船四十三只于闰七月初一日巳时出闸，赣州帮漕船六十只于初二日子时出闸，均经会同营汛催令飞挽北上，不致停止。至前报湖北三帮出闸之后，汶河水势七月二十八日无长无落，二十九日落水三寸，闰七月初一日落水一寸，初二日落水三寸，现在水深一丈一尺六寸；又，卫河水势七月二十八日无长无落，二十九日落水四寸，闰七月初一日落水一寸，初二日落水二寸，现在水深一丈五尺一寸。箝口坝门淤垫，经卑州雇夫逐日捞挖，现深五尺三寸，汶高于卫五寸。除仍催提在后办帮船源源灌放外，所有南昌后等三帮一塘灌放出闸日期并现在水势情形，理合驰禀大人查照。肃此云云。

一禀河、漕、抚院，藩宪。

禀南昌后等三帮漕船出闸日期并现在水势情形由。抚宪批，据禀已悉。仰即会同沿河司漕文武员弁，将在后各帮加紧迎提，源源灌放，务令迅速出闸北上，并须实力稽查弹压，毋致稍有停延滋事。切切。仍候河、漕部堂批示。缴。

重运漕船全数渡黄完竣循例由驿具报奏

奏为重运漕船全数渡黄完竣，循例由驿具报，仰祈圣鉴事。

窃臣等前将重运灌放第四塘日期会折奏闻，后随将东岸各埧埝分别启闭，派员严提在后各帮船只以次挽入新塘。较量黄水高于清水尺余，恐草闸口未能跌透，循旧复堵杨庄头埧，启放双金闸，落低清水，随即堵闭拦清埝。臣等于六月初七日督饬道将等启除临黄埝，将塘内停泊之船接续外放。惟因黄水时长时消，湖南帮船身笨重，出塘迟滞，口门又复淤垫。于初十日闭临黄埝、启拦清埝制低清水，次日又堵拦清埝、启临黄埝启跌，深口门正在出船，黄水陟长二尺余寸，致将拦清埝坐蛰过水。臣潘[1]督率多夫道将等立将草闸挂缆堵合，复堵临黄、拦清埝。值黄水骤长，大溜涌腾，已放出口之船未敢即渡，全挂泊东岸，势须少待。直至十九日始复启临黄埝，将湖南未渡船七十七只放出。计此塘浙江十帮、湖南三帮共船五百一十只，

① 即潘锡恩。

并云南委员陈学诗、文定仲领运铜船二十二只，先后放渡完竣。

统计本年重运，除在黄河以北兑运二帮外，实渡黄九十只，共三千零五十六只。查上年于五月二十九日渡竣，二十一年有闰月系四月初十渡竣，二十年于五月初九日渡竣，连闰扣算本年末塘计迟八日及二十余日不等。缘中河新草闸较清口旧草闸远至八十余里，军船多行两日方能进塘；又因清、黄河高下无多，每灌一塘须堵杨庄头坝、启双金闸，箝口坝宣泄清水至四塘，将临黄、拦清埝两启两闭，五塘且至三启三闭，不无延待。而大江以南天旱水小，浙省军船节节磨浅，经臣李迭次委等提催，及至全灌入塘已交大汛，黄流接续骤长，对渡既险，运河、清水迭发，入口又难。先经臣潘将中河两岸挑筑等工随时相机筹办，并于西岸旧运口迤下向北斜挑新河一道，两岸添筑束水堤接厢盖，黄托清柴坝下首筑，做縴道长五百余丈，临黄厢护防风。遇清、黄并长，即于箝口坝劚堤盘，期将新河启放，以利船行。而在事各员弁亦俱奋勉从公，不辞劳瘁。惟事因始创，时值稍迟，臣等目睹艰滞情形，不胜焦灼悚惕。乃甫交伏汛，竟得将全漕普律渡黄，本年系闰七月，于回空尚不致迟缓。此皆仰赖圣主洪福，非臣等始念所能遽期。

至邳宿运河迭次山泉涨发，将旧河尾并闸越坝引渠刘老涧，先后启放宣泄，始渐消落。兹查旧河尾业经堵闭，其余各闸越坝引渠，亦饬分别收束兴堵，以资收蓄。据报第三塘军船已全数挽出江境，除仍饬徐州道晏曙东、河标右营游击李辉连督同沿河文武员弁催令在境帮船跟接速行，早达天庾外，所有重运渡黄完竣日期，谨会同署理两江总督臣壁①恭折循例，由例具奏云云。

---

① 即壁昌。

五塘挂黄军船全数挽进西口奏

奏为五塘挂黄军船全数挽进西口，恭折奏闻，仰慰圣鉴事。

窃臣前将五塘军船于六月十九日全数放出黄河东岸，循例会同河臣恭折奏报后，即添派备弁赶催挂黄船只陆续挽进两口。无如本年渡黄情形向与旧黄河不同，上下西口门系属斜对，东岸口门势居下游，西岸口远在上流，更兼与杨工里头相近，大溜直趋东岸。军船放出口门即为溜势所逼，顺流下淌，多则五六里，少则三四里，始能挂定，方可出缆下锚。逆流上挽，风狂溜急，每致飘淌，竭力挽渡西岸，而西岸口门清水下注，军船进口又系逆流，节节艰难，是以每塘催出东岸日期较之挽进西岸日期相距自十余日至二十余日不等。而此次末塘军船放渡之际，正运清黄非常异涨，办〔办〕理尤为棘手，曾将大概情形并提江广等帮船乘空先行北上缘由专折具奏在案。

臣于拜折后昼夜焦思，不安寝食，与署浙江粮道陶士霖等商于万难之中。思催攒之法，当于东岸上游雇大西河船十只下锚排列，俾军船得以借力上挽。其浅搁滩上之船三十余只，督饬该粮道筹款雇觅人夫挖坞，引水通溜，勒限起活，每一船约费二百余千。正在攒办间，乃于六月二十八日黄水陡落八九尺，不惟挖坞已活之船复又浅搁，且有挂黄船八十余只。适当进口之际，恐黄水如此骤消，难保非上游有失事之处，一经水垫消涸，关系非轻。随严饬委员帮弁赶将未进口船只多觅人夫百倍加紧，不分昼夜设法绞挽，竭两日一夜之力，将末塘军船于七月初一日全数催遛西口。

此外，尚有浙江、湖南各帮浅船十六只，已查照成案将米石分洒通帮，带通交纳。倘本帮船只较少不能洒带者，即在别帮通融入洒附带其船，或随后挖坞起活，赶帮北上，或俟回空归帮南下，由该管粮道随时办理。惟浙江帮船自离次以来，先因江浙一带河水浅混，带剥长行，每船已所费不赀，今又添此挖坞之费疲敝更正。而渡黄进口如此艰难，水长则溜急难行，水退则浅拦沙际，正恐徒费人力，难速漕行，仰赖皇上洪福，数日晴霁，风亦顺利，得以军船渡竣。臣钦感之余，弥深悚惕。至提前之江西、湖北十六帮已据报全入东境，臣现在亲督尾帮赶紧攒行，并添派备弁分段严〈催〉，庶几以速补迟。除俟尾帮全入东境另行奏报外，谨将军船全数攒进西口日期先行奏闻，上慰宸廑，伏乞圣鉴训示。谨奏。（十三年闰七月初六日到）

济东道为卫河上游漫溢饬临清州赶紧抢筑完固札

济东道祝①札临清州知悉。本年闰七月初三日蒙署总漕部堂李②札开，据该州禀称，卫水叠见增长，讵于初七日申刻馆陶县孟家渡口西岸民埝形势较低，以致新筑小圈埝漫溢过水，计宽五十余丈，相距卑境交界尚隔四十余丈。查该处老堤之后新筑小圈埝一道，过水五十余丈，非用秫秸捆厢堵筑难资抵御。值此新陈不接之际，附近各庄实无秸料可购，卑职现已遣丁分

---

① 即祝庆谷。

② 即李湘棻。

赴上游之南馆陶一带收买。

又，据禀称，正在盘做里头，不意河水续长尺余，溜势汹涌，堤埝愈刷愈宽，馆陶县南堤十八丈全行坍塌，卑境交界之北堤亦被汕刷。查馆陶县之孟家渡口本系河水骤长漫溢，如果日内河水消退，尚可筑做干土；倘河水有长无消，不特馆陶工程浩大，即卑境民埝亦难化险为平。需用秸料为数已巨，虽已遣人分投采购，无如新陈不接急切勿克应手，现又设法收买赶紧运往，先将卑境北堤汕刷之处盘做里头，俾勉续塌，并请檄饬馆陶县赶紧堵筑等〈因〉到本署部堂。

据此，查馆陶县孟家渡口及临清州北堤漫溢处所，均在卫河上游，刻下正当重运吃紧之际，若不赶紧抢筑完固，一经掣溜，则下游河道必致浅阻，有碍运行，所关匪细。且时已七月下旬，尚有江广、浙江船二十九帮未出临闸，尤应将箝口埧停淤赶先挑挖深通，一俟卫水少退，即行启板放船，免致迟误。除咨东河部堂、抚部院一体饬办外，合亟由六百里飞饬。札到，该道立即严饬该州县赶紧分别筹办，勿任懈玩，有干参咎，仍将堵合日期及水势情形驰报查核。速速等因。蒙此，除行东昌府转饬遵办外，合亟札饬。札到，该州即便遵照宪札，赶紧妥筹办理，勿稍懈延，有干参究，仍将遵办缘由随时分报查核。毋迟云云。

署理漕运总督李湘棻奏筹议漕务一折户部奉旨议奏

户部谨奏为遵旨议奏仰祈圣鉴事。

内阁抄出署理漕运总督李[1]奏筹议漕务一折。道光二十三年五月初一日奉朱批："户部议奏。"钦此。查原奏内称，准工部尚书前署漕臣廖[2]移咨军机大臣字寄，道光二十二年十一月十二日奉上谕："周[3]奏遵查漕务弊窦一折。粮船兑开果无迟滞，则竣黄抵通回空归次皆可节节赶早。该署漕督所议各项章程，着廖于抵任后体察情形，通盘筹画，会同耆[4]及沿河各督抚悉心妥议，务当剔除弊窦，俾漕艘得以依限渡黄，刻期抵坝，毋任稍有迟逾。原折着抄给阅看，将此谕令知之。"钦此。当经分咨钦遵筹议去后。咨准两江总督臣耆及南河、山东河臣并直隶、湖南、湖北、江西、安徽、浙江、山东各省督抚诸臣先后核议咨覆前来。臣覆加确核，如原奏内称三圣庙、双金闸一带加倍挑宽一节，此本河工应办之事。南河河臣潘[5]早经亲履勘明，督饬一律挑挖深通，应请毋庸再议。

又，原奏内称，江苏各府属漕粮虽年内俱报兑开，不过循例虚文。其苏、松二府漕粮征兑拮据，在后之浙省帮船被其阻压，请照道光十八年奏案，无论何帮兑竣即先开行，俟渡黄后再依次序行走，并于过淮例限之外，复定各进抵坝限期。倘有各省州县可以兑开，而运弁借词需索，关津留难，逾限太甚者，即行专折奏参等语，系为力挽积习起见。两江总督臣耆、江苏抚臣孙、浙江抚臣刘咨覆大略相同[6]，臣经查明办理，是以苏松粮船兑开较早，渐有起色，嗣后应请照办。

---

① 即李湘棻。

② 即廖鸿荃。

③ 即周天爵。

④ 即耆英。

⑤ 即潘锡恩。

⑥ 即孙善宝、刘韵珂。

又，原奏内称，江西、湖北、湖南各帮因揽载木植，在九江、芜湖两关纳税耽延，照前漕臣朱奏明，派委守备二员催提押同过关，并帮船应纳之税统由粮道经理臣查核。湖广总督臣裕、湖北抚臣赵、湖南抚臣吴、江西抚臣吴、安徽抚臣程来咨①，均各以江广帮多带木植。既为九江、芜湖南［两］关查税耽延，不若行令循例跨带，毋许揽载客木，责成弁兵出具遵依钤结，备案于开行之先，由粮道严加查验，取造各弁丁花名册结移关存查。仍由委员执持印票，迎帮查验，无例外多带即给票赴关，照验放行，倘有多带即行执卸，亦不准留难。至于应纳税银若由粮道经理，恐粮道系帮尾督运之员前船在途，私装货物无从查悉，足以滋流弊，派委守备二员到关催提。前据湖北粮道详称，多委一员，旗丁多一累，自应免委等因。臣伏查江广帮跨带竹木即禁止例外多带，则到关自不致稽延。该督抚等所议系属实在情形，所有前漕臣周议将纳税由粮道经理及专派委员之处，应毋庸议。

又，原奏内称，渡黄后，如江南江之河成、河定二闸，山东省之十字河、大泛口、朱姬张阿等处，东昌府属之魏家湾上下一带，皆节节淤浅，临清闸外著名古浅更多。惟十字河、大泛口必须来源上游做滚水坝，可以隔沙流清，是以十八年一筑滚坝即无此患。卫河水流势激，可以冲刷，惟做束水坝，则浅处可陟深数尺。前于直隶故城县之第八屯筑束水坝试有明效，即杨村抵通多沙之处皆可仿此为之。并请将江南、山东、直隶各属承挑工段宽深尺寸与所造滚坝、束水坝造具清册，移咨漕臣衙门以便查核。如有草率偷减，无论河务地方，由漕臣据实揭参各等语。

---

① 即裕泰、赵炳言、吴其濬、吴文镕、程楙采。

查东河河臣慧、护理山东抚臣王咨覆①，东省运河本无来源，全赖山泉之水并汶泗诸河汇流济运，其山泉之水下注挟沙带泥，每虞澄淤阻滞，十字河、大泛口均为山水入运之要道，最易喷沙落于山河。筑建滚水坝固可隔沙流清，第恐下流受益于流清者有限，而上流贻害于隔沙转多，缘山河正窄，筑坝拦截，只须发水数次即于［淤］与平地，再经发水势必平地散漫，不能归宿运河以济运，且与湖潴收蓄大有关碍，并历检旧案从未办过。至于山东运河地势建瓴，水易走泄，必须各闸节节拦蓄，方能浮送漕船。而浑流一经拦截，沙泥停积，冬挑工程势不能不逐年办理，而冬挑工程用银不准出五万两，以八百里之闸河欲普律加深，断无如此挑挖。如分年估办，河底必须配平；若一处挑深，上下高仰，澄淤尤易，最为可虞。惟有于十字河处多备人夫，泥船遇浅即捞。其魏家湾张阿古浅之处宜节节擎托，每上下一闸严板托送。所有卫河建筑束水坝于漕运最为有益，但须于水小船滞之时相机抢筑，建无定时，筑无定处，长短阔窄并须因地制宜，未可拘以丈尺。至冬挑工程，本系先估后办，河臣衙门存有确册，倘察有草率偷减，从严参办。各有专司，似毋须造册移咨查核。并准直隶督臣讷②咨覆，北运河自杨村以北抵坝河道亘长三百六十余丈，河形散漫，旁多支汊，且地势北高南下，来源陟若建瓴。苟非横浅，沙滩层层擎蓄，必致走泄如注，有碍船行。如现在之刮木板，本混江龙之遗法，轻捷便利，因地制宜，立法极善。至添建束水坝，扼要攻激淤沙，或上段打坝，则金门溜急就近之数十丈陡渐深通，而下段水势稍平，受淤尤甚。若试浅之多寡必匹坝之疏密，层层比接，窒碍转多，而经费有常，恐徒劳无益。

① 即慧成、王笃。

② 即讷尔经额。

为今之计，惟有探量浅处，多备夫板刮挖深通，务使漕船入境畅行无滞等因。

臣伏查运河固贵乎疏通办理，须因地制宜，除江南境河成、河定二闸现在粮船行走并未阻滞毋庸议外，所有山东境之十字河、大泛口及直隶之杨村一带，既据该督抚诸臣查明各该处上游建筑束水、滚水等坝于事无益，转多窒碍，应请毋须更张，即照该督抚等所咨，顺地形之高下，察河道之浅淤，或随时用人夫抢捞，或逐闸用严板托送，或筑束水坝于卫河以疏浅，或用刮板于北运河以除淤，均责成沿河该管州县认真经理，不准徒托空言，虚应故事，务收实效，以利漕运。倘经此次奏定之后，各该州县再存泄视，仍致粮船阻滞，由臣随时纠察，不少宽假，似可毋庸查核估册，徒滋繁牍。

再，速漕之法总以早兑早开为第一要义，而粮道每年核派兑单，遇有漕粮蠲缓以司移之数为凭，司中之数又以各州县详定成灾分数为准。定例，夏灾不出六月，秋灾不出九月。无如各州县每不能依限报司，以致粮道核派兑单不无稍迟。应请旨饬下有漕各督抚转饬各藩司，嗣后报灾各州县，务期勒限十月内将蠲缓漕粮确数送司定案，移知粮道核办兑单，勒定限期兑竣开行。倘有逾限，即责成该管道府查明是县是帮，星速禀报，会详参办。如此严定章程，庶各省兑开不致稽延，咸归画一等语。

臣等复查该署漕督议覆前漕臣周原议漕务各条，内除原议三圣庙、双金闸一带加倍挑宽一节，据称此本河工应办之事，业经南河河督饬挑挖深通，又原议漕粮开兑，请照奏案，无论何帮兑竣即先开行，俟渡黄后再依次序行走并定抵坝限期一节，据称江苏、浙江各督抚咨覆大略相同，业经昨［奏］明办理均毋庸再议外，其原议江西、湖广各帮因揽载木植过关查税稽延，请派委守备二员迎提过关，并将帮船应纳之税统由粮道经理一节，据称查核湖广总督及湖南、湖北、江西、安徽各巡抚来咨，均议令循例跨带毋许揽载客木，至应纳税银若由粮道查验，恐粮道帮尾督运前船在途，无从查悉，派委二员催提，恐多派一员旗丁多一抗累，请毋庸由粮道经理纳税，毋庸专派委员迎提等语。臣等查粮船例准装载土宜，每船不过一百五十石，果能认真查验，不准该丁等违例多带过关，自不致稽延。应请旨饬下该署漕督严饬押运官弁实力稽查，无得视为具文，致滋徇隐。又，原议山东省之十字河、大泛口必须上游做滚水坝，可以分沙流清，卫河水流势急，做东水坝浅处可陟深数尺，及杨村抵通多沙之处皆可仿此为之一节。据称，据东河河督、山东巡抚、直隶总督查明，各该处上游建筑滚水坝、束水坝于事无益，转多窒碍，应请毋须更张，惟有随地形之高下随时用抡捞、托送、疏浅、除淤等法，责成沿河各州县认真经理，不准虚应故事等语。臣等查各该处水道情形，既据各该督抚查明核覆，与该署漕督所见相同，自系实在情形，应如所奏办理。至所称粮道每年核派兑单，遇有漕粮蠲缓以司移之数为凭，司中之数又以各州县详定成灾为准。定例，夏灾不出六月，秋灾不出九月。无如各州县每不能依限报司，以致粮道核派兑单不无稍迟。请令各州县于十月内将蠲缓确数送司，即由藩司移咨粮道核派兑单，勒限开行等语。臣查粮船抵通之早晚，以开兑之迟速为衡，若州县不将灾缓确数依限报司，则粮道无凭核派，以致开兑迟延，殊非利漕之道。应如该署漕督所奏，请旨饬下有漕各督抚严饬所属依限赶办，毋稍迟延，致稽漕运。所有臣等遵旨议奏缘由，理合恭折具奏云云。

卫水消退临清填口通畅，已将湖北三帮漕船灌放出闸并勘办馆陶等处漫溢情形奏

奏为卫水消退，临清填口通畅，已将湖北三帮漕船灌放出闸并勘办馆陶等处漫溢情形恭折奏祈圣鉴事。

窃臣前因卫河水长、临清扪口并馆陶等县堤埝漫溢，亲诣督办，当将起程日期奏报在案。随于二十一日驰抵临清，即赴闸口查勘。卫水尚高汶水一尺四寸，湖北、江西粮船五帮抵闸未能灌放，实深焦灼。当即督饬临清州先将箝口填淤沙赶紧捞挖，又令上河厅各闸多加严板招蓄汶水，俾免旁泄。连日卫水见消一二三四寸，汶水逐日报长一二寸不等，渐有起色。二十四日臣履勘沿河各处险工，便道驰赴馆陶县督同道府勘得，南自馆陶之孟家渡口起，北至临清州之尖塚止，于七月初七、八等日因河水异涨，致将民修土埝并官堤陆续漫溢过水，该处且有向无堤埝段落，地势洼下。一共冲刷一百八十余丈，被淹二十余庄，水深三四尺至五六尺不等，房屋多有坍塌，并未损伤人口。现在水已渐消，高阜之处间有涸出，臣已面饬该州县，无分畛域，作速集夫购料盘做里头，免再续摊；一面赶紧分别筑起堤埝，用资拦护。并饬司迅速委员会同勘明被淹村庄实有若干、是否不致成灾、应如何调剂，确切议禀，另行核实奏办。至武城县冯家湾石闸漫缺，已据该县禀报，于十四日将金门堵闭断流，并无冲坏民田，现仍追压以期坚厚。臣覆查属实，沿河一带工程因卫水归槽，亦皆平稳。臣于二十六日自馆陶折回临清探量闸口，业已汶高于卫五寸，箝口填积淤亦已捞挖通畅。

当饬该管文武员弁将已抵闸之湖北三帮粮船赶紧灌塘，即于二十七日全数打放出闸，一律通顺；其在后之江西二帮，亦即跟接灌放；至全漕尾帮之湖南三帮，已于七月十四日挽入黄林庄东境，现饬闸内文武各官加紧催提，务令衔尾遄驶迅速出闸北上，仰慰宸廑。

又，回空首帮大河前帮于本月十五日行入东境，照例在于闸外停让重运，一俟全漕尾帮出闸后即行催令，进闸南下。所有卫水消退临清填口通畅，已将湖北三帮灌放出闸并勘馆陶等处漫溢情形，理合恭折奏闻云云。

再，本年卫河自交夏至以后水势日长，臣节饬该管各官加意巡防，乃阴雨连旬，河水迭见增长。兹据署济东道祝庆谷禀称，七月初七日卫水高于汶水〈二〉寸，闸口扪阻。又，据临清州李天锡禀报，连日卫水有长无消，截至十一日止卫高于汶六寸，卫水挟沙下注，箝口填口业已停积淤沙。而该州连界之馆陶县所管孟家摆渡口西岸民埝于初七日寅刻漫溢过水，计宽五十余丈，该州所管尖塚等村庄地处下游，正当其冲，致被淹浸。现经该州会同馆陶县四路购料，赶紧堵办各等情前来。

臣查湖北头帮军船于六月二十二日挽入东境，七月初五日过济，日内当可抵临。惟临口扪阻，帮船到彼灌放不易。臣业已先后批饬该署道会同运河、督粮二道，督率该管各州县速为设法挑挖，务使一律深通，俾军艘抵临得以及时灌放。一面严饬馆陶县分投购料集夫，赶将漫溢民埝克期堵筑完固。其漫溢处所被水村庄若干、有无倒塌庐舍、秋禾是否不致成灾，亦即饬司委员查勘明确，另行核办。日来天气晴霁，如卫水不再增长，则粮船可无阻滞；倘水势未即消退，运务关重，河臣远在豫省，未能兼顾。臣当奏明，一面亲赴该处相机督办，以免延误。所有卫河水长、临清扪口及馆陶县孟家摆渡口民埝漫溢现在饬办缘由，理合附片具奏云云。

南粮重运全数趱出东境并回空军船进闸日期奏

奏为南粮重运全数趱出东境并回空军船进闸日期，恭折奏报，仰祈圣鉴事。

窃臣前在临清将卫水消退、填口通畅、灌放湖北三帮粮船出闸各缘由恭折奏闻在案。其时重运尾帮已报挽入东境，当委候补参将金刚保驰赴东昌一带沿河迎提，并令地方文武各官节节赶催，嗣江西、浙江各帮陆续驰抵临清，署漕臣李①亦督押至彼，饬令随到随放。兹据督粮道并德州文武各官禀报，全漕尾帮、湖南三帮于闰七月二十四日催出柘园镇东境，由直隶文武接催前进。查上年尾帮系六月十八日入境，七月二十三日出境。本年尾帮系七月十四日入境，已较上年稍迟，又因临闸扪口阻滞旬余，致比上年出境计迟虽有一月，而在东省境内行走比较上年仅迟五日，水手均属安静。至回空首帮现已于闰七月二十二日挽进临闸，以后入境各帮次第前〈进〉，臣仍严饬催提赶攒，认真稽查弹压，务期各安静飞速南下，不任片刻停延。除俟首帮催出多东再行奏报外，所有南粮重运全数攒出东境并回空军船进闸日期，理合恭折具奏云云。

---

① 即李湘棻。

饬查交代

代理临清、直隶、丘县今于与印结为饬查交代事。

依奉结得，李如琛接收前任知县李金声自道光二十七年六月〔六月〕二十日回任起，至道光二十九年三月十三日卸事前一日止，任内经手一切正杂钱粮、仓贮谷石，除流摊追赔及因公挪用各款归于清查案内分别依限追缴，此外正杂仓库钱粮俱已交代清楚，并无隐匿遗漏情弊，日后查出愿甘赔补。印结是实。

现在送部结式。与单结同。

布政司为山东清案内州县交代误接前任亏累应追各款银两赶紧解司兑收札

布政使司刘[①]札临清州知悉。咸丰元年七月二十八日奉巡抚部院兼理盐政陈[②]〈案验〉，本司呈详，清查案内各员欠解赔款银两请核明奏咨缘由。奉批，已据详具奏，抄折另檄行知并分咨矣。此缴。册分别存送等因到司。奉此，查此案业经抄奏札饬在案。兹奉前因，合行抄详札饬。札到，该州立即遵照并转饬所属及各本员查照，迅速将应赔银两赶紧依限照数解司兑

① 即刘源灏。

② 即陈庆偕。

收，以副造报。毋迟。速速。特札。

计粘抄详一纸。

为详请奏咨事。

窃照东省清查案内应追误接、滥抵各项赔款，前经查明事故离东及服官外省各员造册详咨着追在案。旋奉宪台行知，转准户部咨，山东司案呈，据山东巡抚将山东清查案内州县交代误接前任亏累现在离东各员，分别照章核追，据咨该奏一折。道光三十年十二月二十七日具奏，本日奉旨："依议。"又，清单奉朱批："银数较少者，免其先行议处。"钦此。相应抄录原奏、清单，移咨吏部、兵部查照办理，并行知山东巡抚暨各督抚、府尹。除按数追缴年限并先予议处之处遵照新定清查章程办理外，此项接收前任亏累银两，如若员内本有勒追挪亏一项者，一俟挪亏全完即行接追此案银两，饬令按限完清以后再追流摊一款；其有本无应追挪亏、流摊两项，或仅有着赔流摊一款者，亦令先完此案银两。务各依限缴清，免致参革，自干罪戾可也等因到本部院。准此，合就檄行。为此仰司官吏即便钦遵查照办理，并将在东实任候补人员作速查明造册，详送咨部，毋稍迟误。切切。

计粘抄原奏一纸。

内开：

户部谨奏，为山东清案内州县交代误接前任亏累应追各款，据咨改奏，仰祈圣鉴事。

本年六月据山东巡抚陈咨，据布政使刘呈称，窃照山东省清查章程，内载州县交代误接前任滥抵亏累银两，究与自行挪用者有间，因照本员因公挪用按数追缴之限酌展一半。除将在东各员严行催追及已故各员家属尚在东省者行令济南府勒追外，所有事故离东并服官外省及本人已故应在家属名下着追者，计一百三十三员，共赔款银十五万七千四十八两一钱三厘。理合造具员名银数清册呈请，分咨顺天、奉天府尹，各直省督抚，各旗都统一体查照，在于各该员名下照数追交，就近报拨，覆东作正开销等因。

臣等伏查道光二十八年五月臣部议覆前任山东巡抚张①奏清查东省亏缺追补章程，内开现任各州县如有误接前任滥抵及接收前任亏累各款，究与自行挪用者有间，请照本员因公自挪按数追缴之限酌展一半。凡缴银三千两以下限一年全完者，展为二年；三千两以上至六千两限二年全完者，展为四年；六千两以上至一万限三年全完者，展为六年；余俱照挪亏银数限期，一律递推。其试用、候补、丁忧、告病尚未得缺者，未便再缓限期，应即照此核办，惟统限届满从宽暂缓参革，再限一年完交。升任道府人员，数在三千两以下者，仍限一年；三千两以上至六千两者，仍限二年；余俱以次照办。其降留、革留等项处分均应照章核议。至参革病故各员有子孙出仕，如系现任州县，仍照缓半限期；若系佐杂或并无出仕之人，准于缓半之限再展一半，有官者并免先予降留、革留等因。奏奉谕旨，允准在案。

嗣据该抚将交代案内续行查出误接滥抵及接收前任亏累银两，共计应赔银十五万七千四十八两零，分咨追缴。臣等当查此案各员，亦应照章分别银数，先予降留、革留。惟此内兼有挪亏之员，未便重复议处，即经咨查吏部、兵部，于本年十月初三日、十一月初五等日准吏、兵二部先后开单知照，复饬承办司员按册逐名核对。除挪亏案内前据该抚声明病故十六员未

---

① 即张澧中。

经议处，及业已先予处分十员毋庸再议外，合将本案误接交代应议之前任济宁州知州徐宗干等一百七员，缮具清单，恭呈御览，仍候命下移咨吏部、兵部分别议处。一面行文各该员原旗籍，在于各本员及家属名下依限催追报部，毋任延玩。至现在山东实任候补人员并未据藩司造册详送，殊属疏漏，仍令该抚转饬赶紧造报，不得再有延误。谨将据咨改奏缘由恭折具奏，伏乞皇上训示遵行。谨奏等因到司。奉此，本司因前次在东奉追各员内有续行回旗、回籍之人，自应一并详请奏参，分别着追，按限完缴。

兹查有续行离东者七员，共银一万四千六百五十六两二钱七分九厘；实应东省着追者五十四员，共银二十八万六百六十一两五分六厘。其各员应得处分遵照部议查明，分别造册，呈详宪台鉴核，具奏请旨将二万两以上之现任济南府知府李天锡一员革职留任，三千两以上之现任历城县知县张积功等三员降三级留任，三千两以下之升授湖北汉阳府知府董振铎等四员降二级留任，以上各员应追银两均勒令依限完缴。其欠解银两仅止数两数十两，各员既已邀恩免议，似毋庸立限分追，离东应令各旗籍催追，在东者由司严行追缴，以重帑项。至此赔款，清查原报共银四十六万七千一百九十五两六钱九分三〈厘〉，再加覆核案内增追银一万九千三百五十六两六钱五分五厘，共银四十八万六千五百五十二两三钱四分八厘。内除核覆案内应删银九百五十二两九钱五分九厘，已归沂水县董荣青、鱼台县孙士清、单县陈世采等三员参案内，核结银四万三千五百四十八两四钱六分三厘。前次详咨着追银十五万七千四十八两一钱三厘，内除直隶人吴炜业经起服到东补授东平州知州，应由东省着追银一万八百六十一两四钱八分二厘，下剩实应咨追银一十四万六千一百八十六两六钱二分一厘。此次续经查出离东各员应请咨追银一万四千六百五十六两二钱七分九厘，实应在东着追银二十八万六百六十一两五分六厘，核计尚不敷银五百四十六两九钱七分。查系应删平原县汪嗣绪误接滥抵着赔，业经提归专参案内核追银九百三十六两九钱七分。又，应增原报前任恩县阮烜辉赔款案内以撒合总少报银三百九十两，除增删相抵外，计不敷银五百四十六两九钱七分，即与原报之数相符。相应一并呈请宪台核明，咨部更正，以昭核实。并请分咨顺天府府尹、直隶总督部堂、浙江抚院、江苏抚院、福建抚院、厢黄旗汉军都统查照转饬，在于各该员并各家属名下照数按限追缴，就近报拨，覆东作正开销。再，此案应以奉准部覆之日起限，合并声明。

扬威侯敕

《怡庵杂录》载，宋景定四年三月八日皇帝敕曰："国以民为本，民实比于干城；民以食为天，食尤重于金玉。是以后稷教之稼穑，周人画之井田，民命之所由生也。自我皇祖神宗列圣相承，迨兹奕叶，朕嗣鸿基，夙夜惕茗。迩年以来，飞蝗犯禁，渐食嘉禾，宵旰怀忧，无以为也。黎元恣怨，未如之何。民不能祛，吏不能捕。赖尔神力，扫荡无余。上感其恩，下怀其惠。尔故提举江州太平兴国宫、淮南江东浙西制置使刘锜，今特勅封为扬威侯、天曹猛将之神。尔其甸抚庶血食一方，故敕。"

亲勘东省运河、泇河二厅漫水及筹办回空帮船行走各情形奏附片奏

奏为亲勘东省运河、泇河二厅漫水及筹办回空帮船行走各情形，据实恭折具陈，仰祈圣鉴事。

窃照江境丰北厅漫溢，水注东省，河湖涨漫，并筹备回空漕船事宜，前经具奏在案。臣于驰报安澜、将黄河应办各事布置二日，自豫省工次赶紧起程。因距济较近之嘉祥县一带亦有湖坡上深之水阻隔，绕道行走，到济后即赴南路，将运河、泇河二厅属湖河漫水情形详细确勘。查此次丰北厅漫溢之水注入东境微山、昭阳等湖，由湖溢入运河，复由运河东岸漫入东坡，及独山湖倒漾北注，以致湖河坡水融成一片。自运属济宁汛石佛闸起，至泇属峄汛八闸，三百余里毫无边际。向住湖堤之居民虽已迁徙，而房屋尽行漂没，即泇河厅及汛闸衙署亦多浸泡倒塌。各官均雇船居住，办公情景实属可悯。前报堤顶水深一、二、三尺者，兹逐节探量，间有水深一丈余尺及八、九尺之处。推究其故，一系漫水增长，一缘巨浪掀淘。堤身业经刷塌残缺，两岸单闸水口水中虽未能探摸，其残损已可概见，各汛大闸仅有一二处微露闸背闸耳，余则俱在水内。现在漫水虽已停长，尚未见消，而泄水去路全在江境。臣迭经飞咨江南督臣、河臣，饬属赶将微山湖尾闾之蔺家山坝及荆山河再加展宽疏挑，以畅减泄；复委员驰往会勘骆马湖并南北六塘，河归海之路如有壅塞，星夜捞挖。庶下游多一分宣泄，上游减一分漫水，民间即轻一分被灾。凡东省可以分减之路，亦当钦遵谕旨，设法广筹

疏消，断不任属员推诿因循。

至回空帮船南下，先议插标立帜，雇船导引，原系前人成法。嗣据运河道督厅议禀，以水深浪激处断未能插标，而闸隐水中，以及沛、滕、峄三汛东西两岸漫水大石、碎石堤工，船行易于磕碰，虑多损伤。应于运河厅鲁桥地方挽入独山湖行走，至小塞庄抵泇河厅境归入正河，历夏镇、十字河、彭口，复于王埠庄入东坡行走，至韩庄闸大王庙后入运，以避水中各险。运属设立水站七拨，泇属设立水站十拨，相距十余里至二十余里不等。每拨用大船一只、小船十只，专派员弁经管，选带明白兵夫驾舟往来导引，仍于山根庄基插标记认，设遇大风，俾粮艘依靠停泊，以昭慎重。臣覆核所办均尚合宜，复添派将备大员总巡弹压，务臻周密。

又，泇河厅属王埠庄，入坡两岸应厢里头埽长十六丈六尺，护埽长一百五十丈，韩庄大王庙后入运处应厢护埽里头等工计长一百五十六丈六尺，估需工料连节省八成减准银二万一百六十余两，于运河道库垫发，赶厢完竣。此案埽工并插标、雇船引纤之费，及运河、泇河二厅现估应办尚须删减之工，均专为筹备空运行走，非常年岁修，另案额办工程应请统归漫水估修各工案内造报。其回空首大河前帮船二十只，先于九月初一日未时催过济城天井闸，初四日巳时挽入运河厅属。第一拨初十日戌时行出泇河厅属，第三拨尚属安稳顺速。北路之船截至初七日共入东境四十九帮，初九日共进临清闸二十五帮，十三日共过济八帮。往后虽风信靡常，臣惟有督饬司漕文武员弁加紧提催，务令乘此天气晴和赶速行走，循序出东南下，不任稍有迟延。至于被水灾民急待赈恤，业经抚臣奏恳天恩，拨发司库银两，专委道员来济设局查办。臣当就近督同经理并率属倡捐廉俸，劝捐城乡绅商士庶量力佽助，以资凑办，务期实惠及民，不使一夫失所，以仰副圣主垂廑河漕、惠爱黎元之至意。所有亲勘运河漫水及回空帮船行走各情形，理合分晰据实具陈，伏乞云云。

再，东省闸内河道专为运行而设，关系至为重大。本年江境丰北厅漫溢注入东境湖河，情形虽与嘉庆元年相仿，而水势则过之。现在浸泡甫将两月，两岸土石堤工以及大闸单闸水口已多缺损，约计丰工兴堵合龙尚有数月之久，风涛激刷，其残塌更难设想，运河淤垫亦所不免。本年回空漕船南下虽已设法挽行，系一时权宜之计，来岁重运北上，必须将残缺淤垫各工仿照从前成案，大加估修挑挖，方能运道纤路复旧而免阻误。除俟丰北口门将次堵合，东省湖河漫水畅消显露情形，当会同抚臣督饬道厅委员确切勘估，据实奏请饬办外，惟现在插标立帜、雇船引纤筹费，泇河厅已厢埽段及该厅并运厅现估应办之工，又将来修办石工闸座须用石料、椿木，应预先采购运贮，以免临时停工待料迟延。在在均需钱粮接济，道库无款再行筹垫。合无仰恳天恩，俯念河漕紧要，准于山东藩库先拨银十五万两存贮运河道库，以备随时支发，俾无缺误。凡有应修应办工程，臣必切实删减，可省即省，断不任属员虚估浮报，以仰副圣主慎工重帑至意。据运河道具禀前来，理合附片陈请，伏乞训示。谨奏。

济东道为山东巡抚陈庆偕奏病体难支请假调理一折札

济东道花①札临清州知悉。咸丰元年九月二十九日准布政

① 即花咏春。

司咨开，咸丰元年九月二十三日奉巡抚部院兼理盐政陈札开，照得本部院于咸丰元年九月二十二日具奏病体难支请假调理一折。除俟奉到朱批，另檄恭录行知外，合先抄奏札知。札到，该司即便移行查照。毋违。

计粘抄原奏一纸。

奏为微臣病体难支，吁恳天恩，俯准赏假调理，恭折奏祈圣鉴事。

窃臣于本月初六日附片具奏患病情形，十五日恭奉朱批："安心调摄，不必躁急。现值地方有事，朕甚悬念。续有应奏事件，将病体情形附折再奏。"钦此。臣跪读之下，不胜感激涕零。伏念臣前以一时办事过于焦急，触发症冲旧病，值此漕运灾区吃紧之际，不敢遽图自逸，是以据实附陈，乃蒙圣主曲加轸念，谕令安心调摄。臣何人斯，膺此笃眷，苟微疴稍有转机，敢不节劳自爱，以期仰慰宸廑。

顾自得疾，至今几及两月，勉强支持，心气亏乏已极。现在夜寐仍不能稍安，饮食亦不能加进，精神益形委顿。据医家云，病体由思虑过度而起，因得病后未经一日静养，故药石不能奏效。而臣自审膺斯重寄，万不能屏绝思虑，凝神静摄，若再力疾从公，诚恐贻误地方，重滋咎戾，中宵辗转，弥切悚惶。惟有吁恳天恩，俯准赏假一月，俾得安心调理。如蒙俞允，将巡抚印务暂委藩司刘①护理，藩司印务委臬司福②署理，臬司印务委运司司徒③兼署。臣于拜折后，先将日行公事及勘审各案即饬该藩司代勘代办，恭候命下再行交卸，合并陈明。为此沥

① 即刘源灏。

② 即福济。

③ 即司徒照。

情恭折具奏，伏乞皇上圣鉴。谨奏等因到司。奉此，拟合移咨等因。准此，合行札饬。札到，该州立即转饬所属一体查照。毋违。此札。（咸丰元年十月初七日到）

济东道为山东巡抚陈庆偕片奏患病情形抄片转行札

济东道花[①]札临清州知悉。咸丰元年九月二十日准布政司咨开，咸丰元年九月初十日奉巡抚部院兼理盐政陈札开，照得本部院于咸丰元年九月初六日片奏患病情形一件。除俟奉到朱批，另檄恭录行知外，合行抄片行知。札到，该司即便转行查照。毋违。

计粘抄片奏一纸。

再，臣幼有怔忡之症，每逢用心过度，辄即举发。本年八月初间驰赴登州府督办海防，一时过于焦急，在登月余，彻夜为之不寐，饮食日形减少，又闻省西济宁一带遭黄水漫溢之患，尤为梦寐悬心。闰八月二十日由登起程回省，业已备极委顿，到省后赶筹灾务，清理积牍，神思恍惚，病势日益增重，连服安神运脾之剂，迄未奏效。据医家云，心气亏乏已极，非息静摄不能猝复。臣自念受恩深重，当此漕运灾区万分吃紧之际，何敢以偶抱微疴遽图安逸？惟有殚竭血诚，力疾从公，苟能支持一日，即当尽一日之责。而孱病之躯设有贻误，则又不胜惴

① 即花咏春。

慓恐惧，谨将实在情形附片奏闻，伏乞圣鉴。谨奏等因到司。奉此，拟合移咨等因。准此，合行札饬。札到，该州立即转饬所属一体查照。毋违。此札。

山东巡抚为奉旨将临清户工两关道光三十年尚短收额内额外盈余银两着落经征委员陈宽赔缴，并请交部照例议处檄

巡抚部院陈①为遵旨事。

咸丰元年十月初三日准户部咨，准贵州司案呈，本部议复山东巡抚陈奏，临清户、工两关道光三十年分短少正额已据全数完缴，尚短收额内、额外盈余银两，着落经征委员陈宽赔缴，并请交部照例议处一折。咸丰元年十月十四日具奏，本日奉旨："依议。"钦此。相应抄录原奏，移咨山东巡抚遵照可也等因到本部院。准此，合就檄行。为此仰委员官吏即便钦遵查照部咨事理，将应赔未完短收前项关税银两依限完缴，详请报部。毋违。(咸丰元年十一月十三〈日〉到)

计粘单一纸。

户部谨奏为遵旨议奏事。

内阁抄出，山东巡抚陈奏，临清户、工两关道光三十年分短收正额已据全数完缴，尚短收额内、额外盈余〈银〉两，着

---

① 即陈庆偕。

落经征委员陈宽赔缴，并请交部照例议处一折。咸丰元年九月二十九日奉朱批："户部议奏。"钦此。钦遵于十月初二日抄出到部。据原奏内称，临清直隶州知州陈宽详称，户关每年应征正额银三万七千三百七十六两三钱一分三厘、盈余银一万一千两。自道光二十九年十一月初四日起，至三十年十一月初三日止，一年期满仅收税银三万一千九百四十两二钱二分，尚短少正额银五千四百三十六两九分三厘、额内盈余银六千六百两、额外盈余银四千四百两。又，工关应征正额银四千五百七十二两七钱四分、盈余银三千八百两。自道光三十年正月十四日开河起，至十二月三十日止，仅收银三千七十六两二钱一分，计少收正额银一千四百九十六两五钱三分、额内盈余银二千二百八十两、额外盈余银一千五百二十两。今将户关少收正额银五千四百三十六两九分三厘、工关少收正额银一千四百九十六两五钱三分如数赔缴，并将户关少收额内盈余银两先赔缴银四千七百五十两，工关少收额内盈余银两先赔缴银一千六百五十两。惟户关额内盈余尚未完银一千八百五十两，工关额内盈余未完银六百三十两，核计均在二分以上，应请照例议处，并将未完额内、额外盈余银两按限赔缴等语。

臣等伏查临清户关原定正额银三万七千三百七十六两三钱一分三厘，盈余银一万一千两；工关原定正额银四千五百七十二两七钱四分，盈余银三千八百两。前于道光十年四月臣部会同内务府议奏各关短收税银，分别功过赏罚章程折内声明，历年缺额及间有缺额各关请各按应征盈余银数，以六成作为额内盈余，遇有短少着落赔缴，仍按额内盈余短收分数照例议处；以四成作为额外盈余，遇有短少着落赔缴，免其处分。并声明短收额内盈余处分，欠二分以上者罚俸二年。又，于道光十一年八月臣部议奏各关赔缴限期章程一折，奉上谕："各关赔缴短征关税银两，其银数自二万两以上至五万两者予限六年，至一人而两任、三任各有亏缺，如准其接续完缴，限期未免过宽。着统计前后所亏银数之多寡，均照此次所定限期办理。”等因。钦此。均经臣部通行各关遵照在案。

兹查临清户关额定盈余银一万一千两，应以六千六百〈两〉作为额内盈余，以四千四百两作为额外盈余；工关额定盈余银三千八百两，应以二千二百八十两作为额内盈余，以一千五百二十两作为额外盈余。今临清户关自道光二十九年十一月初四日起至三十年十一月初三日止，一年共收税银三万一千九百四十两二钱二分，尚短收正额银五千四百三十六两九分三厘、额内盈余银六千六百两。已据该员陈宽将短收正额全数完缴，又完缴额内盈余银四千七百五十两，尚未完额内盈余银一千八百五十两，核计短收额内盈余系在二分以上，例应罚俸二年。又，工关自道光三十年正月十四日开河起至十二月三十日止，一年共收银三千七十六两二钱一分，尚短收正额银一千四百九十六两五钱三分，额内盈余银二千二百八十两。已据该员陈宽将短收正额全数完缴，又完缴额内盈余银一千六百五十两，尚未完额内盈余六百三十两，核计该员短收额内盈余系在二分以上，亦应罚俸二年。该员陈宽短收户、工两关银数各应罚俸二年，恭候命下，臣部遵即行知吏部照例议处。

至临清户、工两关一年期满，共征收正额及额内、额外盈余银二万一千七百三十二两六钱二分三厘，除已完缴银一万三千三百三十二两六钱二分三厘，尚未完银八千四百两，应遵照定例，着落该员陈宽照数赔缴。查该员尚有应赔该关道光二十三、四、五、六、七、八、九等年分少收盈余银二万一千四百三十四两六钱四分九厘，前后共应赔银二万九千八百三十四两六钱四分九厘。应遵照定例，二万两以上至五万两予限六年完缴。应令于奉旨之日起按限照数完缴，以符定例。所有臣等核议缘由，伏乞皇上训示。谨奏。请旨。

山东巡抚为总管内务府咨催未完参价银一千四百两赶紧完缴报解檄

巡抚部院陈①为咨催事。

咸丰元年闰八月初五日准总管内务府咨，广储司银库案呈，查发交各处参②斤变价应交银两，前经本府奏准，自领参之日起统限一年全数交齐。如有逾限不交者，由本府按限查办，咨行吏部，转行各督抚查取职名，遵照部例严加议处等因在案。前经本府将已领参斤未交价银各员查明咨催在案。现查仍有未交处所，开单再行咨催，各督抚、盐政、盐督务于文到日即饬各关，务于限内赶紧委员解交。如有已经解存藩库银两，亦即速委要员解赴本府交纳，以清款项。经此次咨催后，倘再拖延逾限不交，定即照例题参办理可也等因到本部院。准此，合就檄行。为此，仰委员官吏即便查照单开，将下余未完参价银一千四百两迅速赶紧完缴，详请报解。所有道光三十年分变价参斤银两，亦即详请咨批起解，均毋迟延，致干参咎。切切。(闰八月十八日到州)

计粘单一纸。

计开：

---

① 即陈庆偕。

② 底本作“蓡”，天头有红色“音参”字样。查该字为“参”古字，现统一改为“参”。

临清关

道光二十四年分变价参斤已于二十四年六月十三日领去，应交价银一千二百两。

道光二十五年分变价参斤已于二十五年七月十七日领去，应交价银一千二百两。

道光二十六年分变价参斤已于二十六年六月初七日领去，应交价银一千二百两。

道光二十七年分变价参斤已于二十七年六月初六日领去，应交价银一千二百两。

共欠银四千八百两。咸丰元年五月曾准山东巡抚复称，临关知州陈宽自行措备银三千四百两，缴存关库等因。该关已于本年八月十一日交到银三千四百两，其余下欠银一千四百两，应令该关赶紧交纳请款。

道光三十年分变价参斤已于三十年六月二十六日领去，应交银一千两。

山东巡抚为奉旨核议欠缴变价参斤银两章程行布政司纂入例册并檄行东省

巡抚部院徐①为转行知照事。

道光二十八年六月十一日准总管内务府咨，广储司茶库案呈，准吏部来文内开，本部具奏为核议欠缴变价参斤银两章程一折。于道光二十八年五月十三日具奏，本日奉旨："依议。"

① 即徐泽醇。

钦此。移咨内务府转行各该处，一体遵照办理等因前来。相应照抄吏部原奏，知照贵处遵照办理可也等因到本部院。准此，除行布政司纂入例册外，合就檄行。为此仰委员官吏即便钦遵查照。毋违。(道光二十八年六月廿三到)

计粘单一纸。

吏部谨奏，为核议欠缴变价参斤银两章程，仰祈圣鉴事。

窃臣部于道光二十八年四月二十二日准内务府咨称，内务府具奏查参斤变价一款，嘉庆元、二、三年分发两淮、粤海、长芦、江南、苏州、杭州六处，估变大枝参四等每两合一百八十七五换，五等参合七十换，渣末合二十七五换，泡丁合二十五换。嘉庆十一年奉旨，四等参交两淮变价，每两着为四百换。至十七、八年系京商领售五等参，按一百八十换，渣末每两按一百换，泡丁每两八十换。十九年分发两淮、粤海二处售变五等参，每两由一百八十换又加价四十换，渣末每两由一百换又加价三十换，泡丁每两由八十换又加价三十换。道光十六年两江总督陶澍奏请应解参斤银两恳照旧价交纳，当经臣衙门议覆，四等参即照该督所议，每两仍为四百换；其五等参将加价核减，每两作为一百八十换；渣末、泡丁均照嘉庆十二年以前估变之价，渣末每两二十七五换，泡丁每两二十五换。此系历届发交参斤加价、减价之原委也。道光二十四年两广总督祁埙以粤省东参壅滞，请将发交粤海变价参斤免照例价饬销，经臣衙门议奏，自道光二十四年起，将应发粤海关变价参斤暂行停止，改发长芦等处分销，仍照向例价值解交等因在案。计自酌改章程以来，迄今四载，应领参斤各关有已领参斤尚未交价者，竟有未领参斤者，而两淮等处应交变价银两亦多积欠，历经咨催、奏催各在案。

伏查每年发交变价参斤，核计应收价银二十四五万余两，无如各等处不能按限解交，年复一年，积欠逾多，几致徒有虚名。自应酌减成数，量为变通，以归实济。其应如何酌减成数之处，恭候钦定。俟名下之日，臣等即将本年发变参斤价值遵照办理；其渣末、泡丁例价原不为多，仍请照旧销售。再，臣等通盘核计，查从道光二十四年起至二十七年止，共应发两淮等二十一处参四百五十一斤有零，按照例价应得价银一百一万四百七两。比年来各关仅交到银二十六万余两，其未交价银竟至有七十四万余两之多，并有未领参六十余斤。今既酌减定价，改立新章，而陈欠仍照旧例着追，该员等未免向隅，且恐迁延时日，究属无益。可否将所有各员历年欠项一并照新定章程勒限严追，分年代交，其未领参斤，仍准各本员找领，按新例交价之处，出自皇上天恩，如蒙俞允，臣等一并知照各处遵办。所有应交变价银两并代交之项，务须年清年款，不得稍有蒂欠。倘再因循从事，应由臣衙门严行参奏，交吏部分别欠数，照关税亏额例严加议处。谨奏请旨。于道光二十八年四月十五日具奏，奉旨："内务府奏变价参斤滞销，拟请量为酌减价一折。四等参四百换，着加恩减为二百五十换；五等参一百八十换，着减为一百换；渣末、泡丁仍照旧例销售。余着所议办理。"钦此。钦遵抄录原奏知照到部。

查定例，关税盈余银两一年限满，该监督欠不及一分者免议，一分以上罚俸一年，二分以上罚俸二年，三分以上降一级留任，四分以上降一级调用，五分以上降二级调用等语。臣等查变价参斤，既奉恩准酌减成数，承办各员自应妥为经理，其应交变价银两并代交之项自当年清年款，如有未完严行参办。既据内务府奏明，倘再因循从事，由该衙门严行参奏，交部分别欠数，照关税亏额例严加议处。臣等公同酌议，应请嗣后各该处应交参斤变价银两如有限满未完，由内务府按其未完分数查参，交臣部照关税盈余银两未完例议处。欠不及一分者免议，一分以上罚俸一年，二分以上罚俸二年，三分以上降一级留任，四分以上降一级调用，五分以上降二级调用。其分年代交之项如有未完，应照关税盈余银两未完例酌减议处，欠不及一分者免议，一分以上罚俸六个月，二分以上罚俸一年，三分以上罚俸二年，四分以上降一级留任，五分以上降一级调用。系公罪，均准其将寻常议叙及事前捐加之级纪议抵，惟处分既严于已领未完之员，而不领者则并无未完之处分，恐开巧脱之门，易启效尤之渐。并请嗣后每年各处应领参斤，以各该处应领之日起按限具文请领；如有逾限未领，将承领之员降一级留任，勒限饬令赶领；如再未领，即照所降之级调用，从严议以，不准抵销。如此明定章程，庶承领不致耽延，而交项自当清项。如蒙俞允，臣部即知照内务府转行各处一体遵照，并纂入臣部例册永远遵行。所有臣等酌议缘由，理合恭折具奏，伏乞云云。

册　结[1]

元年夫马闰月银五十五两三钱五厘，水夫闰月银一百六十二两四钱八分一厘，二共银二百一十七两七钱八分六厘。内扣过元年秋季三监刑具等银一十三两八钱四厘、元年科场经费银一百两，下余银一百三两九钱八分二厘。于九月初八日当期领讫。

西陵岁修等工临砖二万七千二百九十八块，每块按临分合

---

① 该篇文字与前文似无关联，或为残篇，现附于此。

领坯柴二价银七百三十七两四分六厘。内领过八成银五百五十四两二钱五分九厘，扣收八成项下减平银三十五两三钱七分八厘，又扣哑声砖价银三十四两七钱一分，又扣拨三十年秋冬二季酌提坐支银一百二两七钱五分五厘，又扣二成项下减平银八两八钱四分五厘，存司未领银一两九分九厘。

恭亲王府第工程临砖十二万四千四百九十七块，每块按临分合应领坯柴二价银三千三百六十一两四钱一分九厘。内领过八成银二千五百二十七两七钱八分七厘，扣收八成项下减平银一百六十一两三钱四分八厘，又扣拨元年春夏二季酌提役食银六百两，存司未领银七十二两二钱八分四厘，留扣哑声砖价并减平银两之用。查前项砖块头二两批共验有哑声砖一万六千一百四十三块，应赔哑声砖价银一百六十一两四钱三分，又按报销实应领之数扣减平银一百九十一两九钱九分九厘。除有扣过减平银一百六十一两三钱四分八厘，尚应扣减平银三十两六钱五分一厘，二共应扣银一百九十二两八分一厘。除转存司银七十二两二钱八分四厘扣拨外，计不敷银一百一十九两七钱九分七厘。

西陵岁修临砖二万七千二百九十八块，每块应需柴二十五斤半，共需柴六十九万六千九十九斤；每斤津贴银三厘，共应津贴银二千八十八两二钱九分七厘。除三分之一银六百九十六两九分九厘应自行捐办外，应领三分之二银一千三百九十二两一钱九分八厘。除诸城解过银二十五两七钱八分一厘、莒州解过银七两三钱六分六厘，下余应领银一千三百五十九两五分一厘。

恭亲王府第工程临砖十二万四千四百九十七块，共该津贴银九千五百二十四两二分五毫。除三分之一银三千一百七十四两六钱七分三厘五毫应自行捐办外，应领三分之二银六千三百四十九两三钱四分七厘。除诸城解过银一百一十七两五钱八分一厘、莒州解过银三十三两五钱九分四厘，下余应领银六千一百九十八两一钱七分二厘，二共应领银七千五百五十七两二钱二分三厘。内扣拨三十年关税银五千一十七两六钱六分四厘，存司应领银二千五百三十九两五钱五分九厘。查前款现在禀请扣拨三十年关税，尚未奉到批示。

元年例添二雇民剥工食银准销银一万七千四百三十五两五钱四分四厘。内于三月十八日堂期领过银二千五百两，又于四月初三日领过银一千七百两，又于六月初八日领过银五千两，又于七月初八日领过银二千五百两，又扣拨欠解三十年冬季并元年春、夏、秋三季泺源书院生息银四百两，又扣拨关税银八百两，又扣拨关税银三千二百三十四两三钱八分四厘，又扣拨关税银一千三百一两一钱六分。

第十本

武定府饬追前署惠民县屠道彰欠解赔款银两札

武定府陶[1]札惠民县知悉。本年二月十三日蒙济东道札开，本年二月初二日准布政司咨，道光二十四年十二月二十一日奉巡抚部院兼理盐政觉罗崇[2]批，前署司呈详，前署惠民县屠道彰欠解赔款银两，请核咨着追缘由。奉批，业经前护院据详移咨湖北抚院饬追，并咨明户部一体催追矣。此缴等因到司。奉批，拟合移咨等因。准此，合行札饬等因到府。蒙此，合行转饬。札到，该县立即查照。毋违。此札。廿五年二月廿五日奉府转行。

计粘抄详一纸。

查前于道光六年十月间蒙前宪陈[3]具奏，东省未结交代酌议立限清厘案内声明，若仅欠捐赔款项，则与亏缺不同，另行勒限追缴，一面先行结报等因遵照在案。今该员屠道彰前署惠民县任内经手正、杂、仓、捐各款，均已交收清楚，欠系赔款银两，核与奏准剔出另追之案相符。前经行追，未据完缴，现在该员业已丁忧回籍，相应移咨原籍着追，以免虚悬。查屠道彰系湖北孝感县人，拟合详请宪台鉴核，移咨湖北抚院转饬，将屠道彰前署山东惠民县任内欠解前项赔款银六百五十五两六

① 即陶庆增。

② 即觉罗崇恩。

③ 即陈中孚。

钱八分，作速在于该员名下照数勒追完缴，就近报拨，咨覆东省分别作正开销、动项还款，并请咨明户部查照，一体催追。

计开

水次兑漕粮价：

二十二年米每仓石价银二两六钱五分，豆每仓石价银一两八钱，麦每仓石价银三两三钱；

二十三年米每仓石价银二两二钱三分，豆每仓石价银一两八钱八分，麦每仓石价银三两；

二十四年米每仓石价银二两一钱八分，豆每仓石价银一两八钱八分，麦每仓石价银二两六钱。

单①

督粮道为随蓟、随漕各项见石养廉银两照旧随粮全数交帮缘由札

督粮道景②札惠民县知悉。案奉部咨随蓟养廉等款，均应减平支给等因。业经备录转饬，遵照在案。查该县交兑漕粮项下，尚有应行交帮之随漕见石养廉银两，部文内虽未指明随漕字样，然与随蓟养廉事同一律，自应一律核扣减平，以归画一。惟应扣前项减平系属汇解部库要款，恐或扣解参差，致滋宕延。今酌定随蓟、随漕各项见石养廉银两，均应照旧随粮全数交帮，统俟将应扣减平由道在于各帮弁应领俸工银内坐扣，以便及时

① 此段文字或为残篇，现据所在底本的位置排于此。

② 即景霖。

汇解。除行各帮遵照外，合行札饬。札到，该县即便遵照。嗣后即将应行交帮之随蓟、随漕各项见石养廉，照旧随粮全数交帮，毋庸由该县扣平，以免参差；并先将遵办缘由申覆查考。速速。此札。（前案道光二十五年三月初二日奉到）

武定府为迅将扣存脚价盘费减平银两径解交兑事由札

武定府陶①札惠民县知悉。本年二月二十一日蒙督粮道牌开，案蒙抚宪崇②转，准户部咨，查山东粮道册报漕仓项下，所议照旧支放之铺兵工食、解漕、轻赍等银，需用钉篐、鞘木，各帮划付旗丁粮，折随蓟养廉、随漕脚价盘费、解官水脚、解役脚费，州县运解仓粮脚价、置买席片铺垫仓廒，解司耗羡、脚费等款，均应减平支给；又，各帮行月、闰月折色银两内，运弁仍应减，旗丁照旧兑放；又，行粮、席草、脚价一款内，脚价亦应减平给发，以归画一；余如所咨办理。至漕项公费银两内所解各款应扣平银，据称由各衙门核扣等语，应归各处减平案内查核外，仍令该督即饬该道迅将扣减平银专案造报，扣存减平银两扫数解交司库，汇款解部，毋任迟逾；并知照山东巡抚可也等因咨院行道到府。蒙此，合行转饬。札到，该县立即遵照，迅将扣存脚价盘费减平银两赶紧径解交兑，报府查考。毋迟。速速。此札。（道光二十五年三月初四日奉到）

---

① 即陶庆增。

② 即觉罗崇恩。

武定府为再升、再调人员应完罚俸银两须按限完缴方准升调缘由札

武定府陶[1]札惠民县知悉。本年二月二十九日蒙布政司札开，道光二十五年正月二十八日奉总河部堂钟[2]札开，道光二十四年十二月二十六日准吏部咨，文选司案呈，准直隶总督讷[3]咨称，窃查前奉部咨，嗣后再升、再调人员，除初升、初调任内罚俸处分毋庸核计外，其前任内应缴罚俸银两，必须按限逐案完缴销案后，方准再行升调等语。查再升、再调官员核计罚俸银两，系指州县官以上者而言。其首领、佐贰等官升补知县后，由知县拟升知州是否仍系初升任内，应完罚俸银两是否应照新例完缴销案后始准请升，缘例内均未指明，诚恐办理舛错。拟合咨部查照示覆等因前来。

查定例，州县以上业经升调各员，如前任内有罚俸案件，务须依限完缴。其堪以再升、再调者，均俟将前任内罚俸逾限银两完缴销案后，方准升调等语。又，本部议覆户部左侍郎祝奏定章程内开，各省州、县以上，如前任内有罚俸案件，例应依限完缴。请嗣后再升、再调人员，除初升、初调任内罚俸处分毋庸核计外，其前任内应缴罚俸银两，必须按限逐案完缴销案后，方准再行升调等因。道光二十四年六月二十六日奉旨："依议。"钦此。钦遵在案。查再升、再调官员应完罚俸银两，

---

① 即陶庆增。

② 即钟祥。

③ 即讷尔经额。

如由首领、佐贰等官升补知县后，由知县复升他职，即系再升、再调人员，其前任内罚俸逾限银两，自应俟完缴销案之后，方准保题。相应咨覆该督，并通行各直省，一体遵照办理可也等因咨部堂行司到府。蒙此，合行转饬。札到，该县立即遵照。毋违。此札。（道光二十五年三月初六日奉到）

杨令任内长拨地丁正银可否准入交案列抵司批

禀请核示卑前县杨令任内长拨二十三年地丁正银可否准入交案列抵由。此案道光二十五年三月初三日奉藩宪王①批，查该县二十三年钱粮，前因奏销案内分数短绌，由司改收银二千八百两。据禀，该前县杨令在任未及全数征起，旋经报入缓征银九百七十四两九钱三分三厘。此项银两系属司中改收，自与垫支、垫解不同，姑准暂行入交列抵，仰俟该年钱粮一届启征，即行首先征起还款。毋违。此缴。

奉文准销应付兵差等银曾否领过司批

详请核示奉文准销道光二十一、二两年应付兵差等项银两曾否领过由。道光二十五年三月十一日奉藩宪王②批，查该县

---

① 即王笃。

② 即王笃。

未领垫办各项兵差等银一千六百七十四两二钱九分五厘八毫，核与司案相符。仰即遵照办理。缴。

浮额孤贫未领银两案司批

详请核示道光二十四年浮额孤贫未领银两一案。此案道光二十五年三月十三日奉藩宪王①批，查该员未领道光二十四年浮额孤贫口粮银一百八两二钱九分九厘，现已全数扣收该县欠解道光二十四年春、夏二季德州满营余兵生息银两项下矣。仰即查照。缴。

闽硝例价未领银两案司批

详请核示道光二十三年派办二十一、二两年闽硝例价未领银两一案。此案道光二十五年三月十六日奉藩宪王②批，查该县未领道光廿一、二两年闽硝例价共银二百零六两七钱七分一厘，现已支拨该县并同属欠解德州满营二十四年春、夏二季余兵生息项下矣。仰即知照。缴。

---

① 即王笃。

② 即王笃。

德州满营余兵生息银两案司批

详请拨扣道光二十四年春、夏二季德州满营余兵生息银两一案。道光二十五年三月十一日奉藩宪王①批，据详该县并同属欠解道光二十四年春、夏二季德州满营余兵生息银六百两，请在解存道光二十四年养廉银内扣拨等情。查该县道光二十四年养廉银两，仅止扣剩未领银二百六十二两九钱七分六厘，除尽数拨收外，计尚不敷银三百三十七两二分四厘，已在解到二十五年养廉项下支扣银六两五钱二分八厘。又，未领二十一年闽硝例价项下支扣银一百四两九分，二十二年闽硝例价项下支扣银一百二两六钱八分一厘，十八年戊戌科公宴项下支扣银一钱七分七厘，二十年庚子科公宴项下支扣银一两七钱九厘，二十一年辛丑科公宴项下支扣银一两五钱三分五厘，二十四年浮额孤贫口粮项下支扣银一百八两二钱九分九厘，二十五年浮额孤贫口粮项下支扣银一十二两五厘，拨收清款讫。仰即查照扣拨各款银数，分年、分款补具印领，呈送核办。毋迟。缴。单批存。不符养廉印领发还。

漕耗米折银两案司批

详请拨抵长领道光二十二年漕耗米折银两一案。道光二十

① 即王笃。

五年三月十九日奉藩宪王①批，查该县长领道光二十二年漕耗米折银一十九两九钱二分二厘，已于廿四年九月间在于应领二十四年漕耗米折银内如数扣收矣。仰即查照，分别补具批领，送司核办。毋迟。此缴。

惠民县补具应解訾黄工料银两数目批领府札

道光二十五年三月十六日奉武定府转札惠民县知悉。案蒙布政司札开，案查各属应解道光二十五年訾黄工料银两未据完解。除由司查款扣收外，合行开单札饬等因到府。蒙此，合行转饬。札到，该县立即遵照后开扣收银两数目，补具妥协批领送司，以凭粘呈，点发备案。毋违。此札。此案道光二十五年三月二十三日阅批领稿。

计开：

该县道光二十三年囚粮银四十六两，扣欠二十五年訾黄工料项下。

---

① 即王笃。

布政司委员赴司请领银三千两前赴章丘等县照依派定银数点交札

藩宪王①札候补未入流沈镗知悉。照得抚济三营兵丁在抚宪衙门，除操演之外，或委查公事，或访缉匪徒，或赍送题奏本折，均有奔走查探之劳。所有每月应需奖赏银两，现因应动之缉捕生息用项较多，库无存款。由司核议，另筹别项闲款银六千两，发当生息以备支用。详奉抚宪批准在案。

除将此项本银酌派历城、章丘、泰安、聊城四县每处银一千两，齐河、德州、济阳、惠民四州县每处银五百两，札饬各州县遵照外，合行札委。札到，该员立即遵照，赴司请领银三千两，前赴章丘、泰安、济阳、惠民等县照依派定银数点交。各该县会同查明境内殷实当商，均匀给发，每月一分生息，遇闰加增，按季解司。仍取具各该当商保结领状，并承领花名银数清册及起息月日，会禀查考。毋违。速速。此札。（道光二十五年三月廿六日到）

计发马票一纸。

① 即王笃。

惠民县扣拨欠解俸工减平银司札

藩宪王[①]札惠民县知悉。案查该县欠解道光二十三年俸工减平银四十两四钱二分一厘，前经饬催，未据完解，现在急等作完造报，未便任延。除在该县应领道光廿五年浮额孤贫口粮银内照数扣收外，所有批领合行马递饬取。札到，该县立即遵照，扣拨年分银数分别补具批领，迅速送司，以凭粘呈，印发备案。毋违。此札。（道光廿五年三月廿一日到）

惠民县未完减平银两按正项之例一体减扣督粮道札

粮道景[②]札惠民县知悉。照得该县坐支一厘脚费银两，现奉部覆，按照正项钱粮之例一体减扣，解存道库，转解藩司，汇解部库等因。合行札饬。札到，立即遵照，将未完二十三、四两年坐支漕、仓、脚费项下应扣减平银两，迅速具批，差役解辕交兑，以凭汇解。毋迟。速速。此札。（道光廿五年三月初七日奉到）

---

① 即王笃。

② 即景霖。

海丰县禀报海潮冲淹情形分别调剂案公文司批

禀海丰县禀报海潮冲淹情形分别调剂一案公文。卑县接递，并无迟延。由四月初八日奉藩宪王[①]批，据禀海丰县被潮公文一角，该县于三月初十日戌时末刻接收上站阳信县递到，即于是日亥时末刻转递下站商河县斜庙交替行。据阳信县禀称，此项公文系于初十日丑时转递该县，核计交替时刻两歧，碍难核办。仰即遵照，迅将前项公文该县接收因何与上站转递时刻歧异、究系何处迟延，刻日查明，飞速禀覆，以凭核办。事关驿递，毋稍迟延，致干参咎。慎之。切切。缴。

谷价银两案司批

详请核示道光二十一年及二十三年谷价银两一案。道光二十五年三月廿九日奉藩宪王[②]批，据详，道光二十一、三两年买谷例价并津贴银两数目，核与司案均属相符，并未扣拨欠款。仰即查照，迅将应接前任杨令交代，会同监交三面赶紧核算接收清楚，具结禀报。毋违。缴。

---

① 即王笃。

② 即王笃。

将解发银给发当商并饬其分领取具结领各状司批

会禀解到筹备抚济三营兵丁奖赏生息本银五百两，现饬各当商分领取具结领各状另文详送由。此案道光二十五年四月十七日奉藩宪王①批，据禀已悉。仰即遵照，将解发银五百两迅即查传殷实当商均匀给发，按月一分生息，解司支用。仍取具各商领状保结，造具花名银数清册，同发商起息年月日期一并具文详送核办。毋违。缴。

惠民县补具扣收欠解二十四年交代局经费批领府札

武定府陶②札惠民县知悉。本年四月十六日蒙布政司札开，案据历城县请领二十四年春、夏二季交代局经费银两到司。据此，除在于各州县应领养廉银内照数扣收给发外，所有批领，合行开单饬取等因到府。蒙此，合行转饬。札到，该县立即遵照后开银数补具批领送司，印发备案。毋违。此札。道光二十五年四月廿三日府札。

计开：

---

① 即王笃。

② 即陶庆增。

该县欠解道光二十四年春、夏二季交代局经费银二十五两，此款在该县二十四年养廉银内扣收。

惠民县加摊应捐海防经费府札

武定府陶①札惠民县知悉。本年四月十五日蒙布政司札开，案查各属应捐海防经费，前经详奉奏明，院、司、道每年各捐银五十两，十府、二直隶州各捐银六十两，上缺州县各捐银五十两，中缺州县各捐银三十两，下缺州县各捐银十六两。共捐银四千两，按年于应领养廉银内扣收，历经办理在案。查潍县原捐银五十两，现因该县缺分苦累，已详奉抚宪批饬，改为下下缺分，免摊捐款。其该县应捐银两自应饬令各州县加摊，以符额数。除院、司、道、府仍照原数摊捐，又莱阳县加摊银五钱五分外，其余各州县每处应加摊银五钱七分五厘。兹准登莱道移领道光二十五年海防经费银两到司，业已在于养廉银内查扣支给在案。合行开单札饬。札到，该府立即遵照，并转饬所属，查照补具印领送司，以凭粘呈。再，该府所属阳信、利津，现无存司养廉，系在该府养廉银内扣收，并饬解府归款。毋迟。速速。此札等因到府。蒙此，合行转饬。札到，该县立即遵照后开银数补具妥协印领送司，以凭粘呈，印发备案。毋违。此札。

计开：

该县二十四年养廉银五十两五钱七分五厘。（道光二十五年四月二十三日府札，本日奉到。）

---

① 即陶庆增。

卑县四乡二麦被旱请赐委员会勘司批

禀卑县四乡二麦被旱请赐委员会勘由。二十五年四月二十九日奉府宪陶①批，已饬委阳信县前往会勘矣。仰即会同委员亲诣四乡，逐一周履，确勘二麦受旱情形，是否不致成灾、应否调剂，妥议禀覆核办，毋稍讳延。仍候各宪批示。此缴。

惠明县应摊委员解砖津贴并添平解费各银数批解府札

武定府陶②札惠民县知悉。案蒙布政司札开，据临清州详称，窃照卑州本年奉办孝陵二柱门等工临砖一万四千六百四十块，又泰陵皇贵妃园寝享殿等工临砖四千四百三十块，又补造二十三年景陵方城下东西两面台帮等工临砖一百五十块，二十四年孝陵西朝房等工临砖八百八十四块，共应解运砖二万零一百零四块。当经卑州请照向办章程，由本年三进粮船分装搭运，详请咨部在案。所有解砖委员轮应兖州、武定二府公委一员押解，拟合具文详请鉴核，俯赐檄饬兖州、武定二府公同派委并将委员衔名移州知照，以便详请给咨押运。其委员津贴银两，照章应由该二府所属州县按缺摊派，以为委员到道办公之需，

① 即陶庆增。

② 即陶庆增。

并祈饬知遵照，实为公便等情到司。合行札饬等因到府。蒙此，合行转饬。札到，该州立即查照后开应摊委员押解临砖津贴，并添平解费各银数，限三日内照数封固，粘贴印花，具批签差解府，按八成先行给发委员具领，并将下余二成批解藩库，备扣应赔缺破砖价，以便委员赴司领咨起程，毋稍迟延。速速。此札。

计开：

上上缺惠民县应摊津贴、盐课银五十四两二钱八分零八毫，并添平解费银四两六钱。

卑县四乡二麦被旱请赐委员会勘司批、抚批

禀卑县四乡二麦被旱请赐委员会勘由。此案于道光二十五年五月二十七日奉藩宪王①批，已据禀饬委候补未入流丁淇前往该县会同查勘矣。仰俟委员到日，立即〔亲诣〕会同亲诣各乡，周履确勘二麦被旱情形，是否不致成灾、应否量予调剂，刻速妥议，由五百里飞禀来司，以凭核办。事关民瘼，毋稍饰延，致干重究。慎之。切切。仍候抚宪批示。缴。

同日，又奉抚宪崇②批，已据禀檄行藩司委员前往查勘矣。仰即会同委员亲诣各乡，详细确勘二麦被旱实在情形，应如何调剂之处，据实飞禀，由司核议详办。事关民瘼攸关，毋得讳饰迟延，致干参咎。切切。此缴。

---

① 即王笃。

② 即觉罗崇恩。

抚批修理监狱估计册结司札

布政〈司〉札开，道光二十五年四月二十五日奉抚宪批，本司详咨该县详请修理监狱估计册结缘由。奉批，已据详分咨矣。此缴。册结分别存送等因批司。奉此，合行札饬。札到，该县即便遵照。毋违。此札。（道光廿五年五月十一日奉司文）

奉发院辕弁兵差务奖赏生息本银结领案司批

详送奉发院辕弁兵差务奖赏生息本银结领一案。于廿五年五月廿三日奉藩宪王①批，据详已悉。仰将应纳息银按季催缴解司，以凭支用。毋违。缴。册结领状存。

会勘惠民县四乡二麦被旱议请缓征新旧钱粮抚批

禀覆会勘惠民县四乡二麦被旱议请缓征新旧钱粮由。二十

① 即王笃。

五年五月廿五日奉抚宪崇①批，已据禀饬司核议汇案详办矣。此缴。

惠民县补具应摊院司书吏饭食等银并各塘报资公费银两批领府札

武定府陶②札惠民县知悉。本年五月十二日蒙布政司札开，案查各属应解道光二十四年秋、冬二季应摊潍县院司书吏饭食等银，并各塘报资公费银两，未据完解，已在各州县解存各年养廉银内扣收，分别呈送支发在案。合行开册饬知等因到府。蒙此，合行转饬。札到，该县立即遵照单开扣收银数，补具总数批领送司，印发备案。毋违。此札。（廿五年五月廿五日到）

计粘单一纸。

惠民县解道光二十四年秋冬二季分院书饭食银一钱二分三厘、院本书饭食银七分一厘、保甲册费银三分六厘、司书饭食银二钱七厘、积案饭食银八厘、汇报饭食银二厘、耗羡旬报饭食银二分一厘、吏攒饭食银五厘、柬房饭食银三分六厘、拨册饭食银一分二厘、茶房工食银一分九厘、耗羡廉费饭食银八厘、盘查房饭食银八分八厘、粮价饭食银一分、宪书工料银二分八厘、罚俸饭食银一分九厘、军需饭食银四分四厘、藉田饭食银八厘、抚塘报资银三钱二分三厘、兵北科饭食银五厘、京塘公

① 即觉罗崇恩。

② 即陶庆增。

费银二分七厘、封筒[1]饭食银一分五厘、刑书册费银三分六厘。以上共银一两一钱五分一厘，在该县二十五年养廉内扣收。

孙公详呈明水灾叩饬勘入详办事。南乡民字三约孙家集。

潘美廷等叠次被灾，叩宪委勘调剂事。东南乡闫家庄、卞家庄、潘家庄、金家庄、贾家庄，岭上刘家、平和王家。[2]

惠民县补具应摊解饷津贴银两批领府札

武定府陶[3]札惠民县知悉。本年五月十八日蒙布政司札开，案查该府所属应摊道光二十五年解饷津贴银两未据完解，因委员急等起程，已在各州县解存历年养廉银内扣收银若干给发在案。合行札知等因到府。蒙此，合行转饬。札到，该县立即查照后开银数，补具批领送司，以凭粘呈，点发备案。毋违。此札。（二十五年五月廿七日到）

计开：

该县欠解道光二十五年解饷津贴在该县二十五年养廉内扣银一百两，又在二十五年养廉内扣银一百两。

---

① 封筒是发送文件的装具之一。

② 此节文字或为残篇，现据所在底本的位置排于此。

③ 即陶庆增。

转发户部等会议给事中雷以诚片奏赏赍各款折具奏府札

武定府陶①札惠民县知悉。案蒙济东道札付、布政司札开，道光二十五年五月十二、三日蒙巡抚部院兼理盐政觉罗崇②案验，道光二十五年四月二十五日准户部咨，山东司案呈，道光二十五年三月二十六日准河南司传付内称，所有本部会议给事中雷以诚片奏赏赍各款一折。道光二十五年三月十一日具奏，本日奉旨："依议。"钦此。相应抄录原奏传付江南等因。并八旗俸饷处自行行文各该督抚、府尹、将军、都统等，一体遵照等因前来。相应抄录原奏，行文山东巡抚遵照可也等因咨院行司移道到府。蒙此，合行转饬。札到，该县即便钦遵查照，一体遵照办理。毋违。此札。(道光二十五年六月初三日到)

计粘单一纸。

户部等衙门谨奏为遵旨会议具奏事。

内阁抄出，给事中雷以诚片奏赏赍各项请严定章程一折。道光二十四年十二月三十日奉旨："着该部议奏。"钦此等因抄出到部。查该给事中原折内称，臣闻赏赍老民等银，直隶、山东、河南、浙江、江苏、安徽等省各十四五万或十七八万余两，江西、两湖、两广、福建、山西、陕甘、四川、云贵自二三万两至七八万两不等，加以八旗、蒙古各项赏银，总计约需一百

① 即陶庆增。

② 即觉罗崇恩。

数十万两，其中难保无浮开冒销等弊。若官修桥梁及修理文庙，均不过奉行故事，应请饬下部臣严定章程，通行各旗、蒙古将军及各省、各督抚，严饬所属核实报销等语。

户部查例载，覃恩赏赉八旗兵丁，年七十以上者赏银三两，八十以上者赏银五两，九十以上者赏银八两，百岁者题明给与建坊银两并加赏大缎一匹、银十两；其扎萨克喀尔喀等蒙古年七十、八十、九十以上人等，均照八旗之例，至百岁者蒙古地方向无建坊之例，酌赏银一十五两。各省驻防兵丁照例查明，一体赏给。又，例载，凡军民八十以上者给与绢一匹、棉一斤、米一石、肉十斤，九十以上者倍之，至百岁者题明旌表，加赏大缎一匹、银十两等因。

复查上届道光十五年钦奉恩诏赏给老兵老民，据八旗理藩院造册咨领暨各直省具题报销，均经臣部照例核准在案。本年举行庆典，亦应查照成例办理，无庸另议章程。但恐承办官员不能认真查核，难保无兵民人等捏增年岁，冒滥邀恩；更或胥役作奸，从中侵饱，将殊恩未能普被，而经费不无虚靡，殊为可惜。

臣等窃照兵民年岁在旗营有档册可考，在州县有保甲可查，应即责成八旗都统，各直省将军、督抚、府尹，督饬该管佐领及州县官将所属老兵老民确切查明实在年岁，分别请给赏项，不得任听兵民浮开朦混，尤不得纵容胥吏冒领侵吞。如有虚捏冒弊，一经查出，应请即照冒领钱粮之例分别惩处。总期实惠均沾，以广皇仁而杜糜烂。其扎萨克喀尔喀等蒙古老兵应领赏赉，理藩院查蒙古老兵恭逢恩诏应给赏赉，向由臣院查照户部来文咨开应得数目，行文该管将军、都统、办事大臣及各该盟长，转札各扎萨克查明人数年岁，造具印册报院，咨行户部支领。应请责成该管之将军、都统、办事大臣、盟长，督饬各扎萨克严行查察，不得任令浮开朦混。如查有虚捏侵冒等弊，亦即请照冒领钱粮之例分别惩处。至原折所称修理文庙、桥梁一节，工部查各省修理文庙、桥梁等工，除士民捐资自行经理之工仍照例免其造销外，若官为修理者，务令分别奏咨，按例造册报部核销，以归核实而杜浮冒。所有臣等会议缘由，理合恭折具奏。再，此折系户部主稿，会同工部、理藩院核办，合并声明。谨奏。

惠民县查明境内徒骇河道是否畅流、有无壅滞之处妥速筹议府札

武定府陶①札惠民县知悉。案蒙济东道札开，本年五月十六日据济阳县杨令②禀称，案蒙藩宪札开，奉抚宪批，据临邑县具禀筹款雇夫挑修河道缘由，行令卑县查明境内徒骇河有无壅滞之处，应如何挑修，一体筹议禀办等因。

遵查卑县会勘徒骇河内芦苇谕令挖除一案，前于具禀后即经卑职亲往督办，于三月十五日兴工，正工竣之际，即蒙本道亲诣勘明，业已铲除净尽，并令将河道作速挑办等因。卑职复即亲临河干逐加复勘，其河底高仰之处，前因芦苇丛生遮掩形迹，难以勘办。今查得河面宽阔虽如旧式，各处河身委因年久并未挑筑，以致河心间有淤浅，河崖亦有坍塌，且捕鱼埂埝、已断桥梁所存土石均形叠积，俱足以拦遏水势，必须挑挖深通，搬挪净尽，庶河水得以畅行，不致再有阻碍。惟卑县地瘠民贫，

① 即陶庆增。

② 即杨汝绶。

前所栽植芦苇，屡经卑职再三劝导，破其迟疑观望之见；并首先捐给钱文，始据附近居民情愿自行挖除。兹挑修河道，察省民情，碍难令其照前办理，而上游各县已经兴挑，亟应一律疏浚，以免上通下塞之患。

复查卑县所辖之徒骇河道，自临邑、济阳交界之夏口起，至济阳、商河交界之南河头止，绵亘弯曲，计长四十五里，共长一万六千五百一十丈，中间子河宽八九丈至十余丈不等。业经卑职分段插杆，筹款雇夫按照子河旧式逐段兴挑，已于四月二十日开工，现已挑至十之六七。两岸低塌之处，即以挑出之土培筑填补，总期崖坚流畅，以副兴修水利之至意。除卑职仍不时亲往稽查并将完工日期另禀外，合将筹款雇夫挑修徒骇河开工日期并开具清折，绘图贴说，先行禀呈鉴核。

再，徒骇河向以南河头为济、商交界，南河头以下至商河县之庐家沟口北岸，尽属商地商民，而南岸则济、商两邑犬牙交错。该处河身尚属通顺，其经游商河以下各州县有无壅滞之处，伏乞檄饬查明兴办，合并陈明等情到道。据此，除禀批示外，合行札饬。札到，立即遵照，转饬商河之下游各州县查明境内该河道是否畅流、有无壅滞之处，妥速筹议禀办。毋迟。此札等因到府。蒙此，查徒骇河下游系在该县境内，合行转饬。札到，该县立即查明境内该河道是否畅流，有无壅滞之处，妥速筹议，径禀本道宪核办，并报本府查考。毋迟。速速。此札。

（二十五年六月初一日到）

奉裁府斗级工食银两应否归入地丁作正批解案司批

详请核示奉裁府斗级工食银两应否归入地丁作正批解一案。二十五年六月初三日奉藩宪王①批，查该县裁府斗级工食银两历年地丁奏销案内，并未核归起运项下，而俸工奏销又作空缺造报，自应仍照旧章以府斗级空缺名目批解。仰即遵照办理。缴。

前县垫办各年院考经费及修理考院等银查明交案列抵属实案府批

详覆前县垫办各年院考经费及修理考院等银查明交案列抵属实一案。二十五年六月初三日奉本府批，已据情转详矣。仰候藩宪批示。缴。

---

① 即王笃。

惠民县应摊临砖柴价银两解临府札

武定府陶①札惠民县知悉。案蒙布政司札开，道光二十五年五月初七日奉抚宪批，本司详请派摊本年临砖柴价银两缘由。奉批，如详饬遵。缴等因到司。除饬临清州遵照外，合行抄详札饬等因到府。蒙此，合行转饬。札到，该县立将应摊柴价银两即解临应用，禀报查考。毋违。此札。

计粘抄详一纸。

为据情详请派摊临砖柴价银两事。

窃照本年奉办孝陵二柱门等工临砖一万九千零七十块，当经移行遵照烧造去后。今据署临清州知州陈宽详称，历年奉办岁修临砖所需柴薪无多，俱系卑州自行备办。若办另案工程，临砖需柴较巨，向按每斤津贴银三厘，由卑州指办三分之一，其三分之二在于通省州县派摊。道光七年更定章程，除十九苦缺及本年奉文更改下下缺之潍县均请免摊外，余按新定缺分等第，分别派摊，以济工需，先后遵办在案。今奉办临砖一万九千零七十块，按每块需柴二十五斤半，共需柴四十八万六千二百八十五斤，每斤津贴银三厘，共银一千四百五十八两八钱五分五厘。除三分之一柴津银四百八十六两二钱八分五厘卑州自行指办外，其三分之二柴津银九百七十二两五钱七分，请援照

① 即陶庆增。

成案派摊，饬令各州县按数指解，并请由司在于各州县养廉银内扣收饬发等情到司。

本司覆查该州详摊三分之二银九百七十二两五钱七分，应请照依历办成案，在于上上缺之济宁、德州、泰安、商河、惠民、济阳、濮州、恩县等八处，每处摊银一十九两八钱九分六厘，共摊银一百五十九两一钱六分八厘；上中缺历城、阳谷、汶上、胶州、冠县、陵县、即墨、章丘、诸城、单县、馆陶、东平州等十二处，每处摊银一十七两四钱一分二厘，共摊银二百零八两九钱四分四厘；上下缺长清、莒州、平度、淄川、乐陵、丘县等六处，每处摊银一十四两九钱二分五厘，共摊银八十九两五钱五分；中上缺沂水、阳信、黄县、郓城、堂邑、莘县、东阿、安丘、平原、荣成、德平、峄县、宁阳、邹县、肥城、齐东等十六处，每处摊银一十二两四钱三分八厘，共摊银一百九十九两八厘；中中缺滨州、利津、夏津、掖县、齐河、武城、禹城、清平、滋阳、兰山、昌邑、博平、长山、费县、临邑、青城、高密等十七处，每处摊银九两九钱五分一厘，共摊银一百六十九两一钱六分七厘；中下缺朝城、聊城、益都、泗水、曲阜、高唐、蒲台、城武、金乡、滕县、莱芜、曹县等十二处，每处摊银七两四钱六分一厘，共摊银八十九两五钱三分二厘；下上缺菏泽、范县、蓬莱、新城、日照、乐安、茌平、平阴等八处，每处摊银四两九钱七分四厘，共摊银三十九两七钱九分二厘；下中缺邹平、观城、寿光、莱阳、郯城、博兴、博山等七处，每处摊银二两四钱八分七厘，共摊银一十七两四钱零九厘。以上通共摊银九百七十二两五钱七分，即与三分之二柴津银数相符。

至该州声请扣廉饬发之处，查历年派摊成案，均系详明由该州自行催解。此次应摊银两，自应仍照旧章，饬令该州自行

催解归款，以济工需。拟合详请宪台鉴核示遵。（二十五年六月初三日到）

卑县境内徒骇河淤塞情形请赐委员勘办府批

禀卑县境内徒骇河淤塞情形请赐委员勘办由。二十五年六月初九日奉本府陶①批，该县境内徒骇河道应否筹款挑修，既据径禀，仰候各宪批示饬遵。缴。

惠民县查照前发册结各式分年分任迅速造具清册府札

武定府陶②札惠民县知悉。本年五月二十八日蒙布政司札开，照得曹工三成一案，自道光十一年起至二十三年年底止，系托抚宪奏明截数扣清之期。前因急需查办，恐各属办理未能画一，往返驳更致稽时日，业经本司拟定册结各式，饬发该府转饬遵照。嗣奉户部咨称，东省办理防堵动用军需副销借垫银两，在通省文职养廉摊扣归款曹工三成一案，截至道光二十四年秋季九月底停扣止。所有防堵三成应自是年冬季起扣，业经由府通饬遵照在案。

---

① 即陶庆增。

② 即陶庆增。

兹奉前因，合再马递三百里札饬等因到府。蒙此，合行转饬。札到，该县立即查照前发册结各式，自道光十一年起至二十四年秋季底止，分年分任迅速造具清册、总册，并出具印结各五本，具文送府，以凭核明转呈。毋迟。速速。此札。（道光二十五年六月十一日到）

惠民县应摊历年挑挖绣江河工垫银府札

武定府陶①札惠民县知悉。案蒙布政司札开，道光二十五年五月初七日奉巡抚部院兼理盐政觉罗崇②批，本司呈详，核示前任章丘县叶枏龄③历年挑挖绣江河工垫用银两，请归通省州县摊解归款缘由。奉批，如详分作五年按日流摊归款，遇有任卸，列入交案核算。仰即查照缺分等第，均匀摊派，造册详送，并通饬摊派各处遵照。缴等因到司。

奉此，查参革知县叶枏龄，前在章丘县任内历年挑挖绣江河工，共垫用银三万一千八百七十九两，在任时未及弥补，即奉撤卸事。该县为省东各府通衢往来必由之路，叶参令业已籍没查抄，未便再行责令认补，自应遵批在于通省州县按照缺分等第，均匀摊解归款。除新泰、海丰、沾化、寿张、蒙阴、定陶、巨野、临淄、高苑、昌乐、临朐、潍县、福山、栖霞、招远、宁海、文登、海阳、嘉祥、鱼台等二十苦缺，并历城一县

① 即陶庆增。

② 即觉罗崇恩。

③ 《山东通志》作“叶枬龄”。

为省会首邑，差务纷繁，应请仍照历办成案，均各免摊，以示体恤外，所有上上缺之济阳、德州、泰安、惠民、商河、濮州、恩县、济宁等八处，每处摊银六百四十八两，共摊银五千一百八十四两；又上中缺之章丘、陵县、东平、汶上、阳谷、单县、馆陶、冠县、诸城、胶州、即墨等十一处，每处摊银五百六十八两，共摊银六千二百四十八两；又上下缺之淄川、长清、乐陵、莒州、平度、临清、丘县等七处，每处摊银四百八十八两，共摊银三千四百一十六两；又中上缺之齐东、德平、平原、东阿、肥城、阳信、宁阳、邹县、峄县、沂水、郓城、堂邑、莘县、安丘、黄县、荣成等十六处，每处摊银四百七两，共摊银六千五百一十二两；又中中缺之长山、齐河、禹城、临邑、青城、滨州、利津、滋阳、兰山、费县、博平、清平、掖县、高密、昌邑、夏津、武城等十七处，每处摊银三百二十八两，共摊银五千五百七十六两；又中下缺之莱芜、蒲台、曲阜、泗水、滕县、曹县、城武、朝城、聊城、高唐、益都、金乡等十二处，每处摊银二百四十八两，共摊银二千九百七十六两；又下上缺之新城、平阴、日照、菏泽、范县、茌平、蓬莱、乐安等八处，每处摊银一百六十八两，共摊银一千三百四十四两；又下中缺之邹平、郯城、观城、博兴、寿光、莱阳、博山等七处，每处摊银八十九两，共摊银六百二十三两。

以上通共摊银三万一千八百七十九两，除将摊派银数造册详送抚宪查核外，合行马递五百里札饬等因到府。蒙此，合行转饬。札到，该县立即遵照。自道光二十五年五月初七日奉批之日起，无论正署，按照在任月日分作五年摊解归款。遇有任卸，列入交案核算。毋违。此札。（道光二十五年六月十一日到）

计粘抄详一纸。

查该县绣江河道为宣泄境内山水之要区，如有淤塞，河水泛滥，不特民田被淹，且系东西大路，阻滞来往行人。该参令自道光十六年五月十五日到任，至道光二十年六月初九日卸事，在任四载，按年挑挖，俾水有所归，以卫庄田而利行旅。惟历年筹款垫用银两未及弥补，即奉撤卸事，现在应完之款已复不少。此项实属无力补苴，即责令着赔亦恐无济。然库项攸关，必需妥筹归补。

查前次长清县垫修大清河桥工银两，因独力难支，系在济属州县分缺捐摊。今章丘县叶参令前次在任历年挑挖绣江河垫用经费银三万一千八百七十九两，虽事同一律，而银数较多，如亦归济属州县摊捐，所摊银两未免过巨，其势力有不逮。且该县为省东各府通衢大路往来必由之道，叶参令挑挖此河，不仅有益于章丘一邑。可否俯如该县等所请，归于通省州县，除下下苦缺外，其余各处按缺分等第，均匀摊派。自奉到宪批之日起，分作五年按日流摊归款，遇有任卸，列入交案核算。庶众擎易举，垫项不致虚悬。是否有当，拟合详请宪台鉴核示遵。

再，该县等禀称，长清县垫修大清河桥工银两通省摊捐之处系属错误。至此案各州县应摊银数，容俟奉批准行后，另行摊派饬遵。合并声明。

前县谈素敦未完银两及交案浮抵欠款划追案司批

详请咨追前县谈素敦未完道光三年承修府监核减长领工料银两及交案浮抵欠款划追一案。道光二十五年六月十五日，奉藩宪王[1]批，已据详转请移咨江苏抚院转饬着追矣。仰即知照。缴。

道光二十五年二麦被灾请分别缓征一案上谕

奉上谕："崇恩[2]即奏勘明各属被灾情形请分别缓征一折。本年山东临邑等处或因雨泽愆期，或系被风、被雹，以致二麦受伤，虽均勘不成灾，若照常征收，民力恐有未逮。加恩着照所请，所有二麦被旱较轻之临邑、冠县，被风较轻之临清州本州并丘县，除青黄不接案内请缓村庄外，其余各庄，又被旱较轻之海丰县，除青黄不接及本年被潮案内请缓村庄外其余各庄，同被旱较轻之历城、齐河、陵县、平原、惠民、乐陵、滨州、蒲台、莒州、沂水、聊城、堂邑、博平、清平、莘县、馆陶，被风较轻之济阳、德平、阳信、茌平、高唐等州县，被旱、被风之恩县，被风、被雹之禹城县阖境村庄，被雹较轻之安丘县许戈等五十五村庄，商河县、济阳县并卫未完上忙新赋及禹城、阳信等县，本年青黄不接案内缓至麦后起征之上忙钱粮，同二十四年未完民欠及秋灾原缓，均着缓至道光二十五年秋后启征。又，被旱最轻之章丘、齐东、商河、巨野，被风最轻之益都、临淄、博兴、昌乐、临朐等县阖境村庄，被雹最轻之安丘县彭家圩等三十二村庄，除本年上忙新赋照常征收外，所有二十四年未完民欠及秋灾原缓，并章丘、商河等县本年青黄不接案内

---

① 即王笃。

② 即觉罗崇恩。

缓至麦后启征上忙钱粮，均着缓至二十五年秋后启征。

以上被旱、被风、被雹较轻、最轻各州县村庄，凡有二十三年以前民欠，及因灾原缓，及应带历年旧欠原缓、递缓钱粮，及漕项河银，临、德等仓，民佃、盐课，摊征堤工、河工、地租，出借仓谷等项，均着缓至二十五年秋后，各按最先年分递年依次带征一年。东昌卫所管屯庄，德州卫坐落陵县、德平县屯庄，临清、济宁二卫坐落巨野县屯庄，均着随同坐落州县一律办理，以纾民力。该抚即刊刻誊黄，遍行晓谕，务令实惠及民，毋任吏胥舞弊，用副朕轸念歉区至意。该部知道。”钦此。

应摊解饷委员津贴银两扣收欠解各数目案司批

详请核示应摊道光二十三年及二十四年解饷委员津贴银两扣收欠解各数目一案。道光二十五年六月廿日奉藩宪王①批，查该县应解道光二十三年委员解饷津贴银三百两，于二十三年六月间在解存二十三年养廉内扣收银一百两；二十四年津贴银三百两，于二十四年十月间在廿四年养廉内扣收银一百两。两共尚欠银四百两，并未扣收。仰即遵照核入交案接收清楚，赶紧解司以凭动用。毋违。此缴。

① 即王笃。

惠民县补具扣收欠解二十五年交代局经费银两批领府札

武定府陶①札惠民县知悉。案蒙布政司札开，案据历城县请领道光二十五年春、夏二季交代局经费银两到司。据此，除在各该州县解存养廉内扣收给领外，合行开单饬知等因到府。蒙此，合行转饬。札到，该县立即遵照后开银数，补具批领送司，以凭粘呈，点发备案。毋违。此札。（道光二十五年六月二十五日到）

计开：

该县欠解道光二十五年春、夏二季交代局经费银二十五两，此宗在二十五年养廉内扣收。

惠民县摊解誊黄工料银数府札

武定府陶②札惠民县知悉。案蒙布政司札开，照得誊黄工料一项由各属摊捐，以为刊刷书籍、誊黄告示之用，向来每年通省摊银三千两。嗣于道光八年查明本款浮多，量为删减，额定银二千两。如遇不敷，暂借别款支发，或预扣下年工料应用，分别续摊归补，历经办理在案。近年饬刷告示誊黄暨抚宪臬司

---

① 即陶庆增。

② 即陶庆增。

取用律例等书，均较往年繁多，不敷应用，不能不借款办理，或预扣下年工料。虽力求撙节，而动款浩繁，倍形支绌。查道光二十四年除额摊银二千两外，计借款并预扣共银四千四百六十三两九钱三分三厘，自应照依成案续摊归补。其摊派数目即照道光八年章程，按上上、上中、上下、中上、中中、中下各缺，共计七十二处均匀摊还。合并开单札饬等因到府。蒙此，合行转饬。札到，该县即便查照续摊银数，即日批差解司，以凭兑收。毋违。此札。（道光二十五年六月廿九日到）

计开：

该县道光二十五年续摊誊黄工料银一百一十六两四钱四分八厘。

惠民县勘明二麦被旱等情形将缓征银两造册府札

武定府陶①札惠民县知悉。本年六月二十四日蒙布政司札开，道光二十五年六月初七日奉巡抚部院兼理盐政觉罗崇②札开，照得本部院于道光二十五年六月初二日具奏，勘明各属二麦被旱、被风、被雹情形，缓征新旧钱粮一折。除俟奉到朱批，另行恭录饬知外，合先抄奏札饬。札到，该司即便移行查照。毋违等因到司。奉此，合行马递三百里转饬等因到府。蒙此，合行转饬。札到，该县立即遵照，迅将缓征银两细数造具册结各五本，具文送府，以凭核明结转。毋违。此札。（道光二十

① 即陶庆增。

② 即觉罗崇恩。

五年六月二十九日到）

计粘抄原奏一纸。

奏为勘明各属二麦被旱、被风、被雹情形，酌议分别缓征新旧钱粮，以纾民力，恭折奏祈圣鉴事。

窃照东省各州县中本年三四月间有因雨少风多以及雨中带雹之处，经臣据禀，饬司委勘，业于恭报三四月分各属雨水折内节次陈明在案。兹据该管道府督同印委各员勘明，各该州县或因雨泽愆期，或系被风、被雹，以致二麦受伤，颗粒未能饱绽。虽均勘不成灾，收成究属歉薄。议请分别缓征新旧钱粮，由藩司王①汇核具详前来。

臣覆查各该州县麦收既歉，闾阎不无拮据，自应各就地方实在情形分别缓征，以纾民力。相应奏恳皇上天恩，将二麦被旱较轻之临邑、冠县，被风较轻之临清州本州并丘县，除青黄不接案内请缓村庄外其余各庄，又被旱较轻之海丰县，除青黄不接及本年被潮案内请缓村庄外其余各庄，同被旱较轻之历城、齐河、陵县、平原、惠民、乐陵、滨州、蒲台、莒州、沂水、聊城、堂邑、博平、清平、莘县、馆陶，被风较轻之济阳、德平、阳信、茌平、高唐等州县，被旱、被风之恩县，被风、被雹之禹城县阖境村庄，被雹较轻之安丘县许戈等五十五村庄，商河县、济阳县并卫未完上忙新赋及禹城、阳信等县，本年青黄不接案内缓至麦后启征之上忙钱粮，同二十四年未完民欠及秋灾原缓，均缓至道光二十五年秋后启征。又，被旱最轻之章丘、齐东、商河、巨野，被风最轻之益都、临淄、博兴、昌乐、临朐等县阖境村庄，被雹最轻之安丘县彭家圩等三十一村庄，

① 即王笃。

除本年上忙新赋照常启征外，所有二十四年未完民欠及秋灾原缓，并章丘、商河等县，本年青黄不接案内缓至麦后启征之上忙钱粮，均缓至二十五年秋后启征。

以上被旱、被风、被雹较轻、最轻各州县村庄，凡有二十三年以前民欠，及因灾原缓与应带历年旧欠原缓、递缓钱粮，及漕项河银，临、德等仓，民佃、盐课，摊征堤工、河工、地租，出借仓谷等项，一概缓至二十五年秋后，各按最先年分递年依次带征一年。东昌卫所管屯庄，德州卫坐落陵县、德平县屯庄，临清、济宁二卫坐落巨野县屯庄，随同坐落州县一律办理。俾小民得缓，追呼感颂鸿慈，实无既极。为此恭折具奏，伏乞皇上圣鉴。谨奏。

催追谈素敦应完修监核减等银司札

布政司王①札惠民县知悉。道光二十五年六月十七日奉抚宪批，本司详请移咨着追谈素敦应完修监核减等银缘由。奉批，已据详移咨江苏抚院，转饬催追完缴并咨明户、工二部查照矣。此缴等因。奉此，合行札饬。札到，该县即便查照办理。毋违。此札。（道光二十五年七月初二日到）

---

① 即王笃。

饬查所有册开列抵各项垫办欠款是否相符府札

武定府陶[1]札惠民县知悉。本年六月二十六日蒙布政司批，本府呈详该县前任垫办院考经费等款银两缘由。蒙批，查该府所属各州县，除解尚欠应摊惠民县垫办道光十，十二、四、五、七等年院岁科考试经费银两，既经该府查明，系惠民县交案内辗转抵欠，有关归补，应俟归入现办借垫案内札饬欠解各属，查明系何员欠解交代案内，如何核算、有着无着，详覆核办。仰即转饬遵照，所有册开列抵各项欠款是否相符、有无扣拨，应俟分别移行饬查。俟复齐核明，另檄饬遵。缴等因到府。蒙此，合行转饬。札到，该县即便遵照。毋违。此札。（道光二十五年七月初二日到）

二麦歉收请将大漕麦石暂行改征粟米府批

会禀本年二麦歉收请将大漕麦石暂行改征粟米由。道光二十五年七月初四日奉本府陶[2]批，既据通禀，仰候各宪批示录报。缴。

① 即陶定增。

② 即陶庆增。

惠民县摊解章丘县历年挑挖绣江河工垫用银两府札

武定府陶①札惠民县知悉。本年六月二十六日蒙布政司札开，道光二十五年六月初八日奉巡抚部院兼理盐政觉罗崇②批，本司详摊前任章丘县叶枏龄历年挑挖绣江河工垫用银两缘由。奉批，如详通饬遵照。此缴。清册存等因到司。奉此，查此案前经通饬遵照办理在案。奉批前因，合行马递三百里札饬等因到府。蒙此，合行转饬。札到，该县立即查照，如数摊解。毋违。此札。（二十五年七月初四日到）

计粘抄详一纸。

查参革知县叶枏龄前在章丘县任内历年挑挖绣江河工，共垫用银三万一千八百七十九两，在任时未及弥补即奉撤卸事。该县为省东各府通衢往来必由之路，叶参令业已籍没查抄，未便再行责令认补，自应遵批在于通省各州县按照缺分等第，均匀摊解归款。除新泰、海丰、沾化、寿张、蒙阴、定陶、巨野、临淄、高苑、昌乐、临朐、潍县、福山、栖霞、招远、宁海、文登、海阳、嘉祥、鱼台等二十苦缺，并历城一县为省会首邑，差务纷繁，应请仍照历办成案，均各免摊，以示体恤外，所有上上缺之济阳、德州、泰安、惠民、商河、濮州、恩县、济宁等八处，每处摊银六百四十八两，共摊银五千一百八十四两；

① 即陶庆增。

② 即觉罗崇恩。

又上中缺之章丘、陵县、东平、汶上、阳谷、单县、馆陶、冠县、诸城、胶州、即墨等十一处，每处摊银五百六十八两，共摊银六千二百四十八两；又上下缺之淄川、长清、乐陵、莒州、平度、临清、丘县等七处，每处摊银四百八十八两，共摊银三千四百一十六两；又中上缺之齐东、德平、平原、东阿、肥城、阳信、宁阳、邹县、峄县、沂水、郓城、堂邑、莘县、安丘、黄县、荣成等十六处，每处摊银四百七两，共摊银六千五百一十二两；又中中缺之长山、齐河、禹城、临邑、青城、滨州、利津、滋阳、兰山、费县、博平、清平、掖县、高密、昌邑、夏津、武城等十七处，每处摊银三百二十八两，共摊银五千五百七十六两；又中下缺之莱芜、蒲台、曲阜、泗水、滕县、曹县、城武、朝城、聊城、高唐、益都、金乡等十二处，每处摊银二百四十八两，共摊银一千九百七十六两；又下上缺之新城、平阴、日照、菏泽、范县、茌平、蓬莱、乐安等八处，每处摊银一百六十八两，共摊银一千三百四十四两；又下中缺之邹平、郯城、观城、博兴、寿光、莱阳、博山等七处，每处摊银八十九两，共摊银六百二十三两。

以上通共摊银三万一千八百七十九两，除通饬各属自道光二十五年五月初七日奉批之日起，无论正署，按照在任月日分作五年摊解归款。遇有任卸，列入交案核算外，拟合将摊派银数并免摊各处，造册详送宪台鉴核。

惠民县补具扣收二十五年书吏饭食等银印领府札

武定府陶①札惠民县知悉。案蒙布政司札开，案准臬司移扣各属应解本年春、夏二季书吏饭食等项银两到司。除在各该州县解存各年养廉等款银内扣收移送外，合行开册札知等因到府。蒙此，合行转饬。札到，该县立即查照单开银数，分季补具总数印领，申送藩宪，以凭粘呈；一面分数补具单批，径送臬司衙门印发备案。毋违。此札。

计粘单一纸。

惠民县道光二十五年春季臬书饭食银二十四两五钱、招书饭食银七两八分、民壮册费银一两二钱、狱务册费银二两、题咨册费银二两、词讼册费银一两七钱七分、囚粮册费银一两七钱七分、递解册费银二两、外省册费银二两、鸦牙烟册费银一两、值堂房饭食银一两二钱、窃案册费银二两、奏折册费银一两二钱、逃遣册费银一两、承发房饭食银一两六钱四分、封筒银二两、赃赎册费银一两二钱。以上共银五十五两五钱六分，在该县二十四年养廉内扣收。

该县道光二十五年夏季臬书饭食银二十四两八钱五分六厘、词讼册费银一两七钱八分九厘。以上共银二十六两六钱四分五厘，在该县二十五年养廉内扣收。

---

① 即陶庆增。

将未领买谷例价拨抵德州满营余兵生息银六百两案司批

详请将未领道光二十一年买谷例价拨抵道光二十四年秋冬二季德州满营余兵生息银六百两一案。廿五年七月十五日奉藩宪王①批，已如详核拨矣。仰即查照，迅将应接前任杨令任内经手正、杂、仓、捐各款，会同监交赶紧核算接收清楚，具结禀报。现值勒限清厘交代之际，毋稍迟延，致干参咎。切切。此缴。印领存。批。候另行印发。

惠民县补具扣摊扣拨欠解加摊刑具等款银两妥协印领府札三件

武定府陶②札惠民县知悉。案蒙布政司札开，据按察司司狱程兆纬申请扣摊各属欠解二十四年加摊刑具，二十五年春夏二季刑具、狱务、更夫/禁卒工食等款银两到司，当经查款扣拨支给在案。所有扣拨银两数目，合行开单札饬等因到府。蒙此，合行转饬。札到，该县立即遵照单开扣拨领款银数，补具妥协印领送司，以凭核办。如查有已解重扣，亦即径移该司狱查明

---

① 即王笃。

② 即陶庆增。

改拨。毋违。此札。（廿五年七月十六日到）

计粘单一纸。

计开：

惠民县道光二十三年囚粮银十七两二钱七分七厘，扣欠二十五年夏季津贴狱务银三两五钱六分六厘、津贴刑具银二两二钱三分一厘、更夫工食银八钱八分五厘、禁卒工食银一十两四钱三分五厘，二十四年四季津贴刑具银一钱二分八厘，二十五年春季津贴刑具银三分二厘。

武定府陶札惠民县知悉。案蒙布政司札开，据济司狱徐芳廷申请扣拨各属欠解二十四年加摊刑具及二十五年春夏二季刑具、夏季狱务、更夫/禁卒工食等款银两到司，当经查款扣拨支给在案。所有扣拨银两数目，合行开单札饬等因到府。蒙此，合行转饬。札到，该县立即查照单开扣拨领款数目，补具妥协印领送司，以凭核办。如查有已解重扣，亦即移会该司狱查明改拨。毋违。此札。（廿五年七月十六日到）

计粘单一纸。

计开：

惠民县道光二十三年囚粮银二两五钱六分四厘，扣欠二十五年夏季灯油增添刑具银二两二钱六分一厘、春季加摊刑具银六分一厘，二十四年四季银二钱四分二厘。

武定府陶札惠民县知悉。案蒙布政司札开，据历城县典史孙春榜申请扣拨各属欠解二十四年加摊刑具，二十五年春夏二季刑具、狱务、禁卒工食等款银两到司，业经查款扣拨支给在案。所有扣拨银两数目，合行开单札饬等因到府。蒙此，合行转饬。札到，该县立即查照单开扣拨领款数目，补具妥协印领

送司，以凭核办。如查有已解重扣，亦即饬知该典史申请改拨。毋违。此札。（廿五年七月十六日到）

计粘单一纸。

计开：

惠民县道光二十三年囚粮银二两九钱九分四厘，扣欠二十五年夏季灯油增添刑具银二两三钱五分三厘、春季加摊刑具银一钱二分八厘，二十四年四季银五钱一分三厘。

卑县境内徒骇河淤塞情形请赐委员勘办司批

禀卑县境内徒骇河淤塞情形请赐委员勘办缘由。于道光二十五年七月十八日奉藩宪王①批，已据禀，饬委候补知县刘树棠前往会同确切勘办矣。仰即知照。缴。

惠民县将罚赔库贮案内未能完缴各员释放府札

武定府陶②札惠民县知悉。案蒙布政司札开，道光二十五年五月二十五日奉巡抚部院兼理盐政觉罗崇③案验，道光二十

① 即王笃。

② 即陶庆增。

③ 即觉罗崇恩。

五年五月初七日准刑部咨，山东司案呈，准奉天司传付，道光二十五年四月二十四日内阁奉上谕：“罚赔库贮案内，所有本身及子孙限满未能完缴各员，现经在部及各直省监追者，俱着即行释放。其赔项应如何另定限期追缴之处，着户部妥议具奏。”钦此。抄出到部，相应恭录谕旨，行文山东巡抚钦遵查照可也等因咨院行司。奉此，合行马递札饬等因到府。蒙此，合行转饬。札到，该县立即遵照。毋违。此札。（道光二十五年七月十六日到县）

惠民县补具扣收欠解誊黄工料银批领府札

布政司王①札惠民县知悉。案查该县欠解道光二十五年誊黄工料银两，由司在该县解存道光二十五年养廉银内扣收银一百两。所有批领合行饬取。札到，该县遵照，分别补具批领，送司核办。毋违。此札。（道光二十五年七月十七日到）

惠民县额征漕麦改征粟米府札

武定府陶②札惠民县知悉。本年七月十一日蒙督粮道批，据该县等会禀本年二麦歉收，请将大漕麦石暂行改征粟米缘由。蒙批，查漕麦一项系供奉内廷之需，非实在水旱灾伤、收成在

① 即王笃。

② 即陶庆增。

五分以下者，不得滥行请改，是以近年奏请改征案内皆声明收成均止五分。今青城、滨州、蒲台三州县所报麦收分数均在六分以上，核与改征之案不符，所禀碍难准行。惟惠民、阳信二县收成仅止五分余，除汇案会详请将该二县额征漕麦奏请改征粟米，俟奉到抚宪批示另檄饬遵外，仰武定府转饬惠民、阳信县知照，并转饬青城、滨州、蒲台等三州县。仰即慎选干洁好麦征收兑运，毋任违误；并候抚宪暨藩司批示。缴等因到府。蒙此，合行转饬。札到，该县即便知照。毋违。此札。（廿五年七月廿日到）

惠民县备具囚粮报销银数印领并赴藩库具领府札

武定府陶①札惠民县知悉。案蒙按察司札开，道光二十五年六月二十三日奉巡抚部院觉罗崇②批，本司会同布政司呈详上年所属用过囚粮银两报销缘由。奉批，已据详核题并分咨矣。此缴等因行司到府。蒙此，合行札饬。札到，该县立即查照后开银两数目备具印领，径赴藩库具领。毋违。此札。（廿五年七月十八日到）

计开：

应领上年囚粮报销银一百三十三两七钱六分五厘。

① 即陶庆增。

② 即觉罗崇恩。

惠民县将应买硝斤预为采办府札

武定府陶①札惠民县知悉。案蒙布政司札开，道光二十五年六月二十五日奉巡抚部院兼理盐政觉罗崇②案验，道光二十五年六月初十日准闽浙总督部堂刘③咨，据福建布政使徐维［继］畬呈详，窃照闽省应办道光二十三年分营需硝斤，并倾银丹朱药材等铺及搭买水师旗营抬炮演用，共需硝一十五万九千零八十四斤七两一钱二分。每百斤按照奉部核定准销银三两七钱二分三厘三毛六丝二忽，共应银五千九百二十三两二钱九分。查照向办例案，扣留大船价银一千零四两，俟硝斤运抵浙省时，另文详请给发。实先给银四千九百一十九两二钱九分。

兹据二十三年分委员宁德县知县宋光伯具领请给前来，现经另详，请于库贮杂款项下道光二十三年硝磺价项内按数支给，该委员宋光伯承领。并抄发各章程，严谕该委员赶紧购足，务遵前宪杨核定各章程，由产硝各州县催令赶紧代买，勒限十个月照额办足，报明东省赶运回闽。并饬到东八个月，即将已办硝斤若干、约于何日可以起运之处先行驰报，以凭查核。俟事竣之日，查照部定价值核算报销。倘有迟逾，限期应听东省分别查参，以儆怠忽。至每百斤应照部行定限带买余硝五斤以备沿途折耗，今应带买余硝七千九百五十四斤三两五钱五分六厘，所需价脚令该委员自行垫办。将来运回交局验收正额之外，如

① 即陶庆增。

② 即觉罗崇恩。

③ 即刘韵珂。

有盈余，核明价脚给领，分晰汇册报销。理合详请颁给咨文护照发司，以便转给该委员宋光伯等承领前往山东采办等情到本部堂。

据此，除给照外，相应咨会，烦请查照新例办理。闽硝仿照采办部硝，专派丞卒一员迅速承办，务须煎提净硝，收干水气，照依定限，如数兑交闽省委员赶紧运回；并希俟委员抵东后，将何时秤收捆包及何时可以起运飞咨闽省查照。至所办硝斤，饬令赶紧运回。祈将起运硝斤数目给发护照移会，经由省分验放，催攒赶运，仍先见覆施行等因到本部院。准此，合就檄行。为此仰司官吏即便转饬遵照，赶紧办理。毋违等因到司。查闽员宋令现已到东缴银，并已由司添委东昌府同知王璟在东昌设局会同秤收。除俟派定硝斤数目另行径饬遵办外，合行札饬等因到府。蒙此，合行转饬。札到，该县立即遵照，将应买硝斤预为采办，一俟派定数目饬知即行解局交收。毋违。速速。此札。（二十五年七月二十六日到）

前案布政使札

布政使王①札惠民县知悉。照得闽省委员宁德县知县宋光伯赴东采办道光二十三年分营需军硝一案，前奉闽浙总督部堂咨行到东。当经行府转饬遵照，预为采办在案。兹据闽员宁德县知县宋光伯赍银禀解到司，除札委东昌府同知王丞协同闽员在于东昌设局公平秤收，认真办理，并将该县应办硝斤数目详明抚宪外，合行马递五百里札饬。札到，该县立即照依所派数目，迅速领银，赶紧办齐，运局交收，掣批呈验，毋稍迟延干

① 即王笃。

咎。速速。此札。（二十五年七月二十八日到）

计派办毛硝六千三百斤。

详覆三人均已另文申解案运宪批

详覆业商王福田、代商傅松如、租商张履福均已另文申解一案。廿五年八月初四日奉运宪沈①批，已据该县前禀饬差押令该商等赴纲议办，并批饬该县遵办在案。仰即遵照。缴。

武定府转发工部议奏给事中雷以诚片奏修理文庙等工严定章程折

武定府陶②札惠民县知悉。案蒙济东道札付，本年六月二十五日准布政司咨，道光二十五年六月十五日奉抚宪案验，道光二十五年六月初一日准工部咨，都水司案呈，先准户部将给事中雷以诚奏赏赉各项并修理文庙、桥梁等工请严定章程一折，片送会议前来。经本部会同议奏，各省修理文庙、桥梁等工，除士民捐资自行修理之工仍照例免其造销外，若官为修理者，务令分别奏咨，按例造册报部核销，以归核实，而杜浮冒等因。于道光二十五年三月十一日奏，奉旨："依议。"钦此。今准户部抄录知照前来，相应行文各直省督抚、将军、府尹等，嗣后

---

① 即沈拱辰。

② 即陶庆增。

遇有修理文庙、桥梁，若官为经理者，均照饬令，照例造册送部核销可也等因咨院行司移道到府。蒙此，合行札饬。札到，该县即便遵照办理。毋违。此札。（廿五年八月初四日到）

惠民县补具扣解二十五年春、夏二季院司书吏饭食等银批领府札

武定府陶①札惠民县知悉。本年七月十二日蒙布政司札开，案查各属应解本年春、夏二季院司书吏饭食等项银两，未据批解。除在各该州县解存各年养廉银内扣收呈送给领外，合行开册札知等因到府。蒙此，合行开单转饬。札到，该县立即遵照单开银数，分季补具总数批领送司，以凭粘呈，印发备案。毋违。此札。（廿五年八月初四日到）

计粘单一纸。

惠民县解道光二十五年春季分：院书饭食银五两八钱五分九厘、院本书饭食银三两三钱一分七厘、司书饭食银九两九钱一分七厘、汇报饭食银一钱七分八厘、吏攒饭食银二钱二分二厘、拨册饭食银二钱六分六厘、耗羡廉费饭食银四钱四分四厘、粮价饭食银五钱三分三厘、罚俸饭食银八钱八分八厘、藉田饭食银四钱四分四厘、兵北科饭食银二钱二分二厘、封筒饭食银七钱五分五厘、刑书册费银一两七钱七分六厘、保甲册费银一两七钱七分六厘、积案饭食银四钱四分四厘、耗羡旬报饭食银

① 即陶庆增。

一两二厘、柬房饭食银一两七钱七分六厘、茶房工食银八钱八分八厘、盘查房饭食银四两二钱五分八厘、宪书工料银一两四钱七厘、军需饭食银二两一钱三分一厘、抚塘报资银九两、京塘公费银一两二钱四分。以上共银四十八两七钱四分三厘，在二十四年养廉内扣收。

该县解道光二十五年夏季分：院书饭食银五两八钱五分九厘、院本书饭食银三两三钱一分七厘、司书饭食银九两九钱一分七厘、汇报饭食银一钱七分八厘、吏攒饭食银二钱二分二厘、拨册饭食银二钱六分六厘、耗羡廉费饭食银四钱四分四厘、粮价饭食银五钱三分三厘、罚俸饭食银八钱八分八厘、藉田饭食银四钱四分四厘、兵北科饭食银二钱二分二厘、封筒饭食银七钱五分五厘、刑书册费银一两七钱七分六厘、保甲册费银一两七钱七分六厘、积案饭食银四钱四分四厘、耗羡旬报饭食银一两二厘、柬房饭食银一两七钱七分六厘、茶房工食银八钱八分八厘、盘查房饭食银四两二钱五分八厘、宪书工料银一两四钱七厘、军需饭食银二两一钱三分一厘、抚塘报资银九两三钱二分四厘、京塘公费银一两二钱六分六厘。以上共银四十九两九分三厘，在二十五年养廉内扣收。

卑县各乡秋禾被水、被虫请赐委员勘办司批、抚批

禀卑县各乡秋禾被水、被虫请赐委员勘办由。廿五年八月初六日奉藩宪王①批，已据禀饬委候补州判刘玉林前往查勘矣。

① 即王笃。

仰候委员到日，立即会同亲诣被水、被虫处所，逐一周履确勘，是否不致成灾、应否量予以调剂，刻速妥议，飞禀来司，以凭核办。事关民瘼，毋稍饰延，致干参咎。慎之。切切。仍候抚宪批示。缴。

同日，又奉抚宪崇①批，已据禀饬司委员前往查勘矣。仰即会同委员亲诣被水、被虫各乡，逐一周履确勘，是否不致成灾、究应如何调剂，分别轻重，开具村庄清折，绘图贴说，据实飞禀，由司核议汇案详办；一面将积水设法赶紧疏消，务期及早涸出，勿致久淹为患。民瘼攸关，毋得讳饰，迟延干咎。切切。此缴。

将道光二十年以前实欠在民者开单具奏候旨豁免上谕

奉上谕："朕勤求民隐，子惠元元。自御极以来，蠲赋缓征，恩膏迭沛，所愿人安乐利、户裕盖藏，俾闾阎日臻康阜。因念各省民欠钱粮，自道光十五年降旨蠲免后计期已逾十稔，本年恭逢圣母皇太后七旬万寿，海寓义安，民物丰裕，允宜推广慈恩，覃敷闿泽，用昭锡类之仁。所有各省节年正耗民欠钱粮及因灾缓征、带征银谷，并借给籽种、口粮、牛具及漕项、芦课、学租、杂税等项，着各督抚、将军、府尹等将道光二十年以前实欠在民者，该省所属某州某县银数若干，速行开单具奏，候朕降旨全行豁免。并着先将此旨刊刻誊黄，遍行晓谕，

① 即觉罗崇恩。

务使城市村乡咸喻朝廷德意，毋任官吏胥役等延搁侵渔，致滋弊窦。期吾民休养生息，孝弟力田，比户可封，催科不扰，用副朕延厘笃祜、申锡无疆至意。该部即遵谕行。”钦此。

在司库现存海疆经费内借银以备缉匪并归入海防摊款照案扣廉弥补府移

武定府陶①为移知事。

案蒙济东道札付，本年六月二十一日准布政司咨，道光二十五年五月初五日奉巡抚部院兼理盐政觉罗崇②札开，照得本部院于道光二十五年五月初一日附片具奏，司库现存海疆经费内借提银五万两，以备曹属缉匪之资，归入海防摊款，照案扣廉弥补一片。除俟奉到朱批，另行恭录饬知外，合先抄片札知。札到，该司即便移行查照。毋违等因。

又，于道光二十五年五月十五日奉巡抚部院兼理盐政觉罗崇札开，照得本部院于道光二十五年五月初一日附片具奏，司库现存海疆经费内借提银五万两，以备曹属缉匪之资，归入海防摊款，照案扣廉弥补，一俟业已抄片饬知在案。兹于本月十一日奉到朱批：“另有旨。”钦此。同日，承准军机大臣字寄山东巡抚崇，道光二十五年五月初七日奉上谕：“崇恩奏筹画缉捕经费请酌借银两等语。据称，查缉拿曹州府属匪徒，匪重赏购线及酌给兵役、盘费、口粮，不能确探贼踪，实力剿捕。该省司库现无闲款动支，着准其于捐输经费酌借银五万两，归入

① 即陶庆增。

② 即觉罗崇恩。

海防摊款，照案扣廉弥补，免其造册报销。现在缉捕既筹有经费，非无米之炊，该抚务当严饬文武员弁认真缉捕，协力搜拿。断不可将零星匪徒缉获数名以塞其责，务将该地方著名匪徒全数弋获，以除凶暴而安善良，毋得日久生懈，贻患将来。致［至］此项经费，由该抚核实支发，不准州县滥行开销。如用有余剩，仍着拨回原款，以杜浮冒。将此谕令知之。”钦此。遵旨寄信前来等因到本部院。准此，合行恭录札饬。札到，该司即便钦遵，查照办理；并即移会臬司，严饬文武员弁认真缉捕，协力搜拿，将著名匪徒全数弋获，以除凶暴而安良善，断不可将零星匪徒缉获数名以塞其责，并不得日久生懈，贻患将来，致干咎戾。切速切速各等因到司。奉此，除移臬司，兖、沂道并行曹州府遵照外，拟合移知等因。准此，合行转饬等因到府。蒙此，合就檄行。为此仰县官吏文到即便钦遵查照。毋违。须至帖者。（二十五年八月十二日到县）

计粘抄片奏一纸。

再，臣现在督饬文武各员查拿曹州府属捻匪、幅匪，非宽筹经费、重赏购线及酌给兵役、盘费、口粮，不能确探贼踪，实力剿捕。曹属缺多清苦，责成捐办，恐各牧令借口于赔累无资，意存观望。

臣与藩司王笃酌商，司库现无闲缺动支，惟道光二十三年东省官绅士民捐输海疆经费银两，除奉部拨解银十四万两外，余剩银两经前抚臣梁①奏明，留作本省善后之用。自臣接办善后，督同该司严饬承办各员撙节支销。现尚存银十万余两，除应找发各属垫款及零星未尽事宜应行支用外，计可酌借银五万

① 即梁宝常。

两。缉捕为地方官应办之事，所借银两未便作正开销。

查东省前办海疆防堵动用经费，奏明由通省各官摊扣三成养廉归补。此款归入前案接摊，众擎易举，期以三年即可摊竣归款。兹据该司议详前来，合无吁恳天恩，俯念曹属缉捕紧要，准于司库现存海疆经费内借提银五万两，以备缉匪之资，归入海防摊款照案扣廉弥补。如蒙俞允，应视各州县获犯多寡，由臣随时亲行核实支发，不准稍涉浮冒。如用项余剩，仍行拨还原款，以节靡费。似此宽为筹备，各牧令经费充裕，无可委卸。若不力图振作，迅速获犯，即当严参示惩。至此项用款，既归摊廉弥补，请免造册报销。是否有当，理合附片奏闻。伏乞圣鉴。谨奏。

禀覆奉查有关历城县各项垫款银两司批

禀覆奉查有关历城县各项垫款银两缘由。于道光二十五年八月十四日奉藩宪王①批，查此案垫款，前经由司委员查明确有案据，岂有该县并无奉文之理。据禀，应摊嘉庆二十五等年垫修、司监、工料等三款并无奉原文，显系检查不实。其未完历城县嘉庆二十四年垫修臬署、户北、兵刑、工房等处工料银十二两，究系何员应摊交代案内因何并未接收，未据声叙，殊属含混。仰即再行详细确查，究系何员欠解、有着无着，造具款册详送来司，以凭核办。毋违。缴。

---

① 即王笃。

惠民县挑挖徒骇河工程府札

武定府陶①札惠民县知悉。本年八月十九日蒙济东道批，据该县会禀筹议挑挖徒骇河工程并呈图折缘由。蒙批，据禀已悉。仰武定府速饬赶紧定期兴挑，总期上下一律深通，勿任草率，偷减迟延。本道一俟催漕事毕，即行亲诣勘验。事关水利，该令务宜认真督办，慎毋稍有懈忽，致贻后患。切切。仍候院司批示。缴。图折存等因到府。蒙此，合行转饬。札到，该县即便遵照宪批，妥速办理。毋违。此札。（道光二十五年八月二十七日到）

卑县各乡秋禾被水、被虫请赐委员勘办粮道批

禀卑县各乡秋禾被水、被虫请赐委员勘办缘由。于道光二十五年九月初三日奉粮道景②批，据禀已悉。仰候藩司委员到日，迅即会同周履确勘，是否不致成灾、应如何量予调剂，作速绘具村庄图折，妥议通禀核办；并将积水赶紧设法疏消，务使及早涸复，毋误种麦为要。仍候抚宪暨藩司、臬司批示。缴。

---

① 即陶庆增。

② 即景霖。

惠民县各庄议请缓征调剂批文两件

会禀勘明惠民县秋禾被水、被虫各庄议请缓征调剂缘由。于道光廿五年九月初五日奉抚宪崇[①]批，已据禀抄折，饬司核议汇案详办矣。仰将积水赶紧设法疏消，务期及早涸复，勿误种麦，是为至要。切切。此缴。图折存。

会禀勘明惠民县秋禾被水、被虫各庄议请缓征调剂缘由。于道光二十五年九月初五日奉臬宪陈[②]批，既据径禀，仰候抚宪暨藩司批示。缴。图折存。

筹议挑挖徒骇河工程司批

会禀筹议挑挖徒骇河工程并呈图折由。道光二十五年九月十一日奉藩宪王[③]批，查该县应辖徒骇河道内有六段实在淤塞，必须挑浚。拟请酌给民夫一半土方银二千九百八十四两九钱一分二厘，下余一半借资民力。其银即在该县三十家当商，每家暂借银九十两，共计银二千七百两。尚不敷银二百八十四两九钱一分二厘，由该令捐认所借各商银两，准其在该县本缺奉批

① 即觉罗崇恩。
② 即陈庆偕。
③ 即王笃。

之日起，分作十二年捐廉给商还款。仰即遵照，迅将应挑工段多雇民夫赶紧挑挖，务使上下游一律通畅。刻期完竣，禀请委员验收。毋违。并候抚宪批示。缴。图折存。

惠民县补具海疆经费摊派扣拨款项批领府札

武定府陶①惠民县知悉。本年八月十五日蒙布政司札开，案据署历城县知县叶圭书禀称，案查卑前县吴令②在任时领过海疆经费银六千两，未及禀办旋即卸事，移交卑职代为查案具禀。卑职伏查自道光二十年夏间，英夷滋扰浙洋，登州防堵海口军务倥偬。省会首邑之地，一切供支有不在向例之内者，有突如其来或蜂拥而至，赶办不及，措手不能，不多为靡费者，若俱照成例办理，必至贻误军务。是以正副二销之外，因一时垫项不敷，曾在宪库领过银六千两，现在无可归款。若仍归接扣二成弥补，其原领之项非同州县垫项可比，必须赶紧归款，不能旷日以待。卑职再四思维，查海疆事务通省均有关系，可否仰恳宪恩俯准，将前项银六千两在于通省按等缺分摊扣养廉归款。所扣养廉各以奉文之日起，入于交代作三年分摊。是否有当，伏乞鉴核，批示祇遵等情到司。

据此，查该前县吴令在任时，因办理海疆经费事务请领银六千两，当经照数借支给领在案。今称海疆事务通省均有关系，系属实在情形。所请在于通省各州县按八等缺分摊廉归款，其

---

① 即陶庆增。

② 即吴炜。

所扣养廉请以奉文之日起入于交代，分作三年分摊，亦属众擎易举，事尚可行，似应俯如所请。所有此项经费，除下下十九苦缺并茌平、潍县不计外，其历城，临清、济宁二直隶州三缺，应按旧章酌加三成，以示区别。核计该三处共应摊捐银四百一十四两六钱八分七厘，其余银五千五百八十五两三钱一分三厘，即在德州等八十三州县内各按原额分别派摊。除详明抚宪并在于应领款内查扣清款外，所有摊派并扣收各数目，合行开单札饬等因到府。蒙此，合行转饬。札到，该县立即查照扣拨款项，迅速补具批领，呈送备案。仍将所扣银两以此次奉文之日起，入于交代，分作三年流摊归款。毋违。此札。

计粘单一纸。

计开：

该县应摊办理海疆事务经费银一百一十九两四钱七分二厘，已于二十五年六月二十九日在该县应领二十五年养廉银内扣收讫。（道光二十五年九月十一日到）

武定府转发黄宗汉奏广东遇有蠲缓恩诏并不速行悬挂请通谕各省办理折并上谕

武定府陶①为传付事。

本年八月十五日蒙巡抚部院崇恩②札开，道光二十五年八月初一日准户部咨，山东司案呈，道光二十五年七月初四日准广东司传付内称，内阁抄出，给事中黄宗汉奏广东遇有蠲缓恩

① 即陶庆增。

② 即觉罗崇恩。

诏，并不速行悬挂，请通谕各省办理一折。道光二十五年六月二十八日奉上谕一道。钦此。钦遵抄出到部。相应传付江南等十三司赴司抄录，自行行文办理等因前来。相应恭录谕旨，抄录原奏，移咨山东巡抚遵照办理可也等因到本部院。准此，合就札行等因到府。蒙此，合行转饬。为此仰县官吏文到即便遵照办理。毋违。须至帖者。

计粘单一纸。

再，臣闻广东向来遇有蠲缓恩诏，州县官并不速行悬挂，俟征收将完，乃于城隅张挂一二日，以应故事。上年该省因堤围漫口，田亩多被淹没。南海、番禺、三水、高要、高明、四会六县，于十一月初四日蒙恩概予缓征。该县即应刊刻誊黄，遍行晓谕。乃积习相沿，牢不可破，并未速行悬挂，仍归一律催科。是则皇上虽有宽大之诏，而乡曲小民无由遍知，官吏或因缘为奸，影射入己，甚非所以上宣德意也。以臣所闻广东如是，恐他省亦复不免。应请通谕各省督抚，遇有蠲缓恩旨，一面颁发州县，一面密行访查。如有前项弊端，即行从严参办。庶官吏益知儆惧，闾阎实沐恩施矣。谨奏。

道光二十五年六月二十八日奉上谕："给事中黄宗汉奏，广东省遇有蠲缓恩诏，州县官并不速行悬挂，俟征收将完，始挂一二日以应故事等语。上年广东省南海、番禺、三水、高要、高明、四会六县因田亩淹漫，概予缓征。该县等于奉旨后即应刊贴誊黄，遍行晓谕，乃并不速行悬挂，仍复照旧催科，难保无影射朦混、侵欺入己情弊。着耆英等确切查明该省于何日奉到此旨、何以该六县不速行悬挂，倘查有前项弊端，即着指名参奏，无稍讳饰。因思各直省偶遇偏灾，朕无不立沛恩施，冀闾阎得沾实惠。今广东一省如此，恐他省亦复不免，着各该督抚等饬令所属州县，于接奉蠲缓谕旨后迅即誊黄张挂，务使城市村乡得以家喻户晓。仍随时留心访查，如州县中有任意迟延朦混催征之员，立即奏明，从重惩办。俾官吏胥役，无从影射侵欺，以期膏泽下逮，用副朕轸念民瘼至意。将此通谕知之。”钦此。（道光二十五年九月十一日到）

惠民县补具扣摊潍县书吏饭食等项银两印领府札

武定府陶①札惠民县知悉。本年八月十一日蒙布政司札开，案准臬司移扣各属应摊潍县道光二十四、五两年书吏饭食等项银两到司。除在各该州县解存养廉银内扣收移送外，合行开单札知等因到府。蒙此，合行转饬。札到，该县立即遵照单开银数补具印领，申送藩司，以凭粘呈；一面分款补具单批，径送臬司衙门，印发备案。毋违。此札。（二十五年九月十一日到）

计粘单一纸。

计开：

该县道光二十四年臬书饭食银一两四钱二分六厘，又二十五年春季银三钱五分六厘；道光二十四年承发房饭食银一分八厘，又二十五年银一分八厘；道光二十四年封筒册费银二分三厘，又二十五年银二分三厘；道光二十四年值堂房饭食银一分四厘，又二十五年银一分四厘；道光二十四年赃赎册费银一分四厘，又二十五年银一分四厘；道光二十四年窃案功过银二分

---

① 即陶庆增。

三厘，又二十五年银二分三厘；道光二十四年命盗题咨册费银二分三厘，又二十五年银二分三厘；道光二十四年外省军流册费银二分三厘，又二十五年银二分三厘；道光二十四年新疆逃遣册费银一分一厘，又二十五年银一分一厘；道光二十四年奏折册费银一分四厘，又二十五年银一分四厘；道光二十四年鸦片烟册费银一分一厘，又二十五年银一分一厘。以上共银二两一钱三分，在二十五年养廉内扣收。

惠民县将布政司发来银两先行照数兑收出具印领府札

武定府陶①札惠民县知悉。案蒙布政司札开，照得本司随同抚宪捐输银二万两，奉旨拨作青、德二满营制造抬枪等项之用。除由省设局并解青、德二处制造抬枪等项共用银一万一百二十三两四钱七分六厘，下余银九千八百七十六两五钱二分四厘。业蒙抚宪奏明，仍行凑足一万两，发交殷实当商，按月一分生息，作为青、德二满营岁修军械及常操火药奖赏之需。现拟发交济南、东昌、泰安、武定四府每府二千五百两，择所属殷实当商发交承领，按月一分生息，遇闰加增。每年应得息银按季由府催缴，如有短少，即在该府等养廉银内扣收，以资应用。除详明抚宪并委员解送外，合行札饬。札到，该府即将发去银二千五百两先行兑收，出具印领，交委员赍回销差；一面发交殷实当商生息，按季解司以副支用。仍将当商花户姓名并

① 即陶庆增。

连环保结送司备查。毋违。此札等因到府。

蒙此，查此项银两既蒙饬令，发当生息，自应按照十属当铺若干座数分别多寡，均匀给领。第查道光九年奉发余兵生息本银一万两，系按各属当铺多寡均分发给。其中有一县仅止一二座者，有一县虽有数十家，其资本充足、殷实可靠仅止数家者，以致发本生息数既零星，解兑催提亦多繁琐。况此次奉发本银二千五百两，比之前案只有四分之一，似可毋需按照十属分发。

现经本府酌定，于该县暨阳信、商河、乐陵、滨州五处，照所发银两按数分派，除委员解送并详明藩宪外，合行札饬。札到，该县即将发去银两先行照数兑收，出具印领，交委员赍回销差；一面确查实在殷实当商共有几座，均匀给领。统自十月初一日起，按月一分生息，遇闰加增，每年应得息银解费以及府书册费，俱照前发该县余兵生息之案按季催齐。俟阳信县等处解齐汇总，申请文批差役解司交兑。除分饬遵办外，该县立即遵照并移知各该州县一体查照办理。仍将各当商花户姓名造具清册，并取具连环保结各二本呈府，以凭分别存送，均毋违延。切切。此札。（二十五年九月十五日到）

计粘单一纸。

计开：

惠民县发当生息本银一千两。

修理北监开工日期司批

禀报修理北监开工日期由。道光二十五年九月廿六日奉藩宪王①批，据禀已悉。仰俟工竣报候委员验收。毋迟。缴。

惠民县摊捐本府工房字工饭食银府札

武定府陶②札惠民县知悉。案据本府衙门工书武若澜具禀，本年挑修徒骇河道需用字工纸笔等费无力赔垫，请饬酌捐以资办公等情。据此，查本府衙门工书饭食银两数本无几，且各州县往往任催不解。现值挑修河道，案牍纷繁，需用纸张等项，该房清苦异常，力难赔垫，亦不能任令枵腹从事，自应酌捐字工饭食银两，以示体恤。合行札饬。札到，该县立即查照后开银数，作速具文，专差解府，以凭给发办公。毋违。速速。此札。（二十五年十月初一日到）

计开：

摊捐本府工房字工饭食银五两。

惠民县应征豆石在七成半黑豆项下改征一半粟米府札

武定府陶③札惠民县知悉。本年九月二十一日蒙督粮道牌

① 即王笃。

② 即陶庆增。

③ 即陶庆增。

开，本年九月初九日蒙抚宪崇①批，据本道呈详，东省各属应征豆石仍照上年成案，在于七成半黑豆项下改征一半粟米缘由。蒙批，已据详咨部矣。此缴等因到道。蒙此，合亟录批饬知等因到府。蒙此，合行转饬。札到，该县立即查照上年改征成案，在于七成半黑豆项下改征一半粟米，仍征一半黑豆，毋得歧误。切切。此札。（二十五年九月廿九日到）

惠民县补具扣解二十五年书吏饭食等项银两印领府札

武定府陶②札惠民县知悉。本年九月二十三日蒙布政司札开，案准臬司移扣各属应解本年夏、秋二季书吏饭食等项银两到司。除在各该州县解存各年养廉等款银内扣收移送外，合行开册札知等因到府。蒙此，合行转饬。札到，该县立即遵照单开银数，补具总数印领送司，以凭粘呈；一面分数补具单批，径送臬司衙门，印发备案。毋违。此札。（二十五年十月初一日到）

计粘单一纸。

惠民县道光二十五年秋季臬书饭食银二十四两八钱五分六厘、词讼册费银一两七钱八分九厘。又摊潍县二十四年词讼册费银七分四厘，二十五年春季词讼册费银一分九厘、招书饭食银七分四厘，二十四年招书饭食银七分四厘；二十五年狱务册

① 即觉罗崇恩。

② 即陶庆增。

费银二分三厘，二十四年狱务册费银二分三厘；二十五年囚粮册费银七分四厘，二十四年囚粮册费银七分四厘；二十五年秋审经费银七分四厘，二十四年秋审经费银七分四厘；二十四年驿站饭食银二钱二分六厘，二十五年驿站饭食银二钱二分六厘。以上共银二十七两六钱八分，在二十五年养廉内扣收。

惠民县查照现任官员若有参罚案件即行扣银依限完缴府札

武定府陶①札惠民县知悉。本年九月二十三日蒙布政司札开，道光二十五年八月二十七日奉巡抚部院兼理盐政觉罗崇②案验，道光二十五年八月初十日准吏部咨，文选司案呈，准山东巡抚觉罗崇咨称，再升再调人员，除初升初调任内处分免计外，其前任内罚俸处分银两必须按限逐案完缴，方准升调等因。是既曰罚俸银两，则系专指罚俸案件而言，其降职降级住俸银两不在此列，然又系同案奏销，应否核除未禀指明处。查参罚案件，例限次年奏销所有应扣银数，似可以奏销为断。查司中办理奏销，向以五月截数，六月间造报。此项应完参罚银两，悉心筹酌，如再升再调在丙年春夏二季，则乙年奏销尚示核定应完之数无凭核计，即以甲年奏销案内应完之数饬令完缴；倘再升再调在丙年秋冬二季，则乙年奏销业已造报应完之数有所稽核，即以乙年奏销册报应完之数饬令完缴。又，应完前项参罚俸银，如有银数盈千累万之员，是否准其分限措缴，先请升

① 即陶庆增。

② 即觉罗崇恩。

调；并再升再调人员，于初升初调以后再升再调本任内奉委署理别缺旋复回任，其署任内参罚俸银应否一体饬令完缴，抑既非前任内奉议即可免计之处，拟合咨部示处等因前来。

查定例，升调各员如前任内有罚俸案件，务须依限完缴。银数在三百两以下者限半年，三百两以上者限一年，一千两以上者限二年，五千两以上者限三年，一万两以上者限五年。其堪以再升再调者，均俟将前任内罚俸逾限银两完缴销案后，方准升调等语。又，本部议覆升任户部侍郎祝条奏章程，再升再调人员，除初升初调任内罚俸处分毋庸核计外，其前任内应缴罚俸银两必须按限逐案完缴销案后，方准再行升调。仍令该督抚于保题折内，将该员有某任内罚俸若干案、应缴银若干两，已于某年月日解交藩库收存之处详细奏明；仍一面专咨报明户部查核，遇有再升再调之员奉旨到部时，即将前任内应完罚俸之案行查户部有无完缴。如业经咨报完缴，即行议准；如未经咨报，即行议驳等因。道光二十四年六月二十六日奉旨："依议。"钦此。钦遵在案。

今查再升再调人员系专扣前任罚俸之案，其降职降级住俸各案向不统行扣算。又，再升再调人员前任内罚俸案件，皆有部文知照，应按照限减半作为接到部文日期。该省于接到部文后，即应转饬该员依限完缴。其完缴之限应逐案分算，计扣限期以该省接到部文知照之日起，扣至再升再调具题具奏之日止，核其前任内从前所有罚俸，各计每案若干两、已否逾限。如有业已逾限当未完缴者，即不准再升再调，不得以该省奏销之日为断。

又，完缴罚俸银数在三百两以下者限半年，三百两以上者限一年，一千两以上者限二年，五千两以上者限三年，一万两以上者限五年。是银数至盈千累万之员已有例定年限，业经知照各省在案，毋庸另议。又，再升再调人员于初升初调以后奉委署理别缺旋复回任者，其署任参罚银两，向不核计，惟初升初调以前奉委署理别缺之案仍应一律查扣。相应知照各直省，一体遵照办理可也等因咨院行司到府。蒙此，合行转饬。札到，该县即便查照现任官员，嗣后奉到部议参罚案件，即行核扣银两，依限完缴，毋得迟误干咎。速速。此札。（廿五年十月初一日到）

惠民县补摊解砖委员津贴并添平解费等项银两府札

武定府陶①札惠民县知悉。案蒙布政司札开，据解砖委员孙嘉栋禀称，窃卑职奉委押解本年奉办孝陵二柱门等工临砖一万四千六百四十块，又泰陵皇贵妃园寝享殿等工临砖四千四百三十块，又带解补造二十三年景陵方城下东西两面台帮等工临砖一百五十块，二十四年孝陵西朝房等工临砖八百八十四块。共砖二万零一百零四块，蒙由武、兖二府所属摊给津贴银六百三十四两一钱四分。又，应领盘费银三十两，除津贴例扣二成外，实应领银五百三十七两三钱一分二厘。卑职前领曲阜、汶上二县解到银六十八两八分九厘，又领由兖解到银一百七十三两一钱五分九厘，又领由宪库扣发银二百零三两九钱五分二厘，又应领盘费银三十两，前后共领过银四百七十五两二钱，计短领银六十二两一钱一分二厘。当经分别查扣，未蒙饬领在案，

---

① 即陶庆增。

理应静候，何敢冒渎？惟三进粮艘将次过竣，势难再事俄延。

且卑职更有请者，伏查津贴银两原为到通办公之需，向系按照砖数多寡分别派摊，方免支绌。溯查道光十四年试用县丞王燮廷领过奉办本年第三批万年吉地临砖一万三千一百三十块，系查照章程，请照押解岁修砖块之例，照依五千块给津贴银六百两，其余按多解之数减半议给，如带解补造者按每千块再给津贴银六十两，将奉办临砖一万三千一百三十块内五千块给津贴六百两，其余八千一百三十块减半给津贴银四百八十七两八钱。又，道光二十四年试用县丞鲁世德领解本年奉办临砖，亦系仿照岁修砖块之例，照依五千块给津贴银六百两，其余按多解之数每千块给津贴银三十两，叠经办有成案。

兹卑职奉委押解本年奉办临砖，核其前案名目相符，为数既多，又系大批，而核算现摊津贴则仅与岁修小批相等，先后核计，未免向隅。且此后到通一切均系照批计算，费用浩繁，断难敷用。

卑职微末穷员，差且出省，不惟垫赔无力，更亦告贷无方，势至误工，反辜宪德，不得已冒昧禀恳，叩乞恩施逾格，一视同仁，俯赐仿照十四、二十四等年历办成案，将本年禀办临砖一万九千七十块内照依岁修之例，除五千块给银六百两，其余一万四千零七块①按每千块给津贴银三十两，共银四百二十二两一钱；又，带解补造砖一千零三十四块，按每千块给津贴银六十两，共银六十二两零四分，统计应〈给〉银一千零八十四两一钱四分。除前派定银六百三十四两一钱四分，下余不敷银四百五十两，檄饬武、兖二府转饬各属均匀补摊，并请先行连前短银两一并查发。仍俟将来解到归款，在各处分摊无几，且有成案可查，

① 疑计算有误，似应为一万四千七十块。

而卑职既无赔累并免羁延，实为恩公两便等情到司。

查此案临砖，该府原摊一半津贴银三百零一两五钱六分，已据照数解司。嗣又补摊一半不敷津贴银一十五两五钱一分，内除惠民、青城、乐陵等三处陆续解到银六两五钱一分四厘二毫，尚欠银八两九钱九分五厘八毫，未据解到据禀前情处。查该员请摊银数与成案相符，自应分别饬摊。惟当三进帮船将次过竣，若俟摊派解司恐致贻误。除由司先按八成借款支发外，合行马递三百里飞饬等因到府。蒙此，查此案前次应分摊一半不敷津贴银两，当经本府按数分派，檄饬补摊，径解藩库交兑。已据该县将径解日期申报在案。所有此次奉饬补摊一半津贴银二百二十五两，合再分派饬摊。札到，该县立即查照后开应行补摊委员津贴并添平解费等项银两，限三日内照数封固，粘贴印花具批佥差解府，以凭汇解，毋稍迟延。速速。此札。（道光廿五年九月二十九日到）

计开：

上上缺惠民县补摊津贴盐课银四十两五钱，并添平解费银五两六钱。

布政司变通旧章，惠民县将应摊买谷津贴银两解司兑收府札

武定府陶①札惠民县知悉。本年九月十八日蒙布政司札开，道光二十五年八月二十六日奉巡抚部院兼理盐政觉罗崇②批，

① 即陶庆增。

② 即觉罗崇恩。

本司呈详道光二十四年买谷津贴银两请变通旧章摊派缘由。奉批，如详通饬遵照。此缴。册存等因到司。奉此，合行马递三百里札饬等因到府。蒙此，合亟转饬。札到，该县立将应摊津贴银两赶紧照数径解司库兑收，以凭饬令买谷。各属请领归款均毋违延。切切。此札。（廿五年九月廿九日到）

计粘抄详一纸。

窃照各属买补缺谷，前因每石例价七钱不敷采买，由司酌定章程，议请循照嘉庆年间旧案给予津贴。按照每石三钱，除买谷各州县自捐一钱外，下余二钱在于不买谷各处照依科场经费之例，按八等缺分均匀摊解，分别给领，俾免借口赔累，有稽采买。遇有交代，无论摊认本缺及他处津贴，统照向派买谷之时，以十月初一日起至次年九月底止，作一年摊还。

详奉前宪批允，嗣于道光二十四年查办道光二十三年派买缺谷津贴案内，即经照依分别派摊；并查明买谷各属，其间十月分粮价有在一两以下者，扣留余剩津贴归入下届买谷案内办理，分晰详奉宪台批准，通饬遵照各在案。所有道光二十四年派买缺谷应给二钱津贴银两，自应照办。惟查道光二十三年仅派买谷四万五千石，应需三钱津贴银两，除归买谷各本缺自摊一钱不计外，所有不买谷各处应摊二钱津贴银两九千两。计上缺每处摊银二百八十余两或二百六十余两，即下缺州县亦摊银一百六十余两，为数已属不少。今道光二十四年派买常平仓因公动缺盘查豁免官亏暨兵支谷共五万石，再加济阳等处续请买补谷一万二千一百石，又单县请买盘查案内完存谷价合谷三千石。计三共谷六万五千一百石，较之二十三年多买谷二万一百石，计多二钱津贴银四千二十两。若仍照旧章在于不买谷各处加摊，计每处应摊银四百十余两，或三百八十余两至二百三十余两不等，摊项未免过多。而请买仓谷各处系属慎重储备起见，且嘉庆八年买谷案内自行请买处所曾议给津贴之外，复又量加酌奖。现在道光二十四年请买谷各县事同一律，又未便因摊项过多免给津贴银两，不得不变通旧章办理。

兹请将二十四年派买并请买谷共六万五千一百石所需三钱津贴银一万九千五百三十两，除由派买、请买各本缺自摊一钱五分银九千七百六十五两外，下余一钱五分银九千七百六十五两，在于不买谷各州县按照上中下缺均匀摊派。除新泰、海丰、沾化、寿张、蒙阴、定陶、巨野、临淄、高苑、昌乐、临朐、福山、栖霞、招远、宁海、文登、海阳、嘉祥、鱼台、潍县等二十州县系属下下苦缺，均应免摊；又上上缺之济阳、德州、商河、恩县、济宁州，上中缺之历城、章丘、陵县、单县，上下缺之淄川、长清、乐陵、平度州、临清州，中上缺之德平、平原、阳信、邹县、郓城、黄县，中中缺之长山、齐河、禹城、临邑、青城、利津、掖县、高密、夏津、武城；中下缺之蒲台、城武、聊城、益都、金乡，下上缺之新城、菏泽、蓬莱、乐安，下中缺之邹平、郯城、观城、博兴、寿光、莱阳、博山等四十六处，均有派买、请买谷石，亦未便摊派津贴外，所有上上缺之泰安、惠民、濮州等三处，每处摊银三百一两九分二厘，共摊银九百三两二钱七分六厘；又上中缺之东平州、汶上、阳谷、馆陶、冠县、诸城、胶州、即墨等八处，每处应摊银二百八十一两九分八厘，共摊银二千二百四十八两七钱八分四厘；又上下缺之莒州、丘县等二处，每处摊银二百六十一两九分八厘，共摊银五百二十二两一钱九分六厘；又中上缺之齐东、东阿、肥城、宁阳、峄县、沂水、堂邑、莘县、安丘、荣成等十处，每处摊银二百四十一两九分八厘，共摊银二千四百一十两九钱八分；又中中缺之滨州、滋阳、兰山、费县、博平、清平、昌邑等七处，每处摊银二百二十一两九分八厘，共摊银一千五百四十七两六钱八分六厘；又中下缺之莱芜、曲阜、泗水、滕县、朝城、高唐州、曹县等七处，每处摊银二百一两九分八厘，共摊银一千四百七两六钱八分六厘；又下上缺之平阴、日照、范县、茌平等四处，每处应摊银一百八十一两九分八厘，共摊银七百二十四两三钱九分二厘。以上通共摊银九千七百六十五两，通饬照数摊解司库，分别给领。

似此设法变通，在不买谷各处较上届只多摊银七百六十五两，而买谷各州县本系分内应办之事，每石多摊银五分，亦理所应得。惟查上年派买请买谷石之淄川、菏泽、金乡等三处，十月分报部粮价，每石均在一两以下，津贴银两应仍照上届旧章，照实在不敷之数给领，俾免浮冒。计淄川等三县照依十月分报部谷价核算，共应扣留余剩津贴银一百五十六两，应存留司库，归于下届买谷案内再行动支。至各州县认摊本处及他处津贴银两亦应照旧，以买谷之年十月初一日起至次年九月底止，无论正署，按照在任月日作一年流摊还款。遇有交卸，核入交案抵算。是否有当，理合分别造具摊派津贴并余剩银两细册，详请宪台鉴核批示，以便通饬遵照。再，单县请买盘查亏缺谷三千石，因所需谷价银两系动支返存本款，是以前次详咨续请买谷案内未经核入，合并声明。

惠民县知照甲辰科牌坊银两清册核销府札

武定府陶①札惠民县知悉。本年九月二十八日蒙济东道札

① 即陶庆增。

开，道光二十五年九月十九日准布政司咨开，道光二十五年九月初七日奉抚宪批，本司详咨甲辰科牌坊银两清册缘由。奉批，已据详分咨户、礼二部核销，并咨明户科查照矣。此缴。册分别存送等因行司。拟合移咨等因。准此，合行札饬等因到府。蒙此，合行转饬。札到，该县即便知照。毋违。此札。（二十五年十月初三日到）

计粘单一纸。

为通行事。

查接管卷内道光二十四年十二月初十日准礼部咨，仪制司案呈，准户部咨称，各直省新中举人旗匾银两应于何时支给，希即核明等因前来。

查各直省乡试新中举人，自甲辰科起，定于会试年二月十五日齐集贡院通行处试。所有旗匾银两，自应仿照顺天乡试之例，俟处试后由本部将已经处试各举人开单知照，各直省再行开销，其未处试者不准支给。至各驻防翻绎［译］举人，事同一律，旗匾银两亦应照文举人之例办理，相应通行各省可也。

本司处查山东省甲辰恩科中式举人李凌霄等六十九名，每名应领牌坊银二十两，共银一千三百八十两。当于中试之后随循照旧章，在于道光二十四年地丁项下动支，内扣减平银八十二两八钱，实支银一千二百九十七两二钱，给发该举人等承领讫。是此项支给牌坊银两，核与河南省先行支给银两之案事同一律，应请准其开销。除俟下科遵照新定章程办理外，所有支给甲辰科举人牌坊银款数目，拟合开造清册，详请宪台鉴核，咨送户、礼二部核销，并祈咨明科道查照。为此备由呈请照详施行。

惠民县补具扣收加摊银数印领府札

武定府陶①札惠民县知悉。案蒙布政司札开，案准臬司移咨，扣拨各属欠解历城县医学道光二十四、五两年加摊原摊帮贴药饵银两并送清册到司。准此，查潍县改为苦缺，其每年应摊该医学药饵银二两三钱六分，业经详明。自二十四年为始，德州每年加摊银六分五厘，其余八十五州县每年各加摊银二分七厘，并开单饬令该医学申请各州县知照在案。兹准移扣各属二十四年加摊并二十五年原摊加摊银两前来，除在各州县应领二十四年囚粮银内扣收给领外，合行开单札饬等因到府。奉此，合行开单札饬。札到，该县立即查照扣收银款数目，迅速补具妥协印领，径送藩宪，以凭粘呈备案。毋违。速速。此札。（二十五年十月初五日到）

计粘单一纸。

计开：

惠民县二十四年囚粮银二两六钱五分四厘，扣收二十四年加摊银二分七厘、二十五年银二两六钱二分七厘。

① 即陶庆增。

惠民县逐一确核道光五年以前册开垫款各项府札

武定府陶[1]札惠民县知悉。本年九月十二日蒙布政司札开，案查属库一切垫款，均应于各州县摊捐归结。因有核入盘查参案，抵亏者亦有列于交代案内，抵欠者必须厘剔清楚，以致款归核实。经前司于奏结司库笼统借支案内声请，以道光五年清厘司库完竣之日为率一律查办，凡款在五年以前者，照案分别追补，随案咨报，并通饬各属查造款册，送司详咨。嗣因积案内尚有历年指借等项，并有应还属库抵垫各款，复经详奉抚宪奏明，截至道光十六年为断，一体确核筹补，旋又详明展至十九年正月底止，通饬各属遵照查办。原因清厘库款起见，自应赶紧办理，乃屡次严催，并委员守提各州县。或以款目纠缠，现在赶紧查办，一禀了事者；亦有遵照造送，又因册造不符，驳饬而延搁不办者；其册造相符，存司汇办者，不过十之一二。似此徒有清厘之名，而无查办之实，年复一年，迄无完结之期。推原其故，各该牧令总因年分久远，款目繁多，查办匪易，因而畏难苟安，任催不办。

兹本司再四筹酌，与其照旧催办完案，无期莫若仍先截至道光五年按款查明造册，送司详办。其自道光六年起至十九年正月底止，应办垫款并历年有关借垫银两，一俟五年以前之款查办完竣，即接续查办，另案详奏。似此分别办理，较为简易。

---

① 即陶庆增。

庶悬案得以完结，合行开具年分款项清册，由马递四百里飞饬等因到府。蒙此，合亟马递四百里转饬。札到，该县立即遵照，限文到三日内查照册开各款，逐一确核款目是否相符、系何员欠解、有着无着，按款登处据实具禀藩宪，并报本府，以凭核办。其六年以后垫款以及历年借垫各款，亦令接续查办。倘各该牧令视为具文抗不造送，本府有督催之责。惟有以玩误公事，立予详参，毋谓言之不预也。准之。慎之。切速。速速。特札。（二十五年九月十七日到）

计粘单一纸。

计开：

该县欠解历城县嘉庆二十四年垫修臬署户北兵刑工料房等处工料银一十二两，嘉庆二十五年垫修司监工料银五两二钱八分，道光元年垫修臬署兵南房工料银三两五钱三分，道光三年垫修臬署吏户工号各料房工料银三十七两四钱六分三厘。

催结交代府札

武定府陶①札惠民县知悉。本年九月初六日蒙布政司札开，照得各属未结交代，前因积压累累，屡经催算，不啻颖脱唇焦。无如各牧令罔顾考成，非以现有地方紧要公事，未克分身，即以款目未清，借词迁延岁月，总不赶紧清结，视交代为具文。积习相沿，牢不可破，以致正杂钱粮日形短绌。兴言及此，殊为愤懑。

现奉恩旨，蠲免道光二十年以前民欠钱粮，其实在民欠完

---

① 即陶庆增。

有若干，必须将各属应交征存未解银两提存司库，方可分别完欠数目，按县查办。是交代一事尤为目下要务，难容再事迟缓，合亟开单马递五百里札催。札到，该府立即遵照，将单开所属未结交代迅速饬调至郡，督率监交及前后任三面会算，交收清楚，分任取结禀报；一面严饬现任将接收前任征存未解各年正耗银两尽数解司兑收，以凭作完造报。该府务须认真催算，统限两个月一律清结。倘经此次饬催之后仍复任延，则是有心抗违。除将任数较多、迟延已久各案详请撤任调算，一面委员前往接署，并将任数无多、迟延未久各案，调省勒令核算结报外，该府亦实干未便。本司言出法随，毋谓不先告诫也。慎之。切速火速。此札等因到府。蒙此，合行马递札饬。札到，该县立即遵照藩宪札饬情节赶紧会算，交代清楚，出结报府核转；一面将接收前任征存未解各年正耗银两尽数解司完收，并报本府查考。毋违。专札。（道光廿五年九月初九日到）

计开：

该县余棨接收杨茂豫交代一案。

惠民县摊捐海疆事务经费府札

武定府陶[1]札惠民县知悉。本年九月十七日蒙布政司札开，道光二十五年八月二十四日奉巡抚部院兼理盐政觉罗崇[2]批，本司详明历城县办理海疆事务经费银六千两，在于通省各州县养廉银内摊捐归款缘由。奉批，据详已悉。此缴等因到司。奉

① 即陶庆增。

② 即觉罗崇恩。

此，查此案业经开单饬遵在案。兹奉前因，合行札饬等因到府。蒙此，合行转饬。札到，该县即便遵照。毋违。此札。（廿五年十月初三日到）

督率夫役赶紧挑挖徒骇河府札

武定府陶①札惠民县知悉。案蒙济东道批，据该县禀报挑挖徒骇河开工日期缘由。蒙批，据禀已悉。仰武定府速饬督率夫役赶紧挑挖，务使一律深平、河流通畅。事关民瘼，毋任草率迟延，致贻后患。切切。缴等因到府。蒙此，合行转饬。札到，该县即便遵照。毋违。此札。（二十五年十月十三日到）

前县欠解应摊历城县垫款开册详追司批

详覆遵批，查明前县欠解应摊历城县嘉庆二十四、五年及道光元、三等年垫修臬署各科房工料等款开册详追缘由。道光二十五年十月十五日奉藩宪王②批，据详已悉。仰候汇核返办。缴。册存。

---

① 即陶庆增。

② 即王笃。

武定府行知漕粮项下应征麦石援案暂行改征粟米折

武定府陶①为行知事。

本年十月初七日蒙督粮道抄案，道光二十五年九月二十二日蒙抚宪崇②札开，照得本部院于道光二十五年九月十三日具奏，漕粮项下应征麦石援案暂行改征粟米以便输纳一折。除俟奉到朱批，另行恭录饬知外，合先抄奏札知。札到，该道即便转行查照。毋违。此札。

计粘抄原奏一纸。

内开：

奏为漕粮项下应征麦石援案暂行改征粟米以便输纳，恭折奏祈圣鉴事。

窃照东省额征漕粮例应征麦十分之一，如遇麦收歉薄，即奏明改征粟米，历经办理在案。本年东省各属自春徂夏间有雨泽愆期，二麦收成稍歉，即有收之处，颗粒亦多细小，未能一律饱绽，不堪兑运。若令一概照常征麦，势须另买完纳，于民情实有未便。

兹据各该州县禀，由藩司王③、督粮道景④会同查议，除二麦收成尚有六分及未经请改之处均毋庸议改外，所有历城、章

① 即陶庆增。

② 即觉罗崇恩。

③ 即王笃。

④ 即景霖。

丘、齐河、齐东、济阳、禹城、陵县、平原、惠民、阳信、郓城、范县、聊城、堂邑、博平、清平、莘县、冠县、高唐、临清、丘县、夏津等州县均止五分余，应请援案改征粟米等情，详请具奏前来。

臣查该司道等所详系属实在情形，亦核与历办改征成案相符。合无仰恳天恩，将历城等二十二州县本年应征麦石暂行改征粟米，以便小民输纳。仍俟来岁麦收丰稔，照旧征麦兑运，以符定制。为此恭折具奏，伏乞皇上圣鉴。谨奏等因到道。蒙此，除径饬各该县遵办外，合亟行知等因到府。蒙此，合行转饬。为此仰恳官吏即便遵照，将本年应征漕麦暂行改征粟米运兑，毋得歧误。切切。须至帖者。(道光二十五年十月十五日到)

挑挖徒骇河开工日期司批

禀报挑挖徒骇河开工日期由。二十五年十月十七日奉藩宪王①批，据禀已悉。仰即随时亲身督办，迅将应挑工段多雇民夫赶紧挑挖，务期宽深如式，上下畅达，以重水利。工竣禀请委员验收。毋违。缴。

① 即王笃。

惠民县前任谈令承修府监银两未完，将历任承追迟延职名查取送司府札

布政司王①札惠民县知悉。道光二十五年九月二十日奉抚宪案验，道光二十五年九月初五日准工部咨，营缮司案呈，准山东巡抚崇②咨称，据布政使司王呈称，奉准部咨，惠民县修理武定府监狱柴薪变价银六两七分五厘，核减银二百七十五两六钱一分，应饬一并在于承办官名下照数着追，还须报部等因，当经饬追在案。

兹据惠民县详称，该前县谈素敦承修府监一案，曾经谈令领过八成截数银八百两，旋奉核减，除长扣三六市平提还外，计尚长领工料银七十九两八钱三分一厘。又，谈令交代案内浮抵二成工料银一百八十八两，该令总未完缴。嗣谈令升任高唐州，丁忧服阙，旋即病故，当经饬查该故员家属是否寄居在省，催令完缴去后。

兹据济南府转据历城县申称，该家属并无在省，无凭催缴。谈素敦系江苏丹徒县人，详请移咨江苏抚院转饬，将核减等项银两作速在于该家属名下照数催缴，咨覆来东，并祈咨部等情。除分咨外，拟合咨明等因前来。

查山东省惠民县修理武定府监房原估工料银九百九十八两八钱七分三厘，嗣于报销案内，除柴薪变价银六两七分五厘外，实请销银九百九十二两七钱九分八厘。经本部核减银二百七十

---

① 即王笃。

② 即觉罗崇恩。

五两六钱一分，行令将柴薪变价同核减各银两，一并在于承办官名下追还报部在案。今据山东巡抚咨称，前任知县谈素敦承修领过八成截数银八百两，旋奉核减，除长扣市平提还外，计尚长领银七九两八钱三分一厘。该员病故，家属并无在省，无凭催追；系江苏丹徒县人，请咨江苏省着追等语。

本部查此案，该省系于道光十年三月接到部文，自应赶紧查办。何以该员升任、丁忧服阙并不随时催追，亦不报部，直待病故，其间总计十余年之久，始行咨覆，实属迟延。应咨山东巡抚查取历任承追迟延职名送部查议，并咨江苏巡抚转饬，将前项长领银两查照奏定章程，在于该故员家属名下认真按限严追完缴报部，毋任延宕，并入于年终汇奏，以凭核办。至交代浮抵银两事，隶户部查办可也等因咨院行司。合行札饬。札到，该县遵照，迅将历任承追迟延职名查取送司，以凭详咨。毋迟。速速。此札。（廿五年十月十九日到）

发当生息阳信等处本银数目府批

详请批示，奉发青、德二满营岁修军械及常操火药奖赏之需，发当生息阳信、商河、乐陵、滨州等四处本银数目一案缘由。廿五年十月廿七日奉府宪陶①批，查此案前奉藩宪札，发本银二千五零百两，当查该县当铺较多，是以酌发银一千两，其余亦照各该州县当铺之多寡，分别酌派。计发商河县本银六百两，乐陵县本银四百两，阳信县本银三零百两，滨州本银二

① 即陶庆增。

百两。仰即查照，将各州县每季应得一分生息银若干，按季催齐汇总，申请文批起解。毋违。此缴。

奉旨转饬惠民县查明来春青黄不接之时应征上忙钱粮能否完纳等情府札

武定府陶①札惠民县知悉。本年十月二十三日蒙布政司札开，道光二十五年十月十一日奉巡抚部院兼理盐政觉罗崇②札开，照得本部院于道光二十五年十月初六日准兵部火票递到，军机大臣字寄，盛京将军。奉天府府尹，直隶、江苏、安徽、河南、山东、山西、甘肃、湖北、湖南、福建各督抚于道光二十五年十月初三日奉上谕："本年奉天凤凰城等处雨多歉收，直隶宝坻等四十州县被旱、被水、被虫、被雹，河南祥符等六县被淹，原武县未涸地亩，山东乐安等七县、王家岗等四场被潮，临邑等五十四州县、东昌等四卫屯庄被水、被旱、被风、被雹、被虫，山西徐沟等二县被水、被雹，福建台湾府属之新化县地震，台湾、凤山、嘉义三县被淹，节经该省奏到，均已随时加恩，分别缓征，接济抚恤口粮，小民谅可不致失所。惟念来春青黄不接之时，民力未免拮据。着传谕该将军、府尹、督抚等体察情形，如有应行接济之处，即查明据实覆奏，务于封印前奏到，候朕于新止降旨加恩。

再，江苏淮安、徐州等府属被水，海州、沭阳县被淹，苏州、松江等府属被旱、被风；安徽安庆、凤阳等十府州属低田

---

① 即陶庆增。

② 即觉罗崇恩。

被淹，高田干旱；河南浚县生蝻，永城、恩县被淹，汤阴等九县被旱，安阳县被旱、被淹；甘肃洮州等厅州县暨沙泥州判、陇西县丞、会宁等四州县、皋兰登二十一所州县及金县、西宁二处被雹、被水、被旱、被风；湖北公安等二十一州县、荆左等卫被淹，黄陂等五县高田被旱；湖南武陵等六州县被水。已据该督抚等奏明，随时抚恤，及委员查勘，亦着迅速办理；并将来春应否接济之处一并查明，于封印前奏到。将此谕令各该将军、府尹、督抚知之。”钦此。遵旨寄信前来。

承准此，合行恭录札知。札到，该司即便钦遵转饬查照，将东省本年乐安等州县场卫被潮、被水、被旱、被风、被雹、被虫各处作速体察情形，来春青黄不接之时应否接济，据实禀报，务于十一月下旬由司详覆核奏；仍将发去火票移送臬司，照例造报。毋迟。速速等因到司。奉此，合行马递五百里飞饬等因到府。蒙此，合行马递转饬。札到，该县立即查明来春青黄不接之时应征上忙钱粮小民能否完纳、是否需接济，迅速体察情形，刻即妥议飞禀来府，以凭汇核转禀详奏。此系钦奉特旨查办之件，限期紧迫，毋稍迟延，致干参咎。速速。此札。(廿五年十月二十七日到)

惠民县补具应摊潍县驿站饭食银两批领按察司札

按察司陈①札惠民县知悉。照得该县应摊潍县二十四年、

---

① 即陈士枚。

二十五年驿站饭食银两，当经移咨藩司在于该县应领二十五年养廉项下扣拨。应摊潍县二十四年驿站饭食银二钱二分六厘、二十五年驿站饭食银二钱二分六厘，除将银两给发该书等办公外，合亟札饬。札到，该县立即查照，补具各年批领，分别送司，以凭点发备案。毋违。特札。（廿五年十月廿九日到）

抚批惠民县请修监狱估计册结司札

布政司王①札惠民县知悉。道光二十五年十月初八日奉抚宪批，本司详咨该县请修监狱估计册结缘由。奉批，已据详分咨矣。此缴。册结分别存送等因批司。合行札饬。札到，该县查照。毋违。此札。（廿五年十月廿九日到）

麦石改征粟米折奉到朱批府札

武定府陶②札惠民县知悉。本年十月二十三日蒙督粮道牌开，本年十月初三日蒙抚宪崇③札开，照得本部院于道光二十五年九月十三日具奏，漕粮项下应征麦石援案暂行改征粟米以便输纳一折，业经抄奏饬知在案。兹于九月二十五日奉到朱批："户部议奏。"钦此。合行恭录札知等因行道到府。蒙此，合行

① 即王笃。
② 即陶庆增。
③ 觉罗崇即恩。

转饬。札到，该县即便遵照办理。毋违。此札。（廿五年十一月初二日到）

惠民县督催兴挑徒骇河司札

布政司王①札惠民县知悉。道光二十五年十月初二日奉巡抚部院兼理盐政觉罗崇②批，据该县禀报挑挖徒骇河开工日期缘由。奉批，据禀已悉。仰布政司速饬该县督催人夫赶紧逐段兴挑，务期如式深通；并将两岸残缺处所填补坚实，迅速完工报验。毋违等因批司。

查此案，前据该县具禀到司，业已批饬该县将应挑工段赶紧挑挖工竣，禀请委验在案。奉批前因，合行马递札饬。札到，该县遵照院批事理，迅将应挑工段督催人夫赶紧按段兴挑，一律深通；并将两岸残缺处所填补坚实，刻速蒇事。一俟工竣，禀请委员验收。毋迟。速速。此札。（廿五年十一月初二日到）

惠民县补具扣拨加摊誊黄工料银两批领府札

武定府陶③札惠民县知悉。本年十月二十四日蒙布政司札

① 即王笃。

② 觉罗崇即恩。

③ 即陶庆增。

开，案查各属应解加摊道光二十五年誊黄工料银两，已有司查款扣收在案。所有扣拨领欠各数目，合行开单札饬等因到府。蒙此，合行转饬。札到，该县立即查照单开银数，分别补具妥协批领送司，以凭粘呈，点发备案。毋违。此札。（廿五年十一月初二日到）

计粘单一纸。

惠民县道光二十三年囚粮银十二两二钱二分、囚衣银八钱，二十四年囚粮银四两一分二厘。三款共银一七两三分二厘，扣收二十五年续摊誊黄工料项下。

惠民县照数采办马牙净硝解局交收府札

藩宪王①札惠民县知悉。案照奉办道光二十五年部硝一案，前准部咨，以库贮硝斤无多，行文东省办解马牙净硝十四万斤，务于四个月限内解部交纳等因。当经备录原文行府，转饬预为采办；并饬委东昌府同知王丞在东昌府地方设厂秤收在案。所有各州县应派硝斤数目，除详明抚宪外，合行马递五百里札饬。札到，该县立即遵照后开数目，迅即照数采办，依限解局交收，掣批呈验。该县务于限内赶紧办解，毋得刻延，有误例限，自干参咎。切切。速速。此札。（二十五年十一月初五日到）

计派办硝六千五百斤。

---

① 即王笃。

更造历年正续奏销册结案府批

详送更造历年正续奏销册结一案。二十五年十一月十二日奉府宪陶①批，已据情转详矣。仰候藩宪批示。缴。册结存送。

惠民县补具应解二十五年院司书吏饭食等项银两总数批领府札

武定府陶②札惠民县知悉。案蒙布政司札开，案查各属应解本年秋季院司书吏饭食等项银两未据批解。除在各该州县解存各年养廉银内扣收呈送给领外，合行开册札知等因到府。蒙此，合行转饬。札到，该县立即查照单开银数，补具总数批领送司，以凭粘呈，印发备案。毋违。此札。（二十五年十一月十二日到）

计粘单一纸。

计开：

该县解道光二十五年秋季分院书饭食银五两八钱五分九厘、院本书饭食银三两三钱一分七厘、司书饭食银九两九钱一分七厘、汇报饭食银一钱七分八厘、吏攒饭食银二钱二分二厘、拨册饭食银二钱六分六厘、耗羡廉费饭食银四钱四分四厘、粮价

---

① 即陶庆增。

② 即陶庆增。

饭食银五钱三分三厘、罚俸饭食银八钱八分八厘、藉田饭食银四钱四分四厘、兵北科饭食银二钱二分二厘、封筒饭食银七钱五分五厘、刑书册费银一两七钱七分六厘、保甲册费银一两七钱七分六厘、积案饭食银四钱四分四厘、耗羡旬报饭食银一两二厘、柬房饭食银一两七钱七分六厘、茶房工食银八钱八分八厘、盘查房饭食银四两二钱五分八厘、宪书工料银一两四钱七厘、军需饭食银二两一钱三分一厘、抚塘报资银九两一钱六分二厘、京塘公费银一两二钱五分三厘。以上共银四十八两九钱一分八厘，在二十五年养廉内扣收。

惠民县补具扣拨各属欠解二十五年秋季狱务等项银两印领府札

武定府陶①札惠民县知悉。本年十月二十九日蒙布政司札开，据按司狱程兆纬、济司狱徐芳庭、历城县典史孙春榜等申请，扣拨各属欠解二十五年秋季狱务、囚粮、灯油、刑具、禁卒/更夫工食等款银两，并送清册到司，业经查款扣拨支给在案。所有扣拨银两数目，合行开单札饬等因到府。蒙此，合行转饬。札到，该县立即遵照单开扣拨领款数目，补具妥协印领送司，以凭核办。如查有已解重扣，亦即移行该司狱查明改拨。毋违。此札。（二十五年十一月十六日到）

计粘单一纸。

---

① 即陶庆增。

惠民县道光二十四年囚粮银二十一两七钱三分，扣欠二十五年秋季司监津贴狱务银三两五钱六分六厘、津贴刑具银二两二钱三分一厘、更夫工食银八钱八分五厘、禁卒工食银一十两四钱三分五厘，府监灯油增添刑具银二两二钱六分，县监灯油增添刑具银二两三钱五分三厘。

惠民县监饷津贴归入年例津贴项下动支毋庸专案派摊府札

武定府陶[1]札惠民县知悉。本年十月十二日蒙布政司札开，道光二十五年九月二十七日蒙巡抚部院兼理盐政觉罗崇[2]批，本司呈详，监饷津贴归入年例津贴项下动支，以昭画一，毋庸专案派摊缘由。蒙批，如详通饬遵照。此缴等因到司。蒙此，合行抄详，马递札饬等因到府。蒙此，合行抄详转饬。札到，该县即便遵照。毋违。此札。（二十五年十一月十二日到）

计粘抄详一纸。

为详明事。

案查东省起解各项饷银应需委员津贴，均系各州县派摊。前于道光十八年据济南等十府二州会议，因各属摊捐一切解饷津贴有连年重叠派摊，并有数年中摊不及一次者，未免苦乐不均。请按通省缺分之优劣分为五等，每年共派摊银一万四千二百两，作为年例解饷津贴，在于各州县解存养廉内预为扣存，

---

① 即陶庆增。

② 即觉罗崇恩。

随时按数支给委员领解。倘有不敷，再行续摊；如有多余，归入下届扣摊等因。由司详蒙批准，通饬遵办在案。

惟起解监饷，每解银一万两，应需津贴银一百两，曾于嘉庆二十五年详明，仿照委解临砖之例，按十府二州轮流酌派。每次派摊银一千两，先自济、泰二府摊派起，次及东、武，再次兖、曹，又次青、莱，末次登、沂，临清附于登州，济宁附于沂州，统作十有按五次轮派，周而复始，历经遵办在案。

伏查解饷津贴章程，既已续据济南府等议定，原不分一切京饷、甘饷以及南河等饷，均应在于年例津贴项下动支，其监饷事同一律。兹仍按各府州属轮流摊派，是同一解饷而津贴办理两歧，未免徒繁案牍。应请嗣后起解监饷，统在年例津贴项下动支，毋庸再行专案派摊，以昭画一而归简易。拟合详请宪台鉴核批示，以便通饬遵照。

惠民县出具前任交代接受无亏单结并欠交摊捐银两年款清册府札

武定府陶①札惠民县知悉。本年十一月十一日蒙布政司批，据该县会禀前任杨令②交代算明无亏并请饬追未完摊捐银两缘由。蒙批，据禀该前县杨令任内经手正、杂、仓款交抵无亏缘由已悉。除将所欠摊捐银两札饬赶紧完缴外，仰武定俯速饬该县出具接收正、杂、仓款无亏单结，禀送来司；一面赶造交代达部册结，请明出结造册，各日期由该府核明加结送道结转，

---

① 即陶庆增。

② 即杨茂豫。

以凭详咨，并令造具杨令欠交摊捐银两年款清册，送司核办。现值查办蠲免勒限清厘交代之际，均毋任延，致干并咎。切切。此缴。折存。禀抄发等因到府。蒙此，合行录批转饬。札到，该县立即遵照，先行出具无亏单结；一面赶紧达部册结，请明出结造册各日期，具文送府核明结转，并将杨令欠交摊捐银两造具年款清册，径送藩宪核办，仍另造一番送府备案。毋违。此札。（二十五年十一月十六日到）

惠民县于蠲免册外另造登覆细册随同蠲免册一并申送府札

武定府陶①札惠民县知悉。本年十一月二十二日蒙布政司批，据该县禀请核示查办蠲免钱粮册式缘由。蒙批，查蠲免章程，业经本司查照上届办理成案分别增删，通饬遵照在案。该县所请于蠲免册外另造登覆细册，随同蠲免册一并申送之处，尚属周妥。除通饬各属查办外，仰武定府转饬知照。缴等因到府。蒙此，合行录批转饬。札到，该县即便知照。毋违。此札。（二十五年十一月廿五日到）

奉到蠲免章程司批

禀报十一月初九日奉到蠲免章程由。二十五年十一月廿七

① 即陶庆增。

日奉藩宪王①批，据禀已悉。仰即遵照颁发章程册结各式，赶紧查造，依限由府结转，一面径送来司，以凭汇核详奏。事关普蠲巨典，毋稍迟延干咎。切切。此缴。

奉提德、常二仓正耗银两现在缓征期内无凭征解并缴宪签粮道批

禀覆奉提道光二十四年德、常二仓正耗银两现在缓征期内无凭征解并缴宪签由。二十五年十一月廿七日奉粮道景②批，查该县未完二十四年德、常二仓正耗银两，已于奏销案内照例开参在案。今既因灾递缓，应即赶造递缓册结，具文送辕，以凭详请咨部照例减等议结。毋迟。此缴。

委提德、常二仓正耗银两赶紧征解粮道批

会禀委提本年德、常二仓正耗银两现在赶紧征解由。二十五年十一月廿七日奉粮道景③批，仰即将本年德、常二仓正耗银两赶紧催征报解，毋再迟延，致干接提。速速。此缴。

---

① 即王笃。
② 即景霖。
③ 即景霖。

惠民县查照新漕发下粮册征粮交兑府札

武定府陶[1]札惠民县知悉。本年十一月十九日蒙督粮道牌开，道光二十五年十一月初四日蒙总漕部堂程[2]牌开，照得该省丙午年起运道光二十五年分新漕所有粮册，合行饬发。为此牌仰该道官吏即将发下粮册逐一核明，转饬各州县遵照。本部堂檄饬情节，上紧征收干洁籽米、麦豆；一面预为饬帮照依单派州县粮数，秉公查验受兑，准遵例限，速为开行，毋似往年迟至兑期迫届，再行示谕，以致仓猝滋弊。倘敢仍前滥收滥兑，只将空船报开暨需索、搀和、捏报等弊立即飞揭，以凭严行参办，慎毋玩视。仍将粮册报明抚部院暨移会藩司，查照其单内数目，如有参差，亦即核明粘签，饬令领兑，均毋违延。计发粮册一本等因到道。蒙此，合行飞饬等因到府。蒙此，合行转饬。札到，该县立即查照单开额征粮数赶紧征收，依限交兑，毋稍违延。速速。此札。（二十五年十一月廿六日到）

计粘抄粮册一纸。

惠民县正兑正米三百三十七石四斗七升八合二勺，加二五耗米八十四石三斗六升九合六勺；改兑正米一千六三十七石三斗六合二勺，加一七耗米二百七十八石三斗四升一合九勺；正兑正豆一千三百三十九石二斗二升三合四勺，加二五耗豆三百三十四石八斗五合八勺；改兑正豆一千五百二石七斗五升二合

---

① 即陶庆增。

② 即程矞采。

八勺，加一七耗豆二百五十五石四斗六升八合；改兑正麦二百七十五石二斗一升三合七勺，加一七耗麦四十六石七斗八升六合三勺。济左帮兑。

奉派续摊誊黄工料银两先后扣拨数目案司批

详请核示本年奉派续摊誊黄工料银两先后扣拨数目一案缘由。二十五年十二月初二日奉藩宪王①批，查该县应摊誊黄工料前在该县廿五年养廉银内扣收银一百两，又于廿三年囚粮、囚衣暨二十四年囚粮银内扣收银一十七两三分二厘。共银一百一十七两三分二厘，内扣收二十五年续摊誊黄工料银一百一十六两四钱四分八厘、加摊潍县誊黄工料银五钱八分四厘。仰即遵照，补具批领，送司备案。毋迟。缴。

卑县各庄业经议缓新旧钱粮毋庸再议调剂司批

禀卑县本年二麦被旱、秋禾被水被虫各庄业经议缓新旧钱粮，来春青黄不接之时闾阎不致拮据，毋庸再议调剂由。二十五年十二月初二日奉藩宪王②批，据禀已悉。仰候抚宪批示。缴。

---

① 即王笃。

② 即王笃。

惠民县查访本年折报粮价贵贱情形府札

武定府陶[1]札惠民县知悉。本年十一月十七日蒙布政司札开，案照月报粮价，上廑宸衷，下关民食，各牧令自应查访确实，及时开折呈报。乃近来竟视为无关紧要，非开报不实，即任意迟缓，并有经年累月相同之处，殊非慎重粮价之道。

查本年各属秋收丰稔之处固多，即间有灾伤，不过一隅中之一隅。所有九、十两月米谷高粱价值不惟减贱者寥寥，且多转加增昂，显系预留采买冒销地步。至银价一项，省城每两换制钱二千一百余文，而福山、曲阜等县仅折报一千四五百文不等，即价有参差，何致悬殊？若此固由各牧令视为泛常，亦由该府并未认真稽查所致，实属不成事体。合行马递五百里专札饬查。札到，该府立即查明折开粮价增昂，并银价数少以及经年价值相同各处究竟是何情形、有无浮开捏报，即日据实禀覆查核；并饬嗣后造报粮价、银价，务须查访确实，及时开折呈报，不得仍前虚应故事。此饬之后，倘再任意朦混，除将价值银数由司核改请奏外，定即据实查参不贷。慎之。速速。此札等因到府。

蒙此，除将本年九、十两月分该县及各属折报粮价贵贱情形，由府核议禀覆，俟奉到批示，再行马递转饬。札到，该县即便遵照。嗣后造报粮价、银价，务须查访市集实在价值，及时开折呈报，不得视为具文，以致经年累月价值相同并无增减，

---

① 即陶庆增。

以及任意加增，定行查参不贷。慎之。切切。此札。（二十五年十一月廿四日到）

为冬月设局收养幼孩募捐事府札

武定府陶①札惠民县知悉案。蒙布政司札开，道光二十五年十月初四日准江宁布政使查咨，案照江宁省城每届冬令多有无依求乞幼孩呻吟道路，一经雨雪交加，难免转于沟壑。向系在城绅董公同募捐，设局收养，所费无多而得生者甚广，诚为善举，历经通行各属一体筹办。

嗣于十八年十一月内据扬州府具禀，扬郡绅董本有捐设公局，收养幼孩，每届冬令即为举行。查阅所议各条内有议及春融无人领回者，酌量资质，分别令其学习手艺，或延师教读。各层更为尽善，随经唐前司分别通行各属，仿照查办，续准苏臬司移知。又，将武昌等议恤孩章程及京师悦生堂劝捐旧章，分别颁发各属，广劝绅耆办理各在案。

本年现届应办之期，各属曾否预为劝捐、如何设局收养，未据禀报，转瞬寒冬，自当循案及早举行，未便迟缓。除行江淮等各府州所并属遵照上届节次批札，邀集绅董人等，将扬州府所禀扬郡收养幼孩核准各条及臬司径发恤孤悦生堂劝捐各章程，公同悉心请求查明，境内如有求乞无依幼孩，即行广为募捐，收局收养，以过残冬。其收养幼孩，来岁春融如无本生父母领回者，该绅董倘能酌量资质，分别令其学习手艺，或延师

---

① 即陶庆增。

教读，以为终身之谋，更为妥善。为民父母者，务须督饬分别实力奉行，并捐廉以倡，俾全善举。仍饬令该局绅士议立经久章程，同本年收养若干人数，即日开折禀覆。

外，查冬月收养幼孩一案，当经陈前司于上年十二月内详请督、抚宪分咨浙江、山东、安徽抚院，檄饬所属各就地方情形酌核采择，仿照举行，并请转咨邻省推广办理。当蒙督、抚宪批知，业经据详分咨饬办等因。

随经本署司抄详移会查照，通饬各属预为募捐集议筹办在案。所有江属本年饬办情形，合就移会。为此合咨，烦为查照前移，希即通饬各属遵照抄详内所议章程，选举绅董，各就地方情形预为募捐集议，一交冬令，即行设局收养。如贵省另有妥善章程，亦祈随时示知，并请转咨邻省推广办理，以全善举，望切施行等因到司。准此，查此案前奉抚宪转，准署两江总督部堂璧①、江苏巡抚孙②送收养幼丐章程饬发到司，当经札饬该府，督饬所属妥议禀覆在案。兹准前因，合行马递三百里札饬等因到府。蒙此，合行转饬。札到，该县立即遵照妥议章程，飞速通禀，并报本府查考。速速。此札。（二十五年十一月十四日到）

惠民县将缓征银两数目造具册结府札

武定府陶③札惠民县知悉。本年十一月初三日蒙布政司札

① 即璧昌。

② 即孙善宝。

③ 即陶庆增。

开，道光二十五年十月十三日奉巡抚部院觉罗崇[①]札开，照得本部院于道光二十五年九月二十四日具奏，查明济宁等州县卫秋禾被水、被旱、被虫轻重情形，恳恩分别缓征、递缓以纾民力一折，业已抄奏饬知在案。兹于十月初四日奉到朱批："另有旨。"钦此。随折奉上谕一道，道光二十五年九月三十日内阁奉上谕："崇奏查明被灾各州县请分别蠲缓一折。本年山东省济宁等州县或因河水涨溢，或因雨泽愆期，兼有被风被虫之处，收成均形歉薄。若复照常征收，民力不无拮据。加恩着照所请，所有被水较重之济宁州黑土等里黑土店等四十四村庄、章丘县清三里南芽北芽二庄、临邑县冯家井等五村庄、乐陵县董家庄等一百七十村庄、商河县顺安等乡侯家坊等二十五村庄、阳信县归一等图化家铺等七十四村庄、鱼台县葛家桥缪家庄等五十一村庄，被水又兼被虫之邹平县长四等里李家庄等十三村庄，被虫之济阳县官庄兴同等六村庄，被旱又兼被虫之朝城县沙六里马家集等四十五村庄，应征本年钱粮、漕米及漕项河银，临、德等仓，民佃、盐课，摊征堤工、河工、堰工、地租等项，及济宁、临邑、阳信、鱼台、邹平、济阳等州县内青黄不接、二麦被风被旱案内，原缓上忙新赋同二十四年民欠及秋灾原缓，均着缓至二十六年秋后启征。

又，被水较轻之济宁州孙家道口等九十四村庄、长山县耿家庄等三十六村庄、临邑县狼洼庄等六村庄、茌平县车里长屯大辛庄等二十九村庄、潍县温家庄等一百村庄、寿光县辛官路等九十三村庄、鱼台县宋家庄等六十村庄、阳信县归一等图堤上王等一百七十六村庄、海丰县张家等三十三村堆二百零一庄、乐陵县辛庄等一百三十九村庄、滨州西北两路高庄龙王庙庄等

---

① 即觉罗崇恩。

九十一村庄、沾化县粉庄等里粉李庄等六十四村庄、滕县十三四两保西湾村等十村庄、峄县全河等社龙家口等七十五村庄、汶上县邵家老庄等三十七村庄、单县刘靛池等一百十六村庄、郯城县黄家店子等五十四村庄，被水又兼被虫之邹平县长四等里大王驼庄等四十村庄、惠民县宋家庄等七百九十一村庄，被旱又兼被虫之临清州田家庄等一百三十二村庄、濮州东关南等里冯家堤口等九十八村庄、朝城县秋一里刘羡集等一百十村庄，被虫之济阳县淑约杜家庄等一百十三村庄、观城县黄固屯等里韩家楼等六十村庄、聊城县西南等乡小屯庄王崇吾庄等一百五十七村庄，又被旱较轻之莘县小王家庄等一百八十九村庄、冠县朱三里庄等一百十四村庄、丘县韩固等十八村庄，及堂邑、馆陶二县阖境村庄，除本年漕米照常征收外，所有本年钱粮，漕项河银，临、德等仓，民佃、盐课，摊征堤工、河工、埝工、地租等项，及被虫较轻之济阳县并卫孔屯等七屯庄本年钱粮，及临清、长山、临邑、邹平、济阳、惠民、阳信、朝城、聊城、莘县、馆陶、冠县、鱼台、丘县等州县内有青黄不接、二麦被风被旱案内原缓上忙新赋，同二十四年民欠及秋灾原缓，均着缓至二十六年秋后启征。

又，被水最轻之济宁州南王庄等八十五村庄、禹城县一都二等里大刘山家等六十四村庄、阳信县归一图尹庙等二百六十四村庄、海丰县何安等十堆七十四村庄、沾化县城南等里何家庄等五十七村庄、滕县十七等保小湖子等三十四村庄、峄县新河社古路沟等十二村庄、汶上县大埧口等三十四村庄、茌平县车里长屯郭吕店等二十九村庄、乐安县门家等后冯庄等二十村庄、寿光县丹南庄等五十村庄，被水又被虫之邹平县长六等里波踏店等五十八村庄，被旱又兼被虫之朝城县秋四里前草屋等一百七十七村庄、临清州黑家庄等九十七村庄，被虫之齐东县刘家寨等五村庄、观城县永康保等里小辛庄等二十七村庄、冠县大李村二百十九村庄、丘县磊楼等一百二十四村庄，同被虫之平原，被水被虫之利津，被水之曹县，被旱之范县、夏津、武城等县阖境村庄，及临清、章丘、邹平、济阳、乐陵、惠民、阳信、峄县、郯城、濮州、朝城、观城、聊城、莘县、曹县、范县、夏津、寿光、鱼台等州县，除请缓村庄外，其余各庄本年钱粮漕米照常征收内，临清州黑家庄九十七村庄、冠县大李村等二百十九村庄、丘县磊楼等一百二十四村庄、齐东县刘家寨等五村庄，同章丘、平原、惠民、乐陵、聊城、莘县各该县应征青黄不接、二麦被风被旱案内，原缓上忙新赋及二十四年民欠并秋灾原缓，着缓至二十六年秋后启征。

又，寿光县之丹南等五十村庄内有本年先被潮淹较重之官台庄东刘家呈等庄，仍归潮案办理外，其被潮较轻之郑家辇等十三村庄原缓上忙新赋，缓至二十六年秋后启征，今复秋禾被水着再展缓一年，缓至二十七年秋后启征。

以上被水、被旱、被虫较重、较轻、最轻各州县村庄，凡有二十三年以前未完民欠及因灾原缓与应带征历年旧欠并原缓、递缓钱粮、漕米，漕项河银，临、德等仓，民佃、盐课，摊征堤工、河工、堰工、地租，出借仓谷、籽种、口粮等项，并为一案，均着缓至二十六年秋后，各按最先年分递年依带征一年，仍照案先尽各该年及二十四年钱粮全清，再行议带漕米。其寿光县被潮较轻之郑家辇等十三村庄，二十四年以前未完民欠及因灾原缓、递缓，系缓至二十六年秋后各按最先年分递年带征。今复秋禾被水，着再展缓一年，至二十七年秋后各按最先年分递年依次带征一年。至德州、东昌、临清三卫被水屯庄，均着随同坐落州县一律办理。如坐落州县并无请缓村庄，仍归该卫自行核办，以昭核实。例不缺额之蓟粮兵米及请缓钱粮，仍征漕米之州县不敷漕项，均着照例于成熟村庄应征粮米内照数划解，统于大漕地丁内核缓。其应征摊额耗豆并着随正缓征，仍将摊缓耗豆价脚银两扣存司库，俟带征年分支给应用，以纾民力。该抚即刊刻誊黄，遍行晓谕，务使实惠及民，无任吏胥舞弊，用副朕轸念歉区至意。该部知道。”钦此。

合行恭录札知。札到，该司即便钦遵移行查照办理；一面由司迅速刊刻誊黄，分别呈送颁发晓谕。仍饬造具缓征细数册结详咨。毋违等因到司。除敬谨刊刻誊黄另行颁发外，合行马递三百里转饬等因到府。蒙此，合行转饬。札到，该县立即钦遵查照，迅速将缓征银两数目造具册结各五本，具文送府核明结转。毋稍迟延干咎。速速。此札。（二十五年十一月十六日到）

卑县被灾案内并无应缓未完民佃盐课运宪批

禀覆卑县本年秋禾被水被虫案内并无应缓未完民佃盐课由。二十五年十二月十六日奉运宪沈①批，据禀已悉。缴。

---

① 即沈拱辰。

布政司批惠民县更造历年正续奏销册结府札附司批文

武定府陶①札惠民县知悉。本年十二月初三日蒙布政司批，本府呈详该县更造历年正续奏销册结缘由。蒙批，据详送到册结，存候续呈。仰即转饬知照。缴等因到府。蒙此，合行转饬。札到，该县即便知照。毋违。此札。（二十五年十二月初十日到）

详覆更造历年钱粮正续奏销册结业已造妥送府核转一案缘由。二十五年十二月十二日奉藩宪王②批，此项册结已据该府转送到司，业经批饬在案。仰侯汇案续呈。此缴。

挑修徒骇河工程已、未完段落及现在暂行停工司批

禀报挑修徒骇河工程已、未完段落及现在暂行停工由。二十五年十二月十二日奉藩宪王③批，据禀已悉，仍候抚宪批示。缴。

---

① 即陶庆增。

② 即王笃。

③ 即王笃。

租商张履福具禀残票被烧取结案运司批

详报租商张履福具禀残票被烧取结一案缘由。二十五年十二月十二日奉运司沈①批，据详已悉。该商不戒于火，烧毁残票，例有应得之罪，该县未经议及，系属疏漏。仰再按律另行拟议详办。毋迟。送到甘结三连不敷存转，即再补送一连备案，仍候抚部院批示。此缴。结存送。

傅松如、王福田等与陈涟质讯欠钱不赏等情案运司批

详请发回傅松如、王福田等与陈涟质讯欠钱不赏等情一案缘由。二十五年十二月十二日奉运司沈②批，查该商王福田因历城县尚有未结之案，已饬发历城县归案审讯。俟彼案讯结，再行饬发该县收审。仰即知照。此缴。

---

① 即沈拱辰。

② 即沈拱辰。

惠民县补具扣收加摊原摊帮贴药饵银两印领府札

武定府陶①札惠民县知悉。案蒙布政司札开，案准臬司移扣各属欠解济南府医学道光二十四、五两年加摊原摊帮贴药饵银两并送清册到司。准此，查潍县改为苦缺，其每年应摊该医学药饵银二两三钱六分，业经详明。自二十四年为始，济宁州每年加摊银六分五厘，其余八十五州县每年各加摊银二分七厘，并开单饬令该医学申请各州县知照在案。兹准移扣各属二十四年加摊并二十五年原摊加摊银两前来，除查款扣收给领外，合行开单札饬等因到府。奉此，合行开单札饬。札到，该县遵照扣收银款数目，迅速补具妥协印领送司，粘呈备案。毋迟。速速。此札。(二十五年十二月初八日到)

计粘单一纸。

惠民县道光二十四年囚粮银二两六钱五分四厘，扣收二十四年药饵银二分七厘、二十五年药饵银二两六钱二分七厘。

① 即陶庆增。

惠民县将单开欠解各年夫马建余等银解库兑收府札

武定府陶①札惠民县知悉。本年十一月三十日蒙布政司札开，案查惠民等州县欠解道光十六年起至二十四年止夫马建余等项银两，迄今历年久远，屡经严札饬催，完解者甚属寥寥。殊不知此项银两，系驿站奏销案内声明征存解司之项，何得任意宕延？殊属非是。合行开册，马递三百里札催等因到府。蒙此，合行转饬。札到，该县立将单开欠解各年夫马建余等银，即日扫数专差径解藩库兑收，仍将解兑银数日期禀报本府查考。毋迟。速速。此札。（二十五年十二月初十日到）

计粘单一纸。

计开：

惠民县欠解道光十九年夫马小建银六两二钱三分三厘、夫马闰月银一十五两三钱，二十年夫马小建银四两八钱二分九厘、夫马闰月银一十五两三钱，二十一年夫马小建银六两七钱七分四厘、余剩夫役闰月银九两二钱一分四厘，二十二年夫马小建银六两二钱三分三厘、夫马闰月银一十五两三钱，二十三年夫马小建银五两八钱七厘、余剩夫役闰月银九两二钱一分四厘，二十四年夫马小建银四两八钱三分九厘、夫马闰月银一十五两三钱。

① 即陶庆增。

惠民县将未完历年钱粮赶紧征解造具清册府札

武定府陶①札惠民县知悉。本年十一月三十日蒙布政司札开，道光二十五年十月十四日奉巡抚部院兼理盐政觉罗崇②案验，道光二十五年十月初三日准户部咨，道光二十五年地丁钱粮复参行令，俟限满专案题参缘由到本部院。准此，合就檄行。为此仰司官吏即便遵照，赶紧办理。毋违等因到司。奉此，合行马递转饬等因到府。蒙此，合行马递转饬。札到，该县立即遵照，迅将未完历年钱粮赶紧征解，按年全完，以济饷需而副造报；迅速造具清册送府核转。毋违。此札。（二十五年十二月初十日到）

计粘单一纸。

户部为详请事。

山东司案呈，先准山东巡抚崇咨称，据布政司王③呈称，准户部咨，本部奏催江苏等省地丁二参职名并不按限揭报一折。道光二十五年五月初九日具奏，本日奉旨："依议。"钦此。相应抄录原奏，飞咨山东巡抚遵照办理等因。

计粘单。

内开：

---

① 即陶庆增。

② 即觉罗崇恩。

③ 即王笃。

户部谨奏。

查各直省征收地丁正耗钱粮，例应于次年题报奏销，将一年完欠银数各按州县应征分数详细入册报部，并将州县经征月日职名各按未完分数开参。此正奏初参也。自初参具题之日起，展限三个月作为二参起限，又应于次年，将一年续完未完银数，各按州县经征未完分数职名开参。此随奏复参也。凡初参处分在五分以下者，例应带罪征收。至复参处分，即按原参分数降调离任。此复参特重于初参，原令州县各顾考成，催征可期得力也。惟查外省于州县二参，届限时往往规避处分，先行迁调。所有接征之员照例另予限一年照原参查议，以致钱粮繁重之区州县官有更易至七八任、题参至七八次者，然仍必扣定复参限期，至该年民欠全完始行结案免议。故处分虽有经征接征之异，全恃有复参之限依次具题到部，其民欠银数方能逐年稽核，丝毫不致遗漏。

乃臣部于汇催积欠案内，查江苏等五藩司属下二参揭报迟逾日久，于道光二十三年十一月奏奉上谕："江苏、安徽、山东、福建四省经征二参多不按限揭报，自应赶紧清厘，着两江、闽浙总督，江苏、安徽、山东、福建巡抚严饬各藩司库，将因何不照例开参之处据实查参覆奏，此后均着依限题参，以严考核等因。"钦此。当经臣部行文各督抚钦遵在案。上年八月安徽抚臣王植奏请，将道光十二年以后二十二年以前经征督征各官二参职名恳请免送，其民欠钱粮责成现任带征依限全完，当经臣部照例奏驳。迄今江苏、山东、福建均未据覆奏，而山东补咨二参至十八年止，其余各年亦未补参。

臣等伏思参限之不容迟逾者，诚以钱粮之便于稽核。今江苏等省二参，或有迟至十余年尚未揭报者，其中辗转交代，非独考成无从究结，即银两亦难追查。若徒开取已往之职名，即外间实力奉行，亦易耽延时日。况部中于州县积年完欠细数毫无确据，其流弊胡可胜言？臣等再四筹思，惟有着落现任各州县按定年限，先将实欠在民银数开具简明清册送部，其历年应参职名陆续行查补参。查江苏省现经奏奉谕旨，勒限清查所有地丁未完银两，江苏、江宁两藩司属下为数较巨。应请敕下江苏巡抚趁此钩稽厘剔之时，严饬藩司督令现任各员由道光二十二年溯查至十一年止，所有实欠在民银数勒限三个月先行造册送部，其历任未经开参职名，续即补参开造。如实有以完作欠等弊，即归于清查案内指参惩办。此外，安徽、山东、福建三省均着落现任之员勒限三月，先造清册送部，其历年未经开参职名续开送议，至道光二十三年正奏初参。

现查该四省俱已题报到部，扣计二参即届限满。第查各省办理随本奏销，即开造复参职名，是以完欠分数比较了然。惟江苏等四省仅将随本银数题报，其覆参职名经臣部屡催，往往迟至数年始行补送，以致考成之月日不清，则节年银数后先套搭，易多会混。自应划清届限，以冀渐除积弊。相应请旨，敕下该督抚督率藩司，自道光二十三年起该四省办理随本奏销，即开具覆参职名，一并题参。臣部会同吏部核议，嗣后按年依限题参，以严考核。如有仍前逾限，不行题参，臣部即将该巡抚、藩司指名奏参，请旨查办。

再，查各直省开列二参职名均系题参，由臣部会同吏部核议题覆，向由各省司自行办稿，并未汇总核查。兹派员汇办积欠，由该司员将各司稿件汇总呈堂。经臣等查出，山东向系咨参，由臣部改题会同吏部核议；福建则溯查自嘉庆年间，即系咨参，屡经臣部援案咨催，该省总未具题，以致与各省办理未能画一。嗣后应令该二省按限具题，由臣部照例会议题覆等因。奉此，除遵照转饬各府州县，严饬所属迅速查明各年未完钱粮，自道光十一年起至二十二年止实在未完民欠银数，责成现任各官勒限造具简明清册，出具切实无捏印结依限送司，自十九、二十、二十一二等年二参年限册结，赶紧按年挨次造报题参外，惟二十三年钱粮复参职名，大部行令办理随本奏销，即开具一并题参。

伏查道光二十三年地丁等项钱粮奏销，前奉抚部院行知，系于道光二十四年七月二十三日具题。所有二参年限应同具题之日起再限三个月，以十月二十三日起，除封印日期扣至道光二十五年十一月二十四日一年限满。本年办理二十四年随本奏销，核计二十三年复参尚未限满，碍难开列职名。除俟限满赶造报参并十九，二十，二十一、二等年年限册揭，迅速查造完竣，一律遵照改咨外，拟合将查明遵照缘由，先行专案详请移咨户部查照等情。据此，拟合咨明等因。随查此案，系山西司原议之件移付查核去后。今于八月初六日准山西司付称，查道光二十三年复参既称应扣至二十五年十一月二十四日限满，其本年办理二十四年随本先行具题外，所有复参职名应令该抚一俟限满之日，即行专案题参，嗣后务须划清届限，按年具题，不得仍前迟延等因前来。

查道光二十三年地丁复参既据山西司核明，应令该抚一俟限满之日，即行专案题参，嗣后务须划清届满，按年具题，不得仍前迟延。其十九，二十，二十一、二等年二参年限，严饬迅速按年挨次造报题参，毋再稽迟，致干未便。至各年未完钱粮，亦即赶紧催追，造具清册送部核办，毋再迟延可也。须至咨者。

奉委帮催本年钱粮司批

会禀奉委帮催本年钱粮由。二十五年十二月二十日奉藩宪王①批，据禀暨另单并悉。仰即赶紧设法严比，扫数倾解，以速补迟。年内为日无几，倘敢漫不经心致有短绌蒂欠，一经摘顶勒催，后悔莫及。慎之。切切。此缴。

惠民县补具扣收应解臬书饭食及援减册费等银总数印领府札

武定府陶②札惠民县知悉。本年十二月初九日蒙布政司札开，案准臬司移扣各属应解本年冬季书吏饭食及援减册费等项银两到司。除在各州县解存各年养廉及应领杂款银内扣收移送外，合行开册札知等因到府。蒙此，合行转饬。札到，该县立即遵照后开银数补具总数印领，申送藩宪，以凭粘呈；一面分款补具单批，径送臬司衙门，印发备案。毋违。此札。（二十五年十二月十五日到）

计粘单一纸。

惠民县道光二十五年冬季臬书饭食银二十四两八钱五分八

---

① 即王笃。

② 即陶庆增。

厘，前款在二十五年漕耗米折银内扣收。

惠民县将当商息银汇齐解送府札

武定府陶①札惠民县知悉。案查前奉藩宪札发捐输制造抬枪余剩交当生息银两一项，系应支发青、德二满营岁修军械要需。当经本府札饬移知各属，转饬各当商将应交息银统于季首移交该县收贮汇齐解送在案。迄今未据一处报解，殊属迟延，合行札催。札到，该县立即遵照，移催各州县将冬季息银解交该县收贮，同该县当商生息汇齐一并起解，仍将各属解到日期随时申报查核。至该县应解缮办此案册费每月二钱，原设银数甚微，且系出自商捐，自应赶紧催齐解府，以凭支发办公，毋得迟延。速速。此札。(二十五年十二月十三日到)

抚批惠民县禀挑修徒骇河工程已、未完段落及暂时行停工缘由司札

布政司王②札惠民县知悉。道光二十五年十二月初六日奉巡抚部院兼理盐政觉罗崇③批，据该县禀报挑修徒骇河工程已、未完段落及现在暂行停工缘由。奉批，据禀已悉。仰布政司转

---

① 即陶庆增。

② 即王笃。

③ 即觉罗崇恩。

饬该县，一俟来岁春融，即行催集人夫赶紧一律挑竣，报候验收，毋稍玩延。切切。此缴。禀抄发等因到司。合行札饬。札到，该县即便遵照。毋违。此札。（二十六年正月初三日到）

起解本年四批钱粮银数日期司批

禀报起解本年四批钱粮银数日期由。二十六年正月初三日奉藩宪王①批，据禀解到本年正银三千两、养廉银三百五十两，已于十二月十三日饬库兑收矣。查本年下忙钱粮久逾全完例限，该县仅据解到头批，实属疲玩。即谓秋禾被灾，不过偏隅，岂能借词诿卸，大属不合。仰将未完民欠赶紧比催，扫数全完。倘再仍前玩延，致有短绌蒂欠，一经摘顶勒追，恐该令不能当此重咎也。慎之，切切。仍候抚宪批示。缴。夹单并悉。

当商常阶升止当候赎日期案司批

详报当商常阶升止当候赎日期一案缘由。二十五年十二月二十六日奉藩宪王②批，据详已悉。仰俟该商当存货物回赎净尽，即行饬取结帖加结详司，以凭转请除税。缴。

① 即王笃。

② 即王笃。

开单饬知除减应拨抵耗豆及应领米折等银督粮道牌

督粮道景①为饬知事。

照得运青拨抵案内运通豆额例价，该县耗豆抵补运通应领米折运脚银两，前经饬遵在案。今本年邹平县因灾缓征而禹城等处豆改米，毋庸照数拨抵，仍应征豆交军，其拨抵耗豆亦应照数减拨。所有除减应拨抵耗豆及应领米折等银，合再开单饬知。为此仰县官吏照牌事理，即便查照此次单开耗豆数目，赶紧运次交兑完报，并将应领米折等银备具印领，差役赴司请领。如已照额全领，即将长领银两解缴司库归款，均毋违延干咎。须牌。（二十五年十二月二十四日到）

计粘单一纸。

惠民县一五耗豆三百五十五石二升九勺，内改征二成半米八十八石七斗五升五合二勺，止应拨兑七成半豆二百六十六石二斗六升五合七勺；内又改征一半米一百三十三石一斗三升二合八勺，止实拨兑一半豆一百三十三石一斗三升二合九勺，德正帮派船候兑。应领扣存米折银三百五十五两二分一厘、运脚银二十四两九钱六分三厘。

---

① 即景霖。

惠民县遵照颁发章程将未结交代各案查明征银档案司札

布政司王[1]札惠民县知悉。案查本年八月间恭逢恩旨普蠲道光二十年以前民欠钱粮一案，前经由司拟定章程并册结各式，由该管府州札行各该州县卫所遵办在案。所有各该州县卫应办事宜，应照颁发章程分别赶办，以期悉臻妥速。惟是各属应征正耗钱粮，丝毫均关国帑，例应尽征尽解，不容存留属库，致滋挪掩。乃近年以来，各属每多征而未解银两，是以前定章程内饬令将各属交案已经结报者。其征存未解银两，如系以司库领款列抵，应即详请支拨；如系以现银移交，应即扫数批解。并本任征收均不许丝毫存留，仍先将存司领款及移交现银列抵何年地丁先行造册送司，以凭分别核拨提解。至未结交代者，所有已征未解银两，何任若干均有案据可查，饬令先由现任造册，据实禀报。惟交代一日未结，则已征未解银两延不移交，以致与民欠混淆。前于接奉蠲免恩旨即经通饬，勒限两个月责成该管各府州调集前后各任，督饬监交一律算结各在案。

兹查各属未结交代积压累累，甚至有迟至数年之久、积至数任之多延宕未结。所有各前任经征地丁正耗钱粮，难保无已征未解之款。乃自饬办以来，迄今仅据新城一处禀覆，余均抗不遵办。似此钦奉特旨敕办要案，难容再缓，合亟马递五百里严札飞催。札到，该县即便遵照颁发章程，将未结交代各案查

---

① 即王笃。

明征银档案，究竟某任经征某年地丁正耗各若干、已解若干、移交现银若干及应以某项抵款抵除若干、下剩未解若干，漏夜赶造年款细册，限文到三日内，仍由马递五百里飞速禀送来司，以凭核办；一面遵照定限，会同各前任及监交委员，将应算交代一律算结，联衔具结禀报。倘敢仍前因循迟延未结，并将前任已征未解银两挪移亏短及捏作民欠请豁，一经查出，定即指名参究，决不宽贷。本司言出法随，毋谓告诫之不预也。凛慎。切速切速。特札。（二十五年十二月十八日到）

惠民县补具扣收冬季院司书吏饭食等项银两总数批领府札

武定府陶①札惠民县知悉。案蒙布政司札开，案查各属应解本年冬季院司书吏饭食等项银两未据批解。除在各州县解存各年养廉等款银内扣收，分别呈送给领外，合行开册札知等因到府。蒙此，合行转饬。札到，该县立即遵照单开银数，补具总数批领送司，以凭粘呈，印发备案。毋违。此札。（二十六年二月初二日到）

计粘单一纸。

惠民县解道光二十五年冬季分司书饭食银九两九钱一分七厘、汇报饭食银一钱七分八厘、吏攒饭食银二钱二分二厘、拨册饭食银二钱六分七厘、耗羡廉费饭食银四钱四分四厘、粮价

① 即陶庆增。

饭食银五钱三分二厘、罚俸饭食银八钱八分八厘、藉田饭食银四钱四分四厘、兵北科饭食银二钱二分二厘、封筒饭食银七钱五分四厘、刑书册费银一两七钱七分六厘、保甲册费银一两七钱七分六厘、积案饭食银四钱四分四厘、耗羡旬报饭食银一两二厘、柬房饭食银一两七钱七分六厘、茶房工食银八钱八分八厘、盘查房饭食银四两二钱五分六厘、宪书工料银一两四钱八厘、军需饭食银二两一钱三分二厘、抚塘报资银九两一钱六分一厘、京塘公费银一两二钱五分四厘。

以上共银三九两七钱四分一厘，在道光二十一年昭忠祠祭品内扣银四两，二十二年昭忠祠祭品内扣银四两，二十三年昭忠祠祭品内扣银四两，二十四年昭忠祠祭品内扣银三两三分八厘；道光五年先农坛祭品内扣银二钱二分三厘，六年先农坛祭品内扣银二两四钱四分八厘，七年先农坛祭品内扣银二两四钱四分八厘，八年先农坛祭品内扣银二两四钱四分八厘，九年先农坛祭品内扣银二两四钱四分八厘，十年先农坛祭品内扣银二两四钱四分八厘，十一年先农坛祭品内扣银二两四钱四分八厘，十二年先农坛祭品内扣银二两四钱四分八厘，十三年先农坛祭品内扣银二两四钱四分八厘，十四年先农坛祭品内扣银二两四钱四分八厘，十五年先农坛祭品内扣银二两四钱四分八厘。

惠民县补具扣拨各属欠解二十五年冬季狱务等项银两数目印领府札

武定府陶①札惠民县知悉。案蒙布政司札开，据按司狱程

① 即陶庆增。

兆纬、济司狱徐芳庭、历城县典史孙春榜等申请扣补各属欠解二十五年冬季狱务、囚粮、灯油、刑具、禁卒/更夫工食等款银两并送清册到司，业经查款扣拨支给在案。所有扣拨银两数目，合行开单札饬等因到府。蒙此，合行转饬。札到，该县立即查照单开扣款领款数目，补具妥协印领送司，以凭核办。如查有已解重扣，亦即移行该司狱等查明改拨。毋违。此札。（二十六年二月初七日到）

计粘单一纸。

计开：

惠民县道光二十四年囚粮银二十一两七钱二分九厘，扣欠二十五年冬季司监津贴狱务银三两五钱六分五厘、津贴刑具银二两二钱三分一厘、更夫工食银八钱八分五厘、禁卒工食银十两四钱三分四厘，府监灯油增添刑具银二两二钱六分，县监灯油增添刑具银二两三钱五分四厘。

惠民县补具扣收地丁一厘脚费银两批领府札

武定府陶[①]札惠民县知悉。案蒙布政司札开，案查各州县坐支道光二十四年地丁一厘脚费银两，自开征起截至奏销止，该府属应扣减平银两未据完解，已在各该州县领款银内扣收在案。所有批领，合行饬取等因到府。蒙此，合行转饬。札到，该县立即查照后开银数，补具批领送司，以凭点发备案。毋迟。

① 即陶庆增。

速速。此札。（二十六年二月初七日到）

计开：

该县道光二十四年地丁一厘脚费减平银四两九钱二分二厘，在该县修监工料银内扣收。

修理北监八成截数工料银两案司批

详领修理北监八成截数工料银两一案缘由。二十六年二月十六日奉藩宪王①批，据详请领修监八成工料截数银四百两，内扣京减平银二十四两，下余银三百七十六两，扣收该县欠解廿四年地丁一厘脚费减平银四两九钱三分二厘，又扣拨欠解廿四年军需三成银四十八两四钱一分七厘、廿五年春夏秋三季军需三成银一百四十六两四钱一分六厘，又扣虞帝庙工银一百七十六两二钱四分五厘，均于上年十二月十三日当期扣拨矣。仰即遵照，分别补具单批，一并具文送司，以凭挂发。毋违。缴。印领存。

府宪徇门民人呈报秋禾被水

西乡屯里庄、孟家庄、伞赵家庄、簸箕田庄、高家庄、下坡庄、仇家庄、罗家庄、李后池庄、皮李庄、小王家庄、逯家

---

① 即王笃。

庄，民人陈宗孔等于七月十三日具呈一纸。七月十六日奉府宪陶①批，仰惠民县亲诣各该庄勘明秋禾被淹情形，是否属实，应否调剂，禀请委员覆勘详办，并将大田积水设法疏消，毋使久淹为患。切切。杜方和、王成、冯占魁等呈三纸并发。

西南乡杜家庄民人杜方和于七月十三日具呈一纸。七月十六日奉府宪陶批，已于陈宗孔等呈内批示。

西北乡水坡杨庄、十里铺、大李新庄、范家庄、堤上李庄、网口李庄、大赵庄，民人王成等于七月十三日具呈一纸。七月十六日奉府宪陶批，已于陈宗孔等呈内批示。

西乡冯家庄、骆家庄、张庄、安立吴庄、巩黄庄、王角家庄、平庄、曾董庄，民人冯占魁等于七月十三日具呈一纸。七月十六日奉府宪陶批，已于陈宗孔等呈内批示。

西乡郭袁二家庄、马家庄、史庄、高庄、小王庄、苏庄，民人徐秉贞等于七月十八日具呈一纸。七月二十日奉府批，仰惠民县亲诣各该庄查勘秋禾是否被淹，应否调剂，禀候委员覆勘核办，并将地内积水设法疏消，毋任久淹为患。切切。袁喜忠、李文祥、张文福、孙宗孔、崔文楠、田可让等呈词六纸并发。

道光二十五年呈报秋禾被水

北乡宋家庄、张家庄，民宋振邦等于七月初三日报秋禾被水具呈一纸。

西北乡袁大店庄、公鸡李家庄、范家桥、仲家庄、韩树家

① 即陶庆增。

庄、豆付屯，民人王丙仁等于七月初三日具呈一纸。

西北乡大李新庄、水坡杨庄，民人孙得申等于七月初三日具呈一纸。

东南乡邓王庄、油芝麻店、张家庄、吴家庄、贾家庄、林家庄、小刘家庄、陈家庄，民人王珠等于七月初三日具呈一纸。

东南乡杲家庄、董家庄、于家桥、杨子学、火刘家、商家庄、总司庙、郑家庄、邓家庄、陈家庄、杨家庄、孙陈吴李景庄，民人王大美等于七月初三日具呈一纸。

东南乡班家庄、柴张家庄，民人班立本等于七月初三日具呈一纸。

东南乡孙家集、徐家庄、王朋见家庄、郭家庄、韦家庄、苏家庄、路家庄、孟家庄，民人李君佐等于七月初三日具呈一纸。

东南乡郭家庄、周杜靳家庄、岭子孙家庄、李王庄、毛家庄，民人周成祖等于七月初三日具呈一纸。

西南乡杜家庄、于家寨、曹家庄、赵家庄、大薄路家庄、大薄李家庄、大杜家庄、河南张家庄、前陈庄、后陈庄，民人杜方和等于七月初三日具呈一纸。

西南乡王家庄、前屯庄、常家庄、闫家庄、荷色李家庄、王家庄、张尹家庄、张打棍庄、王有甫庄、贝家庄、天灯庄、刘家庄、李洞庄、李六庄、芦家庄、歇马亭、沙窝路庄、菜刘庄、耿家庄，民人王佃选等于七月初三日具呈一纸。

西南乡雷家庄、崔家庄、张家集、闫家庄、陇张家庄、后屯庄，民人吕文广等于七月初三日具呈一纸。①

北乡商家庄，民人孙凤苞等于七月初八日具呈一纸。

---

① 底本此条上方有“共八十庄”字样。

西北乡石头孙庄，民人孙泽居等于七月初八日具呈一纸。

西北乡张北凡庄，民人王明振等于七月初八日具呈一纸。

西北乡小王家庄、史家庄、张家庄，民人王克勤等于七月初八日具呈一纸。

西乡张家庄，民人解文同等于七月初八日具呈一纸。

西乡刘厨子庄，民人李光居于七月初八日具呈一纸。

西乡洼里孙家等寄庄、新庄、左家庄，民人王福平等于七月初八日具呈一纸。

西乡郭寅二家庄、三陈家庄，民人徐秉桢等于七月初八日具呈一纸。

西乡高家庄、下坡庄、伞赵家庄、罗家庄、孟家庄、李后池庄、簸箕田家庄、仇家庄、高家庄、大皮李庄、小王庄、牛宝家屯、逯家庄，民人陈宗孔等于七月初八日具呈一纸。

西乡后王家庄，民人王吉昌于七月初八日具呈一纸。

西乡冯家庄、豆家庄、赵南湖家庄、王角家庄、骆家庄、平家庄、安里吴家庄、巩黄庄、曾家庄、董家庄、张家庄，民人冯占魁等于七月初八日具呈一纸。

西乡郝家庄、左家庄、前王家庄、王瓜刘家庄、宋家庄，民人郝彦等于七月初八日具呈一纸。

西乡张耿家庄、大小傅家庄、吉陈庄、高家庄、小吴庄、史家庄，民人傅全平等于七月初八日具呈一纸。

西乡前红庙等庄、庞家庄、袁家庄、后红庙庄、董刘庄、老瓜赵庄，民人康永祥等于七月初八日具呈一纸。

西南乡李毛庄，民人李之玉于七月初八日具呈一纸。

西南乡石庙庄、郑家庄，民人赵玉秀等于七月初八日具呈一纸。

南乡刘家庄、吴家庄、吕家庄、韩家庄、马家庄、曹家庄、骆家庄，民人马夫仁等于七月初八日具呈一纸。

南乡郭家庄、朱家庄、宋家庄、夏家庄、李家庄、前后常家庄、何家庄，民人宋学文等于七月初八日具呈一纸。

南乡洼里陈家庄、洼里牛家庄、西陈庄、洼里张家庄，民人陈得训等于七月初八日具呈一纸。

南乡芦家庄、园子李家庄、崔家庄、赵家庄、康家堡、管家庄、双庙庄、前粮坟，民人时有基等于七月初八日具呈一纸。

南乡豆付寨、碱场王家庄、孔家庄、二堡宋家庄、十五里堂、任家庄、纪家庄、庄家庄、前赵李家庄、后赵李家庄、后赵家庄、张捎杆家庄，民人田可让等于七月初八日具呈一纸。

南乡后齐家庄、前齐家庄、李玉盘家庄、刘玉廷家庄，民人刘克修等于七月初八日具呈一纸。

东南乡文高二寨等庄、刘家集、张夺家庄、后张李家庄、邢家庄、毛李家庄、卞家庄、堿场店庄、鹁鸽田家庄，民人吴士德等于七月初八日具呈一纸。

东南乡新店庄、母猪刘家庄，民人王芳等于七月初八日具呈一纸。

东南乡冠家庄、于大夫家庄、闫家庄、杨千家庄、孙顶家庄、前屯家庄、曹碾郭家庄，民人杨荣等于七月初八日具呈一纸。

东南乡东班家庄、干草王庄，民人班廷者等于七月初八日具呈一纸。

东南乡前后张家庄，民人张隆德等于七月初八日具呈一纸。

东南乡张上梁家庄、香王家庄、孙田吴庄、蒋家庄、桑家庄、叶田庄、石皮庄、楼子王庄、闫家庄、大田庄、段张家庄，民人张文幅等于七月初八日具呈一纸。

东南乡郝家庄、王图家庄、宋家庄、冯家庄、管家堡，民人郝长清等于七月初八日具呈一纸。①

本城三学寺僧人传珠报为乡洼坡庙地被淹，于七月十三日具呈一纸。重报。

西北乡前杨家庄、齐家寨、前刘家店、后刘家店，民人刘廷照等于七月十三日具呈一纸。

西北乡台子崔家庄、邓家庄、台子陈家庄、李奉侯家庄、曹家庄，民人王立业等于七月十三日具呈一纸。

西乡刘安庄、孙家庄，民人刘德恒等于七月十三日具呈一纸。

西乡后张家庄、小皮李庄、青阳庄、东陈庄、西陈庄、王秀杰庄、前张庄、于王庄，民人张秉范等于七月十三日具呈一纸。

西乡袁家庄民人袁西中等于七月十三日具呈一纸。

西乡东解家庄、小刘家庄、邓家庄，民人刘恕等于七月十三日具呈一纸。

西南乡苏朱庄、常家庄、孟刘庄、谷家市庄、谷马庄、吕家庄、沈家庄，民人苏显凤等于七月十三日具呈一纸。

西南乡新坊刘家庄，民人逯希安等于七月十三日具呈一纸。

南乡罗家庄、屈家庙庄、刘家庙庄、前李家庄、孙家庄、董家庄、第二堡杨家庄、百家庄、岳家庄、姜左家庄、焦家庄、国杨家庄、前张家庄，民人鲁尚成等于七月十三日具呈一纸。

南乡焦杨庄，民人杜起等于七月十三日具呈一纸。

东南乡盐张家庄、贾家庄、平和王家庄、沈家庄、潘家庄，民人贾明海等于七月十三日具呈一纸。

东南乡路家庄、刘家庄，民人路景禹等于七月十三日具呈

① 底本此条上有“共一百三十七庄”字样。

一纸。

东南乡贾家庄，民人陈尚宾于七月十三日具呈一纸。

东南乡小李家庄，民人李多见等于七月十三日具呈一纸。

西北乡化家铺，民人张希贵于七月十八日具呈一纸。

西北乡大郑家庄，民人王廷明等于七月十八日具呈一纸。

西北乡于家庄，民人王景文等于七月十八日具呈一纸。

西北乡尹家庙，民人尹谦于七月十八日具呈一纸。

西北乡曹王庄，民人吴有礼于七月十八日具呈一纸。

西乡李中条家庄，民人李本曾于七月十八日具呈一纸。

西乡赵家庙，民人赵宗由于七月十八日具呈一纸。

西南乡岳吴庄，民人岳其汉等于七月十八日具呈一纸。

南乡左家庄、段家庄，民人左夫西等报秋禾被水被虫，于七月十八日具呈一纸。

南乡孙凌庄、甯解庄、位虎庄、大道吴庄、隋家庄、安家庄、土则王庄、郭家庄、小魏庄、武家庄、帽子王庄，民人宋振邦等于七月十八日具呈一纸。

东南乡岭上刘家庄、萧家庄，民人王可成等报秋禾被水、被虫，于七月十八日具呈一纸。

东南乡白家桥民人白长安等报秋禾被水、被虫，于七月十八日具呈一纸。

东南乡棉花王庄、陷棣州南北街，民人偶维高等于七月十八日具呈一纸。

廿五年呈报秋禾被水被虫

北乡北关厢民人陈子和于七月廿三日具呈一纸。

北乡新庄民人李杰升于七月廿三日具呈一纸。

北乡五里侯庄民人李洪文等于七月廿三日具呈一纸。

北乡大陈家庄、李铁匠家庄、闫家庄，民人杨本曾等于七月廿三日具呈一纸。

东北乡下坡吴庄民人吴立中等于七月廿三日具呈一纸。

东乡陈家集民人张景文于七月廿三日具呈一纸。

东乡田家庄、后赵家庄、门楼王家庄、梁家庄、小刘家庄，民人王有员等于七月廿三日具呈一纸。

东乡刘先生家庄、芦家庄、胡家庄、程家庄、石贾二庄、新店庄，民人李大有等于七月廿三日具呈一纸。

东乡河套孙家庄、朱家庄、老瓜赵家庄、陈家庄、河东高家庄、东于家庄、孟家庄，民人李孟辉等于七月廿三日具呈一纸。

东乡楼子王家庄、王水角家庄、前赵家庄、河西尹家庄、单家庄、河岸张家庄、魏家庄、苏家堡庄、哨马张家庄，民人王佃选等于七月廿三日具呈一纸。

东乡河南刘家庄、小刘家庄、郅家庄、张英家庄、潘家庄、石家集、孙家庄、孟家庄，民人张子仁等于七月廿三日具呈一纸。

东乡东官庄、杨家庄、牟家庄，民人杨才等于七月廿三日具呈一纸。

东乡郭家官庄、甯家胡同、前王庄、后王庄、西赵家庄，民人郭立志等于七月廿三日具呈一纸。

东乡郭家庄、周杜靳家庄、岭子孙家庄、李王庄、毛家庄，民人周成祖等于七月廿三日具呈一纸。此呈庄名俱重报。

东乡吴家庄、张家庄、贾家庄、林家庄、小刘家庄、陈家庄、油芝麻庄，民人王桂等于七月廿三日具呈一纸。此呈庄名俱重报。

东乡孙陈吴李景庄、杨家庄、郑家庄、夥刘家庄、商家庄、总寺庙、于家桥、董家庄、杨子学家庄、杲家庄、邓家庄、陈家庄，民人王大美等于七月廿三日具呈一纸。此呈庄名俱重报。

东南乡金家庄民人金绪等于七月廿三日具呈一纸。

东南乡西杜家庄、崔家庄、狮子李家庄，民人杜玉瑯等于七月廿三日具呈一纸。

东南乡徐家庄、孙家集此二庄重报，民人李君佐等于七月廿三日具呈一纸。

东南乡龙王庙、胡家庙，民人甯克宽等于七月二十三日具呈一纸。

东南乡窝狗王家庄、毛许家庄，民人王继怀等于七月廿三日具呈一纸。

东南乡东刘家庄、小李家庄、笋家庄、小胡家庄、金家桥庄、金周庄、西刘家庄、张老宾家庄、崔吉庄、小彭家庄、万家庄、吴李家庄、唐家庄，民人刘朋杨等于七月二十三日具呈一纸。

东南乡李和玉家庄民人高佃魁等于七月二十三日具呈一纸。

东南乡蔚家庄、李家庄，民人刘进举于七月廿三日具呈一纸。

东南乡石家庄、约里王庄、宋家庄、大郭庄，民人石有堡等于七月廿三日具呈一纸。

东南乡麻店街民人赵得才等于七月廿三日具呈一纸。

东南乡伊家庄民人孟学孔等于七月廿三日具呈一纸。

东南乡周吴庄、南班家庄，民人等于七月廿二日具呈一纸。

南乡崔家庄、陈坡牛家庄、赵家庄、后娘娘坡，民人崔大伦等于七月廿三日具呈一纸。

南乡李玉盘庄民人李成章于七月廿三日具呈一纸。

南乡徐郭家庄、钟家营，民人徐起于七月廿三日具呈一纸。

南乡萧家营庄、陶家坊庄、李家寨、佟家营、前韩家庄、堤子李家庄，民人萧大喜等于七月廿三日具呈一纸。

南乡后韩家庄、杨家庄、莊李巩家庄、花赵家庄、兴隆刘家庄，民人韩成银等于七月廿三日具呈一纸。

南乡皂户李家庄民人李玉等于七月廿三日具呈一纸。

南乡大车吴家庄、盛金李家庄，民人吴光洽等于七月廿三日具呈一纸。

南乡南新庄民人李继昌于七月廿三日具呈一纸。

南乡后牛家庄民人牛海臣于七月廿三日具呈一纸。系被水无虫。

南乡赵家营、盛刘营、肖家营地方赵国玉等于七月廿三日具呈一纸。

南乡官道高家庄民人刘志信于七月廿三日具呈一纸。

西南乡房家庄、大朱家庄，民人王光生等于七月廿三日具呈一纸。

西南乡门楼李家庄、张茂廷家庄、崔家庄、沙窝张、李金全家庄、小杜家庄、水萝贝赵家庄、王牛家庄，民人蔡有和等于七月廿三日具呈一纸。

西南乡朱老虎家庄、李中条家庄重报，民人朱谦公等于七月廿三日具呈一纸。

西乡刘家庄民人杨希圣等于七月廿三日具呈一纸。

西北乡信家坊、王新庄，民人信维凡等于七月廿三日具呈一纸。

正字约梁家庄、许家庄、郭家庄、王家庄、姚家庄、白家庄，民人梁夫德等于七月廿三日具呈一纸。

北乡省屯庄民人魏永清等于七月廿五日具呈一纸。

东乡西高家庄民人高茂珠等于七月廿五日具呈一纸。

南乡夹河闫解庄、大湾周家庄，民人闫本玉等于七月廿六日具呈一纸。

南乡鞠家庄、后李家庄、周家庄、孙高庄、西李家集、刘家庄、石家庄，民人耿让等于七月廿六日具呈一纸。

东南乡杨千庄、郝家庄、菜种李庄、后屯庄，民人王玉祥等于七月廿八日具呈一纸。

东南乡曹家庄、寇家庄、窦家庄、万家庄、东营庄、洼里苏家庄，民人张文童等于七月廿八日具呈一纸。

东南乡樊家桥、樊家庄，民人樊秉魁等于七月廿八日具呈一纸。

东南乡陷棣州北街民人张本魁于七月廿八日具呈一纸。

西南乡马家庄民人马福增等于七月廿八日具呈一纸。

东乡闫家庄、李黄豆家庄、刘曾家庄、程家口庄，民人张守廷等于七月廿八日具呈一纸。

西乡银子王庄民人王廷楷于七月廿八日具呈一纸。

城南南关厢民人吴启义等于七月廿八日具呈一纸。

南乡聂索街、齐家庄、田那庄、岳家庄、邢家庄、史田庄、孟家庄、元家庄、崔家庄、周翟庄、刘马屯、新庄、洼里吴庄、谢马庙、申家庄，民人周立太等于七月廿八日具呈一纸。

南乡郭刘庄、姜家庄，民人郭士佩等于七月廿八日具呈一纸。

东南乡张王庄、石家庄，民人张里均等于七月廿八日具呈一纸。

南乡张家庄民人张为太于七月廿八日具呈一纸。

西乡何家庄、骆家庄、马家堤口、前后商家庄，民人何得忠等于七月廿八日具呈一纸。

西南乡李御史庄、张家庄、孔家庄、双庙庄、杜闫庄、刘家堡、马家庄、太平店、王席娄家庄，民人李万堂等于七月廿八日具呈一纸。

西乡前后红庙、小吴家庄、史家庄、老瓜赵庄、董刘家庄、大小傅家庄、袁家庄、高家庄、庞家庄、鸡陈家庄，民人李文祥等于七月廿八日具呈一纸。

南乡车家集、郭家庄、安家庄、荆家庄、东西王家集、周家庄、宋家庄，民人孙文元等于七月廿八日具呈一纸。

东南乡黄赵庄、西王家营庄、吕家庄，民人赵怀玉等于七月廿八日具呈一纸。

东南乡陷棣州南北街、偶家庄、棉花王庄，民人偶维高等于七月廿八日具呈一纸。

东乡七里井庄、头堡庄、二堡庄，民人崔孝等于七月廿八日具呈一纸。

东南乡油房张家庄、来叶王家庄、宋家庄、张宝山家庄、贾家庄，民人张吉尧等于七月廿八日具呈一纸。

东乡王皮家庄民人高霖于七月二十八日具呈一纸。

东南乡郑家庙、万家庄、曹家庄、东郑家庄、朱家坊庄、西营庄，民人郑美成等于七月二十八日具呈一纸。

东南乡温家庄民人温培芸等于七月廿八日具呈一纸。

西乡魁星刘庄、石庙庄、大马庄、小马庄、石庙李庄、瓜子刘庄、小石庄、李振辉庄、仲李庄、彭庄、王家庙庄，民人刘成均等于七月廿八日具呈一纸。

南乡杨柳庄、三岔口庄、郭家庄、冯王庄、南郭家庄、西胡家庄、盐店，民人冯太和等于七月廿八日具呈一纸。

南乡纪家庄、官道刘家庄、赵家庄、鲁家庄，民人纪永烈等于七月廿八日具呈一纸。

南乡房家庄民人房玉林等于七月廿八日具呈一纸。

东南乡蔡家庄、新营庄、卞家庄、王鬏髻匠家庄、陈王家庄、许家庄、坯子刘家庄、新营庄、堤口王家庄，民人蔡辉杨等于七月廿八日具呈一纸。

东南乡戴家店、王家营、陈胡家庄、赵马营、东王家营、东胡家营、堤子赵家庄，民人王振举等于七月廿八日具呈一纸。

南乡商家庄、唐家庄、刘王庄、杨王庄、簸箕李家庄、尹家庄、苏家庄，民人商文元等于七月廿八日具呈一纸。

西南乡曹家庄、任陈庄、长马家庄、后沙窝、大张家、前沙窝、小张家、孙家、翟家庄、成卢庄，民人曹秉学等于七月廿八日具呈一纸。

东南乡香房张家庄、小刘家庄、刘家庄、西梅家庄、丁家庄、香赵家庄、邵家庄、邢家庄，民人张振武等于七月廿八日具呈一纸。

南乡牛洼匠河沟崔刘冲环家庄民人赵峰长等于七月廿八日具呈一纸。

南乡赵家集、陈家庄、冯家庄、小高庄、李家庄、坡刘庄、双庙庄、成家庄，民人赵宗典等于七月廿八日具呈一纸。

东南乡盐张庄、贾家庄、平和王家庄、潘家庄、沈家庄，民人贾明海等于七月廿八日具呈一纸。

本城东门街、南门街、察院街、唐房街、东南营、苏家角、城隍庙、西门街、马市街、一所街、晏公庙、三义庙、东北营、关帝庙、南关、西关，民人张文年等于七月廿八日具呈一纸。

南乡侯家庄、赵云池家庄、王泗泉家庄、苏家庄、萧圣庙，民人侯希尧等于七月廿八日具呈一纸。

南乡兰家庄民人朱云方于七月廿八日具呈一纸。

西乡侯家庄民人张守业等于七月廿八日具呈一纸。

东南乡王朋马家庄、王朋见家庄、条何李家庄，民人王天恩等于七月廿八日具呈一纸。

东乡大道张家庄民人张佃元等于七月廿八日具呈一纸。

东乡侯洼店、林家庄、侯家庄，民人吴长发等于七月廿八日具呈一纸。

西乡崔家庄民人路允生于七月廿八日具呈一纸。

东南乡徐家庄、周家庄、闫家堤口、五里井、刘窑货庄、蒋家庄、前苏家庄、后苏家庄、杨家庄、常家庄、昭家庄、路家庄、豆福郭家，民人徐观甯等于七月廿八日具呈一纸。

南乡常家史官庄民人常学均等于七月廿八日具呈一纸。

南乡朱王庄、大碾黄家庄、张杠子家庄，民人孙悦仁等于七月廿八日具呈一纸。

北乡马家庄、小眺家庄，民人张希来等于七月廿八日具呈一纸。

南乡冯家庄、小王家庄、陈家庄、前后苏家两庄、西杨家庄、夹河庄、孟家庄、荆家庄，民人苏志学等于七月廿八日具呈一纸。

南乡孙丛庄民人孙大林等于七月廿八日具呈一纸。

南乡马家庄、路家庄、傅家庄、寇家庄，民人耿怀璞等于七月廿八日具呈一纸。

西南乡淄角镇民人耿克化等于七月廿八日具呈一纸。

南乡程家庄民人程元和于七月廿八日具呈一纸。

东南乡程齐路三庄民人程兴远于七月廿八日具呈一纸。

南乡张五家园、马龙池家庄，民人杨士桐等于七月廿八日具呈一纸。

南乡郭家庄、董家庄、崔家庄、张家庄、高家庄、高家庄、蔡家庄、萧家庄、马家庄、小周庄、大周庄、大王家庄、孙家庄、小张家庄、李家庄、刘家庄、南杨家庄、彭家庙，民人苏志学等于七月廿八日具呈一纸。

东乡郭家庄、曹家庄、大崔庄、小崔庄、桥下庄、人胡子庄、官窑庄、饽饽李庄、饽鸽田家庄、园侯庄、傅家庄、李振一家庄、刘皮庄，民人王洪琴等于七月廿八日具呈一纸。

北乡兖家庄、八里庄、沙窝耿家庄，民人闫维太等于七月廿八日具呈一纸。

南乡周家庄、铁角李家庄、杭家庄、杨家庄、陈家庵地方周彦相等于七月廿八日具呈一纸。

南乡前娘娘坟民人左全盛等于七月廿八日具呈一纸。

东南乡陈洪口、胡家营，民人陈吉盛等于七月廿八日具呈一纸。

南乡刘内官家庄。①

南乡李东安家庄、肖家庄、张六家庄、孟家庄、陈家湾、左豹家、大魏家，民人李光绪等于七月廿八日具呈一纸。

南乡韩家口、王家集，民人韩成绪等于七月廿八日具呈一纸。

北乡冯家庙、兖家庄，民人王成志等于七月廿八日具呈一纸。

东北乡王道人家庄、小吴家庄、马画家庄、刘得玉家庄、斗子李家庄，民人展学孟等于七月廿八日具呈一纸。

西北乡侯家庄民人陈守义等于七月廿八日具呈一纸。

东南乡郭家庄、韦家庄、孟家庄、路家庄，民人郭存教等于七月廿八日具呈一纸。

东南乡孙家庙民人孙文明于七月廿八日具呈一纸。

西北乡苏家庄民人李作吕于七月廿八日具呈一纸。

东南乡东官庄、麻店街、前后张家、北班家庄、柴张家庄、东班家庄、班曹玉庄，民人郭立志等于七月廿八日具呈一纸。

---

① 底本此处似有未完内容，也可能与下一条相接续。

东乡大范家庄、丁家道口、小范家庄、于家庄、冯家庄、翟家庄、夏家桥、董家庄、南新庄、王家庄，民人范青隆等于七月廿八日具呈一纸。

北乡桃王庄民人李长兴等于七月廿八日具呈一纸。

北乡盖寅台民人盖廷贵于七月廿八日具呈一纸。

北乡肖孔庄民人李廷辉于七月廿八日具呈一纸。

东南乡新店、王家新庄、母猪刘家庄，民人袁义节等于七月廿八日具呈一纸。

西乡十里堡、水坡杨家、王条郭家、网口李家，民人王成等于七月廿八日具呈一纸。

东南乡杜家桥民人崔希成于七月廿八日具呈一纸。

西乡石头孙家庄民人孙泽居等于七月廿八日具呈一纸。

南乡朱家庄民人张显于七月廿八日具呈一纸。

西乡毕家庄、王东安家庄，民人刘希东于七月廿八日具呈一纸。

东南乡赵家庄、杨家庄、韩家庄、堤口刘家庄，民人赵江等于七月廿八日具呈一纸。

东南乡贾家庄民人陈尚宾于七月廿八日具呈一纸。

西乡田家庄民人田多维等于七月廿八日具呈一纸。

西南乡新坊刘家庄、小于家庄、大于家庄、吕家台、贾家台，民人仲永德等于七月廿八日具呈一纸。

杂记：

惠民五月余额征三百廿二石；漕麦改粟米一事。沾化六月初六日函覆无漕；蒲台六月初六日覆额征一百五十石，确收六分；阳信六月初七日覆额征二百七十七石，确收五分余；

漕骇照事。沾化六月初六日覆工程浩大，候邻封必定再致；

漕麦改米一事。齐州六月初八日覆函报六分承办；乐陵六月初八日覆函报六分承办；滨州六月初九日覆函六分，额征三百三卅一石；青城回覆六分余，额征一百八十七石；海丰无漕；利津无麦。①

计开：乐陵县自道光十九年至二十五年止，修金银两全欠惟有二十年冬季修银解到一季；利津县自道光十九年至二十五年止，修金银两全欠；沾化县自道光十九年至二十五年止，修金银两全欠；蒲台县自道光十九年至二十五年止，修金银两全欠。

公字约：赵宗典赵士仁，宋家庄宋希贤，石家庄张范坤，陈家庄陈克俊，武家庙孙英生，马家店马福禄，闫家河闫继隆，李家集李英贤，韩家口韩超凡，大湾庄张成福，以上等庄民人于十月廿三日赴府具呈请漕减价一纸。

府批，查征收漕米向有旧章，各宜循照完纳，毋得抗违，致干例究。至称书役舞弊，是否属实，姑仰惠民县确查，严惩具报。

十一年二十本、十二年十二本、十三年五本、十四年十本、十五年七本、十六年七本、十七年四本、十八年十一本、十九年八本、二十年四本，共总报八十八本。

（十二月初十日送账房。）②

---

① 此节或为残篇，现据内容调整位置排于此。

② 以上三节内容系底本夹页，现排于该本最后。

嘉道年间山东省州县财政文献汇钞

第四册

常旭 点注

国家古籍整理出版专项经费资助项目

南方传媒
广东人民出版社
岭南古籍出版社
·广州·

第四册目录

第十八本　更正历年正续奏销册

第十九本　惠民县正堂余当堂开

第二十本

第二十一本

第二十二本

第二十三本

第二十四本

第十八本

更正历年正续奏销册

道光十八年正奏册结

武定府惠民县今于与印结为奏销等事。

依奉结得，卑县道光十八年分额解司库地丁正银四万六千三百三两一钱三分七厘、耗银四千一百七十两九钱八分二厘，又知县养廉归入羡耗解司银一千四百两，二共应解司库耗银五千五百七十两九钱八分二厘，内除因道光十七年秋禾被旱、十八年春间青黄不接案内，钦遵上谕，缓至道光十八年麦后六月初一日启征正银一万一千四百五十三两六钱八分四厘、耗银一千六百三两五钱一分六厘。复因道光十八年二麦被旱勘不成灾地亩，钦遵上谕，缓至道光十八年秋后九月初一日启征，内已完正银二千五百三十两五钱四分七厘、耗银三百四十五两九钱六分九厘，下剩正银八千九百二十三两一钱三分七厘、耗银一千二百五十七两五钱四分七厘，应另扣年限造报外，实征正银三万四千八百四十九两四钱五分三厘、耗银三千九百六十七两四钱六分六厘。自道光十八年正月　日开印起，至道光十九年五月初五日止，征完正银三万四千八百四十九两四钱五分三厘、耗银三千九百六十七两四钱六分六厘，实征银两全完。又完缓征正银二千五百三十两五钱四分七厘、耗银三百四十五两九钱六分九厘，并无挪移、以新掩旧、以完作欠捏报情弊。日后查出，情愿甘罪。印结是实。

为奏销等事。

今将卑县道光十八年分起运地丁正耗银两征完解支完欠各

数目，理合开造，呈送核办施行。

计开

惠民县道光十八年分，经征代理知县李人骥自十八年正月　日开印起，至二月十四日卸事前一日止、接征知县屠道彰自十八年二月十四日接征起，至十九年正月二十七日卸事前一日止、接征知县王文焕自十九年正月二十七日接征起，至五月初五日止，额征地丁正银五万六千八百一十四两九钱二分九厘、麦一百四十一石三斗七升三勺、米九千五百二十一石一斗二升三合九勺。内除起运折色脚价银一百七十七两八钱五分四厘，历科举人车价银三两八钱一分八厘，漕粮正耗并润耗及运军行粮本色米七千七十一石三斗五升五合九勺，轻赍席草、脚价盘费、润耗并运军行粮正费银一千六百八十九两七钱四分四厘，闰月银一十三两一钱八分二厘，闰月米四石五斗九升五合五勺，临清仓本色正耗米折并席草、脚价盘费银四千六百五十三两三分八厘，德州、常丰二仓正耗米二千一百六十三石四斗八升一合三勺，席草、脚价盘费并常丰仓折色正费银九百二十一两七分三厘,学租银五两四钱二分四厘，存留官俸役食银二千七十二两八分四厘、麦改米一百四石九升七合九勺、米一百六十九石二斗七升七合八勺又奉裁孤贫余剩米三十八石八斗三升三合一勺，奉文留作兵米之用，里甲夫马银三百七十五两九钱八分七厘查夫马闰月一款，有闰即领、无闰即解。今道光十八年，系有闰之年，除坐支外，尚应赴司请领不敷夫马工料银二十二两九钱五分，请在已经扣解夫马闰月本款银内动支。俟无闰之年，即遵部文于驿站项下扣除，归于地丁批解①，杂支银五百九十九两五钱八分八厘，起运地丁银四万六千三百三两一钱三分七厘内除因道光十七年秋禾被旱、十八年春间青黄不接案内，钦遵上谕，缓至道光十八年麦后六月初一日启征银一万一千四百五十三两六钱八分四厘，复因道光十八年二麦被旱勘不成灾地亩，钦遵上谕，缓至道光十八年秋后九月初一

① 底本字体大小与正文无异，据文意改为小字。

日启征，内已完银二千五百三十两五钱四分七厘，下剩银八千九百二十三两一钱三分七厘，应俟另扣年限查明完欠造报外，实征银三万四千八百四十九两四钱五分三厘。前件全完。又缓征项下已完银二千五百三十两五钱四分七厘。二共已完银三万七千三百八十两，内：

一、支过文昌、关帝庙祭品银五十两，领状附卷；

一、支过节妇李学孔之妻萧氏建坊银三十两，领状附卷查此项银两，应由十七年地丁银内支给，因该年钱粮缓征，是以坐支十八年地丁，理合登明；

一、批解正银八千两，于道光十八年三月初七日，差役马云、张润、吴贞、杨杰解赴布政司交兑讫，批回附卷；

一、批解正银四千两，于道光十八年三月二十三日，差役马云、张润、吴贞、杨杰解赴布政司交兑讫，批回附卷；

一、批解正银一千一百两，于道光十八年四月初三日，差役马云、张润、吴贞、杨杰解赴布政司交兑讫，批回附卷；

一、批解正银一万两，于道光十八年九月十八日，差役马云、张润、吴贞、杨杰解赴布政司交兑讫，批回附卷；

一、批解正银六千两，于道光十八年十月初五日，差役杨杰、张润、吴贞、马云解赴布政司交兑讫，批回附卷；

一、批解正银四千两，于道光十八年十一月十五日，差役杨杰、张润、吴贞、马云解赴△布政司交兑讫，批回附卷；

一、批解正银四千二百两，于道光十八年十二月十一日，差役杨杰、张润、吴贞、马云解赴△布政司交兑讫，批回附卷。

起运本色麦改米三十七石二斗七升二合四勺，系报明留支本省兵丁月粮之用。前件全完。起运本色米七十三石五斗八升三勺，系报明留支本省兵丁月粮之用。前件全完。

惠民县道光十八年分，额征地丁正银五万六千八百一十四两九钱二分九厘，该随正一四耗银七千九百五十四两九分，内除漕、临、德三仓及学租等项正银七千二百八十二两四钱六分一厘，该一四耗银一千一十九两五钱四分五厘，下剩起运地丁、折色脚价、举人车价等项正银四万六千四百八十四两八钱九厘，该一四耗银六千五百七两八钱七分三厘，至省二百四十里，应于耗银内扣留一厘脚费银一百一十一两五钱六分三厘；存留官俸役食、里甲夫马、杂支等项正银三千四十七两六钱五分九厘，该一四耗银四百二十六两六千七分二厘；以上二项起存地丁等项，共该耗银六千九百三十四两五钱四分五厘。内除扣支一厘脚费银一百一十一两五钱六分三厘，又除扣支本府同知养廉银八百两，又除扣支本府经历养廉银一百两，又除扣支县丞养廉银八十两，又除扣支典史养廉银八十两，又除扣支公费银一百九十二两；以上共扣支耗银一千三百六十三两五钱六分三厘，实该解司耗银四千一百七十两九钱八分二厘，又知县养廉归入耗羡解司银一千四百两。二共银五千五百七十两九钱八分二厘，内除因道光十七年秋禾被旱、十八年春间青黄不接案内，钦遵上谕，缓至道光十八年麦后六月初一日启征银一千六百三两五钱一分六厘，复因道光十八年二麦被旱勘不成灾地亩，钦遵上谕，缓至道光十八年秋后九月初一日启征，内已完银三百四十五两九钱六分九厘，下剩银一千二百五十七两五钱四分七厘，应俟另扣年限查明完欠造报外，实征银三千九百六十七两四钱六分六厘。前件全完。又缓征项下已完银三百四十五两九钱六分九厘。二共已完银四千三百一十三两四钱三分五厘，内：

一、批解耗银六百两，于道光十八年三月初七日，差役马云、张润、吴贞、杨杰解赴布政司交兑讫，批回附卷；

一、批解春季知县养廉耗银三百五十两，于道光十八年三月初七日，差役马云、张润、吴贞、杨杰解赴布政司交兑讫，批回附卷；

一、批解耗银二百两，于道光十八年三月二十三日差役马云、张润、吴贞、杨杰解赴布政司交兑讫，批回附卷；

一、批解夏季知县养廉耗银二百两，于道光十八年闰四月初三日，差役马云、张润、吴贞、杨杰解赴布政司交兑讫，批回附卷；

一、批解耗银五百两，于道光十八年九月十八日，差役马云、张润、吴贞、杨杰解赴布政司交兑讫，批回附卷；

一、批解知县养廉耗银五百两，于道光十八年九月十八日，差役马云、张润、吴贞、杨杰解赴布政司交兑讫，批回附卷；

一、批解耗银五百两，于道光十八年十月初五日，差役马云、张润、吴贞、杨杰解赴布政司交兑讫，批回附卷；

一、批解知县养廉耗银三百五十两，于道光十八年十月初五日，差役马云、张润、吴贞、杨杰解赴布政司交兑讫，批回附卷；

一、批解耗银五百两，于道光十八年十一月十五日，差役马云、张润、吴贞、杨杰解赴布政司交兑讫，批回附卷；

一、批解耗银六百一十三两四钱三分五厘，于道光十八年十二月十一日，差役马云、张润、吴贞、杨杰解赴布政司交兑讫，批回附卷。

道光十九年正奏册结

武定府惠民县今于与印结为奏销等事。

依奉结得，卑县道光十九年分额解司库地丁正银四万六千二百九十七两二分九厘、耗银四千一百七十两九钱八分二厘，又知县养廉归入耗羡解司银一千四百两，二共应解司库耗银五千五百七十两九钱八分二厘，内除因道光十九年秋禾被水勘不成灾地亩案内，钦遵上谕，缓至道光二十年秋后九月初一日启征正银二百四十一两一钱八分四厘、耗银三十三两七钱六分六厘，应另扣年限造报外，实征正银四万六千五十五两八钱四分五厘、耗银五千五百三十七两二钱一分六厘，自道光十九年正月　日开印起，至道光二十年五月初五日止，征完正银三万七千七百八十两、耗银四千三百七十八两，未完民欠正银八千二百七十五两八钱四分五厘、耗银一千一百五十九两二钱一分六厘。已完俱系尽征尽解，未完实系民欠，并无挪移、以新掩旧、以完作欠捏报情弊。日后查出，情愿甘罪。印结是实。

为奏销等事。

今将卑县道光十九年分起运地丁正耗银两征完解支及未完民欠数目，理合开造，呈送核办施行。

计开

惠民县道光十九年分，经征署理知县屠道彰自十九年正月　日开印起，至是月二十七日卸事前一日止、接征知县王文焕自正月二十七日接征起，至五月二十日卸事前一日止、接征代理知县李沣自五月二十日接征起，至八月二十六日卸事前一日止、接征回任知县王文焕自八月二十六日接征起，至二十年五月初五日止，额征地丁正银五万六千八百一两七钱四分七厘、麦一百四十一石三斗七升三勺、米九千五百一十六石五斗二升八合四勺。内除起运折色脚价银一百七十七两八钱五分四厘，历科举人车价银三两八钱一分八厘，漕粮正耗并润耗及运军行粮本色米七千七十一石三斗五升五合九勺，轻赍席草、脚价盘费、润耗并运军行粮正费银一千六百八十九两七钱四分四厘，临清仓本色正耗米折并席草、脚价盘费银四千六百五十三两三分八厘，德州、常丰二仓正耗米二千一百六十三石四斗八升一合三勺，席草、脚价盘费并常丰仓折色正费银九百二十一两七分三厘，学租银五两四钱二分四厘，存留官俸役食银二千七十二两八分四厘、麦改米一百四石九升七合九勺、米一百六十九石二斗七升七合八勺又奉裁孤贫余剩米三十八石八斗三升三合一勺①，里甲夫马银三百六十两六钱八分七厘，额编夫马闰月银一十五两三钱，杂支银五百九十九两五钱八分八厘，起运地丁银四万六千三百三两一钱三分七厘内除遵旨议奏事案内将花红公宴银六两一钱八厘另款批解外，实该解司地丁银四万六千二百九十七两二分九厘，内除因道光十九年秋禾被水勘不成灾地亩案内，钦遵上谕，缓至道光二十年秋后九月初一日启征正银二百四十一两一钱八分四厘，应俟另扣年限造报外②，实征正银四万六千五十五两八钱四分五厘。前件已完银三万七千七百八十两，内：

一、支过文昌、关帝庙祭品银五十两，领状附卷；

一、支过节妇武李氏建坊银三十两，领状附卷；

一、批解正银一万两，于道光十九年二月三十日，差役马云、张润、杨奉林解赴布政司交兑讫，批回附卷；

一、批解正银一万两，于道光十九年三月二十三日，差役张润等解赴布政司交兑讫，批回附卷；

一、批解正银四千两，于道光十九年四月二十六日，差役张润等解赴布政司交兑讫，批回附卷；

一、批解正银五千两，于道光十九年九月二十三日，差役张润等解赴布政司交兑讫，批回附卷；

一、批解正银四千两，于道光十九年十月十七日，差役张润等解赴布政司交兑讫，批回附卷；

---

① 底本与正文字体无异，据文意改小字。

② 底本与正文字体无异，据文意改小字。

一、批解正银四千五百两，于道光十九年十二月初七日，差役张润等解赴△布政司交兑讫，批回附卷；

一、批解正银二百两，于道光二十年四月二十七日，差役张润等解赴△布政司交兑讫，批回附卷。

未完民欠司库正银八千二百七十五两八钱四分五厘。起运本色麦改米三十七石二斗七升二合四勺，系报明留支本省兵丁月粮之用。前件全完。起运本色米七十三石五斗八升三勺，系报明留支本省兵丁月粮之用。前件全完。

惠民县道光十九年分，额征地丁正银五万六千八百一两七钱四分七厘，该随正一四耗银七千九百五十二两二钱四分五厘，内除漕、临、德三仓及学租等项正银七千二百六十九两二钱七分九厘，该一四耗银一千一十七两七钱，下剩起运地丁、折色脚价、举人车价、花红公宴等项正银四万六千四百八十四两八钱九厘，该一四耗银六千五百七两八钱七分三厘，至省二百四十里，应于耗银内扣留一厘脚费银一百一十一两五钱六分三厘；存留官俸役食、里甲夫马、杂支等项正银三千四十七两六钱五分九厘，该一四耗银四百二十六两六钱七分二厘；以上二项起存地丁等项，共该耗银六千九百三十四两五钱四分五厘。内除扣支一厘脚费银一百一十一两五钱六分三厘，又除扣支本府同知养廉银八百两，又除扣支本府经历养廉银一百两，又除扣支县丞养廉银八十两，又除扣支典史养廉银八十两，又除扣支公费银一百九十二两；以上共扣支耗银一千三百六十三两五钱六分三厘，实该解司耗银四千一百七十两九钱八分二厘，又知县养廉归入耗羡解司银一千四百两，二共银五千五百七十两九钱八分二厘，内除因道光十九年秋禾被水勘不成灾地亩案内，钦遵上谕，缓至道光二十年秋后九月初一日启征耗银三十三两七钱六分六厘，应俟另扣年限造报外，实征耗银五千五百三十七两二钱一分六厘。前件已完银四千三百七十八两，内：

一、批解耗银八百两，于道光十九年二月三十日，差役张润等解赴布政司交兑讫，批回附卷；

一、批解春季知县养廉银三百五十两，于道光十九年二月三十日，差役张润等解赴布政司交兑讫，批回附卷；

一、批解耗银八百两，于道光十九年三月二十三日，差役张润等解赴布政司交兑讫，批回附卷；

一、批解夏季知县养廉银三百五十两，于道光十九年三月二十三日，差役张润等解赴布政司交兑讫，批回附卷；

一、批解耗银五百六十两，于道光十九年四月二十六日，差役张润等解赴布政司交兑讫，批回附卷；

一、批解耗银五百两，于道光十九年九月二十三日，差役张润等解赴布政司交兑讫，批回附卷；

一、批解秋季知县养廉银三百五十两，于道光十九年九月二十三日，差役张润等解赴布政司交兑讫，批回附卷；

一、批解冬季知县养廉银三百五十两，于道光十九年十月十七日，差役张润等解赴布政司交兑讫，批回附卷；

一、批解耗银三百两，于道光十九年十二月初七日，差役张润等解赴△布政司交兑讫，批回附卷；

一、批解耗银一十八两，于道光二十年四月二十七日，差役张润等解赴△布政司交兑讫，批回附卷。

未完民欠司库耗银一千一百五十九两二钱一分六厘。

道光二十年正奏册结

武定府惠民县今于与印结为奏销等事。

依奉结得，卑县道光二十年分额解司库地丁正银四万六千三百三两一钱三分七厘、耗银四千一百七十两九钱八分二厘，又知县养廉归入耗羡解司银一千四百两，二共应解司库耗银五千五百七十两九钱八分二厘，内除因道光二十年秋禾被水勘不成灾地亩案内，钦遵上谕，缓至道光二十一年秋后九月初一日启征正银一万二千七百二十三两一钱四厘、耗银一千七百八十一两二钱三分五厘，应另扣年限造报外，实征正银三万三千五百八十两三分三厘、耗银三千七百八十九两七钱四分七厘，自道光二十年正月　日开印起，至道光二十一年五月初五日止，征完正银三万三百六十两、耗银三千四百三十八两八分七厘，未完民欠正银三千二百二十两三分三厘、耗银三百五十一两六钱六分。已完俱系尽征尽解，未完实系民欠，并无挪移、以新掩旧、以完作欠捏报情弊。日后查出，情愿甘罪。印结是实。

为奏销等事。

今将卑县道光二十年分起运地丁正耗银两征完解支完欠各数目，理合开造，呈送核办施行。

计开

惠民县道光二十年分，经征知县王文焕自二十年正月　日开印起，至五月二十五日引见卸事前一日止、接征代理知县刘勷自五月二十五日接征起，至八月二十九日卸事前一日止、接征回任知县王文焕自八月二十九日接征起，至二十一年五月初五日止，额征地丁正银五万六千八百一两七钱四分七厘、麦一百四十一石三斗七升三勺、米九千五百一十六石五斗二升八合四勺。内除起运折色脚价银一百七十七两八钱五分四厘，历科举人车价银三两八钱一分八厘，漕粮正耗并润耗及运军行粮本色米七千七十一石三斗五升五合九勺，轻赍席草、脚价盘费、润耗并运军行粮正费银一千六百八十九两七钱四分四厘，临清仓本色正耗米折并席草、脚价盘费银四千六百五十三两三分八厘，德州、常丰二仓正耗米二千一百六十三石四斗八升一合三勺，席草、脚价盘费并常丰仓折色正费银九百二十一两七分三厘，学租银五两四钱二分四厘，存留官俸役食银二千七十二两八分四厘、麦改米一百四石九升七合九勺、米一百六十九石二斗七升七合八勺又奉裁孤贫余剩米三十八石八斗三升三合一勺①，里甲夫马银三百六十两六钱八分七厘，额编夫马闰月银一十五两三钱，杂支银五百九十九两五钱八分八厘，起运地丁银四万六千三百三两一钱三分七厘内除因道光二十〈年〉秋禾被水勘不成灾地亩案内，钦遵上谕，缓至道光二十一年秋后九月初一日启征正银一万二千七百二十三两一钱△四厘，应俟另扣年限造报外②，实征正银三万三千五百八十两三分三厘。前件已完银三万三十六两，内：

一、支过文昌、关帝庙祭品银五十两，领状附卷；

一、支过烈妇民妇李张氏建坊银三十两，领状附卷；

一、支过寿民徐节行建坊银三十两，领状附卷；

一、批解正银一万两，于道光二十年三月初二日，差役张润、马云解赴布政司交兑讫，领状附卷；

一、批解正银一万两，于道光二十年三月十九日，差役　解赴布政司交兑讫，批回附卷；

---

① 底本与正文字体无异，据文意改小字。

② 底本与正文字体无异，据文意改小字。

一、批解正银四千二百两，于道光二十年四月二十八日，差役　解赴布政司交兑讫，批回附卷；

一、批解正银三千两，于道光二十年九月十五日，差役　解赴布政司交兑讫，批回附卷；

一、批解正银一千二百五十两，于道光二十年十一月三十日，差役　解赴布政司交兑讫，批回附卷；

一、批解正银一千两，于道光二十一年闰三月十四日，差役　解赴△布政司交兑讫，批回附卷；

一、批解正银八百两，于道光二十一年四月十三日，差役　解赴△布政司交兑讫，批回附卷。

未完民欠司库正银三千二百二十两三分三厘。起运本色麦改米三十七石二斗七升二合四勺，系报明留支本省兵丁月粮之用。前件全完。起运本色米七十三石五斗八升三勺，系报明留支本省兵丁月粮之用。前件全完。

惠民县道光二十年分，额征地丁正银五万六千八百一两七钱四分七厘，该随正一四耗银七千九百五十二两二钱四分五厘，内除漕、临、德三仓及学租等项正银七千二百六十九两二钱七分九厘，随一四耗银一千一十七两七钱，下剩起运地丁、折色脚价、举人车价等项正银四万六千四百八十四两八钱九厘，该一四耗银六千五百七两八钱七分三厘，至省二百四十里，应于耗银内扣留一厘脚费银一百一十一两五钱六分三厘；存留官俸役食、里甲夫马、杂支等项正银三千四十七两六钱五分九厘，该一四耗银四百二十六两六钱七分二厘；以上二项起存地丁等项，共该耗银六千九百三十四两五钱四分五厘。内除扣支一厘脚费银一百一十一两五钱六分三厘，又除扣支本府同知养廉银八百两，又除扣支本府经历养廉银一百两，又除扣支县丞养廉银八十两，又除扣支典史养廉银八十两，又除扣支公费银一百九十二两；以上共扣支耗银一千三百六十三两五钱六分三厘，实该解司耗银四千一百七十两九钱八分二厘，又知县养廉归入耗羡解司银一千四百两，二共银五千五百七十两九钱八分二厘内除因道光二十年秋禾被水勘不成灾地亩案内，钦遵上谕，缓至道光二十一年秋后九月初一日启征耗银一千七百八十一两二钱三△分五厘，应俟另扣年限造报外，实征耗银三千七百八十九两七钱四分七厘。前件已完银三千四百三十八两八分七厘，内：

一、批解耗银八百两，于道光二十年三月初二日，差役张润、马云解赴布政司交兑讫，批回附卷；

一、批解春季知县养廉银三百五十两，于道光二十年三月初二日，差役　解赴布政司交兑讫，批回附卷；

一、批解耗银八百两，于道光二十年三月十九日，差役　解赴布政司交兑讫，批回附卷；

一、批解夏季知县养廉银三百五十两，于道光二十年三月十九日，差役　解赴布政司交兑讫，批回附卷；

一、批解耗银五百八十两，于道光二十年四月二十八日，差役　解赴布政司交兑讫，批回附卷；

一、批解耗银二百八两八分七厘，于道光二十年九月十五日，差役　解赴布政司交兑讫，批回附卷；

一批解秋季知县养廉银三百五十两，于道光二十一年四月十三日，差役　解赴△布政司交兑讫，批回附卷。

未完民欠司库耗银三百五十一两六钱六分。

道光二十一年正奏册结

武定府惠民县今于与印结为奏销等事。

依奉结得，卑县道光二十一年分额解司库地丁正银四万六千三百三两一钱三分七厘、耗银四千一百七十两九钱八分二厘，又知县养廉归入耗羡解司银一千四百两，二共应解司库耗银五千五百七十两九钱八分二厘，内除因道光二十年秋禾被水、二十一年春间青黄不接案内，钦遵上谕，缓至道光二十一年麦后六月初一日启征正银一万七千一百九十八两二分一厘、耗银二千四百七两七钱二分三厘，内已完正银九千四百四十四两八钱八分四厘、耗银一千三百三十六两七钱四分一厘，下剩正银七千七百五十三两一钱三分七厘、耗银一千七十两九钱八分二厘，应另扣年限造报外，实征正银二万九千一百五两一钱一分六厘、耗银三千一百六十三两二钱五分九厘，自道光二十一年正月　日开印起，至道光二十二年五月初五日止，征完正银二万九千一百五两一钱一分六厘、耗银三千一百六十三两二钱五分九厘，实征银两全完。又完缓征正银九千四百四十四两八钱八分四厘、耗银一千三百三十六两七钱四分一厘，并无挪移、以新掩旧、以完作欠捏报情弊。日后查出，情愿甘罪。印结是实。

为奏销等事。

今将卑县道光二十一年分起运地丁正耗银两征完解支完欠各数目，理合开造，呈送核办施行。

计开

惠民县道光二十一年分，经征知县王文焕自二十一年正月　日开印起，至二十二年五月初五日止，额征地丁正银五万六千八百一十四两九钱二分九厘、麦一百四十一石三斗七升三勺、米九千五百二十一石一斗二升三合九勺。内除起运折色脚价银一百七十七两八钱五分四厘，历科举人车价银三两八钱一分八厘，漕粮正耗并润耗及运军行粮本色米七千七十一石三斗五升五合九勺，轻赍席草、脚价盘费、润耗并运军行粮正费银一千六百八十九两七钱四分四厘，闰月银一十三两一钱八分二厘，闰月米四石五斗九升五合五勺，临清仓本色正耗米折并席草、脚价盘费银四千六百五十三两三分八厘，德州、常丰二仓正耗米二千一百六十三石四斗八升一合三勺，席草、脚价盘费并常丰仓折色正费银九百二十一两七分三厘，学租银五两四钱二分四厘，存留官俸役食银二千七十二两八分四厘、麦改米一百四石九升七合九勺、米一百六十九石二斗七升七合八勺又奉裁孤贫余剩米三十八石八斗三升三合一勺，奉文留作兵米之用①，里甲夫马银三百七十五两九钱八分七厘查夫马闰月一款，有闰即领、无闰即解。今道光二十一年，系有闰之年，除坐支外，尚应赴司请领不敷夫马工料银二十二两九钱五分，请在已经扣解夫马闰月本款银内动支。俟无闰之年，即遵部文于驿站项下扣除，归于地丁批解②，杂支银五百九十九两五钱八分八厘，起运地丁银四万六千三百三两一钱三分七厘内除因道光二十年秋禾被水、二十一年春间青黄不接案内，钦遵上谕，缓至道光二十一年麦后六月初一日启征银一万七千一百九十八两二分一厘，内已完银九千四百四十四两八钱八分四厘，下剩银七千七百五十三两一钱三分七厘，应俟启征之日另扣年限造报外③，实征银二万九千一百五两

① 底本与正文字体无异，据文意改小字。

② 底本与正文字体无异，据文意改小字。

③ 底本与正文字体无异，据文意改小字。

一钱一分六厘。前件全完。又缓征项下已完银九千四百四十四两八钱八分四厘。二共已完银三万八千五百五十两，内：

一、支过文昌、关帝庙祭品银五十两，领状附卷；

一、批解正银三千两，于道光二十一年三月十一日，差役马云等解赴布政司交兑讫，批回附卷；

一、批解正银四千两，于道光二十一年闰三月十四日差役　解赴布政司交兑讫，批回附卷；

一、批解正银一千五百两，于道光二十一年四月十三日，差役　解赴布政司交兑讫，批回附卷；

一、批解正银五千两，于道光二十一年六月十三日，差役　解赴布政司交兑讫，批回附卷；

一、批解正银五千两，于道光二十一年七月十三日，差役　解赴布政司交兑讫，批回附卷；

一、批解正银五千两，于道光二十一年九月十四日，差役　解赴布政司交兑讫，批回附卷；

一、批解正银七千两，于道光二十一年十月十四日，差役　解赴布政司交兑讫，批回附卷；

一、批解正银七千两，于道光二十一年十一月二十五日，差役　解赴布政司交兑讫，批回附卷；

一、批解正银一千两，于道光二十二年四月二十三日，差役　解赴△布政司交兑讫，批回附卷。

起运本色麦改米三十七石二斗七升二合四勺，系报明留支本省兵丁月粮之用。前件全完。起运本色米七十三石五斗八升三勺，系报明留支本省兵丁月粮之用。前件全完。

惠民县道光二十一年分，额征地丁正银五万六千八百一十四两九钱二分九厘，该随正一四耗银七千九百五十四两九分，内除漕、临、德三仓及学〈租〉等项正银七千二百八十二两四钱六分一厘，该一四耗银一千一十九两五钱四分五厘，下剩起运地丁、折色脚价、举人车价等项正银四万六千四百八十四两八钱九厘，该一四耗银六千五百七两八钱七分三厘，至省二百四十里，应于耗银内扣留一厘脚费银一百一十一两五钱六分三厘；存留官俸役食、里甲夫马、杂支等项正银三千四十七两六钱五分九厘，该一四耗银四百二十六两六钱七分二厘；以上二项起存地丁等项，共该耗银六千九百三十四两五钱四分五厘。内除扣支一厘脚费银一百一十一两五钱六分三厘，又除扣支本府同知养廉银八百两，又除扣支本府经历养廉银一百两，又除扣支县丞养廉银八十两，又除扣支典史养廉银八十两，又除扣支公费银一百九十二两；以上共扣支耗银一千三百六十三两五钱六分三厘，实该解司耗银四千一百七十两九钱八分二厘，又知县养廉归入耗羡解司银一千四百两，二共银五千五百七十两九钱八分二厘内除因道光二十年秋禾被水、二十一年春间青黄不接案内，钦遵上谕，缓至道光二十一年麦后六月初一日启征银二千四百七两七钱二分三厘，内已完银一千三百三十六两七钱四分一厘，下剩银一千七十两九钱八分二厘，应俟启征之日另扣年限查明完欠造报外①，实征银三千一百六十三两二钱五分九厘。前件全完。又缓征项下已完银一千三百三十六两七钱四分一厘。二共已完银四千五百两，内：

一、批解春季知县养廉银三百五十两，于道光二十一年三月十一日，差役　解赴布政司交兑讫，批回附卷；

一、批解夏季知县养廉银三百五十两，于道光二十一年闰三月十四日，差役　解赴布政司交兑讫，批回附卷；

一、批解耗银六十两，于道光二十一年四月十三日，差役　解赴布政司交兑讫，批回附卷；

---

①　底本与正文字体无异，据文意改小字。

一、批解耗银五百两，于道光二十一年六月十三日，差役　解赴布政司交兑讫，批回附卷；

一、批解耗银五百两，于道光二十一年七月十三日，差役　解赴布政司交兑讫，批回附卷；

一、批解耗银五百两，于道光二十一年九月十四日，差役　解赴布政司交兑讫，批回附卷；

一、批解秋季知县养廉银三百五十两，于道光二十一年九月十四日，差役　解赴布政司交兑讫，批回附卷；

一、批解耗银七百两，于道光二十一年十月十四日，差役　解赴布政司交兑讫，批回附卷；

一、批解冬季知县养廉银三百五十两，于道光二十一年十月十四日，差役　解赴布政司交兑讫，批回附卷；

一、批解耗银七百两，于道光二十一年十一月二十五日，差役　解赴布政司交兑讫，批回附卷；

一、批解耗银一百四十两，于道光二十二年四月二十三日，差役　解赴△布政司交兑讫，批回附卷。

道光十二年随奏册结

为奏销等事。

今将道光十二年随奏案内道光十一年未完地丁耗羡银两数目，造册呈送施行。

计开：

惠民县道光十一年分，奏销册报未完正银二千九百三十两一钱一厘，又因秋禾被水案内未完缓征正银二千二十三两九钱八分四厘，二共银四千九百五十四两八分五厘。自道光十二年五月初六日起，至道光十三年五月初五日止，前件未完。奏销册报未完耗银四百一十二两六钱五厘，又因秋禾被水案内未完缓征耗银二百八十三两三钱五分九厘，二共银六百九十五两九钱六分四厘。自道光十二年五月初六日起，至道光十三年五月初五日止，前件未完。

道光十三年随奏册结

为奏销等事。

今将道光十三年随奏案内历年未完地丁耗羡银两数目，造册呈送施行。

计开：

惠民县道光十二年分，奏销册报未完正银二千九百五两七钱七分五厘，又因青黄不接案内未完缓征正银二千一百六十三两一分二厘，二共银五千六十八两七钱八分七厘。自道光十三年五月初六日起，至道光十四年五月初五日止，前件已完银六百七十七两六钱九分一厘，未完银四千三百九十一两九分六厘。奏销册报未完耗银七百七十七两八钱二分三厘，又因青黄不接案内未完缓征耗银三百二两八钱二分二厘，二共银一千八十两六钱四分五厘。自道光十三年五月初六日起，至道光十四年五月初五日止，前件已完银四百六两七钱四分八厘，未完银六百七十三两八钱九分七厘。

惠民县道光十一年分，道光十二年随奏册报未完正银四千九百五十四两八分五厘。自道光十三年五月初六日起，至道光十四年五月初五日止，前件未完。道光十二年随奏册报未完耗银六百九十五两九钱六分四厘。自道光十三年五月初六日起，至道光十四年五月初五日止，前件未完。

道光十四年随奏册结

为奏销等事。

今将道光十四年随奏案内历年未完地丁耗羡银两数目，造册呈送施行。

计开：

惠民县道光十三年分，奏销册报未完正银三千六百六十二两一钱三分七厘。自道光十四年五月初六日起，至道光十五年五月初五日止，前件未完。奏销册报未完耗银五百八十八两三钱八分九厘。自道光十四年五月初六日起，至道光十五年五月初五日止，前件已完银五十四两七钱五分五厘，未完银五百三十三两六钱三分四厘。

惠民县道光十二年分，道光十三年随奏册报未完正银四千三百九十一两九分六厘。自道光十四年五月初六日起，至道光十五年五月初五日止，前件未完。道光十三年随奏册报未完耗银六百七十三两八钱九分七厘。自道光十四年五月初六日起，至道光十五年五月初五日止，前件已完银三十九两二钱，未完银六百三十四两六钱九分七厘。

惠民县道光十一年分，道光十三年随奏册报未完正银四千九百五十四两八分五厘。自道光十四年五月初六日起，至道光十五年五月初五日止，前件未完。道光十三年随奏册报未完耗银六百九十五两九钱六分四厘。自道光十四年五月初六日起，至道光十五年五月初五日止，前件未完。

道光十五年随奏册结

为奏销等事。

今将道光十五年随奏案内历年未完地丁耗羡银两数目，造册呈送施行。

计开：

惠民县道光十四年分，奏销册报未完正银三千六百九十四两六钱五分，又因秋禾被旱未完缓征正银四千一百五十四两九钱一厘，二共银七千八百四十九两五钱五分一厘。自道光十五年五月初六日起，至道光十六年五月初五日止，前件已完银八百两，未完银七千四十九两五钱五分一厘。奏销册报未完耗银三百九十九两九钱四分一厘，又因秋禾被旱未完缓征耗银五百八十一两六钱八分六厘，二共银九百八十一两六钱二分七厘。自道光十五年五月初六日起，至道光十六年五月初五日止，前件未完。

惠民县道光十三年分，道光十四年随奏册报未完正银三千六百六十二两一钱三分七厘。自道光十五年五月初六日起，至道光十六年五月初五日止，前件未完。道光十四年随奏册报未完耗银五百三十三两六钱三分四厘。自道光十五年五月初六日起，至道光十六年五月初五日止，前件未完。

惠民县道光十二年，道光十四年随奏册报未完正银四千三百九十一两九分六厘。自道光十五年五月初六日起，至道光十六年五月初五日止，前件未完。道光十四年随奏册报未完耗银六百三十四两六钱九分七厘。自道光十五年五月初六日起，至道光十六年五月初五日止，前件未完。

惠民县道光十一年分，道光十四年随奏册报未完正银四千九百五十四两八分五厘。自道光十五年五月初六日起，至道光十六年五月初五日止，前件未完。道光十四年随奏册报未完耗银六百九十五两九钱六分四厘。自道光十五年五月初六日起，至道光十六年五月初五日止，前件未完。

道光十六年随奏册结

为奏销等事。

今将道光十六年随奏案内历年未完地丁耗羡银两数目，造册呈送施行。

计开：

惠民县道光十五年分，奏销案内册报因青黄不接案内缓征正银四千五百九十七两三钱八分八厘，内已完银四百四十四两二钱五分一厘，实剩未完银四千一百五十三两一钱三分七厘。自道光十六年五月初六日起，至道光十七年五月初五日止，前件未完。奏销册报未完耗银三十四两七钱七分八厘，又因青黄不接案内未完缓征耗银六百四十三两六钱三分五厘，二共银六百七十八两四钱一分三厘。自道光十六年五月初六日起，至道光十七年五月初五日止，前件未完。

惠民县道光十四年分，道光十五年随奏册报未完正银七千四十九两五钱五分一厘。自道光十六年五月初六日起，至道光十七年五月初五日止，前件未完。道光十五年随奏册报未完耗银九百八十一两六钱二分七厘。自道光十六年五月初六日起，至道光十七年五月初五日止，前件未完。

惠民县道光十三年分，道光十五年随奏册报未完正银三千六百六十二两一钱三分七厘。自道光十六年五月初六日起，至道光十七年五月初五日止，前件未完。道光十五年随奏册报未完耗银五百三十三两六钱三分四厘。自道光十六年五月初六日起，至道光十七年五月初五日止，前件未完。

惠民县道光十二年分，道光十五年随奏册报未完正银四千三百九十一两九分六厘。自道光十六年五月初六日起，至道光十七年五月初五日止，前件未完。道光十五年随奏册报未完耗银六百三十四两六钱九分七厘。自道光十六年五月初六日起，至道光十七年五月初五日止，前件未完。

惠民县道光十一年分，道光十五年随奏册报未完正银四千九百五十四两八分五厘。自道光十六年五月初六日起，至道光十七年五月初五日止，前件未完。道光十五年随奏册报未完耗银六百九十五两九钱六分四厘。自道光十六年五月初六日起，至道光十七年五月初五日止，前件未完。

道光十七年随奏册结

为奏销等事。

今将道光十七年随奏案内历年未完地丁耗羡银两数目，造册呈送施行。

计开：

惠民县道光十六年分，奏销册报未完正银四千一百七十三两一钱三分七厘。自道光十七年五月初六日起，至道光十八年五月初五日止，前件未完。奏销册报未完耗银五百九十九两二钱二分二厘。自道光十七年五月初六日起，至道光十八年五月初五日止，前件未完。

惠民县道光十五年分，道光十六年随奏册报未完正银四千一百五十三两一钱三分七厘。自道光十七年五月初六日起，至道光十八年五月初五日止，前件未完。道光十六年随奏册报未完耗银六百七十八两四钱一分三厘。自道光十七年五月初六日起，至道光十八年五月初五日止，前件未完。

惠民县道光十四年分，道光十六年随奏册报未完正银七千四十九两五钱五分一厘。自道光十七年五月初六日起，至道光十八年五月初五日止，前件未完。道光十六年随奏册报未完耗银九百八十一两六钱二分七厘。自道光十七年五月初六日起，至道光十八年五月初五日止，前件未完。

惠民县道光十三年分，道光十六年随奏册报未完正银三千六百六十二两一钱三分七厘。自道光十七年五月初六日起，至道光十八年五月初五日止，前件未完。道光十六年随奏册报未完耗银五百三十三两六钱三分四厘。自道光十七年五月初六日起，至道光十八年五月初五日止，前件未完。

惠民县道光十二年分，道光十六年随奏册报未完正银四千三百九十一两九分六厘。自道光十七年五月初六日起，至道光十八年五月初五日止，前件未完。道光十六年随奏册报未完耗银六百三十四两六钱九分七厘。自道光十七年五月初六日起，至道光十八年五月初五日止，前件未完。

惠民县道光十一年分，道光十六年随奏册报未完正银四千九百五十四两八分五厘。自道光十七年五月初六日起，至道光十八年五月初五日止，前件未完。道光十六年随奏册报未完耗银六百九十五两九钱六分四厘。自道光十七年五月初六日起，至道光十八年五月初五日止，前件未完。

道光十八年随奏册结

为奏销等事。

今将道光十八年随奏案内历年未完地丁耗羡银两数目，造册呈送施行。

计开：

惠民县道光十七年分，奏销册报未完正银四千五百五十六两六分六厘，又因秋禾被旱案内未完缓征正银七千七百九十两九钱六分三厘，二共银一万二千三百四十七两二分九厘。自道光十八年五月初六日起，至道光十九年五月初五日止，前件未完。奏销册报未完耗银六百一十二两七钱六厘，又因秋禾被旱案内未完缓征耗银一千九十两七钱三分五厘，二共银一千七百三两四钱四分一厘。自道光十八年五月初六日起，至道光十九年五月初五日止，前件未完。

惠民县道光十六年分，道光十七年随奏册报未完正银四千一百七十三两一钱三分七厘。自道光十八年五月初六日起，至道光十九年五月初五日止，前件未完。道光十七年随奏册报未完耗银五百九十九两二钱二分二厘。自道光十八年五月初六日起，至道光十九年五月初五日止，前件未完。

惠民县道光十五年分，道光十七年随奏册报未完正银四千一百五十三两一钱三分七厘。自道光十八年五月初六日起，至道光十九年五月初五日止，前件未完。道光十七年随奏册报未完耗银六百七十八两四钱一分三厘。自道光十八年五月初六日起，至道光十九年五月初五日止，前件未完。

惠民县道光十四年分，道光十七年随奏册报未完正银七千四十九两五钱五分一厘。自道光十八年五月初六日起，至道光十九年五月初五日止，前件未完。道光十七年随奏册报未完耗银九百八十一两六钱二分七厘。自道光十八年五月初六日起，至道光十九年五月初五日止，前件未完。

惠民县道光十三年分，道光十七年随奏册报未完正银三千六百六十二两一钱三分七厘。自道光十八年五月初六日起，至道光十九年五月初五日止，前件未完。道光十七年随奏册报未完耗银五百三十三两六钱三分四厘。自道光十八年五月初六日起，至道光十九年五月初五日止，前件未完。

惠民县道光十二年分，道光十七年随奏册报未完正银四千三百九十一两九分六厘。自道光十八年五月初六日起，至道光十九年五月初五日止，前件未完。道光十七年随奏册报未完耗银六百三十四两六钱九分七厘。自道光十八年五月初六日起，至道光十九年五月初五日止，前件未完。

惠民县道光十一年分，道光十七年随奏册报未完正银四千九百五十四两八分五厘。自道光十八年五月初六日起，至道光十九年五月初五日止，前件未完。道光十七年随奏册报未完耗银六百九十五两九钱六分四厘。自道光十八年五月初六日起，至道光十九年五月初五日止，前件未完。

道光十九年随奏册结

为奏销等事。

今将道光十九年随奏案内历年未完地丁耗羡银两数目，造册呈送施行。

计开：

惠民县道光十八年分，奏销案内册报青黄不接，复因二麦被旱缓征正银一万一千四百五十三两六钱八分四厘，内已完银二千五百三十两五钱四分七厘，实剩未完银八千九百二十三两一钱三分七厘。自道光十九年五月初六日起，至道光二十年五月初五日止，前件未完。奏销案内册报青黄不接，复因二麦被旱缓征耗银一千六百三两五钱一分六厘，内已完银三百四十五两九钱六分九厘，实剩未完银一千二百五十七两五钱四分七厘。自道光十九年五月初六日起，至道光二十年五月初五日止，前件未完。

惠民县道光十七年分，道光十八年随奏册报未完正银一万二千三百四十七两二分九厘。自道光十九年五月初六日起，至道光二十年五月初五日止，前件未完。道光十八年随奏册报未完耗银一千七百三两四钱四分一厘。自道光十九年五月初六日起，至道光二十年五月初五日止，前件未完。

惠民县道光十六年分，道光十八年随奏册报未完正银四千一百七十三两一钱三分七厘。自道光十九年五月初六日起，至道光二十年五月初五日止，前件未完。道光十八年随奏册报未完耗银五百九十九两二钱二分二厘。自道光十九年五月初六日起，至道光二十年五月初五日止，前件未完。

惠民县道光十五年分，道光十八年随奏册报未完正银四千一百五十三两一钱三分七厘。自道光十九年五月初六日起，至道光二十年五月初五日止，前件未完。道光十八年随奏册报未完耗银六百七十八两四钱一分三厘。自道光十九年五月初六日起，至道光二十年五月初五日止，前件未完。

惠民县道光十四年分，道光十八年随奏册报未完正银七千四十九两五钱五分一厘。自道光十九年五月初六日起，至道光二十年五月初五日止，前件未完。道光十八年随奏册报未完耗银九百八十一两六钱二分七厘。自道光十九年五月初六日起，至道光二十年五月初五日止，前件未完。

惠民县道光十三年分，道光十八年随奏册报未完正银三千六百六十二两一钱三分七厘。自道光十九年五月初六日起，至道光二十年五月初五日止，前件未完。道光十八年随奏册报未完耗银五百三十三两六钱三分四厘。自道光十九年五月初六日起，至道光二十年五月初五日止，前件未完。

惠民县道光十二年分，道光十八年随奏册报未完正银四千三百九十一两九分六厘。自道光十九年五月初六日起，至道光二十年五月初五日止，前件未完。道光十八年随奏册报未完耗银六百三十四两六钱九分七厘。自道光十九年五月初六日起，至道光二十年五月初五日止，前件未完。

惠民县道光十一年分，道光十八年随奏册报未完正银四千九百五十四两八分五厘。自道光十九年五月初六日起，至道光二十年五月初五日止，前件已完银六百九十五两七钱八分三厘，未完银四千二百五十八两三钱二厘。道光十八年随奏册报未完耗银六百九十五两九钱六分四厘。自道光十九年五月初六日起，至道光二十年五月初五日止，前件已完银九十五两七钱四分，未完银六百两二钱二分四厘。

道光二十年随奏册结

为奏销等事。

今将道光二十年随奏案内历年未完地丁耗羡银两数目，造册呈送施行。

计开：

惠民县道光十九年分，奏销册报未完正银八千二百七十五两八钱四分五厘，又因秋禾被水案内未完缓征正银二百四十一两一钱八分四厘，二共银八千五百一十七两二分九厘。自道光二十年五月初六日起，至道光二十一年五月初五日止，前件已完银五百九十二两九钱七分六厘，未完银七千九百二十四两五分三厘。奏销册报未完耗银一千一百五十九两二钱一分六厘，又因秋禾被水案内未完缓征耗银三十三两七钱六分六厘，二共银一千一百九十二两九钱八分二厘。自道光二十年五月初六日起，至道光二十一年五月初五日止，前件已完银九十四两三钱四分一厘，未完银一千九十八两六钱四分一厘。

惠民县道光十八年分，道光十九年随奏册报未完正银八千九百二十三两一钱三分七厘。自道光二十年五月初六日起，至道光二十一年五月初五日止，前件已完银八百六十三两五钱七分六厘，未完银八千五十九两五钱六分一厘。道光十九年随奏册报未完耗银一千二百五十七两五钱四分七厘。自道光二十年五月初六日起，至道光二十一年五月初五日止，前件已完银一百一十九两三钱五分四厘，未完银一千一百三十八两一钱九分三厘。

惠民县道光十七年分，道光十九年随奏册报未完正银一万二千三百四十七两二分九厘。自道光二十年五月初六日起，至道光二十一年五月初五日止，前件未完。道光十九年随奏册报未完耗银一千七百三两四钱四分一厘。自道光二十年五月初六日起，至道光二十一年五月初五日止，前件未完。

惠民县道光十六年分，道光十九年随奏册报未完正银四千一百七十三两一钱三分七厘。自道光二十年五月初六日起，至道光二十一年五月初五日止，前件未完。道光十九年随奏册报未完耗银五百九十九两二钱二分二厘。自道光二十年五月初六日起，至道光二十一年五月初五日止，前件未完。

惠民县道光十五年分，道光十九年随奏册报未完正银四千一百五十三两一钱三分七厘。自道光二十年五月初六日起，至道光二十一年五月初五日止，前件未完。道光十九年随奏册报未完耗银六百七十八两四钱一分三厘。自道光二十年五月初六日起，至道光二十一年五月初五日止，前件未完。

惠民县道光十四年分，道光十九年随奏册报未完正银七千四十九两五钱五分一厘。自道光二十年五月初六日起，至道光二十一年五月初五日止，前件未完。道光十九年随奏册报未完耗银九百八十一两六钱二分七厘。自道光二十年五月初六日起，至道光二十一年五月初五日止，前件未完。

惠民县道光十三年分，道光十九年随奏册报未完正银三千六百六十二两一钱三分七厘。自道光二十年五月初六日起，至道光二十一年五月初五日止，前件未完。道光十九年随奏册报未完耗银五百三十三两六钱三分四厘。自道光二十年五月初六日起，至道光二十一年五月初五日止，前件未完。

惠民县道光十二年分，道光十九年随奏册报未完正银四千三百九十一两九分六厘。自道光二十年五月初六日起，至道光二十一年五月初五日止，前件已完银五十一两九钱三分九厘，未完银四千三百三十九两一钱五分七厘。道光十九年随奏册报未完耗银六百三十四两六钱九分七厘。自道光二十年五月初六日起，至道光二十一年五月初五日止，前件已完银七两六钱七分二厘，未完银六百二十七两二分五厘。

惠民县道光十一年分，道光十九年随奏册报未完正银四千二百五十八两三钱二厘。自道光二十年五月初六日起，至道光二十一年五月初五日止，前件已完银四百三十七两五钱七分一厘，未完银三千八百二十两七钱三分一厘。道光十九年随奏册报未完耗银六百两二钱二分四厘。自道光二十年五月初六日起，至道光二十一年五月初五日止，前件已完银六十两二钱一分，未完银五百四十两一分四厘。

道光二十一年随奏册结

为奏销等事。

今将道光二十一年随奏案内历年未完地丁耗羡银两数目，造册呈送施行。

计开：

惠民县道光二十年分，奏销册报未完正银三千二百二十两三分三厘，又因秋禾被水案内未完缓征正银一万二千七百二十三两一钱四厘，二共银一万五千九百四十三两一钱三分七厘。自道光二十一年五月初六日起，至道光二十二年五月初五日止，前件已完银一千六百六十三两一分九厘，未完银一万四千二百八十两一钱一分八厘。奏销册报未完耗银三百五十一两六钱六分，又因秋禾被水案内未完缓征耗银一千七百八十一两二钱三分五厘，二共银二千一百三十二两八钱九分五厘。自道光二十一年五月初六日起，至道光二十二年五月初五日止，前件已完银一百六十三两四钱八分九厘，未完银一千九百六十九两四钱六厘。

惠民县道光十九年分，道光二十年随奏册报未完正银七千九百二十四两五分三厘。自道光二十一年五月初六日起，至道光二十二年五月初五日止，前件未完。道光二十年随奏册报未完耗银一千九十八两六钱四分一厘。自道光二十一年五月初六日起，至道光二十二年五月初五日止，前件未完。

惠民县道光十八年分，道光二十年随奏册报未完正银八千五十九两五钱六分一厘。自道光二十一年五月初六日起，至道光二十二年五月初五日止，前件未完。道光二十年随奏册报未完耗银一千一百三十八两一钱九分三厘。自道光二十一年五月初六日起，至道光二十二年五月初五日止，前件未完。

惠民县道光十七年分，道光二十年随奏册报未完正银一万二千三百四十七两二分九厘。自道光二十一年五月初六日起，至道光二十二年五月初五日止，前件未完。道光二十年随奏册报未完耗银一千七百三两四钱四分一厘。自道光二十一年五月初六日起，至道光二十二年五月初五日止，前件未完。

惠民县道光十六年分，道光二十年随奏册报未完正银四千一百七十三两一钱三分七厘。自道光二十一年五月初六日起，至道光二十二年五月初五日止，前件未完。道光二十年随奏册报未完耗银五百九十九两二钱二分二厘。自道光二十一年五月初六日起，至道光二十二年五月初五日止，前件未完。

惠民县道光十五年分，道光二十年随奏册报未完正银四千一百五十三两一钱三分七厘。自道光二十一年五月初六日起，至道光二十二年五月初五日止，前件未完。道光二十年随奏册报未完耗银六百七十八两四钱一分三厘。自道光二十一年五月初六日起，至道光二十二年五月初五日止，前件未完。

惠民县道光十四年分，道光二十年随奏册报未完正银七千四十九两五钱五分一厘。自道光二十一年五月初六日起，至道光二十二年五月初五日止，前件未完。道光二十年随奏册报未完耗银九百八十一两六钱二分七厘。自道光二十一年五月初六日起，至道光二十二年五月初五日止，前件未完。

惠民县道光十三年分，道光二十年随奏册报未完正银三千六百六十二两一钱三分七厘。自道光二十一年五月初六日起，至道光二十二年五月初五日止，前件未完。道光二十年随奏册报未完耗银五百三十三两六钱三分四厘。自道光二十一年五月初六日起，至道光二十二年五月初五日止，前件未完。

惠民县道光十二年分，道光二十年随奏册报未完正银四千三百三十九两一钱五分七厘。自道光二十一年五月初六日起，至道光二十二年五月初五日止，前件未完。道光二十年随奏册报未完耗银六百二十七两二分五厘。自道光二十一年五月初六日起，至道光二十二年五月初五日止，前件未完。

惠民县道光十一年分，道光二十年随奏册报未完正银三千八百二十两七钱三分一厘。自道光二十一年五月初六日起，至道光二十二年五月初五日止，前件未完。道光二十年随奏册报未完耗银五百四十两一分四厘。自道光二十一年五月初六日起，至道光二十二年五月初五日止，前件未完。

道光二十二年随奏册结

为奏销等事。

今将道光二十二年随奏案内历年未完地丁耗羡银两数目，造册呈送施行。

计开：

惠民县道光二十一年分，奏销案内册报因青黄不接案内缓征正银一万七千一百九十八两二分一厘，内已完银九千四百四十四两八钱八分四厘，实剩未完银七千七百五十三两一钱三分七厘。自道光二十二年五月初六日起，至道光二十三年五月初五日止，前件已完银一千七百一十六两，未完银六千三十七两一钱三分七厘。奏销案内册报因青黄不接案内缓征耗银二千四百七两七钱二分三厘，内已完银一千三百三十六两七钱四分一厘，实剩未完银一千七十两九钱八分二厘。自道光二十二年五月初六日起，至道光二十三年五月初五日止，前件已完银二百四十五两，未完银八百二十五两九钱八分二厘。

惠民县道光二十年分，道光二十一年随奏册报未完正银一万四千二百八十两一钱一分八厘。自道光二十二年五月初六日起，至道光二十三年五月初五日止，前件未完。道光二十一年随奏册报未完耗银一千九百六十九两四钱六厘。自道光二十二年五月初六日起，至道光二十三年五月初五日止，前件未完。

惠民县道光十九年分，道光二十一年随奏册报未完正银七千九百二十四两五分三厘。自道光二十二年五月初六日起，至道光二十三年五月初五日止，前件未完。道光二十一年随奏册报未完耗银一千九十八两六钱四分一厘。自道光二十二年五月初六日起，至道光二十三年五月初五日止，前件未完。

惠民县道光十八年分，道光二十一年随奏册报未完正银八千五十九两五钱六分一厘。自道光二十二年五月初六日起，至道光二十三年五月初五日止，前件未完。道光二十一年随奏册报未完耗银一千一百三十八两一钱九分三厘。自道光二十二年五月初六日起，至道光二十三年五月初五日止，前件未完。

惠民县道光十七年分，道光二十一年随奏册报未完正银一万二千三百四十七两二分九厘。自道光二十二年五月初六日起，至道光二十三年五月初五日止，前件未完。道光二十一年随奏册报未完耗银一千七百三两四钱四分一厘。自道光二十二年五月初六日起，至道光二十三年五月初五日止，前件未完。

惠民县道光十六年分，道光二十一年随奏册报未完正银四千一百七十三两一钱三分七厘。自道光二十二年五月初六日起，至道光二十三年五月初五日止，前件未完。道光二十一年随奏册报未完耗银五百九十九两二钱二分二厘。自道光二十二年五月初六日起，至道光二十三年五月初五日止，前件未完。

惠民县道光十五年分，道光二十一年随奏册报未完正银四千一百五十三两一钱三分七厘。自道光二十二年五月初六日起，至道光二十三年五月初五日止，前件未完。道光二十一年随奏册报未完耗银六百七十八两四钱一分三厘。自道光二十二年五月初六日起，至道光二十三年五月初五日止，前件未完。

惠民县道光十四年分，道光二十一年随奏册报未完正银七千四十九两五钱五分一厘。自道光二十二年五月初六日起，至道光二十三年五月初五日止，前件未完。道光二十一年随奏册报未完耗银九百八十一两六钱二分七厘。自道光二十二年五月初六日起，至道光二十三年五月初五日止，前件未完。

惠民县道光十三年分，道光二十一年随奏册报未完正银三千六百六十二两一钱三分七厘。自道光二十二年五月初六日起，至道光二十三年五月初五日止，前件未完。道光二十一年随奏册报未完耗银五百三十三两六钱三分四厘。自道光二十二年五月初六日起，至道光二十三年五月初五日止，前件未完。

惠民县道光十二年分，道光二十一年随奏册报未完正银四千三百三十九两一钱五分七厘。自道光二十二年五月初六日起，至道光二十三年五月初五日止，前件未完。道光二十一年随奏册报未完耗银六百二十七两二分五厘。自道光二十二年五月初六日起，至道光二十三年五月初五日止，前件未完。

惠民县道光十一年分，道光二十一年随奏册报未完正银三千八百二十两七钱三分一厘。自道光二十二年五月初六日起，至道光二十三年五月初五日止，前件未完。道光二十一年随奏册报未完耗银五百四十两一分四厘。自道光二十二年五月初六日起，至道光二十三年五月初五日止，前件未完。

道光二十三年随奏册结

为奏销等事。

今将道光二十三年随奏案内历年未完地丁耗羡银两数目，造册呈送施行。

计开：

惠民县道光二十二年分，奏销册报未完正银五千三百八十六两一钱五分六厘。自道光二十三年五月初六日起，至道光二十四年五月初五日止，前件未完。奏销册报未完耗银七百四十一两一分六厘。自道光二十三年五月初六日起，至道光二十四年五月初五日止，前件未完。

惠民县道光二十一年分，道光二十二年随奏册报未完正银六千三十七两一钱三分七厘。自道光二十三年五月初六日起，至道光二十四年五月初五日止，前件未完。道光二十二年随奏册报未完耗银八百二十五两九钱八分二厘。自道光二十三年五月初六日起，至道光二十四年五月初五日止，前件未完。

惠民县道光二十年分，道光二十二年随奏册报未完正银一万四千二百八十两一钱一分八厘。自道光二十三年五月初六日起，〔至〕至道光二十四年五月初五日止，前件未完。道光二十二年随奏册报未完耗银一千九百六十九两四钱六厘。自道光二十三年五月初六日起，至道光二十四年五月初五日止，前件未完。

惠民县道光十九年分，道光二十二年随奏册报未完正银七千九百二十四两五分三厘。自道光二十三年五月初六日起，至道光二十四年五月初五日止，前件未完。道光二十二年随奏册报未完耗银一千九十八两六钱四分一厘。自道光二十三年五月初六日起，至道光二十四年五月初五日止，前件未完。

惠民县道光十八年分，道光二十二年随奏册报未完正银八千五十九两五钱六分一厘。自道光二十三年五月初六日起，至道光二十四年五月初五日止，前件未完。道光二十二年随奏册报未完耗银一千一百三十八两一钱九分三厘。自道光二十三年五月初六日起，至道光二十四年五月初五日止，前件未完。

惠民县道光十七年分，道光二十二年随奏册报未完正银一万二千三百四十七两二分九厘。自道光二十三年五月初六日起，至道光二十四年五月初五日止，前件未完。道光二十二年随奏册报未完耗银一千七百三两四钱四分一厘。自道光二十三年五月初六日起，至道光二十四年五月初五日止，前件未完。

惠民县道光十六年分，道光二十二年随奏册报未完正银四千一百七十三两一钱三分七厘。自道光二十三年五月初六日起，至道光二十四年五月初五日止，前件未完。道光二十二年随奏册报未完耗银五百九十九两二钱二分二厘。自道光二十三年五月初六日起，至道光二十四年五月初五日止，前件未完。

惠民县道光十五年分，道光二十二年随奏册报未完正银四千一百五十三两一钱三分七厘。自道光二十三年五月初六日起，至道光二十四年五月初五日止，前件未完。道光二十二年随奏册报未完耗银六百七十八两四钱一分三厘。自道光二十三年五月初六日起，至道光二十四年五月初五日止，前件未完。

惠民县道光十四年分，道光二十二年随奏册报未完正银七千四十九两五钱五分一厘。自道光二十三年五月初六日起，至道光二十四年五月初五日止，前件未完。道光二十二年随奏册报未完耗银九百八十一两六钱二分七厘。自道光二十三年五月初六日起，至道光二十四年五月初五日止，前件未完。

惠民县道光十三年分，道光二十二年随奏册报未完正银三千六百六十二两一钱三分七厘。自道光二十三年五月初六日起，至道光二十四年五月初五日止，前件未完。道光二十二年随奏册报未完耗银五百三十三两六钱三分四厘。自道光二十三年五月初六日起，至道光二十四年五月初五日止，前件未完。

惠民县道光十二年分，道光二十二年随奏册报未完正银四千三百三十九两一钱五分七厘。自道光二十三年五月初六日起，至道光二十四年五月初五日止，前件未完。道光二十二年随奏册报未完耗银六百二十七两二分五厘。自道光二十三年五月初六日起，至道光二十四年五月初五日止，前件未完。

惠民县道光十一年分，道光二十二年随奏册报未完正银三千八百二十两七钱三分一厘。自道光二十三年五月初六日起，至道光二十四年五月初五日止，前件未完。道光二十二年随奏册报未完耗银五百四十两一分四厘。自道光二十三年五月初六日起，至道光二十四年五月初五日止，前件未完。

武定府惠民县今于与印结为奏销等事。

依奉结得，卑县道光二十三年分奏销册报未完正银二千四百五十二两七钱七分六厘、耗银七百二十二两五钱九分，自道光二十四年五月初六日起，至道光二十五年五月初五日止，仍未完。道光二十二年分，道光二十三年随奏册报未完正银五千三百八十六两一钱五分六厘、耗银七百四十一两一分六厘，自道光二十四年五月初六日起，至道光二十五年五月初五日止，仍未完。道光二十一年分，道光二十三年随奏册报未完正银六千三十七两一钱三分七厘、耗银八百二十五两九钱八分二厘，自道光二十四年五月初六日起，至道光二十五年五月初五日止，仍未完。道光二十年分，道光二十三年随奏册报未完正银一万四千二百八十两一钱一分八厘、耗银一千九百六十九两四钱六厘，自道光二十四年五月初六日起，至道光二十五年五月初五日止，仍未完。道光十九年分，道光二十三年随奏册报未完正银七千九百二十四两五分三厘、耗银一千九十八两六钱四分一厘，自道光二十四年五月初六日起，至道光二十五年五月初五日止，仍未完。道光十八年分，道光二十三年随奏册报未完正银八千五十九两五钱六分一厘、耗银一千一百三十八两一钱九分三厘，自道光二十四年五月初六日起，至道光二十五年五月初五日止，仍未完。道光十七年分，道光二十三年随奏册报未完正银一万二千三百四十七两二分九厘、耗银一千七百三两四钱四分一厘，自道光二十四年五月初六日起，至道光二十五年五月初五日止，仍未完。道光十六年分，道光二十三年随奏册报未完正银四千一百七十三两一钱三分七厘、耗银五百九十九两二钱二分二厘，自道光二十四年五月初六日起，至道光二十五年五月初五日止，仍未完。道光十五年分，道光二十三年随奏册报未完正银四千一百五十三两一钱三分七厘、耗银六百七十八两四钱一分三厘，自道光二十四年五月初六日起，至道光二十五年五月初五日止，仍未完。道光十四年分，道光二十三年随奏册报未完正银七千四十九两五钱五分一厘、耗银九百八十一两六钱二分七厘，自道光二十四年五月初六日起，至道光二十五年五月初五日止，仍未完。道光十三年分，道光二十三年随奏册报未完正银三千六百六十二两一钱三分七厘、耗银五百三十三两六钱三分四厘，自道光二十四年五月初六日起，至道光二十五年五月初五日止，仍未完。道光十二年分，道光二十三年随奏册报未完正银四千三百三十九两一钱五分七厘、耗银六百二十七两二分五厘，自道光二十四年五月初六日起，至道光二十五年五月初五日止，仍未完。道光十一年分，道光二十三年随奏册报未完正银三千八百二十两七钱三分一厘、耗银五百四十两一分四厘，自道光二十四年五月初六日起，至道光二十五年五月初五日止，仍未完。

以上历年未完地丁正耗银两，均系实在民欠，并无亏挪捏报情弊。日后查出，情愿甘罪。印结是实。

道光二十四年随奏册结

为奏销等事。

今将道光二十四年随奏案内历年未完地丁耗羡银两数目，造册呈送施行。

计开：

惠民县道光二十三年分，奏销册报未完正银二千四百五十二两七钱七分六厘。自道光二十四年五月初六日起，至道光二十五年五月初五日止，前件未完。奏销册报未完耗银七百二十二两五钱九分。自道光二十四年五月初六日起，至道光二十五年五月初五日止，前件未完。

惠民县道光二十二年分，道光二十三年随奏册报未完正银五千三百八十六两一钱五分六厘。自道光二十四年五月初六日起，至道光二十五年五月初五日止，前件未完。道光二十三年随奏册报未完耗银七百四十一两一分六厘。自道光二十四年五月初六日起，至道光二十五年五月初五日止，前件未完。

惠民县道光二十一年分，道光二十三年随奏册报未完正银六千三十七两一钱三分七厘。自道光二十四年五月初六日起，至道光二十五年五月初五日止，前件未完。道光二十三年随奏册报未完耗银八百二十五两九钱八分二厘。自道光二十四年五月初六日起，至道光二十五年五月初五日止，前件未完。

惠民县道光二十年分，道光二十三年随奏册报未完正银一万四千二百八十两一钱一分八厘。自道光二十四年五月初六日起，至道光二十五年五月初五日止，前件未完。道光二十三年随奏册报未完耗银一千九百六十九两四钱六厘。自道光二十四年五月初六日起，至道光二十五年五月初五日止，前件未完。

惠民县道光十九年分，道光二十三年随奏册报未完正银七千九百二十四两五分三厘。自道光二十四年五月初六日起，至道光二十五年五月初五日止，前件未完。道光二十三年随奏册报未完耗银一千九十八两六钱四分一厘。自道光二十四年五月初六日起，至道光二十五年五月初五日止，前件未完。

惠民县道光十八年分，道光二十三年随奏册报未完正银八千五十九两五钱六分一厘。自道光二十四年五月初六日起，至道光二十五年五月初五日止，前件未完。道光二十三年随奏册报未完耗银一千一百三十八两一钱九分三厘。自道光二十四年五月初六日起，至道光二十五年五月初五日止，前件未完。

惠民县道光十七年分，道光二十三年随奏册报未完正银一万二千三百四十七两二分九厘。自道光二十四年五月初六日起，至道光二十五年五月初五日止，前件未完。道光二十三年随奏册报未完耗银一千七百三两四钱四分一厘。自道光二十四年五月初六日起，至道光二十五年五月初五日止，前件未完。

惠民县道光十六年分，道光二十三年随奏册报未完正银四千一百七十三两一钱三分七厘。自道光二十四年五月初六日起，至道光二十五年五月初五日止，前件未完。道光二十三年随奏册报未完耗银五百九十九两二钱二分二厘。自道光二十四年五月初六日起，至道光二十五年五月初五日止，前件未完。

惠民县道光十五年分，道光二十三年随奏册报未完正银四千一百五十三两一钱三分七厘。自道光二十四年五月初六日起，至道光二十五年五月初五日止，前件未完。道光二十三年随奏册报未完耗银六百七十八两四钱一分三厘。自道光二十四年五月初六日起，至道光二十五年五月初五日止，前件未完。

惠民县道光十四年分，道光二十三年随奏册报未完正银七千四十九两五钱五分一厘。自道光二十四年五月初六日起，至道光二十五年五月初五日止，前件未完。道光二十三年随奏册报未完耗银九百八十一两六钱二分七厘。自道光二十四年五月初六日起，至道光二十五年五月初五日止，前件未完。

惠民县道光十三年分，道光二十三年随奏册报未完正银三千六百六十二两一钱三分七厘。自道光二十四年五月初六日起，至道光二十五年五月初五日止，前件未完。道光二十三年随奏册报未完耗银五百三十三两六钱三分四厘。自道光二十四年五月初六日起，至道光二十五年五月初五日止，前件未完。

惠民县道光十二年分，道光二十三年随奏册报未完正银四千三百三十九两一钱五分七厘。自道光二十四年五月初六日起，至道光二十五年五月初五日止，前件未完。道光二十三年随奏册报未完耗银六百二十七两二分五厘。自道光二十四年五月初六日起，至道光二十五年五月初五日止，前件未完。

惠民县道光十一年分，道光二十三年随奏册报未完正银三千八百二十两七钱三分一厘。自道光二十四年五月初六日起，至道光二十五年五月初五日止，前件未完。道光二十三年随奏册报未完耗银五百四十两一分四厘。自道光二十四年五月初六日起，至道光二十五年五月初五日止，前件未完。

第十九本

惠民县正堂余当堂开

目 录

司札并抄详

欠解道光十二年以后司书饭食、宪书工料仍应查明照数完解，十一年以前免提，其提塘报资、京塘公费二款即十一年以前亦应核入交案办理

禁止抵解钱粮折收仓谷

官剥船只小修年限改作五年

因公参革人员在二千里以外者不准给勘合

分别军需盘查两案名目

办运临砖通饬

吉地临砖分别详委丞倅佐贰

临砖损破，委员分别记过

解京差务不准于原摊支领之外多请

停领南运额引，专销积引，畅、滞引张一并融销

查明悬积停领引票，恳恩分别推缓一折上谕

饬知增摊监交委员薪水

驿递公文迟误，该管官分别记过撤任

驿递公文分别是否紧要、有关军需，不得一概混填四五百里

各项工程非实在坍塌、急不可缓者，不准辄请动项兴修

清厘借垫及清厘库款展至十九年正月二十九日

二麦缺雨，未能长发，请将应缓钱粮暂行停征

详请展缓历年旧欠

议覆寿光县禀请寄庄钱粮划归代征州县参办

抚院行司转饬沿河州县修筑民埝

议覆河南请改济运旧例司详

漕院查看泉眼河道奏稿

请斥革诡寄钱粮庙员县详

无着牙杂议请历任分赔县禀

议覆巨野县积欠无着牙杂，应请照案分别着赔免追县禀

派办闽硝州县

摊解甘饷委员津贴州县

一官经征三年钱粮全完，题请议叙

历城孀妇张李氏呈控关文运盗卖宅房一案

汶汛运河募夫工程请归河员办理奏稿

汶汛运河募夫工程应仍归州县承办，毋庸改归河员奏稿

司中查办蠲免章程

有漕州县需用漕车，应公平雇觅，严禁书役需索勒派通饬

豁免嘉庆二十二年以前积欠上谕

借领漕项全案

饬摊历城县办理海疆经费府札

查明欠解应摊道光五年以前历城县垫款，请在各前任名下着追县详清册附

筹议曹镇添建兵房禀札

饬修境内河道府札

议覆查明境内水利县禀

灾务呈批一件

分别漕项正杂捐款名目通饬

漕粮漕项奏销册结

蓟粮奏销册结

拨兑蓟粮全案二十四年分

应征黑豆改派五成粟米全案道光九年七月奉文

改征五成粟米项下仍征二成半黑豆全案道光十四年七月奉文

现征七成半豆石项下改征一半粟米全案道光二十三年闰七月奉文

惠民县应捐粮道衙门各款

详报关帝庙修理完竣下存银钱数目详册

为详缴事。

准前任移交道光二十四年郡城关帝庙赎地立碑用剩银钱，理合查案，开明支销数目，具文详报，并将交到银八十两、京钱四十四千七百四十二文，一并解缴宪台衙门交兑，仍祈赐发批回备案，实为公便。为此云云。

详府。

为详缴事。

准前任移交道光二十四年郡城关帝庙赎地立碑用剩京钱四十四千七百四十二文、济平银八十两等因。准此，随卷查道光二十四年六月初五日，蒙宪台札发银八十两、京钱三百九十五千七百四十二文，当地契一张等因。

蒙此，前县杨令遵即贮库。嗣经差查庙中所当地亩，照价回赎，查得李中条家庄南北上地一段，计五亩，共地价京钱一百一十二千；又南关迤东东西上地一段，计十一亩，共地价京钱一百七十五千；均经发价赎回，交该住持郑泰来承管讫。又制造石碑用过工料京钱六十四千，统共用过京钱三百五十一千，均由宪发钱内交销外，下剩实存京钱四十四千七百四十二文、济平银八十两。兹准移交，拟合具文详报，伏乞照详施行。

御史朱琦奏请筹益京仓折稿

福建道监察御史臣朱琦跪奏，为京仓米石稍绌，请设法厚为储蓄，恭折奏祈圣鉴事。

窃维国家根本之地，首重京师，而仓庾粮食之储，尤宜厚积。复见京中十三仓米石，岁仗南粮漕运，每年支放颇少赢余，必须及早设法买补充盈，乃为有备无患之道。而买补之法，在近省，则畿辅米谷向本无多，若广行采买，虑妨民食；若远省，则道路辽远、挽运维艰，或恐伤于经费。臣再四思维，求于买补之中，不致有伤经费而又不妨民食者，惟有海船带运一法。即为皇上陈之。

臣闻福建、广东两省，向有海船带货至天津贸易。往年每省各数十只，或百余只不等；近来一二年间，每岁只领七八只。伏思商上海船是其向业，近年来者日稀，只以贸易利益微薄。若令有可获息之处，仍当来者日多。而闽、广谷多价贱，倘令该两省于此等海船，准其装载米石到天津交付，以补漕运之不逮而〈实〉京仓，于国家根本重计洵为有裨。惟领银采买及到津交付，必须严定章程，庶官吏无从把持，书役不能勒索，商计得以权子母而计奇赢，〈庶〉于商力无亏，方能行诸久远。而每年帮运若干，亦令各仓斟酌虚赢，约定常额，则于江浙各省漕运经行永久之法，亦可有协济之功，无相侵之患。至此等海船，由商自置，材料坚实、首尾宽阔，其舵工、篙师又皆熟习海道，深谙水性风色，渡洋最为便利，必无意外之虞。复查道光八年江南漕粮亦曾经行海运，毫无损耗，尤为近事明证。

臣惟此议有七便焉。

国家于南粮正供之外，借此广谋储积，可致丰盈，得深根固本之道。一便也。

商贾能得利益，带米必多，兑交之外并许就近于民易市，则畿辅亦必有所资益。二便也。

南粮至京，每石需脚价银十余两。京仓正运，岁有常额，若因匮乏而议添运，所费尤恐赀乏。今备于无事之时，闽粤稻米，每石中价约需银一两，上价不过一两五钱，加以水脚运费，计南粮一石米［半］价必可足海运一石而有余，不害经费，上下两益。三便也。

闽粤既招商采买米石，丰余之岁可当本处官籴，民间无谷贱伤农之患，而山陬海澨之民，皆晓然于皇上贵农重粟，无不竭力耕耘，将逐末者转而务本，游食者亦可归农，民安作息而莠贼自除。四便也。

闽粤米若不敷，许商人领银向各处海口兼行采买。如浙江之镇海、江苏之上海、山东之登州，皆为海船所必须停泊取水之地。一任商人买米，补其短少，则商农皆益。不惟可以惠闽粤之民，并可以惠江浙之民。五便也。

海船水手俱无业游民，若每年来天津者无几，则无所就食，势必流为洋盗。今俾运米渡洋，船无弃材，人无弃力，顽钝皆化为淳良。六便也。

运米既得厚利，则商船可不私带违禁货物，便于民者既多，而流毒日少。七便也。

有如此七便，可垂永图。应请敕下户部妥议条款，或由该省藩库发领交商买运，或由该商自备本银采买至天津交米领价，务使该商人有倍获之息，而官吏无侵蚀之弊，则每岁海船源源而至，京仓米石不致有虞缺乏矣。

臣为京师根本重计起见，是否有当，伏乞皇上圣鉴。谨奏。奉旨已录。

办灾总论

旱象成于逐渐，水灾起自骤然。旱则统邑，水多偏灾。毋论南北，时届小暑不雨，则旱灾已成，必须报出。水灾则随时具报。灾大径用详文，灾小先用禀帖。通报之后，即确查村庄是否成灾，分别已未成灾分数及民地顷亩，以待委员会勘定局，造具灾分顷亩册结如有官征租银之旗地，亦须查明，分造册结，查例逐层详加核议，由委员加结，具〈详〉① 司道府或委详，或关取勘结自详，皆可，然后将应赈贫民户口，先令乡保从村头挨顺逐户查造草册绅衿、富户不造，限日呈送。地方官督率佐杂教职村多员少，请委员分赴各村，按册挨家亲视，以别极次，以分大小。漏则补之，冒则删之如册造不应赈之户不［太］多，将乡保责惩，令自删去再查。贫生牒学查赈，旗户、庄头票饬屯目领催，确查旗色佐领户口，造册送查，由理事厅核发。查毕，核计应需米数，分项造具简明总册，并查存仓米谷数目敷用与否或动用本仓，或银米兼赈，或各请发，议详本府，并报藩司及移知委员。其应否普赈，查明赈例，核之以分轻重，并按民情是否安贴［帖］，酌量办理勿邀誉，勿过刻。如可种移秋麦，详请出借籽种。倘不能种，待耩春麦以前请借，其应蠲钱粮，俟户口册申送之后，查造册结旗、民分造，关取委员勘结，详府核转，并报藩司各员赴乡查户时，乘其将蠲粮册

① 本篇据《中国荒政书集成》增补，参见李文海、夏明方、朱浒主编：《中国荒政书集成》第 4 册，天津古籍出版社 2010 年版，第 2019 页。

结，办齐以待。如因钱粮蠲带起存不敷支解，查过清册分各款及养廉不时，具详请拨借，迨十一月起赈。赈毕，按月将散过户口米数，开折申报藩道府，并移委员转报。入春〈青〉黄不接，民食维艰，应预详出借口粮，并减价平粜，以资接济。事毕，凡赈案各款，分晰造册报销。自始至终，文禀、册结各式开列备查灾重之区次年新粮，亦例准缓至秋后九月开征。其春夏俸工、养廉无出，详请借领，征收起解归款。

核户散赈各员等次

凡居心慈惠、办事周详、叠奉差委、倍著勤劳者，列为一等，记功三次。凡办事明晰、不辞劳瘁者，列为二等，记功二次。凡小心勤力者，列为三等，记功一次。

办灾次第

各村被灾分数册结，查勘分数之时，即查明被冲坍塌民房间数，如旱灾则不用；被淹地亩数目册结。以上二项如地亩赶查不及，只须将分数于各村庄之后开明地数，一并议详，毋庸分作两起。设地数赶查不及，分作两起办理，其被灾分数，最迟于中秋左右，详送司道府；地亩册结，随后再行议详，亦不可太迟册结由委员加转，或径会稿申详。

应赈户口及需米各数册，应于八月内申报司道府。

应赈户口，应否领运拨赈米石，须于册报户口米数文内，声叙本仓所存是否敷用，候示遵行。

详司请酌发员役盘费、饭食及纸张等项银两。

蠲免及缓带钱粮册结于九、十两月申报。

地粮蠲缓，奉派兵饷无项可借，应详请另拨。

钱粮蠲缓，带征本年俸工养廉除支过外无项可动，应详司借项支解，俟应征钱粮征完起解归款者，详文应于报蠲册结出报之后，方可查数具详。

本年如有春借籽种、口粮，应详请缓征，九月初间即行出办。

查造散赈户口米数花名册，并填赈票，先期散票，示期领赈，十月十五以前须办完。

大赈十一月起，按月散放折报。四乡村庄离城遥远、一日不能往返者，分设大厂，运米散放，开销运脚。

水大之年，一时不能消落，秋麦赶种不及，应俟水退，酌看情形，详请出借春麦籽种。

赈后距麦秋尚远，应请出借口粮，以资接济，年内出详。

来春青黄不接，粮价必昂，应请平粜，于二月初间具详。

被灾地方情形，非独官须时时声明，即幕友亦必时询，了了于胸中，方可执禀扬言，不致内外两歧。

办灾限期

夏灾不出六月底，秋灾不出九月底。此即题报被灾情形之限期。第北方麦秋较早，五月中俱已登场，每于麦收后耩早秋。

于五月内被水者，秋灾非夏灾也。当知之。

州县报灾之日起，定限四十日，将被灾分数及灾地顷亩，造具册结议详，由委员加结转报。如初报被灾情形后，复被水灾，距先报之期已过十五日者，准展限二十日；倘已过正限，另起限期。

又报灾之日起于四十五日限内，查明应赈户口数目，申请加赈。

其查报分数与查报灾户，原属两例，但系同于报灾之日起限，难以区别，故令概于四十五日限内办理矣。以五日为上司申理之期，距省路途遥远者，准加程途日期。倘被灾在七月下旬，则又不可拘泥定限，须将成灾分数村庄册结，于中秋左右出详，以副九月题报。应蠲钱粮，于具题请报之日起，扣限两个月造报。

通禀漫溢

窃卑职本县印官奉委赴蠡县查公出，委卑职代拆代行在案。今查本县地方近日连绵大雨，更兼上游各河水发，势若建瓴，而下游河水亦皆从涨。涌沟河旋，上水不能下泄。处二平堤，在在危险。卑职率同老人等昼夜防守，不意本月十八日午刻，据西乡西山村①练总老人△△等禀报，韩家埝漫溢一处，计长四丈。卑职正在东关防护堤身，闻报星往查验。该处上游系瀑河、平河水发，由安肃奔流入境，漫过堤埝，刷坍四丈有奇，

① 此村名称前后不一，又作山西村、小西村。

计被水淹小西村、狮子村、居上村、申明亭等四村。除奉印官宅内捐备物料，卑职督率民夫，上紧堵筑漫口，设法疏消漫水，并禀请印官回署，再行确查是否成灾外，所有漫水被淹村庄情形，理合代为禀祈宪鉴。除禀云云。

禀报已堵漫口

敬禀者。本月十八日韩家埝口，水淹小西等村，业经卑职代申禀报在案。卑职旋将印官宅上所捐物料，督率民夫，昼夜堵筑，已于二十一日辰刻堵筑完固。恐廑宪怀。理合云云。

禀开放沥水冲塌闸堤

敬禀者。本月二十三日卑职自嘉蠡县查灾回署，即据西乡张村练总△△禀称，本月二十一日，本县捕厅会同容城县主将所属四工闸涵洞启板，开放灾属午方等村沥水。奈水势高下相去七八尺，以汹涌奔腾直射，将闸口西边连雁翅冲开横堤十余丈。现在水势正盛，张村等民地不免淹没，理合禀报等情。据此，卑职旋即捐备物料，星往堵筑，并查明被淹村庄数目及是否成灾另报外，所有四工闸因放容城沥水致被冲塌闸口横堤情形，理合先行禀报。伏乞宪鉴。

禀四工闸水冲淹村庄

敬禀者。本月二十一日，容城沥水冲塌四工闸并横堤十余丈，二十五日堵筑完竣，俱经卑职先后禀报在案。今查沥水漫注，被淹西乡留村张来盛、王家夫从催家夫堤，及先被韩家埝漫水所淹之山西村、狮子村、居上村、申明亭，今又重复被水。北乡大王村、小王村、王营、南六里、中六里、北六里、南河向村、张家庄、尹家庄、于家庄等二十二村，俟委员到境会同确勘被灾分数顷亩数目，分别造具册结加转外，所有被水村庄情形，理合通禀。伏乞慈鉴。

禀北堤蛰陷及安州漫水被淹情形

敬禀者。卑县韩家埝漫溢并四工闸堤坍，淹及西北两乡三十二村，俱经卑职同代行典史先后禀报在案。兹卑职正在两乡确查被淹地亩数目并勘被灾分数，于本月初三日据北关地方△△禀称，六、七两月雨水过多，各处泛涨，河水平堤，并不消落，堤被雨淋水泡日久。又四工闸之水流漫堤埝内外，于初三日午刻北关外东北蛰堤陷三十余丈，理合禀明等情。

卑职随即星飞赶回，赴堤查看。是实。现在河水大溜周围并无取土之处，一时难以抢筑，应请俟水缓溜定，再行设筑赶办。查此水重淹西北两乡二十二村，及在城关厢民人所种高低地亩，尽被淹没，其有冲塌房屋，再查明确办。

同日，又据马家庄等练总△△等声称，安州漫溢之水，下流灌注，以致马寨等村被淹等语。卑职即督典史△△分头飞往确查，被淹马寨等九村，并不坍房。以上二［三］十一村庄淹地，再加确勘，分别轻重另报外，所有北堤蛰陷重淹西北两乡，及安州漫水下注致淹南乡村庄缘由，理合禀报。伏乞慈鉴云云。

本年地丁全完详请照例纪录

莱州府为详请汇咨事。

据掖县知县俞观堉详称，窃照定例，州县官经征一应起运有分数钱粮，数在三百两以上不及一万两于奏销前全完，纪录一次；一万两以上全完者，纪录二次；三万两以上全完者，纪录三次；五万两以上全完者，加一级；十万两以上全完者，加二级。果能三载全完，无论钱粮多寡，于每年照常议叙之外，再加一级等因。嗣于嘉庆二十一年经山西道监察御史萧[①]条奏，复蒙部议，嗣后江苏苏松常镇各属赋繁州县并各直省州县官经征一应起运本年有分数钱粮，不及三百两者，毋庸议叙；其数在三百两以上不及一万两于奏销前全完者，仍照旧例，纪录一次；一万两以上全完者，纪录二次；二万两以上全完者，纪录三次；三万两以上全完者，加一级；五万两以上全完者，加二级；八、九、十万两以上全完者，准其不论俸满即升。如一官经征每年奏销前全完，于照常议叙之外，除数在三百两以上及二万两以上，各直省州县一官经征三年奏销前全完者，仍准其

① 即萧镇。

再加一级等因。通饬遵照在案。

兹查卑县道光二年额征地丁正银三万五千八十二两四分七厘、耗羡银四千九百九两六钱七分，内除留支俸杂等银五千二百一十八两四钱四分六厘，又耗羡项下除留支各官廉费等银二千一百五十三两八分五厘外，实应起运地丁正银二万八千九百十七两一钱三厘、耗羡银二千六百三十四两六钱五分三厘。又分解粮道库德麦正银九百三十六两四钱九分八厘、耗羡银一百二十一两九钱三分二厘，经卑职自本年二月开征起截至十一月初十日，照数征完，起解应征课程杂税等银一百二十八两七钱五分四厘，亦一并征完，随同起解，并无丝毫蒂欠。是卑县额征起运正银二万八千九百一十七两一钱三厘，核与嘉庆二十一年议定数，在二万两以上全完，纪录三次之例相符。理合详请本府查核，转请汇咨。再，查卑县道光元年以前钱粮，俱已征解清完，亦无灾缓带征未完之项，合并声明等情到府。据此，拟合据情转详宪台查核，转请汇咨。为此云云。

估修工程凡数在五百两以上者，须奏明办理

嗣后估需银数在五百两以上者，无论动用何款，并令该督抚专案奏明，不得题咨，以归画一。是否有当，伏候堂台示谕，以便知照兵、工二部，并传付各司处一体遵照可也。

道光四年八月二十六日，抚院琦①准户部咨。

---

① 即琦善。

道光二年东抚会奏东平州境内大、小清河并汶运两河堤埝上年被水冲缺及应修单簿工段请循例借项修筑，并附片具奏运河民埝借帑修筑，请照官埝定例办理一案上谕

为咨会事。

道光二年六月初七日蒙本道牌开，案准布政司咨，道光二年五月十二日蒙巡抚部院琦[①]札开，照得本部会同河东总河部堂严[②]于道光二年五月初二日具奏，东平州境内大、小清河并汶、运两河堤埝上年被水冲缺及应修单薄工段，请循例借项修筑一折，业已抄奏行知在案。兹于五月初十日奉到朱批："另有旨。"钦此。

又本部院附片具奏，运河民埝借帑修筑，请照官埝定例办理一件，亦经抄片行知案。兹同日奉到朱批："另有旨。"钦此。

又于片内声叙，承修之地方官往往视民埝无赔修之例，难保无草率偷减，随有乍堵即关复修者，有今年甫筑而次年又决者，甚至刁生、劣监冀图从中渔利，勾串书役，又从而挟制包揽，百弊丛生。项屡借而屡摊征，无非縻国帑而病良民。每句旁均奉朱圈，又奉朱批："所论全系实在情形，甚为允当。"钦此。又于若借帑修筑者，请照官堤之例，奉朱批："是。"钦此。

---

① 即琦善。

② 即严烺。

同日，奉谕旨一道："道光二年五月初六日内阁奉上谕，琦善奏请借项修筑堤埝各工一折。山东东平州境内堤埝，为民生运道攸关。据该抚查明，上年夏秋之间，该州山水涨发，大、小清河南北两岸马家庙等处草坝，及汶、运两河西岸罗家漫等处民埝，被水冲缺；并有单薄险工及改运月堤工段，其运河西岸吴家漫一带民埝，亦多残缺；俱应及时修筑。惟该处工段较巨，又值上年被水歉收，若令民间自行兴办，恐民力实力未逮。所有估需银三万六千五百八十七两零，着准其于司库地丁项下先行动支借给，饬令该州集夫赶办，并责成运河道督催，迅速完竣，核实验收，仍照例分年摊征还款。如查有偷减草率者，即严参着赔，以示惩儆。其另片奏，民埝无赔修之例，难保无承修官办工偷减及刁徒、书役挟制包揽等弊，所论俱系实在情形，甚为允当，着照所请。嗣后该省运道民埝，除修办仍循其旧外，其借帑修筑、民为经理各工，即照官堤之例。三年内陡遇冲决，原报工程坚固者，着承修官赔十分之四，余准摊征还款。如原修本未坚固，以致被水冲决，即将承修官革职，责令全数赔修，工竣奏明办理。其调任官及事故各员，亦着照数追赔。本年东平、汶上所办借项修筑各埝工，及此外有关运道各湖民埝，如系借帑兴办、官为承修者，即着照此办理。该部知道。"钦此。

因灾借发银两请于交代列抵
并照直隶成案画一借领一案部覆

户部奏为遵旨议奏事。

内阁抄出原任署理山东巡抚程①奏，州县因灾借发银两请于交代列抵并照直隶成案画一借领一折。道光七年六月初五日，奉朱批："户部议奏。"钦此。钦遵于初八日抄出到部。

据原奏内称，窃照各属祭祀、孤贫、杂支、官俸、役食并驿站夫马工料，向归州县坐支。如遇灾缓不敷动用，除正佐役食、教佐俸银准由司库借给外，其各属祭祀并孤贫口粮一切杂支及丞倅正印俸银，概不准其借领。夫马工料则必俟咨部覆，方准出借。前经先后咨，奉部转行遵照在案。但祭祀为典礼所系，孤贫乃仁政所先，官俸本养廉之制，役食亦逮下之恩，均不便因灾而废；并若驿站夫马所以递送公文，必须按授食，若必等候部覆，辗转需时，夫马断难枵腹。各州县身任地方，如遇灾缓即不垫发，竟将前项事宜置之不办，则事不以公事为重，即应严行参办。乃垫支之后一遇交卸停缓者、未届启征请借者，未准部覆，无项可归，竟成悬款，监交之员无所适从，案终不能速结。现值严查交代剔厘积弊之际，必应量为变通，方无窒碍。且查因公垫支，事非得已，与自顾考成垫解民欠者，迥不相同。况直隶省遇灾缓征应支官俸、役食、驿站工料，向由司库筹款借给，造册咨部。如有情愿垫支不行请领者，听其自便，统归存留奏销册内核实造报，历经办有成案。东省事同一例，若将缓征祭祀、孤贫、俸工等款不准垫给，而夫马工料必俟奉准部覆，方准动支，先行垫发者，交代又不准列抵，实于事例未得其平。臣与藩司贺②悉心筹酌，拟请嗣后东省州县，如遇灾歉缓征，即将应支祭祀、孤贫一切杂支及俸工工料各银数，仿照直隶之案，先由藩司筹计应动银款，造册咨部，即行借给，毋庸等候部〈覆〉。有愿垫支者，亦听其便，准于存留奏销册

① 即程含章。

② 即贺长龄。

内，据实声明，遇有交代，照数列抵。其以前垫支各员，查核明确，亦准其一体抵除，庶垫支之员不致向隅，而于事理亦归允当等语。

臣等伏查各直省州县，遇钱停征、缓征之年，坐支银两不敷动支，例准将佐杂人员俸银及胥役工食，于司库存公银内按给，依限催征还款，其驿站夫马工料，亦准一并借给。又于嘉庆十一年内臣部议覆直隶总督秦承恩奏藩库出纳条款，曾经奏准各州县俸廉、役食及驿站工料遇歉缓征，借动银两，必须藩司核明，实无本款，方准借给，一俟本款银两征起，勒限解还归款，均经臣部载入则例。

查山东省向遇灾歉缓征，节经将俸工、驿站等款咨部请借，臣部照例准其将佐杂俸银及正佐役食由司库借领，其驿站夫马工料亦一并准借；俟核覆后照例动支，历经办理在案。

今据该署抚奏称，各州县垫发银两一遇交卸停缓者，未经启征请借者，未准部覆，无项可归，案终不能速结。现值严查交代，必应量为变通。且因公垫支，事非得已，与自顾考成垫借民欠者不同，请照直隶省成案。嗣后遇歉缓征，即将应支祭祀、孤贫一切杂支及俸工工料各银数，由藩司筹款，造册咨部，即行借给，毋庸等候部覆。有愿垫支者，亦听其便，于存留奏销册内，据实声明，遇有交代，照数列抵。其以前垫支各员，亦准一律抵除等语。

臣等查各州县，遇有缓征年分，例准将不敷俸工、夫马工料银两，赴司借领。原以借领银两，必由藩司核明，方准借给，且勒限征还归款，各州县不容稍有牵混。若如该署抚所奏，有愿垫支者，亦听其便，遇有交代，照数列抵，恐各州县借口因公垫发，或将别项亏缺亦牵入垫支之款，易滋冒滥。至以前垫支之员，据称亦准其一律抵除，更恐任复一任，辗转流抵，年深日久，愈难稽核。且查直隶省成案，亦并无垫支列入交代之事。该抚所奏，系为体恤一二因公垫支之员，而转启无限牵混轇轕之弊。若各省纷纷效尤，于钱粮大有关系，所奏殊难核准，其借给夫马工料银两，向由臣部核覆后，方准借给。今既据奏称，等候部覆，辗转需时，夫马断难枵腹，应准嗣后一面动支，一面咨部查核。至祭祀、孤贫一切杂支均请借领之〔之〕处，查祭祀、孤贫等款，所需无几，各州县偶遇偏灾，其应征银两，亦必不能概行停缓，溯查历届奏销内前项银两，均按款开除，并未尝因灾而废，应仍令照旧办理。

所有臣等核议缘由，谨遵旨具奏。伏乞皇上圣鉴。谨奏。

护抚部院贺于道光七年七月初十日准户部咨，山东司案呈，本部议覆原任署理山东巡抚程奏，州县因灾垫发银两请于交代列抵并照直隶成案画一借领一折。于道光七年六月二十六日具奏，本日奉旨："依议。"钦此。

核定缺分等第分别派免摊捐一案司详

为核定缺分等第，分别派免摊捐，以均苦乐而杜亏累，详请通饬遵照事。

窃查东省州县亏空之案，年来屡经参办，而积弊仍未能革除。岂尽牧令无良，亦以摊捐太多，且又不均故也。本司现将盘查二成，请俟曹工三成摊竣后，再行接摊，则摊数既可稍减。至缺分，今昔不同，有昔优而今绌者，有昔绌而今优者，若不参酌情形，量为变通，则或以优缺而少摊，或以累缺而多派，殊不足以昭平允。今将通省州县各缺，分为九等，详请宪台鉴核。除下下缺之海阳等十九州县摊捐各款一概免除，其余州县应摊款数亦皆按缺分，从最少之处摊起，依次递加。而十九下下缺原摊之数，不可无着，即洒摊缺分较优之上上、上中、上下、中上、中中、中下之七十余州县，各按高下等第分摊，尚不至形吃重。下上、下中等缺，与下下缺分，不甚悬殊，而新定各项摊法，系按最少之数派令摊解，亦视原额有减无增，尚易措办。似此量为变通，庶有余之处稍增焉，而不觉其难；不足之区减除焉，而如释重负。既足稍资调剂，即可永免亏累，似于国计、官方，两有裨益。除事不常有、岁无定额及各府州轮派之款，由司酌定大概章程，饬令随时遵办外，谨将现定缺分等第及酌减誊黄工料、摊派书吏饭食等项，详细开折，恭呈钧鉴。伏乞训示祇遵。

再，臬司衙门各属应摊书吏饭食等款，已经臬司两商，均照新议章程办理，另由臬司核定银数具详；其各道衙门各属应摊书吏饭食等款，亦应由司移明，查照现议章程亦体酌核办理。

再，闽硝一项，已详奉批饬行知，合并声明，须至详者。

道光七年六月二十五日详，　月　日奉护抚部院贺①批，所议甚为公允，即如详移行通饬遵照。此复清折存。

通省缺分等次折

计开：

上上缺：濮州、恩县、济宁州、泰安县、商河县、惠民

① 即贺长龄。

〈县〉、德州、济阳县，以上上上缺共八处；

上中缺：潍县、历城县、阳谷县、汶上县、胶州、冠县、陵县、即墨县、章丘县、单县、馆陶县、东平州、诸城县，以上上中缺共十三处；

上下缺：长清县、莒州、平度州、淄川县、乐陵县、临清州、丘县，以上上下缺共七处；

中上缺：沂水县、阳信县、黄县、郓城县、堂邑县、莘县、东阿县、安丘县、平原县、荣成县、德平县、峄县、宁阳县、邹县、肥城县、齐东县，以上中上缺共十六处；

中中缺：滨州、利津县、夏津县、掖县、齐河县、武城县、禹城县、清平县、滋阳县、兰山县、昌邑县、博平县、长山县、费县、临邑县、青城县、高密县，以上中中缺共十七处；

中下缺：朝城县、聊城县、益都县、泗水县、曲阜县、高唐州、蒲台县、城武县、金乡县、滕县、莱芜县、曹县，以上中下缺共十二处；

下上缺：菏泽县、范县、蓬莱县、新城县、日照县、乐安县、茌平县、平阴县，以上下上缺共八处；

下中缺：邹平县、肥城县、寿光县、莱阳县、郯城县、博兴县、博山县，以上下中缺共七处；

下下缺：海阳县、福山县、高苑县、定陶县、巨野县、寿张县、鱼台县、新泰县、文登县、栖霞县、昌乐县、临朐县、招远县、海丰县、沾化县、蒙阴县、嘉祥县、临淄县、宁海州，以上下下缺共十九处。

临砖黄蜡等项津贴章程

一、临砖津贴一项，向系十府二州，两属为一起，分作六起，轮流摊派。查每年岁修临砖五千块，其津贴银两原有定数。至每岁奉取别项临砖，不过一二万至三四万块不等，其津贴银两轮应某府州，即于某府州所属，按砖数之多寡派摊。惟向分六起，该府州属下下缺，多者未免吃力。今拟将十府二州改作五起，择各属优缺较多者，两属为一起，下缺较多，三属为一起。至核算交案如何流摊，着各府州查核各属旧章，妥议详复立案，以免参差。所分五起列后。

计开：

济南府、临清所属共二十州县，并无下下缺分，均可摊派，两属为一起。东昌、泰安所属共十七州县，除新泰免摊，余十六州县均可摊派，两属为一起；兖州、武定所属共二十州县，除寿张、沾化、海丰免摊，余十七州县均可摊派，两属为一起；曹州、沂州、济宁所属共二十二州县，除巨野、定陶、蒙阴、鱼台、嘉祥免摊，余仅十七州县可以摊派，三属为一起；登州、莱州、青州三府属共二十八州县，除文登、栖霞、海阳、招远、宁海、福山、临淄、临朐、高苑、昌乐免摊，余只十八州县可以摊派，三属为一起。以上分五起轮流。

查本年奉办孝陵明楼等工及岁修临砖轮至兖州、武定摊派津贴，如下次奉文取砖，即轮沂州、曹州、济宁三属摊派，再次即轮青州、莱州、登州三属摊派，一轮之后仍以济南、临清起，与旧章亦不相矛。至摊派数目，在该府州办临砖时酌定，仍按照新定缺分等第合为一起之州县，通盘计算，不得各属分域，以昭画一。若办理大工，奉取砖至数十万块者，应通省摊派，仍除下下十九缺概予免摊，余按等分摊，札饬各府州，永远遵照。毋违。

一、临砖柴价一项，向系奉取临砖，由临清州详定需用柴价若干，请由本司于通省州按缺摊派。查历年所派，亦多未平允，除本年摊定不计外，以道光八年正月初一日为始，除十九苦缺概予免摊，余按新定缺分等第，分别摊派。各属核算交代，如何流摊，着各府州检查旧章，妥议详复立案，以免参差。

一、科场经费一项，向遇乡试之年，核计需用银若干，由历城详请本司于通省州县按缺摊派，岁无定额。查历年所派，亦多未允，除从前派定各属欠解者均照旧催解归款外，以道光八年戊子科为始，十九下下缺概予免摊，余悉按新定缺分等第分摊。各属核算交代，应以何年月日为始，如何认摊，着各府州检查各属旧章，妥议详覆立案，以免参差。

一、额解阔布一项，系于向有机户之泰安、章丘、濮州、恩县、阳信、临清、邹平、长山、长清九处，按缺摊派，其津贴银两，即着办布州县随布之多寡摊交。查各属所派，尽属平允，无可更移，请仍照旧。

一、添派阔布一项，现在奏请停缓，是否准行，俟奉文饬知各属遵照。查历次添派，亦系于向有机户之泰安等九处派办，其津贴银两，即由济南、东昌、泰安、武定、曹州、临清六属，除历城首邑及办布州县并各属下缺不摊外，按缺分摊。查所摊之数，亦多未允。请以道光八年正月初一日为始，嗣后如奉文添派，着各府州按照新定缺分等第分派，其各属核算交代，应以何日流摊，该府州妥议详复立案，以免参差。

一、黄蜡津贴一项，即系办蜡之临清、章丘、长清、陵县、东阿、平阴、寿张、菏泽、单县、定陶、濮州、莘县、冠县、馆陶、益都、黄县十六处，随蜡斤价值，一并解交委员办解，别属不与。其蜡斤价值，该州县在地丁银内坐支报销，不能移动，请照旧办理。

一、黄丹津贴一项，系沂州、青州、莱州府属之州县，随额解增解之丹斤多寡捐交委员办解，别属不与。其价值铺垫银两，该州县于地丁内坐支报销，不能更移，请照旧办理。

一、牛筋津贴一项，向系文登、荣成二县及登州府捐给之项，价值铺垫脚价等银，系二县在地丁内坐支报销。其津贴银两，即随筋数之多寡捐出，不能更移，应请照旧办理。

一、除以上诸款酌定章程通饬遵照外，凡岁无定额之项、年不常有之款，临时由司查照缺分等次，酌核办理。至各处随时摊派司中无案可稽者，如系司道署中案件，由本司移咨酌核，均按新定缺分等第摊派，以昭画一。须至折者。

临清州改为上下缺、
肥城县改为中上缺司札

布政司钟①蒙护抚部院贺②批，本署司呈详核定缺分等第，分别派免摊捐，以均苦乐一案缘由。蒙批，所议甚为公允，即如详移行通饬遵照。此复折存等因到司。蒙此，查呈院折内所摊院司书吏饭食数目，均系约略总计。至按款分摊，零星凑算，不免稍有参差，仍以核定细数为准。至临清、肥城原定缺分等

① 即钟祥。

② 即贺长龄。

次，尚未公允，续经本司详明将临清改为上下、肥城改为中上，以昭核实在案。合行抄录原详、原折及各州县应摊院司书吏饭食细款清册转饬。札到，该　立即转饬所属，遵照办理。

议详临砖津贴并柴价及添办阔布津贴，均以奉文之日起作一年摊

布政司钟①札临清州知悉。据曹州府详议，各州县应摊临砖津贴、柴价，科场经费，阔布等项银两，酌议摊完限期，详请批示立案等情到司。据此，查曹州府所议各项摊捐银两，立限摊捐，尚属公允。所有该州属内各县均有此项捐款，是否可以一律照办之处，合行抄详饬议。札到，该州立即查照曹州府核议缘由，妥议详覆，以凭画一饬遵。毋迟，速速。此札。

计粘抄详一纸。

为详请批示立案事。

蒙宪台饬知详定缺分等第，分别派免摊捐，以均苦乐一案粘单，内开：一、临砖津贴一项云云，见原详；一、临砖柴价一项云云，见原详；一、科场经费一项云云，见原详；一、添办阔布一项云云，见原详等因。

遵查科场经费一项。正科之年，自正月初一日起，分作三年摊捐；恩科之年，应需经费即与下次正科经费合而为一，分作四年捐摊；业于嘉庆二十四年四月间经济南嵩守议定章程，

① 即钟祥。

详奉前宪批准通行在案。现在交代俱遵照核算，毋庸另议外。

查临砖津贴一项。现在十府二州分为五起轮委解砖。遇轮委之年，该府州属始派摊津贴银两，或两三年轮委一次，或有比年轮委者，均无一定。即如本年委解临砖，共有三批。首批系卑府同沂州府、济宁公委押解，如明年仍有三批，则周而复始卑府之应轮委，否则隔一年始行轮委。是前项津贴银两，是年或有或无，未可预计。交代案内应以奉文之日起，分一年摊完，以昭公允。

临砖柴价一项。岁修临砖，向不派摊柴价，此外稍有添取，亦系临清州自行捐办。如奉取砖数多至三千块以上，始准分摊柴价，以资协济。此款近年来虽常有派摊，究非年例必有之款。现查各属交案，多以奉文之日起，分一年摊完，尚属允协，应循照办理。

至添派阔布。上年奏请停缓，虽未准行，然此次添办之后，未必再事饬添。即偶有添取，究非事所常有。

津贴银两应以奉文饬摊之日起，分一年摊完。缘奉饬议，是否有当，理合详宪台批示立案，以便转行各属遵照，实为公便。

藩司各属欠解道光十一年以前银两概免提解

藩司刘[1]札武定府知悉。案查院书饭食一项，于道光十二

---

① 即刘斯嵋。

年四月间，曾经本司将各属欠解道光十一年以前银两，议请概免提解。详蒙抚宪批准通行，转饬遵照在案。至司书饭食以及宪书工料等项银两，系属另案，均不在请免之列。乃近来各属交案，内有将前项银两误执前此免提之文概不入交者，亦有漏接禀请着赔者，并有竟请免解或提出另追请示，殊烦案牍。惟查各该州县欠解道光十一年以前司书饭食等项银两，年分既久，官亦屡更。若必责令完缴，不过有名无实，自不如照院书饭食详明之案，将十一年以前旧欠一概免提，其十二年以后未完银两，仍应查明，照数完解。合行马递三百里札饬。札到，该府立即转饬所属遵照，并即饬令查明欠解道光十二年以后司书饭食并宪书工料等项银两，迅速批解，或查款请拨，以凭支发办公。

再各该州县应解提塘报资、京塘公费二款银两，历系由司扣拨，非司书饭食等项可比，即系十一年以前旧欠，亦应核入交案，该府务须一并转饬查照。毋违。（道光十六年四月二十日）

禁止抵解钱粮折收仓谷

道光十六年五月十五日内阁奉上谕："御史朱成烈奏请禁止州县抵解钱粮折收仓谷一折。州县钱粮仓谷丝粒应归实贮，岂容以抵解折收，致滋亏短。若如该御史所奏，州县于应解钱粮，往往以应领杂款朦混抵解；至领项应用，则又辗转挪移，以致正杂两短；及任满交卸，又复折算抵交，愈滋牵混，积至亏短重重。虽严切咨追，终成悬款。至仓谷一项，州县利于折价收取，银既入手，亦复辗转挪移，以致实贮皆成虚款。种种弊端，不可不防其渐。着各省督抚藩司于州县钱粮，务令实征实解，不准以杂款坐抵；其各属仓谷，务令该管道府实力盘查，如有抵解折收等事，立即参劾，以除积弊而重国帑。将此通谕知之。”钦此。道光十六年六月十五日，抚宪钟①准户部咨，通饬遵行。

官剥船只小修年限改作五年

道光十八年闰四月　日，奉上谕：“经额布奏州县捐修官剥船只完竣，并请改小修年分一折。山东省额设官剥船只，经该州县等分别捐廉修理完固，尚属急公。所有捐银六千两以上之临清直隶州知州李天锡，捐银二千两以上之署临清州知州徐宗干，捐银三千两以上之德州知州舒化民，均着交部议叙。此项银两由该州县自行捐办，免其造册报销。其小修年限，准其改作五年一次。余着照所议办理。”钦此。

因公参革人员在二千里以外者，不准给勘合

一件例义事。

---

① 即钟祥。

道光十七年正月二十八日蒙济东道札付，道光十七年正月十四日准按察司咨开，道光十六年十二月二十六日蒙抚部院经①案验，道光十六年十二月初八日准户部咨，山东司案呈，道光十六年九月十七日准兵部咨称，准护理山东巡抚布政使刘②咨称，查户部则内载，直省县丞以下佐杂官及五百里以外教职官，凡遇休致、告病、丁忧、病故、因公参革等事，无力回籍者，官给路费，不论家口多寡，每千里给银一十两，每百里给银一两。病故之员及丁忧官父母系在任病故者，不论道路远近，各外加扶概［榇］银八两。所给银两于存公项下报销。若参革人员系犯侵贪浮躁不谨等款，及因推诿误公不尽职守、擅受民词、滥差滋扰、疏脱要犯、交结绅衿等情，参革者不给回籍路费。

又载：一、各省八品文官无论实缺委署，凡在任所差所病故，距原籍二千里以外者，俱准给与夫马、勘合，毋庸再给路费；在二千里以内者，仍照旧给与路费，不给勘合各等因。是县丞以下佐杂，凡遇在任所差所病故，无力回籍，相距原籍在二千里以内者，给与路费扶概［榇］银两；在二千里以外者，给与勘合，不给路费扶概［榇］银两。其丁忧、告病、休致以及因公参革并无侵贪浮躁不谨等款人员，如遇因无力回籍，相距原籍二千里以内，应照例给与路费，其在二千里以外应否给与勘合，或仍按道路里数给与路费，例内并未指明。自奉文后并无办过成案，设遇此等案件，诚恐临期歧误，相应咨部核明示覆，以便遵办。除咨户部外，咨部查照等因。

查定例，各省文官八品以下、武官都司以下病故，如该故员原籍州县距任所差所水陆程途在二千里以外者，陆路给夫十二名、马二匹，水路船一只。若丁忧、休致、裁缺、降调、卸

① 即经额布。

② 即刘斯嵋。

事后五个月内病故者，亦照在任时给与勘合，过五个月者不准给。其革职后病故者，不准给与等语。是病故人员，给与夫马，例内系专指丁忧、休致、裁缺、降调、卸事后五个月内病故者，亦照在任时给与勘合，过五个月者，不准给。其革职后病故者，例内已有不准给之明文。其所称因公参革，并无侵贪浮躁不谨等款人员，在二千里以外应否给与勘合之处，应毋庸议，相应知照户部等因前来。

查定例，县丞以下佐杂官及五百里以外教职官，凡遇休致、告病、丁忧、因公参革无力回籍者，官给路费，不论家口多寡，每千里给银十两，每百里给银一两等语。

定例俱已分晰载明，仍咨该抚办理可也等因咨院行司移道。准此云云。

分别军需盘查两案名目

照得东省各官养廉内有应扣补军需案内各属垫办例外支用各款，及盘查年款案内官垫民欠及悬抵无着各款两案二成银两。现在军需二成，虽已停扣，惟六年六月以前应行追缴补扣者，尚复不少。若不区别名目，易滋混淆。今本司酌定，自嘉庆二十一年起至嘉庆二十五年十一月十五日以前者，名为原扣军需二成；在嘉庆二十五年十一月十六日以后至道光六年六月三十日以前者，名为补扣军需二成；其自道光七年正月初一日为始者，本系奏明接扣归补，盘查年款案内银两，应别以盘查接扣二成名目。如此办理，眉目庶清，查核较易。（道光七年闰五月通饬）

办运临砖通饬

委员押解临砖，如系押运岁修砖五千块，准给津贴银六百两。如带补解造砖者，准按每千块减半，再摊给津贴银六十两。如押解添办临砖，仍按旧章五万块为一运，给津贴银一千五百两；如不及五万块，系一员押解，应按解砖之数，每千块给津贴银三十两，倘不能一运必须分为两运，饬委二员押运者，准照每千块津贴银三十六两之例办理；如押解在五万块以上，仍照旧章摊给津贴银一千八百两，不准再有摊派。（十年三月通饬）

十年分委员费宗礼等押解添办临砖四万六千块，不及五万块之数，因系分为二运，且装运赴通有军船、雇船之别。该员由豫省军船押运，砖数虽少，费不能减，津贴不敷，照五万块以上，准给津贴银一千八百两。

吉地临砖分别详委丞倅佐贰

吉地临砖分作两运，由司详委丞倅一员作为总运、佐杂一员作为帮运，均于批内一律填明，饬令亲赴临清拣选响亮好砖，眼同装载。砖不如式，即将该州严行参办。其津贴银两仍按旧章，五万块以上一运，给津贴银一千八百两之数，核计两运，共给银三千六百两，归通省州县摊捐，毋庸府州轮派，已足敷用，不准请增。仍将酌委丞倅大员总运，有所责成，以昭慎重之处，先期另详咨明大部。如委员办理不善，或致贻误，分别参惩。嗣后凡有吉地临砖，悉照此案章程办理。至寻常砖块，仍委佐杂，其惩罚章程并请即照前详通饬遵办。（十一年通饬）

现任州县多有地方公事之责，委令解砖既不能给予津贴，必致借口赔累。所有临清州议请改委现任州县之处，碍难准行。

临砖损破，委员分别记过

嗣后无论奉办何项临砖，一面严饬临清州务须停泥加工、盘踩细腻、如式烧造，倘有泥性粗糙、底质浮松以及沙眼尺寸不符，即属造不如式，应将该州详请参办；一面责成轮应府州慎选妥员详委押解，饬令亲赴临清拣选响亮好砖，眼同装载，将该员押解之砖作为十成计算。如奉部验驳，破碎哑声砖块，仅止一成中之一二分，不及五分者，免议；五分以上至不及三成者，详明记过；若在三成以上者，现任人员详明存记，归于甄别案内办理，候补人员详明永远停止差委署事，并将遴委不慎之府州分别详请记过。如此明示劝惩，庶足以昭慎重而免遗误。（十一年通饬）

解京差务不准于原摊支领之外多请

嗣后凡有此等解京差务，均不准于原摊支领之外，稍涉浮词多请，致以差委为渔利之场，有碍官方。是为至要。切切，勿违。

十三年抚宪钟[1]批司详，酌增二运吉地临砖委员徐灵津贴银一千两请核示案[2]

停领南运额引，专销积引，畅滞引张一并融销

一、请停南运额引，尽销前两年积引一款。据称，引地畅滞不一，畅岸十居二三，滞岸十居七八，所余之引全仗卖销。自淮北改行票盐，盐价大减，民间食贱，不食贵引，悬无人接办，愈积愈多，非因时变通，目前即虞倾覆。请将南运引十七万二千四十八道，自本年为始，暂停领二年，令其尽销前两年积引，销引若干，随引交课。如销数不敷停引之课，统俟二年后积引销尽后盐务起色，再将不敷额课若干，俟二起分限五年，仍令南运各商按数完缴。并请嗣后援照长芦成案，引票畅滞，均准一体融销。洵属课运，两有裨益等语。

臣等查道光十五年据该盐政以东省盐引滞销，请将十四年

① 即钟祥。

② 原文只有标题，未录内容。

积引三十余万道，自十六年起分限六年带销，经臣部议覆准行在案。兹复请停领南运额引，专销前两年积引，并称南运引地无不滞销，非因变通，即虞倾覆，自应准其将南运额引十七万余道，暂行停领二年，让出地步，专销积引，以保大局。

查南运宿州等处额引十七万余道，每年应征课银四万余两，二年共银八万余两。应令即于所销积引内，将停运课银按年如数抵交，毋许稍有拖欠。

再，查前项未销积引，本有应征之课，今既抵作南运额行引课，应俟二年抵完之后，即令将积引课银接续补交，以清纲分。至所称前两年积引，究系何年引目，并计积压，共有若干，均未声叙。应饬一并查明咨部，其所请引岸畅滞不一，援照通融之处，核与长芦成案相符，亦准其一体融销，以清课运。

前件系道光十七年经盐、抚两院奏请停止领南运额引，尽销前两年积引案内，将畅滞引张，援照长芦成案，一体融销。咨奉部议，准行在案。嗣于十八年据菏泽县以认商高敬之借引护盐等情通禀，奉抚宪饬司查明奏案融销一节，檄饬遵办。蒙兼护运开单通饬，如有认商认引行运，准其一体融销。十八年六月初　日奉札。

道光十八年　月　日奉上谕："经额布奏查明悬积停领引票恳恩分别推缓一折。山东省商力疲乏，无力领运，以致积引愈多。前经户部议请，将参商悬引现课正杂银两暂行推缓，业经降旨允准。兹据该抚查明，累商积引、积票并新参各商引票课银二万一千九百余两，核与上年请缓之项，事同一律，加恩着照所请。所有此项累商积存引票课银，同新参各商悬票现课，俱着准其援照成案，暂行推缓五年，俟五年后再分作五年带征还款。其十八、十九等年停领课银，着自二十年起分作六限陆续完缴，以纾商力。至现年应纳课项，仍着该抚督率运司，饬令各商按期交纳，不准再有积欠。俟数年后，将积引、积票及停领引课，一并接续征完，以清款项而符定制。”钦此。

饬知增摊监交委员薪水

道光十七年十二月奉本府札饬，转蒙藩宪札开，据济南府详，准自道光十八年为始，在于原摊交代经费之外，增摊银六百两。除十九苦缺不摊外，其余各处分上、中、下三等摊捐，其所摊银两由司于各州县领款内扣收，按月给发，监核各属交代。委员试用未入，严照作为薪水之需。

筹归借支道库并临清州垫用雇剥银两

道光十八年二月初六日蒙抚宪经①批藩司详，漕船阻滞，雇觅剥船，借支道库并临清州垫用银两，本系以公济公。既据司筹议分养廉之厚薄、缺分之等第，由司道府州县摊捐归款，事属可行。

仰即如详通饬，自奉文之日起，无论正署，按照在任月日分作一年摊完归款，毋任延欠。仍饬临清州将支发银两，造具报销清册，呈送查考。缴。

---

① 即经额布。

禀抚、藩府、道府禀报起解卑前县章令移交二十二年地丁正耗银数日期由①

敬禀者。窃查卑前县章令应交正、杂、仓、捐等款，前经禀蒙宪台、藩宪委员催提，并节次由县移催在案。兹准章令□划银四千两，内系仓款银五百三十九两。又凑支过二十二年德米改折正银七两二钱三分七厘、耗银一两一分三厘，下余系二十二年地丁正银三千二十八两七钱二分八厘、耗银四百二十四两二分二厘，内除坐支起运地丁脚费银六两五分七厘外，实应解司库、宪库、藩库地丁正银三千二十八两七钱二分八厘、耗银四百一十七两九钱六分五厘。现在饬匠倾镕，定于十月初三日批差解赴司库、宪库、藩库兑收。所有起解章令移交二十二年正耗银数日期缘〈由〉，理合具禀大人、大老爷查考。肃此。恭请。

驿递公文迟误，该管官分别记过撤任

为严定驿递章程以肃邮政事。

窃照各州县接递公文，例应按照限行时刻随到随递，不准片刻停留。近日各属递送上下公文，一任管号丁胥夫役压前待

① 此件前后与此件不同，现据原位置排于此。

后，任意延搁；及至饬查，该州县等又不将玩误之丁胥人等从严究惩，转以道路雨雪阻滞或马夫跌伤患病等词，多方掩饰，以致若辈益无畏惧。上年奉宪台饬行曹州府五百里公文，因各属接递误，饬提管号书役人等来省，审拟杖枷，并将漫不经心之牧令详请记过示惩。乃事不旋踵，本年四月间河南抚宪咨宪台五百里公文，各属又复辗转延压，迟至七月始行到省；且查其经由各驿，大半即系上年迟误之处。似此积习相沿，牢不可破，非严定章程，明示惩创，则各属视记过为虚文，势必仍前，任意延误，无以儆疲玩而肃邮政。

应请嗣后各属递送三百里以上至五百里紧要公文，如有迟延逾限，不及三刻者，照例免议；三刻以上，将该管官记过一次；一时以上，将该管官记大过一次，实缺人员停其升调，署事人员停其续行轮署，统俟一年无过，方准由该管府州详请注销。此次记大过之后，如接递公文再有迟误，续记大过一次者，除停其升调委署外，再罚出苦差一次。倘经一再惩创之后，仍有迟误，则于驿务难望稽察周到，应请即行撤任，察看才具，分别核实办理。似此明定章程，使各牧令知过不虚记，自不敢玩忽从事。除先行通饬各属遵照外，是否有当，拟合详请宪台核示。

再，各属接递河南抚宪咨文迟误一案，业经本司提到各州县管号丁胥，饬发济南府审明，将该丁役人等枷号，宪辕在案。所有各牧令应行分别记过示惩之处，候奉到宪批，即照新定章程，另行核议详办，合并声明。为此云云。（道光十九年六月臬司邵①通饬）

---

① 即邵甲名。

驿递公文分别是否紧要、有关军需，不得一概混填四五百里

济南府侯①札历城县知悉。案蒙按察司札开，案查各府州县发申公文，寻常事件，发交铺递，昼夜行三百里；事关紧要，发交驿递，限日行三百里；其事关军需紧要文报，由军台按限加紧递送；稍涉军需无关紧要公文，仍由驿接递，不得辄限四五六百里由军台驰送。倘有混行签发者，降一级调用。此定例也。

本司抵任以来，查阅各属文报，有将寻常应发铺递公文亦发驿递者，有将报雨报雪公文亦混填四五百里者，虽下站接收转递日行仍不过百里，于驿站不致骚扰，然沿成习，不成政体。设有实在关涉军情，例应以四五六百里签发之件，亦必视为具文，迟误递送。所关殊非浅鲜，合亟通饬，札到，该府立即转饬所属遵照。嗣后发申公文，寻常事件发交铺递，事关紧要者发交驿递，总以日行三百里为率，不得再以四五百里混行签发，致违定例；其实有干涉军机、关系紧要者，始准酌量签填，下站接收，按限驰递，片刻迟延，有干参咎。此次通饬之后，如有混将寻常公文擅填四五百里骚扰驿站者，一经查出，定即照例严参。既以四五百里签发，则必系紧要事件，接递各州县漫不经心、任意迟延、核计饬至三刻以上者，亦即严行揭参，决

① 即侯燮堂。

不稍从宽贷。该府有督率之责，并干未便，仍将遵办缘由禀复查考，毋违等因到府。蒙此，合行转饬。札到，该县立即查照文内事理遵办，仍将遵办缘由通禀查考。毋违。此札。（道光十九年三月行）

各项工程非实在坍塌、急不可缓者，不准辄请动项兴修

济南府札历城县知悉。案蒙布政司札开，道光十九年二月十八日奉巡抚部院经①札开，照得裕国端在理财，而理财必先节用。司库耗羡一项，原以留备地方公用之需。东省岁征耗羡四十余万，以一年定款应支之项综计支销，所余已属无几。在款关年额者，固属节无可节，其本无定额者，自当力求樽节。庶几库贮常充，遇有实在紧要急需，即可无虞匮乏。兹查各属修理仓廒、监狱、墩台、营房等项工程，系本无定款应支耗羡之项。历查数年以来，据该司具详请咨者，如十六年咨估十五案，计银八千五百余两；十七年咨估三十九案，计银一万七千余两；十八年咨估八十七案，计银五万四千余两。递年计算，竟至岁有加增。是岂各府州县请修工程必不可缓欤？实由委勘各员之未能核实也。例载：各省修建各工，必须详细查核，如实系紧要应修势难稍缓者，固当动项兴修；若酌量情形可以从缓者，亦当量为节省。倘并非紧要，遽请帑项兴修，照捏报例参处等语。所以杜靡费之渐者，立法最为详备。今东省请修各

① 即经额布。

工，岁有加增。其中即不免捏报之处，自当通饬各属核实办理，以示限制而节经费。合行札饬，札到，该司即便行通饬所属。嗣后如遇实系坍塌必不可缓之要工，方准据实具报，勘实估办。倘系些小损坏，随时自行粘补，不准遽请动项。如有将可缓之工遽请估办者，或经委员勘出，或经上司访闻，即行从严参处，委员扶同捏报一并查参。其营员修理衙署及各官借廉修署，一并照此办理，毋违等因到司。

奉此，查修造工程，年分有先后不等，勘办即有缓急之分。前因军务用项浩繁，于道光六年间户部奏请外省各工，除军装、器械、战船仍照常随时估办外，其余以接到部文之日起，概停三年再为兴举等因。钦奉谕旨允准，转行钦遵在案。

计自停工至今，已历十四五年之久。衙署、监狱、墩台、营房等项，本均在逾限之列，然估修以坍塌为定，非已逾固限即应修葺，且即实系坍塌，若不分缓急，动辄请帑，盈千累万，漫无限制。经费有常，凭估支发。诚如抚宪指饬，递年计算，岁有加增，其中不免捏报之处，自应核实办理，以示限制。除详复抚宪并移道转饬遵办外，合行札饬。札到，该府立即遵照并转饬所属。嗣后各项工程如有坍塌过甚，实系必不可缓，方准详报，勘实估办。倘些小损坏，即令自行随时粘补，不准遽请动项。倘有可缓之工率行估办，一经委员勘出，或烦查得实，立即详请参处。该委员如敢扶同捏报，一并从严查参。慎之，切切等因到府。

蒙此，合行转饬。札到，该县即便遵照司札办理。毋违。此札。（道光十九年）

清厘借垫及清厘库款展至十九年正月二十九日

藩司杨[1]呈详，清厘借垫以及清厘库款，拟请展至本年正月二十九日邵[2]署司交卸之日为断缘由。蒙批，如详接续查办，务使各款条分缕晰，不得丝毫舛错歧异。应拨正者立即拨正归款，应造销者作速造销，应催解者迅即催追完解。并将所查各款开造清册，分别奏应咨详请核办。毋迟。缴。（十九年七月十四日奉饬）

二麦缺雨，未能长发，请将应缓钱粮暂行停征由

为二麦缺雨，未能长发，应将详请缓征各处暂饬撤柜停征，一面委员确勘，并查明征存在官之项，尽数提解，详请具奏事。

窃照东省二麦现已将届成熟，就通省情形而论，可冀稔收者约居十之六七。惟济南、武定、东昌、泰安、临清四府一州所属，多有冬雪未厚、春雨较稀，已种之麦未能畅发。刻已初夏，即得透雨，亦减收成。并有麦未布种、留俟春耕之地，而现尚待雨不能翻犁。虽已先后详蒙宪台奏免海运粮税，并预着

---

① 即杨庆琛。

② 即邵甲名。

粜借仓谷，小民可免食贵之虞。而现在催科输将，实行竭蹶。

据某某等县，以二麦被旱，禀请委勘缓征，势须酌照办理。惟查奏销瞬届上忙，正在兑收，民瘼固不可不恤，而钱粮已征未征之数，尤不可不分明画界。本司悉心筹酌，凡详请缓征之处，自应一面委员确勘，暂饬撤柜停征；一面截清已完在官之项，尽数提解俾免牵混，再将实欠在民者酌予详请奏缓。此外，续有报缓之处，亦即照此办理，务使民有实济，帑无滥缓。除俟逐一查明另行汇案详办外，拟合先将请缓各邑暂饬停征缘由，详请宪台鉴核具奏。为此云云。

详请展缓各属历年旧欠十六年十月

为新旧钱粮并征，民力未逮，核实再行展缓，详请具奏事。

窃照本年登、莱、青等府所属春雨未能一律优沾，麦收丰啬各异，及济、东、泰、武、沂等府，亦有麦禾被旱之处，议将上忙新赋分别缓至麦后秋后启征，并有仍征新赋仅缓旧欠者，均经详蒙前升宪奏奉谕旨，允准在案。

前因下忙已届启征之期，而上忙转瞬亦须启征。国帑攸关，自应督饬认真催征，随时提解，不得稍形松懈。但东府地多瘠薄，上年秋收较歉，因鲜盖藏，即省西各府亦有积歉之区。此时上、下两忙一并征收，且有应带旧欠同出借仓谷应于秋后一并征收，本司深恐民力未逮，议将历年旧欠及原缓、递缓钱粮等项，再行展缓。详蒙宪台札饬道府亲诣履勘实在情形，另行详办，曾经分别移行遵照去后。兹据各该府州督同所属逐一确切勘明，分别征缓具禀前来。

本司覆查登、莱、青及济、东、泰、武、沂等府，上年秋收既多歉薄，且有连年麦禾被旱之区，民力本未宽裕。现虽收成较稔，而上忙并入下忙，征收为数已多，复有应带旧欠、应征仓谷等项，完纳实不免拮据。自应各就地方情形核实办理，本司逐一确核。除二麦被旱案内之长清等处，复因秋禾或系被水，或系被旱，应归秋歉案内详办；又蓬莱、黄县等处历年司库地丁正耗，均已全清，应毋庸议；又查平原、沂水等处，据各该府勘明，收成较他属稍为丰厚，新、旧照案征收，均毋庸置议外；所有莱阳等二十八州县，除原缓上忙新赋应于本年分别麦后启征，并缓旧征新之章丘、惠民，其新赋均照常征收外，凡有应带历年旧欠，及原缓、递缓钱粮，漕项河银，临、德等仓，民佃盐课，摊征堤工、河工、地租，出借仓谷、籽种等项，均请展缓至十七年秋后，各按最先年分递年依次带征一年。俾纾民力，感颂皇仁，实无既极。是否有当，理合详请宪台鉴核具奏。为此云云。

议覆寿光县禀请寄庄钱粮划归代征州县参办

云云。奉此，查各属征收钱粮，向照定额核明已未完银数，列揭报参。但既有寄庄，则无催征之权，而有经征之责，居住州县未能代征依限全完，以致仍照原额蒂欠获咎，本系代人受过，未免偏枯。惟定例，代征之员虽有参处明文，而查办奏销从未将寄庄钱粮归代征之州县查扣分数。原以一岁之中，此县民人置买彼县地亩，彼县民人亦有置买此县地亩，如届奏销，按其寄庄未完划归居住之州县参办。设此县置买彼县地亩，不旋踵仍为彼县置买，未经过割，地方无从知悉，则本境之所谓代人受过者，又即为寄庄之州县借口代人受过。且奏销有一定限期，如于截账之后，彼此查清某县代征寄庄若干、未完若干，造报到司中，亦未便以一面之词遽行开参，势必行查覆到，始能核办。一省之大，彼此均有寄庄，道途远近不一，往返耽延，不但贻误奏限，而各属于额征项下逐年更章亦不成事。除照向办成案，分檄益都、昌乐、潍县将代征寿光寄庄银两赶紧催征，务于奏销前扫数全完，免致参处外，拟合详请云云。

抚院行司转饬沿河州县修筑民埝

照得运河两岸民埝关系漕运、民田，必应高厚整齐，不准卑薄残缺。近年以来，闸、卫两河水势微弱，间有卑薄之处，亦得免于冲刷漫溢。因而该地方官仅知筹水济运之艰，遂视民埝为无关紧要，并不讲求修补，不知盈虚消长，理有可凭。水势之浅弱于往年者，安知不盛涨于今岁。倘平时漫不经心，一任卑薄残缺，迨至河水盛涨，抵御无资。临时即购料集夫，昼夜抢筑，不独多耗民力，而运河已受洩水之患，民田已有淹浸之虞。贻患实非浅鲜，彼时即将该地方官从严奏参，于事已属无补。

本部院未雨绸缪，不惮谆谆告诫，除径札沿河州县遵照将该管境内民埝迅速周履查勘，如有卑薄残缺之处，立即多集人夫赶紧修筑，务使一律高厚巩固，以资捍卫。事关漕运、民田，务须认真查办。倘经此次谆饬之后，仍敢玩泄从事，以致贻误，即行禀请参办，毋稍姑容。切切。仍饬将境内民埝段落丈尺数目查勘，何处高厚巩固，何处卑薄残缺，现在如何办理情形，开折禀报查考。道光十九年四月初十日。

议覆河南请改济运旧例司详

为饬知事。

道光十九年正月二十七日奉宪台牌开，道光十九年正月十九日准河南抚院咨，据布政司、粮储道、河北道会呈称，云云，毋违，须牌等因到前署司，移交本司。伏查漕粮为天庾正供，筹水乃近今急务。连年雨泽短少，南粮帮船行抵卫河，节节浅阻，剥运维艰，以致抵通迟滞。上烦宸廑，自应未雨绸缪，相臻妥善。

查河南九道堰之小丹河，为卫河一大来源，向例自三月初一日起至五月十五日止，三日济运，一日灌田。立法之初，济运紧要，已可概见。豫省司道等议覆此案，查有《怀庆府志》内载："康熙二十九年因大丹河口横河筑坝，阻水南流，十八民渠不沾余沥。府县为民请命，于是巡抚闫公飞咨总河王公亲勘，题明每年三月初用竹络装石横塞，使水归小丹河入卫济运，留涓滴之水以溉地。五月尽重运过完即开诸渠，用竹络装石塞小丹河口，以防山水漫溢，士民称便"等语。是又丹水先尽济运之一证。

今署卫辉府郑守等，因南粮首帮总须四月望间攒出临闸，议将议运旧例改为四月十五起五月二十五止，虽系变通惜水起见，但粮艘出闸迟早不定。诚如宪台牌开，东省水势充盈，虽当济运之期，亦不妨咨会停济，以利民用。倘或长河微弱即应灌田之日，亦应闭埝，以利漕行。未可轻改旧章，将济运之期改至四月十五日，致粮艘出闸之时先行浅阻；亦未便拘于成例，于五月十五日停济，致夏秋雨少之际停滞漕行。实为至当，不易确论。

惟小丹河一道，自河内薛庄出境之后，应由武陟、武修而行，各处均设有闸座蓄水灌田。若上游认真堵闸，下游复多阻滞，水势仍不能畅达。河内虽设有管河县丞一员专司启闭，但官之直目难周埝长，人等亦不无秉间作弊。应请宪台分咨河东总督、河南巡抚檄饬卫辉、怀庆等府，查照该府等原议，督率下游州县于济运期内将河中闸座一律启板，两岸闸座一律下板，并令各州县不时亲往查勘，以免偷漏。

再由东省遴委妥员于三月初一日以前，前往豫省会同管河县丞相度机宜，慎守启闭。查有偷漏运水情弊，将埝长从严责革。该委员俟重空完竣，方准回东销差。俾坝长人等无弊可生，济运不致匮竭。所有委员盘费由司筹款酌给，以资办公。

至于东省水势之旺弱，原可随时饬知，分别停济、宣济，设如济运期内河水微弱，恐各该县民人只以灌田为重，将河中闸座紧闭，以致河水不能畅流入卫。该委员即应常川来往巡查，移会地方官严行禁止，一面通禀各宪核办。如委员虚应故事，不为认真巡察，及各该地方官或有徇庇情事，应即由河南抚宪分别严参示惩。其河水长落情形，并饬随时限日飞禀，以凭稽核。至于河身淤垫、堤岸残缺应如何挑修，埝长应由何人保充、如何更换，署卫辉府郑守等业已议及，应请一并咨明河南抚宪转饬，查照办理。

再，郑守等禀称，风闻天旱水浅时竟有无赖匪徒打坝为讹索商船地步，不但为害行旅，抑且有妨漕运等情，并请移咨河南抚宪严饬各该地方官随时留心查禁，实为公便。缘奉饬议，是否有当，理合详覆云云。

漕院查看泉眼河道奏稿

奏为察看豫东一带泉眼河道，酌请查禁截水、挑挖土埂、疏治停沙，以利运道，恭折奏祈圣鉴事。

窃臣前奉上谕："重运吃紧，即赴新任，毋庸来京。现闻运河浅阻，着于路过豫东一带，留心查看泉眼河道，如有疏浚、挑挖不力，致有壅塞等弊，即据实严参，毋稍徇隐。"等因。钦此。臣于恭报交卸折内，将驰诣查勘缘由先行覆奏，奉朱批："知道了。"钦此。

臣于五月初八日自汴起程，亲诣该处，勘得小丹河发源于山西，由豫省河内县之丹谷口出山，至九道埝分而为二：一向东南流，名大丹河，溉田之外，余水入沁；一向东流，名小丹河，经武陟、修武、获嘉、新乡等县归入卫河。百门泉发源于辉县之苏门山，南流至新乡县之岔河尖与小丹河合而东趋，是为卫河，复与淇、汤、洹、漳诸水合流至临清州会汶济运。康熙年间，定制小丹河、百门泉之水，自三月初一日起至五月十五日止，分别三日济运，一日灌田以后听民使用。乾隆三年，河臣白钟山因侍郎赵殿最等有于馆陶、临清设立水则之请，议称卫河水势三、四、五月天晴日燥，源流微弱，涩流居多，平流殊少，畅流则数年不能一遇，水则竟可不立？如遇雨泽愆期，河流浅涩，将百门泉等处民渠、民闸酌量暂闭，以济漕运。本年春雨稀少，河水倍浅，山东抚臣经额布援照成案，奏准将官渠、官闸一律畅开，民渠、民闸暂行封闭，曾经臣在河南巡抚任内委员分投查办。是山东抚臣为此奏者，原在四月初雨少水缺之时。今臣奉旨察看，已在运次得雨、水势充足之后。臣于五月十二等日在小丹河百门泉等处，率同官民人等探量水势，均深三四五尺不等。又于经过之武陟、修武、获嘉、辉县、新乡县、汲县、浚县、内黄，直隶之清丰、南乐、大名、元城，山东之冠县、馆陶各县，逐处探量，均自三尺至七八尺不等。臣于五月二十七日抵临清州，闸内汶河存水七尺二寸，闸外卫河存水五尺。询之委员、运弁，佥称水势实系充盈，足资浮送。即以山东抚臣亦曾咨会，仍循旧章，按期灌田济运，以此时情形而论，实无壅塞之弊，似可免其参处。惟每年粮运开行，均在冬春水涸之际，亟应预为筹办，庶免临时周章。

臣昨在修武县之东关外，见有石闸一座，两岸皆有渠口、坝根。虽据禀建自乾隆年间，为五月十五日以后引水灌田之用，但旧制小丹河引水灌田须用竹络装石横塞渠口，使灌之外仍可济运。今建立石闸，恐有拦截全河之弊，应责成地方官严行查禁。又新乡县民乐桥有土埂一道，长六丈余、宽一丈余。乡民佥谓活沙所聚，旋挑旋聚，无碍河流。第恐日久生成沙洲，挑挖殊不容易。应责成地方官及早挑挖，以除隐患。又内黄、清丰、南乐、大名、元城、馆陶、临清等处管理卫河，为豫省粮艘经由之地。该处河身较上游宽至数丈及十余丈不等，河宽则水势散漫，且各源多系山泉，动挟泥沙而下，在盛涨之时，沙随水逐，尚不至于留淤，转瞬秋冬水弱，停沙实为可虑。应责成该管道府严饬印汛各官实力疏浚。倘敢奉行不力，致来岁重运，仍有浅阻迟延之事，即指名严参，以儆怠玩而重运务。

现距重运回空为期尚早，河流盈缩无定。臣于查看后，即咨会直隶、山东、河南各督抚臣，转饬分别查办，以免迟误。

计至五月二十八日粮船已出临闸，四十三帮仍复衔尾而进。臣入东境后，又复运次得雨，河流畅旺，秋稼亦甚芃茂。洵堪仰慰圣怀。所有臣沿途察看泉眼河道，并酌拟饬办各缘由，理合云云。

请斥革诡寄钱粮庙职县详

为诡寄钱粮，详请斥革惩办，以儆效尤而破积弊事。

窃照卑县钱漕未能年清年款，固由刁户抗欠，亦因诡寄飞洒所致。卑职上年调补斯邑，风闻业户置产承粮，弊窦百出，多有承买本里宅地，混将粮名飞于寄庄之下。盖缘寄庄为邻邑所辖，一经飞离本境，卑县即不能径往催完。迨经备文关催，该花户又非实居寄庄可比。邻邑查无其人，无凭传追往返。关查日久，即为无着。此等空粮，卑县历前任赔垫不一而足，缺苦差繁，何堪当此。故卑职于上年到任后，力图整顿，设法查催，并将诡寄飞洒之弊节经出示禁改。乃寄庄漕米三百七十余石，而至今民欠尚有七十余石，无着花户竟有三百数十名。其中积难追之弊，现在逐一清查惩办。惟查有相恒涟、相笛、相传诗三户钱粮虽已完纳，其粮向在褚家营本里，忽于道光十六年并无移居别情，辄将三名粮赋改拨济县西营庄寄庄之下。该花户等现居齐邑陈家庄，并非外县庄花户。其为飞洒避催，有心诡寄邻封，希图日后抗欠，显然易见。

查相恒涟系报捐至圣庙启事官。相笛、相传诗系伊子侄，当将该庙职传案，饬令将伊粮名仍拨归本里完纳。乃该庙职抗不遵依逃跑，今传到查讯，辄大肆咆哮撞头拚〈命〉，饬役看管，复行脱逃，似此恃符逞刁。是卑县正欲清理寄庄钱漕积弊，竟为该庙职一人所藐抗，自未便隐姑容，致多掣肘。所有庙职相恒涟一名，理合详请宪台俯赐详咨衍圣公府，将其衣顶褫革。仍请委员来县讯明，因何凭空改拨寄庄，照例惩办，以儆效尤而破积弊，实为公便。除迳详抚宪、藩宪、臬宪外，为此云云。

无缓征之年计分数法[①]额征分数不及十分者不可用

以三百六十分作十分，每分该三十六日为法，除在任月日，即得应征分数。以在任日数为法，乘额征银数，得若干；再以三百六十日为法，除之即得应征银数。

缓征之年算分数法[②]

先以缓征银数为实，以额征之数分作十分，以一分之数为法，除之便得所缓分数。额征分数之中，除去缓征分数，便是实应征分数。

以实应征分数，乘在任日数，得若干；再以三百六十日为法，除之即得在任应征分数。

以在任日为法，乘实应征银数，得若干；再以三百六十为法，除之即得应征银数。

---

① 此篇所处位置遵底本。

② 此篇所处位置遵底本。

禀无着牙杂银两，议请历任分赔由巨野黄维翰

敬禀者。窃查卑县自嘉庆十五年起至道光十六年止，有民欠未完牙杂税银共一千二十七两八分八厘。缘此项牙欠因越年久远，兼以今昔情形不同，行户塌累、经纪逃亡更换所致。历任交代案内均以实欠在民，应由后任催征，从无议及作何着落清款，无如后任无法代征，以致年复一年愈积愈〈多〉。伏查牙杂银两本应年清年款，而历任征收久已不能足额。若不亟定章程，必致徒有催征之名，总无征完之实，殊非慎重课税之道。卑职接收前署任程辅辰交代，当经监交历城县王令①等议将前项牙欠银两，自嘉庆十五年起至道光十六年止，俱着落历任之员名下，各按在任月日，分别追赔归款。庶积欠归于有着，而课项不致虚悬。理合将卑县牙欠银两经监交核议缘由具禀云云。

禀覆查巨野县积欠无着牙杂税银，应请照案分别着赔免追由

敬禀者。窃蒙宪台批，据卑职维翰②禀，前署县程辅辰任内查有积年牙税银，议请着落历任分赔缘由。蒙批，杂税银两系日计货抽收之项，非钱粮尚有民欠可比。今该县积年共欠银

① 即王发越。

② 即黄维翰。

一千二十余两，历前任既未及时批解，程署令系最后出结之员，自应如数移交解兑，未便着落历任分赔，致库项虚悬等因。

遵即会同监交卑职发越①复查，得巨野县杂税一项，从前本系岁收足额，并无分厘短欠。缘自嘉庆十五年以后，牙行塌累，经纪逃亡，招募乏人。顶补税银逐无所出，而历任又从未筹议作何着落归款，遽于递年奏销册内虚报未完，以致年复一年，愈欠愈多。截至道光十六年，共银一千二十余两。当卑职等会算程牧交代时，因查此款课税攸关，难容虚悬。是以公同核议，禀请着落历任分赔。兹蒙批饬，前因卑职等伏查杂税银两，原应按日计货抽收，不比钱粮或有民欠。如果牙行并未塌累，有税可征。历前任均已征存未解，程牧为最后出结之员，漏未查出接收，责令全数赔补，固属咎所应得。今巨野县积欠税银不但并非官欠，且非牙欠，实因无牙以致税银无着，责令官赔已属偏枯。此时若再责令程署牧一人独赔，更欠平允。卑职等复加筹议，应请将道光十年以前积欠之项，遵照前旨准予补咨请免，其道光十一年以后至十六年止无着税银，查照济宁州无着牙欠，咨部覆准成案在于历前任名下分赔，以昭公允。理合云云。

派办闽硝州县闽省咨取数目系马牙净硝，东省派数系按例以毛硝煎提马牙，照毛硝十斤折牙硝六斤加增饬派

聊城、菏泽、济阳、陵县、濮州、长清、平原、莘县、堂邑、冠县、阳谷、汶上、单县、郓城、恩县、东平、惠民、阳

① 即王发越。

信、商河、丘县、茌平、朝城、齐河、禹城、清平、博平、高唐、临邑、德平、青城、乐陵、滨州、蒲台、夏津、武城、曹县、德州、济宁、金乡。以上三十九州县应派斤数，系随时由司核明有无被灾及有无摊派非常有工程等项，若再派办硝斤实形竭蹶者，酌量免派或少派，匀于别县办解委员缴银之日起，统限十个月。

部硝以东抚准部咨之日起四个月正限外，再展限两个月。

摊解甘饷委员津贴州县

上缺州县：济宁、临清、德州、东平、胶州、高唐、濮州、济阳、泰安、惠民、商河、恩县、章丘、陵县、汶上、阳谷、单县、馆陶、冠县、诸城、即墨、乐陵、肥城、阳信、平原、东阿、堂邑。以上二十七缺，每处三百两，计派银八千一百两。

上中缺州县：历城、淄川、长清、齐东、丘县、宁阳、峄县、莘县、荣成、长山、禹城、青城、滨州、费县、博平、清平、莱阳、朝城、德平、武城。以上二十缺，除历城不摊外，每处二百两，计派银三千八百两。

次中缺州县：莒州、邹县、利津、郓城、齐河、临邑、掖县、夏津、曲阜、聊城、潍县、益都、滕县、曹县。以上十四缺，每处一百两，计银一千四百两。

下中缺州县：滋阳、平度、城武、新城、平阴、日照、茌平、乐安、邹平、郯城、安丘、沂水、博兴、寿光、兰山、蒲台、金乡、菏泽。以上十八缺，每处五十两，计派银九百两。

下缺州县：博山、昌邑、定陶、临朐、福山、观城、高密、莱芜、泗水、黄县、范县、蓬莱、宁海、新泰、海丰、巨野、沾化、蒙阴、高苑、昌乐、临淄、栖霞、招远、文登、海阳、鱼台、嘉祥、寿张。以上二十八缺不派。

此项银两详明在各州县解存养廉内扣支。查东省每年起解各项饷银内，南河饷每万两津贴二十两，惟京饷、甘饷两项每万两各津贴银一百两。缘京饷委员赴部院各衙门投文交纳，向有应交部费等项，而甘饷程途过远，盘费甚巨，均系必不可少之数。是以酌派银一万四千六百两，约计遇起解饷银较多之年，恐尚有不敷，应请随时续摊云云。

一官经征三年钱粮全完，题请议叙

为经征地丁钱粮三载全完，详请具题议叙事。

案据文登县欧文详称，窃查则例内载，直省各州县官经征本年分数钱粮自一万两以上于奏销前全完者，即准其加一级；其两年三年之内或遇蠲缓年分，并非十分全完，或本员适有差委离任事故，并非一官全完，即将是年扣除，俟续有一年征完之年，准其前后接算，声请议叙等语。

伏查卑县额征地丁正耗钱粮，除坐支外，实应解司地丁耗羡、课程、牛筋、正费及并卫正耗等项，共银系在一万两以上。除十六年上忙钱粮因春雨未优案内缓至下忙启征，复又因案离任并未一手经征毋庸议外，所有卑职应征十五、十七、十八等年钱粮，均系卑职一任经征，于各年内全完，与一官经征分数钱粮一万两以上三年全完，准其前后接算议叙之例相符。拟合具文详请咨部查核办理，实为公便等情到司。该署布政使邵[1]查看得，前于嘉庆二十一年奉准吏部行知各直省州县，经征一应起运钱粮数在一万两以上于奏销前全完者，纪录二次；如一官经征三载奏销前全完者，即准其加一级等语。

今文登县道光十五年分起运地丁耗羡、课程、牛筋、正费及并卫正耗等项，共银一万九千八百一十九两二钱三分八厘，系欧文一任经征，于奏销前照数全完，已于十五年奏销案内声请议叙，奉准部覆在案。

又查道光十六年分上忙钱粮，因春雨未优案内奏文缓至是年秋后启征。该令复又因案离任，并非一手经征，应将是年扣除。又道光十七年分起运地丁耗羡、课程、牛筋、正费及并卫正耗等项，共银一万九千八百七两三钱九分四厘，亦系欧文一任经征，于奏销前照数全完，十七年奏销案内声请议叙在案。又道光十八年分起运地丁耗羡、课程、牛筋、正费及并卫等项，共银一万九千八百一十九两二钱三分八厘，亦系欧文一任经征，于奏销前照数全完，十八年奏销案内声请议叙在案。核与前后接连计算一官经征三载全完，于照常议叙之外，再加一级之例相符。拟合据情，详请宪台鉴核具题，照例议叙，并请咨明吏、户二部查照。为此云云，专案具题。

历城孀妇张李氏呈控关文运盗卖宅房一案

审看得历城县孀妇张李氏呈控关文运即张文运盗卖宅房等

---

① 即邵甲名。

情一案。

缘张李氏故夫张仪亭先充该县库吏，娶妾关王氏，带有一子关文运，即从其姓，改为张文运，现充该县户书。道光二年张仪亭病故，亏欠库项银一千一百两，经其徒温庭福查明，禀案讯追，关文运即张文运陆续缴过银三百七十两，下欠银八百四十余两屡限不缴。张李氏因关文运浪费家财、不缴官项，在县呈首，经温庭桢处令张李氏分给关文运宅房一所。关文运因借欠钱铺曾传会［惠］银一百二十两，无力偿还，当将分给宅房写立卖契以抵欠项。曾传惠即将该房赁与孙亮化居住。张李氏旋又查出关文运抵盗伊家外欠借票并房契等物，控经该前县讯明，断令关文运将借票、房契交还张李氏，并将张仪亭所遗一切宅房尽归张李氏经管。分给关文运宅房亦即查封备抵，令其归宗。至张仪亭亏欠官项、私债，均着张李氏呈缴偿还，取结完案。嗣因关文运不肯交出借票、房契，张李氏不能呈缴库项，该前县复又断令关文运承受张仪亭遗产，所欠官项仍向关文运追缴。张李氏以县断前后两歧，心怀不甘，即以前情由府控，蒙宪台批饬提审。遵即提案，悉心研讯各供，如前案无遁情。

卑府复查此案，历城县户书关文运本系已故库吏张仪亭之妾带来义子。张仪亭故后，现有其妻张李氏及嫡子张文思俱在，所遗宅房，自应归于张李氏母子管业，亏欠库项亦应张李氏母子缴还。该前县原断本属平允。关文运既已断归本宗，更不应得受张仪亭宅产。该前县之已断复翻，自系因张李氏不缴亏欠、慎重公项起见。而张李氏之不缴官项，实由关文运之不肯交出借票、房契所致。衡情定断，张仪亭亏欠官项银八百四十余两，仍应责令张李氏母子呈缴。所有张仪亭遗产亦应断令张李氏母子承领，以便变价归还官项并偿私欠。张李氏前经分给关文运指挥巷宅房，原系张仪亭遗业。关文运既已归宗，即亦不得承管，一并断归张李氏管业。其关文运原借曾传惠银两，已将宅房返还张李氏，应令关文运自行立票，分年带还曾传惠，以清借项。关文运前代张仪亭呈缴官项时，有指房作保借欠李秀云银一百两，应令张李氏认还。关文运收存借票二十三张文契，四纸俱已追出，当堂发交张李氏具领。至关文运前将宅房卖与曾传惠抵欠，系因张李氏先将此房分给居住，并非私自盗卖，应毋庸议。曾传惠系将抵欠房屋出赁，讯无伯宅滋闻情事，应与赁宅居住之孙化亭俱毋庸议。案已讯结，未到免传。张仪亭所遗宅房先经历城县查封备抵。除饬该县差传张李氏到案，勒限追缴库项，取具各结附卷，并将人证保释候示外，缘奉饬审，拟合将讯断缘由，具文详请宪台查核。为此云云。

汶汛运河募夫工程请归河员办理奏稿

护抚贺①奏为汶汛运河募夫工程，州县分挑诸多掣肘，酌议仍令河员试办，量予津贴，以免贻误而昭平允，恭折会奏，仰祈圣鉴事。

窃照东省运河冬挑淤浅，除河工汛闸员弁额设兵浅泉闸等夫计土承挑外，其应募夫土方，溯查卷册，或归州县，或隶河工，历年时有更变，现在统系沿河十九州县卫所分段办理。惟是各汛运河，独汶上一汛工段最长，且南旺一带为汶水出口之处，水过沙停，受淤更甚，兼之河底起瀚，旋挖旋淤。两岸陡

① 即贺长龄。

高，出土费力，是为最难办理之工。其应募人夫，归汶上者十之三，派东平、东阿、阳谷、寿张、巨野、嘉祥、鱼台等处者十之七，所谓八募是也。

而此八募挑工，惟汶上系属本境，其余七州县皆非本管。相距工次，远则数百里，近亦不下百里。且自十二月兴工挑至次年二月收工，阅时又有三月之久，州县各有地方之责，势难隔境驻工，置本任地方于不顾。而工程紧要，又不能不按限兴挑，遂悉交之幕友、丁书之手。计每日须用人夫多至八九百人，少至四五百人，难令越境相随，均须于汶境就近雇用。而该处大小夫头素称狡猾，明知仓猝兴办，官不在工，必故高抬其价。及至领银到手，又有吃价之例。十夫每短二三，稍不遂意，则竟裹足不前，要工莫举。稽查短数，辄纷纷逃散，误限为虞，甚则漏水坐压，使之暗中多费，加侉抢险，更于明处勒增。种种挟制，不可枚举。虽监挑尚有河员，亦惟束手坐视。若更恐意挑剔，则翻段、翻工转为州县所苦。此八募分挑诸多掣肘之实在情形也。

伏思要工必期妥善，经理务在得人。州县挑工自不如河员之谙练，若再假手于人办理，更难核实。其在各州县本境者，分身督办，尚可不致误工。若隔境分挑工程，既极艰难，而又不能亲自料理，终恐不免偾事。与其补救于决裂之后，何若绸缪于未雨之先。况地方河工同为国家宣力，原无畛域之分，州县分挑既多掣肘，自不若仍归河员，可期无误。

臣等再四筹维，河员办理自较胜于州县。盖河员常年办工，利弊周知，不致为人夫朦混；州县则未谙河务，仓促雇募，每致临时周章。河员当冬挑之际、适霜清闲暇之时，正可出其余力，亲督办工；州县则正值漕务，地方交相忙迫，实属无计分身。夫同一工程而强所未能，孰若习其事者之工程为胜；同一经费而借手他人，孰若躬自办者之经费为省；同一呼应而委之丁役，孰若临以官者之呼应为灵。既已灼见其情，岂可仍沿其误？惟工程难办，赔垫在所必需。前虽定有津贴，而夫价日昂，今则又已不敷，河员不堪赔累，亦属实情。自应筹及两全，俾可垂之久远。应请嗣后八募挑工，除汶上应办十分之三系其本境，仍令该县承办外，其余十分之七，应请仍选河员会同汶上县分段募夫兴挑。每届十月，即令原办之东平等七州县按照历年派募酌中之数，加帮四成，解交运河道库拨给河员，以资添办。仍俟派定之后核明银数，如有参差，饬令如数找解。倘州县视为捐款，临期观望，仍将工段责令承挑，以杜借口延误。似此变通调剂，则河员得用所长，工程益臻妥实，州县获免浮费，更可专意办公。似于河工、地方，两有裨益。第事关更改旧章，州县加帮能否长远乐捐不致短缺，河员承挑能否办理如式不致迟误，应请试行二三年后，再行奏明定案。臣等往返札商，意见相同。谨合词恭折具奏，伏乞皇上圣鉴训示云云。

汶汛运河募夫工程应仍归州县承办，毋庸改归河员奏稿

奏为遵旨查明汶汛运河募夫工程，据实覆奏，仰祈圣鉴事。

窃臣接准军机大臣字寄道光七年九月十五日奉上谕：“据严①、贺长龄奏，汶汛运河募夫工程州县分挑诸多掣肘，除汶上应办十分之三系其本境，仍令该县承办外，其余十分之七议

① 即严烺。

请仍派河员会同汶上县，分段募夫兴挑。每届十月，即令原办之东平等七州县按照历年派募酌中之数，加帮四成，解交运河道库拨给河员，以资添办。至州县加帮能否长远乐捐不致短缺，河员承挑能否如式不致迟误，俟试行二三年后再行奏明定案等语。东省汶汛运河工程向归各州县募夫分挑，如欲量为变通，必须筹及两全，方可垂之久远。着琦①将该处募夫挑工情形详加体察。如该河督等所奏派令河员试办量予津贴之处，事属可行，即着照议奏明办理。如不可行，则毋庸轻改旧章，亦着据实具禀，将此谕令知之。”钦此。寄信前来。

遵查东省运河开自元代，挑工著于前明，我朝经河臣白钟山题定，沿河十九州县一年小挑、一年大挑，合计两年用银二万两有零。地方工程归州县领银承办，额工归河员承挑。自乾隆五十三年前巡漕臣和②奏改章程，将运河挑工每年由河臣派员探量受淤厚〈薄〉，切估钱粮，奏明办理，从此河员与地方官始有牵制。至嘉庆四年前抚臣陈大文裁革陋规，州县等纷纷具禀，借词赔累，始议令分派沿河佐杂协同河员公同挑办，每年酌估津贴银二三万两，拟请动用耗羡，奉旨准其一半在耗羡项下动支，一半在抚、藩、臬、道养廉坐扣等因。

嗣于十年间，抚臣全保因养廉须资办公，又奏明在交商坐息项下划出银三万两内分作津贴，运河挑工养廉遂停止坐扣。迨十三年巡漕臣文修以州县承办挑工已行之一百数十年从无贻误，自改归河工佐杂协办弊累百出、误运堪虞，奏准仍旧归州县办理。十六年原任两江督臣百龄以山东州县挑浚运河请仍归河员，奏奉谕旨未及奉行，旋据巡漕臣韩鼎晋以地方官募夫承办者百数十年奉行无弊，自归河员承办呼应不灵、弊窦丛生，

---

① 即琦善。

② 即和琳。

请复旧制。

钦奉特旨："东省运河募夫工程旧系沿河州县卫承办，嗣因陈大文及百龄先后奏准改委河员办理。兹据该御史奏称，东省沿河州县卫承办〔其额设兵浅泉闸等夫及疏浚修治各事宜仍责河员经理〕，募夫已百有余，仍请改循旧例，着仍归沿河十九州县卫承办。其额设兵浅泉闸等夫及疏浚修治各事宜，仍专责河员经理，毋得互相推诿，妄议更改。"等因。钦此。此沿河十九州县挑工屡改屡复，并筹款津贴之原委也。

臣钦奉谕旨后，州县承办挑工虽向知不免赔累，而漕运所关自更重于州县，况责令捐资，尤须详慎。设议改之后，州县能否年年帮贴，河员能否照办如式，必须事前斟酌尽善。河臣系原奏之人，情形较臣更为熟习，当即函询，并行运河道李恩绎查复。旋据河臣严复称，州县帮贴河员承挑亦难常保不误，是以折内声明试办。据河道禀称，实未经手办过，其中利弊须试行方可周知，未敢臆断，可垂久远等语。

窃思此项挑工系河臣及运河道专责，今据所称，是专责之人尚无把握，臣何敢以漕运重务轻为尝试？况州县承挑虽有赔累，而所用省费视乎其人。倘经理不得其宜，即无挑工亦未必无亏缺。若欲借口，则所捐四成亦可指为赔累之端。夫以从前特旨捐廉之款，在大员尚不能永远奉行，何况州县小臣今转欲其乐捐无误？若如原奏，待其临期观望，再将工段责令承挑，是忽归河员，忽归地方，更属参差不齐。臣以为，前事者后事之师，此项挑工改归河员承办，前已屡改而不能行，日后亦可窥见。地方事裁之甚易，复之实难。倘或河员办公不能凑手，彼时再令州县挑办，必致加倍为难。似应谨遵嘉庆十七年谕旨，仍循旧章办理，毋庸更张。抑臣更有请者，法不可不守，弊不可不除。自挑工改令河〈员〉年年勘估之后，估工、监挑与募夫收工层层委员，均不免有浮费。甚至河员荐幕友、荐长随，稍不遂意，非挑剔工段，即将沿河闸板私开一二放水灌塘，则所作工程尽归虚糜。积习相沿，已非一日。若一禀揭，不惟有误挑工，且蹈与受同科之咎。此各该州县不愿承办。而贺长龄原奏所陈恣意挑剔翻段、翻工，拟请改归河员之所由来，是又在夫头垄断、供顿烦劳赔累之外者，应请嗣后仍照旧章。除额工归河员承办外，其募工每年责成运河道亲临确估，饬交各州县挑办；工竣之日，由河臣、运河道亲临验收。有不如式者，听其参办，其来往夫马供应一概裁革。所有委员估工、监挑各项，概行停止，以免滋扰。至八募地方承办挑工，责成汶上县照本境自办十分之三章程，一体办理，不得心存畛域，一任民夫讹索。倘有仍前各项情弊，准各该州县径行通禀，以凭参办。如此则地方官之累自轻，而公事益昭法守矣。是否有当，伏乞皇上训示遵行。谨奏。

奉上谕一道，道光七年十月初十日内阁奉上谕："前据严、贺①奏东省汶汛运河募夫工程请归河员试办，当经降旨交琦将该处挑工情形详加体察，据实覆奏。兹据奏称，此项挑工向系各州县承办，若改归河员，倘办工不能凑手，彼时再令州县承挑，必致推诿误公。着仍照旧章，饬令各州县办理，毋庸更张。惟每年委员勘估收工不免浮费，嗣后除额工归河员承办外，其募工着责成运河道亲往勘估，饬交各州县挑办；工竣之日，由河督及运河道验收。有不如式者，立即参办，其往来夫马供应一概裁革。所有委员估工、监挑各项，概行停止，以免滋扰。至八募地方承办挑工，着责成汶上县照本境自办十分之三章程，一体办理。倘有仍前情弊，一经查出，即着严参惩办。"钦此。

---

① 即贺长龄。

蠲免案内司中先应查办章程

一、各属查办民欠尚需时日，应先由司查照。道光十五年上忙册内未完民欠地丁正耗，攒造底册，该承各按经管州县卫所照办理奏销旧章，查明某县某年欠解若干，忙册截数之后有无续解银两，确核档案，逐一注明。查完一县，立送蠲免房印戳，再送内署核对。俟属册办竣，由府而司各结总数，每一年分须刚连纸一页，便于登除别项银数。

一、各属路途远近不一，造册到司即有迟早不齐，司中应由路近州县先行查造，以便属册到时立行核对。

一、临、德、常等仓及河库银两，系在地丁项下统征分解；又修筑湖河堤埝等工奏借帑项，系在地丁银内分年摊征归款；又漕粮一项遇有灾伤缓征；以上各款，恩旨均未指豁，检查嘉庆二十四年普蠲成案亦未豁及，系援照乾隆六十年蠲免之案咨部奏豁，此次自应仿办。除漕仓河银分别移咨粮、河二道饬属确查造册，由道覆核主稿会详外，其摊征堤工一项，应将道光十年以前查明何处兴修，何工奏借若干，原议分作几年摊征，应于何年启征，该年解过若干、未解若干、民欠若干、缓征若干，有无官亏、书亏、已报未解之项，逐年确查，声叙案由，开造细册，呈送核办。

一、各属因灾缓征有先经征存地丁正耗，随后批解司库，司中因已报缓，未届启征收入附贮，应查明何县解何年银若干，开造清册送核。

一、各属坐支各项，奏销案内均系作全支造报。倘该年有以征收银数不敷支扣，或作民欠，或列缓征，概令删除着赔，以符奏销原案。

一、杂税银如课程、牛驴、牙杂等项，各属向照原定额数结报全完，奏销案内虽有未完字样，系指官欠而言，是以嘉庆二十四年普蠲恩旨并未豁及，即外省亦未请豁。但今昔情形不同，如济宁州应征牙杂一项，行户倒坏，税银无从征收，历任摊赔数千两之多，咨奉大部覆准饬追有案。是未完杂税不但并非官欠，且非牙欠，实因无牙以致税银无着。责令官赔，本属偏枯。现奉恩旨既在蠲免之列，自应咨请部示。惟此项银两，盘查专参各案有将悬抵无着接扣二成养廉归补者，盘查前后有划抵作赔另追者，又盘查专参及新亏各案有以领款列抵尚未拨正者，又新参实亏奏销案内尚未登除者，又交代案内有漏查议令作赔者，种种名目，钩稽匪易。设奉部覆准豁，急切未能清查，必致迟误。应自嘉庆元年起截至道光十年止，按年按款厘清楚，开册呈送核办。

一、盘查以后专参续亏及新亏各案，有以存司领款列抵地丁。其间或本可拨正尚未查办，或无款可动尚未核拨，各该年仍作民欠造报。此时自应逐案确切查明，可拨者立时拨正登除，其无款可动列抵之地丁正耗究系何年何项银若干，亦即照原造年款，开册送核。

一、各属参案或有司中尚未核定年款者，其亏缺何年何款若干，部中无案可稽，应即查明共有残票，分手赶办，将实亏地丁及亏缺有款可抵，并能否核拨，照前款分别开册呈送核办。

一、各属参案，如有未经造送年款，亏缺地丁，司中无凭稽核，应即饬催速办。仍令查明有无将存司领款列抵地丁之项，先行开册呈送核办。

一、各属参案亏缺地丁或以县案抵款、抵除，系由后任完解。现在如有似此列抵之项，应即查明已经提解若干、未解若干。提解银两即行拨正，未解银两即行委提，仍先逐案分晰开册，呈送核办。

一、盘查以后专参续亏及新亏人员截至现在止共有若干案，应逐一查明，先行开单送核。

一、交代案内划抵作赔、漏接作赔之项，均不免有地丁在内，应即查明何县何任何年何项各应赔若干，分别开册核办。如司中批准有案尚未咨部，亦即上紧查办。此等赔项务须逐细找寻案据，倘或漏未查办，以致官亏混入民欠多豁，获咎匪轻。切毋大意，以身试法。

一、各属未结交代均不免有征存未解之项，其间或以存司领款列抵，或系现银移交，司中无案可稽，应即严饬作速结报。仍催令将存司领款列抵若干、移交现银若干，分别造册，先行送司核办。

一、各属交代有将应交银两解存司库，究竟所解何款，并未指明。设有地丁在内，凭何核拨，应即确查饬催禀办。

一、出借籽种、口粮，或系动用常平仓谷，或由借给折色并牛具等银，应查何县于何年出借若干，已报征还若干，解过司库某项银若干，报明官亏某项银谷各若干、缓征若干、民欠若干及有无漏查作赔之项，务须分案分款按年各造细册，呈送核办。其社仓谷石入官地租佃欠，一体仿照办理。

一、各属因灾借领夫马工料、官俸役食等项，从前系借动地丁，统作民欠司库造报。嗣奉部咨，改动存公耗羡，因先已借动地丁未便更改，入于俸杂奏销项下。此次查办蠲免，自应将借领银两各照本案分晰清楚，并查明已未征还，按年按县开造清册送核。借领漕项银两一律查办。

一、查办蠲免应列民欠一条、灾缓一条，各属旧欠，已于道光十三年春间展缓案内概行缓征。如该年业经启征，或又遇偏灾递缓，只应将被灾村庄列入缓征项下，其余均属民欠；至未经启征年分，统以十三年展缓之案一律作还征核算。应即检齐各该县报缓、报征原案，查照开造未完民欠式样，赶造清册送核。

一、蠲免一案，各房均有应办事宜，所有拟定章程应由派办蠲免案内经书照抄付交查办。各该承务宜黾勉急公，毋得意存观望，致滋迟误。

一、蠲免一案，头绪纷繁，钩稽切宜详慎，期于悉臻妥协。所有酌定章程如有尚未周备之处，许该经承各抒所见，明白禀候酌示。

一、蠲免一案，早日办竣，即可早日奏豁，俾闾阎共游寿宇，歌颂皇仁。除各属应造豁免各册统一月完竣外，其司中应办事宜即以抄发章程之日起，各该承查照何款应何房承办，何款约计几日可以竣事，一面具禀，一面查办。随办随送，统限一个月一律开造全完，仍各出具某房承管某某事件，均已办竣，并无遗漏，切实甘结。普蠲旷典关系重大，各该承如能踊跃从事，不辞劳瘁，本司自当酌赏，以示体恤。倘敢漫不经心、任意草率，及属册到时本可存办，任意挑剔，以致迟误，定即从严重处，决不姑宽。各宜凛遵，毋贻后悔。切切。

有漕州县需用漕车，应公平雇觅，严禁书役需索勒派通饬

札临清直隶州知悉。照得设官所以为民，凡闾阎之疾苦、

地方之弊害，必赖贤牧令为之拊循厘剔，而后民力以裕，民生以安。第政务殷繁，动辄需费，为牧令者不能遇事捐赔，故或动项开销，或设法调剂，欲使宽裕办公，不致丝毫累及百姓，此又因为民而兼及为官。若有损民益官之举，已非设官本旨，况乎书吏、差保不过供官使令之人，从未有因若辈利无所出，任其朘削民膏、营私饱橐而竟置之不问者。本爵部院抚莅东省前后数年，亟亟以兴利除弊为安民要图。大小属僚咸能勤慎奉公，随时整顿，一切弊窦渐次蠲除。而目前所最苦累小民者，莫若有漕各州县派雇民车一事。查漕额多寡不齐，水次远近不一。在临水次州县本可无需车辆，其由陆路运送者自不能不用车装载。然如闸内州县上年曾经奏明，准在水次买米交兑，所需车辆固应减少；即闸外州县循旧起运之处，亦大率与水次不甚遥远。各牧令果能设法自行起运，将派车一事全行裁革，绝不扰累闾阎，斯为国家实心爱民之良吏。倘以自行起运，万难措置。而本境又未设有行户，势不得不雇用民车，亦当各就情形，按漕米之多寡定用车之数目，按水次之远近定雇车之价值，预期出示晓谕，使小民共相见闻，专立印簿稽查，使书役无从中饱。况车价一项，例有随漕征收脚价，又有一五耗米项下每石拨给五升为帮补雇车脚价之用，系属有款可支。州县虽小有垫贴，为数无多，自应体恤民艰，按车给值，不可使于正供之外，复滋烦费。且民间车辆与行户之专业者不同，虽令受值应雇，究恐有妨农业。更当议立章程，或查明阖邑车辆之多寡，酌雇十分之几成，或今年在此乡雇用，来年轮雇彼乡，以均劳逸，斯犹不愧为父母斯民之目。

乃风闻各州县不论漕粮若干、道里若干，一至收漕之际，概行出票拿车。书役、差保人等，即借此肆意讹索，名为雇募，实未给与分文。即或州县发给红封，车户亦无从到手。甚至以少派多，强为代雇，按亩折价，挨户取钱。如伊等得饱所欲，即不必实有车辆应差；若索取未盈，虽有车应募，仍为伊等百方勒捐，使必偿所欲而后已。各牧令中已有深知民累自筹运脚裁去旧规者，无如裁者寥寥、存者比比。岂竟于小民苦累毫无闻见？乃有明知其弊而不能革者，非必其爱民之心竟不敌其愿惜书役之心，实由书役之作奸层出而不穷，遂致州县之畏患固结而不解。盖书役常在官之左右，或以小忠小信隐相要结，或以一言一事为所窥伺，值此雇派漕车为伊等利之所在，非恃恩以邀求，即借端而挟制，兼有家丁仆从力为怂恿，暗地分肥。倘不允所请，则一切公事皆呼应不灵。或起运紧急之时无车应用；或串通有车之户抬价居奇；甚至领运米石出仓，或在本地盗卖另行买米交帮，或竟盗卖脱逃车米两无下落，并有以此廒之米运赴彼廒代花户完纳，私相折价侵吞，以致米不足数有误兑运，种种奸弊难于悉数。更有黠猾书役串通讼棍，摭拾官过，托人上控，为抗延泄忿之计。而民情蚩愚，又可使由而不可使知。从前派累无穷，亦若例所当然，甘心供应；及至奉文裁减，不思后日之利，转追往日之非，复被里保、书差诱串讦告，图找从前价值，讼词叠起，案无已时。以此数端在书役，既迫州县以不得不从之势，而州县亦复畏首畏尾，无可如何。方且以利民之事为迂远、误公之咎为切肤，借口于积习相沿，听其所为而不问。该书差等既有本官为护，复借里保为爪牙，致使村隅僻壤到处征求，富室贫家咸供悉索。是若辈上可制官，下可蠹民，殊堪发指。

合亟札饬严禁，到该州立即遵照。务当勉循绩，力洗陋规，将派车一事全行禁革，如实势有不能，亦即将征漕数目若干、运漕道里若干、每车可装漕粮若干、每粮一石应给车价银若干，并查明境内乡庄若干、共可出车若干，以运送漕粮核计应雇用十分之几成，阖境有所有车辆可分几年轮流雇用，限一月内逐一开单，禀复察核；一面出示晓谕，永杜用少派多、折价代雇及指不给价之弊。如有书役人等因此心生怠玩，袖手误公，或舞弊作奸，及串人上控，即行指名具禀，听候本爵部院亲提究办。其有刁顽民人不思久远利益，辄将旧事控告，亦即从严惩治。庶几弊窦肃清，而风俗得归淳朴。若该牧令犹谓此为书役利薮，必欲留以市恩，或安听其把持，不肯力为除去，是但知有书役而不知有民，轻重业已倒置，又安望其克自振励，得为循良？即当立登白简，勿谓不戒视成。该牧令等当思，现在裁去漕车，各州县同一载送漕粮，无误兑运，何以甘落人后徒受参劾，当亦有志者所不为。各宜遵行，毋稍泄视，自贻伊戚，并转行所属各县一体遵办。凛切，速切。特札。

豁免嘉庆二十二年以前积欠上谕

嘉庆二十三年十二月十二日内阁奉上谕：“朕自丙辰元旦，仰蒙皇考高宗纯皇帝大廷授玺，寅绍丕基，兢兢业业，旰食宵衣，以勤求郅治。所愿者四海群黎，家给人足，同臻康乐。敬维皇考临御六十年，普免天下钱粮四次、漕粮三次，湛恩汪濊，沦浃民心。朕嗣位以来，亦思广施闿惠，大赉寰区。始缘教匪不清，军兴孔棘。继以黄河泛溢，屡举大工。十余年间，所费帑金数逾十千万。国家财赋岁有常经，实有入不敷出之势。是以嘉庆十四年，朕五旬正寿，恩纶载锡，而未能普惠闾阎。比年仰荷昊苍垂佑，稂莠荡除，万方宁谧，河流顺轨，久庆安澜。以正供所入仅副国用，尚可无虞匮乏。朕子惠元元，深念损上益下之义，俟将来府藏充盈，仍欲覃敷渥泽。明岁嘉庆二十四年为朕六旬正寿，宜先蠲除积逋，俾小民户免追呼，共享含哺之乐。所有各省节年正耗民欠及因灾缓征、带征银谷，着各督抚详晰查明，按照该省所属之某州、某县实欠在民银谷若干，速行开单具奏，以次降旨豁免。并着先将此旨誊黄宣示城乡村镇，咸使闻知。俾官吏、胥役无从影射侵欺，以期膏泽下沛，用副朕惠鲜怀保、仁寿斯民至意。该部即遵谕行。”钦此。

借领漕项全案

布政司钟[①]札惠民县知悉。案据该县申送本年应带征嘉庆二十五年漕粮漕项银米清册，内声叙应解支漕项正银三十三两二钱一分六厘、耗银四两六钱五分。该县本年系应带征嘉庆二十四年钱粮、所有二十五年钱粮，尚未届限，无从支解，应请查核饬知赴领等情到司。据此，查各州县应领漕项银两，现在移咨粮道开册移覆，应俟移覆到日，再行饬知具领。合行札饬。札到，该县立即知照。毋违。此札。

秋后应带征旧欠漕粮不能与地丁同时并征司札

布政司钟[②]札惠民县知悉。道光八年九月十七日准粮道移送本年带征历年漕粮应借领漕项银两清册到司。准此，查该县本年秋后应带征旧欠漕粮，不能与地丁同时并征。所有随漕解

① 即钟祥。

② 即钟祥。

支漕项银两，自遵照上届奏案，由司借领。合行马递札饬。札到，该县立即遵照，备具正副印领送司，以凭给领，分别解支。毋得迟延干咎。速速。此札。

借领漕项各款数目册并印领

为详请借领漕项银两事。

本年十月初三日蒙宪台札开，本年九月十七日准粮道移送云云等因到县。蒙查卑县本年应依次带征嘉庆二十四年钱粮、二十五年钱粮，尚未届限，所有带征二十五年漕粮应解支漕项正耗银两，无从支解。理合遵照札饬，造具款册，备具印领。详请宪台鉴核，俯赐饬发，以便支解。为此云云。

计申送清册一本、印领一纸。

清册。

为详请借领漕项银两事。

今将卑县本年带征嘉庆二十五年漕粮应行借领漕项正耗银两各款数目，理合开册，呈送施行。

计开

惠民县带征嘉庆二十五年分漕粮应借领漕项正耗银两各款：轻赍银三两三钱五分九厘、席草银九钱五分六厘、行折银七两三钱六分八厘、脚价银九两二钱七分、盘费银六两五分、润耗银五两四钱五分六厘、斜席银九分三厘、行粮脚价银二钱一分四厘。以上共正银三十三两二钱一分六厘、耗银四两六钱五分。

印 领

署武定府惠民县今于与印领事。

依奉领得，本年带征嘉庆二十五年漕粮应借领漕项正银三十三两二钱一分六厘、耗银四两六钱五分，不致冒领。印领是实。

司 札

布政司钟①札惠民县知悉。案据该县请领本年带征二十五年漕粮应借漕项正耗共银三十七两八钱六分六厘，并具印领款册到司。查核数目均属相符，惟该县欠解杂款甚多，未便给领。合行札饬。札到，该县立即查明欠解杂款银两，另详请拨。毋迟，速速。此札。

县 详

为详请拨扣事。

道光八年十一月十四日蒙宪台札开，据该县请领本年带征二十五年漕粮应领漕项正耗银三十七两八钱六分六厘，并具印领款册到司云云另详请拨等因。

蒙此，查卑县有欠解道光七年奉裁府斗级工食银三两四分、五年奉裁府斗级工食银三十三两七钱五分六厘、四年奉裁府斗级工食银一两七分。除备连批径送抚宪挂发外，拟合备具印领，

① 即钟祥。

具详呈请宪台，查核拨收清款。为此云云。

计详送合缝印领二纸照前稿、详册一本。

前详司批

已据详拨收矣！仰即补具连批，呈院挂发。毋迟。缴。印领存。

饬摊历城县办理海疆经费府札

武定府陶①札惠民县知悉。本年八月十五日蒙布政司札开，案据署历城县知县叶圭书禀称，案查卑县吴令②在任时领过海疆经费银六千两，未及禀办，旋即卸事，移交卑职代为查案具禀。卑职伏查自道光二十年夏间英夷滋扰浙洋，登州防堵海口，军务倥偬。省会首邑之地，一切供支，有不在向例之内者，有突如其来或蜂拥而至赶办，不及措手，不能不多为縻费者，若俱照成例办理，必致贻误军务。是以正副二销之外，因一时垫项不敷，曾在宪库领过银六千两，现在无可归款。若仍归接扣二成，弥其原领之项，非同州县垫项可比，必须赶紧归款，不能旷日以待。卑职再四思维，查海疆事务，通省均有关系，可否仰恳宪恩，俯准将前项银六千两，在于通省按等缺分，摊扣养廉归款。所扣养廉各以奉文之日起入于交代，作三年分摊。是否有当，伏乞鉴核批示祇遵等情到司。

---

① 即陶庆增。

② 即吴炜。

据此，查该前县吴令在任时，因办理海疆经费事务，请领银六千两，当经照数借支给领在案。今称海疆事务通省均有关系，系属实在情形。所请在于通省各州县按八等缺分摊廉归款，其所扣养廉请以奉文之日起入于交代，作三年分摊，亦属众擎易举。事尚可行，似应俯如所请。所有此项经费，除下下十九苦缺并茌平、潍县不计外，其历城，临清、济宁二直隶州三缺，应按旧章酌加三成，以示区别。核计该三处共应摊捐银四百一十四两六钱八分七厘，其余银五千五百八十五两三钱一分三厘，即在德州等八十三州县内，各按原额分别派摊。除详明抚宪并在于应领款内查扣清款外，所有派摊并扣收各数目，合行开单札饬等因到府。

蒙此，合〈行〉转饬。札到，该县立即查照扣拨款项，迅速补具批领，呈送备案。仍将所扣银两以此次奉文之日起入于交代，分作三年流摊归款。毋违。此札。

计粘单一纸。

计开：

该县应摊办理海疆事务经费银一百一十九两四钱七分二厘，已于二十五年六月二十九日在该县应领二十五年养廉银内扣收讫。(二十五年九月十一日到)

查明欠解应摊道光五年以前历城县垫款，请在各前任名下着追县详清册附

为详覆事。

除将遵批查明卑前县欠解应摊历城县嘉庆二十四、五及道

光元、三等年垫修臬署各科房工料等款开册详追缘由备载书册外，拟合摘叙简详云云。

计详送书册一本、清册一本。

一详布政司。

为详覆事。

案蒙宪台批，据卑县具禀，奉查有关历城县属库垫款案内各项银两一案缘由。蒙批，查此案垫款前经由司委员查明，确有案据，岂有该县并无奉文之理？据禀，应摊嘉庆二十五等年垫修司监工料等三款并无奉摊原文，显系检查不实。其未完历城县嘉庆二十四年垫修臬署户北、兵刑、工房等处工料银十二两，究系何员应摊交代，案内因何并未接收，未据声叙，殊属含混。仰即再行详细确查，究系何员欠解，有着无着，造具款册，详送来司，以凭核办，毋违，缴等因。

蒙此，遵即督饬该管经书悉心确查档案，实因年分久远、科房历次坍塌，奉摊原文卷宗均已霉烂无存，随即按照现奉札饬单开款目年分，溯查当时在任各员，并于残破卷内检出各该令交代册底，逐细稽核。查得奉摊嘉庆二十四年垫修臬署户北、兵刑、工科房等处工料银一十二两一款，系卑前县陈醇在任奉摊之项，卸事后业已交于接任之朱奕勋接收。迨后朱奕勋卸事，因系历城县垫款，未奉催解朱令交案，即归自行清理，并未入交。应请在于朱奕勋名下着追。又奉摊嘉庆二十五年垫修司监工料银五两二钱八分，道光元年垫修臬署兵南房工料银三两五钱三分，均系卑前县朱奕勋任内应摊之项。该令交代案内亦归自行清理，并未入交，应在朱奕勋名下着追。又奉摊道光三年垫修臬署吏、户、工、号各科房工料银三十七两四钱六分三厘一款，系卑前县谈素敦任内应摊之项。该令交案归于自行清理，亦未入交。应在谈素敦名下着追。除分款按任开造清册外，所有遵批查明缘由，理合详覆宪台鉴核办理，实为公便。为此云云。

（折色脚价、举人车价二款虽均起运之项，然系另款批解，不并入解司地丁数内，但造报明作地丁字样耳。所谓折色脚价、举人车〈价〉各事一款，不同谓是也。解司地丁银数系有荒俸在内，分解如漕项、河银，临、德等仓，民佃、盐课、学租之款是也。）①

前案清册

为详覆事。

今将卑前县各员欠解应摊嘉庆二十四、五及道光元、三等年历城县垫修臬署户北、兵刑、工〈科〉等房工料银两等款，拟合查明，开具清册呈送，核追施行。

计开

惠民县：

一、应摊嘉庆二十四年历城县垫修臬署户北、兵刑、工科房等处工料银十二两。前款系前任知县朱奕勋欠解之项，该令交代案内归于自行清理，并未入交。理合登明。

一、应摊嘉庆二十五年历城县垫修司监工料银五两二钱八分。前款系前任知县朱奕勋欠解之项，该令交代案内归于自行清理，并未入交。理合登明。

一、应摊道光元年历城县垫修臬署兵南房工料银三两五钱

① 此为底本内夹页。

三分。前款系前任知县朱奕勋欠解之项，该令交代案内归于自行清理，并未入交。理合登明。

一、应摊道光三年历城县垫修臬署吏、户、工、号各科房工料银三十七两四钱六分三厘。前款系前任知县谈素敦欠解之项，该令交代案内归于自行清理，并未入交。理合登明。

查朱奕勋系汉军正红旗吴必庆佐领下人，谈素敦系江苏镇江府丹徒县人，应请转详分咨，饬追完缴。理合登明。

（朱二十五年十月初六日到任）

筹议曹镇添建兵房禀札

札署曹州府嵩守①知悉。案据前任曹州府知府吴堦禀称，窃曹州镇标中、右二营添兵一案，蒙镇宪面谕，盖造营房、设立马厂最关紧要，饬令卑府筹议径禀，以凭具奏等因。

遵查营房所以栖息兵丁、马厂所以牧养马匹，自属应议要务。除勘地估修衙署并应添军装、火药库局、墩台等项事宜，迅饬菏泽、曹、单等县议详，仍由卑府核转外，所有筹议营房、马厂二条，另具清折，呈请鉴核，以备先行入奏。

又清折内开：

一、建盖营房。查郡城旧设额兵八百数十名，皆选募于城关以及近乡，现俱在于城中屯驻。今又添兵八百名，若尽处之于郡城以内，城户居民仅止一千数百余户，兵多民少，势不相安。今酌拟在于四关厢外空旷处所勘择地基，分建营房各二百

① 即嵩岫。

间，给兵居住。限以一城之隔，朝暮可省滋事。聚而不聚，分而不分，似于添兵卫民之本意不相乖，而于兵多民少之预防亦稍有当。至新募之兵离家较远，愿带妻室者，每名给房二间，无家者，二名合住二间。约计有妻室者不过十之一二，八百间营房足敷六七百名居住。其余或公所派有值宿，或城户本有栖身，听其自便。现在镇宪之意，拟于关外建盖四百间及在城内分建四百间，应否如斯，听候鉴核酌行。至估修承办一切章程，另容详悉妥议，详请核夺。

一、设立马厂。查添兵即须添马中、右两营，合计额马三百数十四，每匹每日额支马干银三分，实不敷喂马之需。即为累兵之渐，自须设立马厂，照例依期归厂收养，使马匹不至疲瘦，而兵亦稍展舒。欲固兵心，先固兵力，此镇宪之所以将请设马厂为第一要务也。但查卑郡并无空旷山场以及官庄地亩，惟查十八年曹、定一带教匪滋事以后，各属报有入官逆产，共地七十余顷。现饬各州县征租，一面估价招变。历年以来，有豪强伯占之患，有书役侵蚀之弊，有州县赔租之累，节经卑府禀请归营，未果允行。此项逆产存之州县，适足为地方之累。若归之于营，实可益充公之费。且以剿除逆匪之遗产作新添营镇之公费，名正言顺，事属可行。应请将此项地亩尽数归于镇、标两营。此内择其阡陌毗连成为片段便于牧养之区，设立马厂。其余散碎地亩，或由营招租收租，或拨兵屯田自种，所得租息籽粒尽归马厂项下，以作恤兵养马之用。如蒙准行，一切办理章程另容详议，呈请核夺。以上二条如果可行，伏乞钧夺，先行叙奏请旨，再行办理，谨议等情到本部。

据此，查前准前院移交曹镇筹议驻扎新设弁兵各事宜。本部院当查曹州界连直、豫，为东省西南门户最为扼要之区，现在地方平静，不能确指何人为余匪。惟前者，钱前院以教匪滋事，扑灭后恐根株未尽革心，奏请添设备弁兵丁，借以消奸萌而资捍卫。复经星使以曹州府城形势狭小，恐城内地隘难容，议请将新设弁兵移驻城外扼要处所。查城外最为扼要之处，莫如与直省长垣、东明接壤之桃源集，次则与豫省交界之刘家口。此二处现已添设备弁兵丁。此外各有原设墩汛，无需再行拨驻。即城外至大村集居民，亦不过数百丁。若以新设之兵八百名全行驻彼，适启纷扰之端，而地势又均平坦，无城垣要隘可守，且火药、钱粮、军械亦非可贮，旷野之地似均非可以驻兵之处。

本院意兵分则力单，兵聚则势壮。府城形势虽属狭小，然稽查烟户不及二千，城内尚形空旷。不惟原设兵额较单，即居民亦不为稠密。以一驻扎重镇之处，而城内空虚，似不足以壮声威而资雄峙。若虑其恃众滋事，贻害闾阎，则百十皆可成群，即分驻亦不为寡弱。今请将新募兵丁于四关厢每处派防百名，亦介乎城垣内外之间，亦恐滋扰行旅。且四门平空设兵防守，转骇听闻。而又近在城厢，安能禁其不入城来往。是名为分驻城外，仍与驻扎城内无殊。此其应商者一也。

向来各营弁兵，惟分防乡镇，例准动项建盖墩堡、营房。其存城兵丁但凭队目保充，查系诚实良民，即准入伍，并无为之添盖兵房之例。今以乡民入伍，食宿不便，月饷不敷赁房买食，拟为筹款生息建盖兵房，固属体恤兵丁之意。第建盖兵房至七八百间之多，需费甚大。不惟司库无此闲款，且需用既巨，亦非生息所可敷用。兵已奏添，亟应招募，而生息银两非半载一年不能提取。即有款生息，亦属缓不济急。况本年东省兖州、沂州均奏准添兵，直隶、河南二省亦经添设，外省与兖、沂二府均未议盖兵房，而独于曹州创始，似亦未为平允。此其应商者二也。

至马兵所关马干不敷养马，欲以入官逆产奏明酌拨，固为调剂兵丁善举。然入官逆产坐落何处，尚存若干；果否阡陌毗连可以牧马，抑系零星散布止可收租；现在是否抛荒，或已有附近居民承种；一经奏请作为牧场，与承种居民能否不致失业？本部院深虑民间耕种已久，忽尔归营失业之徒纷争滋事，未收添兵之益，先增闾阎之害。又恐放牧马匹践食附近田禾致酿衅端，所关匪细。如云收租，在州县尚不能追齐营中，又安能竟予敲扑，窃恐日久拖欠，转成营中之亏累。且马干银两例有定额，兵丁虽有新旧之别，其喂养则各营相同。今为新兵议设牧场，则旧兵亦生觊觎，势难遍及，又不能与兖、登二镇办理两歧。此其应商者三也。

事关星使条陈、圣明垂询，必须确审形势于事理是否合宜，剀切详陈，方足以杜众议。除咨曹镇妥议移覆外，合行札饬。札到，该府即便查照檄内事理，立即会同营员悉心妥议，星速驰禀。并查明曹州府城垣周围若干里数，城内何处稠密、何处空旷；其空旷之处可以盖房若干、共有多大，逐细丈明；现在城内居民实有若干；绘图贴说一并呈送查核。毋迟，速速。此札。

敬禀者。窃△△蒙恩委署曹州府篆接任以后，先将各属具报水灾卷宗逐细查阅，分别委勘督催，禀蒙宪鉴在案。

伏念曹州添设兵丁八百名，事当创始，必应议酌万全，尤关紧要。随即检查全卷，所有吴前守议以选举牌丁，俾令习学补充目兵，亦经前抚宪钱①驳饬不准，应毋庸议。其复议于定陶等七属民壮内，择其汉仗技艺可观者，挑拨入伍。不惟不足新兵四分之一，即州县壮丁亦不便令其缺额。此论亦窒碍难行。

---

① 即钱臻。

今禀商刘镇宪议以招募为主，盖派拨出于勉强，难保其不日久懈驰。召募出于乐从，且可自我严其弃取。惟须宽以时日而选择始精，定以限制而饷粮不滥。卑府愚见，定议后先请出示召募，其应募者先分拨兵目教习。如果堪以造就，然后入册。每届月底将入册新兵若干名，折报一次，按支月饷，次月亦复如之。俟选充足额，方行停止月报。如是则兵皆精锐，饷不虚靡，方不负我皇上整饬戎行之至意也。

至所议于四关厢外空旷处所勘择地基，分建营房各二百间，给兵居住，既与国家设兵壮威之制有乖，亦与星使住扎扼要之议不合。如虑兵多滋扰，岂城内反敢嚣凌，关厢遂能安敛乎？今随同刘镇宪踩获民间空地一区，坐落城内东南角，会营亲诣丈量其地，东西四十九丈有奇，南北五十八丈有奇，以之建盖兵房足敷新兵栖止。△议添兵八百名，城中可募一百，关厢及近郊可募二百。此项兵丁即毋庸代谋庐舍。惟远乡及外来之兵始须分给居住，如照吴前守所议，愿带妻室者，每名给房二间，无家室者，二名合住二间，约计有妻室者不过十之一二，则建盖营房只须以五百间为率，并无须乎八百间之多。如是则全兵尽住于城中，既足以壮重镇之威声，营队须归于一处，更可以一军门之号令，操防便而约束严，耳目近而稽查易。即有不逞之徒，亦不敢扰害闾阎矣。

至于马厂以资刍牧库藏，以慎贮藏。卑府甫经抵任，尚未及详查档案，亲勘地容。与刘镇宪悉心筹议，再行禀陈。谨就卑府检阅卷宗鄙见所及者，不揣冒昧先为缕晰呈明。其是否可行，伏乞大人鉴核示遵。肃此云云。

敬禀者。窃卑府抵任后卷查曹州添兵事宜，当即会勘城内可以住扎，将一切大概情形禀蒙钧鉴。本月十八日接奉宪札、抚宪札开，饬将应商三条会同营员悉心妥议，星速驰禀。并查明曹州城垣里数，内中空旷之处可盖房若干，绘图贴说呈送等因。

卑府遵查星使前以城内形势，挟恐地隘难容，议请移驻城外扼要处所。吴前守议恐兵多民少，势不相安。酌拟于四关厢外空阔处所勘择地基，分建营房各二百间，不惟不足以便操防而严约束，亦且非所以符体制而壮威声。△△前禀商镇宪，议将新添八百名兵全住城内，并随同踩获隙地可以建盖兵房，足敷栖止各缘由，禀蒙宪案。兹蒙札谕，遵复会营亲诣丈量，并周履城垣，勘明里数，查明城内编户空地，绘图贴说，呈请鉴核。

至筹款生息建盖兵房一节，不第无款可筹，而且缓不救急，△△禀商镇宪。蒙谕，新募之兵多系远乡外境之人，若不为之建盖兵房，则月饷不敷赁房、买食之费，召募恐难应赴。△△查曹州府城编户不过二千，从前额设兵丁止三百余名。嘉庆二十二年设镇添兵，所有城内诚实良民亦已搜罗殆尽。甫及四载，今又新添八百名，即使队目保充，亦不过十之二三，其余势不能不召之于远乡外境。此曹州之实在情形也。

今勘得东南角隙地，东西长四十九丈有畸，南北长五十八丈有畸，除建弁目衙署外，可建兵房五百余间。镇宪之意，以城中可募兵百名、关厢可募兵二百名，此项兵丁可毋庸代谋庐舍。惟远乡外境之人始须给房居住，此议建之兵房尽足以敷栖止。谨一并绘图贴说，呈请鉴核酌行。如蒙允准，所有估修承办一切章程，另容详悉妥议，详请核夺。

又吴前守议请将菏泽、定陶、曹、单、巨野、城武六处未变逆产，拨作马厂，以作恤兵养马之用。兹蒙钧谕，恐扰及闾阎，累及兵丁。仰见宪虑周详，恤兵爱民，无微不至。△△伏查营马草干每日不过三分，而干草市价每斤须制钱五六文至七八文不等。是所关草干仅可买草六七斤，又无空旷山场可以牧放。此马兵之所以赔累也。

又查十八年教匪滋事后，菏泽、定陶、曹、单、城武、巨野等六处共有逆绝两产七十顷，由地方官招佃收租，分三则征解，上地每亩征银五钱、中地四钱、下地三钱。准以额征钱漕而计赋，轻者凡至二十倍有零，赋重者亦不下十余倍。小民无利可图，承种少，间有无业贫民广种薄收，借资糊口。及至征租，逋逃过半，又加以里胥欺隐、书役侵蚀，此地方官之所以赔累也。谨将各属未变叛产每处若干顷亩、征租若干、原额钱漕若干，分晰开具清折，呈请鉴核。如蒙俯准，以此项地租拨添营马喂养。再当会营勘量，妥议章程，详请宪示。

至于军装器械，即可于各营经管钱粮衙门建库收贮。火药局旧有室八间，坐落城内西南角，四面民居甚远，兼水洼，现有隙地，添建数间，即可存贮。除将衙署、墩台等项札饬菏泽、曹、单等县议详，俟详到仍由△△核转外，所有奉札勘议缘由，理合绘图开折，禀祈大人查核示遵。肃此云云。

敬禀者。窃卑职兴艺①蒙宪台札，委前赴曹州府会同嵩守与署镇标中营游击，督饬刘令勘明城垣里数、户口若干、空地若干，是否足用新兵栖止，逐一丈量明确，绘图贴说。限九月初十日以前呈送查核等因。

卑职兴艺遵即束装起程，于本月二十五日驰抵曹州府，会同卑府嵩岫、都司庆龄、卑职世培②恭阅宪札，将添兵各事宜悉心筹议。所有全兵尽住城中各缘由，前经卑府嵩岫两次禀蒙宪鉴在案。其召募兵丁，都司庆前已募得三百余名挑，因七月

---

① 即赵兴艺。

② 即汤世培。

间瘟疫盛，暂时遣去。现届秋凉，赶紧召募，计年内可以选充三百，业将实在情形具禀。至于所得之兵，每月折报一次，按支月饷，以杜浮冒，亦经卑府嵩拟议禀呈。卑府正值扃门考试文童，卑府督同卑职世培周履查勘，勘得曹州府城周围九里八分内分四隅，除庙宇、衙署、民居、水洼外，各处俱有隙地。卑职兴艺督同卑职世培逐段丈量，将所空城约可盖房间数，逐晰登记。其东南角一段，悉与卑府嵩岫前勘相符，随即按照牌册逐户点查。城内编户计一千六百七十四户、丁三千五百二十六丁，谨一并绘图贴说，送呈宪核。至于军装器械，拟于各经管钱粮衙门建库收贮。旧火药库局地势尚宽，添建数〈间〉即可贮存。所有卑职△△等奉札查勘缘由，合肃禀覆云云。

饬修境内河道府札

武定府福[1]札惠民县知悉。本年十一月二十五日蒙布政司札开，照得水利一道有关于民生甚巨，凡身任地方者所当留心讲求，庶旱潦不致为患。查东省各州县境内河道沟渠多有淤塞。无如有司漫不经意，每遇水旱不齐，便撄灾眚，当时未尝不百方筹救，及至事后即又秦越视之。夫岂愚民之难与虑始，直是各州县畏劳贪逸，加以恐惧贻累，忐忑于胸，故鲜从事于畚锸。耳间有一二奋发之员，非为豪猾阻挠，即假手胥役，借端科敛，恣行舞弊，以致工未兴举而怨讟沸腾，终于因噎废食。本司前据长清县舒令，将谕民挑浚境内月河、巴公等河工段情形，刊

① 即福敬。

册呈图具禀到司。察其办法，尚不迫扰，果能如是，即所谓佚道，使民劳而不怨，各属亦宜仿照妥为办理。合行札饬。札到，该府立即转饬所属，将该管境内河道沟渠无分大小，周履确查。如有淤成平陆，或仅止泥沙壅遏以及堤埝残缺之处，趁此农隙相度形势，督率居民人等或各按地头出夫，或同庄通力合作，因时秉便，认真培筑疏挑，总期役不扰民、有利无弊。本司耳目甚近，倘办理实属妥协，著有明效，即当酌加奖励。倘偷懒不办，或办理稍涉不善，甚至派累闾阎，大则立上弹章，小亦详请记过。慎勿视为泛文，徒以空言涂饰。切切，此札等因到府。蒙此，合行云云。

禀本府禀查办水利由

敬禀者。窃蒙宪台转蒙藩宪札饬，境内河道沟渠如有淤遏及堤埝残缺之处，立即仿照长清办法，培筑疏挑等因。

蒙此，遵查△县境内有大清河、徒骇河、小支河、沙河、钩盘河等五河，除最南之大清河自张秋分流至济阳县界花铊刘家庄入△县西南境起，东至滨翟家寺出境止，经由△县一百一十里；并次南之徒骇河自聊城运河东岸滚水坝起，至商河县界菩萨桥入△县境，东行至滨州翟家寺出境，经由△县八十六里，于嘉庆二十四、五并道光三、五等年先后挑修。现在河身堤岸均系一律深通巩固，并无淤遏卑薄之处。又次南系小支河，自禹城起由商河界瞻圣桥入△境正西，东流至度字约稍折而北，再东至滨州之冠家庄南出境，经由△境八十五里，现在深通，足资宣泄。虽该处与商河境内之七十二洼毗连，商河洼地，众水所归，如该河宣泄不及，偶有泛漫之虞，但旋过旋消，并不为害，应请与大清、徒骇等河一并毋庸挑修外。又次南相近郡城有沙河一道，即古之马颊河，自高唐州起至商河县界龙王庙入△县境，东至前屯庄入阳信县境，再东二十二里岳家湾仍入△境，由桑落墅南汇小支河出境，归徒骇河同流入海，计△县上下游共长四十五里，合阳信所辖之二十二里，统计六十七里。于乾隆五十六年挑修之后渐次淤塞，现止河尾约深一二尺不等，其余仅有河形不能容水，每于大雨时行之际，泛滥为害。其所淤塞之故，询诸耆民皆称阳信地势最高，河流不能畅顺，以致沙积停滞，且该河两岸皆沙，每遇风势稍急，或雨水过骤，沙体松浮，即相随冲刷而下。是以自乾隆五十六年挑挖之后，旋复淤积，并无功效等情。

△△复查阳信地势高仰，曾于道光三年经该县径禀藩宪有案，与伊等所称无异。至该河既因沙积不能泄水，自应酌量挑办，以保田庐，未便因从前挑无功效，遽尔中止。惟挑河之道总以上下游一律通畅，方免以邻为壑。若仅于△境集夫挑挖，而下游无泄水之处。不惟于事无益，且恐上游之水建瓴奔注而来，致△县膏腴之地变为泽国，其害尤甚。即或△县河道深通可保无虞，而下游经过州县是否不致因此受害，亦应通盘筹计，以昭慎重。容即分别关查，俟覆到再行禀报，并查照长清办法督率居民参酌办理。

又郡城之北旧有钩盘河一道，自商河入境至阳信花家铺出境，经由△县二十五里，久经淤塞，并无河形。溯查往昔，从无开挑案据，自系该河于惠境无甚关系。是以相安已久，并不议挑。应请仍循其旧，以免滋扰。兹奉札饬，理合将现在查办缘由，禀请宪台俯赐查考。肃此云云。

呈批一件

今岁秋禾被水被虫，均经本县会同各宪委员先后履勘明确，或应新旧并缓，或应缓旧征新，按照现在情形核实办理。所有姜左家庄及焦家庄业已汇案议禀。除本年漕米照常征收外，请将未完新赋同二十四年钱粮均缓至二十六年秋后启征，其历年旧欠一并缓至二十六年秋后，按最先年分递年依次带征一年在案。歉收情形与道光二十年原不相同，调剂等第亦非二十年仅缓旧欠而已。至于谕令该地方照旧办理，系令其照旧赶紧造册，并非援照道光二十年之轻重等第也。本县念切民瘼，不惮烦劳，亲诣各乡周履确勘，为尔等据实禀报，自应静候恩旨。应征者完纳，应缓者从缓，方为安分之良民。倘敢率听刁民拨唆，妄受讼棍愚弄，不知轻重，混行呈渎。现在本县严密查察，一经访获，定即详明，照例究办，决不稍宽。尔等乡民慎勿尝试，自贻后悔。凛之，勿违。

分别漕项正杂捐款名目通饬

藩司　札临清州知悉。案查各属交代案内专参续亏及奏追捐赔银两各案，因当日具奏之时仅有总数，其中亏欠何项若干，部中无案可稽，故须查造年款细册送部，始有稽核。其各该员亏欠何项银两内有事隶粮道主政者，款目既多，内中究系何款应作正杂计算、何款应作捐款开报，本司衙门无案可稽。查核各该州县造送各参员亏欠年款，册内有款项虽属相同，而作捐作杂诸多参差，未能画一，恐致办理两歧。前经详细移准粮道咨开，以各属应解道库银两内漕项：轻赍席草、脚价盘费、润耗、行折盐钞、里小料、津租赡军；仓项：米折、麦折、脚价折色、席草、脚价盘费、席苇、屯粮、商税；并漕仓项下随正一四耗羡、蓟粮、漕耗、车脚变价等款；均系正项钱粮有关，奏销报部。其行润项下委员盘费加增五厘、席片、漕船、守冻、见石一厘等五款，俱经详明抚宪批准，在于漕耗变价余剩银内划解，与州县自行捐解者迥殊，向系定为杂款。诚以此等款项，漕务中缺一不可，各属以耗米之盈余解。随漕之要款，原属以公济公，今以杂项饬摊，尚难年清年款，若遽改为捐款，则牧令竟可置之不解，其将何以济运？况州县中如有亏缺漕耗米石，俱作正项饬催，是行润等款既在耗米变价项下划解，事同一律，应循旧仍作杂款开报，以昭核实。其漕仓添平、饭食两项，当时虽亦详请饬提，系属州县捐解等因。并开具正杂捐款清册，移送到司。

当查一五耗米原系留存州县作为修仓铺垫等项自用之款，今于此内行提解道州县，已属吃亏，若因其拖欠再作杂项计数定罪，未免偏枯。又册开各款内有将解院充公之项，亦作杂款开报，不足以昭公允。且等款项历年既系外提，向不报部，因参亏人员欠解，遽作杂款造报达部，既恐有干部诘，亦难折服参员之心。应否作捐，抑必须作杂，又经移准粮道咨覆。

查有漕各属每石随正征收耗米一斗①五升，内除支五升车脚帮贴旗丁二升食米并三升五合外，下剩四升五合米石，按漕之大小核计，自数十石至数百余石不等，该州县向按时价粜变作例价八钱开销。历年小米价值自一两七八钱至二两有余，较之例价大相悬绝，内除支三分席片、六厘养廉之外，尽有盈余，今按石提解三厘四毫、盘费五厘、席片三厘、守冻统计仅止一分一厘四毫，为数无几。是以从前详明抚宪批准，即在漕耗变价余剩银内划解，以济公用，酌盈济虚，并无偏累。而于州县

---

① 底本此列前有小字“行润项下不支二升食米”。

修仓铺垫仍属有余，亦非短绌，实与自行捐解者有间，既非捐解，自应作为杂款。至见石一厘银两，虽系解院充公，缘济宁左、右、临后三帮均系自备船只，无随帮员弁，即在开销造报原支六厘养廉内扣解一厘转解漕院充公，与加增等款在于漕耗盈余银内划解更不相同。

再，行润项下每石随正征收耗米一斗五升，内除由州县坐支五升车脚随行润正米津贴交帮三升五合外，又以四升五合变解三分五厘席片运随六厘养廉，尚剩米二升，每石按一两二钱易银解道支军济运。是以上数款，漕务之所必需，计各属每年应解之项，少者数十两，多亦不过百余两。即有参亏人员欠解作为杂款开报，于罪名似无出入。惟交代参案，事隶藩司主政，移请由司酌核办理等因。

随查州县经征钱粮以及应解各项银两，凡每年有关奏销并应报部拨用者，应作正杂按数提解。如有亏空，即应参追，计数定罪。如款由外提，向不报部。暨摊捐各款虽同为办公之用，究非正杂可比。参亏人员如有拖欠此等款项，即作为捐款差追。造送年款册内，即统作欠解某衙门捐款开报达部，不指款声明。至正杂钱粮如有分厘未完，即照例参革治罪，本属咎所应得，正所以重帑项而儆贪玩。若款由外提，向不报部，因其拖欠，亦并入杂项钱粮，亦概问罪，未免过当。本司之所以分别杂、捐，原期事归公允，非在亏缺之多寡而论也。至于四升五合耗米原系州县自用之项，亦不在变价之或多或少，而计其盈余也。

总之，州县应解款项应报部拨用者，即为正杂，仅止外提者，即为捐款。款有区分，案无二歧。所有前送册开外提之委员盘费加增五厘、席片、漕船守冻、见〈石〉一厘、行润项下等五款，应否均作捐款着追，例不计数定罪。年款册内作捐款造报，仍应由道核覆，方可照办。复又移覆，确切查明，咨覆核办。

兹准粮道咨称，查各属应解委员盘费加增、席片、漕船守冻、见石一厘、行润项下等款银两，虽与摊捐者有别，究竟款由外提，向不报部。若因其拖欠并入杂款一概问罪，未免过当，所论洵属至公。应请将委员盘费等五款作为捐款着追，造送年款册内，统以欠解某衙门捐款开报达部，不指款声明，以期事归公允等因到司。

准此，查冠县造送该前县罗以丰亏欠年款册内有欠解粮道衙门三厘四毫一款，是否系属正杂，抑系捐款，粮道前移册内并无此款名目。除再备文移查，俟覆到另行饬遵外，查各属欠解粮道衙门漕粮、蓟粮正银项下之轻赍席草、脚价盘费、润耗、行折盐钞、里料、小料、津租赡军、一四耗羡、蓟粮、漕耗、车脚变价，又临、德、常三仓正银项下之米折、麦折、脚价、席草、脚价盘费、席苇、屯粮、商税、折色、一四耗羡等款银两，既准粮道查明咨覆，均系正项钱粮，历年奏销报部，则参亏案内自应列入正款项下造报达部。其委员盘费加增五厘、席片、漕船守冻、见石一厘、行润项下并各项添平、书吏饭食等项银两，参亏案内自应遵照现定章程作捐款，以昭核实。至前项捐款银两，部中并无案据可稽，未便分款开列，致奉驳查，自应统作为欠解捐款开报。但该州县等造送各参员亏缺年款册内，仍应分晰款项，逐一胪列，以便查核。其司中所造达部册内，即作为欠解道库捐款笼统开报，以符成案。合行马递五百里札饬。札到，该州立即查照并所属各县遵照，应造各员参亏年款照依现之章程，分晰开造妥册，详送核办。毋稍错延。切速，切速。

（蓟粮搭运京仓应支应解一五耗，仍照蓟粮本款，但不支给加增一升米石，扣出随同车脚漕耗变解粮道，道光十五年惠民派拨有案。临后、济左、济右三帮俱系自备船只，向无随帮千总。所有见石一厘养廉，例应扣解道库解部交纳，仅支五厘养廉。领运千总若系署事人员，五厘养廉应扣解粮道，按任分支，不得径行交帮。其一厘养廉何人押空、归何人支食，由县照常支给。五厘系支给重运官，一厘系支给随帮回空官。）

漕粮漕项奏销册结

为察核通库等事。

案蒙宪台札开，札到，该县云云等因到县。蒙此，遵将卑县道光二十三年分征兑漕粮及随漕解支各款银两数目，逐一分晰，造具册结。拟合具文申送宪台核转。为此云云。

计申送册结各五本。

申本府二十四年五月十二日阅稿。

为察核通库等事。

今将卑县道光二十三年分征兑漕粮及随漕解支各款银两，逐一查明，造具清册，呈送查核施行。

计开：

道光二十三年分额征漕粮正改兑正耗米六千六百六十五石七斗四升五合九勺内，奉文改征麦三百二十二石；奉文改征黑豆三千四百三十二石二斗五升内，于道光十四年奉部文，豆改二成半米八百五十八石六斗二合五勺；又奉文自七成五黑豆项下改征五成米一千二百八十七石九升三合八勺。止实征正耗漕豆一千二百八十七石九升三合七勺。止应征正耗漕米二千九百十一石四斗九升五合九勺内，奉部文留贮蓟粮米五百七十四石另册造报外。止实征正耗漕米二千三百三十七石四斗九升五合九勺。前件征完米、豆、麦，于道光二十三年十一月十八日交兑济左帮领运讫，掣取关领申送在案。

随漕轻赍银一百七十两八钱七分三厘，前件征完，于道光二十三年十月二十九日批差马云解赴；督粮道宪库交兑讫，批回附卷。

随漕席草银五十三两三钱四分二厘，前件征完，于道光二十三年十月二十九日批差△△解赴；督粮道宪库交兑银四十九两一分三厘，批回附卷；又随粮交军带解银四两三钱二分九厘，掣取关领申送在案。随漕脚价银四百七十一两五钱九分九厘，前件征完，于道光二十三年十月二十九日批差△△解赴；督粮道宪库交兑银四十两五钱九分四厘，批回附卷；又随粮支给运米车夫银四百三十一两五厘，取有领状附卷。随漕盘费银三百三十两六钱七分三厘，前件征完，于道光二十三年十月二十九日批差△△解赴；督粮道宪库交兑银二十八两四钱六分六厘，批回附卷；又随粮支给雇募车脚蓮夫银三百二两二钱七厘，取有领状附卷。

行粮本色米一百二十八石六升二合七勺，前件征完，支给卫所官丁领用讫，掣取领状申送在案。行粮脚价银十两八钱八分一厘，前件征完，随粮支给运米车夫讫，取有领状附卷。闰月米四石五斗九升五合五勺，前件征完，支给卫所官丁领用讫，挚取领状申送在案。闰月银十三两一钱八分二厘。前件征完，于道光二十三年十月二十九日批差△△解赴；督粮道宪库交兑讫，批回附卷。运军行粮折色银三百七十四两八钱二分八厘，前件征完，于道光二十三年十月二十九日批差△△解赴；督粮道宪库交兑讫，批回附卷。

随漕润耗米二百七十七石五斗五升八合八勺内，除蓟粮润耗米二十二石九斗六升另册造报外，前件征完，随起运漕粮支给领兑运丁讫，掣取领状申送在案。随漕润耗银二百七十七两五钱五分九厘，前件征完，于道光二十三年十月二十九日批差△△解赴；督粮道宪库交兑银二十二两九钱六分，批回附卷；又随粮支给领兑运丁银二百五十四两五钱九分九厘，掣取领状申送在案。

武定府惠民县今于与印结事。

依奉结得，卑县道光二十三年分实征正耗漕米二千三百三十七石四斗九升五合九勺；正耗漕豆三千四百三十二石二斗五升内，于道光十四年奉部文豆改二成半米八百五十八石六升二合五勺，又奉文自七成五黑豆项下改征五成米一千二百八十七石九升三合八勺，止征豆一千二百八十七石九升三合七勺；正耗漕麦三百二十二石；随漕轻赍银一百七十两八钱七分三厘；随漕席草银五十三两三钱四分二厘；随漕脚价银四百七十一两五钱九分九厘；随漕盘费银三百三十两六钱七分三厘；行粮本色米一百二十八石六升二合七勺；行粮脚价银十两八钱八分一厘；闰月米四石五斗九升五合五勺；闰月银十三两一钱八分二厘；运军行粮折色银三百七十四两八钱二分八厘；随漕润耗米二百五十四石五斗九升八合八勺；随漕润耗银二百七十七两五钱五分九厘；俱系实在解支，并无捏报情弊。印结是实。

惠民漕麦系改兑漕豆，正改兑均有。

惠民县：正兑正米二千一百三十五石九斗二合二勺六抄二撮一圭三粟九颗三粒；耗米五百三十三石九斗七升五合三勺一抄五撮五圭三粟四颗八粒；一六米三百四十一石七斗四升四合

二勺一撮九圭四粟二颗三粒，折银一百七十两八钱七分二厘一毫九微七纤一沙一尘五渺；润耗米一百六石七斗九升五合六抄三撮一圭六颗九粒；润耗银一百六两七钱九分五厘六丝三忽一微六沙九尘。

蓟粮奏销册结

为札谕事。

道光二十五年三月二十八日蒙本府、宪台札开，札到云云等因到县。蒙此，遵将卑县道光二十四年分存贮蓟粮米石动存数目，逐一查明，造具奏销册结。拟合具文申送宪台查核、核转。为此云云。

计申送册结各一、四本。

一申粮道府。

武定府惠民县今于与印结为请定造报等事。

依奉结得，道光二十四年分卑县存贮嘉庆二十四年三升五合耗米七石，实系存贮在仓，并无亏缺短少情弊。印结是实。

为请定造报等事。

今将卑县存贮蓟粮米石动存数目，逐一查明，造册呈送施行。

计开

惠民县道光二十四年分

旧管：

存道光二十三年蓟粮余剩漕耗米变价银一十四两九钱四分

七厘、车脚米变价银四十九两二钱四分九厘、添平银三两二钱一分，以上共银六十七两四钱六厘。存买补前任徐鈖亏缺嘉庆二十四年三升五合耗米七石奉文存仓候拨，理合登明。

新收：

留贮道光二十四年蓟粮正耗润耗一五漕耗米六百八十六石五斗四合。

开除：

一件奏明等事案内，批解道光二十三年蓟粮余剩漕耗及扣存车脚米石变价、添平等项共银六十七两四钱六厘，于道光二十四年四月三十日差役△△等解赴督粮道交兑讫。批回附卷。

一件奏明等事案内，道光二十四年十一月初一日奉文拨兑密云兵米，起运道光二十四年蓟粮正耗米五百七十四石、润耗米二十二石九斗六升，共米五百九十六石九斗六升。

一五漕耗米八十九石五斗四升四合，内除按正耗润耗每石扣存车脚米五升，共米二十九石八斗四升八合，按正耗每石支给旗丁食米二升，又新增给食米一升，按正耗润耗每石支给旗丁再加三升五合，共支米三十八石一斗一升三合六勺。下剩米二十一石五斗八升二合四勺，遵照上年十一月报部小米价值，每石一两六钱，变价银三十四两五钱三分二厘。按正耗支给旗丁三分席片银一十七两二钱二分，又支解运随六厘银三两四钱四分四厘，以上共支解旗丁席片并运官盘费银二十两六钱六分四厘。余剩漕耗银一十三两八钱六分八厘，又车价米变价银四十七两七钱五分七厘、添平银三两八分一厘，共银六十四两七钱六厘，另文批解，理合声明。

实在：

存道光二十四年蓟粮余剩漕耗米变价银一十三两八钱六分八厘、车脚米变价银四十七两七钱五分七厘、添平银三两八分一厘，以上共银六十四两七钱六厘。

存嘉庆二十四年三升五合耗米七石奉文存仓候拨，理合声明。

拨兑蓟粮全案二十四年分

粮道景①为奏明等事。

照得本年漕粮仍系冬兑上船，其拨运密云兵米应一律赶办。所有派拨年分米数及兑运帮次，合行粘单飞饬。为此仰县官吏照牌事理，即将派拨蓟米随同正漕赶紧运次，依限照数兑交，掣取关领文结，送辕造报，其润耗米石随正交军。至一〔一〕五耗，除每石帮贴旗丁食米二升及奉文按正兑正耗加增一升，再核扣五升车脚同下剩漕耗照依报部，时值粮价售变，按照正米每石支给旗丁席片运随养廉银两外，至余剩银两，同应扣减平并车脚变价一并解道汇解，仍将拨运蓟米动用漕耗支销款项，造册送辕核销，均毋违延。速速。须牌。（二十四年十二月初一日到）

计粘单一纸。

内开：

惠民县本年蓟米五百七十四石内，德正帮兑米二百四十石内正兑正米一百九十二石、耗米四十八石，济右帮兑米一百八十石内正兑正米一百四十四石、耗米三十六石，外河东昌帮兑米一百五十四石内正兑正米一百二十三石二斗、耗米三十石八斗。

① 即景霖。

前案牌一件

粮道景为檄饬变解事。

照得该县蓟粮拨运兵米项下应变车脚漕耗米石，例应照依报部价值变解。今道光二十四年十一月分米价现准藩司开移，合亟饬知。为此仰县官吏照牌事理，立即遵照将派拨蓟粮项下余剩车脚漕耗米石，照依该县十一月分报部米价每石一两六钱，迅速售变，同添平银两一并具批，差役解辕交兑，以凭解支。毋得违延，致干未便。速速。须牌。（二十四年十二月二十二日到）

前案札一件

粮道景札惠民县知悉。

照得该县蓟粮派拨济右、东昌二帮兑运。今本年该二帮重运事务，系蒙漕宪批发标员署理。所有本年应支见石五厘养廉银两，例应扣解道库，分别核支，未便径行未给。除行各弁停支外，合亟札饬。札到，立即遵照将本年派拨济右、东昌二帮蓟粮项下见石五厘养廉银两照数核扣，起具文批，差役解辕交兑，以凭按任分支。毋得径行支帮，致烦案牍，有干未便。速速。此札。（二十四年十二月初九日到）

前案札一件

粮道景札惠民县知悉。

照得临后、济左、济右三帮俱系自备船只，向无随帮千总。

所有见石一厘养廉银两，例应扣解道库，转解部库交纳，历经遵照在案。今道光二十四年分该县交兑济右帮蓟粮项下应扣解前项银两，合行札饬批解。札到，该县立即遵照将应扣解前项一厘养廉银两，迅即随同漕耗变价等银，一并按款分具文批，差役解辕交兑，以凭分别动解造报。毋得违延，致干未便。速速。此札。（二十四年十二月十五日到）

前案县申文一件：申送蓟粮米石报销册结册稿款目即系奏销开除项下之数。

前案县申文一件：申解济右、东昌二帮见石五厘养廉银一两六钱七分。

前案县申文一件：申解济右帮见石一厘养廉银一钱八分。

应征黑豆改派五成粟米案道光九年七月二十四日奉文

武定府福①为专案咨商事。

本年七月十三日蒙布政司札付，道光九年七月初一日蒙巡抚部院讷②案验，道光九年六月十四日准户部咨，云南司案呈，查会典，内载山东、河南起征黑豆均系粟米改征，向无定额。视京仓粟米、黑豆何项不敷户部仓场，酌量情形，随时奏明办理等因。

本部溯查历来各案，豫东漕粮额征粟米向不征黑豆，自雍正十年至乾隆十六年，节因京师官员、兵丁喂养马驼需用黑豆甚多，先后题准于山东、河南二省应征粟米内，共改征黑豆二

① 即福敬。

② 即讷尔经额。

十五万九千三百余石。乾隆十八年因东、豫二省运通粟米不敷支放兵饷，京仓黑豆充盈，奏准于改征黑豆内酌半，仍征粟米十二万九千六百余石。嗣于乾隆二十四、二十九、三十五、三十七、四十六、五十、五十五等年，或因豆石不敷将粟米改征黑豆，或因黑豆充盈将黑豆仍改粟米。是豫、东起征粟米、黑豆，历经本部随时察看京仓情形，酌量改征奏明办理在案。道光六年，本部查明京仓每岁支放粟米不敷，而仓存黑豆大有盈余，咨行豫、东将道光六、七两年应征黑豆，可否改征粟米一半截改征十分之三四，由该省酌量情形奏办。旋据河南巡抚、山东巡抚先后奏准，将应征黑豆改征粟米十分之二，豫省于六、七两年内改征，东〈省〉于七、八两年内改征。并据山东巡抚于八年奏报折内声称，明年应否改征，听候部示，再行酌办等因。

本部院查搭放俸甲米石粟米一项，计每年不敷支放约十八万石，均以稜米抵放。而各仓存贮黑豆截至本年五月底止，除已札米放外，约尚存豆三十二万余石，加以本年河南省起运正改兑正耗豆一十一万四千八百余石、山东省起运止改兑正耗豆一十四万一千一百余石、奉天省运豆三万二千余石，共计六十万七千余石，以每年应放黑豆约十八万石，核计实属盈余过多。若不查照历来奏案，赶紧于豫、东黑豆内改征粟米，将来递年陈积逾多，红朽堪虞，于仓储支放大有关系。本部拟即具奏，惟于该二省现在情形未能周悉，相应移咨河南巡抚、山东巡抚迅即体察情形，并会同漕运〔运〕总督妥为筹办。于二省应征黑豆内自本年为始，改征粟米十分之五，咨覆报部，以便本部查照俱奏。且粟米一项，原系豫东额漕正供，如此照旧酌改，不惟黑豆可免积朽，而粟米足供支放，更不致多用稜米。事关筹备仓储，勿任该州县等推诿迟延。

再，查豫省额征黑豆内每年有添办豆三万二千九百六十三石零，向例每石发给价银八钱，由各州县办买起运，应一并移咨河南巡抚，可否将此项改买粟米，抑或暂停数年，免其采办，将价银报部拨用，俟京仓需豆之时，再行办买。由该抚酌量办理，查明报部，以凭核奏可也等因咨院行司到府。蒙此，合行转饬。为此仰县官吏，文到，即便遵照办理。毋违。须至帖者。

前案示稿

为晓谕漕豆改征粟米事。

照得本年七月二十四日蒙本府转蒙各宪案验，道光九年六月十四日准户部咨，山东应征黑豆行令自本年为始，改征粟米十分之五等因，自应遵照办理。向来应完豆一斗者改为豆五升、粟米五升，应完豆五升者改为豆二升五合、粟米二升五合。无论豆数多寡，务须遵照部文，总以十分之五计算，改米完纳，以便兑运。除于由单内添注外，为此示仰阖邑军民人等知悉，俟开仓之期遵照完纳。毋得错误。特示。

前案贴文

武定府福为通饬遵照事。

本年八月初二日蒙粮道牌开，本年七月初二日蒙抚宪讷案验，道光九年六月十四日准户部咨云云，毋任该州县等推诿迟延等因。当查本年东省夏雨频沾，田禾畅茂，秋成可望有收。现据各属折报，粮价虽豆价贱于米价，而米价亦不甚昂贵，自应遵照部咨，将东省本年应征黑豆改征粟米十分之五，以重仓储。似与舆情、民食，两无窒碍。此外如有带征豆石，仍照各本款征运，毋庸议改，免致牵混。业经会同藩司详请漕、抚两宪会核，咨覆在案。除俟奉到部覆另檄饬遵外，合先通饬等因到府。蒙此，合行转饬云云。

前案粮道牌一件

粮道鲁①为饬知事。

照得该县本年额征黑豆现奉部咨改征五成粟米，除米、麦两项仍照旧征运外，所有改征米豆正耗细数及应兑帮次，合亟开单飞饬。为此仰县官吏照牌事理，立即〔即〕查照单开正耗细数，依限交兑完报。其随漕一切银米，照例支给，掣取关领文结送辕，以凭核转。毋得错漏迟延，致干未便。速速。须牌。

计粘单一纸。

惠民县本年漕豆三千四百三十二石二斗五升内，改征五成米一千七百一十六石一斗二升五合内正兑正米六百六十九石六斗一升一合七勺、耗米一百六十七石四斗二合九勺，改兑正米七百五十一石三斗七升六合四勺、耗米一百二十七石七斗三升四合；实应征豆一千七百一十六石一斗二升五合内正兑正豆六百六十九石六斗一升一合七勺、耗豆一百六十七石四斗二合九勺，改兑正豆七百五十一石三斗七升六合四勺、耗豆一百二十七石七斗三升四合。济左帮兑。

（道光九年以后系征五成粟米、五成黑豆）

① 即鲁垂绅。

改征五成粟米项下仍征二成半黑豆全案

道光十四年七月十三日奉文

武定府汤①为钦奉事。

本年七月初二日蒙督粮道抄案，道光十四年六月二十一日蒙抚宪钟祥案验，道光十四年六月初九日准户部咨，云南司案呈，本部具奏豫、东二省应征粟米酌改黑豆一折。道光十四年五月二十五日具奏，本日奉旨："依议。"钦此。相应恭录谕旨，抄录原奏，行文山东巡抚钦遵查照，可也等因到本部院。准此，合就檄行。为此仰道官吏即便钦遵转饬，查照办理。毋违。

计粘单一纸。

内开：

户部谨奏为仓贮豆石不敷援案，请于豫、东二省应征粟米项下酌量改征，以备支放，仰祈圣鉴事。

窃照每年额征豆石积贮攸关。溯查雍正十年以后因京师喂养马驼需用豆石，节经在于豫、东二省粟米内改征黑豆，嗣于乾隆十八年京仓黑豆充盈，酌半改征粟米。此后或因粟米不敷改征黑豆，或因豆石充余仍改粟米，均系酌量情形，随时奏办。道光九年臣部以粟米一项，每年不敷支放，均系以稜米抵给。而各仓存贮豆数盈余过多，并以豆性不耐久贮霉变堪奏，准于豫、东二省应征黑〈豆〉内，自该年为始改征粟米十分之五，

---

① 即汤世培。

声明俟数年后察看京仓米豆多寡情形，再行随时奏明办理在案。

兹查各仓现存豆约十余万石，只敷一年之用，而每年应放豆约十八万余石，以奉天、豫、东三省额征豆石计算，不敷支放，应请循照成案在于豫、东二省改征粟米十分之五项下，改征黑豆二成半，仍征粟米二成半。此后支放自可有盈无绌。恭候命下，由臣部行文山东、河南巡抚转饬各该粮道，分晰核定，钦遵办理。即今自道光十四年为始，照数改征，一律起运，以实仓储。所有臣等酌议粟米改征黑豆缘由，理合恭折具奏，伏乞皇上训示遵行，谨奏请旨等因到道。

蒙此，合亟钦遵转饬等因到府。蒙此，合行转饬。为此仰县官吏，文到即便遵照，自本年新漕为始，于前奉改征粟米十分之五项下，改征黑豆二成半，仍征粟米二成半，一律起运，毋得违误。速速。须至贴者。(道光十四年七月十三日到)

前案粮道牌一件

粮道张①为饬知事。

照得该县本年额征黑豆，现奉户部奏明改征五成粟项下改征黑豆二成半，仍征粟米二成半，除米、麦两款照旧征运外，所有改征米豆正耗细数及应兑帮次，合亟开单飞饬。为此仰县官吏照牌事理，立即查照单开正耗细数，依限交兑完报，其随漕一切银米，照例支给，掣取关领文结送辕，以凭核转。毋得错漏违延，致干未便。速速。须牌。

计粘单一纸。

---

① 即张祥河。

惠民县本年正耗漕豆三千四百三十二石二斗五升内，改征二成半米八百五十八石六升二合五勺内正兑正米三百三十四石八斗五合八勺、耗米八十三石七斗一合五勺，改兑正米三百七十五石六斗八升八合二勺、耗米六十三石八斗六升七合；止应征豆二千五百七十四石一斗八升七合五勺内正兑正豆一千四石四斗一升七合六勺、耗豆二百五十一石一斗四合三勺，改兑正豆一千一百二十七石六升四合六勺、耗豆一百九十一石六斗一合。济左帮兑。

前案县申清册此件府帖无关紧要，未抄

为饬催事。

本年十二月十八日蒙宪台转饬，仰县官吏云云等因到县。蒙此，遵即饬承造具改征五成粟米项下改征二成半黑豆细数清册，具文申送宪台核转。为此云云。

计申送清册四本。

申本府。

为造送事。

今将卑县改征五成粟米项下改征二成半黑豆，逐一分晰，造具妥册，呈送施行。

计开：

惠民县本年分原额应征漕豆三千四百三十二石二斗五升内改征二成半米八百五十八石六升二合五勺，实征漕豆二千五百七十四石一斗八升七合五勺。

（道光十四年以后系征二成半粟米、七成半黑豆）

黑豆改征粟米全案道光二十三年闰七月十二日奉文

署武定府刘札惠民县知悉。本年七月二十六日蒙督粮道牌开，本年七月初八日蒙抚宪梁[1]案验，道光二十三年七月初一日准户部咨，云南司案呈，本部具奏酌量京仓粟米黑豆多寡情形，变通办理一折。道光二十三年六月二十一日具奏，本日奉旨："依议。"钦此。相应恭录谕旨，抄录原奏，行文山东巡抚一体遵照，可也等因到本部院。准此，合就檄行。为此仰道官吏即便钦遵转饬，查照办理，毋违，计粘单一纸等因到道。蒙此，合亟转行。为此仰府官吏即便遵照，转饬所属查照来文部咨，并奉旨事理，钦遵办理，毋违等因到府。蒙此，合行转饬。札到，该县即便遵照办理。毋违。此札。（闰七月十二日到）

计粘单一纸。

户部谨奏为酌量京仓粟米、黑豆多寡情形，变通办理具奏，仰祈圣鉴事。

窃思仓储盈绌，积贮攸关，宜随时察核情形，为酌盈济虚之计。查京仓存贮豆石自雍正十年以后，因喂养马驼需用豆石，始于豫、东二省额征粟米内改征黑豆，嗣于乾隆十八年因京仓豆石充盈，酌半仍征粟米。此后或因豆石不敷改征黑豆，或因黑豆充盈仍征粟米，均系酌量情形，随时奏明办理。

兹查京仓应放各项豆石，每年约放十五万余石，现经各旗

① 即梁宝常。

营奏明裁减马匹，计节省马豆五万余石。此后每年应放豆总在十万石以内，现在存仓黑豆尚有三十万余石。豆性不堪耐久，诚恐存贮过多，致滋霉变。拟请援照成案，于豫、东二省应征黑豆项下改征一半粟米，豆石既无红朽之虞，而进仓粟米较多，足供支放，亦可裨补仓储。复查粟米一项，向来仓存不敷放，均以稄米抵给。经臣部于十八年三月间奏准自十九年为始，每年春、夏二季甲米内应放粟米改征一半折色，计每年省米十七万余石，约需折色银二十万余两。

现在通盘筹画，计历年积余粟米十万余石、本年新收粟米约二十三万余石，加以盛京捐输粟米一万余石，共计仓存粟米不下三十五万余石，足敷明年四季全放本色之用。臣等公同筹酌，拟请将明年春、夏二季甲米内应放粟米仍放本色，可省折色银二十万余两；而豫、东二省黑豆改征一半粟米，仓存亦无虞短绌，实于经费、仓贮两有裨益。如蒙俞允，俟命下之日由臣部行文山东、河南各巡抚，仓场侍郎，各该旗都统，一体遵照办理。如将来有再应量为变通之处，由臣部查看京仓米豆多寡情形，随时奏明查办。所有臣等酌议缘由，是否有当，伏乞皇上圣鉴训示遵行。

前案府札

武定府陶①札惠民县知悉。本年八月二十九日蒙督粮道札开，本年八月十一日蒙抚宪梁札开，据该道呈称，查接管卷内，道光二十三年闰七月二十四日蒙宪台批，据临邑县禀，应征黑豆内改征一半粟米，应否按照原额改征缘由。蒙批，仰督粮道

① 即陶庆增。

查照前奉部咨及向办章程，作速核明详覆，饬遵办理，此缴等因。

蒙此，遵查东省漕豆项下改征粟米一案，前于乾隆十八年及道光九年奉文改征粟米十分之五，又于道光十四年奉文在改征五成粟米项下改征黑豆二成半，仍征粟米二成半，历经遵办在案。

现奉部咨，京仓存贮豆石自雍正十年以后，因喂养马驼需用豆石，始于豫、东二省额征粟米内改征黑豆，嗣于乾隆十八年因京仓豆石充盈，酌半仍征粟米。此后或因豆石不敷改征黑豆，或黑豆充盈仍征粟米，均系酌量情形，随时奏明办理。现在存仓黑豆尚有三十余万石，豆性不堪耐久，诚恐存贮过多，致滋霉变。拟请援照成案，于豫、东二省应征黑豆项下改征一半粟米等因。

是应征黑豆既奉部议，援照成案改征一半，自系照依部文内所称乾隆十八年酌半仍征粟米之案，在于额征黑豆项下改征一半粟米。但此项部文内，未奉指明照额征黑豆一半，未免犹豫耽延，一面将改征缘由，详请咨部查照核覆，以免歧误在案。兹奉前因，除俟奉到部覆再行饬属遵办外，拟合具文呈覆鉴核等情到本部院。

据此，查此案前据该前道详请咨部示覆，当经据详，咨请部示在案。自应查照该前道所详，一面照办，一面候部示覆，以免迟误。合行札饬。札到，该道即便通饬各属遵照办理。毋迟，速速等因到道。蒙此，合亟札饬。札到，该府立即通饬所属查照前道所详，将黑豆一项，各照原额改征一半粟米，毋得歧误。仍俟部敷到日另檄饬知，切切等因到府。蒙此，合行云云。（二十三年九月初七日到）

前案粮道牌一件，转行奉到部覆

粮道景①为钦奉事。

本年九月十七日蒙抚宪梁案验，道光二十三年九月十四日准户部咨东、豫二省改征米豆额数各若干查明一案缘由到本部院。准此，合就檄行。为此仰道官吏即便查照，转饬各属遵照，并将改征二成半米豆额数各若干及现征七成半豆石项下改征一半米豆额数各若干，逐一查明，先行专案分晰详咨，毋违，计粘单一纸等因到道。蒙此，合〈行〉飞饬。为此仰县官吏即便遵照，在应征七成半黑豆项下再按一半改征粟米，并将改征二成半米豆额数各若干及现征七成半豆石项下改征一半米豆额数各若干，逐一查明，先行详覆，以凭核转。切切。须牌。（二十三年九月二十一日到）

计粘单一纸。

户部为钦奉事。

云南司案呈，准山东巡抚梁咨，据督粮道汪②呈称，蒙准部咨本部具奏酌量京仓粟米、黑豆多寡情形变通办理一折。道光二十三年六月十一日具奏，本日奉旨："依议。"钦此。相应恭录谕旨，抄录原奏，行文山东巡抚一体遵照等因。除恭录转饬各属钦遵办理外，遵查东省额征漕豆项下改征粟米一案，前于道光九年奉文改征粟米十分之五，又于道光十四年奉文在改征五成粟米项下改征黑豆二成半，仍征粟米二成半，历经遵办在案。现奉议奏，拟请援照成案，于豫、东二省应征黑豆项下

---

① 即景霖。

② 即汪云任。

改征一半粟米等因。是否照额征黑豆项下改征一半粟米，抑或在近年止征七成半黑豆项下再按一半改征粟米之处，部文内并未指明。现据各属具详请示前来。

覆查部文内开，乾隆十八年因京仓豆石充盈，酌半仍征粟米。此后或因豆石不敷改征黑豆，或因黑豆充盈仍征粟〈米〉，均系酌量情形，随时奏明办理。兹请援照成案，于豫、东二省应征黑豆项下改征一半粟米等因，自系照乾隆十八年之案，在额征黑豆项下改征一半粟米。除批饬各属遵办以免迟误外，但究竟是否照额改征，并嗣后应否按年遵照办理，俟京仓粟米充盈有再应量为变通之处，听候部示遵行。拟合详请咨部，速为示覆，以便遵办而免歧误等情，拟合咨明等因前来。

查豫、东二省应征豆石，前经本部奏请援照成案，于豫、东二省应征黑豆项下改征一半粟米等因，行文山东、河南各巡抚遵照在案。今据山东巡抚咨称，东省额征黑豆前于道光九年改征粟米十分之五，又于十四年在改征五成粟米项下改征黑豆二成半，仍征粟米二成半。现奉议奏，于应征黑豆项下改征一半粟米，是否照额征黑豆项下改征，抑或在近年止征七成半黑豆项下再按一半改粟米，并嗣后应否按年遵照办理，俟后京仓充盈再应量为变通之处，咨部示覆等语。

查东、豫二省应征黑豆，前经本部奏明改征一半粟米，原为京仓粟少豆多起见，自系于现在七成半黑豆项下改征一半粟米。若按额征黑豆之数改征，则所改较少，仍于京仓无补。应咨该抚即饬自本年起于应征七成半黑豆项下再按一半改征，仍俟将来本部察看京仓米豆多寡情形，奏明咨行遵办。并咨该抚将额征黑豆项下前经改征二成半米豆额数各若干，及现征七成半豆石项下改征一半米豆额数各若干，先行分晰，专案报部，以凭查核可也。

前案粮道牌一件

粮道景为饬知事。

照得该县本年额征黑豆，现奉部咨于现征七成半黑豆项下，再按一半改征粟米等因。除米麦各款照案征运外，所有改征米豆正耗细数及应兑帮次，合亟开单飞饬。为此仰县官吏照牌事理，立即查照单开正耗细数，依限交兑完报。其随漕一切银米，照例支给，掣取关领文结送辕，以凭核转。毋得错漏违延，致干未便。速速。须牌。（二十三年十月初十日到）

计粘单一纸。

惠民县本年正耗漕豆三千四百三十二石二斗五升内，改征二成半米八百五十八石六升二合五勺内正兑正米三百三十四石八斗五合八勺、耗米八十三石七斗一合五勺，改兑正米三百七十五石六斗八升八合二勺、耗米六十三石八斗六升七合；止应征七成半豆二千五百七十四石一斗八升七合五勺内，又奉文改征一半米一千二百八十七石九升三合八勺内正兑正米五百二石二斗八合八勺、耗米一百二十五石五斗五升二合二勺，改兑正兑五百六十三石五斗三升二合三勺、耗米九十五石八斗五勺；止实征一半豆一千二百八十七石九升三合七勺内，正兑正豆五百二石二斗八合八勺、耗豆一百二十五石五斗五升二合一勺，改兑正豆五百六十三石五斗三升二合三勺、耗豆九十五石八斗五勺。济左帮兑。

前案县申清册

为札谕事。

本年十月初八日蒙宪台札开，转蒙督粮道牌开，蒙抚宪梁案验。道光二十三年九月十四日准东、豫二省云云等因到县。蒙此，遵查卑县额征黑豆项下奉文改征二成半粟米及现征七成半黑豆项下改征一半粟米，核扣各数，逐一分晰，造具清册，拟合具文申详宪台核转。为此云云。

计申详清册三本。

申本府十月十二日阅稿。

为札谕事。

今将卑县额征黑豆项下改征二成半粟米及现征七成半黑豆项下改征一半粟米，核扣各数，逐一分晰造册，呈送施行。

计开：

惠民县道光二十三年分额征黑豆三千四百三十二石二斗五升内，奉文改征二成半米八百五十八石六升二合五勺，实征豆二千五百七十四石一斗八升七合五勺内，又奉文七成半黑豆项下改征一半粟米一千二百八十七石九升三合七勺，实征豆一千二百八十七石九升三合八勺。

以前各案所论成数，系以额征黑豆分作十成核计。其间或改征粟米，或米仍改豆，均不得出额征豆数之外，与额征米数无涉。道光二十三年以后，系征六成二分五厘粟米、三成七分五厘黑豆。

惠民县应捐粮道衙门各款

惠民县

粮道衙门：

漕项捐款酌给公帮解员盘费银二十两七钱一分二厘，酌加五厘席片银三十两四钱五分九厘，守冻银一十八两二钱七分五厘，蓟粮书吏饭食银一钱八分五厘，漕粮房饭食银四两，缮书饭食银二两，书吏饭食银一两二钱，随蓟添平银六两五钱五分三厘，行折添平银一两八钱七分四厘，印烙斛斗规费银五十四两四钱五分，攒造赤书由单串票流水规费银一百三十五两，随漕一五耗奏销规费银二十两，派征则例申覆由单规费银二十两，漕粮奏销规费银三十两。以上十四款每年共银三百四十四两七钱八厘，二十五年应摊一十九日，银一十八两一钱九分三厘。

仓项捐款临仓部费添平银二百三十二两六钱六分三厘，德、常二仓部费添平银四十六两四分三厘，德、常二仓书役饭食银一两八钱五分七厘，德州仓仓房饭食银九钱六分，常丰仓仓房饭食银一两二钱八分。以上五款每年共银二百八十二两八钱三厘，二十五年应摊一十九日，银一十四两九钱二分六厘。

范县二十六年驿站夫马工料并建闰等项银两册结

署曹州府范县为请旨奏销岁底驿站钱粮，以期画一事。

今将卑县道光二十六年分支解驿站夫马工料并建闰等项银两，造册呈送施行。

计开：

范县现在走递马三匹三分，每匹日支草料银五分，共该银五十九两四钱，照五年二闰扣算，每年摊派闰月银一两九钱八分，共银六十一两三钱八分；走递驴一头，日支草料银二分五厘，共该银九两，照五年二闰扣算，每年摊派闰月银三钱，共银九两三钱；马夫二名二分半，每名日支工食银三分三厘三毫三丝三忽三微三纤三沙三尘，共该银二十七两，照五年二闰扣算，每年摊派闰月银九钱，共银二十七两九钱；白夫三名八分，每名日支工食银三分三厘三毫三丝三忽三微三纤三沙三尘，共该银四十五两六钱，照五年二闰扣算，每年摊派闰月银一两五钱二分，余剩银四钱一分三厘，共银四十七两五钱三分三厘；鞍屉棚厂等项银四两三钱二分一厘；以上共银一百五十两四钱三分四厘。

道光二十六年分

旧管：

存库道光二十五年夫马小建银二两三钱五分、夫马闰月银五两一钱一分三厘。

新收：

由地丁征完夫马工料银一百五十两四钱三分四厘，又赴司领闰月不敷工料银七两六钱七分，共银一百五十八两一钱四厘。

开除：

一、走递马三匹三分，每匹日支草料银五分，一岁三百八十四日，共银六十三两三钱六分。

一、走递驴一头，日支草料银二分五厘，一岁三百八十四日，共银九两六钱。

一、马夫二名二分半，每名日支工食银三分三厘三毫三丝三忽三微三纤三沙三尘，一岁三百八十四日，共支银二十八两八钱。

一、白夫三名八分，每名日支工食银三分三厘三毫三丝三忽三微三纤三沙三尘，一岁三百八十四日，共支银四十八两六钱四分。

一、鞍屉棚厂等银四两三钱二分一厘。

实在：

存库道光二十五年夫马小建银二两三钱五分、夫马闰月银五两一钱一分三厘，二十六年夫马小建银二两三钱五分、白夫闰余银一两三分三厘。

夫马工料不分有闰无闰，概作三百七十二日核扣，支发银两则各按日扣算。然小建亦需随同支出，另作杂款或解或交。其长余十二日之项，无闰之年解司候领，有闰之年归值闰月之员支发，不敷之项赴司请领。

第二十本

目　录

颁发二十四年分俸杂奏销结式

查明境内并无参员李森县详

更造历年正续奏销县详详府

更造历年正续奏销业已由府核转县详详司

请示二十五年奉派续摊誊黄工料银两先后扣拨数目县详

请在买谷津贴内扣拨二十五年应解余兵生息银两县详

请示奉发阳信等四处青、德二满营岁修军械等项之需生息本银数目县详并府批

请究办民人李圣思冒戴金顶县详

结报租商张履福残票被烧县详并供结覆详附

历城典史供廉四百两修署作十二年摊县详

查明境内并无尹殿莪县详

发当生息青、德二满营岁修军械等项之需本银一千两县详

请领布经历任内全半俸廉银两县详印领附

置产投税各例

户杂房禀批

户粮房禀批

公正禀批

户粮房禀批

漕粮张立名禀批

谕各铺户告示

发捕衙春季截日俸银及夏季俸工银两札

拘拿表肇修票稿

谕被灾各庄赶紧完纳漕米告示

谕七十二社赶紧完纳钱粮示稿

开设当铺呈批

交代初参部覆

饬摊二十五年奉办临砖津贴府札

武定府陶[1]札惠民县知悉。案蒙布政司札开，据临清州详称，窃照卑州本年奉办孝陵二柱门等工临砖一万四千六百四十块，又泰陵皇贵妃园寝享殿等工临砖四千四百三十块，又补造二十三年景陵方城下东西两面台帮等工临砖一百五十块，二十四年孝陵西朝房等工临砖八百八十四块，共应解运砖二万零一百零四块。当经卑州请照向办章程，由本年三进粮船分装搭运，详请咨部在案。

所有解砖委员轮应兖州、武定二府公委一员押解，拟合具文详请鉴核，俯赐檄饬兖州、武定二府公同派委并将委员衔名移州知照，以便详请依咨押运。其委员津贴银两，照章应由该二府所属州县按缺摊派，以为委员到道办公之需，并祈饬知遵照，实为公便等情到司，合行札饬等因到府。蒙此，合行转饬。札到，该县立即查照后开应摊委员押解临砖津贴并添平解费各银数，限三日内照数封固，粘贴印花，具批佥差解府，按八成

① 即陶庆增。

先行给发委员具领，并将下余二成批解藩库备扣应赔缺破砖价，以便委员赴司领咨起程。毋稍迟延。速速。此札。

计开：

上上缺惠民县应摊津贴、盐课银五十四两二钱八分零八毫，并添平解费银四两六钱。

饬摊二十五年奉办临砖柴价府札抄详附

武定府陶①札惠民县知悉。案蒙布政司札开，道光二十五年五月初七日奉抚宪批，本司详请派摊本年临砖柴价银两缘由，奉批如详饬遵缴等因到司。除饬临清州遵照外，合行抄详札饬等因到府。蒙此，合行转饬。札到，该县立将应摊柴价银两即解临应用，禀报考查，毋违。此札。（二十五年六月初三日到）

计粘抄详一纸。

为据情详请派摊临砖柴价银两事。

窃照本年奉办孝陵二柱门等工临砖一万九千零七十块，当经移行遵照烧造去后。今据署临清州知州陈宽详称，历年奉办岁修临砖所需柴薪无多，俱系卑州自行备办。若办另案工程，临砖需柴较巨，向按每斤津贴银三厘，由卑州捐办三分之一，其三分之二在于通省州县派摊。道光七年更定章程，除十九苦缺及本年奉文更改下下缺之潍县均请免摊外，余按新定缺分等第，分别派摊，以济工需，先后遵办在案。今奉办临砖一万九

① 即陶庆增。

千零七十块，按每块需柴二十五斤半，共需柴四十八万六千二百八十五斤，每斤津贴银三厘，共银一千四百五十八两八钱五分五厘。除三分之一柴津银四百八十六两二钱八分五厘卑州自行捐办外，其三分之二柴津银九百七十二两五钱七分，请援照成案派摊，饬令各州县按数捐解，并请由司在于各州县养廉银内扣收饬发等情到司。

本司覆查该州详摊三分之二银九百七十二两五钱七分，应请照依历办成案，在于上上缺之济宁、德州、泰安、商河、惠民、济阳、濮州、恩县等八处，每处摊银一十九两八钱九分六厘，共摊银一百五十九两一钱六分八厘；上中缺历城、阳谷、汶上、胶州、冠县、陵县、即墨、章丘、诸城、单县、馆陶、东平州等十二处，每处摊银一十七两四钱一分二厘，共摊银二百零八两九钱四分四厘；上下缺长清、莒州、平度、淄川、乐陵、丘县等六处，每摊银一十四两九钱二分五厘，共摊银八十九两五钱五分；中上缺沂水、阳信、黄县、郓城、堂邑、莘县、东阿、安丘、平原、荣成、德平、峄县、宁阳、邹县、肥城、齐东等十六处，每处摊银一十二两四钱三分八厘，共摊银一百九十九两零八厘；中中缺滨州、利津、夏津、掖县、齐河、武城、禹城、清平、滋阳、兰山、昌邑、博平、长山、费县、临邑、青城、高密等十七处，每处摊银九两九钱五分一厘，共摊银一百六十九两一钱六分七厘；中下缺朝城、聊城、益都、泗水、曲阜、高唐、蒲台、城武、金乡、滕县、莱芜、曹县等十二处，每处摊银七两四钱六分一厘，共摊银八十九两五钱三分二厘；下上缺菏泽、范县、蓬莱、新城、日照、乐安、茌平、平阴等八处，每处摊银四两九钱七分四厘，共摊银三十九两七钱九分二厘；下中缺邹平、观城、寿光、莱阳、郯城、博兴、博山等七处，每处摊银二两四钱八分四厘，共摊银一十七两四钱零九厘。以上通共摊银九百七十二两五钱七分，即与三分之二柴津银数相符。

至该州声请扣廉饬发之处，查历年派摊成案，均系详明由该州自行催解，此次应摊银两，自应仍照旧章，饬令该州自行催解归款，以济工需，拟合详请宪台鉴核示遵。

补摊二十五年奉办临砖津贴府札据委员禀

武定府陶①札惠民县知悉。案蒙布政司札开，据解砖委员孙嘉栋禀称，窃卑职奉委押解本年奉办孝陵二柱门等工临砖一万四千六百四十块，又泰陵皇贵妃园寝享殿等工临砖四千四百三十块，又带解补造二十三年景陵方城下东西两面台帮等工临〈砖〉一百五十块，二十四年孝陵西朝房等工临砖八百八十块，共砖二万零一百零四块，蒙由武、兖二府所属摊给津贴银六百三十四两一钱四分。又应领盘费银三十两，除津贴例扣二成外，实应领银五百三十七两三钱一分二厘。卑职前领曲阜、汶上二县解到银六十八两零八分九厘，又领由兖解到银一百七十三两一钱五分九厘，又领由宪库扣发银二百零三两九钱五分二厘，又应领盘费银三十两，前后共领过银四百七十五两二钱，计短领银六十二两一钱一分二厘。当经分别查扣，未蒙饬领在案，理应静候，何敢冒渎，惟三进粮艘将次过竣，势难再至俄延。

且卑职更有请者，伏查津贴银两原为到通办公之需，向系按照砖数多寡，分别派摊，方免支绌。溯查道光十四年试用县

① 即陶庆增。

丞王燮廷领过奉办本年第三批万年吉地临砖一万三千一百三十块，系查照章程请照押解岁修砖块之例，照依五千块给津贴银六百两，其余按多解之款减半议给，如带解补造者，按每千块再给津贴六十两，将奉办临砖一万三千一百三十块内五千块给津贴银六百两，其余八千一百三十块减半给津贴银四百八十七两八钱。又道光二十四年试用县丞鲁世德领解本年奉办临砖，亦系仿照岁修砖块之例照依五千块给津贴银六百两，其余按多解之数每千块给津贴银三十两，叠经办有成案。

兹卑职奉委押解本年奉办临砖，核与前案名目相符，为数既多，又系大批，而核算现摊津贴则仅与岁修小批相等，先后核计未免向隅。且此后到通一切均系照批计算，费用浩繁，断难敷用。

卑职微末穷员，差且出省，不惟垫赔无力，更亦告贷无方，势至误公，反辜宪德，不得已冒昧禀恳，叩乞恩施逾格，一视同仁，俯赐仿照十四、二十四等年历办成案，将本年奉办临砖一万九千七十块内，照依岁修之例，除五千块给银六百两，其余一万四千零七块按每千块给津贴银三十两，共银四百二十二两一钱；又带解补造砖一千零三十四块，按每千块给津贴银六十两，共银六十二两零四分；统计应银一千零八十四两一钱四分。除前派定银六百三十四两一钱四分，下余不敷银四百五十两，檄饬武、兖二府转饬各属均匀补摊，并请先行连前短银两一并查发。仍俟将来解到归款在各处分摊无几，且有成案可查，而卑职既无赔累并免羁延，实为恩公两便等情到司。

查此案临砖，该府原摊一半津贴银三百零一两五钱六分，已据照数解司。嗣又补摊一半不敷津贴银一十五两五钱一分，内除惠民、青城、乐陵等三处陆续解到银六两五钱一分四厘二毫，尚欠银八两九钱九分五厘八毫未据解到。据禀前情，覆查该员请摊银数与成案相符，自应分别饬摊。惟当三进帮船将次过竣，若俟摊派解司，恐致贻误，除由司先按八成借款交发外，合行马递三百里飞饬等因到府。蒙此，查此案前次应分摊一半不敷津贴银两，当经本府按数分派，檄饬补摊，径解藩库交兑。已据该县将径解日期申报在案，所有此次奉饬补摊一半津贴银二百二十五两，合再分派饬摊。札到，该县立即查照后开应行补摊委员津贴，并添平解费等项银两，限三日内照数封固，粘贴印花，具批佥差解府，以凭汇解。毋稍迟延。速速。此札。（道光二十五年九月二十九日到）

计开：上上缺惠民县补摊津贴盐课银四十两五钱，并添平解费银五两六钱。

饬摊二十四年买谷津贴并变通旧奉府札抄详附

武定府陶①札惠民县知悉。本年九月十八日蒙布政司札开，道光二十五年八月二十六日奉巡抚部院兼理盐政觉罗崇②批，本司呈详，道光二十四年买谷津贴银两请变通旧章摊派缘由。奉批，如详通饬遵照，此缴册存等因到司。奉此，合行马递三百里札饬等因到府。蒙此，合亟转饬。札到，该县立将应摊津贴银两赶紧照数径解司库兑收，以凭饬令买谷。各属请领归款均毋违延。切切。此札。（二十五年九月二十九日到）

① 即陶庆增。

② 即觉罗崇恩。

计粘抄详一纸。

窃照各属买补缺谷，前因七钱不敷采买，由司酌定章程，议请循照嘉庆年间旧案给予津贴，按照每石三钱，除买谷各州县自捐一钱外，下余二钱在于不买谷各处，照依科场经费之例，按八等缺分均匀摊解，分别给领，俾免借口赔累，有稽采买。遇有交代，无论摊认本缺及他处津贴，统照向派买谷之时，以十月初一日起至次年九月底止，作一年摊还。

详奉前宪批允，嗣于道光二十四年查办道光二十三年派买缺谷津贴案内，即经照依分别派摊，并查明买〈谷〉各属其间十月分粮价有在一两以下者，扣留余剩津贴，归入下届买谷案内办理，分晰详奉宪台批准，通饬遵照各在案。所有道光二十四年派买缺谷应给二钱津贴银两，自应照办。惟查道光二十三年仅派买谷四万五千石，应需三钱津贴银两，除买谷各本缺自摊一钱不计外，所有不买谷各处应摊二钱津贴银九千两。计上缺每处摊银二百八十余两或二百六十余两，即下缺州县亦摊银一百六十余两，为数已属不少。今道光二十四年派买常平仓因公动缺，盘查豁免官亏暨兵支谷共五万石，再加济阳等处续请买补谷一万二千一百石，又单县请买盘查案内完存谷价合谷三千石，计三共谷六万五千一百石，较之二十三年多买谷二万一百石，计多二钱津贴银四千二十两。若仍照旧章，在于不买谷各处加摊，计每处应摊银四百十余两，或三百八十余两至二百三十余两不等，摊项未免过多；而请买仓谷各处系属慎重储备起见，且嘉庆八年四月谷案内自行请买处所曾议给津贴之外，复又量加酬奖。现在道光二十四年请买谷各县，事同一律，又未便因摊项过多免给津贴银两，不得不变通旧〈章〉办理。

兹请将二十四年派买并请买谷共六万五千一百石所需三钱

津银一万九千五百三十两，除旧派买请买各本缺自摊一钱五分银九千七百六十五两外，下余一钱五分银九千七百六十五两，在于不买谷各州县，按照上中下缺均匀摊派。除新泰、海丰、沾化、寿张、蒙阴、定陶、巨野、临淄、高苑、昌乐、临朐、福山、栖霞、招远、宁海、文登、海阳、嘉祥、鱼台、潍县等二十州县，系属下下苦缺，均应免摊；又上上缺之济阳、德州、商河、恩县、济宁州；上中缺之历城、章丘、陵县、单县；上下缺之淄川、长清、乐陵、平度州、临清州；上中缺之德平、平原、阳信、邹县、郓城、黄县；中中缺之长山、齐河、禹城、临邑、青城、利津、掖县、高密、夏津、武城；中下缺之蒲台、城武、聊城、益都、金乡；下上缺之新城、菏泽、蓬莱、乐安；下中缺之邹平、郯城、观城、博兴、寿光、莱阳、博山等四十六处，均有派买请买谷石，亦未便摊派津贴外，所有上上缺之泰安、惠民、濮州等三处，每处摊银三百一两九分二厘，共摊银九百三两二钱七分六厘；又上中缺之东平州、汶上、阳谷、馆陶、冠县、诸城、胶州、即墨等八处，每处应摊银二百八十一两九分八厘，共摊银二千二百四十八两七钱八分四厘；又上下缺之莒州、丘县等二处，每处摊银二百六十一两九分八厘，共摊银五百二十二两一钱九分六厘；又中上缺之齐东、东阿、肥城、宁阳、峄县、沂水、堂邑、莘县、安丘、荣成等十处，每处应摊银二百四十一两九分八厘，共摊银二千四百一十两九钱八分七厘；又中中缺之滨州、滋阳、兰山、费县、博平、清平、昌邑等七处，每处摊银二百二十一两九分八厘，共摊银一千五百四十七两六钱八分六厘；又中下缺之莱芜、曲阜、泗水、滕县、朝城、高唐州、曹县等七处，每处摊银二百一两九分八厘，共摊银一千四百七两六钱八分六厘；又下上缺之平阴、日照、范县、茌平等四处，每处应摊银一百八十一两九分八厘，共摊银七百二十四两三钱九分二厘。以上通共摊银九千七百六十三两，通饬照数摊解司库，分别给领。

似此设法变通，在不买谷各处较上届只多摊银七百六十五两，而买谷各州县本系分内应办之事，每石多摊银五分，亦理所应得。惟查上年派买请买谷石之淄川、菏泽、金乡等三处，十月分报部粮买每石均在一两以下。津贴银两应仍照上届旧章，照实在不敷之数给领，俾免浮冒。计淄川等三县照依十月分报部谷价核算，共应扣留余剩津贴银一百五十六两，应存留司库归于下届买谷案内再行动支。至各州县认摊本处及他处津贴银两亦应照旧，以买谷之年十月初一日起次年九月底止，无论正署，按照在任月日，作一年流摊还款。遇有交卸，核入交案抵算。是否有当，理合分别造具摊派津贴并余剩银两细册，详请宪台鉴核批示，以便通饬遵照。

再，单县请买盘查亏缺谷三千石，因所需谷价银两系动支追存本款，是以前次详咨续请买谷案内，未经核入，合并声明。

更造历年属库垫款清册县详清册附

为详覆事。

除将更造历年垫办学院岁科考试经费银两抵欠款册缘由备载书册外，拟合摘叙简详具文，呈请宪台鉴核办理，实为公便。为此云云。

计详送书册一本、清册一本、垫办考试经费卷五宗、历年杂款印册一本。

一详布政司。

为详覆事。

本年九月二十三日蒙宪台札开，案据武定府详送该县垫办历年学院岁科考试经费银两抵欠款册到司，当经分别饬查。兹核列抵各项欠款多有不符，合行开册饬查。札到，该县立即遵照，将册开不符各款分别检查原卷，切实登覆，并仍按原抵分别顶补造册详司，以凭核办，毋稍漏延，致干未便。速速，此札，计发款册一本等因到县。

蒙此，遵即检查原卷，细加覆核，将不符各款照依指示逐一更正，应删各款亦俱删除。并查得卑前县杨令原造册内间列抵除欠款项下道光十五年知县缺廉银五百四十六两六钱五分五厘一款，查是年奏销案内，实应扣知县缺廉银七百三十七两六钱九分二厘，内除报入前县徐鈖参案实亏项下银七十五两三钱八分五厘，又报入前县屠道彰赔款案内咨追银一百一十五两六钱五分三厘外，下除实欠应归垫办考试经费案内抵除银五百四十六两六钱五分四厘，原册开列尾数银五厘系属错误，今已一并更正。

又，原册开列道光十四年知县三成养廉银九十一两一钱七分一款，查是年奏销案内实应扣曹工三成银四百一十八两八钱三分四厘，内除在道光十四年知县养廉银内拨解银一百六十七两九钱三分六厘，又在十六年知县养廉银内拨解银三十二两二钱六分七厘，下欠银二百一十八两六钱三分一厘，已全数划入前县朱庆扬赔款案内咨追在案，未便重复开入，今已一并删除。

又，原册开列八年张建翠赃罚银一百两一款，查此项赃罚银两系道光九年之案，且系前县徐鈖欠交以县案别项摊款列抵之项，未便开入此案办理，亦已照数删除。

统计更正并核删各款，共删除银三百五两二钱六分七厘，现将欠解道光二十二年夫马闰月银一十五两三钱、道光二十一年夫马小建银六两七钱七分四厘、道光二十二年夫马小建银六两二钱三分三厘、道光二十一年各役孤贫小建银二十七两五钱三分四厘、道光二十二年各役孤贫小建银二十五两二钱六分、道光十九年乡饮银三两五分四厘、道光二十二年乡饮银三两五分四厘、道光二十一年岁贡袍帽等银一十三两四钱八分九厘、道光二十一年廪膳空缺银二十八两七钱二分三厘、道光二十二年廪膳空缺银八两九钱九分一厘、道光二十一年典史缺俸银三两三钱五分五厘、道光二十一年府经缺廉银七两八钱二分一厘、道光二十一年典史缺廉银六两九钱七分四厘、道光二十二年府经缺廉银九两四钱四分五厘、道光二十二年同知缺廉银三十九两二钱六分，又道光二十年同知缺廉一项是年奏销案内实应扣银四百五十一两一钱一分一厘，内除原册已开列银三百五十一两一钱一分一厘外，尚剩欠解银一百两，自应全数开入。以上十五款，共银三百五两二钱六分五厘，划入顶补以符原抵银五千八百七十两八钱七分之数，除另造妥协清册外，拟合检同抵欠卷宗款册，具文一并详送宪台鉴核办理，实为公便。

再，查道光二十二年奏销案内应扣同知缺廉银九十三两三钱三分三厘，除现在划入此案银三十九两二钱六分外，下余银两归入交案核算，合并声明。为此云云。

武定府惠民县为札谕事。

今将卑前县垫办修理考院并院考经费各案原摊银数，及各州县已未解数目抵除交案欠项，逐一查明，开具清册，呈送核办施行。

计开：

惠民县前任知县朱庆扬垫办道光十一年院科经费等项银二千五百两内：阳信县摊银三百一十两，内已解银二百两、实欠银一百一十两；商河县摊银三百一十两，已解银一百五十两、实欠银一百六十两；乐陵县摊银三百一十两，内已解银二百两、实欠银一百一十两；滨州摊银二百五十两，已解银一百五十两、实欠银一百两；利津县摊银二百五十两，已解银一百两、实欠银一百五十两；青城县摊银二百一十两，已解银一百六十两、实欠银五十两；蒲台县摊银二百一十两，内已解银一百两、实欠银一百一十两；海丰县摊银一百七十两，内已解银五十两、实欠银一百二十两；沾化县摊银一百七十两，内已解银五十两、实欠银一百二十两；惠民县摊银三百一十两，内全清。以上共摊银二千五百两，内除已解银一千四百七十两外，下余实共欠银一千三十两。

前任知县章敩垫办道光十二年院岁考经费等项银二千八百两内：阳信县摊银三百四十两，内已解银一百五十两、实欠银一百九十两；商河县摊银三百四十两，内已解银三百一十两、实欠银三十两；乐陵县摊银三百四十两，内已解银二百五十两、实欠银九十两；滨州摊银二百八十两，已解银一百两、实欠银一百八十两；利津县摊银二百八十两，内已解银一百两、实欠银一百八十两；青城县摊银二百四十两内全清；蒲台县摊银二百四十两，内已解银一百二十两、实欠银一百二十两；海丰县摊银二百两，内已解银五十两、实欠银一百五十两；沾化县摊银二百两，内已解银五十两、实欠银一百五十两；惠民县摊银三百四十两，内全清。以上共摊银二千八百两，内除已解银一千七百一十两外，下余实共欠银一千九十两。

前任知县汪自修垫办道光十四年院科考经费等项银二千五百两内：阳信县摊银三百一十两，内已解银一百两、实欠银二百一十两；商河县摊银三百一十两，内已解银一百五十两、实欠银一百六十两；乐陵县摊银三百一十两，已解银一百五十两、实欠银一百六十两；滨州摊银二百五十两，内已解银一百五十两、实欠银一百两；利津县摊银二百五十两，内已解银五十两、实欠银二百两；青城县摊银二百一十两，内已解银一百五十两、实欠银六十两；蒲台县摊银二百一十两，内已解银一百两、实欠银一百一十两；海丰县摊银一百七十两，内已解银五十两、实欠银一百二十两；沾化县摊银一百七十两，内全欠；惠民县摊银三百一十两，内全清。以上共摊银二千五百两，内除已解银一千二百一十两外，下余实共欠银一千二百九十两。

前任知县徐鈖垫办道光十五年院岁考经费等项银二千八百两内：阳信县摊银三百四十两，内已解银一百五十两、实欠银一百九十两；商河县摊银三百四十两，内已解银一百八十两、实欠银一百六十两；乐陵县摊银三百四十两，已解银二百两、实欠银一百四十两；滨州摊银二百八十两，内已解银一百两、实欠银一百八十两；利津县摊银二百八十两，内已解银五十两、实欠银二百三十两；青城县摊银二百四十两，内已解银二百两、实欠银四十两；蒲台县摊银二百四十两，内已解银一百二十两、实欠银一百二十两；海丰县摊银二百两，内已解银五十两、实欠银一百五十两；沾化县摊银二百两，内已解银五十两、实欠银一百五十两；惠民县摊银三百四十两，内全清。以上共摊银二千八百两，内除已解银一千四百四十两外，下余实共欠银一千三百六十两。

前任知县徐鈖垫办道光十七年院科考经费等项银二千五百两内：阳信县摊银三百一十两，内已解银二百五十八两、实欠银五十二两；商河县摊银三百一十两，内已解银一百两、实欠银二百一十两；乐陵县摊银三百一十两，内已解银一百五十两、实欠银一百六十两；滨州摊银二百五十两，内已解银二百七两、实欠银四十三两；利津县摊银二百五十两，内全欠；青城县摊银二百一十两，内已解银一百七十四两一钱三分、实欠银三十五两八钱七分；蒲台县摊银二百一十两，内已解银一百两、实欠银一百一十两；海丰县摊银一百七十两，内已解银五十两，实欠银一百二十两；沾化县摊银一百七十两，内已解银五十两、实欠银一百二十两；惠民县摊银三百一十两，内全清。以上共摊银二千五百两，内除已解银一千三百九十九两一钱三分外，下余实共欠银一千一百两八钱七分。

统计自道光十一年起至十七年止，共实欠银五千八百七十两八钱七分内，阳信县欠银七百五十二两、商河县欠银七百二十两、乐陵县欠银六百六十两、滨州欠银六百三两、利津县欠银一千一十两、青城县欠银一百八十五两八钱七分、蒲台县欠银五百七十两、海丰县欠银六百六十两、沾化县欠银七百一十两。以上共欠解银五千八百七十两八钱七分，均系前任垫办各属欠解之项，卑县交代案内转辗列抵欠款，内抵除道光二年县丞缺俸银三两八分六厘、廪膳空缺银三十九两一钱一分二厘，四年师生空缺银三十二两七钱三分八厘，五年廪膳空缺银一十四两〔两〕四钱七分九厘，八年知县缺俸银一两五钱四分四厘、各役孤贫小建银二十六两九钱二分五厘、乡饮银三两五分四厘，九年各役孤贫小建银二十六两九钱二分五厘、乡饮银三两五分四厘、廪膳空缺银一两七钱七分，十年经历缺俸银二两三钱七分一厘、各役孤贫小建银三十两四钱六分一厘、乡饮银三两五分四厘、廪膳空缺银六两三钱三分七厘，十一年经历缺俸银八两九钱六分七厘、各役孤贫小建银三十二两三钱一分四厘、乡饮银三两五分四厘、廪膳空缺银一十二两七钱五分，十二年知县缺俸银一十二两七钱六分、各役孤贫小建银二十八两九钱四分九厘、乡饮银三两五分四厘、廪膳空缺银一十三两七钱四分六厘，十三年知县缺俸银二两一钱一分三厘、乡饮银三两五分四厘、廪膳空缺银四两五钱，十四年各役孤贫小建银二十九两八钱五分七厘、乡饮银三两五分四厘、廪膳空缺银一十二两二钱三分二厘，十五年知县缺俸银一十两四钱、各役孤贫小建银二十八两一钱九分三厘、乡饮银三两五分四厘、师生空缺银一十七两四钱，十六年各役孤贫小建银二十九两八钱五分七厘、乡饮银三两五分四厘、廪膳空缺银五两六钱一分七厘，十七年知府缺俸银九钱二分三厘、知县缺俸银七钱三分一厘、各役孤贫小建银二十四两八钱七分七厘、廪膳空缺银一十七两一钱七分六厘，十八年知府缺俸银四十两七钱七分八厘、知县缺俸银三两四钱九分五厘、各役孤贫小建银二十八两一钱九分三厘、廪膳空缺银七两八钱六分九厘，十九年知县缺俸银一十九两三钱四分三厘、各役孤贫小建银二十九两八钱五分七厘、夫马小建银六两二钱三分三厘、夫马闰月银一十五两三钱、乡饮银三两五分四厘、廪膳空缺银一十五两六钱七分六厘，二十年知县缺俸银一十一两七钱四厘、训导俸斋空缺银九钱七分七厘、各役孤贫小建银二十四两七钱二分、夫马小建银四两八钱三分九厘、夫马闰月银一十五两三钱、廪膳空缺银九两九钱五厘，二十一年典史缺俸银三两三钱五分五厘、各役孤贫小建银二十七两五钱三分四厘、夫马小建银六两七钱七分四厘、廪膳空缺银二十八两七钱二分三厘，二十二年各役孤贫小建银二十五两二钱六分、夫马小建银六两二钱三分三厘、夫马闰月银一十五两三钱、乡饮银三两五分四厘、廪膳空缺银八两九钱九分一厘。道光元年岁贡袍帽等银一十三两四钱八分九厘，九年岁贡袍帽等银一十三两四钱八分九厘，二十一年岁贡袍帽等银一十三两四钱八分九厘。道光八年知县缺廉银七十两、同知缺廉银一百四十四两四钱四分五厘，九年知县缺廉银六十五两三分六厘、同知缺廉银一百九十六两六钱六分七厘，十年同知缺廉银一百六十七两七钱八分四厘，十三年知县缺廉银一百四十五两八钱三分四厘、同知缺廉银七十四两四钱四分四厘，十四年知县缺廉银三两八钱八分九厘，十五年知县缺廉银五百四十六两六钱五分四厘、县丞缺廉银一十五两一钱八分、典史缺廉银六两一钱五分四厘，十六年县丞缺廉银三十两七钱七分八厘，十七年县丞缺廉银二十八两八钱八分九厘、同知缺廉银一百五十三两三钱三分三厘、经历缺廉银一十六两六钱六分七厘，十八年知县缺廉银七百七十七两一钱八分、县丞缺廉银二十一两一钱二分八厘、同知缺廉银四百两，十九年知县缺廉银七百两、县丞缺廉银一十六两二钱二分三厘、同知缺廉银四百两，二十年知县缺廉银四百六十二两七钱七分八厘、县丞缺廉银三两六钱六分六厘、同知缺廉银四百五十一两一钱一分一厘，二十一年经历缺廉银七两八钱二分一厘、典史缺廉银六两九钱七分四厘，二十二年经历缺廉银九两四钱四分五厘、同知缺廉银三十九两二钱六分。

漕耗变价、车脚变价初参并复参部覆

道光二十五年四月二十五日山东巡抚崇①准吏部咨，考功司案呈，吏科抄出本部汇题前事等因。道光二十五年四月初九日题，本月十一日奉旨："依议。"钦此。相应知照可也等因，咨院行司。奉此，拟合移咨。为此合咨请烦钦遵查照施行。

计粘单一纸。

---

① 即觉罗崇恩。

内开：

一件报明事。

准东抚崇以历城、章丘、长清、平原、阳信、商河、滋阳、范县、聊城、冠县、馆陶、恩县、夏津等十三县未解道光二十二年漕耗银两一案，应将道光二十二年漕耗变价银两初参未完之历城县知县陈宽、前任章丘县知县何家驹、署平原县事临朐县知县王廷棻、前任阳信县知县张元祥、前任商河县事武定府经历陈瑞云云、代理夏津县事济南府通判冯思瀛，均照例降俸二级。陈瑞系代理之员，应照例于现任内罚俸一年完结。王廷棻又道光二十二年派拨二十一年漕耗变价银两初参未完，应照例再降俸二级。张楷又署滋阳县，任内二十二年漕耗变价银两初参未完，应照例于现任内罚俸一年完结。陈宽、王廷棻、张元祥、陈瑞、张楷、吴调元、刘錞、张敩、刘元恩、叶圭书、冯思瀛均又二十二年车脚变价银两初参未完，应照例各再降俸二级。陈瑞应照例于现任内再罚俸一年完结。张楷又署滋阳县，任内二十二年车脚变价银两初参未完，照例于现任内再罚俸一年。二十一年漕耗变价银两复参未完之前任朝城县知县屠道彰、前任夏津县知县史性仁均已丁忧，应各于补官日罚俸一年完结。初参未完之前兼署朝城县事试用知县华翊亨照例降俸二级。何家驹、刘錞、张敩、刘元恩、叶圭书、阮烜辉均又二十一年漕耗变价银两复参未完，应照例各再罚俸一年。王廷棻、冯思瀛又二十一年漕耗变价银两初参未完，应照例各再降俸二级。何家驹、刘錞均留省另补，应各于补官日罚俸一年。王廷棻又二十一年派拨二十年漕耗变价银两初参未完，应照例再降俸二级。王廷棻、冯思瀛又二十一年车脚变价银两初参未完，应照例各再降俸二级。刘錞、张敩、刘元恩、叶圭书、史性仁又二十一年车脚变价银两复参未完，应照例各再罚俸一年。刘錞已另案革职，开复留省另补。史性仁已经丁忧，均于补官日罚俸一年完结。史性仁又二十年漕耗变价银两、车脚变价银两复参未完，十九年漕耗车脚变价银两复参未完，十八年漕耗车脚变价银两复参未完，应照例于此六案每案罚俸一年，于限内丁忧，应照例于补官日罚俸六年完结。冯思瀛又二十年漕耗车脚变价银两初参未完，十九年漕耗车脚变价银两初参未完，十八年漕耗变价银两、车脚变价银两初参未完，应照例于此六案每案再降俸二级。查陈瑞、张楷均有纪录二次抵罚俸一年，仍罚俸一年。史性仁有纪录二次抵罚俸一年，仍罚俸七年。何家驹有纪录一次抵罚俸六个月，仍罚俸六个月等因云云。

饬发青、德二满营岁修军械等项之需生息本银一千两府札

武定府陶①札惠民县知悉。案蒙布政司札开，照得本司随同抚宪捐输银二万两，奉旨拨作青、德二满营制造抬枪等项之用。除由省设局并解青、德二处制造抬枪等项，共用银一万一百二十三两四钱七分六厘，下余银九千八百七十六两五钱二分四厘。业蒙抚宪奏明，仍行凑足一万两发交殷实当商，按月一分生息，作为青、德二满营岁修军械及常操火药奖赏之需。现拟发交济南、东昌、泰安、武定四府，每府二千五百两，择所属殷实当商发交承领，按月一分生息，遇闰加增，每年应得息银按季由府催缴，如有短少，即在该府等养廉银内扣收，以资

① 即陶庆增。

应用。除详明抚宪并委员解送外，合行札饬。札到，该府即将发去银二千五百两，先行兑收，出具印领，交委员赍回销差，一面发交殷实当商，生息按季解司，以副支用。仍将当商花户姓名并连环保结，送司备查，毋违，此札等因到府。

蒙此，查此项银两既蒙饬令发当生息，自应按照十属当铺若干座数，分别多寡，均匀发给。其中有一县仅止一二座者，有一县虽有数十家，其资本充足、殷实可靠仅止数家者，以致发生息数既零星解兑，催提亦多繁琐。况此次奉发本银二千五百两，比之前案只有四分之一，似可毋需按照十属分发。

况经本府酌定，于该县暨阳信、商河、乐陵、滨州五处，照所发银两按数分派，除委员解送并详明藩宪外，合行札饬。札到，该县即将发去银两先行照数兑收，出具印领，交委员赍回销差；一面确查实在殷实当商共有几座，均匀给领。统自十月初一日起，按月一分生息，遇闰加增，每年应得息银、解费以及府书册费俱照前发。该县余兵生息之案，按季催齐，俟阳信等处解齐汇总，申请文批，差役解司交兑。除分饬遵办外，该县立即遵照并移知各该州县一体查照办理。仍将各当商花户姓名造具清册，并取其连环保结各二本呈府以凭，分别存送。均毋违延。切切。此札。（二十五年九月十五日到）

计粘单一纸。

计开：

惠民县发当生息本银一千两。

再升、再调人员完缴罚俸银两，其案件数目应以该省接到罚俸部文之日起扣，至再升、再调具题具奏之日止，统核计算不得以该省奏销之日为期，并署任人员参罚银两应分别在初升、初调前后办理通饬

武定府陶[1]札惠民县知悉。本年九月二十三日蒙布政司札开，道光二十五年八月二十七日奉巡抚部院兼理盐政觉罗崇[2]案验，道光二十五年八月初十日准吏部咨，文选司案呈，准山东巡抚觉罗崇咨称，再升、再调人员除初升、初调任内处分免计外，其前任内罚俸处分银两，必须按限逐案完缴，方准升调等因。

是既曰罚俸银两，则系专指罚俸案件而言，其降职、降级住俸银两不在此列。然又系同案奏销，应否核除，未奉指明。覆查参罚案件，例限次年奏销所有应扣银数，似可以奏销为断。查司中办理奏销，向以五月截数，六月间造报。此项应完参罚银两悉心筹酌，如再升、再调在丙年春、夏二季，则乙年奏销尚未核定应完之数，无凭核计，即以甲年奏销案内应完之数饬

① 即陶庆增。

② 即觉罗崇恩。

令完缴；倘再升、再调在丙年秋、冬二季，则乙年奏销业已造报应完之数，有所稽核，即以乙年奏销册报应完之数，饬令完缴。又应完前项参罚俸银，如有银数盈千累万之员，是否准其分限措缴，先请升调并再升、再调人员，于初升、初调以后再升、再调，本任内奉委署理别缺，旋复回任，其署任内参罚俸银，应否一体饬令完缴，抑既非前任内奉议即可免计之处。拟合咨部示覆等因前来。

查定例，升调各员如前任内有罚俸案件，务须依限完缴。银数在三百两以下者，限半年；三百两以上者，限一年；一千两以上者，限二年；五千两以上者，限三年；一万两以上者，限五年。其堪以再升、再调者，均俟将前任内罚俸逾限银两完缴销案后，方准升调等语。又本部议覆升任户部侍郎祝〈庆藩〉条奏章程，再升、再调人员，除初升、初调任内罚俸处分毋庸核计外，其前任内应缴罚俸银两，必须按限逐案完缴销案后，方准再行升调。仍令该督抚于保题折内，将该员有某任内罚俸若干、案应缴银若干两，已于某年月日解交藩库收存之处，详细声明；仍一面专咨报明户部查核。遇有再升、再调之员奉旨到部时，即将前任内应完罚俸之案，行查户部有无完缴，如业经咨报完缴即行议准，如未经咨报即行议驳等因。道光二十四年六月二十六日奉旨：“依议。”钦此。钦遵在案。

今查再升、再调人员系专扣前任罚俸之案，其降职、降级住俸各案，向不统行扣算。又再升、再调人员前任内罚俸案件，皆有部文知照应按照限减半，作为接到部文日期。该省于接到部文后，即应转饬该员依限完缴。其完缴之限应逐案分算，计扣限期以该省接到部文知照之日起，扣至再升、再调具题、具奏之日止，核其前任内从前所有罚俸，各计每案若干两，已否逾限。如有业已逾限尚未完缴者，即不准再升、再调，不得以该省奏销之日为断。

又，完缴罚俸银数在三百两以下者，限半年；三百两以上者，限一年；一千两以上者，限二年；五千两以上者，限三年；一万两以上者，限五年；是银数至盈千累万之员，已有例定年限，业经知照各省在案，毋庸另议。

又，再升、再调人员于初升、初调以后，奉委署理别缺，旋复回任者，其署任参罚银两向不核计。惟初升、初调以前奉委署理别缺之案，仍应一律查扣，相应知照各直省一体遵照办理可也等因，咨院行司到府。蒙此，合行转饬。札到，该县即便查照现任官员，嗣后奉到部议参罚案件，即行核扣银两，依限完缴，毋得迟误干咎。速速。此札。（二十五年十月初一日到）

举人牌坊银两应自道光丙午科为始，遵照例办理府札粘单附

武定府陶①札惠民县知悉。本年九月二十八日蒙济东道札开，道光二十五年九月十九日准布政司咨开，道光二十五年九月初七日奉抚宪批，本司详咨甲辰科牌坊银两清册缘由。奉批，已据详分咨户、礼二部核销，并咨明户科查照矣。此缴册分别存送等因行司，拟合移咨等因〈前来〉。准此，合行札饬等因到府。蒙此，合行转饬。札到，该县即便知照。毋违。此札。（二十五年十月初三日到）

---

① 即陶庆增。

计粘单一纸。

为通行事。

查接管卷内道光二十四年十二月初十日准礼部咨，仪制司案呈，准户部咨称，各直省新中举人旗匾银两，应于何时支给，希即核明等因前来。

查各直省乡试新中举人，自甲辰科起，定于会试年二月十五日齐集贡院通行覆试。所有旗匾银两，自应仿照顺天乡试之例，俟覆试后由本部将已经覆试各举人开单，知照各省再行开销，其未覆试者不准支给。至各驻防翻绎［译］举人，事同一律，旗匾银两亦应照文举人之例办理，相应通行各省可也。

本司覆查山东省甲辰恩科中式举人李凌霄等六十九名，每名应领牌坊银二十两，共银一千三百八十两。当于中式之后，随循照旧章，在于道光二十四年地丁项下动支，内扣减平银八十二两八钱，实支银一千二百九十七两二钱，给发该举人等承领讫。是此项支给牌坊银两，核与河南省先行支给银两之案事同一律，应请准其开销。除俟下科遵照新定章程办理外，所有支给甲辰科举人牌坊银款数目，拟合开造清册，详请宪台鉴核，咨送户、礼二部核销，并祈咨明科道查照。为此备由呈请照详施行。

饬查道光五年以前派摊历城垫办各款府札

武定府陶①札惠民县知悉。本年九月十二日蒙布政司札开，

① 即陶庆增。

案查属库一切垫款，均应于各州县摊捐归结，因有核入盘查参案抵亏者，亦有列于交代案内抵欠者，必须厘剔清楚，以期款归核实。

经前司于奏结司库筅借支案内，声请以道光五年清厘司库完竣之日为率，一律查办，凡款在五年以前者，照案分别追补，随案咨报，并通饬各属查造款册，送司详咨。嗣因积案内尚有历年指借等项，并有应还属库抵垫各款，复经详奉抚宪奏明，截至道光十六年为断，一体确核筹补，旋又详明展至十九年正月底止，通饬各属遵照查办。原因清厘库款起见，自应赶紧办理，乃屡次严催，并委员守提各州县，或以款目纠缠，现在赶紧查办，一禀了事者；亦有遵照造送，又因册造不符，驳饬而延搁不办者；其册造相符，存司汇办者，不过十之一二。似此徒有清厘之名，而无查办之实，年复一年，讫无完结之期。

推原其故，各该牧令总因年分久远，款目繁多，查办匪易，因而畏难苟安，任催不办。兹本司再四筹酌，与其照旧催办，完案无期，莫若仍先截至道光五年，按款查明造册送司详办，其自道光六年起至十九年正月底止，应办垫款并历年有关借垫银两，一俟五年以前之款查办完竣，即接续查办，另案详奏。似此分别办理，较为简易。庶悬案得以完结，合行开具年分款项清册，由马递四百里飞饬等因到府。蒙此，合亟马递四百里转饬。札到，该县立即遵照，限文到三日内查照册开各款，逐一确核款目是否相符、系何员欠解、有着无着，按款登覆，据实具禀藩宪，并报本府以凭核办。其六年以后垫款以及历年借垫各款，亦令接续查办。倘各该牧令视为具文抗不造送，本府有督催之责。惟有以玩误公事，立予详参，毋谓言之不预也。凛之。慎之。切速速。特札。（二十五年九月十七日到）

计粘单一纸。

计开：

该县欠解历城县嘉庆二十四年垫修臬署户北、兵刑、工科房等处工料银一十二两，嘉庆二十五年垫修司监工料银五两二钱八分，道光元年垫修臬署兵南房工料银三两五钱三分，道光三年垫修臬署吏、户、工、号各科房工料银三十七两四钱六分三厘。

恩赏老民绢棉[1]米肉改为分别给与顶戴新例

大学士军机大臣臣穆彰阿等谨奏，为遵旨会议具奏事。

道光二十五年九月十七日御史张修育奏请赏给耆民顶戴以昭实惠一折，奉朱批："大学士会同军机大臣议奏。"钦此。查原奏内称，道光十五年皇太后六旬万寿，恩诏内开："军民年八十以上者给予绢一匹、棉一斤、米一石、肉十斤；九十以上者倍之。"本年皇太后七旬万寿，自必仍照上届办理。惟此项绢、棉、米、肉，统计直省约需百余万两，若果能核实支放，国家原所不惜。无如藩司衙门库厅之领费出其中，州县衙门吏役之侵冒出其中，该军民所得之数或不及其所费之数，殊不足以昭核实，请量为变通，分别年岁，酌易赏给顶戴等语。

臣等复查恩诏条内，给与老民绢、棉、米、肉，原以锡类引年，圣泽至为优渥。如该御史所奏，老民支领此项，每致层层剥削，是空有赏赉之名，并无沾被之实。与其虚糜帑项，徒

---

① 原文为"绵"，现予更正。

使侵吞，何若恩锡衔名，弥彰宠异。况衣食之养，仅及一时；而品秩之崇，光于毕世。以彼易此，洵为两协其宜。谨拟即照所请，将现拟恩诏款内军民年八十以上者，给与绢、棉、米、肉一条改为分别给与顶戴，年百岁以上者除给与顶戴外，仍给建坊银两，在老民等遭逢寿世，既得普被恩荣，而于我皇上嘉惠耆民之意，益觉有加无已。至所给顶戴应行分别年岁之处，臣酌拟年八十以上者给与九品顶戴，九十以上者给与八品顶戴，一百岁以上者给与七品顶戴，一百二十岁以上者给与六品顶戴，以示限制。仍令各直省将军、督抚、府尹等于奉到恩诏后，饬令各该地方官，将给过顶戴之老民造具清册，申详将军、督抚等衙门存案备查，并按名榜示通衢，俾共见共闻，以杜冒滥而免需索。如蒙俞允，臣等即遵照改拟诏条，并咨行各直省一体钦遵办理。所有臣等遵议缘由，是否有当，伏乞训示遵行。谨奏。

奉旨："依议。"钦此。（二十五年十月初七日邸抄）

臣穆彰阿等片奏，道光十五年恩诏款内军民年八十以上者给与绢、棉、米、肉一条，现经臣等议请，分别改给顶戴，谨将酌改条款恭拟进呈，伏候钦定。

一、军民年七十以上者，许一丁侍养，免其杂派差役；八十以上者，给与九品顶戴；九十以上者，给与八品顶戴；百岁以上者，给与七品顶戴；一百二十岁以上者，给与六品顶戴；百岁至一百二十岁以上者，均仍题明，给与建坊银两。谨奏。奉旨："依议。"钦此。（二十五年十月初七日邸抄）

二十一年以后民欠漕粮不准再有迟缓并议各省劝捐米石户部片奏并上谕

户部片奏。

再，臣等公同商榷，现议招商海运，恐属缓不济急，而京仓积贮必于常支之外，岁有盈余，方可渐冀充裕。查岁漕定额共四百五十余万石，近届实运抵通总少一百数十万石，现在钦奉恩旨，豁免二十年以前递缓漕粮，已及全漕之数，凡有漕各省通行誊黄晓谕，普颂皇仁，闾阎维正之供，自宜踊跃输将，各该省督抚固当勤恤民隐，亦不可稍懈催科。当此京仓支绌之时，应如何率属督征上供天庾，嗣后岁漕开兑，总期足额运京，毋得任听州县捏报灾荒，辄形短绌。其二十一年以后民欠未完，尚有二百三十余万石，务当遵照分定年限带征，不准再有迟缓。如此力加整顿，日有起色，漕粮之兑运既多，京仓蓄积自广矣。又查臣部奏准有漕省分官员捐米章程，前后据江西、湖南、湖北各省捐米请奖，均经臣部照原议条款奏请恩施。惟各该省米数无多，而江浙二省产米之区尚未报有捐米之员，拟令各该督抚妥劝属员捐办，随帮搭运，于漕粮不无小补。应请旨饬下有漕各省督抚、漕运总督，细心筹画来年漕船，务令及早兑开，运行无滞。总期起运漕粮多多益善，并广劝捐办米石，以实仓储。为此附片具奏。奉旨已录。（二十五年十月初九日邸抄）

奉旨："户部奏近年漕运抵通额数短少等语，嗣后岁漕开兑，总期足额运京，毋得任听州县捏报灾荒，辄行短绌。所有二十一年以后民欠未完，尚有二百三十余万石，着各该督抚率属督催，务当遵照分定年限带征，不准再有迟缓。至所请有漕省分官员劝令捐办米石随帮搭运等语，捐漕议叙前经办有章程，并着该省督抚、漕运总督妥协筹办，以实仓储。”钦此。（二十五年十月初六日邸抄）

减平全案

武定府陶①札惠民县知悉。准前任移交，案蒙济东道札开，本年七月二十五日蒙巡抚部院梁②案验，道光二十三年七月十二日准户部咨，山东司案呈，道光二十三年六月二十九日本部具奏，各省文武廉俸暨杂支等款，拟照京内减平支放，以昭画一而归撙节，并杂支款内可否裁停，行令各省督抚等查明报部一折。本日奉旨：“依议。”钦此。相应抄录原奏，开列清单，行文各该督抚、将军、府尹一体遵照，将单开各款即行分晰查明报部，以凭汇奏，毋任迟缓可也等因咨院行道，到前署府，移交本府。蒙此，合行转饬。札到，该县即便钦遵查照，单开各款作速逐一查明，应裁应停，分晰开造清册六本，具文送府，以凭核转详咨。毋违。此札。（二十三年八月初六日行本日奉到）

计粘单一纸。

山东省：

---

① 即陶庆增。

② 即梁宝常。

一、德州驻防纸朱银八两二钱。

一、德州满营火药银三十五两二钱三分八厘。

一、青州满营火药银一百七十二两六钱一分四厘。

一、济宁州船夫工食每年额用银一百六十八两。

一、青州副统各役工食每年用银三百五两零。

一、给巡抚衙门书吏盐菜饭食银一千四百四两，遇闰加增银一百五十六两。

一、给巡抚衙门军牢等役工食炮药等银四百十六两零，遇闰加增银三十四两七钱。

一、给泉夫工食银五千九百四十八两。

一、给运河道代募泉夫工食银三千四百四十四两零。

一、给运河道器具银一百五十五两零。

一、给布政司衙门书吏饭食等银二千两。

一、给青州副都统心红纸朱银一百两。

一、给塘饷银六千六百六十一两。

一、给文职公费银三万二千三百三十三两。

一、给总河公费银一千一百两零。

一、给青州副都统衙门书役工食银一百六两零。

一、给微员回籍路费银五百四十七两零。

一、给配造寸金丹药银二百两。

一、给解饷鞘木工价银二百余。

一、给剥船工食银自数百两至一万余两不等。

一、给收养军流人犯口粮银一百余两。

一、给制造火药铅子银八十两。

一、给青、德骑射兵丁赏银一百余两。

一、给巡船水手工食银七百二十两。

一、给巡抚衙门绎汗［译汉］清书笔帖式盘费银三十六两。

一、给捕役缉盗盘费银九百两。

一、给雇觅商船代战船出洋巡哨价银一千余两。

一、给添雇剥船工食银自数百两至二三千两不等。

户部谨奏，为各省文武廉俸暨杂支等款，拟照京内减平支放，以昭画一而归撙节，仰祈圣鉴事。查京内由部库支领款项，除各旗营兵饷奉旨毋庸减平外，其自王公以及满汗［汉］文武职官俸银暨一切支款均经奏请减平支放，奉旨允准，钦遵在案。

查京外事同一律，京内既减平支放，各省支领等款亦应分别酌减，庶免两歧。臣等督饬司员，将各省正杂支款逐加查核，复公同筹议，所有各省兵饷应即钦遵谕旨，照旧支放，其各营马干、驿站钱粮，暨新疆经费、科场经费等款，均请毋庸议减；至红白赏银一款，京内各旗营业经奏明，分别减成支给。惟查各省赏银，于道光八年经臣部奏定章程，限以定额，与京内银数无定者不同，若再减成支给，诚恐不敷，应亦毋庸减平，以示体恤。此外，各省文武职官廉俸及一切杂支等款，均请照京内改用二两平支放，以昭画一。统计各省正项，每年报销银七百六十七万七千余两，约节省银四十五万六千余两；杂款每年报销银四百八十六万一千余两，约节省银二十九万一千余两。其节省银两，即令各督抚转饬藩司，按季委员解部，以充库项。现值筹画经费之时，不得不力求撙节。俟库藏充盈，仍请照旧支放。

再查各省杂支款内虽议减平，如江宁之巡道贡船、苏州之仙座等船、安徽之各料铺垫，其余此类款目，尚多可否议裁之处，各省情形不同，臣部未便悬揣，应请敕下各省督抚督饬藩司将杂支款项下何款可以暂停、何款可以裁汰，详细稽查，声明报部，仍由臣部随时汇奏，以节经费而裕帑项。谨将各省款目另缮清单，恭呈御览，伏乞皇上训示遵行，谨奏。谨将各省款项缮具清单恭呈御览。

计开：

各省兵饷马干、刷刻时宪书、差兵盘费、祠庙祭品庙户工食、驿站钱粮、残废守粮眷属半饷、科场经费、孤贫口粮、会试文武举人车价盘费、狱囚口粮、义田学租廪饩、新疆一应经费，以上各款俱应照旧支放。各省文武职官养廉、各省官俸役食、世袭官俸、营中公费、进士举贡牌匾花红公宴、寿民节孝建坊，以上各款统计各省每年报销银七百六十万七千余两，减平支放约节省银四十五万六千余两。至各省杂支等项，款目纷繁，未便胪列，应令各督抚按照臣部单开核办。统计各省每年报销银四百八十六万一千余两，减平支放约节省银二十九万一千余两。

前案府札

武定府陶为传付事。

本年八月初二日蒙济东道札付，本年闰七月十二日蒙巡抚部院梁案验，道光二十三年闰七月初十日准兵部火票递到户部，咨山东司案呈，道光二十三年七月初三日准福建司传付内称，本部据咨改奏各省毋庸颁给二两平砝码一折，于道光二十三年闰七月初三日具奏。奉旨："依议。"钦此。相应传付江南等十三司赴司抄录，飞咨通行各处遵照等因前来。相应抄录原奏，飞咨山东巡抚遵照办理可也等因咨院行道到府。蒙此，合行转饬。为此仰县官吏文到即便查照办理，毋违。须至帖者。（二十三年八月二十一日行本日到）

计粘单一纸。

户部谨奏为请旨事。

查京内由库领款及各省廉俸杂支等项，先后由钦派王大臣及臣部拟令减平支放，奏蒙允准，通行各处遵照在案。旋据山西、湖北等省咨请颁发二两平砝码前来，臣等检阅部库减平原奏声明，二两平每两较库平少银六分，凡减平之项用库平扣折，按二两平兑准，以昭核实等语。是二两平实数即系由库平核算，而出其各省支发之项，现因京库亏短，暂时减平弥补帑藏，一经充裕，仍须照旧支发。自应仍以库平扣算，则给发之项既与原议减平字样相符，而节省六分亦系库平，将来汇总解部数目，不至参差，核算亦归简。臣等公同酌议，凡各省支发应行减平之项，均仍用该省原存库平，按照每两余银六分，逐款分期支发存解。其节省之项，亦以库平按季造册起解，毋庸另设二两平砝码，以归简要而杜弊端。臣等谨据咨改奏，恭候命下通行各直省遵照。为此谨奏请旨。

前案府札

武定府陶札惠民县知悉。案蒙布政司札开，道光二十三年七月二十四日奉巡抚部院兼理盐政梁案验，道光二十三年七月十二日准户部咨，山东司案呈，道光二十三年六月二十九日本部具奏，各省文武廉俸暨杂支等款拟照京内减平支放，以昭画一而归撙节，并杂支款内可否裁停，行令各省督抚等查明报部一折。本日奉旨："依议。"钦此。相应抄录原奏，开列清单行文各该督抚、将军、府尹一体遵照，将单开各款即行分晰查明报部，以凭汇奏，毋任延缓可也等因到本部院。准此，合就檄行。为此仰司官吏即便钦遵移行查照，并将单开各款迅速逐一查明应裁应停，分晰妥议，汇详核办，毋违，计粘单一纸等因到司。

奉此，查京内减平支放比较库平，每百两短银六两，除兵饷马干等项照旧支放，并文武各官养廉指明应行扣平，均应遵办毋庸置议外，其余各款如德州驻防纸等项，系分隶各衙门支销，且有款目，部单未经开列项，其间何款可以暂停，何款可以裁汰，即或不能裁汰，而银数能否可以较前减少，抑或照旧仅能减平支放，均须逐一确查底案，悉心妥议，另行汇办。至扣平月日，大部虽未指明，应即以七月二十四日司中奉文之日为始，凡有应行扣平之项，遵照一律核扣支放，其款在未经奉文以前，现应找领银两仍照常给发兑，其查扣若奉文以后之款，各属尚未接奉饬知，业经核发即应全行补扣。除详请抚宪咨明户部外，合行马递四百里札饬等因到府。

蒙此，合行转饬。札到，该县立即查照单开各款。如有经管之项，作速查明应裁应停，或不裁停银数能否较前减少，抑或照旧仅能减平支放，分晰妥协详候汇案核办。至扣平月日，统以七月二十四日司中奉文之日为始，以归节省而免两歧。仍将遵办缘由先行禀报查考，此系奉旨查办要件，毋稍迟延干咎。速速。此札。（二十三年八月二十七日行本日到）

计粘单一纸。

部单未经开列各款：各营差费马价、委员解饷盘费、各州县漕耗米折、岁贡、临砖例价柴价、各项河工、奉拨河饷、各项谷价、籽种口粮、硝价、庙工、各部科饭食、借领水脚盘费、军装火药库局、修理仓廒监狱坛庙、墩台营房、分发河工学习人员薪水。

前案府札

武定府陶札惠民县知悉。本年八月十五日蒙布政司札开，案查文武各官养廉，现奉部文按照京内减平支放，每百两扣银六两，按季报部，而各属多不解司，毋论司中要款无凭查扣。其扣平一项，大部奏定章程，岂能短少？合行马递五百里札饬等因到府。蒙此，合行转饬。札到，该县嗣后养廉总须按年全数解司，以凭核扣。如仍前抗延不解，即在地丁正耗项下先行扣收。凛之，慎之。速速。此札。（二十三年九月初三日行，本日到）

前案府札

武定府陶札惠民县知悉。案蒙济东道札付，本年八月十四日蒙巡抚部院梁案验，道光二十三年八月初十日准兵部火票递到户部咨，查办裁减事宜处案呈，道光二十三年八月初六日本部片奏，东南两河大工需用及河工岁修防险等银，请均以二两平较兑支发一折。本日奉旨："依议。"钦此。相应抄录，附片飞咨各该督抚等一体遵照，并将扣存减平银两即饬按季造报，委员解部，毋任延缓可也等因咨院行道到府。蒙此，合行转饬。札到，该县即便钦遵查照办理。毋违。此札。（二十三年九月十八日行本日到）

计粘单一纸。

户部片奏。

再查京库各款放项除兵饷外，以二两平支放，前经钦派王大臣奏准在案。嗣由臣部奏明各省放项分别应停、应减，除事关兵饷驿站及养赡孤贫各项外，均请照京库以二两平支放，奉旨允行。其各省一切杂项工程亦由臣部咨行各该督抚遵照奏定章程，改用二两平在案。查现在东南两河兴办大工，需用浩繁，应请均以二两平较兑支发，所扣减平银数核实造报，委员解部。其河工岁修防险等银，亦应一律减平，撙节办理，以昭画一。谨附片陈奏。

前案府札

武定府陶札惠民县知悉。本年八月十四日蒙布政司札开，道光二十三年闰七月三十日奉巡抚部院兼理盐政梁〈宝常〉案验，道光二十三年闰七月二十八日准兵部火票递到户部咨，查办裁减事宜处案呈，查本部前经奏明各直省减平支放各款并杂支款内可否裁停一案，行令各该督抚等详细稽核，声明报部在案。兹据直隶总督讷①咨报，直属、支属支款分别裁停及应减平、不应减平，按照部发清单未及开列各款，造具清册四本送部。本部查阅，一系遵照奏明章程减平兑放册，一系按照奏定情节毋庸减平册，一系不在部单另行查出之款应请照旧支放毋庸减平册，一系不在部单另行查出之款亦应减平支放册。其应行裁停各款均载入册首，并将减平之款请自行司之日为始，改用二两平兑准支放。所造各册均为明晰。查各省款项繁多，恐办理未能画一，致烦案牍而稽时日。应即飞咨各该督抚、军将、府尹等仿照直省款式，一体造册送部，俾免两歧，并令遵照本部前奏，按季核明减平银数，分款造报委员解部，毋任延缓。

---

① 即讷尔经额。

如造报后另有续行查出以及新增应停之款，仍随时酌议应否减平，专案报部核办可也等因到本部院。准此，合就檄行。为此仰司官吏即便遵照移行，逐一分晰，查照办理，详咨报部，毋违等因到司。奉此，查此案前经转饬该府遵照，并转饬所属查照单开各款，如有经管之项，作速查明应裁、应停，或不能裁停银数能否较前减少，抑或照旧仅能减平支放，分晰妥议详办。兹奉前因，合行马递五百里札饬等因到府。蒙此，合行转饬。札到，该县立即遵照，查明文内事理，逐一分晰，造具细册，具文送府，以凭核明转呈。毋违。速速。此札。（二十三年九月二十日，本日到）

前案府札

武定府陶札惠民县知悉。案蒙济东道札开，道光二十三年八月初八日准布政司咨，道光二十三年闰七月二十二日奉巡抚部院兼理盐政梁案验，道光二十三年闰七月初三日准户部咨，山东司案呈，道光二十三年七月初三日准四川司传付内称，所有议覆宗人府丞刘①奏预筹库贮银两一折。道光二十三年六月二十九日具奏，本日奉旨：“依议。”钦此。钦遵相应传付江南等司处，赴司抄录原奏，自行行文各督抚、军将、都统、府尹一体遵照等因前来。相应抄录原奏，行文山东巡抚遵照可也等因到本部院。准此，合就檄行。为此仰司官吏即便钦遵移行查照办理，毋违等因到司。奉此，拟合移咨等因到道。准此，合行札饬等因到府。蒙此，合行转饬。札到，该县立即遵照办理。毋违。此札。（二十三年十月初四日行，本日到）

---

① 即刘谊。

计粘单一纸。

军机大臣等谨奏为遵旨会议具奏事。

内阁抄出，宗人府府丞刘谊奏请预筹库贮以充经费一折。道光二十三年四月初三日奉朱批："军机大臣会同该部议奏。"钦此。钦遵于本日抄出到部，臣等详加筹议，谨将会议各条胪列于后。

一、查裁成养廉一款。据该府丞原奏内称，历代以来凡服官者，止给俸薪，并无养廉名目。我朝始于直省官员，复给以养廉银两，其数较俸薪不啻数十倍之多，实为从古所未有。今库贮既形短绌，拟请于直省官员养廉内酌减二成暂充经费。俟库贮充裕，再行照数全给等语。户部查直省大小文职官员养廉岁需银三百余万两，系于俸薪之外加增。今库贮短绌，虽已设法弥补，而海疆经费、河工要需在在均关紧要，各省士民尚踊跃输将，况在大小官员？自应竭力急公，以图报效。该府丞奏请酌减养廉之处，已由户部议覆副都御史刘重麟折内详核具奏，理合声明。

一、查裁减冗费一款。据原奏内称，各省奏销册造支销之款甚多，如宾兴师生、乡饮酒礼、农民花红等项名目，从未见一举行，殊属有〈名〉无实。应令直省督抚，似此无益之款概行裁减等语。户部查农民花红一项，系赏给耆老农夫，尚属实用实销，应照旧办理外，其宾兴师生、乡饮酒礼等款，既据该府丞奏称从未见一举行，殊属浮费，应令该督抚等详细查明，似此无益之款概行裁减，以归核实。

一、查关税酌增一款。据原奏内称，关税一项虽经定有正额盈余，风闻各关征收关税有多至数倍者，其浮征所入，尽为奸胥猾吏所侵吞，拟请酌增二成以充经费，并芜湖、夔关稍为减损等语。户部查各关征收关税例定，正额盈余银两统于一年期满奏报，倘征不足数，即着落管关之员照数赔补，如有多收，尽收尽解。现在各关奏报亏短居多，若增添二成，恐有增税之名，无征税之实，似未便将征收税数再议增加。惟应税货物款目繁多，或有今昔情形不同可以量为变通者，应由户部逐细查明，随时核议。至所称芜湖等关税银酌量减损，查各该关征收税银，有历年缺额者，亦有间至缺额者，若遽议减税，恐各关效尤，纷纷请减，更易启以多报少之弊。况夔关征收税银向无短绌，每年奏销于正额盈余之外，或多征银三四百两不等，尤无从议减。该府丞所请增减税数之处应毋庸议。

一、查盐斤加价一款。据原奏内称，盐为日用所必需而所用甚约，计于例价外加增数文，于民间无损。请每斤酌加五文，以一文贴商，以四文充作经费等语。户部查上年三月筹议经费案内，援照道光六年高堰工需酌加盐价成案，经军机大臣会奏，请旨饬下两江总督、两广总督、浙江巡抚、山东巡抚、山西巡抚、长芦盐政体察情形，据实覆奏。嗣据各该管督、抚、盐政先后奏到，惟长芦、山东两处奏请每盐一斤暂加二文，长芦已于上年七月议行，山东加价章程尚未奏报，其两淮、两浙、两广、河东各引地均已疏销滞钝，若再加价，势必官贵私充，愈使引盐壅积，转致有妨正课，奏明免加等因各在案。是盐斤价值，芦、东二处甫议加价二文，此时未便再加；其余各省，业据该督抚确查室碍情形，奏明免加盐价亦应仍照前奏办理，以重正课。

一、查严追亏项一款。据原奏内称，各省亏项竟有数千百万两之多，虽经奏催，往往视为具文。应令户部查明各省亏项究有若干，会同吏部另定期限，从严着追，并令各督抚将每年已缴、未缴若干按季奏报等语。户部查各省亏项，现在臣等已派员详查确数，分别严追，另行专折具奏。其勒追限期，查定例，户属项下追缴一切银两，均于文到日起，如数在三百两以下者，定限半年完缴；三百两以上者，定限一年完缴；数在一千两至五千两者，定限四年；五千两以上者，定限五年；一万两以上者，定限六年；二万两以上者，再加一年，以此递加，至数在十万两者，定限十五年；其数在十万两以上者，案非常有，或统归数在十万两，予限十五年，抑或另行酌加之处，临时声叙情节，奏明请旨。

又例载，原案系由该员一人贻误独赔，情节较重者，旗员即由该都统咨部查参，汉员即由该督抚咨查参，按例办理。又例载，上司、下属及前后任摊赔、分赔，或同案官代赔，或上司代属员赔，本官代吏役赔，子孙代祖父赔，而银数多至五千两以上者，以十分计算，于限满日解完到七分，其余准其另照未完银数，按年起限完交，承追官逾限参处，另详承追款内等语。臣等详推例意，定限极为周详，毋庸另行更改，惟在该督抚按限严追，破除情面，认真办理，务将每年已缴、未缴数目按季奏报，毋得仍前延缓，任催罔应。倘逾限不完，即照吏部新定处分按限严参。

吏部查官员本身应完户属项下一切因公核减分赔、代赔，及军需核减等项银两数，在三百两以下至五千两以上，分别罚俸、降留、降调，勒限严追，历来遵照〈办〉理在案。据宗人府府丞刘谊奏称，直省各官亏项数目应令户部查明究有若干，会同吏部另定限期，从严着追等因，嗣经户部查照旧例限期咨送会议前来。查吏部则例内载，官员本身应完户属项下一切因公款项银数，自三百两以下起至五千两以上止，处分自罚俸六个月起至降一级调用止。今户例内，向有一万两至十万两银数限期，吏例未为详备，处分既应酌量加严，而银数亦当按户例递加，方觉逐层周密。至户例官员摊赔、分赔、代赔，并非本身罚赔者，另立一条，而吏例概行混入，自应照户例划清，以免歧误。

臣等公同酌议，应请嗣后官员如有探买、脚价、解送、运脚、驿站、军需及预发垫支事竣核减追缴等项银两，均于文到日起，如数在三百两以下之案，限半年完交，逾限不完，旧例罚俸六个月，今加为罚俸一年，公罪另行起限；三百两以上至一千两之案，限一年完缴，追限不完，旧例降一级留任，今加为降二级留任，公罪另行起限，完日开复。以上吏例限期较宽，谨照户例限期更正。一千两以上至五千两之案，统作十分计算，勒限四年，每年以完交二分五厘为率，如每年能完至二分五厘者，免其处分。若递年每案完不及数，初参旧例降俸一级，今加为降俸二级；二参旧例罚俸六个月，今加为罚俸一年；三参旧例罚俸一年，今加为降一级留任；四参旧例降一级留任，今加为降二级留任，俱公罪，另行起限，完日开复。五千两以上之案，统作十分计算，勒限五年，每年以完交二分为率，如每年能完至二分者，免其处分。若递年每案完不及数，初参旧例降〈俸〉一级，今加为降俸二级；二参旧例罚俸六个月，今加为罚俸一年；三参旧例罚俸一年，今加为降一级留任；四参旧例降一级留任，今加降二级留任。五年限满能完至七分者，将降留之案开复，按其未完银两另作分数，再行按年完纳，如完不及七分者，五参旧例降一级调用，今加为降二级调用，俱公罪，仍勒限严追。三百两以下［上］起至五千两以上［下］止，谨照旧例酌加处分。一万两以上之案，勒限六年；二万两以上者，再加一年；再有多者，以次递加，至五万两止。统作十分计算，分四限，每限能完至二分五厘者，免其处分。若完不及数，初参降一级留任；二参降二级留任；三参降三级留任。

四参限满能完至七分者，将降留之案开复，按其未完银两另作分数，再行按年完纳；如完不及七分者，降三级调用，俱公罪，仍勒限严追。六万两以上之案，勒限十一年；七万两以上者，再加一年；再有多者，以次递加，至十万两止。作十分计算，分五限，每限能完至二分者，免其处分。若完不及数，初参降一级留任；二参降三级留任；三参降五级留任；四参革职留任。五参限满能完至七分，将降留、革留之案开复，按其未完银两另作分数，再行按年完纳；如完不及七分者，五参革职，俱公罪，仍勒限严追。以上一万起至十万两止，止吏部例所未备，谨照户例限期添入处分。至数在十万两以上，案非常有，或应统归数在十万两〔子〕，限十五年，抑或另行酌予年限，临时由户部声叙情节，奏明请旨，交部办理。至原案系由该员一人贻误独赔，情节较重，限满不完，由该管上司据实参办，仍勒限严追完缴。其官员摊赔、分赔、代赔，亦照户属项下旧例酌加，吏例限期与户例不符者，均照户例更正。

再，原籍地方州县等官承追户属项下因公核减等项银两逾限未缴，承追督催不力，俱例有议处明文。今将本身应完欠项逾限未缴加等定议，其承追督催不力之地方各官，亦应一律酌加，方为允协。应请嗣后官员承追督催不力，均照因公核减等项银两逾限未缴本例加等议处，其承追限期悉照户例办理。以上各员应得处分，均由户部于参限满时查取职名，开参送部，由吏部照现定章程，分别议处。

一、查满汗［汉］候补人员宜令回旗、回籍一款[illegible]原奏内称，阁部寺院满汗［汉］候补人员，自郎中以及笔帖[illegible]小京官，拟请以到署三个月为率，即令回旗、回籍，听候咨[illegible]其现在署行走名次在前者，酌留若干员在署当差，其补缺名[illegible]仍与已回旗、回籍各员俟次补用等语。

吏部查阁部寺院候补人员，自郎中以及笔帖式、中书、小京官，除应补奏留及捐纳分发毋庸给俸外，内有由大考改补庶吉士散馆及进士授职、荫生录用并考取议叙等项人员，例准给与正俸。其有告假等项事故，均应扣除离署日期，统较实在、行走年分浅深，以次俟补。是给俸养廉原所以示体下之惠，而按资补缺亦所以励在公之勤，立法各有至意。若如该府丞所奏，将现在署行走之员酌留若干，其余概令回旗、回籍，至名次在后情愿在署当差，亦毋庸给与俸薪，其补缺名次仍与已回旗、籍各员俟次补用，则在署与在籍漫无区别，不惟于事理未平，而名次在后者或为该衙门得力之员，转令其纷纷回旗、回籍，势必不敷办公。况各部候补主事有由援贡小京官升任者，其前在小京官任内业食全俸，今因年期满作为额外主事，转至不获食俸，于情理似未允协。

至该府丞又称，嗣后候补学习人员，以到署行走三个月为率，即令回旗、回籍听候咨取等语。查分部人员名为学习，原以其初登仕版，诸务未谙，故俾之借资历练，至三年期满，该堂官俱应严行甄核，分别去留，其堪以奏留者，俟引见奉旨准其留部后，方准俟次补用。若令其行走三月，即准回旗、回籍升候咨取，是以未经甄别之员，即予序补，尤非慎重公事之道。所有该府丞所奏满汗［汉］候补人员概令回旗、回籍听候咨取之处，均属室碍难行，应毋庸议。

以上六条所有臣等会议缘由，理合其折具奏。伏乞皇上圣鉴，训示遵行。再，此折系户部主稿，合并声明。谨奏。请旨。道光二十三年六月二十九日具奏，本日奉旨：“依议。”钦此。

前案府札

武定府陶札惠民县知悉。本年九月二十三日蒙济东道札开，道光二十三年九月十一日蒙巡抚部院兼理盐政梁案验，道光二十三年九月初十日准兵部火票递到户部咨，查办裁减事宜处案呈，查各省支放一切款项，前经本部奏定章程，分别应行减平、应毋庸减平，通行遵照办理。兹据直隶总督、河南巡抚咨请，偶因地方灾歉应需赈恤银两仍按库平支发等因，经本部查此款银两，系因地方灾歉，体恤民艰，是以特沛恩膏，期于实惠及民，应在毋庸减平之列，行令照旧支放，以恤灾黎而重民食。除核覆外，应即飞咨各该督抚等，转饬一体查照可也等因，咨院行道到府。蒙此，合行转饬。札到，该县即便遵照。毋违。此札。（二十三年十月初六日行，本日到）

前案府札

武定府陶札惠民县知悉。案蒙济东道札开，本年闰七月二十二日准布政司咨，道光二十三年闰七月初九日奉巡抚部院兼理盐政梁案验，道光二十三年七月二十二日准户部咨，山东司案呈，道光二十三年六月初八日准南档房付称，具奏议减各司支领款项各事宜一折。于本月初七日具奏，本日奉旨："依议。"钦此。相应抄录原奏传付各司处，一体遵照等因前来。相应抄录原奏行文山东巡抚查照可也等因，咨院行司。奉此，查裁汰驻防官员车价，前奉准兵部咨行到司，当经移咨，特饬遵照在案。兹奉前因，拟合移咨等因。准此，合行札饬等因到府。蒙此，合行转饬。札到，该县立即遵照办理。毋违。此札。（二十三年十月十四日行，本日到）

计粘单一纸。

谨奏为详核支款，酌量裁减，以期撙节，仰祈圣鉴事。

道光二十三年三月二十七日奉上谕："现在银库亏空至九百余万之多，各衙门一切用款本多冗费，若照旧领放，恐致支绌，着谕知宗人府、户部、工部、内务府、三院、三山、太常寺、步军统领衙门、顺天府各堂官体察情形。所有大小工程及支领款项，遇有可裁汰者，即行裁汰；可节省者，即行节省；总期实力撙节，积少成多，庶于公项有裨。将此各谕令知之。"钦此。仰见皇上躬行节俭、筹裕库储之至意，臣部职司度支尤宜力求撙节，以裕经费。伏查银库放项，总计一年约需银一千余万两，用项既巨，款目较繁。臣等逐一详核，如宗人府红白赏银、八旗官兵赏银、官员随甲钱粮，均经奏准分别减成支放；其官兵马干及各项拜唐阿、匠役、闸军等，亦皆陆续议减、议裁。此外，如在京各衙门应支备用银两，并养廉、饭银、工食暨一切杂支各款数目多寡不同，第节一项有一项之用，现俱议准减平支放，较前自属节省。

惟臣部为钱粮总汇，当此筹备库款之时，遇有可以酌减者，即当随时议减，庶积少成多，于帑项稍有裨益。查新放驻防将军都统、副都统、总管、城守尉等官眷属赴任，向给车价银两，经过直隶地方，由兵部核明程站，照直隶车价咨行户部给发，出直隶境以后由各省首站核明里数，照原定车价汇行给发，于驿站项下支销。臣等伏思外任文武各官，均系自备资斧赴任，去年已将借支养廉一项奏请停止，而驻防官员仍行支给车价银两，似属浮糜。又每逢乡试年分，各省正副考官在部预支路费银两。查各省乡试正副考官本系驰驿前往，回京时仍于各该省存公银内酌给路费，所有在京预支银两自应分别核办。臣等公同商酌，拟请嗣后新放驻防将军以下等官，除驻扎西北两路，例应驰驿，各员仍照例核给车价外，所有内地驻防官员新放赴任者，均毋庸给予车价。其各省正副考官除五品以下各员仍准在部预支路费，其四品以上大员简放，主考者毋庸预支路费，以示区别。至各直省支款更属繁多，现经臣等督饬司员逐一详查，认真稽核。如有可以酌量裁减之处，即行奏明办理。所有臣等考核在京支款酌量裁减缘由，谨恭折具奏。伏乞皇上训示遵行。谨奏。

前案府札

武定府陶①札惠民县知悉。案蒙济东道札开本年十二月十七日蒙巡抚部院梁案验，道光二十三年十二月初三日准户部咨，查办裁减事宜处案呈，本部片奏各省减平银两解部定限并请免加平一折。道光二十三年十一月二十二日奉旨："依议。"钦此。相应抄录原奏附片行文山东巡抚，转饬一体遵照，可也等因咨院行道。蒙此，合行札饬等因到府。蒙此，合行转饬。札到，该县即便钦遵查照办理。毋违。此札。

计粘单一纸。

户部片奏。

再臣部奏明，各省放项，除事关兵饷以及养赡孤寡等款请仍照旧给发外，所有文武廉俸暨一切杂支等项，拟照京内减平支放，奉旨允行在案。兹据直隶等省遵照奉定章程查明应行减平、应不减平，分款造册，陆续咨送到部。臣等督同派出司员，将该督抚等所造各册逐款勾稽，互相较对，先行咨覆，总期帑藏渐得充盈，办理须归核实。伏查此次酌议减平章程，系暂时筹备经费起见。计自奏明通行以来，已及半载，各省所扣平银

① 即陶庆增。

自必积有成数，应令各该督抚等即将已扣银数赶紧造报，扣出减平银两另款存贮，不准稍有挪移。并请每年以二、八月为定限，分为两次解部，仍由臣部按所解银数分别省分，随时登记，一俟库款充裕，即请停止，以符旧制。至减平之款与向例解项不同，臣等公同酌议，将来各省解到此项银两，请敕下管库大臣即按库平兑收，免加规平银两，以示限制。谨附片具奏。

前案府札

武定府陶为通饬遵办事。

案蒙济东道札付，案查前准藩司咨，转奉户部咨，山东司案呈，道光二十三年六月二十九日本部具奏，各省文武廉俸暨杂支等款拟照京内减平支放，以昭画一而归撙节，并杂支款内可否裁停，行令各省督抚查明报部等因。查此案前奉抚宪檄饬，业经前获道抄单，通行该府，转饬遵办在案。兹据临清州造送上年铺递司兵工食银两奏销册内开造，自正月初一日至七月二十三日系照旧支放，其自七月二十四日至年底所支工食银两，系照减平扣发。当因此项司兵应领工食银两，若照部单内各省官俸役食，应行减平扣发；如归驿站钱粮，又应照旧支放。究竟应否减平，随经本道咨询藩司查明移覆去后。兹准覆称，此项铺递司兵工食银两，该司兵系递送公文，差使紧要，近于驿站所需工食银两，司中办理业已免扣减平等因到道。准此，覆查此项铺递司兵工食银两，既准藩司移咨免扣减平，自应照旧支放。除饬临清州照数补给，并将造送本州并所属夏津县册结饬发更换外，合行转饬等因到府。蒙此，合行转饬。为此仰县官吏，文到，立即查照，一体遵办。毋违。

前案府札

武定府陶札惠民县知悉。案蒙布政司札开，照得州县养廉，道光三年奉琦抚宪奏明，除海丰等十九苦缺准令坐支，其余八十八州县全数解司，备扣应摊要款，扣剩银两领回办公。本司莅任吊查本年档案，仅止长山等二十余州县解清。此外，或欠解三季及一二季不等，玩违奏案，已属非是。而七月间奉文，以文武职官养廉杂支等项，每百两照京内减平扣银六两支放，按季报拨，系为弥补库亏起见。款有定额，扣平即有定数；报拨有期，短少即不免驳诘。前司已将应扣减平各款详请咨覆，接准移交前由，经本司照案通饬。今各属视为应行支食之项，无关紧要，或将已解养廉拨抵欠款，或将拨剩银两具文请领。前司准行有案，本司亦非过事苛刻。惟延欠居多，无论要款无从查扣，而减平一项凭何扣收，合亟插翼马递五分里，严札飞饬。札至，该府遵照转饬所属迅将欠解养廉，限文到日，佥差兼程解司交兑，以备查扣减平等项要款。倘敢视为泛常，抗违如故，本司断不因暂时权篆，稍形宽贷，毋谓告诫之不先也。仍将遵办缘由〈及〉的于何日起解银数若干，由马递五百里禀报查考。凛之，慎之，特札等因到府。蒙此，合亟马递三百里转饬。札到，该县立即遵照，迅将欠解养廉银两，限文到日，具批佥差径解司库交兑，以备查扣减平等项要款。倘敢视为泛常，抗违如故，本府定当遵奉宪谕，据实揭参，毋谓告诫之不先也。仍将遵办缘由及的于何日起解银数若干，先由马递五百里通禀查考。凛之，慎之。此札。（二十四年正月初六行，本日到）

前案府札

武定府陶札惠民县知悉。案蒙布政司札开，案查前奉户部咨开，以各省文武职官廉俸及杂支等款，拟照京内减平支放等因，当经前司备录原文通饬遵照在案。兹查应行减平各款，业经前司遵照部单，按款确核，分别造册详咨。所有各款合行开单，饬知等因到府。蒙此，合行转饬。札到，该县立即查照册开各款应扣减平银两，务须按季径解司库兑收，以凭拨解。仍将起解银数日期禀报本府查考，毋稍玩泄，致干未便。速速。此札。（二十四年二月十五日十六日到）

计发减平册二本，部单开列各款遵照减平册。

部单开列各款应行减平册

为请旨事。

案奉户部饬，将文武职官廉俸及杂支等款银两减平支放等因。谨将单开款目，逐一确核，均系实用实销，未便裁停。应请自道光二十三年七月二十四日司中奉文之日起，减平支放。理合开造清册，呈送查核施行。

计开：

一、德州满营心红纸朱银八两二钱。前款系在地丁银内坐支，应请减平支放，理合登明。

一、德州满营火药银三十余两。

一、青州满营火药银一百七十余两。

前二款系在地丁银内坐支，应请减平支放，理合登明。

一、济宁州船夫工食每年额用银一百六十八两。前款系在地丁银内坐支，核与部单内开各役工食事同一律，应请遵照减平支放，理合登明。

一、青州副都统衙门各役工食银三百余。前款系在地丁银内坐支，应请减平支放，理合登明。

一、院书盐菜银一千四百四两，遇闰加增银一百五十六两。前款系在耗羡银内动支，应请减平支放，理合登明。

一、给巡抚衙门军牢等役工食、炮药等银四百一十六两，遇闰加增银三十四两七钱。前款系在耗羡银内动支，应请减平支放，理合登明。

一、泉夫工食银五千九百余两。

一、运河道代募泉夫工食银三千四百四十余两。

一、泉夫器具银一百五十余两。

前三款系在耗羡银内动支，应请减平支放，理合登明。

一、司书饭银等银二千两。前款系在耗羡银内动支，应请减平支放，理合登明。

一、青州副都统心红纸朱银一百两。前款系在耗羡银内动支，应请减平支放，理合登明。

一、文职公费银三万二千三十三两。前款系在耗羡银内动支，应请减平支放，理合登明。

一、给总河公费银一千一百两零。前款与文职公费事同一律，应请减平支放，理合登明。

一、青州副都统衙门皂役工食银一百六两零。前款系在耗羡银内坐支，应请减平支放，理合登明。

一、配制寸金丹药银二百两。前款系在耗羡项下动支，应请减平支放，理合登明。

一、给解饷鞘木工价银二百两。前款现奉部文减平支放，自应遵照，理合登明。

一、给巡船水手工食银七百二十两。前款系在筹备生息银内动支，应请减平支放，理合登明。

一、剥船工食自数百两至一万余两不等。

一、添雇剥船自数百两至二三千两不等。

前二款系在耗羡银内动支，应请减平支放，理合登明。

一、文武职官养廉。

一、官俸役食。

一、世袭官俸。

一、营中公费。

一、进士举贡牌匾。

一、花红公宴。

一、寿民节孝建坊银。

前七款已奉大部议明减平支放，自应遵办，理合登明。

不在部单查出各款应行减平册

为请旨事。

案奉户部饬，将文武职官廉俸及杂支等款银两减平支放等因，谨将部单未经开列各款，逐一确核，均系实用实销，未便裁停。应请自道光二十三年七月二十四日司中奉文之日起，照依京内减平支放。理合开造清册，呈送查核施行。

计开：

一、采买白蜡木杆例价运脚等银。前款系在耗羡银内动支，应请遵照减平支放，理合登明。

一、部硝例价运脚。前款系在地丁银内动支，应请照依京内减平支放，理合登明。

一、营汛州县修办各项工程。

一、各项庙工。

一、委员赴南修造战船，应领例帮二价。

前三款或动支正耗，或动支庙工生息，向系扣留三六市平，今既奉文减平，自应停扣三六，照依京内每百两扣银六两，以昭画一，理合登明。

一、绿营武职现任及候补俸薪。前款系在地丁银内动支，官俸役食已奉指明扣平支给，此项俸薪除扣罚俸外，应请减平支放，理合登明。

一、给衍圣公执事官俸薪。前款系在地丁银内动支，与各官俸银事同一律，应请减平支放，理合登明。

一、给捕河、下河、泇河南北等汛廪给牢役河夫工食。前款系在地丁银内动支，现在役银均系减平支放，此项银两自应一律办理，理合登明。

一、军需案内作正开销，应付山西省兵差。

一、军需案内作正开销，应付青州满营兵差。

一、军需案内作正开销，垫用二十一、二两年山湖两路腰拨工料。

前三款现已造册请题，俟奉到部覆，即在地丁银内动支，应请减平支放，理合登明。

一、给青、德二满营官俸。前款系在地丁银内动支，应请减平支放，理合登明。

一、地丁一厘脚费。前款系在耗羡银内扣支，为各州县起运地丁盘费之用，应请照案减平支放，理合登明。

一、运河道额领浅闸等夫不敷工食器具。

一、沛汛浅夫工食器具。

一、冬挑募夫器具并不敷银两。

前三款系在地丁耗羡银内分别动支工食，向按库平给发器具扣收三六市平，今既奉文减平支放，自应停扣三六，无论工食器具，统按每百两扣银六两，理合登明。

一、奉发河工学习人员薪水。前款系在耗羡银内动支，与地方官俸廉事同一律，应请减平支放，理合登明。

一、烧造临砖例价柴价。前款系在地丁银内动支，应请减平支放，理合登明。

一、解运饷银、临砖等项委员盘费。前款系在耗羡银内动支，应请减平支放，理合登明。

一、曹考等厅额领黄河堡铺夫加增工食。前款系在地丁银内动支，应请减平支放，理合登明。

一、赴南打造战船，员弁、兵丁及舵工水手盘费饭食等项。前款系在庙工生息项下动支，应请减平支放，理合登明。

一、拨运本省、外省米谷运脚等银。前款系在耗羡银内动支，应请减平支放，理合登明。

一、正副主考回京盘费。前款系在耗羡银内动支，现奉部议减平支放，自应遵办，理合登明。

前案府札

武定府陶札惠民县知悉。案蒙布政司札开，道光二十四年三月十二日奉巡抚部院兼理盐政崇①案验，道光二十四年三月初三日准户部咨，派办查核处案呈，道光二十四年正月二十五日准护理山东巡抚王②咨称，本护院前在藩司任内呈称，准户部咨，本部具奏，各省文武廉俸及杂支等款拟照京内减平支放，并杂支款内可否裁停，行令各省督抚等查明报部等因。本司遵照部单，按款确核，并有由司查出各款不在部单之内，除奉部指明照旧支放，及应行减平分别遵办外，其余一切各款均系实

① 即觉罗崇恩。

② 即王笃。

用实销，每年不为缺少，且因例价不敷尚需津贴，固难裁停，亦未便减平，致滋赔累借口。惟现当筹画经费之际，总宜力求撙节，以期库藏充盈。兹将部单开列各款有遵照减平者、有请免减平者、由司查出各款亦有遵照减平者、请免减平者，分为四册呈送。其减平各款，即请自道光二十三年七月二十四日司中奉文之日起，每百两扣银六两，如修办各项工程向扣三六市平者，为扣银六两，停扣三六市平；若款在未经奉文以前，现应找领，仍请照常给发，详请咨部查照。再嗣后如有续出之款，应否减平，仍随时专案请咨，合并声明等情。据此，拟合咨送等因前来。

查各省减平支放银款，均以接奉部文行司之日为始，除奉文以前已领之款应毋庸议外，其奉文以后一切支放之款，均应遵照奏定章程减平给发。所有领过银两指奉文以后之款，以及应支未领各款指奉文以前之款，现据直隶、山西等省咨报，仍行补扣减放，经本部覆准在案。今山东事同一律，自应仿照办理，以归画一。至册造所议减平支放之青、德二满营火药一款，有关操演，应毋庸议减。又议照旧支放之京省塘饷、微员回籍路费、巡抚衙门绎［译］汉笔帖式及捕役缉盗盘费、买补常平仓谷并兵支谷石平粜谷价等六款，应减平支放。又文职借廉修署及运员借领盘费二款，应减平借给，仍以二两平扣还。又防堵英夷承办兵差一款，如请领在奉文以后者，亦应减平给发，以昭核实，其余各款均照所议办理。应令该抚即将减平银两转饬，按季造报，遵照奏定章程于二、八月委解部库，毋任延逾可也等因到本部院。准此，合就檄行。为此仰司官吏即便逐一遵照办理，毋违等因到司。合行马递札饬等因到府。蒙此，合行转饬。札到，该县立即遵照办理。毋违。此札。（二十四年六月初四日行，本日到）

前案府札

武定府陶札惠民县知悉。案蒙布政司札开，查接管卷内道光二十四年十月三十日奉前抚部院兼理盐政觉罗崇批，前司呈详各属应领银两，凡款在未奉文以前仍免扣减平，请核咨缘由。奉批，已据详咨部矣，此缴等因到前司，移交本署司。奉此，除俟奉到部覆，另檄饬遵外，缘奉前因，合行抄详马递札饬等因到府。蒙此，合行转饬，札到，该县即便遵照。毋违。此札。（二十四年十二月二十五日行，本日到）

计粘抄详一纸。

除京省塘饷另案详办，微员回籍路费、宪台衙门绎汗［译汉］笔帖式及捕役缉盗盘费、买补常平仓谷并兵支谷石平粜谷价、文职借廉修署、运员借领盘费等款，除遵照部咨分别减平支放借给外，惟查款在未经奉文以前应行找领银两，在各议处之未随时请领，非缘报销未定，即应动本款不敷支销，不得不先行垫发；遇有交卸，则皆开列抵款项下。

又各属承办本省防堵兵差等项，系应摊廉归补，于二十三年正月间仰蒙奏准行知，非同正项可比，或全数领回，或已领过半，下余未领银两多有入交作抵，一经减平，交代案内浮抵银两无可归补。其奏准减平，东省系于上年七月二十四日奉文，既不能责令现任漏扣着赔，而已经交卸者又多已事故离东。即使逐案追赔，有力之员，固未完解先因事故回籍；宦囊萧然者，则难克期完缴。追溯扣平之由来，原为库藏短绌暂时饬扣，帑项充盈仍当照旧，与应扣不扣实在亏挪者有间，今因此追比，衡情揆理似欠持平。且查本年春间找发道光二十三年曹河等所各案埽工银两，业奉奏明，因款在未奉文以前，仍照例扣留三六市平，毋庸加扣减平。奉朱批："该部知道。"钦此。行知遵照在案。所有各属一切旧案垫发应领银两，事同一律，应请俯准概行，循旧支发，免扣减平，以昭公允。拟合详请宪台鉴核，移咨户部查照。

再，各属留支项下应支铺司兵工食银两，系因递送公文，近于驿站钱粮，是以遵照原奉部议章程，毋庸饬扣减平。合并声明。

前案府札

武定府陶札惠民县知悉。本年七月初四日蒙布政司札开，道光二十五年六月初四日奉巡抚部院兼理盐政觉罗崇批，本司呈详各属应领银两分别核扣减平请核咨缘由。奉批，已据详，咨部核示矣。仰俟覆到，饬知遵照缴等因到司。奉此，除俟奉到部覆另檄饬遵外，合行抄详，马递札饬等因到府。蒙此，合行转饬。札到，该县即便遵照。毋违。此札。（二十五年七月十六日行，本日到）

计粘抄详一纸。

查各属存司未领奉文以前各款银两，有前任、现任应领之分，其现任应领之项，无论年分远近，既奉大部行令一律减平支放，自应遵照办理。惟前任应领之项，又有交代已结、未结之分。所有交代未结各员未领银两，无论其年分之远近，亦可遵照补扣减平；惟交代已结各员未领银两，因当时尚未奉文议减，故交代案内核算时，照数列抵欠项。现在如果补扣减平银两，则原款不敷列抵，欠项势必虚悬。若谓后任已为结报交代清楚，责令赔解，未免李代桃僵，度理揆情，似觉向隅。若追溯前任完缴，则本员或因升调离东，或因事故回籍，徒有咨追之名，而无完缴之实。即尚在东省者，本员交代已清，补追减平，诚恐借词延宕。且今日在东而明日离东，亦属难于办理。

第现值制用孔殷、库款支绌之时，稍能撙节经费，敢不悉心讲求？今本司参酌安省所议，并确核东省交代情形，再四妥筹，自应分别补扣、免扣，以裕库项而昭平允。除现任之员及虽系前任现在交代尚未结报者，应领存司未放奉文以前各款银两，无论年分远近，均遵照部议一律核扣减平外，其前任之员，如果交代业经后任结报清楚，或已离东者，所有存司未领奉文以前各款银两，请免补扣减平。似此分别扣免，于帑项有裨，而办理亦觉公允矣。惟事关各省，是否有当，未敢擅便。拟合详请宪台鉴核，移咨户部查照，核覆示遵。

再，铺递司兵工食一款，前因系递送公文而设，仿照驿站钱粮，均经免扣减平支放，兹既奉部议减，即当通饬遵办。然未定案以前已放工食银两，若再补扣减平，纷纷饬追，该司兵等俱系贫苦小民，其势力难完缴，与其徒事追呼，莫若予以宽免。所有司兵工食银两，应请以奉到现在部文为准，自道光二十五年为始，一律遵照减平支放。其以前已放工食银两，免其追缴减平，以示体恤。合并声明。

前案府札转行部覆

武定府陶札惠民县知悉。本年十二月初九日蒙布政司札开，道光二十五年七月二十七日奉巡抚部院兼理盐政觉罗崇案验，道光二十五年七月十五日准户部咨，东省交案列抵一切垫项未领银两，行令以原抵之员尚在东省服官者，仍核减平，以归画一缘由到本部院。准此，合就檄行。为此仰司官吏即便遵照办理。毋违。

计粘单一纸。

内开：

户部为详请事。

派办查核处案呈，道光二十五年六月初六日准山东巡抚觉罗崇〈恩〉咨，据布政使王〈笃〉呈称，准户部咨，本部查交案列抵一切垫款未领银两，前据安徽巡抚咨请，如原抵之员有事故离安者，并奉文以前应支未放之款已照旧支领者，概免补扣，以省纠葛。若领款虽已列抵，而原抵之员尚在安省服官者，同其余无关垫款应支未放一切银两，无论年分远近，均请扣平支放等因。经部照议核覆，并江苏省咨请案内行令仿照办理各在案。

今山东省事同一律，应咨该抚转饬遵照办理。其铺司兵工食银两，各省均经议减，该省仍应减平支放等因。遵查各属存司未领奉文以前各款银两，有前任、现任应领之分。其现任应领之项，无论年分远近，既奉大部行令一律减平，自应遵照办理。惟前任应领之项，又有交代已结、未结之分，所有交代未结各员未领银两，无论其年分之远近，亦可遵照补扣减平。惟交代已结各员未领银两，因当时尚未奉文议减，故交代案内核算时照数列抵欠项。现在如果补扣减平银两，则原款不敷列抵，欠项势必虚悬。若谓后任已为结报交代清楚，责令赔解，未免李代桃僵，度理揆情，似觉向隅。若追前任完缴，则本员或因升调离东，或因事故回籍，徒有咨追之名，而无完缴之实。即尚在东省者，本员交代已清，补追减平诚恐借词延宕。且今日在东而明日离东者，亦属难于办理。再四妥筹，自应分别补扣、免扣，以裕库项而昭公允。除现任之员及虽系前任现在交代尚未结报者，应领存司未放奉文以前各款银两，无论年分远近，均遵照部议一律核扣减平外，其前任之员，如果交代业经后任结报清楚，或已离东者，所有存司未领奉文以前各款银两，请免补扣减平。详请咨部查照核覆。

再，递铺司兵工食一款，前因系递送公文而设，仿照驿站钱粮，均系免扣减平支放。兹既奉部议减，即当通饬遵办。然未定案以前已放工食银两，若再补扣减平，纷纷饬追，该司兵等俱系贫苦小民，其势力难完缴，与其徒事追呼，莫若予以宽免。所有司兵工食银两，应请以奉到现在部文为准，自道光二十五年为始，一律遵照减平支放。其以前已放工食银两，免其追缴减平，以示体恤，合并声明等情。据此，拟合咨明等因前来。

查山东省交代列抵未领垫款，前据该抚咨请，经部行令仿照安省章程办理。如原抵之员有事故离省者，并奉文以前应支未放之款已照旧支领者，概免补扣；若领款虽已列抵，而原抵之员仍在该省服官者，同其余无关垫款应支未放一切银两，均应扣平支放等因，核覆在案。

兹据该抚咨称，各属未领奉文以前各款银两，除现在交代尚未结报者，无论年分远近，遵照扣平外，其前任之员，如交代业经结报清楚，或已离东者，请免补扣减平等语。本部查交案列抵垫款未领银两，各省事同一律办理，未便两歧。应令该抚遵照前咨，以原抵之员离省、不离省为断。若领款虽已列抵，而原抵之员尚在东省服官者，仍核扣减平，以归画一，毋庸分别交代已结、未结，致与各省参差。至铺兵领过工食银两请免追缴减平之处，应如所咨办理，相应咨覆可也等因到司。

奉此，除递铺司兵工食一款，并交代未结应扣及已结免扣而本员离东者，均遵照章程通饬办理。至交代业经后任结报、前任尚未离东者，应领奉文以前存司各款，仍令补扣减平。事涉统案，诚如部示，各省办理未便两歧，亦当恪遵扣缴。第各省情形不同，查各州县前任存司未领银两，均已照数入交作抵结报清楚，设现任请领或扣拨原抵欠款，以为前任尚在东省，即行核扣减平。惟当时抵交系以原数计算，则不便由现任名下划除，势须着追前任，方足以昭公允。但各州县交代款目纷繁，又系随时领拨，无论零星追扣易于混淆，且如甲年请领前任在东，则须追扣减平；乙年请领前任离东，则毋庸追扣减平，亦未免两歧。

本司再四筹酌，应请凡有交代已结前任存司未领款，在奉文以前各项银两，即由现任分别查明系前任何员任内领款，计应扣减平银若干两，先行造册详司，补追在东本员完缴。而现任请领存司作抵原款，仍照数支发，毋庸等待，领拨时始行追扣，既于帑项有裨，而交案亦无牵混。随经详请抚宪，移咨户部查照在案。兹于道光二十五年十月二十一日奉巡抚部院兼理盐政觉罗崇批，本司呈详前由。奉批，已据详咨部矣，此缴等因到司。奉此，合行马递札饬等因到府。蒙此，合行转饬。札到，该县即便知照。毋违。此札。（二十五年十二月十七日到）

前案府札转行部覆

署武定府王札惠民县知悉。本年三月十六日蒙布政司札开，道光二十五年十二月二十七日蒙巡抚部院兼理盐政觉罗崇案验，道光二十五年十二月十八日准户部咨，东省各属交待列抵一切垫款减平应扣不应扣一案部覆缘由到本部院。准此，合就檄行。为此仰司官吏即便遵照办理。毋违。

计粘单一纸。

内开：

户部为详请等事。

派办查核处案呈，道光二十五年十月二十日准山东巡抚觉罗崇咨称，据布政使王呈称，准户部咨，查山东省交代列抵未领垫款，前据该抚咨请，经部行令仿照安省章程办理。如原抵之员有事故离省者，并奉文以前应支未放之款，已照旧支领者，概免补扣；若领款虽已列抵，而原抵之员仍在该省服官者，同其余无关垫款应支未放一切银两，均应扣平支放等因，核覆在案。

兹据该抚咨称，各属未领奉文以前各款银两，除现任交代尚未结报者，无论年分远近，遵照扣平外，其前任之员，如果交代业经结报清楚，或已离东者，请免补扣减平等语。本部查交代列抵垫款未领银两，各省事同一律办理，未便两歧。应令该抚遵照前咨，以原抵之员离省、不离省为断。若领款虽已列抵，而原抵之员尚在东省服官者，仍核扣减平，以归画一，毋庸分别交代已结、未结，致与各省参差等因。奉此，除交代未结及已结而本员离东者，均遵照章程通饬办理外，至交代业经后任结报、前任尚未离东者，应领奉文以前存司各款，诚如部示，各省办理未便两歧，亦当恪遵扣缴。第各省情形不同，查各州县前任存司未领银两，均已照数入交作抵结报清楚。设现任请领或扣拨原抵欠款，以为前任尚〈在〉东省，即行核扣减平。惟当时抵交系以原数计算，则不便由现任名下划除，势须着追前任，方足以昭公允。但各州县交代款目纷繁，又系随时领拨，无论零星追扣易于混淆，且如甲年请领前任在东，则须追扣减平；乙年请领前任离东，则毋庸追扣减平，亦未免两歧。本司再四酌筹，应请凡有交代已结前任存司未领各款，在奉文以前各项银两，即由现任分别查明系前任何员任内领款，计应扣减平银若干两，先行造册详司，补追在东本员完缴。而现任请领存司作抵原款，仍照数支发，毋庸等待，领拨时始行追扣，既于帑项有裨，而交案亦无牵混。除行各属遵照外，拟合详请咨部查照等情。据此，拟合咨明等因前来。

查山东省各属交代列抵一切垫款未领银两，经部行令，仿照安省章程，以原抵之员尚在东省服官者，仍减平支放在案。兹据该抚咨称，凡交代已结前任存司未领各款，即由现任查明何员任内领款，计扣减平若干，先行造册，补追在东本员完缴，而现任请领抵款，照数支发等语。本部查交代案内，应支未领垫款银两，前以分别原垫本员是否在省，定其应扣、不应扣，原系酌核办理，若饬各属纷纷查报，先行追缴，即使本人现在东省，而将来续有事故离东，势必转致借口，仍不足为凭；且追扣事不画一办理，殊多窒碍。应令该抚转饬藩司，凡有请领奉文以前列抵各垫款，即声明某任原抵本人是否在东，随时由司核扣，庶足以昭核实，而杜混淆可也，须至咨者等因到司。奉此，合行马递札饬等因到府。蒙此，合行转饬。札到，该县立即遵照。毋违。特札。（二十六年四月初八日到）

造送道光二十三年
分俸杂等款银内减平银两册

济南府长山县为札谕事。

今将卑县道光二十三年分俸杂等款项下应扣减平各项银两，自七月二十四日起至年底止，逐一查明，造具清册，呈送查核施行。

计开：

长山县

道光二十三年分

存留项下官俸役食杂支银一千五百六十一两九钱二分四厘、内除铺司兵工食银一百七十六两二钱九分四厘、孤贫口粮布花银二百一两六钱、龙亭帐幔银八分二厘、圣庙银三十五两、香烛银一两二分五厘、启圣名宦乡贤祠银四两、山川社稷坛银四两、孤魂邑厉坛银四两三钱八分、廪粮银一百七十三两六钱均系奉文免扣减平，及乡饮银四两二钱三分三厘已奉文捐办不准支用外，下剩银九百五十七两四钱七分九厘，内本县知县一员俸银除扣荒外，实剩银二十九两二钱五分九厘。前款已于罚俸案内应扣调任知县章寅罚俸银九两一钱八分四厘，现任知县祝镜清罚俸银二十两七分五厘，项下讫，并无核扣减平，登明。

门子二名，工食银一十一两二钱一分。

皂隶十二名，工食银六十七两二钱六分。

仵作四名，工食银二十二两四钱二分。

马快八名，工食银一百二十五两五钱七分五厘。

民壮二十八名，工食银二百二十四两。

看监禁卒八名，工食银八十九两六钱八分。

轿伞扇夫七名，工食银三十九两二钱三分五厘。

库夫四名，工食银二十二两四钱二分。

斗级四名，工食银二十二两四钱二分。

前九款共银六百二十四两二钱二分，自二十三年七月二十四日起至年底止，共应支工食银二百九十九两三钱五厘，内除应扣四日小建银六两四钱二厘外，应于实支银二百九十二两九钱四厘项下，扣减平银一十七两五钱七分四厘。

县丞一员，俸银四十两。前款已于罚俸案内应扣现任县丞王仲徵罚俸银四十两，项下讫，并无核扣减平，登明。

门子一名，工食银五两六钱五厘。

皂隶四名，工食银二十二两四钱二分。

马夫一名，工食银五两六钱五厘。

前三款共银三十三两六钱三分，自二十三年七月二十四日起至年底止，共应支工食银一十六两一钱二分五厘，内除应扣四日小建银三钱四分五厘外，实支银一十五两七钱八分项下，扣减平银九钱四分七厘。

典史一员，俸银三十一两五钱二分。前款已于罚俸案内应扣现任典史魏彬罚俸银三十一两五钱二分，项下讫，并无核扣减平，登明。

门子一名，工食银五两六钱五厘。

皂隶四名，工食银二十二两四钱二分。

马夫一名，工食银五两六钱五厘。

前三款共银三十三两六钱三分，自二十三年七月二十四日起至年底止，共应支工食银一十六两一钱二分五厘，内应扣四日小建银三钱四分五厘外，应于实支银一十五两七钱八分项下，扣减平减平银九钱四分七厘。

儒学教谕一员，俸银四十两。

复设训导一员，俸银四十两。

前二款共银八十两，自道光二十三年七月二十四日起至年底止，共应支俸银三十四两八钱八分九厘，内应扣减平银二两九分三厘。

斋夫三名，工食银三十七两二钱。

膳夫二名，工食银一十三两七钱七分七厘。

门斗三名，工食银二十二两三钱二分。

前三款共银七十三两二钱九分七厘，自二十三年七月二十四日起至年底止，共应支工食银三十五两一钱四分五厘，内除应扣四日小建银七钱五分二厘外，应于实支银三十四两三钱九分三厘项下，扣减平银二两六分四厘。

岁贡生袍帽伞盖银八两四钱六分六厘。

岁贡生正副盘费银一两六钱九分三厘。

岁贡生迎贺旗匾花红银一两七钱六分四厘。

前三款共银一十一两九钱二分三厘，输贡之年由县存留支发，歇贡之年全数批解，俟输贡之年不敷赴司请领之项。二十三年系歇贡之年，所有岁贡银两应按库平全数批解，俟输贡之年请领支发时，再行扣平造报，登明。

以上共应扣减平银二十三两六钱二分五厘。

廉费减平银两应于奏销册结随同应扣曹工三成银两一并入府扎

济南府祝①札长山县知悉。本年三月初三日蒙布政司札开，案查前奉户部咨开，各省文武职官廉俸及杂支等款，拟照京内减平支放等因，除将应行减平及照旧支放各款业经造册详咨，并通饬遵照各在案。兹查道光二十三年廉费奏销一案，所有减平一款，应自道光二十三年七月二十四日奉文之日起，扣减平若干，于是年奏销册结，随同应扣曹工三成一并列入，合行札饬等因到府。蒙此，合行转饬。札到，该县立即遵照将应扣减平银两，务于廉费奏销册结内一并声叙，造送来府，以凭转请

① 即祝庆谷。

详咨。毋得违延，致干未便。速速。此札。（二十四年五月十六日行十八日到）

二十四年以后俸杂奏销声叙减平银两应仿照养廉奏销于余剩应支项下分晰核扣造报府札

武定府陶①札惠民县知悉。案蒙布政司札开，案查各属道光二十三年俸工减平银两，其中有应扣、免扣之分，又须截日核扣，奏销册内碍难声叙，是以专案造报。至二十四年应扣俸工减平银两，系照全年核算，奏销案内易于声明，自应仿照养廉奏销，于余剩应支项下分晰核扣造报，以归画一。合行马递札饬等因到府。蒙此，合行转饬。札到，该县立即查照二十四年支放俸工银两底案，分别核扣，妥造奏销册结核办，并将扣存减平银两赶紧具批径解藩库兑收，以凭造报。均毋违延干咎。速速。此札。（二十五年五月二十三日到）

颁布二十四年分俸杂奏销结式

武定府陶②札惠民县知悉。本年九月初九日蒙布政司札开，

---

① 即陶庆增。

② 即陶庆增。

案查各属道光二十四年俸工减平银两，系按照全年核算，奏销案内易于声明，自应仿照养廉奏销，于余剩应支项下分晰核扣造报，以归画一。前经通饬遵办在案。兹据各属造送道光二十四年官俸役食银、杂支银两奏销册结前来，当因多与司案不符，随经分晰指明，饬发更造。现据各属更造送司，核与司奏款式仍不相符。除由司拟定结式外，合行抄单，马递札发等因到府。蒙此，合行抄单札发。札到，该县立即遵照前次札饬情节，暨现发结式，另造妥协册结各五本，即日具文呈府，以凭核转。毋得迟延。速速。此札。（二十五年九月十七日到）

计粘结式一纸。

武定府某州/县今于与印结为传付事。

依奉结得，卑州/县道光二十四年分存留项下额支官俸役食、杂支共银若干，内除扣各役孤贫小建银若干，乡饮银若干，各官缺俸银若干，师生、廪膳空缺银若干，岁贡银若干，某员降、罚、住俸银若干，另行支解外。余剩应支银若干，内除递铺司兵工食银若干，前经仿照驿站钱粮请免减平，嗣奉准大部咨行饬令减平支放，业已详请咨覆，自二十五年为始遵照减平；又除孤贫、口粮、布花、修理龙亭帐幔、祭祀、文庙香烛、启圣乡贤名宦祠，部定章程照旧支放毋庸核扣减平外。下剩应支银若干，照依京内每百两扣减平银六两，应扣减平银若干，实剩应支银若干，通共应支银若干，俱系按季支放，并无透支、侵蚀、挪移情弊。日后查出，愿甘赔补。印结是实。

查明境内并无参员李森县详

武定府惠民县为抄折事。

除将查明卑县城乡并无参员李森在境缘由，备载书册外，拟合摘叙简详，具文详请宪台鉴核办理转覆，除由本府转覆，径详臬、道、宪核办外，为此备由具申，伏乞照详施行。

计详送书册一本。

一详臬、道、府。

（即另清，速速，十九日。）

武定府惠民县为抄折事。

本年十月十七日蒙本府、宪台札开，蒙济东道札付，本年九月十八日准按察司咨，道光二十五年九月初十日奉巡抚部院兼理盐政觉罗崇①案验全云，即速径臬司核办，并报道宪及本府查考，毋违等因到县。蒙此，遵查此案前于本年七月初四日奉本府/宪台，转奉各宪饬查该参员李森有无在境，当经饬差确查去后。嗣据该差禀称，协同公地遍查城内关厢以及四乡，并无参员李森在境等情前来。卑职覆查无异，随即据情具文申覆本府/宪台转覆在案。兹奉前因，合再具文详覆宪台鉴核办理、转覆，除由本府转覆，径详臬、道、宪核办外，为此备由具申，伏乞照详施行。

---

① 即觉罗崇恩。

更造历年正续奏销县详

为查明更正详请核转事。

除将卑县更造历年正续奏销册结缘由备载书册外，拟合摘叙简详，具文呈请宪台鉴核。按年存留册结各一番备案，其余迅赐转送藩宪，续呈详咨，实为公便。为此备由具申，伏乞照详施行。

计详送书册一本，钱粮正奏册二十五本、结二十张，钱粮续奏册六十五本、结六十五张。

一详本府。

(户粮房即清稿。)

为查明更正详请核转事。

窃查卑县历年钱粮奏销册结，前因造报未符，奉藩宪札查银数到县。当经卑职核明，系缘前任各令造册舛错所致，随即按款开册登覆，并请将不符历年册结发回更造。嗣奉司批，据详已悉，仰将发去历年不符册结，按年另行查造妥协，迅速送司以凭，续呈详咨，毋得违延。慎之。切切。缴，清册存等因到县。

蒙此，遵覆细加确核，饬承妥协更正。自道光十九年造报十八年钱粮起，至二十二年造报二十一年钱粮止，正奏册结每年更造五本；又自道光十二年随奏案内应造道光十一年钱粮起，至二十四年随奏案内应造二十三年钱粮止，续奏册结每年更造五本；统计更造正续奏销册八十五本、印结八十五张，拟合具文详送宪台鉴核。按年存留册结各一番备案，其余迅赐转送藩宪，续呈详咨，实为公便。为此备由具申，伏乞照详施行。

更造历年正续奏销业已由府核转县详

为详覆事。

除将遵批更造历年钱粮正续奏销册结，业已造送府核转缘由备载书册外，拟合摘叙简详，呈请宪台鉴核。为此云云。

计详送书册一本。

一详布政司。

为详覆事。

本年九月初九日案蒙宪台批，据卑县登覆历年钱粮奏销造报不符各款，并请饬发原造册结，以便更正一案缘由。奉批，据详已悉，仰将发去历年不符册结，按年另行查造妥协，迅速送司以凭，续呈详咨，毋得违延。慎之。切切。缴，清册存等因到县。

蒙此，遵即饬承将道光十八年及十九年并二十年同二十一年钱粮正奏，暨道光十一年起至二十三年止钱粮续奏，按年更造妥协每年册结各五本，于十月二十八日具文呈送本府，分别存转在案。所有遵批更造缘由，拟合详覆宪台鉴核，饬承查照。俟册结转送到日，存留续呈详咨，实为公便。为此云云。

请示二十五年奉派续摊誉黄工料银两先后扣拨数目县详

为详请核示事。

除将本年奉派续摊誊黄工料银两先后扣拨数目缘由备载书册外，拟合摘叙简详，呈请宪台鉴核，饬承查明，批示遵办。实为公便。为此云云。

计详送书册一本。

一详布政司。

此案于二十五年十二月初二日奉藩宪王①批，查该县应摊誊黄工料，前在该县二十五年养廉银内扣收银一百两，又于二十三年囚粮、囚衣暨二十四年囚粮银内扣收银十七两三分二厘，共银一百一十七两三分二厘，内扣收二十五年续摊誊黄工料银一百一十六两四钱四分八厘，加摊潍县誊黄工料银五钱八分四厘，仰即遵照补具批领，送司备案。毋违。

为详请核示事。

窃查本年六月二十九日奉本府，转蒙宪札，以誊黄工料银两近来需用浩繁，额摊之数不敷，照案续行摊派一项，卑县应续摊银一百一十六两四钱四分八厘等因，檄饬遵照在案。嗣于本年七月十七日奉到宪台径札，由卑县解存道光二十五年养廉

① 即王笃。

银内扣拨银一百两，当经分别补具批领呈送。兹于十一月初二日又奉本府转蒙宪札，粘单内开惠民县道光二十三年囚粮银一十二两二钱二分、囚衣银八钱，二十四年囚粮银四两一分二厘，三款共银一十七两三分二厘，扣收二十五年续摊誊黄工料项下等因到县。

蒙此，卑职覆查此项续摊誊黄工料银两，先后共扣拨银一百一十七两三分二厘，较之奉派文内银数，计多扣银五钱八分四厘。是否末次所扣银两系属卑县应解加摊潍县续摊之款，未奉示明。拟合具文详请宪台鉴核，饬承确查，批示下县，以便分晰，补送批领，以清款目，实为公便。为此云云。

为详请拨扣事。

除将请在未领二十一年及二十三年买谷例假银内扣拨应解二十五年余兵生息银两缘由备载书册外，拟合摘叙简详，呈请宪台鉴核，饬承照扣清款，实为公便。为此云云。

计详送书册一本、单批一张、正副印领二套。

一详布政司。

请示奉发阳信等四处，青、德二满营岁修军械等项之需生息本银数目县详并府批

为详请拨扣事。

窃照卑县同属应解德州满营余兵生息银两，向由卑县汇总拨解。兹道光二十五年春、夏二季余兵生息银六百两，查有卑县未领道光二十一年奉文派买仓谷例价银二百四十六两三钱六

分五厘，应请尽数扣拨尚短银三百五十三两六钱三分五厘，请在未领二十三年奉文派买仓谷例价银内拨收，理合备具批领，具文详请宪台鉴核，俯赐饬承照扣清款，实为公便。为此云云。

为详请批示以便遵照移催事。

案蒙宪台，转奉藩宪札发青、德二满营岁修军械及常掺火药奖赏之需，发当生息本银一千两到县。饬即发商生息，并令移知阳信、商河、乐陵、滨州等四处，查照前发余兵生息之案一体办理等因。遵查宪属各州县应解余兵生息一款，向由卑县移催汇商批解，所有此次军械等项生息本银，除卑县奉发银一千两业已交商具领，取具互结领状，另案详报外，其阳信、商河、乐陵、滨州等四处，每处发过本银若干，拟合具文详请宪台鉴核，批示下县，以便按季移催息银，汇总解兑，实为公便。为此备由另、缮册，具申云云。

计详送书册一本。

一详本府。

前详府批

查此案前奉藩宪札发本银二千五百两，当查该县当铺较多，是以酌发银一千两，其余亦照各该州县当铺之多寡，分别酌派，计发商河县本银六百两、乐陵县本银四百两、阳信县本银三百两、滨州本银二百两。仰即查照，将各州县每季应得一分息银若干，按季催齐汇总，申请文批起解。毋违。此缴。

请究办民人李圣思冒戴金顶县详

为详明究办以儆刁诈事。

除将诘出民人李圣思冒戴金顶详请究办缘由备载书册外，拟合摘叙简详，具文呈请宪台鉴核，以便从严惩办。为此云云。

计详送书册一本。

一详藩、臬、府。

为详明究办以儆刁诈事。

窃照卑县钱漕向由各乡地保按卯催输，如有玩延，即将地保传案比追。本年开漕以来，查有△乡△约△△庄地保应催漕粮延欠不完，随经卑职票传该地保△△△到案，派差押催，勒限交纳。兹有李圣思、王清二人来县，率请保释△△△。卑职当堂查讯，见李圣思冒戴金顶，讯其是何功名，而李圣思词色荒张，不能确对，辄复语言支吾，复究诘始称并无功名，实因欲保△△△，恐被责究，是以假戴金顶，希图免责等情。查△△△充当地保，与例载之里长相同，系属在官人役，催科怠玩，差押勒催，咎无可辞。李圣思与王清二人率行来案请保，已属不合，而李圣思明知非所应为，胆敢假戴金顶，希图免责，尤属诡诈。若不严行惩办，诚恐有长刁风。除将李圣思顶帽贮库，一面确切根究平日有无假冒别项职官图骗情事，务得确情，照例拟办外，所有诘出该民人冒戴金顶缘由，理合具文详报宪台鉴核，以便从严惩办。为此云云。

结报租商张履福残票被烧县详并供结

为结报事。

除将租商张履福具禀残票被烧一案，取结缘由备载书册外，拟合摘叙简详，具文详请宪台鉴核，咨部查照、转详咨部查照，实为公便。除径详抚、运宪外，为此云云。

计详送书册一本、印甘结三连。

一详抚部院、盐运司、本府。

为结报事。

道光二十五年十一月初七日，据卑县租商福恒盛本名张履福禀称，窃商于二十四年租到福惠昌名下惠民四分五厘票张，在县境行运办课云云。伏思残票系解部查验之件，既被火毁，商不得不据实陈明，恳恩据情转详，实为公便。计呈缴秋季票六百三十张、冬季票六百二十四张等情到县。据此，卑职查残票被烧，例应结报，该租商既在柜房钉砌票张，因赴前门卖盐，将票放于柜房桌上，如果房内有人，何至坐视被风吹落不为收检［捡］？如其房内无人，又何以知系被火烧毁？况为数六张之多，又何至一齐吹入火缸，全无余烬？种种情节，必须查讯明确，方可覆实办理。随即差传该商及店伙人等到案，逐细确讯。

据租商张履福供称，商承领道光二十四年秋、冬盐票一千二百六十张，业已春运全完。十月二十五日，商亲身点集残票，按每百张钉砌成本，以便汇缴，系在柜房当门桌上办理，所有未钉残票先在靠墙木柜内装收，随钉随取。因天时寒冷，房内用大瓦缸一口烧炭御寒，火缸即设在桌前，正对房门，外就是空院。是日商清厘残票，先已钉砌过一千二百张收入木柜，又随手取出六张，方用纸捻串上，因手冷就缸烘暖，用铁称锤将票压放桌边。适有买盐人在前门呼喊，店伙均有事外出，店内止商一人，商闻喊买盐，即将压票的称锤携出，称发盐斤。回到内院柜房门外，鼻闻有烧纸气味，进房查看，桌边上残票无存，复看火缸火然［燃］正旺，炭上有已化红灰数片，始知残票被风吹入火缸烧毁。因系已用纸捻串连，是以六张一齐落入缸内，全行焚化，并无余剩纸角。后来商伙毛升回店，商向告说，彼此都惊恐无措，不知定例应行结报，是以当时未及具禀。至十一月初七日，商始想到盐票系属部颁之件，被烧总当禀明，随将已钉残票一千二百张，同未钉残票五十四张一并钉完，具禀呈县。今蒙传讯，被烧票六张实系已舂残票，被风吹落火缸烧毁，委无捏饰别情。店伙毛升因事外出，未及看见，随后告知查看，属实亦无扶同捏饰情弊，愿具甘结是实等供。

据此，质之店伙毛升，供词相同，再三究诘，矢口不移。除将缴到二十四年秋季残票六百三十张、冬季残票六百二十四张另文申缴外，所有被火烧毁残票六张缘由，理合照例取具切实甘结，加具印结，具文详请宪台鉴核，咨部查照、转详咨部查照，实为公便。除由府转详，径详抚、运、宪外，为此云云。

具甘结租商张履福今于与甘结事。

依奉结得，商承领道光二十四年盐票被火烧毁六张，实系已舂残票，因钉砌时放于柜房当门桌上，商前门卖盐，房内无人，被风吹落火缸烧毁，委无捏饰情弊。日后查有虚捏，愿甘重罪。甘结是实。

具甘结店伙毛升今于与甘结事。

依奉结得，租商张履福承领道光二十四年盐票被火烧毁六张，实系已春残票，因钉砌时放于柜房当门桌上，张履福出前门卖盐，房内无人，被风吹落火缸烧毁，委无捏饰情弊。日后查有扶同虚捏，愿甘重罪。甘结是实。

前案覆详

为转详请咨事。

除将卑县租商福恒盛，本名张履福，名下残票被烧一案，遵批拟议，并补送印甘结缘由备载书册外，拟合摘叙简详，具文详请宪台鉴核，转详请咨，除由府转详、径详运宪外，为此云云。

计详送书册一本、印甘结一连。

一详运司、本府。

为转详请咨事。

道光二十五年十一月初七日，据卑县租商福恒盛本名张履福禀称云云。所有烧毁残票六张缘由，当经卑职照例取具切实甘结，加具印结，具文详请，转详咨部查照在案。嗣蒙宪台、运宪批，据详已悉，该商不戒于火，烧毁残票，例有应得之罪，该县未经议及，系属错漏。仰再按律另行拟议详办。毋违。送到甘结三连，不敷存转，即再补送一连备案。仍候抚部院批示。此缴。结存送。

又蒙宪台札开，转蒙抚部院批，查该商不戒于火，致将缴部残票烧毁，律应治以疏忽之罪，该县并未议及，率行请咨，殊属疏漏。仰盐运司另行核议详办，毋违，缴，结存等因批行到县。奉此，遵即差传该租商及店伙到案覆讯。

据店伙毛升供，在张履福盐店内雇工，道光二十五年十月二十五日，张履福在店钉砌已春残票，小的因赴集场买米外出，店内只剩张履福一人。后张履福怎样到前门称发盐斤，被风将残票六张吹落火缸内烧毁，小的先不知道，后小的回家，张履福向小的告知。禀蒙传讯具结的了。今蒙覆讯，被烧盐票六张实系已春残票被风吹落火缸烧毁，委无捏饰别情是实。

据张履福供，是历城县文生，年三十七岁，遵道光十年何学宪科考取入历城县学，于二十四年租到业商福惠昌名下惠民四分五厘票地，在县境行运办课，商承领道光二十四年秋冬盐票一千二百六十张，业已春运全完。十月二十五日商亲身点集残票，按百张钉砌成本，以便汇缴，系在柜房当门桌上办理，所有未钉残票先在靠墙木柜内装收，随钉随取。因天时寒冷，房内用大瓦缸一口烧炭御寒，火缸即放在桌前，正对房门，门外就是空院。是日商清厘残票，先已钉砌过一千二百张收入木柜，又随手取出六张，方用纸捻串上，因手冷就缸烘手，用铁称锤将票压放桌边。适有买盐人在前门呼喊，店伙有事外出，店内只商一人，商闻喊买盐，即将压票的称锤携出，称发盐斤。随即回到内院柜房门外，鼻闻有烧纸气味，进房查看，桌边残票无存，复看火缸，火然［燃］正旺，炭上有已化纸灰数片，始知残票被风吹入火缸烧毁。因系已用纸捻串，连是以六张一齐落入缸内，全行焚化，并无余剩纸角。适商伙毛升回店，商当向告知，因不知定例应行结报，是以当时未及具禀。至十一月初七日，商才想到盐票系属部颁，被烧总当禀明，随将已钉残票一千二百张，同未钉残票五十四张一并钉完，具禀呈县。已蒙传讯，取结的了。今蒙覆讯，被烧盐票六张，实系已春残票被风吹落火缸烧毁，委无捏饰别情是实各等供。

据此，卑职覆查此案，该租商张履福残票被烧六张，系因钉砌时被风吹落火缸，以致烧毁，并非失火延烧，且系已春残票，于运课钱粮均无关碍，遍查律例并无治罪专条。惟该租商在屋砌钉时，赶赴前门卖盐，并不将残票小心收放，致被风吹落入火缸烧毁六张，实属疏忽。自应酌量问拟，张履福应照不应重律杖八十，系历城县文生，照例纳赎追银册报，免革租商。店伙毛升因事外出，当残票被烧时并未在店，应毋庸议。张履福春过残票一千二百六十张，内被烧六张，因系纸捻钉串，被风吹落火缸，全行烧化，并无余烬，无凭缴验。其余残票一千二百五十四张，已据呈县印截，另文申缴。印甘各结，前已呈送三连，合再补具一连，呈送宪台备案。所有遵批拟议缘由，是否允协，拟合具文详请宪台云云。

武定府惠民县今于与印结事。

依奉结得，据租商张履福结称，商承领云云，甘结是实。又据商伙毛升结称，张履福承领云云，甘结是实各等情。据此，理合加具印结是实。

此系初详印结，错钉在此应在张履福甘结之后。

典史借廉修署详请借四百两

为典史借廉修署详请批示立案事。

案据卑县典史孙春榜详称，窃卑职衙署前于道光二十年间前任典史徐顺昌勘请前宪详，奉前府宪批准，借廉三百两修理，按八年摊扣归款。伏查前次请修时，内外房屋俱多损坏，所借之项仅能择要补苴，且自修理以来，复经五载。草屋本难经久，历被风雨摧刷，易就朽败，周围墙垣亦多颓坏，木料又俱糟蠹，加以前典史刘锜庄又未随时葺理，遂致在之倾圮，一无完善之所。卑职受事后，不惟栖止乏借，抑且办公无方。必须全行折修，庶免岩墙之患、露宿之虞。当经饬匠逐一撙估，若非制钱七八百千不足以资鸠庀①。缘省城物产本稀，近年工料亦无不增昂，委属工无可省，而草率苟完，卑职亦所未敢。微末穷员，实乏措施之策，惟有循例借廉。然例准借数，亦迫于今昔情形迥殊，实有不敷之势。窃查卑职前任金乡典史，时因衙署大修，曾蒙本州宪准借银四百两，领办有卷。合无仰恳宪台鉴核，俯赐转详本府宪，准借银四百两，俾得购备料物，赶紧兴修。所借银两，请自道光二十五年秋季起，在于卑职应领养廉内，无分正署，作十二年按季坐扣。至前次尚未扣完银一百十二两五钱，即于此次所借银内扣抵，以清前款，实为公便等情。

据此，卑职随即亲诣该典史衙署，逐一查勘。现自头二门并内外房屋以及周围墙垣，非坍即倾，实属一无完善之所，委处办公无方，亟须赶紧修葺，自应俯如所请，援照济宁州批准金乡县典史借廉修署成案，由卑县库存闲款项下筹借银四百两，饬令该典史赶紧领回，购料鸠办，俾资栖止。其所借银两，应请自道光二十五年秋季为始，在该典史应领养廉银内，分作十二年按季扣还，入于卑县交代流抵。前典史所借银三百两，尚有未扣银一百十二两五钱，即在此次所借银内全扣清款。是否有当，拟合具文详请宪台俯赐批示立案，以便筹款，给领紧修，实为公便云云。

① 底本此列上方有“庀，上声，具也。韵冗四纸。”

查明境内并无尹殿莪一案详稿

为详覆事。

除将遍查境内并无尹家庄居住之尹殿莪其人，无从查传缘由备载书册外，拟合摘叙简详云云。

计详送书册一本。

一详济南府。

为详覆事。

案蒙宪札，以转蒙藩、臬宪委审长山县监生高芝京控傅光钧等勾役卖放昧良等情一案，饬将傅光钧供出案内之尹殿莪传案，讯取确切供结，详覆核办等因。当因札内未开尹殿莪住址，无从查传，随经卑职禀，蒙宪台讯，据傅光钧供称，尹殿莪在卑县城南尹家庄居住，约年五十余岁，令即查照传讯等因到县。

蒙此，遵复开明住址、年岁，选差查传去后。兹据原役杨奉林禀称，遵即持票前赴县境城南法字约距城二十里之张尹家庄，及平字约距城九十里之榆林镇尹家大族，协同各该管地方遍加查访，均无尹殿莪其人。又赴东乡纪字约距城五里之尹杨庄，又东南乡人字约距城五十里之河西尹家庄，并西乡正字约距城三里之三里尹家庄，协同各地方照前确查，亦无尹殿莪其人。此外，别无尹家庄地名，实属无从查传。如有隐饰，愿甘重咎等情前来。

卑职覆将该差禀叙查过各庄该管地方传案讯供，与差禀无异，缘奉札饬，拟合据实详覆宪台鉴核，仍向傅光钧确讯办理，实为公便。为此备由具申，伏乞云云。

发当生息青、德二满营岁修军械等项之需本银一千两县详

为札谕事。

窃照卑县奉宪台，转奉藩宪饬发青、德二满营岁修军械及常掺火药奖赏之需，发当生息本银一千两到县。蒙此，除将发商生息并取各当商公同互结领状，造具花名清册各缘由备载详册外，拟合摘叙简详，呈请宪台核转。为此云云。

计详送书册一本、当商花名册二本、互结二连、领状二连。

一详本府。

为札谕事。

案蒙宪台，转蒙藩宪札开，照将本司随同抚宪捐输银二万两奉旨拨作青、德二满营制造抬炮等项之用全云。计粘单一纸，内开惠民县发当生息本银一千两等因到县。

蒙此，遵查卑县现在共有当铺三十座，随即传集各当商到县，当堂将奉发原青印花库平足色银一千两，按当铺三十座，均匀分摊，每座给领银三十三两三钱三分三厘三毫四丝，谕令自十月初一日起，按月一分起息，遇闰加增，取具各商互结领状，拟合造册，具详申报宪台核转，实为公便。为此云云。

请领布政司经历任内全半俸廉银两县详印领附

武定府惠民县为详领事。

除将请领卑职前在宪辕经历任内道光二十五年全、半养廉银两缘由备载书册外，拟合备具印领，摘叙简详，呈请宪台鉴核，俯赐饬发去差领回，以便查收具报，实为公便。为此云云。

计详送书册一本、正副印领一套。

一详布政司。

武定府惠民县今于与正副印领事。

依奉领得，卑职前在布政司经历任内，自道光二十五年正月初一日起，至正月初九日因奉委署惠民县任卸事前一日止，应欠经历全廉银四两四钱四分四厘，内除扣减平银二钱六分七厘，又除扣借廉修署银二两二钱二分二厘外，实应支全廉银一两九钱五分五厘。又自正月初九日起，至本年六月初九日现任经历董景运奉到准补部覆到任前一日止，卑职应食经历半廉银四十一两六钱六分七厘，内除扣减平银二两五钱，又除扣借廉修署银二十两八钱三分四厘外，实应支半廉银一十八两三钱三分三厘。二共实应支银二十两二钱八分八厘，照数领出，不致冒领。印领是实。

武定府惠民县为详领事。

窃查卑职前在宪辕经历任内，每年额支养廉银二百两。道光二十五年分，卑职自正月初一日起云云。二共实应支银二十两二钱八分八厘，拟合备具印领，具文专差详请宪台鉴核俯赐云云。

置产投税

一、凡置买田地、房屋，价银每两纳税三分，州县官于原契后黏给司颁契尾，其契尾编列号数，于前辐细书业户姓名及田房价银契税各数，于后辐司印处大书契价税银数目。如契价在千两以下者，令业户看明，当面骑字截开，前辐给业户收执，后辐同季册汇送布政司。查核契价在一千两以上者，各州县将所填契尾黏连业户原契，按月申送知府、直隶州查验，直隶州申送该管道员查验，该上司验明，契尾截裁两半，定限十日发还州县，一给业户收领，一存俟汇送藩司稽核。倘州县不按月申送，或道府直隶州查验不力及逾限不给，或已给而州县不即发交业户收执者，均分别处分。

一、凡民间置买田、房，于立契之后限一年内，呈明纳税，倘有逾限不报者，照例究追。令各督抚刊刻告示，饬发所属遍贴城乡，使愚民咸知例禁。

一、凡置买田、房不赴官纳税请黏契尾者，即行治罪，并追契价一半入官，仍令照例补纳正税。州县侵肥税银，止于契纸钤印，不黏给契尾者，严参治罪。如系活契典当，田、房契载在十年以内者，概不纳税；十年以后，原业无力回赎，听典主执业转典。其有于典契内多载年分者，查出治罪，仍追交税银；若先典后卖买，按典买两契银两实数科税。

一、民人典当田、房，契载年分统以十年为率，限满听赎。

如原业力不能赎，听典主投税过割执业。倘于典契内多载年分，一经发觉，追交税银，照例治罪。如买卖田产，将粮额载入印契，即令买主、卖主亲赴州县对册推收，随时过割。该州县实力稽查，倘有任听书吏私行下乡、违例滋扰等弊，该管各上司即行揭报，该督抚严参究治。

一、承买抄产房地价银交清后，由地方官给发印信执照，毋庸纳税。

以上五条摘录户部则例，均见第五本置产投税条。

凡典买田、宅不税契者，笞五十，仍追契内田、宅价钱一半入官；不过割者，一亩至五亩，笞四十，每五亩加一等罪，止杖一百，其不过割之田入官。

以上见典买田、宅律。

一、卖产立有绝卖文契并未注有找贴字样者，概不准贴赎。如契未载绝卖字样，或注定年限回赎者，并听回赎。若卖主无力回赎，许凭中公估找贴一次，另立绝卖契纸；若买主不愿找贴，听其别卖，归还原价。倘已经卖绝，契载确凿，复行告找告赎，及执产动归原先尽亲邻之说，借端指勒，希图短价，并典限未满而业主强赎者，俱照不应重律治罪。嘉庆六年修改

一、嗣后民间置买产业，如系典契，务于契内注明回赎字样；如系卖契，亦于契内注明绝卖永不回赎字样。其自乾隆十八年定例以前，典卖契载不明之产，如在三十年以内，契无绝卖字样者，听其照例分别找赎；若还在三十年以外，契内虽无绝卖字样，但未注明回赎者，即以绝产论，概不许找赎。如有混行争告者，均照不应重律治罪。

一、凡州县官征收田、房税契，照征收钱粮例别设一柜，令业户亲自赍契投税，该州县即粘司印契尾，给发收执。若业户混交、匪人代投致被假印诓骗者，照不应重律杖八十，责令

换契重税。倘州县官不粘司印契尾，侵税入已，照例参追该管之道府、直隶州知州，分别失察、徇隐，照例议处。

一、凡民间活契典当田、房，一概免其纳税。其一切卖契，无论是否杜绝，俱令纳税。其有先典后卖者，典契既不纳税，按照卖契银两实数纳税，如有隐漏者，照律治罪。

以上四条俱见典买田、宅例。

一、州县给发田、房契尾，其契价在千两以下者，无庸申送查验；如契价在千两以上，即将所填契尾黏连业户原契，系州县官按月申送知府、直隶州知州查验，系直隶州按月申送该管道员查验，该道、府、州查验相符，即将契尾截裁两半，于十日内发还州县，一给业户收领，一存俟汇送藩司查覆。如州县不按月申送，及道、府、直隶州不于十日内发还，逾限十日以上者，罚俸六个月；二十日以上者，罚俸一年；一月以上者，降一级留任俱公罪。或道、府、州已按期发还，该州县不即给发业户收执，亦照此例议处。仍令道、府、直隶州及该州县于契尾上注明申送、发还并给领各月日，以凭查覆。

一、州县侵收契税者，革职治罪私罪。该管知府、直隶州知州系有心徇纵者，降三级调用私罪；失察者，降一级留任公罪。若系直隶州侵收，将该管道员一并查参，照前议分别议处。

一、民间置买产业，不得苛索扰累，多收税羡。如有前项情弊，将地方官革职治罪私罪，该上司不行题参，照不揭参劣员例，分别议处例载举劾门。

以上三条俱见处分则例田宅门田、房契税条。

一、各州县征收田房税羡银两，随收随解。如有违延，该督抚查参，将州县官罚俸一年，府州罚俸六个月俱公罪。

以上一条见处分则例解支同州县起解正杂钱粮条。

户杂房禀批

查税契一项，屡奉宪檄，以近年抽收银数短绌，饬令设法清厘，业经前县筹定章程。及本县到任后，复又照立循环过割册簿，印发付知，谆谕该房与户粮房恪遵办理在案。迄今半载有余，抽税仍属寥寥，而户粮房承管过割事宜，竟不将拨粮业户随时开册付交。即夏间所开册簿二本，亦系循环并送，事属颟顸，意图搪〈塞〉，似此玩泄，殊堪痛恨。现在本县正拟申明定章，严加整顿。细阅该书等所禀各情，尚非应语，自应及早筹画，以杜弊端。惟过拨粮名，向系户粮房经管，两房分隶其事，固不足以专责成。今若全行改归户杂房办理，则户粮房书吏转得置身事外，亦不足以均劳逸。

本县再四熟思，应即添设税契房科，专司拨粮收税，凡遇花户拨粮到县，先行税契，再予过割。当时即将某约某庄某人买某人地数若干、地价若干、由某人粮名拨于某人名下粮银若干，详细登于循环册内，限每十日同税契红簿送署稽核一次，循环倒换，务须拨粮户数与税契户数相符，并于下月上旬将上月一日拨过粮户照录过割总簿一本，禀送阅发户粮房，以便上下两忙征收粮赋。如有舛错迟延，惟税契房经书是问。其税契房须拨经书，候即当堂由户杂、户粮两房点派，妥人膺充，并由所点户杂房经书内派一人总理催查。此后事有专责，咎无旁贷，倘再视为具文，因循玩误，除将疲玩经书严行责革外，该管总书亦于惩处，决不姑宽。

至料理册费一项。据禀，旧卷遗失，因而该书赔垫等情，虽非捏饰，究无确据可凭，即使从前实有此费，亦不至每岁需银六十两之多。着俟税契见有起色再行，据实禀候核示，本县惩惰奖勤，将来自有斟酌。该书等各宜尽心办公，切毋徒托空言，致罹重咎。凛之，慎之。

户粮房禀批

查各房经管事件，虽系向有旧章，而随时兴利除弊，全在官为整饬。所有税契一项，近年抽收短绌，叠奉宪札，饬令清厘，并令先税契而后过割等因。县境一邑之大，何日无售产之家？置产即应拨粮，立契即应投税，过割与税契本宜同时办理，两事不容偏废。况查户部则例，内载民间买卖田产将粮额载入印契，令买主、卖主亲赴州县对册推收，随时过割。是业户拨粮，须以印契为凭，正与先税契而后过割之意相符。前县筹定章程，设立循环过割册簿，原为付知抽税，便于循环倒换，不致积压耽延。嗣经本县照章谆谕，该书等竟敢视为具文，漫不经心。夏间开造册簿循环，同时并送，似此办理，又安用分设循环两簿耶？

户杂房此次具禀，实由尔等藐玩于前，故得有所借口。但户杂房请将拨粮事务全行改归该房承办，亦属事欠允协。本县熟筹添设税契房科，派拨户粮、户杂两房经书专司其事，俾可均平劳逸。仍以互相防闲，免致别滋弊窦。该书等不知悟悔，前愆辄复，任意辩渎，且称民间甲年置产，应俟乙年方可过割，试问投税迟延一年限外，例应笞罚。该书狃于积习，致令业户受此重咎，于理平乎？又称向遇二麦丰稔之年，会同户杂房设局催办税契。试问现定章程，专设房科两房派定经书管理，较之会同查办有何歧异，岂必待二麦丰稔年分？方可税契寻常，即可因循不办乎？禀词矫强，碍难准行。

至称户杂房从前有将投税之户，仅给税条，不粘契尾等情，如果属实，殊干法纪。尔等从前既有所闻，并不当时指禀，亦难保无瞻徇情弊。现由本县密行确查，一有实据，定即严究惩办，决不稍宽。总之，此次专设税房，以重课款，断不能遂尔等之私愿，亦不能遂户杂房之私愿。事秉至公，不容更议。着候当堂点派，遵照昨发批示认真办理。毋得妄生希冀，琐渎干咎。

公正禀批

尔充公正兼膺地方。该管漕粮开征已久，并不催令，花户踊跃输将。迨今始以闫永光抗廷具禀，难保非尔与闫永光通同包抗，希图渔利。现因差催紧急，故尔诿过于人，似此刁狡，殊堪痛恨。所有本年新漕，已奉粮道宪委员在德守候验兑，札催万分吃紧，岂容稍事稽迟？尔有催纳之责，竟敢借词藐玩，本应严加惩处，姑念自行禀明，尚未始终贻误。准予当堂立限，扫数催完，以观后效。闫永光既被指禀，必非安分之徒，候即差传到案，确切根究。如有包揽抗欠情事，定行照例治罪，决不宽贷。

户粮房禀批

属库垫款案内，凡有欠项，非入交代，即入参案，两相牵涉，亦属有之。至于抵款，或系本缺流摊，或系别属摊解，交案、参案，均不免有纠缠。追本溯源，皆应由交代与参案内搜查，方免重追、重抵之误。嗣后办理此事，着管交代及管参案经书会同稽核叙稿，以昭慎重。惟各款原参，如修理工程事隶工房、考试经费事隶礼房、俸工项下之杂款事隶兵房、廉费项下之杂款事隶粮房，嗣后遇有奉文饬查关系属库垫款之项，亦着承管交代及承管参案经书随时禀请批谕。各该房经书限奉批三日内检齐卷宗，将各款原数及已领、未领、已解、未解各数目，开具清册禀覆，以便核发会办。属库垫款之经书汇案办理，如各该房推诿迟延，许会办属库垫款之经书禀催查究。

漕粮房张立名禀批

管漕经书责任綦重，转瞬新漕即届征期，未便遽易生手。该书子故在外，搬柩之事何致无一亲友可以代往？即使暂行请假，已属以私废公，碍难照准，况借此而欲除卯，更难保无规避别情。在官人役，谁无切己事故？此端一开，将来纷纷效尤，去就自便，尚复成何政体？所禀大属荒谬，不准。特饬。

谕各铺户告示

为再行申明事。

照得本县莅任以来，署中所需一切日用物件，均系随时发价现钱购买，并不稍有短欠。前于关防告示内，业已剀切晓谕在案。惟是买办等役更换靡常，各色铺户增添歇业亦无一定，诚恐日久弊生，合再申明示谕。为此示仰阖邑各项铺户及肩挑贸易人等知悉，凡遇县署人役购买物件，务须遵照前示收到价值，方准卖给。如买办等役强行赊欠，许尔等立时指名具禀，以凭严究。倘尔等不遵示谕，徇情滥赊，致受坑骗，则是咎由自取，毋谓告诫之不谆也。各宜凛遵。毋违。特示。

发捕衙春季截日俸银两及夏季俸工银两札

札捕衙知悉。据该衙请领自三月二十四日起至月底止俸薪银两，并夏、秋二季俸银及各役夏季工食银两到县。据此，查秋季俸银，应于下忙征收地丁项下坐支，现在无款可动。所有春季截日俸银及夏季俸银工食，除遵照司札除扣减平外，下剩应支银两，合行札发。札到，该捕衙即为发去银两查收具报，并将发去不符俸银钤领涂销，另换夏季俸银钤领一纸，申送备案。毋违。

拘拿袁肇修票稿

为差拘事。

案查陈常约已退约正袁肇修，素行无赖，武断乡曲，把持影射，刁恶已极。前经查拿未获，合再严查差拘。为此仰役立即查明袁肇修踪跡，密拘到案，以凭究办去后。毋稍玩泄干咎。凛之。速速。

计差拘袁肇修。

谕被水被虫各庄赶紧完纳漕米示稿

为晓谕事。

照得县境本年秋禾被水被虫各村庄，前经禀奉各宪委员查勘议覆，蒙巡抚部院崇①汇案奏请，将宋家庄等七百九十一村庄除本年漕米照常征收外，所有本年钱粮漕仓等项银两，及二麦被旱案内原缓上忙新赋，同二十四年民欠，均请缓至道光二十六年秋后启征。其余各庄除本年钱粮漕米照常征收外，所有二麦被旱案内原缓上忙新赋，及二十四年民欠，均请缓至二十六年秋后启征。其二十三年以前民〈欠〉，及因灾原缓与应带征历年旧欠原缓、递缓钱漕及漕仓等项，均请缓至二十六年秋

① 即觉罗崇恩。

后，按最先年分，递年依次带征一年。兹阅邸抄，知己［已］钦奉上谕允准在案。

查本年县境秋禾歉收，既蒙皇恩，准予分别缓征新旧钱粮，民力已为展纾，所有本年漕米自应钦遵照常征兑，以供天庾。况近年漕运抵通额数短少，现经户部奏明，奉旨令各督抚率属督催，将道光二十一年以后民欠漕米遵照分定年限带征，不准再有迟缓等因。是从前已缓之旧漕，尚不准其逾限拖延，而本年应征之新漕，更当及早完纳全清，方免迟误重咎。今查本县新漕开征旬余，各约花户输将甚不踊跃，诚恐乡村愚民不知功令森严，意谓秋禾歉收，心存观望之见，贻误例限，关系匪轻。本县不忍不诫而惩，合先剀切示谕。

为此示仰阖邑花户人等知悉，尔等应完本年漕米，务须赶紧完纳，领串归农，倘敢妄生希冀，拖欠不完，一奉粮宪札催，定将抗违之花户按名签拘，从重究办，决不稍宽，毋谓言之不预也。凛之，慎之。切切。特示。

谕七十二社赶紧完纳钱粮示稿

为剀切晓谕事。

照得地丁钱粮为国家维正之供，隐匿抗欠，例有明条。本年下忙新赋开征以来，各乡均能踊跃，本县深为欣慰，每于比卯时，择其完数较多者，均予厚赏，原冀该花户等共知激励，早日全完。讵十月十七日有玩民管成等唆众抗粮，当经拿获，禀蒙府宪亲临究办，业将无知听唆之人格外施恩，从宽省释。该花户等宜如何激发天良，率先纳赋。乃近日完粮者，竟属寥寥，贻误正供，大干法纪。本县不忍不戒而惩，合行谆切晓谕。

为此示仰七十二社地保支头花户人等知悉，自示之后，尔等务须赶紧纳粮，以速补迟。倘再观望抗延，定即查明欠数，按名签拿，照例详请重究，决不宽贷。本县言出法随，毋谓言之不预也。凛之。切切。特示。

开设当铺呈批惠民和典当

开设当铺应照承充各行经纪之例，查明实系殷实良民，取其保甘各结，由地方官加具印结，方可详请给帖办税。今尔拟开和兴号当铺，是否家道殷实，及按月几分起息，呈内均未声叙，辄自定期率请开市，殊属不合。应候饬差传案，讯取切结，再行核办。毋得朦混开设，致滋弊端。

交代初参部覆

武定府陶①为移知咨事。

本年八月二十八日蒙济东道札付，本年八月十一日准布政司咨，道光二十五年七月二十八日奉巡抚部院兼理盐政觉罗崇②案验，道光二十五年七月十七日准户部咨，山东司案呈，道光二十五年五月十九、二十五等日准山东巡抚崇咨称，据布

① 即陶庆增。

② 即觉罗崇恩。下文“山东巡抚崇”亦指觉罗崇恩。

政使王①呈称，查前任金乡县知县冯诏任内交代一案，应以道光二十五年正月二十一日现署知县张继孟到任之日起，扣至道光二十五年三月二十一日，两个月限满。兹准兖沂曹济道咨，据署济宁州知州王光宇查明，冯诏任内应交应抵各项款册尚未移交，无凭核算，以致现署知县张继孟不能依限造册结报。所有此案交代初参迟延职名系前任金乡县知县冯诏、督催不力职名系前署济宁州知州桃源同知王光宇，兖沂曹济道王②相应开报咨参，听候部议。

又查前任诸城县知县周壬福任内交代一案，应以道光二十四年十月二十七日现任知县章文津到任之日起，扣至道光二十四年十二月二十七日，两个月正限届满；又章令由齐东县调任诸城县，系一官而有两任，交代例得展限一个月；又该县钱粮在五万两以上，例准展限十五日；统应扣至道光二十五年二月十二日，正限、展限俱满。兹准登莱青道咨，据青州府查明，周令在任经手各款造送交代册内，多有遗漏，往返驳查，有需时日，以致现任知县奉文不能依限结报。所有此案交代初参迟延职名系青州府李廷杨，登莱青道王相应开报咨参，听候部议。

又查前任惠民县知县杨茂豫交代一案，应以道光二十五年正月二十日现署知县余棨到任之日起，扣至道光二十五年三月二十日，两个月限满；又该县钱粮在五万两以上，例得展限十五日；统应扣至四月初五日，两个月半正限、展限俱满。兹准济东泰武临道咨，据武定府查明，前任惠民县杨茂豫任内经手各款开造交代册籍，诸多舛错，以致现署知县余棨未能依限造册结报。所有此案交代初参迟延职名系前任惠民县丁忧知县杨

---

① 即王笃。

② 即王镇。

茂豫，督催不力职名系武定府知府陶庆增，济东泰武临道徐[1]相应开报咨参，听候部议。

又查前任莘县知县杨福五任内交代一案，应以道光二十五年正月二十日现署知县张堉到任之日起，限扣至道光二十五年三月二十日，两个月限满。兹准济东泰武临道咨，据东昌府查明，杨福五任内经管正杂钱粮仓谷等项虽已开册移交，惟多有舛错不符，往返驳查，有稽时日，以致现署张堉不能依限结报。所有此案交代初参迟延职名系前任莘县丁忧知县杨福五，督催不力职名系东昌知府朱〔景〕锦琮，济东泰武临道徐相应开报咨参，听候部议各等情。

据此，除咨吏部外，拟令咨明等因前来。应将该抚送到前任金乡县知县冯诏、诸城县知县周壬福、惠民县丁忧知县杨茂豫、莘县丁忧知县杨福五等交代迟延初参以及督催不力各职名，一并移咨吏部查议。仍咨该抚，转饬各该县，迅速交代清楚，造具册结，送部核办。并查明该员等造报款册清楚日期，如逾二参期限，即照例查取二参职名，随案分别开折送部核议可也等因到本部院。准此，合就檄行。为此仰司官吏即便查照，转饬各该县作速交代清楚，造具切实册结，依限详咨，并查明造报款册清楚之日期，如逾二参期限，亦即查取职名，随案开折，详送咨部，毋违等因到司。奉此云云。（廿五年九月十五日到县）

---

① 即徐经。

阳信贡生赵奉天京控焦源立一案

武定府陶[1]札惠民县知悉。案蒙按察司札开，道光二十五年九月初一日奉巡抚部院觉罗崇[2]批，本司等会详阳信县贡生赵奉天以迭陷毒计等情，遣族侄赵成京控焦源立等请咨缘由。奉批，已据详审咨矣，此缴等因。奉此，合行札饬等因到府。蒙此，合行转饬。札到，该县即便查照，仍俟部覆到日，另檄饬遵。毋违。此札。（二十五年十一月初二日到）

计粘抄看一纸。

审看得阳信县贡生赵奉天以迭陷毒计等情，遣族侄赵成京控焦源立等一案。缘赵奉天系阳信县贡生，与充当纲首之焦源立并于悦素识。新泰县票地本系刘长吉充商行盐，嗣因无力办理课运，将地三分之一典与郑诗伯承办。郑诗伯病故，其子郑其骆亦因无力打运，于道光十六年间凭焦源立与金润齐说合，将原典刘长吉新泰县票地三分之一议定价银三千两，转典与赵奉天行销，立有合同，注明限满回赎。赵奉天当雇昔存今故之彭雅南作伙领票运销，并令彭雅南措交郑其骆典价。彭雅南因盐务另有要用，向郑其骆商量缓支。郑其骆因有自己欠课银两可抵，亦即允从。是年九月间，刘长吉以典限期满，禀明前运宪收回自办。值赵奉天外出，刘长吉邀同郑其骆向彭雅南回赎，其同赵奉天原典价银，彭雅南尚未交出，议令彭雅南自行清楚，

---

① 即陶庆增。

② 即觉罗崇恩。

并因赵奉天尚有已领未运票张，禀蒙前运司批饬焦源立查明，委员追起，发给刘长吉行运，以济民食。彭雅南因赵奉天盐务业已退归刘长吉办理，将店内所存盐包器具并交刘长吉收用，俟随后议价归款，刘长吉即令伊弟刘四前往新泰县，令赵奉天店伙刘华廷、巡役张德等将盐包器物交割清楚。嗣赵奉天回家后，同［因］彭雅南先后病故，以上情节未能查悉，意谓刘长吉率众强抢，由司控。奉前盐院宪批，蒙前运司委员讯明，刘长吉并无强抢盐物情事，赵奉天所存盐包器物，断令刘长吉给银三百十余两完案。刘长吉因无现银，立给借券。

又赵奉天先在惠民县开设天佑号当铺，邀王楚白在铺管理银钱账目，旋将当铺卖与伊甥王西山顶开。账未算清，王西山旋又将当铺转卖与于悦，开张计价京钱五万五千吊。王西山除支取外，尚余京钱一万三千余吊未支。道光十六年四月间，王西山外出，赵奉天因有急用，向王西山之母王赵氏商量，欲赴于悦铺内支用王西山存项，王赵氏应允。赵奉天即令王楚白向于悦交取京钱一万二千七百吊，王楚白与赵奉天彼此亦有通挪银钱，因赵奉天有应还之项，当即扣用京钱四千四百吊，余交赵奉天收用。是年七月间王西山回家，向于悦支取存项，于悦以业经赵奉天支取之言答复，王西山不认。维时王赵氏患病，赵奉天外出，无从质对，经昔存今故之孙炳文调处，令于悦将王西山存项先行立给票据，王楚白亦将所交于悦之项立给无名借票，欲俟赵奉天回归算明账目，分别退还。十二月间，王楚白病故，王西山执持存票往向于悦支钱，于悦不允，控。经前任惠民县徐令传讯，赵奉天仍外出未到，徐令因于悦所欠王西山存项票据确凿，断令于悦先行归还，其支给王楚白钱文俟传到赵奉天，再行讯明核追。嗣于悦屡向王楚白之子王青云索讨，王青云即转向赵奉天之父赵和索还，赵和因赵奉天外出未回，凭王兰太作中，将地亩宅房写立契据交王青云，转卖与于悦为业，抵还欠项，经于悦铺伙于青云将票退回。二十三年六月间，赵奉天回家，查知因王西山不认，先行认还于悦京钱四千二百吊，下余八千五百吊，欲俟同王西山算明账目，再行清楚。嗣因不知王楚白立票情由，查阅原票又系无名，心疑于悦串同王青云捏造，由府赴省具控。批经前署府刘丞集讯，赵奉天因与王西山账目未经算明，不肯认还。王西山亦不允抵扣。于悦、于青云以王楚白曾经扣用钱文，误为王楚白冒支。王青云当时不知底细，与赵奉天俱未详细供明。刘丞因钱系王楚白支取，断令于悦将赵和所立宅地卖契退交赵奉天管业，王楚白支用之项着落其子王青云缴还，即据王青云认还京钱二千一百吊，内有京钱一千零七十吊，本系赵奉天布店内向于悦借用，应行划出，令赵奉天按照一本一利归还京钱二千吊，下余钱文于悦因念王青云无力缴还，自愿情让，详批销案。

而赵奉天前疑未释，兼因于悦退还宅房倒塌，无人承买，心怀不甘，控。蒙抚宪批，经武定府陶守行提人卷至郡，并将赵奉天转发惠民县看管候讯，因人证未齐，未经讯结。赵奉天旋因患病保回，调治医痊后又以历控情词，并忆及充商时焦源立曾令郑其骆、金润斋向伊摊派纲费银二百两，伊仅给八十四两零，意谓焦源立等挟伊短费之嫌，勾通刘长吉禀回自办，并扶同刘长吉饰覆，随一并叙呈，遣侄赵成赴京控告。咨解回东，行令檄提人卷至省，委经卑前府祝守讯。因两造供词各执，禀提妥证王青云、郑其骆、刘长吉质讯。嗣据该县等查明，郑其骆、刘长吉业已病故，将王青云解省提同质究，各供仍属游移，复经禀蒙饬，据齐东县将要证刘华廷传解饬发到府。祝守未及详解，调署济东道篆，卸事。卑府到任督同提集研鞫，据供前情不讳。

查赵奉天所供各情事俱有因。其原典票地价银，因赵奉天外出，不知彭雅南未经措交，迨回家后彭雅南业经病故，赵奉天因票地既赎、典价无着，控追之处亦由怀疑所致，并非平空妄告。即其令王楚白支取王西山存项目，与王西山本有账目，且与王西山之母王赵氏言明，与冒者不同。惟并不确查王楚白立票情由，冒昧具控，殊属不合。赵奉天除越诉轻罪不议外，应请照不应重律杖八十，第事犯到官，系在本年五月二十四日钦奉请刑恩旨以前，应请遵照通行，准予援免。焦源立讯无勾串饰覆，刘长吉亦无率领刘四等强抢赵奉天盐务，应与讯无捏造假票之于悦、于青云，均无庸议。赵奉天先摊纲费银八十四两六钱六分，现据焦源立以赵奉天充商未久，自愿退还。赵奉天典价，讯系彭雅南先未交出，并非郑其骆吞使；赵奉天因念彭雅南已故，情愿同已故刘长吉所立借帖，一并免追，各听其便。王楚白代赵奉天所支于悦京钱一万二千七百吊，赵奉天先已还过京钱四千二百吊，又王楚白因扣京钱四千四百吊，现据于悦因王楚白已故，自愿情让，尚余四千一百吊，断令赵奉天分限缴还。至王青云先在武定府认还于悦京钱二千一百吊，本未清交，应毋庸议。案经讯明，未到人证，免提省累，除将无干之王凤翥、王兰太先行省释，拟合具文连人卷解候审转等情到司。该按察使司△△、盐运使司△△会同审看相同，拟合连原被人证解候宪台审咨。

饬查藉田籽粒府札

武定府王①为请定等事。

---

① 即王果。

本年七月初四日蒙布政司札付，嘉庆二十四年六月十七日蒙巡抚部院程①案验，嘉庆二十四年六月初十日准户部咨，山东司案呈，嘉庆二十四年五月初五日准山东巡抚咨称，据布政司广②呈称，准部咨，查山东省嘉庆十九年所收藉田谷三百二十二石零四升六合，据该抚咨称，敬谨收贮，以供二十年祭祀粢盛之用。本部查十三年收获谷三百四十余石，自十三年以后，历年短少，均经驳查。今十九年所收谷石，仍与十三年所收之数较少，事关供应祭祀之项，未便短少，以致不敷。应咨该抚饬查各州县有无以多报少情弊，据实查明，具结送部。再，查十九年所收谷石，迟至二十四年始行报部，殊属迟延。应令该抚嗣后务须按年造报，毋任迟延，致干查办等因。

查山东省藉田收获籽粒一案，先经前司详明，照依收成分数造报，如收成七分八分之年以三石为准，九分十分之年以四石为准等因，历今遵办在案。今嘉庆十九年藉田收获籽粒数目，各属俱系照依是年收成分数造报，覆加查核，均无短少。其所收谷数较之十三年稍少之故，盖因该年收成分数歉薄，各属多系五六七八分不等。其间有二三分者，丰歉本有不齐，是以数目未能画一，实无收多报少情弊，拟合详请咨部查照等情。据此，拟合咨覆等因前来。

查山东省嘉庆十九年藉田所收谷石，前据该抚咨报，经本部核与十三年所收之数较少，行令饬查有无以多报少情弊。据实查明，具结送部在案。今虽据该抚查明，十九年所收藉田谷石实系照依是年收成分数造报，并无收多报少情弊，未据具结送部，本部仍难核准。应咨该抚遵照本部前咨，取具印、甘各结送部，到日再行核办可也等因咨院行司到府。蒙此，合行转

---

① 即程国仁。

② 即广庆。

饬。为此仰县官吏，文到立将嘉庆十九年藉田收获谷数查明，原报如无不实，即出具并无收多报少情弊印结，径送藩宪衙门，仍将送过日期报府查考。毋稍迟延，致干未便。速速。须至帖者。（嘉庆二十四年七月十一日到县）

禀藩宪有硝州县会衔，禀请檄饬硝局查照前三年银价折算交兑由

敬禀者。窃照卑县等每逢派办部、闽硝斤，皆因办解本色诸多掣肘，改为折银交兑，部硝每斤折银二钱二三分不等，闽硝每斤折银五六七分不等。闽硝每斤例价银一分六厘四丝四忽，由县具领，而部硝每斤例价银二分二厘八毫五丝七忽，由硝局代领，以资委员津帖，由来已久。溯查二十一年前银价，每两核制钱不过一千文，折兑硝斤赔累尚轻。乃近年以来，折硝之价未减，而买银之价日昂。现查各处银价，每两核制钱二千一二百文不等，较之二十年前不啻倍蓰，即较照前三年之价而论，亦贵至十分之三。现奉派办二十三年闽硝，又将派办部硝，若仍照向年硝价折银兑交，则以此时之银价计之，实属赔累过甚。卑职等再四筹酌，如照二十年前银价折交，未免减数较多，合无仰恳大人俯赐，檄饬硝局将各州县折兑部、闽硝斤价值仍照旧章，惟银价均照前三年之数，每两制钱一千五百文折算交兑。此后银价如再增昂，亦仍照此数折算办理。在硝局毫无所损，而卑县等赔累实可稍轻。如蒙恩允，则共沐鸿慈，无既极矣。肃此云云。

扣荒

一、佐杂教职俸银及廪粮各役工食免扣荒缺，均于藩库存公银内先行拨补。若举人盘费、岁贡坊仪、文武科场、孤贫口粮均免扣荒，其余督抚、司道、府州县俸工杂支均扣荒。祭祀扣荒于存公银内请领拨补，领还归款。

一、蠲免钱粮之年俱应扣荒。惟粮签武庙祭祀银、先农坛祭祀银、应付青州满营阔布银、寿民节妇建坊银，俱例应于解司地丁项下扣支，赴司请领，照数拨给。其存留项下民壮、禁卒、铺司工食、孤贫口粮，及驿站项下一应夫马钱粮，并杂支项下文庙祭祀香烛、启圣乡贤名宦等祠、山川社稷等坛、孤魂邑厉等项银两，并廪生饩粮、举人盘费、岁贡坊仪、文武科场，亦赴司请领拨补。

市廛

一、严饬书役〈不许〉兼充牙行五年户。

一、衿监不许充牙行八年咨。

一、经纪遗失所领司帖，取地方邻佑同行经纪及亲属供词因何遗失缘由，并取具各结，加具印结，详府核转。

一、经纪牙行遇有病故、逃走，所欠税银于亲属代办之人名下着追，该管乡地另报顶补，追缴旧帖，另请新帖。

一、各集经纪如遇病故另募新牙顶补者，应将具报病故原呈随同各结粘连一并呈送。

一、经纪年至七八十以上，与例不符，嗣后充当以十年为率，即行更换三十八年司详。

当　税

一、当税银两入册交代，当税奏销册结二月中旬送司。

一、准民间当米当丝商贩粮食贮栈流通十三年。

一、加倍重价收当军器发黑龙江三十七年。

一、当税每年每座银五两，当规每季每座银四两一半解司报部，一半存留州县公用。

一、当商止当，例先报明，俟铺内货物赎完之后，始行缴帖除税，文结内声明于何年月日开当起，至何年月日止，当税全完字样详付。须取房主邻佑甘结，并加具印结。

一、当税系按年扣算，如缴帖在奏销以后，免次年当税。当规系按季扣算，如春季缴帖，止缴春季当规。批当商缴帖呈词，查停当候赎，例应将停止日期先行呈报转由，其司帖应候赎完之日，同税银一并呈缴开除。此时未便先行缴帖，着另具妥呈，以凭转报。帖发还，结暂存。

一、当铺迁移地方，亦须转报布政司。应注明旧处新迁字样，并取具该商新、旧两处房邻甘结，加具印结，由府详司，以杜一商两店影射情弊。

一、赎当自十一月初一日为始，至岁底止，让息一分。如不及一月，必逾十日方准算为一月。其向系息者，不得强其再减五十五年东抚长①通饬。

一、当铺失火。二十五年司详，自行失火，当本一两，在十月以内者，赔银三钱；十月以上者，赔银二钱；其已过二十月者，免赔。系邻火延烧，即照前例以十分减四议赔，如当本一两，在十月以内者，赔银一钱八分；十月以上者，赔银一钱二分；已过二十月者，免赔。

三十四年议定，当货系邻家失火延烧，典商并未借火隐匿，无检出物件、资本已罄、实在无力者，应令地方官出示晓谕，质当贫民各安义命，免着赔。其虽系邻家失火延烧当商，资本殷实力能赔偿，或自不小心失火烧毁当货者，即查明被烧当号，按依被窃之例，照本加倍，扣利赔偿。倘有乘机隐匿并故烧情弊，仍照原议将当商按律治罪，所瞒货物照追给主，不给当本。

一、当铺失火，其未焚及检出各物，仍听各主照号收赎外，其自行失火，以值十当五计算，照原典价值作为准数。邻火延烧者，减二按月扣除，利钱照数赔偿四十一年秋。

① 即长麟。

第二十一本

目　录

批解李大镛呈缴部借养廉县详

当商正当候赎县详司批

请修邑厉坛县详

风云雷雨坛报销册结

会禀杨令交代算明无亏并请饬追未完摊捐银两禀一件并清折

饬取漏追谈任应赔修监核减银两各任职名司札

监饷津贴归入年例津贴动支无须再行轮派府札并抄详

饬送杨令交代无亏单结府札

禀覆奉提德、常二仓正耗粮道批一件

饬发道光二十五年应征漕粮数目清册府札册附

粮价银价务须据实开报毋得经年累月相同府札

驿站奏销改定限期通饬

地丁二参职名一俟限满即行专案题参部覆

新安会议灾务详

江南赴登捷径程站通饬

山、湖两路协济车马章程

移府经俸廉稿四件

谕漕书张立名帖一件

二十年缓征兵米借碾常平仓谷全案

为札谕事。

案蒙粮道宪札开，札到，该县立即严饬该管经书迅将已、未被灾村庄地亩，及征缓漕粮漕项银米各数，按款核明，漏夜赶造细数册结各二本，仍由马递四百里星飞送辕，以凭核办。倘再仍前任承搁延，致误〈征〉兑，定干参咎，慎速，切速等因到县。蒙此，遵查卑县应造已、未被水村庄地亩，及应缓应征漕粮银米各款，以及兵米总缓总征数目清册，业于十月二十一日查造明确，具文申报宪台暨粮道宪在案。所有兵米项下款目不一，理应按照各款应缓应征细数造具清册，具文申送宪台查核。为此云云。

计申送清册一本。

申布政司。（二十年十一月十四日阅稿）

前案清册

武定府惠民县为札谕事。

今将卑县应缓应征兵米数目逐一按款分晰造册，呈送施行。

计开

惠民县道光二十年分兵米项下：

额征应解德州仓本色米三百一十九石三斗七升八合，内缓征米一百五十五石一斗六升四合四勺，实征米一百六十四石二斗一升三合六勺；

额征应存德州常丰仓本色米一千三百四十七石三升五合，内缓征米六百五十四石四斗三升四合一勺，实征米六百九十二石六斗九勺；

额征应解德州常丰仓本色米四百九十七石六升八合，内缓征米二百四十一石四斗九升二合二勺，实征米二百五十五石五斗七升五合八勺；

额征起运本色麦改米三十七石二斗七升三合，内缓征米十八石一斗八合四勺，实征米十九石一斗六升四合六勺；

额征起运本色米七十三石五斗八升，内缓征米三十五石七斗四升七合六勺，实征米三十七石八斗三升二合四勺；

额征余剩孤贫口粮本色米三十八石八斗三升三合，内缓征米一十八石八斗六升六合三勺，实征米一十九石九斗六升六合七勺。

以上共额征米二千三百一十三石一斗六升七合，内共缓征米一千一百二十三石八斗一升三合，共实征米一千一百八十九石三斗五升四合。

前案县详

为详请示遵事。

窃查卑县每年向于大漕内额征留支兵米二千三百一十三石一斗六升七合，遇闰之年奉文拨给武定营兵米二千一百六七十石不等，无闰之年应需米一千九百七八十余石不等。本年卑县方字约大李新庄等五百四十一村庄秋禾被水较重，已蒙缓征钱漕。至兵米一项，亦应随漕并缓，除将应缓兵米细数清册另文申送外，其额征兵米二千三百一十三石一斗六升七合，内缓征米一千一百二十三石八斗一升三合，实征米一千一百八十九石三斗五升四合，核计不敷拨给。营中兵糈一年之用正在具详间，兹于本年十月二十日蒙宪台札开，武定营请领道光二十年冬季兵米，饬拨卑县二十年起运本色麦改米三十七石二斗七升三合、起运本色米七十三石五斗八升、余剩孤贫口粮米三十八石八斗三升三合，十八年应解德州常丰仓本色米七十八石八斗一升一合等因到县。

蒙此，遵查本年兵米项下额征起运本色麦改米三十七石二斗七升三合，内缓征米一十八石一斗八合四勺，实征米一十九石一斗六升四合六勺；额征起运本色米七十三石五斗八升，内缓征米三十五石七斗四升七合六勺，实征米三十七石八斗三升二合四勺；额征余剩孤贫口粮本色米三十八石八斗三升三合，内缓征米一十八石八斗六升六合三勺，实征米一十九石九斗六升六合七勺。以上三项共缓征兵米七十二石七斗二升二合三勺，奉文拨放。本年冬季兵米不敷支放，应否在于本年征存别款兵米之内改拨散放？

又前奉饬知，以兵米蓟粮例不缺额，所有卑县本年缓征兵米，应否在于大粮项下扣放，抑或另行划拨，以敷本年兵糈之处，卑县未敢擅便，拟合具文，一并详请宪台查核，饬知下县，以便遵照办理，实为公便。为此云云。

详布政司。（二十年十一月十四日阅稿）

前详司批

据详，该县道光二十年起运本色麦改米，内因灾缓征米一十八石一斗八合四勺；又起运本色米，内因灾缓征米三十五石七斗四升七合六勺；又余剩孤贫口粮本色米，内因灾缓征米一十八石八斗六升六合三勺；又据另册开报道光二十年应解德仓本色米，内因灾缓征米一百五十五石一斗六升四合四勺；又应存德州常丰本色米，内因灾缓征米六百五十四石四斗三升四合一勺；又应解德州常丰仓本色米，内因灾缓征米二百四十一石四斗九升二合二勺；均不敷兑支兵米之需。仰即查照向例，在于常平仓谷内按一米二谷借动碾米支放，俟带征年分征米，易谷还仓，未便在于征存别款米内动支，致滋牵混。仍候汇案详咨。缴。册存。

为详请改拨事。

窃照卑县道光二十年分额征兵米二千三百一十三石一斗六升七合，因是年秋禾被水较重，在于应征各款兵米项下缓征米一千一百二十三石八斗一升三合，实征米一千一百八十九石三斗五升四合，前已造具清册，详明在案。嗣因奉拨二十年额征起运本色麦改米及起运本色米，并余剩孤贫口粮本色米等款，作为二十年冬季兵米支放，内有缓征米七十二石七斗二升二合三勺，不敷支放，当经详请改拨。旋蒙宪台批饬，仰即查照向例，在于常平仓谷内按一米二谷借动碾米支放，俟带征年分征米，易谷还仓，未便在于征存别款米内动支，致滋牵混，仍候汇案详咨，缴等因遵奉在案。嗣于道光二十年十二月三十日蒙宪台饬拨道光二十年应存德州常丰仓本色米七百六十五石八斗二升，作为二十一年春季兵米之用。又于道光二十一年四月十五日饬拨二十年应存德州常丰仓本色米五百七十一石一斗二升，作为二十一年夏季兵米之用。

今查道光二十年额征应存德州常丰仓本米一千三百四十七石三升五合，内除缓征米六百五十四石四斗三升四合一勺外，实征米六百九十二石六斗九勺。复查本年春、夏二季共拨此款兵米一千三百三十六石九斗四升，内系奉拨实征米六百九十二石六斗九勺，奉拨缓征米六百四十四石三斗三升九合一勺，实系不敷支放。查有道光二十年额征应解德州仓本色米，除缓征外，实存应征米一百六十四石二斗一升三合六勺；额征应解德州常丰仓本色米，除缓征外，实存应征米二百五十五石五斗七升五合八勺。可否先尽此年实征米内拨放，其余不敷抑或在于十八、十九两年余剩兵米内改拨支放，以敷本年兵糈之用，卑县未敢擅便，拟合具文详请宪台查核，饬知遵办，实为公便。为此云云。

前详司批

查该县二十年应存德州常丰仓本色米，内缓征米六百五十四石四斗三升四合一勺。前据该县造册申报，当经批饬，照例在于常平仓内按一米二谷借动碾米支放，俟带征年分征米易谷。所有派拨武定营道光二十一年春、夏二季兵米，除实征外，其余缓不敷米石，自应遵照前批，借动常平仓谷碾米支放，俟启征年征生米，易谷还仓，以符原额。仰即遵照办理。缴。

二十年缓征兵米每奉拨一次，即由县具详请示，此案共详过五次此本只抄其二，均奉司批在于常平仓谷内，按一米二谷借碾支放，俟带征年分征启米石，易谷还仓，不得在于别项余剩兵米内改拨，致滋牵混。自记。

前案县详

为遵批更正事。

案蒙宪台、布政司批饬，查该县道光二十年原缓兵米全云等因到县。蒙此，遵查奉文支给武定营道光二十一年秋季兵米，惟有派拨道光二十年应解德州常丰仓本色米二百四十一石六斗四升七合，伏查内有缓征米一百四十九石八升，奉拨之时未奉饬知，先尽缓征米石，是以作为先拨，实征米一百四十九石八升，于二十一年奏销开除在案。现奉批饬，先尽缓征，遵即将应拨缓征米一百四十九石八升，仍归于二十一年秋季兵米借动仓谷碾米支放，以全饬拨缓征之数，划出未拨实征米一百四十九石八升，列入二十二年奏销实存案内，以符宪、司案。拟合具文，详请宪台查核。为此云云。

前详司批

据详已悉。缴。清折存。

前案清折

为遵批更正事。

今将卑县常平仓谷自十九年奏销起至二十二年止动存各数目，开折呈请宪台查核，须至折者。

计开

奉发奏销册式，内开道光十九年应存谷二万一千一十石，内除十八年缓征兵米借动谷三百六十二石八斗四升七合六勺，十八年缓征孤贫米借动谷四十二石八斗八升二合二勺。

实存：谷二万六百四石二斗七升二勺。自二十年起至二十二年奏销止。

新收：二十年捐谷十石、二十一年捐谷十石、二十一年买补派买谷一千二百九石九升三合三勺、二十二年捐谷十石，以上共应存谷二万一千八百四十三石三斗六升三合五勺。

开除：二十、二十一、二十二年五次奉拨缓征兵米借动谷二千二百四十七石六斗二升六合，前件详明有案，已入于二十二年奏销，查二十年原缓征米一千一百二十三石八斗一升三合，应借动谷二千二百四十七石六斗二升六合，已全数饬拨，理合登明；二十年缓征孤贫不敷口粮米借动谷二百六十五石六斗三升；前任徐鈖亏缺谷一万二千五百三十七石七斗九升八合一勺五抄。

现在实应存谷六千七百九十二石三斗九合三勺五抄内孙任亏缺谷二十石四斗八升价存司库，徐任亏案领款列抵谷五百七十九石九斗八升二合八勺五抄。前件已入于二十二年奏销案内，理合登明。

十七年缓征孤贫米石借碾常平仓谷全案

道光十七年缓征孤贫米石不敷支放详请借碾常平仓谷一案，为详请拨抵事。

窃查卑县每年原额孤贫口粮米二百七十三石三斗七升五合四勺，向在征收漕粮内扣存支放，上年因灾奉文缓征大漕，内有应缓孤贫米二十一石四斗四升一合一勺，不敷原额支放，似应按照一米二谷动用常平仓谷四十二石八斗八升二合二勺，以便及时支放，仍俟启征年分，易谷还仓，是否有当，拟合具文详请宪台查核，俯赐指示祗遵，实为公便。为此云云。（十八年闰四月初九日阅稿）

前详司批

已据情转详抚宪，咨部借给矣。仰将缓征孤贫米石，循例在于常平仓谷内按一米二谷借动碾放，俟启征之日，易谷还仓。再，该县额征孤贫米尾数六勺，今详叙四勺，系属错误，并即更正。此缴。

前案部覆

为详请等事。

本年八月二十三日蒙布政司札付，道光十八年七月二十七日蒙巡抚部院兼理盐政经①案验，道光十八年七月十一日准户部咨，云南司案呈，准山东司传付，据山东巡抚咨，据署布政使李宗传呈称，据署惠民县知县屠道彰详称，窃照卑县每年原额孤贫口粮米二百七十三石三斗七升五合六勺，向在征收漕粮内扣存支放。上年因道光十七年秋禾被灾，奉文缓征大漕，内有应缓孤贫米二十一石四斗四升一合一勺，不敷原额支放，似应按照一米二谷动用常平仓谷四十二石八斗八升二合二勺，以便及时支放，仍俟启征年分，易谷还仓等情。

查各属每年应支孤贫等项米石，例应随漕征收支给，如遇蠲缓之年，向于常平仓谷内按一米二谷借动支放，俟启征之年催征，易谷还仓，历经遵办在案。今惠民县因道光十七年秋禾被旱，随漕缓征孤贫米二十一石四斗四升一合一勺，应请循例在于该县常平仓内，按一米二谷借动拨给，俟开征后，征米易谷还仓。所有借动常平仓谷缘由，拟合详请鉴核等情，拟合咨明等因前来。

查惠民县应支孤贫米石向系随漕征收支给，今据山东巡抚咨称，道光十七年惠民县缓征米二十一石四斗四升一合一勺，按照一米二谷在于常平仓谷动用四十二石八斗八升二合二勺碾米支放，本部核与办过成案相符，应如所咨办理。仍咨该抚转饬该县，将前项缓征米石于本年秋后开征，即照数代征，易谷还仓，报部查核，可也等因云云。（十八年九月初四由府转行，初六日到县）

案查东省各营应支兵米，向系于季首开列数造册赴司请领，

① 即经额布。

司中核其应支米数，酌定应动何项及何州何县米石，开单札饬各该州县照数支给。若该年各该州县额兑米石派有余剩，即存，俟下年由司再行酌派支放，并于各该年兵马奏销册内分晰造报，历久遵办在案。

兹查惠民县道光元年额兑武定营兵米二千三百一十三石一斗六升七合，内应解道光元年德州常丰仓本色米四百九十七石六升八合，应解德仓本色米三百一十九石三斗七升八合，起运本色麦改米三十七石二斗七升三合，起运本色米七十三石五斗八升，余剩孤贫口粮本色米三十八石八斗三升三合，应存德州常丰仓本色米一千三百四十七石三升五合。以上共米二千三百一十三石一斗六升七合，内于道光元年派免武定营道光元年应支兵米一百四十九石六斗八升六合，二年应支兵米七百六十五石八斗二升；又于道光二年派兑武定营道光二年应支兵米五百八十一石二斗一升五合；又于道光三年派兑武定营道光三年应支兵米四百九十七石六升八合；又于道光六年派兑武定营道光六年应支兵米三百一十九石三斗七升八合。以上共米二千三百一十三石一斗六升七合，是道光元年该县额兑武定营兵米二千三百一十三石一斗六升七合，均经陆续由司派拨无存。

前于派兑后，据该县详称，道光元年额兑米石，内有应征起运本色米七十三石五斗八升，内缓征米九石九斗九升四合二勺；起运本色麦改米三十七石二斗七升三合，内缓征米五石六升二合七勺；余剩孤贫口粮本色米三十八石八斗三升三合，内缓征米五石二斗七升四合六勺；应解德州常丰仓本色米四百九十七石六升八合，内缓征米六十七石五斗一升六合；应解德仓本色米三百一十九石三斗七升八合，内缓征米四十三石三斗八升六勺；应存德州常丰仓本色米一千三百四十七石三升五合，内缓征米一百八十二石九斗六升五合七勺。以上共缓征米三百一十四石一斗九升三合八勺，不敷支兑，已在道光元年实征及嘉庆二十五年余剩米内借支。经前司查明无碍造报，批令俟道光二年秋后征收归还，遇有递缓，另行详办。

又道光二年该县额兑武定营兵米二千三百一十三石一斗六升七合，内应解道光二年德州常丰仓本色米四百九十七石六升八合；应解德仓本色米三百一十九石三斗七升八合，起运本色麦改米三十七石二斗七升三合，起运本色米七十三石五斗八升，余剩孤贫口粮本色米三十八石八斗三升三合；应存德州常丰仓本色米一千三百四十七石三升五合。以上共米二千三百一十三石一斗六升七合，内于道光二年派兑武定营道光二年应支兵米一百四十九石六斗八升六合，三年应支兵米五百五十石；又于道光三年派兑武定营道光三年应支兵米六百二十八石八斗一升一合；又于道光四年派兑武定营道光三年应支兵米一百四石五斗九升七合，四年应支兵米六百三十九石五斗六合；又于道光五年派兑武定营道光五年应支米二百四十石五斗六升七合。以上兵米二千三百一十三石一斗六升七合，是道光二年该县额兑武定营兵米二千三百一十三石一斗六升七合六经，陆续由司派兑无存。

前于派兑后，据该县详称，道光二年额兑米石内有应征起运本色米七十三石五斗八升，内缓征米一十六石六斗四升八合；起运本色麦改米三十七石二斗七升三合，内缓征米八石四斗三升三合；余剩孤贫口粮本色米三十八石八斗三升三合，内缓征米八石七斗八升六合；应解德州常丰仓本色米四百九十七石六升八合，内缓征米一百一十二石四斗六升三合；应解德仓本色米三百一十九石三斗七升八合，内缓征米七十二石二斗六升；应存德州常丰仓本色米一千三百四十七石三升五合，内缓征米三百四十石七斗七升。以上共缓征米五百二十三石三斗六升，不敷兑支，已在道光二年实征及嘉庆二十四年余剩米内动支，经前司查明无碍造报，批令俟道光三年秋后征收还项，遇有递缓，另详核办各在案。迨后该县并未将该二年米石应行递缓缘由随册详报，以致竟作征完之项。经前司将道光元、二两年缓征应于道光二、三两年征完米石拨作道光二、三、四、五、六等年兵米之用，并令将前借嘉庆二十四、五两年米石拨还亦在案。嗣于道光十一年八月据该县详送历年派支存剩兵米数目清册到司，当查册开前项缓征米石尚未征起，已借动道光四年余剩米二百八十二石七斗九升二合六勺、道光五年米五百五十四石七斗六升八勺，先后支放，因查该县道光元、二两年兵米既在缓征，当派兑册因何并不据实详请改拨，即行动征存道光四、五两年兵米支放，且亦未将借支缘由先行详明，以致司中均作实支造报。随经饬查分晰详覆。嗣据该县详称，查道光元年缓征兵米三百一十四石一斗九升三合八勺、二年缓征兵米五百二十三石三斗六升，当系随缓随拨，未按细款分缓。嗣奉拨兵米之时，通盘核算，方知不敷，随借动四、五两年征存米石支放等情到司。

复查该县元、二两年缓征兵米，均经前司陆续派拨武定营二、三、四、五、六等年兵米之用，造入各该年兵马奏销册内，详题在案。乃该县于派拨后，并未将该二年原缓米石递缓缘由随册详报，即遽行借动四、五两年兵米垫放，亦未将应行递缓至何年启征声叙。复又批饬查明详覆去后，复据详称，道光元、二两年原缓兵米启征年分其始奉文缓征，元年兵米应缓至二年秋后启征，二年兵米应缓至三年秋后启征。嗣因历年因灾依次递缓，于今并未启征元年兵米，今复递缓至道光十六年启征；二年兵米，递缓至十七年启征。但缓征案内，系先尽钱粮带征，俟该年钱粮全清，再行带征各项缓征米石。

至卑前县借动兵米可否俟启征归款等情。复查道光元、二两年缓征兵米，当据详称，已在道光元、二两年实征；及嘉庆二十四、五两年余剩米内动支，详经前司批令遵照，俟二、三两年秋后分别将缓征各项兵米征收还项，遇有递缓，另详核办在案。嗣又据详称，在于道光四、五两年内米内借支，究竟前借嘉庆二十四、五两年米石是否在于借支道光四、五两年米内拨还，未据详报有案。复又批饬，逐细查明详覆。兹据该县详称，查派兑道光元、二两年应征起运本色麦改米及起运本色米，并余剩孤贫口粮本色等项米石，系因缓征不敷，在于实征及嘉庆二十四、五两年余剩米内动支，嗣奉将嘉庆二十四、五余剩米石拨兑，经卑前县将原借嘉庆二十四、五现年米石在道光四、五两年存剩米内辗转拨借等情到司。据此，本司覆查惠民县道光元年原缓兵米三百一十四石一斗九升三合八勺、道光二年原缓兵米五百二十三石三斗六升，司中派拨之时，因该县并未将递缓及借动年分数目随时详明，是以竟作为征完及实支造报。今既查明，具详呈请，俟启征归款等情前来。

查前项缓征兵米，原借嘉庆二十四、五两年米石支放，嗣由司中派支嘉庆二十四、五两年存剩兵米，该县即在道光四、五两年米内拨还支放。所有原借嘉庆二十四、五两年米石，应毋庸议。其续借道光四年兵米二百八十二石七斗九升二合六勺、五年兵米五百五十四石七斗六升八勺，请俟道光元、二两年递缓米石于道光十六、十七两年启征还款，另行派支，如有展缓，另行详办。所有惠民县借动兵米俟启征归还缘由，拟合详请宪台鉴核，移咨户、兵部立案。再，缓征米数与借支数目稍有不符，系卷删零尾之故。又前项缓征米石，各该年兵马奏销案内虽作征完实支造报，第所借四、五两年兵米本系余剩，并未派支，俟元、二两年递缓米石启征归还，仍作四、五两年余剩兵

米，另行派支，与奏销无关出入。合并声明。（十五年闰六月二十二日到）

前案司札

札惠民县知悉。

案查前据该县具详，前任知县孙铨亏缺嘉庆二十四年兵米五十三石三斗九升三合三勺，当日原报蓟米系属错误，应请更正等情到司。当查此项米石，前据该县造送孙铨亏缺年款册内开报亏缺苏米五十三石三斗九升三合三勺，合银一百六两七钱八分七厘，据该前县夏令请在原抵领款银内拨存司库在案。嗣据前情，是否实系兵米，有无扇出应解蓟米，司中无案可稽。随经移准粮道，并饬据该县详称，嘉庆二十四年并无扇出应解蓟米，孙铨所亏实系兵米，前报蓟米系属错误等情到司。前经照数支出，拨作嘉庆二十四年余剩兵米价银项下。至此项米石，奏销案内系声明搭运之项，屡奉大部严催搭运，自应领回买运。前经札饬并屡催去后，迄今总未据赴司请领，实属玩延。合再马递五百里札催。札到，该县即将拨存嘉庆二十四年余剩兵米价银一百六两七钱八分七厘，同前次拨存历年兵米价银三千三百二十八两五钱八分，按年按款分具印领，迅速赴司领回，买米存仓，详候粮道搭运。毋再任意宕延，致干参咎。速速。此札。（十五年九月二十八日到）

前案部覆

粮道张[1]札惠民县。案准藩司咨开，道光十五年九月二十

① 即张祥河。

六日蒙巡抚部院钟[1]案验，道光十五年九月十五日准户部咨，云南司案呈，准山东司付称，据山东巡抚咨，据布政使刘[2]呈称，查惠民县道光元年额兑武定营兵米二千三百一十三石一斗六升七合，陆续由司派兑，无存。前于派兑后，据该县详称，道光元年额兑米石内共缓征米三百一十四石一斗九升三合八勺，不敷兑支，已在道光元年实征及嘉庆二十五年余剩米内借支，批令俟道光二年秋后征收归还。又道光二年该县额兑武定营兵米二千三百一十三石一斗六升七合，陆续由司派兑，无存。前于派兑后，据该县详称，道光二年额兑米石内共缓征米五百二十三石三斗六升，不敷兑支，已在道光二年实征及嘉庆二十四年余剩米内动支，批令俟道光三年秋后征收还项，遇有递缓，另详核办各在案。

迨后该县并未将该二年米石应行递缓缘由随时详报。经前司将道光元、二两年缓征应于道光二、三两年征完米石，拨作道光二、三、四、五、六等年兵米之用，并令将前借嘉庆二十四、五两年米石拨还亦在案。嗣据该县详送历年派支存剩兵米数目清册到司，当查册开，前项缓征米石尚未征起，已借动道光四、五两〈年〉兵米支放，随经饬查分晰详覆。嗣据该县详称，道光元、二两年原缓兵米缘历年因灾依次递缓，道光元年兵米今复递缓至道光十六年启征，二年兵米递缓十七年启征，可否俟启征归款等情前来。拟合详请咨部立案等情。拟合咨明等因，付司查办等因前来。

查道光元、二两年，据山东巡抚题德、常二仓奏销案内册报，惠民县额征米二千一百六十三石四斗八升一合，声明全完，并无缓征之项。今据该抚咨称，元年缓征米三百一十四石一斗

---

① 即钟祥。

② 即刘斯嵋。

九升三合八勺、二年缓征米五百二十三石三斗六升，因何奏销案内并未声明，迄今事隔多年，遽以前项缓征米石递缓至道光十六、十七两年启征归款，本部无凭查核，应咨该抚确切查明，分晰报部。至上届德、常二仓奏销案内，惠民县存仓米六千七百七十余石，经本部题令该抚严查因何不将米石运通缘由，据实报部，一面速饬将余剩米石务于下届漕粮内搭运赴通交纳在案，迄今未据咨覆，恐难保无亏短情事。并令该抚严饬该县迅即查明，据实报部，无任延玩，可也等因到本部院。准此，合就檄行。为此仰司官吏即便严饬该县迅速查明，据实详咨，毋违等因到司。

蒙此，查德、常二仓奏销系贵道主政，此项缓征兵米当日如何漏造，拟合马递移咨。为此合咨请烦查照，应如何登覆妥议，移覆过司，以便详咨施行等因。准此，查核县元、二两年兵米因灾缓征，嗣因不敷支放武定营兵饷，在四、五两年米石内借支。当时均未据该县专案详报有案，以致奏销案内未经登注造报。除移咨藩司核议详办外，现在查办普蠲所有该县原缓元、二两年兵米借动四、五两年米石应否入豁，合亟由马递五百里飞查。札到，立即查明递缓元、二两年前项兵米内德、常二仓兵米若干，本色麦改若干孤贫米若干，逐一按年分款，赶造册结，由六百里妥议径详藩司并本道核办。毋稍刻迟。切速，飞速。转札。（十五年十一月二十二日到）

前案县详

为遵札详覆事。

案蒙宪台、粮道札开，札到云云等因到县。蒙此，遵查卑县原缓道光元年兵米三百一十四石一斗九升三合八勺、原缓道光二年兵米五百二十三石三斗六升，均系因灾递缓，不敷动支，借动四、五两年兵米垫放。前经详报宪台核办。今奉恩旨普蠲道光十年以前钱糟［漕］，卑职将前项兵米开造应蠲缓征道光元、二两年大漕银米册内，详请宪台豁免在案。兹奉前因，拟合具文详覆宪台，俯赐请豁。除径详藩宪外，为此云云。（十五年十二月初四日阅稿）

详藩司、粮道。

前详粮道批

查该县因灾递缓元、二两年兵米应否入豁，业已咨商藩司核办在案。仰候移覆到日，另檄饬遵。仍候藩司批示。缴。册结存。

前详司批

查该县递缓道光元、二两年兵米借动四、五两年米石支放俟启征归款一案，前经详咨，旋奉部查，未准。今若遽行入豁，似难邀准。已据情移咨粮道核议。主稿先行详覆，俟奉到部复再行请豁，免致驳诘，仰即知照。缴。册存。

前案部覆

布政使刘为饬知事。

道光十六年六月二十六日蒙巡抚部院钟案验，道光十六年六月十二日户部咨，云南司案呈，准山东巡抚咨，据布政使刘、督粮道张呈称，蒙准部咨，查道光元、二两年，据山东巡抚题德、常二仓奏销案内，册报惠民县额征米二千一百六十三石四斗八升一合，声明全完，并无缓征之项。今据该抚咨称，元年缓征米三百一十四石一斗九升三合八勺、二年缓征米五百二十三石三斗六升，因何奏销案内并未声明，迄今事隔多年，遽以前项缓征米石递缓至道光十六、十七两年启征归款，应咨该抚确切查明报部。至惠民县存仓米六千七百七十余石，经本部题令该抚严查，因何不将米石运通缘由据实报部，一面速饬将余剩米石务于下届漕粮内搭运赴通交纳，迄今未据咨覆，并令该抚严查报部等因。

查各属额征兵米，如遇灾缓不敷动支，例借常平仓谷碾米支放，专案会详咨部，并于德、常等仓奏销案内声注造报。所有惠民县缓征道光元、二两年兵米，当时该县因有余剩嘉庆二十四、五等年米石足敷借拨，无需动碾仓谷，未经专案详咨，以致奏销案内亦仍作征完造报，漏未声注缓征之数。迨后因灾依次递缓，又未随时详报。上年据该县详送历年派支存剩兵米数目清册，始查出前项缓征米石因灾展缓，尚未征起，已借动四、五两年兵米支放，须俟启征归款，随经详请咨部立案。奉准前因，除将上届德、常二仓奏销案内惠民县存仓米六千七百七十余石内有参亏、借动、续拨及实存各数目另行专案详咨外，所有该县元、二两年缓征兵米当时漏报缘由，理合据实会详，呈请咨覆等情，拟合咨覆等因前来。

查钱粮完欠数目，全以该抚题报奏销为准，所有惠民县额征道光元、二两年兵米，该二年奏销册报并无缓征之项，即谓当时漏未声注，而既已因灾递缓，亦当于下届奏销案内随时题报部更正，以凭本部按年稽核。今溯查道光元、二两年奏销册造，惠民县均额征已完兵米二千一百六十三石四斗八升一合，嗣于二年动用元年米一千三百四十七石三升五合；三年动用元年米四百九十七石六升八合，又动用二年米一千二百八十三石四斗八合；四年动用二年米六百三十九石五斗六合；五年动用二年米二百四十石五斗六升七合；六年动用元年米三百一十九石三斗七升八合。是前项米石非但均属全完，且已照额征之数动用无存，乃事隔十余年之久，辄以元年缓征米三百一十四石一斗九升三合八勺、二年缓征米五百二十三石三斗六升咨部立案。迨经本部因无案可稽，行令确查报部。兹复以该县漏报为词，率行咨覆，则该抚竟以从前奏销具题之案，任令于事后饰词详报，殊属不成事体。且详核历年奏销已完米石与动用米石数目均属相符，则该二年缓征之数何由而起，其中显有亏挪影射之弊，应仍咨该抚严切查明，据实报部，毋任含混。所有惠民县存仓米六千七百七十余石，既据声称内有参亏、借动、续拨及实存各数目，另行专案详咨，并咨该抚分晰详细声明到部，到日再行核办可也等因到本部院。准此，合就檄行。为此仰司官吏即便转饬查明分晰，详细声明，专案详咨，毋违等因到司。蒙此，拟合马递饬知。为此仰县官吏文到立即遵照，逐一查明，分晰详覆核办。毋违。特札。（十六年七月十四日到县）

前案县详

为遵札详覆事。

案蒙宪台札开，道光十六年六月二十六日蒙巡抚部院钟案验，道光十六年六月十二日准户部咨，云南司案呈云云等因到县。蒙此，遵查卑县额征兵米二千三百一十三石一斗六升七合，道光元年因灾缓征兵米三百一十四石一斗九升三合八勺，应于二年秋后启征，二年复又被水展缓；二年因灾缓征兵米五百二十三石三斗六升，应于道光三年秋后启征，嗣于三年秋间民力拮据案内停缓二年。迨后屡被灾歉，辗转递缓至道光十六、七年分年带征，九年缓征案内先尽钱粮带征，俟该年钱粮全清，再行带征各项米石，是以至今尚未启征。

此项缓征兵米，卑前县谈令不将递年缓征缘由随时报明，是以前宪作为征完拨放。道光三、四、五、六年兵米当奉文拨放之时，谈令又不详请改拨，辗转借动道光四年余剩米二百八十二石七斗九升二合六勺、道光五年米五百五十四石七斗六升八勺支放。及至借放之后，又不即时详明更正，以致宪台无案可稽，作为征存。则谈令之舛错疏忽，咎实难辞。但道光元、二两年兵米屡因灾案递缓，委系实欠在民，并无规避影射情事。惟有仰求宪台俯念该令因公错误，转请移咨户、兵二部更正立案，俾兵米不致虚悬。实为恩公两便。为此云云。

详藩宪。（十六年八月初三日阅稿）

前详司批

查此项缓征兵米本可造册请豁，只因该县历任并未专案详请咨部，其前、后任交卸接收交代时亦不查禀，因而漏报。业经两奉部驳，若再详咨，亦难期邀准，第既实欠在民，所误在县令，未便再事催征。所有前项米石，自应按奉部驳之日，在于该县名下分任摊赔，究应如何议赔之处，仰即查明妥议详覆，将应赔员名银数及服官何处，造具分赔清册送司核办。再，现详借动四、五两年余剩兵米数目与元、二缓征米数核算不符，并即查明实借数目，随案声覆。毋违。此缴。

前案县详

为遵批议详事。

案蒙宪台批，据卑县详请缓征道光元、二两年兵米缘由。蒙批，查此项缓征兵米本可造册请豁云云，随案声覆，毋违，此缴等因到县。蒙此，遵查卑县道光元年秋禾被水缓征兵米三百一十四石一斗九升三合八勺，至道光二年秋后启征。道光二年秋后又复被水缓征兵米五百二十三石三斗六升，至三年秋后启征。元年兵米亦因此递缓。卑前县谈素敦于造送粮道宪缓征元、二两年漕粮案内将应缓兵米分款声明，并未专案申报宪台衙门，迨后历次展缓亦未造报。前宪无案可稽，于道光三、四、五、六等年拨放无存。谈令当不将此项兵米历次展缓、尚未启征之处详请改拨，遽将征存道光四、五两年兵米挪动支放，事后又不将借支缘由详明宪案，以致前宪均作实支报部。

谈令于道光六年十月卸事，接任知县增龄与再接交代之夏建谟、朱庆扬均未查出，至道光十一年八月前县朱令详送历年派支存剩兵米数目清册与报部米数不符。奉宪饬查，朱令屡详屡驳，至道光十五年前署卑县王潞及卑职先后详奉咨部请改，道光十五年十一月及本年七月两奉部驳，嗣奉恩旨应豁。卑职覆又查案具详，奉宪台批饬前因，自应遵照妥议，俾款免悬宕，事不偏枯。

伏查此项兵米始错于谈素敦挪借支放，继误于接任之员含混接收，辗转因循，积年久远，案经报部，致难更张。挪放之员与滥接各任，虽均难辞咎，然情事究有区别，未便一律分摊成数，应分等差，以昭公允。查道光元、二两年缓征兵米八百三十七石五斗五升三合八勺，挪动征存四、五两年兵米支放之谈素敦，分赔十成之五，该米四百一十八石七斗七升六合九勺，每石二两，合银八百三十七两五钱五分四厘；接任之增龄、夏建谟、朱庆扬，共赔十成之五，该米四百一十八石七斗七升六合九勺，合银八百三十七两五钱五分四厘，增、夏、朱三令各应分赔米一百三十九石五斗九升二合三勺，合银二百七十九两一钱八分四厘七毫；此后接任之章敩、汪自修及卑职交代案内均将借放兵米开列，经监交议，由现任具详请改。如奉部驳，或奉文豁免，详请归于原放之员赔补，是以历任屡次具详在案。章、汪二令及卑职并非漏查，亦非滥接，应请免其摊赔，缘奉饬议，是否有当，拟合具文详请宪台核示祇遵。再道光元、二两年缓征兵米原造尾数舛错，应以借动四、五两年兵米数目为准，合并声明。为此云云。（十六年十二月初八日阅稿）

前详司批

查该县道光元、二两年缓征不敷兑支兵米，挪动四、五两年米石支放一案，前于道光十三、四年间屡次饬查，至十四年秋间始据该前县汪自修查明，详请改拨。嗣经详咨请改，旋于十六年六月内奉到部驳，历前任均系漏报，自应照奉部驳以前各任均摊归补。除原挪之谈令名下按照十成之五分赔外，其余一半米石应于谈令以后各员均匀摊派，以昭公允。仰即遵照，另叙简详，并造具分赔清册送司，以凭分别详咨着追。毋违。此缴。

前案县详

为遵批议覆事。

案蒙宪台批，据卑县详请摊赔漏报道光元、二两年缓征兵米缘由。蒙批，查道光元、二两年缓征不敷兑支兵米云云，以凭分别详咨着追，毋违，此缴等因〔等因〕到县。蒙此，遵查卑县道光元、二两年缓征兵米八百三十七石五斗五升三合八勺，挪动四、五两年征存兵米支放，其咎在于原放之谈令延不详报，与接任之增、夏、朱三令含混接收，至于章、汪二令以后各任交代案内，均将挪放兵米查出开列，经监交议，由现任具详请改，如奉部驳或奉文豁免，详请归于原放之员名下赔补。章令系署事之员，未及具详卸事；汪令屡次具详在案。

伏思章、汪以后各令与增、夏、朱三令，虽同属接收交代之员，但一系滥接，一已详明，若将详明与滥接之员一律计日摊赔，似未公允。合无仰恳宪台，俯念章、汪以后各令均经查出谈令私挪误放情形，屡具详请改，因积年久远，难以更张，其情尚有可原。应请免其分赔下余五成兵米，请照卑职前议，仍于增、夏、朱三令摊出解缴归款。缘奉批饬，是否有当，拟合具文详请宪台核示祗遵。为此云云。（十七年四月初九日阅稿）

前详司批

据详，该前县挪放道光元、二两年缓征兵米，章、汪二令交代均经查出议详请改等语，司中并无案据，惟于十三年十一月内，汪令接收前任交代出结以后，始据查明详请更正，亦未叙有先已查明议改之语。出结在先，详改在后，岂非滥接？显系该令饰词朦混，自应计日摊赔，以昭公允。仰即遵照，将应赔前项兵米除原挪之谈令名下按照十成之五分赔外，其余一半米石应于谈令以后各员均匀摊派，并另叙简详，造具分赔清册送司，以凭分别详咨着追。毋违。此缴。

前案县详

为详请分赔归款事。

窃卑县每年额征武定营兵饷米二千三百十一［一十］三石一斗六升七合，查有道光元年因秋禾被水缓征兵米三百一十四石一斗九升三合八勺，道光二年秋禾被水缓征兵米五百二十三石三斗六升，其元年缓征米石因此展缓。卑前任谈素敦造送粮道衙门元、二两年缓征漕粮册内，虽将应缓兵米分款声明，并未专案报司。迨后历年歉收，前项缓征兵米依〈次〉递缓，亦未造册详报。及道光三、四、五、六等年奉藩宪驳放元、二两年兵饷，谈令又不将前项缓征兵米尚未启征不敷支放缘由详请改拨，即将征存道光四年兵米二百八十二石七斗九升二合八勺、五年兵米五百五十四石七斗六升一合借动放讫。事后又不详明，以致藩宪衙门无案可稽，将道光元、二两年兵米均作实支报部。嗣蒙饬查，详请更正，奉部驳饬。至道光十五年　月钦奉上谕，豁免十年以前积欠。卑前任徐令[1]详奉藩宪，以元、二两年缓征兵米本可造册请豁，只因并未专案详请咨部，其前后任交卸接收交代，亦不查禀，因而漏报。业经两奉部驳，若再详咨，亦难邀准。第既实欠在民、误在县令，未便再事催征。所有前项米石，应自道光十六年六月奉到部驳以前各任均摊归补，除原挪之谈令名下按照十分之五分赔外，其余一半米石应于谈令以后各员均匀摊派，造具分赔清册，分别详咨着追等因。先后批示，复经徐令以前项米石原挪之谈令延不详报，应赔五成，接任之增、夏、朱三令含混接收，应摊赔五成，每米一石合银二两着追，至汪、章以后各令，均经查出，议议［详］请改，应免分赔等因。详奉藩宪批饬，以章令任内并无具详，剔出另追案据，惟十三年十一月内汪令接收前任交代出结以后，始据详请更正，亦未叙有先已查明议改之语。出结在先，详改在后，

---

① 即徐鈖。

岂非滥接？显系该令饰词朦混，自应计日摊赔等因各在案。

卑职遵查前项分赔兵米，理应遵照藩宪批示，除原挪之谈令分赔十分之五外，下余一半以奉到部驳以前各员各按在任月日，无论正署，均摊归补。惟有兼理、代理各员，例不接收交代，无凭查核，且为日无几，责令分赔，未免偏枯。既按在任月日分赔，则该兼理、代理任内应摊银数又便虚悬无着，应并入各该前任名下摊赔，以昭公允。

查卑前任谈素敦原挪道光元、二两年兵米八百三十七石五斗五升三合八勺，除谈令应赔十分之五，该米四百一十八石七斗七升六合九勺，每石二两，合银八百三十七两五钱五分四厘外，下剩米四百一十八石七斗七升六合九勺，合银八百三十七两五钱五分四厘，应以道光六年十月十九日谈素敦卸事之日起，扣至道光十六年六月底奉到部驳止，计九年八个月十二日，共合三千四百九十二日，每日应摊银二钱三分九厘八毫四丝九忽三微。前署知县增龄自道光六年十月十九日到任起，扣至七年五月初七日卸事止，在任六个月零十八日，计一百九十八日，应摊赔银四十七两四钱九分；前任知县夏建谟自道光七年五月初七日到任起，扣至八年九月十八日卸事止，在任一年四个月零十一日，又兼理知县谈素敦自道光八年九月十八日到任起，扣至十月初六日卸事止，在任十八日，共计五百九日，应摊赔银一百二十二两八分三厘；前任知县朱庆扬自道光八年十月初六日到任起，扣至道光十二年七月二十四日卸事止，在任三年九个月零十八日，计一千三百六十八日，应摊赔银三百二十八两一钱一分四厘；前署知县章敩自道光十二年七月二十四日到任起，扣至十三年正月二十七日卸事止，在任六个月零三日，计一百八十三日，应摊赔银四十三两八钱九分二厘；前任知县汪自修自道光十三年正月二十七日到任起，扣至十四年十二月三十日卸事止，在任一年十一个月零三日，又代理知县杨炳甲自道光十四年十二月三十日到任起，扣至十五年正月二十二日卸事止，计二十二日，共计七百一十五日，应摊赔银一百七十一两四钱九分三厘；前署知县王潞自道光十五年正月二十二日到任起，扣至五月初九日卸事止，在任三个月零十七日，计一百零七日，应摊赔银二十五两六钱六分四厘；前任知县徐鈖自道光十五年五月初九日到任起，扣至十六年三月十四日卸事止，又代理知县管裕畴自道光十六年三月十四日到任起，扣至六月底止，共计四百一十二日，应摊赔银九十八两八钱一分八厘。以上共摊赔银一千六百七十五两一钱八厘，俟在各任名下摊出，归补正额，听候拨用，是否有当，拟合开造分赔清册，具文详请宪台核转详，实为公便。

再，此案卑前任各令均系径详藩宪，是以宪台衙门无案稽核，合并声明。为此云云。（十八年五月十一日阅稿）

一详本府。

前案清册

为详请分赔归款事。

今将卑前县各任应赔元、二两年缓征兵米数目，理合造具清册，呈送查核施行。

计开：

惠民县

缓征道光元年兵米三百一十四石一斗九升三合八勺、二年兵米五百二十三石三斗六升，因尚未启征不敷支放，借动四、五两年征存兵米放讫，漏未详明。奉着原挪之谈令名下分赔十分之五，下余一半以十六年六月奉到部驳以前各员均摊归。查元、二两年共缓征米八百三十七石五斗五升三合八勺，每石二两，共合银一千六百七十五两一钱八厘，理合声明。

知县谈素敦，江苏丹徒县人，系原挪之员，应赔十成之五，应摊赔银八百三十七两五钱五分四厘。

署县增龄，系正黄旗元禄领下人，自道光六年十月十九日到任起，至七年五月初七日卸事止，在任一百九十八日，应摊赔银四十七两四钱九分。

知县夏建谟，浙江钱塘县人，自道光七年五月初七日到任起，至八年九月十八日卸事止，又兼理知县谈素敦自道光八年九月十八日到任起，至十月初六日卸事止，共计在任五百九日，应摊赔银一百二十二两八分三厘。

知县朱庆扬，系安徽休宁县人，自道光八年十月初六日到任起，至十二年七月二十四日卸事止，在任一千三百六十八日，应摊赔银三百二十八两一钱一分四厘。

署县章敩，系浙江归安县人，自道光十二年七月二十四日到任起，至十三年正月二十七日卸事止，在任一百八十三日，应摊赔银四十三两八钱九分二厘。

知县汪自修，云南通海县人，自道光十三年正月二十七日到任起，至十四年十二月三十日卸事止，又代理知县杨炳甲自道光十四年十二月三十日到任起，至十五年正月二十二日卸事止，共计在任七百一十五日，应摊赔银一百七十一两四钱九分三厘。

署县王潞，系浙江归安县人，自道光十五年正月二十二日到任起，至五月初九日卸事止，在任一百七日，应摊赔银二十五两六钱六分四厘。

知县徐鈖，系江苏清河县人，自道光十五年五月初九日到任起，至十六年三月十四日卸事止，又代理知县管裕畴自道光十六年三月十四日到任起，至六月底止，共计在任四百一十二日，应摊银九十八两八钱一分八厘。

以上各任共应摊赔银一千六百七十五两一钱八厘。

前案府批

仰候据情转详，俟奉有宪批，另檄饬遵。缴。

道光二十二年分拨抵耗豆全案

粮道汪[1]为遵旨速议具奏事。

案照乾隆十八年八月二十一日蒙前署抚宪杨〈应琚〉批，据前司、前道会详，奉文改豆征米一案，禹城等州县额征黑豆，仍令征米以补运青漕额；其禹城等处不敷豆石，照旧拨抵；临邑等处一五耗豆，足运等因历经遵办在案。今道光二十二年分拨抵耗应否仍按二成半改征粟米之处，尚未定案，俟核定后，另檄饬遵。所有拨抵豆石及改征米数，合先照上年原案开单饬知。为此仰县官吏照牌事理，即便遵照单开各数，限征完运次，交兑至应给该县，米折并运脚银两亦即备具印领，差役赴藩司请领，均毋迟延。速速。须牌。（二十二年八月二十二日行，九月初三日到）

计粘单一纸。

---

① 即汪云任。

惠民县一五耗豆四百三十九石八斗三升七合五勺，内改征二成半米一百九石九斗五升九合三勺，止应拨兑豆三百二十九石八斗七升八合二勺，德州帮派船候兑。应领扣存米折银四百三十九两八钱三分八厘，又应领运脚银三十两九钱二分七厘。

前案司札

布政使王①札惠民县知悉。道光二十二年八月二十四日准粮道移送道光二十二年各属拨运青州满营漕耗米折并运脚等银数目清册到司。准此，合行开列札知。札到，该县即便查照后开银两数目，出具印领赴司，领回买运以济兵糈。毋违。速速。此札。（二十二年九月初十日到）

计开：

该县应领道光二十二年漕耗米折银四百三十九两八钱三分八厘，又领运脚银三十两九钱二分七厘。

前案道牌

粮道汪为饬知事。

照将运青拨抵案内运通豆额，例拨该县耗豆抵补运通应领米折运脚银两，前经饬遵在案。今本年邹平县因灾缓征，而禹城等处豆改米毋庸照数拨抵，仍应征豆交军。其拨抵耗豆亦应照数减拨，所有除减应拨抵耗豆及应领米折等银，合再开单饬知。为此仰县官吏照牌事理，即便查照此次单开耗豆数目，赶紧运次交兑完报，并将应领米折等银，备具印领，差役赴司请领。如已照额

① 即王笃。

全领，即将专领银两解缴司库归款。均毋迟延干咎。速速。须牌。（二十二年十一月二十二日行，十二月初九日到）

计粘单一纸。

惠民县应拨抵耗豆三百六十石四斗三升四合六勺，内改征二成半米九十石一斗八合六勺，止应征豆二百七十石三斗二升六合，德正帮派船候兑。应领扣存米折银三百六十两四钱三分五厘，运脚银二十五两三钱四分四厘。

前案领稿

武定府惠民县今于与印领事。

依奉领到，道光二十二年分漕耗米折银四百五两七钱一厘，不致冒领。印领是实。（二十二年十一月二十五日阅稿）

（详奉扣拨二十二年春夏余兵生息项下）

武宗智京控魏夫庭一案部覆

武定府陶①札惠民县知悉。案蒙布政司札开，道光二十五年十月初六日奉巡抚部院兼理盐政觉罗崇②案验，道光二十五年九月二十日准刑部咨，山东司案呈，所有前事等因，相应抄单行文该抚可也等因咨院行司到府。蒙此，合行转饬。札到，该县即便遵照，将武宗智所得杖罪即予援免，余照部文遵办。

① 即陶庆增。

② 即觉罗崇恩，下文“山东巡抚崇”亦指觉罗崇恩。

毋违。此札。（道光二十五年十一月十八日到）

计粘单一纸。

据山东巡抚崇咨称，惠民县民武宗智以佃地不退等情京控魏夫廷等一案。缘武宗智籍隶惠民县，与魏夫廷等素识。魏夫廷之父魏秀先于嘉庆十五年间当得武宗智坡地五亩，每年议给钱一千五百文，交武宗智完粮。嗣武宗智外出，魏夫廷将历年钱粮交武宗智之父武继统完纳，武继统因原议钱数不敷买银，令魏夫廷增添，魏夫廷许，俟回赎时清算。道光二十四年间，武宗智回归，欲行赎地，武继统告知曾代魏夫廷陆续垫完京钱三千八百文，嘱令武宗智扣除。武宗智未经听清，误为历年钱粮均系伊父代垫，当央魏儒、魏万明特向魏秀说合，令其让给地价京钱十五千，并将地内麦禾一并抵还垫还。魏秀当未查明，即行应允，武宗智将钱票一纸计京钱九十千托魏儒转交，嗣经魏夫廷核算扣除垫完粮钱之外，原当地价尚有短少，不允放赎，将钱票仍交魏儒收存，托令转向找补。魏儒因有事耽搁，将钱票遗失，希图找寻，未向武宗智告知。魏夫廷因日久并无覆信，意为武宗智不应回赎，当令魏守经等帮同收割麦禾。武宗智闻知，即疑魏夫廷佃地不退，并因魏江与魏夫廷等时相往来，疑系魏江拨唆控县。讯明，断令魏夫廷将所欠武宗智粮钱三千八百文当堂交还，魏儒遗失钱票作为故纸具结销案。武宗智因前疑未释，并因审讯时见户书乔相卿等在旁传话，魏儒亦将钱帖呈缴，均疑系魏夫廷等贿串朦混，捺匿钱帖，心怀不甘，即以前情并图准添砌魏江等肆言辱骂、掌责逼结等词，由省赴京具控。咨解回东，提省审供前情不讳。

查武宗智所控魏夫廷等佃地不退各情，事均有因，惟指控魏江等肆言辱骂，讯系图准添砌。控词失实，自应按律问拟，武宗智应照申诉不实律，拟杖一百，折责发落。魏夫廷讯无伯地不退及贿差朦混情事，应与讯无受贿朦混之户书乔相卿、差役刘树等，及无辱骂拨唆之魏江、捺匿钱票之魏儒，均毋庸议。武宗智当给魏秀地亩，现在魏夫廷念与平素交好，情愿让价京钱二十千放令回赎，应听其便。案经讯明，未到人证免提省累，除分咨外，拟合咨达等因前来。据此，武宗智应如该抚所咨办理。该犯事犯到官在道光二十五年五月二十四日清刑，恩旨以前所得杖罪应予援免，余如所咨完结，相应咨覆该抚可也。

详销孀妇李薛氏并伊子李世珍即李士振，呈控王桐等抛地霸树等情一案，经民人张建柱等处息县详

为抛地霸树等事。

案蒙宪台批，据卑县孀妇李薛氏并伊子李世珍即李士振，呈控王桐等抛地霸树等情一案，饬即吊契勘丈讯详等因。蒙此，除将案经民人张建柱等处息取结缘由，备载详册，不复冗叙外，拟合摘叙简详，具文详请宪台鉴核批示销案。为此云云。

计申送详册一本。

一详本府。

为抛地霸等事。

道光二十五年四月初九日蒙宪台批，据卑县孀妇李薛氏于三月初八日呈称，窃氏有地二亩一分，西与王桐毗连云云，被告王桐抱告侯升仔等情。蒙批，管业地亩契内，自必注明四至，且有

地边老界为凭，何能因图霸树株，一任其抛东就西？况东首剩地三方，向系何人管种，群所共知，更属不难查询。所呈如果属实，该县何至不察虚实，遽尔定断，该氏之子士振焉肯遵断具结？显系该氏恃老图翻不准。又批据该氏于三月十八日以恳饬吊契勘丈等情，具呈一纸。蒙批，姑仰惠民县饬差，传同李士振吊契勘讯具报，毋任恃老混讼，前呈并发。又蒙批，据李士震［振］即李世珍，于六月初八日具呈一纸。蒙批，速遵前批，饬差按契勘丈清楚，秉公核断具报，毋任延讼各等因到县。

蒙此，随卷查道光二十四年三月二十三日，据县民王桐以朋谋恳地等情控李世珍等到县。经卑前县杨令传集人证及各地邻人等到案，讯因两造均无确据，断令仍各照旧管业取附卷。嗣据李士［世］珍又复来县呈控，经杨令批，准覆讯，未及传案卸事。卑职接准移交，当即饬差吊契勘丈，旋据该差以两造不献文契，又不指出界限，无凭杖量等情具禀。并蒙宪台批饬前因，复勒差追要两造契据，再行查又覆讯去后，旋据民人张建柱、李得林、王询庚、李善阴、李盛魁等查明，李士［世］珍之地与王桐卖于王询禹地亩毗连，地边有柳树数株，系王桐所栽，李士［世］珍因自己地无文契，即疑树在伊地内，是以争讼。现经处令，树株仍归王桐收管，其李世珍地亩委因年久，文契失迷，情愿照旧管业。两造允服，不敢争执滋讼等情，联名呈请息销前来。卑职覆传两造人证，讯供无异，自应准予销案，以清积牍。除结附卷并将案内人证当堂省释外，拟合具文详请宪台鉴核批示销案，实为公便。为此云云。

（王桐有无文契、曾否丈过地数是否相符、其树株究系确在何人地内，处息呈内均未叙明。仅以树系王桐所栽，李士［世］珍文契失迷，情愿息讼为词，亦属含混。）

详销蔡瑞呈控郭士珍等恃蠹欺异等情一案详司府

武定府惠民县为札谕事。

案蒙本府/宪台转蒙宪台/按察司批，据山西平定州民蔡瑞呈控郭士珍等欠钱不偿等情一案，饬即传案讯断具报等因。蒙此，除将断结追缴给领缘由备载书册外，拟合摘叙简详具文，详请宪台鉴核批示销案、转详销案。除由府转详外、径详臬宪外。为此云云。

计详送书册一本。

一详臬宪、本府。

武定府惠民县为札谕事。

准前任移交道光二十四年十月十七日蒙本府、宪台札开，案蒙宪台、按察司批，据山西平定州民蔡瑞呈该县差役郭士珍等恃〈蠹〉欺异等情一案。蒙批，据呈郭士珍欠钱未偿，经该民人由县控府，复被串同书役捺案诈赃是否属实，仰武定府速饬该县勒传人证到案兼公讯断具报，毋再任延等因到府。蒙此，查此案前据蔡瑞来府具控，当经批饬，该县复讯详报在案，迄今未据详报，殊属迟延。兹蒙前因，合行抄呈札饬。札到，该县立即勒传人证到案，秉公讯断具报，毋得再延。速速，此札。

计粘抄呈一纸。

内开：

具呈蔡瑞，年三十九岁，山西平定州人，为恃蠹欺异、坑害诈捺，叩宪提究事。窃在宪治惠民县城裹染铺生理，应当官差，与县役郭士珍相识。道光二十一年七月间，郭士珍浼身代取和成银号京钱七十千云云，被告郭士珍、张升、董学朋、杨存智、郭士德干证，王德兰、刘楷和成号帐簿提据等因到县。蒙此，随查县卷一件，道光二十三年九月间据山西平定州民蔡瑞以郭士珍不偿托借钱文等情在县具控。经卑前县杨令传案讯明，郭士珍欠蔡瑞代借京钱七十千文属实，立限勒追。郭士珍家贫无措，屡追未据完缴。蔡瑞即由本府、宪辕衙门赴宪辕、臬宪衙门控。蒙批饬前因，杨令勒追未完，卑职到任接准移交，复照案传追去后。嗣郭士珍将应缴京钱七十千文陆续完缴到县，随传集全案人证覆讯。

据王德兰、刘楷同供，都是案下人，与县役郭士珍素识。道光二十一年七月间，郭士珍因乏钱使用，托相识的山西平定州民人蔡瑞代借和成银号京钱七十千，许期一月归还。后来到期没钱归结，郭士珍邀小的们替他恳缓，蔡瑞未允，就控告了。以后小的们并没管他的事。是实。

据张昇、董学朋同供，都是案下差役，杨存智供是案下户书。又据同供，道光二十三年九月间，山西平定州民人蔡瑞呈控县役郭士珍不偿代借钱文一案，系书办杨存智承管卷宗。蒙前县差小的张升、董学朋，杨前县讯明郭士珍欠蔡瑞代借和成银号京钱七十千文属实，勒追未据完缴，蔡瑞就由府赴臬宪衙门呈控。今蒙讯明，书办合小的们实没索诈蔡瑞京钱十八千的事，前县也没把他重责，都是蔡瑞图准妄控的。是实。

据郭士德供，小的充当案下地方。蔡瑞呈控县役郭士珍不偿代借钱文一案，蒙前县将郭士珍交小的保领，听候比追，小的并没搪塞延比的事，别不知情。是实。

据郭士珍供，是案下差役。道光二十一年七月间，小的因家中无钱度日，托相识的山西平定州人蔡瑞代借和成银号京钱七十千文，许期一月归还。后来到期无钱归结，小的邀王德兰、刘楷们向蔡瑞恳缓，蔡瑞不允，赴县呈告。经杨前县传案讯明，小的欠钱属实，将小的取保勒追。小的家贫，一时未能完缴，蔡瑞就由府赴臬宪衙门呈控的。今蒙覆讯，小的已向亲友求帮，措得京钱七十千文，全数缴清，只求饬令蔡瑞具领归款结案就是了。是实。

据蔡瑞供，是山西平定州人，在案下染坊铺雇工生理，与县役郭士珍认识。道光二十一年七月间，郭士珍因家中无钱用度，托小的代借和成银号京钱七十千文，许期一月归还。到期没有归结，郭士珍邀王德兰、刘楷们向小的恳缓。小的〈未〉允，赴县呈控。蒙杨前县传案讯追，未缴。小的因和成号催索紧急，小的就由府赴臬宪衙门控告。今蒙讯明，差役张昇、董学明奉票传案，同户杂房管理此案的书办杨存智都没向小的索诈钱文的事，杨前县并没把小的重责，保人郭士德也没搪塞延比情弊，都是小的上控，图准妄控的。现在郭士珍将欠项京钱七十千全数缴齐，小的情愿具领归还和成号清帐，具结完案是实各等供。

据该惠民县知县余①审看得，山西平定州民人蔡瑞呈控县役郭士珍等恃蠧欺异等情一案。缘蔡瑞籍隶山西平定州，来卑县城里染坊铺雇工生理，与卑县差役郭士珍素识。道光二十一年七月间，郭士〈珍〉因家贫乏用，托蔡瑞代借和成号京钞七十千文，许期一月归还，届期无钱，复邀民人王德兰、刘楷等向蔡瑞恳缓。蔡瑞未允，赴县控。经卑前县杨令传案讯明，郭

①　即余棨。

士珍欠钱属实，取结勒限比追。郭士珍贫乏难措，未能完缴，蔡瑞因和成银号催索紧迫，一时情急，即捏砌书役诈赃捺案等词，由本府衙门、宪辕赴宪辕、臬宪衙门呈控。蒙批讯断，杨令未及追缴断结，旋即卸事，卑职接准移交，照案追缴全完，讯悉前情不移。

查此案，蔡瑞因郭士珍欠伊代借钱文控县，断追未完，辄敢砌词上控，本属不合。姑念代人借债致受催索、情急图准所致，现已自行供明，并非有心诬告，请予从宽免议。县役郭士珍欠债逾期未偿，被控后一时未完，实因家贫无措，诘无恃蠹欺异情事，现将欠项京钱七十千全数措缴，请免置议。县役张升、董学朋奉票传案，户书杨存智管理案件，均无诈赃捺案情弊。地方郭士德保领郭士珍听候比追，并未搪塞延比。王德兰、刘楷为郭士珍邀往恳缓债期，蔡瑞不允以后即未管理，亦无不合，概毋庸议。张升、董学朋、杨〈存〉智、郭士德均免革役。案已讯结，郭士珍缴到京钱七十千文，当堂给蔡瑞具领归结和成号帐目，免计利息，销帐完案。除取及缴领各状附卷，并将人证省释外，所有断追给领缘由，是否有当，理合具文详请宪台鉴核，批示销案。除由府转详外、转详销案，除径详臬宪外，为此云云。

上司分赔银两无力完缴，详请豁免全案

为专案严催事。

案蒙本府帖开，转蒙各宪饬追前任江西南昌府知府李本榆应赔属员高以本挪移库项银七千二百二十三两七钱四分五厘等

因到县。蒙此，合行传追。为此仰役立将前名速传赴县，以凭照数追缴报解去后，毋得云云。

计传追：前名前在江西南昌府任内应赔银七千二百二十三两七钱四分五厘。

为移咨请豁事。

除将讯取原任广东惠潮嘉道李本榆在江西南昌府任内应摊赔属员高以本挪移库项无力完缴供结，并详请分咨豁免缘由备载书册外，拟合摘叙简详，具文详请宪台查核，转请分咨豁免。为此云云。

计详送书册二本、印结六本、供结六连。

为移咨请豁事。

道光二十四年八月初三日蒙宪台札开，道光二十四年七月二十日蒙济东道札开，本年六月初七日准布政司咨，道光二十四年五月十九日奉巡抚部院兼理盐政觉罗崇[1]案验，道光二十四年五月初八日准江西抚院吴[2]咨，据江西布政使费开绶详称，案于道光二十一年五月二十三日奉准户部咨，江西司案呈，议覆山东巡抚托[3]将前任江西南昌府知府李本榆应赔属员高以本无完挪移库项银两全云，毋违，速速等因到县。蒙此，遵查此案当经卑前县叠次勒追，因该员家产尽绝，无力完缴，讯据该员户、族、约、邻人等甘结呈请豁免在案。兹奉前因，复经卑职差传去后，现据该员家人张林呈称，窃身主系原任广东惠潮嘉道李本榆，家本寒素，由京职外放知府，荐升道员，以年老休

① 即觉罗崇恩。

② 即吴文镕。

③ 即托浑布。

致回籍，一贫如洗，并无产业，历过各任所，亦无资财隐寄。奉文催缴前在江西南昌府及兼办督粮道任内，应摊赔丰城县知县高以本挪移库项案内银七千二百二十三两七钱四分五厘，实系无力完缴。其子孙亦均教读为生，并未出仕，不能设措，仰恳详请分咨，感德无既等情到县。据此，随差传该户邻佑人等到案讯。

据户族李雨田、李孚基同供，李本榆以年老休致回籍之后，家计艰窘、赤贫如洗，并无产业，其子孙亦无出仕人员。现奉催缴前在江西南昌府及兼办督粮道各任内应摊赔属员挪移案内银两，实系无力完缴，不敢捏饰，情愿具结是实。

据邻佑段荣光、王存俭同供，李本榆以年老休致回籍之后云云，情愿具结是实。

据张林供，小的家主李本榆自休致回籍之后，家业萧疏、一贫如洗，历过任所实无隐寄资财，子孙又无出仕人员。现奉催缴前在江西南昌府及兼办督粮道各任内应摊赔属员挪移案内银两，实系财产尽绝，无力完缴，恳请转详分咨，不敢捏饰，情愿具结是实各等供。

据此，查卑县人原任广东惠潮嘉道李本榆前在江西南昌府及兼办督粮道各任内，应摊赔属员丰城县病故知县高以本挪移库项无完案内共银七千二百二十三两七钱四分五厘。讯据族邻人等，佥称该员自休致回籍，赤贫如洗，历过各任所亦无隐寄资财，子孙亦无出仕人员，实系无力完缴。卑职覆加密访，该员委系财产尽绝，无力完缴，实无隐寄捏饰情事。核与豁免之例相符，拟合取具亲供，并讯取供结，加具印结，具文详请宪台查核，转请分咨豁免，实为公便。为此云云。

具甘结：李雨田、李孚基等今于与甘结为移咨请豁事。

依奉结得，身等族人李本榆奉文催缴前在江西南昌府及兼办督粮道各任内，应摊赔属员丰城县病故知县高以本挪移库项无完案内共银七千二百二十三两七钱四分五厘，委系家产尽绝，无力完缴，实无隐匿寄顿情弊，如有虚捏，愿甘坐罪。甘结是实。

具甘结：段荣光、王在俭等今于与甘结为移咨请豁事。

依奉结得，身等邻人李本榆奉文云云。甘结是实。

具甘结：张林今于与甘结为移咨请豁事。

依奉结得，身家主李本榆奉文催缴前在江西南昌府及兼办督粮道各任内，应摊赔属员丰城县病故知县高以本挪移库项无完案内共银七千二百二十三两七钱四分五厘，委系家产尽绝，历过任所实无隐寄资财，无力完缴。其子孙亦无出仕之人，未能代措完缴，并无隐匿寄顿情弊，如有虚捏，愿甘重罪。甘结是实。

济南府长山县今于与印结为移咨请豁事。

依奉结，据族邻李雨田等结称李本榆前在江西仝云情弊等情。据此，卑职覆查无异，不敢徇隐，拟合加具印结是实。

具亲供：原任广东惠潮嘉道李本榆今于与亲供为移咨请豁事。

依奉供得，奉文催缴前在江西南昌府及兼办督粮道任内，应摊赔属员丰城县病故知县高以本挪移库项无完案内共银七千二百二十三两七钱四分五厘，实系家产尽绝，历过各任所并无隐寄资财，无力完缴。子孙亦俱教读为生，并未出仕，委难代措呈缴。实无隐匿寄顿情弊，如有虚捏，愿甘坐罪。亲供是实。

陈庆镛为刑赏失措奏折一件

江南道监察御史陈庆镛谨奏为刑赏失措，无以服民，竭沥恳陈，恭折奏祈圣鉴事。

臣惟行政之要，莫大于刑赏。刑赏之权，操之于君，而喻之于民，所以示天下之大公也。《大学》论平天下之道，在于絜矩，矩者何？民之好恶是也。民何好何恶？好贤而恶不善耳。倘见贤而不能举，举而不能先；见不善而不能退，退而不能远；其端始于优柔寡断，其后遂以小人为国家病。经意深微，不可不察也。

逆夷滋事以来，自总督、将军以至州县丞倅，禽骇兽奔，纷纷借口，惟知船炮之足惊，谁复典刑之是惧？去年秋后，逆船退出大江，烽烟稍静。皇上赫然震怒，失律之罪，法有莫逭。始命沿海督抚，将一切败将逃官详查确核，交部治罪。于是取辱国之靖逆将军奕山、扬威将军奕经、参赞大臣文蔚、两江总督牛鑑、浙江提督余步云，先后就逮。部臣按律问拟斩监候，秋后处决。余步云情节较重，即于十二月二十四日奉旨正法。凡有血气之伦，无不俯首称快，谓国法虽未前伸于琦善，而犹伸于余步云。失之东隅，收之桑榆。而今而后，前车之覆，足为殷鉴，谁复肯蹈必然之死，而不求生于一战哉？乃二十六日即奉上谕，起用琦善为叶尔羌帮办大臣，邸报哄传，人情震骇。既而徐徐解曰：“古圣王之待罪人也，有投之四裔以御魑魅之法，皇上之于琦善将毋类是?”而今且以三品顶戴用为热河都统矣，旋即用奕经为叶尔羌帮办大臣，文蔚为古城领队大臣矣。

夫逆夷之敢于猖獗，沿海兵丁之敢于逃窜，驯至今日，海鸟群飞，鲸鲵跋浪，为所欲为，莫能谁何者?实由琦善于逆夷入寇之始，首先示弱以惰我军心，助彼毒焰。今海内糜烂，至于此极，即罢斥琦善，终身不齿，犹恐不足餍民心而作士气，何况鞶带再加，脱俘囚而薰沐之乎?虽奕经之罪较之琦善少减，文蔚之罪较之奕经之罪又当少减，然皇上命将出师，若何慎重?奕经乃夜郎自大，深居阃中，顿兵半载，曾未身历行间，骋其虚骄之气，志盈意满，期于一鼓而复三城，卒之机又不密，贻笑敌人，覆军没将，一败不支。此不待别科其骚扰供亿招摇纳贿之罪，罪已不胜诛矣。臣亦知奕经为高宗纯皇帝之后裔，皇上亲亲睦族，推念同气，必不忍遽加显戮。然窃意即幸邀宽典，亦当圈禁终身，销除旗档，无以遗天潢宗室之羞。岂图收禁未及三月，辄复弃瑕录用?且此数人者，皇上特未知其见恶于民之深耳，倘俯采舆论，孰不切齿于琦善而以为罪魁?孰不疾首于奕经、奕山、牛鑑、文蔚，而以为投畀之不容?惟直道未泯，况公论可畏，非臣一人之私言也。

侧闻琦善意侈体汰，跋扈如常，叶尔羌之行，本属怏怏，今果未及出关，即蒙召还热河，密迩神畿。有识无识，无不拊膺太息，以为皇上向用琦善，尚不止此，万一有事则萤惑圣聪，必仍系斯人。履霜坚冰，深足惧也!

顷者御试翰詹，以“烹阿，封即墨”命题，凡百臣工，能无惕息?而今兹刑赏若此，臣愚未审皇上之所谓阿者何人，即墨者何人?假或圣意高深，偶或差忒，而以即墨为阿，阿为即墨，将毋誉之毁之者，有以淆乱是非耶?北齐文襄令杜弼陈政要可以为警戒者，弼曰：“天下大务莫过刑赏一端。赏一人使天下之人喜，罚一人使天下之人服，二事得衷，自然尽美矣。”文襄悦曰：“言虽不多，于理甚要。”然则今日之用刑、用赏，岂可不以天下人之好恶为衡乎？所望皇上立奋天威，收还成命，体《大学》絜矩之道，鉴盈廷毁誉之真。国法稍伸，民心可慰。臣不胜激切屏营之至意！

愚昧之见，是否有当，伏祈皇上训诲施行。谨奏。

刘良驹为银价日昂奏折一件

江南道监察御史臣刘良驹跪奏为银价日昂，公私交困，请饬定画一章程，以权轻重而便出纳，恭折奏祈圣鉴事。

窃维银价之昂，未有甚于今日者。市中纹银每两制钱几及二千文，外省则每两易制钱二千二、三百文不等，其势日就增加，尚无底止。论者谓银价之昂由于银少，固已。然臣窃考唐宋以前，中国数千年通行之宝惟钱耳。明初用银犹为厉禁，至中叶始定税粮折纳白金之令，相沿至今。民间输官之物皆用银，而犹谓钱粮，是其明证。今之银贵皆由于钱贱，实由于用银太重、用钱太轻。我朝承平数百年，历代所铸之钱流行宇内，然自小民日用之外，殆无以用钱之处，此制钱之所以日轻也；部司库藏皆以银为出入，此纹银之所以日重也。至此而欲因时救敝，裒益并施，端赖圣人之权衡矣。

臣伏思国家制用不外出纳二端，银钱皆所以权用，不宜偏有低昂。应请嗣后定为银钱兼用之制，每纹银一两由部酌中定价，准换制钱若干文。如近岁户部奏准各省捐输案内，以制钱一千五百文抵银一两之例。并饬部臣将每年经费出入，逐款稽核，每年所入之项，何项必须收银、何项可银钱并收、何项可以一律收钱，酌为银钱入数定额；每年所出之项，何项必须放银、何项为银钱兼放、何项可以一律放钱，亦酌为银钱出数定额。其收钱、放钱即依新定银价折算，但令制钱入数、出数两足相抵，随收随放，既无贯朽之虞，亦于向来银项奏销毫无亏损。如收钱之处较少，放钱之处较多，即令各炉加卯鼓铸，以敷支放，则库银所入更可望其渐积盈余，尤于经久之计有益。

以臣愚见，每年经费所入，如关税之短绌，实由银价过昂，商贾畏累不前，百计偷越。若定以平价改收制钱，可以广示招徕，当于关税有裨，此可收钱者一也。盐课之缺额，亦每以银价过昂为词，查买盐之价本系制钱，例须易银纳课，今银价倍增，一岁至完两岁之课，将何以堪？若定以平价改收制钱，盐务必实有起色，此可收钱者二也。常例每岁约三、四百万两，民间银少钱多，若准其照部定银价交钱，则输纳者众，且有近年各省捐输以钱抵银成案可循，此可收钱者三也。

臣来自田间，深知百姓买银纳官之苦。南中州县间有折收民间钱文，由官换银运解，初亦官民两便，今则银价日昂，折收银钱定数不能再增，州县赔垫无出，因欲加收于民，以致激成抗拒。如前次湖南之耒阳，及近日福建之台湾、浙江之奉化，百姓滋事皆因州县征收钱粮加重所致，而州县之议加重，又实因银价过昂官赔无着所致，是则银价不平，官民通累，所关匪细。

窃谓今日征收钱粮，亦当暂为银钱并收之法。或通省酌定成数，或察核该处向来民间收钱即令解钱，仍就一省通融计算，银归司库奏报，钱归留支开销，此则各省州县情形不同，应令督抚饬地方官体察详议，此为银钱并收者又其一也。

至每年经费所出，如河工岁修、买料、雇夫，皆系用钱，向来所定银数已足敷用。现即物料昂贵，而今日所定平价，较之向来银价，尚必过之。若改发制钱，于河工不致支绌。近日户部奏准东河所收捐输钱文已令作正款拨用，此可放钱者一也。工程向定银数，本属宽余，开销难免浮冒。今银价过昂，愈充私囊，若改发制钱，不过少减中饱之资，于办公仍属裕如，此可放钱者二也。各省留支款项多系所领者银、所用者钱，有司视银之即为利薮，若酌定成数改发制钱，于相沿旧章并无更改，此可放钱者三也。八旗月饷有搭放制钱，此后京外官俸及各省绿营坐饷，似亦可仿照分成搭放，此为银钱并放者又其一也。

臣思成宪固宜恪守，而达权乃以济时，况今日银缺价昂，上下均切殷忧，几无长策，尤不能不亟筹酌济以利变通。惟经费出入之数至繁，岂臣管窥蠡测所能递尽其曲折，是在部臣秉公熟计而已。要之纹银日少，势不能使之渐多；制钱日轻，法能使之渐重。臣上年五月间曾有淮南推广盐票之奏，其时即筹议银价昂贵，请令商贩纳课银钱兼收，并请其钱就近拨解南河应用，嗣以票法不行，其银钱兼收之说该省亦未议及。江西抚臣吴文镕亦奏银钱并行，部议令其试办，率以专行一省不无窒碍而止。

盖银钱兼重，乃国家制用之大权，非由部画一定价暨统筹出纳章程，则上下观望莫执其咎。臣再四思维，现在纹银流布日广，天产几绝，而制钱乃国家之宝，设炉开卯，可以取之不穷。且纹银之少，亦未非豪猾富商利轻赍而储厚积，若用钱之途广，彼将无奇之可居，即藏银亦当渐出矣。若夫市肆贸迁，百物随银腾贵，尤闾阎剥肤之病。倘部价既定，各处市价一体遵照出纳，每银钱交易不得过例价百文，违者没入所易银钱，仍按违制拟罪。至用钱不无搀杂短陌诸弊，须责成该管官吏认真收放。现在外省捐输有收制钱者，并有经部拨解河工抵银者，是即一收一放，并未闻其滋弊也。或谓纹银出洋太多，岛夷广集市船以收银，为坐耗中国之术。臣谓缺银之故，未必尽由于此，然银钱兼用之令一下，使知中国上下所通行不专恃银以为用，则彼即有阴术，亦将渐就消阻而莫之逞，是又伐谋之一策也。

臣愚区区深维，今时国计民生之要无急于此。是否有当，伏乞敕下部臣详议，恭候皇上圣裁。谨奏。

（此案户部覆奏在二十五本，江督覆奏在二十九本。）

军机、户部议覆朱嶟奏请贵钱济银一折

军机大臣、户部谨奏，为遵旨会议事。

据候补从四品卿今补内阁侍读学士朱嶟条奏贵钱济银握利权而理财用一折，道光二十六年二月初八日奉朱批："军机大臣会与该部议奏。"钦此。钦遵于十二日由内阁抄出到部。

据原奏内称，窃惟泉布之宝，国专其利，故定赋以粟，而平货以钱。物贱由乎钱少，少则重，重则加铸而散之使轻；物贵由乎钱多，多则轻，轻则作法而敛之使重。一轻一重，张弛在官，而权掺于上。今也出纳以银，而钱几若置于无用。虽国宝流通，然流于下而不转于上。于是富商市侩得以乘人之乏，相时之急，掺奇赢而窃其行轻重之权。骤欲定价使上下遵行，而或有勉强抑勒于其间，此令必格而不行也。要在因其便，使人易从；通其变，使人不怨；行其权，使人不疑。

方今盐务疲敝，皆以银贵钱贱为词，以盐之卖钱而不卖银也，卖钱即令解钱，人岂不乐从乎？长芦盐价可以解京充饷，兵饷发钱请自京师始，东、西城隅分建二库收贮钱文，户、工左右侍郎掌之，按照时价搭放兵饷，东四旗领饷赴东库支领，西四旗领饷赴西库支领，以免转运之劳，并无许有克扣、短陌、掺杂等弊，有弊查明治罪，又谁怨乎？两淮盐价则解至河工以备岁修，淮上至工皆有水路可通，挽运较易，工次雇夫、购料俱是用钱，此固两便之道也。

民之以钱输赋者，天下无虑十之七八，地方官收钱而令解银，赔累已不胜其苦。江西抚臣吴文镕前奏本省坐支之项收钱、放钱，解部候拨之款征银、解银，兵饷役食请照时价改折，其言不为无见。惟全行收钱，往返搬运倍增劳费，通省之大，不能得一分一厘银币，未免偏枯。臣愚以为州县征收悉照旧规，毋庸更定章程。向来征银、解银者，姑置无论，但就现在收钱者，量其钱粮多少，视其附近地方约计兵役多寡，为之酌减应解银数，少解几成，以纾其困。除易银解司之外，即以钱抵银，每银一两折钱若干，酌一定数，以初为常。所折之钱按照时价支放兵饷役食，应有耗羡平余仍行提出解司，而本官同城官之廉俸，准其坐支也；本州县之书工役食、祭祀、驿站，准其坐支也；本地分泛之兵饷，准其坐支存库也；其余则视道路之远近，解存府库、道库、藩库以放兵饷。省标城守由藩司支放，外标、外营由藩司发帖，持向各道府州县支领，时价则视省垣为准，以开征前十日为定，由藩司通行批示遵照，半年一更。饷银每两折钱多不过一千七百，少不过一千二百，下至一千二百，便可取为定则，不复再减。至文武官廉俸无可坐支者，发银如故；兵丁屯驻之区附近州县无有收钱者，发银如故；官局之钱向有成例者，如何搭放亦如故。如此则虽受而实因，岂至纠纷而召怨乎？

此议若行，百姓出粟米、麻丝枲卖钱文输钱完赋，久已习为故常，向收若干、今收若干，自封投柜者不遽改折，此于民无扰也。兵丁领银尚须易钱然后适用，每至兵饷下时铺户又往往抑价，今照前定时价放给足满现钱，入手应用，何便如之？此于兵无亏也。先时银多，官以收钱渔利；今时钱贱，官以易银赔累。若多用一分钱，少解一分银，即少受一分累，迨银价平时，又复获有羡余，此于官有益也。

或谓收于上则厘市一空，恐致钱荒，不知兵丁工役所领之钱必行于市也。地方官除贮库之外，尚有大半必须易银解司，则其钱亦必行于市也。且今日之弊，不在钱荒，而在钱滥。欲救其弊，固莫利于收钱，尤莫利于停铸。当此钱贱之时，暂停鼓铸，工本等银发出易钱，实收登库簿，小者汰之，则私铸难行，而官钱见多，价不稍就平乎？价平，则制钱一千准银一两之例可得而行矣。是知停铸者用钱之转关，平价者查私之微权也。将欲平价，非银钱相埒，价何由平？为平价而权且停铸，迨价平而旋复开铸，所谓欲赢先缩，一弛而一张也。若徒据目前事势而言，原欲以钱之有余，济银之不足，方当加铸发钱，奚为而言停铸者，正为加卯增炉地步也。昧者不察，乃谓停铸则钱乏，乏而又开铸，一时恐难猝办，不知遗铜存焉，器具存焉，工本存焉。秉时鸠工，何患不及？所患一停之后，遂置钱法于不问，而莫之省忧，则是废之耳，乌得谓停？所谓停者，工作少休，而区画运动之方未尝或息，故虽不铸一钱，而局中应存、应发之项并无短少。且有平价查私之益寓乎其中，又有加卯增炉之功继于其后，则停而未停也，复何患焉？

或谓停铸是为亏本起见，国之大事不计损费，断则习见闻而不通时务之论也。夫损上必期益下，今钱价日贱，物价日贵，泉府以两钱而成一钱之工，兵领一钱仅获半钱之用，无益于民，有损于国，孰得孰失，必有能辩之者。或经开铸有息，停铸则无息，试思长余之钱非息乎，遗剩之铜非息乎？统计有炉十四省，每岁工本八十余万，以八十万两之银易钱搭放，即每银一两合钱一千五百文计之，当专钱四十余万串有奇。况发银乃散重而为轻，收钱搭放，乃敛轻而为重，平价之方一举两得，何惮而不出此？

或谓外省工本恐别用借垫无存尚可借款筹办，以此借款易于归还，不至无着也。或谓局中工役众多，一朝失业，散之恐有不便。不知钱法既行，收钱、放钱在在需人，不无安置之处，且若辈执技事上，非驿卒、水手之比，自食其力，别谋生计，未尝不可。今日之停工屡矣，何尝闻有工头、匠役出而滋事者乎？由此观之，不惟外省之铸可停，京局之铸亦可停。纵不可停亦可减。当其始也，减铸而不减运，仍以其余工本易钱搭放。铜、铅存留三年之后，停运而不停采。停运，则运脚可省；不停采，则铜可以留在云南就厂开铸以充滇饷。而将各省协济之银拨运进京，或就近采办铜斤以供鼓铸，至京铜见乏，再令滇省或运铜，或运钱，参酌而行，如此转移，未始非生财之一道。

总而论之，可以用钱之处则用钱；必须用银之处则用银。大约附近则用钱，致远则用银。银钱并用，即可银钱并收，子母相权，赢缩有制。敛轻而为重，散重而为轻。利权在握，能发能收，将来银虽绌而不绌于用。补偏救敝之方，无逾于此。惟是各省情形不能画一，其中因地制宜，随时变通，总在督、抚、藩司细心体察，斟酌妥议，各等语。

臣等复查本年二月初一日会同议覆御史刘良驹条奏银钱画一章程一折，钦奉上谕：“银钱并重本系制用常经，果能随时酌核，不使轻重相悬，裕国便民两有裨益。未可辄称窒碍，不思设法变通，着该督抚等各就地方情形，详细体察，悉心妥议具奏。务使立可以推行，不致滋弊。毋得任听属员巧为推诿，稍存畏难苟安之见，仅以一奏塞〈责〉。”钦此。遵即通行各督抚、总河盐政监督一体遵照妥议在案。

兹据朱嶟复以现在出纳皆银，而钱几置于无用，奏请运钱法而握利权，反覆辩论以冀推行。其大要则在盐课解钱、兵饷放钱，各州县征收款项向系交纳钱文者，悉令抵给同城各官廉俸，并祭祀驿站及本泛兵饷之用，余则视道路之远近，解存府库、道库、藩库收贮。省标城守由藩司放给，外标、外营由藩司给帖，令赴府、道库支领。而以钱核银又专视省垣时价为准，于开征前十日由司批示通行遵照，半年一更，每两多不过一千七百文，少不过一千二百文等语。

臣等详加察核，如所称盐课一项，前次会议折内，已将解部及候拨之款指明，照旧征银，无庸更改。其两淮、两浙额解南河银款与各省盐务外支、外用之项，均令该管督抚等酌量变通改为收钱、解钱，应俟覆到再行核议。又所称州县同城各官廉俸及祭祀驿站等银即系前奏指出留支之款，亦令各就所在地情形酌改收钱、放钱，均毋庸另行置议。惟长芦盐课据请改收钱文解京充用，臣等查芦纲额征课银五十余万，现除奏准暂停引目外，实计征银四十余万两，该处水陆程途距京较近，每年奏销课项，如以制钱一千五百文作银一两，是否可以全数解钱，抑或核明银款酌解若干成，并银价一经轻减即应照旧交银之处，均请旨敕下长芦政会同直隶总督悉心查议据实覆奏。如果体察纲情可以试办，其应自何年为始，并每年实解制钱若干万串，一并声叙，以便将此项钱文或放廉俸，或发工程，再由户部、工部分别核定，并将一切未尽事宜通盘筹酌，奏明办理。

至原奏所称芦纲盐课改解制钱专抵在京八旗兵饷，并分建东、西二库，令户、工左右侍郎经理一节。伏思八旗兵饷酌量搭放钱文，向系每钱一千合银一两，今则每银一两作制钱一千五百文，自未免互有参差。即所请外省银钱相抵之数，各视省垣时价为准，每于开征以前由藩司通行批示，半年一改，并将钱文解存附近道府各库，亦由藩司给发印帖，令外营分往支领之处。究竟是否可行，不致别滋弊端，亦应令各该督抚查明奏办，以昭慎重。

又据奏称，今日之弊，不在钱荒而在钱滥，欲救其弊，莫利于收钱，尤莫利于停铸，并称停铸以后如何可平减市价，如何可转运铜本，如何可收获余息，如何可安置工匠。而又筹及停运之铜，将来就滇加铸，协济之项酌定解部充公，熟计兼权，似极周匝。殊不知现在银贵钱贱实由银少，非由钱多，若中外鼓铸同时减停，设银与钱并绌，小民将何以为用。且查福建已停二十余年，直隶已停十六年，两湖等省亦俱停十余年，而各省银价，无不一律腾贵，未尝独贱。可见停炉减卯无裨于银之短绌，已有明证。若谓以工本买钱而钱可重，则此法湖南已行之数年，亦未著有成效。更恐欲重官钱，转滋私铸，利未形而弊先见也。所请京外钱局分别减铸、停铸之处应请毋庸置议。

惟是重钱以平银价实为今日切要之务，是以臣等拟将长芦盐课酌令收钱试办，候旨遵行。其前次交议各条，仍俟各督抚及总河盐政监督等议覆到日，再行逐条核定章程，通行遵办。

所有臣等会议缘由，理合缮折具奏。是否有当，伏乞皇上训示遵行。此折系户部主稿，合并声明。谨奏。

奉旨："依议。"钦此。(四月初一日邸抄)

行钞说

窃谓自古理财之经，利溥于下而权必掺自上。上有其权，则足民即所以足国；上无其权，则病国亦所以病民。利害相循，上下同体。今天下攘攘，皆苦于民穷财匮，上自司农，下逮闾阎，惴惴焉常有日用不给之虞。而究其致匮之原，则由利权不掺自上，而理财之经不知变通也久矣。盖自二百余年以来，用银而不用钞，银价之低昂凭于市司，而利权一失矣；钱票会券出于铺户，而利权再失矣。甚至外洋番银行于中国，而中国之利权几归番舶矣。利权日失，银价日增，农民完粮，以谷易银，而市侩抬价居奇，则农力殚于银贵矣。盐商卖盐以钱，完课以银，而市侩抬价居奇，则商力殚于银贵矣。南北商贩行运以银，而市侩抬价居奇，泉货壅滞，则五行百产无不困于银贵矣。农力殚，则田赋日绌；商力殚，则盐课日绌；五行百产壅滞不通，则关税日绌。国用之取资于民力者，止此三途以为维正之供。承平无事，综计各省钱粮、盐课、关税之所入，已不敷常年额用之需。设遇水旱灾伤、河工军务，一事偶出，财用不资，惟借开捐以为补苴。今则事例迭开，仕途拥挤，捐且观望不前矣，若不亟求变通之方，复古行钞之法，则江河日下，智勇俱穷，其害将有不可胜言者矣。

请粗举行钞之利，惟执事审察而力行之。考古制，自周人以布广二寸、长二尺，凭官司印书其上，以为民间贸易之券。此行钞所由昉，沿及宋、金、元、明，无不用钞。明初盛时，本用宝钞，其后觑用银之利，钞遂有出无入。弘治以后，钞始不行。我朝顺治八年兼行钞币，岁造十二万有奇，十八年因国用充裕停止。夫以国家缔造之初，百役俱兴，一经行钞，十年之间财用顿充，则是钞法之有益于国用，不待远稽前代，而我朝开创之时行之有效，亦既彰彰在人耳目矣。

且以今日时势言之，更有非钞不能救其弊者。自鸦片烟流毒中国，以外洋之土易中国之银，盈千累万，岁不知其凡几，百计除之，总未能绝其流弊。今改行钞法，银收于官，市厘交易多以空券，断不能如现在之南北商贾起发银镖动辄数十万，即各处银号、钱庄，亦图便捷，收钞而不收银。彼外洋夷商在中国贸易者，即不能就我范围，亦用中国之钞；而中国阛阓之间，银少钞多，汉商与夷商交易，势不能不以货易货，则纹银出洋之弊不禁而自绝矣。此其利一也。

东南各省皆用番银，以其便于携带，今日番银之贵，几过纹银。中国隐受外洋之耗蠹，而官法不能禁。今改行钞法，轻便甚于番银，则番银亦不禁而自绝矣。此其利二也。

自严矿禁，纹银之来源已绝，今日生齿日繁，较之国初之时，不啻倍蓰。一人用一金，万人即耗万金矣；一家藏百斤，十家即匿千金矣。以无源之纹银，供无穷之耗匿，财用安得不竭，民生安得不困？今改行钞法，使以零数用银，整数用钞。一钞之数，或以百金，或以千金，自京师以至各省，一切完粮解饷、百货售易皆可到处通行。银钞并用，则藏镪尽出。此其利三也。

近年以来度支短绌，节奉户部议奏，非十分紧要之事，概行停办。各地方城工、水利，设非民力自能捐办，该管官皆不敢遽行请帑。而民间殷实之户，百不获一，偶欲劝捐，动涉派累。故一切有利民生之事，督抚大吏皆虑地方官经理不善，转致扰民。相率因循，百事俱疲。今改行钞法，造百万，即有百万之用；造千万，即有千万之用。掺不涸之财源，而兴利除弊不忧经费之不足。此其利四也。

各省报解部饷、拨解甘饷，岁以数千万计。银质重笨，驿程遥远，舟车搬运之资、员役护解之费，大率解银万两，至近之处亦须津贴银数百两。此项耗用出于官者十之三，出于民者十之七。而各衙门蠹差猾吏，借派舟车，从中渔利饱其欲壑者，更不知其凡几。今改行钞法，使官饷亦可以钞解，则百万之饷一车载之而有余，官民并免赔累。此其利五也。

民间完纳钱粮、州县起解地丁，以及各省藩司报解部饷，银色之高低、砝码之轻重，各衙门书吏皆得上下其手，层层剥削。火耗之派累日渐增重，此项不出于官，尽出于民。今改行钞法，成色、分两明著于券，纵使极猾之吏，不能变黑而为白、改重而为轻，前弊不禁而自除。此其利六也。

各省州县禄入无几，大率皆赖钱漕盈余以为地方办公，及仰事俯畜之资。近因银价日昂，百姓完纳正赋已形竭蹶，盈余日少，甚有不敷火耗津贴之费者。天下州县贤否不一，洁已爱民之吏尚知清苦自持，稍不谨慎者，非更易旧章，格外加增，即挪亏公项，抵其私用。又甚者屠必借口于办公无资，于词讼公事别开取利之门，所关于吏治民生尤非浅鲜。今改行钞法，使州县征解钱粮皆得仍循旧贯，小民隐受其利。此其利七也。

收此七利，毅然行之，既塞其漏卮之源，复节其散耗之流，则银价日平，民力日纾，一切维正之供自然岁入无缺。然后酌经费之盈虚，定造钞之多寡，钞贱则发银以收钞，钞贵则发钞以收银，大权在上，张弛惟我。凡所谓卫民养民之政，皆为次第举行，何忧乎水旱灾伤，何患乎河工军务？而昔之借捐以为补苴者，今可永远停止。重名器而厚民生，岂非经国之大猷乎？

而或者以为钞法之行，虽有其利，而亦不免于流弊。夫所谓流弊者，不过曰伪造而已。诚能洞烛利害，不惑群言，特命重臣于户部开设钞局，妙选天下之良工，织成黄丝锦缎，组以龙凤花纹、满汉书法，其钞内之银数亦用丝缕织。在内则钤用户部堂司各印，在外则自督抚以至州县经一衙门盖一印信，务使制造之精巧过于回文，印信之缀联累若贯珠，迥非民间一人一章所能私造。并于钞尾空留余幅，约以百行为率。此钞发至民间，经用一人，即令将某人用给某人之处，依次书写名籍，并用花押图章自为记认，有舛错即可按籍而稽，递相推究，纵有奸徒伪造，不难立时破获。且此弊止于千百中偶有一二，岂能尽钞皆伪？犹之用银亦有假银，钱亦有铅钱，未闻因有假银、铅钱，遂致废银与钱皆不用也。两利相较，趋其重者；两害相较，就其轻者。今行钞之弊甚轻，择而趋之，又何疑焉？

管见所及，谨以备陈，是否有当，伏乞裁示，并将行钞条目择要开列，以备采择。

计开：

一、宜示民以信。钞废已久，骤令商民以实银换空券，必将疑信参半，观望不前。应先颁示条例。现在商民以银向官买钞，如果将来停钞不行，照当铺停当待赎之例，发出银两收缴原钞，并将此例即载于钞内，俾民咸知无亏折之虞，即无壅过不行之患。

一、宜导民以利。由官颁钞令商民承买，难免吏胥刁难勒索。即吏不索贿，而平值相换，商民亦断不乐与官吏交涉。今拟发钞一张如值银百两者，准商民以实银九十两领买。执此钞以完粮捐官，及携赴市司交易，皆得作百两之用。明予以什一之利，仍于商民获利十两之中，准官吏扣取银一两以为添平加色及吏胥纸笔、饭食之资，明示限制，不准多索。试行之初似不免折耗帑项，以空券收现银，所入者少，所获者多。钞既盛行，收回之钞或发官俸，或发兵饷，百两之钞仍可作百两之用。是在公者无丝毫之损，而商民已获什一之利，殷商富户必皆踊跃乐从，藏镪尽出，数目之间，在民之银尽归于官，不加赋病民而国用自充，此诚公私交利也。

一、设官钞局以验真伪。查钞以印信为凭，商民能识印篆者较少。民间贸易财命相连，彼既不辨钞之真伪，岂肯以实银易空券？应于各省通衢马头商贾汇集之地，设立官钞局，专员经理。试行之初，部颁之钞即发官局招商领买，由该局登记号簿，钤用联印，发商行运。以后如能自辨真伪，彼此相信无疑者，听其自相换用外，其有行踪可疑，及商贾两不相识者，准其持钞赴官局对号，以辨真伪。别处之钞离原发官局较远，无从对号者，亦准其将钞呈送所在官局用印，另行登记，并由官局于钞旁粘连印单，注明“某人用给某人，往经某处，官钞局印发”字样。字样经官局用印之后，即非商民私相授受，续有查出伪钞情弊，但照印单查拿原用之人治罪，追银入官，与接用之人无涉，仍准接用之人将误收伪钞呈换真钞。如此则伪造之人既不敢以假钞公然呈官，而用钞之人即误收伪钞，亦不致银两无着。其印验之费，如系本局之钞，但求对号者每百两给钞局公费银五钱；别处之钞呈官局用印者，每百两给公费银一两，不准多索。

一、造钞等则不宜过轻。考古钞法，大钞千贯，小钞有仅止百十文者，大抵大钞利于官用，小钞便于民用。然小钞虽便，易启伪造之弊，如近时钱票数十千以上之假票甚少，一二千以下之假票甚多。盖数多则人皆慎重，数少则人多忽略，易于朦混，此情理之所必然者也。合拟造钞大者或千两，小或五百两，小者或百两，或五十两而止。现在市司物价皆凭银价之贵贱以为权衡，因时制宜，造钞亦应以银计数，不必泥于古制以钱计数，可使市廛银号〈钱〉庄不致废弃。

一、造钞宜有定额，换钞宜有年限。查顺治年间行钞岁造十二万有奇，然递年增造，日积日多，必致壅滞不行。今拟就各省赋额及市廛交易衰旺情形，每省酌定额数，由部颁发，永为定制，不必岁岁加增。惟钞经辗转行用历时既久，难免霉烂破损。换旧易新，递经书吏之手，即不免呈缴有费，换领有费，耗用孔多，民皆视为畏途矣。今既准以钞解饷，凡钞到部由部添用戳记，如一钞已经解部饷三次者，即由部将此钞销号涂毁，另换新钞。查明销毁者系某省之钞，即将换造新钞颁发某省藩司转发官钞局变银解司报拨。俾商民无呈换之累，即可杜书吏勒索之弊。

一、宜银钞并重。查历来钞法之坏，皆由官钞有出无入，银钱尽收于官，禁民私用，以致市肆尽成空纸。商民视钞甚轻，钞遂停积不行。今准以钞解饷，即免有出无入之虞。惟民间银两尽收于官，公私之用皆属空券，亦不免日久弊生。应于行钞之后酌看库贮多寡，或三年，或五年，由官发银收钞一次，使民知藏钞即属藏银，则钞皆贵重，自无停滞之患矣。

一、以钞解饷，宜津贴官吏公费。查州县起解钱粮、藩司批解部饷，倾镕火耗、委员盘费例销之外，津贴甚多。而到库平兑任意高下，其折耗之资更有不可心计数者，日久相沿，司库官吏皆视为正项出费。一经以钞解饷，在外不便于藩司，在内不便于户部，利于公而不利于私，即不免有持议阻挠者。查以钞解饷，较之以银解饷节省甚多，应酌核节省之项津贴内外司库官吏，使知现议改法，有利于公而亦无害于私，庶钞法可以奉行无阻矣。

一、钞法宜先试行于江苏、河南两省。查前经御史条奏，以豫省大工银价顿减，议请由部颁发纸钞，募民以钱换钞。现开捐例，准其以钞上兑。窃意工次银价之贱，盖由发银较广，近处银多钱少，远道运钱，则钱自贵。商民以银易钱、以钱易钞非惟为无利。转须折耗，彼有力捐官者，以银上兑，岂不直捷简便，何肯辗转费此周折？惟现拟改用银钞，俟议准之后募匠制造，用印颁发，非一两月间所能竣事，似于河工要需缓不济急。应由户部用坚厚纸张先造钞二三百万，盖用部印，发交江苏、河南两省募民领买，先行试用。百两之钞令其缴银九十两，准在该处及赴部报捐官职，作百两上兑。该省州县起解钱粮，亦准其间用纸钞。豫省地处中州，四通八达，苏州尤为天下商贾云集之地，如果该二省商民便于行用，各愿出银领买，推而及于各省，即不胫而走。不惟可济公用之急，兼可先试行钞之效，然后酌看情形，由部制造缎钞颁发各省，不致有虚縻帑本之虞矣。

以上略举行钞之法，皆就便民立论。民便则钞行，钞行则利自归于上矣。谨议。

军储篇一

无政事，则财用不足，法无久不变，运无往不复，作《军储篇》。

魏源曰：有以除弊为兴利者，有以节用为兴利者，有以塞患为兴利者，有以开源为兴利者。

何谓除弊之利？天下大政，利于国利于民者，必不利于中饱之人。天储所仰，莫如漕、盐，行之二百岁，百窦千蠹，昼夜朘蚀。苟有人焉，曰："江、楚曷改小粮艘乎？江、浙曷改行海运乎？"则和者百，哗者亦百。哗者何人？曰：在南则漕丁、水手持之，在北则通仓胥吏持之矣。又有人焉曰："纲盐曷变行票盐乎？省改捆，省岸费，省私耗，省守候，省加派，省缓纳，曷为不行？"则默者百，挠者万。挠者即默者之人。曰：岸盐恐跌价则持之，岸吏恐裁费则持之，书吏、捆工恐清弊则持之矣。

何谓节用之利？普赐田租，普免逋负，自古旷荡之仁，可行于文、景，不可行于宣、元之世。昔者，宋世常遇郊大赉大赦矣，三年一郊，赉辄百万，赦辄数万，其后至于不敢郊。苏轼所谓以不急之费，而被之以莫大之名。后世庆典普恩，与郊赉、郊赦何异？生齿赜矣，机变滋矣。有恃十载普免而争先逋欠者，则利顽民而不利于良民。官免赋而佃不免租，则利富民而不利于贫民。海寇攻城，不及乡里，而遍免四乡之赋，则利于安堵之民，而不利于被难之民。国家正供，有岁入数千万之名，而常有逋欠千余万之实，异日国计愈匮，潦旱偏灾，何以蠲赈？则过厚于无事之民者，反无以备夫缓急望救之民。此用之宜议节者一。直省养兵，费天下正供之半，而兵伍不足正额三分之一。乾隆中叶，又以名粮改成实额，增六万之兵，即岁增百余万之饷，而缺伍益甚，冗糜益甚。夫养兵数十万，而不得一半之用，何如先复国初之旧额，再核目前之虚伍？或并三兵之费以养二兵，使一兵得一兵之用；或并二兵之费以募一兵，使一兵当十兵之用。此宜议节者二。

何谓塞患？鸦片耗中国之精华，岁千亿计。此漏不塞，虽万物为金，阴阳为炭，不能供尾闾之壑。今不能禁外夷，何难禁内地？不能行重典，何不先行最轻之典？天下有重典而不为酷者，惩一儆百，辟以止辟是也。有最轻之典而人莫敢犯者，有耻且格是也。窃谓禁烟欲申大辟之法，宜先行刺面之法。刺面之法，载在《大清律》，以防窃盗之再犯，所谓耻辱之刑，又所以待怙终之刑也。今下令曰：限期三月戒烟，不戒者黥之！则纨袴温饱之烟民，知令在必行，闻风革面矣。有不悛而被黥者，再予三月之限，不戒者诛，则黥者必悛，其不悛而怙终者，杀之无怨矣。十七省各出巡烟御史一人，不责以有犯必诛之事，专责以有犯必黥之事。既黥，则人可按籍而稽，瘾可按期而验。

倘有纨袴温饱之家，耻黥哀免者，许以金赎，视其职衔大小，为罚〈赎〉之轻重。仅免刺面，而仍刺手，刺手逾限而不悛者诛，不得再赎。惟贩烟之犯则立诛，不在黥赎之例。其贩烟吸烟，必许告发，告不实者反坐。夫水师整饬，而外洋无庇贩之人；绣衣四出，黥面令行，而内地无尝试之犯。如是而烟不绝者，无是理也。守位曰人，聚人曰财，理财正辞，禁民为非曰义。是则禁民为非，实帝王理财之大柄。令不行，禁不止，所可蠹财者，宁惟鸦片？

何谓开源之利？食源莫如屯垦，货源莫如采金与更币。语金生粟死之训，重本抑末之谊，则食先于货；语今日缓本急标之法，则货又先于食。请先言其急者。人知中国之银出漏于外洋，而不知自昔中国之银大半来于外洋，外洋之用银币亦先于中国。何者？宋、明以前，银不为币，币惟黄金及铜。而《汉书·西域传》：罽宾、安息、条支濒海诸国，皆以金银为钱，文为骑马，幕为面，或文为王面，幕为夫人面幕者，钱背。《唐西域记》：龟兹国、睹贺罗国、迦毕试国，其货皆用金银钱及小铜钱，印度兼用金银贝珠。是西域上古即用银币，先于中国数千年。其证一。

《通典》谓：梁初惟京师及三吴、荆、湖、江、湘、梁、益用钱，其余州郡杂以谷、帛交易，交、广以金银为货币。韩愈及元稹奏状，皆言自岭以南用金、银，自巴以外交易用盐、布。宋仁宗景祐二年，诏诸路岁输缗钱，福建、二广易以银，江东以布，是闽、粤旧通番舶，故用银独早。其证二。

《文献通考》：“国家二路舶司，岁入固不少，然金、银、铜、铁，海舶飞送，所失甚多，而铜钱之泄尤甚，法禁虽严，奸巧愈密。商人贪利，暮夜贸迁，黠吏受赇，纵释不问，民间日以凋敝。”又曰：“国家置市舶于浙，于闽，于广，海商往来，钱宝所由泄，是以自临安出关有禁，下江入海有禁。凡舶方发，官必点视，监送放洋。然商人先期以小舟载钱离岸，官验止为虚文，乃许党类首告，以其钱货之半充赏。沿海州军，以铜钱入海舶者有罚。其番商往来，夹带铜钱五百文离岸五里者，依出界法。”是宋代之禁铜钱下海，与今日之禁纹银出洋无异。盖昔时番舶载银，以易中国之铜钱，钱之出海者既众，则银之入中国者亦必众。故昔时不闻禁出洋之银，犹今不闻禁出洋之铜钱。事所本无，患正相反。其证三。

《职方外纪》言：南墨利加州各国多产金银，而孛露国、金加西腊国所产尤甲天下。其场有四坑，深皆二百丈，役夫常三万人。国王什税其一，每七日约得课银三万两。百物俱贵，惟银至贱。贸易银钱五等，金钱四等。欧罗巴岁岁交易，所获金银甚多。而中国银矿开采，则唐以前，史书从无其事。唐宪宗二年，且诏言有银之山必有铜，铜有资于鼓铸，银无益于生人，其自五岭以来，见采银坑，并宜禁断，欲以闭银而广铜。洪武、永乐中行钞，禁民间不得以金银为货交易，违者治罪。有告发者，就以其物给之。欲以轻银而重钞。《通典》载唐度支岁入之数，粟、布、钱、帛而外，未尝有银。惟两广诸州土贡，每州贡银三十两，或二十两，以为贡，不为币。苏辙《元祐会计录》及《元史·成宗纪》岁入之数，银但五六万两。《洪武实录》岁入之数，银但二万四千余两。是则自明以前，重铜轻银如此，其采银、贡银之少如此。而近数百年间，钱粮改银以后，白金充布天下，谓非闽、粤番舶之来，何自得之？是则中国自古开场，采铜多而采银少。今则云、贵之铜矿多竭，而银矿正旺。银之出自开采者十之三四，而来自番舶者十之六七。中国银矿已经开采者十之三四，其未开采者十之六七。天地之气，一息一消，一汐一潮。银来番舶数千年，今复为番舶收之而去，则中国宝气之秘，在山川者数千年，亦必今日而当开。中国争用西洋之银钱，昂于内地之银值，则中国银币行之数百年，亦必因时而当变。故曰开源之利。黄河岁修之费别详《筹河篇·至俗传》，新疆岁增经费三百万者，辩已见前。

军储篇三

难者曰：货源之为急标，开矿之为浚源，则闻命矣。若夫聚众则难散，边夷则易衅，税课将滋弊，则若之何？工巨而无款可筹，费重而无矿可验，则若之何？

曰：亦知云、贵无岁不开银矿，国家无岁不征矿税乎？《大清会典》：正供岁入之数，云南银场岁课银六万七千三百两有奇，永昌府及广东无定额；云南金矿岁课金六十两有奇，贵州思南府无定额；云南铜矿额课银万八百有奇，四川、两广无定额；云南铅、锡矿课场三千有奇，山西、湖南、四川、两广无定额。岂滇、黔之矿不聚众，不征税，而他省独患众患税乎？岂滇矿不边外夷，黔矿不边苗疆，而他省独患其边夷乎？甘肃甘州八宝山之金矿、湖南辰州大油山之金矿，提督派兵守之，乘夜偷挖，至今为两提标之优差。伊犁塔尔巴哈台之金矿，将军派兵守之，客民串谋潜挖，至今为驻防之利薮。广东琼州之银矿，挖沙百斤，煎银六十两，其工费仅六两。此外，四川马湖、建昌番地之矿，浙江温、处之矿，所在皆是。但官不禁民之采，则荷锸云趋，裹粮鹜赴。官特置局，收其什之一二，而不立定额，将见银之出不可思议，税之入不可胜用，沛乎如泉源，浩乎如江河，何必官为开采，致防得不偿失，财不足用乎？闻之滇吏曰：矿丁多寡，视矿苗衰旺，矿旺人众，矿衰人少，矿绝人散。有利则赴，无利则逝，不俟官为散遣，从无聚而难散之事。凡矿所在，皆有场主，听其治，平其争。以七长治场事：曰客长，司宾客听断；曰课长，司财贿税敛；曰厨长，司工役饮食。有事皆听治于此三长。又有炉长、镶长、硐长、炭长，分司采炼。又有胥役游徼其不法者，巡其漏逸者，令严制肃，万夫无哗。故雍正、乾隆中，腾越边外为桂家银场，为缅夷所惮；永昌边外有茂隆银场，为猓夷所惮。及桂家场之官里雁为边吏诱杀，茂隆场之吴尚贤献场于朝，反为官所捕治，于是两场之练勇皆溃散，缅夷遂猖不可制。乾隆末，威远厅同知傅鼐结矿场之练勇以御猓夷，斩馘数百，亦称奇捷凡开矿之地曰场，边人讹音为厂，今并改正。是则有矿之地，不惟利足以实边储，且力足捍外侮，何反畏其生内患？从来但有饥寒之盗贼，岂有富足之盗贼乎？且铜、铁、铅、锡、煤、炭、硝、磺诸场，何一不聚众者？国家大兵大役，何一不在得人，而可委之阉宦，行以苛暴者？秦、隋黩武亡国，后世不闻禁用兵；元代开河致叛，后世未尝废治河；明季加赋致寇，本朝未尝不征租税。岂有惩色荒而禁昏姻，恶禽荒而废蒐狩乎？

难者又曰：古币用黄金，其用金之多，倍蓰今日。王莽败时，省中黄金六十万斤；梁孝王死，有金四十万斤；汉王予陈平金四万斤，间楚君臣；其余诸帝之赐臣下金，辄数百斤计；北魏造佛像，用赤金二万五千斤，或赤金十万斤。古金如此其富，而未闻其时淘采之方，与官府榷敛之法、惩禁之制。管仲、桑弘羊、孔仅辈，始言天地之藏，当取以富国，而不可为豪强所擅。然其说不过曰盐，曰铁，不闻有榷金之政。蜀卓、程郑皆擅冶铁以殖货，吴濞、邓通皆铸铜山以致富，亦未闻其藏金之数。汉令私铸铁者钛左趾，博士使郡国矫诏令民铸农器者罪至死此令后唐至［长］兴二年始除，止亩纳长农器钱一文五分。铁官凡四十郡，而不出铁者又置小铁官，遍于天下，独未闻有犯金之禁。呜乎！铁，至贱也，而榷之析秋毫；金，至贵也，而弛禁若水火。是诚何道哉？马端临《文献通考》亦求其说而不得，因谓汉世不贵难得之货，故贱金重铁。夫不贵难得之货，曷为百金中人什产，千金坐不垂堂，而家累千金，三致千金，辄列名《货殖》耶？桑、孔心计，下至告缗算车、鹿皮荐壁，而独疏网于金币，有是理哉？

曰：《周官》丱人，掌金玉石锡之地，而为之厉禁以守之，若以时取之，则物其地图而授之，巡其禁令，此坑野开闭禁令之始。《禹贡》荆州厥贡惟金三品，梁州厥贡镠、铁、银、镂、砮、磬，此贡金之始。《管子》言禹、汤铸历山、庄山之金为币，以救水旱。珠、玉为上币，黄金为中币，刀、布为下币，以权衡万物之高下，而御人事，此制货币之始。盖自太昊铸金，神农立市，下至三代名山大泽不以封，金之开采，已足以备宇宙之用。

及至汉世，金无耗减，惟恐过多则贱，故无事于开采。既无开采，则亦无征榷。而藏在山泽，守自丱人者，民无从私立坑冶，非若铁为日用农器所必需，铜为铸兵、铸泉时所用。有官采、官铸之榷，即有私采、私铸之禁，日增月益，法令斯繁，非民乐犯铜铁之禁，而不趋采金之利也。及后世铸像写经、融箔饰器，耗金之事日多，始不得不从事于坑冶。

然唐初置陕、宣、润、饶、衢、经诸州银冶五十八。而宪宗元和中，特申重铜轻银、封闭坑采之令，于是天下银冶废者数十，岁采银仅万二千两。宣宗增银冶二，亦止岁采银二万五千两，微不足数。

计坑冶之盛，实始于宋代。其见于《文献通考》者，登、莱、商、饶、沂、南思六州金冶十有一，登、虢、秦、凤、商、陇、越、衢、饶、信、虔、郴、衡、漳、汀、泉、福、建、南剑、英、韶、连、春二十三州，南安、建昌、邵武三军，桂阳一监，共银冶八十有四。自太宗至道末及神宗元丰初，大约天下岁课金万余两，银二十余万两。惟天禧末岁入银八十八万三千余两，则除坑冶外，丁税利市、折纳互市所得皆数之。或出自商旅，或来自外夷，非尽坑冶之数，未尝有矿税病民、矿徒扰民也。然其时各路坑冶，皆官主之，故江淮荆湖新发之矿，漕司虑发本钱，往往停闭。至建炎七年，工部乞依熙宁法，以金银坑冶召百姓采取，自备物料烹炼，官收十分之二，其法始一变。金世宗大定三年，金银坑冶许民开采，二十分取一为税。此开采最善之法，尤未尝有矿徒扰民、矿税病民也。

明代又变民采为官开。陕西商县银坑八所，福建尤溪县炉冶四十二座，浙江温、处、丽水、平阳等县各设银场局。永乐中，分遣官赴湖广、贵州采办金银课，又开福建埔城县、贵州太平溪、交趾、云南大理银冶，而福建岁额增至三万余，浙江增至八万余。宣宗颇减福建课，其后增至四万余，浙江增至九万余，亦尚无矿税病民、矿徒扰民也。英宗初，下诏封坑穴，撤闸办官。既而奸民私开坑穴，相杀，严禁不能止，则封其所不当封。其后言者请复开银场，则利归于上，而盗无所容，乃命侍郎王质往经理，分遣御史提督，而奉行不善，供亿过于公税，则开之不得其所以开矣。夫民开而官税之，则有利无弊，明人乃禁民采而兴官采，何怪利不胜弊？况中叶以后，矿事遂属于中珰耶。天顺四年，始命中官分赴云南、四川、福建、浙江开矿，总得银四十八万三千有奇。成化时，中官开湖广武陵等县金场，则得不偿资，一小扰。武宗时，复听内官奏开闽、浙银场，则无矿责银，再小扰。至万历二十四年，卫千户仲春奏请开矿助大工，于是河南、山东、山西中使四出，计十年间共进矿税银三百万两，每岁亦不过三十万两，而奸珰乘势，诛索中饱不啻倍蓰，不惟非宋、金民采之制，亦且失洪、永、宣德官开之制。今不归咎于珰采，而反为封禁民采之口实，岂不谬哉！岂不谬哉！

更考国朝列圣之诏令：康熙五十二年，则有“天地自然之利，当与民共之，不当以无用弃之谕”矣。大学士九卿议奏：“久经开矿之地，如云南、湖广、山西等处，听本地穷民自开，地方官查明记册。其别省人往开及本处富户伯占者，罪之。其他省未开采者，禁之。”上曰：“有矿之地，初开即禁则可，若久经开采，贫民措资觅利借资衣，忽然禁止，则已聚之民毫无所得，恐生事端。总之，天地自然之利，当与民共之，不当以无用弃之。要在地方吏处置得宜，毋致生事。”乾隆三年八月，则有谕两广总督鄂弥达开矿并无聚众难散之事矣。两广总督鄂弥达议覆提督张天骏矿山开采恐滋聚众之奏：“据称，铜矿鼓铸所需，且招募附近居民，聚则为工，散则耕作，并无易聚难散之患。”谕曰：“地方大吏，原以整顿地方，岂可图便偷安，置国计于不问？张天骏借安靖之名，为却责自全之计，其交部议处。”四年六月，则有谕两广总督马尔泰银矿毋庸封禁之事矣。广督马尔泰奏：“英德县长冈岭铜坑近有炼出银矿，请给商人工费。惟该县洪磜矿出银过多，及河源县铜矿逼近铜山，均请封禁。”谕曰：“银矿议闭之说，岂因开银获利者多，则开铜者少乎？不然，银亦天地间自然之利，可以便民，何必封禁？其详议以闻。”四十二年二月，则有谕大小金川地产金沙，可采为设镇安银［营］之费矣。诏曰：“刘秉恬奏促浸、攒拉二水沿河之地可以开矿采金，是以呼为大、小金川。朕思金川之雍中剌麻寺有金顶，则产金自属不妄。若所产金沙果旺，不如官为勘验试采，为两金川设镇安营之费。”嘉庆元年六月，则有塔尔巴哈台金矿穷民偷挖不可严办之谕矣。谕曰：“据伍弥泰奏，昨委侍卫巡查塔尔巴哈台所属之达尔达木图、乌兰托罗挥等处禁山，适有偷挖金两之众，献出金沙六十两，因复派兵拿办等语。向例严察新疆产金之地，特恐匪徒聚众生事。今既献出金沙，尚属遵法，何得派兵拿办？倘有一二流离贫民偷挖金两，断不可如此办理也。”此皆圣祖、高宗圣训，未尝不许开矿之证，与《会典》载云南矿课相表里。或曰：雍正中，世宗不有慎重开采之谕乎？曰：是时朝廷百废备举，方兴直隶水利，清耗羡归公，户部库贮六千余万，直省仓储三千四百万石。外洋无透漏之银，司农无竭蹶之叹，天子不言有无，本强不向标末。帝王之道，张弛各因其时也。故普赐田租之事，可行于文、景，不可行于宣、元；矿课开采之事，可不行于雍正，断不可不行于今日。

军储篇四

问曰：近世银币日穷，银价日贵，于是有议变通行楮币者。其法本于唐之飞钱，宋之交、会；其用同于近日北五省之会票、淮南之根窝；其说倡于嘉庆中鸿胪卿蔡之定，推衍于近日吴县诸生王鎏。且述明臣所议，倪元璐说行钞十便，曰造之省、用之广、藏之便、赍之轻，无成色之好丑、炉冶之消耗、绝银匠之奸伪、盗贼之窥伺，铜钱废而尽铸为兵，白金贱而尽充内帑。果足通银币之穷，佐国用之急乎？

曰宋臣叶适有言："王安石青苗、手实诸法，桑弘羊所不为；蔡京改行钞币，以盗贼之道，诱赚商旅之财，又王安石所不为。"何者？唐之飞钱，宋之交、会，皆以官钱为本，使商民得掺券以取钱，取茶、盐，取香、货，皆有所附丽行之，特以轻易重，以母权子。一意便民而不在罔利，即《周官》质剂之遗，于国用何裨焉？故蔡京改行钞法，不用官钱，直用空楮，以百十钱之楮，而易人千万之物，而后利归于上。然利归上者，害必归下。犹无田无宅之契、无主之券、无盐之引、无钱之票，初行则奸伪朋生，久行则不堪覆瓿，故不旋踵而废。金、元、明代不戒之，而又师之，竟不鼓铸而专用钞。重以帝王之力，终不能强人情之不愿。今如欲复行乎，吾见造之劳、用之滞、敝之速、伪之多、盗之易、禁之难、犯之众、勒之苦，抑钱而钱壅于货，抑银而银尽归夷，有十不便而无一便矣。

然楮币不可用，而更币之法不可不讲。请先陈历代各币兴废之由，以证其说。汉世银价极贱，朱提银八两，直［值］钱千有五百八十，他银八两值千朱提，县名，属犍为，出善银。汉武帝造白金三品，其一重八两，圜之，其文龙，直［值］三千，民废不用。夫白金非楮，武帝稍增其价而遂不行。况以楮代币，视白鹿皮荐直［值］四十万，笼利尤甚，以古准今，其必不得者一。

宋太祖取唐代飞钱故事，许民入钱京师，于诸州换给。开宝三年，置便钱务，令商人诣务入钱者，即日给券。又敕诸州，商人赍券至者，当日付钱，不得住滞，违者科罚。其后成都守臣寇瑊以蜀人苦铁钱之重，私券贸易，富户主之，及富人资衰不能偿，争讼数起，请官置交子务，禁民私造。诏岁造交子一界，备本钱三十六万贯，新旧相因。绍兴中年，复诏会子务，隶都茶场，正以商请茶、盐、香、矾等，岁千万贯，不独恃现钱以为本。然钞引止凭以取茶、盐、香、货，而会子则公私买卖支给，无往不用，流落民间，即同见镪，其究必有最后受累之人，仁者其忍作俑？以古准今，其不可行者二。

绍兴元年，因婺州屯驻，舟楫不通，钱重难致。诏造现钱关子，赴榷货务请钱，愿以茶、盐、香、货钞引者听。三十年，又诏淮、浙、湖北、京西不通水路处，上借等钱，许用会子解发。是交、会原以通舟运之穷，故大观中蔡京钞法，惟江、浙、湖广、福建不行，盖水乡通舟，运甚易，故至今钱票亦不行于江、浙、楚、粤。今欲以西北之票，强诸东南，纵有官钱，尚非民愿，其不可行者三。

王鎏《钞币刍言》谓："果欲行钞，必尽废天下之银然后可行。"是即洪武、永乐禁银钱以行钞法之意。其时罚禁愈严，钞壅愈甚。四川使臣至遣吏，以银诱民市，而执治其罪，卒不能革。而金宣宗贞祐三年，以民间市易多用钱不用钞，请权禁现钱。自是商舟皆运钱贸易于淮南，钱多入宋，识者谓其弃货财以资敌国。今日果禁银行钞，不过尽驱文［纹］银于西洋，其不可行者四。

王鎏又谓前代钞币不行，由楮印潦草，制造不精。然金元光中，以绫印制元光珍货，同银钞行之矣。元世祖中统元年，别造丝钞，曰"中统元宝"，又以文绫织为中统银货，且许旧钞昏烂者以新钞倒换矣。岂得尚谓制造之不精、楮印之潦草？乃金代则银价日贵，宝泉日贱，元代则鼓铸不给，新旧滋弊，率之与银钞皆废。以古准今，其不可行者五。

洪武八年，折收粮税，金每两准米十石，银每两准米二石计金五换。三十年，诏以折收逋赋，重则困民，令金每两准米二十石，银每两准米四石计金亦五换。永乐十一年，更令金每两准米三十石当银七两五钱。又令交趾召商中盐，金一两给盐二十引当银十两。其时米、盐断无如此之贱，特朝廷欲损上益下，故为此制以便民。使当时以银一两而买民四石之米，金一两而买民三十石之米，则势必不行。今行楮币者，为损上益下乎，损下益上乎？其不可行者六。

汉时银八两直钱千，既过贱；金代铸银钞，每锭五十两，直钱百贯，旋铸"承安宝货"，一两至十两，分五等，每两折钱二贯，其价又过贵其后银钞不行，盖由于此。明洪武中，造"大明宝钞"，每贯准钱千文，银一两，每四贯准黄金一两，则银钱之价酌中，而金价不及今四之一。然某氏《谈往录》又言："明初银每两兑钱六百"。是则抑银重钞之令，非民间通行之价。及崇祯十六年，银每两兑钱千有六百至二千有数百，乃严禁小钱，力复旧价，制卒不行。及国朝顺治初，而银价复以两兑千，其时非有鸦片之患，盖前归流贼，故贼平始贱也。顾氏炎武言："万历中赤金止七八兑，崇祯中十兑，江左至十三兑。"亦非由鸦片之故，盖世乱则藏金者多也。近十余载间，文［纹］银每两由千钱至千有五六百钱，洋钱每圆由八百钱而至千有三百钱，人始知鸦片内灌透银出洋之故。夫流贼掠去之银，贼平即出，因避乱而藏镪兑金之人，乱定则其价平减，非若透漏外洋之有出无返也近日沿海多避夷氛，苏、杭赤金至二十三兑，近又复故。

货币者，圣人所以权衡万物之轻重，而时为之制。夫岂无法以驭之？曰：仿铸西洋之银钱，兼行古时之玉币、贝币而已。中国铜钱，西北至哈密而止，西南行至打箭炉而止。自哈密以西，则行回部红铜普尔钱一当内地铜钱之五，以五十普尔为一腾格，形椭首锐，中无方孔，打箭炉以西，则行西藏银钱重一钱五分者，每六圆易银一两；重一钱者，每九圆易银一两；重五分者，每十八圆易银一两。自乾隆平定新疆、西藏后，命于天山南北路各城设局鼓铸普尔钱，文曰"乾隆通宝"，背镌地名，用国书回字矣。又命驻藏大臣监造大小银钱，面文"乾隆宝藏"汉字，背用唐古特字，并于边廓铸造年分，如廓尔喀之式矣。是皆以天朝货币，而仿外夷之式。今洋钱销融，净银仅及六钱六分，而值纹银八钱有奇，民趋若鹜。独不可官铸银钱以利民用乎？以抑番饼乎？此币之宜更者一。

古币以金、以贝、以刀布，宋、金及明始用白金金代始用银钞，而钱粮用银则始于明代太祖初行折色于陕西，正统中行于江南、湖广，见《日知录》，皆五行百产之精华，山川阴阳所炉鞴，从无易朽易伪之物可以刑驱而势迫。《书》曰："具乃贝、玉。"古者，财贿宝货，文皆从贝，锡我百朋，制详五等《食货志》：大贝、壮贝、么贝、小贝、不成贝，凡五贝。两贝为朋。大贝一朋，直钱二百十有六；壮贝一朋，直钱五十；么贝一朋，直三十；小贝一朋，直十；不成贝者，率枚直钱三；是为贝货五品。大贝四寸八分以上，壮贝三寸六分以上，么贝二寸四分以上，小贝寸二分以上，不盈寸二分者不得为贝。玉则古为上币，与贝皆行于三代，而废于秦世。我朝臣服和阗、叶尔羌，玉山玉河，岁时上进，充庭溢阙。乾隆时，回部官山有禁，嘉庆中，始听民开采。今曷以贝、玉佐银币之穷，上出宫府之藏，外榷官山之产，镌其等值，广其流布，物华天宝，民珍国瑞，无倾镕冶铸之烦，无朽腐赝造之苦。此币之可推广者二。

夫开矿以浚银之源，更币以佐银之穷，皆天地自然之珍也，国家不竭之府也，古帝王因时宜民之美利也。舍此而以楮代，曷若行冥镪于阳世，陈明器于宾筵之愈；曷若施画饼以赒荒，易告身以一醉之愈。恐鞅、斯之酷不能行，桑、孔之计所不取。

军储篇五

货源既开，食源尤不可不阜。阜食莫大于屯垦，屯垦莫急于八旗生计。以君养人而不使人自，虽尧、舜犹病博施而济众。国朝列圣之厚八旗者至矣，康熙三藩初定，诏发帑金六百四十余万，代八旗债负，每家获赏数百金，未置寸产，徒糜衣食，一二载荡然无余。其后又颁赏六百五十五万金，亦挥霍立尽。雍正初，屡赏兵丁一月钱粮，每次三十余万，亦不逾旬而罄。岂独八旗之不善节啬，抑其食指浩繁矣哉！世祖时，八旗定甲八万甲，岁饷银若干两，米若干石。圣祖时，增为十二万甲额兵十万，养育兵二万。一甲之丁，积久而为数十丁、数百丁，非复一甲之粮所能赡。计八旗丁册，乾隆初已数十万，今则数百万。

而所圈近京五百里之旗地，大半尽典于民。聚数百万不士、不农、不工、不商、不兵、不民之人于京师，而莫为之所，虽竭海内之正供，不足以赡。且八旗有蒙古、有汉军，不尽满洲，满洲又皆收服辽东诸部落，非宗室天潢也。

汉、唐有养兵之费，宋、明有宗禄之费，未闻举龙兴之地，丰、沛、晋阳、凤、泗之民，而世世赡养之者。国初定鼎中原，居重驭轻，故圈近京五百〈里〉之地，重逃旗外出之禁。自乾隆中叶，已患人满，于是舒赫德、孙嘉淦、张芳湝、沈起元诸臣先后条奏，或言盛京、宁古塔、黑龙江沃壤数千里，仅为牧场间田，请移八旗散丁数万屯东三省，以实旧都而还淳朴，分京师生齿之繁以上舒赫德议。或言独石口外七十里之红城子，再百里之开平，即元上都地，襟山带河，城墉犹在，膏腴不下数万顷；张家口外七十余之〈里〉兴和城，又西百余里之新平城，川原广沃，更胜开平，可耕亦不下数万顷。明初置卫，旋弃归蒙古。我朝平察哈尔，复置为牧场，致东路之热河八达沟即大宁卫旧境，西路之归化、绥远二城即澧州、东胜二卫旧境，声势中隔。应请于开平、兴和各驻满兵三千，红城、新平二城各驻满兵二千，共驻防一万。屯垦牧猎，先为经营，五年规模可定。又言在京旗人情愿下乡种地者，将畿内八旗公产及赎回旗产，每人给种一二百亩，以免佃奴之挟制。又请汉军罢仕情愿在外成家者，许其呈明，置买田产，听其地方官吏约束以上皆孙嘉淦议。或请广驻防之制，谓各省有城守营之处，绿旗兵不下数万，应请将省会及道员驻扎之处，其城守营皆改为八旗驻防以上张芳湝议。或谓汉军本系汉人，莫若于汉军之内，每甲以一人承占，或以行辈，或以材武，食其祖粮，其余闲散则听出其归入四民沈起元议。

诸臣条画有未准行，有准行而下未奉行。窃谓满、蒙、汉三者，宜因地因人而徙。东三省，满洲旧地也，宜专以徙满洲之余丁。开平、兴和，国初平察哈尔、蒙古之地也，宜专以徙在京蒙古之余丁。至外省驻防，难以再增，而外任留寓占籍，本汉人之俗也，宜专以安置汉军之人。各因其地，各还其俗。

或曰近日盛京将军富俊，曾经理双城堡之屯田矣，每人愿移者，许给地二顷，房屋、牛、种、器用、旅费毕具。初奏定每年移二百户，而行之数年，每年仅五十户、七十户，无乃势不可行耶?

曰怀土重迁，民难图始。汉初列侯不愿就国，至诏“丞相为朕先就国以倡率之”；唐时京官轻外任，至令宗室分授刺史、郡守以重之；元魏自平城迁都洛阳，至借〈伐〉齐之师以行之。然国初各省分设驻防，距京师远者数千里，南北异俗。乾隆中，新疆移兵驻防，距京师万里，东西异向，而八旗闻命就道，所至如归，从未闻有难色者，何哉?八旗骑射成俗，语以为兵，则万里不辞；语以为农，则故乡裹足。今宜仍以驻防为名，并择宗室觉罗中奉恩将军之练悫者，使每人率一佐领或二佐领以重其行。至彼之后，打牲、射猎、屯种各从其愿，兼许雇汉农以为之助，则旗人无不跃然者，闲散宗室亦无不释然者。汉、唐中叶以后，宗室苗裔散处郡国，列为四民，况今尚得率一二牛录还旧都，有土有民，世食其利乎?开平、兴化四城，亦宜设蒙古驻防，使游牧屯种，各从其便，并许雇汉农以为之助，则初年不习于农，数载后农牧相安，即可裁其兵粮，以归禁旅之籍。满洲、蒙古，每移一驻防，即可徙数千户，何至每岁徙二百户而不能乎?至汉军外任留籍，既免回京亲友之需索，又得适乐土以长子孙，其心安有不慊，其情安有不勇?若夫兴京东之水利，清旗民之赎产，清入官之籍产，以兼屯满洲、蒙古、汉军无业之旗民，地尤近，利尤切，其扈本固基尤厚，化而导之，宜而通之，是在得人哉!

军储第二篇补注

赵氏翼《檐曝杂记》曰：“银本出内地，如五代时五台山僧继颙以采银佐北汉，盖宋以前不取于边地也。今内地诸山有银矿处，俱取尽，故采至滇徼。然滇中惟乐马厂岁出银数万而已，他恃外番为来源，如滇、粤则资缅甸、安南之银矿，粤、闽则资南海番舶之银钱是也。滇边外有缅属之大山厂，粤西边外有安南之宋星厂，银矿皆极旺，而夷人不习烹炼，故听中国人往采，彼特设官收税而已。大山厂多江西、湖广人，宋星厂多广东人。大山自与缅甸交兵后，厂丁已散，无复往采者。将军明瑞曾过其地，老厂、新厂两处民居遗址，各长数里，皆旧时江、楚人所居。采银者，岁常有四万，岁获利三四十金，则岁常有一百余万赍回内地。当缅酋攻厂时，各厂丁曾驰禀滇督，谓只须遣官兵三千来助声势，则厂丁四万自能御敌。时滇督恐启封疆衅，遂不果。宋金［星］厂距余所守镇安郡仅六日程，镇安土民肩挑针、线、鞋、布诸物往，辄倍获而归。其所得银皆制镯，贯于手以便携带，故郡多镯银，而其大伙多由太平府之龙州出口。时有相杀之事，谁众且强，则择最旺之山踞之，别有纠伙更众者，则又来奋［夺］据之。其地虽安南所辖，而安南国王第主收税，不问相杀事也。有黄姓者，广东嘉应州人，在厂滋事，由安南国王牒解广州，余讯以所得几何而远走徼外？渠对云：‘利实不资。矿旺处画山仅六尺，只许直进，不许旁及。先索僦值六百金，始听采，即有人立以六百金僦之，则其利可知也。’”

军储第四篇补注

国初，近京五百里内圈给八旗，而别拨他州县之闲田以为民地。计近畿凡宗室、王、贝勒、贝子、将军之庄园，共万有三千三百三十八顷有奇；凡勋戚、世爵、职官、军士庄田，十有四万百二十八顷有奇；其内府庄田，以待皇子分封、公主赠嫁者，不在此数。而盛京东北及诸边口外，腴壤日辟，八旗滋生户口，咸取给焉。嘉庆十八年，户部尚书英和奏言："自乾隆年间以来，入官地亩甚多，他不具论，即如和珅、福长安两家入官地亩，不下二三千顷。至今并未升科，屡次查催，地方官奉行不力，尽饱胥吏之橐，且有以碱瘠换膏腴者。请严饬直隶总督作速升科，无令隐匿侵蚀，抵于国用亦有裨益。"

又考伊犁屯田，向惟绿营及回、汉屯丁。自嘉庆九年，将军松筠奏言："伊犁驻防之锡伯营，向无官给口粮，均系自耕自食，生计有资，迥异满营之拮据。近日八旗生齿日繁，上年酌派满洲闲散丁三百六十名，官给牛只、器具，分地试种，秋获十分有余，已有成效。惟系通力合作，未免视为官产，久而生懈。应照锡伯营屯制，按名给地，永为世业，并谕以地即种成，将来亦不奏裁口粮，毋庸观望。满营旗人闻此，始皆欣然领地耕作。"十七年，将军晋昌复奏言："伊犁旗屯之田，有已分、未分二项。其已分田二万四千亩，系松筠奏明分授八旗，每旗三千亩；其未分田二万亩，离城较远，每年专派佐领督率八旗闲散丁，通力合作，添雇回子、流民，将所收粮公贮，分给贫乏。请照松筠章程，分给八旗闲散自行管业，不准招佃耕种，以滋流弊。再仿松筠前奏，于公地之南督筑数堡，每堡盖屋百所，以驻屯丁，教之树畜，农隙习武，以收兵、屯两益。”此新疆驻防旗屯之成效，可推行于畿辅及留都者。

《西域水道记》曰：“乾隆三十六年，自盛京移锡伯部官兵千，驻伊犁河南岸。去河数里，旧有一渠，东西长二百余里。渠北地隘，虑在无田，渠南阻崖，患在无水。嘉庆初，有部人图默特，创议于察布察尔山口引水，自崖上凿渠，亦东西长二百余里，功费繁巨，部人嗟怨。图默特卒排众议，数年乃成。既浚新渠，辟田千顷，遂大丰殖，雄视诸部，郑、白之沃不足云也。新渠东北有积水潭，广数里，环潭皆回民田。将军松筠因新渠成，以潭西、南二面田二千顷，畀锡伯屯之，畀遂东移。两渠相去十余里，新渠高于旧渠六七丈，又新渠之南并南山下皆回民田。”此锡伯营屯田水利同于内地者。

军储第二篇补注

外藩王公舍稜传云：乾隆四十九年，有内地民刘通等集众千余，赴瑚图斯拉山私开金矿，且赂舍稜属额尔齐斯、雅拉拜等给驼马为助。乌鲁木齐都统海禄闻之，以兵往檄，所部助戈，矿民悉就擒，以瑚图斯拉山逼舍稜牧封禁，永为令。瑚图斯拉山，东南接古城界，乌鲁木齐所属地。

唐顺之曰：出矿地方，杭州桐庐、富阳县界五宝山，每百斤用生铁五斤煎得银七八两，铜三十斤。绍兴府会稽县银山坝矿面沙泥，每百斤银二两五钱，矿未开目，今盗泥日可得银三四百两。宁波府观海的山，每百斤银七八两。金华府义乌县八宝山，每百斤低者出银二十两，极好者出银六七百两，日可出千石，江南第二矿也。衢州府西安县桐山源，铁煎每百斤银七八两至二十两止，日可出银千余两；开化县大尖坞，铁、铅煎每百斤银三两至八两止，日可出三百两；江家堘，每百斤银三两，铅四五十斤，日可出一二百两；苦竹坑泥矿，每百斤出银一两，日可得银千两。严州府淳安、遂安界梓树坞，每百斤三两起至二十两止；老山，每百斤出银二两，日可出二百两。杭州府于潜县天目山，每百斤银三两。湖州府孝丰县，每百斤银三两至二十两止。江西广信府常山、玉山界，每百斤出银三十两，日可得三百石；永杨坑矿色如沂州矿，而矿味香甜，每百斤出银三十两至七八百两止，江南第一矿也。此数处者，皆嘉靖以来，或矿徒私开大获利而官阻之，亦有胡军门宗宪督浙时开以助饷而地方乡宦阻之，亦或官开不久即闭要，皆确有矿苗可验。其池州府铜陵县之铁石矿未详。

又曰：择矿法，上顶紫色者，或黑色者，嚼之如蜡，其味如蜜。每一两煎得银五钱者，谓之金水平分，此为绝好，其中或煎银五钱以上者，亦好。次一等，乃鸡粪矿，其形如麦芽，碎块，黑白相兼，每一两煎银八钱上下。又一等，乃黄沙矿，其形黄色，碎如米粒，每一两煎得银六七钱者。外有常号，每一两煎得银二三钱。以上四种需用之物，不拘数目，取来多多益善，大约以二十斤为率，可多不可少。凡取得矿石，用本洞之土、本地之水，调和拌匀，入磁饼内好封固，毋令泄气为妙。外有真出山一气铅取五六十斤，内有银三五钱者，取来作用开法，以地方大户主收煎，以油粮户主采取。假如矿一百斤，值银十两，油粮户只作五两，卖与大户，使二人均利入己、均税纳官，官以廉能者董其役监取，三日三夜通融计之，什分取一，取大户并油户甘结，造清册入官，数日一纳国税。如有利，则开者必不自止；如无利，则开者自息矣。如此开矿，何弊之有？古谚云：有治人，无治法。吾亦曰：有乱人，无乱法也。

耆英为查明南海等县奉到恩旨日期奏折一件

协办大学士两广总督臣耆英等跪奏，为查明上年南海等县展征借领基费、秧本银两，奉到恩旨日期，各该县尚无延搁侵欺情弊，恭折覆奏，仰祈圣鉴事。

窃臣等于道光二十五年九月十六日，准户部咨开，道光二十五年六月十八日奉上谕："给事中黄宗汉奏，广东省遇有蠲缓恩诏，州县并不速行悬挂，俟征收将完，始挂一二日，以虚应故事等语。上年广东南海、番禺、三水、高要、高明、四会六县，因田亩淹浸，概予缓征。该县等于奉旨后即应刊贴誊黄，遍行晓谕，乃并不速行悬挂，复照旧催科，难保无影射朦混、侵欺入已情弊。着耆英等确切查明该省于何日奉到此旨，何以该六县不速行悬挂？倘查有别项弊端，即着指名参奏，毋稍讳饰。因思各直省偶遇偏灾，朕无不立沛恩施，冀闾阎得沾实惠。今广东一省如此，恐他省亦复不免。着各该督抚等饬令所属州县，于接奉蠲缓谕旨后，迅即誊黄张挂，务使城市、乡村得以家喻户晓。仍随时留心访查州县中有任意迟延、朦混催征之员，亦即查明，从重惩办。俾官吏胥役无从影射侵欺，以期膏泽下逮，用副朕轸念民瘼至意。将此通谕知之。"钦此。遵即行司确切查明，据实详办去后。

兹据藩司傅绳勋详称，道光二十四年，南海、番禺、三水、高要、高明、四会六县被水冲決围基，淹浸田亩，尚可补种，有秋并无将田赋概予缓征之案。惟因民力拮据，曾经详请将十三、十四两年借领基费及买秧资本银两，奏准展缓一年，至二十五年秋后完纳。随于二十四年十二月由前抚臣奉到恩旨，即咨转行到司，前司恭刻誊黄，颁行各府转发各县张挂。现经委员驰赴查明，各该县于二十五年正月十八、十九及二十三、四等日陆续奉到謄黄，均即随时悬挂晓谕，并无照旧催征及蒙混侵欺情弊，详请覆奏前来。

臣等复查此项借领基费、秧本银两，久经逾限。因各业户延不完纳，经前抚臣梁宝常于道光二十二年间将水退迟各地方官奏请交部议处。臣黄恩彤前在藩司任内，又经勒限严催，仍未能扫数清完。总缘各业户疲玩者多，即遇丰稔之年，尚难望其踊跃输将，况当被水之后，断不能溢完借款，催科亦属无济。且展征与豁免不同，豁免则比户概行蠲除，或虑从中欺隐；展征则迟速终须完纳，岂能饱及私囊？各该县奉誊黄，似亦无所希冀其为，并无延不张贴、朦混侵欺入已〈豁〉情弊，尚属可信。惟此次接奉恩旨给发到县时，已相距月余，实因刊刻誊黄由府转发，不无稍有耽延。嗣后遇有蠲缓恩旨，应即由司径行颁发各县，俾得刻即悬挂，以期浓膏速沛、实惠均沾。臣等随时留心访查，如有任意迟延、朦混催征之员，立即从严参办，务使杜绝侵渔、力除积弊，以期仰副皇上轸念民瘼至意。所有查明上年各县奉到誊黄，并无延搁侵欺情弊缘由，臣等谨合词恭折具奏，伏乞圣鉴训示。谨奏。奉朱批："该部议奏。"钦此。（二十五年十二月二十日邸抄）

陆费瑔为恭报越南国贡使出入境日期奏折一件

湖南巡抚臣陆费瑔跪奏为恭报越南国贡使过境日期，仰祈圣鉴事。

窃臣前准广西抚臣周之琦咨会，越南国恭遣使臣赍递年例贡品，移会饬属照例应付护送前进等因。当经臣行司查照，向例派委文武大员驰赴入境首站迎护，并将应付各事宜饬属妥为预备去后。嗣该使臣张好合等恭赍贡品，于九月三十日由广西全州水路入湖南东安县境，经文武各委员督同沿途地方官逐程护送，于十月二十三日行抵长沙城。臣率同司、道等官照例待以筵宴，随从人等给予犒赏，饬委岳州府知府恽光宸仍由水路护送前进。兹据禀报，于十月二十三日出湖南巴陵县境，交替入湖北嘉鱼县境。该使臣等一路行走均极安静，经过各属应付照料亦俱无迟误。除先期咨明湖北抚臣一体委员接护出境应付外，所有越南国贡使过境日期，理合恭折具奏。奉朱批："知道了。"钦此。（十二月初二日邸抄）

再升人员前任罚俸银两全完准其升补上谕

奉上谕："前据璧昌等奏，请以合肥县知县沈祥煦升补泗州直隶州知州。当经降旨允准，嗣该部议以该员前在县丞任内尚有未完罚俸银两，与例不符，撤回本任。兹复据该督等奏称，该员应完银两业已完缴，沈祥煦着仍准其升补安徽泗州直隶州知州，照例送部引见。该部知道，单并发。”钦此。（二十六年正月二十二日邸抄）

道光二十五年秋灾续奏上谕

奉上谕：“崇恩①奏请将续报歉收地方酌加调剂一折，山东观城等县于原勘之后，田禾积被损伤，自应量予调剂。加恩着照所请，观城县原准缓钱征漕之韩家楼等六十一村庄，缓旧征新之小辛庄等二十七村庄，同续报之吴娄保等里吴家海等十六村庄，前后共一百三村庄，所有应征本年钱粮、漕米，并漕项、临仓等项，同二十四年民欠，均着缓至道光二十六年秋后启征。其余阖境耿固保等里田家河等三十村庄，除本年钱粮照常征收外，所有本年漕米同二十四年未完民欠钱粮，均着缓至二十六年秋后启征。朝城县原准缓钱征漕之刘羡集等一百十村庄，缓旧征新之前草屋等一百七十七村庄，共二百八十七村庄，所有应征本年钱粮、漕米等项，同二十四年民欠及秋灾原缓，均着缓至二十六年秋后启征。单县除原奏缓钱征漕之刘靛池等一百十六村庄外，其余阖境各庄本年钱粮、漕米照常征收，所有二十四年民欠及秋灾原缓，均着缓至二十六年秋后启征。以上被虫、被旱、被水各村庄，凡有二十三年以前未完民欠，及因灾原缓与应带征历年旧欠递缓钱粮，漕米、漕项河银，临、德等仓，民佃盐课，摊征堤

① 即觉罗崇恩。

工、埝工、河工、地租，出借仓谷等项，并为一案，均着缓至二十六年秋后，各按最先年分，递年依次带征一年。仍照案先尽各该年及二十四年钱粮全清，再行议带漕米，以纾民力。

又另片奏，官台场坐落在寿光县境内灶地，勘明被水较重之北河等十六庄、较轻之湾上等六庄，恳请缓征。亦照所请，所有官台场灶地，着随同该县民田分别轻重，一律办理，内有本年被潮案内村庄原缓新旧钱粮，亦着一并递缓，以纾灶力。该抚即刊刻誊黄，遍行晓谕，务使实惠均沾，毋任吏胥舞弊，用副朕轸念歉区至意。该部知道。”钦此。（道光二十五年十一月十五日邸抄）

建坊减平银两请在
养廉银两内扣拨县详司批

为详请扣拨事。

案蒙本府转蒙宪台札开，案查各属节烈妇女、寿民、寿妇，每名每口应得建坊银三十两，例系在于各该州县地丁银内坐支给领。其每案应扣减平银一两八钱，系应解司汇案报部。迄今未据解到，殊属迟延，现在急等造报，刻难再缓，合行开单札催等因到府。蒙此，合〈行〉转饬。札到，该县即便查照后开姓氏、银数，刻日具批径解藩库兑收。毋迟。此札。

计开节妇张马氏建坊减平银一两八钱等因。蒙此，遵查卑县应解各年廉费俸工等款减平银两，均蒙宪台，由卑县应食养廉银内扣拨在案。所有节妇张马氏建坊银，内应扣减平银一两八钱，拟合详请宪台俯赐饬承，在于卑县解存道光二十五年养廉项下拨扣清款，并请批示下县，以便补具批领呈送，实为公便。为此云云。

前详司批

查该县解存本年春、夏二季养廉银七百两，业已由司扣拨，各项欠款无存。其秋、冬二季养廉，迄未解司。所有节妇张马氏建坊减平银一两八钱，无从查扣。仰将建坊减平同未完养廉银两，即日分批解司，以凭分别兑收造报。毋迟。缴。

报解养廉申文

为申报事。

案蒙宪台批，据卑县详请在解存本年养廉银内拨扣张马氏建坊减平银两一案缘由。奉批，以卑县解存本年春、夏二季养廉银七百两，业已扣拨无存，饬将欠解秋、冬二季养廉银七百两，赶紧批解等因到县。蒙此，查卑县本年秋、冬二季养廉，现止征完秋季银三百五十两，业经饬匠倾镕，定于十二月初三日备具文批，差役解赴宪辕交兑。除另具文批外，合先申报宪台查考。为此云云。

一申布政司。

司行前任潍县苏令[1]札一件

署布政使司、按察使司觉罗崇[2]札前任潍县苏令知悉。

案查前据该令禀称，前在潍县任内代招革令[3]筹补解过已征未解道光二十一年正银二千八百七十一两五钱五分九厘、耗银四百五两六钱，又代支过地丁脚费银三两一钱九分八厘，三共银三千二百八十两三钱五分七厘，请在于招任列抵之奉派摊马刚经费并应付兵差腰拨银内划出，归于该令交案列抵等情到司。当因所禀各项银两是否属实，随经饬查去后。

兹据现署潍县禀称，遵查本月二十五日接奉宪札，以据卑前县苏令具禀，代解招革令道光二十一年正银二千八百七十一两五钱五分九厘、耗银四百五两六钱，又代支地丁脚费银三两一钱九分八厘，三共银三千二百八十两三钱五分七厘。是否属实，饬即查明据实禀覆，以凭核办等因。遵查苏任征完道光二十一年钱粮，核计除本任征完解支外，计代招革令解司正银二千八百七十一两五钱五分九厘、耗银三百八十八两二钱三分五厘，代支地丁脚费银十三两七钱八分三厘，三共实代解支银三千二百七十三两五钱七分七厘。又苏令本任支发节妇谭陈氏等建坊银六十两，内有耗银八两四钱，系苏令已征未解，合并声明。缘奉饬查，拟合查明禀覆查核等情到司。

据此，查该令代招革员筹解正耗银两，虽据宋［苏］令禀

---

① 即苏文恺。

② 即觉罗崇恩。

③ 即招子庸。

称属实，惟所禀耗银脚费与该令原禀并不相符，且称该令支发节妇谭陈氏等建坊银六十两，内有耗银八两四钱，系该令已征未解，是否系以耗羡作正支发，抑或所支建坊正银尚有耗羡未经核计，未据明晰声叙。合行札饬。札到，该令即便遵照将前在潍县任内代招革令筹补解过正、耗等银据实禀覆，以凭核办。毋迟。切速，切速。此札。（二十三年三月初七日札）

二十五年秋灾缓征县详并清册

为札谕事。

除将造送本年秋禾被水、被虫案内缓征新旧钱粮册结缘由备载书册外，拟合摘叙简详，具文呈送宪台查核、核转，除由府转呈径送藩宪外，为此云云。

计详送书册一本、缓征册结各一五本。

一详布政司。

前案县详

为札谕事。

案蒙本府/宪台转蒙宪台/藩宪札饬，将本年秋禾被水、被虫案内应缓新旧钱粮造具册结呈送等因到县。蒙此，遵即饬承查照被灾各庄未完本年钱粮，及阖境未完旧欠，逐细稽核。

除应缓新赋按依被灾地亩实在未完民欠核缓，及道光二十一年至道光二十四年钱粮，均按本年二麦被旱案内请缓银数递缓外。惟道光十一年至道光二十年旧欠钱粮现因办理蠲免，查出正银项下有各前任专支各役工食：道光十一年银一分一厘、道光十二年银一钱二分六厘、道光十三年银一分一厘、道光十四年银一分一厘、道光十六年银一分、道光十七年银九厘、道光十八年银一分一厘、道光十九年银一分一厘。又耗银项下有各前任专支地丁脚费：道光十二年银一厘、道光十六年银一厘、道光十八年银一钱九分二厘。遵照蠲免章程，于未完民欠各该年司库正耗银内剔出，归于蠲免案内作为已征未报银两册报。

又原缓民欠各该年未支奉裁府斗级工食一款，蠲免案内应作已完，另案追赔，均应于民欠项下删除。是以此案缓征册内一律分别剔删造报，致与二麦被旱原缓正耗银数未能相符。除另案造具蠲免册结，并将各年应删、应赔银两缘由于蠲免登覆细册内据实详细声注外，理合造具缓征册结各一、五本，具文详送宪台查核、核转，除由府转呈、径送藩宪外，为此云云。

前案应缓司库清册

武定府惠民县今于与印结，为秋禾被水、被虫等事。

依奉结得，道光二十五年秋禾被水、被虫案内应缓司库道光二十五年正银一万一千九百七十八两三钱六分五厘、耗银一千六百七十二两五钱九分一厘，道光二十四年正银一万二千四十一两四钱一分一厘、耗银一千六百五十六两七钱八厘，道光二十三年正银二千四百五十二两七钱七分六厘、耗银七百二十二两五钱九分，道光二十二年正银五千三百八十六两一钱五分六厘、耗银七百四十一两一分六厘，道光二十一年正银六千七两一钱三分七厘、耗银八百二十五两九钱八分二厘，道光二十年正银一万四千二百八十两一钱一分八厘、耗羡并知县养廉银一千九百六十九两四钱六厘，道光十九年正银七千九百二十四两四分二厘、耗银一千九十八两六钱四分一厘，道光十八年正银八千五十九两五钱五分、耗银一千一百三十八两一厘，道光十七年正银九千四百一十五两八分、耗银一千三百一十七两三钱九分七厘，道光十六年正银四千二十七两六钱三分五厘、耗银五百七十八两六钱六分，道光十五年正银四千一百五十三两一钱三分七厘、耗银六百七十八两四钱一分三厘，道光十四年正银六千一百四十二两三钱七分五厘、耗银八百七十二两七分，道光十三年正银二千九百九两七钱九分二厘、耗银四百二十七两三钱五分六厘，道光十二年正银四千四十五两七分、耗银五百八十四两九钱四分，道光十一年正银三千八百二十两七钱二分、耗银五百四十两一分四厘。

查道光十一年至道光二十年积欠，钦奉恩旨蠲免。除另案造具蠲免册结呈送外，所有缓征银两俱系实在民欠，并无摘征冒缓情弊，日后查出，情愿甘罪。印结。是实。

前案应缓各村庄清册

武定府惠民县为秋禾被水、被虫等事。

今将卑县道光二十五年秋禾被水、被虫案内应缓本年下忙新赋，及二麦被旱原缓上忙新赋，同二十四年民欠，并历年旧欠原缓、递缓钱粮各数目，逐一查明，开册呈送施行。

计开：

惠民县道光二十五年分报明秋禾被水、被虫勘不成灾宋家庄等七百九十一村庄内：

民字约宋家庄某某一百二村庄，大粮上地二百二十八顷五十一亩八分二毫，每亩派征银六分二厘七毫，中地三百二十八顷四亩三分四厘，每亩派征银四分七厘二丝五忽，下地五百四十六顷四十亩三厘五毫，每亩派征银三分一厘三毫五丝，共银四千六百八十八两三钱九分七厘；

惠字约东门街某某二十村庄，大粮上地若干，每亩云云，中地若干，每亩云云，下地若干，每亩云云，共银若干；

人字约闫家庄某某四十五村庄照前式开；

直字约杨家庄某某三十一村庄照前式开；

便字约小刘家庄某某十九村庄照前式开；

和字约牛洼匠家某某二十四村庄照前式开；

平字约商家庄某某八村庄照前式开；

济字约刘安家庄某某六村庄照前式开；

纲字约小李家庄某某十四村庄照前式开；

法字约雷家庄某某五十六村庄照前式开；

度字约孙家集某某一百一十五村庄照前式开；

公字约焦杨庄某某六十六村庄照前式开；

纪字约后高家某某九十五村庄照前式开；

方字约大李新庄某某六十六村庄照前式开；

道字约李毛家庄某某二十五村照前式开；

正字约冯家庄某某一百一村照前式开。

以上各庄秋禾被水、被虫勘不成灾地亩，共应缓征正银三万八千二百七十两一钱八分九厘，内除上忙已完解支过正银二万四千一百二十四两七钱四分一厘，实应缓征正银一万四千一百四十五两四钱四分八厘，内应缓粮道衙门仓项正银一千九百八十五两四钱一分一厘、折色脚价银一百七十七两八钱五分四厘、举人车价银三两八钱一分八厘、司库正银一万一千九百七十八两三钱六分五厘。查前项应缓司库银，内有道光二十五年二麦被旱，复因秋禾被水、被虫缓征司库正银一千七百五十三两三钱六分九厘；又秋禾被水、被虫本案应缓司库正银九千四百五十八两二分；又漕项划归司库核缓正银七百六十六两九钱七分六厘；均请缓至道光二十六年秋后启征，理合登明。

以上各庄秋禾被水、被虫勘不成灾地亩，共应缓征耗银五千三百五十七两八钱二分七厘，内除上忙已完解支过耗银三千三百七十七两四钱六分四厘外，实应缓征耗银一千九百八十两三钱六分三厘，内应缓粮道衙门仓项耗银二百七十七两九钱五分八厘、地丁脚费银二十九两八钱一分四厘、司库耗银一千六百七十二两五钱九分一厘。查此项应缓司库耗银，内有道光二十五年二麦被旱，复因秋禾被水、被虫缓征司库耗银二百五十三两六钱九分一厘；又秋禾被水、被虫本案应缓司库耗银一千三百一十一两五钱二分三厘；又漕项划归司库核缓耗银一百七两三钱七分七厘；均请缓至道光二十六年秋后启征，理合登明。

批解建坊减平银两县详

为详解事。

案查卑县应扣节妇张马氏建坊一案减平银一两八钱。前蒙饬解，当经具详，请在解存二十五年养廉银内扣收。嗣奉宪批，以本年春、夏二季养廉银两，业已扣拨无存，令即由县批解等因到县。蒙此，遵将前项张马氏建坊减平银一两八钱如数封固，拟合具详，批差解赴宪库交兑清款，并祈赐发批回备案。为此备由另、缮册具申，伏乞照详施行。

计详送书册一本、单批一张。

一详布政司。

为批解事。

除外批差本役管解后项银两，定限本月 日，解赴钦命山东等处承宣布政使司布政使加六级、纪录六次王①台下，告投守，奉批回。须至批者。

计管解节妇张马氏建坊减平银一两八钱。

批解李大镛呈缴部借养廉县详

为饬追事。

案蒙宪台札饬，以世袭恩骑尉候补千总李大镛前因学习期满赴京引见，在部借支养廉银一十五两，未及扣还，旋于校阅营伍案内革去候补，仍留世职。该世职籍隶卑县，饬即追解等因到县。蒙此，节经饬差传追去后。兹据李大镛将前项部借养廉银一十五两如数缴案前来，除另备文批，差役解赴宪辕交兑外，拟合具文详请宪台鉴核，饬库兑收报拨，汇详咨部销案，实为公便。为此备由另、缮册具申，伏乞照详施行。

计详送书册一本。

一详布政司。

（户粮房即另清，初七日巳刻送阅。）②

---

① 即王笃。

② 此条为批阅文字，位于该篇开头，现调整至文末。

当商止当候赎县详司批

武定府惠民县为止当候赎等事。

道光二十五年十一月初八日，据卑县当商常阶升呈称，窃商于道光二十一年正月二十二日，在县境济字约东关厢自己宅内开设宏盛号当铺一座。现因资本不足，无力开设，于道光二十五年十一月初八日止当候赎，俟衣物赎尽，再行缴帖销税，叩乞恩准转报等情。据此，卑职覆查无异，除饬俟赎完之日，另报开除，将帖呈缴外，拟合据情具文详报宪台查考存案。为此云云。

前详司批

据详已悉，仰俟该商当存货物回赎净尽，即行饬取结帖，加结详司，以凭转请除税。缴。

请修邑厉坛县详

武定府利津县为详请修理坛宇以重祀典事。

窃照卑县旧有邑厉坛一座，内有房屋共计十间、台一座。其原建年分实系无案可稽，亦未请项重修。屡经雨风刷淋，以致各房全行坍塌，现在不过仅存基址，实非些小粘补所可蒇事。

但工费浩繁，卑职力难。而坛宇重地，又未便因循不修，致误祀典。再四思维，惟有仰恳宪台俯念工程紧要，迅赐委员勘估，俾得及时动项兴修，实为公便。除径详抚宪暨藩宪外，为此云云。

详院司府。

修理风云雷雨坛用过工料银两报销清册

为详请动项修理坛宇以重祀典事。

今将卑县修理风云雷雨坛大殿、配房、门楼各工用过工料银两，逐一分晰，开造报销清册，呈送查核施行。须至册者。

计开：

风云雷雨坛一座、正房三间、抱厦三间。每间面宽一丈一尺，进深一丈八尺，檐高一丈一尺，脊高一丈八尺，七檩，硬山成造。现俱倒塌，拆卸另修。除现存旧料拣选抵用不计价银外，所有添用工料用过银两，逐款分晰于后。

计用拆卸泥水匠十三工一分。

檐柱八根，各长一丈一尺、径七寸，新添七根。计用长一丈一尺五寸、径八寸木七根，木匠六工八分。

金柱八根，各长一丈二尺五寸、径九寸，新添七根。计用长一丈三尺、径一尺七根，木匠八工。

抱头梁八根，各长四尺五寸、径一尺一寸、厚九寸，添新四根。计用长一丈四尺、径一尺三寸木一根，木匠二工八分。

穿插枋八根，各长四尺五寸、高七寸、厚五寸，俱系旧料改做见新。计用木匠二工三分。

五架梁四根，各长一丈三尺四寸、高一尺四寸、厚一尺一寸，换新三根。计用长一丈三尺九寸、径一尺六寸木三根，木匠十一工四分。

金瓜柱八根，各长一尺、径九寸，旧料改做见新。计用木匠二工八分。

三架梁四根，各长七尺四寸、高一尺二寸、厚九寸，换新二根。计用长一丈五尺三寸、径一尺四寸木一根，木匠四工。

脊瓜柱四个，各长二尺四寸、径八寸，旧料改做见新。计用木匠二工四分。

金脊檐枋二十一根，各长一丈六寸、高七寸、厚五寸，换新十九根。计用长一丈一尺一寸、径八寸木十九根。木匠十六工六分。

垫板二十一块，各长一丈二寸、高六寸、厚二寸一分，均系旧料改做见新。计用木匠五工。

檩木二十一根，各长一丈一尺、径七寸，换新二十根。计用长一丈一尺五寸、径八寸木二十根。木匠十八工八分。

檐椽一百五十六根，各长六尺九寸，花架椽一百五十六根，各长三尺七寸，脑椽一百五十六根，各长四尺，俱见方二寸，添新五成。计用檄木见方尺四十五尺五寸五分，长四寸钉九百三十六个，木匠十工五分，锯匠十七工，锭铰匠一十五工六分。

连檐瓦口各二道，各凑长七丈二寸，连檐见方二寸，瓦口高二寸五分、厚七寸，旧料改做见新。计用长四寸钉一百五十六个，木匠四工，头号雨点钉一百个，安装匠五工五分，锯匠二工，锭铰八分工，壮夫二十九名二分。

以上共用泥水匠一十三工一分，大木匠一百零二工，安装匠五工五分，锯匠一十九工，锭铰匠一十六工四分，壮夫二十九名二分。

山墙二堵，每堵连墀头各长二丈一尺六寸、均折高一丈四尺五寸五分、厚一尺六寸。后檐墙一堵，长三丈一尺九寸、高一丈三寸、厚一尺四寸。灰砌条砖，计折厚一尺、见方丈十四丈六尺五寸六分。二面抹饰透骨灰，计折见方丈十九丈一尺四寸二分。除柱梁分位，计用条砖一万一千九百九十块，石灰二万七千一百五十八斤一两，麻刀二百七十一斤十两，挂麻九斤九两，头号雨点钉一千一百四十八个，瓦匠二十九工八分，壮夫七十九名六分。

头停铺锭席、笆插灰泥背各一层，面宽三丈三尺，坡深一丈四尺四寸，计折见方九丈五尺四分。计用苇席二十领九分，苇箔十九领，头号雨点钉一百五十二个，石灰二千八百五十一斤二两，麦穰一百九十斤，瓦匠五工一分，壮夫十五名二分。

头停面宽三丈五尺一寸，坡深一丈四尺六寸，灰瓦底盖板瓦二百二陇，每陇板瓦六十九页。计用板瓦一万三千九百三十八页，石灰二万二千八百三十三斤十二两，麻刀五十二斤十一两，扎缚架子随木瓦作脚手计用扎缚绳三十斤，瓦匠十三工六分，壮夫三十九名二分。

两边配房二座，每座一间，共计二间。每间面宽一丈，进深八尺，檐高八尺，脊高一丈七寸，三檩，硬山成造。计用拆卸泥水匠八工，壮夫十九名。

檐柱八根，各长八尺、径六寸，新添七根。计用长八尺五寸、径七寸木七根，木匠五工二分。

三架梁四根，各长九尺二寸、高一尺、厚八寸，添新三根。计用长九尺七寸、径一尺二寸木三根，木匠五工。

脊瓜柱四个，各长一尺七寸、径六寸，旧料改做见新。计用木匠二工。

檐脊枋六根，各长九尺七寸、高六寸、厚四寸，换新五根。计用长一丈二寸、径七寸木五根，木匠四工二分。

垫板六块，各长九尺四寸、高五寸、厚一寸八分，均系旧料改做见新。计用木匠一工。

檩木六根，各长一丈、径六寸，换新四根。计用木匠三工二分。此件究用木料若干，未经开列。

檐椽一百四根，各长七尺四寸、见方一寸八分，换新五成。计用檄木见方尺一十二尺四寸七分，木匠四工三分，长三寸钉二百八个，锯匠五工八分，锭铰匠三工四分。两配房俱系整椽，是以并无脑椽、花架椽。

连檐瓦口各四道，各凑长四丈七尺二寸，连檐见方一寸八分，瓦口高二寸二分、厚六分，旧料改个见新。计用长三寸钉一百四个，木匠一工七分，头号雨点钉六十八个，安装匠二工三分，锯匠八分工，锭铰匠四分工，壮夫十二名九分。

以上共用瓦匠四十八工五分，泥水匠八工，大木匠二十六工六分，安装匠二工三分，锯匠六工六分、锭铰匠三工八分，壮夫一百六十五名九分。

山墙四堵，每堵连墀头各长一丈一尺，均折高九尺三寸五分，厚一尺四寸。后檐墙二堵，每堵长九尺、高七尺四寸、厚一尺二寸。灰砌条砖，计折厚一尺，见方丈七丈三尺五寸八分。二面勾抿，计折见方丈十丈八尺九寸二分。除柱梁分位外，计用条砖六千二十块，石灰一万九千零四十斤四两，麻刀二十七斤九两，瓦匠十八工二分，壮夫五十九名四分。

头停铺锭席箔、笘插灰泥背各一层，凑面宽二丈，坡深七尺二寸二分，计折见方丈二丈八尺八分。计用苇席六领四分，苇箔五领八分，头号雨点钉四十六个，石灰六百八十六斤四两、麦穰五十七斤十二两，瓦匠一工二分，壮夫十二名四分。

头停凑面宽二丈二尺六寸，坡深七尺四寸，灰瓦底盖板瓦一百四十陇，每陇板瓦三十五页。计用板瓦四千九百页，石灰九千一百八十七斤八两，麻刀一十八斤十二两，瓦匠六工，壮夫二十二名，檄木见方尺十六尺一寸，木匠二工六分。此件檄木不知用于何处。

上下枕二根，各长五尺六寸，抱框二根，各长六尺六寸、俱宽八寸、厚四寸，旧料改做见新。计用本木匠二工。

栅门二扇，各高六尺三寸、宽一尺九寸。计边转二根，各长六尺九寸；边抹二根，各长六尺三寸；抹头四根，各长一尺九寸、俱宽六寸、厚三寸；直棂四根，各长五尺三寸，见方二寸五分；单楹四个，各长八寸、宽五寸、厚四寸；旧料改做见新。计用木匠三工四分，安装匠五分工，锯匠一工四分，壮夫七名三分。

以上共用瓦匠二十五工四分，大木匠八工，安装匠五分工，锯匠一工四分，壮夫一百一名一分。

墙腿二个，各长五尺、高八尺、厚二尺。灰砌条砖，计折厚一尺，见方丈一丈六尺。四面拘抿，计折见方丈一丈八尺五寸六分。除过木两头入墙分位外，计用条砖一千四百十八块，石灰四千四百二十斤十四两，麻刀四斤十四两，瓦匠三工六分，壮夫九名四分。

门楼过木灰砌条砖，高二尺二寸，计十层，共五十五进，每进用砖九块。计用条砖四百九十五瑰，石灰一千五百八十五斤，瓦匠九分，壮夫三名二分。

以上共用瓦匠四工五分、壮夫一十二名六分。

钱粮总计：

杨木径一尺六寸，长一丈三尺九寸，三根每根银一两七钱九分，计银五两三钱七分。径一尺四寸，长一丈五尺三寸，一根，计银一两七钱二分。径一尺三寸，长一丈四尺，一根，计银一两四钱五分。径一尺二寸，长九尺七寸，三根每根银九钱四分，计银二两八钱二分。径一尺一寸，长一丈二尺，三根每根银一两六分，计银三两一钱八分。径一尺，长一丈三尺，七根每根银一两一钱，计银七两七钱。径八寸，长一丈一尺五寸，二十七根每根银六钱五分，计银一十七两五钱五分；长一丈一尺一寸，十九根每根银五钱七分，计银一十两八钱三分。径七寸，长一丈二寸，五根每根银四钱一分，计银二两五分；长八尺五寸，七根每根银三钱七分，计银二两五钱九分。

杨檄木见方尺七十四尺一寸二分每尺银一钱一分六厘，计银八两五钱九分七厘九毫。

长一尺、宽五寸、厚二寸条砖一万九千九百二十三块每块银二厘五毫每块重八斤，计银四十九两钱七厘五毫。长七寸、宽五寸板瓦一万八千八百三十八页每页银七毫每页重一斤，计银一十三两一钱八分六厘六毫。以上砖瓦共重一十七万八千二百二十二斤，自买处运至工所，计程二十六里，车运每二百五十斤每里银三厘五毫，计银六十四两八钱七分二厘八毫。

石灰八万七千六百六十二斤十三两每百斤银二钱五分，计银二百一十九两一钱五分七厘。以上灰斤自买处运至工所计程三十里，车运每二百五十斤每里银三厘五毫，计银三十六两八钱一分八厘三毫。

长四寸钉一千九十二个，计重四十三斤十两八钱；三寸钉三百一十二个，计重十斤六两四钱；头号雨点钉一千五百十四个，计重十五斤二两二钱；共重六十九斤三两四钱每斤银四分，计银二两七钱六分九厘。

麻刀三百七十五斤八两每斤银二分，计银七两五钱一分。

挂麻九斤九两每斤银四分，计银三钱八分三厘。

麦穰二百四十七斤十二两每斤银二钱五毫，计银六钱二分。

长一丈、宽五尺苇席二十七领每领银八分，计银二两一钱六分。

长一丈、宽一尺苇箔十二领四分每领银一钱二分，计银一两四钱八分八厘。

扎架缚三十斤每斤银四分，计银一两二钱。

匠二百九十一工六分每工食六分，计银一十七两四钱九分六厘。

夫三百零八名八分每名银五分，计银一十五两四钱四分。

以上共需用工料银四百九十六两七钱六分六厘一毫，内除拆下不堪选用木渣作柴薪变价，计称重一千八百七十五斤，每斤银一厘，计变价银一两八钱七分五厘抵用外，实用过工料银四百九十四两八钱九分一厘一毫。

前案印结

济南府长山县今于与印结，为详请动项修理坛宇以重祀典事。

依奉结得，卑县修理风云雷雨坛大殿、配房、门楼等工。除拆卸不堪选用木料作柴薪变价抵用外，实用过工料银四百九十四两八钱九分一厘一毫，俱系实用实销，并无虚捏浮冒情弊。印结是实。

禀藩宪会禀前任惠民县杨令交代算明无亏，并请饬追完摊捐银两由，青城县知县张、惠民县知县余会衔

敬禀者。窃卑职薇垣①奉本府饬委监算卑职棨②接收前任杨令交代，遵即会同在于公所三面算明，杨令经手正、杂仓款均已交抵无亏。惟有应交各项摊捐款银三千九百八十六两九钱五分五厘，一时力难并措，但系摊捐银两，前蒙奏明，准于交案提出另追，无碍结报。除卑职棨出具正、杂仓库无亏单结，随后禀府转呈外，拟合将业已算明缘由禀报大人查考。所有欠交捐款，合并开折呈送，伏乞札饬杨令赶紧设措批解，实为公便。为此云云。

计呈清折一扣。

谨将前任惠民县杨茂豫交代案内未完捐摊银两，遵照成案另请饬追，理合开具年款清折呈电。

计开：

一、欠解道光十九年奉摊十三年运直赈米盘费银三十四两四钱四分八厘。

一、欠解道光十八年奉摊试用知县海溋部借养廉银一两五钱五分八厘。

一、欠解道光十九年奉摊前任曲阜县知县徐奕溥部借养廉银三两一钱一分七厘。

---

① 即张薇垣。

② 即余棨。

一、欠解道光二十年奉摊前任鱼台县知县冯锡龄部借养廉银一两五钱五分八厘。

一、欠解道光二十年奉摊试用知县周铭部借养廉银六钱二分四厘。

一、欠解道光二十年奉摊试用知县陈文富部借养廉银六钱二分四厘。

一、欠解道光十九年解饷委员津贴银三百两。

一、欠解道光二十三年解饷委员津贴银二百两。

一、欠解道光二十四年解饷委员津贴银二百两。

一、欠解道光二十二年奉摊修理省会城垣工料银二百一十八两一钱九分。

一、欠解道光二十二年奉摊修理临、德二仓工料银三百三十七两六钱二分八厘。

一、欠解道光二十二年奉摊潍县垫用马刚经费银一百四十五两六钱八分六厘。

一、欠交应摊道光二十一二等年前任垫办列抵购买麻布口袋等项不敷银二百七十三两七钱四厘。

一、欠交应摊道光二十一年前任垫发列抵津贴海丰、沾化、利津三县防堵经费银二百四十一两四钱九分三厘。

一、欠交应摊道光二十一年前任垫修列抵府署二堂等处工料银一百两四钱一分一厘。

一、欠交应摊道光十八年前任垫修列抵监狱工料银三百八十九两二钱二分一厘。

一、欠交应摊道光二十年前任垫修列抵余字仓廒工料银二百七十八两七钱四分四厘。

一、欠交应摊道光二十一年前任垫修列抵调字仓廒工料银二百二十两二钱四分六厘。

一、欠交应摊道光二十一年前任垫修列抵演武所工料银四百二十七两二钱二分一厘。

一、欠交应摊道光二十年前任垫修列抵县署工料银六百一十二两四钱八分二厘。

以上未完摊捐各款银三千九百八十六两九钱五分五厘，均请着追杨令完缴，理合登明。

饬取漏追谈任应赔修监核减银两各任职名司札

布政司王①札惠民县知悉。道光二十五年九月二十日奉抚宪案验，道光二十五年九月初五日准工部咨，营缮司案呈，准山东巡抚崇②咨称，据布政使王呈称，奉准部咨，惠民县修理武定府监狱柴薪变价银六两七分五厘，核减银二百七十五两六钱一分，应饬一并在于承办官名下照数着追，还项报部等因，当经饬追在案。

兹据惠民详称，该前县谈素敦承修府监一案，曾经谈令领过八成截数银八百两，旋奉核减。除长扣三六市平提还外，计尚长领工料银七十九两八钱三分一厘。又谈令交代案内浮抵二成工料银一百八十八两，谈令总未完缴。嗣谈令升任高唐州，丁忧服阕，旋即病故。当经饬查该故员家属是否寄居在省，催令完缴去后。兹据济南府转据历城县申称，该家属并无在省，无凭催缴。谈素敦系江苏丹徒县人，详请移咨江苏抚院转饬，

① 即王笃。

② 即觉罗崇恩。

将核减等项银两作速在于该家属名下照数追缴，咨覆来东，并祈咨部等情。除分咨外，拟合咨明等因前来。

查山东惠民县修理武定府监房，原估工料银九百九十八两八钱七分三厘，嗣于报销案内，除柴薪变价银六两七分五厘外，实请销银九百九十二两七钱九分八厘。经本部核减银二百七十五两六钱一分，行令将柴薪变价目核减各银两，一并在于承办官名下追还报部在案。今据山东巡抚咨称，前任知县谈素敦承修，领过八成截数银八百两，旋奉核减。除长扣市平提还外，计尚长领银七十九两八钱三分一厘。该员病故，家属并无在省，无凭催追，系江苏丹徒县人，请咨江苏省着追等语。

本部查此案，该省系于道光十年三月接到部文，自应赶紧查办，何以该员升任丁忧服阕，并不随时催追，亦不报部，直待病故。其间总计余年之久，始行咨覆，实属迟延。应咨山东巡抚查取历任承追迟延职名送部查议，并咨江苏巡抚转饬，将前项专领银两，查照奏定章程，在于该故员家属名下认真按限严追完缴报部，毋任延宕，并入年终汇奏核办。至交代浮抵银两，事隶户部，应咨户部查办可也等因咨院行司。合行札饬。札到，该县遵照迅将历任承追迟延职名查取送司，以凭详咨。毋违。速速。此札。（二十五年十月十九日到）

监饷津贴归入年例津贴动支，无须再行轮派府札并抄详

武定府陶①札惠民县知悉。本年十月十二日蒙布政司札开，

---

① 即陶庆增。

道光二十五年九月二十九日蒙巡抚部院兼理盐政觉罗崇①批，本司呈详，监饷津贴归入年例津贴项下动支，以昭画一，毋庸专案派摊缘由，蒙批，如详通饬遵照，此缴等因到司。蒙此，合行抄详，马递札饬等因到府。蒙此，合行抄详转饬。札到，该县即便遵照。毋违。此札。（二十五年十一月十二日到）

计粘抄详一纸。

为详明事。

案查东省起解各项饷银应需委员津贴，均系各州县派摊。前于道光十八年，据济南等十府二州会议，因各属摊捐一切解饷津贴有连年重叠派摊，并有数年中摊不及一次者，未免苦乐不均。请按通省缺分之优劣，分为五等，每年共派摊银一万四千二百两，作为年例解饷津贴，在于各州县解存养廉内预为扣存，随时按数支给委员领解。倘有不敷，再行续摊；如有多余，归入下届扣摊等因。由司详蒙批准，通饬遵办在案。

惟起解监饷，每解银一万两，应需津贴银一两。曾于嘉庆二十五年详明，仿照委解临砖之例，按十府二州轮流酌派，每次派摊银一千两，先自济、泰二府摊派起，次及东、武，再次兖、曹，又次青、莱，末次登、沂、临清，附于登州、济宁，附于沂州，统作十有，按五次轮派，周而复始，历经遵办在案。

伏查解饷津贴章程，既已续据济南府等议定，原不分一切京饷、甘饷以及南河等饷，均应在于年例津贴项下动支。其监饷事同一律，兹仍按各府州属轮流摊派，是同一解饷，而津贴办理两歧，未免徒繁案牍。应请嗣后起解监饷，统在年例津贴

① 即觉罗崇恩。

项下动支，毋庸再行专案派摊，以昭画一而归简易。拟合详请宪台鉴核批示，以便通饬遵照。

饬送杨令交代无亏单结

武定府陶[1]札惠民县知悉。本年十一月十一日蒙布政司批，据该县会禀杨[2]任交代算明无亏并请饬追未完摊捐银两缘由。蒙批，据禀该县杨令任内经手正、杂仓款交抵无亏缘由已悉。除将所欠摊捐银两札饬赶紧完缴外，仰武定府速饬〔速〕该县出具接收正、杂仓款无亏单结，禀送来司；一面赶造交代达部册结，注明出结造册各日期，由该府核明加结，送道结转，以凭详咨，并令造具杨令欠交摊捐银两年款清册，送司核办。现值查办蠲免勒限清厘交代之际，均毋任延，致干并咎，切切，此缴，折存，禀抄发等因到府。蒙此，合行录批转饬。札到，该县立即遵照，先行出具无亏单结；一面赶造达部册结，注明出结、造册各日期，具文送府核明结转，并将杨令欠交摊捐银两造具年款清册，径送藩宪核办。仍另造一番送府备案。毋违。此札。（二十五年十一月十六日到县）

① 即陶庆增。

② 即杨茂豫。

禀覆奉提德、常二仓正耗粮批一件

禀覆奉提道光二十四年德、常二仓正耗银两，现在缓征期内，无凭征解一案。粮道批，查该县未完二十四年德、常二仓正耗银两，已于奏销案内照例开参在案。今既因灾递缓，应即赶造递缓册结，具文送辕，以凭详请咨部，照例减等议结。毋违。此缴。

饬发道光二十五年应征漕粮数目清册府札册附

武定府陶①札惠民县知悉。本年十一月十九日蒙督粮道牌开，道光二十五年十一月初四日蒙总漕部堂程②牌开，照该省丙午年起运道光二十五年分新漕所有粮册，合行饬发。为此牌仰该道官吏即将发下粮册逐一核明，转饬各州县遵照本部堂檄饬情节，上紧征收干洁好米、麦、豆；一面预为饬帮，照依单派州县粮数，秉公查验受兑。凛遵例限，速为开行，毋似往年迟至兑期迫届，再行示谕，以致仓猝滋弊。倘敢仍前滥收、滥兑，只将空船报开暨需索搀和捏报等弊，立即飞揭，以凭严行参办，慎毋玩视。仍将粮册报明抚部院暨移会藩司查照，其单

① 即陶庆增。

② 即程矞采。

内数目如有参差，亦即核明粘签，饬令领兑，均毋迟延。计发粮册一本等因到道。蒙此，合行飞饬等因到府。蒙此，合行转饬。札到，该县立即查照单开额征粮数征收，依限交兑，毋稍迟延。速速。此札。（二十五年十一月二十六日到县）

计粘抄粮册一纸。

惠民县正兑正米三百三十七石四斗七升八合二勺，加二五耗米八十四石三斗六升九合六勺；改兑正米一千六百三十七石三斗六合二勺，加一七耗米二百七十八石三斗四升一合九勺；正兑正豆一千三百三十九石二斗二升三合四勺，加二五耗豆三百三十四石八斗五合八勺；改兑正豆一千五百二石七斗五升二合八勺，加一七耗豆二百五十五石四斗六升八合；改兑正麦二百七十五石二斗三合七勺，加一七耗麦四十六石七斗八升六合三勺。济左帮兑。

武定府陶札惠民县知悉。本年十一月十七日蒙布政司札开，案照月报粮价，上廑宸衷，下关民食，各牧令自应查访确实，及时开折呈报。乃近来竟视为无关紧要，非开报不实，即任意迟缓，并有经年累月相同之处，殊非慎重粮价之道。

查本年各属秋收丰稔之处固多，即间有灾伤，不过一隅中之一隅。所有九、十两月米谷、高粮价值，不惟减贱者寥寥，且多转加增昂，显系预留采买冒销地步。至银价一项，省城每两换制钱二千一百余文，而福山、曲阜等县仅折报一千四五百文不等，即价有参差，何至悬殊若此？固由各牧令视为泛常，亦由该府并未认真稽查所致，实属不成事体。合行马递五百里专札饬查。札到，该府立即查明折开粮价增昂，并银价数少，以及经年价值相同各处，究竟是何情形，有无浮开捏报。即日据实禀覆查核，并饬嗣后造报粮价、银价，务须查访确实，及时开折呈报，不得仍前虚应故事。此饬之后，倘再任意朦混，除将价值银数由司核改请奏外，定即据实查参不贷，慎之，速速，此札等因到府。

蒙此，除将本年九、十两月分该县及各属折报粮价、银价贵贱情形由府核议禀覆，俟奉到批示，再行马递转饬。札到，该县即便遵照。嗣后造报粮价、银价，务须查访市集实在价值，及时开折呈报，不得视为具文，以致经年累月价值相同，并无增减，以及任意加增，定行查参不贷。慎之。切切。此札。（二十五年十一月二十四日）

驿站奏销改定限期通饬

武定府陶①为请旨奏销等事。

道光二十五年十二月初八日蒙按察司、济东道牌开，照得驿站钱粮各官完欠，并岁支夫马、工料银两，例应造具奏销四柱简明考成各册结，于次年五月内具题报销。近年以来，皆因该府应造一切奏销简明延至五月二十以后始行送到，以致有误具题，节奉大部查取职名议处，殊非政体。

今道光二十五年分岁序将周，本司拟定应造册札，于来岁三月十五日以前到齐核发，缮清所有应造清册，于四月十五日以前到齐核办，以免迟逾，合行预为饬造等因到府。蒙此，合行转饬。为此仰县官吏文到立将道光二十五年分征收过驿站钱

① 即陶庆增。

粮完欠数目，并岁支夫马、工料银两，逐一分晰开列管收，除在照例造具奏销四柱简明，并经管接署职名考成册结，一样各七本，定限次年开印后，责令正身经承，俟次造齐，签差送府，以凭汇造核转，毋再违期不到以及遗漏舛错，致误造转具题，有干揭参。慎之。速速。须至牌者。（二十五年十二月十九日到）

地丁二参职名一俟限满即行专案题参部覆

武定府陶[①]札惠民县知悉。本年十一月三十日蒙布政司札开，道光二十五年十月十四日奉巡抚部院兼理盐政觉罗崇[②]案验，道光二十五年十月初三日准户部咨，道光二十三年地丁钱粮复参行令，俟限满专案题参缘由到本部院。准此，合就檄行。为此仰司官吏即便遵照，赶紧办理，毋违等因到司。奉此，合行马递转饬等因到府。蒙此，合行马递转饬。札到，该县立即遵照，迅将未完历年钱粮赶紧征解，按年全完，以济饷需而副造报。迅速造具清册送府核转。毋违。此札。（二十五年十二月初九日到）

计粘单一纸。

户部为详请事。

山东司案呈，先准山东巡抚崇咨称，据布政使王[③]呈称，准户部咨，本部奏催江苏等省地丁二参职名，并不按限揭报一

---

① 即陶庆增。

② 即觉罗崇恩。

③ 即王笃。

折。道光二十五年五月初九日具题，本日奉旨："依议。"钦此。相应抄录原奏飞咨山东巡抚遵照办理等因。计粘单，内开：

户部谨奏，查各直省征收地丁正耗钱粮，例应于次年题报奏销，将一年完欠银数各按州县应征分数，详细入册报部，并将州县经征月日、职名各按未完分数开参，此正奏初参也。自初参具题之日起展限三个月，作为二参起限，又应于次年将一年续完未完银数，各按州县经征未完分数、职名开参，此随奏复参也。凡初参处分在五分以下者，例应带罪征收。至复参处分，即按原参分数降调、离任，此复参特重于初参，原令州县各顾考成催征可期得力也。

惟查外省于州县二参，届时往往规避处分，先行迁调，所有接征之员照例另予限一年，照原参查议，以致钱粮繁重之区州，县官有更易至七八任，题参至七八次者。然仍必扣定复参限期，至该年民欠全完，始行结案免议，故处分虽有经征、接征之异，全恃有复参之限，依次具题到部，其民欠银数方能逐年稽核，丝毫不致遗漏。乃臣部于汇催积欠案内，查江苏等五藩司属下二参揭报迟逾日久，于道光二十三年十一月奏，奉上谕："江苏、安徽、山东、福建四省经征二参，多不按限揭报，应赶紧清厘。着两江、闽浙总督，江苏、安徽、山东、福建巡抚严饬各藩司，将因何不照例开参之处，据实查参覆奏，此后均着依限题参以严考核等因。"钦此。当经臣部行文各督抚钦遵在案。

上年八月安徽抚臣王植奏请将道光十二年以前经征督征各官二参职名恳请免送，其民欠钱粮责成现任带征，依限全完。当经臣部照例奏驳，迄今江苏、山东、福建均未据覆奏。而山东补咨二参至十八年止，其余各省亦未补参。臣等伏思参限之不容迟逾者，诚以钱粮之便于稽核。今江等省二参，或有违至十余年尚未揭报者，其中辗转交代，非独考成无从究诘，即银两亦难追查。若徒开取已往之职名，即外间实力奉行，亦易耽延时日，况部中于州县积年完欠细数毫无确据，其流弊胡可胜言。

臣等再四筹思，惟有着落现任各州县按定年限，先将实欠在民银数开具简明清册送部，其历年应参职名陆续行查补参。查江苏省现经奏奉谕旨，勒限清查所有地丁未完银两，江苏、江宁两藩司属下为数较巨，应请敕下江苏巡抚，趁此钩稽厘剔之时，严饬藩司督今现任各员，由道光二十二年溯查至十一年止，所有实欠在民银数，勒限三个月，先行造册送部，其历任未经开参职名续即补参开造。如实有以完作欠等弊，即归于清查案内指参惩办。此外，安徽、山东、福建三省，均着落现任之员，勒限三月，先造清册送部，其历年未经开参职名续开送议。至道光二十三年正奏初参，现查该四省俱已题报到部，扣计二参，即届限满。第查各省办理随本奏销，即开造复查职名，是以完欠分数比较了然。惟江苏等四省仅将随本银数题报，其复参职名经臣部屡催，往往迟至数年始行补送，以致考成之月日不清，则节年银数后先套搭，易多含混。自应划清届限，以冀渐除积弊，相应请旨敕下该督抚督率藩司，自道光二十三年起，该四省办理随本奏销，即开具覆［复］参职名，一并题参。臣部会同吏部核议，嗣后按年依限题参，以严考核。如有仍前逾限不行题参，臣部即将该巡抚、藩司指名奏参，请旨查办。

再查各直省开列二参职名均系题参，由臣部会同吏部核议题覆，向由各省司自行办稿，并未汇总核查。兹派员汇办积欠，由该司员将各司稿件汇总呈堂。经臣等查出山东向系咨参，由臣部改题，会同吏部核议；福建则溯查自嘉庆年间即系咨参，屡经臣部援案咨催，该省总未具题，以致与各省办理未能画一。嗣后应令该二省按限具题，由臣部照例会议题覆等因。奉此，除遵照转饬各府州严饬所属，迅速查明各年未完钱粮，自道光十一年起至道光二十二年止实在未完民欠银数，责成现任各官勒限造具简明清册，出具切实无捏印结，依限送司。至十九，二十，二十一、二等年二参年限册结，赶紧按年挨次造报题参外，伏查道光二十三年地丁等项钱粮奏销，前奉抚部院行知，系于道光二十四年七月二十三日具题。所有二参年限，应自具题之日起，再限三个月，以十月二十三日起，除封印日期，扣至道光二十五年十一月二十四日一年限满。本年办理二十四年随本奏销，核计二十三年复参尚未限满，碍难开列职名，除俟限满赶造报参，并十九，二十，二十一、二等年年限册揭迅速查造完竣，一律遵照改咨请题外，拟合将查明遵照缘由，先行专案详请移咨户部查照等情。据此，拟合咨明等因。

随查此案系山西司原议之件，移付查核去后，今于八月初六日准山西司付称，查道光二十三年复参，既称应扣至二十五年十一月二十四日限满，其本年办理二十四年随本先行具题外，所有复参职名，应令该抚一俟限满之日，即行专案题参。嗣后务须划清届限，按年具题，不得仍前迟延等因前来。查道光二十三年地丁复参，既据山西司核明，应令该抚一俟限满之日，即行专案题参，嗣后务须划清届限，按年具题，不得仍前迟延。其十九，二十，二十一、二等年二参年限，严饬迅速按年挨次造报题参，毋再稽迟，致干未便。至各年未完钱粮，亦即赶紧催追，造具清册送部核办，毋再迟延可也。须至咨者。

新安会议灾务乾隆二十七年

为详报秋禾被水情形事。

窃照五月二十七日以后，连绵夏雨，河水陡长，新邑为九河下稍，诸水汇归，奔腾驰注，势若建瓴。且下游赵北口一带，亦因北沟河发水阻遏，时有逆流，以致无堤卫护，地内未收将熟之麦及甫种之靛尽皆淹没。而堤里各地，自上年安州漫水，尚未全消，今夏大雨滂沱，沥水屡增，亦成一片汪洋，已种稻秧悉被淹浸。西北乡亦以昨岁北堤漫溢，地未全涸，今又屡经雨水盈积。洼下之地有秋禾未经布种者，有已插稻秧被淹者，初拟俟水退落，补种晚禾，以冀有收，不虞河水未消，积水无从全洩，节候既迟，委难补种，已成秋灾。

经卑职大衍先禀麦淹情形，继详秋禾难以补种，续以太阳等三村亦被水淹，先后禀报在案。奉委卑职昌言会勘两次，束装至境，乘坐船只，遍历各村，确加会勘。现在河水浩瀚，沥水未消，东、西两乡虽属沿淀一水一麦之地，然今岁麦靛全淹，终年失望，且致六势灾歉，例准蠲赈。

至若在城关厢尽属堤上之民家，虽未遭水浸，而伊等所种之地尽在关外堤里，现已被淹，且上年亦被蠲赈，似应一体邀恩。其太阳等三村，因沥水被淹，现在遍地皆水，秋禾无望。除各村水泡雨淋坍塌之土房，查系赤贫赁居者，共七十间，业经卑职大衍每间捐给银五钱，以资搬移之费外，统计被淹四十九村，内除水荒等地外，被灾七分小王等村民地一百八顷九十七亩零，被灾八分张村等三村民地一百二十九顷一十六亩零，被灾九分留村等七村民地一百四十顷八十六亩零，被灾十分叶堤口等三十二村民地四百八十四顷二十一亩零。应请照例，将七分灾地钱蠲免十分之二，八分灾地蠲免钱粮四分，九分灾地蠲免钱粮六分，十分灾地蠲免钱粮七分，蠲剩钱粮分年带征。

至赈恤灾黎之外，查新安上年秋既被灾，今岁麦收歉薄，尚属次贫，兹又转成极贫，而向之极贫更属拮据，且相距大赈遥远，数月生计尤艰。况已蒙督宪札谕，普查灾重之区今于八月赈恤等因，转行到县。卑职等似应仰体皇仁宪德，于八月内普赈一月口粮，以济贫民。倘有鳏寡老幼、笃废无依、贫困更甚者，另行摘出，按月续赈。接至大赈，仍分极、次，请将七、八分灾之极贫照例加赈三个月，次贫加赈两个月，十分灾之极贫加赈四个月，次贫加赈三个月。

再查乾隆十五年奉查安州新安淀泊河滩地亩被水，查赈是否有碍定例之处。经前本府宪会同安平分府议详得，沿途各村有承种输租淀地并种粮地者，有专种粮地不种输租地者。今岁被灾最重，分别所种淀地稍多又有粮地，家非赤贫，及淀地粮地虽少尚有别业营生并年壮可以自行谋食者，概行删除，不准食赈外，其余赤贫，准其食赈在案。今次事同一律，亦应照此办理，则与大势灾歉仍准蠲赈之例相符，又与他村稍有区别，庶民知遵奉，不致安生希冀矣。统俟河水退日，设法疏消积水，以助力作。俾地早涸，分别剩时，赶种春麦，酌借麦种以助力作，再于明年赈后青黄不接之时，借给口粮以资接济贫生之应赈者。牒学查报旗户，内除坐庄头、壮丁、披甲、家奴并地多之户不赈外，其有正身旗人种地数亩，并无别业为活，亦无子弟在官，实系乏食者，饬屯目领催查报，造册申送理事厅核发，照民人例一体请赈。应需赈米，另请拨济。

又各项在官征税旗地亦有被淹。今查得，七分灾，回赎民典旗地四十四亩零；八分灾，回赎民典旗地十六顷六十九亩零、回赎家奴典地三顷二十亩零、公产旗地五十四亩零、另案入官旗地二顷九亩零；九分灾，回赎民典旗地十六顷六十六亩零、回赎家奴典地三顷十八亩、公产旗地一顷六十五亩、庄头退出交官征租旗地二顷六十四亩零、另案入官旗地十九亩、地粮项下划出旗退地七顷七十九亩零。查定例，入官等地被灾九分者免租银四分，被灾八分者免租银二分，七分者免租银一分，免剩租银分年带征等因。应请将七、八、九分灾之各旗地租银，分别蠲带。

再查新邑有河淤淀苇二顷地亩，向系征租解司。除淀苇地亩本属水冲之物，毋庸报灾外，其河淤地租应请蠲缓。又新家庄认恳河淤地亩已入地粮奏销，原议征租即于租内扣完银两外，余租起解清河道库作为莲池岁修之用，其地粮应汇总请蠲，而扣粮余剩租银自应照例蠲，以纾民力。

除应赈户口及应蠲粮租各册次第查办，另文造送外，所有会勘过被灾村庄分数并旗地各数，理合分晰造具册结，加具勘结，联衔具文申送宪台核转。除迳详藩、道宪外，为此云云。

江南赴登捷径程站通饬

为详请批示以便转饬遵照事。

窃查前因江南提督刘①奉命带兵一千名赴登州防堵，由郯

① 即刘允孝。

城县入境。当据历城县陈宽面禀由，沂州府前赴登州，另有近道不必远绕省城，并据济南府开折禀同前由。惟其时传牌业已抵省，仓猝之间难以改道，仍饬大道各州县伺应在案。嗣因刘提宪带兵折回江南，差务停止，第夷逆现尚未靖，江南与东省一水可通，此后兵差之有无未可逆料。陈令等所禀近道是否可行，不可不预为查明，以免临期掣肘。

当经本藩司前在臬司任内札委候补知县吕芳楷前往确查，自兰山起至潍县止及间道若干、何处可尖、何处可宿、道路是否平坦、能否行走大车、其尖宿处所店坊几座、属于何州县管辖，会同各州县切实禀覆去后。兹据吕令并兰山、莒州、安丘等州县先后禀覆前来。本司等查江苏省至登州府，自郯城县入境，由山路至省折入东府大道抵登，俱系通衢，办差固属较易，而程站则几及一千七百里之遥。若由兰山县转入莒州、历安、丘县归入潍县大道抵登，统计一千一百余里，其间道路均可行走大车，即尖宿处所坊店仄狭稀少，临时即可搭盖棚厂以备栖止，似较远绕大道为便捷。应请嗣后由江苏至登州府，或登州府至江苏各差使，均由莒州、安丘一带行走。惟莒州、安丘并非驿路，素不办差，而莒州一处三尖两宿，道路尤为绵长，该州县等难免苦累。应请遇有大差，由省委员携带银两前往帮办，庶该州县等办理不致竭据，亦无所用其借口。是否有当，拟合分别开具清折呈详宪台查核批示，以便特饬各州县遵照，实为公便。

再该二处邻近各州县，均地处山僻，设递车辆不敷，无可调拨协济，本司等现饬各府查议长车短价章程，容俟议定，另行其详。此系本兼署臬司主稿，合并声明。为此备由具呈，伏乞照详施行。

计开：

郯城县红花埠至十里铺五十里尖、十里铺至李家庄五十里宿、李家庄至兰山县四十五里尖、兰山县至半城四十五里宿、半城至青驼寺五十里尖、青驼寺至垛庄四十里宿、垛庄至公家城五十里尖、公家城至敖阳六十里宿、敖阳至新泰三十里尖、新泰至羊流店六十里宿、羊流店至崔家庄五十里尖、崔家庄至泰安四十里宿、泰安至长城六十里尖、长城至长清张夏五十里宿、张夏至开山三十里尖、开山至历城五十里宿、历城县至龙山七十里尖、龙山至章丘县四十里宿、章丘至邹平县六十里尖、邹平县至新城张店五十里宿、张店至临淄淄河店七十五里尖、淄河店至益都县三十五里宿、益都县至昌乐七十里尖、昌乐至潍县五十里宿、潍县至王禄六十里尖、王禄至果儿四十里宿、果儿至灰埠六十里尖、灰埠至沙河二十里宿、沙河至掖县五十里尖、掖县至朱桥六十里宿、朱桥至磁口四十里尖、磁口至北马五十里宿、北马至黄县诸由观五十里尖、诸由观至登州府四十里宿，以上共计程一千六百九十里。

计开：

郯城县红花埠至十里铺五十里尖、十里铺至李家庄五十里宿、李家庄至兰山县四十五里尖，以下即折入绕道，兰山县至白埝四十八里宿，车店四座、小车店十八座、白埝至真武庙三十里交莒州界、真武庙至夏庄四十二里尖，车店二座、小车店四座、夏庄至莒州城六十里宿，车店二座、小车店九座、莒州至招贤集四十五里车店三座、小车店十八座、招贤集至苑湖俗呼园户四十六里宿，车店一座、小车店九座、苑湖至井邱集五十二里尖，车店四座、小车店二座、井邱集至王家庄三十四里交安丘界、王家庄至十字路二十七里宿，车店二座、小车店八座、十字路至白分子二十八里、白分子至安丘县二十五里尖，车店五座、小车店十二座、安丘县至疃家潭十五里交潍县界、疃家潭至马司庄二十里宿，车店四座、小车店六座、马司庄至潍县城四十里尖，以下即归入大道、潍县至王禄六十里宿、王禄至果儿四十里尖、果儿至灰埠六十里宿、灰埠至沙河二十里尖、沙河至掖县五十里宿、掖县至朱桥六十里尖、朱桥至磁口四十里宿、磁口至北马五十里尖、北马至诸由观五十里宿、诸由观至登州府四十里，以上共计程一千一百三十二里。

山、湖两路协济车马章程

为详请批示以便通饬遵照事。

窃查东省山、湖两路道里绵长，每遇大差办理颇为掣肘。刻下浙省军务未竣，差务纷纭，即将来凯撤兵丁亦难保不由东省行走，似不可不明定章程，以期遵守。兹饬据济南、东昌、泰安、兖州、沂州五府查议具详前来，除兵差过境如何应付由藩司主稿详奉批示饬遵外，本司酌定协济车马章程六条，是否有当，拟合呈请宪台鉴核批示，以便通饬遵照。为此云云。

计开：

一、东省山、湖两路绵亘千里，不能不令联站第程，站过长则轮转不及，过短则协济不敷。兹据济南府所禀，参核兖州府议详，嗣后山路自德州至禹城县禹城桥一百五十里为第一站，自禹城桥至长清县张夏一百四十五里为第二站，自张夏至泰安县崔家庄一百五十里为第三站，自崔家庄至蒙阴县公家城一百九十七里为第四站，自公家城至兰山县一百九十二里为第五站，自兰山县至江南宿迁县峒峿驿二百二十五里为第六站。

湖路自德州至高唐州一百四十里为第一站，自高唐州至东阿县一百七十里为第二站，自东阿县至汶上县一百七十里为第三站，自汶上县至邹县邾城驿一百四十里为第四站，自邾城驿至江南利国驿二百三十里为第五站。

似此，山路分为六站，湖路分为五站，在站首州县似较联站州县为吃重，第既名为联站，同有责任，倘站首州县贻误车马，联站州县同干参处，以昭公允。

一、东省旧章，差使需马在三百匹以下者，由该管知府在所属州县内自行酌调，如数在三百匹以上者，方准禀司札调邻府州县协济。第山路系济南、泰安、沂州三府管辖，所属州县无多，与湖路情形稍有不同，自应量为区别。嗣后山路差使凡用马在二百匹以下者，均由该管知府自调本属州县协济；二百匹以上者，禀司札调邻府州县。至湖路差使，仍照旧章，需马在三百匹以下者，各由各府自调本属州县协济；在三百匹以上者，禀司札调邻府州县。仍令入境首站先期专差丁役迎赴前途，分投确探该差使究从何路行走，实在用马若干匹，据实禀调。倘入境首站禀报不实，查明是否有心朦混，分别记过撤参。

一、东省遇有大差，向准禀调协济马匹。其车辆一项，历系办差州县自备。第设遇兵差，需车过多，亦恐有掣肘之处。嗣后除寻常差使不准禀调车辆外，如遇兵差过境，山路需车在五十辆以内，即由联站州县自行备办；五十一辆至一百辆者，具禀该管知府酌调本属州县协济；一百辆以外，禀司札调邻府州县。其湖路需车在七十五辆以内，由联站大道州县自行备办；七十六辆至一百五十辆者，各由各府自调本属州县协济；一百五十辆以上者，禀司札调邻府州县。倘不换车马之联站大道，州县坐视观望，不行协力帮办，及入境首站用少调多、捏数浮报者，分别撤参记过。

一、调拨协济车马，总以道路附近及缺分优瘠相等者均匀搭配，方为公允。近来各州县往往自行拣择禀调，而下站所禀调者亦系此属州县，在被调之州县亦断不能分头协济，而本司亦断不便重复札调。兹据济南府酌议，何州县协济何站，开折送司。本司查核尚属妥协，另行开列于后。嗣后务须遵照禀调，毋得紊乱。

一、东省旧章，协济车马未经上差以前，一切饭食喂养俱由协济州县给发，在禀调州县无关痛痒。惟恐协济不足、到站不早，一闻大差信息，明知需用车马甚多，往往先期倍数禀调。而被调州县明知入境首站禀调不实，惟恐差使尚早，守候稽留，往往应付之数不及所调之半。积习相沿，牢不可破。嗣后凡有协济车马，除往返盘费喂养仍照旧章，令被调州给发外，如一经到站，无论差使曾否抵境，所需饭食喂养统由禀调州县按日给发，庶禀调州县虑有饭食喂养之费，不肯先期多调，被调州县亦必依限照付矣。

一、协济车马各州县往往不肯如数应付。今既不准入境首站虚报数目，被调州县亦不准短少贻误，更不准硬打过站。嗣后差使过境，应令承办各州县将何州县协济车若干辆、马若干匹、于何日到站，据实开折禀司。如有短少，分别是否误差，酌量记过；其有硬打过站者，亦令上站州县据实具禀核办。倘因硬打过站以致车马遗失、损坏、倒毙者，责令过站之州县赔补。经此次酌定章程之后，如有屡次贻误差务者，详请撤参办理；妥协者，存记，详请升调。

计开：

山路第一站，德州至禹城县禹城桥，除德州、平原联站外，调德平、陵县、阳信、乐陵、恩县、商河、惠民等七县协济，如有不敷，外借德州营马。

第二站，禹城桥至长清县张夏，除禹城、齐河联站外，调高唐、临清、清平、夏津、武城、聊城、堂邑、博平等八州县协济，如有不敷，外借高唐营马。

第三站，张夏至泰安县崔家庄，除长清县自用驿马外，调章丘、长山、邹平、淄川、临邑、济阳、齐东、阳谷、茌平等九县协济，如有不敷，外借东昌营马。

第四站，崔家庄至蒙阴县公家城，除泰安、新泰联站外，调莱芜、东平、东阿、平阴、汶上、宁阳、肥城等七州县协济，如有不敷，外借泰安营马。

第五站，公家城至兰山县，除蒙阴、沂水联站外，调莒州、费县、临朐、滋阳、邹县、泗水、益都等七州县协济，如有不敷，外借兖州中营马。

第六站，兰山县至江南宿迁峒峿驿，除兰山、郯城联站外，调滕县、曲阜、日照、峄县等四县协济，如有不敷，外借台庄、沙沟、沂州等三营马。

湖路第一站，德州至高唐州，除德州、恩县联站外，调平原、商河、惠民、陵县、乐陵、武城、德平、阳信、夏津、临邑等十县协济。

第二站，高唐州至东阿县，除高唐、茌平联站外，调齐河、禹城、临清、章丘、济阳、馆陶、齐东、清平、博平、堂邑等十州县协济。

第三站，东阿县至汶上县，除东平、东阿联站外，调泰安、长清、冠县、阳谷、朝城、莘县、范县、寿张、聊城、平阴等十县协济。

第四站，汶上县至邹县郱城驿，除汶上、滋阳联站外，调新泰、濮州、济宁、肥城、菏泽、曲阜、运城、莱芜、宁阳、泗水、巨野、嘉祥等十二州县协济。

第五站，郯城驿至江南利国驿，除邹县、滕县联站外，调兰山、郯城、沂水、蒙阴、曹县、单县、城武、峄县、金乡、鱼台、费县等十一县协济。

移府经俸廉稿四件

为移送俸银事。

准贵所移领自本年十二月十二日到任起至年底止应得俸薪银两至县。准此，除核扣衔俸并遵饬扣除减平外，拟合将应支俸银同不符印领，一并备文移送。为此合移贵所，希将银两查收，并将不符印领涂销，另换妥协印领移送过县，以便备案。望速施行。

计移送道光二十五年冬季分，自十二月十二日到任起至年底止，计十九日，每日应支银一钱一分一厘一毫一丝一忽一微，共应支银二两一钱一分一厘。内除应扣衔俸银四钱四分七厘，实该本衔俸银一两六钱六分四厘。又除扣减平银一钱外，下剩实支本衔俸银一两五钱六分四厘。

移经所。

为移送俸工银两事。

准贵所移领道光二十六年春季分俸工银两到县。准此，除扣衔俸并遵饬除扣减平外，拟合将应支俸工银两同不符俸银印领，一并备文移送。为此合移贵所，希将银两查收，并将不符印领涂销，另换妥协印领移送过县，以便备案。望速施行。

计移送道光二十六年春季分俸银一十两，内除应扣衔俸银二两一钱二分，实该本衔俸银七两八钱八分。又除扣减平银四钱七分三厘外，下剩实应支本衔俸银七两四钱七厘。

门子工食银△△、皂役工食银△△、马夫工食银△△，以上共银一十四两六钱四分八厘五毫。

移经所。

此领移回。查照县案确数，另换本年冬季俸银印领一纸、二十六年春季俸银印领一纸，以便分年粘卷。写签粘不符印领上。

为移领养廉银两事案。

准贵所移领本年冬季半廉及俸银等因到县。准此，除俸银另文移送外，所有养廉每年额设银一百两，贵所自本年十二月十二日到任起至年底止，计一十九日，应食半廉银二两六钱三分九厘。内除扣减平银一钱五分八厘，又除扣修署银一两三钱一分九厘外，下剩实应领半廉银一两一钱六分二厘。拟合照数封固同不符印领，一并移送。为此合移贵所，希将不符印领涂销，另换妥协印领移送过县，以便备案，幸勿迟滞。望速施行。

计移送本年冬季半廉银一两一钱六分二厘。

移经所。

为移领养廉银两事。

案准贵所移领道光二十六年春季半廉银两等因到县。准此，查道光二十六年系有闰之年，各官养廉应按三百九十日核算。所有春季九十日半廉，该银一十一两五钱三分八厘，内除应扣减平银六钱九分二厘，又除应扣修署银五两七钱六分九厘外，下剩实应领半廉银五两七分七厘。拟合照数封固，备文移送。为此合移贵所，希将银两查收，另换春季半廉妥协印领一纸移送过县，以便备案。望速施行。

计移送道光二十六年分春季半廉银五两七分七厘。

移经所。

谕漕书张立名帖一件

谕漕书张立名知悉。据禀，水次形情并寄来济、临二属禀稿均已备阅。本县兑漕向系银庄，自应仍将议定米豆价值，照德州银价折银交兑。惟近闻武属州县曾有探得水次米价，每市石不过京钱七千数百文，并无八千八百文之多；豆价以此递减，亦不至六千有零。该书专司其事，承办有年，务当激发天良，确切妥议，必须商定万不可少之价，据实禀候示遵。同属州县定价若干，本县询知甚详。该书稍事虚捏，试问有颜回县销差否，更能当此重咎否？

至于兑费每两折制钱一千五百文一事，济属既经具禀，不日自有定章。武属事同一律，岂可办理参差？究竟粮道宪如何议详通饬，该书一得确音，着即随时抄稿飞速禀闻。倘将来帮中勒指不允，该书一即据实详细具禀，以便由县转禀各宪饬遵受兑。切毋因循玩误，亦毋颟顸欺朦，是为至要。凛之，慎之。此谕。

第二十二本

长山县章[1]任交代册

交款总目：

一、应交正款银三万一千二百一十三两七钱。

一、应交杂款银三千八百一两七钱七厘。

一、应交仓款银二千八百三十四两四钱一分。

一、应交摊捐款银二千四百七十一两二钱七分九厘。

以上四共应交银四万三百二十一两九分六厘，内除抵款银一万八千二百三十八两二钱四分，下剩实应交银二万二千八十二两八钱五分六厘。

正款项下：

一、本任征完二十二年地丁正银三万九千四百三十六两二钱五分三厘，内除解过司库地丁银一万九千一十五两二分八厘、举人车价银四两二钱三分三厘、学租银五两七钱八分、漕仓轻赍等项银九百一十八两九钱三分九厘、德仓席草等项银二百二十四两八钱四分，又支过德仓米折正银一千八十八两三钱八分六厘、润耗席片银一百九十一两八钱六分七厘，坐支过俸工役食、杂支夫马工料等项银二千四百九十一两九钱九分九厘，运漕脚价盘费银六百两二钱六分二厘，下剩实应交银一万四千八百九十四两九钱一分九厘。

一、本任征完二十二年耗银五千五百二十两二钱六分六厘，

① 即章寅。

内除解过司库耗银一千六百八十三两一钱一分二厘、知县养廉银九百两、漕项耗银二百三十五两一钱三分九厘、仓项耗银三十两三钱九分九厘，又支过德仓米折耗银一百五十二两三钱七分四厘，坐支过县丞养廉银八十两、典史养廉银八十两、知县公费银一百六十两、地丁脚费银三十八两三分八厘、漕仓脚费银五两四钱九分，下剩实应交银二千一百五十五两七钱一分四厘。

一、应交本任征完二十一年地丁正银三千一百六十二两二钱三厘、耗羡银四百四十二两七钱八厘。

一、应交原接封①任二十一年地丁正银五百九十三两二钱一分七厘、耗银八十三两五分八厘。

一、应交本任征完二十年地丁正银二百四十三两八钱四分四厘、耗银三十三两八钱三分八厘。

一、应交原接封任二十年地丁正银五两七钱八分、耗银九钱九分七厘。

一、应交原接封任十九年地丁三［正］银三钱三分六厘、耗银四分七厘。

一、应交原接封任十八年地丁耗银二厘。

一、应交原接封任十七年地丁正银六千六百四十二两二钱四分五厘、耗银三百九十八两八钱六分六厘。

一、应交原接封任十六年地丁正银一千六百一十一两六钱六分二厘、耗银二百二十五两六钱三分三厘。

一、应交原接封任十五年地丁正银七十四两九钱六厘、耗银一十两四钱八分七厘。

一、应交原接封任十四年地丁正银二十六两九钱一厘、耗

---

① 即封天霜。

银三两七钱六分七厘。

一、应交本任征完十一年地丁正银四两九钱三分一厘、耗银六钱九分。

一、应交原接封任十一年地丁正银七两二钱六分七厘、耗银一两六钱一分二厘。

一、应交本任征完二十二年荒田马场正银六十五两二钱五分一厘、耗银九两一钱三分五厘。

一、应交本任征完二十一年荒田马场正银六十四两四钱六分二厘、耗银九两二分五厘。

一、应交本任征完二十年荒田马场正银二两七钱五分六厘、耗银三钱八分六厘。

一、应交原接封任二十年荒田马场正银六十三两六钱二分二厘、耗银八两九钱七厘。

一、应交原接封任十九年荒田马场正银六十两一钱二分七厘、耗银八两四钱一分九厘。

一、应交原任［接］封任十八年荒田马场耗银八两六钱九分一厘。

一、应交原接封征［任］十七年荒田马场正银六十一两三钱五分四厘、耗银八两五钱九分。

一、应交原接封任十六年荒田马场正银六十二两八分、耗银八两六钱九分一厘，十五年荒田马场正银五十九两五分、耗银八两二钱六分七厘，十四年荒田马场正银六十五两三钱六分五厘、耗银九两一钱五分一厘，十三年荒田马场正银一钱三分九厘、耗银二分一厘，十一年荒田马场正银四两一分、耗银五钱六分一厘。

一、应交应捐二十二年普济堂等处正银三十两六钱四分七厘、耗银四两二钱九分，二十一年普济堂等处正银十四两四钱六分三厘、耗银二两二分五厘。

一、应交原接封任二十一年普济堂等处正银十五两五分六厘、耗银二两一钱八厘。

一、应交应捐二十年普济堂等处正银三钱六厘、耗银四分三厘。

一、应交原接封任二十年普济堂等处正银二十八两四钱一分三厘、耗银三两九钱七分八厘，十九年普济堂等处正银二十八两一钱四分四厘、耗银三两九钱四分，十八年普济堂等处耗银四两九分三厘，十七年普济堂等处正银三十两九钱四分九厘、耗银四两三钱三分二厘，十六年普济堂等处正银三十两五钱六分二厘、耗银四两二钱七分九厘，十五年普济堂等处正银三十两一分三厘、耗银四两二钱二厘，十四年普济堂等处正银三十一两一钱一厘、耗银四两三钱五分四厘，十三年普济堂等处正银二十九两三钱四分五厘、耗银四两一钱八厘。

一、应交本任应捐十一年普济堂等处正银四厘、耗银一厘。

一、应交原接封任十一年普济堂等处正银五两四钱一分四厘、耗银七钱五分八厘。

一、应交原接前任十二年带征十一年漕耗米四石四斗三升八合，按三①两合银十三两三钱一分四厘。

以上共应交正款银三万一千二百一十三两七钱。

杂款项下：

一、应交道光二十二年税契银七百七十二两九钱一厘，二十一年税契银九百三十八两四钱四分四厘，二十年税契银四百四十二两八钱二分二厘。

---

① 底本此处为苏州码。

一、应交道光二十二年知县缺廉银四十两，二十一年知县缺廉银三百二十七两六钱九分三厘，十九年知县缺廉银六十一两六钱六分六厘。

一、应交道光二十二年县丞缺廉银六十九两一钱一分一厘，二十一年县丞缺廉银七十两三钱五分九厘，二十年县丞缺廉银七十四两四钱四分五厘，二十年县丞缺廉银五两五钱五分五厘，十九年县丞停廉银八十两，十八年县丞停廉银二十三两三钱八分五厘。

一、应交道光十九年典史缺廉银十二两五钱五分五厘。

一、应交道光二十一年知县缺俸银一两五钱四分四厘。

一、应交道光二十二年县丞革俸银三十四两五钱五分六厘，二十一年县丞革俸银四十两，二十年县丞革俸银四十两，十九年县丞革俸银四十两，十四年县丞缺俸衔俸并马夫工食银九两五钱八分四厘。

一、应交道光二十二年知县罚俸银二十九两二钱五分九厘，二十一年知县罚俸银二十七两七钱一分五厘，二十年知县罚俸银二十九两二钱五分九厘，十九年知县罚俸银二十六两二钱五分二厘，十六年知县罚俸银十九两五钱八分七厘，十五年知县罚俸银二十九两二钱五分九厘，十四年知县罚俸钱二十九两二钱五分九厘，十三年知县罚俸银二十九两二钱五分九厘，十二年知县罚俸银二十九两二钱五分九厘，十一年知县罚俸银一十七两五钱一分二厘。

一、应交道光十七年县丞罚俸银二十六两一钱一分一厘，十六年县丞罚俸银四十两，十五年县丞罚俸银四十两，十四年县丞降俸银一钱九分一厘，十三年县丞罚俸银三十七两六钱三分六厘，十二年县丞降俸银八两九钱五分二厘，十一年县丞罚俸银四十两。

一、应交道光二十二年典史罚俸银三十一两五钱二分，二十一年典史罚俸银三十一两五钱二分，十七年典史罚俸银二十二两五钱八分九厘，十六年典史罚俸银六两三钱九分二厘，十五年典史罚俸银二十三两二钱九分，十四年典史罚俸银三十一两五钱二分，十三年典史罚俸银三十一两五钱二分，十二年典史罚俸银三十一两五钱二分。

一、应交道光二十二年廪膳空缺银一两八钱二分，二十一年廪膳空缺银四两四钱三分八厘，二十年师生空缺银十六两六钱九分七厘，十九年师生空缺银十三两六钱八分。

一、应交道光二十二年乡饮银四两二钱三分三厘，二十一年乡饮银四两二钱三分三厘，十九年乡饮银四两二钱三分三厘。

一、应交道光二十二年各役孤贫小建银十六两一钱八厘，二十一年各役孤贫小建银十七两六钱四分二厘，二十年各役孤贫小建银十三两四钱二分四厘，十九年各役孤贫小建银十一两八钱八分三厘。

一、应交道光二十二年夫马小建银一十三两九钱八分三厘，二十一年夫马小建银一十六两三钱，二十年夫马小建银一十一两六钱六分六厘，十九年夫马小建银一十一两六钱六分六厘。

一、应交道光二十二年夫马闰月银二十七两八钱，二十年夫马闰月银二十七两八钱，十九年夫马闰月银二十七两八钱。

一、应交道光二十一年岁贡银十一两九钱二分三厘，十九年岁贡银十一两九钱二分三厘。

一、应交道光二十二年藉谷变价银二两九钱，二十一年藉谷变价银二两九钱，二十年藉谷变价银二两九钱，十九年藉谷变价银二两九钱，十八年藉谷变价银二两一钱七分五厘，十七年藉谷变价银一两八钱八分五厘。

一、应交道光四年空缺公费银一两六钱四分一厘。

一、应交道光二十三年三成银二十八两六钱一分五厘，二十二年三成银三百四十八两，二十一年三成银一百八十两九钱二分三厘，十八年三成银九两二钱五分五厘，十七年三成银八十七两。

一、应交道光十六年三成银三百两五钱。前款十六年三成，内贵任原接封任移交银五十九两五钱，又封任详请咨追钟[1]任银二百四十一两，嗣经该原籍饬据钟任呈验交代议单，业已入交咨覆，转行在案。贵任系最后出结之员，应一并作交银前数。

一、应交佟[2]任原接马[3]任十七年省义仓谷价银二十六两五钱四分二厘。

一、应交接收前任十二年带征十一年漕耗米四石四斗三升八合，按三[4]两合银一十三两三钱一分四厘。

一、应交道光十九年盐规银四十八两，二十年盐规银九十六两，二十一年盐规银九十六两，二十二年盐规银九十六两，二十三年盐规银七两六钱三分一厘。

一、应交道光二十二年无着缺额课程银四两三钱七分四厘，二十二年无着缺额牙杂银一钱八分六厘，二十三年无着缺额课程截日银三钱四分八厘，二十三年无着缺额牙杂截日银一分五厘。

一、应交号马四匹，一二[5]合银四十八两、驴一头银六两。

以上共应交杂款银三千八百一两七钱七厘。

---

① 即钟秉曾。

② 即佟绰图。

③ 即马有绂。

④ 底本此处为苏州码。

⑤ 底本此处为苏州码。

仓款项下：

一、应交常平仓谷二千五百五十九石八斗五升九合二勺，又应交附贮社仓谷十六石五斗五升九合，又应交二十三年自正月初一日起至二月初二日卸事前一日止截日应捐谷三斗一升七合九勺。

以上共应交谷二千五百七十六石七斗三升六合一勺，按每石一一①合银二千八百三十四两四钱一分。

摊款项下：

一、应交前任鱼台县冯锡龄部借养廉银一两六分三厘。前款系道光二十年十月十五日奉文作一年摊，全欠应交。

试用县周铭部借养廉银四钱二分五厘，试用县陈文富部借养廉银四钱二分五厘。前二款系二十年十月十四日奉文作一年摊，全欠应交。

应交前任曲阜县徐奕溥部借养廉银二两一钱二分七厘。前款系十九年四月十三日奉文作一年摊，全欠应交。

试用县海溢部借养廉银一两六分三厘。前款系十八年三月二十六日奉文作一年摊，全欠应交。

一、应交道光十八年府岁考经费银三十两。前款原摊银九十二两，自正月初一日起分年半摊，扣至十九年六月底摊完，内除解过银六十二两，下欠应交前数。

道光十四年修府志书银三十两五钱五分七厘。前款原摊银二百五十两，自十四年二月十三日奉院批之日起分三年摊，扣至十七年二月十二日摊完，内除解过银一百两，又禀追钟任银一百十九两四钱四分三厘，下欠应交前数。

---

① 底本此处为苏州码。

一、应交奉摊道光十三年运直赈米奉删守候饭食及委员盘费银十七两二钱二分四厘。前款原摊前数自十九年八月二十七日奉文作一年摊，全欠应交。

一、应交原接封任交出道光十七年纂修户部则例书价银一两四钱。

道光十七年修理学院箭亭银二两四钱三厘。前款原摊银十三两五钱一分六厘，自十七年七月二十六月奉文起作一年摊，内除详追佟任银十一两一钱一分三厘，下欠应交前数。

道光十八年修府署发审局等处工料银五十七两一钱四分。前款原摊前数，自十八年正月二十二日奉文起作一年摊，全欠应交。

道光十九年修学院箭亭工料银十三两九钱三分四厘。前款原摊前数，目［自］十九年九月十八日奉文起作一年摊，全欠应交。

道光二十年历城县垫修府署发审局等处工料银三十六两八钱二分五厘。前款原摊前数，自二十年正月三十日奉文起作一年摊，全欠应交。

道光二十年修学院箭亭银十五两七钱八分六厘。前款原摊前数，目［自］二十年六月十三日奉文起作一年摊，全欠应交。

道光二十年奉摊十八年修理府署、牌楼、甬路等处工料银四十九两九钱二分五厘。前款原摊前数，自二十年三月二十二日奉文起作一年摊，全欠应交。

道光二十年修府署茶房及四堂等处工料银二十四两六钱七分三厘。前款原摊前数，自二十年四月十六日奉文起作一年摊，全欠应交。

道光二十年修府署门房及花厅等处工料银三十两八钱七分

七厘。前款原摊前数，目［自］二十年四月十六日奉文起作一年摊，全欠应交。

道光二十年临砖柴价银十五两三钱七分六厘。前款原摊前数，自二十年六月二十日奉文起作一年摊，全欠应交。

道光二十年修学署内宅南北上房及宅门、墙垣等处工料银二十三两七钱九分八厘。前款原摊前数，目［自］二十年十月初五日奉文起作一年摊，全欠应交。

道光二十年修府署工北科房等处工料银三十三两九钱八分六厘。前款原摊前数，自二十年四月十六日奉文起作一年摊，全欠应交。

道光二十年修府署招书科房等处工料银三十两一钱八分三厘。前款原摊前数，自二十年八月十四日奉文起作一年摊，全欠应交。

道光二十年修府署大门内外行墙等处工料银三十八两二钱一厘。前款原摊前数，自二十年十一月初九日奉文起作一年摊，全欠应交。

道光二十一年修府署大堂、银库、皂厅等处工料银二十一两五钱六分二厘。前款原摊前数，自二十一年四月二十六日奉文起作一年摊，全欠应交。

道光二十一年修府署东南、西南两院书房并发审局等处工料银二十两九钱三分七厘。前款原摊前数，自二十一年四月二十六日奉文起作一年摊，全欠应交。

道光二十一年修泰东陵、隆恩门、昭西陵临砖柴价银二十四两三钱九厘。前款原摊前数，自二十一年六月初八日奉文起作一年摊，全欠应交。

道光二十一年长清县王令①垫修大清河桥工银二百五十八两六钱七分七厘。前款原摊银六百九两一钱六分二厘，自二十一年十月二十一日奉院批之日起分三年摊，贵任截至二十二年年底止，应摊四百三十日银二百四十二两五钱三分七厘，又应摊二十三年有闰三十一日银十六两一钱四分，共应交银前数。

道光二十二年修泰东陵、隆恩门、昭西陵临砖柴价银十两八钱三分九厘。前款原摊银十五两八钱二分二厘，自二十二年五月二十三日奉文起作一年摊，贵任应摊二十二年无闰二百一十八日银九两五钱八分一厘，二十三年有闰三十一日银一两二钱五分八厘，共应交前数。

道光二十二年修铁公祠工料银五两八钱一分九厘。前款原摊银十七两五钱一分二厘，自二十二年九月三十日奉文起作一年摊，贵任应摊二十二年无闰九十一日银四两四钱二分七厘，二十三年有闰三十一日银一两三钱九分二厘，共应交前数。

道光二十二年修理省会城垣工料银二十两九钱二分六厘。前款原摊银三百五十七两四钱二分八厘，自二十二年八月十一日奉院批之日起分八年摊，贵任应摊二十二年无闰一百四十日银十七两三钱七分五厘，二十二年有闰三十一日银三两五钱五分一厘，共应交前数。

道光二十二年临、德二仓工料银三十三两五钱六分六厘。前款原摊银四百五两一钱五分五厘，自二十二年七月二十日奉院批之日起分六年摊，贵任应摊二十二年无闰一百六十一日银三十两一钱九分九厘，二十三年有闰三十一日银五两三钱六分七厘，共应交前数。

---

① 即王潞。

一、应交道光二十二年禹城县李令①垫修桥工银十三两七钱九分四厘。前款原摊银二百三十二两八钱八分三厘，自二十二年十月十三日奉院批之日起分五年摊，贵任应摊二十二年无闰七十八日银十两九分二厘，二十三年有闰三十一日银三两七钱二厘，共应交前数。

道光二十二年修府署三堂等处工料银十两八钱一分三厘。前款原摊银九十五两八钱四分一厘，自二十二年十二月十九日奉文起作一年摊，贵任应摊二十二年无闰一十二日银三两一钱九分五厘，二十三年有闰三十一日银七两六钱一分八厘，共应交前数。

一、应交原摊并续摊癸卯科场经费银九两四钱二分一厘。前款原摊银三百两、续摊银五十五两五钱五分，自二十三年正月初一日起分三年摊，贵任应摊二十三年有闰三十一日银前数。

一、应交癸卯科考遗经费银二钱四分九厘。前款原摊银九两四钱，自二十三年正月初一日起分三年摊，贵任应摊二十三年有闰三十一日银前数。

一、应交癸卯科考遗垫办拦虎门等项经费银三钱四分二厘。前款系敝任垫办用过制钱二十千文，按一五五②合银一十二两九钱零三厘，应自正月初一日起作三年摊，贵任应摊有闰之年三十一日银前数。

一、应交道光二十三年岁修省考棚银二两三钱零八厘。前款系敝任垫办用过制钱四十五千文，按一五五③合银二十九两零三分二厘，应自正月初一日起作一年摊，贵任应摊有闰之年三十一日银前数。

---

① 即李廷樟。

② 底本此处为苏州码。

③ 底本此处为苏州码。

一、应交道光二十三年应摊二十二年阔布、部饭等银九两二钱七分三厘。前款查东省阔布向系乙年办解甲年之件，部饭等银亦自乙年认摊。除二十二年办解二十一年布匹各项银两业经贵任全数移交外，所有二十二年阔布奉文暂行停办文内声明，部饭银两仍按年起批解库交纳等语。是布虽暂停，而饭食仍须解部。将来委员起解，则津贴及部费等款均应照常支给。长山每年额捐部饭银二十一两七钱七厘、部库大使饭食银四两五钱一分四厘、部费银四十九两九钱二分、津贴并酌加银四十两五钱一分六厘，共银一百一十六两六钱五分七厘。贵任应摊自二十三年正月初一日起至二月初二日卸事前一日止，按三九①计摊三十一日银前数。

一、应摊二十三年秋审部费银一两五钱九分。前款二十三年新事秋审人犯一起应解部费银二十两作一年摊，贵任按三九②应摊三十一日银前数。

一、应摊各项奏销册费银四两六钱二分六厘。前款每年应需地丁奏销册费银一十六两、养廉奏销册费银一十两、杂税奏销司府册费银六两四钱、常平仓谷奏销司房册费银四两、常平仓谷奏销府房册费银三两四钱、孤贫口粮奏销府房册费银六两三钱九分六厘、驿站奏销册费银一十二两，共银五十八两一钱九分六厘，贵任应摊二十三年办理二十二年各项奏销册费，按三九③应摊三十一日银前数。

一、应摊各项大计册费银一十一两五钱一分五厘。前款每届大计，额需钱粮大计司府册费银一十六两、参罚大计司府册费银四两、仓谷大计司府册费银一十二两，共银三十二两，向分三年

① 底本此处为苏州码。

② 底本此处为苏州码。

③ 底本此处为苏州码。

认摊。贵任应摊二十二年全年银一十两六钱六分七厘，又二十三年按三九①应摊三十一日银八钱四分八厘，共应摊交银前数。

一、应交驿站交代一半册费银八两。

一、应交原接封任一半交代册费银四十两。

一、应交原接封任一半交代润笔等银五两五钱。

一、应交接收封任交代应摊一半册费银四十两。

一、应交接收封任交代应摊一半润笔等银五两五钱。

一、应交本任交代一半册费银四十两。

一、应交本任交代一半润笔等银五两五钱。

一、应交奉摊道光十三年历城县垫修府署科房工料银一十五两八钱二分五厘。

一、应交奉摊道光十四年修理学院箭亭工料银一十五两七钱八分六厘。

前二款修理府署科房及学院箭亭银两，系封任详请咨追钟任之项，嗣经该原籍饬据钟任呈验交代议单，均已入交咨复转行在案。贵任系最后出结之员，应一并作交。

一、应交本任二十一年三成银八十两七钱七分，二十二年三成银三百四十八两，二十三年全廉三成银二十八两六钱一分五厘，二十三年半廉三成银三十七两八钱四分六厘。

一、应交本任未领各案兵差等项司房一成领费银六百七两七钱九分。

年例捐款：

藩宪衙门：

院书饭食银十四两九钱九分八厘。

① 底本此处为苏州码。

院本书饭食银八两四钱九分二厘。

司书饭食银二十五两三钱八分八厘。

汇报饭食银四钱五分四厘。

吏攒饭食银五钱六分八厘。

拨册饭食银六钱八分二厘。

耗羡廉费饭食银一两一钱三分七厘。

粮价饭食银一两三钱六分四厘遇闰加银一钱一分四厘。

罚俸饭食银二两二钱七分三厘。

藉田饭食银一两一钱三分七厘。

兵北科饭食银五钱六分八厘。

军需饭食银五两四钱五分六厘。

封筒饭食银一两九钱三分二厘。

刑书饭食银四两五钱四分七厘。

保甲册费饭食银四两五钱四分七厘。

积案饭食银一两一钱三分七厘。

宪书工料银三两六钱二厘。

柬房饭食银四两五钱四分七厘。

茶房饭食银二两二钱七分三厘。

盘查房饭食银十两八钱九分九厘遇闰加银九钱八厘。

抚塘报资银二十二两。

京塘公费银三两二钱二分。

以上二十二款连加闰共银一百二十二两二钱四分三厘，三九①每日该银三钱一分三厘四毫四丝三忽五微，应扣春季三十一日银九两七钱一分六厘。

滕黄工料银十八两。

---

① 底本此处为苏州码。

解饷委员津贴银二百两。

海防经费银三十二两。

续摊宪书工料银一两。

交代局经费银四十三两。

以上五款共银二百九十四两，三九①每日该银七钱五分三厘八毫四丝六忽二微，责任应摊本年春季三十一日银二十三两三钱六分九厘。又应交二十二年解饷委员津贴银二百两。

臬宪衙门：

臬书饭食银六十三两。

招书饭食银四两五钱二分。

词讼册费银四两五钱二分。

囚粮册费银一两一钱三分。

秋审经费银四两五钱二分。

核减册费银四两。

鸦片烟册费银一两。

赃赎册费银一两二钱。

原捐封筒饭食银一两一钱四分。

增添封筒纸张银二两。

秋审犒赏银八两四钱。

监毡夹板银一两。

驿站册费银十一两四钱二分。

军流口粮册费银二两。

值堂房饭食银一两二钱。

狱务循环号簿册费银二两。

司监更夫工食银二两二钱六分。

① 底本此处为苏州码。

兵北科民壮循环号簿册费银一两二钱。

户北科命盗题咨册费银二两。

督捕册费银二两。

司监灯油刑具四两七钱九分五厘。

三监禁卒工食银二十八两。

摊捐禁卒工食银十二两。

津贴两监狱务囚粮八两六钱。

府监额设更夫工食银十二两。

增添更夫工食银三两二钱。

原捐府监灯油刑具银二两四钱。

增添府监灯油刑具银二两四钱。

原捐县监灯油刑具银二两。

增添县监刑具银二两九钱。

府医学药饵银一两六钱九分。

县医学药饵银一两六钱九分。

以上三十二款共银二百零二两一钱八分五厘，三九①每日该银五钱一分八厘四毫二丝三忽一微，贵任应摊本年春季三十一日银一十六两七分一厘。

又应交二十二年臬司承办囚粮报销册费银一两一钱三分，招书饭食银四两五钱二分，冬季办理秋审银一两，词讼号簿银一两一钱三分，增添封筒纸张银二两，新添津贴督捕册费银二两，二十一年臬司冬季办理秋审银一两。

又应交二十三年府署发审经费截日银六两九钱九分五厘，二十二年府署发审经费银二十二两，二十一年续摊不敷府署发审经费银七两二钱七分。

---

① 底本此处为苏州码。

又应交二十一年逃军刘喜子等八案府招书册费共银八两，二十二年马叔武等十案府招书册费共银十两，二十二年府署冬季办理秋审册费银一两，二十一年府署秋审人犯三起银三两六钱，冬季办理秋审册费银一两。

粮道衙门：

新增席片银十一两七钱八分二厘。

漕粮房饭食银五两六钱。

钱粮房饭食银一两八钱三分七厘。

德州仓房饭食银二两四钱。

德州钱粮房饭食银四钱四分九厘。

漕项节省脚费银二两二钱六厘。

仓项节省脚费银五钱四分。

四季缮书饭食银二两。

德仓添平银十一两二钱四分二厘。

军粮折色添平银三两六钱九分三厘。

以上十款共银四十一两七钱四分九厘，三九①每日该银一钱七厘四丝八分七微，贵任应摊本年春季三十一日银三两三钱一分九厘，以上共应交银三两三钱一分九厘。

青州府衙门：

铺垫银二十一两八钱六分三厘。

以上一款，三九②每日该银五分六厘五丝九忽，贵任应摊本年春季三十一日银一两七钱三分八厘，以上共应交银一两七钱三分八厘。

本道衙门：

吏礼等房饭食银二两八钱。

---

① 底本此处为苏州码。

② 底本此处为苏州码。

窃案册费银一两。

盗案册费银一两。

以上三款共银四两八钱，三九[①]每日该银一分二厘三毫七忽七微，贵任应摊本年春季三十一日银三钱八分二厘。

又应交二十二年本道窃案册费银一两、盗案册费银一两，二十一年本道窃案册费银一两、盗案册费银一两。

本府衙门：

招书饭食银四两。

书吏饭食银七十二两。

冬季办理秋审银一两。

匪犯册费银三两。

茶房工食银二两四钱。

保甲册费银四两。

更轿等夫工食银六两七钱五分二厘过闰加银一钱六分三厘。

罚俸饭食银二两。

库书饭食银八两。

代缮粮价饭食银一两三钱。

封筒银二两七钱。

号房饭食银二两。

以上十二款连加闰共银一百九两七钱一分五厘，三九[②]每日该银二钱八分一厘三毫二丝五微，贵任应摊本年春季三十一日银八两七钱二分一厘。

又应交二十二年府署招书饭食银四两、书吏饭食银七十二两、茶房工食银二两四钱、匪犯册费银三两、办理保甲册费银四两，二十一年府署招书饭食银四两、书吏饭食银七十二两、

① 底本此处为苏州码。

② 底本此处为苏州码。

茶房工食银二两四钱、办理保甲册费银四两、匪犯册费银三两，以上共应交摊捐各款银二千四百七十一两二钱七分九厘。

抵款项下：

一、应抵已解二十二年院府科考经费银七十六两零九分六厘。前款原摊院考银六十二两、府考银六十二两，共银一百二十四两，自二十二年七月初一日起分年年摊，贵任全数批解。内除应摊二十二年无闰一百八十日银四十一两三钱三分三厘、二十三年有闰三十一日银六两五钱七分一厘外，下余应抵前数。

一、应抵已解二十二年奉摊藩经历修理弓式碑堂及书饭房工料银二两一钱八分。前款原摊银五两九钱二分七厘，自二十二年六月十二日奉文作一年摊，已由贵任二十二年养廉项下全数扣清。内除应摊二十二年无闰一百九十九日银三两二钱七分六厘、二十三年有闰三十一日银四钱七分一厘外，下分应抵前数。

一、应抵已解二十一年续修府志银三十一两一钱零七厘。前款原奉摊银一百六十六两六钱六分六厘，自二十一年六月十四日奉院批之日起分二年摊，已由贵任二十一年养廉项下扣清。除应摊二十一年及二十二年共五百五十七日银一百二十八两九钱三分五厘、二十三年有闰三十一日银六两六钱三分四厘外，下余应抵前数。

一、应抵未领扣剩各年养廉银三十四两四钱二分。前款现奉藩宪签示册内贵任各年养廉除扣欠款外，只应抵二十二年银七十两七钱七分五厘。

一、应抵本缺流摊马刚滋事垫用经费银一千二百六十九两四钱九分八厘。前款原垫银五千五百两，除佟任自认三成外，下剩银二千四百五十两，禀奉府宪批准，分十年流摊，每年核银二百四十五两，内自十八年闰四月初五日奉批之日起至年底止，应摊除二百六十六日银一百八十一两零二分八厘。又自十九年正月初一日起至二十二年年底止，应摊除四年银九百八十两。又自二十三年正月初一日起至二月初二日贵任卸事前一日止，按三九[①]应摊除三十一日银一十九两四钱七分四厘。共计已摊银一千一百八十两零五钱零二厘，尚余未摊应抵银前数。

一、应抵本缺流摊封任垫修养济院普济堂工料银六百零五两零三分四厘。前款原摊银九百九十二两六钱六分一厘，禀奉府宪批准，自十九年十二月十五日完工之日起分八年摊，每年该银一百二十四两零八分三厘，至十九年年底止，应摊除一十六日银五两五钱一分五厘。又自二十年正月初一日起至二十二年年底止，应摊除三年银三百七十二两二钱四分九厘。又自二十三年正月初一日起至二月初二日贵任卸事前一日止，按三九[②]应摊除三十一日银九两八钱六分三厘。共计已摊银三百八十七两六钱二分七厘，尚余未摊应抵银前数。

一、应抵本缺流摊封任垫修衙署工料银六百八十一两零三分六厘。前款原垫除自认三成及尾零外，禀奉府宪批准，以一千两自二十年七月十一日工竣之日起分八年摊，每年该银一百二十五两，至二十年年底止，应摊除一百七十日银五十九两零二分八厘。又自二十年正月初一日起至二十二年年底止，应摊除两年银二百五十两。又自二十三年正月初一日起至二月初二日贵任卸事前一日止，按三九[③]应摊除二十一日银九两九钱三分六厘。共计已摊银三百一十八两九钱六分四厘，尚余未摊应抵银前数。

---

① 底本此处为苏州码。

② 底本此处为苏州码。

③ 底本此处为苏州码。

一、应抵县丞借廉修署银一百六十三两零八厘。前款封任于道光十九年三月间详奉批准借给银二百两，原议分八年扣还，随即在于该县丞十九年秋冬及二十年春夏秋等五季养廉内扣过银三十一两二钱五分。嗣经查明该县丞有停廉参案，禀奉府宪批准，俟限满食廉之日分四年扣完。核计未扣银一百六十八两七钱五分，每年该扣银四十二两一钱八分七厘五毫。该县丞已于二十二年十一月十一日参案限满，十一月十二日食廉，贵任应于支给廉银内扣四十九日银五两七钱四分二厘外，下余应抵银前数。

一、应抵典史借产修署银一百五十两。前款原借银二百两，奉府宪批准，自二十一年冬季起分五年扣还，每季该扣银一十两，截至二十二年冬季止，贵任应扣过五季银五十两外，下余应抵前数。

一、应抵二十三年冬羡银二百三十八两四钱六分一厘。前款每年银三千两，二十三年有闰，按三九①，贵任应抵三十一日银前数。

一、应抵垫发二十三年春季县丞养廉银八两七钱二分六厘。前款二十三年有闰，贵任按三九②发过县丞春季廉银一十八两四钱六分二厘，内除应扣借廉修署银九两七钱三分六厘外，下余实垫应抵银前款。

一、应抵垫发二十三年春季县丞各役工食银七两七钱六分一厘。前款二十三年有闰，贵任按三九③发过县丞衙门门子春季工食银一两二钱九分三厘四毫五丝、皂隶春季工食银五两一钱七分三厘八毫三丝、马夫春季工食银一两二钱九分三厘四毫

---

① 底本此处为苏州码。

② 底本此处为苏州码。

③ 底本此处为苏州码。

五丝，共应抵银前数。

一、应抵垫发二十三年春季典史养廉银十两。前款贵任发过银二十两，内除应扣春季典史借廉修署银十两外，下余实垫应抵银前数。

一、应抵垫发二十三年典史各役工食银八两四钱零七厘。前款贵任垫发过二十三年春季典史衙门门子春季工食银一两四钱零一厘、皂隶春季工食银五两六钱零五厘、马夫春季工食银一两四钱零一厘，共应抵银前数。

一、应抵一半充公当规银七两六钱三分一厘。前款每年留县充公银九十六两，二十三年有闰，按三九①，贵任应抵三十一日银前数。

一、应抵封任二十一年垫办兵差银一千六百六十五两九钱六分九厘。

一、应抵道光十二年浮额孤贫银一十二两二钱五分三厘。

一、应抵道光二十一年浮额孤贫银二两四钱九分七厘。

一、应抵道光二十二年浮额孤贫银一十四两七钱六分一厘。

一、应抵道光二十一年夫马闰月银八两七钱。

一、应抵道光十六年至二十二年先农祭品银十四两二钱一分。

一、应抵原接封任及本任置备公案、民壮衣物、器具等银一百八十两。

一、应抵本任置买添建衙署房屋地基价银六十两。

一、应抵二十三年正月初一日起至二月初二日前一日止，应食全廉银九十五两三钱八分四厘。

一、应抵二十三年二月初二日起至四月二十四月前一日止，

① 底本此处为苏州码。

应食半廉银一百二十六两一钱五分四厘。

一、应抵二十三年正月初一日起至二月初二日前一日止，应支公费银一十二两七钱一分八厘。

一、应抵二十三年春季三十一日截日三班工食银三十三两一钱三分三厘。

一、应抵二十三年春季截至交号共三十四日马驴料草马夫工食及抄牌工食截日银三十九两一钱。

一、应抵二十三年春季三十一日白夫工食截日银三十六两一钱六分七厘。

一、应抵二十三年春季三十一日兽医及鞍屉、棚厂槽铡等项截日银一两四钱五分三厘。

一、应抵二十三年春季门子工食银二两八钱二厘、仵作工食银五两六钱五厘、禁卒工食银二十二两四钱二分、轿伞扇夫工食银九两八钱九厘、库子工食银二两八钱五厘、斗级工食银五两六钱五厘、铺司兵工食银四十四两七分三厘。

一、应抵刘①任原抵业已咨追修仓浮抵核减银七十八两五钱九分一厘。

一、应抵本任垫解二十二年院科考五行年貌册费银二两八分七厘。

一、应抵本任垫发二十三年正月分正额孤贫银一十五两、浮额孤贫银二两九钱八厘。

一、应抵封任原抵二十年及二十一年兵差不敷银五千三百三十六两四钱一分一厘。前款原抵银五十［千］五百两，奉道宪批准，作十五年摊，每年该银三百六十六两六钱六分六厘，贵任自道光二十二年八月十九日奉道批之日起至二十二年年底

① 即刘昕。

止，按三六[1]应摊除一百三十二日银一百三十四两四钱四分四厘，又自二十三年正月初一日起至二月初二日卸事前一日止，按三九[2]应摊除三十一日银二十九两一钱四分五厘外，下剩实应抵银前数。

一、应抵本任垫修衙署流摊银一千两。前款现由监交核议，禀覆府宪立案。俟奉批准，流摊年分再以奉批之日起摊，此时暂行列抵。

一、应抵本任垫办二十一、二两年正站腰拨协济车马及各案兵差未领银六千七十七两九钱五厘。

以上共应抵银一万八千二百三十八两二钱四分。

秋禾被水各县请委员覆勘调剂被灾轻重等第禀稿[3]

查，前据乡民在县呈报秋禾被水，当经△△亲诣查勘，此因节气尚早，如果积水即日涸复，得数日晴朗天气，禾稼受伤自可轻减。讵低洼地亩，土脉被水浸透，虽经设法疏消，一时未能涸复。且△△查勘以后，连日阴雨蒙胧，秋禾正当结实之际，未得风日吹晾，是以谷之日形黄萎，较之初勘之时成色更觉不如。刻下秋禾将次登场，秋收丰歉不能再望更转，被灾轻重究以覆勘情形为定。所有△△等随同本府勘明，酌议调剂等

---

① 底本此处为苏州码。

② 底本此处为苏州码。

③ 根据内容调整至现在的位置。

第，委付体察民情，据实办理。灾伤重务，国计民生两有关系，△△岂敢稍事冒滥，置国帑于不问。亦不敢因初年情形在先，意存回护，视民瘼而不恤。惟有仰求△△、△△△鉴核实情，俯准仍照△△随同本府覆勘，酌议调剂等第，另案续请具奏，俾各灾黎暂免追呼，不致流离，感戴宪德，实无既极。

被水较轻、最轻阖境村庄因灾缓征钱粮、漕米带征办法

〈缓征〉漕米在两年以上者，应分别最近、最先。如道光二十一年有缓征漕，〈二十〉六年又有缓征漕米，则二十六年为最近，二十一年为最先。二十□□被灾案内，如系缓钱征漕章内，各县悉心体察确核，筹议究□□被水较轻之某某等若干村庄，除本年漕米照常征收外，所有道〈光二十〉八年钱粮及漕仓等项银两，并二十七年民欠，同秋灾原缓钱粮及二十八年原缓漕米，均缓至道光二十九年秋后启征。其余被水最〈轻之〉阖境村庄，除本年钱粮、漕米照常征收外，应请将道光二十〈七〉年民欠及秋灾原缓钱粮，并二十六年原缓漕米，均缓至道光二十九年秋后启征。以上被水较轻及最轻之阖境村，凡有道光二十六年以前未完民欠及因灾原缓与应带征历年旧欠，原缓、递缓钱粮、漕米，临、德等仓银两，一并缓至道光二十九年秋后分别钱粮、漕米，各按最先年分，递年依次带征一年云云。

勒追未完未便开复[①]

以交代案内有款可抵，即作全完，奏请开复。况奏参勒追银两，本员一经开复，即应报部候拨。今彭令[②]抵款项下存司领款仅止若干，其余均作县案流，约计几年以后方能摊满。现在摊起者不过几百余两，即便后任从井救人，颟顸出结，而银两未到司库，岂能详请具奏，又不能以未托摊起之款勒令后任预行垫解。

虽奏参数内有彭令移支吴令[③]代解司库正银〇〇、耗银〇〇，粮道正银若干、耗银若干，未经登除。

……为领状事[④]

……领状工皂于永强今于与领状事。

依奉领到，工食银　两　钱，分派役二名在……看押人犯周元贵等六名，自三月十二日起至　日止。所领是实。道光二十七年三月　日。

---

① 整理者自拟标题，或为某篇残页。

② 即彭垣。

③ 即吴之观。

④ 整理者自拟标题，或为某篇残页。

第二十三本

奏销限期虽在五月，而初参则以二月二十日为限。其刀［初］限以后，奏销以所完钱粮，固可并入初限以内所完，统计分数；而二月二十初限以后，奏销以前纵有灾缓，亦不能于刀［初］参分数内扣出免议，只能于二参分数内扣出。偶录俟考。

俸杂等款减平册二十三年分

造送道光二十三年分俸杂等款银内减平银两册

为札谕事。

今将卑县道光二十三年分俸杂等款项亦应扣减平各项银两，自七月二十四日起至年底止，逐一查明，造具清册呈送，查核施行。

计开：

长山县道光二十三年分存留项下官俸役食杂支银一千五百六十一两九钱二分四厘，内除铺司兵工食银一百七十六两二钱九分四厘、孤贫口粮布花银二百一两六钱、龙亭帐幔银八分八厘、圣庙银三十五两、火烛银一两二钱五分、启圣名宦乡贤祠银四两、山川社稷坛银四两、孤魂邑厉坛银四两三钱八分、廪粮银一百七十三两六钱，均系奉文免扣减平。及乡银四两二钱三分三厘，已奉文捐办，不准支用外，下剩银九百五十七两四钱七分九厘，内本县知县一员俸银除扣存外，实剩银二十九两二钱五分九厘。

前款已于罚俸案内应扣调任知县章寅罚俸银九两一钱八分四厘、现任知县祝镜清罚俸银二十两七分五厘项下讫，并无核扣减平，登明。

门子二名工食银十一两二钱一分。

皂隶十二名工食银六十七两二钱六分。

仵作四名工食银二十二两四钱二分。

马快八名工食银一百二十五两五钱七分五厘。

民壮二十八名工食银二百二十四两。

看监禁卒八名工食银八十九两六钱八分。

轿伞扇夫七名工食银三十九两二钱三分五厘。

斗级四名工食银二十二两四钱二分。

前九款共银六百二十四两二钱二分，自二十三年七月二十四日起至年底止，共应支工食银二百九十九两三钱五厘，内除应扣四日小建银六两四钱二厘外，应于实支银二百九十二两九钱四厘项下，扣减平银一十七两五钱七分四厘。

县丞一员俸银四十两。

前款已于罚俸案内应扣现任县丞王仲瀓罚俸银四十两项下，讫并无核扣减平，登明。

门子一名工食银五两六钱五厘。

皂隶四名工食银二十二两四钱二分。

马夫一名工食银五两六钱五厘。

前三款共银三十三两六钱三分，自二十三年七月二十四日起至年底止，共应支工食银一十六两一钱二分五厘，内除应扣四日小建银三钱四分五厘外，应于实支银一十五两七钱八分项下，扣减平银九钱四分七厘。

典史一员俸银三十一两五钱二分。

前款已于罚俸案内应扣现任典史魏彬罚俸银三十一两五钱二分项下，讫并无核扣减平，登明。

门子一名工食银五两六钱五厘。

皂隶四名工食银二十二两四钱二分。

马夫一名工食银五两六钱五厘。

前三款共银三十三两六钱三分，自二十三年七月二十四日起至年底止，共应支工食银一十六两一钱二分五厘，内除应扣四日小建银三钱四分五厘外，应于实支银一十五两七钱八分项下，扣减平银九钱四分七厘。

儒学教谕一员俸银四十两。

复设训导一员俸银四十两。

前二款共银八十两，自道光二十三年七月二十四日起至年底止，共应支俸银三十四两八钱八分九厘，内应扣解减平银二两九分三厘。

斋夫三名工食银三十七两二钱。

膳夫二名工食银一十三两七钱七分七厘。

门斗三名工食银二十二两三钱二分。

前三款共银七十三两二钱九分七厘，自二十三年七月二十四日起至年底止，共应支工食银三十五两一钱四分五厘，内除应扣四日小建银七钱五分二厘外，应于实支银三十四两三钱九分三厘项下，扣解减平银二两六分四厘。

岁贡生袍帽伞盖银八两四钱六分六厘。

岁贡生正副盘费银一两六钱九分三厘。

岁贡生迎贺旗匾花红银一两七钱六分四厘。

前三款共银一十一两九钱二分三厘，轮贡之年由县存留支发，歇贡之年全数批解，俟轮贡之年不敷赴司请领之项。二十三年系歇贡之年，所有岁贡银两，应按库平全数批解，俟轮贡之年请领支发时，再行扣平造报登明。

以上共应扣减平银二十三两六钱二分五厘。

署潍县李任交代底册抄历城案

署潍县李[1]为移交事。

今将敝任内经手一切正、杂、仓、捐、应交、应抵各款银两，逐一查明，开具交代清册，移送查核施行。

计开

正款项下：

一、应交征存十一年正银二千三百九十四两九钱五分九厘、耗银二百八十二两二钱一分六厘，十五年正银六十八两四钱八分七厘、耗银十七两六钱六分八厘，十四年正银六两四钱七分五厘、耗银九钱七厘，十三年正银二两一厘、耗银二钱八分，十二年正银一两二钱七分、耗银一钱七分八厘。

以上应交正款银二千七百七十四两四钱四分一厘。

杂款项下：

一、应交支存十六年府学岁贡银三两三钱，乡饮银三两五钱二分一厘。

一、应交扣存十六年正、三、六、八等月夫马小建银十七两三钱，各役孤贫小建银十一两三钱四分六厘。

一、应交扣存廪膳空缺十五年银九两五钱六分三厘，十六年银十一两九钱一分二厘。

---

① 即李恩霖。

一、应交十六年秋季县丞俸银十两，春夏秋马夫工食银四两一钱四分二厘、门子工食银四两一钱四分二厘、皂隶工食银十六两五钱六分五厘，秋季养廉银二十两。

一、应交十六年春夏秋典史革俸银二十三两六钱四分、革廉银六十两。

一、应交十六年秋季巡检半廉银十两。

一、应交教谕、训导十六年秋季俸银二十两，斋夫工食银九两一钱九分六厘，门斗工食银五两五钱一分八厘，廪粮银四十三两四钱，膳夫银三两四钱六厘。

一、应交八、九两月正、浮额孤贫口粮银二十六两五钱五分。

一、应交藉谷变价十五年冬季截日银二钱九分四厘照十四年银数扣摊，十六年截日银一两四分二厘照十四年银数扣摊。

一、应交龙亭帐幔十六年截日银一钱三分四厘。

一、十六年知县秋季六十四日俸银五两二钱二厘，公费银二十八两四钱四分四厘，马快工食银十一两七钱五分六厘，民壮工食银四十九两，皂隶工食银十一两七钱七分，捕役工食银十两二钱二分，马夫八、九月工食银十三两二钱七分五厘，白夫工食银四十二两，马驴草料银三十三两五钱五分，鞍屉棚厂银二两一钱一分九厘。

一、应交支存祭祀文庙银八两七钱五分，启圣乡贤名宦祠银一两，山川社稷坛银一两，孤魂邑厉坛银三钱六分五厘。

一、应补交十五年师生空缺银十八两六钱九分一厘。前款儒学经移交应补交。

一、应交省仓公价截日银一百九十九两四钱四分五厘。

以上共银七百五十一两五钱五分八厘，存库各款另文移交。

仓款项下：

一、常平仓原贮谷一万六十六石七斗四升一合，十四年秋冬反捐谷三石，十五年截日官捐谷四石八斗三升一合，以上共存贮谷一万七十四石五斗七升二合。王①前任盘短谷四百七十四石一斗六升价银，李任交册内开明移交。实应存谷九千六百石四斗一升二合，内十五年调济案内出借谷一千八百五十石七斗、十六年营兵借谷四十一石、十六年详请年粜谷四千石，又平粜案内霉底鼠耗谷七十三石二斗。现应实存谷三千六百三十五石五斗一升二合。

一、应交平粜谷四千石，每石一两四钱，共银五千六百两，又霉底鼠耗谷七十三石二斗，每石一两，共银七十三两二钱。

一、应交本任捐输十五年截日谷一石一斗六升九合，一②两合银一两一钱六分九厘，十六年截日谷三石四斗三升三合。

以上共应交银五千五百七十七两八钱五厘，今移交谷价银三千五百两、移交银二千一百两，实应交谷价银七十七两八钱二厘。又平粜案内未经报明浮粜谷六百七十三石二斗六升。前款原粜一两四钱，照交代章程，应交每石一两。今公核议照每石一两二钱作交，其余短缺谷仍照每石一两核算。计浮粜谷六百七十三石二斗六升，每石一二③合银八百七两九钱一分二厘。交过大钱一千千，一四五④合银六百八十九两六钱五分，尚应交银一百十八两二钱六分二厘。

一、社仓原贮谷二千七百三十三石四斗一升九合，内十六年捐输煮赈案内绅士禀请借动谷二千五百石，提贮谷价制钱五

---

① 即王天锡。

② 底本此处为苏州码。

③ 底本此处为苏州码。

④ 底本此处为苏州码。

千千文，现在存贮增益字号，俟新谷登场，仍由绅士领价照数买补，登明。现在实存谷二百三十三石四斗一升九合。

年例捐款项下：

一、应交十五年分各衙门书吏饭食册费津贴等项，照李前任移册开五十一款，共银八百十两八分八厘，按一年摊，每日应银二两一钱四厘八毫二丝。敝任七十六日应摊交银一百五十九两九钱六分六厘，内解过十五年冬季济南府发审经费银二十七两。

一、应交十六年院司书饭食、册费、报资、公费二十二款，共银一百七十二两五钱二分一厘。

黄册津贴银十一两四分。

誊黄工料银四十二两。

宪书不敷工料银一两。

交代局经费银五十两。

囚粮册费银一两五钱九分九厘。

书吏饭食银八十九两四钱。

秋审犒赏银十二两已解。

秋审经费银六两三钱九分六厘。

秋审册费银十六两八钱已解。

秋审公费银一百四十两已解。

津贴府监刑具银三两九钱已解。

津贴三监囚粮狱务银十三两解银八两四钱。

秋审路灯银二两八钱已解。

司监刑具银七两七钱九分六厘已解。

司监更夫工食银三两一钱九分八厘。

安置军流册费银二两。

查禁鸦片烟册费银一两。

赃赎册费银一两二钱。

府县医学药饵银四两七钱二分。

历城典史秋审灯油刑具银三两五钱已解、禁卒工食银三十六两二钱。

驿站册费银十九两四钱七分。

承发房饭食银一两五钱七分四厘。

招书饭食银六两三钱九分六厘解春季银一两五钱九分六厘。

词讼循环簿银六两三钱九分六厘。

以上共十六年，共银六百五十七两三钱六厘。按一年摊，每日应摊银一两八钱二分五厘八毫五丝，敝任二百六日应摊交银三百七十六两一钱二分五厘。

以上十五、六两年年例捐款，共银五百三十六两九分一厘，内除解秋审犒赏等款银二百三十一两五钱八分八厘外，实应摊交银三百〇四两五钱三厘。藩宪衙门年例捐款查明入交，其余道府衙门各款遵照交代章程自行清理，概不查列，登明。

十六年当规银十五两四钱。前款已全年提用，应照交。

摊捐各款：

一、应交扣存县丞修署银十二两五钱，巡检修署银十五两六钱二分五厘。

一、应交奉摊病故知县杨希贤部借养廉银三分二厘。

一、应交本任三成养廉十五年银四十两九钱二分三厘、十六年银一百廿两一钱六分七厘。

一、应交着因缺额应摊十五年正银四两五钱一分四厘、耗银六钱三分二厘，十六年正银八两四钱六分一厘、耗银一两一钱八分五厘。

一、应交甲午、乙未两科原续摊经费银一千二百六十四两九钱，应以十四年正月初一日起，并作四年摊。有闰之年，每日应银八钱一分八毫三丝三忽；无闰，每日应银八钱七分八厘四毫。敝任有闰七十二日、无闰二百六日，共应摊交银二百四十二两五钱七分三厘。

一、应交十五年海参贡品应摊七十六日银一百七十五两三钱五分五厘。

一、应交奉摊十二年万年吉地二批临砖津贴脚价银八两四分三厘，应以十六年七月初五日奉文之日起一年摊，每日银二分二厘三毫四丝一忽三微。敝任二十二日应摊交银四钱九分一厘。

一、应摊十六年首府发审经费，每年银一百八两，每日应银三钱。敝任二百六日应摊银六十一两八钱，除解过春、夏二季银五十四两，尚应交银七两八钱。

一、李①前任交册内开十四年阅伍经费银两，现在莱属州县会禀，请暂免解，俟本年九月初一日，再行接续起摊，应奉宪批再为核交，登明。前款共垫银三千二百两，除自认三成外，下余银二千二百四十两，自十四年三月初一日起，分三年摊，截日应摊银五百七十二两七钱五分八厘。

一、应交十五年府岁考经费银六十两二钱一分九厘至十六年六月三十日摊竣。

一、应交交代一半册费银一百两此系一交一接两案之一半。

一、应交修理学院衙门工程，应摊银六十两六钱二分九厘。

一、应交修理郡城考院原摊银二百五十七两五钱四分七厘，照李前任册开，自十二年六月初一日奉文委提之日起，分五年摊，每日银一钱四分三厘八丝三忽。敝任二百八十二日，应摊

---

① 即李心莲。

交银四十两三钱四分九厘。

一、应交修理府署科房等应摊银六十二两六钱六分。

一、漏交府岁考修理考院截日银十三两四钱五分。

一、漏交未解钱粮夫工加等费银八十八两七钱九分二厘。

一、漏交十六年院科考经费截日应摊银二十三两二钱三分。

一、漏交十六年府考经费截日银五钱四分六厘。

一、漏交十六年仓项部饭添平银十二两九钱七分一厘。

一、应补交十六年宪书不敷银五钱七分二厘。

一、应补交李前任作抵作衣行生息银三十六两二钱三分一厘。

一、应摊交垫修监狱银三十九两一钱七厘。

一、应摊交垫修太、平两厂银四十一两七钱一分。

一、应摊交垫修民、室、盈三厂银三十九两五钱一分三厘。

以上共银二千一百四十七两四钱九分八厘。

抵款项下：

一、应抵未领十五年正、浮额孤贫口粮银二十六两五钱五分，十六年浮额九个月银二十两六钱五分照七月垫发之数，如发八月查贮，再行抄交。

一、应抵垫支十五年狱务口粮银一两五钱一分、十六年银四两五钱。

一、应抵垫支十五年狱囚棉衣银八钱。

一、应抵垫支十五年冬季收养在配军流口粮银一两二钱六分、十六年银二两三钱六分。

一、应抵先农坛祭品十六年银一两八钱。

一、应十五年七十六日知县俸银五两七钱二厘，公费银三十一两一钱七分九厘，垫发马快工食银十二两八钱八分九厘，民壮工食银五十三两七钱二分四厘，皂隶工食银十二两九钱五厘，捕役工食银十一两二钱六厘，马夫工食银十三两二钱七分五厘，白夫工食银四十八两三钱二分八厘，马驴草料银四十两一钱五分，鞍屉棚厂银二两三钱四分一厘，教谕、训导冬季俸银二十两，斋夫工食银八两四钱九分，门斗工食银五两九分三厘，廪粮银四十三两四钱，膳夫工食银三两一钱四分四厘。

一、应抵未领知县丰廉十五年银一百三十六两四钱一分一厘、十六年银四百两五钱五分五厘。

一、应抵垫解十五年仓项部饭添平银一百四十五两五钱七分四厘。

一、应抵十六年垫办海参贡品银九百两，以正月初一日起，作一年摊，再日银二两五钱，敝任二百六日除摊银五百十五两外，尚应抵银三百八十五两。

一、应抵十六年院岁考经费银五百廿五两，此款向来每科正摊银四百七十五两，应自十五年正月初一日接连科考摊竣之日起，分年摊，每日应银八钱三分三厘三毫四丝四忽，敝任二百五十六日摊银二百十三两三钱三分，解过银三百两，除摊应抵银八十六两六钱七分。

一、应抵十六年黄册例价不敷银八十一两一钱四分四厘，以正月初一日起，作一年摊，每日银二钱二分五厘四毫，敝任二百六日，除摊银四十六两四钱三分二厘外，尚应抵银三十四两七钱一分二厘。

一、应抵垫发丙申岁贡张文麟旗匾银三两五钱一分九厘。前款十五年办前三年大计，应法前摊，尚有应交十六年之项，今议毋庸交，所有抵款，亦不作抵。

以上应抵银一千五百六十三两七钱九分七厘，除抵应交银四千三百〇五两七钱四分四厘。

覆核张[1]署任交代册潍县

覆核张署任交代册张任自道光二十一年八月二十五日到任起，至十月二十六日止，计六十二日。

正款项下：

一、接收宫[2]任移交二十一年正银九百六十两。

一、本任征完二十一年正银一万五千四百三十八两六钱九分五厘。

前二款共银一万六千三百九十八两六钱九分五厘，内除实发过俸工役食银三百七十二两五钱一分七厘、杂支银四十四两八钱六分，又应支六十二日夫马工料银九十一两五钱三分七厘，又解过司库正银一万五千一百六十两，下剩实应交银七百二十九两七钱八分一厘，原册漏未开入，今由敝任查明，请照交。

一、接收宫任移交二十一年耗银一百三十四两四钱。

一、本任征完二十一年耗银二千一百六十一两四钱一分七厘。

前二款共银二千二百九十五两八钱一分七厘，内除实发过典史养廉银九两二钱三分一厘、巡检养廉银十八两九钱四分二厘，又应支六十二日知县公费银二十五两四钱三分六厘，又解过司库耗银一千二百八十一两七钱九分二厘、知县养廉银七百两，下剩实应交银二百六十两四钱一分六厘，原册漏未开入，

① 即张镜醇。

② 即宫汝云。

今敝任查明，请照交。

一、应交道光二十一年民佃盐课银一百三两二钱七厘，二十年银二两三钱八分六厘，十九年银五两六钱五分六厘。

前三款系有分数钱粮，原册开入杂款系属错误，合由敝任核明，改入正款，请照交。

杂款项下：

一、原册开应交二十一年课程银一百二十六两四钱九分四厘、二十年课程银一两九分三厘、十九年课程银七两八钱七分、十七年课程银一两七钱三分三厘、十六年课程银二钱一分一厘、十五年课程银一两二钱。覆查前六款数符，照交。

一、原册开应交县丞冬季缺廉银十八两四钱六分。覆查贵任并未支发县丞养廉，所有缺廉无从查扣，请删。

一、原册开交县丞冬季缺俸银九两二钱三分。覆查贵任并未支发县丞养廉，所有缺俸无从查扣，请删。

一、原册开应交典史冬季缺廉银九两二钱三分。覆查前款数符，照交。

一、原册开应交夫马小建银八钱二分三厘。覆查贵任自八月二十五日起至十月二十六日止，应扣九月分一日小建，该银四钱四分二厘，原册所开银数短少，请更正。

一、原册开应交各役孤贫小建银二两七钱八分。覆查前款数符，照交。

一、原册开应交知县冬季六十四日公费银二十六两二钱五分七厘。覆查贵任应食公费，现在按照六十二日之数于地丁项下坐支，其余银两并未支出，毋庸作交，请删。

一、原册开应交知县冬季六十四日俸银四两八钱一厘。覆查地丁项下贵任并未支出知县俸银，毋庸作交，请删。

漏交仓款项下：

一、漏交捐积谷九斗五升三合八勺四抄，按每石价银一两，共合银九钱五分四厘。查贵任虽未接收招任仓款，而此项谷石系属按日摊捐之项，每年额捐六石。贵任在任六十二日，应摊前数。原册漏未开入，今由敝任查明，请照交。

原开摊款项下：

一、原册开应交摊捐马刚案内囚粮银五十二两九钱九分一厘。覆查前款数符，照交。

一、原册开应交摊捐马刚案内经费银一百三十两四钱四分八厘。覆查前款数符，照交。

一、原册开应交摊捐临砖柴价银六两七钱六分三厘。覆查前款数符，照交。

一、原册开应交摊捐院岁考修理号房桌凳银二两二钱七分一厘。覆查前款数符，照交。

一、原册开应交摊捐济南府发审经费银一十七两一钱六分九厘。覆查前款数符，照交。

一、原册开应交摊捐交代局经费银七两九钱四分九厘。覆查前款数符，照交。

一、原册开应交曹工三成银十六两七钱一分三厘。覆查贵任在任六十二日应食丰廉银一百一十一两二钱八分二厘，内应扣三成银三十三两三钱八分五厘，原册所开银数短少，请更正。

一、原册开应交摊捐海参贡品银一百一十一两二钱八分二厘。覆查前款数符，照交。

一、原册应交摊捐黄脚价银一十七两七钱一分一厘。覆查前款数符，照交。

一、原册开应交一半交代册费银七十五两。覆查前款数符，照交。

一、原册开应交摊捐己亥、庚子两科经费银五十两七钱五厘。覆查前款数符，照交。

一、原册开应交摊捐府岁考经费银一十一两九分五厘。覆查前款数符，照交。

一、原册开应交参罚大计册费银十两。覆查前款数符，照交。

一、原册开应交钱谷大计册费银十两。覆查前款数符，照交。

漏交摊款项下：

一、漏交黄册纸笔银六钱三分六厘。前款额摊银四两，贵任在任六十二日应摊前数。

原开年例捐款项下：

藩宪衙门：

一、原册开黄册津贴银十一两四分，誊黄工料银四十二两，院书饭食银二十一两九分二厘，院本书饭食银十一两九钱四分二厘，司书饭食银三十五两七钱二厘，京塘公费银四两五钱二分，刑书册费银六两三钱九分四厘，拨册饭食银九钱五分九厘，耗羡廉费食银一两五钱九分八厘，参罚奏销饭食银三两一钱九分七厘，盘查房饭食银十五两三钱二分七厘加同银一两二钱七分七厘。

臬宪衙门：

一、原册开囚粮册费银一两五钱九分九厘，书吏饭食银八十九两四钱，秋审犒赏银十二两，秋审经费银六两三钱九分六厘，院署秋审局册费银六钱，狱务循环号簿银二两，命盗题咨册费银二两，县医学药饵银二两三钱六分，府医学药饵银二两三钱六分，援减册费银二两，外省安置援减册费银二两，外省安置军流册费银二两，鸦片烟册费银一两，赃赎册费银一两二钱，驿站书吏饭食银十九两四钱七分。

历城典史衙门：

一、原册开禁卒工食银三十六两二钱，津贴灯油刑具银三两五钱，增添津贴灯油刑具银四两四钱。

一、原册开津贴司、府两监狱务银八两四钱，津贴三监囚粮银四两六钱。

臬司理刑所：

一、原册开更夫工食银三两一钱九分八厘，帑贴添设路灯银一两二钱，津贴司监灯油刑具银七两七钱九分五厘。

济南府司狱：

一、原册开刑具银三两九钱，增添刑具银三两九钱。

以上共银三百九十四两一钱四分四厘，按三百九十日摊，每日应摊银一两一分六毫二丝五忽，敝任六十二日共应摊交银六十二两六钱九分九厘。覆查前三十七款连同共银三百九十四两一钱二分六厘，贵任在任六十二日，应摊银六十二两六钱五分六厘，原册数目不符，请更正。此外尚有漏交各衙门捐款，现已列入漏交项下请交。

漏交捐款项下：

藩宪衙门：

汇报饭食银六钱三分九厘。

吏攒饭食银七钱九分九厘。

粮价饭食银一两九钱一分八厘加增闰月银一钱六分。

耤田饭食银一两五钱九分八厘。

兵北科饭食银七钱九分九厘。

书简饭食银二两七钱一分七厘。

积案饭食银一两五钱九分八厘。

保甲册费银六两三钱九分四厘。

宪书工料银五两六分五厘。

柬房饭食银六两三钱九分四厘。

茶房工食银三两一钱九分七厘。

军需饭食银七两六钱七分二厘。

抚塘限资银三十三两。

解饷委员津贴银一百两。

海防经费银五十两。

臬宪衙门：

程限板价银一两。

民壮循环号簿银一两二钱。

以上藩、臬宪捐款十七款，连闰共银二百二十四两一钱五分，贵任在任六十二日，应摊银三十五两六钱三分四厘，原册漏未开入，请补交。

本道衙门：

办理巡缉匪船章程银二两。

驿俸册费银二两四钱。

船政房册费银四两。

粮房饭食银四两。

本府衙门：

户杂科办理积案纸笔饭食银四两。

户课程科纸笔银八两。

通缉逃兵纸笔银四两。

轿夫工食银六两。

军牢工食银五两二钱四分。

军需饭食银四两。

府署鼓楼更夫工食银二两。

发审委员经费银六十四两。

承发房书简饭食银八两。

发审饭食银八两。

招书纸笔银四两。

分府衙门军牢工食银四两。

办理命盗册费银四两。

续奉减等册费银四两。

安置军流册费银一两。

通缉逸盗册费银四两。

保甲纸笔银四两。

隆冬告示银二两。

掖县衙门：

管理狱务银二十两。

捷足工食银五十四两加增闰月银四两五钱。

以上本道、本府并掖县捐款二十四款，连闰共银二百三十两七钱八分，贵任在任六十二日，应摊银三十六两六钱八分八厘。原册漏未开入，请补交。

抵款项下：

一、原册开应抵添设腰拨饭食银五百十八两五钱。覆查前款，现由敝任详奉司示止，准抵银五百两，请更正。

一、原册开应抵六十二日半廉银一百一十二两八分二厘。覆查前款数符，照抵。

一、原册开应抵未领浮额孤贫银六两四钱。覆查二十一年浮额孤贫银两，尚未奉文准销，自应酌照道光十八年准销银三十五两五钱之数核算。贵任在任六十二日止，应抵银五两六钱四分四厘，请更正。

一、原册开应抵存留一半当规银四两七钱七分。覆查前款数符，照抵。

一、原册开应抵递解军流口粮银二两。覆查潍县递解军流口粮银两，久已奉文不准报销，惟收养在配军流口粮二十一年银两尚未奉文准销，自应酌照道光十八年准销七两六钱九分之数核算。贵任在任六十二日止，应抵银一两二钱二分二厘，请更正。

一、原册开应抵垫发囚粮银二两。覆查道光二十一年囚粮银两，尚未奉文准销，自应酌照道光十八年准销银九两九钱八分三厘之数核算。贵任在任六十二日止，应抵银一两五钱八分七厘，请更正。

一、原册开应抵垫发囚衣银二钱。覆查二十一年囚衣银两，尚未奉文准销，自应酌照历年准销银八钱之数核算。贵任在任六十二日止，应抵银一钱二分七厘，请更正。

一、原册开应抵垫解监修考院公费银八钱九分。覆查前款数符，照抵。

一、原册开应抵垫解院岁考经费银四十二两八钱九分五厘。覆查前款数符，照抵。

长山县章[①]任交代册

交款总目：

一、应交正款银三万一千二百一十三两七钱。

一、应交杂款银三千八百〇一两七钱〇七厘。

一、应交仓款银二千八百三十四两四钱一分。

一、应交摊捐款银二千四百七十一两二钱七分九厘。

以上四款共应交银四万〇三百廿一两九分六厘，内除抵款银一万〇八千二百三十八两二钱四分，下剩实应交银二万二千〇八十二两八钱五分六厘。

正款项下：

一、本任征完二十二年地丁正银三万九千四百三十六两二钱五分三厘，内除解过司库地丁银一万九千一十五两二分八厘、举人车价银四两二钱三分三厘、学租银五两七钱八分、漕仓轻赍等项银九百一十八两九钱三分九厘、德仓席草等项银二百二十四两八钱四分，又支过德仓米折正银一千八十八两三钱八分六厘、润耗席片银一百九十一两八钱六分七厘，坐支过俸工役食、杂支、夫马工料等项银二千四百九十一两九钱九分九厘，运漕脚价盘费银六百两二钱六分二厘，下剩实应交银一万四千八百九十四两九钱一分九厘。

一、本任征完二十二年耗银五千五百二十两二钱六分六厘，

---

① 即章寅。

内除解过司库耗银一千六百八十三两一钱二分二厘、知县养廉银九百两、漕项耗银二百三十五两一钱三分九厘、仓项耗银三十两三钱九分九厘，又支过德仓米折耗银一百五十二两三钱七分四厘，坐支过县丞养廉银八十两、典史养廉银八十两、知县公费银一百六十两、地丁脚费银三十八两三分八厘、漕仓脚费银五两四钱九分，下剩实应交银二千一百五十五两七钱一分四厘。

一、应交本任征完二十一年地丁正银三千一百六十二两二钱三厘、耗羡银四百四十二两七钱八厘。

一、应交原接封①任二十一年地丁正银五百九十三两二钱一分七厘、耗银八十三两五分八厘。

一、应交本任征完二十年地丁正银二百四十三两八钱四分四厘、耗银三十三两八钱三分八厘。

一、应交原接封任二十年地丁正银五两七钱八分、耗银九钱九分七厘。

一、应交原接封任十九年地丁正银三钱三分六厘、耗银四分七厘。

一、应交原接封任十八年地丁耗银二厘。

一、应交原接封任十七年地丁正银六千六百四十二两二钱四分五厘、耗银三百九十八两八钱六分六厘。

一、应交原接封任十六年地丁正银一千六百一十一两六钱六分二厘、耗银二百二十五两六钱三分三厘。

一、应交原接封任十五年地丁银七十四两九钱六厘、耗银一十两四钱八分七厘。

一、应交原接封任十四年地丁正银二十六两九钱一厘、耗

① 即封天鑐。

银三两七钱六分七厘。

一、应交本任征完十一年地丁正银四两九钱三分一厘、耗银六钱九分。

一、应交原接封任十一年地丁正银七两二钱六分七厘、耗银一两六钱一分二厘。

一、应交本任征完二十二年荒田马场正银六十五两二钱五分一厘、耗银九两一钱三分五厘。

一、应交本任征完二十一年荒田马场正银六十四两四钱六分二厘、耗银九两二分五厘。

一、应交本任征完二十年荒田马场正银二两七钱五分六厘、耗银三钱八分六厘。

一、应交原接封任二十年荒田马场正银六十三两六钱二分二厘、耗银八两九钱七厘。

一、应交原接封任十九年荒田马场正银六十两一钱三分七厘、耗银八两四钱一分九厘。

一、应交原接封任十八年荒田马场耗银八两六钱九分一厘。

一、应交原接封任十七年荒田马场正银六十一两三钱五分四厘、耗银八两五钱九分。

一、应交原接封任十六年荒田马场正银六十二两八分、耗银八两六钱九分一厘，十五年荒田马场正银五十九两五分、耗银八两二钱六分七厘，十四年荒田马场正银六十五两三钱六分五厘、耗银九两一钱五分一厘，十三年荒田马场正银一钱三分九厘、耗银二分一厘，十一年荒田马场正银四两一分、耗银五钱六分一厘。

一、应交应捐二十二年普济堂等处正银三十两六钱四分七厘、耗银四两二钱九分，二十一年普济堂等处正银十四两四钱六分三厘、耗银二两二分五厘。

一、应交原接封任二十一年普济堂等处正银十五两五分六厘、耗银二两一钱八厘。

一、应交应捐二十年普济堂等处正银三钱六厘、耗银四分三厘。

一、应交原接封任二十年普济堂等处正银二十八两四钱一分三厘、耗银三两九钱七分八厘，十九年普济堂等处正银二十八两一钱四分四厘、耗银三两九钱四分，十八年普济堂等处耗银四两九分三厘，十七年普济堂等处正银三十两九钱四分九厘、耗银四两三钱三分二厘，十六年普济堂等处正银三十两五钱六分二厘、耗银四两二钱七分九厘，十五年普济堂等处正银三十两一分三厘、耗银四两二钱二厘，十四年普济堂等处正银三十一两一钱一厘、耗银四两三钱五分四厘，十三年普济堂等处正银二十九两三钱四分五厘、耗银四两一钱八厘。

一、应交本任应捐十一年普济堂等处正银四厘、耗银一厘。

一、应交原接封任十一年普济堂等处正银五两四钱一分四厘、耗银七钱五分八厘。

一、应交原接前任十二年带征十一年漕耗米四石四斗三升八合，按三①两合银十三两三钱一分四厘。

以上共应交正款银三万一千二百一十三两七钱。

杂款项下：

一、应交道光二十二年税契银七百七十二两九钱一厘，二十一年税契银九百三十八两四钱四分四厘，二十年税契银四百四十二两八钱二分二厘。

一、应交道光二十二年知县缺廉银四十两，二十一年知县

---

① 底本此处为苏州码。

缺廉银三百七十七两六钱九分三厘，十九年知县缺廉银六十一两六钱六分六厘。

一、应交道光二十二年县丞缺廉银六十九两一钱一分一厘，二十一年县丞停、缺廉银七十两三钱五分九厘，二十年县丞停廉银七十四两四钱四分五厘，二十年县丞缺廉银五两五钱五分五厘，十九年县丞停廉银八十两，十八年县丞停廉银二十三两三钱八分五厘。

一、应交道光十九年典史缺廉银十二两五钱五分五厘。

一、应交道光二十一年知县缺俸银一两五钱四分四厘。

一、应交道光二十二年县丞革俸银三十四两五钱五分六厘，二十一年县丞革俸银四十两，二十年县丞革俸银四十两，十九年县丞革俸银四十两，十四年县丞缺俸、衔俸，并马夫工食银九两五钱八分四厘。

一、应交道光二十二年知县罚俸银二十九两二钱五分九厘，二十一年知县罚俸银二十七两七钱一分五厘，二十年知县罚俸银二十九两二钱五分九厘，十九年知县罚俸银二十六两二钱五分二厘，十六年知县罚俸银十九两五钱八分七厘，十五年知县罚俸银二十九两二钱五分九厘，十四年知县罚俸银二十九两二钱五分九厘，十三年知县罚俸银二十九两二钱五分九厘，十二年知县罚俸银二十九两二钱五分九厘，十一年知县罚俸银一十七两三钱一分二厘。

一、应交道光十七年县丞罚俸银二十六两一钱一分一厘，十六年县丞罚俸银四十两，十五年县丞罚俸银四十两，十四年县丞降俸银一钱九分一厘，十三年县丞罚俸银三十七两六钱三分六厘，十二年县丞降俸银八两九钱五分二厘，十一年县丞罚俸银四十两。

一、应交道光二十二年典史罚俸银三十一两五钱二分，二十一年典史罚俸银三十一两五钱二分，十七年典史罚俸银二十二两五钱八分九厘，十六年典史罚俸银六两三钱九分二厘，十五年典史罚俸银二十三两二钱九分，十四年典史罚俸银三十一两五钱二分，十三年典史罚俸银三十一两五钱二份，十二年典史罚俸银三十一两五钱二分。

一、应交道光二十二年廪膳空缺银一两八钱二分，二十一年廪膳空缺银四两四钱三分八厘，二十年师生空缺银十六两六钱九分七厘，十九年师生空缺银十三两六钱八分。

一、应交道光二十二年乡饮银四两二钱三分三厘，二十一年乡饮银四两二钱三分三厘，十九年乡饮银四两二钱三分三厘。

一、应交道光二十二年各役孤贫小建银十六两一钱八厘，二十一年各役孤贫小建银十七两六钱四分二厘，二十年各役孤贫小建银十三两四钱二分四厘，十九年各役孤贫小建银十一两八钱八分三厘。

一、应交道光二十二年夫马小建银一十三两九钱八分三厘，二十一年夫马小建银一十六两三钱，二十年夫马小建银一十一两六钱六分六厘，十九年夫马小建银一十一两六钱六分六厘。

一、应交道光二十二年夫马闰月银二十七两八钱，二十年夫马闰月银二十七两八钱，十九年夫马闰月银二十七两八钱。

一、应交道光二十一年岁贡银十一两九钱二分三厘，十九年岁贡银十一两九钱二分三厘。

一、应交道光二十二年藉谷变价银二两九钱，二十一年藉谷变价银二两九钱，二十年藉谷变价银二两九钱，十九年藉谷变价银二两九钱，十八年藉谷变价银二两一钱七分五厘，十七年藉谷变价银一两八钱八分五厘。

一、应交道光四年空缺公费银一两六钱四分一厘。

一、应交道光二十三年三成银二十八两六钱一分五厘，二十二年三成银三百四十八两，二十一年三成银一百八十两九钱二分三厘，十八年三成银九两二钱五分五厘，十七年三成银八十七两。

一、应交道光十六年三成银三百两五钱。前款十六年三成内，贵任原接封任移交银五十九两五钱，又封任详请咨追钟①任银二百四十一两，嗣经该原籍饬据钟任呈验交代议单，业已入交咨覆转行在案。贵任系最后出结之员，应一并作交银前数。

一、应交佟②任原接马③任十七年省义仓谷价银二十六两五钱四分二厘。

一、应交接收前任十二年带征十一年漕耗米四石四斗三升八合，按三④两合银一十三两三钱一分四厘。

一、应交道光十九年盐规银四十八两，二十年盐规银九十六两，二十一年盐规银九十六两，二十二年盐规银九十六两，二十三年盐规银七两六钱三分一厘。

一、应交道光二十二年无着缺额课程银四两三钱七分四厘，二十二年无着缺额牙杂银一钱八分六厘，二十三年无着缺额课程截日银三钱四分八厘，二十三年无着缺额牙杂截日银一分五厘。

一、应交号马四匹，一二⑤合银四十八两，驴一头六两。

以上共应交杂款银三千八百〇一两七钱七厘。

仓款项下：

① 即钟秉曾。
② 即佟绰图。
③ 即马有绂。
④ 底本此处为苏州码。
⑤ 底本此处为苏州码。

一、应交常平仓谷二千五百五十九石八斗五升九合二勺。又应交附贮社仓谷十六石五斗五升九合。又应交二十三年自正月初一日起，至二月初二日卸事前一日止，截日应捐谷三斗一升七合九勺。以上共应交谷二千五百七十六石七斗三升六合一勺，按每石六①合银二千八百三十四两四钱一分。

摊款项下：

一、应交前任鱼台县冯锡龄部借养廉银一两六分三厘。前款系道光二十年十月十五日奉文，作一年摊，全欠应交。

试用县周铭部借养廉银四钱二分五厘、试用县陈文富部借养廉银四钱二分五厘。前二款系二十年十月十四日奉文，作一年摊，全欠应交。

一、应交前任曲阜县徐奕溥部借养廉银二两一钱二分七厘。前款系十九年四月十三日奉文，作一年摊，全欠应交。试用县海溘部借养廉银一两六分三厘。前款系十八年三月二十六日奉文，作一年摊，全欠应交。

一、应摊道光十八年府岁考经费银三十两。前款原摊银九十二两，自正月初一日起，分年半摊，扣至十九年六月底摊完，内除解过银六十二两，下欠应交前数。道光十四年修府志书银三十两五钱五分七厘。前款原摊银二百五十两，自十四年二月十三日，奉院批之日起，分三年摊，扣至十七年二月十二日摊完，内除解过银一百两，又禀追钟任一百十九两四钱四分三厘，下欠应交前数。

一、应交奉摊道光十三年运直赈米奉删守候饭食及委员盘费银十七两二钱二分四厘。前款原摊前数，自十九年八月二十

---

① 底本此处为苏州码。

七日奉文，作一年摊，全欠应交。

一、应交原接封任交出道光十七年纂修户部则例书价银一两四钱，道光十七年修理学院箭亭银二两四钱三厘。前款原摊银十三两五钱一分六厘，自十七年七月二十六日奉文，作一年摊，内除详追佟任银十一两一钱一分三厘，下欠应交前数。

道光十八年修府署发审局处工料银五十七两一钱四分。前款原摊前数，自十八年正月二十二日奉文起，作一年摊，全欠应交。

道光十九年修学院箭亭工料银十三两九钱三分四厘。前款原摊前数，自十九年九月十八日奉文起，作一年摊，全欠应交。

道光二十年历城县垫修府署发审局等处工料银三十六两八钱二分五厘。前款原摊前数，自二十年正月三十日奉文起，作一年摊，全欠应交。

道光二十年修学院箭亭银十五两七钱八分六厘。前款原摊前数，自二十年六月十三日奉文起，作一年摊，全欠应交。

道光二十年奉摊十八年修理府署牌楼、甬路等处工料银四十九两九钱二分五厘。前款原摊前数，自二十年三月二十二日奉文起，作一年摊，全欠应交。

道光二十年修府署茶房及四堂等处工料银二十四两六钱七分三厘。前款原摊前数，自二十年四月十六日奉文起，作一年摊，全欠应交。

道光二十年修府署门房及花厅等处工料银三十两八钱七分。前款原摊前数，自二十年四月十六日奉文起，作一年摊，全欠应交。

道光二十年临砖柴价银十五两三钱七分六厘。前款原摊前数，自二十年六月二十日奉文起，作一年摊，全欠应交。

道光二十年修学署内宅南北上房及宅门墙垣等处工料银二

十三两七钱九分八厘。前款原摊前数，自二十年十月初五日奉文起，作一年摊，全欠应交。

道光二十年修府署工北科房等处工料银三十三两九钱八分六厘。前款原摊前数，自二十年四月十六日奉文起，作一年摊，全欠应交。

道光二十年修府署招书科房等处工料银三十两一钱八分三厘。前款原摊前数，自二十年八月十四日奉文起，作一年摊，全欠应交。

道光二十年修府署大门内外行墙等处工料银三十八两二钱一厘。前款原摊前数，自二十年十一月初九日奉文起，作一年摊，全欠应交。

道光二十一年修府署大堂、银库、皂厅等处工料银二十一两五钱六分二厘。前款原摊前数，自二十一年四月二十六日奉文起，作一年摊，全欠应交。

道光二十一年修府署东南、西南两院书房，并发审局等处工料银二十两九钱三分七厘。前款原摊前数，自二十一年四月二十六日奉文起，作一年摊，全欠应交。

道光二十一年修泰东陵、隆恩门、昭西陵临砖柴价银二十四两三钱九厘。前款原摊前数，自二十一年六月初八日奉文起，作一年摊，全欠应交。

道光二十一年长清县王令垫修大清河桥工银二百五十八两六钱七分七厘。前款原摊银六百九两一钱六分二厘，自二十一年十月二十一日奉院批之日起，分三年摊。贵任截至二十二年年底，应摊四百三十日，银二百四十二两五钱三分七厘，又应摊二十三年有闰三十一日，银十六两一钱四分，共应交银前数。

道光二十二年修泰东陵、隆恩门、昭西陵临砖柴价银十两八钱三分九厘。前款原摊银十五两八钱二分二厘，自二十二年五月二十三日奉文起，作一年摊。贵任应摊二十二年无闰二百一十八日，银九两五钱八分一厘，二十三年有闰三十一日，银一两二钱五分八厘，共应交银前数。

道光二十二年修铁公祠工料银五两八钱一分九厘。前款原摊银十七两五钱一分二厘，自二十二年九月三十日奉文起，作一年摊。贵任应摊二十二年无闰九十一日，银四两四钱二分七厘，二十三年有闰三十一日，银一两三钱九分二厘，共应交银前数。

道光二十二年修理省会城垣工料银二十两九钱二分六厘。前款原摊银三百五十七两四钱二分八厘，自二十二年八月十一日奉院批之日起，分八年摊。贵任应摊二十二年无闰一百四十日，银十七两三钱七分五厘，二十三年有闰三十一日，银三两五钱五分一厘，共应交银前数。

道光二十二年修临、德二仓工料银三十三两五钱六分六厘。前款原摊银四百五两一钱五分五厘，自二十二年七月二十日奉院批之日起，分六年摊。贵任应摊二十二年无闰一百六十一日，银三十两一钱九分九厘，二十三年有闰三十一日，银五两三钱六分七厘，共应交银前数。

一、应交道光二十二年禹城县李令①垫修桥工银十三两七钱九分四厘。前款原摊银二百三十二两八钱八分三厘，自二十二年十月十三日奉院批之日起，分七年摊。贵任应摊二十二年无闰七十八日，银十两九分二厘，二十三年有闰三十一日，银三两七钱二厘，共应交银前数。

道光二十二年修府署三堂等处工料银十两八钱一分三厘。前款原摊银九十五两八钱四分一厘，自二十二年十二月十九日

① 即李廷樟。

奉文起，作一年摊。贵任应摊二十二年无闰一十二日，银三两一钱九分五厘，二十三年有闰三十一日，银七两六钱一分八厘，共应交银前数。

一、应交原摊并续摊癸卯科场经费银九两四钱二分一厘。前款原摊银三百两，续摊银五十五两五钱五分，自二十三年正月初一日起，分三年摊。贵任应摊二十三年有闰三十一日，银前数。

一、应交癸卯科考遗经费银二钱四分九厘。前款原摊银九两四钱，自二十三年正月初一日起，分三年摊。贵任应摊二十三年有闰三十一日，银前数。

一、应交癸卯科考遗垫办拦虎门等项经费银三钱四分二厘。前款系敝任垫办用过制钱二十千文，按一五五①，合银一十二两九钱三厘，应自正月初一日起，作三年摊。贵任应摊有闰之年三十一日，银前数。

一、应交道光二十三年岁修省考棚银二两三钱八厘。前款系敝任垫办用过制钱四十五千文，按一五五②，合银二十九两三分二厘，应自正月初一日起，一年摊。贵任应摊有闰之年三十一日，银前数。

一、应交道光二十三年应摊二十二年阔布部饭等银九两二钱七分三厘。前款查东省阔布，向系乙年办解甲年之件，部饭等银亦自乙年认摊。除二十二年办解二十一年布匹各项银两业经贵任全数移交外，所有二十二年阔布奉文暂行停办，文内声明部饭银两仍按年起批，解库交纳等语。是布虽暂停，而饭食仍须解部，将来委员起解，则津贴及部费等款，均应照常交给。长山每年额捐部饭银二十一两七钱七厘、部库大使饭食银四两

① 底本此处为苏州码。

② 底本此处为苏州码。

五钱一分四厘、部费银四十九两九钱二分、津贴并酌加银四十两五钱一分六厘，共银一百一十六两六钱五分七厘。贵任应摊自二十三年正月初一日起，至二月初二日卸事前一日止，按三九①，计摊三十一日，银前数。

一、应交二十三年秋审部费银一两五钱九分。前款二十三年新事秋审人犯一起应解部费银二十两，作一年摊，贵任按三九②，应摊三十一日，银前数。

一、应摊各项奏销册费银四两六钱二分六厘。前款每年应需地丁奏销册费银一十六两、养廉奏销册费银一十两、杂税奏销司府册费银六两四钱、常平仓谷奏销司房册费银四两、常平仓谷奏销府房册费银三两四钱、孤贫口粮奏销府房册费银六两三钱九分六厘、驿站奏销册费银一十二两，共银五十八两一钱九分六厘。贵任应摊二十三年办理二十二年各项奏销册费，按三九③应摊三十一日，银前数。

一、应摊各项大计册费银一十一两五钱一分五厘。前款每届大计额需钱粮大计司府册费银一十六两、参罚大计司府册费银四两、仓谷大计司府册费银一十二两，共银三十二两，向分三年认摊。贵任应摊二十二年全年银一十两六钱六分七厘，又二十三年按三九④应摊三十一日，银八钱四分八厘，共应交银前数。

一、应交驿站交代一半册费银八两。

一、应交原接封任一半交代册费银四十两。

一、应交原接封任一半交代润笔等银五两五钱。

---

① 底本此处为苏州码。

② 底本此处为苏州码。

③ 底本此处为苏州码。

④ 底本此处为苏州码。

一、应交接收封任交代应摊一半册费银四十两。

一、应交接收封任交代应摊一半润笔等银五两五钱。

一、应交本任交代一半册费银四十两。

一、应交本任交代一半润笔等银五两五钱。

一、应交奉摊道光十三年历城县垫修府署科房工料银一十五两八钱二分五厘。

一、应交奉摊道光十四年修理学院箭亭工料银一十五两七钱八分六厘。

前二款修理府署科房及学院箭亭银两系封任详请咨追钟任之项，嗣经该原籍饬据钟任呈验交代议单，均已入交，咨复转行在案。贵任系最后出结之员，应一并作交。

一、应交本任二十一年三成银八十两七钱七分，二十二年三成银三百四十八两，二十三年全廉三成银二十八两六钱一分五厘，二十三年半廉三成银三十七两八钱四分六厘。

一、应交本任未领各案兵差等项司房一成领费银六百七两七钱九分。

年例捐款：

藩宪衙门：

院书饭食银十四两九钱九分八厘。

院本书饭食银八两四钱九分二厘。

司书饭食银二十五两三钱八分二厘。

汇报饭食银四钱五分四厘。

吏攒饭食银五钱六分八厘。

拨册饭食银六钱八分二厘。

耗羡廉费饭食银一两一钱三分七厘。

粮价饭食银一两三钱六分四厘遇闰加银一钱一分四厘。

罚俸饭食银二两二钱七分三厘。

藉田饭食银一两一钱三分七厘。

兵北科饭食银五钱六分八厘。

军需饭食银五两四钱五分六厘。

封筒饭食银一两九钱三分二厘。

刑书饭食银四两五钱四分七厘。

保甲册费饭食银四两五钱四分七厘。

积案饭食银一两一钱三分七厘。

宪书工料银三两六钱二厘。

柬房饭食银四两五钱四分七厘。

茶房饭食银二两二钱七分三厘。

盘查房饭食银十两八钱九分九厘遇闰加银九钱八厘。

抚塘报资银二十二两。

京塘公费银三两二钱二分。

以上二十二款连加闰共银一百二十二两二钱四分三厘，三九[①]每日该银三钱一分三厘四毫四丝三忽五微，应扣春季三十一日，银九两七钱九分六厘。

誊黄工料银十八两。

解饷委员津贴银二百两。

海防经费银三十二两。

续摊宪书工料银一两。

交代局经费银四十三两。

以上五款共银二百九十四两，三九[②]每日该银七钱五分三厘八毫四丝六忽二微。贵任应摊本年春季三十一日，银二十三两三钱六分九厘。

---

① 底本此处为苏州码。

② 底本此处为苏州码。

又应交二十二年解饷委员津贴银二百两。
臬宪衙门：
臬书饭食银六十三两。
招书饭食银四两五钱二分。
词讼册费银四两五钱二分。
囚粮册费银一两一钱三分。
秋审经费银四两五钱二分。
核减册费银四两。
鸦片烟册费银一两。
赃赎册费银一两二钱。
原捐封筒饭食银一两一钱四分。
增添封筒纸张银二两。
秋审犒赏银八两四钱。
蓝毡夹板银一两。
驿站册费银十一两四钱二分。
军流口粮册费银二两。
值堂房饭食银一两二钱。
狱务循环号簿册费银二两。
司监更夫公司银二两二钱六分。
兵北科民壮循环号簿册费银一两二钱。
户北科命盗题咨册费银二两。
督捕册费银二两。
司监灯油刑具银四两七钱九分五厘。
三监禁卒工食银二十八两。
摊捐禁卒工食银十二两。
津贴两监狱务囚粮银八两六钱。
府监额设更夫工食银十二两。

增添更夫工食银三两二钱。

原捐府监灯油刑具银二两四钱。

增添府监灯油刑具银二两四钱。

原捐县监灯油刑具银二两。

增添县监灯油刑具银二两九钱。

府医学药饵银一两六钱九分。

县医学药饵银一两六钱九分。

以上三十二款，共银二百〇二两一钱八分五厘，三九①每日该银五钱一分八厘四毫二丝三忽一微。贵任应摊本年春季三十一日，银一十六两七分一厘。

又应交二十二年臬司承办囚粮报销册费银、招书饭食银四两五钱二分、冬季办理秋审银一两、词讼号簿银一两一钱三分、增添封筒纸张银二两、新添津贴督捕册费银二两，二十一年臬司冬季办理秋审银一两。

又应交二十三年府署发审经费截日银六两九钱九分五厘，二十年府署发审经费银二十二两，二十一年续摊不敷府署发审经费银七两二钱七分。

又应交二十一年逃军刘喜子等八案府招书册费共银八两，二十二年马叔武等十案府招书册费共银十两，二十二年府署冬季办理秋审册费银一两，二十一年府署秋审人犯三起银三两六钱，冬季办理秋审册费银一两。

粮道衙门：

新增席片银十一两七钱八分二厘。

漕粮房饭食银五两六钱。

钱粮房饭食银一两八钱三分七厘。

---

① 底本此处为苏州码。

德州仓房饭食银二两四钱。

德州钱粮房饭食银四钱四分九厘。

漕项节省脚费银二两二钱六厘。

仓项节省脚费银五钱四分。

四季缮书饭食银二两。

德仓添平银十一两二钱四分二厘。

军粮折色添平银三两六钱九分三厘。

以上十款，共银四十一两七钱四分九厘，三九[①]每日该银一钱七厘四丝八忽七微，责任应摊本年春季三十一日，银三两三钱一分九厘。

以上共应交银三两三钱一分九厘。

青州府衙门：

铺垫银二十一两八钱六分三厘。

以上一款，收每日该银五分六厘五丝九忽，责任应摊本年春季三十一日，银一两七钱三分八厘。

以上共应交银一两七钱三分八厘。

本道衙门：

吏、礼等房饭食银二两八钱。

窃案册费银一两。

盗案册费银一两。

以上三款，共银四两八钱，三九[②]每日该银一分二厘三毫七忽七微，责任应摊本年春季三十一日，银三钱八分二厘。

又应交二十二年本道窃案册费银一两、盗案册费银一两。

二十一年本道窃案册费银一两、盗案册费银一两。

本府衙门：

---

① 底本此处为苏州码。

② 底本此处为苏州码。

招书饭食银四两。

书吏饭食银七十二两。

冬季办理秋审银一两。

匪犯册费银三两。

茶房工食银二两四钱。

保甲册费银四两。

更、轿夫工食银六两七钱五分二厘遇闰加银一钱六分三厘。

罚俸饭食银二两。

库书饭食银八两。

代缮粮价饭食银一两三钱。

封筒银二两七钱。

号房饭食银二两。

以上十二款连加闰，共银一百九两七钱一分五厘，三九[①]每日该银二钱八分一厘三毫二丝五微，贵任应摊本年春季三十一日，银八两七钱二分一厘。

又应交二十二年府署招书饭食银四两、书吏饭食银七十二两、茶房工食银二两四钱、匪犯册费银三两、办理保甲册费银四两，二十一年府署招书饭食银四两、书吏饭食银七十二两、茶房工食银二两四钱、办理保甲册费银四两、匪犯册费银三两。

以上共应交摊捐各款银二千四百七十一两二钱七分九厘。

抵款项下：

一、应抵已解二十二年院府科考经费银七十六两九分六厘。前款原摊院考银六十二两、府考银六十二两，共银一百二十四两。自二十二年七月初一日起，分年半摊，贵任全数批解，内除

① 底本此处为苏州码。

应摊二十二年无闰一百八十日，银四十一两三钱三分三厘，二十三年有闰三十一日，银六两五钱七分一厘外，下余应抵银前数。

一、应抵已解二十二年奉摊藩经历修理弓式碑堂及书房工料银二两一钱八分。前款原摊银五两九钱二分七厘，自二十二年六月十二日奉文，作一年摊。已由贵任二十二年养廉项下全数扣清，内除应摊二十二年无闰一百九十九日，银三两二钱七分六厘，二十三年有闰三十一日，银四钱七分一厘外，下余应抵银前数。

一、应抵已解二十一年续修府志银三十一两一钱七厘。前款原奉摊银一百六十六两六钱六分六厘，自二十一年六月十四日奉院批之日起，分二年摊。已由贵任二十一年养廉项下全数扣清，除应摊二十一年及二十二年，共五百五十七日，银一百二十八两九钱三分五厘，二十三年有闰三十一日，银六两六钱三分四厘外，下余应抵银前数。

一、应抵未领扣剩各年养廉银三十四两四钱二分。前款现奉藩宪签示册内，贵任各年养廉除扣欠款外，只应抵二十二年银七十两七钱七分五厘。

一、应抵本缺流摊马刚滋事垫用经费银一千二百六十九两四钱九分八厘。前款原垫银五千五百两，除佟任自认三成银外，下剩银二千四百五十两。禀奉府宪批准，分十年流摊，每年该银二百四十五两，内自十八年闰四月初五日奉批之日起，至年底止，应摊除二百六十六日，银一百八十一两二分八厘。又自十九年正银初一日起，至二十二年年底止，应摊除四年银九百八十两。又自二十三年正月初一日起，至二月初二日贵任卸事前一日止，三九①应摊除三十一日，银一十九两四钱七分四厘，

① 底本此处为苏州码。

共计已摊银一千一百八十两五钱二厘，尚余未摊应抵银前数。

一、应抵本缺流摊封任垫修养济院普济堂工料银六百五两三分四厘。前款原摊银九百九十二两六钱六分一厘，禀奉府宪批准，自十九年十二月十五日完工之日起，分八年摊，每年该银一百二十四两零八分三厘，至十九年年底止，应摊除一十六日银五两五钱一分五厘。又自二十年正月初一日起，至二十二年年底止，应摊除三年银三百七十二两二钱四分九厘。又自二十三年正月初一日起，至二月初二日贵任卸事前一日止，按三九①应摊除三十一日，银九两八钱六分三厘。共计已摊银三百八十七两六钱二分七厘，尚余未摊应抵银前数。

一、应本缺流摊封任垫修衙署工料银六百八十一两三分六厘。前款原垫除自认三成及尾零外，禀奉府宪批准，以一千两自二十年七月十一日工竣之日起，分八年摊，每年该银一百二十五两，至二十年年底止，应摊除一百七十日，银五十九两二分八厘。又自二十年正月初一日起，至二十二年年底止，应摊除两年银二百五十两。又自二十三年正月初一日起，至二月初二日贵任卸事前一日止，按三九②应摊除三十一日，银九两九钱三分六厘。共计已摊三百一十八两九钱六分四厘，尚余未摊应抵银前数。

一、应抵县丞借廉修署银一百六十三两八厘。前款封任于道光十九年三月间，详奉府宪批准，借给银二百两，原议分八年扣还，随即立于该县丞十九年秋冬及二十年冬夏秋等五季养廉内，扣过银三十一两二钱五分。嗣经查明该县丞有停廉参案，禀奉府宪批准，俟限满食廉之日分四年扣完。核计未扣银一百六十八两七钱五分，每年该扣银四十二两一钱八分七厘五毫。

---

① 底本此处为苏州码。

② 底本此处为苏州码。

该县丞已于二十二年十一月十一日参案限满，十一月十二日食廉，贵任应于支给廉银内扣四十九日银五两七钱四分二厘外，下余应抵银前数。

一、应抵典史借廉修署银一百五十两。前款原借银二百两，奉府宪批准，自二十一年冬季起，分五年扣还，每季该扣银一十两，截至二十二年冬季止，贵任应扣过五季银五十两外，下余应抵银前数。

一、应抵二十三年银二百三十八两四钱六分一厘。前款每年银二千两，二十三年有闰按收，贵任应抵三十一日银前数。

一、应抵垫发二十三年春季县丞养廉银八两七钱二分六厘。前款二十三年有闰，贵任按三九①，发过县丞春季廉银一十八两四钱六分二厘，内除应扣借廉修署银九两七钱三分六厘外，下余实垫应抵银前数。

一、应抵垫发二十三年春季县丞各役工食银七两七钱六分一厘。前款二十三年有闰，贵任按三九②，发过县丞衙门门子春季工食银一两二钱九分三厘四毫五丝、皂隶春季工食银五两一钱七分八毫三丝、马夫春季工食银一两二钱九分三厘四毫五丝，共应抵银前数。

一、应抵垫发二十三年春季典史养廉银十两。前款贵任发过银二十两，内除应扣春季典史借廉修署银十两外，下余实垫应抵银前数。

一、应抵垫发二十三年典史各役工食银八两四钱七厘。前款贵任垫发过二十三年春季典史衙门门子春季工食银一两四钱一厘、皂隶春季工食银五两六钱五厘、马夫春季工食银一两四钱一厘，共应抵银前数。

---

① 底本此处为苏州码。

② 底本此处为苏州码。

一、应抵一半充公当归银七两六钱三分一厘。前款每年留县充公银九十六两，二十三年有闰，按三九①，贵任应抵三十一日银前数。

一、应抵封任二十一年垫办兵差银一千六百六十五两九钱六分九厘。

一、应抵道光十二年浮额孤贫银一十二两二钱五分三厘。

一、应抵道光二十一年浮额孤贫银二两四钱九分七厘。

一、应抵道光二十二年浮额孤贫银一十四两七钱六分一厘。

一、应抵道光二十一年夫马闰月银八两七钱。

一、应抵道光十六年至二十二年先农祭品银十四两二钱一分。

一、应抵原接封任及本任置备公案民壮衣物器具等银一百八十两。

一、应抵本任置买添建衙署房屋地基价银六十两。

一、应抵二十三年正月初一日起，至二月初二日前一日止，应食全廉银九十五两三钱八分四厘。

一、应抵二十三年二月初一日起，至四月二十四日前一日止，应食半廉银一百二十六两一钱五分四厘。

一、应抵二十三年正月初一日起，至二月初二日前一日止，应支公费银一十二两七钱一分八厘。

一、应抵二十三年春季三十一日截日三班工食银三十三两一钱三分三厘。

一、应抵二十三年春季截至交号，共三十四日马驴草料、马夫工食及抄牌工食截日银三十九两一钱。

一、应抵二十三年春季三十一日白夫工食截日银三十六两

---

① 底本此处为苏州码。

一钱六分七厘。

一、应抵二十三年春季三十一日，兽医及鞍屉、棚厂槽铡等项截日银一两四钱五分三厘。

一、应抵二十三年春季门子工食银二两八钱二厘，仵作工食银五两六钱五厘，禁卒工食银二十二两四钱二分，轿伞肩夫工食银九两八钱九厘，库子工食银二两八钱五厘，斗级工食银五两六钱五厘，铺司兵工食银四十四两七分三厘。

一、应抵刘①任原抵业已咨追修仓浮抵核减银七十八两五钱九分一厘。

一、应抵本任垫解二十二年院科考五行年貌册费银二两八分七厘。

一、应抵本任垫发二十年正月分正额孤贫银一十五两、浮额孤贫银二两九钱八厘。

一、应抵封任原抵二十年及二十一年兵差不敷银五千三百三十六两四钱一分一厘。前款原抵银五千五百两，奉道宪批准，作十五年摊，每年该银三百六十六两六钱六分六厘。贵任自道光二十二年八月十九日奉道批之日起，至二十二年年底止，按三六②，应摊除一百三十二日银一百三十四两四钱四分四厘。又自二十三年正月初一日起，至二月初二日卸事前一日止，按三九③，应摊除三十一日银二十九两一钱四分五厘外，下剩实应抵银前数。

一、应抵本任垫修衙署流摊银一千两。前款现由监交核议禀覆府宪立案，俟奉批准流摊年分，再以奉批之日起，准此时暂行列抵。

---

① 即刘昕。

② 底本此处为苏州码。

③ 底本此处为苏州码。

一、应抵本任垫办二十一、二两正站腰拨协济车马及各案兵差未领银六千七十七两九钱五厘。

以上共应抵银一万八千二百三十八两二钱四分。

残篇三则[1]

十八年分，前十款因道光二十三年二麦被水案内，请递缓至道光三十年秋后带征。

以上道光十八年分原缓、递缓漕粮银米，复因二十四年秋禾被水案内，请一并递缓至道光三十二年秋后带征，理合登明。

十九年分，前九款因道光二十三年二麦被水案内，请递缓至三十一年秋后带征。内有前九款因道光二十三年秋禾被雹案内，请递缓至道光三十二年秋后带征。

以上道光十九年分原缓、递缓漕粮银米，复因道光二十四年秋禾被水案内，一并请递缓至道光三十三年秋后带征，理合登明。

……等因到县。蒙此，遵即带领之书前往逐加覆勘□□□。房基内并无石块，随讯该邻族人等。据称，该处附近一带，向非出石地方。凡建盖房屋，墙脚、门阶大半均系用砖堆砌。所有袁真基宅房，原建并未用石，是以现在倒塌，仅存各项破砖要木料，委无石块存留等情。卑职遍查无误，核与原估相符，

① 根据内容调至本册最后，整理者自拟标题。

其一切价值俱系敷实，估计丝毫难于再堍。兹奉前因，拟合造具册结，如照本详请宪台核转，分咨办理，实为公便。

道光廿二年额征德仓米折正耗银一千二百八十九两审办，内该摊正银一千一百三十两七钱九分、耗银一百五十八两三钱一分。前项米折银两于廿二年八月支领过银四百八十两、廿二年十月支领过银二百九十六两三钱六分、廿二年十二月支领过银四百六十四两四钱、廿三年七月支领过银八两二钱五分。共计支领过正、耗银一千二百四十九两一分，内该摊正支领正银一千〇九十五两六钱二分三厘、耗银一百五十三两三钱八分七厘，下剩未领正、耗银四十两〇九分，内该摊未领正银三十五两一钱六分七厘、耗银四两九钱二分三厘。

道光廿二年钱粮自廿三年二月开征起至年底止，征完地丁正银一百五十七两三钱二分三厘、荒田正银六钱〇五厘。

前二项共完正银一百五十七两九钱二分八厘，内除正支过徐马比建坊银三十两，应留未领德米正银三十五两一钱六分七厘外，下剩实存正银九十二两七钱六分一厘。征完地丁耗银廿二两二分五厘、荒田耗银八钱五厘。前二项共完耗银廿二两一钱一分，内除应留未领德米耗银四两九钱二分三厘外，下剩实存耗银一十七两八分七厘。

道光廿三年分额解司库地丁正银一万九千九百廿三两五钱三分三厘、耗银一千七百廿五两六钱八分四厘、廉银一千两。以上共应解司正耗养廉银二万二千六百四十九两二钱一分七厘。周任截至廿四年四月止，先后共解过正银一万七千八百九十两，又支过建坊耗银一千五百五十三两八钱一分九厘、廉银一千两。以上共解支过司库正、耗廉银二万〇五百二十三两八钱一分九厘。计已完九分六毫，未完九厘四毫。

第二十四本

惠民县覆核杨[1]任交代册

署惠民县余[2]今将贵任经管各年正、杂、仓、捐及原接历前任各项银两应交、应抵数目，逐一覆核，开册移送，更正会算施行。

计开

正款项下：

一、原册开应交道光二十四年正银一万三十两五钱八分三厘。覆查二十四年钱粮共征完正银五百二十八两六钱五分八厘内，除解支过正银四万四百九十八两八分六厘外，下剩实应交正银一万三十两五钱七分二厘，请更正。

一、原册开应交道光二十四年耗银一千二百九十二两四钱二分。覆查前款数符，照交。

一、原册开应交道光二十三年耗银二百四十八两七钱八分九厘。覆查二十三年共征完耗银七千四百七十一两六钱八厘，内除解支过耗银七千二百二十二两八钱一分八厘外，下剩实应交耗银二百四十八两七钱九分，请更正。

一、原册开应交道光二十二年正银二千八十七两三钱一分一厘。覆查二十二年钱粮共征完正银五万三千四百九十七两四钱七分八厘，内除解支过正银五万一千四百一十两一钱七分八厘外，下剩实应交正银二千八十七两三钱，请更正。

---

① 即杨茂豫。

② 即余棨。

一、原册开应交道光二十二年耗银二百九十二两二钱二分二厘。覆查二十二年共征完耗银七千四百八十九两六钱四分七厘，内除解支过耗银七千一百九十七两四钱二分四厘外，下剩实应交耗银二百九十二两二钱二分三厘，请更正。

一、原册开应交道光二十一年正银二千五百八十一两六钱八厘。覆查前款数符，照交。

一、原册开应交道光二十一年耗银三百六十一两一分七厘。覆查二十一年共征完耗银七千四百七十一两九钱一分三厘，内除解支过耗银七千一百一十两八钱九分五厘外，下剩实应交耗银三百六十一两一分八厘，请更正。

一、原册开应交道光十二年正银一千四百八十五两七钱七分四厘。覆查十二年共征完正银五万四千三十八两四钱八分四厘，内除解支过正银五万二千二百四十五两五钱六分七厘，又徐[1]任参亏正银二百九十三两九钱六分一厘外，下剩实应交正银一千四百九十八两九钱五分六厘，请更正。

一、原册开应交道光十二年耗银二百八两九厘。覆查十二年共征完耗银七千五百六十五两三钱八分八厘，内除解支过耗银七千三百一十三两四钱六分六厘，又徐任参亏耗银四十二两八分四厘外，下剩实应交耗银二百九两八钱三分八厘，请更正。

一、原册开应交道光十一年正银二千七百四十二两六厘。覆查十一年共征完正银五万三千一百九十九两五钱三分四厘，内除解支过正银五万五百三十六两二分内有徐任垫解十一年正银现已征完，应另款作交归补徐任参案原抵已征未解十七年正银七十八两四钱九分二厘外，下剩实应交正银二千六百六十三两五钱一分四厘，请更正。

---

① 即徐鈖。

一、原册开应交道光十一年耗银三百八十三两八钱七分七厘。覆查十一年共征完耗银七千四百四十七两九钱三分五厘，内除解支过耗银七千八十九两七钱六分七厘内有徐任垫解十一年耗银现已征完，应另款作交归补徐任参案原抵已征未解十七年耗银二十四两九钱五分四厘外，下剩实应交耗银三百五十八两一钱六分八厘，请更正。

以上共应交正耗银二万一千六百二十四两四钱〇七厘。

漏交正款项下：

一、漏交十八年正银一十三两一钱八分二厘。前款征完十八年正银四万七千九百六十八两三钱四分五厘，内除解支过正银四万七千九百五十五两一钱六分三厘外，下剩实应交正银前数，原册漏未开列，请补交。

一、漏交十八年耗银二两三分六厘。前款征完十八年耗银六千七百一十五两五钱六分八厘，内除解支过耗银六千七百一十三两五钱三分二厘，下剩实应交耗银前数，原册漏未开列，请补交。

一、漏交十六年正银三十三两七钱五分五厘。前款征完十六年正银四万九千二百一十二两九钱五厘，内除解支过正银四万九千〇三十三两六钱五分八厘，又除徐任参案正银一百四十五两四钱九分二厘外，下剩实应交正银前数，原册漏未开列，请补交。

一、漏交十五年正银一十三两一钱七分一厘。前款征完十五年正银四万八千二百四十七两二钱六分四厘，内除解支过正银四万九千五十三两六钱五分八厘，内有徐任垫解十五年钱粮参案内划抵欠解各年余剩兵米价值着赔正银八百一十九两五钱六分五厘，实动支征完正银四万八千二百三十四两〇九分三厘外，下剩实应交正银前数，原册漏未开列，请补交。

一、漏交十五年耗银一两八分五厘。前款征完十五年耗银六千七百五十四两六钱一分七厘，内除解支过耗银六千七百九十两一钱七分五厘，内有徐任垫解十五年钱粮参案内划抵欠解各年余剩兵米价值着赔耗银三十六两六钱四分三厘，实动支征完耗银六千七百五十三两五钱三分二厘外，下剩实应交耗银前数，原册漏未开列，请补交。

一、漏交十七年正银二千四百四十六两九钱八分二厘、耗银三百一十七两九钱六分二厘。前款正耗银两，查徐任参案内系以垫解十一年钱粮及县案垫摊并存司未领各款列抵。今十一年钱粮民欠已有续完存柜之项，亟应剔出归垫，其存司领款亦经奉扣后任欠项，与领回无异，至县案流摊银两，又已摊完，是以将原抵前项正耗入交，原册漏未开列，请补交。

一、漏交十七年学租耗银七钱五分九厘。

一、漏交十五年学租耗银七钱五分九厘。

一、漏交十三年学租耗银七钱五分九厘。

前三款原册漏未开列，请补交。

一、漏交二十四年官捐普济堂正银一十四两六钱七分三厘、二十三年官捐普济堂正银一十四两六钱七分三厘、二十二年官捐普济堂正银一十四两六钱七分三厘、二十一年官捐普济堂正银一十四两六钱七分三厘、二十年官捐普济堂正银一十四两六钱七分三厘、十九年官捐普济堂正银一十四两六钱七分三厘、十八年官捐普济堂正银一十四两六钱七分三厘、十七年官捐普济堂正银一十四两六钱七分三厘、十六年官捐普济堂正银一十四两六钱七分三厘、十五年官捐普济堂正银一十四两六钱七分三厘、十四年官捐普济堂正银一十四两六钱七分三厘、十三年官捐普济堂正银一十四两六钱七分三厘、十二年官捐普济堂正银一十四两六钱七分三厘、十一年官捐普济堂正银一十四两六钱七分三厘。

一、漏交二十四年官捐普济堂耗银二两〇五分四厘、二十三年官捐普济堂耗银二两〇五分四厘、二十二年官捐普济堂耗银二两〇五分四厘、二十一年官捐普济堂耗银二两〇五分四厘、二十年官捐普济堂耗银二两〇五分四厘、十九年官捐普济堂耗银二两〇五分四厘、十八年官捐普济堂耗银二两〇五分四厘、十七年官捐普济堂耗银二两〇五分四厘、十六年官捐普济堂耗银二两〇五分四厘、十五年官捐普济堂耗银二两〇五分四厘、十四年官捐普济堂耗银二两〇五分四厘、十三年官捐普济堂耗银二两〇五分四厘、十二年官捐普济堂耗银二两〇五分四厘、十一年官捐普济堂耗银二两〇五分四厘。

以上共漏交正耗银三千〇六十四两六钱二分八厘。

杂款项下：

一、原册开应交道光八年知县缺俸银一两五钱四分四厘、十年经历缺俸马夫工食银二两三钱七分一厘、十一年经历缺俸马夫工食银八两九钱六分七厘、十二年知县缺俸银一十二两七钱六分、十三年知县缺俸银二两一钱一分三厘、十五年知县缺俸银一十两四钱、十七年知府缺俸银九钱二分三厘、十七年知县缺俸银七钱三分一厘。覆查前八款数符，照交。

一、原册开应交道光十八年知县缺俸银三两四钱九分五厘。覆查道光十八年俸杂奏销奉司驳正结内应扣各官缺俸银四十四两二钱七分三厘，请更正。

一、原册开应交道光十九年知县缺俸银一十九两三钱四分三厘、二十年知县缺俸银一十一两七钱四厘。覆查前二款数符，照交。

一、原册开应交道光二十年训导俸斋空缺银九钱七分七厘。覆查前款应入是年师生空缺项下作交，无须另作俸斋空缺名目，请删。

一、原册开应交道光二十一年典史缺俸银三两三钱五分五厘。覆查前款数符，照交。

一、原册开应交道光九年廪膳空缺银一两七钱七分、十年廪膳空缺银六两三钱三分七厘、十一年廪膳空缺银一十二两七钱五分、十二年廪膳空缺银一十三两七钱四分六厘、十三年廪膳空缺银四两五钱、十四年廪膳空缺银一十二两二钱三分二厘、十五年师生空缺银一十七两四钱、十六年廪膳空缺银五两六钱一分七厘、十七年廪膳空缺银一十七两一钱七分六厘、十八年廪膳空缺银七两八钱六分九厘、十九年廪膳空缺银一十五两七分六厘。覆查前十一款数符，照交。

一、原册开应交道光二十年廪膳空缺银九两九钱五厘。覆查二十年俸杂奏销奉司驳正结内系应扣师生空缺银一十两八钱八分二厘，请更正。

一、原册开应交道光二十一年廪膳空缺银五两三钱二分九厘。覆查二十一年俸杂奏销奉司驳正结内系应扣师生空缺银二十八两七钱二分三厘，请更正。

一、原册开应交道光二十二年廪膳空缺银五两〔五两〕二钱七分九厘。覆查二十二年俸杂奏销奉司驳正结内应扣廪膳空缺银八两九钱九分一厘，请更正。

一、原册开应交道光八年乡饮银三两五分四厘、九年乡饮银三两五分四厘、十年乡饮银三两五分四厘、十一年乡饮银三两五分四厘、十二年乡饮银三两五分四厘、十三年乡饮银三两五分四厘、十四年乡饮银三两五分四厘、十五年乡饮银三两五分四厘、十六年乡饮银三两五分四厘。覆查前九款数符，照交。

一、原册开应交道光八年各役孤贫小建银二十六两九钱二分五厘、九年各役孤贫小建银二十六两九钱二分五厘、十年各役孤贫小建银三十两四钱六分一厘、十一年各役孤贫小建银三十二两三钱一分四厘、十二年各役孤贫小建银二十八两九钱四分九厘、十四年各役孤贫小建银二十九两八钱五分七厘、十五年各役孤贫小建银二十八两一钱九分三厘、十六年各役孤贫小建银二十九两八钱五分七厘、十七年各役孤贫小建银二十四两八钱七分七厘、十八年各役孤贫小建银二十八两一钱九分三厘、十九年各役孤贫小建银二十九两八钱五分七厘、二十年各役孤贫小建银二十四两七钱二分。覆查前十二款数符，照交。

一、原册开应交道光二十一年各役孤贫小建银二十四两七钱二分。覆查二十一年俸杂奏销奉司驳正结内应扣各役孤贫小建银二十七两五钱三分四厘，请更正。

一、原册开应交道光二十二年各役孤贫小建银二十四两七钱二分。覆查二十二年俸杂奏销奉司驳正结内应扣各孤贫小建银二十五两二钱六分，请更正。

一、原册开应交道光八年同知缺廉银一百四十四两四钱五厘。覆查八年奏销案内应扣同知缺廉银一百八十六两六钱六分七厘，内除朱①任漏接着赔咨追银四十二两二钱二分二厘外，下剩实应交银一百四十四两四钱四分五厘，请更正。

一、原册开应交道光八年知县缺廉银七十两、九年同知缺廉银一百九十六两六钱六分七厘。覆查前二款数符，照交。

一、原册开应交道光九年知县缺廉银六十五两三分五厘。覆查九年奏销案内应扣知县缺廉银一百五十九两四钱四分五厘，内除以修府监核减工料划抵请追谈任银九十四两四钱九厘外，

---

① 即朱庆扬。

下剩实应交银六十五两三分六厘，请更正。

一、原册开应交道光十三年同知缺廉银七十四两四钱四分四厘、十三年知县缺廉银一百四十五两八钱三分四厘、十四年知县缺廉银三两八钱八分九厘。覆查前三款数符，照交。

一、原册开应交道光十五年知县缺廉银五百四十六两六钱五分四厘。覆查十五年奏销案内应扣知县缺廉银七百三十七两六钱九分二厘，内除徐任实亏银七十五两三钱八分五厘外，下剩实应交银六百六十二两三钱七厘，请更正。

一、原册开应交道光十五年县丞缺廉银一十五两一钱八分、十五年典史缺廉银六两一钱五分四厘、十六年县丞缺廉银三十两七钱七分八厘、十七年同知缺廉银一百五十三两三钱三分三厘、十七年经历缺俸银一十六两六钱六分七厘、十七年县丞缺廉银二十八两八钱八分九厘、十八年知县缺廉银七百七十七两一钱八分。覆查前七款数符，照交。

一、原开应交道光十八年县丞缺廉银二十一两一钱二分七厘。覆查十八年奏销案内应扣县丞缺廉银二十一两一钱二分八厘，请更正。

一、原册开应交道光十九年知县缺廉银七百两、十九年县丞缺廉银一十六两二钱二分二厘。覆查前二款数符，照交。

一、原册开应交道光二十年同知缺廉银四十八两八钱八分九厘。覆查二十年奏销案内应扣同知缺廉银四百五十一两一钱一分一厘，请更正。

一、原册开应交道光二十年知县缺廉银一百八十二两八钱二分四厘。覆查二十年奏销案内应扣知县缺廉银四百六十二两七钱七分八厘，请更正。

一、原册开应交道光二十一年典史缺廉银六两九钱七分四厘、二十二年同知缺廉银九十三两三钱三分三厘。覆查前二款数符，照交。

一、原册开应交道光二十二年藉谷变价银一两八钱一分三厘、二十三年藉谷变价银一两八钱一分三厘。覆查前二款数符，照交。

一、原册开应交道光二十四年蓟粮余剩漕耗变价银一十三两八钱六分八厘，蓟粮车脚变价银四十七两七钱五分七厘，添平银三两八分一厘，济右、东昌两帮见石五厘银一两六钱七分、济右帮见石一厘银一钱八分。覆查前五款共银六十六两五钱五分六厘，数符，照交。

一、原册开应交嘉庆二十四年三升五合耗米银一十四两。覆查前款系奉粮道饬令买补本色米贮仓之项，现作本色米石，另款请交，无须交银，请删。

一、原册开应交道光十八年曹工三成银一百一十四两一钱六分六厘、十九年曹工三成银二百一十两。覆查前二款数符，照交。

一、原册开应交道光二十年曹工三成银一百八十一两一钱六分六厘。覆查二十年廉费奏销案内应扣曹工三成银二百八十一两一钱六分六厘，请更正。

一、原册开应交道光二十一年曹工三成银四百二十两、二十二年曹工三成银四百二十两、二十三年曹工三成银一百一十三两七分七厘。覆查前三款数符，照交。

以上共应交杂款银六千四百七十四两五钱一厘。

漏交杂款项下：

一、漏交道光二十四年夫马闰月银一十五两三钱、二十二年夫马闰月银一十五两三钱、二十年夫马闰月银一十五两三钱、十九年夫马闰月银一十五两三钱。前四款均系欠解之项，原册漏未开列，请补交。

一、漏交道光二十三年余剩夫马闰月银九两二钱一分四厘、二十一年余剩夫马闰月银九两二钱一分四厘。前二款均系欠解之项，原册漏未开列，请补交。

一、漏交道光二十四年夫马小建银四两八钱三分九厘、二十三年夫马小建银五两八钱七厘、二十二年夫马小建银六两二钱三分三厘、二十一年夫马小建银六两七钱七分四厘、二十年夫马小建银四两八钱三分九厘、十九年夫马小建银六两二钱三分三厘。前六款均系欠解之项，原册漏未开列，请补交。

一、漏交道光二十四年各役孤贫小建银二十四两八钱七分七厘、二十三年各役孤贫小建银二十三两六钱〇一厘。前二款均系欠解之项，原册漏未开列，请补交。

一、漏交道光二十四年乡饮银三两五分四厘、二十三年乡饮银三两五分四厘、二十二年乡饮银三两五分四厘、十九年乡饮银三两五分四厘。前四款均系欠之项，原册漏未开列，请补交。

一、漏交道光二十四年岁贡银一十三两四钱八分九厘。前款查二十四年县学虽系轮贡年分，但此项银两贵任已支未发，现据该贡生具领，业由敝任代垫发给之项，原册漏未开列，请补交。

一、漏交道光二十三年岁贡银一十三两四钱八分九厘、二十一年岁贡银一十三两四钱八分九厘、九年岁贡银一十三两四钱八分九厘、元年岁贡银一十三两四钱八分九厘。前四款均系县学歇贡年分已扣未解之项，原册漏未开列，请补交。

一、漏交道光二十三年廪膳空缺银四两四钱七分五厘、五年廪膳空缺银一十四两四钱七分九厘、四年廪膳空缺银三十二两七钱三分八厘、二年廪膳空缺银三十九两一钱一分二厘。前四款均系欠解之项，原册漏未开列，请补交。

一、漏交道光二十四年知县缺俸银二十九两二钱五分九厘，二十四年县丞缺俸并马夫工食银二十八两六钱八分三厘，二十三年知县缺俸银二十两七钱二分五厘，二十三年典史住俸银七两九钱六分八厘，二十三年典史缺俸银一十两四钱一分九厘，二年县丞衔俸银三两八分六厘，元年县丞缺俸、衔俸并马夫工食银五两八钱四分七厘。前七款均系欠解之项，原册漏未开列，请补交。

一、漏交道光二十四年知县缺廉银七百一十三两六钱一分一厘、二十四年县丞缺廉银三十八两六钱六分七厘、二十四年知县空缺公费银一两六分七厘、二十三年县缺廉银五百五十八两二钱五厘、二十三年典史缺廉银四十四两、二十二年府经缺廉银九两四钱四分五厘、二十一年府经缺廉银七两八钱二分一厘、二十年县丞缺廉银三两六钱六分六厘、十九年同知缺廉银四百两、十八年同知缺廉银四百两、十七年知县缺廉银二十八两四钱一分七厘、十六年知县缺廉银四百一十两二钱七分七厘、十年同知缺廉银一百六十七两七钱八分四厘。前十三款均系欠解之项，原册漏未开列，请补交。

一、漏交道光二十四年税契银一百一十四两八钱六分。前款系贵任收完欠解之项，原册漏未开列，请补交。

一、漏交道光二十四年藉谷变价银一两八钱一分三厘。前款二十四年祭祀用剩谷一石四斗五升，尚未奉文饬变，今照贵任原交二十二、三两年之项，酌定银前数，原册漏未开列，请补交。

一、漏交已收未解二十四年本县春、夏两季余兵生息银一百八十六两、解费银一十五两三钱四分五厘，青城四季余兵生息银一十二两、解费银九钱九分、府费银八钱，阳信四季余兵生息银七十二两、解费银五两九钱四分，海丰四季余兵生息银七十二两、解费银五两九钱四分，乐陵四季余兵生息银七十二两、解费银五两九钱四分、府费银八钱，商河县四季余兵生息银三百三十六两、解费银二十七两七钱二分，滨州四季余兵生息银六十两、解费银四两九钱五分、府费银八钱，利津四季余兵生息银七十二两、解费银五两九钱四分，沾化四季余兵生息银四十八两、解费银三两九钱六分，蒲台四季余兵生息银八十四两、解费银六两九钱三分二厘、府费银八钱。前二十四款均系已收未解之项，原册漏未开列，请补交。

一、漏交道光二十四年交帮漕项银内应扣减平银二十九两五钱六分八厘，二十四年俸杂项下应扣减平银八十三两一钱七分六厘，二十三年俸杂项下应扣减平银四十四两八钱五分三厘，二十四年廉费项下应扣减平银一百一十三两九钱二分。

一、漏交道光二十三年地丁脚费减平银二两五钱五分八厘、二十四年地丁脚费减平银四两六钱八分二厘。

一、漏交道光二十三年漕项五毫脚费减平银五分一厘、二十四年漕项五毫脚费减平银五分。

一、漏交道光二十三年仓项五毫脚费减平银四钱〇二厘、二十四年仓项五毫脚费减平银三钱〇三厘。

前十款均系应扣解之项，原册漏未开列，请补交。

一、漏交二十四年知府罚俸银六十六两四钱二分五厘、府经罚俸银四十两、典史罚俸银三十一两五钱二分。

一、漏交二十三年知府罚俸银六十六两四钱二分五厘、知县罚俸银七两三钱一分五厘、府经罚俸银四十两、典史顾建勋罚俸银一两一钱三分八厘。

一、漏交二十二年知府罚俸银六十六两四钱二分五厘、知县罚俸银二十九两二钱五分九厘、府经罚俸银四十两、典史罚俸银三十一两五钱二分。

一、漏交二十一年知府罚俸银三十三两二钱一分二厘、知县罚俸银二十九两二钱五分九厘、府经罚俸银四十两、典史罚俸银三十一两五钱二分。

一、漏交二十年知府罚俸银五十四两八钱二厘、知县罚俸银九两九钱一分六厘、府经罚俸银四十两、典史罚俸银三十一两五钱二分。

一、漏交十九年知府罚俸银六十六两四钱二分五厘、府经罚俸银四十两、典史罚俸银三十一两五钱二分。

一、漏交十八年知府罚俸银二十五两六钱四分七厘、知县罚俸银三两四钱九分五厘、府经罚俸银四十两、典史罚俸银三十一两五钱二分。

一、漏交十七年知府罚俸银六十五两五钱二厘、知县罚俸银二十八两五钱二分八厘、府经罚俸银四十两、县丞罚俸银四十两、典史罚俸银三十一两五钱二分。

一、漏交十六年知府罚俸银五十九两四钱一分三厘、知县罚俸银二十九两二钱五分九厘、府经罚俸银四十两、典史罚俸银三十一两五钱二分。

一、漏交十五年知府罚俸银六十四两七钱六分四厘、知县罚俸银一十八两八钱五分六厘、府经罚俸银四十两、县丞罚俸银六两八钱八分六厘、典史罚俸银三十一两五钱二分。

一、漏交十四年知府罚俸银六十六两四钱二分五厘、知县罚俸银二十九两二钱五分九厘、府经罚俸银四十两、县丞罚俸银五钱一分六厘、典史罚俸银三十一两五钱二分。

一、漏交十三年知府罚俸银六十六两四钱二分五厘、府经罚俸银四十两、典史罚俸银三十一两五钱二分。

一、漏交十二年知府罚俸银六十六两四钱二分五厘、知县罚俸银一十六两四钱九分九厘、府经罚俸银四十两、司狱罚俸银一十两五钱九分四厘、典史罚俸银三十一两五钱二分。

一、漏交十一年知府罚俸银六十六两四钱二分五厘、知县罚俸银二十九两二钱五分九厘、府经罚俸银三十一两七钱七分八厘、司狱罚俸银三十一两五钱二分、典史罚俸银三十一两五钱二分。

一、漏交十年知府罚俸银六十六两四钱二分五厘、知县罚俸银二十九两二钱五分九厘、府经罚俸银一十九两七钱七分八厘、司狱罚俸银三十一两五钱二分、典史降俸银二十一两一钱八分八厘。

一、漏交九年各官罚俸银一百九十二两〇五分九厘。

一、漏交八年知府罚俸银六十六两四钱二分五厘、司狱罚俸银三十一两五钱二分、典史罚俸银三十一两五钱二分。

一、漏交七年知府罚俸银五十六两六钱四分六厘、知县罚俸银一十九两一分八厘、司狱罚俸银三十一两五钱二分。

一、漏交六年各官罚俸银六十一两五分六厘。

一、漏交五年各官罚俸银一百二十七两二钱〇四厘。

一、漏交四年各官罚俸银一百五十八两七钱二分四厘。

一、漏交三年知府地丁银四十八两八钱九分五厘、知县罚俸银二十九两二钱五分九厘、府经罚俸银三十九两四钱四分四厘、典史罚俸银三十一两五钱二分。

一、漏交二年典史罚俸银三十一两五钱二分。

一、漏交元年知府罚俸银六十一两〇七分四厘。

以上共漏交杂款银八千〇一十四两六钱九分九厘。

仓款项下：

一、原册开应交谷价银五千五百四两一钱七分七厘。覆查常平仓谷道光二十三年奏销册报应存谷七千五百五十三石二斗一升六合〇五抄，又加二十四年官捐谷一十石、二十五年截日官捐谷五斗二升七合八勺，三共应存谷七千五百六十三石七斗四升三合八勺五抄，内除孙[1]任亏缺谷二十石〇四斗八升应俟追缴价银买补，又除徐任以县案垫款列抵现已摊起另款请交谷五百七十九石九斗八升二合八勺五抄外，下剩应交谷六千九百六十三石二斗八升一合，内除现已盘收过实存在仓谷一千四百四十五石五斗七升五合六勺外，实短交谷五千五百一十七石七斗〇五合四勺，按每石十两一钱核计，实应交谷价银六千〇六十九两四钱七分六厘，请更正。

漏交仓款项下：

一、漏交归补徐任参案谷价银六百三十七两九钱八分一厘。前款系徐任参案，以县案垫摊等款列抵常平仓谷五百七十九石九斗八升二合八勺五抄。今查县案摊款，均已摊完前项仓谷，即应以本色谷石入交。因贵任尚未买贮，是以按每石十两一钱[2]合价银前数，原册漏未开列，请补交。

兵米项下：

一、原册开应交兵米价银四千五百一十二两三钱八分五厘。覆查道光二十三年奏销册报应存兵三千四百九十七石六斗〇六合五勺，又加征完道光二十四年兵米二千一十三石一斗六升七合，二共应存兵米五千八百一十石七斗七升三合五勺，内除支放过二十四年春季兵米五百七十七石六斗一升、二十四年夏季兵米五百七十七石六斗一升、二十三年不敷兵米二十石〇二斗

---

① 即孙铨。

② 底本此处数字为苏州码。

一升、二十四年秋季兵米五百七十一石一斗二升、二十四年冬季兵米二百二十八石四斗九升七合，均已奉到拨牌二武定营，二十四年冬季屯借米二十七石六斗一升，应俟奉到拨牌还项，又支放过二十五年春季兵米五百七十一石一斗二升已奉拨牌。以上七款共支动米二千五百七十三石七斗七升七合外，实应交米三千二百三十六石九斗九升六合五勺，内除现存在仓米八百七十石四斗七升九合五勺外，实短交米二千三百六十六石五斗一升七合。按每石二两核计，实应交米价银四千七百三十三两〇三分四厘，请更正。

实存米石项下：

一、应交道光五年大漕拨补蓟粮五升车脚及余剩漕耗，共米二十二石九斗三升六合一勺。前款系谈任未交奉文筹补，经贵任详奉批饬先行买补本色存仓之项，应作本色入交。其筹垫价银另款，以二十四年三月十一日奉批之日起，余摊列抵。

一、应道光二十年大漕拨补蓟粮漕耗及五升车脚二升食米，共米四十石〇五斗八升四合四勺。前款系原照二十年十月分粮价变价，于二十一年七月经王任批解，奉粮道将银发回，饬令买补本色米石存仓之项，应作本色入交。

一、应交道光二年大漕拨补蓟粮三升五合米一十四石。前款系道光二年业已交帮，嗣奉粮道饬令于二十一年新漕交帮米内扣还实贮之项，应作本色米入交。

一、应交嘉庆二十四年大漕拨补蓟粮三升五合米七石。前款系徐任亏缺请追无着，屠①任按每石价银二两代为筹解银一十四两，奉粮道将银发回，饬令买米存仓之项，应以本色米作

---

① 即屠道彰。

交前数。

以上共应交本色米八十四石五斗二升〇五勺，已由现盘存仓米内扣收存贮讫。

摊款项下：

一、原册开应交道光十九年奉摊十三年运直赈米盘费银三十四两四钱四分八厘。覆查前款数符，照交。

一、原册开应交道光十九年奉摊曲阜县知县徐奕溥部借养廉银三两一钱一分七厘。覆查前款数符，照交。

一、原册开应交道光二十年奉摊鱼台县知县冯锡龄部借养廉银一两五钱五分八厘。覆查前款数符，照交。

一、原册开应交道光二十年奉摊试用知县周铭部借养廉银六钱二分四厘。覆查前款数符，照交。

一、原册开应交道光二十年奉摊试用知县陈文富部借养廉银六钱二分四厘。覆查前款数符，照交。

一、原册开应交道光二十四年本任军需三成银二百〇五两九钱一分七厘。覆查前款数符，照交。

一、原册开应交藩宪书吏饭食银一十两〇九钱〇九厘。覆查前款银数不符，现已归入年例捐款项下另款请交。此处请删。

一、原册开应交臬宪书吏饭食银一十六两六钱五分七厘。覆查前款银数不符，现已归入年例捐款项下另款请交。此处请删。

一、原册开应交一半交代册费银四十两。覆查民交代每案向需达部册费银八十六两，贵任应摊交一半银四十三两，请更正。

以上共应交摊款银二百八十九两二钱八分八厘。

漏交摊款项下：

一、漏交道光十八年奉摊病故试用知县海溢部借养廉银一两五钱五分八厘。前款全欠未解，原册漏未开列，请补交。

一、漏交道光二十二年奉摊隆恩门、昭西陵等工临砖柴价银三十一两六钱四分三厘。前款原摊银前数，自二十二年五月十一日奉文起，作一年摊，全欠未解，原册漏未开列，请补交。

一、漏交道光二十年奉摊临砖柴价银三十两〇七钱五分二厘。前款原摊银前数，自二十年六月十一日奉文起，作一年摊，全欠未解，原册漏未开列，请补交。

一、漏交道光十三年奉摊续增十一年万年吉地临砖委员津贴原动府廉银一十三两二钱三分四厘。前款续摊银三十六两一钱八分四厘，应自十年正月二十九日奉文起，作一年摊，早已摊满，内除由十三年夫马闰月项下扣收银二十二两九钱五分外，下余银一十三两二钱三分四厘，系扣本府廉银，应交出解府归款，原册漏未开列，请补交。

一、漏交道光二十二年省会城垣工料银二百一十八两一钱九分。前款原摊银七百一十四两八钱八分九厘，自二十二年八月十一日奉院批之日起，分八年摊，每年该银八十九两三钱六分一厘一毫二丝五忽，截至二十二年底止，应摊一百四十日银三十四两七钱五分二厘；又自二十三年正月初一日起至二十四年年底止，应摊两年银一百七十八两七钱二分二厘；又自二十五年正月初一日起至正月十九日止，应摊一十九日银四两七钱一分六厘；三共应交银前数，原册漏未开列，请补交。

一、漏交道光二十三年历城县垫修道署工料银五十三两八钱八分。前款原摊银一百二十四两〇七分三厘，自二十三年冬季起，分三年摊，每年该银四十一两三钱五分七厘六毫六丝七忽，截至二十三年年底止，应摊一季一十两〇三钱三分九厘；

又自二十四年正月初一日起至年底止，应摊一年银四十一两三钱五分八厘；又自二十五年正月初一日起至正月十九日止，应摊一十九日银二两一钱八分三厘；三共应交银前数，原册漏未开列，请补交。

一、漏交修理临、德二仓工料银三百三十七两六钱二分八厘。前款原摊银八百一十两三钱七厘，自道光二十二年七月二十日奉院批之日起，分六年摊，每年该银一百三十五两五分一厘一毫六丝七忽，截止二十二年年底止，应摊一百六十一日银六十两三钱九分八厘；又自二十三年正月初一日起至二十四年年底止，应摊两年银二百七十两一钱二厘；又自二十五年正月初一日起至正月十九日止，应摊一十九日银七两一钱二分八厘；三共应交银前数，原册漏未开列，请补交。

一、漏交道光二十二年续摊誊黄工料银二两四钱〇九厘。前款奉续摊银八十六两八钱六分，除在二十年囚粮囚衣银内扣过银八十四两四钱五分一厘外，下剩欠解应交银前数，原册漏未开列，请补交。

一、漏交嘉庆二十年济南府委员伴送玻璃匠盘费银五钱六分一厘。前款并未批解，又未造册请追，原册漏未开列，请补交。

一、漏交嘉庆二十四年臬宪饬摊户北科等房工料银一十二两。前款并未批解臬宪衙门交兑，又未造册请追，原册漏未开列，请补交。

一、漏交道光二十二年续摊潍县垫用马刚经费银一百四十五两六钱八分六厘。前款奉续摊银六百四十四两三钱九厘，自道光二十二年十月十六日奉院批之日起，分十年摊，每年该银六十四两四钱三分九毫，截至二十二年年底止，应摊七十五日银一十三两四钱二分三厘；又自二十三年正月初一日起至二十四年年底止，应摊两年银一百二十八两八钱六分二厘；又自二十五年正月初一日起至正月十九日止，应摊一十九日银三两四钱一厘；三共应交银前数，原册漏未开列，请补交。

一、漏交二十四年摊捐海防经费银五十两。前款并无奉扣札文，原册漏未开列，请补交。

一、漏交二十五年摊捐海防经费银二两六钱三分九厘。前款每年五十两，贵任截至二十五年正月十九日止，应摊交银前数，原册漏未开列，请补交。

一、漏交道光二十三年本任曹工三成银一百一十九两九钱七分七厘。前款二十三年共应扣曹工三成银二百五十二两五钱三分八厘，内除原接王①任之项应作杂款另款列交银一百一十三两七分七厘，又奉文在应领库大使养廉银内扣过本任三成银一十九两四钱八分四厘外，下余实应交本任三成银前数，原册漏未开列，请补交。

一、漏交二十二年秋冬交代局经费银二十五两。

一、漏交二十四年春夏交代局经费银二十五两。

前二款未奉扣拨，原册漏未开列，请补交。

一、漏交二十五年截日交代局经费银二两六钱三分九厘。前款每年额摊银五十两，应摊二十五年正月一十九日银前数，原册漏未开列，请补交。

一、漏交二十五年济南府发审经费银六两三钱三分三厘。前款每年额摊银一百二十两，自道光八年春季为始至二十四年之项，均已全清。二十五年正月一十九日应交银前数，原册漏未开列，请补交。

一、漏交道光二十四年冬季本府发审经费银二十两。前款每年银八十两，二十四年除春、夏、秋三季已解外，下欠冬季

① 即王文焕。

银前数，因奉催紧急，已由敝任代为垫解之项，原册漏未开列，请补交。

一、漏交二十五年本府发审经费银四两二钱二分二厘。前款每年银八十两，二十五年正月一十九日银前数，原册漏未开列，请补交。

一、漏交二十五年本府委员薪水银三两八钱。前款每年银七十二两，二十五年正月一十九日银应交银前数，原册漏未开列，请补交。

一、漏交二十五年解饷委员津贴银一十五两八钱三分三厘。前款每年银三百两，二十五年应摊一十九日银前数，原册漏未开列，请补交。

一、漏交二十四年解饷委员津贴银二百两。前款每年银三百两，内在二十四年养廉内扣拨银一百两外，下余欠解应交银前数，原册漏未开列，请补交。

一、漏交二十三年解饷委员津贴银二百两。前款每年银三百两，内除在二十三年养廉内扣拨银一百两外，下余欠解应交银前数，原册漏未开列，请补交。

一、漏交十九年解饷委员津贴银三百两。前款并未扣拨，原册漏未开列，请补交。

一、漏交院司秋审册费并茶水部费等银二两六钱一分八厘。前款二十五年新事秋审人犯二起，共应解院局册费银四钱、臬署册费银二两四钱、茶水银八钱、部费银四十两。又旧事人犯五起，共应解臬署册费银六两。统共需用银四十九两六钱，应摊交一十九日银前数，原册漏未开列，请补交。

一、漏交二十五年各项奏销册费银一十五两八钱六分五厘。前款除应由各役工食项下支发各费不计外，每年额需地丁册费银八十两、常平仓册费银二十四两、社仓册费银四两、德常仓册费银一十二两、蓟粮项下册费银一十六两、漕耗变价册费银一十六两、孤贫报销册费九两六钱、钱粮月报册费银一十八两、年终汇奏册费银一十八两、养廉奏销册费银二十两、年终盘查册费银三十二两、保甲册费银二十四两、民数户口册费银一十二两、俸杂印结册费银一十五两，统共需银三百两六钱，二十五年应摊交一十九日银前数，原册漏未开列，请补交。

一、漏交历城监造达部交代册一半润笔饭食等银五两五钱。前款每案交代需银一十一两，应交一半银前数，原册漏未开列，请补交。

一、漏交二十五年额摊誊黄工料截日银二两四钱二分八厘。前款每年额摊银四十六两，二十五年应摊交一十九日银前数，原册漏未开列，请补交。

以上共漏交摊款银一千八百四十九两三钱九分五厘。

已奉饬知应摊潍县各项摊款

交代局经费银五钱八分一厘、海防经费银五钱七分五厘、誊黄工料银五钱八分四厘。以上三款共银一两七钱四分，二十五年应摊一十九日银九分二厘，又应交二十四年四季潍县交代局经费银五钱八分一厘。

年例捐款：

藩宪衙门：

院书饭食银二十三两四钱三分五厘。

院本书饭食银一十三两二钱六分八厘。

司书饭食银三十九两六钱六分八厘。

汇报饭食银七钱一分二厘。

吏攒饭食银八钱八分八厘。

拨册饭食银一两〇六分五厘。

耗羡廉费饭食银一两七钱七分六厘。

粮价饭食银二两一钱三分一厘遇闰加银一钱七分七厘。

罚俸饭食银三两五钱五分二厘。

藉田饭食银一两七钱七分六厘。

兵北科饭食银八钱八分八厘。

封筒饭食银三两〇一分九厘。

刑书册费银七两一钱〇四厘。

保甲册费银七两一钱〇四厘。

积案饭食银一两七钱七分六厘。

耗羡旬报饭食银四两〇八厘遇闰加银三钱三分四厘。

柬房饭食银七两一钱〇四厘。

茶房工食银三两五钱五分二厘。

盘查房饭食银一十七两〇三分遇闰加银一两四钱一分九厘。

宪书工料银五两六钱二分九厘。

军需饭食银八两五钱二分五厘。

抚塘报资银三十六两。

京塘公费银四两九钱六分。

以上二十三款，二十五年无闰，共银一百九十四两九钱七分，应摊一十九日银一十两二钱八分九厘，又应交欠解二十四年夏季院司书吏饭食等银四十八两七钱四分三厘。

臬宪衙门：

臬书饭食银九十八两。

招书饭食银七两八分。

词讼册费银七两八分。

外省军流册费银二两。

鸦片烟册费银一两。

赃赎册费银一两二钱。

囚粮册费银七两八分。

封筒饭食银一两六钱四分。

狱务循环号簿册费银二两。

值堂房饭食银一两二钱。

秋审经费银七两八分。

封筒册费银二两。

兵北科民壮循环号簿册费银一两二钱。

题咨册费银二两。

功过册费银二两。

奏折随咨册费银一两二钱。

逃遣册费银一两。

递解军流口粮册费银二两。

秋审犒赏银一十三两二钱。

驿站书吏饭食银二十一两八钱三分。

援减册费银二两。

以上二十一款，共银一百八十三两七钱九分，二十五年应摊一十九日银九两七钱。

按司狱衙门：

津贴狱务银一十四两二钱六分三厘。

津贴刑具银八两七钱九分六厘。

更夫工食银三两五钱四分。

禁卒工食银四十一两七钱三分九厘。

以上四款每年共银六十八两三钱三分八厘，二十五年按三十六该摊一十九日银三两六钱〇七厘，又应交欠解二十四年冬季禁卒工食银一十两四钱三分四厘。

济司狱衙门：

灯油增添刑具银八两八钱。

前款每年银前数，二十五年应摊一十九日银四钱六分四厘，又应交欠解二十三年秋季灯油增添刑具银二两二钱。

历城县典史衙门：

灯油刑具银四两。

增添刑具银四两九钱。

以上二款每年共银八两九钱，二十五年应摊一十九日银四钱七分。

府医学药饵银二两六钱。

县医学药饵银二两六钱。

以上二款每年共银五两二钱，二十五年应摊一十九二钱七分四厘。

粮道衙门：

漕项捐款

酌给公帮解员盘费银二十两七钱一分二厘。

酌加五厘席片银三十两四钱五分九厘。

守冻银一十八两二钱七分五厘。

蓟粮书吏饭食银一钱八分五厘。

漕粮房饭食银四两。

缮书饭食银二两。

书役饭食银一两二钱。

随蓟添平银六两五钱五分三厘。

行折添平银一两八钱七分四厘。

印烙斛斗规费银五十四两四钱五分。

攒造赤书由单串票流水规费银一百三十五两。

随漕一五耗奏销规费银二十两。

派征则例申覆由单规费银二十两。

漕粮奏销规费银三十两。

以上十四款，每年共银三百四十四两七钱〇八厘，二十五年应摊一十九日银一十八两一钱九分三厘。

仓项捐款：

临仓部费添平银二百三十二两六钱六分三厘。

德、常二仓部费添平银四十六两四分三厘。

德、常二仓书役饭食银一两八钱五分七厘。

德州仓仓房饭食银九钱六分。

常丰仓仓房饭食银一两二钱八分。

以上五款，每年共银二百八十二两八钱三厘，二十五年应摊一十九日银一十四两九钱二分六厘。

本道衙门：

窃盗册费银二两。

驿站饭食银六钱。

吏礼等房饭食银三两六钱，

以上三款，每年共银六两二钱，二十五年应摊一十九日银三钱二分。

又应交二十四年吏礼等房饭食银三两六钱，二十三年吏礼等房饭食银三两六钱。

本府衙门：

刑南科饭食银一十四两四钱。

刑北科饭食银一十八两。

招书饭食银一十两八钱。

吏书饭食银一十两八钱。

礼书饭食银七两二钱。

工书饭食银七两二钱。

承发房饭食银八两六钱四分。

户杂科饭食银一十两八钱。

户收科饭食银二十一两六钱。

柬房饭食银七两二钱。

户总科饭食银一十四两四钱。

兵南科饭食银七两二钱。

兵北科饭食银七两二钱。

月报粮价册费银一两二钱。

户支科饭食银七两二钱。

四季局书饭食银七两二钱。

更夫工食银三十六两。

以上十七款，每年共银一百九十七两四分，二十五年应摊一十九日银一十两三钱九分九厘。

又应交二十三年局书饭食银七两二钱，二十四年局书饭食银七两二钱。

以上共应交各衙门捐款银一百五十一两六钱二分六厘。

已奉饬知应摊潍县年例捐款

藩宪衙门：

院书饭食银二钱四分五厘。

院本书饭食银一钱三分九厘。

司书饭食银四钱一分五厘。

汇报饭食银四厘。

吏攒饭食银九厘。

拨册饭食银二分四厘。

耗羡饭食银二分八厘。

粮价饭食银二分二厘。

罚俸饭食银三分七厘。

藉田饭食银一分八厘。

兵北科饭食银九厘。

封筒饭食银三分一厘。

刑书册费银七分四厘。

保甲册费银七分四厘。

积案饭食银一分八厘。

耗羡旬报饭食银四分三厘。

柬房饭食银七分四厘。

茶房工食银三分七厘。

盘查房饭食银一钱七分八厘。

宪书工料银五分八厘。

军需饭食银八分八厘。

抚塘报资银六钱四分七厘。

京塘公费银五分三厘。

以上二十三款，每年共银二两三钱一分五厘，二十五年应摊一十九日银一钱二分二厘。

又应交二十四年秋、冬两季潍县院司书饭食等银一两一钱五分一厘。

臬宪衙门：

驿站饭食银二钱二分六厘。

词讼册费银七分四厘。

招书饭食银七分四厘。

囚粮册费银七分四厘。

秋审经费银一钱六厘。

奏折册费银一分四厘。

值堂房饭食银一分四厘。

民壮号簿册费银一分四厘。

赃赎册费银一分四厘。

承发房饭食银一分八厘。

更夫工食银三分七厘。

狱务册费银二分三厘。

封筒册费银二分三厘。

窃案功过册费二分三厘。

命盗题咨册费银二分三厘。

秋审犒赏银一钱三分九厘。

外省军流册费银二分三厘。

逃遣册费银一分一厘。

鸦片烟册费银一分一厘。

臬书饭食银七钱一分七厘。

以上二十款，共银一两六钱五分八厘，二十五年应摊一十九日银八分八厘。

济南府衙门：

府监加摊刑具银二钱四分二厘。

历城县衙门：

县监加摊刑具银五钱一分三厘。

以上府、县二款共银七钱五分五厘，二十五年应摊一十九日银四分。

抵款项下：

一、原册开应抵未领十五年知县廉银八十四两八钱六分一厘、十六年知县廉银五十三两四钱一分。覆查前二款，现由敝任详请司示，俟奉签示再定。

一、原册开应抵未领十七年知县廉银四两。覆查前款，已奉扣十八年援减册费讫，并无存司未领之项，请删。

一、原册开应抵未领二十年知县廉银三十九两四钱七分。覆查前款，现由敝任详请司示，俟奉签示再定。

一、原册开应抵未领二十一年知县廉银五十两。覆查前款，已奉扣十八、九等年漕船阻滞银两讫，并无存司未领之项，请删。

一、原册开应抵未领二十二年知县廉银一百二十七两二钱七分三厘。覆查前款，现由敝任详请司示，俟奉签示再定。

一、原册开应抵未领二十三年知县廉银一两二钱。覆查前款，已奉扣二十三年袖珍宪书工料银两讫，并无存司未领之项，请删。

一、原册开应抵未领二十四年知县廉银一百二十一两六钱三分一厘。覆查前款，现由敝任详请司示，俟奉签示。

一、原册开应抵未领十一年先农坛祭品银二两四钱四分八厘、十二年先农坛祭品银二两四钱四分八厘、十三年先农坛祭品银二两四钱四分八厘、十四年先农坛祭品银二两四钱四分八厘、十五年先农坛祭品银二两四钱四分八厘、十六年先农坛祭品银二两四钱四分八厘、十七年先农坛祭品银二两四钱四分八厘、十八年先农坛祭品银二两四钱四分八厘、十九年先农坛祭品银二两四钱四分八厘、二十年先农坛祭品银二两四钱四分八厘、二十一年先农坛祭品银二两四钱四分八厘、二十二年先农坛祭品银二两四钱四分八厘、二十三年先农坛祭品银二两四钱四分八厘。覆查前十三款，现由敝任详请司示，俟奉签示再定。

一、原册开应抵未领二十一年昭忠祠祭品银四两、二十二年昭忠祠祭品银四两、二十三年昭忠祠祭品银四两、二十四年昭忠祠祭品银四两。覆查前四款，现由敝任详请司示，俟奉签示再定。

一、原册开应抵未领十八年公宴银一钱七分七厘、二十年公宴银一两七钱〇九厘、二十一年公宴银一两五钱三分五厘。覆查前三款，已由敝任详请司示，俟奉到签示再定。

一、原册开应抵未领二十三年公宴银一两五钱三分五厘、二十四年公宴银一两五钱三分五厘。覆查二十三年以后，公宴银两已裁减不能领，请删。

一、原册开应抵未领二十年举人车价银二两七钱八分。覆查前款，已奉扣二十三年狱务囚粮等银讫，并无未领银两，请删。

一、原册开应抵未领二十一年举人车价银二两四钱九分七厘、二十四年举人车价银二两五钱。覆查前二款，现由敝任详请司示，俟奉签示再定。

一、原册开应抵未领二十一年闰月孤贫银四十一两四钱、二十一年夫马闰月银二十二两九钱五分、二十二年浮额孤贫银一百七十五两〇三分、二十三年浮额孤贫银一百七十两五钱九分五厘。覆查前四款，均已扣拨无存，请删。

一、原册开应抵未领二十四年浮额孤贫银一百八两二钱九分九厘。覆查前款，现由敝任详请司示，俟奉签示再定。

一、原册开应抵未领二十二年囚粮银二百〇二两一钱五分九厘。覆查前款，止应领银一百八十八两四钱二分，均已扣拨无存，请删。

一、原册开应抵未领二十三年囚粮银二百五十两〇三钱七分九厘、二十四年囚粮银三百六十三两五厘一毫二丝。覆查前二款，现由敝任详请司示，俟奉签示再定。

一、原册开应抵未领二十一年囚衣银八钱、二十二年囚衣银八钱。覆查前二款，均已扣拨无存，请删。

一、原册开应抵未领二十三年囚衣银八钱、二十四年囚衣银八钱。覆查前二款，现由敝任详请司示，俟奉签示再定。

一、原册开应抵未领十六年岁贡不敷银五两六钱三分一厘、十八年岁贡不敷银五两六钱三分一厘、二十年岁贡不敷银五两六钱三分一厘、二十二年岁贡不敷银五两六钱三分一厘、二十四年岁贡不敷银五两六钱三分一厘。覆查岁贡不敷银两，向由该贡生自行赴司请领，并非县案垫项，不能作抵。前五款请删。

一、原册开应抵未领二十一年银买谷价银八百四十六两三钱六分五厘。覆查二十一年买补缺谷一千二百〇九石九升三合三勺，每石例价银七钱，共该例价银八百四十六两三钱六分五厘，内除应扣减平银五十两〇七钱八分二厘外，下剩实应领银七百九十五两五钱八分三厘，请更正。至此项银两曾否扣拨欠款，现已详请司示，仍俟奉批到日再定。

一、原册开应抵未领二十三年买谷价银七百五十两〇九钱六分七厘。覆查二十三年买补缺谷七百五十石九斗六合七勺，每石例价银七钱，共该例价银五百二十五两六钱三分五厘，内除应扣减平银三十一两五钱三分八厘外，下余实应领银四百九十四两〇九分七厘，又应领每石二钱，津贴银一百五十两〇一钱八分一厘，二共实应领银六百四十四两二钱七分八厘，请更正。至此项银两曾否扣拨欠款，现已详请司示，仍俟奉批到日再定。

一、原册开应抵未领准销二十一、二等年应付兵差及运送火药、火砖并协济车马、安设正站腰拨、购买麻布口袋等项，共银一千六百七十四两二钱九分五厘八毫。覆查前款，核与准销饬知数符。惟王任曾否续行请领，无从知悉，现已详请司示，仍俟奉批到日再定。

一、原册开应抵县丞衙署房价银二百两。覆查前任县丞钱普沄所公廨房屋，均已倒塌，木料酆朽，砖瓦破碎，历任县丞俱不在此房作署，现与荒基无异。惟文契既存，县案亦未便全删不抵。今酌抵银五十两，实属丝毫难增，请更正。

一、原册开应抵二十三年充公一半盐当规银二十四两一钱八分五厘。覆查前款充公银两，贵任在任时该商业已全缴，未便再抵，请删。

一、原册开应抵未领二十四年漕耗米折银一十九两九钱二分二厘。覆查前款，应扣拨归还长领二十二年漕耗米折银两之项，未便作抵，请删。

一、原册开应抵佃欠普济堂十八年至二十四年租谷，每石一两，折价银二百七十六两三钱二分六厘。覆查各年佃欠，贵任在任时，该佃户等尚不完缴，今又事隔年远，敝任更难催追，未便作抵，请删。

一、原册开应抵二十四年院府岁考经费银三百六十一两八钱二分。覆查前款，原垫院考经费银三百四十两、铺垫等银一十八两、棚厂饭食银二两、巡捕饭食银三两、府考经费银九十七两二钱、火药铺垫银三两、棚厂银二两，七共银四百六十五两二钱。此系岁考之项，应自二十四年正月初一日起，分年半摊，每年该银三百一十两一钱三分三厘，半年该银一百五十五两六分七厘。截至二十五年正月十九日止，已摊一年〇一十九日银三百二十六两五钱〇一厘，下余未摊实应抵银一百三十八两六钱九分九厘，请更正。

一、原册开应抵奉办口袋等项不敷银五百三十六两二钱八分二厘。覆查二十一、二等年王任办买麻布、口袋并运送军装、火药等项垫用车价、夫马工食等款，除报销并自行认捐外，不敷银八百两，禀奉府、宪批准，自二十三年正月初一日起，分六年摊，每年该银一百三十三两三钱三分三厘零，截至二十四年年底止，已摊两年银二百六十六两六钱六分七厘。又自二十五年正月初一日止至正月十九日止，已摊一十九日银七两〇三分七厘。二共已摊二百七十三两七钱四厘，下余未摊实应抵银五百二十六两二钱九分六厘，请更正。

一、原册开应抵二十一年临砖委员津贴银二十八两二钱五分四厘一毫。覆查前款，原摊津贴并解费银一百三十六两八钱三分五厘。按五年一轮，自二十一年正月初一日起，作五年摊，每年该银二十七两三钱六分七厘，截至二十四年年底，该摊四年银一百九两四钱六分八厘。又自二十五年正月初一日止［起］至正月十九日止，该摊一十九日银一两四钱四分四厘。二共应摊银一百一十两九钱一分二厘。查此项已全数解过银一百三十六两八钱三分五厘，除摊计垫解，实应抵银二十五两九钱二分三厘，请更正。

一、原册开应抵二十一年海、利、沾防堵津贴银二百七十五两六钱四分二厘。覆查前款，原帮贴海、利、沾三县共银五百两，已经王任全数解府转发讫。会禀请分八年摊，奉府宪批准照行在案。应自二十一年三月初九日奉批之日起摊，每年该银六十二两五钱，截至二十四年三月初八日止，已摊三年银一百八十七两五钱。又自二十四年三月初八日起至二十五年正月十九日止，已摊三百一十一日银五十三两九钱九分三厘。二共已摊银二百四十一两四钱九分三厘，下余未摊实应抵银二百五十八两五钱〇七厘，请更正。

一、原册开应抵二十五年海防经费银四十七两二钱二分三厘。覆查二十五年海防经费，未奉扣收札文，贵任应摊一十九日银，尚须入交。既未长扣，无凭列抵，请删。

一、原册开应抵二十一年修府署二堂等工食四十六两六钱六分八厘。覆查前款，原垫银一百四十两，自二十一年六月十九日奉府宪批准饬知改定摊限之日起，分五年摊，每年该银二十八两，截至二十一年年底止，已摊一百九十二日银一十四两九钱三分三厘。又自二十二年正月初一日起至二十四年年底止，已摊三年银八十四两。又自二十五年正月初一日起至正月十九日止，已摊一十九日银一两四钱七分八厘。三共已摊银一百两四钱一分一厘，下余未摊实应抵银三十九两五钱八分九厘，请更正。

一、原册开应抵十六年漕运事宜规费银四两九钱三分一厘。覆查前款，原垫银三十两，自十六年正月初一日起，分十年摊，每年该银三两，截至二十五年正月十九日止，已摊九年〇一十九日银二十七两一钱五分八厘，下余未摊实应抵银二两八钱四分二厘，请更正。

一、原册开应抵十七年修赋役全书工料银七十二两九分七厘。覆查前款，原垫用银二百八十两，自十七年正月初一日起，分十年摊，每年该银二十八两，截至二十五年正月十九日止，已摊八年〇一十九日银二百二十五两四钱七分八厘，下余未摊实应抵银五十四两五钱二分二厘。

一、原册开应抵二十五年誊黄工料银四十三两四钱四分五厘。覆查前款，二十五年誊黄工料，未奉扣收札文，贵任应摊一十九日银两，尚须入交。既未长扣，无凭列抵，请删。

一、原册开应抵宪书不敷银二两八分七厘八毫。覆查前款，原摊宪书工料银一两，增摊袖珍宪书工料银一两二钱，二共银二两二钱。自正月初一日起，作一年摊，二十五年之项贵任截至正月十九日止，应摊一十九日银一钱一分六厘。查此项已在二十四年廉银内扣收全数银二两二钱，除摊计长扣应抵银二两八钱四厘，请更正。

一、原册开应抵十八年修监狱工料银一百三十六两二钱八分。覆查前款，原垫银四百九十五两五钱六分，禀奉府宪批准，自道光十八年十月初八日完工之日起，分八年摊，每年该银六十一两九钱四分五厘，截至十八年年底止，已摊八十三日银一十四两二钱八分二厘。又自十九年正月初一日起至二十四年年底止，已摊六年银三百七十一两六钱七分。又自二十五年正月初一日起至正月十九日止，已摊一十九日银三两二钱六分九厘。三共已摊银三百八十九两二钱二分一厘外，下余未摊实应抵银一百六两三钱三分九厘，请更正。

一、原册开应抵二十年修余字仓廒工料银二百一十九两八钱六分八厘。覆查前款，原垫银四百八十九两八钱，禀奉府宪批准，自二十年秋季起，分八年摊，每年该银六十一两二钱二分五厘，截至二十年年底止，已摊两季银三十两六钱一分三厘。又自二十一年正月初一日起至二十四年年底止，已摊四年银二百四十四两九钱。又自二十五年正月初一日起至正月十九日止，已摊一十九日银三两二钱三分一厘。三共已摊银二百七十八两七钱四分四厘，下余未摊实应抵银二百一十一两五分六厘，请更正。

一、原册开应抵二十一年修演武厅工料银五百八两七钱五分二厘。覆查前款，原垫银八百九十八两七钱五分六厘，禀奉府宪批准，自道光二十一年夏季起，分八年摊，每年该银一百一十二两三钱四分四厘五毫，截至二十一年年底止，已摊三季银八十四两二钱五分八厘。又自二十二年正月初一日起至二十四年年底止，已摊三年银三百三十七两三分四厘。又自二十五年正月初一日起至正月十九日止，已摊一十九日银五两九钱二分九厘。三共已摊银四百二十七两二钱二分一厘，下余未摊实应抵银四百七十一两五钱三分五厘，请更正。

一、原册开应抵二十年修县署工料银五百三十七两七钱五分一厘。覆查前款，王任原垫用银一千一百三十八两七钱六分五厘，详奉府宪批准，自二十年十月初一日起，分八年摊，每年该银一百四十二两三钱四分五厘六毫二丝五忽，截至二十年年底止，已摊九十日银三十五两五钱八分六厘。又自二十一年正月初一日起至二十四年年底止，已摊四年银五百六十九两三钱八分三厘。又自二十五年正月初一日起至正月十九日止，已摊一十九日银七两五钱一分三厘。三共已摊银六百一十二两四钱八分二厘外，下余未摊实应抵银五百二十六两二钱八分三厘，请更正。

一、原册开二十一年修调字仓廒工料银二百九十七两二钱四分六厘。覆查前款，原垫四百九十五两九钱四分，详奉府宪批准，自二十一年秋季起，分八年摊，每年该银六十一两九钱九分二厘五毫，截至二十一年年底止，已摊两季银三十两九钱九分六厘。又自二十二年正月初一日起至二十四年年底止，已摊三年银一百八十五两九钱七分八厘。又自二十五年正月初一日起至正月十九日止，已摊一十九日银三两二钱七分二厘。三共已摊银二百二十两二钱四分六厘外，下余未摊实应抵银二百七十五两六钱九分四厘，请更正。

一、原册开应抵各项奏销册费银二百二十七两六钱一分一厘。覆查二十四年办理二十三年各项奏销，系贵任承办之件。所有册费银两向按一年认摊，应自二十四年正月初一日起至二十四年年底止，业已摊完，并无应抵之项，请删。

一、原册开应抵本年正月二十天冬羡银四百两。覆查本缺冬羡，每月向分银六百两，二十五年截至正月十九日止，应分抵一十九日银三百八十两，请更正。

一、原册开应抵铺垫银八百五十一两八钱、府署铺垫银四百两、民壮器械银六百四十一两六钱。覆查前三款，贵任所交铺垫及民壮器械等项，均已破烂残损不堪，既准开册移交，未便全删不抵。今将前三项共酌抵银一百五十两，实属丝毫难增，请更正。

一、原册开应抵奉派原摊癸卯科经费银二百七十一两五钱三分七厘。

一、原册开应抵续摊癸卯科经费银六十九两九钱一分三厘。

一、原册开应抵原摊甲辰恩科经费银四百八十七两六钱六分七厘。

一、原册开应抵续摊甲辰恩科经费银一百八两二钱三分二厘。

覆查前四款，癸卯科原摊银六百二十两、续摊银一百一十两五钱五分，甲辰恩科原摊银六百三十两、续摊银一百一十两七钱五分，四共银一千四百七十二两三钱。并案自二十三年正月初一日起，分四年摊，每年该银三百六十八两七分五厘，截至二十四年年底止，应摊两年银七百三十六两一钱五分。又自二十五年正月初一日起至正月十九日止，应摊一十九日银一十九两四钱二分六厘。二共应摊银七百五十五两五钱七分六厘。查此项已在二十三年廉银内扣过癸卯科原摊银四百三十两，二十三年漕耗米折内扣过癸卯科原摊银一百九十两，二十三年廉银内扣过癸卯科续摊银一百一十两五钱五分，二十四年漕耗米折内扣过甲辰恩科原摊银四百五十两八钱四分三厘。四共扣过银一千一百八十一两三钱九分三厘，除摊计长扣，实应抵银四百二十五两八钱一分七厘，请更正。

一、原册开应抵原摊甲辰恩科添建贡院号舍经费银三百八十四两一分四厘。

一、原册开应抵续摊甲辰恩科添建贡院号舍经费银八十两二钱五分九厘七毫。

覆查前二款，甲辰恩科添加贡院号舍经费原摊银四百二十一两八钱、续摊银八十一两一钱九分，二共银五百二两九钱九分。并案自二十四年五月初二日奉原摊文之日起，分八年摊，每年该银六十二两八钱七分三厘七毫五丝，截至二十五年正月十九日止，应摊二百五十八日银四十五两六分。查此项已在二十四年养廉银内扣收原摊银四百二十一两八钱，除摊计长扣，实应抵银三百七十六两七钱四分，请并案更正。

一、原册开应抵奉摊历城垫修道宪衙署银七十三两六分四厘。覆查前款，修理道署银两，系历城县垫办，禀奉道宪饬摊，并未由司扣拨。既无长扣之项，无凭列抵，请删。

一、原册开应抵奉摊癸卯科添盖棚号费银一百五十一两六钱八厘。覆查前款，原摊修理贡院银一百六十一两、搭盖棚号银一百六十一两，二共银三百二十二两。并案自二十三年九月二十二日奉原摊文之日起，分十年摊，每年该银三十二两二钱，截至二十三年年底止，应摊九十九日银八两八钱五分五厘。又自二十四年正月初一日起至年底止，应摊一年银三十二两二钱。又自二十五年正月初一日起至正月十九日止，应摊一十九日银一两六钱九分九厘。三共应摊银四十二两七钱五分四厘。查此项已在二十四年养廉银内扣收搭盖棚号银一百六十一两，除摊计长扣，实应抵银一百一十八两二钱四分六厘，请更正。

一、原册开应抵二十三年部硝不敷银一千五十五两三钱八分二厘。覆查二十三年奉办部硝六千六百斤，每斤折价银二钱二分七厘，该银一千四百九十八两二钱；又每千斤外费银七两，该银四十六两二钱；投文［纹］银四两。三共银一千五百二两二钱，遵照历城禀定章程，自二十四年正月初一日起，分两年摊，截至二十五年正月十九日止，已摊一年〇一十九日银七百九十两七钱四分一厘，下余未摊实应抵银七百一十一两四钱五分九厘，请更正。

一、原册开应抵朱任垫办道光十一年院科考经费，阳信县欠解银一百一十两、商河县欠解银一百六十两、乐陵县欠解银一百一十两、滨州欠解银一百两、利津县欠解银一百五十两、青城县欠解银五十两、蒲台县欠解银一百一十两、海丰县欠解银一百二十两、沾化县欠解银一百二十两。

一、原册开应抵章程垫办十二年院岁考经费，阳信县欠解银一百九十两、商河县欠解银三十两、乐陵县欠解银九十两、滨州欠解银一百八十两、利津县欠解银一百八十两、蒲台县欠解银一百二十两、海丰县欠解银一百五十两、沾化县欠解银一百五十两。

一、原册开应抵汪①任垫办十四年院科考经费，阳信县欠解银二百一十两、商河县欠解银一百六十两、乐陵县欠解银一百六十两、滨州欠解银一百两、利津县欠解银二百两、青城县欠解银六十两、蒲台县欠解银一百一十两、海丰县欠解银一百二十两、沾化县欠解银一百七十两。

一、原册开应抵徐任垫办十五年院岁考经费，阳信县欠解银一百九十两、商河县欠解银一百六十两、乐陵县欠解银一百四十两、滨州欠解银一百八十两、利津县欠解银二百三十两、青城县欠解银四十两、蒲台县欠解银一百二十两、海丰县欠解银一百五十两、沾化县欠解银一百五十两。

一、原册开应抵徐任垫办十七年院科考经费，阳信县欠解银五十二两、商河县欠解银二百一十两、乐陵县欠解银一百六十两、滨州欠解银四十三两、利津县欠解银二百五十两、青城县欠解银三十五两八钱七分、蒲台县欠解银一百一十两、海丰

① 即汪自修。

县欠解银一百二十两、沾化县欠解银一百二十两。

覆查前四十四款，业经责任归入属库垫款案内详办，俟奉司批准定案后，再行补抵。

一、原册开应抵垫支捕厅借廉修署银二百两。覆查前款，原借银二百两，详奉府宪批准，自二十四年夏季起，分八年扣还，每年该银二十五两，截至二十四年年底止，应于支给夏秋冬三季廉银内已扣三季银一十八两七钱五分，下余未扣实应扣银一百八十一两二钱五分，请更正。

一、原册开应抵详办修理南监等工银四百九十两三钱九分七厘八毫、北监等工银四百九十九两六分二毫。覆查前二款，监狱工程不特未奉部覆准修，且估册尚奉驳饬未定，未便作抵，请删。

一、原册开应抵历任垫办十八、二十等年院岁科考经费，阳信县欠银二百一十两、商河县欠银二百六十两、乐陵县欠银三百一十两、滨州欠银二百两八钱、利津县欠银三百五十两、青城县欠银三百五十两、蒲台县欠银二百一十两、海丰县欠银二百三十两、沾化县欠银二百三十两；二十一年院岁考经费，阳信县欠银二百九十两、商河县欠银五十两、乐陵县欠银九十两、滨州欠银二百八十两、利津县欠银二百八十两、蒲台县欠银二百三十两、海丰县欠银二百五十两、沾化县欠银二百五十两；二十三年院科考经费，阳信县欠银三百一十两、商河县欠银二百六十两、乐陵县欠银二百六十两、滨州欠银二百两、利津县欠银二百两、青城县欠银六十两、蒲台县欠银二百一十两、海丰县欠银二百三十两、沾化县欠银二百七十两；二十四年院岁考经费，阳信县欠银二百九十两、商河县欠银二百六十两、乐陵县欠银二百四十两、滨州欠银二百八十两、利津县欠银三百三十两、青城县欠银四十两、蒲台县欠银二百五十两、海丰县欠银二百五十两、沾化县欠银二百五十两。

覆查道光十八、二十及二十一、二并二十四等年院岁科考经费，各属除已解外，按原摊之数核计，尚有欠解银五千九百九十五两四钱六分。今原册所开前三十五款银数舛错不符，且十七年以前欠解经贵任归入属库垫款详办，尚未批定，应俟彼案奉司批准后，再将十八年以后欠项开册移查，另议办理。此时未便列抵，请删。

一、原册开应抵未领道光二十一年闽硝例价银二百六十两七钱七分二厘。覆查前款，银数虽符，但司中曾否续扣别项欠款，未奉饬知，现由敝任具详请示，俟奉批到日再定。

一、原册开应抵屠任捐修考院流摊银四百三十三两九钱二分。覆查前款，徐任原捐流摊银一千二百两，除摊过银二百八十三两二钱三分一厘外，经屠任禀奉府宪批准，将下余未摊银九百一十六两七钱六分九厘，同屠任续捐银一百两，二共银一千一十六两七钱六分九厘，并案自十八年冬季起，分八年摊，每年该银一百二十七两九分六厘一毫二丝五忽，截止二十四年年底止，已摊六年〇三个月银七百九十四两三钱五分一厘。又自二十五年正月初一日至十九日止，已摊一十九日银六两七钱八厘。二共已摊银八百一两五分九厘，下余未摊实应抵银二百一十五两七钱一分，请更正。

一、原册开应抵大计册费银二十八两。覆查前款，原垫银前数，自二十四年十月初一日起，分三年摊，截至二十五年正月十九日止，应摊一百〇九日银二两八钱二分六厘外，下余未摊实应抵银二十五两一钱七分四厘，请更正。

一、原册开应抵道光十三年官基地租谷五石五斗六升、十四年官基地租谷四石六斗五升七合、十五年官基地租谷一石二斗五升七合、十六年官基地租谷三石七斗六升八合五勺、十七年官基地租谷六石二斗四升五合七勺、十八年官基地租谷六石九斗七升一合三勺、十九年官基地租谷一石一斗四升、二十年官基地租谷九石五升九合九勺、二十一年官基地租谷三石二斗四升七合一勺、二十二年官基地租谷二石四升六合八勺、二十三年官基地租谷八石八斗五升一勺、二十四年官基地租谷一石一斗一升七合五勺。覆查前十二款，历任交代向不作抵，请删。

一、原册开应抵垫支二十四年普济堂贫民盐菜银二十六两七分。覆查前款，二十四年贫民盐菜银两，系贵任内应发之项，何须作抵？请删。

一、原册开应抵奉司长扣二十三年地丁正银九百七十四两九钱三分三厘。覆查前款，系应征起二十三年民欠正银归补原动二十四年正银之项，现已禀司立案，俟奉批到日再定。

一、原册开应抵经厅长支二十五年春、夏二季廉银五十两。覆查前款，原垫支过春、夏二季养廉，除夏季系彭任垫发已由敝任交还彭任外，下余止算垫发春季银二十五两，内应扣减平银一两五钱，实应抵银二十三两五钱，请更正。

一、原册开应抵未支二十五年知县公费银一十两六钱六分七厘。覆查前款，每年额设知县公费银一百九十二两，二十五年截至正月十九日止，应支公费银一十两一钱三分三厘，除减平银六钱八厘外，实应抵银九两五钱二分五厘，请更正。

一、原册开应抵二十五年经厅长支春、夏二季俸银一十八两八钱。覆查府经俸银，本应扣抵罚俸，不能支领，请删。

一、原册开应抵垫支本府各役工食银一百二两八钱八分九厘。覆查前款，府署各役每年额设工食银四百一十两六钱九分，二十五年春季该银一百二两六钱七分二厘五毫，除应扣二日小建银二两二钱八分二厘、减平银六两二分三厘外，实垫发应抵银九十四两三钱六分八厘，请更正。

一、原册开应抵垫支本县各役工食银七十一两九钱九分三厘。覆查本县春季各役工食银两，除扣减平及小建外，贵任实垫发过三班截日工食银二十三两四钱九分二厘、仵作工食银五两七钱七分一厘、门子等役春季两月工食银二十八两六钱一厘、截日铺司工食银一十二两一钱六分二厘，四共实应抵银六十九两四钱二分六厘，请更正。

一、原册开应抵经厅春夏各役工食银一十四两七钱五厘。覆查前款府经署各役每年额设工食银三十三两七钱五分六厘，二十五年春季该银八两四钱三分九厘，除扣二日小建银一钱八分八厘、减平银四钱九分五厘外，实垫应抵银七两七钱五分六厘，请更正。

一、原册开应抵垫支粮厅门子各役并马夫工食银七两八钱一分六厘。覆查县丞署各役额设工食银三十三两六钱三分，二十五年春季设银八两四钱七厘五毫，除扣二日小建银一钱八分七厘、减平银四钱九分三厘外，实垫应抵银七两七钱二分八厘，请更正。

一、原册开应抵垫支捕厅门子各役并马夫工食银七两七钱七分五厘。覆查典史署各役每年额设工食银三十三两七钱五分六厘，二十五年春季该银八两四钱三分九厘，除扣二日小建银一钱八分八厘、减平银四钱九分五厘外，实垫应抵银七两七钱五分六厘，请更正。

一、原册开应抵未支文庙香烛银一两二钱五分。覆查前款，系每年额支之数，贵任未及二十五年春祀之期，即行卸事，既无垫项，未便作抵，请删。

一、原册开应抵垫支马匹驴头草料银一十两四钱五分。覆查前款数符，照抵。

一、原册开应抵垫支马夫工食银八两六钱五分三厘。覆查前款，额设马夫六名七分半，每日该工食银一钱四分七厘五毫，贵任实垫发过正月一十九日应抵银二两八钱三厘，请更正。

一、原册开应抵垫支白夫工食银五两一钱三分七厘、棚厂等项银六钱四分七厘。覆查前二款数符，照抵。

一、原册开应抵本署买火硝价银六十四两。覆查前项火硝，现经敝任盘验，实存在局一百一十六个，共重一千八百五十六斤，每斤计价银三分二厘，实应抵价银五十九两三钱八分二厘，请更正。

一、原册开应抵本署买火药价银三十六两。覆查前项火药，现经敝任盘验，已受潮湿走硝，不堪使用，且历任交代均系不入抵款之项，请删。

一、补抵府经借廉修署银九十一两六钱六分七厘。

一、补抵十七年修府总赋役全书工料银二两三钱三分七厘。

一、补抵粮道批准流摊筹补道光五年蓟粮车脚漕耗米价银三十七两九钱九分七厘。

一、补抵长扣二十四年奉摊孝陵朝房等工临砖柴价银一十两〇八钱三分九厘。

覆查前四款数符，照抵。

以上圈出各款共应抵银一万〇四十四两三钱六分八厘。

嘉道年间山东省州县财政文献汇钞

第三册

常旭 点注

国家古籍整理出版专项经费资助项目

南方传媒
广东人民出版社
岭南古籍出版社
·广州·

第三册目录

第十一本

第十二本

第十三本 徐任参案 豁免全案道光十五年分

第十四本 豁免登覆册道光十一年至二十年

第十五本

第十六本

第十一本

惠民县道光二十三年
大漕项下一五耗报销册

武定府惠民县为札谕事。

今将卑县征收道光二十三年分大漕项下一五耗米解支存剩变价各数目逐一分晰造册，呈送施行。

计开：

惠民县

道光二十三年分

额征大漕米、豆、麦六千九十一石七斗四升五合九勺：

一、解大漕米二千三百三十七石四斗九升五合九勺。

一、解豆改二成半米八百五十八石六升二合五勺。

一、解七成五豆改米一千二百八十七石九升三合八勺。

一、解大漕豆一千二百八十七石九升三合七勺。

一、解大漕麦三百二十二石。

以上共米、豆、麦六千九十一石七斗四升五合九勺此系大漕正耗统数，蓟粮不在其内。该征一五耗米九百一十三石七斗六升一合九勺，内：

一、支旗丁每石二升食米一百二十一石八斗三升四合九勺。

一、支运漕车夫每石五升饭米三百四石五斗八升七合三勺。

一、支津贴旗丁三升五合米二百一十三石二斗一升一合一勺。

以上共支米六百三十九石六斗三升三合三勺，下剩四升五合米二百七十四石一斗二升八合六勺，照漕例每石八钱变价银二百一十九两三钱三厘：

一、支津贴旗丁三分席片银一百八十二两七钱五分二厘。

一、支运官五厘养廉银三十两四钱五分九厘。

一、解运官一厘回空银六两九分二厘。

以上共解支银二百一十九两三钱三厘外无余剩，理合登明。

惠民县道光二十三年行润项下一五耗报销册

武定府惠民县为札谕事。

今将卑县征收道光二十三年分行月润项下一五耗米解支存剩变价各数目逐一分晰造册，呈送施行。

计开：

惠民县

道光二十三年分

额征行月润米三百八十七石二斗五升七合：

一、解行粮米一百二十八石六升二合七勺。

一、解闰月米四石五斗九升五合五勺。

一、解润耗米二百五十四石五斗九升八合八勺。

以上共米三百八十七石二斗五升七合，内该征一五耗米五十八石八升八合六勺，内：

一、支津贴旗丁三升五合米十三石五斗五升四合。

一、支运漕车夫每石五升饭米十九石三斗六升二合九勺。

以上共支米三十二石九斗一升六合九勺。

下剩漕耗米二十五石一斗七升一合七勺，内扣存二升食米七石七斗四升五合一勺，照漕例每石一两二钱变价银九两二钱九分四厘，批解在案。

下剩四升五合米十七石四斗二升六合六勺，照漕例每石八钱变价银十三两九钱四分一厘，内：

一、解津贴旗丁三分席片银十一两六钱一分八厘。

一、解运官五厘养廉银一两九钱三分六厘。

一、解运官一厘回空银三钱八分七厘。

以上共解银十三两九钱四分一厘外无余剩，理合登明。

惠民县道光二十四年廉费奏销册

署武定府惠民县为钦奉上谕事。

今将卑县应造道光二十四年分额设解司并坐支各官养廉公费银两解支扣存各数目逐一查明，开造奏销清册呈送，逐一查核施行。

计开：

惠民县

道光二十四年分

额设解司知县养廉银一千四百两：

一、实授知县杨①，自道光二十四年正月初一日起，至九月底停扣曹工三成之日止，应食半廉银五百二十五两，内应扣曹工三成银一百五十七两五钱，又应扣减平银三十一两五钱，实应领银三百三十六两，已按季批解讫。又自十月初一日接扣

① 即杨茂豫。

军需三成之日起，至十二月二十四日丁忧缺卸事前一日止，应欠半廉银一百六十一两三钱八分九厘，内应扣军需三成银四十八两四钱一分七厘，又应扣减平银九两六钱八分三厘，实应领银一百三两二钱八分九厘，已按季批解讫。又自正月初一日起，至十二月二十四日丁忧卸事前一日止，应扣一半缺廉银六百八十八两三钱八分九厘，另文批解。又自十二月二十四日印信贮库起，至是月二十五日止，应扣全空缺养廉银七两七钱七分八厘，另文批解。

一、府委代理事候补知县彭①，自道光二十四年十二月二十六日到任起，至年底止，例不食廉，应扣全缺廉银一十九两四钱四分四厘。

额设坐支县丞养廉银八十两：

一、实授县丞郎士傑，自道光二十四年正月初一日起，至二月十五日病故出缺前一日止，应食全廉银九两七钱七分八厘，内应扣减平银五钱八分七厘，实领银九两一钱九分一厘，已于征收耗羡项下坐支讫，钤领附卷。又自二月十五日钤记贮库起，至是日止，应扣全空缺养廉银二钱二分二厘，另文批解。

一、府委代理县丞事候补从九品殷家伊，自二十四年二月十六日到任起，至四月初二日卸事前一日止，例不食廉，应扣全缺廉银一十两二钱二分二厘，另文批解。

一、司委署理县丞事候补未入流王汝襄，自二十四年四月初二日到任起，至十一月初三日卸事前一日止，应食半廉银二十三两四钱四分四厘，内应扣减平银一两四钱七分三厘，实领银二十二两三分七厘，已于征收耗羡项下坐支讫，钤领附卷。又自四月初二日起，至十一月初三日卸事前一日止，应扣一半

---

① 即彭垣。

缺廉银二十三两四钱四分四厘，另文批解。

一、实授县丞黄庆澄，自二十四年十一月初三日到任起，至是月十八日奉府委查办缉捕事宜出差卸事前一日止，应食全廉银三两三钱三分三厘，内应扣减平银二钱，实领银三两一钱三分三厘。又自十一月十八日起，至年底止，应食半廉银四两七钱七分八厘，内应扣减平银二钱八分七厘，实领银四两四钱九分一厘。又自十一月十八日起，至年底止，应扣一半缺廉银四两七钱七分八厘。

额设坐支典史养廉银八十两：

一、实授典史顾建勳，自道光二十四年正月初一日起，至年底止，应食全廉银八十两，内应扣减平银四两八钱，实领银七十五两二钱，已于征收耗羡项下坐支讫，钤领附卷。

额设坐支同知养廉银八百两：

一、实授同知陈光绪，自道光二十四年正月初一日起，至年底止，应食全廉银八百两，内应扣减平银四十八两，实领银七百五十二两，已于征收耗羡项下坐支讫，批回附卷。

额设坐支经历养廉银一百两：

一、实授经历陈瑞，自道光二十四年正月初一日起，至年底止，应支全廉银一百两，内应扣减平银六两，实领银九十四两，已于征收耗羡项下坐支讫，印领附卷。

额设坐支知县公费银一百九十二两：

一、实授知县杨，自二十四年正月初一日起，至十二月二十四日卸事前一日止，应食公费银一百八十八两八钱，内应扣减平银十一两三钱二分八厘，实支银一百七十七两四钱七分二厘。又自十二月二十四日印信贮库起，至是月廿五日止，应扣空旷公费银若干，另文批解。

一、府委代理知县彭，自二十四年十二月二十六日止到任起，至年底止，应支公费银若干，内应扣减平银若干，实支银若干。

正耗奏销并揭帖式

某州、县

某年分

实该起运司库地丁银若干，内除因某案被灾案内缓至某年启征银若干，复因某年某案被灾案内缓至某年秋后启征，又除因某案被灾案内缓至某年秋后启征银若干以上皆系本年新赋。

实征银若干。已完银若干：

一、征银若干，支作某项动用讫。

一、征银若干，支作某项动用讫如祭祀建场等额。

已完解司银若干，内于某年月日解银若干，某年月日解银若干，未完银若干。

实该起运司库耗羡养廉银若干，内除因某案被灾案内缓至某年启征银若干，复因某案被灾案内缓至某年秋后启征，又因某案被灾案内缓至某年秋后启征银若干以上皆系本年新赋。

实征耗银若干。前件已完银若干，内于某年月日解银若干，某年月日解银若干，未完银若干，折色脚价银若干已、未完。

长山县揭帖

长山县

二十二年分有闰按三百九十日分算，折色脚价、举人车价不并计分数起运地丁耗羡、课程等项共银四万五十二两九钱五分八厘，内除道光二十年秋禾被水、二十一年春间青黄不接案内缓至二十一年秋后启征二厘五毫银一千一十二两七钱一分六厘，复因二十一年秋禾被水案内缓至道光二十二年秋后启征，又除因道光二十一年秋禾被水缓至二十二年秋后启征二厘银七百七十五两八钱五分一厘。

实征九分五厘五毫银三万八千二百六十四两三钱九分一厘。

经征告病知县封天骥，自道光二十一年正月二十日开印起，至二十一年六月十七日卸事前一日止，计五个月二十七日，应征四分三厘三毫银一万七千三百七十二两三分四厘。前件已完银一万五千六百三十二两、未完银一千七百四十两三分四厘，计已完三分九厘、未完四厘三毫。

接征济南府经历刘昕，是年六月十七日接事起，至七月初六日卸事前一日止，计一十九日，应征四厘七毫银一千八百七十四两九钱五分五厘。前件全完。

接征现任知县章寅，是年七月初六日到任起，除封印日期连前官扣至道光二十二年二月十八日一年限满，计六个月一十四日，应征四分七厘五毫银一万九千一十七两四钱二厘。前件已完银一万五千一百六十四两七钱二分七厘、未完银三千八百五十二两六钱七分五厘，计完三分七厘九毫、未完九厘六毫。课程银八两四钱五分六厘，全完。

长山县存留俸食、杂支银两大计册稿二十四年分

为遵旨等事。

今将卑县自道光二十一年十月初一日起，至道光二十四年九月底止，存留俸食、杂支款项，按年开造，理合送核施行。

计开：

前任知县章自道光二十一年十月初一日起，至道光二十三年二月初二日卸事前一日止、现任知县祝自道光二十三年二月初二日到任起，至道光二十四年七月二十日入闱卸事前一日止、前代理知县尚自道光二十四年七月二十日到任起，至道光二十四年八月二十四日卸事前一日止、现任知县祝①自道光二十四年八月二十四日回任起，至道光二十四年九月底止

道光二十一年分自十月初一日起至十二月底止

旧管：

存留项下未完官俸役食银三百三十四两七钱九分八厘，扣解各役孤贫小建银一十五两一钱二分八厘。

新收：

前件征完银三百三十四两七钱九分八厘。

开除：

一、编俸银四十九两一钱三分，内除扣荒俸银三两九钱三分五厘，实支银四十五两一钱九分五厘，于道光二十一年十月十六日给知县、县丞、教谕、训导、典史等官领用讫，印领附卷。

一、工食银二百八十五两六钱六分八厘，内扣各役孤贫小建银二两五钱一分六厘，实支银二百八十三两一钱五分二厘，于道光二十一年十月十六日给各役李盛茂等领用讫，领状附卷。

以上共银三百三十四两七钱九分八厘，内除扣各役孤贫小建银二两五钱一分六厘，连前共扣各役孤贫小建银一十七两六钱四分二厘，另文批解。又扣荒俸银三两九钱三分五厘，系归

① 即章寅、祝镜清、尚鸣岐、祝镜清。

入地丁银两内解兑。理合登明。实支官俸役食银三百二十八两三钱四分七厘。

实在：

无项。

道光二十二年分

旧管：

存留项下官俸役食银一千三百三十九两一钱九分一厘。

新收：

前件征完银一千三百三十九两一钱九分一厘。

开除：

一、编俸银一百九十六两五钱二分，内除扣荒俸银十五两七钱四分一厘，实支银一百八十两七钱七分九厘，于道光二十二年三、六、九、十二等月初一等日给知县、县丞、教谕、训导、典史等官领用讫，印领附卷。

一、工食银一千一百四十二两六钱七分一厘，内扣各役孤贫小建银十六两一钱八厘，实支银一千一百二十六两五钱六分三厘，于道光二十二年三、六、九、十二等月初一日等日给各役李盛茂等领用讫，领状附卷。

以上共银一千三百三十九两一钱九分一厘，内除扣各役孤贫小建银十六两一钱八厘，另文批解。又扣荒俸银十五两七钱四分一厘，系归入地丁银两内解兑。理合声明。实支官俸役食银一千三百七两七钱三钱四分二厘。

实在：

无项。

道光二十三年分

旧管：

存留项下官俸役食银一千三百三十九两一钱九分一厘。

新收：

前件征完银一千三百三十九两一钱九分一厘。

开除：

一、编俸银一百九十六两五钱二分，内除扣荒俸银十五两七钱四分一厘，实支银一百八十两七钱七分九厘，于道光二十三年三、六、九、十二等月初一等日给知县、县丞、教谕、训导、典史等官领用讫，印领附卷。

一、工食银一千一百四十二两六钱七分一厘，内扣各役孤贫小建银十四两五钱六分七厘，实支银一千一百廿八两一钱零四厘，于道光二十三年三、六、九、十二等月初一日等日给各役李盛茂等领用讫，领状附卷。

以上共银一千三百三十九两一钱九分一厘，内除扣各役孤贫小建银十四两五钱六分七厘，另文批解。又扣荒俸银十五两七钱四分一厘，系归入地丁银两内解兑。理合登明。实支官俸役食银一千三百八两八钱八分三厘。

实在：

无项。

道光二十四年分自正月初一日起至九月底止

旧管：

存留项下官俸役食银一千三百卅九两一钱九分一厘。

新收：

前件征完银一千零四两三钱九分三厘。

开除：

一、编俸银一百四十七两三钱九分，内除扣荒俸银十一两八钱六厘，实支银一百三十五两五钱八分四厘，于道光二十四年三、六、九等月初一等日给知县、县丞、教谕、训导、典史等官领用讫，印领附卷。

一、工食银八百五十七两三厘，内扣各役孤贫小建银十两七钱三分八厘，实支银八百四十六两二钱六分五厘，于道光二十四年三、六、九等月初一等日给各役李盛茂等领用讫，领状附卷。

以上共银一千零四两三钱九分三厘，内除扣各役孤贫小建银十两七钱三分八厘，另文批解。又扣荒俸银十一两八钱六厘，系归入地丁银两内解兑。理合声明。实支银九百八十一两八钱四分九厘。

实在：

未完银三百三十四两七钱九分八厘。

道光二十一年分自十月初一日起至十二月底止

旧管：

杂支项下未完银五十九两六钱一分八厘，扣解岁贡袍帽等银八两九钱四分二厘，扣解乡饮银三两一钱七分五厘。

新收：

前件征完银五十九两六钱一分八厘。

开除：

一、杂支银五十五两五钱七分九厘，于道光二十一年十月初一等日给廪生李汉炯、学书王启绪等领用讫，领状附卷。

一、扣岁贡袍帽等银二两九钱八分一厘，另文批解。

一、扣乡饮银一两五分八厘，另文批解。

实在：

无项。

道光二十二年分

旧管：

杂支项下银二百三十八两四钱七分四厘。

新收：

前件征完银二百三十八两四钱七分四厘。

开除：

一、杂支银二百三十四两二钱四分一厘，于道光二十二年二、六、八、十等月初一等日给廪生张守慎、贡生△△、学书王启绪等领用讫，领状附卷。

一、扣乡饮银四两二钱三分三厘，另文批解。

实在：

无项。

道光二十三年分

旧管：

杂支项下银二百三十八两四钱七分四厘。

新收：

前件征完银二百卅八两四钱七分四厘。

开除：

一、杂支银二百二十二两三钱一分八厘，于道光二十三年二、六、八、十等月初一等日给廪生宋方翥、学书孟侍盛等领用讫，领状附卷。

一、扣岁贡袍帽等银十一两九钱二分三厘，另文批解。

一、扣乡饮银四两二钱三分三厘，另文批解。

实在：

无项。

道光二十四年分自正月初一日起至九月底止

旧管：

杂支项下银二百三十八两四钱七分四厘。

新收：

前件征完银一百七十八两八钱五分六厘。

开除：

一、杂支银一百七十五两六钱八分一厘，于道光二十四年二、六、八等月初一等日给廪生宋方翥、学书孟伺盛等领用讫，领状附卷。

一、扣乡饮银三两一钱七分五厘，另文批解。

实在：

未完银五十九两六钱一分八厘。

济南府长山县今于与印结为遵旨等事。

依奉结得，卑县道光二十一年十月初一日起，至道光二十四年九月底止，经管官俸役食、杂支银两除荒俸外，实共银五千一百七两四钱三分一厘，内征完扣解各役孤贫小建银五十九两五分五厘、岁贡银二十三两八钱四分六厘、乡饮银一十五两八钱七分四厘，实支官俸役食、杂支银四千六百一十四两二钱四分，未完民欠银三百九十四两四钱一分六厘。已完并无亏缺克情弊，未完实系民欠。印结是实。

饬发曹工三成银两册结各式

某府、州某州、县为札谕事。

今将卑州、县自道光十一年起至二十三年年底止，各任已、未完三成银两逐一查明，造具细册，呈送查办施行，须至册者。

计开：

某州县额设养廉银若干，每年应扣三成银若干。

道光十一年分

额扣三成银若干，内除缺廉项下不扣三成银若干外，实应捐银若干内：

一、实授知州、县某人，自道光十一年某月日起，至某月日止，应支全廉若干，内应扣三成银若干。前项全完云云，照后开除款各就本案所有声注，毋得舛错。

一、署理知州、县某人，自道光十一年某月日起，至某月日止，应支半廉银若干，内应扣三成若干。前项全完，于某年月日解司，登明如非一批，解清者按次声明备查。前项已完若干，于某年月日解司或于某年某项银内拨收，登明。未完若干已入交案，现应某人完解，登明。未完若干未入交案，先于某年月日详追，嗣于某年月日奉文已追存某省，登明。未完若干未入交案，先于某年月日详追，嗣于某年月日奉文因人亡产绝，业已题豁，登明。未完若干未入交案，该员现在东省，应请径追，登明。未完若干未入交案，该员业已离东，原籍某省某州、县人，应请咨追，登明。前二条如先已详追有案，应声明备查。未完若干已报、划入该、某员本任亏案，奉文豁免，登明。未完若干已报、划入该、某员本任亏案，以何项领款抵除，业经、尚未拨收，登明。未完若干已报、划入该、某员本任亏案，以州、县案何款抵除，应如何归结，各就本案声注，毋得错误。未完若干已报、划入该、某员本任亏案，作实亏着追，登明。未完若干已报入属库垫款案内，以何款抵除，登明。未完若干已于某案内报明缓征，现在递缓至何年启征，应俟征起报解，登明。

以下各年仿造。

某府、州某州、县为札谕事。

今将卑州、县自道光十一年起，至二十三年年底止，各员应扣曹工三成并已、未完数目逐一查明，造具总册，呈送查核施行。

计开：

某州、县

一、知州、县某人，自道光十一年起，至某年止，共应扣三成若干，内已完银若干，未完银若干内已入交案若干；已追存某省若干；已由某省题豁若干，应在东省径追若干，应咨某省着追若干；已报入亏案豁免若干；已报入专案，以何项领款抵除，业经拨收若干；已报入专案，以州、县案何款抵除，应如何归结若干；已报入亏案，作实亏着追若干；已报入属库垫款案内，以州、县案何款抵除，应如何归结若干；已报入缓征，应俟启征完解若干。

以上各条就本案所有声注，并将其余各员仿照前式挨次查办造完后，另备一州、县应扣及已、未完等项银数简明总册一本，款式列后。

某府、州某州、县为札谕事。

今将卑州、县自道光十一年起，至二十三年年底止，共应扣曹工三成并已、未完之数逐一查明，造具简明总册，呈送查核施行。

计开：

某州、县自道光十一年起，至二十三年年底止，共应扣三成若干，内已完若干、未完若干内已入交案若干，照前式开造，结式列后。

某府、州某州、县某人今于与印结事。

依奉结得，卑州、县造送自道光十一年起，至二十三年止各任已、未完三成银两数目，均系查照切实案据开造。日后查出，如有错漏及捏报情弊，愿干参赔治罪，理合出具印结是实。

道光　年　月　日某州、县某人番押。

长山县详送历年曹工三成银两县详并细、总各册结

详送历年曹工三成银两册结稿

济南府长山县为札谕事。

今将卑县自道光十一年起，至二十三年年底止，各任已、未完三成银两逐一查明，造具细册，呈送核办施行，须至册者。

计开：

长山县

额设养廉银一千二百两，每年应扣三成银三百六十两。

道光十一年分

额扣三成银三百六十两，内除缺廉项下不扣三成银七十七两外，实应扣银二百八十三两内：

一、实授知县程题雁，自道光十一年正月初一日起，至四月十九日卸事前一日止，应支全廉银三百六十两，内应扣三成

银一百八两。前项全完，于道光十二年九月，由道光十年及十一年养廉银内拨收，登明。

一、署理知县黄世柄，自道光十一年四月十九日起，至九月二十三日卸事前一日止，应支半廉银二百五十六两六钱六分七厘，内应扣三成银七十七两。前项全完，于道光十二年九月，由道光十年及十一年养廉银内拨收，登明。

一、实授知县钟秉曾，自道光十一年九月二十三日起，至年底止，应支全廉银三百二十六两六钱六分六厘，内应扣三成银九十八两。前项全完，于道光十二年九月，由道光十年及十一年养廉银内拨收，登明。

道光十二年分

额扣三成银三百六十两，是年无缺廉，实应扣三成银三百六十两内：

一、实授知县钟秉曾，自道光十二年正月初一日起，至七月二十四日奉调入闱卸事前一日止，应支全廉银六百二十四两六钱一分五厘，内应扣三成银一百八十七两三钱八分五厘；又自七月二十四日起，至九月初四日回任前一日止，应支半廉银六十一两五钱三分八厘，内应扣三成银一十八两四钱六分一厘；又自九月初四日起，至年底止，应支全廉银四百五十二两三钱八厘，内应扣三成银一百三十五两六钱九分二厘。前三项共应扣三成银三百四十一两五钱三分八厘，全完。于道光十三年二月，由交代案内未领囚衣等项银内，及道光十三年十月，由道光十二年并十三年养廉银内拨收，登明。

一、司委代理知县张荐粢，自七月二十四日起，至九月初四日卸事前一日止，应支半廉银六十一两五钱三分九厘，内应扣三成银一十八两四钱六分二厘。前项全完，于道光十三年二月，由交代案内未领囚衣等项银内，及道光十三年十月，由道光十二年并十三年养廉银内拨收，登明。

道光十三年分

额扣三成银三百六十两，是年无缺廉，实应扣三成银三百六十两内：

一、实授知县钟秉曾，自道光十三年正月初一日起，至年底止，应支全廉银一千二百两，内应扣三成银三百六十两。前项全完，于道光十四年三月，由道光十一年及十二年未领运青漕耗米折银内拨收，登明。

道光十四年分

额扣三成银三百六十两，是年无缺廉，实应扣三成银三百六十两内：

一、实授知县钟秉曾，自正月初一日起，至年底止，应支全廉银一千二百两，内应扣三成银三百六十两。前项全完，于道光十五年八月，由道光十四年及十五年养廉银内拨收，登明。

道光十五年分

额扣三成银三百六十两，是年无缺廉，实应扣三成银三百六十两内：

一、实授知县钟秉曾，自正月初一日起，至年底止，应支全廉银一千二百两，内应扣三成银三百六十两。前项全完，于道光十六年六月，由未领道光十五年养廉银内拨收，登明。

道光十六年分

额扣三成银三百六十两，内除缺廉项下不扣三成银五十九两五钱外，实应扣三成银三百两五钱内：

一、实授知县钟秉曾，自正月初一日起，至九月初二日卸事前一日止，应支全廉银八百三两三钱三分三厘，内应扣三成银二百四十一两。前项未完银二百四十一两，经卑前县封令于道光十九年五月，详情咨追，嗣经该员原籍饬，据钟令呈验交代议单，业已入交，咨覆转行确查，复经移准历城县查明，钟令欠解前项银两，本系应交之项，该员实未交清，仍应照案咨追，由卑县详。蒙司批，饬令再行会同历城县确查禀办在案，登明。

一、署理知县马有缓，自九月初二日起，至年底止，应支养廉银一百九十八两三钱三分三厘，内应扣三成银五十九两五钱。前项未完，前县章寅于封令交代时，漏未接收。章令系最后出结之员，现已调补曹县，应请径追，登明。

道光十七年分

额扣三成银三百六十两，内除缺廉并旷廉项下不扣三成银六十六两五钱外，实应扣三成银二百九十三两五钱内：

一、署理知县马有缓，自正月初一日起，至二月二十日卸事前一日止，应支半廉银八十一〈两〉六钱六分七厘，内应扣三成银二十四两五钱。前项未完，前县章寅于接封令交代时，漏未接收。章令系最后出结之员，现已调补曹县，应请径追，登明。

一、实授知县佟绰图，自二月二十日起，至七月十七日奉调入闱卸事前一日止，应支全廉银四百九十两，内应扣三成银一百四十七两；又自七月十七日起，至九月十八日回任前一日止，应支半廉银一百一两六钱六分七厘，内应扣三成银三十两五钱；又自九月十八日起，至十月十七日病故前一日止，应支全廉银九十六两六钱六分七厘，内应扣三成银二十九两。前三项，共应扣三成银二百六两五钱，未完，未入交案。该员业已病故，详准移咨正白旗汉军都统，在于该故员家属名下着追在案，登明。

一、司委代理知县陈宽，自七月十七日起，至九月十八日卸事前一日止，应支半廉银一百一两六钱六分七厘，内应扣三成银三十两五钱。前项未完，前县章寅于接封令交代时，漏未接收。该令系最后出结之员，现已调补曹县，应请径追，登明。

一、署理知县邓珏，自十月二十七日起，至年底止，应支半廉银一百六两六钱六分七厘，内应扣三成银三十二两。前项未完，前县章寅于接封令交代时，漏未接收。该令系最后出结之员，现已调补曹县，应请径追，登明。

道光十八年分

额扣三成银三百六十两，内除缺廉项下不扣三成银一百八十两外，实应扣三成银一百八十两：

一、署理知县邓珏，自正月初一日起，至年底止，应支半廉银六百两，内应扣三成银一百八十两。前项已完银一百两，于道光二十年十二月，由二十年养廉银内拨收，登明。未完银八十两内，前县章寅于接封令交代时，漏未接收银九两二钱五分五厘，该令系最后出结之员，现已调补曹县，应请径追，登明。前县封令于十九年七月间，详准邓任交案，以十八年民欠养廉列抵银七十两七钱四分五厘，因二十二年二麦被旱案内，缓至二十八年秋后启征，应俟征起报解，登明。

道光十九年分

额扣三成银三百六十两，内除缺廉项下不扣三成银一十八两五钱外，实应扣三成银三百四十一两五钱内：

一、署理知县邓珏，自正月初一日起，至二月初八日卸事前一日止，应支半廉银六十一两六钱六分六厘，内应扣三成银一十八两五钱。前项全完，于道光二十年十一月，由道光十六、十八、十九等年养廉银内拨收，登明。

一、实授知县封天黼，自二月初八日起，至年底止，应支全廉银一千七十六两六钱六分七厘，内应扣三成银三百二十三两。前项全完，于道光二十年十一月，由道光十六、十八、十九等年养廉银内拨收，登明。

道光二十年分

额扣三成银三百六十两，是年无缺廉，实应扣三成银三百六十两内：

一、实授知县封天黼，自正月初一日起，至年底止，应支全廉银一千二百两，内应扣三成银三百六十两。前项全完，于道光二十年十二月，由二十年养廉银内拨收，登明。

道光二十一年分

额扣三成银三百六十两，内除缺廉项下不扣三成银九十八两三钱八厘外，实应扣三成银二百六十一两六钱九分二厘内：

一、实授知县封天黼，自正月初一日起，至六月十七日卸事前一日止，应支全廉银六百三两七分七厘，内应扣三成银一百八十两九钱二分三厘。前项未完，前县章寅，于接封令交代时，漏未接收。该令系最〈后〉出结之员，现已调补曹县，应请径追，登明。

一、署理知县章寅，自七月初六日起，至年底止，应支半廉银二百六十九两二钱三分，内应扣三成银八十两七钱六分九厘。前项未完，章令现已调补曹县，应请径追，登明。

道光二十二年分

额扣三成银三百六十两，内除缺廉项下不扣三成银一十二两外，实应扣三成银三百四十八两内：

一、署理知县章寅，自正月初一日起，至是月二十五日奉文准补此缺前一日止，应支半廉银四十两，内应扣三成银十二两；又自正月二十五日起，至年底止，应支全廉银一千一百二十两，内应扣三成银三百三十六两。前二项，共应扣三成银三百四十八两，未完。章令现已调补曹县，应请径追，登明。

道光二十三年分

额扣三成银三百六十两，内除缺廉项下不扣三成银五十八两六钱一分五厘外，实应扣三成银三百一两三钱八分五厘内：

一、实授知县章寅，自正月初一日起，至二月初二日因调署曹县卸事前一日止，应支全廉银九十五两三钱八分五厘，内应扣三成银二十八两六钱一分六厘；又自二月初二日起，至四月二十四日奉文准调曹县前一日止，应支半廉银一百二十六两一钱五分四厘，内应扣三成银三十七两八钱四分六厘。前二项，共应扣三成银六十六两四钱六分二厘，未完。章令现已调补曹县，应请径追，登明。

一、司委知县祝镜清，自二月初二日到任起，至八月初一日奉文准补此前一日止，应支半廉银三百二十一两五钱三分八厘，内应扣三成银九十六两四钱六分二厘；又自八月初一日起，至年底止，应支全廉银四百六十一两五钱三分八厘，内应扣三成银一百三十八两四钱六分一厘。前二项，共应扣三成银二百三十四两九钱二分三厘，未完。现在应卑职镜清完解，登明。

造送道光十一年至二十三年曹工三成银两总册

济南府长山县为札谕事。

今将卑县自道光十一年起，至二十三年底止，各员应扣曹工三成，并已、未完数目，逐一查明。造具总册，呈送查核施行。

计开：

长山县

一、知县程题雁，自道光十一年正月初一日起，至是年四月十九日卸事前一日止，共应扣三成银一百八两。前项全完。

一、知县黄世柄，自道光十一年四月十九日起，至是年九月二十三日卸事前一日止，共应扣三成银七十七两。前项全完。

一、知县钟秉曾，自道光十一年九月二十三日起，至道光十六年九月初二日卸事前一日止，共应扣三成银一千七百六十两五钱三分八厘，内已完银一千五百一十九两五钱三分八厘、未完银二百四十一两，经卑前县封令于道光十九年五月，详请咨追，嗣经该员原籍饬，据钟令呈验交代议单，业已入交，咨覆转行确查，复经移准历城县查明钟令欠解前项银两，本系应交之项，该员实未交清，仍应照案咨追，由卑县详。蒙司批，饬令再行会同历城县确查禀办在案。

一、知县张荐粢，自道光十二年七月二十四日起，至是年九月初四日卸事前一日止，共应扣三成银一十八两四钱六分二厘。前项全完。

一、知县马有绶，自道光十六年九月初二日起，至道光十七年二月二十日卸事前一日止，共应扣三成银八十四两。前项未完，前县章寅于接云云。

一、知县佟绰图，自道光十七年二月二十日起，至是年十月十七日病故前一日止，共应扣三成银二百六两五钱。前项未完，已详准移咨正白旗汉军都统，在于该故员家属名下，全数着追在案。

一、知县陈宽，自道光十七年七月十七日起，至是年九月十八日卸事前一日止，共应扣三成银三十两五钱。前项未完，前县章寅于接封令交代时，漏未接收。章令系最后出结之员，现已调补曹县，应请径追。

一、知县邓珏，自道光十七年十月二十七日起，至道光十九年二月初八日卸事前一日止，共应扣三成银二百三十两五钱，内已完银一百一十八两五钱，未完银一百一十二两内，前县章寅于接封令交代时，漏未接收。章令系最后出结之员，现已调补曹县，应请径追银四十一两二钱五分五厘。已详准以民欠养廉列抵，应俟启征完解银七十两七钱四分五厘。

一、知县封天霈，自道光十九年二月初八日起，至道光二十一年六月十七日卸事前一日止，共应扣三成银八百六十三两九钱二分三厘，内已完银六百八十三两，未完银一百八十两九钱二分三厘，前县章寅于接封令交代时，漏未接收。章令系最后出结之员，现已调补曹县，应请径追。

一、知县章寅，自道光二十一年七月初六日起，至道光二十三年四月二十四日奉文准调曹县前一日止，共应扣三成银四百九十五两二钱三分一厘。前项未完，章令现已调补曹县，应请径追。

一、知县祝镜清，自道光二十三年二月初二日起，至是年年底止，共应扣三成银二百三十四两九钱二分三厘。前项未完，应由卑职镜清完解。

造送道光十一年至二十三年曹工三成银两简明总册

济南府长山县为札谕事。

今将卑县自道光十一年起，至二十三年年底止，共应扣曹工三成，并已、未完银数，逐一查明，造具简明总册，呈送查核施行。

计开：

长山县自道光十一年起，至二十三年年底止，共应扣三成银四千一百九两五钱七分七厘，内已完银二千五百二十四两五钱，未完银一千五百八十五两七分七厘，内章寅漏接各前任应请径追完解银三百卅六两六钱七分八厘；详准咨追银二百六两五钱；详请咨追奉文再行确查禀办，银二百四十一两；详准以民欠养廉列抵，应俟征起完解银七十两七钱四分五厘；章寅本员欠解，应请径追完解银四百九十五两二钱三分一厘；现任知县祝镜清欠解银二百三十四两九钱二分三厘。

平阴县嘉庆二十二年奉文碾运直隶赈米用过水陆运脚等项银两清册二十三年册附

为札谕事。

今将卑县△△年奉文碾运直隶赈米用过水陆运脚等项银两，逐一查明，造具清册，呈送查核施行。

计开：

平阴县

嘉庆二十二年分

奉文碾运天津北仓五成米五百四十六石八斗八升，自县仓运至水次，计程△△里，照例每石每里给脚价银一厘，共用运脚银若干。又自水次运至临清州河水次，计程水路△△里，照例每石每里给脚价银二毫，共用水脚银△△两。又自临清水次运至天津北仓，计程水路△△里，照例每石每里给脚二毫，共用水脚银△△两。又每船舵水十名，每名每日饭食银八分，照往返五十天计算，共用银△△两。又每石铺舱本色席片八厘五毫，共席△△领四分八厘四毫八丝系按漕例计算，每席一领给银一分，共用银△△两。

嘉庆二十三年分

奉文改运通仓三成米三百二十八石一斗二升，自县仓运至水次，计程陆路一百里，照例每石每里给脚价银一厘，共用运脚银若干两。又自水次运至临清州河水次，计程水路一百二十五里，照例每石每里给脚价银二毫，共用水脚银△△两。又自临清运至通仓，计程水路一千二百一十六里，照例每石每里给脚价银二毫，共银若干。

以上二次运米共用脚价等项银三百三十四两六钱七分一厘二毫八忽。

平阴县嘉庆二十二年奉文碾运直隶赈米用过船舵水夫饭食等项银米清册二十三年册并印领附

为札谕事。

今将卑县△△年奉文碾运直省赈米用过舵水饭食等项银米，逐一查造清册，呈送查核施行。

计开：

嘉庆二十二年分

奉文碾运直省五成赈米五百四十六石八斗八升，随粮揭交。

舵水饭食米五石六斗四升八合八勺，行粮本色米八石七斗五升八抄，二升折耗米十石九斗三升七合六勺，以上共米二十五石一斗五升六合四勺八抄，按照市集时价，每石用银一两五钱八分，共用银△△两。

行粮折色银七两六丝四忽，六厘养廉银三两二钱八分一厘二毫八丝。又自县仓运至水次，计程陆路一百里，除例销脚价外，垫用不敷运脚银五十四两六钱八分八厘。又自水次运至临清外河水次，计程水路一百二十五里，除例销脚价外，垫用不敷运脚银十三两六钱七分二厘。又自临清水次运至天津北仓，计程九百二十六里，除例销脚价外，垫用不敷运脚银一百一两二钱八分二厘一毫七丝六忽。又碾谷一千九十三石七斗六升，雇用小车推运四乡，分交碾户舂碾，每小车一辆装谷二石，共用小车五百四十六辆，每辆来回用脚价银二钱，共用银一百九两二钱。又碾谷△△石，每石用碾工银八分，共用银八十△两。又每米一石制白布口袋一条，共制白布口袋五百四十七条，每条用价工银三钱，除事竣每条变价银一钱二分归款外，每条垫用不敷银一钱八分，共垫用不敷银九十△两。又在临清交兑买补折耗米一十一石七斗六升，每石用银三两五钱，共用银△△两。又自开仓发碾之日起，至碾竣之日止，共计二十日，签派书办二名、斗纪二名、的役二名，共六名，每名每日给饭食银八分，共用银△△两。又添买苇席一百七十领，每领除变价银一钱归款外，计每领垫用不敷银一钱五分，共用银△△两。又派押运差役十名、书办二名、斗纪四名、家人二名，共十八名，每名每日给饭食银八分，共计五日，共用银△△两。又开船起运每晚用更夫十名，每名每夜给工食银八分，共计五日，共用银四两。又书办、斗级［纪］往返用车价银八两。又委官一员，每天盘费银一钱，跟役二名，每名每天给工食银五分，往返五十天，共用银十两。又自临清泊舟处所相离军船一里半，雇夫抗米上船，每石用工价银五分，共用银若干。以上共用银若干。

嘉庆二十三年分

奉文改运通仓三成米三百二十八石一斗二升，随粮捐交。

舵水饭食米三石二斗八升一合二勺，行粮本色米五石二斗四升九合九勺二抄，二升折耗米六石五斗六升二合四勺，以上共米一十五石九升三合五勺二抄，按照市集时价，每米一石用银一两五钱八厘，共用银△△两。

行粮折色银四两二钱，六厘养廉银一两九钱六分九厘。又自县仓运至水次，计程陆路一百里云云。又自水次云云。又自临清水次云云。又碾谷若干石，用小车推送四乡，分交碾户云云。又碾谷若干石，每石碾工若干，共银若干。又米一石制白布口袋云云。又在临清交兑买补云云。又自开仓发碾之日起，至碾竣之日止，共计二十日，签派书办二名云云。又添买铺仓席片云云。又派押运差役云云。又开仓起运，每晚用更夫云云。又差家丁一名、的役二名，赴临清赁房、贮米、看守，每名每日给饭食银八分，计八十八日，共用银△△两。又书办、斗纪往返云云。又赁民房贮米，每石用赁价银一钱，共银若干。又买备铺房席草，共用银十二两五钱。又雇夫抗米上房，每石用工价银三分，共用银△△两。又在民房看守，每晚用更夫六名，每名每夜给工食银八分，计十八日，共银△△两。又雇夫抗米上船，每石用银三分，共银△△两。以上共用银五百△两零。

二次运米共垫用银一千一百六十八两零。

印结

泰安府平阴县今于与印结为札谕事。

依奉结得，卑县嘉庆二十二年奉文碾运直省赈济米石用过脚等项银两，俱系实用实销，并无浮冒情弊。印结是实。

泰安府平阴县今于与印结云云。米石垫用杂费等项银两，俱系云云。每米一石备带席片八厘五毫，随粮交船，以作铺舱之用，事竣作正开销，每船装米五百石酌给抛洒行粮米八石、银六两四钱，每米一石给折耗米二升运官养廉六厘，每船舵水十名每名每日给米一升、银八分。

临清至天津计程五十日到。

每船装米五百石，系以停运粮船及盐船而言，如雇民船即不能拘定。

平阴县请流摊运直赈米脚价盘费等项银两县详

平阴县为援案详请分年流摊事。

窃查卑县前奉宪台转蒙抚、藩宪钦奉谕旨，以直省交春以来米麦价昂，民虞食贵，派拨卑县米一千五百石，在于存仓谷内，按二谷一米碾运等因。遵于三月二十七日奉文之日开仓发碾，于四月十二日一律碾齐，雇备车辆运赴东昌水次。旋奉抚宪，以直隶现在需米较缓，已碾未兑米石奏请停拨，饬将停运之米赶紧出粜，秋间易谷还仓。所有兼办缘由先后具禀各宪在案。

伏查卑县本年奉派运米一千五百石，雇备车辆，置买口袋、席片，并碾户、书役人等饭食，以及往来盘费，共垫支银一千四百四十八两四钱二分。检查嘉庆二十二、二十三两年，卑县奉文碾运直省赈米八百七十五石，内脚价银三百三十余两报部准销，尚有杂费一千一百六十余两，详准分作十年流摊在卷。本年垫用脚价银两，米既停拨，与已运赴直省交兑者不同，运脚等银碍难报销请领，而一切所需之费，与嘉庆二十二、二十三等年事无二致。此项为数较多，卑职一人独捐，力有未逮。拟合将用过脚价、杂费一并造具清册，具文详请宪台查核，俯赐转详藩宪，将前项垫支脚价等银共一千四百四十八两四钱二分，援照嘉庆二十二、二十三两年成案，分作十年入于交代案内，无论正署，按在任月日均摊归款，实为恩公两便。为此云云。

计详送书册一本、清册四本、印结四本。

一详本府。

此案后经本府详准，每米一千石，无论水次远近，均以流摊银二百两，自道光十三年四月初一日为始，分三年摊还归款。

道光十三年平阴县案。

司颁参案册式条款通饬

济南府钟①札长山县知悉。道光六年三月十六日蒙布政司札开，案查各属应造盘查参案年款细册，业经本司详，蒙奏奉

① 即钟祥。

谕旨，勒限清厘，当即抄发司案底册，并拟盘查年款格式，札发该府督同查办在案。

兹检查各属前造专参款册，大概皆系笼统开造，且均与盘查参案互有牵涉，最易错歧。今既彻底清厘，全在悉心参酌，逐层分剔，以期此呼彼应，眉目判然。庶司中查核较易，无烦驳换，十余年积案既可速结，将来各属交代亦不致再有纠缠，想通省所当欣顾者也。兹由司拟定参案册式并查办条款，合亟札发。札到，该府立即抄式飞饬各该州县，作速赴府，由该府查照册式条款，督同妥为查办。务令各归各案，剔清眉目，画一查造款册，即日详司核办。此系奏案，限期甚迫，必须随到随送，不准压前等后。倘各牧令视为具文，或任意混造，即由该府指明禀请撤参，以示惩儆，慎勿泄视，速速等因到府。蒙此，合行抄录册式条款转发。札到，该县立即遵照办理。毋违。此札。

计发册式条款一本。

参案册式条款

计开：

某州、县前任知州某、知县某参亏一案，恩诏以前领欠实亏各数。

正款项下

某年欠款若干、某年欠款若干，以上共欠银若干。

杂款项下

某年欠款若干、某年欠款若干，以上共欠银若干。

仓款项下

某年某款价银若干、某年某款价银若干，以上共欠银若干。

统共正、杂、仓款银若干。

领抵项下

某年领、抵款若干，某年领、抵款若干，以上共银若干，内抵除某年欠款若干、某年欠款若干，以上共抵除银若干。查系某年某月已蒙将盘查案内领款扣拨清楚，今参案有款可抵，应将前项领抵款划入盘查，以符盘查原抵，登明。

某年领、抵款若干，某年领、抵款若干，以上共银若干，内抵除盘查某年欠款若干、某年欠款若干，以上共抵除银若干。查系某年某月将盘查案内领款私自领回，今参案有款可抵，应将前项领抵款划入盘查，以符盘查原抵，登明。

某年领、抵款若干，某年领、抵款若干，以上共银若干，内抵除盘查某年欠款若干、某年欠款若干，以上共抵除银若干。查系征完盘查列抵垫完钱漕应交流摊银两，今参案有款可抵，应将前项领抵款划入盘查，以符盘查原抵，登明。

垫完盘查官亏某年欠款若干、某年欠款若干，以上共银若干，内抵除某年欠款若干、某年欠款若干，以上共抵除银若干。查盘查官亏某款，系某年某月垫完，某年某月详禀，奉司批示云云，准其列抵在案。今将该员参案列抵欠款，逐一开造，听候核办，登明。

某年领、抵款若干，某年领、抵款若干，以上共银若干，内抵除某年欠款若干、某年欠款若干，以上共抵除银若干。此指仍抵参案欠款而言。

查抄变抵银若干，内抵除某年欠款若干、某年欠款若干，以上共抵除银若干。

垫兑［完］某年漕米银若干、某年漕米银若干，以上共划赔银若干，内抵除某年欠款若干、某年欠款若干，以上共抵除银若干。此指核入参案已结者而言，其未核入参案者，不准开列。

节省划赔银若干，内抵除某年欠款若干、某年欠款若干，以上共抵除银若干。

删减军需划赔银若干，内抵除某年欠款若干、某年欠款若干，以上共抵除银若干。

统共抵除银若干。

谷价划赔银若干，内应赔常平仓谷若干石，合二钱银若干；社仓谷若干石，合二钱银若干。尚亏银若干，内除盘查原亏并入参案银若干，内某年欠款若干、某年欠款若干，以上共银若干。本系盘查亏缺参案并计开报合，应按款剔出，仍入盘查年款册内办理，以免混淆，登明。

实亏银若干，内某年欠款若干、某年欠款若干，以上共银若干。查此项欠款已于某年某月蒙将盘查案内领款扣拨清楚，今参案系在实亏项下，应俟追完，以补盘查原抵之某某欠款若干，登明。

领回盘查案内某年领款若干、某年领款若干，以上共银若干。查系该员私自领回，今参案系在实亏项下，应俟追完，以补盘查原抵之案某某欠款各若干，登明。

征完盘查案内列抵某年钱、漕若干，摊起盘查案内流摊某年某款若干，以上共银若干。今在参案实亏项下，应俟追完，以补盘查原抵之某某欠款若干，登明。

某年欠款若干、某年欠款若干，以上共银若干。

统共实亏银若干。恩诏以后领欠实亏各款，照前挨顺开列，如无，不必开。捐款另册开报。

查各员参亏银款，有此案所无而彼案所有者，今定册式，不能不逐一开载，应由该州县查其有者，核明开列，不可歧错。

一、盘查案内领款均已抵除亏款之项，若扣拨盘查以外欠款，则原抵亏款无着，自应查明所拨之欠款。如系交代之员欠解，应将交代领款先尽划入盘查，以符盘查原抵之数；如系参亏之员欠解有款可抵者，应将领抵款划入盘查，以符原抵之数，若无领款抵除，即属实亏，应注明于参亏之员名下追补。

一、盘查案内领款有私自领回者，须查明某员于某年领回。如已列入交案作交，应将交案领款划入盘查，以符原抵；如交案内并未列交，应查漏接之员着落赔补。若系参亏之员领回者，须查参亏年款。册内如已列欠有款可抵者，应将领抵款列入盘查；如未列入而参数业已奏定，应着落漏揭之员赔补；若在参案实亏项下者，即将原抵盘查欠款注明，于领回已参之员名下着追。

一、盘查案内垫支、垫解及流摊等项，后任如有征完摊起者，应照前议私自领回一条，分别已、未，列入交代及专参案，一律办理。其未经征完摊起者，亦将某员原垫分别有着、无着，逐细注明毋漏。

一、盘查案内某员除抵实亏各款，内如有解补之项，即属垫完官亏，应查后任某员于某年月日垫完某年某项，必须从前禀详。奉司批准有案者，准其于参案或交案内，将原垫之员列抵欠款逐一开列，听候核办；如无批准列抵案据，一概不准混入，以杜事后捏造之弊。

一、盘查案内原报领款作抵之亏项，如有后任将亏项解补，亦应查其某员于某年月日解补，必须从前禀详。奉司批准有案者，准归解补之员领拨。若领款作抵之亏项系本员于盘查以后自行完解，交案漏删，或误入盘查作亏，或后任解补并无确切批准案据，即应确查逐案年款，归于滥抵无着项下划除，以杜冒混，而滥抵无着亦可少一虚悬之数，以归实在。

一、盘查案内各员实亏项下，如有节省划赔，必须分别剔清。假如某员亏银一万两，内有节省划赔银五千两，应查明划赔某年欠款若干，再以下剩亏银五千两应抵除某年欠款若干，逐一开列，仍将已豁、未豁详细注明，勿稍错漏。

一、参亏案内有将盘查亏缺并案参办者，务将盘查原亏款项逐一剔清，仍入盘查年款，各归各案办理，以便核报而免混淆。

一、参亏案内领抵及实亏有应分恩诏前后者，有只系恩诏以前者，务须逐款剔清，不可牵混开列。

一、参亏案内凡与盘查牵涉之款，或核入领抵项下，或核入实亏项下，如有不同，务须分别厘剔，不可错混。

以上各条恐该州县查办盘查年款未能画一，是以再为逐条指示，免致参差，务须悉心参酌，逐细勾稽，总须针孔相符，丝丝入扣。毋稍错混，致干驳查。切切。

谭之遂参案

参案增删亏抵各款通饬

济南府王①札长山县知悉。道光七年十月二十二日蒙布政司札开，道光七年九月二十五日据长山县知县程题雁详称，遵即饬承，按照册内签示应删、应增及应更正各款，逐一分晰核更。至谭参令抵款项下垫支、垫解银两核算交代之时，因谭参

---

① 即王朝幹。

令垫解、垫支属实，暂准入交作抵，是以亏款册内仍照原案开报。兹查垫解名目，已奉谕旨永远革除，将来谭参令所垫银两未能达部，且垫完款项皆系历前任应交、应摊之项，原欠之员均已事故离任，并无现银交出，无可批解。相应查照谭参令原亏款项，归入亏数，审拟着追，以昭核实。拟合与奉签各款，分别更正，另造除抵实亏清册，出具无捏印结，详请宪台鉴核，饬发审办。再骆应丙欠交盘查案内，捐款银一千三百余两，业已另造清册，呈详宪鉴，归入盘查案内着追在案，合并声明等情，并拟申送谭之遂亏抵年款册结到司。

据此，查册开更正各款，核对均属相符。惟正杂册内开报谭参令亏缺接收前任历年未买谷价银七百五十一两五钱五分一厘，又亏社谷价银六百六十一两四钱六分，册内注明有前任知县高隆程、王凤鸣移交银两作抵。查此项银两如有欠解，应作杂款计亏，今既有前任知县高隆程、王凤鸣移交银两作抵，自应照数解司，未便存留属库，致滋挪掩。除批饬该县照数批解外，合将谭参令原参亏缺若干、续后增删若干、现在实亏若干，开具清单，同送到原册，一并饬发审办。札到，该府即便遵照，提集该参令及经手门丁到案，讯明所亏银两是侵是挪，按律定拟详解，以便会审，转请勘奏，毋迟，速速等因到府。蒙此，除将奉发款册存候核办外，合行马递札提。札到，该县立即遵照前札，速将谭参令任内经手门丁查传到案，立即解府，以凭审讯详办。毋再玩延，致干参咎。速速。此札。

参亏定拟部文

内阁抄出山东巡抚琦①奏，已革知县谭之遂在蒲等县任内

---

① 即琦善。

亏挪各款银两，审明定拟一折，道光八年三月十四日奉朱批："刑部议奏。"钦此。该臣等议得，据山东巡抚琦奏称，窃照参革知县谭之遂亏欠蒲台任内正、杂、仓、捐、摊赔各款银四千一百余两，又长山县任内各款银四千七十余两，经前署抚臣程[①]汇折参奏，钦奉谕旨："拿问提同书吏经手人等，严审实亏数目，照例究办。所有寓所、资财及原籍家具着查封备抵"等因。钦此。当经行司檄饬遵照。嗣据历城县知县查抄谭之遂省寓衣物，共估值银一两一钱一分，造具册结，由藩司转详咨部覆。据济南、武定、曹州、济宁等府、州禀覆，查明谭之遂历过长山、陵县、蒲台、利津、城武、定陶、嘉祥等县任所均无资财隐寄，并准江西抚臣咨会，该参员原籍家产尽绝取具，并无隐匿、寄顿各结咨送来东。又经饬发讯办，兹据藩、臬两司督同委员审拟解勘，并声明该参员长山县任内经手书吏均已病故等情前来。

臣亲提严鞫，缘谭之遂籍隶江西南丰县，由举人大挑一等分发山东，于嘉庆二十年二月委署蒲台县知县，是年十月卸事，二十一年九月委署长山县知县，次年因案撤任，仍即回任，于二十三年七月卸事。该参员在蒲台、长山二县任内，因修理城垣、衙署、仓廒、监狱、普济堂，并捐施棉衣、收养贫民等项公用紧急，库无间款，先后挪用蒲台县正、杂、仓款银二千五百八十五两三钱六分三厘，又欠捐赔各款银一千五百二十四两七钱六分八厘。其挪用长山各款银两，于奏参后续又增删相抵，实亏正、杂、仓银一千七百九十二两九钱二分五厘，又欠捐赔款银二千五百四十六两三钱一分九厘。经接任各员查明揭报，由该管道、府转揭到司，详经前署抚臣程汇控参奏，钦奉谕旨

① 即程含章。

拿问审办，提集该参员暨蒲台县户库书刘庭杰、刘庭禄等，逐一研究。佥供彼时实因公用紧急，虽经该书等禀阻，原拟暂为挪垫，事后捐廉弥补，嗣因卸事，无力完缴，致成亏缺。委系因公挪移，并无侵蚀入己情事。再三严诘，矢口不移，案无遁饰。此案参革知县谭之遂在蒲台、长山二县任内挪移银两，除捐赔各款例不计罪，并省寓查抄衣物估银一两一钱一分，抵除正项外实亏正、杂、仓款银四千三百七十七两一钱七分八厘，讯系因公挪移，自应按律问拟，将已革知县谭之遂依律拟徒，经书刘庭杰等拟杖，均援赦免罪等因具奏前来。

查例载，挪移库银五千两以下者，仍照例拟杂犯流，总徒四年；又挪移不及五千两，散禁官房，严加看守，勒限一年催比，如逾限不完，即锁禁监追各等语。此案参革知县谭之遂，在蒲台、长山二县任内亏缺正、杂、仓款银四千三百七十七两零，既据该抚讯明委系因公挪移，自应按例问拟。应如该抚所奏，谭之遂合依“挪移库银五千两以下者，仍照律拟杂犯流总徒四年”，例应总徒四年。事犯在嘉庆二十五年八月二十七日大赦以前，系因公挪，应准免罪，仍将所亏银两照例散禁官房同捐、赔各款，勒限一年催比，限满不完，即锁禁监追。该抚奏称，蒲台县经书刘庭禄、刘庭杰于本官挪移库银禀阻不力，应照不应重律杖八十，事在赦前，应请援免，系属公罪，应免革役。长山县经手书吏均已病故，应毋庸议等语，均应如所奏完结。该抚又称失察之各上司，事在恩诏以前，并请免议等语。恭候命下，臣部移咨吏部，照例办理。所有臣等核议缘由，理合恭折具奏请旨等因。道光八年四月初五日奏，本日奉旨：“依议。”钦此。

参亏限满锁禁监追部文

为遵旨事。

道光九年九月二十七日蒙布政司、按察司札开，道光九年九月十一日蒙巡抚部院讷[1]案验，道光九年八月二十七日准户部咨，山东司案呈，道光九年六月初十日准山东巡抚讷咨，据布政使刘、按察使李[2]呈称，查参革知县谭之遂，前在长山、蒲台二县任内，共亏缺正、杂、仓款银若干，内除查抄寓所衣物估值银若干抵除正项外，计实亏正、杂、仓款银若干，又欠捐、赔款银若干，前经审明所亏银两，委系因公挪移，依律拟徒，援赦免罪，并将所欠亏赔捐款银两照例散禁官房，勒限一年追比，限满不完，即锁禁监追。详蒙前宪琦奏，奉谕旨敕部核议，业蒙刑部照拟复奏，奉旨允准在案。应以道光八年四月初五日奉旨之日起限，扣至道光九年四月初五日，一年限满，该参员亏缺正、杂、仓款及欠解捐赔等项银两，分厘未完，例应监追。兹据济南府具详前来，除批饬该府将谭之遂锁禁监追，俟限满有无完缴再行照例办理外，拟合详请咨户、刑、吏查照等情。据此，除分咨外，拟合咨明等因前来。应仍咨山东巡抚将谭之遂应追各款银两，转饬按限严追，完项报部可也等因到本部院。准此，合就檄行。为此仰司官吏即便查照，会同臬司转饬济南府，将该参员谭之遂应追未完各项银两，迅即按限严追，完缴详咨，毋违等因到司。蒙此，除行武定府转饬蒲台县查照外，合就檄行等因到府。蒙此，合行转饬。为此仰县云云。

---

① 即讷尔经额。

② 即刘斯嵋、李文耕。

造送参亏年款司详院批文

藩司刘札长山县知悉。道光十年三月二十八日蒙巡抚部院讷批，本司详送已故知县谭之遂长山任内亏欠年款清册呈请核咨缘由。蒙批，已据详咨部矣，仰将该员蒲台县任内亏欠年款作速催造，详送核咨。毋迟。缴册存送等因到司。蒙此，查此案前已照抄司册札发，照造在案，迄今未拟造送。兹奉前因，除将谭之遂蒲台县任内亏欠年款另案办理外，合行抄详，马递札饬。札到，该县即便查照，并将前次发去款册作速照造三番送司备案。毋迟。速速。此札。

计粘抄详一纸。

查参革知县谭之遂前在长山任内，原欠正、杂、仓、捐、赔款共银若干，内除抵款银若干外，尚亏欠正、杂、仓、捐、赔款共银若干，内正款银若干、杂款银若干、仓款银若干、谷价划赔银若干、捐款银若干，内除原报多开及款已解兑应行核删银若干外，实欠捐款银若干，总计以上共实欠正、杂、仓、捐、赔款银若干。现在监追，理合分晰查明，开具年款细册，呈送宪台鉴核，咨送户部查照。再奏追谭之遂前在长山县任内亏欠银两系除抵实亏之数，今查造年款，自应将抵垫之项，一并造报，以昭核实。至该员蒲台任内亏欠年款，现在未据妥造送司，应俟催追到日另文详咨。合并声明。

查抄袁长基全案

为咨会事。

案蒙宪台札饬，查抄已革安徽太湖县知县袁长基家产一案，除将查封勘估及讯取邻族约地人等供结各缘由备载书册外，拟合摘叙简详，具文呈请宪台转详分咨核办。为此云云。

计详送书册一本、估册五本、印甘结五连。

为咨会事。

道光二十三年七月初七日奉宪台会札内开，道光二十三年七月二十六日奉巡抚部院兼理盐政梁①案验，道光二十三年七月十五日准安徽抚院程②咨，窃照本部院于二十三年六月二十七日会同两江总督部堂璧③奏，前任太湖县知县袁长基云云，慎速，切速。计粘单一纸，内开全云等因到县。

奉此，遵即密查得已革前任安徽太湖县知县袁长基有卑境内焦家桥地方住宅一所，卑职前往严行查抄，勘明此宅坐落焦家桥路北，内大门一间、二门一间、破南楼一座三间、破三门一间、东厢房基址三间、西厢房基址三间、东北隅东屋基址二间、西北隅北屋基址二间、北厅基址三间、四门基址一间、东厢房基址三间、西厢房基三间、北厅基址五间，各基内房屋均已倒塌，木料、砖瓦落地糟朽，破烂不堪；后北楼楼基一座，

① 即梁宝常。

② 即程矞采。

③ 即璧昌。

原建三起，现在仅存破坏山墙，顶板瓦木倒塌无存；又有破木桌椅等项十九件，俱在破南楼内存贮，随饬工书丈明四至，核计屋基　亩　分　厘，核实确估连破桌椅等项，共值银二百一十八两九钱六分八厘，当将各门用印条封讫。

传齐邻族人等逐一查讯。据族长职员袁献供，已革安徽太湖县知县袁长基是职员族侄，他的父亲袁琚止生长基一子，有本庄宅房一所，是袁琚之父袁守仪名下分得转给袁琚的产业，实应袁长基承受。因长基家属久已随赴任所，无人修理居住，现在各房屋均倒塌不堪，内有破木桌椅等项，也是袁长基的。他这宅房文契委系年久遗失，此外别没隐匿寄顿财产。今蒙查明，情愿具结是实。

据东邻监生袁培林供，已革安徽太湖县知县袁长基是监生族叔，长基之祖袁守仪与监生之曾祖袁△△是同胞弟兄。从前分家时，袁守仪名下分有本庄宅房一所，袁长基之父袁琚受业。袁琚止生长基一子，实应长基承受。因长基家属久已随赴任所，无人修理居住，现在各房屋均倒塌不堪，内有破木桌椅等项，也是袁长基的。他这宅房文契委系年久遗失，此外别无隐匿寄顿财产。今蒙查讯，情愿将曾祖们分书呈验是实。

据西邻监生袁启淋供，袁长基是监生远支族叔，他的父亲袁琚止生长基一子云云照袁献供写至是实。

据约正徐文成供，已革安徽太湖县知县袁长基是小的该管约内焦家桥人，他的父亲袁琚云云照袁狱供写至是实各等供。

据此，卑职吊验袁培林之曾祖袁△△分书，查核相符。覆加密访，袁长基别无隐匿寄顿财产情事，除将查封宅房造具估册外，拟合取具邻族约地甘结，加具印结，一并详送宪台转详，分咨核办，实为公便。除径详臬、藩宪外，为此备由具申，伏乞照详施行。

代理济南府长山县今于与印结事。

依奉结，据邻族、约正人等结称，已革安徽太湖县知县袁长基有祖遗云云，别无隐匿财产等情。据此，卑职查勘属实。覆加密访，委无隐匿寄顿情事。现将查抄房屋、木器等项逐一确估，共值银二百　两　钱　分　厘，理合加具印结是实。

详覆分案造送查抄已革安徽太湖县知县袁长基房屋、地基、木器等项册结一案稿

济南府长山县为钦奉事。

除将查抄已革安徽太湖县知县袁长基宅房、倒塌糟朽木料、城破砖瓦，及宅房院落地基、破木桌椅等项，分案造具册结缘由备载书册外，拟合摘叙简详，呈请宪台核转分咨办理。为此备由具申，伏乞照详施行。

计详送书册一本、木料砖瓦估计册结各六本、宅基估计册结各六本、破木桌椅估计册结各六本。

一详本府。

济南府长山县今将查抄已革安徽太湖县知县袁长基宅房砖瓦木料等项逐一核实估计，造具估册呈送咨办施行。

计开：

长山县境焦家桥宅房一座，内：

大门三间，门楼倒塌，砖瓦碱酥，木料糟朽不堪。计估得糟朽不堪改用木料一千八百二十斤，作柴薪变价，每斤值银一厘，共值银一两八钱二分；碱酥残缺长七寸、宽五寸板瓦二千八百五十页，每页值银七毫，共值银一两九钱九分五厘；碱酥残缺长一尺、宽五寸、厚二寸条砖一千七百九十九块，每块值

银二厘五毫，共值银四两四钱九分七厘。

二门一间，门楼倒塌，砖瓦碱酥，木料黪朽不堪。计估得黪朽不堪改用木料五百七十三斤，作柴薪变价，每斤值银一厘，共值银五钱七分三厘；碱酥残缺长七寸、宽五寸板瓦一千九百九十页，每页值银七毫，共值银一两三钱九分九厘；碱酥残缺长一尺、宽五寸、厚二寸条砖九百五十四块，每块值银二厘五毫，共值银二两三钱八分五厘。

破南楼一座，楼房倒塌，砖瓦碱酥，木料黪朽不堪。计估得黪朽不堪改用木料四千六百四十六斤，作柴薪变价，每斤值银一厘，共值银四两六钱四分六厘；碱酥残缺长七寸、宽五寸板瓦五千八百七十页，每页值银七毫，共值银四两一钱九厘；碱酥残缺长一尺、宽五寸、厚二寸条砖四千四百五十块，每块二厘五毫，共值银一十一两一钱二分五厘。

三门一间，门楼倒塌，砖瓦碱酥，木料黪朽不堪。计估得黪朽不堪改用木料四百一十九斤，作柴薪变价，每斤值银一厘，共值银四钱一分九厘；碱酥残缺长七寸、宽五寸板瓦二千五百页，每页值银七毫，共值银一两七钱五分；碱酥残缺长一尺、宽五寸、厚二寸条砖八百五十八块，每块值银二厘五毫，共值银二两一钱四分五厘。

东厢房三间，房屋倒塌，砖瓦破坏，木料黪朽不堪。计估得黪朽不堪改用木料一千八百一十二斤，作柴薪变价，每斤值银一厘，共值银一两八钱一分二厘；碱酥残缺长七寸、宽五寸板瓦二千九百八十页，每页值银七毫，共值银二两八分六厘；碱酥残缺长一尺、宽五寸、厚二寸条砖三千零九块，每块值银二厘五毫，共值银七两五钱二分二厘。

西厢房三间，房屋倒塌，砖瓦破坏，木料黪朽不堪。计估得黪朽不堪改用木料一千三百六十三斤，作柴薪变价，每斤值银一厘，共值银一两三钱六分三厘；碱酥残缺长七寸、宽五寸板瓦三千零十页，每页值银七毫，共值银二两一钱七厘；碱酥残缺长一尺、宽五寸、厚二寸条砖三千一百八十块，每块值银二厘五毫，共值银七两九钱五分。

东北隅东屋二间，房屋倒塌，砖瓦破坏，木料軃朽不堪。计估得軃朽不堪改用木料二千四百四十五斤，作柴薪变价，每斤值银一厘，共值银二两四钱四分五厘；碱酥残缺长七寸、宽五寸板瓦二千九百三十页，每页值银七毫，共值银二两五分一厘；碱酥残缺长一尺、宽五寸、厚二寸条砖二千零八块，每块值银二厘五毫，共值银五两二分。

西北隅北屋二间，房屋倒塌，砖瓦破坏，木料軃朽不堪。计估得軃朽不堪改用木料二千三百八十七斤，作柴薪变价，每斤值银一厘，共值银二两三钱八分七厘；碱酥残缺长七寸、宽五寸，板瓦三千零五十页，每页值银七毫，共值银二两一钱三分五厘；碱酥残缺长一尺、宽五寸、厚二寸条砖一千九百九十八块，每块值银二厘五毫，共值银四两九钱九分五厘。

北厅三间，房屋倒塌，砖瓦破坏，木料軃朽不堪。计估得軃朽不堪改用木料一千七百三十五斤，作柴薪变价，每斤值银一厘，共值银一两七钱三分五厘；碱酥残缺长七寸、宽五寸板瓦三千九百三十页，每页值银七毫，共值银二两七钱五分一厘；碱酥残缺长一尺、宽五寸、厚二寸条砖三千二百八十八块，每块二厘五毫，共值银八两二钱二分。

四门一间，门楼倒塌，砖瓦破坏，木料軃朽不堪。计估得軃朽不堪改用木料三百零四斤，作柴薪变价，每斤值银一厘，共值银三钱四厘；碱酥残缺长七寸、宽五寸板瓦二千零三页，每页值银七毫，共值银一两四钱二厘；碱酥残缺长一尺、宽五寸、厚二寸条砖七百九十八块，每块值银二厘五毫，共值银一两九钱九分五厘。

东厢房三间，房屋倒塌，砖瓦破坏，木料黪朽不堪。计估得黪朽不堪改用木料一千八百二十三斤，作柴薪变价，每斤值银一厘，共值银一两八钱二分三厘；碱酥残缺长七寸、宽五寸板瓦三千零三十六页，每页值银七毫，共值银二两一钱二分五厘；碱酥残缺长一尺、宽五寸、厚二寸条砖三千二百零二块，每块值银二厘五毫，共值银八两五厘。

西厢房三间，房屋倒塌，砖瓦破〈坏〉，木料黪朽不堪。计估得黪朽不堪改用木料一千八百三十一斤，作柴薪变价，每斤值银一厘，共值银一两八钱三分一厘；碱酥残缺长七寸、宽五寸板瓦三千零四十页，每页值银七毫，共值银二两一钱二分八厘；碱酥残缺长一尺、宽五寸、厚二寸条砖三千八百九十八块，每块值银二厘五毫，共值银七两九钱九分五厘。

北厅五间，房屋倒塌，砖瓦破坏，木料黪朽不堪。计估得黪朽不堪改用木料四千九百四十二斤，作柴薪变价，每斤值银一厘，共值银四两九钱四分二厘；碱酥残缺长七寸、宽五寸板瓦五千八百零三页，每页值银七毫，共值银四两六分二厘；碱酥残缺长一尺、宽五寸、厚二寸条砖三千九百九十四块，每块值银二厘五毫，共值银九两九钱八分五厘。

后北楼一座，建三延，顶板、砖瓦、木料倒塌霉烂，无存，现在仅存破坏山墙。计估得碱酥残缺长一尺、宽五寸、厚二寸条砖四千八百三十四块，每块值银二厘五毫，共值银一十二两八分五厘；撑山墙不堪改用朽柱二根，重四十七斤，作柴薪变价，每斤值银一厘，共值银四分七厘。

两跨楼各一间，顶板、砖瓦、木料均倒塌霉烂，无存，现在仅存破坏山墙。计估得碱酥残缺长一尺、宽五寸、厚二寸条砖四千一百五十八块，每块值银二厘五毫，共值银一十两三钱九分五厘；撑山墙不堪改用朽柱三根，重七十四斤，作柴薪变价，每斤值银一厘，共值银七分四厘。

西楼三间，顶板、砖瓦、木料均倒塌霉烂，无存，现在仅存破坏山墙。计估得碱酥残缺长一尺、宽五寸、厚二寸条砖四千九百八十四块，每块值银二厘五毫，共值银一十二两四钱六分；撑山墙不堪改用朽柱二根，重五十二斤，作柴薪变价，每斤值银一厘，共值银五分二厘。

以上木料、砖瓦等项共估值银一百七十三两一钱五分二厘。

济南府长山县今将查抄已革安徽太湖县知县袁长基宅房基址，核实估计，造具估册，呈送咨办施行。

计开：

长山县境焦家桥宅房一座，内大门基址三间、二门基址一间、破南楼基址一座、三门基址一间、东厢房基址三间、西厢房基址三间、东北隅东屋基址二间、西北隅北屋基址二间、北厅基址三间、四门基址一间、东厢房基址三间、西厢房基址三间、北厅基址五间、后北楼基址一座、两跨楼基址各一间、西楼基址三间、前后院落基址四进，以上各房基并院落基址，共官亩三亩一分二厘二毫一丝七忽，均系下则碱地，每亩银十四两，计银四十三两七钱一分。

造送查抄已革安徽太湖县知县袁长基宅内木器估计银两册

济南府长山县今将查抄已革安徽太湖县知县袁长基宅内破坏木器，核实估计，造具估册，呈送咨办施行。

计开：

破木椅十二把，每把值银一钱一分三厘，计值银一两三钱五分六厘；破木条桌二张，每张值银一钱五分五厘，计值银三钱一分；破木对桌一张，计值银一钱六分；破木茶几二张，每张值银九分五厘，计值银一钱九分；破木脚踏二个，每个值银四分五厘，计值银九分。以上破木器十九件，共估值银二两一钱零六厘。

印结

济南府长山县今于与印结事。

依奉结得，已革安徽太湖县知县袁长基有祖遗宅房一座、大门基址三间、二门基址一间、南楼基址三间、三门基址一间、东厢房基址三间、西厢房基址三间、东北隅东屋基址二间、西北隅北屋基址二间、北厅基址三间、四门基址一间、东厢房基址三间、西南房基址三间、北厅基址五间、后北楼基址一座、两跨楼基址各一间、西楼基址三间、前后院落基址四进，均倒塌破坏，系碱酥砖瓦虧朽不堪改用各木料另具册结估计外，所有房屋门楼及院落各地基，共计官亩三亩一分二厘二毫一丝七忽，俱系下则碱地，每亩值银一十四两，共值银四十三两七钱一分，委系核实估计。印结是实。

（工房收科，刻即另清，速速。廿七日。）

济南府长山县今于与印结事。

依奉结得，已革安徽太湖县袁长基有祖遗宅房一座，除将地基及倒塌不堪改用木料、碱酥砖瓦另具册结估计外，所有破木椅十二把、破木条桌二张、破木对桌一张、破木茶几二张、破木脚榻二个，共估值银二两一钱六厘，委系核实估计。印结是实。

为札谕事。

除将查明已革安徽太湖县知县袁长基宅房并无石块，无可增估缘由备载书册外，拟合摘叙简详，呈请宪台核转分咨办理，实为公便。为此云云。

计详送书册一本，木料砖瓦册结各五本。

一详本府。

覆勘袁长基宅房无石块存留申文

为札谕事。

案蒙宪台札开，本年十月初二日蒙济东道札开，本年九月二十四日准布政司咨，案准贵道咨，据长山县云云，具文送府，以凭核转，毋违等因到县。

蒙此，遵即带领工书前往，逐加覆勘此项宅房基内并无石块。随讯该族邻人等，据称该处附近一带向非出石地方，凡建盖房屋、墙脚、门阶，大半均系用砖堆砌。所有袁长基宅房，原建并未用石，是以现在倒塌仅存各项破坏砖瓦木料，委无石块存留等情。卑职遍查无异，核与原估相符，其一切价值俱系核实估计，丝毫难于再增。兹奉前因，拟合造具册结各五本，详请宪台核转分咨办理，实为公便。为此云云。

惠民县奉发院辕弁兵差务奖赏生息银两县详领状、保结并印结附

县详

为札谕事。

除将奉发院辕弁兵差务奖赏生息本银五百两，饬交当商李杞芳等承领生息，取具领状、保结，加结造册声明起息年月日期缘由备载书册外，拟合摘叙简详，具文呈请宪台鉴核批示遵照，实为公便。为此云云。

计详送领状三连、印保结三连、清册三本。

一详布政司。

为札谕事。

本年三月二十三日蒙宪台札开，照得抚济三营兵丁在抚宪衙门，除操演之外，或委查公事，或访缉匪徒，或赍送题奏本折，均有奔走查探之劳。所有每月应需奖赏银两，现因应动之缉捕生息用项较多，库无存款，由司核议，另筹别项闲款银六千两，发当生息，以备支用。详奉抚宪批准在案。除将此项本银酌派历城、章丘、泰安、聊城四县每处银一千两，齐河、德州、济阳、惠民四州县每处银五百两，由司委员解发外，合行札饬。札到，该县立即遵照，将解发银五百两会同委员查明境内殷实当商，均匀给发每月一分生息，遇闰加增，作为院辕弁兵差务奖赏。生息名目按季解司，以凭呈解支用。仍取具殷实

当商保结、领状各三本，及承领当商花名银数清册，并给发起息各日期，会禀核办。毋迟。速速。此札等因。

并蒙委员候补未入流沈镗管解前项本银五百两，于三月二十六日照交到县，当经卑职照数兑收，饬匠倾镕，一面查传县境二十九座当铺商人来县分领去后。旋据该当商等公议，以奉发本银五百两为数非巨，若按二十九家当铺均匀分领，则银数分散奇零，按月计息，厘毫丝忽之数，未免零星琐碎。议请于二十九家典内之最为殷实者，择出公合、宏泰、益盛、宏盛、吉升等五座当铺，每座情愿领银一百两，遵照札饬，按月一分生息，每座每月纳息银一两，合计五座，每月共纳息银五两，遇闰加增，不致迟误等情。

卑职覆查该商等所议，尚属允协，随将本银倾镕兑准，照该商等议定当铺商名，于四月初一日当堂发交公合、宏泰、益盛、宏盛、吉升等五家，每家当铺各领银一百两，共领银五百两，即令自本年四月初一日起，按月一分生息在案，所有取具领状、保结，拟合加具印结，造具花名银数清册，声明起息年月日期，具文详请宪台鉴核批示遵照，实为公便。为此云云。

领状

具领状公合号当商李杞房今于与领状事。

依奉领到，奉发院辕弁兵差务奖赏生息本银一百两，自道光二十五年四月初一日承领之日起，按月一分生息，遇闰加增交纳，不误，领状是实。

具领状宏泰号当商李殿元今于与领状事云云。

具领状益盛号当商贾兆棠今于与领状事云云。

具领状宏盛号云云。

具领状吉升号云云。

保结

具保结当商李义成云云实写廿四座当铺名、荆协和今于与保结事。

依奉保得，公合号当商李杞芳、宏泰号当商李殿元、益盛号当商贾兆棠、宏盛号当商常阶升、吉升号当商黎永业等五名，均系家道殷实，每名所领奉发院辕弁兵差务奖赏生息本银一百两，共领银五百两。自道光二十五年四月初一日承领之日起，按月一分生息，遇闰加增交纳，如有错误，惟商等是问，保结是实。

印结

署武定府惠民县今于与印结为札谕事。

依奉结，据当商李义成等结称，保得公合号当商李杞芳云云，惟商等是问等情。据此，卑职覆查无异，拟合加具印结是实。

当商姓名清册

署武定府惠民县为札谕事。

今将卑县当商李杞芳等承领奉发院辕弁兵差务奖赏生息本银数目及当商姓名、当号、起息年月日期开造清册，呈送查核施行。

计开：

惠民县

当商李杞芳，年五十五岁，系齐东县人，在惠民县李家庄开设公合号当铺一座，今领到奉发院辕弁兵差务奖赏生息本银一百两，自道光二十五年四月初一日起，按月一分生息，遇闰加增。

当商李殿元年六十一岁，系滨州人，在惠民县小马家庄开设宏泰号当铺一座云云，遇闰加增。

当商贾兆棠，年二十三岁，系阳信县人，在惠民县永利镇开设益盛号当铺一座云云，遇闰加增。

当商常阶升，年六十岁，系阳信县人，在惠民县东关厢开设宏盛号当铺一座云云，遇闰加增。

当商黎永业，年五十七岁，系蒲台县人，在惠民县南门大街开设吉升号当铺一座云云，遇闰加增。

以上当铺五座，共领奉发院辕弁兵差务奖赏生息本银五百两，均自道光二十五年四月初一日起，按月一分生息，遇闰加增，理合登明。

惠民县请示二十五年海防经费究系在于何款银内扣拨县详

为详请查明批示以便遵办事。

案蒙本府札开，本年四月十五日蒙宪台札开，案查各属应捐海防经费云云，毋违，此札，计开该县二十四年养廉银五十两五钱七分五厘等因到县。蒙此，当经遵札补具道光二十五年海防经费银两单批，及二十四年养廉银两印领，呈送在案。兹值会核杨令①交代覆查，奉到宪台签示养廉银两款册，道光二十四年解过知县养廉银一千四百两，业已扣拨无存，所扣各项欠款并无二十五年海防经费一项，是否本府转行札内开写舛错，卑县无从知悉，拟合具文，详请宪台鉴核。饬承查明二十五年海防经费银两，究系在于何项领款银内扣拨，批示知照。如非动支二十四年养廉，即祈将前送印领随详发县，以便涂销，遵批另换印领，申送核办，实为公便。为此云云。

为详请云云事。

除将奉扣二十五年海防经费银两，系在何项领款扣收缘由备载书册外，拟合云云。

计详送书册一本。

一详布政司。

惠民县属库垫款覆详

为详覆事。

案蒙本府转蒙宪台批，本府呈详，该县垫办各年院考经费及修理考院等银查明交案列抵属实缘由。蒙批，据详已悉，惟该前县徐鈖以垫办各年院考经费及修理考院等银列抵已支未发各役工食等款，嗣经接任屠令②因各役纷纷请领，筹款垫发，自应以屠令任内欠款顶补，何以册开抵除欠项，又有屠令卸事以后之款未据分晰声明，碍难核办，仰即转饬该县，再行详晰

---

① 即杨茂豫。

② 即屠道彰。

确查，据实详司，以凭核办，毋迟，缴，册暂存等因由府转行到县。

奉此，遵查卑前县徐鈖，以垫办各年院考经费及修理考院等银，原抵未发各役工食等款，嗣经接任屠令因各役纷纷请领，筹款垫发。诚如宪批，应以屠任欠款顶补，惟屠任交代系王[①]任接收，所有应抵、应交无论何项，照章统除、统算。屠任系署事之员，应交解款无多，其县案欠款又系归后任之项，是以顶补有屠任卸事以后之款，委无牵混情弊，缘奉饬查，理合详覆宪台鉴核。为此云云。

一详布政司。

请示奉裁府斗级工食银两是否归入地丁批解县详司批

为详请事。

窃照卑县额征钱粮俸工项下，有奉裁府斗级工食，每年银三十三两七钱五分六厘。查此项银两既经裁汰，是否应归地丁并作正项批解，抑系仍作〈府〉斗级工食名目造报不入正款。因事隔年久远，县案无卷可稽，拟合具文，详请宪台鉴核，俯赐饬承查明，批示祇遵，实为公便。为此云云。

一详布政司。

此案于二十五年六月初三日奉藩宪批，查该县奉裁府斗级

① 即王文焕。

工食银两，历年地丁奏销案内并未核归起运项下，而俸工奏销又作空缺造报，自应仍照旧章以府斗级空缺名目批解，仰即遵照办理。缴。

惠民县请示杨令[①]交案列抵存司扣剩闽硝例价银两曾否续有扣拨别项欠款县详

为详请核示事。

案查卑县道光二十三年奉文派办二十一年闽硝六千六百斤，又奉文派办二十二年闽硝六千四百斤，均经卑前县照数办买，解局交兑，掣获批回验发在案。兹准杨令将应领例价、脚价等银入于交案列抵前来，卑职覆查二十一年闽硝六千六百斤，每斤例价银一分四厘五毫、脚价银一厘五毫四丝四忽，共应领例价、脚价等银一百零五两八钱九分，内除奉文扣拨过寿民李建功建坊减平银一两八钱外，下剩尚未领银一百零四两九分；又二十二年闽硝六千四百斤，每斤例价银一分四厘五毫、脚价银一厘五毫四丝四忽，共应领例价、脚价等银一百零二两六钱八分二厘，全数未领。以上两年统共尚未领银二百零六两七钱七分二厘，惟前项领款曾否续有扣拨别案欠项，未奉饬知。值此稽核交代之际，恐有错误，拟合具文，详请宪台鉴核，饬承查明，批示下县，以便遵照，实为公便。为此备由另册、缮册具申，伏乞照详施行。

计详送详册一本。

一详布政司。

---

① 即杨茂豫。

惠民县请在二十一年奉文派买仓谷例价银内扣拨二十四年余兵生息银两县详

为详请拨抵事。

窃查卑县同属应解道光二十四年秋、冬二季德州满营余兵生息银六百两，杨①任交代案内系以未领道光二十一年奉文派买仓谷例价银列抵之项，自应拨正，以免悬欠。拟合备具批领，具文详送宪台查核，俯赐饬承将卑县应解前项余兵生息银六百两，在于未领二十一年买谷例价项下扣拨清款，实为公便。为此云云。

惠民县请核示准销二十一、二两年应付兵差等项银两曾否领过县详

为详请核示事。

除将卑县奉文准销道光二十一、二两年应付兵差等项银两曾否领过缘由备载书册外，拟合摘叙简详，呈请宪台鉴核，饬承查明，批示祇遵，实为公便。为此云云。

---

① 即杨茂豫。

计详送书册一本。

一详布政司。

为详请核示事。

案准卑前县杨令①将道光二十一、二两年应付兵差等项准销未领银一千六百七十四两二钱九分五厘八毫入于交代列抵到县。准此，卑职查此案前于道光二十四年四月初一日奉宪札，粘单内开惠民县摊廉归补各款，内应付赴防兵差核准共银四百二十七两二钱二分八厘六毫，运送火砖药炮等项核准共银二十四两三钱二分二厘、协济车马料草银四百八十四两、安设正站腰拨夫马工料等项共核准银六百二十六两一钱八分四厘六毫、购买麻布口袋价值并运脚等项银三百二十六两。以上共核准银一千八百八十七两七钱三分五厘二毫，应扣平余银一十三两四钱三分九厘四毫，实销银一千八百七十四两二钱九分五厘八毫，均除由司领过银二百两，尚垫交未领银一千六百七十四两二钱九分五厘八毫等因在案。伏查杨令现在列抵数目，虽属相符，但该令于奉文饬知准销确数后曾否续领银两。值此稽核交案之际，恐有错误，拟合具文，详请宪台鉴核，饬承查明，批示祗遵，实为公便。再查杨令原接王令②交代案内，照县案原报应付兵差等项列抵银两，内除准销银数外，尚有核删浮抵之项，现在确查原抵欠款，另案详追。合并声明。为此云云。

① 即杨茂豫。

② 即王文焕。

惠民县请核示二十一年及二十三年谷价银两曾否扣拨欠款县详

为详请核示事。

除将应领道光二十一年及二十三年谷价银两曾否扣拨欠款缘由备载书册外，拟合摘叙简详，呈请宪台鉴核，饬承查明，批示遵照，实为公便。为此云云。

计详送书册一本。

一详布政司。

为详请核示事。

案查卑县道光二十一年奉文派买常平仓谷一千二百九石九升三合三勺，每石例价银七钱，共该例价银八百四十六两三钱六分五厘。道光二十三年奉文派买常平仓谷七百五十石九斗六合七勺，每石例价银七钱，共该例价银五百二十五两六钱三分五厘，又二十三年买谷项下每石津贴银二钱，共该津贴银一百五十两一钱八分一厘，统共应领银一千五百二十二两一钱八分一厘。查此项银两经卑前县王令[①]禀请，将奉摊修理临、德二仓工料银八百一十两三钱七厘，在于二十一年谷价项下扣拨，缘卑县科房倒塌，将批禀遗失，究竟曾否如禀拨扣，及此外有无扣收别项欠款，无从查考。拟合具文，详请宪台鉴核，饬承查明批示，如全数未扣，以便具领归款，实为公便。为此云云。

---

① 即王文焕。

惠民县请核示二十三、四两年囚粮、囚衣银两数目曾否相符县详清册附

为详请核示事。

案查卑县垫用未领道光二十三、二十四两年囚粮、囚衣银两，兹准前县杨令①入于交代列抵前来。卑职查前项未领银两数目是否相符、曾否续扣别项欠款，未奉饬知。当此稽核交代之际，恐有错误。理合开具清册，具文详请宪台鉴核，饬承查明，按款签示下县，以便遵照，实为公便。为此备由另、缮册云云。

计详送书册一本、清册一本。

一详布政司。

前案册稿

为详请核示事。

今将卑前县杨令交案列抵未领各年囚粮、囚衣银两开册，呈请签示施行。

计开：

一、未领道光二十三年囚粮银二百五十两三钱七分九厘，前款内除奉扣过二十四年秋季司监狱务刑具等银一十七两八分五厘，二十四年秋季县监灯油增添刑具等银二两二钱二分五厘，

---

① 即杨茂豫。

二十四年夏、秋二季府监灯油增添刑具银二两二钱，二十四年府县医学药饵银五两二钱，下剩尚未领银二百二十三两六钱六分九厘。

一、未领道光二十四年囚粮银三百六十三两五厘，前款全数未领。

一、未领道光二十三年囚衣银八钱。

一、未领道光二十四年囚衣银八钱。

前二款全数未领。

惠民县详请咨追前任谈素敦修理府监核减工料长领银两及交案浮抵二成工料银两县详清册见第十六本

为照案请追事。

除将卑前县谈素敦未完道光三年承修府监核减长领工料银两及交案浮抵欠款划追缘由备载书册外，拟合摘叙简详，呈请宪台鉴核，转详咨追，实为公便。为此云云。

计详送书册一本、清册一本。

为照案请追事。

案查道光三年卑前县谈素敦承修府监工程一案，当经谈令领过八成截数工料银八百两。嗣奉工部核减，除长扣三六市平提还外，计尚长领工料银七十九两八钱三分一厘。又谈令交代案内浮抵二成工料银一百八十八两，均经后任各员开明银数并查明浮抵欠款划补，详奉前宪准在谈令名下着追在案。查谈令升任高唐州知州，丁忧服阕，旋即病故。该员系江苏镇江府丹徒县人，所有前项长领工料银两及划追浮抵各项欠款，理合照案分晰开具清册，具文详请宪台详咨该员原籍，饬追谈故牧家属完缴报拨，实为公便。为此云云。

典史借廉修署案

为详请借款修理衙署事。

窃照卑职衙署建修年远，每遇坍塌，历系借廉修补，以资办公。前于道光十八年三月间，经前任典史孙世德详准，借银二百两，择要修盖，所借之项，在于养廉银内按八年分扣在案。迄今又阅四载，原盖大堂、住房、厢房、书房以及门房大门等处，均系草顶，叠被风雨摧残，尽行渗漏不堪，且墙垣多有臌裂，倾圮可虞。当此时交夏令，一经大雨必致无处栖身。卑职微末穷员，实难独力捐办，再四筹思，惟有照旧借银二百两，俾得赶紧修葺。至前借未经扣完银两，并请于此次领项内全数扣清，完结前案。仍将新借银二百两，自本年秋季为始，无论正署，分作八年，扣廉归还。除估需工料银两数目造具清册外，拟合具文，详请宪台鉴核，转详府宪批示立案，实为公便。为此云云。

计详送书册一本、清册一本。

一详本县正堂。

府经借廉修署案此稿拟而未行

为详请饬勘借项修理衙署以资办公事。

窃照卑职衙署前因租赁民房，相距宪署较远，时奉差以及典司出纳、稽查书吏等事，诸多不便，经卑职详蒙汤前宪[①]饬令惠民县在于宪署大堂之西空隙基内，建修经历衙署一所，估需工料银九百八十一两三钱二分五厘。除卑职自行认捐银五百八十一两三钱二分五厘外，下余银四百两，由县筹借间款支给。卑职购料鸠工，建修完竣。所借县库银四百两，批准自道光十六年春季为始，分作十二年，在经历养廉银内按季坐扣归款在案。原建本属工坚料实，并无稍事草率，惟是武郡系近海地方，风多猛烈、地气潮湿、土性碱酥，近年以来些小坍损岁所常有，均经卑职随时捐廉粘补，以昭慎重。自去岁夏秋之间，连遇大雨，各处墙垣坍颓过甚，而各房屋顶被雨渗漏，箔片霉烂，木料间有糟朽，门窗户壁半多臌裂。刻下又交今大雨时行，倾圮堪虞，查勘情必须拆卸大修，断非些小粘补所能了事。

伏查衙署为办公之所，今既倒塌，不堪栖止，若不及早修葺，不特无处办公，且恐基址荒废，将来需费更多。卑职微末穷员，又难独力捐办，再四思维，惟有仰恳宪台俯准饬县确勘，筹借间款银△△两，俾得赶紧动工修理。所借银两，即自本年秋季为始，在于经历廉银项下，无论正署，分作△△年扣还，至前次借银四百两，至十六年春季起，截至本年夏季底止，除

---

① 即汤世培。

已扣过银△△两外，下余尚未扣完△△两，应请即在此次借领银△△两内，先行全数坐扣，以清全案。所有卑职衙署坍塌急须修葺，议请饬勘借项缘由，拟合具文，详请宪台鉴核示遵，实为公便。为此备由另、缮册云云。

一详本府。

修理坛宇工程案

为详请动项修理以重祀典事。

窃照坛宇重地，祀典攸关，必须坚固整齐，方足以资祭祀而壮观瞻。卑职到任后，查将卑县旧有风云雷雨坛一座，建修年远，无案可稽，内大殿、配房、门楼等处房顶摧残、梁椽朽朽，屋墙臌裂过甚，其围墙、官厅亦各坍损，当拟报明兴修。因值春祀在迩，诚恐缓不济急，随即捐备料物，择要妥为粘补，除围墙及官厅等工粘补尚可支持应请缓修外，所有大殿及配房并门楼等处旧料均属朽朽不堪，夏秋连被大雨，复经全行倒塌。若不及早兴修，不特祭祀无所瞻依，且基址荒废，将来修复尤难。现经卑职带领工匠撙节估计，实需料银四百九十余两，始克竣事。第工程紧要，断难稍事迁延。拟合具文，详请宪台鉴核，俯赐委员下县，赶紧覆勘，以便造册详咨动工修葺，实为公便。为此备由另、缮册云云。

计详送书册一本。

一详布政司。

筹议捐输章程县详章程附

为遵札筹议详覆事。

案蒙宪台，转蒙布政司，蒙抚宪札开，道光二十二年三月十六日在登州府行寓，准兵部火票递到军机大臣字寄直省各督抚。道光二十二年三月初十日，奉上谕："穆彰阿等奏遵议帑项军储一折。据奏，财赋所入岁有常经，粮饷所资用无定数，请饬各督抚体察舆情，熟筹良法等语。国家经费有常，必应量入为出。现在军务紧要，费巨用繁，尤须妥为筹画。前据鄂顺安奏，豫省城工劝谕绅民捐输兴筑，此外山东、两淮、浙江、长芦均经先后报捐，是在外筹画一费，即在内省拨一项。着该督抚体察舆情，熟筹良法，其应如何因地制宜，于经费实有裨益，而仍无拂于民情，即行条议具奏。至应征一切新旧正杂钱粮，亦着统行查核，转饬按款依限征收，无使短绌。将此谕令知之。"钦此。遵旨寄信前来等因到本部院。

承准此，合行恭录札封。札到，该司即便钦遵查照，督同各府州体察舆情，熟筹良法，其应如何因地制宜，于经费实有裨益，仍无拂于民情之处，即行逐一条议，详请具奏。其应征一切新旧正杂钱粮，亦即统查完欠细数，严饬各属依限征解，毋任丝毫短绌，致误要需，均之等因到司行府。

蒙此，合照马递五百里飞饬。札到，该县即便钦遵查照，悉心体察舆情，熟筹良法，其应如何因地制宜，于经费实有裨益，仍无拂于民情之处，逐一条议，缕细详覆，以凭汇核，转请具奏。至应征一切新旧正杂钱粮，亦即统查完欠细数，依限征解，毋任丝毫短绌，致误要需。慎速，切速，此札等因将行到县。

蒙此，查逆夷犯顺，沿海省分两载设防，动拨粮饷为数已巨，虽内外库贮充盈，供支无虞缺乏，而一切制用有常，亦应预为筹计。惟是赋税岁有定额，出纳悉有定需，即州县之养廉，充公之间款，其扣拨支销数目，莫不各有专用，未便从节省，以致办公竭蹶。伏思国家用兵除逆，原以安卫庶民，当此海氛未靖、需费繁殷之际，凡属臣庶，自当志切同仇，群思报效。且各省绅商士庶捐赀饷，咸邀殊恩，给予优叙。复奉谕旨，饬部议定章程，通行晓谕，使已仕者既获登进之阶，未仕者亦得彰身之荣，士民闻风鼓舞，已多踊跃急公。卑职熟筹再四，与其别图废计而事在难行，何如就民所愿而顺励其志。欲期往有益，似应因地制宜，妥为劝捐，庶可事归实济，仍无拂于民情。除设法广劝并剀切出示，一面催追新旧钱粮赶紧批解以副造报外，谨将卑职管见所及筹画捐输缘由，拟定章程八条，开具清册，呈请宪台鉴核，汇案转详，实为公便。为此云云。

一详本府。

筹议捐输章程

谨将筹议士民捐输经费及详情奖励并解运银两各条开册呈电。

计开：

一、劝谕捐输，宜广为晓示也。查潍邑地方辽阔，殷绅富庶固多在城居住，即离城较远各乡，亦难保无急公好义之人。既欲家知户晓，自应广为示谕，业已妥拟告示，缮写多张，在于城厢关外乡村镇集遍行张贴。俾有志者各得量力报效，而经费可期宽裕矣。

一、绅民捐项，应令亲身具呈，当堂缴纳也。查殷实绅庶知有情愿捐者，或银或钱，均应亲身赴县呈明，当堂交兑，不得转托他人及假手胥役，致有侵蚀延搁之弊。倘呈内并不注明数目，又不亲自随堂完缴者，不准。

一、捐输之户，听其银钱自便，并不稍事抑勒也。查愿捐士民固系殷实之家，将现银呈缴者，准其照数兑收。倘止存有钱文，亦准从便缴钱，毋庸责令易银，免因时价增昂，虑有赔折；亦不限定数目，阻其急公之意。庶各乐于输将，不致观望不前矣。

一、绅庶报效，应分别捐项多寡，详请奖励也。查一邑之大，报捐者不止一人，惟捐项多寡不等，呈缴先后不齐，断难零星请奏，自应明定章程，以示区别。除捐银五千两、捐制钱五千串以上者，准随时详请专折具奏奖励外，其捐银四百两以下或制钱四百串以下者，应俟汇案详办，以免繁琐，仍将〈捐〉输姓名及捐项数目，随时申报查考。

一、捐输钱文，应官为易银解兑也。查绅民所捐钱文随时兑收贮库，惟钱数较多、斤量较重，解运维艰，应照旬报时价，由地方官易银批解，如此稍为变通，则转运可归简易矣。

一、兑收捐项，宜严禁书吏勒索也。查士庶捐赀已属量力报效，其急公好义之心实堪嘉奖尚，若呈缴捐项时，不肖书吏希图需索使费从中勒捐，殊非体恤之道，不可不严行查禁。倘有前项情弊，一经查出，或本人告发，即将该书从重治罪，以示惩儆。

一、收存捐项，应随时请示也。查此次筹捐经费，原为宽裕饷需，如果收有成数，自应随时报解。潍邑居东府适中之地，距省、距登程途远近略同，或解登局济用，或解藩库备拨，或就近解府再行委员转解，应于申报捐输姓名、银数文内声请饬知，以便遵办。

一、解运捐项，沿途州县应一体拨获也。查各项银鞘过境，地方官有拨获之责，将来运送捐项，亦应预先备文移会前途，一俟到境，即派拨妥役，小心护送，交替前进，以保无虞。

劝农通饬

照得贵粟重农，汉诏播西京之政；劳民简器，《周官》垂东作之文。惟百谷之用成，首先播种，而三时之不害，尤贵劝农。是以省耕有典，补助咏于夏谣；躬耤有经，推播详夫鲁语。用以警编氓之游旷，亦知稼穑之艰难。兹届斗炳指寅，勾芒司令，正豳风于耜之候，值夏正纬耒之时。况夫青州之壤，厥田上中，职方所封，其利黍稷。齐鲁沃野之地，瑞雪沾濡；海岱得气之先，土膏滋润。宜乘时以修穑事，爰望岁而饬农工。凡有牧民之责者，理应循例，亲赴郊原，劳来劝谕。务使锄云犁雨，聚台笠于东菑；望店瞻蒲，接馌饷于南亩。将见五风十雨，人时授而天应嘉；胥卜四鬴千仓，官守勤而民气乐。庶上副圣天子重民食之心，下尽司土者治野人之职。除省郊恭请抚部亲率举行外，合行通饬等因到府。蒙此，合行札饬，札到云云。

嗣后各项工程毋得动辄请帑及滥行流摊通饬

照得近来各州县衙署、仓监以及营房、墩堡等项工程，每以限外坍塌为词，详请兴修。查衙为办公之所，从前修建时皆系选取物料，庀材鸠工，如法建造，较之市廛房屋，自必格外坚固。乃民间庐舍尝有数十年完好如故，而官廨一经逾限，何至坍塌不堪？盖缘各牧令平日以衙署为官物，稍有渗漏，类皆吝惜小费，并不随时粘补，一任风雨淋刷，遂致倾欹，即使实在坍塌，已属咎无可辞。何况些小损伤，捏称颓废，略加粉饰，动辄千金，有意冒销，希图渔利。临民者如此存心，得毋鄙甚。近年来，因两次停办工程，不准请领，于是别开蹊径，纷纷以垫办为名，请将用过银两分年流摊，冀于交案作抵，预为亏挪地步，迨经驳饬，犹复一再渎详，甚至不候委勘，遽报完工。似此相习成风，实属不成政体。

至墩堠、营房，原为兵丁栖止而设，自应修葺完整以资巡防。上年已将沿河各处，择其尤为紧要者，详请奏修二十四处，其余大路、墩房固当一律缮修，惟因需费浩繁，不得不权缓急，次第举行。乃各属因有御史条奏通饬查办之案，报修者接踵而来，若使同时并修，非数千万帑金不敷支发。当此经费短绌之时，势难周给，自应遵照本年二月间院宪批饬，将限外未修各处随时酌捐修整，或于该处暂为搭盖窝铺，俾弁兵驻守，以免疏虞。一俟经费补充，再行饬办。

他如监狱羁禁重地，仓廒为积贮攸关，如果实系倾颓，原不得因循贻误。无如各牧令视工程为利薮，或虚报应修，或草率偷减，勘估者无不扶同捏饰，验收者又复任意瞻徇，假公济私，殊属有名无实。

种种弊端，若不严加整顿，相率效尤，伊于胡底？合照札饬。札到，该县立即遵照，转饬所属。自此次通饬之后，凡州县衙署如有应修之处，均令自行捐廉，择要粘补，断不准挪款垫修，妄冀流摊作抵。其境内应修墩堡、营房，如寻常偏僻之区，本可从缓；即系通衢大路，亦令暂时捐资，妥为葺理。不得率请估修，致滋糜费。应俟帑项充裕，另行由司酌核情形，分案详办。至仓廒、监狱有司官，如果实心为政，随时加意粘修，所费无多，自臻完固。乃平日漫不经心，失于经理，迨至倾圮，又复草率了事，其意既在冒销，工料安能坚久？若概准流摊作抵，款项虚悬，不但交代纠缠，后任有所借口，且亦非慎重仓监之道。此后必须切实办理，切毋妄生希冀，率请流摊。

以上各条，本司为节省经费，挽回陋习起见。该府有督率之责，务即谆切转行，共相诰诫，如再有冒销工程，渎请垫修情事，除将该牧令据实详参外，恐该府亦难辞咎也。凛凛，切切，毋违等因到府。蒙此，合行转饬。札到，该县即便遵照宪札事理妥办。毋违。此札。

（道光十四年七月初七日府札）

饬查已故茌平县知县王烺家属现在何处先行报明，并将未完漕项银两迅速催令归款通饬粘单附

济南府祝①札。道光二十三年三月十七日蒙布政司札开，案准督粮道咨开，本年二月初三日蒙署抚宪王②案验，查接管卷内道光二十二年十二月二十六日准户部咨，云南司案呈，查定例，由部行查事件，该督抚即于在省各衙门查覆者，以文到为始，限二十日查覆；如必须转行各属查覆者，扣除程途外，

① 即祝庆谷。

② 即王笃。

以一月内转详督抚，分题咨办理。或因报销册籍繁多，一时不能确核者，亦即于限内咨明扣展。如有迟延，分别议处等因。

今查漕、仓二项逾限未结各案共六十四件，未据逐案登覆，殊属玩延。应开单行文各该督抚等衙门，于文到日严饬迅即逐案查明，分别题咨报部办理，并查明迟延各职名，送部核议，毋再视为具文，仍前延缓可也等因到前院，移交本署院。准此，合就檄行。为此行道该吏，即便逐一查明办理，并将迟延应议各职名迅即查取，详送咨部，速速，计粘单一纸等因到道。蒙此，除单开奉查各案应由本道衙门查覆者，随即转饬各属查明详覆核办外，所有贵司衙门，应行查办各件，拟合开单移咨。为此合咨贵司，请烦查照，逐一分晰详咨，望速施行等因到司。准此，查此案节经札饬该府饬查所属迄未覆到，实属玩延，兹准前因，合再转饬等因到府。蒙此，查此案节经饬查，迄今未据申覆，殊属迟延。兹奉前因，合再转饬。札到，该县立即遵照，确查该故员王焜家属现在何处先行报明，并将未完漕项银两迅速催追归款，毋再迟延，致干未便。速速。此札。

计粘单一纸。

一件详请事。

道光八年十月山东巡抚咨，山东省历年司库借领漕项银一万三千二十二两三钱七分六厘，系各州县筹款挪垫，施奉豁免，无可归款，请于地丁银内拨发，作正开销。经本部以地丁正款拨抵州县挪移亏缺，断难准行，驳令着追归款。嗣据该抚咨称，茌平县嘉庆十九年带征十六年漕项银九十六两二钱九分二厘应行借领，前故令王焜并未请领，先行垫项完解。因积欠豁免，无可征还，部驳不准请领，自应在原垫之员名下追缴。该故员王焜系直隶清苑县，祖籍广东海康县人，请咨广东巡抚，在于该故员家属名下着追。经本部行令广东巡抚催追完缴，报部酌拨，并以此案各州县垫款，共银一万三百余两，自应赶紧追，如追不足数，应由山东省筹款归补，何以又将茌平一案咨部？似此一员一案，殊属纷繁，行令山东巡抚将此款银两造具分追总册，并案送部。旋据广东巡抚咨覆，该故员王烺在任病故，寄籍直隶清苑县，其祖籍房产久已尽绝，请咨直隶查追。经本部移咨直隶总督咨称，该故员家属并未回籍，无从追缴，复经本部行令山东巡抚确查，并将前项未完银两作何催追归款之处，专案报部各在案。迄今未据咨覆，应仍咨该抚速饬根查，催追归款，毋再悬宕。

长山县节孝贞烈妇女请建总坊详案

为采访节孝贞烈妇女，援照成案，请建总坊，以广皇仁而励风教事。

准儒学牒称，据前任广东惠潮嘉道李本榆、刑部四川司郎中袁新业、举人梅之荃、副榜梅廷坚、廪生张守慎、增生李本业、附生邱甸侯等呈称，窃以日星正气，争光允赖于须眉；冰雪严威，历劫更难于巾帼。敦闾阎之风化，可贞式苦节之心；兼孤独之艰危，无告推穷民之首。是以纶颁薇省，累朝之褒锡常荣；泽溥茅檐，圣代之总旌倍渥。惟兹长邑，环绕孝河，授经邻伏女之乡，誓节本共姜之里。贞珉耀日，竞看彤管扬徽；绰楔连云，争羡黄麻宣敕。无如衰宗丁少，瘠土民贫，异日食以犹艰，达天闻而岂易？孤灯冷月，时多咽泪于啼鹃；古井寒泉，莫辨沉冤于寡鹄。职等居依里衎，事切见闻。欣大造之无私，刍荛敢献；幸芳声之不朽，桑梓增辉。

遵采得已故节妇徐张氏等七十六人、烈女刘李氏一人、烈妇孙李氏等三人，现存节妇王王氏等二百人，均据各该族邻开具事实册结呈报。又嘉庆六年间，前长山县倪企望采入续修县志未经详报者，共尚有节烈妇杨李氏等四百七十七人，虽历年久远，生殁日期多难备查，而事迹现有县志可凭，似应一并开册汇入。连前员孝节烈妇女，共七百五十七人，实皆冰玉为心，松筠成性。或素娴闺训，或自率天真。或系由名宦乡贤，或家本荜门圭窦。或堂上椿萱俱老，代子职于妇功；或怀中襁褓方新，传父书于母教。或壮男并夭，抚孤孙而血食仅延；或弱息无存，育犹子而书香幸继。或缡方结而所天遽陨，生为精卫之禽；或案未举而之子长辞，死作女贞之树。或恐冰霜志夺，先效捐躯；或悲窀穸魂孤，同归瞑目。凡兹奇节，足挽颓风；幸际清时，宜沾殊泽。合将各该族邻开送事实清册、甘结，同县志内已载未经详报者，一并加具总结，呈送加看、加结。援照本省福山县成案，详请旌表建立总坊，以维风化而励人心等情到学。

据此，敝学覆查，已故节妇徐张氏等七十六人、烈女刘李氏一人、烈妇孙李氏等三人、现存节妇王王氏等二百人、县志内已载节烈未经详报之杨李氏等四百七十七人，共贞孝节烈妇女七百五十七人，皆清同誓井，惨类磨笄。发封无可解之时，惟期同穴；臂断留孤撑之节，尚欲擎天。仰化日之增辉，容光必照；信公论之不泯，直道常伸。合将族邻等所具甘结绅士等，总结、分造事实清册，总加印结牒送等因到县。

准此，卑职长山县知县章寅查看得已故节妇徐张氏等七十六人、烈女刘李氏一人、烈妇孙李氏等三人、现存节妇王王氏等二百人，俱系苦轻荼药，馨烈椒兰。遭奇厄于青年，盟贞心于白日。哓音瘏口，犹经风雨飘摇；枯木沉灰，莫识星霜寒暑。死重同于山岳，生更成百炼之金；妇洁比于圭璋，女尤作完贞之璞。凡此从容慷慨，均堪维系刚常。幸蒙问俗观风，足仪型里党。其采自县志节孝贞烈妇杨李氏等四百七十七人，虽芳踪已渺，莫询遗泽于孙曾；而信史常昭，足考徽音于文献。登山化石，山可凿，而石不能移；泣竹成斑，竹可薪，而斑不能灭。正与定例"凡节烈妇女世远年湮、未经呈报、尚有府县志可凭者，准其补请旌表"之义相符。与前列存殁徐张氏等统共七百五十七人，并请概予褒嘉，齐邀荣锡，则二百年之幽光潜德，尽被泽于尧天；而亿万姓之乐善同人，更莫名于舜德矣。兹准儒学分别造具册结，牒送到县，卑职复核无异，拟合加具总结，详请宪台查核，俯赐援照福山县办过成案，转请题旌，建立总坊，实为恩便。为此云云。

计详送事实册三十本、甘结一千六百八十张、总结六连、书册一本。

一详本府。

湖南巡抚陆费瑔为官绅士民捐资修堤恳请奖励奏折

湖南巡抚臣陆费瑔跪奏，为龙阳县官绅士民捐资修筑大围堤工竣，恭折奏恳天恩，俯准分别议叙，以示奖励，仰祈圣鉴事。

窃照常德府属之龙阳县，地方低洼，滨临大河，每逢夏秋盛涨，洞庭湖水倒漾，众流直灌城根，势极汹涌。旧于北门外筑有大围堤一道，计长一百二十里，借资捍御。围内居民鳞次，粮田八万余顷，征赋二千有奇。历届修堤成案，系一半归于业民自修，一半借项兴工。近因连年被水冲溃，居民屡遭灾歉，无力修复。工程紧要而需费浩繁，国家经费有常，未便辄准借帑。前据该县禀请劝捐修复，经前抚臣吴其濬批饬，妥为劝捐，不得稍有抑勒，并饬司檄委常德府知府葛天柱前往勘办。

嗣据该府葛天柱详称，查龙阳县大围堤工程，经署县陈炳首先倡捐，督率教佐、董事人等，劝谕绅商士民合力捐输，于道光二十二年十月兴工。系该董事人等设局经理，官为督率，并不经手银钱。于二十三年三月工竣，经该府亲历勘验，堤身高二丈四尺，面宽二丈二三尺不等，脚宽四丈五六尺不等，其余低洼浅薄各堤，或加高培厚，或添筑子埝，一律坚固整齐，锥试极为结实。共收捐输银一万五千两、制钱五万一千八百串，实用实销，并无浮冒，造具册结，详请议叙等情。

臣以该县围堤为田庐城郭之保障，所关甚巨，劝捐银钱至六万数千之多，必须工坚料实，堪以经久，方不致虚縻民力，批饬俟经历伏秋大汛后察看情形，另行详办去后。兹据藩司万贡珍详，据署常德府知府庆岳详称，该县围堤工程现届两年，伏秋大汛，堤身一律巩固，毫无残缺，原办实无偷减浮冒情弊。所有捐资出力之官绅人等，应请仍照前详给予议叙，以示鼓励而昭激劝等情，由司核详请奏前来。

臣查例载，地方官遇有捐资修城等事，捐至一千两者，给予加一级，一千两以上以此核计，仍不得过三级。又士民二百两以上者，给予九品顶戴；三四百两以上者，给予八品顶戴。又八品以上职衔人员，应按士民捐数减半抵算，核其捐输，不及加衔银数者，查照现任官员给予加级。又凡捐输修城重大事务，督办董事出力人员，给予加一级；仅系董事出力之生监，给予九品顶戴各等语。

今常德府属龙阳县被水冲溃之大围堤，经该前署县陈炳督率官绅士庶人等公同捐输修筑完竣，伏秋大汛，一律巩固，洵属急公出力。合无仰恳皇上天恩，俯准照例给予议叙，以示奖励。除士民捐输银数较少，例应议叙者，饬县分别奖以花红匾额外，所有前署龙阳县知县已补永桂通判陈炳，捐银一千二百两，请照例给予加一级，该员督办出力，应再给予加一级。捐职州同罗学沛捐银一千两，系八品以上职员，核其捐数不及加衔，请照例给予加一级。贡生李焕章捐银六百两，童生帅芹奏捐银五百两，董事监生萧永安捐银四百五十两，生童蔡协祥、王德容、陈正嵩、王会昌、黄修武、郑昆各捐银四百两，刘檄鸣捐钱六百串。以上十名所捐均在三百两以上，请照例各给予八品顶戴；萧永安系董事出力，应再给予加一级。童生王中孚、徐文炳、何翰盛、徐楚望、曾文进、曾宗德、黎道熊、黎世荣、史载廉、向明德、萧凤来、徐春发、陈通三云云等二十三名，各捐银三百两，核计均在二百两以上，请照例各给予九品顶戴。至督办劝捐出力之未入流张焕，龙阳县典史王石，龙潭司巡检魏镇西，龙阳县教谕周诰，训导张宪，候选郎中黎雨寿，举人刘定范，捐职营千总周廷馥等，并董事出力之廪生梅英夔，增生王世弼，附生李文英、萧文巍、蔡先声，监生郑耀尚、师群英、陈德坤、邓永煜，典史虞濬等，可否请旨一并照例给予议叙，出自圣恩。除将各官绅士民履历及捐输银钱数目各清册同印勘各结咨部查核外，理合会同湖广总督臣裕泰恭折具奏，伏乞圣鉴，敕部核覆施行。再此项工程系官民捐办，应请免其造册报销。合并陈明，谨奏。奉朱批："该部议奏。"钦此。道光二十五年四月初八日邸抄。

第十二本

凡遇藩、臬、运司、道、府出缺，先尽递次应署人员署理，不得据以隔品、试用人员署理

特授青州府正堂加三级纪录十次方①为移知事。②

道光二十年八月十五日蒙道宪牌开，案准布政司咨，道光二十年七月初六日奉巡抚部院兼理盐政托③案验，道光二十年六月二十一日准吏部咨奏，外省大员不应以隔品试用人员署理一折缘由到本部院。准此，合就檄行。为此仰司官吏即便钦遵，移行遵照，毋违。计粘抄原咨一纸等因到司。奉此，拟合移咨。为此合咨贵道，请烦查照施行等因。准此，合行转饬。为此仰府官吏文到即便查照，毋违等因到府。蒙此，拟合转行。为此仰县官吏即便查照。毋违。

计粘单一纸。

吏部为知照事。

文选司案呈，内阁抄出道光二十年五月初十日奉旨："给事中周春祺奏外省大员不应以隔品试用人员署理一折，着吏部议奏，其署湖北臬司之候补道查建华、署直隶宣化府知府之候补同知师兆熊、署长芦盐运司之运判杨成业，是否违例之处，

---

① 即方用仪。

② 底本第十二本与首卷总目出入较大，前半部分为青州府件，后半部分为光绪年间件。

③ 即托浑布。

并着该部查明具奏。”钦此。钦遵抄出到部。给事中原奏内开外省大员，不应以隔品试用人员署理。近年各省有以试用道员署臬司者，如湖北候补道查建华署臬司是也；有以试用同知署知府者，如直隶候补同知师兆熊署宣化府是也。

查吏部委员之例，州县缺出事繁者，于别府同知、通判实缺人员内选择廉能之员署理，或现任之佐贰、首领内有曾经卓异及俸满保题者，亦准委署。若将并未卓异俸满之首领、佐贰等官委署州县印务者，将督抚降一级调用。州县正印如此，若臬司为通省大员，知府有表率之任，其不应以隔品试用人员委署，更不待言。请嗣后臬司缺出，不准以未得卓异及补实缺道员署理；知府缺出，不准以未得卓异及补实缺之同知、直隶州等官署理，否则将本员撤回，并将该督抚议处。再见近长芦盐运使出缺，现经盐政英①奏请，以运判杨成业署理。查运判六品超署运司，于体制更属不协，且运判平日与商人来往，视若平行，一旦署理运司，此中难保无瞻徇情面之处。请嗣后各省运司缺出，应由督抚、盐政等以运同及道、府大员奏请署理，不惟体制相宜，兼之可杜情弊等语。

查定例，州县缺出事简者，令邻边州县及试用后补等官署理；事繁者，于别府同知、通判等官内选择廉能之吏署理。本管之道府，本府之同知、通判，遇本官及本府州县之缺，均不准委署，并不准将相隔窎远之员委令兼摄印篆。又各省分发试用佐贰各官，本任是否称职尚须试看，概不准其委署正印。知州、县缺出，只准以曾经奉满保题及边缺、烟瘴即开，以及卓异保荐之现任佐贰官酌量才具，暂行委署。如无卓荐之员，有历俸五有以上者，亦准其委署。又藩、臬两司最为紧要，如遇

① 即英诚。

缺出，该督抚一面委员署理，一面奏闻请旨。又道府因升迁事故悬缺者，一面遴选委员署理，一面随时请奏闻，〔如〕如违例咨部，不行具奏，即将违例咨部之督抚议处各等语。

是藩、臬、道、府等官与州、县委署定有限制者不同，均系令该督抚一面委员署理，一面奏闻。该给事中所称湖北候补道查建华署臬司一案，溯查湖北候补道并无查建华其人，有福建福州府通判查建华荐升台湾同知得升道员，选授河南南汝光，丁忧服满后选陕西风邠道，因肃州军需局出力，赏加按察使衔，于道光十五年五月患病开缺后，缘事降调以盐课司提举注册在案，核其生平并未莅任湖北。其湖北候补道系属查炳华，于道光十五年经前任湖广总督讷尔经额巨［具］奏，以藩司张岳崧护理抚篆，其藩司印务，查有盐法道邵申名堪以署理，其原署臬司篆务，新任臬司程铨不久可到，查有候补道查炳华堪以暂署等因。奉朱批："览。"钦此。

又所称直隶候补同知师兆熊署宣化府一案。查道光十九年，直隶总督琦①具奏保定府知府隆秦丁忧遗缺，查有宣化府知府存兴堪以调署，所遗宣化府篆务，查有候补同知师兆熊堪以接署等因。奉朱批："览。"钦此。

又所称长芦盐运使出缺，盐政英奏请以运判杨成业署理一案。查道光二十年长芦盐政英奏称运司出缺，仰恳圣恩，即赐简放至现在暂署人员，亦关紧要。查天津府知府张�现在兼护天津道，天津运同陈鉴委赴河南会同勘估新位河挑浚事，惟有蓟永水分司运判杨成业拟即委令暂行护理等因。奉上谕："长芦盐运使员缺着王驾补授。"钦此。钦遵各在案。

查以上三案均系遵照一面委署、一面奏闻之例，或附片陈

---

① 即琦善。

明，或专折奏报。其湖北及长芦，并径将辗转委署无人、饬令暂署之处详细声叙，均与例案相符，并无错误。至所请嗣后不应隔品试用人员署理一节，奉旨处臣部议奏，臣等查核给事中原系接佐贰委署州县之条，请嗣后臬司缺出，不准以未得卓异及未补实缺道员署理；知府缺出，不准以未得卓异及未补实缺之同知直隶州署理。伏查州、县二项，各直省皆有一百余缺，其候补者皆不下五六十员，是以州、县缺出，例不准以本管之道府同知、通判署理，其有以佐贰等官署理者，必须曾经俸满即行卓异及历俸五年以上者，方准委署。原以本职应署人员足敷委用，自应于佐贰隔品署理者，严其限制。至藩、臬为通省大员，向来遇有督抚出缺，多以藩司署理，其藩司之缺即以臬司署理，臬司之缺以运司及道员署理，虽无定制，而各省率皆如此办理。惟一时迥遇督、抚、藩、臬，有一二同时出缺者，若必限以曾经卓异及已补实缺者署理，则一省之中，实缺道员少仅二三员，多亦不过五六员，除首道驻扎省城外，其余或相隔一二千里不等，辗转调署，动需数月，而此数月之中亦须派员暂署，仍系不合例之员，此向来所以有隔品及候补试用人员署理之实在情形也。运司各直省仅有五缺，缺出时虽例无应行委署人员，向亦皆以就近之道、府兼署，其有运同者，分或以运署理。以长芦之因同城道员尚未到任，知府业已兼署，道员、运同又已出差，以通判超署，亦因一时递署之人，各省并不恒有。至道、府缺出，该省若无候补道、府，即应以知府、同知、直隶州等官递署。其知府、同知、直隶州实缺人员，或本任紧要，或道路窎远，是以各省亦有以候补试用人员委署者，历经办理有案，且实缺人员不得辗转调署他缺。州县以下，本省定例则，知府等官自亦不得任其辗转调署，以专责成。本部会同酌议，应请嗣后凡遇藩、臬、运司到府出缺时，仍令该督抚臣因地察看情形，先尽递次应署人员署理。不得遽以隔品人员署理。其有实系一时乏人，亦必须将不得不以隔品及试用人员署理之处，据实详细奏明，以符定例，而昭体制。

再查该给事中所称之查建华既未莅任湖北，亦未委署臬司，现经本部查明湖北候补道，只有查炳华曾署臬司，应即其人。该给事中自系记闻不确，以致错误等因。

道光二十年六月初二日奉上谕："前据给事中周春祺奏，外省大员不应以隔品试用人员署理等语，当交吏部议奏。兹据该部查明具奏，嗣后凡遇藩、臬、运司、道、府出缺时，着该督抚等因，因地因时察看情形，先尽递次应署人员署理，不得遽以隔品人员署理。其有系一时乏人，亦着将不得不以隔品及试用人员署理处，据实详细声明，以符定例，而昭体制。"钦此。相应知照可也。

凡捐纳道、府分发各省试用人员，一切劳绩保奏先补即补者，无论有无"本班"字样，均归于本班到班之前先用，准补升调所遗选缺

特授青州府正堂加三级纪录十次方①为移知事。

道光二十年八月二十一日蒙道宪札付，案准布政司咨，道

① 即方用仪。

光二十年七月十一日奉巡抚部院兼理盐政托①案验，道光二十年六月二十六日准吏部咨，文选司案呈，内阁抄出吏科给事中周春祺奏称，捐班道、府到省候补，非曾补实缺同知、直隶州知州、知县者，准补无字、一字缺，其曾任同知、直隶州知州、知县者，方准兼补两字缺，而其所应补，又只准补告病、病故、休致三项员缺。准其补缺之难，而强有力者遂不得不营谋保奏尽先矣。臣思承平日久，绝无大兵大役，其所谓劳绩，如系承犯，不过出钱购线；如系催漕，不过自备资斧，催募人夫；如系捐修城工、堤工，添建义仓、义举，又不外倡捐、独捐之说。核其猷为经济，总不出捐资二字，设有富户于此，以银一万余两加捐道、府，又以银一千余两加捐分发后，以银二三千两作为劳绩。该督抚从而保奏，尽先补缺，不特补中简，而且补兼三、兼四之题缺。一俊秀白衣，不过费两万余金，而两三年之即可以监司诸郡、表率繁区。在该员急公自效，不能谓其非巧为取偿；在督抚破格用人，亦难保其非阴图后谢，似非所以饬官方也。《铨选则例》载明，部候选之员，有保奏归部尽先选用者，仍归原班，到班时先用。是尽先人员但尽原班之先，不应因其加捐分发遂变其选法，而准其居通省各班候补之先。请嗣后如有道、府加捐分发前赴各省试用期满，经督抚奏留后，如其著有劳绩，除军营出力奏请恭候钦定外，其余一切劳绩保奏尽先补用者，无论是否曾任实缺正印人员，准其照在补候选之员保奏尽先选用，仍归原班先用，力于本省捐班应补病故、休致之中简缺，不论到省名次，于捐班一班之内尽先补用，以示鼓励，不准其全上升调。所遗及丁忧、终养、参劾、改补各项员缺，并不准其得补兼三、兼四之题缺。如其可行，请饬吏

① 即托浑布。

部纂入例册，以杜营谋，而昭限制等因。道光二十年五月初十日奉朱批："吏部议奏。"钦此。钦遵抄出到部。

查定例，各省遵府如系奉旨命往，及督抚题明留于该省候补并拿获盗犯等项，引见发往原省，以何项补用及著有劳绩，经该督抚保奏，奉旨先尽补用。遇缺即补者，均无论应题、应调、应选之缺，悉准先尽酌量补用，如无候补之员，其委用、试用均俟升调，所遗之缺始准扣留，题请署理。若该省并无题调缺分，亦准其于选缺内遇告病、病故、休致所处之缺，扣留请补等语。又道光十八年本部奏定捐输章程，内开分发外省试用各员捐输军饷、河工、办赈、修城重大事务，道、府、运同品级较崇，不准保奏外，直隶州知州以下按其所捐事务、所输银数，与条款相符者，均各就其本班到班时，分缺简用。奉旨："依议。"钦此。亦在案。

又各省道员留心缉捕，首先拿获盗犯，核与州县官引见之例相符者，每案准其加一级。又嘉庆十二年十一月初三日奉旨："赵璠系试用知府分发湖北后尚未铨补实缺者，遽准送部引见，恐将来试用人员妄生冀幸，开便捷之门，于吏治殊有关系。赵璠着交该督抚遇缺尽先补用，毋庐［庸］送部引见。嗣后试用人员有似此拿获劫掠巨盗者，均着照此办理。"钦此。又各省试用知府拿获盗犯，核与州县官引见之例相符者，准其遇缺尽先补用；与例不符者，照拿获别境首伙盗犯之例，分别议叙等语。是该给事中所称添建义学、义仓等项，在直隶州知州以下，尚不准其议予加班。惟捐修城工在重大诸务之内，直隶州知州以下，亦只准分缺间用，并不得归入先尽。若道、府二项及运同，毋论所捐何项并银数多寡，均不准其保奏，向只议予〔加予〕加级。获盗一项，道员亦只准其加级。知府奉旨由引见改为遇缺先补，其与例不符者，亦只准分别议叙，案已极详备。

今该给事中奏称，嗣后如有通府加捐分发，经督抚奏留后，如著有劳绩，除军营出力奏请恭候钦定外，其余一切劳绩保奏尽先补用者，无论是否曾任实缺正印人员，照在部候选之员保奏尽先选用之例，于本省捐班应补病故、休致之中简缺，不论到省名次，于捐班一班之内尽先补用，不准其全占升调。所遗及丁忧、终养、参劾、改补各项员缺，并不准其得补兼三、兼四之题缺等语。

查道、府等官委用试用人员，只准补升调遗缺，原不准补告病、病故、休致之缺，其无提调、缺省分别，不能有升调遗缺，若再不准其补告病、病故、休致之缺，竟至无缺可补，是以准其补用。兹该给事中转请，只其补告病、病故、休致之缺，系属声叙错误。应请嗣后凡捐纳道、府分发各省试用人员，除捐输城工等项本不准其保奏，获盗一项例本分别办理，军营出力一项仍归候补外，其余一切劳绩保奏先补即补者，无论有无本班字样，均归于本班到班之前先用，准补升调所遗选缺。如该省并无提调缺分，遇有告病、病故、休致三项所出月选之缺，亦准扣留题补，以昭限制等因。道光二十年六月初五日奉旨："依议。"钦此。相应知照可也等因到本部院。

准此，合就檄行。为此仰司官吏即便钦遵移行遵照，并刊入例册呈送通颁，毋违等因。奉此，除刊刷例册另行呈送颁发外，拟合移咨。为此合咨贵道，请烦转饬，钦遵查照施行等因。准此，合行转饬。为此仰府官吏文到即便转饬，钦遵查照，毋违等因到府。蒙此，拟合就行。为此仰县官吏即便钦遵查照。毋违。须至帖者。

奏为教职保举知县班次，请酌议疏通，照教习知县，准其呈请分发事

特授青州府正堂加三级纪录十次方①为知照事。

道光二十年八月十五日蒙道宪牌开，案准布政司咨，道光二十年六月二十九日奉巡抚部院兼理盐政托②案验。道光二十年六月十八日准吏部咨，文选司案呈，所有议覆给事中巫宜禊奏教职保举知县班次，请酌议疏通，照教习知县准其呈请分发等因一折。于道光二十年六月初七日具奏，奉旨："依议。"钦此。相应抄录原奏知照可也等因到本部院。准此，合就檄行。为此仰司官吏即便钦遵移行查照，毋违，计粘单一纸等因到司。奉此，拟合马递移咨。为此合咨贵道，请烦钦遵转饬，查照施行等因。准此，合行转饬。为此仰府官吏文到即便钦遵转饬查照，毋违等因到府。蒙此，拟合转行。为此仰县官吏即便钦遵查照。毋违。

计粘单一纸。

吏部谨奏为遵旨议奏事。

道光二十年五月十八日奉上谕："给事中巫宜禊奏教职保举知县班次壅滞，请酌议疏通一折，着吏部议奏。"钦此。钦遵抄出到部。查该给事中原奏内称，各省教职保荐送部引见，以知县用者，令其在部投供归于双单月，本部后选用二人，统

---

① 即方用仪。

② 即托浑布。

计一年之内，得选者不过四五月，而每年一省保荐一二人不等，愈积愈多，久形壅滞。现在教职保举知县在部候选者，已积至一百三十余人。以岁选四五人计之，非二三十年不能铨选。查教习知县于道光九年经吏部议准，在部投供候选三年尚未得缺，准其呈请分发各省试用。窃思教职保举与教习期满两项人员，业既均准拣发河工，可见事同一体，但教习三年期满后再扣三年，不过六年即准分发。教职俸满，则六年或十二年保举知县后在部投供，独不能呈请分发，未免向隅。外省知县轮补班次，原有本班教职一条，应请嗣后教职保举知县，照教习期满知县准其呈请分发归于外省，本班教职班内按到省先后名次补用。又教习知县系初任人员，向来分发各省试用，以二年为期。教职保举，历俸有年，三年大计，曾经督抚、学政考察，与曾任实缺人员无异，可否仿照实任人员拣发之例，免其试用等因。

查道光九年议覆御史李鹏条奏案内将教习期满知县原限五年之例，改为三年即准分发在案。兹该给事中巫宜禊援照教习分发之例，请将教职俸满人员亦准分发，奉旨交臣部议奏。臣等查期满教习、俸满教职本皆拣发河工合为一班补用，其改拨地方者归于拔贡补用。两班之后以次递用，不后合为一班，嗣以教习添用呈请分发之条。因河工惟大挑有分发人员，其余各项人员向不签配河工，是以将教习签发各省试用，并不专签沿河省分。其沿河省分有改拨者，亦归于教习班内补用。现在外省皆有教习一班，其教职一项，空设班次，并无应用之人。现查各省保举俸满教职册内，共有一百四十余人，其守部投供者有二十余人。该员等自引见以知县用后，即开本任之缺。在京需次，非教十年不能到班，现在河工历年未请拣发，实形壅滞。应准其比照教习之例，将各省保举俸满教职引见以知县用之员，各按各该员从前引见之日起扣足三年，如尚未铨选，听其随时取具同都京官印结，于每月二十日以前投递验到、附入月官、验看、掣签、带领引见后，亦以各省签掣发往。其沿河省分由河工改拨者，亦皆照例归于教职班内补用。至该给事中所称教职保举历俸有年，仿照实任人员拣发之例，免其试用一节。查各项分发人员，除新进士奉旨即用分发者毋庁［庸］试用外，其余皆分别试用一年、二年，其教习知县与俸满教职拣发河工例内，本系试用二年，令该督抚照例甄别。今既援照教习之例，准其分发，自应与教习一同试用，不得以教职所历之俸牵涉计算，应仍照例试用二年，其所请免其试用之处，应毋庁［庸］议。

抑臣等更有请者，月选各官，经钦派大臣会同科道验看，如有年力就衰不堪供职者，拟以教职等官改补，抑或以原品休致仍将该员带领引见，恭候钦定。查教习知县向系附入月官一并验看，今俸满教职或历任有年，或需次日久，恐不无年力就衰之员。应请与教习一并照月选官之例，严加察看，其有不堪供职者，亦分别拟改带领引见，候旨遵行，以昭核实。所有臣等遵旨核议缘由，谨缮折具奏，是否有当，伏乞皇上圣鉴，训示遵行。谨奏。

凡遇举人丁忧起复等项事故，无论是否会试之年，均须专咨报部

青州府正堂方①札昌乐县知悉。道光二十年九月初十日蒙

---

① 即方用仪。

布政司札开，道光二十年八月十一日奉巡抚部院兼理盐政托[1]案验，道光二十年七月二十八日准礼部咨，仪制司案呈，前据山东乐安县举人魏茂梈等，均于道光十七年十一月内丁忧，扣至二十年二月内服满，由本籍呈报丁忧及起复日期在案。因会试伊迩，恐起复咨文尚未到部，取具同乡京官印结，呈明起复日期，以便会试等因。当本检查该举人等丁忧咨文均未到部，无凭查核，未便据呈率准，除将该举人魏茂梈等扣除不准会试外，应行文该抚查明该举人等丁忧服满日期是否与原呈相符，及有无漏未咨报之处，详细声覆去后。兹据山东巡抚覆称，乐安县举人魏茂梈、福山县举人王祐庆、长山县举人袁文业等丁忧，已于道光十八年五月列入道光十七年冬季汇造举、贡、监生丁忧清册，详咨在案。至该举人等起复，均于道光二十年二、三月间先后详咨亦在案，该举人等丁忧服满起复日期均核与原呈相符，亦无漏报之处，咨部查照等因前来。

查例载，举人丁忧服满，如遇有会试之年，专咨报部等语。道光十八年乃会试之年，该举人魏茂梈等均于十七年丁忧，并未漏报，何以迟至十八年五月始行归入汇册报部，实属有违定例。应行文山东巡抚，查取详报举人丁忧迟延职名，咨送吏部，照例议处。查各省咨报举人丁忧服满日期有并归汇造册者，有丁忧起复咨文并到者，且有先咨起复后补咨丁忧者，以致本部碍难查核。相应通行各直省督抚，嗣后凡遇举人丁忧起复等项事故，无论是否会试之年，均须专咨报部，不得归入汇册，任意纷歧，以致会试届期，有误举人会试。其有呈报丁忧迟延者，亦须将因何迟延之处声叙，以便查核注册可也等因到本部院。

准此，合就檄行。为此仰司官吏即便转饬查取，详报举人

---

① 即托浑布。

魏茂椁等丁忧迟延职名详咨，并通饬一体遵照，毋违等因到司。奉此，合行札饬。札到，该府即便通饬所属，嗣后遇有举人丁忧，务须随时照例详报，以便专案详咨，毋违等因到府。蒙此，合行札饬，札到，该县即便通饬所属，一体遵照。毋违。此札。

现任正、佐、教、杂各官，甫经详报患病、旋即详报丁忧者，该县详报患病及详报丁忧各到司，日期如相隔在一月以外即作为告病开缺，如在一月以内即作为丁忧开缺

青州府正堂方①札昌乐县知悉。道光二十年八月初三日蒙布政司札开，道光二十年七月十五日奉巡抚部院兼理盐政托②批，本司呈详，酌议正、佐、教、杂各官先报患病、旋报丁忧，计时作缺章程缘由。奉批，所议系为杜弊起见，仰即如计通饬各属一体遵照，所有莱阳县训导马儒东一案已照另详，作为丁忧出缺咨部矣，此檄等因。奉此，合行抄详，马递札饬。札到，该府即便通饬所属一体遵照，毋违等因到府。蒙此，合行马递转饬。札到，该县即便遵照。毋违。

计粘抄详一纸。

为酌议先报患病、旋报丁忧，计时作缺章程以资遵守事。

---

① 即方用仪。

② 即托浑布。

窃查告病人员例应坐补原缺，原以杜择缺规避之端。乃法之所在，弊即随之，往往丁忧人员系恋本缺肥饶，即借此以售其奸巧。其亲故在署者，暂匿亲丧，先行告病；其在任闻讣者，将家书隐讳，先出病文。凡此罔上忘亲，无非冀补原缺。虽定例匿丧捏病，各有应得处分，惟本员病文到司之时，有无虚捏，尚难悬定。此等告病人员开缺，例有定限，又不便等候委验结报，以致开缺稽迟。溯查历办甫经告病、旋报丁忧之案，有作为丁忧开缺者，亦有因该员告病在先仍作为告病开缺者。如利津县巡检施玉衡，系道光四年十一年十一日，据利津县详报该员患病，旋于是月十九日，又据利津县申报该员丁忧；冠县教谕东野崇阶，系道光十九年十一月十二日，据东昌府详报该员告病，旋于是月十八日，又据冠县详报该员丁忧。因该二员告病在先、丁忧在后，俱作为告病开缺。又有武城县知县刘光标，于道光十七年十二月初三日，据本员禀报患病，复于是月十四日，据代理武城县申报该员丁忧，前司因该员甫经患病、旋即丁忧，作为丁忧开缺各在案。

同一先病后丁之案开缺各不相同，总因未经议定章程，以致办理未能画一，自应明定作缺限期，俾资遵守。应请嗣后现任正、佐、教、杂各官，甫经详报患病、旋即详报丁忧者，该县详报患病及详报丁忧各到司，日期如相隔在一月以外即作为告病开缺，如在一月以内即作为丁忧开缺，仍责成委员认真查验，不准扶同捏饰。如有虚捏，照例严参。如此，立定章程，庶开缺不致两歧，即规避取巧之弊，亦不禁自绝矣。是否有当，相应详请宪台鉴核示遵。如蒙允准，现有莱阳县训导推升贺县县丞马儒东先病后丁忧一案，应请即照新定章程办理。为此备由呈请照详施行。

试卷漏印处分明定章程

青州府正堂方[①]札昌乐县知悉。道光二十年九月初三日蒙学宪札开，查接管卷内，准前任移交道光二十年八月初七日准礼部札开，仪制司案呈，本部议奏试卷漏印处分明定章程一折。道光二十年七月二十五日具奏，本日奉旨：“依议。”钦此。相应抄录原奏，札知山东学政可也等因到本护院。准此，合行札饬。札到，该府即便转饬所属各县及各学一体遵照，毋违等因到府。蒙此，合行转饬。札到，该县即便移学一体遵照。毋违。此札。

计粘单一纸。

礼部谨奏为遵旨议奏事。

道光二十年七月初十日内阁抄出，初九日奉旨：“汤金钊等奏，覆勘上年各省岁考前列试卷，其中漏印应议者至一百三十余卷之多，似此相沿成习，易滋流弊。此后应如何妥立章程，明定处分之处，着礼部议奏，余依议。”钦此。钦遵抄出到部。臣等查试卷于接扣处钤印，所以杜士子割卷换扣之弊。凡大小一切考试均应恪守成规，以昭严肃。用印官如果认真经理，何至多有遗漏？乃上年各省岁考，前列试卷用印者一百三十余卷之多，诚如圣谕，相沿成习，易滋流弊。若非妥立章程，明定处分，无以清弊源而肃考政。查定例，岁科考试卷，各学向以

① 即方用仪。

前列十本解部。又查磨勘处分条例，内开岁科考前列试卷接扣处漏印一本者，教官罚俸三个月，十本俱漏印者，教官罚俸九个月，惟处分过轻，不免日久生玩。至职司校阅提调，职司稽查试卷漏印，各有失察之咎，而例无议处明文。

臣等公同酌拟，嗣后岁科考试卷及各贡卷，均责成本学教官于接扣处钤印申送提调，倘有遗漏，即由提调补印申送学政，将教官咨部议处；如提调未经察出，即由学政补印，将提调、教官一并咨部议处；如学政未经察出补印，经部磨勘，将学政、提调、教官一并议处。惟查学政、提调、教官经手试卷多少悬殊，其处分自应分别酌定。应请嗣后教官漏印一卷，罚俸六个月；二卷，罚俸一年；三卷以上，罚俸二年；如前列试卷全漏者，降一级留任。提调失察漏印一卷者，罚俸三个月；二卷，罚俸六个月；三卷以上，罚俸九个月；十卷，罚俸一年；如失察漏印至十卷以上，罚俸二年。学政失察漏印一卷者，罚俸一个月；二卷，罚俸两个月；三卷以上，罚俸六个月；十卷，罚俸九个月；如失察漏印至十卷以上，罚俸一年。虽属公罪，均不准其抵销。如此递专责成，各予处分，则教官不敢玩忽于前，提调与学政不敢疏失于后，庶关防严密，而积弊可清矣。所有臣等酌议缘由是否有当，伏候命下，臣部纂入则例，下次磨勘科考试卷，即照新定章程办理，并通行各省学政一体遵行。为此谨奏请旨。

道、府同知等官业经试用期满遇有丁忧回籍者，具查扣离省日期，服满后即行领咨，按限赴省

□青州府正堂、莱州府分府加四级纪录十次军功，随带加一级记录二次英①为知照事。

道光二十年十二月二十九日蒙道宪牌开，案准布政司咨，道光二十年十一月十一日奉巡抚部院兼理盐政托②案验，道光二十年十月二十五日准吏部咨，文选司案呈，查定例，捐纳分发道、府，并捐纳议叙之同知、通判、直隶州知州及府属知州，俱为数无多，毋庁［庸］另立班次。遇有缺出，议叙与捐纳之员通较试用日期先后，挨次题补等语。

查各省捐纳、议叙、教习、教职，并大挑拔贡分发试用知县及佐贰杂职等官，如有丁忧、告假等项事故，应否扣除离省日期分别办理之处，例内均经分叙明晰。其捐纳试用道、府，并捐纳议叙之同知、通判、直隶州知州及府属知州，如有丁忧、告假等项事故离省者，向不计其应留与否，均经一律扣除离省日期，历经办理在案。查道、府同知，直隶州、府属知州、通判等官，品轶较崇，在省需次者，人数本属无多，试用期满后自应留省以备差委，如有告假等项事故，即将其离省日期扣除，办理实为允协。至丁忧离省人员，系属以礼去官，若与告假等项人员一律查扣离省，未免无所区别，且与知县、佐杂等官丁

① 即英桂。

② 即托浑布。

忧回省免其离省者，办理两歧，不足以昭平允。应请嗣后此项人员业经试用期满者，遇有丁忧回籍者，具查扣离省日期，服满后即行领咨，按限赴省，如到省在程限以外者，即将限外日期查扣其告假等项事故。及试用未经期满丁忧回籍者，回省时似将离省日期一体查扣。相应通行各省遵照办理可也等因到本部院。准此，合就檄行。为此仰司官吏即便通饬遵照，并刊入例册呈送通颁，毋违等因行司移道到府。蒙此，合行转饬。为此仰县官吏文到即便查照。毋违。须至帖者。

新班遇缺补用典史许霖与现就臬司刑名之许伸望，系属出继同胞兄弟，准其回避

本府伊①札滕县知悉。光绪五年七月初九日蒙本道札开，准前任移交，本年六月十五日准布政司咨，光绪五年五月二十五日奉巡抚部院周②案验，光绪五年五月十一日准吏部咨，河南巡抚涂③请示新班遇缺补用典史许霖与现就臬司刑名之许伸望，系属出继同胞兄弟，准其回避缘由到本部院。准此，合就檄行。为此仰司官吏即便查照，刊入例册，呈送通颁，毋迟等因到司。奉此，拟合移知等因。准此，合行转饬等因到府。蒙此，合行转饬。札到，该县即便查照。毋违。此札。

计粘抄原咨一纸。

---

① 即伊勒通阿。

② 即周恒祺。

③ 即涂宗瀛。

吏部为咨覆事。

文选司案呈，准河南〔河〕巡抚涂咨称，光绪四年六月初六日据新班遇缺补用典史许霖禀称，窃职系湖北人，由未入流衔报捐典史，分发河南，旋加捐新班，遇缺补用，赴部验看。同治十二年五月二十四日到省，随于光绪元年三月十八日丁母忧，请咨回籍守制，兹服满起复，来豫候补。适职三弟仲望先于光绪三年十二月内经开封府马守相邀入幕，勷办发审。伏查职故父登濂弟兄三人，长胞伯登瀛，次职父登濂，三胞叔登汗。同胞弟兄三人，长即职，二弟待，三弟仲望。因三胞叔登汗身故无子，三弟仲望早经出继三房为嗣，与职降服大功，惟究属同胞弟兄，照例似仍应回避，禀请咨部改掣，并请俟奉准部覆后，给咨赴补等情。

据此，查该员许霖出继胞弟许仲望，先就开封府首府发审，现复改就臬司刑名，虽许仲望曾经出继，与许霖降服大功，弟兄并官幕，回避例由未往出继降服弟兄一体回避字样，究系同胞弟兄，谊属至亲。且臬司有辖全省刑名之责，该员许霖又系典史职官，似应以典史许霖引嫌回避，改掣别省。惟查无成案可循，理合详请咨部议覆。如应回避，即请改掣省分，以便该员许霖请咨赴补，致免往返籍延；如该员不应回避，亦应俟奉到吏部议覆之文为始，该员轮补到班，再行照例序补，相应咨部查照示覆等因前来。

查本部奏定章程，内开各省督抚、藩臬、首道、首府查明所延幕友，将有祖孙、父子、胞兄弟在该省出任，确有原卷三代履历可凭者咨部，该掣省分不准本员改指。其余族戚，应令该督抚等严密察访，如有夤缘徇庇诸弊，随时随事从严惩办。倘容隐不举，别经发觉，除举人治以应得之罪，并将严请之本官及未查出之督抚分别议处等因在案。今许霖湖北人，由河南试用典史，同治十二年五月廿四日到省加捐分缺，先补用免试用，复指新班遇缺补用，于十二年六月廿日行文，应以七月初四日接到部文之日作为到省日期。嗣经丁母忧服满起服，于光绪四年六月初六日回省。兹据该抚咨称，该员出继胞弟许伸望现就臬司刑名，虽许伸望曾经出继，与许霖降服大功，弟兄并官幕，回避例由未往出继降服弟兄一体回避字样，究系同胞弟兄，谊属至亲。且臬司有辖全省责，该员许霖又系典史之官，似应以典史许霖引嫌回避，改掣别省。惟查无成案可循，理合详请咨部议覆。如应回避，即请改掣省分，以便该员许霖请咨赴补，致免往返稽延；如该员不应回避，亦应俟奉到部覆之文为始，该员轮补到班，再行照例序补等因到部。查官员亲族回避定章，内开例应回避之亲族，有借词出继者仍应令其回避，并注云“本生祖，本生父，本生胞伯叔兄弟及胞伯叔兄弟之出继者，均仍照祖孙、父子、胞伯叔兄弟，不准同官一省”等语，所有官与幕如系同胞兄弟出继者，自应一律回避。今河南新班遇缺补用，典史许霖与现就臬司刑名许伸望系同胞兄弟，谊属至亲，虽经出继，不能无所瞻徇，应照官员亲族回避定章。今许霖回避以邻近省分改掣，除湖北系该员原籍应行扣除外，应以陕西、山西、江苏、山东、直隶、安徽等省签掣。今掣得陕西省，应令该抚给咨该员前赴改掣省分，仍归新班遇缺典史原班补用，准其接算原到省日期序补，并将起程到省各日期专咨报部查核。至官幕回避定章，确有原卷三代履历可凭者，咨部改掣等语。

查此件，许伸望系许霖早经出继之胞弟，并非许霖出继，许霖注册、验看结内未经声叙，惟查许霖结内父登濂、胞弟待与该抚文内所叙相同。既据咨称，许霖出具同乡官印结，声叙许伸望系早经出继胞弟，自应准其回避。相应咨覆该抚并通行各省查照可也。

筹备饷需章程十条

户部谨奏为时事艰难，亟应筹备饷需，专折具陈，仰祈圣鉴事。

窃以思患预防，圣贤之恒训；量入为出，财用之常经。溯自咸丰初年，河工军务叠起，部库存款拨放殆尽。至同治年间，每年豫拨京饷，递增至八百万两，部库出入并无盈余。现在库款存储无多，照常收放，尚可支持，设有意外要需，则支应即行棘手。臣等职司出纳，不得不怀履冰之惧、作未雨之谋。惟是各省拨款已极繁多，若不通盘筹画，奏拨巨款，责令起解，势必顾此失彼，徒托空言，转多贻误。无米之炊，臣等所不敢出也，若不辨缓急，不顾难易，搜剔利孔，百计诛求，则疲于供亿，耗于流亡。林总之俦，疮痍未复，不能宣导皇仁，反致断削元气。聚敛之为，又臣等所不敢出也，用是细心参酌于本有之财源，力为规复于可缓之用款，量为减裁，总期核实办理，行之有效。谨胪举十条，恭呈御览。

一、严催各省垦荒。光绪五年十月，臣部仪［议］覆翰林院侍读王先谦条陈折内，请旨饬下各该督抚，以接到此次部文之日为始，限三个月内，将所属各州县荒熟田地，开具清单，汇总奏咨报部；一面妥定惩劝章程，核实办理，规复旧额。奏准行知遵照。查有土此有财，田赋所收，本国家自然之利，废而不治，财源消耗于无形，筹裕饷需，当以垦荒为第一要务。查江苏、浙江、安徽等省，著名财赋之区，现在荒地尚多，钱漕缺额，年复一年，其为查办未能核实可知。近年山陕被旱，民多流亡，该处荒田亦应力图垦辟。现计开单奏报三月期限将次届满，应再请旨通饬各该督抚，遵照上年十月奏案，先将所属各州县荒熟田地，开单奏报。即并无荒田省分，亦有借口偏灾，以熟报荒，拖欠钱粮，希图蠲缓，非由州县隐匿，即由绅富把持，亦于接到此次部文后，将该省有无荒地，征收是否足额，专折奏明。其有清出隐匿、垦有成效者，奏请优叙，因循废弛者，立予严参，并将如何办理开垦之处，专案奏咨报部，以备查核。总之丁、漕等项，为入款之大网，全赖封疆大吏，认真率属，竭力整顿，悉复旧额，毋令本有之财源，视同废弃。

一、捐收两淮票本。自道光年间，经前任两江督臣陶澍、陆建瀛先后奏改票章，原定先课后盐，按年验资掣签，轮流认运，立法甚当。迨江楚军兴，淮引不行，至同治三年，前大学士、两江督臣曾国藩克复金陵，议复票运。维时江淮间户口萧条，富商绝少，曾国藩设法招徕，但有投名领票者，概准认运。其后于修筑清水潭案内，经曾国藩饬令各商，按一票捐工费银四百两。一票者，五百引也。当将定章，凡捐过工费者为旧商，从此按年准其循环转运，更不许新商掺入。兹闻鄂、湘等岸，每淮票一张，转相售卖，其始价值银五六千两，迄今每票售银至万余两，即仅租运一年，亦值租价千金，是现在淮商，始亦不费一钱而得票，继亦仅缴过捐项银四百两，而论票价，则每张所值万金，暂租亦千余两，且据为子孙之世业，获利奚啻倍蓰。查淮盐旧章，引商则准世守为业，今既改引为票，尽人皆可认运，不必商循族世之所鬻也。兹虽名为票盐，实与引商无异，一经认运，世世得擅其利，是使大利尽归于商，而司鹾政者反不得操进退盈绌之权，殊非权盐正办，且与改票初章尤觉不符。臣等以为票商，应以一年一运为断，每年每票，除预缴正、杂、课、厘外，仍令按年捐银一次，作为票本，分上、中、下三则，上则捐银一千两，中则捐银八百两，下则捐银六百两。合两淮现销银四十万引，计算每年约可捐银五六十万两。应请旨饬下两江督臣，督饬运司，查明淮南、北各口岸盐销畅滞、票价低昂情形，酌定上、中、下则，分别捐银数目，限一月内专案奏报；一面传集各商，剀切晓谕。倘现运票商借词推诿，亦毋庸强以所难，即饬通司另招新商接办，仍复验资掣签之旧。利之所在，自无不踊跃输将。至前项银两，应由两淮运库，专款存储，按半年一次批解部库，外省无论何项要需，不准动用。

一、通核关税银两。常关向有定额，供部库支放之用。嗣后添改洋关，增设厘卡，常税遂大形短绌。缘办理军务以来，或因局卡林立，未能遽议开征；或即开征，而所收税款为数无几。论者谓常关数绌、洋关数盈，两移牵算，今之所入较多于昔。然其间常、洋两税情形，正复不同。洋关专设税务司，另有册报，各关自无征多报少之弊。常关如淮安、扬州、临清、赣关等处，历年征不足额，均属有因，人所共闻共见。其粤海、闽海、江海、浙海等关，常税定额本少，各该关之局面宽博，亦人所共见共闻。此外各省督抚经管之关，例委道府各员征收者，情形衰旺，不能一律。而著名有余之关，亦复不少。臣部原不难周咨博访，仿照山海关新增盈余及蒋益澧清查太平关之例，覆加确核，重订章程。惟念各省办公之资，亦不能无所取给，自未便竭泽而渔，转邻刻核。然当此时事艰难之会，各省督抚、监督等，同受国恩，自当激发天良，力图报称。拟由臣部通行各省关，除征解足额外，仍令就收实在情形，按年量力溢解，共济时艰。臣部亦断不行以为据，将溢解之数编为定额，致各关有瞻前顾后之虑，想急公奉上，人同此心，为绌为盈，自有公论。固知情殷报效者，必不乏人也。

一、整顿各项厘金。近年以来，核计抽收数目，近形短绌，虽子口税单不无侵占，而此项款目本无定额，承办各员恃无考成，隐匿挪移在所不免。查各省局卡，散布外府州县，离省或数十百里，或千余里，倘疆吏不认真考察，但凭委员开报，其中弊病，何自周知？应令各该督抚明察暗访，分别劝惩，以收数之多寡，定属员之殿最，毋任侵蚀偷漏，以期日有起色。至局用一项，或以一成开支，或正厘一两收办公银八分，或则支销项下并无经费名目，查应出之款匿不开报，则所报收款不实不尽可知。应严饬局员和盘托出，据实详报，由各该督抚等确加核定，并宽其已往之咎。一切冗员滥役，应悉予裁除，务须于一成之数，再行核减。零星厘卡亦宜随时裁撤，以节经费而省纷扰。此外洋药厘金，系按斤抽收之款，乃闻东南各省，有以百两报五十两者，甚或报三十两者，此中暗亏厘课，为数甚巨。应令各该督抚严定章程，核实征收，不得仍前减折。其盐厘一项，亦令设法整顿。仍查照臣部奏咨各案，将货厘、药厘、盐厘分晰造报核销，毋任笼统牵混。

一、严查州县交代。同治四年十月钦奉谕旨："直隶省各州县，着仿照山东新章办理，其新旧各案，分别已、未完结，定限半年汇奏一次。至报结章程，无论正署各员，总须各任分报，不准累任统报，以杜牵混，并不得以驳改册籍，扣算时日，巧脱处分。一有亏款，立即追缴。并着各该省督抚体察情形，参酌山东新章，一体认真查办，毋任不肖州县，暗亏国帑，以肃吏治，而裕饷源。"等因。钦此。光绪元年八月臣部议覆山东巡抚丁①代奏薛福成条陈事宜，光绪二年十二月臣部具奏综核度支各折内，均经申明旧章，通行各直省遵照办理在案。查

① 即丁宝桢。

办理交代，现惟山东省最为认真，历经臣部奏令各该省仿照考核，乃或请展缓限期，或请分案结报，专折严参者，仍复寥寥。相应请旨，通饬各该省督抚遵照例限，严查交代。除将如何勒限分别清结，于文到一月内迅速奏明办理外，自此奉旨之日，凡州县官卸事交代未清者，实缺人员，不准到任；调署候补人员，不准委署他缺，并不准派委各项差使。如此后交代案内，有两任亏短，即系前任未清，再行调署、委署之弊，应议督抚、藩司以徇庇署员之咎，并将亏项着落分赔。仍令各该省遵照定章，将交代未清各员，二参逾限，即行奏参，并将各州县任卸各日期，先行咨报臣部，并由吏部知照升迁、调补、委署各缺，互相考核。

一、严核各项奏销，以地丁为大宗。例载，凡奏销限期，该督抚照依限定月分，于是月底具题，册结随本送部。若因公不能依限，准其奏展，无故逾限者议处。司、道、府、州、县、卫所官，先已违限，查明据实开报，吏部分别照例议处。其奏销后续行报解者，仍准照例报部，分别扣除免议各等语。定例极为严密，乃行之既久，渐行弛懈，各省册结未能依限到。到部以后，会同核议，送改事故，翻译清文，辗转耽延，经年累月。甚或题本缮齐后，接到外省扣除免议、减议咨文，又须行之更改，一员改毕，一员又来，往往因一县一州，致扰通案。经征各官习知题覆需时，其应得处分业已设法规避，未完款目仍未能年清年款，于国课实有妨碍。欲除积弊，不得不思所变通。应请自此次奏准后，所有钱粮奏销各依定限，令各该督抚一面具题，一面先将未完一分以上各员名，开具简明清单，专折奏报，由部核定处分，先行覆奏。仍各于题本内将业经具奏各员，声明备核，间有未能依限具题省分，此项专折仍应按限入奏。其有具奏后续完者，准其续行奏请，归本案开复。此外盐课、漕项，凡经手钱粮，各报销有关处分者，一律照此办理。庶经征人员知所儆惧，而帑项不致虚悬矣。

一、专提减成养廉银两。咸丰三年，军机大臣会同臣部议覆太仆寺卿李维翰奏停廉充饷折内，请将各直省文职一品至七品、武职三品以上养廉，暂行减成支放。嗣于咸丰六年二月间，钦奉上谕："所有各直省文武养廉，着户部查照京官增给俸银章程，酌核具奏。"等因。钦此。经臣部奏准，自是年夏季起，文职一、二品酌给七成，三、四品酌给八成，五品以下及七品之正印官、武职三品以上，酌给九成，其余文职、武职均照原额支给，迄今二十余年，循照办理。核计各直省此项放款，每年节省银九十余万两。军兴以来，司库不敷周转，其减成银两，均已陆续借拨。现值筹备饷需之时，所有前项银两自应循名核实，专提解京，除云贵、甘肃支绌省分不计外，其余各省综计约可提银六七十万两。相应请旨，饬下各该省督抚，自光绪六年春季为始，将文职、武职养廉银两仍照章分别按成给发外，其减放银两，另款存储，按半年批解部库一次，年清年款，不得借词截留。

一、催提减平银两。道光二十三年，臣部奏定章程，各直省减平银两，饬令按年汇解部库充饷，并造具扣款清册，送部查核。查此项银两，每年节省七十四万余两，乃历年解不足数，计截至光绪五年年底止，山西、河南、陕西、四川、广西、湖北等省共欠实存未解银三十三万余两，尚有山西、河南、四川、福建、湖南、江苏等省借动银一百六十四万余两。此项本系例应按年解部之款，其借动各省，从前均有奏咨案据，声明有款即当筹还，现均未据归款，惟为数较巨，各该省库储未裕，不能不请从缓催缴。若实存之款，既据册报，现存藩库，应即日委解来京。应请旨饬下山西、河南、陕西、四川、广西、湖北各省督抚，督饬藩司，于接到此次部文后，勒限半年，将前项实存未解各年减平银两，各按各解数目，扫数委员解部交纳，以充饷需。自本年为始，除向来留支省分不计外，其余各省遵照奏定章程，一律起解，每年约可多解银四五十万两。经此次严催后，倘再有迟逾，即由臣部将藩司指名奏参，以儆玩懈。其借动银一百三十余万两，亦令各该省设法陆续筹款清还，毋任巨欠终归无着。至未经造册各省分，业经臣部于上年年底汇案奏催，应再饬令遵照前奏，赶紧按年按款补造清册，送部稽核，毋再迟延。

一、停止不急工程。京外各衙门一切工程，除自行筹办不动正款者毋庸议外，其余兴修各工应支库项者，所需甚巨。同治八年五月间，经臣部奏准，一切寻常工程，从缓兴办，通行遵照在案。现在筹备饷需，自应查照同治八年奏案办理，应请将各衙门一切工程，概行停止三年。至坛、庙、陵寝各要工，关系重大，其实在万不可缓者，应责成勘估大臣，详细查核，力求撙节，毋任稍有浮冒。此外三海工程，向来官员赔款，有交一免三之例，应请停止认交。其京外应缴赔项各员，准其援照咸丰十年宽免三成奏案，于钦奉此次谕旨后，限内由户部完缴至七成者，其余三成奏请恩施宽免。

一、核实颜、缎两库折价。同治九年闰十月间奏准，凡在京各衙门借拨库款，均应先行奏交臣部核议，分别准驳，覆奏办理。此指借款而言，若颜料、缎匹两库折价银两，向由银库支领，并不咨明臣部核转。光绪四年，颜料库领银至二十二万余两，缎匹库领放银至五十一万余两；光绪五年分，两库领至一百余万两之多。此项银两为数甚巨。伏思宫廷敦崇节俭，历年以来并无额外用项，即事关典礼，亦当分别缓急，可裁者裁，可减者减。除省冗烦为节流之计，原非以事关坛、庙、陵寝，即可任其浮支滥用，一概不加稽核也。即如缎匹库折价之绒斤一项，上年请领至二十七万余两；山羊绒一项，请领至十四万余两。绒绳为扛抬祭器等项之用，山羊绒为铺地、拜垫等项之用，不过典礼之中小节耳，而所费如此，不敢谓此等用款之确不可易也。本月十八日，工部奏请饬下太常寺遵照定例，将应需祭器等项现存，着分别造册，应修，着核定年限，亦系为力杜浮冒起见。臣等因查各项折价银两，咸丰四年因军需紧要，奏明减成给发，行之几二十年。嗣因各处恭办典礼，先后将绒斤、羊绒等项，奏明改放十成实银。现在时事孔艰，亟应力求撙节。拟请自光绪六年为始，各衙门请领折价银两，无论何处何项，仍遵咸丰四年奏定章程，一体按五成实银开放，以节靡费。至外省作正开销之款，丝毫皆关帑项。嗣后颜料、缎匹两库，除各该织造例解之款仍旧办理外，如有例外饬各省采买之件，应先行知照臣部，斟酌缓急，再行会同奏请饬遵，似亦节用之要务也。

以上各条，除备办典礼、修葺工程等项应归臣部分别核办外，其余全赖疆臣主持。如地丁为钱粮正款、帑项大宗，东南底定已十余年，何致地亩荒芜、义难垦复？盐、关两课，皆维正之供，其抽厘、减平、扣廉等款均为弥补库亏、军需而设，厘金多由各督抚派员设局经收，扣平、扣廉则统归藩库汇收汇解。至若交代奏销，尤为度支大宗。外省但能事事核实，各理其固有之财，则库款自当日裕；库款渐裕，则一切京协拨款，自无掣肘之虞，此固相因之势也。然非专其责于封疆大吏，恐臣部徒持仰屋之筹，终亦空谈而无补。惟有请旨严行申谕，通饬各直省督抚，臣督率藩、运各司并各关监督等，自奉到此次谕旨后，务须力戒因循，认真整顿，查照臣部所议条款，详加规画，实力奏行，各尽其职所当为，毋避嫌怨，毋涉瞻循，毋畏艰难，毋任粉饰。总期于国计民生实有裨益，预为有备无患地步。仍令将如何办理情形，赶紧妥筹定议，限于接到此次部文后两个月内，据实覆奏，毋稍延宕。

再臣等此次条议，不过就耳目所及，效一得之愚。至各省之物力民情，无从周知灼见，应并请旨饬下各该督抚，各就地方近日情形，通盘酌度，如有可筹之款，可兴之利，总以无损于民而有益于国者，方能通行无碍。务令各抒所见，专折奏闻，伏候圣明采择，以资集思广益之助。各该督抚等身膺疆寄，目击时艰，必当共矢公忠，以维大局，则国家之福，亦天下臣民之幸也。所有臣等筹备饷需缘由，理合恭折具陈。是否有当，伏乞皇太后、皇上圣鉴训示遵行。谨奏。

光绪六年正月二十五日奉上谕："户部奏筹备饷需一折。国家岁入岁出，自有常经。军兴以来，供亿浩繁，以致京师及各省库储，均形支绌。事平之后，帑藏仍未裕，如皆因本有之财源不能规复、可缓之用款未尽减裁，既无以备缓急之需，亦非慎重度支之意。如该部所称各属垦荒一条，果能认真查办，行之数年，何尝不可渐复旧额？其捐收两淮票本一条，既与改票初章不相剌谬，且亦不致病商。至通核关税及整饬厘金各条，均属目前要务，必须严定章程，核实办理。州县经征钱粮，丝毫皆关国帑，岂容任意亏短？该部所请严查州县交代及严核各项奏销各案，系为裕饷源、除积弊起见。其专提减成养廉银两及催提减平银两各条，或循名核实，或申明旧章，均可次第施行。若停止不急工程及核实颜料、缎匹两库折价等条，亦系撙节帑项之道，均着照所议办理。总之，有治法须有治人，任事诸臣果实力实心，行之以渐，持之以果，自可著有成效；若徒敷衍从事，则虽有良法美意，不过视同具文，仍于治理无补。此次户部所筹各节，除停止工程、核实折价，应由该部筹办外，其余皆疆臣之责。各该督抚平日受国厚恩，当此时事多艰，岂可懈弛因循，不知振作？着于奉到此旨后，督率藩、运各司并该关监督等，振刷精神，悉心经画，各尽其职所当为，毋避嫌怨，毋涉瞻徇，毋畏艰难，毋任粉饰，总期于国计民生两有裨益，方为不负委任。仍将如何办理情形，赶紧妥筹定议，限两个月，据实覆奏，不准稍有延宕。至各省物力民情，并着各就地方近日情形，通盘酌度，如有可筹之款，可兴之利，无损于民而有益于国者，各抒己见，一并奏闻，以备采择。”钦此。

户部具奏停止捐输，办理常捐，谨将未尽事宜逐款开单奏明立案

本府伊①全衔札滕县知悉。光绪五年五月二十八日蒙本道札开，本年五月十三日奉总河部堂李②札开，光绪五年四月十九日准兵部火票递到户部咨，捐纳房案呈，本部具奏停止捐输，办理常捐，谨将未尽事宜逐款开单奏明立案一折。光绪五年四月十三日具奏，本日奉旨：“知道了。”钦此。相应刊录原奏，飞咨东河河道总督一体遵照可也等因到本部堂。准此，合亟转行等因。奉此，合行转饬等因到府。蒙此，合行转饬。札到，该县即便遵照。毋违。此札。

计粘抄原单一纸。

户部谨奏，为停止捐输，办理常捐，谨将未尽事宜逐款开

① 即伊勒通阿。

② 即李鹤年。

单奏明立案，恭折仰祈圣鉴事。

窃臣部于本年正月廿一日覆奏，遵旨停止捐输折内陈明，常例报捐栽［载］在《会典》，与暂开事例不同。嗣后常捐统按奏定常例，所捐银数按库平完银赍交银库兑收，由臣部核准给予执照等因。奏奉谕旨允准，通行遵照在案。现在臣部京捐局业经裁撤，所有归入常捐事宜，统由臣部捐纳房办理，自应厘定章程，俾资遵守。臣等悉心考核，谨将同治五年奏定现行常例，并参酌户部则例，除其烦琐，补其阙略，逐条分晰，议具清单，恭呈御览。嗣后常例收捐，悉照此次及本年正月间奏案为准，大致以迅速简易为主。俾免捐生守候之苦，杜书吏作弊之端，似于捐务不无裨益。所有停捐未尽事宜，开单奏明在案缘由，谨恭折具奏，伏乞皇太后、皇上圣鉴，谨奏。谨将办理常务事宜，缮具清单，恭呈御览。

一、光绪四年八月间，覆奏直隶总督李①外省捐局咨奖改为奏奖折内陈明，向来外省移奖，悉令专案咨部，嗣后无论本身改奖、移奖子弟、移奖他人，悉由各该省督抚归入奏案办理等因。因［据］此，因外省捐局辗转移改，易滋弊端，是以奏令归入奏案，惟此系专指外省设局收捐者而言。现在外省捐局陆续裁撤，所有前经部驳之案，捐生情愿移奖、改奖者，应令设局省分各该督抚赶紧累案，于本年五月以前奏明办理。

一、常例捐免保举一条，业于本年正月间，臣部具奏停止捐输折内奏明，道、府、直隶州、州、县五项官阶，无论先捐后保、先保后捐，不分捐纳、劳绩，悉照例定银数呈交完银，由银库兑收等因。查向章捐升人员免保一项，前经交纳完银者，准其全数作抵，交纳半银半票者，准其减半作抵，系指道、府、

① 即李鸿章。

直隶州、州、县五项而言。此外五系减成捐交免保举银两者，捐升人员均不准以从前交纳银两作抵。现在捐输停止，所有保升人员及已经到部之捐生，捐案其免保银两，亦须以完银交库。应令将从前交过免保捐项，悉数作抵，惟向系减成交纳者，仍不准抵道、府、直隶州、州、县五项。

一、自开办筹饷事例以来，外省捐局奖案经部核覆，除照准者不计外，此外或经呈请扣奖，或因短交银两，或须声明原案，或须呈明出身，凡一切驳饬之案，头绪纷繁。现在筹饷事例停止，亟宜勒案限请结，以省案牍。拟请一切由部驳饬之案，自此次奉旨之时为始，予限三年，由各该省陆续奏咨议覆，或由捐生自行呈明、呈交。俾捐案得以清厘，如或逾限即行注销，其在本年五月以后，仍不准奏请移奖、改奖，以示限制，而免牵混。

一、报捐免选、免补本班一项，与常例内损［捐］离任，相［向］因此项人员本系实官，应令附入常例捐离任条下办理。自本年五月以后，悉令呈交实银，由部库兑收。至此项银数，有已满三年、未满三年之别，所有报捐此项人员，在五月限内报捐之案，尚未扣满三年者，准其俟扣满后递呈声明，查核银数相符，仍予核准，以示体恤。此外报捐试俸、历俸人员，亦请照此办理。其捐免历俸，准其援照捐免试俸成案。自本年五月以后，无论京、外各官，一律照例定完银数目，由部库兑收。

一、兑收常捐，向例银库以十日为一节。现在常捐随付随收，较为迅速，拟请五日以后报捐。常例人员，除捐复人员仍俟奏请谕旨、再行核准外，其捐请封典加级记录，免保举及补交四成监生等项，责成各经办书吏分别收呈，由臣部捐纳房司员随时付库，亦毋庐［庸］分立节期，何日开库即将付到捐呈即时兑收，俟银两收明后，即行付知捐纳房。其总付小票及月属移件，互相磨对，仍照旧例办理。

一、在部按照常例报捐人员，例应加具图片印结一同呈递，领银照费随呈交纳，自应查照办理。此外各项捐员具呈领照，无论有无完收，均令加具图片印结，再行颁给执照。至筹饷事例捐案到部，以本年五月为限，其在限内到部之案，仍须照旧核办。应请于本年五月以后，呈请换照知照在案。除查系限内未经报部者概行驳饬外，其限报部之案，捐生在臣部司务厅呈请换照知照者，仍照筹饷事例办理，毋庁［庸］取具图片印结。其领银照费等项，各捐生业于外省捐局交纳，亦毋庁［庸］重复收取，以昭公允而免纷歧。

一、官员捐助赈银，已据各督抚奏报，奉有谕旨，照各省赈捐章程给奖者，前经臣部于本年正月间具奏停止捐输折内声明，限内册报到部者，由臣部照章核给，若逾限到部，不准再请实官等因。查官员捐赈已经奏报到部者，系属奏案向准由该员取具印结，在部具呈移奖子弟。现在捐纳实官将次停止，此项给奖应请亦以本年五月底为限，如在限内呈请者，按照各省赈捐章程核给；其有在限外呈请及奏咨报部者，均一律补准本员子弟请奖封典虚衔，不准再请实官，以示限制。

一、常捐章程，凡廪、增、附、武生捐纳贡、监具呈到部后，由臣部先查礼、兵部，核对学册相符，方准报捐。惟行查往返稽违时日，现在加捐贡、监业经奏准，责成捐生取具图片印结。应请嗣后此项报捐银两具呈到部，由臣部一面付库兑收，核准发照，一面行查礼、兵部，如实有不符之处，惟出具图片印结各官是问，仍将捐案扣除。此外职官补交四成监生银两，仍由吏部查明办理。

以上八条均系稽考成案、参订近章斟酌办理，如续有应行变通事宜，再由臣等随时奏明。

京、外各官升任、改任、升衔均以恩诏诏下之日，按其品级给予封典

本府伊①札滕县知悉。光绪五年十月十八日蒙本道札开，本年十月初九日奉总河部堂李②札开，光绪五年九月二十四日准河南抚部院涂③咨，光绪五年九月十五日准吏部咨，验封司案呈，所有本部具题前事等因，相应刷单知照该抚查照可也，计〈粘〉单一纸等因到本部院。准此，除行布政司移行钦遵办理外，相应咨明，请烦钦遵查照施行等因到本部堂。准此，合亟转行等因。奉此，合行札饬等因到府。蒙此，合行转饬。札到，该县即便钦遵转行查照。毋违。此札。

计粘抄原单一纸。

吏部谨题为钦奉恩诏事。

光绪五年闰三月初三日恭奉恩诏，内开："内外大小官员于从前恩诏后升职加衔补官者，悉照现在职衔给与封典。"钦此。查定例，覃恩应得封典五品以上授诰命，六品以下授敕命，一品封赠三代，二、三品封赠二代，四品至七品封赠一代，八、九品止封本身，不封父母。其二、三品官愿将本身妻室封典貤封曾祖父母四品，至七品官愿将本身妻室封典貤封祖父母，八、

---

① 即伊勒通阿。

② 即李鹤年。

③ 即涂宗瀛。

九品官愿将本身封典貤封父母者，均准其貤封。又一品至三品官不得貤封高祖父母，四品至七品官不得貤封曾祖父母，八品官以下不得貤封祖父母。又京官照加级请封，其多者仍限以利，八品以下不得逾七品，七品不得逾五品，五、六品不得逾四品，三、四品不得逾二品。捐纳之级不准计算外，官有加级者，不论新旧，不准照加级请封。在外之未入流人员，不准请封。又京、外大小各官貤封曾祖父母、伯叔祖父母、伯叔父母、庶母兄嫂、外祖父母，由各该衙门移咨，臣部查核汇题，其余外姻概不准貤封。至官员为人后者，除封赠继祖父母外，请以本身妻室封典貤封，祖父母、父母亦准貤封。又额外郎中、员外郎、主事，并额外主事上学习行走、进士，均奉特旨分发咨部办事，及荫生奉旨分部学习行走，与科甲出身、捐纳分发候补人员，俱准给封。又各官业已受封后改任者，照改任封；升任者，照升任封；以升衔留任者，以升衔封；其在本任实授复借管别任者，以本任封；其余补授实缺及题咨升署、试署者，照各现任封。其升授各官，无论已、未到任，均以奉旨在恩诏以前者，准照京官之例，给与新衔封赠，至题升、调补、推升各官，例应引见。以奉旨在恩诏以前咨署佐杂征员，以部覆准在恩诏以前者，方准照新衔给封。又军营差遣升任人员，奉旨在前未经引见者，亦准给封。其分发试用借补人员，俱照原衔封赠。又丁忧终养官员，准与给封。又省亲、修墓、葬亲尚在限内者，悉照原官给封。或回避开缺候补未经得缺者，亦一体给与前任封典。又官员职衔以诏下之日为定，其各官请封，以二年为限，令行办给，若过期请即毋庸议各等语。

今光绪五年三月初三日恭奉恩诏，臣部遵照定例，除现在告假与外官荐补、候选、试用各员，及并非由科甲出身捐纳分部学习候补等官，不准给封外，其京、外各官升任、改任、升衔，均以诏下之日，按其品级给予封典。京官照加级请封，外官照本任诰封，由臣部核覆题请颁发，恭候命下，通行在京各衙门、八旗、直隶各省。有应行请封各官，俱限于二年内开明出身履历，其从前有无受封，现任是否调任，由各该衙门取具册结咨送臣部，或取同乡印结在部呈请，均令于册结内注明三代存殁、已仕、未仕，已任者注明现任何职，并将现任官不受封及子孙大、己身官小情领弃职就封等情，分别声叙，俱由臣部查核，照例题请揭送内阁，择给诰敕，如逾限外，毋庸给发。所有钦奉恩诏缘由，臣等未敢擅便，谨题请旨，于光绪五年八月十三日题，十五日奉旨："依议。"钦此。

世职人员分别支食全、半俸银一案通饬

府札县知悉。光绪元年七月初七日蒙藩宪札开，光绪元年六月十一日奉宫保抚宪丁①批，本司遵札详议各世职俸银一案缘由。奉批，据详难荫世职，均系忠荩后裔，原应曲加体恤，请自同治十三年以前未领全、半俸银，一概不准找领。即自光绪元年为始，世俸一项在营者，准领三季；全俸在家者，准领三季；半俸告病、告废者，概不准领；均应如详办理。惟请嗣后应袭世职，统俟奉准部文准袭，再由地方官查明详请发标，未免周折过多，易启书吏需索之弊。且查定例，各省承袭世职人员，如有收标在先、题准在后者，以题准之日作为收标日期。又世职各员承袭支俸，以奉旨准袭之日扣算入档，按季支领。

① 即丁宝桢。

是承袭世职验看后，先行发标学习，仍应俟半年汇奏，经部议准覆奏，奉旨之日方为收标日期，准支俸银。其先行收标学习，本不食俸，自可毋庸另改章程，致与通案不符。仰即通饬各属并移各营，一体遵照等因。

计抄详一纸。

为遵饬核议详覆事。

案奉宪札，以军兴以后，难荫世职不知凡几，现每岁分上、下半年汇奏请袭之案，尚不下百数十起，年复一年，日见增多。而未经发标之世职，均须支给半俸，总计为数甚巨。近来库藏万分支绌，即如绿营兵饷尚不能全数给发，而此项世俸若转得照额支领，日久司库断难为继，自应及时酌量办理，饬司通盘筹画，妥议详覆等因到司。

奉此，查难荫世职，均系忠荩后裔，原应曲加体恤。第现值库藏万分支绌，绿营兵饷尚不能全数给发，此项世俸，诚如宪札，亟应酌量变通，以示限制。本司通盘筹画，拟请自同治十三年以前，无论已、未发标世职，凡有未领全、半俸银，一概不准找领。光绪元年为始，世职一项在营当差者，准领三季全俸；在家者，准领三季半俸；告病、告废者，概不准领。所有以前积欠及以后停发冬季俸银，俟库款充裕，再行酌量办理等因云云。

光绪八年世职支俸长清县详明司批

查在籍支俸世职详明以二百分为定额，额内请领俸银只准支本年之项，陈欠均暂停支在案。该县世职田有智系本年五月间补入支俸额内，应准支给八年俸银，七年以前陈欠照章均应停支，仰即查照办理。此缴。

登州府禀，各州县交代案内如有短缺仓谷，责令照数买补一案原禀、院批

道员用登州府知府贾瑚谨禀大人阁下。

敬禀者。窃卑府连年屡奉宪檄，转饬各属劝办仓谷，图匮于丰，法良意美。各州县多以岁收中稔、民力拮据之词禀请展缓。卑府留心体察，亦系实在情形。惟所虑者，未捐之仓谷尚有待于图维，旧存之仓谷实日形其消耗。即就卑属一州九县而论，原存常社谷移除动缺外，多或八九千石、少亦千余石不等。各州县新旧交接时，例须交盘，每一交接，动辄亏短、霉变，自数十石以至数百石。一任如此，历数任则为数更多；一县如此，合十属则所亏更巨。其补交仓款，一经例入交案，买补无期，日复一日，年复一年，额存仓谷势必渐归乌有，不可不早为筹及。拟请嗣后各州县盘缺谷石，毋论短少、霉变，责成原接之员照数买补还仓，不准折银例交。如果交卸之时适值青黄不接，亦应予以限期着落采买，或令按照时价，将谷价移交后任代买，买齐后即通禀存案。总期实存实储，不致短缺升合。如此明定章程，庶旧存仓谷不致消耗，一遇荒歉少有裨益矣。卑府为慎重仓储起见，是否有当，拟合禀请大人查核，批示祇遵，实为公便。

院批

据禀，州县仓谷动辄亏短、霉变，请遇有任卸，责成照数买补，不准折银列交，所见甚是。惟前后交接之时，如值青黄不接，该府禀称予以限期，着落采买，尚未尽善。盖州县算结交代以后，即为任内无事，所短仓谷必致迟延推诿，置若罔闻，不可不防其渐。嗣后各属如遇任卸，查明仓谷共短若干，总须核入交代，责令照数买补，或移交现银，由后任代买，不准借词延宕。庶几事开核实，而于仓储益昭慎重。仰布政司通饬各属遵照，并行该府照办。缴。

试职各官俱准实授酌议章程十一条

奏。光绪五年十二月二十二日具奏，奉旨："依议。"钦此。

谨将恭逢恩诏，试职各官俱准实授酌议章程十一条，缮写清单，恭呈御览。

一、定例，京官补缺，应行试俸人员试俸期满，题请实授后，方准照常升转，并无补缺、试署之例，与外官先行试署复行试俸者不同。今恭逢恩诏，俱准实授，所有京、外补缺到任在恭逢恩诏之日以前者，毋庸另行题销试俸，即准实授，照常升转；其到任在恭逢恩诏之日以后者，仍应扣算，试俸期满题请实授。

一、京、外各官应行试署、试俸人员，有适于恭逢恩诏之日到任者，应照到任在恭逢恩诏之日以前人员办理。

一、各直省地方补缺应行试署人员此次恭逢恩诏，试职各官俱准实授，自应以此次恩诏奉旨之日为断。所有从前早经核准人员，如系到任在此次恩诏以前者，即以此次钦奉恩诏之日作为实授日期，毋庸再请实授；如系虽经核准而到任在此次恩诏以后者，仍应以到任之日起，另扣试署，期满题请实授。

一、各直省地方补缺应行试署人员，如有一面先行委署到任，一面具题具奏初次请补是缺者，应以是否接到核准部覆为断；具题具奏者，以核准奉旨后第五日；行文咨请者，以议准堂稿录齐后五日；行文各按照限减半计算。如接到核准部覆在此次钦奉恩诏之日以前者，即以此次钦奉恩诏之日作为实授日期，毋庸再请实授；如接到核准部覆在此钦奉恩诏之日以后者，仍应以接到核准部覆之日起，查扣期满，题请实授。

一、应行试署未请实授之现任人员，请升、请调到部，应查其从前到任是否在此次钦奉恩诏之日以前者，即毋庸再扣实授，查明试俸、历俸均已期满，或已捐免，此外并无别项不合例事故，即行议准。如从前到任在此次钦奉之日以后者，仍应照例查扣期满，另请实授后，方准升调。

一、河工州县以上补缺人员，定例应俟一年后经历三汛果能胜任，出具考语保题送部引见，恭请实授。此次恭逢恩诏，前项人员如到任在此次恩诏之日以前者，即以此次钦奉恩诏之日作为历经三汛期满，即令该河督出具考语，送部引见，恭请实授，毋庸再扣满一年后历经三汛；如到任在此次钦奉恩诏之日以后者，仍应令其一年后历经三汛，照例办理。

一、河工人员已经实授之后，复又调署他缺者，定例一年后果能胜任，具题实授，毋庸再行送部引见。此次恭逢恩诏，前项人员如到任在此次钦奉恩诏之日以前者，即以此次钦奉恩诏之日作为实授日期，仍毋庸送部引见。

一、河工佐杂人员，定例得缺后均令试署一年，察其果能胜任，再行保题实授。此次恭逢恩诏，前项人员如到任在此次钦奉恩诏之日以前者，即以此次钦奉恩诏之日作为实授日期。

一、补缺应行试署人员，有于到任后未请实授之前丁忧者，检查定章及历办成案，如核计在实授期限以内丁忧者，应分别仍发原省补原班，或归委用班补用；如核计实授期限以外丁忧者，应归入应补班内由部铨选。此次恭逢恩诏，前项人员如到任后有在恩诏以前丁忧者，将来丁忧服满，自应仍照定章及历办成案，分别仍发原省，或归部选；如有到任后在恩诏以前丁忧者，即准作为实授，将来丁忧服满，即准归入应补班内，由部铨选，毋庸再请实授。

一、定例定章，外官应行试署、试俸人员期满，题请实授，应自接到准其实授部文之日起，试俸三年。今恭逢恩诏，俱准其实授，应自准其实授之日起，试俸三年。

一、甘肃、云南、贵州军务各分按照变通章程，补缺、试署、调缺试署及升署人员，例应另请实授。此次恭逢恩诏，前项人员如到任在恭逢恩诏之日以前者，俱准作为实授，毋庸另请实授。

光绪八年坐支役食等款免扣二成原奏

〈奏〉为东省州县摊捐较多，情形苦累，恳恩将坐支役食等款，免其核扣二成，以肃吏治，恭折仰祈圣鉴事。

窃维图治之经，在于察吏。牧令之贤否，民生之休戚系焉。今欲责其廉能，必先加以体恤。山东司库鲜有间款，举凡田公支用，均应州县分摊。前经节次裁减，每年捐款仍属不少。如坐支各役工食、夫马工料银两，系计口授食之需。咸丰年间，节次奉扣成平，以充军饷。第各属缉捕、催料、驰递文报，在需人差遣，原设工食本属不敷，减扣以来，尤须赔补。同治十年，前抚臣丁宝桢奏准将役食免扣递减二成，仍扣核减二成，夫马工料二成免扣一成，仍扣一成，统计每年仍扣役食二成银约二万两，夫马工料银约一万六七千两。民间素无差徭缺分，率皆清苦，以应支之款，再令赔解，似不足以昭公允。臣于上年到任后，即饬藩司酌裁摊捐，严核正赋。查丁漕向有定章，交代不容延欠，州县尚能实力遵行。惟办事贵有变通，立法宜期尽善。从前奉文减扣，原因饷项艰难，借资挹注。今则军务久平，凡事当实力讲求，冀于吏治、民生两有裨益。

前项役食、夫马工料银两，系州县办公本有之需，似应准其照旧实支，使上下之际取与分明、秩然不紊。庶廉吏皆有以自立，而不才者亦知所顾忌，所谓养其廉，即以去其贪，捐其累，即以责其效也。据藩司崇①详请具奏前来。合无仰恳天恩，俯准自本年起，将各州县坐支项下现扣之役食二成及夫马工料一成，均按原额动支，其减平银两仍照旧扣解。感荷鸿慈，实无既极。臣为减裁摊捐、整顿吏治起见，是否有当，谨恭折具陈，伏乞皇太后、皇上圣鉴。

---

① 即崇保。

各州县坐支项下现扣之役食二成及夫马工料一成各银两，概予免扣

户部谨奏为遵旨议奏事。

山东巡抚任①奏，东省州县摊捐苦累，恳将坐支役食等款免其核扣一折。光绪八年二月初七日，军机大臣奉旨："该部议奏。"钦此。钦遵由内阁抄出到部。据原奏内称，窃维图治之经，在于察吏云云，其减平银两仍照旧扣解等语。臣等溯查咸丰八年接济京饷案内，议将东省役食核减二成；九年停给钞票案内，一切杂支统扣二成役食，又递扣二成。同治十年，前抚臣丁宝桢沥陈东省官累情形，请将核扣、递扣各款，一律免扣。经臣部议，以各役工食准免递减二成，仍扣二成，夫马工料准免减一成，覆奏行知，遵办在案。

兹据任道镕奏称，东省素无差徭，缺皆清苦，各州县役食、夫马工料银两，系计口授食之需，久令州县赔补，不足以昭公允。请自本年起准免核扣，均照原额实支。其减平银两仍遵章扣解等情，具奏前来。查该省留支各款，从前本有定额，军兴以后，分别核扣，原一时权宜之计，若因减扣不敷，责令各州县赔补，恐启该员等挪移之渐。该抚请将此项银两均按原额动支，系为砥砺廉隅起见，臣等公同商酌，拟请准如该抚所奏，将各州县坐支项下现扣之役食二成及夫马工料一成各银两，概予免扣，以示体恤。如蒙俞允，臣部即行文该抚，令自奉到此

---

① 即任道镕。

次部文之日起，按照原额动支，仍令将各州县应扣减平银，依限如数汇解部库，以符奏章。经此次免扣后，领款较多，办公裕如，应令该抚严饬各州县，凡一切应征、应解之项，亦即按照原额征解足数，年清年款，不准丝毫蒂欠，并严办交代二参，毋得稍有瞻徇，是为至要。所有臣等遵议缘由，理合恭折覆陈云云。

办硝递年依次以例价、市价相间而办，以清界限

为详请核示事。

光绪六年六月十二日奉宪台案验，光绪六年六月初三日准工部咨云云，毋违。计粘单一纸内开云云等因到司。奉此，遵查东省部硝，因奉办较多，办硝州县赔累不资，详蒙宪台奏，奉部议准，一批照市价，一批照例价，相间采办，自应划清例价、市价界限，详明饬遵。东省部硝向系产硝之济宁等二十余州县采办，同治五、六年间，节奉行取双批部硝，每次二十八万斤，产硝州县力难独赔，始改为分批办理，以十四万斤为头批，仍令产硝州县采办；以十四万斤为二批，按每斤折银九分三厘六毫，摊之通省，统归承办委员汇齐解部。现在派办同治十二年，头批仍系产硝州县采买，是年二批则应摊之通省。此外，尚有同治十三年及光绪元、二、三、四、五、六年各二十八万斤未办。拟请将同治十二年两批，仍照向章划归例价办理；十三年之二十八万斤，请照市价，由司库支银采办；光绪元年之二十八万斤，仍分两批，分别照旧摊派。此后递年依次以例

价、市价相间而办，以清界限。至承办委员向委东昌，同治每年约办十四万斤，催解提滤，事已繁重。兹又采办市价硝斤，奉部文令赶办数批，若统委该同知一人，恐难兼顾，应否酌量变通办理之处，拟合详请宪台鉴核，俯赐批示祇遵。为此备由呈请，照详施行。

清查户口、出借积谷章程

乐安县正堂杨谕〇〇保绅董〇〇〇知悉。照得县境西北乡附近小清等河一带，本年秋禾被水成灾暨勘不成灾情形较重各村庄，虽经禀请分别蠲缓新旧钱粮，并将成灾之区禀请抚恤。应俟赈银发下，易钱散放，以资接济。惟念各该村庄贫民众多，赈难遍及，转瞬时届隆冬，仍恐不免饥寒交迫。本县预筹及此，当即求明本府宪禀奉抚藩宪批准，出借积谷，取立借据，俾乏食灾黎得以度此残冬。俟来年秋收后，免息还仓。除出示晓谕外，所有酌议清查户口并出借章程，开列于后，合行谕知。谕到，该绅董等立即遵照，限十日内先将户口查明开册，送候核准应借谷数，饬知定期散放。刻当灾黎待哺嗷嗷，该绅董等情关桑梓，务须妥速查办，毋稍迟延，尤不得徇情滥报，是为至要。切切。特谕。

计开：

一、积谷为备荒而设，阖境有灾、熟之分。移粟移民，权救一时之急；我疆我里，重敦上古之风。宜差可为，当无见阻。惟本县溯查前岁所捐积谷，皆系各保各存，不愿归并。揆其用意，盖于捐积之初，已存畛域之见。此时差令通融挹注，难免啧有烦言，转多掣肘。应即划清界限，俯顺舆情，各保积谷仍归各保灾民借领，不准搀越混争，违者禀究。

一、此次出给积谷，专为接济被水成灾暨勘不成灾情形较重各村庄灾黎糊口之需，其余情形最轻同昆连灾区，以及阖境成熟村庄，凡系本年下忙钱粮照常征收者，无论贫富，一概不准借领，亦毋庸清查户口，以示区别。

一、清查户口，应携带空白册籍，册首写明“某保某庄”字样，照章先尽村中鳏寡孤独无告之人，次及孝子、节妇之贫者，再及极贫，再及次贫不能自存者为极贫，难以久支者为次贫。按户点清男女大小口数，问明家长姓名、种地若干，开载册内，仍于门墙灰书“查讫”字样，以防遗漏重复。其大小口岁数，定以十六岁以上者为大口，十六岁以下者为小口，襁褓者不计。查完一庄，即将阖庄极贫、次贫各共若干户，内男女大小各共若干口，于册后结一总数。然后再查一庄，悉如前式开列。一保查完，另于册尾将该保原存积谷若干石，开一总数，将册送署，以凭通盘筹计，核明每口应借谷数，饬知定期散放。

一、灾民户口闻有赈贷，每多浮报丁口，冀图多领口粮，若不予以限制，必致冒滥无稽。今酌定以八口之家为断，每户大口不得过五口，小口不得过三口。如实在人口众多，其中必有壮丁力能谋生，与夫未离襁褓无需粮食者，应即按名剔除。其有不及八口者，仍照实数开报，不得借口捏增。

一、地在大亩七亩以上，计核官亩即在二十亩以上，本年秋禾虽俱被淹，其家必有往年储蓄堪以糊口，与人在此庄地亩被淹、尚有别庄高地无碍收成者，不借。

一、年力精壮能自谋生暨游手好闲、不务正业，以及并非本保土著、行踪来去无定者，不借。

一、素有买卖铺面、手艺营生并非靠地为活者，不借。

一、捐纳贡监绅衿殷实之家，并书役人等能自谋食者，不借。

以上凡不应借谷之户，概不入册。

一、鳏寡孤独，统作极贫开报，毋庸另列一等，以归简便。

一、被灾村庄，如有赤贫生员，准其一体借谷。

一、灾户如有充当营兵，除本身及家在三口以内者，不准借谷；其家在三口以外，查明实系不敷养赡，准按多余家口借领，仍于册内用红纸签明，以便查核。

一、各保被水成灾较重村庄并原存积谷数目，各有多寡不等，倘或人多谷少，应尽所存谷数，按照现定章程，分别极贫、次贫大小口数，混匀散放。如其存谷较多，被灾村庄有限，则须酌定每口应借之数，核实散放多余谷石，照旧存储备荒，不准尽数放竣，致滋浮冒。

一、本保如有逃荒出外，于未放谷以前续行归来灾民，查明实系赤贫土著，积谷尚有余剩，准其一体借领。倘归来在放谷以后，本保谷已动用无存，即不准强借，以免争执。

一、散放积谷，应由经手绅董按户取立借据，汇总收存，以待来年秋收后，照据催缴还仓。该绅董仍于放竣后，造具借谷花户姓名清册，出具总借谷数并无借少报多甘结，送县转报各宪查考。

一、出借积谷，概用原制仓斗量给，将来还仓亦用仓斗量收，出入公平，不得稍有轩轾。

一、积谷借出后，所剩囤折席、草铺垫等物，照旧收存，以备来年收谷还仓之用，勿许失少。

以上章程十六条，即由该绅董查照妥办，倘有窒碍难行或所议未周之处，准各抒所见，禀请定夺。

（另誊。速送。初二日。）

饬尼僧归俗示

为饬尼僧以归俗，导愚妇以明伦事。

照得一阴一阳之谓道，夫唱妇随之谓伦。三代维隆，屏异端于域外；二南攸美，基德化于房中。怨女旷夫，王政最怜失偶；孤鸾寡凤，诗人致叹离群。吏治须在平情，佛教亦求如意。本县承乏兹土，加意民风。因革所施，已经略见；兴隆之事，未尽犹多。惟是绀宇琳宫，不少阇黎安享；香台兰若，恒多嫫女群居。在导化固难缓于沙弥，而开示自宜先于愚妇。念彼披度，亦有因缘。或幼疾而误信星书，父母忍心割舍；或早孀而情伤破镜，闺门无意修容；或琴瑟之失调，逞小忿而乌云辄翦；或琵琶之误抱，恐后弃而白发靡依。礼金粟以向空门，本图忏悔；拥蒲团而课静室，渐觉悲伤。暮鼓晨钟，反作凄凉之响；春花秋月，暗生活泼之机。借托钵以沿门，每致桑间之约；假安禅而闭户，仍来月下之敲。阿鼻之罪孽难消，没齿而声名尽堕。爰为善计，莫如反本还原；代作良图，须自改头换面。壮者即当择配，幼者速宜归宗。纵匪名之不移，乃在家亦可长斋绣佛；倘绕树之无托，聊糊口而不难纤手缝裳。与其暗脱袈裟，触犯三宝；何如明摇环佩，讲究三从。为怜一点禅心，未彻千江水月；得遂半途佳偶，依然百世丝萝。舍拈花而学簪花，胡为不可？倩贝叶而充红叶，何便如之？既谓明镜非台，尚有温峤玉镜。可知赤绳系足，何须弥勒金绳，蓄发更妆，破戒即成圆戒；正是苦海翻身，顿起乐生彼岸，放心媒嫁，缁衣好换罗衣。登人间极乐之境，真遇此日慈航；开世上方便之门，速拟良宵花烛。已误未堪再误，毋庸半推半就；既迷及早出迷，伫看宜家宜室。上智皆大欢喜，其为正风化之一端；下愚信受奉行，从此长儿孙于百世。是知夙愿却成新愿，无情化作有情。甘雨润菩提，始信姻缘结果；春风吹玉树，顾看连理成枝。自无带水拖泥，直入坦途大路。从前暧昧既免追求，以后光阴庶不虚度矣。善哉！善哉！

论禁偷窃田禾示

为严禁偷窃禾黍以安农民事。

照得五谷为性命之本，桑麻乃衣食之源，仰事俯蓄、输课应役，皆借于此。兹当秋收之际，正农家分所宜享。乃有一等不法之徒，不耕不耘，不事生业，三更半夜趁此月光，将禾穗截去，仅留其本。小民终岁勤劳，反忧不给；彼则游手好闲，坐享其利。此等之徒殊堪发指，除严饬地保、捕役巡拿外，合行示禁。为此示仰合邑军民人等知悉，自示之后，各宜洗心涤虑，痛改前非。倘敢仍行窃取，蹈其故辙，或被地主扭禀，或被保役拿获，定即重究，决不宽贷。毋违。特示。

谕令绅士人等随同祷雨示

为祈祷雨泽事。

窃照本县地方，自春入夏以来，雨泽稀少，大田望泽甚殷，本县职司民牧，目击心忧。今择于月日斋戒，设坛于某庙，虔求雨泽，合行出示晓谕。为此示仰阖邑绅耆人等知悉，至期各宜斋戒，齐集坛所，随同一体虔祷，以期上格天庥，雨泽普降。慎毋怠延。须至示者。

祈雨示

为祈求雨泽以资春耕事。

照得地利有赖乎天时，西成必赖乎东作，彬地山多田少，家鲜盖藏，惟期时若年丰，庶几室盈归宁。今节近清明，正民间没稻犁田之候。自冬及春，雨雪少降，以致田畴缺水，播种维难。本县念切民依，夙夜忧惧，是以斋戒上祷神明，以求雨泽，合行晓谕。为此示仰阖邑军民人等知悉，务各禁止屠宰，虔诚祈祷，以望甘霖。尤当恐惧修省，洗心向善，并息讼端，冀邀天庥。其富户积谷人家，不得高价遏籴，并兴贩出境，致使本地缺乏。毋违。

禁牧放牲畜示

为严禁牧放牲畜以安农业事。

照得治政〈以〉安民为要，安民以足食为先。兹当东作方兴，正麦苗勃发之时，凡系种麦之地，均应加意培养，方期丰收有望。乃访有一种无知乡愚及不法之徒，专将牛羊骡马于人地内纵放，任意践啮，致害麦苗，殊堪痛恨。除密差查拿外，合行出示云云。嗣后凡有牛羊骡马，均当圈养收管，不得纵放麦田，致滋作践。倘有抗玩不遵，许尔田主、地保人等指名禀县，以凭查究，并将牲畜入官，决不宽贷云云。

禁窝娼示

为严禁窝娼以端风化事。

照得红粉青楼最易迷人，良家子弟每以淫行而玷辱家门，贫贱小民多因奸情而身罹国法。且若辈百计逢迎，献无耻之羞态；多方罗致，妆名妓之风流。无知者目为天假良缘，昏迷无主，从此倾囊倒箧，暗地赠送，甚至破家荡产而不悟，丧身殒命而后已。地方隐忧，民生大害，莫逾于此。然欲禁娼妓，必当首禁窝主。本△莅任伊始，志敦风化，法诛奸淫，一面严行密拿外，合行出示晓谕。为此示仰阖邑军民人等知悉，嗣后如有匿娼窝宿敢蹈前辙者，或被告发，或经访拿，定当照例究办。地邻人等徇隐不举，并拿重处不贷。毋违。特示。

禁娼赌示

为严禁娼赌以肃地方事。

照得娼妓为盗贼之窝巢，其聚赌之家，又为贼人栖身之地。此等奸匪丧尽天良，伤风败俗，大与地方有碍。是以国宪煌煌，久严例禁。本县莅任兹土，乃闻有等无耻匪徒舍正不由，多方渔利，胆敢窝娼聚赌，以致良家子弟堕其术中，非特荡家破产抑且身败名裂，甚至远近贼匪借为潜服，昼则饮赌，夜则偷窃，扰害闾阎，实堪痛恨。除差役严密查拿外，合行出示严禁。为此示仰阖邑军民人等知悉，尔等分居斋民，各宜安分守业，毋得于士农工商之外，恣为放僻邪侈之行。倘敢游手好闲，至窝留娼妓，开场聚赌，招聚贼匪，该约正牌甲邻佑人等务当稽查，据实首报，以凭按法究处。如敢通同隐匿，查出并行究治，决不宽贷。各宜凛遵。毋违。特示。

铺兵、庙户工食等银是否一并免二成

为详覆事。

光绪八年五月二十五日奉宪台批，据菏泽县详，铺兵、庙户工食等银，应否一并免二成缘由。奉批，所称铺兵、庙户工食，应否一并免扣，仰布政司核议详覆饬遵。至学官俸薪二成，并未奏免，所请应毋庸议。此缴。详抄发等因到司。奉此，遵查此次奉免一成、二成原案，专指州县坐支之款，凡属坐支之役食银两，均应一律免扣。查铺司工食本在坐支役食之内，除奉文减裁之项仍应扣解外，其实支项下应①

① 底本到此为止。

第十三本

徐任参案

豁免全案 道光十五年分

徐任参案

禀藩府禀揭卑前任徐鈖亏缺银两由

敬禀者。窃卑职应接前任徐鈖交代一案。今于九月二十四日接奉本府转蒙宪台，宪台转蒙藩宪札饬，檄调赴郡听候督算等因。遵查此案，前蒙调省会算，徐令未将款册移交，经卑职吊查档案，携卷赴省，会同监交历城县王令①，三面逐款核算。查得徐令应交正、杂、仓、捐，共银一万五千七百九十三两八钱九分八厘，除应抵划追外，实共应交银九千九百九十两一钱五分七厘。恐有不实不尽，节次移催款册核对，并应交银两迄今尚未移交。今正、展例限已逾，既不移交款册，又不移交银两，自应覆核，据实揭报，理合开具细款声注清册，谨肃禀呈。伏乞大人、大老爷查核参办，实为公便。除循例禀由府道揭参，并径禀藩宪外、禀粮道外，肃此云云。

计禀呈清折一、二扣。十八年十二月二十六阅稿。

前禀司批十九年二月十八日奉到

查已故知县徐鈖前在该县任内亏欠正、杂、仓款，以及捐、赔款项数至一万六千余两之多，实属大干功令。业经前署司详

---

① 即王发越。

请院宪具奏，并请咨会原籍查抄家产在案。仰将徐故令任内亏欠各项，造具年款清册，出具无捏无遗印结送司，一面速将经手书吏人等押解来省，以凭审办。毋迟。缴。折存。

前案折稿

谨将徐任应交、应抵各款逐一查明，开折呈送，查核施行。

计开：

正款项下：

一、应交十二年正银二百九十三两九钱六分一厘、耗银四十二两八分四厘，十三年正银七百五十二两三钱三分四厘、耗银一百六两二钱七分八厘，十四年正银九百七两一钱六分五厘、耗银一百九两五钱五分七厘，十六年正银一百四十五两四钱九分二厘、耗银二十两五钱六分一厘，十七年正银二千九百三十一两九钱四分、耗银三百八十六两四分四厘。以上共应交正项银五千六百九十五两四钱一分六厘，内除垫解历年钱粮银二千八百五十六两二钱八厘、垫放元年缓征孤贫米合银七十四两二钱六分四厘，前二件共银二千九百三十两四钱七分二厘，系积年积任辗转挪垫接收作抵，以致正项有亏。已会同监交具禀，乞请照数在于所欠地丁项下划出作为赔款，另追完缴。计实欠正款银二千七百六十四两九钱四分四厘。

杂款项下：

一、应交十五年知县半廉银六百六十二两三钱七厘、县丞缺廉银十五两一钱八分，十六年同知半廉银二百十五两五钱五分六厘、知县半廉银四百十两二钱七分七厘。以上共应交杂款银一千三百三两三钱二分。

仓款项下：

额贮常平仓谷并截口捐谷，除报明动缺外，应存谷一万四千一百九十七石一斗四升二合六勺，内除现存谷一千七十九石三斗六升一合六勺，实应交谷一万三千一百十七石七斗八升一合。前件每石五钱，合银六千五百五十八两八钱九分一厘；又每石二钱，作赔银二千六百二十三两五钱五分六厘。

兵米项下：

一、应交十三年余剩兵米三百二石二斗六升六合五勺、十四年余剩兵米八百十六石四斗四升六合、十六年余剩兵米六百九十六石三斗九升、十七年余剩兵米一百三石五斗二升四合五勺。以上共应交兵米一千九百十八石六斗二升七合。前件照例每石二两，合银三千八百三十七两二钱五分四厘。

捐款项下：

一、应交十七年三成银四百九两五钱、十二年摊修学院钟楼工料银十三两二钱六分四厘、十七年冬季院本书饭食银三两三钱一分七厘、试用知县廖守修部借养廉银一两五钱五分八厘、高密县典史孟兰芳部借养廉银七钱七分八厘、试用知县王鸣凤部借养廉银五钱一分、病故杨希贤部借养廉银三两一钱一分六厘、粮道衙门历年添平银四百八十五两五钱七分，又司书饭食等项已奉扣收，现任领款银四百十一两八钱七分六厘，前件应另查现任欠款项补，合并声明。以上共应交捐款银一千三百二十九两四钱八分九厘。

统共应交正、杂、仓、捐各款银一万五千七百九十三两八钱九分八厘。

抵款项下：

一、应抵未领十五年养廉银二两一钱九分六厘、十六年养廉银一两七钱五分六厘、十七年养廉银五百八十两八钱八分二厘，十六年浮额孤贫银八十四两七钱二分六厘、十七年浮额孤贫银一百四十九两九钱七分五厘，十年闰月孤贫银十八两五钱四分、十二年闰月孤贫银四十两二分、十五年闰月孤贫银四十两二分，四年夫马闰月银五两五钱二分一厘、七年夫马闰月银十五两四钱五分、十年夫马闰月银七两二分八厘，十一年闽硝例价银一百五十一两六钱一分六厘、十二年闽硝例价银一百三十五两五钱七分二厘、十三年闽硝例价银十七两五钱一分八厘、十四年闽硝例价银一百十三两一钱一分、十五年闽硝例价银九十两九钱六分五厘，五年至十七年先农坛祭品银三十一两八钱二分四厘，二十年昭忠祠祭品银一两、十一年昭忠祠祭品银五钱、十五年昭忠祠祭品银四两、十六年昭忠祠祭品银四两、十七年昭忠祠祭品银四两、十八年昭忠祠祭品银二两，二十二年花红公宴银九钱四分、十三年花红公宴银一两八钱八分七厘、十五年花红公宴银五两二钱六分四厘、十六年花红公宴银五两六钱一厘，元年囚粮银一钱四分六厘、七年囚粮银一两三钱三分四厘、十七年囚粮银十六两九钱四分二厘、十八年囚粮银一两八钱六分八厘，十年囚衣银八钱、十七年囚衣银八钱。

一、应抵县案垫解、垫发各款，共银二千九百三十六两四钱五分一厘，以上共应抵银四千四百七十四两二钱五分二厘。抵除正款银二千七百六十四两九钱四分四厘、杂款银一千三百三两三钱二分、仓谷五钱合银四百五两九钱八分八厘，实应交仓谷五钱合银六千一百五十二两九钱三厘、兵米二两合银三千八百三十七两二钱五分四厘，前二件共银九千九百九十两一钱五分七厘。外有垫解历年钱粮划抵作赔银二千八百五十六两二钱八厘、垫放元年缓征孤贫米石划抵作赔银七十四两二钱六分四厘、仓谷二钱作赔银二千六百二十三两五钱五分六厘、捐款另追银一千三百二十九两四钱八分九厘，前四件共银六千八百八十三两五钱一分七厘。

谨将徐任垫解历年钱粮及垫放孤贫米石划抵欠解十二、十三、十四、十六、十七等年正耗银两，逐一查明，开折呈送，查核施行。

计开：

一、垫解历年钱粮银二千八百五十六两二钱八厘。

一、垫放元年缓征孤贫米石三十七石一斗三升二合二勺，合银七十四两二钱六分四厘。

以上共银二千九百三十两四钱七分二厘，系积年积任辗转挪垫接收作抵，以致正项有亏，应请照数作为赔款划抵欠解十二年正银二百九十三两九钱六分一厘、耗银四十二两八分四厘，十三年正银七百五十二两三钱三分四厘、耗银一百六两二钱七分八厘，十四年正银九百七两一钱六分五厘、耗银一百九两五钱五分七厘，十六年正银一百四十九两四钱九分二厘、耗银二十两五钱六分一厘，十七年正银四百八十四两九钱五分八厘、耗银六十八两八分二厘。以上共银二千九百三十两四钱七分二厘，应请在徐令名下追缴归款。

禀藩宪禀前任惠民县徐令垫解历年钱粮等款，恳请划抵欠解正款由，同历城会禀

敬禀者。窃卑职△蒙宪台札委监算惠民县卑职△应接前任徐鈖交代一案，当即会同逐款核算。查有徐令接收前任列抵垫

解历年钱粮银二千八百五十六两二钱八厘、垫放元年缓征孤贫米合银七十四两二钱六分四厘，共银二千九百三十两四钱七分二厘，系积年积任辗转挪垫接收作抵，以致正项有亏，应请照数作为赔款划抵欠解十二、三、四、六、七等年地丁正耗银二千九百三十两四钱七分二厘，仍在徐令名下追缴归款。理合会衔禀乞大人查核办理，实为公便。肃此云云。

计禀呈清折一扣。

前禀准历城县移会，奉藩宪批，查已故知县徐鈖前在惠民县任内亏缺银两，业经前署司详请院宪具奏，并请咨会原籍查抄家产，一面行提经手书吏人等审办在案。惟垫解钱粮、垫放缓征孤贫米石不准列抵，着令赔解，自应在于杂款项下划赔，岂能将正项钱粮划抵作赔，殊属未协。仰即另查杂款银两划抵，其正项钱粮即行归入参案着追，同其余亏欠仓、捐赔款，一并造具妥协年款清册，出具无捏无遗印结送司，以凭核办。毋迟。缴。折存。

禀粮道禀请详参卑前任徐令亏缺历年余剩兵米由

敬禀者。窃奉宪台札催运兑卑前任徐鈖征存历年余剩兵米等因。遵查徐令征存十三年余剩兵米三百二石二斗六升六合五勺、十四年余剩兵米八百十六石四斗四升六合、十六年余剩兵米六百九十六石三斗九升、十七年余剩兵米一百三石五斗二升四合五勺，共米一千九百十八石六斗二升七合。屡次移催，委实无力完缴，业将徐鈖亏缺各款开折具禀藩宪参办在案。理合据实禀请大人查核详参，实为公便。肃此，具奉。恭请福安云云。

前案府札十九年四月二十三日到

札惠民县知悉。本年四月十八日蒙布政司批，据该县呈详，前任徐令接收历任垫解等项划抵杂款银两清册缘由。蒙批，仰武定府查照府详批示办理，缴册暂存。同日又蒙布政司批，本府呈详，该县前任徐令接收历任垫解等项划抵杂款银两清册缘由。蒙批，查道光十八年十二月内，据监交历城县王发越会同前署惠民县屠道彰具禀，徐鈖接收前任垫解历年钱粮二千八百五十六两二钱八厘，又垫放道光元年缓征孤贫米三十七石一斗三升二合二勺，合银七十四两二钱六分四厘，二共垫解、垫放银二千九百三十两四钱七分二厘，不准作抵着赔。经前署司列入徐鈖亏缺案内，详请具奏追赔，因其折开划抵赔款均系正项钱粮，批饬另查杂款划抵。

今该县详内又称，徐鈖接收前任朱庆扬列抵垫解已豁道光十年地丁，并徐鈖本任垫解道光十五年缓征正耗钱粮，同接收前任朱奕勳列抵垫放已豁道光元年孤贫米石，共银二千九百三十两四钱七分二厘等情。核对王发越与屠道彰具禀，徐鈖接前任垫解历年钱粮之语，两相互异。若徐鈖既有自行垫解之项，何以十八年十二月并不禀明，此时复又平空插入其中，显有不实不尽情弊。且徐鈖亏缺已于十八年十二月据屠道彰详揭请参，其所亏正、杂款项自已查明会算的确，所欠道光元年岁贡袍帽等银一千六百二十七两一钱五分二厘，当时岂有不开入亏缺之理？乃于划赔之时，始请补抵，难免无虚报影射之事。即如该县所详，前任朱庆扬系垫解十年地丁，徐鈖垫解十五年缓征正耗，而册开抵欠项下又将十六、十七年缺廉税契等款划赔，亦属混淆，碍难存办。仰即督同该县吊齐档案，确切查明因何前后互异缘由，令其据实登覆，另造实在应赔年款清册，出具无捏无遗印结，由该府核明加结，详送核办。如敢朦混，即行参赔，不得徇隐干咎。切切。此缴，册发还各等因到府。蒙此，合行录批转饬。札到，该县立即吊齐云云。印结具文详府，以凭查核加结转详核办，如再朦混，即行参赔云云。

计发册一本。

前案县详

为详追事。

案蒙宪台批，据卑署前县屠道彰禀揭徐鈖亏缺一案，饬即造具年款册结详参等因。除将徐鈖所亏正、杂、仓谷、孤贫、兵米各款逐一查明，造具年款清册，出具印结，另文详请参办外，查有徐令欠解三成等项银两系属捐款，自应划出另追。所有徐令存司未领各款，均已全数列抵正款，并无余剩。窃恐领款项下奉文扣收欠解捐款，以致正款无凭作抵，殊多未便，合将徐令所欠捐款银两，先行开造清册，具文详请宪台查核咨追，实为公便。

再查册开十八年三成银七十二两六钱八分，系屠令欠解之款，缘徐令欠解十七年续摊誊黄工料银七十二两六钱八分，奉扣屠令应领十八年夫马闰月银二十二两九钱五分、漕耗米折银四十九两七钱三分，故将屠令欠解三成银两划数顶补，合并声明。为此另册云云。

计详送详册一本、清册一本。

前详司批

查该县已故知县徐鈖前在该县任内，除抵实亏正、杂、仓款银六千一百五十二两九钱一分，亏缺兵米合银三千八百三十七两二钱五分四厘，垫解钱粮及垫放缓征孤贫米石不准作抵着赔等款银五千五百五十四两二分八厘，又欠捐银一千三百二十九两四钱八分九厘。先据该前署县屠令揭报到司，业经前署司会详院宪请奏，并请咨会原籍查抄家产备抵。一面行提经手书吏人等审办，并批饬该县造具徐故令亏欠各项银两年款清册，送司核办在案。自应将徐故令亏欠正、杂、仓项，赔、捐各款银两，一并造具年款细册，同经书人等详解来，以凭审办。

乃该县仅将捐款银两开册，详请咨追，殊属疏漏。且查册报，徐故令欠交捐款共银五百三十二两五钱五分六厘，核与原参亏欠捐款银一千三百二十九两四钱八分九厘之数，大相悬殊。是否原报多开，抑系现册错误？仰即确切查明，更正登覆，同徐故令欠解其余正、杂、仓项，赔、捐各款银两，一并造具年款细册，并出具无捏无遗印结，飞速送司。一面将徐故令任内经手书吏人等押解来省，以凭饬发审办，毋再错延。至册开徐令欠解嘉庆二十四年王家寨漫工银二十七两八钱三分三厘一款，已于嘉庆二十四年六月在该县应领嘉庆二十二年闽硝例价银内扣收清款，并即知照，缴册发还。

前案府札十九年六月二十日到

札惠民县知悉。本年六月十五日蒙布政司批，本府呈详，该县前任徐鋐亏缺银两清册，出具无捏印结缘由。蒙批，查道光十八年十二月二十九日据署惠民县知县屠道彰开折具禀，徐鋐亏缺仓款银六千一百五十二两九钱一厘、兵米合银三千八百三十七两二钱五分四厘，二共亏银九千九百九十两一钱五分五厘。又有垫解、垫支、垫放作赔银二千九百三十两四钱七分二厘，二钱谷价作赔银二千六百二十三两五钱五分六厘，二共作赔银五千五百五十四两二分八厘。又欠捐款银一千三百二十九两四钱八分九厘等情。因查赔款项下垫支、垫解、垫放一款，该县系将徐鉁亏缺历年正耗银两划抵作赔，而亏缺项下只有仓款及兵米价银二款，未便以正项钱粮划赔，随将正项改作亏缺，详请具奏。一面批饬另查杂款划抵赔项，其原参亏数，系照该县原禀开列，并未增除。

嗣于十九年三月二十三日据该府转，据现任惠民县知县王文焕具详，以屠令原开徐令亏缺杂款，仅止银一千三百三两三钱二分，与划抵作赔之数不敷。徐令尚有欠解元年岁贡袍帽等银一千六百二十七两一钱五分二厘，屠令当时未经开入，经王令查明补抵等情。因查徐鉁亏缺，既经屠道彰揭参其所亏正、杂自已查明的确，当时岂有不开入亏缺之理？乃于划赔之时，始请补抵，难免无虚报影射情弊，随即批府确查。

今于十九年五月十六日据该府转，据惠民县王文焕详覆，以徐鉁所欠杂项，当时原算之时，屠令会同历城县王令商议，因为数太多，未便概行禀出。即以历年垫发同属欠解郡城书院膏火、山长束脩，并考试经费等项，分别抵除。王令复查前项所抵欠款，均系远年无着，碍难移催归款。是以照数划出顶补，作为赔项等情，开具亏赔清册，呈送前来。查该县将正项划赔，只参仓款名实不符，且将来开造年款审批复奏，难以声说，是以将正款改入参亏案内办理，剔出杂款划抵作赔，与参案并无出入。今该县将正款增入亏数，又将县案原算交代时已经抵除之杂款，复又划抵作为赔项，凭空添出亏缺正款银二千九百三十两四钱七分二厘，将来审结之时，或重加复算、增删相抵，岂能添出二千九百余两之多。若谓当时原揭杂款不敷，亦只少一千六百余两，何致剧增二千九百余两，其中显有虚报浮开、事后增添情事，仰即转饬该县会同原议监交，及徐故令家属，三面复算明确，另行开具徐故令实亏年款细册，并出具无捏无遗印结送司，以凭核办。

至册开捐款项下徐令欠解嘉庆二十四年王家寨漫工银二十七两八钱三分三厘一款，已于嘉庆二十四年六月，在该县应领嘉庆二十二年闽硝例价银内扣收清楚，应于徐故令欠数内核除。前据惠民县开册，请追到司，业经明晰批饬在案，今该县仍行开列，系属错误，并饬此缴册发还等因到府。蒙此，合行云云。

计发册一本。

前案府札十九年十月初五日到

札惠民县知悉。本年九月二十六日蒙布政司批，本府呈详，该县前任已故徐鈖亏缺各款银两清册缘由。蒙批，查徐鈖亏缺原参正、杂、仓项银六千一百五十二两九钱一厘，兵米合银三千八百三十七两二钱五分四厘，共亏银九千九百九十两一钱五分五厘。今该府来详，徐故令亏缺仓款银六千一百五十二两九钱三厘，是原参正、杂、仓款，现详止仓款一项，又将正项另增亏银二千九百三十两四钱七分二厘，又增亏杂项银一千三百三两三钱二分，共计较原参增出亏缺银四千二百三十三两七钱九分四厘，大相悬殊。即或有增删复算之议，亦不应增出如许之多。其兵米亏缺银三千八百三十七两二钱五分四厘，系原参捐有定数，此时又应如何划出另追并未声说明白，且原参亏缺何以又作另案着追，其中原委亦难更改。该县当日将正项钱粮划抵作赔，仅参亏缺仓项一款，本属错谬，是以改作亏缺正、杂、仓项揭批，令另查杂款划抵作赔，不过更改款目，其原亏、原赔银数并无出入。今该县又欲增添亏数、减少赔数，先后颠倒，难以为准。详内所称，缘徐令亏缺甚巨，若全行禀请参办，诚恐窒碍难行等语，出言亦属不经。前任亏缺，后任例应揭参，岂有多寡之别？仰即督饬该确核另议，总应符合原参亏数，切实具详，并开具亏赔年款清册呈送，以凭核办。不得任听随意增改，冀图迁就，草率从事，致干并咎。切切。此缴等因到府。蒙此，合行云云。

前案司详两司会详

兹查有前任惠民县已故知县徐鈖在惠民县任内，除抵实亏正、杂、仓款银六千一百五十二两九钱一厘，亏缺兵米合银三千八百三十七两二钱五分四厘，又欠垫解钱粮及垫放缓征孤贫银、垫放缓征孤贫米石不准作抵着赔银五千五百五十四两二分八厘，又欠捐款银一千三百二十九两四钱八分九厘，勒限严追，未据完缴。据接任之员转据该管道、府揭报前来。

查仓库钱粮，丝毫均关国帑，该故员在任时不知谨守，辄敢亏缺至数千余两之多，实属大干功令。除将该故员任所、寓所、资财，饬令各该县严密查封备抵，并行提经手书吏人等来省研讯，是侵是挪，按律定拟追办外，查徐鈖系江苏清河县人，相应详请宪台鉴核具奏，并请移咨江苏抚院，转饬该县将徐鈖原籍家产一并查抄估变，咨覆东省，以便于亏数内扣除。

前案原奏

奏为特参亏缺仓库钱粮之降调知县，请旨革职，问以肃功令事。

窃查东省各属交代，先经严定章程责成接任之员盘查，一有亏缺开报勒追，如追不足数，即行揭参。兹查有前任鱼台县降调知县孙鹏翥在鱼台县任内，除抵实亏杂项仓款银一万一千二百四十二两五钱一分二厘、未完捐、赔各款银一千一百四十六两七钱二分。前任惠民县已故知县徐鉁在惠民县任内，除抵实亏正、杂、仓款及短交兵米，核算银价共银九千九百九十两零一钱五分五厘、未完捐、赔各款银六千八百八十三两五钱一分七厘。由该管道、府、州督同接任之员，查出开造，饬追未完，详经藩、臬两司会同揭参前来。

臣查仓库钱粮，丝毫均关帑项，该员孙鹏翥等辄敢亏缺库款数，至盈千累万，实属大干功令。查孙鹏翥籍隶安徽桐城县、徐鉁籍隶江苏清河县，除将该员等任所、省寓资财查封，并飞咨安徽、江苏各抚臣，将各该员原籍家产分别查封备抵外，相应据实参奏请旨，将前任鱼台县降调知县孙鹏翥革职拿问，以便提同经手书吏，及已故知徐鉁家属、丁胥严讯。所亏银两是侵是挪，分别按律定拟，勒限严追。为此恭折具奏，伏乞皇上圣鉴云云。

前奏于道光十九年十一月初七日内阁奉旨东抚十一月十一日奉到："这所参山东前任鱼台县降调知县孙鹏翥、前任已故惠民县知县徐鉁亏缺仓库钱粮，数至盈千累万之多。孙鹏翥着即革职拿问，交该抚提同书吏人等及已故知县徐鉁家属、丁胥，严讯勒追，按律定拟具奏。该员等各任所、寓所资财，暨各原籍家产，着一并查封备抵。该部知道。"钦此云云。

前案府札二十年三月初三日到

札惠民县知悉。本年二月二十七日蒙布政司批，本府呈详，该前县徐鈖亏缺各款银两缘由。蒙批，查徐鈖亏缺一案，该县当日将正项钱粮划作赔款，仅将仓谷一项兵米合银详请参追，原办本属错谬。是以前署司将正项钱粮列入亏案参追，批令另查杂款划抵作赔。该县并不遵办，辄以杂款均经抵除，转将正项增亏，又添出杂款银一千三百余两列入亏数，详禀不已，屡次批驳，迄未定案。今该县又欲于仓款兵米项下划出银四千二百三十三两七钱九分二厘，作为赔款，另行咨追，亦未妥协。

查徐鈖参亏案内，原有赔款银五千五百余两，详蒙抚宪具奏，将来复审案内，自应列入请追，但不得过原追之数。又查该县现送年款册内原亏杂款项下，有抵款抵除银一千三百三两三钱一分八厘，又由县筹补银三千六百七十六两九钱八分二厘，仅可将抵款及筹补银两划抵正款，或抵兵米合银，提出杂款列入亏数，则与原参正、杂、仓款名目相符，下余杂款即以垫解钱粮、垫放兵米划抵作赔，一转移同无出入。又查徐鈖原参亏缺正、杂、仓款银六千一百五十二两九钱一厘，兵米合银三千八百三十七两二钱五分四厘，共亏银九千九百九十两一钱五分五厘。已蒙抚宪并作一起具奏，将来复审时，所亏正、杂、仓项与兵米合银可以一并计算，毋庸划分。至所称徐鈖亏缺杂款银一千三百三两三钱二分，彼时既有抵款抵除，此时岂能以无着借此翻案？即使奏参后复加核，稍有参差，原所难免，亦未便遽增至一千三百余两之多，碍难率准。

除将送到年款由司核明另行签发外，仰即督饬该县遵照批饬，妥速造具亏赔年款清册呈送，以凭核办。不任听随意增改，冀图迁就，草率从事，致干并咎。切切。此缴，册存查等因到府云云。

前案府札二十一年四月初十日到

札惠民县知悉。本年四月初一日蒙布政司批，本府呈详，该县前任已故知县徐鈖亏缺兵米及杂款银两一案缘由。蒙批，查前册开报杂款银一千三百三两三钱二分，因系屠令将原垫无着书院经费等款滥准应抵，是以着落屠令名下追赔，并饬查明原垫银两，果否尽属无着，核实详赔在案。

兹据详称，徐鈖原欠捐款已在该县领款内扣收银三百三十九两一钱九分六厘，应于屠令应赔数内划出，作为徐鈖亏缺补抵，自应如详办理。惟欠解粮道衙门各年漕耗车脚变价等项银二百一十两一钱七厘，并未据屠令详追有案。据详，当时屠令详请移咨另追，自系仅详粮道，未经移司核准，不能作为详准另追案据，自应仍在屠令名下追赔。详内声除应由该县查款请拨银一百二两三钱五分七厘，自系应由现任归补之款，既据在于赔款数内划除，应即批解现银清款。

至该县十六年共余剩兵米六百七十石七斗九升，内除报明徐鈖亏缺米六百六十八石七斗八升外，尚应存米二石一升，其各兵长支米石，该县虽在十七年余剩兵米项下借动，而司中派拨米石系在十六年兵米项下登除。查十七年余剩兵米一百三十一石一斗三升四合五勺，已据该县全数报明，徐鈖亏缺并无余剩，所有各兵长支米二石一升，仍应扣还十六年余剩兵米项下，以符旧案。今详内声称，应还十七年兵米之处系属错误，且查该县十八年应解德州常丰仓兵米项下，除派支外，尚应存剩米二百七十三石四斗九升四合五勺。其拨放十八年兵米二石一斗，是否已在十八年秋季派拨兵米五百七十七石六斗一升之内如数扣除，与十八年余剩兵米一并存贮，未据声明。如已扣存贮仓，应于十八年余剩兵米内支出米二石一升，收还十六年兵米项下存贮，以备支放；如未扣存，自应在于禀揭不实之屠令名下追赔，同应赔前项杂款一并造册请追，未便悬虚。

除将徐鈖亏缺年款存候核办，并据济南府另详批发审办外，所有屠令不符年〈款〉清册，随详批发。仰即转饬该县遵照批饬情节核实，另更屠令应赔年款清册，由府核明送司，以凭核办。其应由该县查款请拨杂款银一百二两三钱五分七厘，并饬赶紧批解清款，均毋违延干咎。缴。册并发等因到府云云。

计发册一本。

前案覆审定拟原奏

奏为遵旨审明定拟，恭折奏祈圣鉴事。

窃照前任惠民县已故知县徐鈖在任亏缺仓库钱粮，经臣汇案奏参，钦奉谕旨："饬提家属、丁胥质讯勒追，按律定拟具奏，该员任所、寓所资财，暨原籍家产一并查封备抵。"等因。钦此。当即钦遵分别咨行提解查封去后。旋据济南府查明，该故员徐鈖并无省寓，其历过知县、县丞、主簿各任所，均经各该管府、州查无资财隐寄，并准江苏抚臣咨会，饬据委员会同清河县查明，徐鈖原籍并无房屋住址，亦无亲属取结，覆东饬发核办。嗣据惠民县将该故员亏缺逐加覆核，增删相抵，造具实亏确数款册呈送。又查该故员前在代理滋阳县任内，尚有欠解捐款银两，先经详追未据完缴，一并饬发审办。

兹据济南行提惠民县经手书吏讯明，定拟由藩、臬两司详解前来。臣亲提研审，缘徐鈖籍隶江苏清河县，由滋阳县县丞升补惠民县知县，道光十五年五月初九日到任，十六年三月十四日请咨引见卸事，是年八年初二日回任，至十七年十二月二十二日告病卸事。该员在任时，衙署、科房、仓廒、监狱雨水淋塌，赶紧抢修，并因蝗蝻生发雇夫扑打、设厂收买，及隆冬收养贫民、施放棉衣。一切公用紧急，库无闲款，陆续挪用仓库银两，未及归补，旋即因病卸事，病故致成亏缺。经接任知县揭报，该管道、府揭由，藩、臬两司详，经臣汇案奏参，奉旨饬令讯追定拟，旋据惠民县覆核。徐鈖亏缺增删相抵，除抵实亏正款银二千九百三十两四钱七分二厘、杂款银三百三十九两一钱九分六厘、仓款银六千一百五十二两九钱一厘、共米价银九百六两七钱八分二厘，共亏正、杂、仓款银一万三百二十九两三钱五分一厘。又欠捐款银九百九十两二钱九分三厘、赔款银五千五百五十四两二分八厘，共欠捐、赔各款银六千五百四十四两三钱二分一厘。并查该故员尚有欠解代理滋阳县任内捐款银二百六十七两六钱四分，一并发审。

兹据济南府讯明定拟，由司详解，臣提案研鞫，据供实系因公挪移，并非侵吞入己，再三究诘，矢口不移，案无遁饰。查例载，挪移库银一万两以上至二万两者，发近边充军等语。此案已故惠民县知县徐鈖亏欠各款银两，除捐、赔各款例不计罪外，实亏惠民县任内正、杂、仓款银一万三百二十九两三钱五分一厘，自应按例问拟。徐鈖合依挪移库银一万两以上至二万两者发近边充军，例拟发近边充军，业已病故，应毋庸议。所亏银两并捐、赔各款，并滋阳县任内捐款银两，饬查该故员家属是否在东，一并照例勒追完缴。该故员任所、寓所均查无隐寄资财，另饬取结咨送。惠民县户书周凌云、仓书李秉乾，于本官挪移仓库银两，禀阻不力，均应照不应重律杖八十，折责发落，系公罪免其革役。除供招送部外，所有审明定拟缘由，理合恭折具奏，伏乞皇上圣鉴，敕部核覆施行。再同案奏参之已革鱼台县降调知县孙鹏翥亏缺一案，现在饬催审拟另行办理，合并云云。

奉提经书暂缓解省县详

为详请事。

案蒙宪台饬驳，卑前县已故徐鈖亏缺各款银两清册一案，除遵照签饬按款登覆更造，并奉提经书暂请缓解各缘由备录载册不复冗叙外，拟合摘叙简详，具文详请宪台鉴核，俯准暂行缓提，实为恩公两便。为此云云。

计申送详册一本、清册三本、奉发签示册一本。

一详济南府。道光二十年三月初十日阅稿。

为详请事。

本年二月十四日蒙宪台札开，札惠民县知悉全云，立速火速计发签册一本，仍缴等因到县。蒙此，遵即饬承，照依指驳各款，逐一更正登覆，另造妥册三本，具文详送宪台核转。至徐故令任内经手书吏，前奉饬提，当查库书尚在署办公，户书张成让早经告退，新接经书现有征收钱粮事件，仓书王秉忠已于十七年间病故。正在饬差传解间，旋奉宪台饬驳更造款册到县，并奉宪札饬知徐前任家属并未在东，必须提解到东，讯明侵挪，方能定拟。业经详蒙抚宪移咨江苏抚院，饬令徐故令原籍清河县，查传该家属解东审办在案。

卑职覆查徐故令所亏银两是侵是挪，该家属咨提到东，方能讯办。且徐故令亏款，既奉驳饬更造，惟恐尚有与司案不符之款，必须核定数目，始行审拟具详。现在亏数未蒙核实、徐鈖家属尚未提到，所有奉提经书人等若解省无可质讯，徒滋拖累。理合详请宪台鉴核，俯准暂缓解审，以省拖累。俟徐参令亏缺款册奉司核定、徐鈖家属咨提到东，一奉行知，即当查传库、仓各书，星速解省质审详办，实为恩公两便。为此云云。

亏缺各款银两数目清册

为札谕事。

今将前任已故徐鈖亏缺正、杂、仓、捐、兵米各款银两数目，逐一查明呈送，查核施行。

计开：

前任已故知县徐鈖自道光十五年五月初九日到任起，至十六年三月十四日引见卸事止，又自八月初二日回任起，至十七年十二月二十二日卸事止、代理知县管裕畴自道光十六年三月十四日到任起，至八月初二日卸事止、代理知县李人骥自道光十七年十二月二十二日到任起，至道光十八月二月十四日卸事前一日止

正款项下：

原亏银五千六百九十五两四钱一分六厘，内除抵款银二千七百六十四两九钱四分四厘。前款奉签示，查抵款项下究系所抵何项，自应开列细数，今该县仅开总数，碍难稽核，着将细数开列，毋违等因。

遵查该令抵款项下，存司未领知县养廉道光十五年银二两一钱九分六厘、十六年银一两七钱五分六厘、十七年银五百八十两八钱八分二厘，浮额孤贫道光十六年银八十四两七钱二分六厘、十七年银一百四十九两九钱七分五厘，闰月孤贫道光十年银十八两五钱四分、十二年银四十两二分、十五年银四十两二分，夫马闰月道光四年银五两五钱二分一厘、七年银十五两四钱四分、十年银七两二钱八分，闽硝例价道光十一年银一百五十一两六钱一分六厘、十二年银一百三十五两五钱七分二厘、十三年银十七两五钱一分八厘、十四年银一百一十三两一钱一

分、十五年银九十两九钱六分五厘，先农坛祭品道光五年至十七年银三十一两八钱二分四厘，昭忠祠祭品嘉庆二十年银一两、道光十一年银五钱、十五年银四两、十六年银四两、十七年银四两、十八年银二两，花红公宴嘉庆二十二年银九钱四分、道光十三年银一两八钱八分七厘、十五年银五两二钱六分四厘、十六年五两六钱一厘，囚粮道光元年银一钱四分六厘、七年银一两三钱三分四厘、十七年银十六两九钱四分二厘、十八年银一两八钱六分八厘，囚衣道光十年银八钱、十七年银八钱。又县案应抵流摊丁酉科场经费银四百六十六两五钱一分四厘、经厅借廉修署银三百二十五两、捕厅借廉修署银一百六十一两五钱三分九厘。又划抵流摊垫解登、莱、青三府属粥资银一百四十六两一钱四分二厘、十八年冬羡银一百二十七两九钱四分八厘。共银二千七百六十四两九钱四分四厘，抵补亏欠十七年地丁正银二千四百四十六两九钱八分二厘、耗银三百十七两九钱六分二厘。理合声明。

实亏道光十二年地丁正银二百九十三两九钱六分一厘、耗银四十二两八分四厘，十三年地丁正银七百五十二两三钱三分四厘、耗银一百六两二钱七分八厘，十四年地丁正银九百七两一钱六分五厘、耗银一百九两五钱五分七厘，十六年地丁正银一百四十五两四钱九分二厘、耗银二十两五钱六分一厘，十七年地丁正银四百八十四两九钱五分八厘、耗银六十八两八分二厘。以上共银二千九百三十两四钱七分二厘。

仓款项下：

原亏谷一万三千一百一十七石七斗八升一合，每石例价五钱，合银六千五百五十八两八钱九分一厘，内除抵款抵除银四百五两九钱八分八厘。前款奉签示，应将所抵何款分晰开列，毋违等因。

遵查该故令抵款项下，内应抵除县案垫支十八年浮额孤贫银十三两二钱一分八厘、普济堂贫民口粮银十四两一钱八分，海丰县欠交十七年冬季书院生息银十三两五钱、山长束脩银三两五钱，监饷银三十八两八钱四厘，垫解府总赋役全书工料银九两四钱六分八厘，划抵流摊修理县署银三百十三两三钱一分八厘，共银前数，理合声明。实亏仓谷价银六千一百五十二两九钱三厘。

兵米项下：

一、亏道光十三年余剩兵米三百二石二斗六升六合五勺、十四年余剩兵米八百十六石四斗四升六合、十六年余剩兵米六百九十六石三斗九升、十七年余剩兵米一百三石五斗二升四合五勺，共亏米一千九百十八石六斗二升七合，照例价每石二两，合银三千八百三十七两二钱五分四厘。

杂款项下：

原亏银六千二百八十三两六钱二分，内除抵款银一千三百三两三钱一分八厘。前①款奉签示，应将抵款项下细数并由县筹补何款分晰开列，以便稽核，毋违等因。

遵查该故令抵款项下，有接收汪②任流摊垫修县署，除划抵仓款外，尚应抵银二百三十五两三钱九分，十八年冬羡银七百三十二两五分二厘，垫发礼生月米银三两一钱三分三厘，垫支十一年正银七十八两四钱九分二厘、耗银二十四两九钱五分四厘，又十七、十八年佃欠普济堂租谷银一百十四两六钱二分

① 底本此列文字上方有小字“县案抵款”。

② 即汪自修。

七厘，又垫支十八年各役工食银一两一钱二分九厘，划抵县丞借廉修署银一百一十三两五钱四分一厘，共抵款银一千三百三两三钱一分八厘。抵补该故令亏缺道光元年岁贡袍帽银十三两四钱八分九厘，知县缺廉八年银七十两，八年同知缺廉银一百四十四两四钱四分五厘，九年同知缺廉银一百九十六两六钱六分七厘、知县缺廉银六十五两三分六厘、岁贡袍帽银十三两四钱八分九厘，十年同知缺廉银一百六十七两七钱八分四厘，十三年同知缺廉银七十四两四钱四分四厘、知县缺廉银一百四十五两八钱三分四厘，十四年知县缺廉银三两八钱八分九厘，十五年知县半廉银四百八两二钱四分一厘，理合声明。

又①由县筹补银三千六百七十六两九钱八分二厘，内筹补徐令亏缺发当生息书院本银一千五百四十七两九钱七分七厘、息银三百一两八钱七分，普济堂贫民口粮生息本银六百两、息银七十八两，短交号马一匹、号驴二头银二十四两，赃罚银六十一两三钱九分四厘，十五年知县半廉银一百三十八两四钱一分三厘、县丞缺廉银十五两一钱八分、典史缺廉银六两一钱五分四厘，十六年县丞缺廉银三十两七钱七分八厘，十七年同知缺廉银一百五十三两三钱三分三厘、经历缺廉银十六两六钱六分七厘、县丞缺廉银二十八两八钱八分九厘，二年县丞缺俸银三两八分四厘，八年知县缺俸银一两五钱四分四厘，十年经历缺俸银二两三钱七分一厘，十一年经历缺俸银八两九钱六分七厘，十五年知府缺俸银六十四两八钱九分二厘，十七年知府缺俸银六十六两四钱二分五厘，师生空缺道光九年银一两七钱七分、十年银六两三钱三分七厘、十一年银十二两七钱五分、十二年银十三两七钱四分、十三年银四两五钱、十四年银十二两

① 底本此列文字上方有小字“县案筹补”。

二钱三分二厘，十五年银十七两四钱、十六年银五两六钱一分七厘、十七年银十七两一钱七分六厘，乡饮八年至十七年共十年共银三十两五钱四分，十七年岁贡袍帽银十三两四钱八分九厘，各役孤贫小建道光八年银二十六两九钱二分五厘、九年银二十六两九钱二分五厘、十年银三十两四钱六分一厘、十一年银三十二两三钱一分四厘、十二年银二十八两九钱四分九厘、十四年银二十九两八钱五分七厘、十五年银二十八两一钱九分三厘、十六年银二十九两八钱五分七厘、十七年银二十四两八钱七分七厘，十七年藉谷合银一两九钱七分二厘，道光八年府学缺俸银十五两八钱四分八厘，十二年知县缺俸银十二两七钱六分，十三年知县缺俸银二两一钱一分三厘，十五年知县缺俸银十两四钱，十七年知县缺俸银七钱三分一厘，知府缺俸道光三年银十两五钱一分七厘、六年银四十三两七钱三分、九年银三十五两五分八厘。共银三千六百七十六两九钱八分二厘。合并声明。

实亏道光十五年知县半廉银七十五两三钱八分五厘、知县半缺廉银一百十五两六钱五分三厘，十六年同知缺廉银二百十五两五钱五分六厘、知县半廉银四百十两二钱七分七厘、夫马小建银六两二钱三分三厘、夫马闰月银十五两三钱，十七年知县缺廉银三十五两、税契银一百九十九两六钱七分、夫马小建银四两八钱三分九厘、夫马闰月银十五两三钱；粮道衙门十七年蓟粮漕耗变价银二十六两九钱五分一厘、车脚变价银六十五两六钱六分六厘，二年行粮项下除支应存漕耗银合银三十二两九钱二分六厘、五升车脚米合银五十一两，二年改拨行粮扣存二升食米合银十九两五钱六分四厘，嘉庆二十四年蓟粮项下扣存三升五合米七石合银十四两。以上共银一千三百三两三钱二分。

前件欠解粮道衙门共银二百十两一钱七厘，已详请粮道移司咨追在案。剩欠司库银一千九十三两二钱一分三厘，蒙签示饬查登覆。查册开各项，系徐故令接收前任及徐本任欠解杂款，共银六千二百八十三两六钱二分，均应交出之项。当屠令原报，仅十五年知县半廉银六百六十二两三钱七厘、县丞缺廉银十五两一钱八分，十六年同知半廉银二百十五两五钱五分六厘、知县半廉银四百十两二钱七分七厘，共银一千三百三两三钱二分。其余四千九百八十两零，内除业已筹补徐令亏缺书院生息本利等项共银二千六百十三两二钱四分一厘，又应弥补欠解司库杂款等银一千六十三两七钱四分一厘，下剩尚欠杂款银一千三百三两三钱一分八厘。屠令原算交代时，系将徐令垫发同属各前任欠解历年科场经费并书院膏火等银一千三百三两三钱一分八厘抵除。嗣经覆核，缘查徐令亏缺杂款，丝毫均关归补，而同属欠解书院膏火等款，均系去任无着之款，碍难悬抵。是以于上年三月间造送年款，详请勒追，复蒙行知，未蒙增入，应请于复参案内，在于徐令家属名下一并着追归款。理合声明。

捐款项下：

一、欠解道光十七年未扣三成曹工银四百九两五钱、十八年三成银七十二两六钱八分，前件本系屠令欠解之款，因徐令欠解十七年续摊誉黄工料银七十二两六钱八分，奉文在于屠令应领十八年夫马闰月等项银内扣拨，故将屠令欠解三成银两划数，顶补登明。十二年奉摊捐修学院钟鼓工料银十三两二钱六分四厘，十七年冬季院本书饭食银三两三钱一分七厘已奉扣无交、奉摊试用知县廖守修部借养廉银一两五钱五分八厘、高密县典史孟兰芳部借养廉银七钱七分八厘、试用知县王鸣凤部借养廉银五钱一分、病故知县杨希贤部借养廉银三两一钱一分六厘，粮道衙门部库添平道光十一年除解下欠银一百三十三两二钱一分七厘、十三年银八十一两六钱一分二厘、十四年银四十三两二钱二分三厘、十五年银一百二十六两六钱一分六厘、十六年银一百三十一两三钱一分五厘、十七年一百一十五两三钱八分二厘、十八年银四两九钱五分五厘。以上添平共银六百三十六两三钱二分，内除长解十二年银二十一两二钱五分，又详追前任朱庆扬欠解道光十一年部库添平银一百二十九两五钱外，实欠银九百九十两二钱九分三厘。前款内有欠解粮道衙门添平捐款银四百八十五两五钱七分，原办本请免提，现奉批驳，是以增入请追。登明。

赔款项下：

一、亏欠仓谷每石二钱，合银二千六百二十三两五钱五分六厘。前件徐令原亏仓谷一万三千一百十七石七斗八升一合内，每石照例价五钱请参外，下剩应着追前数。登明。

以上共亏银一万七千八百三十七两七钱九分八厘。前款奉签示，查前奉奏参徐鈖在惠民县任内，除抵实亏正、杂、仓款及短交兵米共银九千九百九十两一钱五分五厘，未完捐、赔各款银六千八百八十三两五钱一分七厘，二共银一万六千八百七十三两六钱七分二厘。今册开添出粮道添平捐款银四百八十五两五钱七分，共该银一万七千三百五十九两二钱四分二厘。今册开共银一万七千八百三十七两七钱九分六厘，计多银四百七十八两五钱五分四厘，究系如何不符，碍难办理。仰即遵照登覆更造，毋违等因。

遵查屠令原报徐故令亏缺除抵实亏仓款及兵米共银九千九百九十两一钱五分七厘、仓谷二钱作赔银二千六百二十三两五钱五分六厘、杂款银一千三百三两三钱二分、捐款银一千三百二十九两四钱八分九厘、接收前任列抵垫解钱粮等项划抵作赔银二千九百三十两四钱七分二厘，共银一万八千一百七十六两九钱九分四厘。查粮道添平银两亦在原揭之内，现在造册均照屠令原报开列，惟捐款漏开欠解十八年三成七十二两六钱八分，本系屠令欠款，因徐令欠解十七年续摊誊黄工料银七十二两六钱八分，奉扣屠令应领十八年夫马闰月等项银两，应将屠令欠解三成银两划入顶补。又除徐令欠解司书饭食等项已扣现任领款银四百一十五两八钱七分六厘，统计正、杂、仓、捐并摊赔各款，共银一万七千八百三十七两七钱九分八厘。合并声明。

为札谕事。

案蒙宪台转蒙布政司批，卑县详送前任已故知县徐鈖亏缺兵米及杂款银两一案，除将分别详请着赔各缘由备录详册不复冗叙外，拟合摘叙简详，具文详请宪台鉴核，俯赐转详批示祗遵。所有饬提经书人等，奉批到日另行详解。合并声明。为此云云。

计申送详册一本、前任已故徐鈖亏缺册三本、屠令应赔杂款册三本。

一详本府。道光二十一年三月初二日阅稿。

为札谕事。

道光二十年十一月十七日蒙宪台札开，札惠民县知悉全云，此札等因到县。蒙此，遵查卑前署县屠道彰原揭徐鈖亏缺杂款银一千三百三两三钱二分。当时本将抵款笼统抵除，嗣经卑职续行查出徐任列抵、垫发同属欠解书院山长束脩及科场经费等项，系属无着之款，是以于造报年款之时，声请一并着追。今蒙藩宪批饬，不准添入参案，应令详请在于禀揭不实之前署县屠令名下着赔等因，自应遵照办理。

惟查徐故令亏欠杂款银一千三百三两三钱二分，内有欠解粮道宪衙门各年漕耗车脚变价等项银二百十两一钱七厘。当时屠令原系另案详请移咨着追，本不在原揭之内，今蒙着赔，是徐故令欠解粮道宪衙门各款银两，自应照数剔除，仍作另案，详请在于徐故令家属名下着追。下剩实欠宪库杂款银一千九十三两二钱一分三厘，应令屠令赔补。第查徐故令原欠摊捐各款银一千三百二十九两四钱八分九厘，今蒙藩宪已将卑县领款银内扣过司书饭食等项银三百三十九两一钱九分六厘。现在年款册开报徐故令正欠摊捐各款银九百九十两二钱九分三厘，所扣银两自应作为徐故令亏缺杂款划数顶补，核计尚欠杂款银七百五十四两一分七厘。应请屠令名下着赔银六百五十一两六钱六分，下剩尚欠杂款银一百二两三钱五分七厘，由卑县查款另行请拨，于年款项下删除，以符屠令原揭之数。

至十六年余剩兵米一项，查屠令原揭该故令亏缺十六年余剩兵米六百九十六石三斗九升，内缘徐故令任内各兵预借十七年冬季不敷兵米二十七石六斗一升，彼时未奉拨牌，徐令即于十七年应存德州常丰仓本色米项下照数支放。后经卸事，嗣于十八年五月间奉文，在十六年应存德州常丰仓本色米项下拨放十七年冬季不敷兵米二十五石六斗，下剩专支米二石一升。虽未奉拨，屠令已于参数内扣除。迨垫放徐令亏缺十八年秋季兵米时，连奉拨之项全数扣还米二十七石六斗一升，内应除奉文在十六年应存兵米项下拨放米二十五石六斗，其下剩米二石一升。徐令原在十七年余剩兵米内借动，即应归还十七年应存兵米项下，但徐令亏缺十八年兵米因散放促迫，经屠令筹款代为垫放，故将扣还各兵余借米二石一升，就为拨放。该故令亏缺十八年秋季兵米似系以抵补欠，屠令漏未详请更正，乃于该故令亏缺应存十六年余剩兵米数内扣除禀揭之项，以致司案与册报不符。

兹奉札饬，拟合详细查明，分别造具年款清册，具文详请宪台鉴核，俯赐转详藩宪查核，分别着令追赔，以符参案，实为公便。为此云云。

武定府惠民县为札谕事。

今将前任已故徐鈖亏缺正、杂、仓、捐兵米各款银两数目，逐一查明，呈送查核施行。

计开：

正款项下：

原亏银五千六百九十五两四钱一分六厘，内除抵款银二千七百六十四两九钱四分四厘后开细数登明，实亏道光十二年地丁正银二百九十三两九钱六分一厘、耗银四十二两八分四厘，十三年地丁正银七百五十二两三钱三分四厘、耗银一百六两二钱七分八厘，十四年地丁正银九百七两一钱六分五厘、耗银一百九两五钱五分七厘，十六年地丁正银一百四十五两四钱九分二厘、耗银二十两五钱六分一厘，十七年地丁正银四百八十四两九钱五分八厘、耗银六十八两八分二厘。以①上共银二千九百三十两四钱七分二厘。

仓款项下：

原亏谷一万三千一百十七石七斗八升一合，每石例价五钱，合银六千五百五十八两八钱九分一厘，内除抵款抵除银四百五

① 底本此列文字上方有“实亏”。

两九钱九分，后开细款登明。实[1]亏仓谷价银六千一百五十二两九钱一厘。

兵米项下：

一、亏道光十三年余剩兵米三百二石二斗六升六合五勺、十四年余剩兵米八百十六石四斗四升六合、十六年余剩兵米六百六十八石七斗八升、十七年余剩兵米一百三十一石一斗三升四合五勺。前二款十六、七两年兵米，屠令原报徐故令亏缺十六年系米六百九十六石三斗九升、十七年系米一百三石五斗二升四合五勺，内缘徐故令任内各兵预借十七年冬季不敷兵米二十七石六斗一升，尔时未经奉到拨牌，徐故令即于十七年应解德州常丰仓本色米项下照数支放。嗣于十八年五月奉文，在十六年应解德州常丰仓本色米项下拨放十七年冬季不敷兵米二十五石六斗，下剩各兵专支米二石一升。虽未奉拨，屠令已于十八年筹垫徐故令亏缺秋季兵米时，如数扣还拨放。十八年秋季兵米，业已于亏数内扣除请参之项，合并声明。共亏米一千九百十八石六斗二升七合，照例价每石二两，合银三千八百三十七两二钱五分四厘，内除：

一、接收前任朱庆扬垫解列抵已豁道光十年地丁正银一千一百七十四两二钱、前任朱庆扬垫解列抵已豁道光十年耗银一百六十四两五钱四厘、前任朱庆扬垫解列抵已豁道光九年地丁正银六百六十一两二钱九分六厘。

一、接收前任朱奕勳垫放列抵缓征已豁道光元年孤贫米三十七石一斗三升二合二勺，合银七十四两二钱六分四厘。

一、徐令本任垫解缓征十五年地丁正银八百一十九两五钱

---

① 底本此列文字上方有“实亏”。

六分五厘、耗银三十六两六钱四分三厘，共①银二千九百三十两四钱七分二厘。该米一千四百六十五石二斗三升六合，系积年积任辗转挪垫接收作抵，仍请在于徐故令家属名下，作为赔款顶补着追，完缴登明。

实亏兵米价银九百六两七钱八分二厘，以上正款、仓谷、兵米三项，共亏银九千九百九十两一钱五分五厘。

杂款项下：

一、亏道光十五年知县半廉银七十五两三钱八分五厘，十六年同知缺廉银二百十五两五钱五分六厘、夫马小建银六两二钱三分三厘、夫马闰月银十五两三钱，十七年知县缺廉银六两五钱八分三厘、夫马小建银四两八钱三分九厘、夫马闰月银十五两三钱。前②七款共银三百三十九两一钱九分六厘，本系屠令代徐令赔补杂款，缘徐令亏缺捐款内有交代案内，由阜县领款银两内已扣司书饭食等项银三百三十九两一钱九分六厘，故将屠令应赔徐令亏缺杂款银两划数列入顶补着追，以符原参捐款之数。合并声明。

一、欠解道光十七年未扣三成曹工银四百九两五钱、十八年三成银七十二两六钱八分，前件本系屠令欠款，因徐令欠解十七年续摊誊黄工料银七十二两六钱八分，奉扣屠令应领十八年夫马闰月等项银两，故将屠令欠解三成银两划数顶补，登明。十二年奉摊捐修学院钟鼓楼工料银十三两二钱六分四厘，十七年冬季院本书饭食银三两三钱一分七厘，奉摊试用知县廖守修部借养廉银一两五钱五分八厘，奉摊高密县典史孟兰芳部借养廉银七钱七分八厘、试用知县王凤鸣部借养廉银五钱一分、病

① 底本此列文字上方有“划赔后有点数”。

② 底本此列文字上方有“实亏”。

故知县杨希贤部借养廉银三两一钱一分六厘，粮道衙门部库添平道光十一年除解下欠银一百三十三两二钱一分七厘、十三年银八十一两六钱一分二厘、十四年银四十三两二钱二分三厘、十五年银一百二十六两六钱一分六厘、十六年银一百三十一两三钱一分五厘、十七年银一百一十五两三钱八分二厘、十八年银四两九钱五分五厘。以上添平共银六百三十六两三钱二分，内除专解十二年银二十一两二钱五分，又详追前任朱庆扬银一百二十九两五钱外，实欠各年添平银四百八十五两五钱七分，登明。

以①上共银九百九十两二钱九分三厘。

赔款项下：

一、亏欠仓谷每石二钱，合银二千六百二十三两五钱五分六厘。前件徐令原亏谷一万三千一百十七石七斗八升一合内每石照例价五钱请参外，下剩尚应着追前数。登明。

一②、亏赔兵米每石二两，合银二千九百三十两四钱七分二厘。前件徐令原亏兵米一千九百十八石六斗二升七合内除米四百五十三石三斗九升一合请参外，下剩米一千四百六十五石二斗三升六合，每石二两，合银应追赔前数。登明。

共捐赔银六千八百八十三两五钱一分七厘。

以上共亏银一万六千八百七十三两六钱七分二厘。

抵款项下：

一、未领养廉道光十五年银二两一钱九分六厘、十六年银一两七钱五分六厘、十七年银五百八十两八钱八分二厘，浮额

---

① 底本此列文字上方有“作捐实亏”。

② 底本此列文字上方有“赔”。

孤贫道光十六年银八十四两七钱二分六厘、十七年银一百四十九两九钱七分五厘，闰月孤贫道光十年银十八两五钱四分、十二年银四十两二分、十五年银四十两二分，夫马闰月道光四年银五两五钱二分一厘、七年银十五两四钱五分、十年银七两二分八厘，闽硝例价道光十一年银一百五十一两六钱一分六厘、十二年银一百三十五两五钱七分二厘、十三年银十七两五钱一分八厘、十四年银一百十三两一钱一分、十五年银九十两九钱六分五厘，五年至十七年先农坛祭品银三十一两八钱二分四厘，昭忠祠祭品嘉庆二十年银一两、道光十一年银五钱、十五年银四两、十六年银四两、十七年银四两、十八年银二两，花红公宴嘉庆二十二年银九钱四分、道光十三年银一两八钱八分七厘、十五年银五两二钱六分四厘、十六年银五两六钱一厘，囚粮道光元年银一钱四分六厘、七年银一两三钱三分四厘、十七年银十六两九钱四分二厘、十八年银一两八钱六分八厘，囚衣道光十年银八钱、十七年银八钱。共抵款银一千五百三十七两八钱一厘。

县案抵款：

一、应抵丁酉科场经费银四百六十六两五钱一分四厘，经厅借廉修署银三百二十五两，捕厅借廉修署银一百六十一两五钱三分九厘，垫解登、莱、青三府属粥资银一百四十六两一钱四分二厘，县丞借廉修署银一百一十三两五钱四分一厘，接收汪任列抵修理县署银五百四十八两七钱八厘，十八年冬羡银八百六十两，垫支十八年浮额孤贫银十三两二钱一分八厘、普济堂贫民口粮银十四两一钱八分二厘，海丰县欠交十七年冬季书院生息银十三两五钱、山长束脩银三两五钱，监饷银三十八两八钱四厘，垫解府总赋役全书工料银九两四钱六分八厘，垫发礼生月米银三两一钱三分三厘，垫支十一年正银七十八两四钱九分二厘、耗银二十四两九钱五分四厘，十七、八两年佃欠普济堂租谷银一百十四两六钱二分七厘，垫支十八年各役工食银一两一钱二分九厘，以上共银二千九百三十六两四钱五分一厘。

二共抵款银四千四百七十四两二钱五分二厘，内已于前项各款声明抵正款银二千七百六十四两九钱四分四厘、抵仓款银四百五两九钱九分、抵杂款银一千三百三两三钱一分八厘，共银前数。理合声明。

豁免全案

武定府汤①为传付事。

本年八月三十日蒙布政司札，道光十五年八月二十日蒙巡抚部院钟②案验，道光十五年八月十七日准兵部火票递到户部咨，云南司案呈，准浙江司传付内称，道光十五年八月初九日奉上谕："朕寅承丕绪，抚驭万方，旰食宵衣，无日不以勤恤民依为念。十五年中，劭农重谷，减赋停征，迭沛恩纶，覃敷闿泽，所愿四海蒸黎，家给人足，共享升平之福。因思各省民欠钱粮，自嘉庆年间蠲免以后，迄今又阅十余年头。比岁以来，仰蒙慈佑，庆协绥丰，民气和乐。本年恭逢圣母皇太后六旬万寿，钦维慈禧光被，欢洽敷天，允宜申锡无疆，普蠲逋赋。所有各省节年正耗民欠钱粮，及因灾缓征、带征银谷，并借给籽种、口粮、牛具，及漕项、芦课、学租、杂税等项，即着该督

① 即汤世培。

② 即钟祥。

抚、将军、府尹等，将道光十年以前实欠在民者，详悉查明，按照该省所有属之某州某县银谷若干，速行开单具奏，候朕以次降旨，全行豁免。并着先将此旨誊黄宣示，城乡村镇咸使闻知，俾官吏胥役无从影射侵欺，以期膏泽下〈究〉，用副朕锡羡延厘、普惠寰区至意。该部即遵谕行。”钦此。钦遵相应恭录上谕，飞咨山东巡抚遵照可也等因到本部院。

准此，合就檄行。为此仰司官吏即便钦遵查照，通饬各属将节年民欠钱漕及因灾缓带银谷等项，自道光十年以前实欠在民者，详细查明造册汇案，详请具奏；一面由司先行刊刷誊黄，遍贴晓谕，俾共闻知。仍将发去火票移送臬司，照例造报。毋违等因到司。蒙此，除钦遵敬谨刊刷誊黄，另行颁发晓谕周知，并将查办章程由司拟式饬发遵办外，合行马递六百里通饬等因到府。蒙此，除俟奉司颁发誊黄章程到日，另檄飞饬遵办外，兹蒙前因，合行马递六百里转饬。为此仰县官吏文到立即钦遵查照办理，并将自道光十年以前未完钱粮，及因灾缓征、带征银谷，并出借籽种、口粮、牛具，暨漕项、芦课、学租、杂税等项，立予停征；一面查明某某年额征正耗若干，已征若干，内坐支何项若干、分解各衙门若干、解过司库若干，征存未解若干、官亏若干、书亏若干、实在民欠若干、因灾缓征若干，按年分款，赶紧造具切实清册，出具并无官亏书亏、已征未解等项混入民欠切实印结各五本，限半月内具文，由六百里飞送来府，以凭核明，加结转呈开单，详请具奏。此系恭逢昊天普恩，务期实惠及民，毋得稍有捏饰刻缓，致滋弊混，大干参咎。凛之。速速。须至帖者。

前案司札

布政司刘①札惠民县知悉。案照前奉谕旨，将道光十年以前银谷查明实欠在民者豁免一案，已由该府转饬钦遵在案。所有刊刷誊黄，合行马递五百里饬发。札到，该县立即遵照，迅将发去誊黄，在于冲要处所逐一张贴，务使小民周知，毋得隐匿誊黄，私自征收钱粮。仍将贴过处所具报查考。毋违。速速。此札。

计发誊黄一百张。

前案告示

为遵札晓谕豁免陈欠钱粮事。

本年九月初五日蒙布政司札开，前奉谕旨，将道光十年以前银谷查明实欠在民者全行豁免一案，饬令遵照等因。蒙此，查嘉庆二十三年钱粮，应于本年秋后带征，前经晓谕开征在案。今奉文豁免道光十年以前钱粮，嘉庆二十三年民欠亦在应豁之内，恐尔等乡曲小民莫知其由，合行出示晓谕。为此示仰阖邑军民人等知悉，自示之后，所有本年应行带征嘉庆二十三年民欠钱粮，毋庸完纳。尔等应当感激皇恩浩荡，即将应完本年及道光十四年钱粮，踊跃〈输〉将，扫数完纳。倘有带欠，定当按名拘比，照律究办，不稍宽贷，各宜凛遵。毋违。特示。

---

① 即刘斯嵋。

前案府札及章程、册结各式

武定府汤札惠民县知悉。本年九月二十二日蒙布政司札开，照得本年八月间恭奉恩旨，普蠲道光十年以前积欠。当经钦遵行知，遵照转饬所属，将十年以前积欠立即停征，并刊刷誊黄颁发晓谕在案。惟查嘉庆二十四年普蠲案内，官亏、民欠互相牵混，致有多豁少豁情弊，此次自应加意钩稽，以期实惠及民。兹本司恐各属查造歧错，驳更迟误，拟定章程、册结各式颁发，以便划一办理，合行插翼马递六百里札饬。札到，该府立即遵照，饬承分半抄发各属，作速查办此案。限期紧迫，凡有札行事件，均应从严饬催，插翼飞递。若谓一转了事，不顾缓急，是不为查办迟误，而先为转行耽延，设奉旨诘，试问谁能当此重咎？该府务须认真督办，切毋稍涉大意，致误奏限，大干参咎。仍饬所属系于何日奉到章程、册结各式，径禀本司查考。毋违。速速。此札等因到府。

蒙此，合行插翼马递六百里转饬。札到，该县立即遵照宪札事理及奉颁章程、册结各式，赶紧按年、按款，悉心钩稽准确，务须丝丝入扣，分厘无错。准十日内分款造具切实册结各六本，星驰送府核转云云。

计粘抄章程、册结式一纸。

前案司颁章程

一、民欠司库地丁正耗钱粮，应以十四年奏销案内续奏欠解银数作纲，此内官亏、书亏及已征未报、已报未解，并划抵作赔、漏接作赔，名目不一，均应分晰清楚，剔除净尽。下剩民欠再因剔除各项核与续奏未完银数吻合，方为定准。

一、民欠常、社等仓谷麦杂粮，何年因何案出借、何年尚未征收、何年业已征收禀报还仓、何年征收尚未还仓，系何任亏缺，或系后任漏接议令着赔，均应厘剔清楚，挨年分款开列，毋许颗粒捏混。

一、滨近河湖州县历年奏明借帑兴修民埝各工，应于地丁项下分年摊征还款。乾隆五十九年及嘉庆二十四年普蠲民欠案内，奏蒙恩旨，并予蠲除。此次恭逢覃恩，虽无蠲免堤工字样，自应援案详请奏豁，其间或已摊征，或现停缓，应查明各该年原案，照查办民欠地丁各项名目，分别开造细册送核。

一、临、德、常等仓河银等项，恩旨均未指豁，但系地丁项下统征分解，自应一体奏免。惟仓项向系由司转呈，河银完欠数目造报考成则系由河督衙门提报，司中无案可稽。其何年征解若干、何年缓征若干、有无征存未解亏缺，应同仓项银亦照查办民欠地丁各项名目，厘〈剔〉清楚，分案造册送司；一面分送粮、河二道，核准转送查办。

一、各属征册欠数，或较奏销案内未完民欠浮多，自系有垫支垫解在内。此项名目久奉例禁，应全行删除，以符奏销原案。

一、寄庄钱粮系在额征收数，内如甲县代乙县征收，应即确查何年代征若干、征过若干、移解若干、未解若干，报明某任亏缺若干、实在民欠若干，分年分任，逐一厘剔清楚，造具细册，移送乙县核办检查。二十四年豁免案内多有甲县将代征寄庄银两挪亏，并不移会乙县，于额征项下扣除，以致仍作民欠请豁。此次切宜认真确核，互相移查，开造清册，呈送核办。

一、杂税银两，如课程、牛驴、牙杂等项，各属多寡不一，历年皆按原定额数结报全完，奏销案内虽有未完字样，系指官欠而言，是以嘉庆二十四年普蠲案内并未豁及。现奉恩旨，虽在蠲免之列，应候咨请部示；一面将嘉庆二十二年以前，并嘉庆二十三年以后截至道光十年止，查明未完杂税，或有款可抵，或经亏缺豁免，或议令着赔，或应现任完解，分年分任分款，开造清册，呈送核办。

一、漕项银两内，如交军席片及坐支车脚薙夫等款项下间有应行扣解随蓟之项，嘉庆二十四年豁免案内各属不知底细，有将前项作为民欠多豁；又各卫津租、里料、小料、瞻军等项，有作为应征漏豁。似此错误尚多，自应分年分缺，逐细查核明确，一面造册送司，一面造送粮道衙门覆查，移司核办，毋稍遗漏舛错。

一、漕米一项，历次恩蠲并未指豁，即嘉庆二十四年蠲免案内，系咨准大部奏奉谕旨蠲免，此次自应照办。惟漕粮项下有行润闰月仓粮米石，乾隆六十年蠲免案内仍行征收，嘉庆二十四年仿照办理。嗣奉部覆，以乾隆六十年系轮免漕粮行润等项例应征收，嘉庆二十四年系普免积欠行润等项应随同大漕一体请豁。现奉恩旨普免积欠，所有历年大漕何年缓征若干，内有行润闰月仓项米石若干，自应逐查明确，并声明行润等项应否解豁，分析造册，详候粮道核准，移司详办。

一、各属参案造送年款，有以存司领款抵除地丁，司中或因年款尚未核定，或因无款可动尚未拨正，及虽揭参尚未据开造年款之处，奏销案内自系均作未完民欠造报。此时查办蠲免，凡有参亏之案于民欠项下，应行一律注除；一面将未造年款上紧造送。总不得以官亏隐入民欠，亦不得以民欠误入官亏，致有多豁少豁情弊。再查各属划抵作赔、漏接作赔之项，如有地丁在内，并即分晰注除，仍应另册开造，毋稍牵混遗漏。

一、各属交案均不免有征存未解之项，如系以司库领款列抵，应即详请支拨；如系以现银移交，应即扫数批解。并本任征收，均不许丝毫存留，仍先将存司领款及移交现银列抵何年地丁，先行造册送司，以凭分别核拨提解。倘敢挪移亏短，及捏作民欠、捏报缓征，一经查出，立予参追。

一、蠲免一案款目纷繁，自应上紧钩稽，及早完竣。查德州庐案佃欠地租，嘉庆二十四年曾奉部咨，饬造清册，归入豁免案内查办。嗣因咨豁已逾奏限，未经邀准，仍着照旧催征。是查造迟缓，即应豁之款亦不准豁。今本司酌定，以接奉颁发章程之日起，统限一月查办完竣，分案造具册结，一面送司，一面申送府州，仍由该府亲往所属，吊查征册、流串，核对支解档案。每到一处，总于三日内查清，取结、加结、转报。如有违逾定限，即行据实揭参，以儆怠玩。

册式

某府、州某县、州、卫为钦奉恩纶等事。

遵将卑县、州、卫，自嘉庆二十三年起，至道光十年止，应豁民欠地丁正耗银两，逐细查明，按年分晰，据实开册呈送，查核施行。

计开：

某县、州、卫

某年分

额征地丁银若干，应解粮道衙门某项银若干、某项银若干逐一分晰开列，运河道衙门某项银若干；黄河道衙门某项银若干；盐运司衙门民佃银若干；学租银若干；起运折色脚价银若干；举人车价银若干；存留义田租银若干。

应坐支某项银若干、某项银若干。

实应解司银若干。自某年月启征起，截至道光十五年八月初九日钦奉恩旨之日止，已完银若干；又自钦奉恩旨之日起，截至现在止，续征完银若干。二共征完银若干。已解过司库地丁银若干、折色脚价银若干、举人车价银若干、运河道某项银若干、黄河道某项银若干、粮道某项银若干逐一分款开列、盐运司民佃银若干、学租银若干、义田租银若干、已报官亏某衙门某项银若干逐一分晰开列、已报书亏银若干、坐支过某某项银若干、已报未解银若干、已征未报银若干。

实在未完民欠银若干，又因灾缓征银若干。查道光十年以前各案缓征及未完积欠，均于十三年春间调剂案内全行展缓，如内有已经启征年分复因偏灾递缓，只应将被灾村长核计银数声明案由，列于缓征项下，其余未完仍作实在民欠开列，不得声叙带征字样。至未经启征年分，统作缓征造报，免致牵混。

二共未完民欠缓征银若干，内民欠司库银若干（该年如有因灾借领之项，各查照本案，或系入于民欠司库地丁造报，或系入于俸杂奏销造报，均应分晰声叙）；民欠脚价银若干、举人车价银若干、粮道某某项银若干逐一分晰开列、运河道某项银若干、黄河道某项银若干（粮、河各道衙门如该年有因灾赴司借领之项，应于道库项下声叙案由，照数扣除）、盐运司民佃银若干、举租银若干、义田租银若干、坐支某某项下因灾借领银若干。

某年分

额征耗羡银若干，照前款式开列。

结式

某府、州某县、州、卫今于与印结为钦奉恩纶等事。

依奉结得，卑县、州、卫现查自嘉庆二十三年起，至道光十年止，共未完民欠银若干，逐一查明，委系实欠在民，并无已征未解及官侵吏蚀等项牵混融纳情弊，倘有捏饰，日后查出，愿甘参革治罪。所具印结是实。

某府、道、州今于与印结为钦奉恩纶等事。

依奉结，据某州，某县、卫结称，结得卑县、州、卫现查自嘉庆二十三年起，至道光十年止，共未完民欠银若干，逐一查明，委系实欠在民，并无已征未解及官侵吏蚀等项牵混融纳情弊，倘有捏饰，日后查出，愿甘参革治罪，所具印结是实等情。据此，覆查无异，倘有徇隐捏饰情弊，日后查出，愿甘一并参革着赔。合加印结是实。

册式

某府、州某县、州、卫为钦奉恩纶等事。

遵将卑县、州、卫奉文出借籽种、口粮、牛具银两未完民欠查明，开册呈送，查核施行。须至册者。

计开：

某年分

一件某事案内，奉文出借籽种、口粮本色米若干石、折色银若干两，牛具银若干两，何年报明征还若干、未完若干，委系实欠在民，理合登明。如有征存亏缺及缓征等项，仿照钱粮册式开列。以上二款均应分款另册造送。

出借社仓谷石、入官地租佃欠，以上二款仿照前式。

此式各就所有，遵照分别开册申送。如无，均于文内声明，毋庸开送。

结式

某府、州某县、州、卫今于与印结为钦奉恩纶等事。

依奉结得，卑县、州、卫某某年奉文照册式开，委系实在民欠，并无已征未报及书役侵欠情弊，倘有隐饰，日后查出，愿甘参革治罪。所具印结是实。

某府、道、州今于与印结为钦奉恩纶等事。

依奉结，据某州，某州、县、卫结称，结得卑县、州、卫某某年奉文（照册式开），委系实在民欠，并无已征未报及书役侵欠情弊，倘有隐饰，日后查出，愿甘参革治罪，所具印结是实等情。据此，覆查无异。合加印结是实。

前案县详

为札谕事。

道光十五年九月初四日蒙宪台札开，札惠民县知悉。案查前奉谕旨，将道光十年以前银谷查明实欠在民者豁免一案全云，计发誊黄一百张等因到县。蒙此，遵将奉发誊黄，选差干役在于冲要处所遍贴晓谕，务使小民周知。所有贴过处所，据合造册，具文申报宪台查考。为此云云。

计申送册一本。

一申布政司。

为报事。

今将卑县奉发誊黄张贴处所，逐一造册呈送，查核施行。

计开：城乡村庄九十九处照实开。

前案县详

为札谕事。

道光十五年九月二十五日蒙本府、宪台札开，本年九月二十二日蒙布政司札开，照得本年八月间恭奉恩旨，普蠲道光十年以前积欠。当经钦遵行知，遵照转饬所属，将十年以前积欠立即停征，并刊刷誊黄颁发晓谕在案。惟查嘉庆二十四年普蠲案内，官亏、民欠互相牵混云云。计粘抄章程、册结式一纸等因到县。

蒙此，遵将奉发册结各式，饬承赶紧按年按款，漏夜悉心查造外，所有奉到章程日期，拟合具文，申报宪台查考。除禀报本府、径禀藩宪外，为此云云。

一申藩府。

前案府札

武定府汤札惠民县知悉。本年十月十一日蒙藩宪札开，道光十五年十月初五日蒙巡抚部院钟札开，照得道光十年以前民欠及灾缓地丁等项银两，钦奉恩旨查办，业据该司议定章程，详明通饬赶办在案。

查道光十年以前，溯至嘉庆二十三年民欠灾缓钱粮，共计十有三年，历年既久，银款纷繁，其中官亏吏蚀、已征未解及征完未报划抵作赔等项，皆应据实剔出。若非钩核稽严，即恐不肖官吏以完作欠，任意融混，事关特恩蠲免，既办之后设有不实，将来处处受人挟制，一经发觉，谁能当此重咎？本部院深思重虑，此案亟应责成府州吊齐所属实征流水、串根、簿册，支解案据至府、至州，督同该州县彻底根查。其直隶州钱粮亦即由该管道员吊齐督办，统限文到五十日之内，查清出结，报由该司摘提册串抽查。庶期详慎核实，不致稍有隐混，除行该道、府、州遵办外，合亟札饬。札到，该司即便一体转饬遵照，赶紧办理此案，钦限三个月办竣。道、府、州督同查办，已得分限五十日，不为不宽，断难再事延缓。而既责成办理，设或任意违玩，仍有不实，即当立登白简，勿谓言之不先也。慎之。切切等因到司。

蒙此，查此案前经议定章程、册结各式饬发该府，抄发该属遵照查办在案。兹蒙前因，合行马递五百里飞饬。札到，该府立即遵照定限，设局飞饬所属各州县。自嘉庆二十三年起，截至道光十年止，凡有民欠灾缓钱粮，按年查明征册、流水、串根，共征完若干、支解若干、官亏若干、吏蚀若干，已征未解及征完未报各若干，划抵作赔若干，漏接作赔若干，实在民欠若干，据实赶造妥协册结，申送该府查办。事关旷典，该府务当吊齐所属实征底册、流水、串根，支解档案彻底根查，加意钩稽，统限五十日之内查清结报送司，以凭摘提册串抽查。倘有以征完官亏混入民欠，一经查出，定将该府先行参赔，决不宽贷。慎之，速速。此札。并蒙抚宪径札相同，不复重录，札首兼奉朱谕，此案关系豁免要务，必须确查，方免弊端，不致重贻后患，且钦限三个月办竣，亦断不能稍迟。惟恐各属未思此案之要，或稍玩延，噬脐无及，专札特饬，须当作速妥办，至要至嘱各等因到府。

蒙此，查此案前奉行知，原奉恩旨并奉藩宪议颁章程、册结各式均经备录，飞饬赶紧核实造办在案。此次普蠲道光十年以前积欠，洵我皇上浩荡之深恩，并为泽溥寰区之至意，所豁乃实在民欠之项，并非宽免官亏吏蚀之举，州县蒙恩食禄，身临民上，理应认真钩稽，核实造报，方为无忝厥职，无愧衾影，且冒蠲侵欺，例干重辟办理，更何可不慎之又慎乎？本府风闻历办蠲免案内，各属有将官亏吏蚀之项捏为民欠融纳者，有将熟地应征混入灾缓数内者，并有将已征未解存库银两仍作民欠未完造报者，种种弊端不可枚举。州县仓库，颗粒丝毫均关国帑，若以惠爱黎元之善政，悉饱官吏之私囊，不惟天理昭彰，其报甚速，而国法具在，一经败露，罪将奚逭。嘉庆二十四年查办普蠲，因恐各属有朦混融纳之弊，蒙前藩宪按府遴委结实明干牧令，驰赴各州县，逐处吊查征册、流串、案据，按款悉心覆核加结，开折禀报。各属尚知儆畏，不敢稍有欺隐，大抵合盘托出办理，均称核实无从滋弊，而稽核未经详晰之处，官亏、民欠互相纠缠，尚不免有多豁、漏豁之事，虽为数无多，事后逐条登覆，报部更正，颇费周章。此次查办普蠲，自嘉庆二十三年以至道光十年前后，共计十有三载之久，历年民欠及灾缓钱粮，漕粮，漕仓，民佃盐课，学租，出借仓谷、籽种、牛具等项，款目纷繁。其中官亏吏蚀、已征未解与夫征完未报并参亏交案划抵作赔之项，亦复非少，各牧令中奉公自爱办事实心者，固不乏人，而受惑丁书从中作希冀之想者，谅亦不免。其处诚如抚宪札谕，办理稍有不实，将来处处受人挟制，杜渐防微，安可不慎之于始?

今蒙抚宪洞察隐微，思深虑远，责成本府吊齐各属实征流水、串根、簿册，解支案据，督同彻底根查，勒限查清出结。本府受恩深重，职司稽查，且蒙抚、藩宪全责本府督查加结，责任更属非轻，惟有秉公执法，殚力钩稽，核实查办，断不能稍有徇寅谊私情，同罹参赔严谴。本应即行饬调该牧令带齐经书、册卷来府，督同在郡查办。此案事历多年，款项繁冗，且有牵涉参案交代之处，款目更多轇轕，册卷亦属纷繁。牧令各有地方公事，难免顾此失彼，但案关旷典普蠲，宪限五十日，由府办竣结转，甚为严迫。本府统辖十属，逐处按款覆核，均需时日，而各属历年征完批解漕粮漕项，临、德、常仓项，以及民佃盐课、学租奏销册结，均系查造径申，并未送府核转，亦未照造申送本府备案，更属无凭稽核。该县仅止一邑，办理较易，且事关重大，亟应洗心涤虑，赶紧详慎钩稽，核实造办。诚恐各属稍有大意稽延，并或别有意见，届时追悔无及。

除由府设局并委员前往会同查办催提外，合亟定限，谆严告诫，插翼马递六百里飞札严饬。札到，该县立即遵照，即刻会同委员吊齐各年征收钱漕总报、赤书、流串，并解支稿案、参案册卷，自嘉庆二十三年起至道光十年止，督同承办谙练经书，按年按款，赶紧悉心确查，何年共额解司库正耗，粮道临、德、常仓项，漕粮漕项，运库民佃盐课，学宪正耗银米各若干。自该年开征起，至九月某日奉到恩旨之日止，实在共征完何年正耗银米各若干，坐支何款若干，解过何衙门何款若干；官亏若干，书亏若干，已征未解若干、已征未报若干；参亏交代案内报司有案何员亏缺及划抵作赔若干、漏接作赔若干；实在民欠若干，何年因何灾案缓征若干，并该州县何年详明出借仓谷、籽种、牛具若干，何年实在征起若干，未完民欠若干；逐款认真详悉钩稽，厘剔清楚，务须分厘颗粒悉归核实，毋将征完之项混入民欠之中，毋将应征捏在灾缓之列，赶紧遵照前奉藩宪颁发章程、册结各式，迅速分衙门、分款漏夜赶造妥协切实册结各五本。并将原查各年总报、赤书、流报、串根、解支案据，并历年造报漕粮漕项，临、德、常仓项，民佃盐课，学租各符合奏销册结印稿，参案年款奉司核准准册，及划抵作赔、漏接作赔详禀藩宪批准各案卷，暨出借仓谷、籽种、牛具原借花名底册领状，各年征完印册流水，一并逐一检齐具文，同承办正身各经书，限二十日内一并点交，委员会禀，星飞押解来府，以凭逐一覆核明确，加结分别转呈核办。仍先造竣一案，即行详送一案，以便陆续核转。所有已征未解、已完未报各款，尤须据实和盘托出，切实开造；一面赶紧批解，禀报上宪，本府必当宽其既往，不予深追，无须疑虑。事关殊恩普免，亟须查明覆奏，宪限紧迫，功令森严，赶紧核实造办，犹恐迟误。此次谆切推诚告布之后，该印委各员务当审思缓急轻重，妥速办理，以期无误。倘敢言谆听藐，视为河汉，稍有捏完作欠、影射侵欺，或故意纠缠、遗漏舛错，或敢另造征册、流串希图朦混，或征册文卷任意草率、检送不齐以致往返行提、贻误转送，宪限紧急，告诫谆严，或经查出，或被讦告，本府任专责重，断不能作从井之救，同罹严谴，定将该牧令据实严行揭参，决不稍有姑息，勿谓言之不谆预也。事关重大，为时迫促，该牧令身家所系，亟宜猛省自爱，赶紧详慎妥办，依限呈送，慎毋尝试弊混以及草率错漏，刻迟贻误要案，大干严参，噬脐无及。凛之。慎之。飞速，火速。此札。

前案府札

武定府汤札惠民县知悉。本年十月初四日蒙布政司札开，案查各属参亏各员年款案内，因该牧令在任有垫解钱粮并未支养廉，因灾缓征未及解支扣还，而垫解名目虽久已饬禁，然核抵之时已届启征之年，其未支廉银又本有奉部作抵成案，是以即经准其分别列抵亏欠银两，造册详咨。现在钦奉恩旨，蠲免道光十年以前民欠钱粮，业经通饬遵照办理在案，所有前项列抵银两，自前次报抵至今，为时既久，有无已经后任征存未解之银，或尚未征完现仍实欠在民，应行蠲免无可催征，自应一体确查，分别详办，以归核实，而免虚悬。合行马递五百里札饬等因到府。

蒙此，合行马递三百里转饬。札到，该县立即遵照，迅速查明某员亏缺年款案内，有列抵垫解某年钱粮若干，及未支某年养廉若干，当时系报抵何项欠款，内已于某年征起若干，是否现在存库，或系何任欠解，下余未完民欠若干，赶紧分晰造具年款细册五本，限十日内专马星飞呈送核转，以凭核办。其交代案内，如有报明以前项垫解钱粮未支养廉等项列抵者，亦即查明某任内列抵某项银若干，系于何年、月、日报司批准有案，一并据实开册呈送。若彼时并未禀报有案，及虽经奉抵业已批驳者，即不准列册呈报。如无，亦即星驰申覆藩宪及本府查考。奏限紧急，立等核办，均勿稍有含混刻迟，自误干咎。速速。此札。

前案府札

武定府汤札惠民县知悉。本年十一月二十三日蒙布政司批，本府夹单具禀，办理各属豁免道光十年以前民欠钱粮，前奉抚宪勒限五十日由府办竣，限期过迫，恳请转禀加展缘由。蒙批，查此次办理蠲免，前奉抚宪酌核府、州于文到五十日查清结报，并由司立定章程、颁发册结各式，责成各府、州吊齐实征流水、串根，支解案卷核对。如果各府、州实心任事，所属不过十数州、县，何难申到一处，即覆核一处，若以原定限期为时太促，则通省一百余处，本司又当展至何时耶？仰即遵照原定限期，作速将所属州、县册结立刻提到，逐加确核，倘有不符之处，即吊齐征册、流串、支解档案，详细核对明确，加结送司以凭核办。核明一处，即展转一处。倘敢以限期为词，致有舛错遗漏，除将承办州、县严参外，恐该府亦难当此重咎也。慎之。切速。毋违。此缴等因到府。

蒙此，查此案前奉抚宪严札，责成本府设局，由府提齐各属历年征册、流串、案据，逐款覆核结转，勒限五十日，一律办竣等因。当经详明，严札飞饬该县赶紧分案核实，查造册结，检齐历年征册、流串及解支奏销缓征一切案据，并承办谙练经书，限二十日内一并押解来府，以凭查核。并委员前往会查守提，复经严札飞催去后。

迄今月余，各处将齐，独未据该县造送抚宪，五十日统限扣至本月底即已届满。今又禀奉批饬前因，势难再有延缓，该县如此玩延，试问本府如何核办，岂必待参劾及身而后已耶？殊属不知缓急、不顾考成已极，本应即予揭参，姑再插翼马递六百里飞札，尽此一催。札到，该县立即遵照先今檄饬，作速会同委员严押玩承，赶紧漏夜造具应豁历年民欠钱粮、漕仓、民佃灶课、杂税、堤埝各工，以及出借仓谷、籽种、牛具各项册结各六本，检齐历年日征总报，以及解支奏销缓征一切册卷，同承办经书，并另札摊捐局中经费银两，限文到两日内一并具文点交，委员星飞押解来府，以凭核办。抚宪统限已满，本府立等办理，此次谆催之后，倘敢再有刻迟，以及送卷遗漏、经书不到，本府断不能代人受过，定将该印委各员一并严行揭参，无可再行宽待，慎勿自误考成，噬脐莫及。慎之。飞速，火速。此札。

前案帖文

武定府汤为传付事。

本年十一月二十三日蒙盐运司、布政司、督粮道札付，道光十五年十一月初八日蒙巡抚部院钟案验，道光十五年十月三十日准户部咨，云南司案呈，准江西司传付，内阁抄出，山东道监察御史况澄奏豁免钱粮请严剔弊端一折，相应传付自行抄录行文等因前来。相应抄录原奏，恭录上谕，行文山东巡抚一体钦查照可也等因到本部院。准此，合就檄行。为此仰司官吏即便钦遵查照，通饬各属一体遵照，严行查禁，核实办理，毋得视为具文，致干参咎。切切，速速等因行司。蒙此，查此案前经拟定章程并册结各式，饬发该府转饬所属各州县遵照，赶紧查办在案。兹奉前因，合行马递五百里转饬等因到府。

蒙此，合行马递五百里转饬。为此仰县官吏文到立即钦遵查照，严禁胥役人等影射舞弊。仍照依前发章程、前檄，迅将未完道光十年以前民欠钱粮等项，按年吊齐征册、流水、串根，逐一确切查明官亏、已征未解及民欠银两，厘剔清楚，赶紧分案造具切实册结各五本。检齐原查历年征册、流串，及解支奏销缓征各符合册结印稿，并一切案卷，选派承办谙练经书，限文到两日内一并解府，听候督同核办。限期已届，本府立等核办，毋再刻迟贻误，及敢稍存隐混，将官亏吏蚀、已征未解之项混入民欠请豁，一经本府核出，或被告发，定即严行揭参，决不姑宽。慎之。切切。速速。须至帖者。

计粘单一纸。

山东道监察御史臣况澄跪奏，为豁免钱粮等项，请严剔弊端，以归核实而普皇仁，仰祈圣鉴事。

伏察本年八月内钦奉恩旨，将道光十年以前各省节年正耗民欠钱粮等项全行豁免，此诚锡福绥民之盛典也。窃思各直省所属造报民欠钱粮等项，岂尽实欠在民？地方官往往以征作欠，亏缺挪移，若不核实清厘，分别在官、在民，必致朦混详报。是各该员亏挪之款皆在豁免之中，而蠹吏奸胥把持需索，种种弊端所在难免，于国计民生均有关系。与其惩于事后，不若禁之于事前。应请敕下各督抚等严饬各属，认真查办，毋稍含混。其于应行豁免各款，或先期征存不行流抵，或既奉蠲免不为扣除，或以官亏捏报民欠及吏胥等役侵渔情弊，均应实力严行查禁。倘有前项弊端，一经查出，或别经发觉，即将该管官暨该管上司从严参办，所有豁免各款，该地方官一体钦遵。前奉谕旨，详晰查明，开单具奏；奉旨豁免后，遵即照单开列豁免各数，分晰条款，遍行出示晓谕，俾小民共见共知。并照例刊刷免单，按户付执，毋任勒指。斯官吏无从影射侵欺，而率土均沾闿泽矣。臣愚昧之见，是否有当，伏乞皇上圣鉴。谨奏。

道光十五年十月初八日内阁奉上谕："御史况澄奏豁免钱粮，请严剔弊端一奏折。本年恭逢皇太后六旬万寿，前经降旨普免道光十年以前民欠钱粮，该将军、督抚、府尹等自应仰体朕意，严饬所属核实办理。若如该御史所奏，各省于应行豁免各款，或先期征存不行流抵，或既奉豁免不为扣除，或以官亏捏报民欠，吏胥等又复从中侵渔，是以实惠不能及民，徒饱官吏之索。此等情弊实难保其必无，着各直省督抚等认真查察，务将应豁各款核实清厘，分别在官、在民，将来开单具奏；奉旨豁免后，即照单开豁免各款，分晰条款，刊刻誊黄，俾小民共见共知，并照例按户付给免单。倘有官吏影射及蠹役奸胥把持需索等弊，一经发觉，定将该管官吏及该管各上司一并从严惩处，决不宽贷，将此通谕知之。"钦此。

前案府札

武定府汤札惠民县知悉。案据该县申送应豁历年民欠司库正耗及漕粮、漕项、仓项各册结到府。据此，查此案前奉抚宪严札，责成本府设局，由府提齐征册、流串、案卷，逐款覆核结转，勒限五十日一律办竣。如有将官亏吏蚀混入民欠情弊，以及迟误奏限，定即严行参赔等因。当经详明，严札飞饬该县赶紧分案核实，查造册结，检齐历年征册、流串及解支奏销缓征一切案据，并承办谙练经书，一并押解来府，以凭查核。

今该县仅将丁耗、漕粮、漕项、仓项册结造送，所有册卷、经书并未一并解送。所造是否确实符合，试问本府凭何查核？殊属玩违，现在统限已逾，本府立等核办，刻难再缓，合再严札飞提。札到，该县立即遵照先今札饬，即刻严押经书，迅将该县自嘉庆二十三年起，至道光十年止，各年原征、带征、日征钱粮总报，解支奏销缓征参案各册卷，并征收道光元、二年漕粮总报，并漕项、仓项银两解稿批回，以及奏销解支缓征各全册卷，选派承办正身各经书，限文到两日内，一并具文解府听候督同核办。案关豁免要案，抚宪札谕森严，现在五十日统限已逾，本府立等核办，濡笔以待。倘再视为寻常案件，再有玩违草率、遗漏刻迟，以及任令、经书抗违不到，赔误核办，定将该县严行揭参，决不姑息代人受过。慎之。飞速，火速。此札。

前案县详

为札谕事。

道光十五年十二月初五日蒙宪台札开，惠民县知悉。案据该县申送应豁历年民欠司库正耗，及漕粮、漕项、仓项各册结到府。据此，查此案前奉抚宪严札，责成本府设局，由府提齐征册、流串、案卷，逐款覆核转结。札到，该县立即遵照云云等因到县。蒙此，遵即检齐各年日征钱粮总报、奏销缓征参案各册卷，并漕、仓各项银两解稿批回，承办各案经书，拟合具文申解宪台查核。为此云云。

计申解钱粮总报一百五十本、邱①任亏缺册稿一本、陈②任应赔白龙湾堤工银两卷一宗、详追谈③任捐赔各款银两册稿二本、二十四年黄水漫淹蠲免案内溢完流抵银两册稿一本、钱粮奏销册稿十三本、地丁正耗批回库收二百五十九张、仓项解稿三十二本、漕项解稿十三本、借领漕项卷二宗、蠲免漕项卷一宗。

一申本府。

禀府宪禀惠民县应造各案豁免民欠册结已分案申送由，会委员衔

敬禀者。窃卑职△△蒙宪台委催，惠民县应豁道光十年以前民欠钱粮、漕米等项，会同印官，吊齐各项册串案卷，赶紧查造册结，申送核办等因。

遵即会同卑职△，将嘉庆二十三年起至道光十年止，历年钱粮漕米、漕仓等项征册、流串、总报，以及缓征奏销解支卷宗，吊取齐全，按年按款逐细钩稽，查明实在民欠应豁银米各数，遵照奉发章程，分案造具册结。并将应查各案卷申送宪台查核在案，未完银米均系实欠在民，并无官亏吏蚀、融纳捏饰情弊。兹蒙札委，合将各案豁免册结，查明造送缘由，会衔禀覆大老爷查考云云。

府宪汤批。查该县应造、应豁各年丁耗、漕粮、漕仓各项册结，虽已据陆续造申，所有应送核对之征册各卷经书，何以迄今尚未解送？本府凭何核办？仰即遵照历次札饬，迅速会同

---

① 即邱音越。

② 即陈醇。

③ 即谈素敦。

督饬经书，刻将前提应行查核之征收各年钱粮、漕粮、日征总报以及各项解支案据，并漕粮、漕仓各项奏销缓征册卷，查照前札，悉心逐一检齐，选派承办谙练各经书，同应摊局中经费银两，即日一并申解来府，以凭督同按款覆核，准确结转。案关普豁重案，抚宪统限久逾，无论封篆，期内亦须解送，赶紧办理。本府立等核办，濡笔以待，毋再故违，刻迟贻漏，致滋贻误干咎。切速，切速。此缴。

前案县详

此件于十五年十二月二十九日详，十六年二月十六日奉府批，将前任流抵灾缓未支各年廉费、原抵各年已征未解正耗银两援案划抵作赔，转详藩宪。十六年五月二十九日又由府转行，奉司批驳。

为札谕事。

案蒙本府转蒙宪台札饬，自嘉庆二十三年起，至道光十年止，应豁民欠地丁正耗银两，按年分款造具册结申送等因到县。蒙此，除将应豁历年正耗银两数目备载书册外，拟合摘叙简详，具文详请宪台查核。为此云云。

计申送册结各一、六本，详册一、一本。

一申司府。

为札谕事。

道光十五年九月二十五日蒙本府札开，本年九月二十二日蒙布政司札开，照得本年八月间恭奉恩旨，普豁道光十年以前积欠，当经钦遵行知，遵照转饬所属云云，计粘抄章程、册结式一纸等因到县。

蒙此，卑职遵即吊齐征册、流串，并解支稿案批回，按年按款，逐细钩稽，内有已征未报嘉庆二十四年地丁正银一百九十两一钱三分九厘，道光元年正银六百九十五两四分七厘，三年正银四分八厘，七年正银十三两一钱八分二厘、耗银一两四钱八分四厘，共银八百九十九两九钱。前任征存之项，卑职接收交代均系按款作交。

又奏销册内开列未支嘉庆二十四年民欠廉费二百三十五两八钱九厘，道光元年民欠廉费银一百九十九两九分七厘、二年民欠廉费银三十两四分七厘、三年民欠知〈县〉养廉银二百五十九两七钱五分、六年民欠廉费三十一两五钱五分四厘、九年民欠廉费银一钱二分九厘，共银一千五百四十三两一钱七分一厘。查历年民欠廉费银两未及坐支，旋即因灾缓征，迨后屡次偏灾辗转递缓，以致久未征起。此项未支廉费与垫解钱粮固有不同，且又造入奏销，与毫无案据者亦有区别，故卑职接收前任交代均列作抵，议俟启征之年征出解还原抵之征存银两。今十年以前钱粮全行豁免，无可征收。前任原抵之时，本系实欠在民，迨卑职接收之后，致成无着之项，若令卑职代赔，未免偏枯。理合仰恳宪台，俯念未支廉费实系民欠，且于历年奏销报明有案，应请划补已征未报银两，实为恩公两便。

再道光四年奉裁府斗级工食银三十三两七钱五分六厘，于借领嘉庆二十五年漕项内奉扣银一两七分，嘉庆二十四年并道光元、二、三年昭忠祠祭品内扣银十六两，共扣银十七两七分，欠解银十六两六钱八分六厘。奏销案内误作全完造报，致有舛错，今于册内查明更正。

又嘉庆二十三年，道光四、五、八、九、十年地丁正耗项下，有民欠俸工廉费等银；嘉庆二十五年耗羡项下，有民欠廉费银两。因奉饬发章程内开垫支、垫解名目，久奉例禁，应行删除，以符奏销等因。查以上各年俸廉均未报明奏销，遵照全行删除，但民欠俸廉银两多寡不一，今将此项删除，是以征完正耗银数不能符合。

其余历年未完银两均系实欠在民，并无将征完官亏融纳民欠情事。除造具各年民欠地丁正耗银两册结，并检齐征完印册，及解支稿案批回，具文申送本府查核结转外，拟合开造结册各一审，具文详请宪台查核。再卑县并无出借籽种、牛具并社仓谷石、入官地租佃欠，无凭查造。合并声明。为此云云。

计详送册结各一、六本。

一详司府。

前详府批及府详

查该县欠解已征未解各年正耗银两，系属应解司库报部正款。今请以应行蠲免之历年因灾缓征未支民欠廉费划补，以虚款而请抵实欠之项，断难准行。惟该县历年未支廉费银两，据详系属接收前任列抵已征未解之款，现因查办蠲免致成无着，若将前任流抵已征未解银两遽行作为该令亏欠着赔，未免向隅。已由府核，议请将前任流抵灾缓未支各年廉费原抵各年已征未解正耗银八百九十九两九钱，援案划抵作为该令赔款，另追转详藩宪核办矣。仰候奉到宪批，另札饬遵，仍将应赔银两赶紧照数措齐，径解司库交兑具报，毋稍宕延，此缴。册结转送详抄发。

府详

查该县造送应豁道光十年以前历年因灾缓征民欠宪库各年正耗等项银两册结。业经卑府提齐该县历年征册、流串、解支奏销各案卷，按年按款，悉心详慎钩稽，所造征完解支以及未完民欠各数，均属切实开报，并无牵混融纳情弊。业经由府加结，照例另详道宪核转，并将册结各一审先行详送宪台核办在案。惟据该县册报，并据详称，接收前任已征未解嘉庆二十四年并道光元、三、七等年正耗银八百九十九两九钱交代，系以因灾缓征未支历年知县养廉公费银两，经监交议明作抵，俟启征之年，再行征还扣解。今各年民欠廉费耗银，业已查办蠲免，无可催征归款。据该县详请将历年未支廉费银两照数划补已征未解正耗银两，转致欠款虚悬，所议殊属未协。第查该县已征未解各年正耗银两交案，本以未支历年廉费银两作抵，而历年未支知县廉费，均系因灾缓征实欠在民、启征即可归款之项，并于历年奏销案内造报，有案可稽，并非捏饰，且未支廉费银两，本有奉部作抵成案，是以监交议抵，徐令照章接收。

今因钦奉恩旨，蠲免道光十年以前积欠，前项列抵各年廉费致成无着，若遽作为徐令已征未解亏缺着追，亦未免名实未符，情有向隅。今卑府再四筹维，秉公酌议，合无仰恳宪恩，俯念款本前任流抵有着，现在奉文蠲免，徐令因人受累，赐准将徐令原接前任交案流抵未支历年灾缓民欠廉费原抵已征未解嘉庆二十四等年正耗银八百九十九两九钱，援照前次嘉庆二十四年普蠲及交案误接成案，划抵徐令赔款，着追完缴。庶欠款仍归有着，而徐令亦得稍行从容完缴，以昭平允，实为德便。所有卑府核议缘由，是否有当，相应转请宪台鉴核示遵。为此云云。

前案县详司批奉府转行

武定府侯[1]札惠民县知悉。本年二月二十三日蒙布政司批，该县详送豁免道光十年以前民欠地丁正耗银两，按年分晰造具册结缘由。蒙据，送册造各款，除应解粮道衙门银款解支数目有无未符，俟由粮道造册移司另行核办外，查所造司库正耗钱粮款目，诸多错乱不符，按征完各年正耗银数一四合算，亦多参差。且有长支一厘脚费银两，详内虽声明有垫支银两，多寡不一，遵照删除，是以征完正耗不符，而究系垫支何年何项若干，又未详细声明，无从查核。其册造二十五年钱粮，又有已报官亏未经登除之款。现经报出已征未解银两，又请以民欠未支廉费划补，均属朦混，碍难存办。除于册内按款签示，发交委员带往覆查更造外，仰武定府立即督饬该委员等吊齐历年征册、串根及日报总簿，复查更正，另造妥册，由该府加结送司核办。其已征未解银两，亦即督令该县随文解司兑收，作完造报。此案立等详奏，毋任借延，致稽通案，有干未便，此缴等因到府。

蒙此，合亟录批转饬。札到，该县立即检齐历年征册、串根及日报总簿，饬承携带来府，听候督同委员复查更正，另造妥协册结各五本，以凭加结转呈核办。其已征未解银两，亦即随文批解藩库兑收，作完造报。此案立等详奏，毋得借延，致稽通案，有干未便。速速。此札。

---

① 即侯燮堂。

前案府详司批

武定府侯札惠民县知悉。本年五月二十六日蒙布政司批，本府转详，该县详请接收前任已征未解嘉庆二十四年并道光元、三、七年正耗银八百九十九两九钱交代案内，系以因灾缓征未支历年知县养廉公费银两列抵，议请照数划补缘由。蒙批，查垫支、垫解名目，久奉饬禁，徐令接收交代滥行准抵，照例赔解，何得复以垫解钱粮划抵作赔，实属不合。况嘉庆二十四年蠲免案内垫解钱粮划抵已征未解，系奏明办理，此次未便援引。仰即遵照批示，转饬该县迅将蠲免册内核出已征未解银两，作速按年扫数完解，以凭造报。倘再借词饰延，定日详参不贷。慎之，此缴等因到府。蒙此，合行云云。

前案府札

武定府汤札惠民县知悉。本年十二月十二日蒙布政司札开，道光十五年十一月二十一日蒙巡抚部院钟札开，照得本年八月钦奉恩旨，蠲免道光十年以前民欠钱粮等项，所有未奉恩旨以前各属征存在柜银两，自应尽数批解司库造报，不容丝毫隐匿。惟恐不肖州县以完作欠，将征收在柜银两不报、不解，必须确切查明，方免隐混，合行札饬。札到，该司立即查明各属各州县征存在柜银两若干，严催即日尽数批解司库，禀报查考，并移行该管道、府、州。上紧查催，迅将各属节年征册、流串，详加核对征存在柜银数是否相符。倘查有以完捏作民欠融隐朦混者，立即据实详请参办。如果查无情弊，即由该管道、府、州出具并无隐匿及以完作欠印结呈送。仍饬各属将前项已征未解数目，分别年款，开列清折，先行禀送查考；一面移行督饬所属，将民欠银谷查照司议章程赶查明确，依限造具册结，由司汇核详办，毋任迟逾，致干严参。切速，切速等因到司。蒙此，合行马递五百里转饬等因到府。

蒙此，查此案前奉抚宪严札径饬，当经本府备录原札，通饬遵办在案。迄今两旬，未据报解，亦未开折禀覆，殊属玩延。兹蒙前因，合再插翼马递五百里，严札飞催。札到，该县立即遵照，迅将各年征存在柜银两，即日按年按款开具切实清折三扣，禀送本府核办，并通禀各县查核；一面尽数批解司库兑收，并将原提节年征册、总报案卷，选派谙练经书即日星飞送局，以凭详加核对征存在柜银数是否相符，分别结转。案关普蠲，宪限久逾，奉催紧严，立等报解清款，开折禀送核转。毋再稍有迁延融混，以及不解、不禀、不送总报，贻误核办，致干严咎，慎之。速速。此札。

前案县详

此件在详请前任流抵未支历年民欠廉费将已征未解各年地丁正耗划抵之案未奉司驳以前，详送。

为札谕事。

本年十二月十七日蒙宪台札开，本年十二月十二日蒙布政司札开，十五年十一月二十一日蒙巡抚部院钟札开，照得本年八月钦奉恩旨，蠲免道光十年以前民欠钱粮等项全云等因到县。

蒙此，遵查卑职接收前任已征未报历年地丁正耗银八百九十九两九钱，有卑前县奏销案内报明历年未支民欠各官廉费等银一千五百四十三两一钱七分一厘，详请划抵在案。兹蒙前因，拟合开造已征未报年款清折，具文申送宪台查核。为此云云。

计申送清折一扣。

计开：

惠民县

嘉庆二十四年已征未报地丁正银一百九十两一钱三分九厘，道光元年已征未报地丁正银六百九十五两四分七厘，道光三年已征未报地丁正银四分八厘，道光七年已征未报地丁正银一十三两一钱八分二厘、耗银一两四钱八分四厘，以上共银八百九十九两九钱。

嘉庆二十四年未支民欠廉费银二百三十五两八钱九厘、道光元年未支民欠廉费银一百九十九两九分七厘、道光二年未支民欠廉费银三十两四分七厘、道光三年未支民欠知县养廉银二百六十七两八钱六厘、道光四年未支民欠知县养廉银五百一十八两九钱七分九厘、道光五年未支民欠知县养廉银二百五十九两七钱五分、道光六年未支民欠廉费银三十一两五钱五分四厘、道光九年未支民欠知县养廉银一钱二分九厘，以上共银一千五百四十三两一钱七分一厘。各年奏销案内报明，豁免册内详请划抵在案。理合登明。

申府。

前案府札转行院批司详

武定府侯札惠民县知悉。本年二月初五日蒙布政司札开，道光十五年十二月二十日蒙巡抚部院钟批，本司详覆德州查办豁免，查出应删、应赔、应豁各款分别办理缘由。蒙批，如详分别饬遵办理，仍催各府州赶紧确查，由司汇核详办，毋迟，缴等因到司。蒙此，合行抄详，马递五百里转饬等因到府。蒙此，合行转饬。札到，该县立即遵照抄单，赶紧确查分别办理。毋违。速速。此札。

计粘抄详一纸。

查前于本年八月间钦奉恩旨，蠲免道光十年以前民欠钱粮，及因灾缓征、带征银谷，并借给籽种、口粮、牛具，漕项，芦课，学租，杂税等项，自应钦遵确查实在民欠各数，开单详请奏报。惟是恭查上届蠲免，系截至嘉庆二十二年为止，计自嘉庆二十三年，至今业已十载有余，年分较远，且有划入嘉庆十九年盘查抵补后任代解亏缺，暨与各员参亏年款互相牵涉之项，款目既繁，即多轇轕厘剔〔匪〕。而司中查办，总以该州县每年正奏额解数目为凭，是以本司现经督饬委员书吏人等，分别吊齐各年正案奏销，将自嘉庆二十三年至道光十年每年额征解司款项银数查明，提造总册即以提造额行征解银数为纲，详对续奏。已并各属解案暨盘查参案年款，备细钩稽，查出从前开报舛错者即行注明更正，相符者亦即分晰声除，查开实在未完银款数目细册存留内署。俟各府州结转各州县送到，查明应豁册籍，即与核定司册逐款查对。已符者存候汇办，未符者即行指款饬查，不必俟属册到日始行查对司案，以致稽延，此司中现办之情形也。至各属查办，自应以征解各数分别核计，酌定办理之方。

今德州知州李天锡所禀，该牧查办之始系先吊齐日征总报，于各本面上注明实征银数，提造总册即以提造之数为纲，详对钱粮折报，分别已符、未符，核明应豁款数。是此互相确查办理，具见认真细致，所有核出钱粮折报，内多报征完各年正耗银四百四十八两四钱一分三厘，既系历前任垫解民欠，无论交案已、未列抵，均应于民欠项下删除。其漏报征完道光六年正耗银八分二厘，李牧业已认赔，自应于民欠数内剔除。又摊征河工项下，少报征完道光八、九、十等年银九十九两七钱三分九厘，既据查明系当日少报，虽属零星卷尾不在额征数内，然各该年摊征工银尚有未完，自应即归各该年未完项下照数解司，于请豁民欠数内核出，未便作为充公之用。

又各年裁减水夫工食银两，查核驿站奏销案内，均系列入实在项下，声明遵文征解司库。其已、未扣存向不声叙，而钱粮奏销系按额支之数声除，并不在未完数内，断不能再行归入豁免案造报请豁。溯查上届蠲免，即系另单议请，由造报奏销错误之员名下赔缴，现在自应循照办理。惟驿站项下嘉庆二十一年以后应行扣解夫马建余等款，现奉大部奏催，亟须清厘。前已通饬按款详查，开造妥册送司汇办，并经详明宪鉴在案。此款裁减水夫工食银两应行议赔，自应即归查办驿站余剩本案内详奏追赔，但查从前开造奏销本属未协，以致纷纷议赔，刻下自当查明以欠作完之故，酌定以实造报之方，以截漏卮而免赔累。前奉宪台饬议，现已会同臬司通盘详查，悉心筹议，容俟嘉庆二十一年以后，通省夫马建余查复清楚，另归彼案，分别详奏办理。至该州所称道光七年裁减水夫工食银两，驿站奏销案内业已声明，民欠未扣。兹查对前准臬司移送济南府属道光七年驿站奏销，其应扣裁减水夫工食银两，仍系照向式于实在项下造报，并未声明“已、未扣完”字样，自应于各年未扣之款，一律查办，未便两歧。

又民欠项下开报各年脚价、举人公宴、知县公费等款，该州议请并豁。该府核议豁免民欠总以奏销欠解银数为纲，所有各年一厘脚费，如系未支，则地丁已豁无需脚费，即应删除，如有垫支亦应查照章程核删。即知州公费已奏销全支，更应删除等情。核与司案相符，应如该府所议，毋庸列入豁免删

[册] 内造报。但脚费一款，系于耗羡项下扣支，作为解司起运正项运费而设，先照额支之数于正奏内声除，其各属支用数目自应按已完正项计算。若核有多支脚费银两，则当日少解耗羡应详慎查明，仍作已征未解耗银提解司库，于未完耗羡项下核除。其举人花红公宴及举人车价两款，虽不入奏销未完，第系另款划解，报部有案，同一民欠缓征。是以恭查前次嘉庆二十四年普蠲案内，因前二项漏未请豁，曾经奏明着落原办错误之岳前司照数赔缴，则既因漏豁着赔，可见款在应豁之列。惟此次恩旨内未奉指豁，前已同其摊征河工等款，会同各司道详请咨部核示。至该州日征总报之外，尚有应征失业户租扣完钱粮，及交代列抵由州捐解之万寿亭、育婴堂、逆产等款缺额钱粮，该府既称其中有无隐混，俟该州造送豁免册到府，再行核办。应即饬令该府速行吊齐征册、串根，并解支一应交代案据，确切复查，分别办理。所有官捐各项缺额钱粮，除该州所禀名目之外，似尚有类此虚额无处催征之款，若交代案内前任已经抵交者，自应即作已完提解。如有因各年钱粮均在缓征民欠期内，前任并未捐交，而款非系因地入官即系缺额逃亡走失之户，无从催比，不得不由官捐赔。现在民欠既奉恩旨蠲免，此项原因不能空悬，又实属无着，是以责令赔完。兹既查办豁免，似可归入民欠请蠲，免其赔缴，以昭核实。但似此之款，东省所属州县各处皆有，现已通饬责该管各府、州详查交代底案。已交者，提解，若果前任实未入交在缓征民欠期内者，方准核归民欠请豁，不容稍有捏混。德州有前任未捐之款未据声明，亦已饬查并严催，务须依限查明应豁款数，造册送司汇办。缘奉批饬前因，拟合云云。

前案府札司批

武定府俟札惠民县知悉。本年三月初四日蒙布政司批，本府具禀府属普蠲一案，现已督办结转完竣，并开呈各项府总清册缘由。蒙批，查该府所属惠民等处造送蠲免册结，惟商河县册开各款银数相符，其余各州县册送诸多舛错，碍难核办，业已饬委试用未入流严熠前往该府查办在案。所有总册合行发还，仰即督同该委员吊齐各县征册、流串，及支解一切档案，逐处根查明确，据实赶造妥协册结各四本。查完一处，即结转一处，送司核办。其已征未解银两，亦即饬提完解，统俟查竣，另行汇造总册禀送。现在限期急迫，勿稍任延，致误奏限，有干严参，仍候抚宪批示，缴册并发等因到府。蒙此，查各属不符款册，业经本府督同委员覆核完竣。兹奉前因，合亟录批转饬。札到，该县立即遵照，迅将已征未解银两即日赶紧照数径解藩库兑收，仍将起解银数日期禀报本府查考，慎毋再有刻延。切切。此札。

前案府札司批

武定府俟札惠民县知悉。本年五月二十六日蒙布政司批，本府详送该县造送豁免道光十年以前民欠钱粮册结缘由。蒙批，据该府结转惠民、乐陵、滨州等处蠲免历年民欠钱粮册结到司，当查各该州县册造各款民欠银数，诸多不符。前以签册，由司委员驰赴各该州县，会同查明，更造册结，由该府结转到司，已汇案详请奏豁在案，仰即遵照，缴等因到府。蒙此，合亟转饬。札到，该县立即遵照。毋违。此札。

前案帖文

武定府侯为详请事。

本年五月二十二日蒙济东道札付，本年四月三十日蒙巡抚部院钟案验。道光十六年四月十五日准户部咨，云南司案呈，准山东司付称，准山东巡抚咨称，据布政使刘、济东道陈、督粮道张、兖沂道徐、运河道敬①会呈称，窃照本年八月间恭逢谕旨："本年恭逢圣母皇太后六旬万寿，钦维慈禧光被欢洽敷天，允宜申锡无疆，普蠲逋赋。所有各省节年正耗民欠钱粮，及因灾缓征、带征银谷，并借给籽种、口粮、牛具，及漕项、芦课、学租、杂税等项，即着各该督抚、将军、府尹等，将道光十年以前实欠在民者，详悉查明，按照该省所属某州某县银谷若干，速行开单具奏，候朕以次降旨全行豁免。"等因。钦此。当即钦遵敬谨刊刷誊黄，饬发遍贴晓谕，并分别移行，赶紧查办在案。

惟查各属有历年因灾缓征漕粮，及随漕行润闰月，并临、德、常三仓本色正耗等项米石，又地丁项下统征分解之河银正耗，民佃灶课，临、德、常三仓米麦折席草、脚价盘费、折色等项正耗，并起运折色脚价、举人车价及遇科场之年应于起运地丁项下支出另解之花红公宴等项，皆有未完民欠及因灾缓征之项。又沿河滨湖各州县历年借帑修筑堤埝等工，奏明在于各州县应征地粮内分年摊征还款，此项摊征银两除未经议定摊征年分及虽议摊征尚未启征毋庸置议外，其有业经摊征之项、在道光十年以前亦有民欠缓征以上各项，恩旨均未指豁。恭查嘉

① 即刘斯嵋、陈嘉树、张祥河、徐受荃、敬文。

庆二十四年普蠲案内，因前项银米原奉谕旨并未豁及，当经分案咨奉部示，次第奏蒙恩旨全行蠲除，并因举人车价、花红公宴等项漏未请豁，奏明着落原办错误之岳前司照数赔缴在案。

伏思此次恭逢皇太后六旬万寿，仰蒙圣恩，闿泽覃敷，蠲免积逋，实为国家巨典，普天同庆。所有前项民欠缓征银米，虽不在恩旨指豁之列，自应援案请蠲，未敢稍事遗漏，理合详请咨部，迅速覆准以便遵办等情，拟合咨明等因。查前项民佃灶课、起运折色脚价、举人车价、花红公宴，并摊征修筑河湖堤埝各工等银两，据称嘉庆二十四年普蠲案内，原奉谕旨并未豁及，当因分案咨奉部示，次第奏蒙恩准全行蠲除等因。卷查前案所有续豁各项银米，皆由该抚自行奏请蠲除，此次事同一律，应仍令遵照前案奏明办理。其缓征漕粮及随漕行润闰月，并临、德、常三仓本色正耗等项米石，及临、德、常三仓米麦折席草、脚价盘费、折色等项正耗，事隶云南司，应移付云南司自行核办等因前来。查东省各属历年缓征漕粮及随漕行润闰月，并临、德、常三仓本色正耗等项米石，及临、德、常三仓米麦折席草、脚价盘费、折色等项银两，既据该抚查明嘉庆二十四年普蠲案内，均经奏准全行蠲除。此次事同一律，应咨该抚遵照前次奏案，自行奏明办理可也等因咨院行道到府。蒙此，合行转饬。为此仰县官吏文到即便知照。毋违。须至帖者。

前案府札附片奏稿

武定府侯札惠民县知悉。本年六月十九日蒙布政司札开，道光十六年六月初七日蒙巡抚部院钟札开，照得本部院于道光十六年五月三十日附片具奏，现办蠲免民欠钱粮，查出已征未解地丁漕项正耗银两勒限清查批解一件，除俟奉到朱批，另行恭录饬知外，合先抄片札知。札到，该司即便查照，将已征未解银两，督催各属迅速造报批解，务须依限查办完竣，分晰报部。如有迟延亏缺，即行照例严参。毋违。此札等因行司。蒙此，合行马递五百里转饬等因到府。蒙此，合行转饬。札到，该县立即遵照，迅将各年已征未解地丁正耗等项银两，赶紧按年扫数批解司库兑收，以便于已征未解案内作完造报。如有迟延亏缺，本府即照例详请揭参，决不姑宽。慎之。速速。此札。

计粘抄片奏一纸。

再现办蠲积欠钱粮，以道光十四年续奏册报未完银数为纲，分晰已征、未征、曾否批解，使各属官吏不能有所朦混。饬经司、道将奏销报征各案，与各属征收解支卷籍，针孔相寻。现又查出已征未解地丁正耗等银十三万四千六百余两、漕项正耗银四百四十余两，均与请豁之民欠缓征不相牵混。所有已征未解之项，官非一任、款非一年，内有应即提解者，作速饬提；并有新经参亏应核年款照数剔出者，因公动垫等项例应划赔者，现在接收交代应俟算明批解者，现经藩司、粮道勒催各属造报批解，限于半年以内悉行查清，分晰报部。如有逾限，或应议迟延，或应参亏缺，即当照例严办。总期银款悉归清厘，不令稍滋牵混。据藩司刘、粮道张具详前来，合并附片陈明，伏乞训示。谨奏。

前案府札奏稿

武定府俟札惠民县知悉。本年六月二十二日蒙布政司札开，道光十六年六月初六日蒙巡抚部院钟札开，照得本部院于道光十六年五月三十日具奏，查明东省应豁节年民欠缓征银谷数目一折，除俟奉到朱批另行恭录饬知外，合行抄奏札知。札到，该司即便查照，将应行入豁之折色脚价、举人车价、花红公宴、摊征堤工、民佃盐课并河银等款移行该管衙门迅速查覆，详请汇齐续奏。毋迟，速速等因行司。蒙此，除将应豁年分细款，由司另行开册行知外，所有奉到原奏及入豁总数，合行马递五百里转饬等因到府。蒙此，合行转饬。札到，该县立即遵照。毋违。此札。

计粘抄原奏一纸。

奏为查明山东省道光十年以前节年民欠缓征地丁等项银谷确数，遵旨开单具奏，仰祈圣鉴事。

道光十五年八月初九日奉上谕云云，钦此。钦遵由部行文到东，遵即饬司敬谨誊黄，遍行宣示，海岱蒸黎靡不忭舞欣庆，感颂厚泽深仁。窃查山东额赋，甲于他省，司、道各库每岁应征银三百九十余万两，自道光十年溯至嘉庆二十三年，统计应征之数甚巨。此十三年之间，实在民欠及因灾缓征之项，年分既多，款目亦繁。现在仰蒙皇上特恩蠲免，实为非常旷典，臣与藩司督属查办，不敢不小心细密，逐款清晰。所幸各年民欠尚不甚巨，缓征展带为数虽多，均有奏报，各案昭然可据。当经藩司刘议定厘章程，责成各府州吊齐征册、流串、解支档案，按年按款，逐细勾稽，造册加结。并派委熟悉款目之员，即由该司督同，先就司中案据查造底册，俟属册送到，互相比对，稍有参差，即专员前往覆查。其粮道经管银款，亦即一律查办。

兹据各该府州遵照章程厘剔清楚，造册加结，由藩司刘、督粮道张各加覆核，准确统计各州、县、卫，自嘉庆二十三年至道光十年，实在民欠地丁正耗八万一千五百六十五两七钱三分一厘、缓征地丁正耗银二百五十万二千三百三两七钱六分二厘、缓征学租耗羡银十五两三钱九分三厘、民欠缓征常社仓谷一万五千四百九十六石七斗四升四勺、民欠缓征常谷折色并口粮籽种银三万八千六百八十一两六钱一分一厘、民欠缓征漕项正耗银五万三千四百一两二钱七分二厘，以上通共银二百六十七万五千九百六十七两七钱六分九厘、谷一万五千四百九十六石七斗四升四勺，均系实欠在民，并未征完。其中缓征多于民欠，系因递年水旱不齐，民力未逮，均经各年节次奏准展缓、递缓，有案可凭，分晰造册，详请具奏前来。臣按册覆核银款，均属相符，除造细册咨部外，理合恭折具奏，并分属缮具清单，敬呈御览，伏乞皇上圣鉴。再尚有历办蠲免，均准入之折色脚价、举人车价、花红公宴，摊征堤工、民佃盐课、仓项、河银、漕粮，容俟逐一查明，另行汇奏以昭清晰，合并陈明。谨奏。

谨将山东省自嘉庆二十三年至道光十年实在未完应豁民欠缓征地丁正耗、学租、耗银，出借仓谷、籽种、口粮，又漕项正耗各确数，缮具各州、县、卫简明清单，恭呈御览。

计开：

惠民县应豁缓征地丁正耗、漕项、学租，共银六万五千二百九十四两二钱八分六厘。

前案奉府行朱批

武定府侯札惠民县知悉。本年七月初五日蒙布政司札开，道光十六年六月十五日蒙巡抚部院钟札开，照得本部院于道光十六年五月三十日附片具奏，现办蠲免民欠钱粮，查出已征未解地丁漕项正耗银两，勒限清查批解一件，业已抄片行知在案。兹于六月十一日奉到朱批："依议。户部知道。"钦此。合行恭录札知。札到，该司即便钦遵查照，将已征未解银两督催各属迅速造报批解，务须依限造报完竣，分晰报部。至要至嘱，如有迟延亏缺，即行照例严参。毋稍延宕，切切等因行司。蒙此，合行马递五百里转饬等因到府。蒙此，合行转饬。札到，该县立即查照，迅将各年已征未解正耗银两，径解司库兑收，以便作完造报，毋稍迟延。速速。此札。

前案奉府行朱批

武定府侯札惠民县知悉。本年七月初五日蒙布政司札开，道光十六年六月十五日蒙巡抚部院钟札开，照得本部院于道光十六年五月三十日具奏，查明东省应豁节年民欠缓征银谷一折，业已抄奏行知在案。兹于六月十一日奉朱批："户部议奏，单并发。"钦此。合行恭录札知。札到，该司即便钦遵查照，将应行入豁之折色脚价、举人车价、花红公宴、摊征堤工、民佃盐课并河银等款移行该管衙门，迅速查覆，详请汇齐续奏，毋迟，速速等因行司。蒙此，查此案业已抄录原奏转饬遵照在案，所有奉到朱批，合行马递五百里转饬等因到府。蒙此，合行转饬。札到，该县立即遵照。毋违。此札。

前案府札、结式

武定府侯札惠民县知悉。本年八月初二日蒙布政司札开，案查上年八月间恭逢恩诏，蠲免道光十年以前民欠缓征钱粮银谷一案，现已一律查办完竣，由司分案造具细册，详请奏咨在案。所有该府所属之各州县，应豁历年实在未完民欠，缓征地丁正耗、折色脚价、举人车价、花红公宴、学租耗银、出借仓谷、缓征孤贫口粮等项银谷米石各册，合行照抄一份，并拟结式一纸，由马递五百里札发等因到府。蒙此，合行马递札发。札到，该县立即遵照，发去结式，查照册开实在未完民欠银谷米石数目，出具切实印结各五本，具文呈府，以凭核明结转。毋稍迟延。速速。此札。

计发册一本、结式一纸。

某州、县今于与印结为传付事。

依奉结得，查明卑州、县自某年起至某年止，某项银若干、某项银若干，某项谷若干，某项米若干。以上共银若干，共谷若干，共米若干，委系实欠在民，并无已征未解及官亏吏蚀等项牵混融纳情弊。倘有捏饰，日后查出，愿甘参革治罪。所具印结是实。

前案申送印结县详

为札谕事。

案蒙宪台札开，转蒙布政司札开，案查上年八月间恭逢恩诏，蠲免道光十年以前民欠缓征钱粮银谷一案全云，计发册一本、结式一纸等因到县。蒙此，遵即查照，奉发册开实在未完民欠银数，饬承造具切实印结五本，拟合具文申送宪台核转。为此云云。

计申送印结五本。

申府。

武定府惠民县今于与印结为传付事。

依奉结得，查明卑县自嘉庆二十三年起至道光十年止，未完缓征民欠地丁正银五万七千二十一两一钱八分一厘、未完缓征民欠地丁耗银七千五百七十两七钱四厘、未完缓征民欠起运折色脚价银二千一百三十四两二钱四分八厘、未完缓征民欠学租耗银一两五钱一分八厘、未完缓征民欠花红公宴银九两一钱六分二厘，以上共银六万六千七百三十六两八钱一分三厘，委系实欠在民，并无已征未解及官亏吏蚀等项牵混融纳情弊。倘有捏饰，日后查出，愿甘参革治罪。所具印结是实。

前案司札

布政司刘札惠民县知悉。据该县申，该前县谈素敦、朱庆扬等应摊垫修白龙湾划补各年地丁正耗，及各任应赔奉裁府斗级工食银两清册到司，查核册造各任应赔地丁正耗银数均属相符，应候分别饬追，并于已征未解案内声除造报。

惟查府斗级工食银两，系应另案着赔之项，自应另行造册呈送核办，以清眉目。今该县统列一册，且该县蠲免册内已征未解正耗银两，除各任应赔外，下余银八百九十九两八钱六分六厘，系应由该令完解之项，亟应照数批解，作完造报。该县文内亦未提及，均属错误，除册暂存外，合行马递五百里札饬。札到，该县立即遵照，将已征未解正耗银八百九十九两八钱六分六厘，限文到日，按年批解，以便于已征未解案内作完造报；一面将各任应赔府斗级工食银两，按任按年，另造细册，专案详送核追。毋再错延干咎。速速。特札。

前案司札

布政司刘札惠民县知悉。案查该县蠲免案内查出已征未解银两，除报明各任应赔外，下余银八百九十九两八钱六分六厘，系应该令完解之项。节经札催，迄今数目总未解缴分，以致已征未解通案不能详奏，似此任意玩延，尚复成何事体？本应详参，姑再由马递六百里严札飞催。札到，该令立即遵照，将前项已征未解银两，于文到日即速如数批解，以便于已征未解案内作完造报。此案奏限已届，切勿再延，致干未便。文到，仍将的于何日起解日期先由马递五百里禀报查考。毋违。此札。

前案县详

为详请拨抵事。

案蒙宪台札催，蠲免案内已征未解银两等因。蒙此，除将详请拨抵缘由备载书册外，拟合摘叙简详，具文详请宪台鉴核。为此云云。

计申送书册一本。

申布政司。

为遵札详请拨抵事。

案蒙宪台札开，札惠民县知悉。案查该县蠲免案内，查出已征未解银两全云等因到县。蒙此，遵查卑县蠲免案内欠解已征未解正耗银八百九十九两八钱六分六厘，卑县有未领十三年漕耗米折银四百七十两七钱六分五厘、十四年漕耗米折银三百七十七两九钱一分三厘、十五年漕耗米折银五十一两一钱八分八厘，共银八百九十九两八钱六分六厘。理合具文，详请宪台鉴核，俯赐照数拨收，以清款项，并祈批示下县，以便补送批领，实为公便。为此云云。

前详司批

已如详支拨矣，仰即遵照按款补具批领，呈送核办。毋违。缴。

前案上谕及户部奏稿

武定府侯为遵旨议奏事。

道光十六年九月十四日蒙布政司札付，道光十六年八月二十日本司前在护院任内于道光十六年七月二十八日准户部咨，山东司案呈，内阁抄出，本部议覆升任山东巡抚钟，查明山东省道光十年以前民欠缓征地丁等项银谷确数，奏请豁免一折，道光十六年七月十四日具奏。

本日奉上谕："上年皇太后六旬万寿，前经降旨普蠲道光十年以前民欠钱粮，令各将军、府尹、督抚等查明开单具奏。据钟祥将山东省道光十年以前民欠缓征地丁等项银谷确数开单呈览，当交户部议覆。兹据查明具奏山东省道光十年以前未完缓征地丁等项银谷，委系实在民欠地丁正耗银八万一千五百六十五两零、缓征地丁正耗银二百五十万二千三百三两零、缓征学租耗羡银十五两零、缓征常社仓谷一万五千四百九十六石零、缓征常社折色口粮并口粮籽种银三万八千六百八十一两零、民欠缓征漕项正耗银五万三千四百一两零，俱着加恩全行豁免。该抚即刊刻誊黄，遍行晓谕，并照例按户付给免单，严禁吏胥影射需索等弊，务期实惠及民，用副朕推恩布闿至意，余依议。"钦此。钦遵于本月十七日抄出到部，相应抄录原奏，恭录上谕，行文山东巡抚遵照办理可也等因到本护院。准此，合就转行。为此行司该吏即便钦遵移行，遵照办理；一面由司刊刻誊黄，颁发遍贴晓谕。仍照部议，迅将出借仓谷各原案抄录详咨，毋违等因到司。蒙此，除刊刷誊黄另行颁发晓谕外，合行马递五百里转饬等因到府。蒙此，合行转饬。为此仰县官吏文到立即遵照，将豁免民欠缓征银谷分案造具花户姓名细册，按户刊刻免单付给，毋任吏胥影射需索滋弊，致干参咎。速速。须至帖者。

计粘单一纸。

户部谨奏为遵旨议奏事。

内阁抄出，升任山东巡抚钟祥查明山东省道光十年以前民欠缓征地丁等项银谷确数奏请豁免一折。道光十六年六月初七日奉朱批："户部议奏，单并发。"钦此。钦遵于本月初十日抄出到部。据该抚原奏内称，道光十五年八月初九日奉上谕云云。容俟逐一查明，另行汇奏等语。

臣等伏查嘉庆二十四年钦奉恩旨，普免各省积欠钱粮，经前任山东巡抚程国仁将山东省所属各州、县、卫节年民欠缓征地丁等项，共银三百五十余万两，奏蒙恩准，全行豁免在案。上年恭逢皇太后六旬万寿，钦奉恩旨，普蠲逋赋，经臣部恭录，行文各该省遵照办理。今据升任山东巡抚钟祥奏称，山东省各州、县、卫所，自嘉庆二十三年起至道光十年止，未完地丁正耗及节年缓征等项，共银二百六十七万五千九百六十七两七钱六分九厘，又缓征常、社仓谷一万五千四百九十六石七斗四升四勺，均系实欠在民，开单请豁并造具细册咨部等语。

臣等查该抚造送清册，内开道光十四年续奏册报嘉庆二十三年起至道光十年止原报未完地丁正耗银，内除查出已完并亏赔已征未解各款外，所有实在民欠地丁正耗银八万一千五百六十五两七钱三分一厘、缓征地丁正耗银二百五十万二千三百三两七钱六分二厘、缓征学租耗银十五两三钱九分三厘、民欠缓征常社仓谷一万五千四百九十六石七斗四升四勺、民欠缓征常社折色口粮并口粮籽种银三万八千六百八十一两六钱一分一厘、民欠缓征漕项正耗银五万三千四百一两二钱七分二厘。查前项未完民欠缓征及折色口粮各项银谷，既据该府查核明确，均系实欠在民之款。臣部核与嘉庆二十四年奏豁成案，并该省十四年奏销册报数目，均属相符，应即仰遵谕旨，概予蠲免，以广皇仁。至前项出借仓谷，内有未经造报之款，应令该抚将出借仓谷各原案抄录送部备查。其所称折色脚价、举人车价、河银、漕粮等款另行汇奏一节，应俟奏报到日，再行核办。所有臣等遵旨核议缘由，理合恭折具奏，伏乞皇上圣鉴。谨奏。

前案府札附片奏稿

武定府徐札惠民县知悉。本年九月十七日蒙布政司札开，查接管卷内，道光十六年八月二十一日本司前在护院任内札开，照得本护院于道光十六年八月十二日附片具奏，续办蠲免民欠钱粮，查出已征未解折色脚价等银，遵照奏限提解造报一件。除俟奉到朱批，另行恭录饬知外，合行抄片札知。札到，即便移行查照，将已征未解银两遵照奏限，赶紧分别提解造报。如有迟逾不清，即行详请参办。毋迟，速速等因到司，移交本司。

准此，查各属已征未解折色脚价等项银两，业经同已征未解正耗开单，札饬该管各府、州转饬遵照，完解在案。兹准前因，合行马递五百里札饬等因到府。蒙此，合行转饬。札到，该县立即遵照，迅将欠解已征未解各项银两，刻日照数措齐，统限月内扫数径解司兑收，以便汇案依限详奏，仍将起解银数日期禀府查考。毋再迟延干咎。速速。此札。

计粘单一纸。

再前办蠲免地丁等款，剔出已征未解银两，业经前抚臣钟奏明，限于半年以内分别提解造报，仰蒙俞允。今续办脚价等款亦经按照奏销报征，与解支各案针孔相寻，使属官不能有所朦混。计又查出已征未解折色脚价等银一万三千七百四十九两三钱三分八厘，临、常等仓正耗银五百四十四两二钱七分九厘，核与已征未解地丁等银事同一律。均已于民欠数内核实剔除。应即并案遵照奏限提解造报，如有迟逾不清，即行分别参办。经臣于藩司任内，与督粮道张祥河详，由前抚臣钟移交前来，合并附片奏闻，伏乞圣鉴。谨奏。

前案府札奏稿

武定府俟札惠民县知悉。本年九月十七日蒙布政司、济东道札开，查接管卷内，道光十六年八月二十一日本司前在护院任内札开，照得本护院于道光十六年八月十二日具奏，查明道光十年以前民欠缓征折色脚价等银米漕粮确数一折，除俟奉到朱批，另行恭录饬知外，合先抄片札知。札到，即便查照，毋违等因到前署司，移交本司。准此，合行马递五百里转饬等因到府。蒙此，合行转饬。札到，该县即便查照。毋违。此札。

计粘抄原奏并清单一纸。

奏为查明道光十年以前民欠缓征折色脚价等银米漕粮确数，恭折奏祈圣鉴事。

恭照道光十五年八月钦奉恩旨，普蠲道光十年以前民欠缓征钱粮，由部行文到东。臣于藩司任内接奉抚臣行知，遵即议定厘剔章程，详明督办，凡非实欠在民之项，丝毫不容牵混。业由前抚臣钟将应豁地丁等银谷数目开单具奏，接到部覆，钦奉谕旨准其豁免，海岱蒸黎，同声欢戴。尚有应豁起运折色脚价等银及漕项、漕粮，前经陈明另行汇奏，以昭清晰，并查地丁漕粮既经请豁，所有应于地丁项下征还之因灾缓征借领夫马工料、俸工役食，以及因灾缓征借动仓谷，应于大漕项下征还之孤贫等米，亦应一律办理，催据各属陆续造报，先后由督粮道张祥河并臣于藩司任内，各加覆核准确，造册具详。前抚臣钟未及汇奏，旋即升任，移交前来，臣复详加查核，东省各州、县、卫，自嘉庆二十三年至道光十年，共计民欠缓征起运折色脚价，举人车价，花红公宴，摊征河工、堤工，及因灾借领夫马工料、俸工役食等银一十一万一千六十一两九钱一分六厘，缓征孤贫等米六百二十五石九斗七勺五抄，又仓项正耗席草等银十五万二千二百八十五两九钱三分九厘、米三千四百五十一石五斗八升七合五勺，漕粮二十一万五千六百五十三石五斗九升一合七勺，均系实欠在民，案款相符。除取细册咨部外，理合恭折具奏，并分缮清单，敬呈御览，伏乞皇上圣鉴。再应豁民佃盐课，业经长芦盐政臣钟[1]查明会奏，其应豁河道银两，容俟催查清晰，另行奏请。合并陈明，谨奏。谨将山东省道光十年以前民欠缓征起运折色脚价，举人车价，花红公宴，摊征河工、堤工，并因灾借领俸工役食、夫马工料，缓征孤贫等项银米确数，缮具清单，恭呈御览。

计开：

惠民县民欠缓征折色脚价、举人车价、花红公宴等银二千

---

① 即钟灵。

一百四十三两四钱一分，谨将山东省道光十年以前民欠缓征德、常、临仓正耗银米，并缓征漕粮各确数，缮具清单，恭呈御览。

计开：

惠民县缓征德、常、临三仓正耗银九千六百三十三两一钱八分四厘，漕粮二千六百二十一石一斗九升三合三勺。

前案府札朱批及司详院批

武定府侯札惠民县知悉。本年九月十四日蒙布政司、济东道札开，查接管卷内，道光十六年八月二十三日本司前在护院任内札开，照得本护院于道光十六年八月十二日具奏，查明道光十年以前民欠缓征折色脚价等银米漕粮确数一折，业已抄奏饬知在案，兹于八月二十一日奉到朱批："户部议奏，单片三件并发。"钦此。合行恭录札知。札到，立即钦遵查照。毋违。

同日又一件札开，照得本护院于道光十六年八月十二日附片具奏，续办蠲免民欠钱粮，查出已征未解折色脚价等银，遵照奏限提解造报一件，业已抄片饬知在案。兹于八月二十一日奉到朱批："览。"钦此。合行恭录札知。札到，即便钦遵移行查照，将已征未解银两遵照奏限，赶紧分别提解造报，如有迟逾不清，即行详请参办。毋违。速速。

同日又批详，奏道光十年以前民欠缓征折色脚价等项银米数目缘由，批开，已照详具奏，抄折另文行知矣。希即移行遵照，并将各案已征未解银两，务于限内提解清楚，造册详送核咨，毋稍迟逾。切切。此复清册存各等因到前司，移交本司。准此，合行马递五百里转饬等因到府。蒙此，合马递三百里转饬。札到，该县立即遵照，迅将已征未解银两刻速措齐，务于月内扫数径解司库兑收，以便汇案造报。仍将起解银数日期禀报本府查考，毋再迟延。速速。此札。

计粘抄详一纸。

查出各案已征未解银一万三千七百四十九两三钱三分八厘，应请归入蠲免，地丁案内查出已征未解银两，遵照奏限，一并饬提完解，另行造册报部外，统计查明实在历年民欠起运折色脚价银二千一百五十五两八钱八分六厘、缓征民欠起运折色脚价银三万八千六百四十两九钱四分一厘，民欠举人车价银六十两二钱三分八厘、缓征民欠举人车价银一千九百二十四两七钱二分，民欠举人花红公宴银十五两九钱三分、缓征民欠举人花红公宴银四百五十一两一钱八厘，民欠摊征堤工银七百七两二钱一分一厘、缓征民欠摊征堤工银三万二千二百五十九两一钱三分，缓征民欠因灾借领俸工役食银一万三千二百七十九两七钱二分二厘，借领夫马工料银二万一千五百六十七两三分，民欠缓征余剩孤贫等米一百一石五斗八升一合九勺、缓征孤贫口粮米五百二十四石三斗一升八合一勺五抄，通共应豁未完民欠及缓征民欠起运折色脚价等项共银一十一万一千六十一两九钱一分六厘，余剩孤贫口粮等米六百二十五石九斗七勺五抄。查该各年民欠及缓征民欠各项银米数目，委系实欠在民，并无捏混情弊。除将各州、县、卫民欠银米已、未完数目，另行造细册详送咨部外，拟合分属先行开具清册，详请宪台鉴核。同粮道运司册造续案应豁民欠仓项、漕粮并民佃等项，一并分别会核具奏，恭候恩旨施行。至各属未完民欠河库正耗银两，事隶运河兖、沂二道督查之款，现惟运河道所属未完河银未准造册移送，容俟移催到日，另行详请，会同河宪具奏。合并声明。为此备由呈请照详施行。

前案上谕及户部奏稿

武定府侯为遵旨议奏事。

本年十一月十三日蒙布政司札开，道光十六年十月二十五日蒙巡抚部院经①案验，道光十六年十月十五日准户部咨，山东司案呈，内阁抄出本部议覆护理山东巡抚刘②奏豁免民欠折色脚价等款银米一折，道光十六年九月二十七日具奏。本日奉上谕："上年皇太后六旬万寿，前经降旨普免道光十年以前民欠钱粮，今该将军、府尹、督抚等查明开单具奏，据护理山东巡抚刘将山东省各属节年民欠缓征折色脚价等项银米漕粮，查开确数呈览，当交户部核覆。兹据查明具奏，自嘉庆二十三年起至道光十年止，未完折色脚价银四万七百九十六两零，举人车价银一千九百八十四两零，花红公宴银四百六十七两零，摊征河工、堤工银三万二千九百六十六两零，借领夫马工料银二万一千五百六十七两零，俸工役食银一万三千二百七十九两零，缓征孤贫等米六百二十五石零，又仓项正耗席片等银十五万三千二百八十五两零、米三千四百五十一石零，漕粮二十一万五千六百五十三石零，均系实欠在民，着加息全行豁免。该抚即刊刻誊黄，遍行晓谕，并照例按户付给免单，严禁吏胥影射需索等弊，务期实惠及民，用副朕推恩布闿至意。"钦此。钦遵于九月三十日抄出到部，相应抄录原奏谕旨，行文山东巡抚遵照办理可也等因到本部院。

准此，查东省前次具奏，册报未完民欠摊征河工、堤工银，系属三万二千九百六十六两三钱四分一厘。今准部咨议奏，粘

① 即经额布。

② 即刘斯嵋。

单内开摊征堤工、河工银三万一千九百六十六两三钱四分一厘，核与原报数目不符，似系笔误，除咨明户部更正外，合就檄行。为此仰司官吏即便钦遵。现奉上谕，准豁银数转饬遵照豁免；一面迅速刊刷誊黄，颁发遍贴晓谕，并饬照例按户付给免单，严禁吏胥影射需索等弊，务期实惠及民，切切等因到司。蒙此，除刊刷誊黄，另行颁发晓谕外，合行马递五百里转饬等因到府。蒙此，合行转饬。为此仰县官吏文到立即遵照，将豁免民欠缓征银米、漕粮分案造具花户姓名细册，按户刊刷免单付给，毋任胥吏影射需索滋弊，致干参咎。速速。须至帖者。

计粘单一纸。

奏为遵旨议奏事。

内阁抄出护理山东巡抚布政使刘查明道光十年以前民欠缓征折色脚价等项银米漕粮确数，奏请豁免一折。道光十六年八月十七日奉朱批："户部议奏。单片三件并发。"钦此。钦遵于八月二十一日抄出到部。据该护抚原奏内称，恭照道光十五年八月钦奉恩旨云云，其应豁河道银两，容俟催查清晰，另行奏请，合并陈明等语。

臣等伏查上年恭逢皇太后六旬万寿，钦奉恩旨，普蠲逋赋，据升任山东巡抚钟查明，东省各州、县、卫自嘉庆二十三年起至道光十年止，未完地丁正耗及节年缓征等项共银二百六十七万五千余两，又缓常、社仓谷一万五千余石，开单请豁。经臣部核议，奏奉谕旨，允准其所称折色脚价、举人车价、河银漕粮等款，声明俟奏报到日，再行核办在案。今据护理山东巡抚刘查明，东省各州、县、卫自嘉庆二十三年至道光十年，共计民欠缓征起运折色脚价，举人车价，花红公宴，摊征河工、堤工，并因灾借领夫马工料、俸工役食等银十一万一千六十一两九钱一分六厘，缓征孤贫等米六百二十五石九斗七勺五抄，又仓项正耗席草等银十五万二千二百八十五两九钱三分九厘、米三千四百五十一石三斗八升七合五勺，漕粮二十一万五千六百五十三石五斗九升一合七勺，均系实欠在民，造具细册咨部请豁。臣等查道光十年以前民欠正杂钱粮，已奉恩旨全行蠲免，则前项未完各款，自应一律豁除。所有册开未完折色脚价银四万七百九十六两八钱二分七厘，举人车价银一千九百八十四两九钱五分八厘，花红公宴银四百六十七两三分八厘，摊征河工、堤工银三万一千九百六十六两三钱四分一厘，借领夫马工料银二万一千五百六十七两三分，俸工役食银一万三千二百七十九两七钱二分二厘，缓征孤贫等米六百三十五石九斗七勺五抄，又仓项正耗席草等银十五万二千二百八十五两九钱三分九厘、米三千四百五十一石五斗八升七合五勺，漕粮二十一万五千六百五十三石五斗九升七勺，既据该护抚查核明确，均系实欠在民，应即仰遵谕旨，概予蠲免，以广皇仁。所有臣等遵旨核议缘由，理合恭折具奏，伏乞皇上圣鉴。谨奏请旨。

蠲免办理完竣，司中详请奏咨细册奉府转行

惠民县册报，查明道光十年以前实在未完缓征民欠地丁正银五万七千二十一两一钱八分一厘，内嘉庆二十三年未完缓征民欠地丁正银一千六百一十两二分四厘、二十四年未完缓征民欠地丁正银三千五百三十六两六钱二分六厘、二十五年未完缓征民欠地丁正银五千五百九十一两四钱六分八厘，道光元年未完缓征民欠地丁正银八千五百七十三两二分一厘、二年未完缓征民欠地丁正银一万二千二百三十三两七钱九分二厘、三年未完缓征民欠地丁正银三千九百一十一两七钱三分三厘、四年未

完缓征民欠地丁正银三千五百六十二两九钱六分九厘、五年未完缓征民欠地丁正银三千五百八十六两三分二厘、六年未完缓征民欠地丁正银二千二百三十九两九钱九分六厘、七年未完缓征民欠地丁正银二千二百七十八两二钱八分五厘、八年未完缓征民欠地丁正银二千七百三两八钱五分九厘、九年未完缓征民欠地丁正银三千七百六两一钱八分三厘、十年未完缓征民欠地丁正银三千四百八十七两一钱九分三厘，以上共未完缓征民欠地丁正银五万七千二十一两一钱八分一厘。

惠民县册报，查明道光十年以前实在未完缓征民欠地丁耗银七千五百七十两七钱四厘，内嘉庆二十三年未完缓征民欠地丁耗银二百三十三两八钱二分六厘、二十四年未完缓征民欠地丁耗银二百八十一两八钱九分、二十五年未完缓征民欠地丁耗银六百七十两七钱一分一厘，道光元年未完缓征民欠地丁耗银一千三两一钱三分四厘、二年未完缓征民欠地丁耗银一千六百八十二两九钱一分二厘、三年未完缓征民欠地丁耗银五百六十二两四钱三分一厘、四年未完缓征民欠地丁耗银五百一十七两六分、五年未完缓征民欠地丁耗银五百二十二两八钱四分五厘、六年未完缓征民欠地丁耗银三百四两五钱五分六厘、七年未完缓征民欠地丁耗银三百三十七两九钱一厘、八年未完缓征民欠地丁耗银四百一两四钱七分、九年未完缓征民欠地丁耗银五百三十九两四分、十年未完缓征民欠地丁耗银五百一十二两九钱二分八厘，以上共未完缓征民欠地丁耗银七千五百七十两七钱四厘。

惠民县册报，查明道光十年以前实在未完缓征民欠起运折色脚价银二千一百三十四两二钱四分八厘，内嘉庆二十三年未完缓征民欠起运折色脚价银一百七十七两八钱五分四厘、二十四年未完缓征民欠起运折色脚价银一百七十七两八钱五分四厘、二十五年未完缓征民欠起运折色脚价银一百七十七两八钱五分四厘，道光元年未完缓征民欠起运折色脚价银一百七十七两八钱五分四厘、二年未完缓征民欠起运折色脚价银一百七十七两八钱五分四厘、三年未完缓征民欠起运折色脚价银一百七十七两五钱五分四厘、四年未完缓征民欠起运折色脚价银一百七十七两八钱五分四厘、五年未完缓征民欠起运折色脚价银一百七十七两八钱五分四厘、七年未完缓征民欠起运折色脚价银一百七十七两八钱五分四厘、八年未完缓征民欠起运折色脚价银一百七十七两八钱五分四厘、九年未完缓征民欠起运折色脚价银一百七十七两八钱五分四厘、十年未完缓征民欠起运折色脚价银一百七十七两八钱五分四厘，以上共未完缓征民欠起运折色脚价银二千一百三十四两二钱四分八厘。

惠民县册报，查明道光十年以前实在未完缓征民欠学租耗银一两五钱一分八厘，内道光九年未完缓征民欠学租耗银七钱五分九厘、十年未完缓征民欠学租耗银七钱五分九厘，以上共未完缓征民欠学租耗银一两五钱一分八厘。

惠民县册报，查明道光十年以前实在未完缓征民欠花红公宴银九两一钱六分二厘，内嘉庆二十四年未完缓征民欠花红公宴银六两一钱八厘，道光二年未完缓征民欠公宴银三两五分四厘，以上共未完缓征民欠花红公宴银九两一钱六分二厘。

惠民县更造驳发册结申文

代理武定府惠民县为委提事。

案蒙布政司札开，札试用未入严炤知悉。案查各属应造蠲免道光十年以前缓征民欠钱粮册结，前经详明院宪议定章程，札饬该管知府提集各该州县历年征册、流串及解支各案，逐一确查，督造妥协，由府加结送司核办。兹查武定、青州二府所属，虽据惠民、海丰、乐陵、滨州、利津、沾化、蒲台、益都、临淄、高苑、寿光、昌乐等州县，造送册结到司，查核册造各款银数，非特多有舛错不符，且耗羡银两原系随正征收，必应两相吻合，今按册开征完正银，以一四耗核算正耗，皆有少报，显系以完作欠，朦混请豁。其阳信、博兴、乐安又迄未造送，如仍分别径行催造饬查，诚恐未能妥速开造登覆，限期急迫，自应委员前往查办。除将不符各款于属册内分晰签明并札行该府外，合亟札委。札到，该员立即遵照，克日束装前赴武郡，随同该府提集各州县征册、流串、日收总簿，及一应案据经手书吏人等，将驳发之册照依签示，逐一查明更正，务使完欠分明，正耗吻合。其有与司案不符者，亦即将舛错原委声明。至未造各县，并即提郡，一体赶紧查照妥协。倘各州县案卷、经书未经送到，或应仍行提府查造，或即由该员径往各该州县会同该牧令查办送府复核结转，自应分别程途之远近，随时与该府商同办理。造完一处，即送一处。俟武定府属办完，即赴青州府属挨次查办。又莱州府属尚有潍县一处未到，并即一体前往查办，妥造呈送。其各州县已征未解银两，亦即催令刻日扫数解司兑收，以便作完造报。

此案屡奉院催，急等详办，该员断不可稍事因循瞻顾，致负委任，有干未便。事竣，速即回署查办经手未了事件。毋违。切切。特札。计发签驳属册一封，仍缴等因到县。蒙此，卑职遵将应造蠲免民欠钱粮册结，饬承检齐历年征册、流串及解支稿案，会同该委员照数依签示，逐一查明更正，赶造妥协册结各三本，拟合具文申送宪台核转。为此云云。十六年三月十八日阅稿。

计申送册结各三本。

一申本府。

印结

代理武定府惠民县今于与印结为钦奉恩纶事。

依奉结得，卑县现查自嘉庆二十三年起至道光十年止，未完民欠司库地丁正银五万七千二十一两一钱八分一厘，起运折色脚价银二千一百三十四两二钱四分八厘，花红公宴银九两一钱六分二厘，又民欠司库耗银六千四百九十七两六钱六分，道光三、四、五、六年知县养廉耗银一千七十三两四分四厘，学租耗银一两五钱一分八厘，以上正耗银两委系实欠在民，并无已征未解及官侵吏蚀等项牵混融纳情弊。倘有捏饰，日后查出，愿甘参革治罪。所具印结是实。

一申本府。

无闰之年额征正银五万六千八百一两七钱四分七厘、耗银七千九百五十二两二钱四分五厘，有闰之年额征正银五万六千八百一十四两九钱二分九厘、耗银七千九百五十四两九分。

惠民县嘉庆二十三年至道光十年应豁民欠地丁正耗银两清册

代理武定府惠民县为钦奉恩纶等事。

遵将卑县自嘉庆二十三年起至道光十年止，应豁民欠地丁正耗银两，逐细查明，按年分晰，据实开册呈送查核施行。须至册者。

计开：

惠民县

嘉庆二十三年分

额征地丁银五万六千八百一两七钱四分七厘，内除学田租银五两四钱二分四厘系儒学征解年清年款无欠外，实征地丁银五万六千七百九十六两三钱二分三厘。应解粮道衙门临仓银四千六百五十三两二钱五分二厘、德常仓银九百二十两八钱五分九厘、漕项银六百八十六两七钱三分四厘，起运折色脚价银一百七十七两八钱五分四厘，举人车价银三两八钱一分八厘，奉裁府斗级工食银三十三两七钱五分六厘。应坐支官俸役食、夫马工料杂支等银三千一百九十二两八钱四分七厘，随漕润耗、脚价盘费等项银一千三两一分。实应解司正银四万六千一百二十四两一钱九分三厘。

自嘉庆二十三年二月初一日启征起，至道光十五年八月初五日钦奉恩旨之日止，已完银五万五千八两四钱四分五厘，内有前任垫完银六百十五两九钱三分七厘，又应赔奉裁府斗级工食银三十三两七钱五分六厘，是以正耗不符，登明。又自钦奉恩旨之日起，截至现在止，并无征收，查是年钱粮，因道光十四年秋禾被旱案内，详请缓至道光十五年秋后启征，未及征收即奉恩旨，理合登明。已解过司库银三万一千八百十四两六钱六分三厘，举人车价银三两八钱一分八厘，粮道临仓银四千六百五十三两二钱五分二厘、德常仓银九百二十两八钱五分九厘、漕项银六百八十六两七钱三分四厘。已报官亏司库银一万二千六百五两五钱一分九厘，系前署任邱音越亏缺，已于参案报明在案，登明。坐支过薛贾氏建坊银三十两，坐支过官俸役食银、夫马工料、杂支等银三千一百九十二两八钱四分七厘，坐支过随漕润耗、脚价盘费等项银一千三两一分，坐支文、武庙祭祀银五十两。详追朱庆扬欠解赔款普济堂钱粮十三两九钱八分七厘，周隽应赔奉裁府斗级工食银三十三两七钱五分六厘，查前款本系民欠，今奉饬不准入豁，自应查照上届章程，在于造报奏舛错之员名下追赔，登明。实在未完缓征正银一千七百八十七两八钱七分八厘，内未完民欠正银一千六百十两二分四厘、起运折色脚价银一百七十七两八钱五分四厘。

嘉庆二十三年分

额征耗羡银七千九百五十二两二钱四分五厘。应解支粮道衙门临仓耗银六百五十一两四钱五分六厘、德常仓耗银一百二十八两九钱二分、漕项耗银二百三十六两五钱六分五厘，学租耗银七钱五分九厘。应坐支各官廉费银二千七百三十二两、一厘脚费银一百一十一两一钱三分四厘。实应解司耗羡银四千九十一两四钱一分一厘。

自嘉庆二十三年二月初一日开征起，至道光十五年八月初九日钦奉恩旨之日止，已完耗银七千六百八十三两七钱六分九厘，内有前任垫完银七十三两五钱四分四厘，是以正耗不符，登明。又自钦奉恩旨之日起，截至现在止，并无征收。查是年耗羡，因道光十四年秋禾被旱案内，详请缓至道光十五年秋后启征，未及征收即奉恩旨，理合声明。已解司库耗银二千一百九两五分七厘、学租耗银七钱五分九厘。解支过粮道临仓耗银六百五十一两四钱五分六厘，德、常仓耗银一百二十八两九钱二分，漕项耗银二百三十六两五钱六分五厘。已报官亏司库耗银一千七百四十六两五钱七分，系前署任邱音越亏缺，已于参案报明，登明。坐支过各官廉费银二千七百三十二两，坐支过地丁一厘脚费银七十六两四钱八分四厘。详追朱庆扬欠解普济堂钱粮耗银一两五钱九分八厘。实在未完民欠缓征耗银二百六十八两四钱七分六厘，民欠司库耗银二百三十三两八钱二分六厘、一厘脚费银八两二钱三分六厘、前任未支脚费银二十六两四钱一分四厘。

嘉庆二十四年分

额征地丁正银五万六千八百十四两九钱二分九厘，内除学田租银五两四钱二分四厘系儒学征解年清年款无欠外，应征地丁正银五万六千八百九两五钱五厘，内除黄水漫溢成灾案内蠲免司库正银七百十一两九厘、道库漕项正银二十三两二钱七分五厘。实征地丁正银五万六千七十五两二钱二分一厘，又加溢完银六百二两七钱六分八厘，二共应征银五万六千六百七十七两九钱八分九厘。应解粮道衙门临仓正银四千六百五十三两二钱五分二厘、德常仓正银九百二十两八钱五分九厘、漕项正银六百六十三两四钱五分九厘、闰月正银十三两一钱八分二厘，起运折色脚价银一百七十七两八钱五分四厘，举人车价银三两八钱一分八厘，花红公宴银六两一钱八厘，奉裁府斗级工食银三十三两七钱五分六厘。应坐支官俸役食、夫马工料、杂支等银三千一百九十二两八钱四分七厘，应坐支随漕润耗、脚价盘费等项银一千三两一分。实应解司库正银四万五千四百七两七分六厘。

自嘉庆二十四年二月初一日起，至道光十五年八月初九日钦奉恩旨之日止，已完正银五万二千九百五十七两四钱一厘，内有溢完银六百二两七钱六分八厘，又道光八年带征二十四年漕米，详明赴司借领漕项银二十六两九钱四分四厘，二共银五万二千九百八十四两三钱四分五厘。又自钦奉恩旨之日起，截至现在止，并无征收。查是年钱粮，因道光十四年秋禾被旱案内奏文停缓，未至启征之年，理合声明。已解过司库地丁正银四万一千六百四十三两六钱一分七厘。已解过司库地丁溢完正银六百二两七钱六分八厘，举人车价银三两八钱一分八厘，粮道临仓正银四千六百五十三两二钱五分二厘、德常仓正银九百二十两八钱五分九厘、漕项正银六百六十三两四钱五分九厘、闰月正银十三两一钱八分二厘。坐支过祭祀文、武庙银五十两。

坐支过官俸役食、夫马工料、杂支等银三千一百九十二两八钱四分七厘。坐支过随漕润耗、脚价盘费等项银一千三两一分。陈醇应赔未支民欠府斗级工食银三十三两七钱五分六厘。已征未报银一百九十两一钱五厘，此款应解司库地丁，登明。详追朱庆扬欠解应赔普济堂钱粮正银十三两六钱七分二厘。实在未完民欠缓征正银三千七百二十两五钱八分八厘，内有借领漕项银二十六两九钱四分四厘，理合登明；民欠司库银三千五百三十六两六钱二分六厘，内有借领漕项银二十六两九钱四分四厘，理合声明；花红公宴银六两一钱八厘；起运折色脚价银一百七十七两八钱五分四厘。

嘉庆二十四年分

额征耗羡银七千九百五十四两九分，内除黄水漫溢成灾案内蠲免司库耗银九十九两五钱四分一厘、粮道漕项耗银三两二钱五分八厘。实征耗羡银七千八百五十一两二钱九分一厘，又溢完银八十四两三钱八分七厘，二共银七千九百三十五两六钱七分八厘。应解粮道衙门临仓耗银六百五十一两四钱五分六厘、德常仓耗银一百二十八两九钱二分、漕项耗银二百三十三两三钱七厘、闰月耗银一两八钱四分五厘，学租耗银七钱五分九厘。应坐支各官廉费银二千七百三十二两、一厘脚费银一百九两四钱二分八厘。实应解司库耗银四千七十七两九钱六分三厘。

自嘉庆二十四年二月初一日开征起，至道光十五年八月初九日钦奉恩旨之日止，已完耗银七千六百四十五两八钱八分三厘，内有前任垫支银二百三十六两五钱七分三厘，又应赔奉裁府斗级工食银三十三两七钱五分六厘，是以正耗不符，登明；又道光八年带征二十四年漕米，详明赴司借领漕项耗银三两七钱七分二厘，二共耗银七千六百四十九两六钱五分五厘。又自钦奉恩旨之日起，截至现在止，并无征收，查是年耗羡，因道光十四年秋禾被旱案内奉文停缓，未至启征之年，理合声明。已解司库耗银三千七百十三两五钱四分四厘。又解溢完司库耗银八十四两三钱八分七厘，学租耗银七钱五分九厘。解支过粮道临仓耗银六百五十一两四钱五分六厘，德、常仓耗银一百二十八两九钱二分，漕项耗银二百三十三两三钱七厘，闰月耗银一两八钱四分五厘。坐支过廉费银二千七百三十二两、一厘脚费银一百一两五钱二分三厘。详追朱庆扬欠解应赔普济堂耗银一两九钱一分四厘。实在未完民欠缓征银二百八十九两七钱九分五厘，内有道光八年带征二十四年漕米借领漕项银三两七钱七分二厘，民欠司库银二百八十一两八钱九分、地丁一厘脚费银七两九钱五厘。

嘉庆二十五年分

额征地丁正银五万六千八百一两七钱四分七厘，内除学田租地银五两四钱二分四厘系儒学征解年清年款无欠外，应征地丁正银五万六千七百九十六两三钱二分三厘，内除二十四年黄水漫溢成灾案内未奉蠲免，先已完流抵二十五年司库正银六百二两七钱六分八厘，实应征地丁正银五万六千一百九十三两五钱五分五厘。应解粮道衙门临仓正银四千六百五十三两二钱五分二厘、德常仓正银九百二十两八钱五分九厘、漕项正银六百八十六两七钱三分四厘，起运折色脚价银一百七十七两八钱五分四厘，举人车价银三两八钱一分八厘，奉裁府斗级工食银三十三两七钱五分六厘。应坐支官俸役食、夫马工料、杂支等银三千一百九十二两八钱四分七厘。应坐支随漕润耗、脚价盘费等项银一千三两一分。实应解司库银四万五千五百二十一两四钱二分五厘。

自嘉庆二十五年二月初一日起，至道光十五年八月初九日钦奉恩旨之日止，已完正银五万三百八两八钱二分，内有前任垫完银六百三两二钱四分五厘，是以正耗不符，登明；又自道光八年带征二十五年漕米，详明赴司借领漕项正银三十三两二钱一分六厘，二共银五万三百四十二两三分六厘。又自钦奉恩旨之日起，截至现在止，并无征收，查是年钱粮，因道光十四年秋禾被旱案内奉文缓征，未至启征之年，理合声明。已解司库地丁正银三万六千九百四十一两六钱一分五厘，举人车价银三两八钱一分八厘，奉裁府斗级工食银三十三两七钱五分六厘，粮道临仓正银三千七百三十八两五钱九分七厘、德常仓正银三百两，漕项正银六百八十六两七钱三分四厘。已报官亏司库正银一千五百两，系前任陈醇挪动堵筑白龙湾工程，已报入该员参案，登明。已报官亏临仓正银八百十九两八钱六分六厘，系前任邱音越参亏案内报明。已详明饬追前任谈素敦应解补陈醇挪用地丁堵筑白龙湾工料银一千四百十六两二钱二分九厘。又详明饬追谈素敦应还夏建谟交代案内，解补陈醇挪用地丁堵筑白龙湾工料银十二两四钱八分八厘。又详明饬追前任朱庆扬应摊白龙湾工料解补陈醇挪用是年德、常仓正银六百两二钱三分五厘。查陈醇垫修白龙湾工程，除自行认赔完缴外，实剩银二千三百四十五两二钱。除后任谈素敦应摊解补地丁银一千四百十六两二钱二分九厘，又夏建谟应摊划入谈令名下银三十八两六钱九分六厘，内应解补地丁银十二两四钱八分八厘，又应解补二十五年粮道德、常仓耗银二十六两二钱八厘。又朱庆扬应摊银八百九十两二钱七分五厘，内除应解补是年粮道德、常仓正银六百两二钱三分五厘，德、常仓耗银五十七两八钱二分四厘，合计朱庆扬应追白龙湾工料，除应解补粮道德、常仓正耗银六百五十八两五分九厘，尚应追银二百三十二两二钱一分六厘。原应摊起归补地丁，因后任业已代为垫解列抵，应俟追起归补，交代案内原抵杂款，现经委员覆核前详，系属错误，应请发还，另行造册详追，理合登明。坐支过李本橿建坊银三十两。坐支祭祀文、武庙银五十两。坐支过官俸役食、夫马工料、杂支等银三千一百九十二两八钱四分七厘。坐支过随漕润耗、脚价盘费等项银一千三两一分。详追朱庆扬欠解应赔普济堂正银十二两八钱四分一厘。实在未完民欠缓征银五千八百八十四两七钱三分五厘，内有借领漕项银三十三两二钱一分六厘。民欠司库正银五千五百九十一两四钱六分八厘，内有借领漕项银三十三两二钱一分六厘。起运折色脚价银一百七十七两八钱五分四厘。粮道临仓正银九十四两七钱八分九厘、德仓正银二十两六钱二分四厘。

嘉庆二十五年分

额征耗羡银七千九百五十二两二钱四分五厘，内除二十四年黄水漫溢成灾案内未奉蠲免之先，已完流抵二十五年司库耗银八十四两三钱八分七厘。实应征耗银七千八百六十七两八钱五分八厘。应解支粮道衙门临仓耗银六百五十一两四钱五分六厘、德仓耗银一百二十八两九钱二分、漕项耗银二百三十六两五钱六分六厘，学租耗银七钱五分九厘。应坐支各官廉费银二千七百三十二两、一厘脚费银一百十一两一钱三分四厘。实应解司耗银四千七两二分四厘。

自嘉庆二十五年二月初一日开征起，至道光十五年八月初九日钦奉恩旨之日止，已完耗银七千一百五十八两七钱一分四厘，内有前任垫完银一百九十九两九钱一分四厘，是以正耗不符，登明；又道光八年带征二十五年漕米，详明赴司借领漕项耗银四两六钱五分，二共银七千一百六十三两三钱六分四厘。又自钦奉恩旨之日起，截至现在止，并无征收，查是年耗羡，因道光十四年秋禾被旱案内奉文缓征，未至启征之年，理合声明。已解司库耗银三千三百三十九两一钱六分五厘、学租耗银七钱五分九厘。解支过粮道临仓耗银五百二十三两四钱四厘，德、常仓耗银四十二两，漕项耗银二百三十六两五钱六分五厘。已报官亏临仓耗银一百十四两七钱八分一厘，系前任邱音越参亏案内报明。坐支过各官廉费银二千七百三十二两、地丁一厘脚费银八十八两八钱六分。详追朱庆扬欠解应赔普济堂耗银一两七钱九分八厘。详明饬追谈素敦应摊陈醇垫修白龙湾工程，解补是年粮道德、常仓耗银二十六两二钱八厘。又朱庆扬应摊解补是年粮道德、常仓耗银五十七两八钱二分四厘。实在未完民欠缓征耗银七百九两一钱四分四厘，民欠司库耗银六百七十两七钱一分一厘，内有借领漕项银四两六钱五分，地丁一厘脚费银二十二两二钱七分四厘，粮道临仓耗银十三两二钱七分一厘，德、常仓耗银二两八钱八分八厘。

道光元年分

额征地丁银五万六千八百一两七钱四分七厘，内除学田租银五两四钱二分四厘系儒学征解年清年款无欠外，实征地丁银五万六千七百九十六两三钱二分三厘。应解粮道衙门临仓银四千六百五十三两二钱五分二厘、德常仓银九百廿两八钱五分九厘、漕项银六百八十六两七钱三分四厘，起运折色脚价银一百七十七两八钱五分四厘，举人车价银三两八钱一分八厘，奉裁府斗级工食银三十三两七钱五分六厘。应坐支官俸役食、夫马工料、杂支等银三千一百九十二两八钱四分七厘。应坐支随漕润耗、脚价盘费等项银一千三两一分。实应解司库银四万六千一百廿四两一钱九分三厘。

自道光元年二月初一日起，至道光十五年八月初九日钦奉恩旨之日止，已完银四万七千三百七两三钱八分六厘。又自钦奉恩旨之日起，截至现在止，并无征收，查是年钱粮，因道光十四年秋禾被旱案内奉文缓征，未至启征之年，理合声明。已解过司库银三万六千七百六十三两九钱七厘，举人车价银三两八钱一分八厘，奉裁府斗级工食银三十三两七钱五分六厘，粮道临仓银四千三百一十五两五钱五分四厘、德、常仓银七百五十两、漕项银五百九十三两四钱五分八厘。支过石杨氏建坊银三十两。坐支祭祀文、武庙银五十两，坐支过官俸役食、夫马工料、杂支等银三千一百九十二两八钱四分七厘，坐支过随漕润耗、脚价盘费等项银八百六十六两七钱八分一厘。已征未报银六百九十五两四钱七厘应解司库地丁，登明。详追朱庆扬欠解应赔普济堂钱粮正银一十二两二钱一分八厘。实在未完民欠缓征正银九千四百八十八两九钱三分七厘。民欠司库银八千五百七十三两二钱一厘。起运折色脚价银一百七十七两八钱五分四厘，粮道临仓银三百三十七两六钱九分八厘、德仓银一百七十两八钱五分九厘、漕项银九十三两二钱七分六厘。坐支漕项银一百三十六两二钱二分九厘。

道光元年分

额征耗羡银七千九百五十二两二钱四分五厘。应解支粮道衙门临仓银六百五十一两四钱五分六厘、德常仓银一百二十八两九钱二分、漕项银二百三十六两五钱六分六厘，学租耗银七钱五分九厘。应坐支各官廉费银二千七百三十二两、一厘脚费银一百一十两一钱三分三厘。实应解司库银四千九十一两四钱一分一厘。

自道光元年二月初一日起，至道光十五年八月初九日钦奉恩旨之日止，已完银六千八百二十二两八钱八分九厘，内有儒学移解学租耗银七钱五分九厘，又前任垫支银一百九十九两九分七厘，是以正耗不符，登明。又自钦奉恩旨之日起，截至现在止，并无征收，查是年耗羡，因道光十四年秋禾被旱案内奉文缓征，未至启征之年，理合声明。已解司库银三千八十六两五钱六分七厘、学租耗银七钱五分九厘。解支过粮道临仓银六百四两一钱七分八厘，德、常仓银一百五两，漕项银二百四两四钱三分三厘。坐支过各官廉费银二千七百三十二两。坐支过地丁一厘脚费银八十八两二钱四分二厘。详追朱庆扬欠解应赔普济堂耗银一两七钱一分。实在未完民欠缓征耗银一千一百二十九两三钱五分六厘，民欠司库耗银一千三两一钱三分四厘，地丁一厘脚费银二十二两八钱九分一厘，粮道临仓耗银四十七两二钱七分八厘、德常仓耗银二十三两九钱二分、漕项耗银三十二两一钱三分三厘。

道光二年分

额征地丁银五万六千八百十四两九钱二分九厘，内除学田租银五两四钱二分四厘系儒学征解年清年款无欠外，实征地丁银五万六千八百九两五钱五厘。应解粮道衙门临仓正银四千六百五十三两二钱五分二厘、德常仓正银九百二十两八钱五分九厘、漕项正银六百八十六两七钱三分四厘、闰月正银十三两一钱八分二厘，起运折色脚价银一百七十七两八钱五分四厘，举人公宴银三两五分四厘，举人车价银三两八钱一分八厘，奉裁府斗级工食银三十三两七钱五分六厘。应坐支官俸役食、夫马工料、杂支等银三千一百九十二两八钱四分七厘。应坐支随漕润耗、脚价盘费等项银一千三两一分。实应解司库正银四万六千一百二十一两一钱三分九厘。

自道光二年二月初一日起，至道光十五年八月初九日钦奉恩旨之日止，已完银四万九百八十五两四钱一分一厘，内有前任应赔奉裁府斗级工食银三十三两七钱五分六厘，是以正耗不符，登明。又自钦奉恩旨之日起，截至现在止，并无征收，查是年钱粮，因道光十四年秋禾被旱案内奉文缓征，未至启征之年，理合声明。已解司库地丁银三万三千八百二十六两七钱六分八厘，举人车价银三两八钱一分八厘，粮道临仓正银二千一百两、德仓正银四百五十两、漕项正银五百三十一两三钱五分七厘、闰月正银十两二钱。坐支祭祀文、武庙银五十两，坐支过官俸役食、夫马工料、杂支等银三千一百九十二两八钱四分七厘，坐支过随漕润耗、脚价盘费等项银七百七十六两八分六厘。详追朱庆扬欠解应赔普济堂钱粮正银十两五钱七分九厘。谈素敦应赔未支府斗级工食银三十三两七钱五分六厘。实在未完民欠缓征正银一万五千八百二十四两九分四厘。民欠司库银一万二千二百三十三两七钱九分二厘，公宴银三两五分四厘，起运折色脚价银一百七十七两八钱五分四厘，粮道临仓正银二千五百五十三两二钱五分二厘、德仓正银四百七十两八钱五分九厘、漕项正银一百五十五两三钱七分七厘、闰月正银二两九钱八分二厘。坐支漕项正银二百二十六两九钱二分四厘。

道光二年分

额征耗羡银七千九百五十四两九分。应解支粮道衙门临仓耗银六百五十一两四钱五分六厘、德常仓耗银一百二十八两九钱二分、漕项耗银二百三十六两五钱六分六厘、闰月耗银一两八钱四分五厘，学租耗银七钱五分九厘。应坐支各官廉费银二千七百三十二两、一厘脚费银一百十一两一钱三分四厘。实应解司库耗银四千九百一两四钱一分一厘。

自道光二年二月初一日起，至道光十五年八月初九日钦奉恩旨之日止，已完银五千七百六十四两三分九厘，内有儒学移解学租耗银七钱五分九厘，又前任垫支银三十两四分七厘，又应赔府斗级工食银三十三两七钱五分六厘，是以正耗不符，登明。又自钦奉恩旨之日起，截至现在止，并无征收，查是年耗羡，因道光十四年秋禾被旱案内奉文停缓，未至启征之年，理合声明。已解过司库耗银二千四百七两一分八厘、学租耗银七钱五分九厘。解支过粮道临仓耗银二百九十四两，德、常仓耗银六十三两，漕项耗银一百八十四两四钱六分九厘。坐支过各官廉费银二千七百三十二两。坐支过一厘脚费银八十一两三钱一分二厘。详追朱庆扬欠解应赔普济堂钱粮耗银一两四钱八分一厘。实在未完民欠缓征耗银二千一百九十两五分一厘，民欠司库耗银一千六百八十二两九钱一分二厘，一厘脚费银二十九两八钱二分二厘，粮道临仓耗银三百五十七两四钱五分六厘、德常仓耗银六十五两九钱二分、漕项耗银五十三两九钱四分一厘。

道光三年分

额征地丁银五万六千八百一两七钱四分七厘，内除学田租银五两四钱二分四厘系儒学征解年清年款无欠外，实征地丁银五万六千七百九十六两三钱二分三厘。应解粮道衙门临仓正银四千六百五十三两二钱五分二厘、德常仓正银九百二十两八钱五分九厘、漕项正银六百八十六两七钱三分四厘，起运折色脚价银一百七十七两八钱五分四厘，举人车价银三两八钱一分八厘，奉裁府斗级工食银三十三两七钱五分六厘。应坐支官俸役食、夫马工料、杂支等银三千一百九十二两八钱四分七厘。应坐支随漕润耗、脚价盘费等项银一千三两一分。实应解司正银四万六千一百二十四两一钱九分三厘。

自道光三年二月初一日起，至道光十五年八月初九日钦奉恩旨之日止，已完银五万二千七百六两七钱三分六厘。又自钦奉恩旨之日起，截至现在止，并无征收，查是年钱粮，因道光十四年秋禾被旱案内奉文停缓，未至启征之年，理合声明。已解司库正银四万二千五十八两八钱二分九厘，举人车价银三两八钱一分八厘，奉裁府斗级工食银三十三两七钱五分六厘，粮道临仓正银四千六百五十三两二钱五分二厘、德常仓正银九百二十两八钱五分九厘、漕项正银六百八十六两七钱三分四厘。支过夏贾氏、刘王氏、高张氏建坊银九十两。坐支过官俸役食、夫马工料、杂支等银三千一百九十二两八钱四分七厘。坐支文、武庙银五十两。坐支过随漕润耗、脚价盘费等项银一千三两一分。已征未报银一分五厘系应解司库地丁，登明。详追朱庆扬欠解应赔普济堂钱粮银十三两六钱一分六厘。实在未完民欠缓征正银四千八十九两五钱八分七厘，民欠司库正银三千九百十一两七钱三分三厘、起运折色脚价银一百七十七两八钱五分四厘。

道光三年分

额征耗羡银七千九百五十二两二钱四分五厘。应解支粮道衙门临仓耗银六百五十一两四钱五分六厘、德常仓耗银一百二十八两九钱二分、漕项耗银二百三十六两五钱六分六厘，学租耗银七钱五分九厘。应坐支各官廉费银一千三百三十二两，支解知县养廉银一千四百两，内应坐支春、夏二季银七百两，扣解秋、冬二季银七百两，登明。应坐支一厘脚费银一百一十一两一钱三分四厘。实应解司库耗银四千九十一两四钱一分一厘。

自道光三年二月初一日起，至道光十五年八月初九日钦奉恩旨之日止，已完银七千三百七十九两七钱二厘，内有儒学移解学租耗银七钱五分九厘，是以正耗不符，登明。又自钦奉恩旨之日起，截至现在止，并无征收，查是年耗羡，因道光十四年秋禾被旱案内奉文停缓，未至启征之年，理合声明。已解司库耗银三千七百九十四两九钱五分五厘、学租耗银七钱五分九厘、知县养廉银四百三十二两一钱一分九厘。解支过粮道衙门临仓耗银六百五十一两四钱五分六厘，德、常仓耗银一百廿八两九钱二分，漕项耗银二百三十六两五钱六分五厘。坐支过各官廉费银一千三百三十二两。坐支过知县养廉银七百两。坐支过地丁一厘脚费银一百一两一分二厘。详追朱庆扬欠解应赔普济堂钱粮耗银一两九钱六厘。实在未完民欠缓征耗银五百七十二两五钱四分三厘，民欠司库耗银二百九十四两五钱五分、知县养廉银二百六十七两八钱八分一厘已于奏销案内报明、一厘脚费银十两一钱一分二厘。

道光四年分

额征地丁正银五万六千八百十四两九钱二分九厘，内除学田租银五两四钱二分四厘系儒学征解年清年款无欠外，实征地丁银五万六千八百九两五钱五厘。应解粮道衙门临仓正银四千六百五十三两二钱五分二厘、德常仓正银九百二十两八钱五分九厘、漕项正银六百八十六两七钱三分四厘、闰月正银十三两一钱八分二厘，起运折色脚价银一百七十七两八钱五分四厘，举人车价银三两八钱一分八厘，奉裁府斗级工食银三十三两七钱五分六厘。应坐支官俸役食、夫马工料、杂支等银三千一百九十二两八钱四分七厘。应坐支随漕润耗、脚价盘费等项银一千三两一分。实应解司正银四万六千一百二十四两一钱九分三厘。

自道光四年二月初一日起，至道光十五年八月初九日钦奉恩旨之日止，已完银五万三千六十八两六钱八分二厘，内有前任垫完银十四两二钱四分二厘，又应赔府斗级工食银十六两六钱八分六厘，是以正耗不符，登明。又自钦奉恩旨之日起，截至现在止，并无征收，查是年钱粮，因道光十四年秋禾被旱案内奉文停缓，未至启征之年，理合声明。已解过司库正银四万二千四百九十七两五钱一分九厘，举人车价银三两八钱一分八厘，奉裁府斗级工食银十七两七分，粮道临仓正银四千六百五十三两二钱五分二厘、德常仓正银九百二十两八钱五分九厘、漕项正银六百八十六两七钱三分四厘、闰月正银十三两一钱八分二厘。坐支过祭祀文、武庙银五十两。坐支过官俸役食、夫马工料、杂支等银三千一百九十二两八钱四分七厘。坐支过随漕润耗、脚价盘费等项银一千三两一分。详追朱庆扬欠解应赔普济堂钱粮正银十三两七钱五厘。谈素敦应赔府斗级工食银十六两六钱八分六厘。实在未完民欠缓征正银三千七百四十两八钱二分三厘，民欠司库正银三千五百六十二两九钱六分九厘、起运折色脚价银一百七十七两八钱五分四厘。

道光四年分

额征耗羡银七千九百五十四两九分。应解支粮道衙门临仓耗银六百五十一两四钱五分六厘、德常仓耗银一百二十八两九钱二分、漕项耗银二百三十六两五钱六分六厘、闰月耗银一两八钱四分五厘，学租耗银七钱五分九厘。应坐支各官廉费银一千三百三十二两。应解知县养廉银一千四百两。应坐支一厘脚费银一百一十两一钱三分四厘。实应解司耗银四千九十一两四钱一分一厘。

自道光四年二月初一日起，至道光十五年八月初九日钦奉恩旨之日止，已完银七千四百二十六两五分，内有儒学移解学租耗银七钱五分九厘，并正银项下有垫完银十四两零，是以正耗不符，登明。又自钦奉恩旨之日起，截至现在止，并无征收，查是年耗羡，因道光十四年秋禾被旱案内奉文停缓，未至启征之年，理合声明。已解司库耗银四千九十一两四钱一分一厘、学租耗银七钱五分九厘、知县养廉银八百八十一两二分一厘。解支过粮道衙门临仓耗银六百五十一两四钱五分六厘，德、常仓耗银一百二十八两九钱二分，漕项耗银二百三十六两五钱六分五厘，闰月耗银一两八钱四分五厘。坐支过各官廉费银一千三百三十二两。坐支过一厘脚费银一百两一钱五分四厘。详追朱庆扬欠解应赔普济堂耗羡归补知县养廉银一两九钱一分九厘。实在未完民欠缓征耗银五百二十八两四分，内民欠知县养廉银五百十七两六分已于奏销案内报明、一厘脚费银十两九钱八分。

道光五年分

额征地丁银五万六千八百一两七钱四分七厘，内除学田租银五两四钱二分四厘系儒学征解年清年款无欠外，实征地丁银五万六千七百九十六两三钱二分三厘。应解粮道衙门临仓正银四千六百五十三两二钱五分二厘、德常仓正银九百二十两八钱五分九厘、漕项正银六百八十六两七钱三分四厘，起运折色脚价银一百七十七两八钱五分四厘，花红公宴银六两一钱八厘，举人车价银三两八钱一分八厘，奉裁府斗级工食银三十三两七钱五分六厘。应坐支官俸役食、夫马工料、杂支等银三千一百九十二两八钱四分七厘。应坐支随漕润耗、脚价盘费等项银一千三两一分。实应解司库正银四万六千一百十八两八分五厘。

自道光五年二月初一日起，至道光十五年八月初九日钦奉恩旨之日止，已完银五万二千七百九十六两四钱五厘，内有前任垫完银四十三两六钱三分七厘，是以正耗不符，登明。又自钦奉恩旨之日起，截至现在止，并无征收，查是年钱粮，因道光十四年秋禾被旱案内奏文停缓，未至启征之年，理合声明。已解过司库正银四万二千三百七十八两四钱一分四厘，举人车价银三两八钱一分八厘，举人花红公宴银六两一钱八厘，奉裁府斗级工食银三十三两七钱五分六厘，粮道临仓正银四千四百十七两二钱二分、德常仓正银九百二十两八钱五分九厘、漕项正银六百八十六两七钱三分四厘。支过王茂先、徐刘氏、张王氏建坊银九十两。坐支文、武庙祭品银五十两。坐支过官俸役食、夫马工料、杂支等银三千一百九十二两八钱四分七厘。坐支过随漕润耗、脚价盘费等项银一千三两一分。详追朱庆扬欠解应赔普济堂钱粮正银十三两六钱二分八厘。已征未解银一分一厘。实在未完民欠缓征正银三千九百九十九两九钱一分八厘，民欠司库正银三千五百八十六两三分二厘、起运折色脚价银一百七十七两八钱五分四厘、粮道临仓正银二百三十六两三分二厘。

道光五年分

额征耗羡银七千九百五十二两二钱四分五厘。应解支粮道衙门临仓耗银六百五十一两四钱五分六厘、德常仓耗银一百二十八两九钱二分、漕项耗银二百三十六两五钱六分六厘，学租耗银七钱五分九厘。应坐支各官廉费银一千三百三十二两。应解知县养廉银一千四百两。应坐支一厘脚费银一百一十一两一钱三分四厘。实应解司耗银四千九十一两四钱一分一厘。

自道光五年二月初一日起，至道光十五年八月初九日钦奉恩旨之日止，已完银七千三百八十六两一钱四分六厘，内有儒学移解学租耗银七钱五分九厘，并正银项下有垫完银四十三两零，是以正耗不符，登明。又自钦奉恩旨之日起，截至现在止，并无征收，查是年耗羡，因道光十四年秋禾被旱案内奉文停缓，未至启征之年，理合声明。已解过司库银三千八百二十六两四钱八厘、学租耗银七钱五分九厘、知县养廉银一千一百四十两二钱五分。解支过粮道衙门临仓耗银六百十八两四钱一分一厘，德、常仓耗银一百二十八两九钱二分，漕项耗银二百三十六两五钱六分五厘。坐支过各官廉费一千三百三十二两。坐支过一厘脚费银一百两九钱二分五厘。详追朱庆扬欠解应赔普济堂耗银一两九钱八厘。实在未完民欠缓征耗银五百六十六两九分九厘，民欠司库银二百六十三两九分五厘、知县养廉银二百五十九两七钱五已于奏销案内报明、一厘脚费银十两二钱九厘、粮道临仓耗银三十三两四分五厘。

道光六年分

额征地丁银五万六千八百一两七钱四分七厘，内除学田租银五两四钱二分四厘系儒学征解年清年款无欠外，实征地丁银五万六千七百九十六两三钱二分三厘。应解粮道衙门临仓正银四千六百五十三两二钱五分二厘、德常仓正银九百二十两八钱五分九厘、漕项正银六百八十六两七钱三分四厘，起运折色脚价银一百七十七两八钱五分四厘，举人车价银三两八钱一分八厘，奉裁府斗级工食银三十三两七钱五分六厘。应坐支官俸役食、夫马工料、杂支等银三千一百九十二两八钱四分七厘。应坐支随漕润耗、脚价盘费等项银一千三两一分。实应解司库正银四万六千一百二十四两一钱九分三厘。

自道光六年二月初一日起，至道光十五年八月初九日钦奉恩旨之日止，已完银五万二千七百八十二两二钱一分六厘。又自钦奉恩旨之日起，截至现在止，并无征收，查是年钱粮，因道光十四年秋禾被旱案内奉文停缓，未至启征之年，理合声明。已解过司库正银四万三千七百九十两五钱五分一厘，举人车价银三两八钱一分八厘，起运折色脚价银一百七十七两八钱五分四厘，奉裁府斗级工食银三十三两七钱五分六厘，粮道临仓正银三千三百两、德常仓正银五百两、漕项正银六百八十六两七钱三分四厘。支过李袁氏建坊银三十两。坐支祭祀文、武庙银五十两。坐支过官俸役食、夫马工料、杂支等银三千一百九十二两八钱四分七厘。坐支过随漕润耗、脚价盘费等项银一千三两一分。详追朱庆扬欠解应赔普济堂钱粮正银十三两六钱三分五厘。已征未解银一分一厘。实在未完民欠缓征正银四千十四两一钱七厘；民欠司库银二千二百三十九两九钱九分六厘，粮道临仓正银一千三百五十三两二钱五分二厘、德常仓正银四百二十两八钱五分九厘。

道光六年分

额征耗羡银七千九百五十二两二钱四分五厘。应解支粮道衙门临仓耗银六百五十一两四钱五分六厘、德常仓耗银一百二十八两九钱二分、漕项耗银二百三十六两五钱六分六厘，学租耗银七钱五分九厘。应坐支各官廉费银一千三百三十二两、支解知县养廉银一千四百两、支一厘脚费银一百十一两一钱三分四厘。实应解司耗银四千九十一两四钱一分一厘。

自道光六年二月初一日起，至道光十五年八月初九日钦奉恩旨之日止，已完银七千三百九十三两四钱六分九厘，内有儒学移解学租耗银七钱五分九厘，又前任垫支公费银三两二钱一厘，是以正耗不符，登明。又自钦奉恩旨之日起，截至现在止，并无征收，查是年耗羡，因道光十四年秋禾被旱案内奉文停缓，未至启征之年，理合声明。已解过司库耗银三千八百十三两二钱九分九厘、学租耗银七钱五分九厘、知县养廉银一千三百七十一两六钱四分七厘。解支过粮道临仓耗银四百六十二两、德仓耗银七十两、漕项耗银二百三十六两五钱六分五厘。坐支过各官廉费一千三百三十二两。坐支过一厘脚费银一百五两二钱九分。详追朱庆扬欠解应赔普济堂钱粮耗银一两九钱九厘。实在未完民欠缓征耗银五百五十八两七钱七分六厘；民欠司库耗银二百七十六两二钱三厘，一厘脚费银五两八钱四分四厘，知县养廉银二十八两三钱五分三厘，粮道临仓耗银一百八十九两四钱五分六厘、德常仓耗银五十八两九钱二分。

道光七年分

额征地丁银五万六千八百十四两九钱二分九厘，内除学田租银五两四钱二分四厘系儒学征解年清年款无欠外，实征地丁银五万六千八百九两五钱五厘。应解粮道衙门临仓正银四千六百五十三两二钱五分二厘、德常仓正银九百二十两八钱五分九厘、漕项正银六百八十六两七钱三分四厘、闰月正银十三两一钱八分二厘，起运折色脚价银一百七十七两八钱五分四厘，举人车价银三两八钱一分八厘，奉裁府斗级工食银三十三两七钱五分六厘。应坐支官俸役食、夫马工料、杂支等项银三千一百九十二两八钱四分七厘。应坐支随漕润耗、脚价盘费等项银一千三两一分。实应解司库正银四万六千一百二十四两一钱九分三厘。

自道光七年二月初一日起，至道光十五年八月初九日钦奉恩旨之日止，已完银五万二千二百二十九两二钱五分五厘。又自钦奉恩旨之日起，截至现在止，并无征收，查是年钱粮，因道光十四年秋禾被旱案内奉文停缓，未至启征之年，理合声明。已解过司库正银四万三千七百六十九两二钱二分六厘，举人车价银三两八钱一分八厘，奉裁府斗级工食银三十三两七钱五分六厘，粮道临仓正银二千六百五十两、德常仓正银八百两，漕项正银六百八十六两七钱三分四厘、闰月正银十三两一钱八分二厘。坐支祭祀文、武庙银五十两。坐支过官俸役食、夫马工料、杂支等银三千一百九十二两八钱四分七厘。坐支过随漕润耗、脚价盘费等项银一千三两一分。详追朱庆扬欠解应赔普济堂钱粮正银十三两四钱八分九厘。已征未报银十三两一钱九分三厘此系应解司库地丁，登明。实在未完民欠缓征正银四千五百八十两二钱五分，民欠司库银二千二百七十八两二钱八分五厘，起运折色脚价银二百七十七两八钱五分四厘，粮道临仓正银二千三两二钱五分二厘、德常仓正银一百二十两八钱五分九厘。

道光七年分

额征耗羡银七千九百五十四两九分。应解支粮道衙门临仓耗银六百五十一两四钱五分六厘、德常仓耗银一百二十八两九钱二分、漕项耗银二百三十六两五钱六分六厘、闰月耗银一两八钱四分五厘，学租耗银七钱五分九厘。应坐支各官廉费银一千三百三十二两、解知县养廉银一千四百两、一厘脚费银一百一十一两一钱三分四厘。实应解司耗银四千九十一两四钱一分一厘。

自道光七年二月初一日起，至道光十五年八月初九日钦奉恩旨之日止，已完银七千三百十二两八钱五分四厘，内有儒学移解学租耗银七钱五分九厘，是以正耗不符，登明。又自钦奉恩旨之日起，截至现在止，并无征收，查是年耗羡，因道光十四年秋禾被旱案内奉文停缓，未至启征之年，理合声明。已解过司库耗银三千七百五十两一钱三分七厘、学租耗银七钱五分九厘、知县养廉银一千四百两。解支过粮道临仓耗银三百七十一两，德、常仓耗银一百十二两，漕项耗银二百三十六两五钱六分五厘，闰月耗银一两八钱四分五厘。坐支过各官廉费一千三百三十二两。坐支过一厘脚费银一百五两一钱七分五厘。详追朱庆扬欠解应赔普济堂耗银一两八钱八分九厘。已征未报银一两四钱八分四厘此项应解司库耗羡，登明。实在未完民欠缓征耗银六百四十一两二钱三分六厘，民欠司库耗银三百三十七两九钱一厘、一厘脚费银五两九钱五分九厘、粮道临仓耗银二百八十两四钱五分六厘。

道光八年分

额征地丁银五万六千八百一两七钱四分七厘，内除学田租银五两四钱二分四厘系儒学征解年清年款无欠外，实征地丁银五万六千七百九十六两三钱二分三厘。应解粮道衙门临仓正银四千六百五十三两二钱五分二厘、德常仓正银九百二十两八钱五分九厘、漕项正银六百八十六两七钱三分四厘，起运折色脚价银一百七十七两八钱五分四厘，花红公宴银六两一钱八厘，举人车价银三两八钱一分八厘，奉裁府斗级工食银三十三两七钱五分六厘。应坐支官俸役食、夫马工料、杂支等银三千一百九十二两八钱四分七厘。应坐支随漕润耗、脚价盘费等项银一千三两一分。实应解司库正银四万六千一百十八两八分五厘。

自道光八年二月初一日起，至道光十五年八月初九日钦奉恩旨之日止，已完银五万三千九百十四两六钱一分，内有前任垫完银一千五百三十四两四钱八厘，又应赔奉裁府斗级工食银三十三两七钱五分六厘，是以正耗不符，登明。又自钦奉恩旨之日起，截至现在止，并无征收，查是年钱粮，因道光十四年秋禾被旱案内奉文停缓，未至启征之年，理合声明。已解司库正银四万三千二百九十三两九钱六分九厘，举人车价银三两八钱一分八厘，花红公宴银六两一钱八厘，粮道临仓正银四千六百五十三两二钱五分二厘、德常仓正银九百二十两八钱五分九厘、漕项正银六百八十六两七钱三分四厘。支过巩王氏、王赵氏建坊银六十两。坐支祭祀文、武庙银五十两。坐支过官俸役食、夫马工料、杂支等银三千一百九十二两八钱四分七厘。坐支过随漕润耗、脚价盘费等项银一千三两一分。详追朱庆扬欠解应赔普济堂钱粮正银十三两二钱五分七厘。朱庆扬应赔奉裁府斗级工食银三十三两七钱五分六厘。实在未完民欠缓征正银二千八百八十一两七钱一分三厘，民欠司库正银二千七百三两八钱五分九厘、起运折色脚价银一百七十七两八钱五分四厘。

道光八年分

额征耗羡银七千九百五十二两二钱四分五厘。应解支粮道衙门临仓耗银六百五十一两四钱五分六厘、德常仓耗银一百二十八两九钱二分、漕项耗银二百三十六两五钱六分五厘，学租耗银七钱五分九厘。应坐支各官廉费银一千三百三十二两、解知县养廉银一千四百两、一厘脚费银一百一十一两一钱三分四厘。实应解司耗银四千九十一两四钱一分一厘。

自道光八年二月初一日起，至道光十五年八月初九日钦奉恩旨之日止，已完银七千五百四十三两八钱三分四厘，内有前任垫完银二百十五两三钱三分二厘，是以正耗不符，登明。又自钦奉恩旨之日起，截至现在止，并无征收，查是年耗羡，因道光十四年秋禾被旱案内奉文停缓，未至启征之年，理合声明。已解过司库耗银三千六百八十八两五钱五厘、学租耗银七钱五分九厘、知县养廉银一千四百两。解支过粮道临仓耗银六百五十一两四钱五分六厘，德、常仓耗银一百二十八两九钱二分，漕项耗银二百三十六两五钱六分五厘。坐支过各官廉费银一千三百三十二两、一厘脚费银一百四两一钱九分三厘。详追朱庆扬欠解应赔普济堂耗银一两四钱三分六厘。实在未完民欠缓征耗银四百八两四钱一分一厘，民欠司库耗银四百一两四钱七分、一厘脚费银六两九钱四分一厘。

道光九年分

额征地丁银五万六千八百一两七钱四分七厘，内除学田租银五两四钱二分四厘系儒学征解年清年款无欠外，实征地丁银五万六千七百九十六两三钱二分三厘。应解粮道衙门临仓正银四千六百五十三两二钱五分二厘、德常仓正银九百二十两八钱五分九厘、漕项正银六百八十六两七钱三分四厘，起运折色脚价银一百七十七两八钱五分四厘，举人车价银三两八钱一分八厘，奉裁府斗级工食银三十三两七钱五分六厘。应坐支官俸役食、夫马工料、杂支等银三千一百九十二两八钱四分七厘。应坐支随漕润耗、脚价盘费等项银一千三两一分。实应解司正银四万六千一百二十四两一钱九分三厘。

自道光九年二月初一日起，至道光十五年八月初九日钦奉恩旨之日止，已完银五万二千九百十二两二钱八分六厘，内有前任垫完银九百二十六两六钱六分三厘，又应赔奉裁府斗级工食银三十三两七钱五分六厘，是以正耗不符，登明。又自钦奉恩旨之日起，截至现在止，并无征收，查是年钱粮，因道光十四年秋禾被旱案内奉文停缓，未至启征之年，理合声明。已解过司库正银四万二千三百六十八两一分，举人车价银三两八钱一分八厘，粮道临仓正银四千六百五十三两二钱五分二厘、德常仓正银九百二十两八钱五分九厘、漕项正银六百八十六两七钱三分四厘。坐支祭祀文、武庙银五十两。坐支过官俸役食、夫马工料、杂支等银三千一百九十二两八钱四分七厘。坐支过随漕润耗、脚价盘费等项银一千三两一分。朱庆扬应赔奉裁府斗级工食银三十三两七钱五分六厘。实在未完民欠缓征正银三千八百八十四两三分七厘，内民欠司库银三千七百六两一钱八分三厘、起运折色脚价银一百七十七两八钱五分四厘。

道光九年分

额征耗羡银七千九百五十二两二钱四分五厘。应解支粮道衙门临仓耗银六百五十一两四钱五分六厘、德常仓耗银一百二十八两九钱二分、漕项耗银二百三十六两五钱六分六厘，学租耗银七钱五分九厘。应坐支各官廉费银一千三百三十二两、解知县养廉银一千四百两、坐支一厘脚费银一百一十一两一钱三分四厘。实应解司库耗银四千九十一两四钱一分一厘。

自道光九年二月初一日起，至道光十五年八月初九日钦奉恩旨之日止，已完银七千四百三两一钱二分四厘，内有前任垫完银一百二十九两八钱六分二厘，是以正耗不符，登明。又自钦奉恩旨之日起，截至现在止，并无征收，查是年耗羡，因道光十四年秋禾被旱案内奉文停缓，未至启征之年，理合声明。已解过司库耗银三千五百五十二两三钱七分一厘，知县养廉银一千四百两，粮道临仓耗银六百五十一两四钱五分六厘、德、常仓耗银一百二十八两九钱二分、漕项耗银二百三十六两五钱六分五厘。坐支过各官廉费银一千三百三十二两。坐支过一厘脚费银一百一两八钱一分二厘。实在未完民欠缓征耗银五百四十九一钱二分一厘，民欠司库耗银五百三十九两四分、学租耗银七钱五分九厘、一厘脚费银九两三钱二分二厘。

道光十年分

额征地丁正银五万六千八百十四两九钱二分九厘，内除学田租银五两四钱二分四厘系儒学征解年清年款无欠外，实征地丁银五万六千八百九两五钱五厘。应解粮道衙门临仓正银四千六百五十三两二钱五分二厘、德常仓正银九百二十两八钱五分九厘、漕项正银六百八十六两七钱三分四厘、闰月正银十三两一钱八分二厘，起运折色脚价银一百七十七两八钱五分四厘，举人车价银三两八钱一分八厘，奉裁府斗级工食银三十三两七钱五分六厘。应坐支官俸役食、夫马工料、杂支等银三千一百九十二两八钱四分七厘，随漕润耗、脚价盘费等项银一千三两一分。实应解司库正银四万六千一百二十四两一钱九分三厘。

自道光十年二月初一日起，至道光十五年八月初九日钦奉恩旨之日止，已完银五万二千四百七十六两六钱三分四厘，内有前任垫完银一千二百一十一两一钱五分一厘，又应赔奉裁府斗级工食银三十三两七钱五分六厘，是以正耗不符，登明。又自钦奉恩旨之日起，截至现在止，并无征收，查是年钱粮，因道光十四年秋禾被旱案内奉文停缓，未至启征之年，理合声明。已解司库银四万二千五百五十七两，举人车价银三两八钱一分八厘，粮道临仓正银三千九百八十五两四钱二分八厘、德常仓正银九百二十两八钱五分九厘、漕项正银六百八十六两七钱三分四厘、闰月正银十三两一钱八分二厘。支过高有妮建坊三十两。坐支过官俸役食、夫马工料、杂支等银三千一百九十二两八钱四分七厘。坐支祭祀文、武庙银五十两。坐支过随漕润耗、脚价盘费等项银一千三两一分。朱庆扬应赔未支府斗级工食银三十三两七钱五分六厘。实在未完民欠缓征正银四千三百三十二两八钱七分一厘，民欠司库正银三千四百八十七两一钱九分三厘、起运折色脚价银一百七十七两八钱五分四厘、粮道临仓正银六百六十七两八钱二分四厘。

道光十年分

额征耗羡银七千九百五十四两九分。应解支粮道衙门临仓耗银六百五十一两四钱五分六厘、德常仓耗银一百二十八两九钱二分、漕项耗银二百三十六两五钱六分五厘，闰月耗银一两八钱四分五厘，学租耗银七钱五分九厘。应坐支各官廉费银一千三百三十二两、解知县养廉银一千四百两、一厘脚费银一百一十一两一钱三分四厘。实应解司库耗银四千九十一两四钱一分一厘。

自道光十年二月初一日起，至道光十五年八月初九日钦奉恩旨之日止，已完银七千三百三十八两一钱八厘，内有前任垫完银一百六十五两六钱六分六厘，是以正耗不符，登明。又自钦奉恩旨之日起，截至现在止，并无征收，查是年耗羡，因道光十四年秋禾被旱案内奉文停缓，未至启征之年，理合声明。已解过司库耗银三千五百七十八两四钱八分三厘、知县养廉银一千四百两。解支过粮道临仓耗银五百五十七两九钱六分一厘，德、常仓耗银一百二十八两九钱二分，漕项耗银二百三十六两五钱六分五厘，闰月耗银一两八钱四分五厘。坐支过各官廉费银一千三百三十二两、一厘脚费银一百二两三钱三分四厘。实在未完民欠缓征耗银六百十五两九钱八分二厘，民欠司库耗银五百十二两九钱二分八厘、学租耗银七钱五分九厘、一厘脚费银八两八钱、粮道临仓耗银九十三两四钱九分五厘。

以上共实在未完民欠缓征正银六万八千二百二十九两五钱三分八厘、耗银九千二十七两三分。

第十四本

豁免登覆册 道光十一年至二十年

道光十五年蠲免案内初次饬驳造送漕粮、漕项册结府札本府自驳

武定府汤[1]札惠民县知悉。案据该县申送本年钦奉恩旨普蠲道光十年以前积欠案内应豁递缓道光元、二两年漕粮、漕项各款银米，各数册结，呈请核转到府。据此，查前奉藩宪详院颁发此次普蠲章程，条款内开漕米一项，历次恩蠲并未指豁，即嘉庆二十四年蠲免案内，系咨准大部奏奉谕旨蠲免，此次自应照办。惟漕粮项下有行润闰月仓粮米石，乾隆六十年蠲免案内仍行征收，嘉庆二十四年仿照办理。嗣奉部覆，以乾隆六十年系轮免漕粮，行润等项例应征收；嘉庆二十四年系普免积欠，行润等项应随同大漕一体请豁。现奉恩旨普免积欠，所有历年大漕何年缓征若干，内有行润闰月仓项米石若干，自应逐查明确，并声明行润等项应否并豁，分晰造册，详候粮道核准移司详办等因。

当经抄录章程，飞饬遵办在案。恭绎现奉恩旨，原系覃恩特沛普免逋赋至意。凡道光十年以前实欠在民之款，均在应豁之列。原奉谕旨未列漕米一项，似因漕粮除因灾缓征外，其余均系按年照额征兑运通，年清年款，非若钱粮之有积欠在民者可比，是以每奉恩纶，均无“漕粮”字样。嘉庆二十四年系咨部奏奉谕旨蠲免，其行润等项名目虽殊，均系出自大漕项下统征分解，因灾缓征，实欠在民。嘉庆二十四年普免积欠，奉部行令，随同大漕一体请豁。此次普蠲，事同一律，自应仿照办

① 即汤世培。

理。惟前奉藩宪议颁章程，行令声明应否并豁，造册详候粮道宪核准，移司详办。今查该县造送册内并未详晰分明，亦未叙详呈送核办，仅以验文申送册结，注语亦属不符，结内兼无“已征未解及官亏吏蚀等项牵混融纳情弊，倘有捏饰，日后查出，愿甘参革治罪”等字样，核与奉颁式样不符，自系造送在前，奉颁章程在后之故。

又查该县道光元、二年漕粮、漕项究因何案原缓，嗣经节次递缓，道光十三年展缓积欠案内究应递缓至何年秋后启征，册内亦未声明，仅以“递缓”二字笼统造报，亦欠明晰。又查该县递缓兵米两款，册内虽据注明未经启征之先，奉文拨作道光二、三、四、五、六等年兵米之用，借动四、五等年兵米支放，详明有案。检查本府衙门并无该前县详报之案，究于何年月内详明何衙门批准，本府亦属无凭查核。又查册造元、二两递缓孤贫兵米二款，孤贫米石系应按季支放之款，该县元、二两年孤贫米石既经缓征，彼时究系如何支放，曾否详明借动仓谷，抑系垫款支发，册内亦未注明。前奉司颁条款章程，各属征册未完欠数或较奏销未完民欠浮多，自有垫支、垫解在内，此项名目久奉例禁，应全行删除，以符奏销原案等语。该县递缓孤贫米石，如经详明借动仓谷，即应注明。倘已垫款支放，交案未经列抵，亦应于详内声明删除，毋庸入豁。又查该县嘉庆二十三、四、五年以及道光三、四、五、六、七、八、九、十等年有无因灾缓征漕粮、漕项，曾否带征解运全完，文册亦未声明。〈种〉种未协，碍难率转。合亟专札详细指驳。札到，该县立即遵照指驳各条，并查照司颁章程、册结各式，核明案据，迅速逐一更正，明晰声注删除，赶紧另造妥协册结各五本，另叙妥详，逐条详晰登覆，检同征册解支案卷，以及奏销缓征各册案，务于五日内星飞详送来府，以凭核明结转。案关普蠲，奏限已迫，毋再草率错漏，刻迟干咎。切切。飞速，火速。此札。十五年十月二十一日到。

计发册结各四本。

道光十五年蠲免案内
初次更造漕粮、漕项册结申文

为札谕事。

案蒙宪台札开，札到，该县云云等因到县。蒙此，遵查卑县道光元、二两年因灾缓征漕粮，内有兵米一项，因未经启征之先，奉文拨作道光二、三、四、五、六年兵米之用，借动四、五两年兵米支放，并未征还，曾经详明藩、粮二宪在案。又孤贫口粮米一项，系漕粮内统征分支，道光元、二两大粮因灾缓征，孤贫随同并缓，元年分缓征孤贫米三十七石一斗三升二合三勺、二年缓征孤贫米六十一石八斗五升二合，均经在任之员垫放。前任朱庆扬交代案内，每石作银二两，列抵欠款，迨后章、汪二令①辗转流抵。卑职接收汪令交代，照数作抵，议明俟启〈征〉之年征还归款。今民欠漕米奉文豁免，无可征还，交代原抵银两致归无着，容俟另详请于原抵之朱令名下着追。又行润闰月米石系大漕项下统征分解，应否一并豁免，应请宪台转详粮道宪核明，移咨藩宪详办。其册开缓征各项银米，均系实欠在民，并无官亏吏蚀融纳在内。拟合造具册结各五本，具文详请宪台核转。为此云云。

---

① 即章敩、汪自修。

计申送册结各五本。

一申本府。

此次申送系漕粮、漕项、孤贫米石汇为一册结，内亦系统叙。嗣奉本府转奉粮道驳饬以册结内漏造、多开及数目不符签示，由府于十六年三月十七日转饬到县，县案于三月二十二日阅稿，分晰另造申送稿见后。此次册结稿未录。

十五年十一月十八日阅稿。

道光十五年蠲免案内二次饬驳造送漕粮、漕项册结府札系粮道驳、府转行

武定府侯①札惠民县知悉。本年三月初九日蒙粮道宪札开，据该府详送惠民等州县蠲免道光十年以前漕仓银米数目册加各结到辕。据此，除详另行批发备案，并仓项册结另案核办，及阳信、利津、蒲台等县漕粮册结暂存外，所有惠民、乐陵、阳信、滨州、利津、蒲台等州县册结内漏造、多开及数目不符应行核删各款，已于册内签示，内乐陵、阳信二县正耗完欠不符，有开参，现据该府禀送总册，内查核阳信县有已征未解银两，应令将所欠八、九两年漕项正银于征存银内扣拨清款。其乐陵县所欠九年漕项正银，是否扣存，应饬赶紧查覆，合亟插翼马递五百里驳发等因到府。

蒙此，合亟马递转饬。札到，该县立即饬承照依签示情节，根查明确，另造妥协册结各五本，星飞送府，立等加结核转。毋得刻延，致干未便。飞速火速。此札。

计发册结一束。仍缴。十六年三月十七日到。

---

① 即侯燮堂。

道光十五年蠲免案内二次更造漕粮、漕项册结申文漕粮、孤贫米并漕项各册结附

民欠漕粮册结申文

为札谕事。

案蒙宪台札开，札到，该县云云等因到县。蒙此，遵查卑县应造豁免漕粮册结，照依指驳之处，另造妥协册结各五本，拟合具文，申送宪台核转。为此云云。

计申送册结各五本、原册一束。

一申本府。十六年三月二十二日阅稿。

民欠漕粮册结

为钦奉〇〇恩纶等事。

遵将卑县缓征案内原缓道光元、二两年应豁民欠漕粮逐细查明，按年分晰，据实开册，呈送查核施行。

计开：

惠民县

道光元年分

原缓大漕米三百一十七石四斗九升八合八勺、大漕豆四百六十六石一斗九升七合七勺、大漕麦四十三石七斗三升六合八勺、润耗米三十四石五斗八升一合八勺、行粮米一十七石三斗九升四合六勺、蓟粮米七十七石九斗六升五合六勺、蓟粮润耗

米三石一斗一升八合六勺前项行润蓟粮四款应否并豁，伏候核示合并声明。以上共原缓米豆麦九百六十石四斗九升三合九勺。

道光二年分

原缓大漕米五百二十八石八斗六升五合二勺、大漕豆七百七十六石五斗五升六合四勺、大漕麦七十二石八斗五升三合四勺、润耗米五十七石六斗三合七勺、行粮米二十八石九斗七升四合六勺、闰月米一石三升九合七勺、蓟粮米一百二十九石八斗六升九合一勺、蓟粮润耗米五石一斗九升四合八勺前项行润闰月五款米石应否并豁，伏候核示理合声明。以上共原缓米豆麦一千六百石九斗五升六合九勺。

武定府惠民县今于与印结为钦奉恩纶等事。

依奉结得，现查卑县自嘉庆二十三年起至道光十年止，未完缓征民欠道光元年应解大漕米豆麦九百六十石四斗九升三合九勺，缓征道光二年应解大漕米豆麦一千六百石九斗五升六合九勺，委系实在民欠，并无已征未报及官侵吏蚀情弊，倘有隐饰，日后查出，愿甘参革治罪。所具印结是实。

民欠孤贫米石册结申文

为札谕事。

案蒙宪台札开，札到该县云云等因到县。蒙此，遵查卑县应造豁免孤贫米册结，照依指驳之处，另造妥协册结各五本，拟合具文，申送宪台查核转申。为此云云。

计申送册结各五本。

一申本府。十六年三月二十二日阅稿。

民欠孤贫米石册结

为钦奉〇〇恩纶等事。

遵将卑县缓征案内原缓道光元、二两年应豁民欠孤贫米石逐细查明，按年分晰，据实开册，呈送查核施行。

计开：

惠民县

道光元年分

原缓孤贫米三十七石一斗三升二合二勺。查前项孤贫米因灾缓征，筹款垫放，前任朱庆扬列入交代作抵，历任转辗抵交，现在无可征还，另行详请在于原抵之朱任名下追还，理合声明。

道光二年分

原缓孤贫米六十一石八斗五升二合。查前项孤贫米因灾缓征，筹款垫放，前任朱庆扬开列交代作抵，历任辗转抵交，现在无可征还，另行详请在于原抵之朱令名下着追，理合登明。

武定府惠民县今于与印结为钦奉恩纶等事。

依奉结得，现查卑县缓征案内原缓道光元年孤贫米三十七石一斗三升二合二勺，道光二年孤贫米六十一石八斗五升二合，委系实欠在民，并无已征未报及官亏吏蚀情弊，倘有隐饰，日后查出，愿甘参革治罪。所具印结是实。

民欠漕项银两册结申文

为札谕事。

案蒙宪台札开，札到，该县云云等因到县。蒙此，遵查卑县应造豁免漕项册结，照依指驳之处，另造妥协册结各五本，拟合具文，申送宪台核转。为此云云。

计申送册结各五本。

申本府。十六年三月二十二日阅稿。

民欠漕项银两册结

为钦奉〇〇恩纶等事。

遵将卑县缓征案内原缓道光元、二两年应豁民欠漕项银两逐细查明，按年分晰，据实开册，呈送查核施行。

计开：

惠民县

道光元年分

原缓轻赍银二十三两二钱一分，席草银六两六钱四厘，运军行粮折色银五十两九钱一分二厘，蓟粮项下斜席银五分三厘、润耗银三两一钱一分九厘、脚价银五两五钱一分四厘、盘费银三两八钱六分六厘。以上共原缓应解正银九十三两二钱七分八厘，耗银十三两五分九厘内扣支五毫脚费银一钱一分二厘、扣解五毫脚费银一钱一分二厘。原缓大漕脚价银五十八两五钱四分三厘、盘费银四十一两四分九厘、润耗银三十四两五钱八分一厘、斜席银五钱八分八厘、行粮脚价银一两四钱七分八厘。以上共原缓应支正银一百三十六两二钱三分九厘、耗银十九两四钱七分三厘。以上正耗银两，均系实欠在民，道光十四年秋禾被旱案内应递缓至道光十八年秋后带征。理合登明。

道光二年分

原缓轻赍银三十八两六钱六分一厘，席草银十一两一厘，运军行粮折色银八十四两八钱六厘，闰月银二两九钱八分二厘，蓟粮项下斜席银八分八厘、润耗银五两一钱九分五厘、脚价银九两一钱八分五厘、盘费银六两四钱四分一厘。以上共原缓应解正银一百五十八两三钱五分九厘，耗银二十二两一钱七分内应扣支五毫脚费银一钱九分一厘、应扣解五毫脚费银一钱九分一厘。原缓大漕脚价银九十七两五钱一分五厘、盘费银六十八两三钱七分四厘、润耗银五十七两六钱四厘、行粮脚价银二两四钱六分二厘、斜席银九钱八分。以上共原缓应支正银二百二十六两九钱三分五厘，耗银三十一两七钱七分。以上缓征漕项正耗银两，均系实欠在民，道光十四年秋禾被旱案内应递缓至道光十九年秋后带征。理合登明。

武定府惠民县今于与印结为钦奉恩纶等事。

依奉结得，现查卑县自嘉庆二十三年起至道光十年止，未完缓征民欠道光元年应解漕项轻赍等正银九十三两二钱七分八厘、耗银十三两五分九厘，应支大漕脚价等正银一百三十六两二钱三分九厘、耗银十九两七分三厘；缓征道光二年应解漕项轻赍等正银一百五十八两三钱五分九厘耗银二十二两一钱七分，应支大漕脚价等项正银二百二十六两九钱三分五厘、耗银三十一两七钱七分；委系实在民欠，并无已征未报及官侵吏蚀情弊，倘有隐饰，日后查出，愿甘参革治罪。所具印结是实。

道光十五年蠲免案内饬驳造送临、德等仓银两册结府札粮道驳、府转行

武定府侯①札惠民县知悉。本年三月初四日蒙督粮道札开，据该府申送惠民县应豁民欠各年仓项银两清册前来，并据惠民县详称，遵查嘉庆二十五年前县陈醇抢修白龙湾堤工，共用工料银五千三百四十五两二钱，系挪用征存二十五年地丁银四千四百余两。详蒙藩宪批示，陈令认赔银三千两，其余银二千三百余两，自道光三年十月十二日奉批之日起，分五年流摊解补原挪之项，此外并无已征未解银两。又查二十五年德、常二仓银两，除解，尚欠正银六百二十两八钱一分四厘、耗银八十六两九钱一分四厘，均系实欠在民。卷查道光三年七月间，谈②任详文声称陈令有征存未解二十五年正银二千六百余两、耗银八百余两，此即陈令挪用抢修白龙湾堤工之项。谈任具详之时，陈令挪用银两本未议定流摊，亦未指明所挪地丁、仓项。谈令意谓陈令交出银两可以分解仓项，故有此详。后于是年十月间详摊案内，专指挪用地丁，所以陈令本任认赔及后任摊出之项，应先尽完解地丁银两，故将德、常二仓正耗列入民欠。谈令不将陈令二十五年银两先尽地丁缘由分晰详覆，以致宪台于奏销案内仍作征存登记，屡奉大部饬催，实属疏漏。至朱奕勳交代案内，有征存二十五年地丁正耗银三百六十七两一钱九分三厘，亦已批解，地丁并无存库银两等情到道。

---

① 即侯燮堂。

② 即谈素敦。

据此，除册开德、常仓正银均少四分五厘、耗银均少六厘，又未完十年临仓耗银多一厘于册内更正外，查该县未完二十五年常仓正银六百二十两八钱五分九厘、耗银八十六两九钱二分，前于道光三年七月间据该前府转，据该县谈令详称，除递缓正银二十两六钱二分四厘、耗银二两八钱八分八厘，实未完常仓正银六百两二钱三分五厘、耗银八十四两三分二厘。前县陈醇交代案内，有征完未解二十五年正银五千九百余两、耗银八百余两，除欠解司库地丁三千二百余两外，下剩银两俟交到批解未完二十五年仓项正耗银两。此外，未完二十五年仓项正耗银三百六十七两一钱九分二厘，前县朱奕勳交代案内亦有征完二十五年钱粮，应划拨仓项，以清欠款等情。当经前道查明该县实有已征未解银两，足敷拨解，委非捏饰规避未完处分，遂于三年奏销案内登记造报，并递年饬催在案，乃该县漫不经心、不解不覆，直至于今奉部指明奏催，又值查办蠲免，辄以民欠具报，实堪诧异。不特与奏销原案不符，碍难请豁，且已报存之款确有案据，迟至十余年之后忽称民欠，成何事体，岂能照此咨部？即使民欠属实，而该县办理错谬及迟延不报、不覆之咎，亦所难辞，自应着赔，以符原案。合亟马递六百里飞札饬查等因到府。

蒙此，合行转饬。札到，该县立即查明前项银两因何既报征存又归民欠，此时民欠奉豁款归无着，应如何筹补？即日妥议详覆，以凭转核办，并即另造妥协册结各五本，具文送府加转，均毋迟延。速速。此札。

计发册结各四本。

道光十五年蠲免案内更造临、德等仓银两册结县详粮道批附

为详覆筹议归补事。

本年三月初九日蒙本府、宪台转，蒙宪台、粮道札开，据该府申送惠民县应豁民欠仓项银两清册前来云云。速速。此札等因到县。

蒙此，遵查卑前县陈醇于嘉庆二十五年修筑白龙湾堤工，挪款垫用银五千三百四十五两二钱，除陈令自行认赔银三千两，其余二千三百四十五两二钱详明藩宪，分作五年流摊，应后任谈①、朱二令摊起，为陈令弥补垫款。今谈令应摊银内划出二十六两二钱八厘、朱庆扬应摊银内划出六百五十八两五分九厘，补解嘉庆二十五年德、常二仓正银六百两二钱三分五厘、耗银八十四两三分二厘，以符原欠之数。谈令现任滋阳县，朱令现任高密县，除另详藩宪饬追外，拟合另造妥协册结各一、三本，具文详请宪台查核云云。

前详粮道批

查该县已征未解二十五年德、常二仓正耗银两，既应在该前县谈、朱二令应摊银内划解，除据详饬催、照数移交外，仰即专差移催该二令，将前项银两赶紧移交解辕交兑。此系奉部

① 即谈素敦。

指提之项，急等完解，详请咨覆。毋再宕延，致干未便。仍候藩司批示。此缴。册存。

道光二十五年蠲免上谕

武定府陶①札惠民县知悉。本年八月二十八日蒙布政司札开，道光二十五年八月二十日蒙巡抚部院兼理盐政觉罗崇②案验，道光二十五年八月十六日准兵部火票递到户部咨，山东司案呈。道光二十五年八月初八日准陕西司付称，道光二十五年八月初三日内阁抄出奉上谕：

"朕勤求民隐，子惠元元。自御极以来，蠲赋缓征，恩膏叠沛，所愿人安乐利，户裕盖藏，俾闾阎日臻康阜。因念各省民欠钱粮，自道光十五年降旨蠲免后，计期已逾十稔。本年恭逢圣母皇太后七旬万寿，海隅乂安，民物丰裕，允宜推广慈恩，覃敷闿泽，用昭锡类之仁。所有各省节年正耗民欠钱粮及因灾缓征、带征银谷，并借给籽种、口粮、牛具及漕项、芦课、学租、杂税等项，着各该督抚、将军、府尹等，将道光二十年以前实欠在民者，详晰查明该省所属某州、某县银谷若干，速行开单具奏，候朕降旨全行豁免。并着先将此旨刊刻誊黄，遍行晓谕，务使城市村乡咸喻朝廷德意，毋任官吏、胥役等延搁侵渔，致滋弊窦。期吾民休养生息，孝弟力田，比户可封，催科不扰，用副朕延厘笃祜、申锡无疆至意。该部即遵谕行。"钦此。

① 即陶庆增。

② 即觉罗崇恩。

相应传付江南等司抄录，自行行文等因前来，相应恭谕旨飞咨山东巡抚钦遵查办可也等因到本部院。准此，合就檄行。为此仰司官吏即便钦遵查照，将各属州县道光二十年以前实欠在民者，详晰查明银谷若干，速行分晰开单，详请具奏。一面先行刊刻誊黄，饬发各州县遍行张贴晓谕，使城市村乡咸喻朝廷德意，毋任官吏、胥役延搁侵渔，致滋弊窦。并将发去火票，移送臬司，照例造报，毋违等因行知到司。除敬谨刊刻誊黄另行颁发外，合行马递三百里转饬等因到府。

蒙此，除俟奉司颁发誊黄章程到日另檄飞饬遵办外，兹蒙前因，合行马递三百里转饬。札到，该县立即钦遵照查，迅将道光二十年以前未完钱粮及因灾缓征、带征银谷，并供给籽种、口粮、牛具及漕项、芦课、学租、杂税等项，查明实欠在民各数，赶紧分晰造具清册，出具无捏印结各六本，限三日内具文送府，以凭核明结转开单，详请具奏。毋稍迟延，致干参咎。速速。此札。二十五年九月初七日到。

道光二十五年蠲免案内奉发章程府札章程、册结各式附

武定府陶①札惠民县知悉。本年十一月初七日奉布政司札开，照得本年八月间恭奉恩旨，普蠲道光二十年以前积欠。当经钦遵行知，遵照转饬所属，将二十年以前积欠立即停征，并刊刷誊黄，颁发晓谕在案。惟查近来交案款目诸多轇輵，兼有

① 即陶庆增。

防堵军需摊廉归补一案，头绪更属纷繁。所有上届蠲免成案，原定条款尚须分别增删，其余仍照旧章办理。合行插翼马递六百里札饬。札到，该府立即遵照，饬承分司抄发各属，作速查办。此案限期紧迫，凡有札行事件均应从严饬催，插翼飞递，认真督办。切毋稍涉大意，致误奏限，大干参咎。仍饬所属系于何日奉到章程、册结各式，径禀本司查考。毋违。速速。此札等因到府。

蒙此，查此案前奉各宪檄饬，当经备录原文，转饬钦遵查办去后。兹复接奉前因，除海丰、商河两县册结已据先后造送到府，现已由府设局，饬吊该二县册串总报并解支各案卷到局先行查办外，合亟抄录章程、册结各式，插翼马递五百里，飞札转饬。札到，该县立即遵照，饬令承办谙练经书悉心确查，先将自道光十一年起至二十年止，何年额征正耗各若干，内应额解何衙门何款正耗各若干、坐支某某款各若干，自各该年开征起至本年钦奉恩旨豁免之日止共征完何年正耗各若干，内解过何衙门何款若干、支过某某款各若干，或有官亏若干、书亏若干、已征未解若干、参亏交代案内报司有案何员亏缺及划抵作赔漏接作赔各若干、实在民欠若干、何年因何案灾缓若干，一一分晰开列，总期已、未解支撒数，核与额征总数相符，方为无错。

再垫解名目，例禁已久。现奉议办章程，各州县如有前项垫解银两，应即另造细册，据实声注，不准于蠲免册内一并开列，以免牵〈混〉，自应遵照办理。又该州县如有缓征漕米，亦必将何年额征应兑、应支各若干，兑运过若干，支过若干，实在民欠若干；又何年详明出借常社仓谷、籽种、口粮、牛具，义田，地租等项银两各若干，何年征起若干，实在民欠若干；均应厘剔清楚，统照先奉颁发章程各款、册结各式，迅速分款，漏夜赶造妥协切实册结各六本，并将原造各年总报、赤书、流水、串根、解支档案并历年造报漕粮漕项，临、德、常仓项，民佃盐课、学租各项，核准奏销册结、印稿、参案、年款，奉司核发准册，及划抵作赔、漏接作赔详奉藩宪批准各案卷，暨出借常、社仓谷、籽种、口粮、牛具等项，原借花名底册、领状，各年征完印册、流水，一并检齐，选派谙练正身各经书，星驰押送来府，以凭督同查办。

再现奉藩宪勒限各州县自此次奉到章程之日起一月内，分晰查造册结，呈送到府，再限三日内由府覆查出结申转。第查此案，自奉文转饬查办以来，业已两月有余，在各州县册串、文卷均属齐备，自必早经查有端倪。且历年未完民欠及因灾缓征银两，前于奉旨饬查道光二十二年以前民欠，查造有案，并有本年上忙二麦被旱、查办缓征之处，旋又秋禾被水，现正该县查造缓征册结，其实在欠缓各数，均已了然，此时不难查照，据实造报。而本府覆查各州县册籍，历年既久、款目纷繁，其中尚不免有官亏吏蚀、已征未解及征完未报各项，并有牵涉参案交代列抵垫解将届启征之钱粮，与夫因缓未支之养廉等项，均须按年按款分别勾稽，逐一厘剔。府限三日内查清出结，未免为期太促。是各州县册结早到一日，即府限多宽一日。事关特恩普免，各牧令务当振刷精神，审思缓急，妥速办理。仍先造竣一案，即详送一案，以便陆续核转。毋稍大意稽延，是为切要。若有捏完作欠，甚或另造征册流串，希冀朦混，本府责重任专，一经查出，惟有严揭请参，断不姑宽。再或有征册、文卷任意草率，检送不齐，以致往返行提，致稽时日，有误严限，定即委员锁提该管经书来郡严究，该牧令亦同干未便。仍将系于何日奉到章程、册结各式，径禀藩宪，并报本府查考。凛之，慎之。飞速，火速。此札。二十五年十一月初九日到。

计粘抄章程、册结各式一纸。

查办蠲免章程

一、民欠司库地丁正耗钱粮，应以道光二十四年奏销案内续奏欠解银数作纲。此内官亏、书亏及已征未报、已报未解，并划抵作赔、漏接作赔，名目不一，均应分晰清楚，剔除净尽，下剩民欠再同剔除各项，核与续奏未完银数吻合，方为定准。

一、民欠常、社等仓谷麦杂粮，何年因何案出借、何年尚未征收、何年业已征收禀报还仓、何年征收尚未还仓、系何任亏缺或系后任漏接，议令着赔，均应厘剔清楚，挨年分款开列，毋许颗粒捏混。

一、滨近河湖州县，历年奏明借帑兴修民埝各工应于地丁项下分年摊征还款，历年普蠲民欠案内奏蒙恩旨并予蠲除。此次恭逢覃恩，虽无"蠲免堤工"字样，自应援案详请奏豁。其间或已摊征，或现停缓，应查明各该年原案，照查办民欠地丁各项名目，分别开造细册送核。

一、临、德、常等仓河银等项，恩旨均未指豁，但系地丁项下统征分解，自应一律奏免。惟仓项向系由司转呈，河银完欠数目造报考成则系由河督衙门题报，司中无案可稽。其何年征解若干、何年缓征若干、有无征存未解亏缺，应同仓项银两，亦照查办民欠地丁各项名目，厘剔清楚，分案造册送司。一面分送粮、河二道核准，转送查办。

一、垫解名目，例禁已久。卷查道光十五年蠲免案内，各属册开正耗不符，饬据声称，征存在柜银两总有尾零，而批解钱粮欲成整数，稍为措垫，即难相符，自系实情。但既奉例禁，仍然列入蠲册，殊欠妥协。此次办理蠲免，如有因正耗未符及别项抵垫纠缠之处，另造细册，据实声注，不准于蠲免册内一并开列，以免牵混。

一、寄庄钱粮系在额征数内，如甲县代乙县征收，应即确查何年代征若干、征过若干、移解若干、未解若干，报明某任亏缺若干、实在民欠若干，分年分任逐一厘剔清楚，造具细册，移送乙县核办。检查历年豁免成案，多有甲县将代征寄庄银两挪亏，并不移会乙县于额征项下扣除，以致仍作民欠请豁。此次切宜认真确核，互相移查，开造清册，呈送核办。

一、漕项银两内，如交军席片及坐支车脚蓆夫等款项下，间有应行扣解随蓟之项，从前豁免案内各属不知底细，有将前项作为民欠多豁，又各卫津租、里料、小料、赡军等项，有作为应征漏豁，似此错误尚多，自应分年分款逐细查核明确，一面造册送司，一面造送粮道衙门覆查，送司核办，毋稍遗漏舛错。

一、漕米一项，历次恩蠲并未指豁，均系咨准大部奏奉谕旨蠲免，此次自应照办。惟漕粮项下有行润闰月仓粮米石、轮免漕粮之年行润等项，例应征收普免积欠之年行润等项，随同大漕一体请豁。现奉恩旨普免积欠，所有历年大漕何年缓征若干，内有行润闰月仓项米石若干，自应逐查明确，并声明行润等项应否并豁，分晰造册，详候粮道核准，移司详办。

一、各属参案造送年款，有以存司领款抵除地丁，司中或因年款尚未核定，或因无款可动尚未拨正，及虽揭参尚未据开造年款之处，奏销案内自系均作未完民欠造报。此时查办蠲免，凡有参亏之案，于民欠项下，应行一律注除，一面将未造年款上紧造送，总不得以官亏隐入民欠，亦不得以民欠误入官亏，致有多豁少豁情弊。

一、各属交代已经结报者，其征存未解银两，如系以司库领款列抵应即详请支拨，如系以现银移交应即扫数批解并本任征收，均不许丝毫存留。仍先将存司领款及移交现银列抵何年地丁，先行造册送司，以凭分别核拨提解。至未结交代者，所有已征未解各年银两，何任若干，均有案据可查，应先由现任造册，据实禀报。惟交代一日未结，则已征未解银两因而延不移交，以致与民欠混淆。前于接奉蠲免恩旨，即经通饬，勒限两个月，责成该管各府、州调集前后各任，督饬监交，一律算结。应饬赶紧依限调算，倘仍前因循迟延未结，即行分别提省，委员押算参处。仍一面催令将已征未解银两，赶紧解司作完扣除。倘敢挪移亏短及捏作民欠朦混请豁，一经查出，立予参究。

一、交代案内间有划抵作赔另追之案，当时原算本不论正、杂、仓、捐，统除统算。溯查划赔旧案，亦有开报地丁正耗者，已奉大部核准，应即循照办理。除已经造送年款存候核办者不计外，其余间有因开造不符，驳令更正，迄未造送年款各案，现值查办蠲免之际，未便耽延。应令先尽杂、捐各款，如杂、捐不敷，方准酌量以地丁正耗银两列抵划赔请追，仍于蠲免册内分晰登除，造册送司核办。至垫修、垫办暨不敷军需等案，业经禀详院司批准。应归县案分年流摊者，核其原款，实系因公，亦先尽列抵捐款，次及酌抵正、杂，不准概请划抵正项，以示限制而昭核实。

一、各属垫办防堵军需，或应作正开销，或系摊廉归补，业奉大部咨覆，分别行知遵照。惟案历数年之久、事或分任承办，其间有缘事未经报销者、有上站报销核与下站两歧者，司中系按照该县程途里数应销银款，浮多删减、少报增添，并将未销之处查照已销数目核准，以昭画一。至如青州满营及山西往回兵差官员、跟役车价，虽经司中准销，而现奉大部核删，所有此项删减银两，或已领回归款，或于交案列抵，均应在承办之员名下分别咨追、着追。如有划抵已征未解银两，应于另造登覆细册内据实声注。

一、蠲免一案，款目纷繁，查造需时，惟奉文后即于八月间由府转饬遵照，并经刊刷誊黄颁发，已历两月之久，应豁各款自必逐次查办。但上届拟定章程尚有分别增删，各属未经奉到，恐办理未能画一。今本司酌定，以接奉颁发章程之日起，统限一月查办完竣，分案造具册结，一面送司，一面申送府州，仍由该府州亲往所属，吊查征册、流串，核对解支档案。每到一处，总于三日内查清取结，加结转报，如有逾违定限，即行据实揭参，以儆怠玩。

册式

某府、州某县、州、卫为钦奉恩纶等事。

遵将卑县、州、卫自道光十一年起至道光二十年止，应豁民欠地丁正耗银两，逐细查明，按年分晰，据实开册，呈送查核施行。

计开：

某县、州、卫

某年分

额征地丁银若干，内应解粮道衙门某项银若干逐一分晰开列、运河道衙门某项银若干、黄河道衙门某项银若干、盐运司衙门民佃银若干、学租银若干、起运折色脚价银若干、举人车价银若干、存留义田租银若干；应坐支某某项银若干；实应解司银若干。自某年月启征起截至道光　年　月　日钦奉恩旨之日止已完银若干，已解过司库地丁银若干、折色脚价银若干、举人车价银若干、运河道某项银若干、黄河道某项银若干、粮道某某项银若干逐一分款开列、盐运司民佃银若干、学租银若干、义田租银若干、已报官亏某衙门某项银若干逐一分晰开列、已报书亏银若干、坐支过某某项银若干、已报未解银若干、已征未报银若干。实在未完民欠银若干，又因灾缓征银若干查道光二十年以前各案缓征及未完积欠，或有已经启征年分复因偏灾递缓，只应将被灾村庄核计银数声明案由列于缓征项下，其余未完仍作实在民欠开列，不得声叙“带征”字样，至未经启征年分，统作缓征造报，免致牵混，二共未完民欠灾缓银若干，内民欠司库银若干该年如有因灾借领之项，各查照本案，或系入于民欠司库地丁造报，或系入于奉杂奏销造报，均应分晰声叙、民欠脚价银若干、举人车价银若干、粮道某某项银若干逐一分晰开列、运河道某项银若干、黄河道某项银若干粮、河各道衙门如该年有因灾赴司借领之项，应于道库项下声叙案由，照数扣除、盐运司民佃银若干、学租银若干、义田租银若干、坐支某某项下因灾借领银若干。

某年分

额征耗羡银若干照前款式开列。

结式

某府、州某县、州、卫今于与印结为钦奉恩纶等事。

依奉结得，卑县、州、卫现查自道光十一年起至道光二十年止共未完民欠银若干，逐一查明，委系实欠在民，并无已征未解及官侵吏蚀等项牵混融纳情弊，倘有捏饰，日后查出，愿甘参革治罪。所具印结是实。

某府、道、州今于与印结为钦奉恩纶等事。

依奉结，据某州，某州、县、卫结称，结卑县、州、卫现查自道光十一年起至道光二十年止云云，愿甘参革治罪，所具印结是实等情。据此，覆查无异，倘有徇隐捏饰情弊，日后查出，愿甘一并参革着赔。合加印结是实。

册式

某府、州某县、州、卫为钦奉恩纶等事。

遵将卑县、州、卫奉文出借籽种、口粮、牛具银两未完民欠查明，开册呈送，查核施行。

计开：

某年分

一件某事案内，奉文出借籽种、口粮本色米若干石、折色银若干两，牛具银若干两，何年报明征还若干、未完若干，委系实欠在民，理合登明如有征存亏缺及缓征等项，仍照钱粮册式开列。以上二款均应分款另册造送。出借社仓谷石、入官地租佃欠，以上二款仿照前式。

此式各就所有，遵照分别开册申送。如无，均于文内声明，毋庸开送。

结式

某府、州某县、州、卫今于与印结为钦奉恩纶等事。

依奉结得，卑县、州、卫某某年奉文照册式开，委系实在民欠，并无已征未报及书役侵欠情弊。倘有隐饰，日后查出，愿甘参革治罪。所具印结是实。

某府、道、州今于与印结为钦奉恩纶等事。

依奉结，据某州，某州、县、卫结称，结得卑县、州、卫某某年奉文照册、式开，委系云云。日后查出，愿甘参革治罪，所具印结是实等情。据此，覆查无异。合加印结是实。

道光二十五年造送蠲免地丁钱粮册结县详结稿附

为钦奉恩纶等事。

除将卑县查办道光十一年起至道光二十年止蠲免地丁钱粮一案缘由备载书册外，拟合摘叙简详，造具蠲免册结，同登覆细册一并呈送宪台鉴核汇办，除由府核转外，为此云云。计详送书册一本、蠲免正册一本、登覆细册一本、印结一张；呈送宪台鉴核转呈，除径呈藩宪外，为此云云。

计详送书册一本、蠲免正册五本、登覆细册一本、印结五张。

一详司府。

为钦奉恩纶等事。

本年十一月初九日，蒙本府、宪台转蒙宪台、藩宪札饬，以本年八月间恭奉恩旨，蠲免道光二十年以前积欠一案。拟定章程、册结各式，颁发各属，限令一月内分别造具册结，详送核办等因到县。

蒙此，除将奉到章程日期禀报外，遵即督率经书检齐道光十一年起至道光二十年止各年钱粮征册、总报奏销册底，详慎稽核，照依册式，先以阖县应征地丁正耗银数作额，次将分解、坐支等项及额解司库正耗银两，均查照各该年正奏确数为准，按款分晰胪列。其已完数目，系按征册总报核算，复与历年奏销逐细较对。凡有总报完数多而奏销完数少者，分别是否专支，或系已征未报、已报未解；如总报完数少而奏销完数多者，自系前任垫解，分别垫解何项银数若干。其未完司库正耗银两，系以今岁办理道光二十四年奏销案内续奏未完之数纲，再将现办蠲免应行剔出各项，无论银数多寡，照章分别删剔，据实办理，兹已陆续核竣。查得各该年钱粮间有前任垫解银两，或正或耗，多寡不一。此等名目，久经严禁，且已汇同实在征完之项，一并批解，作完奏销，不应混入民欠，现于蠲免正册民欠项下一概剔出，统作已完造报。

又坐支项下，有奉裁府斗级工食一项，每年银三十三两七钱五分六厘，系应随同官俸役食坐支扣出批解之款。除道光十六年银两业已扣解外，其余各年前项工食，历前任均因各该年钱粮民欠缓征未及征起扣解，但奏销案内应作全完、全支造报，照章不准入于民欠请豁，现于蠲免正册民欠项下剔出，作为全完开造，应另案详请，在于造报各该年奏销错误、不行扣支之员名下着赔。

又已征未报项下，查各该年钱粮续奏案内本无已征未报银两，今办理蠲免，查有前任支发各役工食，因陆续零星核支，每多卷毫成厘，按撒合总，计有逾额专支，每年或数厘至一钱有余不等。此项役食，系于征完地丁银内由县坐支给领之项，既经逾额专支，既在已完之列，若竟删除，则地丁完欠总数即不符合。现在仿照专支地丁脚费，仍作已征未解，耗银章程将此项专支役食按年于未完司库正银项下剔出，作为已征未报应解司库正银开造，为数无几，亦无须请在专支之员名下着追，应请即在卑县存司领款银内扣拨清款，以省繁牍。又有前任陆续核支地丁脚费，亦因零星卷尾，现按解司正银核算，计有专支之款，每年不过数厘至一钱有零不等，照章均于各该年未完司库耗银内剔出，作为已征未报应解司库耗银造报，并请由卑县存司领款银内扣拨，免烦详追。

又已报未解一项，各该年续奏案内亦无是款，今办蠲免，有前任知县徐鈖参案，报明已征未解道光十七年司库正银二千四百四十六两九钱八分二厘、耗银三百一十七两九钱六分二厘，年款册内系以存司未领各年养廉浮额、孤贫闰月、孤贫夫马闰月、闽硝例价、先农坛祭品、昭忠祠祭品、花红公宴、囚衣等银，及县案垫摊等项银两，笼统列抵。因徐令参案年款，司中尚未核定，未及指款拨正，但参案内既属有款可抵，并非实在亏缺，蠲免案内即不能作官亏开报。现将此项正耗银两于未完司库正耗项下剔出，作为已报未解司库正耗于蠲免正册开列。惟参案原抵之领款，多有扣拨后任之欠项，其县案垫摊银两亦有摊起，后因应付各起兵差垫用，虽准核销，应俟摊扣军需三成，方能归补，统俟宪台、藩宪衙门核办该参令年款行查到县，再归彼案分别划拨顶补详办，以免牵混。又未完项下各年民欠正耗，均于缓征期内复被灾缓，本年并无应行启征银两，现在概作缓征造报。又未完司库正耗，现办蠲免，有应行照章剔出作完之款，以致比较续奏未完之数短少，加以剔出银数，仍与续奏符合。又各年未完司库正耗银，内有普济堂等处无着钱粮，每年地丁正银一十四两六钱七分三厘、耗银二两五分四厘，系在应解司库正耗额内之项，应由经征各员按年捐纳。历前任因各该年钱粮民欠缓征均未捐出，交代案内亦未入交。溯查上届办理蠲免曾奉通饬，以此等官捐钱粮，因缓征期内实未捐交者，准与缓征民欠一律请豁，现于蠲免正册统作缓征司库正耗开报，以符解司原额。以上各年垫解正耗，以及应作已征未报、已报未解并应行追赔之府斗级工食等项一切细款确数，并垫抵纠缠各项情节，现均遵照章程于登覆细册内据实备细声注。

又各年学租耗银，除随正完解之年不议外，惟道光十三、十五、十七等三年学租正银系由前任垫解，其耗羡仍属实在民欠。此项学租耗银，上届蠲免案内均准入豁，是以今次一律造报。又地丁脚费一项，上届办理蠲免通饬内开，如系未支，则地丁已豁，无须脚费，即应删除，今次自应照办。但此项脚费银两，各年钱粮正奏册内，先照额支银数声除，而县案支用数目应按已完解司正银核计，方免错误长支。其未支之项既未征完，即属民欠，蠲免册内若不分晰开列，则耗羡完欠按撒合总，即不能符阖县统征额数。现于蠲免正册未完项下，分晰列明，俾便稽核，仍于结内删除，以符通饬而归简净。所有蠲免案内卑县核竣各年钱粮完欠数目，理合照章造具蠲免正册印结，同登覆细款清册，一并具文详送宪台鉴核汇办、宪台鉴核转呈。再卑县并无摊征堤工、河工、埝工，地租，出借籽种、口粮、牛具，借领漕项、官俸役食等款，无凭造报。其漕仓银两及因灾缓征不敷孤贫、兵米，借动常平仓谷各款，现在分案造具册结，另文呈送，合并声明。除由府核转外、径呈藩宪外，为此云云。

武定府惠民县今于与印结为钦奉恩纶等事。

依奉结得，卑县现查自道光十一年起至道光二十年止，共未完缓征民欠司库地丁正银六万四千七百七十七两五钱一分九厘、司库耗羡并知县养廉银九千二百四两八钱九分八厘、起运折色脚价银一千四百二十二两八钱三分二厘、举人车价银一十五两二钱七分二厘、学租耗银二两二钱七分七厘，逐一查明，委系实欠在民，并无已征未报及官侵吏蚀等项牵混融纳情弊。倘有捏饰，日后查出，愿甘参革治罪。所具印结是实。

道光二十五年造送蠲免地丁钱粮登覆册

武定府惠民县为登覆事。

今将卑县造报道光十一年起至道光二十年止蠲免地丁正耗钱粮案内应行声注各款，遵照章程分晰开造，登覆细册，随案呈送查核施行。

计开：

惠民县

道光十一年分

已完项下：

一、蠲免册报已完正银五万五百七十五两二钱。

前款查道光十一年钱粮，现按征册总报核算，实止征完正银五万五百四十一两四钱四分四厘。因有奉裁府斗级空缺工食银三十三两七钱五分六厘，系应随同官俸役食银两一并坐支扣出批解之项。历前任均因该年钱粮民欠缓征，未及征起扣解，但奏销案内应作全完、全支造报，照章不准入于民欠请豁。今次查办蠲免应一并作为已完，是以册报已完正银五万五百七十五两二钱，其已完耗羡数目应按实在征完正银五万五百四十一两四钱四分四厘之数核算，方能正耗相符。登［理］合登明。

一、蠲免册报已完耗银七千九十两五钱二分五厘。

前款查道光十一年钱粮，按实在征完正银五万五百四十一两四钱四分四厘核算，实止征完耗银七千七十五两八钱二厘。因有前任垫解司库耗银一十四两七钱二分三厘，照章应于民欠项下剔出，随同实在征完之项，统作已完造报。今次查办蠲免，是以册报已完耗银七千九十两五钱二分五厘。理合登明。

坐支项下：

一、蠲免册报坐支过官俸役食银二千二百五十一两二分八厘。

前款查道光十一年官俸役食，实止征完坐支过银二千二百一十七两二钱七分二厘。因有缓征民欠未支奉裁府斗级空缺工食银三十三两七钱五分六厘，照章不准入于民欠请豁。今次查办蠲免，是以作为全完册报坐支银二千二百五十一两二分八厘，仍将此项府斗级工食银两照章专案详请在于造报该年奏销错误、不行扣支之员名下着赔。理合登明。

已征未报项下：

一、蠲免册报已征未报应解司库正银一分一厘。

前款查道光十一年钱粮奏销案内本无已征未报银两，现在办理蠲免，查出有前任支发各役工食，因随时分款、零星核支，每多卷毫成厘，按撒合总，计有逾额专支银一分一厘。此项役食系于征完地丁银内由县坐支给领，既经逾额专支，即在已完之列，若竟删除，则地丁完欠总数即不符合。是以仿照专支地丁脚费仍作已征未解，耗银之章程将此项专支银一分一厘作为已征未报应解司库正银册报，且为数无几，亦无须请在专支之员名下着追。应请即在卑县解存领款项下扣拨清款，以重帑项而省繁牍。理合登明。

未完项下：

一、蠲免册报未完缓征正银六千二百二十六两五钱四分七厘。

前款查道光十一年钱粮，现按征册总报核算，实该未完正银六千二百六十两三钱三厘。内除缓征民欠未支府斗级空缺工食银三十三两七钱五分六厘，照章不准入豁。今次办理蠲免，将此项府斗级工食于民欠项下剔出，作为已完另案追赔外，是以册报未完缓征正银六千二百二十六两五钱四分七厘。理合登明。

一、蠲免册报未完缓征耗银八百六十一两七钱二分。

前款查道光十一年钱粮，按征册总报实在未完民欠正银六千二百六十两三钱三厘核算，实该完民欠耗银八百七十六两四钱四分三厘。内除照章将前任垫解司库耗银一十四两七钱二分三厘剔除作完开报外，是以册报未完缓征耗银八百六十一两七钱二分。理合登明。

一、蠲免册报未完缓征司库正银三千八百二十两七钱二分。

前款查道光十一年钱粮，今岁办理道光二十四年奏销案内续奏册报未完司库正银三千八百二十两七钱三分一厘，内除因现在办理蠲免，查出有前任专支各役工食仿照专支地丁脚费作为已征未解，耗银章程将专支工食银一分一厘作为已征未报应解司库正银开造，应于未完司库正银项下剔出外，是以册报未完缓征司库正银三千八百二十两七钱二分。再此项缓征银，内有应由官捐普济堂等处地丁正银一十四两六钱七分三厘，历前任因是年钱粮缓征均未捐出，交代案内亦未入交。溯查上届蠲免案内曾奉通饬，此等官捐钱粮，因缓征期内实未捐交者，准与缓征民欠一律请豁。是以今次统作缓征司库正银册报，以符原额。理合登明。

一、蠲免册报未完缓征司库耗银五百四十两一分四厘。

前款查道光十一年钱粮，今岁办理道光二十四年奏销案内续奏册报未完司库耗银五百四十两一分四厘，现在蠲免册报之数，核与奏销相符。再此项缓征银内有应由官捐普济堂等处耗银二两五分四厘，历前任因是年钱粮缓征均未捐出，交代案内亦未入交。溯查上届蠲免案内曾奉通饬，此等官捐钱粮因缓征期内实未捐交者，准与缓征民欠一律请豁，是以今次统作缓征司库耗银册报，以符原额。理合登明。

一、蠲免册报未完缓征地丁脚费银九两七钱八分九厘。

前款查上届办理蠲免案内曾奉通饬，以地丁脚费一项，如系未支，则地丁已豁，无须脚费，即应删除等因。此次自应照办，但此项脚费银两，各年钱粮正奏册内先照额支之数声除，而县案支用数目应按已完解司正银核计，方免错误专支。其未支之项既未征完，即属民欠，蠲免册内若不分晰开列，则耗羡完欠按撒合总，即不能符合县额征之数，是以今次蠲免册内据实列明，以便稽核，仍于结内删除，以符通饬而归简净。理合登明。

道光十二年分

已完项下：

一、蠲免册报已完正银五万二千五百九十二两五厘。

前款查道光十二年钱粮，现按征册总报核算，实止征完正银五万二千五百五十八两二钱四分九厘。因有奉裁府斗级空缺工食银三十三两七钱五分六厘，系应随同官俸役食银两一并坐支扣出批解之项。历前任均因该年钱粮民欠缓征，未及征起扣解，但奏销案内应作全完、全支造报，照章不准入于民欠请豁。今次查办蠲免应一并作为已完，是以册报已完正银五万二千五百九十二两五厘，其已完耗羡数目应按实在征完正银五万二千五百五十八两二钱四分九厘之数核算，方能正耗相符。理合登明。

一、蠲免册报已完耗银七千三百五十八两一钱五分五厘。

前款查道光十二年钱粮，按实在征完正银五万二千五百五十八两二钱四分九厘核算，实该征完耗银七千三百五十八两一钱五分五厘。册报已完之数正耗相符，并无垫解耗银。理合登明。

坐支项下：

一、蠲免册报坐支过官俸役食银二千一百二十八两四钱一分七厘。

前款查道光十二年官俸役食，实止征完坐支过银二千九十四两六钱六分一厘，因有缓征民欠未支奉裁府斗级空缺工食银三十三两七钱五分六厘，照章不准入于民欠请豁。今次查办蠲免，是以作为全完册报坐支银二千一百二十八两四钱一分七厘，仍将此项府斗级工食银两照章专案详请在于造报该年奏销错误、不行扣支之员名下着赔。理合登明。

已征未报项下：

一、蠲免册报已征未报应解司库正银一钱二分六厘。

前款查道光十二年钱粮奏销案内本无已征未报银两，现在办理蠲免，查出有前任支发各役工食因陆续零星核支，每多卷毫成厘，按撒合总，计有逾额长支银一钱二分六厘。此项役食系于征完地丁银内由县坐支给领，既经逾额长支，即在已完之列，若竟删除，则地丁完欠总数即不符合。是以仿照长支地丁脚费仍作已征未解，耗银章程将此项长支银一钱二分六厘作为已征未报应解司库正银册报，且为数无几，亦无须请在长支之员名下着追。应请即在卑县存司领款项下扣拨清款，以重帑项而省繁牍。理合登明。

一、蠲免册报已征未报应解司库耗银一厘。

前款查道光十二年钱粮奏销案内本无已征未报银两，现在办理蠲免，查出有前任陆续坐支地丁脚费，每多卷毫成厘。今按已解司库地丁核算，计有专支地丁脚费银一厘。既经专支，即在已完之列，是以照章作为已征未报应解司库耗银开报，且银数无几，亦无须请在长支之员名下着追。应请即在卑县存司领款项下扣拨清款，以重帑项而省繁牍。理合登明。

未完项下：

一、蠲免册报未完缓征正银四千二百二十二两九钱二分四厘。

前款查道光十二年钱粮，现按征册总报核算，实该未完正银四千二百五十六两六钱八分，内除缓征民欠未支奉裁府斗级空缺工食银三十三两七钱五分六厘照章不准入豁。今次办理蠲免，将此项府斗级工食银两于民欠项下剔出，作为已完另案追赔外，是以册报未完缓征正银四千二百二十二两九钱二分四厘。理合登明。

一、蠲免册报未完缓征耗银五百九十五两九钱三分五厘。

前款查道光十二年钱粮，按征册总报实在未完民欠正银四千二百五十六两六钱八分核算，实该未完民欠耗银五百九十五两九钱三分五厘。册报未完之数正耗相符，并无垫解耗银。理合登明。

一、蠲免册报未完缓征司库正银四千四十五两七分。

前款查道光十二年钱粮，今岁办理道光二十四年奏销案内续奏册报未完司库正银四千三百三十九两一钱五分七厘，内除因现在办理蠲免，查出有前任专支各役工食仿照专支地丁脚费作为已征未解，耗银章程将专支工食银一钱二分六厘作为已征未报应解司库正银开造；又除前任知县徐鈖参案报明实亏正银二百九十三两九钱六分一厘，业经造具年〔年〕款送司，应作官亏正银开造；均于未完司库正银项下剔出外，是以册报未完缓征司库正银四千四十五两七分。再此项缓征银内有应由官捐普济堂等处地丁正银一十四两六钱七分三厘，历前任因是年钱粮缓征均未捐出，交代案内亦未入交。溯查上届蠲免案内曾奉通饬，此等官捐钱粮因缓征期内实未捐交者，准与缓征民欠一律请豁。是以今次统作缓征司库正银册报，以符原额。理合登明。

一、蠲免册报未完缓征司库耗银五百八十四两九钱四分。

前款查道光十二年钱粮，今岁办理道光二十四年奏销案内续奏册报未完司库耗银六百二十七两二分五厘，内除因现在办理蠲免，查出有前任长支脚费银一厘，照章作为已征未报应解司库耗银开造；又除前任知县徐鉁参案，报明实亏耗银四十二两八分四厘，业经造具年款送司，应作官亏耗银开报；均于未完司库耗银项下剔出外，是以册报未完缓征司库耗银五百八十四两九钱四分。再此项缓征银内有应由官捐普济堂等处耗银二两五分四厘，历前任因是年钱粮缓征均未捐出，交代案内亦未入交。溯查上届蠲免案内曾奉通饬，此等官捐钱粮因缓征期内实未捐交者，准与缓征民欠一律请豁。是以今次统作缓征司库耗银册报，以符原额。理合登明。

一、蠲免册报未完缓征地丁脚费银一十两九钱九分五厘。

前款查上届办理蠲免案内曾奉通饬，以各年地丁脚费一项，如系未支，则地丁已豁，无须脚费，即应删除等因。此次自应照办，但此项脚费银两，各年钱粮正奏册内先照额支之数声除，而县案支用数目应按已完解司正银核计，方免错误专支。其未支之项既未征完，即属民欠，蠲免册内若不分晰开列，则耗羡完欠按撒合总，即不能符合县额之数。是以今次蠲免册内据实列明，以便稽核，仍于结内删除，以符通饬而归简净。理合登明。

道光十三年分

已完项下：

一、蠲免册报已完正银五万一千五百五十七两三分一厘。

前款查道光十三年钱粮，现按征册总报核算，实止征完正银五万一千五百一十七两八钱五分一厘。因有奉裁府斗级空缺工食银三十三两七钱五分六厘，系应随同官俸役食银两一并坐支扣出批解之项。历前任均因该年钱粮民欠缓征，未及征起扣解，但奏销案内应作全完、全支造报，照章不准入于民欠请豁。又有前任垫解学租正银五两四钱二分四厘照章应于民欠项下剔出。今次查办蠲免将前项〈府〉斗级工食及垫解学租正银一并作为已完，是以册报已完正银五万一千五百五十七两三分一厘，其已完耗羡数目应按实在征完正银五万一千五百一十七两八钱五分一厘之数核算，方能正耗相符。理合登明。

一、蠲免册报已完耗银七千二百一十三两二钱五分七厘。

前款查道光十三年钱粮，按实在征完正银五万一千五百一十七两八钱五分一厘核算，实该征完耗银七千二百一十二两四钱九分九厘，已完正耗本属相符。因有前任垫解司库耗银七钱五分八厘，照章应于民欠项下剔出，统作已完造报。今次办理蠲免，是以册报已完耗银七千二百一十三两二钱五分七厘。理合登明。

坐支项下：

一、蠲免册报坐支过官俸银二千七十二两八分四厘。

前款查道光十三年官俸役食，实止征完坐支过银二千三十八两三钱二分八厘，因有缓征民欠未支奉裁府斗级空缺工食银三十三两七钱五分六厘，照章不准入于民欠请豁。今次查办蠲免，是以作为全完册报坐支银二千七十二两八分四厘，仍将此项府斗级工食银两照章专案详请在于造报该年奏销错误、不行扣支之员名下着赔。理合登明。

已征未报项下：

一、蠲免册报已征未报应解司库正银一分一厘。

前款查道光十三年钱粮奏销案内本无已征未报银两，现在办理蠲免，查出有前任支发各役工食因陆续零星核支，每多卷毫成厘，按撒合总，计有逾额专支银一分一厘。此项役食系于征完地丁银内由县坐支给领，既经逾额专支，即在已完之列，若竟删除，则地丁完欠总数即不符合。是以仿照专支地丁脚费仍作已征未解，耗银之章程将此项专支银一分一厘作为已征未报应解司库正银册报，且银数无几，亦无须请在专支之员名下着追，应请即在卑县存司领款项下扣拨清款，以重帑项而省繁牍。理合登明。

未完项下：

一、蠲免册报未完缓征正银五千二百四十四两七钱一分六厘。

前款查道光十三年钱粮，现按征册总报核算，实该未完正银五千二百八十三两八钱九分六厘，内除缓征民欠未支奉裁府斗级工食银三十三两七钱五分六厘，照章不准入豁；又除前任垫解学租正银五两四钱二分四厘，照章应于民欠项下剔出；今次办理蠲免一并剔除，作为已完开报外，是以册报未完缓征正银五千二百四十四两七钱一分六厘。理合登明。

一、蠲免册报未完缓征耗银七百三十八两九钱八分八厘。

前款查道光十三年钱粮，按征册总报实在未完民欠正银五千二百八十三两八钱九分六厘核算，实该未完耗银七百三十九两七钱四分六厘，未完正耗本属相符，内除将前任垫解司库耗银七钱五分八厘，照章于民欠耗银项下剔出外，是以今次办理蠲〈免〉册报未完缓征耗银七百三十八两九钱八分八厘。理合登明。

一、蠲免册报未完缓征司库正银二千九百九两七钱九分二厘。

前款查道光十三年钱粮，今岁办理道光二十四年奏销案内续奏册报未完司库正银三千六百六十二两一钱三分七厘，内除因现在办理蠲免，查出有前任专支各役工食仿照专支地丁脚费仍作已征未解，耗银章程将专支工食银一分一厘作为已征未报应解司库正银开造；又除前任知县徐鈖参案报明实亏正银七百五十二两三钱三分四厘，业经造具年款送司，应作官亏正银开造；均应于未完司库正银项下剔出外，是以册报未完缓征司库正银二千九百九两七钱九分二厘。再此项缓征银内有应由官捐普济堂等处地丁正银一十四两六钱七分三厘，历前任因是年钱粮缓征均未捐出，交代案内亦未入交。溯查上届蠲免案内曾奉通饬，此等官捐钱粮因缓征期内实未捐交者，准与缓征民欠一律请豁，是以今次统作缓征司〈库〉正银册报，以符原额。理合登明。

一、蠲免册报未完缓征司库耗银四百二十七两三钱五分六厘。

前款查道光十三年钱粮，今岁办理道光二十四年奏销案内续奏册报未完司库耗银五百三十三两六钱三分四厘，内除因现在办理蠲免，查有前任知县徐鈖参案报明实亏耗银一百六两二钱七分八厘，业经造具年款送司，应作官亏开报，于未完司库耗银项下剔出外，是以册报未完缓征司库耗银四百二十七两三钱五分六厘。再此项缓征银内有应由官捐普济堂等处耗银二两五分四厘，历前任因是年钱粮缓征均未捐出，交代案内亦未入交。溯查上届蠲免案内曾奉通饬，此等官捐钱粮因缓征期内实未捐交者，准与民欠一律请豁。是以今次统作缓征司库耗银册报，以符原额。理合登明。

一、蠲免册报未完缓征学租耗银七钱五分九厘。

前款查道光十三年学租正银系属垫解，其耗羡银两仍在缓征民欠项下，上届蠲免案内准豁有案。是以今次办理蠲免，照章分晰册报，一律请豁，以符原额。理合登明。

一、蠲免册报未完缓征地丁脚费九两四钱一分七厘。

前款查上届办理蠲免案内曾奉通饬，以各年地丁脚费一项，如系未支，则地丁已豁，无须脚费，即应删除等因。此次自应照办，但此项脚费银两，各年钱粮正奏册内先照额支之数声除，而县案支用数目应按已完解司正银核计，方免错误专支。其未支之项既未征完，即属民欠，蠲免册内若不分晰开列，则耗羡完欠按撒合总，即不能符合县额征之数。是以今次蠲免册内据实列明，以便稽核，仍于结内删除，以符通饬而归简净。理合登明。

道光十四年分

已完项下：

一、蠲免册报已完正银四万八千八百二十八两二钱六分六厘。

前款查道光十四年钱粮，现按征册总报核算，实止征完正银四万八千七百九十四两五钱一分。因有奉裁府斗级空缺工食银三十三两七钱五分六厘，系应随同官俸役食银两一并坐支扣出批解之项。历前任均因该年钱粮民欠缓征，未及征起扣解，但奏销案内应作全完、全支造报，照章不准入于民欠请豁。今次查办蠲免应一并作为已完，是以册报已完正银四万八千八百二十八两二钱六分六厘，其已完耗羡数目应按实在征完正银四万八千七百九十四两五钱一分之数核算，方能正耗相符。理合登明。

一、蠲免册报已完耗银六千八百三十一两二钱五分四厘。

前款查道光十四年钱粮，按实在征完正银四万八千七百九十四两五钱一分核算，实该征完耗银六千八百三十一两二钱三分一厘。已完正耗本属相属［符］。因有前任垫解司库耗银二分三厘，照章应于民欠项下剔出，统作已完造报。今次办理豁免，是以册报已完耗银六千八百三十一两二钱五分四厘。理合登明。

坐支项下：

一、豁免册报坐支过官俸役食银二千七十二两八分四厘。

前款查道光十四年官俸役食，实止征完坐支过银二千三十八两三钱二分八厘，因有缓征民欠未支奉裁府斗级空缺工食银三十三两七钱五分六厘，照章不准入于民欠请豁。今次查办豁免，是以作为全完册报坐支过银二千七十二两八分四厘，仍将此项府斗级工食银两照章专案详请在于造报该年奏销错误、不行扣支之员名下着赔。理合登明。

已征未报项下：

一、豁免册报已征未报应解司库正银一分一厘。

前款查道光十四年钱粮奏销案内本无已征未〈报〉银两，现在办理豁免，查出有前任支发各役工食因陆续零星核支，每多卷毫成厘，按撒合总，计有逾额专支银一分一厘。此项役食系于征完地丁银内由县坐支给领，既经逾额专支，即在已完之列，若竟删除，则地丁完欠总数即不符合。是以仿照专支地丁脚费仍作已征未解，耗银之章程将此项专支银一分一厘，作为已征未报应解司库正银册报，且为数无几，亦无须请在专支之员名下着追。应请即在卑县解存领款下扣拨清款，以重帑项而省繁牍。理合登明。

未完项下：

一、豁免册报未完缓征正银七千九百七十三两四钱八分一厘。

前款查道光十四年钱粮，现按征册总报核算，实该未完正银八千七两二钱三分七厘。内除缓征民欠未支奉裁府斗级工食银三十三两七钱五分六厘照章不准入豁。今次办理蠲免将此项府斗级工食银两于民欠项下剔出，作为已完另案追赔外，是以册报未完缓征正银七千九百七十三两四钱八分一厘。理合登明。

一、蠲免册报未完缓征耗银一千一百二十两九钱九分一厘。

前款查道光十四年钱粮，按征册总报实在未完民欠正银八千七两二钱二分七厘核算，实该未完耗银一千一百二十一两一分四厘，内除将前任垫解司库耗银二分三厘照章于民欠项下剔出外，是以今次办理蠲免册报未完缓征耗银一千一百二十两九钱九分一厘。理合登明。

一、蠲免册报未完缓征司库正银六千一百四十二两三钱七分五厘。

前款查道光十四年钱粮，今次办理道光二十四年奏销案内续奏册报未完司库正银七千四十九两五钱〔五钱〕五分一厘。内除因现在办理蠲免，查出有前任专支各役工食仿照专支地丁脚费仍作已征未解，耗银章程将专支工食银一分一厘作为已征未报应解司库正银开造；又除前任知县徐鈖参案报明实亏正银九百七两一钱六分五厘，业经造具年款送司，应作官亏开造；均应于未完司库正银项下剔出外，是以册报未完缓征司库正银六千一百四十二两三钱七分五厘。再此项缓征银内有应由官捐普济堂等处地丁正银一十四两六钱七分三厘，历前任因是年钱粮缓征均未捐出，交代案内亦未入交。溯查上届蠲免案内曾奉通饬，此等官捐钱粮因缓征期内实未捐交者，准与缓征民欠一律请豁。是以今次统作缓征司库正银册报，以符原额。理合登明。

一、蠲免册报未完缓征司库耗银八百七十二两七分。

前款查道光十四年钱粮，今岁办理道光二十四年奏销案内续奏册报未完司库耗银八百八十一两六钱二分七厘。内除因现在办理蠲免，查有前任知县徐鈖参案报明实亏耗银一百九两五钱五分七厘，业经造具年款送司，应作官亏开报，于未完司库耗银项下剔出外，是以册报未完缓征司库耗银八百七十二两七分。再此项缓征银内有应由官捐普济堂等处耗银二两五分四厘，历前任因是年钱粮缓征均未捐出，交代案内亦未入交。溯查上届蠲免案内曾奉通饬，此等官捐钱粮因缓征期内实未捐交者，准与缓征民欠一律请豁。是以今次统作缓征司库耗银册报，以符原额。理合登明。

一、蠲免册报未完缓征地丁脚费银一十七两四钱六分五厘。

前款查上届办理蠲免案内曾奉通饬，以各年地丁脚费一项，如系未支，则地丁已豁，无须脚费，即应删除等因。此次自应照办，但此项脚费银两，各年钱粮正奏册内先照额支之数声除，而县案支用数目应按已完解司正银核计，方免错误专支。其未支之项既未征完，即属民欠，蠲免〈册〉内若不分晰开列，则耗羡完欠按撒合总，即不能符合县额征之数。是以今次蠲免册内据实列明，以便稽核，仍于结内删除，以符通饬而归简净。理合登明。

道光十五年分

已完项下：

一、蠲免册报已完正银四万九千一百六两九厘。

前款查道光十五年钱粮，现按征册总报核算，实止征完正银四万八千二百三十四两八分二厘。因有奉裁府斗级空缺工食银三十三两七钱五分六厘，系应随同官俸役食一并坐支扣出批解之项。历前任均因该年钱粮缓征，未及征起扣解，但奏销案内应作全完、全支造报，照章不准入于民欠请豁。又有前任垫解司库正银八百三十二两七钱四分七厘，又垫解学租正银五两四钱二分四厘，照章均应于民欠项下剔出。今次查办蠲免将前项〈府〉斗级工食及垫解司库正银、学租正银一并作为已完，是以册报已完正银四万九千一百六两九厘，其已完耗羡数目应按实在征完正银四万八千二百三十四两八分二厘之数核算，方能正耗相符。理合登明。

一、蠲免册报已完耗银六千七百九十二两一分九厘。

前款查道光十五年钱粮，按实在征完正银四万八千二百三十四两八分二厘核算，实该征完耗银六千七百五十二两七钱七分一厘，已完正耗本属相符。因有前任垫解司库耗银三十九两二钱四分八厘，照章应于民欠项下剔出，统作已完造报。今次办理蠲免，是以册报已完耗银六千七百九十二两一分九厘。理合登明。

坐支项下：

一、蠲免册报坐支过官俸役食银二千七十二两八分四厘。

前款查道光十五年官俸役食，实止征完坐支过银二千三十八两三钱二分八厘，因有缓征民欠未支奉裁府斗级空缺工食银三十三两七钱五分六厘，照章不准入于民欠请豁。今次查办蠲免，是以作为全完册报坐支银二千七十二两八分四厘，仍将此项府斗级工食银两照章专案详请在于造报该年奏销错误、不行扣支之员名下着赔。理合登明。

已征未报项下：

一、蠲免册内道光十五年分，并无专支各役工食及专支地丁脚费应作已征未报之款，无须声注。理合登明。

未完项下：

一、蠲免册报未完缓征正银七千七百八两九钱二分。

前款查道光十五年钱粮，现按征册总报核算，实该未完正银八千五百八十两八钱四分七厘。内除缓征民欠未支奉裁府斗级工食银三十三两七钱五分六厘，照章不准入豁；又除前任垫解司库正银八百三十二两七钱四分七厘、垫解学租正银五两四钱二分四厘，照章均应于民欠项下剔出；今次办理蠲免一并剔出，作为已完开报外，是以册报未完缓征正银七千七百八两九钱二分。理合登明。

一、蠲免册报未完缓征耗银一千一百六十二两七分一厘。

前款查道光十五年钱粮，按征册总报实在未完民欠正银八千五百八十两八钱四分七厘核算，实该未完耗银一千二百一两三钱一分九厘，未完正耗本属相〈符〉，内除将前任垫解司库耗银三十九两二钱四分八厘照章于民欠耗银项下剔出外，是以今次办理蠲免，册报未完缓征耗银一千一百六十二两七分一厘。理合登明。

一、蠲免册报未完缓征司库正银四千一百五十三两一钱三分七厘。

前款查道光十五年钱粮，今岁办理道光二十四年奏销案内续奏册报未完司库正银四千一百五十三两一钱三分七厘，现在蠲免册报之数与续奏相符，并无官亏及已征未报之项。惟此项缓征银内有应由官捐普济堂等处地丁正银一十四两六钱七分三厘，历前任因是年钱粮缓征均未捐出，交代案内亦未入交。溯查上届蠲免案内曾奉通饬，此等官捐钱粮因缓征期内实未捐交者，准与缓征民欠一体请豁，是以今次统作缓征司库正银〔正银〕册报，以符原额。理合登明。

一、蠲免册报未完缓征司库耗银六百七十八两四钱一分三厘。

前款查道光十五年钱粮，今岁办理道光二十四年奏销案内续奏册报未完司库耗银六百七十八两四钱一分三厘，现在蠲免册报之数与续奏相符，并无官亏及已征未报之项。惟此项缓征银内有应由官捐普济堂等处耗银二两五分四厘，历前任因是年钱粮缓征均未捐出，交代案内亦未入交。溯查上届蠲免案内曾奉饬，此等官捐钱粮因缓征期内实未捐交者，准与缓征民欠一律请豁。是以今次统作缓征司库耗银册报，以符原额。理合登明。

一、蠲免册报未完缓征学租耗银七钱五分九厘。

前款查道光十五年学租正银系属垫解，其耗羡银两仍在缓征民欠项下，上届蠲免案内准豁有案。是以今次办理蠲免，照章分晰册报，一律请豁，以符原额。理合登明。

一、蠲免册报未完缓征地丁一厘、脚费银一十两五钱二分三厘。

前款查上届办理蠲免案内曾奉通饬，以各年地丁脚费一项，如系未支，则地丁已豁，无须脚费，即应删除等因。此次自应照办，但此项脚费银两，各年钱粮正奏册内先照额支之数声除，而县案支用数目应按已完解司正项核计，方免错误专支。其未支之项既未征完，即属民欠，蠲免册内若不分晰开列，则耗羡完欠按撒合总，即不能符合县额征之数。是以今次蠲免册内据实列明，以便稽核，仍于结内删除，以符通饬而归简净。理合登明。

道光十六年分

已完项下：

一、蠲免册报已完正银四万九千二百一十八两三钱二分九厘。

前款查道光十六年钱粮，现按征册总报核算，实系征完正银四万九千二百一十八两三钱二分九厘。其奉裁府斗级空缺工食银两已在此内坐支扣解，亦无垫解正银。所有已完耗羡数内应即照此核算。理合登明。

一、蠲免册报已完耗银六千八百九十两五钱六分六厘。

前款查道光十六年钱粮，按征完正银四万九千二百一十八两三钱二分九厘核算，该耗银六千八百九十两五钱六分六厘，已完正耗相符，亦无垫解耗银。理合登明。

坐支项下：

一、蠲免册报坐支过官俸役食银二千七十二两八分四厘。

前款查道光十六年官俸役食，系属实在全完，其奉裁府斗级空缺工食银两已在此内扣解，并无应行追赔之项。理合登明。

已征未报项下：

一、蠲免册报已征未报应解司库正银一分。

前款查道光十六年钱粮奏销案内本无已征未报银两，现在办理蠲免，查出有前任支发各役工食，因陆续零星核支，每多卷毫成厘，按撒合总，计有逾额专支银一分。此项工食系于征完地丁银内由县坐支给领，既经逾额专支，即在已完之列，若竟删除，则地丁完欠总数即不符合，是以仿照专支地丁脚费仍作已征未解，耗银之章程将此项专支银一分作为已征未报应解司库正银册报，且为数无几，亦无须请在专支之员名下着追。应请即在卑县解存领款项下扣拨清款，以重帑项而省繁牍。理合登明。

一、蠲免册报已征未报应解司库耗银一厘。

前款查道光十六年钱粮奏销案内本无已征未报银两，现在办理蠲免，查出有前任陆续坐支地丁脚费，每多卷毫成厘，今按已解司库地丁核算，计有专支地丁脚费银一厘。既往专支，即在已完之列，是以照章作为已征未报应解司库耗银开报，且银数无几，亦无须请在专支之员名下着追。应请即在卑县解存领款项下扣拨清款，以重帑项而省繁牍。理合登明。

未完项下：

一、蠲免册报未完缓征正银七千五百八十三两四钱一分八厘。

前款查道光十六年钱粮，按征册总报核算，实该未完正银七千五百八十三两四钱一分八厘，并无垫解银两。所有未完耗羡数目应即照此核算。理合登明。

一、蠲免册报未完缓征耗银一千六十一两六钱七分九厘。

前款查道光十六年钱粮，按征册总报实在未完正银七千五百八十三两四钱一分八厘核算，实该未完耗银一千六十一两六钱七分九厘，未完正耗相符，并无垫解银两。理合登明。

一、蠲免册报未完缓征司库正银四千二十七两六钱三分五厘。

前款查道光十六年钱粮，今岁办理道光二十四奏销案内续奏册报未完司库正银四千一百七十三两一钱三分七厘，内除因现在办理蠲免，查出有前任专支各役工食仿照专支地丁脚费，仍作已征未解，耗银章程将专支工食一分作为已征未报应解司库正银开造；又除前任知县徐鈖参案报明实亏正银一百四十五两四钱九分二厘，业经造具年款送司，应作官亏开报；均应于未完司库正银项下剔出外，是以册报未完缓征司库正银四千二十七两六钱三分五厘。再此项缓征银内有应由官捐普济堂等处地丁正银一十四两六钱七分一厘，历前任因是年钱粮缓征均未捐出，交代案内亦未入交。溯查上届蠲免案内曾奉通饬，此等官捐钱粮因缓征期内实未捐交者，准与缓征民欠一律请豁，是以今次统作缓征司库正银册报，以符原额。理合登明。

一、蠲免册报未完缓征司库耗银五百七十八两六钱六分。

前款查道光十六年钱粮，今岁办理道光二十四年奏销案内续奏册报未完司库耗银五百九十九两二钱二分二厘，内除因现在办理蠲免，查出有前任专支地丁脚费照章作为已征未报应解司库耗银一厘；又前任知县徐鈖参案报明实亏耗银二十两五钱六分一厘，业经造具年款送司；均应于未完司库耗银项下剔除外，是以册报未完缓征司库耗银五百七十八两六钱六分。再此项缓征银内有应由官〈捐〉普济堂等处耗银二两五分四厘，历前任因是年钱粮缓征均未捐出，交代案内亦未入交。溯查上届办理蠲免曾奉通饬，此等官捐钱粮因缓征期内实未捐交者，准与缓征民欠一律请豁，是以今次统作缓征司库耗银册报，以符原额。理合登明。

一、蠲免册报未完缓征地丁脚费银一十两六钱四分三厘。

前款查上届办理蠲免案内曾奉通饬，以各年地丁脚费一项，如系未支，则地丁已豁，无须脚费，即应删除等因。此次自应照办，但此项脚费银两，各年钱粮正奏册内先照额支之数声除，而县案支用数目应按已完解司正项核计，方免错误专支。其未支之项既未征完，即属民欠，蠲免册内若不分晰开列，则耗羡完欠按撒合总，即不能符合县额征之数。是以今次蠲免册内据实列明，以便稽核，仍于结内删除，以符通饬而归简净。理合登明。

道光十七年分

已完项下：

一、蠲免册报已完正银四万三千四百四十八两三钱五分五厘。

前款查道光十七年钱粮，现按征册总报核算，实止征完正银四万三千四百九两一钱七分五厘。因有奉裁府斗级空缺工食银三十三两七钱五分六厘，系应随同官俸役食一并坐支扣出批解之项。历前任均因该年钱粮民欠缓征，未征起扣解，但奏销案内应作全完、全支造报，照章不准入于民欠请豁。又有前任垫解学租正银五两四钱二分四厘，照章应于民欠项下剔出。今次查办蠲免将前项〈府〉斗级工食及垫解学租正银，一并作为已完，是以册报已完正银四万三千四百四十八两三钱五分五厘，其已完耗羡数目应按实在征完正银四万三千四百九两一钱七分五厘之数核算，方能正耗相符。理合登明。

一、蠲免册报已完耗银六千七十七两九钱七分一厘。

前款查道光十七年钱粮，按实在征完正银四万三千四百九两一钱七分五厘核算，实该征完耗银六千七十七两二钱八分五厘，已完正耗本属相符。因有前任垫解司库耗银六钱八分六厘，照章应于民欠项下剔出，作为已完造报。今次办理蠲免，是以册报已完耗银六千七十七两九钱七分一厘。理合登明。

坐支项下：

一、蠲免册报坐支过官俸役食银二千七十二两八分四厘。

前款查道光十七年官俸役食，实止征完坐支过银二千三十八两三钱二分八厘，因有缓征民欠未支奉裁府斗级空缺工食银三十三两七钱五分六厘，照章不准入于民欠请豁。今次查办蠲免，是以作为全完册报坐支银二千七十二两八分四厘，仍将此项府斗级工食银两照章专案详请在于造报该年奏销错误、不行扣支之员名下着赔。理合登明。

已征未报项下：

一、蠲免册报已征未报应解司库正银九厘。

前款查道光十七年钱粮奏销案内本无已征未报银两，现在办理蠲免，查出有前任支发各役工食因陆续零星核支，每多卷毫成厘，按撒合总，计有逾额专支银九厘。此项役食系于征完地丁银内由县坐支给领，既经逾额专支，即在已完之列，若竟删除，则地丁完欠总数即不符合。是以仿照专支地丁脚费仍作已征未解，耗银之章程将此项专支银九厘作为已征未报应解司库正银册报，且银数无几，亦无须请在专支之员名下着追。应请即在卑县解存领款项下扣拨清款，以重帑项而省繁牍。理合登明。

已报未解项下：

一、蠲免册报已报未解司库正银二千四百四十六两九钱八分二厘、已报未解司库耗银三百一十七两九钱六分二厘。

前二款正银银两，查系前任知县徐鈖参案内报明，以存司未领各年养廉浮额、孤贫闰月、孤贫夫马闰月、闽硝例价、先农坛祭品、昭忠祠祭品、花红公宴、囚衣等银及县案垫摊等项银两，笼统列抵。因徐令参亏年款，司中尚未核定，未及指款分别拨正。且参案内既属有款可抵，并非实在亏缺，蠲免案内即不能作官亏开报，是以照章于民欠项下剔出，作为已报未解司库正耗开列。惟此项银两，参案原抵之领款，多有扣拨后任之欠项，其县案垫摊银两亦有摊起，后因应付各项兵差垫用，虽已准销，应俟摊扣军需三成，方能归补。除俟司中核办参案年款行查到县，再归彼案，分别划拨顶补详办外，所有辗转抵垫纠缠缘由，合先照章据实声注，以备稽核。理合登明。

未完项下：

一、蠲免册报未完缓征正〈银〉一万三千三百五十三两三钱九分二厘。

前款查道光十七年钱粮，按征册总报核算，实该未完正银一万三千三百九十二两五钱七分二厘，内除缓征民欠未支奉裁府斗级工食银三十三两七钱五分六厘，照章不准入豁；又除垫解学租正银五两四钱二分四厘，照章应于民欠项下剔出；今次办理蠲免一并剔出，作为已完开报外，是以册报未完缓征正银一万三千三百五十三两三钱九分二厘。理合登明。

一、蠲免册报未完缓征耗银一千八百七十四两二钱七分四厘。

前款查道光十七年钱粮，按征册总报实在征完正银一万三千三百九十二两五钱七分二厘核算，实该未完耗银一千八百七十四两九钱六分，未完正耗本属相符，内除将前任垫解司库耗银六钱八分六厘照章于民欠项下剔出外，是以蠲免册报未完缓征耗银一千八百七十四两二钱七分四厘。理合登明。

一、蠲免册报未完缓征司库正银九千四百一十五两八分。

前款查道光十七年钱粮，今岁办理道光二十四年奏销案内续奏册报未完司库正银一万二千三百四十七两二分九厘，内除因现在办理蠲免，查出有前任专支各役工食仿照专支地丁脚费仍作已征未解，耗银章程将专支工食银九厘作为已征未报应解司库正银开造；又除前任知县徐鈖参案报明以领款及垫摊等项列抵，尚未指款拨正，应作已报未解司库正银二千四百四十六两九钱八分二厘；又除前任知县徐鈖参案报明实亏正银四百八十四两九钱五分八厘，业经造具年款送司，应作官亏开造，均应于未完司库正银项下剔出外，是以册报未完缓征司库正银九千四百一十五两八分。再此项缓征银内有应由官捐普济堂等处地丁正银一十四两六钱七分三厘，历前任因是年钱粮缓征均未捐出，交代案内亦未入〈交〉。溯查上届蠲免案内曾奉通饬，此等官捐钱粮因缓征期内实未捐交者，准与缓征民欠一律请豁，是以今次统作缓征司库正银册报，以符原额。理合登明。

一、蠲免册报未完缓征司库耗银一千三百一十七两三钱九分七厘。

前款查道光十七年钱粮，今岁办理道光二十四年奏销案内续奏册报未完司库耗银一千七百三两四钱四分一厘，内除因现在办理蠲免，查出有前任知县徐鈖参案报明以领款及垫摊等项列抵，尚未指款拨正，应作已报未解司库耗银三百一十七两九钱六分二厘；又除前任知县徐鈖参案报明实亏耗银六十八两八分二厘，业经造具年款送司，应作官亏开造；均应于未完司库耗银项下剔出外，是以册报未完缓征司库耗银一千三百一十七两三钱九分七厘。再此项缓征银内有应由官捐普济堂等处耗银二两五分四厘，历前任因是年钱粮缓征均未捐出，交代案内亦未入交。溯查上届蠲免案内曾奉通饬，此等官捐钱粮因缓征期内实未捐交者，准与缓征民欠一律请豁，是以今次统作缓征司库耗银册报，以符原额。理合登明。

一、蠲免册报未完缓征学租耗银七钱五分九厘。

前款查道光十七年学租正银系属垫解，其耗羡银两仍在缓征民欠项下，上届蠲免案内准豁有案。是以今次办理蠲免，照章分晰册报，一律请豁，以符原额。理合登明。

一、蠲免册报未完缓征地丁脚费银三十两一钱八分八厘。

前款查上届办理蠲免案内曾奉通饬，以各年地丁脚费一项，如系未支，则地丁已豁，无须脚费，即应删除等因。此次自应照办，但此项脚费银两，各年钱粮正奏册内先照额支之数声除，而县案支用数目应按已完解司正银核计，方免错误专支。其未支之项既未征完，即属民欠，蠲免册内若不分晰开列，则耗羡完欠按撒合总，即不能符合县额征之数，是以今次蠲免册内据实列明，以便稽核。仍于结内删除，以符通饬而归简净。理合登明。

道光十八年分

已完项下：

一、蠲免册报已完正银四万八千七两五钱二分五厘。

前款查道光十八年钱粮，现按征册总报核算，实止征完正银四万七千九百七十三两七钱六分九厘。因有奉裁府斗级工食银三十三两七钱五分六厘，系应随同官俸役食银两一并坐支扣除批解之项。历前任均因该年钱粮民欠缓征，未及征起扣解，但奏销案内应作全完、全支造报，照章不准入于民欠请豁。今次查办蠲免应一并作为已完，是以册报已完正银四万八千七两五钱二分五厘，其已完耗羡数目应按实在征完正银四万七千九百七十三两七钱六分九厘之数核算，方能正耗相符。理合登明。

一、蠲免册报已完耗银六千七百一十六两三钱二分八厘。

前款查道光十八年钱粮，按实在征完正银四万七千九百七十三两七钱六分九厘之数核算，该征完耗银六千七百一十六两三钱二分八厘。册报已完之数正耗相符，并无垫解耗银。理合登明。

坐支项下：

一、蠲免册报坐支过官俸役食银二千七十二两八分四厘。

前款查道光十八年官俸役食，实止征完坐支过银二千三十八两三钱二分八厘，因有缓征民欠未支奉裁府斗级工食银三十三两七钱五分六厘，照章不准入于民欠请豁。今次查办蠲免，是以作为全完册报坐支银二千七十二两八分四厘，仍将此项府斗级工食银两照章专案详请在于造报该年奏销错误、不行扣支之员名下着赔。理合登明。

已征未报项下：

一、蠲免册报已征未报应解司库正银一分一厘。

前款查道光十八年钱粮奏销案内本无已征未报银两，现在办理蠲免，查出有前任支发各役工食因陆续零星核支，卷毫成厘，按撒合总，计有逾额专支银一分一厘。此项役食系于征完地丁银内由县坐支给领，既经逾额长支，即在已完之列，若竟删除，则地丁完欠总数即不符合。是以仿照长支地丁脚费仍作已征未解，耗银之章程将此项长支银一分一厘作为已征未报应解司库正银册报，且为数无几，亦无须请在长支之员名下着追。应请即在卑县解存领款项下扣拨清款，以重帑项而省繁牍。理合登明。

一、蠲免册报已征未报耗银一钱九分二厘。

前款查道光十八年钱粮奏销案内本无已征未报银两，现在办理蠲免，查出有前任陆续地丁脚费，卷毫成厘，今按已解司库地丁核算，计有长支地丁脚费银一钱九分二厘。既经长支，即在已完之列，是以照章作为已征未报应解司库耗银开报，且银数无几，亦无须请在长支之员名下着追。应请即在卑县解存领款项下扣拨清款，以重帑项而省繁牍。理合登明。

未完项下：

一、蠲免册报未完缓征正银八千八百七两四钱四厘。

前款查道光十八年钱粮，现按征册总报核算，实该未完正银八千八百四十一两一钱六分，内除缓征民欠未支奉裁府斗级空缺工食银三十三两七钱五分六厘，照章不准入豁。今次办理蠲免将此项府斗级工食银两于民欠项下剔出，作为已完另案追赔外，是以册报未完缓征正银八千八百七两四钱四厘。理合登明。

一、蠲免册报未完缓征一千二百三十七两七钱六分二厘。

前款查道光十八年钱粮，按征册总报实在未完民欠正银八千八百四十一两一钱六分核算，实该未完民欠耗银一千二百三十七两七钱六分二厘。册报未完之数正耗相符，并无垫解耗银。理合登明。

一、蠲免册报未完缓征司库正银八千五十九两五钱五分。

前款查道光十八年钱粮，今岁办理道光二十四年奏销案内续奏册报未完司库正银八千五十九两五钱六分一厘，内除因现在办理蠲免，查出有前任专支各役工食仿照专支地丁脚费作为已征未报，耗银章程将专支工食银一分一厘作为已征未报应解司库正银开造外，是以册报未完缓征正银八千五十九两五钱五分。再此项缓征银内有应由官捐普济堂等处地丁正银一十四两六钱七分三厘，历前任因是年钱粮缓征均未捐出，交代案内亦未入交。溯查上届蠲免案内曾奉通饬，此等官捐钱粮因缓征期内实未捐交者，准与缓征民欠一律请豁。是以今次统作缓征司库正银册报，以符原额。理合登明。

一、蠲免册报未完缓征司库耗银一千一百三十八两一厘。

前款查道光十八年钱粮，今岁办理道光二十四年奏销案内续奏册报未完司库耗银一千一百三十八两一钱九分三厘，内除因现在办理蠲免，查出有前任长支地丁脚费银一钱九分二厘，照章作为已征未报应解司库耗银开报外，是以册报未完缓征司库耗银一千一百三十八两一厘。再此项缓征银内有应由官捐普济堂等处耗银二两五分四厘，历前任因是年钱粮缓征均未捐出，交代案内亦未入交。溯查上届蠲免案内曾奉通饬，此项官捐钱粮因缓征期内实未捐交者，准与缓征民欠一律请豁。是以今次统作缓征司库耗银册报，以符原额。理合登明。

一、蠲免册报未完缓征地丁脚费银一十九两九钱六分一厘。

前款查上届办理蠲免案内曾奉通饬，以各年地丁脚费一项，如系未支，则地丁已蠲，无须脚费，即应删除等因。此次自应照办，但此项脚费银两，各年钱粮正奏册内先照额支之数声除，而县案支用数目应按已完解司正银核计，方免错误专支。其未支之项既未征完，即属民欠，蠲免册内若不分晰开列，耗羡完欠按撒合总，即不能符合县额征之数。是以今次蠲免册内据实列明，以便稽核，仍于结内删除，以符通饬而归简净。理合登明。

道光十九年分

已完项下：

一、蠲免册报已完正银四万八千一百二十三两五钱九分四厘。

前款查道光十九年钱粮，现按征册总报核算，实止征完正银四万八千五十九两八钱三分八厘。因有奉裁府斗级空缺工食银三十三两七钱五分六厘，系应随同官俸役食一并坐支扣出批解之项。历前任均因该年钱粮缓征，未及征起扣解，但奏销案内应作全完、全支造报，照章不准入于民欠请豁。又有前任垫解司库正银三十两，照章应于民欠项下剔出。今次查办蠲免将前项府斗级工食及垫解司库正银一并作为已完，是以册报已完正银四万八千一百二十三两五钱九分四厘，其已完耗羡数目应按实在征完正银四万八千五十九两八钱三分八厘核算，方能正耗相符。理合登明。

一、蠲免册报已完耗银六千七百二十八两八钱一分九厘。

前款查道光十九年钱粮，按实在征完正银四万八千五十九两八钱三分八厘核算，实该耗银六千七百二十八两三钱七分七厘，已完正耗本属相符。因有前任垫解司库耗银四钱四分二厘，照章应于民欠项下剔出，统作已完造报。今次办理蠲免，是以册报已完耗银六千七百二十八两八钱一分九厘。理合登明。

坐支项下：

一、蠲免册报坐支过官俸役食银二千七十二两八分四厘。

前款查道光十九年官俸役食，实止征完坐支过银二千三十八两三钱二分八厘，因有缓征民欠未支奉裁府斗级空缺工食银三十三两七钱五分六厘，照章不准入于民欠请豁。今次查办蠲免，是以作为全完册报坐支银二千七十二两八分四厘，仍将此项府斗级工食银三十三两七钱五分六厘照章专案详请在于造报该年奏销错误、不行扣支之员名下着赔。理合登明。

已征未报项下：

一、蠲免册报已征未报应解司库正银一分一厘。

前款查道光十九年钱粮奏销案内本无已征未报银两，现在办理蠲免，查出有前任支发各役工食因陆续零星核支，每多卷毫成厘，按撒合总，计有逾额专支银一分一厘。此项役食系于征完地丁银内由县坐支给领，既经逾额专支，即在已完之列，若竟删除，则地丁完欠总数即不符合。是以仿照专支地丁脚费仍作已征未解，耗银之章程将此项专支银一分一厘作为已征未报应解司库正银册报，且为数无几，亦无须请在专支之员名下着追。应请即在卑县解存领款项下扣拨清款，以重帑项而省繁牍。理合登明。

未完项下：

一、蠲免册报未完缓征正银八千六百七十八两一钱五分三厘。

前款查道光十九年钱粮，现按征册总报核算，实该未完正银八千七百四十一两九钱九厘。内除缓征民欠未支奉裁府斗级工食银三十三两七钱五分六厘，照章不准入豁；又除前任垫解司库正银三十两，应于民欠项下剔出；今次办理蠲免一并剔出，作为已完开报外，是以册报未完缓征正银八千六百七十八两一钱五分三厘。理合登明。

一、蠲免册报未完缓征耗银一千二百二十三两四钱二分六厘。

前款查道光十九年钱粮，按征册总报实在未完民欠正银核算，该未完耗银一千二百二十三两八钱六分八厘，未完正耗本属相符，内除将前任垫解司库耗银四钱四分二厘，照章于民欠耗银项下剔出外，是以今次办理蠲免，册报未完缓征耗银一千二百二十三两四钱二分六厘。理合登明。

一、蠲免册报未完缓征司库正银七千九百二十四两四分二厘。

前款查道光十九年钱粮，今岁办理道光二十四年奏销案内续奏册报未完司库正银七千九百二十四两五分三厘。内除因现在办理蠲免，查出有〈前〉任专支各役工食仿照专支地丁脚费作为已征未报，耗银章程将专支工食银一分一厘作为已征未报应解司库正银开造，于未完司库正银项剔出外，是以册报未完缓征司库正银七千九百二十四两四分二厘。再此项缓征银内有应由官〈捐〉普济堂等处地丁正银一十四两六钱七分三厘，历前任因是年钱粮缓征均未捐出，交代案内亦未入交。溯查上届蠲免案内曾奉通饬，此等官捐钱粮因缓征期内实未捐交者，准与缓征民欠一律请豁。是以今次缓征司库正银册报，以符原额。理合登明。

一、蠲免册报未完缓征司库耗银一千九十八两六钱四分一厘。

前款查道光十九年钱粮，今岁办理道光二十四年奏销案内续奏册报未完司库耗银一千九十八两六钱四分一厘。现在蠲免册报之数与续奏相符，并无官亏及已征未报之项。惟此项缓征银内有应由官捐普济堂等处耗银二两五分四厘，历前任因是年钱粮缓征均未捐出，交代案内亦未入交。溯查上届蠲免案内曾奉通饬，此等官捐办粮因缓征期内实未捐交者，准与缓征民欠一律请豁。是以今次统作缓征司库耗银册报，以符原额。理合登明。

一、蠲免册报未完缓征地丁脚费银一十九两二钱九厘。

前款查上届办理〔办理〕蠲免案内曾奉通饬，以各年地丁脚费一项，如系未支，则地丁已豁，无须脚费，即应删除等因。此次自应照办，但此项脚费银两，各年钱粮正奏册内先照额支之数声除，而县案支用数目应按已完解司正项核计，方免错误长支。其未支之项既未征完，即属民欠，蠲免册内若不分晰开列，则耗羡完欠按撒合总，即不能符合县额征之数。是以今次蠲免册内据实列明，以便稽核，仍于结内删除，以符通饬而归简净。理合登明。

道光二十年分

已完项下：

一、蠲免册报已完正银三万九千六百六十六两九钱四分二厘。

前款查道光二十年钱粮，现按征册总报核算，实止征完正银三万九千六百三十三两一钱八分四厘。因有奉裁府斗级空缺工食银三十三两七钱五分六厘，系应随同官俸役食一并坐支，扣出批解之项。历前任均因该年钱粮缓征，未及征起扣解，但奏销案内应作全完、全支造报，照章不准入于民欠请豁。又有前任垫解司库正银二厘，照章应于民欠项下剔出。今次查办蠲免将前项〈府〉斗级工食及垫解司库正银一并作为已完，是以册报已完正银三万九千六百六十六两九钱四分二厘，其已完耗羡数目应按实在征完正银三万九千六百三十三两一钱八分四厘核算，方能正耗相符。理合登明。

一、蠲免册报已完银五千五百四十八两六钱四分六厘。

前款查道光二十年钱粮，按实在征完正银三万九千六百三十三两一钱八分四厘核算，实该征完耗银五千五百四十八两六钱四分六厘。册报已完之数正耗相符，并无垫解耗银。理合登明。

坐支项下：

一、蠲免册报坐支过官俸役食银二千七十二两八分四厘。

前款查道光二十年官俸役食，实止征完坐支过银二千三十八两三钱二分八厘，因有缓征民欠未支奉裁府斗级空缺工食银三十三两七钱五分六厘，照章不准入于民欠请豁。今次查办蠲免，是以作为全完册报坐支银二千七十二两八分四厘，仍将此项府斗级工食银两照章专案详请在于造报该年奏销错误、不行扣支之员名下着赔。理合登明。

已征未报项下：

一、蠲免册内道光二十年分，并无长支各役工食及长支地丁脚费应作已征未报之款，无须声注。理合登明。

未完项下：

一、蠲免册报未完缓征正银一万七千一百三十四两八钱五厘。

前款查道光二十年钱粮，现按征册总报核算，实该未完正银一万七千一百六十八两五钱六分三厘。内除缓征民欠未支奉裁府斗级工食银三十三两七钱五分六厘，照章不准入豁，又除前任垫解司库正银二厘，照章应于民欠项下剔出。今次办理蠲免一并剔出，作为已完开报外，是以册报未完缓征正银一万七千一百三十四两八钱五厘。理合登明。

一、蠲免册报未完缓征耗银二千四百三两五钱九分九厘。

前款查道光二十年钱粮，按征册总报实在未完民欠正银一万七千一百六十八两五钱六分三厘核算，实该未完民欠耗银二千四百三两五钱九分九厘。册报未完之数正耗相符，并无垫解耗银。理合登明。

一、蠲免册报未完司库正银一万四千二百八十两一钱一分八厘。

前款查道光二十年钱粮，今岁办理道光二十四年奏销案内册报未完司库正银一万四千二百八十两一钱一分八厘，现在蠲免册报之数与续奏相符，并无官亏及已征未报之项。惟此项缓征银内有应由官捐普济堂等处地丁正银一十四两六钱七分三厘，历前任因是年钱粮缓征均未捐出，交代案内亦未入交。溯查上届蠲免案内曾奉通饬，此等官捐钱粮因缓征期内实未捐交者，准与缓征民欠一律请豁。是以今次统作缓征司库正银册报，以符原额。理合登明。

一、蠲免册报未完缓征司库耗羡并知县养廉银一千九百六十九两四钱六厘。

前款查道光二十年钱粮，今岁办理道光二十四年奏销案内续奏册报未完司库耗银一千九百六十九两四钱六厘，现在蠲免册报之数与续奏相符，并无官亏及已征未报之项。惟此项缓征银内有应由官捐普济堂等处耗银二两五分四厘，历前任因是年钱粮缓征均未捐出，交代案内亦未入交。溯查上届蠲免案内曾奉通饬，此等官捐钱粮因缓征期内实未捐交者，准与缓征民欠一律请豁。是以今次统作缓征司库耗银册报，以符原额。理合登明。

一、蠲免册报未完缓征地丁脚费银三十四两五钱三分六厘。

前款查上届办理蠲理［免］案内曾奉通饬，以各年地丁脚费一项，如系未支，则地丁已豁，无须脚费，即应删除等因。此次自应照办，但此项脚费银两，各年钱粮正奏册内先照额支之数声除，而县案支用数目应按已完解司正银核计，方免错误专支。其未支之项既未征完，即属民欠，蠲免册内若不分晰开列，则耗羡完欠按撒合总，即不能符合县额征之数。是以今次蠲免册内据实列明，以便稽核，仍于结内声除，以符通饬而归简净。理合登明。

第十五本

道光二十五年蠲免地丁正耗册

详文、登覆册并结均见第十四本

武定府惠民县为钦奉恩纶等事。

遵将卑县自道光十一年起至道光二十年止，应豁民欠地丁正耗银两逐细查明，按年分晰，据实开册，呈送查核施行。

计开：

惠民县

道光十一年分

额征地丁正银五万六千八百一两七钱四分七厘，内应解粮道衙门临仓正银四千六百五十三两二钱五分二厘、德常仓正银九百二十两八钱五分九厘、漕项正银六百八十六两七钱三分四厘，学租正银五两四钱二分四厘，起运折色脚价银一百七十七两八钱五分四厘，举人车价银三两八钱一分八厘。应坐支官俸役食银二千二百五十一两二分八厘，杂支银五百九十九两五钱八分八厘，夫马工料银三百七十五两九钱八分七厘，随漕润耗、脚价盘费等项银一千三两一分。实应解司正银四万六千一百二十四两一钱九分三厘。

自道光十一年二月初　日启征起，至道光二十五年八月初三日钦奉恩旨之日止，已完正银五万五百七十五两二钱，内已解过司库地丁正银四万二千二百二十三两四钱六分二厘，举人车价银三两八钱一分八厘，粮道临仓正银二千六百八十两、德常仓正银六百六十六两一钱三分八厘、漕项正银六百八十六两七钱三分四厘，学租正银五两四钱二分四厘。坐支过文、武庙祭品银五十两，节妇孟刘氏建坊银三十两，官俸役食银二千二百五十一两二分八厘，杂支银五百九十九两五钱八分八厘，夫马工料银三百七十五两九钱八分七厘，随漕润耗、脚价盘费等项银一千三两一分。已征未报应解司库正银一分一厘。实在未完因道光二十五年秋禾被水被虫案内缓征正银六千二百二十六两五钱四分七厘，内司库正银三千八百二十两七钱二分，折色脚价银一百七十七两八钱五分四厘，粮道临仓正银一千九百七十三两二钱五分二厘、德常仓正银二百五十四两七钱二分一厘。

〈道光十一年分〉

额征耗羡银七千九百五十二两二钱四分五厘，内应解粮道衙门临仓耗银六百五十一两四钱五分六厘、德常仓耗银一百二十八两九钱二分、漕项耗银二百一十六两五钱六分五厘，应解学租耗银七钱五分九厘。应坐支地丁一厘脚费银一百一十一两一钱三分四厘、同知佐杂养廉知县公费银一千三百三十二两。实应解司耗羡并知县养廉银五千四百九十一两四钱一分一厘。

自道光十一年二月　日启征起，至道光二十五年八月初三日钦奉恩旨之日止，已完耗银七千九十两五钱二分五厘，内已解过司库耗银五十一两三钱九分七厘，二共解过司库耗银四千九百五十一两三钱九分七厘①，学租耗银七钱五分九厘，粮道临仓耗银三百七十五两二钱、德常仓耗银九十三两二钱五分九厘、漕项耗银二百三十六两五钱六分五厘。实支过地丁一厘脚费银一百一两三钱四分五厘、同知佐杂养廉知县公费银一千三百三十二两。实在未完因道光二十五年秋禾被水被虫案内缓征耗银八百六十一两七钱二分，内司库耗银五百四十两一分四厘，临仓耗银二百七十六两二钱五分六厘，德、常仓耗银三十五两

① 底本此处有涂改。

六钱六分一厘，地丁脚费银九两七钱八分九厘。

道光十二年分

额征地丁正银五万六千八百一十四两九钱二分九厘，内应解粮道衙门临仓正银四千六百五十三两二钱五分二厘、德常仓正银九百二十两八钱五分九厘、漕项正银六百八十六两七钱三分四厘、闰月正银一十三两一钱八分二厘，学租正银五两四钱二分四厘，起运折色脚价银一百七十七两八钱五分四厘，举人车价银三两八钱一分八厘，花红公宴银六两一钱八厘。应坐支官俸役食银二千一百二十八两四钱一分七厘，杂支银五百九十九两五钱八分八厘，夫马工料银三百七十五两九钱八分七厘，随漕润耗、脚价盘费等项银一千三两一分。实应解司库正银四万六千二百四十两六钱九分六厘。

自道光十二年二月　日启征起，至道光二十五年八月初三日钦奉恩旨之日止，已完正银五万二千五百九十二两五厘，内已解过司库正银四万一千八百三十六两五钱三分九厘，举人车价银三两八钱一分八厘，花红公宴银六两一钱八厘，粮道临仓正银四千六百五十三两二钱五分二厘、德常仓正银九百二十两八钱五分九厘、漕项正银六百八十六两七钱三分四厘，闰月正银一十三两一钱八分二厘，学租正银五两四钱二分四厘。已报官亏司库正银二百九十三两九钱六分一厘，系前任知县徐鈖亏缺，业经造具年款详送在案。坐支过文、武庙祭品银五十两，烈女傅占妮减半建坊银一十五两，官俸役食银二千一百二十八两四钱一分七厘，杂支银五百九十九两五钱八分八厘，夫马工料银三百七十五两九钱八分七厘，随漕润耗、脚价盘费等项银一千三两一分。已征未报应解司库正银一钱二分六厘。实在未完因道光二十五年秋禾被水被虫案内缓征正银四千二百二十二两九钱二分四厘，内司库正银四千四十五两七分、折色脚价银一百七十七两八钱五分四厘。

道光十二年分

额征耗羡银七千九百五十四两九分，内应解粮道衙门临仓耗银六百五十一两四钱五分六厘、德常仓耗银一百二十八两九钱二分、漕项耗银二百三十六两五钱六分五厘、闰月耗银一两八钱四分五厘，学租耗银七钱五分九厘。应坐支地丁一厘脚费银一百一十一两四钱二分七厘、同知佐杂养廉知县公费银一千二百七十六两八钱二分一厘。实应解司库耗羡并知县养廉银五千五百四十六两二钱九分七厘。

自道光十二年二月　日启征起，至道光二十五年八月初三日钦奉恩旨之日止，已完耗银七千三百五十八两一钱五分五厘，内已解过司库耗银三千五百一十九两二钱七分二厘、知县养廉银一千四百两，二共解过司库耗银四千九百一十九两二钱七分二厘，学租耗银七钱五分九厘，粮道临仓耗银六百五十一两四钱五分六厘、德常仓耗银一百二十八两九钱二分、漕项耗银二百三十六两五钱六分五厘、闰月耗银一两八钱四分五厘。已报官亏司库耗银四十二两八分四厘，系前任知县徐鈖亏缺，业经造具年款详送在案。坐支过地丁一厘脚费银一百两四钱三分二厘、同知佐杂养廉知县公费银一千二百七十六两八钱二分一厘。已征未报应解司库耗银一厘。实在未完因道光二十五年秋禾被水被虫案内缓征耗银五百九十五两九钱三分五厘，内司库耗银五百八十四两九钱四分、地丁一厘脚费银一十两九钱九分五厘。

道光十三年分

额征地丁正银五万六千八百一两七钱四分七厘，内应解粮道衙门临仓正银四千六百五十三两二钱五分二厘、德常仓正银九百二十两八钱五分九厘、漕项正银六百八十六两七钱三分四厘，学租正银五两四钱二分四厘，起运折色脚价银一百七十七两八钱五分四厘，举人车价银三两八钱一分八厘。应坐支官俸役食银二千七十二两八分四厘，杂支银五百九十九两五钱八分八厘，夫马工料银三百七十五两九钱八分七厘，随漕润耗、脚价盘费等项银一千三两一分。实应解司正银四万六千三百三两一钱三分七厘。

自道光十三年二月　日启征起，至道光二十五年八月初三日钦奉恩旨之日止，已完正银五万一千五百五十七两三分一厘，内已解过司库正银四万二千五百六十一两，粮道临仓正银二千五百两、德常仓正银九百二十两八钱五分九厘、漕项正银六百八十六两七钱三分四厘，学租正银五两四钱二分四厘。已报官亏司库正银七百五十二两三钱三分四厘，系前任知县徐鎔亏缺，业经造具年款详送在案。坐支过文、武庙祭品银五十两，烈妇王田氏建坊银三十两，官俸役食银二千七十二两八分四厘，杂支银五百九十九两五钱八分八厘，夫马工料银三百七十五两九钱八分七厘，随漕润耗、脚价盘费等项银一千三两一分。已征未报应解司库正银一分一厘。实在未完因道光二十五年秋禾被水被虫案内缓征正银五千二百四十四两七钱一分六厘，内司库正银二千九百九两七钱九分二厘，折色脚价银一百七十七两八钱五分四厘，举人车价银三两八钱一分八厘，粮道临仓正银二千一百五十一两二钱五分二厘。

道光十三年分

额征耗羡银七千九百五十二两二钱四分五厘，内应解粮道衙门临仓耗银六百五十一两四钱五分六厘、德常仓耗银一百二十八两九钱二分、漕项耗银二百三十六两五钱六分五厘，学租耗银七钱五分九厘。应坐支地丁一厘脚费银一百一十一两五钱六分三厘、同知佐杂养廉知县公费银一千二百五十二两。实应解司库耗羡并知县养廉银五千五百七十两九钱八分二厘。

自道光十三年二月　日启征起，至道光二十五年八月初三日钦奉恩旨之日止，已完耗七千二百一十三两二钱五分七厘，内已解过司库耗银三千六百三十七两三钱四分八厘、知县养廉银一千四百两，二共解过司库耗银五千三十七两三钱四分八厘，粮道临仓耗银三百五十两、德常仓耗银一百二十八两九钱二分、漕项耗银二百三十六两五钱六分五厘。已报官亏司库耗银一百六两二钱七分八厘，系前任知县徐鈖亏缺，业经造具年款详送在案。坐支过地丁一厘脚费银一百二两一钱四分六厘、同知佐杂养廉知县公费银一千二百五十二两。实在未完因道光二十五年秋禾被水被虫案内缓征耗银七百三十八两九钱八分八厘，内司库耗银四百二十七两三钱五分六厘、粮道临仓耗银三百一两四钱五分六厘、学租耗银七钱五分九厘、地丁一厘脚费银九两四钱一分七厘。

道光十四年分

额征地丁正银五万六千八百一两七钱四分七厘，内应解粮道衙门临仓正银四千六百五十三两二钱五分二厘、德常仓正银九百二十两八钱五分九厘、漕项正银六百八十六两七钱三分四厘，学租正银五两四钱二分四厘，起运折色脚价一百七十七两八钱五分四厘，举人车价银三两八钱一分八厘，花红公宴银六两一钱八厘。应坐支官俸役食银二千七十二两八分四厘，杂支银五百九十九两五钱八分八厘，夫马工料银三百七十五两九钱八分七厘，随漕润耗、脚价盘费等项银一千三两一分。实应解司库正银四万六千二百九十七两二分九厘。

自道光十四年二月　日启征起，至道光二十五年八月初三日钦奉恩旨之日止，已完正银四万八千八百二十八两二钱六分六厘，内已解过司库正银三万九千一百九十七两四钱七分八厘，举人车价银三两八钱一分八厘，花红公宴银六两一钱八厘，粮道临仓正银三千两、德常仓正银九百二十两八钱五分九厘、漕项正银六百八十六两七钱三分四厘，学租正银五两四钱二分四厘。已报官亏司库正银九百七两一钱六分五厘，系前任知县徐鈖亏缺，业经造具年款详送在案。坐支过文、武庙祭品银五十两，官俸役食银二千七十二两八分四厘，杂支银五百九十九两五钱八分八厘，夫马工料银三百七十五两九钱八分七厘，随漕润耗、脚价盘费等项银一千三两一分。已征未报应解司库正银一分一厘。实在未完因道光二十五年秋禾被水被虫案内缓征正银七千九百七十三两四钱八分一厘，内司库正银六千一百四十二两三钱七分五厘、折色脚价银一百七十七两八钱五分四厘、粮道临仓正银一千六百五十三两二钱五分二厘。

道光十四年分

额征耗羡银七千九百五十二两二钱四分五厘，内应解粮道衙门临仓耗银六百五十一两四钱五分六厘、德常仓耗银一百二十八两九钱二分、漕项耗银二百三十六两五钱六分五厘，学租耗银七钱五分九厘。应坐支地丁一厘脚费银一百一十一两五钱六分三厘、同知佐杂养廉知县公费银一千二百五十二两。实应解司库耗羡并知县养廉银五千五百七十两九钱八分二厘。

自道光十四年二月　日启征起，至道光二十五年八月初三日钦奉恩旨之日止，已完耗银六千八百三十一两二钱五分四厘，内已解过司库耗银三千一百八十九两三钱五分五厘、知县养廉银一千四百两，二共已解司库耗银四千五百八十九两三钱五分五厘，学租耗银七钱五分九厘，粮道临仓耗银四百二十两、德常仓耗银一百二十八两九钱二分、漕项耗银二百三十六两五钱六分五厘。已报官亏司库耗银一百九两五钱五分七厘，系前任知县徐鈖亏缺，业经造具年款详送在案。坐支过地丁一厘脚费银九十四两九分八厘、同知佐杂养廉知县公费银一千二百五十二两。实在未完因道光二十五年秋禾被水被虫案内缓征耗银一千一百二十两九钱九分二厘，内司库耗银八百七十二两七分、粮道临仓耗银二百三十一两四钱五分六厘、地丁一厘脚费银一十七两四钱六分五厘。

道光十五年分

额征地丁正银五万六千八百一十四两九钱二分九厘，内应解粮道衙门临仓正银四千六百五十三两二钱五分二厘、德常仓正银九百二十两八钱五分九厘、漕项正银六百八十六两七钱三分四厘、闰月正银一十三两一钱八分二厘，学租正银五两四钱二分四厘，起运折色脚价银一百七十七两八钱五分四厘，举人车价银三两八钱一分八厘。应坐支官俸役食银二千七十二两八分四厘，杂支银五百九十九两五钱八分八厘，夫马工料银三百七十五两九钱八分七厘，随漕润耗、脚价盘费等项银一千三两一分。实应解司库正银四万六千三百三两一钱三分七厘。

自道光十五年二月　日启征起，至道光二十五年八月初三日钦奉恩旨之日止，已完正银四万九千一百六两九厘，内已解过司库正银四万二千一百两，粮道临仓正银一千七百两、德常仓正银五百两、漕项正银六百八十六两七钱三分四厘、闰月正银一十三两一钱八分二厘，学租正银五两四钱二分四厘。坐支过文、武庙祭品银五十两，官俸役食银二千七十二两八分四厘，杂支银五百九十九两五钱八分八厘，夫马工料银三百七十五两九钱八分七厘，随漕润耗、脚价盘费等项银一千三两一分。实在未完因道光二十五年秋禾被水案内缓征正银七千七百八两九钱二分，内司库正银四千一百五十三两一钱三分七厘，折色脚价银一百七十七两八钱五分四厘，举人车价银三两八钱一分八厘，粮道临仓正银二千九百五十三两二钱五分二厘，德、常仓正银四百二十两八钱五分九厘。

道光十五年分

额征耗羡银七千九百五十四两九分，内应解粮道衙门临仓耗银六百五十一两四钱五分六厘、德常仓耗银一百二十八两九钱二分、漕项耗银二百三十六两五钱六分五厘、闰月耗银一两八钱四分五厘，学租耗银七钱五分九厘。应坐支地丁一厘脚费银一百一十一两五钱六分一厘、同知佐杂养廉知县公费银一千二百五十二两。实应解司库耗羡并知县养廉银五千五百七十两九钱八分二厘。

自道光十五年二月　日启征起，至道光二十五年八月初三日钦奉恩旨之日止，已完耗银六千七百九十二两一分九厘，内已解过司库耗银三千四百九十二两五钱六分九厘、知县养廉银一千四百两，二共已解司库耗银四千八百九十二两五钱六分九厘，粮道临仓耗银二百三十八两、德常仓耗银七十两、漕项耗银二百三十六两五钱六分五厘、闰月耗银一两八钱四分五厘。坐支过地丁一厘脚费银一百两四分、同知佐杂养廉知县公费银一千二百五十二两。实在未完因道光二十五年秋禾被水被虫案内缓征耗银一千一百六十二两七分二厘，内司库耗银六百七十八两四钱一分三厘，粮道临仓耗银四百二十三两四钱五分六厘，德、常仓耗银五十八两九钱二分，学租耗银七钱五分九厘，地丁一厘脚费银一十两五钱二分三厘。

道光十六年分

额征地丁正银五万六千八百一两七钱四分七厘，内应解粮道衙门临仓正银四千六百五十三两二钱五分二厘、德常仓正银九百二十两八钱五分九厘、漕项正银六百八十六两七钱三分四厘，学租正银五两四钱二分四厘，起运折色脚价银一百七十七两八钱五分四厘，举人车价银三两八钱一分八厘。应坐支官俸役食银二千七十二两八分四厘，杂支银五百九十九两五钱八分八厘，夫马工料银三百七十五两九钱八分七厘，随漕润耗、脚价盘费等项银一千三两一分。实应解司库正银四万六千三百三两一钱三分七厘。

自道光十六年二月　日启征起，至道光二十五年八月初三日钦奉恩旨之日止，已完正银四万九千二百一十八两三钱二分九厘，内已解过司库正银四万二千五十两，粮道临仓正银一千七百两、德常仓正银五百两、漕项正银六百八十六两七钱三分四厘，学租正银五两四钱二分四厘。已报官亏司库正银一百四十五两四钱九分二厘，系前任知县徐鈖亏缺，业经造具年款详送在案。坐支过文、武庙祭品银五十两，寿妇岳李氏建坊银三十两，官俸役食银二千七十二两八分四厘，杂支银五百九十九两五钱八分八厘，夫马工料银三百七十五两九钱八分七厘，随漕润耗、脚价盘费等项银一千三两一分。已征未报应解司库正银一分。实在未完因道光二十五年秋禾被水被虫案内缓征正银七千五百八十三两四钱一分八厘，内司库正银四千二十七两六钱三分五厘，折色脚价银一百七十七两八钱五分四厘，举人车价银三两八钱一分八厘，粮道临仓正银二千九百五十三两二钱五分二厘，德、常仓正银四百二十两八钱五分九厘。

道光十六年分

额征耗羡银七千九百五十二两二钱四分五厘，内应解粮道衙门临仓耗银六百五十一两四钱五分六厘、德常仓耗银一百二十八两九钱二分、漕项耗银二百三十六两五钱六分五厘，学租耗银七钱五分九厘。应坐支地丁一厘脚费银一百一十一两五钱六分三厘、同知佐杂养廉知县公费银一千二百五十二两。实应解司库耗羡并知县养廉银五千五百七十两九钱八分二厘。

自道光十六年二月初　日启征起，至道光二十五年八月初三日钦奉恩旨之日止，已完耗银六千八百九十两五钱六分六厘，内已解过司库耗银三千五百七十一两七钱六分、知县养廉银一千四百两，二共已解司库耗银四千九百七十一两七钱六分，学租耗银七钱五分九厘，粮道临仓耗银二百三十八两，德、常仓耗银七十两，漕项耗银二百三十六两五钱六分五厘。已报官亏司库耗银二十两五钱六分一厘，系前任知县徐紛亏缺，业经造具年款详送在案。坐支过地丁一厘脚费银一百两九钱二分、同知佐杂养廉知县公费银一千二百五十二两。已征未报应解司库耗银一厘。实在未完因道光二十五年秋禾被水被虫案内缓征耗银一千六十一两六钱七分九厘，内司库耗银五百七十八两六钱六分，粮道临仓耗银四百一十三两四钱五分六厘，德、常仓耗银五十八两九钱二分，地丁一厘脚费银一十两六钱四分三厘。

道光十七年分

额征地丁正银五万六千八百一两七钱四分七厘，内应解粮道衙门临仓正银四千六百五十三两二钱五分二厘、德常仓正银九百二十两八钱五分九厘，漕项正银六百八十六两七钱三分四厘，学租正银五两四钱二分四厘，起运折色脚价银一百七十七两八钱五分四厘，举人车价银三两八钱一分八厘，花红公宴银六两一钱八厘。应坐支官俸役食银二千七十二两八分四厘，杂支银五百九十九两五钱八分八厘，夫马工料银三百七十五两九钱八分七厘，随漕润耗、脚价盘费等项银一千三两一分。实应解司库正银四万六千二百九十七两二分九厘。

自道光十七年二月　日启征起，至道光二十五年八月初三日钦奉恩旨之日止，已完正银四万三千四百四十八两三钱五分五厘，内已解过司库正银三万三千九百两，花红公宴银六两一钱八厘，粮道临仓正银一千五百两、德常仓正银四百五十两、漕项正银六百四十两一钱二分，学租正银五两四钱二分四厘。已报官亏司库正银四百八十四两九钱五分八厘，系前任知县徐鈖参案实亏之项，业经造具年款详送在案。坐支过文、武庙祭品银五十两，官俸役食银二千七十二两八分四厘，杂支银五百九十九两五钱八分八厘，夫马工料银三百七十五两九钱八分七厘，随漕润耗、脚价盘费等项银九百一十七两九分五厘。已报未解司库正银二千四百四十六两九钱八分二厘。已征未报应解司库正银九厘。实在未完因道光二十五年秋禾被水被虫案内缓征正银一万三千三百五十三两三钱九分二厘，内司库正银九千四百一十五两八分，折色脚价银一百七十七两八钱五分四厘，举人车价银三两八钱一分八厘，粮道临仓正银三千一百五十三两二钱五分二厘、德常仓正银四百七十两八钱五分九厘、漕项正银一百三十二两五钱二分九厘。

道光十七年分

额征耗羡银七千九百五十二两二钱四分五厘，内应解粮道衙门临仓耗银六百五十一两四钱五分六厘、德常仓耗银一百二十八两九钱二分、漕项耗银二百三十六两五钱六分五厘，学租耗银七钱五分九厘。应坐支地丁一厘脚费银一百一十一两五钱六分三厘、同知佐杂养廉知县公费银一千二百五十二两。实应解司库耗羡并知县养廉银五千五百七十两九钱八分二厘。

自道光十七年二月　日启征起，至道光二十五年八月初三日钦奉恩旨之日止，已完耗银六千七十七两九钱七分一厘，内已解过司库耗银二千四百六十七两五钱四分一厘、知县养廉银一千四百两，二共已解司库耗银三千八百六十七两五钱四分一厘，粮道临仓耗银二百一十两、德常仓耗银六十三两、漕项耗银二百一十八两一分一厘。已报官亏司库耗银六十八两八分二钱，系前任知县徐鼢参案实亏之项，业经造具年款详送在案。坐支过地丁一厘脚费银八十一两三钱七分五厘、同知佐杂养廉知县公费银一千二百五十二两。已报未解司库耗银三百一十七两九钱六分二厘。实在未完因道光二十五年秋禾被水被虫案内缓征耗银一千八百七十四两二钱七分四厘，内司库耗银一千三百一十七两三钱九分七厘，粮道临仓耗银四百四十一两四钱五分六厘，德、常仓耗银六十五两九钱二分，漕项耗银一十八两五钱五分四厘，学租耗银七钱五分九厘，地丁一厘脚费银三十两一钱八分八厘。

道光十八年分

额征地丁正银五万六千八百一十四两九钱二分九厘，内应解粮道衙门临仓正银四千六百五十三两二钱五分二厘、德常仓正银九百二十两八钱五分九厘、漕项正银六百八十六两七钱三分四厘、闰月正银一十三两一钱八分二厘，学租正银五两四钱二分四厘，起运折色脚价银一百七十七两八钱五分四厘，举人车价银三两八钱一分八厘。应坐支官俸役食银二千七十二两八分四厘，杂支银五百九十九两五钱八分八厘，夫马工料银三百七十五两九钱八分七厘，随漕润耗、脚价盘费等项银一千三两一分。实应解司库正银四万六千三百三两一钱三分七厘。

自道光十八年二月　日启征起，至道光二十五年八月初三日钦奉恩旨之日止，已完正银四万八千七两五钱二分五厘，内已解过司库正银三万八千一百六十三两五钱七分六厘，举人车价银三两八钱一分八厘，粮道临仓正银四千一百五十三两二钱五分二厘、德常二仓正银八百五十两八钱五分九厘、漕项正银六百八十六两七钱三分四厘、闰月正银一十三两一钱八分二厘，学租正银五两四钱二分四厘。坐支过文、武庙祭品银五十两，节妇李萧氏建坊银三十两，官俸役食银二千七十二两八分四厘，杂支银五百九十九两五钱八分八厘，夫马工料银三百七十五两九钱八分七厘，随漕润耗、脚价盘费等项银一千三两一分。已征未报应解司库正银一分一厘。实在未完因道光二十五年秋禾被水被虫案内缓征正银八千八百七两四钱四厘，内司库正银八千五十九两五钱五分，折色脚价银一百七十七两八钱五分四厘，粮道临仓正银五百两，德、常仓正银七十两。

道光十八年分

额征耗羡银七千九百五十四两九分，内应解粮道衙门临仓耗银六百五十一两四钱五分六厘、德常仓耗银一百二十八两九钱二分、漕项耗银二百三十六两五钱六分五厘、闰月耗银一两八钱四分五厘，学租耗银七钱五分九厘。应坐支地丁一厘脚费银一百一十一两五钱六分三厘、同知佐杂养廉知县公费银一千二百五十二两。实应解司库耗羡并知县养廉银五千五百七十两九钱八分二厘。

自道光十八年二月　日启征起，至道光二十五年八月初三日钦奉恩旨之日止，已完耗银六千七百一十六两三钱二分八厘，内已解过司库耗银三千三十二两七钱八分九厘、知县养廉银一千四百两，二共已解司库耗银四千四百三十二两七钱八分九厘，学租耗银七钱五分九厘，粮道临仓耗银五百八十一两四钱五分六厘、德常仓耗银一百一十九两一钱二分、漕项耗银二百三十六两五钱六分五厘、闰月耗银一两八钱四分五厘。坐支过地丁一厘脚费银九十一两六钱二厘、同知佐杂养廉知县公费银一千二百五十二两。已征未报应解司库耗银一钱九分二厘。实在未完因道光二十五年秋禾被水被虫案内缓征耗银一千二百三十七两七钱六分二厘，内司库耗银一千一百三十八两一厘，粮道临仓耗银七十两、德常仓耗银九两八钱，地丁一厘脚费银一十九两九钱六分一厘。

道光十九年分

额征地丁正银五万六千八百一两七钱四分七厘，内应解粮道衙门临仓正银四千六百五十三两二钱五分二厘、德常仓正银九百二十两八钱五分九厘、漕项正银六百八十六两七钱三分四厘，学租正银五两四钱二分四厘，起运折色脚价银一百七十七两八钱五分四厘，举人车价银三两八钱一分八厘，花红公宴银六两一钱八厘。应坐支官俸役食银二千七十二两八分四厘，杂支银五百九十九两五钱八分八厘，夫马工料银三百七十五两九钱八分七厘，随漕润耗、脚价盘费等项银一千三两一分。实应解司库正银四万六千二百九十七两二分九厘。

自道光十九年二月　日启征起，至道光二十五年八月初三日钦奉恩旨之日止，已完正银四万八千一百二十三两五钱九分四厘，内已解过司库正银三万八千二百九十二两九钱七分六厘，折色脚价银一百七十七两八钱五分四厘，举人车价银三两八钱一分八厘，花红公宴银六两一钱八厘，粮道临仓正银四千两、德常仓正银八百二十两、漕项正银六百八十六两七钱三分四厘，学租正银五两四钱二分四厘。坐支过文、武庙祭品银五十两，节妇武李氏建坊银三十两，官俸役食银二千七十二两八分四厘，杂支银五百九十九两五钱八分八厘，夫马工料银三百七十五两九钱八分七厘，随漕润耗、脚价盘费等项银一千三两一分。已征未报应解司库正银一分一厘。实在未完因道光二十五年秋禾被水被虫案内缓征正银八千六百七十八两五钱五分三厘，内司库正银七千九百二十四两四分二厘，粮道临仓正银六百五十三两二钱五分二厘、德常仓正银一百两八钱五分九厘。

道光十九年分

额征耗羡银七千九百五十二两二钱四分五厘，内应解粮道衙门临仓耗银六百五十一两四钱五分六厘、德常仓耗银一百二十八两九钱二分、漕项耗银二百三十六两五钱六分五厘，学租耗银七钱五分九厘。应坐支地丁一厘脚费银一百一十一两五钱六分三厘、同知佐杂养廉知县公费银一千二百五十二两。实应解司库耗羡并知县养廉银五千五百七十两九钱八分二厘。

自道光十九年二月　日启征起，至道光二十五年八月初三日钦奉恩旨之日止，已完耗银六千七百二十八两八钱一分九厘，内已解过司库耗银三千七十二两三钱四分一厘、知县养廉银一千四百两，二共已解司库耗银四千四百七十二两三钱四分一厘，学租耗银七钱五分九厘，粮道临仓耗银五百六十两、德常仓耗银一百一十四两八钱、漕项耗银二百一十六两五钱六分五厘。坐支过地丁一厘脚费银九十二两三钱五分四厘、同知佐杂养廉知县公费银一千二百五十二两。实在未完因道光二十五年秋禾被水被虫案内缓征耗银一千二百二十三两四钱二分六厘，内司库耗银一千九十八两六钱四分一厘，粮道临仓耗银九十一两四钱五分六厘、德常仓耗银一十四两一钱二分，地丁一厘脚费银一十九两二钱九厘。

道光二十年分

额征地丁正银五万六千八百一两七钱四分七厘，内应解粮道衙门临仓正银四千六百五十三两二钱五分二厘、德常仓正银九百二十两八钱五分九厘、漕项正银六百八十六两七钱三分四厘，学租正银五两四钱二分四厘，起运折色脚价银一百七十七两八钱五分四厘，举人车价银三两八钱一分八厘。应坐支官俸役食银二千七十二两八分四厘，杂支银五百九十九两五钱八分八厘，夫马工料银三百七十五两九钱八分七厘，随漕脚价盘费等项银一千三两一分。实应解司库正银四万六千三百三两一钱三分七厘。

自道光二十年二月　日启征起，至道光二十五年八月初三日钦奉恩旨之日止，已完正银三万九千六百六十六两九钱四分二厘，内已解过司库正银三万一千九百一十三两一分九厘，折色脚价银一万七十七两八钱五分四厘，举人车价银三两八钱一分八厘，粮道临仓正银二千九百一十五两八钱八分五厘、德常仓正银六百二十四两四钱七分九厘、漕项正银三百九十七两九钱九分二厘，学租正银五两四钱二分四厘。坐支过文、武庙祭品银五十两，寿民徐节行建坊银一十两，烈妇李张氏建坊银三十两，官俸役食银二千七十二两八分四厘，杂支银五百九十九两五钱八分八厘，夫马工料银三百七十五两九钱八分七厘，随漕润耗、脚价盘费等项四百七十两八钱一分二厘。实在未完因道光二十五年秋禾被水被虫案内缓征正银一万七千一百三十四两八钱五厘，内司库正银一万四千二百八十两一钱一分八厘，粮道临仓正银一千七百三十七两三钱六分七厘、德常仓正银二百九十六两三钱八分、漕项正银八百二十两九钱四分。

道光二十年分

额征耗羡银七千九百五十二两二钱四分五厘，内应解粮道衙门临仓耗银六百五十一两四钱五分六厘、德常仓耗银一百二十八两九钱二分、漕项耗银二百三十六两五钱六分五厘，学租耗银七钱五分九厘。应坐支地丁一厘脚费银一百一十一两五钱六分三厘、同知佐杂养廉知县公费银一千二百五十二两。实应解司库耗羡并知县养廉银五千五百七十两九钱八分二厘。

自道光二十年二月　日启征起，至二十五年八月初三日钦奉恩旨之日止，已完耗银五千五百四十八两六钱四分六厘，内已解过司库耗银二千五百五十一两五钱七分六厘、知县养廉银一千五十两，二共已解司库耗银三千六百一两五钱七分六厘，学租耗银七钱五分九厘，粮道临仓耗银四百八两二钱二分五厘、德常仓耗银八十七两四钱二分七厘、漕项耗银一百二十一两六钱三分二厘。坐支过地丁一厘脚费银七十七两二分七厘、同知佐杂养廉知县公费银一千二百五十二两。实在未完因道光二十五年秋禾被水被虫案内缓征耗银二千四百三两五钱九分九厘，内司库耗银一千六百一十九两四钱六厘、知县养廉银三百五十两，二共司库耗银一千九百六十九两四钱六厘，粮道临仓耗银二百四十三两二钱三分一厘、德常仓耗银四十一两四钱九分三厘、漕项耗银一百一十四两九钱三分三厘，地丁一厘脚费银一十四两五钱三分六厘。

道光二十五年蠲免漕粮册结有详

为钦奉恩纶等事。

除将卑县造送自道光十一年起，至道光二十年止，应豁缓征民欠道光十七并二十两年漕粮及行粮润耗米石册结缘由备载书册外，拟合摘叙简详，呈请宪台鉴核办理/宪台鉴核转详，除由府核转外/径详藩、粮宪外，为此云云。

计详送书册一本、清册一本、印结一纸，书册一本、清册一本、印结一纸，书册一本、清册五本、印结五纸。

一详布政司、粮道、本府。

为钦奉恩纶等事。

案蒙本府/宪台转蒙宪台/藩宪札饬，以本年八月间恭奉恩旨，普蠲道光二十年以前积欠，颁发章程、册结各式，令即查明自道光十一年起至道光二十年止实欠在民各项银谷确数，造册详送核办等因到县。

蒙此，遵查卑县漕粮以道光十一年至道光十六年及道光十八并十九等年，均已年清年款无欠外，惟道光十七年秋禾被旱、二十年秋禾被水各案原缓漕粮，历年因灾递缓，未及启征，复因道光二十五年秋禾被水被虫案内递缓在案，均系实欠在民，自应一律请豁。现已按年查明，并将行粮润耗等项米遵照章程，声明应否并豁，拟合随同缓征大漕米石一并造具册结，详候宪台鉴核办理/宪台鉴核转呈，除由府核转外/径送藩、粮宪外，为此云云。

为钦奉恩纶等事。

遵将卑县缓征案内原缓道光十七、二十两年应豁民欠漕粮按年分晰，据实开册，呈送查核施行。

计开：

惠民县

道光十七年分

原缓大漕米二百二十八石三斗五升一合四勺；大漕豆二百六十九石一斗九升四合六勺；大漕麦二十五石二斗五升四合八勺；行粮米一十石四升四合，此项行粮米石应否并豁，伏候核示，理合登明；润耗米二十一石七斗六升九合二勺，此项润耗米石应否并豁，伏候核示，理合登明；以上原缓米、豆、麦共五百五十四石六斗十一升四合，原因道光十七年秋禾被旱案内缓征，历年因灾递缓，复因道光二十五年秋禾被水被虫案内应递缓至道光三十二年秋后启征，委系实欠在民。理合登明。

道光二十年分

原缓大漕米一千三百五十二石五斗三升四合一勺；大漕豆一千七百二十九石四斗七升一合一勺；大漕麦一百五十六石四斗三升八合四勺；行粮米六十二石二斗一升七合二勺，此项行粮米石应否并豁，伏候核示，理合登明；润耗米一百三十四石八斗四升七合四勺，此项润耗米应否并豁，伏候核示，理合登明；以上原缓米、豆、麦共三千四百三十五石五斗八合二勺，原因道光二十年秋禾被水案内缓征，历年因灾递缓，复因道光二十五年秋禾被水被虫案内应递缓至道光三十五年秋后启征，委系实欠在民。理合登明。

武定府惠民县今于与印结为钦奉恩纶等事。

依奉结得，现查卑县自道光十一年起至道光二十年止，未完缓征民欠道光十七年大漕米、豆、麦并行粮润耗米，共五百五十四石六斗一升四合；缓征民欠道光二十年大漕米、豆、麦并行粮润耗米，共三千四百三十五石五斗八合二勺；委系实欠在民，并无已征未报及官侵吏蚀、牵混融纳情弊。倘有隐饰，日后查出，愿甘参革治罪。所具印结是实。

道光二十五年蠲免拨抵耗豆册结有详

为钦奉恩纶等事。

案蒙本府/宪台转蒙宪台/藩宪札饬云云等因到县。蒙此，遵查卑县漕粮项下应征拨抵耗豆一项，除道光十一年至道光十六年，及道光十八年并道光十九年，均已征兑全完外，惟道光十七年秋禾被旱及道光二十年秋禾被水各案原缓耗豆，历年因灾递缓，未及启征，复因道光二十五年秋禾被水被虫案内递缓在案，均系实欠在民，自应一律请豁，拟合造具〈册〉结，具文详送宪台鉴核办理/宪台鉴核转呈，除由府核转外/径详藩、粮宪外，为此云云。

为钦奉恩纶等事。

遵将卑县缓征案内原缓道光十七二十两年应豁民拨抵耗豆数目，逐细查明，按年分晰，据实开册，呈送查核施行。

计开：

惠民县

道光十七年分

原缓拨抵耗豆三十四石四斗九升六合九勺。前款原缓耗豆，原因道光十七年秋禾被旱案内缓征，历年因灾递缓，复因道光二十五年秋禾被水被虫案内应递缓至道光三十二年秋后启征，委系实欠在民。理合登明。

道光二十年分

原缓拨抵耗豆三百九十三石六斗八升七合九勺。前款原缓耗豆，原因道光二十年秋禾被水案内缓征，历年因灾递缓，复因道光二十五年秋禾被水被虫案内应递缓至道光三十五年秋后启征，委系实欠在民。理合登明。

武定府惠民县今于与印结为钦奉恩纶等事。

依奉结得，现查卑县自道光十一年起至道光二十年止，未完缓征民欠道光十七年拨抵耗豆三十四石四斗九升六合九勺、道光二十年拨抵耗豆三百九十三石六斗八升七合九勺，委系实欠在民，并无已征未报及官侵吏蚀、牵混融纳情弊。倘有隐饰，日后查出，愿甘参革治罪。所具印结是实。

道光二十五年蠲免兵米册结有详

为钦奉恩纶等事。

除将卑县造送自道光十一年起至道光二十年，应豁缓征民欠道光十七并二十两年兵米册结缘由备载书册外，拟合摘叙简详，呈请宪台鉴核办理/宪台鉴核转呈，除由府核转外/径详藩、粮宪外，为此云云。

计详送书册一本、清册一本、印结一纸，书册一本、清册一本、印结一纸，书册五本、清册五本、印结五纸。

一详布政司、粮道、本府。

为钦奉恩纶等事。

案蒙本府/宪台转蒙宪台/藩宪札饬，以本年八月间恭奉恩旨，普蠲道光二十年以前积欠，颁发章程、册结各式，令即查明自道光十一年起至道光二十年止，实欠在民各项银谷确数，造册详送核办等因到县。

蒙此，遵查卑县额征德州仓及德州常丰仓本色正耗起运本色麦改米、起运本色米，并余剩孤贫口粮米石，向系随同大漕统征。留支武定营兵米，其缓征漕粮之年，亦系随同摊缓。除道光十一年至十六年及十八并十九等年，均已全清无欠外，惟道光十七年秋禾被旱、二十年秋禾被水各案原缓兵米，历年因灾递缓，未及启征，复因道光二十五年秋禾被虫案内递缓在案，均系实欠在民，自应一律请豁。其谷该年不敷兵米借动常平仓谷，现已另案详请就款开销。所有道光十七并二十两年缓征兵米各数目，拟合查明，造具册结，详送宪台鉴核办理/宪台鉴核转呈，除由府核转外/径详藩、粮宪外，为此云云。

为钦奉恩纶等事。

遵将卑县自道光十一年起至道光二十年止，应豁缓征民欠道光十七、二十两年兵米各数目，逐细查明，按年分晰，据实开册，呈送查核施行。

计开：

惠民县

道光十七年分

原缓兵米一百八十一石四斗二升三合八勺，内起运本色麦改米二石九斗二升三合三勺、起运本色米五石七斗七升一合、余剩孤贫口粮本色米三石四升五合七勺、应解德仓本色米二十五石四升九合一勺、应存德州常丰仓本色米一百五石六斗四升九合二勺、应解德州常丰仓本色米三十八石九斗八升五合五勺。以上共兵米一百八十一石四斗二升三合八勺。原因道光十七年秋禾被旱案内缓征，历年因灾递缓，复因道光二十五年秋禾被水被虫案内应递缓至道光三十二年秋后启征，委系实欠在民。再查是年兵米缓征，其武定营不敷兵米，系前任详准借碾常平仓谷支〈放〉，俟本款米石征起，易谷还仓。今民欠米石请豁，无可征还，所有原供常平仓谷，现在另案详请就款开销。理合登明。

道光二十年分

原缓兵米一千一百二十三石八斗一升三合，内起运本色麦改米一十八石一斗八合四勺、起运本色米三十五石七斗四升七合六勺、余剩孤贫口粮本色米一十八石八斗六升六合三勺、应解德仓本色米一百五十五石一斗六升四合四勺、应存德州常丰仓本色米六万五十四石四斗三升四合一勺、应解德州常丰仓本色米二百四十一石四斗九升二合二勺。以上共兵米一千一百二十三石八斗一升三合。原因道光二十秋禾被水案内缓征，历年因灾递缓，复因道光二十五年秋禾被水被虫案内应递缓至道光三十五年秋后启征，委系实欠在民。再查是年兵米缓征，其武定营不敷兵米，系前任详准借碾常平仓谷支放，俟本款米石征起，易谷还仓。今民欠米石请豁，无可征还，所有原借常平仓谷，现在另案详请就款开销。理合登明。

武定府惠民县今于与印结为钦奉恩纶等事。

依奉结得，现查卑县自道光十一年起至道光二十年止，未完缓征民欠道光十七年兵米一百八十一石四斗二升三合八勺，内起运本色麦改米二石九斗二升三合三勺、起运本色米五石七斗七升一合、余剩孤贫口粮本色米三石四升五合七勺、应解德仓本色米二十五石四升九合一勺、应存德州常丰仓本色米一百五石六斗四升九合二勺、应解德州常丰仓本色米三十八石九斗八升五合五勺；未完缓征民欠道光二十年兵米一千一百二十三石八斗一升三合，内起运本色麦改米一十八石一斗八合四勺、起运本色米三十五石七斗四升七合六勺、余剩孤贫口粮本色米一十八石八斗六升六合三勺、应解德仓本色米一百五十五石一斗六升四合四勺、应存德州常丰仓本色米六百五十四石四斗三升四合一勺、应解德州常丰仓本色米二百四十一石四斗九升二合二勺；委系实欠在民，并无已征未报及官侵吏蚀、牵混融纳情弊。倘有隐饰，日后查出，愿甘参革治罪。所具印结是实。

道光二十五年蠲免孤贫米石册结有详

为钦奉恩纶等事。

除将卑县造送自道光十一年起至道光二十年止，应豁缓征民欠道光十七并二十两年孤贫米石册结缘由备载书册外，拟合摘叙简详，呈请宪台鉴核办理/宪台鉴核转呈，除由府核转/径送藩、粮宪外，为此云云。

计详送书册一本、清册一本、印结一纸，书册一本、清册一本、印结一纸，书册一本、清册五本、印结五纸。

一详布政司、粮道、本府。

为钦奉恩纶等事。

案蒙本府/宪台转蒙宪台/藩宪札饬，以本年八月间恭奉恩旨，普蠲道光二十年以前积欠，颁发章程、册结各式，令即查明自道光十一年起至道光二十年止，实欠在民各项银谷确数，详送核办等因到县。

蒙此，遵查卑县存留孤贫米石，向系随同大漕统征支放，其缓征漕粮之年，亦系随同摊缓。除道光十一年至十六及十八并十九等年，均已全清无欠外，惟道光十七年秋禾被旱、二十年秋禾被水各案原缓孤贫米石，历年因灾递缓，未及启征，复因道光二十五年秋禾被水被虫案内递缓在案，均系实欠在民，自应一律请豁。其各该年不敷孤贫口粮借动常平仓谷，现已另案详请就款开销。所有道光十七并二十两年缓征孤贫米石，拟合查明，造具册结，详送宪台鉴核办理/宪台鉴核转呈，除由府核转外/径送藩、粮宪外，为此云云。

为钦奉恩纶等事。

遵将卑县自道光十一年起至道光二十年止，应豁缓征民欠道光十七、二十两年孤贫米石各数目，逐细查明，按年分晰，据实开册，呈送查核施行。

计开：

惠民县

道光十七年分

原缓孤贫米二十一石四斗四升一合一勺。前款孤贫米石原因道光十七年秋禾被旱案内缓征，历年因灾递缓，复因道光二十五年秋禾被水被虫案内应递至道光三十二年秋后启征，委系实欠在民。再查是年孤贫米石缓征，其不敷孤贫口粮，系前任详准借碾常平仓谷支放，俟本款米石征起，易谷还仓。今民欠米石请豁，无可征还，所有原借常平仓谷，现在另案详请就款开销。理合登明。

道光二十年分

原缓孤贫米一百三十二石八斗一升五合。前款孤贫米石原因道光二十年秋禾被水案内缓征，历年因灾递缓，复因道光二十五年秋禾被水被虫案内应缓至道光三十五年秋后启征，委系实欠在民。再查是年孤贫米石缓征，其不敷孤贫口粮，系前任详准借碾常平仓谷支放，俟本款米石征起，易谷还仓。今民欠米石请豁，无可征还，所有原借常平仓谷，现在另案详请就款开销。理合登明。

武定府惠民县今于与印结为钦奉恩纶等事。

依奉结得，现查卑县自道光十一年起至道光二十年止，未完缓征民欠道光十七年孤贫米石二十一石四斗四升一合一勺、未完缓征民欠道光二十年孤贫米一百三十二石八斗一升五合，委系实欠在民，并无已征未报及官侵吏蚀、牵混融纳情弊。倘有隐饰，日后查出愿甘参革治罪。所具印结是实。

道光二十五年蠲免漕项银两册结有详

为钦奉恩纶等事。

案蒙本府/宪台转蒙宪台/藩宪札饬云云。

蒙此，遵查卑县漕项银两，除道光十一年至十六年及道光十八并十九等年，均系随同大漕年清年款无欠外，惟道光十七年秋禾被旱、二十年秋禾被水各案随漕原缓漕项银两，历年因灾递缓，未及启征，复因道光二十五年秋禾被水被虫案内递缓在案，委均系实欠在民，自应一律请豁。拟合造具册结，详送宪台鉴核办理/宪台鉴核转呈，除由府核转外/径送藩、粮宪外，为此云云。

为钦奉恩纶等事。

遵将卑县缓征案内原缓道光十七、二十两年应豁民欠漕项银两，逐细查明，按年分晰，据实开册，呈送查核施行。

计开：

惠民县

道光十七年分

原缓轻赍银一十三两四钱二厘、席草银三两八钱一分四厘、行粮银二十九两三钱九分八厘，以上共应解银四十六两六钱一分四厘，原因道光十七年秋禾旱案内缓征，历年因灾递缓，复因道光二十五年秋禾被水被虫案内应递缓至道光三十二年秋后启征，委系实欠在民，理合登明。原缓大漕脚价银三十六两九钱八分八厘、大漕盘费银二十五两九钱三分五厘、行粮脚价银八钱五分三厘、大漕润耗银二十一两七钱六分九厘、大漕斜席银三钱七分，以上共原缓应支银八十五两九钱一分五厘，原因道光十七年秋禾被旱案内缓征，历年因灾递缓，复因道光二十五年秋禾被水被虫案内应递缓至道光三十二年秋后启征，委系实欠在民，理合登明。以上应解、应支共缓征正银一百三十二两五钱二分九厘。该原缓一四耗银一十八两五钱五分四厘，内应解耗银一十八两四钱四分二厘、应解五毫脚费银五分六厘、应支五毫脚费银五分六厘，以上原缓应支、应解共耗银一十八两五钱五分四厘，原因道光十七年秋禾被旱案内缓征，历年因灾递缓，复因道光二十五年秋禾被水被虫案内应递缓至道光三十二年秋后启征，委系实欠在民，理合登明。

道光二十年分

原缓轻赍银八十三两一分六厘、席草银二十三两六钱二分二厘、行粮银一百八十二两一钱四厘，以上共原缓应解银二百八十八两七钱四分二厘，原因道光二十年秋禾被水案内缓征，历年因灾缓征，复因道光二十五年秋禾被水被虫案内应递缓至道光三十五年秋后启征，委系实欠在民，理合登明。原缓大漕脚价银二百二十九两一钱一分九厘、大漕盘费银一百六十两六钱五分二厘、行粮脚价银五两二钱八分六厘、大漕润耗银一百三十四两八钱四分八厘、大漕斜席银二两二钱九分三厘，以上共原缓应支银五百三十二两一钱九分八厘，原因道光二十年秋禾被水案内缓征，历年因灾递缓，复因道光二十五年秋禾被水被虫案内应递缓至道光三十五年秋后启征，委系实欠在民，理合登明。以上应解、应支共缓征正银八百二十两九钱四分。该原缓一四耗银一百一十四两九钱三分三厘，内应解耗银一百一十四两二钱三分九厘、应解五毫脚费银三钱四分七厘、应支五毫脚费银三钱四分七厘，以上共原缓应解、应支共耗银一百一十四两九钱三分三厘，原因道光二十年秋禾被水案内缓征，历年因灾递缓，复因道光二十五年秋禾被水被虫案内应递缓至道光三十五年秋后启征，委系实欠在民，理合登明。

武定府惠民县今于与印结为钦奉恩纶等事。

依奉结得，现查卑县自道光十一年起至道光二十年止，未完缓征民欠道光十七年应解漕项轻赍等项正银四十六两六钱一分四厘、应支大漕脚价等项正银八十五两九钱一分五厘、应解耗银一十八两四钱四分二厘、应解五毫脚费银五分六厘、应支五毫脚费银五分六厘，未完缓征民欠道光二十年应解漕项轻赍等项正银二百八十八两七钱四分二厘、应支大漕脚价等项正银五百三十二两一钱九分八厘、应解耗银一百一十四两二钱三分九厘、应解五毫脚费银三钱四分七厘、应支五毫脚费银三钱四分七厘，委系实欠在民，并无已征未报及官侵吏蚀、牵混融纳情弊。倘有隐饰，日后查出，愿甘参革治罪。所具印结是实。

道光二十五年蠲免临仓银两册结有详

为钦奉恩纶等事。

案蒙本府/宪台转蒙宪台/藩宪札饬云云等因到县。

蒙此，遵查卑县道光十一年至道光二十年临仓正耗银两，内除道光十二年业已征解全完外，其余道光十一年及道光十三年至道光二十年止，各年因灾原缓民欠临仓正耗银两，历年因灾递缓，未及启征，复因道光二十五年秋禾被水被虫案递缓在案，均系实欠在民，自应一律请豁。拟合逐一查明，造具册结，具文详送宪台鉴核办理/宪台鉴核转呈，除由府核转外/径送藩、粮宪外，为此云云。

为钦奉恩纶等事。

遵将卑县自道光十一年起至道光二十年止，应豁民欠临仓正耗银两，逐细查明，按年分晰，据实开册，呈送查核施行。

计开：

惠民县

道光十一年分

额征临仓正银四千六百五十三两二钱五分二厘。自道光十一年二月初一日启征起，至道光二十五年八月初三日钦奉恩旨之日止，已完正银二千六百八十两，内已解过正银二千六百八十两。实在未完因道光二十五年秋禾被水被虫案内缓征正银一千九百七十三两二钱五分二厘，内缓征应解正银一千九百七十三两二钱五分二厘。

额征临仓耗银六百五十一两四钱五分六厘。自道光十一年二月初一日启征起，至道光二十五年八月初三日钦奉恩旨之日止，已完耗银三百七十五两二钱，内已解过耗银三百六十八两七钱六分八厘、五毫脚费银三两二钱一分六厘，支过五毫脚费银三两二钱一分六厘。实在未完因道光二十五年秋禾被水被虫案内缓征耗银二百七十六两二钱五分六厘，内缓征应解耗银二百七十一两五钱二分、五毫脚费银二两三钱六分八厘，应支五毫脚费银二两三钱六分八厘。

道光十三年分

额征临仓正银四千六百五十三两二钱五分二厘。自道光十三年二月初一日启征起，至道光二十五年八月初三日钦奉恩旨之日止，已完正银二千五百两，内已解过正银二千五百两。实在未完因道光二十五年秋禾被水被虫案内缓征正银二千一百五十三两二钱五分二厘，内缓征应解正银二千一百五十三两二钱五分二厘。

额征临仓耗银六百五十一两四钱五分六厘。自道光十三年二月初一日启征起，至道光二十五年八月初三日钦奉恩旨之日止，已完耗银三百五十两，内已解过耗银三百四十四两、五毫脚费银三两，支过五毫脚费银三两。实在未完因道光二十五年秋禾被水被虫案内缓征耗银三百一两四钱五分六厘，内缓征应解耗银二百九十六两二钱八分八厘、五毫脚费银二两五钱八分四厘，应支五毫脚费银二两五钱八分四厘。

道光十四年分

额征临仓正银四千六百五十三两二钱五分二厘。自道光十四年二月初一日启征起，至道光二十五年八月初三日钦奉恩旨之日止，已完正银三千两，内已解正银三千两。实在未完因道光二十五年秋禾被水被虫案内缓征正银一千六百五十三两二钱五分二厘，内缓征应解正银一千六百五十三两二钱五分二厘。

额征临仓耗银六百五十一两四钱五分六厘。自道光十四年二月初一日启征起，至道光二十五年八月初三日钦奉恩旨之日止，已完耗银四百二十两，内已解过耗银四百一十二两八钱、五毫脚价银三两六钱，支过五毫脚费银三两六钱。实在未完因道光二十五年秋禾被水被虫案内缓征耗银二百三十一两四钱五分六厘，内缓征应解耗银二百二十七两四钱八分八厘、五毫脚费银一两九钱八分四厘，应支五毫脚费银一两九钱八分四厘。

道光十五年分

额征临仓正银四千六百五十三两二钱五分二厘。自道光十五年二月初一日启征起，至道光二十五年八月初三日钦奉恩旨之日止，已完正银一千七百两，内已解过正银一千七百两。实在未完因道光二十五年秋禾被水被虫案内缓征正银二千九百五十三两二钱五分二厘，内缓征应解正银二千九百五十三两二钱五分二厘。

额征临仓耗银六百五十一两四钱五分六厘。自道光十五年二月初一日启征起，至道光二十五年八月初三日钦奉恩旨之日止，已完耗银二百三十八两，内已解过耗银二百三十三两九钱二分、五毫脚费银二两四分，支过五毫脚费银二两四分。实在未完因道光二十五年秋禾被水被虫案内缓征耗银四百一十三两四钱五分六厘，内缓征应解耗银四百六两三钱六分八厘、五毫脚费银三两五钱四分四厘，应支五毫脚费银三两五钱四分四厘。

道光十六年分

额征临仓正银四千六百五十三两二钱五分二厘。自道光十六年二月初一日启征起，至道光二十五年八月初三日钦奉恩旨之日止，已完正银一千七百两，内已解过正银一千七百两。实在未完因道光二十五年秋禾被水被虫案内缓征正银二千九百五十三两二钱五分二厘，内缓征应解正银二千九百五十三两二钱五分二厘。

额征临仓耗银六百五十一两四钱五分六厘。自道光十六年二月初一日启征起，至道光二十五年八月初三日钦奉恩旨之日止，已完耗银二百三十八两，内已解过耗银二百三十三两九钱二分、五毫脚费银二两四分，支过五毫脚费银二两四分。实在未完因道光二十五年秋禾被水被虫案内缓征耗银四百一十三两四钱五分六厘，内缓征应解耗银四百六两三钱六分八厘、五毫脚费银三两五钱四分四厘，应支五毫脚费银三两五钱四分四厘。

道光十七年分

额征临仓正银四千六百五十三两二钱五分二厘。自道光十七年二月初一日启征起，至道光二十五年八月初三日钦奉恩旨之日止，已完正银一千五百两，内已解过正银一千五百两。实在未完因道光二十五年秋禾被水被虫案内缓征正银三千一百五十三两二钱五分二厘，内缓征应解正银三千一百五十三两二钱五分二厘。

额征临仓耗银六百五十一两四钱五分六厘。自道光十七年二月初一日启征起，至道光二十五年八月初三日钦奉恩旨之日止，已完耗银二百一十两，内已解过耗银二百六两四钱、五毫脚费银一两八钱，支过五毫脚费银一两八钱。实在未完因道光二十五年秋禾被水被虫案内缓征耗银四百四十一两四钱五分六厘，内缓征应解耗银四百三十三两八钱八分八厘、五毫脚费银三两七钱八分四厘，应支五毫脚费银三两七钱八分四厘。

道光十八年分

额征临仓正银四千六百五十三两二钱五分二厘。自道光十八年二月初一日启征起，至道光二十五年八月初三日钦奉恩旨之日止，已完正银四千一百五十三两二钱五分二厘，内已解过正银四千一百五十三两二钱五分二厘。实在未完因道光二十五年秋禾被水被虫案内缓征正银五百两，内缓征应解正银五百两。

额征临仓耗银六百五十一两四钱五分六厘。自道光十八年二月初一日启征起，至道光二十五年八月初三日钦奉恩旨之日止，已完耗银五百八十一两四钱五分六厘，内已解过耗银五百七十一两四钱八分八厘、五毫脚费银四两九钱八分四厘，支过五毫脚费银四两九钱八分四厘。实在未完因道光二十五年秋禾被水被虫案内缓征耗银七十两，内缓征应解耗银六十八两八钱、五毫脚费银六钱，应支五毫脚费银六钱。

道光十九年分

额征临仓正银四千六百五十三两二钱五分二厘。自道光十九年二月初一日启征起，至道光二十五年八月初三日钦奉恩旨之日止已完正银四千两，内已解过正银四千两。实在未完自道光二十五年秋禾被水被虫案内缓征正银六百五十三两二钱五分二厘，内缓征应解正银六百五十三两二钱五分二厘。

额征临仓耗银六百五十一两四钱五分六厘，自道光十九年二月初一日启征起，至道光二十五年八月初三日钦奉恩旨之日止，已完耗银五百六十两，内已解过耗银五百五十两四钱、五毫脚费银四两八钱，支过五毫脚费银四两八钱。实在未完因道光二十五年秋禾被水被虫案内缓征耗银九十一两四钱五分六厘，内缓征应解耗银八十九两八钱八分八厘、五毫脚费银七钱八分四厘，应支五毫脚费银七钱八分四厘。

道光二十年分

额征临仓正银四千六百五十三两二钱五分二厘。自道光二十年二月初一日启征起，至道光二十五年八月初三日钦奉恩旨之日止，已完正银二千九百一十五两八钱八分五厘，内已解过正银二千九百一十五两八钱八分五厘。实在未完因道光二十五年秋禾被水被虫案内缓征正银一千七百三十七两三钱六分七厘，内缓征应解正银一千七百三十七两三钱六分七厘。

额征临仓耗银六百五十一两四钱五分六厘。自道光二十年二月初一日启征起，至道光二十五年八月初三日钦奉恩旨之日止，已完耗银四百八两二钱二分五厘，内已解过耗银四百一两二钱二分七厘、五毫脚费银三两四钱九分九厘，支过五毫脚费银三两四钱九分九厘。实在未完因道光二十五年秋禾被水被虫案内缓征耗银二百四十三两二钱三分一厘，内缓征应解耗银二百三十九两六分一厘、五毫脚费银二两八分五厘，应支五毫脚费银二两八分五厘。

武定府惠民县今于与印结为钦奉恩纶等事。

依奉结得，卑县现查自道光十一年起至道光二十年止，共未完民欠应解临仓正银一万七千七百三十两一钱三分一厘、应解耗银二千四百三十九两六钱六分九厘、应解五毫脚费银二十一两二钱七分七厘、应支五毫脚费银二十一两二钱七分七厘，委系实欠在民，并无已征未报及官侵吏蚀等项牵混融纳情弊。倘有捏饰，日后查出，愿甘参划治罪。所具印结是实。

道光二十五年蠲免德、常仓银两册结有详

为钦奉恩纶等事。

案蒙本府/宪台转蒙宪台/藩宪札饬云云等因到县。

蒙此，遵查卑县道光十一年至道光二十年，应征德、常仓正耗银两，内除道光十二年及道光十三年并道光十四年均已征解全完外，其余道光十一年及道光十五年至道光二十年止，各年因灾原缓民欠德、常仓正耗银两，历年因灾递缓，未及启征，复因道光二十五年秋禾被水被虫案内递缓在案，均系实欠在民，自应一律请豁。拟合逐一查明，造具册结，具文详送宪台鉴核办理/宪台鉴核转呈，除由府核转外/径送藩、粮宪外，为此云云。

为钦奉恩纶等事。

遵将卑县自道光十一年起至道光二十年止，应豁民欠德、常仓正耗银两，逐细查明，按年分晰，据实开册，呈送查核施行。

计开：

惠民县

道光十一年分

额征德、常仓正银九百二十两八钱五分九厘。自道光十一年二月初一日启征起，至道光二十五年八月初三日钦奉恩旨之日止，已完正银六百六十六两一钱三分八厘，内已解过正银六百六十六两一钱三分八厘。实在未完因道光二十五年秋禾被水被虫案内缓征正银二百五十四两七钱二分一厘，内缓征应解正银二百五十四两七钱二分一厘。

额征德、常仓耗银一百二十八两九钱二分。自道光十一年二月初一日启征起，至道光二十五年八月初三日钦奉恩旨之日止，已完耗银九十三两二钱五分九厘，内已解过耗银九十一两六钱六分、五毫脚费银七钱九分九厘五毫，支过五毫脚费银七钱九分九厘五毫。实在未完因道光二十五年秋禾被水被虫案内缓征耗银三十五两六钱六分一厘，内缓征应解耗银三十五两五分、五毫脚费银三钱五厘五毫，应支五毫脚费银三钱五厘五毫。

道光十五年分

额征德、常仓正银九百二十两八钱五分九厘。自道光十五年二月初一日启征起，至道光二十五年八月初三日钦奉恩旨之日止，已完正银五百两，内已解过正银五百两。实在未完因道光二十五年秋禾被水被虫案内缓征正银四百二十两八钱五分九厘，内缓征应解正银四百二十两八钱五分九厘。

额征德、常仓耗银一百二十八两九钱二分。自道光十五年二月初一日启征起，至道光二十五年八月初三日钦奉恩旨之日止，已完耗银七十两，内已解过耗银六十八两八钱、五毫脚费银六钱，支过五毫脚费银六钱。实在未完因道光二十五年秋禾被水被虫案内缓征耗银五十八两九钱二分，内缓征应解耗银五十七两九钱一分、五毫脚费银五钱五厘，应支五毫脚费银五钱五厘。

道光十六年分

额征德、常二仓正银九百二十两八钱五分九厘。自道光十六年二月初一日启征起，至道光二十五年八月初三日钦奉恩旨之日止，已完正银五百两，内已解过正银五百两。实在未完因道光二十五年秋禾被水被虫案内缓征正银四百二十两八钱五分九厘，内缓征应解正银四百二十两八钱五分九厘。

额征德、常仓耗银一百二十八两九钱二分。自道光十六年二月初一日启征起，至道光二十五年八月初三日钦奉恩旨之日止，已完耗银七十两，内已解过耗银六十八两八钱、五毫脚费银六钱，支过五毫脚费银六钱。实在未完因道光二十五年秋禾被水被虫案内缓征耗银五十八两九钱二分，内缓征应解耗银五十七两九钱一分、五毫脚费银五钱五厘，应支五毫脚费银五钱五厘。

道光十七年分

额征德、常仓正银九百二十两八钱五分九厘。自道光十七年二月初一日启征起，至道光二十五年八月初三日钦奉恩旨之日止，已完正银四百五十两，内已解过正银四百五十两。实在未完因道光二十五年秋禾被水被虫案内缓征正银四百七十两八钱五分九厘，内缓征应解正银四百七十两八钱五分九厘。

额征德、常仓耗银一百二十八两九钱二分。自道光十七年二月初一日启征起，至道光二十五年八月初三日钦奉恩旨之日止，已完耗银六十三两，内已解过耗银六十一两九钱二分、五毫脚费银五钱四分，支过五毫脚费银五钱四分。实在未完因道光二十五年秋禾被水被虫案内缓征耗银六十五两九钱二分，内缓征应解耗银六十四两七钱九分、五毫脚费银五钱六分五厘，应支五毫脚费银五钱六分五厘。

道光十八年分

额征德、常仓正银九百二十两八钱五分九厘。自道光十八年二月初一日启征起，至道光二十五年八月初三日钦奉恩旨之日止，已完正银八百五十两八钱五分九厘，内已解过正银八百五十两八钱五分九厘。实在未完因道光二十五年秋禾被水被虫案内缓征正银七十两，内缓征应解正银七十两。

额征德、常仓耗银一百二十八两九钱二分。自道光十八年二月初一日启征起，至道光二十五年八月初三日钦奉恩旨之日止，已完耗银一百一十九两一钱二分，内已解过耗银一百一十七两七分八厘、五毫脚费银一两二分一厘，支过五毫脚费银一两二分一厘。实在未完因道光二十五年秋禾被水被虫案内缓征耗银九两八钱，内缓征应解耗银九两六钱三分二厘、五毫脚费银八分四厘，应支五毫脚费银八分四厘。

道光十九年分

额征德、常仓正银九百二十两八钱五分九厘。自道光十九年二月初一日启征起，至道光二十五年八月初三日钦奉恩旨之日止，已完正银八百二十两，内已解过正银八百二十两。实在未完因道光二十五年秋禾被水被虫案内缓征正银一百两八钱五分九厘，内缓征应解正银一百两八钱五分九厘。

额征德、常仓耗银一百二十八两九钱二分。自道光十九年二月初一日启征起，至道光二十五年八月初三日钦奉恩旨之日止，已完耗银一百一十四两八钱，内已解过耗银一百一十二两八钱三分二厘、五毫脚费银九钱八分四厘，支过五毫脚费银九钱八分四厘。实在未完因道光二十五年秋禾被水被虫案内缓征耗银一十四两一钱二分，内缓征应解耗银一十三两八钱七分八厘、五毫脚费银一钱二分一厘，应支五毫脚费银一钱二分一厘。

道光二十年分

额征德、常仓正银九百二十两八钱五分九厘。自道光二十年二月初一日启征起，至道光二十五年八月初三日钦奉恩旨之日止，已完正银六百二十四两四钱七分九厘，内已解过正银六百二十四两四钱七分九厘。实在未完因道光二十五年秋禾被水被虫案内缓征正银二百九十六两三钱八分，内缓征应解正银二百九十六两三钱八分。

额征德、常仓耗银一百二十八两九钱二分。自道光二十年二月初一日启征起，至道光二十五年八月初三日钦奉恩旨之日止，已完耗银八十七两四钱二分七厘，内已解过耗银八十五两九钱二分八厘、五毫脚费银七钱四分九厘五毫，支过五毫脚费银七钱四分九厘五毫。实在未完因道光二十五年秋禾被水被虫案内缓征耗银四十一两四钱九分三厘，内缓征应解耗银四十两七钱八分二厘、五毫脚费银三钱五分五厘五毫，应支五毫脚费银三钱五分五厘五毫。

武定府惠民县今于与印结为钦奉恩纶等事。

依奉结得，卑县现查自道光十一年起至道光二十年止，共未完民欠应解德、常仓正银二千三十四两五钱三分七厘，应解耗银二百七十九两九钱五分二厘，应解五毫脚费银二两四钱四分一厘，应支五毫脚费银二两四钱四分一厘，委系实欠在民，并无已征未报及官侵吏蚀等项牵混融纳情弊。倘有捏饰，日后查出，愿甘参革治罪。所具印结是实。

道光二十五年蠲免案内请就款开销常平仓谷册结有详

为钦奉恩纶等事。

除将蠲免案内应请就款开销常平仓谷一案缘由备载书册外，拟合摘叙简详，具文呈请宪台鉴核办理除由府转呈外/宪台鉴核转呈除径详藩宪外，为此云云。

计详送书册一本、清册一本、印结一纸，书册一本、清册五本、印结五纸。

一详司、府。

为钦奉恩纶等事。

案蒙本府/宪台转奉宪台/藩宪札饬，以本年八月间恭奉恩旨，普蠲道光二十年以前积欠一案，拟定册结各式颁发，令即查明道光十一年起至道光二十年止，实欠在民各项银米，据实详办等因到县。

蒙此，除历年缓征民欠地丁正耗钱粮另案造报外，查得卑县常平仓谷项下，有因道光十七年秋禾被旱及道光二十年秋禾被水缓征，各该年兵米并孤贫米石不敷，详准汇案咨部，奉文于道光十八年、十九、二十并二十一年等年，借动常平仓谷碾米支放一项，应俟征起各本款米石，易谷还仓。今查各该年原缓兵米、孤贫米石，因历年被灾递缓，未能启征，委系实欠在民，现应报入蠲免案内请豁。所有借动常平仓谷无可归补，应请就款开销，理合造具册结，具文详送宪台鉴核办理/宪台鉴核转呈，实为公便，除由府转呈外/径详藩宪外，为此云云。

为钦奉恩纶等事。

遵将卑县因道光十七、二十等年缓征孤贫、兵米不敷支放，奉文借动常平仓谷未完数目，逐一查明开册，呈送查核施行。

计开：

惠民县

道光十八年

一件详请等事案内，因道光十七年秋禾被旱，缓征道光十七年起运本色麦改米，及起运本色米石，不敷支放武定营兵米，奉文按一米二谷借动常平仓谷二十三石四斗八升，应征起米石，易谷还仓。今查前项缓征米石历年因灾递缓，未能启征，委系实欠在民，现应报入蠲免案内请豁，所有借动常平仓谷应请就款开销。理合登明。

一件详请等事案内，因道光十七年秋禾被旱，缓征道光十七年应存德州常丰仓本色米，及应解德仓本色米石，不敷支放武定营兵米，奉文按一米二谷借动常平仓谷三百三十九石三斗六升七合六勺，应征起米石，易谷还仓。今查前项缓征米石历年因灾递缓，未能启征，委系实欠在民，现应报入蠲免案内请豁，所有借动常平仓谷应请就款开销。理合登明。

一件详请等事案内，因道光十七年秋禾被旱，缓征道光十七年孤贫米石，不敷支放孤贫口粮，奉文按一米二谷借动常平仓谷四十二石八斗八升二合二勺，应征起米石，易谷还仓。今查前项缓征米石历年因灾递缓，未能启征，委系实欠在民，现应报入蠲免案内请豁，所有借动常平仓谷应请就款开销。理合登明。

道光二十年分

一件详请等事案内，因道光二十年秋禾被水，缓征道光二十年起运本色麦改米，及起运本色米并余剩孤贫口粮本色米石，不敷支放武定营兵米，奉文按一米二谷借动常平仓谷一百四十五石四斗四升四合六勺，应征起米石，易谷还仓。今查前项缓征米石历年因灾递缓，未能启征，委系实欠在民，现应报入蠲免案内请豁，所有借动常平仓谷应请就款开销。理合登明。

道光二十一年分

一件详请等事案内，因道光二十年秋禾被水，缓征道光二十年应存德州常丰仓本色米石，不敷支放武定营兵米，奉文按一米二谷借动常平仓谷二千一百二石一斗八升一合四勺，应征起米石，易谷还仓。今查前项缓征米石历年因灾递缓，未能启征，委系实欠在民，现应报入蠲免案内请豁，所借动常平仓谷应请就款开销。理合登明。

一件详请等事案内，因道光二十年秋禾被水，缓征道光二十年孤贫米石，不敷支放孤贫口粮，奉文按一米二谷借动常平仓谷二百六十五石六斗三升，应征起米石，易谷还仓。今查前项缓征米石历年因灾递缓，未能启征，委系实欠在民，现应报入蠲免案内请豁，所有借动常〈平〉仓谷应请就款开销。理合登明。

以上共借动常平仓谷二千九百一十八石九斗八升五合八勺，均系随时详准汇案咨部借动之项。理合登明。

武定府惠民县今于与印结为钦奉恩纶等事。

依奉结得，卑县道光十八年分因道光十七年秋禾被旱缓征，兵米及孤贫米石不敷，奉文借动常平仓谷四百五石七斗二升九合八勺；道光二十年分因道光二十年秋禾被水缓征，兵米不敷，奉文借动常平仓谷一百四十五石四斗四升四合六勺；道光二十一年分因道光二十年缓征，兵米及孤贫米石不敷，奉文借动常平仓谷二千三百六十七石八斗一升一合四勺；以上共借动常平仓谷二千九百一十八石九斗八升五合八勺，均系随时详准咨部借动之项，应征起米石，易谷还仓。今查前项米石历年因灾递缓，未能启征，委系实欠在民，现应报入蠲免案内请豁，所有借动常平仓谷应请就款开销，并无已征未报及书役侵欠情弊。倘有隐饰，日后查出，愿甘参革治罪。所具印结是实。

道光二十五年蠲免案内 请追历前任应赔府斗级工食银两清册有详

为追赔事。

除将详追各前任应赔道光十一年至二十年未支奉裁府斗级工食银两缘由备载书册外，拟合摘叙简详，具文呈请宪台鉴核转详，分别饬追、咨追完缴，实为公便。除由府核转外、除径详藩宪外，为此云云。

计详送书册一本、清册一本，书册一本、清册三本。

一详布政司、本府。

为追赔事。

窃照卑县奉文查办蠲免道光二十年以前积欠钱粮一案，凡有应删、应豁各款，悉遵章程，逐细厘剔。兹于民欠项下，查有各年未支奉裁府斗级工食一款，每年银三十三两七钱五分六厘。此项工食系应随同官俸役食一并坐支扣除批解之项，历前任因各年钱粮缓征，未及征起扣解，至今犹在未完民欠项下。现在查办蠲免，照章不准入豁，应于民欠项下剔出，作为已完造报，但款属杂项，有关报拨未便虚悬。溯查上届蠲免案内，此等应支银两未及征起扣支核入缓征者，剔出着赔有案，自应照章在于造报各该年奏销错误、不行扣支之员名下着赔，以归核实。

计自道光十一年起，至道光二十年止，除道光十六年府斗级工食银三十三两七钱五分六厘业已支出批解外，其余各年未支奉裁府斗级工食共银三百三两八钱四厘，内前任知县朱庆扬应赔道光十一年银三十三两七钱五分六厘，前任知县汪自修应赔道光十二年银三十三两七钱五分六厘、十三年银三十三两七钱五分六厘，前任知县徐鈖应赔道光十四年银三十三两七钱五分六厘，前任知县管裕畴应赔道光十五年银三十三两七钱五分六厘，前任知县屠道彰应赔道光十七年银三十三两七钱五分六厘，前任知县李澧应赔道光十八年银三十三两七钱五分六厘，前任知县王文焕应赔道光十九年银三十三两七钱五分六厘、道光二十年银三十三两七钱五分六厘。查朱庆杨［扬］系安徽徽州府休宁县人，业已病故；汪自修系云南临安府通海县人，业经告病回籍；徐鈖系江苏淮安府清河县人，业已病故；管裕畴系江苏常州府阳湖县人，现任福建侯官县县丞；屠道彰系湖北汉阳府孝感人，现在山东候补；李澧系直隶保定府满城县人，现任费县知县；王文焕系直隶顺天府固安县人，业经告病回籍。拟合分年分任，造具清册，专案详请宪台鉴核转详，分别饬追、咨追完缴，实为公便。为此云云。

为追赔事。

今将卑县办理蠲免道光二十年以前积欠案内，查出各前任应赔未支各年奉裁府斗级工食银两，理合开册，呈送核办施行。

计开：

惠民县

一、道光十一年未支奉裁府斗级工食银三十三两七钱五分六厘。前款系前任知县朱庆扬造报道光十一年奏销错误，承行拟支批解。此次查办蠲免，不准入豁，应请在于朱庆扬名下着追。理合登明。

一、道光十二年未支奉裁府斗级工食银三十三两七钱五分六厘。前款系前任知县汪自修造报道光十二年奏销错误，承行拟支批解。此次查办蠲免，不准入豁，应请在于汪自修名下着追。理合登明。

一、道光十三年未支奉裁府斗级工食银三十三两七钱五分六厘。前款系前任知县汪自修造报道光十三年奏销错误，承行拟支批解。此次查办蠲免，不准入豁，应请在于汪自修名下着追。理合登明。

一、道光十四年未支奉裁府斗级工食银三十三两七钱五分六厘。前款系前任知县徐鈖造报道光十四年奏销错误，承行拟支批解。此次查办蠲免，不准入豁，应请在于徐鈖名下着追。理合登明。

一、道光十五年未支奉裁府斗级工食银三十三两七钱五分六厘。前款系前任知县管裕畴造报道光十五年奏销错误，承行拟支批解。此次查办蠲免，不准入豁，应请在于管裕畴名下着追。理合登明。

一、道光十七年未支奉裁府斗级工食银三十三两七钱五分六厘。前款系前任知县屠道彰造报道光十七年奏销错误，承行拟支批解。此次查办蠲免，不准入豁，应请在于屠道彰名下着追。理合登明。

一、道光十八年未支奉裁府斗级工食银三十三两七钱五分六厘。前款系前任知县李澧造报道光十八年奏销错误，承行拟支批解。此次查办蠲免，不准入豁，应请在于李澧名下着追。理合登明。

一、道光十九年未支奉裁府斗级工食银三十三两七钱五分六厘。前款系前任知县王文焕造报道光十九年地丁奏销错误，承行拟支批解。此次查办蠲免，不准入豁，应请在于王文焕名下着追。理合登明。

一、道光二十年未支奉裁府斗级工食银三十三两七钱五分六厘。前款系前任知县王文焕造报道光二十年地丁奏销错误，承行拟支批解。此次查办蠲免，不准入豁，应请在于王文焕名下着追。理合登明。

以上自道光十一年起至道光二十年止，共应赔未支奏销府斗级工食银三百三两八钱四厘，内朱庆扬应赔银三十三两七钱五分六厘、汪自修应赔银六十七两五钱一分二厘、徐鈖应赔银三十三两七钱五分六厘、管裕畴应赔银三十三两七钱五分六厘、屠道彰应赔银三十三两七钱五分六厘、李澧应赔银三十三两七钱五分六厘、王文焕应赔银六十七两五钱一分二厘。查朱庆扬系安徽徽州府休宁县人，业已病故；汪自修系云南临安府通海县人，业经告病回籍；徐鈖系江苏淮安府清河人，业已病故；管裕畴系江苏常州府阳湖县人，现任福建侯官县县丞；屠道彰系湖北汉阳府孝感县人，现在山东候补；李澧系直隶保定府满城县人，现任费县知县；王文焕系直隶顺天府固安县人，业经告病回籍。应请分别咨追、饬追完缴。理合登明。

第十六本

惠民县各项禀稿

禀藩宪禀奉委提武宗智京控人证传到解审由

敬禀者。窃奉宪台委员候补县丞裕昌到县守提民人武宗智京控魏秀等一案人证等因。查此案前奉札饬，当经差传去后。兹据差禀，查得被告魏秀、魏守经、魏儒等三名，均于未奉行提之先，闻控自行赴省投〈审〉；其余被告魏夫廷、魏万明、乔相卿、刘树等四名业已传到等情前来。除具文批差，解赴宪辕，听候发审外，缘奉委提，理合禀覆大人查考。肃此云云。

禀藩宪禀请核示卑前县杨令任内长拨二十三年地丁正银可否准入交案列抵由

敬禀者。窃照卑前县杨令①经征道光二十三年钱粮并接收王令②征完银两，除坐支分解外，实征完宪库地丁正银四万二千七百八十九两三钱二分。王令、杨令先后共自行批解过正银四万零九百六十四两二钱五分三厘，又因奏销短绌，奉文由解到二十四年正银内扣收银二千八百两，统计完解并扣收共正银四万三千七百六十四两二钱五分三厘。查扣拨是年钱粮，以额征宪库银数核计，原无浮多。惟按卑县实在征完之数计算，即

① 即杨茂豫。

② 即王文焕。

有长扣正银九百七十四两九钱三分三厘，系应征起二十三年民欠正银归还原扣二十四年正银批解之项。卑职现核杨令交代，细查征册解稿，均属〈确〉凿可凭。此系奉文扣拨，并非自行垫解。伙同二十三年钱粮民欠，上年因灾请缓，二十五年秋后即可启征。所有长扣前项正银，可否准入杨令交案先行到抵，倘再因灾递缓，或遇蠲免民欠，着落杨令赔缴，仍不虚悬。是否可行，理合禀请大人鉴核批示祇遵，实为公便。肃此，恭请云云。

禀抚，藩，臬，本、粮道，本、分府

禀卑县境内本月十八、十九等日连得雨雪由

敬禀者。窃照卑境麦田，客秋一律普种。惟冬雪稀少，交春以后，仅于新正十六日得雪一寸，刻下麦苗长发，小民待泽孔殷。当经卑职虔诚默祷，现于本月十八日戌时得雨起，十九日巳时变而为雪，继则雨雪交加，直至十九日亥时方止。除雨泽入土二寸外，余雪尚积厚二寸，差查四野，一律均沾。是日正值卑职因公在乡，距城七十余里，就询乡民，佥称此雪全融，土脉可以润透，不特麦苗大有裨益，并早秋谷禾亦可乘时布种等语。察看民情，颇形安恬。当此节逾春分、将届清明之候，瑞雪甘膏，遍敷四野，麦青土润，喜慰三农，兆卜丰年，咸歌宪德。所有卑境连得雨雪情形，知关慈勤，理合驰禀大人、大老爷查考。除循例折报并径禀各宪外，肃此云云。

禀抚、本府禀遵札查钱税契由

敬禀者。窃奉宪札，以卑前县造送道光二十三年抽收税契

册内银数甚少，饬查过割底册，如有漏税，令即补纳。嗣后置买田产过割者，先令税契而后过割，并将查办缘由禀覆查考等因。仰蒙核示周详，下怀昌胜感佩。伙查近来经费短绌，屡奉大部行催杂款，而杂款中之最巨者，莫如税契银两一项，是税契之盈绌，于剥用大有关系。卑职到任后，即经设法清厘。查得民间买卖田产，必须过拨粮名，其过割底册，即为抽税之确据。题杜漏税，宜清过割。当经卑职筹定章程，设立过割循、环册簿二本，钤印发交该管拨粮经书。凡遇过拨粮户到县，立即登入册内，填注价银若干，即刻禀明。将循册同文契一并付知经管税契书吏，立时抽税，契粘连司颁契尾。仍将已抽税银数目付知该管拨粮书吏知照，方准买户收回文契守业。循册付去，即登环册。环去循来，随到随办。买户并无守候之虞，拨粮兼杜漏税之弊，以副宪台札饬先税契、后过拨，重课除弊之深意。

再查卑县税契事宜，系户杂房书吏经管；拨粮事宜，系户粮房书吏经管。两房互相稽查，俾免侵蚀遗漏。至从前过割底册历既久，田产辗转变卖，在所不免。若按原册户名追其既往，诚恐乡民畏受惩罚，或隐匿逃避，或挟嫌妄供，亦难事归核实。卑职现已谆切出示晓谕，予以一月限期，从前置产未税者，依限赶紧补税，姑免严究。倘逾限以外，仍敢狃于积习，任意延搁，一经查出或被告发，及争产案内粘呈白契者，均照例罚惩，以重课款。如此认真办理，庶买户不致漏延，抽税日有其色。所有筹办缘由，是否有当，拟合禀覆大老爷鉴核示遵，实为公便云云。

禀藩、府禀遵札赶紧征解新旧正杂钱粮由

敬禀者。窃奉宪台/本府转奉藩宪/宪台札开，以现蒙抚宪

准户部咨以奏，奉上谕，各属欠解历年各项银两，令即查明，设法清厘完解，并将遵办缘由禀报查考等因。伙查各项钱粮，国帑攸关，不宕延欠。卑职到任后，开征后随即设法严追，本年上忙新赋已征解过正耗养廉银二万二千三百两在案。其余未完民欠并历年正杂银两，现在一并加紧比催。一有成数，即行报解，以济饷需。当此经费短绌之际，卑职自当力求振作，不敢稍事惰延，致干咎戾。所有遵办缘由，理合具禀大人、大老爷查考。肃此云云。

禀藩宪会济南府经历衔，会禀委查税契由

敬禀者。窃卑职昕①奉宪台委查各属税契一项等因。遵即驰抵惠民县，会同卑职△，查得△县民间置买田房，均系随时投税，粘用宪台衙门颁发契尾给令管业，并无假印小契情弊。卑职△犹恐乡民不谙定例，或有稍事延搁，未便姑容，致启隐匿之渐。业经选差妥役，严行查催，一面剀切出示晓谕在案。卑职△总当留心稽查，认真办理，以裕国课而杜弊端，断不敢因循玩忽，自干咎戾。缘奉委查，合先会禀大人查考。肃此云云。

禀藩宪禀海丰县禀报海潮冲淹情形分别调剂一案公文，卑县接递并无迟误由

敬禀者。本月十四日戌刻接奉宪札，以海丰县禀报海潮冲淹情形分别调剂一案，马递六百里公文于初九日申发，至十二

---

① 即刘昕。

日方始投到，饬令查明接递日时，有无迟延等因。卑职遵即吊查马递公文号簿并询，据该丁役词称，初十日戌时末刻，接收阳信县递到海丰县申宪台公文一角、内禀一扣，系注明马递六百里之件。当差马夫刘杰即刻飞递，于初十日亥时末刻，送至商河县斜庙马号交替讫，计程六十里，并无迟延，取有商河县回照存据。卑职覆查无异，缘奉饬查，理合禀覆大人考。肃此云云。

禀藩宪会试用县丞茅本蕙衔，会禀奉委催换征粮库戥，现在赶紧遵办由

敬禀者。窃卑职本蕙奉宪台札委，饬催各属更换征粮库戥等因。遵即驰抵惠民县，会同卑职△，查得卑县征粮库戥，现在赶紧制造。除俟造竣另文详换外，缘奉委催，合先会禀大人查考。肃此云云。

禀抚、藩、府禀覆起解二十四年课杂税银数目日期由

敬禀者。三月二十四日，奉本府/宪台转奉藩司/宪台/藩宪奉抚宪/宪台札饬，以各属欠解各项课杂税银，饬令赶紧批解等因。遵查卑县每年额征课程银二两三钱、牛驴税银一十一两二钱五分、杂税银十一两五钱五分，道光二十三年以前之项历年均于奏销前批解清款在案；所有道光二十四年银两，现在饬匠倾镕，定于四月初四日批差解赴藩库、司库、宪库交兑清款，不敢迟延。缘奉札饬，合先禀覆云云。

禀藩宪会禀解到筹备抚济三营兵丁奖赏生息本银五百两，现饬各当商分领取具领结各状另文详送由，会委员衔

敬禀者。窃卑职镗①奉宪台札，委管解筹备抚三营兵丁奖赏本银三千两，饬令解交章丘、泰安每县银一千两，济阳、惠民每县银五百两，发给当商，每月一分生息，遇闰加增等因。遵即领银起程，兹已驰抵惠民县，会同卑职△，查照札开数目，将应发卑县银五百两当堂拆封，验明银色，弹兑足数，并无短少。现经差传县境二十九家当铺商人常宏盛等到案，眼同饬倾镕。除俟镕竣均匀分领后，即由卑职△取具各商领状、保结，加具印结，并造具承领花名银数清册，声明起息月日，另文详送外，所有解到惠民县本银五百两传商分领缘由，合先会禀大人查考。肃此云云。

禀藩宪

敬②禀者。窃查卑县西城门外滨临孝妇大河，宽广十数丈许，建有六龙桥，二十四孔。东接城门，西连关厢。为入省通衢要道，往来行旅络绎不绝。此桥建自前明。又查卑县城垣周围八里，计长七百七十七丈六，系建自前明，迄今二百余年。屡因山河水势泛滥为患，桥梁城垣每被冲刷损坏。道光十八年虽经各绅民捐资京钱三千四百七十余③

---

① 即沈镗。

② 底本此列上方有“此稿重复”。

③ 底本到此为止。

禀本分府夹单

敬禀者。窃奉钧函，饬将春季养廉赶紧批解等因。遵查卑县应解宪台本年春季养廉银二百两，内应扣减平银一十二两，实应解银一百八十八两，现已照数封固。除另文申解外，合肃禀报大老爷查考。肃此云云。

禀登莱道王[1]夹单

敬禀者。窃△△违侍慈霁，时切孺思，正拟肃丹纾忱，适蒙钧函，下赍回环三复，铭感五中。恭维大人鼎履宣猷，升恒著绩。望重东莱，东海咸敷恺泽之化；恩承北阙，北齐共仰覆帱之仁。指顾豸阶，心殷雀抃。△△承乏斯邑两月于兹，民疲事繁、冰渊时凛。而前任交款数至巨万，担认亦属不轻。是以前次掖县杨故令[2]之项，余还尚短一千七百有零，本应即日措偿，无如此地出息全在冬间，刻下到任未久，公私猬集，实难张罗。但事关宪廑，△△与杨故令又系寅好多年，岂敢久事悬宕。现在竭力筹画，定于四月内先措七百两，知会胡令[3]，或由△△代为批解交案款，或解赴掖县存候汇解。俟彼时接到胡令信函，查照办理。下余银两，一届冬漕开征，必当全数清楚。倘杨故令交代夏秋可以结报，专待△△欠项即由△△出给期票，交付胡令收存，均可遵行。况宪台此次入觐，定卜天颜有喜，不日秉臬开藩。△△仰赖栽培，正未有艾。前事既蒙谆谕，断

① 即王沄。

② 即杨祖宪。

③ 即胡积垲。

不敢过于久延。所有尽心设措缘由，合先禀覆大人查考。肃此，具禀恭请云云。

禀粮道会候补未入吴△△衔，会禀委催临、德二仓银两现在赶紧征解由

敬禀者。窃卑职△△奉宪台委催各属欠解二十四年并历年临、德二仓正耗银两等因。遵即驰抵惠民县，会同卑职△，查得△县欠解道光二十四年临、德二仓正耗银两，现在随同新赋，加紧比追。除俟征有成数即行批解外，缘奉委催，合先会禀大人查考。肃此云云。

禀粮道会署德州吏目候补从九品刘会和衔，会禀委提本年上忙漕项银两现在赶紧征解由

敬禀者。窃卑职会和奉宪台委提各属欠解本年上忙漕项银两等因。遵即驰抵惠民县，会同卑职棨[1]，查得卑县应解本年漕项银两，现在随同地丁，加紧比追。除俟征有成数即行批解外，缘奉委提，合先会禀大人查考。肃此云云。

禀粮道禀报筹解道光二十四年蓟粮余剩漕耗变价等款银数日期由

敬禀者。窃照卑县道光二十四年蓟粮一五耗米项下，除支应扣存余剩漕耗变价银一十三两八钱六分八厘，又本脚变价银四十七两七钱五分七厘，添平银三两八分一厘，又扣存济右、东昌二帮具石五厘、养廉银一两六钱七分，济右帮具石一厘、

① 即余棨。

养廉银一钱八分①，以上共应解银六十六两五钱五分六厘，均系卑前县杨令欠解之项。卑职到任后，屡经移催，尚未交出。伙查各款银两有关支拨要需，不便久延。杨令既未移交，自应先行代为筹解，一面照数核入交代，筹议办理，以归核实。除将前项共银六十六两五钱五分六厘按款具批，定于本月初八日差役解赴宪辕交兑外，所有筹解银数日期缘由，理合具禀大人查考。肃此云云。

禀藩宪会禀委道光二十四年钱粮现在加紧比催，总期奏销以前解副造报由，委员会典史衔

敬禀者。窃△△铣奉宪台委提武定各属二十四年钱粮等因。遵即束装起程，驰抵惠民县。适值印官因押解人犯进省，饬委卑职耀曾代拆、代申在案。兹会查得，卑县未完道光二十四年钱粮现在随同本年新赋设法加紧比追，总期于奏销前征有成数，批差解兑，以济饷需。不敢稍事惰延，贻误造报。缘奉委提，理合会禀云云。

禀藩宪会禀杨令垫修惠民县衙署一半工料银两，拟请分年摊补由

敬禀者。窃卑职△△奉本府饬委监算卑职△△应接前县一案交代。遵即会同详细稽核，查得抵款项下，列有修理县属垫用工料银五千两一款。随询杨令，据称此案垫项系该令于到任后因衙署年久失修，倒塌过甚，竟至栖身无所，难于办公，并署前向无科房、班房，不足以昭慎重。当经樽节确估需费九千

---

① 据文意，此处两处“济右”可能有一处应为“济左”。

余两方能修理完竣，曾于二十三年十月间禀请委勘垫修，筹议归款。嗣奉宪批，以该令到任未久，请修衙署所需甚巨，饬令自行择要粘补等因。该令复又逐处勘验，均系必须拆卸大修，非些小粘补所能了事。衙署为办公要地，目睹倾圮情形，未便稍事延缓，随即鸠工购料，大加修葺，共计垫用过银九千九百八十七两五钱三分七厘。原拟陆续弥补，不敢再行禀渎，讵料在任未及两载，即丁母忧卸事。所有前项垫款，除该令业已筹措归补过银五千九百余两外，下余尚短未补银五千两。现因交款繁多，勉力补苴，颇形竭蹶，实在无力全款捐认，议由后任代为禀明筹办等情。

△△等检阅原禀卷宗，委属报明有案。查验所修工程，皆系工坚料实。伏思前项垫款已经筹补一半，下余仅短银五千两，为数亦不甚巨。杨令丁忧后因公窘累，竭蹶难支。若将实用有据之项遽予删除，不特事欠平允，且垫款悬宕，交案更滋纠缠。△△等悉心筹酌，拟请将此项银五千两归于惠民本缺，分作十六年摊补。△△桀既已愿摊于前，即后任人员必当乐于照摊，不致借口遗累。如此筹酌办理，垫项可免虚悬，交代亦得速结。是否有当，理合具禀大人鉴核批示祇遵。肃此云云。

禀道宪会禀杨令垫修惠民县衙署一半工料银两，拟请分年摊补由

敬禀者。窃卑职薇垣[1]奉本府饬委监算卑职桀应接前县杨令交代一案。遵即会同逐款勾稽，查得抵款项下，有修理县署垫用工料银五千两。询，据杨令口称，并检查原卷内开大小房屋共一百余间，有依旧粘补者，有全行拆修者，有垫地创建者，

---

① 即张薇垣。

实用过工料银九千九百八十七两五钱三分七厘。其未兴工以前，杨令亦曾禀请委勘，筹款办理。嗣因工程紧要，不得不改为自行垫办，原谓在任若久，可以陆续弥缝，乃筹补甫及一半，杨令即丁忧卸事。下余未补银五千两，若再令其承认，在杨令固力有不能，即于理亦欠平允。卑职等秉公酌议，未便以修理完固之工程、实用有据之款项，遽尔删除。惟有将此项银五千两，拟请归于惠民本缺，无论正署，以奉批之日为始，分作十六年流摊归补。伏乞大人批准立案，俾垫项不致虚悬，交代可以速结，实为恩公两便。肃此云云。

禀藩宪禀覆奉查有关历城县各项垫款银两由

敬禀者。窃奉宪台札饬，以卑县欠解奉摊有关历城县各项垫款银两，令即查明何员欠解，有着、无着，交代案内如何核算，分别详覆等因。遵即按照单开各条，详细检阅原案，查得历城县嘉庆二十四年垫修臬署户北兵刑工房等处工料银一十二两一款，系于嘉庆二十四年九月初八日奉到府札，转蒙臬宪派摊，饬令径解历城县应用。嗣后并未批解，交代案内亦未接收，现应最后出结之卑前县杨令完缴。又查单开欠解历城县嘉庆二十五年垫修司监工料银五两二钱八分、道光元年垫修臬署兵南房工料银三两五钱三分、道光三年垫修臬署吏户工号各房工料银三十七两四钱六分三厘，此三款卑县并无奉摊原文，历任交代亦未开列。议及如何核算、是否历城县开造错误，卑县无从稽核。理合禀请大人鉴核，移咨臬宪查明前三款派摊原案，饬知下县分别办理，实为公便。肃此云云。

禀藩宪会禀前任惠民县杨令未完捐摊银两，请照案提出另追由，清折附，此系二次稿

敬禀者。窃卑职薇垣奉本府饬委监算惠民县一案交代。遵即会同卑职桀及前任杨令，三面稽核，现将正杂仓谷等款次第接收。惟杨令任内有欠解摊捐各项银三千七百九十六两三钱一分三厘，一时力难并交。卑职等伏查道光六年，前抚宪陈①清厘各属交代案内奏明，如仅欠捐摊未完，准予提出另追，一面先行结报。今杨令正杂仓款既经措交，所欠仅系捐摊银两，核与另追之案相符。除由卑职桀赶紧造具交代册结，并出单结，另行专案呈送外，理合开具未完捐摊款目清折，禀请大人鉴核，俯赐着追杨令完缴，实为公便。肃此云云。

计禀呈清折一扣。

谨将前县杨△△交代案内未完捐摊银两，遵照成案提出另追，各款开列呈电。

计开：

一、道光十九年奉摊十三年运直赈米盘费银三十四两四钱四分八厘；

一、道光十八年奉摊试用知县海溎部借养廉银一两五钱五分八厘；

一、道光十九年奉摊曲阜县知县徐奕溥部借养廉银三两一钱一分七厘；

一、道光二十年奉摊鱼台县知县冯锡龄部借养廉银一两五

---

① 即陈中孚。

钱五分八厘；

一、道光二十年奉摊试用知县周铭部借养廉银六钱二分四厘；

一、道光二十年奉摊试用知县陈文富部借养廉银六钱二分四厘；

一、道光二十二年奉摊隆恩门、昭西陵等工临砖柴价银三十一两六钱四分三厘；

一、道光十九年解饷委员津贴银三百两；

一、道光二十三年解饷委员津贴银二百两；

一、道光二十二年奉摊省会城垣工料银二百一十八两一钱九分；

一、道光二十二年奉摊修理临、德二仓工料银三百三十七两六钱二分八厘；

一、道光二十二年奉续摊潍县垫用马刚经费银一百四十五两六钱八分六厘。

前十二款均系奉司派摊杨令未完之项，应请着追杨令完缴。理合登明。

一、道光二十三年奉摊历城县垫修道署工料银五十三两八钱八分。

前款系奉道宪派摊杨令未完之项，应请着追杨令完缴。理合登明。

一、道光十八年修理监狱工料银三百八十九两二钱二分一厘；

一、道光二十一年修理演武所工料银四百二十七两二钱二分一厘；

一、道光二十一年津贴海丰、利津、沾化三县防堵经费银二十四一两四钱九分三厘；

一、道光二十一年修理府、署二堂等处工料银一百两四钱一分一厘；

一、道光二十一年修理调字仓廒工料银二百二十两二钱四分六厘；

一、道光二十一二等年办买麻布口袋等项不敷银二百七十三两七钱四厘。

前六款均系奉府批准摊款杨令未完之项，应请着追杨令完缴。理合登明。

一、道光二十三年采办部硝不敷银八百一十五两六分一厘。

前款系杨令垫办应摊未完之项，应请着追杨令完缴。理合登明。

以上共未完摊捐各款银三千七百九十六两三钱一分三厘，均请着追杨令完缴。理合登明。

禀藩宪会禀前任惠民县杨令欠解摊捐银两，请照案另追完缴由，清折附，此系初次稿

敬禀者。窃卑职薇垣奉本府饬委监算惠民县一案交代。遵即会同卑职桀及前任杨令，三面稽核，现将正杂仓谷等款次第接收。惟杨令任内有欠解摊捐各项银三千五百一十五两一钱五分。卑职等细查原案，或因杨令在任时解存养廉不敷扣拨，以致欠解未清；或因杨令交案欠款经卑职桀代为筹解，及在卑职桀领款内扣拨之项，应将后任摊捐银两顶补；均核与前抚陈奏明仅欠摊捐提出另行请追之案相符。除将此案交代由卑职桀赶紧造具册结，并出具单结，随后专案呈送外，所有杨令欠解摊捐银两，理合开具款目清折，禀请大人鉴核，俯赐着追杨令自行完缴，实为公便。肃此云云。

计禀呈清折一扣。

谨将前县杨△△交代案内欠解捐摊银两，遵照成案提出另追，各款开折呈电。

计开：

一、道光十九年奉摊十三年运直赈米盘费银△△；

一、道光十八年奉摊试用知县海滏部借养廉银△△；

一、道光十九年奉摊曲阜县知县徐奕溥部借养廉银△△；

一、道光二十年奉摊鱼台县知县冯锡龄部借养廉银△△；

一、道光二十年奉摊试用知县周铭部借养廉银△△；

一、道光二十年奉摊试用知县陈文富部借养廉银△△；

一、道光二十二年奉摊隆恩门、昭西陵等工临砖柴价银△△；

一、道光十九年解饷委员津贴银△△；

一、道光二十三年解饷委员津贴银△△。

前九款均系杨令欠解之项，应请着追杨令完缴。理合登明。

一、道光二十二年奉摊省会城垣工料银七百一十四两八钱八分九厘。

前款内杨令本员应摊银二百一十八两一钱九分，下余银四百九十六两六钱九分九厘系后任应摊银两，因杨令交案欠款有后任代为筹解，及由后任领款内扣拨之项，是以将后任摊款顶补应请一并着追杨令完缴。理合登明。

一、道光二十三年奉摊历城垫修道署工料银一百二十四两七分三厘。

前款内杨令本员应摊银五十三两八钱八分，下余银七十两一钱九分三厘系后任应摊银两，因杨令交案欠款有后任代为筹解，及由后任领款内扣拨之项，是以将后任摊款顶补应请一并着追杨令完缴。理合登明。

一、道光二十二年奉摊修理临、德二仓工料银八百一十两三钱七厘。

前款内杨令本员应摊银三百三十七两六钱二分八厘，下余银四百七十二两六钱七分九厘系后任应摊银两，因杨令交案欠款有后任代为筹解，及由后任领款扣拨之项，是以将后任摊款顶补应请一并着追杨令完缴。理合登明。

一、道光二十二年奉续摊潍县垫用马刚经费银六百四十四两三钱九厘。

前款内杨令本员应摊银一百四十五两六钱八分六厘，下余银四百九十八两六钱二分三厘系后任应摊银两，因杨令交案欠款有后任代为筹解，及由后任领款内扣拨之项，是以将后任摊款顶补应请一并着追杨令完缴。理合登明。

一、道光二十五年奉摊章丘县挑挖绣江河工银六百四十八两。

前款系后任应摊银两，因杨令交案欠款有后任代为筹解，及由后任领款内扣拨之项，是以将后任摊款顶补应请一并着追杨令完缴。理合登明。

以上共捐摊款银三千五百一十五两一钱五分，应请着追杨令完缴。理合登明。

禀登莱道王夹单

敬禀者。窃奉钧函，饬将卑职应还前任掖县杨令欠款银一千七百两，即速归结等因。查此项银两，业经△△如数措齐，只缘乏便带解，正深踌躇，延蒙大人体恤周详，派纪远来，下忱感何如之。兹特兑足库平宝银一千七百两，选差妥役，随同来使于本月十二日起程，解赴宪辕交纳。仰祈鉴收，转发归款，并求检齐原券三纸、信函五封，一并赐交去役携回，是所叩祷。除函致现任掖县胡令知照外，肃此云云。

外附呈银一千七百两，计三十四封。

禀东昌府同知监收闽硝局王[①]夹单

敬禀者。窃奉藩宪札檄知奉办道光二十三年分闽省军硝，蒙委大老爷监司兑局，兹又接到钧移令即赶解等因。查卑县境内今岁秋禾被水，并非产硝盛旺之区。奉派闽硝六千三百斤，为数较多，本难照常办理，但已奉文到县，亦不敢稍事耽延。兹特勉力设法查照旧章，如数措齐，缮具文批，选差解赴宪局交纳。务祈大老爷知会委员，迅赐收清，掣给批回，以便禀呈藩宪验发备案，实为公便。肃此云云。此稿未缮发。

禀东昌府同知监收闽硝局王夹单

敬禀者。顷奉赐函，以奉办道光二十三年分闽省军硝，蒙委大老爷监司兑局，令即赶解等因。查卑县境内今岁秋禾被水，并非产硝盛旺之区，奉派闽硝云云，亦不敢稍事耽延。现在查照旧奉，勉力措办，定于十月底可以如数凑齐，不致贻误。除俟届期缮具文批，选差解赴宪局交纳外，理合禀覆大老爷鉴核，知会闽省委员查照，毋庸再催，实为公便。肃此云云。

---

① 即王璟。

禀粮道禀覆奉提道光二十四年临仓银两，现在缓征期内无凭征解并缴宪签由

敬禀者。窃奉宪札，签提卑县未完道光二十四年临仓正耗银两等因。遵查卑县道光二十四年分应征临仓正银四千六百五十三两二钱五分二厘、耗银六百五十一两四钱五分六厘，内余前已征完解过正银二千六百两、耗银三百五十七两七钱六分，解过五毫脚费银三两一钱二分，支过五毫脚费银三两一钱二分，核计已完正耗相符。其余未完正银二千五十三两二钱五分二厘、耗银二百八十七两四钱五分六厘，均系民欠未完之项。因道光二十五年二麦被旱案内缓至道光二十五年秋后启征，未及启征之期，复因道光二十五年秋禾被水、被虫案内议请递缓至道光二十六年秋后启征在案，现在缓征期内并无应征银两。缘奉饬提，理合呈缴宪签，据实禀覆大人查核办理，实为公便。肃此云云。

计呈缴亲提签一纸。

禀本道奉［禀］奉委催本年钱粮，赶紧比追由

敬禀者。窃卑职邦鼎奉宪台委催各属未完本年钱粮等因。遵即驰抵惠民县，会同卑职棨，查得卑县本年下忙新赋，除现因秋禾被水、被虫议缓村庄外，其余应征之户，业经设法加紧比追。一俟征有成数，即当倾镕报解，不敢稍事惰延，致干咎戾。缘奉委催，理合禀覆云云。

禀济南府禀请提讯长山县监生高芝京控被告傅光钧，供明尹殿莪住址，行知下县，以便查传讯取供结由

敬禀者。窃奉宪札，以长山县监生高芝京控傅光钧等勾役卖放昧良等情一案，饬将傅光钧供出之铺伙尹殿莪传案，讯取确切供结，详覆核办等因，遵即饬差查传去后。兹据差禀在于县境细加查访，不知尹殿莪住何村庄，无凭传唤等情前来。卑职覆查宪札，文内仅有尹殿莪年岁，并无住址，碍难查传。理合禀覆大老爷鉴核，提讯傅光钧，供明尹殿莪究竟住址何处，行知下县，以便勒传讯供取结详办，实为公便。肃此云云。

禀藩宪会禀委提张希林京控齐云集等一案人证解审由，会委员衔名

敬禀者。窃卑职烜奉宪台委提惠民县民张希林京控齐云集等垫沟北桥等情一案人证、卷宗解审等因。遵即驰抵该县，会同卑职△，查得此案于九月二十五日接奉宪札行提人证、卷宗到县，当经差传去后。兹据原役禀称，齐云集、雷学礼、赵廷葵、杜芳和、韩德、悟果等六名，均于未奉文之先，闻控自行赴省投审；吕文选业已病故，现将吕文学、王成先等二名传案候解等情前来。除将卷宗及传到人证由卑职桀备具文批，选差妥役，随同卑职烜解赴宪辕听候发审外，缘奉委提，理合会禀云云。

禀藩宪禀请核示查办蠲免钱粮册式由

敬禀者。窃奉本府转蒙宪札，以本年恭逢皇太后七旬万寿，

钦奉上谕，蠲免道光二十年以前民欠钱粮，令即钦遵查照，将实欠在民各项查明，造具册结，呈送核办等因。

除将奉发誊黄即日遍行张贴晓谕、具文申报外，卑职遵即督同经书，检齐道光二十年以前征册、总报等件，详细稽核所有历年额征以及完欠各数，现在将次查办完竣。惟溯查道光十五年办理蠲免一案，系由宪台衙门拟定册结各式，颁行照造，并发章程。俾得遵循筹画周详，不为不备，而各属造送清册，多因县案支解款目繁多，照式开造，不便逐一声叙，是以仅照奉发册式造报。所造格式虽合，而一切完欠银数，总难与宪案奏销相符。迨至驳查，按款登覆，情节既繁，其册式仍未能如奉发式样一律简净。叠次驳更，札催委提，不免辗转耽延。即如垫解一项，经征各员每因催科紧急、征存在柜银两尾数零星，随时稍为措垫，以成整数批解，一遇灾缓民欠停征，即成垫解之项，为数虽微，历年常有。道光十五年蠲免章程，内载各属征册欠数较奏销未完民欠浮多者，自系垫支、垫解，应令删除以符奏销等语。原因垫解名目久奉例禁，故不准于蠲免册内开列。但此等银两在各员垫解之时，有垫正银而未垫耗银者，亦有垫耗银而未垫正银者，办理蠲免既将垫款于民欠项下删除，即应实在征完之项一并作完造报。其仅垫正银之年，已完耗银必致短少。仅垫耗银之年，已完正银亦必短绌。按正计耗，即难相符。十五年查办蠲免即有此款，嗣因已完正耗不符，奉文驳查，随将垫解缘由于册内据实登注。是蠲免案内不准列此垫解名目，实则仍将“垫解”字样列入蠲免册内，县中办理似欠妥协。此外相似者情节尚多，难以缕陈。

卑职愚昧之见，今次办理蠲免，可否将一切完欠银数，除实亏、实赔已经报明宪台衙门有案之款入于蠲免册内逐一开列外，其余如有因正耗未符以及别项抵垫纠缠之处，另造登覆细册一本，明晰据实声注，随同蠲免册一并申送。总期针孔相符，以备宪案考查。庶蠲免册内不致琐屑繁杂，而不符之款亦可知其原委，随时核对奏销，即免驳查耽延。是否可行，理合禀请大人鉴核，训示祇遵。再此次蠲免是否由宪辕另发册式，抑应仍照道光十五年所发册式办理，并祈批示，实为公便。肃此云云。

禀△△通禀

敬禀者。窃卑境本月△△日得雪一寸，当经具文申报在案。兹于△日△时起，彤云密作，下出飞扬，至△时止，除融化入土外，积厚一寸。差查四乡，一律普沾。现在二麦蟠根之际，续得瑞雪滋培，以资坚固，来岁可卜有秋。此皆仰赖盛德培元，感召天和之所致。农民忻然，僚庶腾欢。肃此云云。

禀△△通禀

敬禀者。窃照卑县境内自入秋以后，雨泽极属应时，麦田均已播种。兹于十一月十九日亥时得雪起，至二十日卯时止，积厚二寸。差查四乡，一律普遍，麦苗得此滋培，蟠根益固。野无赤土，兆二麦之丰登；润满银田，听三农之欢舞。此大人深仁厚泽，感召天和之所至也。除将得雪起止日时分寸另文申报外，肃此云云。

禀抚，藩，臬，本道，粮道，本、分府

禀卑县境内得雪二寸由

敬禀者。窃照卑境麦田，今秋一律布种，长发芃茂，遍野

青葱。当此时届仲冬，正望雪泽滋培，俾得蟠根结固。兹于本月初二日，彤云密布，瑞雪缤纷，自是日亥时起至初三日卯时止，积厚二寸。差查各乡，一律均沾，来春若得时雨，二麦可卜丰收。此皆仰赖宪德感召天和之所致，农民忭喜，僚属腾欢。所有境内得雪情形，理合驰禀大人、大老爷查考。除循例折报并径禀各宪外，肃此云云。

禀运宪禀卑县盐务情形，请饬商议定接充，以专责成并分别催追票张由

敬禀者。窃查卑县票地盐务，向系业商王福田承办。于道光二十年，该业商出租于傅松如，代为办理，以五年为满。嗣又将票地作为十分，分出四分五厘租于张履福名下。因傅松如代限未满，仍给傅松如五分五厘，令其再办一年。扣至今岁二月间，傅松如已满代限。前奉宪台札饬，议人接办，当经卑职遵照差催去后。乃王福田狡猾异常，任意窎躲，仗恃傅松如代限已满，始则以业商自居，持票运盐，竟置觅保接充于不问。继则以未曾收回，事不干己，复借代商疲玩为口实。而傅松如因王福田将票务暗地把持，更得借词推诿。张履福亦袖手观望，相率效尤。种种玩泄，实堪痛恨。现经比差勒传业、代各商到案，讯明上年额票，傅松如有已领来春、秋季票七百七十张。据该代商供称，因乏钱使用，于领出后即押于省城宋炳南名下，现在未能取赎。其冬季票七百七十张，尚未请领。又张履福额票二千五百二十张，仅据呈缴春、夏两季残票一千二百六十张到县，应俟印截给文申缴。尚有秋、冬两季票一千二百六十张，屡追未据缴案。卑职伏查加价银两已经开卯，转瞬票课又届奏限。卑职有督销之责，若不及早禀办，将来赔误课款，关系匪轻。除将王福田、傅松如、张履福等三名一并备文解赴宪辕查

讯外，所有卑县鹾务情形，理合具禀大人鉴核，严饬该商等迅速议定何人接充，声明立案，以专责成。并请宪台就近究追傅松如所押盐票，交给接办之人赶紧运销，以副造报。张履福秋、冬残票亦请比追速缴。俾免贻误，实为公便。肃此云云。

为申覆事。

案蒙宪台札开，案据该县代商傅松如禀称，窃商自道光二十年云云，倘再任听该商等玩误迟延，定行差提比追，该县亦干未便。速速，特札等因到县。蒙此，遵查业商王福田、代商傅松如、租商张履福等，均因推诿盐务、欠缴票张，经卑职比差勒传到案，备文于七月　日，一并解赴宪辕，听候查讯，并将该商疲玩情形据实另禀在案。兹奉前因，拟合具文，申覆宪台鉴核，俯赐查照前禀，饬令该商等迅速觅保议人接充，声明立案，以专责成。并请严追傅松如押出上年秋季额票，发交接办之人，赶紧运销。其张履福未缴上年秋、冬残票，亦请就近比催，刻日呈缴，以便印截申送，实为公便。肃此云云。

一申盐运司。

禀粮道宪禀奉委提道光二十四年漕项减平银两，现在赶紧批解由

敬禀者。窃奉宪台札委候补未入流李煌到县守提道光二十四年随漕交帮及随蓟交帮各款项下减平银两等因。查此项银两，系卑前县杨令扣存之项，屡经移催，未准交出。现由卑职代为筹垫，饬匠倾镕。除俟镕竣，随同本年漕项银两分具文批解赴宪辕交兑外，缘奉委提，理合禀覆大人查考销差。肃此云云。

禀抚、藩、道、府禀卑县常平仓谷现在无可买补由

敬禀者。窃奉本府/宪台转奉藩司/藩宪/宪台以蒙抚宪/宪台札饬，查看本年秋收情形，能否酌量采买仓谷，据实禀覆等因。遵查卑县额贮常平仓谷二万三千石，内除前县徐鈖亏缺谷一万二千五百三十七石七斗九升八合一勺五抄应俟追缴价银再行买补，又各年缓征不敷孤贫兵米借动谷二千九百一十八石九斗八升五合八勺应俟征米易谷还仓外，实存在仓谷七千五百四十三石二斗一升六合五抄，又官捐溢额谷二十石，共计存仓谷七千五百六十三石二斗一升六合五抄。现在并无应行采买之项。缘奉札饬，理合禀覆大人鉴核/大老爷核转。肃此云云。

禀粮道禀覆奉提道光二十四年德、常二仓正耗银两，现在缓征期内无凭征解并缴宪签由

敬禀者。窃奉宪札签提卑县未完道光二十四年德、常二仓正耗银两等因。遵查卑县道光二十四年德、常二仓正银九百二十两八钱五分九厘，耗银一百二十八两九钱二分，内除前已征完解过正银六百两、耗银八十二两五钱六分，解过五毫脚费银七钱二分，支过五毫脚费银七钱二分，核计已完正耗相〈符〉。其除未完正银三百二十两八钱五分九厘、耗银四十四两九钱二分，均系民欠未完之项。因道光二十五年二麦被旱案内缓至道光二十五年秋后启征，未及启征之期，复因道光二十五年秋禾被水被虫案内议请递缓至道光二十六年秋后启征在案，现在缓征期内并无应征银两。缘奉饬提，理合呈缴宪签，据实禀覆大人查核办理，实为公便。肃此云云。

计呈缴亲提签一纸。

禀济南府夹单

敬禀者。窃奉宪札并捧诵钧函，以转蒙藩宪、臬宪委审长山县监生高芝京控傅光钧等一案，饬将案内之尹殿莪传案，讯取供结详办等因。查此案前奉札饬，当因札内未开尹殿莪住址，无从查传。经卑职禀蒙宪台讯，据傅光钧供称，尹殿莪在卑县城南尹家庄居住，约年五十余岁。今即查照传讯，奉批后，复又开明住址、年岁，选差查传。嗣据原役杨奉林禀称，遵即持票前赴县境城南法字约距城二十里之张尹家庄及平字约距城九十里之榆林镇内系尹姓大族，协同各该管地方遍加查访，均无尹殿莪其人。又赴东乡纪字约距城五里之尹杨家庄，及东南乡人字约距城五十里之河西尹家庄，并西乡正字约距城三里之三里尹家庄，协同各地方照前确查，亦无尹殿莪其人。此外别无尹家庄地名，实属无从查传。如有隐饰，愿甘重咎等情前来。卑职覆将该差禀叙查过各庄该管地方传案，逐一讯供，与该差禀无异，随于本月十三日具文详覆宪鉴在案。兹奉前因，合再禀覆大老爷鉴核办理，实为公便。除备文申覆外，肃此云云。

禀粮道会禀委催本年漕粮，现在赶紧征兑由

敬禀者。窃卑职尔彬奉宪台委催各属本年漕粮等因。遵即束装起程，驰抵惠民县，会同卑职△，查得△县应征本年漕粮，现在设法加紧比催。一俟征有成数，即当迅速运赴水次，听候验兑交帮，断不敢稍事惰延，自干咎戾。缘奉委催，理合会禀云云。

禀藩宪会禀委催本年漕粮现在赶紧征兑由，署曹州府同知张攀桂会衔

敬禀者。窃卑职攀桂奉宪台委催济南、武定等府属本年漕粮等因。遵即驰抵惠民县，会同卑职△，查得△县应征本年漕粮，现在设法加紧比催。一俟征有成数，即当迅速运赴水次，听候验兑交帮，断不敢稍事惰延，自干咎戾。缘奉催，理合会禀云云。

禀曹州府同知张夹单

敬禀者。顷接钧函，得悉大老爷奉藩宪委催各属本年漕粮等因。遵查卑县应征云云，听候验兑交帮。除会列台衔禀覆外，用特抄稿呈览，即祈查照销差，应具微忱，容俟云云。

禀藩宪候补未入流邹廷煦会衔，会禀委查当典减息由

敬禀者。窃卑职廷煦奉宪台委查各属当典，是否遵示减息等因。遵即束装驰抵惠民县，会同卑职桀，查得卑县各座当典，均系二分起息。本年秋禾被水被虫系属灾歉之年，应照向例，自十一月初一日起减息五厘，至来年正月底为止。前奉颁发告示，业已即日交商张贴在案，并无书吏串通当商压搁告示及借口短减利息情弊。缘奉委查，理合禀覆大人查考云云。

禀本分府陈夹单

敬禀者。窃奉钧函，饬将本年冬季养廉银两分别扣支呈送

等因。查东省养廉章程，内载道府以下等官，凡遇俸满、卓异等项给咨赴部引见者，虽系因公，究与特旨调取陛见者不同，即以卸事之日任支本任养廉。又载上司兼摄属员、正印兼摄丞卒、佐贰不离本任者，本任养廉较厚，毋庸再行支食署任养廉。其额设银两原官系出差者，支银一半，余俱归入共旷造报各等语。所有宪台引见一缺，奉藩宪饬委府宪兼理，照章不支养廉，应作全扣缺廉造报。又自十月二十五日宪台回任之日起，至年底止，应作全廉归大老爷支用。惟查前奉府宪饬知，系于本年九月二十八日奉到藩宪札委兼理，而现奉函开，又系九月初六日赴部引见，究竟应以何日作为卸事日期，卑县无从知悉。兹已详请藩宪核示，除俟奉批到县，即当核明应支、应扣确数，将应支银两具文申送宪台备用外，合先禀覆大老爷查考。肃此云云。

禀藩宪、本府禀报十一月初九日奉到查办蠲免章程由

敬禀者。本月初九日奉本府/宪台转奉宪台/藩宪札发查办蠲免章程、册结各式，饬将道光二十年以前民欠各款，限一月内开造妥协，呈送核办等因。遵即督率经书，将应造各年各项钱粮米谷等款，按照章程分别完欠，逐细厘剔，务期事归核实、款无错漏。一俟造竣，即当依限详送外，所有十一月初九日奉到章程日期，合先禀报大人、大老爷查考。肃此云云。

禀本府会禀委催本年漕粮由

敬禀者。窃卑职炳猷奉宪台委催惠民县本年漕粮等因。遵即前赴该县，会同卑职桀，查得卑县应征本年漕粮自十月初三

日开廒起，至十一月十五日止，已征完米二千一百七十九石八斗三升五合七勺、豆二百七十六石四斗五升三合四勺、麦改米一百五十七石二斗一升七合二勺。除开清折具文通报并赶紧运赴水次听候验兑交帮外，所有下余未完民欠仍当加紧设法比催，随征随运，不敢稍事惰延，自取咎戾。缘奉委催，理合会禀大老爷查考销差。肃此云云。

惠民县各项杂信

致阳信县多[1]

敬启者。本月十四日戌刻接奉藩宪札饬，以海丰县禀报海潮冲淹情形，分别调剂一案，马递六百里，公文于初九日申发，至十二日方始报到，令即查明接递日时，有无迟延等因。敝县遵即吊查马递公文号簿并询，据管号、丁役、号书、马夫人等词称，本年三月初十日戌刻时末刻接收贵县递到海丰县申藩宪公文一角、内禀一扣，系注明马递六百里之件。当差马夫刘杰即刻飞递，于初十日亥时末刻送至齐河县斜庙马号交替讫，计程六十里，并无迟延。所有齐河县回照存据等情，弟复查无异。除据实禀覆外，所有敝县接递无迟缘由，合泐函布，即祈四兄大人查核办理为祷。泐此云云。

① 即多瑞。

致齐河县张[1]

敬启者。本月十四日戌刻云云。当差马夫刘杰即刻飞递，于初十日亥时末刻送至贵县斜庙马号交替讫。计程六十里，并无迟延。所有尊处回照存据等情，弟覆查无异。除据实禀覆外，所有云云。

覆阳信县多

顷奉手书并准大移，以接递海丰县禀覆被潮公文，系本月初十日丑时递至敝县马号交替，并将抄书丁云瞻、棚头王有德解来质讯等因。兹已提讯敝县号书孙维棠，供称前件公文实系初十日戌时末刻接收等情。弟覆查号簿相符，而丁云瞻等又称系于初十日丑时交到，各执一词。查丁云瞻、王有德均系贵县人役，△未便向伊等深究。除备公牍解回外，即祈四兄大人径行查讯办理，仍望将禀覆缘由示知为祷。泐此云云。

致阳信县多

敬启者。△县民人张昌以诡拨粮银等情，赴藩宪衙门呈控张元一案，奉本府委重长才讯详，昨已断结，即应详销。兹特叙稿两本并缮就司、府详册各一套，一并送上。即祈四兄大人阅定后，分别书行钤印详册，就近申发，将稿存留一本，其余一本赐还备查，是所拜祷。泐此云云。

---

① 即张同声。

附呈详稿两本、详册两本套。

覆代理德州吏目刘[①]

伻至，接展手书，得悉尊兄大人奉粮道宪委提本年上忙漕项银两等因。除会列台衔禀覆外，兹将禀稿抄录，交纪赍呈，即祈查照销差为祷。附具菲敬四两八申云云。

覆杨桐生十四兄

昨奉还云，敬聆一是。兹于二十五日差至，复展手书，备承关注，感甚。比维桐生十四兄大人素履绥和，与居罄宜为颂。修署一事，已奉批驳，且待阁下面求准后，再作计议。承嘱星桥三兄拟借之项，△处此青黄不接之际，兼以轸旧钱粮万分吃紧，公私交迫，阁下谅亦深知，自顾不遑，实难为力。惟彭三兄尚有存项七百两，既系需用紧急，只得函致王芮川五兄，嘱其向△处兑收，并将此信交差带上。祈转交星桥三兄，当亦亮此苦衷也。泐此云云。

覆利津县孙[②]

顷奉手书，承询收养幼丐章程等因。查此事因江苏办有成效，咨行筹议。原为善举，但事属劝捐，各处情形不同，绅耆之多寡亦难一律而论。△于奉文后，曾经详细熟筹，△境殷绅寥寥，县库又无间款可动，若照苏省办法，实属难于措手。复

① 即刘会和。

② 即张慧愔。

向乡保人等悉心察询，佥称惠邑境内虽非沃饶之邦，而隆冬严寒时，无依幼孩实所罕见，偶尔有之，不过数人。或随时禀官附入普济堂等处暂养，由官捐给衣食，年长放出谋生；或由该乡保等自行抚育，春暖查明亲属交领，不致转于沟壑等语。是△县情形，本可无烦另议新章。况此次檄文内司中系令各府妥议章程，详请饬属办理，△亦不便就一人之管见，议通省之大局。溯查东省收养幼丐，自道光十九年奉前藩宪杨[1]通饬举行。历年以来，每交冬令，各属均将遵办缘由禀报有案。△思此后再奉札催，如果藩宪指明饬县筹议，惟有援照杨方伯旧政，酌叙地方情形议覆而已。未识高明，以为然否？倘尊处议有章程，并祈示知，是所拜祷。泐此云云。

致青城县张[2]

敬启者。△应接杨、彭[3]两任交代，蒙本府宪饬委阁下监核，今桐生十四兄已于十九日到郡，只待吾兄大人到此，三面会算。用特专差函布，务祈命驾速来，以便酌定一切，弗迟是幸。泐此云云。

致阳信县多

顷奉还章，聆悉一切。贵县二麦收成报明五分余，核与改征粟米之案相符。此事△已知会同府各属，容俟覆齐，即会列台衔议禀申发，彼时再当录稿寄呈冰案也。先此云云。

---

① 即杨庆琛。

② 即张薇垣。

③ 即杨茂豫、彭垣。

致海丰县李[1]

顷准大移关解本年春季余兵生息银一十八两、解费银一两四钱八分五厘到县。当即拆封，饬库检阅。银色过于低潮，碍难倾镕批解。兹将原银封固，点交来差赍还，务祈吾兄大人查照发商，另换足色库平纹银关解△县，以便汇解，弗迟是祷。回照暂存。泐此云云。

附还银一封。

覆候补经历胡

伻至，接展手书，得悉尊兄大人奉粮道宪委催蓟粮漕耗变价等项银两等因。查△县应解道光二十四年余剩漕耗变价及车脚变价并添平银两，均系△前任欠解之项，现已汇同应扣运弁养廉等银，一并由弟代为筹款禀报，定于四月初八日批解在案。兹将禀稿抄录，交纪赍呈。即祈云云。

附抄禀稿一纸。

覆诸城县章[2]

顷奉手书，承询近日银价及征收钱粮、银号、钱号各若干等因。查武郡现在银价，库平每两换京钱三千七百有零。惟△县钱粮向来均系银号由库房汇交拆封解兑，并无完纳钱号之户。专属收钱号者，不独贵县一处。事关大局，想吾兄大人卓识过

---

① 即李澄。

② 即章文津。

人，必能筹画尽善也。泐此云云。

覆候补从九屠

伻至，接展手书，得悉尊兄大人奉粮道宪委催本年上忙临仓正耗银两等因。查△县应征本年临仓钱粮已征完正银一千两、耗银一百三十七两六钱，同节省脚费、添平等款，于本月初八日批差解赴道库交兑在案。即祈查照汇禀销差为祷。附具菲敬四两八申，聊将芹意云云。

致青城县张

敬启者。△应接杨、彭两任交代，奉府宪委重长才监核，聆教有方，曷胜忻幸。现因杨桐生十四兄垫修衙署禀司流摊银五千两一案，已由△处会列台衔缮禀，交桐生兄在省面求允准后，就近投递。兹录禀稿二纸呈览，即恳五兄大人一并书行会印，存留一番，下余一番，仍希掷来备查，是所拜祷。此案交代，杨桐兄约在四月间返郡会算，彼时再当恭迓驺从，议定一切也。专此云云。

附抄禀稿二纸。

致蒲台县王①

敬启者。贵前县熊②任交代案内垫兑漕米划赔及摊捐银两请提出另追一案，业由吾兄大人处会弟衔名缮禀申发，并将禀

① 即王沛霖。

② 即熊秉钺。

折各稿掷来，嘱即用印会行等因。除书行钤印留稿一套备查外，所有尊处存案之件，合亟奉缴，即祈查收，归档是荷。泐此云云。

附缴禀折各稿一套。

复蒲台县王

雨苍三兄大人阁下，前月驺从晋郡，未克晤言，弟旋署后即经泐布渴忱，计邀霁察。顷奉手书，备承勤拳记注，感何如之。比维政祉秋清，升华日楙，以颂以欣。彼案供认如前，毫无翻异。奈局员不能深信，一味向冯氏弟兄追求，不知何时方能定谳。弟蒙宪谕，以地方公事紧要，不便在省久居，令即回县。随于前月二十八日旋署，积牍累累，颇费清厘。而境内因连得大雨，低洼地亩停水，遽难涸复。现据乡民陆续呈报，又须次第查勘，将来展缓旧欠，在所不免。知关雅廑，并以附闻。前交弟处请追捐赔禀折各稿，前已分别钤印书行。除存留一套备案外，其余一套已于六月三十日奉缴，此时计已查收归档，俟奉到司批，尚望抄录移知为祷。泐此云云。

致办硝委员福建宁德县宋

久耳循声，莫由握晤，寸衷景慕，与日俱深。顷奉手书，欣悉大兄大人捧檄来东监司采兑足征，贤劳素著，器重上游，引睇升华，曷胜豫颂。弟棣州承乏，建树毫无。今秋境内秋禾被水，公私颇形竭蹶。所有奉派闽硝六千三百斤，为数较多，小理更非易易。惟因例限紧迫，不便稍事耽延。兹特勉力设法，查照旧章，如数措齐，缮具文批，选差解上。敢祈吾兄大人迅赐兑收清款，掣给批回，以便禀呈藩宪验发备案。感荷舟谊，实无既极。除备公牍外，专此云云。

覆候补从九品彭

使至，接展手书，知尊兄大人奉道宪委催各属未完新赋等因。查敝县本年下忙钱粮秋禾被水被虫案内，现已议缓七百九十一村庄之多，其余成熟村庄又皆疲累，零星小户应征本属无几，输将复不踊跃。刻下竭力比追，除俟征有成数，即行报解，一面先将奉委催提缘由会列尊衔禀复外，用特抄录禀稿呈上。祈查照销差为祷。附具菲仪云云。

附抄禀稿一纸、银一封。

致杨桐生

昨肃覆函，附致府宪一书，计登台照。顷者载奉手书，备承绮注，感篆莫可名言。借稔桐生十四兄大人潭祉清绥，即事佳胜，慰如颂忱。并知阁下谒见两宪，慈颜转霁，极荷优嘉，足征吉人天相，动静咸宜，较弟平共代受申饬者，奚啻霄壤耶。来示云云，本应遵办，但弟节前在省时，宪诘严切，言犹在耳。若不稍缓时日，遽将单结禀送，未免事涉冒昧。非弟过于拘泥，实缘时势如此，故不得不深虑一筹。兹已函覆叶芸士兄，恳渠为我筹画。如能缓送单结，先追捐款，俟奉批后再行结报，则行止之间，事机较活，更为妥协。倘荷允可，即由芸士兄处代拟禀稿寄来，以便缮发。尚望鉴原苦衷，设身处地，务期彼此美善，是所至祷。泐此，覆请迩安诸［堵］，惟恕照不一。

覆历城县叶[①]

顷奉手书，并承代拟敝前任杨桐生兄交代捐款提出另追禀折各稿，嘱即缮发等因。足征关爱逾恒，心感无已。查此案交代，为数甚巨，各宪深知。弟节前在省时，面奉宪诘，词意颇严。吾兄大人备知详，毋庸赘渎。现在桐生兄谒见两宪，慈颜转霁，极荷优容。此等机会，固属难得。但弟平共代受申饬，已非一次，严谕谆谆，言犹在耳。若不稍缓时日，遽将单结禀送，未免事涉冒昧。一经上达宪听，倘再触严饬，恐于事更难挽回。非弟过于拘泥，亦非不肯代人任过，实缘时势如此，故不得不深虑一筹。还祈仁兄大人谅此苦衷，设身处地为弟筹画。倘能暂事延待，先追捐款，俟奉批后再行结报，则行止之间，事机活动，较为妥协。如荷允可，并望约定禀稿掷来，以便照缮发申。琐渎清心，统容申谢。弟素性愚憨，此心可质，寅寅定邀鉴原也。泐此云云。

致滨州王[②]

敬启者。贵州交代一案，陶桐甫兄来郡已久，一切交款，日内即可措齐。现有要事，必须与阁下面商，实非楮墨所能尽意者。用特专函奉布，务祈五兄大人于初十日前命驾速来，以便商议，弗迟是祷。泐此云云。祇候惠临不一。

---

① 即叶圭书。

② 即王宠三。

致滨州王

飞启者。顷奉府宪面谕，现有要事与吾兄大人相商，令即速为函致等因。兹又得阅部友抄件，因尊处交代逾限未清，于阁下大有关系。此事若不及早商办，恐奉到明文，即难挽回。用特专差驰布，务祈星夜命驾来郡，以便筹议一切。幸弗再迟，是所至祷。此请云云。

致阳信等六州县

敬启者。敝前任杨桐生兄上年代尊处垫送学院所荐书院修金十两，日久未荷给还。杨任交代案内将此项银两列抵，现在急须汇齐筹解，原抵欠款，刻难缓待。用特专〈差〉函布，即祈△兄大人查照，迅赐如数掷来。俾免悬宕，幸弗再迟。祷切，盼切。勒此云云。

致利津县孙

敬启者。敝前任杨桐生兄上年代尊处垫送学宪所荐书院修金十两，又垫送李漕帅奠书十两，日久未荷云云。

惠民县徒骇河案禀稿

禀抚、宪、道、府禀卑县境内徒骇河淤塞情形，请赐委员勘办由

敬禀者。窃照卑县境内旧有徒骇河一道，为县境宣泄积水之区，历年久远，未曾疏浚，两岸河堤间段坍塌，河心淤塞，竟有高于平地之处。近年以来，每遇夏秋大雨时行，坡水汇注，因河身淤垫不能消纳，水势泛滥横流，阖邑低洼地亩多被淹浸，为患匪轻。卑职到任以来，勘悉备细情形，值此时交夏令，正深踌躇。兹奉本府、宪台转蒙各宪札饬，以据临邑县具禀筹款雇大挑修河道一案，令即查明卑县徒骇河有无壅滞，一体筹议禀办等因。

遵查徒骇河道，其源自东昌府属聊城县运河东岸滚水坝起，经由博平、高唐、茌平、禹城、齐河、临邑、济阳、商河、惠民、滨州、沾化入海。卑县所辖段落，系从商河县界之刘菩萨桥接入卑境，自西南而迤逦东北，绵亘八十六里，计长一万三千九百九十一丈，至夏家桥流入滨州翟家庄出境，河宽自七八丈至四五十丈不等。现在逐段淤塞，两岸堤埝亦多坍坏，河心苇草丛生，腹高于岸。伏思临邑等处上游河道，既已议请筹款挑修，而卑境地居下游，若不一律疏浚，不特上游之水不能畅达通流，倘遇水势过大之时，上游停积漫溢，则必奔腾而下，散漫无归。卑县田庐受其冲灌，势所必有。自应及早筹议，挑除淤积，培筑两岸。俾得下通上达，渠深堤固，以卫民生而重河防。理应据实禀明，仰恳大人、大老爷俯赐委员下县会同覆

勘确核情形，绘图贴说，妥议禀办，实为公便。肃此云云。

前禀司札

已据禀，饬委候补知县刘树棠前往会同确切勘办矣！仰即知照。缴。

为录批解详报并请添委会勘事。

窃查卑县境内徒骇河淤塞应行挑修一案，当经据实通禀，并禀明宪鉴在案。兹于七月十三日奉到藩宪转蒙抚宪批饬，由司委员勘办。除将录批缘由备载书册外，拟合摘叙简详，具文呈请宪台鉴核，并请添委正印人员到县，会同藩宪委员，确勘筹议办理，实为公便。为此云云。

计详送书册一本。

一详本府。

为录批详报并请添委会勘事。

窃查卑县境内徒骇河淤塞应行挑修一案，当经据实通禀，并禀明宪鉴在案。兹于七月十三日奉藩宪札开，道光二十五年六月十八日奉巡抚部院云云，毋违，此札等因。奉此，拟合将奉到院、司批示委勘缘由，具文详报宪台鉴核，并请添委正印人员到县，会同藩宪委员，确勘筹议办理，实为公便。为此云云。

为差查事案。

查县境徒骇河道，现蒙各宪饬查挑修，业已委员会勘筹办，不日即可到县。所有河道段落合先分段开单差查，为此仰役协同地方，立即遵照发去单开各段起止界限，丈明直长若干、河面横宽若干、河底横宽若干、自面至底泳若干；何段有水系属探量，何段无水可以丈量；有水之处，现在水泳若干、堤岸是否坚固、河心有无苇草。限五日内据实开具清册，并绘图禀送察夺，慎毋稍事玩延，致干革究云云。

计发粘单一纸。

一票差△△。

禀抚、藩、道、府会禀筹议挑挖徒骇河工程并呈图折由

敬禀者。窃卑职树棠奉藩司、藩宪、宪台札委，以据惠民县禀请挑修徒骇河一案，饬令确切履勘，并将应挑里数、宽深丈尺及如何筹议挑修缘由，星驰禀办等因。遵即驰抵该县，会同卑职△，亲诣河道处所，连日按段次第确勘。查得惠民管辖徒骇河道居商河县之下游，自棘林王家水口与商河县接界起，经由刘菩萨桥等处，至丁家道口入滨州交界翟家庄止，共计一十六段，牵长一万三千九百九十一丈，从西南而迤逦东北，为县境宣泄积水之区。实因历年久远，未曾疏浚，以致泥土停积，间段淤塞。现在河口面宽自七八丈至四五十丈不等，底宽自三丈五尺至二十五六丈不等，水深自二尺至八尺五寸不等，并有仅存河口故道痕迹。而河心淤塞，几与地平，暂由民开挖小沟泄水之处。

卑职等伏查河身绵长，地势之高低既不相同；河道迂回，上下之宽窄亦难一律。惟是水性就下，其理可度，河心淤者，水必浅；河心低者，水必深。体察现在情形，面底宽处至数十丈，固不为狭，即至窄之处，三丈有余，亦足蓄水。近来水势停滞不通，皆由河心淤浅之故，并不关乎宽狭。与其挑狭为宽，

土淤仍属间阻；莫若挖浅成深，水势可以畅流。今就十六段中，除水深七尺至八尺有余各段均不为浅，毋庸挑挖外，择其实在淤浅必须挑挖者六段，无论何［河］口宽窄，总以水深七八尺为度。如现存水深二尺者，拟再加深五六尺；现存水深三尺者，再加深四五尺；现在土淤几与地平者，仍将故道挑深八尺五寸。俾各段蓄水一律均有七八尺之深，便可通流畅达。挖出之土随处培筑两岸，务期夯硪坚实，免致雨淋冲淤，实于河、岸两有裨益。

但工程紧要，难于再缓，而惠民境内连年灾歉频仍，若竟责令民间挑办，是使枵腹从事，不免竭蹶维艰。即拟借项兴挑，摊征还款，民力亦有未逮。县境殷绅寥寥，既难劝谕捐修；刻下经费短绌，又不能率请动帑。卑职等再三熟筹，此案工程关系水利民田，惟有半借民力、半给工资，方可刻期蒇事。谨按应挑六段核实计算，牵长二千一百四十三丈九尺，共需挑土七万四千六百二十二方八分。拟请派雇民夫，每挑土一方，酌给工食银四分，共需夫工银二千九百八十四两九钱一分二厘，较之土方例价，节省一半有余。

因思县库无款可筹，卑职棨①一时又难独捐，随邀集县境殷实当商三十家，与之商议，每家暂为借银九十两，共借用银二千七百两，尚不敷银二百八十四两九钱一分二厘，卑职△捐廉凑足以济工需所借之项。有关各商资本，该商等急公允从，通融借助，未便终归虚悬，拟请由县分作十二年捐廉给还归款，此系各该商情愿暂借，并不稍事抑勒。理合开具应挑、应缓工段、丈尺、土方、银两细数清折，绘图贴说，会禀大人、大老爷鉴核，批示祇遵，以便定期开工，实为公便。肃此云云。除

---

① 即余棨。

禀各宪外，卑职△△、△谨禀。

计禀呈清折一扣、图说一张。

谨将勘明惠民县境内徒骇河各段工程分别应挑、应缓丈尺及应挑土方需用夫工银两各数目开具清折呈电。

计开：

一、自棘林王家水口与商河县接界起至刘菩萨桥止，计长二百三十丈，现在河口面宽二十三丈五尺、底宽四丈五尺、水深七尺，尚无淤塞，足资纳水，毋庸挑挖。

一、自刘菩萨桥起至凤鸣桥止，计长三百二十丈，内除西段长五丈，现在河口面宽二十二丈五尺、底宽四丈、水深七尺，尚无淤塞，足资纳水，毋庸挑挖外。惟东段长三百一十五丈，现在河口面宽二十二丈五尺、底宽八丈、水深二尺，土淤水浅，行流不畅。今拟就淤处长三百一十五丈，以现存底宽八丈作面宽，新挑底宽四丈，加深五尺，共该挑土九千四百五十方。每方酌给夫工银四分，计用夫工银三百七十八两。

一、自凤鸣桥起至赵家桥止，计长四百七十六丈，内除东段长一十六丈，现在河口面宽二十二丈、底宽三丈五尺、水深七尺，尚无淤塞，足资纳水，毋庸挑挖外。惟西段长四百六十丈，现在河口面宽二十二丈、底宽七丈五尺、水深二尺，土淤水浅，行流不畅。今拟就淤处长四百六十丈，以现存底宽七丈五尺作面宽，新挑底宽三丈五尺，加深五尺，共该挑土一万二千六百五十方。每方酌给夫工银四分，计用夫工银五百零六两。

一、自赵家庄起至韩家桥，计长五百二十丈，现在河口面宽七丈五尺、底宽四丈五尺、水深七尺，尚无淤塞，足资纳水，毋庸挑挖。

一、自韩家桥起至聂索桥止，计长一千六百丈，现在河口面宽二十九丈、底宽四丈五尺、水深七尺，尚无淤塞，足资纳水，毋庸挑挖。

一、自聂索桥起至申家桥止，计长二千零二丈，现在河口面宽三十九丈、底宽四丈七尺、水深七尺，尚无淤塞，足资纳水，毋庸挑挖。

一、申家桥起至马家桥止，计长五百七十丈，现在河口面宽自十八丈至四五十丈不等，底宽自七八丈至二十五六丈不等，均水深八尺，尚无淤塞，足资纳水，毋庸挑挖。

一、自马家桥起至李家桥止，计长九百七十丈，现在河口面宽八九丈至三十五六丈不等，均水深七尺，尚无淤塞，足资纳水，毋庸挑挖。

一、自李家桥起至杜家桥止，计长四百九十丈，内除西段长六十九丈三尺，现在河口面宽二十九丈、底宽六丈、水深七尺五寸，尚无淤塞，足资纳水，毋庸挑挖外。惟东段长四百二十丈零七尺，现在面宽二十八丈、底宽六丈、水深二尺五寸，土淤水浅，行流不畅。今拟就淤处长四百二十丈零七尺，以现存底宽六丈作面宽，新挑底宽三丈，加深五尺，共该挑土九千四百六十五方七分五厘。每方酌给夫工银四分，计用夫工银三百七十八两六钱三分。

一、自杜家桥起至樊家桥止，计长一千零三十丈，内除东段长六百七十二丈，现在河口面宽二十七丈、底宽四丈、水深八尺，尚无淤塞，足资纳水，无庸挑挖外。惟西段长三百五十八丈，现在河口面宽二十六丈、底宽八丈、水深二尺，土淤水浅，行流不畅。今拟就淤处长三百五十八丈，以现在底宽八丈作面宽，新挑底宽四丈，加深六尺，共该挑土一万二千八百八十八方。每方酌给夫工银四分，计用夫工银五百一十五两五分二厘。

一、自樊家桥起至宋家桥止，计长八百三十九丈，现在河口面宽一十八丈、底宽四丈五尺、水深八尺，尚无淤塞，足资纳水，无庸挑挖。

一、自宋家桥起至刘家桥止，计长一千零六十三丈，内除西段长七百一十丈零八尺，现在河口面宽一十八丈、底宽四丈五尺、水深七尺五寸，尚无淤塞，足资纳水，无庸挑挖外。惟东段长三百五十二丈二尺，河口旧迹面宽一十九丈，该处民田地势较低，河心淤土壅塞，几与地平，上游之水常绕道东行。民间每由附近地内开挖小沟泄水，俾达下游，一遇大雨时行，水势盛旺，沟辙淤塞，即有横流冲淹田禾之患。急应挑归故道，以卫民田。今拟就故道淤处长三百五十二丈二尺，新挑面宽八丈五尺、底宽四丈五尺、深八尺五寸，共该挑土一万九千四百五十九方零五厘。每方酌给夫工银四分，计用夫工银七百七十八两三钱六分二厘。

一、自刘家桥起至金家桥止，计长五百七十三丈，内除东段长三百三十五丈，现在河口面宽一十九丈、底宽一十二丈、水深八尺，尚无淤塞，足资纳水，毋庸挑挖外。惟西段与刘家桥相连一段，长二百三十八丈，现在面宽十七丈、底宽十二丈、水深三尺，土淤水浅，行流不畅。今拟就淤处长二百三十八丈，以现存底宽十二丈作面宽，新挑底宽六丈，加深五尺，共该挑土一万零七百一十方。每方酌给夫工银四分，计用夫工银四百二十八两四钱。

一、自金家桥起至白家桥止，计长九百七十八丈，现在河口面宽十八丈、底宽七丈、水深八尺，尚无淤塞，足资纳水，毋庸挑挖。

一、自白家桥起至夏家桥止，计长一千三百一十六丈，现在河口面宽一十七丈五尺、底宽七丈五尺、水深八尺，尚无淤塞，足资纳水，毋庸挑挖。

一、自夏家桥起至丁家道口入滨州交界翟家庄止，计长一千一十四丈，现在河口面宽二十丈、底宽十二丈、水深八尺五寸，尚无淤塞，足资纳水，毋庸挑挖。

以上惠民县境徒骇河道十六段，共长一万三千九百九十一丈，除深通各段无须挑挖外，计实在应挑工程六段，共牵长一十一里九分一厘一毫，计二千一百四十三丈九尺，共应土方七万四千六百二十二方八分。每方酌给夫工银四分，共需用夫工银二千九百八十四两九钱一分二厘。

会禀道批奉府转行

武定府陶[1]札惠民县知悉。本年八月十九日蒙济东道批，据该县会禀筹议挑挖徒骇河工程并呈图折缘由。蒙批，据禀已悉，仰武定府速饬赶紧定期兴挑，总期上下一律深通，勿任草率，偷减迟延。本道一俟催漕事毕，即行亲诣勘验。事关水利，该令务宜认真督办，慎勿稍有懈忽，致贻后患，切切。仍候院司批示。缴，图折存等因到府。蒙此，合行转饬。札到，该县即遵照宪批，妥速办理。毋违。此札。

会禀司批

藩宪王[2]批，查该县应辖徒骇河道内有六段实在淤塞，必须挑浚。拟请酌给民夫一半土方银二千九百八十四两九钱一分二厘，下余一半借资民力，其银即在该县三十家当商，每家暂

---

① 即陶庆增。

② 即王笃。

借银九十两，共计银二千七百两，尚不敷银二百八十四两九钱一分二厘，由该令捐认。所借各商银两，准其在该县本缺奉批之日起，分作十二年捐廉给商还款。仰即遵照，迅将应挑工段多雇民夫，赶紧挑挖，务使上下游一律通畅，刻期完竣，禀请委员验收。毋违。并候抚宪批示。缴。图折存。

禀抚、藩、道、府禀报挑挖徒骇河开工日期由

敬禀者。窃照卑县禀请挑修徒骇河工程，业蒙藩司、藩宪、宪台委勘，议覆奉批准挑在案。现在已将各当商允借银两一律收齐，汇同卑职认捐之项，专款存贮，选派诚实丁役，雇集民夫，定于九月二十一日开工兴挑。卑职随时亲身督办，务期宽深如式、上下畅达，以重水利。除俟工竣禀请委员验收外，所有挑挖徒骇河开工日期缘由，理合具禀△△查考。肃此云云。

禀抚、宪、道、府禀报挑修徒骇河工程已、未完段落，及现在暂行停工由

敬禀者。窃照卑县请挑徒骇河工程，前蒙藩司、藩宪、宪台委勘，议覆奉批准办，业将各当商允借银两收齐，汇同卑职认捐之项，专款存贮，雇集民夫，于九月二十一日开工兴挑，禀报在案。动工后，即经卑职随时亲身督查，认真挑挖。至十一月十五日止，已将刘家桥、宋家桥、杜家桥、李家桥等处河道四段，照估如式挑挖深通。惟除凤鸣桥、刘菩萨桥两段，现因时届仲冬，天寒水冻，挑筑惟艰。若于年内赶完，诚恐夫工草率办理，难臻妥善。自应暂行停工。俟来岁春融，即当催集夫役一律挑竣，禀请委员验收，不敢稍事玩延。所有现在暂请

停工缘由，理合具禀大人、大老爷查考。肃此云云。

续挑开工并完工请验各禀，见二十五本；委员验收议覆禀结，见二十八本。

惠民县徒骇河案信稿

致滨州、商河

敬启者。敝县挑河一案，前曾谆托省友向该管司书妥为安顿，言定按需用银两，每竿给予大衍之数，是以一切速而且易，较之寻常托人料理二成笔资，所省不啻倍蓰。尊处事件，该管曾经问及，并云此项工程非士民捐修可比，照依新章通行，工竣后尚须造送报销细册。如果料理妥协，即可含混过去，否则多费一番笔墨，亦断不能逐条合式，似不若预行布置之为妙也。未识卓见，以为何如？或由尊处径自安顿，或由弟处代为说项，均祈速赐示知，以便答覆前途。是所至祷。专此布达云云。此函阅后，仍祈掷还。又启，九月十三日，名另具。

致滨州、商河

敬启者。敝县请挑徒骇河一案已奉藩宪批准，令即赶紧挑挖等因。现在禀报，定于九月二十一日开工，合泐函布，并抄禀稿呈阅，即祈吾兄大人查核为祷。此请云云。九月二十一日。

覆滨州王[1]

顷奉手书，承询挑挖徒骇河道，给发夫役工食以及置备器具如何办理等因。查此案工程，敝县系照原禀估定丈尺，按挑土一方发给工食银四分。雇用民夫皆系乡农，所需器具无非锨镢、土筐等件，均令自行携带上工。其不敷用之处，着落该公地人等代为转借。俟工竣验明损坏若干件数，再行估计捐价买还，不致扰累闾阎。尊处究应如何备办，尚祈五兄大人卓才筹画是祷。泐此云云。十月十五。

覆滨州王

顷奉华函，敬聆一是。承寄禀报开工挑修徒骇河道禀稿，议论精详，佩服之至。所有雇夫等事前荷函询，当查敝县系照原禀估定丈尺云云。捐价买还一切办理情形，业已泐函布覆，度邀青照。至于尊处兴工究应如何备办，尚祈五兄大人酌核举行是祷。泐此云云。十月二十三日。

致临邑、济阳

敬启者。顷奉本府转蒙各宪札饬，以据贵县禀请筹款挑修徒骇河一案，令即查明敝境河道，一律禀办等因。查徒骇河于敝县境内亦有管辖段落，惟为贵县河道之下游，久经淤塞不通，亟应一体办理。现拟禀请委勘，用特专函奉布，即祈△兄先查

---

① 即王宠三。

照，将尊处初报及筹款议覆各禀稿，一并抄录示知。俾有遵循，是所拜祷。渤此云云。六月初二日。

致商河、滨州、沾化

敬启者。顷奉本府转蒙各宪札饬，以据临邑县具禀筹款挑修徒骇河一案，令即查明敝境河道，一律禀办等因。查徒骇河，贵州、县境内亦有管辖段落，似应一律举行。兹将弟处禀稿录呈青览，如尊处业已议禀，亦望抄稿示知，是所拜祷。渤此云云。六月初二日。

附抄禀稿一纸。

覆齐河县张[1]

顷奉手书，承询徒骇河工程一案，可否借项办理，摊征还款等因。查此等河道系属宣泄积水、保卫民舍之区，本可借款挑修，按期征还。惟敝县境内连年以来，非旱即水，灾歉频仍。小民输纳正供已觉力有未逮，再以河工摊派似乎不洽舆情。况现在经费短绌，即使具详借帑，亦难邀准。弟拟候委员来勘时，议请由县筹款，择要挑筑。行与不行，在此一举，未知尊意以为何如？除俟会议定稿后，即当抄录呈览外，先此布覆，顺请云云。六月十三日。

致临邑、济阳

昨奉还禀，承寄挑修徒骇河禀稿，足征关爱，心感奚如。

---

① 即张同声。

惟此案工程，尊处早经动工，刻下想已次第挑完，统计用银若干，所筹之款究竟如何归补，或流摊，或认赔，自必定有卓见。尚祈明晰示知，俾得遵循筹办，感荷舟谊，更无既矣！沥此云云。六月二十五日。

致济阳、临邑

敬启者。敝境徒骇河应行挑修一事，前经据实通禀，刻下已奉抚宪饬司委员会勘，不日即可到县。弟思此案尊处业经禀报完工，所有需用人夫、工食，及按段估计土方丈尺数目，自必造册呈送，用特专函布恳，务祈△兄大人饬承查照底案，抄册一本掷来。俾得遵循办理，感纫舟谊，实无既极。沥此云云。七月十四日。

覆商河县

顷奉手书，承询挑修徒骇河一事，敝县如何办理等因。查此案，前经弟处禀蒙藩宪委员来县会勘。议禀后，委员即行回省，刻下尚未奉批。应俟批准方能动工。兹特抄录禀折各稿呈上，祈吾兄大人酌核拟办。至尊处如何办理，仍望抄稿示知是幸。此覆。顺请云云。八月十八日。

饬摊绣江河工银两府札抄详附

札惠民县知悉。案蒙布政司札开，道光二十五年五月初七日奉巡抚部院兼理盐政觉罗崇①批，本司呈详核示前任章丘县叶梆龄历年挑挖绣江河工垫用银两，请归通省州县摊解归款缘由。奉批，如详分作五年按日流摊归款，遇有任卸，列入交案核算。仰即查照缺分等第，均匀摊派，造册详送，并通饬摊派各处遵照，缴等因到司。奉此，查参革知县叶梆龄，前在章丘县任内历年挑挖绣江河工，共垫用银三万一千八百七十九两，在任时未及弥补，即奉撤卸事。该县为省东各府通衢，往来必由之路。叶参令业已籍没查抄，未便再行责令认补，自应遵批在于通省州县按照缺分等第，均匀摊解归款。

除新泰、海丰、沾化、寿张、蒙阴、定陶、巨野、临淄、高苑、昌乐、临朐、潍县、福山、栖霞、招远、宁海、文登、海阳、嘉祥、鱼台等二十苦缺，并历城一县为省会首邑，差务纷繁，应请仍照历办成案，均各免摊，以示体恤外；所有上上缺之济阳、德州、泰安、惠民、商河、濮州、恩县、济宁等八处，每处摊银六百四十八两，共摊银五千一百八十四两；又上中缺之章丘、陵县、东平、汶上、阳谷、单县、馆陶、冠县、诸城、胶州、即墨等十一处，每处摊银五百六十八两，共摊银六千二百四十八两；又上下缺之淄川、长清、乐陵、莒州、平度、临清、丘县等七处，每处摊银四百八十八两，共摊银三千四百一十六两；又中上缺之齐东、德平、平原、东阿、肥城、阳信、宁阳、邹县、峄县、沂水、郓城、堂邑、莘县、安丘、黄县、荣成等十六处，每处摊银四百七两，共摊银六千五百十二两；又中中缺之长山、齐河、禹城、临邑、青城、滨州、利津、滋阳、兰山、费县、博平、清平、掖县、高密、昌邑、夏津、武城等十七处，每处摊银三百廿八两，共摊银五千五百七

① 即觉罗崇恩。

十六两；又中下缺之莱芜、蒲台、曲阜、泗水、滕县、曹县、城武、朝城、聊城、高唐、益都、金乡等十二处，每处摊银二百四十八两，共摊银二千九百七十六两；又下上缺之新城、平阴、日照、菏泽、范县、茌平、蓬莱、乐安等八处，每处摊银一百六十八两，共摊银一千三百四十四两；又下中缺之邹平、郯城、观县、博兴、寿光、莱阳、博山等七处，每处摊银八十九两，共摊银六百二十三两。以上通共摊银三万一千八百七十九两。除将摊银数造册详送抚宪查核外，合行马递五百里札饬等因到府。蒙此，合行转饬。札到，该县立即遵照。自道光二十五年五月初七日奉批之日起，无论正署，按照在任月日分作五年摊解归款，遇有任卸，列入交案核算。毋违。此札。道光二十五年六月十一日到。

计粘抄详一纸。

查该县绣江河道，为宣泄境内山水之要区，如有淤塞，河水泛滥，不特民田被淹，且系东西大路，阻滞来往行人。

该参令自道光十六年五月十五日到任起，至道光二十年六月初九日卸事，在任四载，按年挑挖，俾水有所归，以卫庄田而利行旅。惟历年筹款垫用银两未及弥补，及奉撤任卸事，现在应完之款已复不少。此项实属无力补苴，即责令着赔，亦恐无济。然库项攸关，必须妥筹归补。

查前次长清县垫修大清河桥工银两，因独力难支，系在济属州县分缺捐摊。今章丘县叶参令前次在任历年挑挖绣江河垫用经费银三万一千八百七十九两，虽事同一律，而银数较多，如亦归济属州县摊捐，所摊银两未免过巨，其势力有不逮。且该县为省东各府通衢，大路往来必由之道，叶参令挑挖此河，不仅有益于章丘一邑。可否俯如该县等所请，归于通省州县，除下下苦缺外，其余各处按缺分等第，均匀摊派。自司奉到宪批之日起，分作五年，按日流摊归款，遇有任卸，列入交案核算。庶众擎易举，垫项不致虚悬，是否有当，拟合详请宪台鉴核示遵。

再该县等禀称长清县垫修大清河桥工银两通省摊捐之处，系属错误。至此案各州县应摊银数，容俟奉批准行后，另行摊派饬遵。合并声明。

道光二十五年麦灾缓征上谕

奉上谕："崇恩奏勘明各属被灾情形，请分别缓征折。本年山东临邑等处或因雨泽愆期，或系被风、被雹，以致二麦受伤，虽均勘不成灾，若照常征收，民力恐有未逮，加恩着照所请。所有二麦被旱较轻之临邑、冠县，被风较轻之临清州、本州并丘县，除青黄不接案内请缓村庄外其余各庄，又被旱较轻之海丰县，除青黄不接及本年被潮案内请缓村庄外其余各庄，同被旱较轻之历城、齐河、陵县、平原、惠民、乐陵、滨州、蒲台、莒州、沂水、聊城、堂邑、博平、清平、莘县、馆陶，被风较轻之济阳、德平、阳信、茌平、高唐等州县，被旱、被风之恩县，被风、被雹之禹城县阖境村庄，被雹较轻之安丘县许戈等五十五村庄，齐河县、济阳县并卫，未完上忙新赋；及禹城、阳信等县本年青黄不接案内缓至麦后启征之上忙钱粮；同二十四年未完民欠及秋灾原缓；均着缓至道光二十五年秋后启征。又被旱最轻之章丘、齐东、商河、巨野，被风最轻之益都、临淄、博兴、昌乐、临朐等县阖境村庄，被雹最轻之安丘县彭家圩等三十二村庄，除本年上忙新赋照常征收外，所有二十四年未完民欠及秋灾原缓，并章丘、齐河等县本年青黄不接案内缓至麦后启征上忙钱粮，均着缓至二十五年秋后启征。

以上被旱、被风、被雹较轻、最轻各州县村庄，凡有二十三年以前民欠及因灾原缓与应带征历年旧欠原缓、递缓钱粮，及漕项河银，临、德等仓，民佃盐课，摊征堤工、河工，地租，出借仓谷等项，均着缓至二十五年秋后，各按最先年分，递年依次带征一年。东昌卫所管屯庄，德州卫坐落陵县、德平县屯庄，临清、济宁二卫坐落巨野县屯庄，均着随同坐落州县，一律办理，以纾民力。

该抚即刊刻誊黄遍行晓谕，务令实惠及民，毋任吏胥舞弊，用副朕轸念歉区至意。该部知道。”钦此。

通饬惠民县更造三成册结府札

札惠民县知悉。本年五月二十八日蒙布政司札开，照得曹工三成一案，自道光十一年起至二十三年年底止，系托抚宪奏明截数扣清之期。前因急需查办，恐各属办理未能画一，往返驳更，致稽时日。业经本司拟定册结各式，饬发该府转饬遵照。嗣奉户部咨称，东省办理防堵，动用军需副销借垫银两在通省文职养廉摊扣归款曹工三成一案，截至道光二十四年秋季九月底停扣止，所有防堵三成应自是年冬季起扣，业经由府通饬遵照在案。

兹奉前因，合再马递三百里札饬等因到府。蒙此，合行转饬。札到，该县立即查照前发册结各式，自道光十一年起至二十四年秋季底止，分年、分任迅速造具清册、总册，并出具印结各五本，具文送府，以凭核明转呈。毋违。速速。此札。道光二十五年六月十一日到。

饬知惠民县，屠道彰赔款业已详咨饬追府札抄详附

札惠民县知悉。本年二月十三日蒙济东道札开，本年二月初二日准布政司咨，道光二十四年十二月二十一日奉巡抚部院兼理盐政觉罗崇①批，前署司呈详，前署惠民县屠道彰欠解赔款银两，请核咨着追缘由。奉批，业经前护院据详移咨湖北抚院饬追，并咨明户部一体催追矣！此缴等因到司。奉此，拟合移咨等因。准此，合行札饬等因到府。蒙此，合行转饬。札到，该县立即查照。毋违。此札。二十五年二月二十五日奉府转行。

计粘抄详一纸。

查前于道光六年十月间，蒙前宪陈②具奏东省未结交代，酌议立限清厘案内声明，若仅欠捐赔款项，则与亏缺不同，另行勒限追缴，一面先行结报等因遵照在案。今该员屠道新前署惠民县任内经手正、杂、仓、捐各款，均已交收清楚，欠系赔款银两，核与奏准提出另追之案相符。前经行追，未据完缴，现在该员业已丁忧回籍，相应移咨原籍着追，以免虚悬。查屠道新系湖北孝感县人，拟合详请宪台鉴核，移咨湖北抚院转饬，将屠道新前署山东惠民县任内欠解前项赔款银六百五十五两六

① 即觉罗崇恩。

② 即陈中孚。

钱八分，作速在于该员名下照数勒追完缴，就近报拨，咨覆东省分别作正开销、动项还款，并请咨明户部查照，一体催追。

惠民县交帮随漕、随蓟见石养廉银两，照旧全数交帮，毋庸由县扣平粮道札

督粮道景①札惠民县知悉。案奉部咨随蓟养廉等款，均应减平支给等因。业经备录转饬，遵照在案。查该县交兑漕粮项下，尚有应行交帮之随漕见石养廉银两，部文内虽未指明“随漕”字样，然与随蓟养廉事同一律，自应一律核扣减平，以归画一。惟应扣前项减平，系属汇解部库要款，恐或扣解参差，致滋宕延。今酌定随蓟、随漕各项见石养廉银两，均应照旧随粮全数交帮，统俟将应扣减平由道在于各帮弁应领俸工银两内坐扣，以便及时汇解。除行各帮遵照外，合行札饬。札到，该县即便遵照。嗣后即将应行交帮之随蓟、随漕各项见石养廉，照旧随粮全数交帮，毋庸由县扣平，以免参差，并先将遵办缘由申覆查考。速速。此札。道光二十五年三月初二日奉到。

① 即景霖。

惠民县脚价盘费减平银两饬即赶紧径解交兑府札

武定府陶[①]札惠民县知悉。本年二月二十一日蒙督粮道牌开，案蒙抚宪崇转准户部咨。查山东粮道册报漕仓项下，所议照旧支放之铺兵工食、解漕、轻赍等银，需用钉篐、鞘木，各帮划付旗丁粮，折随蓟养廉、随漕脚价盘费、解官水脚、解役脚费，州县运解仓粮脚价、置买席片铺垫仓廒，解司耗羡、脚费等款，均应减平支给。又各帮行月、闰月折色银两内，运弁仍应减，旗丁照旧兑放。又行粮席草脚价一款内，脚价亦应减平给发，以归画一。余如所咨办理。至漕项公费银内所解各款应扣平银，据称由各衙门核扣等语，应归各处减平案内查核外，仍令该督即饬该道迅将扣减平银专案造报，扣存减平银两扫数解交司库，汇款解部，毋任迟逾，并知照山东巡抚可也等因咨院行道到府。蒙此，合行转饬。札到，该县立即遵照，迅将扣存脚价盘费减平银两，赶紧径解交兑，报府查考。毋迟。速速。此札。道光二十五年三月初四日到。

---

① 即陶庆增。

再升、再调人员，其前任无论系州县、系佐贰，但有应缴罚俸禄银两，必须按限逐案完缴，销案后方准再升、再调通行

武定府陶[1]札惠民县知悉。本年二月二十九日蒙布政司札开，道光二十五年正月二十八日奉总河部堂钟[2]札开，道光二十四年十二月二十六日准吏部咨，文选司案呈，准直隶总督讷[3]咨称，窃查前奉部咨，嗣后再升、再调人员，除初升、初调任内罚俸处分毋庸核计外，其前任内应缴罚俸银两，必须按限逐案完缴销案后，方准再升、再调等语。

查再升、再调官员核计罚俸银两，系指州县官以上而言。其首领、佐贰等官升补知县后，由知县拟升知州，是否仍系初升任内？应完罚俸银两是否应照新例，完缴销案后始准请升？缘例内均未指明，诚恐办理舛错，拟合咨部查照示覆等因前来。

查定例，州县以上业经升调各员，如前任内有罚俸案件，务须依限完缴。其堪以再升、再调者，均俟将前任内有罚俸逾限银两完缴销案后，方准升调等语。又本部议覆户部左侍郎祝[4]奏定章程内开，各省州、县以上，如前任内有罚俸案件，例应依限完缴。请嗣后再升、再调人员，除初升、初调任内罚俸处分毋庸核计外，其前任内应缴罚俸银两，必须按限逐案完

---

① 即陶庆增。

② 即钟祥。

③ 即讷尔经额。

④ 即祝庆蕃。

缴销案后，方准再行升调等因。道光二十四年六月二十六日奉旨："依议。"钦此。钦遵在案。

查再升、再调官员应免罚俸银两，如由首领、佐贰等官升补知县，复升他职，即系再升、再调人员。其前任内罚俸逾限银两，自应俟完缴销案之后，方准保题。相应咨覆该督，并通行各直省，一体遵照办理可也等因咨部堂行司到府。蒙此，合行转饬。札到，该县立即遵照。毋违。此札。道光二十五年三月初六日到。

饬查惠民县境内徒骇河道有无淤塞应挑府札

武定府陶①札惠民县知悉。案蒙济东道札开，本年五月十六日据济阳县杨令②禀称，案蒙藩宪札开，奉抚宪批，据临邑县具禀筹款雇夫挑修河道缘由，行令卑县查明境内徒骇河有无壅滞之处，应如何挑修，一体筹议禀办等因。

遵查卑县会勘徒骇河内芦苇谕令挖除一案，前于具禀后，即经卑职亲往督办，于三月十五日兴工，正工竣之际，即蒙本道亲诣勘明，业已铲除净尽，并令将河道作速挑办等因。

卑职复即亲临河干，逐加复勘，其河底高仰之处，前因芦苇丛生，遮掩形迹，难以勘办。今查得河面宽阔虽如旧式，各处河身委因年久并未挑筑，以致河心间有淤浅，河崖一有坍塌，且捕鱼梗埝、已断桥梁、所存土石均形叠积，俱足以拦遏水势，

① 即陶庆增。
② 即杨汝绥。

必须挑挖深通，搬挪净尽。庶河水得以畅行，不致再有阻碍。惟卑县地瘠民贫，前所栽植芦苇，屡经卑职再三劝导，破其迟疑观望之见，并首先捐给钱文，始据附近居民情愿自行挖除。兹挑修河道，察看民情，碍难令其照前办理，而上游各县已经兴挑，亟应一律疏浚，以免上通下塞之患。

复查卑县所辖之徒骇河道，自临邑、济阳交界之夏口起，至济阳、商河交界之南河头止，绵亘湾曲，计长四十五里，共长一万六千五百一十丈，中间子河宽八九丈至十余丈不等。业经卑职分段秉杆，筹款雇夫，按照子河旧式逐段兴挑，已于四月二十开工，现已挑至十之六七。两岸低塌之处，即以挑出之土培筑填补，总期崖坚流畅，以副兴修水利之至意。除卑职仍不时亲往稽查，并将完工日期另禀外，合将筹款雇夫挑修徒骇河开工日期，并开具清折、绘图贴说，先行禀呈鉴核。

再徒骇河向以南河头为济、商交界，南河头以下至商河县之庐家沟口北岸，尽属商地商民。而南岸则济、商两邑犬牙交错，该处河身尚属通顺，其经由商以下各州县有无壅滞之处，伏乞檄饬查明兴办，合并陈明等情到道。据此，除禀批示外，合行札饬。札到，立即遵照，转饬商河之下游各州县，查明境内该河道是否畅流，有〈无〉壅滞之处，妥速筹议禀办。毋迟。此札等因到府。蒙此，查徒骇河下游系在该县境内，合行转饬。札到，该县立即查明境内该河道是否畅流，有无壅滞之处，妥速筹议，径禀本道宪核办，并报本府查考。毋迟。速速。此札。二十五年六月初一日到。

二十五年潮灾上谕

奉上谕："崇恩奏查明乐安等县被潮成灾及勘不成灾民灶村庄请分别赈恤缓征一折。本年春间，山东乐安等七县因飓风大作，潮水泛涨，倒灌沿海，民田灶地多被冲淹，收成均形歉薄，自应量加抚恤。加恩着照所请。所有被潮之山东乐安县缪家道口民灶一百五十七村庄、寿光县土堆子等民灶三十九村庄、潍县马头等社丰盖庄等民灶八十七村庄、海丰县东北等乡全孝等堆民灶一百三十一村庄、利津县东北等乡庄科等地方韩家园等民灶八十七村庄、沾化县河西等里路王庄等民灶四十村庄，乏食贫民毋论成灾与否，均着赏给一月折色口粮。其成灾七分之潍县马头等社丰台庄二十二村庄，除抚恤一月口粮外，极贫灾民仍加赈两个月，次贫灾民仍加赈一个月。成灾六分之潍县马头等社新庄等十一村庄、乐安县缪家道口八十三村庄，除抚恤一月口粮外，极贫灾民仍加赈一个月，均照抚恤口粮一体散给折色。又成灾五分之寿光县土堆子等十四村庄，及被潮较重之海丰县东北等乡全孝等堆大官庄等一百十五村庄、利津县东北等乡庄科等地方三十八村庄、沾化县河西等里路王庄等二十村庄、乐安县西燕等庄七十村庄，均除抚恤一月口粮外，并成灾七分之潍县丰台新庄等村庄、成灾六分之乐安县缪家道口等庄，应征道光二十五年钱漕及历年未完民欠，暨因灾原缓并漕仓等银、出借仓谷、民佃盐课灶地、地租等项，均着先行停缓。其被潮次重之潍县固柳庄南北王家埠等五十一村庄，除抚恤一月口粮外，同被潮较轻之海丰县东北等乡苏刘等堆苏家等四十三村庄、利津县东北等乡辛庄等地方西滩庄等十三村庄、沾化县河西等里贾家营等二十八村庄、乐安县董家斗科等庄三十二村庄、寿光县刘家浊北等二十七村庄、昌邑县永安社等九村庄，应征本年钱漕同海丰、利津、潍县原缓上忙，着一并缓至道光二十六年秋后启征。至应带二十四年以前未完民欠，并因灾原缓、递缓历年钱漕，临、德等仓，民佃灶地盐课，出借仓谷，地租等项，并为一案，均着缓至道光二十六年秋后，各按最先年分，递年依次带征一年，仍俟该年钱粮全清，再行议带漕米。

至永利场坐落海丰县被潮较重西堼庄十六村庄、较轻刘王庄一庄，坐落沾化县较重大磨李家庄等十五村庄、较轻大王庄等二村庄；永阜场坐落利津县被潮较重东庄子等四十九村庄、较轻薄家庄等十七村庄，坐落乐安县等较重神树坡等四村庄、较轻野鸡王家庄一庄，坐落沾化县较重西隆沟等五村庄、较轻府国庄等二村庄；官台场坐落寿光县被潮较重土堆子等十七村庄、较轻地沟庄等十二村庄，坐落潍县较重典史庄即赵家庄等三村庄、较轻高庄等五村庄；王家冈场坐落寿光县被潮较重木桥头等八村庄、较轻北齐庄北等二村庄，坐落潍县较轻坡子庄一庄；均着随同坐落各县一律办理，以示抚恤。该抚即刊刻誊黄，遍行晓谕，务使实惠均沾，毋任吏胥舞弊，用副朕轸念歉区至意。余着照所议办理。该部知道。”钦此。五月三十日邸抄。

各项工程除士民捐修外均应造册报销通行

武定府陶①为咨行事。

---

① 即陶庆增。

案蒙济东道札付，本年四月二十日蒙巡抚部院兼理盐政觉罗崇①案验，道光二十五年四月初三日准工部咨，都水司案呈，先准户部等衙门将会议给事中雷以諴奏，赏赉各项及修理各工请严定章程一折，送部核议。经本部会同议奏，各省修理工程，除士民修理之工免其造册报销，若官为修理者，务令分别奏咨，按例造册，报部核销，以归核实而杜浮冒等因。于道光二十五年三月十一日具奏，奉旨："依议。"钦此。

本部溯查堤河各工，在五百两以上，虽系民修之工，亦令报部核销，系乾隆五十三年八月钦奉上谕，纂入则例，历经遵办在案。乃近年以来，各直省竟有不遵旧章，修理工程往往以动用捐项，率请免其造册报销。查各直省捐输款项报明户部拨用之款，即系正项钱粮，与寻常捐办工程不请帑项者，迥不相同。若不报部核销，既与定例不符，又易启浮冒虚靡等弊，殊非慎重钱粮之道。应行各直省督抚、府尹，嗣后无论修理何项工程、动用何项钱粮，但系官为经理者，概不得奏请免其造册，以符定例而杜虚糜可也等因咨院行道到府。蒙此，合行转饬。为此仰县官吏文到即便钦遵查照办理。毋违。须至帖者。道光二十五年五月初七日到县。

滩场被潮冲淹，展缓盐课加价上谕由府转饬

运司沈②札惠民县知悉。道光二十五年六月二十八日蒙巡

---

① 即觉罗崇恩。

② 即沈拱辰。

抚部院兼理盐政觉罗崇①札开，照得本部院于道光二十五年六月初七日具奏，查明盐场滩池被潮冲淹，吁恳天恩，分别展缓商课奏销一折，业已抄奏饬知在案。兹于六月十八日奉到朱批："另有旨。"钦此。

同日，随折奉上谕一道："道光二十五年六月十四日内阁奉上谕，崇②奏盐场滩池被淹恳请分别展缓商课奏销一折。山东永阜、永利、官台、王家冈等场，本年春间被潮冲淹五百七十余副，并淹成盐五万余包。商本亏折，兴晒失时，不能依限完课，自系实在情形。加恩着照所请。除道光二十四年埝工加价银两，仍着遵照例限于本年七月征解外，所有道光二十四年引票正、杂课银十五万六千一百四十九两零，着准其展缓一年，至道光二十六年十一月奏销，嗣后递年奏销，着趱早一月，以期仍归原限。至本年七月奏销之河工加价银五万四千四百二十六两，又上年奏销案内未完正、带各年正、杂引课银五万四千四十五两零，除灾前已完银三万二百五十二两零外，其未完银二万三千七百九十三两零，均着缓至本年十一月征完，分案造报，以纾商力。该抚即刊刻誊黄，遍行晓谕，务使实惠均沾，毋任吏胥舞弊，用副朕轸念歉区至意。该部知道。"钦此。合行恭录札知等因。蒙此，除俟敬谨刊刷誊黄，另行饬发，遍行晓谕外，合行札饬。札到，该县即便钦遵查照。毋违。此札。

道光二十五年七月十三日到县。

---

① 即觉罗崇恩。

② 即觉罗崇恩。

祷雨祭文

维道光二十有五年，岁次乙巳，月建壬午，辛酉朔越祭日，武定府知府陶①率惠民县知县余②等谨斋宿虔诚致祭于泰山娘娘尊神之前，曰：惟神秩隆岱岳，礼重云亭，润物敷功，六合仰恩膏之沛资生，是赖万民沾甘雨之施。凡兹百物之生成，皆赖神庥之煦育。今者武定郡内雨泽久愆，秋禾将就槁枯，黎民实深惶急。暵干是虑，焦灼殊殷。此皆由职等庶事不修，膺兹谴责，而生民无妄、穷蹙堪怜，是宜加罪于长官，幸勿降灾于黎庶。为此悚惧不遑，竭诚哀叩，谨择抟日熏坛，会集同城文武各官，于△日起至△日止，斋虔祈祷。伏冀神慈俯怜民命，吁求上帝即沛膏雨于崇朝，生我庶民，伫转饥年为丰岁。职等仰邀福佑，永戴无穷，不胜虔切悚惶、兢兢待命之至。

二十年秋灾缓征漕粮、漕项册

粮道汪③为饬驳事。

据该县申送本年秋禾被水村庄、灾熟地亩及应征、应缓漕仓银米各册到辕。据此，除仓项册籍另行核办外，查该县征漕

① 即陶庆增。

② 即余棨。

③ 即汪云任。

地亩，原分上、中、下三等，而各等则例每亩派征粮数自不能一律摊征。今册内统以上地造报，其中、下二地各有若干，未据分列，又未将每亩派征则例填注。所有应缓、应征粮数是否相符，无凭稽核。至蓟粮一项，原系奏明先尽征兑应缓之数，在于漕米内核缓，但该县蓟粮俱系正兑，其正兑漕米为数无多，不敷摊缓，自应将应缓蓟粮先尽正兑漕米缓征外，尚不敷应缓之数，划入正兑漕豆项下摊缓，以符款项，而轻赍银款亦不致参差。今册内仍按正、改二兑漕米核缓，以致随粮征缓、轻赍银两，按例核计，不相符合，有碍造报。合亟驳饬。为此仰县官吏照牌事理，文到立即饬承查照指驳情节，逐款核明更正，分晰添列，另造妥册二本；并出具实征实缓并无捏饰印结。一并具文飞速送辕，以凭核办，毋再错延，致干未便。速速。须牌。道光二十年十一月二十四日到县。

计发册二本。

为驳饬事。

本年十一月二十四日蒙宪台牌开，仰县官吏云云等因到县。蒙此，遵即饬承，将本年被水村庄、灾熟地亩，及应征、应缓漕粮银米，照指驳之处，逐款分细，更造妥册。拟合具文申送宪台查核。为此云云。十二月十一日阅稿。

计申送清册二本。

一申粮道。

为驳饬事。

今将卑县被水地亩及未被水地亩，先尽蓟粮征收于漕粮银米项下核缓。其余应缓、应征银米各款数目，逐一分晰，更造妥册呈送施行。

计开：

道光二十年分惠民县被水较重方字约大李新庄等五百四十一村庄。

原额上地八千九百十九顷十四亩六分五厘七毫四丝四忽，内被水地四千三百三十三顷二十二亩一分四厘七毫四丝四忽。实征上地四千五百八十五顷九十二亩五分一厘，派征米豆麦四千九百六十五石七斗七升一合三勺内除孤贫兵米另册造报外。

原额大漕米二千三百三十七石四斗九升五合九勺此款初次册开系一千四百一十四石五斗二合七勺，缓征米一千三百五十二石五斗三升四合一勺此款初次册开系九百二十二石九斗九升三合二勺，应征米九百八十四石九斗六升一合八勺。

原额大漕豆三千四百三十二石二斗五升此款初次册开系一千六百六十七石五斗二合九勺，缓征豆一千七百二十九石四斗七升一合一勺此款初次册开系一千七百六十四石七斗四升七合一勺，应征豆一千七百二石七斗七升八合九勺内改征二成五米四百二十五石六斗九升四合七勺，此款初次册开系一千三百二十三石五斗六升四勺，止实征豆一千二百七十七石八升四合二勺。

原额大漕麦三百二十二石，缓征麦一百五十六石四斗三升八合四勺，应征麦一百六十五石五斗六升一合六勺。

原额行粮一百二十八石六升二合七勺，缓征米六十二石二斗一升七合二勺，实征米六十五石八斗四升五合五勺。

原额润耗米二百五十四石五斗九升八合八勺，缓征米一百三十四石八斗四升七合四勺，实征米一百一十九石七斗五升一合四勺。

原额蓟粮米五百七十四石，润耗米二十二石九斗六升。

以上原额共米豆麦七千七十一石三斗六升七合四勺，缓征米豆麦三千四百三十五石五斗八合二勺，应征米豆麦三千六百三十五石八斗五升九合二勺。

拨抵耗豆项下原额耗豆四百三十九石八斗三升七合五勺，缓征豆二百十三石六斗八升七合九勺，应征豆二百二十六石一斗四升九合六勺内改征二成五米五十六石五斗三升七合四勺，止实征豆一百六十九石六斗一升二合二勺。

原额轻赍银一百七十两八钱七分三厘，缓征银八十三两一分六厘，应征银八十七两八钱五分七厘。

原额席草银四十八两六钱二分三厘，缓征银二十三两六钱二分二厘，应征银二十五两一厘。

原额行折银三百七十四两八钱二分八厘，缓征银一百八十二两一钱四厘，应征银一百九十二两七钱二分四厘。

原额蓟粮润耗银二十二两九钱六分、盘费银二十八两四钱六分六厘、脚价银四十两五钱九分四厘、斜席银三钱八分。

以上共原额解银六百八十六两七钱三分四厘，缓征银二百八十八两七钱四分二厘，应征银三百九十七两九钱九分二厘。

原额大漕脚价银四百三十一两五厘，缓征银二百二十九两一钱一分九厘，应征银二百一两八钱八分六厘。

原额大漕盘费银三百二两二钱七厘，缓征银一百六十两六钱五分二厘，应征银一百四十一两五钱五分五厘。

原额行粮脚价银十两八钱八分一厘，缓征银五两二钱八分六厘，应征银五两五钱九分五厘。

原额润耗银二百五十四两五钱九分九厘，缓征银一百三十四两八钱四分八厘，应征银一百十九两七钱五分一厘。

原额斜席银四两三钱二分九厘，缓征银二两二钱九分三厘，应征银二两三分六厘。

以上共原额支银一千三两二分一厘，缓征银五百三十二两一钱九分八厘，应征银四百七十两八钱二分三厘。

二十年秋灾缓征孤贫、兵米册

为①札谕事。

今将卑县被水地亩应征、应缓孤贫、兵米各款数目，理合造具清册，呈送施行。

计开：

道光二十年分惠民县被水较重方字约大李新庄等五百四十一村庄。

原额上地八千九百十九顷十四亩六分五厘七毫四丝四忽，内被水地四千三百三十三顷二十二亩一分四厘七毫四丝四忽，实征上地四千五百八十五顷九十二亩五分一厘，派征米豆麦四千九百六十五石七斗七升一合三勺内除应缓大漕等项另册造报外。

原额孤贫米二百七十三石三斗七升五合四勺，缓征米一百三十二石八斗一升五合，应征米一百四十石五斗六升四勺。原额兵米二千三百十三石一斗六升五合二勺，缓征米一千一百二十三石八斗一升三合，应征米一千一百八十九石三斗五升二合二勺。

以上原额孤贫、兵米二千五百八十六石五斗四升六勺，缓征米一千二百五十六石六斗二升八合，应征米一千三百二十九石九斗一升二合六勺。

---

① 底本此列上有“此系初次稿”。

漕麦改征粟米县禀并粮道批

禀抚、藩、粮道、本府会禀本年二麦歉收，请将大漕麦石暂行改征粟米由

敬禀者。窃查漕粮项下额征麦石，有关天庾正供，必须慎选好麦，方可运兑。如遇麦收歉薄不堪征兑之处，向系暂改粟米抵额交帑，以重漕运，历经办理有案。今岁卑县惠民、阳信两处，因春夏雨泽愆期，麦禾受旱，二麦确收仅止五分余，业已请缓新旧粮赋。现在查看市集麦石，均系颗粒小缩，不能饱绽，民间储蓄麦石尤形短少，将来大漕开征，殊难选征好麦。卑县青城、蒲台及卑滨州亦有应征漕麦。本年二麦被旱，收成歉薄，大略相同。卑县等会同熟筹，若不及早禀办，瞬交冬令开漕时，麦石不堪征收，贻误兑期，关系甚巨。再四思维，惟有仰恳宪台俯照成案，准将惠民县额征漕麦三百二十二石、阳信县额征漕麦二百七十七石、青城县额征漕麦一百八十七石、蒲台县额征漕麦一百五十石、滨州额征漕麦三百三十一石，本年一律暂改粟米征收。俾得选择干洁米粮交帑，不致掣肘。俟来年麦收丰稔，仍行征麦，以符旧例。所有漕麦拟请改征粟米缘由，理合会禀大人、大老爷鉴核示遵、转禀，实为公便。肃此云云。除禀各宪外，卑职△△、△、△△、△△、△△谨禀。

前案府行粮道批

武定府陶[1]札惠民县知悉。本年七月十一日蒙督粮道批，据该县等会禀，本年二麦歉收请将大漕麦石暂行改征粟米缘由。蒙批，查漕麦一项系供奉内廷之需，非实在水旱灾伤，收成在五分以下者，不得滥行请改，是以近年奏请改征案内皆声明收成均止五分。今青城、滨州、蒲台三州县所报麦收分数，均在六分以上，核与改征之案不符，所禀碍难准行。惟惠民、阳信二县收成仅止五分余，除汇案会详，请将该二县额征漕麦奏请改征粟米，俟奉到抚宪批示另檄饬遵外，仰武定府转饬惠民、阳信县知照，并转饬青城、滨州、蒲台等三州县，仰即慎选干洁好麦征收兑运，毋任违误。并候抚宪暨藩司批示，缴等因到府云云。

差查被水、被虫未报村庄，定限二十八日一律呈报稿

为差查事。

案查本年秋禾被水、被虫，已据乡民人等陆续呈报。现在急须诣勘，诚恐该民人等不知缓急，呈报过迟，至难勘办。合行饬差查谕。为此仰役立即查明△约各庄，如有秋禾被水、被虫之处，即谕令该管地方限七月二十八日以前一律赴县递呈。

---

① 即陶庆增。

其已经呈报各庄，不得复行重报。倘再任意拖延，参差呈渎，致稽通案，或将无水村庄朦混列入，并无粮之人冒名递呈，以及重报庄名等弊，一经查出，定即从严惩治，决不宽贷。去役亦不得借端需索，致干革究。速速。

计饬差查谕△约，如有被水、被虫未报村庄，定限七月二十八日以前一律呈报。

二十五年秋禾被水、被虫初禀并覆禀

禀抚、藩、臬、本道、粮道、本府

禀卑县各乡秋禾被水、被虫请赐员勘办由

敬禀者。窃照卑县境内今岁秋禾普种，大田本可有收。讵自六月初旬以后，得雨过勤，低洼地亩一时泄水不及，田禾致被淹浸，并因地气太湿，禾稼间有生虫之处。卑职正在查勘，适据东南、西北等乡民人宋振邦等先后呈报前来，速行亲诣四乡勘验。查得各该乡宋家庄等共计七百九十一村庄，地势洼下，雨水停积，一时难消。地内豆禾多有浸倒，谷禾兼有被虫食叶，未能一律结穗。惟高粱植本高壮，尚无损伤。各庄大略相同，核其情形均属较轻，但收成歉薄，闾阎未〈免〉拮据，自应量予调剂，以恤民艰。除将积水设法赶紧疏消外，理合云云。

禀抚、藩、臬、本道、粮道、本府

会禀勘明惠民县秋禾被水、被虫各庄，议请缓征调剂由

敬禀者。窃卑职玉林①奉藩司、藩宪、宪台委勘惠民县秋禾被水、被虫各庄，是否不致成灾、应否量予调剂，刻速妥议禀办等因。卑职薇垣②亦奉本府、宪台札同前由。遵即订期驰抵该县，会同卑职檠③，亲诣被水、被虫各处，周履确勘，查得东南西北等乡宋家庄等七百九十一村庄，地势低洼，因六月初旬以后，得雨过勤，一时宣泄不及，豆禾多被淹浸。兼以地气湿郁，谷禾间生绵虫，被虫食叶，未能一律结实。惟高粱禾植高壮，俱无损伤。各该庄大略相同，虽系勘不成灾，收成究形歉薄。若将新旧钱漕照常征收，民力实有未逮，但情形均属较轻，亦未便钱漕并缓，致涉冒滥。

卑职等详加体察，悉心筹议，被水又兼被虫较轻之宋家庄等七百九十一村庄，除本年漕米照常征收外，应请将本年下忙新赋并漕仓等项银两，均缓至道光二十六年秋后启征。其余阖境村庄，或因连年积歉，或系毗连灾区，民情亦稍拮据，除本年下忙钱粮及漕米照常征收外，应请同被水又兼被虫各村庄，凡有二麦被旱原缓上忙新赋及道光二十四年民欠钱粮，均缓至道光二十六年秋后启征。其道光二十三年以前民欠因灾原缓，与应带征历年旧欠原缓、递缓钱漕暨漕仓等项，一并缓至道光二十六年秋后，按最先年分，递年依次带征一年。仍照案先尽是年钱粮全清，再行议带漕米。至议缓各庄本年漕项银两，系

① 即刘玉林。

② 即张薇垣。

③ 即余檠。

应随漕支解之项，请于成熟村庄地丁银内划解，统归司库、宪库、司库地丁项下核缓。如此酌予调剂，闾阎可臻宽裕，输将不致竭蹶。缘奉委勘，所有核议缘由，理合开具村庄清折，绘图贴说，会禀大人、大老爷鉴核办理，实为公便。再查各该庄并无未完民佃盐课，无凭议缓。又各庄积水设法赶紧疏消，现在渐次涸复。合并声明。肃此云云。

计禀呈清折一扣、图说一张。

漕麦改征粟米原奏

武定府陶①为行知事。

本年十月初七日蒙督粮道抄案，道光二十五年九月二十二日蒙抚宪崇②札开，照得本部院于道光二十五年九月十三日具奏漕粮项下应征麦石，援案暂行改征粟米以便输纳一折，除俟奉到朱批另行恭录饬知外，合先抄奏札知。札到，该道即便转行查照。毋违。此札。

计粘抄原奏一纸。

内开：

奏为漕粮项下应征麦石，援案暂行改征粟米，以便输纳，恭折奏祈圣鉴事。窃照东省额征漕粮，例应征麦十分之一，如遇麦收歉薄，即奏明改征粟米，历经办理在案。本年东省各属，自春徂夏间有雨泽愆期，二麦收成稍歉。即有收之处，颗粒亦多细小，未能一律饱绽，不堪兑运。若令一概照常征麦，势须

---

① 即陶庆增。

② 即觉罗崇恩。

另买完纳，于民情实有未便。兹据各该州县禀，由藩司王①、督粮道景②会同查议，除二麦收成尚有六分及未经请改之处，均毋庸议改外，所有历城、章丘、齐河、齐东、济阳、禹城、陵县、平原、惠民、阳信、郓城、范县、聊城、堂邑、博平、清平、莘县、冠县、高唐、临清、丘县、夏津等州县，麦收均止五分余，应请援案改征粟米等情，详请具奏前来。

臣查该司道等所详，系属实在情形，亦核与历办改征成案相符。合无仰恳天恩，将历城等二十二州县本年应征麦石暂行改征粟米，以便小民输纳。仍俟来岁麦收丰稔，照旧征麦兑运，以符定制。为此恭折具奏，伏乞皇上圣鉴，谨奏等因到道。蒙此，除径饬各该县遵办外，合亟行知等因到府。蒙此，合行转饬。为此仰县官吏即便遵照，将本年应征漕麦暂行改征粟米运兑，毋得歧误。切切。须至帖者。道光二十五年十月十五日到。

二十五年秋灾上谕

奉上谕："崇恩③奏查明被灾各州县请分别蠲缓一折。本年山东省济宁等州县，或因河水涨溢，或因雨泽愆期，兼有被风、被虫之处，收成均形歉薄。若复照常征收，民力不无拮据。加恩着照所请。所有被水较重之济宁州黑土店等里黑土店等四十四村庄、章丘县清三里南芽北芽二庄、临邑县冯家井等五村庄、乐陵县董家庄等一百七十村庄、商河县顺安等乡侯家坊等二十

---

① 即王笃。

② 即景霖。

③ 即觉罗崇恩。

五村庄、阳信县归一等图化家铺等七十四村庄、鱼台县葛家桥缪家等五十一村庄，被水又兼被虫之邹平县长四等里李家庄等十三村庄，被虫之济阳县宫庄兴同等六村庄，被旱又兼被虫之朝城县沙六里马家集等四十五村庄，应征本年钱粮，漕米及漕项，河银，临、德等仓，民佃盐课，摊征堤工、河工、埝工，地租等项，及济宁、临邑、阳信、鱼台、邹平、济阳等州县内有青黄不接、二麦被风被旱案内原缓上忙新赋，同二十四年民欠及秋灾原缓，均着缓至二十六年秋后启征。

又被水较轻之济宁州孙家道口等九十四村庄、长山县耿家庄等三十六村庄、临邑县狼洼庄等六村庄、茌平县车里长屯大辛庄等二十九村庄、潍县温固等社温家庄一百村庄、寿光县新官路等九十二村庄、鱼台县宋家庄六十村庄、阳信县归一等图堤上王等一百七十六村庄、海丰县张家等三十三堆二百零一庄、乐陵县辛庄等一百三十九村庄、滨州西北二路高庄龙王庙庄等九十一村庄、沾化县粉庄等里粉里庄等六十四村庄〔村〕、滕县十三四两保西湾村等十村庄、峄县金河等社龙家口等七十五村庄、汶上县邵家老庄等三十七村庄、单县刘靛池等一百十六村庄、郯城县黄家店子等五十四村庄，被水又兼被虫之邹平县长四等里、大王驼庄等四十村庄、惠民县宋家庄等七百九十一村庄，被旱又兼被虫之临清州田家庄等一百三十二村庄、濮州东关南等里冯家堤口等九十八村庄、朝城县秋一里刘羡集等一百十村庄，被虫之济阳县淑约杜家庄等一百十三村庄、观城县黄固屯等里韩家楼等六十村庄、聊城西南等乡小屯庄王崇吾庄一百八十九村庄、冠县朱三里庄等一百十四村庄、丘县韩固有十八村庄，及堂邑、馆陶二县阖境村庄，除本年漕米照常征收外，所有本年钱粮，漕项，河银，临、德等仓，民佃盐课，摊征堤工、河工、埝工，地租等项，及被虫较轻之济阳县并卫孔屯等七屯庄，本年钱粮及临清、长山、临邑、邹平、济阳、惠民、阳信、朝城、聊城、莘县、馆陶、冠县、鱼台、丘县等州县内有青黄不接、二麦被风被旱案内原缓上忙新赋，同二十四年民欠及秋灾原缓，均着缓至二十六年秋后启征。

又被水最轻之济宁州南王庄八十五村庄、禹城县一都二等里、大刘山家等六十四村庄、阳信县归一图尹庙等二百六十四村庄、海丰县河安等十堆七十四村庄、沾化县城南等里何家庄等五十七村庄、滕县十七等保小湖子等三十四村庄、峄县新河社古路沟等十二村庄、汶上县上坝口等三十四村庄、茌平车里长屯郭吕等二十九村庄、乐陵县门家等后冯庄等二十村庄、寿光县丹南等庄五十村庄，被水又兼被虫之邹平县长六等里波踏店等五十八村庄，被旱又兼被虫之朝城县秋四里前草屋等一百七十七村庄、临清州黑家庄等九十七村庄，被虫之齐东县刘家寨等庄、观城县永康保等里小辛庄二十七村庄、冠县大李村等二百十九村庄、丘县聂楼等一百二十四村庄，同被虫之平原，被水、被虫之利津，被水之曹县，被旱之范县、夏津、武城等县阖境村庄；又临清、章丘、邹平、济阳、乐陵、惠民、阳信、峄县、郯城、濮州、朝城、冠城、聊城、莘县、曹县、范县、夏津、寿光、鱼台等州县，除请缓村庄外，其余各庄本年钱粮、漕米照常征收，内除临清州黑家庄等九十七村庄、冠县大李村等二百十九村庄、丘县聂楼等一百二十四村庄、齐东县刘家寨等五村庄，同章丘、平原、惠民、乐陵、聊城、莘县各该县应征青黄不接、二麦被风被旱案内原缓上忙新赋，及二十四年民欠并秋灾原缓，均着缓至二十六年秋后启征。

又寿光县之丹南等五十村庄，内有本年先被潮淹较重之宫台庄东刘家呈等庄仍归潮案办理外，其被潮较轻之郑家辇等十三村庄原缓上忙新赋，缓至二十六年秋后启征。今复秋禾被水，着再展缓一年，二十七年秋后启征。

以上被水、被旱、被虫较重、较轻、最轻各州县村庄，凡有二十三年以前未完民欠及因灾原缓与应带征历年旧欠，并原缓、递缓钱粮，漕米、漕项，河银，临、德等仓，民佃盐课，摊征堤工、河工、埝工，地租，出借仓谷、籽种、口粮等项，并为一案，均着缓至二十六年秋后，各按最先年分，递年依次带征一年。仍照案先尽各该年及二十四年钱粮全清，再行议带漕粮。其寿光县被潮较轻之郑家辇等十三村庄，二十四年以前未完民欠及因灾原缓、递缓，系缓至二十六年秋后，各按最先年分，递年带征。今复秋禾被水，着再展缓一年，至二十七年秋后，各按最先年分，递年依次带征一年。至德州、东昌、临清三卫被水屯庄，着随同坐落州县一律办理。如坐落州县并无请缓村庄，仍归该卫自行核办，以昭核实。至例不缺额之蓟粮兵米及请缓钱粮、仍征漕米之州县不敷漕项，均着照例于成熟村庄应征银米内照数划解，统于大漕地丁内核缓。其应征抵额耗豆并着随正缓征，仍将摊缓耗豆脚价银两扣存司库，俟带征年分支给应用，以纾民力。

该抚即刊刻誊黄，遍行晓谕，务使实惠及民，毋任吏胥舞弊，用副朕轸念歉区至意。该部知道。”钦此。十月初五日邸抄。

差传被灾各庄公地稿

为差传事。

案查本年秋禾被水、被虫各庄，已据乡民人等陆续报齐，经本县禀，蒙藩宪、府宪委员勘议批示，遵照在案。刻下委员即可到县，所有各庄公地，合行差传。为此仰役立即查照单开各庄，将该管公地限八月初十日一律传集，赴县听候委员勘询查办去役，毋得云云。

计差传各约呈报秋禾被水、被虫各村庄该管公地，定限八月初十日，一律赴案，听候委员勘询查办，并发村庄单一纸。

二十五年秋禾被水、被虫各庄来春青黄不接，毋须再议调剂通禀

禀抚，藩，臬，本、粮道，本府

禀卑县本年二麦被旱、秋禾被水被虫各庄，业经议缓新旧钱粮，来春青黄不接之时，闾阎不致拮据，毋庸再议调剂由

敬禀者。窃奉本府/宪台转奉藩司/宪台/藩宪奉宪台/抚宪札。查本年被灾村庄，来春青黄不接之时，应征上忙钱粮，小民能否完纳、应否调剂，令即体察情形，确核妥议等因。遵查卑县本年二麦被旱已缓上忙新赋，其秋禾被水、被虫之处亦经请缓本年钱粮，并将阖境未完旧欠，一并请缓在案。现在二麦均已种齐，复得瑞雪滋培。查看情形，民力已可纾展，来春青黄不接之时，闾阎不致拮据。所有道光二十六年新赋可以照常催〈征〉，无须再议调剂。缘奉饬查，理合禀覆云云。

禀覆青黄不接一案业已具禀申发由

禀藩宪禀卑县核议来春青黄不接一案，业已具禀申覆由

敬禀者。本月十五日接奉宪札饬，将本年被灾村庄来春青〈黄〉不接之时应否调剂一案，赶紧确核妥议，飞禀等因。查此案前蒙本府转行到县，当查卑县本年二麦被旱已缓上忙新赋，其秋禾被水、被虫之处亦经请缓本年钱粮，并将阖境未完旧欠一并请缓。现在二麦均已种齐，复得瑞雪滋培。察看情形，民力已可纾展。来春青黄不接之时，阖境闾阎不致拮据。所有道光二十六年新赋，可以照常催征，无须再议调剂。业经据实具禀，于十一月初十日由马递申发在案。兹奉札催，理合禀覆大人查考。肃此云云。

禀覆秋禾被水、被虫各庄并无未完民佃盐课由

禀运宪、本府禀覆卑县本年秋禾被水、被虫案内并无应缓未完民佃盐课由

敬禀者。窃奉本府/宪台转奉宪台/运宪奉抚宪札饬，以卑县本年秋禾被水、被虫案内有无应缓民佃盐课，令即查明造送

缓征册结。如无，亦即据实禀覆等因。遵查卑县历年民佃盐课，均系按年完解清款，并无民欠应缓之项，无凭造报。缘奉札饬，理合禀覆大人、大老爷查考。肃此云云。

灾务信稿十件

覆青城县张①

顷奉手书，聆悉种种。勘灾一案，已奉司委候补州别驾刘公②来勘，约计初八日可以到县。阁下既有要事，即稍缓三四日，亦无不可。但节前总须发禀，务望届期惠临，以昭慎重。幸弗过迟，是所跂祷。泐此云云。

致青城县张

敬启者。敝县秋禾被水、被虫各庄前来，承吾兄大人过县会勘，业经议请缓征调剂，缮禀申发在案。兹特抄录禀稿呈上，即祈察收备查是荷。泐此云云。

致阳信县多③

敬启者。案蒙本府批，据敝县与贵县接壤之赵犸席庄民人

① 即张薇垣。

② 即刘玉林。

③ 即多瑞。

赵秉义呈报秋禾被水一案，饬令两县勘办等因。除缮会票、备文关送外，用特函布，即祈四兄大人迅赐钤印，添差标定诣勘日期，传集公地人等齐集该处，一面示知，以便前往会勘，弗迟是祷。此请云云。

覆齐东县文[①]

顷奉手翰，以本年麦歉薄，应将漕麦改征粟米，嘱即办理等因。足征关照，心感无已。查今岁武属二麦受旱，册报收成五分余者，仅敝县与阳信两处，已于六月间会〈同〉议请将大漕麦石暂改粟米，通禀各宪，并禀蒙主政之粮道批准汇办在案。尊处及章丘既经具禀，事同一律，谅可准行。除俟转奉院批到日，再当抄录寄呈冰案外，泐此云云。

致阳信县多

敬启者。本年麦禾歉收请将漕麦改征粟米一事，前已会列 台衔通禀在案。兹于七月二十日奉粮道宪批，以青城、滨州、蒲台等三州县麦收均报六分余，不能改米。惟敝县与贵县两处收成仅止五分余，准予汇案详奏等因。除录批并抄禀稿备文移会外，用特函布，即祈四兄大人查照办理为祷。泐此云云。

覆利津县孙[②]

顷奉手书，承询秋禾被虫一案，如何措词通禀等因。查敝

---

① 即文英。

② 即孙慧愔。

县境内兼秋禾被水兼有湿郁生虫之处，现在逐一勘验。俟村庄查筹明确，即可据实禀请委勘办理。惟情形尚属较轻，将来不过照禀议缓新旧钱粮，此亦东省历年常有之事。凡办秋灾之处，均奉抄奏，一体行知，有案可查。贵县轻重如何，尚祈吾兄大人因地制宜，酌核妥办，是所拜祷。泐此云云。

覆阳信县多

敬启者。顷准大移，以赵犸席庄民人赵秉义赴府呈报秋禾被水一案。贵县定于八月初三日往验，嘱即届期会勘等因。查该处地亩坐落惠、阳两界之间。敝县亦有应征粮银，是以奉批后移会，订期会勘。嗣因阁下公忙，未准关订日期，而敝县报水、报虫各庄，急须汇齐通禀，不便久延。弟随于勘验别乡时，顺道已将赵犸席庄敝境地亩被水情形，亲验明确，核同各约村庄数内，一并禀请委员复勘在案。弟恐该庄民人未能家知户晓，尚祈吾兄大人诣勘时，将惠民县业已勘过具禀缘由，代为告谕该乡民等知照，则感荷舟谊，实无既矣。弟现在因公晋省，大约节前总可言旋，并以奉闻。泐此云云。

覆济阳县杨[①]

顷奉手书，承询秋禾被虫一案应否一律禀办等〈因〉。查敝县境内前于六月初旬以后得雨过勤，低洼地亩多受淹浸，并因地气湿郁，田禾间有生虫之区。弟已亲诣勘明，各乡共计七百九十余村庄，被水、被虫均属较轻。现经禀请委员复勘在案，

① 即杨汝绶。

将来拟请缓征新旧钱粮，以纾民力。至于新漕，仍照常征收。缘今岁歉收情形并非较重，调剂之中亦不便过于冒滥也。尊处如何筹议，尚祈吾兄大人因地制宜，酌核办理。定稿后并望抄录示知，是所拜祷。泐此云云。

致青城县张

敬启者。敝境秋禾被水、被虫一案，司委候补州别驾刘相圃大兄业已到县查勘。弟定于十二日自省起程，十四日总可旋署，一经申报公回，即可缮发会勘覆禀。务祈五兄大人于节前拨冗过县，商议一切，是所拜祷。泐此，专差驰布。即请云云。

覆青城县张

前以勘灾事务，重劳驺从，诸多简亵，抱歉殊深。止拟肃函布谢，乃荷华翰先颁，殷殷齿及，令人益增汗颜。借稔春帆，五兄大人政祉延鸿，升祺聿骏，慰如颂忱。弟公私犹恒，鲜善可陈。惟地方谧静，堪纾稚注耳。敝县秋禾被水、被虫缓征禀件，业经缮发。所有禀稿昨已录呈冰案，谅邀青照。桐生兄交款，现因提追捐摊一事，尚未定局，将来求准后，一交一抵，均须改账。是以尊处备查之册暂为存留弟处，容俟一切办理妥竣，再当专函送上也。泐此云云。

册稿

详请咨追前县谈素敦修理府监核减工料银两交案浮抵欠款册此案详册在清册初集内①

为照案请追事。

今将卑前县谈素敦道光三年承修府监核减工料银两交代案内浮抵欠款，逐一查明，造册呈送，详请咨追施行。

计开：

一、道光三年修理府监核减未领工料交代案内浮抵欠款银一百八十八两，内划抵道光九年知县缺廉银九十四两四钱九厘、道光九年府司狱缺廉银一十一两五钱五分五厘、道光九年典史缺廉银五两五钱五分五厘、道光十年县丞缺廉银六两七钱六分九厘、道光十年府经历缺廉银二十六两六钱六分七厘、道光十一年同知缺廉银一十两、道光十一年府经历缺廉银一十九两七钱三分三厘、道光十二年府经历缺廉银一十两二钱五分六厘、道光十三年府经历缺廉银三两五分六厘。以上共银一百八十八两，系前任知县谈素敦交代案内浮抵欠款，业经前县王令②详追有案。查谈素敦升任高唐州知州，丁忧服阕，旋即病故。该员系江苏镇江府丹徒县人，应请详咨着追该家属完缴。登明。

① 底本总目补注“详册见第十一本”。

② 即王文焕。

详请咨追前县谈素敦修理府监长领工料银两册

为照案请追事。

今将卑前县谈素敦道光三年承修府监长领工料银两造册呈送，详追施行。

计开：

一、道光三年修理府监长领工料银七十九两八钱三分一厘。前款系前任知县谈素敦未完，该员升任高唐州知州，丁忧服阕，旋即病故。查该员系江苏云云，登明。

截算钱粮正耗细数

截算二十五年上忙钱粮正耗细数

解上忙钱粮一千六百两。前已解过司库正银二万两，粮道库临、德、常三仓正银一千二百两；坐支过文、武庙祭品三十两，府斗级工食银一十六两八钱七分八厘，官俸役食银一千〇一十九两一钱六分四厘，杂支银二百九十九两七钱九分四厘，夫马工料银一百八十七两九钱九分三厘。以上共解支过正银二万二千七百五十三两八钱二分九厘。

该耗银三千一百八十五两五钱三分六厘，内除前已解过司库耗银一千六百两，知县养廉银七百两，粮道临、德、常三仓耗羡并解支五毫脚费银一百六十八两；坐支过廉费银六百二十六两、地丁一厘脚费银四十八两。以上共解支过耗银三千一百四十二两。计短解耗银四十三两五钱三分六厘。

现拟解正耗银一千六百两，内除短解耗银四十三两五钱三分六厘外，实额银一千五百五十六两四钱六分四厘。

额银一千五百五十六两四钱六分四厘以一一四除正耗。正一千三百六十五两三钱一分九厘二毫九丝八忽二微四纤、耗一百九十一两一钱四分四厘七毫一忽七微五纤三沙六尘、脚费银三两二钱七分六厘七毫六丝六忽三微一纤五沙七尘，实耗一百八十七两八钱六分七厘九毫三丝五忽四微三纤七沙九尘。

额三两二钱七分六厘七毫六丝六忽三微一纤五沙七尘。正二两八钱七分四厘三毫五丝七忽四微一纤七沙三尘、耗四钱〇二厘三毫一丝〇〇三纤八沙四尘、脚六厘八毫九丝八忽四微五纤七沙八尘，实耗三钱九分五厘四毫一丝一忽五微八纤六尘。

额六厘八毫九丝八忽四微五纤七沙八尘。正六厘〇五丝一忽二微七纤八沙八尘、耗八毫四丝七忽一微七纤九沙、脚一丝四忽五微二纤三沙一尘，实耗八毫三丝二忽六微五纤五沙九尘。

合计共正银一千三百六十八两二钱、耗银一百九十一两五钱四分八厘、脚费银三两二钱八分四厘，实耗银一百八十八两二钱六分四厘，加短解耗银四十三两五钱三分六厘。今次共应解耗银二百三十一两八钱、正银一千三百六十八两二钱。以上共解正耗银一千六百两。

截算二十四年钱粮正耗细数

解二十四年钱粮银二千两。前已解支过正银四万五千二十八两七分五厘今次建坊银在内，该耗银五千六百七十三两九钱三分一厘。前已解支过耗银五千七百八十一两五钱九分二厘，内除原该耗银五千六百七十三两九钱三分一厘、计长解耗银一百〇七两六钱六分一厘。现拟解正、耗银二千两，加长解耗银一百〇七两六钱六分一厘，共正、耗银二千一百〇七两六钱六分一厘以此为额。

额二千一百〇七两六钱六分一厘以一一四除正耗，照前法算，总以末数至沙尘无可分为度。

合计正银一千八百五十二两七钱二分六厘、耗银二百五十九两三钱八分一厘、脚费银四两四钱四分六厘，实耗银二百五十四两九钱三分五厘，内除长解耗银一百〇七两六钱六分一厘。今次实该解耗银一百四十七两二钱七分四厘、正银一千八百五十二两七钱二分六厘。以上今次共解正耗银二千两。

册结

长山县道光二十二年随奏册结二十三年造

为奏销等事。

今将卑县历年地丁正耗银两民欠各数目，理合遵照饬发册式，造具续案奏销册结各五本，具文申送宪台核转。为此云云。

计申送续案奏销册结各五本。

一申本府。

代理济南府长山县今于与印结为奏销历年钱粮事。

依奉结得，卑县道光二十一年分奏销册报未完正银四千八百九十九两二钱七分、耗银六百九十三两七钱八分七厘，又二十一年秋禾被水案内缓征正银一千五百六十八两九钱一分八厘、耗银二百一十九两六钱四分九厘，二共正银六千四百六十八两一钱八分八厘、耗银九百一十三两八分八厘；道光二十年分未完正银三千九百一十四两三钱二分二厘、耗银五百六十两六钱二厘；道光十九年分未完正银四千四百一十一两二钱三分四厘、耗银九百二十九两一钱九厘；道光十八年分未完正银二千六百八十六两八钱九分八厘、耗银六百七十二两五分二厘；道光十七年分未完正银七千四百八十七两三分三厘、耗银一千一百二十二两五钱六分；道光十六年分未完正银二千九百五十三两八钱九分八厘、耗银六百三十三两四钱三分一厘；道光十五年分未完正银二千一百五十三两三钱二分三厘、耗银三百六十八两四钱一分四厘；道光十四年分未完正银六百七十五两三钱三分八厘、耗银一百一十三两七钱一分五厘；道光十三年分未完正银九十四两七钱二分一厘、耗银三十三两六钱三厘；道光十二年分未完耗银一十八两八钱二分四厘；道光十一年分未完正银一千七百四两四钱二分六厘、耗银二百九十四两六钱五分四厘；均因二十二年二麦被旱案内缓至二十二年秋后递年依次带征，实系民欠，奉文递缓，并无已完银两，亦无挪移亏缺情弊。印结是实。

代理济南府长山县今将道光二十二年续奏案内历年未完地丁正耗银两数目，理合造送施行。

计开：

长山县前任知县章△自道光二十二年五月初六日起至道光二十三年二月初二日卸事前一日止、现任知县祝△[①]自道光二十三年二月初二日到任起至道光二十三年五月初五日止

道光二十一年分

① 即章寅、祝镜清。

奏销册报未完正银四千八百九十九两二钱七分，又二十一年秋禾被水缓征正银一千五百六十八两九钱一分八厘，二共未完正银六千四百六十八两一钱八分八厘，均因二十二年二麦被旱案内缓至二十二年秋后递年依次带征。前件未完。奏销册报未完耗银六百九十三两四钱三分九厘，又二十一年秋禾被水缓征耗银二百一十九两六钱四分九厘，二共未完耗银九百一十三两八分八厘，均因二十二年二麦被旱案内缓至二十二年秋后递年依次带征。前件未完。

道光二十年分

道光二十一年续奏册报未完正银三千九百一十四两三钱二分二厘，因二十二年二麦被旱案内缓至二十二年秋后递年依次带征。前件未完。道光二十一年续奏册报未完耗银五百六十两六钱二厘，因二十二年二麦被旱案〈内〉缓至二十二年秋后递年依次带征。前件未完。

道光十九年分

道光二十一年续奏册报未完正银四千四百一十一两二钱三分四厘，因二十二年二麦被旱案内缓至二十二年秋后递年依次带征。前件未完。道光二十一年续奏册报未完耗银九百二十九两一钱九厘，因二十二年二麦被旱案内缓至二十二年秋后递年依次带征。前件未完。

道光十八年分

道光二十一年续奏册报未完正银二千六百八十六两八钱九分八厘，因二十二年二麦被旱案内缓至二十二年秋后递年依次带征。前件未完。道光二十一年续奏册报未完耗银六百七十二两五分二厘，因二十二年二麦被旱案内缓至二十二年秋后递年依次带征。前件未完。

道光十七年分

道光二十一年续奏册报未完正银七千四百八十七两三分三厘，因二十二年二麦被旱案内缓至二十二年秋后递年依次带征。前件未完。道光二十一年续奏册报未完耗银一千一百二十二两五钱六分，因二十二年二麦被旱案内缓至二十二年秋后递年依次带征。前件未完。

道光十六年分

道光二十一年续奏册报未完正银二千九百五十三两八钱九分八厘，因二十二年二麦被旱案内缓至二十二年秋后递年依次带征。前件未完。道光二十一年续奏册报未完耗银六百三十三两四钱三分一厘，因二十二年二麦被旱案〈内〉缓至二十二年秋后递年依次带征。前件未完。

道光十五年分

道光二十一年续奏册报未完正银二千一百五十三两三钱二分三厘，因二十二年二麦被旱案内缓至二十二年秋后递年依次带征。前件未完。道光二十一年续奏册报未完耗银三百六十八两四钱一分四厘，因二十二年二麦被旱案内缓至二十二年秋后递年依次带征。前件未完。

道光十四年分

道光二十一年续奏册报未完正银六百七十五两三钱三分八厘，因二十二年二麦被旱案内缓至二十二年秋后递年依次带征。前件未完。道光二十一年续奏册报未完耗银一百一十三两七钱一分五厘云云带征。前件未完。

道光十三年分

道光二十一年续奏册报未完正银九十四两七钱二分一厘，因云云带征。前件未完。道光二十一年续奏册报未完耗银三十三两六钱三厘，因云云带征。前件未完。

道光十二年分

道光二十一年续奏册报未完耗银一十八两八钱二分四厘，因云云带征。前件未完。

道光十一年分

道光二十一年续奏册报未完正银一千七百四两四钱二分六厘，因云云带征。前件未完。道光二十一年续奏册报未完耗银二百九十四两六钱五分四厘，因云云带征。前件未完。

长山县道光二十三年地丁奏销册结

为奏销道光二十三年钱粮事。

今将卑县道光二十三年分地丁耗羡银两征收、解支，以及民欠各数目，遵照册式，造具册结，拟合具文申送宪台核转。为此备由云云。

计申送地丁耗羡册五本、印结五本。

一申本府。

济南府长山县今于与印结为奏销等事。

依奉结得，卑县道光二十三年分额解司库起运地丁正银三万五千一百四十四两一钱二厘、耗银三千六百九十四两五分二厘，又知县养廉银一千二百两，二共应解司库耗羡银四千八百九十四两五分二厘。内除因道光二十三年二麦被水案内钦遵上谕，缓至道光二十三年秋后九月初一日启征正银九百六两六钱五分九厘、耗银一百二十六两九钱三分二厘，均应另扣年限造报外，实征正银三万四千二百三十七两四钱四分三厘、耗银四千七百六十七两一钱二分。内自道光二十三年正月十九日开印起，至道光二十四年五月初五日止，已完支给关帝庙祭品银三十两、文昌庙祭品银二十两，解过司库正银三万一千六百八十七两一钱四分二厘，共已完正银三万一千七百三十七两一钱四分二厘、已完解司耗银四千四百一十两七分八厘，未完民欠正银二千五百两三钱一厘、耗银三百五十七两四分二厘。已完俱系尽征尽解，未完实系民欠，并无捏饰及挪新掩旧情弊。日后查出，情愿甘罪。印结是实。

为奏销道光二十三年钱粮事。

今将卑县道光二十三年分地丁耗羡银两征完、解支以及民欠各数目，理合造送施行。

计开：

长山县道光二十三年分经征前任知县章自道光二十三年正月十九日开印起至道光二十三年二月初二日卸事前一日止、接征现任知县祝自道光二十三年二月初二日到任起至道光二十四年五月初五日止

旧管：

阖县原额一例人丁一万五千九十三丁，应征丁银三千三百二十八两六钱四分八厘，又奉文摊入地粮内征收银七百四十两七钱八分三厘。原额大粮一例地六千二百四十八顷十七亩五分八毫四丝三忽，共征银三万五千六十七两八钱七分五厘。又寄庄地三十六顷二十亩，征银七十二两三钱四分四厘。原额荒田地若干、征银若干。民粮原额地若干、征银若干。原额马场租地若干、征银若干；又逾额马场地若干、征银若干。原额学租地若干、征银若干。又本色阔布归入地亩征收银若干。又班匠归入地亩征收银若干。又应征漕项润耗银若干。又德仓米折银若干。闰月银若干。

以上共应征银四万八百四十五两四钱七分九厘，内除解漕仓正银一千九百三十五两九钱八厘；德州仓米折正银一千一百三十两七钱九分；闰月银二十五两四钱五厘；学租银五两七钱八分；举人车价银四两二钱三分三厘；折色脚价银一百五十两

九钱一分四厘；官俸役食银一千三百二十三两四钱五分；里甲夫马银八百八十两七分五厘，内额编夫马闰月银二十七两八钱，有闰即支，无闰即解，遵奉部文于地丁奏销册内列明有闰之年，即将所领额编夫马闰月银两一律造报，另案造申按察司衙门；杂支银二百三十八两四钱七分四厘；均应另案造报外。

额解司库地丁银三万五千一百五十两四钱五分，内除遵旨议奏事案内将花红公宴银六两三钱四分八厘另款批解外，实该解司地丁银三万五千一百四十四两一钱二厘，内除因阜县道光二十三年二麦被水案内钦遵上谕，缓至道光二十三年秋后九月初一日启征正银九百六两六钱五分九厘应另扣年造报外，实应征地丁三万四千二百三十七两四钱四分三厘。

自道光二十三年正月十九日开印起，至二十四年五月初五日止，征完地丁银三万一千七百三十七两二钱四分二厘，内：

一、征完地丁银三十两支给致祭关帝庙祭品银用，领状附卷；

一、征完地丁银二十两支给致祭文昌庙祭品银用，领状附卷；

一、征完地丁银五千两，于道光二十三年三月二十二日批差△△解司交兑讫，批回附卷；

一、征完地丁银六千两云云；

一、征完地丁银若干云云；

一、征完地丁银若干云云。

以上共征完地丁银三万一千七百三十七两一钱四分二厘，未完民欠地丁银二千五百两三钱一厘。

额征地丁正银四万八百四十五两四钱七分九厘，内除学租银五两七钱八分例不征耗外，应征一四耗银五千七百一十七两五钱五分八厘，内除支解粮道衙门共银若干、德州仓米折耗银若干，坐支佐杂养廉银若干、知县公费银若干、地丁脚费银若干，均应另案造报外。

额解司库耗银若干，又知县养廉银若干，二共应解司库耗银若干，内除因卑县道光二十三年二麦被水案内钦遵上谕，缓至二十三年云云一百二十六两九钱三分二厘应另扣年限造报外，实应征耗银若干，自道光二十三年正月十九日开印起云云。

以下款式俱照正银。

惠民县道光二十四年地丁奏销册结

为通饬遵照事。

道光二十五年四月二十五日蒙宪台转奉布政司札开，案照东省地丁等项钱粮奏销征收、支解各款全云等因到县。蒙此，遵将卑县应造道光二十四年钱粮奏销册结及仓谷无亏印结，拟合具文申送宪台核转。为此备由具申，伏乞照验施行。

计申送道光二十四年钱粮奏销册结各五本、仓谷无亏印结各五本。

一申本府。

结稿

武定府惠民县今于与印结为奏销等事。

依奉结得，道光二十四年分额解司库起运地丁正银四万六千三百三两一钱三分七厘、耗银四千一百七十两九钱八分二厘，又知县养廉归入耗羡解司银一千四百两，二共耗银五千五百七十两九钱八分二厘。自道光二十四年正月二十日开印起，至二十五年五月初五日止，征完正银三万四千二百六十一两七钱二分六厘、耗银三千九百一十四两二钱七分四厘，未完民欠正银一万二千四十一两四钱一分一厘、耗银一千六百五十六两七钱八厘。已完俱系尽收尽解，未完实系民欠，并无亏挪捏报情弊。日后查出，情愿甘罪。印结是实。

结稿

武定府惠民县今于与印结为遵旨会议具奏事。

依奉结得，道光二十四年分额解司库地丁等项钱粮存贮仓谷，自本年正月初一日起至二十五年五月初五日止，历年正杂钱粮，自道光二十四年五月初八日起至二十五年五月初五日止，俱系随征随解、实在存仓，并无亏缺。如有捏混，日后查出，情愿甘罪。印结是实。

为奏销等事。

今将卑县道光二十四年分起运地丁正耗银两征完、解支、民欠各数目，理合开造呈送，查核施行。须至册者。

计开：

惠民县

道光二十四年分

经征前任知县杨自道光二十四年正月二十日开印起至二十四年十二月二十四日丁忧卸事前一日止、接征代理知县彭自道光二十四年十二月二十四日接征起至二十五年正月二十日卸事前一日止、接征现任知县余①自道光二十五年正月二十日到任起至二十五年五月初五日止

旧管：

额征地丁正银五万六千八百一两七钱四分七厘，内除学租正银五两四钱二分四厘系儒学征解，历科举人车价银三两八钱一分八厘，起运折色脚价银一百七十七两八钱五分四厘，漕粮并

---

① 即杨茂豫、彭垣、余棨。

运军行粮折色等项银一千六百八十九两七钱四分四厘，德、常、临等仓共银五千五百七十四两一钱一分一厘，奉裁府斗级工食银三十三两七钱五分六厘。应支官俸役食银二千三十八两三钱二分八厘，杂支银五百九十九两五钱八分八厘，里甲夫马工料银三百七十五两九钱八分七厘内有额编夫马闰月银一十五两三钱，有闰即领，无闰即解，以上各款均应另案造报外。实该起运司库地丁正银四万六千三百三两一钱三分七厘。

新收：

自道光二十四年正月二十日开印起至二十五年五月初五日止，征完正银三万四千二百六十一两七钱二分六厘。

开除：

一、坐支过文昌、关帝庙祭品银五十两，领状附卷；

一、坐支过节妇张马氏建坊银三十两，领状附卷；

一、批解正银一万两，于道光二十四年二月二十六日差役马云等解赴布政司交兑讫，批回附卷；

一、批解正银一万两，于道光二十四年三月初九日差役马云等解赴布政司交兑讫，批回附卷；

一、批解正银一千二百两，于道光二十四年四月二十日差役马云等解赴布政司交兑讫，批回附卷；

一、批解正银六百二十九两，于道光二十四年九月二十二日差役马云等解赴布政司交兑讫，批回附卷；

一、批解正银五千两，于道光二十四年九月二十二日差役马云等解赴布政司交兑讫，批回附卷；

一、批解正银五千五百两，于道光二十四年十月二十一日差役马云等解赴布政司交兑讫，批回附卷；

一、批解正银一千八百五十二两七钱二分六厘，于道光二十五年五月初五日差役△△等解赴布政司交兑讫，批回附卷。

以上共解支过正银三万四千二百六十一两七钱二分六厘。

实在：

未完民欠司库正银一万二千四十一两四钱一分一厘。

道光二十四年分

旧管：

额征地丁并学租一四耗银七千九百五十二两二钱四分五厘，内除应解学租耗银七钱五分九厘、粮道漕项耗银二百三十六两五钱六分六厘、仓项耗银七百八十两三钱七分五厘。应支同知养廉银八百两、府经历养廉银一百两、知县养廉银一千四百两、县丞养廉银八十两、典史养廉银八十两、知县公费银一百九十二两、地丁一厘脚费银一百一十一两五钱六分三厘外。实该起运司库耗银四千一百七十两九钱八分二厘，又知县养廉归入耗羡解司银一千四百两，二共实应解司耗银五千五百七十两九钱八分二厘。

新收：

自道光二十四年正月二十日开印起至道光二十五年五月初五日止，征完耗银三千九百一十四两二钱七分四厘。

开除：

一、批解耗银八百两，于道光二十四年二月二十六日差役马云等解赴布政司交兑讫，批回附卷；

一、批解春季知县养廉耗银三百五十两，于道光二十四年二月二十六日差役马云等解赴布政司交兑讫，批回附卷；

一、批解耗银八百两，于道光二十四年三月初九日差役马云等解赴布政司交兑讫，批回附卷；

一、批解夏季知县养廉耗银三百五十两，于道光二十四年三月初九日差役马云等解赴布政司交兑讫，批回附卷；

一、批解耗银一百两，于道光二十四年四月二十日差役马云等解赴布政司交兑讫，批回附卷；

一、批解耗银一百六十七两，于道光二十四年九月二十二日差云等解赴布政司交兑讫，批回附卷；

一、批解耗银五百两，于道光二十四年九月二十二日差役马云等解赴布政司交兑讫，批回附卷；

一、批解秋季知县养廉耗银三百五十两，于道光二十二年九月二十二日差役马云等解赴布政司交兑讫，批回附卷；

一、批解冬季知县养廉银三百五十两，于道光二十四年十月二十一日差役马云等解赴布政司交兑讫，批回附卷；

一、批解耗银一百四十七两二钱七分四厘，于道光二十五年五月初五日差役马云等解赴布政司交兑讫，批回附卷。

以上共解过司库耗银三千九百一十四两二钱七分四厘。

实在：

未完民欠司库耗银一千六百五十六两七钱八厘。

朱庆扬欠解年款册司札

饬造朱庆扬年款细册司札

布政司刘①札惠民县知悉。案查前据该县更送该前县朱庆扬欠交捐赔银两年款册到司。当查册开登覆各款，内有朱令原欠应赔漏接道光十二年添平银四十七两七钱四分，既经后任垫

① 即刘斯嵋。

解清楚，自应另查后任欠解捐款划入顶补，前因划补道光九年同知缺廉系以捐划杂，名实不符。业经明晰签示，该县造送登覆册内声明别无欠解，粮道衙门摊捐之项仍请将道光九年同知缺廉顶补请追，碍难存办。查该县虽不欠粮道衙门捐款，但自有未完，其余各衙门捐款尽可划补。随经札饬，查明交案欠解捐款划入顶补，另更妥协年款细册，出具无捏无遗印结，呈送核办，并札催去后。迄今日久，未据更送，殊属玩延。合再马递五百里札催。札到，该县立即遵照前札指饬情节，漏夜赶查，分别另造妥册，出具切结，呈送核办。并将已拨、已征未解银两，即于朱令年款案内声除。倘再抗延不即造送，除委员守提外，仍将该县以玩视公务，详请撤参不贷。慎之。速速。特札。道光十七年五月初七日到县。

饬发朱庆扬已、未报部年款底册司札抄详附

布政司刘札惠民县知悉。道光十七年八月二十三日蒙巡抚部院经①批，本司详送前任惠民县朱庆扬欠解捐赔银两年款清册请核咨缘由。蒙批，已据详咨部矣。仍将该员欠解捐赔银两，严饬赶紧设措完解，毋任延欠，缴，册存送等因到司。蒙此，除行高密县朱令赶解外，所有已、未报部年款底册，合行照抄，由马递札发。札到，该县立即遵照，并将发去年款底册迅即核明，照造三番，送司备案。毋违。此札。道光十七年九月十二日到县。

计粘抄详一纸、发册二本。

查前任惠民县知县朱庆扬前在惠民县任内欠解捐、赔各款，共银五千二百三十三两九钱，内欠漏接前任欠款着赔银二千四

---

① 即经额布。

百六十三两一钱八分八厘、捐款银二千七百七十两七钱一分二厘，总计欠解各款共银五千二百三十三两九钱，按款确核数目，均属相符。查前于道光六年十月间蒙前抚部院陈[①]具奏，东省未结交代酌议立限清厘案内声明若仅欠捐、赔款项，则与亏缺不同，另行勒追，一面先行结报等因，遵照在案。今前任惠民县朱庆扬前在惠民县任内经手正、杂、仓款，均已交清，欠系捐、赔款项，核与奏准剔出另追之案相符。前经催追未完缴，该员已补高密县知县，除檄饬赶紧照数完解另报外，拟合由司造具年款细册，详请宪台鉴核，咨送户部查照。

司发前任惠民县朱庆扬欠解捐赔银两年款册

计开：

前任惠民县知县朱庆扬前在惠民县任内欠解捐、赔各款，共银五千二百三十三两九钱，内欠漏接前任欠款着赔银二千四百六十三两一钱八分八厘，内：

一、欠解嘉庆二十一年知县缺廉银八两六钱二分八厘、二十三年知县缺廉银二十四两七钱九分三厘、二十四年知县缺廉银三百十五两四钱三厘、二十五年知县缺廉银四百六两一钱八分六厘，道光六年知县缺廉银一百四十两、七年知县缺廉银二百二十六两一钱五分四厘、七年同知缺廉银二百四两一钱四厘、八年同知缺廉银四十二两二钱二分二厘，嘉庆二十一年经历缺廉银十三两三钱三分三厘，道光七年经历缺廉银二十一两二分六厘，嘉庆二十一年县丞缺廉银五两八钱四分五厘、二十一年司狱缺廉银六两八钱七分三厘，道光七年司狱缺廉银七两三钱

---

① 即陈中孚。

八分五厘，嘉庆二十一年典史缺廉银十二两六钱一分五厘，道光四年县丞缺俸银三两六钱二分四厘、六年各官缺俸银五十一两九钱五分六厘、六年师生共缺银十六两一分二厘、七年师生共缺银六两六钱四分六厘、八年师生共缺银十八两九钱九分，嘉庆二十四年岁贡银十三两四钱八分九厘，道光七年各役孤贫小建银三十两四钱六分一厘，嘉庆二十五年知县三成养廉银七十三两五钱，道光二年知县三成养廉银一百三两八钱二厘、七年知县三成养廉银三百五十二两一钱五分四厘、八年知县三成养廉银二百九十九两八钱三分三厘、七年盘查无着二成养廉银五十八两一钱五分四厘，共银二千四百六十三两一钱八分八厘。查系各前任欠解交代案内朱庆扬漏未接收，例应着赔，理合登明。

欠解捐款银二千七百七十两七钱一分二厘内：

一、欠解道光九年知县三成养廉银三百七十二两一钱六分六厘、十年知县三成养廉银四百二十两、十一年知县三成养廉银四百二十两。前三件查系本任应扣，是以遵照奏案作为捐款闻报，理合登明。

十四年知县三成养廉银二百十八两六钱三分一厘。前件查系后任欠解之项，因朱庆扬有欠解本任应扣道光十二年知县三成养廉银，已在后任领款内扣解清楚，是以将前项银两划补请追，理合登明。

应摊前任知县陈醇垫修白龙湾堤工银八百九十两二钱七分五厘。前件应俟追起归补，该县交代案内列抵欠解嘉庆二十五年粮道德、常二仓正银六百两二钱三分五厘、耗银五十七两八钱二分四厘，道光十年同知缺廉银二百三十二两二钱一分六厘，共银八百九十两二钱七分五厘，理合登明。

前任青州府知府戴荣恩部借养廉银四两七钱九分五厘，前任朝城县知县张葆元部借养廉银一两五钱，前任博兴县知县孙钟鳌部借养廉银二两五分九厘，试用知县舒保部借养廉银三钱七分五厘。前四件系因各该员病故，家属无力完缴，照例饬摊之项，理合登明。

道光六年临砖柴价银二十两五钱五分一厘、七年临砖柴价银七两一钱四分二厘。前二件查系应归临清州衙门垫款之项，理合登明。

粮道衙门捐款银四百一十三两二钱一分八厘。前件查系在外捐廉办公之项，无关部库，请免开造细款。至此项银两内有后任代解银四十七两七钱四分，应请照数着追，俟追起归补该县交代欠款，理合登明。

共银二千七百七十两七钱一分二厘。总计欠解捐赔各款共银五千二百三十三两九钱，现在勒追。

二十四年钱粮完欠分数

惠民县道光二十四年分额解司库正银四万六千三百三两一钱三分七厘、耗银四千一百七十两九钱八分二厘、知县养廉银一千四百两、课程银二两三钱，以上共解司库银五万一千八百七十六两四钱一分九厘。

一、经征知县杨[①]自二十四年正月二十日开印起，至十二月二十四日丁忧卸事前一日止，除扣封印日期，计在任三百三十日，应征九分一厘七毫银四万七千五百七十两六钱七分六厘。

① 即杨茂豫。

前项已完解支银三万六千一百四十八两三钱，计已完六分九厘七毫；未完银一万一千四百二十二两三钱七分六厘，计未完二分二厘。

一、接征知县彭①自二十四年十二月二十五日到任起，至二十五年正月二十日卸事前一日止，所有该员在任月日均在封印期内，例应扣除，毋庸核计分数。

一、接征知县余②自二十五年正月二十日到任起，至二月十九日扣满一年限期止，计在任三十日，应征八厘三毫银四千三百五两七钱四分三厘。前项全欠。

论买产各户赶紧投税告示

为再行谆谕事。

照得税契银两一项，屡经奉藩宪严札，委员查催。本县到任后，业经立限清厘，出示晓谕在案。诚恐县境辽阔，乡民未能咸知。合再简明，出示谆谕。为此示仰阖邑军民人等知悉，本县定以三月二十日为限，尔等置买田房，无论远年新近，务须依限一律投税。倘逾限再有隐匿漏税之户，一经查出，或被告发，除责令补税外，定行照例罚追产价一半，以示惩儆，决不稍贷。凛之。毋违。特示。

① 即彭垣。

② 即余棨。

各项销案详稿

详销张有贤控宋大利挟嫌妄控一案

武定府惠民县为挟嫌妄控等事。

准前任移交，道光二十四年五月二十六日蒙宪台批，据卑县民张有贤呈称，窃身先买苏姓地十五亩四分零，文契炳据云云。为此急叩仁宪恩准，饬县速究，以儆刁折，以安懦民，感德无既等情。蒙批，尔承买宋大利地亩，早已立契交价。今事隔数年，宋大利因何涉讼，据呈索欠起衅，恐非实情。既经该县饬查，仰惠民县饬差协同中证，秉公查文清理，毋任越渎。

又于是年六月初二日蒙宪台札开，案据该县民张有贤来府呈称，窃身于本月初三日以挟嫌妄控等情控宋大利等云云。为此再恳仁宪恩准，饬县传讯，感德无既等情到府。

据此，除呈批示外，合行札饬。札到，该县立即传案，秉公确讯，断结详报，毋得迟延。速速。此札各等因到县。

蒙此，查此案先于道光二十四年三月初八日，据县民宋大利以窃禾侵逼等情控张有贤，并据张有贤以宋大利挟嫌刁折等情，先后互控到县，均经卑前县杨令批，饬干证范青海查处去后。张有贤旋赴宪台衙门控。蒙批饬前因，杨令①传讯未结卸事，卑职接准移交，随即差传人证，逐一确讯。

据孙好山供案，下人与宋大利、张有贤同庄，素识。道光

① 即杨茂豫。

二十三年宋大利与张有贤因丈量地亩、收取麦禾，彼此争执。小的看见曾经处说，后来他们又如何兴讼，小的不知情由。今蒙讯明，张有贤买宋大利地十二亩，实系照契耕种，钱粮业已拨清，并无短粮侵地情事。是实。

据张有贤供案，下人小的前买苏之清地十五亩四分，与宋大利家地亩毗连，有契据可凭。先因丈量小的地短八分，查系远年混入宋大利地内，当经宋大利如数退还。道光十八年，宋大利又把他家业地卖给小的十二亩，已经拨粮。后来宋大利续卖地亩，丈量不清。查看小的原买苏之清文契，他又不识字，疑心小的侵他地亩，来县呈控。小的也来县具诉，蒙干证范青海调处，未妥。小的被控不甘，就赴府宪衙门呈控了。今蒙讯明，小的实没侵占地亩、短拨粮银情事。是实。

据宋大利供案，下人小的家有地三十四亩，与张有贤原买苏之清地十五亩四分毗连。小的家地亩久已无契。从前张有贤查他地短少八分，系远年混入小的家地内，当已如数退还给他。道光十八年，小的又把业地卖给张有贤十二亩，已经拨粮。后来，小的续卖地亩，丈量不清。查看张有贤原买苏之清地契，小的又不识字，疑心张有贤侵占，就来县呈控。张有贤也〈来〉县具控。蒙批，干证范青海调处，未妥。张有贤又赴府宪衙门呈折了。今蒙讯明，张有贤并没侵占地亩、短拨粮银情事，实系小的因不识字，疑心误控的，只求恩典。是实。

据宋安然供案，下人宋大利是小的叔父，张有贤与宋大利丈量地亩，张有贤地短八分。查系远年混入宋大利地内，经小的眼同退还张有贤了。余供与宋大利供同各等供。

据此，卑职审看得县民张有贤呈控宋大利挟嫌妄控等情一案。缘张有贤、宋大利等均系卑县民人，同庄居住。张有贤原买苏之清地十五亩四分，宋大利有地三十四亩，与张有贤地亩毗连。从前张有贤量地短少八分，查系远年混入宋大利地内，当经宋大利如数退还。道光十八年，宋大利又卖给张有贤地十二亩，立契拨粮，毫无轇轕。迨后，宋大利续卖业地，因自己地契久已遗失，无凭丈量，经张有贤将原买苏之清文契给与查看，宋大利目不识字，不能看阅，恐张〈有〉贤欺弄。彼时地亩又丈量不清，即疑张有贤侵占，来县具控。张有贤亦即具呈剖诉，均经前县杨令批饬，词证查处未妥。张有贤被控不甘，即以挟嫌刁控等词，赴宪台衙门控。蒙批，饬讯断，杨令未及讯结，卸事。

兹经卑职集案讯各供，悉前情。查宋大利因续卖地亩丈量不清，辄疑地邻张有贤侵占，本有不合。惟伊目不识字，未能看阅张有贤契据。控出怀疑，并非挟嫌刁控，一经讯明，前疑顿释，应请从宽免议。宋安然眼同宋大利等丈地，将张有贤所短地亩退还，并无情弊。张有贤原买苏之清地亩，及价买宋大利之地，俱属照契耕种，委无侵占情事。其赴宪辕呈告，系因被控不甘所致，亦非有心砌渎。孙好山因宋大利、张有贤等收取麦禾，彼此争执，从中调处，亦无不合。宋安然、张有贤、孙好山均毋庸议。张有贤地亩断令照契管业。案已讯结，未到人证免传省释。除取结附卷，并将已到人证当堂省释外，所有讯结缘由，拟合具文详请宪台鉴核，批示销案，实为公便。为此云云。

详销委审惠民县民张昌呈控张元诡拨粮银等情一案

阳信县为详销事。

案蒙宪台、本府札饬，以惠民县民张昌呈控张元诡拨粮银等情一案，饬令前往该县集案确讯，究断详报等因。蒙此，除将讯断缘由备载书册不复冗叙外，拟合摘叙简详，具文详请宪台鉴核转详销案除径详藩宪外、宪台鉴核批示销案除由府转详外，为此云云。

计详送书册一本。

一详司府。

阳信县为详销事。

道光二十四年十二月初七日蒙宪台、本府札开，案查前蒙布政司批，据惠民县民张昌呈控张元诡拨粮银等情一案，当经饬委候补县李令确讯究报，并转饬惠民县传集移交审办去后。迄今未据详报，现查李令①借补济宁州州同离郡，除饬惠民县传齐人证外，合亟改委。札到，该员立即束装云云，此札等因到县。蒙此，遵即驰赴惠民县。卷查得道光二十二年五月间，据该县民人张元与张昌因地粮不清，在县呈控，经该前县王令②传讯，饬令查算清楚，再行核断。张昌并不遵照查算，屡次呈渎。嗣经该前县杨令③复讯，张昌当堂顶撞，杨令将伊掌责，并将地粮算明，断令各管各业按地完粮，取结在案。张昌又由宪辕、府赴藩宪、宪台衙门呈称，窃身与伯弟张元云云，俾奸弟知儆，懦冤得伸，上叩等情。蒙批，既有粮册，又有串票，似此凿凿有据，张元若果私拨属实，尽可从此察断真伪，何以该县并不究伊诡拨，转将尔笞责？所呈显有隐匿别情。惟折关贿书朦断，虚实应究。姑仰武定府委员集案，秉公确讯，究断详夺，毋稍徇延，抄粘附等因。当蒙宪台、本府札委候补知县李令审断，李令未及讯结，因补缺赴任，改委卑职讯详。

---

① 即李光泰。

② 即王文焕。

③ 即杨茂豫。

兹准署惠民县余令差传人证，移交卑职提集确讯。

据张元供，惠民县人张昌是堂兄。小的家有祖业地亩，小的父亲在日已同张昌的父亲分劈各自完粮外，有闲院地一段，从前是两家伙用这地，每年该纳粮九钱七分二厘，原是两家输纳。后来小的与张昌又把这闲院地平分，小的应分纳一半粮银四钱八分六厘，下余一半粮银四钱八分六厘，应分拨张昌名下完纳。张昌常往关东贸易，小的因钱粮紧要，恐日久粮名牵混，就把张昌应分的粮银替他拨清。他回家后没查明白，疑是小的私拨粮银，来县呈控。前县因他当堂顶撞，把他掌责，讯明粮地相符，具结完案。张昌又疑小的贿串朦蔽，就砌词由府赴布政司衙门呈控。今蒙讯明，张昌于原分祖业地亩之外，又分了闲院地一半，实应分拨粮四钱八分六厘，并非小的私行派拨。他上控呈词所叙粮银五钱有零的数目，是他找人算错了。小的也没贿串刑书陈少廷、挽言朦蔽情事。断令各按地数管业完粮，情愿遵断。是实。

据陈少廷供，是惠民县刑书。张昌与张元因地粮兴讼一案，是书办承管的。前县堂讯时，因张昌不遵断查粮银，当堂顶撞，经前县把他掌责，将地粮算明，取结完案。他疑张元贿串书办朦蔽，又砌词由府赴布政司衙门呈控。今蒙讯明，张昌于原分祖业之外，又分得闲院地一半，应分拨粮银四钱八分六厘，并非张元私行派拨。张昌上控呈词所叙粮银五分有零，是他找人算错了。书办实没受张元贿串、挽言朦蔽情事。断令张昌、张元各按地数管业完粮。是实。

据张昌供，惠民县人张元是堂弟。小的家有祖业地亩，小的父亲在日已同张元的父亲分劈各自完粮外，有闲院地一段，从前是两家伙用这地，每年该纳粮银九钱七分二厘，原是两家轮纳。后来张元与小的又把这闲院地平分，张元应分纳一半粮银四钱八分六厘，下余一半粮银四钱八分六厘，应分拨小的名下完纳。小的常往关东贸易，张元因钱粮紧要，恐日久牵混，就把小的应分粮银替小的过拨了。小的回家没查明白，疑是张元私拨粮银，来县呈控。前县堂讯，因小的回话粗率顶撞，将小的掌责，讯明粮地相符，具结完案。小的回家又找人查算地粮，未能算清。心疑当堂受责，难保不是张元串同刑书、搀言朦蔽所致。小的又由府赴布政司衙门呈控。今蒙讯明，小的于原分祖业地亩之外，又分了闲院地一半，实应分拨粮银四钱八分六厘，并非张元私行派拨。小的上控呈词所叙粮银五钱有零的数目，是我找人查算错误。张元也没贿串刑书陈少廷，搀言朦蔽情事。小的不应怀疑，砌词上控。将小的责惩断令，各按地数管业完粮，情愿遵断，不敢滋讼。是实各等供。

据此，该阳信县知县多瑞审看得惠民县人张昌呈控张元私拨粮银、贿书朦断等情一案。缘张昌、张元系同堂兄弟，素无嫌隙，家有祖业地亩，早已分劈，各自完粮。惟祖遗闲院地一段仍系张昌、张元两家伙用之产，每年该纳粮银九钱七分二厘，亦系两家轮纳。迨后，张元、张昌又将此地平分，粮银即应两家分拨。张昌时常出外贸易，张元恐日久牵混，旋将张昌名下应分一半粮银过拨清楚。张昌回家未查明晰，疑张元私拨有弊，赴县呈控。该前县王令传讯，饬将地数、粮数逐一查清，再行讯断。未及讯结，卸事。复经该前县杨令集讯，张昌并不遵照查算地粮，辄敢出言顶撞。经杨令当堂掌责示惩，并查明地粮相符，取结完案。张昌回家复自行托人查算粮数，未能算清，又疑堂讯受责，难保非张元贿串刑书、搀言朦蔽所致。随即砌词由宪辕、府赴藩宪、宪台衙门控。蒙委审讯各供悉前情，案无遁饰。查张昌分受祖遗闲院地亩，自应分拨粮银。乃因张元代为过割清楚，并不确切查明，辄控张元私拨。迨至堂讯顶撞被责，又疑刑书朦蔽，砌词具控。虽已供明控出怀疑，并非有心诬告，惟砌词上渎究属不合，应照不应重律杖八十。张元拨于张昌名下粮银，实系张昌分受院地应纳之，并无私行多拨，亦无贿串刑书朦蔽情事，应与讯无受贿、搀言朦蔽之刑书陈少廷，均毋庸议。张昌、张元两家地粮相符，断令各照地数管业完粮。除取结赴卷并将人证省释外，所有讯拟缘由是否有当，拟合具文，详请云云。

详销刘来坤呈控苏献璧等丈讯无期等情一案

为札饬事。

准前任移交，案蒙宪台札饬，以据卑县民刘来坤呈控苏献璧等丈讯无期等情一案，饬令勘丈讯结详报等因。蒙此，除将讯断缘由备载详册，不复冗叙，拟合摘叙简详，具文详请宪台鉴核，批示销案。为此云云。

计申送详册一本。

一详本府。

为札饬事。

准前任移交，道光二十三年五月二十九日蒙宪台札开，案据该县民刘来坤赴府呈控苏献璧等丈讯无期等情到府。除呈批示外，合行抄呈札饬。札到，该县立即查照，俟秋后勘丈核讯，断结详报，毋得违延。速速。此札。

计粘抄一纸。

内开：

告状人刘来坤为丈讯无期再叩饬丈究断事。窃身于去年云云，感德无既，上叩等因到县。蒙此，卷查道光二十二年据民人刘来坤及孀妇苏张氏与苏献云、苏献璧等先后以地亩被侵等情到县。经卑前县王令饬差查丈两造地亩，均系顺治、康熙年间祖遗产业，并无文契，即照分单所载地数查核，丈得各家地亩皆属短少不符，当经批饬，仍照旧址各管各业在案。刘来坤又以串伯差捺、讯丈无期等词，赴宪台衙门控。蒙札饬勘讯，前县杨令未及讯结，卸事。卑职接准移交，因现值麦禾长发之际，碍难丈量，随将人证先行传案，逐一确讯。

据苏张氏供案，下人男人苏本梓早已死了，小的家有分受祖业地一段，从前系同族侄苏献璧们祖上均分的，与苏献璧、刘来坤地亩皆是毗连，历年久远，都没文契。道光二十二年，刘来坤说他地短少，若非小的家侵占，便是苏献璧们侵占。小的就想起男人在日曾说自己地亩比分单地数短少，又门单上载有伙地亩八分，也没着落。小的也疑苏献璧侵占，就在苏献璧地内修墙。苏献璧阻挡，小的即来县呈控。随后刘来坤又把小的儿子苏方淑、同族苏献璧们控告。蒙前县饬差丈明，小的们三家地亩都不足分单所载的地数，批令照旧地界各管各业。刘来坤又赴府宪衙门呈控。今蒙讯明，苏献璧实没占地亩情事，小的儿子也没侵占地亩。门单、分单都是远年地数，不足为凭。小的情愿将前在苏献璧地亩内修的墙垣拆去，仍照旧界各管各业，具结是实。

据苏方淑即苏献云供，苏张氏是小的母亲，余供与苏张氏同。

据苏献璧即苏显璧供案，下人苏献有是胞弟。又与苏献有即苏显有同供，小的们有祖业地一段，从前系同族弟苏献云祖上均分的，与刘来坤、苏献云地亩毗连，历年久远，都没文契。道光二十二年，刘来坤说他地亩短少，若非苏献云侵占，便是小的们侵占。那时，苏献云的母亲苏张氏因他地与分单不符，又门单所载伙地四亩八分无着，也疑小的们占他的地，就在小的们分受地内修墙。小的们阻止，苏张氏来县控告，刘来坤也来县把苏献云即苏方淑，连小的们一并告了。蒙前县饬差查丈，小的们三家地亩都不足分单所载地数，批令照旧地界各管各业。刘来坤又赴府宪衙门呈控。今蒙讯明，小的实没侵占苏张氏与刘来坤两家地亩情事，门单、分单都是远年地数，不足为凭。断令苏张氏将前在小的地内修的墙垣拆去，仍照旧界各管各业。刘来坤也不许混争，情愿具结是实。

据刘来坤供案，下人小的家有分受祖业地一段，与苏张氏、苏献璧们地亩毗连，历年久远，都没文契。从前小的胞叔刘汝楫向小的告说，地邻各家全没契据，小的这地与分单不符，应将分单内地数十四步改写十九步，并将地至苏东山改写苏绍寅，方可为准。小的愚昧，就照他所说改写了。道光二十二年，小的查得自己地亩短少，疑是苏张氏的儿子苏方淑即苏献云侵占，就来县呈控。后来苏张氏说，他家地亩也少，是苏献璧们侵占。小的想自己改了分单，疑苏献璧们难保不改分单，侵占小的地亩，随又把苏献璧们呈告。蒙前县饬差查丈，小的与苏献璧、苏张氏们三家地亩皆比分单数短，批令照旧地界各管各业。小的总是疑心，又恐复控县案不能再准查丈，就添砌串霸差捺、丈讯无期的话，赴府宪衙门呈控。今蒙讯明，远年分单地数未符，不足为凭。苏献璧们实没串伯侵占地亩及添改分书的事，县差也没捺案情弊。小的添改自己分单，系误受胞叔刘汝楫愚弄，委非有心图赖。现在刘汝楫业已病故，蒙将小的责惩。情愿遵断，仍照旧界各管各业，不敢滋讼，具结是实各等供。

据此，卑职审看得县民刘来坤呈控苏献璧等串霸差捺等情一案。缘刘〈来〉坤与苏献璧、苏献有等均系卑县民人，同庄居住，素好无嫌。苏献璧、苏献有等有分受祖业地亩一段，系同伊祖弟苏献云家早已平分之产。刘来坤亦有祖业地一段。三家地界彼此毗连，均系顺治、康熙年间所置产业，并无文契。从前刘来坤之胞叔刘汝楫，因地邻各家皆无契据，向刘来坤告说伊家地亩应于分单内载十四步改为十九步，并将地至苏东山改为苏绍寅字样，方可为准。刘来坤旋将分单照改收执，嗣于道光二十二年，刘来坤自查地亩比分单地数短少，疑地邻苏献云与苏献璧等侵占。而苏献云之母亲苏张氏亦查得伊家地亩比分单地数短少，且门单内载有伙地四亩八分又无着落，亦疑苏献璧侵占，随在苏献璧地内修墙。苏献璧阻止，该氏即与刘来坤先后到县呈控。经卑前县王令饬差丈明，伊等三家地亩均属短少，不足分单所载之数，彼此皆无确实文契，批饬各照地界管业在案。刘来坤前疑未释，并恐控县不能再准丈量，复又砌词赴宪辕控。蒙札饬前因，前县杨令未及讯结，卸事。卑职到任，因值麦禾长发之际，未便查丈，先将人证传案，逐一复讯。据各供，悉前情不讳，案无遁饰。查刘来坤因远年祖业地无文契，率听伊胞叔刘汝楫嘱改分单，嗣因地数不足，辄疑被侵呈控，虽系乡愚无知，事出怀疑，一经复讯，即行供明，诘非有心图赖。惟既经前县批饬照旧管业，复敢砌词上渎，究属非是，已当堂量予责惩。刘汝楫凭空嘱令刘来坤改写分单，实属不合，业已病故，应无庸议。苏张氏与子苏献云本无侵占刘来坤地亩情事，其县控苏献璧占伊地亩之案，亦因刘来坤控词牵混，一时怀疑，在苏献璧地内修墙被阻所致。现已供明，愿将墙垣拆去，不敢争执，姑免深究。苏献璧、苏献有讯，无侵伯地亩、串差捺案，亦无添改分单情弊，均免置议。两造地亩俱无文契，远年分单不足为凭。断令各照旧界管业，以杜讼端。案已讯明，毋庸再行查丈。除取结附卷，并将人证省释外，所有讯断缘由是否有当，拟合云云。

详销王维伦告李堂抗断佰地一案

为抗断伯地等事。

准前任移交，案蒙宪批，据卑县瞽民王维伦呈控，李堂伯地不退还一案，饬令吊契勘丈，讯断具报等因。蒙此，除将讯断缘由备载书册不复冗叙外，拟合摘叙简详，具文详请宪台查核，批示销案。为此备由具申，伏乞照详施行。

计申送详册一本。

申府。

为抗断霸地等事。

准前任移交，案蒙宪批，据卑县瞽民王维伦呈称，窃身祖业地十三亩，文契炳据，今四月间，身因丈量短地一亩，向四邻云云，断结具报等因。蒙此，随查县卷一件，为欺瞽侵伯等事。道光二十四年四月二十八日据王维伦呈称，窃身家有祖业地十三亩，被地南邻李堂侵去云云，无奈叩恳讯追等情。据此，经卑前县杨令传讯，王维伦之地与李堂地亩并不毗连，李堂实无侵占，具结完案。王维伦复以前情赴宪台衙门控。蒙批饬前因，杨令未及勘讯，卸事，卑职到任接准移交，遵即吊契、差传原被人证到案覆讯。

据蒋中恒供是案，下人与王维伦同庄居住。去年春间，王维伦说他地亩短少，是李堂侵种。小的邀蒋成武、王学文们同他丈量。王维伦与李堂两家地亩中间还隔着王维章地一段，小的眼同丈得李堂地数与文契相符，并无浮多，王维章也没占地的事。小的同蒋成武们，因王维伦双目俱瞽，所分祖业地亩又已卖完，难以度日，恐他涉讼，就向李堂处说酌量资助他几千钱文，或给他些麦子。王维伦不允，随即控县。蒙前县杨案下讯明，李堂没有侵占地亩，取有甘结。王维伦后来又赴府宪衙门呈控了。今蒙讯明，王维伦止有原分祖业地一亩六分，已于三年前全数卖完，李堂并没侵占情事。现在蒋成武、王学文均已外出，小的具结是实。

据王维章供案，下人王维伦是堂兄。小的同他原分祖业，每人分得地一亩六分余。他地亩与小的地亩紧邻，李堂地亩并不与他毗连。去年春间，王维伦说他地数短少，是李堂侵占。经蒋中恒们调说，因王维伦双目俱瞽，地已卖完，难于过度，着李堂酌量资助他几千钱文，或给他些麦子。王维伦不允，就来县具控。蒙前县杨案下讯明，李堂并没侵占地亩，取有甘结。王维伦又赴府宪衙门呈控了。今蒙讯明，王维伦止有原分祖业地一亩六分余，三年前已全数卖完。李堂实没侵占地亩，小的也没侵占地亩情事，具结是实。

据李堂供案，下人小的家有地亩，系与王维章紧邻，不与王维伦地亩毗连。去年春间，王维伦说他地数短少，疑小的侵占。经蒋中恒们调说，因王维伦双目俱瞽，地已卖完，难于过度，着小的酌量资助他几千钱文，或给他些麦子。王维伦不允，就来县具控。蒙前县杨案下讯明，小的并没侵占地亩，取有甘结。后来王维伦又赴府宪衙门呈控了。今蒙讯明，王维伦止有原分祖业地一亩六分余，已于三年前全数卖尽。小的实没侵占地亩情事，具结是实。

据王维伦供案，下人小的家原有祖业地亩，后来与堂弟王维章们分家，每人分得地一亩六分余。小的无钱使用，已于三年前将自己名下分得地亩全数卖给王永魁了。粮已拨清。去年春间，因家贫难度，自己双目俱瞽，想起从前所分地亩，不能看清界址，素知李堂有地一段，与小的祖业地亩毗连，疑他有侵占，就向蒋中恒们告诉，经蒋中恒们丈量后，说李堂地亩与契相符，并无浮多侵占的事。他地界系与王维章紧邻，不同小的原分地亩毗连，念小的目瞽家贫，调处着李堂酌量资助小的几千钱文，或给些麦子。小的又想，李堂如果没有占地，何肯资助钱文、麦子？前疑更难自解，当未应允，随即来呈控。蒙前县杨案下讯明，李堂并无侵占，取有甘结。李堂因事已涉讼，不愿资助。小的又赴府宪衙门呈控。今蒙讯明，小的原分祖业地一亩六分余早已卖完，李堂实没侵占地亩。小的不敢始终诬执，情愿具结，只求恩典是实各等供。

据此，卑职审看得县民王维伦呈控李堂抗断伯地等情一案。缘王维伦、李堂均系卑县民人，同庄居住，素无嫌隙。王维伦双目俱瞽，原有祖业地亩，嗣与伊堂弟王维章等分家，每人分地一亩六分余。王维伦无钱使用，已于三年前将分得地亩全数卖与王永魁等为业，产尽粮清，毫无轇轕。上年春间，王维伦家贫难度，思及从前分地，自己目瞽不能看清界址，向知李有地一段，与伊祖业地亩相连，历年久远，疑李堂有欺瞽侵占情事。随向同庄之蒋中恒等告说，欲行查丈。经蒋中恒等眼同丈量，李堂契地相符，并无浮多。彼此地界之外，尚隔王维章地亩，不致侵占。因王维伦既怀疑意，恐其讼累，当为处说，着李堂酌量资助王维伦钱文数千，或酌给麦石亦可。王维伦又思李堂果未侵地，岂肯资助钱文，因而怀疑更深，控。经前县杨令讯无其事，取结完案。李堂因事已涉讼，不愿资助。王维伦又赴宪辕控。蒙批，审，前县杨令未及传讯，卸事。卑职到任集案讯，悉前情不讳，案无遁饰。查王维伦原分地亩业已卖尽，辄以侵占妄控，本属不合。惟伊双目俱瞽，不能看清界址，控出怀疑，一经覆讯，即行供明，并非有心诬告，姑宽免究。李堂地亩隔界，讯无侵占抗断伯地情事，应同地虽毗连亦无侵占之王维章，及从中查丈调处并无不合之蒋中恒等，均毋庸议。王维伦将原分祖业地亩自行价卖，以致产尽家贫，与李堂无干，毋庸断令李堂资助，免滋抑勒。案已讯结，免再勘丈，以安农业。除取结附卷并将人证省释外，所有云云。

申本府详销陈云起告陈得忠等伯宅丈明一案详稿

署武定府惠民县为伯宅丈明等事。

准前任移交，案蒙宪台批，据卑县民陈云起呈控陈得忠等伯宅丈明等情一案，饬令集讯究报等因。蒙此，除将案经民人李景辉等处息，并讯明取结缘由，备载详册不复冗叙外，拟合摘叙简详，具文详请宪台鉴核批示销案。为此备由具申，伏乞照详施行。须至申者。

计申送详册一本。

申本府。

道光二十五年三月　日工房萧广心。

详销陈云起告陈得忠等伯宅丈明一案详册由。

正堂余①。

署武定府惠民县为伯宅丈明等事。

准前任移交，道光二十一年六月二十二日蒙宪台批，据卑县民陈云起呈称，窃身有祖遗空宅一亩六分，先经身祖卖与朱姓三分余。嗣身欲在此宅修理房屋，清量界限，始知被身北邻陈得忠侵伯若干。向伊理分，伊反捏出文契，言买身宅四分有

① 即余棨。

余。及查粮名，并未税过。身着伊清丈退宅，无如陈得忠坚伯不退，亦不清丈，更恃强恶，率子陈云清等将身凌辱。身自去年十一月间，屡禀县主，批饬呈验粮串、分书核夺，及将各粮串并身祖遗分书呈案。饬差查丈，已经房差丈明。除足伊买契外，尚伯身宅属实，不料得忠畏审，贿串该承将案捺搁，迄今不票，任伊久伯，杳无退期。在县呈催，竟无如何。为此叩乞仁宪恩准饬县速传讯究，庶身懦宽得鸣，感德无既等情。蒙批，据控陈得忠占伯宅基，既经该县饬差丈明，因何不照案断退，任令书役串捺延宕，是否另有别情。仰惠民县速集讯断书役有无舞弊情事，一并讯明究报，以凭核夺，毋迟等因到县。

蒙此，随卷查道光二十年十一月间，据县民陈云起以匿契伯宅等情控陈得忠等到县。经卑前县王令饬差吊契查丈，因两造所指界限与分单文契不符，陈云起又以伯宅丈明等词，赴宪台衙门控。蒙批饬前因，卑前县王令及杨令先后传讯未结，卸事，卑职接准移交，当即差传全案人证去后。旋据该原告陈云起以此案经伊亲友李景辉等查明处妥，情愿息讼等情，自行具呈恳恩。并据民人李景辉、王元佐、朱林贵、李佃邦、马礼等联名代恳息销前来。卑职恐李景辉等调处情节或出勉强，日后再启争端，复将两造集讯，供明陈云起从前将宅旁地基四分六厘三毫卖与陈得忠为业，因墙界丈量未清，尚未过粮。嗣于道光二十年，经原中人等处说，着陈得忠给陈云起京钱十五千，以作粮钱，丈量地界，书立合同，各执为据。彼时陈云起误检祖遗分单，查对地数不符，心疑陈得忠侵占，控县丈讯未结，又疑书役串捺延案，随赴宪辕呈控。现经李景辉等查明丈清，陈得忠并无侵占地基，书役人等亦无串捺舞弊情事。着陈得忠，除已给道光二十年以前钱粮之外，再找给陈云起道光二十年以后完粮京钱二千文。陈得忠所买宅基，照契过割投税。两造允服，均愿具结等情。卑职查陈云起呈控各情，实因误检分单，查对地数不符，怀疑所致。一经李景辉等查理调处，前疑顿释，呈请息销，并到案自行供明错误情由。委非有心诬控，自应如请准息，以清积牍。除取结附卷并将人证当堂省释外，拟合具文详请宪台鉴核，批示销案，实为公便。为此备由具申，伏乞照详施行。

（工房即另清。限戌刻送。速速。初五。）

惠民县修理北监全案摘抄

武定府惠民县为监狱损坏亟应兴修以资防范事。

窃照卑县监狱自嘉庆二十三年详请动项修理之后，迄今已历二十余年，屡被风雨刷淋，以致北牢房一座三间、禁卒房一座三间、二封平房二座四间等处木料朽坏，砖瓦碱酥，兼之本年夏雨过多，各房屋在在有倾圮之虞。虽经卑职随时粘补，无如历年久远，一经动工，此坍彼塌，必须拆卸兴修，方足以资巩固。且卑县附郡首邑，不独羁禁本邑人犯，即各州县解审人犯，亦交卑县监内收禁。囹圄重地，关系匪轻。卑职随即带领工匠，逐细据实确估，共需工料银四百九十余两。此项工程刻不可缓，第需费较多，卑职又力难捐办。再四思维，惟有仰恳宪台查核，俯准委员勘估。俾得赶紧请项兴修，以保无虞，实为公便。除径详藩宪外，为此云云。

计申送详册一本。

一详藩府。

前案司批

此案业经前司饬委武定府前往查勘造册估办矣。仰候该府亲诣监狱处所，随同逐细查〈勘〉，如果实系坍塌不堪，即樽节确估，总不得过五百两之数。造具切实估计册结，呈由该府加具亲勘印结，每各六本，一并具文送司，以凭详咨。毋违。缴。

前案府札

武定府陶[1]札惠民县知悉。案蒙布政司札开，据惠民县详称，为监狱损坏亟应兴修以资防范事。窃照卑县云云，实为公便等情到司。合行札委。札到，该府立即前往惠民县，督同该县亲诣监狱处所，逐细查勘，是否委系坍塌不堪，即樽节确估，总不得过五百两。饬令造具切实估计册结，该府加具亲勘印结，每各六本，一并具文送司，以凭详咨。慎毋扶同揑饰，致负委任，切切，此札等因到府。蒙此，本府定于本月十五日亲诣该县查勘外，合行札饬。札到，该县即便遵照。毋违。此札。

前案县详

武定府惠民县为监狱损坏亟应兴修以资防范事。

案蒙署藩宪委勘卑县呈详请修监狱一案缘由。蒙批云云等因。蒙此，遵即逐细查勘，樽节确估，拟合造具估计册结，并

① 即陶庆增。

代缮勘结，具文申送宪台核转。再估册内声叙内围墙二十四丈，系于请修南监等工案内，请归此案估计。合并声明。为此云云。

计申送清册七本、印结七本、勘结七本。

武定府惠民县今于与印结为监狱损坏亟应兴修以资防范事。

依奉结得，卑县修理监狱北牢平房一座三间、禁卒房一座三间、二封东平房二座四间，内围墙四面，凑长二十四丈，实因年远，倾圮不堪，急应修理。估需工料银四百九十九两六钱二毫，并无浮冒捏饰情弊。印结是实。

武定府知府今于与勘结为监狱损坏亟应兴修以资防范事。

依奉结得，惠民修理监狱云云，并无扶同徇隐情弊。勘结是实。

申府。

藩宪王①札惠民县知悉。道光二十五年四月二十五日奉抚宪批，本司详咨该县详请修理监狱估计册结缘由。奉批，已据详分咨矣，此缴，册结分别存送等因批司，合行云云。

禀藩宪禀报修理北监开工日期由

敬禀者。窃照△县监狱前因北监坍塌详请兴修，已蒙委勘，造具估册详咨，奉到部覆准修在案。交秋以后，雨水较多，倾颓更甚。现经△△选派丁役，筹款赶紧购买料物，雇集工匠，定于七月十八日开工修葺，务期工坚料实、项不虚靡，以昭慎

① 即王笃。

重。除俟工竣禀请委员验收，造具报销册结申送，领银归款外，所有修理北监开工日期缘由，理合具禀大人查考。肃此云云。

禀藩宪禀报修理北监完工日期，并请委员验收工程由

敬禀者。窃查△县请修北监工程已蒙委勘，造具估册详咨，奉到部覆，并禀明筹款兴修于七月十八日开工在案。随即督饬工匠赶紧修葺，现于九月初十日，一律修理完竣，均系工坚料实、整齐如式，并无偷减草率情弊。所有完工日期，理合具禀大人查核，俯赐委员验收，以便造具报销册结申送，领银归款，实为公便。肃此云云。

详领八成截数工料银两详

为详领事。

窃照卑县监狱前因坍损过甚，详请兴修北牢一案，已蒙详咨，奉部覆准。当经卑职筹款购料修理完竣，并将兴工、完工日期禀报宪鉴在案。除俟委员验收造册报销外，所有工料银两应即先按八成截数领回归垫，拟合备具印领，详请宪台鉴核，俯赐饬发给领归款，实为公便。至下余二成工料银两，俟奉到准销部覆，后行找领。合并声明。为此云云。

计详送书册一本、正副印领一套。

详布政司。

为监狱损坏亟应兴修以资防范事。

依奉领得，卑县修理监狱北牢工程一案八成截数工料银四百两，内除扣减平银二十四两外，实领银三百七十六两，不致冒领。印领是实。

嘉道年间山东省州县财政文献汇钞

第一册

常旭 点注

国家古籍整理出版专项经费资助项目

南方传媒
广东人民出版社
岭南古籍出版社
·广州·

图书在版编目（CIP）数据

嘉道年间山东省州县财政文献汇钞 / 常旭点注．
广州：广东人民出版社：岭南古籍出版社，2024．12．
ISBN 978-7-218-18067-0

Ⅰ．F812.949

中国国家版本馆 CIP 数据核字第 2024PM3499 号

JIA-DAO NIANJIAN SHANDONG SHENG ZHOU-XIAN CAIZHENG WENXIAN HUICHAO

嘉道年间山东省州县财政文献汇钞

常　旭　点注

出 版 人：肖风华

出版统筹：柏　峰
责任编辑：周惊涛　柏　峰　田　耕　段亚彤　林斯澄　黎荣昇
责任校对：唐金英　李沙沙　周潘宇镝　易建鹏　张榆琳
装帧设计：瀚文工作室
责任技编：吴彦斌　周星奎

出版发行：广东人民出版社　岭南古籍出版社
地　　址：广州市越秀区大沙头四马路 10 号（邮政编码：510199）
广州市越秀区恤孤院路 12 号（邮政编码：510080）
电　　话：（020）85716809（总编室）
（020）87776449（总编室）
印　　刷：广州市豪威彩色印务有限公司
开　　本：889mm×1194mm　1/32
印　　张：82.75　　**字　　数**：1800 千
版　　次：2024 年 12 月第 1 版
印　　次：2024 年 12 月第 1 次印刷
定　　价：800.00 元（全五册）

感谢北京用友公益基金会

对本书研究的支持！

参与整理人员

林灼芳（中国人民大学在读博士研究生）

南王喆（中国人民大学在读博士研究生）

董文楠（中国社会科学院大学硕士）

莫筱璇（中国社会科学院大学在读硕士研究生）

前　言

《嘉道年间山东省州县财政文献汇钞》（以下简称《汇钞》）底本现收藏于中国社会科学院经济研究所图书馆，应为清代光绪年间山东省地方州县官员汇编装订成册。底本为繁体竖排，以楷、行、草等书体抄写，无标点（偶有几处文献有圈点）。《汇钞》在整理时，识别了底本文字，改为简体横排，对全文进行标点，并据相关文献进行了初步校订，汇编成5册。《汇钞》的出版，为研究清代嘉道年间地方州县财政史提供了不可多得的珍贵史料。

一

底本现存共30本，包括“首卷”（即全书目录卷）1本、正文29本（即第一—六本、第八—三十本，缺第七本），装订规格统一，均为蓝纸封皮、筒子页、线装成册，筒子页共计约3000页。中国社会科学院经济研究所图书馆在底本封皮上贴有一张纸条，将之命名为“山东各县奏销册稟册清稿”，认为它是“清道光间稿本”，由“（清）山东省长山县惠民县等官撰”（纸条上“长山县惠民县等”七字后又被圈掉），并且备注“原书总数不详，存五、六、八、九、十一至十九”。这张纸条应该是其他底本未集齐之前所标记的（由此推测，全部底本应为31本，暂未发现的第七本或仍存于馆内）。底本并非公文原件，而是手抄文件，没有严格按照公文的格套抄写。① 文献上偶尔钤有闲章，似乎抄录后作留存备览之用。有少量文献在纸张空白处有官员的批阅指示，应是将公文撰写过程中的草稿直接收入。还有少量“只言片语”的夹页，多为行、草书体，以形状不规则的纸条夹在书册里。

底本正文29本均标有中文序号，少数几本扉页有题名，如第一本“捐摊底本”，书末有“四本合一”四字；第二本“杂抄要件（复参册揭附）”；第三本“历年正杂钱粮部文”；第十三本“徐任参案、豁免全案（道光十五年分）”；第十四本“豁免登覆册（道光十一年至二十年）”；第十八本“更正历年正续奏销册”；第十九本“惠民县正堂余（当堂开）”，第二十六本“钱粮参案”。其余各本仅有序号。主要内容是清代嘉庆、道光年间山东省与中央吏、户等部，山东省与其他直省，山东省、道府、州县之间，及地方州县等财政类文献，涉及州县办理地丁钱粮等赋税、杂项征缴、报销、捐输和各项开支的奏销册、禀册，州县政府筹议日常开支与兴修公共工程的开销、捐款、摊案，官吏任免，官员参案，交代册，灾荒蠲免抚恤，盐课盐引，以及民间土地、房产、商业等控案审理，官府告示稿，办理财政事务的公文程式等。

笔者曾求教于经济研究所经济史领域数位前辈学者，均称不了解该底本。在申请北京用友公益基金会第三届“商的长城”资助计划时，笔者将底本命名为“清代道光年间山东州县财政公文汇钞”。在初步整理研究后发现，文献主要集中在嘉

① 正因如此，底本中琐细的财政科目之间的逻辑关系颇难索解，给整理工作带来了极大的困难。

庆、道光时期，以道光时期最多（尤其是道光二十年至道光末期）①，于是将之定名为“嘉道年间山东省州县财政文献汇钞”。

关于底本的来历，笔者本着“大胆地假设，小心地求证”的原则，逐渐形成以下几点猜想：第一，底本虽有楷书、行书、草书等书体②，但大部分文字似乎出自一人或为数不多的几人之手。有些文献可能是抄录者并未重行誊抄，而是直接将原公文草稿收入底本中。第二，底本文献涉及山东全省许多州县，但有相当比例是以武定府惠民县（今滨州市惠民县）为中心。《汇钞》中“武定”出现近500次，“惠民”出现近千次，为最高频的地名词汇；远高于其他较多出现的地名，如“历城”、“临清”、“潍县”等约二三百次。第三，通过对文献进一步研究，及与惠民县档案馆武伟军等人讨论，可以断定，底本应与曾任职惠民县知县（道光二十五年初至咸丰三年）、武定府知府（咸丰六年三月至五月间）、济南府知府（咸丰六年五月至九年十一月）、署济东泰武临兵备道（始于咸丰九年十一月）、赏戴花翎的余棨有着密切的联系。底本当然未必是由余棨所抄录——事实上，底本中可以确认为余棨的笔迹，与文献主体的

① 笔者就初步整理的《汇钞》全文，以清代年号进行简单检索，结果：“顺治”9次、“康熙”14次、“雍正”29次、“乾隆”154次、“嘉庆”577次、“道光”5423次、“咸丰”154次、“同治”20次、“光绪”40次、“宣统”0次，而“道光二十”出现2533次，几占“道光”总数的1/2。当然，因为在同一篇文献中，可能出现多个年号，同一年号也可能出现多次，所以这种简单统计并不能准确反映文献数量在不同年份的分布，只能粗略反映大致情况。

② 其中，首卷本、第一、二、四、六、八、十二、二十一、二十二、二十四、二十六、三十本以楷书、行书为主；第三、五、九—十一、十三—十六、十八—二十、二十三、二十六—二十九本以行书、行草为主。散见于各本的夹页则以草书为主。

笔迹并不相同——但是，底本所抄录的大部分原始资料很可能是余楘所汇集的；即便并非如此，以下事实也毋庸置疑：道光二十五年至咸丰三年这9年期间，以惠民县为中心的大量文献，与时任惠民知县的余楘都有着直接的关系。第四，底本文献时间下限为光绪十三年，见于一张夹页①；而装订成册的文献，时间下限为“光绪八年”（共计有4篇文献）。由此推测，底本最终汇编成册的时间可能在光绪八年至十三年期间，不会太晚于光绪十三年。第五，底本的汇编成册，可能与当时惠民县重修县志的工程有关。② 清光绪八年，惠民县知县沈世铨重修县志，于光绪十二年秋修编完成，这一工程与底本成册的时间很巧合。当然，以上仅是笔者的初步钩沉考证，或许会因“偏之毫厘”而“谬以千里”。可靠的结论还有待于结合底本文献的具体内容与山东省史志资料，作进一步的探索，此处仅提供一些线索。

因余楘生平事迹难以搜寻，特将有关他的几条史料罗列如下，以备参考。③

余楘，号芰芗，监生，湖南善化人，浙江籍，道光二十五年正月二十日署惠民县④，后实授知县。据《惠民县志》（光绪十二年，沈世铨，卷18）：“凡政之有关大体者无不举，尤以振

① 底本第十一本有一纸夹页，文内有“光绪十三年”，为全书所见最迟纪年。因该夹页文字难以辨识，文意不属，《汇钞》未收入。

② 清雍正十二年，升武定州为武定府，置附郭县，名为“惠民”。乾隆四十七年时任知县倭什布主修《惠民县志》，是惠民县有史以来修纂的第一部志书。光绪八年至十二年重修县志为惠民县历史上第二次修志。

③ 笔者根据中国人民大学历史学院刘文远提供的几则史料编写。武伟军补充了《惠民县志》（光绪十二年）的内容。

④ 此准确日期见于《汇钞》。

兴学校为务。惠邑向无书院，桀倡众创建条规（详见学校），复捐资一千一百串为童生应试卷费，至今赖之。……咸丰三年粤匪告警，桀捐资修筑（城垣）并浚池隍，所费甚巨。其他修祠庙、捐义地，犹小节也。桀在任最久，与士民相习，直家人父子不啻矣。以升任去。（咸丰）六年来署府事。时四门义学已废，复查旧案为之兴举焉。”

又据中国第一历史档案馆朱批奏折、录副奏折：咸丰三年三月，山东巡抚李德题为惠民县知县余桀经征盐课钱粮三年催征全完照例请议叙。咸丰三年九月，署理山东巡抚觉罗崇恩奏为已革惠民县知县余桀等拿获行窃贼犯请准开复。咸丰六年三月，山东巡抚觉罗崇恩奏请余桀补授武定府知府；同年五月，又奏请余桀调补济南府知府。

《清文宗实录》卷302“咸丰九年十二月甲辰”：“文煜奏查办烟台厘税请将正署任知县分别革职议处等语。……始据该县知县余枏……显有隐匿侵吞情弊……尤难保非该县勾串指使。亟应彻底究办，以儆官邪。撤任福山县知县余枏，着即行革职。……济南府知府余桀，系余枏之兄，恐有瞻徇护庇情弊，致案情难期核实，着即撤任，听候查办。”《清文宗实录》卷306“咸丰十年正月丁亥”：“前署济东泰武临道、撤任济南府知府余桀，着于补官日降一级留任，六年无过方准开复。”

底本首卷与正文29本的关系较为复杂，首卷目录对正文仅具有参考价值。首先，首卷作为底本全书的目录，与正文文献相对照，均有不同程度的差异。首卷第一本目录与正文第一本文献基本一致；首卷第二本目录较为简略，仅列“钱谷要略上”“钱谷要略下”“度支便览”“杂录”四项，但正文第二本文献似乎与前三项无关，大致仅属“杂录”，第二本扉页“杂抄要件（复参册揭附）”一行字亦可资佐证；首卷第三本目录共计筒子页9页，列有160余件文献题目，全都为长山县财政文献，但正文第三本文献（共有筒子页78页）竟与正文第一本前半部分文献重复，并非长山县文献。[①] 首卷目录仅包括第一—二十五本，并没有纂辑第二十六—三十本文献的目录。如此等等，不再枚举。其次，正文第十九、二十、二十一等本也列有目录，但这些目录与首卷目录不同，与正文文献也不完全相符。再次，还有一些文献没有标题，首卷中也没有相应的标题，整理者只得根据文献具体内容，仿照底本命名惯例，自行撰拟标题。有鉴于此，《汇钞》在整理时，一方面并不仅仅将首卷作为正文的目录看待，强求它与正文保持一致，而是将它作为古籍文献的一部分，对它与正文参差之处不作修正；另一方面，《汇钞》根据现存正文文献，补足目录，从而建立《汇钞》所有文献的新目录。[②]

底本的汇编虽然整体上条理清晰，但也有一些瑕疵。如底本除了第一本与第三本的重复问题外，第十本与第二十本也有约10篇文献完全相同。同一事件的相关文献，偶尔散见于多本文献中，未能汇集在一起。由此或可断定，装订成册时，所抄录的相当一部分文献业已散佚，审订工作也有些草率。揆诸常情，既然底本统一装订成册，应该是精心汇编；但若是刻意所为，如无意外变故，又断不至出现这么明显的疏漏，也不会没

① 第一本与第三本显然属于两份文献。第三本与其他底本不同之处在于，正文没有一个钤印，似乎未经仔细审阅，草率装订成册；也有可能是当时的人故意将长山县文献替换去了。

② 将首卷目录卷作为古籍文献本身看待，而不是作为核对正文的依据，这一思路由广东人民出版社原副总编辑、岭南古籍出版社常务副总编辑柏峰老师提出，一下子打破了整理者们所陷入的核对首卷目录与正文标题的僵局，使整理工作拨云见日。也正因跳出思维误区，才使笔者对底本来历产生了新认识。

有序言、后记之类的文字申述其意。这一状况或许进一步印证了笔者的猜想：底本可能是为光绪八年重修惠民县志而汇编的一套史料；县志工竣，底本汇编也就草草收场。

二

近年来，清代财政史研究呈现两个突出的特点：其一，研究成果数量在清前期、中期、晚期呈现 U 型分布的特点，嘉道时期研究相对较为薄弱；其二，相对于国家宏观层面的研究，地方政府财政（财务）史的研究有待拓展。①

康雍乾时期的财政改革，如摊丁入亩、耗羡归公等，奠定了有清一代财政制度的基础，研究较为成熟；近代晚清财政经历了由中央集权到地方分权再到中央收权的过程，出现了财政制度的近代化转型，史料浩繁，理论阐释空间巨大，为许多学者所关注。嘉道时期作为清前期与晚期的过渡阶段，学者关注较少，但这一时期的财政史研究却十分重要。清代乾隆中后期以后，王朝财政问题日益严重，尤其表现在地方政府的钱粮亏空现象。这一时期，垫支民欠、经费无着、工程赔累、军费摊派、官员侵盗等现象频发。为了开源，“正税外又有正税，耗羡外复加耗羡”，加重了人民负担，激化了社会矛盾，加深了政权危机。嘉道时期财政史研究，对探索清朝怎样从所谓“康雍乾盛世”步入“道光萧条”、进入“积贫积弱”的近代，无疑具有重大意义。

---

① 有学者指出，清代地方政府（尤其是州县），只有所谓“财务”，而无“财政”。吴长春在《县地方经费之研究》中也指出：“在专制集权之时……只有国家财政（即君主财政），而无所谓地方之财政。”笔者基本上赞同这一学术观点，但为通俗，仍取“财政”一词。

地方州县处于国家行政系统的基层，却位卑而事繁。清代嘉道时期的汪辉祖认为："天下者，州县之所积也。自州县而上至督抚大吏为国家布治者，职孔庶矣。然亲民之治，实为州县。"州县虽小，却"与治天下之法政无不备具"。瞿同祖在《清代地方政府》中也指出："了解它们（州县）如何运作，也就能了解，在中华帝国，普通百姓如何被政府统治。"从地方政府（尤其是州县）的视角研究清代财政史，对于准确衡量清代国家能力，以及深入研究基层社会的治理方式，都极为重要。通过对州县财政的考察，可以管窥王朝真实的治理效能。随着《曲阜孔府档案史料选编》《清代四川财政史料》、巴县档案、《清代四川南部县衙门档案》等一批地方财税史料的整理和出版，以及越来越多的地方财政史料的发掘，制约地方财政史研究最关键的史料缺乏问题正在得到改善。

《汇钞》的整理出版，为研究嘉道时期地方财政史提供了宝贵的史料。一方面，相较于零散的民间史料，或规模庞大而内容繁多的官方原始档案，《汇钞》是清代地方官员以历史当事人的眼光甄选、抄录、汇编的地方政府在实际运行过程中产生的财政文献，较为系统、立体地呈现了地方财政的实际状况。[①] 乾隆中后期，社会经济呈现衰退的现象，而地方财政亏空严重，虽然朝廷进行了清查整顿等一系列革新举措，但未出现起衰振隳的景象，其间的政策得失值得认真总结。《汇钞》涉及种种具体的问题，如州县征收、上缴税收的实际情况，诸如杂项、造报、追欠、扣抵、核销等问题；州县从事地方公共事务的开支问题，及地方经费的筹集运作，诸如养廉、捐纳、

---

① 由于《汇钞》是政府官员之间的公文，往往需要依据大量调研情况反复修改才能形成，其信息含量比一般原始档案高得多。另外，《汇钞》对于研究清代各级政府间公文格式也提供了丰富的史料。

垫支等资金筹集方式；州县政府通过财政收支实现地方管控的治理方式；涉及地方官员贪腐的各类案件；等等。因为其中相当一部分文献以州县政府作为主体，所以可以通过州县经费研究，考察州县的政府职责、财政管理、官吏管理、公文管理等整体的政务活动，进而探讨州县政府在国家治理中的地位和基本特点，管窥清朝政府真实的治理效能，从理论层面对王朝治国理政的经验规律进行探索总结。

另一方面，清代山东在经济史、财政史上所具有的独特地位，进一步提高了《汇钞》的史料价值。清代山东是赋税重地和漕运枢纽，是观察清代“中央—地方”财政关系的典型样本。山东财税以田赋和盐税为主，作为农业大省，田赋征收规模庞大，但因水旱灾害频仍，实际征收效率较低。① 山东沿海登州、莱州、滨州等地盐场提供了财政收入，但盐务管理也增加了行政的复杂性。大运河山东段（济宁至临清段）是清代漕运南粮北运的咽喉要道，临清、济宁等城镇因漕运繁荣而兴盛，带动了关税（如钞关税）、商税收入增长，但由于漕运对水利的依赖，疏浚河道、维护漕船、征发劳役等也加重了地方财政压力。文献中有“东省运道袤长，水无来源，重运入境，全赖湖潴宣济，催趱之艰倍于他省”等语。嘉道时期，山东沿海还面临海盗骚扰（如嘉庆时期的蔡牵之乱）、鸦片战争时期的英

① 《汇钞》文献中说：“窃照东省各属，地多瘠薄，户鲜盖藏，兼之历年以来非旱即水、不雹则虫，或全境之灾，或偏隅之歉，无岁不有。虽随时奏蒙圣恩，蠲缓频施，而小民素无积蓄，生计终觉艰难。”见《汇钞》第五册第二十九本，第 346 页；“查东省麦禾歉收系属常有之事，有将未完上忙新赋缓至本年秋后启征，历年旧欠缓至本年秋后按最先年分递年依次带征一年者，亦有不缓新赋，仅将历年旧欠缓至本年秋后按最先年分递年依次带征一年者。虽非明定章程，而十余载以来均不外乎此二等办法。”见《汇钞》第二册第八本，第 198 页。

军侵略，内陆则受到白莲教、天理教、太平天国、捻军等起义所带来的战乱的波及，由此产生的朝廷军费开支归根到底要由州县分摊。《汇钞》关于田赋征收、盐引管理、运河管理的史料，有助于深入探索清代财政制度在地方层级的实际运作。

关于《汇钞》文献的研究价值，以下仅举数例。

第一册第一本“程国仁摊赔追缴案”。“道光二十二年十月二十日蒙本道札开，案准布政司咨，道光二十二年九月初三日奉前署抚部院兼理盐政麟案验，道光二十二年八月十九日准户部咨，山东司案呈，道光二十二年七月初六日准浙江司付称、准湖北巡抚赵咨称、准河南巡抚桂咨称：查应追前任巡抚程应完山〈东〉巡抚任内摊赔已故知县孙世栋前在山东潍县任内亏缺正杂仓款银二百九十九两九钱零。程国仁久已病故，其子程家颋现任湖北宜昌府，家属俱随往任所，请咨湖北抚院查明，就近追缴等因。兹查宜昌府知府程家颋已丁忧，请咨回籍守制。所有应完前项分赔银两，楚省无从着追，相应咨明河南巡抚，转饬该员原籍商城县就近追缴等因。相应移付山东司自行办理等因前来。查湖北宜昌府知府程家颋应完伊父程国仁前在山东巡抚任内分赔潍县孙世栋亏缺正杂仓款一成银二百九十九两九钱八分四厘。兹据湖北巡抚咨称，该员程家颋已丁忧回籍，所有前项银两应咨河南巡抚，即饬在于程家颋名下迅速严追，完项报部，毋任再延。仍咨覆湖北巡抚并知照山东巡抚可也等因。”山东潍县知县孙世栋（公文时已故）任内财政亏缺，时任山东巡抚程国仁需要摊赔约300两；程国仁业已去世，这笔款项着落在程国仁的儿子、任湖北宜昌府知府的程家颋身上追缴。于是山东省行文湖北省，湖北省又行文宜昌府，查明程家颋已经丁忧回籍；于是山东省再行文河南省，河南巡抚又行文程家颋原籍商城县迅速严追。此条可见道光时期摊赔追缴、官员管理等制度之严密。

第一册第二本“防英军费报销事”。“札布政司知悉。案照前因，英夷匪船驶入东洋，经本部院奏明，酌调兖、曹二镇及省标各营官兵赴登、莱各属海口协防，所需经费先后酌提司库银三万二千两，发交登莱青道设局支放。其官兵沿途经过支应口粮、车价及运送炮位、火药，均饬该州县先行筹款垫发，事竣听候核示在案。兹据登莱青道详称，防所支放银粮由该道汇册报销，经过各州县支应来回兵差，请饬该州县自行造册详销等情到本部院。据此，除批饬该道将防所支放各款造册咨送该司汇案核销外，其经过各州县应销各款，恐各属办理未能画一，任意浮冒，自应由司查照嘉庆十八年军需准销成案，核定条款，通饬遵办，俾免临时往返驳查，致繁案牍。至前提银两虽经奉旨准予动支，惟现计用款尚不止此三万二千两之数，且此次调往官兵只系就地防守，与实在军需有间，国家经费有常，未便遽请作正开销，似应仿照嘉庆十八年军需副［准］销成案，于通省各官扣廉二成归补较为简易，合亟抄详饬议。札到，该司立即查明兵差经过各属应销各款，迅速妥议章程，详候通饬遵照，饬令赶造销册，同登莱青道造送防所支销册一并由司汇核报销。其所需银两，扣廉归补是否可行；并前提银两内有公捐书院经费及义仓谷价等款，若俟扣廉归补，有需时日，应否同不敷之项统由司库暂借杂款，先行拨还，亦即分晰筹议，详候具奏，毋稍迟延。特札。（二十年九月二十八日抚院托札）”此条可见道光二十年鸦片战争军需孔急之时，地方筹款垫支军费及事后造册报销的财政实务。此条也为研究鸦片战争对地方影响的问题，提供了具体的历史材料，有助于将“大历史”叙事与历史细节融合起来，形成更为立体生动的认识。

第二册第八本“州县交代亏案办理章程”。“……定例何等森严，岂容任意〈迟〉延。无如东省交代积习相沿，牢不可破，有官经屡更交代、延不清算者，核计未结交代共有二百三余案。陈陈相因，伊于胡底？以致亏欠之员乘机寄顿，追经参办查抄，家资全无，帑归悬宕；无亏人员，因未算明结报，羁留东省，徒受拖累。推原其故，总因该管府州瞻徇情面，希图弥缝，并不认真督饬确算，遂致巧诈劣员，百弊丛生。……若不严定章程，立限查办，何以挽回积习、清厘交案？本署司悉心筹应，请将未结交代各案，自奉批之日起，总限两个月，责成该管府州概行提府，督饬监交委员会同前后任秉公确算，如有亏挪，据实揭报。倘系旧任混行狡赖、新任有意措勒，亦即分别详揭请参，逾限不结，一并提省核办。……道光四年十月二十五日爵抚部院琦批如详，仰即通饬遵照办理。”此外，文献中也多有“东省库款浩繁，案多积压”的论断。之所以如此，往往是因为“各任抵款纠缠，彼此执持，互相争议。虽经监交核算，终难画一定断，遂致观望延挨，不能依限结报”，“其中有不能作抵之款，前任滥行开列；有必应作抵之款，后任坚不接收。并查通省各州县卫，缺有繁简之不同，时有今昔之互异，公项赔累亦有此无彼有之分”。由此可见官员摊赔、交代案件之复杂。

第五册第二十九本“通饬地方营县严缉私盐以裕国课事”。“案蒙巡抚部院兼理盐政觉罗崇恩札开，据盐运使沈拱辰呈称，窃照盐务首重裕课，而裕课必先缉私。私不侵占，则岸销自畅；引无积压，则课项自充。东省引目沉积日多，各处岸销疲滞日甚。欲求大加整顿，力挽狂澜，尤非严缉私盐、严办枭犯不能冀有起色。本司莅任后，即经分别移行缉私文武员弁，实力巡查，务获大伙私枭，解交地方官从严究办，不得以零星小贩及无犯私盐塞责，并严禁商人之夹带、场灶之私偷。三令五申，不遗余力，而察看销市总无转机。缘东省侉匪本所素著，其贩私之辈类皆本省人民，一邑之书差、一村之乡保，非其亲族，即属友朋。遇事到官，皆多方为之护庇。如有盐店获送之犯，每多相识之人联名具保，不即提案究问，反谓巡役栽私，甚或拷打商巡、诘责商伙，即有人盐并获，众目昭彰，不过暂且寄盐，听候审办。于是收禁有费，解审需钱。私贩未除，而商人已不胜其扰。及至讯供，或诿为误装误载，或称为各贩各私，化有为无，化大为小；或因病而保释，或从轻而杖枷；或以亲老丁单准其留养，使若辈不知恩有所贷，反疑法有不行。因而其志益侈，其胆益壮，其势亦日益强，始则背负肩挑，思渔小利，继且骡驼车载，结集多人，以私盐为可营生，视官法为不足惧。巡役畏其报复，见之潜踪；商人莫可如何，闻而短气。甚至持械拒捕，夺犯殴差。种种行凶，由渐而起。更有积惯私贩，长年占据市中，任意跌售，不容商店零星参卖。商人畏累，隐忍莫敢声张。……（二十六年闰五月十九日到）”这段文字对当时山东盐引问题的分析十分透彻，对社会风气状况的描述也非常鲜活。

此外，《汇钞》收录了一些皇帝谕旨、名臣奏议的文献，价值也不容小觑。如第一册第一本中乾隆六十年“上谕留京王大臣会同六部议将各省题奏事件”一折。在该折中，乾隆帝说：“若谓朕惮于批阅，则朕临御以来已六十年矣。朕敬天勤民，惟日孜孜，迄今已五十九年又过半年，未曾稍存懈弛。现距丙辰归政之期只余半年，岂五十九年半之久不敢怠荒，而此半年之内转致稍图安逸，有是理乎？……即明年归政以后，遇有紧要事件，尚当指授嗣皇帝率诸大臣等凛遵妥办，俾得闻朕教诫，有所禀承。……归政后亦岂肯置政事于不闻?”从中可见乾隆归政之实情。

又如第四册第十九本收录道光二十五年福建道监察御史朱琦“奏请筹益京仓折稿”，建议朝廷试行海船商运之法：“臣闻福建、广东两省，向有海船带货至天津贸易。往年每省各数十只，或百余只不等；近来一二年间，每省只余七八只。伏思商上海船是其向业，近年来者日稀，只以贸易利益微薄。若令有可获息之处，仍当来者日多。而闽、广谷多价贱，倘令该两省于此等海船，准其装载米石到天津交付，以补漕运之不逮而实京仓，于国家根本重计洵为有裨。惟领银采买及到津交付，必须严定章程，庶官吏无从把持，书役不能勒索，商计得以权子母而计奇赢，〈庶〉于商力无亏，方能行诸久远。而每年帮运若干，亦令各仓斟酌虚赢，约定常额，则于江浙各省漕运经行永久之法，亦可有协济之功，无相侵之患。至此等海船，由商自置，材料坚实、首尾宽阔，其舵工、篙师又皆熟习海道，深谙水性风色，渡洋最为便利，必无意外之虞。”此文有一定的知名度，但在中国第一历史档案馆的朱批奏折、录副奏折中都没有。①

由此可见，《汇钞》是研究嘉道年间山东地方政府财政实际运作的珍贵史料，其出版问世或将对相关研究产生一定的影响。

三

“其作始也简，其将毕也必巨！”自 2017 年初次见到《汇钞》底本，到 2024 年底将全文点注出版，岁月已经流逝了七八

---

① 该文又见于台北故宫博物院所藏清代档案，文字略有差异。朱琦：《奏请储蓄京仓米石事》（道光二十五年九月初二日具奏），编号：故机 075851。感谢刘文远提供本条史料。

年。抚今追昔，感慨良多。

笔者初见《汇钞》底本时，虽然认为它有价值，但并未十分在意。经济研究所图书馆藏书汇聚了几代中国经济史前辈学人的心血，“奇珍异宝”可谓琳琅满目。2018 年 12 月，笔者在广东佛山西樵山参加纪念梁方仲教授诞辰 110 周年学术研讨会，一次会议就餐时，碰巧与时任广东人民出版社副总编辑柏峰老师邻座，谈起古籍整理话题，提及这个资料，柏老师鼓励我可以做一些研究和整理。当时笔者自恃曾下功夫读过《筹办夷务始末（道光朝）》（中华书局整理），以为底本整理不过“牛刀小试”，遂慨然允诺。现在想来，真是要为当初的轻率而追悔不已。

在此后数年研究与整理过程中，常有“挟太山以超北海”的力不能任之感。《汇钞》整理有“三座大山”，一是认字，二是标点，三是统一。整理工作采取波浪式推进的办法，“结硬寨，打呆仗”：第一轮工作以认字为主，兼做标点；第二轮以标点为主，兼核底本①；第三轮统一全书格式，统览校核。每一步往前推进，都需要在实践中摸索、学习。

幸运的是，一路走来，得到了常忠义（河北张家口察哈尔文化研究会）、邓亦兵（北京市社会科学院）、刘文远（中国人民大学）、刘正刚（暨南大学）、武伟军（山东惠民县档案馆）、徐到稳（中国社会科学院）、余清良（杭州师范大学）、周荣（武汉大学）与中国社会科学院经济研究所多位同事等老师和朋友的鼓励、支持与指导；得到了林灼芳（中国人民大学在读博士生）、南王喆（中国人民大学在读博士生）、董文楠（中国

---

① 当时第二轮还有一项重要工作，即对文献中的重要财政名词进行注释。后来在《汇钞》成书时，经过慎重考虑，将这部分工作成果基本上都删掉了。偶有注释，转成例外。

社会科学院大学硕士）、莫筱璇（中国社会科学院大学在读硕士生）四位同学的帮助。

尤为幸运的是，得到了广东人民出版社原副总编辑、岭南古籍出版社常务副总编辑柏峰老师以及广东人民出版社和岭南古籍出版社周惊涛、田耕、段亚彤、黎荣昇、林斯澄、唐金英、李沙沙、周潘宇镝、易建鹏、张榆琳等编辑的鼎力支持——他们不仅是《汇钞》一书的编辑，也是深度参与整理的团队成员，没有他们的经验、专业与热忱，本书可能难以完成。

为了推进《汇钞》整理工作，笔者于2019年下半年申请并获批北京用友公益基金会第三届“商的长城”资助计划，该项目的研究成果，包括对底本、清代公文、山东方志等方面的研究，为开展《汇钞》整理提供了坚实的基础。在广东人民出版社申报2023年度国家古籍整理出版专项经费资助项目时，北京大学李伯重教授、武汉大学陈锋教授两位先生为项目申请作出了大力推荐。

众缘汇聚方成此书！大家的无私付出，无非是为了学术赓续与进步。谨向以上诸位贤达表示诚挚的谢意与敬意！致敬对学术的信仰！

《汇钞》整理，尽管全部文字识别、标点由人工进行，但也有赖于“读秀”“书法字典”等学术工具和数据库提供的便利。无论如何，学术研究必须不断了解和掌握新科技手段，充分调取广泛的社会化的学术资源才能事半功倍。

漫长的认字、标点工作，有时非常枯燥，有时一个字认不出会耽搁半天时间，有时公文里藩宪的指示到哪句、知府的意见到哪里都需要反复揣摩，有时财政科目之间的逻辑关系会让人头晕目眩。我们不敢对照计划进度，只求日拱一卒、有进展就好。当然，有时标点出一篇文献，读起来朗朗上口，也会神清气爽，开心许久。整理，是“水磨工夫”，其中甘苦实难为人道也。周惊涛兄多次说，我们选择了一条难走的路。或许随着 AI 技术的发展，在不远的将来，古籍整理作为一个工作，会出现颠覆性的技术进步，此数年之辛苦不过是电脑分分钟间一蹴而就的事儿。但人们也会因此失去一些快乐。何况，电脑的“深度思考”难道不是要依赖于总结人类艰辛探索而积累的经验吗？

老子云：“众人皆有余，而我独若遗。我愚人之心也哉！”愚哉！

笔者还有一点感言。古籍整理，大概可以分为三种模式：第一影印出版，读者得窥史料原貌，但使用未必方便；第二整理出版，使用虽然方便，但有时还得查阅底本原件方为稳妥；第三“影印+整理”出版，此为古籍整理之“嘉年华”，既需要拥有底本影印的权利，又敢于将整理与原本并列展现于读者面前。吾辈难以企望也！

最后，《汇钞》的任何学术错误和缺陷，均由本人负责。书中的不足之处，希望得到方家的指正。一字一句乃至宏篇大论，均所愿也。

 于何有于我斋

凡　例

一、《嘉道年间山东省州县财政文献汇钞》（以下简称《汇钞》）原底本现藏中国社会科学院经济研究所图书馆，此前未影印或整理出版。底本现存共30本，包括首卷1本、正文29本（正文应该共有30本，暂缺第七本）。《汇钞》收录了除第七、十七本以外的底本全文，分为5册：第一册为首卷和第一—二、四—五本（第三本与第一本前半部分内容重复，故将第三本作为参校本，其合理内容收入第一本），第二册为第六、八—十本，第三册为第十一—十六本，第四册为第十六—二十四本，第五册为第二十五—三十本。

二、底本首卷为目录卷，列有第一—二十五本目录，详略不一，与正文前25本现存文献的内容存在不同程度的差异；正文第十九、二十、二十一等本在书前也列有目录，其与首卷目录稍有不同，与正文文献内容也非一一对应。《汇钞》将首卷目录视为古籍整理对象，对目录与正文的差异予以保留，不强求两者完全一致。同时，根据正文文献内容，仿照体例，对缺少题目的文献进行重新命名，重新列出全部文献的目录。

三、关于标题处理的原则：①每篇独立内容的文书须有标题，如底本正文没有，据目录卷补，如目录卷也无标题，重新拟定标题。②文献标题之上有总标题，或者文献之下有多个次级标题，清晰呈现内部层级关系即可，不强求统一。③目录卷标题与正文标题有差别的，选择合理的作为正文标题。目录卷有标题而正文无内容的，不作处理。④如果底本有标题，酌情将其作为该本总名；如无，则不加。

四、有的底本文献（如朝廷谕旨、名臣奏议）散见于各类已出版图书，前人已经进行了整理标点。《汇钞》整理时，根据已出版图书进行校对，如非确属错误，一般仍遵从底本为是；如确实有误，则以校勘符号改正，或加注予以说明。

五、底本原为竖排，在整理时改为横排，对指示内容位置的“左”“右”酌改为“下”“上”。有些文献遵循了传统抬头格套，在整理时不再保留。由于底本是抄录件，并非公文原件，《汇钞》在呈现少量文献财政科目的会计关系时，可能会出现一些理解偏差，希请读者谅解。

六、底本文献没有标点，整理时对全部文献进行了标点，并对较长的文献酌加分段。《汇钞》对文献进行标点分段，采取相对简易的原则，以顿号、逗号、分号、句号为主，尽量少用冒号、双引号、感叹号、书名号等标点。对公文标点，全书制定了统一原则。

七、底本增删、改正的文字，整理时均录入最终改定内容。原文模糊难辨文字用□符号表示。原文旁有批阅文字，一般加注说明。“汇钞”中避讳字一律改回。底本中所用“○”一般有两种用途，一是以“○○”和“○”表不同的顶格格式，一是用若干“○”表对应所缺字。前者直接删去，后者视情况保留。底本中有些日期空缺（如“七月　日”），明显属于待填的，维持空格不变。关于校勘符号：①错字：在错字后用［］标出正字；②衍字：用〔〕标出衍字；③补字：在〈〉中补。

八、底本中出现的缺省人名，包括有姓无名和有名无姓，整理时在该缺省人名在该篇独立文书中首次出现时作注说明。补充人名原则上以各省省志、府志及县志记录为准，省志优先，如崇恩、长麟均为觉罗氏，宣统《山东通志》中，崇恩作觉罗崇恩，长麟仍作长麟，则以《山东通志》写法补注。若姓名都无（即△△或空格）而只有官职名，则不补。

九、个别地名含有异体字（如：棲霞→栖霞，钜野→巨野，霑化→沾化，章邱→章丘），或不同历史时期名称有变（如：邱县→丘县），或书写习惯不尽相同（如：太安→泰安，新太→新泰），整理时一律按谭其骧主编《中国历史地图集》所录地名统改。

总目录

第一册目录

首　卷

第一本　捐摊底本

第二本　杂抄要件复参册揭附

第四本

第五本

首　卷

第一本目录

耗羡随同地丁于次年五月内奏销

地丁钱粮如有展限先将耗羡报销如逾五月之限参处

奏销耗羡应将州县扣留支收银两核入

耗羡奏销应分晰年款细数造报

耗羡有无亏挪年底先行折奏仍于次年五月随正奏报

耗羡未完照正银之例议处

州县养廉应将耗羡解司后再行动支给发

余平饭食请查明各属应征未完连存库银数足敷扣拨者按年核办

耗羡同正项一疏具题其参后仍未完者归于正项年限案内报参

会议分别应奏应题事件

事隶户部各款以上款项均应改奏为咨随案报部备核，此案上谕附

粮道及协运豫省六帮运弁俸工养廉等银由道库漕仓耗羡内坐支

地丁耗羡坐支各款

考成凡千总改为曹单协备其廉俸役食在节年耗羡内动支

河南修武县县丞改为山东曹单县丞廉俸役食照旧支发

东省动用耗羡核实删减并存贮闲款随同地丁报拨

东省耗羡项下删减各款应以奉旨之日起遵照办理

河运两道耗羡应随正解道除应支各款外余银转解司库

耗羡有定款有定数、有定款无定数二项照本省情形奏办

议改题咨各款各款条目附

新设归河通判俸廉统归州县耗银项下造报由豫省支给东省作耗银解司

各州县养廉解司

裁汰九府司狱并临关税课大使

复设泉河通判一缺

山东通省驿站钱粮额数

驻防将军等官家属赴任等事需用车价于驿站项下动支

驿站奏销将远年旧案妥协删除

造报各项银米总数以厘勺为断，五毫作一厘五抄作一勺，不及五则删除

夫马工食按日支给

造报钱粮及綦重案件仍应取结

严禁需索驿马之弊

驿站钱粮由臬司支发

提扣各官三成廉银原奏前案朱批并另详批附

曹工三成原奏前案司详、院批附

请扣军需二成原奏

军需二成部覆粘单附

覆奏摊扣军需二成年限

咨覆军需二成年限部文

请豁免曹工三成军需二成原奏清折附

豁免军需二成部文粘单附

请扣司道府州县二成养廉弥补盘查无着银两原奏清单附

准扣盘查二成部文

州县停扣盘查二成原奏

十九若缺仍请坐支养廉并免扣三、二成片奏

州县停扣盘查二成部文

官办盐务章程

改奏为咨一案部文

详请核示咨参惠民县训导王凝少日期司详院批

请赐委员覆勘先农坛以便请帑兴修县详潍县案

禀阜县白浪河海口应选拨衙役［招募乡勇防守由］

禀阜县白浪河海口业已遵照前奉批饬会同营汛加意防御由

道光二十年德、常二仓初参部覆

续完德、常二仓银两扣除免议案

续完临仓银两扣除免议案

为知照程家颋应赔程国仁在山东巡抚任内摊赔属员已故潍县知县孙世栋亏缺银两应咨河南巡抚在于程家颋名下迅速追完部文

饬追郭梦龄应完大兴县任内赔款银两部文

吏部酌议捐输海疆量加优叙章程

户部议覆给事中李莼条奏捐例中拔贡生等班次尚可量加推广部文

饬劝绅民捐输司札

续捐海疆经费奉旨破格奖励通行部文

东省官绅捐输海疆请从优议叙原奏清单附

济南莱州府会详潍县马刚滋事案内未归银两可否仍照前案在于通省多分年限按缺分摊

饬查境内有无低洼积水久失耕种之处府札

臬宪饬捐津贴督捕房书吏窃案功过册费银两通饬

各省捐输上谕三条

道光二十二年吏部奏定外任办运米石酌予鼓励章程

东省绅民捐输海疆部文

晓谕被水较轻各庄赶纳漕米粮告示

晓谕车户照旧运粮示

严禁漏税示

严禁漏税文契示

严禁兴贩粮食示

严禁搀用私钱示

晓谕赶纳钱粮示

第二本目录

第三本目录

长山县动支脚价盘费报销册

长山县阖县款目额数

当商除税详案

接充当商详案

二十二年秋灾查办来年青黄不接原奏

二十二年麦灾原奏

十九年秋灾原奏

二十年秋灾原奏

缓征漕粮应兑青州满营兵米由盖都县常平仓谷内碾放案

详覆兑青绿营德仓折色米石并无缓征不敷案

批解正杂银两于兑收后应随时请领实收库收通饬抄详附

长山县俸工杂支并佐杂养廉知县公费按日分扣细数

论袁氏阖族毋得违犯条规告示

二十三年秋灾原奏

长山县地丁漕粮并年例捐款及课程牙杂发当生息民佃盐课等项细数

摘抄钱粮折报一节

禀覆卑职前署邹县任内交代已奉藩宪调省现在移催后任赶紧订期会核结报由

禀报卑职前领邹县任内添设腰拨银两数目日期并请札饬现任邹县另补印领由

禀请札催卑前县章令赶紧解兑兵米由

禀请扣拨卑前县章令应捐二十一年阔布津贴等项银两由

禀请札饬卑前县章令将已报应买道光元二三等年兵支谷石赶紧买补移交贮仓由

禀请核示代商胥南浦应解各年正杂票课并李治寅应交半文加价完欠数目由

禀覆卑县阔布业已垫价赶织由

禀卑前县章令欠解兵米请赐委员前赴曹县催提由

禀请委员守催曹县章令将欠解二十三年青州兵米赶紧解兑由

禀请另行委员查勘邹平县冲决河岸由

禀本府夹单：附入头批钱粮禀内

禀报起解二十三年上忙头批钱粮银数日期由

禀报卑县李家套等三十八村庄二麦被淹请赐委员会勘由

禀济军厅夹单：请早日下县勘验先农坛事

禀奉委催本年钱粮由

禀覆奉催邹县任内正耗银两并请札调周令会算交代由

禀覆道光元二等年兵支谷石现察地方情形未能买补由

禀青州府夹单：为章令解到二十二年漕粮现在添役协同运兑并由县移催下余米石事

会禀覆勘长山县李家套等三十八村庄二麦被水情形议请缓征由

禀讯明章丘县马夫王顺换递公文被雨加封情形并呈验甘结由

禀报起解二十三年上忙钱粮银数日期由

禀奉委催新旧钱粮由

禀奉委催驿站奏销册札由

禀济南府夹单：为饬催驿站奏销册结并津贴册费等银事

禀济通判夹单：为催二十二年漕粮印结事

会禀奉委催提兵米由

禀覆邹县任内征存正耗银两业经抵交后任并请札调周令及祥令会算交代由

禀请委员勘估监狱以便垫修议摊还款由

禀青州府夹单：为章令欠解二十二年漕粮现已全数解到由县添役协同运兑

并请饬发仓收事

禀请照案咨追佟故令漏接各款由

禀报起解二十三年上忙三批钱粮银数日期由

禀武生沈家骏呈控李耀宗等一案应归邹平县讯办由

禀卑县监狱坍塌过甚难于粘补请仍照前议委员勘议以便筹款兴修由

禀奉委查入官地亩由

禀卑县境内西南两乡被雹地亩尚可补种晚谷请俟秋后查看情形再行议办由

禀报修理先农坛开工日期由

禀奉委催应拨抚标两营兵谷先已运兑由

会禀委勘神坛等庄秋禾被雹应仍俟秋后查办由

禀请给发前在邹县任内垫用安设正站腰拨协济蒙阴县车马等项银两由

禀本府夹单：为请领邹县任内正站腰拨及协济蒙阴车马等银恳祈代为求明批准事

禀请移会饬拿把持钱粮之已退约正袁肇修务获讯办由

禀本府夹单：为函催发审经费现已措齐批解事

禀卑职续修衙署银两请同章令垫项并案流摊归款由

禀本府夹单：为续修衙署银两请同章令垫项并案流摊并祈如禀批准早日委员验收事

禀设法清理袁姓地粮并请批示立案由

禀济军厅夹单：为更造先农坛妥协册结并代缮勘结事

禀请委员覆勘被雹各庄会议核办由

禀奉委提王学智呈控朱光墀等案内人证均已投审由

禀登州府夹单：为查明栖霞县典史申藩宪公文过境日期事

禀请札饬章令赶紧盘仓以便拨运兵谷由

会禀覆勘长山县神坛庄等五十一村庄秋禾被雹情形议请缓

征由

禀筹款修理先农坛完工日期并请委员验收工程由

禀奉委提泺源书院生息银两由

禀奉委勘长山县监狱实系应修议请垫办流摊归款由代邹平议禀

禀奉委提向于樽呈控向甫训等一案人证先已自行投审由

禀本府夹单：为应捐海防经费奉扣本府养廉已奉藩宪于解存知县养廉内如数提还事

禀请核示卑前县封令垫办二十一年兵差银两曾否扣拨欠款及领过数目由

禀报垫修监狱开工日期由

禀济军厅夹单：为饬造请修社稷坛册勘各结现在饬承赶办完竣面呈事

禀领前署邹县任内垫付青州满兵等项经费银两由印领稿四件附

禀领道光二十二年漕耗米折不敷运脚等项银两由领稿附

禀卑县秋收未丰请缓买补缺谷由

禀请改委候补人员勘讯王维玥等控争水道一案由

禀临淄县差抢扣送硝车辆并卑县解役被责未回由

禀奉委催更换砝码由

禀请速提临淄县抢车差役讯究并饬查还车辆释放解差由

禀验明长山县先农工程实系修理如式完固由代邹平拟勘结稿附

禀奉委催长山县章令应接封令交代达部册结现在饬承进省查造由

禀临淄县抢扣送硝车辆实系递解案内短车由

禀奉委催本年岁考经费由以下潍县禀

会禀委查税契由

禀奉委提各年养廉银两由

会禀奉委提解本年钱粮由

禀遵札预防蝻孽由

禀报起解本年上忙头批钱粮银数日期由

禀新旧钱粮现已赶紧比追由

禀照旧妥设腰拨由

禀起解二批新赋及二十一年钱粮银数日期由

禀本府夹单：为遵饬劝捐事

禀报起解本年三批新赋及十九二十并二十一年钱粮银数日期由

禀首府夹单：为改派缺分等第事

禀本府夹单：为呈送捕蝻经费等项卷宗事

禀藩宪夹单：为缺分等第并招令交代事

禀本府夹单：为据情恳请免派修理考院县董事

禀本府夹单：为王延年年老不堪赴郡督修考院事

禀卑县北台底社之芰洼现有蝻孽萌生业已赶紧扑买由

禀报卑县芰洼蝻孽现已扑打净尽由

会禀芰洼蝻孽先已扑灭及萧家营蝻孽萌生现在赶紧扑打由

禀潍县芰洼蝻孽业已扑灭净尽现复亲诣各乡搜查防范由代委员周拟

禀本府夹单：为饬催办理军需书吏低笔饭食银两现在如数封固批解事

会禀萧家营蝻孽业已扑灭净尽由

禀送另造招革令垫用腰拨工料银两清册并酌抵军需银两由

禀遵札筹议盐规银两章程并照式造册请追由

禀送扣平案内清册并请核示各款由以下仍长山县禀

禀送扣平案内经管漕仓等项银两请示清册由

禀报垫修监狱完工日期并请委员验收由

禀报修理社稷坛开工日期由

禀查明前县封令垫办兵差删减银两应行着赔由

禀报起解二十三年四批钱粮银数日期由

禀奉委催漕项银两由

禀请饬纲严催代商胥南浦赶紧运销二十二年票盐以顾考成由

禀请札催曹县章令迅速派丁过县盘仓以便运兑兵谷由

禀奉委查墩堡营房由

禀登州分府夹单：为催漕粮事

禀请委勘仓廒工程由

禀奉委催德、常二仓银两由

禀青州府夹单：为委催青州满营兵现在设法比追俟有成数即行运兑事

禀覆邹县任内已征未解二十二年正耗银两业已抵交后任并请札调周令及祥令会算交代由

禀勘明长山县垫修监狱完工并呈印结由代邹平县拟印结稿附

禀奉委催下忙新赋已解正耗养廉五千七百两现在严追民欠赶解由

禀请批发腰拨银两不符印领以便更送备案由

禀邹县任内安设正站协济车马两案经费先已呈送印领请赐饬发以便早日归款由

禀卑县仓廒坍塌过甚实难粘补仍请委勘议修还款由

禀报起解二十三年五批钱粮银数日期由

禀卑县本年二麦被水秋禾被雹各庄来春青黄不接毋庸再议调剂由

禀卑县接递本箱实无迟误请饬章丘速补回照由

禀章令漏接府岁考经费银两请饬赔缴以便造送由

禀筹款修理社稷坛完工日期并请委员验收工程由

禀邹县任内垫用腰拨正站协济车马兵差等项经费请再给发归款并呈印领由领稿附计五件

禀奉委催兵米现在赶紧征解由

会禀奉查勘墩堡营房由

禀仓廒坍塌情形实难粘补垫办不致挪项只候委勘修葺由

禀济军所夹单：为恳请速转风云雷雨坛工册勘各结事

禀领派买兵支谷石例价津贴银两由领稿二低附

禀交代紧急请赐札调章令晋省饬知会算由

禀续领邹县任内垫用腰拨正站等项五案经费请赐速发归款由

禀登州府同知夹单：为催漕粮事

会禀查明长山县历年钱粮除灾缓之外并无征存银两由

禀报起解二十三年六批钱粮银数日期由

禀济军厅夹单：为请示知风云雷雨坛工一案册勘各结于何日转申抑或由府核转事

禀济宁州民人朱永清呈控县丞丁役扣留铜斤一案情节由

禀请委催曹县章令速措交案银两一面订期会算交代由

禀请核示章令垫办正腰各站经费银两准销数目由

会禀兵支谷石议请由县碾米运兑以归简易由八县会禀

禀邹县任内交案紧急请赐严调周令赴省会算由

禀勘明长山县垫修社稷坛完工并呈印结由代邹平拟结稿附

禀本府夹单：为遵饬清厘积案事

禀奉派买兵支谷石业已买竣贮仓由

禀青州府夹单：为运兑初次兵米并催下余民欠事

会禀委提本年漕蓟兵米业已征解一千石下余民欠赶紧设法催征由

禀卑县历年钱粮除各案缓征外下余民欠赶紧设法征解由

禀本府夹单：为章令交代倘或无可通融即当开折实禀已顾考成事

禀青州府夹单：为运兑二次兵米事

禀请札饬青城县传解胥廷栋等过县质讯由

禀青州府夹单：为运兑三次兵米计已扫数全完并请饬发仓收以便转申事

会禀委提邹县任内正耗银两业经抵交周令并请札调会算交

代由

禀报起解二十四年上忙头批钱粮银数日期由

禀奉委提二十三年临砖津贴盘费银两现已如数措交委员呈解由

禀济军厅夹单：为饬造山川坛册勘各结现在饬承赶办事

会禀委催新旧钱粮业已征解银数由

会禀委提宋健修等具已投审未到之刘魁元现在赶紧勒传由

禀本府夹单：为饬催上年驿站奏销册结已于本年二月间查造完竣呈送事

禀卑前县交案欠款银数并请札饬措交由

禀请核示俸杂奏销册结应否声叙减平银数由

禀宋健修赴院呈控张玉秀等案内人证刘魁元先已在省候质由

禀勘明长山县办差公廨实系坍塌过甚应如祝令所请垫修流摊归款由代新城拟勘结稿附

禀报起解二十四年上忙新旧地丁正耗银两数目由

禀卑县办差公廨坍塌过甚请赐委勘修理由

禀卑职前署邹县任内交代已清请饬周令出具单结由

禀报修理风云雷雨坛开工日期由

禀卑职前署邹县任内应摊宪案各款均已移交周令接收清楚并呈清册由

禀报修理山川坛开工日期由

禀请委员前赴曹县守催章令欠解卑县任内交款由

禀报修理公廨兴工完工日期并请委员验收工程由

长山县各项信稿

第四本目录

款项说五则

缓征漕项复又灾缓册式

扣算正耗法

计分数法

长山儒学衙门俸工各款扣建扣平确数

招告袁肇修劣迹示

关覆新城稿一件

票稿一件

关会邹平稿一件

更造社稷坛报销册结县详

移会邹平稿一件

请饬知奉扣历城县监灯油刑具等银确数县详

更送风云雷雨坛八成工料银两印领县详

移邹平稿一件为护送江西难民陈恺山等事

更造先农坛报销册结县详

覆历城函一件交代事

新城县二十四年地丁分数

朱永清呈控长山县县丞丁役扣留铜斤一案司看

各项呈批

录详李景亮赴府呈控武生宫玉堂恃衿［矜］朦断等情一案稿

请追刘令交代案内浮抵银两县详

详领漕耗米折县详领稿附

禀莒州请领契尾一千张由

禀所属正佐教职各官贤否并呈清折由

地丁初参处分表

地丁复参处分表

各项款目

请追刘宗锡浮抵修仓核减银两县详司批

济南府函一件

司札一件为垫办流摊银两毋庸核入属库垫款事

民欠养廉列抵三成县详司批

请示章令现在移开协济车马银五百三十六两八分五厘一款是否已在前次请示札知实销银数之内县详

李惠奏除州县亏空积弊一折

二十三年民壮工食减平数

禀奉发严禁奸徒私贩硝磺告示业经张贴并遵照查办由

禀查明卑县境内并无奸徒私煎私贩硝磺取具各地保连环甘结加具印结禀请结转由

禀遵札查禁收买私钱由

禀卑县境内并无私铸私贩小钱铅钱亦无掺和私钱行使情弊并呈印结核办由

禀奉委员敬诣泰山请水赍送到县敬谨设坛祈祷雨泽由

禀卑县境内缺雨民间情形并现在祈祷雨泽由

禀卑县旧有书院并现在分建义学处所由

禀遵札收养幼孩由

禀委催应换征粮银戥现在制造俟造竣另文呈验由

禀委提应换新正法码现在制造另文呈验由

禀本府夹单：为催审案委员祈水事

禀奉委领解京饷因现有要件不克分身请另行委员押解由

禀续完道光十年正耗银两由

禀会同查明卑县现无兴贩枭徒并遵照严密查缉由

禀道光十年以前民佃盐课均经按年征解蠲免案内毋庸查办由

禀覆委催卑县漕项银两现在倾解由

会禀委催商河县应征本年漕粮现在赶紧征运由

禀遵札查办出外谋食贫民并加意抚恤由

禀遵札查明并无逃荒贫民过境并议请定章资送回籍由

禀委催捐修考院银两由

禀委催皋县应征漕粮由

禀会同监放过十二月分孤贫口粮花名银数日期并呈清折由

禀会查商河县并无外来贫民过境及现在稽查截留照章资送由

禀遵札掺演民壮由

禀遵札买补平粜仓谷由

禀候补分府秀夹单：为委催漕粮事

禀本府夹单：为请免造十三年展缓册籍事

禀本厅倪夹单另禀附：为遵谕退还裘姓米样事

禀勘明境内被灾情形议请带缓由

禀府属捐修考院银两请分年流摊由府禀

禀府属带征民欠与本年新赋同时并征民力未免拮据议请分别调剂由

禀奉委查税契由

禀遵札修治道途由

禀报委员护送琉球国难夷入境出境日期由

禀报接准临淄县关送江西德化县难民陈恺山等二百九名口到县业已优给口粮由

禀裁革漕车乡民津贴之弊车辆归官平价雇觅酌议章程请示祇遵由清折附

义仓谷禀稿

义仓谷分贮各仓并请免入交代禀

酌立义仓条规禀

禀登莱青煮赈银两应否遵各府批定章程办理请批示遵办由

禀境内并无出外谋食贫民由

禀境内被灾地亩业已缓征调剂民情极为安贴并无出外谋食贫民由

再升再调人员应缴罚俸银两专案造册报部通行粘单附

第五本目录

更造二十三年廉费奏销县申县详一申府一详司，册稿附

造送社稷坛报销册结县详结稿附

县案流摊银两请展年限各款清册

押令周维敬等速拆东堰会票一件

禀前县垫用马刚经费及修理衙署普济堂养济院等项银两请展流摊年分由

禀本府夹单：为请展流摊年分事

申覆刘秉钧实系审在省城四隅头广兴磨坊居住申文

二十三年续奏册

详送二十四年地丁连批二张请分别挂发销号县详

请示章令现在移开协济车马银五百三十六两八分五厘一款是否已在前次请示札知实销银数之内县详重出，已见第四本

移覆曹县文一件为抄录请示协济车马银五百余两县详司批事

申济军厅一件为送山川坛册勘各结事，印结勘结各稿附

详覆钟秉曾欠解道光十六年曹工三成等项银两实未交清仍请详咨追缴县详

移会邹平县文一件为抄录办差公廨府批事

请示封令代办新邹二县二十年兵差拨还车价等银应扣平余若干县详

二十三年俸杂奏销册结现奉司批仍应照旧办理，其减平一项俟奏销完竣专案造册报部申府文并送奏销册结

详覆奉催各年杂款银两县详

移历城县文一件为章令垫办协济车马准销银两并抄录司批事

移淄川县文一件为录批移会请即订期过县验收风云雷雨坛事

申送二十三年俸杂奏销册结申文一件申布政司

补送已领前署邹县任内安设正站腰拨垫办各起兵差经费银二千两印领县详领稿附

奉文自道光二十四年新收地丁银内扣拨二十三年地丁银五百两遵札详换号批县详

详请饬发更造二十三年地丁耗羡奏销册结县详

移覆曹县文一件为移交银四千两分别收入各款事

禀请抄发阜前县令垫修仓廒银两分年流摊原案以便交代列抵由高苑〈县〉禀

司批一件招令交案事

劝谕军民人等捐输经费告示

第六本目录

道光十一年至二十三年钱粮完欠确数

第七本目录

俸工廉费总撒细数

移送收到前县章任交案银两册

造送嘉庆十八年泰山庙工银两清册

造送嘉庆十九年三次曹属煮赈银两清册

移覆收到交款银四千两款目文册二件

道光二十一年吏部奏定捐输议叙章程

详覆宫令误报苏令已变马刚等入官房地及查明无可增估县详

罚赔库亏银两各员及代赔子孙限满未完请由各省臬司衙门监追一案通行

东省动用海疆经费摊廉弥补一案部覆二十四年奉到

造送道光十一年至二十三年曹工三成银两细总各册

东省添设水师营官兵所需俸廉马干米折等项在于东省前归地丁起运之裁减驿站水夫工食等项银内动支

查造曹工三成银两底数

各项部覆重出，见第一本

摘抄处分则例

摘录扣拨领款四件

饬发减平册府札一件又减平案内府札一件

司批二件

第八本目录

交代章程

垫兑漕米交代案内不准划抵作赔

垫兑漕米划抵作赔名目永远禁止并三成二成于办理亏缺时列入捐款项下饬追通行

驿马匹限一月交代清楚例见离任门驿站交代条

江西彭泽县周岩挪移库银原奏道光六年三月抄报

详请交代展限

关催交代

交代迟延初参县详

交代初参司详

详送交代册结

催交代函四件

禀催前任赶紧定期会算交代由

禀卑职前在昌邑任内交代恳请札调△令赴郡卑职即赶紧起程前往会算由

布政司通饬交代不准禀请调省会算由府督饬核算由

交代册稿

议单稿

交代册稿

禀垫修常平及水次仓廒银两分别流摊由

禀缉获刘二安子犒赏银两请作三年流摊由

禀林参令平原县任内垫修仓廒马号等银请作十五年流摊由

禀夏津县章令划赔垫修监狱仓廒银两由

禀垫兑漕米划抵赔款由

禀前任齐河县许令应还汪故令咨追捐款请以许令垫修河道银两划抵着赔由

禀前任齐河县许令欠解征完汪故令垫解钱粮请转禀以修理刘震故河银两划赔着追由

会禀十五年不准开销马价仍请照例着赔咨追由

禀另追张令赔捐三成廉银由

禀请另追秦令欠解三成银两由

禀邵参令欠解沂水县任内捐款提出另追由

禀张令认赔盘折谷石由

禀追齐河县许令赔项由

禀续查齐河县许令漏接各款并请着赔由

禀追许令赔项由

禀更正齐河县许令应追十一十二年师生空缺由

禀更正齐河县许令赔款由

禀前任夏津县程志坚误接宋懋祁垫修万家楼工程银两恳请照数着赔追缴由

禀秦令误接沈令指抵咨追捐款着落认赔由

禀夏津县章令垫解钱粮垫兑漕米交案内责令认赔由

禀请胶州应领例雇船价拨收菏泽县捐款由

禀欠解菏泽县任内捐款请在胶州应领十七年船价及十六七年养廉银两扣拨由

禀菏泽捐款请以胶州各年添雇船价银两拨抵由

禀齐河县许令应还汪令补抵县抵款由

禀划追汪故令捐款由

禀恩县十七年垫雇民剥等四款银划出着赔并另缴三成廉银由

禀邵参令交案内历年牙欠杂税无着提出另追由

禀滥接铺垫酌议摊赔由

禀会同算明程志坚夏津任内交代由

禀复算邵参令交代由

禀沂水县邵令亏项缴清请提禁开复由

禀呈前任沂水县邵参令无亏单结由

禀蒲台县旧欠盐规请现任分年代催不入交代由

禀盐规追商完缴由

禀核算交代仓谷仍照八钱作交由

禀卑职前在菏泽任内缉捕经费银两于认捐巡役工食之外请免再认三成由

禀菏泽县巡检周瑞籍借养廉仍照旧案在于各州县分摊完

解由

禀夏津县民欠养廉列抵缺廉三成由

禀宁阳县孙参令交代案内欠解省城义仓谷价银两请照案免解由

禀送抄存黄县李肇敏寓所衣物件数清册并缴余剩封条由

禀高苑县吴故令交代案内垫发贫民口粮银两请在本缺分年流摊由

禀吴故令交代案内欠交摊捐各款并霉变谷价银两请提出交案在于该家属名下追缴由

禀查出佟故令未完部借养廉银二百两并未入交可否照例在于通省摊捐归补

禀吴令欠解缉捕经费等款业已更正造具清册请饬吴令完缴由

禀钟令欠解十六年三成银二百四十一两、十四年奉摊学院箭亭银十五两八钱二分五厘实未入交仍请照案咨追钟令完缴由

禀佟故令漏接前任杂捐银两并盘折霉变谷价因十七年知县三成等款不入交案另行追赔由

禀武城县龚参令垫修民埝银两分别流摊着赔由

禀王令交案内盘折谷价银两提出追赔由

禀昌乐县刘令垫用马刚经费银两请归青州府属分摊并本缺流摊及该令名下划赔由

禀叶令转接各前任垫兑漕米无着银两请划为叶令赔款另行完缴由

禀蒙阴县胡令漏接道光十一年知县缺廉银两前禀漏未叙入现已更正请并入前折饬追胡令完缴由

禀追昌乐县李令欠解捐款银两由

禀送昌乐县刘令无亏单结由

禀复造金福炽欠款由

禀宁阳县孙令欠解各年三成银两于交案内提出另追由

禀追博兴县吴令欠解三成银两由

禀叶令范县任内漏接前任误报扣存未经准豁之道光五年留支漕项银两请划作叶令赔款自行完缴由

禀福山县被水贫民请照例开仓散放一月口粮由

前案府禀院批

前案司详

前案院批司详

前案院札

前案府禀

前案司批

前案府禀

前禀司批

前案奏稿

前案上谕朱批

前案赈恤修费详

前案赈恤章程司详

二十四年秋灾原奏

济南府札行二十三年二麦被水一案府禀司批抄禀附

二十四年新定带征章程

禀卑境二麦被旱拟请将本年上忙及二十一年钱粮缓至秋后启征由

禀会勘长山县境内二麦被旱拟请将应征本年上忙并二十一年钱粮缓至秋后启征由

禀卑县本年秋禾被水村庄来春青黄不接之时应征上忙新赋恳请缓至秋后启征由

禀卑县本年秋禾被水各庄来春青黄不接议请缓征上忙钱粮调剂由

商河县道光十四年秋禾被旱禀稿十四件呈批五件

商河县道光十五年二麦被旱禀稿十件

禀卑县西北东北西乡秋禾被水请赐委员勘办由较轻

会禀勘明长山县秋禾被水各庄议请缓征调剂由较轻

禀卑县西北东北西乡秋禾被水请赐委员勘办由较重

会禀勘明长山县秋禾被水各村庄分别轻重议请调剂由较重

禀覆卑县本年被水朱家庄等三十八村庄来春青黄不接酌议调剂由

禀本府夹单：为二十三年俸杂奏销现已更正请赐转申事

秋禾被水议请缓征钱粮禀二十年禹城县案

秋禾被水议禀二十年齐河县案

禀麦收缺雨请将上忙民欠缓至秋后启征由

禀委查全境缺雨情形请将钱粮缓至秋后启征由

禀覆委查二麦被旱缓征折报外并无续有征存钱粮由

禀毋庸出借仓谷由

会禀查明历城县本年二麦被旱民力尚不拮据毋须出借仓谷由

禀本府夹单：为县境被灾各庄现在连日履勘勘竣即当通禀办理事

禀卑县安顺等乡、朱家等庄田禾被水被虫请委员会勘核办由

禀卑县被水被虫之朱家等村庄议请调剂由

禀本府夹单：为民人卢邦治等所报村庄即在前禀数内已入清折调剂在案事

更造二十三年秋禾被雹案内递缓漕粮漕项银米册县申清册附

二十三年秋禾被雹奉文递缓钱粮册结县申册结附

详覆道光十八年原缓漕粮漕项复因二十二年二麦被旱案内递缓，现在未届启征年分已造递缓清册申送在案详

前详道批

查明二十三年漕项银两原额新增各款分晰更正及二十四年办理减平请示一案县详

前详道批

禀卑县四乡二麦被旱请赐委员会勘由

禀覆会勘惠民县四乡二麦被旱议请缓征新旧钱粮由

禀卑县二麦被旱一案业已会勘议禀由

禀卑县上年秋禾被水各庄现在毋庸出借仓谷由

禀报起解本年上忙三批钱粮及筹解杨令交案正耗银数日期由

信稿十件

第九本目录

造送历年盐当规完欠分赔各册县详

前案司批

历年盐当规礼覆详

前案司批

分赔盐规银两覆详

前案司批

前案覆详

前案司批

前案府札

前案部覆

嘉庆四年至道光十八年批解当规银两数目册

历年盐规完欠册

各前任分赔历年未完盐规银两册

官办盐务章程

益都县官办盐务成案

禀卑县盐务请改归官办由

禀请盐务改为官办一案速赐批示由

禀遵批会筹议覆官办盐务由

禀遵批覆议官办盐务由

禀卑县官办票盐应领昌潍巡费并请加帮厘头银两拨还额票由

禀卑县票商李治寅无力办运请将该商盐务暂由官为经理由

禀垫修城垣桥梁等项工程七成银两恳请批示无论正分作二十年流摊扣还归款由

禀请檄饬齐河等处将扣用车辆作速换回并饬德州遇有北来差使务遵章程雇用长车由

禀请檄饬新太等县将扣用车马查明解回并饬齐河县嗣后遇有差使备车更换由

禀起解县民梁克续以群蠹额征私押迭诈等情京控案内被告贾秀章等并卷宗赴省审办由

致委员提梁克续案

详报一产三男

禀请札调张升牧进省会算交代由

会禀查明齐希曾入官经前任张升牧估变容俟移交地价再行批解由

禀遵札查明境内并无私煎私贩硝斤由

禀本府夹单：为境内实无私煎硝斤事

禀覆查明境内实无钦赃入官房产无凭造报由

禀卑职到任后照旧安设腰拨并新添处所由

禀卑县境内今岁秋收未丰粮价未减请暂缓买补缺谷由

禀请饬发卑职前在淄川任内存司未领各款以便批解正耗钱粮并另文申送印领请饬现任吕令补具文批呈送印发备案由

禀琉球国贡使入境、出境日期由

禀青州府夹单：为道光二十二年淄川任内应征兵米现已扫数运青交兑请发仓收备案事

禀委办闽硝福建汀州府分府觉罗克夹单：为闽硝事

禀报得雨日时分寸由

禀淄川任内垫修城垣桥梁一案已奉藩宪准作十二年流摊请照案批准立案由

禀查明卑境尚无新任两淮李运使过境信息容俟探明抵境即当催令趱进赴任由

致禹城、长清、茌平为查探李运使过境事

禀委催本年钱粮由

会禀勘明沂水县文峰等地方被风括倒房屋压伤人口情形并呈图折由

禀县境本年被水村庄来春青黄不接议请缓征调剂由

禀遵札收养幼孩由

禀本府夹单：为县丞俸满保荐事

到任谢禀

禀卑县二麦歉收请将大漕麦石暂行改征粟米由

禀卑县应征大漕麦石仍请改征粟米由

禀卑县道光十九年钱粮扫数全完恳请议叙由

禀卑县道光二十年地丁钱粮扫数全完恳请议叙由

禀卑县麦收歉薄大漕麦石请改征粟米由

禀卑前县张升牧交代案内列抵解存扣剩历年未领养廉并闽硝例价等项银两数目是否相符，恳请签示以便核入交代由

会禀覆勘秋禾被灾情形议请缓征调剂由

禀卑县二麦被旱议请缓征新旧钱粮由

禀会勘卑县二麦被旱议缓新旧钱粮由

禀报卑县天宫院等四十九村庄秋禾被水情形请赐委员勘办由

禀覆会勘卑县秋禾被水村庄分别民卫议缓新旧钱漕由

禀各前任有无欠解三二成银两恳请批示由

禀东昌分府王夹单：为闽硝事

禀覆道光二十一年十一月间青州满营官兵前赴江宁防堵系由卑县应付由

禀覆饬催道光二十二年及带征十一年正耗银两现在分别移催比追并请札调张升牧会算交代由

禀覆卑县驿内马匹均系足额膘壮并捐资雇备船只接递公文由

禀覆查明广东总督耆拜发奏折向由湖路行走，并不经由卑驿由

委覆委提郯城任内征存二十一年钱粮现在交代尚未算明请赐饬调现任郯城县迅速来省会算清楚下短若干以便补解由

禀暹罗国贡使入境、出境日期由

禀济军厅夹单：为先农坛事

禀本府夹单：为函催二十三年并历年钱粮事

禀卑县麦收歉薄请将本年上忙新赋及带征历年旧欠一并缓至秋后分别启征、带征由

禀覆会勘平原县二麦被风勘不成灾应征本年上忙新赋及二十三年未完民欠恳请缓至秋后分别启征、带征由

会禀遵札采买铁斤雇觅炉匠并起解日期由

禀卑职接收王任交案现已核清内有已征未解道光二十三年

正耗银两恳请转禀即饬先行批解由

禀卑县交代案内前任列抵垫用兵差等项银两请照前详迅赐批示以便会算结报由

禀奉调算郯城县交代现因邹令在省请转禀檄调来省就近会算由

禀覆卑县驿站马匹俱系足额膘壮往来文报并无迟误并修治道途捐给渡船工食不致需索商旅由

禀钦使自清江浦起程日期由

禀钦使住宿红花埠日期由

禀本府夹单：为钦使入境、出境日期并妥为应付事

禀临清州夹单：为饬催本年临砖柴价银两俟交代核明即行批解事

覆胶州信一件为交代事

禀卑县并无钦赃入官地亩无凭造报由

禀登州巴司马夹单：为查海岛居民户口清册事

禀报起解棉被数目日期由以下潍县禀

禀本府夹单：为劝谕捐输事

禀本府夹单：为海参贡品事

禀覆接递抚宪七月初二日所发公文并无迟误由

禀遵札筹议酌碾常平仓谷运兑由

禀本府夹单：为购买棉业已解赴登局并造销册申送事

禀查明票商任俊华并未在县无凭传解由

禀本府夹单：为招令交案流摊银两请宽予年限事

禀济南府夹单：为招令交案流摊银两请与本府函商宽予年限事

禀莱州分府钟夹单：为委勘先农坛事

禀卑县秋收未丰请缓买补仓谷由

禀本府夹单：为申解捐修郡城考院银两事，再禀附

禀请委员前赴高苑监盘仓谷由

禀本府夹单：为更换错装各前任欠解院府考经费清册一案简详事

禀请更换原造考试经费清册一案简详由

禀卑县具详前任垫修民埝银两归入属库垫款核办等案请速批示由

禀请核示本年应付撤防官兵雇备车价银数由

禀筹款垫修衙署仓廒请归本缺分作十六年流摊还款由

禀封令代垫新邹二县兵差银两各应扣平余若干请速批示由

以下长山禀

禀封令未领兵差等项银两请扣留备拨原抵欠款由

禀遵札酌量买补动缺常平仓谷由

禀领本年派买兵支谷石例价津及二十年津贴谷价银两由

禀奉派买兵支谷石业已买竣贮仓由

禀请委员前赴邹平县勘讯周维敬等挖河筑埝一案由

禀韩严若等呈控周维敬等违断挖河等情一案请速赐委员前赴邹平县查讯由

禀登州府夹单：为催漕粮事

禀奉委催兵米现在赶紧征解由

禀青州府夹单：为运兑兵米事

禀青州府夹单：为委催兵米事

禀报起解二十四年四批钱粮及章令移交二十二年正耗银数日期由

禀章令移到交案银四千两业已分别支解由

禀报起解卑前县章令移交二十二年地丁正耗银数日期由

禀报补解二十四年正银及二十三年耗羡银数日期由

禀卑县历年曹工三成银两册结业已造送并册费银两现已措齐起解日期由

禀本府夹单：为二十三年俸杂奏销现已更正请赐转申由 重出已见第八本

禀本府夹单：为遵饬更换自理赎锾印结事

各项信稿十四件

第十本目录

第十一本目录

道光二十四年廉费奏销册

正耗奏销式

揭帖式

道光二十四年存留俸食杂支等项大计册结

饬发曹工三成银两细总册结各式

详送历年曹工三成银两县详并细总各册结

嘉庆二十二年奉文碾运直隶赈米用过水陆运脚等项银两清册，二十三年册附

嘉庆二十二年奉文碾运直隶赈米用过船舵水夫饭食等项银米清册，二十三年册并印领附

请流摊运直赈米脚价、盘费等项银两县详

司颁参案册式条款通饬

司颁参案册式条款

参案增删亏抵各款通饬

参亏定拟部文

参亏限满锁禁监追部文

造送参亏年款司详院批

查抄袁长基全案

奉发院辕弁兵差务奖赏生息银两县详，领状保结并印结附

当商花名清册

请示二十五年海防经费究系在于何款银内扣拨县详

属库垫款覆详

请示奉裁府斗级工食银两是否归入地丁批解县详司批

请示杨令交案列抵存司扣剩闽硝例价银两曾否续有扣拨别项欠款县详

请在二十一年奉文派买仓谷例价银内扣拨二十四年余兵生息银两县详

请核示准销二十一、二两年应付兵差等项银两曾否领过县详

请核示二十一年及二十三年谷价银两曾否扣拨欠款县详

请核示二十三、四两年囚粮囚衣银两数目曾否相符县详，清册附

详请咨追前任谈素敦修理府监核减工料长领银两及交案浮抵二成工料银两县详清册见第十六本

典史借廉修署案

府经借廉修署案此稿拟而未行

修理坛宇工程案

筹议捐输章程县详章程附

劝农通饬

嗣后各项工程毋得动辄请帑及滥行流摊通饬

饬查已故茌平县知县王焫家属现在何处先行报明，并将未完漕项银两迅速催令归款通饬，粘单附

节孝贞烈妇女请建总坊详案

湖南巡抚陆费瑔为官绅士民捐资修堤恳请奖励奏折

第十二本目录

各员欠解捐赔银两提出交案另追章程，并院批

交代达部册结仓谷一款应与奏销相符

捐赔银两不得限定银数司详院批

省城银钱各铺分别新开旧设议令互保一案

院司道摊捐潍县查办逆匪经费一案

筹议归补漕船阻滞垫用经费一案

湖北运送直隶剥船度黄后添雇纤夫章程

藩司济东道会详病故参革人员所欠义仓谷价免解并暂停捐

详请公捐粥资并请将平粜价值酌定以便遵办司详院批

降调人员欠解义仓谷价免交一案

添办阔布应需津贴、委员盘费、车脚等银于派办各府属酌量缺分等次派摊一案

实征、缓征均各依限一任经征全完详请议叙一案

前案部覆

又部文一件

海洋酌添兵丁火药并捐增口粮一案缺分清折附

垫修民埝划抵作赔章程

东省闸内漕粮如届期征不足数准其买兑并严禁帮丁索讹部覆

嘉庆二十四、五两年黄水漫淹蠲免钱粮一案部文

佐杂人员遇有病故、丁忧、出缺，即由该府先委员代理通饬

减平全案重出

廉俸章程

地丁并杂项钱粮奏销初参部覆

地丁钱粮复参部文

漕项正耗不符降调各官部文

道光六年漕粮漕项奏销部文

道光十一年漕粮漕项奏销部文

新泰县许汝圭续完嘉庆十一年运河道银两开复另补部文

开复惠民县知县谈素敦道光三年临仓银两处分部文

惠民县续完道光十年临仓银两开复初参处分部文

道光十一年带征历年递缓漕粮漕项银米部覆

道光十三年黄河银两复参部覆

曹县章寅续完十三年河银扣除免议部覆

道光十五年兖沂道河银复参部覆

曹县章寅全完十五年河银开复奏请留本任部覆

曹县章寅续完道光十五年黄河银两开复部覆

道光十七年黄河银两复参部覆

曹县章寅续完道光十七年河银咨请免议部覆

查明巨野县缓征十七年黄河银两舛错开复复参处分部覆

第十三本目录

徐鈖参案

豁免全案道光十五年分

第十四本目录

道光十五年蠲免案内初次饬驳造送漕粮漕项册结府札本府自驳

道光十五年蠲免案内初次更造漕粮漕项册结申文

道光十五年蠲免案内二次饬驳造送漕粮漕项册结府札，系粮道驳府转行

道光十五年蠲免案内二次更造漕粮漕项册结申文，漕粮孤贫米并漕项各册结附

道光十五年蠲免案内饬驳造送临、德等仓银两册结府札粮道驳府转行

道光十五年蠲免案内更造临、德等仓银两册结县详，粮道批附

道光二十五年蠲免上谕

道光二十五年蠲免案内奉发章程府札，章程册结各式附

道光二十五年造送蠲免地丁钱粮册结县详，结稿附

道光二十五年造送蠲免地丁钱粮登覆册

第十五本目录

道光二十五年蠲免地丁正耗册详文及登覆册并结均见第十四本

道光二十五年蠲免漕粮册结有详

道光二十五年蠲免拨抵耗豆册结有详

道光二十五年蠲免兵米册结有详

道光二十五年蠲免孤贫米石册结有详

道光二十五年蠲免漕项银两册结有详

道光二十五年蠲免临仓银两册结有详

道光二十五年蠲免德、常仓银两册结有详

道光二十五年蠲免案内请就款开销常平仓谷册结有详

道光二十五年蠲免案内请追历前任应赔府斗级工食银两清册有详

第十六本目录

禀奉委提武宗智京控人证传到解审由

禀请核示卑前县杨令任内长拨二十三年地丁正银可否准入交案列抵由

禀卑县境内本月十八、九等日连得雨雪由

禀遵札查办税契由

禀遵札赶紧征解新旧正杂钱粮由

会禀委查税契由

禀海丰县禀报海潮冲淹情形分别调剂一案公文卑县接递并

无迟误由

会禀奉委催换征粮库戳现在赶紧遵办由

禀覆起解二十四年课杂税银数目日期由

会禀解到筹备抚济三营兵丁奖赏生息本银五百两现饬各当商分领取具领结各状另文详送由

禀本分府夹单：禀解春季养廉

禀登莱道夹单：为掖县杨令欠项事

会禀委催临、德二仓银两现在赶紧征解由

会禀委提本年上忙漕项银两现在赶紧征解由

禀报筹解道光二十四年蓟粮余剩漕耗变价等款银数日期由

会禀委提道光二十四年钱粮现在加紧比催总期奏销以前解副造报由

会禀杨令垫修惠民县衙署一半工料银两拟请分年摊补由

会禀杨令垫修衙署银两恳请批准立案由禀道宪

禀覆奉查有关历城县各项垫款银两由

会禀前任惠民县杨令未完捐摊银两请照案提出另追由清折附，此系二次稿

会禀前任惠民县杨令欠解摊捐银两请照案另追完缴由清折附，此系初次稿

禀登莱道王夹单：为掖县杨令欠项事

禀东昌府同知监收闸硝局王夹单二件

禀覆奉提道光二十四年临仓银两现在缓征期内无凭征解并缴宪签由

禀奉委催本年钱粮赶紧比追由

禀请提讯长山县监生高芝京控被告傅光钧供明尹殿莪住址行知下县以便查传讯取供结由

会禀委提张希林京控齐云集等一案人证解审由

禀请核示查办蠲免钱粮册式由

通禀境内得雪由红白禀共三件

禀卑县盐务情形请饬商议定接充以专责成并分别催追票张由

请饬追傅松如押出票张发交接充之人运销县详

禀奉委提道光二十年漕粮减平银两现在赶紧批解由

禀卑县常平仓谷现在无可买补由

禀覆奉提道光二十四年德、常二仓正耗银两现在缓征期内无凭征解并缴宪签由

禀查明境内并无尹殿莪夹单

会禀委催本年漕粮现在赶紧征兑由禀粮道

会禀委催本年漕粮现在赶紧征兑由禀藩宪

禀曹州府同知张夹单：为催漕事

会禀委查当典减息由

禀本分府陈夹单：为饬解养廉事

禀报十一月初九日奉到查办蠲免章程由

会禀委催本年漕粮由

各项信稿

徒骇河全案

饬摊绣江河工银两府札，抄详附

二十五年麦灾上谕

通饬更造三成册结府札

饬知屠道彰赔款业已详咨饬追府札，抄详附

交帮随漕随蓟见石养廉银两照旧全数交帮毋庸由县扣平粮道札一件

脚价盘费减平银两饬即赶紧径解交兑府札

再升再调人员，其前任无论系州县系佐贰，但有应缴罚俸银两必须按限逐案完缴销案后，方准再行升调通行

饬查境内徒骇河道有无淤塞应挑府札

二十五年潮灾上谕

各项工程除士民捐修外均应造册报销通行

滩场被潮冲淹展缓盐课加价上谕由府转饬

祷雨祭文

二十年秋灾缓征漕粮漕项册

漕麦改征粟米县禀并粮道批

差查被水被虫未报村庄定限二十八日一律呈报稿

二十五年秋禾被水被虫初禀

二十五年秋禾被水被虫覆禀

漕麦改征粟米原奏

二十五年秋灾上谕

差传被灾各庄公地稿

二十五年秋禾被水被虫各庄来春青黄不接，毋须再议调剂通禀

禀覆青黄不接一案业已具禀申发由

禀覆秋禾被水被虫各庄并无未完民佃盐课由

灾务信稿十件

详请咨追前任谈素敦修理府监核减工料银两交案浮抵欠款册详册见第十一本

详请咨追前县谈素敦修理府监长领工料银两册详册见第十一本

截算二十五年上忙钱粮正耗细数

截算二十四年钱粮正耗细数

长山县道光二十二年随奏册结二十三年造

长山县道光二十三年地丁奏销册结

惠民县道光二十四年地丁奏销册结

饬造朱庆扬年款细册司札

第十七本目录

第十八本目录

第十九本目录

次清折及临砖黄蜡等项津贴章程

临清州改为上下缺，肥城改为中上缺司札

临砖津贴并柴价及添办阔布津贴均以奉文之日起作一年摊司札并抄详

欠解道光十二年以后司书饭食、宪书工料，仍应查明照数完解十一年以前免提，其提塘报资、京塘公费二款即十一年以前亦应核入交案办理

禁止抵解钱粮折收仓谷

官剥船只小修年限改作五年

因公参革人员在二千里以外者不准给勘合

分别军需、盘查两案名目

办运临砖通饬

吉地临砖分别详委丞倅佐贰

临砖损破委员分别记过

解京差务不准于原摊支领之外多请

停领南运额引专销、积引畅滞引张一并融销

查明悬积停领引票恳恩分别推缓一折上谕

饬知增摊监交委员薪水

驿递公文迟误该管官分别记过撤任

驿递公文分别是否紧要有关军需，不得概填四五百里

各项工程非实在坍塌急不可缓者，不准辄请动项兴修

清厘借垫及清厘库款展至十九年正月二十九日

二麦缺雨未能长发，请将应缓钱粮暂行停征

详请展缓历年旧欠

议覆寿光县禀请寄庄钱粮划归代征州县参办

抚院行司转饬沿河州县修筑民埝

议覆河南请改济运旧例司详

漕院查看泉眼河道奏稿

请斥革诡寄钱粮庙员县详

无着牙杂议请历任分赔县禀

议覆巨野县积欠无着牙杂，应请照案分别着赔免追县禀

派办闽硝州县

摊解甘饷委员津贴州县

一官经征三年钱粮全完题请议叙

历城孀妇张李氏呈控关文运盗卖宅房一案

汶汛运河募夫工程请归河员办理奏稿

汶汛运河募夫工程应仍归州县承办，毋庸改归河员奏稿

司中查办蠲免章程

有漕州县需用漕车应公平雇觅严禁书役需索勒派通饬

豁免嘉庆二十二年以前积欠上谕

借领漕项全案

饬摊历城县办理海疆经费府札

查明欠解应摊道光五年以前历城县垫款请在各前任名下着追县详，清册附

筹议曹镇添建兵房禀札

饬修境内河道府札

议覆查明境内水利县禀

灾务呈批一件

分别漕项正杂捐款名目通饬

漕粮漕项奏销册结

蓟粮奏销册结

拨兑蓟粮全案二十四年分

应征黑豆改派五成粟米全案道光九年七月奉文

改征五成粟米项下仍征二成半黑豆全案道光十四年七月奉文

第二十本目录

颁发二十四年分俸杂奏销结式

查明境内并无参员李森县详

更造历年正续奏销县详详府

更造历年正续奏销业已由府核转县详详司

请示二十五年奉派续摊誊黄工料银两先后扣拨数目县详

请在买谷津贴银内扣拨二十五年应解余兵生息银两县详

请示奉发阳信等四处青、德二满营岁修军械等项之需生息本银数目县详并府批

请究办民人李圣思冒戴金顶县详

结报租商张履福残票被烧县详并供结覆详附

历城典史借廉四百两修署作十二年摊还县详

查明境内并无尹殿莪县详

发当生息青、德二满营岁修军械等项之需本银一千两县详

请领布经历任内全半俸廉银两县详印领附

置产投税各例

户杂房禀批

户粮房禀批

公正禀批

户粮房禀批

漕粮房张立名禀批

谕各铺户告示

发捕衙春季截日俸银及夏季俸工银两札

拘拿袁肇修票稿

谕被灾各庄赶紧完纳漕米告示

谕七十二社赶紧完纳钱粮示稿

开设当铺呈批

交代初参部覆

第二十一本目录

第二十二本目录

第二十三本目录

俸杂等款减平册二十三年分

署潍县李任交代底册抄历城案

覆核张署任交代册潍县

长山县章任交代册重出，见二十二本

第二十四本目录

覆核杨任交代册惠民县。此册款目多未核定，另有核准确本

第二十五本目录

户粮房禀批一件

府经历创修衙署案

详覆勘议经历借廉修署一案

二十六年上忙开征告示

录报蠲免漕粮及行粮润耗并漕项银两等案粮道批示县详

更造蠲免拨抵耗豆册结县详三件分送司道府

移粮厅稿两件核算补扣衔俸法附

税契定限一年章程

督销额余票引初参部覆二十三年分

大学士军机大臣会同户部议覆御史刘良驹条奏银钱画一章程一折并上谕

余任接收杨任一案交代议单二件

交案比较原账增删各数单结稿附

禀呈惠民县余令接收杨令交代正杂仓款无亏单结由府禀

奖励审案委员章程道光十九年三月详

长清县议禀挑修赵牛河年限章程

两广总督耆英奏请开复挪用搭解饭食银两之巡检一折

道光二十五年地丁仓项分数账六页

请领坛工银两并呈印领县详长山

请领邹县任内安设腰拨正站并协济车马及各起官兵差使等项经费银两县详长山

移查钟任交代案内提出另追三成等款文长山

惠民县典史借廉四百两修理衙署一案县详府批附

闽硝部硝限期

兵支常平仓谷议请由县碾米运兑节略

户部议覆山东巡抚琦奏办理各属已征未解银两，查出豁免民欠案内有漏豁多豁之处，并查明交代案内尚有漏报官亏，现已剔厘清楚核议章程，分别追赔完缴一折

莱州府为查明嘉庆二十四年蠲免积欠案内查出各属已征未解银两分任分人追补完缴各数目等事，饬属贴文一件

潍县改为下下苦缺，其摊捐各款银两饬派通省一律均摊通饬清册抄详并附

嗣后遇有摊捐临砖柴价等项银两，应将潍县应摊之项在于通省州县按缺均摊通饬

饬摊潍县应摊抚塘报资、京塘公费银两府札

饬摊潍县应摊海防经费银两府札

历城典史申请加摊潍县应摊津贴、县监灯油、增添刑具等银申文

饬摊潍县应摊誊黄工料银两府札

济南府司狱移会加摊潍县应摊府监灯油刑具银两移文

饬摊潍县应摊历城医学药饵银两府札

饬查上年秋禾被水，今春应否出借仓谷通饬抄详，原奏并附

饬摊历城修理虞帝庙工银两府札抄详附

给事中黄宗汉请严革监狱弊端一案上谕

嗣后再升再调人员其前任内应缴罚俸银两必须按限逐案完缴销案后方准再行升调由

会禀奉委帮催本年钱粮由

禀藩宪夹单：为委催钱粮事

禀报起解本年四批钱粮银数日期由

禀藩宪夹单：附入报解钱粮禀内

会禀杨令垫修县属银两请分年摊补由

禀本分府夹单：为批解养廉事

禀委解部硝东昌府分府王夹单：为呈部硝例价印领事

禀报挑修徒骇河未完段落现复开工续挑日期由

会禀委提赵宗典京控马云等一案人证均已自行投审由

禀覆奉查解兑二十五年王家冈场灶地银两由

会禀委提本年上忙漕项银两现在赶紧催征由

禀卑县递送难民陈宝珠等二十五名口入境出境日期并捐给口粮钱文车辆由清折附

禀报挑修徒骇河六段工程全完请赐委员验收由

禀请委催各属欠解岁科考试经费银两由清折附

禀报起解道光二十五年第六批钱粮银数日期由

禀本分府陈夹单：为函催养廉事

会禀委催道光二十五年钱粮由

会禀委催本年上忙临仓银两起解银数日期由

禀藩宪夹单：为二麦被风被旱停征新旧钱粮事

各项信件

详销委审惠民县民张昌呈控张元一案代阳信拟

严禁偷窃田禾示

详覆二十年拨抵耗豆缓征蠲免先后造报数目详

道光十六年秋灾十七年青黄不接缓上忙新赋上谕

道光十七年查办麦未种齐缓征旧欠全案

道光十八年二麦被旱全案

潍县各禀见第三本并第九本

长山各禀见第三本并第九本

交代各禀见第八本

潍县长山盐务各禀见第九本道光十七年初次官办章程及二十二年益都盐务交代各禀详通饬亦见第九本。滨州盐务议单见第二十八本。益都盐务交代册见第三十本

惠民各禀见第十六并二十五及二十八本

灾案各禀见第八本并十六本

各项杂禀见第四本并第九本

长山护送难夷并难民禀二件见第四本

长山请展流摊年限各禀见第五本

第一本

捐攤底本

各项题本删减一切冗复例案[①]

前宪伊[②]案验为移付事。

嘉庆二年二月初二日准兵部咨，车驾司案呈，准职方司付称，内阁抄出大学士伯和等奏兵部具题考选军政一本，将节年例案逐一胪叙，未免冗复，应传知各该部，嗣后本内将无关紧要节年例案酌加删减，以清眉目等因。嘉庆元年十二月初五日奉旨："知道了。"钦此。钦遵移付查照前来。

查各省现在题报驿站、棚马并一切钱粮以及修理战船等项，俱将节年例案于原疏内逐一声叙，本部历年具题亦将各原疏内叙入，未免冗复，自应酌量删减。相应行文各直省督抚，嗣后题报驿站、棚马并一切钱粮以及修理战船等本，只将本案紧要钱粮数目，由各督抚核实题报；其各该司原详以及条陈酌改并节年例案，于司总册首详细声叙，毋庸于疏内叙入，庶题疏不致冗复，而例案亦不致遗漏。相应通行直省各督抚，自奉文之日起一体遵照可也等因。

---

① 第三本内容与第一本相关内容基本重复，以第一本相关内容为底本，两本相互参照进行整理。第三本此页前有"历年正杂钱粮部文"字样。

② 即伊江阿。

东省奏销照广西巡抚所奏办理

前宪白①案验为遵旨议覆事。

乾隆二十一年三月二十一日准户部咨，准署东抚白咨称，东省奏销一案，应遵照广西巡抚所请办理，但黄册事关题报重案，拟合咨明等因前来。查每年奏销随本黄册已于酌归简易案内，议令只就一省总数简明开造。而奏销地丁一案，将奉准节年部文，亦令悉行删除，只将上年接到有关奏销部覆装叙等因，遵行在案，相应咨覆该抚遵照办理可也等因。

酌减地丁钱粮征款名目

前宪阿②案验为敬陈等事。

乾隆二十三年十月十五日准户部咨开，议覆户科给事中黄登贤条奏地丁钱粮征款名目宜酌减等四款一折，于乾隆二十三年十月初八日奏，本日奉旨："依议。"钦此。相应抄录原奏，通行各省督抚、府尹钦遵办理可也。

计粘单。

内开：

查各省采办颜料，若该处已经停办，折征价银，奏销册内

---

① 即白钟山。

② 即阿尔泰。

复行胪列各项名色，实属繁冗。应如该给事中所奏，将各省奏销册造折征颜料款目概行删除，以归简易。

又，嗣后各省奏销钱粮，查明上年存剩银两，如已经全数拨用者，其下年奏删［册］仍令开载旧管字样，注明旧存银两拨用无存缘由，以备查对；如未经入拨，或部拨之外尚有余存并无款项支销，即行造入旧管项下，以便于本年新收核算。

又，查乾隆二十二年定例，州县钱粮随征随解，勿令久贮库内，已经通饬遵行。应再行各该督抚转饬所属随时征解，勿得日久不解，致启挪移之弊，并令布政司于奏销册内将各属批解月日逐一详细开载造送，以便稽核。

又，嗣后造报奏销，止令藩司出名用印，申请该管督抚细加考核，于司总册上钤盖印信，声明并无遗漏、滥支字样，缮本具题。至杂税一项，为数无多，而各州县按照征收款目分册造报，竟有将每日所收细数逐一登明，未免繁杂。应令嗣后将杂税一项，饬令各州县将收过细数造报藩司，该藩司汇造总册一本送部查核等因。

饬办额解黄丹

前宪崔①案验为呈明等事。

乾隆二十八年十月十四日准户部咨，山东清吏司案呈，准颜料库付称，向例每年山东省额解黄丹五千斤。前因库贮足用，是以奏请于二十六年起复停三年再行起解。今已停三年，相应

① 即崔应阶。

行文于甲申年起，将黄丹仍照从前原额按年办解，以供应用。其随解饭食，照例另具文批解，交银库查收等因前来。相应行文山东巡抚遵照办理可也等因。

正品降从照降俸二级折半扣俸

前宪崔[1]案验为遵旨议奏事。

乾隆三十年闰二月十五日准河东总河部堂李[2]咨，乾隆三十年闰二月初三日准户部咨开，议覆调任云南布政使永泰条奏正品降从扣俸之例，请嗣后凡大小正品各官，如有降俸一级处分，均按照降俸二级应扣银数折半扣缴之处，亦属为核定名实起见，应如所奏。行文各省督抚，嗣后遇有正品降从官员，均照降俸二级应扣银数折半扣缴，以昭画一。俟命下之日，臣部载入现行则例内，遵照办理等因。乾隆三十年二月十二日奏，本日奉旨："依议。"钦此。相应移咨河东总河一体转行遵照办理可也等因。

承追案件不扣封印钱粮年限照旧扣除

前宪崔[3]案验为咨请示覆事。

---

① 即崔应阶。

② 即李清时。

③ 即崔应阶。

乾隆三十年三月二十二日准吏部咨开，准山西巡抚和①咨称，近奉新例承追案件，不准扣除封印日期，除一切赃赎以及核减分赔等项，各照专案扣限遵照办理外，至各属钱粮年限考成，每届封印停征之际，例不催比，殊难加以督催考成之责，似应仍照原例扣限办理等因前来。查催征钱粮，各按年限奏销，计算考成，原与承追案件不同，自应仍照旧例办理。相应咨覆该抚，并通行各省督抚、府尹、盛京户部、各该盐政一体查照办理可也等因。

升调人员扣缴旧任罚俸

前宪崔②案验为遵旨议奏事。

乾隆三十年十月十九日准户部咨，议覆湖北布政使三宝条奏外任官员遇有前任降罚俸银照现任俸银完缴一折，于乾隆三十年九月初七日奏，本日奉旨："依议。"钦此。相应抄录原奏，行文东抚可也。

计粘单。

内开：

嗣后升调官员，其前任降罚案件未经扣缴，以及已经扣缴之外尚有未完之案，并离任后遇有前任降罚处分者，统应照京官之例，将现任应得俸银扣缴。至该员在前任内降罚俸银，除前任扣解之外，尚有未完银数带于新任者，应照未完之数扣解。如此办理，则事归画一，而各省造报不致参差。俟命下之日，

---

① 即和其衷。

② 即崔应阶。

行文各直省督抚、府尹一体遵照办理，并载入例册遵行可也等因。

饬办额解添解牛筋

前宪富[1]案验为移付事。

乾隆三十四年二月二十四日准户部咨开，山东司案呈，准颜料库付称，本部折奏收发物料内，有仅足敷用暂行停解、减解者，更有现解之数不敷支放必须添解者，相应抄录原奏，将应停、应减、应解、应添物料数目省分开列移付前来。相应行文东抚，遵照办理可也。

计开：山东省每年额解牛筋六百斤，添解牛筋四百斤等因。

奏销盘查督抚加结

前宪富[2]案验为传付事。

乾隆三十五年七月初九日准户部咨，山东司案呈，本部议奏，直省一切造报钱粮案件如奏销、交盘等项，关系綦重者，直省督抚于题咨本案内仍令查照向例，取具并无侵冒亏缺等弊印加各结，以昭详慎而重责成等因。乾隆三十五年六月二十一日奏，本日奉旨："所奏是。依议。"钦此。相应抄录原奏，行

① 即富明安。

② 即富明安。

文山东巡抚遵照可也等因。

专案请销钱粮动支何年银米于各本案声注

前宪徐①案验为敬陈清厘等事。

乾隆三十七年正月十八日准户部咨开，议覆苏州布政使吴坛奏称，嗣后奏销案内，凡有专案请销钱粮，俱于本②年奏销时分晰注明，各就本案查核，毋庸于奏销总案内重复登答之处，自属酌归简易，以专稽核等语。应如所奏，嗣后奏销案内向有专案报销，如拨给颜料、纸张、缎匹等款，俱于每年奏销册内注明应归某案查核，于本案动款之下注明系动某年地丁银米字样，逐一指出，另造细册，以便各就本案查核，毋庸递③年登报，以省案牍。其有初报未完，续经完解者，应于各年随本奏销案内分晰动存数目，详晰登报具题查核，毋庸仍存各该年地丁登答本案，徒滋繁冗等因。

嗣后每年添办黄丹五千斤

前宪国④案验为请旨事。

---

① 即徐绩。

② 本：第三本为“每”。

③ 递：原无，据第三本补。

④ 即国泰。

乾隆四十三年十一月二十五日准户部咨，山东巡抚国咨称，查东省每年额办黄丹五千斤，今奉文添办黄丹五千六百一十六斤十五两，又每年添办五千斤，以供昭庙工程需用。其自乾隆四十四年为始，除额办黄丹五千斤之外，应否每年只需添办五千斤，并祈咨请部示饬遵前来。本部付查颜料库付称，嗣后每年仍应额办黄丹五千斤，添办黄丹五千斤，相应咨覆该抚查照可也等因。

兵丁红白赏银准动正项

前宪国①案验为传付事。

乾隆四十七年二月初八日准户部咨，山东司案呈，准四川司付内称，本部议覆四川总督富②奏川省兵丁红白赏银议令动支地丁正项，其马场地租及鼓铸余③息等款，提归武职养廉之用，并行令各省一体遵照办理等因一折，乾隆四十七年正月二十三日奏，本日奉旨："依议。"钦此。相应传付江南等十三司转行各省督抚并驻防处所一体遵照等因前来。查山东省兵丁红白赏银，先据该抚咨准，照旧在于棚扣款内动支在案。今本部业经奏明，议令各省一体动支正项，相应行文山东巡抚遵照办理可也等因。

① 即国泰。

② 即富勒浑。

③ 余：原无，据第三本补。

寄庄钱粮令花户居住之地方官代征

前宪明①案验为遵旨速议具奏事。

乾隆四十八年八月十四日准行在户部咨。

粘单内开：

本部议覆山东布政使陆燿条奏，彼县民人置买此县地亩者，名为寄庄，其粮银类多延欠。虽屡经设法查办，无如官处邻封，民不十分畏惧，以致经征之州县无法可施，往往为其垫解，此亦州县官亏挪之一端。应请嗣后凡寄庄花户每年开征之始，令经〈征〉之州县逐一查明，开造村庄花户钱粮数目清册，移交居住之州县代行催征。如至奏销未完，即将代征之员开参议处，则接壤州县彼此皆有代征寄庄钱粮之责，自必各顾考成，实力催征。粮户亦畏本管官吏，不敢悬宕不完，致有陪累，于挪垫亏累之弊亦得借以杜绝等语。亦如所奏办理，俟命下之日，臣部行知山东巡抚及各省督抚遵照等因。于乾隆四十八年八月初八日奏，本日奉朱批："依议速行。"钦此。相应知照山东巡抚钦遵可也等因。

---

① 即明兴。

耗羡完欠随正项并计分数

前宪长[1]案验为传付事。

乾隆五十三年十二月十七日准户部咨。

粘单内开：

为奏[2]明请旨事。

窃查耗羡银两向因留为地方公用，并不核计考成，每多积欠。是以乾隆四十八年八月内臣部议覆原任山东布政使陆燿条奏案内，议请嗣后各州县经征耗羡，如有未完，照正项钱粮之例并予降罚。又，乾隆五十年八月内，臣部议请各省耗羡银两务[3]同正项一同报解，钦奉谕旨："户部核议各省耗羡务[4]令随同正项钱粮一同报解一折，已依议行矣。此事曾[5]经陆燿条奏，户部议覆准行。朕惟各省耗羡虽与正项钱粮不同，然断无正项钱粮全完而独欠耗羡之理。总因不随正项钱粮一体申解司库，州县遂以已征作为民欠，希图从中挪移，可以取携自便。及至上司催解，或挪新补旧，或借端重征，种种情弊俱所不免。自应着落藩司催令各州县随同报解，如有官吏侵挪，惟该藩司是问"等因。钦此。仰见我皇上洞烛隐微，现在各省耗羡积欠以次清厘，惟是耗不随正，弊所由生，即如正项全完，而独欠耗

---

① 即长麟。
② 奏：原无，据第三本补。
③ 务：原无，据第三本补。
④ 务：原无，据第三本补。
⑤ 曾：原无，据第三本补。

羡。诚如圣〔圣〕谕，应查究官侵吏蚀，原不止于处分。是完欠既应正耗相符，考成亦应合同比对，而向来正耗奏销仍系分案具题，或先或后，稽核稍疏即难保无歧异。

臣等悉心酌议，除各省耗羡动存数目仍照旧例，令各督抚造具四柱清册送部，臣部年底核明汇奏外，其已、未完数目，应请即随同正项钱粮统计分数，分晰声叙，一疏具题，以定考成。如正耗全完，方准议叙。正耗欠数相符，合计分数议处。其参后仍未完解者，归于正项年限案内报参。倘正耗完欠报解不符，即严参查办。如此两相比较，庶款目不致混淆，经征州县功过厘然，易于惩劝，似于钱粮重务稍有裨益。是否有当，伏候圣训。如蒙俞允，臣部并造册式一体通行各省，自题报五十三年奏销为始遵照办理，为此谨奏请旨。乾隆五十三年十二月初四日奏，本日奉旨："依议。"钦此。相应抄录原奏册式，行文山东巡抚一体遵照可也。

计开：额征正项银若干两加耗分数，应征耗羡若干两；已完正项银若干两，动拨各数于册内声明加耗分数，已完耗羡银若干两造入某年耗羡新收项下；未完正项银若干两加耗分数，未完耗羡银若干两等因。

额办黄蜡照旧办解

前宪长①案验为移付事。

乾隆五十三年十二月二十七日准户部咨，山东清吏司案呈，乾隆五十三年十一月二十七日准颜料库付称，查本库折奏内开，

① 即长麟。

给发各工程等处需用颜料应行起解、添解等项一折，于乾隆五十三年十二月二十二日具奏。本日奉旨："知道了。"钦此。钦遵在案。今将起解平铣黄蜡并添办银朱、飞金等项，相应抄录原奏，开列各省应派数目，移付江南等司。即行各该省遵照原奏，于乾隆五十四年起按年解部，毋得迟误等因前来。相应抄单，行文山东巡抚，将东省应办黄蜡三千斤并随解饭银转饬于五十四年起按年解部交纳可也。

计粘单。

内开：

谨奏为请旨事。

查臣衙门所属颜料库，每年额收一切物料，俱系各该省办理，以备各衙门及各工程支用。其物料如库存充足，即行奏明停办。若额解之数不敷动用，亦酌量奏请添办。历经遵照办理在案。臣等查得额办物料①内，有停解已久，给发将完，应照原数起解者二项；原办之数不敷，应行添办者三项。理合逐款分晰胪列，恭呈御览。

一、黄蜡一项系成造蜡枝，预备内庭［廷］等处应用之项。从前江南、山东等省每年共办一万五千斤嗣因库贮足敷动用，于乾隆四十二年奏明停解。今查库存只有三万四千余斤，每年约用一万余斤，现存之数仅敷二三年之用。若俟给发将完，再行起解，未免有误支用。应请行令江南等省，每年仍办一万五千斤以备应用，俟有余存，即行停解，庶得周展以裨工需。如蒙俞允，俟命下之日，臣等行令山东巡抚遵照，即于五十四年为始，按年照数办解，以供应用。再，查起解、添解物料所有饭食银两，均照旧例办理，毋庸添解。为此谨奏等因。

---

① 物料：原为"料物"，据第三本改。

灶课河银应征耗羡分解运司、运河道，转解藩司，学租耗银解司另款存贮，并折色脚价、举人车价正耗均同地丁正耗并计考成

前宪长①案验为传付事。

乾隆五十四年四月初三日准户部咨，山东司案呈，准山东巡抚觉罗长将东省五〈十〉三年地丁等项钱粮征完耗羡已、未完欠数目随同正项一疏具题，统计分数，造报考成事宜，逐一分晰并造具奏销册式咨部前来。

查东省民佃灶地正银、河道夫食正银，向系解运司并运河道经收，由各该衙门核明完欠，造报奏销。至应征耗羡起解藩库支放，由藩司查明完欠，造报奏销。今据该抚咨称，正耗分解，责成未有专属，恐易起牵混挪移之弊。请查照仓项正耗统解粮道之例，将民佃灶地、河道夫食项下应征耗羡，随同正银一并解交盐运司、运河道查收。所有耗羡银两，除解送各该衙门正银应支解费，即于各该衙门支领，其余剩耗羡仍由运司、运河道移交藩库，支给各官养廉及一切经费之用。其经催、经征、应叙、应处职名，均由运司、运河道随同正银造报，以专责成。仍将漕项、民佃灶地、河道夫食耗羡项下解交藩库银数，饬令藩司衙门造入耗羡奏销册内，报部查核，并行文工部、河

① 即长麟。

道总督、长芦盐政一体查照。

又，东省学租银两系正项，解学院经收，向系专案造报，内有例应征收耗羡银两，向系解交藩司凑放之用，汇入耗羡项下造报考成。今各项耗羡既应随同正项一并造报，其学租应征之耗羡，应令解司另款收存造报。仍于学租专案报销册内将各属应征学租若干、除例不征耗租银若干、实在应征学租银若干，逐一分晰开造，以凭稽核。倘有正耗未完，即于报销专案内照例报参。如正耗完欠报解数目不符，即行遵照原奏严参究治。仍将征解藩库耗羡银两造入年底耗羡报销册内报部查核，并知照山东学政查照。

又，查东省解司正银项下折色脚价并历科举人车价二款，完欠各数向不列入考成，而随正耗羡如有未完，又于耗羡案内造报请参，事属两歧。应如该抚所咨，将折色脚价、历科举人车价二款正耗银两，归入地丁正耗银内统作考成，以归画一。相应咨覆该抚，并付知则例馆可也等因。

停办布苎布

前宪全[①]案验为传付事。

嘉庆五年二月初七日准户部咨，山东司案呈，嘉庆五年正月二十日准江南司传付内称，准管理户三库事务衙门为遵照原奏事，本库咨前事一案，相应抄录原奏，粘单移咨户部查照。应传付浙江等司赴司抄录，自行办理等因前来。相应抄录原奏，

---

① 即全保。

行文山东巡抚遵照可也。

计粘单一纸。

内开：

缎匹库已停江南布、丝、棉，今停山东布苎布四项。颜料库应停沉香、降香、沉速香、银朱、天二青、抬连纸、山西毛头纸、山西呈文纸、紫草九项，库贮均足敷用，应行停解。今将停解各款分晰开列呈明，移咨户部转行各司，行文各省遵照办理，均于嘉庆五年为始，停其解交。至停解各项价值，交藩库备用。其饭食、铺垫等银，仍照例起批解库。所有缎匹、颜料二库应行变价物料，先行知照崇文门银库，俟查明数目，再行知照可也等因。

致祭文昌庙银两在于地丁内动支

前宪和①案验为移咨事。

嘉庆六年十二月十四日准户部咨，山东司案呈，嘉庆六年十月十八日准山东巡抚惠②咨称，据前署布政使详称，奉准礼部咨开，致祭文昌帝君仿照关帝庙定制，列入祀典，春秋致祭。请以二月初三日圣诞为春祭，秋祭八月十八日致祭各等因。通饬遵照在案。

伏查致祭关帝庙，每年系春、夏、秋三次致祭，每次祭品银十两，俱系由各州县于地丁银内坐支。今致祭文昌帝君，每年春、秋二季所有祭品银两，可否照依致祭关帝庙祭品之例，

---

① 即和宁。

② 即惠龄。

每次祭品银十两，自嘉庆六年秋季为始，在于各该州县地丁银内坐支之处，详请咨部示覆遵照，并祈移咨礼部等情。除咨礼部外，拟合咨部等因前来。

查山东省每岁春、夏、秋三季各属年额致祭关帝庙，每次祭品银十两，于地丁银内支给在案。今该抚既称前奉新例，各直省春、秋二季致祭文昌帝君，照依关帝庙定制办理，其东省各属每年春、秋二季致祭，自应查照关帝庙之例，每次一律给予祭品银十两，以昭画一。所有该抚声请嘉庆六年秋季为始，一并在于各州县地丁银内坐支之处，亦应如所咨办理，仍令将每年用过银两转饬造入奏销案内，分晰登报查核可也等因。

奏销册籍迟延分别正杂议处

前宪和①案验为遵行事。

嘉庆七年五月初六日准吏部咨，考功司案呈，所有本部酌定章程相应抄录粘单，通行各督抚查照可也。

计粘单。

内开：

为咨行事。

查处分则例内开，奏销钱粮册结迟延：违限一月者，罚俸三个月；违限一月以上者，罚俸六个月；违限二月以上者，罚俸九个月；违限三月以上者，罚俸一年；违限四五月以上者，降一级留任；违限六月以上者，降二级调用；违限一年以上者，革职。

---

①　即和宁。

又，例载，造报各项钱粮文册迟延：违限不及一月及一月以上者，罚俸三个月；违限二月以上者，罚俸六个月；违限三月以上者，罚俸九个月；违限四五月以上者，罚俸一年；违限半年以上者，降一级留任；违限一年以上者，降二级留任；违限二年以上者，降三级调用各等语。是同一造报迟延，而处分有轻重之别。诚以奏销钱粮均系维正之供，自应按限办理，毋得稍为稽迟。是以逾限一年，即行革职。其余咨部核销之杂项钱粮，较之正项奏销，自属有间，故处分较为轻减，迟至二年以上例止降三级调用。历年办理在案。惟杂〈项〉钱粮款项繁多，例内未经详细声明。当经行查户部，旋据咨覆，应征各项钱粮按照分数考核者，系属正项；其不作分数考核者，均系杂项等语。

是造册迟延，自应以按照分数考核列入奏销者，照奏销册籍迟延例核议。其不作分数考核，咨部核销之案，均应照各项钱粮文册例办理。至何项系按分数奏销，何项系咨部核销，不作分数考核之案，事隶户部。若俟议处之案到部始行逐案咨查，案牍滋繁，致稽时日。相应移咨户部，嗣后造报钱粮册籍迟延，于咨送部议处文内，将此项钱粮是否核计分数奏销，抑系咨部核销，不作分数考核之处，随案声明，以便核办。并通行各直省督抚、府尹一体查照可也等因。

经征督征正项钱粮应具随征随解无捏印结上司加结

前护宪杨①案验为奏销等事。

---

① 即杨志信。

嘉庆十二年六月十五日准户部咨开，查该省每年额征课程等项银两，向系取具各属已、未完无捏印结送部。惟各属经征地丁等项钱粮，该抚仅将各府州并所属各员督催经征接署各官已、未完分数册结送部，并不查照征收杂项钱粮之例，将随征随解印结送部，已非慎重正项钱粮之道。且现奉恩清厘各省库项之际，更未便仍循旧章办理，致滋弊混。应令该抚转饬，自奏销嘉庆十一年钱粮为始，通饬各该府州并所属，于奏销时将该年督征经征正项钱粮取具已、未完并随征随解无捏印结，并该管上司暨藩司印加各结送部，以凭查对。如有逾年①造送者，即于奏销本案内一例报参等因。嘉庆十二年五月二十九日题，六月初二日奉旨："依议。"钦此。相应行文山东巡抚遵照办理可也等因。

夫马闰月银两应于地丁奏销驿站项下随册声叙

前宪吉②案验为遵旨等事。

嘉庆十五年十月二十二日准户部咨，山东司案呈，嘉庆十五年八月二十三日准③山东巡抚吉咨称，据布政使详称，准兵部咨，嘉庆十三年驿站奏销册报新收银一十八万二千五百七十九两九钱七分，与户部查覆一十七万五千九百二十四两三钱八分三厘之数不符。据称，再加动支十一、十二两年东省各州县

① 年：第三本为"限"。

② 即吉纶。

③ 准：原无，据第三本补。

额编夫马闰月银六千六百五十五两五钱八分七厘，即系奏销册报之数等因。应咨该抚将前项夫马闰月银两，因何十一、十二两年地丁奏销案内并无动支，系于何案内造报之处，查明报部查核等因。

查各州县夫马闰月一款有闰即领，无闰即解。所有十一、十二两年各州县额编夫马闰月银六千六百五十五两五钱八分七厘，地丁奏销案内向不造报，统归十三年有闰之年于驿站奏销开除项下连闰实支银内造报，拟合详请咨明户、兵二部查照等情，拟合咨明等因前来。

查该抚咨报，十一、十二两年各州县额编夫马闰月银两，据称地丁奏销案内向不造报，统归十三年有闰之年于驿站奏销开除项下连闰实支银内造报之处，系兵部行查之案。今该抚既经咨报兵部，应听兵部核覆，仍俟议结之日知照本部。再，此项额编夫马闰月银两向不造送本部，遇有兵部行查，无凭核覆。应行令该抚，嗣后将此项银两在于地丁奏销案内驿站项下随册声明，并将有闰之年支销银数附载册内可也等因。

续完钱粮开复处分应将收银日期及造入何年季册报之处叙明

前宪同①案验为付知事。

嘉庆十七年七月初六日准户部咨开，查本年五月内，本部具奏酌议更改条例内载经征钱粮未完、议处各员参后续报全完，

① 即同兴。

扣减、扣免、开复各文内旧例未经详载，办理未能画一。请嗣后经征、督征各员，有未完处分参后续报全完者，该督抚分别题咨扣减、扣免、开复，于文内将收银贮库日期及造入何年季报册内之处，详细声明，本部照数登记，即予开复。仍令该督抚于送部拨册内注明收银贮库日期。两相核对，如有舛错遗漏，将承办造报衙门查取职名议处等因。奉旨："依议。"钦此等因。

奏销时应取各属仓库无亏印结

前宪陈①案验为遵旨会议具奏事。

嘉庆二十年三月十一日准户部咨，山东司案呈，本部议覆钦差吏部尚书章②等奏山东省各属亏缺库项酌议章程条款一折，嘉庆二十年二月三十日具奏，本日奉旨："依议。"钦此。相应抄录原奏条款，行文山东巡抚钦遵办理可也。

计粘单。

内开：

一、严查交代以清属库一条。据称③，东省一百七州县前查交代未清者六十五处，计一百八十六任。业经奏明勒限严催，现在已多有将历任亏空④报出者，应同归十五年以后清查案内分别查办。此时未便仍令照例出具仓库无亏印结送部，以致办理两歧。嗣后州县交代，务遵例限结报，该管上司加结转详。

① 即陈预。

② 即章煦。

③ 称：原无，据第三本补。

④ 亏空：原为"空亏"，据第三本改。

如正限已逾二参例限，新任既不将亏空通禀，又不出结，即[1]将新旧任一并参办。若徇情接收，经后任查出或被上司访闻，除将该员革职拿问治罪外，无论银数多寡，不复再追前任，惟伊一人是问。该员等各有身家，断不肯代人获罪，自必和盘托出，有一案即参办一案。而现任各州县自知交卸时亏空[2]，万难设法弥缝，事在必破，必思百计筹补，较之革退者更为有裨。若上司监交有抑勒等弊，许新任州县径行禀揭，其已贮在库钱粮，尤当严饬该管道府不时稽查，如有亏空，随时揭参。每年奏销时，出具州县仓库无亏印结，申详题报，不得仍前视为具文等语。

臣等查清厘属库，莫要于交代。盘查东省亏空，总由州县视交代为具文，旧任挪掩于前，新任不肯接收，又不据实禀揭，以致逾限尚未交清揭报。查虚出通关及扶同隐徇，均干例禁。东省州县，除前经查出交代未清之六十五处已另案奏参、应归十五年以后清查核办外，此后应如章煦等所议，责成新任依限认真交盘。一经查有亏短，立即揭参追赔。若[3]正限已逾二参例限，新任既不将亏空揭出，又不出结，即将新旧任一并参办。倘或徇情接收，别经发觉，无论银数多寡，惟接收之员是问，并参革治罪。若上司监交有抑勒等弊，许新任径行通禀。如此严办，不惟新、旧两任不致含混接收，即现任各员预知将来万难交卸，亦自将亏空早为筹补，再亏欠款目尤宜划清新旧。此次清查截至十九年九月止，交卸时遇有亏项务须查明，实系此次清查案内者方准接收，以俟弥补，稍涉牵混即不得滥行出结。

① 即：原无，据第三本补。

② 亏空：原为“空亏”，据第三本改。

③ 若：第三本为“如”。

其已贮在库钱粮，严饬该管道府随时稽查，仍令①于每年奏销时，出具所属仓库无亏印结，加具司结咨送户部，以昭核实等因。

经征官卸事在初参一年限外奏销限内者，应照未完分数各本例议处

前宪陈②案验为通行事。

嘉庆二十年七月二十二日准吏部咨，考功司案呈，本部题前事等因。相应抄单通行该抚遵照可也。

计粘单纸。

内开：

议得准户部咨称，江西巡抚阮③以江西省嘉庆十八年分地丁奏销一案，奉部咨，查金泰观、董正扬、何炳三员卸事日期是否在初参限内，抑系初参限外，查明报部，再行核办等因。遵查定例，内开经征地丁钱粮限二月开征，四月完半，八月接征，十一月全完④。又，定例，查直省奏销钱粮，江西限次年五月⑤各等语。是催征限期定于十月全完，次年五月内奏销，则未完开参，似应以经征之年即为初参一年之限。江省向来五月办理奏销，未完开参，各属均以是年正月起至十二月底止扣

① 令：原为“仝”，据第三本改。
② 即陈预。
③ 即阮元。
④ 全完：原为“完全”，据第三本改。
⑤ 五月：原无，据第三本补。

为初参年限，查明各官在任月日，核计分数造册开参。如有于次年五月奏销前卸事者，即于奏销册内声明卸事日期，听候查议，历奉部覆在案。

今前任奉新县另案参革知县金泰观经征嘉庆十八年地丁钱粮，自十八年正月初一日起至七月二十四日因科场调省卸事前一日止，又自八月初十日事竣回任至年底止，前后在任十一个月十四日。该员于嘉庆十九年四月二十六日俸满调取引见卸事，复因交代另案参革。又，前任大庆［庾］县丁忧知县董正扬经征嘉庆十八年地丁等款钱粮，自十八年正月初一日起至年底止，在任一年。该员于嘉庆十九年二月十三日丁忧卸事。又，前署新淦县事、临江府经历何炳经征嘉庆十八年丁耗钱粮，自十八年正月初一日起至年底止，在任一年。该员于十九年二月十二日卸事。所有该三员卸事日期均在初参限外，尚在奏销限内，相应分晰查明，详请咨覆。相应将原文咨送吏部核办等因前来。

查此案江西省嘉庆十八年分地丁钱粮，据该抚声称，向来办理奏销，俱以是年正月起至十二月底止扣为初参年限等语。查金泰观、董正扬、何炳三员卸事日期，均在初参限外，未便照限内离任之例罚俸完结。仍应照本例议处，应将经征地丁钱粮未完一分以上之前任奉新县另案革职知县金泰观照例降职一级，戴罪征收；未完四分以上之前署新淦县事、临江府经历何炳照例降职四级，戴罪征收；未完六分以上之前任大庾县丁忧知县又另案革职奉旨送部引见之董正扬照例革职注册，董正扬又府款商税未完，应照例再降俸二级，戴罪督催。查金泰观、何炳、董正扬三员卸事日期，俱在初参限外、未起复参以前，其所议降职、降俸各处分应俟接任官续报全完，或该员等自行完缴银两报部，再行办理。

再，查未完钱粮各官如有卸事，自应分别限内、限外。凡在限内卸事，应照离任官例议结；如限外卸事尚在未起复参以前者，自应照未完分数各本例议处。向来各督抚俱未分晰声明，臣部碍难核办。应令该督抚嗣后于各①项钱粮奏销册内，将何月日限满、各该员等卸事日期是否在限内限外详细声明，以凭分别核办。恭候命下。嘉庆二十年五月二十六日题，本日奉旨："此案因经征地丁钱粮未完六分以上，议以革职注册之董正扬，着仍照前旨，俟服阕赴部之日，该部带领引见，再降谕旨。余依议。"钦此等因。

奏销部覆

前宪陈②案验为奏销嘉庆十九年地丁、耗羡等项钱粮事。

嘉庆二十一年六月初七日准户部咨，山东司案呈，户科抄出山东巡抚陈题嘉庆十九年地丁等项钱粮奏销一案，嘉庆二十年七月十一日题，八月十六日奉旨："该部查核具奏，册并发。"钦此。钦遵于本日抄出到部。吏部等议得，仍令该抚自二十年奏销为始，遵照部议章程，于每年奏销时出具所属仓库无亏印结，加具司结送部，以昭核实等因。嘉庆二十一年五月十八日题，本月二十日奉旨："依议。"钦此。相应行文山东巡抚遵照可也等因。

---

① 各：原无，据第三本补。

② 即陈预。

征收议叙查照苏、松赋繁州县从优办理

前宪陈[1]案验为通行事。

嘉庆二十一年十月三十日准吏部咨，考功司则例馆案呈所有前事一折，相应刷单知照可也。

计粘单一纸。

内开：

吏部等部谨奏为遵旨会议具奏事。

内阁抄出山西道监察御史萧[2]镇奏，伏见近年以来江苏、山东、甘肃亏空之案节次败露，屡烦圣心。钦派大臣前往实力清查，严行惩办。复经廷议，立定章程，其于追补旧亏、杜绝新亏之法固已周晰无遗矣。惟是各省亏空已成积重难追之势，即加意整饬，难保其再无续亏。不但钱粮极宜慎重，而终年办理亏空亦于政体攸关。臣愚以现实亏之员肆意侵挪，自应严立科条，以惩贪黩；而掺守无疵之员又能催科有术，尤宜设法鼓舞。俾知踊跃急公，庶帑项渐可充裕，吏治渐可澄清。

查例载，征收钱粮在三百两以上不及一万两，于奏销前全完者，纪录一次；一万两以上全完者，纪录二次；三万两以上全完者，纪录三次；五万两以上全完者，加一级；十万两以上全完者，加二级；果能三载全完，无论钱粮多寡，于每年照常议叙之外再加一级等因。是定例本足以示奖励，无如不肖之员视纪录、加级不过抵寻常之处分，无足轻重，而营私肥己、广

---

① 即陈预。

② 萧：原无，据第三本补。

积多资，开例即可捐升，夤缘便可保荐，以仓库供苞苴，以脂膏润囊橐。迹其种种贪劣，半由功名之念重，遂致不顾身家，因以不顾国帑也。今欲力挽颓风、破除锢习，莫若使其视利之心不胜其好名，惟有崇奖清廉，特加优异。

查州县钱粮银数在十万两以上者，不过五六处，其数在五六万两以上者，在钱粮最多省分即系大缺。应请嗣后征收议叙，查照苏、松各属赋繁州县三年全完准其议叙即升之例，量为从优办理。除数在三百两以上不及一万两仍照例纪录，其数在一二万两以上，于奏销前全完者准予加一级外，其数在三四万两以上者三年奏销前全完、五六七万两以上者二年奏销前全完、八九十万两以上者一年奏销前全完，均由户部核明，系一官经征，即行知照吏部会疏题请。不论俸满，即升至应归入何项班内即用之处。

查豫东新例，四新一旧之外复有不积加班，为各例所无，本属过优。应请将不积加班遇有州县应升各缺于到班之日扣除，作为前项人员捐升专缺，亦于铨法无碍。如此核实优叙，在州县各员冀图升转，不独贤能者益砺廉隅，急图报效，即不肖者有所观感，亦必激发天良，勉力完解，以希上进。如果奉行日久，贤愚共见，三年之后可望大有成效。臣管见所及，是否有当，伏乞皇上睿鉴训示，并请敕下吏、户二部核覆施行。谨奏请旨。嘉庆二十一年九月初三日奉朱批："该部会议具奏。"钦此。钦遵于嘉庆二十一年九月初九日抄出到部。

臣等查各省丁赋均关度支经费，州县官果能实力催征，定例按照银数之多寡分别纪录、加级，其有一官经征三载全完者，于每年照常议叙之外再准予加一级，历经遵行在案。今该御史奏称，不肖之员视前项纪录、加级不过抵销寻常处分，惟有崇奖清廉、特加优异。请将各省州县经征钱粮悉照苏、松各属赋繁州县三年全完准其议叙即升之例，量为从优办理，系为慎重国课兼以鼓励人材起见。

查各直省州县抚字催科俱关紧要。如果廉能之员于一应起运钱粮年清年款，自当加以优叙。惟征收钱粮数目多寡不齐，仍应遵照现行则例，各按银数多少量予从优。臣等悉心酌核，应请嗣后江苏苏、松、常、镇各属赋繁州县并各直省州县官经征一应起运，本年有分数钱粮不及三百两者，毋庸议叙；其数在三百两以上不及一万两，于奏销前全完者，仍照旧例纪录一次；一万两以上全完者，纪录二次；二万两以上全完者，纪录三次；三万两以上全完者，加一级；五万两以上全完者，加二级；八九十万两以上全完者，准其不论俸满即升。如一官经征每年奏销前全完，于照常议叙之外，除数在三百两以上及二万两以上，各直省州县一官经征三年奏销前全完者，仍准其加一级。苏、松各属赋繁州县一官经征三年奏销前全完，仍准其不论俸满即升。其数在三万两以上一官经征三年奏销前①全完，五万两以上一官经征二年奏销前全完，俱准其不论俸满即升，不得以参后续完之案概行接算。二三年内有遇奉蠲年分并差委离任之员，即将是年扣除，俟次年补足并计，再请议叙。

再，查催科钱粮，督催上司与经征州县官俱有考成。今该御史仅请将经征州县优叙，未足以昭平允，所有督催各上司亦应查照定例，量为甄叙。并请嗣后督催知府、直隶州知州及管钱粮道员，不及五万两全完者，纪录二次；五万两以上全完者，纪录三次；十万两以上全完者，加一级；二十万两以上全完者，加二级。督催布政使不及五十万两全完者，纪录二次；五十万两以上全完者，加一级；一百万两以上全完者，加二级。其监

① 奏销前：第三本无。

屯同知、通判督催卫所屯粮全完，照督催知府例议叙；经历经征卫所屯粮全完，照经征州县例议叙。应请敕下各直省督抚等，于奏销地丁钱粮时，如实系一官经征，如数全完，该督抚核明银数、年分，遵照奏定新例分别题报，由户部查核，会同吏部，将经征、督征各官题请议叙。所有江苏赋繁州县议叙，并照地丁钱粮议叙之各省征课销引全完，应请一律办理。

至该御史又称，此项人员应归入何项班内即用之处，查豫东新例，四新一旧之外复又不积加班，为各例所无，本属过优。应请将不积加班遇有州县应升各缺于到班之日扣出，作为前项人员捐升专缺，亦于铨法无碍等语。臣等覆查上年奏准暂开豫东捐例时，因各项升选班次甚多，恐报捐候选人员未免壅滞，是以量为调剂，于正班铨选之外，酌加豫东不积班次，系专为疏通豫东捐纳人员而设，未便于甫经停止捐例之后即行改议。但该州县既经三年奏销全完，自应量为甄叙。应请嗣后该州县如有奏销全完应议叙即升者，户部会题到部，臣部归于即升班内，俟即升到班时，按该员具题奉旨之日与各项即升人员统较奉旨日期先后升用。

再，查各直省嘉庆二十年地丁奏销均已到部，并二十年以咨查各案到部，均请仍照旧例办理。应于嘉庆二十一年起，令该督抚于奏销时，将经征、督征全完各官，遵照奏定新例，分别声请议叙，其二三载全完各官从前按年议叙者，仍应准其前后接扣。

所有臣等会议缘由，理合恭折具奏，伏乞皇上睿鉴训示施行。谨奏。嘉庆二十一年十月十五日具奏，本日奉旨：“依议。”钦此等因。

曹工三成、军需二成勒令解司，如有未完，归入耗羡核参

前宪陈[①]案验为曹工等事。

嘉庆二十一年十二月二十三日准吏部咨，考功司案呈，内阁抄出山东巡抚陈奏前事等因。相应知照可也。

计粘单。

内开：

内阁抄出山东巡抚陈奏，窃据藩司和[②]详称，东省司库款项在于养廉内摊扣之曹工、军需两款共五成银两，勒令州县核扣，随同耗羡解司。其余五成及佐贰等官廉俸、役食等项，仍令各州县自行坐支，以资办公，并非全数解司。更改成例与前抚臣同真前奏不同，该司系为慎重帑项、清厘库款起见，既据详请具奏前来，相应奏明请旨，应否照该司所议，将各州县应解三成曹工、二成军需银两勒令按季核扣，随同耗羡解司归还借垫原款，如有未完，统归耗羡奏销案内核参议处之处，恭候训示遵行。除曹工项下历年未扣积欠银两，仍饬司于应摊之现任及事故各员名下分别查明、严追完缴外，所有曹工、军需两款应摊养廉请随耗羡提解归补缘由，理合恭折具奏，伏乞皇上睿鉴。再，荣成、博山、蒙阴、嘉祥四县耗羡银两不敷支放养廉，应请于存司应领银两扣抵应解五成之数，合并陈明。谨奏。

嘉庆二十一年十二月初七日奉上谕：“陈预奏曹工、军需

---

① 即陈预。

② 即和舜武。

两款各州县应摊养廉请随耗羡提解归款一折，东省曹工、军需两款业由司库借垫，自应随时扣解归款。乃自起限以后尚有未完银二百三十余万两。前①据该抚查明奏请严定章程，着照所请，将各州县应解三成曹工、二成军需银两勒令按季核扣，随同耗羡解司归还原款，如有未完，统归耗羡奏销案内核参议处。其曹工项下历年积欠银两，仍着于应摊之②现任及事故各员名下分别查明，严追完缴。至荣成、博山、蒙阴、嘉祥四县耗羡银两不敷支放养廉，即着于存司应领银两③内扣抵应解五成之数，以清款项。该部知道。”钦此等因。

请将仓库无亏印结于随征随解结内声叙奉部议驳

前宪陈④案验为奏销等事。

嘉庆二十二年四月十一日准户部咨，山东司案呈，嘉庆二十二年二月二十四日准山东巡抚陈咨称，据布政使详称，准部咨移覆钦差吏部尚书章⑤等奏，山东省各属亏缺库项酌议章程条款案内，其已贮在库钱粮，严饬该管道府随时稽查，仍令于每年奏销时出具所属仓库无〈亏〉印结，加具司结送部，以昭核实等因。查各属经征正杂钱粮，于各年奏销案内，出具随征

① 前：第三本为“兹”。

② 之：原无，据第三本补。

③ 两：原无，据第三本补。

④ 即陈预。

⑤ 即章煦。

随解无捏印结送部。不过结内少仓款一项，若再遵照部议章程，饬取存库存仓无亏印结，实属重复烦冗，恐各州县愈滋迟逾。详请咨部，可否自二十一年为始，于地丁奏销结内添列仓库一项，并声明并无虚捏亏空字样，同①杂项均随正案转呈。并历年正杂钱粮，亦饬令各属即于结内声明无亏，随同续奏各册送部查核，毋庸取造两次印结。其二十年奏销印结，仍照向例办理。是否有当，拟合详请咨部查核示遵等情，相应咨明等因前来。

查议覆东省查办亏空章程案内，行令于每年奏销时，取具所属仓库无亏印结，加具司结送部。该抚自应遵照议定章程，于奏销时严饬该管道府，盘查出具所属无亏印结送部。如有逾限造送者，即行严参。今该抚咨称，以随征随解无捏印结内添列仓款并声明无亏字样，殊与原定章程不符。应令该抚饬将二十年奏销仓库无亏印结造送外，并将违限职名一并查取送部核议可也等因。

起解东省黄蜡

前宪钱②案验为移付事。

道光元年二月十七日准户部咨，山东司案呈，嘉庆二十五年十二月二十九日准颜料库付称，本库收贮一切物料，均系各省年额办解，以备各衙门领用。如库贮充盈，即行停解，将次用完，再行起解。历久遵办在案。查黄蜡一项系河南、山东二省每年额解黄蜡三千斤，白蜡一项系湖北省额解白蜡二千五百

---

① 同：原无，据第三本补。

② 即钱臻。

斤、广东省额解白蜡五千斤。前因库贮足用，曾于嘉庆十四年将河南山东二省所解黄蜡、湖北一省所解白蜡俱行停解，广东减解白蜡二千五百斤在案。

今查黄、白蜡二项系内庭并各坛庙等处祭祀一切之用，均关紧要，必须预为成造蜡枝，以备不时供用。今库贮无几，将次不敷，恐致贻误，理应早为筹画。应令河南、山东二省仍照原额每省起解黄蜡三千斤，湖北省起解白蜡二千五百斤、广东省起解白蜡二千五百斤共五千斤。行令各该省仍照原额自道光元年为始，按年解库，以备给发，并须采取上等材料，派委实缺干练妥员按限解部，慎毋迟滞。相应移付山东司转行该抚遵照办理，其随解饭食银两一并照例办理等因前来。相应行文该抚转饬遵照办理可也。

申明三载经征全完议叙定例

前宪琦[1]案验为通行事。

道光元年十二月十六日准吏部咨，考功司则例馆案呈，查嘉庆二十一年十月本部奏定条例内开，嗣后江苏苏、松、常、镇各属赋繁州县并各直省州县官经征一应起运，本年有分数钱粮不及三百两者，毋庸议叙；其数在三百两以上不及一万两，于奏销前全完者，纪录一次；一万两以上全完者，纪录二次；二万两以上全完者，纪录三次；三万两以上全完者，加一级；五万两以上全完者，加二级；八九十万两以上全完者，准其不

① 即琦善。

论俸满即升。如一官经征每年奏销前全完者，于照常议叙之外，除数在三百两以上及二万两以上各直省州县一官经征三年奏销前全完者，再准其加一级；苏、松赋繁州县一官经征三年全完，准其不论俸满即升。其数在三万两以上一官经征三年奏销前全完，五万两以上一官经征二年奏销前全完，俱准其不论俸满即升，不得以参后续完之案概行接算。其二三年内遇有蠲缓年分并差委经征之员，即将是年扣除，俟次年补足并计，再请议叙等语。前经通行各督抚一体遵照在案。

查各直省经征州县官果能实力催征，年清年款，自应于每年全完议叙之外，按照经征银数多寡咨请即升，以示奖励。乃各省督抚于地丁钱粮奏销时，只将本年全完之员声请议叙，其二三载全完各员间有随本声请议叙者，亦有竟未声请者。诚恐催征之员视为无足重轻，转致催科不力，殊非慎重钱粮之道。嗣后应令各直省督抚于地丁钱粮奏销时，将二三载全完之员随本声叙，不得仍前遗漏。如从前有未经声请议叙者，亦即随时专案报部，以凭给予鼓励。相应再行申明定例，通行各督抚、府尹一体遵照可也等因。

欠解杂税银数无多仍照向例降俸二级，最多者指名参办

前宪琦①案验为行知事。

道光三年八月初六日准户部咨，山东司案呈，道光三年七

---

① 即琦善。

月初一日准江南司传付内称，所有遵旨核议杂税章程一折，六月二十九日具奏，本日奉旨："依议。"钦此。相应传付赴司抄录，自行行文各该督抚等一体遵照等因前来。相应抄录原奏，恭录谕旨，行文山东巡抚遵照办理可也。

计粘单。

内开：

户部谨奏为遵旨核议章程仰祈圣鉴事。

道光三年五月十八日奉上谕："户部奏请饬催各省节年未完杂税银两，分别开单呈览。朕详加披阅①，除盛京、山西、湖南、浙江、四川、陕西、贵州等省年清年款，甘肃、云南两省未完银两为数无多，由部随案咨催外，所有直隶、山东、河南、江苏、安徽、江西、福建、湖北、广东、广西等省节年积欠银两，自道光元年奏催后尚未完银一百八十三万四千一百二十二两零，嘉庆二十五年并道光元年复有未完银四十八万一千六百二十三两零。各省杂税银两向系随同地丁钱粮奏销，自应尽收尽解。乃各该省历年积欠竟至数十万两之多，地方官恃无展参处分，任意迟玩，延不报解，其中显有亏挪情弊。着该督抚即饬各该藩司查照户部单开未完银数，勒限六个月严提解司报拨，毋任宕延。此项杂税钱粮向无未完处分，以致日久延玩。着该部核议章程，通行各省遵照办理"等因。钦此。钦遵抄出到部。

除节年积欠银两业经恭录谕旨行文各省督抚钦遵办理外，臣等伏查各省应征田房牙典各项杂税，向系州县尽收尽解、报拨充饷，不准州县坐支。惟此项杂税银两历来不作分数，逾限不完，降俸二级，例无展参处分，若积欠过多，并不予以查办，

① 阅：原无，据第三本补。

致启侵挪情弊，实非慎重钱粮之道。自应酌议章程，以杜流弊。应请自道光三年为始，各省杂税银两务令年清年款，每遇奏销届限前，责成藩司将各属报征银两全数提解司库，毋许积存，不准将当年欠解银两归入下届册内牵混报销。其欠解为数无几，经征官仍照向例降俸二级议处。应令各该藩司于每年奏销时，查明欠解最多之州县，指名参办。臣部仍通核各直省奏销册造报征数目，查有欠解最多者，即将催提不力之该管上司奏明参处。

所有臣等遵旨核议缘由是否有当，伏乞皇上训示。恭候命下，臣部通行各省督抚、将军①、府尹一体遵照办理。仍俟下届修例时纂入例册。为此谨奏请旨等因。

添解黄蜡

前宪琦②案验为移付事。

道光八年六月初七日准户部咨，山东司案呈，道光八年四月初二日准颜料库付称，本库收贮一切物料，均由各该省按年额解，以备各工领用。如库贮充盈，停其解交，至所存无多，即行起解。若额解之数再有不敷，由该省酌量派办，总期库贮充盈，不使临时乏用。历久遵循办理在案。

今查黄蜡一项，系山东、河南二省每年③办解三千斤成造蜡枝，以备内庭等处应用。近年以来每年约用八九千斤额解之

---

① 军：原无，据第三本补。

② 即琦善。

③ 年：第三本为“省”。

数，不敷支用。应酌派山东、河南二省每年添解三千斤，自道光九年为始，按年解部。相应移付山东司转行该抚照数采办，委员解部等因前来。相应转行山东巡抚查照可也等因。

户部核议恩赏条款

前宪钟①案验为钦奉恩诏事。

道光十五年十一月十四日准户部咨，河南司案呈，所有本部核议恩诏条款一案，于道光十五年十一月初四日题，本月初六日奉旨："依议。"钦此。相应抄录原题，移咨山东巡抚钦遵查照可也。

计粘单一纸。

内开：

户部谨题为钦奉恩诏事。

恭照道光十五年十月初十日钦奉恩诏，内有臣部应办事宜，臣等谨照例案分款酌议，恭呈御览。

一、王妃以下、奉恩将军之妻以上，俱加恩赐一款。臣部查成案，和硕亲王福晋赏给大蟒缎一匹、暗蟒缎一匹、草锦一匹、片金一匹、蓝素一匹、字缎一匹、衣素一匹、纱一匹、彭缎一匹、次大缎一匹，共十匹；多罗郡王福晋赏给大蟒缎一匹、金线蟒缎一匹、草锦一匹、素倭缎一匹、大缎一匹、衣素一匹、纱一匹、彭缎一匹，共八匹；多罗贝勒夫人赏给暗蟒缎一匹、次妆缎一匹、三等蟒缎一匹、大缎一匹、衣素一匹、彭缎一匹，

---

① 即钟祥。

共六匹；固山贝子夫人赏给暗蟒缎一匹、次妆缎一匹、衣素一匹、彭缎一匹，共四匹；镇国公及辅国公之妻赏给小蟒缎一匹、次大缎一匹，共二匹；未入八分公之妻赏给小蟒缎一匹、彭缎一匹，共二匹等语。相应行文宗人府并八旗都统，各将应赏人数及缎匹数目造册，咨送臣部照数赏给。

一、公主以下、乡君以上，俱加恩赐一款。臣部查例载，固伦公主赏给大蟒缎一匹、蟒纱一匹、大缎一匹、宫绸一匹，共四匹；和硕公主赏给大蟒缎一匹、大闪缎一匹、衣素一匹，共三匹；和硕格格赏给小蟒缎一匹、字缎一匹、罗一匹，共三匹；多罗格格赏给妆缎一匹、衣素一匹，共二匹；多罗贝勒女、多罗格格并固山格格赏给妆缎一匹；入八分公之女、格格赏给大缎一匹等语。相应行文宗人府、八旗都统，将应赏人数及缎匹数目造册，咨送臣部赏给。并行文理藩院转行各蒙古地方，将应赏人数及缎匹数目造册，移送理藩院核明，转送臣部赏给。

一、满汉大臣命妇年六十以上者，俱加恩赐一款。臣部查例载，年过六十之公、侯、伯命妇赏给大蟒缎一匹、字缎一匹，共二匹；满汉一品、二品官命妇赏给大缎一匹、衣素一匹，共二匹等语。相应行文八旗都统并吏部、兵部转行在京各衙门遵照，将应赏满汉大臣命妇及缎匹数目造册，咨送臣部照数赏给。

一、外藩王妃以下、公妻以上，俱加恩赐一款。臣部查成案，外藩亲王福晋赏给小蟒缎一匹、小闪缎一匹、洋缎一匹、纱一匹、生素绢一匹、罗一匹，共六匹；郡王福晋赏给三等蟒缎一匹、小闪缎一匹、次洋缎一匹、纱一匹、生素绢一匹，共五匹；贝勒夫人赏给三等蟒缎一匹、衣素一匹、彭缎一匹、纺丝一匹，共四匹；贝子夫人赏给三等蟒缎一匹、彭缎一匹、杭绸一匹，共三匹；公之妻赏给次大缎一匹、生素绢一匹，共二匹等语。相应行文理藩院转行各蒙古地方，将应赏人数及缎匹数目造册，移送理藩院核明，转送臣部照数赏给。

一、在京八旗兵丁，俱着赏给一月钱粮一款。臣部应行文在京八旗满洲、蒙古、汉军各都统，遵将前项应行领赏人等即行造具花名银数细册，送部赏给。

一、满洲兵丁原系披甲效力行间、因疾病年老闲住者，着察加恩赐一款。臣部查例载，满洲兵丁曾经效力行间、因病年老闲住者，每名赏给三梭布七尺、白布三尺等因。相应行文在京八旗满洲都统逐一查明，将前项应行领赏人等即行造具花名细册，送部赏给。并行文各外省及各驻防处所一体遵照。

一、八旗满洲、蒙古、汉军兵丁及内扎萨克、喀尔喀等蒙古，年七十、八十、九十以上者分别赏赉，至百岁者题名，给与建坊银两一款。臣部查例载，八旗满洲、蒙古、汉军兵丁，年七十以上者，赏银三两；八十以上者，赏银五两；九十以上者，赏银八两；百岁者，遵奉恩诏题名、给与建坊银两，并加赏大缎一匹、银十两。其扎萨克、喀尔喀等蒙古，年七十、八十、九十以上人等，均照八旗之例；至百岁者，蒙古地方向无建坊之例，酌赏银一十五两。至各省驻防兵丁照例查明，一体赏给等语。相应通行在京八旗遵照造册，送部赏给。并行文理藩院转饬扎萨克、喀尔喀等蒙古地方，查明人数、年岁及应赏银两数目，造册移送理藩院核明，咨送臣部赏给。至各省驻防兵丁，应行文盛京户部、各直省督抚及奉天府尹并各将军、都统照例查明，一体赏给，造册具题核销。

一、军民年七十以上者，许一丁侍养，免其杂派差役；八十以上者，给予绢一匹、棉一斤、米一石、肉十斤；九十以上者，倍之；至百岁者，题名、给与建坊银两一款。臣部查例载，凡军民年七十以上者，许一丁侍养，免其杂派差役；八十以上者，给与绢一匹、棉一斤、米一石、肉十斤；九十以上者，倍之；至百岁者，题名旌表，加赏大缎一匹、银十两等语。应行文盛京户部、各直省督抚及奉天、顺天府尹等衙门遵照，核实年岁赏给，务使均沾实惠，并饬各属实力奉行。如有胥役借端需索、克扣遗滥等项情弊，立即查参究治。仍将赏过各项数目据实造册题销，其应免差役，遵奉恩诏确查办理，并将应免丁名细数造册，送部查核。

以上各条，臣部援照成案办理，恭候命下，臣部通行遵照。臣等未敢擅便，谨题请旨等因。

驿站剩款归入地丁起运

前宪钟①案验为遵旨议奏事。

道光十六年六月二十日准户部咨，山东司案呈，本部议覆山东巡抚钟奏请裁减东省驿站项下多余银款归入地丁起运一折，道光十六年六月初五日具奏，本日奉旨："依议。"钦此。钦遵相应抄单，行文山东巡抚遵照办理可也。

计粘单一纸。

内开：

户部谨奏为遵旨议奏事。

内阁抄出山东巡抚钟奏请裁减东省驿站项下多余银款归入地丁起运一折，道光十六年五月十一日奉朱批："户部议奏。"钦此。钦遵于五月十四日抄出到部。

据原奏内称，窃照地方钱粮各款，有应解司报拨者，有应

① 即钟祥。

存留州县①坐支者。其留支各款，如有定额较多而需用实可删减之项，务应随时详细钩稽核实，裁减归入起运，方合理财节用之法。前据藩司刘斯嵋查明，东省驿站钱粮，例由州县于地丁项下坐支，按年造报。其中有银多用少，应扣余剩者，亦有例已不准开销而仍存其名者，核其余存之数，均应解拨。只以款系坐支，例无完欠考成，每致观望不解，递年积压。有报入盘查及专案参追者，有归入交代辗转列抵者，有尚未扣存业归民欠递缓者，有民欠已蠲责令赔偿者，种种轇轕，究非慎重钱粮之道。现须清厘以前之积欠，并应杜绝后此之漏卮。臣与藩、臬两司综核案款，比对销数，内惟夫马、建旷等项，必得随时核扣，应仍循旧办理。其余应行扣解各款，非长余太多，本可节省。即款系虚设、无所开销，其留属支解，徒滋轇轕，莫如计数量裁，用昭核实。现计每年裁减坐支驿款，可归入地丁起运银一万三千余两等语。臣等将该抚所奏，悉心核议，按款胪列，恭候圣裁。

一、奏称安德等水驿水夫工食一款，共银九千九百八十八两三钱六分七厘。此项水夫业于雍正年间裁汰，其工食银款仍留驿站项下支存，以备大差不敷添雇民夫之用。溯查历年支销银两，不及留备十分之一，计每岁长余九千数百之多，应将此款全数裁除，归入地丁起运。如遇大差不敷，即由司库动款给发，归入驿站款内奏销等语。查此项原设水夫工食银九千九百八十余两，系该省留备大差添雇民夫之用。今据该抚查明，历年支销银两不及留备十分之一，请全数裁入地丁起运，如遇大差不敷，即由司库动款给发，归入驿站奏销，系为款不虚悬、核实支销起见，应如所奏办理。

---

① 州县：原无，据第三本补。

一、奏称历城县车夫工食一款，共银六百一十二两。此项车夫于乾隆年间裁汰，其原设工食仍留驿站项下坐支，为额夫不敷添雇民夫之用。而历年需费不过一二百两，长余三四百两，亦属款浮于用，应即一律裁归地丁起运，遇有添雇需用，亦由司库给发，归于驿站款内奏销等语。查此项留存原设车夫工食银六百十二两，亦系该省添雇民夫之用。今该抚又称，历年需费不过一二百两，长余银三四百两，核与前项水夫工食之款浮于用者事同一律，并准其裁入地丁起运，遇有添雇需用，亦由司库拨给，归入驿站奏销，以凭综核。

一、奏称历城额应支扣各衙门轿夫工食一款，共银四百四十四两。此项夫工久已不准开销，驿站项下留此款目实属虚设，应裁归地丁起运等语。查此项轿夫工食既已不准开销，自未便仍留属库。应即裁入地丁起运，以杜亏挪而免轇轕。

一、奏称兰山县李家庄驿并沂水县垛庄驿买马一款，共额设银七百三十两六钱九分九厘。查该二县买马，每年实共用银二百九十七两，长余银四百三十三两六钱九分九厘。奏销既有定数，银款未便浮设，应即以奏销之数坐支等语。查此项额设买马银七百三十两零，既据该抚核明每年奏销定数，实共用银二百九十七两，长余银四百三十余两。应准其即以奏销之数坐支，余数裁入地丁起运，以昭核实。

一、奏称中、东二路各州县水、旱二驿中伙一款，共银三千三百一十八两七钱一分五厘，系应付一切廪给口粮饭食之用，年多年少①，并无一定。今以通省历年销数总计，岁支不过十之一二，其余十之八九应即以此款酌留三成银九百九十五两六钱一分五厘坐支，其余七成银二千三百二十三两一钱裁归地丁

① 少：原无，据第三本补。

起运等语。查此项水、旱二驿额设中伙银三千三百十八两零，据称以通省历年销数总计，岁支不过十之一二，其余十之八九，是此项①银两定额较多而岁支用②无几，自应计数量裁，分别支解。应如所请，以三成酌留坐支，以七成裁归起运，俾有撙节而免混淆。

以上五条，共计裁减驿款③改归地丁起运银一万三千八百余两。臣等按款核议该抚所请裁减各项分别起运留支，于驿务尚无窒碍，而汇入地丁征解且有分数考成，不致递年积压，亦于度支不无裨益。如蒙俞允，臣部行文该抚，即自道光十六年为始遵照办理。惟现在坐支浮款既经奏请裁除改归起运，其节年剩款自当随时提解，以符定例。查上年闰六月间，臣部检查各该省延未拨解及征存属库银两汇案开单，奏请敕催。钦奉谕旨："该部即将各项银数逐款钩稽，查明存留属库银一百九十万四千余两、京钱五百余千，实属有违定例。着各该督抚设法严提，解司报拨。如再延宕，立予严参。倘该管上司有意徇隐，即由该部据实参办，单并发"等因。钦此。当经恭录谕旨，行令各该督抚钦遵办理在案。

查臣部原单内开，山东省驿站项下完存余剩及删除马价等银，自嘉庆二十一年起至道光十一年止，共银二十二万九千六百三十余两。此款经臣部节次咨催，历有年所。自上年奏催以来，迄今又及一载，仍未据该抚提解。其自道光十二年起至十四年止，应行报拨余剩等银五万三千八百五十余两。并经臣部另案咨催，亦未按年报解。仅据该抚于此项④折内以清厘积欠

---

① 项：第三本为"款"。

② 用：原无，据第三本补。

③ 款：原无，据第三本补。

④ 项：原无，据第三本补。

为词，随案声覆。臣等伏查前项银两俱系该省留存实在项下之款，不得谓之积欠，自无所用。其清厘若因事隔多年，或委为交代之纠缠，或委为盘查之亏缺，致令实存库项日久虚悬，尚复成何事体。并请敕下该抚，即将上年汇案奏催及臣部另案咨催共应解实存剩款银二十八万三千四百九十余两，一①并严提司库报部酌拨，不得任意宕延、借词支饰。倘该管上司仍复有意徇隐，臣部即行遵旨参办，以儆玩延。所有臣等按款核议并请催解节年剩款缘由，理合恭折具奏。是否有当，伏乞皇上圣鉴。谨奏请旨等因。

高密县查出张志炅承买单祐诚无粮地亩断令升科一案

前宪经②案验为核议事。

道光十七年十一月十二日准户部咨，山东司案呈，道光十七年八月初五日准山东巡抚经咨称，据布政使刘斯嵋呈称，准户部咨，查高密县捐职从九单祐诚，以祖遗无粮地三十亩零五分，于道光二年卖与张志炅为业，得受地价京钱一千四百六〔六〕十四千，因无粮拨给，商同单祐禋将未分公产内单兰秀一户应完钱粮二两四分二厘，转给张志炅过粮完纳。迨后单祐诚向单祐禋借贷未遂，控经前署高密县知县朱晋讯③得单祐禋洒派钱粮是实，计自道光三年起至十四年止，已十二年，共洒

① 一：原为“亦”，据第三本改。
② 即经额布。
③ 讯：第三本为“传讯”。

派过银二十四两五钱四厘，断缴京钱九十四千，业经照数完缴。单祐诚擅卖无粮之地，断令将地价京钱一千四百六十四千缴官，仅据交京钱十四千七百文，余钱未缴。既据该府审明，按律定拟单祐诚所得地价，即饬全数追缴入官报部。至此田既称伊系得自祖传，事远年禋［湮］，无从追溯。历年所隐税银免其征纳，张志炅买田承粮并无不合，即饬照数升科，以道光十五年为始另案报部核办。单祐禋拨给张志炅、单兰秀户下田三十亩零五分呈缴入官，饬县照原契估变未变之先，招佃租种。除完钱粮外，余银解缴司库。一俟买地有人，即拨原粮完纳，均应如所咨办理。

所有该前署县朱晋动用单祐禋呈缴地粮京钱九十四千，及单祐诚呈缴地价京钱十四千七百文，既经着赔，除本部照数登记外，应令该抚即饬追缴，报部拨用。其单祐诚短缴地价京钱一千四百四十九千三百文，并饬勒追完缴，毋任宕延。至咨①内声叙照律问拟各罪之处，事隶刑部，应将原文咨送刑部核办，俟办结之日仍送回备案等因。蒙此，随移行登莱青道转饬遵照办理在案。

该本司刘斯嵋查得高密县张志炅承买单祐诚无粮地亩一案，奉②准部咨内开，张志炅买田承粮并无不合，即饬照例升科，以道光十五年为始另案报部核办。单祐禋拨给张志炅、单兰秀户下田三十亩零五分并缴入官，饬县照原契估变未变之先，招佃租种。除钱粮外，余银解缴司库，一俟买地有人，即拨原粮完纳。所有该前署县朱晋动用单祐禋呈缴地粮京钱九十四千文，及单祐诚呈缴地价京钱十四千七百文，即饬追缴，报部拨用。其单祐诚短交［缴］地价京钱一千四百四十九千三百文，并饬

① 咨：原无，据第三本补。

② 奉：原无，据第三本补。

勒追完缴等因。当经移行该道转饬遵照去后。

兹据登莱青道咨，据青州府①申，据高密县申称，除将单兰秀入官地亩照原契估变，俟买地有人，即拨原粮完纳，单祐诚短缴地价京钱一千四百四十九千三百文，并前任朱晋动用单祐禋呈缴地粮京钱九十四千及单祐诚呈缴地价京钱十四千七百文，现在追缴，容②俟追缴到日另行详报外，所有张志炅承买单祐诚无粮大地三十亩零五分，每亩应折赋地二亩五分，共折赋地七十六亩二分五厘。应照中地赋则，每亩应征正供银二分三厘五毫九丝四忽四微四纤三沙九尘五渺八漠八埃，共征银一两七钱九分九厘；每亩征米五勺二抄五圭八粟五颗，共征米三升九合六勺九抄四撮六圭六颗，每石折银八钱，共该折银三分二厘；二共征银一两八钱三分一厘。应以道光十五年为始照例升科，其应征银两按年征解，造具册结，具文呈请核转，由府、道加结移送前来。

本司覆查无异，拟合造具应征银米总册同送到册结，请移咨户部查核等情，据此拟合咨送等因前来。

查高密县张志炅承买单祐诚无粮地亩一案，前经本部以张志炅买田承粮并无不合，应照例升科，以道光十五年为始另案报部核办。单祐禋拨给张志炅、单兰秀户下田三十亩零五分呈缴入官，即饬照原契估变未变之先，招佃租种。除完钱粮外，余银解司。一俟承买有人，即拨原粮完纳。所有该前署县朱晋动用单祐禋呈缴地粮京钱九十四千文及单祐诚呈缴地价京钱十四千七百文，饬令追缴，报部拨用。其单祐诚短缴地价京钱一千四百四十九千三百文，并饬勒追完缴在案。

兹据山东巡抚咨称，张志炅承买单祐诚无粮大地三十亩零

① 青州府：第三本为“莱州府”。

② 容：原无，据第三本补。

五分，每亩应折赋地二亩五分，共折赋地七十六亩二分五厘。应照中地赋则，每亩应征正供银二分三厘五毫九丝四忽四微四纤三沙九尘五渺八漠八埃，共征银一两七钱九分九厘；每亩征米五勺二抄五圭八粟五颗，共征米三升九合六勺九抄四撮六圭六颗，每石折银八钱，共折银三分二厘；二共征银一两八钱三分一厘。应①以道光十五年为始照例升科，其应征银两按年征解，并造具应征银米清册送部前来。本部核与覆准原案相符。除将清册备查外，所有按年征解银米系造入何年何案册报，应令查明，详细声覆。至单兰秀入官地亩，速饬照原契估变，其未变以先应征租银，亦饬按年批解，报部核办。其单祐诚短缴地价京钱一千四百四十九千三百文，并前署县朱晋擅动单祐禋呈缴地粮京钱九十四千，及单祐诚呈缴地价京钱十四千七百文，严饬赶紧分别勒追。倘再延宕不完，即据实照例严办，毋稍含混可也等因。

邹平县德仓米折改入地丁解司

前宪经②案验为详请等事。

道光十九年三月二十八日准户部咨，云南司案呈，准山东巡抚咨，据署布政使李宗传、督粮道蒋明远呈称，窃查邹平县每年额征应解德仓折色米，折银七百四十一两七钱七分五厘，按年兑支济南城守营米，折银七百一十两四钱八分三厘。前因兵丁不敷买食，详奉咨部覆准，自乾隆六十年为始，照依抚、

① 应：原无，据第三本补。

② 即经额布。

标二营兵丁改给本色，按一米二谷之例，动支历城、章丘、淄川、新城、邹平、济阳等县常平仓谷一千四百二十石九斗六升六合。其买补谷价银两，按每石价银七钱，在于兵饷建旷项下分别发给历城等县秋后买谷还仓。至邹平县额征德仓米，折银七百四十一两七钱七分五厘，按年提解司库报部核拨等因。历经遵办在案。

是此项银两，一经征起，即应解司报拨。无如近年以来，该县以此项银两，款系杂项，无关完欠处分，虽经催提，延不批解。即或随时完缴，总不能按年清款。日积月累，竟积至[1]数千两之多。伏查此项银两，系甲年起征、乙年解司之项。若不严定章程，该县必仍前玩视，递年积欠，何所底止？除将该县历年递欠米折银两厘剔清楚，催提完解，另案报拨外，应[2]请将邹平县每年应解德仓米折银七百四十一两七钱七分五厘，自道光十九年为始，奏销以前随同地丁银两解司报拨。如此量为酌改，完欠既有考成，该县自必认真征解，庶几不敢仍前拖延，于帑项似较核实。遇灾歉应缓，亦统于大粮内核缓，毋庸专案报缓，免致遗漏。拟合详请移咨户部查照。

再，此项解司报拨米折银两，与各州县按年兑支各营者不同，改归地丁起运，与按年兑支各营兵米，仍无关出入，毋庸另议改拨，合并声明等情，拟合咨部查照核覆等因前来。

查山东省德、常二仓奏销案内，邹平县应征米折银七百四十一两七钱七分五厘。此项银两，改给常平仓谷，经本部按年题令解司报拨在案。

今据该抚咨称，该县以此项银两，系属杂项，无关完欠考成，节经催提，延不批解，递年积欠，伊于胡底，请随同地丁

---

① 至：原无，据第三本补。

② 应：原无，据第三本补。

解司报拨等语。本部查前项银两理应年清年款，乃该县竟以无关考成，以致递年积欠，尚复成何事体。应咨该抚严饬该县，即将每年应征米折银七百四十一两七钱七分五厘，自十九年奏销为始，随同地丁解司报拨，仍于地丁并德、常奏销各册内，分别声明于何时解司，造入何季拨册，以便互相稽核。如有迟延，即照地丁考成，将经征之员查取职名送部核议。至历年未解银两，速饬赶紧批解报部酌拨，仍将现在尚有未解米折银若干、作何批解缘由，先行报部查核，毋任稍有延宕可也等因。

东省额办阔布自道光二十二年为始暂行停解[①]

署抚部院麟[②]案验。

道光二十二年七月三十日准户部咨，山东司案呈，道光二十二年五月十八日准缎匹库付称，准山东巡抚咨称，准户部三库衙门咨，现在库贮款项除不敷支放者，仍酌量派办，其库贮较多之项，即毋庸派办。每年额解之布匹、丝棉、丝斤，应行文各该省暂行停解，俟支放数年后查看情形再行起解等因。查东省每年额解之案有派办阔布一项。今奉文内虽有停解布匹之语，而阔布款目未奉指名，应否一律停解，抑或照常派办等因。

查道光二十二年二月本衙门议覆御史扎克丹奏请，清理库贮较多之项，毋庸派办，每年额解布匹、丝棉、丝斤，行文该省暂行停解等因。道光二十二年二月初五日奉旨："依议。"钦

---

① 此条原无，据第三本补。

② 即麟魁。

此。钦遵行文各该省遵照在案。

今山东巡抚咨称，东省每年额解之案，有派办阔布一项，文内虽有停解布匹之语，而阔布款目未奉指名，应否一律停解，抑或照常派办等因到库。查山东布一项，现存三万四千五百余匹，核计足敷应用。自应于二十二年为始，暂行停解。其饭银仍按年起批解库交纳。至二十一年分额解棉布二千三百匹，仍令该抚按限解库交纳。至所解布匹，务须身分细密，分两准足，宽长合式，毋得稍有参差，致干未便。相应移付山东司转行该抚等因前来。相应行文山东巡抚转饬遵照办理可也等因。

州县征收钱粮限定上、下两忙奏销①

前院陈②案验。

嘉庆二十年七月初三日准户部咨，山东司案呈，嘉庆二十年六月十二日准汇办处传付内称，本部具奏申严征解钱粮定例以专责成而杜亏挪一折，嘉庆二十年六月十一日奏，本日奉旨："依议。"钦此。相应抄录③原奏，传付江南等司自行抄录原奏，行文各该督抚一体钦遵办理等因前来。相应抄录原奏，行文山东巡抚一体钦遵办理可也。

计粘单。

内开：

户部谨奏为申严征解钱粮定例以专责成而杜亏挪，恭折奏

---

① 销：第三本为"报"。

② 即陈预。

③ 抄录：第三本为"粘连"。

明仰祈圣鉴事。

窃查州县征收钱粮，除云南、贵州系九月、次年三月全完外，其余各省均以二月起征，四月完半或六月完半，八月接征，十一月全完。其征存银两委员监拆后，限三日内批解藩库。违者，该督抚将本员及监拆官均予参处。定例本极周详，如州县实力奉行，随征随解，自无亏挪情事。无如日久懈弛，各督抚不过率同藩司，于每年奏销将州县经征完欠各数题报考核，其上、下忙征收银两往往听存属库，逾限不解亦不遵例查参，以致不肖州县得以挪新掩旧，百弊丛生。

是州县亏挪，总由属库有已征未解银两，藩司不提、督抚不参所致，而外省之征解钱粮，向来并不按上、下忙报部，是以应解不解、应参不参，臣部无从查察，此亏空之所由来也。臣等伏思提解属库征存银两，最为杜绝亏挪紧要关键。前次钦派大臣议覆两江总督百龄等酌拟清查章程案内奏明，责成藩司提解上、下忙钱粮，并令将解司数目开报督抚查核，毋庸咨部。原因起解逾限，例由督抚查参，乃近来多有任其不解并不参办，自应责成藩司认真催提，截清上、下忙解司银数，详明督抚专折奏报，仍交臣部稽考，似于度支稍有裨益。应请嗣后令直省督抚一体督饬藩司，自嘉庆二十一年为始，于州县每年应征上、下忙钱粮，除例准留支及实欠在民外，所有征存银两务即尽数提解司库。其上忙应四月完半者，限五月底；六月完半者，限七月底。下忙俱限十二月底截清解司。银数造册送部查核。倘州县玩延不解，藩司指名揭参，或藩司扶同徇隐，督抚查实参奏，并将催解不力之道、府、直隶州交部严议。如藩司仍前因循，并不随时提解，该督抚不行查参，臣部即据实参奏，请旨究办。

至臣部稽查钱粮，全以册档为凭。向来各省送部款册头绪纷繁，易涉牵混。所有上、下忙解司银数造册，并请自二十一年为始，令藩司核明州县每年额征钱粮，本年上忙征过若干、下忙征过若干、各未完若干，其已完银两州县应留支若干，实应解存司库报部候拨若干，又节年缓带征钱粮征获若干、仍未完若干，分别正课、杂项，各归各款，造具简明清册，依限详报督抚查核。该督抚即于二十日内专折具奏，将原册一并送部，迟逾参处。臣部即责成各该司承办之员按款详细登记印簿，俟该省春、秋二拨及奏销各册到日逐一核对。遇有送到州县交代册结，并随时抽查。倘于册内查有已征未解银两，除州县参革治罪外，并将该督抚、藩司一并严参，其银两着落分赔。臣等为慎重钱粮起见，是否有当，相应奏明请旨。俟命下之日，行文各该省一体钦遵办理。谨奏。嘉庆二十年六月十一日具奏，本日奉旨："依议。"钦此等因。

罚俸听本官完纳及扣抵支俸，不必勒限追缴

雍正七年九月初十日奉上谕："内外大小官员罚俸之案，若该员照所罚之俸预先完纳，以图销案为将来升迁之地者，则听其自便。倘力不能完缴，即将伊任内应得之俸逐年扣抵，不必勒限追缴"等因。

罚俸银两本年支俸不敷扣抵，应扣次年支俸

乾隆十五年四月内准户部议覆广东布政使吴谦①志条奏，嗣后各官未完罚俸银两，于本官应得俸银内按数扣抵，归入地丁奏销案内另册造报。倘该员降俸案件繁多，一年应得之俸不敷扣抵，应于下年扣解等因。

各州县每于季首应造支俸清册送藩司

乾隆二十三年十月内准户部议覆四川布政使徐坦［垣］条奏，嗣后令经征之州县，每遇季首造具各官支俸清册，申送藩司，核明相符，即发一支俸单，行令各州县遵照开支。遇有降住罚俸及缺官截旷等项，即务②催提解司库，不许扣留滋弊。如有奉文降住罚俸，仍前混支编俸者，查出详报题参，将违支本员及违例支给之州县照例分别议处等因。

---

① 谦：原无，据第三本补。

② 务：第三本为“饬”。

降俸一级照降俸二级银数折半扣缴

乾隆三十年闰二月内准户部议覆云南布政使永泰条奏，嗣后凡大小正品各官，遇有降俸一级处分，按照降俸二级应扣银数折半扣缴，以昭画一等因。

降罚俸俱以奉文之先后逐年扣抵

乾隆三十一年八月内准户部议覆湖北布政使三保条奏，嗣后各官应扣降罚各案，俱以奉文之先后逐年挨次扣交，其有不能扣清者，准于次年接扣，以省案牍之繁，而各省亦得画一办理。仍令各该督抚、府尹，将节年并现年降罚案由及已、未完数目逐细登注，造具奏销册内，报明臣部查核。其有愿照所罚之俸预先完缴者，仍循例听其自便等因。

田、房契税不完，应行查参何年例应查

请定等事案内奉准吏部咨开，各项钱粮均关国帑。此后田、房契税银两，严饬所属随收随解，如有任意延缓不即完解，即行据实查参，并将该管上司一并照例议处等因。

杂项税银奏销时查明欠解最多州县，指名参办

行知事案内奉准户部奏请，各省杂税银两，自道光三年为始，务令年清年款，每遇奏销届限以前，责成藩司将各属报征银两全数提解司库，无许积存，不准将当年欠解银两归入下届奏销册内牵混报销。其欠解为数无几，经征官仍照向例降俸二级议处。应令各该藩司，于每年奏销时，查明欠解最多之州县，指名参办等因。

耗羡动存数目及扣出减半平余年底造册咨部核销[①]

前院硕[②]案验。

乾隆五年二月初六日准户部咨开，乾隆五年正月二十三日内阁抄出汉字上谕一道，相应抄录粘单，通行直隶各省督抚钦遵谕旨查办。至各该省凡有征收钱粮、关税报解、盈余银两应行知照之处，该省督抚即速转行知照各衙门钦遵可也。

计粘单一纸。

---

① 此处文本中的上谕在清高宗圣训中有相应文本，但在细节处略有差异。

② 即硕巴。

内开：

奉上谕："国家一应赋税，无论正杂羡余，凡征之官府者，均系出之闾阎。而究其实，乃以天下之物力，供天下之官弁兵民之用，为上者不过为之权衡、调剂于其间。若经理其事者稍有纤毫假借，则大不可也。前次各省臣工不能砥砺廉隅，取之于民既极烦苛，而侵于官者又多亏空，计其赃私动逾[①]累万，以致身罹法网，贻害妻孥。仰蒙皇考世宗宪皇帝圣慈矜悯，提撕警觉，厘剔肃清。所有一切陋规悉行裁禁，以舒民困。俯允直省督抚所请，将旧有耗羡一项酌定额数，用资各官薪水及地方办[②]公之需。名虽提解耗羡，而较之从前[③]私派私收固已轻减数倍矣。自奉行之[④]后，官员无拮据之忧，百姓免需索之累，吏治、民生称为两便，此是中外所共知共见者。朕御极之初，曾降谕旨，饬令督抚毋得重耗浮征，致困闾里。凡赋多税重之地屡加宽减，民加官垫之款悉动存公。乾隆三年又将解部减半平余一款扣存司库，以备荒歉应用。盖因各省公用甚繁，而耗羡无几。惟恐所入不敷所出，是以不惜部库之盈余，留备地方之不足。各省督抚、藩司皆当加[⑤]以慎重，不时查核。减官吏一分之浮费，即留百姓一分之实惠。此理显然可见。

"乃比年以来，或无关紧要之事遽行动用，即例应支销之项亦有浮开。部驳核减时，见章疏其扣存备赈平余银两，各省有已经报部者，亦有未经报部者。遇有应办赈务，仍多临时请拨。由此类推，则司库所存公项，未必尽归实用。雍正十三年

---

① 逾：原无，据第三本补。

② 办：原为"之"，据第三本改。

③ 从前：原无，据他处文献补。

④ 之：原无，据第三本补。

⑤ 加：原无，据第三本补。

六月内，曾奉皇考谕旨，将各省耗羡存公银两饬令清查，原属防微杜渐之意。朕嗣位之初，念耗羡不同正项，从来原未定有章程，其历年已久，各省规条不一，官员更换亦多，况复恩诏屡颁，纵有挪欠，亦当在宽免之例。是以谕令暂行停止清查。今看各省情形渐滋冒滥，若不早加整顿，立法防闲，必致挪移出纳，弊窦丛生。一经败露，国法难宽。揆之朕爱养教诲之心固所不忍，即经办各员噬脐知悔亦属难追。是以又令综核清理，亦预为保全之道也。户部可行文各省督抚，将地方必须公费分晰款项，立定章程，报部核明，汇奏存案。嗣后务将一年之内额征公费完欠杂支，同余剩未给各数目逐一归款。各官养廉，照依正署起止月日，应①将分晰并扣除空缺详细登记。其收数内有拖欠未完者，分别应否着追，其支数内有透动加增者，分别是否应给、有无挪移亏空②之处，俱于岁底将一切动存完欠确数及扣出减半平余银两造册，咨送户部核销。如此年清年款，则民力输将均归地方实用，而经理之员亦免罹于参处矣。”钦此。

立定各省耗羡章程

前院阿③案验为呈明事。

乾隆十三年三月十六日准户部咨开，准汇办耗羡处付称，查得各省耗羡立定章程一案，经本部详议缮写清单，于乾隆十

① 应：原无，据第三本补。

② 空：第三本为“缺”。

③ 即阿里衮。

三年二月初一日具奏，本日奉旨："依议。"钦此。钦遵相应抄录原奏，将酌定款项银数移咨东抚，将该省动用耗羡银两，自乾隆十三年为始，遵照原奏并酌定款项银数办理可也。

计粘单一纸。

内开：

山东省岁收地丁火耗银四十七万三千一百三十四两零，有定额款项二十二款，岁需共银三十二万二千七百四十两二钱零；有定款无定数，酌给银款共十一款，酌给共银一万三千九百三两零；通共有定、无定银三十三万六千六百四十三两零，尚余银一十三万六千四百九十一两零，向为年有、年无一切无定款项之用。今难预拟数目，应将前项余存银两，留备常例之外一切公务之需，听该抚随时奏请，仍令年底造册奏报查核等因。

常例之外动用耗羡造册缘由

前院阿①案验为呈明事。

乾隆十三年六月十四日准户部咨开，准汇办耗羡处付称，各省动用耗羡，凡常例之外有兴作等项必需之处，令各该督抚随时奏明动用等因具奏，奉旨："依议。"钦此。钦遵当经抄录原奏，行文各督抚，以乾隆十三年为始，各省应造耗羡清册，自本年正月初一日起至年底止，将上年实存银数作为旧管，以本年额征及征收十二年以前旧欠及归款扣还等项银两，均作为

① 即阿里衮。

新收。至开除项下，将本年一切动用银两，俱作为本年出数。而常例之外，有兴作必需之处，无论所动何年银两，凡在本年动用者，俱作本年新收之数，均令随时奏明等因。

耗羡随同地丁于次年五月内奏销

前院准①案验为遵旨议奏事。

乾隆十四年二月三十日准户部咨，本部议覆广西巡抚舒辂奏请粤西省耗羡于次年随正项钱粮一同奏报一折，于乾隆十四年二月初六日奏，本日奉旨："依议。"钦此。相应抄录原奏，行文山东巡抚钦遵办理可也。

计粘单一纸。

内开：

今广西巡抚舒②奏称，乾隆十三年已届岁底，自应将耗羡支存各数核奏。但粤西地丁钱粮，每年俱于奏销以前通完，今各数耗羡尚未征解全完，应支各款有未经请领全楚者，请照正项钱粮之例于次年五月内核奏等语。查各省地丁钱粮奏销俱有定限，其奏报耗羡事同一例。臣等酌议，请将各省奏报耗羡银两，均于次年随地丁钱粮一同核奏，庶章程画一，办理不致纷歧等因。

---

① 即准泰。

② 即舒辂。

地丁钱粮如有展限，先将耗羡报销，如逾五月之限，参处

前院准①案验为呈明事。

乾隆十四年四月二十五日准户部咨开，查各省动用耗羡银两，于乾隆十三年二月内酌定章程，令各该督抚将一年收支动存各数并从前民欠征完借支归款，同现存各项银两查明有无亏空挪移之处，于本年岁底为始缮折奏闻，仍备造四柱清册，再送部查核汇奏等因。奉旨："依议。"钦此。钦遵在案。

查耗羡奏销，必俟直隶等省奏销齐完②方可汇奏。如有一省未到本部，即不能汇总奏闻，以致通案稽迟。嗣后各省或有地丁奏销展限者，将耗羡款册先行报销。倘逾五月之限，即将该省迟延职名题参，相应知照各省画一办理等因。

奏销③耗羡应将州县扣留支收银两核入

前院杨④案验为行催事。

乾隆十八年二月二十九日准户部咨开，查该抚奏报，乾隆

① 即准泰。

② 完：第三本为"全"。

③ 销：第三本为"报"。

④ 即杨应琚。

十六年耗羡管收，除在四柱册内旧管并实在银数与汇奏数目相符，至新收开除数目，该抚将各州县扣留支收银两并未核入，只将司库收支银两造报，是以与汇奏银数俱不相符。查该省耗羡银两原系查①核奏报之项，应令嗣后将各州县收支银数一并核入奏报，以昭画一等因。

耗羡奏销应分晰年款细数造报

前院富②案验为汇奏等事。

乾隆三十四年十月初七日准户部咨开，查造报钱粮，例应条分缕晰，方可逐条查对，按款核销。前因山东省耗羡奏销新收项下，所有一切核减借支归款银两并未开载年分细数，难以查核。经本部屡次驳查，行令按年另造细册，送部查核在案。今查乾隆三十三年耗羡新收项下，仍未遵照本部原行分晰年款细数造报，应令严饬，嗣后将耗羡新收项下解收总数，分晰各州县年款细数，一并遵照造报等因。

耗羡有无亏挪，年底先行折奏，仍于次年五月随正奏报

前院徐③案验为传付事。

---

① 查：原无，据第三本补。

② 即富尼汉。

③ 即徐绩。

乾隆三十七年十月初四日准户部咨，山东司案呈，准江南司付称，本部议覆江苏巡抚咨司库实存银两并耗羡奏销有无亏挪年终奏报一案，相应传付各司，行文各省督抚遵照等因前来。相应抄录原文，移咨①山东巡抚、奉天府府尹遵照办理可也。

计粘单一纸。

内开：

查该省耗羡奏销，向系随正项钱粮于次年五月奏报，并将收支动存各数另册送部，于年终核明汇奏，节年遵办在案。

前经军机处奏明，将有无亏挪之处列入年终汇奏项下，复经本部行文知照。今据该抚咨称，耗羡一项收支数目查核需时，如于年内具奏，必于十一月中旬截数，则次一年之收支动存各数既不齐全，而截数后收支动存又须汇入下年查造，转恐牵混不清，应请照旧办理等语，于军机处原奏有无亏挪年终汇奏之处不符。应咨该抚嗣后将每年耗羡银两有无亏挪之处实力清查，于本年底先行缮折奏报，以符军机处原奏。仍将一年动支各数详细核明，循照旧例于次年五月随正奏报，并造具细册送部，以便本部于年终汇总核奏等因。

耗羡未完照正银之例议处

前院明②案验为遵旨速议具奏事。

乾隆四十八年八月十四日准行在户部咨。

粘单内开：

---

① 移咨：第三本无。

② 即明兴。

本部议覆山东布政使陆燿条奏，征收钱粮例有火耗，除各州县养廉及留支各款外，例应随正解司，但未定有未完处分。各州县止将正银起解，而耗羡一款延至四五年未清，前任未完交于后任，积之既久，为数渐多。应请嗣后严定处分，务与地丁正银随同报解。若有未完，照正银之例并予降罚。如此尽收尽解，更无余银存剩①，恐其挪用则夙弊可除等语，应如所奏办理。俟命下之日，臣等行知山东巡抚及各省督抚遵照等因。于乾隆四十八年八月初六日奏，奉朱批："依议，速行。"钦此。相应知照山东巡抚钦遵可也等因。

州县养廉应将耗羡解司后再行动支给发

前院明②案验为钦奉上谕事。

乾隆五十年八月十四日准户部咨，湖广司案呈，内阁抄出，乾隆五十年八月初五日奉上谕：

"户部核议各省耗羡，务令随同正项钱粮一同报解一折，已依议行矣。此事曾经陆燿条奏，户部议覆准行。朕惟各省耗羡虽与正项钱粮不同，然断无正项钱粮全完而独欠耗羡之理。总因不随正项钱粮一体申解司库，州县遂以已征作为民欠，希图从中挪移，可以取携自便。及至上司催解，或挪新补旧，或借端重征，种种情弊俱所不免。自应着落藩司，催令各州县随同报解。如有官吏侵挪，惟该藩司是问。

"再，闻各省州县官于耗羡内有自行动支抵算养廉者。耗

① 存剩：原为"剩存"，据第三本改。

② 即明兴。

羡归公原为各官养廉之费，但各官员自收自支，其中恐有影射冒混情弊。此后应一并禁止，令尽数解司后再行由司库动支给发，以杜弊[1]混。并令各该督抚于年终分晰，报部查核。耗羡一[2]事经皇考整顿清厘之后，官员各给养廉，既不致办公竭蹶，而征收解有定额，闾阎亦不致分外苛求，最为法良意美。乃各省办理不善，拖欠竟有数十年之久者，此时自不得不澈底查办。但究念为时已久，官非一任，恐辗转查追，仍不免累及小民。着以乾隆四十年为限，其乾隆四十年以前各省所欠耗羡，俱着加恩竟予豁免；至四十年以后拖欠耗羡，令该督抚、藩司于经征各官名下严切查催，逐一追缴全完，总不得向小民[3]重征滋扰，以示朕惠爱黎元之至意。”钦此。钦遵于本月初八日抄出到部，相应行文各督抚、府尹一体钦遵办理可也等因。

余平饭食请查明各属应征未完连库存银数，足敷扣拨者按年核办

前院觉罗长[4]案验为完解等事。

乾隆五十三年六月二十七日准户部咨，湖广司案呈，准山东巡抚觉罗长咨称，东省司库耗羡银两，每年应扣银二万一千七百两留抵贵州、甘肃、湖南三省不敷之数，载在章程，自应

① 弊：原无，据他处文献补。

② 一：原无，据他处文献补。

③ 民：原无，据他处文献补。

④ 即长麟。

按年扣拨咨报，以符奏案。随检查历年旧案，均系声明该年耗羡[①]尚未征完，俟耗羡征完之日，查明有无存剩另报，从无一次扣有银两咨报者。揆厥所由，盖缘东省各属从前每年额征耗羡银四十七万余两，除去坐支养廉公费并起解钱粮脚费共银二十一万三千余两，应解司银二十五万七千余两，再除由司支给院司道府养廉公费以及章程有定、无定各款并随时奏明动用经费外，若于丰收之岁完解，年清年款，或可尚有盈余，如遇水旱不齐之年，除去灾免缓征未完之外，耗银实未多余，在司库支应既有不足，或奉恩旨蠲免无可核支，不独应扣支二万一千余两不能扣拨，即应扣余平饭食，动辄数年不能扣完。所有历年虽有声叙征完耗羡扣存之名，究无一年扣存之实，其造入实存项下者，系从前拘定章程应拨之款相沿之故。

兹查山东省耗羡支款较多，终难充裕。可否将从前各年耗羡已经完解清楚，而司库并无年款存贮可以拨扣，并该年存贮无几不敷扣拨者，毋庸再议扣拨外，请自乾隆五十一年为始，查明各属应征未完连库存银数足敷扣拨者，遵照部咨，按年另行核办。是否有当，咨部示覆等因前来。应令该抚转饬遵照原奏，按年扣存造报。如遇不敷扣存之岁，亦即专案报部，毋庸[②]仍前含糊造报，致干参处等因。

---

① 羡：原无，据第三本补。

② 庸：第三本为“再”。

耗羡同正项一疏具题，其参后仍未完者，归于正项年限案内报参

前院觉罗长[1]案验为传付事。

乾隆五十三年十二月十七日准户部咨。

粘单内开：

为奏明请旨事。

窃查耗羡银两向因留为地方公用，并不核计考成，每多积欠。是以乾隆四十八年八月内，臣部议覆原任山东布政使陆燿条奏案内，议请嗣后各州县经征耗羡，如有未完，照正项钱粮之例并予降罚。又，乾隆五十年八月内，臣部奏请各省耗羡银两务同正项一同报解。钦奉谕旨："户部核议各省耗羡务令随同正项钱粮一同报解一折，已依议行矣。此事曾经陆燿条奏，户部议覆准行。朕惟各省耗羡虽与正项不同，然断无正项全完而独欠耗羡之理。总因不随正项钱粮一并申解司库，州县遂以已征作为民欠，希图从中挪移，可以取携自便。及至上司催解，或挪新补旧，或借端重征，种种情弊俱所不免。自应着落藩司，催令各州县随同报解。如有官吏侵挪，为［惟］该藩司是问。"钦此。

仰见我皇上洞烛隐微，现在各省耗羡积欠以次清厘。惟是耗不随正，弊所由生。即如正项全完而独欠耗羡，诚如圣谕，应查究官侵吏蚀原不止于处分。是完欠既应正耗相符，考成亦

① 即长麟。

应合同比对。而向来耗羡奏销，仍系分案具题，或先或后，稽核稍疏即难保无歧异。臣等悉心酌议，除各省耗羡动存数目仍照旧例，令各督抚造具四柱清册送部，臣部年底核明汇奏外，其已、未解数目，应请即随同正项钱粮统计分数，分晰声叙，一疏具题，以定考成。如正耗全完，方准议叙。正耗欠数相符，合计分数议处。其参后仍未完解者，归于正项年限案内报参。倘正耗完欠报解不符，即严参查办。如此两相比较，庶款目不致混淆，经征州县功过厘然，易于惩劝，似于钱粮重务稍有裨益。是否有当，伏候圣训。如蒙俞允，臣部并造册式，一体通行各省，自题报五十三年奏销为始遵照办理。为此谨奏请旨。乾隆五十三年十二月初四日奏，本日奉旨："依议。"钦此。相应抄录原奏册式，行文山东巡抚一体遵照可也等因。

会议分别应奏、应题事件

前院王①案验为传付事。

乾隆六十年七月二十七日准户部咨，山东司案呈，乾隆六十年七月初十日准福建司传付内称，内阁抄出永②等会议各省应奏、应题事件分别开单具奏一折。又，留京王大臣会议各省题奏事件，所该题咨各款，各省如何遵照办理，仍着各该部年终汇奏一次。钦奉上谕一道，相应传付各司抄录一体遵照等因前来。相应抄录原奏清单并钦奉上谕一道，行文山东巡抚遵照可也。

---

① 王：疑为玉德。

② 即永琅。

计粘单一纸。

内开：

永等谨奏为会同核议具奏事。

窃照各省督抚题奏事件办理未能画一，经军机大臣奏明，交与臣等会同详查，分别应奏、应题，妥议具奏。臣等覆查各省督抚办理地方事务，如系奉旨交办、特旨垂询及命盗邪教重案，贪劣不职属员，事涉更定旧章，关系民瘼并一切紧要事宜亟需办理者，自应随时具折陈奏，以昭慎重。若寻常事宜，本系照例题报之件，部中俱有例案可稽、册档可核，自毋庸复行具奏，致滋烦复。臣等谨将事隶各部条款汇齐，逐加查核。除年底汇奏事件业经奏准改咨，由部汇核具题毋庸再议外，其余地方寻常事件，各省有寻例具题仍复具折陈奏者，有各省俱系题达而一二省独用折奏者。又如命盗案件，本案业经题结，其案内续参人员即可一律题参，复间有具折劾奏者，办理均未画一。又如丞倅牧令题升、调补等事，如系边省苗疆及沿河沿海暨省会繁要缺分，原准专案[①]奏请，其余升调各缺，自应循例具题。即间有人地实在相需，历俸未满五年，于例稍有未合者，亦不防于疏内叙明，听候核准。而督抚等因有专折保奏之件，率行纷纷渎恳，亦非整饬吏治、杜绝夤缘之道。又，地方照例办理事件，各省有只奏不题者，亦应照年底汇奏[②]事件一体改咨，随案报部，用备查核，毋庸专折具奏，以归简要。臣等谨会同悉心妥议具奏并开列清单，恭呈御览。俟钦定后，再行文各督抚一体遵照办理。谨奏。乾隆六十年六月二十六日奉旨："依议。"钦此。

---

① 案：第三本为"折"。

② 奏：第三本为"案"。

事隶户部各款此案上谕附

一、接收交代；一、盘查仓库实贮无亏；一、督抚经征各关税课有盈无绌及节省水脚银两；一、狱囚并递解军流口粮报销。以上款项均应循例具题，毋庸再奏。

一、动用耗羡存公等项；一、耗羡实存数目；一、铜斤铅锡开帮日期及依限过境；一、饷鞘关税领解过境；一、新疆备用绸缎委员起解日期；一、抽收课金采获铜斤数目；一、摊地租银；一、海岛居民并无增添偷住。以上款项均应改奏为咨，随案报部备核。

奉上谕："留京王大臣会同六部议将各省题奏事件画一办理一折，已依议，但朕之意不可不明白宣示。各省循常事宜，从前原止系照例题报。近自一二十年以来，各省督抚每将例应具题之件改为奏折，以便一月之中发折数次，见其办事认真。该督抚既已奏到，朕无不逐加批答，遂致踵习成风，徒滋案牍。今经王大臣等议归简要，恐外间无识之徒疑朕批阅惮烦，王大臣等因而迎合，以向来具奏之件大半改为题咨，不知国家创立折奏，原为关系民瘼并一切紧要事宜而设，至于王大臣现改题各款，皆系无关紧要之事。此内如接收交代、盘查仓谷无亏等款，更为有名无实。各省遇有前后交代及督抚甫经到任时，无不相沿具奏，佥称并无亏缺。乃现在福建一省仓库空虚已阅多年，而该省历任藩臬等仍以并无亏缺具奏，其明验也。可见此等奏折，不过借词搪塞，殊觉无谓。况王大臣所改题咨，各皆系寻常按例之件。其实紧要重务，原仍许其随时专折具奏。至于题升、调补等件，向来该督抚具奏后，尚须敕部核议。迨议覆疏题，朕必确加查核，或照该部准驳，或照督抚所请施行，其权衡悉由朕亲裁，又何必具奏在先，转致办理纷歧。若谓朕惮于批阅，则朕临御以来已六十年矣。朕敬天勤民，惟日孜孜，迄今已五十九年又过半年，未尝稍存[①]懈弛。现距丙辰归政之期只余半年，岂五十九年半之久不敢怠荒，而此半年之内转致稍图安逸，有是理乎？即如朕现因热河及近畿一带雨泽稍稀，宵旰焦劳，无时或释。每遇阁章递到，无不亲加详阅。是朕于办理庶务，从不肯一刻稍宽。不特此也，即明年归政以后，遇有紧要事件，尚当指授嗣皇帝率诸大臣等凛遵妥办，俾得闻朕教诫，有所禀承，仍与今日无异。总之朕仰承昊眷，康疆逢吉，一日不致倦勤，即一日务存兢业，归政后亦岂肯置政事于不闻？此次〈王〉大臣等所改题咨各款，各省如何遵照办理之处，仍着各该部按照汇奏之件，例于年终开单汇奏一次。其中准驳及有无迟逾之处，朕更可一览而知。庶删其繁复，而仍总其大纲，于法制更为周密。将此通谕中外知之。”钦此等因。

粮道及协运豫省六帮运弁俸工养廉等银由道库漕仓耗羡内坐支

前宪全[②]案验为付送事。

嘉庆五年二月初四日准户部咨，云南司案呈，准山东巡抚

---

① 稍存：原无，据第三本补。

② 即全保。

陈[1]咨，据督粮道崇福呈称，案准部咨，嘉庆四年五月初四日奉上谕："从前额设养廉，原为大小官员办公日用之资。乃外省遇有一切差使及无着款项，往往议将通省官员养廉摊扣，以致用度未能宽裕。上司借词[2]勒派属员，而州县遂尔需索百姓。此弊朕所深悉，自当概行严禁，以清吏治而肃官方。前日松筠奏称停止摊扣廓尔喀军需，已将朕意谕知勒保、松筠，着通谕各该督抚，凡遇该省应办公务，原有耗羡备公银两可动，不得仍前摊扣各官养廉。[3] 至州县教职、佐杂及吏役工食，亦着仍照旧例，即于各州县征收耗羡银内坐支，用归简便。其余仍随正项钱粮尽数解司，以杜挪移之弊。"钦此等因。

查本道支食俸廉、心红纸张、各役工食银两向赴藩司衙门支领。又，卫所各帮运弁支食俸廉，有在藩司衙门支领者，有在河南道库支领及各卫衙门支领者，办理未能画一。查各帮运弁升调等项以及递相委署到任、卸事各日期，俱系本道衙门经理。其应支俸廉银两，系计日授食之需，稍有透支、预支情事纷纷禀详，以致本道衙门无案可稽，往返行查，徒繁案牍。

查德左、任城、临清河南前后、平山前后六帮运弁俸工银两在各卫衙门支食，养廉银两在河南道库支领，路途遥远又系隔省，不能按月赴豫请支。现运之弁，每遇出运之年，将养廉一百两、办公运费银一百两[4]全数领出。闲运之弁在东办差，跟役无多，亦不能按月赴豫[5]请领养廉，往往出具领状，托出

① 即陈大文。

② 词：他处文献为"此"。

③ 以清吏治而肃官方。……不得仍前摊扣各官养廉：他处文献无此段文字。

④ 两：原无，据第三本补。

⑤ 豫：原为"预"，据第三本改。

运之弁全数领回。一遇升迁、调补、病故、回籍，后任之员禀请饬追，辗转耽延，殊无裨益。又，东省德正、济宁前后左右、临清山东前后、东昌、濮州、东平等十帮俸工银两，除济宁左右、临东后三帮由本道衙门支领，余俱由卫支领。养廉一项，闲运之年赴司请领，其中有轮运、减运之分，司中无案可稽，必须往返咨查明确，方能支①放，诸多未便。

本道再四筹酌，与其事后案牍纷繁，莫如事前筹归画一，以清繁冗。查漕、仓两项，现有随正解贮耗羡银两，系年年支剩解司，以为各官养廉之需。应请嗣后协运豫省各帮运弁，无论现运、闲运、随帮，并本道应支俸工、养廉等项银两，全于解司耗羡银内坐扣，按日支食，下剩银两照旧解司。其东省十帮运弁现运之年支食，现在养廉仍循其旧，闲运之年亦可毋庸赴司请领，统于库贮耗羡银内支发，随同漕粮奏销造报，以归画一。拟合详请咨部，自嘉庆五年春季为始，合并声明等情，相应咨明等因。随将原文移付广东司归案核办去后。

今于嘉庆四年十二月十六日准广东司传付内称，各直省州县教职、佐杂、俸工、役食，各州县廪膳等项，仍于地丁项下动支。并将府道应支俸工等项，亦照州县坐支之例一体坐支，以归画一等因。于嘉庆四年十二月十二日题，十四日奉旨："依议。"钦此。传付前来。

查山东②粮道及所属各帮运弁俸工、养廉，向在藩库并道库及各卫支领办理，本未画一。今据山东巡抚援照前奉谕旨准令坐支之例，请将该道及协运豫省六帮运弁俸工、养廉等项银两，全于道库存贮漕仓耗羡银内坐扣，按日支食。其专运东省十帮运弁俸廉银两，除现运之年仍旧于州县征收漕耗银内，按

---

① 支：原无，据第三本补。

② 东：原为"奉"，据第三本改。

领运米数每石给盘费银五厘外，闲运之年亦于道库耗羡银内支发，随同漕项奏销造报，以归画一等语。本部核与道府及州县佐杂准其就近一体坐支之案相符，应如所咨，准其自嘉庆五年为始，画一办理。仍将给过各员俸廉等项银两，转饬造入漕项耗羡报销册内造报查核，其支剩银两仍即尽数解司归款，并知照漕运总督、河南巡抚可也等因。

地丁耗羡坐支各款

前护院全①案验为传付事。

嘉庆五年二月初七日准户部咨，山东司案呈，嘉庆四年十二月初七日准山东巡抚陈②咨称，布政使详称，查乾隆五十二年以前，由州县于耗羡项下坐支者，系各官养廉、公费、地丁、脚费等项；由地丁项下坐支者，系官俸，役食，杂支项下之孤贫口粮、司兵工食、廪生廪粮，以及祭祀文庙、各坛及乡饮、岁贡等项，并各州县办解黄丹、黄蜡、牛筋、阔布价值，及副都统衙门各役工食、火药，德州满营火药、纸朱，河院船夫工食、泉河通判俸工，致祭各祠庙祭品、庙户工食，并百岁寿民寿妇、节孝坊价、一产三男、官员祭品等项银两。今钦奉谕旨循照旧例办理，应请自嘉庆四年秋季为始，悉照乾隆五十二年以前旧章，由州县坐支，其秋季以前未据请领者，仍令赴司请领。再，新中举人花红、公宴、车价三项，遇乡试之年，则于起运地丁银内扣出解司，以备核发。如非大比之年，则归入地

① 即全保。

② 即陈长文。

丁银内起解。若逢恩科，则专案详请在于司库银内动用。所有奏销册籍并请查照乾隆五十二年以前造报呈请咨部等情，拟合咨明等因前来。

查东省州县各官养廉、俸工等项，钦奉上谕："仍照旧例于各州县征收耗羡银内坐支，行文该抚遵照办理"在案。今既据该抚咨称，五十二年以前耗羡项下坐支，系各官养廉、公费、脚价等项；地丁项下坐支，系官俸、役食、杂支项下之孤贫口粮等项，请照乾隆五十二年以前由州县坐支，其秋季以前未据请领者，仍令赴司请领。所有新中举人花红等项，遇乡试之年，于起运地丁银内扣出解司，以备核发。如非大比之年，则归入地丁银内起解。若逢恩科，专案详请动用，并声明应造奏销册籍，亦俱照旧制造报之处，均应如该抚所咨办理。至州县等官俸廉、杂支等项，请自本年秋季为始，悉照旧坐支等语。

查该抚请支咨文早已逾期，转瞬即届岁底，不特使一省之中各属有支领征解参差不一，即该年奏销亦难画一造报。自应循照贵州、江西、湖北、广东、山西、陕西、河南、云南等省咨请之案，一并于嘉庆五年春季为始，以昭画一。相应咨覆该抚可也等因。

考成汛千总改为曹单协备，其廉俸、役食在节年耗羡内动支

前院惠①案验为详请等事。

① 即惠龄。

嘉庆五年七月二十五日准户部咨，山东司案呈，嘉庆五年六月十六日准山东巡抚惠咨称，据布政使详称，奉准部咨，河南考成汛千总准其裁汰，改为山东曹单协备，廉俸与千总相等，一①并准其悉行照旧支发，以昭画一等因。遵照在案。

今查②曹单协备每年应支千总养廉银九十两，应于节年耗羡银内动支，归入黄河营养廉册内造报。其应支千总俸薪、马干等银七十三两二钱，应汇入黄河营桩埽官兵俸饷银内动支，分晰造报。所有动支款项数目缘由，拟合详呈，祈咨明户、兵、工三部查核示覆，并祈咨明总河查核等情，除分咨外，拟合咨明等因前来。

查先据署河东总督吴③等奏，曹下汛堤二十一堡起，至单汛三十三堡江南交界止，另归通判管辖。请将河南考成汛千总裁汰，改为曹单协备，行令分驻适中紧要地方，专责管理。其一切廉俸、役食等项与千总相等，经本部议令，一并准其悉行照旧支发，以昭画一等因在案。

今据该抚咨称，新添协备每年应支千总养廉银九十两，声明于节年耗羡项下动支，汇入河营④养廉册内造报等语。应如所咨办理，仍令将该弁应支细数，转饬在于该年河营养廉案内分晰声明，造报查核。至应支千总俸薪、马干等银七十三两二钱，据称汇入桩埽官兵俸饷动支之处，相应移咨工部查办，仍俟核覆该抚之日知照本部可也等因。

① 一：原无，据第三本改。
② 查：原无，据第三本改。
③ 即吴璥。
④ 营：原无，据第三本补。

河南修武县县丞改为山东曹单县丞，廉俸[1]、役食照旧支发

前院惠[2]案验为详明等事。

嘉庆五年九月初三日准户部咨，山东司案呈，嘉庆五年七月十九日准山东巡抚惠咨称，据布政使详称，奉准吏部咨开，河南修武县县丞裁汰，改为山东曹单管河县丞，应食廉俸、役食等项，一并准其悉行照旧支发，以昭画一等因在案。

今查新添曹单管河县丞驻扎，每年应支养廉银六十两，应于耗羡银内动支，汇入州县养廉册内造报；每年应支俸银一十六两五钱八分三厘、皂役工食银二十四两、门子工食银六两、马夫工食银六两，应于地丁银内动支，汇入州县俸杂册内造报。查该县丞自嘉庆四年十月十五日到任起，至年底止，应支四年养廉银一十二两六钱六分七厘、俸银三两五钱一厘、门子一名工食银一两二钱六分六厘、马夫一名工食银一两二钱六分六厘、皂役四名工食银五两六分七厘，共工食银七两五钱九分九厘，除小建银九分九厘，实该工食银七两五钱尚未支领。其动支俸廉细数，统归于地丁、耗羡奏销案内分晰造报。所有动支款项数目，呈请咨部查核示覆等情，拟合咨明等因前来。

查先准吏部会议，河南修武县县丞裁汰，改为曹单管河县丞，所有应食俸廉、役食等项，一并准其照旧支发，行文该抚在案。今据该抚咨称，新添县丞每年应支养廉银六十两、俸银

---

① 廉俸：第三本为“俸廉”。

② 即惠龄。

一十六两五钱八分三厘、皂役工食银二十四两、门子工食银六两、马夫工食银六两。随经移据河南司覆称，该县县丞每年应支俸廉、役食等项银两与河南省册报银数相符等语。所有该县丞自嘉庆四年十月十五日到任起，至年底止，应支养廉银一十二两六钱六分七厘、俸银三两五钱一厘、实该各项工食银七两五钱，一并准其在于地丁耗羡银内照数动支。仍令造入该年各奏销案内分晰造报，以凭核办可也等因。

东省动用耗羡核实删减，并存贮闲款随同地丁报拨

前院惠①案验为查明等事。

嘉庆五年九月初八日准户部咨，山东司案呈，内阁抄出，山东巡抚惠奏，查明山东省每年动用耗羡银两，缮具清单，核实酌减，并存贮闲款，系②随同各年地丁报拨，并无盈余，亦无借动各缘由一折。嘉庆五年八月二十二日奉朱批："户部知道。"钦此。钦遵于本日抄出到部，相应行文山东巡抚遵照可也等因。

查原奏清单内开：

一、提塘报资银六千八百六十一两，应请删减银二百两；

一、布政司书役饭食、公费银二千五百三十四两，应删减库书饭食银三十两；

一、军流人犯每年酌给银二百六十二两四钱零，应请每年

---

① 即惠龄。

② 系：原无，据第三本补。

酌给银六十二两四钱零；

一、试用人员薪水每年酌给银五十两，此项应请删除等因。

东省耗羡项下删减各款应以奉旨之日起遵照办理

前院惠①案验为查明事。

嘉庆五年十二月十三日准户部咨，山东司案呈，嘉庆五年十一月初六日准山东巡抚咨称，查嘉庆四年至乾隆六十年耗羡银两一案，业经遵照户部前咨逐一查明，造具折册奏咨，并奉到朱批，钦遵在案。但嘉庆五年分冬季已届，所有一切动用耗羡款项，多有仍照旧例已经支领者，似难再行更张。其中删减各款，相应以嘉庆六年为始删减办②理，拟合咨明等因前来。

查山东省年例动用耗羡银两，经该抚遵照部咨逐款查明，酌请删减，于本年八月内奏到，于二十二日奉朱批："户部知道。"钦此。遵行在案。所有删减各款银两，自应于奉旨之日为始遵照办理，毋得借词延宕，致干未便。相应咨覆山东巡抚可也等因。

---

① 即惠龄。

② 办：原无，据第三本补。

河、运两道耗羡应随正解道，除应支各款外，余银转解司库

前院惠[1]案验为议奏事。

嘉庆六年三月十九日准户部咨，山东司案呈，先准山东巡抚咨称，查各州县漕项耗羡银两，遵照部覆照例随正解道，除粮道衙门应行支解各款外，其余银两再行尽数解司归款等因。当经移行遵照在案。

惟查东省各州县尚有应解河道并运司及各衙门正银项下耗羡银两，原与粮道漕耗事[2]同一律，应否亦照漕耗之例，一律分解各衙门交收，以臻画一。抑仍遵照前咨，饬令各属将应解河道及[3]运司耗羡银两径解司库，由司汇总报销之处，咨部示覆等因。随付查云南司去后。今于嘉庆五年十二月二十五日准云南司，将奏请漕项耗羡银两随同[4]正银一并解道查收原奏抄付前来。

查山东省各州县应解河道并运使等衙门正银项下耗羡银两，据该抚咨称，与粮道耗羡事同一律。现准云南司酌议，将漕项耗羡银两随同正银一并解道。即由粮道造报奏销，核计考成，奏准遵行在案。

所有山东省各州县征解河、运二道衙门正银项下耗羡银两，

---

① 即惠龄。

② 事：原无，据第三本补。

③ 道及：原无，据第三本补。

④ 同：原无，据第三本补。

亦应随同正银一并解交各该道衙门造报奏销，以专核计正耗全完之责。此项随正解道耗羡银两，除各该道衙门应行支款外，其余银两即行尽数转解司库归款，仍由藩司造入地丁、耗羡奏销新收项下，送部查核。并令河、运二道于奏销前，将经收支用及解司各数并起解司库月日先行造册，专案报部备查。相应咨覆山东巡抚转饬遵照可也等因。

耗羡有定款有定数、有定款无定数二项照本省情形奏办

前院和[①]案验为遵旨等事。

嘉庆六年十一月十九日准户部咨，江南司案呈，内阁抄出山东巡抚惠[②]奏山东省耗羡章程案内应支各款分别酌减一折。嘉庆六年十一月初一日奉朱批："户部知道。"钦此。钦遵于本月初二日抄出到部，相应抄录原奏，行文山东巡抚钦遵办理可也。

计粘单一纸。

为遵旨酌议具奏事。

窃臣准户部咨开，本部具奏，各省耗羡有定款有定数、有定款无定数二项分别应减各条，请旨饬交各督抚按照臣部清单一体删减。如各省情形不同，实有不能画一之处，仍按本省情形自行奏明办理一折。奉旨："依议。"钦此。并开列清单咨行

---

① 即和宁。

② 即惠龄。

到臣。遵饬行藩司转移各司道府州县逐款查核去后。兹据该司汇总议详前来。

臣查部行各官公费银三万二千三百三十三两一款，据详除应解部科饭食银四千三百八十两，现准部咨毋庸裁减。又，总漕巡漕养廉银七百四十二两五钱，均应照例解支外，其各州县公费银二万三千一百两，系按缺分大小分给一百十二州县卫，自二十两至二百四十两不等，为纸张册籍、书吏饭食等项之用，条款繁多。今逐一细核，每年酌减银四千六百二十两。又，藩司书吏饭食银二千五百四两一款，再加节减，每年减银五百四两。其臬司、粮道、济东道公费银四千一百一十两零五钱，系各衙门心红纸张、书役工食奏销，应行解支。并骡价盘费等项之用，按款查核，并无盈余，请免删减。又，地丁报销骡价银七十两、兵马奏销骡价银八十八两二款，系赍送册籍骡价盘费及油单、夹板、毡条等项之用，逐一核计，实无盈余，请免裁减。又，提塘公费银六千六百六十一两一款，系自东省至京二十二处塘拨骡期工食及抄发公文、房租、纸张、饭食等项之用，覆加确核，均属无浮，请免裁减。又，巡抚衙门军牢、炮药等银四百一十六两四钱一款，系一应军牢人役例支工食及拜本审案更定①炮药之用，核实支销，请免裁减。又，总河公费银一千一百八两八厘一款，该司已详请总河自行酌办等情前来。

以上各条，臣覆加确核，于无可酌减之中，现有删减银五千一百二十四两。其余均系实用实销，并无浮冒。除造具细款清册咨送户部外，理合恭折具奏，伏乞皇上睿鉴。谨奏。嘉庆六年十一月初一日奉朱批："户部知道。"钦此等因。

---

① 更定：第三本为"定更"。

议改题咨各款各款条目附

前院惠[①]案验为传付事。

嘉庆六年七月二十四日准户部咨，山东司案呈，嘉庆六年五月十七日准福建司付称，所有奉部汇题嘉庆五年分所改题咨各款，于嘉庆六年四月十四日题，本月十六[②]日奉旨："依议，单并发。"钦此。相应传付江南等司赴司抄录，行文各该督抚遵照等因前来。相应抄录原题原单，行文山东巡抚一体遵照可也。

计粘单一纸。

户部谨题为遵旨汇核具题事。

查乾隆六十年六月内，经留京王大臣永[③]等奏称，各督抚题奏事件未能画一，经军机大臣奏明，交于臣等会同详查，分别应奏、应题，妥议具奏。伏查各省督抚办理地方事务，如系奉旨交办及命盗邪教重案、贪劣不职属员，事涉更定旧章、关系民瘼并一切紧要事宜，自应随时具奏。若寻常事宜，本系照例题报之件。部中系有例案可稽、册档可核，均毋庸再行具奏，致滋繁复。谨将事隶各部条款开列清单，恭呈御览等因。乾隆六十年六月二十六日奉旨："依议。"钦此。

又，钦奉上谕："留京王大臣会同六部议将各省题奏事件画一办理一折，已依议。但此次留京王大臣等所改题咨各款，

---

① 即惠龄。

② 六：原无，据第三本补。

③ 即永琅。

各省如何遵照办理之处，仍着各该部按照汇奏事件之例，于本年之终开单汇奏一次。”钦此。钦遵在案。

今嘉庆五年分所有留京王大臣原议案内，事隶臣部各款，应行遵旨开单，汇核具题。除经征各关课税有盈无绌及节省水脚银两，如收课银、采获铜斤二款，并狱囚递解军流口粮报销、摊地租银、铜斤铅锡依限开帮、饷鞘关税领解过境四款，新疆备用绸缎委员起程日期、海岛居〈民〉并无增添偷住二款，业据各该督抚照例题咨到部，经臣部各就本案内随时核办毋[①]庸议外，其江西、河南二省狱囚并军流口粮报销、耗羡实存银数、额征耗羡、河滩地租，未据各该督抚咨报。应令该抚照例咨部，以备查核。至接收交代、盘查仓库实伫［贮］无亏二款，应令各该督抚，遇有接收交代、盘查仓库无亏，务令实力查办，不得稍有瞻徇回护，致干罪戾。至陕西省盘查仓库无亏、动用耗羡等项，并耗羡实存，据该抚咨请展限，俟军务事竣办理，应令俟军务告竣，即行照例报部。所有汇核各款，俟命下之日，行文该督抚一体遵照办理。臣等未敢擅便，谨题请旨。

计开：

应行循例具题，毋庸再奏各款

一、接收交代；一、盘查仓库实伫［贮］无亏；一、各督抚经征各关税课有盈无绌及节省水脚银两；一、狱囚递解军流口粮报销应行改奏为咨，随案报部备核各款；一、动用耗羡存公等项；一、耗羡实存银数；一、铜斤铅锡开帮日期及依限过境；一、饷鞘关税领解过境；一、新疆备用绸缎委员起解日期；一、抽收课金采获铜斤数目；一、摊地租银；一、海岛居民并无增添偷住等因。

---

① 办毋：原无，据第三本补。

新设归河通判，俸廉统归州县耗银项下造报，由豫省支给东省作耗银解司

前院同[①]案验为遵旨等事。

嘉庆十八年十月三十日准户部咨，河南[②]司案呈，嘉庆十八年九月初四日准山东巡抚同咨称，据布政使朱锡爵呈称，准部咨新设归河通判，每年俸薪养廉银五百八十两，在于豫、东两省各河厅养廉银内均匀摊扣给发等因。

查东省管河同知三员，每员摊扣银四十两；通判六员，每员摊扣银二十两；共应摊扣银二百四十两，前经饬令各州县照数扣解。兹准河南布政司咨，新设归河通判应食俸廉银两，统在于豫省藩库支给等因。所有东省扣减银两，若令划解司库，未免繁扰。相应饬令各该州县，将应摊给新收归河通判俸薪养廉银两，统归入各该州县耗羡项下造报，毋庸另款划解，以归简易。拟合呈请，咨明户部查照。再，各州县应扣十七年各管河丞倅养廉银两，俟下届奏销案内造报等情，拟合咨明等因前来。

查山东管河同知通判养廉银内，摊扣新设归河通判俸廉银两，据该抚咨称，归河通判俸薪养廉统在豫省支给。所有山东省应解[③]银二百四十两，请在于各州县耗羡项下造报，毋庸解

---

① 即同兴。

② 南：原无，据第三本补。

③ 解：第三本为“摊”。

司。其十七年应扣银两，俟下届奏销册内造报等语。应如该抚所咨办理。仍咨山东巡抚转饬，造入耗羡奏销册内新收项下，送部查核，并知照河南巡抚移付山东司查照可也等因。

各州县养廉解司

前院琦[1]案验，道光三年六月初二日准户部咨，山东司案呈，内阁抄出，署理山东巡抚琦奏，东省州县养廉银两，请自道光三年为始暂行解司，按季给领，俾可随时扣收捐廉垫款，其从前未完银两查明追交一折。

道光三年五月十六日奉上谕："琦奏请将州县养廉银两解司支领等语。山东省各官养廉，向系州县自行留支。因有摊廉津贴之款先在司库垫发，各州县视为捐款，延不完解。现据该抚查明，捐廉各款有减无增，而库项久悬，亟须量为变通。着照所请，自道光三年秋季为始，将州县养廉暂行解司，按季给领，俾可随时扣收垫项。仍责成藩司确查，先尽本任扣拨，各清各款，毋任含混及借端克扣。其从前未完银两，并着严行追交，俟扣收清楚，再行奏归州县留支，以重库项。"钦此。钦遵于本月十九日抄出到部，相应抄录附片，恭录上谕，行文山东巡抚遵照办理。仍令该抚将从前未完银两，即饬追交清款。并开造各员应归数目，报部查核可也等因。

---

① 即琦善。

十九苦缺廉银免其解司道光七年案已于二三成全案内抄录①

裁汰九府司狱并临关税课大使

前院讷②案验为知照事。

道光十二年六月十三日准吏部咨，文选司案呈，内阁抄出，山东巡抚讷奏称，钦奉上谕："国家设官分职，原以保乂民生。若令冗员滥竽充数，其本任既无事可办，而各员官廨一切公用不能尽出己资，势必取之民间。是多设一官，百姓反多受一官之累。若各直省督抚及河督、盐政悉心核议，于所辖文职闲员，如有可裁者酌量裁汰，据实奏闻"等因。钦此。

臣悉心查核，东省地方各官，如守巡三道、任寄监司分辖数郡，各有审转命盗杂案、督查关榷及防河防海之责。督粮一道专司通省粮储督运督征，均关紧要。十府二直隶州并所属州县定制已久，繁简事宜均应仍循其旧。此外如同知、通判、州同、州判、县丞、主簿、巡检各缺情形，亦无可议裁。惟东省十府各设有司狱一员，内济南府首郡羁通省各犯人数较多，司狱责重事繁，遇有缺出，向系拣员升调，名实相符外，其泰安、武定、兖州、曹州、沂州、东昌、青州、莱州、登州九府监狱

① 此条据第三本补。

② 即讷尔经额。

年久失修，即有未经坍塌者，亦皆渗漏倾斜，不堪收禁人犯，向俱寄禁附郭县监。司狱不过往来提解，因思解府人犯审明之后，即应分别发回解省，暂来即去，人数无多，尽可并入县监，原不必专员经理。又，临清州税课大使，从前临清关设有监督之时，该大使尚得分征零星小税，迨关务归之巡抚，专委知州经理，该大使即无经管之事，亦系闲员。

以上司狱九缺、州大使一缺，相应请旨裁汰。所有裁缺之府司狱罗焕、陈邦达、李埙、都熺、吕世球、杨仁鉴、董金声、徐梦龙、朱丽生，州大使刘筠庄，照例撤回留省，遇有相当缺出，即行补用等因。

道光十二年五月初八日奉上谕："讷遵旨覆奏酌汰闲员一折。山东省十府各设司狱一员，内济南首郡羁禁通省解勘发省各犯人数较多，司狱事繁责重，毋庸裁汰。其泰安、武定、兖州、曹州、沂州、东昌、青州、莱州、登州九府监狱，遇有收禁人犯，向俱寄禁附郭县监。司狱不过往来提解，为时甚暂，人数无多，不必专员经理。所有司狱九缺俱着裁汰。又，临清州关务既经巡抚专委知州经理，税课大使并无经管之事，所有大使一缺，着一并裁汰。其裁缺之府司狱罗焕、陈邦达、李埙、都熺、吕世球、杨仁鉴、董金声、徐梦龙、朱丽生，州大使刘筠庄，均着照例撤回留省，遇有相当缺出，即行补用。该部知道。"钦此。钦遵抄出到部。

查吕世球，江苏人，现任山东泰安府司狱；陈邦达，浙江监生，由捐从九品分发签掣山东，咨署武定府司狱；董金声，浙江监生，现任兖州府司狱；杨仁鉴，顺天府供事，祖籍江苏，现任曹州府司狱；都熺，直隶吏员，现任沂州府司狱；李埙，顺天供事，祖籍浙江，现任东昌府司狱；罗焕，顺天供事，祖籍江西，现任青州府司狱；徐梦龙，顺天供事，祖籍湖北，现任登州府司狱；朱丽生，顺天供事，祖籍浙江，由议叙从九品加捐分发签掣山东，咨署莱州府司狱；刘筠庄，甘肃吏员，原籍江苏，现任临清州会同税课大使。以上各员均系原缺裁汰、撤回留省补用之员，应以该省具奏之日作为留省日期，分别归入候补委用班内。遇有缺出，听候该抚酌量补用，相应知照可也等因。

复设泉河通判一缺

前院钟①案验为移咨事。

道光十四年二月十一日准河东总河部堂吴②咨，窃照本部堂于道光十四年二月初八日恭折具奏，复设泉河通判③一缺，关系济运紧要事宜，遵照部议拣员请补，以专责成一折，除俟奉到朱批另文移咨外，所有原奏相应移咨，请烦查照施行等因。

计粘单一纸。

内开：

奏为复设泉河通判一缺关系济运紧要事宜，遵照部议拣员请补以专责成仰祈圣鉴事。

窃照山东运河道属泉河通判裁缺，前经臣查明，泉源关乎运脉，亟须专员经理，奏请仍旧添设。恭奉朱批："该部议奏。"钦此。旋准吏部④咨称，应如所咨，准其复行添设，仍定

① 即钟祥。

② 即吴邦庆。

③ 判：原无，据第三本补。

④ 吏部：原无，据第三本补。

为管河题调要缺，另行拣选请补。奉旨：“依议。”等因。

伏查流泉七百余道，散出于十七州县，为该缺所专管。其余[1]泉源、泉渠有无湮枯淤塞，泉池应否修砌，以及泉夫、泉老是否足额，均须常年周历，逐处亲查。并有汶河戴村坝土石各工疏浚防修，在在紧要。自裁汰以后，已阅两年，更须大加整顿，必须谙练人员方克胜任。且系已裁复设，奏明拣员请补之缺尤当为缺择人，未便拘泥班次，致有因循贻误之虞。查曾任泉河通判、因裁缺撤回之张汉，现已丁忧回籍。此外非身居要缺，即人地未宜。惟有候补通判王承业，现年五十八岁，江苏金坛县人，由从九品分发河东借补闸官、荐升州同，因漕出力及派赴大工并查办水利等案，曾经三次奏准，遇有河工应升缺出，即行升补，嗣[2]于德州州同任内丁忧起服到工。

道光十年秋汛安澜。奏，奉上谕：“免补州同本班，以河工通判补用。该员办事认真，不辞劳苦，而于东省河道[3]泉源又缘在工年久，叠奉差查，几于无处不到，最为熟悉。以之请补泉河通判，洵属人地相宜。”合无仰恳皇上天恩垂念，裁缺复设，重在得人，准以王承业署理泉河通判，实于查泉济运大有裨益。如蒙俞允，仍俟试看一年，期满果能胜任，再请实授给咨，送部引见。如不胜任，立即撤回，另行拣补。臣因现当春季，查泉未可再迟，除已檄饬该员先行[4]署理以专责成，并将应请关防、应议章程各事宜分别题奏核办外，为此恭折具奏，伏乞皇上圣鉴。

再，查汶河戴村坝工程，向系泉河厅管理。除已估发办之

---

① 余：原无，据第三本补。

② 嗣：原无，据第三本补。

③ 道：原为“通”，据第三本改。

④ 行：第三本为“为”。

工，责令原派人员一手经理，嗣后应请仍照旧例归于该厅兼管。合并陈明。谨奏等因。

山东通省驿站钱粮额数

济东道、兖沂道、登莱道所属济南等十府及济宁、临清二州属州县驿走递夫马工料连闰等项，共银十五万五千三十二两八钱三分四毫九丝六忽一微三沙四尘五渺七漠五埃，内除道光十六年奉准奏裁水夫工食等银一万三千三百五十七两一钱六分六厘，归入地丁起运外，现在实存银一十四万一千六百七十五两六钱六分四厘四毫九丝六忽一微三沙四尘五渺七漠五埃，按款编征支解。

驻防将军等官家属赴任等事需用车价于驿站项下动支

乾隆二十八年二月内在于遵旨议奏事案内奉准部咨，各省驻防将军、都统、副都统、协御、防领、骁骑校等官家属赴任等事，应折车价自京至直省末站，由内部核明程站，照直省车价定例移咨户部给领。过直以后，经由地方，令各省首站核明该省程站，汇行给发。在外由管驿衙门核明本省程站，先行汇发所需车价，俱于驿站项下动支。仍将本①年用过银两数目开明差使并程途里数，造入驿站奏销册内报部核销等因。

驿站奏销将远年旧案妥协删除

为咨明②事。

乾隆三十一年六月二十七日奉准兵部咨，车驾司案呈，查乾隆十八年七月内遵旨酌归简易事案内，各衙门现行事例有无关轻重可以裁归简易之处，在内令部院详细参酌删减，至各省办理事件情形不一，或有繁碎应行酌改者，令各督抚详细参酌等因在案。

是棚马、塘驿奏销题奏疏内，亦应遵照谕旨，酌归简易，一体删繁就简③，以归画一。今查各省驿站棚马奏销案，只将上年题销之案叙入，惟山西、山东、四川驿站奏销及山西棚马奏销疏内，仍将远年旧案悉行装叙，不但与原奉谕旨不符，且缮本进呈尤为繁絮。相应行文各该督抚，凡奏销各案妥协删除，只将该年管收除在四股，分晰缮入，以归简易可也等因。

---

① 本：第三本为“每”。

② 明：第三本为“行”。

③ 简：原无，据第三本补。

造报各项银米总数以厘、勺为断，五毫作一厘，五抄作一勺，数①不及五则删除

为钦奉上谕事。

乾隆三十二年三月初二日奉准户部咨，山东司案呈，乾隆三十二年正月初八日准山东巡抚崔②咨称，奉部咨开，直隶各省州县卫所征收钱粮并一切支放等项及造报奏销册籍银两等项，钦遵谕旨，统以厘、勺为断。至各省征解盐课、关税、一切杂项钱粮支放银米等项，按款开销，不免有零星撒数。但每款各有成总，不难删繁就简。应令各省督抚及经管钱粮各衙门，嗣后于总数之下一体归简。其有未经题报到部者，俱令其奉到部文之日为始遵照一体删除等因。

查东省各州县卫所额该各项地亩银两、米麦并起运地丁，以及杂项漕临、德等仓一切银米各款并收存支放银数，俱有零星尾数，历年造报在案。细绎原文，系专指收存支放银两等项以厘、勺为断而言。其地丁等项奏销册内额该地亩，以及应征银两米麦等项，并一切杂项各款项下应摊灾蠲各数，俱有零尾，亦应一体删除。至三十一年各属灾蠲钱粮，俱有零星尾数，已经造册③详题在案。将于［来］奏销册内若照数登除实在项下，未免仍有尾数，似觉参差。可否无论额款及已报、未造各案，

① 数：原无，据第三本补。

② 即崔应阶。

③ 册：原为“删”，据第三本改。

凡有零星尾数，通行一体删减，庶一切额征并收放各项钱粮造报画一，以免临期周章。再，各州县额该征粮地亩以及每亩应征银①米科则各细数，仍存其旧，以符《赋役全书》。事关创始，拟合咨部示遵等因前来。

查各省一切出纳，先经本部于遵旨议覆删除尾零案内，酌请银数以厘为断，米粮以勺为断，其在五毫、五抄以上者作为一厘、一勺，不及五毫、五抄者概行删除等因，通行遵照在案。

是一切银米数目如有奇零，俱应遵照原奏，于总数之下概行归并删除。今据该抚咨②称，东省额该地亩并应征银③米以及一切杂项各款项下应摊灾蠲各数，俱有尾零，亦应删除。而三十一年各属灾蠲钱粮，俱有零星尾数，已经具题。将来奏销册内若照数登除实征项下，未免参差。可否无论额数及已报、未造各案，凡有零星尾数，一概删除等语。查一切银米出纳各数既以厘、勺为断，则凡摊蠲灾蠲各款尾零虽已经④具题而未经报销者，自应于各项成总处一体删除，以归画一，其各州县额该征粮地亩以及每亩应征银米科则各细数，应如所咨，仍存其旧，以符《赋役全书》。相应咨覆该抚可也等因。

夫马工食按日支给

为请旨等事。

---

① 银：原无，据第三本补。
② 该抚咨：原无，据第三本补。
③ 银：原无，据第三本补。
④ 经：原无，据第三本补。

乾隆三十二年五月二十四日奉准兵部咨开，查奏销夫马工食，必须按日核计支给，未便以闰银拨给，有余俱系均匀摊算，殊非慎重钱粮、核实奏销之道。并令嗣后遇闰之年，仍按日支银数，核实支给报销①，将多拨闰银归入实存项下造报，以昭画一，并知照户部可也等因。遵奉在案等因。

造报钱粮及綦重案件仍应取结

为传付事。

乾隆三十五年七月初九日奉准户部咨，山东司案呈，乾隆三十五年六月二十五日准江南司传付内称，本部议奏直省一切造报钱粮及事关綦重案件，嗣后仍令取结办理一折，于本年六月二十一日奏，本日奉旨："所奏是，依议。"钦此。相应传付贵州等司处，即速付赴司抄录，行文各省一体遵照等因前来。相应抄录原奏并应取印结原单，行文山东巡抚遵照可也。

计粘单。

内开：

户部谨奏为奏明事。

查各部向来办理各省题咨案件，有于该督抚章疏文移之外，另行取具承办官印结及核转官加结，随文送部者，旧例相传，遵循已久。嗣于乾隆三十一年，据前任河南巡抚阿思哈条奏，以各衙门一切事件俱凭印文核办，倘有错误，即可据文察议。至结内之语与文所叙并无异词，稍不如式，必须驳换。且或多

① 销：原为"银"，据第三本改。

用空白印纸赴上司衙门照写，而吏胥借端需索尤所难免，辗转迟延，于公事无益。请将文外取结之例悉行停止，经吏部议准通行，自属酌归简便之意。

但查臣衙门事无巨细，动关钱粮，与别衙门情事迥异。是以从前取结例款，亦惟臣部最多。盖缘臣部为直省钱粮总汇之地，会计出纳，款额纷繁，数目零杂。凡奏销册籍到部，丝毫黍粒之间略一混淆，即滋弊窦。至于岁底之盘查、接任之交代以及承追、承变、蠲免、豁除等项，一事而责成数任，一案而通查数省，不得不倍加慎重。旧例于文册之外更取印结，将银米总数填入结内，不过多费片纸，并非繁琐难行。而承办之员一经著名画押，咸知印结达部，之后如有混淆捏饰，责有攸归，将来议处分赔，咎无旁贷。庶几各知儆惕，不敢掉以轻心。

若但循例具详，不令指明取结，则达部者只有督抚印文、藩司印结，而道府申转之原文、州县承办之底册并不随同送部。或院司胥吏乘机舞弊，有将原文、底册内数目挖改增减之处，既恐难于查察，而经手各员亦视同浮泛，漫不经心，以致册造舛错，驳查往返转费周章。况查臣部历年办理旧案，惟于遗漏印结者饬令补送，并无因其款参差驳令更换之事。至预印空白赴上司衙门填写，此自外省办理不善，并非定例使然。胥吏需索之弊，惟在各该省该管官之稽查严明，初不关印结之有无也。

臣等公同酌议，凡臣部所办钱粮案件，如奏销交盘等项关系綦重者，似宜酌留其旧。直省督抚于题咨本案内，仍令查照向例，取具①并无侵冒亏缺等弊印结各结，以昭详慎而重责成。其琐屑事件并各衙门无关钱粮等案，仍照吏部议准阿思哈原奏，停其出结。如蒙俞允，臣部开单通行直省一体遵照办理可也

① 具：原为“结”，据第三本改。

等因。

乾隆三十五年六月二十一日奏，本日奉旨："所奏是，依议。"钦此等因。

严禁需索驿马之弊

为钦奉等事。

乾隆四十三年十一月二十九日奉准兵部咨开，乾隆四十三年十一月初八日内阁抄出，初六日奉上谕："昨因高朴家人随[①]伊主往叶尔羌时将[②]沿途驿站有需索骚扰之事，已谕令各督抚按站查参。又因[③]直隶按察司[④]系专管该省驿站之员，而其事系达尔吉善任内之事，并降旨将伊交部严加议处矣。前此以各省驿站遇有出差大臣官员，沿途俱为备办供应，屡经饬谕严禁。该管驿站之大员理应严饬所属遵旨妥办，设有需索情事，或直揭部科，或禀报上司参核[⑤]，其风自必敛戢。何以高朴出差，其家人尚敢沿途勒索？此皆不肖州县迎合应付，有以诱之。高朴已[⑥]于偷卖官玉一案审明正法，其家人亦罪不容诛。而所在驿站官员曾经给与银两者，皆不可不查明，从重议处，以儆将

---

① 随：他处文献为"跟随"。
② 将：他处文献无。
③ 又因：他处文献无。
④ 司：他处文献为"使"。
⑤ 核：他处文献为"劾"。
⑥ 已：他处文献为"业"。

来。闻[1]此等积弊始于换马使费，皆由各驿站马不足数[2]，或疲瘦不堪，恐为钦差参奏，遂行[3]打点弥缝，日久竟成锢习。并闻有上下站合棚喂养之说，预知[4]驿马不敷应[5]用，即令上站之马仍复应差，俗称为‘打过站’。此于邮政大有关系。盖由有驿各州县平时短喂马匹，克扣马干草料自肥。及差至需马稍多，不敷支应，因而巧为生法，以混目前。且计其年终所扣之数甚多，而钦差家人勒索虽费至十余金、数十金，亦尚有限，遂致甘心付给，希冀无事。此等恶习不可不澈底严查。现已另降谕旨，令各省守巡道分管所属驿传事务，并令按察司[6]总司其事。嗣后伊等必随时查点，如有短少疲瘦者，立即查参，州县自必凛法知畏。如果马匹膘壮，不缺额数，而钦差来往家人仍复借端需索[7]，即报知管驿之司道，验明马匹，具揭该督抚参奏，必将纵容勒索之钦差及其[8]家人查明，从重治罪。如仍有应付驿站之事，一经发觉，除将该州县重处外，惟于该管驿站之司道是问。恐伊等不能当其重戾也，着将此通谕知之。”钦此等因。

---

① 闻：他处文献无。

② 数：他处文献为“敷”。

③ 行：他处文献为“私自”。

④ 预知：他处文献为“遇到”。

⑤ 应：他处文献无。

⑥ 司：他处文献为“使”。

⑦ 需索：他处文献后有“者”。

⑧ 其：原无，据第三本补。

驿站钱粮由臬司支发

为遵旨等事。

乾隆五十三年二月初一日奉准户部咨，驿站钱粮①自乾隆五十三年春季为始，由藩司拨归臬司衙门支发等因。

（廿五年四月廿九日巳刻在惠民细阅一遍。）

提扣各官三成廉银原奏前案朱批并另详批附

奏为敬陈管见仰祈圣鉴事。

窃查养廉一项，原为各官办公而设，遇有通省因公事件，各官共愿捐廉办理者，本属急公，但所捐之数过多，则办公必致竭蹶。臣在京时，即闻东省官因捐款过多，其养廉竟至全无领食。到任后检查案卷，除业已扣完各款不计外，尚有前年派调官兵赴楚征剿案内捐制军装器械等项，及协济江南丰工秸苘、修造海洋出哨战船不敷等款，借动司库银十八万五千余两，或经伊江阿奏明，或经司道议详，在于通省各官养廉内摊扣完款。现在陆续坐扣，为数尚属无多。惟查前年曹汛漫口，堵筑大工及挑挖引河，派调八十六州县帮办，需用料物土方工价，前经

① 粮：原无，据第三本补。

康基田、伊江阿会奏，将例价不敷用之项，亦请在于通省各官养廉内捐办。

臣查此案借动司道各库及外省协济共银七百余万两，内除应销例价，并奏明摊征及奉旨着落李奉翰、康基田、司马陶、伊江阿等自行赔交之外，约计应摊通省地方官养廉还款者，不下百有余万。现俟河臣核明报销后，即应按数摊扣。查司库银两，攸关正帑，自未便久于悬宕，但将各官养廉全行坐扣，则办公实属无资，恐不肖之员有借口累民之弊，于吏治官方甚有关系。

臣愚昧之见，嗣后各官养廉，除各该员本身有应缴咨追官项，情愿将养廉坐扣者，仍照数扣缴外，其通省因公事件摊扣养廉各款，应请核其所食之数，按年坐扣十分之三，仍令领回十分之七，以资办公。如蒙圣恩允准，所有东省应行摊扣各款，即自臣应食布政使养廉扣起，均坐扣十分之三，按年陆续扣收归款。俾各官用度有资，不致借词滋弊，实于吏治官方均有裨益。是否有当，谨恭折具奏，伏乞皇上睿鉴训示祇遵。谨奏。（嘉庆四年三月二十三日署抚岳奏）

前案朱批

嘉庆四年四月初一日奉御批：“自应如此办理。若令通省枵腹从事，则小民之骚扰勒索不可问矣。”钦此。又于“借口累民”句旁奉御批：“是。”钦此。

前案另详批

为敬陈等事。

嘉庆四年六月二十九日蒙巡抚部院陈①案查本司前于署抚任内，因通省各官养廉摊款过多，无可领食，并因前办派调官兵赴楚，捐制军装器械，及协办江南丰工秸苘、修造海洋战船不敷各价，均系借动司库银两，或经奏明，或系议详，在于通省养廉内摊扣还款。又，因曹汛漫工案内，需用料物土方工价不敷，亦系奏请在于养廉内捐办。恐全行坐扣，各州县办公无资。当经恭折具奏，请自本司应食布政司养廉扣起，将各官养廉均按年坐扣十分之三，陆续还款，饬令领回十分之七，以资办公。其有应缴咨追官项，情愿坐扣者，仍行扣缴。于本年四月初一日，奉御批云云。钦此。行司转饬，钦遵照办在案。

兹查本部院并河院养廉内，向有摊捐秸料一项，河道同知、通判、佐贰等官，亦有应摊之款，均照向例摊扣，毋庸坐扣十分之三。并本年春季以前，各官养廉仍照旧办理外，其余统自嘉庆四年四月初一日奉到御批之日，即以夏季为始，嗣后每季均按应得之数，一体坐扣十分之三，以为归还借拨各项之用。查司道府县每年共应领养廉银二十万一千五十九两，每季领银五万二百六十四两七钱五分，按三成坐扣，每季共扣银一万五千七十九两四钱二分五厘，每年共该扣银六万三百一十七两七钱，本年夏、秋、冬三季共应扣银四万五千二百三十八两二钱七分五厘。俟扣有成数，陆续拨还借款，其余十分之七银随各具领，听其领回，以资办公缘由，蒙批，据详已悉。此缴。

---

① 即陈大文。

曹工三成原奏前案司详院批附

奏为曹工帮价银两酌定捐廉摊征还款年分仰祈圣鉴事。

窃照东省嘉庆二年曹汛二十五堡漫工，先后挑挖引河，筑做埽坝，并帮筑圈埝，及善后各工，共用过料物夫工例帮价银七百一十九万七千余两。前经总河臣王①分别赔销及摊征、捐廉、归款，恭折具奏。接准部咨，行令将如何分年摊征捐廉还款，详细奏明办理等因。当经前抚臣蒋②转饬查议在案。

兹据布政使全保、济东道阿礼布、兖沂道锦格核议会详前来。臣覆加查核，堵筑曹汛漫工，先后共用工料例帮价银七百一十九万七千二百五十两四钱三分六厘，除去例价银二百五十六万五千零三十五两九钱一分三厘分别赔销外，实有帮价银四百六十三万二千二百一十四两五钱二分三厘。此内初次合龙筑坝挑河帮价银一百八十五万九百二十一两九钱三分四厘，前抚臣伊③具奏捐廉归款。惟东省各官养廉前署抚臣岳④奏坐扣十分之三，凡捐制军装、修造战船等项，皆在此三成内坐扣，本不止曹工帮价一款。又，因前抚臣陈⑤奏运河挑工津贴银两，钦奉谕旨一半动支耗羡，一半于抚藩臬道名下捐廉办理。随经奏明，以巡抚、两司、五道所扣三成养廉，津贴挑工；以府、州、

---

① 即王秉韬。

② 即蒋兆奎。

③ 即伊江阿。

④ 即岳起。

⑤ 即陈大文。

县等官所扣三成养廉，扣还曹工帮价及捐制军装修造战〈船〉等款之用。

今查府、州、县各官三成养廉，每年计银五万一百两。若照原奏捐扣各项，俱于此内动支，则曹工帮价一项，按年归还无几，稽迟岁月，库项久悬。应请将府、州、县三成养廉，专扣曹工帮价，以嘉庆六年为始，至嘉庆四十二年可以全清。其巡抚、两司、五道，每年三成养廉一万五千两，作为津贴运河挑工之用。惟扣还捐制军装、战船及前河臣吴①奏准津贴黄河岁料各款，容臣与藩司悉心筹计，另行办理，总期归款者不致久阅时日，岁需者不致支销正项，方可垂之久远。至曹工帮价内应摊征归款者，计善后挑工、筑坝、圈埝等工帮价银二百七十八万一千二百九十二两五钱八分九厘，应照前抚臣伊原奏，在于通省地粮内摊征还款。

查东省各州县卫所，每年额征银三百四十八万零四百一十四两二钱六分七厘。今按通省粮额酌核地方情形悉心筹计，每粮银一两，摊征银八分，通计每年共摊征银二十七万八千四百三十三两一钱四分一厘。自嘉庆六年为始，按年按数摊征，扣至嘉庆十六年，共计摊征银二百七十八万四千三百三十一两四钱一分，如数还款外，尚计多余银三千三十八两八钱二分，报部候拨。倘有拖欠，照例查参。如此酌分十年摊征，俾小民为数无多，自必输将踊跃，而国课不致悬宕矣。恭候训谕后，即行出示晓谕，并造册咨部查核。所有酌定捐廉摊征帮价年分缘由，理合恭折具奏，伏乞皇上睿鉴。谨奏。（嘉庆五年九月十六日东抚惠②奏）

---

① 即吴璥。

② 即惠龄。

前案司详院批

嘉庆五年九月二十八日蒙巡抚部院惠札开，照得本部院于嘉庆五年九月十六日具奏，曹工帮价酌定捐廉摊征年分还款一折，业已抄奏行知在案。兹于九月二十四日奉到朱批："依议。"钦此。合行恭录札知，为此仰该司即便钦遵移行查照，并出示遍行晓谕。毋违。此札各等因行司。

蒙此，除摊征银两另详外，该本司布政使全保查得曹工帮价于各府、州、县名下捐廉归还银一百八十五万九百二十一两九钱三分四厘，业经酌分年限数目奏明在案。兹查通省各官原有正、署之分，向例摊捐养廉，俱系食整廉者整扣、食半廉者半扣，一有半扣，即不敷原奏之数。若将食半廉者照数整扣，则是十分之六，不惟与原奏三成之数不符，且办公必致竭蹶，未免偏枯不均。

本司悉心筹画，似应嗣后摊扣三成养廉仍循旧例，按食整廉者整扣、食半廉者半扣，其不敷银数，递年挨捐，以足一百八十余万之数。庶取资无偏，办公有济，洵可以垂久远。是否有当，拟合详请本部院鉴核批示饬遵缘由，蒙批，如详移饬各道府州特饬遵照。缴。

请扣军需二成原奏

为奏东省军需报销完竣查明例外支用各款，援照豫省成案筹议分年摊捐归款，恭折具奏仰祈圣鉴事。

窃照嘉庆十八年九月间曹县、定陶一带教匪滋事，调派满汉各营官兵分投剿捕，各路防堵，蒇功迅速。所需官兵盐粮、采办价脚等项，经前抚臣同①缕晰声明，专折具奏。钦奉朱批："该部知道。"钦此。嗣准户部议覆，行令将一切军需事宜，查照河南准驳章程画一办理，并经前抚臣同兴奏请分年归款，毋庸报销。钦奉谕旨："饬将军需支款按照定例核实报部，毋任浮冒。合例者，准其开销；其例外浮支之款，应行着赔者，该省自行筹办可也"等因。钦此。钦遵各在案。迨十九年五月间，曹属各路留防官兵奏撤后，即经在省设局查办销算，并先将应销应摊应赔各款，酌定报销章程，咨经户部分别准驳具奏。奉旨："依议。"钦此。

臣自上年九月到任以来，督率司道严饬在局各员，督同经书查照部定章程，逐一删减，依次赶办，业将例销各款以及抚恤分为三十三案，经臣先后具题完竣，一面饬令该司道查明例外支用各款，酌议分别摊还。

兹据藩司和、臬司陈、盐运司刘、济东泰武临道德②会详，查东省军需抚恤共动用银一百二十五万五千八百四十四两三分八厘，内抚恤口粮项下支销银四十二万四千二百八十一两四钱二分七厘五毫，兵粮车脚等款支销银四十五万四千九十二两二分一厘一毫，除去官兵借支行装银五万二千二百一十三两例应分年扣还归款外，止销银四十万一千八百七十九两二分一厘一毫。军需、抚恤二项，计实作正开销银八十二万六千一百六十两四钱四分八厘六毫。此外江南官兵在东支领盐粮年款，经南省核准未还，应行报拨银八千一百五十六两八钱。又，委员提回江南借支银四千二百两。又，例扣平余等款，除支销外，余

① 即同兴。

② 即和舜武、陈若霖、刘清、德启。

存银一十五两三钱三分一厘一毫，并另案借动缴存藩库银三万一千五百八两四钱三分二厘九毫。四共银四万三千八百八十两五钱六分四厘，应分别报部拨用。尚有借各款应行缴还银一万五百四十七两三钱四分一厘，已分起委员催提，容俟齐全再行报拨外，实在存剩银三十二万三千四十二两六钱八分四厘四毫。又，各属垫办军需，经钦差协办大学士章查明，共开报银一百八万一千三百六两七钱三厘。二共银一百四十万四千三百四十九两三钱八分七厘四毫。

此项银内，有例应开销，因未专案奏明议归摊捐者；有例价之外，迫于时势酌增帮价者；亦有例难准销，权宜办理而银归实用者。确核情形，缘东省此次军需，系仿照上届川楚章程办理，东省未经办有成案。该承办之员以为小丑跳梁，计日扑灭，概不报销，是以应付一切，止求无误军行，未能悉按定例。若不确核情形，分别准驳，各该员势必借〈口〉赔累。惟当此清查之际，其中不肖劣员借端弥缝，难免无浮冒洒销之弊。今会同督饬局员，将各属开报各款查照例案，逐加删减，共计核删垫支银六十万六千九百二十七两六钱五厘七毫，概令自行删除归款。其例有可援，实用有据，委难再减者，共计银七十九万七千四百二十一两七钱八分一厘七毫，自应仿照河南成案分别归还。

惟查嘉庆二年曹汛漫工帮价银一百八十五万余两，奏明自嘉庆六年起按年提扣各府、州、县三成养廉，至嘉庆四十二年扣清。若俟曹工帮价扣完再行接扣，而军需用项多系挪借支发，归款未免稽迟。请自嘉庆二十一年起，在于巡抚、司道、府州县养廉内按年提扣二成，内有署事人员应食半廉半扣者，约至嘉庆三十九年扣完，统以全完之日为止。计曹工军需并扣五成。该府、州、县有半廉可支，办公亦不致拮据。

又，前项垫发银内有前任兖沂曹道熊方受十八年驻扎曹县剿捕，因需用紧急，先由道库河工项下垫发银四万五百八十二两二钱一分九厘。前以河工要款不便虚悬，业经奏明由藩库抵拨银二万两。其余银二万五百八十余两，虽系实用之款，未便先行给领。请俟摊有成数，先尽拨还归款。此外各属垫支已核准者，如系挪动库项，准其列入清查案内作抵。设系自行筹款，亦应俟摊足给领，不准先动正项归还摊款。如此分别酌定，俾已发之帑项得早清完，而未之摊款亦归有着，详请具奏前来。

臣查十八年东省办理军需例销各案，臣与该司道督同局员详细确查，核实造报，俱已逐案具题。内抚恤难民口粮，前抚臣同原查核实约计八十余万口。今计减去逃亡病故十万数千余口，核实开报六十余万口，较之原奏有减无增。至各属开报垫支各款，已核删至六十万六千九两有零。现在各属例外支用各款，除核删外，实共计银七十九万七千四百二十一两七钱八分一厘七毫，实属无可再减。自应援照豫省成案，分年摊捐归款，以重帑项。应如该司道所议，即从嘉庆二十一年起，在于巡抚、藩司、运司、道府州县等官养廉内按年提扣二成，分别拨还，核计扣至嘉庆三十九年提扣足数，统以全完之日为止。如此筹办，通省分年扣缴，众擎易举，承办之员不致借口赔累，别有亏缺。且立有定限，帑项亦可及早归补全完。所有东省军需报销完竣，查明例外支用各款，筹议分年摊捐归款缘由，是否有当，理合恭折具奏，伏乞皇上睿鉴训示。谨奏。（嘉庆二十年十二月初十日东抚陈①奏）

---

① 即陈预。

军需二成部覆粘单附

为遵旨事。

嘉庆二十一年二月初九日准户部咨，军需局案呈，议覆山东巡抚陈①奏，山东省军需报销完竣，例外支用银两分年摊廉归款一折，于嘉庆二十一年正月二十九日具奏，本日奉旨："依议。"钦此。相应抄录原奏，行文山东巡抚钦遵查照可也等因到本部。准此，合就檄行。

为此仰司官吏即便钦遵查照，将前项例外支销银两分年摊廉归款所扣年分因何错误，并例外支销及承办各员垫支银两究系动用何款，一并查明，详请核咨，毋再错误。速速。

计粘单一纸。

户部谨奏为遵旨核议具奏事。

内阁抄出，山东巡抚陈奏，东省军需报销完竣，查明例外支用银两，援照豫省成案筹议分年摊捐归款一折。嘉庆二十年十二月十四日奉朱批："户部查核具奏。"钦此。钦遵抄出到部。

臣等查山东省剿办曹县、定陶教匪军需支用银两，先据前任山东巡抚同②奏请一概毋庸报销，在通省地方官养廉内摊捐归款。钦奉上谕："所办非是。该抚即督率局员速将军需支款，按照定例核实报部，毋任丝毫浮冒。合例者，准其开销；其例

---

① 即陈预。

② 即同兴。

外浮支之款应行着赔者，该省自行筹办可也”等因。钦此。钦遵在案。

今据该抚奏称，东省办理军需例销各案，业经先后具题完竣，共动用银一百二十五万五千八百四十四两零，抚恤项下支销银四十二万四千二百八十一两零，兵粮运脚等项支销银四十五万四千九十二两零，内除官兵借支行装银五万二千二百一十三两例应扣还外，实支销银四十万一千八百七十九两零，二共作正开销银八十二万六千一百六十两零。此外江南官兵在东省支领盐粮并委员提回江南借支，及例扣平余支存并另案借动缴存藩库，共银四万三千八百八十两零，应分别报部拨用。又，借动各款应行缴还银一万五百四十七两零，俟催提齐全，再行报拨，实在存剩银三十二万三千四十二两零。

又，各属垫办军需银一百八万一千三百六两零。此项银两，该承办之员当时只求无误军行，未能悉按定例。今查照例案逐加删减，共计核删垫支银六十万六千九百二十七两零，概令自行删除归款。其例有可援、实用有据者，共计银七十九万七千四百二十一两零，实属无可再减。应请仿照河南成案分别摊捐还款，自嘉庆二十一年起，在于巡抚、司道、府州县等官养廉内按年提扣二成，约计扣至嘉庆三十九年扣完，统以全完之日为止。

又，前项垫发银内有兖沂曹道熊方受，因军需紧急，由道库河工项下挪发银四万五百八十二两零。前以河工要款不便虚悬，奏明由藩库抵拨银二万两。其余银二万五百八十余两，虽系实用之款，未便先行给领。请俟摊有成数，先尽拨还归款。此外各属垫支已核准者，如系挪动库项，准其列入清查案内作抵。设系自行筹款，亦应俟摊足给领，不准先动正项，归还垫款等语。

臣等查河省办理滑县教匪军需案内，例价不敷及例不准销等项银两，先据河南巡抚方受畴具奏，请照川楚成案，在于通省文职各官养廉内分年摊扣二成归款。钦奉朱批："依议。户部知道。"钦此。经臣部行令，将例外支用各款造册报部，以凭核结等因在案。

今山东省剿捕曹、定教匪军需案内例外支用各款银两，请仿照河南奏准成案，在于通省文职各官养廉内按年摊扣二成归款，臣部核与河南摊扣养廉之案相符。惟查该省额设养廉，每年册报共银十七万八千余两。以二成核计，每年仅扣银三万五千六百余两。约计扣至嘉庆四十三年始能摊扣足数，与该抚所奏扣至嘉庆三十九年全完年分不符。且前项例外支销银七十九万七千余两并承办各员垫支银两究系动用何款，并未分晰造册送部，均属无凭稽核。应令该抚据实查明，覆奏到日，再行核办。所有臣等核议缘由，理合恭折覆奏，伏乞皇上训示遵行。谨奏。嘉庆二十一年正月二十九日具奏，本日奉旨："依议。"钦此。(东抚陈准咨)

覆奏摊扣军需二成年限

奏为查明据实覆奏仰祈圣鉴事。

窃臣前于核办东省军需报销，查明例外支用银两，援照豫省成案，定拟分年摊捐归款。奏奉朱批："户部查核具奏。"钦此。嗣准部咨，山东军需案内例外支用各款银两，请于通省文职各官养廉内按年摊扣二成归款，核与河滩扣养廉之案相符。惟查该省额设养廉，每年册报共银十七万八千余两。以二成核计，每年仅扣银三万五千六百余两。约计扣至嘉庆四十三年始能摊扣足数，与该抚所奏扣至嘉庆三十九年全完年分不符。且前项例外支销银两并承办各员垫支银两究系动用何款，应令该抚据实查明覆〈奏〉等因。奏奉谕旨："依议。"钦此。遵即檄行藩司等确查去后。

兹据该司道等会详称，遵查军需副销各款，共银七十九万七千余两。核计东省嘉庆十九年耗羡奏销册报，通省州县、卫所及佐杂等官每年共坐支养廉公费脚价等银十七万八千余两，内除卫所、佐杂养廉公费等项不在摊扣之内，各州县止额支养廉银一十三万六千两。又，巡抚及藩运两司、各道府等官，每年共额支养廉银七万八千两，系由司库支发，不在坐支之列，户部未经核入，是以不符覆加查核。巡抚、藩运两司、道府州县等官，每年共额支养廉银二十一万四千两，按年摊扣二成，每年应扣银四万二千八百两。自嘉庆二十一年起扣至嘉庆三十九年，共摊扣银七十九万八千两，已足垫用军需副销之款，核与前奏年限符合。其例外垫用银两动用何款，转饬各属造报到日，另详请咨等情。并据将提扣二成养廉银数造具清册，呈送前来。臣覆核无异，除将清册送部查核，并饬该司道催令各属，将例外垫用银两动用款项查明造报外，所有查明摊扣二成养廉年限缘由，理合据实覆奏，伏乞皇上睿鉴。谨奏。（嘉庆二十一年四月十三日东抚陈①奏）

---

① 即陈预。

咨覆军需二成年限部文

为查明事。

嘉庆二十一年五月十二日准户部咨，军需局案呈，内阁抄出，山东巡抚陈[1]将山东省军需案内例外支用各款，在于通省文职各官养廉内摊年限数目查明覆奏，并声明各属垫支银两动用款项另行详咨造报一折。嘉庆二十一年四月十七日奉朱批："户部知道。"钦此。钦〈遵于〉本月二十日抄出到部，相应行文山东巡抚钦遵查照，并令该抚将各属垫支银两动用何款及作何支用之处，速即确切查明，送部到日再行办理可也等因到本部院，准此，合就檄行。为此仰司官吏即便钦遵查照，转饬各属将例外垫支银两动用何款及作何支用之处作速确〈切〉查明，造册详送咨部。毋违。（东抚陈准咨）

请豁免曹工三成、军需二成原奏清折附

奏为东省各官养廉内摊扣曹工三成、军需二成，查明已、未完数目，遵照部议条款恳恩敕部核议豁免事。

窃查东省嘉庆二年曹汛漫工案内挑河帮价银一百八十五万九百二十一两零，经前抚臣惠[2]于嘉庆五年奏明，在于通省各

---

① 即陈预。

② 即惠龄。

府、州、县养廉内按年摊扣三成归款。又，嘉庆十八年军需案内例外垫用银一百一十三万八千七百二十一两零，经前抚臣陈[①]于嘉庆二十、二十二等年先后奏明，在于通省大小各官养廉内按年摊扣二成归款各在案。

嗣于嘉庆二十五年接准户部行知片奏恩诏条款，内开，各省军需清查等案例不准销及无着银款，在于通省摊廉代扣者，事非经手、人非同案归入豁免案内，准其一并查办等因。当经查明曹工、军需二案摊扣廉银分别造册咨部请豁，旋准部覆，以军需摊廉一款，如系有定额、有定款，每年必须开销者，仍令照旧摊扣；如系藩库闲款、捐监报拨等项，并非每年必须支销者，即可归入豁免之内。其曹工摊廉一款，部臣以附奏条款，系专指军需清查等案及无着银款奏明摊廉而言。至借项办公奏明自行捐廉归补之案，仍应坐扣，饬令分晰查明报部等因，当即严饬遵照办理。旋经前抚臣琦督同藩司讷[②]澈底查明，琦未及核奏卸事。迨臣抵任后，以此二案摊廉归补，其中应摊未完、应定未解款目纷繁，必须详查明确，以昭慎重。又经饬司详慎勾稽去后。

兹据该司讷查明，军需一款例外支用不准报销银一百一十三万八千七百二十一两零，奏明在于通省大小官员养廉内摊扣二成归款。又，曹工一款因帮价不敷动用库款，未开销银一百八十五万九百二十一两零，奏明在于通省各府、州、县养廉内摊扣三成归款。此二案原动银款，或系动用报效粜谷盈余、各官罚俸抄案赃赎赔罚，或系捐监、商捐、市平及各属垫用银两，均系无关归补之款。其陆续摊扣养廉存贮藩库，遇有动用，均系奏明请拨，亦非有定额、有定款，每年必须支销之项，正与

---

① 即陈预。

② 即琦善、讷尔经额。

户部片奏章程事非经手、人非同案应归豁免之条相符，详请具奏前来。

伏查军需摊廉银两，既据该司查明，均属无关归补，业经部臣议归豁免之内。其曹工一项，当日原应照例分别赔销。乃请摊扣办，理本属未协。是以部议仍令坐扣，固属慎重款项起见。但迄今摊廉之人均非承办之员，军需、曹工案目虽殊，而捐廉办公则一。况东省三次清查及专参亏缺各案，均已蒙恩豁免，而代人摊廉归补员转不得同邀旷典，亦觉向隅。现据该司澈底查明，委系无关归补，亦非有定额、有定款，每年必须支销之项，与部议豁免条款相符。且查直隶、安徽、福建、河南等省摊扣养廉之案，均已奏奉恩准豁免，东省事同一律。所有曹工项下，除已经摊扣外，尚有应摊未完银一十九万三百三十两四钱四分一厘，并未经摊完银七十一万五千五百四两三钱二分一厘。又，军需项下，除已经摊扣外，尚有应摊未完银五万四千三百三十七两三钱七分六厘，并未经摊完银九十五万一千七百六十九两二钱七分七厘七毫。合无仰恳皇上天恩，敕下部臣，确核豁免条款应否照例豁免，分别议奏，恭候钦定。如蒙恩准豁，臣仍当严饬该管府州查明应免咨追者详咨销案，如有先已追存及交代案内实抵，应行提解者，由司催提报拨，以昭核实。谨将曹工三成、军需二成已扣未完各数目，分别〈开〉具清单，敬呈御览。理合恭折具奏，伏乞皇上圣鉴。谨奏。道光六年五月十一日东抚武①奏。

谨将各官养廉摊扣曹工三成已扣未完各数目开具清折，恭呈御览。

计开：

---

① 即武隆阿。

嘉庆二年曹汛漫工案内挑河帮价银一百八十五万九百二十一两九钱三分四厘，奏明在于各府、州、县养廉摊扣三成，自嘉庆六年为始，按照支食全廉全摊、半廉半摊，截至道光五年年底止，应扣三成银一百一十三万五千四百十七两六钱一分三厘，内已完解司银五十六万六千四百九十八两三钱八分四厘。盘查案内报亏银三十一万一千三百九两一钱四分四厘，应仍归盘查本案另行办理。专参各员亏缺银五万七千二百七十九两六钱四分四厘，应仍归参案办理。应扣未完银一十九万三百三十两四钱四分一厘。未经摊扣银七十一万五千五百四两三钱二分一厘。

谨将各官养廉摊扣军需二成已扣未完各数目开具清单，恭呈御览。

计开：

嘉庆十八年曹县、定陶教匪滋事，办理军需例外支用银七十九万七千四百二十一两七钱八分一厘七毫。又，续驳不准开销银三十四万一千三百两。二共银一百一十三万八千七百二十一两七钱八分一厘七毫，先后奏明在于通省大小各官养廉银内摊扣二成。自嘉庆二十一年二月起，按照支食全廉全扣、半廉半扣，截至嘉庆二十五年十一月十五日咨部停扣止，应扣二成银十八万六千九百五十二两五钱四厘，内已完解司库银十万七千九百十八两五钱六分六厘。专参各员亏缺银二万四千六百九十六两五钱六分二厘，应仍归参案办理。应扣未完银五万四千三百三十七两三钱七分六厘。未经扣完银九十万一千七百六十九两二钱七分七厘七毫。

豁免军需二成部文粘单附

为付送事。

道光六年六月三十日准户部咨，陕西司案呈，道光六年六月十一日准查核豁免款项处付称，所有本日收到内阁抄出本部具奏，议覆山东巡抚武①奏请免东省各官按成摊扣养廉，并州县养廉仍令自行坐支一折。又，通查各省军需扣廉银两分别办理完竣缘由附片一件，于道光六年六月初八日具奏，本日奉旨："山东省军需摊廉一案，据户部查明与直隶等省准免各案相符。此项银两系无关归补之款，准其援照成案，将未经扣银九十五万一千七百六十九两零加恩一体豁免。余依议。"钦此。应将抄出原奏一件、附片一件移付山西司办稿行文，并移令各该处仍将原抄原片付回本处备案等因前来。

相应抄录原奏、付片并钦奉上谕，行文山东巡抚遵照原奏，于奉到准免部文之日停止摊扣养廉。其未奉部文以前应扣银数，即行查明补扣。并将应扣未完银五万四千三百三十七两零亦即严催完缴，一并报部拨用可也等因到本部院，准此，合就檄行。为此仰司官吏即便钦遵查照办理，并将未奉部文以前应扣银数即行查明补扣，仍将应摊未完银两亦即严催完缴，一并详报咨部拨用。毋违。

计粘单一纸。

---

① 即武隆阿。

户部谨奏为遵旨核议具奏事。

内阁抄出，山东巡抚武隆阿奏请免东省各官按成摊扣养廉一折，应请将各州县应支养廉仍令自行坐支附片一件，于道光六年三月十八日奉朱批："户部查议具奏，单片并发。"钦此。钦遵抄出到部。

据该抚原奏内称，查东省嘉庆二年曹汛漫工案内挑河帮价银一百八十五万九百二十一两零，经前抚臣惠[1]于嘉庆五年奏明在于通省各府、州、县养廉内按年摊扣三成归款。又，嘉庆十八年军需案内例外垫用银一百一十三万八千七百二十一两零，经前抚臣陈[2]于嘉庆二十、二十二等年奏明，在于通省大小各官养廉内按年摊扣二成归款各在案。嗣于嘉庆二十五年准户部行知片奏恩诏条款内，各省军需清查等案例，不准销及无着银两，在于通省摊廉代扣者，事非经手，人非同案，归入豁免案内准其一并查办等因。

当经查明曹工、军需二案摊扣廉银，分别造册咨部请豁。旋准部覆，以军需摊廉一款，如系有定额、有定款，每年必须开销者，仍令照旧摊扣。如系藩库闲款、捐监报拨等项，并非每年必须支销者，即可归入豁免之内。其曹工摊廉一款，系借项办公，奏明自行捐廉归补之案，仍应坐扣等因。又经饬司详慎勾稽去后。

兹据该司查明，此二案或系动用报效粜谷盈余、各官罚俸抄案赃赎赔罚，或系捐监、商输、市平及各属垫用银两，均系无关归补之款。其陆续摊扣养廉存贮藩库，遇有动用均系奏明请拨，亦非有定额、有定款，每年必须支销之项，正与户部章程"事非经手，人非同案，应归豁免"之条相符。

---

① 即惠龄。

② 即陈预。

臣覆查军需摊廉银两，既据该司查明均系无关归补，业经部臣议归豁免之内。其曹工一项，当日原应照例分别赔销，乃请摊扣廉银办理，本属未协，是以部议仍应坐扣，固属慎重款项起见。但军需、曹工案自虽殊，而摊廉办公则一。况东省三次清查及专参亏缺各案均已豁免，而代人摊廉归补之员转不得同邀旷典，亦觉向隅。且查直隶、安徽、福建、河南、湖南等省摊扣养廉之案，均已奏豁，东省事同一律。所有曹工项下，除已经摊扣外，尚有应摊未完银一十九万三百三十两四钱四分一厘，并未经摊完银七十一万五千五百四两三钱二分一厘。又，军需项下，除已经摊扣外，尚有应摊未完银五万四千三百三十七两三钱七分六厘，并未经摊完银九十五万一千七百六十九两二钱七分七厘七毫。仰恳敕下部臣，确核条款应否照例豁免，分别议奏等语。

臣等伏查山东省曹汛漫工挑河帮价，动用报效银一百八十五万余两，先于嘉庆五年经前抚臣惠奏明，自六年为始，在该省各州县养廉内，按年摊扣三成还款，嗣于道光元年据护理巡抚徐炘以前项系属摊廉归补，援引臣部片奏恩诏章程咨请免扣。经臣等查明，原定章程内专指军需等案在通省摊廉代扣者而言，其借帑办公捐廉归补之案，仍应照旧坐扣，毋庸查办。当即驳令摊扣完报，旋准咨覆，业已照常查扣等因在案。

是曹工三成养廉早经议定按数摊扣，且自道光元年以后，春、秋两拨均据将扣完银数入册造报。乃该抚复以从前摊扣廉银办理未协，请同军需摊廉之款一体停免，实与节次原案不符。应令该抚将单开截至道光五年止，曹工应扣未完并未经摊扣共银九十万五千八百三十四两零，仍即照案接扣归款。并将盘查案内及专参各员报亏银三十六万八千五百八十八两零，亦即分案赶紧清厘，毋任延宕。至二成军需摊廉一款，据称原动银两均系无关归补。其陆续摊扣养廉存贮藩库，遇有动用，奏明请拨，亦非每年必须支销之项，与部议豁免条款相符。且直隶、福建等省摊廉各案均已奏奉豁免，东省事同一律等语。

臣等查嘉庆二十五年恩诏案内豁免官员赔项银两，系于道光二年十二月奏明截止。其军需一项，有与豁免条款相符，先经咨查未覆者，由臣部行令自行奏明办理。嗣于三年四月，据闽浙总督将福建省台湾等案军需摊廉银两查明无关归补，奏请停扣，当奉特旨允准。随据直隶、河南、湖南各督抚先后奏请，将滑县及川楚平苗等案军需摊廉一体免扣，均由臣部核议，奏奉恩旨，准其豁免各在案。嗣于道光四年六月臣部议覆江苏省摊捐各款折内奏奉谕旨："嗣后请豁案内驳查部文到省在截止之先，而该省登覆迟延者，仍不准查办，以示限制"等因。钦此。

今山东省军需摊廉一案，据该抚查明，前项银两实系无关归补，奏请免扣。臣部核与直隶、河南、湖南等省军需摊廉准免之案均属相符，且同系道光三年行令自行奏明，与截止以前驳查者有间，自应一律办理。惟该省奏覆究属稍迟，可否援照成案，将未经摊扣银两一体豁免之处，出自圣主恩施，如蒙俞允，臣部行文该抚于奉到准免部文之日停止摊扣，其未奉部文以前应扣银数仍令查明补扣。至应摊未完银五万四千三百三十七两零，查系已摊未解之款，应并令严催提缴，以昭核实。

再，该省各州县应支养廉，现在既有摊扣未完之款，自应查照前抚臣琦①原奏提解司库，俟扣款清楚，再行照旧办理。所有该抚请将养廉仍归州县坐支之处，应毋庸议。谨将臣等核议缘由恭折具奏，伏乞皇上圣鉴。谨奏。

---

① 即琦善。

请扣司道府州县二成养廉弥补盘查无着银两原奏清单附

奏为东省从前原办盘查及专参亏缺各案应追年款现已一律办竣，并查出无着银两酌筹归补，仰祈圣鉴事。

窃照东省嘉庆十四、十九等年两次办理盘查及专参各员亏缺银两，当时只就本员亏缺总数造报，着追其所亏细数，屡经饬属开报，总未能丝丝入扣，不得不辗转驳查，年复一年，官吏更易，愈久愈滋轇轕。因之追存之项均在司库附贮，丝毫不能报拨。臣在藩司任内，将附贮各款清查之后，即将应造年款详明前抚臣武隆阿奏明勒限赶办。钦奉谕旨允准，当即照抄盘查底册，移行道府督同所属澈底盘查办〈理〉，嗣据陆续造送到司。夫以积欠纠缠之案，此时逐加厘剔年款，固应清晰，而于亏抵各款是否有着，尤应确切详查。

臣督同委员等悉心稽核，先查亏款，次核领抵各项，并已奉豁免及下剩实亏，按任、按款一一勾稽统计。嘉庆十四、十九等年两次清查并专陆亏银两，除去领抵款项及已经追完分别动拨、已奉恩诏准予豁免，并除应免之罚俸等项，实剩未准豁免、应追亏赔共银一百三十三万一千五百六十九两四钱一分三厘。除实亏银两照案追赔，并抵款项下奏明归于上司分赔者，仍照案追缴，军需作抵垫用银两应就款开除外，惟现造年款有十四年以前之员而列十四年以后之项，则因原亏之款当时并未报部，年限案内仍应参处，接任之员因而辗转挪垫。若不准后任垫款划归原亏名下，则后任之抵款无着，且久经开报，自应照案抵补。又如已豁银两与奏销登除之数间有参差，则因尚有应行追解及领抵各款抵除之故。此次年款到部，即应将登除原案另行造报，以归核实。

又如抵款项下流抵、流摊、垫兑、垫解等项，名目不一，均系原案久经列抵，事隔多年，难以分更，自应分别有着、无着，核实办理。内流抵房屋什物等项，已经估变及分赔不敷者，严行追提；未经估变者，难容再延，应即勒限半年统行变解。如有不敷，仍按原定章程办理，倘再逾限，即将现任之员据实参赔，以示惩儆。

又，原抵项下买谷津贴、垫修工程等款，共查出无着银一十三万二千三百九十一两四钱七分，当作抵之初，均属应领之款，及今年久，或报销未准，或无款可动，变为无着。又，垫完旧欠钱漕，除追完归补，尚剩银四十九万七千五百六十八两四钱一分四厘，原系实欠在民，官为垫完，本可征还归款，嗣因灾歉缓征，连年积压，以致征收无几，而下剩民欠又恭逢恩诏豁免，以致俱成悬款。在该牧令自顾考成，设法垫完，迨民欠豁免无可归补，本应与悬抵无着银两一并追赔。但历年已久，原垫及辗转接任之员大半参革事故，家产荡然，即使追赔，亦属有名无实，徒滋悬宕。

臣与兼署藩司梁①悉心筹酌，欲求帑项有着，惟有通归筹补。查从前清查无着亏缺，系按缺分之大小提解，节省弥补。嗣于嘉庆二十三年，经前抚臣和②以旧亏未补，新亏又增，事无实济，奏恳免提。其原亏无着银两，请俟军需二成扣完，即将此项接扣钦奉俞允在案。

今二成军需已奉豁免，其无着亏缺仍应接扣二成养廉，分

① 即梁大懿。

② 即和舜武。

别归补。所有前项官垫民欠及悬抵各款，共银六十二万八千七百五十九两八钱八分四厘。应请自道光七年正月起，在于通省司道府州县养廉银内接扣二成，先尽旧亏，次及悬抵，以次归补，统俟补足之日，即行停扣。如此酌议归补，可期款不虚悬，国帑胥归实在。除已将各项年款分晰造册送部外，所有盘查参案年款一律查办完竣，并筹补无着银两缘由，理合恭折具奏，并将亏抵各细款缮具清单，敬呈御览。

再，前奏清库案内声明，前藩司借支未还及外提节省等项银两，现在饬司接查，另行核办，合并陈明，伏乞皇上圣鉴训示。谨奏。（道光六年十二月十八日护院讷①奏）

谨将查明东省十四、十九两年盘查及专参各案亏缺银两并抵款数目及已完、已豁、应追、应补各项缮具清单，恭呈御览。

计开：

原报亏缺项下

一、嘉庆十四年清查报明亏缺银三百六十二万六千四百二十一两九钱九分六厘。

一、嘉庆十九年盘查报明亏缺银二百四十六万九千七百四十八两四钱三分六厘。

一、周履端等各员除已报入盘查外，参亏银五十七万七千七百二十一两五钱七分六厘。

一、张秉锐等各员清查以后续亏银一十三万二千七百八十一两五分四厘。

原抵项下

一、原抵领垫款项，除应行报销及分别报拨外，尚剩抵款银三百二十四万四千四百五十二两三钱三分八厘。

---

① 即讷尔经额。

以上五项均经厘剔清楚，分别逐条开列。

一、已追完动用报拨银一百二十六万二千九百六十八两三钱九分六厘。

一、已完解部库及追存外省应作正开销银一十六万七千七百三十九两四钱一厘。

一、已奉豁免各项银四百八十七万七千八百一十八两八分八厘。

一、例得邀免罚俸等项银二万四千八百七十五两二钱一分二厘。

一、垫办军需应就款开销银七十二万二千一百二十三两一钱三分七厘。

一、应追未准豁免及估变分赔等项银一百三十三万一千五百六十九两四钱一分三厘。

一、应追流抵房屋什物未经估变银三万四千二百七十一两八钱七分。

一、应补悬抵无着各款银一十三万二千三百九十一两四钱七分。

一、应补原抵垫解垫兑钱漕银四十九万七千三百六十八两四钱一分四厘。

准扣盘查二成部文

为奏明等事。

道光七年正月十五日准户部咨，山东司案呈，内阁抄出，护理山东巡抚讷[1]奏东省嘉庆十四、十九两年清查及专参亏缺各案应造年款一律办竣，并查出无着银两，请在于司道府州县养廉内接扣二成，以次归补；又片奏平阴县知县周宗华委办盘查年款，剔厘清楚，声请鼓励二折。

道光六年十二月二十三日奉上谕："讷尔经额奏东省前办盘查及专参亏缺各案应造年款，现已一律办竣，并查出无着银两酌筹归补一折。东省嘉庆十四、十九等年两次办理盘查及专参各员亏缺银两，经该司按任、按款逐一勾稽。除去领抵款项及已追、已豁等项，实剩未准豁免应追亏赔银共一百三十三万一千五百六十九两零。除实亏银两照案追补并抵款、垫款应照案分赔及就款开除外，分别有着、无着，按照原定章程核实办理。其原抵项下买谷津贴、垫修工程等款，共查出无着银一十三万二千三百九十一两零。又，垫完旧欠钱漕，尚有未经归补银四十九万七千三百六十八两零，或因报销未准，无款可动；或因递年灾歉缓征，旋又恩诏豁免民欠，以致垫款虚悬。此皆由于从前巡抚、藩司昏愦，一任不肖州县朦混纠缠，本应与悬抵无着银两一并追赔严惩，以清库款。念其历年已久，官多参革，即使有追赔之名，不过徒滋延宕。着照所请，将前项官垫民欠及悬抵各款共银六十二万九千七百五十九两零，准其自道光七年正月起，在于通省司道府州县养廉银内接扣二成，先尽旧亏，次及悬抵，以次归补。俟补完之日，即行停扣。自此次筹补之后，库项当年清年款。倘有亏挪，即据实参办，断不准再有流抵及清查名目，致干重咎。其平阴县知县周宗华经该抚委办勾稽事宜已及两载，将司库十数年轇轕款项厘剔清楚，始终奋勉，着以应升之缺酌量升用，以示鼓励。该部知道。"钦

① 即讷尔经额。

此。钦遵于十二月二十六日抄出到部。除将清单内开各款银两本部另行办理外，相应抄录原奏、附片清单并钦奉上谕，行文山东巡抚遵照办理可也。（东抚程①准咨）

州县停扣盘查二成原奏

为东省州县养廉摊扣太多，不敷办公，拟请酌量变通，以纾积困而杜新亏，恭折奏祈圣鉴事。

窃臣恭读钦奉上谕："直省各州县经管仓库，责成该管上司层层稽核。如果实心查察，遇案即参，属官各知畏惧，何致任意亏空，动辄盈千累万"等因。钦此。仰见训言明切，洞见弊源。臣敢不实力奉行，以期一洗锢习。溯查近年以来，参办亏空已不下百余起，各牧令亦岂罔知儆戒，全不爱惜功名？然臣究不敢自信此后遂无亏空者，何也？则以致亏半由于摊捐，而东省摊捐较他省为重也。

查东省州县素称瘠苦，所得养廉本不敷用，加以例不准销各款常年摊扣，办公益形竭蹶。又以煮赈不敷，核减老民赏赉及曹工三成、军需二成等项，一皆摊之州县。今军需二成已蒙恩豁免，其六年六月以前未摊廉银尚须补扣，而上年盘查案内之无着亏缺及悬抵各款并垫解、垫完钱漕等项，又须于本年起接扣二成养廉归补。计州县所得养廉，即全数坐扣，尚多不敷，而各牧令办公有费，赡家有费，应酬乡里亲朋又有费，供给过往差使又有费，不知该牧令于何取办？况盘查亏垫，皆非现任

① 即程含章。

之事，而从前悬缺之项，摊之于事后无涉之人，揆之事理，本未得平。在定例之时，亦岂不筹计及此？特以帑项不便无着耳。

臣则谓摊扣太多，不但无补于国计，且于吏治民生大有妨碍。盖州县只有此财，补于彼者必绌于此，是特教之挪新掩旧耳。其实旧亏未补，新亏已增，于国计仍然无益。即如嘉庆八年，东省清查无着亏缺，系按缺分大小派提，节省弥补。计自嘉庆八年起至十九年止，提借司库银一百一十余万两。迨后旧亏尚未补清，而十九年盘查及专参新亏又积至六百余万两之多，此其明证。然仅止摊新掩旧，而不妨于分外取财，犹州县之醇谨者也。更恐公事方殷，费无所出，不肖州县遂于钱漕取盈矣，且于词讼索贿矣！钱漕过浮则民力疲，词讼失平则民气郁，其为害于治道者良非浅鲜，尚何国计之能裨益乎？当此功令森严，该牧令岂敢以身试法？臣何敢姑容？然窃恐执法从事，而犯法者仍不能止，何者？州县例得之项为数本属无多，余则非侵公帑，即剥民膏，其势固不能逃于法之外。而该牧令苟纾目前之急，遂不顾而甘蹈之也。臣所谓不但无补于国计，且大有妨于吏治民生者，此也。

臣之愚见，窃谓凡事当核其实，与其名为补苴而实则暗损，何如缓补旧欠而力杜新亏也；凡事当务其本，与其操之太蹙，使州县惟利是图，吏治敝而民生亦敝，何如宽为之地，使州县不敢虐民，百姓足则国用自足也。臣与现署藩司钟祥通盘筹计，除常年捐款由臣酌量删减，并将最苦州县免摊外，尚有军需二成仍应补扣，曹工三成尚未摊完。若再加以盘查案内之二成，一时并摊，则为数过多，州县实力有未逮。合无仰恳皇上格外天恩，俯准将盘查案内之二成，缓俟曹工三成摊竣后，再行陆续接摊，次第归补。如蒙俞允，则时日稍宽，帑项仍归有着；办公不窘，州县均得从容。既不能借口挪移，更不敢无端苛敛。

从此讲求治理，禁止侵亏，民庶获安，仓库渐裕。倘有贪劣之员尚敢恣意亏空，即严绳以法，亦足折服其心。似此量为变通，不但无损于国计，实于吏治民生大有裨补。臣愚昧之见，是否有当，伏乞皇上圣鉴训示。谨奏。（道光七年六月十八日护抚贺①奏）

十九苦缺仍请坐支养廉并免扣三、二成片奏

再，东省州县养廉，因须摊扣各项捐款，并拨还司库历年垫项，经前抚臣奏准提解司库，以便摊支扣拨。惟查常年捐款，系按上、中、下三等之缺分别摊派，其下缺州县向不分摊，即间有酌摊之款，臣已全数删除。所有提解养廉，现皆无款扣拨，仍须饬令具领，不特有领解之烦，而该州县等缺本清苦，未得随时支廉办公，实形支绌。

臣与现署藩司钟祥悉心酌议，除上、中两等优缺，各州县摊捐较多，仍将养廉提解司库，随时扣拨。所有下缺最苦之宁海、福山、海阳、寿张、乐安、高苑、临淄、嘉祥、定陶、鱼台、临朐、文登、巨野、蒙阴、海丰、新泰、招远、栖霞、沾化等十九州县解司养廉，现无借款扣拨，应请各该州县自行坐支。所有曹工三成及盘查二成，并恳皇上格外天恩，俯念该州县等缺分太苦，办公实多不敷，一并免其摊扣，以示体恤。在圣恩免摊之处不过十余州县，为数甚微，而该州县等以积累之

---

① 即贺长龄。

区，得此调剂，则所益实多，更当激发天良，倍加感奋，所裨于治道者不浅矣。理合附片陈恳，伏乞圣鉴恩准施行。（道光七年六月十八日护抚贺①奏）

州县停扣盘查二成部文

为奏请事。

道光七年七月十七日准户部咨，山东司案呈，内阁抄出，护理山东巡抚贺②奏东省州县养廉摊扣太多，不敷办公，请将盘查二成银两，俟曹工三成摊竣后，再行接摊归补；又，片奏宁海等十九州县解司养廉请归自行坐支，并免扣曹工三成、盘查二成等二折。

道光七年六月二十三日奉上谕："贺长龄奏州县养廉摊扣太多，不敷办公，请量为变通一折。山东州县亏案多于他省，摊捐亦较他省为重，常年应扣之项不一而足，以致办公竭蹶。现有应行补扣之军需二成、曹工三成尚未摊完，若再将盘查案内二成同时并摊，实属力有未逮。据该署抚查明情形，奏请量为变通，加恩着照所请。所有盘查案内之二成，准俟曹工三成摊竣后陆续接摊，次第归补。又，另片奏东省州县养廉因需摊扣捐垫各项，前经奏明解司备拨。其下缺州县向不分摊应解养廉，现皆无款可扣。除摊捐较多之上、中等缺州县养廉仍解司库随时备扣外，所有宁海等十九州县解司养廉，俱着准其自行坐支。其应扣之曹工三成及盘查二成，并着免其摊扣。倘经此

① 即贺长龄。
② 即贺长龄。

次调剂之后，各该州县尚敢恣意侵挪，复蹈故辙，即着据实严参，从重惩办，决不宽贷。”钦此。钦遵于本月二十七日抄出到部，相应抄录原奏、附片，恭录上谕，行文山东巡抚遵照办理。

查前项盘查二成银两，前据升任护理山东巡抚讷[①]奏，自道光七年正月起，于通省司道府州县养廉内摊扣二成，先尽旧亏，次及悬抵，以次归补，奉旨准行在案。应令该抚将本年正月起至奉此次上谕之日止，将各州县已摊银两数目以及归补何款、造入何案册报之处，即饬查明，分晰造册，咨部核办。其司、道、府、直隶州应摊应扣银两，仍按年查扣造报，并将未摊银两应补年款案由数目，亦饬一并分晰声明，以便查核可也等因到本护院。准此，合就檄行。

为此仰司该吏即便钦遵移行查照，并将盘查二成银两自本年正月起至奉到此次上谕之日止，各州县已摊银两数目以及归补何款、造入何案册报之处查明，分晰造册详咨。其司、道、府、直隶州应摊应扣银两，仍按年查扣造报，仍将未摊银两应补年款案由数目，亦即一并分晰声明详咨。毋违。（护抚贺准咨）

官办盐务章程

为遵批会议详请核办事。

案蒙宪台批，本运司详请票地无商各州县暂饬官领运销课

---

① 即讷尔经额。

办缘由，蒙批，据详票地无商各州县，暂饬官办以顾课运缘由，已悉。仰即如详妥议章程，饬令各州县暂为官办，一俟招有新商再行交商办理。至寿光口岸，并即议令长山等十县商人公共办理，以符原奏。所有临淄县徐令①条议清折，查各条有妥善可以照行者，亦有窒碍者，均须由司核议，务归妥实，可垂永久为要。签折随详批发，仰即会同藩、臬两司迅速妥议，分别详办，毋稍违延。此缴等因。

蒙此，查寿光公共口岸，现因长山等十县半皆无商，新商既骤难招集，口岸即无可公共。已由本运司另详暂请饬交官办外，本司等遵即查照临淄县徐令条议清折，遵奉宪签，分别核办，另缮清折，恭呈钧鉴，候示饬遵。为此备由具呈，伏乞照详施行。

道光十七年十一月初五日抚院经②批，据详会议无商票地暂饬官办筹借运本缘由，仰候具奏。所议酌筹动项暂行借给运本银六万两，仰布政司俟运司办竣盐课奏销后，即将前项移交运司，即札饬领票，各州县赴司具领赶运，以济民食，仍将给发某县银两数目、日期随时禀报查考。毋违。此缴。清折存。

一、官办首禁勒派一条，奉宪签饬，此条所议甚妥，应由司申明定例，严禁派销等因。查官办票盐原应设立铺面，听民买食，公平交易，与商开盐店无异，岂可因官办而勒派凌民，自应严禁。例载，行盐地方各官有私派户口勒买销引者，州县官革职；未经查报之司、道、府等官，各降三级调用；盐政及兼理盐务之督抚不行查参者，盐政降一级调用，督抚降一级留任等语。例议綦严，应请申明定例，严禁勒派，以昭法守。

一、官办代筹运本一条，奉宪签饬，官为办运，原有力之

① 即徐业钧。

② 即经额布。

能、不能者，应察其缺分何如，有为者必能筹办，苦累者似应酌量佽助。作何筹款，借资运本如何归还原款，应由司酌筹，妥议详办等因。查官为办运，自应筹借运本，以杜亏挪之弊。拟请按额销之票数、道路之远近，以定成本之多寡。以春、秋两季办运计之，如每票需费二两，计每千张减半借给成本银一千两；每票需费一两者，每千张减半借给成本银五百两。如有不愿借本及情愿少借之州县，各听其便。惟运库并无闲款可筹，本藩司查有接扣二成项下可以暂时借动，其所借银两自应予以定限归还。原本免其加息，应请将借给本银分作五年按限带还，总以年底如数解到，不得稍有延欠。如届期无银解到，即由司委员坐催，不准空禀销差，亦不准短解分厘，仍将该州县记大过二次。下年如再届限不到，即将该州县撤任。查其盐包、店底是否足敷原本，另委妥员前往署理接办。如此则该州县自当实心从事，不敢稍存懈忽，致起亏挪之渐矣。

一、官办预筹交代一条，奉宪签饬，据议官办预筹交代，凡所存盐包运脚等费有远近多寡不一，未便概以每包作银二两为率，当另行酌议。至于交代，应另案办理，不得入于地方交代交抵牵涉，致滋轇轕。即由运司会同藩司，核议章程，详请咨部立案等因。查官办商盐既借成本，已无竭蹶之虑，凡遇接卸，自应另归盐务交代，不得混入地方钱之内，免致纠缠。盖买盐有本，销盐有利，纳课尽易从容，不应再动别项钱粮。交卸之时，已销若干、存盐若干，账目分晰，一望而知，无所用其轇轕。即店底为数无多，又有余利可以抵补，接任官亦不能勒措，此则显而易见。若必欲挪动地方钱粮，临期统交统算，明系有意侵挪，查出即行参究，监交徇隐亦并揭参。若事故之员将存项亏缺，即查抄追比，以杜漏卮。至所存盐包需用运脚等费，远近多寡悬殊，自未便概以每包作银二两为率。应分别最近者，每包作银一两五钱；稍远者，每包作银二两；其最远如新泰一县，距盐场千里之遥，经过蒲、雒两关，水陆迭更，脚费甚重，与引盐无异，应以每包作银三两。遇有交接，照案作交，后任不许刁难。其应交票课，及未减、未加价各银两，仍按在任月日摊交，亦不得以盐斤未销为词，冀图推卸。

一、官办宜加体恤一条，奉宪签饬，据议应解不急之需，请酌量优免。查应解各款，凡正课、加价、帑利之外，余俱杂项，乃系应行支解之款。其中有无可以删减优免之条，应由司核议详办等因。查票地钱粮，除票课系正项钱粮、加价应贴补帑利外，余如都翰公费、给兵公费、铜斤河工、养廉、纸价、饭食、领票公费、残票解费、笔帖式解费、缮书饭食等款，名为杂项，俱系随正奏销，并有关经费必须支解之需，无可删除。此外提扣一款，每票自六分至二分不等，系本年奏明归补库悬之项，势难裁减。即莒、日等处巡费，亦系应拨该州县正课钱粮，尤为紧要。此内并无陋规等项，委系无可删免，其所请酌量优免之处应毋庸议。

一、子店参用绅富一条，奉宪签饬，运销地方本有集场子店，需用多人，原非一人所能经理。官运官销，与民交易，本非政体。应地方官以亲信经手之人，令其认立商名，仍立店号销售盐斤，名为官运商销，方为得体。至各子店需用伙友，无论本地绅士、富户，全在立名经理之人聘用得当。议请明定章程，参用绅富，似有窒碍，应由司再行酌议等因。查官办运销，原系暂时权宜之计，本非长久之策。一经招有新商，即应交卸。若责令地方官信用之人认立商名，则地方官升调靡常，窃恐前官所亲信者后官未必信任，设有更换，又须重立商名，另立店号，三年两载之中不知更换几人。且经手办盐之人，有愿为此任承办而不愿为彼任办理者，势难强之使行。至各子店需用伙友，全在该州县聘用得当，丁胥断不可靠，绅富尤多未便，应令仿照有漕州县办漕之法，遴选得人，妥为办理。

一、子店禁用小票一条，奉宪签饬，商店发贩小票本干例禁，寿光地方是否向来只有总店私用小票，现在议改公共口岸，应由司一并核办等因。查商店行用小票本干例禁，今既交官办，更应严行禁止。寿光地方向来止于侯镇设一总店，故有发贩小加斤售卖之弊。应令该县于境内大集场处所添设子店十处，分派妥人运盐销售，俾民间便于买食。即此十处子店为将来十县商人公办，地方官稽查较易，而奸囤私贩亦无从立足矣。

一、附近滩场商店地方官验票监运一条，奉宪签饬，近滩各商赴场舂筑盐包，系场官查验截角，是其专责。议请于运盐之先，禀明地方官会同场官验舂，派役押运回店，似有窒碍，应由司核议等因。查近滩各商舂筑盐包，例由场官验票截角发盐，是其专责。如果场官洁己奉公，平时押束丁书严查场役，不许勾通灶户，任意多运，商人断无贩私之弊。若令于运盐之先，禀明地方官会同场员验舂、派役押运，恐地方官政务殷繁，设遇要事不克亲验，转委佐贰等官，易滋流弊。派役押运尤为商累，且场官因有地方官会验之例，借此推诿，转非所宜。应请照例责成场官验舂，如有重运情弊，一经发觉，先参场官，次办商灶，俾令各知儆畏。其所请地方官会同验舂、派役押运之处，应毋庸议。

一、巡役造册达部一条，奉宪签饬，官办设巡似与商巡有别，如何设巡造册达部，应由司会议详办等因。查巡役一项，各州县卫场本有定额，道光四年经前臬、运二司会详，东省盐巡应责成商人于招募时，选择干练成［诚］实、素无过犯之人，方准承充。地方官随时查察，按季点卯，给予腰牌，造册申送咨部存案。仍签点头役督巡，以专责成。如未经咨部有案者，即属私设，其巡役工食，仍由商人自行给发。遇有缉私致被拒捕，如系咨部有名者，照私贩拒捕例科断；倘系商人私设并未报部有案者，仍照凡斗定拟。至巡役杀伤私贩，亦照此分别办理等因。蒙升抚部院琦①咨达户部覆准在案。今官办设巡，应请援照成案办理，毋庸另立章程。惟各处额设巡役多寡悬殊，如有应行增减之处，应饬各州县酌量增减，详明造册申送，以便咨部立案。

一、巡役鸟枪一条，奉宪签饬，颁发巡役鸟枪，应由司会议援案详办等因。查鸟枪一项，东省盐务额设五十杆，编立字号，分发各县场巡役，以为巡缉防获［护］之用。道光元年，前司福珠隆阿任内于详报补给沂水县失落二十六号官枪一杆、郯城县被窃第三号官枪一杆案内声明：兰山县地面辽阔，又与海赣接壤，巡防紧要，添给运字五十一号官枪一杆，以护课运，咨部覆在案。兹查莒州、临朐二处巡役各执领鸟枪三杆，益都、沂水、邹县、滕县、铜山、宿州等巡役各执领鸟枪二杆；其余州县均止一杆。当此枭贩充斥之际，原应酌量添给，以资捍卫，但鸟枪究系营中要器，关系甚重，未便滥给。应请于扼要州县，如兰山、郯城、寿光、昌乐、潍县、惠民、海丰、沾化等县，各添设一杆，其余仍循其旧。如有遗失，应补给者，准其补给。仍严饬各巡役，非遇有执持鸟枪私贩，不许擅用。

一、额票斟酌损益一条，奉宪签饬，改拨额票，例有明文，应由司查明核议详办等因。查改拨额票，前于嘉庆十五年间，据海阳、沾化②商人晋丰泰以累区滞销，商力难支，恳请援照乾隆二十七年郯城、乐安商人情愿减额票一千张拨与章丘县运销之例，将沾化、海丰二县额票各拨一千道，分与同场配运之

---

① 即琦善。

② 化：原无，据他处文献补。

商河、惠民、乐陵、德平四县代为疏领等情。经前运司巴龄阿详请盐院具题，奉旨准行在案。兹据该令议请，将临淄额票分拨益都、寿光数百张运销，以免患多患少之异等情。查益都、寿光甫经官办，其能否代为疏销，尚难悬定，应请俟该县等办有成效，再行核议。

为会议详覆事。

本年正月十一日蒙宪台签开，案查上年十月间，据该司会同藩、臬两司议详，票地无商各州县暂饬官办，并筹议在于藩库盘查案内归补旧亏之接扣二成养廉项下，借给运本银六万两，发给各该州县承领，以资办运等情。请奏到院，当经如详批准，饬候具奏在案。

惟查州县任卸无常，此项运本银两与地方款目不同，并不准入于州县交代，致滋纠缠。如遇交代，应如何转交后任接办；设有亏欠，应如何勒追完缴；倘本员力不能完，应如何责成代补，俾免无着。详内并未议及，碍难具奏。合行签商，签到该司立即会同藩、臬两司，按照札饬情节，作速再行熟筹妥议详覆，以凭核奏，毋稍刻延。速速。此签仍缴等因。

蒙此，本司等遵照此项运本银两原议，请将借给运本分作五年，按限带还，总以一年限期如数解到，不得稍有延欠。如届期无银解到，即由司会同委员坐催，不准空禀销差，亦不准短解分厘，仍将该州县记大过二次。下年如再届限无银到库，即将该州县撤任，查其盐包、店底是否足敷原本，另委妥员前往接办等语。

是该州县所领本银甫届一年，即应提还十分之二，按年抽本，断不能待至五年，致成亏缺。惟州县任卸靡常，设有事故，猝遇交卸，应令前任官将余剩运本及卖存银钱、盐包并店底、家具等项，于十日内开具清册，移交后任。后任官亦于十日内按册查明核算，如无短缺，即行接办，不得稍有勒措。倘前任官实有亏欠，或将店底、家具等项高抬价值，任意浮抵，为交代纠缠地步，应即禀明府司，遴委妥员，公平估计实在价值若干、尚短若干。所短之项，勒限一月内按数严追完缴，如不能完，请照地方州县亏空之例参革、查抄、监追。倘监追限满，本员仍不能完，除将该员治罪外，照依前奏归补库悬之法，拨取厘头弥补，以归有着。是否有当，拟合会同核议详覆宪台鉴核示遵，原签附缴。为此备由具呈，伏乞照详施行。

再，查乐安、博兴、寿光、临朐、滨州、益都、临淄、新泰等八州县票商，或因亏本歇业，或因误课撤参，所遗票地多系逼近滩场，巡费最为繁重，节经饬司设法招认。而众情因费繁销滞，畏缩不前，无人接办。民既苦于淡食，地方官即难禁其食私，而枭贩因之日炽。臣自上年查悉情形，即以东省票地实引地之藩篱，票地日久虚悬，引地亦不免浸灌。

溯查嘉庆十九、二十二等年，因乐安等县票地无商行运，历有签商借给运本之案。惟各该票地系名疲累之区，此时不独招募无人，即使借本签商，而办理不得其人，亦恐旋充旋倒，难期经久。当经饬据藩司刘①、前任运司马光澜会同查议，详请将无商票地暂饬该管州县运销缴课，所需运本仿照历届签商借本成案，由司筹款借给，不准挪移库项。除临朐县自愿备本行运不计外，计乐安等七州县共需运本银二万四千五百两，议请在于藩司库存闲款接扣二成养廉项下借给，分限五年解司还款等情。

臣查州县本有督销之责，且于巡缉呼应较灵，办理自属

---

① 即刘斯嵋。

得力。如果试行有效，实足以资整顿而固藩篱。当经批饬遵办，迄今已逾半年。臣随时留心察看，各州县因百姓有官盐可食，得以尽力缉私，运销极为畅旺，私贩之犯亦无不随时破获。计自上年冬季以来，据各属陆续报获盐贩八十余名，并随案起获盐斤分别惩办，枭风日见敛戢。其余各商恃有乐安等票地为之藩篱，亦各观感奋兴，实力办运。本年奏销、加价，业已依限全完。据此情形，较前渐见疏畅。新任运司文绘业已到任，臣惟有督同实力讲求，酌宜办理，务使积累之处日有起色。除俟通纲一律畅销，商人争先应募，仍将乐安等州县招商接办外，所有现在办理情形，理合附片陈明，伏乞圣鉴。谨奏。

道光十八年八月初五日奉朱批："随时妥为之。"钦此。

改奏为咨一案部文

莱州府正堂王①札潍县知悉。道光二十二年十月十四日蒙护理登莱青道札开：

为传付事。

案准布政司咨，道光二十二年九月十一日，奉前署巡抚部院兼理盐政麟②案验，道光二十二年八月十七日准户部咨，山东司案呈，道光二十二年六月十二日准广西司付称，本司所有改奏为咨一案，于道光二十二年五月二十八日题，六月初一日奉旨："依议。"钦此。相应传付江南等司赴司抄录，自行行文

① 即王沄。

② 即麟魁。

等因前来。相应抄录原题，行文山东巡抚并札行奉天府府尹遵照办理可也等因咨院行司移道到府。蒙此，合行札饬。札到，该县即便钦遵查照。毋违。此札。

计粘单一纸。

户部谨题为遵旨汇核具题事。

臣等查乾隆五十九年正月初七日钦奉上谕："向来汇奏各项遣犯有无脱逃、已未拿获，系于年终汇查具奏，次年正月始行奏到，该部照例核议，至四五月中再由军机处与汇奏各款一并查核。但此等照例核办事件陆续奏到，参差不一，办理未归简易，转致案牍烦多，不能明晰。且军机处须至次年夏季交查，该部汇核具奏，阅时既久，亦恐不无遗漏。嗣后各省汇查遣犯，毋庸陆续具奏，着于每年十月内截数咨报军机处、刑部，均限十二月初间咨齐，即由军机处大臣会同该部汇开清单，于年底先行具奏。仍交部分别核议，照例具题，庶办理不致迟延，查核更为周密。至此外每年汇奏各款，均着照此办理。"钦此。钦遵在案。

嗣于乾隆五十九年五月内，经军机处于议覆河南巡抚咨请定限案内核明，向于十二月十二日汇奏。班馆门包、衣伞脱靴、抽改纲目、民数、谷数、护送钢斤、工程已未完、扣展公出、通省城垣、改修船只、坐补防御、收缴鸟枪、禁用纸绳、着赔盗赃等十四款，及与河督分折具奏之河滩并无新添村庄、陶北河有无淤垫二款，均应改于十月内咨报各部及军机处查核，于十二月初间咨齐。其向于十二月汇奏之常、义各仓实存，及甄别教职佐杂、千总二款，并向于次年正月汇奏，拿获盗窃切过及各属仓库无亏、藩库实存二款，非将届年底不能截数，并应改于十一月底出咨，不得逢至腊底正初，俱毋庸另行具奏等因。

行文各督抚遵照办理在案。

又，于乾隆五十九年八月内，据陕西巡抚秦承恩咨称，巡抚衙门年底汇奏各款，业经遵照办理。此外每年尚有藩司应行具奏银号无弊一款，臬司应行具奏清查保甲一款，若照前具奏，似与新例不符，并请改奏为咨等因。亦经军机处核议，行令通于十月具详督抚，遵照新例限期咨报，毋庸具奏。通行咨直省一体遵照办理，亦在案。

今道光二十一年分各省应行汇奏改为咨报事件，已据各督抚、府尹陆续咨报到部。臣部逐加查核，内除并无私设班馆等款应由吏部等衙门查核具题外，所有臣部应行查办之民数、谷数、义仓社仓实存、各属仓库耗羡无亏、藩司实存数目，并银号无弊、编查保甲、护送铜斤、水定黄河等题内，有无私增村庄、人户各款，先经臣部题明，改为随时咨报。其民数、谷数一款，向系年底查核，转案汇奏，仍归各本案核办外，所有盘查各属仓库无亏、藩库无亏、动用钱粮、驳查未结、换帖宴会、银号无弊、河渠水利等款内，山东等省盘查仓库无亏，尚未咨报到部，应令山东巡抚速饬查明报部，并将因何不行咨报之处随案声覆，以凭核办。其余各督抚、将军、府尹等已经咨报到部，应于本案奏销册报到日，按款查核，仍令随时稽察。如有亏空挪移情弊，立即严参究办。至各省社仓、义仓谷石业归民管，先经臣部行令，仍于年底造册送部备案，仍令各督抚按年造册送部，以备稽核。至银号有无弊窦一款，既据各督抚、府尹咨报，各属解司银两并无银号挪用之处，仍令各督抚、府尹严加查核，毋得始勤终怠。又，编查保甲一款，先经各省咨奏，情形不一，经军机处核议，行令一体改咨。嗣于嘉庆十八年十月内钦奉上谕，将鸿胪寺少卿叶绍楏［桂］所奏编查保甲现条刊本，发交各督抚一体遵照在案。今该督抚咨报并无容留匪类，仍令该督抚严饬各属实力奉行，留心体察。倘视为具文，致有疏懈，即行查明参办。臣等未敢擅便，谨题请旨。

详请核示咨参惠民县训导王凝少日期司详院批

为详请核示事。

案查详定食俸章程内载，休致、改教、终养、告病、降调之员，俱以离任之日作缺。又载，题参之员以题参之日住支作缺各等语。揆核原定章程，休致之员以离任之日作缺，系指自请休致而言，上司准否未定，是以于离任之日作缺。其由上司勒令休致，即系特参，自应以题参之日作缺。故前任沂水县柴文江、陵县林之彦奉宪台奏请勒休，现办俸杂奏销案内，系以宪台具奏之日作缺造报。所有惠民县训导王凝少因上年初次俸满赴验，旋奉宪台批令勒休开缺，核与特参之员无异，其俸银自应照章以奉宪台咨参之日作缺造报。惟该训导奉文勒休，宪台咨参日期未奉行知，现在查办奏销，拟合详请宪台鉴核，迅赐将咨参日期查明批示，以便核办。为此备由云云。（二十一年五月初一日司稿）

查该员王凝少系于道光二十年十月十八日咨参，仰即查照办理。缴。（五月二十三日奉到）

请赐委员覆勘先农坛以便请帑兴修县详潍县案

为先农坛庙宇倒塌过甚详请委勘估计兴修事。

窃照卑县先农坛处所原有春地庙一座，建修年远，无案可稽。每遇些小坍损，虽经各前任随时捐廉粘补，无如卑县逼近海滨，土性酥碱，地气潮湿，久未拆卸大修，以致木料全行黪朽。历经风雨，上顶霉烂无存，墙垣倒塌，砖瓦脱落，破碎不堪，椽、柱、檩、梁虫蚀过甚，若不及早修复，非特祈年报赛无所瞻依，且基址荒废，将来兴建尤难。现在卑职带同工书亲诣勘估，撙节核计，实需工料银四百九十余两，方可修理如式。第需费较巨，未便独力认捐。惟有仰祈宪台俯念坛宇重地，即赐委员下县会同覆勘，以便造具估册，详请咨部动项兴修，实为公便。除径详藩宪外、由府转详外，为此备由具申，伏乞照详施行。（道光二十二年七月二十二日稿）

计详书册一本。

禀抚、道、府禀卑县白狼河海口应选拨衙役、召募乡勇防守由

敬禀者。窃蒙本府转蒙抚宪/宪台札饬，以准登莱镇咨，现奉谕旨攻剿英夷，据游击塔清阿议禀，无名海口未经设防之处，

恐有汉奸指引夷船乘间偷渡、采取薪水，应令各属查明境内海口若干处，距城若干里，距有居民之处若干里，大口应如何拨兵防守，小口应如何堵塞，或亦须派兵役防守，确勘情形，分别妥议，绘图贴说，禀覆核示等因。

遵查卑境正北有白狼河海口一处，此外并无大小海口。当即驰往，勘得该海口距城一百里，并无居民。相距有居民之林家央、毛家央、固堤场、蔡家央、岭子庄、丰台庄、崔家央、西渔利等处三四十里不等，海口久已淤塞。卑职复缘口周历确勘，东接昌邑，西连寿光，径长三十五里，水深不盈尺，一派浮沙。约计五六十里以外为大洋，方有海船行驶。但用木石堵塞，非特数十里之遥，工费浩繁，且沿海俱系沙土，树木本稀，而石块更属罕有之物，办理实非易易。若请拨兵防守，窃思此次防堵英夷，登、莱各属紧要口岸甚多，均须拨兵防守，似此小口，未便再请拨兵。惟是海水高下不定，海沙长落靡常，该口相距外洋既止五六十里，又无村落、居民，诚恐水高沙落之际猝被夷船偷渡，亦不可不预为备防。

卑职管窥之见，自应由县选派精壮衙役，酌量召募乡勇，分布防守，以期有备无患。现当防堵英夷严紧之际，卑职为慎重海口起见，是否可行，理合绘图贴说，禀请大人、大老爷鉴核批示，恭请福安。除禀抚宪、本道外，卑职△△谨禀。

计禀呈图说一纸。

禀抚宪、本府禀卑县白狼河海口业已遵照前奉批饬，会同营汛加意防御由

敬禀者。本月十八日接奉宪札，以前奉廷寄测量大小口岸，

抚宪饬查沿海水势深浅、滩岸远近、沙线险易，何处小舟可通而重载不能到，何处内地大船可通而外洋大号夷船不能到，以及港岸口门距大洋若干里、水深若干丈、城池距滩距洋若干里、险溜暗礁若干处，饬即逐一分晰驰禀等因。遵查卑境正北只有白狼河海口一处，此外并无大小口岸，前俱禀明在案。

兹奉饬查，卑职复又驰赴该处，勘得该海口离城百有余里，久已淤塞。口外俱系一派沙滩，并无居民村落。计自海滩距大洋尚有六七十里，沿海一带沙滩其水亦不盈尺，不特大船无处可通，即小船亦不能到。夷船笨重，更难行驶及岸。但夷船现既在海游驶，踪迹靡定，亦不可不为备防。卑职业已遵照前奉批饬，会同营汛多拨兵役，在于所辖沿海各处随时侦探，加意防御，不敢稍自怠忽。所有饬查卑县海口缘由，合肃禀覆大人、大老爷察核。恭请福安，伏乞崇鉴。除禀抚宪外，卑职△△谨禀。

道光二十年德、常二仓初参部覆

札潍县知悉。照得该县未完道光二十年德、常二仓正耗银两，前于奏销案内详请揭参，现在奉准部议处分，合行抄录札饬。札到，即便遵照办理。毋违。此札。（道光二十二年九月二十五日粮道札）

计抄部覆一纸。

户部咨开，吏部查定例，徐、淮、临、德等仓钱粮经征州县官，欠不及一分者，停升；督催二分者，罚俸一年；三分者，降俸一级；四分者，降俸二级；五分者，降职一级，俱令带罪征收，停其升转。署印官，欠二分者，罚俸三个月；欠不及一分并署印不及一月者，俱免议。又，定例，官员任内有承督未完事件，于限内离任者，以罚俸一年完结等语。

除前任日照县知县周瑞图于起限后不及一月卸事，署寿光县事、试用知县吴企宽署印欠不及一分，均例得免议，及续报全完并已经病故各员俱毋庸议外，应将道〈光〉二十年分德、常二仓钱粮经征欠不及一分之平原县知县欧阳珖、沾化县知〈县〉黎树三，均照例停升督催；欠二分以上之前任安丘县知县王怀曾，照例罚俸一年，带罪征收，停其升转；欠三分以上之蒲台县知县熊秉钺、前任临淄县知县陈鏞，均照例降俸一级，带罪征收，停其升转；欠四分以上之前任诸城县知县汪封渭、前任潍县知县招子庸，均照例降俸二级，带罪征收，停其升转；欠五分以上之寿光县知县王家治，照例降职一级，带罪征收，停其升转；署印欠二分之前署安丘县事、试用知县吴企宽，照例罚俸三个月。王怀曾已调长清县知县，陈鏞已经告病，汪封渭已升东平州知州，招子庸已另案革职，吴企宽系署事之员，均于限内卸事。应照离任官例，王怀曾、汪封渭应于现任内罚俸一年完结，陈鏞、吴企宽应各于补官日罚俸一年完结，招子庸应罚俸一年注册，仍令该抚将前项未完银两，速饬按限催征完报。如逾限不完，照例扣限报参等因。相应行文山东巡抚遵照可也。

续完德、常二仓银两扣除免议案

山东等处布政使司、督粮道为德、常二仓实征钱粮事。

窃照邹平、新城、陵县、惠民、蒲台、莒州、乐安、寿光、安丘、诸城、占［沾］化等十一处应完道光十九年分正耗银两，前因奏销限满未据完解，业将未完数目造入德、常二仓奏销册内，并查明各州县经征职名，核明未完分数开具揭帖，由司转详宪台题咨在案。

除邹平、新城二县续完银两业经会详请咨免议外，今又据现任莒州知州觉罗克兴额将原参本任内共未完道光十九年分德、常二仓正耗银八百七十三两四钱一分二厘，于道光二十一年三月十八日照数解到；又据现任乐安知县黄良楷将原参本任内共未完道光十九年分德仓正耗银一百八十四两八钱三分一厘，于道光二十一年四月初三日照数解到；又据现任寿光县知县王家治将原参本任内未完道光十九年分德、常二仓正耗银一千七百四十一两四钱六分九厘，于道光二十一年五月二十三日照数解到，均经分别兑收讫。

本司、道覆查未完地丁钱粮奏销，揭报后续解全完。如在未奉部议以前，例应请咨扣除免议，德、常二仓银两向系援照办理。今道光十九年德、常二仓未完银两尚未奉到部议，除将该三州县续完银两造入道光二十年德、常二仓奏销案内，报部查核外，所有莒州、乐安、寿光三处未完道光十九年德、常二仓正耗银两于揭报后续解全完缘由，拟合会详，呈请宪台鉴核，咨明吏、户二部，照例将原参职名扣除免议，实为公便。此案系粮道主稿，合并声明。为此备由开册具呈，伏乞照详施行。（道光二十一年五月初八日稿）

续完临仓银两扣除免议案

会全衔为临清仓实征钱粮事。

窃照邹平、新城、惠民、沾化、蒲台、巨野、范县、茌平、清平、馆陶、高唐、临清卫、寿光、诸城等处应行征解临清仓道光十九年分米麦折色席草、脚价、盘费以及随正耗羡银两，前因屡催未解，于奏销案内将各州县经征接署各官职名核明未完分数开具揭帖，由司转详宪台题参在案。

除邹平、新城、范县、清平等四县续完银两，业经会详请咨免议外，今又据现任寿光县知县王家治将原参本任内未完道光十九年正耗共银八百五十四两一钱七分四厘，于道光二十一年五月二十三日照数解道兑收。本司、道等覆查地丁钱粮原参未完各官，于未奉部议以前续解全完，例应请咨扣除免议，临清仓正耗银两向系援照办理。今道光十九年临仓奏销揭报未完银两尚未奉到部议，除将寿光县续完银两造入道光二十年奏销案内报部查核外，所有寿光县未完道光十九年临仓正耗银两于揭报后续解全完缘由，拟合会详，呈请宪台鉴核，咨明吏、户二部查照，将原参该县职名扣除免议，实为公便。此案系粮道主稿，合并声明。为此备由具呈，伏乞照详施行。（道光二十一年六月初八日详）

为知照程家颋应赔程国仁在山东巡抚任内摊赔属员已故潍县知县孙世栋亏缺银两，应咨河南巡抚在于程家颋名下迅速追完部文

为详咨事。

道光二十二年十月二十日蒙本道札开，案准布政司咨，道光二十二年九月初三日奉前署抚部院兼理盐政麟①案验，道光二十二年八月十九日准户部咨，山东司案呈，道光二十二年七月初六日准浙江司付称、准湖北巡抚赵②咨称、准河南巡抚桂③咨称：查应追前任巡抚程④应完山〈东〉巡抚任内摊赔已故知县孙世栋前在山东潍县任内亏缺正杂仓款银二百九十九两九钱零。程国仁久已病故，其子程家颋现任湖北宜昌府，家属俱随往任所，请咨湖北抚院查明，就近追缴等因。

兹查宜昌府知府程家颋已丁忧，请咨回籍守制。所有应完前项分赔银两，楚省无从着追，相应咨明河南巡抚，转饬该员原籍商城县就近追缴等因。相应移付山东司自行办理等因前来。

查湖北宜昌府知府程家颋应完伊父程国仁前在山东巡抚任内分赔潍县孙世栋亏缺正杂仓款一成银二百九十九两九钱八分

---

① 即麟魁。

② 即赵炳言。

③ 即桂良。

④ 即程国仁。

四厘。兹据湖北巡抚咨称，该员程家颋已丁忧回籍，所有前项银两应咨河南巡抚，即饬在于程家颋名下迅速严追，完项报部，毋任再延。仍咨覆湖北巡抚并知照山东巡抚可也等因。咨院行司移道到府。蒙此，合就转饬。为〈此〉仰县官吏，文到立即查照。毋违。（道光二十二年十月二十四日札，二十九日到县）

饬追郭梦龄应完大兴县任内赔款银两部文

为移咨着追事。

道光二十二年十月十八日蒙本道札开，案准布政司咨，道光二十二年九月初七日奉署巡抚部院兼理盐政麟[①]案验，道光二十二年八月十六日准直督部堂讷[②]咨，据布政使陆费瑔呈称，案查降调南路同知胡惪璜前在大兴县任内亏短库项银两，屡催不交，经前任大兴县已升西路同知陈之骥禀揭到司。当经详请参奏，将该员革职拿问，分别咨行查抄资财家产备抵，并委保定府审办。嗣据该府审明，该参员未清大兴县任内正杂各款内，除自行亏短外，尚有原接历前县潘勤等滥抵漏交共银一万五千一百九十两四钱一分五厘，本应着赔，因该革员现有本身亏空，若再责令赔交，为数愈重，不特款项虚悬，而滥抵漏交之员转得置身事外。应请仍行各归各任，分案追办，以期有着而昭公允。已蒙随案奏明。于道光二十一年十二月十六日奉旨："依议。"钦此。行知在案。

---

① 即麟魁。

② 即讷尔经额。

兹据大兴县陈稼生分任造具应追各款细册，呈送前来。本司覆查册造，应追潘勤滥抵漏交银五千三百七十五两一钱八分七厘；又应追霍登龙银五千六百六十八两五钱一分五厘；又应追林靖光银七十七两三钱九厘；又应追郭梦龄银一千一百二十五两九钱三分四厘；又应追何道榜银九百六两七钱九分九厘；又应追钱复银一千五百三两四钱五分八厘；又应追张杰银一十八两一钱四分；又应追沈守仁银一百九十三两六钱七分九厘；又应赔邵安宇银三百二十两八钱三分四厘。以上共应补追银一万五千一百九十两四钱一分五厘，核与原奏应追银数相符，自应补追归款，以昭核实而归有着。拟合摘造应追员名银数清册，具文详请察核咨部，并请俯照册造各该员原籍省分，分咨闽浙总督，山东、山西、湖南、河南、浙江、江苏各抚院查照，转行分饬各该员任所原籍及家属名下着追，解直归款，实为公便等情到本部堂。

准此，除分咨外，相应咨送，烦请查照，希即分饬各该员任所原籍及家属名下着追，解直归款施行等因咨院行司。奉查湖北黄州府同知郭梦龄现在请假回籍修墓，所有前项银两自应转饬着追。兹奉前因，拟合马递移咨。为此合咨贵道，请烦转饬潍县查照，迅将该同知郭梦龄应赔银两照数勒追完缴解司，以凭兑收详咨，幸勿任延，望速施行等因咨院行司移道到府。蒙此，合行转饬。为此仰县官吏，文到立即查照单开，迅将该同知郭梦龄应赔银两照数勒追完缴，径行解司，并报本府查考。毋迟。速速。须帖。（道光二十二年十月二十四日札，二十九到县）

计粘单一纸。

直隶等处承宣布政使司呈，计开：

大兴县前任知县郭梦龄，自道光九年六月二十一日到任起，至十年四月二十六日卸事止，册报应追滥抵银垫解嘉庆二十四、五并道光六年民欠起运地粮正耗豁免无着银一百九十五两八钱七分三厘；又，垫解道光四、五、八、九等年民欠存退庄头、民典、奴典、公产等租豁免无着银九百三十两使零六分一厘。以上二共应追银一千一百二十五两九钱三分四厘，内应归还扣存道光元年至九年乡饮酒礼银一百八十两、平饭银一两八钱；又，道光九年〈行〉当杂税银五百二两一钱五分一厘、平饭银五两二分二厘；又，道光十年行当杂税银四百三十二两六钱三分五厘、平饭银四两三钱二分六厘。以上共应还银一千一百二十五两九钱三分四厘。

查郭梦龄一员，系山东潍县人，现任湖北黄州府同知，应请移咨任所勒追，俟追项解到，照案清理归款，理合登明。

吏部酌议捐输海疆量加优叙章程

为知照事。

道光二十一年十二月二十日奉巡抚部院兼理盐政托[1]案验，道光二十一年十二月初四日准吏部咨，文选司案呈，本部具奏前事一案，相应抄单知照可也。

计粘单一纸。

吏部谨奏为酌定海疆捐输议叙章程仰祈圣鉴事。

道光二十一年九月二十二日内阁奉上谕："各海疆省分绅

① 即托浑布。

士商民，果有捐资助饷、修建城堡及募雇义勇、造船铸炮、有益于军需者，急公好义，即与出力将士无异。若仍照捐输常例议叙，不足以示鼓励。着该将军、督抚核实保奏，候朕破格示恩。此外各省士民如有赴各海疆捐资助饷者，亦着一体请奖，无阻其向善之志。”钦此。钦遵抄出到部。

臣等查捐输议叙章程，臣部于道光七年、十八年两次奏定，历届遵行在案。惟现在海疆防堵正在吃紧，各该省如有情殷报效、乐于捐输者，自应另议条款，量加优叙。臣等公同酌拟，凡京外现任及候选人员，并绅士商民等捐输银数，有经该督抚、府尹题请议叙，奉旨交部议奏者，除现任人员议加升衔，试用人员议予分缺间用，已由臣部会同户部酌减银数，纂入捐例外，谨再另议条款，开单呈览。嗣后各海疆省分果有捐资助饷、修建城堡及募雇义勇、造船铸炮、捐助兵粮，经该督抚、府尹核实保奏，或题请议叙，臣部即照此次奏定章程核准议覆。其有银数捐至三万两以上者，由臣部请旨奖励。至并非海疆省分，如有捐输，亦准其就近交纳本省藩库，一面由该督抚题奏交吏部给予议叙，一面咨报户部听候拨用。其有呈明户部就近上库之员，由户部知照臣部，分别题奏，一体照依此次章程给予议叙。此外寻常捐输事务，仍照旧章办理。

所有臣部酌议捐输海疆章程缘由，谨缮折具奏。是否有当，伏乞皇上圣鉴训示遵行。谨奏。

一、捐输各员议叙职衔一款。

绅士商民人等捐输海疆经费银二百两以上，给予九品顶戴；三百两者，给予八品顶戴；四百两，给予盐知事职衔；八百两，给予县丞职衔；一千二百两，给予州判职；一千六百两，给予按经职衔；二千两，给予布经职衔；二千四百两，给予通判职衔；三千二百两，给予盐提举职衔；四千两，给予同知职衔；

六千两，给予运同职衔；八千两，给予知府职衔；一万二千两，给予道员职衔；二万两，给予盐运使职衔。

至现任候补、候选京职及京衔人员，并绅士商民之愿邀叙京衔者，亦均准以京衔议叙。如捐银四百两，给予国子监典籍职衔；八百两，给予国子监典簿职衔；一千二百两，给予司务职衔；一千六百两，给予中书科中书职衔；二千两，给予太常寺典簿职衔；二千四百两，给予光禄寺署正职衔；三千二百两，给予主事职衔；四千两，给予员外郎职衔；六千两，给予郎中职衔。

其本系正五品郎中职衔者，捐数较多，亦给予道员、盐运使职衔。捐银九千两，给予道员职衔；捐银一万七千两，给予盐运使职衔。

以上捐输各员，如有银数较多、浮于本项应得之职衔者，除照例给予职衔外，仍准按其所余之数给予加级纪录。如一万二千两，应议予道员职衔；其有捐至一万二千五百两者，除给予道衔外，并准将所余五百两议予加一级之类。此内本有八品顶戴及九品以下并京职未入流人员，仍照士民一体议叙。其候补、候选及现任京职，并本有京外职衔人员，应按士民捐数，将本身职衔照前项议叙，银数减半抵算，核其捐数，给予应得议叙。如士民先因捐输议叙盐知事职衔，及本有从八品各项职衔者，又经捐银六百两，合将前项职衔抵银二百，即符八百两，议予县丞职衔之类。其不及加衔银数者，均查照现在官员给予加级纪录。

一、捐输各员议予尽先选用一款。

候选人员捐输海疆银两者，道员捐银一万六千两；知府捐银一万二千两；运同捐银一万两；京官郎中员外郎、外官直隶州知州捐银八千两；其余五品等官捐银六千两；六品、七品内京官主事、外官知县捐银四千两；通判捐银三千五百两；其余六、七品等官并正八品之盐库各大使捐银三千两；其余京外八品至未入流捐银一千六百两，均议予本班尽先选用。其有银数已及尽先选用，而本员情愿请加升衔，应即准其酌加衔章程核办。至捐例内各省试用人员，议予分缺间用者，如愿请加升衔，亦即照此办理。

一、捐输各员议予加级纪录一款。

查各项官员捐输海疆经费，应核其所捐，给予应得议叙，如三品以上大员捐银六百两；四品等官捐银五百两；五品等官捐银四百两；六品等官并七品之知县捐银三百六十两；其余七品等官捐银三百二十两；八品等官捐银二百八十两；九品至未入流等官捐银二百四十两，均议予加一级。如捐数较多，即核其银数以次递加，仍不得过五级，以示限制。其有不及加级银数者，即给予纪录，如三品以上大员捐银三百两；四品等官捐银二百五十两；五品等官捐银二百〈两〉；六品以下各项官员捐银一百五十两，均议予纪录二次等因具奏。于道光二十一年十一月二十二日奉旨："依议。"钦此。

户部议覆给事中李莼条奏捐例中拔贡生等班次尚可量加推广部文

为通行事。

道光二十二年三月初三日，蒙巡抚部院兼理盐政托①案验，

---

① 即托浑布。

道光二十二年二月二十八日准兵部火票递到户部咨，捐纳房案呈，内阁抄出，吏部会同本部议覆工科给事中李莼条奏捐例中，拔贡生等班次尚可量加推广一折，于道光二十二年二月十四日具奏，十六日奉旨："依议。"钦此。相应刊印原奏，飞咨山东巡抚遵照可也。

计粘单一纸。

吏部等谨奏为遵旨议奏事。

据工科给事中李莼奏称，报捐例中拔贡、附生班次尚可量加推广，以奖正途而劝报效一折。于道光二十二年正月十七日奉朱批："该部议奏。"钦此。钦遵抄出到部。

臣等查该给事中原奏内称，拔贡一途与举人无异，如考取军机章京、保送御史，皆系两项人员并列，何独于中书品秩遂有区别？如准其一体报捐，则升进之途宽，而奋兴者众等语。查内阁中书一项，向准举人报捐，与考取人员分班轮用。此次豫工事例，各项俱从推广，则凡与举人同系正途之拔贡生，亦可宽其登进。如令报捐中书，由臣部按班选补，俾得及时自效，该生等当必倍形踊跃。自应如该给事中所奏，准其一体报捐中书，以广录用。

该给事中原奏又称，复设训导例准廪生报捐，增生、附生身列胶庠，与廪生无大区别。如准其一律报捐，则读书稽古者皆得邀登进之阶，慕义急公者更足遂输将之意，较之他项捐生必更为踊跃等语。查教职中之府教授、州学正、县教谕并各学训导、复设教谕，例由进士、举人、恩、拔、副、岁、优贡生补授。惟复设训导一项，向准廪生报捐，并准由复设训导捐升复设教谕。原以此项缺额，各省俱较别项教职为多。廪生为一学之正额，虽未有教职本班，而多历年所即可考作贡生，是以准其先行报效。其附生如经考列优等，即堪补廪。惟廪生限于缺额，因先以增广生充补，亦有因出缺不多，虽考取一二等仍不得补廪、补增者。至每逢乡试，廪、增、附俱准入场，中式后不分轩轾。是该生等同系学校生徒，廪生既准报捐教职，则增、附亦可广为登进。应如该给事中所奏，准其一律报捐复设训导，以广录用。惟附生一项，应请于入学后，遇岁科考试考过一等、二等者，方准报捐，并年在三十岁以上者，方准铨选，庶不令年轻学浅之员滥膺司铎，于广进人才之中仍寓量为限制之意。

再，臣部向来办理各项选用班次，凡恩、拔、附［副］贡生，均归一律。此次拔贡既准报捐中书，则恩贡、副贡亦不应令其向隅。应请准其一体报捐，以示推广而归画一。查正途人员报捐出身原资，例载各有差等，其报捐银数自应各按本职银数，另行酌定。户部查由恩贡、副贡、拔贡生报捐内阁中书者，于双月捐项上，照未拣选举人捐双月银一千四百六十两之数，酌加三成，拟定为一千八百九十八两；由增生、捐贡生再捐复设训导者，于双月捐项上，照廪贡生捐双月银二百二十两之数，酌加三成，拟定为二百八十六两；由附生、捐贡生再捐复设训导者，于双月捐项上，照廪贡生捐双月银二百二十两之数，酌加五成，拟定为三百三十两，方准逐层报捐，以示区别。

所有臣等查议缘由，理合恭折具奏，伏候钦定。如蒙俞允，应附入豫工捐例，通行各省遵照施行。

再，此折系吏部主稿，合并声明。谨奏。

饬劝绅民捐输司札

札潍县知悉。道光二十二年十月二十日蒙布政司札开，照得英夷犯顺，海疆各省办理军需二载以来，支用浩繁。前次钦奉上谕，绅士商民果有捐资〈助〉饷、有益军需者，即与出力将士无异。当经钦遵分别移行，并由司宣示恩纶，剀切劝谕，指名愿邀何项议叙，或银或钱，赴司呈缴。嗣据官绅士民闻风兴起，争先捐输，业经本司按照各员捐数多寡，汇案详奉抚宪奏请奖励在案。

现查请奏后续行报捐人员又复不少，除存候汇办外，惟各该员所捐钱文，本司因兑收繁琐，兼恐距省较远，难于运送，饬令按制钱一千串易交库秤宝银七百两，自应画一办理，以归简便。今据郯城县职员孙鸿印捐输制钱五千串，据该县以道途遥远，山路崎岖，运送维艰，未能克期上兑，恳请宽以时日等情具禀前来。是该县尚不知省城系以钱易银交兑，此外亦难保无因运钱不便，致阻急公之心，有误登进之阶。合亟马递五百里通饬。札到，该府立即遵照，转饬所属，嗣后遇有官绅士民捐输钱文者，即按照每制钱一千串，饬令易交库秤宝银七百两，或由该州县代解，或即由报捐之员自行赴司禀解，悉听其便。仍将以钱易银缘由明白出示晓谕，俾官绅士民人等同伸乐输之诚，军需日益充裕，本司实有厚望焉。切切等因到府。蒙此，合行马递转饬。札到，该县立即查照宪札遵办。毋违。此札。（道光二十二年十月二十五日府札）

续捐海疆经费奉旨破格奖励通行部文

为知照事。

道光二十二年九月初二日蒙布政司札付，道光二十二年八月十一日奉署抚部院麟[1]案验，道光二十二年七月二十八日准吏部咨，文选司案呈，内阁抄出，本部具奏前事一案，相应恭录谕旨知照可也等因到本署院。准此，合就檄行。为此仰司官吏，即便钦遵转行查照。毋违。

计粘单一纸。

道光二十二年七月十六日奉旨："前据卓秉恬等奏，官员、绅士续捐海疆经费，恳恩鼓励一折，当交吏部议奏。兹据该部查照章程具奏请旨，自系照例办理。惟现当筹备军需之际，该员等踊跃输将，自宜破格施恩，均如该府尹等所请，分别奖励，以昭激劝。捐职布政司理问刘体直着以知州，不论双单月，遇缺即选；监生裕恭着以通判，归于双单月，不论班次，尽先选用；山东兰山县训导陈本、拣选知县孙毓湘、广西试用知县孙毓汗、内阁学习中书温忠彦均着以内阁中书，不论双单月，遇缺即选；捐纳通判刘兆凤着以通判，归于双单月，不论班次，遇缺即选；议叙知县张朴着以知县，归于双月，各馆议叙到班先用；鸿胪寺学习序班李荣着免补本班以县丞，不论双单月，遇缺即选；议叙府经历郑自燿着以府经历，不论双单月，遇缺即选；试用训导陈迪恺着免补本班以复设教谕，不论双单月，遇缺即选；廪生郗昆选着以复设教谕，不论双单月，尽先选用；八品职衔附生吕歧凤着以复设训导，不论双单月，尽先选用；监生沈嗣勋着以国子监典簿，不论双单月，遇缺即补；候选县丞张景堂着以县丞，归于双单月，不论班次，遇缺即选；试用训导于任重着以复设训导，不论双单月，尽先选用；监生周元枢着以县丞，不论双单月，遇缺即选；投效东河试用州同陈丕

---

[1] 即麟魁。

业着免补本班，以通判仍留东河，归于尽先班补用；山东试用知县徐镂着以知县，仍留山东，遇缺即补；两淮试用运库大使武林着仍留两淮，遇有盐务各项大使缺出，不论班次，即补投效；山东布库大使陈世圻着留于山东，不论班次，以布库大使，遇缺即补；山东试用布库大使任治安着以布库大使，仍留山东，遇缺即补；附生陈迪怡着以卫千总，遇缺即选。该部知道。”钦此。至陈迪恺分发山东试用训导，相应一并知照可也等因。

奉此，拟合就行。为此札仰该府，即便钦遵转行查照。毋违等因到府。蒙此，拟合就行。为此仰县官吏，即便查照。毋违。须帖。（道光二十二年九月初五日札）

东省官绅捐输海疆请从优议叙原奏清单附

奏为官绅捐输海疆经费，吁恳天恩从优奖励以昭激劝，恭折奏祈圣鉴事。

窃臣查接管卷内钦奉上谕：“各海疆省分绅士商民，有能捐资助饷、有益于军需者，急公好义，即与出力将士无异。若仍照捐输常例议叙，不足以示鼓励。着该将军、督抚核实保奏，候朕破格施恩。此外各省士民如有赴各海疆捐资助饷者，亦着一体请奖，无阻其向善之志。”钦此。

当经抚臣托①钦遵，誊黄饬属晓谕。旋据黄县候选郎中丁锡鸿等捐输银钱，请助海疆经费，奏蒙圣恩分别尽先选用，以示奖励。谕降之日，正臣与藩司王笃先后到任，复经宣示恩纶，

① 即托浑布。

剀切劝谕。两月之内，续据东省试用同知杨持衡等，及寄寓在东之广东候选县丞彭垣等共五十七员名，均以逆夷犯顺，志切同仇，情殷报效，各赴司捐输银钱，以助军需。先后共收银四万零二百两，制钱十二万五千四百串，由该藩司王笃按照各员捐数多寡，汇案议请奖励前来。

臣伏思荐绅为闾阎之推，官吏尤士民之望，欲使绅民向义，先由官吏急公。今试用同知杨持衡等各以筮仕海疆，抒诚报效，足使全省绅民观感奋兴、闻风继起。而寄寓在东之候选县丞彭垣等，更能与本籍士民同申［伸］乐输之诚，尤堪嘉尚。允宜仰沐恩施，俾各遂其及时自效之忱。臣就该藩司议请奖励各员，详加参核，与江、浙等省海疆捐输历次优叙成案相符。谨遵旨据实保奏，分别开列清单，恭呈御览，合无吁恳皇上天恩，俯赐敕部核议，准予破格奖励，以昭激劝。其所捐银钱，即作为东省海防经费，以备支用。除饬司另造该员等年籍、履历清册咨部备查外，为此恭折具奏，伏乞皇上圣鉴。谨奏。

计开：

山东试用同知杨持衡捐银一万两，拟请免补本班，留于山东以知府补用。

山东候补同知汪承镛捐制钱六千串，拟请以同知仍留山东，不论班次，遇缺即补。

山东掖县知县杨祖宪捐银四千两，该员本系卓异候升之员，拟请以同知不论繁简，遇缺即补，仍免离任。

山东候补知州保忠捐制钱七千串，拟请仍留山东，以繁缺知州遇缺即补。

山东布政司经历余棨捐制钱六千串，该员本系卓异候升之员，例准以知州升用，拟请俟有题调知州缺出，不论班次，遇缺即补，仍免离任。

山东候补知县祝镜清、王沛霖、胡积垲、吕芳楷每员各捐银六千两，该员等捐项较多，惟究系候补人员未便遽请升阶，拟请以知县仍留山东，不论繁简、不计班次，遇缺即补。

广东候选县丞彭垣捐制钱一万串，该员系遵酌增常例捐纳县丞，拟请免选本班，以知县留于山东，不论班次，遇缺即补。

山东候补县丞韩云涛捐制钱七千五百串，拟请免补本班，以知县留于山东，不论班次，遇缺即补。

山东候补府经历彭萃捐制钱七千串，拟请免补本班，以知县仍留山东，遇缺即补。

前任山东兰山县丁忧县丞陈文英捐制钱七千串，拟请俟服阕后免补本班，以知县留于山东，遇缺即补。

山东历城县典史、候选县丞徐顺昌捐制钱七千串，该员系卓异候升之员，遵筹备例捐纳县丞在任候选，拟请免选本班，以知县留于山东，归入候补班，不论繁简，遇缺即补。

山东候补同知承恩捐制钱四千串，拟请改为知县仍留山东，不论班次，遇缺即补。

山东候补通判河堂捐制钱四千串，拟请改为知县仍留山东，不论班次，遇缺即补。

山东候补布政司经历陈汝实捐制钱三千串，拟请不论班次，遇缺即补。

山东试用按察司经历李棠捐制钱二千串，拟请不论班次，遇缺即补。

山东试用府经历卫愿捐制钱二千串，拟请不论班次，遇缺即补。

江苏如皋县监生汪承业捐制钱二千五百串，拟请以县丞留于山东，尽先补用。

山西试用丁忧主簿虞有诚捐制钱二千二百串，拟请俟服阕后免赴原省，留于山东，免补本班，以县丞遇缺尽先补用。

顺天候选未入流朱元礼捐制钱二千三百串，拟请免选本班，以县丞留于山东，尽先补用。

山东试用县丞耿瑞禄捐制钱二千串，拟请免其试用，仍留以县丞，不论班次，遇缺即补。

江西南昌县监生杨承恩捐制钱二千六百串，拟请以县丞投效福建海疆，不论班次，遇缺即补。

江苏金匮县监生徐大容捐制钱二千串，拟请以县丞投效福建海疆，遇缺即补。

江苏试用盐知事王廷枚捐制钱四千串，拟请免补本班，以盐课批验大使留于山东，遇缺即补。

山东试用未入流杨时预捐制钱一千七百串，拟请以盐知事投效江苏，留于两淮，以盐知事、盐巡检，不论班次，遇缺即补。

四川大竹县从九品职衔王怀伊捐制钱一千二百串，拟请以从九品归部尽先选用。

东河试用主簿杨秉成捐制钱一千一百串，拟请以东河主簿，不论班次，遇缺即补。

山东候补从九品侯绚捐制钱一千串，拟请尽先补用。

山东候补未入流袁鸿勋、于铿每员各捐制钱一千二百串，该二员均系丁忧人员，拟请俟服阕后，各免赴原掣省分，留于山东，遇缺尽先即补。

山东候补未入流陈鉴、陈锡光、陆志、袁鉴、徐伯勋、孙元杰、何镛、何天衢每员各捐制钱一千串，拟请不论班次，遇缺尽先即补。

山西试用未入流谭蕙捐制钱一千串，拟请仍归山西，尽先补用。

直隶试用未入流邢松山捐制钱一千串，拟请仍归直隶，尽先补用。

直隶天津县营千总职衔李光恩捐制钱一千二百串，拟请改为未入流归部尽先选用。

江苏嘉定县监生吴镇源、张锡圭每名各捐制钱一千串，拟请以未入流归部尽先选用。

山东长山县廪生袁文陛捐制钱二千串，拟请以教谕归部尽先选用。

山东试用训导李绎捐制钱一千串，拟请以复设训导，不论双单月，遇缺即选。

云南石屏州拔贡刘莹捐制钱一千串，拟请以复设教谕，服阕后归部尽先选用。

江苏嘉定县附监生徐绂捐制钱一千串，拟请以复设训导归部尽先选用。

湖北黄岗［冈］县廪生汪铭序捐制钱一千串，拟请以复设训导归部尽先选用。

安徽盱眙县附生汪根芝捐制钱一千串，拟请以复设训导归部尽先选用。

湖南候选卫千总刘振定捐制钱二千串，拟请以卫千总，不论双单月，遇缺即选。

以上捐输拟请奖励各员，如蒙恩准，均属有关选补。除应归部选及归原省补用各员，应候部臣及各该省照例办理外，其应行留东补用各员，先就捐数核定次序。其捐数、班次相同者，仍以原到省先后为断。捐数虽同，而原衔班次互异，难以比较到省日期者，应请俟奉旨后照例掣签，以昭公允。

陕西韩城县附生王福征捐银一千六百两，拟请赏加五品职衔。

山东武城县知县厉秀芳捐制钱二千五百串，拟请赏加五品升衔。

山东按察司经历李经旷捐制钱一千六百串，拟请赏加五品职衔。

山东即用知县吴调元捐制钱一千六百串，拟请赏加知州衔，先换顶戴。

陕西韩城县文童王祺征捐银六百两，拟请赏加六品职衔。

济南、莱州府会详潍县马刚滋事案内未归银两可否仍照前案，在于通省多分年限按缺分摊

济南、莱州府为遵批会议详请核示事。

案蒙宪台批，据卑府转详潍县会同掖县核算前任招革令[1]交代，请将马刚滋事案内动用经费于交案剔出，另筹归补缘由。蒙批，查潍县马刚滋事经费一案，本缺摊银一万二千三百余两，又解省各犯口粮银五千两，二共银一万七千三百余两，均经前司先后批准，分作十五年入于潍县交代案内，无论正署，按日分摊。招令在任四载有余，应摊四千数百余两，下余银一万二千数百余两，应仍由该县后任照旧按年摊还，并不累及招令。何以概请另行筹补？殊不明晰。且后任应摊之项，即系招令应抵之款。一经议删，此则筹补，彼仍亏欠，徒滋纠缠。是否当时招令另有担项，并未据实声叙，亦难悬揣。

---

① 即招子庸。

至各委员薪水、车价等项一款，从前既经林令[1]捐办，何以交案内又归招令弥补？即使招令情愿担认，亦应随时禀明立案。何以林令卸事之时，则谓名目不经；招令卸事之后，转可详请筹补？况银数至二万九千八百九十余两之多，究应如何筹补方臻妥协，亦未据府逐细筹议，碍难率准。

仰济南府会同莱州府遵照指饬情节，悉心确查妥议，详覆来司，以凭核办，一面严催招令将本任应交各款勒限交清，勿稍延缓，并转饬委员杨令[2]、现任苏令[3]知照。此缴等因。

蒙此，卑府遵即会同卑府查核潍县马刚滋事案内动用经费银两。林参令交卸时，将垫用缉补、犒赏等银三万六千五百余两，除奉发六百两外，余银三万五千九百余两，全数移交招令接收。内招令先行挪解银一千两，其余详奉批准提出银一万五千两，在于通省各缺分摊。本缺摊银一万二千三百余两，尚剩未归银七千六百余两，及招令先行措解银一千两，二共银八千六百余两奉饬删除，均由招令代赔弥补。又，招令任内垫用解犯口粮银五千四十余两详奉批准，将五千两入于本缺分摊。二共本缺摊银一万七千三百余两。招令在任四载有余，应摊银四千数百余两，其余一万二千两有奇，应由后任接摊。诚如宪谕，后任应摊之数即系招令应抵之款，一经议删，此则筹补，彼仍亏欠。但招令当时另有代担款项，现议由后任分年弥补。若将前项并归后任按年分摊，实属力所不支。是以该县等议将凡于马刚案内垫用经费统行提出，归入原案办理。至林参令垫用各委员薪水等银三千九百余两，招令接收时，本以名不经未经详请，今招令既已革职，前项未及弥补，尚属虚悬。因究系前任

---

① 即林士骏。

② 即杨祖宪。

③ 即苏文恺。

欠款，故一并议请提出。

统计马刚案内所用经费，共有未归银二万九千八百九十五两九钱一分二厘，此卑府据该县等所议覆核详请之实在缘由也。今奉批饬，卑府等悉心确查，究应如何筹补方臻妥协，遵覆会同确查案据，与卑府前详无异。惟招令原接林令交代一切款项，当时既已接收，如有短缺，应惟招令是问。无如招令业经革职，光景赤贫，本任应交之款为数甚巨，尚须另行筹补，自不能再代前任赔摊，致多轇轕。该县等议将马刚滋事案内所用一切经费另行提出办理，系属确核情形。

因公起见，卑府等悉心筹议。查前案提出银一万五两，内一万三千五百两在于通省州县按八等分作五年流摊，现在将次摊竣。所有马刚滋事案内未归银二万九千八百九十五两九钱一分二厘，可否仍照前案，在于通省多分年限按缺分摊之处，拟合会详宪台查核，俯赐批示祇遵，实为公便。为此备由具申，伏乞照详施行。

饬查境内有无低洼积水、久失耕种之处府札

莱州府王①札潍县知悉。案蒙布政司札开，案据禹城县李廷樟禀称：

敬禀者。窃维事关民瘼，不敢因小而或遗；利益民生，不敢因难而或阻。查卑县城东吴东安、千户屯等庄地势洼下，每

① 即王鸿烈。

遇伏秋，大雨时行，在高阜之乡甫称深透，而该处已有积潦之虞。民因水患歉收，遂弃而不耕，迨春融日暖，即滋生蝻孽，设或搜挖稍迟，蔓延为害。溯查历年被灾村庄，该处均列较重，而蝻孽生发亦称是乡为最，虽屡经设法筹防，终无良策。卑职昨因千户屯地方报有蝻子，亲诣督捕，于扑灭净尽后，即就近周历履勘。见其地势极洼，形同釜底，非惟禾稼未种，而且久不翻犁，竟与旷土无殊。地之西北环带赵牛河，因河身高仰，故不能挑挖引河以导积水。此其积水生蝻及疏浚乏术之大概情形也。

窃思地因低而积水，蝻因湿而滋生，若勤加耕作，土脉松疏，可冀屏除蝻患。询采乡农，莫不云然。查明前项洼地业主，其中有力者十不及一，多系贫累小户。谕令翻种，颇有难色，佥称频年淹浸，有种无收，不耕作者几及十有余稔，故薄瘠愈甚。虽叠蒙报缓粮赋，而糊口维艰，牲畜、农具率皆缺乏，是以日视就荒，无可如何。卑职详察所称，委无虚饰，第水患、蝻孽二害相乘，国计、民生两有关碍，年复一年，伊于胡底。再四熟思，惟有捐资饬种，以济民力而除蝻患。于是商诸耆老，每亩酌捐京钱二百文，为赁备牲畜、器具之需，又另捐给籽粒京钱一百文，内除有力之户饬令自种外，下余地二十八顷七十亩，按亩支领。复加剀切劝导，始据各业主感奋遵行。即经专派丁役四人，带同铁、木各匠，捐给工料，在彼伺修农具。至于给发钱文，不假胥役之手，于该庄选择诚实晓事者二人总理督率。卑职仍不时亲往查勘，以期迅速蒇事。计自四月初二日起，至初九日止，未及旬日，一律耕犁。俟得雨泽，即可布种秋禾。此外如有未种洼地，业已出示晓谕，令即赶紧翻犁。无力者查明，照章捐助；殷实者敢于观望，即当随时究惩，以警效尤。惟是地处洼下，淹浸堪虞，必须相度地势，设法导汇潴蓄，方称计出万全。自此民勤耕治，不特杜患有方，而瘠土亦可渐成沃壤矣。由是推广通省情形，概不外乎此者，如能一体照行，似于补救灾区之一法。所有卑县吴东安等处洼地，经卑职捐资劝种及预筹积水缘由，理合禀陈宪鉴。愚昧之见，是否有当，伏乞训示。肃此具禀等情到司。

据此查禹城县吴东安、千户屯等庄地势洼下，蝻孽、水灾无岁不有。今该李令捐资饬种，剀切劝导，可厚生即可利用，无旷土斯无游民，实于地方深有裨益。因思东省各属均有洼下之地，如果各牧令随时履勘，认真经理，自足以弭水患而利耕种。除禀批饬外，合行马递五百里札饬。札到，该府立即转饬所属，查明境内如有低洼积水、久失耕种处所，即仿照李令所禀，熟筹妥办，仍随时禀报查考等因。蒙此，合行马递五百里转饬。札到，该县立即查照境内如有低洼积水、久失耕种之处，即行亲诣履勘，明确仿照李令所禀熟筹妥办，仍将遵办缘由随时禀报查考，毋稍泄视。速速。此札。

臬宪饬捐津贴督捕房书吏窃案功过册费银两通饬

按察司王札潍县知悉。案据本司衙门督捕房书吏具禀，切书房承办东省年终汇咨各属窃案核记功过一案，向来查办窃案稍简，需用一切纸张、字工均系书房备办，从公业已拮据。近来巨窝甚多，贼匪迭出，详报窃案较前倍加。核办此案所用诸物昂贵，费用浩繁，赔累更觉难堪。禀恳添设银两以资办公等情。

查该书等承办窃案功过一项，近年案件纷繁，需用孔多，不无赔累。所禀尚系实在情形，自应津贴银两，以示体恤。今本司核计费用，酌量情形，除十九苦缺之外，其余各州县每季捐解津贴银五钱，在该书等既可足资调剂，各该州县亦不致因此赔累。合亟通饬遵行。札到，该县立即照依议定章程，自本年夏季为始，每季捐解津贴督捕房书吏窃案功过册费银五钱，永远遵循。其津贴银两务须季首解兑以凭支发，毋得违延。切速切速。此札。

各省捐输上谕三条

奉上谕："前据麟庆奏南河捐输海疆经费一折，当交吏部议奏。兹据该部查照章程，分别条款具奏请旨，自系照例办理。惟现当筹备军需之际，该员等踊跃输捐，着仍照该河督所请，以昭激劝。江苏捐职道员王履谦，着赏加盐运使衔；投效东河试用同知沈勋、孙銮，均着留于南河，以同知即补；投效东河试用通判马寿龄、沈鸿、陈应春、祝寿龄、曹象曾、马廷樑、王松龄、马寿椿，均着留于南河，以通判即补；投效东河县丞孙世熙、范骧，均着留于南河，以县丞归于尽先班内补用；安徽天长县典史张沄，着留于南河，以县丞归于尽先班内补用；投效东河试用未入流程云，着以训导归部尽先选用；至江苏试用从九品胡聪，着以从九品，仍留江苏地方，归于尽先班内补用。"钦此。

奉上谕："前据讷尔经额奏参直隶调防海口之提标三屯营游击赵毓桂，在防所闻丁母忧禀请给假，不候批示即行起程，请交部严加议处。当交兵部议奏。兹据该部照擅离汛守例，议以革职，本属咎所应得。惟念该员于丁忧后具禀请假，因治丧情切先自起程，与以亲老、亲病托辞规避者情节不同。赵毓桂着加恩改为革职留任，八年无过方准开复。”钦此。

奉上谕：“牛鉴等奏官绅士民捐输海疆经费，当交吏部议奏。兹据该部查明章程具奏，自系照例办理。惟现当筹备军需之时，该员等踊跃输将，着仍照该督所请，以示优奖。元和县知县洪玉珩，着开缺，以知府留于江苏，补用知府衔；苏州府总捕同知福楙，着以知府归部尽先选用；仍在任候选举人徐春龄，着以员外郎分部补用；投效江苏试用府经历童止诗，着免补本班，以知县改掣省分，尽先补用；捐纳双单月即用县丞高理亭，着免选本班，以知县归部尽先选用；捐纳双单月即用府经历张云卿，着以盐运使运判投效江苏海疆，试用期满，留于两淮，尽先选用；监生许亦清，着以通判归部尽先选用；投效东河试用通判杨维淮，着以通判归于东河，不论班次，遇缺即补；病痊河南试用通判潘筠基，着仍留河南，以通判遇缺即补；仍加同知衔投效江苏试用盐库大使杨维宗，着以两淮盐库场大使，不论班次，遇缺即补；投效江苏试用盐大使崇寿，着以盐大使归于两淮，不论班次，遇缺即捐纳；候选从九品谢时茗，以盐知事投效江苏，试用期满，留于两淮，尽先补用；附生高冥玉，着俟铨选后，着以复设训导，不论双单月，分发起用；候选附生毛大纮，着俟服阕后，以通判留于江苏补用；附生徐之瑛，着以盐大使〈投〉效江苏，试用期满，留于两淮，尽先补用；未截取进士姚辉第，免其本班截取，以知县归部尽先补用；四川永川县典史张庆熙，以县丞投效江苏，留于候补班内，遇缺即补；两淮试用运判毓成，着以知县投效江苏，不论班次，尽先补用；举人拣选知县赵文龙，以内阁中书尽先选用；布政司理问尽先补用罗鹤翔，以知州衔，仍不论班次，遇缺即补；投效江苏试用盐大使李庆元，着以两淮盐大使，不论班次，遇缺即补；捐纳候选盐大使陈登善，着以盐大使投效海疆，试用期满，留于两淮，遇缺即补；告病回籍四川南溪县知县翁绍海，着加知州衔；两淮试用盐经历陈子畴，着以盐运使经历归于两淮，不论班次，遇缺即补；监生诸楷，以盐运司经历投效江苏，留于两淮试用；廪生邓丁祺、附生丁士淳，均着以复设训导尽先选用；监生潘筠潞，着以县丞归于捐班前先用；江苏试用县丞孙亮功、邵鼎曾、邵仲曾，均着以江苏县丞，遇缺即补；监生毛树勋，以州吏目投效江苏，俟服阕到省，归于本班尽先补用；监生洪文炘，俟分发后，以盐知事留于两淮补〈用〉；江苏试用县丞吴邦杰，着以县丞尽先补用；附生戴鸿筠，着以州吏目归于捐班前先用；候选从九品陈义耆，以从九品投效江苏，遇缺即补；捐纳即补未入流袁文治，着以未入流投效江苏海疆，试用期满，遇缺即补；丁忧服满应仍赴两广试用盐知事仇瑛，着以盐知事留于两淮补用；江苏试用府知事黄纯源，以府知事尽先补用；丁忧长沙县典史徐燮美，着俟服阕后，以未入流留于江苏补用；福建试用从九品陈礼培，江苏试用从九品周应树、李塄、陈淦、周存颖、陈庆云、蒋文斌、郭安，试用未入流翁建，均以从九品补用；未入流朱炳，着以未入流尽先选用；监生汪普、方晋卿、钱遇恩、陶长麟，均着以未入流归入捐班前先用；候选卫千总陶长麟，着以卫千总分发漕标，试用期满，尽先补用。”钦此。

道光二十二年吏部奏定外任办运米石酌予鼓励章程

莱州府正堂王[①]札潍县知悉。道光二十二年八月十一日蒙布政司札开，道光二十二年七月初七日奉署理巡抚部院兼理盐政麟[②]案验，道光二十二年六月十六日准吏部咨，文选司案呈，本部具奏前事一案，相应抄单知照可也等因到本部院。准此，合就檄行。为此仰司官吏即便钦遵，通饬遵照。毋违等因。行奉此，除刊刷例册另行颁发外，合行马递转饬。札到，该府即便钦遵转饬查照。毋违等因到府。蒙此，合行转饬。札到，该县即便钦遵查照。毋违。此札。

计粘单一纸。

吏部谨奏为查明具奏事。

准户部咨称，议奏外任办运米石酌予鼓励章程一折，道光二十二年四月十四日奉旨："依议。"钦此。相应抄录原奏，移咨吏部遵照等因到部。查原奏内开，有漕省分各项候补人员捐资办米呈请搭运者，直隶州知州办米二千石，其余五品等官办米一千六百石，知县办米一千二百石，其余六、七品等官办米八百石，八品等官办米六百石，九品至未入流办米四百石，均准各按本班尽先补用。有漕州县捐廉办米者，分别给予加级加衔升用。拟请直隶州知州、各州知州每办米一百二十石，准加

① 即王沄。

② 即麟魁。

一级；知县每办米八十石，准加一级；加倍办米者，准随带一级。直隶州知州办米一千五百石，准加知府衔；各州知州办米九百石，准加运同衔；知县办米七百五十石，准加知州衔；加倍办米者，酌予应升之缺升用。如办米至五千石以上，为数较多，其应加鼓励之处，由该督抚奏明请旨。其有办交粟米者，米数应酌增三成等语。

臣等查豫工事例，内开，试用人员，直隶州知州捐银五千两以上，其余五品等官捐银四千两以上，知县捐银三千两以上，其余六、七品等官捐银二千两以上，八品等官捐银一千五百两以上，九品至未入流捐银一千两以上，均议予本班分缺间用。现任人员，知县捐银二千五百两以上，拟加知州衔；直隶州知州捐银五千两以上，拟加知府衔；五品等官捐银三千两以上，拟加运同衔。又，查奏定捐输章程，内开，如有银数较多、浮于本项，应得之议叙者，除照例给予议叙外，仍准按其所余之数给予加级纪录。五品等官捐银四百两，六品等官并七品之知县捐银三百六十两，均议予加一级。如捐数较多，即核其银数，以次递加等语。

是议叙款目并无议予随带加级，以及应升之缺升用尽先补用各条。今户部奏请将捐廉办米各员给予议叙，自应将米计价，每一石作银若干，核与臣部奏定章程事归画一，庶不致有畸轻畸重之弊。当经臣部行查户部覆称，《漕运全书》内载各官应交米折价银，每粳米一石折银一两四钱。各省月报粳米市价，每石自二两八九钱至三两以上不等。本部于例价、市价之间酌中定议，每石核银二两加级米数，系按现行常例银数核算补用；各员米数，系按豫工例候补人员捐输补用银数核算，均量减二成。其加衔米数，系按豫工例现任人员捐输加衔银数核算，量减四成等语。

臣等查捐廉办米，每石既核定价银二两，自不应再为量减，转致参差。兹因公同酌议，应仍照捐输章程，将捐廉办运粳米之现任官员分别予以升衔；试用人员议予分缺间用；应给加级各员，均按其捐数给予寻常加级；其捐米较多之员，除应得议叙外，核其所余之数酌予级纪。谨即另拟清单，恭呈御览，伏候钦定。俟命下之日，由臣部知照户部，并通行有漕各省分遵照办理。所有臣等查明缘由，恭折具奏。是否有当，伏乞皇上圣鉴训示遵行。谨奏。于道光二十二年六月初五日奉旨："依议。"钦此。

查试用人员只准议予分缺间用，不准议予尽先补用。

一、户部奏准候补人员直隶州捐办米二千石，准按本班尽先补用。查豫工事例，试用直隶州知州捐银五千两以上，予以本班分缺间用。今拟捐粳米二千五百石者，一体议予分缺间用；如捐办粟米者，仍照户部原议酌增三成。

一、户部奏准候补五品等官捐办米一千六百石，准按本班尽先补用。查豫工事例，试用等官捐银四千两以上，予以本班分缺间用。今拟捐粳米二千石者，一体予以分缺间用；如捐办粟米者，仍照户部原议酌增三成。

一、户部奏准候补知县捐办米一千二百石，准按本班尽先补用。查豫工事例，试用知县捐银三千两以上，予以本班分缺间用。今拟捐粳米一千五百石者，一体予以分缺间用；如捐办粟米者，仍照户部原议酌增三成。

一、户部奏准候补六、七品等官捐办米八百石，准按本班尽先补用。查豫工事例，试用六、七品等官捐银二千两以上，予以本班分缺间用。今拟捐粳米一千石者，一体议予分缺间用；如捐〈办〉粟米者，仍照户部原议酌增三成。

一、户部奏准试用八品等官捐办米六百石，准按本班尽先补用。查豫工事例，试用八品等官捐银一千五百两以上，准予本班分缺间用。今拟捐粳米七百五十石者，一体议予分缺间用；如捐办粟米者，仍照户部原议酌增三成。

一、户部奏准候补九品及未入流捐办米四百石，准按本班尽先补用。查豫工事例，试用九品及未入流捐银一千两以上，予以本班分缺间用。今拟捐粳米五百石者，一体议予分缺间用；如捐办粟米者，仍照户部原议酌增三成。

查现任人员只准议予升衔，不准以应升之缺升用。

一、户部奏准直隶州知州捐办米一千五百石加知府衔，加倍办米者，以应升之缺升用。查豫工事例，直隶州知州捐银五千两以上，加知府衔；今拟捐粳米二千五百石者，一体议予加知府衔；如捐办粟米者，仍照户部原议酌增三成。

一、户部奏准各州知州捐办米九百石加运同衔，加倍办米者，以应升之缺升用。查豫工事例，五品等官捐银三千两以上，加运同衔。今拟捐粳米一千五百石者，一体议予加运同衔；如〈捐〉办粟〈米〉者，仍照户部原议酌增三成。

一、户部奏准知县捐办米七百五十石加知州衔，加倍办米者，以应升之缺升用。查豫工事例，七品知县捐银二千五百两以上，加知州衔。今拟捐粳米一千二百五十石者，一体议予加知州衔；如捐办粟米者，仍照户部原议酌增三成。

以上加衔各员，如加倍办米，即按其米数递加升衔，不准以应升之缺升用。

查议叙加级人员应按捐数给予加级，不准议予随带。

一、户部奏准直隶州知州、各州知州捐办米一百二十石准加一级，加倍办米者，准随带。查奏定海疆捐输章程，五品等官捐银四百两，议予加一级。今拟捐粳米二百石者，一体议予加级；如捐办粟米者，仍照户部原议酌增三成。

一、户部奏准知县捐办米八十石准加一级，加倍办米者，准随带。查奏定海疆捐输章程，六品等官并七品之知县捐银三百六十两，议予加一级。今拟捐粳米一百八十石者，一体议予加一级；如捐办粟米者，仍照户部原议酌增三成。

以上加级各员如加倍办米，即按其米数递加纪录，不准议予随带。

东省绅民捐输海疆部文

吏部谨奏为遵旨议奏事。

道光二十二年五月二十日奉上谕："托浑布奏绅士捐输海防经费恳请奖励一折，着吏部议奏。"钦此。钦遵抄出到部。

查道光二十一年十一月内臣部奏定捐输海疆章程，内开，候补郎中捐银八千两，议予本班尽先选用。又，士民捐银八百两给予县丞职衔，八千两给予知府职衔。如有银数浮于本项应得之职衔者，除照例给予职衔外，仍准按其所余之数给予加级纪录。又称，各项各员，四品等官捐银五百两，五品等官捐银四百两，均议予加一级，捐数较多，以次递加，其不及加级者，即给纪录。四品等官捐银二百五十两，议予纪录二次。又，查道光七年奏定捐输章程内开，未拣发举人，应照正八品人员议叙各等语。

今山东巡抚托浑布奏请，将捐输海疆经费银一万两之豫工例报捐郎中丁锡鸿，以郎中遇缺尽先选用；捐制钱一万吊之举人拣选知县王棠，以知县，不论双单月，尽先选用。钦奉谕旨，着部议奏。

臣等查奏定章程，内开，候选人员只准本班尽先选用，并无遇缺尽先选用之条。兹捐银一万两之豫工例捐纳郎中丁锡鸿，该抚奏请遇缺尽先选用之处，核与臣部章不符。应请照例以郎中捐纳本班到班之前尽先选用，其余银二千两应给予加五级。其捐钱一万串之举人拣选知县王棠，该抚请以知县，不论双单月，尽先选用。查该举人并无拣选知县，无从给予选班，应照正八品县丞职衔减半，抵作银四百两，核计银数一万零四百两，应给予知府职衔，其余钱二千四百串，给予加四级纪录二次。谨将臣等议覆缘由恭折具奏。

道光二十二年六月初九日奉上谕："前据托浑布奏绅士捐输海防经费恳请奖励一折，当交吏部议奏。兹据该部查照章程具奏请旨，自照例办理。惟现当筹备军需之际，该员等踊跃输将，自宜破格施恩，以昭激劝。捐职郎中丁锡鸿，着以郎中，遇缺尽先选用；举人王棠，着以知县，不论双单月，尽先选用。"钦此。（二十二年六月廿一日东抚麟①准吏部咨）

晓谕被水较轻各庄赶纳漕粮告示

为晓谕事。

案蒙本府转奉藩宪批，据县属监生徐庭、贺文生、关培久等赴司呈报铁佛寺等左近十二村庄本年被水情形一案，蒙批云云。并蒙饬传该生等到案，查讯有无敛钱包控及抗漕各情，据

① 即麟魁。

实禀办等因到县。蒙此，查本年被水时候本迟，较之上年被淹情形迥别。且铁佛寺左近村庄，均经本县会同司府委员屡次履勘。各该庄粱谷早经登获，不过豆禾收成微形歉薄。当将该庄等归入较轻之列，禀蒙奏缓新旧钱粮，只征本年漕已属格外体恤。该生等身列成均，应知理法，乃不赶紧完漕，复援上年灾缓轻重情形，恃衿越渎，若非借口摇惑乡愚，计图抗漕，即有敛钱包控各情。除传该生等到案究明详办外，合亟出示晓谕。为此示仰本年被水较轻各庄花户人等知悉，尔等务各将名下应完漕粮赶紧踊跃输将，克期扫数完纳，听候给串归农。慎勿受人愚弄，稍事观望延挨，致干签拘比追，自贻后累。各宜凛遵。毋违。特示。

晓谕车户照旧运粮示

为晓谕事。

案蒙各宪札饬，续据革生马雁行控告漕车案内，复奉抚宪以案经提省审明，莘邑起运漕粮因无车行历，系雇用里下民车。当经断令照旧办理，本无轮流雇用之说。惟令发米时，由县酌定先后日期，牌示各车户陆续到城运米，赴次平斛交兑，免滋守候弊混。官民均应遵照批饬，再将断结缘由明白晓谕遵办。马雁行亦不得捏情混控等因批司由府转行到县。

蒙此，查本境漕车历于里下按亩均摊雇用，久有成规。前蒙抚宪饬照旧章雇办，当将断结缘由晓示，并于本年运漕时遵照断案，酌定先后日期，牌示各车户陆续到城装运米石，差押赴次平斛交兑，俾免守候而杜弊混。兹蒙批饬前因，合再出示晓谕。为此示仰合境村庄运漕车户及各该牌保人等知悉，嗣后各庄漕车务各恪遵断案，循照旧章办理。毋违。特示。

严禁漏税示

为严禁漏税事。

照得本城集向设牛驴市面，凡商民买卖牲畜，自应遵例随时报税，听候掣给执照，以杜代贼销赃及私开汤锅等弊。乃近闻有等不法棍徒在集冒充经纪，私抽行用，甚有从中把持垄断情事，非惟偷漏课税，抑且苦累商民，殊干法纪。除密访查拿外，合行出示严禁。为此示仰该集商民人等知悉，嗣后尔等在集买卖各项牲畜，务各亲赴税局投税，听候验明，出给印照，毋再仍前假手书差棚期，致滋欺朦侵蚀。倘仍希图偷漏，私相交纳，一经查出验无执照，定按漏税例从重惩办。该管地方巡役如能盘获贼赃，或将漏税之人送案，亦当量予奖赏，仍不得借端生事，致干并究。各宜凛遵。毋违。

严禁漏税文契示

为严禁漏税以裕国课而绝讼端事。

照得民间置买田宅不税契者，律应笞责，并罚追契价一半入官，定律綦严。各业户契买田房产业，理应遵例亲身赴案投税，听候粘连司颁契尾印发执业，均不得混听匪人包揽代纳，致被侵蚀滋弊。乃查近来红簿投税者甚属寥寥，词讼案内呈验契券，亦皆白契居多。若非乡曲武断，愚民枉顾法纪，恣意匿契漏税，即有玩法奸徒从中包揽侵渔情事。独不思契未投税，难别真伪，非惟百弊丛生，势必致讼端滋起。各业户既能置产，自当及时税割，永绝争端。即因距城稍远，偶托亲朋代为投纳，亦当随时向索原契，方免别滋弊窦。现当税割之期，除已往不究外，自应申明例禁，勒限补税，以清积弊而绝讼源，合亟出示晓谕。为此示仰合邑军民人等知悉，自示之后，尔等凡有远年近日未税田房各契，统限一月内亲身赴案补税，听候粘给司印契尾执业，毋许再事延挨。倘敢故违，希图隐匿漏税，及与匪徒私相授受，致被包揽侵蚀滋弊，一经查拿，或被告发，定按律从重究办，决不宽贷。各宜凛遵。毋违。特示。

严禁兴贩粮食示

为严禁兴贩粮食以平市价事。

照得囤积兴贩，均干例禁，叠蒙宪檄严饬查拿究办在案。上年县境秋收中稔，各乡所获米谷尽敷本境居民食用。乃查近日市集粮价日见增昂，若非渔利之徒抬价居奇，即有外来奸商搬运粮石出境贩卖情事，殊属有妨民食。除密访查拿外，合亟出示严禁。为此示仰合邑军民以及粮行经纪人等知悉，嗣后凡有买卖粮石，务各在于本境集场公平粜卖，以期市粮充足，粮价日平，庶裕民食。倘有渔利之徒高抬市价、囤积居奇及勾通外来奸商贩粮出境情事，一经访拿，除将囤贩粮石照例查封，押令即于本处减价出粜外，定将囤积兴贩之人及知情容隐之地保、经纪人等分别从重究办，均不宽贷。各宜凛遵。毋违。特示。

严禁掺用私钱示

为严禁掺私短串以清钱法而便民用事。

照得定例，掺用私钱，无论多寡，罪干遣戍，例禁綦严，历奉饬禁在案。市集各项买卖行用钱文，自应将砂壳、鹅眼等项私钱剔除净尽，一律遵用官板制钱，并如数足串，彼此各不相欺，方为商民两便。乃近闻城乡各铺，仍有渔利之徒违禁掺用私钱并扣短钱数情事，殊属玩法累民。除密访查拿外，合亟出示严禁。为此示仰合邑商贾铺户人等知悉，嗣后尔等买卖交易行使钱文，务各恪遵定例，毋许扣短钱数。倘敢仍前掺用私钱、任意短串，一经查拿，或被告发，定即按例究办，决不姑宽。各宜凛遵。毋违。特示。

晓谕赶纳钱粮示

为晓谕事。

照得地丁钱粮为国家维正之供，丝毫不容蒂欠。现在应征新赋已届全完之期，历年旧欠粮银亦奉大部奏明勒限严催，均不得再事延缓。且查县境连年丰稔，今秋被水田亩亦仅一隅中之一隅。其余成熟村庄，夏麦秋收均称丰足，仍属户有盖藏，自能输将恐后。除被水各庄议请展缓粮赋应候宪示遵办外，所有合邑成熟村庄未完新、旧钱粮，现蒙各宪檄饬按限催征，均不在应行展缓之列。该花户等各宜趁此秋获登场、户有储蓄之时，早清逋赋。乃下忙开征日久，所完新赋既甚寥寥，旧欠亦不踊跃输纳，似此意存观望，积欠频仍，伊于胡底。除饬差严催外，合亟出示晓谕。为此示仰合邑成熟各庄花户人等知悉，尔等务各将名下未完本年新赋及应带征各年旧欠钱粮扫数赴柜完纳，以副报解。倘再仍前观望延挨，一经摘拿到案，照抗粮例究办，决不宽贷。各宜凛遵。毋违。特示。

晓谕完纳旧欠钱粮示

为严催输纳积欠以清逋赋而安农业事。

照得节年应征粮赋，均关国家维正之供。业户种地纳粮，亦无非任土作贡之义。凡兹什一，岁有常经，本不容丝毫蒂欠。况叠奉部咨，以近年拨给各省军需河工兵饷孔多，每遇水旱灾祲，亦奉蠲缓，赈贷频施，经费攸关，急宜宽备，奏奉谕旨严饬催征积欠报解，以裕帑项而备供支。若官吏惰于催科，亦干严议等因。业经钦遵晓示各花户上紧输纳在案。当此功令森严，各粮户既各享地利，更宜激发天良，输将恐后。

乃查莘邑历年旧欠钱粮，自嘉庆二十三年以至于今，频年积欠，累万盈千，年前所完既甚寥寥，开岁以来又未续完分厘，何其疲玩若是？揆厥所由，若非里差乡地得规包庇，即系积贯刁徒从中把持，因而畸零小户恣意拖延，甚至素封之家亦相效尤。独不思按年纳赋，数本无几，若不即时以仰事俯畜之余，急公输纳，则此后带征旧欠，愈积愈多，汇总清完，益形支绌。抑且生监抗粮，例干褫革；玩户因循延欠，律有明条。

当知法不容情，尔等与其上干功令，徒受追呼，孰若踊跃输将，早安农业。现届春征之期，转瞬查办奏销，叠奉宪檄严催，征足分数，以副奏报。地方官经征考成攸关，抚字与催科并重。诚恐尔等狃于积习，观望如前，除饬役签催外，合再严切劝谕。为此示仰欠粮花户人等知悉，自示之后，尔等务各将未完嘉庆二十三、四、五并道光元、二两年及八年以后积欠钱粮，随同本年上忙新赋，赶紧赴柜扫数封纳，听候给串归农。倘再因循疲玩，仍前观望延抗，一经签拿到案，定照抗粮例分别革究比追，以惩锢习。本县言出法随，慎毋尝试。

严禁作践堤工示

为严禁作践堤工以重防守事。

照得运河东、西两岸官堤民埝，攸关漕运民田，均宜随时防护，方足以资保卫。前因近河居民包卸木植，往来践踏，损及堤土，当经前县差押补筑，并节次示禁在案。现准河厅以荆门上闸一带仍有渔利奸徒在彼私充过载行户，沿堤包卸粮船木料，践踏堤埝等情，牒会查禁前来。除差查外，合行出示严禁。为此示仰该处附近居民及防守兵役人等知悉，尔等务当各安本业，毋再作践堤工。倘敢仍在运河两岸越堤卸载，搬运木料，以致伤损堤埝，一经查出，定即严拿究办，决不宽贷。各宜凛遵。毋违。特示。

严禁车行、船埠、脚夫人等索扰商民示

为晓谕事。

照得县境所辖阿城、七级等处沿河集镇，均系水陆通衢、商贾云集之所。凡有过往客商，经由彼处，易换舟车，应听各自投行写载。即起卸行李货物以及过船起剥，亦当听凭随便雇觅脚夫，挑选船只搬运，公平给值。乃近闻有等无籍棍徒，竟在沿河一带把持盘踞，恃强包揽卸货，恣意索扰情事，殊属玩法。除密访查拿外，合行出示严禁。为此示仰各该处车行、船埠及脚夫人等知悉，嗣后凡遇商民往雇车舟，务按时值公平议价，毋许通同欺骗，勒掯刁难。至沿河脚夫依靠河岸买卖，力作营生，尤当各安本分，不得私分地界，伯占行市，索扰商民。倘经此次晓谕之后，仍有前项不法情事，许被累之人立时鸣同该管乡地，指名禀究，以凭严拿按法重惩，均不宽贷。各宜凛遵。毋违。特示。

严禁渡船讹索商民示

为严禁渡船讹索商民以安行旅事。

照得本境阿城、七级并荆门闸等处，均为行旅辐辏之区，每值河水畅发，粮艘盛行，闸桥抽板之时，全资船只济渡。诚恐渡船水手恣意讹索渡钱，勒掯留难，有累商民情事，合行示

禁。为此示仰各渡口船户人等知悉，嗣后凡有过往客商以及附近居民，行抵渡口，若无风雨阻隔，务各随时照料登舟，使之平稳过渡，毋许压前等后，勒索留难。如或渡船窄小，尤当更番撑驾，往来济渡，更不得招揽多人，上船拥挤，致有冒险搁浅事故。倘敢故违，一经查出，定即严拿究惩不贷。各宜凛遵。毋违。特示。

严禁纵放牲畜伤损田禾示

为严禁纵畜践食田禾以杜争端事。

照得奸徒纵放牲畜，践毁他人田禾，律有明条，久奉饬禁在案。乃近闻有等无知愚民，罔顾伤损禾稼，竟将所喂牲畜纵往他人地内践踏情事。现当麦苗畅发、青葱遍野之时，宜各滋培以期麦苗多获，岂容恣意作践。正在查禁间，旋据东北乡林家庄文生武维翰，以近村居民往往纵羊践食禾苗等情，禀请禁约前来，合行出示严禁。为此示仰各乡居民人等知悉，嗣后尔等牧放羊只以及喂养牛、马、骡、驴等项牲畜，务当各自看管，毋借放青为名，恣意纵放践踏，伤损禾稼，致启争端。倘敢故违，许该地主立同地保指名禀首，以凭查拿，按律究办。该地保等亦不得借端生事，致干并究，均不宽贷。各宜凛遵。毋违。特示。

各衙门年例捐款八页

藩宪衙门〈捐款〉：院书饭食银二十一两九分二厘，院本书饭食银十一两九钱四分二厘，司书饭食银三十五两七钱二厘，汇报饭食银六钱三分九厘，吏攒饭食银七钱九分九厘，拨册饭食银九钱五分九厘，耗羡廉费饭食银一两五钱九分八厘，粮价饭食银一两九钱一分八厘遇闰加银一钱六分，罚俸饭食银三两一钱九分七厘，藉田饭食银一两五钱九分八厘，兵北科饭食银七钱九分九厘，封筒饭食银二两七钱一分七厘，刑书册费银六两三钱九分四厘，积案饭食银一两五钱九分八厘，保甲册费银六两三钱九分四厘，宪书工料银五两六分五厘，柬房饭食银六两三钱九分四厘，茶房工食银三两一钱九分七厘，盘查房饭食银十五两三钱二分七厘遇闰加银一两二钱七分七厘，军需饭食银七两六钱七分二厘，抚塘报资银三十三两，京塘公费银四两五钱二分，额摊誊黄工料银四十二两，续摊誊黄工料银七十六两二分，额摊黄丹津贴银十一两四分，海防经费银五十两自二十年春季为始，解饷委员津贴银一百两，交代局经费银①。

臬司衙门捐款：书吏饭食银八十九两四钱解银六十两五钱一分七厘，囚粮册费银一两五钱九分九厘，更夫工食银三两一钱九分八厘解银二两三钱九分九厘，秋审犒赏银十二两解银十二两，秋审经费银六两三钱九分六厘解银六两三钱九分六厘，狱务循环号簿银二两解银二两，新添命盗题咨册费银二两自道光二十一年夏季为始，外省解东安置军流册费银二两解银二两，鸦片烟册费银一两解银一两，赃赎册费银一两二钱解银一两二钱，司监灯油刑具银七两七钱九分五厘全解，帮贴三监囚粮银四两六钱全解，帮贴司府两监狱务银八两四钱解银五两，蓝毡夹板银一两，驿站册费银一十九两四钱七分，本省援减册费银二两，外省援减册费银二两，程限板价银一两，民壮循环号簿银一两二钱解银九钱。

---

① 原缺捐款数目。

济南府衙门捐款：发审经费银一百〇八两解银五十四两，府医学药饵银二两三钱六分全解，府监灯油刑具银三两九钱解银三两九钱，府监增添灯油刑具银三两九钱自十八年秋季为始，发审册费银每起捐银二两，教匪马刚滋事一案未解，李汇岳京控李百吉等一案未解，吴留等行窃逾贯拒捕一案未解，杨德华谋杀一家二命一案未解，葛小臈跌压孙小才身死一案未解，柴刘氏京控刘德等一案未解，武小印按死李小申一案未解，郑来秀杀死一家四命一案未解，王盛林殴伤王俊贵身死一案未解，王文烈与兄争吵致母失跌身死一案未解，孙大汶按伤孙姜氏身死一案未解，杨灜阁共殴窃贼王之俭身死一案未解。

历城县衙门捐款：禁卒工食银三十六两二钱，县医学药饵银二两三钱六分全解，县监灯油刑具银三两五钱，县监增添灯油刑具银四两四钱自十八年冬季为始。

本道衙门捐款：办理巡缉匪船章程银二两自十九年为始，吏礼等房饭食银①，驿站册费银②，窃盗册费银③，驿传册费银二两四分，船政房册费银四两，粮房饭食银四两。

本府衙门捐款：户杂科办理积案纸笔饭食银四两，户课程科纸笔银八两，通缉逃兵纸笔银四两，轿夫工食银六两，军牢工食银五两二钱四分，军需饭食银四两，分府衙门军牢工食银四两，府署鼓楼更夫工食银二两，承发房封筒饭食银④。

掖县衙门捐款⑤：

---

① 原缺捐款数目。

② 原缺捐款数目。

③ 原缺捐款数目。

④ 原缺捐款数目。

⑤ 以下原缺。

宫任交代册

宫任交抵总目：共应交正款银四百八十四两九钱九分二厘，共应交仓款银四钱一分六厘，共应交摊捐款银二百一十三两七厘，杂款并无征存扣存之项，统共应交正仓及摊捐银六百九十八两四钱一分五厘，内除抵款银四百五十二两九钱五厘，又除移交过银二百一十四两九钱一分五厘，下剩实应交银三十两五钱九分五厘。

款目汇集

正款项下：

一、接收张任移交二十一年正银四百四十二两四钱三分二厘，内除支过俸工役食银六十一两八钱八分八厘、马夫工料银三十九两二钱七厘、杂支银十两七钱五分三厘、知县廉费并县丞养廉银四十九两三分二厘、地丁脚费银四钱九分五厘，解过司库正银一百三两五分八厘、耗银四十一两二钱五分七厘，下剩实应交银一百三十六两七钱四分二厘。

一、本任征完二十一年正银二千六百五十八两七分五厘，各县解到寄庄正银五十两七分四厘，二共正银二千七百八两一钱四分九厘，内除解过司库正银二千五百一十九两七钱九分，下剩实应交银一百八十八两三钱五分九厘。

一、本任征完二十一年耗银三百七十二两一钱三分，各县解到寄庄耗银七两一分一厘，二共耗银三百七十九两一钱四分一厘，内除支过地丁脚费银一十二两九分五厘、解过司库耗银三百四十一两八分一厘，下剩实应交银二十六两八钱六分五厘。

一、本任征完二十年正银四十八两四钱二分三厘、耗银六两七钱七分九厘。

一、本任征完十九年正银二十三两五钱三分、耗银三两二钱九分四厘。

一、本任收各县解到陈欠各年寄庄正银一十七两四钱三分三厘、耗银二两四钱四分一厘。

一、本任征完各年盐课银一十五两四钱六分三厘。

一、本任征完各年课程银十［一］十五两六钱六分三厘。

覆查前十一款数符，照交。

以上共应交正款银四百八十四两九钱九分二厘。

仓款项下：

一、本任捐积常平溢额谷四斗一升五合三勺八抄，每石价银一两，计折银四钱一分六厘。

前款每年额捐谷六石，贵任在任二十七日，应捐前数原册并未开入，今由敝任查明，请照交。

摊款项下：

一、应交摊捐马刚案内囚粮银二十三两七分七厘。

前款原摊银五千两，奉司批准分十五年流摊，贵任在任二十七日，应摊前数。

一、应交摊捐马刚案内经费银五十六两八钱七厘。

前款原摊银一万二千三百八两二钱二分四厘，奉司批准分十五年流摊，责任在任二十七日，应摊前数。

一、应交摊捐临砖柴价银二两九钱四分五厘。

前款原摊银四十二两五钱四分一厘，分一年摊，责任在任二十七日，应摊前数。

一、应交摊捐院岁考修理号房桌凳银一两四钱四分六厘。

前款原摊银二十两八钱八分三厘，作一年摊，责任在任二十七日，应摊前数。

一、应交摊捐济南府发审经费银七两四钱七分七厘。

前款原摊银一百八两，作一年摊，责任在任二十七日，应摊前数。

一、应交摊捐交代局经费银三两四钱六分二厘。

前款原摊银五十两，作一年摊，责任在任二十七日，应摊前数。

一、应交摊捐黄丹脚〈价〉银七两七钱一分三厘。

前款原摊银一百一十一两四钱一分，作一年摊，责任在任二十七日，应摊前数。

一、应交摊捐己亥、庚子两科经费银二十二两八分三厘。

前款原续摊银一千二百七十五两八钱，并作四年摊，责任在任二十七日，应摊前数。

一、应交摊捐府岁考经费银四两七钱八厘。

前款原摊银一百二两，分年半摊，责任在任二十七日，应摊前数。

一、应交黄丹纸笔银二钱七分七厘。

前款额摊银四两，责任在任二十七日，应摊前数。

一、应交道光二十一年院岁考经费银二十四两二钱三分一厘。

前款原摊银五百二十五两，自二十一年正月初一日起分年半摊，贵任在任二十七日，应摊前数。

以上十一款，共银一百五十四两二钱二分六厘，原册并未开入，今由敝任查明，请照交。

年例捐款：

藩司衙门：黄丹津贴银十一两四分，誊黄工料银四十二两，院书饭食银二十一两九分二厘，院本书饭食银十一两九钱四分二厘，司书饭食银三十五两七钱二厘，京塘公费银四两五钱二分，刑书册费银六两三钱九分四厘，拨册饭食银九钱五分九厘，耗羡廉费饭食银一两五钱九分八厘，参罚奏销饭食银三两一钱九分七厘，盘查房饭食银十五两三钱二分七厘加闰银一两二钱七分七厘，汇报饭食银六钱三分九厘，吏攒饭食银七钱九分九厘，粮价饭食银一两九钱一分八厘加闰银一钱六分，藉田饭食银一两五钱九分八厘，封筒饭食银二两七钱一分七厘，兵北科饭食银七钱九分九厘，积案饭食银一两五钱九分八厘，保甲册费银六两三钱九分四厘，宪书工料银五两六分五厘，柬房饭食银六两三钱九分四厘，茶房工食银三两一钱九分七厘，军需饭食银七两六钱七分二厘，抚塘报资银三十三两，解饷委员津贴银一百两，海防经费银五十两。

臬司衙门：囚粮册费银一两五钱九分九厘，书吏饭食银八十九两四钱，秋审犒赏银十二两，秋审经费银六两三钱九分六厘，院署秋审局册费银六钱，秋审册费银十五两六钱，狱务循环号簿银二两，命盗题咨册费银二两，援减册费银二两，外省安置援减册费银二两，外省安置军流册费银二两，鸦片烟册费银一两，赃赎册费银一两二钱，驿站书吏饭食银十九两四钱七分，司监更夫工食银三两一钱九分八厘，帮贴添设路灯银一两二钱，津贴司监灯油刑具银七两七钱九分五厘，程限板价银一两，民壮循环号簿银一两二钱，司府两监狱务银八两四钱，津贴三监囚粮银四两六钱。

济南府司狱：刑具银三两九钱，增添刑具银三两九钱，府医学药饵银二两三钱六分。

历城典史衙门：禁卒工食银三十六两二钱，津贴灯油刑具银三两五钱，增添津贴灯油刑具银四两四钱，县医学药饵银二两三钱六分。

以上各衙门共五十四款，连闰共银六百一十八两二钱七分六厘，贵任在任二十七日，应摊银四十二两八钱四厘，原册并未开入，今由敝任查明，请照交。

本道衙门：办理巡缉匪船章程银二两，驿传册费银二两四分，船政房册费银四两，粮房饭食银四两。

本府衙门：户杂科办理积案纸笔饭食银四两，户课程科纸笔银八两，通缉逃兵纸笔银四两，轿夫工食银六两，军牢工食银五两二钱四分，军需饭食银四两，府署鼓楼更夫工食银二两，发审委员经费银六十四两，发审饭食银八两，招书纸笔银四两，分府衙门军牢工食银四两，办理命盗册费银四两，续奉减等册费银四两，安置军流册费银一两，通缉逸盗册费银四两，保甲纸笔银四两，隆冬告示银二两。

掖县衙门：管理狱务银二十两，捷足工食银五十四两。

以上本道、府并掖县衙门共二十四款，连闰共银二百三十两七钱八分，贵任在任二十七日，应摊银一十五两九钱七分七厘，原册并未开入，今由敝任查明，请照交。

统共应交摊捐各款银二百一十三两七厘。

抵款项下：

一、原册开应抵垫发二十七日囚粮银二十三两四钱五分六厘。

覆查二十一年囚粮尚未奉文准销。惟历年均系销银九两有零，自应酌照二十年准销银九两五钱四厘之数核算。贵任在任二十七日，止应抵银六钱五分八厘，请更正。

一、原册开应抵垫发二十七日军流口粮银八两二钱九分五厘。

覆查二十一年在配军流口粮尚未奉文准销，自应酌照十九年准销银十两二钱四分之数核算。贵任在任二十七日，止应抵银七钱九厘，请更正。

一、应抵长解二十一年海参贡品银二百五十一两五钱三分八厘。

前款原奉派摊银七百两，作一年摊，贵任在任二十七日，止应摊银四十八两四钱六分二厘。贵任已解过银三百两，计长解银前数原册并未开入，今由敝任查明，代为补抵。

一、原册开应抵垫发添设腰拨工料银二百二十九两五钱。

覆查前款由敝任详请司示，现奉批饬准抵银二百两，请更正。

统共应抵各款银四百五十二两九钱五厘。

正款项下道光十年以前钱粮已奉恩诏豁免，应自十一年查起：

解司地丁正耗每正银千两，火耗银八两，又加重银七两，系捐款耗银，有火耗、无加重。

前款如遇子、午、卯、酉正科乡试年，应支解花红公宴银两；如非乡试之年及恩科花宴，应归入钱粮，全数解司。

解粮道临、德、常三仓并漕项正耗。

前款另有细款，遇闰之年加征闰月银解粮道。

解河道正耗，解粮道民佃盐课，解学院学租正银，解司学租耗银。

解司折色脚价二十五年东藩崔批商河县禀此项，系随正项分批解司，留作解部银两、解官盘费并买鞘木、铁箍等项支用之项，并未归入地丁并解。

解司历科举人车价，坐支官俸役食，坐支驿站马夫工料。

坐支文、武庙祭祀银两武庙春、秋二季及五月十三日圣诞每起各支银十两。

坐支各官养廉耗内动支，坐支知县公费耗内动支，坐支起运地丁一厘脚费。

坐支买马粮签或黄丹脚价，坐支杂支。

采办阔布价值奉文后于起运项下坐支每匹长三丈二尺、阔一尺八寸、重三斤二两，每匹价银三钱，机户领办，九处共办二千三百匹，派办州县，见例价不敷。

地丁项下分解粮道临仓正耗：

临仓米正耗系临仓本色米，正耗米改折，每石八钱，耗内坐支一厘脚费，应捐解粮道五毫，席草盘费等项，麦折正耗。

地丁项下分解粮道德、常仓正耗：

德州仓草席脚价，常丰仓席草价，粟米折色，脚价。

地丁项下解支漕项正耗：

随大漕应支脚价自州县至水次，每石每里摊支银三毫四丝九忽七微三纤六沙，发给运米车夫之项。

盘费每大漕一石支银五分八厘三丝七忽一微六纤，系支发水次书役雇募车篷夫之项，蓟粮同。

润耗正改二兑除进仓耗米外，每正米一石征耗米五升，每大漕一石支给旗丁四分，系米、麦、豆并算。

随大漕批解轻赍正耗解粮道，席片每大漕一石支给旗丁六毫五丝七忽，系米、麦、豆连润耗并算。

随大漕批解席草正耗解粮道外捐解临仓米麦折色五分部费添平银两。

漕粮项下正米：

应征大漕正米兑帮，应征大漕豆兑帮，应征大漕麦兑帮，应征润耗米兑帮，应征行粮米兑帮，应征留支兵米或抚标左右营，或青州满营，或德州满营，每石约折银四两。青州兵米止邹平、长山、淄川、利津、新城等五县拨运。

应征留支府监囚粮米止历城一处，应征留支四门军米止历城一处。

应征留支城守营火药等夫米止历城一处。

应征留支孤贫米按四季支放，各处有无不定。

漕粮项下一五耗米：

应随大漕米麦豆支帮二升加头米润耗、行粮不加二升加头。

应随大漕米麦豆并润耗支帮三升五合米此项本系变价，作为办漕置买铺垫仓廒席片以及书吏纸笔、饭食之用。嗣奉文自嘉庆四年为始，全数津贴旗丁。

应留五升车脚米每米麦豆一石支给车夫五升仓米。

其余四升五合漕耗并润耗项下二升加头米石，统照每石一两二钱变价解粮道，内以行粮、润耗二款额数扣六厘养廉、三分五厘席片并二升加头米价分款批解，然亦有不分而笼统批解，亦有仅止润耗一款而无行粮者，各处不同。下剩一五耗米，每石照例价八钱变价，按应兑米麦豆数扣三分津贴席片、六厘养廉，支给帮弁、帮丁，分厘无余。

蓟粮项下正米：

应征蓟粮米兑帮，应征润耗米兑帮，每米一石征润耗米四升。

蓟粮项下一五耗米：

应随蓟粮正米支帮三升五合米，应随蓟粮正米支帮二升加头米，应随蓟粮正米支帮加增米一升，应扣五升车脚米此款不支给车夫，应俟奉粮道饬知粮价银数变价解粮道外，应捐解五分添平。

余剩漕耗三升五合米石，亦俟奉粮道饬知粮价银数变价，内除按蓟粮正米扣津贴三分席草及六厘养廉银两，支给帮弁、帮丁，下余漕耗尽解粮道外，应捐解五分添平。行粮润耗并闰月米石均加一五耗。德仓存留米不加耗正米，同大漕米统征。

粮道衙门捐款：

仓项钱粮饭食，仓粮房书吏饭食，漕项钱粮饭食，漕粮房书吏饭食，停运蓟粮项书吏饭食，缮书饭食，随帮见石一厘银，随蓟粮添平每石五分，临、德仓钱粮项下添平每石五分，防护漕船守冻兵丁口粮银每大漕一石解守冻银三厘，行折添平，按起运大漕酌添旗丁五厘席片银，公帮解员盘费系每石二厘，由一五耗内节省，续帮解员盘费银系每石一厘四毫，乾隆五十八年五月二十四日蒙抚宪吉①批，连前款共三厘四毫，道光九年通饬，如有亏欠，作为捐款解道。

杂款项下应自十九年冬季查起。十九年秋季清查以前可以免查，只须以盘查底册凭：

知县养廉自道光三年秋季起，应解司再行具领。

知县缺廉缺俸编俸道光十一年以前编俸可许自行清理，十二年以后奉文应奏销前解司，佐杂微员可以免解。

德州应征喇嘛地租银两，系按年于秋成后征收完竣。除坐扣应完钱漕银两，余银扫数解司兑收备案。用年清年款，历经

---

① 即吉庆。

遵办在案。自十三年以后并未清解。

县丞缺廉缺俸编俸，典史缺廉缺俸编俸不准拖欠，须入交，巡检缺廉缺俸编俸。

曹工三成养廉此款可作捐款。如前任原系作杂款接收，仍作杂款；如作捐款接收，仍作捐款，及其本任应交三成，均作捐款。

军需二成养廉截至道光六年底止可作捐款，并可同前作杂款接收。

部借养廉，税契须问明是否外收外解，有并卫地方应收并卫税契。

藉谷变价如系外收外解，不必入交，课程牛驴牙杂税须问明是否外收外解。如查有经纪拖欠已革退者，应着前任赔解。若外收外解，不必入交。

当税如外收外解，不必入交，盐当规礼外收外解，不必入交，其存留一半。

余剩中伙无驿州县无，夫马小建闰月无闰之年应批解，遇闰之年坐支不敷请领。

皮脏变价无驿州县无，应支马匹草料每日每匹银五分，扣至卸事第三日交号止。

应支棚厂杂用按在任月日算，正月初一日起，马匹驴头如有缺额，马每匹作银十二两，驴每头作银六两。

应支壮、快、皂、白各役工食如水驿州县有水白夫工食，俱按在任月日算。如有长支，不准抵。应支各役工食，前任未支，已发之数查支发俸食簿便知。

应解各役孤贫小建，廪膳空缺廪生二十名，每名每日银二分四厘一毫一丝一忽。膳夫二名，每廪生一名每日该夫银一厘九毫一丝三忽，乡饮酒醴。

郡城书院修火奖赏生息，普济堂生息，巡船生息乾隆四十一年发当，止登、莱、青三府。此款如今有无应查。

额编岁贡袍帽无出贡之年解司，遇出贡之年给岁贡具领，并将不敷之项赴司请领给发。如有恩贡，将此项银两与岁贡平分。出贡之年系甲、丙、戊、庚、壬。

应支孤贫口粮应扣小建入交。如有闰月先行垫发，俟奏销后赴司请领归款。即不请领，亦可作抵。

赃罚，入官房地租银，平粜谷价，科场卷生息道光九年发当，止济属。

德州满营余兵饷银生息道光十二年发当，止济属，各项交当生息本利前任有无提用，须查明，缉捕生息道光二年交当，止济、东、泰三府，嘉庆二十五年核减老民物价前奉部文病故、参革、勒休人员应归本缺赔缴。

各官罚俸，扣存借廉修署银两，入官田房租息应查明有无佃欠书亏、前官提用。

摊款项下自嘉庆二十年查起：

官捐普济堂学田、义田等项钱粮按一年摊，邹平县夏先哲部借养廉，缉捕经费，盘查案内公馆铺垫流抵什物变价不敷摊赔银，安丘县杨丰誉部借养廉，候补县张坊，莱阳县徐辉，候补县薛定源，病故县夏进益，嘉庆二十三年临清州王家寨漫工，曹工告示工料，二十三年《工程做德［法］则例》工料，十二年刊刷《五军道里表》，十三年兵部咨发《五军道里表》，十八年《户部则例》价并脚价，十九年豫东条例告示，二十年《兵部则例》书价，二十年军需誊黄告示工料，二十三年《户部则例》书价，二十四年《漕运全书》工料，道光五年《户部则例》，道光七年球丽难夷口粮，试用县舒保九年，病故县海溁十八年，新泰李以谦二十三年，乐陵刘维旐二十四年，新泰文世圣二年，文登县承禧三年，沂州府司狱罗洪基三年，郓城县王翔七年，城武县项占龙九年，临朐县张为霖三年，龙山司巡检徐文举三年，阳信县孙铨五年，海阳巡检史南松○年，定陶县夙翔九年，青州府戴荣恩十二年，试用县王凤鸣十四年，朝城县张保之十二年，病故县杨希贤十四年，试用县王瓛五年，试用县廖守修十四年，高密典史孟兰芳十四年。以上各知县部借养廉按一年摊，自奉文之日起。

道光十四年奉摊临砖津贴，道光三年奉摊委员魏昆岗解犯赴河南盘费，二十五年解捐监银两委员盘费，二十四年摊济、长二县漕案银，己卯科续摊贡院席片等项，历城县施舍棺木，二十四年东镇庙工，恩县典史邹树二十三年，嘉庆五年御书匾额银，历次修理学院箭亭，嘉庆七年禹城潘故令①修府河桥银，嘉庆八年聊城县垫修堤工不敷银，历次修理省文庙，修理曹镇衙署，历次修理藩宪官厅，历次修理道署，历次修理臬宪署科房官厅，历次修〈理〉府署，历次修理司监，历次修理府监。以上各款皆自奉文之日起作一年摊。

阔布委员津贴正月初一日起作一年摊，历考遗才经费按一年摊，以奉文移知之日起，府科、岁考经费十三年七月初一日起至十四年底止，十五年正月初一日起至十六年底止，科场经费在解司养廉内扣，应三年摊。如有恩科，并作四年摊。正科以子、午、卯、酉年正月初一日起分三年摊，院岁考修理号房桌凳，县丞典史借廉修署全廉全扣，半廉半扣，刑房招书册费，二十三年东海龙神庙工按一年摊，以奉文之日起，解杜光禄、芦秀、莫润书、董秀、杨业、季四海、潘恒阁、刘思敬、冯金章、朱起、钱尧兹、陈垚莫、韩秉清、曾本住、王汉世、刘中学等委员盘费历次押解外省人犯济南府委员盘费，道光十年查办东省民人在奉天等处犯事递籍及奉天等省犯事解东安押遣运军流犯徒各犯册费止有恩赦年一年，自奉文之日起，郡城审案委员薪水按在任月日摊，历年临砖柴价并津贴委员盘费自奉文之日起一年摊，郡城书院脩金，额办阔布例价不敷添平应以正月初一日起按一年摊。派办阔布只有泰安、章丘、濮州、恩县、阳信、临清、邹平、长山、长清等九处，添办阔布例价不敷此非常有之项，应详明本府以奉文之日起分几年摊，黄蜡委员津贴，黄

---

① 即潘汉。

蜡部饭系年例，按一年摊，止临清、章丘、长清、陵县、平阴、东阿、寿张、菏泽、单县、定陶、濮州、莘县、冠县、馆陶、益都、黄县等十六处，牛筋委员津贴本止荣、文二处，近来登属均捐津贴，系年例，按一年摊，各项奏销司房规费省城交代局章程不论系上年奏销，总以发银之年正月初一日起按一年摊，黄丹委员津贴止沂、青、莱三府属，系年例。以上各款，如前任有垫解垫发者，除本任应摊银数外，其余准其作抵。

前任流抵垫修衙署，前任流抵垫修考棚，前任流抵垫修普济堂，前任流抵垫修养济院，前任流抵垫修仓廒，前任流抵垫修监狱，前任流抵垫修各项工程，前任垫修省城工此项摊满，钱谷大计册费，交代册费每案前后任各半，参罚大计册费，海参贡品以奉文之日起按一年摊。

藩宪衙门捐款自正月初一日起，按在任月日摊：

院书饭食，司书饭食，吏攒饭食，耗羡饭食，耗羡养廉饭食，罚俸饭食，兵北科饭食，封筒饭食，保甲册费，宪书工料，茶房工食，抚塘报资，誊黄工料，院本书饭食，汇报饭食，拨册饭食，粮价饭食，藉田饭食，军需饭食，刑书饭食，积案饭食，柬房饭食，盘查房饭食，续摊宪书工料。

臬宪衙门捐款照藩司衙门一样摊：

书吏饭食，驿站册费饭食，承发房饭食，囚粮册费，援减册费银二两，外省安置援减册费，秋审局经费，词讼循环号簿，命盗题咨册费，外省咨缉并有关刑名册费，秋审无论新旧每案册费银一两二钱，院署秋审册费每新案一起解册费银二钱，帮贴司府两监狱务银，狱务循环号簿银，鸦片烟册费自道光十一年冬季起，每季银二钱五分，招书饭食，禁卒工食，司狱更夫工食，津贴司府县三监囚粮不敷道光十二年奉文与帮贴司府两监狱务银两并作一款批解按司狱，秋审犒赏，蓝毡夹板，秋审部费每案银二十两，赃罚册费道光十二年夏季每季银三钱。

本道捐款自行清理：

吏礼等房饭食，驿站册费，窃盗册费。

济南府捐款正月初一日起，按在任月日摊：

发审经费，摊捐禁卒工食济属州县解，增添更夫工食同上，县医学药饵，三监禁卒工食济属州县解，额设更夫工食，府医学药饵，跟轿夫工食济属州县解。

本府捐款：

按司狱灯油刑具，本府刑书饭食，办理冬季秋审纸张，盗窃案功过册费，保甲册费，印烙马匹，试俸册费，刑部现审册费，私宰耕牛册费，通缉逃奴及捕役年籍册费，钦赃赎锾册费，新疆逃遣册费，柬房饭食，盘查仓库经费，查禁鸟枪册费，积案饭食，捷足工食，各官履历册费，济南府司狱灯油刑具同前摊，续添府监灯油刑具十八年秋季为始，交代局经费，济南府发审各案刑招饭食册费，本府刑招书各案册费，承发房封筒饭食，驿站册费，查造各项匪犯刑书册费，月报窃盗案册费，库书循环簿册费，罚俸册费，兵部通行并通缉逃兵册费，外省咨缉并有关刑名册费，户部通行册费，在配逃流册费，通缉册费，入官还官册费，交代册费，户总户科饭食，户杂科缮办当铺通行册费，本府司狱更夫工食，历城县典史灯油刑具同上，历城县户曹规费银十七两同上，钱粮奏销部费，钱粮奏销册费，养廉奏销册费，俸工奏销册费，年终盘查册费，驿站奏销册费，年终汇奏册费，历前任应摊盘查案内列抵各项银两，历前任应摊参案列抵各项银两。

各项领款：

解存养廉，嘉庆十八、十九、廿年采买三限蓟谷价银，廿一、廿二、廿三年采买缺谷例价并津贴，廿二、廿三年运直赈米运脚，道光九、十、十一年采买乾隆三十八、四十一、四十二、四十三年蓟米易谷例价，先农坛祭祀，文庙祭祀不敷，岁贡袍帽不敷贡年方领，浮额孤贫，夫马闰月闰年方领，囚粮，囚衣，在配军流口粮，递解军流，辰戌丑未科公宴会试举人公宴也，闽硝例价每斤一分六厘〇四丝四忽，部硝不敷每斤帮银二钱三分，未领垫修墩房二成前任未领二成，应留候工部核销准领。如奉核减不敷，着落原垫之员赔解还款。以下各工皆同，垫修仓廒二成，垫修普济堂二成，垫修养济院二成，纂修《赋役全书》工料，道光九年垫修卡房每处银十四两，济属，蠲免不敷官俸役食夫马工料，查赈委员盘费。

县案抵款：

垫解各年钱粮现在启征之钱粮皆准作抵，其递缓未启征者不准抵，垫发各项夫役月米，垫支官俸役食、夫马工料、杂支祭品等项，垫发孤贫口粮，垫发贫民口粮，垫支义学膏火，铺垫什物应须酌看接抵。

各项垫款：

各项奏销上房规费省城交代局章程不论系上年奏销，总以发银之年正月初一日起按在任月日摊，垫解修理省垣城工银，垫办纂修《赋役全书》工料银，垫修考棚，垫修衙署，流抵公馆铺垫什物，垫解额办阔布例价不敷州县见前，垫解黄丹津贴沂、青、莱三属，垫解黄蜡津贴州县见前，垫解牛筋津贴向止荣、文二县，近来登属均有，户曹规费银十七两中缺，刑吏二曹规费银二十一两中缺，病故丁忧出缺由府委员代理道光十年闰四月藩宪通饬。

交代各款节略

应交正款：

征完某年正银若干，解过司库正银若干、粮道正银若干、河道正银若干，起运折色脚价若干、举人车价若干，坐支俸杂等银若干、建坊银若干。以上共解支正银若干，实应交正银若干应查明该加重脚费令其总交。征存某年漫工银若干、堤埽银若干。征完某年耗银若干，解过司库耗银若干、知县养廉银若干、粮河道耗银若干，坐支某季各官养廉银若干、一厘脚费耗银若干起解正银一两，每百里于耗内坐支一厘脚费。又，征完某年正耗银若〈干〉截至前任卸事止，征过若干，解过若干，应交若干。又，接任某任移交正耗银若干解过若干，应交若干。

一、应交原接某任扣存应还、某任参案列抵垫解某年银若干，原接某任交下某年银若干，征存正耗，使费车脚十年以前征存正耗应加重脚费。

应交杂款增删相抵。县案杂费，如现任已代前任解清，应查现任欠款顶补：

一、应交代收某任差欠钱粮银若干某年某任及若干字样，以下均仿此；税契银藉谷变价银按历任交案合银几两几钱，闰年每日若干，贵任若干日，应交银若干；廪缮［膳］空缺银奉司核定应扣师生空缺有案；各役孤贫小建银余剩口粮如孤贫口粮之类；孤贫小建、夫马小建银、余剩中伙银、皮脏变价银、夫马闰月银、水夫截旷银；盐当规礼银一半充公，按在任月日分扣；某年某某借廉修署银二三成银按年递开，接收前任者作杂款，本任仍作捐款；扣存空旷公费银即知县空缺公费；官地钱粮正耗银，省仓捐谷若干，合银若干，递年开列并解费十七年六月详请暂停；课程牛驴牙杂税银，省仓谷价，十七年七月间交代局详定章程，若参革病故之员准其免解，有官可补者未便援免；岁贡袍帽银、乡饮银、知县缺俸银、县丞典史缺俸并马夫工食佐杂革俸银、知县缺廉半廉银、师生空缺银、训导教谕俸斋空缺银、各官缺廉半廉银、住俸银；皂役、民壮、伞夫工食如前任已坐支春季，其卸事日期在二月半，应收一月半工食交出；裁减水夫工食；正额孤贫口粮同皂役一条参看；官捐普济堂廒厂地基钱粮某年起至某年止，耗若干；三监囚务银归杂款入交，近来俱由司扣拨官捐某某入官地亩钱粮；原接应还某任参案原抵某年巡船水手工食银；未兑历年应存蓟粮若干石，合银若干；某年带征某年扣存项下食米合银若干，席片银若干；某年蓟粮盘费现奉部咨，行令自道光十一年为始，按年扣解道库，听候报部拨用；社仓存麦买补仓谷盈余银，奉扣某任参案未领某年浮额孤贫银、未领某年闽硝例价银，欠解蓟粮变价银添平银、天津仓添平银；原接某任交下书亏银；摊完修仓工料等项，应行归补某任抵除某项银；欠解某年动拨带征某年蠲免蓟粮项下润耗拨支行月，应扣三升五合半；欠解某年截漕项下漕耗变价添平银、扣存盘费银；欠解某年拨运保雄兵米脚费银，欠解某年大漕改拨行月项下漕耗、车脚变价银。

各官罚俸银十一年。查前款各年罚俸均系新奉通饬以后册报扣存之项，是以按数列入□款。至道光十年以前各官罚俸银两应否仍归各员自行完解之处，仍听监交公议。

原交历前任摊交某年起至某年止官捐钱粮正耗银。查前款均系历任摊交之项，查办蠲免积案内曾奉通饬，凡有已经入交之官捐钱粮，仍应按数解司。且查某任垫完民欠尚无着落，所有前款既系前任交存之项，仍当按数作交，以便拨补历任无着垫款，以昭公允。

摊赔盘查案内列抵公馆铺垫变价不敷银；驿站马每匹例价十二两，驴每头例价六两，亏缺照此核算；驿站马夫工食，不实发，历于交案内按日扣支，应入交；马匹草料；驴头草料；买马粮签；鞍屉栅厂；白夫工食；马夫工食；长班白夫工食数款，与皂役一条参看；书院膏火生息本银；修理龙亭帐幔银按日摊算；长支公费养廉同上；府发郡城书院膏火本银；驿地租银；买马奉部咨驳不准开销；武庙祭祀；邑厉坛祭祀春、秋、冬三季分支；闽硝不敷。

录报李茂谦控王起礼一案讯断缘由

莱州府潍县为札谕事。

道光二十二年七月初八日蒙宪台札开全云。毋迟。速速。此札。

计粘抄词一纸。

内开：

全云感德上呈被告李茂谦、李茂治、李茂实、王青云，干证于希全等因到县。蒙此，遵查县卷一件。道光二十二年四月间，据李茂谦、李茂智等呈称全云焚祝上呈被告王起礼、王起义、王起红、王起田等情。随即差传人证到案，讯明该处井基系李茂谦等之祖与王起礼之祖同于姓于乾隆年间伙卖遗产，合庄公共修井汲水。近因原井坍塌，无人修理，王起礼等希图自便，于旧井外另开井眼。李茂谦等即以前情来县具控，当经断令照旧合庄伙修伙用在卷。

嗣据李茂谦等以王起礼等违断占伯不容修井等情具呈，又经传集覆讯，因王起礼固执己见，争狡不休，实属有意延讼，当即掌责示惩，仍照原断取结完案。讵王起礼心怀不甘，旋又捏词前赴宪辕呈控。奉饬前因，所有卑县讯断缘由，拟合录案详报宪台察夺。为此备由具申，伏乞照详施行。

详销李马氏呈控李璋一案

莱州府昌邑县为札谕事。

道光二十一年七月二十日蒙宪台、本府札开，道光二十年七月十五日蒙布政司、宪台札开，道光二十一年七月初九日蒙抚宪、宪台批，据潍县孀妇李马氏呈控李璋等私匿公产、贿案不讯等情一案，奉批全云毋再任延，滋讼干咎。速速。

计粘抄词一纸。

内开：

全云上叩等因。蒙此，查此案前据李马氏由宪辕、本府衙门赴藩宪衙门、宪辕具控，奉批委审。当经移会潍县，差传人证未到。旋据该氏赴抚宪衙门、宪辕控，蒙批饬前因。覆经备文关传去后。嗣准潍县查传要证到案，移会卑职往讯。随查潍县卷内，该氏在县呈词与上控情节大略相同，遵即集案逐一研讯。

据刘希武供：潍县人，与李璋系属表亲。李璋、李蕴玉都是李乐山、李开山的胞叔。李乐山出继与他伯母李马氏承祧。李马氏夫故，孀居。道光十一年，他们分家，邀小的同李瑛们眼看，四股分劈，每人分了三十三亩地，还有绸缎店里京钱一千一百吊，并城宅卖价京钱二千七百吊，家器京钱一千五百吊，也是四股均分的。李马氏今已八十余岁，因继子李乐山分的钱文年久将要用完，想起他父母从前曾经许给他请旌建坊的话，现在家贫难办，就说李蕴玉们私匿公产，由县上控，意图帮助批审。后蒙县差传，那时小的合李璋们出外贸易，人证不齐，他疑李璋贿嘱延案又控的。今蒙讯明，实系李马氏年老糊涂，一时妄控，李蕴玉们并没私匿公产，县差也没受贿延案情事。所供是实。

据李瑛、李殿魁、李义同供：小的们与李璋都是同族。余供与刘希武供同。

据于文斗、孙奎、张乐安、张邦田、刘泮同供：都是潍县差役，道光十八年李马氏上控李璋等一案，蒙差小的们票传，实因人证多有外出贸易，不能传到，并没得李璋贿嘱延案的事。所供是实。

据李璋供是文生，李蕴玉供是监生。又据同供：李乐山、李开山都是生员们的胞侄。生员的二哥早故，嫂子李马氏孀居，李乐山出继与李马氏承祧。道光十一年生员们同李乐山、李开山分家，邀同亲族刘希武们眼看，四股分劈，每人分了三十三亩地，还有绸缎店里京钱一千一百吊，城宅卖价京钱二千七百吊、家器京钱一千五百吊，也是四股均分。嫂子今已八十余岁，想起父母从前曾经许给他请旌建坊的话，现在他继子李乐山所分钱文将要用完，家贫难办，就说生员们私匿公产，由县上控，意图帮助委审。后蒙县差传，那时生员外出未回，是他疑心生员贿差延案又控的。今蒙讯明，实系嫂子年老糊涂妄控，生员们并没私匿公产，也没贿差延案情事。断令生员们同李开山各出京钱一百千，李乐山也出京钱一百千，给李马氏留作建坊使用。情愿遵断，所供是实。

据李开山供：李璋、李蕴玉都是小的胞叔；李乐山是小的胞兄，出继与伯母李马氏承祧。余供与李璋等供同。

据李乐山供：李璋、李蕴玉都是小的胞叔，李开山是小的胞弟。伯母李马氏孀居，过继小的承祧。道光十一年合胞叔们分家，邀同亲族刘希武眼看，四股分劈，每人分了三十三亩地，还有绸缎店里京钱一千一百吊，城宅卖价京钱二千七百吊、家器京钱一千五百吊，也是四股均分的。继母年已八十余岁，想起从前祖父母曾经许给请旌建坊，因现在小的所分钱文将要用完，家贫难办，就说胞叔们私匿公产，由县上控，意图帮助委审。后蒙县差传，那时刘希武同胞叔们外出未回，继母疑是胞叔们贿差延案又控的。令蒙讯明，实系继母年老妄控，胞叔们并没私匿公产及贿差延案情事。蒙恩断令胞叔与李开山们各出京钱一百千，小的也出京钱一百千，给继母留作建坊使用。情愿遵断，所供是实各等供。

据此，该昌邑县知县华审看得，潍县孀妇李马氏呈控李璋等私匿公产、贿差延案等情一案，缘李璋、李蕴玉与李马氏之夫均系同胞兄弟，李乐山、李开山系李璋胞侄。李马氏夫故无嗣，过继李乐山承祧。道光十一年分家各度，邀同亲族刘希武等按四股代为分劈，每人分地三十三亩，尚有绸缎店内货本京钱一千一百串、宅房卖价京钱二千七百串、家具变价京钱一千五百串，亦作四股均分，彼时毫无轇轕。今李马氏年逾八旬，忆及从前伊父母曾经许给请旌建坊，现在继子所分财产将次用完，无力办理，欲求李璋等帮助，恐其不允，即以私匿公产等词由县上控。蒙批委讯，因差传证，被刘希武等外出未归，该氏又疑李璋等贿嘱延案，复行上控。奉批催审，遵即到潍提集人证，讯悉前情。

查此案，孀妇李马氏因继子原分家产用完，意图李璋等帮助具控批审。差传人证，外出未到，辄疑璋等贿嘱延案，砌词上渎，本属不合。姑念妇女年老无知，且为家贫不能建坊起见事怀疑，情尚可原，应请从宽免议。李璋、李蕴玉、李开山承受祖业，曾经邀同亲友与李乐山平分，并无私匿公产、贿嘱延案情事，均无不合。惟现在家道稍裕，李乐山家贫，不能为其继母建坊，断令李璋、李蕴玉、李开山各出京钱一百千，李乐山自出京钱一百千，给予李马氏留作建坊之用。潍县差役于文斗、孙奎、张乐安、张邦田、刘泮奉票传案，因人证外出贸易未能传到，并没受嘱延搁情弊，应毋庸议。干证刘希武、李瑛、李殿魁、李义从前为李璋等主分家产情节，业已供明，应与差役于文斗等一并省释。案经讯结，未到之李逢午、李商山、李连甲、李明伦、李悦山概予免传，以省拖累。断项当堂给领，取具甘结，缴领各状附卷。所有断结缘由，拟合具文详请宪台转详批示、鉴核批示销案。除径详抚宪、藩宪外，为此备由具申，伏乞照详施行。

请将招令[①]垫修城工等项银两在于本缺分作十二年流摊县详监交会衔

为会议详请批示立案事。

窃卑职祖宪奉委监算潍县交代，先已会同卑职文恺，将招革令担认林参令[②]垫用马刚滋事案内经费、委员薪水等项，详蒙转请藩宪援案改派通省各属流摊在案。

---

① 即招子庸。

② 即林士骏。

兹复会查得，招革令于道光十八年因潍县城垣年久失修，坍塌过甚，从前虽有绅耆共议捐筑，嗣以年岁荒歉，将绅捐经费禀明改作捐赈之用。而城垣为合邑保障，时值马逆滋事之后，防备宜严。招革令慎重地方，随即筹款修补，用过工料银八千三百二十六两零三厘。

又，道光十八年秋雨过大，潍邑一百五十三村庄被水冲淹，倒塌房屋，压毙人口，曾经详奉奏准调剂散放两个月口粮。奈被灾较重，民困不堪，例给口粮难资接济，欲请展放，不特有需时日，数万饥民未可稍待，且恐格于成例，不能邀准。招革令念切民瘼，挪项捐放两个月折色口粮银一万三千七百五十九两九分五厘。

又，是年雨水陡发，冲决境内白狼河堤埝一千一百三十余丈。此项民埝，例应民修，无如灾甚民疲，势难劝输。招革令设法筹垫堵筑，并给倒房修费，彼时穷民借此以工代赈者亦复不少。事竣，核计共用土方工价银一万四千八十一两一钱，除已报司有案，应归属库垫款核办银六千九百四十四两六分三厘。现由卑职文恺声叙原委，径详藩宪办理外，尚剩未归补银七千一百三十七两三分七厘。

又，道光十七年夏间潍邑各乡蝻孽萌生，招革令制备器具，雇夫扑捕，一面给价收买，赶紧歼除净尽，田禾获保无伤。计用经费银八千零六十九两二钱九厘，除该令已自行摒挡归款银一千两外，下余银七千零六十九两二钱九厘未能筹还。

又，道光二十年英夷在浙滋扰，东省调兵巡防。潍邑为赴登总路，各营官兵无不过境，兼以抚宪驻扎登郡，往来文报络绎，雇备车马、搭盖厂棚、安设腰站、添派夫马，在在均关紧要，一切需费浩繁，刻不可缓。招革令未敢稍事拘泥，当经挪款应付。迨后核明，实用过官兵口粮、车马、料草等项及安设要站，共银六千九百三十五两一钱三分四厘，分别造册报销，奉前藩宪批饬正副两销，止准银三千五百五十八两五钱二分五厘，计删减银三千三百七十六两六钱九厘。

以上修城、放赈、筑堤、捕蝗及军需核减，共银三万九千六百六十七两九钱五分三厘。卑职祖宪监算此案交代，细核卷宗，备悉颠末。询之招革令，据称前项各案银两，原冀在任陆续弥缝，讵料去岁因案革职，遂致无法措补。卑职等伏查招革令挪垫各款，或因筑城要工，或因接济民食，而扑捕蝻孽、垫办军需更属急不可缓之事。其未及归还之由，非为例不准销，即系奉文删减。似此实用有据之项，即使招令在任服官，令其一人认赔，已觉向隅，况已因案革职，赤贫如洗，刻下两餐不继，羁旅难归，若竟责令赔缴，不过徒耽时日，于事仍属无济。

卑职等再四思维，不得不通融筹办，以重款项。合无仰恳宪恩，俯念招令革职穷员，因公负累，准将前项未补银三万九千六百六十七两九钱五分三厘归于潍县本缺，无论正署，分作二十年摊捐还款，俾得逐渐补苴，帑项不致虚悬，交代亦可速结。如蒙允准，仍祈转详道宪批示立案，即自奉批之日，由卑职文恺按日摊起，后任人员断不致有所借口。卑职等愚昧之见，是否有当，拟合会详宪台鉴核示遵，实为公便。为此备由具申，伏乞照详施行。

禀本府禀奉委催本年岁考经费由

敬禀者。窃蒙宪台札委候补未入陈其龙到县守催本年岁考经费银两等因。遵查卑县欠解前项经费，内有各前任应摊之款，卑职现在查算交代，容俟核明确数，催令交出，即同卑职应摊银两赶紧分别移解掖县归款。缘奉委提，合先禀覆大老爷查考。肃此，恭请福安，伏乞垂鉴。卑职谨禀。

禀藩宪会历城主簿衔会禀委查税契由

敬禀者。窃卑职煦接奉宪札，以各属税契一项未见起色，显有情弊，饬赴单开各处确切查覆等因。遵即驰抵潍县，会同卑职查得，卑县民间置买田房均系随时投税粘用，宪台衙门颁发契尾，给令管业，并无假印小契情弊。卑职犹恐乡民不谙定例，或有稍事延搁，未便姑容，致启隐匿之渐，业经选差妥役严行查催，一面剀切出示晓谕在案。

卑职总当留心稽查，认真办理，以裕国课而杜弊端，断不敢因循玩忽，自取咎戾。除前任征存银两俟交代接收清楚即行分别批解外，缘奉委查，合先会禀大人俯赐查核，实为公便。肃此，恭请福安，伏乞垂鉴。卑职谨禀。

禀藩宪禀奉委提各年养廉银两由

敬禀者。窃蒙宪台饬委试用从九孙邦杰到县守提各年养廉银两等因。遵查卑县欠解历年养廉均系各前任征存之款，卑职现在备文移催，容俟接收清楚，即当赶紧按年批解以备支拨，断不敢稍事玩延，自取咎戾。缘奉委提，合先禀覆大人查核。肃此，恭请福安，伏乞垂鉴。卑职谨禀。

禀藩宪会试用未入董衔会禀奉委提解本年钱粮由

敬禀者。窃卑职元奎奉宪台札委守催各属欠解本年钱粮等因。遵即束装驰抵潍县，会同卑职吊齐征册流串，查得卑县新赋，截至十一月二十四日止，除存留坐支各款外，共征完正银四万三千三百一十六两一钱一厘、耗银五千八百四十三两九钱一分二厘，内已解过正银三万三千七百八十二两八钱四分八厘、耗银二千六百六十三两二钱三分、养廉银一千五十两。下剩已征未解正银九千五百三十三两二钱五分三厘、耗银二千一百三十两六钱八分二厘，系卑前任招令①征存之业，经宫②县丞代理时具文申报在案。

卑职到任后，即将未完民欠赶紧接征，现在尚无成数。除仍严行比追，一面移催招令迅将前项征存正耗如数交出，分款批解外，缘奉委提，合先会禀大人查核。肃此，恭请福安，伏乞垂鉴。卑职谨禀。

禀抚、藩、府禀遵札预防蝻孽由

敬禀者。窃奉本府/宪台转奉藩宪/宪台奉宪台/抚宪札饬，以现值春融之际，恐有蝻孽萌生，令即督率乡民实力搜防等因。

---

① 即招子庸。

② 即宫汝云。

仰见大人、大老爷轸念民瘼、预思防患之至意，下怀感佩莫名。

伏查蝻孽生发，最为田禾之害。交春以后，卑职业已剀切出示，劝民预防，每于因公赴乡时面谕乡民、约地人等，各就所管地方，凡系人迹罕到、沮茹卑湿之区，遍加搜查。倘有蝻子情形，务须实力刨挖，赴县呈缴，酌量赏给钱米，并饬差密行查访。刻下尚无蝻孽蠢动。兹奉前因，卑职自当遵照，随时认真办理，断不敢稍事玩忽，致干咎戾。所有遵办缘由，合肃具禀大人、大老爷查考。恭请福安，伏乞垂鉴。除径禀各宪外，卑职谨禀。

禀抚、藩府、道府

禀报起解本年上忙头批钱粮银数、日期由

敬禀者。窃卑县本年额征钱粮，除坐支分解外，实应解司库、宪库地丁正银五万一〈百〉七十五两三钱九分五厘、耗银五千三百三十六两三钱七分一厘、知县养廉银一千四百两。自二月初四日开征起，截至三月初九日止，已征完正银八千两、耗银七百三十一两六钱、春季知县养廉银三百五十两，现在尽数饬匠倾镕，定于本月十五日批差起程，解赴司库、宪库兑收。其余未完民欠，卑职一面严行比追，俟有成数即当赶紧续解，以副造报。所有起解上忙头批钱粮银数、日期缘由，理合驰禀大人、大老爷查考。除禀各宪外，肃此，恭请福安，伏乞垂鉴。卑职谨禀。

禀藩宪禀新旧钱粮现已赶紧比追由

敬禀者。本月十七日奉宪台札委试用未入流晏荣宗到县守提上忙头批钱粮等因。遵查卑县上忙新赋，前已征完正银八千两、耗银七百三十一两六钱、春季知县养廉银三百五十两，业经饬匠倾镕，于本月十五日签差解赴宪库交兑在案。现在续收之项为数无几，除将未完民欠设法加紧比追，一俟征有成数，即当源源报解外，所有应征新旧钱粮赶紧比追缘由，理合禀覆大人查考。肃此，恭请福安，伏乞垂鉴。卑职谨禀。

禀抚宪、臬宪、道宪禀照旧安设腰拨由

敬禀者。窃奉臬宪札开，以宪札以宪台、抚宪驻节登郡，防堵海口，往来文报均关紧要，饬令多设腰拨，加紧驰递，并将添设处所开折禀覆等因。遵查前于道光二十年秋间，因海洋不靖，文报紧急，叠奉各宪檄饬设拨递送。当经卑前县在本城北关及东路之牛埠、西路之涝埠、西北路之淮埠各立腰拨一处，添马派夫，以资接应，并禀报在案。

迨后宪台、抚宪虽旋省垣，而登郡公文多关军务，往返尤宜迅速。所有原设腰拨未敢裁撤，卑职到任仍系遵照办理。兹奉前因，除严谕棚头、抄书、马夫人等加意小心，凡遇紧要文报依限飞递，不准片刻迟延外，合再开具清折，禀呈大人查考。

肃此，恭请福安，伏乞垂鉴。除禀臬宪、抚宪、道宪外，卑职谨禀。

计呈清折一扣。

禀抚、藩府、道府

禀起解二批新赋及二十一年钱粮银数、日期由

敬禀者。窃卑县额征钱粮，除坐支分解外，实应解司库、宪库地丁正银五万一百七十五两三钱九分五厘、耗银五千三百三十六两三钱七分一厘、知县养廉银一千四百两，前已解过头批正银八千两、耗银七百三十一两六钱、春季养廉银三百五十两。今截至四月初五日止，续完本年正银一万两、耗银一千零二两、夏季养廉银三百五十两，又征完二十一年正银一千两、耗银一百三十五两二钱，现在一并饬匠倾镕，定于本月十五日差役解赴司库、宪库交兑。卑职仍将未完新旧民欠加紧设法比追，源源批解，以副造报。所有起解二批钱粮银数、日期缘由，理合驰禀大人、大老爷查考。肃此，恭请福安，伏乞垂鉴。除径禀各宪外，卑职谨禀。

禀本府夹单

敬禀者。窃蒙钧函以转蒙各宪函谕，奉廷寄令酌筹经费一案，意在劝捐等因。查此事有关军务要需，自宜体察舆情，设法办理。卑职曾向各绅耆详细商酌，拟于地方殷实之家广为劝导，并晓以别省士民捐资助饷，均邀奖励。今潍县绅庶若能急公报效、踊跃捐输者，将来亦可请予优叙。其无力之户不稍抑勒，总期事归实济，闾阎无扰，以副宪台筹画尽善之至意。除俟捐有成数再行禀办外，所有遵谕劝捐缘由，理合具禀大老爷查考。肃此，恭请福安，伏乞垂鉴。卑职谨禀。

禀抚、藩府、道府禀报起解本年三批新赋及十九、二十并二十一年钱粮银数、日期由

敬禀者。窃卑县本年额征钱粮，除坐支各款外，实应解司库、宪库地丁正银五万一百七十五两三钱九分五厘、耗银五千三百三十六两三钱七分一厘、知县养廉银一千四百两，前已两批共解过正银一万八千两、耗银一千七百三十三两六钱、春夏二季养廉银七百两。今截至四月二十七日止，续〈完〉本年正银八千两、耗银一千八百一两六钱，又征完二十一年正银二千两、耗银二百七十两四钱，二十年正银三百两、耗银四十两五钱六分，十九年正银四百两、耗银五十四两八分，现在一并饬匠倾镕，定于五月初二日签差批解司库、宪库交兑。卑职仍将下余各年民欠加紧设法比追，尽征尽解，以副造报。所有起解三批新赋及旧欠钱粮银数、日期缘由，理合禀报大人、大老爷查考。肃此，恭请福安，伏乞垂鉴。除禀各宪外，卑职谨禀。

禀首府夹单

敬禀者。日前肃具丹禀，虔贺午禧，度邀霁鉴。辰维大人抚序凝厘，及时布泽，黄堂领袖，善政叶夫南薰；朱毂弓环，甘膏遍于东土。豸阶即晋，雀忭良殷。卑职承乏斯邑，半载于兹，事剧民疲，冰渊时凛。兼之额征钱粮，向系钱号从前银价平贱，尚可借此盈余，以资办公。近年银价增昂，颇形赔累，故卑职于到任后即拟稍为加数，以图敷衍。讵上忙开征月余，输将甚不踊跃。比因例限綦严，恐致贻误，旋又改照旧数征收。当此军、河两饷制用孔急之际，正项丝毫不敢通融。若下忙钱粮再不能加，竭蹶更难言状。虽前任交代业蒙大人逾格恩施，于藩宪前叠次婉恳，允将三万两归入林参令①垫用剿捕逆匪经费案内筹补，而下短万余两仍需由卑职会同监交，具详本道宪、府宪立案分年流摊，累日加增，殊难为计。

惟查卑县一缺列居上中，在当时详定缺分等第章程，原视各属出息之优绌，以定摊之多寡。无如今昔情形不同，缺分优绌互异，卑县钱粮既无从前之盈余，应摊款项反较从前而增倍，年复一年，伊于胡底。卑职愚昧之见，合无仰恳大人始终成全，于谒见藩宪时，转请将卑县年例捐款量为裁删，酌派优缺州县分别摊解，俾得肩任稍轻，不独卑职感荷鸿慈，即后任之员亦当永被宪德于无既矣。事涉更改旧章，未敢径禀藩宪。卑职素蒙栽培，故特不揣冒昧，率尔直陈。是否可行，尚乞察核示知，以便遵办。肃此，恭请福安，伏乞钧鉴。卑职谨禀。

---

① 即林士骏。

禀本府夹单①

敬禀〈者〉。前接掖县杨令②来函，知招革令③交代案内垫用委员薪水等项，藩宪业已允办，蒙宪台饬即补详等因。当将寄至详文会衔会印，仍嘱杨令就近转申在案。

查招革令垫款，尚有捕蝻经费银八千六十九两二钱九厘，堵筑白狼河民埝及倒房修费银一万四千八十一两一钱，捐放贫民口粮银一万三千七百五十九两九分五厘，卷宗均各整理齐备。兹特专差赍呈大老爷鉴核，存俟司案批准后，饬令监交，汇同粘修城垣银两一并会议办理。

至招革令应付各营官兵口粮并安设腰拨支用银两数目，已由卑职造册，详请藩宪核示，迄今月余，尚未奉批。现在具文详□，俟批发到日，入于交代册内补抵实亏若干，另行禀闻。

再，卑县例贡一案，前因原案不全，有碍声叙。卑职正□踌躇，乃蒙宪台妥为设法转详，改派胶州、即墨两处分办。凡此逾格恩施，惟有铭心志□，如奉抚宪准行，再当移会胶州、即墨知照外，肃此，恭请福安，伏乞垂鉴。卑职谨禀。

附呈捐放贫民口粮卷一宗、捕蝻经费卷一宗、捐筑民埝卷一宗。

---

① 此页有“后后之人”的批注。

② 即杨祖宪。

③ 即招子庸。

禀藩宪夹单

敬禀者。窃卑职仰蒙提携，调补潍邑，事剧民疲，冰渊时凛。半载以来，节经设法整顿，渐有起色，足慰宪廑。惟卑县额征钱粮，向系钱号官为易银解兑，往年银价平贱，尚可借此办公，近来银价增昂，颇形赔累。卑职到任后查悉情形，殊深焦灼，因思前任招革令①在潍年久，甚得民心，曾拟邀赴各乡开导绅庶，于钱粮价内稍为加数，以图敷衍。讵上忙开征之前，招令偶患时疾，未能先期劝谕，事乃中止。卑职以催科重务，例限綦严，恐有贻误，旋照旧征收。当此制用孔急之际，正项丝毫不敢通融，本缺出息又复无几，虽一切应酬尚从节省，而诸事仍难免于竭蹶，只得俟下忙开征时，再嘱招令劝民酌加粮价。如果可行，卑职自当竭力支持，岂敢稍存退缩。第卑县一缺列居上中，在当时详定缺分等第，原视出息之优绌，定摊捐之多寡。无如今昔情形不同，缺分优绌互异，卑县钱粮既无从前之盈余，应摊款项反较从前而增倍，年复一年，伊于胡底。卑职愚昧之见，合无仰恳大人鉴察苦衷，转请抚宪将卑县缺分酌改等第，年例捐款量为裁删，俾得肩任略轻，办公不致掣肘。感戴宪德，实无既极。

再，招令赋性坦直，心地慈祥，待人接物，事事要好。卑职询知该令赔累之由，盖缘朝城任内认补亏项已多，调潍后又代林参令②承担巨款，陈陈相因，顾此失彼，客岁被议革职，

---

① 即招子庸。

② 即林士骏。

遂致累益加累。其洁己奉公，因人受过，迥非饱充私橐者比。刻下侨寓卑县，食指浩繁，竟有饔飧不继之势。幸交代一案蒙大人格外垂悯，曲意成全，凡在属僚，莫不同深感佩。所有未及弥补之垫款，业经卑职会同监交，声叙原委，由府转详，尚祈矜此革职穷员，速赐批结，则再造之恩施，不但招令身受已也。卑职素蒙栽培，故特不揣冒昧，琐屑渎陈，惟祈鉴宥。恭请福安，伏乞钧鉴。卑职谨禀。

禀本府夹单

敬禀者。窃奉钧函以郡城考棚兴工在即，饬将捐项迅速批解应用等因。查各绅所捐钱文，节经卑职劝谕，并在城工内一体捐输，虽陆续登簿，尚未捐齐。卑职因工程紧急，是以前次先行垫解银四百两在案。昨又遵谕往催有许，至月底交出之户共计京钱一千五六百串不等。一俟收到，即当易银专差解送，以济工需，其余尚须稍缓。至遴选董事一节，据各绅佥称，既蒙宪台督同掖县派有郡董共襄厥事，自必经理得宜。若由县派往，羁寓郡垣，旅费维艰，诸多不便等语。似应如请免其选派，除谆谕愿捐各户赶紧交纳，随时批解外，理合禀覆大老爷查考。肃此，恭请福安，伏乞垂鉴。敬缴宪柬。卑职谨禀。

禀本府夹单

敬禀者。前蒙钧函饬催考棚修费及董事绅耆晋郡监工等因。

卑职已将捐户许至月底交出钱数，并各绅不愿到郡缘由，于本月十九日禀覆宪台在案。兹复接奉函，谕以郡董公举卑县王延年会同办理。卑职当即遵饬转谕，据称现已年将七旬，步履维艰，不克分身等语。查此事原属众绅乐于捐办，今王延年既经年老，自应免其督工，以顺舆情。理合据实禀祈大老爷查核，转饬郡董知照，实为公便。肃此，恭请福安，伏乞垂鉴。卑职谨禀。

禀抚、藩府、道府禀报卑县北台底社之茇洼现有蝻孽萌生，业已赶紧扑买由

敬禀者。前蒙各宪札饬，以时交夏令，湿热薰蒸，恐有蝻孽萌生，预饬严加防范等因。当经卑职传谕乡民、约地人等随时认真搜查，并将遵办情形通禀在案。日来天气燥热，卑职尤虑各乡人迹罕到低洼之区，或有鱼虾遗子水澙，化生蝻孽。复派妥役赴乡细查去后。

兹于五月二十三日据原差孙志道等同北台底社地保王宣禀报该社茇洼地方现有蝻孽初生等情。卑职驰往查勘，该处居县属之北境，相距海滩不远，地势洼下，水草丛杂，并无布种禾稼。四围水澙之处间有蝻孽蠕蠕蠢动，零星团聚如蚁，不成片段。随即会同营汛教佐多拨夫役实扑打，一面设局，凡乡民捕获缴案者，赏给银米以示奖励，总期捕买并施，刻日歼灭净尽，不任稍留遗孽。除仍选差分投各乡加意查察，倘别有生发处所即行一律捕打外，所有茇洼蝻孽萌生，业已赶紧扑买缘由，合驰禀大人、大老爷查考。肃此，恭请福安，伏乞垂鉴。除径禀各宪外，卑职谨禀。

禀抚、藩府、道府禀报卑县芟洼蝻孽现已扑打净尽由

敬禀者。窃卑县境内之芟洼地方，前有蝻孽生发，当经卑职驰往查勘，会同营汛教佐拨夫扑打，一面禀报在案。连日以来，督率乡民夫役人等无分昼夜，实力扑捕，并不惜重资设局收买，现已一律歼除净尽。该处系属草滩，亦无伤损禾稼。惟是时届夏暑，天气燥热，诚恐别乡低洼之区难保无鱼虾遗子化生蝻孽，不可不预为筹防，以免后患。

卑职仍选差妥役，严谕约地，常赴人迹罕到、水草丛生处所认真搜查。如有蠢动情形，立即报明多拨人夫，刻期捕灭。民瘼攸关，断不敢稍事玩忽，自取咎戾。所有芟洼蝻孽业已扑除净尽缘由，理合驰禀大人、大老爷查考。肃此，恭请福安，伏乞垂鉴。除径禀各宪外，卑职谨禀。

禀抚、藩府、道府试用府经历仇、潍县知县苏、掖县县丞周①会禀芟洼蝻孽先已扑灭及萧家营蝻孽萌生，现在赶紧扑打由

敬禀者。窃卑职恩注蒙宪台、藩宪札饬，以潍县北台底社之芟洼蝻孽生发，令即前往会勘，拨夫扑打等因。遵即束装起程，于六月初二日抵潍。卑职树本亦奉本府、宪台札同前因，

① 即苏文恺、周树本。

先于初一日到县接晤卑职文恺，查得卑县芰洼地方前有蝻孽萌生，当经勘明，通禀会同营汛教佐多拨人夫，扑买兼施，业已歼除净尽，禀报宪鉴在案。

卑职恩注等因现值夏令，湿热薰蒸，恐别乡卑湿处所难保无续生之区，连日与卑职文恺分赴各乡，逐加履勘。于初四日行抵北乡，适据约地等禀称，附近北台地方之萧家营草滩地内现有蝻孽初生，零星不成片段，该处并无布种禾稼等情。卑职等诣验相同，仍即会率夫役加紧扑捕，一面给价收买，总期刻日扑净，不敢稍事玩忽，致干严谴。所有芰洼蝻孽先已扑灭及萧家营蝻孽萌生，现在扑打缘由，理合会禀大人、大老爷查考。肃此，恭请福安，伏乞垂鉴。卑职谨禀。

禀本府掖县县丞周树本单衔禀潍县芰洼蝻孽业已扑灭净尽，现复亲诣各乡搜查防范由

敬禀者。窃奉宪台札饬，以潍县北台底社之芰洼蝻孽生发，令即前往会同拨夫扑打等因。遵即束装起程，于六月初一日驰抵该县，会晤苏令①，查知芰洼地方前有蝻孽萌生，当经该令勘明通禀，一面会同营汛教佐多拨人夫加紧扑捕，并设局收买，随即歼除净尽，具禀宪鉴在案。惟时值夏暑，湿热薰蒸，芰洼蝻孽虽已扑灭，而附近一带以及别乡卑湿处所难保无续生之区。卑职既蒙宪委，断不敢稍事草率，自取咎戾。除会同苏令选带妥役分路亲诣各乡，逐加履勘，详细搜查，如果另有蝻孽萌生，

① 即苏文恺。

仍即禀报派夫认真扑打，总期尽绝根株，不任稍留遗孽外，所有芟洼蝻孽先已扑尽，卑职现复亲诣各乡查勘防范缘由，理合具禀大老爷查考。肃此，恭请福安，伏乞垂鉴。卑职树本谨禀。（六月初二日）

禀本府夹单

敬禀者。窃蒙钧函饬催卑县应解宪台衙门办理军需书吏纸笔饭食银两等因。卑职现将本年银四两照数封固，除具文交差批解外，理合禀覆大老爷查考。肃此，恭请福安，伏乞垂鉴。敬缴宪柬。卑职谨禀。

禀抚、藩府、道府试用府经历仇、潍县知县苏、掖县县丞周①会禀萧家营蝻孽业已扑灭净尽由

敬禀者。窃蒙宪台、藩宪委赴潍县勘捕蝻孽，卑职树本亦蒙本府、宪台札同前由，遵于抵县后查明原报之芟洼蝻孽先已扑竣，并续据萧家营约地等禀报该处草滩地内有蝻孽萌生，当经卑职文恺会同亲诣勘验，具禀宪鉴在案。连日督率夫役扑买兼施，现已歼灭净尽，并无损伤禾稼。除由卑职文恺仍选妥役在于各乡随时认真搜查防范，倘别有发生之处，即行赶紧扑捕，

---

① 即苏文恺、周树本。

不任稍留遗孽外，所有萧家营蝻孽一律扑尽缘由，理合会禀大人、大老爷查考。再，卑职恩注、树本亦即分别回省、回郡销差，合并声明。肃此，恭请福安，伏乞垂鉴。除径禀各宪外，卑职谨禀。（六月初十日）

禀藩宪禀送另造招革令①垫用腰拨工料银两清册并酌抵军需银两由

敬禀者。窃卑职详请核示招革令垫用道光二十一年军需并安设腰拨及代理宫县丞、署事张令②各安设腰拨银两一案，奉前宪批，以是年军需章程尚未请奏，先酌予招革令交代案内准抵银五千两，扣除登莱道宪拨过银二千两，以三千两作抵，宫县丞准酌抵银二百两，张署令准酌抵银五百两。仍饬另造二十一年调派防兵、实在安设腰拨夫马工料银两清册呈送等因。

除遵照分别扣除列并另造腰拨清册送候核办外，伏查招革令应付道光二十年初次军需，除扣平余，实准销银三千五百二十六两三钱一分九厘八毫，已奉前宪发过银二千七百两，又登莱道宪发过银一千四百两，计长领银五百七十三两六钱八分二毫，应归二十一年军需项下核算。惟是现在列抵之三千两，系属酌准之数，自未便将初次长领银两扣除，应俟将来通案题销后再行核扣。如除扣之外尚有盈余，即由卑职具领，归还县案，弥补招革令垫项。倘删减较多，不敷酌抵数目，则将浮抵银两详追招令完缴，俾归有着。其宫、张两任腰拨银两一律照此办理，以昭核实。兹奉前因，理合具禀大人查考。肃此，恭请福

① 即招子庸。

② 即宫汝云、张镜醇。

安，伏乞垂鉴。卑职文恺谨禀。

计禀送安设腰拨清册一本。

禀本府禀遵札筹议盐规银两章程并照式造册请追由

敬禀者。窃蒙宪台转奉藩宪批，据卑职详请核示各年盐规银两缘由，蒙批，该县未完历年盐规不仅自道光元年至十五年银两，尚有嘉庆二十五年以前并道〈光〉十六年以后欠项，前据详请移咨运司追商完缴。当查嘉庆二十四年移准咨覆，该县盐规不应上九县商人代完，其已准追商者复准咨驳，饬令分别筹议追赔，并以后如何缴纳，妥议章程，造册禀办等因。

查监规一项有关报销，地方官原应随时征解，以副造报。无如卑县票商疲累已久，应完规礼递年拖欠，虽经各前任设法严比，而商人新旧频更，十无一完。是以招令①在任时，屡次详请移咨运宪提追。今既奉驳，自应明定章程，以重款项。

卑职熟筹再四，此系盐商应完之款，若以商疲难缴竟归地方官认赔，不但事涉偏枯，且成年例捐款，与盐规名目亦不相符。从前各员止知渎请追商，并不筹及如何归补。若因早经离任即可置身事外，更不足以儆玩忽。

伏查卑县盐规自嘉庆四年至嘉庆六年银两均已全完，应毋庸议。所有嘉庆七年至道光十年除解下欠银一千九百五十九两，卑县各前任承催不力，咎无可辞，应请按年分任、计日着赔。又，道光十一年至十五年银三百六十两，业经林参令②详准，

① 即招子庸。

② 即林士骏。

责令卑前县李心莲赔缴，应请详咨该员原籍催完。又，道光十六年银七十二两、十七年银七十二两，应追林令、招令赔完。其道光十八年至二十一年银二百八十八两，系票商申华轩即任俊华所欠，招令并代理、署事各员节次传追。该商窎躲省垣，杳不到县，以致鞭长莫及，款终虚悬。惟该商现在行运，究非实在无着，未便概追前任。

查商人设店销盐，运司衙门向有应发巡役工食，每年数千两不等，按季由商请领。卑职因思州县欠项尚可在于领款项下扣收，商人之有巡费事同一律，应请宪台转禀藩宪详院，檄饬运司衙门将道光十八年起至二十一年止盐规银二百八十八两，就近在申华轩未领巡费银内扣存，移送转解。此后即以二十二年为始，按年一体查扣，每岁扣拨不过数十两，于巡费并无妨碍。以现商之领款扣现商之欠款，免致该商借故耽延，从此年清年款，实于公项大有裨益。是否可行，理合照式造具盐规完欠数目并分赔员名在任月日各清册，禀送大老爷俯赐查核，转禀呈送藩宪批示祗遵。肃此，恭请福安，伏乞垂鉴。卑职谨禀。

计呈送各年盐规完欠册二本、分赔盐规员名册二本。①

---

① 第一本最后有“四本合一”字样。

第二本

杂抄要件复参册揭附

催征处分

征收限期：

一、地丁钱粮限二月开征云南、贵州二省九月开征，四月完半陕西、四川二省六月完半。凡钱粮在一两以下，准缓至八月全完，五月停忙，八月接征福建省七月接征，山东、河南二省暨安徽之庐、凤、颍、泗，六、七两月听民完纳，十一月全完云南、贵州二省次年三月全完。

一、漕粮经征州县于十月开仓，十二月兑完依次起运。

奏销限期：

一、地丁奏销，直隶、山东、山西、河南、陕西、甘肃，限次年四月；奉天、安徽、浙江、江西、湖北、湖南、江南之苏州藩司，限〈次〉年五月；福建、四川、广东、广西、云南、贵州、江南之江宁藩司，限〈次〉年六月；山西之大同、朔平二府属经征米豆，于次年年底奏销，如该督抚因公不能〈依〉限，准其具题请展。

一、漕粮及行月米石，总漕衙门于隔年三月奏销行月米石另为一册。

一、漕仓奏销，德州、徐州二仓，限次年五月；淮安、凤阳、江宁三仓，限次年六月；临清仓系山东巡抚专管，钱粮于扣满一年奏销，完欠考成于年底奏销。

一、各省到通漕粮并江浙白粮二奏销，仓场衙门于次年五月具题。

正项钱全完议叙：

一、江苏省苏、松、常、镇所属赋繁州县并直省各州县官经征一应起运，本年有分数钱粮，除银数不及三百两全完者毋庸议叙，其自三百两以上未及一万两，于奏销前全完者纪录一次；一万两以上全完者，纪录二次；二万两以上全完者，纪录三次；三万两以上全完者，加一纪；五万两以上全完者，加二纪；八、九、十万两以上全完者，不论俸满即升。

一、一官经征分数钱粮，能每年于奏销前全完，应于照常议叙之外量加优叙。如数在三百两至二万两以上，系直省各州县，一官经征三年，于奏销前全完者，即准其加一级；系苏、松各属赋繁州县，一官经〈征〉三年，于奏销前全完者，即准其不论俸满即升。其数在三百两以上，一官经征三年，于奏销前全完，及数在五万两以上，一官经征两年，于奏销前全完者，亦俱准其不论俸满即升，务令该督抚核实咨部，不得率以参后续完之案混行并计。其两年、三年之内，或遇蠲缓年分，并非实分全完，或本员适有差委离事故，并非一官全完，即将是年扣除，俟续有一手征完之年，准其前后接算，声请议叙。若该员虽于本年经征全完，而次年在任不能经〈征〉全完者，止准给予照常议叙，不准再以前后接算。

一、督催之知府、直隶州知州及经管钱粮道员，各计所属，不及五万两全完者，纪录二次；五万两以上全完者，纪录三次；十万两以上全完者，加一级；二十万两以上全完者，加二级。督催之布政使，统计所属，不及五万两全完者，纪录二次；五十万两以上全完者，加一级；一百万两以上全完者，加二级。如所属州县有一处于参后全完者，即不准并计议叙。其卫所屯粮经征之经历等官全完者，照州县例议叙。

一、署印官经征钱粮全完，按其一年、二年、三年照例分别议叙。

地丁钱粮初参：

一、地丁钱粮经州县官，欠不及一分者，停其升转，罚俸一年；欠一分者，降职一级；欠二分者，降职二级；欠三分者，降职三级；欠四分者，降职四级。俱令戴罪征收公罪。直隶州知州经征本州钱粮初参，亦照此例处分。

一、布政使、知府、直隶州知州、经管钱粮道员，合计所属初参，欠不及一分者，停其升转，罚俸六个月；欠一分者，罚俸一年；欠二分者，降职一级；欠三分者，降职二级；欠四分者，降职三级；欠五分者，降职四级。俱令戴罪督催俱公罪。欠六分以上者，革职公罪。

一、巡抚合计通省所属初参，欠不及一分者，停其升转，罚俸三个月；欠一分者，罚俸一年；欠二分者，降俸二级；欠三分者，降职一级；欠四分者，降职二级；欠五分者，降职三级；欠六分者，降职四级。俱令戴罪督催俱公罪。欠七分以上者，革职公罪。其直隶总督、四川总〈督〉、兼管甘肃巡抚之陕甘总督、顺天府府尹、奉天府府尹督催未完，俱照巡抚例查议。

地丁钱粮二参：

一、直省地丁漕项，并直隶旗租等项钱粮，经征之州县卫所官员及督催各上司均自各本省奏销限满参具题之日起，再限三个月，作为二参起限日期，其二参限满不完者，仍照原例限期参处。

一、地丁钱粮，州县官被参后，再限一年征收，限满不完不复，另作分数，即照原参分数处分。原欠不及一分，年限内不全完者，降一级留任公罪，再限一年催征，如又不完，照所降之级调用公罪；原欠一分，年限内不全完者，降三级调用公罪，若于年限内能上紧催征，仅止一二厘未完者，改为降三级留任，再限一年催征，如又不完，照所降之级调用公罪；原欠二分，年限内不全完者，降四级调用；原欠三分，年限内不全完者，降五级调用；原欠四分以上，年限内不全完者，革职俱公罪。直隶州知州经征本州钱粮，亦照此例处分。

交代初参户部覆文

抚院托①为饬查事。

道光二十一年六月十七日准户部咨，山东司案呈，道光二十一年四月初六日准山东巡抚托咨，据布政使杨庆琛呈称，查前任诸城县知县汪封渭任内交代一案，应以道光二十年十一月初一日现署知县张涵到任之日起限，扣至道光二十一年正月初一日，两个月正限届满。又，张令由新泰县调补诸城县，系一官而有两任交代，例得展限一个月。又，该县钱粮在五万两以上，例得展限十五日。又，仓谷在二万五千石以上，又应加展十五日，统应扣至三月初一日，四个月正展限满。

兹准登莱道咨，据青州府查明，汪令造送交代册开款目诸多舛错遗漏，往返驳查有需时日，以致现署诸城县知县张涵不能依限造册结报，所有此案交代初参迟延职名，系前任诸城县、升补东平州知州汪封渭；督催不力职名，系青州府、现署济南府知府方用仪，现署青州府知府、莱州府同知英桂，登莱青道王镇。相应开报咨参，听候部议。再，青州府知府方用仪系于道光二十年十一月二十二日卸事，现署青州府知府英桂即于是日到任督催，均未满限，合并声明等情。据此，除咨吏部外，拟合咨明等因前来，应将该抚送到诸城县交代初参迟延以及督

① 即托浑布。

催不力各职名移咨吏部查议，仍咨该抚转饬该县，迅速交代清楚，造具册结，送部核办，并查明造报款册清楚，日期如已逾违二参例限，即查取二参职名随案开参，送部核议可也等因。

汇题交代初参部文

抚院托①为题明事。

道光二十一年六月十五日准吏部咨，考功司案呈，吏科抄出，本部汇题前事等因。道光二十一年五月二十七日题，本月二十九日奉旨："宝清共二案，每案着罚俸三个月，余依议。"钦此。相应抄单知照可也等因。

计粘单一纸。

内开：

一件为报明事。

准户部咨称，山东巡抚托以前署茌平县知县李正仪任内交代一案，应将交代初参迟延之旧任官、前署茌平县事试用知县李正仪，照例于补官日罚俸一年；督催不力之东昌府知府祝庆谷，照例罚俸六个月；前任济东泰武临道、今授广西按察使宝清，现署济东泰武临道事、济南府知府觉罗崇恩，均照例罚俸三个月。

一件为报明事。

准户部咨称，山东巡抚托以前署陵县知县〔知县〕李人骥

① 即托浑布。

任内交代一案，应将交代初参迟〈延〉之旧任官、前署陵县事试用知县李人骥，照例于补官日罚俸一年；督催不力之济南府知府觉罗崇恩，照例罚俸六个月；前任济东泰武临道、今授广西按察使宝清，照例罚俸三个月；现署济东泰武临道事、济南府知府觉罗崇恩已于知府任内议处，毋庸再议。

一件为报明事。

准户部咨称，山东巡抚托以前署福山县吕芳楷交代一案，应将交代初参迟延之旧任官、前署福山县事试用知县吕芳楷，照例于补官日罚俸一年；督催不力之署登州府事、莱州府同知英桂照例罚俸六个月，登莱青道王镇照例罚俸三个月。

一件为报明事。

准户部咨，山东巡抚托以前署沂水县张昌任内交代一案，应将交代初参迟延之旧任官、前署沂水县事试用知县张昌，照例于补官日罚俸一年；督催不力之沂州府知府熊遇泰照例罚俸六个月，兖沂曹济道张昌照例罚俸三个月。

查办复参年限部覆

为请旨事。

道光十二年十二月二十七日准户部咨，山东司案呈，道光十二年十一月二十六日准山东巡抚钟①咨称，据布政使刘斯嵋

---

① 即钟祥。

呈称，准户部咨，本部具奏山东省历年应造地丁奏销年限册揭并摊扣曹工已未完银两清册均未送部，请旨严催以重帑项一折。

计粘单一纸。

内开：

查奏销年限一款，例应按年造报。今山东省应造历年二参册揭，屡催未覆，实属玩延，未便任其日久因循，漫无考核，应令山东巡抚速饬该藩司据实妥造送部，以凭核办。其摊扣曹工已未完银两一款，查嘉庆二年曹汛漫工案内挑河帮价，动用投效银一百八十五万九百二十一两零，经前任山东巡抚惠①于嘉庆五年奏明，在于通省各州县养廉内按年摊扣三成归款。嗣于道光六年五月内，据前山东巡抚武②奏报，截至道光五年止，除已经摊扣银九十四万五千八十七两，尚应摊未完银一十九万三百三十两四钱四分一厘，并未经摊完银七十一万五千五百四两三钱二分一厘，经部议覆，仍令照案接扣归款。嗣因未据造报，复经咨令将应摊未完银十九万三百三十两四钱四分一厘，现在已完若干、未完若干，并未经摊完银七十一万五千五百四两三钱二分一厘，自道光六年起至十年止，已摊若干、未摊若干，按年按款分晰造具细册，送部核办。至前项摊完归款银九十四万五千余两，历年作何动用以及造入何年何案册报之处，一并查明报部。

再，查该省尚有随同地丁摊征曹工归还投效银二百七十八万余两，系奏明自嘉庆六年为始，每年应征银二十七万余两，约计十年即可全数摊完。其历年征存动支各数，前因无案可稽，行令抄录原案，并分晰银数，造具细册送部，历次随案行催，并专案咨催各在案。该抚并不将散总各数详细造报，现在此项

---

① 即惠龄。

② 即武隆阿。

扣完及摊完银两实存若干，无凭稽核。窃恐日久延宕，弊窦丛生，殊非慎重款项之道，并令该抚将此案摊扣及摊征银两已完动存各数，一并严饬该藩司迅即详晰造册报部查核等因。

遵查地丁等项钱粮年限一案，自应遵照分年分任挨次列揭造报，以符定例。惟东省历年未经查办之由，系缘嘉庆十四、十九两年清查，仅将亏缺总数奏明，予限追补，部中并无案据，奏销案内仍作未完造报。第既已报亏，年限案内即未便开列后任职名枉罹参处，是以未能查办年限。又，查嘉庆二十三年十二月恭逢恩旨蠲免嘉庆二十二年以前积欠钱粮，各官已无经征之责，而嘉庆二十五年八月二十七日又逢恩诏，一切因公处分，均予免议，是二十二年以前民欠既速恩免，其二十三年以后至二十五年八月以前经征各官即有应得处分，亦在宽免之列，似可毋庸查办年限。又，查嘉庆二十四年蠲免案内，各属造报积欠钱粮，查有官亏误入民欠多豁，亦有将民欠误入官亏少豁，彼此纠缠含混不清。并因盘查案内报亏银两，当时只就本员亏缺总数造报，其着追亏赔银两，亦只照亏赔总数催追，所有年款细数，散在各州县卫所，总未查明汇齐开造。以及盘查前后各员亏缺，应行查办豁免。并有各员完解亏缺银两收存附贮，未经清厘，及道光元年以后交代案内，查出各员亏赔银两，陆续奏参着追，共计一百四十余起，均经奏明，先后查办。核计蠲免、清库盘查及盘查前后豁免官亏，于道光四、五、六等年分案奏结，复将盘查年款于道光八年间逐一覆核，汇总造册，于道光九年四月间具奏。其道光元年以后交代亏缺年款亦经次第查办完竣，但新案亏缺年款未经核定之先，则年限难以开造。又，查道光三年间琦升宪请将嘉庆二十三年至道光二年因灾缓带及民欠钱漕奏蒙恩旨停缓二年，嗣于道光七年间贺藩司①在护院任内，又将道光二年以前停缓积欠，无论已未启征，与三年以后各案原缓、递缓钱漕，统自道光七年以后为始，各按最先年分，递年依次带征一年，复荷谕旨允准。

迨道光九年二月间，琦升宪因道光七、八两年启征道光二年以前积欠钱粮，及道光九年应带之项，已有三年，加以道光三、四、五、六、七、八等年旧欠，及九年应征新赋，共有十年之多，较之道光三年奏准停缓积欠之时，年分又多一倍。又经奏请将各属道光七、八两年秋后业经启征未完道光二年以前旧欠，并道光八年未完钱粮，及九年分应征新赋，共计四年，俱一律照常征收，其应于道光九年秋后依次启征之道光二年以前积欠，并道光三、四、五、六、七等年民欠，及因灾缓征各案钱粮，均缓至道光十年秋后，各按最先年分，递年依次带征一年。而历年以来非旱即水、不雹则虫，或全境之灾，或偏隅之歉，无岁不有，此因积欠钱粮辗转递缓，又未能查办年限。兹奉前因，本司拟自九年查办起，接续按年挨次造报，并同案奉催之嘉庆二年曹汛漫工案内各官摊扣三成养廉，以及随同地丁摊征曹工等案分晰赶紧查造册结申送，拟合先将赶办缘由呈请咨覆户部查照等情，据此拟合咨覆等因前来。

查山东省历年未送奏销年限册揭，前经本部节次咨催，并奏催各在案。兹据山东巡抚咨称，东省历年未经查办年限，系缘嘉庆十四、十九两年清查并嘉庆二十三年恭逢恩旨蠲免二十二年以前积欠钱粮，又于二十四年蠲免案内，查有官亏误入民欠多豁，亦有将民欠误入官亏少豁，彼此纠缠不清。并因盘查案内报亏银两，当时只就本员亏缺总数造报催追，以及盘查前

① 即贺长龄。

后各员亏缺应行查办豁免，并有完解银两未经清理，及道光元年以后交代案内查出各员亏赔银两陆续奏参，先后查办，核计蠲免、清库盘查并盘查前后豁免官亏，于道光四、五、六等年分案奏结。

复将盘查年款于道光八年逐一覆核，汇总造册，于道光九年四月具奏，其道光元年以后交代亏缺年款，亦经次第查办完竣，但亏缺年款未经核定之先，则年限难以开造。又，查道光三年请将嘉庆二十三年至道光二年因灾缓带及民欠钱漕奏蒙恩旨停缓二年，嗣于道光七年又将道光二年以前停缓积欠，无论已未启征，与三年以后各案原缓、递缓钱漕，自道光七年秋后为始，各按最先年分，递年带征一年，复荷谕旨允准。迨道光九年二月，因道光七、八两年启征道光二年以前积欠钱粮，及道光九年应带之项，已有三年，加以道光三、四、五、六、七、八等年旧欠，及九年应征新赋，共有十年之多，较之道光三年奏准停缓积欠之时，年分又多一倍。

又经奏请将道光九年秋后依次启征之道光二年以前积欠，并道光三、四、五、六、七等年〈民欠〉及因灾缓征各案钱粮，均缓至道光十年秋后，各按最先年分，递年依次带征。而历年以来非旱即水、不雹则虫，或全境之灾，或偏隅之歉，无岁不有，此因积欠钱粮辗转递缓，又未能查办年限，拟自道光九年查办起，接续按年挨次造报等语。查道光八年以前未造年限，既据该抚将未能查办缘由逐一声叙，并本部核与盘查蠲免参亏以及奏准停缓各原案均属相符，应毋庸议。仍令该抚将各该年原缓、递缓银两分晰造具清册，送部查核，所有道光九年以后应造年限，即饬该藩司迅速按年接续挨次造具册揭，送部核办。再，同案行催之嘉庆二年曹汛漫工案内各官摊扣三成养廉，以及随同地丁摊征曹工等案银两，亦饬赶紧查明，详造妥册，咨部核办，毋再迟延，致干参办可也等因到院。准此，合就檄行。为此仰司官吏即便遵照，赶紧分晰妥造详咨。毋迟。速速。(东抚钟准咨)

盘查亏缺年款册式

计开

某州县、卫所

嘉庆十九年盘查案内报明，共欠正杂仓捐银若干，内：

某年领款若干；某年领款若干；共银若干。

已奉文拨过某年欠款若干；某年欠款若干；以上共拨过银若干此指盘查案内领款扣拨盘查案内欠款而言。

某年领款若干；某年领款若干；共银若干。

应抵除某年欠款若干；某年欠款若干；以上共抵除银若干。

某年抵款如垫完钱漕及垫支等项，经某员征完已解司库银若干；某年流摊抵款，经某员摊起已解司库银若干；共银若干。

已奉〈文〉拨过某年欠款若干；某年欠款若干；以上共抵除银若干如无解过前项银两，即不必开列。

某年抵款，经某员征完尚未解司银若干；某年抵款，经某员摊起尚未解司银若干；共银若干。

应抵除某年欠款若干；某年欠款若干；某年军需，正副销列抵银若干；抵除某年欠款若干；某年欠款若干；以上共抵除银若干。

某年军需，续摊列抵银若干；抵除某年欠款若干；某年欠款若干；以上共抵除银若干。

某年抵款若干；某年抵款若干；共银若干。

应抵除某年欠款若干；某年欠款若干；以上共抵除银若干。

统共抵除银若干。

实在亏缺银若干，内：

嘉庆十四年以前清查原亏未补银若干，内：某员亏银若干；续抵领款若干；续准抵款若干；共银若干。

应抵除某年欠款若干；某年欠款若干；以上共抵除银若干如无续抵之项，不必开列。

追存外省应东省作正开销银若干；抵除某年欠款若干；某年欠款若干；以上共抵除银若干如无追存外省银两，不必开列。

解存本省司库银若干；已拨某年欠款若干；某年欠款若干；以上共抵除银若干所拨年款已由清库案内饬知。

尚剩亏缺银若干或以节省划赔，或系实亏并已豁、未豁，均应详细注明，内：

原亏某年欠款，经后任某员挪解银若干；抵除某年欠款若干；某年欠款若干；以上共抵除银若干。

前件系指后任垫完官亏而言，现既清厘年款案关达部，必需核实办理，该州、县如有从前禀详奉司批准有案者，应查原垫之员于交代案内列抵何项欠款，逐一开列，听候核办；若并无批准列抵案据，一概不准混入，以杜事后捏造之弊。

下剩亏银若干，内：

某年欠款若干；某年欠款若干；以上共亏银若干。

如亏员不止一人，照前格式挨次开列。

嘉庆十九年盘查案内共亏未补银若干，内：

某员亏银若干；续抵领款若干；续准抵款若干；共银若干。

应抵除某年欠款若干；某年欠款若干；以上共抵除银若干如无续抵之项，不必开列。

追存外省应东省作正开销银若干；抵除某年欠款若干；某年欠款若干；以上共抵除银若干如无追存外省之项，不必开列。

解存本省司库银若干；已拨某年欠款若干；某年欠款若干；以上抵除银若干所拨年款已由清库案内饬知。

尚剩亏缺银若干或以节省划赔，或系实亏并已豁、未豁，均应注明，内：

原亏某年欠款，经后任某员挪解银若干；抵除某年欠款若干；某年欠款若干；以上共抵除银若干。

前件系指后任垫完官亏而言，现既清厘年款案关达部，必需核实办理，该州、县如有从前禀详奉司批准有案者，应查原垫之员于交代案内列抵何项欠款，逐一开列，听候核办；若并无批准列抵案据，一概不准混入，以杜事后捏造之弊。

下剩亏银若干，内：

某年欠款若干；某年欠款若干；以上共亏银若干。

如亏员不止一人，照前格式挨次开列。

以上总撒各数，务须针孔相符。（道光六年二月发十府二州）

查办曹工三成部文

为查明事。

道光十四年五月二十七日准户部咨，山东司案呈，先准山东巡抚钟①咨称，据布政使刘斯嵋呈称，准户部咨称，具奏山

① 即钟祥。

东省摊扣曹工已未完银两一款，查嘉庆二年曹汛漫工案内挑河帮价，动用投效银一百八十五万九百二十一两零，经前任山东巡抚惠龄于嘉庆五年奏明，在于通省各州县养廉内按年摊扣三成归款。嗣于道光六年五月内，据前任山东巡抚武隆阿奏报，截至道光五年止，除已经摊扣银九十四万五千八十七两，尚有应摊未完银一十九万三百三十两四钱四分一厘，并未经摊完银七十一万五千五百四两三钱二分一厘。当经臣部议覆，仍令照案接扣归款。嗣因未据造报，复经臣部咨令将应摊未完银一十九万三百三十两四钱四分一厘，现在已完若干、未完若干，并未经摊完银七十一万五千五百四两三钱二分一厘，自道光六年起至十年止，已摊若干、未摊若干，按年按款分晰造具细册，送部核办。至前项摊完归款银九十四万五千余两，历年作何动用及造入何年何案册报之处，一并查明报部。

再，查该省尚有随同地丁摊征曹工归款投效银二百七十八万余两，系奏明自嘉庆六年为始，每年应征银二十七万余两，约计十年即可全数摊完，其历年征存动支各数，前因无案可稽，行令抄录原案，并分晰银数，造具细册送部，历次随案行催，并专案咨催各在案。该抚并不将散总各数详细造报，现在此项扣完及摊还银两实存若干，臣部无凭稽核，恐日久延宕，弊窦丛生，殊非慎重款项之道，并请敕下该抚，将此案摊扣及摊征银两已未完动存各款，一并严饬该藩司迅即详细造册报部查核。俟命下之日，臣部行文山东巡抚钦遵办理。所有臣等核催缘由，谨奏。道光十二年七月二十七日奉旨：“依议。”钦此。相应抄录原奏，移咨山东巡抚查照等因。

查东省嘉庆二年曹汛漫工案内挑河帮价，动用投效银一百八十五万九百二十一两零，前于嘉庆五年蒙前抚部院惠①奏明，在于通省各府、州、县养廉内，以嘉庆六年为始，按年摊扣三成归款。嗣经前司全保详明，通省各官原有正署之分，按照食整廉者整扣、食半廉者半扣，其不敷扣银数递年接摊，以足一百八十余万之数等因。遵照各在案。计自摊扣以来，历今三十余年总未查办。溯查从前未经造报之由，原以此项银两每年支食廉银若干，即应扣三成若干，按照任卸日期查核，原无虞混淆。嗣奉部饬取各官应支养廉等项细数清册，于嘉庆十五年为始，按年造送报查。其动支各款，亦于历年春、秋二拨及专案造报有案。惟各州县应支养廉，道光三年以前系由耗羡项下坐支，所有应扣三成银两，虽经随时提解，究不免有拖欠。交代案内，或已入交经后任亏缺者，或未交清经后任禀追者，又或以领款、垫款等项辗转交抵者，条目不一，头绪极为纷繁。并于嘉庆十四、十九等年两次清查案内造报之册，系同正杂钱粮并计总数开列，统除统算，不能将三成一项单款指出。迨至道光七年奏办年款随有覆核，虽又分晰造册，又有专参各案及交代案内与盘查牵扯之处，是以未及查办。兹奉户部节次奏催，若不赶紧核定，势必年复一年，案无结期。随督饬谙练经书将一切卷宗吊赴内署，澈底报查核明，何年应行摊扣若干、已完若干、未完若干，其已完银两历年作何动用及造入何年何案册报之处，一面由司造册，一面拟定格式，饬发各属开造年款细册，送司两相核对，遇有不符之款，随时签查更正。复又将各府、州、县已完之项按照库查各簿并解文收稿各案逐细核对，兹已按款核明造具府、县每年应扣已未完分任、分人细款清册，及各案报亏银两应如何追补细数，及历年以来各案动支银两存

① 即惠龄。

库各确数应造总册，均已完竣。计自嘉庆六年起，至道光十年止，通省各府、州、县共额扣三成养廉银一百四十八万一千九百四两，内除新泰等十九州县系属苦缺，于道光七年六月二十八日奉文停扣起，至道光七年底止，共应免扣银三千二百九十四两一厘，下剩应扣银一百四十七万八千六百四十五两九钱九分九厘，内除缺廉项下不扣银一十三万六千三百八十七两九钱七分四厘，实应扣银一百三十四万二千二百五十八两二分五厘。又前署巨野县周汝雍、栖霞县李澍田等署军营差缺，由司支领养廉银，应扣银一百六十八两四钱九分九厘。二共银一百三十四万二千四百二十六两五钱二分四厘，内已完解司银八十五万三千六百三十六两五厘。

又，误收陵县及长收曲阜、诸城等处银一百八十九两一分六厘，系应扣还归款之项，统共已完银八十五万三千八百二十五两二分一厘。截至道光十年年底止，共动支银七十六万四千六百六十七两四钱三分一厘，均经专案并于历次春、秋二拨案内造报，计应存库银二万五千五十二两五分五厘，已于道光十一年春拨案内造报。

又，道光十年以后新收十年以前银六万四千一百五两五钱三分五厘，亦于道光十一年秋拨，并十二、十三等年春、秋二拨，及应俟造入十四年春拨等案细款册内开报，及追存外省应请作正开销银二千一百二十九两四钱八分九厘。

又，盘查及专参各案内报明亏缺，及奉文豁免应行归补作正开销，并领垫、流摊各款，应俟核拨解补，同另案奏追，专案豁免等项共银四十万四千五百七十二两二钱一分三厘，均经分别造报，仍应各归各案分别核结外，下剩未完银八万二千八十八两八钱一分七厘，内除耗羡项下应支养廉未及扣解，业经奉文缓征，应俟启征之日，征出扣解以及领款列抵。因现无本款，应俟本款充裕，核拨归补等项银九千六十两二分，仍未完银七万三千二十八两七钱九分七厘，内应请咨追外省银五万一千八百七十四两六钱八分六厘，应由本省着追银二万一千一百五十四两一钱一分一厘，除将在东各员欠解银两勒限严催完缴外，拟合逐一查明，分别造具细款清册，呈请咨送户部查核，及分咨转饬着追完交，就近报拨，移覆东省知照。

又，摊征曹工帮价一案，亦已随同各该年地丁钱粮，于各该年奏销册内，将摊征已未完并动支存库各细款按年造报各在案。

又，查部文内开，前次摊完归款银九十四万五十余两历年作何动用以及造入何年何案册报之处，查前项银两内有盘案内报亏，及专参各员亏缺列抵，及另案追缴之项，即在现行开报盘查参案四十万四千五百七十二两二钱一分三厘之内计。截至道光五年止，实只已完解司银五十七万六千四百九十八两三钱八分四厘，即现行开报截至道光十年止，已完解司银八十五万三千八百二十五两二分一厘之内。其截至道光五年完解司库动用银两亦即在现行开报，共支银七十六万四千六百六十七两四钱三分一厘之内，合并声明等情。据此，除分咨饬追外，拟合咨送等因。

随将册开支给各营修制军械等款、津贴等款银两开单移咨工部去后。今道光十四年三月二十八日，准工部咨覆前来。查东省嘉庆二年曹汛漫工案内挑河帮价，动用投效银一百八十五万九百二十一两零，经前任山东巡抚惠于嘉庆五年奏明，在于通省各府、州、县养廉银内，以嘉庆六年为始，按年摊扣三成归款。嗣于道光六年五月内据前任山东巡抚武①奏报，截至道

① 即武隆阿。

光五年止，除已经摊扣银九十四万五千八十七两，尚有应摊未完银一十九万三百三十两四钱四分一厘，并未经摊完银七十一万五千五百四两三钱二分一厘。当经议复，仍令照案接扣归款。嗣因未据造报，复又经本部奏咨，行令将应摊未完银十九万三百三十两四钱四分一厘，现在已完若干、未完若干，并未经摊完银七十一万五百四两三钱二分一厘，自道光六年起至十年止，已摊若干、未摊若干，按年按款分晰造具细册，送部核办。至摊完银九十四万五千余两，系作何动用以及造入何案册报，一并查明报部去后。兹据该抚分别造具细册送部前来。查册开额扣银两，并未将每年额扣若干内除苦缺免扣，并缺廉项下不扣，实应扣各若干，按年分晰开列简明散总数目。

又，完解司库银两，亦未将某年完解若干入于何年何季册报，按年详叙。又，支给各案工程银两，并未将何年、月、日估报请销之处逐一声叙。

又，委解部饷、协饷各项银两，亦未据声明入于何年、何案内造报。又，追存外省及部库银两，并未将何年、月、日奉准何省咨报及奉部知照原案声叙，至盘查专参案内奏豁银两，亦未将内系何任何员于何年、月、日奉准豁免逐一详叙。

又，应接扣二成养廉归补，及查抄什物变价，以及领款、列抵、流摊等款，追补垫办军需就款开除等项银两，亦未将何员何款何年、月、日奉准部咨并入于何案造报之处一一声注。以上各款均难稽核，相应按款于原册内粘签钤印，仍送回该抚遵照签驳，转饬逐一查明，另造简明详细妥册，同粘签原册一并送部以便核办。

再，前次奏报截至道光五年止，摊完归款银九十四万五千余两。查从前奏报案内，系业经摊扣银两，何以此次文内声称有盘查专参各款银两，其中难保无挪移、影射、不实情弊，应令该抚据实详查，分别五年以前、五年以后完欠收支各款，详细开造，毋得历年并计，以符奏案。各员欠解银两，仍咨该抚赶紧严追完报。其外省各员欠解银两，照册开单，行文各该都统、督抚、顺天府尹，一体在于各该员及家属名下分别勒限严追，完项报部。

又，摊征曹工帮价一案，虽据声称已随同各该年地丁钱粮奏销案内，将摊征已未完并动存各数按年造报，惟某年奏销案内应摊若干、已完若干、未完若干，并动支存库各若干细数清册未据造送，无凭核对，应令详细妥造，送部查核，以昭慎重。再，投效银两，从前原收若干内动用，若并有无归还以及现在存贮若干，并令该抚查明，据实报部。毋任延缓可也。

买补驿马

中、东二路德州等一十九州县额设驿马一千九百七十一匹，复给粮佥买马银二万四百四十七两五钱五分二厘，奉文在于各州县地丁银内自支。又于康熙五十七年九月内，在请酌定驿马倒毙分数以杜冒销钱粮等事案内奉文，自康熙五十七年为始，额设驿马十分之内倒毙不许过三分，其买补驿马银两仍动支额银开销，其余剩并自今节省银两移交户部。又于雍正四年五月内，在敬陈管见事案内奉文，泰安县添马三十匹，倒毙买补银两在于该县粮佥银内一统造报。又于雍正六年三月内，在请酌繁简以均夫马事案内奉文，将济宁州、临清州共减马四十匹，添补泰安县改设腰站供差，如有倒毙，归入该县粮佥项下买补报销。又于雍正七年十二月内，在奏闻事案内奉文，路当孔道，离县穹远，各州县不能亲身料理所有马匹钱粮，自雍正八年为始，归并驿丞管理等因。又于乾隆十四年八月内，在遵旨议奏事案内奉文，将铜城等八驿驿丞裁汰，所有马匹钱粮归县管理等因，遵奉在案。以上共马二千四十一匹内，又于乾隆十七年四月内，在请改设腰站等事案内奉文，泰安县拨马十匹驻于夏张腰站应差外，实在驿马二千三十一匹。又于乾隆二十三年十二月内，在议奏事案内奉文，裁去驿马二百八十三匹，解赴直隶交收外，实在驿马一千七百四十八匹。又于乾隆五十三年十月内，在于遵旨等事案内奉文，买马银两由臬司衙门赴藩库支领转发。又于嘉庆四年六月内，在于推广皇仁事案内奉文，买马银两仍由各州县征存地丁银内坐支，自嘉庆五年春季为始，仍照旧造报。至倒马皮脏变价银两，仍令归入地丁造报等因。

驿站奏销司总册首叙历年部文，已另抄

旧管：

一、道光十七年分，夫马驴头小建银一千八百二十九两六钱六分三厘；余剩谭城等旱驿供应中伙廪粮银五百八两四钱二分七厘；余剩安德等水驿供应中伙廪粮银一百二十七两八钱一分八厘；截旷银五两九钱一分六厘；驴头闰月银一十二两；核扣德州厂车夫银九十两；核扣德州供廪银四十两；核扣历城县供廪银七百一十五两；核扣济宁、临清二直隶州供廪银五百八两五钱；外中、东二路德州等州县驿并李家庄、垛庄二驿皮脏变价银二百七十六两。

新收：

一、道光十八年分各州县驿除奉裁外，现在走递夫马工料连闰等项，遵例卷尾共银一十四万一千六百七十五两六钱六分五厘内，于详请等事案内。道光十八年因肥城等县麦禾被灾，钱粮缓征，其驿站夫马工料银两无项动支，准其在于司库耗羡银内借给等因，遵奉在案。今肥城、章丘、陵县借支耗羡银九百八十七两五钱三分五厘，作为夫马工料等银用，俟开征之日催征还项，理合声明。又奉文外收道光十八年分拨补不敷闰月银六千六百五十五两五钱八分七厘，又奉文买马粮佥银二万四百四十七两五钱五分二厘。以上通共银一十六万八千七百七十八两八钱四厘。

开除：

一、支道光十八年分济东道、兖沂道、登莱道所属济南等十府二州属州县驿走递马二千五百五十四匹八分，每匹日支草料银五分，一岁三百八十四日计算，共支额设并拨补不敷闰月实征并借支银四万九千五十二两一钱六分。

一、走递驴一百五十六头，每头日支草料银二分五厘，一岁三百八十四日计算，共支额设并拨补不敷闰月实征并借支银一千四百九十七两六钱。

一、走递马夫一千三百五十六名，一岁三百八十四日计算，共支额设并拨补不敷闰月实征并借支银一万七千一百一十八两五分七厘。

一、抄牌六十三名半，一岁三百八十四日计算，共支额设并拨补不敷闰月银八百一十二两七钱九分三厘。

一、飞递公文马夫四十九名，一岁三百八十四日计算，共支额设并拨补不敷闰月银六百一十九两七钱五分七厘。

一、医兽二十名半，岁支工食银二百四十两六钱七厘。

一、走差水夫二千二百五十四名，一岁三百八十四日计算，内除告病告退水夫二十四名，截旷二百二十一日，银两数目另贮实在项下起解外，共支额设并拨补不敷〈闰〉月银二万四千二十一两八钱九分三厘。

一、走递白夫三千七百四十八名三分，一岁三百八十四日计算，共支额设并拨补不敷闰月实征并借支银四万七千一百五十四两三钱七分九厘。

一、棚厂、槽铡、锅油、煮料、柴值、鞍屉、笼绳、什物等项，计递马二千五百五十四匹八分，驴一百五十六头，折马七十八匹，共计马二千六百三十二匹八分，照河南例，每马每年支银一两一钱三分七厘，除医兽另款支销外，共支实征并借支银二千七百五十二两八钱八分七厘。

一、安德、谭城、龙山、崮山、长城、杨柳、桃园、刘普、晏城、昌平、新嘉、郓城、界河、滕县、临城、东原、新桥、旧县、铜城、红花埠、徐公店、李家庄、荏山、鱼邱、垛庄、太平二十六旱驿留存中伙廪粮支销银八百六十七两三钱九分七厘。今准济东道、兖沂道据济、兖、东、泰、沂五府册开，共应付差使四千五百二十三起；廪给二百二十六分，用过银三十二两六钱；口粮五千三百四十一分，用过银二百六十七两五分；饭食四百七十四分，用过银二十三两七钱。以上共用过银三百二十三两三钱五分。

一、安德等十四水驿留存廪粮支销银一百二十八两二钱一分八厘。今准兖沂道据济宁州册开，共应付差使十一起，口粮八分，用过银四钱。以上共用过银四钱。

一、道光十八年分济宁、临清二直隶州供廪银五百八两五钱，据该州册报并未动支，理合登明。

一、裁存李家庄、垛庄二驿买马，据沂州府册称，共倒马三十匹，共买补马三十匹，共用价银二百九十七两，外皮脏变价银一十五两。

一、道光十八年分东平州已复原额，河院船夫工食银六十两，据泰安府册报，东平州于道光十八年十月二十八日差役杜文华解赴河院上纳讫，批回该州附卷。

一、道光十八年分中、东二路德州等州县驿粮佥买马银二万四百四十七两五钱五分二厘，在于各州县地丁银内自支。于道光十九年五月内准布政司移咨册内开，康熙五十七年定例，额设驿马十分之内，倒毙不许过三分，其买补马匹银两，仍动支额银开销。今据德州等州县共倒马五百二十二匹，共买补马五百二十二匹，共用价银五千一百五十七两五分。以上共支银一十四万九千一百七两九钱三分三厘。外皮脏变价银二百六十一两，未用银一万五千二百九十两五钱二厘，仍以地丁起解，毋庸算为买马余剩，理合登明。

一、外，历城县西关递运所应付送齐河县解银差使八起，额夫不敷，外雇民夫一千四百九十二名，计程四十里，按每百里一站给银一钱之例，共支夫价银五十九两六钱八分。又，应付送长清县解银差使十三起，额夫不敷，外雇民夫一千二百五十名，计程七十里，按每百里一站给银一钱之例，共支夫价银八十七两五钱。以上共支夫价银一百四十七两一钱八分，应遵奉部覆，在于地丁银内给领还项，理合声明。

一、外，万家、〈河〉桥、南城、开河、安山、荆门、崇武、清阳、清源、渡口、甲马营、梁家庄、安德、良店等十四水驿，道光十八年分应付江西解木乙字第二百八十四号勘合差使用夫二百四十名，额夫不敷，各驿外雇民夫七十九名，共计程一千五十里，按每百里一站给银一钱之例，共支夫价银八十二两九钱五分。又，万家、河桥、南城三水驿应付江宁解木邮字九号勘合差使用夫一百八十名，额夫不敷，各驿外雇民夫一十九名，共计程二百八十里，按每百里一站给银一钱之例，共支夫价银五两三钱二分。又，万家、河桥、南城、开河、安山、荆门、崇武、清阳、清源、渡口、甲马营、梁家庄、安德、良店等十四水驿应付云南运铜邮字二十一号勘合差使用夫一百七十六名，额夫不敷，各驿外雇民夫一十五名，共计程一千五十里，按每百里一站给银一钱之例，共支夫价银一十五两七钱五分。又，万家、河桥、南城、开河、安山、荆门、崇武、清阳、清源、渡口十四水驿应付湖南解木甲字六十五号勘合差使用夫二百四十名，额夫不敷，各驿外雇民夫七十九名，共计程七百五十里，按每百里一站给银一钱之例，共支夫价银五十九两二钱五分。以上共支夫价银一百六十三两二钱七分，应遵奉部覆，在于地丁银内给领还项，理合声明。

一、外，德州道光十八年十一月初一日应付新放福州副都统额①眷口赴任车七辆，自山东德州首站起，至江南峒峿驿接站止，计程一千二十四里，每辆每百里给银一两，共折给车价银七十一两六钱八分。又于十二月三十日应付新放京口副都统于②眷口赴任车七辆，自山东德州首站起，至江南铜山县利国驿接站止，计程八百一十四里，每辆每百里给银一两，共折给车价银五十六两九钱八分。以上共支车价银一百二十八两六钱六分，应遵奉部覆，在于地丁银内给领还项，理合声明。

一、应解道光十七年分夫马驴头闰月银四千四百三十七两五分八厘；夫马驴头小建银一千八百二十九两六钱六分三厘；余剩谭城等旱驿供应中伙廪粮银五百八两四钱二分七厘；余剩安德等水驿供应中伙廪粮银一百二十七两八钱一分八厘；截旷银五两九钱一分六厘；驴头闰月银一十二两；核扣德州厂车夫

---

① 即额勒金。

② 即于兆祥。

银九十两；核扣德州供廪银四十两；核扣历城县供廪银七百一十五两；核扣济宁、临清二直隶州供廪银五百八两五钱；外中、东二路德州等州县驿并李家庄、垛庄二驿皮脏变价银二百七十六两。以上据各府州册称，遵文应解布政司。

实在：

一、道光十八年分夫马驴头小建〈银〉二千一百九十九两九钱六分八厘；余剩谭城等旱驿供应中伙廪粮银五百四十四两四分七厘；余剩安德等水驿供应中伙廪粮银一百二十七两八钱一分八厘；截旷银六两一钱三分五厘；驴头闰月银一十二两；核扣德州供廪银四十两；核扣德州厂车夫银九十两；核扣历城县供廪银七百一十五两；核扣济宁、临清二直隶州供廪银五百八两五钱；余剩马白夫闰月银七十五两五分七厘；余剩范县白夫闰月银一两三分三厘；余剩水夫闰月银六十两八钱一分一厘。以上共实存银四千三百八十两三钱六分九厘。外中、东二路德州等州县驿并李家庄、垛庄二驿皮脏变价银二百七十六两。以上据各府州册称，遵文应解布政司，其完欠细数年终另由藩司汇册造报，理合声明。

札饬赴登防堵弁兵、跟役人等酌给盐粮一案初次院文

为檄行事。

据登莱青道王镇禀称，本月初七日接奉宪札，以登属海口防堵英夷，先后札调登、兖两镇各营官兵前往协守，各兵每日酌给饭食盐菜制钱一百文。其领兵将官自参游以下至都司、守

备，职分较崇，无论现任、候补，统应责令自备资斧效力。千把总以下至额外外委，均系微末穷员，自应酌给薪水银两以资津贴。饬令职道核明在事，千把总以下共若干员，分别现任、候补酌给薪水银两，其酌给之数只准较兵丁略优，毋得过滥，统由职道核定数目，汇给各营领兵官自行支放，仍先将核定数目移咨登镇，通行各营将领转饬遵照，事竣汇册报销，其本营本汛员弁均不在内，合并饬知等因。

遵查《军需则例》，千总月支盐菜银二两，跟役三名；把总、外委各月支盐菜银一两五钱，把总跟役三名，外委跟役二名；兵丁月支盐菜银九钱，加给四钱，共一两三钱。今兵丁每日酌给饭食盐菜制钱一百文，每月应支制钱三千文，按现在银价，制钱三千文约值银二两。今千把总以下酌给薪水，准较兵丁略优，则酌给总在二两以上。查千把、外委等员，既蒙体恤微末穷员，优给薪水，则该员等随行之跟役，亦未便令其枵腹奔走，应请把总、外委每日薪水，照兵丁制钱一百文，酌加五十文，每月合酌给银三两；千总每日薪水，照把总、外委制钱一百五十文，酌加五十文，每月合酌给银四两。千总、把总例准跟役三名，外委例准跟役二名，每名每日酌给口粮制钱六十文，折银四分，每月共酌给银一两二钱以上。千把总、外委薪水暨跟役口粮，均汇给各营领兵官自行支放，在千把总、外委酌给薪水，已比兵从优，而该员等跟役酌给口粮，亦借堪果腹。

至现在调派文登、莱州、青州、寿乐等四营兵四百五十名，领兵之千总二员、把总三员、外委六员，共十一员。其兖州、泰安、武定各营奉调文内，只有将备姓名，并无千把以下姓名，俟该弁等领兵到登查照，现在核定薪水数目，一律支给。至领兵将官自参游以下至都司、守备，职分较崇，无论现任、候补，应责令自备资斧效力，并本营本汛员弁不准支给薪水，均遵照宪札办理。除职道核定千总以下各员弁薪水数目，由职道汇给各营领兵官自行支放，仍先将核定数目移咨登镇，通行各营将领转饬遵照外，谨将遵札核议缘由具禀钧鉴等情到本部院。据此，除禀批示外，合就檄行。为此仰司官吏，即便查照转移奉调各营将领，将该道汇给各项银两按照议定章程核实支放，毋稍克减。至本部院现带之省城三营兵五百名并东昌、临清、德州、高唐等营兵五百名应给饭食盐菜，并领兵之千把总以下至额外外委应给薪水，亦俟该弁兵等到登后，照此章程一律核给，统俟事竣由营造册汇案报销。毋违。此札。（二十年七月廿一日奉抚院托①札）

前案二次院文

札布政司知悉。案照前因，英夷匪船驶入东洋，经本部院奏明，酌调兖、曹二镇及省标各营官兵赴登、莱各属海口协防，所需经费先后酌提司库银三万二千两，发交登莱青道设局支放。其官兵沿途经过支应口粮、车价及运送炮位、火药，均饬该州县先行筹款垫发，事竣听候核示在案。兹据登莱青道详称，防所支放银粮由该道汇册报销，经过各州县支应来回兵差，请饬该州县自行造册详销等情到本部院。据此，除批饬该道将防所支放各款造册咨送该司汇案核销外，其经过各州县应销各款，恐各属办理未能画一，任意浮冒，自应由司查照嘉庆十八年军需准销成案，核定条款，通饬遵办，俾免临时往返驳查，致繁案牍。至前提银两虽经奉旨准予动支，惟现计用款尚不止此三万二千两之数，且此次调往官兵只系就地防守，与实在军需有

---

① 即托浑布。

间，国家经费有常，未便遽请作正开销，似应仿照嘉庆十八年军需副［准］销成案，于通省各官扣廉二成归补较为简易，合亟抄详饬议。札到，该司立即查明兵差经过各属应销各款，迅速妥议章程，详候通饬遵照，饬令赶造销册，同登莱青道造送防所支销册一并由司汇核报销。其所需银两，扣廉归补是否可行；并前提银两内有公捐书院经费及义仓谷价等款，若俟扣廉归补，有需时日，应否同不敷之项统由司库暂借杂款，先行拨还，亦即分晰筹议，详候具奏，毋稍迟延。特札。（二十年九月二十八日抚院托札）

计粘抄登莱〈青〉道详一纸。

内开：

为详请示遵事。

窃查英夷兵船，前因拦入外洋游奕，乘风北驶，仰蒙宪台调派各营官兵，驰赴登、莱沿海一带择要分防。当以登州为郡城要地，宪台亲临督防；派济南城守营参将托金太带官兵一百三员名，扎营田横寨；临清协副将广太带官兵一百三十七员名，扎营太平湾；兖中营游击富森泰带中、右两营官兵二百九十一员名，台庄营守备李功带兵四名，均扎营抹直口；泰安营守备王天宠带官兵一百二十一员名，扎营西山口；高唐营守备刘桂茂带官兵一百三十八员名，扎营水城。此七营官兵七百九十五员名，巡防登州海口，应支银粮均由职道公局就近支发。又以荣成县为海疆最要，派拨省标右营游击三星保带左、右两营官兵三百九十九员名，文登协副将瑞福带官兵二百三员名，青州营千总高殿四带官兵一百五十四员名，寿乐营千总唐佐清带官兵五十二员名，此五营官兵八百八员名，巡防荣成县海口，应支银粮由职道公局拨发银两，委署莱州府同知钟光裕赴荣成照章支发。

其次，文登县之威海卫，先调宁福营兵丁四十名巡防，嗣调武定营游击娄世塑带官兵一百二十三员名驰抵威海，宁福营兵丁仍令回防宁海州城。

再次，福山县之芝罘岛，派德州营守备哈兴隆带官兵一百员名扎营巡防。

又次，胶州之塔埠头、淮子、青岛等口，派梁山营都司李明祥带兵十名，东昌营千总金廷选、把总孙毓龄等带官兵一百二十四员名分所巡防。

又次，掖县之海庙，先因省西各营官兵尚未到登，先调莱州营把总乔贞祥带官兵五十二员名巡防登州，嗣兖标中、右两营官兵过莱暂留防海庙，令把总乔贞祥带兵回莱，即调兖标中、右两营官兵来登分防抹直口。此七营官兵应支银粮均经职道由公局发银，分饬胶州、掖县、文登、福山等州县照章支发。今各营官兵次第凯撤，其防所支发银粮若由该州县报销，恐致款目纷歧，且均系公局先发现银支发，自应统归职道公局查照嘉庆十八年军需报销奉部准销章程核实报销，以归简易。其各州县供支来回兵差、车辆、骡马、兵丁、口粮，仍归该州县造册径送藩司汇案报销。谨将荣成、胶州、掖县、文登、福山等州县防所支发官兵银粮统归职道核实报销缘由，是否有当，仰恳宪台查核批示祗遵。

再，登标中、右两营官兵扎营城外海岸，虽系防守本汛，例不准支盐菜，而该兵丁已离本营，与离营只支口粮粟米八合三勺或支面一斤之例相符。前经登标中营游击塔清阿筹借制钱一千五百千文，按日散给，禀蒙宪鉴在案，兹已由公局将塔游击借款归还，所有前发之制钱一千五百千文，即由应支之口粮粟米等项下核销，合并声明。为此具呈，伏乞照详施行。

派摊解饷津贴济南府原详

为请定摊派解饷津贴章程以昭平允事。

窃查东省每年起解京饷、甘饷以及南河饷银，自一百数十万至二百余万不等，其所需委员津贴约共用银一万数千两，历系随时指缺派摊，并无一定章程，致有连年奉摊者，甚有一年之内摊及两次者，并有数年摊不及一次者，未免苦乐不均，殊未平允。且每逢起解饷银，一面委员领解，一面派摊津贴，待津贴解齐，必须一月或四十余日之久，亦多守候耽延，设逾定限，有干例议。自宜立定章程，期于公事有裨。今卑府悉心筹酌，拟将通省州县按其缺分优劣，分为五等，除下缺博山等二十八州县缺分清苦，又历城系省会首邑，差务殷繁，均免其摊派外，上缺济宁等二十七州县，每处派银三百两，共八千一百两；上中缺淄川等二十一州县，每处派银二百两，共四千二百两；次中缺莒州等十六州县，每处派银一百两，共一千六百两；下中缺滋阳等十四州县，每处派银五十两，共七百两。以上通共派银一万四千六百两。即以此数为率，在于各州县解存养廉内预为扣存，随时按数支给委员领解，倘有不敷，再行续摊；如有多余，归入下届扣摊。似此酌定章程，苦乐既均，捐输较易，而起解亦免守候耽延，洵于公事有裨。是否有当，理合开具派摊缺分银数清折详请宪示祗遵。为此备由具申，伏乞照详施行。

批：据详，东省起解各饷委员津贴立定章程，在于各州县解存养廉内预为扣存，随时按数支给委员领解，系为摊派不均并委员守候耽延起见，事属可行。惟每年派银一万四千六百两，究竟何项饷银每万两需津贴银若干，并何以必需津贴如许之多，仰再确切查明，另行详办，以凭核转。此缴。清折存。（十八年六月署藩司李[①]批）

前案济南府覆详

为详覆事。

案蒙宪台批，卑府具详请定摊派解饷津贴章程缘由，蒙批，据详东省起解各饷委员津贴云云等因到府。蒙此，遵查东省每年起解各项饷银内，南河饷每万两津贴银二十两，惟京饷、甘饷两项每万两各津贴银一百两，缘京饷委员赴部院各衙门投文交纳，向有应交部费等项，而甘饷程途过远，盘费甚巨，均系必不可少之数，是以酌银一万四千六百两，约计遇起解饷银较多之年恐尚不敷，应请随时续摊。缘奉饬查，合再据实详覆宪台察核示遵。为此备由具申，伏乞照详施行。

批已据情转详抚院矣，仰俟奉到院批，另行饬知。此缴。（七月十一日批）

又由司详奉院批，查解饷委员津贴银两，历系指缺派摊，并未摊及通省，自系通省缺分优绌不同，而津贴必派于较优之缺。此时若摊及通省，在本应年摊之缺银数减少，固属易于捐输，惟从未摊〔摊〕之缺骤增，捐款未免措办竭蹶，所详似未允协。仰即转饬查明历年以来某某等若干州县曾经派摊，某某等若干州县未经派摊，仍将曾经派摊之州县，按照道光七年核定缺分等第，分别摊银数另行妥议，由司覆核详夺。毋违。缴。折存。（七月

① 即李宗传。

初十日抚院经①批，随即转行会同九府二州议详）

前案十府二州会详

为遵札会议详覆事。

案蒙宪札，以卑府夔堂②议详解饷委员津贴章程一案，事属摊派通省，应会同各府州妥议详办，其折开所定缺分亦尚有未允之处，饬即酌更详夺等因。蒙此，遵即移会卑府庆谷③等公同核议得，各项饷银津贴向无定章，随时指缺派摊，或派五百，或派千两，为数既多，且有连年重叠派摊，并有数年中摊不及一次者，实觉苦乐不均。卑府夔堂前议原为体恤各州县起见，各属亦无不乐从，应请转详抚宪，即照前详俯准，以均苦乐，实为公便。至原开缺分折内，卑府等覆加商酌，应请将上中缺之滕县、曹县二处改入次中缺内，每处派银一百两；次中缺之兰山、蒲台、金乡、菏泽等四处改入下中缺内，每处派银五十两。统计减银四百两。俟各饷全数起解，如有不敷，再照更定缺分续摊。是否允协，理合另开清折，会衔详请宪台察核转详。为此备由具申，伏乞照详施行。济南府侯夔堂、东昌府祝庆谷、兖州府岳龄、泰安府崇恩、沂州府熊遇泰、武定府方熙、曹州府潘尚楫、登州府英文、青州府方用仪、莱州府萧炳椿、济宁州徐宗干、临清州李天锡等会详

由司详奉抚院如详饬遵。缴。折存。（八月奉经抚批）

计开：

上缺州县：济宁、临清、德州、东平、胶州、高唐、濮州、济阳、泰安、惠民、商河、恩县、章丘、陵县、汶上、阳谷、

---

① 即经额布。

② 即侯夔堂。

③ 即祝庆谷。

单县、馆陶、冠县、诸城、即墨、乐陵、肥城、阳信、平原、东阿、堂邑。以上二十七处每处三百两，计派银八千一百两。

上中缺州县：历城、淄川、长清、齐东、丘县、宁阳、峄县、莘县、荣成、长山、禹城、青城、滨州、费县、博平、清平、莱阳、朝城、德平、武城。以上二十处除历城不摊外，每处二百两，计派银三千八百两。

次中缺州县：莒州、利津、邹县、郓城、齐河、临邑、掖县、夏津、曲阜、聊城、潍县、益都、滕县、曹县。以上十四处每处一百两，计派银一千四百两。

下中缺州县：滋阳、平度、城武、新城、平阴、日照、茌平、乐安、邹平、郯城、安丘、沂水、博兴、寿光、兰山、蒲台、金乡、菏泽。以上十八处每处五十两，计派银九百两。

下缺州县：博山、昌邑、定陶、临朐、福山、观城、高密、莱芜、泗水、黄县、范县、蓬莱、宁海、新泰、海丰、巨野、沾化、蒙阴、高苑、昌乐、临淄、栖霞、招远、文登、海阳、鱼台、嘉祥、寿张。以上二十八处不派。

前案司札

札某知悉。案蒙巡抚部院兼理盐政经①批，本属司详据该某会议呈详派摊委解各饷津贴银两缘由，蒙批，如详饬遵。缴等因到司。蒙此，查委解各饷，按照例给盘费本属不敷，是以历来议给津贴，在于缺分较优之处酌量摊派。因无一定章程，有一年而摊及两次者，又有数年而并未轮派者，并有缺分非优而亦派及者，殊非核实办公之道。且一经奉文拨解津贴，未能

① 即经额布。

即时给领，即不能依限起程，或奉大部咨查，或奉各省咨催，应拨之饷缓不济急，关系诚非浅鲜。今该府等公同酌议，按缺分之大小定津贴之多寡，较道光七年原定缺分章程量为变通，在本应摊派之区，不虞重复派累，即向未议摊者，而岁捐无多，亦属易于措办，除本年曾经摊解各属不计外，其未摊之处按照单开银数，暂行由司查款扣收。另札饬知补送批领，一至来岁即应由各该州县按数解司，以便随时支用，奉批前因，合行马递转饬。札到，该某立即遵照并转饬所属知照。此非寻常摊捐可比，该某务须照依单开数目，严提解司，毋任短绌，致干未便。切切。（行十府二州。八月李署司①札）

常平仓谷奏销案内各项款目

常平仓谷奏销案内应入新收各项款目：买补平粜、征还出借、征还缓征孤贫借动仓谷、买补德州满营兵借、青州满营兵借、抚标二营兵支谷石、派买缺额、买补亏案领款列抵。

应入开除各项名目：平粜仓谷、出借仓谷、缓征孤贫借动仓谷、抚标二营兵支仓谷、德州满营兵借仓谷、青州满营兵借仓谷、盘查流摊列抵、节省划赔、历任亏缺已造报年款报部，有案在。

不应入开除各项款目：汛兵借谷、交案短交仓谷应将价银解司者。

前二件部中无案可稽，系不应入开除之项，奏销案内仍作实存造报，至买补亦不应列入新收项下。

---

① 即李宗传。

因公动缺仓谷、豁免官亏谷石暨各项借动谷石。

前二件应于动缺豁免之后归入缺额项下造报，动项买补再于奏销册内报收，不应于未买项下开列。

再，各州县造送奏销四柱及较溢缺款目，式样多有参差，嗣后务须遵照抄发司册式样开造，以归划一。

历年奉摊款项

嘉庆五年：禹城修理府河桥工料。

七年：纂修条例工价，历城垫修司监。

八年：《户部则例》价银，聊城垫修堤工不敷银，历城垫修司监。

九年：刊刷律例、《洗冤录》工料，奉办陵寝岁修临砖。

十年：奉摊东昌一带运河堤工不敷，刊刷《大清律例》工料，《三流道里表》工料，奉摊历城详修接官厅。

十一年：赴闽兵差银两归还办差州县垫款，奉办临砖。

十二年：《工部则例》价银，《五军道里表》工料，恩县牛角隅工料，奉办西陵等工临砖，历城垫修监狱。

十三年：《吏部则例》工料，高模入官地价分五年摊济属。

十四年：临清垫办临砖柴价是年十一月奉摊，户部纂修条例工料补十二年。

十五年：估修圣庙等工薪水即系延聘估料归还司库附贮项下。

十六年：琉球、高丽难夷口粮垫还荣成垫款，曹工告示工料归还司库附贮，坛庙工临砖，《五军道里表》工价，历城垫修圣域贤关工料。

十七年：《三流道里表》工料，严禁流民出口告示工料归还原借司库附贮，琉球难夷口粮黄县垫款。

十八年：《户部则例》工料，广训书价，刊刷《军需则例》工料，军需誊黄，摊修泰山庙工，程限板价，《汇颁条例》工价，历城垫修藩署官厅等处工料，垫修学院衙署工料，修理天坦门工料。

十九年：《学政全书》工料，豫东事例告示工料应摊还济南府垫款，曹属初次煮赈此件查系应还原借司库军需余米变价，二次煮赈摊还原借司库正款，天坛临砖柴价十一月奉摊。

二十年：曹属三次煮赈归还司库原借余米变价，摊解军需局一成养廉，历城垫修臬司衙门、督捕所等处工料。

二十一年：临清、德州搭运南粮垫发脚价应归该二州垫款，藩署修理有杆碑碣工料藩经垫款。

二十二、三两年：运直赈米委员盘费，历城垫修文庙工料原续摊四次。

二十二年：虞帝庙工此款已归属库垫款，临清州搭运南粮垫发脚价应归该二州垫款，《工部则例》价银，历城垫修学院箭亭。

二十三年：临清王家寨漫工临清垫款，东海龙神庙工料应还原借司库附贮，运直赈米盘费详司有案县案流摊应还县案垫款，臬司大二堂营更房、值堂房及刑南等处摊捐工料历城垫款，摊解菏泽垫修曹镇衙署不敷工料前款分十年摊完，凡曹镇所辖府分即行摊派，已入属库垫款，东镇庙工料，程限板价道光八年钟藩通饬毋庸批解，如已入交案，应行解司；如系列入参案，即行删除。

二十四年：盘查公费，修理万寿宫朝房司库节省，战船捐款，臬司户、兵、刑、工各科房等处工料一作户北科，历城垫办济、长二县漕案差费银，《漕运全书》工料每部十八两三钱八分余。又府书均未解，应归入各县分摊此款，于道光二十年七月解清。各州县系在领款内扣，府书系在廉银内扣。

二十五年：删减老民银两，盘查公费，摊修贡院等工料应解司库归垫，委解莫润书盘费诸城详系由县库垫发之项，历任入交作抵系由兹归补。

道光元年：查办军流减等册费，修理万寿宫朝房工料司库节省，程限板价，临砖柴价昭西陵东西配殿工银。

二年：琉球难夷口粮历城垫，应动报院充公。

三年：临砖柴价，历城垫修臬署工料应解司库归款，盘查经费。

四年：加添阔布津贴、委员盘费津贴，临砖柴价。

五年：《户部则例》工料，临砖柴价。

六年：临砖柴价东陵甬路并西陵东朝房，六月奉文，阔布津贴，协挑鱼台汛运河西岸民埝土工银运河道垫款。①

七年：交当生息施舍棺木银两，孝陵明楼临砖柴价闰五月奉文，阔布津贴，《增修吏部则例》工价，摊贴核删二十五年恩赏老民银两，寿光煮赈。

八年：续摊核删老民银两，委解要证赴江，孝陵朝房临砖五月奉文。

九年：修理省会城垣历城函致按款摊捐，嗣奉文自九年冬季为始，按三年入于交案流摊，十府二直隶州自捐不摊，昌陵临砖柴价十月奉文，东陵临砖柴价五月奉文。

十年：临砖委员津贴四月奉文又续摊，阔布津贴，历城垫修官监房屋栅栏工料冬季起十年摊，吉地临砖柴价十月奉文三年摊解，临砖运脚不敷。

十一年：学院钟楼工料历城垫，通省摊，共银七百十三两，万寿宫朝房工料，恩科经费，临清运砖不敷二月奉摊，景陵方城临砖，

---

① 此条后有“补遗”字样。

孝陵更衣殿临砖津贴九月十六奉文。

十二年：公捐粥资，公式碑堂。

十三年：昭西陵海漫临砖四月廿七奉文。

十四年：奉摊囤费此项用银八千两，三股分派，运河道同总河一股，运迦捕上下五厅一股，沿河州县一股，奉办清平县粮船水手滋事经费每县一百廿两，庐州二帮案。

十五年：修理学院衙署工料。

十六年：登、莱、青三府粥资二月初一日起奉文一年摊，《赋役全书》，委解二批吉地临砖盘费。

十七年：剥船摊款院批二月初六起，通省一年摊银三千九百六十二两，奉摊囤费准漕督仓场咨明东省一项以十七年四月廿七日由南漕入境之日起，至剥运船南三尾帮出境之日止，各按在任月日分别摊赔，共计银四千一百一十八两四分。

十八年：马刚滋事经费正月十三奉院批，院司道府二年摊，州县五年摊。司道二月十六起，府州县正月十三起，通志局费，漕船浅滞经费一年摊，续摊誊黄工料，滋阳置备官押解审人犯公所房价银兖属摊。

十九年：昭西陵小碑亭、泰陵宝城等工临砖，临、夏、武、恩、德五州县垫用直隶剥船，奉摊十七年南粮露囤银沿河缺有此款，《户部续纂则例》工价并本府书价银，济南府发审经费道光元年以后均系有关归补。

二十年：海防经费年例捐款，道光二十年正月起。

部借养廉

道光二十年试用县冯锡龄、周铭、陈文富，廿一年病故高苑县吴新瀛，十九年曲阜县徐奕溥，又嘉庆八年至道光十四年共三十三员。

潍县道光二十年应付各项经费

潍县道光二十年应付武定、寿乐、泰安、青州、兖中、兖右、抚右、抚左、济南城守、德州、高唐、临清等一十二营官兵运送、筹备火药等银，并运送青州等营火药等项及临、济二州大炮经费。赴防共准银二千九十九两六钱三分八厘一毫，撤防共准银一千四百五十八两八钱八分六厘四毫，二共准银三千五百五十八两五钱二分四厘五毫。

地丁二参册即年限

兰山县：道光十五年分奏销案内册报，未完正银五千六十五两九分一厘，耗银六百二十两六钱六分八厘，课程银五百一两六分八厘，三共银六千一百八十六两八钱二分七厘。内除赵云鹏于奏销数后将原参银数全完解司正银五百二十九两六钱八分一厘、课程银四百六十五两二钱四分八厘，业已照例专案详题开复外，实征正银四千五百三十五两四钱一分，耗银六百二十两六钱六分八厘，课程银三十五两八钱二分。接征调补知县赵云鹏自道光十六年八月初三日具题之日，再限三个月，以十一月初三日起，除封印日期至十七年八月初七日卸事止。接经司委代理事、沂州府经历芠庆源道光十七年八月初八日接事起，连前官除封印日期扣至是年十二月初一日止，一年限满。前件未完。

地丁二参册

潍县：道光十五年分奏销案内册报，未完正银八千三百八十两一钱五分六厘，耗银一千九百九十三两四钱三分八厘，课程银二百五十八两九钱，三共银一万六百三十二两四钱九分四厘。内除该县因道光十六年民力未逮展缓旧欠案内钦遵上谕，缓至道光十七年秋后九月初一日起，按最先年分递年依次带征正银五千七百三十二两六钱三分二厘，耗银七百七十一两五钱五分四厘，应俟启征之日另扣年限，查明完欠造报。

又，除李心莲应赔课程银一百九十五两三钱三分已专案详追，于十九年续案内声明，应归另案核办外，实征正银二千六百四十七两五钱二分四厘，耗银一千二百二十一两八钱八分四厘，课程银六十三两五钱七分。

经征参革知县林士骏自道光十六年八月初三日具题之日，再限三个月，以十一月初三日起，除封印日期至道光十七年二月初二日卸事止。

接征现任知县招子庸自道光十七年二月初三日到任起运，前官扣除封印日期，扣至道光十七年十二月初一日止，一年限满。

前件已完正银二千六百四十七两五钱二分四厘，耗银一千二百二十一两八钱八分四厘，其支存数目在于续完奏销司总及耗羡四柱册内开报；仍未完课程银六十三两五钱七分。

二参年限揭

兰山：道光十五年分奏销案内揭报，经征丁忧知县冯相菜未完一分二厘六毫，银三千六百三十四两三钱二分九厘；接征府委兼理事、费县知县陈世埰未完五厘四毫，银一千五百五十七两五钱六分九厘；接征署事临朐县知县赵云鹏未完三厘四毫，银九百九十四两九钱二分九厘；三共未完二分一厘四毫，银六千一百八十六两八钱二分七厘。内除赵云鹏于奏销截数后全完三厘四毫，银九百九十四两九钱二分九厘，业已照例专案详题开复外，实未完一分八厘，银五千一百九十一两八钱九分八厘。接征调补知县赵云鹏自道光十六年八月初三日具题之日，再限三个月，以十一月初三日起至十七年八月初七日卸事止，除封印日期，计八个月零六日，应征一分二厘三毫，银三千五百四十六两六分六厘。前件未完。部议照初参处分。计未完一分二厘三毫。查该令奏销案内，原参银两已如数全完开复，此系接征之项，理合登明。

接征司委代理事、沂州府经历芰庆源道光十七年八月初八日接事起，连前官除封印日期扣至是年十二月初一日止，一年限满，计三个月二十四日，应征五厘七毫，银一千六百四十五两八钱三分二厘。前件未完。计未完五厘七毫。

二参揭帖

潍县：道光十五年分，奏销案内揭报接征署事试用知县李恩霖未完一分八厘六毫，银一万六百三十二两四钱九分四厘。内除该县因道光十六年民力未逮展缓旧欠案内钦遵上谕，缓至道光十七年秋后九月初一日起，按最先年分递年依次带征一分一厘四毫，银六千五百四两一钱八分六厘，应俟启征之日另扣年限，查明完欠造报。

又，除李心莲应赔三毫，银一百九十五两三钱三分，已专案详追，于十九年续奏案内声明应归另案核办外，实征六厘九毫，银三千九百三十二两九钱七分八厘。

经征参革知县林士骏自道光十六年八月初三日具题之日，再限三个月，以十一月初三日起至道光十七年二月初二日卸事止，除封印日期计二个月零一日，应征一厘二毫，银六百六十四两六钱七分三厘。前件全完。计完一厘二毫。

接征现任知县招子庸自道光十七年二月初三日到任起，连前官除封印日期扣至道光十七年十二月初一日止，一年限满，计九个月二十九日，应征五厘七毫，银三千二百六十八两三钱五厘。前件已完银三千二百四两七钱三分五厘，未完银六十三两五钱七分。计完五厘六毫，未完一毫。

卸事后移交银两交代册内应作未完造报

查州县征收各项银两，例应随征随解，原不准存留属库。交代案内如有将征存未解银两移交后任完解，即应将移交银数列入实在未完项下，仍于后任交代册内作为新收征完，再行开除造报，以归便捷，未便于本任内作收开除，以致批解月日不符。今查殷家谟等六任交代册内开除道光十七八九、二十等年正耗银两批解月日，多有在卸事之后者，照此咨达，恐干部驳等因。（道光二十一年藩司杨[①]驳宁海州案）

采买兵借谷石应造册报销

查采买兵借谷石，总以十月分市价为断，如原价减于市价，即照原价采买；若原价浮于市价，即照时价买补。历经造册报销，所请照原价采买毋庸造册报销系属错误，仰将应买谷石依限照数买完，报候委验，毋稍迟延等因。（二十一年藩司杨[②]批巨野详）

---

① 即杨庆琛。

② 即杨庆琛。

莱州府潍县移开道光十七年马刚等滋事案内垫用各项经费

莱州府潍县，今将卑前县林令①移开，道光十七年正月初八日匪犯马刚等滋事案内，垫用雇募乡勇，置备器具，防守城池、仓库、监狱，协捕余匪，添雇驿马，支发赏项，抚恤在城无业贫民各项经费银两开册呈送查核施行。须至册者。

计开：

一、雇募乡勇防守城垣，因县城垛口一千六百十一处，每垛拨乡勇二名，共三千二百二十二名，每名一日夜给工价银二钱，自十七年正月初八日起，至十九日裁撤十分之六止，计十一日夜，共用工价银六千七百六十六两二钱。

一、每乡勇五名搭造栖息席棚一座，共一千六百十一垛，盖席棚六百四十四座，需木料系向绅民借用，毋庸开报。每座用扎架麻绳一斤十二两，共一千一百二十七斤，每斤价银七分，共用银七十八两八钱九分。

一、每棚上盖三面，用苇席八领，六百四十四座用席五千一百五十二领，每领价银二分，共用银一百二十八两八钱。

一、每棚给瓦灯一具，每具价银五厘，六百四十四具用银三两三钱二分。

一、每灯夜给油三两，油灯六百四十四具，每夜该油一百三十一斤十二两，共十一夜，该油一千四百四十九斤四两，每

---

① 即林士骏。

斤价银六分，共用银八十六两九钱五分五厘。

一、每棚给竹灯笼一个，每个价银二分，计六百四十四个，共用银十二两八钱八分。

一、每灯笼夜十二两重烛二枝，每夜一千二百八十八枝，计十一夜，用烛一千七百七十一斤，每斤价银九分，共用银一百五十九两三钱九厘。

一、前项乡勇三千二百二十二名，各给腊杆一根，每根价银三分，共银九十六两六分，事竣缴还变作柴薪，每根银六厘，共银十九两三钱三分二厘，抵除外，实用银七十七两三钱二分八厘。

一、守城乡勇三千二百二十二名，每名日夜犒赏馍饼一斤，计十一日夜，共馍饼三万五千四百四十二斤，每斤价制钱三十六文，该制钱一千二百七十五千九百一十二文，一四合用银九百一十一两三钱六分六厘。

一、守城乡勇正月十九日撤去十分之六，仍留十分之四，计一千三百名，至二月初十日解犯赴省完竣日止，每名日夜给工价银二钱，计二十二日，共用银五千七百六十两。

一、前项守城乡勇每五名夜给灯油三两，该灯二百六十具，用油四十八斤十二两，计二十二夜，共油一千七百二十八斤，每斤价银六分，共用银六十四两三钱五分。

一、前项守城乡勇每五名夜给二两重烛二枝，计二十二日，共烛一千四百三十斤，每斤价银九分，共用银一百二十八两七钱。

一、前项守城乡勇每名一日夜犒赏馍饼一斤，计二十二日，该馍饼二万八千六百斤，每斤价制钱三十六文，共用制钱九百一十五千六百文，一四合用银六百五十四两。

一、把守四城门乡勇每门五十名，把守四关厢乡勇每处五十名，共四百名，每名一日夜给工价银二钱，自十七年正月初八日起，至二月初十日止，计三十三日，共用银二千六百四十两。

一、把守城门、关厢乡勇四百名，每五名给瓦灯一具，每具价银五厘，计八十具，共用银四钱。

一、每灯夜给油三两，计三十三日，用油四百五十九斤，每斤价银六分，共用银二十九两七钱。

一、前项乡勇每五名给竹灯笼一个，每个价银二分，计八十个，共用银一两六钱。

一、每灯笼夜给二两重烛二枝，〈计〉三十三日，用烛六百六十斤，每斤价银九分，共用银五十九两四钱。

一、前项乡勇每名给腊杆一根，每根价银三分，计四百根，共银十二两，事竣缴还变作柴薪，每根银六厘，共银二两四钱，抵除外，实用银九两六钱。

一、前项乡勇四百名，每名一日夜犒赏馍饼一斤，计三十三日，共馍饼一万三千二百斤，每斤制钱三十六文，共制钱四百七十五千二百文，一四合共用银三百三十九两四钱二分九厘。

一、防守仓廒库房乡勇一百名，每名一日夜给工价银二钱，自正月初八日起，至二十日撤去止，计十三日，共用银二百六十两。

一、前项乡勇每名给腊杆一根，每根价银三分，共银三两，事竣缴还变作柴薪，每根银六厘，共银六钱，抵除外，实共用银二两四钱。

一、前项乡勇每五名给瓦灯一具，每具价银五厘，计二十具，共用银一钱。

一、每灯夜给油三两，计十三日，用油四十八斤十二两，每斤价银六分，共用银二两九钱二分五厘。

一、前项乡勇每五名给竹灯笼一个，每个价银二分，计二十个，共用银四钱。

一、每灯笼夜给二两重烛二枝，计十三日，共烛四十八斤半，每斤价银九分，共银四两三钱六分五厘。

一、前项乡勇一百名，每名一日夜犒赏馍饼二斤，计十三日，共馍饼二千六百斤，每斤价制钱三十六文，共制钱九十一千六百文，一四合用银六十五两四钱二分八厘。

一、防守监狱乡勇一百名，每名一日夜工价银二钱，正月初八日起，至二月初十日匪犯解省完竣日止，计三十三日，共用银六百六十两。

一、前项乡勇一百名，每五名给瓦灯一具，每具价银五厘，计二十具，共用银一钱。

一、每灯夜给油三两，计三十三日，用油一百二十三斤十二两，每斤价银六分，共用银七两四钱二分五厘。

一、前项乡勇每五名给竹灯笼一个，每个价银二分，计二十个，共用银四钱。

一、每灯笼夜给二两重烛二枝，计三十三日，用烛一百六十五斤，每斤价银九分，共用银十四两八钱五分。

一、前项乡勇各给腊杆一根，每根价银三分，共银三两，事竣缴还变作柴薪，每根银六厘，共银六钱，抵除外，实用银二两四钱。

一、前项乡勇一百名，每名一日夜犒赏馍饼一斤，计三十三日，共馍饼三千三百斤，每斤价制钱三十六文，共制钱一百一十八千八百文，一四合用银七十七两七钱一分四厘。

一、防守城池、关厢、仓库、监狱，共乡勇三千八百二十二名，每五名给支更木梆一个，共七百六十四个，每个价银四分，共用银三十两五钱六分。

一、城内城外搜捕匪犯，添雇乡勇二百名，每名日给银二钱，不给馍饼，自正月初八日起，至十三日止，计七日，共用银二百八十两。

一、随同兵役分赴四乡缉拿匪犯、护解进城乡勇二百名，每名日给工价银一钱五分，自正月初八日起，至二月初二日止，计二十五日，共用银七百五十两。

一、陆续获解匪犯一百七十五名赴省，除照例拨用兵役外，每匪犯一名，加乡勇二名，共三百五十名，至昌乐县交替，计程五十里，往返二日，每名每日给银一钱，共用银七十两。

一、拿获滋〈事〉首从匪犯马刚、刘杰等三十四名，每获一名，赏兵役乡勇银一百两，共用银三千四百两。

一、续获从逆匪犯刘伦、韩曰刚二名，赏给兵役乡勇银二百两。

一、添置锁铐一百七十五付，每付银三钱，共用银五十二两五钱。

一、已获匪犯一百七十五名，每名日给口粮银五分，每日该给银八两七钱五分，自十七年正月初八日起，至二月初十日解完止，计三十三日，共用银二百八十八两七钱五分。

一、每犯添雇禁卒，即充长解二名，共犯一百七十五名，雇长解三百五十名，每名日给工食银一钱，每日该银十七两五钱，计三十三日，共用银五百七十七两五钱。

一、解匪犯一百七十五名赴省，每名小车一辆，递至昌乐县交替，计程五十里，每车工价银二钱，共用银三十五两。

一、递送公文四路哨探，因县城额设里甲马十匹，不敷应用，在城号添雇民马八十匹。东路赴府，距交界昌邑县八十里，在三十里之寒亭铺、五十里之王白铺设立腰拨，共雇民马四十匹。西路赴京省，距交界昌乐县五十里，在二十五里之黑石铺设立腰拨，添雇民马二十五匹。以上城号腰拨共四处，除里甲马十匹外，共雇民马一百四十五匹，每日每匹雇价夫价喂养银五钱，自正月初八日起，至二月初十日止，每日支发雇价银七十二两五钱，计三十三日，共用银二千三百九十二两五钱。

一、城号腰拨，每马四匹，雇递文马夫一名，计三十六名，每名日给工食银二钱，计三十三日，共用银二百三十七两六钱。

一、城号腰拨共四处，每处各添煮料锅灶二座，每座连锅价银一两，共用银八两。

一、城号腰拨四处，添置木槽七十二个，每个价银三钱，共用银二十一两六钱。

一、抚恤城内无业贫民，男女大口九千零二十口，小口三千三百九十四口，每大口日给馍饼一斤，小口半斤，每日用馍饼一万七百一十七斤，自十七年正月初八日关城禁止出入起，至十三日余匪捕尽开城止，计六日，共用馍饼六万四千三百零二斤，每斤制钱三十六文，共用制钱三千三百一十四千八百七十二文，一四合用银一千六百五十三两四钱八分一厘。

以上共用银二万九千八两二钱二分四厘，除奉发缉捕经费银六百两，支销抵用，又续奉借领银一千两，情愿捐垫自行解还外，实用银二万七千三百八两二钱二分四厘。

为移咨事。

道光十八年二月十六日蒙巡抚部院经①批，本司详请院司道摊捐潍县查办逆匪经费银两缘由，蒙批，如详移行摊捐还款，毋任延欠。所有本部院应捐银两，仰候另檄饬发。缴等因批司。蒙此，拟合抄详移咨。为此合咨贵司、道，请烦查照。希即将

---

① 即经额布。

应摊银两，自道光十八年二月十六日奉到院批之日起，分作二年，按日流摊施行。（十八年二月十九日稿）

计粘单一纸。

移三辖道、运司、督粮道。

为详送事。

道光十八年正月十三日蒙巡抚部院经批，本司呈详济南等府州议摊潍县查办逆匪用过经费一案，蒙批，查此项银两，既系各府、州、县情愿认摊，仰即查照道光十一年详定摊捐章程，按缺分等第，作为八等，按股均摊，自奉文之日起，分作五年，无论正署，按日分摊归款，余如详行。仍将某府某州县应摊银数，开列清单，详送备案，并饬该府、州、县遵照。缴等因批司。奉此，遵查此案共用过经费银一万五千两，除另文详由院司各道摊捐银二千两外，下余银一万三千两，拟合查照各府、州、县缺分等第，均匀派摊，开列清单，呈送宪台鉴核备案。为此备由呈请照详施行。（十八年二月初三日稿）

计呈送清单一纸。

呈抚院。

札潍县知悉。据济南等府州会详呈送该县造送前任林令查办逆匪马刚等滋事一案用过经费银两清册，并请由该县流摊银一万二千三百八两二钱二分四厘，自奉文之日起，分作十五年摊还归款等情到司。据此，查此案事起仓猝，林令立时擒拿，尚属妥速，今业已参革，其眷属又被逆匪戕伤，所挪之项无力归还，亦属实情。除批准照详流摊外，合行札饬。札到，该县即便查照，仍按年将应摊银两照数解司抵拨欠款。毋违。（十七年十二月十三日稿）

札 知悉。道光十八年二月十二日蒙巡抚部院经批，本司呈详各府、州、县捐摊潍县查办逆匪经费银数清单缘由，蒙批，据送清单，留存备案，仰即查照前批，通饬遵照。缴等因批司。蒙此，查此案前据该府州等议详，此案共用过经费银一万五千两，请分摊到司，当经详奉抚宪批饬各府、州、县应摊银两，自奉文之日起，各府分作二年，州县分作五年，无论正署，按日分摊归款，并饬将应摊银数开单详送备案等因。复经本司以此项经费虽该府等有认摊之项，下余银数尚多，各州县即情愿认摊，究恐力有未逮，又经详请于前项银一万五千两之内提出银二千两，由院司各道摊捐还款，下余银一万三千两，饬属按缺均摊在案。

兹查道光十七年正月间，潍县教匪马刚等滋事，抚宪暨臬司前赴查办，陆续由司借动银四千二百两，嗣奉抚宪饬发暨臬司移回银一千二百五十八两六钱二分，又潍县借领银一千两，应饬该县解还归款外，尚应还司库银一千九百四十一两三钱八分。若于一万五千两之内提还司库借项，恐潍县垫款不敷归补，转致有所借口。除详明，仍照原议由通省各府摊银一千五百两，州县摊银一万三千五百两，再由院司道摊银二千两，统共摊银一万七千两。庶几县案垫款及司库借项均可分别归补，不致悬宕。所有各属应摊银数及历次详案，合行开单札饬。札到，该府、州立即查照应摊银数，自道光十八年正月十三日奉到院批之日起，各府分作二年，州县分作五年，无论正署，按日流摊还款。毋违。（十八年二月廿二日稿）

计粘单一纸行十府二州。

为详请事。

窃照前据潍县知县招子庸具禀匪犯马刚、刘杰等倡教谋逆，于道光十七年正月初八日入城滋事一案。该前县林士骏带同城内绅耆，雇募乡勇，置备器械，防守城池、仓库、监狱，并带乡勇分投搜捕逆匪，抚恤在城无业贫民。禀蒙宪台随带文武员弁，按临督同查办，一切缉捕犒赏、添雇乡勇等项用过经费，除奉发及自行捐垫外，下余银二万两，禀请设法筹议津贴，或分摊归款，庶众擎易举，挪垫不致虚悬等情到司。当查此案事起仓猝，经费浩繁，亦属实情，若责令林令认赔，未免偏枯。随经批饬莱州府确切核议详办去后。旋据该前府何守议请将前项银二万两，除解犯经过及毗连协缉各州县之外，一概按缺分等第均匀分摊。本司以十九苦缺早已剔除摊款，固未便因此派累，即其余各属，以一人之垫项，责之人人担认，能否不致借口，复经批饬济南府会同各该府妥议详覆察夺在案。

嗣据济南等十府并临、济二州会禀前项经费银二万两，该府等情愿与通省州县捐廉认摊，除解犯经过及毗连协缉各州县并十九苦缺之外，照章按上、中、下缺分均匀分摊，以昭公允，并以各牧令谊切同舟，因公合力，断不致有所借口等情到司。又经本司以各属认摊虽为同舟起见，但近来各属本身摊款较多，已觉难支，未便再以此项派累，批饬大加删减，总不得过一万五千两之数，以示限制。并饬查明解犯经过何处，及协缉之州县究系何处毗连，其准摊银两应作几年摊还，饬令分晰开册，呈送核办去后。兹据该府等议将前项垫款，请摊银一万五千两内提出一成银一千五百两，由该府等分摊，下余银一万三千五百两，由临、济二州与通省州县，除下下十九苦缺，及解犯经过之昌乐、益都、临淄、长山、邹平、章丘、历城等县，又毗连协缉之昌邑、安丘、诸城、临朐、寿光等县，概行免摊外，余按缺分等第，分摊还款。饬令各州县，自奉文之日起，无论正署，分作五年摊还等情，并送派摊银数清册到司。

据此，本司覆查此案事起仓猝，林参令立时擒拿，办理尚属妥速，今业已参革，其眷属又被逆匪戕伤，所挪之项无力归还，情殊堪悯。且该府等详称，各牧令谊切同舟，因公合力，无不乐从等情，应请俯如该府等所议，与通省州县捐廉认摊，除解犯经过之昌乐、益都、临淄、长山、邹平、章丘、历城等处，又毗连协缉之昌邑、安丘、诸城、临朐、寿光等县，并下下十九苦缺，概行免摊，余按缺分等第，饬令各州县及该府等，自奉文之日起，分作五年，无论正署，查照银数，按日分摊。其应摊银两，并请在各该府、州、县等应领养廉银内坐扣，以免延欠而昭核实。是否有当，拟合详请宪台鉴核示遵。为此备由呈请照详施行。（十七年十二月十三日稿）

呈抚院。

武定府、东昌府、临清州、济南府、曹州府、莱州府、泰安府、沂州府、登州府、兖州府、青州府、济宁州为详覆事。案蒙宪台批，据卑府等会同议覆请摊潍县查办逆匪用过经费银两缘由，蒙批，已据情转详抚宪核示矣。仰俟奉到院批，另檄饬遵。至该府另详声称诸城县系协缉县分，应免摊派等情，除归入协缉县分详院核办外，所有该县应摊银两，仰即另行改派，造具清册二番送司，以凭饬知各州县遵照。毋迟。缴等因。蒙此，卑府等遵将原派诸城县银数改派各州县匀摊，拟合造具清册二番，具文呈详宪台鉴核示遵。为此备由具申，伏乞照详施行。

本司刘[1]批，查此案已由司派摊，开单详蒙抚宪批示矣。仰候另檄饬遵。缴。册发还。（道光十八年二月二十日批发）

---

[1] 即刘斯嵋。

为详请事。

道光十八年正月十三日蒙巡抚部院经批，本司呈详济南等府州议摊潍县查办逆匪用过经费一案缘由，蒙批云云等因批司。奉此，遵查林令垫用经费请摊银两，既蒙宪台批准，即应照案通饬遵办。惟此项经费，虽各府有认摊之项，下余银数尚多，各该州县即愿分摊，究恐力有不逮，因思事属军需，非如寻常垫项可比，院司各道似亦应一体捐认，以示体恤。除臬司缺苦及运河道系属河道免摊外，应请于一万五千两之内提出银二千两。由宪台捐银二百两，本司捐银四百两，运司捐银三百两，济东道捐银三百两，兖沂道捐银三百两，登莱道捐银二百两，督粮道捐银三百两，共银二千两。下余银一万三千两，即照摊捐章程，饬令各府、州、县摊捐还款，除将各府、州、县摊捐数目开列清单，另文详送外，所有院司各道摊捐银两数目，拟合详请宪台鉴核示遵。再，查院司道府所捐银两，应请作二年摊捐，其各州县捐项，分作五年，毋论正署，按照在任月日，摊还归款，合并声明。为此备由呈请照详施行。（道光十八年二月初三日详）

呈抚院。

沂州府、登州府、济宁州、武定府、莱州府、东昌府、济南府、兖州府、青州府、泰安府、曹州府、临清州为遵批核议事。

谨将卑府等与各州县分摊潍县林参令查办逆匪经费银数，开册呈送查核施行。须至册者。

计开：

济南府，摊银二百两；东昌府、泰安府、武定府、青州府，每府摊银一百七十两，共摊银六百八十两；兖州府、沂州府、曹州府、莱州府，每府摊银一百三十两，共摊银五百二十两；登州府，摊银一百两。以上共摊银一千五百两。

上上缺：济阳、德州、泰安、惠民、商河、濮州、恩县、济宁，每处摊银二百八十六两五钱一分，共摊银二千二百九十二两八分。

上中缺：陵县、东平、汶上、阳谷、单县、馆陶、冠县、诸城、胶州、即墨，每处摊银二百五十一两五钱二分，共摊银二千五百一十五两二钱。

上下缺：淄川、长清、乐陵、莒州、平度、临清、丘县，每处摊银二百一十六两五钱二分，共摊银一千五百一十五两六钱四分。

中上缺：齐东、德平、平原、东阿、肥城、阳信、宁阳、邹县、峄县、沂水、郓城、堂邑、莘县、黄县、荣成，每处摊银一百八十一两五钱二分，共摊银二千七百二十二两八钱。

中中缺：齐河、禹城、临邑、青城、滨州、利津、滋阳、兰山、费县、博平、清平、掖县、夏津、武城、高密，每处摊银一百四十六两五钱二分，共摊银二千一百九十七两八钱。

中下缺：莱芜、蒲台、曲阜、泗水、滕县、曹县、城武、朝城、聊城、高唐、金乡，每处摊银一百一十六两五钱二分，共摊银一千二百八十一两七钱二分。

下上缺：新城、平阴、日照、菏泽、范县、乐安、蓬莱、茌平，每处摊银八十六两五钱二分，共摊银六百九十二两一钱六分。

下中缺：郯城、观城、博兴、莱阳、博山，每处摊银五十六两五钱二分，共摊银二百八十二两六钱。

以上共摊银一万三千五百两。（十七年十一月送司）

札潍县招令①知悉。案准臬司咨开，案据潍县知县招子庸详称，查州县审解命盗案犯，一犯二解，各给口粮，历系官为捐发，向不开销。道光十七年正月初八日，匪犯马刚谋逆滋事，旋即被擒，并获案内共谋及甘心从逆、被逼勉从、仅止习教不知逆谋各项匪犯一百七十七名，解赴省城，听候审拟奏办，旋奉分别留禁解回及分别解赴邻封寄禁。卑职自二月初三日到任接办发给口粮起，至十一月十九日案犯正法完结之日止，共计垫用银五千零四十一两八钱八分，自当官为捐发。惟马刚等谋逆滋事，实数百年来绝无仅见之事，前县林令防守城池、缉拿逆犯所用经费，均蒙体恤周详，分摊流摊归还垫款。今卑职接办此案，费用不赀，一人独自捐赔，实在力有不逮，且以从来绝无罕有之案，所用经费着落接办之员独认，未免偏枯，拟合将用过经费银两造具细数清册，具文详请查核。惟求批示立案，准照前县林令用过经费流摊成案，将卑职用过经费银五千四十一两八钱八分，除零银四十一两八钱八分独自捐认外，以五千两自十七年十一月十九日案结之日起，无论正署，分作十五年流摊，则每年摊银三百三十余两，为数无多，办公不致掣肘，而承办之员免致偏枯，洵为恩公两便等情到司。据此，查该令接办马刚等滋事案内用过经费银两，若令一人捐赔，力有未逮，自系实在情形，惟上年该前县林令用过经费流摊一案，系由藩司主政，此案事同一律，应由藩司核办。除批示外，相应移咨。为此合咨藩司衙门查照核办施行等因到司。准此，查州县审解案犯用过口粮，原无开销之例，惟马刚等谋逆滋事，各项匪犯共一百七十余名之多，此亦绝无仅有之事。该令接办此案，费用不赀，自属实情，若责令一人捐认，未免偏枯，姑准将垫用

---

① 即招子庸。

前项银五千两，自十七年冬季为始，分作十五年，入于交案，无论正署，按日流摊，以昭平允。合行札饬。札到，该县即便遵照。毋违。（十八年四月二十二日稿）

沂州府、兖州府、东昌府、武定府、曹州府、青州府、济南府、济宁直隶州、莱州府、泰安府、登州府、临清直隶州为详覆事。

案蒙宪台批，据卑府等禀会同议覆请摊潍县查办逆匪用过经费银两缘由，蒙批，此案前因摊捐过多，批饬该府会同各该府妥议详办。兹据称核算垫支各款有浮滥之处，应行删减银二千五百余两，实垫用银三万二千三百余两，在于潍县流摊银一万二千三百余两，分作十年摊还归款。其余银二万两，该府等与通省州县捐廉认摊，除解犯经过及毗连协缉各州县并下下十九苦缺之外，照章按上、中、下缺分均匀分摊等情会禀到司。查潍县系犯事地方，垫用各款在该县即多为捐认，准情酌理，原非偏枯。惟以一万二千三百余两议作十年摊还，办公未免竭蹶，似应量为酌增年分，以昭公允。其余银二万两，即在通省认摊，虽为意切同舟起见，但近来各属本身摊款较多，已觉难支，未便再以此项派累。姑念此案事起仓猝，林令立时擒拿，办理妥速，不致蔓延他处，今业已参革，其眷属又被逆匪戕伤，所挪之项无力归还，情殊堪悯。准以一万五千两为定，即如该府等所议，与通省州县捐廉认摊。除解犯经过及毗连协缉各州县并下下十九苦缺之外，照章按上、中、下缺分均匀分摊，断不可有逾一万五千两之数，以示限制而免借口。仍查明解犯经过何处及协缉之州县究系何处毗连，其准摊一万五千两之数应作几年摊还，分晰开列，明白妥议，并将用数清册详细载明，呈送核办。毋延。切切等因。蒙此，遵即饬据潍县照数删减，开具用项细数清册呈送前来。

卑府等覆查册开细款，委已撙而又撙，无可再减。查林参令原垫经费，除支销奉发银六百两，又招令借领情愿捐还银一千两外，垫用银三万四千九百余两，经卑府等核减银二千五百余两，兹复遵批删除银五千两，实剩垫用银二万七千三百八两二钱二分四厘内，奉准在潍县本缺流摊银一万二千三百八两二钱二分四厘，蒙以分作十年摊还，办公未免竭蹶。仰见宪台体恤下寮之至意，卑府等公同酌议，应请自奉文饬摊之日起，改作十五年分摊还款，以昭平允。其余银一万五千两，拟提出一成银一千五百两，由卑府等十府分摊，下余银一万三千五百两，由卑州等二直隶州与通省州县，除下下十九苦缺，及解犯经过之昌乐、益都、临淄、长山、邹平、章丘、历城等县，又毗连协缉之昌邑、昌乐、安丘、临朐、寿光等县，概行免摊外，余按缺分等第，分摊还款。至此项摊款，在各牧令谊切同舟，因公合力，无不乐从。惟州县摊捐款项较多，亦应酌宽年限，俾得从容从事，应请饬令各州县自奉文之日起，〈分〉作五年，无论正署，分摊其应摊银两，即请按年在各州县解存养廉内坐扣，以免延欠。是否允协，理合开具派摊清册，同潍县送到用款细册一并详送宪台鉴核示遵。为此备由具申，伏乞照详施行。须至册者。（十七年十一月二十三日详）

本司刘批，已据情转详抚宪核示矣，仰俟奉到院批，另檄饬遵。至该府另详声称诸城县系协缉县分，应免摊派等情，除归入协缉县分详院核办外，所有该县应摊银两，仰即另行改派，造具清册二番送司，以凭饬知各州县遵照。毋迟。缴。（十八年正月二十三日批发）

莱州府潍县为遵批详请立案事。

道光十八年四月十八日蒙本府转蒙臬宪批，卑县详请流摊解审匪犯马刚等谋逆一案用过囚粮经费银两缘由，蒙批，据详该令接办马刚等谋逆滋事案内用过经费银两，若令一人捐赔，力有未逮，自系实在情形。惟上年该前县林令用过经费流摊一案，系由藩司主政，此案事同一律，应候移咨藩司核办可也。仰莱州府转饬知照。缴。清册存送等因转行到县。蒙此，遵查此案先于本年三月初八日，卑职因解审命盗案犯，一犯二解，各给口粮，历系官为捐发，向不开销。道光十七年正月初八日，匪犯马刚谋逆滋事，旋即被擒，并获案内共谋及甘心从逆、被逼勉从、仅止习教不知谋逆各项匪犯一百七十七名，解赴省城，听候审拟奏办，旋奉分别留禁解回及分别解赴邻封寄禁。

卑职自二月初三日到任接办发给口粮起，至十一月十九日案犯正法完结之日止，共计垫用银五千零四十一两八钱八分，自当官为捐发。惟马刚等谋逆滋事，实属百年来绝无仅见之事，前县林令防守城池、缉拿逆犯所有经费，均蒙体恤周详，分摊流摊归还垫款。今卑职接办此案，费用不赀，一人独自捐赔，实在力有不逮，且以从来绝无罕有之案，所有经费着落接办之员独认，未免偏枯。因思历年囚粮，向系臬宪衙门报销饬领，随将用过经费银两造具细数清册，详请臬宪批示，请照前县林令用过经费流摊成案，将卑职用过经费银五千四十一两八钱八分，除零银四十一两八钱八分独自捐认外，以五千两自十七年十一月十九日案结之日起，无论正署，分作十五年流摊，免致办公不致掣肘各在案。兹奉前因，拟合照造清册，具文详请宪台查核备案。为此备由具申，伏乞照详施行。须至册者。（道光十八年四月二十日详）

本署司李①批，查此案前准臬司移咨核办到司，当查州县审解案犯用过囚粮，原无开销之例，惟马刚等谋逆滋事各项匪犯共一百七十余名之多，此亦绝无仅有之事。该令接办此案，费用不赀，自属实情，若责令一人捐认，未免偏枯。姑准将垫用银五千两自十七年冬季为始，分作十五年入于交案，无论正署，按日流摊，以昭平允。业已另札饬遵在案，仰即知照。缴。清册存。（闰四月初二日批发）

莱州府潍县为造报事。

今将卑县解审马刚谋逆案内人犯用过口粮经费银两造册呈送查核施行。须至册者。

计开：

一、解凌迟逆犯刘杰等七名，一犯二解，共二十一名，每名每日支口粮银七分，自二月初三日起，至三月初八日案犯正法止，计三十六日，共用银五十二两九钱二分。

一、解斩决逆犯刘虎等十名，一犯二解，共三十名，每名每日支口粮银七分，自二月初三日起，至四月初九日案犯正法止，计六十七日，共用银一百四十两七钱。

一、解斩候人犯徐祥等十五名，一犯二解，共四十五名，每名每日支口粮银七分，自二月初三日起留禁省监，至十一月十九日正法止，计二百八十六日，共用银九百两零九钱。

一、解斩候人犯王汶等四名，一犯二解，共十二名，每名每日支口粮银七分，自二月初三日起，至三月三十等日监毙止，计五十七日，共用银四十七两八钱八分。

一、解问遣人犯张思盛等九十五名，一犯二解，共二百八

① 即李宗传。

十五名，每名每日支口粮银七分，自二月初三日起，至四月初二日解交昌邑等县寄禁日止，计六十日，共用银一千一百九十七两。

一、解问军人犯牛起等二十一名，一犯二解，共六十三名，每名每日支口粮银七分，自二月初三日起，至四月初三日解交昌乐等县寄禁日止，计六十一日，共用银二百六十九两一分。

一、解问流人犯马吉月等五名，一犯二解，共十五名，每名每日支口粮银七分，自二月初三日起，至四月初二日解交昌邑等县寄禁日止，计六十日，共用银六十三两。

一、解问徒人犯李景汰等二十名，一犯二解，共六十名，每名每日支口粮银七分，自二月初三日起，至四月初四日解配止，计六十二日，共用银二百六十两四钱。

一、解审谋逆习教匪犯一百七十七名，每名各制红衣裤一套，每套价银八钱，共用银一百四十一两六钱。

一、留禁在县缘坐问遣及习教问拟遣军徒罪女犯十九名，用媒婆十名，每名每日支给口粮银六分，自二月初三日起，至七月十八日领咨解配止，计一百六十六日，共用银六百三十两八钱。

一、起解遣军女犯十五名，制红衣裤十五套，每套价银八钱，共用银十二两。

一、昌邑县寄禁发回人犯五十五名，准关取囚粮等项银三百六十两一钱四分。

一、高苑县寄禁发回人犯八名，准关取囚粮等项银八十八两一分六厘。

一、乐安县寄禁发回人犯六名，准关取囚粮等项银六十八两四钱三分。

一、昌乐县寄禁发回人犯十五名，准关取囚粮等项银一百六十两七分四厘。

一、博兴县寄禁发回人犯九名，准关取囚粮等项银一百五十三两六钱七分。

一、临淄县寄禁发回人犯八名，准关取囚粮等项银八十三两三钱。

一、安丘县寄禁发回人犯十名，准关取囚粮等项银一百二十一两六钱九分。

一、寿光县寄禁发回人犯三十名，准关取囚粮等项银二百九十两三钱五分。

以上共用过银五千四十一两八钱八分。（十八年送司）

沂州府知府熊遇泰、署济宁直隶州知州克兴额、武定府知府侯燮堂、登州府知府英文、济南府知府王镇、东昌府知府祝庆谷、泰安府知府倪彤书、青州府知府英桂、兖州府知府琦成额、莱州府知府何辉绶、曹州府知府王沄、临清直隶州知州李天锡谨禀大人阁下。

敬禀者。窃卑府镇仰蒙宪台批，据卑府辉绶遵饬查覆潍县招令乞请分摊林参令任内查办逆匪用过经费银两缘由，蒙批，查此案变起仓猝，林令立时擒拿，办理尚属妥速，若将挪垫支发各款责令认赔，未免偏枯，是以批饬莱州府确查核议详办。今该府仍据潍县招令册开垫用银三万四千九百余两，分别摊捐，并未删减。且以一万四千九百余两作为该县摊款，核计每岁摊银一千四百余两，虽由犯事地方起见，究觉过多。其余银二万两，据禀除解犯经过及潍县毗连各州县之外，一概按上、中、下缺分均匀分摊，但十九苦缺早已剔除摊款，固未便因此派累。即其余各属，以一人之垫项责之人人担认，能否不致借口，仰济南府立即会同各该府速行妥议，详覆禀抄发等因。

蒙此，卑府镇遵即移会卑府等公同妥议，往返札商。查潍县林参令挪款垫支前项经费，除奉发银六百两，并招令借领愿捐银一千两支销外，垫用银三万四千九百余两。今卑府辉绶复又会同卑府等，按其垫支各款逐加细核，有滥支浮多之处，应行核实删减银二千五百余两，实垫用银三万二千三百余两。卑府等再四酌议，即请在于潍县流摊银一万二千三百余两，分作十年摊还归款，为数尚不甚多，应请照议准予流摊，核计每岁摊捐之数于办公尚不致于竭蹶。其余银二万两，卑府等情愿与通省州县捐廉认摊，除解犯经过及毗连协缉各州县并下下十九苦缺之外，照章按上、中、下缺分均匀分摊，以昭公允，在各牧令谊切同舟，因公合力，断不致有所借口。再，此款非动项开销，请免咨部。所有卑府等会议缘由，是否有当，理合会衔禀请大人察核批示，以便核造摊册，另文详请宪台通饬分摊完案，实为恩公两便。肃此具禀，恭请福安。除禀臬宪外，卑府遇泰、克兴额、夔堂、英文、镇、庆谷、彤书、英桂、琦成额、辉绶、沄、天锡谨禀。(十七年六月初一日禀)

本司刘批，此案前因摊捐过多，批饬该府会同各该府妥议详办，兹据称核算垫支各款有浮滥之处，应行删减银二千五百余两，实垫用银三万二千三百余两，在于潍县流摊银一万二千三百余两，分作十年摊还归款。其余银二万两，该府等与通省州县捐廉认摊，除解犯经过及毗连协缉各州县并下下十九苦缺之外，照章按上、中、下缺分均匀分摊等情会禀到司。查潍县系犯事地方，垫用各款在该县即多为捐认，准情酌理，原非偏枯。惟以一万二千三百余两议作十年摊还，办公未免竭蹶，似应量为酌增年分，以昭公允。其余银二万两，即在通省认摊，虽为意切同舟起见，但近来各属本身摊款较多，已觉难支，原未便再以此项派累。姑念此案事起仓猝，林令立时擒拿，办理妥速，不致蔓延他处，今业已参革，其眷属又被逆匪戕伤，所挪之项无力归还，情殊堪悯。准以一万五千两为定，即如该府等所议，与通省州县捐廉认摊，除解犯经过及毗连协缉各州县并下下十九苦缺之外，照章按上、中、下缺分均匀分摊，断不可有逾一万五千两之数，以示限制而免借口。仍查明解犯经过何处及协缉之州县究系何处毗连，其准摊一万五千两之数应作几年摊还，分晰开列，明白妥议，并将用数清册详细载明呈送核办。毋延。切切。（十月初四日批发）

为详明事。

道光十八年二月十二日蒙巡抚部院经批，本司详送各府、州、县捐摊潍县查办逆匪经费银数清单缘由，蒙批，据送清单留存备案，仰即查照前批通饬遵照。缴等因批司。蒙此，遵查潍县垫用经费请摊银两，据济南等府州原议，由该府等摊银一千五百两，由通省州县摊银一万三千五百两，嗣经本司以此项经费虽各府有认摊之项，下余银数尚多，各该州县即情愿分摊，究恐力有未逮，随经详明于一万五千两之内提出银二千两，由宪台及各司道分摊，并将各府、州、县应摊银数开单呈送在案。兹查道光十七年正月间潍县马刚等滋事，宪台暨臬司前赴查办，陆续由司借动银四千二百两，嗣蒙宪台先后饬发银八十八两一钱二分，并臬司先后移回银一千一百七十两五钱，又潍县借领银一千两，由该县解还归款外，尚应还司库借款银一千九百四十一两三钱八分，此项银两急须归补，未便任其虚悬。但若于一万五千两之内提还司库借项，潍县垫款必不敷归补，转致有所借口。应请将请摊银一万五千两，除济南等十府摊银一千五百两，下余银一万三千五百两，仍照原议，在于各州县按缺分等第均匀捐摊，其院司道摊项作为增摊银两，统共摊银一万七千两。如此酌量加增，庶县案垫款及司库借项均可分别归补，不致悬宕。除另行摊派通饬遵照外，所有增摊缘由，拟合详明宪台鉴核，并将各府、州、县摊捐银两数目开单呈送备案。为此备由呈请照详施行。（十八年二月二十二日稿）

计呈清单一纸。

前件于道光十八年三月初三日蒙院批，内开：

查详内声称，道光十七年正月间本部院及臬司前赴潍县查办逆匪，陆续由司借动银四千二百两。检查上年正月间该司两次详报共银三千二百两，核与详内所称借动银数不符。仰即查明具覆，另详核办。毋迟。缴。清单并发。

为详请事。

案查本年四月间据莱州府详，据掖县知县杨祖宪、潍县知县苏文恺会详称，窃卑职文恺应接前革令招子庸交代一案，蒙委卑职祖宪监交，遵即会同三面按款核算，除交抵各款俟清算明确，由卑职文恺分别详办结报外，惟查招子庸于道光十七年二月到任，适值潍县逆匪马刚滋事之后，前任林士骏被参革职，所有林参令任内用过一切经费银两，全数移交招令接收。经招令查明，林参令所用缉捕、犒赏、添雇乡勇以及抚恤贫民等项，共银三万六千五百十九两七钱一分二厘。除奉发缉捕经费银六百两外，实挪垫银三万五千九百一十七两七钱一分二厘，内招令先行措解银一千两，余银三万四千九百余两，开册详请前藩宪通饬分别流摊归款。嗣蒙批准提出银一万五千两，在于通省各府、州、县分作五年流摊，本缺摊银一万二千三百余两，下余银七千六百余两，饬令删除捐补，核计招令自行措解及奉饬核删、弥补，共银八千六百余两。

又，招令到任后拿获逆匪多名，解省审办，所用口粮经费银五千四十一两八钱八分，均系挪款垫发，亦经开册详明前藩宪，归于本缺摊补各在案。又查林参令在任时，尚有垫发各委员薪水车价并牲口喂养、租赁公所以及书役人等饭食等项，共银三千九百三十四两三钱二分，卸事后开册移交招令代为补苴。

招令当查所用银两，系属实用有据，因非正项名目，未便冒昧具详，林令又被参苦累，暂允于交案内作抵，以便陆续弥补。统计三项经费共银四万五千四百九十五两九钱一分二厘，除奉发六百两并通省分摊一万五千两外，下余未归银二万九千八百九十五两九钱一分二厘，皆由招令分别捐赔摊补，此马刚滋事案内招令接收前任交代赔累之实在情形也。

伏思林参令所用各项银两，均系挪款垫发，实用实销，招令既已接收，分厘不能短少，无论先行措解银一千两系属挪用，尚未归款，并奉饬删除银两未及照数赔补，即本缺流摊之项，该令在任四载有余，按日分摊，为数不少，亦属力难代筹，若仍在东省服官，自应着令归补，今已于另案革职，赤贫如洗，本任内应交之款尚且拮据无措，何能再代前任摊赔。查林参令本任内逆匪滋事被参后，仰蒙大宪垂怜，将所用经费设法筹补，今招令革职后反令隔手代填亏项，是同一革职之员，林参令邀恩于前，而招革令代累于后，不但情堪悯恻，抑且事觉偏枯。

卑职祖宪监交此案交代，备悉前后原委，目睹招令现在情形，实属万分竭蹶，思维再四，自应另行筹议，以免向隅。合无仰恳俯赐转详，请将马刚滋事案内所用一切经费，除由通省摊解外，下余实在未归银二万九千八百九十五两九钱一分二厘，于交案内剔出，仍归于马刚案内另筹归补，则该革令不致因人受累而免借口，交案亦可速结，实为公便等情到府。据此，卑府伏查招革令接收林参令交代时，有移交马刚滋事案内垫用缉捕、犒赏等项经费银三万六千五百余两，除奉发六百两外，招令先行挪解银一千两，余银三万四千九百余两，详蒙批准提出银一万五千两，在于通省各缺分摊，本缺摊银一万二千三百八两二钱二分四厘，其余尚垫用未归银七千六百余两，饬令删除，自行弥补，连前已解银一千两，共银八千六百一十一两四钱八分八厘，均由招令代赔此项经费，上下均有档案，数目亦属相符。

又，招令到任后将拿获各犯解省，计垫用口粮经费银五千零四十一两八钱八分，除尾数自认外，余银五千两，亦经开册详奉前宪批准归入本款流摊有案。惟各委员薪水一款，检查从前招令所办原案，曾在禀内声明此项银两由林参令捐办，何以交案内又归招令弥补？当即面询招令。据云林参令交卸事，此项本系由伊捐办，迨核算交代，林参令应交之款无措，光景实属赤贫，是以复将前款银两移交作抵，因其实用有据，暂为担承，缘名目不经，未便详请，原冀陆续代为弥补，并非前后两歧，有卷可凭等语。旋将卷宗提阅，其垫用银三千九百三十四两三钱二分，与所禀相符。统计马刚滋事案内挪垫一切经费，共银四万五千四百九十五两九钱一分二厘，除奉发缉捕经费银六百两，又通省分摊银一万五千两外，余归本缺流摊及招令奉饬删除、代赔担认并自行挪垫，三共未归银二万九千八百九十五两九钱一分二厘。招令既已接收前任交代所有应摊应赔银两，原应着令筹补，无如该令自到任以来，因公费用竭蹶不遑，担赔之项既未弥补，流摊之款亦未及摊归，旋因另案革职。今于交卸后，经监交掖县杨令①查明，该员本任内应交之款亦属不少，赤贫无力，设措维艰，断不能再代前任摊赔巨款，请将马

① 即杨祖宪。

刚案内动用经费，核计尚有未归银二万九千余两，于交案内提出，仍归逆匪滋事案内另筹归补，交案得以速结等情。

卑府覆加确查，该县等所详系属实在情形，且亦因公起见，招革令本任内尚有应交之款，若再代前任摊赔，是以革员而复代人受过，不但情有偏枯，抑且有所借口。况该令业已革职，从前虚出通关，此时已无顾忌，既非本身亏缺情形，又复赤贫，徒事追呼，于公毫无济益。卑府再三筹酌，除该员应交之款严行勒令清交外，所有马刚案内挪用，尚有未归银二万九千八百九十五两九钱一分二厘，究系前任所亏，可否俯如该县等所请，于交案内剔出，仍归入马刚滋事案内另筹归补，庶该革员不致因人受累，借口羁延，而交案亦可速结矣。拟合据情详请宪台鉴核，俯赐批示，以便转饬遵照，实为公便等情到司。

当经前司以潍县马刚滋事经费一案，本缺摊银一万二千三百余两，又解省各犯口粮银五千两，二共银一万七千三百余两，均经各前司先后批准，分作十五年入于潍县交代案内，无论正署，按日分摊。招令在任四载有余，应摊银四千数百余两，下余银一万二千数百余两，应仍由该县后任照旧按年摊还，并不累及招令，何以概请另行筹补？殊不明晰。且后任应摊之项，即系招令应抵之款，一经议删，此则筹补，彼仍亏欠，徒滋纠缠。是否当时招令另有担项，并未据实声叙，亦难悬揣。至各委员薪水、车价等项一款，从前既经林令捐办，何以交案内又归招令弥补？即使招令请愿担认，亦应随时禀明立案。何以林令卸事之时，则谓名目不经；招令卸事之后，转可详请筹补？况银数至二万九千八百九十余两之多，究应如何筹补，方臻妥协，亦未据该府逐细筹议。随经批饬济南府会同莱州府悉心确查，妥议详覆在案。旋据该府等详称，遵即会同查核潍县马刚滋事案内动用经费银两，林参令交卸事将垫用缉捕、犒赏等银三万六千五百余两，除奉发六百两外，余银三万五千九百余两，全数移交招令接收内，招令先行挪解银一千两，其余详奉批准提出银一万五千两，在于通省各缺分摊，本缺摊银一万二千三百余两，尚剩未归银七千六百余两，及招令先行措解银一千两，二共银八千六百余两，奉饬删除，均由招令代赔弥补。又招令任内垫用解犯口粮银五千四十余两，详奉批准将五千两入于本缺分摊，二共本缺摊银一万七千三百余两，招令在任四载有余，应摊银四千数百余两，其余一万二千两有奇，应由后任接摊。诚如宪谕，后任应摊之项，即系招令应抵之款，一经议删，此则筹补，彼仍亏欠。但招令当时另有代担款项，现议由后任分年弥补，若将前项并归后任，按年分摊，实属力所不支，是以该县等议将凡于马刚案内垫用经费统行提出，归入原案办理。至林参令垫用各委员薪水等银三千九百余两，招令接收时本以名目不经，未经详请。今招令既已革职，前项未及弥补，尚属虚悬，因究系前任欠款，故一并议请提出，统计马刚案内所用经费，共有未归银二万九千八百九十五两九钱一分二厘。此卑府沄据该县等所议，覆核详请之实在缘由也。

今奉批饬，卑府等悉心确查，究应如何筹补，方臻妥协，遵覆会同确查，案据与卑府沄前详无异。惟招令原接林令交代一切款项，当时既已接收，如有短缺，应惟招令是问，无如招令业经革职，光景赤贫，本任应交之款为数甚巨，尚须另行筹补，自不能再代前任赔摊，致多轇轕。该县等议将马刚滋事案内所用一切经费另行提出办理，系属确核情形，因公起见，卑府等悉心筹议，查前案提出银一万五千两，内一万三千五百两在于通省州县按八等分作五年流摊，现在将次摊竣。所有马刚滋事案内未归银二万九千八百九十五两九钱一分二厘，可否仍照前案，在于通省多分年限按缺分摊之处，拟合会详宪台查核，俯赐批示祇遵等情到司。

复经本司以此项经费前于道光十八年派摊时，十九苦缺及解犯经过并毗连协缉之州县，概行免摊，其余均按缺分等第，分作五年流摊。今该府议请将前项银两在于通省各州县多分年限按缺摊派，并未议定年限，其经过协缉各州县是否派摊亦未议及，又经批饬妥议详覆去后。

兹据该府等详称，卑府等覆查前任潍县招子庸于道光十七年二月间到任，适值逆匪马刚滋事之后，所有林士骏任内垫用缉捕、犒赏、添雇乡勇以及抚恤贫民等项一切经费，共银三万六千五百一十九两七钱一分二厘，全数交于招令接收。内除奉发缉捕经费银六百两归通省各府、州、县分年流摊银一万五千两外，实垫银二万九百十九两七钱一分二厘，其中招令代为挪解银一千两，详司归本缺流摊银一万二千三百八两二钱二分四厘，奉饬删除捐补银七千六百十一两四钱八分八厘，又招令本任拿获逆匪多名，解省审办，垫用口粮经费续请归本缺摊补银五千四十一两八钱八分。此外尚有林参令在任时垫发各委员薪水、车价并牲口喂养、租赁公馆以及书役饭食等银三千九百三十四两三钱二分，亦经移交招令代为补苴。

招令因系实用有据，并念林令参革苦累，如数担认，允于交案内作抵，陆续弥缝，统计先后本缺流摊及招令代解、代担暨奉删，共银二万九千八百九十五两九钱一分二厘，现在均尚虚悬。本应照案饬令分别赔摊，本便分厘短绌，惟招令亦经革职，赤贫如洗，非特此外本任应交银两为数甚巨，尚须另筹，抑且该参令当日另有为前任代担，现议由后任分年弥补之款亦复不少，若再将前案未归经费责令同时摊交，实属力所不支。自应俯如掖县等原议概行提出，仍照道光十八年原案，在于通省州县除十九苦缺，及解犯经过之昌乐、益都、临淄、长山、邹平、章丘、历城，并毗连协缉之昌邑、安丘、诸城、临朐、寿光等县免摊外，其余州县按缺分等第，分别饬摊。所有上上缺之济宁、德州、泰安、商河、惠民、济阳、濮州、恩县等八州县，每处摊银六百四十四两三钱九厘，共摊银五千一百五十四两四钱七分二厘；上中缺之阳谷、汶上、胶州、冠县、陵县、即墨、单县、馆陶、东平等九州县，每处摊银五百六十七两七钱六分五厘，共摊银五千一百九两八钱八分五厘；上下缺之长清、莒州、平度、淄川、乐陵、临清、丘县等七州县，每处摊银四百九十一两二钱二分五厘，共摊银三千四百三十八两五钱七分五厘；中上缺之沂水、阳信、黄县、郓城、堂邑、莘县、东阿、平原、荣成、德平、峄县、宁阳、邹县、肥城、齐东等十五县，每处摊银四百一十四两六钱八分三厘，共摊银六千二百二十两二钱四分五厘；中中缺之滨州、利津、夏津、掖县、齐河、武城、禹城、清平、滋阳、兰山、博平、费县、临邑、青城、高密等十五州县，每处摊银三百三十八两一钱四分一厘，共摊银五千七十二两一钱一分五厘；中下缺之朝城、聊城、泗水、曲阜、高唐、蒲台、城武、金乡、滕县、莱芜、曹县等十一州县，每处摊银二百六十一两五钱九分九厘，共摊银二千八百七十七两五钱八分九厘；下上缺之菏泽、范县、蓬莱、新城、日照、乐安、茌平、平阴等八县，每处摊银一百八十五两五分七厘，共摊银一千四百八十两四钱五分六厘；下中缺之观城、莱阳、郯城、博兴、博山等五县，每处摊银一百八两五钱一分五厘，共摊银五百四十二两五钱七分五厘。以上统共摊银二万九千八百九十五两九钱一分二厘。所捐银两自奉批之日起，分作十年，无论正署，按在任月日一体摊还，庶众擎易举，挪垫无虞虚悬，即各牧令每年摊数无几，谊属同舟，因公合力，亦不致有所借口。是否允协，拟合具文会详鉴核示遵等情前来。

本司覆查道光十七年潍县逆匪马刚等滋事一案，用过经费除前已饬令通省各府、州、县摊解银一万五千两外，下余银二万九千八百九十五两九钱一分二厘，或因前司批饬删除捐补，或经批准归入潍县本缺流摊及代解、代担，现在款尚虚悬，本应照案饬令分别赔摊归补，惟据该府等详称招令已经革职，赤贫如洗，非特此外本任应交银两为数甚巨，尚须另筹，抑且该参令当日另有为前任代担，现议由后任分年弥补之款亦复不少，若再将前案未归经费责令同时摊交，实属力所不支。应请俯如该府等所议，将马刚滋事案内垫用一切经费统行提出，仍照道光十八年原案，在于通省州县除十九苦缺，及解犯经过之昌乐、益都、临淄、长山、邹平、章丘、历城，并毗连协缉之昌邑、安丘、诸城、临朐、寿光等县免摊外，余按缺分等第，饬令各州县自奉文之日起，分作十年，无论正署，查照银数，按日分摊，其应摊银两并请在各州县等应领养廉银内坐扣，以免延欠而昭核实。是否有当，拟合详请宪台鉴核批示祇遵。为此备由呈请照详施行。

呈抚院。

道光廿二年十月十六日奉院批，如详饬摊缴，饬知各属以十月十六日起摊。

垫修堤工归入属库项下接扣二成弥补案

潍县为查明属库垫款案内修筑民埝等项银两详请汇案核办事。

窃查卑县道光十八年夏间叠沛大雨，河水长发，冲决大于、白狼等河民埝，并冲倒沿河民房。经卑前县招令①报明筹款修筑事竣，核计共用工料及倒房修费银六千九百四十四两六分三厘。禀蒙前宪饬府委勘，明确委系工坚料实，议请将用过银两招令自认四成，并尾零银二千九百四十四两六分三厘，以六成银四千两分作十年摊补，蒙宪台衙门驳饬未准。而招令亦知此项系县案筹垫之款，应归属库案内办理，原请分别认摊本属错误。惟该令未及具详，旋即调赴登郡差遣，嗣因控案撤任回县，不久复经被议革职，代理暨署事各员均未查出，以致延搁至今。现经卑职清理积牍，查悉原委，伏思前项工程既系实用实销，又经禀报有案，所垫银两有关属库款项，自应汇入本案核办。拟合具文详请宪台鉴核，将筑埝、修房等银六千九百四十四两六分三厘统归属库垫款项下，接扣盘查二成弥补，以昭核实。至此案工料清册，业经招令随禀呈送，请免重造。除俟奉到批示，再由卑职造具抵欠款册另文申送外，为此备由具申，伏乞照详施行。

前案司批

已据详将前县招子庸道光十八年垫用民埝工料等银六千九百余两转详抚宪，归入现办借垫案内汇案，奏恳接扣二成归补矣。仰俟奉到批示，另檄饬遵。缴。（闰七月初八日）

---

① 即招子庸。

第四本

阳信、青城、滨州、商河、蒲台漕麦报数

阳信漕麦二百七十七石报五分余；
青城漕麦一百八十七石报五分余；
滨州漕麦三百三十一石报五分余；
商河县漕麦二百四十二石报五分余；
蒲台县报六分。

署武定府札饬惠民县摊派丙午科经费银两在养廉银内扣拨

署武定府王札惠民县知悉。本年五月二十九日蒙布政司札开，道光二十六年五月十五日蒙巡抚部院兼理盐政觉罗崇①批本司详请摊派丙午科经费银两缘由。蒙批，如详通饬遵照，并饬承办各官核实撙节支用。事竣，据实分案造册，呈送核销，毋稍浮冒，亦不得复请续摊。切切。此缴等因到司。蒙此，查此项经费银两，久经奏明在于各州县养廉银内扣拨在案。兹蒙前因，合行抄详，马递五百里札饬等因到府。蒙此，合行转饬。札到，该县立即查照，如有未完养廉银两，刻日扫数解司，以凭拨扣支发。毋违。此札。（二十六年闰五月二十三日到）

---

① 即觉罗崇恩。

计粘抄详一纸。

窃照东省办理文武科场，例准题销地丁仅止二千三四百两。又，卷价生息一款，向系作为正科卷价之用，嗣于道光二十三年癸卯科因修理贡院，已将此项原本详蒙批准提作修费，并议定嗣后正科年分所需卷价由历城县捐办，其余不敷经费银两，由司在于通省州县分别缺分等第，派提备办。查上届甲辰恩科原续摊派银三万五千五百两，业经支发历城县及办纸官具领，分别办理在案。除札饬历城县等造册报销到日另行详销外，所有今岁丙午正科乡试应行制备器皿、铺垫及一切米面、柴薪、油烛并修理等项所需经费，自应按照缺分等第，仿照上科摊定之数，撙节酌减，饬摊银三万两以节縻费。

除新泰、海丰、沾化、寿张、蒙阴、定陶、巨野、临淄、高苑、昌乐、临朐、潍县、福山、栖霞、招远、宁海、文登、海阳、嘉祥、鱼台等二十处缺本清苦，作为下下缺，又历城一县为省会首邑，差务纷繁，应仍照历科成案，均请免摊，以示体恤外，兹查济阳、德州、泰安、惠民、商河、濮州、恩县、济宁等八处作为上上缺，每处摊银六百三十两，共摊银五千零四十两；又章丘、陵县、东平、汶上、阳谷、单县、馆陶、冠县、诸城、胶州、即墨等十一处作为上中缺，每处摊银五百四十九两，共摊银六千零三十九两；又淄川、长清、乐陵、莒州、平度、临清、丘县等七处作为上下缺，每处摊银四百六十八两，共摊银三千二百七十六两；又齐东、德平、平原、东阿、肥城、阳信、宁阳、邹县、峄县、沂水、郓城、堂邑、莘县、安丘、黄县、荣成等十六处作为中上缺，每处摊银三百八十七两，共摊银六千一百九十二两；又长山、齐河、禹城、临邑、青城、滨州、利津、滋阳、兰山、费县、博平、清平、掖县、昌邑、高密、夏津、武城等十七处作为中中缺，每处摊银三百零六两，共摊银五千二百零二两；又莱芜、蒲台、曲阜、泗水、滕县、曹县、城武、朝城、聊城、高唐、益都、金乡等十二处作为中下缺，每处摊银二百二十四两，共摊银二千六百八十八两；又新城、平阴、日照、菏泽、范县、茌平、乐安、蓬莱等八处作为下上缺，每处摊银一百四十二两，共摊银一千一百三十六两；又邹平、郯城、观城、博兴、寿光、莱阳、博山等七处作为下中缺，每处摊银六十一两，共摊银四百二十七两。

以上通共摊银三万两，遵照奏案在于各州县养廉银内扣拨动支，加以例销地丁，共银三万二千余两，陆续给发，供给办纸各官撙节支用。是否有当，拟合详请宪台鉴核批示，以便通饬遵照。

布政司札饬惠民县应摊丙午科科场经费银两在养廉银内扣收

布政司王①札惠民县知悉。案查该县应摊本年丙午科科场经费银六百三十两，除在该县应领道光二十五年养廉银内扣银二百三十两、二十六年养廉银内扣银二百两外，合行马递札饬。札到，该县立即查照扣收银数，补具批领送司，以凭分别存留，印发备案。毋违。此札。（二十六年闰五月二十三日到）

---

① 即王青莲。

布政司札饬惠民县迅将灾前已征银两尽数倾解来司

布政司王[1]札惠民县知悉。案据该县禀称，本年上忙新赋，已解过正耗、养廉共银四千四百两零，下余民欠，因境内二麦被风、被旱，民力实形拮据，请缓调剂等情到司。查该县二十二三四等年上忙完解正耗银两，俱系于三、四月间完至二万七八千两之多。即二十五年曾报二麦被旱，除缓正耗银两不计外，亦完至二万三千九百两之数，较之二十二三四等年所完银数，虽形短绌，尚不甚相径庭。惟查本年上忙钱粮开征至今，仅据完解正耗银四千四百两零，较之前三年已完之数均短至二万三四千两之多。即有二麦被灾，何至悬殊若是？显有挪用情弊，大属不合。合亟马递五百里专札饬查。札到，该县遵照迅将灾前已征银两务须尽数倾解来司，以副造报。倘有征多报少及挪掩情弊，除由司饬委干员前往吊册来辕盘查揭报外，定将该令详请摘顶不贷。慎之。飞速火速。特札。（二十六年闰五月二十五日到）

① 即王青莲。

署武定府札饬惠民县查照用过囚粮银两备具印领

署武定府王札惠民县知悉。本年闰五月十五日蒙按察司札开，道光二十六年闰五月初四日奉巡抚部院觉罗崇①批本司等呈详所属用过囚粮银两报销缘由。奉批，已据详具题，并分咨矣。此缴。册结存送等因。奉此，合行札饬等因到府。蒙此，合行转饬。札到，该县立即查照后开银数备具印领，径赴藩库具领。毋违。此札。（二十六年闰五月二十七日到）

计开：

囚粮报销银两数目，二十五年应领银八十两八钱一分三厘。

禀报商河县吴令应接彭令②一案交代事

敬禀者。窃△△所属商河县吴令应接彭令一案交代，经前署府贵守饬委△△会同三面秉公核算去后。兹据监交△△禀称，卑职发委监算商河县吴令应接彭令交代，遵即会同确核，查得彭令应交正款项下有已征未解道光△年地丁正银若干、耗银若干，共计银若干，内除彭令被参后自行续解银若干，又由彭任移交后任代解银若干，尚欠解银若干。此外尚有欠解杂款若干、仓款若干、捐款若干、抵款项下存司领款若干、垫办河工等案

① 即觉罗崇恩。

② 即吴之观、彭垣。

流摊银若干，欠交银两与领垫银两原足相抵，但彭令欠解道光△年正款，业已奏参有案，非常交代可比。今彭令以交代案内现有抵，即应出借，而吴令又以一经出借责在后任，彭令交代虽有抵款，现在均未摊起出借，以后设奉藩宪札提银两，彼时有口难辩。前后任互相争执，一时实难算结。缘奉饬监算，合将会核情形禀陈鉴核等情到府。

△△覆查彭令已征未解道光△年地丁正耗银若干两，系前抚宪奏奉谕旨勒限追缴之项，必须全数解清，方可奏请开复。兹据禀称，彭令已征未解银两，除移交并自行批解外，尚欠正耗若干之多，断难△△覆查。孙令在任时正值道光二十二年防堵英夷之际，雇募乡勇，置备器械，一切均关紧要。所有垫用银两，嗣因格于成例，未蒙全数准销。此时若将实垫有据之项概予删除，反成亏缺，未免向隅。拟合据情转禀大人鉴核，可否将前项垫办军需银两准予交代案内作为欠款提出，另追孙令自行完缴，俾限期稍宽、措办较易，款仍有着而交代得以速结。如蒙允准，即祈批示，以便转饬遵办。肃此，恭请钧安，伏乞崇鉴。

禀覆卑县道光二十五年知县养廉银两业已全数解清由

二十六年六月初一日奉藩宪王①批，据禀已悉，仰将未完本年夏季养廉银三百五十两赶紧解司交兑，以凭查扣科场经费等项要款。毋得迟延，致干未便。切切。缴。

---

① 即王青莲。

禀报挑修徒骇河六段工程全完请赐委员验收由

二十六年六月初一日奉藩宪王①批，查该县挑修徒骇河工程一案，业经由司札委阳信县前往该县会同验收，禀覆核办矣。仰俟委员到境，立即会同核实验收禀报。毋违。此缴。

署武定府饬知户部具奏捐输人员分发章程

署武定府王为饬知事。

本年闰五月三十日蒙济东道札付，道光二十六年闰五月初八日准布政司咨开，道光二十六年五月二十二日奉巡抚部院兼理盐政觉罗崇②案验，道光二十六年五月十一日准户部咨捐纳房案呈本部具奏捐输人员分发章程一折，于道光二十六年四月二十八日具奏，本日奉旨："依议。"钦此。钦遵相应抄录原奏，知照山东巡抚可也等因到本部院。准此，合就檄行。为此仰司官吏即便钦遵通行遵照，并刊入例册呈送通颁。毋违。计粘单一纸等因行司移道到府。蒙此，合就檄行。为此仰县官吏即便查照。毋违。须至帖者。（二十六年六月初四日到）

---

① 即王青莲。

② 即觉罗崇恩。

计粘单一纸。

户部谨奏为捐输议叙人员在部报捐分发，酌拟章程以昭平允，仰乞圣鉴事。

查各省捐输议叙人员在部报捐分发，俱准归入常例办理。惟查臣部常例，议叙人员本无银数可稽，因比照应补、应选人员作为双月，逐层补足，再捐分发。今各直省捐输河工经费，系按豫工事例银数核计，与寻常议叙者不同。倘亦比照应补、应选人员，无论议叙双月暨不论双单月，概令逐层补足，再捐分发，未免漫无区别。且业经奉旨，不论双单月选用，又令逐层补交，尤未允协。臣等公同商酌，拟请捐输河工经费人员在部报捐分发。查吏部如系已议叙不论双单月者，即准加捐分发，勿庸逐层补足；其仅议叙双月单月者，仍令补足，不论双单月再捐分发，庶足以示区别而昭平允。再，海疆捐输人员与捐输河工事同一律，应照新定分发银数核办，其余各项寻常议叙人员仍应照旧办理。如蒙允准，由臣部移咨吏部、兵部查照。所有臣等酌定河工并海疆捐输人员分别章程，伏乞训示遵行。谨奏。

署武定府饬知户部议覆给事中曹履泰奏新开捐输请改归陕西设局并明定章程

署武定府王为饬知事。

本年闰五月二十七日蒙济东道札付，道光二十六年五月三十日准布政司咨开，道光二十六年五月十八日奉巡抚部院兼理盐政觉罗崇[1]案验，道光二十六年五月初五日准户部咨捐纳房案呈本部议覆给事中曹履泰奏，新开捐输请改归陕西设局并明定章程一折，于道光二十六年四月二十六日具奏，本日奉旨："依议。"钦此。钦遵相应抄录原奏，行文山东巡抚一体遵照可也等因咨院行司移道到府。蒙此，合就檄行。为此仰县官吏，文到即便一体查照。毋违。须至帖者。（二十六年六月初十日到）

计粘单一纸。

户部谨奏为遵旨速议具奏事。

据兵科给事中曹履泰奏新开捐输请改归陕西并明章程以归画一一折。道光二十六年四月二十二日奉旨："给事中曹履泰奏新开捐输事例请改归陕西并明定章程一折，着该部速议具奏。"钦此。钦遵于二十二日由内阁抄出到部。查原奏内称，布彦泰等奏，现办番务，请将陕、甘两省并外省人员，一体准在陕、甘捐输，援照顺天府捐输之例议叙。当经户部议奏，奉旨允准在案。臣思捐生径赴甘肃，道途辽远，其各省对会银两并捐生自行运解，诸多未便。请改归陕西设局，俾各省程途适中，捐生益加踊跃，而甘肃应筹之款近从陕西拨解，甚为便捷等语。

臣等查陕甘总督布[2]等前因办理番务，奏请于陕、甘两省官吏绅商并外省人员准在陕、甘一体捐输，经臣部议准，奉旨允行。是各捐生有志输将，在陕、在甘均可各从其便办理，原无窒碍。今该给事中奏甘肃道途辽远，捐生诸多未便，请改归陕西设局，俾各省程途适中，捐生益加踊跃，自系为筹画经费

---

① 即觉罗崇恩。

② 即布彦泰。

起见。惟现在办理番务，一应兵饷均由甘省调用。如专归陕西一省设局，在外省愿捐人员固属较便，而甘肃官吏、绅商亦令其赴陕报捐，无论将来拨解银两多番运费，即该捐生舍近图远，反恐阻其乐输之忱。

臣等公同商酌，拟请仍遵前旨，饬令陕甘总督、陕西巡抚两省不分畛域，一体准并捐输，则于陕西较近者既情殷报效，而于甘肃较便者亦共乐急公矣。至该给事中所奏，此次复开捐输，其新旧选补之法宜明定章程之处，应由吏部、兵部自行议奏办理，合并声明。所有臣等遵旨速议缘由，理合恭折具奏，伏乞皇上圣鉴。谨奏。

署武定府札饬惠民县应摊道光二十五年漕船阻滞，调用军剥各船垫用工食等项银两在应领各年养廉银内扣收给领归款

署武定府王札惠民县知悉。本年闰五月十二日蒙布政司札开，案查该府并所属应摊道光二十五年漕船阻滞，调用军剥各船垫用工食等项银两，现在急等归款，除在该府并所属各州县应领各年养廉银内扣收给领归款外，所有批领合行开单，马递札取等因到府。蒙此，合行转饬。札到，该县立即查照后开奉扣银数，补具批领，呈送藩宪粘呈点发备案。毋违。此札。（二十六年六月十二日到）

计开：

该县应摊道光二十五年漕船阻滞，调用军剥各船垫用工食银一百两，在该县二十六年养廉银内扣收。

署武定府札饬惠民县应解本年夏季书吏饭食及册费等项银两在解存各年养廉银内扣收移送

署武定府王札惠民县知悉。本年闰五月十二日蒙布政司札开，案准臬司移扣各属应解本年夏季书吏饭食及册费等项银两到司，除在各州县解存各年养廉银内扣收移送外，合行开册札知。札到，该府遵照转饬所属，查照册开银数，补具总数印领，申送来司，以凭粘呈，一面分款补具单批，径送臬司衙门印发备案。毋违。此札等因到府。蒙此，合开单转饬。札到，该县立即查照单开奉扣银数，补具正副印领，申送藩宪粘呈，一面分款补具单批，径送臬宪衙门印发备案。毋违。此札。（二十六年六月十二日到）

计粘单一纸。

计开：

该县道光二十六年夏季臬书饭食银二十四两八钱五分六厘，词讼册费银一两七钱八分九厘，秋审经费银三分二厘，秋审册费银一钱二分。以上共银二十六两七钱九分七厘，在二十六年养廉银内扣收。

署武定府札饬惠民县嗣后各省道府以至佐杂等官，试用期满人员分别补用

署武定府王札惠民县知悉。本年闰五月二十七日蒙济东道札付，道光二十六年闰五月初七日准布政司咨开，道光二十六年五月二十五日奉巡抚部院兼理盐政觉罗崇①案验，道光二十六年五月十一日准吏部咨，嗣后各省道府以至佐杂等官，试用期满人员分别补用缘由到本部院。准此，合就檄行。为此仰司官吏即便钦遵通行遵照，并刊入例册呈送通颁。毋违。计粘抄原咨一纸等因行司移道到府。蒙此，合行转饬。札到，该县即便钦遵查照。毋违。此札。（二十六年六月十七日到）

计粘单一纸。

吏部为知照事。

文选司案呈，查定例，各省佐贰杂职曾经得缺未请实授仍赴原省委用人员，如到省未经逾限，仍按到省后所出之缺准其补用；如到省逾限，均应以到省之日起扣满一月后所出之缺方准补用等语。推原例意，原以各省佐贰杂职委用人员到后适遇到班，即准该督抚酌量请补，诚恐该员到省时不即禀到，先行探缺，巧为趋避，故议令逾限到省者，扣满一月后所出之缺方准补用。例内系专指委用而言，是以此外逾限到省各员均不扣满一月之限，即准补缺。惟择缺之弊，原不独委用人员为然。

① 即觉罗崇恩。

此外如遇缺即补人员、各班先用人员、试用业经期满仍回原省试用及改掣他省试用人员，以上数项均不再扣试用一年，到省后适遇到班即准补用。其间观望择缺之弊，恐亦在所难免。臣等详加酌议，应请嗣后各省道府丞倅州县以至佐贰杂职等官，遇缺即补人员、候补人员、各班先用人员、试用业经期满仍赴原省试用及改掣他省试用人员，以及一切不扣试用年限到省后适遇到班即准补缺之员，查其到省未经逾限，仍按到省后所出之缺准其补用；如其到省逾限，均照委用之例，扣满一月后所出之缺方准补用。如此一律办理，庶足以杜弊端而昭平允等因。道光二十六年四月十九日具奏。奉旨："依议。"钦此。相应知照可也。

禀覆本年上忙征完新旧钱粮均已分别支解并呈清折由

二十六年六月十九日奉藩宪王①批，据禀已悉。查该县本年上忙钱粮虽禀报二麦被旱，较之往年已完银数大相径庭，业经另札饬查在案。仰即遵照前檄情节，按照征收日报总簿，再行确核是否有无已征未报银两，刻日据实禀覆以凭核办。倘敢隐匿颟顸，除委员前往盘查外，定将该令严揭详参，决不宽贷。慎之。切切。缴。折存。

① 即王青莲。

督粮道札饬惠民县速完道光二十五年分仓项正耗等项银两

督粮道景[1]札惠民县知悉。照得该县未完道光二十五年分仓项正耗等项银两，前经屡次委催并差提、签提去后。乃该县置若罔闻，至今奏销之时尚未完解清款，殊属不顾考成，本应即行揭参，姑再由马递三百里严札飞提。札到，立即遵照，将未完前项银两限即日内差役星速解辕交兑清款，赶副造报。倘再稍延，定即于奏销案内照例开参，毋贻后悔。凛慎。速速。此札。（二十六年六月十九日到）

署武定府札饬惠民县应摊道光二十六年春、夏二季交代局经费银两在解存养廉内扣收

署武定府王札惠民县知悉。本年闰五月二十日蒙布政司札开，案据历城县请领各属应摊道光二十六年春、夏二季交代局经费银两到司。据此，除在各该州县解存养廉内扣收给领外，合行开单饬知等因到府。蒙此，合行转饬。札到，该县立即查照后开奉扣银数，补具批领，径送藩宪粘呈印发备案。毋违。

---

① 即景霖。

此札。(二十六年六月二十四日到)

计开:

惠民县道光二十六年春、夏二季交代局经费银二十五两二钱九分,又二十五年秋、冬二季并摊潍县银二十五两五钱八分一厘,在该县二十六年养廉内扣收。

署武定府札饬惠民县修理一切工程必须详请勘办,方准动项修理

署武定府王札惠民县知悉。本年六月二十四日蒙布政司札开,查各属修理一切工程及挑挖河道、修筑民埝等项,如逾限坍塌,必须详请勘办,方准动项修理。乃近来各属多以不急之工,并未禀明批准有案,擅自兴修,事后将所需工料银两借词流摊,殊属捏混,合行札饬。札到,该府转饬所属,嗣后一切工程,如实系急应修葺者,自应详请委勘,听候核示遵办。倘有未经禀明,任意兴修,率请流摊,定行删除。毋得玩违,致干并咎。慎之。切切。此札等因到府。蒙此,合行转饬。札到,该县即便遵照。毋违。此札。(二十六年六月二十八日到)

署武定府札饬惠民县欠解道光二十六年县医学帮贴药饵银两在领款银内扣拨

署武定府王札惠民县知悉。本年闰五月二十七日蒙布政司

札开，案准臬司移扣各属欠解道光二十六年县医学帮贴药饵银两到司。除在各州县领款银内扣拨给领外，合行札知等因到府。蒙此，合行转饬。札到，该县立即查照扣拨银两数目，补具妥协印领，径送藩司粘呈。毋迟。速速。此札。（二十六年六月三十日到）

计粘单一纸。

惠民县道光二十六年浮额孤贫银二两六钱二分七厘，扣欠二十六年县医学帮贴药饵银两项下。

署武定札饬惠民县欠解本年夏季狱务、囚粮、灯油、刑具、禁卒更夫工食等款银两业经查款扣拨

署武定府王札惠民县知悉。本年六月初二日蒙布政司札开，案据按司狱程兆纬、济司狱徐芳庭、历城县典史孙春榜等申请扣拨各属欠解本年夏季狱务、囚粮、灯油、刑具、禁卒更夫工食等款银两，并送清册到司。业经查款扣拨支给在案，所有扣拨银两数目合行开单札饬等因到府。蒙此，合行开单转饬。札到，该县立即查照单开扣拨领款数目，补具妥协印领，具文径送藩宪核办。如查有已解重扣，亦即移行该司狱等查明改拨。毋迟。速速。此札。（二十六年六月三十日到）

计粘单一纸。

惠民县道光二十四年囚粮银二十一两七钱三分一厘，扣欠

二十六年夏季司监津贴狱务银三两五钱六分六厘，津贴刑具银二两二钱三分一厘，更夫工食银八钱八分五厘，禁卒工食银十两四钱三分五厘，府监灯油增添刑具银二两二钱六分一厘，县监灯油增添刑具银二两三钱五分三厘。详送院辕弁兵差委奖赏生息改发二十七家当铺分领领结一案，于道光二十六年七月初四日奉藩宪王①批，据详已悉。此缴。册结领状存。

署武定府札饬惠民县户部议覆云贵总督贺长龄片奏剿办回匪请仍由滇省续捐军需经费折

署武定府王札惠民县知悉。案蒙济东道札付，道光二十六年闰五月二十日准布政司咨开，道光二十六年闰五月初四日奉巡抚部院兼理盐政觉罗崇②案验，道光二十六年五月二十三日准户部咨，捐纳房案呈，本部议覆云贵总督贺③片奏剿办回匪请仍由滇省续捐军需经费一折，于道光二十六年五月十五日奏，本日奉旨："依议。"钦此。钦遵相应抄录原奏，行文各直省一体查照可也等因咨院行司移道到府。蒙此，合行转饬。札到，该县即便查照。毋违。此札。（二十六年七月初二日到）

计粘单一纸。

---

① 即王青莲。

② 即觉罗崇恩。

③ 即贺长龄。

户部谨奏为遵旨速议具奏事。

据云贵总督贺奏现在剿办回匪请仍由滇省续捐军需经费一折，道光二十六年五月十一日奉朱批：“户部速议具奏。”钦此。钦遵于十三日由内阁抄出到部。

查原奏内称，滇省藩库并无闲款，而调遣兵将需用颇繁。现饬藩司在于盐课项下暂行支用，俟事竣动用若干，再行汇数具奏。惟盐课系按年拨充，本省兵饷应即设法归还，届期方免交纳。上年军需系官绅商灶踊跃捐输，经臣奏恳天恩，俯准查照豫工二卯捐例，分别赏给官职，职衔尚未奉到谕旨。此次回匪复敢滋扰，必须痛加惩剿，窃恐需用更多，臣与司、道等再四筹商捐廉弥补，为数无几。若多分年限，则盐课正款未免日久虚悬。伏查上年捐输军需，只动用银十万余两。臣因数已捐足，即行具奏其穹远，地方官绅士庶情殷报效，未能赶上者尚不乏人。可否仍照豫工二卯捐例，续准接捐军需经费，并酌定一年限期，以便从输纳收到银两，即以归补借动盐课。倘有不敷，另行奏请于盐〈课〉溢余留滇一半项下分年提补等因附片具奏前来。

臣等查上年滇省回匪滋事，动用军需十万余两，系由该省官绅商灶捐输，该督奏恳恩施赏给官职在案。今该督奏称，此次回匪复行滋扰，必需痛加惩剿，需用更多。现于藩库盐课项下暂行支用，请仍照上次军需，按豫工二卯银数续准捐输，酌定一年限期，以便从容输纳所收银两，即以归补借动盐课。倘有不敷，另行奏请于盐课溢余留滇一半项下分年提补等语。

臣等公同商酌，该督所奏自系实在情形，除捐请覃恩封典，前经奏明由部库办理，不准于捐输案内奏请外，其余官职各款，应准其于该省官绅士庶捐，照上年捐输成案，按豫工二卯例定银数查核办理。如有外省人员愿在滇省捐输者，亦请仿照陕、甘现开捐输之例，准其一体报捐，奏请奖励，庶情殷报效者愈得遂其急公好义之忱。如允准，由臣部飞咨云贵总督出示晓谕，即以奉旨之日起限，扣满一年即行停止，以示限制。所捐银两应即收贮云南藩库，归补借动盐课之款仍按次报部备案，以凭查核。至奏称捐输之数倘有不敷，请于盐课溢余留滇一半项下分年提补之处，应俟捐输限满是否敷用，另行奏请时再行核办。所有臣等遵旨速议缘由，理合恭折具奏，伏乞圣鉴训示遵行。谨奏。

禀运宪禀请饬纲速议整顿盐务由

敬禀者。窃卑职前因县境票地租商大来泰所邀商伙万西围等并未到县，请饬纲设法整顿盐务一案。嗣业宪批查福恒盛已领二十七年春、夏二季票，特何以许久尚未赴地运盐？殊属延玩，候差查覆夺。至大来泰力不能办，万西围亦不可靠，已饬票纲首妥议禀覆矣。俟覆到，再行饬遵缴等因。卑职亦即选差实力查催临据福恒盛，将已领二十七年春、夏两季盐斤运销。若缴线票，印截转申在案下。余未领秋、冬两季盐票，迄今未据销缴，是否尚未领出，抑系已领未运，福恒盛现又潜匿，其商伙人等均不知其详细，无从查询。至大来泰既经无力办运，又无妥人接充票课。两案转瞬奏销，即届之期，若不筹画于先，势必临时贻误，除由县再行分别差查严催外，理合禀请宪鉴核，俯赐饬谕票纲首将卑县盐务如何设法筹办，方为妥善之处，迅速议定，赶紧料理，以重课款而顾民食，洵为公便。肃此，恭请福安，伏乞垂鉴。卑职谨禀。

禀本府某某州县某某会衔

禀筹垫本属盘查经费请分三年摊捐还款由

敬禀者。窃查奉文办理盘查库项一案，前奉宪盐务叶藩宪①檄饬并颁发册式到县，令即据实开报等因。伏查东前属库银款，自嘉庆十九年盘查之后，迄今已阅三十余载，其中官亏民欠，蠲缓裁除，情节纷繁，现应逐年逐款彻底厘剔，既须滴滴归源，又须丝丝入扣，转瞬奉准部议章程，即应开送欠数清折，欲求提纲挈领，宜先理绪比纶，若不预为按年勾稽，势必临期无从措手。今卑职等各于本处选派诚谙经书八名、添募缮书四名，先行详细查办，惟是书吏饭食缚张家工，在在均需筹备，卑职等撙节，约计每处须银一百两，方足支发，但款属公需，事非常有，自应禀明在案，庶免办理两歧。除筹款备支外，理合会禀大老爷鉴核，俯准将卑职等每处垫用银一百两，即以本属盘查经费名目，自奉宪批之日起各归本缺，分作三年摊捐造垫，以昭核实，洵为公便。肃此，恭请福安，伏乞垂鉴。卑职某某谨禀。

---

① 即叶圭书。

署武定府札饬惠民县应解本年夏季院司书吏饭食等项银两在解存各年养廉银内扣收

署武定府王札惠民县知悉。本年七月初三日蒙布政司札开，案查各属各应解本年夏季院司书吏饭食等项银两，未据批解。除在各州县解存各年养廉银内扣收，分别呈送给领外，合行开册札知等因到府。蒙此，合行开单转饬。札到，该县立即遵照单〈开〉银数，补具总数批领，径送藩宪衙门，以凭粘呈印发备案。毋违。此札。（二十六年七月十四日到）

计粘单一纸。

惠民县解道光二十六年夏季分院书饭食银五两八钱五分九厘，院本书饭食银三两三钱一分七厘，司书饭食银九两九钱一分七厘，汇报饭食银一钱七分八厘，吏攒饭食银二钱二分二厘，拨册饭食银二钱六分六厘，耗羡廉费饭食银四钱四分四厘，粮价饭食银五钱三分三厘闰月加增银一钱七分七厘，罚俸饭食银八钱八分八厘，藉田饭食银四钱四分四厘，兵北科饭食银二钱二分二厘，封筒饭食银七钱五分五厘，刑书册费银一两七钱七分六厘，保甲册费银一两七钱七分六厘，积案饭食银四钱四分四厘，耗羡旬报饭食银一两二厘闰月加增银三钱三分四厘，柬房饭食银一两七钱七分六厘，茶房工食银八钱八分八厘，盘查房饭食银四两二钱五分八厘闰月加增银一两四钱一分九厘，宪书工料银一两四钱七厘，军需饭食银二两一钱三分一厘，抚塘报资银九两一钱六分二厘，京塘公费银一两二钱五分三厘。以上共银五十两八钱四分八厘，在二十六年养廉内扣收。

署武定府札饬惠民县吏部议覆给事中曹履泰条奏捐输折内变通章程

署武定府正堂王札惠民县知悉。本年七月初三日蒙布政司札开，道光二十六年闰五月廿九日奉巡抚部院兼理盐政觉罗崇[①]案验。道光二十六年闰五月十七日准吏部文选司案呈，本部议覆给事中曹履泰条奏捐输折内变通章程。奏称，各省现任及候补、委用、试用各员捐例内捐升他职者，原准归部选用，其现任人员仍准在任候选。各省著有劳绩保奏各员向不准请归部选，是以捐输案内在外各官请以升阶归部选用者，臣部均比照著有劳绩保奏之例，请令改归外补各在案。惟外任捐升各员必令其改归外补，其得缺有需时日之人，恐致意存观望。有改归外补各员向之捐足，不论双单月，即行改归外补，并不令其再行交分发银两。该捐生等或先捐有微职，分发省分后，再以升阶捐输，请归部选，明知改归外补可以免交分发银两，亦未免易生取巧之弊。今臣等详加酌核各省现任及候补、委用、试用各员捐输案内请以升阶归部选用者，即比照捐例，无论是否应升之阶，均准其以升阶归部选用，其现任人员仍准在任候选。至从前奏请改归外补、外升各员，如有愿归部选者，令其呈明各该省督抚，报部存案。查其已开本缺、业经以升阶试用者，

① 即觉罗崇恩。

仍准给咨赴部投供候选；查其未开本缺、尚未以升阶试用者，准其仍以升阶在任候选；至业经以升阶在省试用、尚未得缺，如呈明仍愿在省试用者，应令其各按所升官阶补交分发银两后，方准补缺，以杜取巧之弊等因。于本年五月十四日奉旨："依议。"钦此。钦遵在案。

是捐输案内改归外补人员，其有仍愿在省试用者，应令各按所捐官阶补交分发银两。惟查改归外补人员，或甫经呈明仍愿在省试用而适有缺出，即轮应该员拟补。其补交银两尚未上库，既未便即行扣补，亦未便员缺久悬。自应量为展限，将员缺暂行扣留，以接到此次部文之日起，予限三个月。如于三月限内补交，仍将该员拟补；如于三月限内未交，即将其次应补人员之已经补交者拟补；如于三月限外始行补交，即将该员扣补一次，俟再到班时，方准拟补，以杜择缺之弊。其未经补交银两以前，并一概不准委令署事，用归核实。至补交银两，即就近在本省藩库交纳，日期咨报户部备查，遇有补缺，仍于文内声明，以便行查户部核办，相应通行各直省一体遵办可也等因到本部院。

准此，合就檄行。为此仰司官吏，即便钦遵通饬遵照。毋违等因到司。奉此，查部文内所定限期，均系有关补缺，除俟督饬匠役刊刷例册完竣另行颁发外，合行马递三百里札饬等因到府。蒙此，合行转饬。札到，该县即便一体遵照办理。毋违。此札。(二十六年七月十二日到)

署武定府札饬惠民县布政司呈详摊派道光二十五年买谷津贴一案缘由

署武定府正堂王札惠民县知悉。本年七月初三日蒙布政司札开，道光二十六年六月十二日奉巡抚部院兼理盐政觉罗崇[1]批本司呈详摊派道光二十五年买谷津贴一案缘由，奉批如详，通饬遵照。至郓城县所需买谷津贴，即在于扣留余剩银内支给，仍将给领日期报查。此缴。清册存等因到司。奉此，合行马递三百里札饬。札到，该府即便遵照，转饬所属不买谷各州县，将应摊津贴银两照数解司兑收；一面饬令买谷各处，俟各州县摊解到司，再行饬知请领归款，均毋迟延。切速切速。特札等因到府。蒙此，合行抄详转饬。札到，该县即便遵照。毋违。此札。(二十六年七月十四日到)

计粘抄全详一纸。

窃照各属买补缺谷，前因每石例价七钱，不敷采买，由司酌定章程，议请循照嘉庆年间旧章给予津贴。按照每石三钱，除买谷各州县自捐一钱外，下余二钱，在于不买谷各处照依科场经费之例，按八等缺分均匀摊解，分别给领，俾免借口赔累，有稽采买。遇有交代，无论摊认本缺及他处津贴，统照向派买谷之时，以十月初一日起至次年九月底止，作一年摊还，详奉前宪批允。

---

① 即觉罗崇恩。

嗣于查办道光二十三年派买缺谷津贴案内，即经照依分别派摊，并查明买谷各属其间十月分粮价有在一两以下者，扣留余剩津贴，归入下届买谷案内办理分晰，详奉宪台批准，通饬遵照。迨至道光二十四年派买缺谷应给津贴银两，因谷数过多，若照旧章，在于不买谷各处加摊，计每处应摊银四百十余两或三百八十余两及三百三十余两不等，摊未免过巨，而清买仓谷各处系属慎重仓储起见，且嘉庆八年买谷案内自行请买处所曾议及津贴之外，复又量加酬奖。其道光二十四年请买谷，各县事同一律，又未便因摊项过多，免给津贴银两，不得不变通办理。当即由司改议章程，除买谷各处自摊一钱五分外，下余一钱五分，在于不买谷各州县按八等缺分均匀摊派，详奉宪台批准，通饬遵照，摊解各在案。

兹查道光二十五年派买、请买各项谷石，较之二十四年更多谷一万三千四百五十一石一斗四升三合二勺，自应仍照二十四年派摊津贴之案办理。请将二十五年派买等请买谷七万八千五百五十一石一斗四升三合二勺，所需三钱津贴银二万三千五百六十五两三钱四分二厘，除归派买、请买各本缺自摊一钱五分银一万一千七百八十二两六钱七分一厘外，下余一钱五分银一万一千七百八十二两六钱七分一厘，在于不买谷各州县按照上中下缺分别摊派。

除新泰、海丰、沾化、寿张、蒙阴、定陶、巨野、临淄、高苑、昌乐、临朐、潍县、福山、栖霞、招远、宁海、文登、海阳、嘉祥、鱼台等二十州县系属下下苦缺，均应免摊；又上上缺之济阳、德州、商河、恩县、济宁州，上中缺之历城、章丘、陵县，上下缺之淄川、长清、乐陵、平度州、临清州，中上缺之德平、平原、邹县、郓城、黄县、莘县，中中缺之长山、济［齐］河、禹城、临邑、青城、滨州、利津、掖县、高密、夏津、武城，中上缺之蒲台、城武、聊城、益都、金乡，下上缺之新城、菏泽、茌平、乐安、蓬莱，下中缺之邹平、郯城、观城、博兴、寿光、莱阳、博山等四十七处，均有派买、请买谷石，亦未便摊派津贴外，所有上上缺之泰安、惠民、濮州等三处，每处应摊银三百五十四两五钱六分七厘，共摊银一千六十三两七钱一厘；又上中缺之东平、汶上、阳谷、单县、馆陶、冠县、诸城、胶州、即墨等九处，每处应摊银三百三十四两五钱六分七厘，共摊银三千一十一两一钱三厘；上下缺之莒州、丘县等二处，每处应摊银二百一十四两五钱六分七厘，共摊银六百二十九两一钱三分四厘；中上缺之齐东、东阿、肥城、阳信、宁阳、峄县、沂水、堂邑、安丘、荣成等十处，每处应摊银二百九十四两五钱六分七厘，共摊银二千九百四十五两六钱七分；中中缺之滋阳、兰山、费县、博平、清平、昌邑等六处，每处应摊银二百七十四两五钱六分六厘，共摊银一千六百四十七两三钱九分六厘；中下缺之莱芜、曲阜、泗水、滕县、曹县、朝城、高唐等七处，每处应摊银二百五十四两五钱六分七厘，共摊银一千七百八十一两九钱六分九厘；下上缺之平阴、日照、范县等三处，每处应摊银二百五十四两五钱六分六厘，共摊银七百三两六钱九分八厘。以上统共摊派银一万一千七百八十二两六钱七分一厘，通饬照数批解司库，分别给领。

惟查上年派买谷石之淄川、菏泽、蒙阴、昌乐、掖县、嘉祥等六处十月分报部粮价，每石均在一两以下，津贴银两应请仍照上届旧章，照实在不敷之数给领，俾免浮冒。计淄川等六县照依十月分报部谷价核算，共应扣留余剩津贴银五百五十九两三钱五分一厘，应存留司库，归于下届买谷案内再行动支。至各州县认摊本处及他处津贴银两，亦应照旧以买谷之年十月初一日起至次年九月底止，无论正署，按照在任月日作一年流摊还款。遇有交卸，核入交案抵算。是否有当，理合分别造具摊派津贴并余剩银两细册，详请宪台鉴核批示，以便通饬遵照。

再，郓城县请买该前县范泰初应赔霉变常平仓谷一千九百九十五石，因所需谷价银两系动支每石七钱缴存本款，是以前次详咨续请买谷案内未经核入此项，请买谷石亦应照案给予津贴。除归该县本款自摊一钱五分外，下余应需一钱五分银二百九十九两二钱五分，应请在于二十五年扣留余剩津贴银五百五十九两三钱五分一厘之内照数动支给领，俾免借口赔累，合并声明。

署武定府札饬惠民县呈详更造续奏各款银两一案缘由

署武定府正堂王札惠民县知悉。本年七月十八日蒙布政司批，据该县呈详更造续奏各款银两一案缘由，蒙批，查此案前据该县具详到司，当以款多牵混，札饬确查，据实详覆，何得以原造奏销错误诿咎前任。殊不知办理案件即或勾稽，稍有舛错，其数目不符，因日后无可考究，而款目两歧。按照支解各数如何，错误一查即知，如谓无可稽核，试问前任造报，岂凭空结撰，有是理乎？该县以推诿，何能混行支吾，殊属妥谬。况廉费、脚费司案奏销，虽照额数登除，其已支未支，县案昭然，断不能无因牵涉。准现在蠲免一案立等出项，姑先照原册办理。其如何不符之处，仰武定府严督该县遵照先今指饬情节，再行澈底根查，据实详覆核办。一面将征存前项银两，限即日按年按款批差解司交兑。倘再任其捏混迟延，定干未便。凛慎。

切切。此缴等因到府。蒙此，合行转饬。札到，该县立即遵照藩宪先今指饬情节，再行澈底根查，据实详覆。一面将征存前项银两，按年按款刻日径解司库兑收具报，毋再舛错迟延，致干未便。速速。此札。（二十六年七月廿四日到）

署武定府札知鄂顺安奏校阅通省营伍情形折钦奉上谕事

署武定府正堂王为钦奉事。

本年七月二十日蒙济东道札付，本年七月初一日准布政司咨，道光二十六年闰五月二十三日奉巡抚部院兼理盐政觉罗崇①案验，道光二十六年闰五月初七日准兵部咨职方司案呈，内阁抄出，道光二十六年五月二十二日奉上谕："鄂顺安奏校阅通省营伍情形一折，河北镇标右营都司明安太马箭生疏，该员曾经出师，著有劳绩，着以守备降补，以观后效，余着照所议办理。该部知道。至所称各州县额设民壮，随营调考放枪准头，尚属合式等语一项，原为保护地方及杂项差使，借补兵力所不足，与各营兵丁尤属不同，刀矛杂技果能认真训练，已足备用，无庸兼习鸟枪弓箭，着通谕各督抚知之。"钦此。钦遵抄出到部，相应恭录谕旨，行文山东巡抚一体遵照可也等因咨院行司移道到府。蒙此，合行转饬。为此仰县官吏，文到即便遵照。毋违。须至帖者。（二十六年七月廿四日到）

---

① 即觉罗崇恩。

署武定府札饬惠民县摊派丙午科添盖帘官房屋经费银两在养廉银内扣拨

署武定府正堂王札惠民县知悉。本年七月十四日蒙布政司札开，道光二十六年闰五月二十五日奉巡抚部院兼理盐政觉罗崇①批，本司详请摊派丙午科添盖帘官房屋经费银两缘由，奉批如详，通饬遵照，并饬历城县造具工料册结，由司详送核销。此缴。册图存等因到司。奉此，查此项经费银两久经奏明，在于各州县养廉银内扣拨。兹奉前因，合行抄详，马递五百里札饬等因到府。蒙此，合行转饬。札到，该县立即查照。如有未完养廉银两，刻日扫数解司，以凭拨扣支发。毋违。此札。(二十六年七月廿八日到)

计粘抄详一纸。

覆查该县禀请以济南府同知旧署基址建盖帘官居住房屋，免致内外帘官与应试士子同居旅店，实为慎重科场关防起见。济南城守营署箭道以南空基，让作帘官公所出入路径，现将箭厅挪移，从新盖造。既据该府诣勘均无窒碍，所有估计银两亦经确查，委系节而又节，并无浮冒，请饬归通省分年流摊前来。

查上届大修贡院、添盖棚号，均系专案详摊。今岁丙午科乡试修建鹊华山馆为帘官房屋，事同一律，自应俯如该府所请，照大修棚号之案，除向例摊派经费之外，专案详摊银一万九千

① 即觉罗崇恩。

八百八十四两，查照摊派科场经费章程，分别等第，摊之各州县，似觉众擎易举。

兹拟除下下缺之新泰、海丰、沾化、寿张、蒙阴、定陶、巨野、临淄、高苑、昌乐、临朐、潍县、福山、栖霞、招远、宁海、文登、海阳、嘉祥、鱼台等共二十处，并历城一县为省会首邑，差务纷繁，应照历办成案，均各免摊以示体恤外，所有上上缺之济阳、德州、泰安、惠民、商河、濮州、恩县、济宁等八处，每处摊银四百二十两四钱七分，共摊银三千三百六十三两七钱六分；又上中缺之章丘、陵县、东平、汶上、阳谷、单县、馆陶、冠县、诸城、胶州、即墨等十一处，每处摊银三百六十四两二钱五分，共摊银四千零六两七钱五分；又上下缺之淄川、长清、乐陵、莒州、平度、临清、丘县等七处，每处摊银三百一十两二钱五分，共摊银二千一百七十一两七钱五分；又中上缺之齐东、德平、平原、东阿、肥城、阳信、宁阳、邹县、峄县、沂水、郓城、堂邑、莘县、安丘、黄县、荣成等十六处，每处摊银二百五十六两二钱五分，共摊银四千一百两；又中中缺之长山、齐河、禹城、临邑、青城、滨州、利津、滋阳、兰山、费县、博平、清平、掖县、昌邑、高密、夏津、武城等十七处，每处摊银二百零二两二钱五分，共摊银三千四百三十八两二钱五分；又中下缺之莱芜、蒲台、曲阜、泗水、滕县、曹县、城武、朝城、聊城、高唐、益都、金乡等十二处，每处摊银一百四十八两二钱五分，共摊银一千七百七十九两；又下上缺之新城、平阴、日照、菏泽、范县、茌平、乐安、蓬莱等八处，每处摊银九十四两二钱五分，共摊银七百五十四两；又下中缺之邹平、郯城、观城、博兴、寿光、莱阳、博山等七处，每处摊银三十八两六钱五分，共摊银二百七十两五钱五分。以上通共摊银一万九千八百八十四两零六分，计多摊银六分，应令博山县少摊银六分，实摊银三十八两五钱九分，即与应摊之数相符，遵照奏案，在于各州县养廉银内扣拨动支给领。其饬摊年分亦如该府所请，以历城县申报完工之日起，通饬各属，无论正署，按照在任月日分作六年流摊，遇有任卸，核入交案列抵，以昭公允。至所估工料银两，因需用紧急，屡据请领，业于库存闲款银内先行借支银一万八千两给发，赶紧兴修。俟奉准后，即行查款扣还，并将该县垫用不敷银两，在于此项经费银内找给归款，统俟工竣，造册报销。是否有当，拟合造具摊捐清册，同送到图式详请宪台鉴核批示，以便通饬遵照。

再，据该县具禀，省城北路接送差使并无公所，借用庙宇，殊多不便。兹觅得奎垣街文昌阁外不满一箭之地有观音庙，之后可盖一正两厢，以备司道府厅州县会齐接送差使之处，离城既近，而又与民间无碍。此项所费无多，当归入盖造帘官房屋项下，一并动工兴修，以免案牍之繁，合并声明。

禀卑县垫修宪署用过工料银两请归合属分摊由

二十六年八月初一日奉署本府王批，查该县本年修理府署费用较巨，独难捐办，自应借诸众力。已据禀，援照大修之案，将所需工料银七百两按缺分均匀摊派，内除海、沾二县免摊外，其余该县与商河、阳信、乐陵各摊银一百一十两，滨州、利津各摊银八十两，青城、蒲台各摊银五十两，改自道光二十六年闰五月十九工竣之日起，分作五年流摊。札饬各属移解归款矣，仰即查照。缴。册存。

署武定府札饬惠民县应解本年秋季书吏饭食及词讼册费银两在解存各年养廉银内扣收移送

署武定府正堂王札惠民县知悉。本年七月二十五日蒙布政司札开，案准臬司移扣各属应解本年秋季书吏饭食及词讼册费银两到司，除在各州县解存各年养廉银内扣收移送外，合行开单札知等因到府。蒙此，合行开单转饬。札到，该县立即查照单开银数，补具总数印领，送司粘呈，一面分款补具单批，径送臬宪衙门印发备案。毋违。此札。（二十六年八月初五日到）

计粘单一纸。

惠民县道光二十六年秋季臬书饭食银二十四两八钱五分六厘，词讼册费银一两七钱八分九厘，以上共银二十六两六钱四分五厘，在二十五年养廉内扣收。

署武定府札饬惠民县巡抚部院附片具奏清厘道光二十五年以前司库借垫各款缘由

署武定府正堂王札惠民县知悉。本年七月十四日蒙布政司札开，道光二十六年六月十八日奉巡抚部院兼理盐政觉罗崇①札开，照得本部院于道光二十六年六月十一日附片具奏清厘道光二十五年以前司库借垫各款缘由一件，除俟奉到朱批另行恭录饬知外，合先抄片札知。札到，该司即便查照，严催各属迅速核实清厘，勿任稍有混淆延宕。仍俟查办完竣，即行详请核奏。毋违。又于道光二十六年六月二十八日奉巡抚部院兼理盐政觉罗崇札开，照得本部院于道光二十六年六月十一日附片具奏清厘道光二十五年以前司库借垫各款缘由一件，业已抄片饬知在案。兹于六月二十三日奉到朱批："户部知道。"钦此。合行恭录札知。札到，该司即便钦遵查照，严催各属迅速核实清厘，勿任稍有混淆延宕，仍俟查办完竣，即行详请核奏，毋违各等因到司。奉此，合行马递三百里札饬等因到府。蒙此，合行抄奏转饬。札到，该县立即遵照，将一切因公借垫各款，以道光二十五年为止，确切查明共有若干，何系摊捐已未归补，何系应动生息有着无着，据实造册，详送藩宪并本府核转，毋稍迟延。速速。此札。(二十六年八月初五日到)

计粘抄原奏一纸。

再，东省司库款目浩繁轇轕，前因查有历年指借等项，非款已拟摊，即半在生息项下归补，且有应还属库抵垫各项，必须确核筹补。当经前抚臣经②请以道光十六年为止，详查办理。奏奉朱批："览。"钦此。钦遵行司，通饬遵照在案。兹据藩司王③详称，此案自具奏以来，饬催各属，均知认真查办，惟因款多年久，兼与盘查参案互相牵涉，钩稽匪易，加以各州县正

① 即觉罗崇恩。

② 即经额布。

③ 即王青莲。

署迭更，辗转移交，不无稍有悬待。而库项攸关，亟应赶紧查核。至近年各属一切因公借垫之项，亦须一律清理，以期款目厘然，丝毫皆归实在。拟请截至道光二十五年为止，确查以前历年指款借支共有若干，何项系属摊捐已未归补，何项应动生息有着无着。所有属库抵垫银两，一同查办，具［其］无着者应如何筹补，统俟催办完竣，另行核议具详等情。臣查该司所议系为慎重库贮起见，除饬严催各属迅速核实清厘，不容混淆延宕，仍俟办竣详到，由臣确核具奏外，理合附片奏闻，伏乞圣鉴。谨奏。

署武定府札饬惠民县应摊前任文登县病故知县荣绪未完部借养廉银两

署武定府正堂王札惠民县知悉。本年八月初二日蒙布政司札开，案奉巡抚部院兼理盐政觉罗崇①批，本司详摊前任文登县病故知县荣绪未完部借养廉缘由一案，蒙批，据详已悉，仰即查照，通饬遵照。缴等因到司，合行开单转饬等因到府。蒙此，合行转饬。札到，该县立即查照后开应摊前项银两，赶紧解司清款以凭详咨。毋迟。速速。此札。（二十六年八月初五日到）

计开：

该县摊银三两一钱一分六厘。

① 即觉罗崇恩。

署武定府札饬惠民县应摊添盖帘官房屋需用铺垫经费银两在养廉银内扣拨

署武定府正堂王札惠民县知悉。本年七月二十一日蒙布政司札开，道光二十六年七月初九日蒙巡抚部院兼理盐政觉罗崇[①]批，本司详请摊派添盖帘官房屋需用铺垫经费银两缘由，蒙批，如详转饬办理。缴等因到司。蒙此，查此项铺垫经费银两应遵照奏案，在于各州县养廉银内扣拨支发。兹蒙前因，合行抄详，马递五百里札饬等因到府。蒙此，合行抄详转饬。札到，该县立即查照，如有未完养廉银两，刻日解司，以凭拨扣支发。毋违。速速。此札。（二十六年八月初五日到）

计粘抄详一纸。

为新添帘官房屋需用铺垫详请摊派经费银两事。

道光二十六年闰五月二十五日奉宪台批，本司详请摊派丙午科添盖帘官房屋经费银两缘由，奉批如详，通饬遵照，并饬历城县造具工料册结，由司详送核销。此缴。册图存。又，于二十六年六月初六日奉宪台批，本司呈详，主考帘官等公馆均有定所，毋庸再行查报，并将各处应需一切铺垫什物，饬县分别置备缘由，奉批，据详已悉，仰即转饬历城县将帘官公馆赶紧兴修完竣，禀候委验，余照行缴各等因到司。奉此，均经先径札饬分别赶修备办去后。

---

① 即觉罗崇恩。

兹据历城县知县叶圭书禀称，窃卑职承办添盖帘官房屋十进，每进十五间，住帘官二员，每员各住大小房屋七间，中空一间行走，业经绘图呈请鉴核，并遵照款式盖造在案。计自三月十一日开工起，约计月内必可完竣，届时当禀请带同原估之员验收。此外卑职恐各帘官随带人役、车马、轿夫不敷安置，又添盖人役房九间、轿夫房六间、车马棚四间、影壁一座、大门一间。虽不在原估之内，原领项下一切撙节足敷添盖。俟此项工竣，即带领工匠于东关外添建接官厅一所，计盖司道官厅三间、府官厅与州县官厅六间，以备时常接送差使公所。不敢草率从事，总期十年之内呈明保固，毋误。惟帘官房屋，虽经盖妥，此中裱糊、家伙、床帐、器具，原估时并未计及，所费不赀，计非二千余金不可。除装修裱糊房屋百余间外，须置备床帐百余张、大小方桌百余张、椅杌板凳二百余件、马槽席片等项，色色均须置妥，使各帘官均无异词。既有此房，不能无此铺设。然查此项经费，既经核准，详请饬摊，断无再请续摊之理。卑职于添盖各处房屋外，又无力再能独捐。左右思维，惟有仰恳查照于贡院铺垫项下多摊二千金，俾卑职得以全数置备，下次不以为例。伏查贡院铺垫，每科计摊六千余金，无甚出入，历有成案。本科多摊二千金以抵帘官房屋内铺设之用，以公济公，无非为慎重大典起见。不揣冒昧，上渎宪聪。是否可行，惟祈批示祇遵，以便具文先领，早为置备，仍随贡院铺垫项下报销，以归划一等情到司。

据此，本司覆查本年添盖帘官房屋所需工料，前已专案详摊银一万九千余两，而房屋之内所需铺垫等项，原禀本未计及。今该县以应需桌椅、床帐、一切器皿、铺垫等项，在在均须置备，前摊之项于添盖各处房屋之外，并无余剩。若责令独捐，亦属力有未逮。惟三年大比饬摊经费，向有定数，未便格外加增。该县所禀将添置铺垫一项归于贡院铺垫项下饬摊，似不足以昭公允。自应仍归添盖帘官房屋案内，仿照摊派科场经费章程，分别缺分等第，详摊银二千两给发该县，饬令妥为置备，俾免偏苦。

兹拟除下下缺之新泰、海丰、沾化、寿张、蒙阴、定陶、巨野、临淄、高苑、昌乐、临朐、潍县、福山、栖霞、招远、宁海、文登、海阳、嘉祥、鱼台等二十处，并历城一县为省会首邑，差务纷繁，应照历办成案，均各免摊以示体恤外，所有上上缺之济阳、德州、泰安、惠民、商河、濮州、恩县、济宁等八处，每处摊银三十三两六钱五分一厘，共摊银二百六十九两二钱八厘；又上中缺之章丘、陵县、东平、汶上、阳谷、单县、馆陶、冠县、诸城、胶州、即墨等十一处，每处摊银三十两六钱五分一厘，共摊银三百三十七两一钱六分一厘；又上下缺之淄川、长清、乐陵、莒州、平度、临清、丘县等七处，每处摊银二十七两六钱五分二厘，共摊银一百九十三两六分四厘；又中上缺之齐东、德平、平原、东阿、肥城、阳信、宁阳、邹县、峄县、沂水、郓城、堂邑、莘县、安丘、黄县、荣成等十六处，每处摊银二十四两六钱五分一厘，共摊银三百九十四两四钱一分六厘；又中中缺之长山、齐河、禹城、临邑、青城、滨州、利津、滋阳、兰山、费县、博平、清平、掖县、昌邑、高密、夏津、武城等十七处，每处摊银二十一两六钱五分一厘，共摊银三百六十八两六分七厘；又中下缺之莱芜、蒲台、曲阜、泗水、滕县、曹县、城武、朝城、聊城、高唐、益都、金乡等十二处，每处摊银十八两六钱五分一厘，共摊银二百二十三两八钱一分二厘；又下上缺之新城、平阴、日照、菏泽、范县、茌平、乐安、蓬莱等八处，每处摊银十五两六钱五分一厘，共摊银一百二十五两二钱八厘；又下中缺之邹平、郯城、观城、博兴、寿光、莱阳、博山等七处，每处摊银十二两六钱五分二厘，共摊银八十八两五钱六分四厘。以上通共摊银二千两，遵照奏案，在于各州县养廉银内扣拨动支，仍归入前摊帘官房屋经费数内，以各该州县奉文之日起，无论正署，按照在任月日分作六年流摊，遇有任卸，核入交案列抵，以昭平允。除饬历城县撙节备办，同添盖帘官房屋汇册报销外，拟合详请宪台鉴核批示，以便通饬遵照。

署武定府札饬惠民县历城县申报奉委承办添盖帘官房屋全所完工

署武定府正堂王札惠民县知悉。本年八月初七日蒙布政司札开，道光二十六年七月初五日据历城县知县叶圭书禀称，窃卑职奉委承办添盖帘官房屋全所，计自三月十一日开工起，至本月初五日止，统计盖妥大小房屋一百七十五间。此中住房、下房、轿棚、车马等屋并厨厕全行盖完，所需装修器具一切均已置备妥协，以便帘官到省时住居毋误。理合将完工日期禀报查考等情到司。据此，查此项工程前经详请摊派银一万九千八百八十四两，嗣因房屋之内需用铺垫等项，原摊经费不敷，又经续摊银二千两，二共摊银二万一千八百八十四两，均应以历城县申报完工之日起，无论正署，按照在任月日分作六年流摊，遇有任卸，核入交案抵算。兹据前情，合行马递五百里札饬等因到司。蒙此，合行转饬。札到，该县即便知照。毋违。此札。（二十六日［年］八月十三日到）

署武定府札饬惠民县将一切因公借垫各款以道光二十五年为止确切查明，据实造册，详送藩宪并本府核转

署武定府正堂王札惠民县知悉。本年八月初十日蒙布政司札开，道光二十六年七月二十日奉巡抚部院兼理盐政觉罗崇①案验，道光二十六年七月初七日准户部咨，山东司案呈，内阁抄出山东巡抚崇片奏东省司库款目浩繁轇轕，前因查有历年指借等项，非款已拟摊，即半在生息项下归补，且有应还属库抵垫各项，必须确核筹补，以期款归实在，请截至道光二十五年为止，统俟催办完竣另行议奏一折，道光二十六年六月十八日奉朱批："户部知道。"钦此。钦遵于本月二十二日抄出到部，相应抄录原片，恭录朱批，行文山东巡抚遵照办理可也等因到本部院。准此，查此案奏奉朱批，业经恭录行司遵办在案。兹准前因，合就檄行。为此仰司官吏，即便钦遵查照办理。毋违等因到司。奉此，查此案前奉行知，当经恭录朱批并抄折，通饬钦遵查照办理在案。兹奉前因，除折已拟发毋庸重抄外，合行马递三百里札饬等因到府。蒙此，查此案前奉通饬，当经转行在案。兹奉前因，合再转饬。札到，该县立即遵照，将一切因公借垫各款，以道光二十五年为止，确切查明共有若干，何系摊捐已未归补，何系应动生息有着无着，据实造册，详送藩

---

① 即觉罗崇恩。

宪并本府核转，毋稍迟延。速速。此札。（二十六年八月二十一日到）

署武定府札饬惠民县合同委员亲诣屈家庙等庄覆加确勘田禾受伤轻重情形，并查明县差王云等有无朦灾情事

署武定府正堂王札惠民县知悉。本年八月十一日蒙布政司批，据该县民屈成章等呈报叠被雹灾等一案，蒙批，查该县秋禾被水、被雹，业经禀报到司，已由司委员前往查勘矣。据呈前情，仰武定府即饬惠民县查照控词，会同委员亲诣屈家庙等庄，覆加确勘究竟被雹、被水分别轻重情形，据实禀覆，以凭核办。县差王云等有无朦灾勒结情事，并即严查究报。毋违。单附等因到府。蒙此，查该县被水、被雹村庄，前据禀报到府，本府亦经饬委海丰县前往会勘在案。兹奉前因，合行抄呈札饬。札到，该县立即会同各委员亲诣屈家庙等庄，覆加确勘田禾受伤轻重情形，切实妥议，通禀核办，并查明县差王云等有无朦灾情事，究拟详报，均毋迟延。速速。此札。（八月二十一日到）

计粘抄呈并庄单一纸。

计开：

屈家庙、张董庄、刘家庙、前李家庄具状人屈成章、鲁培元、李长春、张进忠，武定府惠民县人为叠被雹灾事。窃身等庄闰五月二十三日被雹伤禾，身等庄因节气尚早，亦可另行播种，是以未禀。又于二十九日复被烈风、冰雹，较前更甚，高

粱损折十有八九，竖立仅有二三谷禾，花粒摇落，满地田穗尽已成空，豆子万无一二，棉花俱打成秸。身等庄于六月初三日禀明县主，蒙恩饬差皂役王云查验。不料王云并不检查，于十三日身等复禀，至十四日始蒙诣勘。身等情急，于二十二日以风雹害禾等情禀府，蒙批，饬海丰县前往会勘等因。身等俱各静候，并未会勘。至七月初八日，又蒙县主诣勘等各庄，以已蒙验明，恳恩转详以全民命，禀明在案。不料至十三日，饬差王云将身等禀传到案，着身等庄具无灾甘结，身等不允。经皂役李江、刘恕向身口称，律内并无雹灾名条，被水尚沾恩惠，勒身各庄具被雹微轻、复有被水甘结。身等自思凡水旱霜雹，各有灾伤，身等各庄实系被雹甚重，并无被水淹没。今身等庄叠被歉收，不惟糊口无资，而民命更难保全。如再不垂怜，则老弱者转于沟壑，而少壮者散于四方。身等无奈，不得不抄粘村庄单，公叩大人恩准委勘，垂怜灾民。感德上叩。

计粘抄庄单一纸。

布政司札饬惠民县除扣下欠本年丙午科场经费银在应领道光二十一年派买盘查豁免官亏常仓谷例价银内扣清

布政使王[1]札惠民县知悉。案查该县除扣下欠本年丙午科场经费银二百两，除在该县应领道光二十一年派买盘查豁免官亏常平仓谷例价银内扣清外，合行马递札饬。札到，该县即便

① 即王青莲。

查照扣收银数，补具批领送司，以凭分别存留，印发备案。毋违。特札。（二十六年九月初七日到）

署武定府札饬惠民县欠解济南府医学道光二十六年帮贴药饵银两

署武定府王札惠民县知悉。本年十月初六日蒙布政司札开，案准臬司移扣各属欠解济南府医学道光二十六年帮贴药饵银两，并送清册到司。除查款扣收给领外，合行开单札饬等因到府。奉此，合行转饬。札到，该县立即查照扣收银款，补具妥协印领，径送藩宪粘呈备案。毋迟。速速。此札。（二十六年十月十七日到）

计粘单一纸。

计开：

惠民县道光二十五年囚粮银二两六钱二分七厘，扣欠二十六年府医学帮贴药饵银两项下。

署武定府札饬惠民县将已征未解银两赶紧照数批差解司交兑，送府查考

署武定府王札惠民县知悉。本年十月十一日蒙布政司批本府转详该县更造续奏各款银两缘由，蒙批，据详已悉，所有已征未解银两急等全完报拨。仰即严饬该县即日照数批差解司交兑，毋稍任其刻延，致干并参。凛慎。切切。此缴等因到府。

蒙此，合行转饬。札到，该县立即遵照，将已征未解银两赶紧照数批差解司交兑，报府查考，毋稍迟延干咎。速速。此札。(二十六年十月十七日到)

署武定府札饬惠民县应解本年秋季院司书吏饭食等项银两在解存各年养廉银内扣收

署武定府王札惠民县知悉。本年十月初九日蒙布政司札开，案查各属应解本年秋季院司书吏饭食等项银两，未据批解，除在各州县解存各年养廉银内扣收，分别呈送给领外，合行开册札知等因到府。蒙此，合行开单转饬。札到，该县立即遵照单开银数，补具总数批领送司，以凭粘呈印发备案。毋违。此札。(二十六年十月廿一日到)

计粘单一纸。

惠民县解道光二十六年秋季分院书饭食银五两八钱五分九厘，院本书饭食银三两三钱一分七厘，司书饭食银九两九钱一分七厘，汇报饭食银一钱七分八厘，吏攒饭食银二钱二分二厘，拨册饭食银二钱六分六厘，耗羡廉费饭食银四钱四分四厘，粮价饭食银五钱三分三厘，罚俸饭食银八钱八分八厘，藉田饭食银四钱四分四厘，兵北科饭食银二钱二分二厘，封筒饭食银七钱五分五厘，刑书册费银一两七钱七分六厘，保甲册费银一两七钱七分六厘，积案饭食银四钱四分四厘，耗羡旬报饭食银一两二厘，柬房饭食银一两七钱七分六厘，茶房工食银八钱八分八厘，盘查房饭食银四两二钱五分八厘，宪书工料银一两四钱七厘，军需饭食银二两一钱三分一厘，抚塘报资银九两一钱六分二厘，京塘报资银一两二钱五分三厘。以上共银四十八两九钱一分八厘，在二十五年养廉内扣收。

布政司札饬惠民县欠解丙午科续摊经费银在应领道光二十六年养廉银内扣收清款

布政司王①札惠民县知悉。案查该县欠解丙午科续摊经费银一百三十一两二钱五分，未据批解，除在该县应领道光二十六年养廉银内扣收清款外，合行马递札饬。札到，该县即便查照扣收年分银数，补具批领送司，以凭分别存留印发备案。毋违。此札。（二十六年十月廿八日到）

署武定府札饬惠民县续摊丙午科经费银两在养廉银内扣拨，如有未完养廉银两，即日扫数解赴藩库，以凭拨扣支发

署武定府王札惠民县知悉。本年十月十一日蒙布政司札开，道光二十六年九月二十五日蒙巡抚部院兼理盐政觉罗崇②批，本司详请续摊丙午科经费银两缘由，蒙批，如详通饬遵照。缴。

① 即王青莲。

② 即觉罗崇恩。

册存等因到司。蒙此，查此项经费银两，久经奏明在于各州县养廉银内扣拨在案。兹蒙前因，合行抄详，马递五百里札饬等因到府。蒙此，合行转饬。札到，该县立即查照，如有未完养廉银两，即日扫数解赴藩库，以凭拨扣支发，毋得违延。切速切速。此札。（二十六年十月廿九日到）

计粘抄详一纸。

为科场经费银两不敷详请续摊事。

窃照东省办理文武科场备办供给、铺垫，修理贡院及委员采办纸张等项所需经费，除例销地丁并摊捐卷价外，不敷银两历经在于通省州县摊捐备办。今道光二十六年丙午科乡试，前经详请摊派经费银三万两，谆饬承办官撙节支用在案。兹于道光二十六年八月十五日据历城县知县叶圭书禀称，窃卑职蒙委承办本年丙午科场，前奉摊派经费银三万两，所有承办修理铺垫，业蒙饬发，九成供给，仅领十之七八。现在三场虽已告竣，惟场期计至揭晓，尚有一月之期。卑职通盘核计，原摊三万之数，实属不敷，须筹备月余之供给，并武场修供应，在在需银。除办纸官尚须找领外，更兼本科士子多于历届约计一千余名；米面一切价值之昂，甚于往岁。合无仰恳俯赐查察，以今科士子之多，再较历届饬发之数转请续摊银八千两，俾得办理不致竭蹶。如蒙允准，此次续摊之核不准再摊，合并声明等情到司。

据此，本司覆查上届甲辰科原续摊派经费银三万五千五百两，并例销地丁，共计筹备银三万七千九百余两，仅敷支用。本年丙午正科修理贡院及采买一切物料、铺垫、供给等项，虽据该县禀称各物昂贵、费用过多，而经费出自摊捐，似未便再行加派。惟溯查历科入场士子，均不过七千数百及八千数百余名不等。今科入场士子共有九千二百余名之多，所称一切供给较前多费之处，尚属实在情形。本司酌加核删，应请再行续摊银六千五百两，以资备用，庶不致办理竭蹶。除新泰、海丰、沾化、寿张、蒙阴、定陶、巨野、临淄、高苑、昌乐、临朐、潍县、福山、栖霞、招远、宁海、文登、海阳、嘉祥、鱼台等二十处缺本清苦，作为下下缺，又历城一县为省会首邑，差务纷繁，应请照依历科成案，均免摊派以示体恤外，查济阳、德州、泰安、惠民、商河、濮州、恩县、济宁等八处，作为上上缺，每处摊银一百三十一两二钱五分，共摊银一千零五十两；又章丘、陵县、东平、汶上、阳谷、单县、馆陶、冠县、诸城、胶州、即墨等十一处，作为上中缺，每处摊银一百一十五两，共摊银一千二百六十五两；又淄川、长清、乐陵、莒州、平度、临清、丘县等七处，作为上下缺，每处摊银九十九两，共摊银六百九十三两；又齐东、德平、平原、东阿、肥城、阳信、宁阳、邹县、峄县、沂水、郓城、堂邑、莘县、安丘、黄县、荣成等十六处，作为中上缺，每处摊银八十三两，共摊银一千三百二十八两；又长山、齐河、禹城、临邑、青城、滨州、利津、滋阳、兰山、费县、博平、清平、掖县、昌邑、高密、夏津、武城等十七处，作为中中缺，每处摊银七十七两，共摊银一千一百三十九两；又莱芜、蒲台、曲阜、泗水、滕县、曹县、城武、朝城、聊城、高唐、益都、金乡等十二处，作为中下缺，每处摊银五十一两，共摊银六百一十二两；又新城、平阴、日照、菏泽、范县、茌平、乐安、蓬莱等八处，作为下上缺，每处摊银三十五两，共摊银二百八十两；又邹平、郯城、观城、博兴、寿光、莱阳、博山等七处，作为下中缺，每处摊银一十九两，共摊银一百三十三两。以上通共摊银六千五百两，遵照奏案，在于各州县养廉银内扣拨支发。除严饬该县撙节办理核实报销外，是否有当，理合详请宪台鉴核批示，以便通饬遵照。

署武定府札饬惠民县巡抚部院附片具奏酌减州县兑漕浮费一件奉到朱批

署武定府正堂王札惠民县知悉。本年十月二十一日蒙抚宪札开，照得本部院于道光二十六年九月三十日附片具奏酌减州县兑漕浮费一件，业已抄片饬知在案。兹于十月十一日奉到朱批："户部知道。"钦此。合行恭录札知等因到府。蒙此，查此案片奏，前经转行在案。兹奉前因，合行转饬。札到，该县即便钦遵查照。毋违。此札。（二十六年十月廿九日到）

署武定府札饬惠民县吊齐历年过割底册与收税红簿，详细核对

署武定府正堂王札惠民县知悉。本年十月十九日蒙布政司札开，照得税契一项，上关国课，下杜民争。故定例置买田产立契之后，无论契价多寡，均应随时投税，不容丝毫隐漏，久经饬遵在案。兹闻东省买产之家，每多吝惜小费，往往匿不投税，即或纳税，亦多以大改小。各属皆然，惟益都为尤甚，以致国课短绌。此等积习，亟应查禁。合行马递三百里札饬。札到，该府立即遵照，飞饬各州县，限文到日，刻即吊齐历年过割底册与收税红簿，详细核对。凡有已过未税之户，勒令一律补税，毋任隐匿，并严查经书人等有无捺搁白契及私印小税、

以大改小情弊，据实禀办。此催之后，倘再玩泄，除将各该州县照例参办外，该府亦干未便。慎之。速速等因到府。蒙此，合行转饬。札到，该县立即遵照，认真查办，毋再玩泄，致干参咎。慎之。切切。此札。(二十六年十月二十九日到)

署武定府札饬惠民县立即遵照奉发册式，分别抵垫摊解，按款确查，分门别类，妥造细册，详送藩宪核办，并照造一分申府查核

署武定府正堂王札惠民县知悉。本年十月十一日蒙布政司札开，案照清厘借垫并属库抵垫一案，前经详奉院宪奏明，截至道光二十五年为止，确核办理。钦奉朱批："户部知道。"钦此。行司恭录饬知遵办在案。惟是此案前次原奏以道光十六年为断，嗣又展至道光十九年正月底止。各属造送清厘借垫等项册籍，有以十六年截至者，有以十九年为断者，亦有分款开册者，并有无论抵欠笼统开报者，并不画一。今既奉奏准，以道光二十五年为止，自应无论已未造送，统截至道光二十五年，另行更造。前经将原送各册径札饬发该州县查销，并令另行赶造在案。迄今月余，未据造送，此系奏明清厘之件，难任稽缓，而各属造办又恐未能一律。今由司酌定册式，合行马递饬发等因到府。蒙此，合行转饬。札到，该县立即遵照奉发册式，分别抵垫摊解，按款确查，分门别类，妥造细册，详送藩宪核办，并照造一分申府查核，毋稍错延干咎。速速。此札。(二十六年十月二十九日到)

计发册式一本。

应摊泰山庙工等款册式：

某府某县为札谕事。

今将卑县应摊嘉庆十八年泰山庙工等款银两逐一查明，按年按款分晰造具细数清册，呈送查核施行。须至册者。

计开：

应摊嘉庆十八年泰山庙工一款，前款已完若干；某员欠解已入盘查豁免若干，盘查核追若干，盘查悬抵无着接扣二成归补若干，专参豁免若干，参案核追若干，另案核追若干，捐赔年款案内核追若干，交代抵交应由现任完解若干，未入交代应行追解若干。应摊嘉庆十九年豫东事例告示工料一款。应摊嘉庆十九年三次曹属煮赈一款。应摊嘉庆二十二三年运直赈米委员盘费一款。应摊嘉庆二十四年修理万寿宫朝房工料一款。应摊临清州自道光五年起至二十五年止垫办临砖柴价一款。应摊己卯各科经费一款。应摊济南府垫办发审经费一款。应摊历城县垫办院司等衙门以及坛庙外销工料等案。应摊道光十三年运直赈米守候饮食一款。应摊章丘县历年挑挖绣江河工一款。应摊潍县垫办马刚滋事案内经费一款。应摊各首县垫办院府科岁考试经费一款。应摊捐修虞帝庙工料一款。应摊修理省会城垣工料银两一款。应摊修理济南府署工料银两一款。应摊修理临、德二仓工料银两一款。应摊修理铁公祠工料银两一款。以上各款一切声注，均照应摊泰山庙工款式仿照造报。其各年摊修院司等衙门工料，并科场经费、临砖柴价、发审经费等项，系属分年饬摊，应即分年开列，逐件声注，以清眉目。切切。

某府某县为札谕事。

今将卑县欠解嘉庆五年以后至道光二十五年岁贡银两逐一

查明，按年按款分晰，造具细数清册，呈送查核施行。须至册者。

计开：

欠解嘉庆五年岁贡一款，前款已完若干；某员欠解已入盘查豁免若干，盘查核追若干，盘查悬抵无着接扣二成归补若干，参案豁免若干，参案核追若干，另案核追若干，捐赔年款案内核追若干，交代抵交现以某项领款列抵或应由现任完解若干。嘉庆五年以后仿照造报并于册尾开造总共数目。切切。

某府某县为札谕事。

今将卑县欠解嘉庆五年起至道光二十五年止花红公宴银两逐一查明，按年按款分晰，造具细数清册，呈送查核施行。须至册者。

计开：

欠解某年花红公宴一款，前款已完若干，未完若干。一切声注，均照岁贡册式仿照追报。

某府某县为札谕事。

今将卑县应领某年岁贡银两逐一查明，按年按款分晰，造具细数清册，呈送查核施行。须至册者。

计开：

应领某年岁贡银两一款，前款于某年月日领拨若干，未领若干。前件交代案内或盘查参案抵除欠解某年某款若干，理合登明。

某府某县为札谕事。

今将卑县应领某年花红公宴银两逐一查明，按年按款分晰，造具细数清册，呈送查核施行。须至册者。

计开：

应领某年花红公宴银两一款，前款于某年月日领拨若干，未领若干。前件交代案内或盘查参案抵除欠解某年某款若干，理合登明。

署武定府札饬惠民县遵照抄详内所议章程，选举绅董，各就地方情形，预为募捐集议，一交冬令，即行设局收养

署武定府正堂王札惠民县知悉。本年十月二十三日蒙布政司札开，道光二十六年十月初九日准江宁布政使徐①咨，案照江宁省城每届冬令，多有无依求乞幼孩呻吟道路，一经雨雪交加，难免转于沟壑。向系在城绅董公同募捐，设局收养，所费无多，而得生者甚广，诚为善举。历经通行各属一体筹办。嗣于十八年十一月内，据扬州府具禀，扬郡绅董本有捐设公局收养幼孩，每届冬令即为举行。查阅所议各条内，有议及春融无人领回者，酌量资质，分别令其学习手艺或延师教读各层，更为尽善。随经唐前司分别通行各属，仿照查办。续准苏臬司移知。又将武昌筹议恤孤章程及京师悦生堂劝捐旧章分别颁发各属，广劝绅耆办理各在案。本年现届应办之期，各属曾否预为劝捐、如何设局收养，未据禀报。转瞬寒冬，自当循案及早举行，未便迟缓。除行江淮等七府州厅并属遵照上届都此批札，邀集绅富人等，将扬州府所禀扬郡收养幼孩核准各条及臬司径

① 即徐广缙。

发恤孤、悦生堂劝捐各章程公同悉心请求，查明境内如有求乞无依幼孩，即行广为募捐、设局收养，以过残冬。其收养幼孩，来岁春融如无本生父母领回者，该绅董倘能酌量资质，分别令其学习手艺或延师教读，以为终身之谋，更为妥善。为民父母者务须督饬，分别实力奉行，并捐廉以倡，俾全善举。仍饬令该局绅士议立经久章程，同本年收养若干人数即日开折禀覆外，查冬月收养幼孩一案，当经陈前司①于道光二十四年十二月内，详请督宪、抚宪分咨浙江、山东、安徽抚院檄饬所属，各就地方情形，酌核采择，仿照举行，并请转咨邻省推广办理。当蒙督宪、抚宪批知，业经据详分咨查照饬办等因。随经前司抄详，移会查照，通饬各属预为募捐，集议筹办在案。所有江属本年饬办情形，合就移会。为此合咨，烦为查照前移，希即通饬各属遵照抄详内所议章程，选举绅董，各就地方情形，预为募捐集议。一交冬令，即行设局收养。如贵省另有妥善章程，亦祈随时示知，并祈转咨邻省推广办理，以全善举，望切施行等因到司。准此，查此案前准江宁布政使移咨到司，当经札饬该府督饬所属妥议禀办在案。兹准前因，合行马递札饬等因到府。蒙此，合行转饬。札到，该县立即遵照，先令檄饬妥为办理，毋得徒托空言，是为至要。仍将遵办缘由通禀查考，毋得违延。速速。此札。（二十六年十一月初二日到）

① 即陈庆偕。

署武定府札饬惠民县嗣后一切文禀详件，凡有应叙历任各官，务须直写其名

署武定府正堂王札惠民县知悉。本年四月十四日蒙布政司札开，案照各属一切文禀详件，应叙历任各官，均应直道其名，方为正办。今各州县往往只书某牧令，且前后任同姓者甚多，究属何人，以致查阅时未能即知为谁，迨至查案始行得知，殊属未协。合行马递三百里札饬等因到府。蒙此，合行转饬。札到，该县立即遵照，嗣后一切文禀详件，凡有应叙历任各官，务须直写其名，以凭稽核，毋再仍前含混。切切。此札。（二十六年四月二十八日到）

署武定府札饬惠民县巡抚部院具奏查明济宁等州县卫所秋禾被水、被雹、被风、被旱、被虫轻重情形，恳恩分别缓征递缓以纾民力折

署武定府正堂王札惠民县知悉。本年十月二十三日蒙布政司札开，道光二十六年十月初八日奉巡抚部院兼理盐政觉罗崇①札

① 即觉罗崇恩。

开，照得本部院于道光二十六年九月三十日具奏查明济宁等州县卫所秋禾被水、被雹、被风、被旱、被虫轻重情形，恳恩分别缓征递缓以纾民力一折，除俟奉到朱批另行恭录饬知外，合先抄奏札知。札到，该司即便移行查照，并饬造缓征册结送司详咨。毋违等因到司。奉此，合行马递五百里转饬等因到府。蒙此，合行转饬。札到，该县即便遵照。毋违。此札。（二十六年十月二十七日到）

计粘抄原奏一纸。

奏为查明济宁等州县卫所秋禾被水、被雹、被风、被旱、被虫较重情形，仰恳天恩分别缓征递缓以纾民力事。

窃照本年东省济南、泰安、武定、兖州、沂州、曹州、东昌、青州、莱州、临清、济宁等府州所属各州县卫所，夏秋之间雨水较多，湖河涨漫，低洼地亩一时宣泄不及，以致间被淹漫，并有雨水带雹及被风、被旱、被虫之处。臣接据各该州县先后禀报，均即饬司委员分投往勘，当于奏报闰五月及六月分雨水折内陈明。嗣据查明莱芜、汶上、东平、东阿等四州县秋禾被水成灾，业经奏奉恩旨，分别赈恤蠲缓在案。其余各属，据该管道府州督同印委各员陆续查勘明确，禀请缓征。经臣行司核议，兹据藩司王汇案查核，议详请奏前来。

臣查本年济宁等州县卫所秋禾被水、被雹、被风、被旱、被虫，虽均勘不成灾，收成究属歉薄。且此内多有积歉之邑，若将新旧钱漕责令照常输纳，民力实有未逮，自应各按地方实在情形，分别轻重，酌量调剂，以恤民艰。相应奏恳天恩，俯准将被水较重之济宁州黑土店等方黑土店等三百三十九村庄、章丘县清三二里南茅等十三村庄、邹平县伏十五等里颜家桥等二十九村庄、长山县自修等约太平庄等五十一村庄、新城县大刘庄等十七村庄、齐东县殷马庄等二十四村庄、济阳县官庄里仁等三十六村庄、临邑县永祥庄等二十五村庄、长清县潘东徐家窐等九十七村庄、反［及］并卫屯庄、德州三里庄等八十七村庄、德平县朴李家等五十三村庄、泰安县孙逮等地方孙家庄等一百二十村庄、阳信县一图化家铺等一百十六村庄、乐陵县东关新庄等一百七十七村庄、商河县前柳庄等四十二村庄、利津县下家庙等十六村庄、宁阳县堽城社堽城村等十二村庄、邹县西木平阳等社乾家堂等七十一村庄、滕县第十三等八保刘昌庄等四十四村庄、阳谷县任老五庄等一百八十七村庄、寿张县刘魁斋庄等五十八村庄、菏泽县侯家集等二十一村庄、城武县曹家楼等四十六村庄、巨野县张表等保黄家庄五十村庄、郓城县表家庄等三十五村庄、濮州牛家桥等四百四十九村庄、朝城县任三里大旺寨等二十一村庄、恩县老金庄等三十九村庄、夏津县曹家庄等十村庄、鱼台县葛家桥地方胶家庄等一百八十二村庄，被水又兼被风之陵县谷家庄等十五村庄，被水又兼被雹之惠民县水坡杨家庄等二百二十一村庄，被旱之丘县镇东堡等六村庄，所有应征本年钱粮、漕米及漕项、河银，临、德等仓民佃、盐课，摊征堤工、埝工、河工、地租等项，并济宁、章丘、邹平、长山、齐东、济阳、临邑、长清、德州、德平、阳信、乐陵、利津、郓城、濮州、朝城、夏津、鱼台、陵县、惠民、丘县等州县内有青黄不接、二麦被旱、被风案内原缓上忙新赋，同二十五年民欠及秋灾原缓，均缓至道光二十七年秋后启征。又被水较轻之济宁州李家庙等一百九十七村庄、章丘县大也古寨等七村庄、邹平县梁七等里李家庄等四十村庄、长山县于祥等约姚孙庄等五十三村庄、新城县滕家寨等三十一村庄、齐东县黄家庄等二十三村庄、济阳县官庄双柳等五十六村庄、临邑县宋家庙等三十村庄、长清县辛店孙家庄等一百十六村庄及并卫比庄、德州莱园等九十五村庄、德平县高家庄等四十村庄、泰安县济河等地方王家柳林等二十四村庄、阳信县归一园尹庙等一百八十村庄、海丰县全孝等四十四堆共二百一十村庄、乐陵县玉皇堂等三百三十六村庄、商河县东八里等十九村庄、滨州时平庄等一百十七村庄、利津县南请户等八十六村庄、沾化县城北等里孟家庄等三十六村庄、滋阳县沙岗头村等八十八村庄、宁阳县辛洛社高桥村庄等二十九村庄、邹县西木平阳等社业庄等八十四村庄、峄县秦埠等社大新庄等二十九村庄、阳谷县东西门等二百二十一村庄、寿张县全家庄等一百七村庄、菏泽县宋家楼等三十三村、单县唐家洼等三百四十九村庄、曹县安仁等里安仁集等二百七十村庄、巨野县龙下等保张家庄等一百十七村庄、郓城县三官庙等六十六村庄、濮州郭家庄等四百十七村庄、观城县辛里等富南村等五十一村庄、朝城县在一里范家庄等十五村庄、聊城县西南等乡吕家庄等二百二十九村庄、博平县崇文乡南关等八十一村庄、茌平县赵官屯李家寺等六十三村庄、莘县唐家庄等一百四十三村庄、冠县大小白佛头等二十八村庄、恩县报效屯等五十三村庄、博兴县西营等二十六村庄、乐安县风和庄等七十一村庄，并上年被潮、今复被水较轻之前马头等七十八村庄、寿光县李家营等九十四村庄、昌邑县泊东等社德盛庄等一百六十六村庄、潍县西王庄等一百六十四村庄、高密县雷家庄等七十七村庄、夏津县刘辛庄等十五村庄、金乡县袁家洼等三百十四村庄、嘉祥县苏家庄等三十三村庄、鱼台县宋家庄等四百四十三村庄，被水又兼被风之陵县徐家庄等二十七村庄、平原县曲六店等五十四村庄、堂邑县西南等乡常家庄〈等〉六十九村庄、武城县果子口等五村庄，被水又兼被雹之惠民县陈家庄〈等〉二百六村庄，被雹之平度州李奇庄等五十三村庄，又被水之栾家屯等一百十四村庄，被旱之丘县雨庄等十四村庄，被水又兼被虫之临清州小二十里庄等十村庄、高苑县张家庄等二十村庄，除本年漕米照常征收外，又被水较轻之城武县陈家楼等一百十一村庄，除本年钱粮照常征收外，所有本年漕米同以上被水较轻之济宁等州县，应征本年钱粮、漕项、河银，临、德等仓民佃、盐课，摊征堤工、埝工、河工、地租等项，及被水之济阳县并卫大屯等七屯庄、昌邑县大庄社三屯庄、平度州鳌山等卫陈家屯等九村庄，又官台场坐落寿光县宅村庄等二十一村庄，坐落潍县留可庄等七村庄，并章丘、邹平、长山、齐东、济阳、临邑、长清、德州、德平、阳信、乐陵、滨州、利津、单县、郓城、濮州、观城、朝城、聊城、博平、莘县、冠县、恩县、乐安、寿光、夏津、鱼台、陵县、平原、堂邑、武城、惠民、丘县、临清等州县内有青黄不接、二麦被风、被旱案内原缓上忙新赋，同二十五年民欠及秋灾原缓，一并缓至道光二十七年秋后启征。又被水最轻之济宁州姚安庄等方刘家庄等七十九村庄、邹平县梁山等里辉李庄等一百九十一村庄、长山县温厚等约韩家庄等十三村庄、禹城县一都四等里杨家集等十一村庄、临邑县李家庄等七村庄、长清县李北刘破庄等二十二村庄及并卫屯庄、德州正东五等保陈家等七十四村庄、德平县新庄等三十三村庄、阳信县归一图、商河县王家洼等二十二村庄、滨州李元张庄等八十九村庄、沾化县南台等里许家庄等三十八村庄、蒲台县朱家等并前缪家等共计二十二村庄、宁阳县冯鱼社天福庄等四十五村庄、滕县第十七等三保郗山村等十七村庄、阳谷县大小赵等一百二十四村庄、寿张县刘家楼等一百三十三村庄、菏泽县清浪等都苑家庄等十村庄、巨野县观音等保本集等一百十八村庄、郓城县赵家庄等一百十二村庄、观城县辛里等崔家庄等二十七村庄、朝城县在一里郭家庄等二十八村庄、茌平县官屯泥匠王庄等八十九村庄、莘县黄家庄等三十六村庄、冠县大李村等三百五村庄、恩县北铺店等六十一村庄、益都县徐家等四十二村〈庄〉、临淄县东五社皇城营九十五村庄、乐安县乾东沙窝等一百三十三村庄、昌邑县龙湾等社葛家庄二十村庄、高密县薛家集等二十三村庄、金乡县陈家庄等一百三十九村庄、嘉祥县田家海等四十六村庄，被旱之丘县孟家村等一百二十二村庄，被水又兼被虫〈之〉临清州邱家庄等四十七村〈庄〉、高苑县石槽庄等二十五村庄，回［同］被水之郯城、被旱之馆陶等县合境村庄，及济宁、章丘、邹平、长山、齐东、济阳、德州、泰安、阳信、乐陵、商河、利津、滋阳、邹县、滕县、峄县、阳谷、寿张、菏泽、单县、曹县、巨野、濮州、观城、朝城、聊城、博平、莘县、恩县、博兴、寿光、金乡、嘉祥、鱼台、陵县、平原、堂邑、武城、惠民、临清等州县，除请缓村庄外，其余各庄本年钱粮、漕米照常征收。内德平县新庄等三十三村庄、郓城县家庄等一百十二村庄、冠县大李村等三百五十村庄、恩县北铺等六十一村庄、丘县孟家庄等一百二十二村庄、临清州邹家庄等四十七村庄，〈长〉山、乐陵、利津、朝城、聊城、博平、莘县、平原、武城，各该县应征青黄不接、二麦被风、被旱案内原缓上忙新城［赋］及二十五年民欠并秋灾原缓，均缓至道光二十七年秋后启征。

以上被水、〈被〉雹、被风、被旱、被虫较重、较轻、最轻各州县村庄，欠有二十四年未完及因灾原缓与应带历年旧欠，并原缓、递缓钱粮、漕米、漕项、河银，临、德等仓民佃、盐课，摊征堤工、埝工、河工、地租，出借仓谷、籽种、口粮等项，并为一案，均缓至道光二十七年秋后，各按最先年分，递年依次带征一年，仍照案先尽各该年及二十五年钱粮全清，再行议带漕米。其德州、东昌、临清、济宁四卫及东平所被灾屯庄，随同坐落州县一律办理，如坐落州县并无请缓村庄，应归该卫自行核办，以照［昭］核实。至例不缺额之苏粮兵米，同东平、东阿一州县蓟粮兵米及请缓钱粮仍征漕米之州县不敷漕项，均照例放成熟村庄应征银米内照数划解，统于大漕地方内核缓。其应征抵额耗豆，并请随正缓征，仍将摊缓耗豆、价脚银两扣存司库，俟带征年分支给应用。如此分别调剂，民力俱获宽俗［裕］，感项［颂］皇仁，实无既极。除饬取缓征册结照例咨部外，理合恭折具奏，伏乞皇上圣鉴。

再，范县被水村庄先经该县陈学清勘议，旋因患病开缺卸事，现署知县周仲喆具禀必须覆加确勘，系为慎重民瘼起见，容俟覆勘议禀到日，另行核实办理。合并陈明。谨奏。

署武定府札饬惠民县嗣后一切文禀详件，凡有应叙历任各官，务须直书其名

署武定府正堂王札惠民县知悉。本年十月二十七日蒙布政司札开，案照各属一切文禀详件，应叙历任各官，均应直道其名，方为正办。乃各州县往往只书某牧令，且前后任同姓者甚多，完［究］属何人，以致查阅时未能即知为谁，迨至查案始行得知，殊属未协。前经札饬该府通饬所属遵照在案，今查各属文禀详件，仍系只书某牧令，是否该府并未通饬，抑系各州县抗违不遵，殊不可解。合再马递三百〈里〉札饬等因到府。蒙此，合行马递转饬。札到，该县立即遵照，嗣后一切文禀详件，凡有应叙历任各官，务须直书其名，以凭稽核，毋任仍前含混干咎。切速切速。(二十六年十一月初四日到)

署武定府札知惠民县户部咨题覆道光二十四年分山东商运额余票引一案奉旨缘由

署武定府正堂王札惠民县知悉。本年十月十三日蒙盐运司札开，道光二十六年九月二十七日蒙巡抚部院兼理盐政觉罗崇①案验，道光二十六年九月十三日准户部咨题覆道光二十四年分山东商运额余票引一案奉旨缘由到本院。准此，合就檄行。为此仰司官吏，即便钦遵查照办理。毋违等因到司。蒙此，除移咨藩司外，合行札饬等因到府。蒙此，合行转饬。札到，该县即便遵照。毋违。此札。(二十六年十一月初八日到)

计粘单一纸。

户部为遵旨议奏事。

山东司案呈，户科抄出山东巡抚崇题道光二十四年分山东商运额余票一案。道光二十五年十二月初一日题，二十六年二月二十一日奉旨："该部议奏。"钦遵于本日抄出到部。

该臣等会议得，山东巡抚崇疏称，据盐运使沈详称，山东省城道光二十四年应销额票一十七万一千二百四十道，请颁余票八万三千一百八十道，共额余票二十五万四千四百二十道，内除运库存剩余票八万九百七十道，实应销额余票十七万三千四百五十道。又除民运州县共应销额余票三万九百

① 即觉罗崇恩。

一十五道，应完□分七厘八毫二丝四忽，已于本年五月奏销在案。所有前项存剩余票八万九百七十道，遵例汇同销完残票送部查销，并民运全完应请议叙各员，照例统俟十月奏销全完各官职名造报到日统候议叙，均于五月奏销案内声明亦在案。其商运州县共应销二十四年分额余票十四万一千五百三十五道，应完八分二厘一毫七丝六忽。除一年二、三官分任销完及一官全完销票数目，核计应征银数不及三百两者无庸请叙，所有督销司一年一官全完之济阳县知县杨汝绥、临邑县知县金涛、德平县知县德稜额、青城县知县张薇垣、海丰县知县李澄、乐陵县知县梁本檀、商河县知县张楷、滨州知州王宠三、蒲台县知县王沛霖、兰山县知县董振铎、郯城县知县崇亮、费县知县李澧、蒙阴县知县吴之观、高苑县知县谢荣光、潍县知县何镕，及前官并未征解、接任之员全完一年票引之邹平县署事坐补此缺之知县潘焕龙、齐东县署事已补此缺之知县文英、莱芜县知县谢俊升、乐安县署事知县许桂身、昌乐县署事试用知县沈其昌，俱于本年十月奏销前全完销票数目，核计应征银数均在三百两以上，与例相符。拟合开列职名，详请查核，同五月奏销民运票引全完之掖县知县胡积垲、平度州知州保忠、昌邑县知县李著、胶州知州张同声、即墨县知县王九兰、莱阳县署事已补此缺之候补知县张涵一并题请议叙，以示鼓励。

再，查济阳县知县杨汝绥等督销道光二十四年分票引，俱系各照行销地方全数销完，并无带销未完之项。惟章丘县未销票一千二百八十二道，现任知县玉简未完一分二厘五毫；淄川县未销票二千六百四十九道，现任知县吕芳楷未完五分；长山县未销票一千九百八十八道，病故知县祝镜清未完二分一厘一毫一丝，署事即用知县姚锡华未完一分四厘三毫九丝；

陵县未销票五百五十二道，现任知县沈淮未完二分二厘；新泰县未销票三百八十道，现任知县李天骘未完一分七毫；惠民县未销票二千八百道，丁忧知县杨茂豫未完二分三厘六毫一丝，府委代理事候补知县彭垣未完六厘六毫七丝，署事布经历余棨未完一分九厘七毫二丝；阳信县未销票二千五百五十道，现任知县多瑞未完五分；莒州未销票四千六百道，现任知州周承业未完十分；沂水县未销票四千道，回任知县王廷英未完十分；日照县未销票一千五百道，现任知县吴埙未完十分；益都县未销票三千二十八道，现任知县王观澄未完四分九厘九毫九丝；博山县未销票二千一百七十九道，现任知县邱文藻未完十分；临淄县未销票一千七百五十一道，计参知县洪起涛未完二分六厘九毫四丝，司委代理试用知县李肇春未完二分四厘五毫六丝；博兴县未销票五百道，丁忧知县杨德懿未完一分九厘□毫三丝；寿光县未销票五千道，现任知县王家治未完十分；临朐县未销票二千四百七十八道，现任知县王廷棻未完五分六厘三毫二丝，俱于册内注明。一俟续销到日另行开复外，所有章丘等州县应销额余票十四万二千五百三十五道，该完八分二厘一毫七丝六忽。今统计督销完票十万五千二百九十八道，已完六分七毫八忽，尚有未完票三万七千二百三十七道。前升司陈未完二分一厘四毫六丝八忽，现任严催，俟催销完日再行具报，合并陈明等情。臣覆核无异，除册分送部科查核外，理合具题等因前来。

查山东省道光二十四年商运额票十四万一千一百三十五道，民运额票三万一百五道，余票八万三千一百八十道，其民运正余票张已于二十五年五月经该抚题铺［销］在案。兹据该〈抚〉疏称，所有商运额余票二十二万三千五百五道，内除存剩余票八万九百七十道，实应销额余票十四万二千五百三十五道，现已督销十万五千二百九十八道。督销一年一官全完之济阳县知县杨汝绶等并无带销未完之项，核同五月奏销民运票全完之掖县知县胡积垲等一并题请议叙等语。

吏部查定例，各省经征盐课督销盐引各官，能每年于奏销前全完，无论正署，俱照地丁钱粮例议叙；又定例，地丁钱粮经征州县官，自三百两以上未及一万两，于奏销前全完者，纪录一次等语。除已经病故之员毋庸议叙外，应将道光二十四年分商运额余票引应征银均在三百两以上未及一万两，于奏销前全完之济阳县知县杨汝绶、临邑县知县金涛、德平县知县德稜额、青城县知县张薇垣、海丰县知县李澄、乐陵县知县梁本檀、前任商河县知县已经丁忧张楷、滨州知州王宠三、蒲台县知县王沛霖、署兰山县事峄县知县董振铎、郯城县知县崇亮、费县知县李澧、蒙阴县知县吴之观、高苑县知县谢荣光、潍县知县何镕、署邹平县事试用知县潘焕龙、齐东县知县文英、署乐安县事寿张县知县许桂身、署昌乐县事试用知县沈其昌；民运额余票引应征银均在三百两未及一万两，于奏销前全完之掖县知县胡积垲、平度州知州保忠、署昌邑县事蓬莱县知县已奏请以相当缺补用李著、胶州知州张同声、即墨县知县王九兰、莱阳县知县张涵，均照例准其纪录一次。

又疏称，章丘县知县玉简等未销票三万七千二百三十七道，俱于册内注明，听候部议。嗣于道光二十五年十二月二十七日据该抚咨报，新泰县续销票三百八十道，阳信县续销票二千五百五十道，益都县续销票三千二十八道，临朐县续销票二千四百七十八道，章丘县续销票六百四十一道。又于道光二十六年二月十六日据该抚咨报，淄川县续销票二千六百四十九道，陵县续销票五百五十二道，莒州续销票四千六百道，临淄县续销票一千七百五十一道，博兴县续销票五百道，惠民县续销票一千二百五十四道，日照县续销票一千一百二十五道，博山县续销票二千道，寿光县续销票三千八百道；又于三月初七日据该抚咨报，长山县续销票一千九百八十八道，章丘县续销票六百四十一道，惠民县续销票一千五百四十道，沂水县续销票二千道；又于五月十一日据该抚咨报，寿光县续销票一千二百道；又于五月二十六日据该抚咨报，沂水县续销票二千道；又于六月二十八日据该抚咨报，日县［照］县续销票三百七十五道，博山县续销票一百七十九道，请将原参各职名扣除免议。再，前升司陈未完二分一厘四毫六丝八忽，兹续完二分一厘一毫四丝九忽，今又续完三毫一丝九忽等语。

吏部查定列［例］，各省官员升销盐引欠二分者，降俸一级，戴罪督销等语。除续报全完之章丘县知县玉简、淄川县知县吕芳楷、长山县知县祝镜清、署长山县事安丘县知县姚锡华、陵县知县沈淮、新泰县知县李天骘、前任惠民县丁忧知县杨茂豫、代理惠民县事候补知县彭垣、署惠民县事布经历余棨、阳信县知县多瑞、莒州知州周承业、益都县知县王观澄、临淄县知县洪起涛、代理临淄县事试用知县李肇春、前任博兴县丁忧知县杨德懿、临朐县知县王廷菜、寿光县知县王家治、沂水县知县王廷英、日照县知县吴埙、博山县知县邱文藻、前任山东盐运使陈均准其扣除免议，仍令该抚将前项先后已销票十四万二千五百二十九道，同存剩余票八万九百七十道一并解部查销。又据咨称，惠民县报完票内有烧毁残票六道，现经饬查，另行详请咨部之处，应如该抚所咨解理等因。道光二十六年八月二十八日题，八月三十日奉旨：“依议。”钦此。合咨前去，钦遵施行。须至咨者。

署武定府札饬惠民县户部咨题覆道光二十三年商课钱粮一案奉旨缘由

署武定府正堂王札惠民县知悉。本年十月十五日蒙盐运司票开，道光二十六年十月初四日蒙巡抚部院兼理盐政觉罗崇[1]案验，道光二十六年九月十七日准户部咨题覆道光二十三年商课钱粮一案奉旨缘由到本部院。准此，合就檄行。为此仰司官吏，即便钦遵分晰查明，详咨并即转行遵照等因。蒙此，合就檄行等因到府。蒙此，合行转饬。札到，该县即便遵照。毋迟。速速。此札。（二十六年十一月初八日到）

计粘单一纸。

查山东省道光二十三年商运引票，照额应征正杂课银十九万一千四百九十九两六钱六分六厘，内除奏准暂减引课银三万六千四百六十两七钱五分二厘，实应征银十五万五千三十八两九钱一分四厘，又带征正杂引课等银三万一百十三两五分九厘，均应于二十五年十一月奏销。兹据该抚疏称，道光二十三年商课，应征正带引票、正杂课银十八万五千一百五十一两九钱七分三厘，内除带征十七等年正杂引课等银三万一百十三两五分九厘，核与历年奏销案内造报银数相符，应毋庸议。实征完正杂引课银十五万五千三十八两九钱一分四厘，系造入何季册内报拨，应令该抚分晰查明，报部查核。又据疏称，经征票课全

① 即觉罗崇恩。

完之章丘县经征署事知县玉简等，均系一官征解，于奏销前全完，并无未完耗羡以及通融销售，亦无本年带征未完之项，题请议叙等语。

吏部查定例，经征盐课督销盐引各员能每年于奏销前全完，无论正署，俱照地丁钱粮例议叙。又定例，地丁钱粮三百两以上未及一万两，于奏销前全完者，纪录一次等语。除前任利津县知县孙慧惇、沾化县知县黎树三经征不及三百两，例无议叙，及已经病故各员均毋庸议外，应将经征道光二十三年分商课钱粮三百两以上未及一万两，于奏销前全完之章丘县知县玉简、淄川县知县吕芳楷、署新城县事寿张县知县许桂身、前任齐东县本调诸城县知县章文津、济阳县知县杨汝绶、临邑县知县金涛、陵县知县沈淮、德平县知县德稜额、新泰县知县李天鹭、前任惠民县知县已经丁忧杨茂豫、青城县知县张薇垣、阳信县知县多瑞、海丰县知县李澄、乐陵县知县梁本檀、前任商河县知县已经丁忧张楷、滨州知州王宠三、蒲台县知县王沛霖、署兰山县事峄县知县董振铎、郯城县知县崇亮、莒州知州周承业、沂水县知县王廷英、日照县知县吴埙、博山县知县邱文藻、前任临淄县知县已另案降调洪起涛、高苑县知县谢荣光、前任昌乐县今调聊城县知县李正仪、临朐县知县王廷棻、前任诸城县知县今升曹州府同知周壬福、前任安丘县知县已告终养齐栋、署昌邑县事蓬莱县知县奏请撤任以相当缺补用李著、高密县知县秦金鉴、即墨县知县王九兰、海阳县知县朱家学、永利场大使福申、官台场大使文麟、石河场大使徐并谊，均照例准其纪录一次等因。道光二十六年九月初一日题，本月初三日奉旨：“依议。”钦此。合咨前去，钦遵施行。

布政司札饬惠民县将下忙钱粮征存银两尽数倾镕批解，下余应征民欠，约计何时可以全清

布政使王[①]札惠民县余令[②]知悉。照得下忙钱粮，该县尚欠正耗银四万七千四百余两，开征至今，仅据解到头批正耗八千七百两，仍未完银三万八千七百余两。即有灾伤，不过偏隅，何致拖欠如许。现在甘饷无项支发，河饷、奉饷接踵指拨，又有兵饷立等给领，本司万不能以未完诿卸，司库空空，日深焦灼。合亟插翼，马递五百里飞提。札到，该县寓目，刻将征存银两尽数倾镕批解。下余应征民欠，约计何时可以全清，如竟不能，设法催纳。仍听花户抗欠，本司即另委干员代理。但已贻误饷需，恐难当此重咎也。该县接奉此札，仍由马递五百里禀覆。凛遵。速速。此札。（二十六年十一月二十五日到）

武定府札饬惠民县该县民闫廷柱呈控粮书李得成等舞弊重征等情一案销案

武定府正堂司徒[③]札惠民县知悉。准前任移交，案蒙按察

① 即王青莲。
② 即余棨。
③ 即司徒照。

司批前府审详，该县民闫廷柱呈控粮书李得成等舞弊重征等情一案缘由。蒙批，如详销案。缴等因到府。蒙此，合行抄详转饬。札到，该县即便遵照。毋违。此札。（二十六年十一月二十六日到）

计粘抄详一纸。

署武定府为讯详事。

道光二十六年九月三十日蒙宪台批，据惠民县民闫廷柱呈称，切身有粮名五户，共银三两二钱一分八厘，闫化交名下应完银二钱三分六厘，历年全完，分毫不欠。道光十八年粮书李得成于闫化交名下又出十一年粮银三分八厘，当找前串未见，身遂如数交价。有重串审呈，身于十九年春将闫化交名下粮银全完过于身兄闫廷松名下，及今二月间，身兄粮名赴柜全完，当要串票，该书李得成恳身异日稍付至三月。又赴房纳串，将闫昌、闫廷松二串交付，至身本名与闫奉纯二串，许于数日捎到。身信回归，讵李得成欺身懦弱，串使县快总马堃之弟押号头马坤持身本名与闫奉纯之粮串，共银一两四钱二分六厘，每钱向身索要京钱一千文。身言二月内已赴房完纳，伊言无串即得交价，无奈每钱给伊京钱六百文始将串付给，每钱仍尚要钱四百文，理论触怒，捏禀县案。蒙差马坤、杨奉林票拘，身与该差于青魁、于曰海行至王于傅家庄前，因索钱未遂，将身殴打。身喊禀县案，遂觉无事。讵闫永良于七月间又禀身未完，又蒙差皂头骆文兴将身拘案，当堂交价，断明银价每两京钱四千八百文，算明身银该钱七千零四十八文，让去四十八文，至该书舞弊重征各情未究。身无奈于二十四年腊月内控府，蒙批抄粘。身赴县静候，无如书役欺身懦弱，捺案一载未讯。至去年十二月内，因被水、虫各灾，完米迟延，快役王荣视身家稍裕，逼身将合庄米豆全完，否则送比。身无奈措钱揭完五十四户，有串审呈。身向各户追价，无一给者，致身赔累破家荡产。更痛者，闫化交粮名已于十九年春经书李得更拨于身兄闫廷松名下，并无闫化交粮名，而漕书李纯一之徒司凤林又忽出闫化交米串，使快役俎洪吉、公地王振东又向身每升要钱三百文，迫身如数交价。有闫化交米串呈验，身于今三月内复禀府主，蒙批抄粘，至今弊捺，仍不讯办。不得不叩乞恩电提究，以整法纪。上叩等情。蒙批，据呈该县粮书李得成等舞弊重征、额外勒索，是否属实，仰武定府亲提，确讯究办，毋稍徇延等因。蒙此，遵即行提人、卷到府，随卷查此案。先于道光二十四年间，据该县粮差马坤以伊代闫廷柱垫完粮银、抗不给价等情，禀经该前县杨令①传案讯明，按照币集银价核钱追缴给领，并据闫廷柱以县役王增有即王荣逼伊全完合庄米豆，暨房书李得成等舞弊重征，复将伊过拨闫廷松名下粮米，复出闫化交串票，串同差地俎洪吉等勒索等情，由府控，蒙宪台批饬提审各在案。兹提集研讯。

据闫永良供，惠民县闫家庄地保。道光二十四年间闫廷柱拖欠粮差马坤垫完粮钱，托小的代催，没还，在县禀过是有的，别的事不知道。是实。

据俎洪吉供，是惠民县快班衙役；王振东供，是惠民县闫家庄公地。从前闫廷柱名下有应完银米未纳，小的们协同催过是有的，并没逼索钱文的事。是实。

据马坤供，惠民县粮差。道光二十四年间闫廷柱名下有应完本名并闫奉纯二户粮银，共一两四钱零，拖欠没清。小的恐被本官比催，照数代垫，每要按市集银价还钱，闫廷柱因那时

---

① 即杨茂豫。

银价太贵，没肯应许。小的禀蒙前本官票差杨奉林们传追给领是有的，并没听从粮书李得成额外勒索的事。是实。

据李得成供，惠民县粮书。本县历年开征钱粮书办，都是按实欠银数户名照收兑出串，并没舞弊重征、串同差役额外勒索的事。至上下闫化义米串错写闫化交户名，是昔存今故的漕书李纯一一时笔误，并非重出，现已更正。是实。

据闫廷柱供，惠民县闫家庄人。小的名下有应完粮银四户：一户闫化交、一户闫奉纯、一户闫昌、一户本名闫廷柱。到道光十九年间，小的把闫化交一户改拨于哥子闫廷松名下，公同纳粮。所有二十四年粮银，因无力全完，先交纳闫昌、闫廷松二户，向经书李得成掣回串票。其余小的本名闫廷柱合闫奉纯二户，共银一两四钱零，拖欠没清。粮差马坤恐被县主〈比催〉，照数代垫，每两要按市集银价等还。小的因那时银价太贵，没肯应许。他就禀蒙前县主票差杨奉林们传追给领。小的心怀不甘，并因差地闫永良、王荣〔合〕、俎洪吉们催粮过紧，漕书又误出闫化交米串，疑心他们舞弊重征、串同勒索，所以一并牵砌上控的。今蒙讯明，小的久粮未完，致被县差垫揭禀属实。书役李得成们委没重征、额外索钱、殴辱，王荣也没逼小的全完合庄米豆情事，就是昔存今故的漕书李纯一上年所出闫化交米串，也是一时笔误，把别户闫化义粮名错写。至小的十八年完纳十一年粮银三分八厘，是从前挂欠零尾，并非李得成重出串票，都是小的怀疑，图准妄控的，只求恩典。是实各等供。

据此，该署武定府知府王审看的惠民县闫廷柱呈控粮书李得成等舞弊重征等情一案，缘闫廷柱籍隶惠民县，该民人名下有应完粮银四户：一户闫化交、一户闫奉纯、一户闫昌、一户本名闫廷柱。迨道光十九年间，该民人将闫化交一户改拨于伊兄闫廷松名下，公同纳粮。所有二十四年粮银，因无力全完，先交纳闫昌、闫廷松二户，向经书李得成掣回串票。其余本名闫廷柱与闫奉纯二户，共银一两四钱零，延欠未清。粮差马坤恐被该县比催，照数代垫，每两须按市集银价还钱。闫廷柱因维时银价过昂，未肯应允。马坤即禀经该前县杨令票差杨奉林等传追给领。闫廷柱心怀不甘，并因差地闫永良、王荣及俎洪吉等催粮较紧，又昔存今故之漕书李纯一误将二十四年别户闫化义米串错写伊家闫化交户名，疑心李得成等舞弊重征、串同勒索，即砌词由府赴宪辕具控。奉批提审，遵即提集人证，讯悉前情。查闫廷柱所控各情虽未得实，究系事出怀疑、告非无因，且一经到案，即据实供明，不敢始终狡执，情尚可原，应请从宽免议。书役李得成等讯无舞弊重征、额外勒索、殴辱情事，应与业经病故、误将闫化义米串写为闫化交户名之漕书李纯一均毋庸议。闫廷柱原欠粮差马坤垫完粮钱，已由县追还。闫化义串已更正，亦毋庸议。余属无干，概毋庸议。案已讯结，未到免提，以省拖累。除取各结附卷、人证当堂省释外，拟合将讯结缘由具文详请宪台鉴核批销，实为公便。为此备由具申，伏乞照详施行。

详请核示扣拨漕船阻滞等项银两究系在何款银内长扣春季养廉一案缘由

二十六年十一月二十六日蒙藩宪王①批，查该县额解司本

① 即王青莲。

年养廉银一千四百两，已解过银一千五十两，内支扣该县欠解二十六年海防经费银五十两五钱七分五厘，夏季臬书饭食等银二十六两七钱九分七厘，院司书饭食等银五十两八钱四分八厘，廿五年春、夏二季德州满营余兵生息银一百八十两三钱七分二厘，二十五年冬季院书饭食银五两八钱五分八厘，二十五年漕船阻滞垫用工食银一百两，二十六年春、夏二季交代局经费银二十五两二钱九分，二十五年秋、冬二季并摊潍县交代局经费银二十五两五钱八分一厘，二十六年科场经费银二百两，又科场经费银一百三十一两二钱五分，解饷津贴银一百五十两，临砖柴价银三十二两八钱一分六厘，冬季臬书饭食等银二十六两六钱四分五厘，秋、冬二季交代局经费银二十五两二钱九分一厘，以上共支扣银一千零三十一两三钱二分三厘，下剩存银一十八两六钱七分七厘。仰即知照，并将本年冬季养廉银三百五十两赶紧批解来司，以凭查扣要款。毋违。此缴。

详请核示扣拨臬书本年夏季饭食等项究系在何款银内长扣春季养廉一案缘由

二十六年十一月二十六日蒙藩宪王①批，已于另详批示矣，仰即知照。缴。

① 即王青莲。

武定府札饬惠民县将欠解应摊临砖柴价银在领款内尽数查扣支拨

武定府正堂司徒[①]札惠民县知悉。本年十一月十七日蒙布政司札开，据临清州具禀请领垫办二十六年临砖柴价银一千六百三两五钱九分二厘等情到司，除将各州县欠解应摊柴价银两在于领款内尽数查扣支拨外，所有扣拨银两数目，合行开单札饬等因到府。蒙此，合行转饬。札到，该县立即查照后开扣拨银数，赶紧补具批领送司，以凭挂发存呈。毋违。此札。（二十六年十一月二十八日到）

计开：

该县摊银三十二两八钱一分六厘。

前件于道光二十六年十月二十三日在该县应领本年养廉银内扣清。[②]

武定府遵旨察核具奏道光十八年山东商运额票余票一案事

武定府正堂诸为遵旨察核具奏事。

道光二十年十月十六日蒙盐运司札开，道光二十年八月二

① 即司徒照。

② 此页眉批有“开篆补批领。廿七年正月廿三日补讫”字样。

十五日蒙巡抚部院兼理盐政托①案验，道光二十年六月三十日准户部咨，山东司案呈，户科抄出山东巡抚托题道光十八年山东商运额票余票一案。道光十九年十一月十四日题，二十年二月初四日奉旨：“该部查核具奏。”钦此。钦遵于本日抄出到部。

该臣等会议得，山东巡抚托疏称，山东省道光十八年额余票二十五万四千四百二十道，内除新城等下县停领额票四万二百九十四道，又除运库存剩余票六万四千九百一十九道，共实应销额余票十四万九千二百七道，内除民运州县共应销额余票三万九百一十五道，应完二分七毫一丝九忽五微，于本年五月奏销在案。其前项存剩余票六万四千九百一十九道，遵例汇同销完残票送部查销。至销票全完应请议叙各员，俟十月奏销全完各官职名造报到日统候议叙，均于五月奏销案内声明亦在案。其商运州县共应销道光十八年分额余票十一万八千二百九十二道，除一年二、三官分任销完及一官全完销票数目，核计银数不及三百两者，并有带销十四年三限票未完者，均无庸请议叙外，所有一年一官销票全完之章丘县叶柟龄、陵县知县林之彦、费县知县翟用章、博山县知县何家驹、寿光县知县王家治、临朐县知县董銮，及前官并未征解、接任之员全完一年票引之邹平县现任知县叶圭书、齐东县现任知县陈宽、济阳县回任知县柴文富、临邑县回任知县沈淮、德平县现任知县德稜额、莱芜县回任知县莫若琦、惠民县回任知县王文焕、青城县署事试用知县张薇垣、乐陵县回任知县宗元醇、商河县回任知县张楷、高苑县署事试用知县刘坊，俱于本年十月奏销前全完销票数目，核计应征银数均在三百两以上，并无带销未完之项，与例相符。

① 即托浑布。

拟合开列职名，详请查核，同五月奏销民运票引全完之诸城县知县汪封渭、掖县知县王政、平度州知州许梿、胶州知州韩亚熊、即墨县知县秦锡九、莱阳县知县姚澧一并题请议叙，以示鼓励。

再，查章丘县知县叶枏龄等督销道光十八年分票引，俱系各照行销地方全数销完，并无未完带销之项。惟淄川县未销票二千九十八道，署事试用知县石成勋未完三分七厘七毫八丝，题署知县郑映南未完一厘八毫二丝；长山县未销票一千八十四道，署事试用知县邓珏未完一分九厘三毫五丝七忽；新泰县未销票三千五百五十道，知县张涵未完十分；阳信县未销票一千二百七十五道，知县张元祥未完二分五厘；蒙阴县未销票七十道，知县刘元恩未完八厘七毫五丝；沂水县未销票三百道，知县柴文江未完七厘五毫；益都县未销票六千五十七道，代理试用知县李炳未完六分一厘六毫六丝七忽，回任知县莫元遴未完二分六厘三毫八丝九忽，兼理事临朐县知县董銮未完四厘四毫四丝四忽，署事候补知县王观澄未完七厘五毫，俱于册内注明，一俟续销到日另行详请开复外，所有章丘县等州县应销额余票十一万八千二百九十二道，该完七分九厘二毫八丝五微。今统计督销完票十万三千八百五十八道，计完六分九厘六毫六忽七微，尚有未完票一万四千四百三十四道，未完九厘六毫七丝三忽八微，系盐运司文①未完。

再，查章丘等州县分限带销十四年三限票八千九百三十九道，今已销完票五千二百八十九道，尚有未完票三千六百五十道。例不〈核〉计分数，现在［任］严催，随同十八年未完票赶紧运销，俟催销完日再行具报。

① 即文纶。

再，查十六年商运票引未销二万五百五十道，业经全数销完，解部在案，合并陈明等情。臣覆核无异，除册分送部科查核外，理合具题等因前来。

查山东省道光十八年商运额票十四万一千一百三十五道，民运额票三万一百零五道，余票八万三千一百八十道，其民运正余票张已于十九年五月经该抚题销在案。兹据该抚疏称，所有商运额余票二十二万三千五百五道，内除新城等县停领额票四万二百九十四道，又除各商未领余票六万四千九百十九道，实应销额余票十一万八千二百九十二道，现已销票十万三千八百五十八道。督销一年一官全完之章丘县知县叶柟龄等并无带销未完之项，拟同五月奏销民运票全完之诸城县知县汪封渭等一并题请议叙等语。吏部查定例，各省督销盐引各官能于奏销前全完，无论正署，俱照地丁钱粮例议叙；又定例，地丁钱粮经征州县官，自三百两以上未及一万两，于奏销前全完者纪录一次等语。应将道光十八年分商运票引钱粮三百两以上未及一万两，于奏销前全完之章丘县知县叶柟龄、陵县知县已经休致林之彦、费县知县翟用章、博山县知〈县〉何家驹、寿光县知县王家治、临朐县知县董銮、邹平县知县叶圭书、齐东县知县陈宽、济阳县知县柴文富、临邑县知县已另案降调沈淮、德平县知县德稜额、莱芜县知县莫若琦、惠民县知县王文焕、青城县知县张薇垣、乐陵县知县宗元醇、商河县知县张楷、署高苑县事试用知县刘坊；民运票引钱粮三百两以上未及一万两，于奏销前全完之诸城县调任阳谷县知县汪封渭、署掖县事博平县知县王政、平度州知州许梿、胶州知州韩亚熊、即墨县知县秦锡九、莱阳县知县姚澧，均照例准其纪录一次。又疏称，署淄川县知县石成勋等未销票一万四千四百三十四道，俱于册内注明。嗣于道光二十年正月十三日咨报，新泰县续销票三千十道，长山县续销票三百七十三道，益都县续销票三千二十八道，新泰县续销票五百四十道；又于三月十三日据该抚咨报，淄川县续销票二千九十八道，阳信县续销票一千二百七十五道，蒙阴县续销票七十道，沂水县续销票三百道，请将原参各职名扣除免议。再，原报运司文未完九厘六毫七丝三忽八微，今催完七厘一毫六丝七忽二微，未完二厘五毫六忽六微等语。吏部查定例，各省官员堕销盐引欠一分者，停其升转，戴罪督销；欠五分者，降二级调用。又定例，官员任内有承督未完事件于限内离任者，以罚俸一年完结等语。除续报全完各员准其扣除免议，并未完不及一分之前任山东盐运使、今授贵州按察使文例无处分，毋庸议外，应将督销道光十八年分商运票引欠一分以上之前署长山县事试用知县邓珏，照例停其升转，戴罪督销；欠五分之代理益都县事试用知县李炳，照例降二级调用。邓珏、李炳已于未经限满之先卸事，应照离任官例，各于补官日罚俸一年完结。仍令该抚将前项共销票十一万四千五百五十二道，以及未领余票六万四千九百十九道、停领额票四万二百九十四道、已完带销十四年三限票五千二百八十九道、未春十六年积票二万五百五十道一并解部查销，并将未销票三千七百四十道、未完带销票三千六百五十道速饬催销完报等因。道光二十年六月十一日题，本月十三日奉旨："依议。"钦此。合咨前去，钦遵施行等因到本部院。准此，合就檄行。为此仰司官吏，即便钦遵查照办理。毋违等因到司。蒙此，除移咨藩司外，拟合行知等因到府。蒙此，合行转饬。为此仰县官吏，札到，即便遵照。毋违。此札。（二十年十月二十四日到）

武定府遵旨察核具奏道光十九年商运额余票一案事

武定府正堂陶[1]为遵旨察核具奏事。

本年九月十四日蒙盐运司札开，道光二十一年八月十八日蒙巡抚部院兼理盐政托[2]案验，道光二十一年八月初四日准户部咨题覆道光十九年商运额票余票一案缘由到本部院。准此，合就檄行。为此仰司官吏，即便钦遵逐一查照办理。毋违等因到司。奉此，除移咨藩司外，合行札饬等因到府。蒙此，合行转饬。札到，该县即便遵照。毋违。此札。（二十一年十月十二日到）

计粘单一纸。

户部为遵旨察核具奏事。

山东司案呈，户科抄出山东巡抚托题道光十九年山东商运额票余票一案。道光二十年十二月初七日题，二十一年三月初七日奉旨："该部察核具奏。"钦此。钦遵于本日抄出到部。该臣等会议得，山东巡抚托疏称，山东省道光十九年额余票二十五万四千四百二十道，内除新城等十五下县停领额票四万二百九十四道，又除运库存剩余票五万四百二道，实共应销额余票一十六万三千七百二十四道，内除民运州县共应销额余票三万九百一十五道，应完一分八厘八毫八丝二忽四微，于本年五月

---

① 即陶庆增。

② 即托浑布。

奏销在案。其前项存剩余票五万四百二道，遵例汇同销完残票送部查销。至销票全完应请议叙各员，俟十月奏销全完各官职名造报到日统候议叙，均于五月奏销案内声明亦在案。其商运州县共应销道光十九年分额余票一十三万二千八百九道，应完八分一厘一毫一丝七忽六微，除一年二、三官分任销完及一官全完销票数目，核计银数不及三百两，并有带销十四年四限票未完者，均毋庸请叙外，所有一年一官销票全完之淄川县知县郑映南、乐陵县知县宗元醇、滨州知州陶锡圭，及前官并未征解、接任之员全完一年票引之新城县回任知县周凤喈、济东县代理事试用知县曾叙符、济阳县回任知县柴文富、临邑县回任知县金涛、陵县题补知县邹希孟、德平县代理事试用知县王佑、莱芜县署事试用知县邓珏、惠民县回任知县王文焕、青城县回任知县张薇垣、商河县回任知县张楷、蒲台县回任知县熊秉钺、费县现任知县翟用章、博山县回任知县何家驹、寿光县回任知县王家治、昌乐县署事试用知县唐际中，俱于本年十月奏销前全完销票数目，核计应征银数均在三百两以上，并无滞［带］销未完之项，与例相符。拟合开列职名，详请查核，同五月奏销民运票引全完之昌邑县知县华玉墀、胶州知州韩亚熊、诸城县回任知县汪封渭、掖县调补知县杨祖宪、平度州回任知州许梿、即墨县回任知县秦锡九、莱阳县署事试用知县许镗一并题请议叙，以示鼓励。

查淄川县知县郑映南等督销道光十九年分票引，俱系各照行销地方全数销完，并无未完带销之项。惟长山县未销票一千九百三十六道，知县封天骥未完三分四厘五毫七丝一忽；新泰县未销票一千六十三道，现任已调诸城县卸事知县张涵未完二分九厘九毫四丝四忽；阳信县未销票二千一百道，回任知县张元祥未完四分一厘一毫七丝七忽；蒙阴县未销票八百道，对调知县文英未完十分；沂水县未销票四千道，署事业经交卸试用知县张昌未完九分三厘六毫一丝一忽，现任知县董荣青未完六厘三毫八丝九忽；益都县未销票三千二十九道，现任知县王观澄未完五分八忽，俱于册内注明，一俟续销到日另行详咨扣除免议开复外，所有章丘等州县应销额余票十三万二千八百九道，该完八分一厘一毫一丝七忽六微。今统计督销完票十一万九千八百八十一道，计完七分三厘二毫二丝一忽四微，尚有未完票一万二千九百二十八道，未完七厘八毫九丝六忽二微，系前升司文①未完。再，查章丘等州县分限带销十四年四限票八千九百三十九道，今已销完票八千八道，尚有未完票九百三十一道。例不〈核〉计分数，现在［任］严催，随同十九年未完票赶紧运销，俟催销完日再行具报，合并陈明等情。臣覆核无异，除册分送部科查核外，理合具题等因前来。

查山东省道光十九年商运额票十四万一千一百三十五道，民运额票三万一百零五道，余票八万三千一百八十道，其民运正余票张已于二十年五月经该抚题销在案。兹据该抚疏称，所有商运额余票二十二万三千五百五道，内除新城等县停领额票四万二百九十四道，又除各商未领余票五万四百二道，实应销额余票十三万二千八百九道，现已销票十一万九千八百八十一道。督销一年一官全完之淄川县知县郑映南等，并无带销未完之项，拟同五月奏销民运票全完之昌邑县知县华玉墀等一并题请议叙等语。吏部查定例，督销盐引各官能于奏销前全完，或前官任内并未征销，接任官于奏销前全完者，总以一官全完课引为断，无论正署，俱照地丁钱粮例议叙；又定例，地丁钱粮经征州县〈官〉，自三百两以上未及一万两，于奏销前全完者

---

① 即文纶。

纪录一次等语。应将道光十九年分商运票引三百两以上未及一万两之淄川县知县郑映南、前任乐陵县今调郯城县知县宗元醇、滨州知州陶锡圭、新城县知县周凤喈、代理齐东县事试用知县曾叙符、济阳县知县柴文富、临邑县知县金涛、陵县知县邹希孟、代理德平县事试用知县王佑、署莱芜县事试用知县邓珏、惠民县知县王文焕、青城县知县张薇垣、商河县知县张楷、蒲台县知县熊秉钺、费县知县翟用章、博山县知县何家驹、寿光县知县王家治、署昌乐县事试用知县唐际中，民运票引三百两以上未及一万两，于奏销前全完之昌邑县知县华玉墀、胶州知州韩亚熊、前任诸城县知县今升东平州知州汪封渭、掖县知县杨祖宪、平度州知州许梿、即墨县知县秦锡九、署莱阳县事试用知县许镗，均照例准其纪录一次。又疏称，长山县知县封天骦等未销票一万二千九百二十八道，俱于册内注明。嗣于道光二十年十二月二十七日咨报，益都县续销票三千二十九道，蒙阴县续销票八百道，阳信县续销票五百道，沂水县续销票三千七百道；又于四月十七日据该抚咨称，新泰县续销票一千六十三道，阳信县续销票一千六百道，长山县续销票一千一十一道。请将原参各职名分数扣除免议减议。

再，原报前运司文未完七厘八毫九丝六忽二微，今催完七厘一毫四丝八忽，未完七毫四丝八忽二微等语。吏部查定例，各省官员堕销盐引欠一分者，停其升转，戴罪督销等语。除续报全完之员准其扣除免议，及欠不及一分之员例无处分，毋庸议外，应将道光十九年分商运票引欠一分以上之长山县知县封天骦照例停其升转，戴罪督销。仍令该抚将前项共销票十三万一千五百八十四道，以及未领余票五万四百二道、停领额票四万二百九十四道、已未带销十四年四限票八千八道一并解部查销；并将未销票一千二百二十五道、未完带销票九百三十一道速饬催销完报等因。道光二十一年七月十一日题，本月十三日奉旨："依议。"钦此。合咨前去，钦遵施行。须至咨者。

武定府遵旨议奏道光二十年山东商运额票余票一案事

武定府正堂陶①为遵旨议奏事。

案蒙盐运司札开，道光二十二年七月十八日蒙署理巡抚部院兼理盐政麟②案验，道光二十二年七月初六日准户部咨，户部等题覆道光二十年山东商运额票余票一案缘由到本署部院。准此，合就檄行。为此仰司官吏，即便钦遵查照，分别办理。毋违等因到司。蒙此，除移咨藩司外，合行马递札饬等因到府。蒙此，合行转饬。为此札仰该县官吏，文到即便遵照。毋违。此札。(二十二年九月初六日到)

计粘单一纸。

户部为遵旨议奏事。

山东司案呈，户科抄出山东巡抚托③题道光二十年山东商运额票余票一案。道光二十一年十一月二十五日题，二十二年二月初九日奉旨："议［该］部议奏。"钦此。钦遵于本日抄出到部。该臣等会议得，山东巡抚托疏称，山东省道光二十年额余票二十五万四千四百二十道，内除运库存剩余票七万二千三

---

① 即陶庆增。

② 即麟魁。

③ 即托浑布。

百一十九道，共应销余票十八万二千一百一道，内除民运州县共应销额余票三万九百一十五道，应完一分六厘九毫七丝六忽八微，已于本年五月奏销在案。前项存剩余票七万二千三百一十九道，遵例汇同销完钱［残］票送部查销，至销票全完应请议叙各员，照例应俟十月奏销全完各官职名造报到日并案声请议叙，均于五月奏销案内声明亦在案。其商运州县共应销道光二十年分额余票十五万一千一百八十六道，应完八分三厘二丝三忽二微，除一年二、三官分任销完及一官全完销票数目，核计银数不及三百两，并有带销十四年五限票未完者，均无庸请叙外，所有一年一官销票全完之淄川县知县郑映南、临邑县知县金涛、陵县知县邹希孟、德平县知县德稜额、惠民县知县王文焕、青城县知县张薇垣、海丰县知县王以洁、商河县知县张楷、滨州知州陶锡圭、蒲台县知县熊秉钺、高苑县知县苏文恺、乐安县知县黄良楷、寿光县知县王家治，及前官并未征解、接任之员全完一年票引之邹平县知县李铄、新城县回任知县周凤喈、齐东县代理事试用知县张应翔、济阳县署事试用知县许延龄、莱芜县知县谢俊升、阳信县回任知县张元祥、乐陵县知县梁本檀、兰山县回任知县赵云鹏、郯城县代理事试用知县孙世绪、费县回任知县翟用章、博山县知县邱文藻，俱于本年十月奏销前全完销票数目，核计应征银数均在三百两以上，并无带销未完之项，与例相符。拟合开列职名，详请查核，同五月奏销民运票引全完之平度州知州许梿、昌邑县知县华玉墀、胶州知州韩亚熊、即墨县续经丁忧知县秦锡九、诸城县撤任另补知县张涵、掖县回任知县杨祖宪以［一］并题请议叙，以示鼓励。

再，查淄川县知县郑映南等督销道光二十年分票引，俱系各照行销地方全数销完，并无未完带销之项。惟章丘县未销票三千六百三十二道，署事丁忧知县曹学检未完八厘九毫七丝四忽，代理事试用知县张昌未完五厘三毫八丝五忽，调署事博山县知县何家驹未完八厘九毫一丝四忽；长山县未销票一千八百三十七道，告病知县封天霱未完三分二厘八毫四丝；新泰县未销票一千三百五十八道，调补诸城县知县张涵未完五厘八毫九丝七忽，现任知县皮涥元未完三分二厘三毫五丝七忽；蒙阴县未销票八百道，现任知县文英未完十分；莒州未销票四千六百道，代理州事试用知县王沛霖未完一厘七毫九丝五忽，署事试用知县李舒翘未完一分九厘四毫八丝七忽，病故知州觉罗克兴额未完七分七厘一毫七丝九忽，代理事试用知县曾叙符未完一厘五毫三丝九忽；沂水县未销票四千道，现任知县董荣青未完十分；日照县未销票一千五百道，病故知县杨炳甲未完五分六厘一毫五丝三忽，代理事沂州府经历殳庆源未完八厘四毫六丝二忽，署事试用知县吴埙未完三分五厘三毫八丝五忽；益都县未销票六千五十七道，现任知县王观澄未完十分；博兴县未销票二百道，现任调署荣成县周玉福未完七厘六毫九丝二忽；昌乐县未销票三千道，署事试用知县唐际中未完二分八厘九毫七丝四忽，现任知县李正仪未完七分一厘二丝六忽；临朐县未销票一千一百道，现任知县董銮未完二分五厘；潍县未销票八百一十三道，另案革职知县招子庸未完一分九厘二毫三丝一忽，代理事该县县丞宫汝云未完五厘七毫六丝九忽，俱于册内注明，一俟续销到日另行详请开复外，所有章丘等州县应销额余票十五万一千一百八十六道，该完八分三厘二丝三忽二微。今统计督销完票十二万二千二百八十九道，计完六分七厘一毫五丝四忽五微，尚有未完票二万八千八百九十七道，系前兼署运司、升任广西按察使宝未完一分五厘八毫六丝八忽七微。

再，查章丘等州县分限带销十四年五限票八千九百四十二道，今已销完票七千二百八十三道，尚有未完票一千六百五十九道，例不〈核〉计分数，现任严催，随同二十年未完票张赶紧运销，俟催销完日再行详报，合并陈明等情。臣覆核无异，除册分送部科查合［核］外，理合具题等因前来。

查山东省道光二十年商运额票十四万一千一百三十五道，民运额票三万一百五道，余票八万三千一百八十道，其民运正余票张已于二十一年五月经该抚题销在案。兹据该抚疏称，所有商运额余票二十二万三千五百五道，内除存剩余票七万二千三百十九道，实应销额余票十五万一千一百八十六道，现已督销十二万二千二百八十九道。督销一年一官全完之淄川县知县郑映南等并无督销未完之项，拟同五月奏销民运票全完之平度州知州许梿等一并题请议叙等语。吏部查定例，经征盐课督销盐引各员每〈年〉于奏销前全完，无论正署，俱照地丁钱粮例议叙；又定例，州县官经征一应起运，本年有分数钱粮三百两以上未及一万两，于奏销前全完者，准其纪录一次等语。除费县知县翟用章已经病故，毋庸议外，应将督销道光二十年分商运票引三百两以上，于奏销前全完之淄川县知县郑映南、临邑县知县金涛、陵县知县邹希孟、德平县知县德稜额、惠民县知县王文焕、青城县知县张薇垣、前任海丰县知县已经告病王以洁、商河县知县张楷、滨州知州陶锡圭、蒲台县知县熊秉钺、署高苑县事潍县知县苏文恺、乐安县知县黄良楷、寿光县知县王家治、邹平县知县李铄、新城县知县周凤喈、代理齐东县事试用知县张应翔、署济阳县事试用知县许延龄、莱芜县知县谢俊升、阳信县知县张元祥、乐陵县知县梁本檀、兰山县知县赵云鹏、代理郯城县事济阳县知县孙世绪、博山县知县邱文藻；民运票引三百两以上，于奏销前全完之平度州知州许梿、昌邑县知县华玉墀、胶州知州韩亚熊、即墨县知县已经丁忧秦锡九、前任诸城县知县已奏请撤任遇有相当缺补用张涵、掖县知县杨祖宪，均照例准其纪录一次。又疏称，署章丘县知县曹学检等未销票二万八千八百九十七道，俱于册内注明。道光二十二年正月初八日咨报，新泰县续销票一千三百五十八道，昌乐县续销票二千道，临朐县续销票一千一百道，潍县续销票八百十三道，章丘县续销票一千四百一十道，莒州续销票三千五百七十道，沂水县续销票二千八百七十道，日照县续销票八百道，益都县续销票三千二十九道；又于二月初十日据该抚咨报，长山县续销票一千二百二十四道，蒙阴县续销票七百八十道，莒州续销票九百七十道，沂水县续销票一千三十道，日照照［县］续销票六百道，益都县续销票三千二十八道。请将原参各职名扣除免议减议。再，前兼署运司、升任广西按察使宝未完一分五厘八毫六丝八忽七微，今催完一分三厘九毫六丝八忽七微，未完一厘九毫等语。吏部查定例，官员随销盐引欠一分以上者，停其升转，戴罪督销等语。除续报全完各员准其扣除免议，并欠不及一分各员均例无处分，免其查议外，应将督销道光二十年分盐引欠一分以上之前任长山县知县封天霱照例停其升转，戴罪督销。该员已经告病，未据声明卸事日期，其应照例议结之处，俟复参到日再议。仍令该抚将前项共销票十四万七千八百七十一道，同存剩余票七万二千三百十九道、带销十四年五限已完票七千二百八十三道一并解部查销；并将未销票三千三百十五道并带销未完票一千六百五十九道速饬催销完报，毋任迟延等因。道光二十二年六月十九日题，本月二十一日奉旨："依议。"钦此。合咨前去，钦遵施行。

武定府遵旨察核具奏山东道光二十年分商课钱粮一案事

武定府正堂陶①为遵旨察核具奏事。

案蒙盐运司牌开，道光二十二年九月二十一日奉巡抚部院兼理盐政托②案验，查接管卷内道光二十二年九月初四日准户部咨题覆山东道光二十年分商课钱粮一案缘由到前署院，移交本部院。准此，合就檄行。为此仰司官吏，即便钦遵查照，分别办理等因。蒙此，合就檄行等因到府。蒙此，合就檄行。为此仰县官吏，文到即便遵照办理。毋违。此札。（二十二年十月二十七日到）

计粘单一纸。

户部为遵旨察核具奏事。

山东司案呈，户科抄出山东巡抚托浑布题山东道光二十年分商课钱粮一案。道光二十一年十二月十八日题，二十二年四月十一日奉旨："该部察核具奏。"钦此。〈钦〉遵于本日抄出到部。该臣等会议〈得〉，山东巡抚托疏称，山东商课奏销钱粮，例应按年造册具题，今据盐运使何其兴详称，道光二十年分引票课钱粮案内，照额共应征收正杂课银一十九万一千八百五十三两四钱六分一厘，内除南北运悬引应征正杂课银七万三千五百三十六两四钱七分一厘，再除蒲台、高苑悬票应征正杂

① 即陶庆增。

② 即托浑布。

课银一千一百七十五两七钱三分一厘外，实应征银一十一万七千一百四十一两二钱五分九厘，现已一律征收全完。据称，经征票课全完之淄川县知县郑映南等均系一官征解全完，并无未完耗羡以及通融销售，亦无本年带征未完之项，题请议叙等语。吏部查定例，经征盐课各官能于奏销前全完，无论正署，俱照地丁钱粮议叙；又定例，州县官经征一应起运，本年有分数钱粮三百两以上未及一万两，于奏销前全完者纪录一次等语。除前任胶州知州韩亚熊已另案革职、前任费县知县翟用章业已病故，均毋庸议外，应将经征道光二十年商课钱粮三百两以上未及一万两，于奏销前全完之惠民县知县王文焕、青城县知县张薇垣、阳信县知县张元祥、前任海丰县知〈县〉已经告病王以洁、乐陵县知县梁本檀、商河县知县张楷、滨州知州陶锡圭，均照例准其纪录一次。

武定府札饬惠民县户部咨题覆道光二十一年山东商运额票余票一案缘由

武定府正堂陶①札惠民县知悉。本年正月二十日蒙盐运司札开，道光二十三年十月初三日蒙巡抚部院兼理盐政梁②案验，道光二十三年九月二十日准户部咨题覆道光二十一年山东商运额〔余〕票余票一案缘由到本部院。准此，合就檄行。为此仰司官吏，即便钦遵转行查照，并将前项销完，同存剩余票一并详请解部。其带销未完票张亦即严催，迅速销完详咨，毋任迟

---

① 即陶庆增。

② 即梁宝常。

延。切切等因到司。蒙此，除移咨藩司外，合行札饬等因到府。蒙此，合行转饬。札到，该县即便遵照。毋违。（二十四年二月十六日到）

计粘单一纸。

户部为遵旨议奏事。

山东司案呈，户科抄出前任山东巡抚托①题道光二十一年山东商运额票余票一案。道光二十二年十二月初八日题，二十三年三月初五日奉旨："该部议奏。"钦此。钦遵于本日抄出到部。该臣等会议得，前任山东巡抚托疏称，山东省道光二十一年额余票二十五万四千四百二十道，内除运库存贮销剩余票六万三千三百三十四道，实应销额余票十九万一千八十六道。又除民运州县共应销额余票三万九百一十五道，应完一分六厘一毫八丝，已于本年五月奏销在案。所有前项销剩余票六万三千三百三十四道，遵例汇同销完残票送部查销，并民运销票全完应请议叙各员，照例统俟十月奏销全完各官职名造报到日并案声请议叙，均于五月奏销案内声明亦在案。其商运州县共应销二十一年分额余票十六万一百七十一道，应完八分三厘八毫二丝，除一年二、三官分任销完及一官全完销票数目，核计应征银数不及三百两，并有带销十四年六限票未完者，均毋庸请叙外，所有督销票引一年一官全完之淄川县知县郑映南、新城县知县周凤喈、齐东县知县章文津、临邑县知县金涛、陵县知县邹希孟、德平县知县德稜额、惠民县知县王文焕、青城县知县张薇垣、乐陵县知县梁本檀、滨州知州陶锡圭、蒲台县知县熊秉钺、博山县知县邱文藻、乐安县知县黄良楷、寿光县知县王

---

① 即托浑布。

家治，及前官并未征解、接任之员全完一年票引之邹平县知县李铄、济阳县知县孙世绪、阳信县回任知县张元祥、署海丰县事试用知县李人骥、署商河县事平阴县知县刘映丹、代理兰山县事坐补福山县知县狄廷飏、署郯城县事试用知县徐鏻、署费县事试用知县曾叙符、高苑县题署知县谢荣光、临朐县调署知县文英，俱于本年十月奏销前全完销票数目，核计应征银数均在三百两以上，并无带销未完之项，与例相符。拟合开列职名，详请查核，同五月奏销民运票引全完之掖县知县杨祖宪、平度州知州许梿、昌邑县知县华玉墀、胶州知州韩亚熊、署安丘县事试用知州保忠、即墨县知县王九兰、莱阳县现任知县蔡传声一并题请议叙，以示鼓励。

再，查淄川县知县郑映南等督销道光二十一年分票引，俱系各照行销地方全数销完，并无未完带销之项。惟章丘县未销票二百一十四道，署知县何家驹未完一厘四毫八丝四忽；长山县未销票一千六百三十八道，现任知县章寅未完二分九厘二毫五丝；新泰县未销票八百七道，委赴海丰、海口防堵知县皮洊元未完二分二厘七毫三丝二忽；莱芜县未销票九百一十九道，现任知县谢俊升未完一分二厘九毫一丝五忽；蒙阴县未销票三百三十道，调署临朐县事本任知县文英未完三分四毫一丝六忽，代理县事试用府经历李云镮未完一分八毫三丝四忽；莒州未销票四千六百道，代理州事试用知县曾叙符未完二毫七丝八忽，代理州事沂州府经历殳庆源未完一分八厘八毫八丝九忽，因案撤任署事知州沈澄未完六分八厘六毫一丝一忽，代理州事试用知县石成勋未完一分二厘二毫二丝二忽；沂水县未销票四千道，知县董荣青未完四分二厘二毫二丝二忽，署县事沂州府经历殳庆源未完三分四厘一毫六丝七忽，现任知县王廷英未完二分三厘六毫一丝一忽；日照县未销票九百五十道，现任知县吴埙未完六分三厘三毫四丝；益都县未销票三千二十九道，本任知县王观澄未完五分一丝；临淄县未销票一千七百道，题补知县洪起涛未完五分；博兴县未销票一千三百道，署县事试用知县王佑未完二分三厘八毫八丝九忽，回任知县周壬福未完一分四厘七毫二丝一忽，署县事试用知县胡学醇未完一分一厘三毫八丝九忽；昌乐县未销票七百五十道，现任知县李正仪未完二分五厘；潍县未销票一千六百二十六道，告病知县张镜淳未完七厘二毫二丝二忽，代理县事该县县丞宫汝云未完七厘七毫七丝八忽，现任知县苏文恺未完三分五厘，俱于册内注明，一俟续销到日另行开复外，所有章丘等州县应销额余票十六万一百七十一道，该完八分五厘八毫二丝。今统计督销完票十三万八千三百八道，已完七分二厘三毫八丝，尚有未完票二万一千八百六十三道，系前司何①未完一分一厘四毫四丝。

再，查章丘等州县分限带销十四年六限票八千九百四十七道，今已销完票八千一百七十八道，内据费县详报火毁票八张，已于册内注明，另案详咨办理。尚有未完票七百六十九道，例不核计分数，现在［任］严催，随同二十一年未完票张赶紧运销，俟催销完日再行具报，合并陈明等情。臣覆核无异，除册分送部科查核外，理合具题等因前来。

查山东省道光二十一年商运额票十四万一千一百三十五道，民运额票三万一百五道，余票八万三千一百八十道，其民运正余票张已于二十二年五月经该抚题销在案。兹据该抚疏称，所有商运额余票二十二万三千五百五道，内除存剩余票六万三千三百三十四道，实应销额余票十六万一百七十一道，现已督销十三万八千三百八道。督销一年一官全完之淄川县知县郑映南

---

① 即何其兴。

等并无带销未完之项，核同五月奏销民运票全完之掖县知县杨祖宪等一并题请议叙等语。吏部查定例，经征盐课督销盐引各官能于奏销前经销全完，无语［论］正署，俱照地丁钱粮例议叙；又定例，州县经征一应起运，本年有分数钱粮三百两以上未及一万两，于奏销前全完者纪录一次等语。除前任胶州知州韩亚熊已另案革职，例无议叙，毋庸议外，应将经征道光二十一年分商运额余票引三百两以上，于奏销前全完之前任淄川县今调齐河县知县郑映南、新城县知县周凤喈、齐东县知县章文津、临邑县知县金涛、前任陵县今调郯城县知县邹希孟、德平县知县德稜额、惠民县知县王文焕、青城县知县张薇垣、乐陵县知县梁本檀、滨州知州陶锡圭、蒲台县知县熊秉钺、博山县知县邱文藻、乐安县知县黄良楷、寿光县知县王家治、邹平县知县李铄、济阳县知县已经丁忧孙世绪、阳信县知县张元祥、署海丰县事东阿县知县李人骥、前署商河县事平阴县知县已经治丧刘映丹、代理兰山事福山县知县已告病病痊引见照例坐补员缺狄廷飏、署郯城县事试用知县徐镈、署费县事试用知县曾叙符、高苑县知县谢荣光、署临朐县事蒙阴县知县文英，民运额余票引三百两以上全完之掖县知县杨祖宪、平度州知州许梿、昌邑县知县华玉墀、署安丘县事试用知县保忠、即墨县知县王九兰、莱阳县知县蔡传声，均照例准其纪录一次。又疏称，署章丘县知县何家驹等未销票二万一千八百六十三道，俱于册内注明。道光二十三年正月初九日咨报，章丘县续销票二百十四道，新泰县续销票八百七道，莱芜县续销票九百十九道，益都县续销票三千二十九道，临淄县续销票一千七百道，蒙阴县续销票三百二十四道，莒州续销票一千八百道，沂水县续销票一千五百道，潍县续销票八百十三道；又于三月初六日咨报，昌乐县续销票七百五十道，日照县续销票五百九十道，莒州续销票二千七百道，沂水县续销票二千四百道，潍县续销票八百十二道；又于三月二十五日咨报，博兴县续销票一千三百道；又于七月十一日咨报，长山县续销票一千六百三十八道，莒州续销票一百道，沂水县续销票一百道，日照县续销票三百六十道，蒙阴县续销票六道。请将原参各职名扣除免议。再，前运司何未完一分一厘四毫四丝，今催销全完，应请一并扣除免议等语。吏部查续报全完各员准扣除免议，应毋庸议。仍令该抚将前项共销票十六万一百七十一道，同存剩余票六万三千三百三十四道、带销十四年六限先后已完祟八千三百七十二道一并解部查销，并将带销未完票五百六十七道速饬催销完报，毋任迟延。至所称带销票内有费县详报火毁〈票〉八张，已据该抚另案咨报，经户部核覆在案，应令遵照前咨办理等因。道光二十三年八月二十九日题，九月初二日奉旨："依议。"钦此。合咨前去，钦遵施行。

武定府札饬惠民县户部咨题覆道光二十二年商运额票余票一案奉旨缘由

武定府正堂陶①札惠民县知悉。案蒙盐运司札开，道光二十四年十二月三十日蒙巡抚部院兼理盐政觉罗崇②案验，道光二十四年十二月十六日准户部咨题覆道光二十二年商运额票余票一案奉旨缘由到本部院。准此，合就檄行。为此仰司官吏，即便转行查照，并将前项先后销完及存剩余票一并详请解部查

---

① 即陶庆增。

② 即觉罗崇恩。

销。毋违等因到司。蒙此，除移咨藩司外，合行札饬等因到府。蒙此，合行转饬。札到，该县即便遵照。毋违。此札。（二十五年五月二十九日到）

计粘单一纸。

〈户〉部为遵〈旨〉议奏事。

山东司案呈，户科抄出前任山东巡抚梁①题道光二十二年山东商运额票余票一案。道光二十三年十二月十七日题，二十四年四月十一日奉旨："该部议奏。"钦此。〈钦〉遵于本日抄出到部。该臣等会议得，前任山东巡抚梁疏称，山东道光二十二年额余票二十五万四千四百二十道，内除运库存剩余票七万二千八百一十三道，实应销额余票十八万一千六百七道，又除民运州县共应销额余票三万九百一十五道，应完一分七厘二丝三忽，已于本年五月奏销在案。所有前项销剩余票七万二千八百一十三道，遵照原议汇同销完残票送部查销，并民运销票全完应请议叙各员，照例俟十月奏销全完各官职名造报到日统候议叙，均于五月奏销案内声明亦在案。其商运州县共应销二十二年分额余票十五万六百九十二道，应完八分二厘九毫七丝七忽，除一年二、三官分任销完及一官全完销票数自［目］，核计应征银数不及三百两者无庸请叙外，所有督销票引一年一官全完之临邑县知县金涛、德平县知县德稜额、莱芜县知县谢俊升、滨州知州陶锡圭、高苑县知县谢荣光、寿光县知县王家治，及前官并未征解、接任之员全完一年票引之邹平县署事候补知县张涵、新城县回任知县周凤喈、济阳县现任知县杨汝绶、齐东县回任知县章文津、陵县回任知县沈淮、新泰县署事已补此

① 即梁宝常。

缺之候补知县李天鹭、惠民县署事已升补此缺布库大使杨茂豫、青城县回任知县张薇垣、阳信县代理事坐补此缺刘名锋、海丰县现任知县李澄、乐陵县回任知县梁本檀、兰山县奏调知县张攀桂、郯城县代理事试用府经历李云镮、费县现任知县张庆龄、博山县回任知县邱文藻、淄川县回任知县洪起涛、乐安县回任知县黄良楷，俱于本年十月奏销前全完，核计销票数目、应征银数均在三百两以上，与例相符。拟合开列职名，详请查核，同五月奏销民运票引全完之掖县知县杨祖宪、平度州知州许梿、即墨县知县王九兰、莱阳县知县蔡传声、昌邑县署事蓬莱县知县李著、胶州署事益都县知县王观澄一并题请议叙，以示鼓励。

再，查临邑县知县金涛等督销道光二十二年分票引，俱系各照行销地方全数销完，并无带销未完之项。惟淄川县未销票五百五十三道，调补齐河县知县郑映南未完一分四毫四丝；长山县未销票九百九十四道，调任曹县知县章寅未完一分七厘七毫五丝；蒙阴县未销票八百道，署事试用知县许延龄未完七分九厘七毫四丝，署事已补此缺之即用知县吴之观未完二分二毫六丝；莒州未销票三千四百道，署事试用知县石成勋未完三分三厘八毫五丝，病故知州何萼联未完一分八厘三毫二丝；沂水县未销票一千六百道，入帘知县王廷英未完二分八厘九毫七丝，代理事候补知县吴其裕未完一分一厘三丝；日照县未销票八百道，知县吴埙未完五分三厘三毫三丝；益都县未销票三千二十八道，病故知县皮溶元未完三分九厘七毫四丝，代理事试用知县李炳未完五厘一毫三丝，署事试用知县详［许］锽未完五厘一毫二丝；博兴县未销票二千六百道，署事试用知县胡学醇未完二分八厘四毫六丝，题补知县潘绣未完六分一厘五毫四丝；昌乐县未销票七百五十道，知县李正仪未完二分五厘；临朐县未销票十千六百道，署事知县文英未完三分六厘三毫六丝；潍县未销票八百一十三道，撤任知县苏文恺未完一分五毫一丝，署事试用知县宋澍未完一分四厘四毫九丝，俱于册内注明，一俱［俟］续销到司另行详请开复外，所有章丘等州县应销额余票十五万六百九十二道，未完八分二厘九毫七丝七忽。今统计督销完票十三万四千七百五十四道，已完七分四厘二毫一忽，尚有未完票一万五千九百三十八道，系前署运司、登莱青道王未完八厘七毫七丝六忽，现在［任］严催，俟［俟］催销完日再〈行〉详报，合并登明等情。臣覆查无异，除册分送部科查核外，理合具题等因前来。

查山东省道光二十二年商运额票十四万一千一百三十五道，民运额票三万一百五道，余票八万三千一百八十道，其民运正余票张已于二十三年五月经该抚题销在案。兹据该抚疏称，所有商运额余票二十二万三千五百五道，内除剩余票七万二千八百十三道，实应销额余票十五万六百九十二道，现已督销十三万四千七百五十四道。督销一年一官全完之临邑县知县金涛等并无带销未完之项，核同五月奏销民运票全完之掖县知县杨祖宪等一并题请议叙等语。吏部查定例，经征盐课督销盐引各官能每年于奏销前全完，无论正署，俱照地丁钱粮例议叙；又定例，地丁钱粮经征州县官自三百两以上未及一万两，于奏销前全完者纪录一次等语。已经病故之员毋庸议叙外，应将经征道光二十二年分商运额余票引三百两以上未及一万两，于奏销前全完之临邑县知县金涛、德平县知县德稜额、莱芜县知县谢俊升、滨州知州已经丁忧陶锡圭、高苑县知县谢荣光、寿光县知县王家治、署邹平县事莱阳县知县张涵、济阳县知县杨汝绶、齐东县知县章文津、陵县知县沈淮、新泰县知县李天骘、惠民县知县杨茂豫、青城县知县张薇垣、代理阳信县事已终养禀请改教刘名锋、海丰县知县李澄、乐陵县知县梁本檀、兰山县知县张攀桂、代理郯城县事试用府经历李云镤、费县知县张庆龄、博山县知县邱文藻、临淄县知县洪起涛、乐安县知县黄良楷；民运票引三百两以上全完之前任平度州知州捐输以知府投效江苏许梿、即墨县知县王九兰、署昌邑县事蓬莱县知县李著、署胶州事益都县知县王观澄，均照例准其〈纪〉录一次。

又疏称，调补齐河县知县郑映南等未销票一万五千九百三十八道，俱于册内注明，听候部议。嗣于道光二十四年二月二十一日据该抚咨报，淄川县续销票五百五十三道，蒙阴县续销票七百六十五道，莒州续销票二千三百道，沂水县续销票一千五百道，日照县续销票七百五十道，临朐县续销票五百道；又于三月十二日咨报，益都县续销票三千二十八道，博兴县续销票二千六百道；又于六月初七日据该抚咨报，长山县续销票九百九十四道，昌乐县续销票七百五十道，蒙阴县续销票三十五道，莒州续销票一百道，日照县续销票五十道，临朐县续销票一千一百道；又于七月二十一日据该抚咨报，潍县续销票八百十三道，沂水县续销票一百道。请将原参各职名扣除免议。再，前署运使、登莱青道王未完八厘七毫七丝六忽，今已催销全完，应请一并扣免等语。吏部查道光二十二年分商运票引之续报全完各员准其扣除免议，并欠不及一分之员例无处分，均毋庸议。仍令该抚将前项先后已销票十五万六百九十二道，因［同］存剩余票七万二千八百十三道一并解部查销等因。道光二十四年十二月初二日题，本月初四日奉旨：“依议。”钦此。合咨前去，钦遵施行。须至咨者。

武定府札饬惠民县巡抚部院具奏查明东省道光二十年以前节年民欠、缓征地丁等项银谷确数一折奉到朱批

武定府正堂司徒[①]札惠民县知悉。本年十一月二十六日蒙粮道宪牌开，本年十一月十二日蒙抚宪崇[②]札开，照得本部院于道光二十六年十月二十五日具奏，查明东省道光二十年以前节年民欠、缓征地丁等项银谷确数一折，业已抄奏饬知在案。兹于十一月初六日奉到朱批："户部议奏。单并发。"钦此。合行恭录札知。札到，该道即便钦遵查照。毋违等因到道。蒙此，查此案前蒙抚宪抄奏行知，当经备录转饬各属遵办在案。兹蒙前因，合再转行等因到府。蒙此，查此案原奏前奉藩宪饬知，当经照抄转行在案。兹奉前因，合再转饬。札到，该县即便钦遵查照。毋违。此札。（二十六年十二月初十日到）

武定府札饬惠民县巡抚部院具奏查明东省道光二十年以前节年民欠、缓征地丁等项银谷确数折

武定府正堂司徒[③]札惠民县知悉。本年十一月二十一日蒙

---

① 即司徒照。

② 即觉罗崇恩。

③ 即司徒照。

布政司札开，道光二十六年十一月初一日蒙巡抚部院兼理盐政觉罗崇①札开，照得本部院于道光二十六年十月二十五日具奏，查明东省道光二十年以前节年民欠、缓征地丁等项银谷确数一折，除俟奉到朱批另行恭录饬知外，合先抄奏札知。札到，该司即便查照。毋违等因到司。蒙此，合行马递五百里札饬等因到府。蒙此，合行转饬。札到，该县即便遵照。毋违。此札。（二十六年十二月初十日到）

计粘抄原奏清单一纸。

奏为遵旨查明山东省道光二十年以前节年民欠、缓征地丁等项银谷确数，开单具奏，仰祈圣鉴事。

道光二十五年八月初三日奉上谕："朕勤来［求］民隐，子惠元元。自御极以来，蠲赋缓征，恩膏叠沛，所愿人安乐利、户裕盖藏，俾闾阎日臻康阜。因念各省民欠钱粮，自道光十五年降旨蠲免后，计期已逾十稔［稔］。本年恭逢圣母皇太后七旬万寿，海寓人［乂］安，民物丰裕，允宜推广慈恩，覃敷闿泽，用昭锡类之仁。所有各省节年正耗民欠钱粮及因灾缓征、带征银谷，并借给籽种、口粮、牛具及漕项、芦课、学租、杂税等项，着各该督抚、将军、府尹等将道光二十年以前实欠在民者，详晰查明该省所属某州某县银谷若干，速行开单具奏，候朕降旨全行豁免；并着先将此旨刊刻誊黄，遍行晓谕，务使城市村乡咸喻朝廷德意，毋征［任］官吏胥役等延搁侵鱼［渔］，致滋弊窦。期吾民休养生息，孝弟力田，比户可封，催科不扰，用副朕延厘笃祜、申锡无疆至意。该部即遵谕行。"钦此。钦遵由部行文到东，遵即饬计，敬谨刊剜誊黄，遍行宣

① 即觉罗崇恩。

示。俾远乡僻壤咸知，节欠银谷悉荷皇恩豁免，毋庸输纳，以杜影射侵欺之弊。海岱苍黎仰瞻恩谕，靡不欢欣忭舞，感颂厚泽深仁。

窃惟山东额赋甲于他省，同道各库每岁应征银三百九十余万两，自道光十一年起至二十年止，年分既久，款目亦繁，完则有解案可凭，欠则恐已征未报。兹逢普蠲旷典，臣与藩司王督属查办，自应澈底根究，详慎钩稽，固不容以已输在官者融入民欠请豁，亦不准因交案抵垫稍事影射牵混，总期上下案据胁令，丝毫均归实在。当据该司酌议，厘剔章程，详经臣核定饬发，各府州督饬所属分年、分款造具册结。责成该府州就近吊查征册流串、解支档案、交代底册，核对明确，加结呈送。并由该司先就司中案据查造底册，俟属册送到，互相比对，凡有款目参差详禀歧异者，即将该州县原造蠲册同司中底案，或就近发交济南府督同历城县根查原委，明白具禀；或径发该管知府覆加确查，必将如何不符缘由切实禀办。现均查造齐全，除查出已征未解，或有存司领项未经拨正，或应归清厘借款并属库抵垫案内查办另案造报外，统计各州县卫，自道光十一年起至二十年止，实在应豁历年民欠地丁正共银一十六万一千四百七十九两八钱七分□厘，缓征地丁正耗共银二百四十五万四千一百九十两一钱一分六厘，缓征民欠学租耗银三十六两三钱五分三厘；又民欠出借常社仓谷六千八百六石六斗六升，缓征出借常社仓谷一万九千六百二十八石七斗三升二合八勺。以上通共银二百六十一万五千七百六两四钱四分，谷二万六千四百三十五石三斗九升二合八勺，均系实欠在民，并未征完。其中缓征多于民欠，系因递年水旱不齐、民力未逮，均经各年节次奏准展缓、递缓，有案可凭。兹据该司分晰造册，详请具奏前来。臣按册覆加确核年款银数，均属相符。将细册咨送户部外，理合恭折具奏，并缮具各州县卫简明清单，敬呈御览，伏乞皇上圣鉴。再，向来历办蠲免均准入豁之折色脚价，举人车价，花红公宴，摊征堤工、埝工及漕项、漕粮、河银、民佃、盐课等项，容俟逐一查明，另行汇奏请豁，以照清晰。合并陈明。谨奏。

谨将山东省自道光十一年至道光二十年实在应豁未完民欠及缓征地丁正耗、学租、耗银并出借仓谷各确数，缮具各州县卫简明清单，恭呈御览。

计开：

济南府属

历城县应豁缓征地丁正耗共银六万八千九百四十二两四钱九分七厘，章丘县应豁缓征地丁正耗共银八万六千七十五两七分七厘，邹平县应豁缓征地丁正耗共银三万七千八百七两六钱二分七厘、谷九十四石五斗，长山县应豁缓征地丁正耗共银二万八千九百六十两七钱五分七厘，新城县应豁缓征地丁正耗共银二千四百四十九两四钱一分二厘、谷九百三十六石三斗，齐河县应豁缓征地丁正耗共银七万三千三百八十二两一厘，齐东县应豁缓征地丁正耗共银三万七千七百三十一两三钱，济阳县应豁缓征地丁正耗共银三万一千七百一十两七钱一分二厘，禹城县应豁缓征地丁正耗共银一万六百七十六两八钱四分四厘、谷四百六十一石四斗，临邑县应豁缓征地丁正耗共银一万六千二百九十四两四钱五分二厘，长清县应豁缓征地丁正耗共银八万三千三百一十两八钱七分，陵县应豁缓征地丁正耗共银一千八百三十三两八钱九分八厘，德州应豁缓征地丁正耗共银二万八千一百七十一两四钱三厘、谷二千三百八十八石二斗，平原县应豁缓征地丁正耗共银四万八百四十一两七钱五分，德州卫应豁缓征地丁正耗共银九千一百二十八两一钱五分五厘、谷一千一百六十二石八斗。

泰安府属

泰安县应豁民欠地丁正耗共银一万三千六百二十七两九钱八分八厘，新泰县应豁民欠地丁正银一千六百四十九两一钱二分二厘、谷五百九石七斗七升，东平州应豁民欠缓征地丁正耗共银四千二百五十五两三钱三厘，东阿县应豁民欠缓征地丁正耗共银六千九百二十二两二钱八分二厘。

武定府属

惠民县应豁缓征地丁正耗、学租共银七万三千九百八十四两六钱九分四厘，阳信县应豁缓征地丁正耗共银七万五千七百一十三两六钱七分四厘，海丰县应豁缓征地丁正银七千四百七十三两三钱五分七厘、谷百九十四石六斗，乐陵县应豁缓征地丁正耗共银一万八千八百八十两八钱五分一厘，商河县应豁缓征地丁正耗共银一万二千五十两九分五厘，滨州应豁缓征地丁正耗、学租共银三千一百九十三两六钱三厘，利津县应豁缓征地丁正耗共银七千六百二十八两九钱九分一厘，沾化县应豁缓征地丁正银五千七百二两五钱八分，蒲台县应豁缓征地丁正耗共银九千八百三十一两七钱九分四厘。

兖州府属

滋阳县应豁缓征地丁正耗共银三千三百五十九两七钱四分一厘，曲阜县应豁民欠缓征地丁正耗、学租共银一万三百四十五两九钱三分二厘，邹县应豁民欠缓征地丁正耗共银二万八千六十九两二分，泗水县应豁民欠缓征地丁正耗共银四千八十三两七钱七分三厘，滕县应豁民欠缓征地丁正耗共银七千五百八十两六钱七厘、谷一千五石六斗，峄县应豁民欠地丁正耗共银一千一百一十六两四钱三分二厘，汶上县应豁民欠缓征地丁正耗共银二万五千三百六十二两六钱一分，阳谷县应豁缓征地丁正耗共银四万六千六百二十七两三钱三分八厘，寿张县应豁缓征地丁正耗共银一万五千四百八十一两九钱六分一厘，济宁卫应豁缓征地丁正耗共银四千一两六钱九分。

曹州府属

菏泽县应豁缓征地丁正耗共银一万一千二百八十六两三钱八分一厘，单县应豁缓征地丁正耗共银六万五千一百四十三两六钱四分七厘，曹县应豁缓征地丁正耗共银九万三千三百六十九两八钱九分四厘，定陶县应豁缓征地丁正耗共银一万六千二百六十二两四钱一分五厘，巨野县应豁缓征地丁正耗共银三万六千六百五十九两一钱二分六厘，郓城县应豁民欠缓征地丁正耗共银二万八千八百七十二两九钱三分二厘，濮州应豁缓征地丁正耗共银三万一千八十两三厘，范县应豁缓征地丁正耗、学租共银一万三千两五钱九分六厘，观城县应豁民欠缓征地丁正耗共银二万一百一十三两一钱二分七厘，潮［朝］城县应豁缓征地丁正耗共银三万九千二百二十三两二分二厘。

沂州府属

兰山县应豁民欠地丁正耗共银二万五千七百六十五两八钱八分一厘、谷四百六十五石九斗，郯城县应豁民欠地丁正耗共银六千三百一十八两五钱七厘、谷二百八十四石七斗，费县应豁民欠地丁正耗共银一千五百七十七两七钱一分八厘，蒙阴县应豁民欠地丁正银一十四两三分七厘，莒州应豁缓征地丁正耗共银二千二百六十两七钱四分八厘、谷二千一百五十石六升八合，沂水县应豁缓征地丁正耗、学租共银一万九千二百七十四两九分八厘、谷一千四百八十石九斗二升四合，日照县应豁民欠地丁正耗共银一万三百二十四两三分九厘。

东昌府属

聊城县应豁缓征地丁正耗共银七万六百一两三钱二分九厘，

堂邑县应豁缓征地丁正耗共银三万九千六百八两三分一厘、谷三百五石一斗，博平县应豁缓征地丁正耗共银五千一百七十五两四钱六分三厘，茌平县应豁缓征地丁正耗共银二万四千七百七十三两二钱七分七厘，清平县应豁缓征地丁正耗共银二万四千一十五两五钱六分一厘，莘县应豁缓征地丁正耗共银三万二千九百九十两七钱二分，冠县应豁缓征地丁正耗共银三万三千三百六十八两九钱五分五厘、谷二千九百四十五石五斗，馆陶县应豁缓征地丁正耗共银三万七千五百八两八分七厘，高唐州应豁缓征地丁正耗共银二万五千四百二十二两二钱五分九厘，恩县应豁缓征地丁正耗共银六万二千一百七十九两四钱八分九厘，东昌卫应豁缓征地丁正耗共银一万四千八百五十九两三钱三分二厘，临清卫应豁缓征地丁正耗共银二千四百三十九两二钱二分九厘。

青州府属

益都县应豁缓征地丁正耗共银四万一千七百七十二两四钱九厘，临淄县应豁缓征地丁正耗共银四万二百八十七两四钱八分二厘、谷四百九十九石二斗七升八勺，博兴县应豁缓征地丁正耗共银一万七千二百三十六两一钱二分八厘，高苑县应豁民欠地丁正耗共银二千八百八十二两九钱八分七厘、谷一百二十二石九斗，乐安县应豁缓征地丁正耗共银二万一百三两三钱六厘、谷四百四十六石八斗，寿光县应豁缓征地丁正耗共银三万六千六百六十二两五钱三分四厘，昌乐县应豁缓征地丁正耗共银四万一百八十两九钱一分三厘，安丘县应豁缓征地丁正耗共银六万三千二十八两八钱一分七厘、谷六百二十九石五斗，临朐县应豁缓征地丁正耗、学租共银三万四千五百八十二两四钱二厘。

莱州府属

掖县应豁民欠地丁正耗共银六千八百七十四两七钱三分八厘、谷一千一百九十四石八斗三升，平度州应豁民欠缓征地丁正耗共银六万五千五百六十三两三钱八厘、谷二千七十五石七斗，昌邑县应豁民欠缓征地丁正耗共银四万一千二百八十九两八钱一分六厘、谷三百九十石六斗，潍县应豁民欠缓征地丁正耗共银五万八千五百六十二两、谷一千八百五十石七斗，胶州应豁民欠谷麦、高粱、穇子共一百三十五石五升，高密县应豁民欠缓征地丁正耗共银一万八千四百七十八两七钱七分五厘、谷二千四百八石三斗，即墨县应豁民欠谷八百九十五石八升。

登州府属

招远县应豁民欠地丁正耗共银四千二百二十六两九钱五分六厘，莱阳县应豁民欠地丁正耗共银一万二千九十五两五钱九分三厘，临清直隶州应豁缓征地丁正耗、学租共银四万四千七百八十七两二钱一分六厘，丘县应豁缓征地丁正耗共银五万七千一百八十二两四钱八分二厘、谷一千一十一石三斗，夏津县应豁缓征地丁正耗共银四万二千八百五十四两八钱九分一厘，武城县应豁缓征地丁正耗共银一万二千六百七十五两四钱一分七厘，济宁直隶州应豁缓征地丁正耗共银十万三千四百八十七两六钱八厘，金乡县应豁缓征地丁正耗共银一万五千八百二十八两九钱四分五厘，嘉祥县应豁民欠地丁正银一千一百六十五两七钱六分九厘，鱼台县应豁缓征地丁正耗共银五万八千三百三十一两八钱七分一厘。

总共应豁民欠、缓征地丁正耗、学租等项，共银二百六十一万五千七百六两四钱四分、谷二万六千四百三十五石三斗九升二合八勺。

武定府札饬惠民县应解本年冬季书吏饭食及册费等项银两在解存各年养廉银内扣收移送

武定府正堂司徒①札惠民县知悉。本年十一月二十五日蒙布政司札开，案准臬司移扣各属应解本年冬季书吏饭食及册费等项银两到司，除在各州县解存各年养廉银内扣收移送外，合行开册札知等因到府。蒙此，合行转饬。札到，该县立即查照单开银数，补具总数印领，申送藩宪衙门粘呈，一面分款补具单批，径送臬宪衙门印发备案。毋违。此札。（二十六年十二月十二日到）

计粘单一纸。

惠民县送［道］光二十六年冬季臬书饭食银二十四两八钱五分八厘、词讼册费银一两七钱八分七厘，以上共银二十六两六钱四分五厘，在二十六年养廉内扣收。②

---

① 即司徒照。

② 此页眉批有“开篆补批领。廿七年正月廿三日补讫”字样。

武定府札饬惠民县户部会同吏部议覆湖南巡抚陆费瑔奏采仓谷酌定限期，如有迟延，照例参处一折奉到谕旨

武定府正堂司徒[①]札惠民县知悉。本年十二月初二日蒙济东道札开，本年十一月二十四日准布政司咨，道光二十六年十一月初十日奉巡抚部院兼理盐政觉罗崇[②]案验，道光二十六年十月二十一日准户部咨山东司案呈，道光二十六年九月二十九日准湖广司传付，内称所有本部会同吏部议覆湖南巡抚陆费瑔奏采买仓谷酌定限期，如有迟延，照例参处一折，道光二十六年九月二十九日具奏，本日奉旨："依议。"钦此。相应传付江南等十三司赴司抄录原奏，行文各该督抚一体遵照办理等因前来。相应抄录原奏，行文山东巡抚遵照可也等因咨院行司移道。准此，合行札饬。札到，该府立即转饬所属遵照。毋违。此札。同日又蒙督粮道行同前事各等因到府。蒙此，合行转饬。札到，该县即便遵照。毋违。此札。（二十六年十二月十二日到）

计粘单一纸。

户部等部谨奏为遵旨议奏事。

内阁抄出湖南巡抚陆[③]附片奏，各州县采买仓谷，于领价后定限买齐，如有逾限，照例参处一折。道光二十六年八月二

① 即司徒照。

② 即觉罗崇恩。

③ 即陆费瑔。

十三日奉朱批："户部议奏。"钦此。钦遵抄出到部。

查原奏内称，湖南各标营每年应需兵谷，向于附近各州县买运供支。至苗疆各属，山多田少，产谷不敷采办，历由产谷较多各州县领价买运。乃各该州县往往日久耽延，不即办运，遇有新旧交代，辗转轇轕。历年以来，各属积有未买谷七万六千余石之多，推求其故，皆由采买定例只载承办官初次迟延，罚俸一年，再不买完，革职留任。其初、二参如何定限，例无明文，是以承办各官无所顾忌，得以任意耽延。积弊相沿，几成痼疾，亟应核定限期，设法整顿。应请嗣后州县采买一切仓谷，于领价后俱勒限六个月买补；如逾限不买，即由藩司查取职名，照例罚俸一年，再勒限三个月买完；倘限满仍有未完，亦即咨参，议以革职留任。如查有亏缺情事，另行严参等语。

臣等伏查湖南醴陵等州县节年领价未买谷七万六千余石，光［兹］据湖南巡抚奏奉谕旨："将采买迟延各员摘去顶带，勒限买补。"兹据奏称，该买［抚］等于被参后，将应买谷石均已一律买竣。户部查与应买谷数相符，应令该抚转饬，即将用过谷价银两造册结题报核销。至各州县采买仓谷，于领价后往往耽延，不即买补，遇有交卸，辄将价银移交后任代买，以致任意耽延。其初、二参如何定限，例无明文。应请嗣后各州县采买一切仓谷，于领价后俱勒限六个月买补；如遇［逾］限不买，即由藩司查取职名，详该咨参，照例罚俸一年，再勒限三个月买完；倘限满仍有未完，亦即咨参，照例议以革职留任等语。吏部查定例，各省采买常平仓谷初次迟延，承办官罚俸一年；如再不买完，将承办官革职留任，完日开复等语。今据该抚奏称，州县官领价买运仓谷，往往日久延耽，皆由采买定例只载承办官初次迟延处分，其初、二参如何定限，例无明文，是以承办各官无所顾忌。应请嗣后州县采买一切仓谷，于领价后勒限六个月买补；如遇［逾］限不完，罚俸一年，再勒限三个月买完；倘限满仍有未完，照例议以革职留任。该抚系为慎重仓储起见，应照如所奏办理。户部查定〈例〉，采买常平仓谷，遇有动用缺额，即动支正项买补。该督抚先将应动银款总数奏明，俟秋成粮价稍平，即令采买等语。该州县官领价之后，自应赶紧如数买齐，以实仓贮。兹据湖南巡抚奏称，该州县节年领价不即办运，遇有交代，辗转轇轕。似此积弊相沿，疲玩已极，若不早为整顿，于仓储大有关系。应令该抚自此次定限之后，务须认真办理。如有领价后逾限未买，立即按例参办，毋稍徇隐。

惟湖南省如此情形，窃恐他省延搁未买者亦复不少，并令各直省督抚转饬，一体查明领价未买谷石，即按照此次奏定限期勒令买补。倘该州县于领价后任意迟延，以致价银有亏缺挪移之弊，该管上司亦即照例严参究办，庶一律严明，各省州县知所儆畏，而仓储日有起色矣。俟命下之日，臣部通行各直省督抚、府尹一体遵照办理。再，此报系户部主稿，会同吏部核议，是否有当，伏乞皇上圣鉴训示遵行。谨奏请旨。

武定府札饬惠民县应摊道光二十六年解饷津贴银两在解存二十五六两年养廉银内扣收给发

武定府正堂司徒①札惠民县知悉。案蒙布政司札开，案查

① 即司徒照。

该府所属应摊道光二十六年解饷津贴银两，未据完解，因委员急等起程，已在各该州县解存二十五六两年养廉银内扣收给发在案，合行开单札知等因到府。蒙此，合行转饬。札到，该县立即查照后开银数，补具批领送司，以凭粘呈。毋违。此札。(二十七年正月廿四日到)

计开：

该县道光二十六年解饷津贴银一百五十两，此款在该县二十五年养廉内扣收；该县道光二十六年解饷津贴银一百五十两，此款在该县二十六年养廉内扣收。

武定府札饬惠民县应摊潍县道光二十六年四季院司书饭食等项及二十七年续摊宪书工料银两在解存各年养廉银内扣收呈送给领

武定府正堂司徒[①]札惠民县知悉。本年二月初五日蒙布政司札开，案查各属应摊潍县二十六年四季院司书饭食等项及二十七年续摊宪书工料银两，未据批解。除在各该州县解存各年养廉银内扣收呈送给领外，合行开册札知等因到府。蒙此，合行转饬。札到，该县立即遵照册开银数，补具总数批领送司，以凭粘呈，印发备案。毋违。此札。(二十七年二月十三日到)

惠民县解道光二十六年四季分院书饭食银二钱四分五厘、

① 即司徒照。

院本书饭食银一钱三分九厘、司书饭食银四钱一分五厘、汇报饭食银四厘、吏攒饭食银九厘、拨册饭食银二分四厘、耗羡廉费饭食银一分八厘、粮价饭食银二分二厘、罚俸饭食银三分七厘、藉田饭食银一分八厘、兵北科饭食银九厘、封筒饭食银三分一厘、刑书册费银七分四厘、保甲册费银七分四厘、积案饭食银一分八厘、耗羡旬报饭食银四分三厘、柬房饭食银七分四厘、茶房工食银三分七厘、盘查房饭食银一钱七分八厘、宪书工料银五分八厘、军需饭食银八分八厘、二十七年续摊宪书工料银二两二钱，以上共银三两八钱一分九厘，在二十六年养廉内扣收。

武定府札饬惠民县嗣后凡有应接交代，如前任有将删减垫办兵差等项入交列抵者，一律删除

武定府正堂司徒①札惠民县知悉。本年二月二十七日蒙布政司札开，照得各州县接收交代，凡有前任经手正杂仓捐各款，丝毫均关国帑，理宜悉数入交，未便短少分厘。如有亏缺，即应照例揭请参办，不准稍事姑容。兹查各属未结交代，自调省核算以来，多因前任有垫办兵差案内核删银两议请或摊或赔，并有将删减之项禀请归入接扣二成养廉弥补者，因上届嘉庆十八年军需办有此等成案，当经援照核准。惟查东省道光二十等年承办兵差以及安设正站腰拨并调用协济车马，共计数十州县

① 即司徒照。

之多。而各该牧令当时造册请销，毫无浮冒者十不获一。迨至交卸以后，即借此为取巧之计，致库项于不问。伏思各属未结交代共有一百数十案，若各纷纷效尤，则以亏挪概易为捐赔，尚复成何政体。亟应歼除弊端，以昭核实。除未奉文以前禀详批准各案不计外，合行通饬。札到，该府立即遵照，转饬所属，嗣后凡有应接交代，如前任有将删减垫办兵差等项入交列抵者，均令一律删除。倘敢再以摊赔以及归入接扣二成弥补之词混行具禀，除不准外，定将接任之员以虚出通关揭请参办。本司言出法随，决不稍从宽贷。凛之。毋违。特札等因到府。蒙此，合行转饬。札到，该县即便遵照交代〔如前任有将删减垫办兵差等项入交列抵者〕。毋违。此札。（二十七年三月初九日到）

武定府札饬惠民县布政司详道光二十六年漕船阻滞，调用军剥各船垫用银两缘由

武定府正堂司徒[①]札惠民县知悉。本年三月初一日蒙布政司札开，道光二十七年二月十一日奉巡抚部院兼理盐政觉罗崇[②]批，本司详道光二十六年漕船阻滞，调用军剥各船垫用银两缘由，奉批，如详饬遵。缴等因到司。合行抄详，并各属应摊银数，由马递转饬。札到，该府立即遵照单开所属应摊银数，转饬各该州县遵照。自奉文之日起，无论正署，按照在任月日分作二年摊完归款，毋得违延。速速。此札等因到府。蒙此，合行转饬。札到，该县立即遵照。毋违。此札。（二十七年三

① 即司徒照。

② 即觉罗崇恩。

月二十一日到）

计粘详一纸、粘单一纸。

为详请示遵事。

道光二十六年十一月十八日奉宪台批据临清州详垫发协济民剥工食及例添二雇剥船不敷工食等款银两请饬摊归款缘由，奉批，仰布政司核议详夺。缴。册存等因；同日又奉宪台批据临清州详垫东、豫两省军船修舱钱文及舵水工食银两造册请摊归款缘由，奉批，仰布政司核议详夺。缴。册存等因。又于道光十六年十二月二十六日奉宪台批据粮道详送垫发词［调］拨军船修舱工食等银数目折缘由，奉批，仰布政司迅速核议详办，毋迟。此缴。清折并发各等因到司。奉此，查前据临清州陡洑以道光二十六年卫河水势来源甚弱，南粮帮船行走节节起剥，斫备官剥及例添工雇民剥船只不敷轮转。经该州查照道光十七、二十、二十五等年成禀，蒙宪台饬令闸内各州县雇船协济，嗣准清平等县赶雇民船七十一只，先后解交临清州发帮配剥。所需工食先行筹款垫发，共计垫用银一千二百一十七两五钱二分。迨后卫水陡消，官民剥船仍不敷用，并因彼时节届白露，尚有江广十九帮未曾抵境，兼之漕船笨重，吃水较深，剥送益艰。复经该州禀奉宪台饬令，调用东、豫两省小米军船，经粮道派拨军船四百一十七只，调赴临清，与官民剥船配剥济运。又奉漕宪札饬，该州于例添二雇并调用小米军船及各州县协济剥船之外，多雇宽大民船，该州随分派丁役携价赶民船二百五十八只，先后发帮剥运，其工食银两照官剥之例，一律垫办，共垫发银四千四百一十一两二钱。又，例添二雇剥船六百只，并本年因直隶故城县剥船事宜改归东省经理，会议于例添二雇剥船六百只之外，再雇官例添三项剥船一百八十只，事竣汇案造报。

以上船七百八十只，共垫支银三万一千三百一十五两二钱，除照道光十三年雇船六百只准销工食银一万五千六百一十三两九钱二分成案计算，应请销银二万二百九十八两九分六厘外，尚有不敷银一万一千一十七两一钱四厘。又，该州官剥六十只协济下游起剥，重运尾帮挽出州境以后，每船添雇水手二名，垫用银一百八十二两四钱。又，官剥赴外境盘剥，照道光十八九及二十五等年成案，每船每日给津贴京钱六百文，共垫京钱六百八十四千，按市价合银一百七十一两。又，押船丁役八名，每名每日给饭食银八分，共垫发银一十二两一钱六分。以上〔共垫用银一万〕共垫用银一万七千一十一两三钱八分四厘。援照历办成案，均请归于通省摊廉归款，并准粮道咨开借调军船工食及修舱铺舱等项银两，由道库借款垫支银一万一千九百七十九两七钱一分、临清州借款垫支银二千八百九十八两五钱五分。以上通共银三万一千八百八十九两六钱四分四厘，分别咨详请摊前来。本司覆查上年卫河水势浅涩异常，南粮重运经临，每多阻滞，古浅处所，行走艰难，非起剥不能前进。该州诚恐有误漕运，禀请札饬闸内州县雇船协济，并请调取军船济剥。又奉漕宪札饬，于各项船只之外，多雇宽大民船备用，均属万不得已。且该州支发各项银两宽［实］用有据，借垫之项又系有关归补，当时既经禀明事竣详摊，自应照案核办，但为数甚巨，若以剥运名目派令有漕州县认捐，实属力有未逮。所有垫用前项经费银三万一千八百八十九两六钱四分四厘，应请照依道光十七、二十五等年成案，在于十府及通省州县按缺分等第摊廉归款，期于众擎易举。核计支用银两，济南府首府，养廉较厚，捐银二百五十两；泰安、武定、兖州、东昌、青州等五府，各捐银二百两；曹州、沂州、莱州、登州等四府，各捐银一百五十两。以上共捐银一千八百五十两，下剩银三万三十九两六钱四分四厘。按通省一百零七州县，除新泰等二十一处苦缺外，下剩八十六处，照八等缺分均匀分摊。计上上缺八处，系济阳、德州、泰安、惠民、商河、濮州、恩县、济宁，每处应摊银四百七十八两八钱四分一厘，共摊银三千八百三十两七钱二分八厘；上中缺十二处，系历城、章丘、陵县、东平、汶上、阳谷、单县、馆陶、冠县、诸城、胶州、即墨，每处应摊银四百四十两八钱一分七厘，共摊银五千二百八十九两八钱四厘；上下缺七处，系淄川、长清、乐陵、莒州、平度、临清、丘县，每处应摊银四百二两七钱九分三厘，共摊银二千八百一十九两五钱五分一厘；中上缺十六处，系齐东、德平、平原、肥城、东阿、阳信、宁阳、邹县、峄县、郓城、沂水、堂邑、莘县、安丘、黄县、荣成，每处应摊银三百六十四两七钱六分九厘，共摊银五千八百三十六两三钱四厘；中中缺十七处，系长山、齐河、禹城、临邑、青城、滨州、利津、滋阳、兰山、费县、博平、清平、掖县、昌邑、高密、夏津、武城，每处应摊银三百二十六两七钱四分五厘，共摊银五千五百五十四两六钱六分五厘；中下缺十二处，系莱芜、蒲台、曲阜、泗水、滕县、城武、曹县、朝城、聊城、高唐、益都、金乡，每处应摊银二百八十八两七钱二分一厘，共摊银三千四百六十四两六钱五分二厘；下上缺七处，系新城、平阴、菏泽、范县、日照、乐安、蓬莱，每处应摊银二百五十两六钱九分七厘，共摊银一千七百五十四两八钱七分九厘；下中缺七处，系邹平、观城、郯城、博山、博兴、寿光、莱阳，每处应摊银二百一十二两七钱二分三厘，共摊银一千四百八十九两六分一厘。以上所摊银两，在各府州县应得养廉银内拨扣归还道库借动款项及临清州垫发银两，在认摊之处所捐无多，而承办之员得免苦累。应请自奉到宪台批示之日起，无论正署，按照在任月日分作两年摊还归款，以免悬宕。是否有当，拟合将筹议缘由详请宪台鉴核批示祗遵，实为公便。为此备由呈请。

钦命山东等处提刑按察使司札饬惠民县自本年秋季为始，每季津贴刑北房通省未结案件循环号簿册费银二钱五分，其津贴银两，务须季首解兑，以凭支发

钦命山东等处提刑按察使司徐①札惠民县知悉。案据本司衙门刑北房书吏具禀，切书常川在署查办通省未结案件，添设循环号簿需用一切纸张、字工，向由书备办，本已拮据。近年来诸物昂贵，费用浩繁，赔累更觉难堪。禀恳酌添经费银两，以资办公等情。查该书承办事件较多，且系常川在署，经年查办，所费不赀，致形苦累，自系实情，自应量为津贴，以示体恤。今本司核计费用，酌量情形，除下下苦缺之外，其余各州县每季捐解津贴银二钱五分，在该书既可稍资调剂，各州县亦不致因此赔累，合行札饬。札到，该县立即照依议定章程，自本年秋季为始，每季津贴刑北房通省未结案件循环号簿册费银二钱五分，永远遵循。其津贴银两，务须季首解兑，以凭支发。毋得违延。此札。②

① 即徐经。

② 第四本封底有“内乙科，道光廿七年六月廿一日移马递。直隶州济南府历城县正堂加十级纪录十次叶公文递至”字样。

第五本

更造道光二十三年廉费奏销县申县详一申府、一详司，册稿附

为遵札更正事。

案蒙藩宪札饬，以卑县造送道光二十三年廉费奏销册结，漏叙扣平银两，驳饬更造等因到县。蒙此，遵即饬承照依指示情节按款叙入，并查明卑前县章令①自二十三年二月初二日因调署曹县卸事起，至四月二十四日奉文准调曹县前一日止，尚有应食卑县任内半廉银两，前造册结误作缺廉造报，今已一并更正。拟合另造妥协册结各△本，具文申送宪台核转。为此备由具申，伏乞照验施行。

计申送册结各△本。

一申本府。

(发收科另清。速送。廿日)

遵札更造道光二十三年各官廉费奏销册结送府核转缘由备载书册县详

为遵札更正事。

① 即章寅。

除将卑县更造道光二十三年各官廉费奏销册结，现在送府核转缘由备载书册外，拟合摘叙简详，具文详覆宪台鉴核。为此备由具申，伏乞照详施行。

计详送书册一本。

一详布政司。

（收科即清送。速速。廿）

遵札更造道光二十三年各官廉费奏销册结县详

为遵札更正事。

本年五月十九日蒙宪台札饬，以卑县造送道光二十三年各官廉费奏销册结，漏叙扣平银两，驳饬更造等因到县。蒙此，遵即饬承照依指示情节，自二十三年七月二十四日起，将应扣减平银两按款叙入，并查明卑前县章令①自二月初二日因调署曹县卸事起，至四月二十四日奉文准调曹县前一日止，尚有应食半廉银两，前造册结误作缺廉造报，今已一并更正。另造妥协册结各△本，除送府核转外，合将查明更正缘由，具文详覆宪台鉴核。为此备由具申，伏乞照详施行。

（收科即另清稿并照写结稿同送。毋稍迟延。速速。廿）

（遵即照依指示情节。廉费奏销道光廿三年。）

---

① 即章寅。

道光廿三年分造送廉费奏销清册稿

济南府长山县为传付事。

今将卑县道光二十三年分自正月初一日起至十二月底止，各官应食养廉银两逐一查明，造具清册呈送查核施行。须至册者。

计开：

长山县

道光二十三年分

额设解司知县养廉银一千二百两。

一、知县章寅自正月初一日起，至二月初二日因调署曹县卸事前一日止，应食全廉银九十五两三钱八分五厘内，应扣曹工三成银二十八两六钱一分六厘，实应领银六十六两七钱六分九厘。又自二月初二日起，至四月二十四日奉文准调曹县前一日止，应食半廉银一百二十六两一钱五分四厘内，应扣曹工三成银三十七两八钱四分六厘，实应领银八十八两三钱八厘。

一、司委代理事候补知县祝镜清，自二月初二日到任起，至七月二十四日司中奉文扣平前一日止，应食半廉银二百六十四两六钱一分五厘内，应扣曹工三成银七十九两三钱八分五厘，实应领银一百八十五两二钱三分。又自七月二十四日起，至八月初一日奉文准补此缺前一日止，应食半廉银五十六两九钱二分三厘内，应扣曹工三成银一十七两七分七厘，又应扣减平银三两四钱一分五厘，实应领银三十六两四钱三分一厘。又自四月二十四日起至闰七月底止，应扣一半缺廉银一百九十五两三钱八分五厘。又自八月初一日起至十二月底止，应食全廉银四百六十一两五钱三分八厘内，应扣曹工三成银一百三十八两四钱六分一厘，又应扣减平银二十七两六钱九分二厘，实应领银二百九十五两三钱八分五厘。

额设坐支县丞养廉银八十两。

一、县丞王仲征自正月初一日起，至七月二十四日司中奉文扣平前一日止，应食全廉银四十一两六钱四分一厘。又自七月二十四日起至十二月底止，应食全廉银三十八两三钱五分九厘内，应扣减平银二两三钱二厘，实应支银三十六两五分七厘。

额设坐支典史养廉银八十两。

一、典史魏彬自正月初一日起，至七月二十四日司中奉文扣平前一日止，应食全廉银四十一两六钱四分一厘。又自七月二十四日起至十二月底止，应食全廉银三十八两三钱五分九厘内，应扣减平银二两三钱二厘，实应支银三十六两五分七厘。

额设坐支知县公费银一百六十两。

一、知县章寅自正月初一日起，至二月初二日因调署曹县卸事前一日止，应支公费银一十二两七钱一分八厘。

一、知县祝镜清自二月初二日到任起，至七月二十四日司中奉文扣平前一日止，应支公费银七十两五钱六分四厘。又自七月二十四日起至十二月底止，应支公费银七十六两七钱一分八厘内，应扣减平银四两六钱三厘，实应支银七十二两一钱一分五厘。

造送社稷坛报销册结县详结稿附

为札谕事。

除将卑县造送修理社稷坛工料银两报销册结缘由备载书册

外，拟合摘叙简详，具文呈请宪台鉴核详咨，实为公便。为此备由具申，伏乞照详施行。

计详送书册一本、清册六本、印结六本。

一详布政司。

为札谕事。

案蒙前宪札开，道光二十四年正月二十三日本司在护院任内行知，道光二十三年十二月二十七日准工部咨，营缮司案呈，佥去具文送司，以凭详咨。毋迟。速速。此札等因到县。奉此，遵即造具切实报销册结各六本，拟合具文详送宪台鉴核详咨，实为公便。为此备由具申，伏乞照详施行。

济南府长山县今于与印结为详请敕项修理坛宇以重祀典事。

依奉结得卑县修理社稷坛大殿、配房、门楼等处工程，除拆卸不堪选用木料，作柴薪变价抵用外，实用过工料银四百九十四两七钱九分三厘一毫，俱系实用实销，并无虚捏浮冒情弊，印结是实。

县案流摊银两请展年限各款清册

济南府长山县今将卑县本缺流摊各款，拟请酌展年分银数，开具清册，禀呈查核批示，立案施行。须至册者。

计开：

一、垫用马刚经费银二千四百五十两。前款原案自道光十八年闰四月初五日奉批之日起分十年摊，每年该银二百四十五两。截至二十四年四月初四日止，计已摊六年银一千四百七十两，下余未摊四年银九百八十两。拟请展限六年，自二十四年四月初五日起，再作十年分摊，每年该银九十八两，理合登明。

一、垫修养济院、普济堂工料银九百九十二两六钱六分一厘。前款原案自道光十九年十二月十五日奉批之日起分八年摊，每年该银一百二十四两八分二厘六毫二丝五忽，截至二十四年六月十四日止，计已摊四年半银五百五十八两三钱七分一厘，下余未摊三年半银四百三十四两二钱九分。拟请展限四年半，自二十四年六月十五日起，再作八年分摊，每年该银五十四两二钱八分六厘二毫五丝，理合登明。

一、封令①垫修衙署工料银一千两。前款原案自道光二十年七月十一日奉批之日起分八年摊，每年该银一百二十五两，截至二十四年七月初十日止，计已摊四年银五百两，下余未摊四年银五百两。拟请展限四年，自二十四年七月十一日起，再作八年分摊，每年该银六十二两五钱，理合登明。

以上三款银两，嗣后遇有交代，凡在截限以前应摊之项，仍照原案年限分算；其截限以后应摊之项，即照议展年限分算，以昭平允。（六月初八日）

押令周维敬等速拆东堰会票一件

为移会事。

案查邹平县民人周维敬等以堵堰陷害等词呈控长山县刘家

---

① 即封天骥。

套民人王守位等堵筑东堰等情一案，当经勘明，亟应拆毁，合行会票差押。为此仰役，立即押令长邑刘家套约正孙仁和、李振丰带领该庄雇备人夫及邹邑周维敬等，赶紧将所控土堰刻速拆毁，照旧平垫，据实禀覆核夺，去役毋得偏袒徇延干咎。速速。

计会差：

押令长邑刘家套约正孙仁和、李振丰带领该庄所雇人夫及邹平民人周维敬等，速拆东堰，照旧平垫，禀覆核夺。

禀本府禀卑前县垫用马刚经费及修理衙署、普济堂、养济院等项银两，请展流摊年分由

敬禀者。窃照卑县交代案内，有前令垫用马刚滋事经费及垫修普济堂、养济院并修理县署工料等项银两，均经随时禀奉宪台衙门批准，分年流摊在案。伏查各令所用前项各案垫款，或因协缉匪犯、防守城池，或因恤养贫民、办公要地筹款垫办垫修，皆属实用有据。既奉批准流摊，后任人员本不容稍有别议。惟是卑县一缺分列中中，每年各宪衙门年例捐款已属不少。近来奉摊别属垫项，如长清、禹城桥工，临、德二仓工料，兼以历城垫办各项工程，恩、正两科经费，修理贡院等银，接续派摊，为数甚巨，而卑县缺分情形又非昔日可比，若不量为通融，实觉苦累难支。再四熟筹，惟有仰恳宪恩，准将垫用马刚经费一款，自奉批之日起，截至道光二十四年四月初四日止，除照原案已摊六年银两外，下余之项请自二十四年四月初五日起，再作十年分摊。垫修普济堂、养济院一款，自奉批之日起，

截至道光二十四年六月十四日止，除照原案已摊四年半银两外，下余之项请自二十四年六月十五日起，再作八年分摊。封令[1]垫修衙署一款，自奉批之日起，截至道光二十四年七月初十日止，除照原案已摊四年银两外，下余之项请自二十四年七月十一日起，再作八年分摊。嗣后交代即按此分别扣算，除摊列抵以昭核实，如此酌展年分，则限期稍宽，摊捐可免竭蹶，而前任垫款仍得逐渐归补，不致有名无实，洵为公便。所有议请缘由，理合查明原案奉批月日及应展年分银数，开具清册，禀呈大老爷鉴核批示立案。肃此，恭请福安，伏乞垂鉴。卑职△△谨禀。

计禀呈清册一本。（六月初八日）

禀本府夹单附入红白禀，为请展流摊年分事

附禀者。窃卑县历奉宪案批准本缺流摊前令各项垫款，近因藩宪衙门派摊各项银两递年加增，卑县缺分较苦，办公竭蹶。卑职于夏初进省时，将议请酌展年限缘由面禀，已蒙允办。现在确筹核议，开具清册，禀呈慈鉴，伏乞大老爷俯准批示遵照，实为公便。肃此，载请福安。卑职△△谨禀。（六月初八日）

① 即封天豨。

申覆刘秉钧实系投审在省城四隅头广兴磨房居住申文

为申覆事。

案蒙宪台批据，卑职会同试用未入流稽有源，禀奉委提宋健修等俱已投审一案缘由。蒙批，查此案原告宋健修及刘魁元俱已投审，刘秉钧并未来府，仰即查照，赶紧勒传解审，毋迟。仍移委员知照。缴等因到县。奉此，遵复饬差勒传去后。兹据役禀协同约正确查得，刘秉钧实系投审，在省城四隅头广兴磨房居住等情前来。拟合具文申覆宪台鉴核，就近饬传质讯，实为公便。为此备文具申，伏乞照验施行。

一申济南府。

造送历年地丁耗羡银两续案奏销册结稿

济南府长山县今将道光廿三年续奏案内历年未完地丁耗羡银两数目造册呈送施行。

计开：

长山县

现任知县祝①自道光廿三年五月初六日起，至道光廿四年五月初五日止

① 即祝镜清。

道光廿二年分

道光廿二年奏销册报未完正银三千五百五十六两八钱八分九厘，又二十二年春间青黄不接案内缓征正银八百一十六两一钱五分三厘，又二十二年二麦被旱案内缓征正银一万一千六百八十二两三钱八分，三共未完正银一万六千五十五两四钱二分二厘。内除因道光廿三年二麦被水案内缓至道光廿三年秋后递年依次带征正银三十三两一钱五分九厘，又除因道光廿三年秋禾被雹案内递缓至道光二十四年秋后递年依次带征正银三十两六钱九分二厘外，下剩正银一万五千九百九十一两五钱七分一厘。

前件已续完解司正银九十二两七钱六分一厘，仍未完正银一万五千八百九十八两八钱一分。

道光廿二年奏销册报未完耗银二百六十一两一钱四分六厘，又二十二年春间青黄不接案内缓征耗银一百一十四两二钱六分一厘，又二十二年二麦被旱案内缓征耗银一千六百卅五两五钱三分三厘，三共未完耗银二千一十两九钱四分。内除因道光廿三年二麦被水案内缓至道光廿三年秋后递年依次带征耗银三两三钱八分二厘，又除因道光廿三年秋禾被雹案内缓至道光廿四年秋后递年依次带征耗银四两二钱九分七厘外，下剩耗银二千三两二钱六分一厘。

前件已续完解司耗银一十七两一厘，仍未完耗银一千九百八十六两二钱六分。

道光廿一年分

道光廿二年续奏册报未完正银六千四百六十八两一钱八分八厘，内除因道光廿三年二麦被水案内缓至道光廿三年秋后递年依次带征正银一千五百七十两一钱三分七厘，又除因道光廿三年秋禾被雹案内缓至道光廿四年秋后递年依次带征正银一百三两七钱八分九厘外，下剩正银四千七百九十四两二钱六分二厘。

前件仍未完。

道光廿二年续奏册报未完耗银九百一十三两八分八厘，内除因道光廿三年二麦被水案内缓至道光廿三年秋后递年依次带征耗银二百一十六两六钱七分九厘，又除因道光廿三年秋禾被雹案内递缓至道光廿四年秋后递年依次带征耗银一十四两五钱三分外，下剩耗银六百八十一两八钱七分九厘。

前件仍未完。

道光廿年分

道光廿二年续奏册报未完正银三千一百九十四两三钱二分二厘，内除因道光廿三年二麦被水案内缓至道光廿三年秋后递年依次带征正银一千六百卅三两二钱九厘，又除因道光廿三年秋禾被雹案内缓至道光廿四年秋后递年依次带征正银三百七十七两五钱九分一厘外，下剩正银一千一百八十三两五钱二分二厘。

前件仍未完。

道光廿二年续奏册报未完耗银五百六十两六钱二厘，内除因道光廿三年二麦被水案内缓至道光廿三年秋后递年依次带征耗银二百廿五两三钱八分四厘，又除因道光廿三年秋禾被雹案内缓至道光廿四年秋后递年依次带征耗银五十二两八钱六分三厘外，下剩耗银二百八十二两三钱五分五厘。

前件仍未完。

道光十九年分

道光廿二年续奏册报未完正银四千四百一十一两二钱三分四厘，内除因道光廿三年二麦被水案内缓至道光廿三年秋后递年依次带征正银一十两三钱四分五厘，又除因道光廿三年秋禾被雹案内缓至道光廿四年秋后递年依次带征正银三百九十一两八钱五分三厘外，下剩正银四千九两三分六厘。

前件仍未完。

道光廿二年续奏册报未完耗银九百廿九两一钱九厘，内除因道光廿三年二麦被水案内缓至道光廿三年秋后递年依次带征耗银二百廿五两三钱八分四厘，又除因道光廿三年秋禾被雹案内缓至道光廿四年秋后递年依次带征耗银五十四两八钱五分九厘外，下剩耗银六百四十八两八钱六分六厘。

前件仍未完。

道光十八年分

道光廿二年续奏册报未完正银二千六百八十六两八钱九分八厘，内除因道光廿三年二麦被水案内缓至道光廿三年秋后递年依次带征正银一百五十两九钱四分四厘，又除因道光廿三年秋禾被雹案内缓至道光廿四年秋后递年依次带征正银一百八十五两八钱二分三厘外，下剩正银二千三百五十两一钱三分一厘。

前件仍未完。

道光廿二年续奏册报未完耗银六百七十二两五分二厘，内除因道光廿三年二麦被水案内缓至道光廿三年秋后递年依次带征耗银二十两八分三厘，又除因道光廿三年秋禾被雹案内缓至道光廿四年秋后递年依次带征耗银二十六两一分五厘外，下剩耗银六百二十五两九钱五分四厘。

前件仍未完。

道光十七年分

道光廿二年续奏册报未完正银七千四百八十七两三分三厘，内除因道光廿三年二麦被水案内缓至道光廿三年秋后递年依次带征正银六百六十七两三钱五分一厘，又除因道光廿三年秋禾被雹案内缓至道光廿四年秋后递年依次带征正银一百一两一钱二分外，下剩正银六千七百一十八两五钱六分二厘。

前件仍未完。

道光廿二年续奏册报未完耗银一千一百廿二两五钱六分，内除因道光廿三年二麦被水案内缓至道光廿三年秋后递年依次带征耗银九十二两九分四厘，又除因道光廿三年秋禾被雹案内缓至道光廿四年秋后递年依次带征耗银一十四两一钱五分七厘外，下剩耗银一千一十六两三钱九厘。

前件仍未完。

道光十六年分

道光廿二年续奏册报未完正银二千九百五十三两八钱九分八厘，内除因道光廿三年二麦被水案内缓至道光廿三年秋后递年依次带征正银二百六十五两二钱六分，又除因道光廿三年秋禾被雹案内缓至道光廿四年秋后递年依次带征正银八十八两九分一厘外，下剩正银二千六百两五钱四分七厘。

前件仍未完。

道光廿二年续奏册报未完耗银六百卅三两四钱三分一厘，内除因道光廿三年二麦被水案内缓至道光廿三年秋后递年依次带征耗银三十六两六钱五厘，又除因道光廿三年秋禾被雹案内缓至道光廿四年秋后递年依次带征耗银一十二两三钱三分三厘外，下剩耗银五百八十四两四钱九分三厘。

前件仍未完。

道光十五年分

道光廿二年续奏册报未完正银二千一百五十三两三钱二分三厘，内除因道光廿三年二麦被水案内缓至道光廿三年秋后递年依次带征正银一千二百卅八两九钱五分六厘，又除因道光廿三年秋禾被雹案内缓至道光廿四年秋后递年依次带征正银二百七两九钱八分六厘外，下剩正银七百六两三钱八分一厘。

前件仍未完。

道光廿二年续奏册报未完耗银三百六十八两四钱一分四厘，内除因道光廿三年二麦被水案内缓至道光廿三年秋后递年依次带征耗银三百卅九两二钱九分六厘，又除因道光廿三年秋禾被雹案内缓至道光廿四年秋后递年依次带征，下剩耗银廿九两一钱一分八厘。

前件仍未完。

道光十四年分

道光廿二年续奏册报未完正银六百七十五两三钱三分八厘，内除因道光廿三年二麦被水案内缓至道光廿三年秋后递年依次带征正银卅九两三钱七分五厘，又除因道光廿三年秋禾被雹案内缓至道光廿四年秋后递年依次带征正银三两九钱四分五厘外，下剩正银六百三十二两一分八厘。

前件仍未完。

道光廿二年续奏册报未完耗银一百一十三两七钱一分五厘，内除因道光廿三年二麦被水案内缓至道光廿三年秋后递年依次带征耗银五两四钱三分三厘，又除因道光廿三年秋禾被雹案内缓至道光廿四年秋后递年依次带征耗银五钱五分二厘外，下剩耗银一百七两七钱三分。

前件仍未完。

道光十三年分

道光廿二年续奏册报未完正银九十四两七钱二分一厘。

前件仍未完。

道光廿二年续奏册报未完耗银三十三两六钱三厘。

前件仍未完。

道光十二年分

道光廿二年续奏册报未完耗银一十八两八钱二分一厘。

前件仍未完。

道光十一年分

道光廿二年续奏册报未完正银九百五十九两八分七厘，内除因道光廿三年二麦被水案内缓至道光廿三年秋后递年依次带征正银四百廿七两九钱三分九厘，又除因道光廿三年秋禾被雹案内缓至道光廿四年秋后递年依次带征正银四十两五钱五分七厘外，下剩正银四百九十两五钱九分一厘。

前件仍未完。

道光廿二年续奏册报未完耗银一百五十三两一钱七分九厘，内除因道光廿三年二麦被水案内缓至道光廿三年秋后递年依次带征耗银五十九两五分五厘，又除因道光廿三年秋禾被雹案内缓至道光廿四年秋后递年依次带征耗银五两六钱七分八厘外，下剩耗银八十八两四钱四分六厘。

前件仍未完。

详送道光二十四年地丁连批三张请分别挂发销号县详

济南府长山县为札谕事。

案蒙藩宪札饬，于道光二十四年新收地丁银内扣拨二十三年地丁银五百两核入奏销造报等因，当经详请饬发前解二十四年连批在案。兹奉藩宪批饬，仰将发去解到二十四年三批地丁银五千四百七十三两九钱五分四厘号批一张，赶紧备文呈院销号，另行分别补具二十三、四两年地丁连批呈院挂号发司，以凭出收呈挂。毋迟。此缴。号批一张并发等因到县。蒙此，除扣收二十三年地丁银五百两，已于六月十三日补具连批呈送宪辕挂发外，拟合另具二十四年地丁银四千九百七十三两九钱五分四厘连批一张，同奉司发还二十四年连批一张，具文详送宪台鉴核，饬承分别挂发销号，实为公便。为此备由另/缮册具申，伏乞照详施行。

计详送书册一本。

更造解道光二十四年地丁银四千九百七十三两九钱五分四厘连批一张，请挂发。

原解二十四年地丁银五千四百七十三两九钱五分四厘连批一张，请销号。

请示章令[①]现在移开协济车马银五百三十六两八分五厘一款是否已在前次请示札知实销银数之内县详

为详请核示事。

除将现准卑前县章令移开协济车马银五百三十六两八分五厘一款，是否已在卑职前次请示札知实销银七百七十七两五钱数内请示缘由备载书册外，拟合摘叙简详，具文呈请宪台鉴核，饬承详细查明批示遵照，以便移覆，实为公便。为此备由具申，伏乞照详施行。

计详送书册一本。

一详布政司。

(抄粘照此写。)

为详请核示事。

案查卑前县章令承办二十一、二两年各起兵差，及运送炮位、协济车马、安设正腰各站等项垫用一切经费，前于会算交代时由卑职具禀请示，嗣蒙宪札，逐款开列以上各案。除应扣平余及应减京平并已领已发外，实剩未领银六千七十七两九钱五厘七毫，当经会同监交，遵照饬知将未领银数入于章令交册，列抵在案。兹于四月二十七日准章令移称，本年四月十四日蒙

---

① 即章寅。

布政司札开，案据该令请领前在长山任内垫支协济车马银一千五百二十八两六钱，并送印领到司。据此，查该令协济长清等处车马，共核准银五百四十一两五钱，内除应扣平余银五两四钱一分五厘，实销银五百三十六两八分五厘。此项银两系属摊廉归补，现在无款动支，所有印领合行马递札发。札到，该县遵照，即将发去印领涂销，俟摊廉有款再行饬领。毋违。此札等因到县。蒙此，拟合备文移会。为此合移贵县，请烦查照，将准销银两于交案内照数增抵，并于应交总数内核删，以昭平允等因前来。

覆查章令垫办协济车马一款，卑职请示札文内开除扣平余外，实准销银七百六十九两七钱二分五厘。此项即在未领银六千七十七两九钱五厘七毫之内，业已汇总归于交代列抵欠款，与现准该令移文内叙蒙宪台札开协济长清等处车马，除扣平余外，实销银五百三十六两八分五厘之数不符。如果此款银五百三十余两系在七百六十九两七钱二分五厘之外，何以卑职请示案内未蒙列入札知？若系已在七百六十余两之中，则此项既经汇总列抵，不但章令不应具领，更不能增于抵款项下，致滋重复。事关交案抵款，卑职不敢疏忽，理合具文详请宪台鉴核，饬承详细查明前项银五百三十余两，是否即在卑职请示札知数内批示遵照，以便移覆。为此备由具申，伏乞照详施行。

移覆曹县文一件为抄录请示协济车马银五百余两县详司批事

为遵批移覆事。

案准贵县移开，以前在敝县任内，垫用协济车马，实销银五百三十六两八分五厘，系属另案报销，交案并未列抵，移会增抵删交等因到县。当查贵任协济车马银两，前于会算交代时，具禀请示，奉司札知，除扣平余外，实准销银七百六十九两七钱二分五厘。业已遵札汇同各案兵差正站腰拨等项共计未领银六千七十七两九钱五厘，一并列抵，并装叙札文移会在案，何以贵县复拟增抵？随即详请核示，兹于五月十九日奉藩宪批，查曹县章令①请领前在该县任内，协济长清等处车马、料草等项，司中核准银五百四十一两五钱，即在汇案饬知银七百六十九两七钱二分五厘之内，并非另有续增银两，仰即转移知照。毋违。缴等因。蒙此，拟合录批并抄粘敝县请示原详，备文移会。为此合移贵县，请烦查照施行。

计粘抄原详一纸。

一移曹县正堂。

（兵房即刻清稿送。速速。廿日）

申济军厅一件为送山川坛册堪各结事，印结、勘结各稿附

为札谕事。

本年五月十八日蒙宪台札开，本年五月初九日奉藩宪札开，据该丞申送长山县请修山川坛估计册结到司。查册开云云，代造勘结具文申送，以凭查核送司。毋违。此札。计发册结十四本、签册一本等因到县。蒙此，遵即饬承覆加确核查照签示，逐款更正，另造妥协册结，并代缮勘结各七本。拟合具文申送

① 即章寅。

宪台查核，将勘结钤印书衔画押，同签册及更造册结一并转送核办，实为公便。为此备由具申，伏乞照验施行。

计申送估册、印结各七本，代缮勘结七本，签册一本。

一申济军厅。

（工房即清稿，云云处实写。速速。廿日）

济南府长山县今于与印结，为详请动项修理坛宇以重祀典事。

依奉结得，卑县详修山川坛工程，除拆卸不堪选用木料作柴薪变价抵用外，实估需工料银四百九十两四分九毫，俱系撙节确估，并无虚捏浮冒情弊，印结是实。

济南府清军盐捕水利同知今于与勘结，为详请动项修理坛宇以重祀典事。

依奉结得，亲勘过长山县详修山川坛工程，除拆卸不堪选用木料作柴薪变价抵用外，实估需工料银四百九十两四分九毫，俱系撙节确估，并无虚捏浮冒情弊，中间不致扶同，印结是实。

移会敝县前署邹县任内垫办各起兵差实剩未领银两在省核算交代时业已会同贵县列入交册作抵，周[1]任接收在案

一移兖州府邹县正堂。

---

① 即周含万。

为移会事。

案查敝县前署邹县任内垫办各起兵差云云照前稿写至等因。蒙此，查此项实剩未领银两，敝县在省核算交代时，业已会同贵县列入交册作抵，周任接收在案。兹奉批示数目相符，除移邹县周任知照外，拟合备文移会。为此合移贵县，请烦查照施行。

一移历城县正堂。

移覆曹县将交到银四千两先行兑收，分别批解支发归款，并开具收款清册

为移覆事。

案准贵县移开云云等因到县。准此，查文内声叙移交银五千两，现仅交到银四千两，计短银一千两。除将四千两先行兑收，分别批解支发归款外，拟合开具收款清册备文移覆。为此合移贵县，请烦查照存册备案，一面迅将此次短交银一千两，同其余欠交正杂仓捐等项，刻速措齐，赶紧移交清楚，以凭结报，幸弗再延，望速施行。

一移曹县。

禀报卑县东高里社葛泽庄庄民管文蔚出头包揽，抗不完纳下忙钱粮，当经签拿到案，禀请委员下县确讯审办

敬禀者。窃卑县下忙钱粮开征两月有余，各乡花户均系照

常完纳。惟查有东高里社之葛泽庄，应完新旧粮赋，历年拖欠较多，屡经差催，分厘未完。前据差禀，该庄民管文蔚出头包揽，抗不完纳，当经卑职签拿到案，责惩押追。嗣据民人纪鉴等公恳具保回家措纳，讵管文蔚于开释后，不但仍前抗欠，并且匿不应比。现据纪鉴呈请传究前来，卑职正在饬差查拿间，适于本月十七日申刻，有管文蔚之同族管成，唆令该庄及邻庄欠粮花户二十余人，内有数人执持刀枪等械到署前，声称不许查拿管文蔚等语。经卑县差役查询，乃该花户一味喧嚷，而持械者遽行动械，一时拥挤，致伤在前喧嚷之花户数人。卑职当即赶紧出署，已经各役登时拿获持械喧嚷受伤之花户管成等。讯据佥供，实系管文蔚畏拿唆闹，意图免比，并无别情。卑职除一面速拿管文蔚到案，再行讯究，并将已获之管成等及受伤人犯分别拨医调治、严押候讯外，理合禀请大人、大老爷俯赐委员下县确讯审办，实为公便。再，管成等所执器械，现已贮库，合并声明。肃此具禀，恭请钧安，伏惟慈鉴。除径禀抚、藩、臬、道宪外，卑职△△谨禀。

详覆钟秉曾欠解道光十六年曹工三成等项银两实未交清仍请详咨追缴县详

为详覆事。

除将查明卑前县钟秉曾欠解道光十六年曹工三成等项银两实未交清，仍请详咨追缴缘由备载书册外，拟合摘叙简详，具文呈请宪台鉴核，转详咨追，实为公便。除径详藩宪外，为此备由具申，伏乞照详施行。

计详送书册一本。

一详司府。

详覆钟秉曾欠解道光十六年曹工三成等项银两仍照原案详请咨追钟令完缴县详

为详覆事。

窃查卑前县钟秉曾欠解道光十六年曹工三成银二百四十一两，又应摊未完道光十四年历城县垫修学院箭亭工料银一十五两七钱八分六厘，经卑前县邓令①于会算交代时，会同历城监交，议明不入交代。禀奉宪台、藩宪批准，同清厘借垫案内，查出钟令应摊未完道光十三年历城县垫修府科房工料银一十五两八钱二分五厘，一并详准咨追。嗣奉福建抚院咨，以饬据钟令呈验交代议单，查明均已入交，咨覆转行确查。卑职于上年详请转饬历城县查报，奉宪台、藩宪批饬，分别切实根查。如必须核筹原算交册，亦即会同监交历城县查覆核办等因。细查卑县案据，实因科房被雨坍塌，原算交册遗失无存。复经遵照移查后，旋准历城县吴令②覆称，钟令欠解前项银两，交代案内本系应交之项，是以核入应交项下，迨后未经交清，始行会禀另追等因前来，并于会算章令③交代册内议明，仍照案详追钟令在案，卑□□□，自应核实办理。拟合具文详覆宪台鉴核，

① 即邓玨。

② 即吴炜。

③ 即章寅。

将前三款银两仍照原案详请咨追钟令完缴，实为公便。除径详藩宪外，为此备由具申，伏乞照详施行。

移会邹平县文一件为抄录办差公廨府批事

为移会事。

案蒙本府批，据敝县禀报修理办差公廨兴工、完工日期，并请委员验收工程一案缘由，奉批，已据禀札委邹平县前往验收矣。此缴等因到县。奉此，拟合备文移会。为此合移贵县，请烦查照，订期过县，勘验结报施行。

请示封令代办新、邹二县道光二十年兵差拨还车价等银应扣平余若干县详

为详请事。

除将卑前县封令①代办新、邹二县二十年兵差拨还车价等银应扣平余若干，请示缘由备载书册外，拟合摘叙简详，具文呈请宪台鉴核，饬承查明批示下县，以便遵照办理，实为公便。为此备由具申，伏乞照详施行。

计详送书册一本。

一详布政司。

---

① 即封天翯。

请示核议拨还长山县封令[1]代垫新、邹二县道光二十年兵差经费县详

为详请事。

案蒙本府札开，蒙宪台批，据本府具禀，核议拨还长山县封令代垫新、邹二县二十年兵差经费缘由。蒙批，查封令前在长山任内道光二十年垫支新、邹二县兵差车价银两，该府议请各归各数，按半拨还，甚属公允。仰即分别转饬遵照。此缴等因到府。蒙此，除分别转行外，合行抄禀札饬。札到，该县即便遵照，一体移知。毋违。此札。计粘抄禀一纸等因到县。蒙此，查抄禀内开，封令代垫新、邹二县二十年兵差，自张店至淄河店之七十里，应找领车价等银一千二百四十一两二钱六分九厘；又自邹平县至章丘县之六十五里，应找领车价等银一千一百五十五两四钱四分三厘，应各归各数，按半拨还等语。惟是该二县应拨还卑县前项车价等银内，新城银内，应扣平余若干，实准银若干；邹平银内，应扣平余若干，实准银若干，未奉指明数目。拟合具文详请宪台鉴核，饬承查明批示下县，以便遵照办理，实为公便。为此备由另册/缮册具申，伏乞照详施行。

一详布政司。

（发兵房刻速清稿送，毋迟。廿九日）

---

① 即封天骥。

道光二十三年俸杂奏销册结现奉司批仍应照旧办理，其减平一项俟奏销完竣专案造册报部申府文并送奏销册结

为遵批照旧查造事。

窃查卑县造送道光二十三年俸杂奏销册结，前奉宪台签驳，以册结内未将减平银两按款开列，饬令添入更造等因。卑职查此项奏销事关通省，自应画一办理，未便两歧。究竟应否开列减平银数，藩宪衙门自有一定章程，随将签册禀呈，请示在案。兹奉司批，查俸工杂支款目纷繁，其间有应扣减平者，有仍照旧支放者，若于奏销案内声叙，未免混淆，业经由司拟定照〈旧〉查办。其减平一项，俟奏销完竣，专案造册报部。除另檄饬知外，仰遵照等因到县。蒙此，除造具册结各一番径送藩宪外，拟合遵批照旧查造册结各三本，具文申送宪台核转，实为公便。为此备由具申，伏乞照验施行。

计申送俸杂奏销册结各二本。

一申本府。

详覆奉催各年杂款银两县详

为札谕事。

除将详覆奉催各年乡饮、廪膳缺革等俸，各役孤贫小建、

师生空缺等项银两缘由备载书册外，拟合摘叙简详，具文呈请宪台鉴核，分别催追完缴移交，实为公便。为此备由具申，伏乞照详施行。

计详送书册一本。

一详布政司。

为札谕事。

案蒙本府转蒙宪台札开，道光二十三年十二月初五日奉前抚宪梁①案验，准兵部火票递到户部咨奏，奉上谕，各省积欠杂项银两会云，毋稍玩延干咎。速速。此札。计粘单一纸等因到县。蒙此，遵查单开欠解道光十二年乡饮银四两三钱三分三厘、廪膳空缺银五两二钱九厘，十三年廪膳空缺银二两八钱七厘，十五年廪膳空缺银八两二钱五分五厘。以上四款均系卑前县佟绰图交代案内漏接前任之项，业经封令②查明，汇同漏接各年杂款等项，共银二千一百一十九两七钱九分三厘，开册详准咨追佟故令家属完缴。卑职于上年五月间复又照案开册，禀请详咨催追，嗣奉宪批，查该前县佟绰图在该县任内欠解捐赔等项银两，前据该前县章令③详追到司，随即据详转请抚宪移咨，该原旗将佟绰图所欠银两在于该故令家属名下着追在案，为时未久，毋庸复请催追，仰即知照。缴。折存等因遵照在案，应请宪台再行照案详咨催缴，以免拖延。

又，道光十四年县丞缺俸、衙俸马夫工食银九两五钱八分四厘，十九年各役孤贫小建银一十一两八钱八分三厘、乡饮银四两二钱三分三厘、县丞革俸银四十两、师生空缺银一十三两

---

① 即梁宝常。

② 即封天鐳。

③ 即章寅。

六钱八分，二十年各役孤贫小建银一十三两四钱二分四厘、县丞革俸银四十两、师生空缺银一十六两六钱九分七厘，二十一年各役孤贫小建银一十七两六钱四分二厘、乡饮银四两二钱三分三厘、各官缺俸革俸银四十一两五钱四分四厘、廪膳空缺银四两四钱三分八厘。以上十二款均系卑前县章令欠解之项，业已核入交代，屡由卑职移催，该令仍未交出。卑职前禀请催章令交案银二万二千八十二两八钱五分六厘，即有此十二款银数在内，除再谆切移催外，应请俯赐严饬章令迅速移交，以便批解。兹奉前因，所有查明缘由，拟合具文详覆宪台鉴核，分别办理。为此备由具申，伏乞照详施行。

移历城县文一件为章令①垫办协济车马准销银两并抄录司批事

为移会事。

本年三月初十日蒙布政司批，据敝县禀请核示敝前县章任垫办正站腰拨、协济车马及各案兵差银数缘由，蒙批，已另札饬知矣，仰即遵照。缴。同日奉另札内开，案据该县禀称，前县章令在任时承办各案兵差全云。毋违。特札各等因到县。蒙此，查章任垫办各案兵差及安设正腰各站并协济车马等款，除扣平余、减平及已领已发外，下剩实未领银六千七十七两九钱五厘，前于在省会算交代时，业经会同贵县全数入于章任交册，列抵在案。兹奉前因，拟合备文移会。为〈此〉合移贵县，请

① 即章寅。

请查照，备案施行。

一移历城县。

移淄川县文一件为录批移会请即订期过县验收风云雷雨坛事

为移会事。

本年七月初十日蒙兼署藩宪陈①批，据敝县禀报修理风云雷雨坛完工日期，并请委员验收缘由。蒙批，此案坛宇已经前司饬委淄川县吕芳楷前往验收矣，仰即知照。缴等因到县。蒙此，拟合备文移会。为此合移贵县，请烦查照，订期过县验收。幸弗迟滞，望速施行。

申送道光二十三年俸杂奏销册结申文一件

为遵批照旧造送事。

案查卑县前造道光二十三年俸杂奏销册结，奉本府饬，将减平银数叙入造报，当经卑职具禀请示，现奉宪，仍应照旧查办。其减平一项，俟奏销完竣后，专案造册报部等因。蒙此，查此项俸杂奏销，前已造具印结三本，申送宪台衙门在案。兹奉前因，除遵批照旧查造册结送府核转外，合再造具册结各一本，具文申送宪台查核。为此备由具申，伏乞照验施行。

---

① 即陈庆偕。

计申送俸杂奏销册结各一本。

一申布政司。

补送已领前署邹县任内安设正站腰拨、垫办各起兵差经费银二千两印领县详领稿附

为补送印领事。

除将卑职已领前署兖州府邹县任内，安设正站腰拨、垫办各起兵差等项经费银二千两补具印领缘由备载书册外，拟合摘叙简详，具文呈送宪台查核备案。为此备由具申，伏乞照详施行。

计详送书册一本，正副印领一套。

一详布政司。

为补送印领事。

案蒙宪台批，据卑职于本年三月间详领前署兖州府邹县任内，安设正站腰拨、垫办各起兵差等项经费银两缘由。奉批，查该令前在邹县任内，安设正站腰拨，共核准正、副两销云云，仰即遵照。毋违。缴。印领并发等因到县。奉此，除将不符印领涂销外，拟合补具二千两正副印领一套，具文详送宪台查核备案。为此备由〈具〉申，伏乞照详施行。

济南府长山县今于与印领事。

依奉领得卑职前在署兖州府邹县任内，垫用安设正站腰拨、夫马工料及各起兵差等项经费银二千两，领回归款，不致冒领，印领是实。

奉文自道光二十四年新收地丁银内扣拨二十三年地丁银五百两遵札详换号批县详

为札谕事。

除将奉文自道光二十四年新收地丁银内扣拨二十三年地丁银五百两遵札详换号批缘由备载书册外，拟合摘叙简详，具文详请宪台鉴核，饬承将扣过二十四年号批一张札发下县，以便另换呈送，实为公便。为此云云。

计详送书册一本。

一详布政司。

为札谕事。

案蒙宪台札开，案查该应征二十三年钱粮屡经札催，并委员守提云云。此札等因到县。蒙此，除遵札补具道光二十三年地丁银五百两号批一张，另文呈院挂发，一面将新赋赶紧设法征解外，拟合具文详请宪台鉴核，饬承将扣过二十四年地丁银两号批一张札发下县，以便另换呈送，实为公便。为此云云。

详请饬发更造道光二十三年地丁耗羡奏销册结县详

为详请饬发更造事。

案查卑县道光二十三年地丁耗羡银两奏销册结业经卑职造具五番，于五月间送府核转在案。嗣奉宪札，以在卑县解到二十四年新收地丁项下扣拨二十三年地丁银五百两，饬知遵照等因到县。蒙此，查此项地丁银五百两系于何月日堂期扣拨，札内并未指明，理合详请宪台鉴核，饬承查明批示，并将前送不符奏销册结札发下县，以便更造另送，实为公便。为此备由另/缮册具申，伏乞照详施行。

计详送书册一本。

一详布政司。

（收科印清送。十六日）

移覆曹县文一件为移交银四千两分别收入各款事

为移覆事。

案准贵县移开云云等因到县，准此，查文内声叙移交银五千两，现仅交到银四千两，计短银一千两。除将四千两先行兑收，内收入仓款银△△、原接封任一半交代册费银△△两、接收封任交代应摊一半交代册费银△△两、贵任交代一半册费银△△两、奏销册费银△△两、道光二十二年地丁正银△△两、地丁耗银△△两外，拟合备文移覆。为此合移贵县，请烦查照，迅将此次短交银一千两同其余欠交正杂仓捐等项刻速措齐，一并赶紧移交清楚，以凭结报。幸弗再延，望速施行。

禀报奉宪札饬发道光二十三年俸杂奏销民壮工食技艺等项册结应改各款已遵照更正，俸杂奏销册内仅止声明除扣小建支发

敬禀者。窃奉宪札饬发道光二十三年俸杂奏销民壮工食技艺等项册结令即更造等因，所有应改各款现已遵照更正。惟查俸杂奏销册内，向因款目纷繁，仅止声明除扣小建支发，并不列出某款应扣小建若干。若分条列叙小建银数，则零星琐屑、丝毫忽微，按撒合总，即难与司案相符。是以历年皆于印结内总扣小建造报，藩宪详咨亦止送结，并不用册。伏思奏销例有定限，卑县册式遵行已久，均蒙存转。此次更造之件，除另文申送外，理合禀祈大老爷鉴核，倘准照申，实为恩公两便。肃此。恭请福安，伏〈乞垂鉴〉。

禀本府禀请抄发卑前县令

垫修仓廒银两分年流摊原案以便交代列抵。高苑〈县〉禀

敬禀者。窃卑职荣光①应接前任交代，查有苏令②原接刘

① 即谢荣光。

② 即苏文恺。

令①抵款项下道光△△年垫修仓廒工料银两一款，经监交核议，禀请分年流摊。奉方前宪批云云等因，苏令遵照入交，列抵在案，现在自应循旧办理。惟此案原卷因卑县科房坍塌，将此案禀稿遗失，无从查考。当此清厘交代之际，必须检查存案，方免后任争执。理合禀请大老爷俯赐饬承，查出此案原禀抄发下县，以便遵办。肃此，恭请福安，伏乞垂鉴。卑职荣光谨禀。

司批一件招令②交案事

查潍县马刚滋事经费一案，本缺摊银一万二千三百余两，又解省各犯口粮银五千两，二共银一万七千三百余两，均经前司先后批准，分作十五年入于潍县交案内，无论正署，按日分摊。招令在任四载有余，应摊四千数百余两，下余银一万二千数百余两，应仍由该县后任照旧按年摊还，并不累及招令。何以概请另行筹补？殊不明晰。且后任应摊之项，即系招令应抵之款。一经议删，此则筹补，彼仍亏欠，徒滋纠缠。是否当时招令另有担项，并未据实声叙，亦难悬揣。至各委员薪水车价等项一款，从前既经林令③捐办，何以交案内又归招令弥补？即使招令情愿担认，亦应随时禀明立案。何以林令卸事之时，则谓名目不经；招令卸事之后，转可详请筹补？况银数至二万九千八百九十余两之多，究应如何筹补方臻妥协，亦未据该府逐细筹议，碍难率准。仰济南府会同莱州府遵照指饬情节，悉

① 即刘坊。

② 即招子庸。

③ 即林士骏。

心确查，妥议详覆来司，以凭核办。一面严催招令，将本任应交各款勒限清交，勿稍延缓，并转饬委员杨令①、现任苏令②知照。此缴。（四月十八日阅发）

（扣）

劝谕军民人等捐输经费告示

为晓谕事。

案蒙各宪转蒙巡抚部院托札③开，道光二十二年三月初十日奉上谕："穆彰阿等奏遵议帑项军储一折，据奏财赋云云，将此谕令知之。"钦此。遵旨寄信前来等因转行到县。蒙此，查英夷犯顺，沿海省分，两载设防，动拨饷需，为数已巨。凡在臣庶，自宜志切同仇，群思报效，且各省士民捐资助饷均邀逾格奖励。近来黄县绅士丁锡鸿等倡始捐输，已蒙抚宪专折奏请优奖。潍邑风俗淳朴，户多丰裕，急公好义者亦必不少，合行出示晓谕。为此示仰合邑军民人等知悉，尔等如有家道殷实、情愿输将者，即将捐项赴县呈缴，以凭转详请奏，从优议叙。其有未完新旧钱粮，务即赶紧完纳，俾济要需。各宜遵照。毋违。特示。

---

① 即杨祖宪。

② 即苏文恺。

③ 即托浑布。

详覆傅光钧供出案内之尹殿莪，确查均无其人

为详覆〈事〉。

案蒙宪札，以转蒙藩宪、臬宪委审长山县监生高芝京控傅光钧等勾役卖放昧良等情一案，饬将傅光钧供出案内之尹殿莪传案，讯取确切供结详覆核办等因。当因札内未开尹殿莪住址，无从查传，随经卑职禀蒙宪台讯据傅光钧供称，尹殿莪在卑县城南尹家庄居住，约年五十余岁，令即查照传讯等因到县。蒙此，遵复开明住址、年岁，选差查传去后。兹据原役杨奉林禀称，遵即持票前赴县境城南法家约距城二十里之张尹家庄及平家约距城九十里之榆林镇，尹家大族协同各该管地方遍加查访，均无尹殿莪其人。又赴东乡纪家约距城五里之尹场庄及东南乡人家约距城五十里之河西尹家庄，并西乡正家约距城三里之三里尹家庄，协同各地方照前确查，亦无尹殿莪其人。此外别无尹家庄地名，实属无从查传，如有隐饰，愿甘重咎等情禀覆前来。卑职覆将该差禀叙查过各庄该管地方传案讯供，与差禀无异。缘奉札饬，拟合据实详覆宪台鉴核，仍向傅光钧确讯办理，实为公便。为此云云。

为详覆事。

除将遍查境内并无尹家庄居住之尹殿莪其人，无从查传缘由、备载书册外，拟合摘叙简详，呈请宪台鉴核办理，实为公便。为此备由云云。

禀藩宪禀请核示俸杂奏销册结应否声叙减平银数由

敬禀者。窃查各官廉俸公费、各役工食等银前经户部议准减平支放，业奉宪台详咨，转行遵照在案。惟各项奏销册结内，应否以二十三年七月二十四日为始，分别逐款声叙减平数目，未蒙指明饬知，所有本年应造二十三年俸杂奏销已经照旧造送。兹奉本府驳饬，以册内并未按款声扣减平银数，将清册签明，同印结一并发回饬令更造。卑职查各项奏销事关通省，究竟应否扣除减平开列，自应画一办理。刻下奏销在迩，未便稍延，理合将奉府签发原册禀送大人鉴核，俯赐明晰批示祇遵，俾得赶紧照办，实为公便。肃此，恭请福安，伏乞垂鉴。卑职△△谨禀。

计禀呈奉府签驳俸杂奏销册一本。

禀请府宪委员查验讯究周维敬等，并将段闲子备文汇解

为递回候讯事。

案据敝县陶唐口等庄民人韩严若等呈控贵县民人周维敬等，率领多人违断复挖水道，较前宽深，水势浩大，直入伊等村庄等情，并将在场帮挖之段闲子扭获送县。据此，查此案前经会票差押填塞在案，今周维敬等辄复抗违，仍前挑挖。敝县隔境，

碍难办理。除禀请府宪委员查验讯究外，合将段闲子备文汇解。为此合关贵县，请烦查收，俟委员到日，点交讯办，并望赐覆施行。

计递解段闲子散行。

请设法措交贵任交案各款其余应交各项启

敬启者。案查贵任交案各款，前荷允交五竿，嗣仅交到四数，当经收入仓款五百三十九两，下剩三千四百六十两，收入二十二年地丁正耗项下。现在随同下忙办粮禀报支解在案，其余应交各项，统计尚短一万八千有零。兹因各省属库银两复奉户部奏准严催，委员守提，万分吃紧，断难再事拖延。用特专差驰布，务祈大兄大人俯念弟处掣肘情形，速为设法措交，以便续解。幸弗稍迟，是所拜祷。

移会新城县敝前县具禀西北、东北两乡秋禾被水请委员勘办一案录批

为移会事。

案查敝前县具禀西北、东北两乡秋禾被水，请委员勘办一案，于七月二十五日奉府宪批，已据禀札委新城县云云，仍候各宪批示。缴。又于八月初二日奉藩宪批，已据禀饬委候补从九品孔传忠云云，仍候抚宪批示。缴。各等因到县。蒙此，除

俟委员孔到日，另行移知同往会勘外，合先录批移会。为此合移贵县，请烦查照施行。

一移新城县。

（杂科刻即另清。）

移会新城县敝县秋禾被水各村庄奉本府札委贵县会勘，定于本月初六日前往勘验

为移会事。

案查敝县秋禾被水各村庄，奉本府札委贵县会勘，现在藩宪委员候补从九品孔传忠业已到县，定于本月初六日前往勘验。所有订勘日期，拟合备文移会。为此合移贵县，请烦查照，过境一体勘办施行。

一移新城县。

（南杂科刻速清送。毋迟。八月初五）

移会邹平县敝县定于本月二十七日亲诣贵县会勘察讯韩严若等

为移会事。

案准贵县移开，以敝县民人韩严若等呈控周维敬等违断挖

河挡水淹害等情一案，奉府宪改委候补州王勘讯，令即传集人证等因，当经差传去后。兹据役禀，已将韩严若等传齐在刘家套候讯等情前来。敝县定于本月二十七日亲诣贵县，会同往勘，合先备文移会。为此合移贵县，请烦查照，届时一体会勘察讯，望速施行。

一移邹平县。

（杂科刻即清稿送阅。速速。七月廿六日）

更送风云雷雨坛八成工料银两印领县详

为更送印领并请饬发事。

除将更具请领修理风云雷雨坛八成工料银两正副印领及请发前送全数副领以便涂销缘由备载书册外，拟合摘叙简详，呈请宪台鉴核，分别存呈饬发涂销，实为公便。为此备由具申，伏乞照详施行。

计详送书册一本，正副印领一套。

一详布政司。

为更送印领并请饬发事。

案蒙前宪批据，卑县请领修理风云雷雨坛工料银两一案缘由，奉批据详请领修理风云雷雨坛工料银四百九十四两八钱九分一厘一毫，除按照八成动支银三百九十五两九钱一分三厘，内扣减平银二十三两七钱五分五厘，实支银三百七十二两一钱五分八厘，于十月二十三日堂期支发外，仰将发去印领涂销，另换八成银两印领送司存呈。毋违。缴等因到县。奉此，除奉发银两如数收到并将不符正领涂销外，遵即另具八成银两正副印领一套，拟合具文详送宪台核办。再，卑县差役领银时，曾将全数副领一张投交宪案，并请饬承检发下县，以便涂销，实为公便。为此备由具申，伏乞照详施行。

济南府长山县今于与印领为详请修理事。

依奉领得，卑县修理风云雷雨坛大殿、配房、门楼等处八成工料银三百九十五两九钱一分三厘，内除扣减平银二十三两七钱五分五厘外，实领银三百七十二两一钱五分八厘，不致冒领印领是实。

移会敝县前署邹县任垫办各起兵差、安设正腰各站经费银两实剩未领银两，敝任交代案内业已列抵在案，奉批数目相符

为移会事。

案查敝县前署邹县任垫办各起兵差、安设正腰各站经费银两，经敝县具详请示，奉藩宪批饬安设正站腰拨共核准正、副两销银五千七百六十七两二钱七分一厘六毫，内除应扣减平银一百七十三两一分八厘二毫，又应扣平余银二两八钱八分二厘四毫，实销银五千五百九十一两三钱七分一厘；协济车马共核准银八百五十二两，内除应扣平余银八两五钱二分，实销银八百四十三两四钱八分；青州满营赴防兵差共核准正、副两销银一千二百六十一两四钱一分四厘四毫，内除应扣减平银四十七

两一钱六分五厘二毫，又应扣平余银四两三钱八分九厘九毫，实销银一千二百九两八钱五分九厘三毫；钦使往回兵差共核准银二百一十两四钱四分二毫，内除应扣平余银一两八钱二分一厘九毫，实销银二百八两六钱一分八厘三毫。以上除扣平余、减平银两外，共实准销银七千八百五十三两三钱二分八厘六毫，内除委员解发并领过银五千六百两，下剩实未领银二千二百五十三两三钱二分八厘六毫等因到县。蒙此，查此项实剩未领银两，敝任交代案内业已列抵在案，兹奉批示数目相符，拟合备文移会。为此合移贵县，请烦查照施行。

长山县更正另造请修山川坛估计册结并勘结各七本县申

为札谕事。

案蒙宪台札开，本年七月十八日奉藩宪札开，据该丞申送长山县请修山川坛估计册结到司，查此案册结云云，以凭查核送司。毋违。此札。计发册结十四本等因到县。蒙此，遵查前项工程，估需工料银四百九十一两八钱四厘九毫，除柴薪变价银一两七钱六分四厘抵用外，实需工料银四百九十两四分九毫。前送估册，系清书缮册时，于撒数内将六厘误写三厘，以致总撒不符。兹复核对册稿总数，本无舛错，除将该书责惩外，拟合更正另造妥协册结，并勘结各七本，具文申送宪台核转，实为公便。为此备由具申，伏乞照验施行。

计申送估册七本、印结七本、勘结七本。

嘉道年间山东省州县财政文献汇钞

第五册

常旭 点注

国家古籍整理出版专项经费资助项目

南方传媒
广东人民出版社
岭南古籍出版社
·广州·

第五册目录

第二十五本

第二十六本　钱粮参案

第二十七本

第二十八本

第二十九本

第三十本

第二十五本

户粮房禀批

查办理青黄不接一案，原因当年被灾有较重之区，本案调剂以后，或积水未消，二麦未能种齐；或冬雪稀少，难期应时收获，来春青黄不接之际比追新赋，恐致民力拮据。是以酌量议请缓征，定限于被灾之年封篆。前据实禀候详奏，不得冒滥虚捏，贻误正供。所有道光二十五年秋禾被水、被虫，前蒙委员勘明，均系较轻。既已议缓该年钱粮，又复递缓历年旧欠，而阖境地亩麦禾普种，冬雪频沾，嗣奉行查，早经据实禀覆矣。今道光二十六年上忙新赋并未另有灾歉，自应照常催输，俾副造报。该书等不知轻重，率请缓征，殊属冒昧。此饬。

府经历创修衙署案

武定府汤[①]札惠民县知悉。本月十四日据本府经历陈瑞详称，窃照衙署为办公之所，设官即须建署。武郡经历向无公署，考查志乘，武定本由散州而改直隶，嗣于雍正十二年始行升州为府，添设经历等官，设官而未建署。故历前任经历，均系租赁近府民房以作公所。迩年人烟稠密，近鲜赁宅，因而远卜其居，诸多未便。

---

① 即汤世培。

伏查经历为宪台衙门首领之官，时有差委事件，并有典司出纳文移、稽查书吏之责。济南等各府经历均经建立公署，并在郡署仪门内外，所以便稽察而供委任。卑职经历一官，职分虽微，照例亦本准设署，以资栖止、办公。惟设官之初，前任漏未详请建立，迄今时阅百年，固未便再请咨部动项修建。而卑职有官无署，远赁民房，不特当差、办公既多不便；且业户典卖无常，公所恒需迁移，亦属有关体制。

窃思各府现任佐杂衙署，遇有坍塌应修，均由所在州县勘明，或二百两、或三百两，详府批示立案筹款，借给兴修，分作八年扣廉归款，历历有案。卑职事同一律，似可仿照变通办理。

查宪署大堂之西旧有空基一段，坐落围墙之内，系属空闲隙地。该处墙垣不时倒塌，致成往来便径，亦未足以昭严密。卑职详加勘度，就基营建经历衙署绰绰有余，而建署之后，彼处围墙亦不致再有坍塌成径。惟是现请建署，系从空地建造。一切料物均须从新购置，需用匠工亦繁，与旧署坍塌止须添料修整者不同。约计工料断非二三百两所能集事，其余不敷之项为数尚多。

卑职微末穷员，实属无力捐垫。再四筹思，惟有仰恳宪台，俯念卑职署本未建，无所办公；并新建与修整有别，恩准札饬惠民县，照卑职详呈图册，就基确切勘估，估定工料确数，援照佐杂借款修署之案酌增银数；并加展核扣年分，绘图造册，筹款议详，宪台批示立案，借给银两兴建。并将所借之银酌定摊扣年分，在于卑职每年应领养廉银内，由县按季坐扣归款。设或借项之外尚有不敷，卑职并当自行竭力措凑，以期功成不废。如此酌筹办理，不过照案稍加变通。卑职既得栖止、办公之所，经历亦从此有署，垂久远而复体制，于宪署亦昭严肃。

即该县所借之项，亦不过稍迟年分归还，交案仍可作抵，并可按期扣廉归款，不致虚悬无着，实为公恩两便等情。

据此，查衙署为各官办公、栖止之所，遇有坍塌，定例本准借廉修理。前因造册报部，往往因估册做法料价与例不符，迭奉驳查，诸费周章。而佐杂微员俸廉无几，无力捐修，又未便令其办公无所。是以历年各府州属遇有佐杂衙署坍塌，均由所在州县勘明酌筹闲款，详明府州批示立案，借给兴修，仍于该员应领养廉内分年坐扣归款。州县遇有交代，除扣照数作抵，历有案据可稽，各府皆然。原以款总有归，不妨变通办理，以恤微员也。

据详，该经历添设之初，前任漏未详请建署，历来赁居民房，办公诸多不便，请于府署大堂之西空隙基地，由县借款建修衙署，分年扣廉归款。事属可行。并所称空地建署，与有署止须修葺者不同，非借银二三百两所敷建造，议请援照佐杂借款修署之案，酌量增借银数，加展年分扣还，亦属实在情形。惟所估工需工料制钱一千七百二十余千，为数未免过多；且为按银数估计，而图内所开应建署房间数亦属较多，必须大加删减，撙节切实覆估，并于本府署西隙地营建。是否相宜，应如筹款借给分年扣还，亦应通盘勘筹妥议详办。

兹据前情，合行札饬勘议。札到，该县即速带同工匠，亲诣该处，详加勘度。所请在于本府大堂迤西空基添建经历衙署，于府署规制有无窒碍？并撙节营造，究须添建何项署房若干间，按工计料，实须工料银若干，应行由县借给银若干，该县有无闲款可筹？并应自何季为始，分作几年，在于该经历应领养廉按季坐扣归款？遇有署事应食半廉之员，应否减半核扣？迅速履勘，审筹核实，覆估明确，另造切实估计册结，绘具应建署图，详细贴说，逐一妥议，详覆察夺。毋稍浮冒迟延。速速。

特札。（十三年八月二十日到）

计发估册一本、署图一纸仍缴。

前案县详

为经历借廉新建衙署遵饬勘送估计图册事。

本年闰六月十二日蒙宪台札开，据经历陈瑞详称，为请赐饬催就基勘估另造图册，以便遵照兴修事。窃经历为本府首领之官，典司出纳文移并稽查书吏之责，办公处所未便远隔府署。

查济南等府经历均经建署，其署均在郡署仪门内外，以便稽察而供厥职。而武郡系升州为府，添设经历，其于设官之初，衙署漏未请建，历赁近府民房以作公所，办公已属不便。近复人烟稠密，赁宅稀少；且业户典卖不定，不能不赁随主便，而于赁居一事时须迁移，屡形掣肘。因查宪署堂西房有空间一地，足建经历衙署。故前具详，特恳查照佐贰借廉修署，准领二百及三百定例，分别新建与修旧不同，请予酌增银数及扣款年限，从新建予以酌增，恳赐批饬惠民县，查照所呈图册，就基勘估，酌量增入银数、年限。蒙批，饬县亲诣，详加勘度，撙〈节〉，按实覆估另造图册，妥议详覆核办。俟覆到核定，再行饬知遵办等因。

嗣卑职出差甘省，未经该县勘覆。兹再请饬催查照前批，估明工料确数，分别新建与修旧不同，酌增借款若干银数、扣款多少。并于借领外，数有不敷之处，亦须核明凑办之数，以便卑职设法凑备，照估添资兴修，以冀工在必成。

为此再恳赐文饬催，俟该县覆到以便遵照兴修等情到府。据此，查前于道光十三年八月内云云，此札等因到县。蒙此，伏查经历为首领之官，有典司文移、稽查书吏之责，衙署应在府署仪门之内，方符定制。当时武定升州为府，经历衙署未经议及，是以历任经历均系赁居民房，不特办公不便，抑且体制未符。

今据经历陈瑞，以宪署大堂迤西围墙以内，有空基一段可以建署。详蒙批饬前因，卑职遵即带同谙练工匠亲诣履勘，陈瑞所禀空基足敷盖造经历衙署，与宪署规制并无窒碍。饬令工匠撙节估计，共估制钱一千三百四十四千四百一十五文，合银九百八十一两三钱二分五厘。

查佐贰修署止准借领养廉银二百两，分八年扣还。今建新与修旧不同，应当量予加增，酌借银四百两，于闲款内动支。所借银两若照向例八年扣还，经历岁支养廉无多，办公不无竭蹶。扣廉年限亦应展宽，应自道光十六年春季为始，分十二年扣廉归款；署事应食半廉之员，减半核扣，以昭平允。其不敷银五百八十一两三钱二分五厘，该经历自愿〈设〉措垫办，应听其便。

所有筹议缘由，是否有当，拟合造具估计图册，呈请宪台查核示遵。为此备由另/缮册具申，伏乞照详施行。（十五年八月初四日阅稿）

计详送书册一本、估册一本、图说一纸、勘结一纸。

武定府惠民县今于与勘结事。

依奉结得卑县勘估经历建造衙署，共需工料银九百八十一两三钱二分五厘，俱系实工实料，并无浮冒虚捏情弊。勘结是实。

前详府批

查衙署为各官办公栖止之所，设官即须建署，以符体制。

本府经历一员，自武定升州为府，始行添设，从前漏未请建衙署，以致有官无署，租赁民房居住。经历为本府首领之官，有典司文移、稽查书吏之责。各府经历衙署均在府署大门仪门之内，所以便差委而严稽察。武郡经历添设之初，漏未建署，迄今事阅百有余年，既未便再请动项建修，致干部诘，而该经历赁居民房相离府署较远，办公差委亦属诸多未便。

据详勘明，于府署大堂迤西围墙内隙地添建经历衙门，与府署规制无所妨碍。并据督匠撙节勘估，共需工料银九百八十余两。因无款可动，创建亦非随常修葺可比。议由该县酌筹闲款，照寻常佐杂借廉修署之案加增借给银四百两，以资建盖。兼因该经历岁支养廉无多，加展年分扣廉归款，其余不敷银两，该经历情愿自行设措垫办。衙署既可建立，借款按年扣廉亦属无虑虚悬。所议甚为允妥，准其立案照办。

仰即遵照，迅速筹款发交该经历借领，催令赶紧购料照估坚实修造，不得稍有草率偷减。所借银两，即自道光十六年春季为始，分作十二年，无分正署，在于该经历应领养廉银内，由县按季坐扣归款，署员支食半廉并准减半核扣，以昭平允。统俟扣清，再行停扣。除扣未完之项，该县遇有交代，并准归入交代案内照数流抵，以重垫款。即移会该经历知照，并将移借银数以及开工、完工日期随时申报本府查核，以凭委员验收备案。均毋迟延。此缴。册结、图说存。

详覆勘议经历借廉修署一案稿

惠民县为札谕事。

除将勘议府经历借廉修署一案缘由备载书册外，拟合摘叙简详，具文详请宪台鉴核批示立案，实为公便。为此云云。

计详送书册一本、估册一本、勘结一纸。

详本府。

惠民县为勘议详覆事。

本年六月初五日案蒙宪札，以据经历陈瑞申请借廉修署一案，饬令卑职勘明。如果实系倾圮，必须大加修葺；即核实撙节覆估，详覆查夺等因到县。蒙此，遵即带领工匠，亲诣该经历衙署逐细确勘。查得此署自道光十六年建修以来，迄今将逾十载，历年既久；而武郡又系近海地方，风多猛烈，地气潮湿，土性碱酥。所有署中各处房屋木料皆黪朽，箔片霉烂，门窗户壁半多臜裂，墙垣亦皆坍颓过甚，必须拆卸大修，断非些小粘补所能了事。撙节估计，实须工料制钱七百一十五千三百文，委系力求撙节，无可再为删减。

惟查佐贰等官借廉修署例定银数二百两，即济、兖、泰三府属亦通酌加成案，亦止准借银三百两。该经历道光十六年借廉四百两，因系创建衙署，需费浩繁，是以蒙汤前宪①如详批准。今次系属修葺，与从前创建不同。该经历仍请借廉四百两，为数未免过多。第武郡料物昂贵，此项工程若照定例借银二百两，实不敷用。该经历缺分清苦，亦不能过于捐赔。自应仿照酌加成案，准借银三百两，俾资兴修。不敷之项由该经历自行捐办，随向陈经历②面商明确，正拟具详，卑职适又因公进省，未及详覆。该经历因已委勘估工无浮，随即借〈银〉购料鸠工，于九月二十八日一律修葺完整，报蒙宪台札饬卑职验收详办。

---

① 即汤世培。

② 即陈瑞。

兹复亲往确勘，该署各处房屋以及墙垣等工实已照估修竣，工坚料实，并无草率。其用过工料制钱七百一十五千三百文，按本年九月分银价每两易制钱一千八百八十文核算，计折银三百八十两四钱七分九厘，应请由卑县筹借银三百两，给该经历归还垫项。即自道光二十五年冬季起，分作十二年，在于经历应食养廉银内按季坐扣还款。无论正署人员，每季扣银六两二钱五分，每年扣银二十五两，俾符年限而免拖延。卑县遇有交代，除扣列抵以昭核实，下余不敷银八十两四钱七分九厘，应令陈经历自行捐认。至道光十六年创建衙署，原借银四百两，分十二年坐扣，自十六年春季起，截至道光二十五年秋季九月底止，计已扣九年零三季、银三百二十五两，下剩未完银七十五两，应请由今次所借银三百两内找扣，清结前案。除取具该经历印领附存县卷外，缘奉札饬勘议，拟合造具估册勘结，具文详送宪台鉴核批示立案，实为公便。

再，此次修署非同创建，并请免绘图说。合并声明。为此云云。

前案府批

据详，陈经历请修衙署，估需工料制钱七百一十五千三百文，已经该经历先行照估垫修完竣。兹据该县勘明垫项属实，按照九月分时价，该银三百八十两四钱七分九厘。除该经历认捐银八十两四钱七分九厘外，议请由县筹借银三百两给还垫款，仍在经历应领养廉银内，自道光二十五年冬季起，分作十二年，无论正署人员，按季坐扣归款。

所议尚属可行，仰即遵照，先行筹款借给该县。遇有交代，除扣即行作抵，仍移会该经历衙门知照。缴。册结存。

前案勘结稿

武定府惠民县今于与勘结事。

依奉结得，卑县勘估府经历修理衙署，共需用工料银三百八十两四钱七分九厘，内除陈经历自行认捐银八十两四钱七分九厘外，实由卑县借领银三百两。所修工程委系工坚料实，并无虚捏浮冒情弊。勘结是实。

前案估册

武定府惠民县为札饬事。

今将勘过府经历修理衙署需用工料各数目逐一查明，造具估册，呈送查核施行。

计开：

四面围墙共计四百八十尺全照经历原估册写至；各房各处铺地应用砖五千块，合制钱三十五千文，共计制钱一百二十千文。以上统共估需工料制钱七百一十五千三百文，按每银一两易制钱一千八百八十文，计折银三百八十两四钱七分九厘。

道光二十六年上忙开征告示

为晓谕钱粮开征日期事。

照得地丁钱粮为国家维正之供，定例四月完半、十月全完，不容稍有蒂欠。除道光十一年至道光二十年未完民欠，业已钦奉恩旨全行蠲免；又道光二十五年秋禾被水、被虫各庄未完道光二十五年钱粮，及阖境未完道光二十四年以前旧欠，均蒙抚宪奏准，缓至道光二十六年秋后分别启征、带征外，所有道光二十六年阖境上忙新赋，及道光二十五年成熟村庄未完道光二十五年下忙钱粮，均应照常输将。今本县定于二月　日设柜征收，合行出示晓谕。

为此示仰阖邑花户人等知悉。尔等务将应完本年上忙新赋，同二十五年成熟村庄未完二十五年下忙钱粮，依限速即赴柜照数完纳，以凭报解。如敢观望抗延，定行按户拘比，决不宽贷。各宜凛遵。毋违。特示。

录报蠲免漕粮及行粮润耗并漕项银两及案粮道批示县详

为录批详报事。

道光二十六年正月初六日蒙粮道宪批，据卑县造送蠲免案内应豁缓征民欠漕粮及行粮润耗米石册结一案缘由，蒙批，据详已悉，仰候汇案核办。此缴。册结存。

同日又蒙粮道宪批，据卑县造送蠲免案内应豁缓征民欠漕项银两册结一案缘由，蒙批，据详已悉，仰候汇案核办。此缴。册结存各等因到县。蒙此，拟合录批详报宪台查考。为此备由另/缮册具申，伏乞照详施行。

计详送书册一本。

一详本府。

（漕粮房即另清。速速。廿六日申刻。）

更造蠲免拨抵耗豆册结县详三件分送司道府

为遵饬更造并请饬发不符册结以便涂销事。

道光二十六年正月初六日蒙粮道宪批，据卑县造送蠲免案内应豁缓征民欠拨抵耗豆册结一案缘由，蒙批，查册造道光二十年原缓拨抵耗豆，较之本道衙门造报之数，计多一百八十石，未便照转。仰即遵照更正，另造妥协册结，飞速送辕核办，并送武定府结转。毋迟。此缴。册一本、结一纸并发等因，并将册结签示到县。蒙此，除遵签示确数，造具妥协册结，径送粮道及藩宪核办外，拟合查照更正数目，另造妥协册结各五本，具文详送宪台鉴核转详，并请将前送不符册结饬发下县涂销，实为公便。为此备由另/缮册具申，伏乞照详施行。

计详送书册一本、清册一本、印结一纸。

一详本府。

（漕粮房刻速另清。）

为遵饬更造事。

道光二十六年正月初六日蒙宪台批，据卑县造送蠲免案内应豁缓征民欠拨抵耗豆册结一案缘由，蒙批，查册造道光二十年原缓拨抵耗豆，较之本道衙门造报之数，计多一百八十石，未便照转。仰即遵照更正，另造妥协册结，飞速送辕核办，并送武定府结转。毋迟。此缴。册一本、结一纸并发等因，并将册结签示到县。蒙此，遵即饬承照依签示确数，另造妥协册结，拟合具文详送宪台鉴核办理。除由府核转并送藩宪外，为此备由另/缮册具申，伏乞照详施行。

计详送书册一本、清册一本、印结一纸。

一详督粮道。

（漕粮房即另清并检册结稿送候更正。速速。）

为遵饬更造并请饬发不符册结以便涂销事。

道光二十六年正月初六日蒙粮道宪批，据卑县造送蠲免案内应豁缓征民欠拨抵耗豆册结一案缘由，蒙批，查册造道光二十年原缓拨抵耗豆，较之本道衙门造报之数，计多一百八十石，未便照转。仰即遵照更正，另造妥协册结，飞速送辕核办，并送武定府结转。毋迟。此缴。册一本、结一纸并发等因，并将册结签示到县。蒙此，除遵签示确数，造具妥协册结，径送粮道核办及由府核转外，拟合查照更正数目，另造妥协册结各一本，具文详送宪台鉴核办理，并请将前送不符册结饬发下县涂销，实为公便。为此备由另/缮册具申，伏乞照详施行。

计详送书册一本、清册一本、印结一纸。

一详布政司。

（漕粮房刻速另清。）

为据实详覆事。

除将查明道光二十年拨抵耗豆缓征、蠲免先后造报数目一案缘由备载书册外，拟合摘叙简详，具文详覆宪台鉴核，俯赐随案声覆，实为公便。为此云云。

计详送书册一本。

一详本府。

为据实详覆事。

案蒙宪台转奉藩宪批，据卑县更造蠲免案内应豁应缓民欠拨抵耗豆册结缘由，蒙批，以前造道光二十年拨抵耗豆，经粮道查有浮蠲一百八十石之多，若非任听书役朦混，即系有意冒蠲，自应一并吊案覆查等因到县。蒙此，遵查此项拨抵耗豆，向系每年奉到粮道开单饬派后，在于额征大漕一五耗豆项下照数拨抵兑帮之项。该年于九月初二日接奉粮道饬知单开，共应拨一五耗豆四百三十九石八斗三升七合五勺。旋因是年秋禾被水较重村庄应缓大漕，核明大漕一五耗豆数，内计应核缓拨抵耗豆二百一十三石六斗八升七合九勺。当时卑前县因是年漕粮缓征，一切应支应兑款目恐有误核，与道案未符之处，曾于未经开漕之先，派令漕书亲往德次确查照办。嗣据漕书查得，是年拨抵耗豆，除灾缓外，实止应征兑四十六石一斗四升九合六勺。当即照此，于应征大漕一五耗豆项下征收拨兑交帮讫，掣有德正帮运官钤领在案。

迨后复因灾歉，阖境递缓旧欠钱漕，卑前县因二十年拨抵耗豆，按原奉粮道行知，应拨四百三十九石八斗三升七勺［合］五勺核算，除去征兑过四十六石一斗四升九合六勺外，下余未完耗豆三百九十三石六斗八升七合九勺，并未奉到粮道减拨明文，自系应行递缓之数，随于递缓册内照三百九十三石六斗八升七合九勺造报。历年以来屡次因灾递缓，均照此数开造，从未奉粮道衙门驳饬。是以上年查办蠲免，不得不照三百九十三石六斗八升七合九勺之数开列。今岁正月奉粮道将蠲免册结签示发县更正，卑县始知拨抵耗豆内有一百八十石不应递缓。自系该年减拨之故，并无朦混冒蠲情弊，旋将册结遵照指示更造详送。

现于三月初二日奉粮道宪批，据详已悉，仰候汇案核转。此缴。册结存等因。遵奉在案。

兹蒙宪台转奉藩宪批饬覆查，除检案卷另文申送查核外，所有先后造报递缓以及更造蠲免册结各原委，拟合据实详覆宪台鉴核，俯赐随案声覆，实为公便。为此云云。

移粮厅稿两件核算补扣衔俸法附，另附算长扣减平提归衔俸法

为移会事。

案查贵厅奉委署理此缺，照章应扣衔俸，所有道光二十五年自七月初三日起至十二月底止，共应扣衔俸银四两一钱九分三厘。

查前项俸银前准贵厅牒领到县，当照县丞全俸扣除减平，下余移送在案。所有衔俸银两未及坐扣，现在查办奏销急须扣出批解。除由县在于前扣减平项下提归衔俸银二钱五分二厘外，计尚短扣衔俸银三两九钱四分一厘。自应在于贵厅应领道光二十六年春季俸银内补扣清款，扣［拟］合备文移会。为此合移〔一〕贵厅，烦为查照备案施行。

一移粮厅。

为移送俸薪银两事。

卷查贵厅于上年十二月牒领道光二十六年春季俸工银两到县。准此，当将各役工食银两先行移送在案。

所有应领本年春季俸银一十两，内除应扣衔俸银二两一钱

二分，又应扣减平银四钱七分三厘，又应补扣二十五年秋冬衔俸银三两九钱四分一厘外，下剩实应领二十六年春季俸银三两四钱六分六厘，拟合封固，同不符钤领一并移送。为此合移贵厅，请烦查收赐覆，并将移回钤领一纸涂销，另换钤领移送过县，备案施行。

计移送道光二十六年春季分俸银三两四钱六分六厘，并移回不符钤领一纸。

一移粮厅。

核算补扣衔俸法

未入俸银，每年三十一两五钱二分，秋季八十八日应支银七两七钱零五厘，内除扣减平银四钱六分二厘外，实应支银七两二钱四分三厘；冬季九十日应支银七两八钱八分，内除扣减平银四钱七分三厘外，实应支银七两四钱零七厘。二共实应支银一十四两六钱五分。

前经实领过秋季银九两一钱九分一厘、冬季银九两四钱，二共实领过银一十八两五钱九分一厘。

计长领银三两九钱四分一厘。

二十六年春季应支银七两八钱八分，内除减平银四钱七分三厘，又除扣上年秋、冬二季长领银三两九钱四分一厘外，下剩实应领银三两四钱六分六厘。

又法，县丞春季俸银一十两，内除扣本季衔俸银二两一钱二分，又补扣二十五年秋季八十八日衔俸银二两零七分三厘、冬季九十日衔俸银二两一钱二分，又除实支项下扣减平银二钱二分一厘，下剩实应领银三两四钱六分六厘。

算长扣减平提归衔俸法

秋季八十八日、冬季九十日未入应食俸银，内共应减平银九钱三分五厘。前照县丞应食俸银，共扣过减平银一两一钱八分七厘。计长扣银二钱五分二厘。

秋季八十八日、冬季九十日，共应扣衔俸银四两一钱九分三厘，内除由长扣减平项下提补银二钱五分二厘，计尚短扣衔俸银三两九钱四分一厘，应于二十六年春季实领银内补扣。

税契定限一年章程

武定府李①为通行事。

嘉庆八年八月初七日蒙济东道、布政司札付，嘉庆八年七月二十四日蒙巡抚部院铁②案验，嘉庆八年七月十五日准刑部咨，山东司案呈，浙江司传抄，所有前事等因，相应行文该抚遵照，并转行青州副都统可也等因咨院行司到府。蒙此，合行转饬。为此仰县官吏文到即便遵照，一体出示晓谕。毋违。须至帖者。(嘉庆八年八月二十六日到)

计粘单一纸。

内阁抄出浙江道监察御史周③奏条陈民间契买产业应请予限以息讼源等款一折。嘉庆八年六月初四日奉朱批："刑部议奏。"钦此。于初六日抄出到部。

一、民间契买田业，应请予限投税以息讼源也。查民间词讼争占田产为多，其故原于买产之家隐漏投税，以致他人有所

---

① 即李经文。

② 即铁保。

③ 即周廷森。

挟制，混占互争，肇启讼端。

查律载，典卖田宅不税契者，笞五十，契内田宅价银一半入官。又定例，民间活契典当田房，免其纳税；其一切卖契，无论是否杜绝，俱令纳税。如有隐漏者，照律治罪各等语。

是民间置买产业，应照例投税，不许隐漏。无如愚民各惜小费，并或罔知例限，往往买产之后不复投税。地保、庄书知其漏税，私向讹诈，得受贿托，又代为隐瞒；而原卖产主因其未经税契，每致移丘换段，重典重卖。无赖田邻地棍借以挟制侵占，以致争控斗殴，酿成人命。

查乾隆五十四年间曾经户部议奏，民间未经过税之买契，予限一年，悉令补税，俾奸狡诈索之徒无所施其伎俩。诚息事宁民之良法也。

今又阅十余年之久，民间置业未税，因而滋事兴讼者甚多。合无仰恳皇上，饬部通行各省申明定例，令买业之家按限投税。其从前买契未税者，无论远年近日，统再予限一年，悉令补行税契，免其治罪罚价。倘此宽限之后再有隐匿，一经发觉，即照例究治，令地方官大张告示，遍贴晓谕。俾田产买卖清楚，各得照契执业，挟制讹诈之风可息，或亦清厘讼源之一端也。

户部查民间置买田业，例应一年限内报明投税，不许隐匿。嗣于乾隆五十四年经刑部侍郎姜①奏，令各督抚申明定例，刊刻告示，俾共知晓。其有久经逾限未行投税者，予限一年，悉令补税。户部遵行各直省在案。

惟事隔多年，地方官未免视为具文，不克时为出示晓〈谕〉，偏僻小民无从周知。今该御史奏称，愚民各惜小费，或罔知例限，买产之后不即投税；地保、庄书私向讹诈，得受贿

① 即姜晟。

托，又代为隐瞒；而原卖产业主因其未经税契，每至移亩换段，重典重卖；无赖田邻地棍借以挟制侵占，以致争控斗殴，酿成人命，均属事所不免。应如该御史所奏，行令直省各督抚、府尹转饬地方官申明定例，遍贴告示，饬令买业之家按限投税，免生事端。

至奏称从前买契未税者，无论远年近日，统予限一年，悉令补行税契，免其治罪罚价之处，亦应如该御史所奏，令各直省饬地〈方〉官通行出示，自奉文之日起，再予限一年，准其补税。倘限满后仍有未经投税者，即将价银照例入官，按律治罪，以儆刁顽等因。

嘉庆八年七月初二日奏，本日奉旨："依议。"钦此。

督销额余票引初参部覆道光二十三年分

武定府陶①札惠民县知悉。本年正月十七日蒙盐运司札开，道光二十五年十一月二十五日蒙巡抚部院兼理盐政觉罗崇恩案验，道光二十五年十一月十二日准户部咨，题覆山东省道光二十三年分商运额余票引已、未完数目一案缘由到本部院。准此，合就檄行。为此仰司官吏即便钦遵转行查照，并将前项已销票引同存剩余票一并解部查销。毋违等因到司。蒙此，除移咨藩司外，合行札饬等因到府。蒙此，合行抄单。饬札到，该县即便遵照。毋违。（二十六年二月初二日到）

计粘单一纸。

---

① 即陶庆增。

户部为遵旨议奏事。

山东司案呈，户科抄出，护理山东巡抚王①题：道光二十三年分山东商运额票余票一案，道光二十四年十二月初二日题，二十五年二月二十六日奉旨："该部议奏。"钦此。钦遵于本日抄出到部。该臣等会议得护理山东巡抚王疏称，山东省道光二十三年额余票二十五万四千四百二十道，内除运库存剩余票七万三千四百一十四道，实应销额余票十八万一千六道。又除民运州县，共应销额余票三万九百一十五道，应完一分七厘八丝，已于本年五月奏销在案。

所有前项存剩余票七万三千四百一十道，遵例汇同销完残票送部查销；并民运全完应请议叙各员，照例俟十月奏销全完、各官职名造报到日，统候议叙，均于五月奏销案内声明，亦在案。

其商运州县，共应销二十三年分额余票十五万九十一道，应完八分二厘九毫二丝。除一年二三官分任销完及一官全完核计销票数目，应征银数不及三百两者无庸请叙外，所有督销票引一年一官全完之章丘县知县玉简、济阳县知县杨汝绥、陵县知县沈淮、惠民县知县杨茂豫、海丰县知县李澄、商河县知县张楷、蒲台县知县王沛霖、博山县知县邱文藻、高苑县知县谢荣光、乐安县知县黄良楷、寿光县知县王家治、潍县知县何镕，及前官未及征解接任之员全完一年票引之邹平县现任知县李铄、齐东县司委代理事试用知县全盛、临邑县现任知县金涛、德平县现任知县德稜额、莱芜县现任知县谢俊升、青城县现任张薇垣、阳信县署事已补此缺之候补知县多瑞、乐陵县现任知县梁本檀、兰山县署事峄县知县董振铎、郯城县现任知县崇亮、费

---

① 即王笃。

县署事已补此缺之试用知县李沣，俱于本年十月奏销前全完，核计销票数目应征银数均在三百两以上，与例相符。拟合开列职名，详请查核，同五月奏销民运票引全完之诸城县知县周壬福、昌邑县知县李著、即墨县王九兰、掖县署事候补知县胡积垲、平度州代理事候补知州保忠、胶州现任知州张同声，一并题请议叙，以示鼓励。

再查章丘县知县玉简等督销道光二十三年分票引，俱系各照行销地方全数销完，并无带销未完之项。淄川县未销票九百九十八道，现任知县吕芳楷未完一分八厘八毫四丝；长山县未销票二千六十二道，现任知县祝镜清未完三分六厘八毫二丝；新城县未销票四十六道，病故知县周凤喈未完一分八厘九毫一丝；新泰县未销票八百二十六道，现任知县李天骘未完二分三厘二毫七丝；蒙阴县未销票八十道，现任知县吴之观未完一分；莒州未销票四千六百道，现任知州周承业未完十分；沂水县未销票四千道，现任知县王廷业未完十分；日照县未销票一千五百道，现任知县吴壎未完八分六厘九毫四丝，司委代理即用知县喻秉醇未完一分三厘六丝；益都县未销票四千三百一十七道，现任知县王观澄未完七分一厘二毫七丝；临淄县未销票九百道，现任知县洪起焘未完二分六厘四毫七丝；博兴县未销票二千六百道，病故知县潘绣未完四厘一毫七丝，府委代理事、青州府经历周钧未完二厘七毫八丝，司委代理事、候补知县汪南金未完六分四厘七毫二丝，题补知县杨德懿未完二分八厘三毫三丝；昌乐县未销票二千道，现任知县李正仪未完六分六厘六毫七丝；临朐县未销票二千二百道，现任知县王廷棻未完五分，俱于册内注明，一俟续销到司另行详请开复外，所有章丘等州县应销额余票十五万九十一道，该完八分二厘九毫二丝。今统计督销完票十二万三千五百九十二道，已完六分八厘二毫八丝；尚有未完票两万六千四百九十九道，该司未完一分四厘六毫四丝。现在严催，俟催销完日再行呈报，合并声明等情。由抚臣崇①移交到臣，臣覆核无异。除册分送部科查核外，理合具题等因前来。

查山东省道光二十三年商运额票十四万一千一百三十五道、民运额票三万一百五道、余票八万三千一百八十道，其民运正余票张已于二十四年五月经该抚题销在案。兹据该抚疏称，所有商运额余票二十二万三千五百五道，内除存剩余票七万三千四百十四道，实应销额余十五万九十一道，现已督销十二万三千五百九十二道。督销一年一官全完之章丘县知县玉简等并无带销未完之项，核与五月奏销民运票引全完之诸城县知县周壬福等一并题请议叙等语。

吏部查定例，经征盐课督销盐引各员能于奏销前全完，无论正署，俱照地丁钱粮例议叙。又定例，地丁钱粮三百两以上未及一万两于奏销前全完者，纪录一次等语。

应将督销道光二十三年分商运额余票引银两数在三百两以上，于奏销前全完之章丘县知县玉简、济阳县知县杨汝绥、陵县知县沈淮、前任惠民县知县已经丁忧杨茂豫、海丰县知县李澄、商河县知县张楷、蒲台县知县王沛霖、博山县知县邱文藻、高苑县知县谢荣光、乐安县知县黄良楷、寿光县知县王家治、潍县知县何镕、邹平县知县李铄、代理齐东县事试用知县全盛、临邑县知县金涛、德平县知县德稜额、莱芜县知县谢俊升、青城县知县张薇垣、阳信县知县多瑞、乐陵县知县梁本檀、署兰山县事峄县知县董振铎、郯城县知县崇亮、费县知县李沣、前任诸城县今调长清县知县周壬福、署昌邑县知县李著、即墨县

① 即觉罗崇恩。

知县王九兰、掖县知县胡积垲、平度州知州保忠、胶州知州张同声，均照例准其纪录一次。

又疏称，淄川县知县吕芳楷等未销票两万六千四百九十九道，俱于册内注明，听候部议。嗣于道光二十四年十二月二十二日据该抚咨报，淄川县续销票九百九十八道，新城县续销票四百十六道，新泰县续销票八百二十六道，蒙阴县续销票八十道，益都县续销票四千三百十七道，临淄县续销票九百道，博兴县续销票二千六百道，昌乐县续销票二千道，长山县续销票三百十二道，临朐县续销票一千一百道；又于道光二十五年二月二十日据该抚咨报，日照县续销票一千五百道，长山县续销票一千一百三十七道，临朐县续销票一千一百道；又于三月初九日据该抚咨报，莒州续销票四千六百道，沂水县续销票四千道；于五月十九日据该抚咨报，长山县续销票六百十三道，请将原参各职名扣除免议。

再，山东盐运使陈①未完三毫四丝，今已催销全完，应请一并扣免。

查续报全完各员准其扣除免议，及已经病故各员，均毋庸议。仍令该抚将前项先后已销票十五万九千一道，同存剩余票七万三千四百十四道一并解部查销等因。

道光二十五年十月二十八日题，十一月初一日奉旨："依议。"钦此。合咨前去，钦遵施行。

---

① 即陈士枚。

大学士军机大臣会同户部议覆御史刘良驹奏银钱画一章程折并上谕

大学士军机大臣户部谨奏为遵旨会议事。

据江南道监察御史刘良驹条奏银钱画一章程一折，道光二十五年十一月初七日奉旨："御史刘良驹奏请饬定银钱章程以便出纳等语，着大学士军机大臣会同户部议奏。"钦此。于初十日由内阁抄出到部。据原奏内称，窃惟银价之昂未有甚于今日者，京中纹银每两易制钱云云；并有经部拨解河工抵银者，是即一收一放，并未闻其滋弊等语。

臣等伏思立法固与时为变通，救敝［弊］必因势而利导。近年以来银价日昂，迄无底止。自京城以至各直省，每银一两易制钱一千八九百文及二千余文不等。州县经征钱漕，凡小户折收之钱，皆系官为易银批解，已形赔累。加以火工解费，更觉不支，辄相率倍取于民。于是官困而民益困，甚至诛求无已，激成事端。其他盐课之亏折，关税之短绌，亦未尝不由于此。《易》曰："穷则变，变则通，通则久。"今欲默为挽救计，惟重钱之用，足以杀银之势。该御史所称银少，势不能使多；钱轻，法亦能使重。惟二者兼收兼放，乃国家制用之大权。请将关税、盐课并常捐等项分别改交制钱，而渐及于地丁。又请将河工工程并留支等款分别改放制钱，而再推之兵饷，由部统筹出纳章程，酌中定价，以免上下观望等因。

所论诚不为无见。惟作事必先谋始，慎始乃可图成。钱法固政之大端，但关系天下全局。且东南一带与西北各省情形又不相同，若不详慎考核，次第举行，即恐涉张皇而启纷扰。况欲以钱济银，又非鼓铸多、制造精，仍不能流通而致远。

以目前事势求之，其难有四。铜额未充，接济不及，一经加卯，不能停炉守候，一难也；成本不敷，工料暗减，虽有巧匠不能出资赔垫，二难也；欲官为收铜，不但富家大族阴违教令，即间有愿交者，一遇胥役刁难，必致闻风退阻，而官价少于民价，又谁肯舍多而就寡，三难也；欲官为禁铜，不但铺户民家先被扰累，即例所不禁者，一遇借端讹索，必致道路寒心，且奸民习于猾吏，又谁不贿吏而欺官，四难也。即谓朝廷欲立大政，不惜小利，原可立时购运铜斤，加给工本。而事之成效未见端倪，遽请发数百万帑金轻以相试，亦断非经国者万全之策。

臣等再四讲求，惟有核定款项先令试办，则事有序而帑不靡，行有渐而人不扰。如果明效既见，方可以次推行。谨拟试行及缓办章程四条，请先由各该督抚覆核妥议，奏明办理。是否有当，伏候圣裁。

一、据称收钱放钱酌中定价一节。查市肆银价，随时涨落，势不能官为核定，致启滋扰，应毋庸议外；惟制钱既准交官，又须搭放，则出纳之数必应画一抵银，方免窒碍。谨按会典，顺治、康熙年间，以十四钱准银一分，计银一两合制钱一千四百文。拟请参酌前规，以十五钱准银一分，已属平允。应领江苏、安徽、山东、河南、江西、浙江、闽、广、两湖等省，凡舟楫可通之州县，先就该御史指出留支一项，并司库每年留用之项，由各该督抚转饬各藩司悉心详核，或全数收钱放钱，或酌定成数分别收放，抑或仿照顺治十四年征收钱粮银七钱三之例，一律办理。各就所属情形，因地制宜，详慎核议，总期恤民便民，久之官亦自便，方可试行有效。并于酌议后，各自奏覆，仍将每年各该省核定可收制钱若干万串、可放制钱若干万串，分晰报部查核。其直隶、山西、陕西、甘肃、四川、云南、贵州等省，四达通衢多系陆路，各该州县有无内河水路可通，留支一项是否可改钱文，亦令该督抚查明据实覆奏。

一、据称盐课、关税等项银钱兼收一节。查此二款银两，内有拨解部库及酌拨各省兵饷者，应照旧征银毋庸议外；其盐课项下，如两淮、浙江等处每岁例解南河银款，距清江一水可通，路亦甚近，似可一律收钱解钱，按前条酌定之数准作银两。其余各省盐务及关税项下，外支外用之款，并各项工程可以收钱放钱者，一并由各督抚、盐政监督会同详议覆奏。并将每年核收制钱共若干万串、核放制钱共若干万串，分晰报部，再行定夺。

一、据称河工岁修料物等项改发制钱一节。查东、南两河修防经费，如购办秸料、土方，及夫工一切等项，领银以后，本须换钱给发，并不尽用银两，似可核实变通。应令该河道总督详细查明，分别酌定，具折奏覆。并将各该处每年实可用钱若干万串，分晰报部，再行核定。

一、据称京外官俸及各省兵饷等项均可搭放钱文，又常捐亦可交钱抵银一节。查八旗月饷本系搭放制钱，外省兵饷亦有以钱搭放者，均毋庸另议外；其在京应给俸银如何搭放钱文，并常捐项下如何酌量收钱之处，应俟各该省奏覆后，另行筹办。所有京局及各省鼓铸事宜，仍应照常办理，暂缓加卯，以免欲速之弊。

以上酌拟四条，如蒙俞允，应请旨敕下各督抚、河道总督、盐政监督，务使各访悉情形，熟筹妥议，总期裕国便民，两有裨益。庶立法可以推行，而变通不致滋弊。恭候命下，户部通行各直省一体遵照。所有臣等会议缘由，谨缮折具奏，伏乞皇上训示遵行。

再，此折系户部主稿。合并声明。谨奏。奉旨见后。（二月初五日邸抄）

奉上谕：“穆彰阿等奏，遵旨会议御史刘良驹奏银钱画一章程一折。银钱并重本系制用章程，果能随时酌核，不使轻重相悬，裕国便民，两有裨益。未可辄称窒碍，不思设法变通。着该督抚等各就地方情形详细体察，悉心妥议具奏，务使法立可以推行，不至滋弊，毋得任听属员巧为推诿、稍存畏难苟安之见，仅以一奏塞责。”钦此。（二月初三日邸抄）

余任接收杨任一案交代议单二件

立议单。

张春帆会核得，余芰芗三兄接收杨桐生四兄交代，应交正款银一万九千六百八十九两二钱八分、杂款银一万一百二十九两六钱五分六厘、仓款谷价及兵米价银一万一千四百四十两四钱九分一厘、摊捐款银四千七百四十七两四钱二分八厘。以上共应交各款银四万六千零六两八钱五分五厘，内除提出另追摊捐银三千九百八十六两九钱五分五厘，又除抵款银两万七千七百一十五两六钱四分一厘，又除兑陈栗堂兄处银四百三十九两一钱七分外，下剩实应交银一万三千八百六十五两零八分九厘。应议各条列后：

一、各年官捐学租耗银及普济堂正耗银两，历任因各年钱粮缓征并未捐交。所有道光二十年以前之项，业已遵照蠲免通饬，随同民欠请豁。其二十一年以后银两，俟该年钱粮民欠启征全完之年，由接征全完之员捐解。如未及启征全完，再遇蠲免，亦照章一律请豁，毋庸入交。

一、各年各官罚俸银两照章追各本员自行完解，毋庸入交。

一、提出另追捐摊各款，已奉藩宪批准径追杨任完缴。其抵款项下仍照前任原垫银数作抵，由后任查明原抵欠项，造具年款详送核办。

一、历年未解府道捐款照章仍归各本员自行清理，毋庸入交。

一、各属欠解历年垫办院考经费，道光十一年至十七年银两已归入属库垫款案内抵除杂项，详奉藩宪批准在案。其原抵欠款现在列入交册抵款项下仍旧列抵，俟年款清册造定后，再将抵款及欠款一并剔出。所有道光十八年以后之项，亦按欠数列抵，将来照案核办。

一、除抵应交银一万三千八百六十五两零八分九厘，议由现任代担，分作十二年归补。

允核：杨桐生、余芰芗

道光二十六年二月　日

会核：张春帆

立议单。

张春帆会核得，余芰芗三兄接收杨桐生四兄交代，除抵及提出另追捐款外，下剩实应交正杂仓捐等款银两万四千六百二十三两八钱四分九厘。缘桐生兄在任两载，因公赔累，卸事后万分拮据，无力措交，议明余芰芗三兄代担银两万四千两，分年陆续弥补，以全寅好而速交案。其余尾数银六百二十三两八钱四分九厘，俟桐生兄宽裕时措还芰芗兄归款。彼此允议，立单存据。

允议：杨桐生、余芠芗
道光二十六年二月　日
会议：张春帆

交案比较原账增删各数单结稿附

交案比较原账增删各数：

一、原账共应交并漏交正款银两万四千四百五十二两五钱八分，内除删蠲免案内正款银四千七百六十三两三钱外，下剩正款银一万九千六百八十九两二钱八分，即系现定应交正款之数。

一、原账共应交并漏交杂款银一万四十八两九钱七分六厘，再加增入张建翠赃罚银一百两，内除更正核删缺俸小建等银十九两三钱二分外，下剩杂款银一万一百二十九两六钱五分六厘，即系现定应交杂款之数。

一、原账共应交并漏交仓谷及兵米价银一万一千四百四十两四钱九分一厘，并无增删，即系现定应交仓款之数。

一、原账共应交并漏摊款及年例捐款银两千一百两零四钱五分，再加增入摊款银两千五百四十三两五钱二分二厘，又加续奉加摊潍县捐款银二两一钱九厘，又加续奉行知应摊二十四年买谷津贴银九十一两一钱六分四厘，又加应摊二十四年修府上房工料银一十两九分三厘，即系现定应交捐摊款之数。

一、原账应交漕尾银三百四十两八钱三分，现就陈太尊欠项尽数拨兑银三百二十两，又就陈栗堂欠项拨兑银二十两八钱三分不入交案核算。

一、原账应交代垫汪司马漕规银四十两，现就陈栗堂欠款内拨兑银四十两，不入交案核算。

一、原账应抵各款共银二万三千七百七十二两九钱七分二厘，再加抵提追捐款项下多办银一百九十两六钱四分二厘，又加提追捐款增抵银二千五百四十三两五钱二分二厘，又加抵十八年以后院考经费银五千九百九十五两四钱六分，又加增抵修府上房工料银二十两，内除陈太尊欠项银三百二十两、陈栗堂欠项银六十两八钱三分，划拨漕尾漕规不入交案作抵外，下剩抵款银三万二千一百四十一两七钱六分六厘内，即系现定抵款银两万七千七百一十五两六钱四分一厘、提追捐款银三千九百八十六两九钱五分五厘、陈栗堂兑项银四百三十九两一钱七分。

武定府惠民县今于与印结事。①

依奉结得，卑职应接前任知县杨茂豫交代一案，除杨令②欠交捐款银提出另追外，所有正杂仓款均已接收清楚，并无亏缺情弊。理合出具印结是实。

道光　年　月　日知县余棨年月日均空留，勿填

禀藩宪代府宪拟，禀呈惠民县余令接收杨令交代正杂仓款无亏单结由

敬禀者。窃照惠民县余令③应接前任杨令④交代一案，前经

① 底本此列文字上方有“单结稿”三字。
② 即杨茂豫。
③ 即余棨。
④ 即杨茂豫。

饬委青城县张令①在郡监算，当将正杂仓款核明接收清楚。因杨令有欠交捐摊银两，一时力难并交，经监委员会同余令，禀蒙宪台批准，照案提出另追，饬经卑府转饬该县赶紧出具单结呈送去后。兹据余令造具正杂仓款无亏单结，由监交委员张令禀送前来。

除仍催该县速造送部册结，一俟送到即行结转外，理合先将无亏单结禀呈大人查考。肃此云云。

计禀呈单结一纸。

奖励审案委员章程道光十九年三月详

为会议详覆事。

案蒙宪台批，据前署臬司，会本臬司前在署藩司任内转据济南府禀请鼓励审案各员缘由。蒙批，查知府有表率之责，遇有缺出，随时量才酌委。如果青州府同知方丞②于一切公事始终奋勉，则知府是其应升之阶，当不独暂令署理。若其始勤终怠，则本职犹不容滥竽，又岂能因审案出力著有微劳，即准拔署知府。前据济南府禀，业经批司，将方丞记大功一次，其余各员并饬会同议详在案。

据详，仍请将方丞拔署知府一次，系在未奉批示以前，应毋庸议。至谳局帮审各员果能听断公勤，自当分别奖励，用昭激劝。但必须审案较多、尤为出力之员，方准量予拔署。

今查济南府禀呈清册，共计审结京控奏咨及寻常发审案件

---

① 即张薇垣。

② 即方熙。

二百十九起内候补知县王沛霖一员。原禀据称，该员审结之案几及百起，其余各员审结案件总计不过一百十余起。据请本班拔署者六员，记功三次者十员，存记从优奖拔者一员，已属过优。且册系笼统开造，并未将何员审结若干起明晰声叙，无凭查考，尤不足以昭核实。事关鼓励人才，总期无滥无遗，方为妥协。仰即查照先今批示，再行会同确核妥议，分晰造册，另详呈候察夺。毋迟。此缴。册并发。又蒙批转，据历城县禀请鼓励审案各员缘由。蒙批，查历城县虽系省会首邑，讼狱较繁，然东省京控奏咨以及情罪重大或稍涉疑难各案，向系提省发委济南府督同局员审办。该县审理者不过自理词讼，及上控批发案件，原系该县本任应办之事，即间有该府委审之案，亦属无多。帮审各员纵有微劳，但较之济南府谳局委员则固大有区别。前据济南府由司详请鼓励局员，因请拔署院数较多，本部院尚嫌其过优，批司妥议另详。

今该县禀请鼓励帮审各员，计拔署并代理知县者共至七员，殊觉过滥。且谳局委必能将疑难重大之案依限速结，案无翻控、罪无出入者，方合奖励章程。至于监犯、押犯病故，不过照例验讯，在该委员既无由显其才能，又何从判其功过。此等事件岂得概请奖励。该县造送清册内率行一并列入充数，更与向办章程不符。事关鼓励人才，若不核实裁抑，恐此外各府附郭首县，凡有委审案件者必将纷纷禀请。此后州县出缺署事至必至尽，为审案委员鼓励之地，殊不足以示限制而昭公允。仰即会同再行确核妥议，另详呈候察夺。毋迟。此缴。册并发。

又蒙宪札，案据济南府暨历城县先后禀请鼓励审案委员一案，前经该前署司会议分案，具详至院。本部院因查原议奖励过优，均经批司妥议另详在案。惟查济南府暨历城县各禀内声明济南府经历刘昕、候补经历陶洪昭，候补县丞韩云涛、郭逢春，中宫主簿董煦，或稽查押犯、或收管人犯出力，请各予代理知县一次。是府、县两禀请代理知县者，共计已至五员。而历城县另禀，又以县丞王仲淇、府经历刘昕委查押犯出力，请各予代理知县一次。

查府经历刘昕既经该府禀请奖励，该县复又禀请，已属非是。况收管人犯与稽查押犯，事同一律。该县既将韩云涛等三员列入请鼓励审案委员禀内，何以又王仲淇等二员另行禀请。此明系因禀请奖励之员过多，恐难邀准，朦混取巧。且稽查押犯之委员，向无鼓励之案。在该委员等如系在省候补之员，勤慎当差，原属分所应为。若现任佐贰本职公事甚简，即委令稽查押犯管押人证，并非难办之事，亦不得谓之劳绩；即云差委无误，亦只能酌量记功。若将此项委员概予代理知县，则省垣候补人员甚多，何一不当差效力，岂能视此概予给奖乎？此等寻常委查押犯等事，即请代理知县一次，设有别项紧要差委，该员实在勤奋出力，又将如何鼓励乎？知县寄膺民社，责任綦重，遇有缺出即暂时委员代理，亦须详慎遴选。若以此为鼓励之用，则无论其才堪胜任与否，一概委用，殊非慎重地方、因才任使之道。更恐此端一开，将来候补、现任各员视地方应办之事，悉为计功谋利之图，尚复成何政体？前据司详，因未汇核照详批示，今统核府宪前后各禀，诸多未协。所有前署司等详请将清查押犯委员王仲淇、刘昕各予代理知县一次之处，亦应一并核实另议，以杜冒滥。合行札饬。札到，该司立即会同查明前署司原详，将历城县县丞王仲淇、济南府经历刘昕代理知县一次注册之案先行注销。一面查照先今批札事理，秉公核明各委员内何者委审案件尤为出力，何者差委公事最著辛勤，应如何酌量分别奖励之处，据实妥议，一并详覆查夺。毋迟。此札各等因。

蒙此，遵即由本藩司将历城县县丞王仲淇、济南府经历刘昕代理知县一次之案先行注销，并由本臬司转饬济南府分晰，另造清册禀送前来。

本司等伏查济南府及历城县为省会郡县，讼狱繁多，且时有发审要案。虽系该府、县分内应办之事，而案牍既多，不得不借候补正印及长于听断之现任人员帮同审理，以期要案得以速结。该员等终岁辛勤，自应予以奖拔。即佐杂人员帮同录写供招、检查案卷以及稽查押犯等项，均各著有微劳，亦当量予奖励。惟赏以酬劳，要当核实，必须先行酌议章程，再视结案之多寡、案情之轻重列定等第，分别鼓励，方为平允。倘不论劳绩之大小、时日之久暂，一经滥竽其间，概得予以优奖，则是赏不当功，不特不足以策励人才，更恐转启冀幸之渐。诚如宪论，此端一开，将来现任、候补人员视地方应办之事，悉为计功谋利之图，尚复成何政体。

今本司等悉心酌议，应请将嗣后府县审案候补、现任正印各员，必所审系由院司发审案件，每十起准记大功一次；积至三功，候补人员准本班拔署一次；如积至六功以上，准予酌量优奖。其所审止系该府县自理等案，为数少者必须审结之案，数至五十起，查明确有案据，准予记大功一次；积至四功以上，方准本班拔署一次；现任人员俟积功次较多，另行详请奖拔。如所审系疑难重大案件，不计案数多寡，随时酌量优奖。候补、现任佐杂人员在府县帮录供招、检查案卷、稽查押犯等类，本非审案可比，毋庸给予记功，统俟一年后查明。如果当差勤慎，现任人员准予优差一次，候补人员准予本班拔署一次。以上各员所记之功，俱不准与下年所记之功前后接算，惟现任正印不在此限。现在审案各员应即照此办理。

兹查济南府另造清册内开，青州府同知方丞审结发审案一四起，应即遵照前奉宪批，准记大功一次。其余各员审结该府本属自理等案，为数无多，毋庸计算外。查候补知县王沛霖审结发审案六十八起，核计已至六功，自应酌予优奖，应请遇有繁缺州县，尽先酌委一次。候补知县许锽审结发审案三十三起，张昌审结发审案三十一起，核计均已至三功，应请各予本班拔署一次。候补知州沈澄审结发审案二十一起，候补知县王廷棻审结发审案二十八起，马有绂审结发审案二十四起，即用知县陈宽审结发审案二十一起，应请各予记大功二次。益都县知县莫元遴审结发审案十起，即用知县李铄审结发审案十六起，德稜额审结发审十三起，应请各予记大功一次。上年审办教犯阚梦祥等一案，系高唐州知州龚廷煌、莘县知县张积功、临邑县知县沈淮、阳信县知县张元祥、现调郓城县知县范恕、署泰安县知县姜宫绥等帮同审讯。此案情罪重大，为时经久，各该员出力最多，自应从优奖励，应请该员等各记大功三次。

在县帮同审办各员所审，多系该县自理等案。查候补知县祝镜清审结、自理等案二百一十起，查明册开案数相符，核计已至四功，应请本班拔署一次。候补知县吕方楷自理等案一百九十三起，李培荃审结自理等案一百七十一起，谢俊升审结自理等案一百六十二起，应请各予记大功三次。其在府县帮录供招、检查案卷、稽查押犯之济南府经历刘昕、司狱徐芳庭、候补府经历陶洪昭、历城县县丞王仲淇，候补县丞韩云涛、郭逢春，中公主簿董煦，终年在局，均属勤慎办公。刘昕、徐芳庭、王仲淇、董煦，均系现任人员，应请各予优差一次。陶洪昭、韩云涛、郭逢春均系候补人员，应请各予本班拔署一次。至济南府原禀声明，平原县县丞袁傅、裘常川在府出力独多，该员现已委署滕县，仍行存记，从优奖拔。该府同知卓丞①、武定府同知陈丞②、候补同知承丞、该府通判冯倅、候补知州桂葆，候补知县李人骥、达龄阿、胡积垲、孙世绪在府未久，审案无多，俟续著劳绩，另请奖励等语，均应如所禀办理，此时毋庸另议。

似此酌定章程，分别奖励，既不致任其冒滥，亦不致稍有屈抑。俾各该员咸知恩不可以幸邀功，则在所必录。从此办理一切公事，无不益加勤奋，各思报效，似于吏治、官箴均有裨益。是否有当，所有奉批会同核议缘由，理合同济南府更造清册及历城县原册，一并呈详宪台核示祗遵。

再，此案系本臬司主稿，合并声明。为此备由呈请照详施行。

前案院批

按察司为会议详覆事。

道光十九年四月十三日蒙巡抚部院经③批，本司会同贵司议详济南府暨历城县审案委员奖励章程缘由，蒙批，仰即将各委员拔署记功之处如详注册饬遵，并饬该府县嗣后于一切发审及自理各案，系何日发审，何日准理，并委何员于何日审结之处，一一注册，按月详送，以备查考。此缴等因。

---

① 即卓麟。

② 即陈光绪。

③ 即经额布。

长清县议禀挑修赵牛河年限章程

武定府陶[1]札惠民县知悉。案蒙济东道札开，照得赵牛、徒骇两河为民田泄水之区，前因河身淤塞，必须上下游一律兴挑，方能泄夏秋盛涨，当经径饬遵办在案。

兹据长清县周令[2]禀报，境内淤塞处所已疏浚深通，并酌议赵牛河定限五年挑修一次章程，开折具禀到道。据此，查该府所属之徒骇河道，其间芦苇丛生，尤宜勤加挑除，以期永无淤塞。除禀批示并移藩司核办外，合行抄单札饬等因到府。蒙此，合行转饬。札到，该县立即遵照。嗣后务于每年农隙之时，勘明境内徒骇河应挑处所，派集民夫赶紧兴挑。遇有芦苇梗阻，亦即随时芟除净绝，以期毫无淤塞，永除水患。是为至要。仍将遵办缘由，先行禀覆道宪暨本府察核。毋违。切切。此札。

计粘抄折一纸。(二十六年正月二十七日到)

为酌定赵牛河善后章程俾日久流通永利民田事。

照得本邑西偏数十里之地，一片平阳。前人相度于上游茌平、东阿、平阴，下游齐河、禹城与本邑，共六邑地方开河二百余里，绵亘本邑境内者四十八里。又于本邑与齐、禹境内开赵牛岔河二十五里，统归徒骇河入海，以泄夏秋淫潦之水。不知创自何年，乃本邑境内西偏大干河也。旧名利民河，前明齐河令亟重浚之，始得今名。乃自乾隆五十六年再浚，后为时仅

---

① 即陶庆增。

② 即周壬福。

五十余年，早已淤成平陆，以致多年被患。

今此重劳民力，仰蒙各上宪据禀通饬，焦心劳思，筹计万全，将临邑、济阳等县徒骇河积苇芟除搜挖，畅流无阻。复蒙本道宪历次亲履查勘，上下各县同心协力，不辞劳瘁，不惜捐廉，一律通开。较旧日河身既深且宽，诚千载一时之盛举，抑六邑生民之厚幸也。

此河本属无源之水，夏秋大雨时行挟浮沙浮土而来，一过便有积蓄。若听其自然，不二三十年又复阻塞，岂不重可惜哉？今特熟筹善后章程开列于后，计开：

一、嗣后每届五年兴挑一次，永以为例，庶无壅塞不通之患。此河本属干河，全赖随时修浚。而人心不齐，非官为制限，未必画一遵行。若迟五年以后，则淤积已多，即恐有畏难苟安、挑挖不清之弊。今酌定五年一挑，计五年之内所淤积者不过盈尺一二，犁便可清底，人不费力，工即易举，则此河永远通流矣！

一、赵牛河在长清境内，经由吕保、尚保、仁保、潘东、潘西、潘保、辛兴、季北、莒保等九保地方，乾隆五十六年浚河旧卷有赵保、褚保、富保、辛店、季南等五保，共十四保，一律派挑。是以本年春间按照旧章办理。惟查赵保等五保均不靠河，且有远至数十里外者。嗣后每届五年，应专派靠河之吕保等九保，派夫兴挑。其两岸分属两保，则派两保分挑。凡同保各庄即不靠河，亦应照派，以专责成而杜推诿。

一、每逢五年挑浚之期，由本县于正初出示晓谕，并移会上下游各宪一体办理。该沿河之吕保等九保，按照十亩地出夫一名，各照本保靠河之地，于惊蛰后十日之内分段兴挑。凡有地十亩之家，于五年之内，当农隙之时出夫工一二日之力，于民力毫无所损，而田禾永无水患，自必踊跃乐遵。其尚保靠河之岸较长，应照五亩地出夫一名均派，亦不过两三日便可竣事。庶几河身内永绝偷种之弊，此河可以用保矣。如兴挑之年正值本县新旧交接之际，则准由沿河九保之保耆首事等禀恳出示，并请移会邻封，不可因循自误。

一、巴公月河、汊河、石虾蟆河均属赵牛河支河，亦已如式一律挑竣，均照五年挑浚一次，于挑浚大河之次年春照章办理，以杜壅塞。

一、赵牛河专为民田泄水而设，按年挑浚，例应出自民力。查乾隆五十六年重浚时曾经借款饬办，即于次年在沿河各堡地丁内摊征归款。是虽属借款，仍系出自民力也。本年挑河时偶有民力不及之处，不得已官为捐廉办理，尤属一时权宜之计，均不得引以为例。俟后五年一挑，均着照章出夫。如有一户抗违，即照例拘案惩办。其各凛遵。

一、两傍河岸必赖树根盘结，方臻巩固。明年交春后，着落两岸各地主按两丈之外插种杨柳或杂树各一株，不但保护河堤，而且冬可析薪，夏可避暑，于生计大有裨益。巴公等河两傍亦应一律插种。此在贤能之保耆首事、庄长等身先董率，善为劝导也。

以上六条内五年一挑之议，本县为尔一方民田水利计，酌度至再，禀请各上宪批定立案，始行刊刻用印发交该九保各庄实贴外，并给保耆首事、庄长每人各一张存贮公所，以备永远遵照。俾一方之大水有攸归，大田多庆，以绵各上宪惠爱尔民之德意。幸勿河汉此言。是所至嘱。

两广总督耆英奏请开复挪用搭解饭食银两之巡检折

协办大学士两广总督臣耆英等跪奏为遵旨审明委员挪用搭解饭食银两限内全完照例免罪准其开复恭折奏祈圣鉴事。

窃照刑部参奏广东委员河源县蓝口巡检徐滢挪用搭解饭食银两一案，道光二十五年二月二十八日奉旨："刑部奏委员短交饭食银两，请将该员暂行解回查办等语。广东委员河源县巡检徐滢着暂行革职，由兵部递交广东巡抚查讯办理。其短交银两，该抚即改派委员补解。"钦此。旋准刑部将革员徐滢咨解回粤，饬委广州府讯取确供。正在审解间，据该革员将挪用银一千五百二十两全数解缴司库兑收。

兹据该府刘浔审拟，由藩、臬两司议拟，解勘前来。臣等亲提研讯，缘徐滢籍隶大兴县，由议叙从九品分发广东咨补河源县蓝口司巡检。道光二十三年经藩司委解粤海关参斤变价银五万四千五百两，并搭解二十二年刑部饭食银二千两，赴京交纳。因委解前项银两，例不填给勘合，沿途一切费用均由解员自行经理。嘉庆二十一年有委员陆承宽委解参价银六万六千八百六十两，曾经前任粤海关监督给发盘费银二千一百七十五两，并由关议定章程在案。

该革员徐滢于领解前项银两时，援案禀请照给。经粤海关监督以今昔情形不同，应行核减，共给盘费银一千三百一十一两九分二厘。核与陆承宽原案，计少领盘费银五百余两。该革员虑及盘费短绌，惟程限已迫，于是年五月二十日起程，拟至江西省央恳亲友接济。迨至江西询访亲友，均因公出省未遇，不得不按站前进。所需船只、人夫、壮丁、骡马并买补倒毙骡头与一切费用，时价昂贵；船只复遭风碰破，另雇别船接运，以致盘费不敷，将搭解饭食银两暂行挪用，拟待至京筹借归款。共计陆续用去饭食银一千五百二十两，始将饷鞘押解到京。当将参价银两先行交纳清楚。因挪用饭食银两无从设措补足，即将余存银四百八十两赴部交兑，并将挪用情由据实禀明。经刑部奏，奉谕旨将该员暂行革职递解回粤，饬委广州府审办讯悉前情。旋据该革员将挪用银一千五百二十两全数完缴司库兑收，解经臣等提讯无异。

查例载，挪移库银五千两以下者，仍照例拟杂犯流，总徒四年。统限一年，如果尽数全完，免罪，照例准其开复各等语。

此案已革河源县蓝口司巡检徐滢委解参价银两，因沿途盘费不敷，将搭解刑部饭食银挪用一千五百二十两，讯无侵吞入己情事。兹已限内全数完缴，自应照例问拟，已革巡检徐滢合依挪用库银五千两以下者，仍照杂犯流，总徒四年。统限一年，果能尽数全完，免罪开复，例应请免罪，准其开复。其短交饭食银两，饬司另行委解。

除供招咨部外，所有审明办理缘由，谨合词恭折具奏，伏乞皇上敕部核覆。谨奏。奉朱批：“该部知道。”钦此。（二十六年二月初八日邸抄）

道光二十五年地丁仓项分数账六页

惠民县

道光二十五年分：

额征司库地丁正银四万六千三百三两一钱三分七厘、耗银四千一百七十两九钱八分二厘、知县养廉银一千四百两、课程银二两三钱。以上应解正耗养廉课程等项共银五万一千八百七十六两四钱一分九厘，内除因灾缓征正银一万一千九百七十八两三钱六分五厘、耗银一千六百七十二两五钱九分一厘，以上共缓征正耗银一万三千六百五十两九钱五分六厘。

计缓征：实应征正银三万四千三百二十四两七钱七分二厘、耗银二千四百九十八两三钱九分一厘、知县养廉银一千四百两、课程银二两三钱。以上共应征正耗养廉、课程等项银三万八千二百二十五两四钱六分三厘。计应征上忙已完过正银二万一千三百六十八两二钱、耗银一千八百三十一两八钱、知县养廉银七百两。以上共解过正耗养廉银二万三千九百两。计已完、未完应征正银一万两千九百六两五钱七分二厘、耗银六百六十六两五钱九分一厘、知县养廉银七百两、课程银二两三钱。以上共未完应征正耗养廉、课程等项银一万四千三百二十五两四钱六分三厘。

计未完：

惠民县

道光二十五年：

额解司库正银四万六千三百三两一钱三分七厘、耗银四千一百七十两九钱八分二厘、知县养廉银一千四百两、课程银二两三钱。以上共应解司库银五万一千八百七十六两四钱一分九厘，内除道光二十五年二麦被旱，复因道光二十五年秋禾被水及道光二十五年秋禾被水被虫本案，共应缓至道光二十六年秋后启征二分六厘三毫，银一万三千六百五十两九钱五分六厘，实征七分三厘七毫，银三万八千二百二十五两四钱六分三厘。

一、经征知县余自道光二十五年正月二十日开印起，扣至道光二十六年二月十九日一年限满，应征七分三厘七毫，银三万八千二百二十五两四钱六分三厘。前件已完银两万七千三百两，计已完五分二厘六毫；未完银一万九百二十五两四钱六分三厘内有课程银二两三钱，计未完二分一厘一毫。

道光二十五年分

额解司库正银四万六千三百三两一钱三分七厘、耗银四千一百七十两九钱八分二厘、知县养廉银一千四百两、课程银二两三钱。以上共应解司库银五万一千八百七十六两四钱一分九厘，约计九分二厘，须解正耗银四万七千七百二十六两三钱五厘。除缓征正银一万一千九百七十八两三钱六分五厘、耗银一千六百七十二两五钱九分一厘，已解支过正耗并养廉银两万九千三百两，仍应解正耗银四千七百七十五两三钱四分九厘课程在内。

道光二十五年分

额征临仓正银四千六百五十三两二钱五分二厘、耗银六百五十一两四钱五分六厘，二共正耗银五千三百四两七钱八厘。约计九分二厘，须解正耗银四千八百八十两三钱三分一厘，内除缓征正银一千六百五十八两二钱一分二厘、耗银二百三十二两一钱五分，已解过正银二千两，已解支过耗银二百八十两，仍应解正耗银七百九两九钱六分九厘应支解脚费在内。

计应解正银六百二十二两七钱八分、耗银八十五两六钱九分四厘，应解五毫脚费银七钱四分七厘五毫，应支五毫脚费七钱四分七厘五毫。

共解过临仓正银二千六百五十两，解支过耗银三百七十一两；缓征临仓正银一千六百五十八两二钱一分二厘、耗银二百三十二两一钱五分；民欠临仓正银三百四十五两四分、耗银四十八两三钱六厘。

缓征民欠共正银二千　三两二钱五分二厘、耗银二百八十两四钱五分六厘，均因二十六年二麦被风、被旱，议缓至本年秋后启征。

道光二十五年分

额征德、常仓正银九百二十两八钱五分九厘、耗银一百二十八两九钱二分，二共正耗银一千四十九两七钱七分九厘。约计九分二厘，须解正耗银九百六十五两七钱九分七厘。除缓征正银三百二十七两一钱九分九厘、耗银四十五两八钱八厘，已解过正银四百两，已解支过耗银五十六两，仍应解正耗银一百三十六两七钱九分应支解脚费在内。

计应解正银一百一十九两九钱九分一厘、耗银一十六两五钱一分一厘，应解五毫脚费银一钱四分四厘，应支五毫脚费银一钱四分四厘。

请领坛工银两并呈印领县详

为详请修理事。

案蒙宪台札开，道光二十四年正月二十三日本司在护院任内行知，道光二十三年十二月二十七日准工部咨，营缮司案呈全云，具文送司，以凭详咨。毋迟。速速。此札等因到县。蒙此，查此项工程业经卑职报明，垫修完竣，委员验收在案。除饬承赶紧造具报销册结另文申送核转外，所有用过工料银四百九十四两七钱九分三厘一毫，拟合出具印领，具文详请宪台鉴核，俯赐给发归款，实为公便。为此云云。

今于与印领，为详请修理事。

依奉领得卑县修理社稷坛大殿、配房、门楼等处工料银四百九十四两七钱九分三厘一毫，照估领出应用，不致冒领。印领是实。

请领邹县任内安设腰拨正站并协济车马及各起官兵差使等项经费银两县详

为详请饬发归款事。

窃卑职在署兖州府邹县任内安设腰拨正站并协济车马各起官兵差使等项经费，除领及奉发银两外，共计垫用未领银一万五千二十七两二钱七分八厘，前经出具印领五纸禀送，嗣奉宪批。以上共准实销银七千四百九十八两三钱二分六厘四毫，除委员解发并领过外，尚有未领银三千八百九十八两三钱二分六厘四毫，因无款可动，未蒙给发，已将印领暂存，饬令遵照在案。

现在邹县交代急等核算，分别交抵清还。原未敢再延，拟合具文请宪台俯赐速发归款，实为公便。

再，应付钦使过境差使经费准销银数若干，未蒙饬知。并祈宪台饬承查明准销，以及应否扣平减平、实应请领各数目批示祗遵。为此云云。

移查钟[1]任交代案内提出另追三成等款文

为移查事。

案照敝前县钟任欠解道光十六年曹工三成银二百四十一两，又应摊未完道光十四年贵县垫修学院箭亭工料银一十五两七钱八分六厘，前于核算交代时，经邓[2]任会同贵前县监交禀明不入交代，提出另追。奉藩宪批准，将前二款同清厘借垫案内应摊道光十三年贵县垫修府料房银一十五两八钱二分五厘，一并详请咨追在案。嗣于道光二十年奉准福建抚院咨，以饬据钟任呈验交代议单，查明均已入交。咨覆转行确查到县，各前任因无原算交册，未能详覆。敝县到任细查，实无钟任交代册据。

兹值会核章任交案之际，亟应澈底清厘，拟合备文移查。为此合移贵县，请烦查明从前钟任在省核算交代底案前三款银两，是否实系议明提出另追，抑已入交清楚，迅赐移覆，以凭详办。幸弗迟滞，望速施行。

一移历城县。

惠民县典史借廉四百两修理衙署一案县详

惠民县为详请借廉修署以资办公事。

---

① 即钟秉书。

② 即邓珏。

除将卑县典史酌增借廉修理衙署银两缘由备载书册外，拟合取具估计工料清册，摘叙简详，呈请宪台鉴核，批示立案，实为公便。为此云云。

计详送书册一本、清册一本。

一详本府。

惠民县为详请借廉修署以资办公事。

案据卑县典史徐伯勋详称，窃照卑职衙署建修年远，每遇坍塌，历经借廉修葺有案。前任典史顾建勋于道光二十四年因署中各房坍坏，详请借领银二百两修理一次。迄今甫阅两载，而内外房屋复又全行倒颓。卑职到任后逐细查勘，询之顾典史修工丁役人等，始知前次修理原无草率偷减情弊。只缘内外房屋二十余间，加以各段墙垣工程较巨，原建年分既久，木料一切虧朽不堪，前次借银二百两不敷工需，所用料物仅能添新选旧，未得澈底换新。武郡又系近海地方，风多猛烈，地气潮湿，土性碱酥。去岁夏秋叠被大雨，以致旧料难于支持新工，随而倾圮。若不及早大修，不特现在无所栖止，且恐基址日渐荒废，将来更难修复。惟是工程浩大，例借银两实在不敷。

再四思维，不得不援案变通，请增借款以便认真办理。伏查济宁州属之金乡县典史及济南府属之历城县典史修理衙署，均有借支养廉银四百两分年扣还成案可稽。合无仰恳，俯念工程紧要，详明府宪，准由县库闲款项下借给银四百两，俾得裕如兴修，工程可期坚固。所借银两即自本年夏季为始，在于卑职典史本缺应食养廉银两分作十二年，无论正署，各按在任月日核扣归还。其前次借领未完之项，请由现借银两坐扣清楚，以销前案。

所有议请酌增借款修理衙署缘由，理合造具估需工料清册，具文详请诣勘，转详核办等情。据此，随经卑职亲诣该署，逐一确勘各处房屋墙垣，委因原建年分久远，料物过于酆朽碱酥。从前节次修葺，均以例借银数二百两勉强应用，未能全换新料，以致上年夏、秋屡被大雨，倒颓不堪。该典史议请援照金乡、历城等处典史酌增借廉成案，借银四百两，以资修理，系属慎重工程起见，估计银数并无虚浮。且典史衙署附近监狱有关防守，未便日久荒废，应请如详，在于县库闲款项下筹借银四百两给该典史具领，俾得及早大修，以昭慎重。所借银两，即自本年夏季起，在于该典史应食养廉内分作十二年，无论正署，各按在任月日核扣归款。其前次借廉银二百两，分八年扣还之项，自道光二十四年夏季起截至道光二十六年春季底止，计已扣两年银五十两，尚欠未扣银一百五十两，应请由现借银四百两内坐扣清结前案。

是否有当，拟合取具该典史估计工料清册，具文详请宪台鉴核批示立案，实为公便。为此云云。

前案府批

如详筹款借给所借银两，即自本年夏季始，在于该典史应食养廉银内分作十二年，无论正署，各按在任月日核扣归款。除照所详办理，仰即知照。缴。册存。

闽硝、部硝限期

一、东省派办闽硝一年一办，每百斤连脚价一两四钱五分。

此系毛硝委员自行湜滤部硝三年一办、五年两办，须煎成净硝，每百斤价银一两六钱，外加脚价银六钱八分五厘五毫十六年工。

一、闽硝采硝官员以到东之日起，限十个月，逾限降职一级，再限六个月，再逾限即行革职。地方官并督催各丞倅初限不完住俸；次限不完，降二级调用三十年工。（闽硝每斤连脚价例价共领银一分六厘零四丝四忽。此系今年请领确数。）

兵支常平仓谷议请由县碾米运兑节略

谨将兵支常平谷石议请由县碾米运兑一案实在情形开具节略呈电。

计开：

会查得抚标左右二营兵谷，前因历城一处动拨过多，难于采买，准于附近之长山、齐河、禹城、平原、济阳、临邑、长清等七处，与历城一体在于常平谷内酌量分拨。历城向有应征本色德米，可按一米二谷之数以米抵兑，历经遵办在案。近来该营以各属米色不纯，任意刁难，不肯兑收。非勒交折色，即多方驳换。倘误兵食，关系甚重。

查各属谷石买贮之时，莫不自顾考成，慎选干洁好谷，并无掺杂滥收情弊。惟各案动缺陆续采补，历年秋收丰歉不一，四乡谷禾又有早晚之分。歉岁则谷实难期饱绽，晚谷则米色不甚鲜明。兼有存仓年远，谷石过于干燥，碾米不免稍带粉糠。此乃天时谷性各不相同，并非收贮不慎之故。营中既嫌谷色参差，无非希冀折色，未敢公然议论。故尔百计挑剔，自应量为变通，方免贻误。

卑县等现拟仿照历城德米折抵兵谷成案，议请嗣后奉派前项兵支谷石，仍按派拨数目在常仓项下动支，由县碾米。卑职等躬亲查验，如果米色不净，情愿另买碾抵，总以二谷一米支给，以重兵稍。除会衔具禀外，谨开实在情形，伏候宪示遵办。

户部议覆山东巡抚琦善奏办理各属已征未解银两查出豁免民欠案内有漏豁、多豁之处，并查明交代案内尚有漏报官亏，现已剔厘清楚，核议章程分别追赔完缴折

户部谨奏为遵旨议奏事。

内阁抄出，署理山东巡抚琦奏办理各属已征未解银两查出豁免民欠案内有漏豁多豁之处，并查明交代案内尚有漏报官亏现已剔厘清楚核议章程分别追赔完缴一折。道光四年四月十六日奉朱批："户部议奏。"钦此。钦遵抄出到部。

臣等查该署抚原奏内称，嘉庆二十四年恭逢恩诏普免天下积欠钱粮，山东省自嘉庆元年至二十二年已豁免地丁等项银三百七十五万二千四百六十六两四钱一分三厘。据前任藩司查出前次办理豁免民欠，有将民欠误入已征未解少豁者，又有将已征未解误入民欠多豁者；并查有十九年清查以前卸事人员，其亏缺业已报入清查豁免案内，复报有已征未解银两。若非清查遗漏，即系后任捏报。种种轇轕舛错，必须澈底详查，节经由司通饬各属逐款复查结报去后。兹查得嘉庆元年起至二十二年止，通省实应征豁民欠地丁等项银三百七十四万七千一百三十

五两三钱四分九厘，核之二十四年原豁银数，计已豁民欠银三百七十一万四千二百九十一两七钱三分九厘，漏豁民欠银三万二千八百四十三两七钱一分；又原豁民欠之内有舛错多豁民欠银三万八千一百七十四两七钱七分七厘，又清查并交代案内漏报官亏银三万七千二十二两四钱二分三厘，又已征未解银五十万八千六百五十六两一分五厘，除先后完解银二十三万四千三百三十两四钱六厘，扣除领款银十一万五千一百十五两六钱二分九厘，并垫解民欠解过节省划抵作为赔项银十万九千八百二十五两三分一厘。

又奏称，前任博兴县宗殿飏名下已征未解列入民欠银五千八百六十九两八钱八分三厘，实计已征未解银四万三千五百十二两六分六厘。又已征未解划作赔项无着银五千八百二十三两二钱四厘，经各州县卫造具册结，该管府州加结送司。藩司朱桂桢核明造册，详请具奏，谨就该司所议章程，逐款复核等语。

臣等公同酌议，将该署抚所议章程分别核明，恭呈御览。

一、奏称已征未解银两，查无垫解民欠解过节省堪以划抵，应加紧严追以重帑项。

查州县征收钱粮，本应尽数报解。已征未解即属亏挪，按例应行奏参查抄，不容稍为宽贷。惟案关通省，事关二十余年，历任欠解各员多已缘事亡故，均非现任人员。其在任如何亏空，已难一一根追。若专就丁忧告病降调勒休之员参革查抄，似不足以昭画一。而任令丁忧等项人员仍行戴用顶带，又与已革已故者无所区别。

应请旨将欠解已征未解银两之前任诸城丁忧起复知县周宗华、前任蒲台县丁忧起复王元辅、前任东阿县丁忧起复知县马步青、前任郓城县告病知县喻黄忠、前署东平州降调知县趕凤飏、前任改教知县谢庸熙、前任荣城县勒休知县王林、革去顶戴与已革章丘县知县虞琛等一体立限勒追。其欠解银数在一千两以下者勒限半年，一千两以上者勒限一年，五千两以上者勒限二年。现在东省者，以此次奉旨之日起限；事故回籍者，以接到东省咨会之日起限，均照奏定限期勒追完缴。如逾限不完，有官者即行革职，与已革人员一并拿问查抄监追。病故人员咨明以原籍，于该员子孙名下按限追赔。如逾统限完不足数，除本人按律治罪外，仍查明果系家产尽绝，并无子孙出仕，按其所亏确数，即着落该管上司照例分赔。又已征未解银两划作赔项，应立限饬追，以免悬宕。

查各州县已征未解银两既有垫解民欠，解过节省，堪以划抵作赔。是各该员当日向系筹垫，自与亏缺有间。惟既划作赔项，若不立限饬追，必致日久延宕。所有此项应赔银两，应请勒限三年，于各该员名下追赔完款，每年定以完缴三分之一。如有迟逾，按限查参，咨部议处。如此内查有事故无可着追，亦着落该上司按成分赔。又已征未解银两划作赔项，本员家产业已抄没，应着落该管知府分配。

查已革寿光县知县陶钺、已革莱阳县知县张孚远任内已征未解银两，已以垫解民欠划出作赔，本应于该革员等名下追缴。惟陶钺、张孚远均因另案亏缺参革监追，家产业经抄没，已属无可着追。所有已征未完划赔银两，应请于该管知府名下，各按在任月日分赔等语。

臣等伏查州县征收钱粮，例应尽数征解。如有已征未解，即应按律惩治。今该署抚查明东省各员已征未解银两，分别无可划抵，加紧严追；有堪划抵，立限饬追。并本员家产业已抄没，着落该管上司知府分赔之处，该署抚既经详细核定章程，均应如所奏办理。惟原奏内称，已征未解银五十万八千六百五十六两一分五厘，除先后完解银二十三万四千三百三十两四钱六厘，扣除领款银十一万五千一百一十五两六钱三分九厘，并垫解民欠解过节省划抵作为赔项银十万九千八百二十五两三分一厘，又奏参前任博兴县宗殿飏名下已征未解列入民欠银五千八百六十九两八钱八分三厘，实计已征未解银四万三千五百十五两六分六厘，已征未解划作赔项无着银五千八百二十三两二钱四厘，未据该署抚造具册结送部，应俟册造到日查核。并令该署抚转饬各州县嗣后征收钱粮，务须尽数报解，不得仍有已征未解银两，以杜侵亏而重帑项。

一、奏称查出漏报官亏，应着落错漏各员赔补。

查交代均以稽察前任之有亏无亏。前任既已有亏，后任自应据实开报。今查出各县十九年清查漏报官亏银三万四千八十两六钱三分四厘，交代案内少报官亏银二千九百四十一两七钱八分九厘，除历城、巨野二县业经赔缴清款外，所有未完漏报官亏银一万七千五百二十九两五钱二分六厘，应请于原报错漏及含混具禀各员名下照数分赔，以清悬款等语。

臣等伏查山东省嘉庆十四、九等年节次清查，其官亏银两节经奏明办理。今该署抚复查出漏报官亏银两，请在于各该员名下照数分赔之处，自应如所奏办理。至原报错漏及含混具禀各员某员名下应赔若干，并历城、巨野二县业经赔缴之项入于何款项下造报，应俟该署抚册送到日查核。查清查案内官亏银两，前于嘉庆二十五年据该抚奏称，于节年奏销册内分别登除。迄今数年之久，节经臣部奏催，未据造报；并令迅速造送，以凭核办。

一、奏称查出豁免民欠银两，应着落原报错漏之州县暨原办错误之藩司分别罚赔。

查二十四年查办豁免民欠，本系饬令各属开报，由司覆核转详。今查出州县原报舛错遗漏，以致漏豁民欠银二万五千一百九十八两六分六厘。此时既不便复向民间催征，亦断无再请补豁之理。自应各按错漏银数分别赔缴。应请于前任藩司案验，并前任临清州知州汪如明等名下照数分赔，以示惩儆。

又查出多豁民欠，应各归各案分别剔出。查二十四年原豁民欠银三百七十五万两千四百六十六两四钱一分三厘。此次复查实只应豁民欠银三百七十四万七千一百三十五两三钱四分九厘。溯查多豁之由，或分隶粮道、河道主政，而未经知照藩司；或本系报明官亏，而误行列入民欠；或先已因灾蠲免；或例应州县坐支，原办未经剔除，实属错误。现在归案造报，以清款目等语。

臣等覆查漏豁民欠银两，请在于各员名下照数分赔，应如所奏办理。至多豁民欠，各归各案分别剔除，系如何归案清款之处，应令速行造报。其舛错多豁数目，亦应俟册报到日查核。

再，前次豁免银三百七十五万两千四百六十六两四钱一分三厘，内除河工银十八万八千八百五两九钱七分五厘应归工部查核外，其余银三百五十六万两，前于嘉庆二十五年据该抚题报请豁。臣部以历年未完奏销各册未据送部，无凭核办，节经臣部行催。迄今三载有余，总未题报，应令迅速造册送部具题核结。

以上各案，臣等悉心核议，分别胪列，恭呈圣鉴。

至原奏内复称，官亏寄庄钱粮核入奏销造报挪移垫解原委，另归盘查案内造报。原亏无着银款应归豁免项下，及原报民欠不在奏销未完项下应确查原委，另案追赔各等情，现令该司核实查办等语，并令速行查明，咨部核办。

所有臣等核议缘由，是否有当，伏乞皇上训示。谨奏。

莱州府为查明嘉庆二十四年蠲免积欠案内查出各属已征未解银两分任、分人追补完缴各数目等事饬属帖文一件

莱州府尚为查明嘉庆二十四年蠲免积欠案内，查出各属已征未解银两，分任分人追补完缴各数目等事。

道光四年五月二十日蒙布政司札付，道光四年四月二十八日蒙爵抚部院琦①批，前司呈详嘉庆二十四年蠲免案内登除各款册缘由，蒙批，查州县征收钱粮，本应尽数报解。已征不解，即属亏挪，按例应行参革，不容稍为宽贷。该司以欠解各员，多系参革、已故，即有在东可追者，亦系丁忧、告病、缘事降调，究非现任人员议分限追缴。在该员等既已丁忧、告病、降调，虽非现任人员可比，但究系有职人员。若任其仍行顶戴，殊与已故已革者无所区别。本爵部院已将周宗华、王元辅、马步青、喻黄忠、趦凤飏、谢庸熙、王林等七员奏请革去顶戴，与已征未解划作赔项各员，分别立限饬追。并将该司所议已征未解划赔无着，应令该管知府分赔，及漏豁民欠、漏报官亏、多豁民欠各条，均已照议具奏矣。

惟该司另单所议前任汶上县王士铭垫解民欠，前司岳龄安误为垫解官亏，批准作抵，实属错误一条。该司以垫解官亏必须查明原报亏款实有短少，方可于亏缺内剔除，所论甚当。如果清查前后实亏银数一事符合，自应如此办理。但查该司造送

---

① 即琦善。

清查以后，各州县新亏清册声明前任汶上县黄洙新亏银七万七千四两零，多系王士铭揭报黄洙原亏有款作抵之项；而原报领抵各款多有例不准销，悬抵无着，已饬兖州府确查声请，另行筹议专案奏明办理。是黄洙任内亏抵各款尚属轇輵不清，款项尚未剔清，则周灿庭开报亏数便难作准，自应俟兖州府查明复到，一并由司筹议请奏，未便一事两议，致涉歧误。

又清查案内挪借官亏一条，该司以事关二十余年，官经屡易，从前开端挪借之员百无一人，继复相率效尤者亦十无二三。所有各州县辗转挪借之咎，应请免其查究。挪移库项不正支正解，例有治罪专条。各州县既已挪移，即不得因其并未侵蚀入己，曲为宽宥。况直隶省交代迟延奏请暂缓处分，经户部以如果历任总督认真查察，随案揭参，惩一即可儆百，何致相率效尤。且以事隔多年，官经数任，暂缓处分为词，实属不成事体等因，奏驳咨会在案。

彼系交代迟延处分，尚未得邀暂缓；此则挪移库项，何得滥行乞恩。

又，所议查出原报民欠不在奏销未完项下，应确查原委另差追赔一条。查州县以民欠银两捏作征完，无非规避处分，尚属情事所有。若州县原报民欠而司中捏作征完奏销，必当究明舞弊情由从重惩办，非着落错报之藩司赔缴所能了事。今该司尚未澈底查明，碍难含混入奏。其余官亏寄庄钱粮核入奏销造报原亏无着银款，应归豁免项下查造各条，系自行分别门类，均非应行奏办之项。惟该司既有此议，现已逐条咨部知照，并于折内陈明矣。

仰将款目未清各项核实查办，另行详请具禀。缴册存，送单存等因到前司，移交本署司。蒙此，查蠲免已征未解一案，前蒙爵抚部院抄奏行知到司，已转饬着追在案。

兹蒙前因，合行马递通饬。为此仰府官吏文到立即转饬所属并前项单开各员遵照院批事理，将未完已征未解并垫解民欠解过节省划赔银两，作速依限完缴，仍查照前檄单开四条内款目未清各项核实查办，妥议具详，以凭核办。毋迟。速速等因到府。蒙此，合行转饬。为此仰县官吏文到即便遵照。（道光四年六月通饬）

潍县改为下下苦缺，其摊捐各款银两饬派通省一律均摊通饬清册，抄详并附

武定府陶①札惠民县知悉。本年三月初七日蒙布政司札开，道光二十四年十一月十八日本司在护院任内批详，请潍县更改下下缺分免摊捐款缘由，批开如详饬遵，此致等因到司。合行抄详，开单札饬等因到府。蒙此，合行转饬。札到，该县立即遵照札饬，将潍县免摊捐款银两自二十四年春季为始，一律增摊。毋迟。此札。

计发册一本、抄详一纸。

计开：

为妥议详覆事。

案蒙前抚宪梁②批，据潍县详更派下下苦缺缘由，奉批仰布政司妥议详覆察夺。缴等因到司。奉此，随经札饬济南、莱州二府会同妥议，详覆核办去后。

---

① 即陶庆增。

② 即梁宝常。

兹据各该府会同覆查，潍县一缺，向为省东完善之区，是以前定缺分章程得入上中之列，至今历年久远，优瘠悬殊，情形迥异，实有霄壤之分。该县议改为下下，免派摊捐，洵属核实办理。第缺分虽有今昔不同，额捐则有一定确数，不便稍涉虚悬。

卑府等悉心体察，从前所定九等缺内，亦有今昔异宜缺分优于往昔者。自应酌量变通，将下下缺内之较昔稍优者酌改为五六等，再于五六等缺内之较昔稍优者酌改上中。所有下下缺内腾出一缺，即将潍县列入。如此递相转移，额捐摊款均归有着，缺分等第亦较平允。

至养廉一项，当日并入地丁耗羡解司，原为备扣摊捐起见。今上中之缺更入下下，则无应扣捐摊；下下之缺提升中等，即有额捐各款，若仍存与办公，多有格碍，应请随缺更易。俾与道光七年前抚宪贺①附片奏明十九苦缺养廉，准其坐支上中等缺，仍解司之案相符。惟事关酌改通省缺分，现在下下缺内何处较昔稍优，卑府等未能周知。可否仰恳宪台俯赐查明照办，抑或竟将潍县一缺，于十九苦缺之外，再增列下下一缺。常平额定摊捐续派上中各属，其养廉银两解司请领，仍扣三成，以符部案而免奏改之处，统祈察夺等情到司。据此，本司覆查潍县缺分，今昔情形既有不同，若摊捐各款照常派摊办公，未免竭蹶。似应准其核改，以示体恤。惟据该府等会议，于下下缺内之较昔稍优者酌改为五六等，再于五六等缺内之较昔稍优者酌改为上中，使下下缺内腾出一缺，将潍县列入养廉一项，准其坐支等语。

毋论辗转腾挪，固废周章。而养廉坐支必须请奏，尤为窒

① 即贺长龄。

碍。自不若于十九处苦缺之外，再增列下下一缺；其常军额定摊捐各款在于通省八等州县内，按缺分等第均匀增摊；养廉仍照常解司，备扣三成等项要款，以符奏案。

是否允协，拟合详请宪台鉴核批示遵办，实为公便。为此云云。

各州县摊派潍县各项捐款银两册

谨将八十六州县均匀摊派潍县应摊各项捐款开列于后。

计开：

八十五州县

每年该摊院书饭食银二钱四分五厘：春夏秋每季银六分一厘、冬季银六分二厘；济宁州每年该摊院书饭食银二钱六分七厘：春夏秋每季银六分六厘、冬季银六分九厘；共银二十一两九分二厘。

每年该摊院本书饭食银一钱三分九厘：春夏秋每季银三分四厘、冬季银三分七厘；邹平县摊院本书饭食银一钱二分七厘：春夏秋每季银三分二厘、冬季银三分一厘；共银十一两九钱四分二厘。

每年该摊司书饭食银四钱一分五厘：春夏秋每季银一钱四厘、冬季银一钱三厘；德州〈摊司书饭食〉银四钱二分七厘：春夏秋每季银一钱六厘、冬季银一钱九厘；共银三十五两七钱二厘。

每年该摊汇报饭食银四厘：春夏秋冬每季银一厘；泰安县摊汇报饭食银二钱九分九厘：春夏秋每季银七分四厘、冬季银七分七厘；共银六钱三分九厘。

每年额摊吏攒饭食银九厘：春夏秋每季银二厘、冬季银三厘；商河县摊吏攒饭食银三分四厘：春夏秋每季银八厘、冬季银一分；共银七钱九分九厘。

每年该摊拨册饭食银一分一厘：春夏秋每季银三厘、冬季银二厘；惠民县摊拨册饭食银二分四厘：春夏秋冬每季银六厘；共银九钱五分九厘。

每年该摊耗羡饭食银一分八厘：春夏秋每季银五厘、冬季银三厘；济阳县摊耗羡饭食银六分八厘：春夏秋冬每季银一分七厘；共银一两五钱九分八厘。

每年该摊粮价饭食银二分二厘：春夏秋每季银六厘、冬季银四厘；濮州该摊粮价饭食银四分八厘：春夏秋冬每季银一分二厘；共银一两九钱一分八厘。

每年该摊罚俸饭食银三分七厘：春夏秋每季银九厘、冬季银一分；历城县摊罚俸饭食银五分二厘：春夏秋冬每季银一分三厘；共银三两一钱九分七厘。

每年该摊藉田饭食银一分八厘：春夏秋每季银五厘、冬季银三厘；阳谷县摊藉田饭食银六分八厘：春夏秋冬每季银一分七厘；共银一两五钱九分八厘。

每年该摊兵北科饭食银九厘：春夏秋每季银二厘、冬季银三厘；汶上县摊兵北科饭食银三分四厘：春夏秋每季银八厘、冬季银一分；共银七钱九分九厘。

每年该摊封筒饭食银三分一厘：春夏秋每季银八厘、冬季银七厘；胶州该摊封筒饭食银八分二厘：春夏秋每季银二分、冬季银二分二厘；共银二两七钱一分七厘。

每年该摊刑书册费银七分四厘：春夏秋每季银一分九厘、冬季银一分七厘；陵县该摊刑书册费银一钱四厘：春夏秋冬每季银二分六厘；共银六两三钱九分四厘。

每年该摊保甲册费银七分四厘：春夏秋每季银一分九厘、冬季银一分七厘；即墨县摊保甲册费银一钱四厘：春夏秋冬每季银二分六厘；共银六两三钱九分四厘。

每年该摊积案饭食银一分八厘：春夏秋每季银五厘、冬季银三厘；章丘县摊积案饭食银六分八厘：春夏秋冬每季银一分七厘；共银一两五钱九分八厘。

每年该摊耗羡旬报饭食银四分三厘：春夏秋每季银一分一厘、冬季银一分；诸城县摊耗羡旬报饭食银七分七厘：春夏秋每季银一分九厘、冬季银二分；共银三两七钱三分二厘。

每年该摊柬房饭食银七分四厘：春夏秋每季银一分九厘、冬季银一分七厘；单县该摊柬房饭食银一钱四厘：春夏秋冬每季银二分六厘；共银六两三钱九分四厘。

每年该摊茶房工食银三分七厘：春夏秋每季银九厘、冬季银一分；东平州摊茶房工食银五分二厘：春夏秋冬每季银一分三厘；共银三两一钱九分七厘。

每年该摊盘查饭食银一钱七分八厘：春夏秋每季银四分五厘、冬季银四分三厘；长清县摊盘查饭食银一钱九分七厘：春夏秋每季银四分九厘、冬季银五分；共银一十五两三钱二分七厘。

每年该摊宪书工料银五分八厘：春夏秋每季银一分五厘、冬季银一分三厘；莒州该摊宪书工料银一钱三分五厘：春夏秋每季三分一厘、冬季四分二厘；共银五两六分五厘。

每年该摊军需饭食银八分八厘：春夏秋冬每季银二分二厘；平度州摊军需饭食银一钱九分二厘：春夏秋冬每季银四分八厘；共银七两六钱七分二厘。

每年该摊交代局经费银五钱八分一厘：春夏秋每季银一钱四分五厘、冬季银一钱四分六厘；淄川县摊交代局经费银六钱一分五厘：春夏秋每季银一钱五分三厘、冬季银一钱五分六厘；共银五十两。

臬司衙门：

八十五州县

每年该摊驿站饭食银二钱二分六厘：春夏秋每季银五分七厘、冬季银五分五厘；济宁州每年该摊驿站饭食银二钱六分二厘：春夏秋每季银六分五厘、冬季银六分七厘；共银一十九两四钱七分二厘。

每年该摊词讼册费银七分四厘：春夏秋每季银一分九厘、冬季银一分七厘；德州该摊词讼册费银一钱六厘：春夏秋每季银二分六厘、冬季银二分八厘；共银六两三钱九分六厘。

每年该摊招书饭食银七分四厘：春夏秋每季银一分九厘、冬季银一分七厘；泰安县摊招书饭食银一钱六厘：春夏秋每季银二分六厘、冬季银二分八厘；共银六两三钱九分六厘。

每年该摊囚粮册费银七分四厘：春夏秋每季银一分九厘、冬季银一分七厘；商河县摊囚粮册费银一钱六厘：春夏秋每季银二分六厘、冬季银二分八厘；共银六两三钱九分六厘。

每年该摊秋审经费银七分四厘：春夏秋每季银一分九厘、冬季银一分七厘；惠民县摊秋审经费银一钱六厘：春夏秋每季银二分六厘、冬季银二分八厘；共银六两三钱九分六厘。

每年该摊奏折册费银一分四厘：春夏秋每季银四厘、冬季银二厘；邹平县摊奏折册费银一分：春夏秋每季银三厘、冬季银一厘；共银一两二钱。

每年该摊值堂饭食银一分四厘：春夏秋每季银四厘、冬季银二厘；观城县摊值堂饭食银一分：春夏秋每季银三厘、冬季银一厘；共银一两二钱。

每年该摊民壮号簿册费银一分四厘：春夏秋每季银四厘、冬季银二厘；寿光县摊民壮号簿册费银一分：春夏秋每季银三厘、冬季银一厘；共银一两二钱。

每年该摊赃赎册费银一分四厘：春夏秋每季银四厘、冬季银二厘；莱阳县摊赃赎册费银一分：春夏秋每季银三厘、冬季银一厘；共银一两二钱。

每年该摊承发房饭食银一分八厘：春夏秋每季银五厘、冬季银四厘；济阳县摊承发房饭食银四分四厘：春夏秋冬每季银一分一厘；共银一两五钱七分四厘。

每年该摊更夫工食银三分七厘：春夏秋每季银九厘、冬季银一厘；濮州该摊更夫工食银五分三厘：春夏秋每季银一分三厘、冬季银一分四厘；共银三两一钱九分八厘。

每年该摊狱务册费银二分三厘：春夏秋每季银六厘、冬季银五厘；历城县摊狱务册费银四分五厘：春夏秋每季银一分一厘、冬季银一分二厘；共银二两。

每年该摊封筒册费银二分三厘：春夏秋每季银六厘、冬季银五厘；阳谷县摊封筒册费银四分五厘：春夏秋每季银一分一厘、冬季银一分二厘；共银二两。

每年该摊窃案功过银二分三厘：春夏秋每季银六厘、冬季银五厘；汶上县摊窃案功过银四分五厘：春夏秋每季银一分一厘、冬季银一分二厘；共银二两。

每年该摊命盗题咨册费银二分三厘：春夏秋每季银六厘、冬季银五厘；胶州该摊命盗题咨册费银四分五厘：春夏秋每季银一分一厘、冬季银一分二厘；共银二两。

每年该摊秋审犒赏银一钱三分九厘：春夏秋每季银三分五厘、冬季银三分四厘；陵县该摊秋审犒赏银一钱八分五厘：春夏秋每季银四分六厘、冬季银四分七厘；共银一十二两。

每年该摊外省军流册费银二分三厘：春夏秋每季银六厘、冬季银五厘；即墨县摊外省军流册费银四分五厘：春夏秋每季银一分一厘、冬季银一分二厘；共银二两。

每年该摊逃遗册费银一分一厘：春夏秋每季银三厘、冬季银二厘；章丘县摊逃遗册费银六分五厘：春夏秋每季银一分六厘、冬季银一分七厘；共银一两。

每年该摊鸦片烟册费银一分一厘：春夏秋每季银三厘、冬季银二厘；诸城县摊鸦片烟册费银六分五厘：春夏秋每季银一分六厘、冬季银一分七厘；共银一两。

臬书饭食银八十九两四钱：

上上缺八处——济宁、德州、泰安、商河、惠民、济阳、濮州、恩县，每处春夏秋每季银三钱五分六厘、冬季银三钱五分八厘；

上中缺十二处——历城、阳谷、汶上、胶州、陵县、即墨、章丘、诸城、单县、东平、冠县、馆陶，上下缺七处——莒州、平度、长清、淄川、乐陵、临清、丘县，每处每季银三钱；

中上缺十六处——沂水、阳信、黄县、郓城、东阿、安丘、平原、荣成、德平、峄县、宁阳、邹县、肥城、齐东、堂邑、莘县，每处每季银二钱七分一厘；

中中缺十七处——滨州、利津、夏津、掖县、齐河、武城、禹城、滋阳、兰山、昌邑、长山、费县、临邑、青城、高密、清平、博平，每处每季银二钱四分三厘；

中下缺十二处——朝城、益都、泗水、曲阜、蒲台、城武、金乡、滕县、莱芜、曹县、聊城、高唐，每处每季银二钱一分五厘；

下上缺七处——菏泽、范县、蓬莱、新城、日照、乐安、平阴，每处每季银一钱八分七厘；

下中缺七处——邹平、观城、寿光、莱阳、郯城、博兴、博山，每处每季银一钱五分八厘。

嗣后遇有摊捐临砖、柴价等项银两，应将潍县应摊之项在于通省州县按缺均摊通饬

武定府陶[1]札惠民县知悉。案蒙布政司札开，道光二十四年十一月十八日本司在护院任内批，详请潍县更改下下缺分免摊捐款缘由，批开如详饬遵，此致等因到司。查潍县免摊捐款目，自二十四年春季为始，嗣后遇有摊捐临砖、柴价等项银两，应将潍县应摊之项在于通省州县，按照缺分等第均匀增摊，合行札饬等因到府。蒙此，合行转饬。札到，该县立即遵照。毋违。此札。（二十五年三月二十八日到）

饬摊潍县应摊抚塘报资京塘公费银两札

武定府陶[2]札惠民县知悉。本年四月初五日蒙布政司札开，案查议详潍县改为下下缺分免摊各项捐款，仍将免摊银两同额派之项，在于通省八等州县按缺增摊一案，前奉院批准行，当将应摊各项饭食等款银数，抄详札饬在案。

所有该府所属各州县改派应摊报资公费银两数目，合行开单札饬等因到府。蒙此，合行转饬。札到，该县立即遵照，自道光二十四年春季为始，一律照依改派之数摊解。毋违。此札。

---

① 即陶庆增。

② 即陶庆增。

（道光二十五年四月十一日府札）

计开：该县每年额解抚塘报资银三十六两六钱四分七厘、京塘公费银五两一分三厘。

饬摊潍县应摊海防经费银两府札

武定府陶①札惠民县知悉。本年四月十五日蒙布政司札开，案查各属应捐海防经费，前经详奉奏明院司道每年各捐银五十两，十府二直隶州各捐银六十两，上缺州县各捐银五十两，中缺州县各捐银三十两，下缺州县各捐银十六两，共捐银四千两，按年于应领养廉银内扣收，历经办理在案。

查潍县原捐银五十两，现因该县缺分苦累，已详奉抚宪批饬，改为下下缺分免摊捐款。其该县应捐银两，自应饬令各州县加摊，以符额数。除院司道府仍照原数摊捐，又莱阳县加摊银五钱五分外，其余各州县每处应加摊银五钱七分五厘。

兹准登莱道移领道光二十五年海防经费银两到司，业已在于养廉银内查扣支给在案。合行开单札饬。札到，该府立即遵照，并转饬所属查照，补具印领送司，以凭粘呈。

再，该府所属阳信、利津现无存司养廉，系在该府养廉银内扣收，并饬解司。毋迟。速速。此札等因到府。蒙此，合行转饬。札到，该县立即遵照后开银数，补具妥协印领送司，以凭粘呈印发备案。毋违。此札。（二十五年四月二十三日府札）

计开：该县二十四年养廉银五十两五钱七分五厘。

---

① 即陶庆增。

历城典史请加摊潍县应摊津贴县监灯油增添刑具等银申文

济南府历城县典史为申请备案事。

道光二十五年四月初三日蒙布政使司王①札开，案查前据济、莱二府议详潍县改为下下缺分免摊各项捐款等情到司。当查潍县缺分今昔情形既有不同，自应准其列入下缺。应摊捐款自二十四年春季为始，另行改派，随经详奉院宪批准，通饬遵照在案。

所有潍县应捐该典史衙门刑具等银四十四两一钱，业经均匀派摊。合将派摊数目开单札饬。札到，该典史立即查照，将各属应摊银两加入各属应摊刑具银内开单申请，各州县知照。毋违等因。

蒙此，所有应解津贴、县监灯油、增添刑具一项，原摊加摊共银若干，每年每季应解银两数目，理合开单，具文申请宪台查核，注册备案。为此云云。（二十五年四月二十九日到）

计粘单一纸。

惠民县：原摊灯油、增摊刑具银八两九钱，加摊刑具银五钱一分三厘，共银九两四钱一分三厘；每年春季银二两三钱五分三厘、夏季银二两三钱五分三厘、秋季银二两三钱五分三厘、冬季银二两三钱五分四厘。

---

① 即王笃。

饬摊潍县应摊誊黄工料银两府札

武定府陶①札惠民县知悉。本年四月二十五日蒙布政司札开，案查前据济、莱二府议详，潍县改为下下缺分免摊各项捐款等情到司。当查潍县缺分今昔情形既有不同，自应准其列入下缺。应摊捐款自二十四年春季为始，另行改派，随经详奉院宪批准，通饬遵照在案。

所有潍县每年应摊誊黄工料银四十二两，除应解二十四年银两，先已在该县领款银内扣收外，其自二十五年起，应按原摊之七十二州县均匀摊派，内金乡县加摊银五钱三分六厘，其余七十一州县每处应加摊银五钱八分四厘，合行札饬等因到府。蒙此，合行转饬。札到，该县即便遵照。毋违。此札。（二十五年五月初七日到）

济南府司狱移会加摊潍县应摊府监灯油刑具银两移文

济南府理刑厅为移会事。

道光二十五年四月初三日奉布政使司王②札开，案查前据济、莱二府议详，潍县改为下下缺分免摊各项捐款等情到司。

---

① 即陶庆增。

② 即王笃。

当查潍县缺分今昔情形既有不同，自应准其列入下缺。应摊捐款，自二十四年春季为始，另行改派，随经详奉院宪批准，通饬遵照在案。所有潍县应捐该司狱衙门刑具等银二十两八钱，业经均匀派摊。合将派摊数目开单札饬。札到，该司狱立即查照，将各属应摊银两加入各属应摊刑具银内，开单移会各州县知照。毋违等因。

奉此，所有应解津贴、府监、灯油、刑具一项，原摊、加摊共银若干。每年每季应解银两数目，拟合开〈单〉备文移会。为此合移贵县，请烦查照注册备案施行。（二十五年五月二十日）

计粘单一纸。

惠民县原摊银八两八钱、加摊银二钱四分二厘，共银九两四分二厘。每年春、夏二季各解银二两二钱六分一厘，秋、冬二季各解银二两二钱六分。

饬摊潍县应摊历城医学药饵银两府札

武定府陶①札惠民县知悉。案蒙布政司札开，案准臬司移咨扣拨各属欠解历城县医学道光二十四、五两年加摊原摊帑贴药饵银两，并送清册到司。准此，查潍县改为苦缺，其每年应摊该医学药饵银二两三钱六分，业经详明。自二十四年为始，德州每年加摊银六分五厘，其余八十五州县每年各加摊银二分

---

① 即陶庆增。

七厘，并开单饬令该医学申请各州县知照在案。兹准移扣各属二十四年加摊，并二十五年原摊加摊银两前来。

除在各州县应领二十四年囚粮银内扣收给领外，合行开单札饬等因到府。奉此，合行开单札饬。札到，该县立即查照扣收银款数目，迅速补具妥协印领径送藩宪，以凭粘呈备案。毋违。速速。此札。（二十五年十月初五日到）

计粘单一纸。

计开：惠民县二十四年囚粮银二两六钱五分四厘，扣收二十四年加摊银二分七厘、二十五年银二两六钱二分七厘。

饬查上年秋禾被水，令奏应否出借仓谷通饬，抄详、原奏并附

武定府陶[1]札惠民县知悉。本年四月二十六日蒙布政司札开，道光二十五年四月十四日奉巡抚部院兼理盐政觉罗崇恩札开，照得本部院于道光二十五年四月初十日附片具奏，平度、高密、乐安等州县酌议出借常平仓谷缘由一件，除俟奉到朱批另行恭录饬知外，合先抄片札知。札到，该司即便查照，严饬各该府州县妥为办理，不得稍有冒滥。仍俟事竣，将出借谷石数目按户造册详送核办。毋违。

又于道光二十五年四月十六日奉巡抚部院兼理盐政觉罗崇恩批，本司详请附奏平度、高密、乐安等州县出借仓谷缘由，

① 即陶庆增。

奉批，已据详附片具奏，抄片另檄行知矣。仰即查照奏案，分饬各该管知府督饬各该州县亲自经理，务使小民均沾实惠，不许书役经手，以杜冒滥需索扣克等弊。并令将借过谷数、户数先行按旬开折禀报查考，仍俟事竣，造册呈送核办。毋违。此缴各等因到司。奉此，除分别咨行遵照外，合行马递转饬等因到府。蒙此，合行转饬。札到，该县立即查明上年秋禾被水歉收之区，本年青黄不接、有地无力各户，应否酌量出借仓谷以资接济，确核情形作速禀报，以凭详请核办。毋迟。速速。此札。

计粘抄详并原奏一纸。(道光廿五年五月十三日奉到)

窃照上年东省临清等州县秋禾被灾，报经委员勘明，详蒙奏奉上谕，将新旧钱漕分别缓征；今春青黄不接，复奉恩旨，缓征上忙钱粮，均经敬谨誊黄，颁发晓谕。

圣慈优渥，凡为蒸黎无不欢腾感颂。惟是既被灾歉，储蓄较少，值此东作方兴、青黄不接之时，小民未免艰于谋食，而仓储定例，有地无力之户，准其酌量出借。今本司稽察舆情，间有尚须出借仓谷之处，并有因本属灾区仓存谷石不堪久贮，借此援例出借易新，应按户分别出借，秋后免息征还，俾民力更纾，感沐皇仁益无既极。除饬属查照例案妥为办理外，拟合详请宪台鉴核。附奏。

再，据藩司王①详称，上年秋禾被水歉收案内之平度州，现因邻境潍县猝被海潮，该州境内商贩去此赴彼，以致粮价日增；又高密县上年秋收歉荡，储蓄本少，现在有地无力贫民艰于谋食，均请出借仓谷。又乐安县上年亦系歉区，现因雨泽未

① 即王笃。

沾，粮价未平，请将不堪久贮之常平仓谷借此出陈易新，先后禀经该司道，查系实在情形，议详请奏前来。

臣查该州县上年秋禾被水歉收，先经臣汇案奏，奉上谕将新旧钱粮分别缓征；其高密县并于今春青黄不接案内奏奉恩旨，缓征本年上忙钱粮，均已稍纾民力。惟当此东作方兴之候，各该州县地方或毗连灾区，或户鲜盖藏，体察舆情实形竭蹶。既据该司议请出借常平仓谷，自应准其借给，以资接济。第仓储攸关，亦须予以限制。所有平度、高密两处应各准借五千石，其乐安县不堪久贮谷二千石，准其尽数出借；均令查明地在五亩上下至二十亩者，循照例案，每户借给三斗，秋后免息征还。并饬各该管知府督饬各该州县亲自经理，不得假手书吏人等，以杜冒滥之弊。仍俟事竣，查明统共出借谷石若干，按户造册呈送核办。此外如有续行请借之处，均即查明实情，照案一体办理。俾闾阎得免拮据，感沐皇仁益无既极。

所有酌议平度等州县出借仓谷缘由，理合附片具奏，伏乞圣鉴。

饬摊历城修理虞帝庙工银两府札抄详附

武定府陶①札惠民县知悉。案蒙布政司札开，道光二十五年四月初二日奉抚宪批，本司详请摊派历城县修理虞帝庙工银两缘由，奉批如详，通饬遵照，分作三年，无论正署，按照在任月日摊捐归款，仍饬该县督饬工匠认真修理，务期工坚料实，

① 即陶庆增。

毋任草率，工竣禀候委员验收。并令将所需工料银两作速造册，详送查核。毋迟。缴等因到司，合行抄详札饬等因到府。蒙此，合行转饬。札到，该县立即遵照，将派摊银两先行解司，以凭拨还司库借款；并将应摊之项，遇有交卸入于交代，以奉文之日起，无论正署，按照在任月日分作三年摊捐归款。毋违。此札。（道光二十五年四月二十九日到）

计粘抄详一纸。

为详明派摊修理虞帝庙工银两事。

案据前署历城县吴炜禀称，窃照省城南门内有虞帝庙一座，其中重华殿、二妃宫及大门、八大臣殿并官厅二门周围行墙修建年远，屡被风雨摧残，木料黴朽，砖瓦碱酥，坍塌不堪。前经卑职展谒，目睹倾颓，随督同谙练工匠周履勘验，亟应拆卸重修，实非小修所能了事。洵为刻不可缓之工，撙节估计共需工料银一万三千一百二十两。惟查此项工费向动报院充公，现在充公不敷，若待本款充裕岁延，势必全行倒塌，转致工费繁巨。

伏查虞帝道冠百王，首傅治统，通省官民咸资景仰，殿宇规模宜增闳敞，方足以展明禋而崇祀典。卑职悉心筹议，所有估需前项经费银两，合无仰恳，俯准在于通省州县分别饬摊；并准其入于交代案内，以奉文之日起分作三年，无论正署流摊归款，禀请批示。并据该令另详，虞帝庙工前经查勘禀请捐修，业经筹款购销，于二月初五日开工动修。覆查此庙仅有官厅三间，此外府厅州县并无驻足之所。今查大门内东西有空基两处，似可添盖府厅、州县官厅两座计六间，所需工料请并案饬摊各等情到司。当经饬委候补知府张輶前往覆勘估办，嗣据该守详称，遵即亲诣周履覆勘，实系坍塌，亟应一律修整。并查此庙委无府厅、州县官厅，每逢大祭，均系搭盖棚厂，必须添建官厅六间以备府厅州县驻足之处。请将原估工料银一万三千一百二十两酌减银八百二十两，如有不敷，即令该县捐办等情。复经转饬该县赶紧修理，工竣报候委验；并将估需工料银两造具切实册结，送司核办去后。

兹据该县具禀，请领工料银两前来。除在于司库交案亏缺项下暂行借支银五千三百两，下余银七千两，俟派摊后查扣饬领外，所有前项工料银一万两千三百两应按照摊捐章程，除十九苦缺并潍县改入下缺免摊外，余按通省州县缺分等第均匀摊派，内上上缺济宁、德州、泰安、商河、惠民、济阳、濮州、恩县等八处，每处摊银二百四十七两八钱五分八厘，共摊银一千九百八十二两八钱六分四厘；上中缺历城、阳谷、汶上、胶州、冠县、陵县、即墨、章丘、诸城、单县、馆陶、东平州等十二处，每处摊银二百一十六两八钱七分六厘，共摊银二千六百零二两五钱一分二厘；上下缺长清、莒州、平度、淄川、乐陵、临清、丘县等七处，每处摊银一百八十五两八钱九分二厘，共摊银一千三百零一两二钱四分四厘；中上缺沂水、阳信、黄县、郓城、堂邑、莘县、东阿、安丘、平原、荣成、德平、峄县、宁阳、邹县、肥城、齐东等十六处，每处摊银一百五十四两九钱一分二厘，共摊银二千四百七十八两五钱九分二厘；中中缺滨州、利津、夏津、掖县、齐河、武城、禹城、清平、滋阳、兰山、昌邑、博平、长山、费县、临邑、青城、高密等十七处，每处摊银一百二十三两九钱三分，共摊银二千一百零六两八钱一分；中下缺朝城、聊城、益都、泗水、曲阜、高唐、蒲台、城武、金乡、滕县、莱芜、曹县等十二处，每处摊银九十二两九钱四分八厘，共摊银一千一百一十五两三钱七分六厘；下上缺菏泽、范县、蓬莱、新城、日照、乐安、茌平、平阴等八处，每处摊银六十一两九钱六分六厘，共摊银四百九十五两七钱二分八厘；下中缺邹平、观城、寿光、莱阳、郯城、博兴、博山等七处，每处摊银三十两九钱八分二厘，共摊银二百一十六两八钱七分四厘。以上通共摊银一万二千三百两，拟合将派摊银两缘由详请宪台鉴核示遵。

给事中黄宗汉请严革监狱弊端一案上谕

奉上谕："给事中黄宗汉奏请饬严革监狱弊端一折。监禁重地防守必应严密，近来各省监犯每多越狱脱逃之案，其平日疏于防范已可概见，更难保狱卒等无私开刑具、受贿纵放情事，不可不严行查禁。着各该督抚通饬各属有狱官振刷精神，力加整顿，必须监墙坚固、狱卒足额、查看认真、锁铐结实，并随时密查。如有狱卒得规受贿情弊，立即严拿承办，务监犯无隙可乘，毋得视为具文，稍存松懈。将此通谕知之。"钦此。（二十五年五月十二日邸抄）

嗣后再升再调人员其前任内应缴罚俸银两必须按限逐案完缴销案后，方准再行升调由

嗣后再升再调人员，其前任内应缴罚俸银两，必须按限逐案完缴销案后，方准再行升调由。道光二十四年七月十二日巡

抚部院兼理盐政觉罗崇恩准咨，吏部咨考功司案呈，本部奏前事等因。相应抄单知照可也。

计粘单一纸。

吏部谨奏为遵旨核议具奏事。

内阁抄出户部左侍郎祝庆蕃奏，窃惟官员处分之设，原所以激励人材，使大小臣公知惧知省，尽心于职司，以共襄郅治也。若视为寻常而罚不加儆，名为降革，仍久于其官疲玩因循，吏治何由而起。臣蒙恩承乏吏、兵二部时，窃见因事交议者、外省咨行者，其缉捕催征佥差、疏防交代结案等项，应议职名往往一人一任之中层见叠出，甚至罚俸降留之案，有积至十数件逾至十数年者，罔知戒惧，习为固然，非所以肃吏治、昭劝惩也。

臣愚以为过属因公，人所常有，在皇上格外天恩，分别罚俸、降留、革留，不令离任，仍许自新。圣意良厚，而该员等不思奋兴，愆尤丛集，遂至应罚之款积成数千。一例因循，略不经意，竟有终身不能关支俸银，而养廉仍照常领取者。贪位窃禄，殊属疲玩。

相应请旨，特派大臣会同该部核议查明，官员有罚俸处分者，令其逐案将罚俸银两立限缴清，方准仍留本任。倘逾限不完，几分以上即行开缺，另选另补。其有屡任繁缺案件过多，亦应酌以银数缴至几千两以上，余欠则稍缓其限，以示区别。不能全以养廉抵缴，或扣抵一半为限，或竟定以积至若干案即行降革，准其缴清开复。其降级留任者，令视所降级数缴银；开复革职留任者，令视职之大小缴银开复。此中层折甚多，务须详核。倘蒙允准，应请旨敕下部臣详定章程，拣派明干司员数人分别省分官阶，各立簿册，专司其事，随时添注核销。吏、户两部互相知照，毋得假手胥吏，听其隐瞒。所有此项银两，即由外省将军、督抚、府尹等按月咨报，分季解部，以免腾挪、通融、掩饰诸弊。经此一番整饬，则官知儆惧，务为循良，自必加意勤慎。其不能遵照章程者，自甘废弃，令其去任，而缺分因以疏通，新捐官生必更急公自效，踊跃输将。一举而现任者皆思自顾考成，候选者俱可挨次输补。官职修而仕路通，于经费实有裨益。

论者或存爱惜人材之见，谓居官清苦而处分过多者，为之奈何？臣愚以为特患其非好官耳。如果居官贤能，寮宷、姻亲孰不竭力佽助。臣每见一二清正勤能之员，遇有急需，上官且为之解囊，寅好亦为之集腋。方今内外捐输及赔补库项岂皆出自己资，财本流通，固无虑也。至于京官处分本少，武职缴款恐有克扣兵饷之虞。应否一并交议之处，伏候圣裁。臣派管银库以来，目睹储藏之匮乏，调任户部又见度支之殷繁。早夜思维，迄无善策。求其有益于官方、无伤于治体者，谨竭愚昧之见奏请施行。谨奏。

道光二十四年五月二十日奉上谕："祝庆蕃奏请饬查罚俸降革留任处分等语，着该部议奏。折片并发。"钦此。钦遵于道光二十四年五月二十一日抄出到部。

臣等恭查雍正元年二月二十日恩诏内开："直隶各省官员内有降级罚俸者，俱不准卓异。似此贤员因公诖误不能得升，以致壅塞。此后如果有居官清廉能干、因公诖误罚俸降级者，该督抚亦行卓异。"钦此。

又，恭查嘉庆二十五年十月二十四日奉上谕："军机大臣六部议覆整饬部务条陈一折，所议甚是。六部律令务在持其大纲，则政清而易理。外省庶务原皆责成于地方官。此在督抚分别贤能庸劣，举措公明，自收得人之效；其或不效，则督抚岂能辞咎？部中多列科条，州县无日不奉行具文，转荒其教养本务，于事何益？而公罪繁多，贤吏或因之废黜，不肖者巧于规避，部书得以舞文纳贿，皆由于此。嘉庆十八年曾敕吏、兵二部删减条例，该部未能实力遵行。又谕题调要缺不计因公处分，而该部续议章程仍复牵混。殊不知公罪从严，则中材以下之官益多巧避。严其经征处分，则多垫欠，而挪新掩旧即成亏空；严其承缉处分，则多讳盗，而从恶养奸转贻大患，故曰徒法不能以自行。着吏、兵二部各将处分则例悉心确核，于各条下皆注明公罪、私罪字样。其公罪有至降调革职，非事关重大者酌改从宽。各部烦苛无当处分例文互商裁汰，务归简明。其公罪处分，除盗案及正项钱粮停升外，余皆不诖推升。至题调要缺，则一切因公处分皆毋庸计算。各纂成例册呈览等因。”钦此。钦遵纂入则例遵行在案。

又，查定例，革职留任官员已无俸银可领。如复有罚俸处分，该员愿将罚俸银两预先完纳者，听其自便。倘力不能完，俟开复革留之日，再将本任内应得之俸逐年扣抵，不必勒限追缴。至罚俸多案官员应领俸银不敷扣抵者，亦准其逐年扣抵，不必勒限追缴。又定例，内外官有因事故降级留任者，三年无过，题请开复；革职留任者，四年无过，题请开复。年限内遇有罚俸之案，如将罚俸银两全数完缴及按扣完者，其罚俸之案已销，即按年限开复。若罚俸银两未完，俟全完日始准开复。又定例，州县以上业经升调各员，如前任内有罚俸案件，务须依限完缴。银数在三百两以下者，限半年；三百两以上者，限一年；一千两以上者，限二年；五千两以上者，限三年；一万两以上者，限五年。其堪以再升再调，均俟将前任内罚俸逾限银两完缴销案后，方准升调。各该督抚题奏升调到部，声明该员前任内并无罚俸银两逾限未完，及声叙饬令完缴造册送部者，照例议准。其已逾定限漏未声明饬令完缴，查该员并无别项不合例事故，仍应议准。即于议覆本内请旨敕下该督抚，令该员作速完缴，造具清册分咨吏、户二部，以便稽核。如有含混保题，将该督抚照违例保题例议处。至升任调任之罚俸案件，仍照初升初调之例，一体毋庸核计等语。

臣等查外省州县，如缉捕催征佥差、疏防交代等项处分，在中简缺分已属繁多，其繁要之区尤难数计，往往更历数任，无不层见迭出。在国家杜渐防微，虽小过必加薄惩，而该员因公过误，其干议非出有心。故定例官员罚俸多案，准其逐年扣抵，不必勒限追缴，原所以宽公过而责成效。兹据该侍郎请将罚俸各员逐案立限缴清，方准仍留本任；违限不完几分以上，即行开缺，另选另补。其屡任繁缺案件过多，酌以银数缴至几千两以上，余欠稍缓；其限不能全以养廉抵缴，或扣抵一半，或竟定以积至若干案即行降革，准其缴清开复等语。

臣等恭译雍正元年二月二十日谕旨："因公诖误罚俸降级者，亦准卓异。"嘉庆二十五年十二月二十四日谕旨："公罪繁多，贤员或因〈之〉废黜，不肖者巧为规避，部书得以舞文纳贿，皆由于此。"仰见整饬官方宽严得中至意，历经恭纂入例，钦遵办理在案。

查官员遇有重大案件钦奉特旨革职，臣部遵照开缺。其由私罪降调革职，或公罪革职，并虽系公罪降调，例不准抵；及参限届满，查系公罪无级纪可抵者，臣部均即照例题请开缺。其余寻常案件例止罚俸、降留、革留者，并无开缺明文，诚以州县处分，至罚俸最为情轻，若如该侍郎所奏，罚俸银两不完几分即行开缺，或定以积案若干即行降革。是分案既予以罚俸并案，又予以革职，揆诸罚不重科之义，殊未允协。若谓疏通缺分，查州县一切盗案钱粮处分，例应停其推升，原所以责成本任。俾其自顾考成，倘因参罚较多，概予开缺，一参未满，数任叠更。设有不肖之员先事弥缝，必至营私枉法。种种流弊，不可胜言。且老成纷纷罢斥，而新进屡屡升迁，于吏治官方大有关系。

该侍郎又称，降级留任者令视所降级数缴银开复，革职留任者令视职之大小缴银开复。查降留革职人员定例，分别三年、四年无过题请开复，其有情愿捐复者令具呈户部，查明臣部系无关展参之案，准其开复。是开复既予以自新，捐复又准报效，例文极为明备。今一概责令照数缴银开复，在力有余裕者固当奋勉急公，力图报效；若实系无力完缴，势不能于降留、革留之外另拟科条，徒法不行，亦不可不先为虑及。至京官处分较少，凡罚俸之案均按季扣抵。其有降留、革留处分，若遇升转，例应扣除。如本员捐复，户部将上库日期知照到部，臣部始准其照例升转，历经办理在案。

该侍郎又称，罚俸银两将养廉扣抵之处。户部查例载，现任官员本身应完一切因公核减及分赔、代赔等项银两，为数不多者，准其在于应领养廉数内坐扣完缴。又因公欠项各员有应完银数较多，应得俸廉亦厚。计其每年所得俸廉全扣、半扣，于交银例限内足数抵交；或限内能扣十分之七，其不敷之数可照承追余限抵足者，准其声明例限，按年扣抵。又现任文武官员应缴因公核减分赔等项银两无力完缴，由各旗籍任所查明实无家产，取具印结加结，请在俸廉内递年扣抵者，每年止扣一半，其一半留与当差。如有自请全扣者，听至罚俸银两，将养廉扣抵之处例无明文，亦无办过成案，应仍请照旧办理。兵部查武职各官降革留任处分，定例分别三年、四年开复。其有未满年限情愿捐复者，具呈户部查明，臣部系例无展参者，概准捐复。例文本极周详，与文职亦相符合，自应遵循办理，免滋弊端。

至原奏内称，官员有罚俸处分，令其逐案将罚俸银两立限缴清，方准仍留本任。倘逾限不完，几分以上即行开缺，另选另补等语。此在文员尚恐有先事弥缝后营私诸弊。若武职廉俸较少，而处分不减于文职。如必责令缴银，方准留任，否则即行开缺，恐其力不能缴。诚如该侍郎所奏，不免有克扣兵饷之虞，于营伍大有关系。

臣等公同商酌，所有该侍郎请分别罚俸降留降革处分一折，应毋庸议。惟该侍郎为裨益经费起见，自应核实办理。查各省州县以上再升再调官员，如前任内有罚俸案件例应依限完缴，银数在三百两以下者，限半年；三百两以上者，限一年；一千两以上者，限二年；五千两以上者，限三年；一万两以上者，限五年，销案后，方准升调。如该督抚题奏升调到部，声明该员前任内并无罚俸银两逾限未完；及声叙饬令完缴造册送部者，向系照例议准，其漏未声叙，饬令完缴。查该员并无别项不合例事，故即于议覆本内请饬下该督抚，令该员作速完缴，造具清册分咨吏、户二部，以便稽核，历经办理在案。惟该员既准再升再调之后，虽经饬令完缴，恐不免观望迟延。或交不足额，相沿日久，徒有饬令完缴之具文，并无按限完缴之实事，殊不足以昭核实。应请嗣后再升再调人员，除初升、初调任内罚俸处分毋庸核计外，其前任内应缴罚俸银两必须按限逐案完缴销案后，方准再升再调。仍令该督抚于保题折内，将该员有某任内罚俸若干、案应缴银若干两，已于某年月日解交藩库收存之处详细声明，仍一面专咨报明户部查核。臣部遇有再升再调之员奉旨到部时，即将前任内应完罚俸之案行查户部有无完缴。如业经咨报完缴，臣部即行议准；如未经咨报，即行议驳，并将该督抚照例议处。庶于整饬官常之中，仍寓宽严核实之意，则人心奋而仕途清矣。所有臣等遵旨核议缘由，理合恭折具奏，伏乞皇上圣鉴训示遵行。

再，此折系臣部主稿，会同户部、兵部核议，合并声明。谨奏。道光二十四年六月二十六日具奏，本日奉旨：“依议。”钦此。

禀藩宪会禀奉委帮催本年钱粮由

敬禀者。窃卑职寿海①奉宪台委赴惠民县帮催本年钱粮，并令查明征存银两先行报解等因。遵即束装起程，于本月二十七日驰抵该县，会同卑职棨②查得，卑县本年钱粮自下忙开征起至十一月二十六日征完正耗，共银三千八百四十六两一钱九厘，内除本年缓钱征漕，其漕项银两例不缓征，向应随漕支解，已于征存前项银内支解过漕项正耗银一千九百二十六两三钱九厘。又坐支坐秋、冬二季官俸、役食、夫马、工料、杂支、祭品等项银一千五百四十三两八钱三分。又已报定于十二月初三日起解秋季知县养廉银三百五十两。以上共已解已支已报银三千八百二十两一钱三分九厘外，下剩存柜银二十五两九钱七分，因为数无几，尚未批解。现经卑职等会同设法将未完应征民欠竭力加紧比追，刻下漕项既已解完，此后续完之项一有成数，即当先尽宪库批解，务期以速补迟延赶副下忙造报，断不敢稍事惰延，致有短绌，自干咎戾。除俟征有起色，卑职寿海再行回省销差外，所有到县查明缘由，合先会禀大人查考。

① 即叶寿海。
② 即余棨。

再，查卑县本年下忙钱粮秋禾被水、被虫案内应缓宪库正银一万一千九百七十八两三钱六分五厘、耗银一千六百七十二两五钱九分一厘，已由卑职桊造具缓征册结，详送在案，合并声明。肃此云云。

禀藩宪夹单，为委催钱粮由

附禀者。再查卑县下忙钱粮，因境内秋禾被水、被虫，共有七百九十一村庄之多，其余各庄虽称成熟，实则多系零星小户，兼以漕务方兴，并力输纳，未免顾此失彼。刻下银价增昂，因而亦多观望。计自开征以来，节经卑职设法比追，已完仅得正耗三千八百四十余两，因本年漕粮例不缺额，急应随漕支解。前项征完银内，除已支解漕项正耗及坐支等款并已报起解日期之秋季养廉银两外，下剩止余存柜银二十五两有零。伏思现在经费短绌，钱粮万分紧急，卑县下忙应解之项迄今未报头批。卑职抚躬自问，正切惭悚，乃蒙大人格外体恤，赐委候补未入叶寿海来县帮催，俾民间知有宪委人员在县催查。此得不致仍前观望比追，更为得力。卑职仰蒙提拨，受恩深重，总当振刷精神，实力催科。一有成数，即行源源报解，务期赶副下忙造报考成，断不敢恃有委员稍事惰延，自负栽培。所有感激下忱及设法催征情形，合肃附禀大人查考。肃此云云。

禀藩宪禀报起解本年四批钱粮银数日期

敬禀者。窃照卑县本年额征钱粮，除坐支分解外，实应解宪库地丁正银四万六千三百三两一钱三分七厘、耗银四千一百七十两九钱八分二厘、知县养廉银一千四百两，前已先后三批共解过正银二万一千三百六十八两二钱、耗银一千八百三十一两八钱、春夏二季知县养廉银七百两在案。下忙除因灾缓征外，其余应征银两自开征起，截至十二月初八日止，又征存本年正银三千两、秋季知县养廉银三百五十两，现在饬匠倾镕，定于本年初九日批差解赴宪库兑收。未完民欠现由卑职竭力设法比追，一有成数，即当赶紧续解，以副造报。所有起解本年第四批钱粮银数日期缘由，理合具禀大人查考。

再查卑县秋季养廉银三百五十两前已申报，定于本月初三日起解。因倾出银色未纯，复行发匠重倾。现在征完正银已得三千两，是以将秋季养廉银两随同正银，一并于初九日起解。合并声明。肃此云云。

禀本分府夹单，为批解养廉事

附禀者。前蒙宪台以卑县下忙钱粮征解迟缓，札委候补未入流叶寿海到县帮催，业将催办缘由具禀在案。该未入流到县以来，会同卑职设法比追。民间闻有帮催委员，咸知催科紧迫，输将尚属踊跃。兹截至本月初八日止，已征宪库地丁正银三千两，同前已申报应由耗银项下支解之秋季知县养廉银三百五十两分款具批，定于本月初九日一并起解所有。该委员叶寿海人极安详，奉催钱粮既经得有成数，现应随同起解银两回省销差。刻下卑县漕米征收已逾大半，小民不致兼顾借延。卑职竭力比催，此后源源征收，年内可期续解赶副下忙造报，断不敢稍事惰延，自干严谴。知关慈廑，合肃附禀大人查考，恭请福安，伏乞垂鉴。

禀本府会禀杨令①垫修县署银两请分年摊补由

敬禀者。窃卑职薇垣②奉委监算卑职棨③应接前任杨令交代一案，遵即会同三面秉公稽核，查得抵款项下列有道光二十四年垫修衙署银三千四百八十三两七钱五分六厘一款，卑职等当向杨令确询。据称，是年夏、秋叠沛大雨，县属二堂、三堂并各厢房等处房屋全行倒塌，无所栖止。该令筹款兴修，共垫用银前数，原拟在任陆续弥补。讵料是年十二月间丁忧卸事，以致垫款未能归还，不得不入交列抵，请由后任禀办等情。卑职等随查验所修工程，委系工坚料实，并无捏饰垫用银两，亦无虚浮。自应照案妥筹分摊，以期款归有着。惟查惠民县署前于道光二十年经王令垫修，禀蒙宪案批准，分作八年摊补之项，现在尚须两载有余方能摊完。若再将杨令垫款全数议摊，在卑

① 即杨茂豫。
② 即张薇垣。
③ 即余棨。

职桀深知杨令筹垫属实，固不忍稍存偏见。第恐一两年内再遇交代后任人员，或因银数稍多，两案齐摊，难免借口贻累。卑职等熟思再四，应请将前项垫用银三千四百八十三两七钱五分六厘，责令杨令自认银一千八十三两七钱五分六厘，又由卑职桀一人代捐银七百两，下剩银一千七百两入于交案作抵。仰恳宪恩，准归惠民本缺，以奉批之日起分作十二年，无论正署，按日摊起还款。如此分别办理，每年摊数甚轻，而新旧两案各依年限次第摊完，后任人员亦不致有负累之虞。是否有当，理合会禀大老爷鉴核批示立案，实为公便。肃此云云。

禀本分府陈[①]夹单

敬禀者。窃查卑县应解宪台本年冬季养廉银两，前奉钧函饬催，当因大老爷引见，应以何日作为卸事日期，未奉行知，碍难扣解。随经详请司示，并禀覆宪鉴在案。兹于本月二十日奉藩宪批，查宪台因大计卓异，请咨赴部引见，系于二十五年八月二十二日卸事。所有应食养廉，即于卸事前一日住支。仰即遵照。缴等因。自应以八月二十二日宪台卸事之日起，截至十月二十五日回任前一日止，统扣全廉空缺银两造报。所有冬季额解养廉银二百两，内除应扣二十四日缺廉银五十三两三钱三分三厘，又除实支项下应扣减平银八两八钱，计应解银一百三十七两八钱六分七厘。又查秋季养廉，卑县前已实解过银一百八十八两，除宪台在任五十一日应食银一百六两五钱三分三

① 即陈光绪。

厘，计长解银八十一两四钱六分七厘。应请即在前项冬季银内扣除，归于缺廉造报。下剩实应解银五十六两四钱，现已照数封固。除另文批解外，理合禀报大老爷查考云云。

禀委解部硝东昌府分府王夹单，为呈部硝例价印领事

敬禀者。窃照卑县奉派道光二十五年部硝六千五百斤，现在照数办齐，除另备文批遣差解赴宪局交兑外，查此项部硝例价，向系宪局代领，以资津贴。所有卑县前项硝斤例价银一百四十八两五钱五分七厘，兹由卑职缮具印领，理合禀呈大老爷鉴核，赴司请领备用，并将批回速赐印发下县，以便转呈验发备案，实为公便。肃此云云。

附呈印领一纸。

禀抚、藩、道、府

禀报挑修徒骇河未完段落现复开工续挑日期由

敬禀者。窃照卑县请挑徒骇河六段工程，前经禀准修办，于道光二十五年九月二十一日开工，随将刘家桥、宋家桥、杜家桥、李家桥等处四段挑挖深通。惟凤鸣桥、刘菩萨桥两段因值仲冬严寒，艰于力作，禀明于十一月十五日暂行停工在案。现已春融，亟应续挑，复经卑职选派丁役，催集民夫，定于二月二十日开工办理。除仍由卑职亲身督查，务期照估如式一律

挑挖通畅，容俟工竣，即当禀请委员验收外，所有上年未完段落兹复开工日期，理合禀报大人、大老爷查考。肃此云云。

禀藩宪会禀委提赵宗典京控马云等一案人证均已自行投审由，候补县丞张铣会衔

敬禀者。窃卑职铣①奉宪台委提惠民县民赵宗典，以书役专权、恶霸害民等情京控马云等一案人证解审等因。遵即驰抵该县，会同卑职棨②查得，此案先奉宪札行提人证到县，当经差传去后。兹据原役禀称，马云、巩砚田、陈克俊等三名，于本月十四日未奉行提之先，同韩凌云均已闻控，自行进省投审讫。惟韩有凤一名遍查并无其人，无凭带案等情前来。卑职等确查无异。但韩凌云一名并未奉文行提，即经自行投审，是否即系应提之韩有凤无从知悉。理合检齐卷宗会禀，呈送大人鉴核，札饬济南府就近查传，投审人证质讯。实为公便。肃此云云。

计禀呈卷一宗。

禀运宪禀覆奉查解兑二十五年王家冈场灶地银两由

敬禀者。窃查卑县申覆解兑道光二十五年民佃等项银两一

---

① 即张铣。

② 即余棨。

案。兹奉宪札，以尚有代解王家冈场灶地银九钱一分九厘未据解到，饬即查明是否该役沿途压搁，抑或别有情弊等因。遵即差传原领文批之灶户桑名礼到案确讯。据供，前于领批起程后，中途闻知伊母在家患病沉重，当即赶回看视。嗣伊又染病症，一时未痊，家中无人具禀。现在病愈，正拟禀明赴省赶兑银两。适蒙传讯，委无别项情弊等弊。卑职查该灶户领批管解银两，辄敢中途回家看视母疾以及自患病症，均不随时禀案，殊属胆玩。姑念到案供明尚无捏饰，除将桑名礼责惩示儆，并派役押令定限三月二十九日赶赴宪辕交兑守奉批回外，缘奉札查，理合禀覆大人查考。肃此云云。

禀粮道会禀委提本年上忙漕项银两，现在赶紧催征由，候补未入童大畋会代行典史徐衔名

敬禀者。窃卑职大畋①奉宪台委提各属本年上忙漕项银两等因。遵即束装起程，驰抵惠民县。适值印官公出，饬委卑职伯勋代拆代在案。当即会查得，惠民应征上忙漕项，现在设法赶紧催输，一俟征有成数，即行报解。缘奉委提，理合会禀大人查考。肃此云云。

---

① 即童大畋。

禀抚、藩、臬、道、府禀卑县递送难民陈宝珠等二十五名口入境出境日期并捐给口粮钱文车辆由

敬禀者。本月初九日准阳信县转准直隶庆云县关递江南扬州府宝应县难民陈宝珠等带领妇女、幼孩大小共计二十五名口到县，当即验明。询据该民人等供称，系因去秋本籍被水，田禾淹没，难以糊口，乞食外出，行至庆云县即蒙截留、递回等情。随经卑职从优捐给口粮，无论男妇大小，按每名口又捐给制钱八十文，并捐雇车辆，选派妥役，于本月初十日护送至齐东县交替转递原籍讫。所有递送难民入境出境日期、捐给口粮钱文车辆缘由，理合开具清折禀报大人、大老爷查考。肃此云云。

计禀呈清折一扣。

谨将递送江南扬州府宝应县难民姓名开折呈电。

计开：陈宝珠、陈宝华、陈宝玉、陈如松、陈长盛、陈长春、陈花、陈陶氏、陈朱氏、陈吴氏、陈袁氏、陈张氏、幼女四口、幼孩九名。以上共大小男女二十五名口，除优给口粮外，无论大小，按每名口捐给制钱八十文，并捐雇车辆、选派妥役护送到齐东县交替转递讫。

禀抚、藩、道、府禀报挑修徒骇河六段工程全完，请赐委员验收由

敬禀者。窃照卑县请挑徒骇河六段工程，上年冬间业将刘家桥、宋家桥、杜家桥、李家桥等处四段挑完。惟凤鸣桥、刘菩萨桥两段，因仲冬严寒，暂行停工。嗣于今春二月二十日起接续兴挑，均经禀报在案。兹于四月十九日已将凤鸣桥、刘菩萨桥两端挑竣。统计六段工程全完，一律通畅。理合禀请大人、大老爷鉴核，俯赐委员下县验收，实为公便。肃此云云。

禀本府委催各属欠解岁科考试经费银两由

敬禀者。窃卑县为附郭首邑，每逢岁科两考，学院按临郡垣，一切供应浩繁，悉由卑县承办十属公摊经费汇齐办理。自嘉庆二十年九月间，经卑前县孙铨禀奉郑前宪①批定章程，仿照乡试科场经费之例，按缺分大小，均匀饬摊。岁试定以二千八百两为率，惠民、阳信、商河、乐陵为上分，各摊银三百四十两；滨州、利津为中分，各摊银二百八十两；青城、蒲台为中次，各摊银二百四十两；海丰、沾化又次之，各摊银二百两。科试以二千五百两为率，惠民、阳信、商河、乐陵各摊银三百

① 即郑文明。

一十两，滨州、利津各摊银二百五十两，青城、蒲台各摊银二百一十两，海丰、沾化各摊银一百七十两。于试期之先，令各州县现任如数解归卑县查收汇用。所摊银两，无论正署，作一年半分摊。遇有交代，准将长垫之项往后任流交摊楚等因。历经遵行在案。如遇食物昂贵，不敷银数过巨，核实续摊，亦有成案可查。嗣因各州县应摊银两，先期多未解齐，而考试大典各项供支待用孔急，不得不由卑县暂为筹款垫发，一面移催还款。从前俱各认真批解，不敢稽迟。近年各州县中固有照数全清者，亦有日久拖欠任催不解者，并有以低潮短平银两解到搪塞者，更有视为摊捐款目无关紧要，竟按短解之数为率而借称解足者。不思卑县原垫银两，均系要款，交代案内删之，则成亏缺；抵之，即关归补。各州县事前既不解齐，事后又复欠延，陈陈相因，愈欠愈重，以致交案抵款久事虚悬。溯查历年以来，除从前全清年分不计，及自道光十一年起至道光十七年止，各属欠解银两已经杨令①报抵杂项，归入属库垫款案内造册，详蒙藩宪批准汇案着追，应候由司分别追缴外，所有道光十八年起至道光二十四年止，各州县共又欠银五千九百七十余两之多，杨令交代照章列抵在案。本年科考，卑职承办诸物，价值倍昂于曩昔，筹垫赔累较前更甚，而所垫银款尤属急等支解、不能久延之项，各属额摊经费，截至现在止，除解尚欠银一千五百六十两，连道光十八年以后欠款，统计欠银七千五百三十余两零，节经卑职分案备文催取，各州县拖延如故，杳无全完之期。若不据实禀催，垫项终难归结。理合开具清折，禀请大老爷鉴核，俯赐委员前往欠解各处守催，各按折开欠数迅速解送卑县，以便还款。至利津县孙令、商河县张令、沾化县黎令②均已卸

---

① 即杨茂豫。

② 即孙慧愔、张楷、黎树三。

事，应请饬令现任人员核入交代，赶紧催交，移解归款，实为公便。肃此云云。

计禀呈清折一扣。

谨将各属欠解道光十八年起至道光二十六年止院岁科考经费银两，开具清折，呈请委催。

计开：

商河县道光十八年院岁考额摊银三百四十两，前款内已解银若干，下欠银若干；道光二十年院科考额摊银三百一十两，前款内已解银若干，下欠银若干；道光二十一年院岁考额摊银三百四十两，前款内已解银若干，下欠银若干；道光二十二年院科考额摊银三百一十两，前款内已解银若干，下欠银若干；道光二十四年院岁考额摊银三百四十两，前款内已解银若干，下欠银若干；道光二十六年院科考额摊银三百一十两，前款全欠。以上商河县共欠银一千一百一十两。余州县上式各填解欠数目

禀抚、藩、道、府禀报起解道光二十五年第六批钱粮银数日期由

敬禀者。窃照卑县额征道光二十五年钱粮应解司库、宪库、藩库地丁正银四万六千三百三两一钱三分七厘、耗羡并知县养廉银五千五百七十两九钱八分二厘，内除因道光二十五年二麦被旱，复因秋禾被水被虫缓征正银一千七百五十三两三钱六分九厘、耗银二百五十三两六钱九分一厘，又秋禾被水被虫本案缓征正银九千四百五十八两二分、耗银一千三百一十一两五钱

二分三厘，又漕项划归司库、宪库、藩库核缓正银七百六十六两九钱七分六厘、耗银一百七两三钱七分七厘，三共应缓正银一万一千九百七十八两三钱六分五厘、耗银一千六百七十二两五钱九分一厘外，应征解司库、宪库、藩库地丁正银三万四千三百二十四两七钱七分二厘，耗羡并知县养廉银三千八百九十八两三钱九分一厘，前已坐支过文、武庙祭品银五十两，又先后五批共解过正银二万六千三百六十八两二钱、耗银一千八百三十一两八钱、春夏秋三季知县养廉银一千五十两在案。今自本年二月开征起截至四月十九日止，又征完道光二十五年正银三千七百九十四两八钱六分八厘、耗银一百两三钱一分、冬季知县养廉银三百五十两，现在一并饬匠倾镕，定于四月二十九日批差解赴司库、宪库、藩库交兑。下余未完民欠正银四千一百一十一两七钱四厘、耗银五百六十六两二钱八分一厘，因县境二麦被风、被旱，民力拮据，未便照常比追。现已另案禀请委员会勘，应俟勘议缓征调剂外，所有起解二十五年第六批钱〈粮〉银数日期缘由，理合禀报大人、大老爷查考。肃此云云。

禀本分府陈[①] 夹单

敬禀者。顷奉钧函，祗聆一是。查卑县应解宪台本年春季养廉银两，本应早为申解。缘今岁新赋多方比追，现仅得解头批。下余民欠近因麦禾被风、被旱，又须议请停缓。而上年钱粮奏销在即，严檄频催，更难筹画。种种支绌情形，谅邀鉴及。

---

① 即陈光绪。

惟是春季养廉系宪台急等办公之款，既蒙谆谕，卑职谨当赶紧设措。除俟凑齐即行具文批解不致久延外，缘奉函催，合先禀覆大老爷查考。肃此云云。

禀藩宪会禀委催道光二十五年钱粮由，候补未入李廷熙会衔

敬禀者。窃卑职廷熙①奉宪台委催各属欠解道光二十五年钱粮等因。遵即束装起程，驰赴惠民县会同卑职棨②吊齐征册流串，查得卑县道光二十五年钱粮，除是年二麦被旱及秋禾被水、被虫案内核缓外，实应征解宪库地丁正银三万四千三百二十四两七钱七分二厘、耗羡并知县养廉银三千八百九十八两三钱九分一厘，前已征完坐支过文、武庙祭品银五十两。又先后共解过地丁正银两万六千三百六十八两二钱、耗银一千八百三十一两八钱、春夏秋三季知县养廉银一千五十两。今自本年二月开征起至四月十九日止，又征完正银三千七百九十四两八钱六分八厘、耗银一百两三钱一分、冬季知县养廉银三百五十两，现经饬匠倾镕定于四月二十九日起解，由卑职棨禀报在案。下余未完民欠正银四千一百一十一两七钱四厘、耗银五百六十六两二钱八分一厘，因县境二麦被风、被旱，民力拮据，业经卑职棨另案禀请委勘，应俟勘议缓征调剂，未便照常比追。缘奉委催，所有起解钱〈粮〉银数日期，理合会禀大人查考。肃此云云。

---

① 即李廷熙。

② 即余棨。

禀粮道宪会禀委催本年上忙临仓银两起解银数日期由，会候补从九品费宗礼衔名

敬禀者。窃卑职宗礼①蒙宪台委催上年上忙临仓正耗银两等因。遵即束装，驰抵惠民县会同卑职棨②，查得卑县应征上忙临仓正耗，自开征起截至四月十九日止，征完正银二百两、耗银二十八两，内除坐支脚费外，实应解正银二百两、耗银二十七两五钱二分。又应解五毫脚费银二钱四分、脚费减费减平银一分四厘四毫，现在一并饬匠倾镕，定于四月二十九日批差，解赴宪库交兑。下余未完民欠，因县境二麦被风、被旱，民力拮据，禀请委勘，应俟勘议缓征调剂，业已先行停征，未便照常比追。缘奉委催，理合会禀大人查考。肃此云云。

禀藩宪夹单，为二麦被风、被旱停征新旧钱粮事

敬禀者。窃查卑县上年秋禾被水、被虫，收成歉薄，当经分别缓赋，民力借可稍纾。迨后二麦布种，满冀今春风雨调匀，麦收丰稔，以资接济。无如境内地多沙碱，土性松浮，雨泽偶尔愆期，大田即行旱燥。二月中旬以后，不特未沾透雨，并且常起燥风，出土之麦既失滋养，复被偃折，长发甚不芃茂。比

---

① 即费宗礼。

② 即余棨。

因节气尚早，丰歉究难预料。况近来经费短绌，制用孔急。多征一分钱粮，可裕一分支拨。是以本年钱粮及二十五年除缓下剩应征之民欠，暂为照常开征。奈各乡花户多因连年积歉，今岁麦收又难如望输将，颇不踊跃，屡经设法晓谕，尽力催纳，始得凑完上忙新赋头批正耗养廉银两四千四百两零解兑在案。二十五年钱粮亦勉强续完正耗廉银四千二百余两，禀报四月二十九日起解奏销案内，幸免至一分。当此民力未逮之时，新旧各完四千有余，闾阎甚形竭蹶。此外未完民欠现已时交夏令，麦禾被风于前，受旱已深，户鲜盖藏，实难强事追呼，业经禀请委勘，亟须新旧一并议缓。卑职仰蒙提携，受恩深重，凡系征完之项均已全数报解，不敢存留挪掩，致负栽培。所有征解钱粮以及境内歉收，现在不得已停征情形，知关慈念，特以禀闻。肃此云云。

覆乐陵县梁①

差旋，接奉还章，并承寄到敝前任桐生②兄代垫学宪所荐书院束脩银十两。除照数查收归款外，泐此布覆云云。

---

① 即梁本檀。

② 即杨茂豫。

覆利津县孙[①]

顷奉还章，并承寄到敝前任桐生兄代垫学宪所荐书院备银十两，已照数查收归款矣。其李漕帅奠分一项，尊处既于去年八月间寄还，想系杨[②]任漏未登记，以致重抵。除将交案抵款删除外，所有桐生兄前覆原函同转奉缴，即祈查收为祷。泐此。覆请云云。附缴原函一封。

覆蒲台县王[③]

差至，接展手书，并承寄到敝前任杨桐生[④]兄代垫云云，已照数查收归款讫。又，尊处致送陈石生司马赆仪三十两，现蒙府宪谕令，存于△处。除遵照暂为收存外，合并泐覆。即请云云。

① 即孙慧愔。

② 即杨茂豫。

③ 即王沛霖。

④ 即杨茂豫。

致掖县胡[①]

敬启者。弟前欠贵前任杨星若大兄一项，统计该银一千七百两。所有原券等件，均蒙中峰观察，代为存留。弟刻下已将此款全数措齐，选差随同登莱道宪来纪，解赴道辕交纳转发归款，用特专函奉布，务祈仁兄大人于谒见道宪时为△面，禀请将△原书券据三纸、信函五封一并检交去差携回。是所拜祷。泐此云云。

覆利津县孙[②]

差至，接奉手书，并准大移，解到本年府科考经费银四十两、铺垫棚厂等银四两五钱等因。当即饬库平兑经费银内短平银二两，铺垫棚厂等银内短平银二钱八分。又，查经费一项，尊处应摊银七十两，除现已解到并短平外，计尚欠解银三十两。此系敝县实在垫用急须归补之款，务祈大兄大人迅速措齐，同短平银两刻日一并移解过县，以便归垫。幸弗再迟。祷切，盼切。泐此云云。

---

① 即胡积垲。

② 即孙慧愔。

覆商河县张[1]

顷奉手书，承询敝县属库垫款案内册报尊处短解考试经费一事等因。查此案杨桐生[2]兄在任造报时，系照原派之数核计。各属除解尚短若干，据实开入册内，遵依历任交案列作抵款。所有各年各属已解未解数目，桐生兄当将卷宗呈蒙府宪，核明属实，转详藩宪有案。今已奉司批准，断难稍事更张。前者两承函询，弟思桐生兄在此两载，与阁下交深莫逆，吾兄谊笃同舟，热肠古道，此等寻常事件定荷鼎言具覆，无须弟为缕述。是以久稽裁答，非敢固执别见，置若罔闻也。泐此。覆请时安，诸惟涵照不尽。

致阳信等七处

敬启者。案蒙藩宪札饬，催将本年秋季余兵生息银两赶紧批解等因。查此项生息向由敝县汇总解司，听候支发。今各处均已解齐，惟尊处尚未解到。又，欠本年各季书院息脩银两，业经敝县垫发，现在急须归款，除备公牍移催外，合泐函布。务祈吾兄大人查照，迅将前项余兵生息及解费银两，同书院息脩等银一并刻日关解过县，以便汇解。幸弗再迟，致滋贻误。是所拜祷。泐此云云。

---

① 即张薇垣。

② 即杨茂豫。

致商河县张①

敬启者。本月十九日蒙本府批，据敝县民人张殿选等以贿差押案等情呈控袁文臣等一案，蒙批，速即移会诣勘等因。查此案前据该民人控，蒙府宪批，委贵县会勘讯详，当经备文关会，并关催在案。迄今日久，未准订期过县。兹奉批饬，并蒙府宪面谕赶紧关催勘讯。除抄呈备文专差关会外，合亟函布，务祈八兄大人刻日拨冗过县，勘讯详报，仍望先行示知。弗迟。是祷。泐此云云。

覆候补吏目胡

伻来，接读手翰，以奉藩宪委提敝县民人张希林京控齐云集等一案人证卷宗解审等因。查此案弟于九月二十五日奉到藩宪札饬，当经出票差传去后。兹据差禀，查得齐云集、雷学礼、赵廷葵、杜芳和、韩德、悟果等六名先已闻控，自行赴省投审。吕文选业已病故，现将吕文学、王成先等二名传到等情前来。除会列台衔禀覆，并将卷宗及传到人证备具文批，选差妥役随同来纪解省外，即祈吾兄大人查照销差为祷。附具云云。

---

① 即张薇垣。

覆候补未入李

使至，接读手翰，得悉大兄大人奉粮道宪委提道光二十四年随漕交帮及随蓟交帮各款项下减平银两等因。查此项银两，均系敝前任扣存之项，屡经移催，未准交出。现由弟处代为筹垫，饬匠倾镕，除俟镕竣，随同本年漕项银两批解并先行禀覆外，兹将禀稿抄录呈览，即祈查照销差为祷。附具云云。

致历城县叶[①]

顷奉手书，以敝前任杨桐生[②]兄交代一事，已于臬宪处澈底回明，嘱即送结等因。极荷关爱，感激莫名。惟提追捐款一项前拟先行具禀，曾经泐函与阁下确商。今来示并未叙及，谅必吾兄大人已向藩宪恳求允准。兹特查照桐生兄处八月间寄来稿底，缮具禀折一套交差赍上，即祈仁兄大人鉴阅。如果妥协，并望代为面呈。一俟奉到批示，即当飞速结报，断不稍延。屡费清神，容晤叩谢。此覆云云。

附呈禀一扣、清折一扣。

---

① 即叶圭书。

② 即杨茂豫。

覆候补从九费

使至，得阅粮道宪札，知尊兄大人奉委查验本年到次漕粮等因。查敝县本年漕粮已于十月初三日开征，现在赶紧比催。除遵照慎选纯洁粮石，一俟征齐即行运赴水次听候查验外，兹具云云。

致齐东县文[①]

敬启者。案查敝县寄庄花户赵有杰等系贵治人民。所有应完本年漕米屡催不纳，前据快役王勇等具禀，当经会票备文关提在案。迄今未准传解。兹据王勇等禀请关催前来。除备公牍外，用特函布，务祈八兄大人查照，迅速催差，协同敝县去役将赵有杰等传案关解过县，以便比追。漕务万分紧急，幸弗迟滞。是所拜祷。泐此云云。

覆候补未入朱

使至，接展手书，得悉尊兄大人奉粮道宪委提各属本年德、

① 即文英。

常二仓正耗银两等因。查敝县应征本年德、常二仓正耗银两，除因秋禾被水被虫议缓村庄外，其余应征之项现经随同地丁设法比追。一俟征有成数，即行报解。兹已会列台衔禀覆，用特抄稿呈览，即祈查照销差。附具云云。

致阳信、滨州、乐陵、青城、蒲台、商河

敬启者。顷准临邑金秋白兄函致，以产硝州县每奉派办部闽硝斤，多系折银交兑。近年以来，折硝之价未减，而买银之价日昂，刻下银价较之前三年价值贵至十分之三四。本年先奉派办二十三年闽硝，现又奉文派办部硝，为数甚多，若仍照上年硝价折银兑交，未免赔累过甚；若恳硝局量为酌减，断难邀允。兹拟联衔会禀藩宪，恳请札饬硝局查照前三年银价每两制钱一千五百文折算交兑。在硝局毫无所损，而于派硝之州县赔累稍轻等因。抄录禀稿寄示弟处，并嘱转致贵州、县查照。如愿会列台衔，即祈迅赐示知，以便由弟处汇覆秋白兄代为缮禀发申。是所拜祷。泐此云云。附抄禀稿一纸。

覆滨州王[1]

顷奉手书，以今岁漕务银价过昂，办理掣肘，承询县银价

① 即王宠三。

若何，以便筹办等因。查敝县征收虽系银桩，而刻下市间纹银每两换制钱二千五百五十文有零，非特昂贵，抑且短少。花户完纳均系远赴济属之长清、齐东等处购买。因而开征以来，输将甚不踊跃。兑期在迩，迟误堪虞。此亦时运使然，惟有徒唤奈何而已。贵州银价每两制钱二千二百余文，尚属彼善，于此闻之，当为阁下喜而不寐。至于水次粮价，弟处尚无确耗，将来探得其实，再行专函布闻可也。泐此覆请云云。

致滨州王[①]

敬启者。案查敝县寄庄花户白大贞等均系贵州人民。所有应完敝县本年漕粮，屡催不纳。兹据皂役蔡长清具禀前来。除缮会票开册备文关送外，用特函布，务祈五兄大人查照，将会票钤印，添差协同去役严催册开各户刻日赴县，扫数完纳。如再抗延，即行传案关解比追。现在漕务万分紧急，幸勿迟滞。是所拜祷。泐此云云。

致齐东县文[②]

敬启者。前据快役王勇等具禀寄庄花户赵有杰等抗欠漕粮等情到县。当因该花户等均系贵治人民，随即缮具会票，备文关送差传在案。迄今多日未准解到。兹据王勇等以赵有杰与贵

---

① 即王宠三。

② 即文英。

县差役齐继源系属亲谊，现将花户传齐，捺不禀案，复请关催前来。并据快役王化廷面禀，贵县该管赵有杰等村庄之粮差系张可绪，应请添差张可绪协传，俾专责成各等情前来。除备公牍外，合亟函布，务祈八兄大人查照，迅赐改差，并添派张可绪协同敝县去役速将赵有杰等按名捺传关解过县，以便比追。弗任再迟。感甚幸甚。泐此云云。

覆临邑县金[①]

日前差至，接奉手书，以办硝一事近来银价倍昂，过于赔累，拟禀请照前三年银价折兑等因。并承抄稿寄示，足征关爱逾恒，曷胜感篆。当查武属产硝地方尚有滨州、乐陵、阳信、商河、青城、蒲台等处，事同一律，随即分录禀稿，专差函询去后。兹已陆续覆到，均称卓识过人，莫不同深佩服。除阳信多秀峰兄因今岁奉办闽硝业经兑清，不便附名，又乐陵梁五兄现在公出未得复音，容俟函覆到日再行布闻外，其余滨州、商河、青城、蒲台与弟等共计五处，俱愿附骥列衔。

再，查商河张云坡[②]兄来函内叙此等硝斤，例应办解本色，折价二字似难形诸公牍等语。是亦不过虑及藩宪饬知硝局难于措词之意。但吾兄大人器重上游，言必有中，既已筹画尽善，自可仰邀宪诺。用特开具衔名单一纸借呈青览，即祈查照会列缮禀发申，将来奉到司批并望录示为祷。泐此云云。并鸣谢悃诸，惟一爱照不一。附呈衔名单一纸。

---

① 即金涛。

② 即张薇垣。

致临邑县金[1]

日前承示会禀硝价一事，当经沏函布覆，并将武属愿列衔名各处开单附呈，谅邀青览。兹又接到乐陵梁五兄[2]覆函，用特抄录寄上，即祈吾兄大人查照，酌核分别办理。是所拜祷。沏此云云。

附抄乐陵覆函一件。

覆候补县丞宋

使至，接展手书，得悉尊兄大人奉道宪委查各属铺户有无掺使小钱等因。查敝县境内各铺户均系使用官板制钱，并无掺使小钱情弊。除缮具印结交纪赍呈外，即祈查照汇禀销差为祷。

再，此项例差敝县向无外办成章，实属无可为力。兹由弟处特具菲敬四主，聊将芹意希哂存是幸。沏此覆请升安云云。

---

① 即金涛。

② 即梁本檀。

覆商河县张[1]

昨奉手书，复以敝县属库垫款案内册报贵县欠解各年考试经费一项，承询如何办理等因。查此案系杨桐生[2]兄汇详奉准之事，于弟无所损益。岂敢固执己见，置若罔闻。但前次两荷函询，当经转布桐生兄去后，迄今未接回音。除再将来信寄与桐生兄阅夺外，即祈八兄大人查照，无论作何禀覆，弟无不悉听尊裁也。泐此覆请升安。惟照不一。

致沾化县黎[3]

敬启者。顷奉本府面谕，以近来各属垫修衙署流摊之事具禀藩宪，无不严驳府案，断难允准。所有尊处修署详摊详文，业已到府，未便准行。若遽驳饬，又恐碍于存案。兹将原详发交弟处，令即专差奉缴。又谕以武属所辖徒骇河道各州县，均经议请筹款挑挖，奉司准其分年捐廉归补。惟贵境该管段落节次行查，迄今未据议覆。刻下又奉道宪查催，不可再延。如果实须兴挑，将来可立司案，较之修署一层更为妥协等因。用特专差函布，即祈尊兄大人查照，将寄去修署原详检收涂销，并

① 即张薇垣。

② 即杨茂豫。

③ 即黎树三。

望示覆，以便回答府宪。幸弗稽迟，是所拜祷。泐此顺请云云。附缴修署原详一套。此函阅后，仍祈掷交去差带回，以慰宪廑。又及。

致滨州王[①]专差

飞启者。陶桐甫[②]十兄现于月之廿日到郡，祗候吾兄大人面商一切。顷蒙府宪谕，即专差驰布，务祈命驾刻速前来会同商酌，幸勿稍迟。祷甚，盼甚。泐此顺请云云。

覆候补末入流邹

使至，接展手书，得悉尊兄大人奉藩宪委查各属当商减息等因。查敝县本年秋禾歉收各座当典，均已遵示减息，并无书吏串压告示，及借口短减情弊。除会列台衔禀覆外，兹特抄录禀稿寄呈青览，即祈查照销差为祷。附具菲敬云云。

附呈银一封、禀稿一纸。

---

① 即王宠三。

② 即陶庆增。

覆青城县张[1]

顷奉手书，以济属所禀漕务事宜一案，嘱即查会禀等因。查敝县向系银号，本年催征颇形掣肘，刻下一切尚无端倪，未便遽行议禀。尊处情形自不相同。五兄大人卓见，如须仿办，即祈径自具禀，以免迟误。泐此覆请云云。

覆蒲台县王[2]

顷奉手书，承询本年奉派部硝定于何日批解等因。查敝县奉派前项净硝六千五百斤，刻下因漕务掣肘，公私交迫，尚属无款办兑。且临邑商同会禀硝价一事，曾否由秋白兄处缮禀申发，以及如何批议，均无确音。年内为日甚促，似难赶办解局。然至迟于明岁开篆后总须了结，不能再缓矣。除专函赴临邑询有端倪再行布闻外，先此泐覆，即请云云。

---

① 即张薇垣。

② 即王沛霖。

致临邑县金[1]专差

敬启者。前承关爱，以办硝折价一事相商，当经泐函布谢，并开武属愿列衔名各处清单呈恳附入。谅已早邀青照。但此禀系于何日缮发，刻下曾否奉到批示，弟处未知其详。兹准局员催兑甚紧，各寅好纷纷询问，殊难酌定缓急。用特专差函布，务祈吾兄大人查照，将此事备细情形及贵县拟于何时办兑之，一并示知，俾得画一办理。是所拜祷。专此云云。

覆青城张[2]

载奉手书，知昨覆一缄尚未达到，承示兑务事宜，足征卓才鸿谋，至周且备。但弟处掣肘情形，业经面禀府宪，断难从重而行。贵县征收已军一切自无格碍。如必须仿照济属办理，即祈吾兄大人径与同属愿办各处商议具禀，万勿添列弟衔。是所至祷。泐此云云。

---

① 即金涛。

② 即张薇垣。

致同属七处无滨州

敬启者。顷奉本府面谕，以蠲免一案自奉章程，迄今已届一月，限满急须核转，不能再延。所有各属征册流串，恐因年久不全，一时难于查齐，未便因此稽迟。令即知会，先将历年钱粮总报检理整齐，务同开造册结，一律详送，切毋遗漏两歧等因。合亟专差奉布，即祈查照，速为妥办。此系府宪慎重公事中，深寓体恤属僚之至意。凡我僚属同深镌感，幸勿误会。是所至祷。泐此云云。此函阅后仍祈掷交去差带回，以便转呈，借慰宪廑。又及。

覆阳信多①

差至，接奉手书，聆悉一是。本年奉派部硝，敝县尚未解兑，现亦接至汪竹千兄函致催解，岁内为日无几，实难赶办。然迟至开篆后总须了结，不能再延矣。至于公议会禀硝价一事，弟处前准金秋白兄抄稿函商，当经照录原稿寄呈青览。嗣奉吾兄大人覆示，以奉派闽硝业经兑完，无须会禀等因。弟已遵嘱转覆临邑在案。但列衔会禀各处亦未奉批，容俟奉到批示再当布闻可也。先此覆请云云。

---

① 即多瑞。

覆德州汪[1]

顷奉手书，以东昌王厅尊奉委总运漕粮，现赴德次，嘱将采办部硝解德交兑等因。查敝处奉派前项硝斤，现在赶紧措办，一俟凑齐即当解兑，不致延误。尚祈仁兄大人查照，于王厅尊前先为婉禀。是所拜祷。泐此云云。

详销委审惠民县民张昌呈控张元一案

武定府阳信县为详销事。道光二十五年五月初三日蒙本府、宪台札开，案蒙巡抚部院兼理盐政觉罗崇恩批，据惠民县张昌呈控张元移粮栽害朦断埋冤等情一案缘由，奉批，委员既经往讯，岂有不查粮册仍照旧审办之理。所呈显非实情。仰布政司饬府，即饬该委员查验粮册、串票，秉公讯断详报。毋延等因到司。奉此，查此案前据该原告张昌赴司具控，当经批饬该府委员讯断。嗣据阳信县审详请销，复行批府妥议详夺在案。兹奉前因，合行马递札饬等因到府。蒙此，除饬惠民县传齐人证外，合行转饬。札到，该员立即束装，驰赴惠民催令差传被证人等查验粮册串票，确讯究断详报。此札。

计粘单一纸。

---

① 即汪封渭。

内开：

具状人张昌，年六十六岁，系武定府惠民县人，为移粮栽害朦断埋冤，叩宪亲提究办事。

窃身与堂弟张元两家钱粮，自嘉庆八年云云，势如羊入虎口。为此情极，奔大人赏准亲提，庶伊等离地去势，身冤日明，焚顶上叩被告张元、陈少廷等因到县。蒙此，遵即移会惠民县传集人证。卑职正在亲诣复讯间，适据该原告张昌呈称，窃身赴院宪呈控张元私过钱粮一案，奉委讯详，应候讯断，不宜起灭自由。但张元云云，为此罢讼，叩乞从宽详销等情。据此，卑职复提集原被人证确讯，供与息呈相同。两造实已输服，愿甘罢讼。

查此案前据张昌与张元因地粮不清，在惠民县兴讼。嗣又由府赴司控，蒙饬委卑职讯报，随经集案讯明。缘张昌、张元系同堂兄弟，素无嫌隙。家有祖业地亩，早已分劈，各自完粮。惟祖遗闲院地一段，仍系张昌、张元两家伙用之产。每年该纳粮银九钱七分二厘，亦系两家输纳。迨后张元、张昌又将此地平分，粮银即应两家分拨。张昌时常出外贸易，张元恐日久粮名牵混，旋将张昌名下应分一半粮银过拨清楚。张昌回家未查明晰，疑张元私拨有弊，赴县呈控。该前县王令传讯，饬将地数粮数逐一查清，再行讯断，未及讯结卸事。覆经该前县杨令集讯，张昌并不遵断查算地粮，率敢出言顶撞。经杨令当堂掌责示惩，并查明地粮相符，取结完案。张昌回家，复行托人查算，粮数未能算清。又疑堂讯受责，难保非张元贿串刑书谗言朦蔽所致。随即砌词由宪辕、府赴藩宪、藩司、宪台衙门控。蒙委审讯悉前情。当查张昌分受祖遗闲院地亩，自应分拨粮银。乃因张元代为过割清楚，并不确切查明，辄控张元私拨。迨至堂讯，顶撞被责，又疑刑书朦蔽具控。虽已供明，控出怀疑，并非有心诬告。惟砌词上渎，究有不合。应照不应重律，杖八十，折责发落。张元拨于张昌名下粮银，实系张昌分受院地应纳之粮，并无私行多拨，亦无贿串刑书朦蔽情事，应与讯无受贿谗言朦蔽之刑书陈少廷，均毋庸议。张昌、张元两家地粮相符，断令各照地数管业完粮，取结详销，候示在案。张昌又赴抚宪、宪台衙门控，蒙批饬前因。复据原告恳息讯，甘罢讼。

卑职覆查该民人张昌分受祖业应拨粮银，率疑张元私拨，砌词上控。断结复翻，殊属不合。姑念自行请息，不敢始终诬执。前讯已照不应重律，拟杖八十，折责发落，足示惩儆，请免重科。刑书陈少廷讯无谗言朦蔽情事，应与张元均免置议。除取具切实甘结附卷并将人证省释外，拟合具文详请宪台鉴核转详销案。除径详抚、藩宪外，宪台鉴核批示销案。除由司、府转详外，为此云云。

严禁偷窃田禾示

为严禁偷窃田禾事。

照得农民服田力穑，终岁勤劳，全赖禾稼登场，获收籽粒，以偿工本。是以偷取田禾，律有明条。立法森严，不容稍宽。每届秋禾成熟之际，节经出示严禁。本年业已剀切晓谕在案。兹据内省约监生耿肇筠呈控刘维绪等偷窃秫穗等情，并将该约公议看守义坡条规送验前来。除差传讯究外，查其所议各条尚属明晰。第恐无知愚民视为虚文，抗违不遵，合再谆谆示谕。为此示仰该约居民人等知悉：尔等有地之户，务须守望相助，公看地形。如遇偷窃田禾者，立即知会约正，指名拿获道县，以凭究办，不得私行拷打，致犯科条。其无地之人，尤宜各安本分，自顾身家，毋得纵令妇稚，偷窃禾稼。倘敢肆行无忌，仍蹈故辙，一经访闻拿获，或被地主扭禀，定即按律惩治，以儆刁玩而重农业。本县言出法随，决不姑宥。各宜凛遵。毋违。特示。

一出示△△张　各仰知悉

（刑南房刻即另请送。速速。七月十三日。）

道光十六年秋灾、十七年青黄不接，缓征上忙新赋上谕

武定府侯①为钦奉事。

本年二月初十日蒙督粮道抄案，本年正月二十七日蒙抚宪经②案验，道光十七年正月十六日准兵部火票递到户部咨，山东司案呈，内阁抄出，道光十七年正月初四日奉上谕："上年山东齐河等州县卫间被水旱，业经降旨分别缓征，小民自可无虞匮乏。惟念今春青黄不接之时，民力未能充裕，着加恩将被水较重之齐河县太平庄等八村庄、德州前董庄等六村庄、济阳县双柳庄等九村庄、濮州南关东里来家堌堆等十六村庄、济宁州黑土店地方本店庄等三十四村庄、鱼台县葛家桥等六十二村庄，被旱较重之聊城县城民里王石安庄等五十八村庄、清平县刘皮庄等九村庄、商河县史家庄等四十三村庄，又被〈水〉较

① 即侯燮堂。

② 即经额布。

轻之齐河县并卫张保屯等二十九屯庄、德州巨家洼等六十六村庄、濮州南关西里孟家庄等二十四村庄，又被旱较轻之长清县白华林孔家庄等四十八村庄、及并卫王东下屯等二十四屯庄、聊城县此七上里任家庄等三百八十六村庄、冠县凤庄等五十二村庄、馆陶县五二厢村等十六村庄、清平县皮家庄等一百一村庄、堂邑县东南四大萧家庄等一百六十五村庄、茌平县米家庄等四十二村庄、莘县铁佛寺吕家庄等五十六村庄、丘县李家庄等二十四村庄、东阿县爱山等五十二村庄，又被旱最轻之长清县白家洼等一百六十一村庄、馆陶县李路桥村等六十村庄、高唐州上官屯等十二村庄、莘县大杨家庄等三十村庄、夏津县韩家桥等九村庄、临清州沙窝屯等二百六十六村庄，应征道光十七年上忙新赋及漕项河银，临、德等仓民佃盐课，并摊征堤工、河工、地租等项，均着缓至秋后启征。德州、东昌、临清三卫被灾屯，随同坐落州县一律办理。该抚即刊刻誊黄，遍行晓谕，务使实惠及民，毋任吏胥舞弊，用副朕轸念民依至意。该部即遵谕行。”钦此。钦遵于本月初七日到部，相应恭录上谕，飞咨山东巡抚遵照办理可也等因咨院行道到府。蒙此，合行转饬。为此仰县官吏文到立即遵照，迅将应征本年上忙轻赍、席草等银，在于已征地丁银内照数划出，径解交兑具报。毋迟。速速。（十七年二月二十四日到）

道光十七年查办麦未种齐缓征旧欠一案

武定府侯①札惠民县知悉。本年二月二十日蒙布政司札开，

① 即侯燮堂。

道光十七年二月初九日蒙巡抚部院经[1]札开，道光十七年二月初三日据邹县孙士清禀称，窃查卑县上年秋禾收成七分，尚属中稔。惟秋后缺雨，土脉干燥，二麦未能播种齐全，统计四乡仅种麦三四分不等。嗣因一冬并无雨雪，半属干枯，现在不过仅存十分之二。至新正初六日得雪四寸，初十日又得雪三寸。其西乡近湖洼下之地，少可补种春麦。东、南、北三乡地处高阜，多系沙地，皆不能补种春麦。核计四乡种麦甚少，将来麦收自属歉〈薄〉。若本年上忙新钱粮仍责令照常输将，是一年而并征七年之粮，民力实属拮据，自应量为调剂。

卑职体察舆情，除将本年新赋仍行照常征收外，所有带征未完十一年至十六年止旧欠钱粮及摊征横河堤工银两，均请缓至本年秋后，各按最先分年依次递年带征一年，以纾民力。除将历年旧欠带征钱粮暂行停征外，是否有当，拟合禀请鉴核批示祗遵等情到本部院。据此，查该县所禀情形是否属实，应否照议办理。至上年二麦未经种齐者不仅该县一处，其余各属亦应查明，并案汇办。兹据前情，合行札饬。札到，该司立即飞饬各属查明，妥议禀覆，由司确核汇案详办。事关民瘼，固不可稍存泄视，亦毋得任其冒滥，切速切速等因到司。蒙此，合行马递六百里转饬等因到府。蒙此，合行马递六百里转饬。札到，该县立即查明上年二麦究竟曾否布种齐全，其未经种齐之处，民欠是否拮据，上忙钱粮能否照常完纳，或应如何接济，限三日内由马递六百里据实禀府，急等核转详办。事关民瘼，固不可稍存泄视，亦不得冒滥致干严参。飞速，火速。（十七年二月二十一日到）

---

① 即经额布。

前案县禀禀覆议请缓征十六年陈欠钱粮由，禀本府

敬禀者。窃本月二十一日接奉宪札，奉藩宪转奉抚宪饬查各属上年二麦曾否布种齐全，民情是否拮据，上忙钱粮能否完纳，或应如何接济，速即查明妥议，由马递六百里禀覆核办等因。遵查卑县因上年秋间缺雨，二麦播种未齐。今岁入春以来，得雪三次，二三寸不等。未种之地业已翻犁，布种早谷、高粱，收成有望。上忙钱粮，自开征以来，输将尚属踊跃。惟应征十六年钱粮任催罔应，完纳甚属寥寥。卑职细心查访，因历年被旱歉收，上年麦秋二收均止中稔，盖藏本未宽余。今与本年新赋同时并征，实属力有未逮。兹蒙饬查，卑职固不敢壅于上闻，亦不敢稍存泄视。悉心筹议，惟有仰求大老爷俯念卑县积歉之余，量予调剂。本年上忙新赋，民力尚可输将，应照常征收外，其应征十六年陈欠，请缓至本年秋后，同原缓之十一年钱粮并案带征，以纾民力。所有筹议调剂缘由，是否有当，合肃由马递六百里具禀宪鉴察核转禀。恭请云云。

前案府禀

敬禀者。案蒙宪台转蒙抚宪札饬，查明所属上年二麦究竟曾否布种齐全，其未经种齐之处，民情是否拮据，上忙钱粮能否照常完纳，或应如何接济，确核汇议禀办等因。遵即转饬卑府十属查覆去后。

兹据青城县禀称，境内种麦虽较上年为少，体察民情并不

拮据。况无应带陈欠，所有本年上忙钱粮仅可照常完纳，无须调剂。又据乐陵、商河二县各禀称，二麦虽未能全行布种，民情尚不拮据。本年上忙应带征者，仅止十六年一年，而现计征剩民欠亦已为数无多，均可照常征收。即商河县上年秋收较歉之史家等四十三村庄，已奉将新旧钱漕并缓至十七年秋后启征，无须再加调剂。又据惠民、滨州、海丰、阳信、利津、沾化、蒲台等七州县各禀称，上年秋后缺雨，冬雪又稀，致麦未种齐，民情不免拮据。惠民、滨州请将本年上忙应征十六年民欠缓至秋后归入递缓案内，按最先年分递年依次带征一年。海丰县请将应征十六年民欠缓至本年秋后启征，其原缓、递缓之十一、十二、十五等年钱粮并请展至十八年秋后依次递带。阳信县请将十六年民欠缓至本年秋后，同递缓案内最先之十一年分钱粮一并启征。利津县请将本年上忙应行带征之十一、十五、十六等年陈欠，均缓至秋后启征。沾化、蒲台二县均请将应带征之十一、十五等年陈欠，同十六年民欠统缓至本年秋后，按最先年分递年依次带征一年，以纾民力。其各州县本年上忙新赋，均照常征收各等情议禀前来。卑府确加体访，各牧令所禀均属实在情形。除青城县并无陈欠，乐陵、商河二县应征十六年民欠无多，俱可照常催输，毋庸拟议外，其惠民等七州县或种麦过少，或积歉之后民力不无支绌。自应量加调剂，以示体恤。惟各该州县所议参差不齐，虽由地方情形及带缓年分不一，第办理似应画一。卑府悉心酌议，应请将惠民等七州县，除本年上忙新赋均照常征收，凡有应征应带各旧赋统请缓至十七年秋后，与原缓、递缓钱粮并作一案，按最先年分递年依次带征一年，则民力益觉宽纾，而办理亦归一律。是否有当，理合驰禀大人察核汇办。伏惟云云。

前案府札

武定府侯[①]札惠民县知悉。本年三月二十四日蒙布政司札开，照得本年查办二麦未种一案，据各该府州陆续议覆，或只缓旧欠，或新旧并缓，其有未经覆到者，又经本司径札饬催各在案。惟查各属现据纷纷禀报得雨，均可翻犁耩耕。上年麦禾虽未种齐，但既种，早秋收成有望。民瘼固所当恤，国帑亦应慎重。是否得雨之后可以毋须查办缓征，抑或议缓之处仍应照办，合亟插翼马递六百里札查等因到府。蒙此，查此案前据各属议请缓征，业经本府汇核转禀，并奉藩宪批示，先后行知在案。兹奉前因，合亟专马由六百里飞饬。札到，该县立即再行确切查明，据实核议。即交去马，星驰禀府，以凭转禀。为时已晚，勿稍刻迟，致滋贻误。切切。此札。（十七年三月二十五日到）

前案县禀禀覆卑县春雨不能沾足，早秋尚未种齐，十六年钱粮请照前议缓征由，禀本府

敬禀者。窃奉宪台转奉藩宪札开，以本年查办二麦未种一案，现据各属纷纷禀报，得雨均可翻犁耩耕，秋收有望。是否得雨之后可以毋须查办缓征，抑或议缓之处仍应照办，饬即再行确切查明，据实核议，星驰禀覆等因。遵查卑县二月十四日得雨二寸，三月十九日得雨一寸，均经申报在案。前次得雨之后未种地亩，虽已一律翻犁，但雨未沾足，止能耩种高粱，不

---

① 即侯燮堂。

能布种早谷。今高粱业已出土，早谷所种甚稀。卑境上年种麦不多，今岁早秋尚未普种。卑职细心体察，民力实形拮据。惟有仰求大老爷轸念民瘼，俯照卑职前议，将道光十六年钱粮转请缓征，以纾民力，实为恩便。兹奉饬查，所有卑境雨泽秋禾情形，合肃禀覆。伏惟云云。

前案府禀

敬禀者。案蒙钧札，饬查麦禾种齐各处是否得雨后可以毋须缓，抑仍应照办确查议覆等因。遵查地方旸雨偶有愆期，诚如宪谕，民瘼固所当恤，国帑亦应慎重。理宜随时确体情形，核实办理，不容稍事冒滥。卑府十属，除青城、乐陵、商河三县本未议缓外，遂即转饬惠民、阳信、海丰、滨州、利津、沾化、蒲台等七州县确查去后。兹据先后禀覆，两月以来虽曾得雨，均未渥被，早秋亦尚未布种齐全。麦收既不能丰，秋成复为期尚远，民情实难免拮据。应请仍照前议缓旧征新，以纾民力等情。卑府覆查各属自二月十四日得雨之后，阅今四十余日，虽有续沾一二次，均止一二寸不等，而滨州一处且未据报得雨。当此麦难期稔，而秋未种齐，兼多积歉之区，民气未舒。若令新旧钱粮同时并纳，洵恐力有未逮。各牧令所禀，委属实在情形。理合由六百里禀覆大人察核，俯照卑府原议，将各属陈粮统缓至秋后，递年依次带征一年，以示体恤，实为恩便。伏惟云云。

前案府札

武定府侯[①]札惠民县知悉。本年四月二十四日蒙布政司札开，案查办理二麦未种案内，据该府议将惠民、滨州、海丰、阳信、利津、沾化、蒲台等七处未完历年旧欠，概行缓至本年秋后依次带征等情。查滨州、利津、沾化、蒲台等处未完旧欠，或因银数无多易于催纳，或因上忙原缓限期尚早，并于上年秋歉案内业经奏准递缓。此时雨泽沾足，早秋一律耩种齐全，自未便再议缓征，致悞国帑。至惠民、阳信、海丰等三县情形较为拮据，新旧钱粮责令并纳，力有未逮，尚属实情。除汇案请奏外，合行马递六百里饬知等因到府。蒙此，合行转饬。札到云云。（十七年四月二十五日到）

前案原奏

奏为查明长山等州县麦未种齐，收成歉薄，恳恩缓征旧欠，仰祈圣鉴事。

窃照东省上年齐河等州县麦禾被旱、被水歉收，届秋水旱不齐，收成复歉。经臣奏恳天恩，将新旧钱漕分别缓征。今春青黄不接，又经请缓上忙新赋，以纾民力。惟有未经被灾之长山等州县，及虽被灾仍有成熟村庄，均应照常输纳。该处因上年秋雨短绌，未能翻犁耩麦。间有得雨播种者，不及十分之二三，将来麦收难免歉薄。臣据报随行司饬府确加体察，应否量予调剂，并以国帑攸关，切宜核实妥办，不得稍事冒滥，一面

---

① 即侯夔堂。

由司委员前往会同履勘。兹据济南、泰安、武定、兖州、曹州、东昌、登州等府会督委员及该管州县逐细勘明，议请缓征旧欠，由藩司刘斯嵋覆核，详请具奏前来。臣查东省民欠麦收为要，上年秋雨稀少，种麦未齐，早秋为期尚远，无补目前。此时若令新旧钱粮并纳，民力实有未逮。自应量予调剂，以示体恤。合无仰恳皇上天恩，俯准将长山、齐河、禹城、长清、平原、泰安、惠民、阳信、海丰、邹县、泗水、阳谷、寿张、濮州、朝城、观城、菏泽、清平、莘县、聊城、莱阳等二十一州县，除上忙新赋照常征收外，所有应征十六年未完及秋灾原缓与带征历年旧欠原缓、递缓钱粮，及漕项河银，临、德等仓民佃盐课，摊征堤工、河工、地租，出借仓谷、籽种等项，均请缓至道光十七年秋后，各按最先年分递年依次带征一年。德州、东昌、临清等三卫随同坐落州县一律办理。俾纾民力。感颂皇仁实无既极。为此恭折具奏，伏乞皇上圣鉴训示。谨奏。（十七年四月二十九日奉府行知）

道光十八年二麦被旱一案县禀

禀△县二麦被旱请展旧欠钱粮由，禀本府

敬禀者。窃卑职于本月十六日△刻奉钧谕，饬查二麦曾否被旱，应否调剂，妥为禀办等因。遵查卑县上年冬雪未沾，今春又无透雨，以致二麦未能畅发。现已节交夏令，即或得有雨泽，亦只可布种秋禾，而二麦收成难以丰稔。卑境闾阎素鲜盖藏，二麦既已被旱，若将上年未完民欠与本年新赋一律并征，民力实有未逮。卑职体察情形，似应量为调剂，除本年新赋仍旧照常征收外，所有上忙民欠未完应征银两，应请缓至本年秋后，随同原缓钱粮，按最先年分递年依次带征，以纾民力。是否有当，理合禀覆大老爷查核，俯赐据情转禀，实为公便。肃此云云。（四月十八日阅稿）

前案府禀

敬禀者。窃查武定所属上年冬雪未沾，今春雨泽稀，虽经卑府屡次设坛祈祷，得雨总未沾足，以致二麦未能畅发。现已节交夏令，即或得有雨泽，为时已迟，二麦收成难期丰稔。体察舆情，不无拮据。若将应行带征旧欠与十七年未完钱粮同上忙新赋一律征收，民力恐有未逮。似应分别调剂，以示体恤。先经札饬各属，各就地方情形妥议禀覆去后。

兹据各州县陆续议禀前来。卑府覆加查核，除青城一县钱粮向系年清年款，并无旧欠，毋庸置议；又，滨州、利津二处据禀，历年旧欠钱粮已于上年秋禾被旱案内，缓至十八年秋后，各按最先年分递年依次带征在案。上忙并无带征陈粮，虽有十七年未完民欠，为数无多，已于本月十七日得有雨泽，民情安贴，仍可照常征收，毋庸另议调剂外，所有惠民、蒲台、阳信、乐陵、沾化、海丰等处，议请将十七年未完民欠缓至十八年秋后，随同原缓历年旧欠钱粮，各按最先年分递年依次带征。至商河县尚有带征十一年旧欠，并十七年未完钱粮，若同上年上忙新赋一律征收，民力实有未逮。议请将各年旧欠银两，同十七年未完民欠并为一案，一体缓至十八年秋后，按最先年分递年依次带征一年。其各该州县应征本年新赋，仍各照常征收，毋庸另行请缓。所议均尚允协，理合汇案，禀请大人鉴核办理。

前案覆勘县禀禀会勘惠民县二麦被旱议请缓征旧欠由，会阳信县吴衔名，禀藩府

敬禀者。窃卑职士伟蒙宪台、藩宪委赴惠民县会同勘明二麦被旱是否成灾，应否调剂，妥议禀办等因。遵即驰抵该县会同卑职△△查勘得，上年冬雪未沾，今春又无透雨，麦苗未能畅发。现在设坛祈祷，即或得有雨泽，为时已迟，只可布种秋禾，麦收未免歉薄，约计成五分有余。虽未成灾，体舆情不无拮据。若将上年未完民欠与本年新赋同时并征，民力实有未逮。似应量予调剂，以示体恤。前蒙本府、宪台札饬查议，当经卑职△△察议禀覆，已蒙转禀在案。兹奉前因，卑职等遵复确勘筹议，应请仍照原议，除本年新赋照常征收外，所有上年未完民欠缓至本年秋后，随同原缓钱粮，按最先年分递年依次带征，以纾民力。是否有当，合将会勘核议缘由禀覆大人、大老爷查核示遵。肃此云云。

前禀府札

查前奉藩宪通饬，二麦受旱已议请缓旧征新，详请具奏在案。现仍未得透雨，不但二麦歉收，秋禾亦难长发。是否缓旧足纾民力，应再行确查禀办等因。当经通饬查察具禀在案。仰即遵照前札，作速确查妥议，禀府汇转。毋稍违延。此缴。

前禀司批

查此案前据武定府汇禀到司，业经汇案，详请抚部院具奏；并奉有行知，由府转饬遵照在案，仰即知照。缴。

前案原奏

奏为查明惠民等州县二麦被旱情形，恭折奏恳天恩，酌缓旧欠以纾民力，仰祈圣鉴事。

窃照本年东省自春徂夏，各属禀报得雨，省西一带较为沾足。惟省东各府雨泽稍稀，地土干燥，麦苗难长发。经臣率属虔祷，现在虽间已具报得雨，秋禾未经种齐之区可以秉时布种，第麦禾先因受旱，株小力薄，结实难期饱绽，收成究不免稍歉。先据平度等州县，以麦禾被旱，民力拮据，议请调剂，禀经臣批司委勘妥议，并恐此外亦有应须调剂之处，谆饬查明禀办。据惠民等州县陆续禀报情形相同，饬据署藩司李宗传转据该管道府督同印委各员逐一勘明，议请酌缓旧欠，仍征新赋，详请具奏前来。

臣查本年上忙新赋正在催征吃紧之际，现因二麦被旱，稍形歉薄。若将旧欠钱粮同时并征，民力未免拮据。该司所议缓旧征新，尚属核实。合无仰恳皇上天恩，俯准将二麦被旱之惠民、阳信、海丰、乐陵、商河、沾化、蒲台、德州、益都、博山、临淄、临朐、博兴、寿光、昌乐、乐安、高苑、安丘、掖县、平度、昌邑、潍县、胶州、高密、莱阳等州县，除本年上忙应征钱粮照常征收外，所有应征十七年未完及秋灾原缓，与带征历年旧欠原缓、递缓钱粮及漕项河银，临、德等仓民佃盐课，摊征堤工、河工、地租，出借仓谷、籽种等项，均请缓至道光十八年秋后，各按最先年分递年依次带征一年。俾纾民力，感颂皇仁实无既极。

所有查明二麦被旱各州县酌议缓征旧欠缘由，理合恭折具奏，伏乞皇上圣鉴训示。谨奏。（闰四月二十一日奉府转行）

前案续办县禀禀会勘惠民县麦收歉薄，请将麦后应征新赋缓至秋后察看情形另行禀请核办由

敬禀者。窃蒙本府/宪台转蒙宪台/藩宪札饬，以惠民县具禀二麦歉收，请将本年青黄不接案内，应于麦后启征之上忙新赋缓至秋后察看情形，另行禀办。所议是否允协，札委卑职楷会同确勘，覆核妥议，开具村庄清折禀覆核办等因。遵即束装驰抵该县，会同卑职△△查得，卑境本年自春徂夏，雨泽稀少，以致二麦被旱，收成歉薄，业经禀奉缓征旧欠。嗣蒙宪台札饬，以仍未得雨，秋禾难资长发。是否缓征旧欠，足纾民力，抑缓旧之外尚须另议调剂等因。复经卑职△△勘明，议请将青黄不接案内，应于麦收启征之上忙新赋缓至秋后察看情形，另行禀办在案。兹奉前因，卑职等遵复会同亲诣四乡履亩确勘，现在得有雨泽，秋禾足资长发，晚谷杂粮均已播种齐全，秋收可望粮价减平，民力不致拮据。惟麦收究属歉薄，所有上年被灾村庄本年青黄不接案内，应于麦后启征之上忙新赋，若仍照旧征收，民力恐有未逮。应请仍照前议，缓至本年秋后察看情形，另行禀请核办。是否允协，合将会同勘议缘由禀覆大人、大老爷查核示遵，实为公便。肃此云云。（五月二十一日阅稿）

计禀呈村庄清折一扣。

前案续奏

奏为续查各州县卫麦禾被旱歉收，恭折奏恳天恩，分别缓征新旧钱粮，以纾民力事。

窃照东省本年自春徂夏，雨泽稀少，麦禾被旱，先经臣将

惠民等二十五州县旧欠奏奉恩旨允准缓征，当即钦遵刊刷誊黄，颁发晓谕在案。原冀甘霖渥沛，麦收可有转机。嗣各属节次得雨，及时沾足之处固多，其得雨过迟，或虽得雨而未能深透，如前奏之惠民等州县及历城等县均陆续禀报歉收，即经行司委员逐细查勘去后。兹据该管府州督同印委各员勘明各州县卫被旱歉收轻重情形，分别议缓新旧钱粮，由署藩司李宗传覆核，详请具奏前来。

臣查钱粮为维正之供，若非收成实在歉薄，断不容稍事延缓。兹据续报，被旱各属不但麦收歉薄，即已种早秋亦难长发。虽勘不成灾，但东省地瘠民贫，花户应完钱粮在有力之家开柜以后即行完纳，其无力穷民全赖二麦刈获为纳赋之资，今麦收歉薄，完粮未免拮据。除已经该州县征存在柜银两，由司责成该管府州查明提解司库，不准丝毫牵混存留外，其未完钱粮自应酌量展缓，以纾民力。合无仰恳皇上天恩，俯准将被旱较重之历城、章丘、长清、德平、齐河、齐东、临邑、陵县、丘县等九处未完上忙新赋，及本年青黄不接案内原缓至麦后启征钱粮，同先经议缓旧欠之德州、商河、益都、临淄、临朐、昌乐、乐安、平度、昌邑、高密、潍县、莱阳等十二州县未完上忙新赋，并惠民、阳信、海丰、乐陵、沾化、商河、德州等七处本年青黄不接案内原缓至麦后启征钱粮，及章丘、齐河二县并卫未完上忙银两，均请缓至道光十八年秋后启征。至历城、章丘、长清、德平、齐河、齐东、临邑、陵县、丘县等九处，尚有未完十七年民欠，及因灾原缓与应带征历年旧欠原缓、递缓钱漕，及漕项河银，临、德等仓民佃盐课，摊征堤工、河工、地租，出借仓谷等项，前经蒙恩缓至十八年秋后带征一年，已属至优极渥。但该穷民等春雨已经被旱，秋后即须通完一年新赋，若又带征旧欠，是以半年而完两年之赋，输将益形竭蹶，并请缓至道光十九年秋后，各按最先年分递年依次带征一年。

又，邹平、长山、济阳、恩县等四县被旱较轻，除上忙新赋饬令照常征收外，所有该县等未完十七年民欠等项，请缓至道光十八年秋后依次带征一年。德州卫被旱屯庄，随同坐落州一律办理。俾穷黎得缓追呼，感颂皇仁益靡既极。

以上续报各州县新赋，先于查勘时已由司饬令撤柜停征。恭候奉到谕旨，即行誊黄遍贴晓谕，合并陈明。为此恭折具奏，伏乞皇上圣鉴训示。谨奏。（五月初一日奉府转行）

此案上谕于六月初七日奉府转行。

第二十六本

钱粮参案

地丁并杂项钱粮奏销初参部覆

东抚经①为奏销地丁钱粮事。

道光十六年十二月二十六日，准户部咨，山东司案呈，户科抄出升任山东巡抚钟②题山东省道光十四年地丁等项钱粮一案。道光十五年闰六月十五日题，八月初六日奉旨："该部察核具奏。册并发。"钦此。钦遵于本日抄出到部，户部随将地丁项下支给云云去后。今于道光十六年二月初六等日，准吏部等部查明咨覆前来，该臣等会查得山东巡抚钟题山东省道光十四年州县卫所额征地丁钱粮、折色脚价等项，共银若干云云，呈请咨部扣除免议等语。

吏部查定例，地丁钱粮经征州县官初参欠不及一分者，停其升转，罚俸一年；欠一分者，降职一级；欠二分者，降职二级；俱戴罪征收。布政使、知府、直隶州知州、经管钱粮道员合计所属初参欠不及一分者，停其升转，罚俸六个月；欠一分者，罚俸一年；俱戴罪督催。巡抚合计通省所属初参欠不及一分者，停其升转，罚俸三个月，戴罪督催。又定例官员任内有承督未完事件，于限内离任者，以罚俸一年完结等语。除兼理朝城县事范县知县叶枏龄兼理不及一月卸事，例得免议，及已经病故兼续报全完各员均毋庸议外，应将经征道光十四年分地丁钱粮，初参欠不及一分之前任临清州知州侯燮堂、某某，均照例停其升转，罚俸一年，戴罪征收；欠一分以上之前任平原

① 即经额布。

② 即钟祥。

县知县某某，均照例降职一级，戴罪征收；欠二分以上之前任兰山县某某，均照例降职二级，戴罪征收。督催欠不及一分之济南府知府王镇、某某，济东泰武临道某某，布政使刘斯嵋，均照例停其升转，罚俸六个月，戴罪督催；欠不及一分之山东巡抚钟祥，照例停其升转，罚俸三个月，戴罪督催。某某均于未经限满之先卸事，应各罚俸一年完结。某某均未声明卸事日期，其应照例议结之处，俟复参到日再议。钟祥已授闽浙总督，应于现任内罚俸三个月。侯燮堂又督催初参欠一分以上，应照例再罚俸一年，戴罪督催，已升武定府知府，亦未声明卸事日期，其应照例议结之处，俟复参到日再议。

又定例，官员承追不作十分之杂项钱粮未完，初参降俸二级，戴罪催追等语。除休致、病故各员均毋庸议外，应将道光十四年各役孤贫小建等项银两，初参未完之前任历城县知县某某，均照例降俸二级，戴罪催追，完日开复。某某又代理朝城县任内，某某又收并灵山卫各役孤贫小建银，初参未完，应照例各再降俸二级，戴罪催追，完日开复。以上降革、升调、丁忧、告病、终养、候补、试用各员，均未声明卸事日期，其应照例议结之处，俟复参到日再议。查某某均有钱粮纪录一次，应各销去纪录一次，抵罚俸六个月，仍各罚俸六个月，某某仍罚俸一年。某某均有钱粮纪录二次，某某有寻常纪录二次、钱粮纪录二次，某某有钱粮纪录三次，应各销去钱粮纪录二次，抵罚俸一年。某某有军功纪录一次，军功寻常纪录一次，应销去军功，给还寻常纪录一次，抵罚俸六个月，均免其罚俸。

兵部查定例，地丁钱粮经征未完卫守备欠不及一分者，停其升转，罚俸一年；欠一分者，降职一级，留任戴罪征收等语。除德州卫守备某，接征尚未满限，应令该抚以该员到任之日为始，扣满一年报部再行核办外，应将经征道光十四年地丁银两未完不及一分之济宁卫守备余克钧，照例停其升转，罚俸一年；未完一分以上临清卫守备余绍洙，降职一级留任，俱戴罪征收；仍令该抚云云。

一、疏称，广东布政使吴谦志条奏云云，听候部议等语。吏部查定例，官员承追不作十分之杂项钱粮未完，初参降俸二级，戴罪催追，完日开复，降罚银两未完，亦照此例议处等语。除业已休致、病故各员毋庸议外，应将道光十四年分降罚银两初参未完之布政使、经历某某，均照例降俸二级，戴罪完纳，完日开复。某某又郯城任内降罚银两，初参未完，应照例各再降俸二级，戴罪完纳，完日开复。以上升调、降革、病丁、撤任各员，均未声明卸事日期，其应照例议结之处，俟复参到日再议。兵部查定例，卫所等官未完不作分数杂项钱粮，降俸二级，完日开复等语。应将道光十四年未完不作分数，降住罚俸银两之德州卫千总谢恩衔、董廷勋，东昌卫守备刘大有，均照例各降俸二级，完日开复，仍令该抚云云。

一、疏称，各省杂税银两自道光三年为始云云。相应开参，听候部议，续据该抚咨报云云，扣除免议等语。吏部查定例，田房税契等银随征随解，如有迟延，将州县官罚俸一年，督催不力之府州罚俸六个月等语。除病故、休致各员均毋庸议，及续报全完各员准其扣除免议外，应将道光十四年分税契银两批解迟延之济宁州知州吴梯、某某，均照例罚俸一年。某已撤回另补，某已丁忧，应各于补官日罚俸一年，督催不力之兖沂道某、济南府某、济宁直隶州知州某，均照例罚俸六个月。查某某有纪录一次，应各销去纪录一次，抵罚俸六个月，仍各罚俸六个月。某有纪录二次，应销去纪录二次，抵罚俸一年。某有军功纪录一次，应销去军功纪录一次，抵罚俸六个月，均免其罚俸。某仍给还寻常纪录一次，仍令该抚云云。

一、疏称，杂税印结，惟某府所属之某州县，屡催未据造送，现在严催，容俟造送到日，开造报迟延职名，于年终汇咨案内，一并呈送报参等语。吏部查道光十四年分杂税印结造报迟延之济南府各州县，应令山东巡抚查取职名，并声明迟延月日，咨送吏部查议。

一、疏称云云。吏部查道光十四年分奏销仓库无亏，印加各结造报迟延之历城等县，应令山东巡抚查取职名，并声明违限月日，咨送吏部查议。应令该抚催取到日，分别违限月日，开列职名咨报兵部，再行核议。

一、疏称，俸食杂支云云，另文详咨等语。吏部查道光十四年分俸食杂支并未透支，切实印结，应令山东巡抚俟催取到日，核计违限月日，查取职名，咨送吏部查议。应令该抚催取到日，分别违限月日，开列职名咨报兵部，再行核议。

一、疏称，定例内开，州县官经征钱粮奏限以前全完者，按其所征银两分别纪录加级，如一官果能三载全完，于每年议叙之外，仍准其加一级。其数在五万两以上，二年全完，准其不论俸满即升。二三年内有遇奉蠲年分，并差委离任事故，即将是年扣除，俟次年补足，并计再请议叙。又督催知府十万两以上全完者，加一级等因，遵奉在案。所有道光十四年地丁等项钱粮奏销以前全完，应议叙者系某州县、某府等二十六府州县，查某州县起运地丁课程等项，共银若干，系某员一任照数征解全完。某县起运地丁耗羡、牛筋正费，及并卫地丁等项，共银若干，系某员一任照数征解全完。又某县起运地丁耗羡、黄蜡正费等项，共银若干、米若干石，系某员一任照数征解全完。又某府督催所属起运地丁耗羡、课程黄蜡正费，及并卫正耗等项，共银若干、米若干石，系经管知府某员一任照数督催全完。所有某某经征钱粮全完系不及一万两、某某系在一万两以上、某某系在二万两以上、某某系在三万两以上、某某系在四万两以上、某府督催所属钱粮全完系在十万两以上，各员应得加级纪录，应照例准其随带，理合备造，通完揭册呈送，听候部议等语。吏部查定例，经征一应起运有分数钱粮，三百两以上未及一万两于奏销前全完者，纪录一次；一万两以上全完者，纪录二次；二万两以上全完者，纪录三次；三万两以上全完者，加一级；督催之知府十万以上全完者，加一级。又定例，经征钱粮能每年于奏销前全完，应于照常议叙之外，量加优叙，如数在三百两以上至二万两三载全完者，准其加一级；三万两以上一官经征三年于奏销前全完，准其不论俸满即升等语。除某员业已革职例无议叙，及某员已经告病故，均毋庸议外，应将经征道光十四年分地丁钱粮三百两以上未及一万两，于奏销前全完之某某，均照例准其纪录一次；一万两以上于奏销全完之某某、已经丁忧某某，均照例准其纪录二次；二万两以上于奏销前全完之某某、已另案降调某某、已经丁忧某，均照例准其纪录三次；三万两以上于奏销前全完之前任某县某某、已经撤任某某，均照例准其加一级；督催十万两以上，于奏销前全完之前任泰安府今升山西河东道郭文汇，照例准其加一级；某县某员又经征道光十二、十三、十四等年钱粮，均在三万两以上，于奏销前三载全完，应再照例准其不论俸满即升；某员又经征道光十二、十三、十四等年钱粮，均二万两以上，于奏销前三载全完，应再照例准其加一级。

一、疏称，山东省州县卫所摊征银两系随收随拨，并不核入奏销，奉部行令，将摊征银两已未完解数目，随同奏销造册送部。今查各州县卫，嘉庆二十三年起至道光十三年止原报未完，并十四年应摊各年各案堤河各工银若干内已完若干、未完若干等语。查山东省借项修筑湖堤各工应行摊征还款银两，前于道光七年地丁奏销案内，据该抚将嘉庆二十三年以后摊征银两造报，经臣部以某案于何年奏明办理，某案应摊银若干，何年摊送至何年止，册内并未声明，又各属摊征银两究系何员名下摊解之款，亦未开载，应令嗣后造送册内逐一分晰声明，以便稽核。复据该省于节年摊征册内，仍不遵照分晰开造，历经行催；并令将此项摊征银两，如有未完，即将经征督催未完职名分晰开参，以重帑项，而专责成各在案。今道光十四年摊征册内，仍未遵照分晰开造，亦未将经征督催未完职名分别开参，殊属不合。应令山东巡抚严饬查明督催不力各职，送部核议；仍令造具历年经征未完分晰职揭清册，咨部核办。其已完银若干，系造入何年何季拨册，查明报部；至未完银若干，严饬各属迅速按限催征完报，毋任延缓等因。

道光十六年十二月十二日题，本月十四日奉旨："刘斯嵋着罚俸六个月，钟祥着于现任内罚俸三个月，程德润着降俸二级。余依议。"钦此。相应行文山东巡抚遵照可也等因。

地丁钱粮复参部文

东抚托①为奏销等事。

道光十九年十二月十六日准户部咨，户部等部题东省经征道光十四年地丁等项钱粮初次一年限满查明已未完并缓征各数目造具册揭咨报一案奉旨缘由到本部院。准此，合就檄行。为

---

① 即托浑布。

此仰司官吏即便钦遵查照办理。毋违。

计粘单一纸。

内开：

户部为奏销等事。

山东司案呈，据前任山东巡抚经额布将山东省各属经征道光十四年地丁等项钱粮，初次一年限满，查明已未完并缓征各数目，造具册揭，于道光十九年正月十四日咨报到部。该臣等会查得，前任山东巡抚经额布咨称，据前署布政使李宗传呈称，查得道光十四年地丁等项钱粮奏销案内，原报州县卫所未完地丁、折色脚价、课程、孤贫小建、乡饮、缺俸、税契、杂税、当税等项，共银若干。内除不入揭之折色脚价、孤贫小建、缺俸、乡饮、税契、杂税、当税等项，共银若干，又除应造入司府年限之东昌府课程银若干，下剩州县卫所未完地丁课程银若干。内除嘉祥县于奏销截数后续完课程银若干，实剩未完地丁课程银若干、耗银若干。内除某某等处因道光十五年二麦被旱案内，钦遵上谕，缓至道光十六年秋后九月初一日起，按最先年分递年依次带征正银若干、耗银若干。内有某某等处复因道光十五年秋禾被水案内，钦遵上谕，缓至道光十六年秋后九月初一日起，按最先年分递年依次带征正银若干、耗银若干。又某某等处复因道光十六年二麦被旱案内，钦遵上谕，缓至道光十六年秋后九月初一日起，按最先年分递年依次带征正银若干、耗银若干。又除某某等处因道光十五年秋禾被水案内，钦遵上谕，缓至道光十六年秋后九月初一日起，按最先年分递年依次带征正银若干、耗银若干。内有某处复因道光十六年春雨未优案内，钦遵上谕，缓至道光十六年秋后九月初一日起，按最先年分递年依次带征若干、耗银若干。又除某某等处因道光十六年春雨未优案内，钦遵上谕，缓至道光十六年秋后九月初一日起，按最先年分递年依次带征正银若干、耗银若干。又除某某等处因道光十六年二麦被旱案内，钦遵上谕，缓至道光十六年秋后九月初一日起，按最先年分递年依次带征正银若干、耗银若干。以上缓征银两应另扣年限查明完造报外，实征地丁课程银若干、耗银若干。自道光十五年闰六月十五日具题之日①，再限三个月，以九月十五日起，除封印日期，扣至道光十六年十月十四日，一年限满，已完正银若干、课程银若干。又嘉祥县于奏销截数后续完课程银若干，共已完地丁、课程银若干，耗银若干，内已造入道光十五年州县续奏册内报查地丁银若干、耗银若干、课程银若干。卫所续奏册内报查某卫及某县并卫已完正银若干、耗银若干，东昌卫已完课程银若干。又造入十六年州县续奏册内报查地丁银若干、耗银若干、课程银若干，下剩未完地丁银若干、耗银若干、课程银若干。又卫所未完地丁、课程银若干，耗银若干，现在严催完解。所有经征接署各官职名及已未完各数目，拟合备造州县初次年限册揭，呈请咨送户部查核。再，查十五年州续奏册内，已完地丁课程银若干、耗银若干，内除应造入各案缓征案内地丁银若干、耗银若干。又道光十六年续奏册内，已完地丁、课程银若干，耗银若干，内除应造入各案缓征案内地丁银若干、耗银若干，又除各县限外已完正银若干、课程银若干、耗银若干，下剩之数即与详内数目相符。又查十五年二麦被旱案内缓征银两，应缓至道光十六年秋后，按最先年分递年依次带征。十五年秋禾被水、被旱、被虫案内缓征银两，亦应缓至道光十六年秋后，按最先年分递年依次带征。又十六年春雨未优案内缓征银两，应缓至道光十六年秋后，按最先年分递年依次带征。十六年二麦被旱案内缓

① 底本上有“系抚院具题日期”。

征银两，亦应缓至道光十六年秋后，按最先年分递年依次带征。合并声明等情。据此，拟合咨送等因前来。

查山东省道光十四年地丁奏销案内，原报各属未完地丁正耗、折色脚价、课程、孤贫小建、乡饮、缺俸、税契、杂税、当税等银若干，先经户部会同吏部将未完各官分别照例查议，仍令按限征收，完报在案。今据该抚咨称，内除不入揭之折色脚价云云，应另扣年限查明完欠造报外，实征地丁、课程银若干，耗银若干。自道光十五年闰六月十五日具题之日，再限三个月，以九月十五日起，除封印日期，扣至道光十六年十月十四日，一年限满，已完地丁、课程银若干，耗银若干，未完地丁、课程银若干，耗银若干，开列经征接署已未完各官职名报参等语。

续据该抚咨报，道光十四年地丁等项钱粮初次年限案内揭报，掖县经征知县杨承逊未完二毫银若干，已于道光十六年十一月十九日据该县完解课程银若干，造入道光十七年春拨细款册内，报查在案。所有原参掖县知县杨承逊未完不及一分职名，拟合详请咨部，照例扣除免议。吏部查定例，地丁钱粮经征州县官初参欠不及一分者，停其升转，罚俸一年；欠一分者，降职一级；俱令带罪征收。州县官被参后再限一年征收，原欠不及一分年限内不全完者，降一级留任，再限一年催征。又定例，官员任内有承督未完事件，于限内升调、降革、离任者，以罚俸一年完结；告请病假离任者，如限满时应停升降职者，俱以罚俸一年完结等语。除前署临朐县事高苑县知县王心一，于起限之后不及一月卸事，及前任夏津县知县章道宣原欠二分以上，今据户部咨称，年限内缓征一分应行扣除，并已完一分四厘八毫，仍未完不及一厘，应照原欠一分以上，年限内仅止一二厘未完议处。例止降留已经休致，应免其查议，及病故全完各员均毋庸议外，应将接征道光十四年分地丁初参欠不及一分之某某①，均照例停其升转，罚俸一年，戴罪征收。欠一分以上之某某，均照例降职一级，戴罪征收。原欠不及一分，年限内不全完之某某，均照例降一级留任，再限一年催征②。某已丁忧、某系署事之员，俱又另案降调；某已告病，病痊引见，照例坐补原缺；某已告病、某已升某处、某已调某处、某告病后又经丁忧，均于未经限满之先卸事，应照离任官例，于补官日现任内罚俸一年完结。某某均未声明卸事日期，其应照例议结之处，俟复参到日再议。某某又前在某处任内经征初参欠不及一分，应照例各再停其升转，罚俸一年，戴罪征收，均未声明卸事日期，其应照例议结之处，俟复参到日再议。某又前在某处任内原欠不及一分，于未经限满之先卸事，应照离任官例，于现任内再罚俸一年完结。查某有钱粮纪录一次，应销去钱粮纪录一次，抵罚俸六个月，仍罚俸六个月。某有寻常纪录一次，某有寻常纪录四次，均非钱粮议叙，应毋庸议抵。兵部查定例，地丁钱粮经征未完卫所守备欠不及一分者，停其升转，罚俸一年，戴罪征收等语。应将经征道光十四年地丁银两未完不及一分之济宁卫守备余克钧、东昌卫守备刘大有，均照例停其升转，罚俸一年，戴罪征收。刘大有已于另案革职，所议处分应行注册。至前项州县卫所已完，造入道光十五、十六等年续奏册内，地丁课程、耗羡银两，户部按照声明各项完解入册，数目逐一核对，均属相符。所有未完地丁课程银若干、耗银若干，仍令按限催征，于二次年限案内分别完欠造报。又某某等处，道光十五年二麦被旱、秋禾被水，并十六年春雨未优，二麦被旱，共缓征正耗银若干，统俟启征之日另扣年限，查明完欠，分别造

---

① 底本上有“接征均照初参例”。

② 底本上有“经征原欠均照二参例”。

具册结送部核办等因。道光十九年十月二十三日题，本月二十五日奉旨："依议。"钦此。相应行文山东巡抚可也等因。

河南候补知府黄汝楫亲供

河南候补知府前山东候补直隶州知州、滕县知县黄汝楫亲供：咸丰三年十一月间，前署抚宪崇①在藩司任内署理抚篆，赴本省武定府防堵逆匪，派令院书潘云峰随营书写文稿。后来崇抚宪卸任抚篆，仍留潘云峰在营。后又带赴直隶盐山县辛店等处随营当差。汝楫前系候补未入流，亦蒙委随营办理文案，带同家丁王升前往，因与潘云峰见面认识。九年八月初间，王升如何赴街与潘云峰撞遇，彼此闲谈，王升因知汝楫拟请咨进京引见，并欲赶早起程，向他面谈，汝楫并不知道。随后藩司宪台、藩宪衙门据汝楫具禀请咨引见具详到院，潘云峰合潘鸿造将咨批径送汝楫寓所交投，并未由司转发。汝楫因赴京请咨系循例应办之事，未经赏给银钱。潘云峰等当各走回，汝楫亦即赶程，于引见后赴河南候补，现在由汴奉差带同家丁王升来东。因闻抚宪查出此案潘云峰等有挖补牌文情弊，发委审办，是以来府投到，其实汝楫委不知情，亦无授意家人向潘云峰们嘱托的事。至兵丁盐粮银两，汝楫具禀藩宪衙门核办。亲供是实。

---

① 即觉罗崇恩。

漕项正耗不符，降调各官部文

东抚琦①为奏明等事。

道光七年十一月二十六日准户部咨，云南司案呈，户科抄出漕运总督讷②题，山东省曹县、堂邑、清平、冠县、巨野等五县道光五年分应征漕项钱粮正耗完欠不符，查取应议各职名造册题参一案。道光七年三月三十日题，五月二十三日奉旨："该部议奏。"钦此。钦遵于本日抄出到部。臣等会查得漕运总督讷疏称，各省征收漕项钱粮例应正耗完欠相符，合计分数以定考成，如有正耗完欠不符，即应参办等因在案。

今据山东粮道鲁垂绅详称，查山东省道光五年分漕项奏销案内，曹县应征正银七百六十七两一钱三分二厘，内被灾摊缓银一十三两四钱二分五厘，止实征正银七百五十三两七钱七厘，内已完正银七百三十一两九钱三分六厘、未完正银二十一两七钱七分一厘，耗羡银两全数完解；堂邑县应征正银一千六十两六钱八分八厘，内被灾摊缓银二百一十四两六钱九分四厘，止实征正银八百四十五两九钱九分四厘，内已完正银八百二两七钱七分一厘、未完正银四十三两二钱二分三厘，应征耗羡银一百四十八两四钱九分七厘，内被灾摊缓银三十两五分八厘，止实征耗羡银一百一十八两四钱三分九厘，内已完耗羡银一百零一两四钱一分六厘，未完耗羡银一十七两二分三厘；清平县应征正银一千一百五十三两八钱四分五厘，内被灾摊缓银一百三

① 即琦善。

② 即讷尔经额。

两一钱九分九厘，止实征正银一千五十两六钱四分六厘，内已完正银九百八十两一钱九分四厘、未完正银七十两四钱五分二厘，应征耗羡银一百六十一两五钱三分九厘，内被灾摊缓银一十四两四钱四分八厘，止实征耗羡银一百四十七两九分一厘，内已完耗羡银一百二十五两五钱五分七厘、未完耗羡银二十一两五钱三分四厘；冠县应征正银一千六百四十五两九分六厘，内被灾摊缓银七百六十一两七钱一分八厘，止实征正银八百八十四两三钱七分八厘，内已完正银五百六十二两八钱九分一厘、未完正银三百二十一两四钱八分七厘，应征耗羡银二百三十两三钱一分三厘，内被灾摊缓银一百六两五钱，止实征耗羡银一百二十三两八钱一分三厘，内已完耗羡银四十四两一钱六分六厘、未完耗羡银七十九两六钱四分七厘；巨野县应征正银全数完解，应征耗羡银三十三两六钱一分六厘，内被灾摊缓银四两九分四厘，止实征耗羡银二十九两五钱二分二厘，内已完征耗羡银一十二两七钱三分七厘、未完耗羡银一十六两七钱八分五厘；合计正耗完欠不符。

除于奏销册内造报外，所有正耗完欠不符职名系曹县经征调补现任知县王镇，堂邑县经征入闱知县张孝友、接征司委兼理事聊城县知县王庆长、接征回任知县张孝友，清平县经征现任知县戚泽溥，冠县经征入围知县罗以丰、接征司委代理事候补沿河知县杨纪堂、接征回任知县罗以丰，巨野县经征题补知县李天锡、接征司委代理事候补知县李正晋、接征回任知县李天锡，相应专案造册详请题参等情。臣覆核无异，除将原册送部查核外，理合具题等因前来。查定例，各省额征正耗钱粮统计分数具题以定考成，如正耗完欠不符，严参查办等因。

今据漕运总督疏称，山东省道光五年分曹县应征正银七百六十七两一钱三分二厘，内被灾摊缓银一十三两四钱二分五厘，止实征正银七百五十三两七钱七厘，内已完正银七百三十一两九钱三分六厘、未完正银二十一两七钱七分一厘，耗羡银两全数完解；堂邑县应征正银一千六十两六钱八分八厘，内被灾摊缓银二百一十四两六钱九分四厘，止实征正银八百四十五两九钱九分四厘，内已完正银八百二两七钱七分一厘、未完正银四十三两二钱二分三厘，应征耗羡银一百四十八两四钱九分七厘，内被灾摊缓银三十两五分八厘，止实应征耗羡银一百一十八两四钱三分九厘，内已完耗羡银一百一两四钱一分六厘、未完耗羡银一十七两二分三厘；清平县应征正银一千一百五十三两八钱四分五厘，内被灾摊缓银一百三两一钱九分九厘，止实征正银一千五十一两六钱四分六厘，内已完正银九百八十两一钱九分四厘、未完正银七十两四钱五分二厘，应征耗羡银一百六十一两五钱三分九厘，内被灾摊缓银一十四两四钱四分八厘，止实征耗羡银一百四十七两九分一厘，内已完耗羡银一百二十五两五钱五分七厘、未完耗羡银二十一两五钱三分四厘；冠县应征正银一千六百四十五两九分六厘，内被灾摊缓银七百六十两七钱一分八厘，止实征正银八百八十四两三钱七分八厘，内已完正银五百六十二两八钱九分一厘、未完正银三百二十一两四钱八分七厘，应征耗羡银二百三十两三钱一分三厘，内被灾摊缓银一百六两五钱，止实征耗羡银一百二十三两八钱一分三厘，已完耗羡银四十四两一钱六分六厘、未完耗羡银七十九两六钱四分七厘；巨野县应征正银全数完解，应征耗羡银三十三两六钱一分六厘，内被灾摊缓银四两九分四厘，止实征耗羡银二十九两五钱二分二厘，内已完耗羡银一十二两七钱三分七厘、未完耗羡银一十六两七钱八分五厘；合计正耗完欠不符。

除于奏销册内造报外，所有正耗完欠不符职名系曹县经征调补现任知县王镇，堂邑县经征入闱知县张孝友、接征司委兼理事聊城县知县王庆长、接征回任知县张孝友，清平县经征现任知县戚泽溥，冠县经征入闱知县罗以丰、接征司委代理事候补沿河知县杨纪堂、接征回任知县罗以丰，巨野县经征题补知县李天锡、接征司委代理事候补知县李正晋、接征回任知县李天锡，相应专案造册题参。

续据漕运总督咨报，曹县续完正银二十一两七钱七分一厘，堂邑县续完正银四十三两二钱二分三厘、耗银一十七两二分三厘，巨野县续完耗银一十六两七钱八分五厘，冠县续完正银三百二十一两四钱八分七厘、耗银七十九两六钱四分七厘，原参职名咨请扣除免议等语。查曹县等五县应完正耗银两，户部查与该年奏销案内造报应征银数相符，内曹县、堂邑、巨野、冠县等四县续完正耗银两核与原参未完银数亦属符合，其清平县未完正耗银两既据该督将正耗完欠不符职名造册开参，查与应参银数相符。吏部查定例，府州县官于应行完结之钱粮造册不分晰明白者，降一级调用。又定例，派往军营官员遇有议处应降级调用者，准带所降之级，仍留军营效力，事竣后该管官出具考语，送部引见，请旨允准留营效力之应实降官员暂免开缺等语。此案曹县等五县，于道光五年分应征漕项钱粮未完耗银与未完正项银数不符，应行议处，应将曹县知县今升滕州知州王镇、堂邑县知县张孝友、前兼理堂邑县事聊城县知县王庆长今更名王敬常、清平县知县戚泽溥、冠县知县罗以丰、代理冠县事鱼台县知县杨纪堂、巨野县知县李天锡、代理巨野县事平原县知县李正晋，均照册造不分晰明白例，降一级调用。张孝友已经休致，又经革职，应降一级调用注册。戚泽溥、罗以丰已撤回另补，均应于补官日降一级调用。查王镇任内有道光五年十二月议叙加一级，王敬常任内有道光六年十月议叙加一级，戚泽溥任内有道光五年二月捐加一级，罗以丰任内有嘉庆十九年九月捐加一级、二十年六月捐加一级、道光三年十二月捐加二级，杨纪堂任内有道光六年十二月捐加二级，李正晋任内有道光六年四月捐加一级、九月捐加二级，应各销去加一级抵降一级，均免其降调。李天锡任内并无级纪抵销，已派往军营差委，应照例准其带所降之级，暂免开缺，事竣后该管官出具考语，送部引见。请旨查曹县等县系因正耗完欠不符议处，并非经征未完，前经会议邹平等县完欠不符，续完银两题请开复，经本部议驳在案。今曹县等县完欠不符，续报全完，咨请扣除免议之处，应毋庸议。所有前项续完正耗银两，既据咨称，俟造入道光六年漕项奏销随奏案内，除照数登记外，应俟该年奏销造报至日，查核尚有清平县未完银两，应令该督速饬，催征完解，报部查核等因。道光七年十一月十五日题，本月十七日奉旨："此案因册造不分晰明白，议以降调之李天锡着暂免开缺，俟事竣后，该管官出具考语，送部引见，再降谕旨。余依议。"钦此。相应行文山东巡抚遵照可也等因。

道光十一年漕粮漕项奏销部覆

东抚钟①为奏销等事。

道光十三年十二月二十七日准户部咨，云南司案呈，户科抄出前任漕运总督苏②题山东省道光十二年起运十一年分额征漕粮并漕项正耗银米造册奏销一案。道光十三年三月二十九日题，五月二十六日奉旨："该部查核具奏。"钦此。钦遵于本日

① 即钟祥。
② 即苏成额。

抄出到部，户部随将起运船粮、席片等项移查仓场侍郎去后。今于七月十五日准仓场侍郎查明造册咨覆到部。该臣等会查得，前任漕运总督苏将山东省道光十二年起运十一年分额征漕粮并漕项正耗银米收支存剩各数造册具题前来。所有覆核各款开列于后。

额征正改兑正耗米麦豆三十四万五千五十石四斗八合七勺，内应征漕米麦豆三十一万六千五百五十石四斗八合七勺，内除邹平等州县被水村庄灾地摊缓米麦豆四千四十八石五升一合二勺缓至道光十二年秋后启征，止应征漕米麦豆三十一万二千五百二石三斗五升七合五勺，内邹平等县运青米一万三千一百六十一石一斗九升九合以作满营兵粮例拨，禹城等州县豆改米抵补，一并交军运通。又应征黑豆内改征五成米六万八千七百一十七石三斗九升八合三勺。又实征蓟粮米二万八千五百石。又额征漕项正银九万二千二百四十五两六钱七分三厘、耗羡银一万二千七百八十三两三钱一分七厘，内邹平等州县卫被水村庄摊缓正银一千三百九十五两三钱三分八厘、耗羡银一百五十六两六钱二分三厘，缓至道光十二年秋后启征，实征正银九万八百五十两三钱三分五厘、耗羡银一万二千六百二十六两六钱九分四厘，内已完正银八万八千二百二十八两六钱六分七厘、耗羡银一万二千二百九十五两一钱七分五厘，未完正银二千六百二十一两六钱六分八厘、耗羡银三百三十一两五钱一分九厘。又额征漕项米四万五千九百九十一石八斗五升三合三勺，内邹平等州县被水村庄摊缓米五百三十二石八斗一合七勺，缓至道光十二年秋后带征，止实征米四万五千四百五十九石五升一合六勺等语。

查前项额征漕蓟米麦豆石及漕项正耗银米，户部核与每年应征、改征各数目均属相符，其邹平等十五州县被水村庄摊缓银米麦豆石，查与山东巡抚奏明题报缓征各案造报数目相符。至邹平等县运青兵米，既据册称，例拨禹城等州县豆改米抵补，一并交军运通，均毋庸议。所有实征漕粮并已未完漕项正耗银两，应于秋后核覆，一起运漕粮正兑正米麦豆一十七万二千八百七十八石八斗九升二合一勺、耗米麦豆四万三千二百二十石八斗一升八勺，改兑正米麦豆八万二千三百九十五石三斗八升二合二勺、耗米麦豆一万四千七石二斗七升二合四勺等语。

查前项起运米麦豆石，户部核与山东巡抚题报开帮册造数目相符，其运到通州正米麦豆，据仓场侍郎查覆开造，收受正兑、改兑米麦豆与山东巡抚题报册造各款不符，仍令仓场侍郎转饬查明报部，以凭核结。

一、拨运天津北仓正兑正米五千九十七石，耗米一千二百七十四石二斗五升。又拨运青州正、改兑正米二千二百五十六石，耗米五百二十一石。又拨运密云正、改兑正米九千三百三十三石九升二合三勺，耗米二千二百六十六石九斗七合七勺。又拨运良乡正、改兑正米四千五百二十七石六斗一升，耗米一千一百二十二石三斗九升。又拨运固安、宝坻正、改兑正米九百四十一石三斗七合七勺，耗米二百八石六斗九升二合三勺。又拨运良乡等处官俸正兑正米二百九十二石八斗，耗米七十三石二斗。又搭运拨剩正、改兑正米三百四十九石七斗九升三合四勺，耗米八十三石四斗九升八合三勺。又随搭运青州府仓积存米石，拨支润耗食米一百五十二石四斗五升八合三勺，内正兑正米一百二十一石九斗六升六合六勺、耗米三十石四斗九升一合七勺等语。

查前项拨运天津等处兵米、俸米，并搭运拨剩米石及随搭运青州府仓积存米石，应令漕运总督转饬造入蓟粮报销案内报部核销。

一、旧管漕项正银一万九千五百六两七钱八分二厘、耗羡银七十六两四钱一分六厘，漕项米六十九石五斗七合七勺，新收各属已完正银八万七千七百五十九两八钱七分二厘。又河南归德府道光十年分小料银一千六百四十八两五钱一分二厘。又收德州、临清、东平等卫所已完无耗津租银二百四十九两一钱八厘。又收济宁、东昌、临清三卫无耗津租银二百一十九两六钱八分七厘。又收扣存押蓟厅盘费银三十两。又外收德州仓项下拨支润耗银七百五十四两七钱四分一厘。又外收德州仓项下拨支造船月粮银折色银二百一十一两二钱。又外收德州仓项下拨支津租银五百四十两。又外收德州仓项下拨支德正、济左二帮月粮折色银五千一百四十五两六钱。又外收随奏案内开除项下，济宁、东昌二卫续完道光九年分小料银八十三两三分。又拨收随奏案内开除项下，济宁卫续完道光八年小料银一百三十七两三钱八分四厘。又拨收随奏案内开除项下，济宁卫续完道光八年带征嘉庆二十四年小料银六十四两七钱八分四厘。又拨收随奏案内开除项下，济宁卫续完道光六年带征嘉庆二十三年小料银七两四钱六分五厘。又拨收随奏案内开除项下，济宁、东昌二卫道光十年带征嘉庆二十五年小料银三百七十五两八分。又拨收随奏案内开除项下，乐安县续完道光十年行折闰月及道光十年带征嘉庆二十五年征折银六百八十两三分六厘。又拨收随奏案内开除项下，东昌卫续完道光十年里小料银三百四十两。又拨收随奏案内开除项下，郯城县道光十一年带征嘉庆二十五年行折银一百九两九钱九分八厘。又收随奏案内开除项下，临清、乐安二县卫道光十一年带征道光元年里料行折银七百六两九钱八分三厘。一拨收随奏案内开除项下，临卫道光十一年带征元年小料银五十九两四钱八分一厘。又拨收随奏案内开除项下，道光十一年带征九、十两年行折仓廒等银一十二两八钱八分四厘。以上管收共正银一十一万八千六百四十二两六钱二分七厘，新收各属已完耗羡银一万二千二百九十五两一钱七分五厘，新收各属已完漕项米四万五千四百五十九石五升一合六勺、外收德州仓项下月粮米六千四百四十九石，管收共漕项米五万一千九百七十七石五斗五升九合三勺等语。

查前项旧管银米，臣部核与上届奏销册造实存数目相符，新收各属已完正耗银米并外收各款数目按册核算均属相符，应毋庸议。

一、开除支给委员胡德斐领解仓场轻赍折席，共银一万四千六百一十五两四分九厘等语。

查前项领解仓场轻赍等银两，户部核与坐粮厅呈报兑收数目相符，应毋庸议。

一、给随起运漕粮买席交军银二百一十七两二钱二分等语。

查前项支过席片银两，行查仓场侍郎查覆，收受席二万一千九百六十一领零，按照例价，每席一领折银一分，核算与应给银数有减无浮，应准开销。

一、给各州县随起运漕粮，并拨运津仓蓟粮脚价盘费，共银二万六千二百五十七两四钱三分九厘等语。

查前项支销脚价盘费银两系随漕应支之项，臣部按册内各州县支销数目核算相符，应准开销。

一、给德州正等十帮出运漕船六百三十八只、屯丁六千三百八十名，领随官一十七员，每员各行粮二石四斗，共该米一万五千三百五十二石八斗，每名月粮九石六斗，共该米六万一千二百四十八石。二共米七万六千六百石八斗，内一半本色米三万八千三百石四斗，内在德州仓支领米六千四百四十九石、德州支领米三百六十二石四斗、漕项支领米二万七千七十三石、临清仓支领米四千四百一十六石一斗；一半折色米三万八千三百石四斗，每石折银八钱，共折银三万六百四十两三钱二分，在德州仓支领银五千一百四十五两六钱、德州支领银二百八十九两九钱二分、漕项支领银二万一千六百七十二两、临清仓支领银三千五百三十二两八钱等语。

查前项出运船只，户部核与仓场侍郎查覆到通船数相符，其支过本、折行月银米，按照官丁各款分别核算，亦属符合，均毋庸议。所有临清仓支领行月银米，应归该年临清仓奏销案内查核销结。

一、给江南长淮卫、宿州二帮道光十年行粮本色米三百七十七石八斗、折色银一百五十一两一钱二分等语。

查该卫官丁支过本、折行粮银米，户部按册核算，与应给银米数目相符，应准开销。

一、给德州正、左二帮津租银五百四十两，又给任城帮赡军银四百三十两等语。

查德州正等帮支过津租、赡军银两，臣部按照各该船数，每船例给银一十两，核算与应给银数相符，应准开销。

一、给济宁前等六帮额运浅船三百二十三只，内除新造船三十三只不支三修银两外，应支额运修舱，共船二百九十只，共该支修舱银二千一百七十五两等语。

查出运漕船每船例给三修银七两五钱，内除新造船三十三只不准支给外，今前项出运船只支过修舱银两，臣部按船核算银数相符，应准开销。

一、给德州正等十帮减船抵装，并添雇密云、良乡、固安、宝坻等处兵米、俸米，共船三十二只，每船行粮二十四石、月粮九十六石，共银三千八百四十石。半本半折内，一半本色米一千九百二十石，在于行粮米内动支；一半折色米一千九百二十石，每石折银八钱，共折银一千五百三十六两，在于实征折色银内动支。又润耗银七百五十四两七钱四分一厘，在德州仓项下动支等语。

查前项减船抵装，并添雇装运兵俸米石船只支过行月银米，臣部核与该漕督咨准之案相符，其支过行月本、折银米，与应给之数亦属符合，毋庸议外，所有蓟粮项下正兑正米一万五千九十四石八斗二升，每石给润耗银五分，核算与应给银数相符，应准开销。

一、给德州正等五帮，道光十二年准造漕船四十四只、料价银九千一百八十六两一分二厘等语。

查山东省城造船只，每只料价银二百八两七钱七分三厘，户部按照准造船数及例给料价分别核算，数目相符，应准开销。

一、给德州正等三帮准造漕船二十五只，每只应支月粮四十八石，共粮一千二百石。半本半折内，一半本色米六百石，一半折色银四百八十两等语。

查山东省城造船只，每船支给减半月粮，前项支过本、折月粮银米，户部分别核算，与例给之数相符，应准开销。

一、冠县、高唐二州县交军运通行粮米七百二十石二斗五升六合二勺。又给济宁前、后两帮装支剩行粮船二只，行月本、折米一百二十石，折色银九十六两，润耗银三十两七钱八分，润耗米三十石七斗八升二勺。又给德州正帮减船抵装蓟粮船一只，行月本色米六十石，折色银四十八两等语。

查济宁前等帮装运行粮及减船抵装蓟粮船米，户部查与应给行月润耗等项银米分别核算，与例给之数相符，均应准其开销。

一、给各帮起运漕粮给丁润耗银一万二千七百八十一两二钱八厘，又随起运漕粮及蓟粮项下润耗米一万三千七百九十石七斗九升四合一勺，又随拨运青州兵米润耗米一百一十二石八斗等语。

查前项给丁润耗银米，户部按照前款随起运并拨运正耗，及蓟粮项下拨运天津等处兵俸米石，每正、改兑正米一石，给丁润耗银五分、米五升核算，与应给银米数目相符，应准开销。至蓟粮项下拨运银米，应令该漕督转饬造入蓟粮项下报销案内，报部查核。

一、给随拨运蓟粮扣解部库道光十年轻赍、折席、行月、三修等银五千九百九十八两四钱四分。又拨入随奏案内新收项下，德州正等帮装运带征并青州积存米石船只行月折色银二百三十六两五钱八分三厘。又拨入随奏案内新收项下，随留贮蓟粮扣解直隶省藩库道光十年分轻赍、折席、行月、三修等银七百八十四两三钱二分七厘。又拨入随奏案内新收项下，德州存贮州库道光十年应解部库行折等银一百九十两。又拨入随奏案内新收项下，道光十一年行粮米三百石。又拨入随奏案内新收项下，拨支润耗米六石九升八合三勺等语。

查前项随拨运蓟粮扣解部库，及拨入随奏案内扣解直隶藩库并德州应解部库行折等项银两，应令该漕督即饬委员分别搭解，毋任延缓。至拨入随奏案内德州正等帮装运带征青州府积存米，及道光十一年行粮、润耗等项米石，现于漕项随奏案内造报，应归于彼案内核结。

一、耗羡项下支解俸廉等项银一万一千九百四十七两三钱七分等语。

查前项支给俸廉等项银两，应令山东巡抚转饬入于耗羡奏报销案内，报部查核。

一、实存正项银一万四千七百二十六两一钱八分八厘，内道光十一年行折银六千三百六十三两二钱八厘。又存德州拨解漕项，道光十一年行粮折色银一千二两一钱七分五厘。又存道光十一年小料银一百三十三两二钱一分二厘。又随拨运蓟粮扣解部库轻赍、折席、行月、三修等银六千一百八十三两八分一厘。又随留贮蓟粮扣解直隶藩库，道光十一年轻赍、折席、行月、三修等银八百三十二两九钱五厘。又存禹城县随缓征抵额耗豆扣解轻赍、折席、润耗等银八两六钱七厘。又存德州道光十一年应解部库行折银二百三两，耗羡银四百二十四两二钱二分一厘，漕项米五十四石六斗三升五勺等语。

查前项实存银米并耗羡银两，户部核与应存数目相符，应令漕运总督转饬造入下年奏销册内旧管项下，报部查核。其随拨运蓟粮及德州扣存行折等项解部及解直隶藩库银两，并令该督转饬，速委妥员，分别搭解交纳，毋任延宕。

一、未完正银二千六百二十一两六钱六分八厘、耗羡银三百三十一两五钱一分九厘，应将经征、经催各职名开揭，送部核议。续据该督咨报催，据乐安县并临清、东昌二卫续完并缓征正银一千四百四十二两两一钱七分七厘、耗羡银一百九十六两四钱三分九厘。原参经征、经催各职名，咨请扣除免议等语。

查前项续完并缓征正耗银两，臣部核与原参银数相符，其余济宁卫未完正耗银两，查与应参银数亦属符合。

吏部查定例，随漕银两未完漕白等项钱粮，例议处；漕白等项钱粮未完，照地丁钱粮未完，督催之道员合计所属初参，欠不及一分者，停其升转，罚俸六个月，戴罪督催等语。

除督催欠不及一分之前任山东巡抚、今授湖广总督讷尔经额例无处分，并前任山东粮道鲁垂绅已经病故，及续报全完各员，均毋庸议外，应将督催道光十一年分随漕银两初参欠不及一分之前护山东粮道事济南府知府王赠芳，照例停其升转，罚俸六个月，戴罪督催。系护理之员已升云南盐法道，未据声明日期，其应照例议结之处，俟复参到日再议。

兵部查定例，钱粮未完各官参后续报征完者，准其扣除免议等语。

除济宁卫守备积昌业经病故，应毋庸议，临清卫守备廖礼中未完银两续报全完，照例扣除免议外；查东昌卫守备刘大有经征道光十一年分漕项钱粮，前据该督疏称，该卫应完正耗银两完欠不符，案内将该员未完〔完〕一分以上职名开参。经户部会同兵部照例议以罚俸六个月，戴罪督征，完日开复，题准在案。今据该督咨报，该员未完银两于参后续报全完，应照例扣除免议，所有原议该员罚俸六个月戴罪督征之案应行查销。所有乐安县并临清、东昌二卫续完并续征正银一千四百四十二两一钱七分七厘、耗羡银一百九十六两四钱三分九厘，既据咨称，除缓征正银一百九十五两四钱五分五厘、耗羡银二十七两三钱六分四厘，应归于缓征案内查核相符外，其续完正银一千二百四十六两七钱二分二厘、耗羡银一百六十九两七分五厘，俟造入道光十二年随奏案内报部，户部照数登记，应俟道光十二年随奏案内造报至日查核。其济宁卫未完正银一千一百七十九两四钱九分一厘、耗羡银一百三十五两八分，应仍令漕运总督即饬催征完报。毋任迟逾等因。道光十三年十二月十八日题，本月二十日奉旨："依议。"钦此。相应行文山东巡抚遵照可也等因。

道光十一年带征历年递缓漕粮、漕项银米部覆

东抚钟①为奏销等事。

---

① 即钟祥。

道光十三年十二月十五日准户部咨，云南司案呈，户科抄出前任漕运总督苏①题山东省道光十一年应带征递缓各年漕粮漕项银米数目，随同道光十一年漕项奏销造册具题一案。道光十三年五月二十七日题，六月初七日奉旨："该部察核具奏。"钦此。钦遵于本日抄出到部。户部随同漕项奏销行查仓场侍郎去后。今于七月十五日准仓场侍郎查明造册咨覆到部。该臣等会查得，前任漕运总督苏将山东省道光十一年应带征递缓各年漕粮漕项正耗银米各数，随同道光十一年漕项奏销造册具题前来。所有核覆各款开列于后云云，分别搭解，毋任迟逾。其余各年随缓漕及缓抵额耗豆项下扣存轻折等项银两，一俟带征年分随漕支解，毋稍牵混。

一、未完道光十一年带征元年分轻赍、席草、脚价盘费、行折盐银、里小料、津租、赡军、润耗，共银一千五百八十四两四钱三分一厘、耗羡银二百二十一两八钱二分一厘，开具督催经管经征、接征已未完各数及各职名册揭题参等语。

查前项未完道光十一年应带征元年分轻赍等项正耗银两，户部核与应参未完银数相符。吏部查定例，各省漕粮督催之粮道知府初参，照地丁钱粮例议处。又定例，地丁钱粮督催之粮道知府初参欠不及一分者，停其升转，罚俸六个月；欠一分者，罚俸一年；俱戴罪督催。又定例，官员任内有承督未完事件，于限内离任者，以罚俸一年完结等语。除督催欠不及一分之山东巡抚、今授湖广总督讷尔经额例无处分，并前任山东粮道鲁垂绅已经病故，毋庸议外，应将督催卫所漕粮初参欠不及一分之前护山东粮道济南府知府王赠芳、前任兖州府知府毛鼎亨、前任东昌府知府冯春晖，均照例停其升转，罚俸六个月，戴罪

① 即苏成额。

督催；欠一分以上之前任兖州府知府王廷濬，照例罚俸一年，戴罪督催。王赠芳系护理之员已授云南盐法道，毛鼎亨已奏明以简缺知府选用，冯春晖已经告病，均未声明卸事日期，其应照例议结之处，俟覆参到日再议。王廷濬已调曹州府知府，于未经限满之先卸事，应照离任官例于现任内罚俸一年完结。兵部查定例，各省漕粮经征卫所官未完二分以上者，住俸戴罪督征，完日奏请开复等语。除济宁卫守备积昌业经病故，应无庸议外，应将经征道光十一年带征元年分漕粮项钱粮未完二分以上之东昌卫守备刘大有，照例住俸戴罪督征，完日奏请开复。所有前项带征、实征，带征已未完漕粮、蓟粮，并漕项正耗银米，并未完带征各年漕项正耗银两，应令该督转饬，按限催征，无任迟逾等因。道光十三年十一月廿九日题，十二月初一日奉旨："依议。"钦此。相应行文山东巡抚遵照可也等因。

惠民等县续完道光十年临仓银两，开复初参处分部覆

东抚钟[1]为题请开复等事。道光十三年九月十三日准户部咨，云南司案呈，户科抄出山东巡抚钟将临清仓道光十年奏销案内，惠民等县未完正耗银两照数续完，原参处分题请开复一案。道光十三年二月二十五日题，四月十九日奉旨："该部查议具奏。"钦此。钦遵于本日抄出到部。该臣等会查得，山东巡抚钟疏称，道光十年临清仓银米奏销一案接准部覆，应将经

① 即钟祥。

征欠二分以上之蒲台县知县曹鹤鸣、昌邑县知县朱晋，均照例罚俸一年；欠三分以上之丘县知县汪封渭，照例降俸一级；欠四分以上之惠民县知县朱庆扬，照例降俸二级；均戴罪征收，停其升转。署印官欠一分以上之署昌邑县试用知县胡庆元，欠二分以上之署滨州事平度州知州李天锡、署滨州事试用知县凌朝荐，均照例罚俸三个月。胡庆元、李天锡、凌朝荐系署事官，均于未经限满之先卸事，应照离任官例，胡庆元、凌朝荐各于补官日罚俸完结，李天锡于现任内罚俸一年完结。仍令该抚将前项未完正耗银两速饬按限催追完报，如逾限不完，即行照例扣限报参等因。当经檄行司道转饬遵照去后。

今据布政使刘斯嵋、督粮道张祥河会详称，据惠民县知县朱庆扬将原参本任内未完道光十年分正耗，共银二千四百五十四两七钱八厘，内除道光十一年被灾案内缓征正耗银七百六十一两三钱一分九厘，实未完正耗银一千六百九十三两三钱八分九厘，于道光十二年四月二十八日续解全完，照数兑收讫。又滨州现任知州戴屺将原参前任署滨州事平度州知州李天锡，并署滨州事试用知县凌朝荐各任内未完道光十年分正耗，共银六百二两四钱二分五厘，内除道光十一年被灾案内缓征正耗银一十七两二钱四分五厘，实未完正耗银五百八十五两一钱八分，于道光十一年四月二十八日续解全完，照数兑收讫。又据蒲台县现任知县曹鹤鸣将原参本任内未完道光十年分正耗，共银四百四十七两五钱二分一厘，于道光十一年十二月二十四日续解全完，照数兑收讫。又据昌邑县现任知县朱晋将原参署昌邑县事试用知县林云瀚，并署昌邑县事即用知县胡庆元，及本任内未完道光十年分正耗，共银六百九十六两七钱，于道光十二年四月初三日续解全完，照数兑收讫。又据丘县现任知县汪封渭将原参本任内未完道光十年分正耗，共银一千一百五十二两六钱二分内，于道光十二年五月十三日续完正耗银四百一十一两一钱六分二厘，又于九月三十日续完正银七百四十一两四钱五分八厘，均经照数兑收讫。内惠民、滨州、蒲台、昌邑等四州县并丘县，于道光十二年五月十三日完正耗银四百一十一两一钱六分二厘，已经造入道光十一年临仓奏销案内报部查核在案。至丘县于道光十二年九月三十日续完正耗银七百四十一两四钱五分八厘，俟造入道光十二年临仓奏销册内报部查核。所有惠民、滨州、蒲台、昌邑、丘县等五州县未完临仓银两参后续完缘由，详请具题开复等情。臣覆查无异，理合具题等因前来。

查临清仓道光十年奏销案内，惠民县未完正耗银二千四百五十四两七钱八分，内因灾缓征银七百六十一两三钱一分九厘，仍未完银一千六百九十三两三钱八分九厘；滨州未完正耗银六百二两四钱二分五厘，内因灾缓征银一十七两二钱四分五厘，仍未完银五百八十五两一钱八分；蒲台县未完正耗银四百四十七两五钱二分一厘；昌邑县未完正耗银六百九十六两七钱；丘县未完正耗银一千一百五十二两六钱二分。既据该抚疏称，各该〔该〕州县照数续完，户部核与原参未完银数相符。吏部查定例，钱粮未完各官参后续报全完者，该督抚将该员原参议处之案题请开复等语。除前署昌邑县事平阴县知县胡庆元、署滨州事平度州知州李天锡、署滨州事试用知县凌朝荐，俱照离任官例议，以罚俸宽结在案，毋庸议外，应将续报全完之蒲台县知县曹鹤鸣、前任昌邑县撤任留省补用知县朱晋，原议各戴罪征收，停其升转；丘县知县汪封渭，原议降俸一级，戴罪征收，停其升转；惠民县知县撤任以简缺补用朱庆扬，原议降俸二级，戴罪征收，停其升转之案；均照例准其开复，仍令该抚将前项续完正耗银两造入该仓季报簿内及随奏案内，报部查核。其惠民县因灾缓征银七百六十一两三钱一分九厘、滨州因灾缓征银一十七两二钱四分五厘，应令该抚届时按限催征完报，如逾限不完，照例扣限报参等因。于道光十三年八月二十九日题，九月初二日奉旨："依议。"钦此。相应行文山东巡抚可也等因。

道光六年漕粮漕项奏销部覆

总漕部堂讷[①]为奏销等事。

道光九年正月初二日准户部咨前事等因。

计粘单一纸。

内开：

户部为奏销等事。云南司案呈，户科抄出漕运总督讷题山东省道光七年起运六年分额征漕粮并漕项正耗银米造册奏销一案。道光八年三月三十日题，五月二十六日奉旨："该部察核具奏。"钦此。钦遵于本日抄出到部。户部随将起运船粮、席片等项移查仓场侍郎去后。今于六月初八日准仓场侍郎查明造册，咨覆到部。该臣等会查得，漕运总督讷将山东省道光七年起运六年分额征漕粮并漕项正耗银两、米石收支存剩各数，造册具题前来。所有核覆各款开列于后云云，毋任延宕。至随缓漕项下扣存轻折等项银米，并令俟该年漕粮蓟米启征之年，分别解给拨还归款。至未完正银二千一百二十九两三钱四分一厘、耗羡银二百二两五钱六分七厘，应将经征、经催、督催各职名开揭送部核议等语。

查前项未完正耗银两，户部核与应参未完银数相符。吏部查定例，各省漕粮经征州县督催粮道知府，照地丁钱粮例议处。

---

① 即讷尔经额。

又定例，地丁钱粮经征州县官欠不及一分者，停其升转，罚俸一年；欠二分者，降职二级，戴罪征收。知府经管钱粮道员欠不及一分者，停其升转，罚俸六个月；欠一分者，罚俸一年，戴罪督催。又定例，官员任内有承督未完案件，于未经限满之先离任者，以罚俸一年完结。又定例，特旨升调官员原任内有未完案件，俱照离任官例，改为罚俸一年完结，其应议罚俸六个月者，仍照原处分议结等语。除督催未完不及一分之巡抚例无处分，毋庸议外，应将经征欠不及一分之前任高苑县知县李蕴，照例停其升转，罚俸一年，戴罪征收；欠二分以上之署高苑县事试用知县劳崇爔，照例降职二级，戴罪征收；督催未完不及一分之前署兖州府知府事临清州知州冯春晖、前任兖州府知府陈继昌、前任东昌府知府鲍步墀、前任青州府知府郑家麟、督粮道鲁垂绅，均照例停其升转，罚俸六个月，戴罪督催；督催未完一分以上之前任兖州府知府惠吉，照例罚俸一年，戴罪督催。李蕴已回避另补，今补泗水县知县冯春晖已授曹州府知府，惠吉已授兖沂曹济道，俱于未经限满之先卸事。李蕴应照离任官例，于现任内罚俸一年。冯春晖、惠吉应照特旨升调官员例，冯春晖应于现任内罚俸六个月，惠吉应于现任内罚俸一年。劳崇爔系试用署事之员已以教职改补，陈继昌已经治丧，鲍步墀已经丁忧，郑家麟已以简缺知府改补今留于福建候补，俱未声明卸事日期，其应照例议结之处，俟复参到日再议。查鲁垂绅有寻常纪录四次，并非钱粮议叙纪录，应毋庸议抵。兵部查定例，各省漕粮经征卫所官未完四分以上者，降三级留任，戴罪督征，完日奏请开复等语。应将经征道光七年起运六年分漕项银两未完四分以上之济宁卫守备张梦熊、临清卫守备廖礼中，均照例各降三级留任，戴罪督征，完日奏请开复。张梦熊已推升福建都司扣缺另补，其应行议结之处，应俟复参到日，声明卸事日期再行核办。至前项未完正银二千一百二十九两三钱四分一厘、耗羡银二百二两五钱六分七厘，户部照数登记外，应令该督速饬催征完报。如届复参限满仍未全完，即行照例题参等因。道光八年十一月二十二日题，本月二十四日奉旨："依议。"钦此。相应行文漕运总督遵照可也等因。

开复惠民县知县谈素敦
道光四年临仓银两处分部覆

东抚琦①为题请等事。

道光七年十二月十九日准户部咨，云南司案呈，户科抄出护理山东巡抚贺②疏称，临清仓道光四年奏销案内惠民县未完正耗银两照数续完，原参处分题请开复一案。道光七年七月二十八日题，九月二十一日奉旨："该部查议具奏。"钦此。钦遵于本日抄出到部。该臣等会查得，护理山东巡抚贺疏称，临清仓道光四年分奏销案内接准部覆，应将经征欠二分以上之惠民县知县谈素敦，照例罚俸一年，戴罪征收，停其升转等因，当经檄行司道转饬遵照在案。今据署布政司钟祥会同督粮道鲁垂绅详称，原参未完银两据该县谈素敦于道光六年五月初十日续完银六百八十四两，造入道光五年临仓奏销册内，报部查核。兹又据接征任该县夏建谟于道光七年六月初八日续完银四百二两七钱八厘，照数兑收，请俟造入六年临仓奏销册内，报部查核。并查道光四年奏销截数之后原参以前，该员谈素敦续完银

---

① 即琦善。

② 即贺长龄。

七百九十八两，业于该年揭内声明在案。所有原参惠民县未完四年仓项正耗银一千八十六两七钱八厘，业经续解全完缘由，详请具题开复。臣覆查无异，理合具题等因前来。查临清仓道光四年奏销案内，惠民县未完正耗银一千八十六两七钱八厘，既据该抚题报，照数续完，户部核与原参未完银数相符。吏部查定例，钱粮未完各官参后续报全完者，该督抚将该员原参议处之案题请开复等语。应将续报全完之惠民县知县已降调开复，留省另补。谈素敦原议戴罪征收停其升转之案，照例准开复，仍令该抚将前项续完银两造入六年该仓奏销册内报部查核等因。道光七年十二月初三日题，本月初五日奉旨："依议。"钦此。相应行文山东巡抚遵照可也等因。

惠民县知县谈素敦续完道光三年临仓银两部覆

东抚程①为题请开复事。

道光七年四月二十九日准户部咨，云南司案呈，户科抄出护理山东巡抚讷②将临清仓道光三年分奏销案内复参惠民县未完银两业据全完题请开复一案。道光六年十二月十六日题，七年三月初二日奉旨："该部查议具奏。"钦此。钦遵于本日抄出到部。该臣等会查得，护理山东巡抚讷疏称，临清仓道光三年分奏销案内，原参惠民县未完二分以上银一千二百两七钱八厘，于截数后续完银六百八十四两，仍未完银五百一十六两七钱八

① 即程含章。

② 即讷尔经额。

厘，未据依限征解。经前抚臣武①题，奉谕旨："经征仓粮原欠二分以上，限满仍不全完，议以降级用之。惠民县知县谈素敦着该抚出具考语，送部引见，再降谕旨。"钦此。钦遵行司转饬遵照去后。经臣于布政使任内会同督粮道鲁垂绅详称，据惠民县知县谈素敦将原参本任内未完道光三年分临仓正耗共银五百一十六两七钱八厘，于道光六年十月二十日续解全完。查例载，经征地丁钱粮各官未完题参，如部覆奉旨之后据报征完者，题请开复等情。除将该县续完银两造入道光六年临仓奏销册内报部查核外，所有惠民县复参未完道光三年临仓银两业据全完缘由，详请具题开复。臣覆查无异，理合具题等因前来。查临清仓道光三年奏销案内，惠民县未完正耗银一千二百两七钱八厘，于截数后续完银六百八十四两，仍未完银五百一十六两七钱八厘，经前抚臣武于年限案内照例复参。臣部会同吏部议以降三级调用，不准抵销。奉旨："此案因经征仓粮原欠二分以上，限满不全完，议以降级用之。谈素敦着该抚出具考语，送部引见，再降谕旨。余依议。"钦此。钦遵行文在案。今据该抚题报，该县复参未完银两，业据全完，户部核与复参银数相符。吏部查定例，钱粮未完各官参后续报全完者，该督抚具题开复。又定例，钱〈粮〉未完例应降革留任人员于未奉部议之先续报全完者，无论调缺、选缺，俱准开复，毋庸送部引见等语。查定例，各省要缺官员遇有经征未完议降、议革、开缺后，抵即全完，开复到部，俱令留省另补等语。应将道光三年分临清仓银两续报全完之前任惠民县知县谈素敦，原议降三级调用之案，照例准其开复，毋庸送部引见。其惠民县知县员缺已据该抚奏请，将新泰县知县夏建谟调补，业经于道光七年二月初

---

① 即武隆阿。

八日钦奉特旨，允准行文知照在案。所有谈素敦一员应准其留于该省补用，仍令该抚将前项续完银两造入道光六年奏销册内报部查核等因。道光七年四月十五日题，本月十七日奉旨："依议。"钦此。相应行文山东巡抚遵照可也等因。

新泰县许汝圭续完嘉庆十一年运河道银两开复另补部覆

河东总河部堂马①牌开，嘉庆十四年四月十一日准吏部咨，考功司案呈，吏科抄出本部题前事等因。嘉庆十四年三月二十二日题，本月二十四日奉旨："依议。"钦此。相应知照可也。

计粘单一纸。

内开：

议得吏科抄出河东河道总督马疏称，新泰县应解运河道嘉庆十一年分额解河银九百三十四两六钱六分三厘，除已完解数目报部不计外，下欠银五百一十四两七钱八分三厘，已于十三年十二月十一日据新泰县知县许汝圭全数完解，运河道库清款讫。又查嘉庆十一年河银考成案内未完分数，前据运河道册造鱼台县欠解银一千五百九十一两五钱七分五厘，于十三年十二月初六日据该县知县俞士元照数全完清款，业已咨部免议在案。兹准吏部咨开嘉庆十三年十一月十七日题，本月十九日奉旨："此案未完河银十分、议以革职之许汝圭，原欠三分以上、限内不完、议以降级调用之俞士元，俱着该抚出具考语，送部引

---

① 即马慧裕。

见，再降谕旨。余依议。”钦此。随经咨行钦遵去后。现据运河道王①详，据新泰县知县许汝圭、鱼台县知县俞士元参后续报全完，分别请题开复前来。臣复查与例相符，随看得许汝圭才具明干，办事实心，似应准其开复，并看得俞士元谙练民事兼悉河务，堪以仍留鱼台县本任，谨会同山东抚臣吉纶合词恭疏具题。嘉庆十三年十二月二十日题，十四年二月十五日奉旨："该部查议具奏。”钦此。钦遵。随经臣部福咨工部查明，新泰县完解银两是否相符，咨覆过部等因去后。今准工部咨称，新泰县续完河银，核与全完银数相符，相应咨覆等因到部。除鱼台县知县俞士元未完河银于参后续报全完，据该督咨部扣除免议，业经臣部照例准其开复在案毋庸再议外，查山东新泰县知县许汝圭因经征嘉庆十一年分河银未完十分，经臣部照例议以革职。奉旨："着该抚出具考语，送部引见，再降谕旨。”钦此。钦遵在案。今据该督疏称，该员未完银两于参后照数全完，经臣部移咨工部，查核相符，应将新泰县知县许汝圭原议革职之案，照例准其开复。查新泰县知县员缺，已于嘉庆十三年十一月分将候选知县甄逢原拟选。业经奉旨："其许汝圭一员，应准其留于该省补用，毋庸送部引见，恭候命下。”等因。

道光十三年黄河银两复参部覆

东抚经②为查议具题事。

道光十八年四月初四日准吏部咨，考功司案呈，吏科抄出

① 即王念孙。

② 即经额布。

本部题前事等因，相应知照可也。

计粘单一纸。

内开：

议得准工部咨称，河东河道总督栗①以兖沂曹济道详山东省道光十三年分河银考成完欠数目一案。单县额征河银夫食正银六千二百九十四两三钱三厘、耗羡银八百八十一两二钱三厘，因道光十三年秋禾被水，于是年九月十六日奉旨缓征正银八百一十三两八钱一分二厘、耗羡银一百一十三两九钱三分三厘，缓至道光十四年秋后启征止，应征正银五千四百八十两四钱九分一厘、耗羡银七百六十七两二钱七分。其缓征银两久经启征，共额征正银六千二百九十四两三钱三厘、耗羡银八百八十一两二钱三厘，内于岁内道光十三年四月二十七日完正银一千五百两、耗羡银二百一十两，八月二十二日完正银七百三十三两三钱三分四厘；又于岁外道光十四年三月十五日完正银三千二百四十七两一钱五分七厘、耗羡银五百五十七两二钱七分；复于造报后道光十五年十二月初四日完启征正银八百一十三两八钱一分二厘、耗羡银一百一十三两九钱三分三厘；以上正耗银两俱已全完。查钱粮参后续完，例邀免议。所有经征、接征职名，应请毋庸开造，理合声明。

巨野县额征河银一千二百六十两六分八厘、耗羡银一百七十两七钱三厘，内于岁内道光十三年十二月初七日完正银五百二十两、耗羡银六十两；复于造报后道光十五年十一月二十五日完正银六百一十五两、耗羡银九十八两九钱，道光十六年三月初六日完正银一百二十五两六分八厘、耗羡银一十两八钱三厘；以上正耗银两俱已全完，查钱粮参后续完，例邀免议。所

① 即栗毓美。

有经征、接征职名，应请毋庸开造，理合声明。

曹县额征河银夫食正银六千五百六十四两五钱八分二厘、耗羡银九百一两三钱三分六厘，自道光十三年秋禾被水，于是年九月十六日奉旨缓征正银一百七十六两五钱一分九厘、耗羡银二十四两七钱一分二厘，缓至道光十四年秋后启征，止应征正银六千三百八十八两六分三厘、耗羡银八百七十六两六钱二分四厘。其缓征银两久经启征，共额征正银六千五百六十四两五钱八分二厘、耗羡银九百一两三钱三分六厘，内于岁外道光十四年正月初四日完正银一千两，六月初四日完正银三百两、耗羡银二百两，下欠应征启征正银五千二百六十四两五钱八分二厘、耗羡银七百一两三钱三分六厘；复于造报后道光十七年三月二十一日完正银五百两、耗羡银七十两，九月十九日完正银三千九百三十八两五厘、耗羡银六十一两九钱九分五厘。其下欠应征正银八百二十六两五钱七分七厘、耗羡银五百六十九两三钱四分一厘，屡经提催，未据完解。接征现任知县章寅，自道光十五年正月二十七日到任起，截至道光十七年十一月十五日造报之日止，连闰计二年三百一十九日，接征已满复参年限，又违限三百一十九日，应完应征启征正银五千二百六十四两五钱八分二厘、耗羡银七百一两三钱三分六厘，计七分九厘八毫。已据完解正银四千四百三十八两五厘、耗羡银一百三十一两九钱九分五厘，计六分八毫，少完正银八百二十六两五钱七分七厘、耗羡银五百六十九两三钱四分一厘，计一分九厘等因知照到部。

除单县、巨野县均已续报全完，所有经征、接征职名免其开参外，查曹县应征道光十三年分兖沂曹济道属河银，据该河督声称，现任知县章寅自道光十五年正月二十七日到任起，截至道光十七年十一月十五日造报之日止，连闰计二年三百一十九日，接征已满复参年限，又违限三百一十九日，已完正银四千四百三十八两五厘、耗羡银一百三十一两九钱九分五厘，少完正银八百二十六两五钱七分七厘、耗羡银五百六十九两三钱四分一厘，计一分九厘，应将经征道光十三年分兖沂曹济道属河银初参欠一分以上之曹县知县章寅，照例罚俸六个月，戴罪征收，停其升转。该员又二参限满不完，应再照例降三级调用。查该员任内有道光十二年七月捐加一级；十四年十一月经征地丁全完，议叙加二级；十六年二月拿获要犯，议叙加一级；五月堵筑支河，议叙加一级；应销去地丁全完议叙加二级，抵降二级。其捐加级并拿获要犯、堵筑支河议叙加级，均非钱粮议叙加级，例不准其抵销，应仍降一级调用，恭候命下。道光十八年三月十七日题，本月十八日奉旨："此案因经征河银二参限满不完，议以销去二级、仍降一级调用之章寅，着该抚出具考语，送部引见，再降谕旨。余依议。"钦此等因。

曹县章寅续全完十三年河银扣除免议部覆

东抚经①为题明事。

道光十八年五月初五日准吏部咨，考功司案呈，吏科抄出本部题前事等因，相应知照可也等因。

计粘单一纸。

内开：

会议得准工部咨称，河东河道总督栗②以山东兖沂曹济道详，道光十三年河银册开曹县下欠应征正银八百二十六两五钱七分七厘、耗羡银五百六十九两三钱四分一厘，计一分九厘。嗣于

---

① 即经额布。
② 即栗毓美。

造报后，据现任曹县知县章寅于道光十八年二月内续完正银五百两、耗羡银一百五十两，当经随时兑收，详报在案。其下欠正银三百二十六两五钱七分七厘、耗羡银四百一十九两三钱四分一厘，计九厘九毫。兹催据该县知县章寅备具文批，专差完解下欠正银三百二十六两五钱七分七厘、耗羡银四百一十九两三钱四分一厘前来，随于本年三月二十八日照数兑收，贮库清款讫。所有收过曹县续完道光十三年河道正耗银两清款日期，拟合详报咨部，扣除免议，相应咨达本部，核与应完银数相符，应令该河督造入岁报库贮册内报部查核等因知照到部。查此案，曹县知县章寅经征道光十三年分兖沂曹济道属河银，初、二参均未完一分以上，前据该河督开参，经工部知照臣部将该员照例初参议以罚俸六个月，戴罪征收，停其升转，二参降三级调用；任内有道光十四年十一月经征地丁全完，议叙加二级，抵降二级，仍降一级调用等因具题。道光十八年三月十八日奉旨："着该督抚出具考语，送部引见，再降谕旨。"钦此。钦遵。臣部业经知照在案。今据工部咨称，该员业已续报全完，请扣除免议等语。查续完咨文到部，系在部议奉旨行文之后、该省尚未接准部文以前，应行照例据咨开复，应将道光十三年分兖沂曹济道属河银续报全完之前任曹县知县章寅，原议初参戴罪征收，停其升转，二参降三级调用之案，均照例准其开复。所销道光十四年十一月经征地丁全完议叙加二级，应行给还，毋庸送部引见。查曹县知县章寅降调员缺，臣部于道光十八年四月初五日行文知照开缺，今该督以章寅未完经征银两嗣经续报全完，于十八年四月初三日出咨开复，核计出咨开复日期，系在臣部未经扣缺行文之先，毋庸计算，照限减半。既据该督声请章寅续报全完，题请开复，应照例准其留任，谨题请旨。道光十八年闰四月二十三日题，本月二十五日奉旨："依议。"钦此等因。

道光十五年兖沂道河银复参部覆

东抚托①为查议具题事。

道光二十年二月二十七日准吏部咨，考功司案呈，吏科抄出本部题前事等因，相应知照可也等因到本部院。准此，合就檄行。为此仰司官吏即便钦遵移行查照，并即照例出具考语，详请给咨，送部引见。毋违。

计粘单一纸。

内开：

议得准工部咨称，河东河道总督栗②以山东兖沂曹济道详称，蒙准工部等部咨山东省道光十五年分河银考成一案。吏部查曹县知县章寅又经征兖沂曹济道属河银，初参欠八分以上，应照例再降职四级，戴罪征收，停其升转，完日开复。道光十七年七月二十七日题，本月二十九日奉旨："依议。"钦此。查道光十五年分前册开造菏泽、巨野、濮州、范县、金乡等五州县，缓征正银六百九十一两九钱九厘、耗羡银九十六两八钱六分七厘，缓至道光十六年秋后启征。泗水、曹县、巨野等三县下欠应征正银六千八百二十六两一钱五厘、耗羡银一千三十九两九钱三分六厘。查缓征银两于启征后，仅据菏泽、范县、金乡等三县扫数完解，又曹县于造报后续完下欠应征正银五千七百九十五两三钱五分一厘、耗羡银三百三十五两四钱六分八厘，均经随时兑收贮库，详请咨部在案。泗水县续缓正银二百一十一两二钱九分六厘、耗羡银二十九两五钱八分二厘，巨野县续缓正银九百零五两六分八

① 即托浑布。

② 即栗毓美。

厘、耗羡银一百二十一两三厘，濮州原缓正银六十两五钱四分三厘、耗羡银八两四钱七分六厘，节次因灾同续缓银两均迟缓至二十一年秋后启征。除俟启征提解到库另行具报外，尚有曹县下欠应征耗羡银五百六十五两八钱六分八厘，屡经提催，未据完解，合将未完分数、职名造具简明清册详咨。知县章寅自道光十五年正月二十七日到任起，截至道光十九年八月初五日造报之日止，接征已满复参年限，又违限九百六十九日，应完十分该额征正银六千五百六十四两五钱八分二厘、耗羡银九百零一两三钱三分六厘，已据完解正银六千五百六十四两五钱八分二厘、耗羡银三百三十五两四钱六分八厘，计九分二厘四毫，少完耗羡银五百六十五两八钱六分八厘，计七厘六毫。查山东黄河道属道光十五年分曹县下欠耗银，未据该河督咨报续完等因知照到部。除菏泽、范县、金乡等县业已续报全完，准其扣除免议，并泗水、巨野、濮州节次因灾迟缓，俟启征之年有无全完，另行办理外，应将经征道光十五年分兖沂曹济道属河银原欠八分以上、一年限满仍不全完之曹县知县章寅照例革职，恭候命下。道光二十年二月十七日题，本月十九日奉旨："此案因经征河银原欠八分以上、一年限满仍不全完，议以革职之章寅，着该抚出具考语，送部引见，再降谕旨。"钦此。

曹县章寅续完道光十五年黄河银两开复部覆

河东总河部堂文①为题请开复事。

---

① 即文冲。

道光二十年九月二十八日准户部咨，山东司案呈，户科抄出河东河道总督文等题曹县知县章寅全完道光十五年河耗银两声请开复一案。道光二十年五月十三日题，六月二十八日奉旨："该部查议具奏。"钦此。钦遵于本日抄出到部。该臣等会查得，河东河道总督文等疏称，看得曹县知县章寅下欠道光十五年河银项下耗羡银两，已于道光二十年二月二十八日完解兖沂道库，核计扫数全完，业经咨部扣除免议在案。兹准山东抚臣托[①]咨，准吏部咨开，道光二十年二月十七日题，本月十九日奉旨："此案因经征河银原欠八分以上、一年限满仍不全完，议以革职之章寅，着该抚出具考语，送部引见，再降谕旨。"钦此等因，随经咨行钦遵去后。现据山东兖沂曹济道陈功请照钱粮未完例，应降调人员于未奉部议之先续报全完者，无论调缺、选缺，俱准开复留任，毋庸送部引见之例，题请开复仍留本任前来。臣覆查与例相符，随看得现任曹县知县章寅办事实心兼悉河务，应请准其开复，仍留曹县本任。除将该员履历造册送部查核外，臣谨会同山东抚臣托合词恭疏具题，伏乞皇上圣鉴，敕部议覆施行。再查例载，经征钱粮未完开参降革、奉旨送部引见人员报全完者，即于开复本内将该员毋庸送部之处声明，以省案牍而昭核实等因。今章寅事同一例，似应照例毋庸送部引见，其因未完道库河银奉议降革开复之案，应由臣衙门具题，合并声明等因前来。查山东曹县知县章寅完解道光十五年下欠应征河道耗羡银五百六十五两八钱六分八厘，现于六月内据吏部咨，查该员完解银数是否相符，当经户部核与该河督咨报完解原案数目相符，咨覆吏部办理在案。兹据该河督等疏称，曹县下欠道光十五年河耗银两，已于道光二十年二月二

① 即托浑布。

十八日完解，兖沂道库核计扫数全完，业经咨部扣除免议。请照钱粮未完例，应降调人员于未奉部议之先续报全完者，无论调缺、选缺，俱准开复留任，毋庸送部引见之例，请题开复仍留本任等语。

吏部查定例，地丁等项钱粮未完各官，于参后续报全完，若在议复具题奉旨之后，该省已接准部文者，应由该督抚具题开复。又定例，因公诖误革职官员，后经本案开复原任内加级纪录，俱准给还。又定例，钱粮未完例应降革人员，于未奉部议之先续报全完者，无论调缺、选缺，俱准开复留任，毋庸送部引见；如续完在降革行文之后，经该督抚请，将该员留任。查定例，各省要缺官员遇有经征未完议降、议革开缺后，旋即全完，声请开复留任到部，吏部详查该省具题出咨日期，合之吏部截缺行文之日，以发给该省执照限期减半计之，如尚在照限减半以内者，准其留任；如具题出咨日期已在照限减半以外，概不准留任，俱令留省另补等语。此案曹县知县章寅经征道光十五年分兖沂曹济道属河银，初、二参均未完八分以上，前据该河督开参，臣部将该员初参议以降职四级，戴罪征收，停其升转，二参革职等因具题。道光二十年二月十九日奉旨："此案因经征河银原欠八分以上、一年限满仍不全完，议以革职之章寅，着该抚出具考语，送部引见，再降谕旨。"钦此。臣部业经知照在案。今据该河督疏称，该员业已续报全完，请将该员开复仍留本任，毋庸送部引见，业经户部核明，与原案数目相符。查该省于二十年二月二十七日接奉本部开缺行知，随于二月二十八日该员章寅续将银数完解。该督于五月十三日具题开复，于五月二十六日到部，应行照例题请开复，应将经征道光十五年分兖沂曹济道属河银续报全完之前任曹县知县章寅，原议初参降职四级，戴罪征收，停其升转，二参革职之案，均照例准其开复，毋庸送部引见。原任内有道光十四年十一月议叙加一级、十六年五月议叙加一级、十八年八月议叙加二级、二十年四月议叙加一级，纪录六次，应行给还。查该员有拿获逃徒周三模复窃事主张献同家驴头一案，申复迟延一月以上，罚俸一年注册。又徒犯黄廷柱在配脱逃一案，罚俸一年注册。又薛石纠抢李槐一之妻魏氏价卖一案，承审迟延一月以上，罚俸一年注册。又驳审迟延一月以上，再罚俸一年注册。以上三案共罚俸四年，应销去纪录六次，抵罚俸三年，仍罚俸一年。再，该河督等又称该员办事实心兼悉河务，请仍留曹县。本任查曹县知县员缺，臣部于道光二十年三月初五日行文知照开缺，核计照限减半，应以二十年三月二十日限满。今该河督等以章寅未完河银续报全完，于二十年五月十三日题请开复，系在照限减半以外，不准其留任，应照例令其留省另补等因。道光二十年九月初七日题，本月初九日奉旨："依议。"钦此。相应行文河东总河遵照可也等因。

曹县章寅全完道光十五年河银开复，奏请仍留本任部覆

东抚托①为知照事。

道光二十年九月十九日准吏部咨，文选司案呈，内阁抄出河东河道总督文②等奏称，曹县知县章寅前因经征十五年分河银原欠八分以上，限内不全完革职，奉旨："着该抚出具考语，

① 即托浑布。

② 即文冲。

送部引见，再降谕旨。”钦此。嗣据该员将原欠银两实于二十年二月二十三日全数完缴，吏部截缺知照，于二十年三月初五日出咨东省，照限三十日减半计之，尚在限内，彼时因河南抚臣牛①署理河督会题开复，辗转往返，以致具题日期迟逾限外。若循例办理，只能留省另补，不能准仍留本任，但曹县一缺为东省第一难治之区，该员久在此任，于该处情形最为熟习，且其完缴银两本在限内，可否仰恳圣恩，俯念员缺紧要，准以章寅仍留原任，以收驾轻就熟之效。如蒙俞允，则该员感激鸿慈，自当益加黾勉等因。道光二十年八月二十三日奉朱批：“吏部议奏。”钦此。钦遵抄出到部。查定例，要缺官员遇有经征未完议降、议革开缺后，旋即全完，声请开复留任到部。吏部查该省具题出咨日期，合之吏部截缺行文之日，以发给该省执照限期减半计之，如尚在照限减半以内者，准〈其〉留任；如具题出咨日期已在照限以外，概不准留任，俱令留省另补等语。

今章寅，江苏举人，由现任山东曹县知县，因经征河银未完革职，嗣经续报全完，题请开复，今据该河督等奏请仍留本任。臣等查曹县知县章寅经征河银不完革职员缺，臣部于道光二十年三月初五日行文知照开缺山东省，照限三十日减半计算，应以二十年三月二十日限满。嗣据该员续报全完，该省于本年五月十三日题请开复，系在开缺照限减半以外，照例不准留任，应留于该省归入应补班内，酌量补用。今该河督等以该员原欠银两实于二月二十三日完缴，因会题开复，辗转往返，致逾限外，奏请将该员留任。查开复人员，例以具题出咨日期在照限减半以内者，方准留任，并不以该员完缴之日为断。若以会衔迟逾溯扣完缴之日在前，即准其留任，恐各省纷纷援引，皆以本员完缴在前、会衔

① 即牛鑑。

具题在后为词，易启挪移之渐。所有该河督等奏请将该员留任之处，应毋庸议。其曹县知县一缺，应令该抚等另行拣员调补等因。道光二十年九月初四日奉旨："依议。"钦此等因。

道光十七年黄河银两复参部覆

河东总河部堂文①为查议具题事。

道光二十年十月初八日准吏部咨，考功司案呈，吏科抄出本部题前事等因，相应知照可也。

计粘单一纸。

内开：

议得准工部咨称，河东河道总督文以兖沂曹济道详道光十七年分河银考成一案。前册开造泗水、寿张、巨野、濮州等四州县缓征正银四百三十五两一分四厘、耗羡银六十两零九钱二厘，缓至十八年秋后启征。又泗水、曹县、定陶、巨野、单县等五县下欠应征正银一万一千一百七十三两七钱五分、耗羡银一千七百三十三两一分九厘。查缓征银两久经启征，共应征启征正银一万一千六百零八两七钱六分四厘、耗羡银一千七百九十三两九钱二分一厘，嗣于造报后仅据泗水、寿张、濮州、定陶等四州县扫数完解，曹县止续完正银一百两，单县止续完耗羡银九十二两一钱六厘，以上完解银两均经随时兑收贮库，详请咨部在案。巨野县复因灾续缓正银八百五十六两一分三厘、耗羡银一百一十四两一钱三分六厘，递缓至二十六年秋后启征。

① 即文冲。

除俟启征提解到库另行具报外，尚有曹县、单县、巨野等三县下欠应征正银九千四百一十两七钱六分、耗羡银一千四百一十三两八钱，屡经提催，未据完解，合将未完分数、职名造具简明清册详送。

计开：

曹县额征河银、夫食正银六千五百六十四两五钱八分二厘、耗羡银九百一两三钱三分六厘，内于岁内道光十七年八月初九日完正银七百一十四两二钱八分五厘，嗣于造报后道光十八年五月二十七日完正银一百两，其下欠正银五千七百五十两二钱九分七厘、耗羡银九百零一两三钱三分六厘，屡经提催，未据完解。经征现任知县章寅，自道光十七年正月初一日起，截至道光二十年二月二十五日造报之日止，经征已满复参年限，又违限四百四十五日，应完十分，该额征正银六千五百六十四两五钱八分二厘、耗羡银九百零一两三钱三分六厘，已据完解正银八百一十四两二钱八分五厘，计一分零九毫，少完正银五千七百五十两二钱九分七厘、耗羡银九百零一两三钱三分六厘，计八分九厘一毫。

单县额征河银、夫食正银六千二百九十四两三钱三厘、耗羡银八百八十一两二钱三厘，内于岁内道光十七年四月十八日完正银二千两、耗羡银二百八十两，八月二十四日完正银六百五十七两八钱九分五厘，嗣于造报后道光十八年十二月十三日完耗羡银九十二两一钱六厘，其下欠正银三千六百三十六两四钱八厘、耗羡银五百零九两九分七厘，屡经提催，未据完解。接征现任知县陈世埰，自道光十七年三月初一日到任起，截至道光二十年二月二十五日造报之日止，接征已满复参年限，又违限三百八十五日，应完十分，该额征正银六千二百九十四两三钱三厘、耗羡银八百八十一两二钱三厘，已据完解正银二千六百五十七两八钱九分五厘、耗羡银三百七十二两一钱六厘，计四分二厘二毫，少完正银三千六百三十六两四钱八厘、耗羡银五百九两九分七厘，计五分七厘八毫。

巨野县额征河银正银一千二百六十两六分八厘、耗羡银一百七十两七钱三厘，因道光十七年秋禾被水、被旱，于道光十七年九月二十九日奉旨缓征正银一百二十三两三钱一厘、耗羡银一十七两二钱六分二厘，缓至十八年秋后启征。查缓征银两久经启征，共应征启征正银一千二百六十两六分八厘、耗羡银一百七十两七钱三厘，屡经提催，未据完解。复因道光十九年秋禾被水，于十九年十月初一日奉旨续缓正银八百五十六两一分三厘、耗羡银一百一十四两一钱三分六厘，递缓至二十六年秋后启征。除缓止应征正银四百零四两五分五厘、耗羡银五十六两五钱六分七厘，内于岁内道光十七年十二月初三日完正银三百八十两、耗羡银五十三两二钱。其下欠正银二十四两五分五厘、耗羡银三两三钱六分七厘，屡经提催，未据完解。接征现任知县黄维翰，自道光十八年二月初十日到任起，截至道光十九年九月三十日续缓前一日止，计六百二十一日，接征已满初参年限，又违限二百六十一日，应完下欠应征启征正银八百八十两六分八厘、耗羡银一百一十七两五钱三厘，计六分九厘七毫，屡经提催，未据完解。又于道光十九年十月初一日奉旨续缓正银八百五十六两一分三厘、耗羡银一百一十四两一钱三分六厘，递缓至二十六年秋后启征，除缓实应征正银二十四两五分五厘、耗羡银三两三钱六分七厘，计五厘九毫，截至道光二十年二月二十五日造报之日止，计七百六十六日，接征已满复参年限，又违限四十六日，未据完解。

并据该河督咨称，兖沂曹济道详道光十七年河银考成前册开造单县下欠应征正银三千六百三十六两四钱八厘、耗羡银五百九两九分七厘，计五分七厘八毫。兹催据现任单县知县陈世琛扫数备具文批，专差完解正银三千六百三十六两四钱八厘、耗羡银五百九两九分七厘，随于本年四月十九日照数兑收清款讫，拟合咨部扣除免议。曹县、巨野二县河银未据该河督咨报续完等因知照到部。除泗水、寿张、濮州、定陶、单县均已续报全完，准其扣除免议外，应将接征道光十七年分兖沂曹济道属河银初参欠六分以上之巨野县知县黄维翰，照例降职二级，戴罪征收，停其升转；该员于复参限内尚有五厘九毫未完，系原欠六分以上，一年限满仍不全完，应照例降五级调用。查黄维翰任内并无钱粮、军功级纪抵销。曹县知县章寅未完道光十七年分兖沂曹济道属河银初参欠八分以上，业经照例议以降职四级，戴罪征收，停其升转在案。今一年限满仍不全完，应将前任曹县已另案革职开复留省另补，知县章寅照例革职，恭候命下。道光二十年九月十七日题，本月十九日奉旨："此案因未完河银原欠六分以上年限内不全完、议以降五级调用之黄维翰，原欠八分以上限内不全完、议以革职之章寅，俱着该抚出具考语，送部引见，再降谕旨。"钦此。等因。

曹县章寅续完道光十七年河银，咨请免议部覆

东抚托①为题明事。

道光二十一年正月十四日准河东总河部堂文②咨。道光二

① 即托浑布。

② 即文冲。

十年十二月二十七日准吏部咨，考功司案呈，吏科抄出本题前事等因，相应知照可也。

计粘单一纸。

内开：

议得准工部咨称，河东河道总督文以山东兖沂曹济道详，道光十七年河银曹县下欠应征正银五千七百五十两二钱九分七厘、耗羡银九百一两三钱三分六厘，计八分九厘一毫。兹据现任知县章寅备具文批，专差完解正银四千六百六十四两五钱三分二厘、耗羡银三百三十五两四钱六分八厘，计六分七厘一毫，随于道光二十年七月二十三日照数兑收贮库讫。其下欠正银一千八十五两七钱六分五厘、耗羡银五百六十五两八钱六分八厘，除俟提解到库，另行具报。又据该河督咨称，山东兖沂曹济道详，道光十七年河银考成前册开造曹县下欠正银一千八十五两七钱六分五厘、耗羡银五百六十五两八钱六分八厘，计二分二厘。兹复据现任曹县知县章寅备具文批，专差扫数批解。所有收过曹县全完道光十七年河道正耗银数、日期，拟合咨部扣除免议，核与该河督咨报续完银数相符等因知照到部。查前任曹县知县章寅，未完道光十七年分兖沂曹济道属河银初参欠八分以上，臣部照例议以降职四级，戴罪征收，停其升转，嗣一年限满仍不全完，该员已另案革职开复留省另补，复经臣部照例议以革职等因具题。道光二十年九月十九日奉旨："着该督抚出具考语，送部引见，再降谕旨。"钦此。今据该河督咨称，该员未完道光十七年兖沂曹济道属河银，业已全完，咨请开复，应将前任曹县知县已另案革职开复留省补用章寅，原议初参降职四级，戴罪征收，停其升转，二参革职之案，均照例准其开复，仍留省另补，毋庸送部引见。该员革职之案既经开复，原任内加级纪录应行给还任内，有县民孙成义被窃、拒伤，伊母身死，四参承缉不力，降一级调用。该册一案有道光十四年十一月议叙加一级，十六年五月议叙加一级，十八年议叙加二级，二十年四月议叙加一级，并无纪录，应销去十四年十一月议叙加一级，抵降一级调用，免其降调，该册恭候命下。道光二十年十二月初七日题，本月初九日奉旨："依议。"钦此等因。

查明巨野县缓征十七年黄河银两舛错，开复复参处分部覆

河东总督部堂文①为题明事。

道光二十一年五月十三日准吏部咨，考功司案呈，内阁抄出河东河道总督文等奏前事等因，相应知照可也。

计粘单一纸。

内开：

议得先经内阁抄出河东河道总督文等奏称，接准部咨，以巨野县知县黄维翰接征道光十七年兖沂道属河银，于复参限内尚有五厘九毫未完，系原欠六分以上，一年限满仍不全完，照例议以降五级调用等因具题。道光二十年九月十九日奉旨："此案因未完河银原欠六分以上限内不全完、议以降五级调用之黄维翰，原欠八分以上年限内不全完、议以革职之章寅，俱着该抚出具考语，送部引见，再降谕旨。"钦此。

查巨野县知县黄维翰接征道光十七年分河银，共应征启征正银一千二百六十两零、耗羡银一百七十两零。先据该县册造，

① 即文冲。

因十九年秋禾被水，奏明奉旨续缓正银八百五十六两零、耗羡银一百一十四两零，递缓至二十六年秋后启征，并于十七年岁内完正银三百八十两、耗羡银五十三两零，计下欠正银二十四两零、耗羡银三两三钱零。当经由道汇造考成文册咨部，嗣由司确查该县十九年秋禾被水，系阖境缓征，所造历年地丁正耗银数，均较司案短少，驳饬去后。旋据该县更造，并将原造递缓十七年河银数目更正，另造正银八百八十两零、耗银一百一十七两零，一并由府呈送，因往返驳查，尚未转详。兹奉前因，复查该县既因道光十九年秋禾被水案内，阖境缓征旧欠，其未完河道正耗银两，自应列入递缓之内，并无应征之项。惟原造文册错误，查例载，官员造报各项钱粮文册数目舛误者，罚俸三个月等语。此案巨野县知县黄维翰因造册错误致干严议，虽咎由自取，但该年河银究已全行递缓，并无经征之责，且业据禀明更正，另造考成准册，详恳将该县黄维翰奏请开复，仍交部照造册舛错例议处等情。

臣等查各县经征河道正耗钱粮，向由河臣题报考成，而每年应征、应缓银数，系随司库应征地丁核计，河臣衙门无案可稽，其未完河银初参、复参年限，系据道详，咨部核议此案。巨野县知县黄维翰接征道光十七年兖沂道属河银，因十九年秋禾被水，奏准随同地丁旧欠全行递缓，本无经征之责，只缘造册内少造递缓银数，致干限满不完之议。兹据该司道等查明，详请开复，尚属实情，可否仰恳皇上天恩，俯准将巨野县知县黄维翰原奉部议降五级调用处分开复留任，仍交部照造册舛错例议处〔之处〕。出自鸿慈，如蒙俞允，该员似可毋庸送部引见等因具奏。

道光二十年十一月二十八日奉朱批："该部议奏。"钦此。钦遵抄出到部。当经臣部移咨工部，查明巨野县十七年分未完河银，是否因十九年秋禾被水案内，原欠未完河道正耗银两全行递缓，并无应征之项，按照该督原奏，详细查明声覆等因去后。嗣据工部咨称，查巨野县额征道光十七年河银一千二百六十两六分八厘、耗银一百七十两七钱三厘，除考成册造已完过正银三百八十两、耗银五十三两二钱，又该年秋禾被灾，奉旨缓征正银一百二十三两三钱一厘、耗银一十七两二钱六分二厘，下欠正银七百五十六两七钱六分七厘、耗银一百两二钱四分一厘，连原缓共计未完正银八百八十两零六分八厘、耗银一百一十七两五钱四厘。嗣据该河督造送各州县经征道光十七年河银未完分数册报，巨野县因十九年秋禾被水，于十月初一日奉旨续缓正银八百五十六两一分三厘、耗银一百一十四两一钱三分六厘，递缓至道光二十六年秋后启征外，尚应征正银二十四两五分五厘、耗银三两三钱六分七厘。现在本部检查户部恭录十九年十月初一日原奉谕旨，被水较轻之巨野等县应征本年漕项河银，缓至道光二十年秋禾启征，凡有十八年未完及被灾原缓，各按最先年分递年依次带征等因在案。其原造下欠正银二十四两零、耗银三两三钱零，尚未据该河督更正报部等因。复经臣部移咨河东河道总督，将山东巨野县未完道光十七年分河银，因十九年秋禾被水全行续缓之处，造册报部，再行核办。

今准工部咨称，据河东河道总督文咨称，查巨野县知县黄维翰自道光十八年二月初十日到任起，截至道光十九年九月三十日续缓前一日止，计六百二十一日，接征已满初参年限，又违限二百六十一日，应完下欠应征正银八百八十两六分八厘、耗羡银一百一十七两五钱三厘，计六分九厘七毫，屡经提催，未据完解。又于道光十九年十月初一日奉旨续缓正银八百八十两六分八厘、耗羡银一百一十七两五钱三厘，因在缓征限内，毋庸扣计应完分数。

查巨野县知县黄维翰接征十七年河银，系于地丁项下统征分解。十七年民欠地丁既因十九年秋禾被水奏缓，并无应征民欠银两，河银自应全缓，该县即无经征之责。并将原造递缓道光十七年黄河正银八百五十六两一分三厘、耗银一百一十四两一钱三分六厘，改作正银八百八十两六分八厘、耗银一百一十七两五钱三厘，禀请更正。请将该县黄维翰奏请开复，仍交部照例议处等因。查巨野县知县黄维翰应征河银，既免全行递缓，并无经征之责，咨请免议，应咨吏部办理等因知照到部。查此案，巨野县知县黄维翰接征道光十七年分河银，前据该河督以该员未完六分以上，复参限满，尚有五厘九毫未完，将该员职名开参。经臣部照例议〔议〕以降五级调用，奉旨："着该抚出具考语，送部引见，再降谕旨。"钦此。今据该河督等奏称，该员未完道光十七年分河银，于十九年秋禾被水全行缓征，并无经征之责。因造册错误，业据禀请更正，另造妥册咨部，奏请将该员原议降调处分开复，仍交部照例议处。查巨野县知县黄维翰接征道光十七年分河银缓征，系在二参限内，应将前任巨野县知县黄维翰原议二参降五级调用之案，准其开复；初参降职二级，戴罪征收，停其升转之案，准其查销，仍照邻境获犯例，减为罚俸六个月。该员又于缓征河银造册错误，应照造册舛错例，再罚俸三个月。查该员任内并无纪录抵销。查巨野县知县要缺，臣部于道光二十年十月初五日行文知照开缺山东省，照限三十日减半计算，应以二十年十月二十日接到。如具奏开复在照限减半以内者，准其留任；在照限减半以外者，照例留省另行补用。今该河督等以该员未完河银于十九年秋禾被水全行缓征，并无经征之责，奏请开复原官，系于道光二十年十一月二十二日具奏。已在接到臣部扣缺知照部文、照限减半以外，不准留任，应照例令其留省另补，恭候命下。道光二十一年四月十九日题，本月二十一日奉旨："依议。"钦此等因。

第二十七本

交款总目

一、应交正款银一万九千六百八十九两二钱八分。

一、应交杂款银一万一百二十九两六钱五分六厘。

一、应交仓款谷价及兵米价值银一万一千四百四十两四钱九分一厘。

一、应交摊捐款银四千七百四十七两四钱两分八厘。

以上共应交各款银四万六千〇六两八钱五分五厘。内除提出另返摊款银三千九百八十六两九钱五分五厘，又除抵款银二万七千七百一十五两六钱四分一厘，又除兑陈栗堂处银四百三十九两一钱七分外，下剩实应交银一万三千八百六十五两〇八分九厘。

惠民县余[①]今将贵任经管各年正杂仓捐及原接历前任各项银两应交应抵数目逐一覆核开册，移送更正，会算施行。

计开：

正款项下

一、原册开应交道光二十四年正银一万三十两五钱八分三厘。覆查二十四年钱粮，共征完正银五万五百二十八两六钱五分八厘，内除解支过正银四万四百九十八两八分六厘外，下剩实应交正银一万三十两五钱七分二厘。请更正。

---

① 即余棨。

一、原册开应交道光二十四年耗银一千二百九十二两四钱二分。覆查前款数符，照交。

一、原册开应交道光二十三年耗银二百四十八两七钱八分九厘。覆查二十三年共征完耗银七千四百七十一两六钱八厘，内除解支过耗银七千二百二十二两八钱一分八厘外，下剩实应交耗银二百四十八两七钱九分。请更正。

一、原册开应交道光二十二年正银二千八十七两三钱一分一厘。覆查二十二年钱粮共征完正银五万三千四百九十七两四钱七分八厘，内除解支过正银五万一千四百一十两一钱七分八厘外，下剩实应交正银二千八十七两三钱。请更正。

一、原册开应交道光二十二年耗银二百九十二两二钱二分二厘。覆查二十二年共征完耗银七千四百八十九两六钱四分七厘，内除解支过耗银七千一百九十七两四钱二分四厘外，下剩实应交耗银二百九十二两二钱二分三厘。请更正。

一、原册开应交道光二十一年正银二千五百八十一两六钱八厘。覆查二十一年钱粮共征完正银五万三千三百七十两八钱五厘，内除解支过正银五万七百五十九两一钱八分六厘外，下剩实应〈交〉正银二千六百一十一两六钱一分九厘。请更正。

一、原册开应交道光二十一年耗银三百六十一两一分七厘。覆查二十一年共征完耗银七千四百七十一两九钱一分三厘，内除解支过耗银七千一百一十两八钱九分五厘外，下剩实应交耗银三百六十一两一分八厘。请更正。

一、原册开应交道光十九年正银九厘。覆查道光十九年钱粮共征完正银四万八千一百二十三两五钱九分四厘，内除解支过正银四万八千一百二十三两五钱八分三厘外，下剩实应交正银一分一厘。请更正。

一、原册开应交道光十八年正银七厘。覆查十八年钱粮共征完正银四万八十七两五钱二分五厘，内除解支过正银四万八千七两五钱一分四厘外，下剩实应交正银一分一厘。请更正。

一、原册开应交道光十八年耗银一钱八分九厘。覆查十八年钱粮按征完正银核算，共该征完耗银六千七百一十六两三钱二分八厘，内除解支过耗银六千七百一十六两一钱三分六厘外，下剩实应交耗银一钱九分二厘。请更正。

一、原册开应交道光十七年正银二千四百四十四两七钱八分九厘。覆查十七年钱粮共征完正银四万三千四百四十八两三钱五分五厘，内除解支过正银四万五百一十六两四钱六厘，又除徐[1]任实亏正银四百八十四两九钱五分八厘外，下剩实应交正银二千四百四十六两九钱九分一厘，内除徐任参亏以领垫各项及县案摊款列抵已征未解正银二千四百四十六两九钱八分二厘，又历任漏接已征未解正银九厘。请更正。

一、原册开应交道光十七年耗银三百一十七两一钱四分。覆查十七年钱粮按征完正银核算，共该征完耗银六千七十七两九钱七分一厘，内除解支过耗银五千六百九十一两九钱二分七厘，又除徐任实亏耗银六十八两八分二厘外，下剩实应交耗银三百一十七两九钱六分二厘，系徐任参案以领垫各项及县案摊款列抵之项。请更正。

一、原册开应交道光十六年正银八厘。覆查十六年钱粮共征完正银四万九千二百一十八两三钱二分九厘，内除解支过正银四万九千七十二两八钱二分七厘，又除徐任实亏正银一百四十五两四钱九分二厘外，下剩实应交正银一分。请更正。

一、原册开应交道光十六年耗银一厘。覆查前款数符，照交。

---

[1] 即徐鈖。

一、原册开应交道光十四年正银六厘。覆查十四年钱粮共征完正银四万八千八百二十八两二钱六分六厘，内除解支过正银四万七千九百二十一两九分，又除徐任实亏正银九百七两一钱六分五厘外，下剩实应交正银一分一厘。请更正。

一、原册开应交道光十三年正银一分。覆查十三年钱粮共征完正银五万一千五百五十七两三钱一厘，内除解支过正银五万八百四两六钱八分六厘，又除徐任实亏正银七百五十二两三钱三分四厘外，下剩实应交正银一分一厘。请更正。

一、原册开应交道光十二年正银一钱一分九厘。覆查十二年钱粮共征完正银五万二千五百九十二两五厘，内除解支过正银五万二千二百九十七两九钱一分八厘，又除徐任实亏正银二百九十三两九钱六分一厘外，下剩实应交正银一钱二分六厘。请更正。

一、原册开应交道光十二年耗银一厘。覆查前款数符，照交。

一、原册开应交道光十一年正银九厘。覆查十一年钱粮共征完正银五万五百七十五两二钱，内除解支过正银五万五百七十五两一钱八分九厘外，下剩实应交正银一分一厘。请更正。

以上共更正应交正款银一万九千六百八十九两二钱八分。

漏交正款项下

各年官捐学租耗银及普济堂正耗银两，经监交议明，历任因各该年钱粮缓征并未捐交。所有道光二十年以前之项，业已遵照蠲免，通饬并入民欠请豁。其二十一年以后银两，俟该年民欠启征全完之年，由接征全完之员捐解。如未及启征全完，再遇蠲免，亦照章一律请豁，现在毋庸入交。

一、漏交道光十七年官捐学租耗银七钱五分九厘。

一、漏交道光十五年官捐学租耗银七钱五分九厘。

一、漏交道光十三年官捐学租银七钱五分九厘。

前三款原册漏未开列，请补交。

一、漏交二十四年官捐普济堂正银十四两六钱七分三厘、二十三年正银十四两六钱七分三厘、二十二年正银十四两六钱七分三厘、二十一年正银十四两六钱七分三厘、二十年正银十四两六钱七分三厘、十九年正银十四两六钱七分三厘、十八年正银十四两六钱七分三厘、十七年正银十四两六钱七分三厘、十六年正银十四两六钱七分三厘、十五年正银十四两六钱七分三厘、十四年正银十四两六钱七分三厘、十三年正银十四两六钱七分三厘、十二年正银十四两六钱七分三厘、十一年正银十四两六钱七分三厘。

一、漏交二十四年官捐普济堂耗银二两五分四厘、二十三年耗银二两五分四厘、二十二年耗银二两五分四厘、二十一年耗银二两五分四厘、二十年耗银二两五分四厘、十九年耗银二两五分四厘、十八年耗银二两五分四厘、十七年耗银二两五分四厘、十六年耗银二两五分四厘、十五年耗银二两五分四厘、十四年耗银二两五分四厘、十三年耗银二两五分四厘、十二年耗银二两五分四厘、十一年耗银二两五分四厘。

以上共漏交官捐正、耗银二百三十六两四钱五分五厘。

杂款项下

一、原册开应交道光八年知县缺俸银一两五钱四分四厘、十年经历缺俸马夫工食银二两三钱七分一厘、十一年经历缺俸马夫工食银八两九钱六分七厘、十二年知县缺俸银一十二两七钱六分、十三年知县缺俸银二两一钱一分三厘、十五年知县缺俸银一十两四钱、十七年知府缺俸银九钱二分三厘、十七年知县缺俸银七钱三分一厘。覆查前八款数符，照交。

一、原册开应交道光十八年知县缺俸银三两四钱九分五厘。覆查道光十八年俸杂奏销奉司驳正印结内应扣各官缺俸银四十四两二钱七分三厘。请更正。

一、原册开应交道光十九年知县缺俸银一十九两三钱四分三厘、二十年知县缺俸银一十一两七钱四厘。覆查前二款数符，照交。

一、原册开应交道光二十年训导俸斋空缺银九钱七分七厘。覆查前款，应入是年师生空缺项下作交，无须另作俸斋空缺名目。请删。

一、原册开应交道光二十一年典史缺俸银三两三钱五分五厘。覆查前款数符，照交。

一、原册开应交道光九年廪膳空缺银一两七钱七分、十年廪膳空缺银六两三钱三分七厘、十一年廪膳空缺银一十二两七钱五分、十二年廪膳空缺银一十三两七钱四分六厘、十三年廪膳空缺银四两五钱、十四年廪膳空缺银一十二两二钱三分二厘、十五年师生空缺银十七两四钱、十六年廪膳空缺银五两六钱一分七厘、十七年廪膳空缺银一十七两一钱七分六厘、十八年廪膳空缺银七两八钱六分九厘、十九年廪膳空缺银一十五两六钱七分六厘。覆查前十一款数符，照交。

一、原册开应交道光二十年廪膳空缺银九两九钱五厘。覆查二十年俸杂奏销奉司驳正印结内系应扣师生空缺银一十两八钱八分二厘。请更正。

一、原册开应交道光二十一年廪膳空缺银五两三钱二分九厘。覆查二十一年俸杂奏销奉司驳正印结内系应扣师生空缺银二十八两七钱二分三厘。请更正。

一、原册开应交道光二十二年廪膳空缺银五两二钱七分九厘。覆查二十二年俸杂奏销奉司驳正印结内应扣廪膳空缺银八两九钱九分一厘。请更正。

一、原册开应交道光八年乡饮银三两五分四厘、九年乡饮银三两五分四厘、十年乡饮银三两五分四厘、十一年乡饮银三两五分四厘、十二年乡饮银三两五分四厘、十三年乡饮银三两五分四厘、十四年乡饮银三两五分四厘、十五年乡饮银三两五分四厘、十六年乡饮银三两五分四厘。覆查前九款数符，照交。

一、原册开应交道光八年各役孤贫小建银二十六两九钱二分五厘、九年各役孤贫小建银二十六两九钱二分五厘、十年各役孤贫小建银三十两四钱六分一厘、十一年各役孤贫小建银三十二两三钱一分四厘、十二年各役孤贫小建银二十八两九钱四分九厘、十四年各役孤贫小建银二十九两八钱五分七厘、十五年各役孤贫小建银二十八两一钱九分三厘、十六年各役孤贫小建银二十九两八钱五分七厘、十七年各役孤贫小建银二十四两八钱七分七厘、十八年各役孤贫小建银二十八两一钱九分三厘、十九年各役孤贫小建银二十九两八钱五分七厘、二十年各役孤贫小建银二十四两七钱二分。覆查前十二款数符，照交。

一、原册开应交道光二十一年各役孤贫小建银二十四两七钱二分。覆查二十一年俸杂奏销奉司驳正印结内应扣各役孤贫小建银二十七两五钱三分四厘。请更正。

一、原册开应交道光二十二年各役孤贫小建银二十四两七钱二分。覆查二十二年俸杂奏销奉司驳正印结内应扣各役孤贫小建银二十五两二钱六分。请更正。

一、原册开应交道光八年同知缺廉银一百四十四两四钱五厘。覆查八年奏销案内应扣同知缺廉银一百八十六两六钱六分七厘，内除朱①任漏接着赔咨追银四十二两二钱二分二厘外，下剩实欠应交银一百四十四两四钱四分五厘。请更正。

一、原册开应交道光八年知县缺廉银七十两、九年同知缺廉银一百九十六两六钱六分七厘。覆查前二款数符，照交。

一、原册开应交道光九年知县缺廉银六十五两三分五厘。覆查九年奏销案内应扣知县缺廉银一百五十九两四钱四分五厘，内除以修府监核减工料银划抵请追谈②任银九十四两四钱九厘外，下剩实应交银六十五两三分六厘。请更正。

一、原册开应交道光十三年同知缺廉银七十四两四钱四分四厘、十三年知县缺廉银一百四十五两八钱三分四厘、十四年知县缺廉银三两八钱八分九厘。覆查前三款数符，照交。

一、原册开应交道光十五年知县缺廉银五百四十六两六钱五分四厘。覆查十五年奏销案内应扣知县缺廉银七百三十七两六钱九分二厘，内除徐任实亏银七十五两三钱八分五厘，又除屠任应赔银一百一十五两六钱五分三厘外，下余应交银前数。

一、原册开应交道光十五年县丞缺廉银一十五两一钱八分、十五年典史缺廉银六两一钱五分四厘、十六年县丞缺廉银三十两七钱七分八厘、十七年同知缺廉银一百五十三两三钱三分三厘、十七年经历缺廉银一十六两六钱六分七厘、十七年县丞缺廉银二十八两八钱八分九厘、十八年缺廉银七百七十七两一钱八分。覆查前七款数符，照交。

一、原册开应交道光十八年县丞缺廉银二十一两一钱二分七厘。覆查十八年奏销案内应扣县丞缺廉银二十一两一钱二分八厘。请更正。

一、原册开应交道光十九年知县缺廉银七百两、十九年县

① 即朱庆杨。

② 即谈素敦。

丞缺廉银一十六两二钱二分二厘。覆查前二款数符，照交。

一、原册开应交道光二十年同知缺廉银四十八两八钱八分九厘。覆查二十年奏销案内应扣同知缺廉银四百五十一两一钱一分一厘。请更正。

一、原册开应交道光二十年知县缺廉银一百八十二两八钱二分四厘。覆查二十年奏销案内应扣知县缺廉银四百六十二两七钱七分八厘。请更正。

一、原册开应交道光二十一年典史缺廉银六两九钱七分四厘、二十二年同知缺廉银九十三两三钱三分三厘。覆查前二款数符，照交。

一、原册开应交道光二十二年藉谷变价银一两八钱一分三厘、二十三年藉谷变价银一两八钱一分三厘。覆查前二款数符，照交。

一、原册开应交道光二十四年蓟粮余剩漕耗变价银一十三两八钱六分八厘、蓟粮车脚变价银四十七两七钱五分七厘、添平银三两八分一厘、济右东昌两帮见石五厘银一两六钱七分、济右帮见石一厘银一钱八分。覆查前五款共银六十六两五钱五分六厘，数符，照交。

一、原册开应交嘉庆二十四年三升五合耗米银一十四两。覆查前款系奉粮道饬令买补本色米贮仓之项，现作本色米石另款请交，无须交银，请删。

一、原册开应交道光十八年曹工三成银一百一十四两一钱六分六厘、十九年曹工三成银二百一十两。覆查前二款数符，照交。

一、原册开应交道光二十年曹工三成银一百八十一两一钱六分六厘。覆查二十年廉费奏销案内应扣曹工三成银二百八十一两一钱六分六厘。请更正。

一、原册开应交道光二十一年曹工三成银四百二十两、二十二年曹工三成银四百二十两、二十三年曹工三成银一百一十三两七分七厘。覆查前三款数符，照交。

以上共应交杂款银六千三百五十八两八钱四分八厘。

漏交杂款项下

一、漏交道光二十四年夫马闰月银一十五两三钱、二十二年银一十五两三钱、二十年银一十五两三钱、十九年银一十五两三钱。前四款均系欠解之项，原册漏未开列，请补交。

一、漏交道光二十三年余剩夫马闰月银九两二钱一分四厘、二十一年银九两二钱一分四厘。前二款均系欠解之项，原册漏未开列，请补交。

一、漏交道光二十四年夫马小建银四两八钱三分九厘、二十三年银五两八钱七厘、二十二年银六两二钱三分三厘、二十一年夫马小建银六两七钱七分四厘、二十年夫马小建银四两八钱三分九厘、十九年夫马小建银六两二钱三分三厘。前六款均系欠解之项，原册漏未开列，请补交。

一、漏交道光二十四年各役孤贫小建银二十三两六钱一厘、二十三年银二十三两六钱一厘。前二款均系欠解之项，原册漏未开列，请补交。

一、漏交道光二十四年乡饮银三两五分四厘、二十三年银三两五分四厘、二十二年银三两五分四厘、十九年银三两五分四厘。前四款均系欠解之项，原册漏未开列，请补交。

一、漏交道光二十四年岁贡银一十三两四钱八分九厘。前款查二十四年县学虽系输贡年，但此项银两贵任已支未发。现据该贡生具领，业由敝任代垫发给之项。原册漏未开列，请补交。

一、漏交道光二十三年岁贡银一十三两四钱八分九厘、二十一年银一十三两四钱八分九厘、九年银一十三两四钱八分九厘、元年银一十三两四钱八分九厘。前四款均系县学歇贡分已扣未解之项，原册漏未开列，请补交。

一、漏交道光二十三年廪膳空缺银四两四钱七分五厘、五年银十四两四钱七分九厘、四年银三十二两七钱三分八厘、二年银三十九两一钱一分二厘。前四款均系欠解之项，原册漏未开列，请补交。

一、漏交道光二十四年知县缺俸银二十九两二钱五分九厘、县丞缺俸衔俸并马夫工食银一十两九钱二分四厘，二十三年知县缺俸银二十两七钱二分五厘、典史住俸银七两九钱六分八厘、典史缺俸银一十两四钱一分九厘，二年县丞衔俸银三两八分六厘，元年县丞缺俸衔俸并马夫工食银五两八钱四分七厘。① 前六款均系欠解之项，原册漏未开列，请补交。

一、漏交道光二十四年知县缺廉银七百一十三两六钱一分一厘、县丞缺廉银三十八两六钱六分七厘、知县空缺公费银一两六分七厘，二十三年知县缺廉银五百五十八两二钱五厘、典史缺廉银四十四两，二十二年府经缺廉银九两四钱四分五厘，二十一年银七两八钱二分一厘，二十年县丞缺廉银三两六钱六分六厘，十九年同知缺廉银四百两，十八年银四百两，十七年知县缺廉银二十八两四钱一分七厘，十六年银四百一十两二钱七分七厘②，十年同知缺廉银一百六十七两七钱八分四厘。前十一款均系欠解之项，原册漏未开列，请补交。

一、漏交道光二十四年税契银一百一十四两八钱六分。前

① 底本天头有“元年知县缺俸衔俸并马夫工食银两已解清”。

② 底本天头有“十六、十七两年知县缺廉均入屠任赔款，毋庸作交”。

款系贵任收完欠解之项，原册漏未开列，请补交。

一、漏交道光二十四年藉谷变价银一两八钱一分三厘。前款二十四年祭祀用剩谷一石四斗五升，尚未奉文饬变。今照贵任原交二十二、三两年之项酌定银前数，原册漏未开列，请补交。

一、漏交已收未解二十四年本县春夏两季余兵生息银一百八十六两、解费银十五两三钱四分五厘，青城四季余兵生息银一十二两、解费银九钱九分、府费银八钱，阳信四季余兵生息银七十二两、解费银五两九钱四分，海丰四季余兵生息银七十二两、解费银五两九钱四分，乐陵四季余兵生息银七十二两、解费银五两九钱四分、府费银八钱，商河四季余兵生息银三百三十六两、解费银二十七两七钱二分，滨州四季余兵生息银六十两、解费银四两九钱五分、府费银八钱，利津四季余兵生息银七十二两、解费银五两九钱四分，沾化四季余兵生息银四十两、解费银三两九钱六分，蒲台四季余兵生息银八十四两、解费银六两九钱三分二厘、府费银八钱。前二十四款共银一千一百两八钱五分七厘，内除在二十四年廉银内扣银二百六十二两九钱七分六厘，二十一年闽硝例价银内扣银一百〇四两〇九分，二十二年闽硝例价银内扣银一百〇二两六钱八分一厘，十八年戊戌科公宴银内扣银一钱七分七厘，二十年庚子科公宴银内扣银一两七钱〇九厘，二十一年辛丑科公宴银内扣银一两五钱三分五厘，二十四年浮额孤贫银内扣银一百〇八两二钱九分九厘，共扣收过银五百八十一两四钱六分七厘。又除府房册费银三两二钱业已付讫外，下剩实应交余兵生息及解费等银五百一十六两一钱九分。原册漏未开列，请补交。

一、漏交道光二十四年交帮漕项银内应扣减平银二十九两四钱五分七厘，二十四年俸杂项下应扣减平银八十三两〇二厘，二十三年俸杂项下应扣减平银四十四两八钱五分三厘，二十四年廉费项下应扣减平银一百一十三两九钱二分。

一、漏交道光二十三年地丁脚费减平银二两五钱五分八厘，二十四年地丁脚费减平银四两六钱八分二厘。

一、漏交道光二十三年漕项五毫脚费减平银五分一厘，二十四年漕项五毫脚费减平银五分。

一、漏交道光二十三年仓项五毫脚费减平银四钱〇二厘，二十四年仓项五毫脚费减平银三钱〇三厘。

前十款均系应扣解之项，原册漏未开列，请补交。

一、漏交二十四年知府罚俸银六十六两四钱二分五厘、府经罚俸银四十两、典史罚俸银三十一两五钱二分。

一、漏交二十三年知府罚俸银六十六两四钱二分五厘、知县罚俸银七两三钱一分五厘、府经罚俸银四十两、典史顾健勋罚俸银一两一钱三分八厘。

一、漏交二十二年知府罚俸银六十六两四钱二分五厘、知县罚俸银二十九两二钱五分九厘、府经罚俸银四十两、典史罚俸银三十一两五钱二分。

一、漏交二十一年知府罚俸银三十三两二钱一分二厘、知县罚俸银二十九两二钱五分九厘、府经罚俸银四十两、典史罚俸银三十一两五钱二分。

一、漏交二十年知府罚俸银五十四两八钱一厘、知县罚俸银九两九钱一分六厘、府经罚俸银四十两、典史罚俸银三十一两五钱二分。

一、漏交十九年知府罚俸银六十六两四钱二分五厘、府经罚俸银四十两、典史罚俸银三十一两五钱二分。

一、漏交十八年知府罚俸银二十五两六钱四分七厘、知县罚俸银三两四钱九分五厘、府经罚俸银四十两、典史罚俸银三十一两五钱二分。

一、漏交十七年知府罚俸银六十五两五钱二厘、知县罚俸银二十八两五钱二分八厘、府经罚俸银四十两、县丞罚俸银四十两、典史罚俸银三十一两五钱二分。

一、漏交十六年知府罚俸银五十九两四钱一分三厘、知县罚俸银二十九两二钱五分九厘、府经罚俸银四十两、典史罚俸银三十一两五钱二分。

一、漏交十五年知府罚俸银六十四两七钱六分四厘、知县罚俸银十八两八钱五分六厘、府经罚俸银四十两、县丞罚俸银六两八钱八分六厘、典史罚俸银三十一两五钱二分。

一、漏交十四年知府罚俸银六十六两四钱二分五厘、知县罚俸银二十九两二钱五分九厘、府经罚俸银四十两、县丞罚俸银五钱一分六厘、典史罚俸银三十一两五钱二分。

一、漏交十三年知府罚俸银六十六两四钱二分五厘、府经罚俸银四十两、典史罚俸银三十一两五钱二分。

一、漏交十二年知府罚俸银六十六两四钱二分五厘、知县罚俸银一十六两四钱九分九厘、府经罚俸银四十两、司狱罚俸银一十两五钱九分四厘、典史罚俸银三十一两五钱二分。

一、漏交十一年知府罚俸银六十六两四钱二分五厘、知县罚俸银二十九两二钱五分九厘、府经罚俸银三十一两七钱七分八厘、司狱罚俸银三十一两五钱二分、典史罚俸银三十一两五钱二分。

一、漏交十年知府罚俸银六十六两四钱二分五厘、知县罚俸银二十九两二钱五分九厘、府经罚俸银一十九两七钱七分七厘、司狱罚俸银三十一两五钱二分、典史罚俸银二十一两一钱八分八厘。

一、漏交九年各官罚俸银一百九十二两五分九厘。

一、漏交八年知府罚俸银六十六两四钱二分五厘、司狱罚俸银三十一两五钱二分、典史罚俸银三十一两五钱二分。

一、漏交七年知府罚俸银五十六两六钱四分六厘、知县罚俸银一十九两一分八厘、司狱罚俸银三十一两五钱二分。

一、漏交六年各官罚俸银六十一两五钱六分。

一、漏交五年各官罚俸银一百二十七两二钱四分。

一、漏交四年各官罚俸银一五十八两七钱二分四厘。

一、漏交三年知府罚俸银四十八两八钱九分五厘、知县罚俸银二十九两二钱五分九厘、府经罚俸银三十九两四钱四分四厘、典史罚俸银三十一两五钱二分。

一、漏交二年典史罚俸银三十一两五钱二分。

一、漏交元年知府罚俸银六十一两七分四厘。

一、漏交张建翠案内赃罚银一百两。

以上共漏交杂款银三千七百七十两八钱八厘。[1]

仓款项下

一、原册开应交谷价银五千五百四两一钱七分七厘。覆查常平仓谷道光二十三年奏销册报应存谷七千五百五十三石二斗一升六合五抄，又加二十四年官捐谷十石，二十五年截日官捐谷五斗二升七合八勺。三共应存谷七千五百六十三石七斗四升三合八勺五抄，内除孙任亏缺谷二十石四斗八升应俟追缴价银买补，又除徐任以县案垫款列抵现已摊起应另款请交谷五百七十九石九斗八升二合八勺五抄外，下剩应交谷六千九百六十三石二斗八升一合，内除现已盘收过实存在仓谷一千四百四十五

---

① 底本天头有“各年各官罚俸银两，经监交议明，均归各本员自行完解”。

石五斗七升五合六勺外，实短交谷五千五百一十七石七斗五合四勺。按每石一两一钱核计，实应交谷价银六千六十九两四钱七分六厘。请更正。

漏交仓款项下

一、漏交归补徐任参案谷价银六百三十七两九钱八分一厘。前款系徐任参案，以县案垫摊等款列抵常平仓谷五百七十九石九斗八升二合八勺五抄。今查县案摊款均已摊完，前项仓谷即应以本色谷石入交。因贵任尚未买贮，是以按每石一两一钱合价银前数。原册漏未开列，请补交。

兵米项下

一、原册开应交兵米价银四千五百一十二两三钱八分五厘。覆查道光二十三年奏销案内册报应存兵米三千四百九十七石六斗六合五勺，又加征完道光二十四年兵米二千三百一十三石一斗六升七合。二共应存兵米五千八百一十石七斗七升三合五勺，内除支放过二十四年春季兵米五百七十七石六斗一升、二十四年夏季兵米五百七十七石六斗一升、二十三年不敷兵米十十石二斗一升、二十四年秋季兵米五百七十一石一斗二升、二十四年冬季兵米二百二十八石四斗九升七合，均已奉到拨牌。又武定营二十四年冬季长借米二十七石六斗一升，应俟奉到拨牌还项。又支放二十五年春季兵米五百七十一石一斗二升，已奉拨牌。以上七款共支动米二千五百七十三石七斗七升七合外，实应交米三千二百三十六石九斗九升六合五勺，内除现存在仓米八百七十石四斗五升九合五勺外，实短交米二千三百六十六石五斗一升七合，按每石二两核计，实应交米价银四千七百三十三两三分四厘。请更正。

实存米石项下

一、应交道光五年大漕拨补蓟粮、五升车脚及余剩漕耗，共米二十二石九斗三升六合一勺。前款系谈任未交奉文筹补，经贵任详奉批饬先行买补本色存仓之项，应作本色入交。其筹垫价银另款以二十四年三月十一日奉批之日起除摊列抵。

一、应交道光二年大漕拨补蓟粮、漕耗及五升车脚米二升银米，共米四十石五斗八升四合四勺。前款系原照二年十月分粮价变价，于二十一年七月经王①任批解，奉粮道将银发回，饬令买补本色米石存仓之项，应作本色入交。

一、应交道光二年大漕拨补蓟粮三升五合、米一十四石。前款系道光二年业已交帮，嗣奉粮道饬令，于二十一年新漕交帮米内扣还实贮之项，应作色米石入交。

一、应交嘉庆二十四年大漕拨补蓟粮三升五合、米七石。前款系徐任亏缺请追无着，屠任按每石价银二两代为筹解银一十四两，奉粮道将银发回，饬令买米存仓之项，应以本色米作交前数。

以上共应交本色米八十四石五斗二升五勺，已由现盘存仓米内扣收存贮讫。

摊款项下

△一、原册开应交道光十九年奉摊十三年运直赈米盘费银

---

① 即王文焕。

三十四两四钱四分八厘。覆查前款数符，照交。①

△一、原册开应交道光十九年奉摊曲阜县知县徐奕溥部借养廉银三两一钱一分七厘。覆查前款数符，照交。

△一、原册开应交道光二十年奉摊鱼台县知县冯锡龄部借养廉银一两五钱五分八厘。覆查前款数符，照交。

△一、原册开应交道光二十年奉摊试用知县周铭部借养廉银六钱二分四厘。覆查前款数符，照交。

△一、原册开应交道光二十年奉摊试用知县陈文富部借养廉银六钱二分四厘。覆查前款数符，照交。

△一、原册开应〈交〉道光二十一、二等年前任垫办列抵购买麻布、口袋等项不敷银二百七十三两七钱四厘。覆查二十一、二等年王任办买麻布、口袋并运送军装、火药等项垫用车脚、夫马、工食等款，除报销并自行认捐外，不敷银八百两，禀〈奉〉府宪批准，自二十三年正月初一日起分六年摊，每年该银一百三十三两三钱三分三厘零。截至二十四年年底止，应摊两年、银二百六十六两六钱六分七厘。又自二十五年正月初一日起至正月十九日止，应摊十九日、银七两三分七厘。二共应摊银前数，原册数符，照交。

△一、原册开应交道光二十一年前任垫发列抵津贴海丰、利津、沾化三县防堵经费银二百四十一两四钱九分三厘。覆查前款，原帮贴海、利、沾三县共银五百两，已经王任全数解府转发讫。会禀请分八年摊，奉府宪批准照行在案。应自二十一年三月初九日奉批之日起摊，每年该银六十二两五钱。截至二十四年三月初八日止，应摊三年、银一百八十七两五钱。又自二十四年三月初九日起至二十五年正月十九日止，应摊三百十

① 底本天头有“自运直赈米盘费起至二十年垫修县署工料止，共尖圈十三款，均提出另追杨任自行完缴”。

一日、银五十三两九钱九分三厘。二共应摊银，前数原册数符，照交。

△一、原册应交道光二十一年前任垫修列抵府署二堂等处工料银一百两四钱一分一厘。覆查前款，原垫银一百四十两，自二十一年六月十九日奉府宪批准饬知改定摊限之日起，分五年摊，每年该银二十八两。截至二十一年年底止，应摊一百九十二日、银一十四两九钱三分三厘。又自二十二年正月初一日起至二十四年年底止，应摊三年、银八十四两。又自二十五年正月初一日起至正月十九日止，应摊十九日、银一两四钱七分八厘。三共应摊银前数，原册数符，照交。

△一、原册开应交道光十八年前任垫修列抵监狱工料银三百八十九两二钱二分一厘。覆查前款，原垫银四百九十五两五钱六分，禀奉府宪批准，自道光十八年十月初八日完工之日起，分八年摊，每年该银六十一两九钱四分五厘。截至十八年年底止，应摊八十三日、银一十四两三钱八分二厘。又自十九年正月初一日起至二十四年年底止，应摊六年、银三百七十一两六钱七分。又自二十五年正月初一日起至正月十九日止，应摊十九日、银三两二钱六分九厘。三共应摊银前数，原册数符，照交。

△一、原册开应交道光二十年前任垫修列抵余字仓廒工料银二百七十八两七钱四分四厘。覆查前款，原垫银四百八十九两八钱，禀奉府宪批准，自二十年秋季起分八年摊，每年该银六十一两二钱二分五厘。截至二十年年底止，应摊两季、银三十两六钱一分三厘。又自二十一年正月初一日起至二十四年年底止，应摊四年、银二百四十四两九钱。又自二十五年正月初一日起至正月十九日止，应摊十九日、银三两二钱三分一厘。三共应摊银前数，原册数符，照交。

△一、原册开应交道光二十一年前任垫修列抵调字仓廒工料银二百二十两二钱四分六厘。覆查前款，原垫银四百九十五两九钱四分，详奉府宪批准，自道光二十一年秋季起分八年摊，每年该银六十一两九钱九分二厘五毫。截至二十一年年底止，应摊两季、银三十两九钱九分六厘。又自二十二年正月初一日起至二十四年年底止，应摊三年、银一百八十五两九钱七分八厘。又自二十五年正月初一日起至正月十九日止，应摊十九日、银三两二钱七分二厘。三共应摊银前数，原册数符，照交。

△一、原册开应交道光二十一年前任垫修列抵演武厅工料银四百二十七两二钱二分一厘。覆查前款，原垫银八百九十八两七钱五分六厘，禀奉府宪批准，自道光二十一年夏季起分八年摊，每年该银一百一十二两三钱四分四厘五毫。截至二十一年年底止，应摊三季、银八十四两二钱五分八厘。又自二十二年正月初一日起至二十四年年底止，应摊三年、银三百三十七两三分四厘。又自二十五年正月初一日起至正月十九日止，应摊十九日、银五两九钱二分九厘。三共应摊银前数，原册数符，照交。

△一、原册开应交道光二十年前任垫修列抵县署工料银六百一十二两四钱八分二厘。覆查前款，王任原垫用银一千一百三十八两七钱六分五厘，详奉府宪批准，自二十年十月初一日起分八年摊，每年该银一百四十二两三钱四分五厘二毫二丝五忽。截至二十年年底止，应摊九十日、银三十五两五钱八分六厘。又自二十一年正月初一日起至二十四年年底止，应摊四年、银五百六十九两三钱八分三厘。又自二十五年正月初一日起至正月十九日止，应摊十九日、银七两五钱一分三厘。三共应摊银前数，原册数符，照交。

一、原册开应交道光二十四年本任曹工及军需三成银二百五两九钱一分七厘。覆查前款数符，照交。

一、原册开应交一半交代册费银四十两。覆查惠民交代每案内向需达部册费银八十六两，贵任应摊一半银四十三两。请更正。

一、原册开应交道光二十四年修府署上房工料银十两九分三厘。覆查前款，禀奉府宪批准销银六百二十两，内惠、商、阳、乐每处摊银一百两，滨州摊银七十两，利津摊银六十两，青城、蒲台每处摊银四十五两，自二十四年冬季起作三年摊。所有惠民本缺应摊之项，截至二十五年正月十九日止，应摊银前数，原册数符，照交。

以上共应交摊款银二千八百四十二两九钱三厘。

漏交摊款项下

△一、漏交道光十八年奉摊病故试用知县海溢部借养廉银一两五钱五分八厘。前款全欠未解，原册漏未开列，请补交。①

一、漏交道光二十二年奉摊隆恩门、昭西陵等工临砖、柴价银三十一两六钱四分三厘。前款原摊银前数，自二十二年五月十一日奉文起作一年摊。全欠未解，原册漏未开列，请补交。

一、漏交道光二十年奉摊临砖、柴价银三十两七钱五分二厘。② 前款原摊银前数，自二十年六月十一日奉文起作一年摊。全欠未解，原册漏未开列，请补交。

一、漏交道光十三年奉摊续增十一年万年吉地临砖委员津贴原动府廉银一十三两二钱三分四厘。③ 前款续摊银三十六两

① 底本天头有“海溢部借养廉，提出另追杨任自行完缴”。

② 底本天头有“二十年临砖、柴价已奉扣拨清楚”。

③ 底本天头有“司案已清，无关归补，议删”。

一钱八分四厘，应自十三年正月二十九日奉文起作一年摊。早已摊满，内除由十三年夫马闰月项下扣收银二十二两九钱五分外，下余银十三两二钱三分四厘，系扣本府廉银，应交出解府归款。原册漏未开列，请补交。

△一、漏交道光二十二年省会城垣工料银二百一十八两一钱九分。前款原摊银七百一十四两八钱八分九厘，自二十二年八月十一日奉院批之日起分八年摊，每年该银八十九两三钱六分一厘一毫二丝五忽。截至二十二年年底止，应摊一百四十日、银三十四两七钱五分二厘。又自二十三年正月初一日起至二十四年年底止，应摊两年、银一百七十八两七钱二分二厘。又自二十五年正月初一日起至正月十九日止，应摊十九日、银四两七钱一分六厘。三共应交银前数，原册漏未开列，请补交。①

一、漏交道光二十三年历城垫修道署工料银五十三两八钱八分。前款原摊银一百二十四两七分三厘，自二十三年冬季起分三年摊，每年该银四十一两三钱五分七厘六毫六丝七忽。截至二十三年年底止，应摊一季、银十两三钱三分九厘。又自二十四年正月初一日起至年底止，应摊一年、银四十一两三钱五分八厘。又自二十五年正月初一日起至正月十九日止，应摊一十九日、银二两一钱八分三厘。三共应交银前数，原册漏未开列，请补交。

△一、漏交修理临、德二仓工料银三百三十七两六钱二分八厘。前款原摊银八百一十两三钱七厘，自道光二十二年七月二十日奉院批之日起分六年摊，每年该银一百三十五两五分一厘一毫六丝七忽。截至二十二年年底止，应摊一百六十一日、银六十两三钱九分八厘。又自二十三年正月初一日起至二十四

① 底本天头有“省会城垣工料银两，提出另追杨任自行完缴”。

年年底止，应摊两年、银二百七十两一钱二厘。又自二十五年正月初一日起至正月十九日止，应摊一十九日、银七两一钱二分八厘。三共应交银前数，原册漏未开列，请补交。[①] 前款奉续摊银八十六两八钱六分，除在二十年囚粮、囚衣银内扣过银八十四两四钱五分一厘外，下剩欠解应交银前数，原册漏未开列，请补交。

一、漏交道光二十二年续摊誊黄工料银二两四钱九厘。[②] 前款并未批解，又未造册请追，原册漏未开列，请补交。

一、漏交嘉庆二十年济南府委员伴送玻璃匠盘费银五钱六分一厘。[③] 前款并未批解臬宪衙门交兑，又未造册请追，原册漏未开列，请补交。

一、漏交嘉庆二十四年臬宪饬摊户北科等房工料银一十二两。[④]

△一、漏交道光二十二年续摊潍县垫用马刚经费银一百四十五两六钱八分六厘。前款奉续摊银六百四十四两三钱九厘，自道光二十二年十月十六日奉院批之日起十年摊，每年该银六十四两四钱三分九毫。截至二十二年年底止，应摊七十五日、银一十三两四钱二分三厘。又自二十三年正月初一日起至二十四年年底止，应摊两年、银一百二十八两八钱六分二厘。又自二十五年正月初一日起至正月十九日止，应摊一十九日、银三两四钱一厘。三共应交银前数，原册漏未开列，请补交。[⑤]

---

① 底本天头有“临、德二仓工料银两，提出另追杨任自行完缴”。

② 底本天头有“已在二十一年举人车价银内扣讫”。

③ 底本天头有“玻璃匠盘费历任均未入交，如奉行查，详追原欠之员完缴”。

④ 底本天头有“臬署户北科工料银两已详追原欠之朱奕勋完缴”。

⑤ 底本天头有“续摊马刚经费银两，提出另追杨任自行完缴”。

一、漏交道光二十四年摊捐海防经费银五十两。前款并无奉扣札文，原册漏未开列，请补交。

一、漏交道光二十五年摊捐海防经费银二两六钱三分九厘。前款每年银五十两，贵任截至二十五年正月十九日止应摊交银前数，原册漏未开列，请补交。

一、漏交道光二十三年本任曹工三成银一百一十九两九钱七分七厘。前款二十三年共应扣曹工三成银二百五十二两五钱三分八厘，内除原接王任之项应作杂款另款列交银一百一十三两七分七厘，又奉文在应领库大使养廉银内扣过本任三成银一十九两四钱八分四厘外，下余实应交本任三成银前数，原册漏未开列，请补交。

一、漏交二十二年秋冬交代局经费银二十五两。

一、漏交二十四年春夏交代局经费银二十五两。

前二款未奉扣拨，原册漏未开列，请补交。①

一、漏交二十五年截日交代局经费银二两六钱三分九厘。前款每年额摊银五十两。应摊二十五年正月十九日银前数，原册漏未开列，请补交。

一、漏交二十五年济南府发审经费银六两三钱三分三厘。前款每年额摊银一百二十两，自道光八年春季为始至二十四年之项，均已全清。二十五年正月十九日应交银前数，原册漏未开列，请补交。

一、漏交道光二十四年冬季本府发审经费银二十两。前款每年银八十两。二十四年除春夏秋三季已解外，下欠冬季银前数，因奉催紧急，已由敝任代为垫解之项，原册漏未开列，请补交。

---

① 底本天头有“二十二年秋冬交代局经费在二十二年廉银内扣清，二十四年春夏交代局经费在二十四年廉银内扣清”。

一、漏交二十五年本府发审经费银四两二钱二分二厘。前款每年银八十两。二十五年正月十九日银前数，原册漏未开列，请补交。

一、漏交二十五年本府委员薪水银三两八钱。前款每年银七十二两。二十五年正月十九日应交银前数，原册漏未开列，请补交。

一、漏交二十五年解饷委员津贴银一十五两八钱三分三厘。前款每年银三百两。二十五年应摊十九日银前数，原册漏未开列，请补交。

△一、漏交二十四年解饷委员津贴银二百两。前款每年银三百两，内除在二十四年养廉内扣拨银一百两外，下余欠解应交银前数，原册漏未开列，请补交。

△一、漏交二十三年解饷委员津贴银二百两。前款每年银三百两，内除在二十三年养廉内扣拨银一百两外，下余欠解应交银前数，原册漏未开列，请补交。

△一、漏交十九年解饷委员津贴银三百两。前款并未扣拨，原册漏未开列，请补交。①

一、漏交院司秋审册费并茶水部费等银二两六钱一分八厘。前款二十五年新事秋审人犯二起，共应解院局册费银四钱、臬署册费银二两四钱、茶水银八钱、部费银四十两。又旧事人犯五起，共应解臬署册费银六两。统共需用银四十九两六钱。应摊交一十九日银前数，原册漏未开列，请补交。

一、漏交二十五年各项奏销册费银一十五两八钱六分五厘。前款除应由各役工食项下支发各费不计外，每年额需地丁册费银八十两，常平仓册费银二十四两，社仓册费银四两，德、常

---

① 底本天头有“道光二十四、二十三及十九年解饷委员津贴银两，均提出另追杨任自行完缴”。

册费银一十二两，蓟粮项下册费银地一十六两，漕耗变价册费银一十六两，孤贫报销册费银一十八两，年终汇奏册费银一十八两，养廉奏销册费银二十两，年终盘查册费银三十二两，保甲册费银二十四两，民数户口册费银一十二两，俸杂印结册费银一十五两，统共需银三百两六。二十五年应摊交一十九日银前数，原册漏未开列，请补交。

一、漏交历城监造达部交代册一半润笔、饭食等银五两五钱。前款每案交代需银一十一两，应交一半银前数，原册漏未开列，请补交。

一、漏交二十五年额摊誊黄工料截日银二两四钱二分八厘。前款每年额摊银四十六两。二十五年应摊交一十九日前数，原册漏未开列，请补交。

一、漏交道光二十四年买谷津贴银九十一两一钱六分四厘。前款系奉摊津贴买谷各属之项，自二十四年十月初一日起至二十五年正月十九日止，应摊银前数，原册漏未开列，请补交。

漏交已奉饬知，应摊潍县各项摊款：交代局经费银五钱八分一厘、海防经费银五钱七分五厘、誊黄工料银五钱八分四厘。前三款共银一两七钱四分。二十五年应摊一十九日、银九分二厘。又应交二十四年四季潍县交代局经费银五钱八分一厘。

以上共漏交摊款银一千八百三十二两二钱七分六厘。

年例捐款

藩宪衙门：院书饭食银二十三两四钱三分五厘、院本书饭食银一十三两二钱六分八厘、司书饭食银三十九两六钱六分八厘、汇报饭食银七钱一分二厘、吏攒饭食银八钱八分八厘、拨册饭食银一两六分五厘、耗羡廉费饭食银一两七钱七分六厘、粮价饭食银二两一钱三分一厘遇闰加银一钱七分七厘、罚俸饭食银三两五钱五分二厘、藉田饭食银一两七钱七分六厘、兵北科饭食银八钱八分八厘、封筒饭食银三两一分九厘、刑书册费银七两一钱四厘、保甲册费银七两一钱四厘、积案饭食银一两七钱七分六厘、耗羡旬报饭食银四两八厘遇闰加银三钱三分四厘、柬房饭食银七两一钱四厘、茶房工食银三两五钱五分二厘、盘查房饭食银一十七两三分遇闰加银一两四钱一分九厘、宪书工料银五两六钱二分九厘、军需饭食银八两五钱二分五厘、抚塘报资银三十六两、京塘公费银四两九钱六分。

以上二十三款二十五年无闰，共银一九十四两九钱七分，应摊一十九日、银一十两二钱八分九厘。又应交欠解二十四年夏季院司书吏饭食等银四十九两九钱〇三厘。①

臬宪衙门：臬书饭食银九十八两、招书饭食银七两八分、词讼册费银七两八分、外省军流册费银二两、鸦片烟册费银一两、赃赎册费银一两二钱、囚粮册费银七两八分、封筒饭食银一两六钱四分、狱务循环号簿册费银二两、值堂房饭食银一两二钱、秋审经费银七两八分、封筒册费银二两、兵北科民壮循环号簿册费银一两二钱、题咨册费银二两、功过册费银二两、奏折随咨册费银一两二钱、逃遣册费银一两、递解军流口粮册费银二两、秋审犒赏银一十三两二钱、驿站书吏饭食银二十一两八钱三分、援减册费银二两。

以上二十一款每年共银一百八三十三两七钱九分，二十五年应摊一十九日、银九两七钱。

按司狱衙门：津贴狱务银一十四两二钱六分三厘、津贴刑具银八两七钱九分六厘、更夫工食银三两五钱四分、禁卒工食

① 底本天头有“二十四年夏季院司书饭食已在二十四年廉银内扣清”。

银四十一两七钱三分九厘。以上四款每年共银六十八两三钱三分八厘，二十五年该摊一十九日、银三两六钱七厘。又应交欠解二十四年冬季禁卒工食银一十两四钱三分四厘。①

济司狱衙门：灯油增添刑具银八两八钱。前款每年银前数，二十五年应摊一十九日、银四钱六分四厘。又应交欠解二十三年秋季灯油增添刑具银二两二钱。②

历城县典史衙门：灯油刑具银四两、增添刑具银四两九钱。以上二款每年共银八两九钱，二十五年应摊一十九日、银四钱七分。府医学药饵银二两六钱、县医学药饵银二两六钱。以上二款每年共银五两二钱，二十五年应摊十九日、银二钱七分四厘。

粮道衙门：漕项捐款酌给公帮解员盘费银二十两七钱一分二厘，酌加五厘席片银三十两四钱五分九厘、守冻银一十八两二钱七分五厘、蓟粮书吏饭食银一钱八分五厘、漕粮房饭食银四两、缮书饭食银二两、书役饭食银一两二钱、随蓟添平银六两五钱五分三厘、行折添平银一两八钱七分四厘、印烙斛斗规费银五十四两四钱五分、攒造赤书由单串票流水规费银一百三十五两、随漕一五耗奏销规费银二十两、派征则例申覆由单规费银二十两、漕粮奏销规费银三十两。以上十四款每年共银三百四十四两七钱八厘，二十五年应摊一十九日、银一十八两一钱九分三厘。

仓项捐款：临仓部费添平银二百三十二两六钱六分三厘，德、常二仓部费添平银四十六两四分三厘，德、常二仓书役饭食银一两八钱五分七厘，德州仓仓房饭食银九钱六分，常丰仓

---

① 底本天头有“二十四年冬季禁卒工食已在二十三年囚粮银内扣清”。

② 底本天头有“二十三年秋季灯油增添刑具银两已在二十三年囚粮银内扣清”。

仓房饭食银一两二钱八分。以上五款每年共银二百八十二两八钱三厘，二十五年应摊一十九日、银一十四两九钱二分六厘。

本道衙门：窃盗册费银二两、驿站饭食银六钱、吏礼等房饭食银三两六钱。以上三款每年共银六两二钱，二十五年应摊一十九日、银三钱二分七厘。

又应交二十四年吏礼等房饭食银三两六钱，又应交二十三年吏礼等房饭食银三两六钱。①

本府衙门：刑南科饭食银一十四两四钱、刑北科饭食银一十八两、招书饭食银一十两八钱、吏书饭食银一十两八钱、礼书饭食银七两二钱、工书饭食银七两二钱、承发房饭食银八两六钱四分、户杂科饭食银一十两八钱、户收科饭食银二十一两六钱、柬房饭食银七两二钱、户总科饭食银一十四两四钱、兵南科饭食银七两二钱、兵北科饭食银七两二钱、月报粮价册费银一两二钱、户支科饭食银七两二钱、四季局书饭食银七两二钱、更夫工食银三十六两。以上十七款每年共银一百九十七两四分，二十五年应摊一十九日、银一十两三钱九分九厘。

又应交二十三年局书饭食银七两二钱，又应交二十四年局书饭食银七两二钱。②

以上共应交各衙门捐款银一百五十一两六钱二分六厘。

已奉饬知应摊潍县年例捐款

藩宪衙门：院书饭食银二钱四分五厘、院本书饭食银一钱三分九厘、司书饭食银四钱一分五厘、汇报饭食银四厘、吏攒饭食银九厘、拨册饭食银二分四厘、耗羡饭食银一分八厘、粮

① 底本天头有“二十三、四两年吏礼等房银两自行清理”。
② 底本天头有“二十三、四两年局书饭食银两自行清理”。

价饭食银二分二厘、罚俸饭食银三分七厘、藉田饭食银一分八厘、兵北科饭食银九厘、封筒饭食银三分一厘、刑书册费银七分四厘、保甲册费银七分四厘、积案饭食银一分八厘、耗羡旬报饭食银四分三厘、柬房饭食银七分四厘、茶房工食银三分七厘、盘查房饭食银一钱七分八厘、宪书工料银五分八厘、军需饭食银八分八厘、抚塘报资银六钱四分七厘、京塘公费银五分三厘。前二十三款每年共银二两三钱一分五厘，二十五年应摊一十九日、银一钱二分二厘。

又应交二十四年秋冬两季潍县院司书饭食银一两一钱五分一厘，臬宪及各首领衙门增摊潍县二十四年之项臬书饭食等十一款共银一两六钱，词讼册费等六款共银五钱四分五厘，历城医学药饵银二分七厘，济南府医学药饵银二分七厘。

臬宪衙门：驿站饭食银二钱二分六厘、词讼册费银七分四厘、招书册费银七分四厘、囚粮册费银七分四厘、秋审经费银一钱〇六厘、奏折册费银一分四厘、值堂房饭食银一分四厘、民壮号簿册费银一分四厘、赃赎册费银一分四厘、承发房饭食银一分八厘、更夫工食银三分七厘、狱务册费银二分三厘、封筒册费银二分三厘、窃案功过册费银二分三厘、命盗题咨册费银二分三厘、秋审犒赏银一钱三分九厘、外省军流册费银二分三厘、逃遣册费银一分一厘、鸦片烟册费银一分一厘、臬书饭食银七钱一分七厘。以上二十款共银一两六钱五分八厘，二十五年应摊一十九日、银八分八厘。

济南府衙门：府监加摊刑具银二钱四分二厘。

历城县衙门：县监加摊刑具银五钱一分三厘。

以上府、县二款共银七钱五分五厘，二十五年应摊一十九日、银四分。

以上共应交各衙门年例捐款银七十二两二钱四分九厘。

抵款项下

一、原册开应抵未领十五年知县养廉银八十四两八钱六分一厘、十六年知县养廉银五十三两四钱一分。覆查十五、十六两年知县养廉，现经详奉司示，均已扣拨无存，请删。

一、原册开应抵未领十七年知县廉银四两。覆查前款已奉扣十八年援减册费讫，并无存司未领之项，请删。

一、原册开应抵未领二十年知县廉银三十九两四钱七分。覆查二十年知县养廉，现经详奉司示，业已扣拨无存，请删。

一、原册开应抵未领二十一年知县廉银五十两。覆查前款已奉扣十八、九等年漕船阻滞银两讫，并无存司未领之项，请删。

一、原册开应抵未领二十二年知县廉银一百二十七两二钱七分三厘。覆查二十二年知县养廉，现经详奉司示，业已扣拨无存，请删。

一、原册开应抵未领二十三年知县廉银一两二钱。覆查前款已奉扣二十三年袖珍宪书工料银两讫，并无存司未领之项，请删。

一、原册开应抵未领二十四年知县廉银一二十一两六钱三分一厘。覆查二十四年知县养廉，现经详奉司示，除扣各项捐款外，下剩止应抵银一百〇六两五钱二分八厘。请更正。

一、原册开应抵未领十一年先农坛祭品银二两四钱四分八厘、十二年银二两四钱四分八厘、十三年银二两四钱四分八厘、十四年银二两四钱四分八厘、十五年银二两四钱四分八厘、十六年银二两四钱四分八厘、十七年银二两四钱四分八厘、十八年银二两四钱四分八厘、十九年银二两四钱四分八厘、二十年银二两四钱四分八厘、二十一年银二两四钱四分八厘、二十二年银二两四钱四分八厘、二十三年银二两四钱四分八厘、二十四年银二两四钱四分八厘。覆查前十四款数符，照抵。

一、原册开应抵未领二十一年昭忠祠祭品银四两、二十二年银四两、二十三年银四两、二十四年银四两。覆查前四款数符，照抵。

一、原册开应抵未领十八年公宴银一钱七分七厘、二十年银一两七钱九厘、二十一年银一两五钱三分五厘。覆查前三款，现经详奉司示，均已扣拨欠解二十四年余兵生息项下讫，并无存剩，请删。二十三年公宴银一两五钱三分五厘、二十四年银一两五钱三分五厘。覆查二十三、四两年公宴银两，已扣拨无存，请删。

一、原册开应抵未领二十年举人车价银二两七钱八分。覆查前款已奉扣二十三年狱务囚粮等银讫，并无未领银两，请删。

一、原册开应抵未领二十一年举人车价银二两四钱九分七厘。覆查前款，现经详奉司示扣拨二十二年续摊誊黄工料讫，并无存剩，请删。二十四年举人车价银二两五钱。覆查前款，现经详奉司签，尚未摊派，无凭核示等因，今着照二十一年准数抵银二两四钱九分七厘。请更正。

一、原册开应抵未领二十一年正额孤贫闰月银四十一两四钱、二十一年夫马闰月银二十二两九钱五分、二十二年浮额孤贫银一百七十五两三分、二十三年浮额孤贫银一百七十两五钱九分五厘。覆查前四款，均已扣拨无存，请删。

一、原册开应抵未领二十四年浮额孤贫银一百〇八两二钱九分九厘。覆查前款，现经详奉司批，已扣拨二十四年余兵生息银两项下讫，并无存剩，请删。

一、原册开应抵未领二十二年囚粮银二百二两一钱五分九厘。覆查前款，止应领银一百八十八两四钱二分，均已扣拨无存，请删。

一、原册开应抵未领二十三年囚粮银二百五十两三钱七分九厘。覆查前款，二十三年囚粮按详奉司签核算，止应抵银一百九十九两九钱六分一厘。请更正。二十四年囚粮银三百六十三两五厘一毫二丝。覆查二十四年囚粮，已于二十五年七月十八日奉文，止准销银一三十三两七钱六分五厘。请更正。

一、原册开应抵未领二十一年囚衣银八钱、二十二年囚衣银八钱。覆查前二款，均已扣拨无存，请删。

一、原册开应抵未领二十三年囚衣银八钱、二十四年囚衣银八钱。覆查前二款数符，照抵。

一、原册开应抵未领十六年岁贡不敷银五两六钱三分一厘、十八年银五两六钱三分一厘、二十年银五两六钱三分一厘、二十二年银五两六钱三分一厘、二十四年银五两六钱三分一厘。覆查岁贡不敷银两，向由该贡生自行赴司请领，并非县案垫项，不能作抵。前五款请删。

一、原册开应抵未领二十一年买谷价银八百八十八两三钱六分五厘。覆查二十一年买补缺谷一千二百九石九升三合三勺，每石例价银七钱，共该例价银八百四十六两三钱六分五厘，内除应扣减平银五十两七钱八分二厘外，下剩实应领银七百九十五两五钱八分三厘。请更正。

一、原册开应抵未领二十三年买谷价银七百五十两九钱六厘七毫。覆查二十三年买补缺谷七百五十石九斗六合七勺，每石例价银七钱，共该例价银五百二十五两六钱三分五厘，内除应扣减平银三十一两五钱三分八厘外，下余实应领银四百九十四两九分七厘，又应领每石二钱津贴银一百五十两一钱八分一厘，二共实应领银六百四十四两二钱七分八厘。请更正。

一、原册开应抵未领准销二十一、二等年应付兵差及运送火药火砖，并协济车马、安设正站腰拨、购买麻布口袋等项，共银一千六百七十四两二钱九分五厘。覆查前款，现已详奉司示，数符，照抵。

一、原册开应抵县丞衙署房价银二百两。覆查前任县丞钱普沄所置公廨房屋，均已倒塌，本料憅朽，砖瓦破碎，历任县丞俱不在此房作署，现与荒基无异。惟文契既存县案，亦未便全删不抵。今酌抵银七十两，实属丝毫难增。请更正。

一、原册开应抵二十三年充公一半盐当规银二十四两一钱八分五厘。覆查前款充公银两，贵任在任时该商业已全缴，未便再抵，请删。

一、原册开应抵未领二十四年漕耗米折银一十九两九钱二分二厘。覆查前款，已奉司扣拨长领二十二年漕耗米折银两项下讫，未便作抵，请删。

一、原册开应抵佃欠普济堂十八年至二十四年租谷，每石一两折价银二百七十六两三钱二分六厘。覆查各年佃欠，贵任在任时该佃户等尚不完缴，今事隔年远，敝任更难催追，未便作抵，请删。

一、原册开应抵二十四年院府岁考经费银三百六十一两八钱二分。覆查前款，原垫院考经费银三百四十两、铺垫等银一十八两、棚厂饭食银二两、巡捕饭食银三两、府考经费银九十七两二钱、火药铺垫银三两、棚厂银二两，七共银四百六十五两二钱。此系岁考之项，应自二十四年正月初一日起分年半摊，每年该银三百一十两一钱三分三厘，半年该银一百五十五两六分七厘。截至二十五年正月十九日止，已摊一年一十九日、银三百二十六两五钱一厘，下余未摊实应抵银一百三十八两六钱九分九厘。请更正。

一、原册开应抵道光二十一、二等年王任垫买麻布、口袋等项不敷流摊银八百两。

一、原册开应抵道光二十一年王任垫解海、利、沾防堵津贴流摊银五百两。

一、原册开应抵道光二十一年王任垫修府署二堂等工流摊银一百四十两。

一、原册开应抵道光十八年垫修监狱流摊银四百九十五两五钱六分。

一、原册开应抵道光二十年垫修余字仓廒流摊银四百八十九两八钱。

一、原册开应抵道光二十一年垫修演武厅流摊银八百九十八两七钱五分六厘。

一、原册开应抵道光二十年垫修县署流摊银一千一百三十八两七钱六分五厘。

一、原册开应抵道光二十一年垫修调字仓廒流摊银四百九十五两九钱四分。①

一、原册开应抵道光二十四年垫修府署上房工料银六百二十两。覆查前九款数符，照抵。

一、原册开应抵二十一年临砖委员津贴银二十八两二钱五分四厘。覆查前款，原摊津贴并解费银一百三十六两八钱三分五厘。按五年一轮，自二十一年正月初一日起作五年摊，每年该银二十七两三钱六分七厘。截至二十四年年底止，该摊四年、银一百九两四钱六分八厘；又自二十五年正月初一日起至正月

---

① 底本天头有“自垫买麻布、口袋流摊银两起至垫修调字仓廒流摊银两止，共八款，经监交议明，均照前任原垫银数作抵。其杨任应交已摊银两另款列交，业经禀奉藩宪批准，提出另追杨任自行完缴，应由后任查明原抵欠项，造具年款，详送核办”。

十九日止，该摊十九日、银一两四钱四分四厘，二共应摊银一百一十两九钱一分二厘。查此项已全数解过银一百三十六两八钱三分五厘，除摊计垫解，实应抵银二十五两九钱二分三厘。请更正。

一、原册开应抵二十五年海防经费银四十七两二钱二分三厘。覆查二十五年海防经费未奉扣收札文，贵任应摊一十九日银两，尚须入交，既未长扣，无凭列抵，请删。

一、原册开应抵十六年漕运事宜规费银四两九钱三分一厘。覆查前款，原垫银三十两，自十六年正月初一日起分十年摊，每年该银三两。截至二十五年正月十九日止，已摊九年零十九日、银二十七两一钱五分八厘，下余未摊，实应抵银二两八钱四分二厘。请更正。

一、原册开应抵十七年修赋役全书工料银七十二两七钱九分七厘。覆查前款，原垫用银二百八十两，自十七年正月初一日起分十年摊，每年该银二十八两。截至二十五年正月十九日止，已摊八年零十九日、银二百二十五两四钱七分八厘，下余未摊，实应抵银五十四两五钱二分二厘。请更正。

一、原册开应抵二十五年誊黄工料银四十三两四钱四分五厘。覆查前款，二十五年誊黄工料未奉扣收札文，贵任应摊一十九日银两，尚须入交，既未长扣，无凭列抵，请删。

一、原册开应抵宪书不敷银二两八分七厘八毫。覆查前款，原摊宪书工料银一两，增摊袖珍宪书工料银一两二钱，共银二两二钱，自正月初一日起作一年摊。二十五年之项，贵任截至正月十九日止，应摊一十九日、银一钱一分六厘。查此项已在二十四年廉银内扣收全数银二两二钱，除摊计长扣，应抵银二两八分四厘。请更正。

一、原册开应抵各项奏销册费银二百二十七两六钱一分一厘。覆查二十四年办理二十三年各项奏销，系贵任承办所有册费银两，向按一年认摊。应自二十四年正月初一日起至二十四年年底止，业已摊满，并无应抵之项，请删。

一、原册开应抵本年二十天冬羡银四百两。覆查本缺，冬羡每月向分银六百两。二十五年截至正月十九日止，应分抵十九日、银三百八十两。请更正。

一、原册开应抵铺垫银八百五十一两八钱、府署铺垫银四百两、民壮器械银六百四十一两六钱。覆查前三款，贵任所交铺垫及民壮器械等项均已破烂，残损不堪，既准开册移交，未便全删不抵。今将三项共酌抵银六百两，实属丝毫难增。请更正。

一、原册开应抵奉派原摊癸卯科经费银二百七十一两五钱三分七厘。

一、原册开应抵续摊癸卯科经费银六十九两九钱一分三厘。

一、原册开应抵原摊甲辰恩科经费银四百八十七两六钱六分七厘。

一、原册开应抵续摊甲辰恩科经费银一百八两二钱三分二厘。

覆查前四款，癸卯科原摊银六百二十两、续摊银一百一十两五钱五分，甲辰恩科原摊银六百三十两、续摊银一百一十一两七钱五分，四款共银一千四百七十二两三钱，并案自二十三年正月初一日起分四年摊，每年该银三百六十八两七分五厘。截至二十四年年底止，应摊两年、银七百三十六两一钱七分；又自二十五年正月初一日起至正月十九日止，应摊一十九日、银一十九两四钱二分六厘，二共应摊银七百五十五两五钱七分六厘。查此项已在二十三年廉银内扣过癸卯科原摊银四百三十两，二十三年漕耗米折内扣癸卯科原摊银一百九十两，二十三年廉银内扣癸卯科续摊银一百一十两五钱五分，二十四年漕耗米折内扣过甲辰恩科原摊银四百五十两八钱四分三厘，四共扣过银一千一百八十一两三钱九分三厘。除摊计长扣，实应抵银四百二十五两八钱一分七厘。请并案更正。

一、原册开应抵原摊甲辰恩科添建贡院号舍经费银三百八十四两一分四厘。

一、原册开应抵续摊甲辰恩科添建贡院号舍经费银八十两二钱五分九厘七毫。

覆查前二款，甲辰恩科添建贡院号舍经费原摊银四百二十一两八钱、续摊银八十一两一钱九分，二共银五百二两九钱九分。并案自二十四年五月初二日奉原摊文之日起分八年摊，每年该银六十二两八钱七分三厘七毫五丝。截至二十五年正月十九日止，应摊二百五十八日、银四十五两六分。查此项已在二十四年养廉银内扣收原摊银四百二十一两八钱，除摊计长扣，实应抵银三百七十六两七钱四分。请并案更正。

一、原册开应抵奉摊历城垫修道宪衙署银七十三两六分四厘。覆查前款，修理道署银两系历城县垫办，禀奉道宪饬摊，并未由司扣拨，既无长扣之项，无凭列抵，请删。

一、原册开应抵奉摊癸卯科添盖棚号经费银一百五十一两六钱八厘。覆查前款，原摊修理贡院银一百六十一两、搭盖棚号银一百六十一两，二共银三百二十二两，并案自二十三年九月二十二日奉原摊文之日起，分十年摊，每年该银三十二两二钱。截至二十三年年底止，应摊九十九日、银八两八钱五分五厘；又自二十四年正月初一日起至年底止，应摊一年、银三十二两二钱；又自二十五年正月初一日起至正月十九日止，应摊十九日、银一两六钱九分九厘，三共应摊银四十二两七钱五分四厘。查此项已在二十四年养廉银内扣收搭盖棚号银一百六十一两，除摊计长扣，实应抵银一百一十八两二钱四分六厘。请更正。

一、原册开应抵二十三年部硝不敷银一千五十五两三钱八分二厘。覆查二十三年奉办部硝六千六百斤，每斤折价银二钱二分七厘，该银一千四百九十八两二钱；又每千斤外费银七两，该银四十六两二钱，投文银四两，三共银一千五百四十八两四钱。遵照历城禀定章程，自二十四年正月初一日起分两年摊。截至二十五年正月十九日止，已摊一年零十九日、银八百一十五两六分一厘，下余未摊实应抵银七百三十三两三钱三分九厘。请更正。

一、原册开应抵朱任垫办道光十一年院科考试经费：阳信县欠解银一百一十两，商河县欠解银一百六十两，乐陵县欠解银一百一十两，滨州欠解银一百两，利津县欠解银一百五十两，青城县欠解银五十两，蒲台县欠解银一百五十两，海丰县欠解银一百二十两，沾化县欠解银一百二十两。

一、原册开应抵章任垫办十二年院岁考经费：阳信县欠解银一百九十两，商河县欠解银三十两，乐陵县欠解银九十两，滨州欠解银一百八十两，利津县欠解银一百八十两，蒲台县欠解银一百二十两，海丰县欠解银一百五十两，沾化县欠解银一百五十两。

一、原册开应抵汪[1]任垫办十四年院科考经费：阳信县欠解银二百一十两，商河县欠解银一百六十两，乐陵县欠解银一百六十两，滨州欠解银一百两，利津县欠解银二百两，青城县欠解银六十两，蒲台县欠解银一百一十两，海丰县欠解银一百二十两，沾化县欠解银一百七十两。

---

① 即汪自修。

一、原册开应抵徐任垫办十五年院岁考经费：阳信县欠解银一百九十两，商河县欠解银一百六十两，乐陵县欠解银一百四十两，滨州欠解银一百八十两，利津县欠解银二百三十两，青城县欠解银四十两，蒲台县欠解银一百二十两，海丰县欠解银一百五十两，沾化县欠解银一百五十两。

一、原册开应抵徐任垫办十七年院科考经费：阳信县欠解银五十二两，商河县欠解银二百一十两，乐陵县欠解银一百六十两，滨州欠解银四十三两，利津县欠解银二百五十两，青城县欠解银三十五两八钱七分，蒲台县欠解银一百一十两，海丰县欠解银一百二十两，沾化县欠解银一百二十两。

覆查前四十四款共银五千八百七十两八钱七分。数符，照抵。

一、原册开应抵垫支历年书院山长脩金、义学束脩生童膏火等银七十九两九钱四分。覆查二十四年前项脩金、膏火不敷银两，应由贵任捐给，未便作抵，请删。

一、原册开应抵垫支捕厅借廉修署银二百两。覆查前款，原借银二百两详奉府宪批准，自二十四年夏季起分八年扣还，每年该银二十五两。截至二十四年年底止，应于支给夏秋冬三季廉银内已扣三季银一十八两七钱五分，下余未扣实应抵银一百八十一两二钱五分。请更正。

一、原册开应抵详办修理南监等工银四百九十两三钱九分七厘八毫、北监等工银四百九十九两六分二毫。覆查前二款，监狱工程不但未奉部覆准修，且估册尚奉驳饬未定，未便作抵，请删。

一、原册开应抵垫办十八、二十等年院岁科考经费：阳信县欠银二百一十两，商河县欠银二百六十两，乐陵县欠银三百一十两，滨州欠银二百两八钱，利津县欠解三百五十两，青城县欠银五十两，蒲台县欠银二百一十两，海丰县欠银二百三十两，沾化县欠银二百三十两。二十一年院岁科考经费：阳信县欠银二百九十两，商河县欠银五十两，乐陵县欠银九十两，滨州欠银二百八十两，利津县欠银二百八十两，蒲台县欠银三十两，海丰县欠银二百五十两，沾化县欠银二百五十两。二十二年院科考经费：阳信县欠银三百一十两，商河县欠银二百六十两，乐陵县欠银二百六十两，滨州欠银二百两，利津县欠银二百两，青城县欠银六十两，蒲台县欠银二百一十两，海丰县欠银二百三十两，沾化县欠银二百七十两。二十四年院岁科考经费：阳信县欠银二百九十两，商河县欠银二百六十两，乐陵县欠银二百四十两，滨州欠银二百八十两，利津县欠银三百三十两，青城县欠银四十两，蒲台县欠银二百五十两，海丰县欠银二百五十两，沾化县欠银二百五十两。

覆查道光十八年、二十及二十一、二十二并二十四等年院岁科考经费，各属除已解外，按原摊之数核计，尚有欠解银五千九百九十五两四钱六分。今原册所开前三十五款银数舛错不符，请更正。

一、原册开应抵未领道光二十一、二两年闽硝例价银二百六两七钱七分一厘。覆查前款，二十一、二两年硝价银两现经详奉司批，已扣拨二十四年余兵息银两项下讫，并无存剩，请删。

一、原册开应抵屠任捐修考院流摊银四百三十三两九钱二分。覆查前款，徐任原捐流摊银一千二百两，除摊过银二百八十三两二钱三分一厘外，经屠任禀奉府宪批准，将下余未摊银九百一十六两七钱六分九厘，同屠任续捐银一百两，二共银一千一十六两七钱六分九厘，并案自十八年冬季起分八年摊，每年该银一百二十七两九分六厘一毫二丝五忽。截至二十四年年底止，已摊六年零三个月、银七百九十四两三钱五分一厘；又自二十五年正月初一日起至十九日止，已摊一十九日、银六两七钱八厘，二共已摊银八百一两五分九厘，下余未摊，实应抵银二百一十五两七钱一分。请更正。

一、原册开应抵大计册费银二十八两。覆查前款，原垫银前数自二十四年十月初一日起分三年摊。截至二十五年正月十九日止，应摊一百零九日、银二两八钱二分六厘外，下余未摊，实应抵银二十五两一钱七分四厘。请更正。

一、原册开应抵道光十三年官基地租谷五石五斗六升、十四年四石六斗五升七合、十五年一石二斗五升七合、十六年三石七斗六升八合五勺、十七年六石二斗四升五合七勺、十八年六石九斗七升一合三勺、十九年一石一斗四升、二十年九石五升九合九勺、二十一年三石二斗四升七合一勺、二十二年二石四升六合八勺、二十三年八石八斗五升一勺、二十四年一石一斗一升七合五勺。覆查起按十二款，历任交代向不作抵，请删。

一、原册开应抵垫支二十四年普济堂贫民租谷盐菜银一十八两。覆查前款，二十四年贫民盐菜银两系贵任应发之项，无须作抵，请删。

一、原册开应抵奉司长扣二十三年地丁正银九百七十四两九钱三分三厘。覆查前款，系应征起二十三年民欠正银归补原动二十四年正银之项，现已禀司立案，奉批准抵。

一、原册开应抵经历长支二十五年春、夏二季廉银五十两。覆查前款，原垫支过春、夏二季廉银，除夏季系彭任垫发已由敝任交还彭任外，下余止算垫发春季银二十五两，内应扣减平银一两五钱，实应抵银二十三两五钱。请更正。

一、原册开应抵未支二十五年知县公费银一十两六钱六分七厘。覆查前款，每年额设知县公费银一百九十二两，截至正月十九日止，应支公费银一十两一钱三分三厘。除扣减平银六钱八厘外，实应抵银九两五钱二分五厘。请更正。

一、原册开应抵二十五年经历长支春季俸银九两九钱四分。覆查前款数符，照抵。

一、原册开应抵垫支本府各役工食银一百二两八钱八分九厘。覆查前款，府署各役每年额设工食银四百一十两六钱九分，二十五年春季该银一百二两六钱七分二厘五毫，除应扣二日小建银二两二钱八分二厘、减平银六两二分三厘外，实垫发应抵银九十四两三钱六分八厘。请更正。

一、原册开应抵垫支本年各役工食银七十一两九钱九分三厘。覆查本县春季各役工食银两，除扣减平及小建外，责任实垫发过三班截日工食银二十三两四钱九分二厘、件作工食银五两一钱七分一厘、门子等役春季两月工食银二十八两六钱一厘、截日铺司工食银一十二两一钱六分二厘，四共实应抵银六十九两四钱二分六厘。请更正。

一、原册开应抵经厅春、夏各役工食银一十四两七钱五厘。覆查前款，府经署各役每年额设工食银三十三两七钱五分六厘，二十五年春季该银八两四钱三分九厘，除扣二日小建银一钱八分八厘、减平银四钱九分五厘外，实垫应抵银七两七钱五分六厘。请更正。

一、原册开应抵垫支粮厅门子各役并马夫工食银七两八钱一分六厘。覆查县丞署各役额设工食银三十三两六钱三分，二十五年春季该银八两四钱七厘五毫，除扣二日小建银一钱八分七厘、减平银四钱九分三厘外，实垫应抵银七两七钱二分八厘。请更正。

一、原册开应抵垫支捕厅门子各役并马夫工食银七两七钱七分五厘。覆查典史署各役每年额设工食银三十三两七钱五分六厘，二十五年春季该银八两四钱三分九厘，除扣二日小建银一钱八分八厘、减平银四钱九分五厘外，实垫应抵银七两七钱五分六厘。请更正。

一、原册开应抵垫支文庙香烛银一两二钱五分。

一、原册开应抵垫支马匹驴头草料银一十两四钱五分。

覆查前二款数符，照抵。

一、原册开应抵垫马夫工食银八两六钱五分三厘。覆查前款，额设马夫六名，七分半每日，共该工食一钱四分七厘五毫。贵任实垫发过二十五年正月一十九日，应抵银二两八钱三厘。请更正。

一、原册开应抵垫支白夫工食银五两一钱三分七厘、棚厂等项银六钱四分七厘。覆查前二款数符，照抵。

一、原册开应抵本署买火硝价银六十四两。覆查前项，火硝现经敝任盘验实存在局一百一十六个，每个重一十六斤，共重一千八百五十六斤，每斤计价银三分二厘，实应抵价银五十九两三钱八分二厘。请更正。

一、原册开应抵本署买火药价银十八两。覆查前项，火药现经敝任盘验已受潮湿，走硝不堪使用，且历任交代均系不入抵款之项，请删。

一、补抵府经借廉修署银九十一两六钱六分七厘。

一、补抵十七年修府总款赋役全书工料银二两三钱三分七厘。

一、补抵粮道批准流摊筹补道光五年蓟粮车脚漕耗米价银三十七两九钱九分七厘。

一、补抵长扣道光二十四年奉摊孝西陵、朝房等工临砖、柴价银一十两八钱三分九厘。

覆查前四款数符，照抵。

一、补抵未领道光四年夫马闰月银五两五钱二分一厘、道光七年夫马闰月银一十五两四钱五分、道光十年夫马闰月银七两〇二分八厘。

一、补抵扣剩未领道光五年至十七年先农坛祭品银二十九两五钱九分九厘。

一、补抵未领嘉庆二十年昭忠祠祭品银一两。

一、补抵未领道光十六年花红公宴银五两六钱〇一厘。

一、补抵未领道光元年囚粮银一钱四分六厘、道光七年囚粮银一两三钱三分四厘、道光十八年囚粮银一两五钱〇五厘。

一、补抵未领道光十年囚衣银八钱。

一、补抵本任垫修县署上房等处工料银一千七百两。

覆查前十一款数符，照抵。

以上共应抵银二万七千七百一十五两六钱四分一厘，外又兑存陈栗堂处银四百三十九两一钱七分。

第二十八本

济东道咨武定府陕西道查办工部事务及金砖投递章程事

署武定府王为咨行事。

本年三月十八日蒙济东道札付，本年三月初九日准布政司咨，道光二十六年二月二十六日奉抚宪案验，道光二十六年二月初九日准都察院咨，陕西道案呈，本道稽查工部事务，凡各直省修造工程动用钱粮及解交工部银两物料等项，向例备具文批，饬令差役委员等到京时赴陕西道投递，本道批回原批，给发回照，该委员持回该省存案备查，历经办理在案。本道前因各省投递公文参差不齐，遗漏甚多，于道光十七年三月初九日具奏一折。

同日奉上谕一道，当经本院恭录谕旨，粘连原奏，通行各直省督抚转饬所属，并札盐政、织造、各关监督，一体钦遵办理亦在案。嗣因本道案查山东省解交临清金砖并工关饭食银两未具批文，本道于道光二十一、二十二、二十五等年呈明堂台行查去后。

兹于上年十一月二十二日据山东临清直隶州差委试用未入流孙嘉栋投递公文一件，系解交工部孝陵等处应用金砖。本道当将回照办妥，该委员交完时查验部批，再行给发。嗣准工部将收过金砖数目知照过道。乃该员孙嘉栋并未持批赴道呈验，亦未承领回照，与向办章程不符。该员现在是否回省，抑或逗留何处，自应查明核实办理，相应呈明堂台咨行山东巡抚，并札知临清州查明声覆，以凭核办等因到院。相应咨行贵抚查照，并札知临清州遵照查明，咨覆陕西道办理，以昭慎重可也等因咨院行司移道到府。蒙此，合行转饬。为此仰县官吏文到即便遵照。毋违。须至帖者。（二十六年三月二十六日到）

布政司咨惠民县续纂漕运全书刊印颁布事宜

布政司王①札惠民县知悉。道光二十六年正月十八日奉巡抚部院兼理盐政觉罗崇恩案验，道光二十五年十二月二十五日准户部咨，云南司案呈本部此次续纂《漕运全书》，于道光九年二月奏请开馆纂，当即行取有漕各省历办成案并内外条奏各事宜，旋据各省陆续咨送到部。兹于二十四年六月勒限纂修，共集成九十二卷，于上年十二月十三日谨缮黄册，恭呈御览，并声明遵照上届章程，凡内外办漕各衙，各颁发一部，以昭信守。本年二月兴工刊刻刷印，现已刊印完竣，应行颁发内外办漕各衙门共书七百五十一部，开具各省细数清单发交承领及转发备考。所有动用经费，应在于领书各衙门摊缴归款，按颁发书七百五十一部核计，每书一部，该摊银十一两一钱七分七厘，相应移咨仓场总漕及有漕之督抚等转饬，于全书领到之日，限三个月，饬令各州县等即将书价按数扣解藩库，先行报部。遇有便员带解，赴部交纳。毋得迟延拖欠，致干参处可也等因咨院行司。

奉此，除将奉发全书已由司装订成套，合行马递札发。札

---

① 即王笃。

到，该县即便查收备案，并将书价银两速即完解报部归款。毋稍延欠。切切。特札。（二十六年三月十一日到）

计发《漕运全书》一部。

惠民县豁免钱粮造册结报事府札

署武定府王札惠民县知悉。照得该县造送豁免道光二十年以前民欠钱粮等项册结，本署府因总报流水册串并一切解支档案未据送到，无凭核转。现在节奉藩宪严催，刻难再缓。合亟札提。札到，该县立即遵照，按年检齐，造同空白册结，饬令经书于文到三日内亲赍投府，以凭督同府书复核登覆，更造结转。事关豁免，期限紧迫，毋再刻延，致干参咎。飞速火速。此札。（二十六年三月十五日到）

惠民县更造结转蠲免民欠拨抵耗豆赤书、征册、流串、日收总薄事府札

署武定府王札惠民县知悉。本年二月二十八日蒙藩宪批，据该县详送更造蠲免案内应豁、应缓民欠拨抵耗豆册结缘由，蒙批，查普蠲巨典，丝毫为重，该县并不认真查办。据详前造道光二十年拨抵耗豆，经粮道查有浮蠲一百八十石之多，若非任听书役朦弊，即系有意冒蠲。且前送无捏印结，试问凭何造具，即别项册结，因此亦难凭信。查前送道光二十年以前民欠、

地丁等项册结，已因有无官亏吏蚀、朦混请豁，批府吊齐案卷，据实详办在案。自应一并覆查，未便稍事扶捏。仰署武定府王守迅速吊齐赤书并征册、流串、日收总簿、一切交代底案，按款确核，分别督同该县更造妥协，据实结转送司，以凭再行由司吊案核实查办。该署府甫经莅任，无所庸其回护。倘敢扶同捏饰朦混，定干参咎。凛慎，切切此缴，先后册结暂存等因到府。蒙此，合行转饬。札到，该县立即饬承，携带赤书、征册、流串、日收总簿并一切交代底案，即日亲赍来府，以凭督同确核，妥造结转。毋稍违延干咎。速速。此札。（二十六年三月初六日到）

部、闽二硝折银交兑事司札

布政司王①札惠民县知悉。案据东昌府同知王丞会同闽员宋令禀称，以承办部、闽二硝折银交兑，促难议改等情到司。查此项部、闽硝斤，前据济阳等十一州县会禀，请照前三年之数，每银一两作制钱一千五百文折算，当经批饬办硝各委员会议禀覆去后。

兹据该委员等具禀，以部、闽二硝均已转瞬限满，为期已迫，请仍照时价折色交兑，并将欠解硝斤饬催各州县赶紧如数办解等情。合亟马递三百里札饬。札到，该县立即遵照，将派办部、闽硝斤赶紧扫数办齐，运局交收，掣批呈验。毋再仍延，致干参咎。速速。此札。（二十六年三月初三日到）

---

① 即王笃。

惠民县监狱修缮册结估办事司札

布政司王①札惠民县知悉。道光二十五年十二月二十五日奉抚宪案验，道光二十五年十二月十四日准工部咨，营缮司案呈，准山东巡抚崇△②咨称，据布政使王△呈称，据惠民县详称，窃卑县监狱自嘉庆二十三年兴修，迄今二十余年，屡被风雨刷淋，以致南牢房三间、狱神庙一间、西厨二间木料儆朽，砖瓦酥碱。外围墙凑长二十八丈，亦俱臌裂。兼之本年夏雨连绵，复又倾圮不堪，确估共需工料银四百九十两三钱九分七厘八毫，俯准委员勘估兴修。当经饬委武定府同知勘估去后。

兹据申称，遵即诣勘，实系坍塌应修。造具册结，加具勘结，由府核明加结，申送核转前来。自应准其估办，核其册结银数相符。除俟奉部覆准后，在于司库存贮节年耗羡银内支给兴修，所有册结详送咨部等情，除分咨外，拟合咨送等因前来。

查山东惠民县监狱，计房六间并围墙等项。据山东巡抚咨称，于嘉庆二十三年修过，现在坍塌应修，估需工料银四百九十两三钱九分七厘八毫，请在于司库存贮节年耗羡银内动支等因，造具册结咨部。本部查册开成砌墙垣，未开明山檐等墙各堵数，每堵长、高、厚丈尺，以及扣除门口高厚分位尺寸，成做门扇未开明坎框、边转、抹头、门心板等项各件数，并逐件长、宽、厚尺。

再查换下一切大木料件甚多，改做抵用甚少。其不堪改抵

---

① 即王笃。

② 即觉罗崇恩。

之件，又未作柴薪变价，殊属不实。相应移咨山东巡抚转饬，据实查明，逐一详细分晰，另造删减妥册送部，到日再行核办，并知照户部可也等因咨行到司。合行札饬。札到，该县迅即遵照奉部指驳各款，逐一分晰，另造删减妥协清册六本，具文送司，以凭详送咨部核办。毋迟。速速。此札。（二十六年三月初三日到）

普蠲民欠钱粮征解核办事司札

布政司王①札惠民县知悉。案查本年八月间恭逢恩旨，普蠲道光二十年以前民欠钱粮一案，前经由司批定章程并册结各式，由该管府州札行各该州县卫所遵办在案。所有各该州县卫应办事宜，应照颁发章程分别赶办，以期悉臻妥速。惟是各属应征正耗钱粮，丝毫均关国帑，例应尽征尽解，不容存留属库，致滋挪掩。乃近年以来，各属每多征而未解银两，是以前定章程内饬令将各属交案已经结报者，其征存未解银两，如系以司库领款列抵，应即详请支拨；如系以现银移交，应即扫数批解，并本任征收，均不许丝毫存留。仍先将存司领款及移交现银列抵何年地丁，先行造册送司，以凭分别核拨提解。至未结交代者，所有已征未解银两何任若干，均有案据可查，饬令先由现任造册，据实禀报。惟交代一日未结，则已征未解银两延不移交，以致与民欠混淆。前于接奉蠲免恩旨，即经通饬，勒限两个月，责成该管各府州调集前后各任，督饬监交一律算各在案。

---

① 即王笃。

兹查各属未结交代积压累累，甚至有迟至数年之久，积至数任之多，延宕未结。所有各前任经征地丁正耗钱粮，难保无已征未解之款。乃自饬办以来，迄今仅据新城一处禀覆，余均抗不遵办。似此钦奉特旨敕办要案，难容再缓。合亟马递五百里严札飞催。札到，该县即便遵照颁发章程，将未结交代各案查明征银档案，究竟某任经征某年地丁、正耗各若干，已解若干、移交现银若干，移交现银若干及应以某项抵款抵除若干，下剩未解若干，漏夜赶造年款细册，限文到三日内仍由马递五百里飞速禀送来司，以凭核办；一面遵照定限，会同各前任及监交委员将应算交代一律算结，联衔具结禀报。倘敢仍前因循，迟延未结，并将前任已征未解银两挪移亏短及捏作民欠请豁，一经查出，定即指名参究，决不宽贷。本司言出法随，毋谓告诫之不预也。凛慎。切速切速。特札。（二十五年十二月十八日到）

旌表节妇申明旧例核实办理事府札

武定府陶[①]札惠民县知悉。案蒙济东道札开，道光二十三年十一月二十九日准布政司咨开，道光二十三年十一月十六日蒙巡抚部院兼理盐政梁案验，道光二十三年十一月初一日准礼部咨，仪制司案呈本部具奏旌表节妇申明旧例核实办理一折，于道光二十三年十月二十四日具奏，本日奉旨：“依议。”钦此。钦遵到部。相应刊刷原奏，知照该抚遵照办理可也等因咨

① 即陶庆增。

院行司移道到府。蒙此，合行转饬。札到，该县立即遵照办理。毋违。此札。(二十三年十二月十九日到)

计粘单一纸。

礼部谨奏为申明旧例以重旌扬而归核实事。

查定例，守节之妇自三十岁以前守节至五十岁，或未及五十而身故，其守节已及十年，果系阨穷堪悯者，俱准给银三十两建坊旌表，已故后节孝祠内设位致祭。其循分守节，并非阨穷可比，给与“清标彤管”四字匾额，仍于节孝祠内建碑镌刻姓氏，毋庸特给坊银及设位致祭。又直省孝子顺孙、义夫节孝、贞烈妇女应旌表者，由该督抚、学政会同具题。又凡取结在部呈请旌表，由部行查各该督抚核实具题，仍于限内先行查明咨覆，历经办理在案。立法本极周详，而积久不免滋弊。

查近年以来，各直省汇题案内节妇一项，率多以阨穷可悯题请给银建坊。至循分守节给与匾者，甚属无几。良由州县视查访为虚文，胥吏以朦混为长技，即有循分守节，亦概入于阨穷之列，殊不足以昭定制。且在部具呈者纷纷日多，迨行查原籍，辄迟久始行咨覆，并间有申覆到部，或与原呈未符，是其中率行具呈者在所不免。若不申明旧例、分别核实，恐未免有冒滥之处。臣等拟请嗣后除宗室觉罗及各直省烈妇、烈女，并各州县采访汇建总坊俱行照常办理外，其由各直省汇题节妇一项，应请旨敕下各督抚转饬该地方官，务宜确切访查、详悉区别。其实系阨穷者，请给坊银；若仅止循分守节，照例给与匾额建碑标题，不得概请给银建坊及设位致祭。倘查有谬误捏饰及书吏需索，致有遏抑浮冒等弊，即将该地方官交部议处。其在京八旗及各直省驻防节妇，亦即照此办理。若有循分守节，本家愿另建坊者，仍听其自建，以顺舆情，似于激扬风化不无裨益。至在部具呈者，嗣后应请严立限制，自七品实缺京官以上，确实声明委系何项亲族，并注明居址地方，始准呈请，此外概不准其具呈。其呈报到部由部行查者，令各直省遵照定限详细声覆，逾限即行照例议处，合例者仍由该督抚会同学政核实具题。倘查有举报不实，即将举报之员并出结官及该地方官一并分别议处。如此办理，庶足以重旌扬而归核实，所有臣等申明旧例分晰核办缘由，理合恭折具奏，伏祈圣鉴。为此谨奏请旨。

旌表节孝严禁遏抑章程府札

武定府陶[1]札惠民县知悉。案蒙布政司札开，道光二十五年十一月二十六日奉巡抚部院兼理盐政觉罗崇恩案验，道光二十五年十一月十四日准礼部咨，仪制司案呈，内阁抄出吏部会同本部议覆御史朱琦条奏旌表节孝严禁遏抑一折，于道光二十五年十一月初二日奏，本日奉朱批："所议甚是，着依议行。"钦此。钦遵移咨前来。相应抄录原奏，通行该抚转饬所属遵照办理可也等因咨院行司到府。蒙此，合行转饬。札到，该县即便一体遵照办理，并于年终查明有无旌表之人，迅速造册报府，以凭核明汇转。毋违。此札。（二十五年十二月二十六日到）

计粘单一纸。

原奏内称，旌表节孝宜严禁遏抑也。向例，恩诏令各地方官举报节孝，请给旌表。定例，阨穷堪悯者，始给坊价；其循

---

① 即陶庆增。

分守节，并非阨穷者，一例旌表无庸另给坊银。惟向来胥吏每多朦混，即循分守节者，亦或入于阨穷之列，领出坊价银两，全行克扣。嗣因礼部严定章程，用杜冒滥，胥吏既无从染指，遂任意勒索。无论阨穷与否，俱难上达。州县官亦因规避处分，不行查办，将苦节末由表彰，非所以昭激劝。请敕下各省督抚，饬各该地方官随时访查举报，毋任吏胥勒索，得有总数，开列姓氏，建立总坊。其有孝子、悌弟、顺孙、贞女，亦必速为申请，听本家自行建坊，庶名教敦崇而风俗日厚，于推广圣教之道益溥矣等语。

礼部查定例，直省孝子、顺孙、义夫、节烈妇女应旌表者，于议准后令地方官给银三十两，听本家建坊等语。又道光二十三年奏准，嗣后除烈妇、烈女并各州县采访汇建总坊俱照常办理外，其各省汇题节妇一项，实系阨穷者请给坊银；循分守节者建碑标题，不给坊银及设位致祭。倘有书吏需索遏抑等弊，即将该地方官议处等因。奉旨允行在案。

今该御史所奏，旌表节孝严禁遏抑，无任胥吏勒索，得有总数，开列姓氏，建立总坊，及孝子顺孙等速为申请，听本家自行建坊之处，均属申明旧例。惟查阨穷守节与循分守节者，既有建坊、不建坊之分。其得给坊银者，固难保无胥吏克扣，而不给坊银者更难保无胥吏遏抑。臣等公同商酌，除烈妇、烈女并各州县采访汇建总坊仍照旧办理外，应请嗣后各省汇题节妇一项，其阨穷守节者，查明系何县人氏，应隶何府、何州、何厅管辖，统计所属节妇共有若干口，题准后给银三十两，于各该府、州、厅内官为总立一坊，毋庸按口给银，致启侵冒勒抑之弊。至循分守节，向例不给坊银，统建一碑，陆续题名，其上给与“清标彤管”字样匾额停止设位。惟思守节之妇矢志厉操数十余年，其境遇虽较之阨穷者少有区别，而守节之苦实与阨穷堪悯者事同一律。今既议建总坊，应请将循分守节者一并附入，并设位致祭，以厉人心而维风化，毋庸另行建碑给匾。倘本家愿自行建坊者，仍听其便，以顺舆情。至孝子顺孙、义夫贞女，亦令该地方官确切查明，速为申请，毋任胥吏勒索，以广皇仁。并令各省督抚转饬该地方官，于年终查明有无旌表之人，另册报部，以凭核对。如此明定章程，在得邀旌表者可以咸沐恩施，而于国家经费亦益昭核实。恭候命下，臣部本年办理各省汇题，即照此办理，并通行各省督抚、学政及纂入则例，永远遵行等因。

贞孝节烈妇女汇建总坊查办事府札

武定府陶①札惠民县知悉。案蒙布政司札开，照得贞孝节烈妇女如符年例详请旌表，向系专案办理。前因江苏阳湖、武进二县，共办贞孝节烈妇女三千余口，请汇建总坊，奉部覆准，由江苏省知照东省。并据前任邹平县知县彭斗山具禀，请饬各属一律仿照办理，即经通饬查办在案。虽各县学陆续详办者固有，而因循未办者亦复不少。查儒学专司课士与诸生时常接见，自应遵照采访。如有贞孝节烈妇女年例相符者，无论现存、已故，迅速取造事实册结，牒州县详办。俾穷檐苦节早沐恩荣，不但褒芳型以励清操，且维风化而肃纲常，于吏治人心大有裨益，合行马递三百里札饬等因到府。蒙此，合行转饬。札到，该县立即移学，迅将贞孝节烈妇女访查确实，分别已故、现存，

① 即陶庆增。

造具事实册，由县加着详府，以凭核办。毋得迟延。速速。此札。（二十五年十二月二十六日到）

节妇总坊建坊章程施行司札

布政司王①札武定府知悉。道光二十六年正月二十二日奉抚宪案验，道光二十五年十二月二十八日准礼部咨，仪制司案呈，所有前事一案，相应抄单知照可也等因咨院行司，合行札饬。札到，该府即将所属州县节妇共有若干口，该府备具文领赴司请领银三十两，官为总建一坊，题名其上，毋庸按口给发坊银。若该本家情愿自行建坊者，仍听其自建。毋违。此札。（二十六年三月初一日到）

计粘单一纸。

惠民县儒童周国枫之妻蔡氏，又儒童周国松之妻王氏，又儒童周国桐之妻高氏；利津县儒童高荫楷之妻许氏，又附贡生郭魁东之继妻劳氏，又武生郭献廷之妻张氏，又儒童程恒清之妻郭氏。以上节妇七口，应准其旌表，附入总坊照例办理。应如所请，准其旌表，俟命下之日，行令该巡抚转饬该地方官每口给银三十两，听本家自行建坊。其该祠内分别题名、设位之处，照定例遵行。至各省节妇，臣部核其年岁均属相符，即遵照新定章程行令该抚转饬府州，统计所属节妇共若干口，给银三十两，官为总建一坊，题名其上，毋庸按口给银。已故者照

---

① 即王笃。

例设位致祭；其循分守节者，一并附入总坊，已故者并设位致祭，毋庸另行建碑给匾。若本家愿自行建坊者，仍听其便。恭候命下，臣部遵奉施行等因。道光二十五年十二月十六日题，十八日奉旨："依议。"钦此。

节妇旌表总坊建立事宜府札

武定府陶[1]札惠民县知悉。案蒙布政司札开，道光二十六年正月二十二日奉巡抚部院兼理盐政觉罗崇恩案验，道光二十五年十二月二十八日准礼部咨，仪制司案呈，所有前事一案，相应抄单知照可也等因咨院行司到府。蒙此，合行转饬。札到，该县即便遵照办理。毋违。此札。（二十六年二月二十日到）

计粘单一纸。

惠民县儒童周国枫之妻蔡氏，又儒童周国松之妻王氏，又儒童周国桐之妻高氏。以上节妇三口，应请旌表，建立总坊，照例办理。应如所请，准其旌表，俟命下之日，行令该巡抚转饬该地方官，每口给银三十两，听本家自行建坊。其该祠内分别题名、设位之处，照定例遵行。至各省节妇，臣部核其年岁均属相符，即遵照新定章程行令该抚转饬府州，统计所属节妇共若干口，给银三十两，官为总建一坊，题名其上，毋庸按口给银。已故者设位致祭，其循分守节者一并附入总坊，已故者并设位致祭，毋庸另行建碑给匾。若本家愿自行建坊者，仍听

[1] 即陶庆增。

其便。恭候命下，臣部遵奉施行等因。道光二十五年十二月十六日题，十八日奉旨："依议。"钦此。

旌表孝子、顺孙、义夫、节烈妇女汇建总坊章程府札

署武定府王札惠民县知悉。本年四月二十日蒙济东道札开，道光二十六年四月十二日准布政司咨开，道光二十六年三月二十八日奉巡抚部院兼理盐政觉罗崇恩案验，道光二十六年三月十六日准礼部咨，仪制司案呈，准安徽巡抚王①咨称，查例载，孝子、顺孙、义夫、节孝贞烈妇女应旌表者题准后，令地方官给银三十两，听本家自行建坊等语。又礼部奏定章程，除烈妇、烈女并各省采访汇建总坊仍照旧办理外，嗣后各省汇题节妇一项，统计所属若干口，题准后给银三十两，于各该府、州、厅内官为总建一坊，循分守节者一并附入。倘本家愿自行建坊者，仍听其便。至孝子、顺孙、义夫、贞女，亦令地方官确切查明，速为申请等因。

查烈妇、烈女及各属汇建总坊，均准给银建坊。并每府、州、厅无论节妇多寡，给银三十两汇建总坊，自应恪遵办理。惟孝子、顺孙、义夫、贞女等四项，其应建坊未奉指明给银与否，仅饬令该地方官确切查明、速为申请，听本家自行建坊，并无地方官给银明文。似系衹准请旌，听本家自建，不准给银，或与烈女等由地方官一律给银建坊，未奉明晰指示，碍难遵办。

---

① 即王植。

应咨礼部查照示覆等因前来。

查道光二十五年会奏汇建总坊章程，系专指节妇一项，其烈妇、烈女，及孝子、顺孙、义夫、贞女应旌表者，均照旧例每名给银三十两建坊。倘各该省有题请建立总坊者，亦准照节妇之例办理。相应咨覆该抚一体遵照办理可也等因咨院行司移道到府。蒙此，合行转饬。札到，该县即便一体遵照办理。毋违。此札。（二十六年四月二十八日到）

滨州盐务交代议单

立议单。

汪子侯、傅肖岩、叶芸士会算得，滨州王芮川五兄接收前任陶桐圃十兄、彭星桥三兄盐务交代，除星桥三兄与桐圃十兄前后并无交涉毋庸议外，桐圃十兄实应交出运本并正杂票课等银二千五百六十六两二钱八分五厘，应抵垫解十八、十九年停票正杂各款银八百六十二两八钱八分二厘；又抵包盐五千一百包，照旧章一八五核银九千四百三十五两；又原包盐一千三十包照章减二五，按一六核银一千六百四十八两；又每包应抵正杂钱粮三三三三九八三一六①，核银二千四十三两七钱三分；又抵城乡各店家具店底作银二百两。五共抵银一万四千一百八十九两六钱一分二厘，除应交外，计长余银一万一千六百二十三两三钱二分七厘。星桥三兄应交正杂课银七百七十七两四钱六分六厘，应抵垫解二十四年夏季领票、公费等银三百五两八

① 底本原为苏州码，其意未解。本文下同。

钱四分三厘，又抵包盐一千六百四十四包，一八五合银三千四十一两四钱。又每包应抵正杂课银三三三三九八一六，核银五百四十八两一钱六厘，又抵存场散盐一万二千十二斗，每斗八分，合银九百六十两九钱六分。四共抵银四千八百五十六两三钱九厘，除应交外，计长余银四千七十八两八钱四分三厘，所有两任长余银两均已分案划入钱粮交代作抵。此议。

一、彭任散盐尚未盘量，如盘有短少，仍按每斗八分照数补交。

允议：彭星桥、陶桐圃、王芮川

道光二十五年三月　日

会议：汪子俟、傅肖岩、叶芸士

滨州钱粮交代议单

立议单。

叶芸士会核得，滨州王芮川五兄接收陶桐圃十兄交代，应交正款银一万八千二百四十七两六钱一分二厘、杂款银一千四百十二两八钱八分三厘、仓款银六千一百十七两七钱一分二厘、捐款银三千九百三十七两三钱七分四厘，共应交银二万九千七百十五两五钱八分一厘。除抵款银九千八百二十四两七分三厘，下剩应交银一万九千八百九十一两五钱八厘。又除盐务长余银一万一千六百二十三两三钱二分七厘，实应交银八千二百六十八两一钱八分一厘。应议各条列后。

计开：

一、十一年钱粮因征册遗失，议由监交会同现任禀请本府饬追。如追不足数，仍由陶[1]任补交。

一、官捐钱粮议不入交，设有全清之年，归全完之员捐解。

一、十年盐规暂行删除，一面详司请示。如仍系欠解，即禀追原欠之员。如奉批不准追原欠之员，应着落陶任赔补再行补交。

一、仓谷新定章程虽系应交现谷，第交代案内毋论章程先后，均仍照一两一钱折价作交。

一、腰拨兵差案内各款正销交八厘领费，其摊廉归补之项不交领费。查系二十三年七月二十四日以前之项，遵照司批不扣减平。如奉部驳，仍追本员。

一、未领垫修山川社稷坛银两照数作抵。如奉核减，仍追本员。

一、议办提出另追赔款银一千一百九十余两。如奉藩宪批准，即于应交数内扣除。如奉批驳，仍照前数作交。

一、提出另追捐款银六百六十五两零，先于应交数内扣除，暂缓作交。如奉批驳，或奉删减，陶任均照数补交。

一、道府捐款自行清理。

一、结账后如有漏交、漏抵之款，彼此移会更正。

允议：陶桐圃、王芮川

道光二十五年四月　日

会议：叶芸士

---

① 即陶庆增。

追缴欠款及传唤人员查办事关文

为关覆事。

案准贵前县王任会票关传，捐职从九陈从龙呈控，外欠案内之姜大奎等讯追欠项等因到县。准此，当经会行会印添差勒传去后。

兹据差役禀称，查得姜大奎、邵汝汉等二名惠民并无其人。孟福成系坐落商河县棘城街，全盛号系坐落阳信县何家坊，隔境不便往传。赵希安已于上年病故，钱志义外出不知去向。骆长仁因贫赴外乞食，亦无下落。骆林远赴泰安贸易，耿大立赴青城贸易，均未回籍，无从传唤。现将张英福、张德祥、张德成、郗大立、刘龙和、耿朝绅、吴思顺等带到等情前来。随即集讯，并据耿朝绅缴到京钱一十四千六百五十八文，吴思顺缴到京钱五千一百七十二文，核与会票单开欠数相符。敝县暂为贮库，将耿朝绅、吴思顺二名先行开释，其张英福、张德祥、张德成、郗大立、刘龙和等五名，尚未完缴。现在取具缴状催，除俟追缴到案另文关会外，所有前送传票系贵前县会衔之件，未便久留。兹将敝县会印注销，拟合备文关回。为此合关贵县，烦查文内事理，希将送回会票查收涂销，并即备文专差过县，关取耿朝绅、吴思顺等二名所缴钱文。望速施行。

更造历年垫办学宪岁科考试经费抵欠杂项银两款册县详

为遵批详覆事。

本年四月初六日蒙宪台批据，卑县更造历年垫办学宪岁科考试经费抵欠杂项银两款册一案缘由，蒙批，查该县册开顶补各项欠款，除核与司案相符者不计外，惟册开道光二十一年典史缺俸银三两三钱五分五厘。核对司案，该年系王湘在任，俸银例应全支，今册内列款缺俸，殊属错误。仰即遵照查明删除，另查欠款顶补，更造妥册送司，以凭核办。毋迟。缴。册卷发还等因到县。蒙此，遵即照依批示，将二十一年典史缺俸一款删除。覆查得道光二十二年廉费奏销案内，有应扣同知缺廉银九十三两三钱三分三厘，系属欠解之项，内除前次抵欠册内造入银三十九两二钱六分外，尚余未解银五十四两七分三厘，足敷顶补。今由此款项下再划银三两三钱五分五厘，连前册开银三十九两二钱六分，共作应抵道光二十二年同知缺廉银四十二两六钱一分五厘开列，以符原抵之处。拟合更造妥协清册，具文详请宪台鉴核办理，实为公便。为此云云。此即书册简详，未抄。

计详送书册一本、清册一本。

一详布政司。

秋禾被水、被虫缓征钱粮册稿饬发事县详

为详请饬发事。

案查卑县道光二十五年秋禾被水、被虫缓征新旧钱粮册稿一本，前因办理蠲免，呈送宪辕核对在案。现在卑县因奉藩宪委催二十五年钱粮，禀覆案内应即声除缓征确数，必须此项册稿稽核，方免错误。拟合具文详请宪台鉴核，俯赐饬承，将前送册稿一本饬发下县，以便查办。如宪案尚有应阅之处，将来再行呈送，不致迟延。为此备由另/缮册具申，伏乞云云。

计详送书册一本。

一详本府。

文禀详件历任官员直书其名府札

署武定府王札惠民县知悉。本年四月十四日蒙布政司札开：案照各属一切文禀详件应叙历任各官，均应直道其名，方为正办。今各州县往往祗书某牧令，且前后任同姓者甚多，究属何人，以致查阅时未能即知为谁，迨至查案始行得知，殊属未协，合行马递三百里札饬等因到府。蒙此，合行转饬。札到，该县立即遵照，嗣后一切文禀详件，凡有应叙历任各官，务须直写其名，以凭稽核，毋再仍前含混。切切。此札。（二十六年四月二十八日到）

山东防堵军需银两摊扣核办事府札

署武定府王札惠民县知悉。本年四月初五日蒙济东道札开，道光二十六年三月十四日准布政司咨，道光二十五年九月初七日奉巡抚部院兼理盐政觉罗崇恩案验，道光二十五年八月二十四日准户部咨：东省用过防堵军需银两，通省文职各官分别摊扣廉银归补案内，奉查各款查明登覆一案缘由到本部院。准此，合就檄行。为此仰司官吏即便逐一查照，分别办理详咨。毋违。

计粘单一纸。

户部为详请事。

派办军需处案呈，准山东巡抚觉罗崇恩将山东省用过防堵军需银两，由通省文职各官分别摊扣廉银归补案内奉部行查各款，查明造册登覆，并于八月二十八日准山东司将该省造报动支银数查核相符，付覆前来。相应分款覆核，开列于后。

一、据称，曹工二成巡抚未经摊廉，是以前未议及。今奉部咨，嘉庆年间军需旧案摊扣二成养廉确有巡抚在内。所有此次防堵军需，应请自二十四年冬季起，将巡抚额支养廉每年提扣二成；臬司缺分清苦，仍请照旧免摊等语。本部核与嘉庆年间办过成案相符，除臬司廉银既据声明缺分清苦，应准照旧免摊外，其巡抚岁支养廉银一万五千两，一并自二十四年冬季为始，按年扣银三千两，与藩、运两司及各道均按二成扣收。至知府、直隶州知州、知县等官，内除瘠苦之十九州县仍免摊扣外，其余各按应得养廉银数一律摊扣三成，以符旧案。

一、据称，此次摊廉银两自二十四年冬季起至二十五年秋季底止，虽系一年限满，但各官额支养廉有空缺及交卸起止月日并例不食廉等项，须二十六年查办二十五年奏销，方能核定。所有二十四年十月起至十二月底止应扣军需二成、三成，请俟本年将二十四年养廉〈奏〉销出详后，先行造报。嗣后每年应扣银数一律仿照办理，不惟司中查造可免舛错，即大部覆核亦属有案可稽等语。本部查各官额支廉银，虽有空缺及交卸起止月日并例不支廉等项，核其数目原有参差，但至次年奏销出详时必应核明截数，则应摊之项自不难确核造报。应令转饬藩司，即于本年奏销二十四年养廉出详后，先将上年十月初一日起至十二月三十日止计三个月内扣过巡抚、司道、知府、直隶州并各州县廉银各若干，仍按官阶分晰造册送部。并于册后注明总数及归补藩库某项若干，以凭核对。其自二十五年正月起至十二月底止扣过廉银，亦于二十六年奏销出详后，立即统核一年所扣各官廉银各若干，照前分晰造册，专案咨报。仍将归补藩库何项明白登注，以便与初次造送二十四年冬季之册接续核算，均不准稍有迟逾舛错，致干参奏。

一、据称，东省防堵以来先后奏借司库正杂银两，查明已支、未支及扣留并应行归还各款，另造细数清册送部等语。本部查册开该省军需，共请摊廉归补银八十八万六千六百六十八两二钱一分三厘，内奏明借动地丁正杂银五十六万一千三百十七两□钱四分一厘。据称，道光二十一年秋拨册内报支银十八万两，二十二年春拨册内报支银十五万两，二十二年秋册内报支银十五万两，二十五年春拨册内报支银七万四千六百六十二两七钱九分七厘，尚未支银六千六百五十四两五钱四分四厘等语。本部核与奏明借动银数相符，其节次报支数目付查山东司核对各该年拨册，亦俱符合。惟所称未支银六千六百五十四两零，虽在奏明借动数内，但现在已有摊廉归补之项，何以仍请于本年秋拨册内报支？应令切实登覆。

一、据册造防堵案内，除奏借外，尚有司库充公杂款未完银四万九千八百五十六两三钱八分三厘。据称，此系在待支、待拨项下笼统借动，或须给领归款，或应拨入正收，请于道光二十五年秋拨应报银内照数扣留，归入摊廉弥补等语。本部查此项未完司库充公杂款银四万九千八百五十余两，并无奏明借支案据。且所称笼统借动，或须给领归款，或应拨入正收，即使属实，亦不应于本年秋拨应报银内始行扣留。况现在核定巡抚司道各扣廉二成，知府、直隶州及各州县各扣廉三成，通计每年实扣廉银五万二千四百八十两。自上年十月起至本年九月止，已届一年，必应将此扣出廉银分别给领拨收，断无再将本年秋拨应报银两复行扣留、辗转轇轕之理。应咨该抚转饬藩司，即将现在已扣养廉划出抵补。前款所请扣留本年秋拨银四万九千八百五十六两三钱八分三厘，仍令按数造入季册，听候拨用，不准借词扣留，以杜牵混。

一、据册结请摊廉银八十八万六千六百六十八两，除去奏借银五十六万一千三百十七两三钱四分一厘，并未完司库充公银四万九千八百五十六两三钱八分三厘外，尚有应摊银二十七万五千四百九十余两。据册尾声明，系由各州县筹款垫用，并未将确数登注。应令严饬各属赶紧造具细册详咨送部，勿任再有迟逾舛错，以凭核结。

以上五款应咨山东巡抚查照，饬司分别办理可也。

又于道光二十五年十一月二十六日奉巡抚部院兼理盐政觉罗崇恩案验，道光二十五年十一月十四日准户部咨，山东司案呈，道光二十五年八月准派办军需处付称：据山东巡抚咨册内称，该省防堵用项，除奏借外，尚有司库充公杂款未完银四万九千八百五十六两三钱八分三厘，并称此系在待支待拨项下笼统借动，或须给领归款，或应拨入正收，请于道光二十五年秋拨应报银内照数扣留，归入摊廉弥补等语。

本部查此项未完司库充公杂款银四万九千八百五十六两零，并无奏明借支案据。且所称笼统借动，或须给领归款，或应报入正收，即使属实，亦不应于本年秋拨应报银内始行扣留。况上年核定巡抚、司道各扣廉二成，知府、直隶州及各州县各扣廉三成，统计每年实扣廉银五万二千四百八十两，必应将此扣出廉银分别给领拨收，断无再将本年秋拨银两复行扣留、辗转轇轕之理。应咨该抚转饬藩司，即将现在已扣养廉划出抵补。前款不准借词扣留正项等因，行令该抚饬遵在案。乃现据该抚送到秋季拨册，仍将前款列入扣留项下，并不遵照部文，归入实存数内听候酌拨，殊属错误。应再行文山东巡抚，速饬藩司，即将扣留银四万九千八百五十六两零照数存贮，听候拨用。其未完司库充公杂〈款〉，亦照前咨，即以现在所扣养廉尽先抵补，毋任稍有牵混。

再查摊廉原案，巡抚、藩运两司及各道俱扣二成，知府、直隶州及各州县俱扣三成，系于道光二十四年冬季起扣。现据咨送耗羡册造，自上年十月至十二月仅扣州县养廉银七千八百五十七两七钱五分一厘。而司道各府并无摊扣之数，即巡抚应扣二成，上年十二月业经核定咨覆，本年支领养廉时亦必应按数扣出。至司道等别无捐摊之款，更不难由藩库随时划扣。现在已阅一年，统计应扣各官廉银足敷五万余两之数，尽可拨收前项借款。况此款借发时并未奏明有案，即属擅动，又何得以报拨之正银移补擅借之杂款？应令该抚严饬藩司检查前案，确核办理，断弗稍涉瞻徇、任意迟延，致干奏办。仍令遵照前咨，将巡抚以下各官应扣廉银各若干，按照官阶分晰造册送部。并于册后注明总数，及归补藩库某项若干，以凭稽核可也等因到本部院。准此，合就檄行。为此仰司官吏即便遵照，分别确核办理，造册详咨。毋违。切切各等因到司。除应行登覆各款由司分别查办外，拟合移咨等因。准此，合行转饬等因到府。蒙此，合行转饬。札到，该县立即遵照，将所垫银两动用款项赶紧造册，具文送府，以凭核转。毋违。此札。（二十六年四月二十六日到）

道光二十三年地丁钱粮征解查办事府札

署武定府王为札谕事。

道光二十六年四月二十六日蒙布政司札开，道光二十六年二月十三日奉巡抚部院兼理盐政觉罗崇恩案验，道光二十五年十二月二十八日准户部咨题覆东省道光二十三年地丁等项钱粮一案奉旨缘由到本部院。准此，合就檄行。为此仰司官吏即便钦遵，分别移行查照，并即按款逐一分晰办理。毋违。计粘抄原咨一纸等因到司。合行马递三百里转饬。札到，该府刻即转饬所属各州县，迅将应征未完二十三年正耗钱粮赶紧征解，务期扫数全完，以副造报。饷需万分紧急，毋得任其玩延，致干并究。凛慎。速速等因到府。蒙此，合行转饬。为此仰县官吏文到立即遵照，将应征未完二十三年正耗钱粮赶紧征解全清。毋违。须至帖者。（二十六年五月初五日到）

计粘单一纸。

户部为奏销地丁耗羡等项钱粮事。

山东司案呈，户科抄出山东巡抚觉罗崇恩题山东省道光二十三年地丁等项钱粮一案，道光二十四年七月二十三日题，十月初五日奉旨："该部查核具奏。册并发。"钦此。钦遵于本日抄出到部。

户部会同吏部查定例，地丁钱粮经征州县官初参欠不及一分者，停其升转，罚俸一年；欠二分以上者，降职二级，俱戴罪征收督催；欠不及一分者，停其升转，罚俸六个月，戴罪督催。又定例，官员任内有承督未完事件于限内离任者，罚俸一年完结。又定例，特旨升调官员原任内有未完事件，如限满应罚俸者，照原处分议结等语。除续报全完各员准其扣除免议，并前任阳信县知县已终养服满改教选授、湖南华容县教谕刘名锋欠不及一分，例止罚俸，已经休致，免其查议，及已经病故并起限后不及一月卸事各员，均毋庸议外，应将经征道光二十三年分地丁初参欠不及一分之前任惠民县知县杨茂豫、海丰县知县李澄、乐陵县知县梁本檀、商河县知县张楷、利津县知县孙慧愔、蒲台县知县王沛霖，均照例停其升转，罚俸一年；戴罪征收欠二分以上之代理阳信县事候补知县张积功，照例降职二级，戴罪征收督催；欠不及一分之武定府知府陶[1]照例停其升转，罚俸六个月，戴罪督催。张积功系署事之员，于限内卸事，应照离任官例于补官日罚俸一年完结。杨茂豫已经丁忧，未声明卸事日期，其应照例议结之处，俟复参到日再议。陶又署济南府任内督催初参欠一分以上，应照例再罚俸一年，戴罪督催；于限内卸事，应照离任官例于现任内罚俸一年完结。查李澄、王沛霖均有钱粮纪录一次，张楷有钱粮纪录一次、寻常纪录四次，应各销去钱粮纪录一次，抵罚俸六个月，仍各罚俸

① 即陶庆增。

六个月。寻常纪录，非钱粮军功，应毋庸议抵，仍令该抚将前项未完地丁、耗羡等项银两，严饬各属迅速按限一体催征完报，毋任拖延，致启挪移情弊。

一、疏称，查杂税印结，惟武定府属之阳信、滨州、沾化等处屡催未据造送。又马税印结，除沾化、阳谷、滋阳等处屡催未据造送外，其余各处均已造送。现在严催，容俟造送到日，即同造报迟延职名，于年终汇咨案内一并呈送报参等语。吏部查各县应造杂税印结，应令该抚查明造报迟延职名，咨送吏部查议。

一、疏称，奉准户部咨各属经征地丁等项钱粮，该抚仅将各府州并所属各员督催经征各官已、未完分数册结送部，并不查照杂税之例，将随征随解印结送部。应令该抚核转，自嘉庆十一年钱粮为始，取具已、未完并随征随解无捏印结，并该管上司及藩司印加各结送部，以凭查对。如有逾限，造送者即于奏销案内一例报参等因。今道光二十三年各府、州、县、卫所督催经征地丁等项钱粮已、未完并随征随解无捏印结。惟武定府属之惠民、阳信、海丰、乐陵、商河、滨州、利津、沾化、蒲台等处印结，屡催均未造送。所有造报迟延职名、违限月日，应俟查取册结到司，于年终汇咨案内另行专案呈送报参等语。吏部查各县应造经征地丁钱粮已、未完并随征随解无捏印结，应令该抚查明造报迟延职名，咨送吏部查议。

一、疏称，奉准户部咨开各属已贮在库钱粮，严饬该管道府随时稽查，仍令于每年奏销时取具所属州县仓库无亏印结，加具司结，咨送户部，以昭核实等因。今道光二十三年各府、州、县、卫所奏销仓库无亏印加各结，惟武定府属之阳信、海丰、滨州、利津、沾化、蒲台等处印结均未送到。所有造送迟延职名违限月日，应俟催取到日，于年终汇咨案内另行扣明，专案报参。吏部查各县应造奏销仓库无亏印结，应令该抚查明造报迟延职名，咨送吏部查议。应俟该抚查取到日，查明违限月日，开列职名，咨报兵部再行核议。

一、道光二十三年地丁等项钱粮奏销，以前通完应议叙者系沾化、滨州。查沾化县起运地丁、课程等项，共银八千八百五十两四钱八分二厘，系现任知县黎树三一任征解，三载全完。又滨州起运地丁、耗羡、课程等项，共银四万三千六百五十二两一钱三厘。查该州钱粮于年内经丁忧知州陶锡圭一任征解全完，其接征各员任内并无征解银两。再，该州二十一、二、三等年钱粮，均于奏销前经陶锡圭一任征解，三载全完。所有沾化县系不及一万两、滨州系四万两以上各员，应得加级纪录，及不论俸满即升，应请照例准其随带。理合备造通完揭册呈送，听候部议。吏部查各州县经征道光二十三年分地丁全完各员，有无是年应行起征之缓带征钱粮未完。据户部片称，未据该抚声明，应令该抚查明，咨报吏部再行核办等因。道光二十五年十二月十三日题，本月十五日奉旨："依议。"钦此。相应行文山东巡抚遵照可也。

黎永业购置朱敬斋宅房文契验发事县申

为申送验发事。

窃照民间置产投税，价银在一千两以上者，例应送府查验。兹据卑县当商藜［黎］永业将承买朱敬斋宅房文契投税到县，核计价银四千两，自应遵例送候验截。除照数抽收税银一百二十两贮库汇解外，拟合将文契粘连司颁布字一万六千三百五十一号契尾一张，于税银数目及粘连骑缝处钤盖县印，具文呈送宪台鉴核截裁，仍祈饬发下县，以便转给管业，实为公便。为此云云。

计申送黎永业承买朱敬斋文契一纸，粘连布字一万六千三百五十一号契尾一张。

一申本府。

禀本府禀请饬催各属欠解乙亥科院试考棚经费由

敬禀者。武郡岁、科两试，学宪按临，所有考棚需用一切经费，前经卑职禀请宪台批准，按十属上、中、下、又次四等均匀摊办。以学使按临之月起，无论正署，作一年半分摊，如有长垫入于交代等因在案。今乙亥科院试经费，各州县有遵照移解者，亦有尾欠未清者，节经卑职备文移催，未据解交清楚。查前件经费俱系实用实销。卑职筹款挪垫，未便久悬，合特开具各州县欠解银数清单，禀恳宪台檄饬归款，实为德便。肃此云云。（嘉庆二十一年二月十一日阅稿）

禀本府禀请续摊前次院考经费由

敬禀者。窃照前学宪莅郡考试一切供给等项，均系县承，并无贻误。惟查前次考费，不惟因年岁旱歉、诸物昂贵，且所需一切较往常加倍增添。计自下马起至停试返省止，共用银一千六百八十三两四钱七分。查岁考经费原派银二千八百两，即使各属全数解到，除扣前用外，仅余银一千一百余两。现在新学宪指日按临，必须从新备办。而核计经费无多，且大半尚未解到，在在需用，设有贻误，关系非轻。△△再四熟筹，惟有仰恳大老爷，俯赐将此次新学宪接考经费，无论前次已、未解到，仍请照二千八百两原数，饬令各属按缺分摊，即日如数解交，卑县赶紧备办。所有前次已用银一千六百八十余两，卑职自愿认捐银三百八十三两四钱七分，下余银一千三百两，应请按十属缺分均匀摊派，作为续摊。如有前次已解银两，先尽续摊之数扣收，下余收入正考经费项下。庶几众擎易举，不致有误大典。是否有当，理开具前次已用细数清折，同各属摊派数目一并禀呈宪台查核。伏乞批示祗遵，恭请云云。

计禀呈清折三扣。

前禀府批

已据禀札饬矣！仰即知照。缴。

严禁偷窃菜蔬安定农业示谕

为严禁偷窃以安农业事。

照得民间种置菜蔬，灌溉栽培需费工力。是以偷窃擅取，律有明条。无如愚民无知，每因物属细微，不思物各有主，辄尔任意摘取。相率效尤，积渐成习，竟使业主徒糜工本，无所取偿，殊堪痛恨。兹据道正二约公正李文坦等，以该二约田园杂菜多被乡村妇女抢摘，禀请示禁前来。出禀批示外，合行出示晓谕。为此仰合邑军民人等知悉，自示之后，尔等务当恪遵禁令，严束妇女，毋任抢窃人家菜蔬等物，致启争端。倘敢仍蹈前辙，一经地主公地人等呈控到县，定将该妇女之夫男及该家长重究不贷。各宜凛遵。毋违。特示。

示禁扰商病民确保公允交易事晓谕

为据情晓谕以杜争端事。

照得足民贵乎通商，交易必须公允。惠邑地瘠人稠，土产不敷民食，全赖外境粮石以资接济。兹据东南乡便字二约清河镇民张绍曾，以现有由大清河运来关东粮石在于该庄河口停泊粜卖，恐无赖之徒籴〈买〉不公，致滋扰累等情呈请示禁前来。除呈批示外，合行出示晓谕。为此示仰合邑军民商贾人等知悉，尔等如有赴该处商船籴买粮石者，务当秉公议价，平斛量买。倘有恶棍人等恃强武断，扰商病民，许本商及该公地指名禀县，以凭究处，决不宽贷。各宜凛遵。毋违。特示。

道光二十五年钱粮奏销及仓谷无亏印结申送事县申

武定府惠民县为通饬遵照事。

道光二十六年五月初七日蒙宪台转奉布政司札开，案照东省地丁等项钱粮奏销征收解支各款全云等因到县。蒙此，遵将卑县应造道光二十五年钱粮奏销册结及仓谷无亏印结，拟合具文申送宪台核转。为此备由具申，伏乞照验施行。须至申者。

计申送道光二十五年钱粮奏销册结各五本、仓谷无亏印结各五本。

申本府。

（道光二十六年五月初八日户粮房戴永安、正堂余①）

道光二十五年钱粮奏销及地丁耗羡印结申报事

武定府惠民县今于与印结为奏销等事。

依奉结得，卑县道光二十五年分额解司库地丁正银四万六千三百三两一钱三分七厘、耗银四千一百七十两九钱八分二厘，又知县养廉归入耗羡解司银一千四百两。二共应解司库耗银五千五百七十两九钱八分二厘。内除因道光二十五年二麦被旱勘不成灾地亩〈案内〉钦遵上谕，缓至道光二十五年秋后九月初一日启征正银一千七百五十三两三钱六分九厘、耗银二百五十三两六钱九分一厘；复因道光二十五年秋禾被水、被虫勘不成灾地亩案内钦遵上谕，缓至道光二十六年秋后九月初一日启征；又除因道光二十五年秋禾被水、被虫勘不成灾地亩案内钦遵上谕，缓至道光二十六年秋后九月初一日启征正银一万二百二十

① 即余棨。

四两九钱九分六厘、耗银一千四百一十八两九钱，均应俟启征之日另扣年限，查明完欠造报外，实征正银三万四千三百二十四两七钱七分二厘、耗银三千八百九十八两三钱九分一厘，自道光二十五年正月二十日开印起，至道光二十六年五月初五日止，征完正银三万二百一十三两六分八厘、耗银三千三百三十二两一钱一分，未完民欠正银四千一百一十一两七钱四厘、耗银五百六十六两二钱八分一厘。已完俱系尽征尽解，未完实系民欠，并无挪移以新掩旧、以完作欠捏报情弊。日后查出，情愿甘罪。印结是实。

（结稿）

道光二十五年钱粮仓谷印结具奏事

武定府惠民县今于与印结为遵旨会议具奏事。

依奉结得，道光二十五年分额解司库地丁等项钱粮、存贮仓谷，自二十五年正月初一日起，至二十六年五月初五日止；历年正杂钱粮，自道光二十五年五月初六日起，至二十六年五月初五日止，俱系随征随解，实在存仓，并无亏缺。如有捏混，日后查出，情愿甘罪。印结是实。

（结稿）

（道光二十六年五月　日户粮房、正堂余①）

---

① 即余棨。

道光二十五年地丁正耗银两及征解民欠奏销款目

武定府惠民县为奏销等事。

今将卑县道光二十五年分起运地丁正耗银两、征完解支民欠各数目，理合开造呈送查核施行。须至册者。

计开：

惠民县，道光二十五年分，经征知县余粢自道光二十五年正月二十日开印起，至道光二十六年五月初五日止，额征地丁正银五万六千八百一两七钱四分七厘、麦一百四十一石三斗七升三勺、米九千五百十六石五斗二升八合四勺，内除：

起运折色脚价银一百七十七两八钱五分四厘；

历科举人车价银三两八钱一分八厘；

漕粮正耗并润耗及运军行粮本色米七千七十一石三斗五升五合九勺；

轻赍席草、脚价盘费、润耗并运军行粮正费银一千六百八十九两七钱四分四厘；

临清仓本色正耗米折并席草、脚价盘费银四千六百五十三两三分八厘；

德州、常丰二仓正耗米二千一百六十三石四斗八升一合三勺；

席草脚价盘费并常丰仓折色正费银九百二十一两七分三厘；

学租银五两四钱二分四厘；

存留官俸役食银二千七十二两八分四厘、麦改米一百四石九升七合九勺、米一百六十九石二斗七升七合八勺，又奉裁孤贫余剩米三十八石八斗三升三合一勺；

里甲夫马银三百六十两六钱八分七厘；

额编夫马闰月银十五两三钱；

杂支银五百九十九两五钱八分八厘。

以上各款均应另案造报外，实该起运地丁正银四万六千三百三两一钱三分七厘。内除因道光二十五年二麦被旱勘不成灾地亩案内钦遵上谕，缓至道光二十五年秋后九月初一日启征正银一千七百五十二两三钱六分九厘；复因道光二十五年秋禾被水、被虫勘不成灾地亩案内钦遵上谕，缓至道光二十六年秋后九月初一日启征；又除因道光二十五年秋禾被水、被虫勘不成灾地亩案内钦遵上谕，缓至道光二十六年秋后九月初一日启征正银一万二百二十四两九钱九分六厘，均应俟启征之日另扣年限，查明完欠造报外，实征正银三万四千三百二十四两七钱七分二厘。前件已完正银三万二百一十三两六分八厘。

一、支过文昌、关帝庙祭品银五十两，领状附卷。已完解司库正银三万一百六十三两六分八厘。

一、批解正银一万两，于道光二十五年二月二十一日差役马云等解赴布政司交兑讫。批回附卷。

一、批解正银一万两，于道光二十五年三月初三日差役马云等解赴布政司交兑讫。批回附卷。

一、批解正银一千三百六十八两二钱，于道光二十五年五月十九日差役马云等解赴布政司交兑讫。批回附卷。

一、批解正银三千两，于道光二十五年十二月初八日差役马云解赴布政司交兑讫。批回附卷。

一、批解正银二千两，于道光二十五年十二月十八日差役马云解赴布政司交兑讫。批回未获。

一、批解正银三千七百九十四两八钱六分八厘，于道光二十六年四月二十四日差役马云等解赴布政司交兑讫。批回未获。

未完民欠司库正银四千一百一十一两七钱四厘。

起运本色麦改米三十七石二斗七升二合四勺，系报明留支本省兵丁月粮之用。前件全完。

起运本色米七十三石五斗八升三勺，系报明留支本省兵丁月粮之用。前件全完。

道光二十五年地丁钱粮征解及耗银扣支奏销款册

惠民县，道光二十五年分，额征地丁正银五万六千八百一两七钱四分七厘，该随正一四耗银七千九百五十二两二钱四分五厘，内除漕、临、德三仓及学租等项正银七千二百六十九两二钱七分九厘，该一四耗银一千十七两七钱，下剩起运地丁、折色脚价、举人车价等项正银四万六千四百八十四两八钱九厘，该一四耗银六千五百七两八钱七分三厘。至省二百四十里，应于耗银内扣留一厘脚费银一百一十一两五钱六分三厘。存留官俸、役食、里甲、夫马、杂支等项正银三千四十七两六钱五分九厘，该一四耗银四百二十六两六钱七分二厘。

以上二项起存地丁等项，共该耗银六千九百三十四两五钱四分五厘。

内除扣支一厘脚费银一百一十一两五钱六分三厘；

又除扣支本府同知养廉银八百两；

又除扣支本府经历养廉银一百两；

又除扣支知县养廉银一千四百两；

又除扣支县丞养廉银八十两；

又除扣支典史养廉银八十两；

又除扣支知县公费银一百九十二两。

以上共扣支耗银二千七百六十三两五钱六分三厘，实该解司库耗银四千一百七十两九钱八分二厘。又知县养廉归入耗羡解司银一千四百两。二共银五千五百七十两九钱八分二厘。内除因道光二十五年二麦被旱勘不成灾地亩案内钦遵上谕，缓至道光二十五年秋后九月初一日启征，耗银二百五十三两六钱九分一厘；复因道光二十五年秋禾被水、被虫勘不成灾地亩案内钦遵上谕，缓至道光二十六年秋后九月初一日启征；又除因道光二十五年秋禾被水、被虫勘不成灾地亩案内钦遵上谕，缓至道光二十六年秋后九月初一日启征耗银一千四百一十八两九钱，均应俟启征之日另扣年限，查明完欠造报外，实征耗银三千八百九十八两三钱九分一厘。前件已完耗银三千三百三十二两一钱一分。

一、批解耗银八百两，于道光二十五年二月二十一日差役马云等解读布政司交兑讫。批回附卷。

一、批解知县养廉银三百五十两，于道光二十五年二月二十一日差役马云等解赴布政司交兑讫。批回附卷。

一、批解耗银八百两，于道光二十五年三月初三日差役马云等解赴布政司交兑讫。批回附卷。

一、批解知县养廉银三百五十两，于道光二十五年三月初三日差役马云等解赴布政司交兑讫。批回附卷。

一、批解耗银二百三十一两八钱，于道光二十五年五月十九日差役马云等解赴布政司交兑讫。批回附卷。

一、批解知县养廉银三百五十两，于道光二十五年十二月初八日差役马云等解赴布政司交兑讫。批回附卷。

一、批解耗银一百两三钱一分，于道光二十六年四月二十四日差役马云等解赴布政司交兑讫。批回未获。

一、批解知县养廉银三百五十两，于道光二十六年四月二十四日差役马云等解赴布政司交兑讫。批回未获。

未完民欠司库耗银五百六十六两二钱八分一厘。

（道光二十六年五月　日户粮房戴永安、正堂余①）

票查被淹地亩

为飞饬速查事。

照得县属某乡被水淹及村庄地亩，业已通报所有被淹地亩，合行飞查。为此仰役即协同后开村庄各练地社书及屯目领催人等，星夜确查被淹地亩，照依款式开造粮名亩数清册，注明坐落村庄，限五日内飞报本县，以凭会勘转申。毋得刻迟自误。火速飞速。

计开：

某村、某庄、某屯

册式：

某某村被淹民地，某人要写粮名以凭查对征册民地若干系几亩折一亩行粮。

某人民地若干。

---

① 即余棨。

有一户填一户，不被灾者不得混行开入。

某村被淹旗地。

某人何项旗地若干。

有一户开一户，不被灾者不得混行开入，务分项款各造一册，毋许并造，致滋混淆。

成灾地亩册结式

衔今将卑县〇年秋禾被水、被旱村庄分数地亩，理合开报。须至册者。

计开：

某年分被灾几分、村若干、村庄内某村某庄。以上被灾几分、若干村庄、共民地若干。余村灾分地亩仿者开列。以上被灾不等，共若干村庄、共民地若干。

结式：

衔今于与印结为〇〇事。

依奉结得，会同〇县查勘过卑县所属某庄等几村被灾几分有几分灾，照式开列，委系成灾，并无捏饰。所具印结是实。如有旗地仿照分顷，酌量开造可也。

勘不成灾地亩册

衔呈今将卑县秋禾被水、被旱勘不成灾村庄地亩数目，理合开造。须至册者。

计开：

某年分，某庄某村某屯有几村填几村。以上几村共民地若干，被伤秋禾三分。

某庄某村某屯。以上几村共民地若干，被伤秋禾四分。

以上通共几村，被伤秋禾三四分，民地若干，委系勘不成灾。

结式：

衔今于与印结为详请题报偏灾等事。

依奉结得，会同委员某县查勘过卑属〇村等几村被伤秋禾三分，〇村等几村被伤秋禾四分，委系勘不成灾，并无捏饰。印结是实。

开报户口米数册

衔呈

计开：

被灾六分某等几村应赈极贫一个月，次贫不赈。极贫若干户，大、小若干口，共需一月米若干。

被灾七分某等几村应赈极贫两个月，次贫一个月。极贫若干户，大、小若干口，共需两月米若干；次贫若干户，大、小若干口，共需一月米若干。

被灾九分某等几村应赈极贫三个月，次贫两个月。极贫若干户，大、小若干口，共需三月米若干；次贫若干户，大、小若干口，共需两月米若干。

有几分灾照式挨填，按例将应赈极次、月分开写样数填入，填完后结大总。以上通共若干村若干户内极贫大、小口若干口，次贫大、小口若干口。统计大口若干、小口若干，每大口月给米一斗五升，小口月给米七升五合。共需米若干，银米兼赈；实需半米若干，米折银若干。

开报贫生册

衔呈

计开：

被灾七分○等几村贫生，应照民人次贫赈济一月。贫生若干户，大、小若干口，共需一月米若干。

被灾十分○等几村贫生，应照民人次贫赈济三个月。贫生若干户，大、小若干口，共需三月米若干。

有几分灾，照式填写挨填，尾结大总。以上共若干村，贫生若干户内大口若干口、小口若干口，每大口月给米一斗五升，小口月给米七升五合，通共应需米若干。每米一石照折中定价钱，共需银若干。

蠲免钱粮册

衔呈

计开：

五分灾民地若干几亩折一亩行粮，计地若干，每亩征银若干，共征银若干。每两应摊丁匠银若干，共摊征匠银若干，正加共银若干，照例蠲免十分之一银若干。

七分灾民地若干内行粮差地若干，每亩征银若干，共征银若干。

更名地若干，每亩征银若干，共征银若干。

以上共征银若干，每两均摊丁匠银若干，共摊丁匠银若干。通共征地丁银若干，照例蠲免十分之二银若干。

如有被灾若干分者，照式挨造，尾结大总。以上通共被灾五、六、七、八、九、十分地若干，共征银若干，照例蠲免十分之一、四、六、七银若干内，起运银若干、存留银若干。

结式：

〇〇县今于与印结为详请题报偏灾等事。

依奉结得，卑县〇年秋禾被水、被旱灾〇村等被灾五、六、七、八、九、十分地若干，共征银若干，照例蠲免十分之一、二、四、六、七银若干，不致捏饰。印结是实。

附：扣荒以额征钱粮为率，将捐银数目用归除法分开，按额征银两兑银若干，开出数米核算，则知起运应免若干，存留应免若干。

存留项下正银、俸银，及宪书、乡饮、一二年常办等款，按两加灾，毋庸拨补。民壮、河闸、浅兵并驿递、夫马工料等项，按两扣灾，仍于起运项下动支拨补例许起运项下拨补。其余祭祀俸工按两扣灾先行垫发，仍请于司库存公项下具领拨补例许请饬拨补。

勘不成灾缓征钱粮册结

○○县呈，今将卑县○年分秋禾被水、被旱勘不成灾应请缓征钱粮数目，理合开报。须至册者。

计开：

秋禾被伤三四分民地若干，每亩征银若干，共征银若干。每两均摊丁匠银若干，正加共银若干，照例缓至次年麦熟后征。

结式：

○○县今于与印结，为详请题报偏灾等事。

依奉结得，卑县○年秋禾被水、旱灾○○等几村庄伤损禾稼三四分，实系勘不成灾。民地若干，共征银若干，照例缓至次年麦熟后征收，不致捏饰。印结是实。

凡旗地被灾，仿照此式分项，酌造册结汇详。旗租蠲册非地粮三科，则可以总造，必须将回赎某人地若干，每亩征银若干，共征银若干，逐一排列后结一总，接写照例蠲免十分之几银若干，将被灾分数地亩应蠲数目结总之后，仍照地粮蠲册或尾结大总。

十一月大建赈米若干，折银若干。

十二月小建赈半米若干，折银若干。

凡开此册，每村设立一本，先将该村之极贫户口挨次造明。越空页，每造次贫各尾结总逐户下留空，以待赈时用某月分放记小米戳过小建，在于银内总扣，不必银米两扣，致滋烦琐。并另做一尺五六寸长大木签千根，长尺许小木签五百根竹亦可用，每放一户，每大口给大签一根，小口给小签一根。如米廒收签唱名，量给其兼赈之银，照时价易钱。再，大口应发清钱若干，核定逐日穿就；小口半之，于发签之时钱签并给。

右标若系委员急查普赈，须用双连随查，随即填给示期赴领，即以存查为底案。如毋庸普赈，只用单张刊版刷出，逐户填写村庄极次、姓名、大小口数，于十月二十左右同花名册办完对清用印，预期谕发乡保散给各户亦有委员来散者，一面示期分目散放。有本户系属孤寡老幼不能自领，托邻亲代领者，必询同村别邻及牌保人等认确给发，以杜冒领。或遇有失票，当厂讯实补给，即于散赈册内朱笔注明补票情由，以免重发。原票作为故纸。

道光二十五年漕船军需垫用银两摊还事府札

署武定府王札惠民县知悉。本年四月二十日蒙布政司札开，道光二十六年三月二十五日奉巡抚部院兼理盐政觉罗崇恩批，本司详道光二十五年漕船阻滞调用军剥各船垫用银两缘由，奉批，如详通饬。按照在任月日，无论正署，分作二年摊还归款，毋任延宕。此缴等因到司。合行抄详，并各属应摊银数由马递转饬。札到，该府立即遵照院批事理，并查照单开所属应摊银数转饬各该州县遵照，自奉文之日起，无论正署，按照在任月日，分作二年摊完归款，毋得违延。速速。此札等因到府。蒙此，合行转饬。札到，该县立即遵照。毋违。此札。（二十六

年五月十一日到）

计粘抄详一纸、粘单一纸。

为详请示遵事。

道光二十五年十二月二十五日奉宪台批，据临清州详，垫发东、豫两省军船舵水工食银两造册请摊归款缘由，奉批，仰布政司查照成案妥议详办，毋迟。此缴。册抄发等因。同日又奉宪台批，据临清州详，垫发协济民剥工食及例添二雇剥船不敷工食等款银两请饬摊归款缘由，奉批，仰布政司详议核夺。此缴等因。又于道光二十六年正月二十二日奉宪台批，据粮道详由道库筹款支发小米军船工食并修舱铺舱银两缘由，奉批，仰布政司查照成案，妥议详覆核办。毋迟。并移该道知照。缴。清册分别存发各等因到司。

奉此，查前据临清州陈牧①以道光二十五年卫河水势来源不旺，南粮重运行走节节起剥，所备官民剥船不敷轮转。该州查照历年成案，禀奉宪台饬令，闸内各州县雇船协济。嗣据博平等州县赶催民船一百七十一只解交临清州发帮配剥，所需工食先行筹款垫发，共计垫用银三千二百七十三两五钱二分。迨后河水益形消耗，官民剥船仍不敷用。复又禀奉宪台饬令，调用东、豫两省小米军船，经粮道派拨军船五百六只，饬交该州县点收备用。又奉漕宪以南粮江广，帮船笨重，浮送维艰。札饬于例添剥船并调用军船之外，多雇宽大民船。该州随分投雇觅船一百四十四只，发帮剥运，其工食银两照官剥之例一律垫办，共垫发银六百七十九两四钱四分。又例添二雇剥船共垫支工食银二万二千五百六十七两二钱，除照道光十三年准销成案

① 即陈宽。

请销银一万五千六百一十三两九钱二分外，尚有不敷银六千九百五十三两二钱八分。又该州官剥六十只协济下游南粮尾帮挽出州境，以船添雇水手二名，垫用工食银一百五十三两六钱。又官剥赴外境盘剥，照道光十八、十九两年成案，每船每日给津贴京钱六百文，共垫京钱五百七十六千，照市价合银一百五十一两五钱七分九厘。又押船丁役八名，每名日给饭食银八分，共垫发银一十两二钱四分。以上共垫用银一万一千二百二十三两六钱五分九厘，均请汇同垫用军船工食银两，一并归于通省摊廉归款。并准粮道咨送册开借调军船工食及修舱铺舱等项银两，由道库借款发银六千八百四十两四钱四分七厘，临清州借款发工食银六千四百七十一两八钱，以上通共银二万四千五百四十两九钱六厘，分别咨详请摊前来。

本司覆查上年卫水浅涩异常，南粮重运经临每岁阻滞，非起剥不能前进。该州诚恐有误漕运，禀请札饬闸内州县雇船协济，并请调取军船济剥，均属万不得已。且该州支发各项银两实用有据，借垫之项又系有关归补，当时既经禀明事竣详摊，自应照案核办。但为数甚巨，若以剥运名目派令有漕州县认捐，实属力有未逮。

所有垫用前项经费银二万四千五百四十两九钱六厘，应请照依道光十七年成案，在于十府及通省州县按缺分等第摊廉归款，期于众擎易举。核计支用银两，济南府首府养廉较厚，捐银二百两；泰安、武定、兖州、东昌、青州等五府，各捐银一百五十两；曹州、沂州、莱州、登州等四府，各捐银一百两。以上共捐银一千三百五十两，下剩银二万三千一百九十两九钱六厘。按通省一百零七州县，除新泰等二十一处苦缺，只剩八十六处，照八等缺分均匀分摊。计上上缺八处，系济阳、德州、泰安、惠民、商河、濮州、恩县、济宁，每处应摊银三百六十九两六钱七分四厘，共摊银二千九百五十七两三钱九分二厘；上中缺十二处，系历城、章丘、陵县、东平、汶上、阳谷、单县、馆陶、冠县、诸城、胶州、即墨，每处应摊银三百四十两三钱一分九厘，共摊银四千八十三两八钱二分八厘；上下缺七处，系淄川、长清、乐陵、莒州、平度、临清、丘县，每处应摊银三百一十两九钱六分四厘，共摊银二千一百七十六两七钱四分八厘；中上缺十六处，系齐东、德平、平原、肥城、东阿、阳信、宁阳、邹县、峄县、郓城、沂水、堂邑、莘县、安丘、黄县、荣成，每处应摊银二百八十一两六钱九厘，共摊银四千五百五两七钱四分四厘；中中缺十七处，系长山、齐河、禹城、临邑、青城、滨州、利津、滋阳、兰山、费县、博平、清平、掖县、昌邑、高密、夏津、武城，每处应摊银二百五十二两二钱五分三厘，共摊银四千二百八十八两三钱一厘；中下缺十二处，系莱芜、蒲台、曲阜、泗水、滕县、城武、曹县、朝城、聊城、高唐、益都、金乡，每处应摊银二百二十二两八钱九分八厘，共摊银二千六百七十四两七钱六分六厘；下上缺七处，系新城、平阴、菏泽、范县、日照、乐安、蓬莱，每处应摊银一百九十三两五钱四分三厘，共摊银一千二百五十四两八钱一厘；下中缺七处，系邹平、观城、郯城、博山、博兴、寿光、莱阳，每处应摊银一百六十四两一钱八分八厘，共摊银一千一百四十九两三钱一分六厘。以上所摊银两在各府、州、县应得养廉银内拨扣归还。道库借动款项及临清州垫发银两，在认摊之处所捐无多，而承垫之员得免苦累。惟此项银数甚巨，若作一年摊竣，未免为期过促。应请自奉到宪台批示之日起，无论正署，按照在任月日分作两年摊还归款，以免悬宕。是否有当，拟合将筹议缘由详请宪台鉴核批示祗遵，实为公便。为此备由呈请〇照详施行。

武定府摊银一百五十两，惠民县摊银三百六十九两六钱七分四厘，商河县摊银三百六十九两六钱七分四厘，乐陵县摊银三百一十两九钱六分四厘，阳信县摊银二百八十一两六钱九厘，青城县摊银二百五十二两二钱五分三厘，滨州摊银二百五十二两二钱五分三厘，利津县摊银二百五十二两二钱五分三厘，蒲台县摊银二百二十二两八钱九分八厘。

缓征规模

从前办灾成案，较重者，钱漕并缓；较轻者，缓新旧钱粮，只征漕米。嗣于道光十二年间有缓新漕而征钱粮者，又有缓旧征新者，是以将钱漕并缓为较重，缓漕征钱为次重，缓新旧钱粮而征漕粮为较轻，缓旧征新为最轻。此刘眉生方伯在任如此办理。从前名目未有如是之多。再，缓征有最轻而无最重，以最重则成灾也。

刘开荣京控县役郭延绪等办灾舞弊等情一案部覆

据山东巡抚托[1]咨称，惠民县民刘开荣京控县役郭延绪等办灾舞弊等情一案，缘刘开荣籍隶惠民县，在县属刘内官庄居住，每年应完漕米一斗余升。道光二十年七月间，该县田禾被

---

① 即托浑布。

水，邻近豆腐寨等十二村庄俱被水淹。经各庄地方造册报县，禀奉委员会同勘明，将被水较重之豆腐寨等十二庄，拟将钱漕并缓；其刘内官庄勘明并无成灾，情形较轻，祇缓新陈钱粮，仍征漕米。刘玉培应完刘元勋等户名十八户钱漕，因邻庄豆腐〈寨〉尚有地亩，向系顺在豆腐寨内一并完纳钱漕。豆腐寨既议缓征，刘元勋等粮户难以分晰，一并邀缓。刘开荣闻知，并未查明，疑系皂役郭延绪等从中舞弊，赴县具控。批饬，刘开荣等怀疑未释，复添砌郭延绪等索诈漏报等词，由府赴京具控。委审，据供前情不讳。查刘开荣因庄内被水报县，勘不成灾，缓粮征漕。嗣因庄内顺在邻庄豆腐寨纳粮之刘元勋等户名并邀缓漕，疑系郭延绪等将伊漏报，赴县具控。批饬，即以索诈舞弊等词控府。批县晓谕。不候谕明，辄行赴京具控。虽所告有因，究属越诉。刘开荣合拟越诉律，笞五十。地保刘君平、崔廷树，户书李宝翠，皂役郭延绪，均讯无索诈舞弊漏报情事，应毋庸议。刘玉培等应完刘元勋等户名十八户钱漕，向系顺在豆腐寨庄内完纳。该庄既议钱漕并缓，似难分晰摘收，毋庸再议。除咨都察院外，拟合咨达等因前来。据此，刘开荣京控一案应如该抚所咨完结，相应知照该抚可也。（二十一年七月二十六日到县府行。）

详销张文福呈控刘杰等诓价不串等情一案

为诓价不串等事。

案蒙前宪批，据卑县民张文福等控刘杰等诓价不串等情一案，除将讯结缘由备录载册外，拟合叙具简详，具文详请宪台鉴核批示销案，实为公便。为此云云。

计申送详册一本。

详本府。

武定府惠民县为讵价不串等事。

本年二月十三日蒙前宪批，据卑县民张文福呈称，窃身有应完米豆共合价京钱十二千余，身于去年十一月十六日送交催办。身约漕米之县役吴太、刘杰京钱十二千，与身代完。迨二十四日吴太、刘杰、李凤与伊管账之孙学善赴身庄催米，身当将身庄张喜罄应完米单四纸交伊等算明，合钱三千八百文付给伊等。至二十九日刘杰复催身庄王存礼米价京钱十四千，经身交给刘杰。身又于十二月二十五日将张文锦米价十一千七百文交伊收去。伊均注明账簿，有伊账追据。无如刘杰等讵去米价，迄今不与串票，以致张喜罄等屡讨串票找身不伊。身向刘杰追讨，伊称吴太已故，身与喜罄米价非再如数交付，伊方能将王存礼等串票一并交身等语。身着伊献账质证，不献，赴县具禀，伊恃役拦阻。为此叩乞恩准提追等情。

蒙批，查征收漕米例应各花户亲自赴县交纳，原不准与差役私相授受。且该民人名下应完漕米，既已完纳，因何又为张喜罄、王存礼、张文锦等代完。是否包揽，抑另有别情？并该差刘杰等有无讵价情弊，仰惠民县集案，一并究明。其各该花户应完漕米，如果已完，亦即掣串给领具报。毋任滋。切切。张廷珠呈并发等因。

同日并蒙前宪批，据卑县民张廷呈称，切身庄漕米系县役刘杰、吴太、李凤承管催办。去年身应完米豆，刘杰等于十一月二十二日收身现钱一千。伊着身兑给史廷松京钱二十千，又于二十四日收去身钱五千文。伊将身米豆由单十一纸带城，许不日给身出串，再行清算。伊着管账之孙学善注明账簿，有伊账追据并地方张魁元可问。不意吴太旋故，刘杰等吞价坑害，以致县刘恕将身米豆结出，向身逼债。身赴县具禀，伊恃蠹拦阻，不得不叩乞恩准提究等情。蒙批，已于张文福呈内批示矣各等因到县。蒙此，遵即传集人证，逐一确讯。

据刘杰供，是案下差役县境西乡张上梁家庄漕粮，是小的合差役李凤及已故差役吴太承管。去年冬间，吴太在日同李凤及小的下乡催漕，有该管花户张文福、张廷珠二人说他们有要紧事务外出，不及进城完纳漕粮。他们各人亲把自己名下应完的漕米、漕豆照价合钱，托小的同李凤、吴太带来城里买米豆完纳，掣出串票等，他们自行来取。后来吴太病故了，张文福、张廷珠们到今年二月间才进城取串。那时小的奉票差往别乡办公没回，李凤在家患病。张文福、张廷珠探知吴太病故、李凤患病，小的又没在城，他们恐怕诓了漕串就呈控的。小的听知赶回，向他们说明串已掣出，当面把串票按名点给清楚。他们疑心都解了。今蒙讯明，串票均已交清。至张喜馨、王存礼、张文锦等名漕粮，都是该花户们自行赴廒完纳，早已领串，张文福们并没包揽，小的合李凤及已故差役吴太也没诓串情弊。李凤现未病痊，不能到案。是实。

据张文福、张廷珠仝供，都是案下张上梁家庄人，小的等本庄漕粮是县役刘杰、李凤、吴太承管。去年冬间刘杰合李凤、吴太下乡催漕，小的们因有要紧事务外出，不及进城完纳漕粮，小的们就把各人自己名下应完的漕米、漕豆照价合钱，托刘杰、李凤、吴太带来城里买米豆完纳。今年二月间，小的才回家进城来取漕串，探知吴太病故、李凤患病，刘杰又奉差往别乡去了，不知几时回来。小的们恐怕串票无着，又想起本庄花户张喜罄们名下漕粮也是刘杰、吴太该管，疑心都被他们诓了，就一并牵涉呈控的。后来刘杰回城向小的们说明串已掣出，当面把串票按名点交，小的们查收清楚，小的们前疑顿释。今蒙讯明，漕串实已交清。至张喜罄、王存礼、张文锦们名下漕粮都是各花户自行赴廒完纳，刘杰们并没诓串的事，小的们也没包揽情弊。是实各等供。

据此，该惠民县知县余审看得县民张文福等呈控县役刘杰等诓价不串等情一案，缘张文福、张廷珠均系卑县西乡张上梁家庄民人，刘杰、李凤、吴太俱系卑县差役承管张上梁家庄催漕事务。道光二十五年冬间开漕后，刘杰同李凤、吴太等赴乡催办漕粮。张文福、张廷珠等因有要事急须外出，不暇进城完漕，遂将各自名下应完漕米、漕豆照价合钱，托刘杰、李凤、吴太等带城买米豆完。掣出串票经刘杰存，俟该花户等自行来取。吴太旋即病故，张文福、张珠等至道光二十六年二月间始行回家进城取串，探知吴太病故。适值李凤患病未起，刘杰又奉票差赴别乡办公未回。张文福、张廷珠心疑被诓，想及同庄花户张喜罄、王存礼、张文锦等名下漕粮亦系刘杰等该管，难保无同受诓串情事，随即一并牵列，赴宪辕呈控。蒙前宪批饬讯报，当即差传人证去后。刘杰亦差竣回城，向张文福等说明串已掣出，按名面交清楚。并查明张喜罄、王存礼、张文锦等漕粮系自行完纳，早已领串。张文福等前疑顿释。复集原、被到案，讯悉前情。查张文福、张廷珠等控词失实，本属不合。姑念控出怀疑，到案据实供明，究非有心诬执，且无包揽漕粮情事，应请从宽免议。差役刘杰有承催漕粮之责，其为花户代买米豆，系因张文福等有事外出，不及进城，情愿交价托买完漕，并非私行勒折代完漕串，已给花户收清。诘无别项情弊。刘杰应与患病未到之李凤及业已病故之吴太，均毋庸议。案经讯明，未到人证免传省。除取结附卷并将原、被人等省释外，所有讯结缘由，拟合具文详请宪台鉴核批示销案，实为公便。为此云云。

详销张殿选等控袁文臣等筑堰阻水一案详稿

武定府惠民县为筑堰阻水等事。

案蒙前宪批，据卑县民张殿选等呈控袁文臣等筑堰阻水等情一案，饬令会同商河县勘讯详报等因。蒙此，除勘明断结缘由备载详册不复冗叙外，拟合摘叙简详，具文详请宪台鉴核批示销案。再，商河县张令①已丁忧卸事，不及会衔，会［合］并声明。为此云云。

计申送详册一本。

一详本府。

武定府惠民县为筑堰阻水等事。道光二十五年八月十九日蒙前宪批，据卑县西乡高家等庄民张殿选等呈称，缘历来遇有阴雨横水，自商邑流于身庄东，由袁家庄袁文臣等地内灌于水波杨家洼八方泊，顺于信邑钩盘河归入海内，武属共知。讵今六月间阴雨连绵，水由商邑流来，而袁文臣率领陈际禹、袁维池、袁希忠、侯廷珍、袁维举、陈际尧、袁廷莪、田兴颜、陈加勳、袁廷辉、陈廷莪，自伊庄东新筑东西大堰一道，长二里

① 即张楷。

许，阻水横流，洋溢遍郊，以致田禾俱被水淹，房屋坍塌不堪。身等于今初一日控县，差验禀明堰系新筑，传讯取保。复蒙县主诣勘，谕候讯断。未蒙立押拆堰，身等应毋上恳。但种麦将届，水势渐消，静候讯断，有误布种，不得不奔恳仁宪，恩准委勘提究，均感上叩等情。蒙批，袁文臣等新筑堤堰，于该庄农田有无妨碍，仰惠民县速即会同商河县确切查勘，秉讯断具报，毋任滋讼等因到县。

蒙此，当经备文关会商河县，一面差传各该庄原、被人证，听候勘讯。因人证未齐，未及会勘。张殿选等又于是年九月初九日以贿差押案等情控。蒙前宪批饬，速勘讯报。随卷查道光二十五年七月初一日，据县境西乡高家庄民高占库，逯家庄民逯新德、逯本忠，前刘家庄民张殿选，下坡庄民李元善等呈控袁家庄民袁文臣等堵水淹庄等情到县。据经传讯，两造各执，正拟诣勘覆讯，张殿选等即赴宪辕先后控。蒙批饬前因，遵即催差传齐两造人等，并关催商河县张令过境前往该处会勘得：逯家庄西，袁家庄东，中间有土堰一道，即系控争之处。此堰计长二百四十二步，高一尽［尺］许，宽一尺许。堰东首距逯家庄半里余，西首距袁家庄半里许，西距高家庄里许，西南距仇家庄不足里许，南距下坡庄二里许，北距张家庄、王枣乎家庄皆不过里许。四面皆系坡下平地，中间筑堰一道。堰外平地内水已消涸，地土潮湿。高家庄东亦有土垫南北小道一条。勘毕，确讯各庄两造人等佥供，土堰与小道皆因各庄地势低洼，雨后泥泞，筑起以便行走，均非有心堵水逼淹邻庄等情。卑职与张令查该处土堰小道，虽系各庄筑为行走而设，但每遇大雨，平地水深，不免停阻水势，于各该庄地亩互有妨碍。断令各庄民人将土堰小道一律自行拆毁，两造俱各输服。惟当时积水初消，正值补种二麦之际，民力未闲。饬俟岁暮春初农隙，陆续拆平，嗣于今春饬差确查。据禀，业已照断平毁，两造均无争执等情前来。

卑职覆查属实，除取结附卷外，所有勘明断结缘由，拟合具文详请宪台鉴核批示销案，实为公便。

再，商河县张令已丁忧卸事，不及会衔，合并声明。为此云云。

详销曹克文告任企桐等阻修庙宇一案

为捏私吞公等事。

道光二十五年十一月初二日蒙前宪批，据卑县民曹克文呈称，切身庄有土地庙一座，祖父前已重修二次。现因残破，庄众共议重修，已将庙宇修竣，垣墙照旧修葺二面。惟有西面与任企桐毗连，讵伊恃棍硬阻，不令按旧修葺，将庙产树霸为已有。庄齿理评不服，曹升将庙契一纸找出，注明二契系康熙四年二月初一日立：一系任进职卖契八分一厘，一系任茂林舍契，未载数目，却有四至可凭，当与照契查。又任坤、任学素所种，系在卖舍二契，北至道内，同众均各愿退，惟任企桐硬霸阻修，坚不与文。身祖曹书堂、曹升因系首事，遣身粘契禀县，蒙批抄粘，身遵批投税。无如任企桐奸计百出，暗与任坤、任学素朋谋侵占，坚霸不退，反串王肯堂讲说不以印契为主，权便了事，未允。肯堂挟嫌给伊私立假契，偷立灰界，贿嘱承差按伊私契查丈，朦蔽县总劝谕，不令身等争执。身思遵批投税原为庙田，而不以印契为凭。不惟庄众不服，身亦难甘。身祖书堂年迈，遣身抱恳仁宪恩准提究，抑或饬县另改承差清文，感恩上叩。被告任企桐、任坤、任学素、王肯堂、萧广心干证县卷等情。蒙批，任企桐等有无串霸庙地情事，仰惠民县吊验任企桐业契，改差覆文讯断。该原差如有受贿朦蔽情事，一并究报抄粘附等因到县。蒙此，随卷道光二十四年十月初三日据县民曹树堂、曹升以棍霸阻修等情控任企桐等到县。嗣据民人陈万恳息，因未处妥，该原告等复又来县续呈。当经卑职饬差查，又集案讯明任企桐等并无霸占阻修情事。且曹树堂前管该庄土地庙账时，伊子曹秉仁等尚有借用庙资京钱十九千文，又曹树堂存管庙资京钱十五千文，均未交出。曹树堂年老龙钟，不能经理庙务，账目不清，以致滋讼，断令该庄另择妥人承管庙中事件。所有曹树堂收存未交，及伊子曹秉仁等借用未还庙资钱文，饬令曹树堂之孙曹克文照数措缴，给接管庙事之人收俟该庙公用，取具各结在案。曹克文又赴宪辕控，蒙批前因，遵复改差吊契查丈传讯去后。旋据民人李佩贞、马保元等查处妥协，呈请息销前来。

集讯两造供词与原审相符，书役人等亦无受贿朦弊情事。卑职覆查曹克文控词失实，本属不合。姑念系曹树堂年老糊涂，嘱令呈控图准所致。一经李佩贞等查明，即愿仍遵原断，输服无词，应请从宽免究。任企桐等并无霸占阻修、贿嘱书差等弊，应与书差萧广心等均毋庸议。除取具结切实甘结附卷并将人证省释外，拟合具文详请宪台鉴核批示销案，实为公便。为此云云。

租商张履福火毁残票查办事司札

运司沈[1]为详请等事。道光二十六年五月十九日蒙巡抚部院兼理盐政觉罗崇恩案验，道光二十六年五月初五日准户部咨覆惠民县租商张履福火毁残票一案缘由到本部院。准此，合就檄行。为此仰司官吏即便查照办理。毋违等因到司。奉此，合行。为此札仰该县官吏。札到，即便转饬该租商遵照。毋违。特札。

计粘单一纸。(二十六年闰五月初二日到)

户部为详请等事。

山东司案呈，道光二十六年三月二十四日准山东巡抚崇[2]咨称，据盐运使沈详称，据惠民县详称，据卑县租商福恒盛本名张履福禀称，窃商于二十四年租到福惠昌名下票张，在县境行运办课，请领二十四年四季部票二千五百二十张陆续运销。前因奏限届期，将运完春、夏两季残票一千二百六十张呈缴在案。下余秋、冬两季部票一千二百六十张，现已赶紧运竣出场，催令各子店集票送城汇齐。订砌成百之际，适有民户喊叫买盐，商因前门无人，彼时手持残票六张放在柜房桌上，赶赴前门称盐。既回柜房，桌上残票六张，经风吹落桌前火缸内被火烧毁。兹将秋、冬残票一千二百五十四张呈案，恳恩备文申缴，其被火烧毁残票六张，实系商一时疏忽，致被火毁，毫无别故。伏

---

① 即沈拱辰。

② 即觉罗崇恩。

思残票系解部查验之件，既被火毁，商不得不据实陈明等情。

卑职查此案，该租商张履福残票被烧六张，系因钉砌时被风吹落火缸以致烧毁，并非失火延烧。且系已春残票，于运课、钱粮均无关碍。遍查律例，并无治罪专条。惟该租商在屋砌钉时赶赴前门卖盐，并不将残票小心收放，致被风吹落入火缸，烧毁六张，实属疏忽，自应酌量问拟。张履福应照不应重律，杖八十，系历城县文生，照例纳赎追银册报，免革租商。并取具甘结，加具印结转详，请咨等情。本司覆查该县复讯张履福等供词矢口不移，似无遁饰。虽属火毁，究出无心。且系已运残票，无关课运。据请将张履福拟照不应重律，杖八十，系历城县文生，照例准其纳赎，追银册报。应如请拟结，除批饬严谕该租商嗣后收放票引小心收贮，不得似此疏忽，致干严惩外，兹据前情，拟合将送到印甘各结，本司加具印结，据情转详，咨部查照等情。为此合咨等因前来。

查山东惠民县租商福恒盛本名张履福办运引盐，据该抚咨称，该商办运道光二十四年四季票引二千五百二十张，已将春、夏二季残票一千二百六十张申缴在案。下余秋、冬二季票一千二百六十张，现已赶运出场。于十月二十五日查数钉砌之际，适有人买盐，将手持残票六张放在桌上前赴秤盐，经风吹落火缸内烧毁。经运司详，据该县讯勘属实，取具印甘各结送部等因。除将烧毁二十四年分引票六张行令该抚于解缴该年残引册内分晰注明，以凭查核，仍咨该抚转饬该商，嗣后领销引张，务须加意谨慎，毋得仍前疏忽，致干惩办可也。须至咨者。

禀抚、藩、臬、本道、粮道、本府

禀卑县境内二麦被风、被旱请赐委员勘办由

敬禀者。窃照卑县境内上年二麦普种，冬雪优沾，春初雨泽虽稀，而土脉尚不十分干燥。麦苗出土长发，本属可望丰收。讵自二、三两月以来，大风屡作。卑职因各乡麦禾正当盛长之际遭此大风，恐有伤损，随即饬差确查。适据乡民人等呈报到县，卑职亲诣各乡周历履勘。缘县境地多碱沙，壤非膏腴，麦苗猝被风偃，间有黄萎之处，刻下又未得沾透雨，地土亦稍干旱。四乡大略相同，虽均勘不成灾，将来收成究难免于歉薄。自应量予调剂，以恤民艰。理合禀请大人、大老爷鉴核，俯赐委员下县覆勘，会议禀办，实为公便。肃此云云。

禀抚、藩、臬、本道、粮道、本府

禀覆会勘惠民县二麦被风、被旱议请缓征新旧钱粮由，青城县知县张薇垣、坐补鱼台县典史姚定汇会衔

敬禀者。窃卑职定汇奉藩司、宪台、藩宪委勘惠民县二麦被风、被旱情形，是否不致成灾，应否量予调剂，刻速妥议禀办等因。卑职薇垣亦奉本府、宪台札同前由，遵即订期驰抵该县，会同卑职棨①亲诣四乡周履确勘，查得各该乡麦禾因仲春以后大风屡作，嗣又缺雨，地土干燥，二麦被风、被旱，禾苗

① 即余棨。

细弱短矮。现已时交夏令，吐穗甚小，且有偃折黄萎之处。此后即使续沾雨泽，而麦禾受旱已深，难望再有起色。四乡大略相同，虽均勘不成灾，收成究形歉薄，闾阎未免拮据。若将新旧钱粮照常征收，民力实有未逮。卑职等悉心体察，确核筹议，应请将阖境未完本年上忙新赋同二十五年民欠及秋灾原缓，均缓至道光二十六年秋后启征。其道光二十四年以前民欠，及因灾原缓与应带征历年旧欠，原缓、递缓钱粮，临、德等仓银两，一并缓至道光二十六年秋后，按最先年分递年依次带征一年，以纾民力。所有查明酌议缘由，理合会禀大人、大老爷鉴核办理，实为公便。

再，查历年民佃、盐课业已全完，并无应缓之项。合并声明。肃此云云。

禀藩宪禀奉委催本年上忙民欠钱粮，现因二麦被风、被旱停征由，试用未入胡维翰会衔

敬禀者。窃卑职维翰奉宪台委催武定府属各州县本年钱粮等因。遵即束装起程，驰抵惠民县会同卑职槃①吊齐征册、流串，查得卑县本年上忙新赋前，已征解过宪库地丁正银四千四十七两七钱一分一厘、耗银四两二钱七分四厘、春季知县养廉银三百五十两在案。下余未完民欠，因境内二麦被风、被旱，民力实形拮据，业经卑职槃据实通禀，应俟委员勘议缓征调剂，未便照常比追。缘奉饬委催提，理合会禀大人查考。肃此云云。

① 即余槃。

禀粮道禀奉委催漕运议单赋役全书由，候补从九品刘会和会衔

敬禀者。窃卑职会和奉宪台委催各属应造漕运议单赋役全书等因。遵即驰抵惠民县会同卑职棨①，查得卑县应造道光十六年起至二十五年止，前项议单全书，现经饬承，赶紧查办。除俟办竣另文呈送外，缘奉委催，理合会禀大人查考。肃此云云。

禀本府禀覆前发院辕弁兵差委奖赏生息本银业已发商具领由

敬禀者。窃奉宪札转奉藩宪饬查，前发卑县交商之院辕弁兵差委奖赏生息本银曾否发商具领，令即据实禀覆等因。遵查卑县奉发此项本银五百两，前于道光二十五年三月二十六日奉藩宪委员管解到县，当经卑职照数查收。饬据县境各当商因银数匪巨，议发公合当、宏泰当、益盛当、宏盛当、吉升当等五家当铺，每家领本银一百两，以免琐碎奇零。卑职核其所议，尚属允协。随即发交该五家当商具领，自道光二十五年四月初一日起，按月一分起息，取具领状互保甘结，加具印结，造具花名清册，详送藩宪在案。道光二十五年分截至年底止，该完九个月息银已据五家当商完缴，由卑职于是年十一月二十三日

① 即余棨。

批差解赴司库交兑，掣有批回附卷。嗣因领本之五家当商内有宏盛当与宏泰当等两家先后歇业，止当候赎。于本年三月间议请缴本任，卑职饬侯谕令阖境当商公议，应否将歇业两商所缴本银另发两商接领，抑或将其余三家原领本银一并完缴，另发阖境当商均匀分领之处，筹议允妥，再行缴案发领，免致停旷。维时卑县当铺，除歇业各家不计外，下余开设者共有二十七家，坐落城内四乡，彼此相距远近不一，往返会商尚未议定。而协和当商荆奉典，旋因彭陈氏取赎衣物涉讼未结，赴藩宪衙门呈控彭友伦等一案，在省闻知各当商有公议承领前项生息本银之事，又未见发交银两，即于控词内牵叙，致蒙札查。迨后荆奉典回县询明各商，公议未定，是以未及分别饬缴另发。荆奉典前疑顿释，随催据各商会议妥协，请将歇业之宏泰、宏盛等两家及并未歇业之公合、益盛、吉升等三家各缴原领本银一百两，共计本银五百两全行缴案；另按阖境二十七座当铺均匀分领，自道光二十六年闰五月初一日起照旧每月一分起息，遇闰加增等情。并将原领本银五百两，同道光二十六年正月初一日起至五月底止，五个月息银二十五两，由原领之五家当商完缴前来。

除照依该商等公议传齐二十七家当商，将本银五百两发交，均匀分领，每家领本银十八两五钱一分八厘五毫二丝，即自闰五月初一日起，各按本银每月一分生息完纳，仍取具五家当商缴状及二十七家当商领状互保甘结，加具印结，造送花名清册另文详送外，所有前项本银先已发商，现又据缴另发缘由，理合据禀覆大老爷鉴核，转禀藩宪查考。

再，查道光二十六年分，连闰计十三个月，共该生息银六十五两，已蒙藩宪汇案，在卑县应领道光二十五年漕耗米折银内全数扣拨清楚。今前商缴到正月至五月息银二十五两，应由卑职存，俟新领各商将闰五月至年底止生息银两缴齐后，归补奉扣卑县领款。合并声明。肃此云云。

禀藩宪禀覆本年上忙征完新旧钱粮均已分别支解并呈清折由

敬禀者。窃奉宪札，饬将本年上忙征完新旧钱粮，解支实存各数目开折禀报，一面星速批解等因。遵查卑县自道光二十六年二月初一日上忙开征起，至四月十九日禀报二麦被风、被旱撤柜停征之日止，共征完本年钱粮正银五千三十五两七钱三分四厘，内批解过宪库地丁正银四千四十七两七钱一分一厘、花红公宴银六两一钱八厘；解过粮道临仓正银二百两；坐支过文、武庙祭品银二十两，春季官俸役食杂支里甲夫马工料等银七百六十一两九钱一分五厘。又随正征完耗银七百五两三厘，内批解过宪库耗羡并知县养廉银三百五十四两二钱七分四厘，分解过粮道临仓耗银二十八两，坐支过春季各官廉费银三百一十三两、地丁脚费银九两七钱二分九厘。又征完道光二十五年钱粮正银四千六百四十三两九钱五分二厘，内批解过宪库地丁正银三千七百九十四两八钱六分八厘，分解过粮道临、德、常等仓正银八百四十三两六钱六分，解过学租正银五两四钱二分四厘。又随正征完耗银六百五十两一钱五分三厘，内批解过宪库耗羡并知县养廉银四百五十两三钱一分，分解过粮道临、德、常等仓耗银一百一十八两一钱一分二厘，分解过学租耗银七钱五分九厘，坐支过各官廉费银七十一两八钱六分四厘、地丁脚费银九两一钱八厘。所有征完新旧钱粮均已尽数分别支解清楚，并无存柜之项。下余未完本年上忙民欠及二十五年民欠银两，俱因二麦被风、被旱禀请议缓道光二十一年至二十四年民欠。因道光二十五年秋禾被水、被虫案内缓征未届启带之期，现应递缓至二十六年秋后，方能按最先年分递年依次带征一年。本年上忙无可征解，缘奉饬查，理合开具清折，据实禀覆大人查考。肃此云云。

计禀呈清折一扣。

谨将卑县本年上忙征完新旧钱粮解支及民欠数目开折呈电。

计开：

道光二十六年分

阖县额征连闰共正银五万六千八百一十四两九钱二分九厘，上忙应征一半正银二万八千四百七两四钱六分五厘。

自道光二十六年二月初一日开征起，至四月十九日因灾停征止，共征完正银五千三十五两七钱三分四厘。

内解过司库正银四千四十七两七钱一分一厘、花红公宴银六两一钱八厘、粮道临仓正银二百两。

支过文、武庙祭品银二十两，春季官俸役食银五百一十八两二分一厘，春季杂支银一百四十九两八钱九分七厘，春季里甲夫马工料银九十三两九钱九分七厘。

以上共解支过正银五千三十五两七钱三分四厘。

未完民欠上忙正银二万三千三百七十一两七钱三分一厘，因二十六年二麦被风、被旱，应请缓至二十六年秋后启征，现在并无存柜银两，理合登明。

阖县额征连闰共耗银七千九百五十四两九分，上忙应征一半耗银三千九百七十七两四分五厘。

自道光二十六年二月初一日开征起，至四月十九日因灾停征止，共征完耗银七百五两三厘。

内解过司库耗羡并知县养廉银三百五十四两二钱七分四厘、粮道临仓耗银二十八两。

支过春季各官廉费银三百一十三两、地丁脚费银九两七钱二分九厘。

以上共解支过耗银七百五两三厘。

未完民欠上忙耗银三千二百七十两四分二厘，因二十六年二麦被风、被旱，应请缓至二十六年秋后启征，现在并无存柜银两，理合登明。

道光二十五年分

原欠未完正银，自道光二十六年二月初一日开征起，至四月十九日因灾停征止，征完正银四千六百四十三两九钱五分二厘。

内解过司库正银三千七百九十四两八钱六分八厘，粮道临、德、常等仓正银八百四十三两六钱六分，学租正银五两四钱二分四厘。

以上共解支过正银四千六百四十三两九钱五分二厘。

未完民欠正银一万八千六百二两一钱九分二厘。所有道光二十五年秋禾被水、被虫原缓之项，均在此内，俱因道光二十六年二麦被风、被旱，应请一并缓至二十六年秋后启征，现在并无存柜银两，理合登明。

原缓未完耗银，自道光二十六年二月初一日开征起，至四月十九日因灾停征止，征完耗银六百五十两一钱五分三厘。

内解过司库耗羡并知县养廉银四百五十两三钱一分，粮道临、德、常等仓耗银一百一十八两一钱一分二厘，学租耗银七钱五分九厘。

支过各官廉费银七十一两八钱六分四厘、地丁脚费银九两一钱八厘。

以上共解支过耗银六百五十两一钱五分三厘。

未完民欠耗银二千六百四两三钱七厘。所有道光二十五年秋禾被水、被虫原缓之项，均在此内，俱因道光二十六年二麦被风、被旱，应请一并缓至二十六年秋后启征，现在并无存柜银两，理合登明。

禀藩宪禀覆卑县道光二十五年知县养廉银两业已全数解清由

敬禀者。窃于闰五月十四日接奉宪札，饬将欠解道光二十五年养廉银三百五十两赶紧批解等因。遵查卑县道光二十五年分额征应解知县养廉银一千四百两，前于是年二月二十八日解兑过春季银三百五十两，又于是年三月十三日解兑过夏季银三百五十两，又于是年十二月十三日解兑过秋季银三百五十两，又于道光二十六年前五月初八日解兑过冬季银三百五十两。统计先后四批，共解过春、夏、秋、冬四季银一千四百两，业已全清，均掣有库收存卷。兹奉札提，理合据实禀覆大人鉴核，俯赐饬承，查明入于奏销案内作完造报，实为公便。肃此云云。

禀本分府陈[1]夹单

敬禀者。窃卑县请修监狱南牢等房一案工程，原奉藩宪委

① 即陈光绪。

重宪台勘估，当经造具册结，申送详咨。嗣奉工部咨覆，以册造未协，行令覆核另造等因。现已遵照，按款更正，造具妥协估计册结并代缮勘结，具文申送宪辕请转在案。惟工程紧要，急须兴修，难于久延。理合禀求大老爷鉴核，俯赐将册勘各结早日径申藩宪，俾得赶紧详咨，洵为恩便。肃此云云。

敬再禀者。昨奉钧函，饬催应解养廉银两等因。卑职捧诵之下，不胜惶悚。现在赶紧尽先设措，务于月内批解，断不敢再事稽延。夙荷恩睐，迥逾恒泛。伏冀鉴涵，临禀悚切。卑职△谨载。禀。

禀分府陈[①]夹单

敬禀者。月之十五日以卑县修监事件，曾肃一禀，度邀霁鉴。兹奉钧函，饬解春、夏两季养廉等因。伏查此项廉银本应即早解兑，祗缘卑县上忙新赋开征未久，旋因麦歉报灾撤柜，灾前收完无几。除勉强凑解司库头批外，下余分支春季俸工廉费尚属不敷，以致宪台廉银至今悬欠。叠蒙函谕，谆谆下怀，曷胜惶悚。兹特竭力摒挡，措得春季之数备具文批，专差解上，仰求验收。其夏季银两，现仍设法张罗，一俟办齐，再行呈解。尚祈大老爷鉴原苦况，俯赐缓期，俾得稍事从容，则感戴鸿施于无既矣！肃此云云。

---

① 即陈光绪。

禀藩宪、本府禀卑县奉查蠲免续奏各款已于前五月二十七日具文详覆由

敬禀者。窃于闰五月十八日蒙宪台、藩宪专差历城县马夫赍到本月十五日封发札文一件，因前查卑县蠲免及续奏册报各款一案，日久未据登覆，令即迅速具详等因。遵查此案先于前五月十四日蒙宪台、藩宪札饬，将原造续奏册报不符情节确查有无捏混，据实详覆核办；并令将蠲免册报已征未解银两赶紧解兑等因。当经卑职遵照，按款逐细覆核明确，于前五月二十七日具文，由马递径详宪台、藩宪，并将奉发登覆续奏清册详送本府、宪台核转。其前县徐鈖已征未解银两亦经查明。徐鈖参案原抵领款奉扣后任欠项及历任交代，均以后任领款辗转列抵。实在情节于详内据实声明，应请宪台、藩宪在卑县现存领款项下扣拨在案。兹奉专差催提，除照案再缮详文一套，交该马夫赍赴宪台、藩宪衙门投候核办外，所有此案早已详覆缘由日期，理合禀覆大人、大老爷鉴核，檄饬沿途各县查明前项详文，究系何处接递耽延，以昭核实，洵为公便。肃此云云。

禀抚、藩、道、府禀勘明惠民县挑修徒骇河六段工程均系一律深通，并呈印勘各结由，代阳信县拟

敬禀者。窃奉藩司、宪台、藩宪札饬，以据惠民县禀报挑修徒骇河工程全完一案，委令卑职验收通禀等因。遵即束装驰

抵该县，会同余令亲诣河道处所周履确勘，查得原估请挑之刘菩萨桥至凤鸣桥工程一段，计长三百一十五丈；又自凤鸣桥至赵家桥工程一段，计长四百六十丈；又自李家桥至杜家桥工程一段，计长四百二十丈七尺；又自杜家桥至樊家桥工程一段，计长三百五十八丈；又自宋家桥至刘家桥工程一段，计长三百五十二丈二尺；又自刘家桥至金家桥工程一段，计长二百三十八丈。以上共计六段工程，其面底宽深丈尺均各照估如式一律挑修完竣。现在两岸坚实，河道水流通畅，委无偷减草率情弊。所用夫工银二千九百八十四两九钱一分二厘，除余令自行认捐银二百八十四两九钱一分二厘外，余银二千七百两业经余令禀蒙藩司、宪台、藩宪批准，归于惠民县本缺，无论正署，分作十二年捐廉还款在案。所有勘明挑竣缘由，理合取具该县印结，卑职加具勘结，禀覆大人、大老爷查考。此系捐办工程，应请免其造册报销，合并声明。肃此。恭请福安，伏乞垂鉴。除径禀各宪外，卑职多瑞谨禀。

计禀呈印结一纸、勘结一纸。

武定府惠民县今于与印结事。

依奉结得，卑县挑修过徒骇河道内刘菩萨桥、凤鸣桥、李家桥、杜家桥、宋家桥、刘家桥等处六段工程，各长及面底宽深丈尺，均已照估如式，一律挑修完竣。两岸坚实，河道水流通畅，委无偷减草率情弊。印结是实。

武定府阳信县今于与勘结事。

依奉结得，卑职勘验过惠民县挑修徒骇河道内刘菩萨桥、凤鸣桥、李家桥、杜家桥、宋家桥、刘家桥等处六段工程，各长及面底宽深丈尺，均已照估如式，一律挑修完竣。两岸坚实，河道水流通畅，委无偷减草率情弊。理合加具勘结，是实。

禀抚、藩、道、府禀卑县境内交夏以来节次得雨日时寸数由

敬禀者。窃于六月初四日蒙本府/宪台转奉宪台/各宪札饬，以本年五月二十及二十五、六等日省垣连得透雨，令即查明卑境同日曾否亦沾渥泽，迅速通禀等因。遵查卑县境内，自交夏令于四月二十四日子时起至卯时止，得雨一寸。所有前五月上、中两旬均属晴旱。是月二十日酉戌之间，虽曾云阴密布，讵急风忽起，片刻吹散。其二十五、六两日，亦仅薄云散漫，霡霂未久。直至是月三十日，始经雷雨交作，自子时起至寅时止，得雨三寸。此后又于闰五月初三日亥时起至初四日辰时止，得雨一次；又于闰五月二十日丑时起至辰时止，得雨一次；又于闰五月二十七日卯时起至申时止，得雨一次。以上三次雨泽均属深透土脉，四野一律优沾，随时具文申报在案。兹奉札查，理合据实按期查明，禀覆大人、大老爷鉴核汇报，洵为公便。肃此云云。

禀河院、抚、藩、臬、道、府、分府

禀卑县境内大清河水随长随消，现在预为防范由

敬禀者。窃照卑县境内有大清河一道，自县境西南乡于林庄济阳县交界入境起，至滨州交界之老君堂流入滨境止，从西南而迤逦东北，袤延一百一十余里。查此河来源出自汶河，经戴村坝北溢绕东平州城，由东阿、平阴、肥城、长清、齐河、

历城、济阳经行卑县，及滨州、蒲台、利津而入海。所有卑境大清河道至今通畅无阻。西南堤岸以外地势较高，惟东北堤外地渐低洼。而白龙湾探马哨、姚家湾谈家哨等处为河水对冲折流，北面村庄遥居岸下，形如釜底，每遇来源水旺，河水盛涨时，白龙湾一带堤岸俯临各庄，最关紧要。当此伏暑大雨时行之际，卑职恐上游各境水势汇注，急须防守，曾于入伏后选派可靠丁役分住险要处所，留心查看情形，按日飞报，卑职间日一次亲往察勘。现在两岸均各如旧，并无稍见坍损。但河心水流较寻常行流稍急，水深亦随长落四五尺不定，距岸丈余及八、九尺不等，尚无妨碍。卑职伏查该处河岸为县境东南保障，关系田庐民生。今水势消长靡常，难保非上游有长水之处，自应预事绸缪，防患未然。刻下卑职亲居要隘，督率乡地民夫，不惜重资广购秸料等物，将各处险要堤岸无分昼夜实力加高培厚，以期无虞。除会同营汛教佐随时认真防范，并此后水势情形由卑职每日一次具禀宪鉴，一面移会下游滨州、蒲台、利津一体巡防外，理合将现在河水随长随消及亲诣筹防缘由驰禀大人、大老爷查考。肃此云云。

禀抚院、河院、藩、臬、本道、本府、分府禀卑县境内大清河水于本月初九日消落尺余由

敬禀者。窃卑县境内大清河道昨因河水陡长，随时长落不定，当经卑职亲诣白龙湾等处要隘河干，预为筑防，于本月初八日将水势情形禀报宪鉴在案。今于本月初九日查得白龙湾探马哨、姚家湾谈家哨各段河水有消无长，较初八日消落一尺有

余，河心水流亦缓，两岸旧堤坚稳如故，增筑各土更形得力，居民安堵，可保无虞。除仍会同营汛教佐督率乡地人等随时相度水势、加意防护，不敢稍事疏懈外，所有初九日河水渐消缘由，理合驰禀大人、大老爷查考。肃此云云。

禀抚河两院、藩、臬、本道、本府、分府禀卑境大清河水于本月初十日续消二尺由

敬禀者。窃卑县境内大清河道前因河水陡长，经卑职亲诣白龙湾等处要隘河干，预为筹防，于本月初八日具禀宪鉴。嗣于初九日水消一尺有余，亦经续禀在案。今于初十日查得，各段河水一律有消无长，较初九日又续消落二尺，新旧堤岸坚固无虞。此后上游来源若不再长，约计两三日内便可安澜如故。除现仍会同营汛教佐督率乡地人等小心防护，俟河水落符故志，卑职再行回署外，所有初十日河水续消缘由，理合驰禀大人、大老爷查考。肃此云云。

禀抚河两院、藩、臬、本道、本府、分府禀卑境大清河水消落平静由

敬禀者。窃卑境大清河前因河水陡长，卑职亲诣白龙湾等处要隘河干，培筑堤岸，预为防护。连日以来，水势渐消，均经具禀宪鉴在案。今于本月十一、十二两日，河水又消三尺有余，探量河底，距旧岸计深四丈三尺。现在水深二丈七尺余，

水面距旧岸一丈六尺余，加以新筑堤高七尺五寸，通计水面距堤二丈三尺有余。河心水流缓静通畅，与寻常夏秋存水丈尺相同。察看情形，安澜如故。此外各处堤岸亦俱一律坚实，可保无虞，堪慰慈廑。除严谕乡地人等小心看守堤岸，不准附近居民取土损坏以重河防外，所有河水消落平静缘由，理合禀报大人、大老爷查考。卑职即日回署办公，合并声明。肃此云云。

禀抚、藩、粮道、本府

禀本年二麦歉收，会议请将大漕麦石暂改粟米由，阳信县多、惠民县余、滨州王、青城县张①会衔

敬禀者。窃照漕粮项下，向有额征小麦以为供奉内廷之需，如遇麦收歉薄，不堪征兑，即请改征粟米抵额交帮，历经办理有案。卑县、惠民今岁二麦被旱、被风，确收仅止五分有余，民间储蓄麦石甚少。将来大漕开征，花户必须购买输纳，而市集麦石颗粒小缩，不能饱绽，难以充数。卑滨州及卑县、阳信、青城二麦确收亦仅五分余，情形均属相同。卑职等伏查此项麦石，上关天庾正供，例应干洁饱满，方足以昭慎重。今因收成歉薄，难选好麦。惟有请照成案，将惠民县额征漕麦三百二十二石、滨州额征漕麦三百三十一石、阳信县额征漕麦二百七十七石、青城县额征漕麦一百八十七石，一律暂改粟米，俾征收不致掣肘，交帮可免贻误。俟来年麦收丰稔，仍照旧征麦，以符定例。所有会议改征缘由，理合具禀大人、大老爷鉴核办理、转禀，实为公便。此系惠民县主稿，合并声明。肃此云云。

---

① 即多瑞、余棨、王宠三、张薇垣。

覆沾化县黎[1]

顷奉手书，以徒骇河工程尊处急须挑办，嘱将敝县前同委员会议及兴工各禀抄录寄上等因。兹特照抄，递呈青览，即祈查照是荷。此覆。顺请云云。

附抄禀稿一纸、估折稿一纸。

覆青城县张[2]

差至，接奉手翰，备荷关垂，感甚。查上年奉办闽硝，弟处业已解兑清楚，掣批在案。其部硝一项，屡次询之秋伯大兄，渠处亦未奉有准减明文，但云局中催取甚急，不能再缓，业已解兑等语。弟因例限紧迫，势难久延，昨亦专丁带银前去访查各属交兑情形办理，刻下尚无覆音。今承示及，每斤可减一分，自当函谕家丁查照妥办。同属各处现已遵嘱转致矣。至于敝县漕务，腊底虽将串票截清，而书欠、民欠尚短一草有余，运赴水次者甫及一半，是以减让帽子之说尚难议及。且俟正项凑有端倪，再为计较可耳。泐此。覆请云云。

---

① 即黎树三。

② 即张薇垣。

致商河、蒲台、滨州、乐陵、阳信

敬启者。顷接张春帆兄来函转述临邑函致，以奉办部硝一项，局中每斤准让银一分。又云济属漕事，粮宪在省面允，折帮帽子每石可减二钱余等因。用特泐函转布，即祈查照办理为祷。此请云云。

致临清州陈[1]

鱼笺常寄，鸿范久睽，抚序怀人，殊深萦结。比维栗堂仁兄大人升祺日楙，政祉春和，如颂为慰。弟碌碌从公，鲜善可告。现因大宪按临，部署一切，颇费周章。幸顽躯耐劳，差堪报纾雅注耳。兹有恳者，前挪宗少棠先生五百金之项，曾经书券，现存秦四兄处收执。缘杨桐生兄有存于尊处一款，列入敝县交案作抵名世之数，议将前项彼此拨兑，以归简便。用特专差奉布，务祈仁兄大人查照，将弟立存券约代为取回，掷交去差带来涂销。是所拜祷。泐此。敬请云云。

---

① 即陈宽。

覆商河县彭[①]

顷奉手书，并准大移，以学宪按临在即，嘱将协济夫马赶紧备拨等因。除查照旧章速办外，先此泐覆。顺请云云。

覆历城县叶[②]

差至，接展手书，以汤贯如二兄现奉道宪委查小钱差使，系为资助汪雅奏兄而设，嘱饬盐当致送等因。查此项例差，敝县盐当各店向无外办旧章，可向省友询问。兹由弟处自具济平足银四两交差赍呈，即祈仁兄大人查收汇送。是所拜祷。泐此云云。

覆利津县捕厅杨[③]

簿书砺碌，笺候久疏，每忆芝标，时殷葭溯。月之十七日，专差抵惠，接展华函，借稔二兄大人升祺序楙，政祉春和，慰

---

① 即彭垣。
② 即叶圭书。
③ 即杨文宧。

如所颂。弟从公郡垣，毫无建树。近以抚、学两宪先后按临，供账云繁，殊形支绌。幸勉力敷衍一切，尚无丛脞，差堪告慰雅注耳。承示申报小平兄丁艰一案，细阅原札，自系本府仅报方伯。迨至会委署员，而臬宪始知其事。故尔特札行查，弟已将尊意婉回郡宪。蒙谕，此事必须补文通报方臻妥协，令即转致等因。兹特遵嘱代拟申稿及禀府夹单稿各一纸，同原札一并交差带上，祈查收办理是祷。泐此云云。

附呈原札一件、申文稿一件、禀稿一件。

覆利津县丞白[①]

顷奉手书，承示少府杨二兄申报印官丁艰未及通报一案，嘱为代恳缓颊等因。查此事昨接杨二兄专差来信，弟已谒见郡宪，婉回一切。蒙谕必补通报，方臻妥善，令即转致迅速办理。除由弟处代拟各稿寄覆杨二兄照办外。泐此。覆请云云。

覆蒲台县王[②]

差至，接奉手书，并准大移，寄来接收贵前县熊、白[③]两任一案交代监盘委结，嘱即钤印书衔画押等因。除将原结十六

---

① 即白舜琴。

② 即王沛霖。

③ 即熊秉钺、白舜琴。

纸逐一填注，原委杨桐生兄衔名，并代为画押钤印，另备公牍交差带回外，即祈三兄大人查照转申是祷。泐此云云。

致同属九州县

敬启者。敝县境内因本月二十三日大风暴作，麦禾被灾，现已禀请各宪委员会勘在案。未知尊处情形如何，用特录稿函布，即祈查照为祷。泐此云云。

附抄禀稿一纸。

覆候补从九雷

使至，接展手书，得悉尊兄大人奉粮道宪委催上年临、德二仓银两等因。查敝县应征道光二十五年临、德二仓正耗银两，今已征完临仓正银六百五十两，耗银除坐支应解银八十九两四钱四分；又征完德、常仓正银一百九十三两六钱六分，耗银除坐支应解银二十六两六钱四分七厘，均于三月二十七日差役解赴粮道衙门交兑在案。所有临仓正耗，除缓及已完外，止剩应征民欠正耗银三百九十余两。现仍设法比追，一俟续完，即行报解。其德、常仓正耗，除缓计已征解全完，刻下并无应征之项，即祈查照汇禀销差为祷。附具菲敬四金，希哂存是幸。泐此云云。

覆益都县王[①]马递先覆

差至，接奉手书，并准大移，送来会票一纸，嘱传福聚、福兴钱铺歇业案内，外欠钱文之姜大奎等讯追欠项等因。除将会票填列敝衔钤印，添差协同来役照单赶紧查传到，即行追缴，如再不完，备文关解贵县究追外，先此泐覆。顺请云云。

覆济阳县杨[②]

顷奉手书，承询麦禾情形应否禀办缓征等因。足征关照，心感奚如。查敝县境内上年冬雪优沾，交春后时雨虽稀，而土脉尚不十分干燥，二麦本属可望丰收。惟自二、三两月以来，大风屡作，麦禾间有被风萎折之处。日内即当禀请委勘，筹议缓征上忙钱粮，以资调剂。除俟定稿后抄录呈览外，尊处如已定稿佥发，亦望抄示为祷。先此泐覆。即请升安不一。

---

① 即王观澄。

② 即杨汝绶。

覆青城县张①

顷奉手书，并准大移，寄来盘查常社仓谷册结、委结及空白册结等件，均已收到。除照章另备公牍，移订往盘日期并报公出，俟公回即行结转外，先此泐覆。顺请云云。

致阳信、海丰、乐陵、商河、滨州、利津、沾化、蒲台

敬启者。敝县境内二麦被风、被旱，先已禀请委勘，以便会议调剂。未知贵治情形若何，用特抄录禀稿呈览。如果事同一律，即祈酌核禀办可也。此布。顺请云云。

附抄禀稿一纸。

覆青城县张②

顷奉手书，并准大移，知抚宪批，据武生梁夔龙等呈报麦苗损伤等情一案，蒙本府饬委五兄大人会勘等因。查此事弟处

① 即张薇垣。

② 即张薇垣。

亦禀札知在案。所有敝境麦禾情形，现因被风、被旱，应请委勘筹议调剂，业经拟稿。俟月之十五日申报盘仓公回，即行发禀。想府宪委员自必仍须长才，惟敝县民情刁玩，将来务望驺从过境，以便传唤梁夔龙等到案。借重循声，谕导一切，则院批之案便可具文详覆矣。报灾禀稿录呈青览，即祈查收。良晤在迩，余容面谈。泐此。覆请云云。

附抄禀稿一纸。

致阳信县多[1]

敬启者。敝县民张昌为地粮不清翻控张元等一案，蒙委吾兄大人覆讯断结，解回人证省释，嘱即办详等因。兹特代为拟缮详稿二分、详文三套，连申封一并寄上，即祈鉴核。如有未妥之处，务望斧正，钤印将详文就近封发，存一稿于冰案，下余一稿掷来备查。是所拜祷。泐此。顺请云云。

附呈详稿二本、详文三套、申封三个。

致滨州、商河、沾化

敬启者。敝县前禀请挑徒骇河六段工程，自去岁九月二十一日开工至十一月十五日止，先将刘家桥、宋家桥、杜家桥、

① 即多瑞。

李家桥等四段挑竣。下余应挑凤鸣桥、刘菩萨桥等两段，因仲冬严寒暂行停工，今春二月二十日复又兴工续挑，现于四月十九日一律挑挖全完。除禀请委员验收外，用特函布，即祈查照是荷。此请云云。

覆沾化县王

顷奉手书，聆悉一是。承询饬议银钱画一章程之案，弟处尚未议覆，容俟脱稿后即当抄录，就正于高明也。先此泐覆。顺请云云。

覆候补从九费

使至，接展手书，得悉尊兄大人奉粮道宪委催本年上忙临仓正、耗银两等因。查敝县应征上忙临仓正、耗，自开征起截至四月十九日止，征完正银二百两、耗银二十八两，内除坐支脚费外，实应解正银二百两、耗银二十七两五钱二分，又应解五毫脚费银二钱四分、脚费减平银一分四厘四毫。现在一并饬匠倾镕，定于四月二十九日批差解赴粮道衙门交兑。下余未完民，因县境二麦被风、被旱，民力拮据，禀请委勘，应俟勘议缓征调剂，业已先行停征，未便照常比追。除会列台衔禀覆外，用特抄稿交纪赍呈，即祈查照销差为祷。附具云云。

致商河县彭[1]

敬启者。武属办理蠲免一案，郡辕所需经费，前经陶府宪[2]派定银数，檄饬摊捐去后。各处均已批解，惟闻贵县至今尚未解到。虽系张八兄任内奉摊之款，而宪局急等支发，不可久延。用特函布，即祈三兄大人查照，赶紧先为措解，一面核入交代，随后催交何如？泐此云云。

致署沾化县王附入覆贺函后

再覆者。承询挑河及恩赏老民等事。查敝县请挑徒骇河道六段工程，已于本年四月十九日完工。当经禀请委员验收，并照抄禀稿，函寄青览在案。刻下委员尚未到县，将来应否开造清册，俟奉到藩、道两宪批示，方可遵办。至查办老民一案，现据各乡民陆续具呈，随时带案查验。一经汇齐，即须造册出详，未便久延。尊处情形如何，尚望卓才体察缓急，筹酌办理可也。兹将挑河报竣禀稿再录呈上，即祈查收是荷。

附抄禀稿一纸。

---

① 即彭垣。

② 即陶庆增。

致前任滨州陶[①]

敬启者。阁下交代一案，现经府宪禀请，仍饬历城覆核，蒙将禀稿抄示。兹特呈览，即祈查照是荷。泐此云云。

附录府禀一纸。

致同属八处无青城

敬启者。敝境本年二麦被风、被旱，前经禀请委勘，业已录稿呈览在案。今奉藩宪委员到县，拟将上忙未完新赋及历年旧欠一并议缓。特再抄稿寄上，即祈查照为祷。泐此云云。

附抄禀稿一纸。

致青城县张[②]

敬启者。敝境本年二麦被风、被旱一案，奉府宪饬委阁下会勘。今司委坐补鱼台少尉姚大兄已到，议缓上忙新旧钱粮。兹特会列尊衔，拟就禀稿，专差呈上，即祈五兄大人查照，即

---

① 即陶锡圭。

② 即张薇垣。

日命驾前来，以便传集乡地谕遵一切。其转禀抚宪饬勘一事，亦可附详了结也。泐此云云。

附呈禀稿一纸。

致青城县张[①]

月之初三日，以勘灾事务泐函奉邀驺从，迄今未荷惠临，想因公忙之故。敝境麦歉一案，前经录稿寄呈，谅邀鉴及。嗣缘司委姚大兄急等销差，业已照稿缮禀申发矣。所有武生梁夔龙等在抚宪行辕呈报二麦损伤情节，应即另详请销。兹特会列台衔，拟稿两分、缮详一套，专差送上，即祈五兄大人查照会印会行，存稿一番备案。余稿及详文一套，仍望饬交去役带回，以便就近封投府辕。弗迟是幸。此布云云。

附呈详稿两本、详文一套、申封一角。

覆青城县张[②]

差至，接奉手书，敬聆一是。缓征会禀前已缮发，梁夔龙等报灾之件亦经拟定会详稿文，于初九日巳刻专足函送尊处请会行印在案。吾兄大人现既公冗不克过县，尽可弗劳驺从也。诸费清心，容后晤谢。泐此云云。

---

① 即张薇垣。

② 即张薇垣。

覆商河县彭[1]

差至，接奉手书，并准大移，嘱将前解本年考试经费银一百五十两回照盖印移送，其短欠之数亦荷允，俟随后措补等因。足征关爱逾恒，感泐无既。除于照内钤印、另备公牍移回外，此覆云云。

致陶桐甫[2]十兄

敬启者。前任武定府经厅陈[3]三兄借廉修署银三百两一款，除前已付过二百及尊处及桐兄垫付五十两，计尚欠银五十两。兹特如数措齐，专差送上，即祈吾兄大人查照，代为转交。并恳面取陈三兄亲笔收据，务须书明“陈某收到惠民县支给道光二十五年府经借廉修署库平足银三百两，全数收领讫”字样，后书年月日期画押，由阁下加函交差带回备案。此事非弟过于拘泥，实缘陈三兄素性反覆难测，不得不取一确据，以免日后另滋饶舌耳。有费清心，容晤拜谢。尊项及桐兄垫项迟日即寄楚不误。泐此云云。

外呈银五十两。

---

① 即彭垣。

② 即陶庆增。

③ 即陈瑞。

致青城县张[1]专差

敬启者。弟接杨桐生[2]兄一任交代，前费清心会核结报。所有交代款册，兹已抄录一本。一切交抵增删，悉照原底详细校对无讹，用特专差赍呈冰案，即祈五兄大人鉴存备查是荷。泐此云云。

附呈交代册一本。

致青城县张[3]随移文发

敬启者。本月十一日奉藩宪札饬，以贵县详报修理先农坛完工一案，委弟前往验收等因。本应躬诣棠封，借纾芜悃。奈积牍纷纭，清厘未暇，竟致不克分身。除备录札文订期移会，届时申报公出、公回外，合泐函布，即祈五兄大人查照，饬承造具妥协报销册结并代缮勘结各七番，同奉发原册一并移送敝县，以便转申。弗迟是祷。专此云云。

---

① 即张薇垣。

② 即杨茂豫。

③ 即张薇垣。

覆阳信县多[1]

两奉手书，以蒙藩宪委勘徒骇河工程一事，嘱即办禀寄发等因。查此事弟处昨奉行知，业已录札移会在案。兹特代拟禀结各稿并缮禀四扣、印结四纸、勘结四纸一并交差赍呈，即祈四兄大人查照存稿备案。至所挑河道工段绵长，非朝至夕返所能勘竣，务望先行酌报公出日期，俟五六日申报公回后，再将各禀结就近封发，以昭慎重。是所拜祷。有费清神，容晤面谢。泐此。覆请升安云云。

附呈禀结稿一纸、封筒四角。每封内禀一扣、印结一纸、勘结一纸。

覆沾化县王

两奉手书，聆悉一是。敝县挑修徒骇河道完竣，已蒙藩宪饬委阳信多四兄过境验收，应具印勘各结，由委员通禀各宪查考。兹将禀结稿式抄录呈上，即祈吾兄大人查照办理可也。至筹议银钱一事，必须司中定有成见，方可各就地方情形拟议章成。若竟率尔拟陈，则事之行否尚在未定，而风声一漏，民间输纳钱漕必将预存观望。此事似宜从缓，未识高明以为何如？泐此云云。

---

① 即多瑞。

致同属九州县专差

敬启者。本年学宪按临武郡，所荐书院一席循照旧章，十属均摊致送百金，业由弟处奉府宪面谕，全数垫送在案。查贵州、县应摊银十两，用特专差走取，即祈吾兄大人查照，俯将前款交付去役带回，以便归垫。幸弗稽迟。是所拜祷。专此云云。

致阳信多[1]

差旋，接展覆示，并寄回勘河禀结等件，均已照收。惟查申封四角后面填写马上飞申之处，漏未盖印，恐沿途耽搁，将来设奉行查诸多不便。除禀结存留外，合再专差将申封呈上，即祈四兄大人查照，俯赐刻速补印，交付去役，星夜赍回，以便仍填闰五月二十九日期，由弟处赶紧封发。幸弗迟误。是所至祷。泐此云云。

附呈空封筒四角。

---

① 即多瑞。

致青城县张[1]同移交一并专差

敬启者。案查前奉藩宪委勘贵县修理先农坛完工一事，当经叙录原札，订于闰五月十八日诣勘备文移会，并取报销册勘各结在〈案〉。迄今未准移送，以致未能申报。公计自奉委以来，事阅兼旬，不便再搁，用特专差函布，务祈五兄大人查照，饬承遵札，迅速办理。倘报销册结一时难于造竣，即先代缮勘结七番、覆禀一扣，并于禀内叙明报销册结，现由尊处赶办。俟查造妥协，即同奉发原册一并另文申送。所有勘结禀函及禀结各稿，均望速交去役赍来，以便申报公出、公回，就近分别钤印封发备案。弗迟是祷。除再备公牍外，泐此云云。

致青城、阳信、乐陵、商河、滨州、蒲台

敬启者。敝境今岁二麦被风、被旱，约收、确收均报五分余，现拟请将漕麦改征粟米，未知贵治情形若何。如果事同一律，即希查明额征漕麦石数及本年二麦确收分数，迅速于初十日前示知，以便会列尊衔具禀办理。幸弗稽迟，致误通案。是所至祷。泐此云云。

---

① 即张薇垣。

致商河、乐陵、阳信、滨州

敬启者。顷奉本府转蒙各宪札饬，以省垣于五月二十及二十五、二十六等日连得透雨，令即查明县境同日曾否亦沾渥泽等因。除将敝县情形据实禀覆外，合亟抄录禀稿函布，即祈吾兄大人查照，各按原报日时通禀办理是荷。泐此云云。

附抄禀稿一纸。

覆蒲台县王[1]

初八日差，至接展手书，并承赐还敝县前垫学宪书院脩银十两，足征体谅，感篆心铭。除查收归款外，泐此云云。

致滨州、利津

径启者。现因大清河水势陡长，或长或消，府宪深为垂念，谕令专马奉询尊治近日情形，有无漫溢处所，即实情示知，以便转禀，借纾宪廑。敝邑已将督率夫工垫堵缘由通禀矣。专此云云。

---

① 即王沛霖。

严饬预报批文以杜沉搁以重钱粮事府札

署武定府王为再行申明定例严札通饬预报批文以杜沉搁以重钱粮事。

案蒙盐运司札开，案查各属解兑盐课等项银两领缴引票，均关钱粮重务，例应于三日前将起解款项、数目、年分、批差姓名、起程限到各日期，由马递预报，以凭稽查匿批逗留、侵蚀挪移之弊，历经通饬遵照。嗣各属并不遵照预报，或将预报同解文一封申送，以致无凭稽查。复经前司于二十、二十一年先后饬遵在案。乃各州县视为具文，仍有不遵定章办理。即如巨野县上年将预报同解文并送到司，致缴销迟延，贻误奏限，实属有意玩违。兹据巨野县禀称，窃照督销盐引历系五月完半、十月全完。如限满不完，即照未完分数于奏销案内计参。向来缴销残引，又系由督销州县将已销之引备文差商赍投，课银即由该商就近随引完解。历来办理如此，不知起自何时。然溯查卑县从前申缴残引，俱系连文交商亲投，从无舛错。即卑职自二十一年接任以来，俱照向章办理，亦无错误。及至二十五年缴销督完二十四年盐引一案，除五月分完解头批已据该商照案缴销外，所有下剩未完引二千五百六十二引与带完二十二年初限残引，卑县系于十月二十四日将续销残引截角，备具详文，并造具全完奏销，循照旧章一并交商，限令十月二十九日到省投缴。嗣于十二月二十七日奉严札饬知，以卑县未完分数计在六分以上，于奏销案内揭参，令即赶紧续完扣免等因。当将全完缘由详细禀覆，并请由省查究差商捺延之弊。复奉批示，该商已于十二月初三日完缴，系在奏销之后，是以参处现应详咨扣免，无碍处分各等因在案。

伏查盐引重于国课，而奏销关乎考成。向办缴销残引，均属交商赍投。苟被捺延，即致贻误。是县中虽已全完，而宪案尚应揭报。查督销盐引欠六分者，例降三级调用，且无军功钱粮加级，不准抵销。在商人不知处分綦严，但因课银未足，即事延搁。然完缴在后，奏销在前，即不能不以未完分数计参。而该商虽经捺延，然既已完缴，即无其咎。上年一案幸蒙参后饬知，得以及早禀办详咨扣免。倘无此举，设奉大部按照奏销劾议，已干严谴。事由延误，责将谁归？且近来引滞商疲，若不明定章程，窃恐因疲延课，渐习成风，并有无知奸胥窃为播弄，均不可不防其渐。应请嗣后州县完缴残引，无论完半、全完，均照完解地丁之式，将缴销引数及起解限到各日期先行通禀，由驿驰递，则案有稽核，该商自不敢捺隐。似于原办章程较为周妥，且免别有弊混，再误奏销。除卑县本年缴销督完二十五年完半残引通禀报解外，所议是否有当，伏乞鉴核，通饬各属一体照办，以昭慎重而归画一，实为公便。除径禀各宪外等情。

据此，除严行批饬并谕饬行盐各商，毋再沿途逗留及假手代投，致滋延搁外，合再申明定例，严札通饬。为此行府该吏，札到，立即转饬所属州县一体遵照。嗣后凡起解钱粮、领缴引票等项批文，务遵本案注语，将起解款项、数目、批差姓名、起程限到各日期，照例于三日前马递预行通报查考，并严饬批差守候，掣领批回，依限销差，俾免捺延。倘经此次通饬之后，再有误填别案注语及不照例预报者，经本司查出，定提玩承重处不贷，该州县亦并干未便。慎之。切切。特札等因到府。蒙此，合行转饬。为此仰县官吏文到即便遵照办理。毋违。此札。（二十六年闰五月二十七日到）

丙午科经费摊派银两事府札

署武定府王札惠民县知悉。本年五月二十九日蒙布政司札开，道光二十六年五月十五日蒙巡抚部院兼理盐政觉罗崇恩批，本司详请摊派丙午科经费银两缘由，蒙批，如详，通饬遵照。并饬承办各官核实，撙节支用，事竣据实分案造册呈送核销，毋稍浮冒，亦不得复请续摊。切切。此缴等因到司。蒙此，查此项经费银两，久经奏明在于各州县养廉银内扣拨在案。兹蒙前因，合行抄详马递五百里札饬等因到府。蒙此，合行转饬。札到，该县立即查照。如有未完养廉银两，刻日扫数解司，以凭拨扣支发。毋违。此札。二十六年闰五月二十三日。

计粘抄详一纸。

窃照东省办理文、武科场，例准题销地丁，仅止二千三、四百两，又卷价生息一款，向系作为正科卷价之用。嗣于道光二十三年癸卯科因修理贡院，已将此项原本详蒙批准提作修费，并议定嗣后正科年分所需卷价，由历城县捐办，其余不敷经费银两，由司在于通省州县分别缺分等第派提备办。查上届甲辰恩科，原续摊派银三万三千五百两，业经支发历城及办纸官具领，分别办理在案。除札饬历城县等造册报销到日另行详销外，所有今岁丙午正科乡试应行制备器皿、铺垫及一切米面、柴薪、油烛并修理等项所需经费，自应按照缺分等第，仿照上科摊定之数撙节酌减，饬摊银三万两以节靡费。除新泰、海丰、沾化、寿张、蒙阴、定陶、巨野、临淄、高苑、昌乐、临朐、潍县、福山、栖霞、招远、宁海、文登、海阳、嘉祥、鱼台等二十处缺本清苦，作为下下缺，又历城一县为省会首邑，差务纷繁，仍应照历科成案，均请免摊以示体恤外，兹查济阳、德州、泰安、惠民、商河、濮州、恩县、济宁等八处作为上上缺，每处摊银六百三十两，共摊银五千零四十两；又章丘、陵县、东平、汶上、阳谷、单县、馆陶、冠县、诸城、胶州、即墨等十一处作为上中缺，每处摊银五百四十九两，共摊银六千零三十九两；又淄川、长清、乐陵、莒州、平度、临清、丘县等七处作为上下缺，每处摊银四百六十八两，共摊银三千二百七十六两；又齐东、德平、平原、东阿、肥城、阳信、宁阳、邹县、峄县、沂水、郓城、堂邑、莘县、安丘、黄县、荣成等十六处作为中上缺，每处摊银三百八十七两，共摊银六千一百九十二两；又长山、齐河、禹城、临邑、青城、滨州、利津、滋阳、兰山、费县、博平、清平、掖县、昌邑、高密、夏津、武城等十七处作为中中缺，每处摊银三百零六两，共摊银五千二百零二两；又莱芜、蒲台、曲阜、泗水、滕县、曹县、城武、朝城、聊城、高唐、益都、金乡等十二处作为中下缺，每处摊银二百二十四两，共摊银二千六百八十八两；又新城、平阴、日照、菏泽、范县、茌平、乐安、蓬莱等八处作为下上缺，每处摊银一百四十二两，共摊银一千一百三十六两；又邹平、郯城、观城、博兴、寿光、莱阳、博山等七处作为下中缺，每处摊银六十一两，共摊银四百二十七两。以上通共摊银三万两，遵照奏案在于各州县养廉银内扣拨动支。加以例销地丁，共银三万二千余两，陆续给发供给办纸各官撙节支用。是否有当，拟合详请宪台鉴核批示，以便通饬遵照。

查办惠民县上忙钱粮完解不全事司札

布政司王①札惠民〈县〉知悉。案据该县禀称，本年上忙新赋已解过正耗养廉共银四千四百两零，下余民欠因境内二麦被风、被旱，民力实形拮据，请缓调剂等情到司。查该县二十二、二十三、二十四等年上忙完解正耗银两，俱系于三、四月间完至二万七、八千两之多。即二十五年曾报二麦被旱，除缓正耗银两不计外，亦完至二万三千九百两之数。较之二十二、三、四等年所完银数虽形短绌，尚不甚相径廷。惟查本年上忙钱粮开征至今，仅完解正耗银四千四百两零，较之前三年已完之数均短至二万三、四千两之多。即有二麦被灾，何至悬殊？若是显有挪用情弊，大属不合。合亟马递五百里专札饬查。札到，该县遵照，迅将灾前已征银两务须尽数倾解来司，以副造报。倘有征多报少及挪掩情弊，除由司饬委干员前往吊册来辕盘查揭报外，定将该令详请摘顶不贷。慎之。飞速火速。特札。（二十六年闰五月二十五日到）

道光二十五年囚粮银两报销事府札

署武定府王札惠民县知悉。本年闰五月十五日蒙按察司札开，道光二十六年闰五月初四日奉巡抚部院觉罗崇恩批，本司

① 即王笃。

等呈详所属用过囚粮银两报销缘由，奉批，已据详具题并分咨矣。此缴。册存送等因。奉此，合行札饬等因到府。蒙此，合行转饬。札到，该县立即查照后开银数，备具印领，径赴藩库具领。毋违。此札。（二十六年闰五月二十七日到）

计开囚粮报销银两数目：二十五年应领银八十两八钱一分三厘。

查办蠲免民欠拨抵耗豆册结事府札

署武定府王札惠民县知悉。本年二月二十八日蒙藩宪批，据该县详送更造蠲免案内应豁、应缓民欠、拨抵耗豆册结缘由，蒙批，查普蠲巨典，丝毫为重，该县并不认真查办。据详，前造道光二十年拨抵耗豆，经粮道查有浮蠲一百八十石之多。若非任听书役朦弊，即系有意冒蠲。且前送无捏印结，试问凭何造具？即别项册结，因此亦难凭信。查前送道光二十年以前民欠地丁等项册结，已因有无官亏吏蚀、朦混请豁，批府吊齐案卷，据实详办在案。自应一并覆查，未便稍事扶捏。仰武定府王守迅速吊齐赤书并征册、流串、日收总簿、一切交代底案，按款确核，分别督同该县更造妥协，据实结转送司，以凭再行由司吊案核实查办。该署府甫经莅任，无所庸其回护。倘敢扶同捏饰朦混，定干参咎。凛慎。切切。此缴。先后册结暂存等因到府。蒙此，合行转饬。札到，该县立即饬承携带赤书、征册、流串、日收总簿并一切交代底案，即日亲赍来府，以凭督同确核，妥造结转，毋稍违延干咎。速速。此札。（二十六年三月初六日到）

覆核蠲免案内抵欠银两事详

为遵札确核据实登覆事。

除将覆核上年更造历年正续奏销册结各款及请扣拨蠲免案内报明徐鈖参案抵欠道光十七年正耗银两缘由备载书册外，拟合摘叙简详，具文详覆宪台核办、核转，实为公便。除由府转详外/径详藩宪外，为此备由具申，伏乞照详施行。

计详送书册一本并缴奉发前造登覆奏销各款清册一本送府。

一详司府。

为遵札确核据实登覆事。

道光二十六年五月十四日蒙宪台、藩宪札开，以卑县造送蠲免历年民欠钱粮册结到司，除将册结暂存外，饬将从前原造续奏册报不符情节，查照各项案据逐细确查有无捏混，据实详覆核办，并令将蠲免册报各年已征未解银两赶紧解兑等因。又于五月十九日蒙本府、宪台转行，札同前由，并随札饬发前造登覆续奏各款清册一本各等因到县。

蒙此，遵即检齐各项案据，详细覆核，查得道光二十五年七月二十日奉宪台、藩宪以卑县造报历年钱粮续奏，因道光十二年及十三、十四、十六、十七、十八、二十年至二十一等年钱粮，间有与司案未符各款，札查到县。当经卑职确切查明：

道光二十一年正银项下，系前县误将应动道光二十年地丁银两之寿民徐节行建坊银三十两造入二十一年地丁正奏作支，致与司案不符。

又道光二十年耗银项下，前县误将民欠知县养廉银三百五十两另款开列，又误将已完已支地丁脚费银二厘，误作已完司库耗银核算，致与司案不符。

又道光十八年耗银项下，前县将已完已解学租耗银七钱五分九厘误作已完司库耗银核算，致与司案不符。

又道光十七年正银项下，前县误将参案年款尚未拨正奏销案内不应登除之徐鈖参案，以领垫各款列抵正银二千四百四十六两九钱八分二厘，及参案年款尚未达部奏销案内不应登除之徐鈖实亏正银四百八十四两九钱五分八厘均剔出，另款开列，致与司案不符。

又道光十七年耗银项下，前县误将参案年款尚未拨正奏销案内不应登除之徐鈖参案，以领垫各款列抵耗银三百一十七两九钱六分二厘，及参案年款尚未达部奏销案内不应登除之徐鈖实亏耗银六十八两八分二厘均剔出，另款开列，致与司案不符。

又道光十六年正银项下，前县误将参案年款尚未达部奏销案内不应登除之徐鈖实亏正银一百四十五两四钱九分二厘剔出，另款开列，并将尾数二厘误写一厘，致与司案不符。

又道光十六年耗银项下，前县误将参案年款尚未达部奏销案内不应登除之徐鈖实亏耗银二十两五钱六分一厘剔出，另款开列，又将已完已支地丁脚费银四两误作已完司库耗银核算，致与司案不符。

又道光十四年正银项下，前县误将参案年款尚未达部奏销案内不应登除之徐鈖实亏正银九百七两一钱六分五厘剔出，另款开列，致与司案不符。

又道光十四年耗银项下，前县误将参案年款尚未达部奏销案内不应登除之徐鈖实亏耗银一百九两五钱五分七厘剔出，另款开列，又将未完未支地丁脚费银四钱二分九厘误作未完司库耗银核算，致与司案不符。

又道光十三年正银项下，前县误将参案年款尚未达部奏销案内不应登除之徐鎓实亏正银七百五十二两三钱三分四厘剔出，另款开列，致与司案不符。

又道光十三年耗银项下，前县误将参案年款尚未达部奏销案内不应登除之徐鎓实亏耗银一百六两二钱七分八厘剔出，另款开列，又误作未完廉费造报银二十四两八钱一分六厘，致与司案不符。

又道光十二年正银项下，前县误将参案年款尚未达部奏销案内不应登除之徐鎓实亏正银二百九十三两九钱六分一厘剔出，另款开列，致与司案不符。

又道光十二年耗银项下，前县误将参案年款尚未达部奏销案内不应登除之徐鎓实亏耗银四十二两八分四厘剔出，另款开列，又误作未完廉费造报银一十五两六分八厘，又将已完已支地丁脚费银六钱一分八厘误作已完司库耗银核算，致与司案不符。

以上不符各款均系卑前县历年造报奏销相沿舛错所致，随经卑职核明原委，按款造具登覆清册，详请饬发各年不符奏销册结更造。嗣于道光二十五年九月初九日奉宪台、藩宪批，据详已悉。仰将发去历年不符册结按年另行查造妥协，迅速送司，以凭续呈详咨，毋得违延。慎之。切切。缴。清册存等因。

卑职旋即遵照，将道光十一年至二十三年钱粮续奏及道光十八、十九、二十年并二十一等年钱粮正奏据实更造妥协，详送核转，一面径详。于道光二十五年十二月初十日奉本府、前县札知，转奉宪台、藩宪批据，详送到册结存候续呈，仰即转饬知照。缴等因。卑县又于是年十二月十二日奉宪台、藩宪批，此项册结已据该府转送到司，业经批饬在案，仰侯汇案续呈。

此缴各等因，遵奉在案。

兹蒙札饬遵覆确查，上年更造正续奏销册结委属据实办理，并无捏混。至卑县蠲免册报道光十一年地丁正银一分一厘，十二年正银一钱二分六厘、耗银一厘，十三年正银一分一厘，十四年正银一分一厘，十六年正银一分、耗银一厘，十七年正银九厘，十八年正银一分一厘、耗银一钱九分二厘，十九年正银一分一厘，实缘各前任分别支解时，或因坐支役食，或因坐支脚费，陆续支发，数多奇零，每有卷毫为厘，遂致积少成多。从前随时支用，并非存库未解，原与奏销无涉。今办理蠲免按撒令总，即属长支款项，丝毫为重。是以遵照上届通饬，于蠲免正册作为已征未报应解司库银两开列，并于登覆册内据实声注。但银数无几，长支各员均已离任，未便再请咨追。应请宪台、藩宪俯照前详，即在卑县解存本年知县养廉项下扣收清款，以济支拨。其蠲免册造已报未解道光十七年正银二千四百四十六两九钱八分二厘、耗银三百一十七两九钱六分二厘。二共正、耗银二千七百六十四两九钱四分四厘，实系卑前县徐鈖参案内，以存司未领道光十五年知县养廉银二两一钱九分六厘、十六年知县养廉银一两七钱五分六厘、十七年知县养廉银五百八十两八钱八分二厘；

道光十六年浮额孤贫银八十四两七钱二分六厘、十七年浮额孤贫银一百四十九两九钱七分五厘、道光十年闰月孤贫银一十八两五钱四分、十二年闰月孤贫银四十两二分、十五年闰月孤贫银四十两二分；

道光四年夫马闰月银五两五钱二分一厘、七年夫马闰月银一十五两四钱五分、十年夫马闰月银七两二分八厘；

道光十一年闽硝例价银一百五十一两六钱一分六厘、十二年闽硝例价银一百三十五两五钱七分二厘、十三年闽硝例价银一十七两五钱一分八厘、十四年闽硝例价银一百一十三两一钱一分、十五年闽硝例价银九十两九钱六分五厘；

道光五年至十七年先农坛祭品银三十一两八钱二分四厘；

嘉庆二十年昭忠祠祭品银一两、道光十一年昭忠祠祭品银五钱、十五年昭忠祠祭品银四两、十六年昭忠祠祭品银四两、十七年昭忠祠祭品银四两、十八年昭忠祠祭品银二两；

嘉庆二十二年花红公宴银九钱四分、道光十三年花红公宴银一两八钱八分七厘、十五年花红公宴银五两二钱六分四厘、十六年花红公宴银五两六钱一厘；

道光六年囚粮银一钱四分六厘、七年囚粮银一两三钱三分四厘、十七年囚粮银一十六两九钱四分二厘、十八年囚粮银一两八钱六分八厘；

道光十年囚衣银八钱、十七年囚衣银八钱。

以上共领款银一千五百三十七两八钱一厘。

又以垫解丁酉科场经费银四百六十六两五钱一分四厘；

垫发府经历借廉修署银三百二十五两、典史借廉修署〈银〉一百六十一两五钱三分九厘；

又划抵垫解登、莱、青三府煮赈粥资银一百四十六两一钱四分二厘；

又划抵十八年冬羡银一百二十七两九钱四分八厘。

以上共县案垫款银一千二百二十七两一钱四分三厘，连存司未领各款，二共银二千七百六十四两九钱四分四厘。列抵前项已征未解道光十七年地丁正、耗银两，造具年款，申送有案。嗣因宪台、藩宪衙门未及核办徐参令①年款，又将报抵各项领款陆续扣拨后任欠项。其县案垫款亦经摊起，后因道光二十一、

① 即徐鈖。

二十二等年应付兵差垫用尚未领回归补。历年以来，款项虽未拨正，而每遇交代皆以后任之领款辗转列抵，并无现银移交。

惟值此办理蠲免之际，未便因徐鈖参案年款未定再事虚悬。今前项正、耗银二千七百六十四两九钱四分四厘，现在交代案内系以未领道光二十一年买谷例价并二十三年买谷例价，及买谷二钱津贴、二十四年知县养廉并道光二十一、二等年应付兵差等项银两列抵。查二十四年知县养廉现又奉扣别项，欠款无存。惟剩二十一年买谷例价，除扣欠款及应留扣本案减平银两外，尚存未领银一百九十五两五钱八分三厘。又二十三年买谷例价，除应留扣本案减平银两外，尚存未领银四百九十四两九分七厘。又二十三年买谷应领每石二钱津贴银一百五十两一钱八分一厘。又二十一、二等年，应付兵差，及运送火药、火砖，并协济车马、安设正站腰拨、购买麻布口袋等项，共应领银一千六百七十四两二钱九分五厘。以上共剩交案列抵应领银二千五百一十四两一钱五分六厘，应请尽数拨收十七年正、耗银两项下。尚短银二百五十五两七钱八分八厘，请在卑县未领道光二十五年浮额孤贫、囚粮银两及道光二十五、六年知县养廉等项银内扣拨清款，以副造报。所有覆核缘由，拟合具文详覆宪台核办、核转，实为公便。除由府转详外/径详藩宪外，为此云云。

详报当商歇业，呈缴院辕弁兵差委奖赏本银，另发各商生息详

为详送事。

除将奉发院辕弁兵差委奖赏生息本银，因当商宏泰当等歇

业缴本，另发阖境二十七家当商均匀分领，取具缴领各状互保甘结、加具印结，造具花名清册各缘由备载书册外，拟合摘叙简详，呈送宪台查核批示存案，实为公便。除径详藩宪外，为此备由具申，伏乞照详施行。

计详送书册一本，缴领状互结、印结一连，花名清册一本。

一详司府。

为详送事。

窃照卑县于道光二十五年三月二十三日蒙宪台、藩宪札开，委员解发院辕弁兵差委奖赏生息本银五百两，饬即发交殷实当商按月一分起息，遇闰加增，按季将息银解赴司库，以备支用等因。随于三月二十六日经委候补未入流沈镗解银到县，蒙此，当经传据各当商等公议，以奉发本银五百两，为数匪巨，议请在于县境二十九年家当铺内，择得最为殷实之公和［合］当、宏泰当、益盛当、宏盛当、吉升当等五家当铺，每家情愿领银一百两，自二十五年四月初一日起，按月一分起息，遇闰加增等情。即经卑职当堂照发，取具领状保结、加具印结，造具花名清册，详送宪台、藩宪衙门在案。

今据原领本银五家当铺内之宏泰当、宏盛当等两家当商，因歇业各将原领本银一百两呈缴到县，并据其余之公合当、益盛当、吉升当等三家当商，亦各将原领本银一百两呈缴。议请同歇业两商所缴本银，共计五百两，一并按现在县境开设之吉升当等二十七家当铺均匀分领，每家领本银一十八两五钱一分八厘五毫二丝，自道光二十六年闰五月初一日起，各按所领本银每月一分起息，遇闰加增，按季缴解等情。

卑职复查此项生息本银五百两，按一分起息，每月该完息银五两。道光二十五年分自四月初一日起至年底止，计九个月，该完息银四十五两，已据原领之五家当商照数完缴，由卑职备具文批，于道光二十五年十一月二十三日批差解赴宪库、司库交兑，掣有批回附卷。其自道光二十六年正月初一日起至五月底止，计五个月，该完息银二十五两，亦据原领之五家当商照数缴县。今缴本另发，自闰五月初一日接连起息，并无停旷日期。所有道光二十六年分，自正月初一日起至年底止，连闰计十三个月，共该息银六十五两，已蒙宪台、藩宪汇案在卑县应领道光二十五年漕耗米折银内扣拨清楚，饬经卑职分别补具批领，申送在案。

兹据五家当商缴本议请另发前来，已经卑职当堂将缴到本银五百两，于闰五月初一日另发吉升当等阖境二十七家当商照议均匀分领讫。除俟年底各商缴齐本年息银，由卑职收存归补奉扣领款外，所有当商歇业缴本另发缘由，拟合取具缴领各状互保甘结、加具印结，造具当商花名清册，具文详送宪台查核批示存案，实为公便。除径详藩宪外，为此云云。

详覆惠民县道光二十五年临、德、常仓正耗银两未完缘由

为签提事。

案蒙宪台札提卑县未完道光二十五年临、德、常仓正耗银两等因到县。蒙此，除将现在缓征缘由备载书册外，拟合摘叙简详，具文详覆宪台查考销签，实为公便。为此云云。

计详送书册一本，并缴亲提签一纸。

一详粮道。

为签提事。

案蒙宪台札开，札惠民县知悉全云等因到县。蒙此，遵查卑县道光二十五年分临仓正耗银两，除解计未完民欠正银二千三两二钱五分二厘、耗银二百八十两四钱五分六厘；又德、常仓正、耗银两，除解计未完民欠正银三百二十七两一钱九分九厘、耗银四十五两八钱八厘，均因道光二十六年二麦被风、被旱案内议缓，应请缓至道光二十六年秋后启征。现在并无应征银两，灾前亦无已征未解之项。兹蒙签提，除造具缓征册结随后另文申送外，拟合具文详覆宪台查考销签。为此云云。

详覆武生梁夔龙等呈报麦禾损伤一案

武定府青城县、惠民县为会勘详覆事。

除将武生梁夔龙等赴抚宪行辕呈报麦禾损伤一案奉委查勘，及现已勘明二麦被风、被旱，禀请缓征新旧钱粮各缘由备载书册外，拟合摘叙简详，呈覆宪台鉴核，转详抚宪批示销案，实为公便。为此云云。

计详送书册一本。

一详本府。

武定府青城县、惠民县为会勘详覆事。

窃卑职桀①蒙宪台札开，案蒙巡抚部院兼理盐政觉罗崇恩批，据该县武生梁夔龙等呈报麦苗损伤等情一案，蒙批，据

---

① 即余桀。

呈上年歉收，现在麦苗已死。是否属实，仰武定府委员秉公查勘实在情形，应否于青黄不接之际酌予调剂，迅速妥议详办。地方灾伤，官民一体，该民人等毋庸为地方官顾虑也等因。又蒙巡抚部院批，据该县民孙宗孔等呈报被水等情一案，蒙批，现值春种，据呈水围村庄是否属实，仰武定府委员会勘情形，应否于青黄不接之际酌予调剂，迅速妥议详办。如系捏饰，亦即据实禀覆，以凭提究等因。又蒙巡抚部院批，据王义美等呈同前情，蒙批，已于孙宗孔等呈内批示矣。此呈并发各等因到府。

蒙此，除饬委青城县前往会勘外，合行抄呈札饬。札到，该县立即会同委员亲诣各该庄周履确勘麦苗情形，应否量予调剂，切实妥议，开具村庄清折，照例通禀核办。事关民瘼，毋稍讳饰迟延，致干参咎。慎之。速速。此札等因到县。

蒙此，卑职薇垣①亦奉宪台札同前因，遵即驰赴惠民县会同卑职榮查得，惠境上年宋家庄等七百九十一村庄秋禾被水，兼因地气湿郁，间生棉虫，收成歉薄。当经卑职榮据实禀蒙各宪委员会勘明确，宋家庄等七百九十一村庄均系勘不成灾，被水、被虫情形亦属较轻。随即议禀转详奏，奉上谕，除二十五年漕米照常征收外，将二十五年钱粮及二麦被旱案内原缓上忙新赋，同二十四年民欠均缓至道光二十六年秋后启征。其余各庄，除二十五年钱粮、漕米照常征收外，将二麦被旱案内原缓上忙新赋及二十四年民欠均缓至道光二十六年秋后启征。以上阖境村庄，凡有二十三年以前民欠，及因灾原缓与应带征历年旧欠原缓、递缓钱粮，一并缓至道光二十六年秋后，按最先年分递年依次带征一年，转行钦遵并奉发誊黄遍贴晓谕在案。间

① 即张薇垣。

阎得此调〈剂〉，民力已可展纾。所有被水、被虫地亩秋后积水涸复，二麦一律普种，本属可望丰登。是以奉文查办青黄不接一案，禀覆毋庸再请调剂。迨至今岁二月，春雨未沾足并且燥风常作，惠境地多碱沙、土性松浮，麦禾出土多被风偃，长发未能芃茂。该武生及乡民人等因恐二麦失收，输将本年上忙新赋及上年成熟村庄未完二十五年钱粮无力完纳，又不知二麦被风可办缓征之章程，故尔混牵上年秋禾被水、被虫案内砌词，在抚宪行辕具呈。

兹查今岁惠境二麦被风，嗣又受旱，经卑职棨禀蒙藩宪饬委坐补鱼台县典史姚定汇，并蒙宪台札委卑职薇垣会同勘明麦收歉薄，议禀请将阖境未完上忙新赋同二十五年民欠，及因灾原缓与应带征历年旧欠原缓、递缓钱粮，临、德等仓银两，一并缓至道光二十六年秋后，按最先年分递年依次带征一年，以纾民力。凡属新旧民欠，业已一概停征。至该武生及乡民人等牵涉上年灾案混行呈报，本属不合。姑念不谙定例，因恐二麦被风失收，无力完粮，意图准词所致，应请从宽免究。所有会同确查勘明及现已禀办缓征各缘由，拟合具文详覆宪台鉴核，转详抚宪批示销案，实为公便。为此云云。

惠民县为售变藉谷事府札

署武定府王札惠民县知〈悉〉。本年五月二十九日蒙布政司札开，案查道光二十四年祭祀粢盛道用过道光二十三年藉田收过谷石支存数目，前经造册详报，于道光二十六年二月初一日奉准部覆，饬令变价等因。所有道光二十三年各属存剩藉谷，例应按照道光二十六年二月分奉文时粮价售变解兑。兹查二十六年二月分谷价业已核定，合行开单马递饬变等因到府。蒙此，合行转饬。札到，该县立即查照后开应解银数，迅速售变，径解藩库交兑。毋得迟延。速速。此札。（二十六年闰五月初七日到）

计开：

惠民县存剩谷一石四斗五升，每石变银八钱七分，共变银一两二钱六分二厘。

饬禁擅修工程以杜捏混事府札

署武定府王札惠民县知悉。本年六月二十四日蒙布政司札开，查各属修理一切工程及挑挖河道、修筑民埝等项，如逾限坍塌，必须详请勘办，方准动项修理。乃近来各属多以不急之工并未禀明批准有案，擅自兴修，事后将所需工料银两借词流摊，殊属捏混。合行札饬。札到，该府转饬所属，嗣后一切工程，如实系急应修葺者，自应详请委勘，听候核示遵办。倘有未经禀明任意兴修，率请流摊，定行删除，毋得玩违，致干并咎。慎之。切切。此札等因到府。蒙此，合行转饬。札到，该县即便遵照。毋违。此札。（二十六年六月二十八日到）

潍县银两交代账单

立账单。

吴丙臣会核得，潍县何竹如①四兄接收苏桂峰②四兄交代，应交正款银四千六百二十七两九钱九分八厘、杂款银二千一百二十二两四钱八分四厘、仓款银五两七钱五分二厘、捐款银二千三百七十四两四钱八分五厘，共银九千一百三十两七钱一分九厘。除抵款银八千八百十二两六钱九分三厘，又移交现银三百十八两二钱六厘，并无短欠。

一、抄存马刚房屋地租变价银三百七十五两五钱，将来如奉增估，仍须苏任赔交。

允核：苏桂峰、何竹如

道光二十四年二月　日

会核：吴丙臣

现拟解正耗银四千二百五十四两二钱八分五厘，加应支廉费银七十一两八钱六分四厘，二共正、耗银四千三百二十六两一钱四分九厘。该摊正银三千七百九十四两八钱六分八厘全应解司、耗银五百三十一两二钱八分一厘，内除扣留廉费银七十一两八钱六分四厘、地丁脚费银九两一钱七厘外，下剩实应解司耗银一百两三钱一分、冬季知县养廉银三百五十两，实该解司正、耗廉银四千二百四十五两一钱七分八厘。

---

① 即何镕。

② 即苏文恺。

第二十九本

恭请分年带征原缓、递缓钱漕以厚民生折附朱批

奏为东省历年原缓、递缓钱漕年分太多，本年甫获丰收，同时并征，民力实有未逮，恭恳天恩，俯准并案分年带征，以厚民生，仰祈圣鉴事。

窃照东省各属，地多瘠薄，户鲜盖藏，兼之历年以来非旱即水、不雹则虫，或全境之灾，或偏隅之歉，无岁不有。虽随时奏蒙圣恩，蠲缓频施，而小民素无积蓄，生计终觉艰难。本年入夏以后，幸得雨泽频沾，秋收可称丰稔。然当积歉之后，一时元气究难全复。

兹届秋征之期，查得各属停缓道光二年以前积欠，尚有未经启征之项，而道光三年以后各案原缓、递缓钱漕，又复积至数年，统计共有五六年之多。若竟概行启征，小民以一年之入，断难完数年之项，势必徒事追呼，有名无实；而经征之员虑于分数参处，必将设法垫解，旧欠既多掩饰，新赋转更挪亏，实于国计民生皆有妨碍。

臣与署藩司钟[①]悉心商酌，本年上忙钱粮征解已将足五分，洵属大有起色。兹当秋收丰稔，更不容稍有短绌。但催科固应认真，而民隐尤宜体恤。与其带征太多，艰于完纳，徒使挪新掩旧，何如宽其年限，稍纾民力，俾可实解实征。

再四筹维，除本年新赋并历年旧欠钱漕均照常征收外，合无仰恳皇上天恩，俯准将道光二年以前停缓积欠，无论已未启

---

① 即钟祥。

征，与三年以后各案原缓、递缓钱漕，及临、德等仓漕项、河银、民佃、盐课、摊征堤工、地租、出借仓谷籽种口粮等项，并为一案，统自道光七年秋后为始，各按最先年分，递年依次带征一年，仍以钱、漕两项合并。如最先之年止有钱粮，并无漕米，即以次先年分漕米启征。其应需漕项银两，照例由司借支，仍俟地丁启征之年统征分解，如数还款。如此量为调剂，小民益感逾格鸿慈，输纳倍当踊跃，而钱粮实征实解亦可不致挪移，似属两有裨益。

为此恭折具奏，伏祈皇上圣鉴。谨奏。

兹于七月二十二日奉到朱批："另有旨。"钦此。随折奉上谕一道。

道光七年七月十八日内阁奉上谕："贺[①]奏历年原缓、递缓钱漕请分年带征一折。山东各属，地多瘠薄，兼有水旱偏灾，小民生计维艰。兹届秋征之期，据该护抚查明，各属停缓积欠尚有未征之项，而原缓、递缓各案钱漕积至五六年之多。若概行启征，断难同时完纳。自应宽以年限，俾可实征实解。除本年新赋并历年旧欠钱漕均照常征收外，着照所请，准其将道光二年以前停缓积欠，无论已未启征，与三年以后各案原缓、递缓钱漕，及临、德等仓漕项、河银、民佃、盐课、摊征堤工、地租、出借仓谷籽种口粮等项，并为一案。自道光七年秋后为始，各按最先年分，递年依次带征一年，仍以钱漕两项合计。如最先之年止有钱粮，并无漕米，即将次先年分漕米启征。其应需漕项银两，照例由司借支，仍俟地丁启征之年统征分解，如数还款，以纾民力。该部知道。"钦此。

---

① 即贺长龄。

山东省交代款项清理及赔补案

署济南府等为详请批示以便遵办事。

窃查东省交代积欠迟延，未能清结。推原其故，多因各任抵款纠缠，彼此执持，互相争议。虽经监交核算，终难画一定断，遂致观望延挨，不能依限结报。卑府等博采旁咨，并就各案款目逐一细核。其中有不能作抵之款，前任滥行开列；有必应作抵之款，后任坚不接收。并查通省各州县卫，缺有繁简之不同，时有今昔之互异，公项赔累亦有此无彼有之分。至历城一缺，为省会首区，各项赔抵之款，较之他属为更繁。若不明定款目，用昭遵守，交案仍属宕悬。

卑府等悉心筹酌，除已归历次清查案内核定抵款，并奉文详奏有案之款，似毋庸开列外，其各属交案内款项，或已经算定及未经算结者，拟将各项滥抵之款悉行删除。其有实系因公垫用、格于成例者，此时若竟予作抵，究难筹补归款，恐致虚悬。若竟作挪移办理，又系实用有据，不特各州县援为口实，且恐日后无以办公，转多窒碍。拟请于交案暂行划抵，另作赔项，分限勒追。

其应抵应摊各款，或年例捐解，或详明有案，皆系筹款办公。应请凡在清查以后、道光元年以前报明司、道、府流摊有案者，各照原案分别摊抵，以昭画一。其从前未经报明，此时续行补报者，概饬删除，不准作抵。如此定以限制，既足以昭核实，亦可免事后捏冒之请矣。

至着赔之项，亦应酌定年限，请照十九年清查限期，数在三万以上者，予限五年；二万两以上者，予限四年；一万两以上者，予限三年；五千两以上者，予限二年；五千两以下者，予限一年，统不得逾此限。其候补、试用、丁忧、告病及事故离任无缺各员，设措较难，请照现任年限统再加展一年，以示区别，均于各属交案核定详奉宪批之日起限。如逾限不完，及完不足数，即由该管府州据实揭报，听候参办。

是否可行，谨酌拟准抵、不准及着赔各款开控，详请宪台核示遵行。为此云云。

计详送清折一扣。

一申布政司。

前案司批

布政司罗①批，敝府等会详东省未结交代酌议准抵、不准抵及着赔各款开折请示缘由，蒙批，查东省交代积压累累，皆由交抵款项准驳未能画一。监算者既毫无把握，前后任又互相争执，彼此图占便宜，以致年复一年、完结无期，实属不成事体。亟当明立章程，示以准则，庶几应抵、不应抵之款目了如指掌，交案速就清厘。

今据该府会同各府州具详请示前来。本司详加酌核，分别应抵、不应抵开单，随详饬发。嗣后核算交代，均当照此办理。其清查及已经算结交代各案内原抵流摊款项，从前既已议结，即有与现定章程不符之处，仍应各照原案分别摊完，不得借口更张，致滋轇轕。

至于地方官办理一切公事，分所当然，即使实用有据，亦

---

① 即罗含章。

应各自捐办。如将一切用度暂抵作赔，人人效尤，岁岁加增，四五年后仓库全空矣。断难准行。

总之，一切垫办例得准销，未领者自应准抵，如奉核减，仍于原办之员着追。常年应捐之款，自应按日流摊。其非常年应捐，而银数较多，非一人所能独任者，必详经院司批准流摊，方准作抵；非奉院司批准者，不得滥抵滥接，以防流弊。

仰即转饬所属，并移行九府二州一体遵照。缴。折存，清单并发等因。（元年十月十二日到）

前案款目

今将各属未清交代酌议准抵、不准抵及着赔各款开具清折，恭呈宪鉴。

计开

无案可稽，虽有赔垫，不准列抵之款：

买补驿马赔垫、冲途差使赔垫、沿河铜铅船过境雇觅水夫工食赔垫、护送木牌过境雇觅水夫工食赔垫、粘补城池工料、捐修境内庙宇工料、捐修境内窝铺、随时粘补墩台营房、随时修葺监狱、随时修葺仓廒、捐办隆冬煮粥米薪、冬夏捐给监犯扇席棉衣、收养在配军流徒犯口粮、收养普育二堂贫民口粮不敷、掺演民壮犒赏饭食、解省解府控案人证解役车价饭食、缉捕盘费犒赏、冬月捐给贫民棉衣工料、长支各役工食、捐给官渡人夫工食、捐给书院经费膏火、捐修境内道路桥梁。

司议以上二十二款，均系该府等原议，不准列抵。

院司道府有案可稽，并应分年流摊，必须作抵之款：

采买缺谷不敷，此项每石例价七钱，报销时按八钱开报，有奉部照准者，亦有核减一钱。今酌定交案内，以采买时报部粮价为准，除去例价七钱，下剩作为不敷，自报买之日起，无论多寡，分十二个月匀摊扣足。对年之后，不准流抵。盖下年又有应买之谷也。

采买截漕米麦豆蓟粮并禹城耗豆不敷价银，前项系先按例价请领，不敷之项准照月报粮价，于交代案内核实作抵，毋庸议摊。

采买截漕米麦豆运脚不敷、拨运赈米运脚不敷，上两项例系分别水陆程途，按里作正开销，毋庸议准。

运直赈米不敷杂费，查此款前司议流摊年限太远，分摊银数年限亦未均匀。今本司酌定三百两以上者，分二年；一千两以上者，分三年；一千五百两以上者，分四年；二千两以上者，分五年；二千五百两以上者，分六年；三千两以上者，分七年。但其中恐有以少报多情事，应责成后任查明实在垫用不敷银数，按照本司酌定年限分别摊抵。如有扶同浮冒滥接者，参处着赔。

抢修各河埽工缺口工料，如果详院司批流摊有案者，各照原案办理；非院司批准者，不准。

协济临清民剥船价工料食、添雇民生工食二款，系有领。如果未领之银，照数作抵。倘奉部驳删，仍于原抵之员追赔，毋庸领外议摊。如将来奉部删减，仍于原办之员着追。余条仿此。

协济直省邵工秸料、协济南河秸料二款，并无详摊案据，无凭核示。

派办张秋大工料物，并雇觅留工应用船价不敷，并无详司案据，不准流摊。

摊解煮赈不敷，详奏准摊有案者，各照原案办理。如从前未经详准流摊者，概不准。

津贴修理战船、采买部闽二硝不敷、科场并岁科两考经费、临砖津贴柴价不敷、各部则例并宪书誊黄工料，均系常年应摊之项，自应按日摊抵。

抚塘报资、京塘公费，按日摊抵。

承差修理各项工程，查各项工程均系动项办理，止准以未领之数作抵，不得于应领之外复有流摊。其有例不准销，而系必不容已之工；或系准销而先行垫办，后因碍难补详请销、实用有据者，须详明院司，方准作抵。

摊修省垣各坛庙，详明院司流摊者，方准流抵；院司无案者，不准。

津贴三监禁卒工食，按日摊抵。

修理衙署，详明院司流摊者，方准流抵；院司无案者，不准。

捐解临、德等仓解部添平并脚费，此系随漕摊解之项，不准流摊。

搭运南粮垫发脚费，详摊有案，应照案办理。

摊捐曹镇东昌营衙署工料、流摊赴闽兵差二款，奉摊有案，仍照案办理。

摊解高模入官地价，司中议摊有案，已入盘查抵亏，应照案办理。

捐解各衙门书吏饭食，按日摊抵。

实用有据，应暂抵着赔之款：

解过节省银两，此项司库已无存款，止准划抵十九年以前盘查报亏及二十二年蠲免以前已征未解，另作赔办理，不得于交案划赔别款。

捞挖运河古浅工段，此项系在粮道库漕仓羡余项下领银承办，例有开销，止准将未领之银作抵，不准议摊。

垫解钱粮，二十二年以前民欠业经豁免，无可征收，应作赔项。其二十三年以后有民欠可征者，应由接收之员作抵，着落后任征收归款。

挑挖各塘长二河工段不敷，此系常年挑办之工，应责成收漕之员自行筹补，不准摊。

垫兑漕米，二十二年以前民欠业经豁免，无可征收，应作赔项；其二十三年以后有民欠可征者，应由接收之员核实作抵，着落后任征收归款。

囚粮囚衣核减不敷、递解口粮车价、驿站夫马工料不敷、稽查保甲门牌纸张饭食、流抵铺垫公馆什物变价不敷、英吉利国贡使过境船夫工食，此六款连前买补驿马赔垫等二十二款，共二十八款，司议系地方官应办之事，即使赔垫实用有据，亦不准作抵，率行议赔。凡有似者，效此。

垫兑漕米，查漕米一款，兑运紧急，州县垫解事之。所有山东交代历系每石二两作抵，今应仍照二两为定。但须查明，凡在二十二年以前垫解漕米，民欠已豁，应遵照奏案归于交代案内，责令作赔。惟垫解数目从前未经报司有案，今若概准列抵，难保无以少报多情弊。应酌定凡经交代局算结者，以交代局核定数目为准；其未经由局核算交代各处，如有垫之款，应饬该管府州查明。如在未奉豁免以前报明府州，确有案据者，由该府核明案卷，出具切实印结送司，准归交代案内作为赔款着追；其从前未经报府有案，于奉文豁免民欠后始行报出者，概不准其作抵，以杜弊端而归核实。至二十二年以后垫兑漕米，事非得已，漕有民欠可征，自应作抵，但须酌定限期。如上年垫兑之项，准予次年每石二两列抵，至次年开漕日为止。如至次年开漕后，倘有征催不起者，即属滥漕无着。如遇交卸后任之员，即不得滥行接收，经垫之员亦不准强为列抵。其上年垫解之漕，如次年九月以前正署迭更，均责成接任各员查明确据。

除已征外，下余尾欠，各按在任月日摊赔归款。盖十月以后又开新漕，未便辗转流抵，陈陈相因也。

垫解钱粮，查各属垫解民欠钱粮一款，应查明凡在嘉庆二十二年以前奏明垫解钱粮银十一万一千余两之内者，民欠已豁，应遵照奏案作为赔款另追；其嘉庆二十二年以后钱粮，奏明尽收尽解，不准捏报全完，通行在案。其有违例垫解者，系规避处分，自应不准作抵。至应解粮、河二道衙门银两急需支发，于先期垫解确凿有据者，责成后任核实接收，先尽征还，并于报解文内声明“解补前任垫解”字样，以备查核。一经接收，即惟接收之员是问。统限一年征完，如有不完，一年之后，不准辗转流交，致滋悬宕；如在一年之内交卸者，将未完之数分作十二个月按日摊赔。盖至下年又有下年垫解之款，不能陈陈相因，致短仓库也。

垫解官亏，查各属历年垫解官亏一款，应查明原垫之员。如本任并无报亏正杂钱粮者，概不准其列抵；若本任亦有亏短，应饬该府州县查明垫解官亏、历报有案、确凿可据者，交代案内准予作抵，即以原亏之员领抵各款内划还垫解之员，以补其缺，并饬各府州严饬所属，嗣后查有亏缺，即行揭请参办，不准辗转垫解，致滋轇轕。

前案移文

为移会事。

道光元年九月三十日蒙署布政司罗①札开，据该府禀称，窃照东省因交代各款，先经卑府会同通省各府州酌议应抵、不

① 即罗含章。

应抵及议请分年着赔各款，详蒙宪台按款核示，分别准驳，批饬照办，遵即行知历城县遵照去后。兹据署历城县知县潘尚楫禀称，卑职当与在省各牧令传示遍观，恪遵祗守。惟其中尚有数款，理合禀商，另开清折。伏祈再详藩宪覆加批准，俾得一律遵行，交案可期速结，感更无既。

至前蒙详请分年着赔各款一节，未奉藩宪核批。卑职覆查东省自嘉庆二十五年以前各州县事繁费巨，不得不有赔垫。其实用有据者，即不能不入交代，列于抵款。若悉行芟除，不但通省二百余案交代之员所全者少，似亦非前次清查奏明，尤以弥补有着，不使帑项虚悬，为正办及现奉谕旨设法调剂，酌定限期办理完善之至意。

卑职辗转思维，惟有仰恳俯照前详，所有嘉庆二十五年以前各州县赔垫无着各款，转请分别勒限追赔。如逾限不完，仍请照例参办，庶帑项不致虚悬，交案更易清结等情前来。

伏查该县禀商各款，尚系实在情形。兹谨开具清折，禀呈鉴核。可否准行之处，伏候宪台核示祗遵等情，并呈清折到司。

据此，查垫解钱粮一款，凡二十二年以前之项，应遵奏案划抵已征未解作为赔项另追；其自二十三年以后奏明不准捏报全完，本应不准于交代作抵。惟查嘉庆二十三、二十四、二十五年之钱粮，各该州县久已垫解列抵在先。本司现在清查各属交代，见后任征获前任垫解之粮银，为数不少，则是实有民欠可征。若竟不予作抵，未免便宜后任。

今本司覆加酌核，二十三、二十四、二十五年垫解钱粮，均各予限三年征还归款。即如嘉庆二十三年钱粮，限至道光元年，三年期满垫解；二十四年钱粮，限至道光二年，三年期满垫解；二十五年钱粮，限至道光三年，三年期满垫解。如在限内卸事，除已征完外，下欠银两准交后任查明实欠在民者，作抵接征归款。倘三年限满，征不足数，即将未完之数分作十二个月，遇闰分作十三个月，无论正署，由现任之员按日匀摊删除，统于一年之内删除。一年之尾欠不准辗转流抵，以免款项久悬。亦不准令原垫之员赔缴，以杜以少报多、以完作欠、通融接收之弊。

又垫兑漕米一款，奏明归于交案划赔，系专指二十二年以前民欠已豁者而言。此项垫兑款目，司中并无报案。事关划抵帑项，不得不加详慎。总当以曾经交代局核明，及未奉豁免以前报明府州确有案据者，方准作赔。如当时并无报案，迨经奉文豁免，始行开报，焉知非见有作赔之奏，串通现任捏冒浮开？此所以断难率准，实非过从苛刻。

至二十三年以后俱有民欠可征，并无奏准作为赔款之文，岂容以指款奏准之特恩，作为泛常交代之定例。其有垫兑未完之项，前已批明，定以限制，自当归于现任分摊，俾款项不致久悬。若如该县所请，将二十二年以前、二十三年以后，无论是否报明有案，一概作赔，不特与奏案不符，且其中有民欠可征者，接任之员必将视为前任赔款，不为实力催征，甚或将征起之项私肥囊橐，不为前任还款，既无以慎重钱粮，而于情理亦未为允协。仍应遵照本司前定章程，止准作抵一年，至次年开漕之日为止。如征不足数，由现任按日摊完，不准再事更张。

又节省一项划抵盘查亏缺及已征未解，均系专案奏准，出自逾格天恩。至于交代案内从无划赔之事，且并未具奏，岂容作为常例？止有垫兑漕米一项，因民欠已豁，无可征还，准其许其作抵，仍赔另追，然亦系奏明办理外，此不得妄自增添。今若以前解之节省，复作为交案之划赔，竟是将旧日已解之捐项，取偿于国家之正帑，此端断不可开。

又买谷不敷，前议分作一年均摊，正以杜借流摊之名巧取浮冒之利。若谓一年摊完，仍不免自行赔垫。独不思该令若在任十年八年，岂亦将任内十年八年之不敷全委之后任耶？人又委之后任，不特后任力有不能，而仓库亦渐抵渐空矣！

凡立法须要行平，不宜专袒旧任；且今日之现任，即异日之旧任也。今日如是接收，即异日如是交出，固无所谓吃亏，亦无所谓便宜，总之平与恕而已。

至于买完日期，仓书斗级无不共见共闻，接任之员不难一查即知。如恐粮价参差不齐，着照从前奏准，每石例价七钱、津贴三钱之例，总以一两为准。除例价外，不敷之银分作一年摊完可也。

又垫修衙署监仓等项，非详明院司有案不准作抵者，原指现在交案而言。其从〈前〉已入交代摊抵各案，自不准再行更动，致滋轇轕。本司亦曾筹虑及此，是以前于该府等会详内，即经批明。凡已结交代摊抵款目，如有与现定章程不符者，仍各照旧办理，不准纷更。言简意赅，垫修衙署等项即在其内，毋庸再行请示。

又黄水穿运派办料物，本司岂不知奏明有案？前批并无详司案据不准流摊之说。盖谓承办之员是否垫赔若干，当时并未详司有案。焉知事后不以五报十耶？本司衙门既无案据，焉能批准？又二十五年以前黄运河工抢修工料，既系奉文办理，而又明知不能动项，即应将垫用银数随时详禀院司。若当时并不具详，事后忽称府州有案，岂足凭信。焉知其中不有浮冒耶？本署司衙门既无案据，焉能批准？

又临、德仓解部添平五毫脚费一款，既系常年之项，仍循其旧可也。

至该府等前详实用有据各条，议谓作赔，本司因地方官承办一切事件，分所当然。如将一切用度暂抵作赔，年复一年，必至仓库全空，断难率准。当已明白批驳，是所详分限追补之处，已毋庸再议。惟节省划抵亏缺及已征未解并垫兑漕米划抵着赔之限期，自可均照清查章程，分别银数多寡，以定限期之远近办理。

除禀另行批发外，合行札饬。札到，该府即便移行各府州转饬所属一体遵照。毋违等因到府。

蒙此，查前次会详交代案内应抵、不应抵各款奉藩宪分别准驳批定各条，业经抄单咨会在案。兹奉前因，合行移会。为此合移贵府，请烦查照办理，并饬所属一体遵照施行。须至移者。

惠民县张希林等诉齐云集等毁桥阻水案府札

署武定府王札惠民县知悉。本年闰五月十二日蒙布政司札开，道光二十六年五月二十一日奉巡抚部院兼理盐政觉罗崇恩案验，道光二十六年五月初三日准刑部咨，山东司案呈所有前事等因，相应抄单行文该抚可也等因到本部院。

准此，合就檄行。为此仰司官吏即便转饬，将张希林、张寿忠均照拟折责发落，并将该庄各水沟应如何开筑疏通，石桥作何修葺，迅速饬县一并详细勘明，从公办理。余照部文饬遵。毋违。计粘单一纸等因行司。除饬济南府遵照办理外，合就檄行等因到府。

蒙此，合行转饬。札到，该县立即遵照，并将该庄各水沟应如何开筑疏通，石桥作何修葺，迅速一并详细勘明，从公办

理详报。毋得迟延。速速。此札。（二十六年闰五月十七日到）

计粘单一纸。

据山东巡抚崇①咨称，济南府审详惠民县民张希林等，以抗断害良等情京控齐云集等一案，缘张希林、张寿忠即张守忠均籍惠民县，居住张家集，与居住吕家等庄之齐云集、吕文学、雷学礼、杜方和、生员赵廷葵，邻庄素识。该县张家集地势最洼，每逢雨水，由柳河沟张家桥流入马颊河宣泄，由来已久。

道光二十一年三月间，该庄积水过溢，沟中一时宣泄不及，由王家庄西道口转入马颊河。齐云集与吕文学、雷学礼、杜方和、赵廷葵均在张家桥附近处所种有田禾，恐被淹没，将冲倒土坑用土垫平。张希林与族兄张寿忠因水不能顺流，控县准勘。

嗣值大雨时行，河水涨发，致张家桥被水冲塌。齐云集等因上游水急，将南北两沟堵塞七十余步，以为保守田庐。张希林等即以齐云集等垫塞水沟、砸毁石桥等情，由府控省，批经该前县王令会同委员勘讯，经庄民业遇春等与僧人悟果处明，情愿代为疏沟顺水，石桥由该县王令捐资修葺。

详批销案以后，河水复发，张希林等虑恐有碍庄稼，欲将齐云集等前塞南北两沟稍为疏通。适齐云集等携带器械前往筑堵，瞥见不依，彼此口角争吵，致将张希林等地内高粱青苗踏毁。时经王成先与王成奎等趋至劝散。维时张家桥又被水冲倒，张希林等闻知，疑系齐云集等将桥复行拆毁，又复具呈，由府控省，批县复勘。因人证未齐，将齐云集旋即保回家。张希林等又以前情，并疑齐云集等回归系差役韩德等得贿卖放，及图准添砌僧人悟果勾串韩德等朦官作弊等词，具呈京控，咨解回

① 即觉罗崇恩。

东提省委审。

据报词证，王成先在店病故，委经历城县验讯详批，核入正案办理。随督同提集研鞫，据供前情不讳，究诘不移，似无遁饰。

查张希林等呈控齐云集等拆毁石桥，差役韩德等得贿卖放各情，讯据事出有因，由于怀疑所致，尚非平空妄告。惟所称僧人悟果勾串韩德等朦官作弊，系属图准添砌控词，究属失实。张希林、张寿忠均请照申诉不实律，拟杖一百，折责发落。齐云集讯无拆毁石桥，杜方和等亦无持枪拦阻高粱青苗拔去填塞沟中情事，应与讯无得贿卖放之差役韩德、王增有均毋庸议。韩德等并免提责。王成先在店病故，验讯看役人等并无凌虐情弊，亦无庸议。至该庄各水沟究应如何开筑疏通，石桥作何修葺，应请饬县一并详细勘明，从公办理，以免争端。案经讯明，未到人证免提省累，无干省释。除分咨外，拟合咨达等因前来。据此，张希林等均应如该抚所咨办理可也。

惠民、阳信、乐陵、商河、滨州五州县二麦歉收，缓征钱粮府札

署武定府王札惠民县知悉。本年五月初八日蒙布政司批，本府汇禀各属本年二麦被旱、被风，收成歉薄，议请缓征新旧钱粮缘由。蒙批，据禀已悉。仰候汇案详请具奏，仍转饬各该州县知照。缴等因到府。蒙此，合行抄禀札饬。札到，该县即便知照。毋违。此札。（二十六年闰五月十七日到）

计粘抄禀一纸。

敬禀者。窃照卑府所属之惠民、阳信、乐陵、商河、滨州等五州县境内，本年自春徂夏，雨泽愆期，风霾屡作，二麦受伤。前据各该州县禀蒙布政司、宪台、藩宪，并由府先后委员确查去后。

兹据印委各员会同勘明情形，分别议请缓征新旧钱粮前来。卑府覆查该州县等境内本年二麦被旱、被风，虽俱勘不成灾，收成究属歉薄。若将新旧钱粮照常征收，民力实有未逮，自应量予调剂。合无仰恳大人俯赐转奏，请将被旱被风之惠民、阳信、商河、滨州及被旱之乐陵等五州县阖境内，除商河县上年秋禾被水村庄，今春青黄不接上忙新赋已缓至秋后启征，毋庸另议外，其余该州县阖境各庄未完道光二十六年上忙，及阳信、乐陵、滨州今春青黄不接案内原缓麦后启征上忙钱粮，同二十五年民欠暨因灾原缓，一体缓至二十六年秋后征收。所有二十一、二、三、四等年旧欠，并因灾原缓、递缓钱漕及漕仓民佃盐课等项银两，并为一案，缓至二十六年秋后，各按最先年分递年依次带征一年，仍照旧案先尽该年钱粮全清后，再行议带漕米。至乐陵、阳信、商河等县二十五年原缓漕粮，能否依限带征，俟秋后查看情形禀办。

利津县上年潮淹较轻村庄，暨较重庄内尚堪试种各地，应缓新旧钱粮，仍归入本案另禀，合并陈明。肃此。具禀。

惠民县佘家巷缉私遵办事府札附章程

署武定府王札惠民县知悉。案蒙盐运司札开，本年五月初七日蒙巡抚部院兼理盐政觉罗崇恩批，据本司呈详，佘家巷备弁兵丁缉私功过章程缘由，蒙批，候据详檄行该备遵照办理。此缴等因。蒙此，除移营并札佘家巷守备遵办外，合行札饬等因到府。蒙此，合行转饬。札到，该县即便一体遵照。事关详定抚宪缉私之件，毋得视为具文，致干未便。凛之慎之。特札。（二十六年闰五月十九日到）

计粘抄详定缉私功过章程一纸。

为酌议佘家巷缉私功过章程，以昭劝惩而资实效，详请核示事。

窃查雍正二年，因海丰地方逼近灶户滩场，两省居民杂处，奸徒易于贩私，奉前宪台陈奏，准将登州营守备移于佘家巷驻扎，分拨马兵二十名、步兵六十名专司巡缉。岁需巡费银一千二百两，在于运库公费项下支给，至今已历百余年。

本司检查设巡卷宗，近年来从无详报破获之案，而巡费则按年支发。领银有卷，获犯无文，岂该处过往人民尽皆良善，竟无一二私贩出入其间？又岂该汛堵截独严，枭徒皆知，畏惧不敢入其汛地，竟至境内肃清？揆度其情，推原其故，若非包庇容隐，即属怠玩懈弛。

夫设立卡巡，原为缉私而起。况该汛驻扎佘家巷，专为盐务，改移巡缉，是其专司，非他处营汛兼管者可比，尤当实心实力，格外认真。乃竟以缉私为具文，视公费为应得。其为有名无实，不问可知。当此私贩充盈、课额频亏之际，若不大加整饬，无以杜绝私源。然徒责令缉拿，而不明定惩劝之法，恐仍虚应故事，无益于公。

本司悉心酌核，应请嗣后以获私之有无，核其功过。如每季拿获有犯私盐一二起，将巡费照常给领。如季内并无报获犯盐，兵丁扣给巡费一半，汛弁记过一次；第二季又无报获，兵丁巡费全行扣停，汛弁记过二次；第三季仍无报获，兵丁除全扣巡费之外，棍责二十，汛弁记过三次，督巡不力之守备记大过一次；一年之内始终无获，汛弁、守备分别撤任，随营留缉，以观后效。倘知而不拿，拿而复纵，及有得规庇护情事，一经查访得实，即行照例详参。如果勤能奋著，拿获大伙巨枭并寻常犯盐多起，俟审明定案后，即以私贩罪名之大小，定弁兵赏格之重轻。其有罪至斩绞者，每犯一名，赏给原获兵丁银一百两，汛弁记名拔捕，督巡之守备酌予奏奖；问拟军流者，每犯一名，赏给原获兵丁银三十两，汛弁记功二次，守备记功一次；问拟徒罪者，每犯一名，赏给原获兵丁银十两，汛弁记功一次，守备每犯二名记功一次。以上所赏银两，如非原获之兵均不得分给，其银即在库存公费项下动支，所记之功各准其抵消，记过、记大过一次者以记功三次抵销。似此明定章程，庶弁兵知所劝惩，巡缉可收实效。

是否有当，相应查议具详，仰祈宪台鉴核批示祗遵。如蒙允准，即饬该备自本年秋季起，将弁兵衔名开册呈送，仍将所获犯盐随时申报宪台暨本司衙门查核。合并声明。为此备由具呈，伏乞照详施行。

通饬地方营县严缉私盐以裕国课事府札

署武定府王为详请严饬地方营县认真缉私，以疏官引而裕国课事。

案蒙巡抚部院兼理盐政觉罗崇恩札开，据盐运使沈拱辰呈称，窃照盐务首重裕课，而裕课必先缉私。私不侵占，则岸销自畅；引无积压，则课项自充。东省引目沉积日多，各处岸销疲滞日甚。欲求大加整顿，力挽狂澜，尤非严缉私盐、严办枭犯不能冀有起色。

本司莅任后，即经分别移行缉私文武员弁，实力巡查，务获大伙私枭，解交地方官从严究办，不得以零星小贩及无犯私盐塞责，并严禁商人之夹带、场灶之私偷。三令五申，不遗余力，而察看销市总无转机。

缘东省侉匪本所素著，其贩私之辈类皆本省人民，一邑之书差、一村之乡保，非其亲族，即属友朋。遇事到官，皆多方为之护庇。如有盐店获送之犯，每多相识之人联名具保，不即提案究问，反谓巡役栽私，甚或拷打商巡、诘责商伙，即有人盐并获，众目昭彰，不过暂且寄盐，听候审办。于是收禁有费，解审需钱。私贩未除，而商人已不胜其扰。及至讯供，或诿为误装误载，或称为各贩各私，化有为无，化大为小；或因病而保释，或从轻而杖枷；或以亲老丁单准其留养，使若辈不知恩有所贷，反疑法有不行。因而其志益侈，其胆益壮，其势亦日益强，始则背负肩挑，思渔小利，继且骡驼车载，结集多人，以私盐为可营生，视官法为不足惧。巡役畏其报复，见之潜踪；商人莫可如何，闻而短气。甚至持械拒捕，夺犯殴差。种种行凶，由渐而起。更有积惯私贩，长年占据市中，任意跌售，不容商店零星参卖。商人畏累，隐忍莫敢声张。如现据莘县、朝城认商福顺号，以境内私枭蜂起，力不能支，屡次禀退。并据德平县商人晋恒裕等具禀，盐山枭匪刘二黑等频放枪炮，掳捆商伙卖私，皆属明证。此官盐之所以日积、课项之所以日悬、筹办之所以日难而无从措手者也。

现届酱市，正销盐最旺之时，若不严饬实力查拿，从严究治，将何以遏枭风而疏积引，苏商困而速输将？应请通饬各州县营汛多派兵役，认真巡缉，务期有犯必获，有获必惩。本之以实心，行之以实力，不得畏难苟安，致滋疏纵，亦不得意存消弭，视为故常。如遇商巡获犯到官，即严行承办，不准书差任意需索，有累商人。果能拿获著名巨枭，盐数在万斤以上，问拟军流斩绞者，准予酌量奏奖，以示鼓励。如有巡缉怠玩、纵私殃商，及获犯到案，延搁不办，巧为开脱者，即行撤任严参，俾各知所劝惩，渐收成效。相应具文详请，仰祈分别饬行，实为公便等情到本部院。据此，除行各营转行遵办外，合就檄行等因到府。蒙此，合就檄行。为此仰县官吏文到即便一体查照，认真办理。毋得视为具文，稍涉疏懈，致干未便。切切。(二十六年闰五月十九日到)

山东运库款目清查展限详

具亲借山东候补〇〇〇〇杨〇〇、济南〇〇〇〇盛〇〇，今于与亲供事。

依奉供得，卑职等与盐经历传〇盐库大使金〇〇及已讳回避之试用未入流黄〇〇，均奉兼署运司刘藩司[1]札委，清查运库款目，在于运署设局办理，遵于本年七月初十日会同赴局。彼时兼署运司刘藩司，应按常前司交代。虽款册甫维移交，而例限已将届满。

刘藩司论将库款赶紧清查，以便接收交代，依限结报。卑职等以运司库贮，自道光十九年冬间补完悬垫，详奏之后，至

① 即刘源灏。

今将及十年。其间出纳纷繁，款目恐有轇轕。虽卑职等所查正项尚易勾稽，惟杂款项下每有借垫银两，逐款稽核，必须稍宽时日，是以回明刘藩司，请将此案交代援照成案展限两个月，庶几核实办理，俾无错误，当蒙允准详奏。此卑职等请将交代展限之原委也。

至卑职等所查库款有东库、西库之分，西库止贮正杂，东库则贮商捐银两与夫寄库之项。

查自道光二十年起，至本年六月十一日截数之日止，所有西库各款，共应任内尚有借发未还银六千六百一十两二钱二分九厘，陈升司①任内尚有借发未还银二万六千五百二十二两七钱一分。又行销引盐，系甲运乙销，甲年应完之款，乙年方始开征。而甲年应支应解之考输、给兵、养廉、役食等款，必须先为筹垫。如果乙年商人完项，按额全清，亦不过暂一转移，无如商疲课绌，动有拖欠，以致垫项不无悬宕。至今历任有动垫款未还银一万三百九两一钱二分六厘。常前司任内有勒垫杂款未还银一千六百四十两三钱一厘。以上五共银七万四千，存银三十三万三百八十二两六钱七分五厘。除去实存银二十五万五千八百两三钱九厘外，计不敷银七万四千五百八十二两三钱六分六厘。检核案卷，系因道光二十一、二十二等年登郡海防案内奉院行文酌提经费，并详明团练巡勇需用口粮，历任借动杂款分别支解，除已归还外，至今尚有何前司任内动用未还银二万九千五百两。又历年领引、领票、解饷等项一切常年公用，因面封银两不敷动支，历据纲首请借杂款支应，历任均各准其暂借。除陆续归还外，至今惟何前司五百八十二两三钱六分六厘，系西库杂款项下不敷之原委也。

---

① 即陈庆偕。

此外，东库银两又查有常年公用，因面封不敷，据纲首禀，经常前司饬，据三首领议覆，核准借动寄库银两暂为支应。除常任内自行归还外，截至卸事之日，尚有未还银七千二百四十三两六钱五分。又因垫支、垫解、给兵、缮书等款，常前司动垫寄库银三千四百八十一两九钱三厘。以上二共银一万七百廿五两五钱五分三厘，系东库不敷之数目也。

卑职等于查明后，业将正杂银两开具四柱年款，并将借垫银两分年分任详晰造具细册。呈经刘藩司亲自赴局核对，因现未对完，是以尚未出详。

再，东、西两库借款，须待面封归还。其垫款系有本款可征之项。至于卑职等查出收支借垫缘由，均有案卷库簿可稽，中间并无扶同隐饰情弊。亲供是实。

（十一月十三日递讫，阅后存留备查）

严筹科场经费摊派整饬章程事府札

武定府王①札惠民县知悉。本年十一月二十五日蒙布政司札开，嘉庆二十四年十一月初四日蒙巡抚部院程②批，本司详明摊派科场经费银两，责成现任之员赶紧批解缘由，蒙批，如详办理。此缴等因到司。

蒙此，查科场为抡才大典，所需经费浩繁，而例准开销之项仅止银二千余两，不敷尚巨，不能不摊诸州县；而每科所摊

① 即王果。

② 即程国仁。

银两，均系通盘筹计是科需用之多寡，按数摊派，并无长余。各牧令短解银一两，司库即多一两之借款，岂容延欠。各牧令身为民牧，似此有关抡才大典之捐款，与正杂款项其名虽异，紧要则同，理应急公完解，以资备办。

乃今岁己卯科经费，本司接查档册，各州县自知向上踊跃完解者，固不乏人；而疲玩因循、支吾延欠者，则竟居其大半，以致今科原、续派摊之银，现尚拖欠至一万九千余两之多。凡此欠解银两，均系由司筹借。即溯查历年，亦无一科解清者，以致司库借款虚悬。摊［推］原其故，盖因各牧令竟视此项为捐款，以为即不完解，上司不能遽行以此指参。在本任奉摊之员奉上司催提紧急，则以措齐即解，饰词禀覆，继则杳然绝响。一经交卸，则更置催提于不顾。交代案内又抗不入交，阳称自行清理，阴则取巧不解。且检查历年因案，各牧令从未有于交代后再完解科场经费者，而后任之员则又以前任未交借词卸责，日久年湮，即成虚款。

而当办理科场之际，本司衙门责重任专，委员赴司请领银两，如纸张之预为采办，棘闱之择要应修，供给之逐条应备，事关巨典，库中即无本款，势不能坐视贻误，固执不借。日后借款难归，致悬国帑。司中枉受滥借之名，而抗解州县反得置身事外。此等居心，殊不可问。

兹本司已严定章程，详明抚部院批允在案。此后惟当遵照章程办理，不容仍前玩误。

除行交代局员遵照外，合亟抄详，马递五百里札饬。札到，该府立即查照详定章程，通行所属，将欠解今科及历前科原、续摊经费银两，如系本任欠解者，自奉檄之日始，统限一月内解司清款，不得再事拖欠；其有前任奉文应解而交代尚未算结者，即将此项列入应交，由现任解兑；其有交代已结、议明前任自行清理者，亦即查明员名银数，星速详请着追。如始终不解，即着落现任之员赔缴，否则于领款内扣抵。只以原派之州县缺分为准，不计前任后任，亦不计其已未入交，以免取巧悬宕之弊。嗣后科场于摊派之时，并责成现任于奉到摊派之文一月内措齐解兑。其应如何在本缺按日摊捐之处，各该员自行查照旧章，入于交案办理。此次明定章程后，倘再延欠，或将前任应交银两任其于交代案内删除，定着落接收交代之员赔缴。该府职任督催，亦当认真查催，毋任玩欠，并干未便。速速等因到府。蒙此，合行札饬。札到，立即遵照办理。毋违。此札。

计粘抄详一纸。（嘉庆二十四年十二月初五日到）

为详明事。

窃照文武乡闱为国家抡才大典，所需经费为数繁多，而例准开销之项仅止银二千数百两，不及十分之一，不敷尚巨。司库又无闲款可筹，不能不摊诸州县。而每科所摊银两，俱系通盘核计是科需用之多寡与该州县缺分之大小，以定捐数。各牧令短解银一两，司中即多一两之借款，岂容任其延欠。在各牧令身为民牧，于此抡才大典，理应急公完解，以资备办。

乃今岁己卯科经费，本司检查档册，各州县自知向上踊跃完解者，固不乏人；而疲玩因循、支吾抗欠者，则竟居其大半，以致本科原、续摊派之银，现尚拖欠至一万九千余两之多。凡此欠解银两，皆系由司筹借。即溯查历科，亦无一科解清者，以致司库借款虚悬。推原其故，盖因各牧令视此项为捐款，以为即不完解，上司不能遽行以此指参。在本任奉摊之员，奉上司催提紧急，则以措词［齐］即解，饰词禀覆，继则杳然绝响。一经交卸，则更置催提于不顾。交代案内又抗欠不入交，阳称自行清理，阴则取巧不解。且检查历年司案，各牧令从未有于交代后再完解科场经费者，而后任之员则又以前任未交借词卸责，日久年湮，即成虚款。此等居心，实不可问。

而当办理科场之际，本司衙门责重任专，委员赴司请领银两，如纸张之预为采办，棘闱之择其应修，供给之逐条应备，事关巨典，库中即无本款，势不能坐视贻误，固执不借。日后借款难归，致悬国帑，则司中受滥借之名，独任筹赔之累，而抗解州县反得置身事外。若不明定章程，何以整积习而重公事。

本司再四筹酌，应请自此次详明为始，所有各州县欠解今科及历前科原、续摊经费银两，如系本任欠解者，统限一月内解司清款，不得再事拖欠；其有前任奉文应解而交代尚未算结者，即将此项列入，应交由现任解兑；其有交代已结、议明前任自行清理者，亦即查明员名银数，星速详请着追。如始终不解，即着落现任之员赔缴，否则于领款内扣抵。只以原派之州县缺分为准，不计前任后任，亦不计其已未入交，以免取巧悬宕之弊。嗣后科场均照此次详定章程，于摊派之时专责成现任措齐解兑。其应如何在本缺按日摊捐之处，各该员自行查照旧章，入于交案办理。其有抗延及解不足数者，即由司中查明，委员严押批解，务于揭晓前扫数解司，以清借款。如此办理，庶要款可归有着，而各牧令不致再事疲延，于科场大典亦较为易办矣。是否有当，拟合详明本部院鉴核示遵，以便通饬遵照。

驳销外委马兵给车一款，更正例案以符定例府札

署武定府王为具奏事。本年闰五月二十七日蒙济东道札付，

道光二十六年五月二十九日准按察司咨，道光二十六年五月二十一日奉巡抚部院觉罗崇恩案验，道光二十六年五月初九日准兵部咨，车架司案呈，本部具奏，户部会议前任陕西巡抚李[1]题销供应陕、甘二省奉调清江浦防剿及天津防堵官兵支过盐粮车骡脚价一案内，外委马兵给车一款，核与例案不符，奏请更正一折。奉旨："依议。"钦此。相应抄录原奏，行文山东巡抚转饬所属一体遵照可也等因咨院行司移道到府。蒙此，合行转饬。为此仰县官吏文到立即遵照办理。毋违。须至帖者。（二十六年六月初八日到）

计粘单一纸。

兵部谨奏，为例案不符请旨更正，以归画一事。

窃据户部移会前任陕西巡抚李星沅题陕西供应陕、甘二省奉调清江浦防剿及天津防堵官兵撤回支过盐粮车骡夫脚等项一案，送部会议等因前来。

臣等查军需例载，各省驻防满洲绿营外委马兵出征，均乘骑本身官马，如遇马匹疲乏，无马更换处所，满兵每二名连军装给车一辆，绿营外委马兵每三名连军装给车一辆等语。是外委马兵出征，非马兵疲乏，本无给车之例。乃详查历办成案，自川楚军需已有外委马兵给车之案，阅年久远，不计次数。即如嘉庆十八年河南教匪滋事，准销过此项车价八案。又道光六年、十年喀什噶尔军需，准销过此项车价十二案。又此次英夷军需，亦于二十四年比照成案，准销过此项车价五案。惟查有道光十四年驳查二案，至今未据该抚咨覆，十五年删驳三案未准开销。

---

① 即李星沅。

臣等窃思此项车价本属与例不符洽，而陕、甘等省历来办过军需俱有给车之款，自系恃有成案可援，间有臣部驳查，仍复借词请销，而臣部所存之案亦准驳，未能画一。若不更正，必至习为故常，浮縻帑饷。且兵贵习劳，岂可任其耽逸坐车，将平日养熟之马舍之不用。相应请旨饬下各督抚、将军、都统，嗣后满洲绿营遇有征调，务须遵照定例，乘骑本身官马，一概不准援引成案给与车辆。其历年给车之案，全行注销，庶各省报销不至浮冒，而臣部核销亦归画一。

除将此次会稿照例驳销外，所有更正成案以符定例缘由，理合恭折具奏，伏乞皇上训示遵行。谨奏。

部硝摊派改制及交代核算议定章程府札

兖州府岳①札汶上县知悉。道光二十三年五月二十三日准济南府移开，据敝属历城县陈令②禀称，窃蒙本府督令卑职监算各州县交代，凡有摊捐各款，未有不遵照向定章程，一律核算，以免参差而杜争执。惟摊捐各款中有今昔情形不同，若仍照向章，反非公允，必须量为变通者。即如部硝不敷一款，动逾千金，向来自办硝之年正月初一日起，分三年摊，缘部硝三年一派，此中并无重复之弊。

近年，部硝自道光十八年派办一次，二十年又派办一次，二十一年又派办一次，今岁、明年不知有无派办。姑就现在已派而论，即难照三年摊算。一有重复，便觉偏枯争执较多，殊

① 即岳龄。

② 即陈宽。

难定断。卑职综核通省交代，款无巨细，斟酌尽善，不能而得其平。

兹卑职悉心核议，应请部硝不敷一款改作二年摊，其十八年所派之硝，自十八年正月初一日起至十九年年底为止；二十年所派之硝，自二十年正月初一日起至二十一年年底为止；至二十一年所派之硝，奉文本在是年十一月间，应自二十二年正月初一日起至二十三年年底为止。今岁明年或有续派之硝，即自二十四年正月初一日起，亦作二年摊。若今岁明年不复续派，部中仍按三年一次，即将二十一年原派之硝，除已结交代不计外，所有未结交代，改自二十二年正月初一日起至二十四年年底为止，以后二十五年奉文所派，仍按三年摊算。倘或摊派更多，再有拥挤，随时另行斟酌禀办。

是否有当，伏乞鉴核批示，并请转移各府饬知办硝州县一体遵照，俾免参差，实为公便等情到府。

据此，查解部硝斤，从前系按三年派办一次，是以承办州县垫用不敷价银，亦按三年流摊，归入交代核算。近年以来，有接连奉派者，有仅隔一年派办者，事无一定。且本年又经奉文饬办，若将不敷之项仍照旧章，每次分三年摊还，未免重复偏累。自应酌量变通，以昭平允。

除批饬历城县如禀办理外，拟合备文移会。为此合移贵府，请烦查照，希即转饬所属办硝州县一律照办施行等因到府。

准此，合行转饬。札到，该县即便查照，一律办理。毋违。此札。(二十三年六月初六日到)

奏请银钱并重，酌议搭放章程以资补救折

两江总督臣璧昌、江苏巡抚臣李星沅跪奏为银钱轻重不均，酌议搭放章程以资补救，恭折具奏，仰祈圣鉴事。

案准部咨，奉上谕："穆彰阿等奏遵旨会议御史刘良驹条奏银钱画一章程一折。银钱并重本系制用常经，果能随时酌核，不使轻重相悬，裕国便民，两有裨益，未可辄称窒碍，不思设法变通。着该督抚等各就地方情形详细体察，悉心妥议具奏，务使法立可以推行，不致滋弊。勿得任听属员巧为推诿，稍存畏难苟安之见，仅以一奏塞责。"钦此。并抄折稿咨送前来。

臣等窃维求治之道，法弊则宜变法，时弊则宜救时。伊古以来，综核度支，权衡子母。及铸大钱者有之，并用钞币者有之。其间消息盈虚，要必因时为大，而徒法不能以自行也。

兹奉谕旨饬议章程，臣等即以江苏而言，从前每银一两易钱一千及一千二三百文，今且一千八九百文矣。洋银一元易钱七八百文及一千余文，今且一千三四百文矣。谕旨或谓停炉减卯可平市价，及停炉数年而钱贱自若也，减卯数年而银价自若也。推原其故，良以用银之区，非即产银之区，则来路患其少；且以入银之数不敌出银之数，则去路患其多。势不能因流以溯源，即不能自无而之有。

他如额解河饷，并岁料大汛工需，苏省奉拨银两率十数万至二三十万不等，总须年清年款。又新疆兵饷，亦每岁拨解十数万，类皆有往无来。又漕船津贴，本例有止可酌给钱文，近日江苏州县亦多洋银给发，甚至逐年增长，漫无限制。银愈重

则钱愈轻，此乃时弊而非法弊也。

溯查顺治十四年征收钱粮银七钱三之例，虽系刊入由单，行之未久，旋即中止。况今昔情形不同，尤未敢轻言仿办。盖钱粮本维正之供，若令银钱并收，或整或散，数目互有奇零；忽减忽增，输将几无定则。诚恐奉行不善，胥役因缘为奸，豪强高下其手，名为酌剂，实易差池。且凡盘剥运送，动需经费，地方官力难赔垫，必借端倍取于民。立一法则又生一弊，徒令善良滋累，吏侩居奇，特非我皇上因时制宜本意。

臣等详细体察，再四熟商，所有额征地漕等项钱粮，一切悉照旧章征收批解。其零星小户以钱完纳者，仍听其便。关税各款亦俱照旧科征。本非苛取厉民，无虞借词抗玩。

惟各属留支项下，并藩、关、司、道各库应发养廉、俸工、役食、工程，举凡外支外用，统以银七钱三搭放，由解放各衙门查照市价易钱，仍每两扣足一千五百文给发。其州县兑漕例外津贴，悉准现定钱数核实酌给，不许银洋滥用。如此试行数年，有放钱之益，无收钱之扰。以钱准银而钱质重，以银易钱而银价平。虽挹注无多，尘核难期小补；而转移不觉，锤寸亦戒虚靡。

臣等职任封圻，受恩深重。事关经国大计，断不敢畏难苟安。只此就地筹维，量加通变，似可推行无弊。现已饬令两藩司、两粮道，及扬、海两关，将每年放款数目逐细确查。如蒙俞允，再行通饬遵照，造具搭放清册咨部存案，仍随时察看情形。如果市价较现定价值有减无增，即将搭放各款奏请停止。臣等往返札商，意见相同。是否有当，谨合词恭折具奏。奉朱批：“户部议奏。”钦此。（二十六年六月初二日邸抄）

大清河情形

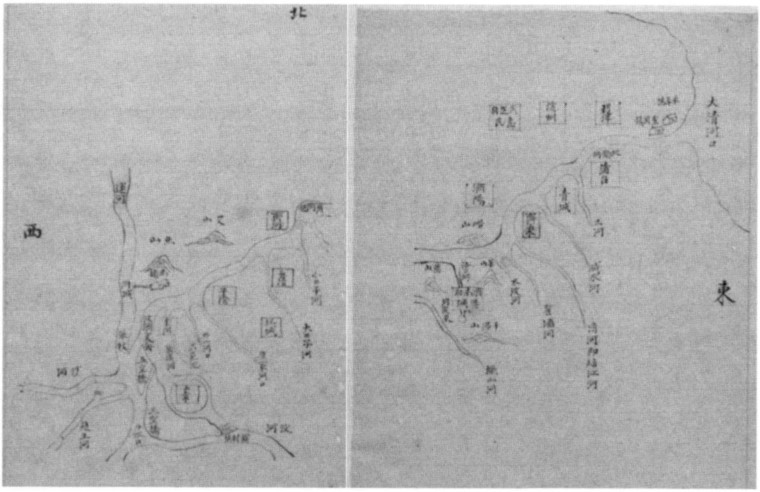

大清河图（即盐河）

盐河即大清河，自戴村坝分流汶河之水入东平州境，行九十里入东阿县境，行六十五里入平阴县境，行三十五里入肥城县境，行十二里入长清县境，行四十七里入齐河县境，行五十七里入历城县境，行七十七里入济阳县境，行七十里入齐东县境，行五十五里入青城县境，行三十五里入蒲台县境，行六十五里入利津县境，行一百三十八里入海，为盐运所必经。凡引盐由场运至盐园，则自利津达于历城之泺口，及发运各州县则自泺口达于阿城之南桥，皆由盐河转运。自前明运使甘一骥建议疏浚，商民称便。迄今间遇淤浅，商人捐资挑挖，惟恐后时焉。

河渠摘抄盐法志

一、盐河。考《山东通志》，大清河济汶合流，实汶水故道也，汶水故道。按之《水经》云，自冈县北，西南过东平章县南，又过无盐县南至安民亭入济。今由东平州戴村坝分泄汶河之水，西经城子村一支分向西南，经夹河村，绕州城至东隅，复与经流通、龙堌村、古台寺、夹河寺。又西北至和尚林坝分支，环城会于西北，其东北濠有芦泉水入之。又西北经马家口，至卢家村，与七里河会古济汶合流处也。又北至朱家屯东平州境内行九十里入东阿县界。又西北经堂子村侯家河，至斑鸠店与三空桥水会，又至庞家口与五空桥水会，合为一流，是谓清河。世谓之大清河，因小清河得名也又名盐河，因盐艘往来其中。又北流经鱼山南桥庄至大河口，有狼溪水入之。又东北经丁家口庄汝家道口，至滑口庄，有八里堂河水入之。又东北至郭家口庄东阿县境内行六十五里入平阴县界。又东北经凌家庄大义屯，至原家口南，有锦水入之。又东北经孙家溜吴溪渡，至黄家渡，有柳木沟水入之。又东至马家庄平阴县境内行三十三里入肥城县界。又东北经许家道口傅家岸，至孟家道口肥城县境内行一十二里，入长清县界，有沙河水入之。又西北经吴家渡口阴河寺，至张村口，有中川水入之。又东北经李家寨二郎庙，至大清桥开河口，有丰齐河水入之长清县境内大清河行四十七里入齐河县界此南岸界也。其北岸界在大清桥西南张村集。又东北至丁家口入历城县界其北岸至张村集，经袁家口邱家岸，至朱家圈入历城县界。齐河县境内行五十七里。又东经马家渡，至泺口，有泺水会诸河之水入之。又东经马家堂邢家渡、张侍渡，有巨河水入之。又东北经清河寺，至任家岸历城县境内行七十七里入济阳县界，

经县城南而东北至鄢家渡济阳县境内行七十里入齐东县界，经延安镇，有清河水入之。(以下缺)

嘉庆二十四年黄水漫溢议挑引河一案摘抄

济南府同知禀

敬禀者。据蒲台县禀称，卑县所辖大清河西南，自滨州许家纸房庄交界之申明亭起，东北至利津县吕家马头交界止，计直长六十五里。城西五里许之杨家庙、金卜庄二处，堤岸间有残缺，顶受其冲。香坊北关外，迤东青龙背至小关堤岸卑薄，附城村庄，皆由此处漫水浸淹，城墙亦被浸塌。其东北沿河之八里庄、龙爪树、菜园庄、三岔镇、潘家庄圈里陈家庄、赵家庄、曹家店、蒋家庄、于张庄等处，堤岸参差不齐之处颇多。业经卑职出示劝谕，殷实绅民趁此冬令水涸，捐资及时兴工，以防春涨，各保田庐。该绅民等莫不欢声载道，踊跃乐从。卑职自当随地随时相机督率，妥为修备，以期仰副宪怀。

查本年黄水涨溢，高至数丈，堤岸固难抢筑，即城垣亦甚险。迨至探马哨口决，黄流分泄，盐河水势一日而消数尺。卑县城关居得免漂没之虞，是探马哨分泄，实为杀水势之要道也。

再查滨、惠境内原有马颊、徒骇、钩盘等河，由西南而至东北沾化归海，是其故道。而滨州西南三十里旧有徒骇河一道，河身宽阔，与探马哨约计三十里。若将探马哨决口之处，顺水性之自然，因其势而利导之，开挖深通使其无滞无泛，引入徒骇河归海。其探马哨，口门建设闸座，以司启闭。一转移间，不特可御春涨，即保全地方当不少矣。倘不分泄入海，以杀其势，盐河底虽深而面甚窄，黄流全注，断不能容，势必泛溢横冲，无所归宿。堤埝既不尽高厚，土性又多松软。上游受害，下者更重；高阜莫保，低者可知。此官欲卫城垣，民欲守庐墓，难之又难矣。即如今年水势在霜降以后，尚与南北两岸相平，且多出槽灌绕成灾之处，则来年春汛岂可必水之不就下，不更涨乎？与其合流而到处为患，不若分流而行所无事之为愈也。卑职管见所及，用敢禀闻等情。

据此，卑职屡次在该县周历河干，一切情形，向所深悉。兹据称均属相符。分泄之要，莫如就上游探马哨已漫之口，顺饬疏通引入徒骇河达海，则下流沾、利二邑受漫较轻。若全黄奔腾而下，统归利津牡蛎口入海，不特下游受害，即上游仍不免受泛涨之患。察核该令所禀，意见相同，拟合据情转禀。恭请云云。

前案司禀

敬禀者。窃本司于东阿途次，接据济南府同知汪丞①禀称，该丞现在会同武定府王守②，议请在于利津上游惠民境内之探马哨以下，至徒骇河正身直达沾化一律兴挑，以为宣泄利津水势。又复虑及此事，如果办理处处为难，东省距京较近，恐将来谰言交作，必有议及冒昧率请之人，恳即转详奏明、请旨核夺等情。

本司覆查该丞禀称，现议新挑该处河身一道，必须借用民地，以百里为率，恐该处居民不肯从事，责成地方官开导，豁

---

① 即汪霖。

② 即王果。

除名粮。如堵合需时，酌给小民资本，即可不启争端等语。

查黄水漫淹地亩，民间无不望其涸复。此时一经挑挖成河，失其耕作，民心势难安贴；即使酌给资本，此项又需筹款，所费多寡难以预定。以百里之绵长，业户不少，如待查明给发，有需时日。其中地界不清，百起争端，洵非容易。且以探马哨漫口分溜之水，今议挑河宣泄，仅止八尺之深、一丈五尺之宽，即或各委员实心照估办理，亦未必能于容纳黄水，势必仍复散漫，分流归于无济。况届春令，为时已促。迨奏明后，派员赴工募夫认挑，断非正月初十间可以举办。届期工未完半，而汛水大涨，钱粮已经用去，于事毫无实济。刁民执此，转以失业混呈，势所难于阻遏；而奏准兴工之后，于春汛伏汛时仍属黄水漫溢，民田受害。设蒙圣诘，益属无可置词。民瘼攸关，不得不慎而又慎，详细禀明宪鉴察夺。

又查该丞禀称，工程分为十段，派州县佐杂办理，不必照河工土方价值，每段给发银一千金，归通省摊廉归款，约需银二万余两。如有不敷，准其报明该管知府分年流摊等语。

查工程不照土方报销，难于奏报。而摊廉之案，现已约需扣至嘉庆四十年以后。若再归于摊廉办理，当此各牧令竭蹶从公之际，亦属益行窘迫之端。终恐有摊无解，徒有其名。本司再四思维，度时察势，惟有据实具禀，可否仰恳宪台俯赐，饬令该丞会同武定府王守，仍于利津海口附近察看有可兴挖处所，酌量办理。其探马哨以下至徒骇河，从前嘉庆八年黄水漫淹案内并无兴挑之案，仍循旧章办理，以免争端，似为妥便。或以拯灾救患，不厌精详。

查该处系济东道所辖，杨道[1]亦系慎重公事之人。可否即

① 即杨健。

由宪台檄饬该道迅速亲往覆勘情形，究系应否兴挑之处，统乞钧裁。是否有当，本司不揣冒昧，理合照抄该丞原禀，由六百里禀呈鉴核。

(同知原禀未抄。)

前案府札

武定府王札惠民县知悉。本年正月二十二日蒙布政司札开，嘉庆二十五年正月初十日蒙巡抚部院程①批，据济南府同知汪丞②禀，筹办济、武两府来春紧要事宜等情。蒙批，查该丞所禀各条，固为防御春汛起见。然现在已交春令，若开挑积久，淤垫之徒骇河不特工费浩大，即使目下兴举，非一两月可竣之工。万一工甫及半，而汛水大至，徒费工本，事无实济。况动用银两办公，亦断无不照定例估计，岂能约略具奏动帑之理。是开挑一法，现据藩司禀称，事多隔碍，所见似较切近。其白龙湾一处，现经奏明，再行镶压结实。至利津石坝添筑土坝缕堤，亦经具奏借帑兴办。所有利津、蒲台二处城垣，现已饬司委勘确估。仰布政司即速遵照，另札迅速委员分别估计造册，详候核办，并行该丞知照。毋违。此缴。禀抄发等因批司。

蒙此，查利津县应修城垣，已饬委济南府同知汪丞前往查勘估办在案。所有蒲台县应修城垣，除并委汪丞前往查勘估办外，合行马递五百里飞饬等因到府。蒙此，合行札饬。札到，该县即便知照。毋违。此札。

---

① 即程国仁。

② 即汪霖。

前案府札

武定府王札惠民县知悉。本年二月初一日蒙布政司札开，嘉庆二十五年正月二十日蒙巡抚部院程札开，照得本部院于嘉庆二十五年正月初七日具奏，汶源渐长酌筹分泄并攒办挑工情形一折，业已抄奏行知在案。兹于本月十八日奉到朱批："另有旨。"钦此。

查此案先于正月十八日准兵部火票递到军机大臣字寄山东巡抚程，嘉庆二十五年正月十三日奉上谕："程国仁奏腊雪较多，预防春汛并汶源渐长，酌筹分泄攒办挑工各一折。上年冬间，直隶、山东、河南、陕甘等省得雪盈尺之处甚多。现在甫交春令，东省雪已渐消，汶源增长，运河东岸之马踏湖，业经深逾定志。即日，上游各省积雪融释，汇入黄河，漫水全注东省，不但运道虞其阻滞，即居民田亩庐舍，被淹之区亦必加广。现据察看利津之牡蛎口尚属通畅，其黄水经过之处，上自濮范，下至武定各州县地方，应须筹画堵御宣泄之处甚多。至汶水日增，湖河渐难容纳，或疏或浚，亦应早为之计。张秋运道虽办有章程，转瞬春水涨生，亦恐情形不无少异。凡此皆系东省目前要务。程国仁以巡抚兼办总河事务，或应亲往查勘，或应派员经理。事繁任重，安得尚有余暇？乃前次遽请入觐，意欲将此巨务委之谁人？何太不知缓急重轻也！

该抚此时惟当振作精神，殚心竭力，将此数事先时筹备，务令黄流东注之地不致再增泛滥。其粮艘经行运道，无论水势大小，总期畅行无阻，以利漕运，以卫民生。责无旁贷，勉之勿忽。将此谕令知之。"钦此。遵旨寄信前来。

承准此，合行恭录札知。札到，该司即便钦遵移行查照，赶紧妥协办理，并将发去火票移送臬司照例造报。毋违。计发火票一张等因到司。蒙此，除分别移行并将火票移送臬司照例造报外，合行马递六百里札饬等因到府。

蒙此，合行马递飞饬。札到，该县立将大清河两岸堤埝以及防护村庄各堤埝，通限文到五日内一律加高培厚，多用桩木厢压坚实。即春水涨旺，亦不致再有漫淹之患，是为至要。桃汛在即，如再片刻迟延以致失事，有干未便。仍将修筑赶办情形星速通报。毋迟。速速。此札。

前案御史谭言蔼奏稿

江南道监察御史臣谭言蔼跪奏为东省大清河黄流灌入宜思豫防，恭折奏闻，仰祈圣鉴事。

窃查大清河，上承汶水，旁近运河，经兖州、泰安、东昌、济南诸府属之州县，东北至武定府属之利津县入海。下流最为低洼，每当秋潦，辄若淹漫，一遇运河漫溢借泄，异涨归海。此大清河受水、泄水之大概也。

今年秋间，豫省武陟黄河漫水东省，横贯运河，由张秋镇五空桥全注大清河合而东北，所经州县田亩不无淹漫。而武定属在下游滨海处所，地洼河驶，宜为未雨绸缪之计。

臣窃意大清河河面宽阔处固多，而河身浅狭处亦复不少。万里黄流全河灌注，其势难以兼容。现在武陟大工虽克期可以合龙，全黄必归正道，大清河入海之路自无他虞。惟今冬雪泽颇多，明春桃汛以前雪释水融，万一大清河宣泄不及，海口少有阻滞，则济、东、泰、武诸处难免受累。

查例载，沂州洗即、马冲、魏青、赵王、马颊、徒骇、老黄等河，各该地方官于每年汛后逐一查勘挑浚。又载，山东赵王等河新挑各工，令州县官随时疏浚，毋致淤垫等语。

是每岁疏凿原为地方要务，东省州县自必照常办理，但今年全河灌入大清河更为紧要。相应恭折奏闻，请旨敕下山东巡抚亟饬所属，凡大清河所经州县，躬亲踏勘下流海口，力为疏浚。并谆切劝谕本乡绅士有业居民，乘春初农暇，相地势之高下、水势之缓急，修利堤防道达沟渎，或分其势，或导其流。官民一心，毋玩毋扰。如此先事预防，似觉更为周密。即武陟大工指日告竣，而堤防沟渎亦于该处农桑有益。

臣愚昧之见，谨恭折具奏。是否有当，伏乞皇上睿鉴。谨奏。

前案片奏

再，德州一带运河前因卫水骤涨，致州境虎仓等处漫口。臣即饬堵筑，并委藩司岳龄安驰赴督办，业经具奏，一面飞饬该州冯春辉迅速集夫购料抢办。

兹据报叶家园迤西之漫口，昼夜厢压，已于二十六日堵闭。其虎仓一处，亦在兴工厢筑等情。复经飞饬藩司，督令赶紧堵合。

惟查德州为南北往来要隘，日途行旅络绎，且目下正值公车北上之时。今自德州城外至景州一带，漫水淹浸，仅可行骑，难以走车。消涸尚需时日，行旅未便稽阻。

臣一面饬令藩司就近经理，督饬该州查明可以经行之路，搭造桥梁，平治低洼处所，并出示晓谕。俾已到德州者，不至稽迟中途；其现在南来者，即令改道前行。臣现已委员查探，由恩县四女寺觅渡过河，至直隶之阜城地方，可以绕道行走，途路亦不甚远；又由武定入直隶之庆云、盐山等县，亦系天津进京大道，此系东、西两路，可利遄行。臣当即出示遍〈贴〉晓谕，并饬恩县、武定各处沿途照料，务使过往行旅识途前往，不致阻滞。

所有虎仓漫口已在兴工赶堵，并令行旅改道行走缘由，理合附片具奏。伏乞睿鉴。谨奏。

前案奏稿

奏为钦奉谕旨运道湖潴及催攒事宜，钦遵会同李鸿宾妥协办理，恭折覆奏，仰祈圣鉴事。

窃臣于本月二十五日接奉廷寄，钦奉谕旨："东省河湖水势，现在甫交春令，即叠见增长。一切抢护宣泄事宜，在在均关紧要。程国仁拟将赈务料理妥协，即赴张秋、济宁、临清一带查看工程。是该抚于地方河务亟须筹办之事，来往奔驰尚且鲜暇，若如前此所请来京，岂不坐致延误？现在运道湖潴事务较紧。程国仁本有巡抚任内应办事件，恐不能照料周密。叶观潮又不能来东。着派李鸿宾署理山东运河事务，将现在临清、张秋及蜀山马踏等湖，卫汶诸水，应御、应宣各事宜妥协经理，并预筹重运经行各处挑工，及临期儹运章程计议周详。李鸿宾接奉谕旨，即日驰往山东任事。程国仁系本省巡抚，一切事宜俱令会同办理，不可因有李鸿宾在彼，即概行诿谢，置身事外。所有应奏事宜，伊二人会衔具奏。李鸿宾系署理河督事务，奏折内着程国仁列名在前，李鸿宾列名在后等因。"钦此。

臣跪读圣谕，仰见睿照周详，无微不至，曷胜钦感。伏念现在黄流穿运，一切宣防儹运事宜，在在紧要。臣才识庸愚，深恐思虑偶有不到，或兼顾不及，万一贻误，所关匪细，昕夕为之惴惴。乃蒙圣主特派李鸿宾署山东运河事务，凡运道湖潴及儹运章程，从兹均可悉心会商办理，总期诸事妥协，仰报恩慈。

所有辰下张秋工程，料物俱已陆续到工。其真武庙及南坝头护埽，据报刻日即可厢筑完竣。江家庄、赵王河两岸裹头已在盘筑，搭盖浮桥木植亦已运工赶办，其余一切事宜均一一筹备。臣于济宁一带将挑工河湖事宜办妥，即折回覆勘大清河上游西岸堤埝，顺途前赴张秋。计时李鸿宾亦已前抵东省任事，臣当与验收张秋各工料理运道诸事。

臣惟有和衷商确，实力实心，倍加奋勉，断不敢自外生成，稍有诿谢，上负深仁。所有钦奉谕旨钦遵缘由，谨缮折覆奏。伏乞皇上睿鉴。谨奏。

前案奏稿

奏为钦遵谕旨，河防漕运先时筹备，现在实办理恭折覆奏，仰祈圣鉴事。

窃臣接奉廷寄，钦奉谕旨："程国仁奏腊雪较多预防春汛，并汶源渐长酌筹分泄儹办挑工各一折。上年冬间，直隶、山东、河南、陕甘等省得雪盈尺之处甚多。现在甫交春令，东省雪已渐消。汶源增长运河东岸之马踏湖，业经深逾定志。即日上游各省积雪融释，汇入黄河，漫水全注东省，不但运道虞其阻滞，即居民田亩庐舍，被淹之区亦必加广。现据察看，利津之牡蛎海口尚属通畅。其黄水经过之处，上自濮范，下至武定各州县地方，应须筹画堵御、宣泄之处甚多。至汶水日增，湖河渐难容纳，或疏或浚，亦应早为之计。张秋运道虽办有章程，转晌春水涨生，亦恐情形不无少异。凡此皆系东省目前要务。程国仁以巡抚兼办总河事务，或应亲往查勘，或应派员经理。事繁任重，安得尚有余暇。乃前此遽请入觐，意欲将此巨务委之谁人？何太不知缓急重轻也。该抚此时惟当振作精神，殚心竭力，将此数事先行筹备，务令黄流东注之地不致再增泛滥。其粮艘经行运道，无论水势大小，总期畅行无阻，以利漕运，以卫民生，责无旁贷。勉之，勿忽。”钦此。

臣前因河防诸务未能谙悉，亟思叩觐天颜，面承圣训，俾可遵循，以致冒昧渎陈。兹先后钦奉圣谕，并蒙指示周详，感悚实难言喻。臣惟当殚竭心力，倍加奋勉，仰副训诫谆谆之至意。

伏查东省河道绵长，春水方生，节节均当预为筹备。前此张秋一带派令兖沂道卢坤、护运河道莫梦龄，将堵筑各工备办纤道等事分别赶办，其大清河堤埝亦经分饬委员劝谕居民修筑。今水势渐〈涨〉，又添委护登莱道杨本昌、知县李文耕并原派之同知汪霖往来查催。凡有应施工之处，俱趁此春融及时赶办运河挑工。该道洪范于岁挑最为熟悉，先经檄令前往督同厅汛赶挑，并查勘各处湖潴。嗣因马踏、蜀山二湖处交春盛涨均逾志，遂饬该道等设法宣泄，并筑拦河大坝以顾挑工。现在马踏湖涨水已见消落，堤埝卑稳，即将前此开启之洪仁桥堵闭，空掣上游底水北泄。蜀山湖自启放利运闸后，涨水已渐次见消。临湖险要堤工，据报均已一律抢护无虞。其卫北汛与马场湖圈坝缺口，亦于十二月堵筑完竣，追压稳固。运属塘长河所挑工段，统计已有六分成数。至济宁、汶上一带，滨临河湖，堤工紧要，又经添派东昌府同知赵兴艺及委员李天锡往来查勘。现在临清闸外，卫水长落靡定。前报险工二十二处，先经委令济东道杨健驰赴，督率地方河汛等员昼夜抢修。州境之杨峦地方因形势坐湾，水流涌激，更形吃重。据报有过水之处已集夫抢办。

臣查临口为帮船行走要隘，设使卫水再长，而汶源不敌，断难启闸。一恐闸外停淤过厚，一恐各处民埝漫溢。转晌重船首帮经临，必须早为筹计，以冀万全。臣即于二十二日自省驰往临清酌筹妥办，断不敢稍有玩忽。俟勘明水势情形，再行奏慰圣廑。所有钦遵筹备及赴临清勘办缘由。理合恭折奏报。伏乞皇上睿鉴。

再，臣署寻常日行事件，委令藩司代拆代行。解勘命盗案件，亦令藩司代勘，仍由臣核办。合并陈明。谨奏。

详修白龙湾堤工垫用银两分年摊捐归款一案详稿

署惠民县为垫用抢修要工银两，详请摊捐归款事。

窃卑县境内大清河堤，自西南乡于林庄由济阳入境，迤逦东北至老君堂入滨州境，中间委折袤延，计一百一十余里。西南堤岸尚称坚固，因东北地势渐洼，白龙湾、探马哨、姚家湾、谈家哨等处屡遭险故。此数工之中，白龙湾系全郡保障，郡城地势洼下，遥受白龙湾俯临之势，最为紧要，脱有疏虞，所关匪细。而该处堤旁有一深潭，水流至此，激射湍刷，将堤岸啮成偃月之形。上年七月雨水过大，河流顿涨，该处已极危险，经卑职昼夜驻工抢修，渐就平稳。迨至九月，河南马营坝漫口，黄流横溢奔泻，河水叠长，每与岸平。因水大力劲，将兜〈湾〉处所刷成入袖之形，万分危险。

卑职因职任匪轻，叠次将危急情形随时具禀各宪，蒙委宪台暨护理登莱道杨及邹平李令①往来查勘督办，并委武定营游击、寿光县县丞孙鉴暨同城文武员弁分段驻工照料。卑职一面相度机宜，雇备大船四只拦住外口，以缓水力，再用秫秸四五层编成芦帘式样，用石坠重直垂水底以作外护。赶紧购备桩木料物，多雇人夫在兜湾处所排列，高桩中用秫秸层筑坚土、抢厢完固，再于桩外排列矮桩，照前厢做二层，以为外障。无如该处系沙土易刷，不惟随筑随坍，且将旧堤愈刷愈进，竟成陡崖，不能施工。不得已设法于每桩上添系十数斤长麻绳一道，从下斜攀堤顶，始可从新厢压，得以坚实。更于矮桩外，添设柳笼，使水力激撞稍缓。其西首上游头加筑挑水坝一道，以杀其势。并因偃月堤身刷坍日薄，实为可虑，更从堤后添筑，加高培厚。缘附近皆被水淹，取土甚远，不得不多雇人夫车辆运送。计自上年九月昼夜赶筑，不遗余力，直至本年二月各工始行完竣，叠次开折具禀在案。

伏查此工本系民埝，毋庸官为修筑。因附近皆被灾之区，均已无力推诿；而工程万分吃紧，初则黄流奔注，猝不及待，继则冰雪融化，汛水叠长，刻不可缓，不得不官为挪项垫修。计买备桩木、秸料、苘麻等物，并雇觅车辆、运土夫役、捶桩硪筑等项，共用银五千三百四十五两二钱。此项垫用银两既不能作正开销，自应捐资办理，第为数甚巨，且系地方公事，卑职实难一人赔累。拟请卑职任内自行捐办银一千三百四十五两二钱，下余银四千两留抵后任，在本缺分作十二年摊捐还款。庶几卑职一人独任其事，不使一人独受其累，并皆实用有据。

幸祈宪台垂鉴下情，俯赐转详藩宪批准示遵，实为恩便。为此备由具申，伏乞照详施行。

---

① 即杨健、李文耕。

署武定府惠民县为垫用抢修要工银两，详请摊捐归款事。

窃卑县抢修白龙湾堤埝并添筑挑水坝各工，除将买备料物、雇觅夫役、垫用银两缘由备载清册外，拟合摘叙简详，具文详请宪台查核转详。为此云云。

计申送详册一本、清册二本。

一申本府。

署武定府惠民县为造报垫用银款事。

今将卑职垫项抢修白龙湾堤工，并添筑挑水坝各工所有买备料物、雇觅夫役、用过银两，理合逐款造册，呈送施行。须至册者。

计开：

抢修白龙湾堤工长一百五十九丈，高一丈七尺，底宽五丈，顶宽三丈。又西首上游头加筑挑水坝一道，长三丈四尺，宽二丈一尺。

一、买秸料十三万五千七百十二斤，每斤银八厘，共银一千八十五两七钱。

一、买大桩木三百十二根，每根银九钱，共银二百八十两八钱。

一、买小桩木三百二十一根，每根银四钱，共银一百二十八两四钱。

一、买麻绳四千二百九十二斤，每斤银八分，共银三百四十三两三钱六分。

一、买荆箔，计重五千八斤，每斤银三分，共银一百五十两二钱四分。

一、雇人夫二万五千七百三十二名，每名每日银一钱，共银二千五百七十三两二钱。

一、雇大船，自二十四年九月下旬至二十五年二月中旬，每日三四五只不等，每日每船银八钱，共银三百八十五两六钱。

一、添雇运土小车，每日每两银三钱，共银三百六两三钱。

一、自二十四年九月至二十五年二月督办催料，各役饭食每日每名银八分，共银九十一两六钱。

共垫用过银五千三百四十五两二钱。（嘉庆二十五年七月二十二日阅稿）

前案县详

武定府惠民县为垫用抢修要工银两，详请摊捐归款事。

卷查上年九月，卑前县陈令①任内抢修白龙湾堤埝，并添筑挑水坝堤工用过工料银五千三百四十五两二钱，因系民埝，未能作正开销，陈令自行捐办银一千三百四十五两二钱，下剩银四千两留抵后任，在本缺分作十二年摊捐还款等情。于本年七月间造册，详请前宪转详藩宪批示，饬遵在案，但迄今未奉批示。

兹卑职到任正在查核交代之际，此项银两是否准其留抵，未奉批示，未便冒昧接收。拟合查案具文详请宪台鉴核，俯赐查照前详，转详藩宪迅赐批示下县，以便遵照办理，实为公便。为此云云。

前详府批

查此案经前署府转详藩宪在案，俟奉到批示饬遵可也。

---

① 即陈醇。

前案府札

武定府曹[1]札惠民县知悉。道光元年正月初二日蒙布政司批，据前署府呈详，前署惠民县陈令垫修白龙湾堤工用过工料银两，请分年摊扣缘由，蒙批，查此项堤工系前院宪奏明，饬令该署县陈醇捐资修筑。乃事后又欲率请流摊，殊属不合。仰武定府再行确查，所用银两究有若干，是否借端浮捏，据实详候核夺。此缴等因到府。

蒙此，除行现任潍县知县陈醇前往该县会同确查外，合行札饬。札到，该县立即会同陈令查明垫修白龙湾堤工所用银两究有若干，是否借端浮捏，据实详覆以凭核转。毋稍迟延，致干未便。速速。此札。（元年正月初十到）

前案禀稿陈醇径禀

敬禀者。本年正月二十二日蒙宪台札饬，奉藩宪批查，卑职前在惠民任内垫修白龙湾堤工用过银两究有若干，是否借端浮捏，令即会同朱令查明详覆，以凭核转等因。

遵查惠民境内白龙湾堤工系全郡保障。郡城地势洼下，遥受白龙湾俯临之势，最为紧要。嘉庆二十四年九月间，河南马营坝漫口，黄水横溢奔腾，该处万分危险，要工林立。尔时卑职适署惠民县事，因职任匪轻，不得不挪项垫修。当将危急情形及设法堵筑缘由，叠次具禀各宪。蒙委护理登莱道杨、济南分府汪[2]及邹平李令往来查勘督办，并委武定营孙游击、寿光

---

① 即曹堃。

② 即汪霖。

县县丞孙鉴暨同城文武员弁分段驻工，帮同照料。自二十四年九月起，昼夜赶筑，不遗余力，直至二十五年二月各工始行完竣。计实在挪项垫用，共银五千三百四十五两二钱，并无丝毫借端浮揑。

惟有仰求大老爷垂鉴下情，俯赐查照卑职前详，察核覆详，不使卑职一人独受赔累。顶戴鸿慈，实无既极。肃此。具禀。恭请云云。

前案县详

为札饬事。

道光元年正月初十日蒙宪台札开，道光元年正月初二日蒙布政司批，据前署府呈详云云等因。蒙此，遵即关会前署卑县、现任潍县陈令去后。兹准覆称，查惠民境内白龙湾堤工系全郡保障云云，并无丝毫借端浮揑等因。

准此，卑职随亲诣白龙湾查勘抢修堤埝，并添筑挑水坝各工，俱系实在垫修，与卑前县陈令前详无异，并无借端浮揑情事。拟合将关会查勘缘由，具文详覆宪台核转。为此云云。

前案府札

武定府曹札惠民县知悉。本年三月三十日蒙布政司批，本府呈详，该县查勘过前任陈令抢修白龙湾堤工垫用银两，并无借端浮冒，请准其入于交代分年流摊缘由。蒙批，据详，惠民县垫修堤工银两，既经该县朱令①勘明，并无浮冒，惟查挪项

① 即朱奕勋。

至五千余两之多。前县陈令系承办之员，仅止认捐银一千三百两零，其余四千两留抵后任摊扣，殊未平允。且现当清厘之际，未便准其流摊延宕。仰即确核，酌议筹款归项，具详察夺。毋迟。缴等因到府。

蒙此，除饬潍县会同该县核议外，合行札饬。札到，该县立即遵照宪批事理，迅速会同潍县陈令，将抢修堤工垫用银两应如何筹款归项，酌议详覆，以凭核转。毋再迟延干咎。速速。此札。

前案禀稿陈①任径禀

敬禀者。本年四月十八日接奉钧札，以卑职前在惠民任内垫修白龙湾堤工请分年留摊银四千两归款一案，详奉藩宪批示，未便流摊，饬令酌议筹款归项等因，自应祗遵。

惟查卑职垫修惠民县白龙湾堤工银五千三百四十五两二钱，除详明自行捐修银一千三百四十五两二钱外，其余银四千两力难再捐，详请留抵后任，分作十二年摊还归款。

兹蒙前因，卑职再四思维，并无别款可以筹补。惟有仰求大老爷俯念，实缘漫口河堤万分紧急，卑职因公垫修，亿万灾黎得以安居。所有垫项为数甚巨，既难独捐，又无别款可筹。伏乞鉴查下忱，恩施格外，转详藩宪，俯照前详，准其留抵后任分年摊捐归款，俾卑职垫项有着，不致久悬。顶戴鸿慈，实无既极。肃泐禀恳。敬请云云。

---

① 即陈醇。

前案县详

为札谕事。

道光元年四月初七日蒙宪台札开，本年三月三十日蒙布政司批，本府呈详该县云云等因。蒙此，遵即关会前署卑县、现任潍县陈令去后。

兹准覆称，以敝县前在惠民任内垫修白龙湾堤工，请分年流摊银四千两归款一案，详奉藩宪批示，未便流摊。饬令酌议筹款归项等因，自应祗遵云云。俾垫项有着，不致久悬等情。准此，卑职覆查无异，拟合具文详请宪台鉴核，据情转详批示祗遵。为此云云。

前案司札抄详附

署布政司罗①札惠民县知悉。道光元年九月十六日蒙巡抚部院琦②批，本署司详惠民县陈令垫修白龙湾堤工银两请分年流摊一案缘由，蒙批，查嘉庆二十四年因黄水穿运，由大清河入海，惠民县境之白龙湾抢筑等工，于上年二月内，据委护理登莱道杨守暨济南府同知汪丞等开折具禀。以此项工程陈令捐资购料，雇募民夫抢筑，当经前院据禀，陈奏在案。何以检查当日，县禀内又有垫项修筑之语？今又称仅止认捐银一千三百四十余两，其余银四千两，又议以后任按照在任月日，分作六年摊还，前后殊为互异。事关奏明工程，且是年大清河下游一带抢修堤埝不止惠民一处，未便遽尔照准。仰即查照奏案，核

① 即罗含章。

② 即琦善。

明原卷。并确查此项工用是否实数，有无事竣任意浮开，大加删减，由司确切妥议，详候核夺。毋迟。此缴等因批司。

蒙此，合行抄详札饬。札到，该县立即遵照院批事理，逐一按款查明，详细声覆，加具切实印结，由府核明加结送司，以凭核办。毋迟。速速。特札。（元年十月二十五日到）

计粘抄详一纸。

本署司覆查惠民县境内白龙湾抢筑堤工本系民埝，毋庸官修。因彼时黄河下注，附近皆被灾之区，民力拮据，实难劝修；而工程又万分吃紧，刻不容缓。前经前抚宪具奏预防春汛案内声明，已饬该署县陈令捐资购料，雇募民夫，于白龙险要之处修筑拦水坝一道，计长一百五十九丈，于西首筑挑水坝一道，颇为得力等语。

该县陈令抢筑堤坝，保护郡城亿万生灵，垫用银五千三百余两。除自行认捐银一千三百四十五两二钱，其余银四千两无力捐垫，请分作十二年，无论正署，摊还归款，节据该府转详，均经前司批饬另议在案。今复据武定府知府曹堃详，据现任惠民县知县朱奕勋勘明垫修堤埝并添筑挑水坝各工，均系实在垫用银两，并无借端浮捏，又无别款可以筹补，议请仍照前详分年流摊。

本署司查此项工程，虽经前宪于具奏折内有饬令捐资办理之语，但陈令于署任之时办此大工，迨至工竣即行卸事，非任事历久者可比。若以垫用银五千余两，责令陈令一人独捐，则将来人皆畏累，遇有险工未免观望不前，于吏治、河工颇有关系，似应照该府等所议分年摊还。惟所称分作十二年流摊，为期过远。应请改为六年，以司中奉到院批之日起限，无论正署，按任分年摊还，庶垫项不致无着，而办公之员亦免偏累。是否有当，拟合详请本部院鉴核批示饬遵。为此云云。

前案司札

布政司朱[1]札惠民县知悉。本月十二日蒙巡抚部院琦批，据本司详覆，前任惠民县陈令垫办白龙湾堤工银两缘由，蒙批，如详饬遵。此缴等因。

蒙此，除饬武定府分别转饬遵照外，合行札饬。札到，该县立即遵照檄饬，将陈令垫办白龙湾，除认赔下余银二千三百四十五两二钱，自道光三年十月十二日奉文批准之日起，无分正署，按照在任日期分作五年摊捐归款。毋得拖欠，致干揭参。切切。此札。（三年十月二十五日到）

计粘抄详一纸。

本司覆查嘉庆二十四年黄流猝至，实与寻常汛涨夷险悬殊。堤埝攸关保障，地方官自不能不赶紧抢修；而所费浩繁，亦难责之一任一人独贻赔累。所有陈令前在惠民任内抢修白龙湾工程，共垫用银五千三百四十五两二钱。既据该府县查明，并无浮冒。且现在陈令自已愿认赔银至三千两，较之原报认捐之数已赔十分之六，下剩二千三百四十五两二钱，自应准其流摊，庶昭允协。

该府所议俟详准之日起限摊还之处，虽与胡朝伦之案未能一律，但有朱奕勋一任业已因案参革，难以再令摊捐，亦属实在情形。应如该府所请，即于详奉批准之日起，分作五年摊还，以清垫款。其陈令自认银三千两，并交代案内垫解二十三年正耗银一千八十二两二分四厘，亦应如该府所请，勒限陈令于回任半年内一并如数解缴司库。倘敢逾延，即行揭参。如此办理，

---

① 即朱桂桢。

似于库款不致悬宕，而陈令亦免向隅矣。

所有潍县知县陈醇前在惠民任内垫办白龙湾堤工银两及垫解钱粮，分别勒限赔摊缘由，是否有当，拟合详请宪台鉴核批示祗遵。为此云云。

前案司札

布政司贺①札惠民县知悉。道光七年闰五月初一日据前任惠民县谈素敦禀称，窃照前署惠民县陈醇任内抢修县境白龙湾工程应赔银五千三百四十五两二钱，当经详明陈令自认赔完银三千两，其余二千三百四十五两零议归后任分年代摊，蒙前院宪批准，陈令自认银两，勒限回潍县任半年内解缴司库在案。嗣经陈令完解过银一千五百两，业已补批请拨。二十五年临仓正耗下欠银一千五百两，奉饬催追陈令完解，亦在案。

除代摊银两按年代为弥补外，所有陈醇欠解银一千五百两，系应归补。该令挪缺嘉庆二十五年仓项钱粮，卑职任内屡次遵札移催，至今未据解缴。

查陈令现在省垣，理合禀请俯赐严催，赶紧照数完解。俾该令所挪仓项得早报拨清款，免罹参处，实为公便等情到司。

据此，查陈醇前在惠民任内垫修白龙湾堤工银五千三百四十五两二钱，经前司详明院宪，将陈参令认赔银三千两限半年完缴，其余银二千三百四十五两二钱归于后任，按任流摊归还垫款。嗣据陈参令解过银一千五百两，尚欠银一千五百两，屡催济南府委员押追，未据解司。

兹据禀前情，合行马递五百里札查。札到，该县立即查明

① 即贺长龄。

陈醇认赔垫修白龙湾堤工未完银一千五百两，曾否解存县库，抑系未完，即日据实禀覆，以凭核办。毋迟。速速。特札。（道光七年闰五月初九日到）

前案禀稿

敬禀者。道光七年闰五月初九日奉宪台札开，据卑前县谈素敦具禀，前县陈醇抢修县境白龙湾工程认赔银三千两，嗣经陈令完解银一千五百两，业已补批请拨临仓正耗外，尚欠银一千五百两，屡催至今未据解缴，禀请严催等情到司。合行札查，札饬查明前项未完银一千五百两曾否解存县库，抑系未完，即日据实禀覆，以凭核办等因。

奉此，卑职遵查卑前县陈令抢修白龙湾工程，除后任摊补外，计应赔银三千两。前据陈令完解银一千五百两，随经谈令①请拨二十五年临仓正耗银两，尚欠解银一千五百两，亦经禀蒙宪台札饬济南府就近着追在案。迨后谈令亦叠次备文移催，核之卷内陈令并未移覆。

所有前项银一千五百两委未解存县库，实系未完，缘奉钧饬，合肃禀覆云云。

嘉庆二十四年黄水漫溢蠲缓钱粮一案

布政司岳②札惠民县知悉。查地方遇有水旱灾伤，应造蠲

---

① 即谈素敦。

② 即岳龄安。

免及缓征银两细数册结，例有定限。如逾限造送者，均按迟延月日照例题参，历经遵办在案。

今查该县二十四年黄水漫淹村庄，地亩应造蠲免及缓征银两细款册结已逾限，屡次严催，至今未据造，实属玩延。现值查办奏销之期，急等应蠲应缓银两数目声叙造报，难容再缓。合再马递六百里饬催。

札到，该县立即遵照查明上年黄水漫淹村庄地亩，按照实征花户逐一核算明确，分晰清楚，造具应蠲、应缓银两细数册结各二本，径送来司，一面赶造各十本，由府道加结移司查核，详请题咨。如有已完蠲额及应缓银两，亦即于册内注明数目，以凭于奏销案内声叙造报。此项册结攸关蠲缓，毋稍舛错迟延，致干参咎。速速。特札。（嘉庆二十五年五月初二日到）

前案县禀

敬禀者。本月十七日接奉钧谕，以二十四年钱粮现在办理奏销册籍，所有卑县应造被水村庄蠲缓银数册结，迅速造送等因。

遵查卑县上年被水成灾一百二十一村庄，内分成灾五分周家庄等五十四村庄、成灾六分楼子孙庄等六十七村庄，业经开折禀明在案。

因各村庄被灾较轻，并无应行蠲除银两，惟有应缓征民欠二十三年地丁正银四百七十七两五钱二分五厘，又二十四年地丁正银一千八十二两四钱一分一厘，又二十五年地丁正银七千六百四十三两六钱七分九厘，均缓至二十五年秋后启征。除应造各年细数册结现在饬承漏夜赶造，另文申送外，缘恐致稽宪台核数具详，合将各年缓征银两总数先行驰禀核办。肃此。具禀云云。

前案司札

布政司岳札署惠民县陈令知悉。案据该县禀称，上年黄水漫淹楼子孙庄及周家店等一百二十一村庄，被淹较轻，并无应蠲银两，惟有应缓二十四年正银一千八十二两四钱一分一厘等情到司。

据此，查二十四年黄水案内上下游原续被淹成灾共濮、范等十四州、县、卫所，均经委员查明灾分，奏奉上谕赏给口粮，仍按成灾分数照例给予加赈，并蠲缓钱漕刊刷誊黄晓谕，并颁发式样饬造顷亩及蠲缓钱粮册结在案。即该县原报成灾六分楼子孙庄等六十七庄、成灾五分周家店等五十四庄，贫民户口亦遵照奏案领银，照例散放抚赈在案。

所有被淹地亩，自应按照灾分造具顷亩及应蠲应缓钱粮册结送司详题，并于奏销案内声叙造报，以归画一。何以屡次粘用排单严催，并差马夫守提该县顷亩及蠲缓册结，总未妥造送司，迟延至今。又以被灾较轻，并无应蠲银两等语，混行搪塞。

查水旱灾伤按照成灾分数蠲免钱粮，系属定例。若照该县所禀声叙毋庸蠲免，则当日何为勘报成灾六分、五分。不惟核与定例及原奏钦奉上谕均不相符，即该令亦难免冒赈重咎。奏销案内一经部诘，其将何词以对，何不晓事体至于若此？现在司中奏销早已查办完竣，惟等该县应蠲应缓及已完银两数目声叙列入。若再迟延，有误奏销，更恐该县不能当此重咎也。

除批饬武定府速催该令携带卷宗经书来辕赶造外，合亟粘用排单插翼，马递六百里专札饬调。札到，该令立即遵照札饬情节，迅即检齐黄水漫淹案内各卷，带同承办经书，一并星驰来辕赶造顷亩及蠲缓册结，以凭于奏销案内列入造报。倘再迟

延致误奏销，定将该县附案题参不贷。慎之凛之。特札。（嘉庆二十五年五月二十七日到）

计粘例条一纸。

计开：

查例载，凡水旱成灾，地方官将灾户原纳地丁正赋作为十分，按灾请蠲。被灾十分者，蠲正赋十分之七；被灾九分者，蠲正赋十分之六；被灾八分者，蠲正赋十分之四；被灾七分者，蠲正赋十分之二；被灾六分五分者，蠲正赋十分之一。今该县成灾六分五分，应蠲免十分之一。

前案应蠲应缓嘉庆二十四年钱粮册结二十五年六月初四日阅稿

为汇报黄水漫淹情形事。

谨将卑县嘉庆二十四年分黄水漫淹村庄地亩，按照等则征粮底案逐一确核，造具应蠲应缓银两数目细册，呈送查核施行。

计开：

惠民县，嘉庆二十四年分黄水漫淹，勘明成灾六分楼子孙庄等共六十七村庄，大粮上地二百六十八顷二十六亩三分一厘五毫，共征银一千七百八十四两四钱一分八厘；中地三百四十二顷二十一亩八分六厘，共征银一千七百七两二钱六分三厘；下地四百二十七顷十四亩三分，共征银一千四百二十两六钱九分五厘。

以上勘明成灾六分地亩，共征银四千九百十二两三钱七分六厘，内除漕临、德等仓项下轻赍席草、脚价盘费、润耗、行粮米折等项共银六百五两二钱八分，应蠲、应缓、应粮道分晰造报外，下剩银四千三百七两九分六厘，遵照定例蠲免十分之一，免银四百三十两七钱一分。

勘明成灾五分周家庄等共五十四村庄，大粮上地一百四十二顷六十四亩八分一厘二毫五丝，共征银九百四十八两八钱五分九厘；中地二百八十三顷十六亩九分七厘，共征银一千四百十一两七钱八分；下地二百五十一顷十二亩七分，共征银八百三十五两二钱五分九厘。

以上勘明成灾五分地亩，共征银三千一百九十五两八钱九分八厘，内除漕临、德等仓项下轻赍席草、脚价盘费、润耗、行粮米折等项共银三百九十二两九钱七厘，应蠲、应缓、应粮道分晰造报外，下剩银二千八百二两九钱九分一厘，遵照定例蠲免十分之一，该免银二百八十两二钱九分九厘。

以上通共该蠲免银起运地丁银七百一十一两九厘内，溢完流抵次年正赋银六百二两七钱六分八厘理合登明，蠲剩未完银六千三百九十九两七分八厘应照例分作二年带征，以舒民力，内有已完缓征银六千二十七两六钱七分六厘，实只应带征银一千八十二两四钱一分一厘。

道光十一年饬查大清河长水情形一案府札

武定府汤①札惠民县知悉。本月十一日戌刻，据利津县普令②禀称，窃卑县大清河自蒲台县交界之道岔入境起，曲折至海口，计长二百余里。本年六月初三日得雨后，河身底水本已较大，嗣于六月二十九日及至七月初一、初四等日，虽连得雨泽，河水未见增长，旋因初六、初七连日浓阴，又于初九日子

① 即汤世培。
② 即普恒。

时起至卯时止，复得透雨，以至河水长至一丈六尺有余。

今查自初九日巳时起至戌时止，水势顺流而下，并无消长行迹。询之耆老人等，均称雨水平定后三五日可期消落，不能为害。且沿河居民因大清河向有发水之事，均能预为防备，以保田庐，是以民情甚属安堵。惟卑县城垣紧靠河崖东南一隅，正当河流，虽有石坝可恃，巡防务宜慎重；且南门地势较低，恐致灌入城内，故将南门堵塞。现当秋禾结实之际，更恐上游雨水汇注，沿河低洼各庄或有漫浸之处，尤应加意防堵，不敢稍存怠忽。

卑职当即会同教佐、营汛分投逐一查勘，饬令居民将旧有堤埝赶紧修护，以保无虞。容俟查勘，明确有无损伤田禾及水势长落何如，另行据实具禀外，所有大清河长水情形，合肃具禀等情到府。

据此，除委员前往帮同勘查防护并禀报各宪外，查利津县所辖大清河为该河尾闾入海处所，系居该县下游。现在河水既骤长至一丈六尺有余之多，情形甚为险要。该县所辖大清河道，系在利津上游，自必一体盛涨。究竟长水若干，如何防护，何以未据禀报，是否该县河道两岸堤埝修筑高厚，无虞漫溢，抑水势现已消落？事关农田水患，亟应亲诣勘查，一体防护。合亟马递五百里札饬。札到，该县立即多带干役，驰诣该河两岸赶紧勘查。如果水已消退，不致为患，亦即据实禀覆。倘或河水盛涨浩瀚，两岸旧有堤埝或有卑薄以及刷残处所，立即移会教佐、营汛各官分段飞驰勘明，督率干役、地保、居民星速一律修培高厚，以资拦御。并当无分昼夜，小心巡防，一有危险工段立即抢修防护，务保一体无虞。下游若有阻塞未能畅流处所，亦即上紧设法疏通，俾得河流畅利，顺轨下注归海，毋使稍有壅溃漫溢。仍将该县境内大清河现在底水共深若干，有无长落，两岸堤埝是否一律高厚坚固，有无险要漫溢之处，即日据实禀报各宪及本府查核。事关水患民瘼，毋稍泄视刻延，致有疏虞，大干参咎。速速。此札。（十一年七月十五日到）

前案禀稿

敬禀者。窃蒙宪札，以利津县具禀大清河水势盛涨，饬查卑境河道是否畅流、有无长水及险要之处，令即禀覆等因。

遵查卑县所辖大清河，自西南乡于林庄济阳县入境，至滨州交界之老君堂止，中间委折袤延，计一百一十余里。西南堤岸高厚，尚称坚固。因东北地势渐洼，是以白龙湾探马哨、姚家湾谈家哨等处最为险要。

本年七月初间连得大雨，河水渐长，经卑职饬令该处民人，将递年卑薄处所赶紧加高培厚，并派干役小心巡防。幸水势尚未盛涨，渐即消退。现在探量河面，距岸有四丈余，水深八九尺不等，不及半槽，畅流无阻。较初间涨发之时，业已消落三丈。

除仍督饬民役妥为防护外，所有大清河水势及现在防护缘由，合肃禀覆云云。

前案催稿

为亲诣勘筑先行飞催事。

案查白龙湾一带水道，前因大清河水势陡发，急应增筑堤岸以资防御，业经诣勘，派差率同地方居民人等赶紧办理在案。兹据差禀，初四日晚间河水又长，而杨家集等处地方杨泽峩等抗不办工等情到县。

据此，除再亲诣督办外，合先严行飞催。为此仰役立即星驰前往，严催后开各该庄地方多集人夫，速备柳条、草秸等物，将卑薄险要堤岸漏夜抢筑，务须加高培厚，足御水患。倘敢稍事推诿，袖手不前，本县到工时，定即按名重究不贷。该差等仍将水势消长情形随时飞禀沿途探报。均毋违延干咎。速速。计差催云云。

清厘库款详查补缴章程司详

为详请附奏事。

窃照东省库款浩繁，案多积压，前于道光四年奏明清库，复将笼统借支各项先后清厘完竣，分别追补。嗣于道光十七年间，查有历年捐借等项，非款已拟摊，即半在生息项下归补，且有应还属库抵垫各项，必须一体确核筹补，当经刘司详奉前宪经奏明，截至道光十六年为断，详查办理。钦奉俞允，通饬各属钦遵厘剔，年来照案催办。

惟因款繁年久，兼与盘查参案互相牵涉，钩稽匪易，加之各州县正署叠更，旋复办理军需，势须悬搁以待。而一切因公借垫，计今又已数载。现值慎重库贮之际，亟应赶为清厘，不容再事迁延。

拟即以道光二十五年为止，确查以前历年有关指借各项共有若干，何系摊捐，已、未归补；何系应动生息，有着、无着。所有应补属库抵垫银两，亦同为查办。其无着者应如何筹补，统俟查竣另行核议详奏。合先将展限饬办缘由，详请宪台鉴核。附奏。（闰五月十七日详院）

详覆澈底确查更造续奏各款稿

武定府惠民县为再行确查，据实详覆事。

除将遵札澈底查核、更造、续奏各款银两缘由备载书册外，拟合摘叙简详，具文呈请宪台鉴核办理、转详，实为公便。除由府核转外/除径详藩宪外，为此备由具申，伏乞照详施行。

计详送书册一本。

一详藩宪、本府。

(王发尧户粮房即另清，限戌刻送阅。速速。廿一日未刻)

详覆查办续奏库款误报捏饰事县详

武定府惠民县为再行确查，据实详覆事。

本年六月十七日蒙宪台、藩宪札开，查前因该县查覆二十年以前续奏册报不符原委，其中恐有捏饰。案关普蠲巨典，查办不厌精详，应再确查以昭慎重。

兹据该县查覆道光十二年不符原委，系未完耗羡误报作未完廉费，造报银一十五两六分八厘；十三年未完耗羡误作未完廉费，造报银二十四两八钱一分六厘。

查各该年廉费项下，如果有未完银两，或可因此误彼，而各该年并无未完廉费，从何错误。又称十四年未完未支地丁脚费银四钱二分九厘，误作未完司库耗羡核算；十二年已完已支地丁脚费银六钱一分八厘、十六年已完已支地丁脚费银四两，误作已完司库耗羡核算。如果与各该年未完、已完脚费银数相同，尚有可以错混之理，而各该年已完、未完脚费查核并非前数，显系捏凑蒙混。此系钦奉特旨敕办要件，该县竟如此玩泄，均属非实。其请拨已征未解领款银两，现在多系无款可拨，况既系已征未解，自应批解现银，何得遽以领款请拨，致与一领一解定例不符。

除行府督饬覆查外，令即再行澈底确切查覆，并将征存银二千七百六十五两三钱三分八厘赶紧批解等因到县。

蒙此，遵即检案，详细覆核原造十二年及十三年续奏耗羡不符之处，实因从前各该年并无未完廉费，而前县误作未完廉费造报。其十四、十二及十六等年续奏耗羡不符，实缘原造奏销不知地丁脚费一项，既按额数开除，不应再列完欠。从前历任造报续奏未悉底蕴，以致误作司库银两核算数目，虽属参差，实系误入脚费之内，因而互相牵涉。此历任原造舛错之原委也。

上年七月间未奉蠲免札文之先，蒙宪台、藩宪于奏销案内行札饬查，即经卑职核明实情。窃思续奏未符即结，断难达部；而造报迟延，如逾二年以上，即干降调处分。卑职既已查出，不敢再事因循；且错误始于前任，亦不敢稍事回护。是以按款据实更正。蒙准续呈详咨，自与宪案、司案续奏相符。此卑职更造奏销之原委也。

兹值查办蠲免之际，勾稽不厌精详。奉饬覆核，遵又确查，委无捏凑朦混情弊。至已征未解正耗银二千七百六十余两，前任因系徐鼢参案报明指款列抵之项，仍以领款辗转列抵，并无现银移交。今宪库、藩库既无款可拨，卑职自当设法赶紧筹措。一俟措齐，即随下忙钱粮具文批解，不敢再迟。

所有澈底确查缘由，合再具文详覆宪台鉴核办理、转详，实为公便。除由府核转外/径详藩宪外，为此备由具申，伏乞照详施行。

剀切晓谕教化民风以防冒报灾情事

为谨遵宪札剀切晓谕事。

本年六月二十日蒙本府宪札开，道光二十六年闰五月二十五日奉巡抚部院兼理盐政觉罗崇恩批，据该府详惠民县武生梁夔龙等呈报二麦被旱一案缘由，奉批，仰布政司核明饬遵全云，立即转饬该县明白出示晓谕。毋违。此札等因转行到县。

蒙此，查一应灾伤轻重情形，应听委员踏勘，核实办理。如以熟作荒，或冒告者，律有治罪明条，立法森严，不容稍贷。无如惠邑民俗刁悍，狃于恶习，雨旸偶尔愆期，每捏田禾受害，一隅收成稍薄，即谓颗粒全空，任意呈报，砌词耸渎。迨至委员勘明，复敢另生枝节，执谬上折。其中刁生劣监愚弄乡民，希图渔利者有之；讼棍恶徒把持武断，胁逼妄告者有之。竟至安分良民亦多随声附和，究之词属虚捏课赋，仍难免追涉讼，经年倾家败产。此等颓风，急宜整顿。今若武生梁夔龙一案，本应按律严办。惟因本县莅任未久，教化未敷，是以原情议详，宽其既往，予以自新。

兹蒙札饬前因，合亟剀切晓谕。为此示仰阖邑军民人等知悉，尔等嗣后务须湔除锢习，各安本分，思各宪未惩先诫之恩，守古人讼则终凶之训，种地纳粮，毋稍观望。倘再愍不畏法、抗违如前者，定即详明各宪按律治罪，决不再宽。各宜凛遵，免贻后悔。慎之。切切。毋违。特示。

（该承即另清。速速。廿一日）

前案移文

为移会事。

本年六月二十日蒙本府札开，本年六月十四日蒙布政司札开，道光二十六年闰五月二十五日奉巡抚部院兼理盐政觉罗崇恩批，据该府详惠民县武生梁夔龙等呈报二麦被旱一案缘由，奉批。仰布政司核明全云，该县立即遵照，明白出示晓谕。毋违。此札。计粘抄详一纸等因到县。

蒙此，查此案系委贵县查勘会详之件。兹奉前因，拟合抄详移会。为此合移贵县，请烦查照备案施行。

计粘抄详一纸。

一移青城县。

（该承即另清。速速。廿一日）

缓征钱粮以纾民力事府札

署武定府王札惠民县知悉。本年六月十八日蒙盐运司票开，道光二十六年六月初五日蒙巡抚部院兼理盐政觉罗崇恩札开，照得本部院于道光二十六年闰五月二十八日具奏，勘明临清等州县二麦被旱、被风并被丹沙情形，酌议分别缓征以舒民力一折。除俟奉到朱批另行恭录饬知外，合先抄奏札知等因。

蒙此，合行马递饬知。为此行府该吏，札到，立即转饬被灾州县，查明有无应缓民佃灶地银两，迅速造具册结各五本送司。如无应缓前项银两，亦即禀报查考。均毋迟延。速速等因到府。

蒙此，合行抄奏转饬。札到，该县立即遵照，查明造送。如无应缓前项银两，亦即禀报查考。均毋迟延。速速。此札。(二十六年六月二十二日到)

计粘奏一纸。

奏为勘明临清等州县二麦被旱、被风并被丹沙情形，酌议分别缓征以纾民力，恭折奏祈圣鉴事。

窃照济南、东昌、泰安、武定、曹州、临清等府州所属州县，本年三、四月间，雨水未能沾足。臣前据齐东等处禀报，二麦被旱、被风均经饬司委勘，业于具奏三、四两月各属雨水折内节次陈明在案。

兹据该管道府督同印委各员勘明，各该州县或因雨泽愆期，或系风霾时作，或被丹沙覆压，以致二麦受伤，颗粒未能饱绽。虽均勘不成灾，收成究属歉薄。议请分别缓征钱粮，由藩司王核明汇详前来。

臣覆查各该州县麦收既歉，闾阎不无拮据。自应各就地方实在情形，分别缓征以纾民力。相应奏恳天恩，将二麦被旱又兼被风较轻之临清州本州，并丘县、长山、济阳、临邑、莘县、商河等州县阖境村庄，除青黄不接案内请缓村庄外，其余各庄同被旱被风之惠民、阳信、滨州、博平、恩县、夏津，并被旱之历城、章丘、齐东、禹城、陵县、德平、平原、东阿、乐陵、郓城、聊城、堂邑、茌平、清平、馆陶、高唐、武城，被风之冠县，被旱间被风沙之淄川、东平，被旱间被丹沙之齐河、长清等州县阖境村庄，及被旱之肥城县北申等五社董庄前铺等五十一村庄，被风之朝城县仁一等里南庄等六十一村庄，长清、济南、章丘三县并卫屯庄未完本年上忙新赋，及章丘、阳信、乐陵、滨州、聊城等州县本年青黄不接案内原缓至麦后启征之上忙钱粮，内淄川、肥城二县并无旧欠，所有应征本年上忙钱粮，同其余各属二十五年未完民欠及秋灾原缓钱粮，均缓至道光二十六年秋后启征。又被旱最轻之巨野县合境村，除本年上忙新赋照常征收外，所有二十五年未完民欠钱粮，均缓至道光二十六年秋后启征。

以上被旱、被风并被丹沙各州县村庄，凡有二十四年以前民欠，及因灾原缓与应带历年旧欠原缓、递缓钱粮，及漕项河银，临、德等仓民佃、盐课，摊征堤工、河工，地租，出借仓谷等项，一概缓至道光二十六年秋后，各按最先年分递年依次带征一年。德州、临清、东昌、济宁等卫所管屯庄，随同坐落州县一律办理。俾小民得缓追呼，感戴鸿慈，实无既极。为此恭折具奏，伏乞皇上圣鉴。谨奏。

惠民县漕米案批覆府札

署武定府王札惠民县知悉。案蒙按察司批，前府督同委员候补知县童正诗审详，该县民邢文清等呈控马杰等借漕滋事，并冯继起等呈控魏浩等逼完漕米各等情一案，蒙批，查此案现据杜芳和等来司续控，业经批饬确讯究办在案。仰即提集人证，查照先今控情逐一秉公研讯，务得确情据实办。毋迟。切切。

此缴等因。

又蒙按察司批，本府覆讯详销该县民杜方和等翻控县役马杰等押诈逼完漕米等情一案，奉批，查此案详尾声明，径详抚宪、藩司，究竟杜方和等如何赴抚辕暨藩司衙门具控，是否与本司衙门控情相符，现在曾否审断明确？未据叙及。并院控呈词亦未装叙，含混已极。仰即作速查叙各呈，确切核明妥议，另详呈候察夺。毋得仍前草率迟延，仍候抚宪暨藩司批示。缴等因。

又蒙布政司批本府详同前由，蒙批，既据径详，仰候抚宪暨臬司批示。缴等因。

又蒙按察司转蒙巡抚部院觉罗崇恩批本府详同前由，蒙批，仰按察司核饬销案。缴等因。

又蒙按察司批本府覆详前案，蒙批，据详已悉。仰即查照前详销案。缴各等因到府。

蒙此，合行抄录先后详看转饬。札到，该县即便遵照，并将发去县卷查收备案。毋违。此札。（二十六年六月二十日到）

计粘抄先后全看二纸、覆详一纸并发县卷八宗。

该武定府知府陶①督同候补知县童正诗审看得，惠民县民邢文清等呈控马杰等借漕滋事，并冯继起等呈控魏浩等逼完漕米各等情一案。

缘邢文清、冯继起等均籍隶惠民县，各本名下应完道光二十五年漕粮，均未及完交本色。迨该县因兑限紧迫，恐致迟误，循例垫银买米兑运。所垫米石自应按时价，向未完各花户名下催纳。因市集米价较昂，延不全完，禀经该县摘查，每庄欠数

① 即陶庆增。

最多之大户签拘到案押追，以冀零星小户闻风警惧，亦即随之完纳。所谓摘追大户，系属循照向章，并非该令创始。

当查马继起等一庄欠户倍于他处，且多积惯抗粮之人。韩有夫身充该处地方，催漕是其专责。屡经该县严催各处，均陆续报完。独该庄不见起色，随将韩有夫传案押追。乃有户粮房散书冯德章出具保状，保其五日内将本庄漕米扫数催缴。至期，差传韩有夫，已避匿不见。讯之原保人冯德章，供极支离，随将冯德章拨役管押，并谕令交出韩有夫再行释放，仍一面差查韩有夫下落。旋据差禀，韩有夫因催漕不完，情极畏比，已于十二月初十日在冯继起后院门外枣树上自缢身死。冯德章闻信，恐受拖累，情愿代韩有夫将该庄未完漕米全数垫完。迨冯德章开释后，逢人传说押完合庄漕米情事。邢文清等不辩虚实，又因有摘追大户一节，疑系拿到一户，即欲垫完一庄漕米，遂添砌情节，赴宪台衙门控。

奉札，委卑职正诗①到郡，随同卑府提集人证讯悉前情。

查该原告邢文清等应纳漕粮，并不赶完本色。及至官为垫兑，仍复任意迁延。犹敢听信疑词，添砌上控，本有应得之咎。姑念控出怀疑，一经到案即据实供明，与始终狡展者有间。且名下应完漕米，均各情愿照旧完纳，尚非拖欠，应请从宽免议。

冯德章身当散书，事不干己。虽讯因刘曰路怂恿，究系自愿出头作保。迨韩有夫自缢身死，因恐被累，既愿将该庄未完米价代为垫完，乃复敢造其传说，以致各花户闻信怀疑，滋成控案，殊属不合。姑念一闻韩有夫自缢，即将该庄米价垫完，尚知畏惧，应请从宽照不应轻律，拟笞四十，折责发落。

耿永辉身充该约公正，承催各庄漕米尚欠二百余石之多，

---

① 即童正诗。

并不认真催办，辄敢随同上控，尤属不合。应请照不应重律，拟杖八十，折责发落。仍着将承催未完漕米勒限扫数催完。

粮差马杰、魏浩、王云、李兴俎、洪吉、杭魁等奉票催漕，摘拿欠户，虽讯无私押逼完情事，惟不能妥为催征，滋成控案，究属办理不善。均应照不应重律，拟杖折惩，免其革役。

皂役刘曰路，即刘禄，奉票传人。既将韩有夫带到，辄又怂恿冯德章保回，致韩有夫限满不完自缢身死。虽结保由于冯德章，而讼端实因此起，应予革役，免其责处。

邢文清等词内牵控之李纯先曾借给韩德银一百两，有原中借帖可据。其为并非漕案内所借之项无疑。惟立给高彦曾京钱三百吊有零、钱帖一纸，托其借钱代完本名下漕米，系属空票，并非现钱。今既情愿自向理值，尚无勒完情事。韩德、高彦曾等应与讯无勒折浮收之粮书王云集，漕书胡守明、孙青田及并未勾串妄拿之王玉祥、牛有来等，概予免议。已故地方韩有夫，委因催漕不完自缢身死，并无威逼别情，自应饬县另详。韩丁氏虽所控不实，因痛夫情切，控出怀疑，且妇女无知，亦请免议。

案已讯结，未到免提，并将一干人证取结开释候示。缘奉委审，所有审拟缘由，是否允协，拟合具文详请宪台查核批销，实为公便。为此云云。

署武定府知府王审看得，惠民县民杜方和即杜芳和等翻控县役马杰等押诈逼完漕米等情一案。

缘杜方和、郝培松、张立林、李文元与前控原告邢文清等均籍隶惠民县，道光二十五年冬间，该民人等各有应完漕粮，未经纳清。该县因兑期紧迫，恐致迟误，即循例买米垫兑，所垫米价按照时价，票差县役马杰、魏浩、王云、李兴俎、洪吉、杭魁等责成各该地方逐户催完。各花户因市集米价较昂，仍前延欠。禀经由县摘查欠数最多之大户签拘追缴，别庄均已陆续报完。惟地方韩有夫所管之冯继起等一庄欠户倍于他处，且多积惯抗粮之人，未见起色。该县随传韩有夫押追，经户房散书冯德章出具保状，其五日内将本庄漕米扫数催齐。至期未清，差传韩有夫避匿不见。该县即拨役管押冯德章，谕令交出韩有夫再行释放。嗣韩有夫因催漕未完，情极畏比，即于十二月初十日在冯继起后院门外枣树上自缢身死。冯德章闻知，恐受拖累，随代韩有夫垫清该庄未完漕米，由县开释，逢人传说押完阖庄漕米之事。邢文清等不辩虚实，又因有摘追大户一层，疑系拿到一户即欲垫完一庄米石，即砌以差役马杰等押诈逼完等情控。

蒙按察司、臬宪、宪台饬发，卑前府陶守①督同委员候补知县童正诗讯无其事。因邢文清等控出怀疑，从宽免议。并将造言传说之冯德章及不认真催漕之约正耿永辉，暨摘拿欠户催办不妥之粮差马杰等，分别拟以杖笞。所有韩德取用李纯银一百两，讯系借项。即李纯立给高彦曾京钱三百千零钱帖一纸，亦系空帖托借代完本名漕米，并非高彦曾等勒完别户米石取结详销。

嗣杜方和等因被县役马杰与魏浩村斥前控之非。李柱又因韩德原借伊弟李纯银两未还，与被催漕米过紧、心疑需索之崔有恭各添砌情节，赴按察司、臬宪、宪台衙门翻控，奉批覆讯。遵即提集人证，讯悉前情。

伏查该原告李柱与崔有恭、杜方和等于案结之后，复砌词上控，本有不合。姑念事出有因，告由怀疑，翻非无故；且各

① 即陶庆增。

该户漕粮悉皆完纳，情尚可原，均请从宽免议。粮差马杰、魏浩虽讯无押诈逼完情事，惟身充县役，先因催办漕粮不善，拟以杖责，不知谨饬；又向郝培松等用言村斥，以致复起讼端，殊属未协。应请如卑前府陶守等原议，照不应重律，杖八十，折责革役。至李纯借给韩德银两，业据两造供明，如数归楚。其立给高彦曾借帖，委系托借钱文代完本名漕米，并非高彦曾等勒完别户之项，现愿自行清理，应毋庸议。余请仍照前议，不复重叙。案已讯结，未到人证免提省累。

除取具各结附卷一干人证分别保释候示外，是否允协，拟合具文详请宪台查核，批示祗遵。除详抚宪暨藩宪外，为此云云。

署武定府为遵批查核详覆事。

本年闰五月十二日蒙宪台批，卑署府讯详，惠民县民杜方和即杜芳和等翻控县役马杰等押诈逼完漕米等情一案，蒙批，查此案详尾声明，径详抚宪、藩司，究竟杜方和等如何赴抚辕暨藩司衙门具控，是否与本司衙门控情相符，现在曾否审断明确，未据叙及。并院控呈词亦未装叙，含混已极。仰即作速查叙各呈，确切核明妥议，另详呈候察夺。毋得仍前草率迟延，仍候抚宪暨藩司批示。缴等因到府。

蒙此，遵查此案该原告杜方和等本止在宪辕控告，并未赴抚院暨布政司衙门具呈。卑署府前次通详，委因当日出省时曾奉各宪面谕速为讯结，是以一并详报备案。兹奉批饬，拟合具文详覆宪台鉴核，俯赐仍照卑府前详批示销案以清尘牍，实为公便。为此云云。

禀本府禀覆勘明商河县养济院坍塌情形，实应垫修筹议分年摊补并呈估册由

敬禀者。窃奉宪札，以据商河县彭令①禀请修理养济院工程一案，饬委卑职前往确勘，是否实系坍塌，现应如何筹修，据实禀办等因。

遵即束装驰抵该县，会同彭令亲诣确勘，查得养济院一座为收养孤贫之所，内有大门一座三间、瓦房十五间、周围墙垣二十六丈，因历年久远，风雨摧残，木料黪朽，砖瓦碱酥，屋身欹斜，各墙臌裂，必须拆卸，大加修理，断非些小粘补所能了事。撙节覆估，实需工料银七百四十一两九钱一厘，方能修理完竣。但彭令系署事人员，独力难捐；而工程紧要，不宜稍缓。

卑职再四熟筹，惟有议由彭令垫项兴修所用工料银两，以奉宪批之日起，归于商河县本缺，分作八年，无论正署，摊捐还款。俾要工得以早完，垫项仍归有着。

所有勘明核议缘由，是否有当，理合取具该县估册，禀覆大老爷鉴核批示，以移会彭令禀报开工，实为公便。肃此。恭请福安，伏乞垂鉴。卑职棨②谨禀。

计禀呈估册一本。

（工房刻即清稿送阅。速速。廿八日申刻。四月　日）

---

① 即彭垣。

② 即余棨。

禀本府禀报修理养济院开工日期由

敬禀者。窃卑县养济院工程，前因坍塌过甚，禀蒙宪台饬委惠民县余令①勘明应修筹议禀覆，奉批准办在案。现经卑职照估筹款购备料物，定于四月初八日开工。除督率匠役人等赶紧如式修竣，禀候委验不敢稍事草率外，所有开工日期，理合具禀大老爷查考。肃此。恭请福安，伏乞垂鉴。卑职垣②谨禀。

（工房刻即清稿送阅。速速。廿八日申刻。四月　日）

禀本府禀报修理养济院完工日期并请委员验收由

敬禀者。窃卑县请修养济院工程一案，前蒙宪台委勘议覆，奉批准办，业经卑职遵照筹款购备料物，于四月初八日动工，当将开工日期禀报在案。随即督饬匠役人等赶紧兴修。兹于五月二十五日一律如式修理完竣。工坚料实，并无偷减草率情弊。

所有完工日期，理合具禀大老爷鉴核，俯赐委员验收，实为公便。肃此。恭请福安，伏乞垂鉴。卑职垣③谨禀。

（工房刻即清稿送阅。速速。廿八日申刻。五月　日）

---

① 即余棨。

② 即彭垣。

③ 即彭垣。

禀本府禀勘明商河县养济院工程实已修理完竣并呈勘结由

敬禀者。窃奉宪札，以据商河县彭令①禀报修理养济院完工一案，饬委卑职前往验收等因。遵即束装驰抵该县，会同彭令亲诣查验，勘得修过养济院一所、大门一座三间、瓦房十五间、周围墙垣二十六丈，均各照估如式一律修理齐整，工坚料实，委无偷减草率情弊。垫用工料银七百四十一两九钱一厘，已蒙宪台批准，归于商河县本缺，分作八年流摊在案。

所有勘明修竣缘由，理合出具勘结，禀呈大老爷查考。此系捐办工程，请免造册报销。合并声明。肃此。

恭请福安，伏乞垂鉴。卑职棨②谨禀。

计禀呈勘结一纸。

武定府惠民县今于与勘结事。

依奉结得，勘验过商河县修理养济院一所、大门一座三间、瓦房十五间、周围墙垣二十六丈，均各照估如式一律修竣。工坚料实，并无偷减草率情弊，不致扶同。勘结是实。

(工房刻即清稿送阅。速速。廿八日。五月　日)

---

① 即彭垣。

② 即余棨。

禀本府禀覆勘明商河县普济堂坍塌情形实应垫修，筹议分年摊补并呈估册由

敬禀者。窃奉宪札，以据商河县彭令①禀请修理普济堂工程一案，饬委卑职前往确勘，是否实系坍塌，现应如何筹修，据实禀办等因。遵即束装驰赴该县，会同彭令亲诣确勘，查得普济堂一座，为收养孤贫之所，内大门瓦房三间、平房三十二间、周围墙垣四十余丈，因历年久远，风雨摧残，木料糟朽，砖瓦碱酥，屋身欹斜，各墙臌裂，必须拆卸，大加修理，断非些小粘补所能了事。撙节覆估，实需工料九百五十九两五钱八分，方能修理完竣。但彭令系署事人员，独力难捐；而工程紧要，不宜稍缓。

卑职再四熟筹，惟有议由彭令垫项兴修，所用工料银两，以奉宪批之日起归于商河县本缺，分作八年，无论正署，摊捐还款。俾要工得以早完，垫项仍归有着。

所用勘明核议缘由，是否有当，理合取具该县估册，禀覆大老爷鉴核批示，以便移会彭令禀报开工，实为公便。肃此。恭请福安，伏乞垂鉴。卑职棨②谨禀。

计禀呈估册一本。

（工房刻速清稿送阅。毋迟。廿八日未刻。廿六年三月　日缮）

---

① 即彭垣。

② 即余棨。

禀本府禀报修理普济堂开工日期由

敬禀者。窃卑县普济堂工程，前因坍塌过甚，禀蒙宪台饬委惠民县余令①勘明应修筹议禀覆，奉批准办在案。

现经卑职照估筹款，购备料物，定于四月初二日开工。除督率匠役人等赶紧如式修竣，禀候委验，不敢稍事草率外，所有开工日期，理合具禀大老爷查考。肃此。恭请福安，伏乞垂鉴。卑职垣②谨禀。

（工房刻即另清送阅。速速。廿八日未刻。廿六年四月　日缮）

禀本府禀报修理普济堂完工日期并请委员验收由

敬禀者。窃卑县请修普济堂工程一案，前蒙宪台委勘议覆，奉批准办，业经卑职遵照筹款，购备料物，于四月初二日动工，当将开工日期禀报在案，随即督率匠役人等赶紧兴修。

兹于五月十七日一律如式修理完竣，工坚料实，并无偷减草率情弊。所有完工日期，理合具禀大老爷鉴核，俯赐委员验收，实为公便。肃此。恭请福安，伏乞垂鉴。卑职垣③谨禀。

（工房即另清。速速。六月廿八日。廿六年五月　日）

---

① 即余棨。

② 即彭垣。

③ 即彭垣。

禀本府禀勘明商河县普济堂工程实已修理完竣并呈勘结由

敬禀者。窃奉宪札，以据商河县彭令①禀报修理普济堂完工一案，饬委卑职前往验收等因。遵即束装驰抵该县会同彭令亲诣查验，勘得修过普济堂一所，内大门瓦房三间、平房三十二间、周围墙垣四十二丈，均各照估如式一律修理齐整。工坚料实，委无偷减草率情弊。垫用工料银九百五十九两五钱八分，已蒙宪台批准，归于商河县本缺，分作八年流摊在案。

所有勘明修竣缘由，理合出具勘结，禀呈大老爷查考。肃此。恭请福安，伏乞垂鉴。卑职桀②谨禀。

计禀呈勘结一纸。

武定府惠民县今于与勘结事。

依奉结得，勘验过商河县修理普济堂一所，内大门瓦房三间、平房三十二间、周围墙垣四十二丈，均各照估如式一律修竣。工坚料实，并无偷减草率情弊，不致扶同。勘结是实。

（工房刻即清稿送阅。速速。五月　日。廿八日申刻）

---

① 即彭垣。

② 即余桀。

急修惠民县教场演武厅一案

武定府惠民县为详请急修演武厅房，以便操演兵丁事。

窃照卑县设立教场，原为营中兵丁操演而设演武厅台各房，务须整齐完全，方临履训练，足以壮威武而示严肃。兹查卑县教场演武厅房，现在仅有古迹基址，其建自何年，何员承修，无案可稽。历任营中操演，俱系卑县于教场内搭盖席棚，暂顾一时之急，并非操演兵丁常远之道。是以嘉庆十七年经陈前任以教场厅台房屋俱各废圮，详请修理。当蒙饬委阳信县会同撙节勘估，共估需工料银一千九百三十七两二钱九分八厘，造具工料册结申送在案。未及兴修，旋蒙各宪札饬各工停缓，未及领银停止，迄今仍系搭扎席棚操演兵丁。现准武定营以演武重地，未便久废，且抚宪按临阅伍，各营兵丁无栖足之所，似不足以昭慎重而壮兵威。移会详修前来。

除将应需工料银两估计册结另文造报外，合将坍塌情形先行具文，详请宪台鉴核，俯赐委员勘估动项兴修，实为公便。除径详抚宪外，为此云云。

前详司批

此案现奉院批，已另札饬委署武定府同知雍丞前往查勘估办矣，仰即遵照。缴。

前案委员议禀

敬禀者。窃蒙宪台札饬惠民县详修演武厅一案，令即亲诣确勘，会同估计造具册结，并加具勘结由府结转，以凭核办等因。

卑职遵即束装驰抵惠民县，勘得该县教场演台各房，实系历年失修，全行坍塌。随会同该县王令将应用工料撙节确估，共需银一千九百三十七两二钱九分八厘，并无私毫浮冒情弊。

除由该县造具工料册结，并卑职加具勘结由府结转外，缘奉札委所有会同勘估情形，合肃驰禀云云。

前案会禀

敬禀者。窃卑职△△蒙宪台转奉抚宪委勘惠民县详修演武厅房一案，饬即亲诣确勘，会同估计造具册结，并加具勘结由府结转，以凭核办等因。

遵即束装于二月二十九日驰抵惠民县，会同卑职文△亲赴教场，勘得郡城北关外旧有演武厅台一座，两旁兵丁栖止各房及面前照壁一座，实因年远失修，全行坍塌，净存基址，亟须修建，以备操演而壮威武。当将应用一切工料逐一据实撙节确估，实共估需工料银一千九百三十七两二钱九分八厘，并无丝毫浮冒情弊。

除造具工料银数册结加具勘结由府结转外，缘蒙饬委，所有卑职等会同勘估演武厅台、房屋及照壁等项工料银两缘由，合先会同禀覆大人查核。肃此云云。

前案县禀

敬禀者。窃查卑县上年详请修理演武厅台房屋一案，现于前月二十九日蒙藩宪转奉抚宪饬委署本厅来县确勘，令即会同估计造具工料册结加具勘结，呈送宪台结转等因。

遵即前往会同确勘，据实撙节估计，共需工料银一千九百三十七两二钱九分八厘，并无丝毫浮冒情弊。除俟造具工料册结，同署本厅加具勘结另行详送宪台结转外，所有卑职遵奉宪札，会同署本厅雍勘估请修演武厅房一案，估需工料银两缘由，除径禀藩宪外，理合禀请大老爷查核。肃此云云。

前案府札

武定府陶①札惠民县知悉。本年三月十八日蒙布政司札开，道光二十一年二月二十一日奉抚宪批，本司详请具奏修理武定营演武厅估计册结缘由，奉批，正在核办间接准部咨，钦奉上谕："嗣后京外各衙门，除坛庙紧要工程仍随时兴修外，其余一切工程仍着暂行停止。"钦此等因。所有该营演武厅自应遵照，未便具奏。仰即转饬遵照缴册结，并发等因批司。奉此，合将册结札发等因到府。蒙此，合行转饬。札到，该县立即遵照。毋违。此札。

计发册结十二本。

---

① 即陶庆增。

前案县禀

敬禀者。案奉宪台转奉藩宪札开，以卑县详请修理演武厅台一案，现蒙抚宪批示，接准部咨，钦奉上谕："嗣后京外各衙门，除坛庙紧要工程仍随时兴修外，其余一切工程仍着暂行停止，未便具奏，将估计册结由宪台发还"等因，自应钦遵停止。

惟查此案工程系准武定营守府移会请修，当经卑职据情转请。嗣蒙前府宪面谕，以维时正值抚宪按临阅伍之际，若待准修领银兴工，诚恐缓不济急，不足以昭慎重，饬令卑职设法筹款择兴修。卑职当将演武厅台一座，计三大间、后身官厅三间、前面抱夏三间、台下旗台一座，全行修盖整齐，共垫用过工料银八百九十八两七钱五分六厘，当时原拟领银扣还。兹奉停止，除未修各工自应遵办外，所有卑县垫修前项各工银两，若待工程准修领银扣还，不特迟早事难悬拟，且用过工料银两均系筹款垫发，急须归款。似未便日久虚悬，自应变通办理，以期款归有着。

卑职再四筹酌，惟有仰恳宪台鉴核，将卑县垫用过前项工料银八百九十八两七钱五分六厘如数批示立案，入于交代案内列抵。自道光二十一年夏季为始，无论正署，分作八年，按日均匀摊认，仍俟前项工程准修领银之时，再行如数扣还归款。似此通融办理，庶垫款不致虚悬，而卑职亦免赔累矣。是否允协，理合禀请大老爷查核示遵。肃此云云。

前禀府批

查该县修理演武厅台各工，本经武定营详奉抚宪批准饬修之案，嗣奉上谕各工停缓，而所垫银两未能造册报销，款归悬宕，自系实在情形。今请分任流摊，事尚平允，准如禀列入交案。自道光二十一年夏季为始，无论正署，分作八年，按日均匀摊认，仍俟前项工程准修领银之时，再行扣还归款，以昭核实可也。此缴。

禀本府禀卑县修理宪署二堂、东西两院、书房等处用过工料银两，请饬属摊捐归款并分年流摊由

敬禀者。窃查宪台衙门内外房屋偶遇风雨、摧残渗漏、小修粘补，均系卑县随时捐办。如遇大修，由阖属按缺摊捐，历经办理有案。上年春间，因各房屋多有塌卸及瞢朽臌裂之处，惟同时并举，工程浩大，各属力有未逮。当将大堂、暖阁、月台、大门、二门、照壁及西科房等处先行估计兴修，应需工料银两禀请摊捐在案。

嗣因自夏徂秋，大雨频仍，以致二堂、东西两院及书房各处坍塌更甚，露处堪虞。若循旧估定兴修，实属缓不济急。卑职当即购备料物，次第建盖修葺。至本年六月初一日一律完竣，共用过工料制钱一千四百三十千，均系实用实开，并无浮冒。按现在时价，每制钱一千五百文易银一两，共合银九百五十三两三钱三分。

卑职力难独认，应请援照成案，除海丰、沾化二县缺分较苦，照旧免摊外，其余卑县与商河、乐陵、阳信四处，每处摊银一百四十两，利津、滨州各摊银一百一十两，青城、蒲台各摊银八十六两六钱六分五厘，共银九百五十三两三钱三分。此

项银两均系卑职筹款垫办。合无仰恳大老爷迅赐檄饬各牧令，将应摊前项银两照数解缴宪署，转发卑县具领，以便归款。

至此项工程所摊银两，与年例摊捐不同，自应照章以卑县具报工竣之日起分作三年摊捐。如遇交卸，入于交代，无论正署，按日流摊作抵，以昭公允而免苦乐。肃此云云。

计禀呈清折一扣。

惠民县今将卑县垫修宪台衙门二堂、东西两院及书房等处房屋间数，用过工料银两，理合开具清折，呈送鉴核施行。

计开：

二堂东院北瓦房三间、东山平房四间、西书房三间、东书房六间、西北院平房二间、跟班房四间、门房十一间、大厨房三间以上各房系上年七月以后阴雨坍塌年内兴修之工，二堂西院西书房十四间、西书房后院平房六间、北屋五间、东房三间、西房二间、厨房二间、更屋二间、厕房一间。以上共房七十一间。又挑修前后各院阴沟十六条，共泥木工料用过制钱一千四百三十千，每制钱一千五百文易钱一两，共合银九百五十三两三钱三分。理合登明。

前禀府批

据禀，该县垫修诸前府及本府任内府署东、西两院各屋工料银两，除海、沾二县免摊外，其余已如禀札饬各州县，按缺分等第照数摊解归款矣。仰将上年详请已摊未修大门、牌楼、甬道各工亲为查勘，撙节据实估计，赶紧兴修，以符原详。毋再迟延。此缴。折存。

前案府札

武定府陶①札惠民县知悉。案据该县具禀，本府衙门二堂、东西两院及书房各处房屋，或全行坍塌应行新盖，或木料砖瓦将次倾颓，必须拆卸重修。现据该县一律修竣，共垫用工料银九百五十三两三钱三分。请援照摊修大堂、暖阁、月台、大二门等处成案，饬令阖属州县按缺分摊等情。

据此，查核所垫工料银两尚无浮冒。兹本府已如禀，按照道光七年新定九等缺分章程均匀摊派。除海丰、沾化免摊外，该县与商河、阳信、乐陵每处应各摊银一百四十两，利津、滨州应各摊银一百一十两，青城、蒲台应各摊银八十六两六钱六分五厘。以上总共摊银九百五十三两三钱三分。通饬滨州等七州县遵照，速将应摊银两照数移解该县查收归款，以应工需；并饬将所摊银两，自奉文饬摊之日起，改作五年入于交案内，无论正署，均匀流摊归款，以免竭蹶而昭平允。除禀批示外，合行札知。札到，该县即移会各州县一体知照，并催将应摊银两照数捐解归款。毋得迟延。速速。此札。

前案移会

为移会事。

案蒙本府批，据敝县禀修本府衙门二堂、东西两院及书房各处房屋一案缘由，蒙批云云。并蒙札饬，案据该县具禀本府衙门二堂、东西两院及书房各处房屋云云等因到县。蒙此，拟合录批抄札移会。为此合移贵州、县烦查文内事理云云。

---

① 即陶庆增。

摊款以备办麻布口袋县禀

敬禀者。窃卑县前奉抚宪札饬，以登州防堵英夷仿照浙省贮沙避炮之法，行令备办麻布口袋解登备用等因。

当查卑县向不产麻布，无从购觅，禀明改做棉布口袋二千条解赴登州公局验收，禀报宪鉴，一面造具报销清册，详送藩宪在案。

查此项口袋为数较多。分投购买，克期办竣，各铺户未免抬价居奇，原定价值属不敷。而卑县距登往返二千里，运送车价并人役、饭食一切费用，除准销外，不敷更多。又二十年、二十二年调防官兵过境并运送军装、火药等项，应付车马夫役，其中例得准销者为数无几。彼时军需紧急，不得不先为筹垫。而用项实巨，卑职力难独办。

辗转思维，合无仰恳大老爷，俯赐将前项不敷等银一千一百四十七两九钱四分六厘，除卑职自认三百四十七两九钱四分六厘外，下余不敷银八百两归卑县本缺入于交代，自二十三年正月初一日起，分作六年，无论正署，按在任月日一体摊捐，俾卑职赔累稍轻。感荷鸿施，实无既极。

理合开具各项细数清折，禀呈宪台鉴核批示祗遵。肃此云云。

计禀呈清折一扣。

谨将卑县二十年奏办麻布口袋价脚不敷并二十年赴登防兵过境报销不敷，及二十二年运送军装、炮位等项垫用银两，开折呈请钧电。

计开

惠民县：

道光二十年十二月二十一日奉文饬办口袋二千条，每条价值连运脚大钱四百九十文，共用大钱九百八十千文。除每条准销大钱一百文，不敷三百九十文，共计不敷大钱七百八十千文，照是年十二月分折报，每银一两易大钱一千五百五十文，共合银五百三两二钱二分六厘。

道光二十年武定营调赴登郡防兵过境，应付车马夫役，并安设腰拨、添雇夫马，共报销银四百一十六两三钱三厘。除准销银一百六十八两五钱八分一厘，计不敷银二百四十七两七钱二分二厘。

道光二十二年运送炮位、军装、炮架、铅铁、喷筒、火箭、火砖、火罐等项，应付车马扛夫并添雇夫马，共垫用银三百九十六两九钱九分八厘。

以上共垫支银一千一百四十七两九钱四分六厘。

前禀府批

据禀，该县二十一、二十二等年奉文派办棉布口袋解登应用，并运送军装、火药等项，垫用车价、夫马、工食等项银两，除报销并自行认捐外，下余不敷银八百两，自系实在情形。准如禀立案，入于该县本缺交代案内，自二十三年正月起作六年，无分正署，按任流摊归款。此缴。折存。

禀抚、藩、臬、道、府

敬禀者。窃卑职于本月二十一日亥刻接奉宪台、抚宪于二十日戌刻五百里札开，以钦奉谕旨攻剿英夷。该夷人所恃者大炮，探得闽、浙等省有避炮之法，以口袋装沙土堆于海滩，该夷人炮子不能轰击。现拟仿照其法筹备麻布口袋四万条，每条以长三尺、阔二尺为度。饬派卑县二千条，限五日内如数买齐，兼程专派家丁运赴登莱道、登莱道宪公局投收守候，批回呈验。用过钱文按照时价折银报销，仍将何日买竣、何日起运缘由飞禀查考等因。

事关军需，亟应遵照赶办。惟查卑县向无产卖麻布，而往经纪亦无贩卖，无从购觅。而限期紧迫，卑职现在赶买结实棉布，连夜如数赶做。除俟齐全，遵照遣派亲信家丁兼程运登莱道、登莱道宪公局交投守候批回，另行报验外，惟是否可以应用之处，合由五百里飞禀大人、大老爷查核示遵。肃此云云。

前禀院批

查棉布恐不如麻布之结实。该县境内既无麻布，应即另赴邻境购买。如一时实无可买之处，姑准改办棉布口袋，但须挑选结实之布。毋得惜价将就搪塞，大干参咎。切切。缴。

前案起解日期禀

敬禀者。窃查卑县前奉宪台、抚宪五百里札饬，以钦奉谕旨攻剿英夷。该夷所恃者大炮，探得闽、浙等省现用麻布口袋内装沙土堆于海滩可以避炮，炮子不能轰击。现拟仿照其法筹备办理，每条以长三尺、阔二尺为度。饬派卑县买办二千条，专派家丁兼程运往登莱道、登莱道宪、宪台、公局投收守候，批回呈验。用过钱文按照时价折银报销，听候饬领等因。

卑境城乡集镇并无产卖麻布，亦无商贾往来贩运，无处觅办。惟事关军需，诚恐贻误。随将购买结实棉布如法代做口袋缘由通禀各宪在案。谅邀电鉴。

兹将奉派口袋二千条均已如数赶办完竣，印刷卑县字样，雇备四套骡马、长车一辆装运。定于正月初二日选差妥役何清魁、亲派家丁刘喜具批，协同押送登莱道、登莱道宪、宪台、公局投收。

除俟守有批回另行申报外，俯赐批回以便呈报查验，实为公便。所有起解奉派口袋二千条日期缘由，合先五百里驰禀大人、大老爷查考。肃此云云。

前禀院批

据禀，购齐棉布口袋起运，候檄饬登莱道验收。缴。

前禀登莱道批

查该县棉布口袋二千条已据解到，饬局验收矣。此缴。

前案奏稿

再，筹攻英夷固宜厚集兵力，而制胜之方，总须使我兵炮力足以轰及夷船，夷匪炮至不能伤我将士，庶几进可以战，退可以守。

臣前拟添筑六七斤大炮，因东省无谙练匠人，闻闽省开炉铸造，现有能手专弁兼程赴闽咨调，并奏借汉军炮营铜炮以资仿造，一面先令东省匠人试造二千斤铁炮一二位。现据造竣，试放尚堪试用，已饬陆续赶造。昨准汉军炮营拨解铜炮二位到东，制式精工，运动亦觉便捷。约计闽省炮匠指日可到，即当不惜重费购备铜铁，如式添造六七千斤大炮，务期多多益善，以示有备无患。其省西各营存贮炮位，能放一二十里者，俱已悉数拣运赴登。现又查出诸城县有元代遗存铜炮七位，坚利可用，亦饬拣选五位拨赴登州府以备剿攻。至避炮之法，前经奏明，饬令省西各属购买麻袋四万条备运赴登郡。拟于近城排筑沙堆，以资障护。

兹又据镇道督同该地方绅民勘度形势，以近城筑列沙堆止能护及城垣，改于距城数里之海滩堆筑沙堤，则附近之民居庐舍、沿海之营盘炮台咸资遮护。虽费用较前议为巨，而防卫似更形周密。

臣已分饬各属添买麻袋四五万条勒限运往，并以登州府城北面及附郭之水城、东西女墙垛口较多，天桥口闸门、蓬莱阁檐头形势较高，恐沙堆不能遍护。查兵法有以棉被护城，如悬帘之法。现已发价购买棉被数千条，运往登郡，于沙堆所不及之地，障以棉被以遮炮击，务期筹备诸事密益求密，以仰副我皇上垂廑海防、训诲周详之至意。谨将现办情形附片奏闻，伏乞圣鉴。谨奏。

前案司札并抄详

署布政司崇、署按察司王①札惠民县知悉。本年三月二十日蒙署抚宪王批，本藩司、本臬司会详，防堵案内排筑沙堤用过麻袋请照成案造报缘由，蒙批，查此项买运麻袋，前因原定价值较少，经本署院酌定加增之数，行知布政司转饬各属找领在案。

今既查明历届成案，每条准销银一钱六分三厘，较之本署院酌增之数所多无几，予照成案办理。装沙口袋与运粮口袋尚堪变价者不同，免照嘉庆十八年成案计成议赔，以示体恤。惟每条既准实销银一钱六分三厘，核计现在银价已逾登州公局每条实用制钱二百五十文之数。若再开销运脚，未免过优，应毋庸议。即由司抄详，会同通饬各属遵照。此覆等因。蒙此，合行抄详会札饬知。札到，该县即便遵照。毋违。此札。

计粘抄详一纸。

为防堵案内排筑沙堤用过麻袋，请照成案造报，以昭画一事。

窃照登郡防剿英夷访求避炮之法，知以麻袋装沙。堤沙性柔滑，夷炮击不能透，当奉前宪托奏明兴办，一面饬派历城、齐河、临邑、齐东、德州、陵县、聊城、清平、冠县、馆陶、恩县、高唐、博平、东平、东阿、惠民、商河、阳信、乐陵、蒲台、滋阳、阳谷、滕县、峄县、济宁、临清、胶州等二十七州县各买麻袋一二千条，共买麻袋四万条。嗣又饬派历城、济阳、聊城、馆陶、冠县、清平、博平、恩县、堂邑、汶上、滕

---

① 即觉罗崇恩、王笃。

县、邹县、峄县、济宁、武城、丘县、即墨等十七州各买麻袋一二千条，共买麻袋三万二千条，陆续运赴登郡验收。因不敷用，又由登州军需公局采买麻袋六万八千条，统共买用麻袋一十四万条。前奉前宪饬属买运文内，虽曾酌定价值运脚钱文，而核与公局采办麻袋每条实用制钱二百五十文之数不符。自应查照前详报销章程画一办理，以免两歧。

伏查陕西军需案内，曾奉钦差额初奏定章程攻剿贼寨、阻绝汲道处所，用盛米口袋装土填用，于打仗折内奏报有案者，准其造销。又运粮口袋除装土填壕外，其余查照湖南平苗成案，分别军营台站所用次数多寡、年月久暂，以十分之四、之六销赔各等语。

又查甘肃撒拉盐茶军需成案，制办麻袋，每条给价银一钱六分、口绳银三厘。又查嘉庆十八年东省曹定军需案内，制办运粮麻袋，连扎口绳给银一钱六分三厘，奉部准销有案。窃以运粮口袋事竣，尚可变价，是以按其所用次数多寡、年月久暂分别成数销赔。至于填壕口袋，则系成功不毁，故准实用全销，不再分晰成数。

今登郡排筑护城沙堤，系属奏办之工，所需麻袋用以装沙筑基，与运粮尚堪变价者情事不同。而核与陕西攻剿贼寨、阻绝汲道装土口袋实用全销之成案，并无二歧。所有各属初、二两次办运麻袋并登州公局采买麻袋，应请援照甘肃撒拉盐茶及东省曹定军需各成案，每条连扎口绳，准其造销银一钱六分三厘；并请照依陕西填壕成案全数准销，毋用分晰成数销赔，以昭画一。至前项口袋均系各属雇车长运到登，沿途并不接替。所需运脚亦请照依前详报销章程，每口袋八百斤用车一辆，按程核实造报。

所有核议缘由，理合会详宪台鉴核批示，以便转饬办运口袋各属遵照办理。

第三十本

奉旨详核东省仓库亏空情形覆奏

奏为遵旨督同藩司详核历次清查情形先行恭折覆奏，仰祈圣鉴事。

窃臣于正月二十四日承准廷寄内开军机大臣字寄，道光元年正月二十日奉上谕："东省仓库钱粮亏空甚多，前经三次清查，分限弥补，仍属有名无实。其时虽有参办之员，闻隐匿幸免者尚复不少，其案牍亦复轇轕不清。前将徐炘调任山东藩司，因其人尚精明，于勾稽可期得力，钱[①]即督同该藩司将历次清查之案覆加详核，从前参办各员，是否尽系因公挪移？如查有侵蚀入已贪污狼藉者，即奏明，置之重典，使贪墨者知所儆戒，而廉洁有守者亦不致代人受累。其应设法调剂者，该抚与该藩司酌定限期，何时可以办理完善。东省非不可为之地，果能秉公确核，自当积弊廓除，不得如前此仅开明亏数，以一奏塞责。此后更当严杜新亏，如各该州县于接任时查有短交，立即揭报，据实严参，按律究办，庶其源既清，其流亦节。经此饬查之后，倘再有不实不尽，将来别经发觉，惟抚及该藩司是问。将此谕令知之。"钦此。

臣跪读之下，仰见圣明洞鉴东省仓库积弊情形，指示周详，下怀曷胜钦服。伏查东省积亏，前于嘉庆八年、十四年两次清查，迨十九年复经大学士章煦奉旨驻东，会同前抚臣陈预督同司员查办，查明十四年以前共亏银三百四十一万二千余两，十

---

① 即钱臻。

四年以后共亏银三百三十八万七千余两，先后奏明追补各在案。

臣素闻东省亏空情弊在在多有，于上年到任后留心稽查，每于州县交代案内仍禀及交抵款项，有与从前清查案内轇轕不清者，臣随时批令藩司确核办理。因思目下亟须杜截新亏，既遏其流，庶能清源，随严交代，以作清查，使无所隐饰。其从前已查已参、应豁应追之案，饬司逐条清理。盖缘清查一事款项繁多，头绪纷杂，在现任者靡不思掩盖已亏，在离任者又希图滥交作抵，致有参前错后、影射牵混。此历次清查所以尚多轇轕，均未免有不实不尽之实在情形也。兹蒙圣谕严明，责成复查。臣惟有督同藩司徐炘实力实心认真查办，将清查案内亏缺各款逐一覆核，如查有隐匿幸免者，立即据实严办，并确究其中致亏之由，是侵是挪，如实有侵蚀入己、贪污狼藉者，一经查明，即遵旨严参，置之重典，以昭炯戒；其廉洁自励、谨守仓库者，不致代人受累，亦可观感奋兴；并将应行调剂者，量为酌盈剂虚。庶各属咸知保守仓库积弊，自可渐次廓除。

查东省向系有为之地，自积年疲敝，风气日形浇薄，以可为之地，渐成不易为之区。臣愚昧之见，以目下情形而论，似宜先培根本。俾民气渐还淳朴，使官知爱民，民知敬官，得有可为之势，然后次第为理，以期渐几完善。但通省一百余州县，积习历经数十年，诚非朝夕所能收效。臣与藩司徐炘均受恩深重，具有天良，断不敢稍存因循苟且之心，尤不敢稍存欲速见长之意。惟就东省现在情形，竭力图维，务冀地方仓库吏习民情日见起色，以期仰酬高厚于万一。所有遵旨确查东省积亏缘由，合先缮折具奏，伏乞皇上圣鉴。谨奏。

训饬士子教养人才府札附钦定学校条规

武定府曹①札惠民县知悉。本年十二月初三日蒙布政司札开，恭照顺治九年题准刊立卧碑置于明伦堂之左，晓示生员，所以训饬士子，教养人才。法良意美，至详且尽。当思国家建立学校，以经义取士，欲使多士读圣贤之书，志圣贤之志，以为圣贤之徒，立品为先，文艺次之。本司仰荷圣恩，调任斯土。东鲁为名胜之区，士习民风素称淳朴，其间循守衣冠、各安耕读者固堪嘉尚。乃闻习俗移杂，渐近浇漓，竟有身列胶墙，行同鬼蜮，或呼朋引类，竞尚浮嚣；或荡检逾闲，罔守绳墨，包漕粮而挟制官长，唆词讼而播弄乡愚。甚至颠倒是非，倾陷良善，诪张者日益得志，懦弱者堕其术中。惟牟利之是图，每恃衿而思逞，实为斯文败类、名教罪人。殊不知士为四民之首，士习不端，民风因而败坏。若不力为整饬，何以维风化而儆奸邪？

谨将卧碑开列各条刊刻分发，该府照刊多张，转发各学传同各生监讲解，以重劝导，并酌给村师塾学，悬诸座右，俾各触目警心，振聋发聩，庶几父勉其子、兄诫其弟。教化为安民之急务，儒林乃风气之先声，倘敢视为具文，甘自暴弃，该学官惟当据实举报劣迹，按律斥革惩办，切勿姑息徇隐，致干咎戾。切切。此札等因到府。蒙此，合行札发。札到，该县即便遵照，发去学校条规照刊多张，转发该学遵照办理。毋违。此

① 即曹堃。

札。（嘉庆二十五年十二月十六日到）

计发学校条规十张。

钦定学校条规

顺治九年题准刊立卧碑，置于明伦堂之左，晓示生员。朝廷建立学校，选取生员，免其丁粮，厚以廪膳，设学院、学道、学官以教之，各衙门官以礼相待，全要养成贤才以供朝廷之用。诸生皆当上报国恩，下立人品。所有教条，开列于后。

一、生员之家，父母贤智者，子当受教；父母愚鲁或有非为者，子既读书明理，当再三恳告，使父母不陷于危亡。

一、生员立志，当学为忠臣、清官。书史所载忠清事迹，务须互相讲究。凡利国爱民之事，更宜留心。

一、生员居心忠厚正直，读书方有实用，出仕必作良吏。若心术邪刻，读书必无成就，为官必取祸患。行害人之事者，往往自杀其身，常宜思省。

一、生员不可干求官长、交结势要，希图进身。若果心善德全，上天知之，必加以福。

一、生员当爱身忍性，凡有司官衙门不可轻入，即有切己之事，只许家人代告，不许干他人词讼，他人亦不许牵连生员作证。

一、为学当尊敬先生，若讲说皆须诚心听受，如有未明，从容再问，毋妄行辨难。为师亦当尽心教训，勿致怠惰。

一、军民一切利病，不许生员上书陈言。如有一言，以违制论，黜革治罪。

一、生员不许纠党多人立盟结社，把持官府，武断乡曲。所作文字，不许妄行刊刻。违者听提调官治罪。

谕民完漕告示

为申明利害约限完漕事。

照得刑法乃士民共守，粟赋为国家常经。嗟尔编氓皆吾赤子，何其造孽之重，而趋死之不惜耶！本县为尔等父母，不忍视尔等罹此巨祸，特亟预告尔等。其熟思之。

县境征漕，向有定章，官民相安，历来已久。本县莅任之初，偶逢偏隅水患，次年仍复歉收，轻则缓钱征漕，重则钱漕并缓。虽去夏得雨稍迟，并不成灾，仍为我子民禀请详奏，吁恳圣恩，分别缓征新旧钱粮，厚生利民，周且渥矣。至于新漕内关天庾，外系兵糈，既未邀缓，颗粒难欠。刁民约会抗粮，敛钱构讼，律应斩决。森森法令，人所咸知。

我惠境公字等约，居民不下数千家，身列胶庠者亦复不少。岂尽冥顽不灵，罔顾法纪者乎？计自丙午之年，银值渐昂，粮价稍长。本县念切民依，饬定每漕一石，减银三钱，以资调剂。丁未新漕照此减纳，犹恐尔等拮据，屡屡加赏，每石赏至京钱一千四百文之多。本县不计交帮赔累，但求我民完纳踊跃。讵尔公字下四图一带，愚民被刁徒赵姓所惑，恃众抗漕，愍不畏死，叠经谆谕，至再至三。委员亲催，往返载道，尔等竟以正供为儿戏，视诰诫如虚文，谬言抗官，捆缚差役，顽梗藐法，自蹈危机。是诚何心，殊不可解。本县之去留不足虑，尔等之死生宜自谋。今与尔等约以十日为期，是我良民十日内前来完漕，前罪全免。若逾限不来，则是甘居化外，蠢同毛角。本县定即通禀大宪，率带兵役驰抵乡村，无论刁生、劣贡、玩匪、恶徒，一概擒拿，立置死地，为我国家除莠安良，以肃漕政。鸣呼！顺逆两字，生死攸关；利害一言，智愚同晓。我子民尚慎旃哉，毋与灭门之祸，毋贻党里之羞。本县实有厚望焉。

为晓谕事。

照得漕粮为天庾正供，不容稍有蒂欠。惠境漕粮向系年清年款，从无颗粒短缺。上年新漕屡经本县谆谆劝催，并严谕书役，凡遇花户到县完漕，随时给串，不准稍事措勒。各花户等具有天良，理当急公迅速封完，免受追呼，何以拖延至今尚有许多民欠，本县深为不解。除按卯比追外，合再示谕。为此示仰阖邑花户知悉，尔等如有未完漕粮，务各刻日扫数全完，领串安业。倘书役等措不给串，许尔等指名来县具呈，以凭讯究。尔等亦不得饰词捏报，致干坐诬。经此次示谕之后，再有抗漕不完之人，定即签拘究比。若一庄内抗欠人户较多，本县即带领壮勇亲往查拿，照例严办。尔等慎勿玩视，自贻后悔。凛之。特示。

为兵米不敷支放，借动常平仓谷事详报县详

为遵批详明动用仓谷事。

窃照卑县道光二十六年分兵米缓征，不敷支放，请借常平仓谷碾米支放，前经具详请示。当蒙宪批，据详已悉。仰即照数借动碾放，俟启征之日征米易谷还仓，仍候汇案详咨。缴等因。遵奉在案。

嗣于道光二十六年十月二十三日蒙宪台札开，武定营请领道光二十六年冬季兵米，饬拨卑县道光二十六年起运本色麦改米三十七石二斗七升三合，起运本色米七十三石五斗八升，余剩孤贫口粮本色米三十八石八斗三升三合。又于道光二十七年正月初四日蒙宪台札开，武定营请领道光二十七年春季兵米，饬拨卑县道光二十六年额征应存德州常丰仓本色米五百六十八石四斗八升。又于四月三十日奉宪台札开，武定营请领二十七年夏季兵米，饬拨卑县二十六年应存德州常丰仓本色米五百七十四石九斗四升。又于七月二十八日奉宪台札开，武定营请领二十七年秋季兵米，饬拨卑县二十六年应存德州常丰仓本色米二百三石六斗一升五合，应解德仓本色米三百一十九石三斗七升八合，应解德州常丰仓本色米五十一石九斗四升七合。又于十月二十三日奉宪台札开，武定营请领二十七年冬季兵米，饬拨卑县二十六年应解德州常丰仓本色米七十八石八斗一升一合各等因到县。

蒙此，除应解德州常丰仓本色米一款实征米石尚未拨竣，应俟动及缓征再行碾谷抵放另文详报外，查卑县道光二十六年兵米项下起运本色麦改米一款，除缓实征米二十九石四斗七升八合八勺，今奉拨三十七石二斗七升三合，计不敷米七石七斗九升四合四勺；起运本色米一款，除缓实征米五十八石一斗九升三合一勺，今奉拨七十三石五斗八升，计不敷米一十五石三斗八升六合九勺；余剩孤贫口粮本色米一款，除缓实征米三十石七斗一升二合三勺，今奉拨三十八石八斗三升三合，计不敷米八石一斗二升七勺；应存德州常丰仓本色米一款，除缓实征米一千六十五石三斗四升六合三勺，今奉拨一千三百四十七石三升五合，计不敷米二百八十一石六斗八升八合七勺；应解德州仓本色米一款，除缓实征米二百五十二石五斗九升五勺，今奉拨三百一十九石三斗七升八合，计不敷米六十六石七斗八升八合五勺。

以上共不敷米三百七十九石七斗七升八合二勺，遵照批示在于卑县常平仓谷各项下，按一米二谷借动仓谷七百五十九石五斗五升六合四勺，先后碾米支放在案。所有缓征兵米不敷放借碾仓各数目，理合具文详报宪台查考，为此云云。

部硝改定分摊年限章程

武定府陶①札惠民县知悉。案准济南府移称，本年五月初四日据敝属历城县陈令禀称，窃蒙本府督令卑职监算各州县交代，凡有摊捐各款，未有不遵照向定章程一律核算，以免参差而杜争执。惟摊捐各款中有今昔情形不同，若仍照向章，反非公允。必需量为变通者，即如部硝不敷一款，动逾千金，向来自办硝之年正月初一日起，分三年摊。缘部硝三年一派，此中并无重复之契。近来部硝自道光十八年派办一次，二十年又派办一次，二十一年又派办一次，今岁、明年不知有无派办，姑就现在已派而论，即难照三年摊算，一有重复，便觉偏枯，争执较多，殊难定断。卑职综核通省交代，款无巨细，非斟酌尽善不能而得其平。

兹卑职悉心核议，应请将部硝不敷一款改作二年摊，其十八年所派之硝自十八年正月初一日起，至十九年年底为止；二十年所派之硝自二十年正月初一日起，至二十一年年底为止；

---

① 即陶庆增。

至二十一年所派之硝，奉文本在是年十一月间，应自二十二年正月初一日起，至二十三年年底为止。今岁、明年再有续派之硝，即自二十四年正月初一日起，亦作二年摊。若今岁、明年不复续派，部中仍按三年一次，即将二十一年原派之硝，除已结交代不计外，所有未结交代改自二十二年正月初一日起，至二十四年年底为止。以后二十五年奉文所派，仍按三年摊算。倘或添派更多，再有拥挤，随时另行斟酌禀办。是否有当，伏乞鉴核批示，并请转移各府饬知办硝州县一体遵照，俾免参差，实为公便等情到府。

据此，查解部硝斤从前系按三年派办一次，是以承办州县垫用不敷价银，亦按三年流摊归入交案核算。近年以来，有接连奉派者，有仅隔一年派办者，事无一定；且本年又经奉文饬办，若将不敷之项仍照旧章，每次分三年摊还，未免重复偏累。自应酌量变通，以昭平允。除批饬历城县如禀办理外，拟合移会等因。准此，合行转饬。札到，该县立即遵照，一律办理。毋违。速速。此札。（二十三年六月初一日到）

闽硝不敷改定摊限章程

武定府陶①札惠民县知悉。案准济南府移开，道光二十四年二月二十四日据历城县禀称，窃查交代案内有闽硝不敷一项，向来旧章各归各本年，自正月初一日起作一年摊算，其有添办之硝，另自奉文之日起作三年摊算。今道光十八、十九、二十

---

① 即陶庆增。

等三年闽硝从前未奉摊派，忽于二十、二十一两年内先后奉文派办，其中颇觉重叠，究应如何摊算，既无成案可遵，又不能于二年之内并摊三年之多。当经卑县各前任于会算交代时秉公酌议，将十八年之硝归十九年摊，十九年者二十年摊，二十年者二十一年摊。其有十九、二十两年交代已结者，即将十八、十九两年之硝作为添办之例，各自奉文之日起作三年摊。嗣后二十一、二、三等年之硝均递压一年，逢甲年之硝统归乙年摊算。讵知二十一之硝迟至二十三年始行摊派，中间空出二十二年一年，因而二十二年在任之员即有不愿认摊之意。如不明定章程，目下应算交代较多，恐不免有争执。卑职通前彻后，秉公酌议，自应仍照卑县原议甲年之硝归于乙年，自正月初一日起作一年摊算。其有加派之硝，仍自奉文之日起另作三年摊扣。如二十二年在任之员交代已结，即将二十一年之硝自奉文之日起亦另作三年摊算。伏乞鉴核批示祇遵。如蒙允准，并祈移会东昌、曹州、兖州、泰安、武定、临清、济宁转饬办硝三十九州县一体查照办理，俾免参差，实为公便等情。

据此，查派办闽硝，岁所常有，其不敷一款，交代案内起摊日期本有旧章可循。惟近年以来，奉文饬派，为时较迟，若不稍为变通，必致先后任有所争执。自应如该县所禀，分别摊捐。此后如遇应摊年分尚未奉文者，即按上届不敷银数酌量预摊，核入交案，以昭平允。除禀批示并分别移行外，拟合移会等因到府。准此，合行转饬。札到，该县立即遵照办理。毋违。此札。（二十四年三月二十日到）

东省各州县缺分统核全局量为变通事府札

武定府司徒[①]札惠民县知悉。案准济南府移开，本年八月二十七日蒙布政司札开，照得东省各州县缺分，自道光七年前时司钟[②]详明编为九等之后，凡有捐款，均按八等匀摊，下下十九苦缺免派，应食养廉亦不解司，历经遵照办理。惟今昔情形不同，缺分肥瘠因而互异，名实即不相符。以故道光二十四年潍县详请改为下下苦缺，奉前抚宪臬批司核议，详覆照准。二十六年间又据东昌府禀请，将茌平改为下下，亦经由司详奉院宪批准各在案。

第现在尚有八十六州县匀摊捐款，其间或有转瘠为肥，或可照常支转，或系勉强从事，或竟至累不堪。言是原编缺分等第，似觉昨是今非。苟且迁就，固难免苦乐不均。若频年核更，亦属不成政体，更恐此端一开，各属借口赔累，别存希冀，愈滋流弊。自应统核全局，量为变通，以昭信守。合亟札饬。札到，该府遵照，并移会各府直隶州查明前时司编定九等各缺，按照现在情形，何者可以照旧，何者必须更改，悉心确核，秉公妥议。仍列为九等，开折会衔禀覆，总期公间允服，永远遵守，不致朝更昔改。是为至要。切切。特札等因到府。

蒙此，拟合移会。为此合移贵府，请烦查照宪檄，希即妥议开折，移道敝府，以便会议禀覆。望速施行。须至移者。同日，又准济南府移开，本年十二月二十七日蒙布政司札开，案

① 即司徒照。

② 即钟祥。

查接管卷内，据历城县叶令禀称，敬禀者。案查道光七年八月间奉各宪通行，蒙前任藩宪贺[1]核定通省缺分等第分别派免摊捐以均苦乐一案，将通省一百七州县分别九等，以下下之十九苦缺免派一切摊捐，遵行二十年之久。各州县自蒙调剂之，且感受均平之福。惟今昔之情形已多更变，而缺分之优绌即有参差，有昔绌而今优者，有昔优而今绌者。仰蒙宪台斟酌情形，另加厘定，使居优缺而摊派轻者稍增焉，亦不至于拮据；即居苦缺而摊派重者，亦可免于支绌。如此斟酌办理，苦乐既得均平，今昔仍无二歧。惟查下下十九苦缺，养廉均归坐支，系属奏案。今下下之缺有改入上等中等者，其养廉仍请照旧坐支。又上等中等之缺有改入下下者，其养廉仍请照旧解司，以免更张奏案。

卑职愚昧之见，是否允当，理合开呈清折，伏乞训示祇遵等情。并开清折到前司移交本兼署司，合亟札饬等因到府。蒙此，查此案前奉藩宪札饬，当经备录原文，移会查覆在案。兹奉前因，合行移会。为此合移贵府，请烦查照确核地方情形，妥议禀覆施行各等因到府。准此，合行抄折转饬。札到，该县立即遵照，迅速确核地方情形，妥议禀府，以凭开折，转移济南府汇案核办。毋稍错延。速速。此札。

计粘抄清折一扣。（廿七年十二月廿七日奉府札）

上上缺：济宁州、泰安县、惠民县、冠县本上中、濮州、恩县、即墨县本上中、乐陵县本上下。原定上上缺共八处，今仍八处。

上中缺：历城县、阳谷县、汶上县、胶州、德州本上上、济

---

[1] 即贺长龄。

阳县本上上、陵县、章丘县、馆陶县、东平州、肥城县本上下、诸城县、商河县本上上。原定上中缺共十三处，今仍十三处。

上下缺：长清县、莒州、平原县本中上、淄川县、阳信县本中上、堂邑县本中上、益都县本中下。原定下上缺共七处，今仍七处。

中上缺：沂水县、黄县、乐安县本下上、莘县、东阿县、安丘县、平度州、荣成县、德平县、峄县、利津县本中中、清平县本中中、邹县、临清州、齐东县、青城县本中中。原定中上缺共十六处，今仍十六处。

中中缺：滨州、长山县、蒲台县本中下、掖县、齐河县、武城县、禹城县、兰山县、昌邑县、博平县、费县、临邑县、高密县、滕县本中下、宁阳县本中上、高唐州本中下、平阴县本下上。原定中中缺共十七处，今仍十七处。

中下缺：朝城县、聊城县、泗水县、曲阜县、夏津县本中中、城武县、曹县、丘县本上下、临朐县本下下、郓城县本中上、滋阳县本中中、莱阳县本下中。原定中下缺共十二处，今仍十二处。

下上缺：菏泽县、范县、蓬莱县、寿光县本下中、日照县、金乡县本中下、博兴县本下中、莱芜县本中下。原定下上缺八处，今仍八处。

下中缺：邹平县、观城县、新城县本下上、郯城县、博山县、昌乐县本下下、临淄县本下下。原定下中缺共七处，今仍七处。

下下缺：海阳县、福山县、高苑县、定陶县、巨野县、寿张县、鱼台县、新泰县、文登县、栖霞县、茌平县、单县本上中、招远县、海丰县、沾化县、蒙阴县、嘉祥县、宁海州、潍县本上中。原定下下缺共十九处，今仍十九处。

摊捐龙神、娘娘、关帝等庙修缮银两事府札

武定府司徒①札惠民县知悉。本年十二月十六日蒙布政司札开，道光二十七年十一月二十日奉前抚宪批，前司详据历城县详请垫修省城龙神、娘娘、关帝等庙工程，共需工料银七千三百九十九两九钱八分，请在通省州县摊捐归款缘由，奉批，如详，通饬遵照。缴等因到司。所有各属派摊银两数目，合行开单札饬等因到府。蒙此，合行转饬。札到，该县立即遵照。毋违。此札。（二十七年十二月廿四日到）

计开：摊银一百四十九两八钱七分三厘。

摊捐太公庙银两事府札

武定府司徒②札惠民县知悉。本年十二月十六日蒙布政司札开，道光二十七年十一月二十日奉前抚宪批，前司详据历城县详请垫修省城太公庙工程，共需工料银四千一百一十两，请在通省州县摊捐归补缘由，蒙批，如详，通饬遵照。缴等因到司。所有各属派摊银两数目，合行开单札饬等因到府。蒙此，合行转饬。札到，该县立即遵照。毋违。此札。（二十七年十

① 即司徒照。
② 即司徒照。

二月二十四日到）

计开：摊银八十三两二钱四分一厘。

豫省漕米改拨密云兵米支给事札

督粮道景①为饬知事。

现奉河宪行知，豫省本年应征漕蓟粮石因灾全数缓征，无米起运，奉河南抚宪奏请，将豫省本年应运密云兵米，在于东省起运漕米内照数代为搭运，以资支放等因。除抄录奏单行府转饬遵照外，查前奉部咨，漕米改拨蓟粮兵米，其随征漕耗应按蓟粮本款分别支销。今代豫省搭运前项兵米，在于漕米内改拨运供。所有该县漕米改拨密云兵米数目，合亟开单饬知。

为此仰县官吏照牌事理，立即查照单开米数分别交兑，并遵照部咨将改拨此项兵米项下漕耗，按蓟粮本款支给帮丁三升五合二升食米。其四升五合，内除照时变价支帮三分席片并分别扣支见石养廉外，下剩漕耗及应扣五升车脚米石，一并变价解道汇解。

再，拨运兵米项下，本色席片例不交仓。此次漕米改拨兵米仍应照例扣解，毋庸交帮。如已移交到帮，即速关回解兑。均毋违延。速速。须牌。（道光二十七年十二月二十八日到）

计粘单一纸。

惠民县本年漕米拨作密云兵米七百石，内改兑正米五百九

---

① 即景霖。

十八石二斗九升六勺、耗米一百一石七斗九合四勺，仍系济左帮兑。

豫省漕米改拨兵米扣解银数事札

督粮道景①札惠民县知悉。照得本年豫省应运直省各处驻防兵米，奉文在于东省起运漕米内代为搭运等因。业将该县漕米改拨兵米数目檄饬遵照在案。所有改拨项下应行扣解之本色席片银数，合再开明札饬。札到，立即查照后开银数核明扣出，起具文批，差解来辕交兑，以凭造报。此系正项钱粮，毋得违延，致干开参。切切。此札。（道光二十七年十二月二十八日到）

计开：应扣解本色席片银五钱九厘。

历城县挑修护城河夫工费事府札

武定府司徒②札惠民县知悉。案蒙布政司札开，案据历城县禀称，窃查省垣城工坍塌不堪，于二十一年经卑前县陈升牧详请兴修，通省扣廉归补。当因扣廉一时难措，仅将城垣周回修妥。所有护城河四面未经挑挖，历年夏秋雨水及时，不觉壅塞。及至本年自六月初三日雨后，至今无雨。

① 即景霖。
② 即司徒照。

蒙各宪民瘼关怀，虔诚步祷，卑职亦遵照旧章挑挖沟渠，清理狱务，洁躬自省。始悉护城河一带城北稻地，全赖趵突、金线、黑虎等泉，由护城河两路下注，无奈城河节节壅塞，有关收获，是以雇觅民夫日夜挑挖，泉水始行流通。此不独卑县稻地有益。大清河由西而东，借资浮送船只，均可往还。凡有关东入口粮食以及各路盐运，均有裨益。现于六月二十八日挑挖起，至七月十六日止，共用夫工银九千八百九十两。伏乞仍按从前省会城工扣廉归款之案，再请续摊，实为德便等情到前司。

当查省会城垣护城河一带城北稻田，全赖趵突、金线、黑虎等泉之水，并由护城河下注归入大清河，由西而东，借资浮送船只。凡有关东入口粮食以及盐运，均有裨益。无奈节节淤塞，有关收获浮送，随经饬委候补知府朱英前往验收去后。

兹据禀称，遵即亲诣确勘，委系照估挑挖，共用夫工银九千八百九十两，请照从前省会城工，在于各州县按照缺分等第均匀摊派，扣廉归款等情前来。当经王前司①据情详奉前抚宪崇②批，如详通饬遵照。缴等因到司。合行开单札饬等因到府。蒙此，合行转饬。札到，该县即便遵照。毋违。此札。（二十七年十二月二十七日）

计开：惠民县摊银二百两三钱四厘。

---

① 即王笃。

② 即觉罗崇恩。

东省漕米改拨兵米变价支销事札

督粮道①景为檄饬变解事。

照得本年东省应代豫省搭运之兵米，系于漕米内改拨运供。该县漕米改拨前项兵米项下随征漕耗米石，应遵部咨按蓟粮本款分别支销，前经檄饬遵照在案。所有除支下剩漕耗及应扣车脚米石应即变价批解，合行檄饬。为此仰县官吏照牌事理，立即遵照，将本年漕米改拨兵米项下，除支下剩漕耗及车脚米石，查照另檄饬知之。本年十一月分报部米价赶紧售变，同添平银两一并起具文批，差役解辕交兑以凭解支。毋得违延，致干未便。速速。须牌。(道光二十八年正月十二日到)

二十七年未完钱粮及本年新赋确查事司札

布政司徐②札惠民县知悉。照得，道光二十七年未完钱粮并本年上忙新赋，业经本司议定，责成该管府州前往确查章程，详明抚宪在案。除俟奉到院批，并将该县欠解二十七年未完民、卫正耗银两暨本年新赋开单饬府前往确查外，合亟先由马递五百里札饬。札到，该县遵照办理。毋违。特札。（二十八年二

---

① 即景霖。

② 即徐泽醇。

月初四日到）

计粘抄原详一纸。

为详定章程，严提新旧钱粮以杜亏挪而裕国赋事。

窃照本司莅任，检查档案，东省各属近数年钱粮报解之短绌，缓征之繁多，实为从前所未有。国家经费有常，遇灾缓征，饷需短绌，尚为限于民力拮据所致。若应征之项，或任其抗欠，或意存挪掩，贻误正供，实属大干功令。王前司[①]任内因各属玩延不解，遇有支拨辗转筹借，不惟库款日形轇轕，且易启该州县观望迁延之弊。

兹查上年钱粮久逾全完例限，除青城等处扫数全清外，其余各属，或按已完分数比较相同；或虽有盈余，为数有限，而短绌则盈千累万，是即以十数处之盈余不能抵一二人之短绌，固应严切催提以副造报。即本年上忙新赋开征在即，恐各属不免有仍前疲玩者。与其临时惩办，莫若预立章程，使其早有见闻，知所警惧。

本司悉心计议，拟将二十七年未完钱粮，由司分别查明各府州所属欠解民、卫正耗银两，开具清单；并本年上忙新赋，均责成该管府州，于本年上忙三月初旬亲赴所属州县吊查上年并本年征册、流水、日报、总报确查一次。如上年钱粮某处征过银若干，有缓征者除去缓征若干，并除坐支若干，分解粮道等衙门各若干，下余若干；并本年上忙新赋某处征过若干，除坐支分解各若干，下余若干，均应全行解司，不准丝毫存留属库。至四月中旬，又查一次，亦如初次办理。本年上忙彼时总须全行解足至五分以上，如能完至六分七分者，详明宪台从优

① 即王笃。

奖励；下忙拟于九月之中旬、十月之下旬，照前办理。在各牧令知有本府州随时确查，断不敢任意挪用；该管府州既有专责，亦不致扶同，以多报少。并令该管府州查过何处，即将何处征解确数据实禀覆。其有征解不足之处，本司仍不时提吊征册、流水、日报、总报，覆加核对。如有不实，一并严参。

德州、临清、济宁、东昌四卫并东平一所，经征钱粮亦随同各该府所辖一律查办。济南府或因首郡事繁，其距省较远地方不能前往，由司另行委员确查。临清、济宁二直隶州本州，届时亦由司遴委干员，仿照查办。至该管府州亲赴所属查催，令其自备资斧，轻骑减从，不准多带人役，骚扰州县；并不准跟随人等妄行需索，则州县既无所用之靡费，自无从借口。或遇有所属催科不力，即由该府派委妥员帮同催比，匡其不逮。庶各州县皆知振作，而于钱粮重务可期年清年款。除饬各府直隶州并各州县卫所遵照外，理应详明宪台鉴核。

再，近来东省二麦歉收缓征之案无年不有，几成奉行故事，实因征完之项业已挪用，借缓征为掩饰地步。嗣后如有禀报二麦被风、被雾、被雹、被水、被沙、被旱、被霜、被丹者，勘办之后亦应吊征册、流水、日报、总报，确切查核，以重帑项而恤民艰。是否有当，为此备由呈请，照详施行。

请领款项印领图记花押事府札

武定府司徒①札惠民县知悉。本年正月十五日蒙布政司札

① 即司徒照。

开，照得各属凡遇应领款项，差役持文赴司请领，向系备具正副印领，并于银数上盖用印信。定例原属周密，第恐书吏舞弊，若不秘用图记花押，难保无冒领情事。案关支发，不厌详慎，合行马递三百里札饬等因到府。

蒙此，合行转饬。札到，该县立即遵照。嗣后凡遇请领银两，务于印领衔名下密行背用图记花押，仍先将何样花押图记，限文到日即令具文申送一分，以备存候核对。如有任卸人员，随时申送。毋违。特札。（二十八年二月初六日到）

核减硝费折兑章程事府札

武定府司徒[①]札惠民县知悉。案蒙布政司札开，案据东昌府禀称，案蒙宪台札开，以据武定府详覆惠民、阳信、滨州等州县禀请核减折兑部硝、闽硝两项浮费一案，议请援照漕务减费章程，由办硝州县各循旧兑银数裁减十分之三，以纾积困等情。饬即酌定章程，妥议禀覆等因。

遵查近年以来，银价昂贵，官民交困，而州县因公需费用银之款，尤为赔累，系属实在情形。自应设法变通，以纾竭蹶。所有产硝州县应解部硝闽硝斤，军火攸关，必须依限办解。其中，离局较远、产硝较少之处，向系折银兑交，局员代为买解，取其轻赍便捷，不致遗误。而奉委局员又因捆包提滤，抛洒折耗，及一切公费力难赔垫，不得不于例价之外稍取盈余。刻下银价增昂，原可酌减，免致向隅。

---

① 即司徒照。

兹据武定府议请，援照漕务减费章程，按七成交兑，本已权衡至当，即可照行。唯其中需项，虽系同一硝费，而实有多寡缓要之分，似须稍示区别，更为周妥。

查部硝一款，奉办之年始行办解。年来虽属接续派办，究非岁有之款；且系解赴大部交纳，需费较多，均需用银，非比钱项可以截长补短。且所办硝斤必当提滤净尽，形同马牙，方称合例。提滤过净，折耗自多，非宽备余硝不能成事。闽硝则不然，款属年例常规，无岁无之。解赴该省兑收，需费无多，用银之处尤少。应解硝斤只须毛硝费省事宜，核与部硝情形大有参差。故定例闽硝每斤仅止给银一分六厘零，部硝则二分二厘零。例价既分轻重，津贴亦当稍有增减。若概照七成交兑，诚恐该委员亦不免借口赔累。

卑府悉心酌议，应请将部硝一款由办硝州县各循旧兑银数，按八成折交，计已裁减二成在各州县借资补苴。该委员所损无几，不致受累。闽硝一款即照武定府所议，按七成交兑，足敷支发。若此设法变通，似臻公允而昭核实。管见所及，是否有当，理合禀请鉴核训示。肃此。具禀等情到司。查部、闽二硝例价，既不相同，酌减亦应有区别。所有东昌府议将部硝按八成交兑，闽硝照三成酌减，持论尚属公允，既于州县不虞竭蹶，而局员亦不致赔累。除饬承办委员遵照外，合行札饬等因到府。蒙此，合行转饬。札到，该县立即遵照办理。毋违。此札。(二十八年正月二十八日到)

核示大漕拨补蓟粮三升五合米石交帮事

详请核示大漕拨补蓟粮项下三升五合米石应否交帮缘由，

二十八年二月十四日蒙粮道景[①]批，查蓟粮本款项下三升五合米石，向系随正交帮。其由道汇造之蓟粮报销案内，只按一一五漕耗造报，不将三升五合核入，是以部中以为拨运蓟粮向不支销三升五合。至道光二年，大漕拨补蓟粮，系按大漕支销后，始奉查追，令作本色米石存贮候补。此次大漕改拨兵米项下之漕耗，恐或办理歧误，当经檄饬，按蓟粮本款支给帮丁三升五合二升食米。其四升五合，内除照时变价支帮三分席片并分别扣支见石养廉外，下剩漕耗及应扣五升车脚米石，一并变价批解，并详请咨明户部在案。仰即遵照前檄办理。此缴。

筹补旧缓漕粮裕仓储事府札

武定府司徒[②]札惠民县知悉。本年正月二十二日蒙布政司札开，道光二十八年正月初十日蒙巡抚部院兼理盐政张[③]札开，照得本部院于道光二十八年正月初六日具奏筹补旧缓漕粮以裕仓储一折，除俟奉到朱批，另行恭录饬知外，合先抄奏札知等因。又蒙督粮道行同前由各等因行司到府。蒙此，合行转饬。札到，该县即便查照。毋违。此札。(二十八年二月初九日到)

计粘抄原奏一纸。

奏为筹补旧缓漕粮以裕仓储，奏祈圣鉴事。

案查道光八年以前各属因灾缓征历年漕粮，本系与缓征钱

---

① 即景霖。

② 即司徒照。

③ 即张澧中。

粮按最先年分同时依次带征一年。嗣因应征积欠年分较多，经升任抚臣琦善于九年二月间奏请先尽钱粮带征全清后，再行议带缓征漕粮，历经查照办理在案。

伏查各属钱粮花户人等设有逃绝，蒂欠在所不免。若必俟钱粮全清再行议带漕粮，即属屡丰，亦无启征之日。推原立议之处，一因经费有常，为筹裕帑项起见；一因带征最先年分，设遇灾伤缓漕，次年仍应带征，连新漕并计一年，即须完纳三年之漕，恐致民力未逮。惟现在缓缺漕粮钦奉谕旨，设法筹补，自应量为变通，以裕仓储。

臣与署藩司及粮道悉心筹议，应请嗣后将钱漕两项分为两案，各带征最先年分一年。如上年有原缓新漕，即于尽新漕带征，毋庸议带旧漕。若上年并无缓征漕粮，则尽最先年分漕粮带征一年，不必俟钱粮全清再行议带。如蒙俞允，即请自二十八年秋季为始，查照办理。庶几原缓、递缓均可次第征收，既于仓储有裨，而民间完纳亦不虞拮据矣。

臣为筹补旧缓漕粮起见，理合缮折具奏，伏乞皇上圣鉴，敕部核覆施行。谨奏。

饬禁账行重利事府札

武定府司徒①札惠民县知悉。本年正月二十三日蒙布政司札开，照得放债借银，通有无之缓急；按本取利，权子母之轻重。事出恒情，法原不禁。惟闻东省有账行之名，放利扣之，

① 即司徒照。

债借本未满十月，重利已加一层，中保抽分作为谢意，平色亏短总是虚头。迨至三月，届期登门来讨，须将本利如数归清，付给盘，以好言遣去。若无银清楚，恶算更多。倒票换券，利上起利；早餐晚饭，丰外从丰。不但宴饷奢华，更有仆车妄用。倘未遂其私衷，即当受彼挟制。且每于州县征钱收漕之际，络绎不绝而来，私累暂清，于目前公亏且置于度外，是将国家之帑项以供若辈之盘收矣。

本司莅任，检查档案，近数年来钱粮报解之短绌、缓征之繁多，实为从前所未有。谓无挪公济私，谁其信之？然俭以养廉，若该州县等崇尚俭朴，黜斥浮华，则无论何项缺分皆可自给。现在东省情形，人为缺累者少，缺因人累者多。其弊者皆始于滥用，遂不能不滥取。因之亏短钱粮，遗累后任，行险侥幸，莫此为甚。

合行札饬。札到，该府立即遵照示禁，剀切晓谕账行人等，须知刻薄行为，人算不如天算；循环报应，利机即是祸根。速改前非，毋干例禁；并饬所属遵照，嗣后务须黜华崇俭，勤慎办公。其上年未完钱粮并本年上忙，将来起征赶紧催收报解，以济饷需。倘敢故智复萌，仍前挪用，一经查出，定行撤参。本司言出法随，毋谓言之不预也。该府有表率之责，务须认真查办，切实根究，仍将遵办缘由具报查考等因到府。蒙此，合行转饬。札到，该县即便遵照示禁，剀切晓谕，嗣后务须黜华崇俭，勤慎办公。仍将遵办缘由具文通报查考。切切。此札。（二十八年二月十五日到）

酌议添设腰拨夫马以速运务事

武定府司徒①为查案，酌议添设腰拨夫马，以速运务事。

本年二月十二日蒙济东道札付，道光二十八年二月初八日准登莱道咨开，案照道光七年前司道续议海运章程，前经本道详请照办八条内开，海运过境，禀报宜速。查登郡距省既远，且无驿站，海运既到，五六百里马递文报必多，恐致迟延。除道属登、莱、青三府应设腰站之处，俟本道查明一有粮船入境，先期添设拨马，每站或四匹、或二匹，专递海运五六百里文报，其他差事一概不许应付；并请饬知济南府转饬，经由各驿一体添设，以昭迅速一款。先经檄饬各属，按照上下站相距远近，应否添设腰拨，查明禀办。迨本道于本年正月二十七日由省回署查覆，到者仅止数处，有上站已议添设，下站复请者；有本非海运常经之地，任意多请安设者。

查递送公文乃地方官应办之事。因海运紧急，是以议设腰拨。其距海较远及非商船必经之口岸，尽可由地方文武员弁派人瞭望。倘有运船遇风收泊，事非常有，即当随时专马飞报，一面催儹弹压；即或地处冲要，站大山多，亦未便于在城及不足一站，并本系设有夫马之处，又复添设。事关通案，若逐处往返驳诘，动需时日，稍有贻误，关系匪轻。自应由道酌定章程，通饬照办，以归画一而示限制。

兹本道查照六年旧案，参以现在情形，应请所属东自登州

---

① 即司徒照。

府荣成县之石岛起，西至青州府益都县之金岭镇出境止，各按所辖地面远近、站头大小，每一站准其于适中添设拨马或四匹、或二匹，人夫或四名、或二名，专司接递海运文报。其余在城及不足一站，并本系设有夫马处所，以及海滩遥远、运船不经各口岸，一概责成该管地方文武自行妥为筹办，毋庸议添夫马。南船开行在即，事不可缓。除一面檄饬遵照并详明抚宪外，拟合咨请贵道查照，转行济南府饬属一体议办，实为公便，望速施行等因。

准此，除饬济南府一体议办外，所有该府所属亦有海口之责，应否添设腰拨之处，合行转饬。为此仰府官吏文到立即查照文内事理，飞饬所属一体议办，将腰拨应添于何处，马或四匹、或二匹，人夫或四名、或二名，上下站相距若干里，人夫姓名先行详细开折，绘图贴说，禀报查考，一面将于何日时刻接递，何处发申何衙门，公文起数有无迟误，按三日一次开折申报，以凭分别核办。南船开行在即，事不可缓，均毋违延。火速等因到府。蒙此，合行转饬。为此仰县官吏文到立即遵照办理。毋违。速速。须至帖者。（二十八年二月十五日到）

详请咨明海运漕粮文报驰递事府札

武定府司徒①为详请咨明事。

本年二月初四日蒙济东道札付，道光二十八年正月二十六日准按察司咨，道光二十八年正月二十五日蒙巡抚部院张②案

① 即司徒照。

② 即张澧中。

验，道光二十八年正月二十四日准江苏抚院陆①咨，据苏州布政司署江苏按察司署苏松督粮道、苏松太道会详称，窃照苏松太三府州属道光二十七年漕、白二粮改由海运，自上海派船装兑，在南填给执照，即将截存照会造册，咨送天津委员查明比对。其在津委员亦应将各船进口日期呈报苏省查考。所有一切往来文报，在在均关紧要，诚恐经过山东、直隶两省各驿站视为隔省公文，并不随时依限驰递，致有贻误。除饬赴津各委员自起程以后，如有发递回苏各项文报，务于邮封面上注明“海运要件限行”字样外，相应具文详请，仰祈飞咨直隶督院、山东抚院通饬有驿各州县，凡遇苏省往来文报，封面上注有“海运要件限行”字样者，即速依限加紧驰递，毋许迟延；并请行知江省各驿站一体遵照等情到本部院。据此，除咨直隶督院外，相应咨明等因咨院行司移道到府。蒙此，合行转饬。为此仰县官吏文到即便遵照。遇有前项文报递到，立即随时依限加紧驰递。毋稍迟误。切切。须至帖者。（二十八年二月十七日到）

摊捐海防经费事府札

武定府司徒②札惠民县知悉。本年二月初一日蒙布政司札开，查接管卷内道光二十七年十二月初八日奉前抚部院觉罗崇恩案验，道光二十七年九月十四日准户部咨，东省各官公捐巡洋经费未便准其核减，其余剩银两，应按年尽数拨作水师后营之用，毋庸留为缉捕经费缘由到本部院。准此，合就檄行。为

① 即陆建瀛。

② 即司徒照。

此仰司官吏即便查照办理，仍移行知照。毋违。合行札饬等因咨院行司到府。蒙此，合行转饬。札到，该县立即查照，将应捐海防经费仍照道光十九年原派数目分别摊捐。毋违。速速。此札。（二十八年二月十七日到）

计粘单一纸。

户部为遵旨事。

山东司案呈，道光二十七年七月初二日准山东巡抚崇①咨，据布政使王②呈称，准户部咨，查山东省海洋经费旧有每年商息银三千六百两，作为水师营南、北、东三汛出洋巡缉弁兵口粮，并添雇商船之用，每名每日给银二分。

嗣道光十九年十二月据山东巡抚托③奏，东省洋面辽阔，盗案迭出，水师弁兵不敷分防，宜添拨陆营弁兵巡缉。议请领兵员弁每日酌增银四分，兵丁每日酌增银二分，每年春季由登莱道全数领回发给该营，按三个月散放。至当年额需经费，并现议酌增口粮及所议拨用陆营兵丁口粮，并津贴火药、添雇商船等项，约共需银八千两。现在每年运库应解息银三千六百两，因商力疲乏，仅能完解银一千八百两，实属不敷支用。议请于藩、运两司，济东、兖沂、登莱三道十府二州及所属各州县公捐银四千两，其余银两由运库商捐公费内缉私项下提拨添补等因。经军机大臣会同本部覆准在案。嗣因道光二十三年登州添设水师后营，足敷巡防，所有前议拨用陆营弁兵奏准裁撤等因又在案。

兹据该抚咨称，道光二十五年分运司解到一半巡洋生息银

① 即觉罗崇恩。

② 即王笃。

③ 即托浑布。

一千八百两，又抚部院暨藩、运两司，济东、兖沂、登莱三道十府二州并所属各州县公捐海防经费银四千两，二共银五千八百两。支发水师前营南、东二汛巡洋弁兵口粮银二千二百九十四两五钱六分，胶州、蓬莱、荣成三州县例雇船价银一千二百五十六两七钱二分，南、东二汛战船多用火药银五十九两六钱五分八厘，三共支发银三千六百一十两九钱三分八厘，尚余银二千一百八十九两六分二厘，造具册结请销前来。

查前项用过水师前营南界二汛巡洋弁兵口粮，并胶州等处例雇船价，以及战船多用火药等款，共银三千六百一十两九钱三分八厘。按册核算，数目相符，应准其如数开销。至余剩银二千一百八十九两六分二厘，据称，内除支发水师后营旧设弁兵二十五年巡洋口粮银一千二百二两八钱八分等语。

查水师后营新添旧设弁兵出哨巡洋口粮银两，业经本部于海疆善后事宜案内奏明，在于官绅捐输海疆经费生息银内支领，归入该营专款报销，何得率动此案余剩银两。应令该抚即饬仍在于海疆经费生息项下支发，以符奏定章程。所有此款余剩银二千一百八十九两六分二厘，即行造入季册，听候部拨，并移付札档房查照登记。

再，查二十四年余剩银一千二百九十一两六钱四分三厘九毫五丝，前于该年报销案内，亦据声请支发水师后营旧设弁兵巡洋口粮银两，随经本部驳斥行令，同二十、二十一、二十二等三年余剩银七百三十二两二分八厘九毫八忽，按年分晰，造入道光二十七年秋拨册内报部拨用在案。应令遵照前咨，即饬造入该季拨册，毋任迟逾。

再，二十五年分运司应解息银三千六百两，除此案解过银一千八百两外，尚未解银一千八百两，应令该抚遵照前奏，严催该运司照数全完，移解藩库充公，报部查核等因。

查东省巡洋经费，道光十九年托前院原奏章程，因运库旧有商息银三千六百两，商力疲累，仅能完解一半，不敷支用。倡议由本省各官公捐银四千两，以资弁兵口食之需。当时因款系官捐，宽为筹备，故历年用有余剩。及奏裁陆营弁兵雇船帮巡，用款更少，自应将捐款核减。乃历年仍循四千两之议派捐，殊非核实办公之道。今本部院确核历年用款，除水师后营新添旧设弁兵出哨巡洋口粮，应遵照另案奏定章程，动用官绅捐输经费生息外，实计前营水师出洋巡哨弁兵口粮每年用款，宽为筹备，有四千两，足敷支用。运库旧有息银三千六百两，本属所短无几。如运库仅能完解一半，核计不敷之项，亦止须二千二百两。以后按年照实用之数，仍由本省各官公捐，以免贻误而重巡防。至历年已捐用剩银两，系各官捐廉之款，非同支领正杂钱粮用有余剩，例应拨还。且海疆缉捕在在需费，应请留作缉捕经费，免其报拨。拟合分晰咨部，查照核覆等因前来。

查山东省海洋经费旧有发商生息银三千六百两，为巡洋口粮及添雇商船之需，每弁兵日给银二分，专案报销。嗣于道光十九年十二月内，据前任山东巡抚托奏明，近来物价昂贵，弁兵得银不敷食用。议请领兵员弁每日酌增银四分，兵丁每日酌增银二分。至当年额需经费并现议酌增口粮，及前议拨用陆营兵丁口粮并津贴火药、添雇商船等项，约共需银八千两，现在每年运库应解息银，因商力疲乏，仅能完解一半银一千八百两，实属不敷支用。议请与藩、运两司，同济东、兖沂、登莱三道十府二州及所属各州县公捐银四千两，其余银两由运库商捐公费内缉私项下提拨添补，其各员捐款于存司养廉内扣支等因。经军机大臣会同本部覆准在案。

兹据该抚咨称，前项公捐银四千两，当时因款系官捐，宽为筹备，故历年用有余剩。及奏裁陆营弁兵雇船帮巡，用款更少，请将捐款核减。以后按照实用之数，仍由各官公捐等语。

查此案巡防经费各官捐银四千两，系属前抚托奏明公捐，经军机大臣会同本部议准之款。所请将此项捐款核减，本部未便率准。惟查运库商息及公捐银两，前因改设水师后营另有经费，是以前营用款较少，行令将余剩银两报拨。

兹细核该省历年水师后营报销各案，借动此项一半，余剩银两尚属不敷支用。应令仍照该抚前咨，嗣后即将此前营巡费案内余剩银两，按年尽数拨作后营巡洋等项之用，毋庸归款入拨。如后营巡费复有不敷，仍动海疆捐输生息本款，核实另行报销，以符奏案。所有声请用存余剩留作缉捕经费之处，应毋庸议。相应咨覆山东巡抚查照可也。

陈墨翰京控报覆

据山东巡抚崇①咨称，济南府审详，惠民县文生陈墨翰以串霸灭嗣等词京控王本楷等一案，缘陈墨翰籍隶惠民县。已故陈连登、陈元忠，均系陈墨翰缌麻服。兄陈连登并无子嗣，陈元忠遗妻孟氏继陈绍曾为嗣。先陈连登、陈元忠在日，与陈德升名下共有宅基一段三股，均分宅基，与王本楷、刘凤诏当铺毗连。陈连登旋将宅基契卖与陈元忠为业，当即外出。

道光二十六年间，陈墨翰、陈德升均未在家。王本楷因当铺房屋不敷居住，托杜芳、杜立纲等说合作中，向陈绍曾并陈德升胞弟陈元杰将宅基一并价买，经陈元逊写立文契，先交契

① 即觉罗崇恩。

价京钱四十千，因陈德升外出，系陈绍曾与陈元杰出名契价两交。

嗣陈墨翰回归查知，因未知陈连登宅基先卖与陈绍曾嗣父陈元忠情由，疑系杜芳和贿串陈绍曾等混卖，并欲退出宅地为陈连登立继，正欲找杜芳和理论。适杜芳和踵至，陈墨翰即以不应逼卖陈连登宅基之言，向杜芳和村斥，杜芳和分辩。彼此口角争吵时，刘志义等拉劝，误将陈墨翰桌上茶碗、书籍碰翻落地。陈墨翰未及查明，意谓杜芳和领人辱骂、砸毁器具控。经该县批准，传讯陈德升回家，查知伊名下宅基亦经陈元杰卖出。因陈墨翰以杜芳和贿串逼卖呈控，恐伊弟亦系被逼所卖，具呈控县，批准并讯。陈墨翰在县候审时，央托原差王勇、闫珍速传人证，王勇以人证多半外出，一时难齐之言向覆。陈墨翰即以为差役卖法，复由府赴省具控，批县提讯，因人证未齐，未及讯结，陈墨翰复以前词；并因陈德升与该差杨风林素好，陈德升赴县具呈，即在杨风林寓处住宿。陈墨翰未及查明，以为私押；并风闻刘姓巨富、熟悉衙门等词，一并叙入呈内，赴京具控。

咨解回东，提省委审。先因提讯王本楷、杜芳和等，并无贿串逼卖；质之该原告陈墨翰，恃系文生，供词狡展。详请将陈墨翰文生暂行斥革。旋据报，杜芳和在店病故，委验讯详，提集研鞫。据各供悉前情不讳。

查陈墨翰所控王本楷等串卖宅基等词，均系事出怀疑，并欲为陈连登立继所致，尚无不合。陈墨翰与陈连登系缌麻弟兄，陈连登并无另有近服亲属，亦非事不干己。惟在本省具折，不候讯断，辄行京控，实属越诉。

陈墨翰应照越诉律，拟笞五十。该原告文生，先因供词狡展，详请暂革，旋即据实供明，应请从宽开复衣顶。所得笞罪，仍照例纳赎，追银册报。王本楷讯无逼卖陈绍曾等宅基情事，应与讯无贿串作中之杜芳和、杜立纲、陈元逊并讯非卖法，将陈墨翰凌虐之差役王勇、闫珍均毋庸议。陈德升于伊弟陈元杰卖地时，并不知情。嗣因陈墨翰怀疑控县，伊亦怀疑具控。现在提同质讯，业已据实，亦毋庸议。陈绍曾等卖与王本楷宅基，均出情愿，应听其便。杜芳和在店病故之处，业经验讯明确，看役并无凌虐情弊，亦毋庸议。案经讯明，未到人证免提省累。除分咨外，拟合咨达等因前来。

据此，陈墨翰应如该抚所咨拟笞。系文生。礼部查山东惠民县文生陈墨翰于王本楷契买陈连登等宅基，辄以贿串逼买各情控县，又复不候讯断，砌词京控，实属好讼多事。应去文生，以示惩儆。该抚所拟笞五十，照例纳赎之处，应毋庸议。余如所咨完结，相应咨覆该抚可也。（二十八年二月二十日奉府札转行）

批解耗银有定数，正银无定数，截正耗法

假如前次解过正银三千五百两、知县养廉银三百五十两，支过脚费银八两四钱，今次应支祭品银二十两、俸杂夫马工料银一千五百二十三两八钱二分九厘、廉费银六百二十六两、祭品脚费银一钱二分，解知县养廉银三百五十两。问该解正银若干，支脚费银若干，正耗方能相符？

置前次解过知县养廉银三百五十两，前次支过地丁脚费银八两四钱，今次应解知县养廉银三百五十两，今次应支廉费银六百二十六两，今次应支祭品脚费银一钱二分此系五十两脚费，缘

上忙并未报支，故于此次统除。五共耗银一千三百三十四两五钱二分，一四除该正银九千五百三十二两二钱八分六厘，内除前次解过正银三千五百两，今次应支祭品银二十两，今次应支俸杂工料等银一千五百二十三两八钱二分九厘。

下余正银四千四百八十八两四钱五分七厘，二四乘该脚费银一十两七钱七分二厘二毫九丝七忽，一四除正银七十六两九钱四分四厘九毫七丝八忽，二四乘该脚费银一钱八分四厘六毫六丝七忽九微，一四除该正银一两三钱一分九厘五丝六忽四微，二四乘该脚费银三厘一毫六丝五忽七微三纤五沙，一四除该正银二分二厘六毫一丝二忽三微九纤，二四乘该脚费银五丝四忽二微六纤九沙七尘，一四除该正银三毫八丝七忽六微四纤，二四乘该脚费银九微三纤。五共正银四千五百六十六两七钱四分四厘即系今次应解正银之数。五共脚费银一十两九钱六分即系今次应支脚费之数。

统计：

前后共征完正银九千六百一十两五钱七分三厘，内前次解过正银三千五百两，今次解过正银四千五百六十六两七钱四分四厘，今次支祭品银二十两，今次支俸杂并夫马工料银一千五百二十三两八钱二分九厘。

前后共征完耗银一千三百四十五两四钱八分，内前次解过知县养廉银三百五十两，前次支过地丁脚费银八两四钱，今次解知县养廉银三百五十两，今次支祭品脚费银一钱二分，今次支廉费银六百二十六两，今次支地丁脚费银一十两九钱六分。

此因上次解支正耗并未截数，是以前后笼统核扣。若前次正耗业已截定，并无存库银两者，只须并今次应解应支耗银，一四归除核算。

详请借领俸工杂支银两事县详

为循例详请借领俸工杂支银两事。

窃照卑县地方本年秋禾被水，收成歉薄，已将应征钱漕并历年旧欠，详请具奏缓征在案。所有俸工杂支等银均需支发，无项可动。

查卑县本系积苦之区，一遇停征，应需一切更属掣肘。刻下应支俸工杂支银两，秋季为期已逾，而冬季又届应领之期。现据纷纷请领到县，卑职坐视情形，一筹莫展。自应循例详请借领，以资办公。所有应借道光十二年秋冬俸工等银五百二十六两二钱一分四厘、杂支银九十五两七钱一厘，拟合分具正副印领，造具细款清册，具文详请宪台查核，俯赐筹款借给，以凭支用。所借银两，仍俟缓征地丁征起，即行批解宪库归款。为此备由云云。

计详送书册一本、清册二本、正副印领二套。

一详布政司。

俸工清册

一、知县一员俸银十四两六钱二分九厘，门子二名工食银五两五钱五分九厘，快手八名工食银六十二两二钱六分八厘，皂隶十三名工食银三十六两一钱三分四厘，仵作三名工食银八两三钱三分九厘，民壮三十二名工食银一百二十八两，轿伞扇夫七名工食银十九两四钱五分七厘，库夫四名工食银十一两一钱一分八厘，斗级四名工食银十一两一钱一分八厘，禁卒八名工食银四十四两四钱七分二厘。

一、典史一员俸银十五两七钱六分，门子一名工食银二两七钱七分九厘，马夫一名工食银二两七钱七分九厘，皂隶四名工食银十一两一钱一分八厘。

一、教谕一员俸银二十两。

一、训导一员俸银二十两，齐夫三名工食银十八两六钱，膳夫二名工食银六两八钱八分九厘，门斗二名工食银七两四钱四分，孤贫二十九名口粮银五十二两二钱，铺司兵八名工食银二十七两五钱五分五厘。

以上共借领俸工银五百二十六两二钱一分四厘，理合登明。

前案司札

查道光十二年该县教杂俸工等银一千二十三两一钱六分九厘，内除教官典史俸银一百十一两五钱二分，余银九百十一两六钱四分九厘，按秋、冬二季连闰计算，共该银四百九十两八钱八分八厘。又二季俸银五十五两七钱六分，共应借领银五百四十六两六钱四分八厘。今领内银数不符，除照依奏销连闰确数，于十二年十二月十三日堂期支给该县来役领回外，仰即遵照，另换印领一纸，迅速送司，以凭粘呈。毋违。缴。不符印领并发。

借领夫马工料清册详册与俸工图，另具正副印领

计开：

范县道光十二年秋、冬二季

一、走递马三匹，三分草料银三十两六钱九分。

一、走递驴一头，草料银四两六钱五分。

一、鞍屉棚厂等项，银二两一钱六分一厘。

一、马夫二名，二分半工食银十三两九钱五分。

一、白夫三名，八分工料银二十三两七钱六分五厘。

以上借领夫马工料银七十五两二钱一分七厘。十三年春、夏二季亦系此数。

前案司札

布政司刘①札范县知悉。据该县申请借领道光十二年秋、冬二季因灾缓征不敷夫马工料银七十五两二钱一分七厘，并送印领到司，已于道光十二年十二月初三日照数支来差领回讫。合行马递札知。札到，该县即便查收具报。毋违。（十二年十二月二十二日到）

刘任请示原详

为详请批示事。卷查卑前县叶令②于道光十二年，因秋禾被水案内详请借领十二年俸工银五百二十六两二钱、里甲夫马银七十五两二钱一分七厘、杂支银九十五两七钱一厘，嗣蒙前宪批。

查道光十二年该县教杂俸工等银一千二十三两一钱六分九厘，内除教官典史俸银一百十一两五钱二分，余银九百十一两六钱四分九厘，按秋、冬二季连闰计算，共该银四百九十两八钱八分八厘。又二季俸银五十五两七钱六分，共应借领银五百

---

① 即刘斯嵋。

② 即叶栴龄。

四十六两六钱四分八厘。今领内银数不符，除照依奏销连闰确数，于十二年十二月十三日堂期支给该县来役领回外，仰即遵照，另换印领一纸，迅速送司，以凭粘呈。毋迟。缴。不符印领并发等因。

又奉札开，十二年秋、冬二季因灾缓征不敷夫马工料银七十五两二钱一分七厘，并送印领到司，已于道光十二年十二月初三日照数支给来差领回讫等因。

又道光十三年青黄不接缓征案内，详请借领十三年俸工役食银五百二十六两二钱一分四厘、夫马工料银七十五两二钱一分七厘、杂支银九十五两七钱一厘，嗣蒙前宪批。

查该县应征本年上忙钱粮，系缓至秋后启征，则俸工役食、夫马工料等项银两，自应只借春、夏二季，其秋季银两应俟启征之时支给，以符定例。除将应借支道光十三年春夏二季俸工役食银五百一十一两五钱八分四厘、夫马工料银七十五两二钱一分七厘，均于道光十三年四月十九及二十三等日堂期先后支给该县来役领回外，仰即查收具报，仍照依现在借支银数，另换印领二纸送司备案，不符印领二纸发还。此缴各等因在案。

查十二、十三两年借领银两，县案请领银数较多，是否借领杂支银两，不准借支。当时未奉明文，现值卑县核算交代，拟合具文详请宪台查核，俯赐饬承查明十二、十三两年借领银两确数，批示下县，以便移会前任照数列交，实为公便。为此云云。

一详布政司。

前详司批

查该县道光十二年因灾借支秋冬二季俸工银五百四十六两

六钱四分八厘、夫马工料银七十五两二钱一分七厘；又十三年因灾借支春夏二季俸工银五百一十一两五钱八分四厘、夫马工料银七十五两二钱一分七厘；其杂支银两例不准借，且前次借领时，亦未据叙有杂支。仰即遵照，仍查明。如续已征还，分别催交批解。缴。

应交各款

原册内开：

一、应交销售洪任交存盐四百九十八包，每包二两折银九百九十六两。查贵任接收洪任存盐一千四百八十七包，每包合银二两，实应交银二千九百七十四两；又随包正杂课，每包合银四钱九厘三毫一丝，实应交银六百八两六钱四分四厘；又加摊防堵经费银，每包合银五分，实应交银七十四两三钱五分。前三款请核明更正。

一、应交票课银四百六十五两一钱九分。查贵任春运二十四年春、夏二季票一千七百张，实应交正课银三百六十八两三钱三分九厘，请更正。

一、应交随课解积银三十四两五钱一分七厘。查贵任应完春、夏二季课银三百六十余两，每百按四四解费二二积并；及应摊兰郯票课解积，按票核算，实应交随课解积银十七两六分，代兰郯课银九两七钱八分六厘，代兰郯解积银四钱八分五厘。前三款请更正。

一、应交解费短平、工平、库官、库收等项折半交银九两四钱三分。

一、应交每斤二文，加价制钱九百六十六千一百五十文，四千合银二百四十一两五钱三分七厘。按贵任册开数目，以钱合银，不止二百四十余两。且查加价一项，自二十四年四月十四日奉文为始，至二十五年九月初十日截止，自应以额销之盐分日摊算，方昭公允。按每年额票盐三千四百包，每包二百四十五斤，共八十三万三千斤。每日该销盐二千三百一十四斤，每斤加制钱二文，该加制钱四千六百二十八文。贵任二十五年正月二十六日接收盐务起，至九月初十日奉文停免止，计二百二十五天。该摊制钱一千〇四十一千三百文，照上年九月银价，每两制钱二千合算，实应交银五百二十两六钱五分，请更正。

漏交项下：

一、漏交加价解费火工银十八两二钱。前款奉摊解费银二十五两七钱一分、火工银十五两三钱，共银四十一两一分，以二十四年四月十四日起，至二十五年九月初十日止，分五百七天核摊，每日摊银八分八毫九丝。贵任二百二十五天，该交银前数。

一、漏交二十四年春夏二季兰郯纸价银一钱一分九厘、给兵银一钱五分一厘、都翰银一钱七厘。

一、漏交帮贴寿光县勘晒厘头银四十二两五钱。前款每年摊银八十五两。贵任春、夏二季应交银前数。

一、漏交道光二十五年府户书承办盐务纸笔银五钱五分六厘。前款每年银四两。贵任二百三十天，应摊银二两五钱五分六厘，除解过银二两，应交前数。

一、应交交代册费银六两。

以上共应交银四千六百三十四两九钱四分七厘。

应抵各款

原册内开：

一、应抵未春限票五十一张，正、杂公费合银二十两九钱五分五厘。查已领未春票张，只摊领票杂费，不摊正课。按贵任领票一千七百张，随解杂费银三百十三两八钱五分；又解领票部饭甘饷解费火工银二两六钱八分一厘，共解银三百十六两五钱三分一厘。每票一张，摊银一钱八分六厘二毫。按存票五十一张，实只应抵银九两四钱九分六厘。

一、应抵长解二十四年秋、冬领票部饭甘饷火工银二两六钱八分一厘。前款数符，照抵。

一、应抵置备盐务家具银一百五十三两。查盐店家具，系洪任流抵之项，与贵任无涉。若以辗转交抵而论，即应先于交款下列交，再于此书列抵，则一交一抵，与不抵同，似不如删除为是。

漏抵项下：

一、补抵存盐五百二十四包，二两合银一千四十八两；又存小包盐四百五十五包，十两四钱合银六百三十七两。按详定章程，每包作价二两，系指春来原包而言。今接收贵任交存盐包查验，均有折动形迹，眼同过称，除所短斤两较少者不与计较，仍照每包二两合银作抵外，其余四百五十五包较原包斤两减去十分之三。若亦作价二两售卖，难足其数，自应酌量折扣。今以七折核计，每包作价银一两四钱，合银如前数。其随包应摊正、杂课项，仍遵旧章。至贵任接收洪任盐包，其斤两是否如数，请自与核算登明。

一、补抵存盐随包正、杂课四万五百三十一，合银四百两七钱一分四厘。

以上共应抵银二千〇九十七两八钱九分一厘。

禀抚、藩、臬、本道、粮道

禀卑县各乡秋禾被水、被雹，请赐委员勘办由

敬禀者。窃照卑县境内今岁秋禾普种，大田本可丰收。讵自六月初旬叠沛大雨，低洼地亩一时宣泄不及，田禾致被淹浸；兼有雨中带雹，禾稼间被击损之处。卑职正在查勘间，适据乡民人等陆续呈报前来。

连日亲诣勘验，查得各该乡水坡杨家庄等四百六十余村庄，地势洼下，雨水骤难消退，田禾被淹，结穗未能饱绽，间有豆禾、棉花因被雹击黄萎之区，轻重情形不一。收成歉薄，闾阎未免拮据。其余阖境村庄或连年积歉，或毗连歉壤。体察民力，亦非宽裕。自应量予调剂，以恤民艰。除将积水设法赶紧疏消外，理合禀请大人鉴核，俯赐委员下县会同覆勘，以便分别轻重，开具村庄图折，妥议禀办，实为公便。肃此云云。（七月十九日）

禀本府禀卑县各乡秋禾被水、被雹，请饬委员一并勘办由

敬禀者。窃照卑县境内云云，以恤民艰。查此案前据该乡民等赴宪辕呈报，已蒙饬委海丰县李令会勘在案。除将积水设法赶紧疏消外，理合禀请大老爷鉴核，檄饬李令迅速会同一并勘明，以便分别轻重，开具村庄图折，妥议禀办，实为公便。肃此。恭请福安，伏乞垂鉴云云。

禀本府禀卑县垫修宪署用过工料银两，请归阖属分摊由

敬禀者。窃查宪署内外房屋，每遇些小渗漏，随时粘补，均系卑县自行捐办。如遇坍塌过甚，拆卸大修，向由阖属按缺摊捐，历经办理有案。

今岁夏初，因宪署东西辕门、影壁、班房、大堂、二堂、门房、花厅、上房、书房及各院墙垣、马王庙、马棚并外围墙等处，多有倒塌倾颓，或应大加修补，或应拆却重建。卑职查明情形，俱属紧要工程，不便稍事延缓。当经面禀，蒙宪台谕令核实估修，随即带领工匠逐细勘估，购备料物，督率匠役于本年四月十三日动工兴修。

兹于闰五月十九日照估修理完竣，工坚料实，一律齐整。统计用过工料制钱一千七百七十一千八百八十五文，按照时价，每制钱一千九百七十文，合银一两，共计合银八百九十九两四钱三分四厘，委系撙节筹垫，实用实销，并无浮冒。

此次系属大修，工需繁巨，卑职独力难捐。自应照案派摊，以期众擎易举。所有前项垫用银两，除卑职自行认捐二成及尾零银一百九十九两四钱三分四厘外，下余银七百两，应请在于卑县与商河、阳信、乐陵、利津、滨州、青城、蒲台等八州县，各按缺分等第分摊，先行照数批解宪辕转发卑县归款。至各州县应摊银两，均以奉批之日起，各归本缺，分作十年流摊。遇有交卸，除摊列抵，俾昭平允。是否有当，理合造具工料数目清册，禀请大老爷鉴核批示立案，实为公便。

再，海丰、沾化二县缺分较苦，向不准摊派，合并声明。肃此云云。

禀抚、藩、臬、本道、粮道、本府会禀勘明惠民县秋禾被水、被雹各庄，议请缓征调剂由

敬禀者。窃卑职建勋奉藩司、宪台、藩宪札委，以据惠民县禀报秋禾被水、被雹一案，饬即前往查勘，是否不致成灾，应否量予调剂，妥议禀办等因。

卑职澄亦奉本府、宪台札同前由，遵即订期驰抵该县，会同卑职棨①亲诣被水、被雹各庄周履确勘，查得各该庄因六月初间叠沛大雨，低洼地亩一时宣泄不及，田禾致被淹浸，兼以雨中带雹，禾稼间有被击之处，内水坡杨家庄等二百二十一村庄情形较重，陈家庄等二百零六村庄情形较轻，均属勘不成灾。但收成歉薄，闾阎究形拮据。若将新旧钱漕一律催征，民力实有未逮。自应分别轻重，量予调剂，以示体恤。

卑职等悉心体察，确核筹议，应请将被水被雹较重之水坡杨家庄等二百二十一村庄本年钱粮、漕米及漕项，临、德等仓银两，并本年二麦被旱被风案内原缓上忙新赋，同二十五年民欠及秋灾原缓，均缓至道光二十七年秋后启征。又被水被雹较轻之陈家庄等二百零六村庄，除本年漕米照常征收外，所有钱粮、漕粮，临、德等仓银两，并本年二麦被旱被风案内原缓上忙新赋，同二十五年民欠及秋灾原缓，均缓至道光二十七年秋后启征。其余阖境村庄，或因连年积歉，或系毗连歉区，小民亦非宽裕，除本年钱粮漕米照常征收，及本年二麦被旱被风案

① 即余棨。

内原缓上忙新赋，仍于本年秋后照案启征，毋庸再议展缓外，应请将二十五年民欠及秋灾原缓钱粮，均缓至道光二十七年秋后启征。

以上被水被雹较重、较轻及阖境村庄，凡有道光二十四年以前未完民欠及因灾原缓，与应带征历年旧欠原缓、递缓钱粮，临、德等仓银两，一并缓至道光二十七年秋后，按最先年分递年依次带征一年。较重村庄所缓新漕，仍照案俟本年及二十五年钱粮全清，再行议带漕米。其请缓本年钱粮，仍征漕米各村庄不敷漕项银两，照例于成熟村庄应征本年钱粮内划解，统归藩库、宪库、司库地丁项下核缓。所有勘明酌议缘由，是否有当，理合开具村庄清折绘图贴说，会禀大人、大老爷鉴核办理，实为公便。

再，各庄积水现已设法疏消，不致贻误种麦。又历年旧欠漕米，惟道光十七、二十两年有未完之项，已入蠲免案内请豁，无可递缓。其民佃盐课，向系年清年款，并无应缓银两，故未议及。

又，查原报被水、被雹，共计四百六十一村庄。现经卑职等覆勘明确，内除较重之二百二十一村庄及较轻之二百零六村庄外，下余三十四村庄，情形实系最轻。应请汇同毗连歉区之阖境村庄，一并议缓旧欠，是以未列最轻村庄名目。合并声明。肃此云云。

禀藩宪、本府夹单附入勘灾议禀封发

附禀者。窃查东省各属秋禾水旱歉收办理缓征向分三等：

较重者，新旧钱漕并缓；较轻者，除本年漕米照常征收外，请缓新旧钱粮；其最轻之区与毗连歉壤之阖境村庄，除本年钱粮漕米照常征收外，仅缓历年旧欠，历经遵办在案。所有当年新赋有先因麦禾歉收，或青黄不接，原请缓至本年秋后启征之项，每遇秋灾，应随同较重、较轻村庄一律缓至次年秋后启征。在较重、较轻两等，本得议缓新赋，将原缓上忙钱粮一并随缓等第，固属相伦年分，并无参差。惟最轻及毗连歉区之阖境村庄，亦有请将麦灾及青黄不接原缓上忙新赋缓至来年秋后启征之处。

卑职伏查此项原缓上忙钱粮，当复被秋灾时，以名目而论，虽云原缓，以年分而论，究系新赋。若最轻及毗连歉区之阖境村庄亦得议缓上忙钱粮，似与缓旧征新名实稍有未符。灾伤重务，民瘼攸关。各属情事既有不同，随时酌核，自难拘于成论。

卑职管窥之见，曷敢冒昧陈渎。但近来制用浩繁，正项钱粮万分吃紧，应缓、应征之间不得不倍加详慎。兹就卑境秋灾情形，核其轻重，缓急有宜，稍为变通，仰求宪鉴者。

查卑县本年上忙新赋，春间开征未久，民欠尚多，旋因二麦被旱、被风，停征请缓，应于本年秋后启征，故上忙完解银数较之往岁甚形短少。现在秋禾又被水雹，除较重、较轻村庄外，其余阖境各庄亦多毗连歉区，与最轻情形无异。

卑职会同委员悉心体察，请缓旧欠已足以纾民力。若将麦灾原缓上忙新赋一律议缓，不特调剂过优，且与较轻一等无甚区别。应请除较重、较轻村庄本年原缓上忙新赋照章展缓至来年秋后启征外，下余毗连歉壤之阖境村庄，请将二十五年民欠及秋灾原缓，与二十四年以前民欠原缓、递缓钱粮，缓至二十七年秋后分别启征带征。其本年麦灾原缓上忙新赋，今岁秋后可照原案启征催纳完解。如此定以限制，庶不致冒滥邀缓，而征兑分数银数可期以盈补绌矣。

除于会禀妥议外，理合附禀大人鉴核，俯赐如请汇详；理合附禀大老爷鉴核，俯赐如请核转，实为公便云云。

禀新运司刘[①]禀遵札严催各商速完二十五年堰工加价由

敬禀者。八月三十日奉前署宪札饬，以本年应征二十五年堰工加价一款已逾奏限，令即严催各商赶紧完缴等因。

遵查此项银两前经卑职节次差催，乃该商等疲玩性成，延未交纳。兹奉前因，除再选差干役守催各盐门经手卖盐商伙，分别销盐之多寡，勒令刻日驰赴宪辕赶兑，如敢有稍迟，即将该商福恒、盛大、来泰等押解进省，听候宪台比追外，所有遵札严催缘由，合先禀覆大人查考云云。

禀本府禀垫修白龙湾等处堤工完竣，请赐委员验收筹议归还垫款由

敬禀者。窃照卑县南乡之白龙湾探马哨、姚家湾谈家哨等处，为县境大清河东北堤岸，北面村庄，遥居岸下，形同釜底。每遇上游水旺，该处堤岸俯临各庄，势如建瓴，庐舍民田甚属危险。前于嘉庆二十四年因河水顿涨，经卑前县陈醇筹款五千三百余两修筑一次。迄今历年久远，堤岸又多冲残。今岁六月初旬，大清河来源水势陡长一丈有余，白龙湾等处适当正冲，

---

① 即刘源灏。

大溜湍急，几与岸平。

卑职亲诣河干，目睹情形，实深焦虑。仰蒙大老爷多方训诲，指示机宜，设法防护。随即筹款，广募人夫，速购料物。将白龙湾等处分隶索家庄等二十三村庄各段要隘堤埝，凡有卑薄残缺处所，不分昼夜，抢厢修筑，一律加高培厚，间日一次，通禀各宪在案。

计自六月初八日兴工，是月初十日工竣，十二日河水始行消落。全境居民赖以安堵，除于附近取工不计价值，及夜需灯烛已由卑职捐办外，所有雇夫工食并购买秸料、柳条、麻绳、桩木等物，共垫用制钱五千二百七十八千五百一十九文。按本年六月分银价，每制钱一千九百七十文合银一两，共合银二千六百七十九两四钱五分一厘。

伏查此项工程，事出仓猝，虽未及先请委勘，而捍患要工，实已禀明，抢修完固。理合造具工料清册，禀请大老爷鉴核，俯赐委员验收，筹议归补垫项，实为公便云云。

计禀呈清册一本。

禀本府会禀勘明惠民县白龙湾等处堤工实已修竣，筹议归补垫项，并呈印勘各结由

敬禀者。窃卑职多瑞接奉宪札，以据惠民县余令①禀报，抢筑白龙湾等处堤工完竣一案，饬即前往验收，并核明所垫银两应如何筹补妥议，取结加结，禀覆等因。

---

① 即余棨。

遵即驰抵该县，会同卑职棨①亲诣河干，查得白龙湾探马哨、姚家湾谈家哨等处分隶索家庄等二十三村庄，各段险要堤埝，均经卑职棨抢厢修筑，加高培厚，夯硪坚实，一律完固。所垫工料钱文，合银二千六百七十九两四钱五分一厘，委系实用实销，并无丝毫浮冒。惟工非官堤，不能详请动帑。而闾阎拮据，又难派之于民。若全归卑职△一人认捐，则为数匪轻，实属力有未逮。

卑职悉心筹议，此系县境捍患要工。今既抢筑修完，嗣后在任人员与民共乐安堵。应请将垫用前项银两，除卑职棨自认二成及尾零银五百七十九两四钱五分一厘外，下余银二千一百两，以本年六月初十日完工之日起，归于惠民县本缺，分作十二年，无论正署，按日摊捐还款，遇有交卸，除摊列抵以昭公允。是否有当，理合出具印结，加具勘结。禀覆大老爷鉴核批示祗遵，实为公便。肃此云云。

计禀呈勘结一纸、印结一纸。

武定府阳信县今于与印结为委勘事。

依奉结得，卑职亲诣惠民县勘明该县白龙湾探马哨、姚家湾谈家哨等处分隶索家庄等二十三村庄，各段堤埝要工，均经余令抢修完竣。共计垫用工料银二千六百七十九两四钱五分一厘，委系工坚料实，并无偷减草率浮冒情弊，不致扶同。合具印结是实。

---

① 即余棨。

禀抚、藩、臬、运司、本道、本府禀报解缴二十五年春、夏二季残票日期由

敬禀者。窃奉各宪札饬详定章程，嗣后起解钱粮领缴引票等项，务将年分款项数目及批差姓名、起程限到各日期，于三日前由马递预行通禀查考等因，遵照在案。

今据卑县租商福恒盛将运销过道光二十五年春、夏二季票盐残票一千二百六十张呈缴到县，除遵例填背截角，批差该商福恒盛本名张履福，定于十月十一日起程，限本月十三日解到运司、宪台、运宪衙门缴纳，并具文申报，严谕该商守候批回外，理合遵照通饬，于三日前禀报大人、大老爷查考。肃此云云。

禀藩臬会禀委提彭立德京控荆长法等一案人证卷宗由

敬禀者。窃卑职仁楷奉宪台会札，委提惠民县民彭立德以仗恃当商不给回赎等情京控荆长法等一案，人证卷宗解等因。

遵即束装驰抵该县，会同卑职桀①查得此案先于本月初十日接奉宪札，饬提人证当经差传去后。

兹据原役禀称，荆长法即荆长发、沈大魁、朱万福、王洪

① 即余桀。

瑞、彭陈民等五名，均于未奉文之先闻控自行赴省投审。其王万清一名染患病症，不能动移。现将王兴起、王立刚等二名传案候解等情前来。

卑职等确查无异，除俟王万清病痊再行解审，并将传到之王兴起、王立刚二名及县案卷宗备具文批，随同卑职仁楷解赴宪辕听候发审外，缘奉委提，理合会禀大人查考。肃此云云。

禀抚、藩、道、府

禀报起解蠲免案内征存各年正耗银数日期由

敬禀者。案蒙藩司、宪台、藩宪札饬，将蠲免案内已征未解正耗等项银两赶紧批解等因。

遵查卑县蠲免案内已报未解项下道光十七年正银二千四百四十六两九钱八分二厘、耗银三百一十七两九钱六分二厘；又已征未报项下道光十一年正银一分一厘，道光十二年正银一钱二分六厘、耗银一厘，道光十三年正银一分一厘，道光十四年正银一分一厘，道光十六年正银一分、耗银一厘，道光十七年正银九厘，道光十八年正银一分一厘、耗银一钱九分二厘，道光十九年正银一分一厘。以上各年正耗，共银二千七百六十五两三钱三分八厘。前经查明卑前县徐鈖参案原抵领款，及历任交代案内辗转列抵应领各项银两，随案详请扣拨；嗣奉藩司、宪台、藩宪札知，以应领各项现在多系无款可动，饬令迅速批解等因，遵奉在案。

兹经卑职设法筹措，已将前项正耗银二千七百六十五两三钱三分八厘陆续措齐，饬匠赶紧倾镕，定于十一月初三日批差解赴司库、宪库、藩库兑收，以副报拨。

所有起解银数日期，理合具禀大人、大老爷查考。肃此云云。

禀运宪夹单

敬禀者。窃奉钧函，以本年应征二十四年商课奏销银两将届造报之期，恐各商伙盐门卖钱扣还私账，以致交课掣肘，饬令督查催缴公项等因。

仰见大人洞察弊源、训诲谆切之至意，下怀钦佩无已。伏查课从盐出，盐销，课即有着。若各该商所募伙友竟将卖盐钱文先还私债，不顾课帑之考成，似此积习，亟宜破除。此案前奉严檄，当经卑职出示晓谕，并选派诚实干役分守各盐门监视销盐，不准索讨私债之人赴店逼欠，务期价归公款，课无短绌，以副奏限。

兹奉前因，除再严谕原差及各店商伙恪遵办理，不任玩忽违延外，所有遵办缘由，理合禀覆大人查考。肃此。恭请福安云云。

禀抚、藩、臬、本道、粮道、本府

禀覆卑县本年秋禾被水被雹较重之水坡

杨家庄等二百二十一村庄来春青黄不接议请调剂由

敬禀者。窃奉本府/宪台转奉藩司/宪台/藩宪奉宪台/抚宪札饬，以本年被灾村庄来春青黄不接之时应征上忙钱粮，小民能否完纳，应否调剂，令即体察情形，妥议禀办等因。

遵查卑县本年秋禾被水被雹案内，除较轻村庄已缓新旧钱粮，及其余各庄已缓旧欠，足纾民力，且各该庄地亩涸复较早，种麦应时，来年新赋可以照常催征，毋庸再加调剂外，惟秋禾被水、被雹较重之水坡杨家庄等二百二十一村庄，虽经钱漕并缓，但水涸翻犁，种麦稍迟，来春青黄不接之际，闾阎难免拮据。

卑职悉心体察，应请将本年秋禾被水、被雹较重之水坡杨家庄等二百二十一村庄应征道光二十七年上忙新赋，及漕项临、德等仓银两，均缓至道光二十七年麦后启征，以示体恤。所有筹议缘由，理合禀覆大人、大老爷鉴核办理，实为公便。肃此云云。

禀运宪禀据租商福恒盛报明完纳二十四等年课款日期由

敬禀者。窃查卑县票商应完道光二十四年商课奏销银两，前蒙宪札严催，当经卑职饬差督视各盐门商伙人等，不准将卖盐钱文扣还私债，并派役随时认真查催在案。

兹据租商福恒盛禀称，该商应完道光二十四年及十六、十八、十九等年正杂课款，定于十一月二十三、二十六等日按卯依限扫数全完等情。

除仍由卑职严行查催，不任再事延欠外，所有福恒禀报兑期缘由，理合具禀大人查考。肃此云云。

禀抚、藩、臬、运宪、本道、本府

禀报租商大来泰起解道光二十四年正杂课款银数日期由

敬禀者。窃奉各宪详定章程，嗣后起解钱粮、领缴引票等项，务将年分、款项、数目及批差姓名、起程限到各日期，于三日前由马递预行通禀查考等因，遵奉在案。

今于十一月初九日据卑县租商大来泰本名赵璧城禀称，应完道光二十四年正杂课款现已备具银一百两，定于十一月初十日起程，于本月十三日卯期解到运司、宪台、运宪衙门交兑等情。

除仍由卑职督催该商将下余未完银两赶紧扫数完纳外，所有租商大来泰起解道光二十四年课款银数日期，理合具禀大人、大老爷查考。肃此云云。

禀抚、藩、运、道、府

禀报租商大来泰起解道光二十四等年正杂课款银数日期由

敬禀者。窃奉各宪详定章程，嗣后云云，遵奉在案。今于十一月十九日据卑县租商大来泰本名赵璧城禀称，应完道光二十四等年正杂课款，除前已完过银一百两外，现又备具银五十两，已于十一月十七日起程，定于本月十九日解到运司、宪台、运宪衙门交兑等情。除仍由卑职督催该商云云同上。

禀抚、藩、府禀卑县境内秋麦一律种齐由

敬禀者。本月二十三日奉本府/宪台转奉藩司/宪台/藩宪奉抚宪/宪台札饬，查明县境本年秋麦曾否一律播种，令即驰禀，以凭奏报等因。

遵查卑县境内本年夏杪因得雨稍多，偏隅积水旋即设法疏消，早经涸复，与成熟地亩一律播种。秋麦交冬以来，土脉尚属滋润。现在阖境麦苗均皆出土，十分茁茂。民情亦甚安恬。理合驰禀大人、大老爷查考。肃此云云。

禀运宪禀解租商大来泰比追课款由

敬禀者。窃查卑县票商应完道光二十四等年正杂课款，例应本年十一月奏销前奉札饬催完，屡经卑职设法严催，并选差押追在案。乃该租商疲玩性成，任催罔应，每卯仅措银数十两，上兑零星搪塞，不知紧急。兹蒙宪批饬，将租商大来泰解比等因。

遵即饬差将该租商大来泰本名赵璧城传案。除具文签差批解外，理合禀请大人鉴核，将租商大来泰收案比追，实为公便。肃此云云。

禀济南府禀奉札提彭立德京控案内，县役王万清、王万杰均已投审由

敬禀者。窃奉宪札饬，提县民彭立德京控当商荆长法等案内县役王万清、王万杰质讯等因。遵即差传去后。

兹据原差禀称，查得王万清前因患病告假回家，病重未能传解。嗣经调治稍痊，闻控蒙提，于十二月十五日同王万杰均已自行赴省投审，无凭带案等情。

据此，卑职覆查无异，理合禀覆大老爷鉴核，俯赐将投审之王万清、王万杰二名就近提集质讯，实为公便。肃此云云。

禀藩宪禀同知借廉修署银一千两，已由宪库如数借支，并请批示起扣养廉日期由

敬禀者。案蒙本府札饬，以奉宪台批。据本府呈详，武定府同知请借廉银一千两修理衙署一案缘由，蒙批，据详已悉。仰即饬令惠民县筹款借给兴修。所有兴工完工各日期，随时禀报，以凭委员验收。仍俟验收后，将所借银两分作十年，无论正署，在于同知养廉项下按季扣还归款。毋违。缴。勘结存等因，并转抄原详转行到县。卑职遵即在于县库闲款项下筹措，于本年十月二十七日支给银五百两，又于十二月二十五日支给银五百两。统计先后两次，共支给银一千两，均由卑职备具文

批，解赴同知衙门交纳在案。

惟查此项借款本府原详内叙请，以县库支银之日起，按季扣廉归款。所奉宪批，应以委员验收工程后，再行按季核扣廉银。今卑县已将应借银两如数筹给全清，究应以何日起扣同知养廉，卑职未敢擅定。理合禀请大人鉴核，俯赐批示，以便遵照，按季坐扣，实为公便。肃此云云。

禀本分府陈夹单

敬禀者。窃查卑县应筹宪台借廉修署银一千两，前奉钧函谕解。当因县库一时无款可挪，曾将实在情形禀达霁鉴在案。兹经卑职设法挪挡，凑得五百两之数，特专家丁赍赴崇辕交纳，仰求大老爷先赐兑收。所有下余一半银两，现仍赶紧筹措，容俟漕后即行批解清款，不敢久延。除备文批外，肃此云云。

禀本分府陈夹单

敬禀者。案查卑县应解宪台借廉修署银一千两，前于十月二十七日已批解银五百两在案。今又筹措银五百两，随同应解宪台本年冬季养廉银一百八十两一并起解。除分款备具文批外，理合禀请大老爷鉴核兑收，赐发批回备案。肃此云云。

禀粮道禀覆奉驳二十五年兵米奏销各款呈送清折原册，并请核示由

敬禀者。本年十一月十五日接奉宪札，以卑县造送道光二十五年兑支武定营兵丁月粮支存奏销清册一案，除各年米石数目相符外，惟应存道光十五年兵米四百七十八石三斗八升六合，册内漏未开列。又应存道光二十四年兵米三百三十九石七斗二升，今册内开列三百五十八石三斗三升，米数不符，驳饬分别补入更造等因。

遵即饬承检齐，案据查得卑县道光十五年分额征兵米二千三百一十三石一斗六升七合，均已征完，内于道光十五年十月十七日奉文拨作武定营十五年冬季兵米一百四十九石六斗八升六合，于十五年奏销册内造报开除在案。

又于道光十五年十二月二十七日奉文拨作武定营十六年春季兵米五百七十一石一斗二升，又于道光十六年四月二十六日奉文拨作武定营十六年夏季兵米五百七十七石六斗一升，又于道光十六年七月十四日奉文拨作武定营十六年秋季兵米五百七十七石六斗一升，又于道光十六年十月十一日奉文拨作武定营十六年冬季兵米七十八石八斗一升一合，均于十六年奏销册内造报开除在案。

又于道光十七年五月初七日奉文拨作武定营十六年不敷兵米二十石二斗七升，又于道光十七年七月初九日奉文拨作武定营十七年秋季兵米三百三十八石六升，均于十七年奏销册造报开除在案。

以上历次奉拨米石，俱有藩宪札文附卷。统计先后共奉拨

动支十五年兵米二千三百一十三石一斗六升七合，是年征完米石全支清款，并无存剩之项。故自十八年以后奏销册内，均无十五年米石可造，现在无可补列。其道光二十四年分额征兵米二千三百一十三石一斗六升七合，亦已征完，内于道光二十四年十月二十五日奉文拨作武定营二十四年冬季兵米一百四十九石六斗八升六合，于二十四年奏销册内造报开除在案。

又于道光二十五年正月初四日奉文拨作武定营二十五年春季兵米五百七十一石一斗二升，又于道光二十五年四月二十二日奉文拨作武定营二十五年夏季兵米五百七十七石六斗一升，又于道光二十五年七月二十一日奉文拨作武定营秋季兵米五百七十七石六斗一升，又于道光二十五年十月二十七日奉文拨作武定营二十五年冬季兵米七十八石八斗一升一合，均应于二十五年奏销册内造报开除。

以上历次奉拨米石，具有藩宪札文附卷。统计截至二十五年年底止，先后共奉拨动支二十四年兵米一千九百五十四石八斗三升七合，下剩应存二十四年兵米三百五十八石三斗三升，即系卑县前造二十五年奏销册内实存二十四年米数。

又于道光二十六年六月初一日奉文拨作武定营二十五年不敷兵米一十八石六斗一升。若扣除此数，即与宪札饬更数目相符。但按照历届办理奏销截至年底为止，则二十六年六月初一日奉拨米一十八石六斗一升，奉文日期系在截数造报二十五年奏销之后，应俟道光二十七年查办二十六年奏销，方能作支开除。

应否照此办理，卑职未敢擅便。理合将十五年及二十四年兵米额征拨动数目日期逐一分晰，开具清折，同奉驳原造二十五年奏销清册一并禀呈大人鉴核批示祗遵。肃此云云。

计禀呈清折一扣、奏销原册一本。

禀抚、藩、臬、本道、粮道、本府、分府禀卑县境内得雪一寸有余由

敬禀者。窃查卑县境内今秋二麦种齐，长发茁茂，遍野青葱。当此节届大寒，正望雪泽滋培，俾得蟠根结固。当经卑职随同本府、宪台择日设坛祈祷，适于本月初四日彤雪密布，瑞雪缤纷，自丑时得雪起至卯时止，积厚一寸有余。差查各乡一律均沾，润满银田，听三农之欢舞；野无赤土，兆二麦之丰登。现在密云未散，雪意犹浓，此皆宪台厚泽深仁感召时和之所致。除循例折报外，理合驰禀大人、大老爷查考。肃此云云。

禀本年总运泰安分府许禀奉委催查验本年漕粮由

敬禀者。窃奉宪台札委候补县丞吕高泽到县守催查验本年漕粮等因。

遵查卑县本年漕粮，除缓征外，下余应征米石现在设法加紧比催，约计十二月初旬可以扫数全完。一俟征完，即当运赴水次，听候验兑交帮。缘奉委催查验，理合禀覆大老爷查考。肃此云云。

禀运宪禀请饬令纲首督催租商福恒盛速领二十五年冬季盐票运销由

敬禀者。窃查卑县租商福恒盛应销道光二十五年票盐，前于奏销限内仅据缴销春、夏两季票张。其已领秋季额票现经卑职严督商伙赶紧春运，约计月内可以缴销。惟冬季票张屡奉宪札催领，节由卑职差催。乃该租商总以无款为词，至今延未领出，而福恒盛本名张履福，又因拖欠课银解赴宪辕，听候比追在案。所有冬季盐票既未请领，焉能望其运销。卑职有督销之责，不特贻误考成，处分綦严；且县境乏盐，小民淡食堪虞，关系尤为重大。

再四思维，殊难为计。不得不将该商疲玩盐务掣肘实在情形禀陈宪鉴，仰求大人俯赐严饬纲首，督同该租商福恒盛设法将冬季盐票迅速领出，赶寄县境各店，刻日运销，以济民食而副续报，实为公便。肃此云云。

禀抚、藩、臬、本道、粮道、本府禀卑县境内于本月十一日得雨一寸由

敬禀者。窃查卑县境内上年秋麦种齐，长发茁茂。惟冬间雪泽稀少，土脉未免稍干。际此节逾春分，麦田正需雨润。

兹于本月十一日密云漫合，兴雨祁祁，自戌时起至亥时止，入土一寸。差查四野，一律均沾。二麦可望丰登，早谷亦将布

种，是皆宪台厚德深仁感召时和所致。僚属忭舞，蔀屋腾欢。

所有得雨情形，除循例折报外，理合驰禀大人、大老爷查考。肃此云云。

禀藩宪会禀委催奏销钱粮现在加紧比追由

敬禀者。窃卑职奏言，奉宪台委催各属未完上年钱粮等因。

遵即束装起程，驰抵惠民县，会同卑职凤△查得卑县道光二十六年钱粮，除二麦被旱被风、秋禾被水被雹各案缓征外，下剩奏销案内实应征宪库正银一万六千三百八十三两五钱七分三厘、耗廉银一千六百三十六两二钱七分三厘，上下两忙经前令余桀先后四批，共已完解过正银一万四千六百八十六两九钱六分，耗羡并知县养廉银一千六十五两七钱一分九厘，坐支过文、武庙祭品银五十两各在案。

随吊齐征册流串核对已完解支数目，均属相符，并无存柜未解之项。其余应征民欠，现在随同新赋于二月初一日开征，尚未收有成数。除由卑职凤△设法加紧比追，务期于本月内赶解以副奏销实征分数外，缘奉委催，理合会禀大人查考。

再，查惠民县缓征册结业经前县余桀任内造竣申送，合并声明。肃此云云。

禀抚、藩、府禀遵札预防蝻孽由

敬禀者。窃奉本府/宪台转奉藩司/宪台/藩宪奉宪台/抚宪札饬，以时值春融之际，恐有蝻孽萌生，令即督率乡民实力搜防等因。仰见大人、大老爷轸念民瘼，防患未然之至意，下怀感佩莫名。

伏查蝻孽生发，最为田禾之害。卑职到任后，业已剀切出示劝民预防，每于因公赴乡时严谕乡民约地人等，各就所管地方，凡系人迹罕到、沮茹卑湿之区，遍加搜查。倘有蝻子情形，务须实力刨挖，赴县呈缴，酌量优赏钱米。俾知踊跃从事，并饬干差分诣四境密行查访，刻下尚无蝻孽蠢动。

兹奉前因，卑职自当恪遵随时认真办理，不敢稍事玩忽，致干咎戾。所有遵办缘由，理合具禀大人、大老爷查考。肃此云云。

会禀粮道禀奉委催漕粮现已全数运兑由候补县丞吕高泽会衔

敬禀者。窃卑职高泽奉宪台札委守催惠民县欠兑漕粮等因。

遵即束装起程，驰抵该县，会同卑职凤清查得卑县除缓应兑大漕米豆及随漕米石，前因县境车辆短少，骤难雇齐，往返输运稍稽时日，以致尚有未兑之项。昨据漕书带领原车回县，业经卑职凤清将各项米豆如数饬派该书押运，于本月初八日起程，星夜赶兑在案。

卑职高泽确查属实，除俟掣取通关到日，即由卑职凤清具文呈验外，所有漕粮现已全数起运缘由，理合会禀大人查考销差。肃此云云。

禀藩、臬、宪会禀委提陈墨翰京控案内人证，现已分别投审解讯由，委员候补从九品季蓁会衔

敬禀者。窃卑职蓁奉宪台会同臬、藩宪札委守提惠民县文生陈墨翰以串霸宅基等情，赴提督衙门呈控刘凤诏等一案人卷解审等因。

遵即束装驰抵该县，会同卑职凤清查得此案，卑县于三月十九日奉到札文，当即差传人证在案。旋据原役禀称，案内人证王本楷、杜芳和、陈元逊、王勇、闫珍、杨凤林等六名，均于未奉票传之先自行赴省投审。陈元杰、杜立刚等二名久经出外贸易，不知去向，无凭传解。刘凤诏系商河县民，应请关提。现将刘志义、陈绍曾等二名传案候解等情。

据此，复经备文关会商河县查传刘凤诏去后。兹准该县以刘凤诏亦经闻控赴省投审等因，关覆前来。

卑职等覆查无异，除仍查传陈元杰、杜立刚到日另解外，所有现已传到之刘志义、陈绍曾等二名，合先检同卷宗一并具文批差，随同卑职蓁解赴宪辕，听候发审。

缘奉委提，理合会禀大人查考。肃此云云。

禀藩宪禀报修理监狱南牢等房开工日期由

敬禀者。窃查卑县监狱前因南牢等房坍塌过甚，详请兴修，

业蒙委勘造具估册详咨在案。现已奉准部覆照估准修。兹经卑职选派丁役，筹款赶紧购买料物，雇集工匠于四月十五日开工修葺，务期工坚料实，项不虚靡，以昭慎重。

除俟工竣禀请委员验收，造具报销册结申送领银归款外，所有修理监狱南牢等房开工日期，理合具禀大人查考。肃此云云。

禀抚、藩、道、府

禀报起解道光二十六年第六批钱粮银数日期由

敬禀者。窃查卑县道光二十六年分额征司库、宪库、藩库地丁正银四万六千二百九十七两二分九厘，耗羡并知县养廉银五千五百七十两九钱八分二厘，内除二麦被旱被风缓征正银一万九千七十七两七钱五分、耗银二千四百三十一两二钱一分七厘，又秋禾被水被雹本案缓征正银一万八百三十五两七钱六厘、耗银一千五百三两四钱九分二厘，下剩奏销案内实征司库、宪库、藩库正银一万六千三百八十三两五钱七分三厘、耗银一千六百三十六两二钱七分三厘。前已解过正银一万六千二百三十两五钱六分七厘，支过文昌庙、关帝庙祭品银五十两，解过耗羡并知县养廉银一千四百一十五两七钱一分九厘在案。

今截至四月二十五日止，续又征完正银一百三两六厘、耗银二百二十两五钱五分四厘，现在饬匠倾镕，定于四月二十九日批赴司库、宪库、藩库兑收。统计道光二十六年分，除缓实征地丁正耗银两均已全数解清，所有起解道光二十六年第六批钱粮银数日期缘由，理合驰禀大人、大老爷查考。肃此云云。

禀硝局王司马夹单

敬禀者。月之朔日，家丁旋署，赍到钧函，乃以办硝事宜深荷宪恩，曲赐体恤，回环庄诵，感悚交萦。

伏思此项硝斤上届办理，已蒙大老爷鉴及苦况，量予核删。今复不计公私之盈绌，谕令减零就整，以资调剂。卑职具有天良，理当如何志感，岂宜无厌请益。实缘下邑客秋失稔，缓漕十分之三，而应征米石又因银值过昂，户多观望。每石减价三钱，统计赔折不下五竿。今春卑职请咨北上，耗费亦复不少。因而去岁漕粮延至三月初旬，始克赶艘交兑。至于上忙钱粮以及奏销陈赋，刻下所短尚多，委员络绎而来，殊乏挹注之策。前此解赴宪局一千两，已属动及新赋，现已农忙停征，丝毫更无可挪。但硝斤有关军火，例限万分紧迫。既蒙鸿施逾格，惟求始终成全。

兹嘱职弟由省设法息借，勉得足银二百两，筋疲力竭，尽在此中。专差赍呈，仰恳大老爷俯念窘急实情，准为清款赏发批回。俾得早日呈验，免干贻误之咎，则感荷栽培，永无既极。肃此云云。

禀本府禀请札饬阖属各州县将奉发晓谕完粮告示工料银两摊解归垫由

敬禀者。窃蒙宪台拟发晓谕花户急公完粮并严禁刁民捏灾图绥一案告示，饬令刊版印刷，送候颁发各属等因。当经卑职筹款，雇匠刊刻完竣，购买宽洁白纸，刷印呈送，酌发在案。

共刷过告示四千五百张，统计字工、匠工、纸价、胶烟等价，共用制钱六十七千五百文。按银钱时价，每制钱一千八百五十文折银一两，共折银三十六两四钱八分七厘。每告示百张，该银八钱一分有零，删除尾数，按八钱一分核计，卑县奉发告示一千张，该银八两一钱，已由卑职认捐讫。下余商河、滨州、乐陵、阳信等四州县，每处颁发告示五百张，每处该摊银四两五分；青城、利津、海丰、沾化、蒲台等五县，每处颁发告示三百张，每处该摊银二两四钱三分，理合禀请大老爷鉴核，俯赐檄饬各州县如数解交卑县归款，实为公便。肃此云云。

禀东昌分府夹单

敬禀者。顷接博平宋令①来函，知卑县奉办部硝，仰蒙宪恩曲意体恤，即就前解银两，准为清款。卑职得信之下，惭感交深。惟现在例限已逾，屡奉藩宪札催批回。卑县无凭呈验，若再耽延，恐干贻误之咎。合无仰恳大老爷始终成全，迅赐印发批回以便呈验。感戴鸿慈，更无既极。肃此云云。

---

① 即宋澍。

禀硝局东昌分府王夹单

敬禀者。窃卑县奉办道光二十六年部硝七千三百六十斤，前经措解现银一千二百两在案。当因银值增昂，万分赔累，节次禀恳宪恩曲赐周全。嗣奉钧函谕令，按照一钱九分，除解找补等因。

凡此厚德深仁，实已感铭肺腑。本宜遵依设措及早清完，无如夏杪县境缺雨，麦后应征之款输将甚不踊跃，旋复蝻孽萌生，扑捕收买，一切耗费几及两竿。现因秋收歉薄，又须办理缓征。种种支绌苦情，尚有不敢形诸禀牍者，而办兑硝斤为日既久，急需掣批送司，未便再事延搁。言念及此，曷胜悚惶。

伏思此项硝价即按一九核计，除解下短已属无多。卑职处此竭蹶难支之际，一时乏术摒挡。惟有仰求大老爷逾格鸿施，暂予担记。俯准印发批回，先交去差赍下，以便申验。一俟漕后，稍可筹挪，即当遵谕补呈，不敢食言致负宪德。一再烦渎，尚祈鉴宥。肃此云云。

禀抚、藩、臬、本道、粮道、本府禀卑县各乡秋禾被旱请赐勘办由

敬禀者。窃卑县境内今春雨旸时若，秋禾普种。讵六月间，雨泽愆期，大田干旱。嗣于七月初旬，得沾透雨；而禾稼受旱

在先，长发不甚芃茂。

据乡民人等呈报前来，节经卑职亲诣履勘查得，公字等约冠家庄等共计一百二十村庄，土性松浮，地多碱沙。现在早谷、高粱虽经刈获登场，第因禾苗受旱，结实未能丰满，晚谷豆黍叶多黄萎，禾植微弱，收成难望饱绽。

以上各庄，核其情形，均属较轻。其余阖境村庄地土稍腴，早谷、高粱如常结实，惟晚谷豆黍稍形减色。受旱虽同一律，而情形究属最轻，但收成歉薄，民力未免拮据。自应量予分别调剂，以示体恤。理合禀请大人、大老爷鉴核勘办，实为公便。肃此云云。

禀抚、藩、臬、本道、粮道、本府会禀勘明惠民县秋禾被旱议请缓征调剂由

敬禀者。窃卑县禀报惠境秋禾被旱一案，蒙本府、宪台饬委卑职仲喆会同卑职桀[1]随同复核勘办等因。

遵即会齐随同本府、宪台亲诣四乡周履确勘，查得县境公字等约冠家庄等一百二十村庄，实因地碱土浮，六月间雨泽愆期，早谷、高粱先经受旱，结实未能丰满；晚谷、豆黍禾植黄弱，收成不甚饱绽。各该庄受旱情形，均属较轻。其余阖境村庄地土稍腴，早谷、高粱如常结实，惟晚谷、豆黍稍形减色。受旱情形俱属最轻，虽均勘不成灾，收成究属歉薄，闾阎未免拮据。若将新旧钱漕一律征收，民力实有未逮。自应量予分别

① 即余桀。

调剂，以示体恤。

卑职等随同本府、宪台悉心体察、确核筹议，应请将被旱较轻之公字等约冠家庄等一百二十村庄，除本年漕米照常征收外，所有道光二十七年钱粮及漕仓等项银两，并二十六年民欠，同秋灾原缓钱粮漕米，均缓至道光二十八年秋后启征。其余被旱最轻之阖境村庄，除本年钱粮漕米照常征收外，应请将道光二十六年民欠及秋灾原缓钱粮漕米，均缓至道光二十八年秋后启征。

以上被旱较轻及最轻之阖境村庄，凡有道光二十五年以前未完民欠，及因灾原缓与应带征历年旧欠原缓、递缓钱粮，临、德等仓银两，一并缓至道光二十八年秋后，按最先年递年依次带征一年。其较轻村庄所缓本年漕项银两，照例于最轻村庄应征本年钱粮内划解，统归司库、宪库、司库地丁项下核缓。

所有卑职等随同本府、宪台勘明酌议缘由，理合开具村庄清折，会禀大人、大老爷鉴核办理，实为公便。

再，卑县道光二十一年至道光二十五年并无民欠原缓漕米，其民佃盐课向系年清年款，亦无应缓银两。故未议及，合并声明。肃此云云。

计禀呈清折一扣。

禀抚、藩、运、道、府

禀报解缴二十六年夏季残票日期由

敬禀者。窃奉各宪详定章程，嗣后起解钱粮领缴引票等项，务将年分款项数目及批差姓名、起程限到各日期，于三日前由马递预行通禀查考等因，遵奉在案。

今据卑县租商大来泰，将运销过道光二十六年夏季票盐残票七百七十张呈缴到县。除遵例填背截角，批差该商大来泰本名赵璧城定于九月初十日起程，限九月十二日解到运司、宪台、运宪衙门交纳，并具文申报，严谕该商守候批回外，理合具禀大人、大老爷查考。肃此云云。

禀运宪禀卑县盐务急须整顿，请赐批示遵办由

敬禀者。窃查卑县盐务向为票地上区，外无私枭，内无滩漏，销盐畅易，办课匪难。无如业商福惠昌本名王福田额办盐票五千六百张，因经不善，自运无力，将票地出租四分五厘，该票二千五百二十张，于租商福恒盛本名张履福名下。嗣又出租五分五厘，该票三千零八十张，于租商大来泰本名赵璧城名下代为行销。

讵该租商等家道均非殷实。认租之非，皆为业商巧言劝诱，动以利息，一时勉强租赁。迨后经手接办销盐得值，既须归给业商之租价，又须分还欠外之债款。而各子店商伙人等多系业商欠债之户，盘踞把持，惟利是图。盐斤销完，不顾缴残纳课，擅自扣债营私。该租商等既为业商羁縻，遂至寡不敌众。迨票领盐销，盐价俵分无着。每届奏销，由官多方催逼。该租商等挪新掩旧，犹可勉副考成。近来日久累深，租商形同木偶，应领之票无资请领，已销之盐无款完课。宪差接踵到店，押销严催。乃租商疲玩性成，毫无振作；商伙情近鬼蜮，肆无忌惮。卑职虽有督销之责，并无比追之权。每奉宪札催残催课，以及

催领票张，节次选差督促。无如该商等视为具文，罔所畏惧。

上年冬间，因二十五年票、课两案奏销均已届限，欠在五分以上有关考成。前宪严檄频仍，卑职一筹莫展，随传各子店商伙，谕令分力摒挡，措完课项。原以盐价既归商伙收存，课项即不能任其置之度外。不料该商伙等昧尽天良，反嗾租商以卑职传押商伙，勒索规费，致使子店无人销盐等情，饰词赴前宪衙门具禀。反噬逞刁，莫此为甚。卑职惟求考成无误，何暇与若辈无赖之徒分剖是非。随经禀请，将未领二十五年冬季票张由卑职筹款具领运销，俾济续报。该租商旋又自行禀领，经卑职设法督催，始克续报全完，扣除免议。

今岁运销二十六年额票，转瞬十月又届奏限，而各租商疲累情形日甚一日。刻下大来泰仅将二十六年春季票张领运缴销；其夏季盐票已领，尚未送截；秋、冬两季盐票，尚未请领。福恒盛则春季之票虽运未缴，夏、秋、冬三季盐票尚未领出。屡经卑职严催谆劝，该租商等仍复任意诿延，杳无领运之期。现已八月中旬，若不及早妥筹整顿，必致贻误奏销。卑职即因人受过，致干严议，于公事终何裨益。

再四思维，殊难为计。惟有仰恳宪台鉴查实情，俯念课款紧要，限期已迫，准将两租商未领二十六年各季张，由卑职筹备一切银两先行领出，以便选派诚实干练丁役，协同租商赶紧运盐销价完课，截呈以副造报。而卑职亦得免干部议，则感戴大人成全高厚衔篆无涯。至于卑县票地，该业商福惠昌既属无力自办，各租商又复累玩难支。此后票不能领，民有淡食之虞；乏盐运销，课有无着之虑。且恐邻境奸商乘机浸灌，为患实非浅鲜。可否援案改为暂归官办，抑或将业商参革，饬纲另保殷商接充之处，伏求大人酌核办理，并请迅赐批示，俾得早日备银领票，实为公便。肃此云云。

禀运宪禀再陈租商疲乏情形，请赐饬纲速议示遵由

敬禀者。窃蒙宪台批据卑县具禀盐务租商疲乏，急须整顿一案。蒙批，查该县租商大来〈泰〉未领二十六年秋、冬票并福恒盛未领夏、秋、冬票，候即谕纲严催该租商等迅速设法凑银来司请领，以顾该县考成。如该租商等实系不能请领，再行札饬该县备具银两，协同租商请领运盐办课。仰即知照。此缴等因。

伏查现已九月初旬，距十月奏销之期甚迫。该租商等已缴残票甫及一分有余，而已领未缴之票，刻下存场尚未运完。其未领之票为数甚多，例限又促，若再稍延，即误造报。兹复差传两租商，讯其如何筹画〔领〕，如何设法运销。

据大来泰即赵璧城到案，仍以游词支展，意见莫定；而福恒盛即张履福则已先期进省，逗留避匿。仅伊商伙孝丹泉到案，多方诘问，束手无策，更难望有振作。

卑职体察该租商等情形，今岁奏销断难敷衍竣事，既蒙宪恩谕纲严催，如可责成纲首代为摒挡，即求谆饬赶紧速办；否则惟祈俯照前禀迅赐札知卑县，以便由县备银代领票张，俾得早日运销，庶免临期贻误。所有租商疲玩、例限已迫情形，合再据实禀陈大人鉴核饬遵。肃此云云。

禀藩宪禀利津县欠解道光二十六年秋、冬二季余兵生息银两屡催未解，请在该县领款项下扣拨清款由

敬禀者。窃查武定府属各州县应解余兵生息一项，向由卑县移催汇齐，具文批解，历经遵办在案。

兹查有利津县欠解道光二十六年秋、冬二季余兵生息银三十六两，屡经卑职移催，延未解到。嗣准现任利津县倪令①覆称，此项银两系该县前任知县孙慧愔已收未解之项，应俟移交，方能转解等因。

卑职查余兵生息有关兵稍，未便因该县交代未清，纠缠延欠。又禀请本府札饬现任利津县先行措解去后，迄今日久，仍未移送过县，以致卑县无款批解。理合禀请大人鉴核，俯赐饬承查明利津县解存，无论何项领款，将该县所欠二十六年秋、冬二季余兵生息银三十六两如数扣拨，分别饬知该县补具印领，仍由卑县补批申送，以符原案，实为公便。肃此云云。

禀运宪禀领租商福恒盛名下二十六年夏、秋、冬三季盐票由

敬禀者。窃卑职具禀再陈租商疲乏情形请饬纲速议一案，蒙宪台批。

---

① 即倪梦麟。

查该县租商大来泰、福恒盛未领二十六年各季票引，已据禀严催票，纲首转催，迅速具领，并着该纲将租商能否请领缘由，刻速禀覆核办。仰即知照。缴等因。

现届十月奏销到限已经旬日之久，各租商票张仍延未领；而纲首曾否具覆，如何议办，卑县无从知悉。

伏查租商大来泰名下二十六年额票，业已运销截缴春、夏两季。其未领之秋、冬两季票张，卑职前晤宪委监收盐价之候补经历杨荫文，与之确筹。该委员拟即回省面禀，请为设法具领督商赶运。今杨经历①已暂回省，应由该委员托办外。惟福恒盛名下未领夏、秋、冬三季盐票，不特该租商避匿省垣，抗不回县，即各子店商伙亦皆潜逃归家，无人在店。既无法招之使来，又不能拘之到案，坐视耽延，束手无策。卑职督催乏术，有干严议，固不足惜。但票不能领、盐不能运，民间淡食，课款虚悬，关系慎重。例限仅余两旬，再迟断难赶办。

卑职处此万不得已之际，不揣冒昧，琐屑直陈。兹特备具印领，专丁赍禀。仰求大人俯赐将福恒盛名下二十六年夏、秋、冬三季额票一千八百九十张，迅发去丁，领执下县，以便设法赶紧运销。其领票公费、解积巡费等款，何项需银若干，以及三季票盐应纳正课若干、加价若干，均祈批示。卑职即当遵照次第批解，不敢稍迟。肃此云云。

计禀呈印领一套。

武定府惠民县今于与印领，为代领赶运事。

依奉代领得租商福恒盛名下道光二十六年夏、秋、冬三季额票一千八百九十张，领出赶紧运销，不致冒领。印领是实。

---

① 即杨荫文。

禀本府夹单

敬禀者。窃奉钧函，饬催本年新赋并令将岁内可以完至若干分数具覆等因。

遵查卑县本年钱粮下忙开征后，已于九月二十日起解正银三千五百两、知县养廉银三百五十两，当经肃禀宪鉴。嗣又禀报于十月十五日起解正银四千五百六十六两七钱四分四厘、知县养廉银三百五十两在案。下余应征民欠现仍设法比追，约计岁内连缓及解可以赶至八分以上，将来奏销案内总可赶至九分有余。缘奉函催，理合禀覆大老爷查考。肃此云云。

禀本府夹单

敬禀者。窃奉钧函，以奉藩宪函催各属本年钱粮，令即迅速征解等因。

遵查卑县本年下忙钱粮，前已解过司库地丁正银三千五百两、知县养廉银三百五十两在案。下余缓未完民欠，现经设法认真加紧比追，约计本月十五日以前可凑得正耗共银四千余两。一有成数，即当报解。值此经费短绌、饷需紧急之际，卑职断不敢稍事惰延，自取咎戾。缘奉函催，理合禀覆大老爷查考。肃此云云。

禀藩宪候补未入流秦邦庆会衔，会禀奉提县民陈瀰池京控案内人证先已投审，现将征册批解由

敬禀者。窃卑职邦庆奉宪台札委守提惠民县民陈瀰池以舞弊害民等词京控县书罗元弼等案内人证卷宗等因。遵即束装驰抵该县，会同卑职棨①查得此案先于十月十二日奉文行知到县，当经差传去后。兹据役禀，遵查奉传人证四名内罗元弼、刘中奎等二名已于未奉行提之先，闻控自行赴省投审讫。又袁佩珂一名系银匠，昨因报解本年第六批钱粮，已先赴省等候银两到日上库交兑。现询伊家属，据称该银匠亦即就近在省投审，不致迟误。又王云一名系县役，早经因案执批外出，至今未回，无凭传解。但查知陈瀰池京控案内所列干证，系王云、翟山玉二名。今奉提之王云执批未归，而翟山玉即翟善玉虽未奉提，亦因闻控先已赴省投审等情，具禀前来。

卑职等因确查属实，并无捏饰。至此案卷宗，已饬令各房经书遍检档卷，远近各年均无陈瀰池县控及上控书役舞弊之案，随复饬差前赴该原告所居村庄访查，据覆闻得陈瀰池此次系以县书银匠需索串票火工等词赴京具控等情。又饬粮房细查征册，陈瀰池粮名陈法诰，并伊父粮名陈公朗各名下粮银，自道光二十一年起至今均未封完。惟道光二十二年粮银虽完，查系粮差杭国刚代伊垫纳，均有欠粮征册可据。卑职等复核无异。除仍饬查王云回归即行传案另解，并现将陈瀰池欠粮征册具文解赴

---

① 即余棨。

宪辕发审外，缘奉委提，理合禀覆大人查考。肃此云云。

禀抚、藩、臬、本道、粮道、本府禀报卑县境内得雪一寸由

敬禀者。窃卑县境内本年秋雨调匀，二麦普种，长发茁茂，遍野青葱，交冬以来，正需雨泽。兹于十月二十三日彤雪密布，瑞雪缤纷，自辰时起至亥时止，除融化入土外，积厚一寸。差查各乡一律均沾。值此麦苗盘根之际，适得雪泽培润之功，今岁农力无亏，来年丰登可望。此皆宪台厚德深仁感召时和所致。僚属抃舞，士庶腾欢。

所有卑境得雪情形，除循例折报外，理合驰禀大人、大老爷查考。肃此云云。

禀抚、藩、臬、府禀请核减兑硝浮费改为津贴由

敬禀者。窃查近来银价增昂，百物交困，而各州县因公需费，用银之款苦于银贵，受累尤深。幸蒙宪恩洞察隐微，设法补救，议奏请将漕务兑银浮费删减三成，以示体恤。有漕州县积困稍苏，感戴厚德，曷其有既。但此外尚有事虽因公而虚费浮于实用，不啻十数倍者，莫如折免部硝、闽硝两项，部硝三年一办，闽硝一年一办。东省产硝州县共三十处，内有产硝最旺及附近硝局向兑本色者十处，其余产硝较少，距局较远，向

兑折色者二十处。卑县等处均系折色，即或运交本色局中，狃于旧章，不获浮费不肯收兑。

查各属硝斤实价硝旺之区，净硝每斤不过制钱三四十文；硝少之区，净硝每斤不过制钱六七十文。闽硝每斤例发价银一分六厘有零，部硝每斤例发价银二分二厘有零。就现在银钱价值，以例价与卖硝实价计算，何致不敷，数相倍蓰。

乃办硝局员因需折色，闽硝每斤折银五六七分不等，部硝每斤折银二钱二三分不等。闽硝例价州县尚可具领，部硝例价向系委员领用，州县丝毫无得。仍须加此重费，即谓增津贴于例价之外，寓津贴于折价之中，亦当从长筹计，禀明立案，庶可两得其平，岂容递年增浮倍加。若此昔日银价平贱，州县受累尚轻；以刻下银价计之，赔垫支绌实难言状。况部硝从前三年方办一次，今则一年派办一次。州县办硝六七千斤，赔累竟至千数百两。若不明定章程，示以限制，则浮费无减，银价日增。州县竭蹶难支，办硝焉能迅速。军火要需例限綦迫，倘有贻误，关系匪轻。

卑职等诚恐误公获咎，不得不冒昧陈渎。合无仰恳宪台恩施逾格，俯念银价昂贵、硝费过浮，准将部硝、闽硝两项折兑州县。除例价之外，其余浮费酌减数成，改为津贴名目，每斤应由州县津贴委员银若干，或由各属径解局中交纳，或解司库、宪库、藩库兑收，饬局具领，俾得永昭恪守，免致流弊日增。是否有当，理合会禀大人鉴核酌定、大老爷鉴核转禀饬遵。

再，卑职凤清代理惠民县事到任未久。此系阳信县主稿，合并声明。肃此云云。

禀抚、藩、臬、道、府禀奉饬议查办灾民章程，并报截留江苏宝应县灾民李如桃等讯供转递入出县境日期由

敬禀者。窃奉本府、宪台转蒙各宪札饬，以奉准户部会议具奏匪徒影射流民分别截留惩办一案，令即各就地方情形土俗所宜，认真酌定章程详咨立案。如有一二实在灾黎转从地方，务须加意抚恤，随时资送，毋令失所等因。

伏查地方遇有灾伤，无依贫民最易转从。若不认真截留，加意抚恤，则扶老携幼纷纷外出，不特老弱转于沟壑，情堪恻悯；即强壮之人远去乡土，既无恒产，因无恒心，日久荡游，流入匪类，其弊不可胜言。全赖地方官于岁歉之时严稽查，以防其去，优恤以安其生。至于外省偶有灾黎流离他乡，经过地方尤当实力截留，细分良莠，安分者妥送回籍，生事者据实惩办，庶本境之民无虞仳离，外来灾黎不致滋弊。

卑县近年以来，每遇水旱偏灾，节经禀请缓征调剂，复又剀切示谕，加意察查，尚无流民出境之患。其偶有外省灾民过县，以及前途转递灾黎入境，亦均集案讯明原籍，审听语音相符，确诘实无妄为不法之事，随时资送回籍，禀报查考。如此遵例实行，不敢稍事懈弛，既于土俗无碍，似可定为章程。

卑职正拟具禀间，于三月二十一日据县属巡役地方禀报，查得现有江苏扬州府宝应县灾民李如桃等男女共十名口在境乞食等情。据经卑职提案，将该民人李如桃、李如林、李如松、李长贵、李锅、李英及妇女桂珍姐、李张氏、李郭氏、李王氏等隔别确讯。据供，均系江苏扬州府宝应县人，实因原籍被灾

失收，无资糊口，于上年九月间出外谋食，经过地方人地生疏，不记县名，沿途讨乞，俱系婉言央求，稍得食物充饥，并无恃众讹索、乘间行窃强抢及假捏姓名、为匪不法情事。同伴十人中亦无呼为灾头、为首引领之人。

众供佥同，复诘不移，似无遁饰。自应循章妥为资送，除取具供结附卷由卑职将该灾民等按每名口捐给制钱八十文，并捐备车辆备文于本月二十三日选派妥役，送至前途齐东县接收转递回籍外，所筹议章程及现递灾黎入出境日期缘由，是否有当，理合开具清折，禀请大人、大老爷鉴核示遵。肃此云云。

计禀称清折一扣。

禀粮道禀请将卑前县余令①呈送登覆二十五年兵丁月粮支存奏销清折一案原禀批发备案由

敬禀者。窃查接管卷内道光二十六年十一月十五日奉到宪札，以卑县造送道光二十五年兑支武定营兵丁月粮支存奏销清册一案，除各年米石数目相符外，惟应存道光十五年兵米四百七十八石三斗八升六合，册内漏未开列。又应存道光二十四年兵米三百三十九石七斗二升，今册内开列三百五十八石三斗三升，米数不符，驳饬分别补入更造等因。

当经卑前县余棨查明道光十五年分卑县额征德、常二仓及起运本色米石，并起运本色麦改米同余剩孤贫口粮米，共米二千三百一十三石一斗六升七合，均已征完，历奉藩宪札文支作

① 即余棨。

武定营兵米，计已全数动拨完竣，并无存剩之项。自道光十八年以后，奏销册内即无十五年米石可造，无凭补列。其道光二十四年额征前项米二千三百一十三石一斗六升七合，亦已征完。截至二十五年年底止，先后共奉拨动支米一千九百五十四石八斗三升七合，下剩应存米三百五十八石三斗三升，即系前造二十五年奏销实存二十四年米数。又于道光二十六年六月初一日，奉文拨作武定营二十五年不敷兵米一十八石六斗一升。奉文日期系在截数造送道光二十五年奏销以后，应俟二十七年办理二十六年奏销，方可作支开除。随经卑前县余棨开具清折，同奉发原造二十五年奏销清册，于上年十一月二十日禀呈宪鉴在案。

迄今未蒙批示，理合具禀大人查核，俯赐饬承查检余令原禀，批发下县，俾得备案，洵为公便。肃此云云。

禀粮道禀卑县道光二十六年仓项正耗银两，除缓实征之项业已全完请免开参由

敬禀者。本年三月二十六日接奉宪札，以卑县经道光二十六年仓项正耗等项银两，饬即赶紧批解，以便于奏销案内扣除免议等因。

遵查卑县道光二十六年分额征临仓正银四千六百五十三两二钱五分二厘、耗银六百五十一两四钱五分六厘，内除因道光二十六年秋禾被水被雹缓征正银一千七百六十七两七钱八分七厘、耗银二百四十七两四钱九分外，下剩实应征正银二千八百八十五两四钱六分五厘、耗银四百三两九钱六分六厘，已于道光二十六年四月间解过正银二百两，解支过耗银二十八两。又

于二十六年十一月间解过正银二千六百八十五两四钱六分五厘，解支过耗银三百七十五两九钱六分六厘。二共解过正银二千八百八十五两四钱六分五厘，解支过耗银四百三两九钱六分六厘，实征临仓正耗计已全完。

又，额征德、常仓正银九百二十两八钱五分九厘，耗银一百二十八两九钱二分，内除因道光二十六年秋禾被水被雹缓征正银三百六十五两五钱四分九厘、耗银五十一两一钱七分七厘外，下剩实应征正银五百五十五两三钱一分、耗银七十七两七钱四分三厘，已于道光二十六年十一月间解过正银五百五十五两三钱一分，解支过耗银七十七两七钱四分三厘，实征德、常仓正耗亦已全完。至于是年秋灾缓征之项，应俟道光二十七年秋后方能启征。所有缓征册结究竟造送在案。

奏销案内并无实征未完银两，理合禀请大人鉴核，俯准免其开参，实为公便。肃此云云。

禀硝局王司马夹单

敬禀者。窃卑县奉文派办二十六年分部硝一项本应早为解兑，只因近来银价增昂，一切公需支绌过甚，客岁邑境灾歉频仍，办理漕粮以及奏销额赋在在颇费周章。卑职旋又请咨引见，各项用度公私交迫，以致硝款延今未能措齐。

兹于四月十二日回任视事，接奉宪函。仰蒙指示例限，谆切谕催。捧读之余，曷胜惭悚。理宜照旧速办，不当冒昧陈渎。惟查此项硝斤，迩年连岁叠派斤数逐渐加增，银价日昂无减；兼以在平改归苦缺，应派之硝又复分诸各属。卑县原派、增派合而计之，若循旧章折价，需银一千六百七十余两。不特日后赔累堪虞，且即欲目前勉求济公，当此万分枯窘之际，张罗亦殊为难。此等苦况，谅在仁宪洞鉴之中，不待卑职琐屑渎听，但例展限期统计将满，为日无几，实难稍迟。

再四思维，一筹莫展。惟有仰恳大老爷俯察赔累实情，恩施格外，准将前项硝价按斤酌赐减成，俾得迅速清除，则感戴鸿慈，实无既极。除备具文批专丁走叩崇辕，听候宪示须价若干，即行赴省借债以济公项外，肃此。恭请云云。

禀藩宪、本府禀呈接收代理知县高凤清交代无亏单结由

敬禀者。窃卑职前因请咨引见遗缺，蒙宪台、藩宪详委候补知县高凤清代理。今卑职业已回任，所有高令任内经手一切正杂仓谷等项，现经逐一盘查，按款接收清楚，并无亏短情弊。除饬承查造交代达部册结，一俟造竣即行另文申送外，合先出具无亏单结，禀呈大人查考、大老爷核转。肃此云云。

计禀呈印结一纸、三纸。

禀藩宪禀请核示二十四年廉费、俸工两项减平银两是否业已扣拨，毋须再解，抑或仍应解还原动领款由

敬禀者。四月二十五日接奉宪札，令将道光二十四年廉费减平银两刻即批解等因。

遵查前于四月十八日蒙本府委员府经历郭藩到县，饬催道光二十五、二十六两年各项减平一案，文内装叙原奉宪台札饬，以二十三、二十四两年各项减平因急等委解，暂在各属应领养廉等款项下扣收，不敷者借款凑足。此不过权宜之计，行令委催二十五、二十六两年各项减平等因。

当因二十六年俸工廉费减平银两，现在奏销册结尚未核定，应俟宪辕核定奏销应减确数，即行遵照批解。所有二十五年俸工及廉费两项减平，业经备具文批，如数报解，日内即可解到交兑。惟卑县二十四年廉费减平及俸工减平两项，是否已由领款内扣拨清楚，无须再解，俾免重复，抑或仍应批解归还原扣领款之处，卑职无从知悉。

除一面先将二十四年廉费减平银两批解宪辕听候核示外，理合禀请大人鉴核，批示下县，以便遵照备案。肃此云云。

禀藩宪禀奉委催道光二十六年部硝现已陆续解兑由

敬禀者。窃奉宪台札委候补从九品李绎到县，守催应办道光二十六年部硝等因。

遵查卑县原奉派办前项净硝七千二百斤，又续奉代茌平县摊办净硝一百六十斤，二共应办净硝七千三百六十斤。前蒙宪札先后饬知，当经卑职赶紧设法筹办。现已选派丁役备具文批，陆续解赴委局交兑在案。

除俟掣获批回即行呈验外，缘奉委催，理合禀覆大人查考。肃此云云。

禀本府禀请檄饬现任利津县，将欠解二十六年秋、冬两季余兵生息银两迅速筹措移解由

敬禀者。窃查余兵生息一项，宪署各州县向系按季饬商交纳息银，移送卑县汇齐批解。前因利津县尚欠道光二十六年秋、冬两季共息银三十六两，又欠解费等银二两九钱七分未曾送到，经卑职专差函移催取。兹准该县覆称，此项息银等款系该前县孙令[①]已收未解，业已禀请宪台饬追，嘱令卑县径催孙令完交等因。

卑职查前项生息有关兵稍，非同别项银两可比，交代案内断难提出另追。况孙令卸事距二十六年秋、冬较早半载有余，即使孙令先期收存属实，卑县亦不便将伊卸事以后之息银向其催交，致滋悬宕。

理合禀请大老爷鉴核，俯赐檄饬现任利津县，先将前项欠款迅速筹措，移送卑县以便汇解。至交代案内应如何划补追缴之处，应由该县自行办理。肃此云云。

禀臬宪禀奉札提陈墨翰京控案内未到人证现已分别查传并将杜立刚一名批解由

敬禀者。本月初十日接奉宪札，饬将文生陈墨翰京控刘凤

① 即孙慧愔。

诏案内前禀自行投审，现查未到之杨濕林及前提未到之陈元杰、杜立刚等一并解讯等因。遵即选差确查勒传去后。

兹据役禀，查得杨濕林并未在家。询据伊家属口称，前蒙委提，实于未经奉文之先自行赴省投审，至今未回。昨闻同庄在省贸易之人传说口信，杨濕林因中途感患伤寒病症，到省后病重难移，尚未投到。现已着人前去探视等语。

又，查得陈元杰实系早经出外贸易未归。惟杜立刚一名现甫回家，理合带案候解等情前来。卑职覆查无异。除派委妥役赶赴省垣，查催杨濕林如果病痊，饬令迅速投到备质，不任稍事迟延，并比差仍查陈元杰下落，俟勒传到日另文批解，一面先将现已传到之杜立刚一名备具文批，于本月十二日差役解赴宪辕听候发审外，缘奉饬提，理合禀覆大人查考。肃此云云。

禀藩宪禀报修理监狱南牢等房完工日期并请委员验收由

敬禀者。窃查卑县监狱前因南牢等房坍塌过甚，详请兴修，业蒙委勘造具估册，详咨奉准部覆照估准修，已将开工日期禀报在案。随即督饬工匠赶紧修葺。兹于五月十二日一律完竣，均系工坚料实、整齐如式，并无偷减草率情弊。

所有完工日期，理合具禀大人鉴核，俯赐委员验收，实为公便。肃此云云。

禀运宪候补盐经历杨荫文会衔会禀租商大来泰运销掣肘情形，现在暂为官办请示祗遵由

敬禀者。窃卑职荫文奉宪台委赴惠民县会催租商大来泰销盐完课，并纳加价等因。

前经驰抵该县，会同卑职棨①遵札认真严催。卑职荫文即在该租商总子各店逐日往来确查，监收盐价，随将销得钱文尽数易银四百五十两赍解交兑；并体察租商窘累情形，禀邀恩准，将未领二十六年秋、冬两季额票一千五百四十张暂予借发。复蒙谆札，饬令卑职荫文到县，会同监销催纳课价在案。

计自二次抵惠以来，节经会同卑职棨百计督催，不敢稍懈。截至十月二十五日止，仅据大来泰各店先后运到盐二百三十八包，诘询因何迟滞。据该租商及各商伙覆称，此次领票之后，业商福惠昌本名王福田曾赴宪案，禀请将所租五分五厘票地收回自办，已蒙批令缴课接收。滩场得知此信，不肯通融发盐，而各商伙去留未定，张罗运本诸多为难，是以未能全数舂运等情。

卑职等伏思盐凭票舂，课从盐出。前因该租商秋、冬两季票未领下，以致盐停课绌。幸蒙宪恩赐发票张，方冀并力赶运，以速补迟。岂有业商不于例限未届之先，不俟奏销办过之后，乘此运销吃紧之际，率行禀请收回，致使滩场滋疑、商伙掣肘。揆诸情理，似未确然。

---

① 即余棨。

查票地各有业商，嗣缘商力疲乏，或暂行出租，或暂归官办。事属权宜，原准业商措足资本、收回行运。但王福田从前自办盐务，经理不善，负累过多。先将票地租与傅松如代办，嗣因办理竭蹶，复分出四分五厘于张履福行运，而王福田每年私用浩繁，代商等力难控制。迨至道光二十六年票地几于废弛，课款几至无着，复将五分五厘续租于大来泰本名赵璧城名下，原议五年为限。王福田净收租钱，弥缝私债，尚如杯水难济车薪。县案呈王福田钱债案件积牍成帙，终岁追呼。迄今百无一完，是其明证。若谓出租甫及一载，即能资本充足，其谁信之。果尔本足力纾，则现在额票已发，奏限已届，该业商何不随禀缴课前来办运，以顾地方；而乃空禀游移，逡巡不前，其居心实有不堪过向者。度其意见，难保非明知租商本微息弱，全赖商伙众擎办公。

刻下票张已发，公饭等款暂可缓交；奏限将逾，课项加价不妨拖欠。故乘此时禀请接办，摇动人心，使各商伙进退维谷，纷纷涣散；租商独力难支，束手无策。该业商然后借以收回整顿为名，而坐收其成利。所得盐价，可以任意花销，无谁敢阻。今之观望，垂涎其计，迨不出乎此也。

惟是卑职桀职兼督销卑职荫文奉委监价，责任綦重，咎有攸归。既察其情，岂敢膜［漠］视。今该租商及各商伙办运如此艰难，而业商收回之议，又非意在急公。票课加固难再迟，民间淡食所关尤巨。

卑职等会同熟筹，不得不暂从变通。现将大来泰已运到店盐包逐一点派，差分店销售，按日登簿提价。一有成数，即行易银解纳课款。其未春之票张，饬令租商呈交卑职桀接收筹款，代运赶销，以便陆续完课。如果王福田于十月内先将课项全完，领有宪檄到县，卑职桀扣除代垫运本工食银，下余仍交业商管理。倘本月内王福田仍延不来，即求俯赐饬知。此后大来泰所租五分五厘票地，暂归官为代办，仍以五年为期，必须业商实在、资本充裕，方准禀明收回。俾得事有责成，不致晨更暮改，实于盐务大有裨益。卑职等为慎重课款起见，不揣冒昧，缕陈实情。

所有办理缘由，是否有当，理合会禀大人鉴核批示祗遵。肃此云云。

禀署济南府分府凤夹单

敬禀者。窃卑职久违矩范，时切孺思。兹于十一月初四日奉到钧函祗聆，一是藉谂大老爷鼎祃楙绩，升祉蕃绥，欣符抃颂。卑县应解养廉一款，前奉陈分宪函取，因查原函所叙任卸月日与牌文内开未符，业经由县详请藩县核示，约计日内可以奉批。所有宪台署理半廉，一俟司批到县，即当遵照确期核明银数，专差批解，不敢稽迟。

再查来函，系于九月初二日封发，今于十一月初四日始由丰国镇巡检加封递到卑县，合并禀明。肃此云云。

禀济南府夹单

敬禀者。窃查卑县民成重太、王珩等京控巩砚田等二案，现奉藩宪委提人证六名，除巩砚田、吴得详、马堃、马彦吉等四名均先赴省投审并检同卷宗批解外，所有王万清一名系壮役，刘恕一名系皂役，现均患病，且各有承催。本年漕米正当吃紧之际，未便遽易新役，致滋耽误。

卑职查该原告等俱系卑县公字约人，该约钱漕事件并非王万青、刘恕经管，则此案似与王万青、刘恕无甚干涉。

兹已于解文、解禀内将该二役患病缘由据情声叙，理合禀明大老爷鉴核。如果将来实有王万青、刘恕应质之处，即祈宪台径札行提，卑职即当饬令投审，不敢稽迟。肃此云云。

禀藩宪禀奉委提成重太等京控案内人证卷宗解审由

敬禀者。窃卑职丹书奉宪台札委守提惠民县民成重太、王珩等京控巩砚田等二案人证卷宗等因。遵即驰抵该县，会同卑职棨①查得此案，先经差传去后。

兹据役禀，奉传人证六名内王万青、刘恕等二名，现患伤寒病症，不能到案。其余巩砚田、吴得祥、马堃、马彦吉等均已先期闻控，赴省投审等情前来。

卑职等覆查无异。除仍查俟王万青、刘恕病痊另文续解，并现检同卷宗另文申解宪辕听候发审外，缘奉委提，理合禀覆大人查考。肃此云云。

① 即余棨。

禀本府禀请委催各属径解岁试经费由

敬禀者。窃查宪台岁试所需一切经费，向系阖属州县各按缺分摊捐，解归卑县汇总承办。卑县与阳信、商河、乐陵四处，每处应摊银九十七两二钱；滨州、利津两处，每处应摊银八十两；青城、蒲台两处，每处应摊银六十八两五钱；海丰、沾化两处，每处应摊银五十七两一钱。又十州县无论缺分，每处应摊铺垫火药银三两、棚厂饭食银二两，统计共摊各项经费银八百五十两。卑县历次办理，除各属应摊之外，尚须赔垫，而各属摊河银两，近来又多拖欠，卑县更属赔累不堪。本年又逢试期，蒙大老爷洞察苦况，设法拯援，将一切供支事宜改归宪辕自行经理，俾节额外之靡费。其各属额摊经费等银，均令先期径解府库交纳备用，以杜任意拖延。如此崇实除靡，不特卑县可免垫赔，而各属额摊经费亦无悬宕之弊。钧谕视下，感佩实深。所有上届摊派银两数目卷宗，前已检呈宪览，核与卑前县从前禀请饬催各属摊数目相符，业由卑职循旧移会，令其各自径解在案。

第恐各属视为具文，再事迟延；或零星批解，仍多蒂欠。试期伊迩，卑职代理人员无款可筹，供支短绌，关系匪轻。理合开具各属额派经费清折，禀请大老爷鉴核，俯赐飞檄饬提，一面委员前往各属守催，按数径解，免致临期贻误，实为公便。肃此云云。

通禀各宪

敬禀者。窃查惠民本年新漕前因开征已久，输将甚不踊跃。本府、宪台因公进省，卑职棨[①]有代行事件兼顾难周，禀蒙藩司、宪台、藩宪饬委卑职茂△到县帮催。连日以来，会同卑职棨设法比差，开诚劝谕，别乡均各先后完纳。惟西南乡之公字约及直字、纲字、便字等约，仍复观望，毫无起色。

卑职等伏查惠境漕粮，向系年清年款。若非灾歉缓征，从无颗粒拖欠。征收运兑，率由旧章，官民相安，历来已久。乃自近来一二年间，渐有刁民希图延抗，非谓书役舞弊，即称灾缓不均，捏词具呈，意存挟制。上控未遂，其愿复有京控之人。迨至解省发审，讯属子虚，始各俯首无词。但因其在案供明，情愿回县补纳，姑免深究，从宽结案。

讵顽梗之徒，未受惩创，愍不畏法。年复一年，刁风愈长。今岁则有公字约赵家集一带刁民赵宗典、韩成、范成、维谟、宋希哲等勾结该庄贡生赵乐水，文生赵端书、赵楷书，武生赵于盘等布散流言，聚敛各乡花户钱文，混称伊等具呈上控，本年漕粮即可邀免，以致公字等约愚民被其煽惑，均抗不完。嗣韩成范因京控之案讯结失实，复与宋希哲赴藩司、宪辕、藩宪衙门翻控，批府提审，押发到郡。

蒙本府、宪台究出敛钱抗漕大概供情，自应听候拟办。惟赵乐水、赵端书、赵瑞书、赵楷书、赵于盘等恃衿狡抗，不但

---

① 即余棨。

本名漕粮不完，仍复强阻花户，不许完纳。卑职等因漕粮有关天庾正供，现届岁底，该庄一带核计尚欠米豆三千余石，倘有贻误，所系匪轻。卑职△△随即轻骑减从，亲诣该约各庄面谕乡民，晓以利害，劝其赶紧速完。各花户皆以赵乐水等有言在先，如果完漕，必率族党赴家拼命，定不甘休等语。

开导至再，仍复展缩不前。而赵乐水等先则抗传不到，继闻委员下乡，又在所居之赵家集庄鸣钟聚众，不许庄民出见官差，亦不依官差人等入伊庄内。似此刁生劣贡，敛钱聚众，把持抗漕，若不严拿重办，实于地方大有关碍。除将赵乐水、赵端书、赵瑞书、赵楷书、赵于盘等生贡具文详革，由卑职桀会同卑职茂△知会营讯，选带妥干兵役前赴该庄严密查拿赵乐水等究办，以儆刁顽；一面剀切谆谕各花户刻速完漕，务期宽严并用办理妥议外，所有刁民聚众抗漕，卑职等会同筹办缘由，理合会禀大人、大老爷鉴核示遵。肃此云云。

禀藩府禀请委员帮催漕粮由

敬禀者。窃查卑县漕粮向系年清年款，若非灾歉缓征，从无颗粒拖欠。征收运兑，率由旧章，官民相安，历来已久。乃自近来一二年间，渐有刁民希图延抗，非谓书役舞弊，即称灾缓不均，捏词具呈，意存挟制。上控未遂其愿，复有京控之人，迨至发审，讯属子虚，始各俯首无词。但因其漕粮旋即补纳，姑免深究，予以自新。

讵顽梗棍徒未受惩创，不畏法。今岁有韩成范砌词京控漕书之案提省，甫经讯结，而韩成范与宋希哲又赴宪台、藩宪衙门翻控批府提审之际，该刁民等胆敢布散流言，混称本年漕粮不日即可邀免，强阻花户不许完。嗣将韩成范等解回，经本府、宪台讯悉实情，究出案内有惯讼主唆之刁徒赵宗典、陈维谟等二名诡诈异常，武断渔利，饬令卑职查传解质。而赵宗典等肆行无忌，暗遣其子侄人等将县差赴别庄催漕之役胡信、魏浩等由乡捆缚回家，藏匿不放；并捏称新漕不久即奉明文，免其输纳。似此刁民抗漕，造言惑众，实为法所难宽。

除赵宗典、陈维谟现已拿获解赴本府、宪辕归案审办，卑职一面亲诣该庄，谕以正供难抗，开导各花户赶紧完纳漕粮外，诚恐愚民无知，惑于奉文免漕之说，必须宪台、藩宪委员剀切导谕，解其疑端。理合具禀大人、大老爷鉴核，转禀藩宪俯赐遴委正卸干员来县，会同卑职前赴该庄惩莠劝良，设法催比，严儆刁风，庶民咸知敛迹，漕粮可期速完。

再，县境漕粮现已收至五分有余，别庄均各陆续完纳，仅止赵宗典、韩成范等所居一带数庄尚存观望。合并陈明。肃此云云。

禀本府夹单

敬禀者。月之朔日，肃具一禀叙陈漕务情形，度邀慈鉴。计自初一、初二两日，各乡米豆虽仍陆续完纳，但为数甚属寥寥，尚未见有其色，而纲、便两约仍复观望不前。密访其故，皆因愚民惑于赵宗典等前赴钦差行辕具控之案，心存觊觎。

卑职筹画至再，非有委员来县，设法开导帮催，势难望其踊跃。合再据实禀求大老爷鉴核，婉为面禀藩宪速委干员前来催办，实为公便。至请委之员前已附禀声明，务求俯如所请。是所叩祷。肃此云云。

禀本府夹单

敬禀者。本月初三日接奉钧函，备蒙指示，下怀感佩难名。

伏查近日漕务情形，已于初一、初三等日两次禀陈宪鉴。今初三日所收米豆仅止一石有余，观望拖延较前尤甚。若不严惩刁玩，断难解其疑惑。

卑职现已将赵宗典、陈维谟二名提押县属，多派可靠丁役认真看管，一面重比粮差，设法催追。但昨请委员帮催一节，卑职因各大宪莅任伊始，未敢冒昧径禀，致涉张皇。此事惟赖大老爷鼎言婉禀，细述颠末。岁内为日无几，并求早日委员，饬令务于初十前驰抵卑县帮同办理，庶免耽延。至藩宪委札内，或作宪台面禀缘由，或作风闻县境有刁民抗漕之事，总须词正令严，叙书“若不循旧完纳，即行查拿重办”等语，方可劝动愚顽。倘能将此情节由司妥拟告示，缮发晓谕，更为得力。是又全仗宪台相机筹画，非卑职所敢固请也。兹将赵宗典供结抄录呈上，祈鉴阅。肃此云云。